罪名總部

瀆職違制部

行政瀆職分部

綜述

《尚書·胤征》惟仲康肇位四海，胤侯命掌六師。羲和廢厥職，酒荒于厥邑，胤后承王命徂征。告于衆曰：嗟予有衆，聖有謨訓，明徵定保。先王克謹天戒，臣人克有常憲，百官修輔，厥后惟明明。每歲孟春，遒人以木鐸徇于路，官師相規，工執藝事以諫。其或不恭，邦有常刑。

惟時羲和顛覆厥德，沈亂于酒，畔官離次，俶擾天紀，遐棄厥司。乃季秋月朔，辰弗集于房，瞽奏鼓，嗇夫馳，庶人走。羲和尸厥官罔聞知，昏迷于天象，以干先王之誅。政典曰：先時者殺無赦，不及時者殺無赦。

《尚書·伊訓》敷求哲人，俾輔于爾後嗣，制官刑，儆于有位。曰：敢有恒舞于宮，酣歌于室，時謂巫風。敢有殉于貨色，恒于游畋，時謂淫風。敢有侮聖言，逆忠直，遠耆德，比頑童，時謂亂風。惟茲三風十愆，卿士有一于身，家必喪。邦君有一于身，國必亡。臣下不匡，其刑墨，具訓于蒙士。

《尚書·盤庚》汝不和吉言于百姓，惟汝自生毒，乃敗禍姦宄，以自災于厥身。乃既先惡于民，乃奉其恫，汝悔身何及？相時儉民，猶胥顧于箴言，其發有逸口，矧予制乃短長之命？汝曷弗告朕，而胥動以浮言，恐沈于衆？若火之燎于原，不可嚮邇，其猶可撲滅？則惟爾衆自作弗靖，非予有咎！

《尚書·盤庚》凡爾衆，其惟致告，自今至于後日，各恭爾事，齊乃位，度乃口，罰及爾身，弗可悔。

《尚書·洛誥》公曰：已！汝惟冲子惟終。汝其敬識百辟享，亦識其有不享。享多儀，儀不及物，惟曰不享，惟不役志于享。凡民惟曰不享，惟事其爽侮。乃惟孺子，頒朕不暇，聽朕教汝于棐民彝。汝乃是不蘉，乃時惟不永哉！篤叙乃正父，罔不若予，不敢廢乃命。汝往敬哉！茲予其明農哉！彼裕我民，無遠用戾。

《周禮·天官冢宰·小宰》以宮刑憲禁於王宮，令于百官府曰：各修乃職，考乃灋，待乃事，以聽王命。其有不共，則國有大刑。

《周禮·天官冢宰·宰夫》凡失財用物辟名者，以官刑詔冢宰而誅之。其足用長財善物者，賞之。

《周禮·天官冢宰·宰夫》歲終則令群吏正歲會，月終則令正月要，旬終則令正日成，而以考其治。治不以時舉者，以告而誅之。正歲則以灋警戒群吏，令修宮中之職事。書其能者與其良者，而以告于上。

《周禮·地官司徒·大司徒》歲終則令教官正治而致事，正歲令于教官曰：各共爾職，修乃事，以聽王命。其有不正，則國有常刑。

《周禮·地官司徒·小司徒》歲終，則考其屬官之治成而誅賞，令群吏正要會而致事。正歲，則帥其屬而觀教灋之象，徇以木鐸曰：不用灋者，國有常刑。

《禮記·月令》工師效功，陳祭器，按度程，毋或作爲淫巧，以蕩上心。必功致爲上。物勒工名，以考其誠。功有不當，必行其罪，以窮其情。

《左傳·襄公十一年》秋七月，同盟於亳。范宣子曰：不慎，必失諸侯。諸侯道敝而無成，能無貳乎？乃盟。載書曰：凡我同盟，毋蘊年，毋壅利，毋保姦，毋留慝，救災患，恤禍亂，同好惡，獎王室。或間茲命，司慎、司盟，名山、名川，群神、群祀，先王、先公，七姓十二國之祖，明神殛之。俾失其民，隊命亡氏，踣其國家。

《穀梁傳·昭公十九年》冬，葬許悼公。日卒時葬，不使止爲弑父也。曰，子既生，不免乎水火，母之罪也。羈貫成童，不就師傅，父之罪也。就師學問無方，心志不通，身之罪也。心志既通，而名譽不聞，友之罪也。名譽既聞，有司不舉，有司之罪也。有司舉之，王者不用，王者之

過也。許世子不知嘗藥，累及許君也。

睡虎地秦墓竹簡整理小組《睡虎地秦墓竹簡・語書》 若弗（智）〔知〕，是即不勝任、不智（殹）〔也〕；（智）〔知〕而弗敢論，是即不廉（殹）〔也〕。此皆大罪（殹）〔也〕，而令、丞弗明（智）〔知〕，甚不便。今且令人案行之，舉劾不從令者，致以律，論及令、丞。（有）〔又〕且課縣官，獨多犯令而令、丞弗得者，以令、丞聞。以次傳；別書江陵布，以郵行。

睡虎地秦墓竹簡整理小組《睡虎地秦墓竹簡・秦律十八種・厩苑律》 以四月、七月、十月、正月膚田牛。卒歲，以正月大課之，最，賜田嗇夫壺（酉）〔酒〕束脯，爲（旱）〔皂〕者除一更，賜牛長日三旬；殿者，誶田嗇夫，罰冗皂者二月。其以牛田，牛減絜，（治）〔笞〕主者寸十。（有）〔又〕里課之，最者，賜田典日旬；殿，（治）〔笞〕卅。

睡虎地秦墓竹簡整理小組《睡虎地秦墓竹簡・秦律十八種・厩苑律》 今課縣、都官公服牛各一課，卒歲，十牛以上而三分一死；不盈十牛以下，及受服牛者卒歲死牛三以上，吏主者、徒食牛者及令、丞皆有罪。內史課縣，（大）〔太〕倉課都官及受服者。

睡虎地秦墓竹簡整理小組《睡虎地秦墓竹簡・秦律十八種・工律》 公器官□久，久之。不可久者，以䰍久之。其或（叚）〔假〕公器，歸之，久必乃受之。敝而糞者，靡蚩其久。官輒告（叚）〔假〕器者曰：器敝久恐靡者，還其未靡，謁更其久。其久靡不可（智）〔知〕者，令齎（賞）〔償〕。（叚）〔假〕器者，其事已及免，官輒收其（叚）〔假〕，弗亟收者有罪。其（叚）〔假〕者死亡、有罪（毋）〔無〕責也，吏代（賞）〔償〕。毋擅（叚）〔假〕公器，（者）〔諸〕擅（叚）〔假〕公器者有罪，毀傷公器及□者令（賞）〔償〕。

睡虎地秦墓竹簡整理小組《睡虎地秦墓竹簡・秦律十八種・徭律》 縣毋敢擅壞更公舍官府及廷，其有欲壞更（殹）〔也〕，必讞之。欲以城旦舂益爲公舍官府及補繕之，爲之，勿讞。縣爲恒事及讞有爲（殹）〔也〕，吏程（攻）〔功〕，贏員及減員自二日以上，爲不察。上之所興，其程（攻）〔功〕而不當者，如縣然。度（攻）〔功〕必令司空與匠度之，毋獨令匠。其不審，惟律論度者，而以其實爲（繇）〔徭〕徒計。

睡虎地秦墓竹簡整理小組《睡虎地秦墓竹簡・秦律十八種・司空》 官府（叚）〔假〕公車牛者□□□（叚）〔假〕人所。或私用公車牛，及（叚）〔假〕人食牛不善，牛（訾）〔胔〕；不攻閒車，車空失，大車軲（紋）〔盭〕；及不（芥）〔介〕車，車（蕃）〔藩〕蓋強折（列）〔裂〕，其主車牛者及吏、官長皆有罪。

睡虎地秦墓竹簡整理小組《睡虎地秦墓竹簡・秦律十八種・效》 實官佐、史被免、徙，官嗇夫必與去者效代者。（節）〔即〕官嗇夫免而效，不備，代者與居吏坐之。故吏弗效，新吏居之未盈歲，去者與居吏坐之，新吏弗坐；其盈歲，雖弗效，新吏與居吏坐之，去者弗坐，它如律。

睡虎地秦墓竹簡整理小組《睡虎地秦墓竹簡・秦律十八種・效》 嗇夫免而效，效者見其封及（隄）〔題〕，以效之，勿度縣，唯倉所自封印是度縣。終歲而爲出凡曰：某廥出禾若干石，其餘禾若干石。倉嗇夫及佐、史，其有免去者，新倉嗇夫、新佐、史主廥者，必以廥籍度之，其有所疑，謁縣嗇夫，縣嗇夫令人復度及與雜出之。禾贏，入之，而以律論不備者。

睡虎地秦墓竹簡整理小組《睡虎地秦墓竹簡・秦律十八種・效》 禾、芻稾積廥，有贏、不備而匿弗謁，及（者）〔諸〕移贏以（賞）〔償〕不備，群它物當負（賞）〔償〕而僞出之以（彼）〔貱〕（賞）〔償〕，皆與盜同法。大嗇夫、丞（智）〔知〕而弗罪，以平罪人律論之，（有）〔又〕與主廥者共（賞）〔償〕不備。至計而上廥籍內史。入禾、發（扇）〔漏〕倉，必令長吏相雜以見之。芻稾如禾。

睡虎地秦墓竹簡整理小組《睡虎地秦墓竹簡・秦律十八種・行書》 行命書及書署急者，輒行之；不急者，日（觱）〔畢〕，勿敢留。留者以律論之。

睡虎地秦墓竹簡整理小組《睡虎地秦墓竹簡・秦律十八種・行書》 行傳書、受書，必書其起及到日月夙（莫）〔暮〕，以輒相報（殹）〔也〕。書有亡者，亟告官。隸臣妾老弱及不可誠仁者勿令。書廷辟有曰報，宜到不來者，追之。

睡虎地秦墓竹簡整理小組《睡虎地秦墓竹簡・秦律十八種・內史雜》 令敎史毋從事官府。非史子（殹）〔也〕，毋敢學學室，犯令者有罪。

睡虎地秦墓竹簡整理小組《睡虎地秦墓竹簡・秦律十八種・內史雜》 有實官高其垣墻。它垣屬焉者，獨高其置芻廥及倉茅蓋者。令人勿（紤）〔近〕舍。非其官人（殹）〔也〕，毋敢舍焉。善宿衛，閉門輒靡其旁火，慎守唯（敬）〔儆〕。有不從令而亡、有敗、失火，官吏有重罪，大嗇夫、丞任之。

睡虎地秦墓竹簡整理小組《睡虎地秦墓竹簡・效律》 縣料而不備其見（現）數五分一以上，（直）〔值〕其（賈）〔價〕，其資、誶如數者然。十分一以到不盈五分一，（直）〔值〕過二百廿錢以到千一百錢，誶官嗇夫；過千一百錢以到二千二百錢，貲官嗇夫一盾；過二千二百錢以上，貲官嗇夫一甲。百分一以到不盈十分一，（直）〔值〕過千一百錢以到二千二百錢，誶官嗇夫；過二千二百錢以上，貲官嗇夫一盾。

睡虎地秦墓竹簡整理小組《睡虎地秦墓竹簡・效律》 同官而各有主（殹）〔也〕，各坐其所主。官嗇夫免，縣令令人效其官，官嗇夫坐效以貲，大嗇夫及丞除。縣令免，新嗇夫自效（殹）〔也〕，故嗇夫及丞皆不得除。

睡虎地秦墓竹簡整理小組《睡虎地秦墓竹簡・效律》 倉（屚）〔漏〕（死）〔朽〕禾粟，及積禾粟而敗之，其不可（飤）〔食〕者，不盈百石以下，誶官嗇夫；百石以到千石，貲官嗇夫一甲；過千石以上，貲官嗇夫二甲；令官嗇夫、冗吏共（賞）〔償〕敗禾粟。禾粟雖敗而尚可（飤）〔食〕（殹）〔也〕，程之，以其（秏）〔耗〕石數論（䝨）〔負〕之。

度禾、芻稾而不備，十分一以下，令復其故數；過十分以上，先（索）〔索〕以稾人，而以律論其不備。

入禾，萬石一積而比黎之爲户，及籍之曰：某廥禾若干石，倉嗇夫某、佐某、史某、稟人某。是縣入之，縣嗇夫若丞及倉、鄉相雜以封印之，而遺倉嗇夫及離邑倉佐主稟者各一户，以（氣）〔餼〕人。其出禾，（有）〔又〕書其出者，如入禾然。嗇夫免而效，效者見其封及（隄）〔題〕以效之，勿度縣，唯倉所自封印是度縣。終歲而爲出凡曰：某廥出禾若干石，其餘禾若干石。

倉嗇夫及佐、史，其有免去者，新倉嗇夫、新佐、史主廥者，必以廥籍度之。其有所疑，謁縣嗇夫，縣嗇夫令人復度及與雜出之。禾贏，入之；而以律論不備者。禾、芻稾積廥，有贏不備，而匿弗謁，及（者）〔諸〕移贏以（賞）〔償〕不備，群它物當負（賞）〔償〕而僞出之以（彼）〔貱〕（賞）〔償〕，皆與盜同法。大嗇夫、丞（智）〔知〕而弗罪，以平罪人律論之，（有）〔又〕與主廥者共（賞）〔償〕不備。

入禾及發（屚）〔漏〕倉，必令長吏相雜以見之。芻稾如禾。

櫟陽二萬石一積，咸陽十萬石一積。

效公器贏、不備，以齎律論及（賞）〔償〕，毋齎者乃（直）〔值〕之。

公器不久刻者，官嗇夫貲一盾。

甲旅札贏其籍及不備者，入其贏旅衣札，而責其不備旅衣札。

睡虎地秦墓竹簡整理小組《睡虎地秦墓竹簡・效律》 官府（臧）〔藏〕皮革，數（暘）〔煬〕風之。有蠹突者，貲官嗇夫一甲。

睡虎地秦墓竹簡整理小組《睡虎地秦墓竹簡・效律》 器（職）〔識〕耳不當籍者，大者貲官嗇夫一盾，小者除。

睡虎地秦墓竹簡整理小組《睡虎地秦墓竹簡・效律》 馬牛誤（職）〔識〕耳，及物之不能相易者，貲官嗇夫一盾。

睡虎地秦墓竹簡整理小組《睡虎地秦墓竹簡・效律》 計用律不審而贏、不備，以效贏、不備之律貲之，而勿令（賞）〔償〕。

睡虎地秦墓竹簡整理小組《睡虎地秦墓竹簡・效律》 計校相（繆）〔謬〕（殹）〔也〕，自二百廿錢以下，誶官嗇夫；過二百廿錢以到二千二百錢，貲一盾；過二千二百錢以上，貲一甲。人户、馬牛一，貲一盾；自二以上，貲一甲。

睡虎地秦墓竹簡整理小組《睡虎地秦墓竹簡・效律》 計脱實及出實多於律程，及不當出而出之，（直）〔值〕其（賈）〔價〕，不盈廿二錢，除；廿二錢以到六百六十錢，貲官嗇夫一盾；過六百六十錢以上，貲官嗇夫一甲，而復責其出（殹）〔也〕。人户、馬牛一以上爲大誤。誤自重（殹）〔也〕，減罪一等。

睡虎地秦墓竹簡整理小組《睡虎地秦墓竹簡・秦律雜抄》 （爲）〔僞〕聽命書，（法）〔廢〕弗行，耐爲（侯）〔候〕；不（辟）〔避〕席立，貲二甲，（法）〔廢〕。

睡虎地秦墓竹簡整理小組《睡虎地秦墓竹簡・秦律雜抄》 當除弟子籍不得，置任不審，皆耐爲（侯）〔候〕。使其弟子贏律，及（治）〔笞〕

之，貲一甲；決革，二甲。除弟子律。

睡虎地秦墓竹簡整理小組《睡虎地秦墓竹簡·秦律雜抄》 驀馬五尺八寸以上，不勝任，奔（摯）〔縶〕不如令，縣司馬貲二甲，令、丞各一甲。先賦驀馬，馬備，乃粼從軍者，到軍課之，馬殿，令、丞二甲；司馬貲二甲，（法）〔廢〕。

睡虎地秦墓竹簡整理小組《睡虎地秦墓竹簡·秦律雜抄》 （臧）〔藏〕皮革（橐）〔蠹〕突，貲嗇夫一甲，令、丞一盾。（臧）〔藏〕律。

睡虎地秦墓竹簡整理小組《睡虎地秦墓竹簡·秦律雜抄》 省殿，貲工師一甲，丞及曹長一盾，徒絡組廿給。省三歲比殿，貲工師二甲，丞、曹長一甲，徒絡組五十給。

睡虎地秦墓竹簡整理小組《睡虎地秦墓竹簡·秦律雜抄》 㯺園殿，貲嗇夫一甲，令、丞及佐各一盾，徒絡組各廿給。㯺園三歲比殿，貲嗇夫二甲而（法）〔廢〕，令、丞各一甲。

睡虎地秦墓竹簡整理小組《睡虎地秦墓竹簡·秦律雜抄》 採山重殿，貲嗇夫一甲，佐一盾；三歲比殿，貲嗇夫二甲而（法）〔廢〕。殿而不負費，勿貲。賦歲（紅）〔功〕，未取省而亡之，及弗備，貲其曹長一盾。（大）〔太〕官、右府、左府、右採鐵、左採鐵課殿，貲嗇夫一盾。

睡虎地秦墓竹簡整理小組《睡虎地秦墓竹簡·秦律雜抄》 膚吏乘馬篤、（辈）〔胔〕，及不會膚期，貲各一盾。馬勞課殿，貲厩嗇夫一甲，令、丞、佐、史各一盾。馬勞課殿，貲皂嗇夫一盾。

睡虎地秦墓竹簡整理小組《睡虎地秦墓竹簡·秦律雜抄》 牛大牝十，其六（毋）〔無〕子，貲嗇夫、佐各一盾。羊牝十，其四（毋）〔無〕子，貲嗇夫、佐各一盾。·牛羊課。

睡虎地秦墓竹簡整理小組《睡虎地秦墓竹簡·秦律雜抄》 徒卒不上宿，署君子、（敦）〔屯〕長、僕射不告，貲各一盾。宿者已上守除，擅下，人貲二甲。

睡虎地秦墓竹簡整理小組《睡虎地秦墓竹簡·秦律雜抄》 發僞書，弗（智）〔知〕，貲二甲。今咸陽發僞傳，弗（智）〔知〕，即復封傳它縣，它縣亦傳其縣次，到關而得，今當獨咸陽坐以貲，且它縣當盡貲？咸陽及它縣發弗（智）〔知〕者當皆貲。

睡虎地秦墓竹簡整理小組《睡虎地秦墓竹簡·法律答問》 廷行事吏爲詛僞，貲盾以上，行其論，（有）〔又〕廢之。

睡虎地秦墓竹簡整理小組《睡虎地秦墓竹簡·法律答問》 實官户關不致，容指若抉，廷行事貲一甲。

實官户扇不致，禾稼能出，廷行事貲一甲。

空倉中有薦，薦下有稼一石以上，廷行〔事〕貲一甲，令史監者一盾。

倉鼠穴幾（可）〔何〕而當論及誶？廷行事鼠穴三以上貲一盾，二以下誶。鼷穴三當一鼠穴。

有稟（叔）〔菽〕、麥，當出未出，即出禾以當（叔）〔菽〕、麥，（叔）〔菽〕、麥（賈）〔價〕賤禾貴，其論（可）〔何〕（殹）〔也〕？當貲一甲。

會赦未論，（有）〔又〕亡，赦期已盡六月而得，當耐。

吏有故當止食，弗止，盡稟出之，論（可）〔何〕（殹）〔也〕？當坐所贏出爲盜。

睡虎地秦墓竹簡整理小組《睡虎地秦墓竹簡·法律答問》 （可）〔何〕謂實署？實署即去（殹）〔也〕，且非是？是，其論（可）〔何〕（殹）〔也〕？即去署（殹）〔也〕。

張家山二四七號漢墓竹簡整理小組《張家山漢墓竹簡·二年律令·賊律》 □□□而誤多少其實，及誤脱字，罰金一兩。誤，其事可行者，勿論。

張家山二四七號漢墓竹簡整理小組《張家山漢墓竹簡·二年律令·置吏律》 有任人以爲吏，其所任不廉、不勝任以免，亦免任者。其非吏及宦也，罰金四兩，戍邊二歲。

□□□□有事縣道官而免斥，事已，屬所吏輒致事之。其弗致事，及其人留不自致事，盈廿日，罰金各二兩，（有）〔又〕以亡律（駕）〔加〕論不自致事者。

張家山二四七號漢墓竹簡整理小組《張家山漢墓竹簡·二年律令·田律》 田廣一步，袤二百卌步，爲畛，畝二畛，一（佰）〔陌〕道；百畝爲頃，十頃一（千）〔阡〕道，道廣二丈。恒以秋七月除（千）〔阡〕（佰）〔陌〕之大草；九月大除道□孤險，十月爲橋，修（波）〔陂〕堤，利津

梁。雖非除道之時而有陷敗不可行，輒爲之。鄉部主邑中道，田主田道。道有陷敗不可行者，罰其嗇夫、吏主者黄金各二兩。□□□□□及□土，罰金二兩。

張家山二四七號漢墓竹簡整理小組《張家山漢墓竹簡·二年律令·行書律》 發致及有傳送，若諸有期會而失期，乏事，罰金二兩。非乏事也，及書已具，留弗行，行書而留過旬，皆盈一日罰金二兩。

□□□不以次，罰金各四兩，更以次行之。

書不急，擅以郵行，罰金二兩。

郵人行書，一日一夜行二百里。不中程半日，笞五十；過半日至盈一日，笞百；過一日，罰金二兩。郵吏居界過書，弗過而留之，半日以上，罰金一兩。書不當以郵行者，爲送告縣道，以次傳行之。諸行書而毁封者，皆罰金一兩。書以縣次傳，及以郵行，而封毁，□縣□劾印，更封而署其送〔徼〕〔檄〕曰：封毁，更以某縣令若丞印封。

張家山二四七號漢墓竹簡整理小組《張家山漢墓竹簡·二年律令·户律》 自五大夫以下，比地爲伍，以辨□爲信，居處相察，出入相司。有爲盗賊及亡者，輒謁吏、典。田典更挾里門〔籥〕〔鑰〕，以時開；伏閉門，止行及作田者；其獻酒及乘置乘傳，以節使，救水火，追盗賊，皆得行，不從律，罰金二兩。

張家山二四七號漢墓竹簡整理小組《張家山漢墓竹簡·二年律令·户律》 代户、貿賣田宅，鄉部、田嗇夫、吏留弗爲定籍，盈一日，罰金各二兩。

張家山二四七號漢墓竹簡整理小組《張家山漢墓竹簡·二年律令·户律》 恒以八月令鄉部嗇夫、吏、令史相雜案户籍，副〔臧〕〔藏〕其廷。有移徙者，輒移户及年籍爵細徙所，并封。留弗移，移不并封，及實不徙數盈十日，皆罰金四兩；數在所正、典弗告，與同罪。鄉部嗇夫、吏主及案户者弗得，罰金各一兩。

民宅園户籍、年細籍、田比地籍、田命籍、田租籍，謹副上縣廷，皆以篋若匣匱盛，緘閉，以令若丞、官嗇夫印封，獨别爲府，封府户；〔節〕〔即〕有當治爲者，令史、吏主者完封〔奏〕〔湊〕令若丞印，嗇夫發，即雜治爲；〔臧〕〔藏〕□已，輒復緘閉封〔臧〕〔藏〕，不從律者罰金各四兩。其或爲〔哰〕〔詐〕僞，有增減也，而弗能得，贖耐。官恒先計讎，□籍□不相（？）復者，〔擊〕〔繫〕劾論之。民欲先令相分田宅、奴婢、財物，鄉部嗇夫身聽其令，皆參辨券書之，輒上如户籍。有争者，以券書從事；毋券書，勿聽。所分田宅，不爲户，得有之，至八月書户，留難先令，弗爲券書，罰金一兩。

張家山二四七號漢墓竹簡整理小組《張家山漢墓竹簡·二年律令·徭律》 興□□□□爲□□□□及發〔繇〕〔徭〕戍不以次，若擅興車牛，及〔繇〕〔徭〕不當〔繇〕〔徭〕使者，罰金各四兩。

張家山二四七號漢墓竹簡整理小組《張家山漢墓竹簡·二年律令·津關令》 一御史言，越塞闌關，論未有□，請闌出入塞之津關，黥爲城旦舂；越塞，斬左〔止〕〔趾〕爲城旦；吏卒主者弗得，贖耐；令、丞、令史罰金四兩。〔智〕〔知〕其〔請〕〔情〕而出入之，及假予人符傳，令以闌出入者，與同罪。非其所□爲□而擅爲傳出入津關，以傳令闌令論，及所爲傳者。縣邑傳塞，及備塞都尉、關吏、官屬人、軍吏卒乘塞者□其□□□□□日□□牧□□塞郵、門亭行書者得以符出入。制曰：可。

張家山二四七號漢墓竹簡整理小組《張家山漢墓竹簡·奏讞書》 北地守讞〔讞〕：奴宜亡，越塞道，戍卒官大夫有署出，弗得，疑罪。·廷報：有當贖耐。

《漢書》卷一下《高帝紀》 〔高帝五年夏五月〕又曰：七大夫，公乘以上，皆高爵也。諸侯子及從軍歸者，甚多高爵，吾數詔吏先與田宅，及所當求於吏者，亟與。爵或人君，上所尊禮，久立吏前，曾不爲决，甚亡謂也。異日秦民爵公大夫以上，令丞與亢禮。今吾於爵非輕也，吏獨安取此！且法以有功勞行田宅，今小吏未嘗從軍者多滿，而有功者顧不得，背公立私，守尉長吏教訓甚不善。其令諸吏善遇高爵，稱吾意。且廉問，有不如吾詔者，以重論之。

《漢書》卷五《景帝紀》 〔後元〕三年春正月，詔曰：農，天下之本也。黄金珠玉，饑不可食，寒不可衣，以爲幣用，不識其終始。間歲或不登，意爲末者衆，農民寡也。其令郡國務勸農桑，益種樹，可得衣食物。吏發民若取庸采黄金珠玉者，坐臧爲盗。二千石聽者，與同罪。

《漢書》卷六《武帝紀》 元朔元年冬十一月，詔曰：公卿大夫，所

使總方略，壹統類，廣教化，美風俗也。夫本仁祖義，褒德祿賢，勸善刑暴，五帝三王所繇昌也。朕夙興夜寐，嘉與宇內之士臻於斯路。故旅耆老，復孝敬，選豪俊，講文學，稽參政事，祈進民心，深詔執事，興廉舉孝，庶幾成風，紹休聖緒。夫十室之邑，必有忠信；三人並行，厥有我師。今或至闔郡而不薦一人，是化不下究，而積行之君子雍於上聞也。二千石官長紀綱人倫，將何以佐朕燭幽隱，勸元元，厲蒸庶，崇鄉黨之訓哉？且進賢受上賞，蔽賢蒙顯戮，古之道也。其與中二千石，禮官，博士議不舉者罪。有司奏議曰：古者，諸侯貢士，壹適謂之好德，再適謂之賢賢，三適謂之有功，乃加九錫；不貢士，壹則黜爵，再則黜地，三而黜爵地畢矣。夫附下罔上者死，附上罔下者刑，與聞國政而無益於民者斥，在上位而不能進賢者退，此所以勸善黜惡也。今詔書昭先帝聖緒，令二千石舉孝廉，所以化元元，移風易俗也。不舉孝，不奉詔，當以不敬論。不察廉，不勝任也，當免。奏可。

《漢書》卷四六《石奮傳》　元封四年，關東流民二百萬口，無名數者四十萬，公卿議欲請徙流民於邊以適之。上以爲〔石〕慶老謹，不能與其議，乃賜丞相告歸，而案御史大夫以下議爲請者。慶慚不任職，上書曰：臣幸得待罪丞相，疲駑無以輔治。城郭倉廩空虛，民多流亡，罪當伏斧質，上不忍致法。願歸丞相侯印，乞骸骨歸，避賢者路。

上報曰：間者，河水滔陸，泛濫下餘郡，隄防勤勞，弗能堙塞，朕甚憂之。是故巡方州，禮嵩岳，通八神，以合宣房。濟淮江，歷山濱海，問百年民所疾苦。惟吏多私，徵求無已，去者便，居者擾，故爲流民法，以禁重賦。乃者封泰山，皇天嘉況，神物並見。朕方荅氣應，未能承意，是以切比閭里，知吏姦邪。委任有司，然則官曠民愁，盜賊公行。往年覲明堂，赦殊死，無禁錮，咸自新，與更始。今流民愈多，計文不改，君不繩責長吏，而請以興徙四十萬口，搖蕩百姓，孤兒幼年未滿十歲，無罪而坐率，朕失望焉。今君上書言倉庫城郭不充實，民多貧，盜賊衆，請入粟爲庶人。夫懷知民貧而請益賦，動危之而辭位，欲安歸難乎？君其反室！

《漢書》卷一九上《百官公卿表上》　武帝元封五年，初置部刺史，掌奉詔條察州。

師古曰：《漢官典職儀》云，刺史班宣，周行郡國，省察治狀，黜陟能否，斷治冤獄，以六條問事，非條所問，即不省。一條，强宗豪右田宅逾制，以强凌弱，以衆暴寡。二條，二千石不奉詔書遵承典制，倍公向私，帝詔守利，侵漁百姓，聚斂爲姦。三條，二千石不恤疑獄，風厲殺人，怒則任刑，喜則淫賞，煩擾刻暴，剥截黎元，爲百姓所疾，山崩石裂，訞祥訛言。四條，二千石選署不平，苟阿所愛，蔽賢寵頑。五條，二千石子弟恃怙榮勢，請託所監。六條，二千石違公下比，阿附豪强，通行貨賂，割損正令也。

《漢書》卷八三《薛宣傳》　久之，廣漢郡盜賊羣起，丞相御史遣掾史逐捕不能克。上乃拜河東都尉趙護爲廣漢太守，以軍法從事。數月，斬其渠帥鄭躬，降者數千人，乃平。會邛成太后崩，喪事倉卒，吏賦斂以趨辦。其後上聞之，以過丞相御史，遂册免〔薛〕宣曰：君爲丞相，出入六年，忠孝之行，率先百僚，朕無聞焉。朕既不明，變異數見，歲比不登，倉廩空虛，百姓饑饉，流離道路，疾疫死者以萬數，人至相食，盜賊並興，羣職曠廢，是朕之不德而股肱不良也。乃者廣漢羣盜橫恣，殘賊吏民，朕惻然傷之，數以問君，君對輒不如其實。西州鬲絕，幾不爲郡。三輔賦斂無度，酷吏並緣爲姦，侵擾百姓，詔君案驗，復無欲得事實之意。九卿以下，咸承風指，同時陷於謾欺之辜，咎繇君焉！有司法君領職解嫚，開謾欺之路，傷薄風化，無以帥示四方。不忍致君於理，其上丞相高陽侯印綬，罷歸。

《漢書》卷八《宣帝紀》　五鳳二年秋八月，詔曰：夫婚姻之禮，人倫之大者也；酒食之會，所以行禮樂也。今郡國二千石或擅爲苛禁，禁民嫁娶不得具酒食相賀召。由是廢鄉黨之禮，令民亡所樂，非所以導民也。《詩》不云乎？民之失德，乾餱以愆。勿行苛政。

《漢書》卷八《宣帝紀》　〔黄龍元年二月〕詔曰：蓋聞上古之治，君臣同心，舉措曲直，各得其所。是以上下和洽，海內康平，其德弗可及已。朕既不明，數申詔公卿大夫務行寬大，順民所疾苦，將欲配三王之隆，明先帝之德也。今吏或以不禁姦邪爲寬大，縱釋有罪爲不苛，或以酷惡爲賢，皆失其中。奉詔宣化如此，豈不謬哉！方今天下少事，繇役省減，兵革不動，而民多貧，盜賊不止，其咎安在？上計簿，具文而已，

《後漢書》卷二《明帝紀》〔中元二年〕十二月甲寅，詔曰：【略】今選舉不實，邪佞未去，權門請託，殘吏放手，百姓愁怨，情無告訴。有司明奏罪名，並正舉者。又郡縣每因徵發，輕爲奸利，詭責羸弱，先急下貧。其務在均平，無令枉刻。

《後漢書》卷三《章帝紀》建初元年春正月，詔三州郡國：方春東作，恐人稍受稟，往來煩劇，或妨耕農。其各實覈尤貧者，計所貸並與之。流人欲歸本者，郡縣其實稟，令足還到，聽過止官亭，無雇舍宿。長吏親躬，無使貧弱遺脱，小吏豪右得容姦妄。詔書既下，勿得稽留，刺史明加督察尤無狀者。

《後漢書》卷三《章帝紀》〔建初〕二年春三月辛丑，詔曰：比年陰陽不調，饑饉屢臻。深惟先帝憂人之本，詔書曰不傷財，不害人，誠欲元元去末歸本。而今貴戚近親，奢縱無度，嫁娶送終，尤爲僭侈。有司廢典，莫有舉察。《春秋》之義，以貴理賤。今自三公，並宜明糾非法，宣振威風。朕在弱冠，未知稼穡之艱難，區區管窺，豈能照一隅哉！其科條制度所宜施行，在事者備爲之禁，先京師而後諸夏。

《後漢書》卷四《和帝紀》〔永元五年二月〕丁未，詔曰：去年秋麥入少，恐民食不足。其上尤貧不能自給者户口人數。往者郡國上貧民，以衣履釜鬵爲資，而豪右得其饒利。詔書實核，欲有以益之，而長吏不能躬親，反更徵召會聚，令失農作，愁擾百姓。若復有犯者，二千石先坐。【略】

三月戊子，詔曰：選舉良才，爲政之本。科別行能，必由鄉曲。而郡國舉吏，不加簡擇，故先帝明（勑）〔敕〕在所，令試之以職，乃得充選。又德行尤異，不須經職者，別署狀上。而宣佈以來，出入九年，二千石曾不承奉，恣心從好，司隸、刺史訖無糾察。今新蒙赦令，且復申（勑）〔敕〕，後有犯者，顯明其罰。在位不以選舉爲憂，督察不以發覺爲負，非獨州郡也。是以庶官多非其人。下民被姦邪之傷，由法不行故也。

《後漢書》卷四《殤帝紀》〔延平元年〕秋七月庚寅，勑司隸校尉、部刺史曰：夫天降灾戾，應政而至。閒者郡國或有水災，妨害秋稼。朝廷惟咎，憂惶悼懼。而郡國欲獲豐穰虚飾之譽，遂覆蔽灾害，多張墾田，不揣流亡，競增户口，掩匿盗賊，令姦惡無懲，署用非次，選舉乖宜，貪務爲欺謾，以避其課。三公不以爲意，朕將何任？諸請詔省卒徒自給者皆止。御史察計簿，疑非實者，按之，使真僞毋相亂。

《漢書》卷九《元帝紀》〔初元三年〕六月，詔曰：蓋聞安民之道，本繇陰陽。間者陰陽錯謬，風雨不時。朕之不德，庶幾群公有敢言朕之過者，今則不然。媮合苟從，未肯極言，朕甚閔焉。永惟烝庶之飢寒，遠離父母妻子，勞於非業之作，衛於不居之宫，恐非所以佐陰陽之道也。其罷甘泉、建章宫衛，令就農。百官各省費。條奏毋有所諱。有司勉之，毋犯四時之禁。

《漢書》卷九《元帝紀》〔建昭〕五年春三月，詔曰：【略】又曰：方春農桑興，百姓（戮）〔勠〕力自盡之時也，故是月勞農勸民，無使後時。今不良之吏，覆案小罪，徵召證案，興不急之事，以妨百姓，使失一時之作，亡終歲之功，公卿其明察申敕之。

《漢書》卷八二《傅喜傳》〔建平二年〕後數月，遂策免喜曰：君輔政出入三年，未有昭然匡朕不逮，而本朝大臣遂其姦心，咎由君焉。其上大司馬印綬，就第。

《漢書》卷七七《毋將隆傳》〔建平四年〕上於是制詔丞相、御史大夫：交讓之禮興，則虞芮之訟息。隆位九卿，既無以匡朝廷之不逮，而反奏請與永信宫争貴賤之賈，程奏顯言，衆莫不聞。舉錯不由誼理，争求之名自此始，無以示百僚，傷化失俗。以隆前有安國之言，左遷爲沛郡都尉，遷南郡太守。

《漢書》卷八一《孔光傳》〔建平末〕後數月遂策免光曰：丞相者，朕之股肱，所與共承宗廟，統理海内，輔朕之不逮以治天下也。朕既不明，災異重仍，日月無光，山崩河決，五星失行，是章朕之不德而股肱之不良也。君前爲御史大夫，輔翼先帝，出入八年，卒無忠言嘉謀，今相朕，出入三年，憂國之風復無聞焉。陰陽錯謬，歲比不登，天下空虚，百姓饑饉，父子分散，流離道路，以十萬數。而百官群職曠廢，奸軌放縱，盗賊並起，或攻官寺，殺長吏。數以問君，君無怵惕憂懼之意，對毋能爲。是以群卿大夫咸惰哉莫以爲意，咎由君焉。君秉社稷之重，總百僚之任，上無以匡朕之闕，下不能綏安百姓。《書》不云乎？毋曠庶官，天工人其代之。於呼！君其上丞相博山侯印綬，罷歸。

苛慘毒，延及平民。刺史垂頭塞耳，阿私下比，不畏於天，不愧於人。假貸之恩，不可數恃，自今以後，將糾其罰。二千石長吏其各實核所傷害，爲除田租、芻稾。

《後漢書》卷六《順帝紀》〔陽嘉元年十二月〕辛卯，詔曰：閒者以來，吏政不勤，故灾咎屢臻，盜賊多有。退省所由，皆以選舉不實，官非其人，是以天心未得，人情多怨。《書》歌股肱，《詩》刺三事。今刺史、二千石之選，歸任三司。其簡序先後，精覈高下，歲月之次，文武之宜，務存厥衷。

薛英群《疏勒河流域出土漢簡》　輒以聞，非所謂留難變事當以留奉□□律令吏用□疑，或不以問，留變事滿半月

謝桂華等《居延漢簡釋文合校》　言吏，不謁言吏奪爵一級，捕

甘肅省文物考古研究所《居延新簡》　不候望，利親奉詔不謹不敬，以此知而劾。時▨

甘肅省文物考古研究所《居延新簡》　▨期會，皆坐辦具官事不辦，論罰金各四兩，直二千五百

甘肅省文物考古研究所《居延新簡》　▨□□盡戊寅，積二未還□倉盜去署七過一日，到二日

（清）杜貴墀《漢律輯證》卷四　選舉不實。《漢官儀》曰：建初八年十二月己未，詔書辟士四科，云自今以後，審四科辟召，及刺史、二千石察舉茂才尤異孝廉吏，務實校試以職。有非其人，不習曹事，正舉者故不以實法也。《後書・明帝紀》帝即位詔曰：今選舉不實，邪佞未去，權門請託，殘吏放手。有司明奏罪名，并正舉者。竇融表戴涉，坐所舉人盜金，下獄。《胡廣傳》：爲濟陰太守，以舉吏不實免。前書《功臣表》元朔五年，山陽侯張當居爲太常坐選子弟故不以實，完爲城旦。太子太傅張譚爲御史大夫，竟甯元年坐選舉不實免。元帝初元二年詔列侯舉茂才，富平侯張勃舉湯坐選舉故不以實削户二百，見《陳湯傳》。《杜業傳》司隸選舉不實坐免官。《白帖》舉主門嚴延年察獄史廉會其吏有臧不入身坐舉不實貶秩。元延元年詔舉方正紅陽侯立舉陳咸，方進奏咸不當舉方正並奏立選舉故不以實，見《翟方進傳》。《後書・呂強傳》舊典選舉委任三府，三府有選參議掾屬咨其行狀，度其器能受試任用責以成功，若無可察然後付之尚書，尚書舉劾請下廷尉覆案虛實，行其誅罰，觀此知并正舉者爲漢舊法，久而廢弛。至有如《楊倫傳》所云，任嘉所坐狼藉，未受辜戮而改典大郡者，此等非案坐舉主無以禁絶姦萌。明章二帝特申舊令耳。楊倫言昔齊威之霸殺姦臣五人并及舉者，以弭謗讟。貢萬言，守相選舉不以實及有臧者，輒行其誅，亡但免官貶秩削戶尚爲輕典也。《魏志・何夔傳》可修保舉故不以實之令，上以觀朝臣之節，下以塞爭競之原。《白帖》四十三平帝詔，諸有臧及內惡未發而薦舉者不案驗。按唐律，貢舉非其人在職制一保任不如所任在詐僞一。武帝詔議不舉孝廉者罪有司，奏議曰，不舉孝不奉詔當以不敬論；不察廉不勝任也，當免奏，可見本紀。吏六百石者不復得舉爲廉吏，見《孝宣本紀》。韋昭注，順帝陽嘉四年，太尉施延以選貪汙免，見《袁紀》。

（清）杜貴墀《漢律輯證》卷四　稟貧不實。《後書・魯丕傳》拜陳留太守，坐稟貧人不實司寇論。

（清）杜貴墀《漢律輯證》卷四　耎弱不勝任。《孫寶傳》廣漢羣盜起遷爲益州刺史，廣漢太守軟弱不任職，寶到部親諭告羣盜，非本造意，渠率皆得悔過自出，遣歸田里。自劾矯制，奏商爲亂首。師古注，由商不任職故有賊盜，故云亂首也。《王尊傳》尊子伯亦爲京兆尹，坐耎弱不勝任免。《酷吏・尹賞傳》丈夫爲吏，正坐殘賊免，追思其功效，則復進用矣。一坐軟弱不勝任免，終身廢棄無有赦時，其羞辱甚於貪汙坐臧。賈誼陳政事疏坐罷軟不勝任者不曰罷軟，曰下官不職。《外戚恩澤表》博山侯孔光建平二年坐衆職廢免。

（清）杜貴墀《漢律輯證》卷四　過律。《功臣表》嗣東茅侯劉告孝文十六年坐事國人過員免。師古注，事役使之員數也。嗣信武侯靳亭嗣祝阿侯高成孝文後三年坐事國人過律免。嗣武原侯衛不害孝景後二年坐葬過律免。《王子侯表》旁光侯殷坐貸子錢不占租取息過律，會赦免。師古注，以子錢貸人律合收租匿不占取息利又多。陵鄉侯訢建始二年坐使人傷家丞又貸穀息過律免。《王莽傳》公卿入宮吏有常數太傅平晏從吏過例。

左官。《諸侯王表》武有衡山淮南之謀作左官之律，服虔曰，仕於諸侯爲左官絶不得使仕於王侯也。《後書・丁鴻傳》左官外附之臣。注：設左官者，人道尚右，舍天子而事諸侯爲左官。愚按《周昌傳》昌泣曰，臣

初起從陛下奈何中道而棄之於諸侯乎。高祖曰，吾極知其左遷雲雲。仕諸侯王爲左官，漢初已然矣。《兩龔傳》王國人不得宿衛。《彭宣傳》李奇注引漢制，王國人不得在京師，武帝所設之律當即此類。《功臣表》薛穰坐受淮南王賂，上書稱臣，在赦前免。侯有利侯釘嗣侯鄂但並坐稱臣，淮南王棄市。《嚴助傳》淮南王來朝厚賂遺助，及淮南反事與助相連，廷尉張湯以爲助出入禁門腹心之臣，而外與諸侯交誅，後不可治，助竟棄市。

（清）杜貴墀《漢律輯證》卷四　漏洩。元帝建昭二年淮陽王舅張博、魏郡太守京房坐窺道諸侯王以邪意，漏洩省中語，博要斬，房棄市。《孔光傳》詔書侍中駙馬都尉遷巧佞無義，漏洩不忠，國之賊也，免歸故郡。《百官公卿表》孝成河平中楚相齊宋登爲京兆尹，貶爲東萊都尉，坐漏洩省中語下獄自殺。《劉向傳》不宜宣泄臣謹重封昧死上。《楊賜傳》不敢自同凡臣，括囊避咎。謹自手書密上。《陳萬年傳》於是石顯微伺知之，白奏咸漏洩省中語，下獄掠治，減死，髡爲城旦。《師丹傳》丹使吏書奏，吏私寫其草，丁、傅子弟使人上書告丹。上以問將軍中朝臣，皆封以大臣奏事不宜漏洩，令吏民傳寫流聞四方。廷尉劾丹大不敬，給事中博士申咸、炔欽上書言，丹發憤懣，奏封事不及深思遠慮，使主簿書，漏洩之過不在丹。以此貶黜恐不厭衆心。《鄭弘傳》奏尚書張林阿附竇憲，又上洛陽令楊光，憲之賓客，在官貪殘。書奏吏與光故舊，因以告之。光報憲，憲奏弘大臣漏洩密事。帝詰讓弘，收上印綬。弘自詣廷尉。按唐律洩漏大事在職制一。《百官公卿表》元鳳四年蒲侯蘇昌爲太常，後坐籍霍山書洩秘書免。師古注，以秘書借霍山顧亭林駁之云，蓋籍沒霍山之書中有秘記當密奏之而輒以示人，故以宣泄罪之。

（清）杜貴墀《漢律輯證》卷五　持喪葬築蓋嫁取卜數文書使民倍禮違制。王制假於鬼神時日卜筮。鄭注引漢法。《李尋傳》成帝時齊人甘忠可詐造《天官歷》、《包元太平經》十二卷，言天帝使眞人赤精子下教我此道。中壘校尉劉向奏，忠可假鬼神罔上惑衆，下獄治服。唐律造祆書在賊盜二。

《三國志》卷二《魏志・文帝紀》〔黄初〕三年春正月丙寅朔，日有蝕之。庚午，行幸許昌宫。詔曰：今之計、〔考〕〔孝〕，古之貢士也；十室之邑，必有忠信，若限年然後取士，是呂尚、周晋不顯於前世也。其令郡國所選，勿拘老幼；儒通經術，吏達文法，到皆試用。有司糾故不以實者。

《晋書》卷三〇《刑法志》《興律》有乏徭稽留，《賊律》有儲峙不辦，《厩律》有乏軍之興，及舊典有奉詔不謹、不承用詔書，漢氏施行有小愆之反不如令，輒劾以不承用詔書乏軍要斬，又減以《丁酉詔書》，《丁酉詔書》，漢文所下，不宜復以爲法，故別爲之《留律》。

《晋書》卷三《武帝紀》〔泰始四年〕六月丙申朔，詔曰：郡國守相，三載一巡行屬縣，必以春，此古者所以述職宣風展義也。見長吏，觀風俗，協禮律，考度量，存問耆老，親見百年。録囚徒，理冤枉，詳察政刑得失，知百姓所患苦。無有遠近，便若朕親臨之。敦喻五教，勸務農功，勉勵學者，思勤正典，無爲百家庸末，致遠必泥。士庶有好學篤道，孝弟忠信，清白異行者，舉而進之；有不孝敬於父母，不長悌於族黨，悖禮棄常，不率法令者，糾而罪之。田疇闢，生業修，禮教設，禁令行，則長吏之能也。人窮匱，農事荒，姦盗起，刑獄煩，下陵上替，禮義不興，斯長吏之否也。若長吏在官公廉，慮不及私，正色直節，不飾名譽者，及身行貪穢，諂黷求容，公節不立，而私門日富者，並謹察之。揚清激濁，舉善彈違，此朕所以垂拱總綱，責成於良二千石也。於戲戒哉！

《晋書》卷三《武帝紀》〔泰始八年二月〕帝與右將軍皇甫陶論事，陶與帝争言，散騎常侍鄭徽表請罪之。帝曰：讜言謇諤，所望於左右也。人主常以阿媚爲患，豈以争臣爲損哉！徽越職妄奏，豈朕之意。遂免徽官。

《晋書》卷六《元帝紀》〔大興元年〕秋七月戊申，詔：王室多故，姦兇肆暴，皇綱弛墜，顛覆大猷。朕以不德，統承洪緒，夙夜憂危，思改其弊。二千石令長當祗奉舊憲，正身明法，抑齊豪强，存恤孤獨，隱實户口，勸課農桑。州牧刺史當互相檢察，不得顧私虧公。長吏有志在奉公而不見進用者，有貪惏穢濁而以財勢自安者，若有不舉，當受故縱蔽善之罪，有而不知，當受闇塞之責。各明慎奉行。

《宋書》卷九《後廢帝本紀》〔泰豫元年〕六月壬辰，詔曰：夫興王經制，實先民隱，方求廣教，刑於四維。朕以煢眇，夙膺實歷，永言民政，未接聽覽，眷言乃顧，無忘鑒寐。可遣大使分行四方，觀採風謡，問

其疾苦。令有咈民，法不便俗者，悉各條奏。若守宰威恩可紀，廉勤允著，依事騰聞。如獄訟誣枉，職事紕繆，惰公存私，害民利己者，無或隱昧。廣納芻輿之議，博求獻藝之規。巡省之道，務令精洽，深簡行識，俾若朕親覽焉。

《梁書》卷二《武帝紀》〔天監元年夏四月庚午〕詔曰：觀風省俗，哲后弘規；狩岳巡方，明王盛軌。所以重華在上，五品聿修；文命肇基，四載斯履。故能物色幽微，耳目屠釣，致王業於緝熙，被淳風於遐邇。朕以寡薄，昧於治方，藉代終之運，當符命之重，取監前古，懔若馭朽。思所以振民育德，去殺騰殘，解網更張，置之仁壽；而明慚照遠，智不周物，兼以歲之不易，未遑卜征，興言夕惕，無忘鑒寐。可分遣內侍，周省四方，觀政聽謡，訪賢舉滯。其有田野不辟，獄訟無章，忘公殉私，侵漁是務者，悉隨事以聞。若懷寶迷邦，藴奇待價，蓄響藏真，不求聞達，並依名騰奏，罔或遺隱。使輶軒所届，如朕觀覽焉。

《北史》卷二《魏本紀·高宗文帝》〔魏和平六年九月〕丙午，詔曰：先朝以州牧親人，宜置良佐，故敕有司班九條之制，使前政選吏以待後人。然牧司舉非其人，愆於典度。今制刺史守宰到官之日，仰自舉人望忠信，以爲選官，不論前政，共相平置。若簡任失所，以罔上論。

《魏書》卷七上《文帝紀》〔延興三年九月〕辛丑，詔遣使者十人循行州郡，檢括户口。其有仍隱不出者，州、郡、縣、户主並論如律。

《魏書》卷九《明帝紀》〔孝昌元年二月〕壬寅，詔曰：勸善黜惡，經國茂典。其令每歲一終，郡守列令長，刺史列守相，以定考課，辯其能否。若有濫謬，以考功失衷論。

《周書》卷六《武帝紀》〔永熙六年〕初行《刑書要制》。持杖羣强盗一匹以上，不持杖羣强盗五匹以上，監臨主掌自盗二十匹以上，小盗及詐偽請官物三十匹以上，正長隱五户及十丁以上、隱地三頃以上者，至死。《刑書》所不載者，自依律科。

《隋書》卷三《煬帝紀》〔煬帝大業元年三月〕戊申，詔曰：聽採輿訟，謀及庶民，故能審政刑之得失，是知昧旦思治，欲使幽枉必達，彝倫有章。而牧宰任稱朝委，苟爲徼幸，以求考課，虚立殿最，不存治實，朝綱於是弗理，冤屈所以莫申。關河重阻，無由自達。朕故建立東京，躬親存問。今巡歷淮海，觀省風俗，眷求讜言，徒繁詞翰。而鄉校之內，闕爾無聞。恇然夕惕，用忘興寢。其民下有知州縣官政治苛刻，侵害百姓，背公徇私，不便於民者，宜聽詣朝堂封奏，庶乎四聰以達，天下無冤。

（宋）宋敏求《唐大詔令集》卷一一一《政事·賦斂·禁止迎送營造差科詔》 隋末喪亂，豺狼競逐，率土之衆，百不一存。干戈未静，農桑咸廢，凋弊之餘，飢寒重切。永言念此，悼於厥心。今寇賊已平，天下無事，百姓安堵，各務耕織，家給人足，即事可期。所以新附之民，特蠲徭賦，欲其休息，更無煩擾，使獲安静，自修産業。猶恐所在州縣，未稱朕懷。道路迎送，廨宇營築，率意徵求，擅相呼召。諸如此類，悉宜禁斷；非有别敕，不得差科。不遵詔者，重加推罰。布告天下，咸知此意。武德六年四月。

（唐）長孫無忌等《唐律疏議》卷七《衛禁·宿衛上番不到》 諸宿衛人，應上番不到及因假而違者，一日笞四十，三日加一等；過杖一百，五日加一等，罪止徒二年。

疏議曰：宿衛人應上番而不到，及因得假而違者，一日笞四十，三日加一等，滿十九日合杖一百。若過杖一百，五日加一等，罪止徒二年。計三十四日，即當罪止。

問曰：假有宿衛人，番期五日未滿，因一日假，遂違不上，爲當止得四日違罪，唯復累至罪止而科？

答曰：番期有限，限內有故須請假，日滿即須赴番。違假不上，準日科斷。其人四日之外，即當下直，下日不勞請假，豈合計日累科。四日之外，明知不坐。

又問：應上不到，因假而違者，並罪止得徒二年。若準三十四日罪止，便是月番之外。今解不番之日不坐，恐理未盡？

答曰：依式：三衛去京二千里外，六十日上；嶺南爲季上。三十四日罪止，爲包遠道生文。

（唐）長孫無忌等《唐律疏議》卷八《衛禁·宿衛兵仗遠身》 諸宿衛者，兵仗不得遠身，違者杖六十；若輒離職掌，加一等；别處宿者，又加一等。主帥以上，各加二等。

疏議曰：兵仗者，謂横刀常帶；其甲、矟、弓、箭之類，有時應執

著者並不得遠身，不應執帶者常自近身。輒遠身者，各杖六十。其職掌之處，依次坐立，輒離職掌，加一等，合杖七十。即於別處宿者，又加一等，合杖八十。主帥以上，各加二等，稱主帥以上，謂隊副以上，至大將軍以下，兵仗遠身杖八十，輒離職掌杖九十，別處宿者杖一百，是各加二等。

（唐）長孫無忌等《唐律疏議》卷八《衛禁・宮内外行夜不覺犯法》

諸宮内外行夜，若有犯法，行夜主司不覺，減守衛者罪二等。

疏議曰：宮内外行夜，並置鋪、持更，即是守衛者。又有探更、行更之人，此行夜者。若當探、行之處，有犯法者，行夜主司不覺，減守衛者罪二等，謂上條：闌入及越垣，守衛不覺減二等。注云：守衛，謂持時專當者。行夜主司不覺犯法，皆減此持時專當人罪二等。

（唐）長孫無忌等《唐律疏議》卷八《衛禁・越州鎮戍等城垣》 即州、鎮、關、戍城及武庫等門，應閉忘誤不下鍵，若應開毁管鍵而開者，各杖八十；

疏議曰：州、鎮、關、戍城，武庫，各有禁門。應閉，皆須下鍵。其忘誤不下鍵，若應開毁管鍵而開者，各得杖八十。

錯下鍵及不由鑰而開者，杖六十。餘門，各減二等。

疏議曰：錯下鍵，謂管鍵不相當者。及不由鑰而開者，謂不用鑰而開。各杖六十。餘門，謂主坊、市之類，官有門禁者。若應閉忘誤不下鍵，應開毁管鍵而開，各杖六十；錯下鍵及不由鑰而開，各笞四十。故云餘門各減二等。

若擅開閉者，各加越罪二等；即城主無故開閉者，與越罪同；未得開閉者，各減已開閉一等。餘條未得開閉準此。

疏議曰：擅，謂非時而開閉者。州及鎮、戍、武庫門而有非時擅開閉者，加越罪二等，處徒二年。縣城以下，擅開閉者，並加越罪二等。城主無故開閉者，謂州、縣、鎮、戍等長官主執鑰者，不依法式開閉，與越罪同。其坊正、市令非時開閉坊、市門者，亦同城主之法。州、鎮、戍城門各徒一年，自縣城以下悉與越罪同。既云城主無故開閉，即是有故許閉。若有警急驛使及制敕事速，非時至州、縣者，城主驗實，亦得依法爲開。

（唐）長孫無忌等《唐律疏議》卷九《職制・貢舉非其人》 諸貢舉非其人及應貢舉而不貢舉者，一人徒一年，二人加一等，罪止徒三年。非其人，謂德行乖僻，不如舉狀者。若試不及第，減二等。率五分得三分及第者，不坐。

疏議曰：依令：諸州歲別貢人。若別敕令舉及國子諸館年常送省者，爲舉人。皆取方正清循，名行相副。若德行無聞，妄相推薦，或才堪利用，蔽而不舉者，一人徒一年，二人加一等，罪止徒三年。注云非其人，謂德行乖僻，不如舉狀者，若吏舉名實乖違，即是不如舉狀，縱使試得及第，亦退而獲罪。如其德行無虧，唯試策不及第，減乖僻者罪二等。率五分得三分及第者，不坐，謂試五得三，試十得六之類，所貢官人，皆得免罪。若貢五得二，科三人之罪；貢十得三，科七人之罪。但有一人德行乖僻，不如舉狀，即以乖僻科之。縱有得第者多，並不合共相準折。

若考校、課試而不以實及選官乖於舉狀，以故不稱職者，減一等。負殿應附而不附，及不應附而附，致考有陞降者，罪亦同。

疏議曰：考校，謂内外文武官寮年終應考校功過者。其課試，謂貢舉之人藝業伎能，依令課試有數。若其官司考、試不以實及選官乖於所舉本狀，以故不稱職者，謂不習典憲，任以法官；明練經史，授之武職之類，各減貢舉非其人罪一等。負殿應附不附者，依令：私坐每一斤爲一負，公罪二斤爲一負，各十負爲一殿。校考之日，負殿皆悉附狀，若故違不附，及不應附者，謂蒙別敕放免，或經恩降，公私負殿並不在附限，若犯免官以上及贓賄入己，恩前獄成，仍附景迹，除此等罪，並不合附而故附。致使考校有陞降者，得罪亦同，謂與考校、課試不實罪同，亦減貢舉非其人罪一等。

失者，各減三等。餘條失者準此。承言不覺，又減一等；知而聽行，與同罪。

疏議曰：失者，各減三等，謂意在堪貢，心不涉私，不審德行有虧，得減故罪三等。自試不及第以下，應附不附以上，失者又各減三等。餘條失者準此，謂一部律内，公事錯失，本條無失減之文者，並準此減三等。承言不覺，亦從貢舉以下，承校試人言，不覺差失，從失減三等上更減一等，故云又減一等。知而聽行，亦從貢舉以下，知非其人，或試不及第，考校、課試知其不實，或選官乖狀，各與同罪，謂各與初試者同罪。

（唐）長孫無忌等《唐律疏議》卷九《職制・在官應直不直》　諸在官應直不直，應宿不宿，各笞二十；通晝夜者，笞三十。

疏議曰：依令：内外官應分番宿直。若應直不直，應宿不宿，晝夜不相須，各笞二十。通晝夜不直者，笞三十。

若點不到者，一點笞十。一日之點，限取二點爲坐。

疏議曰：内外官司應點檢者，或數度頻點，點即不到者，一點笞十。注云一日之點，限取二點爲坐，謂一日内，點檢雖多，止據二點得罪，限笞二十。若全不來上，計日以無故不上科之。

問曰：一日以上，日别常向曹司，曹司點檢，每點不到。若科無故不上，即是日别常來；若以累點科之，罪又重於不上。假有十日之内，日别皆來，每點不到欲科何罪？

答曰：八品以下，頻點不到，便是已發更犯，合重其事，累點科之。如非流内之人，自須當日決放。初雖累點罪重，點多不至徒刑；計日不上初輕，日多即至徒坐。所以日别上者據點，全不來者計日。以此處斷，實允刑名。

（唐）長孫無忌等《唐律疏議》卷九《職制・官人無故不上》　諸官人無故不上及當番不到，雖無官品，但分番上下，亦同。下條準此。

疏議曰：官人者，謂内外官人。無故不上，當番不到，謂分番之人，應上不到。注云雖無官品，謂但在官分番者，得罪亦同官人之法。下條準此者，謂之官限滿不赴及官人從駕稽違及從而先還，雖無官品，亦同官人之法。

若因暇而違者，一日笞二十，三日加一等；過杖一百，十日加一等，罪止徒一年半。邊要之官，加一等。

疏議曰：官人以下，雜任以上，因給暇而故違，並一日笞二十，三日加一等，二十五日合杖一百，三十五日徒一年，四十五日徒一年半。邊要之官，謂在緣邊要重之所，無故不上以下，各加罪一等。

（唐）長孫無忌等《唐律疏議》卷九《職制・之官限滿不赴》　諸之官限滿不赴者，一日笞十，十日加一等，罪止徒一年。即代到不還，減二等。

疏議曰：依令，之官各有裝束程限。限滿不赴，一日笞十，十日加一等，罪止徒一年。其替人已到，淹留不還，準不赴任之程，減罪二等。其有田苗者，依令聽待收田訖發遣。無田苗者，依限須還。

（唐）長孫無忌等《唐律疏議》卷九《職制・官人從駕稽違》　諸官人從駕稽違及從而先還者，笞四十，三日加一等；過杖一百，十日加一等，罪止徒二年。侍臣，加一等。

疏議曰：官人，謂百官應從駕者。流外以下應從人，亦同官人之罪。其書吏、書僮之類差逐官人者，不在此限。其有稽違不到及從而先還者，雖不滿日，笞四十，三日加一等；過杖一百，十日加一等，罪止徒二年。侍臣，謂中書、門下省五品以上，依令應侍從者，加罪一等。

（唐）長孫無忌等《唐律疏議》卷九《職制・大祀不預申期及不如法》　諸大祀不預申期及不頒所司者，杖六十；以故廢事者，徒二年。

疏議曰：依令：大祀，謂天地、宗廟、神州等爲大祀。或車駕自行，或三公行事。齋官皆散齋之日，平明集省，受誓誡。二十日以前，所司預申祠部，祠部頒告諸司。其不預申期及不頒下所司者，杖六十。即雖申及頒下，事不周悉，所坐亦同。以故廢祠祀事者，所由官司，徒二年。應連坐者，各依公坐法，節級得罪。

牲牢、玉帛之屬不如法，杖七十；闕數者，杖一百；全闕者，徒一年。全闕，謂一坐。

疏議曰：牲，謂牛、羊、豕。牢者，牲之體。玉，謂蒼璧祀天，璜琮祭地，五方上帝各依方色。帛，謂幣帛。稱之屬者，謂黍、稷以下。不依禮、令之法，一事有違，合杖七十；一事闕少，合杖一百；一坐全闕，合徒一年。其本是中、小祀受祭，若有少闕，各依中、小祀遞減之法。闕坐更多，罪不過此。餘祀闕坐，皆準此。

即入散齋，不宿正寢者，一宿笞五十；致齋，不宿本司者，一宿杖九十；一宿各加一等。中、小祀遞減二等。凡言祀者，祭、享同。餘條中、小祀準此。

疏議曰：依令：大祀，散齋四日，致齋三日。中祀，散齋三日，致齋二日。小祀，散齋二日，致齋一日。散齋之日，齋官晝理事如故，夜宿於家正寢。不宿正寢者，一宿笞五十，一宿加一等。其無正寢者，於當家之内餘齋房内宿者，亦無罪。皆不得習穢惡之事。故禮云：三日齋，一

日用之，猶恐不敬。致齋者，兩宿本司，一宿宿祀所。無本司及本司在皇城外者，皆於郊社、太廟宿齋。若不宿者，一宿杖九十，一宿加一等。通上散齋。故云各加一等。中、小祀者，謂社稷、日月、星辰、岳鎮、海瀆、帝社等爲中祀，司中、司命、風師、諸星、山林、川澤之屬爲小祀。從大祀以下犯者，中祀減大祀二等，小祀減中祀二等，故云各遞減二等。

注：凡言祀者，祭、享同。餘條中、小祀準此。

疏議曰：依祠令：在天稱祀，在地爲祭，宗廟名享。今直舉祀爲例，故曰凡言祀者，祭、享同。餘條中、小祀準此，但在中祀有犯，皆減大祀二等；小犯，皆減中祀二等。謂下條大祀在散齋，弔喪問疾，《賊盜律》盜大祀神御之物，本條無中、小祀罪名者，準此遞減。

（唐）長孫無忌等《唐律疏議》卷九《職制·乘輿服御物持護修整不如法》 諸乘輿服御物，持護修整不如法者，杖八十；若進御乖失者，杖一百。其車馬之屬不調習，駕馭之具不完牢，徒二年；未進御，減三等。

疏議曰：乘輿所服用之物，皆有所司執持修整，自有常法。不如法者，杖八十。若進御乖失者，依禮授立不跪，授坐不立之類，各依禮法，如有乖失違法者，合杖一百。其車馬之屬不調習，駕馭之具不完牢者，車謂輅車，馬謂御馬。其之屬，謂羊車及輦等。升車則馬動，馬動則鑾鳴這類，是爲調習。若不如此，或御馬驚駭，車、輿及鞍、轡之屬有損壞，各徒二年。雖不如法，未將進御者，減三等。

應供奉之物闕乏者，徒一年；其雜供有闕，笞五十。

疏議曰：應供奉之物，謂衣服、飲食之類。但是應供奉者，皆須預借，有闕乏者，即徒一年。雜供有闕者，謂非尋常應供奉之物，可供而闕者，笞五十。

（唐）長孫無忌等《唐律疏議》卷九《職制·百官外膳犯食禁》 諸外膳謂供百官。犯食禁者，供膳杖七十。若穢惡之物在食飲中及簡擇不净者，笞五十。誤者，各減二等。

疏議曰：百官常食以上，皆官厨所營，名爲外膳，故注云謂供百官。犯食禁者，食禁已上解訖，若有犯者，所由供膳杖七十。穢惡之物，謂不净物之類在食飲中，及簡擇有不净，其所由者，得笞五十。若有誤失者，各減二等：誤食禁者，笞五十；誤簡不净，笞三十。

（唐）長孫無忌等《唐律疏議》卷九《職制·漏泄大事》 諸漏泄大事應密者，絞。大事，謂潛謀討襲及收捕謀叛之類。

疏議曰：依鬬訟律：知謀反及大逆者，密告隨近官司。其知謀反、大逆、謀叛，皆合密告，或掩襲寇賊，此等是大事應密，不合人知。輒漏泄者，絞。注云大事，謂潛謀討襲者，討謂命將誓師，潛謀征討；襲謂不聲鐘鼓，掩其不備者。既有潛謀討襲之事及收捕反、逆之徒，故云謀叛之類。

非大事應密者，徒一年半；漏泄於蕃國使者，加一等。仍以初傳者爲首，傳至者爲從。即轉傳大事者，杖八十；非大事，勿論。

疏議曰：非大事應密，謂依令仰觀見風雲氣色有異，密封奏聞之類。有漏泄者，是非大事應密，合徒一年半。國家之事，不欲蕃國聞知，若漏泄於蕃國使者，加一等，合徒二年。其大事，縱漏泄於蕃國使，亦不加至斬。漏泄之事，以初傳者爲首，首謂初漏泄者。傳至者爲從，謂傳至罪人及蕃使者。其間展轉相傳大事者，杖八十。非大事者，勿論，非大事，雖應密，而轉傳之人並不坐。

（唐）長孫無忌等《唐律疏議》卷九《職制·稽緩制書》 諸稽緩制書者，一日笞五十，謄制、敕、符、移之類皆是。一日加一等，十日徒一年。

疏議曰：制書，在令無有程限，成案皆云即日行下，稱即日者，謂百刻内也。寫程：通計符、移、關、牒，滿二百紙以下，給二日程；過此以外，每二百紙以下，加一日程。所加多者，總不得過五日。其赦書，計紙雖多，不得過三日。軍務急速，皆當日並了。成案及計紙程外仍停者，是爲稽緩，一日笞五十。注云謄制、敕、符、移之類，謂奉正制、敕更謄已出，符、移、關、解、刺、牒皆是，故言之類。一日加一等，計六日杖一百，十日徒一年，即是罪止。

其官文書稽程者，一日笞十，三日加一等，罪止杖八十。

疏議曰：官文書，謂在曹常行，非制、敕、奏抄者。依令：小事五日程，中事十日程，大事二十日程，徒以上獄案辯定須斷者三十日程。其通判及勾經三人以下者，給一日程；經四人以上，給二日程；大事各加一日程。若有機速，不在此例。機速，謂軍機急速，不必要準案程。應了

不了，亦準稽程法。除此之外，皆準事。稽程者，一日笞十，三日加一等，罪止杖八十。

（唐）長孫無忌等《唐律疏議》卷九《職制・被制書施行有違》 諸被制書，有所施行而違者，徒二年。失錯者，杖一百。失錯，謂失其旨。

疏議曰：被制書，謂奉制。有所施行而違者，徒二年。若非故違而失錯旨意者，杖一百。

問曰：條云被制書施行而違者徒二年，未知敕及奏抄得罪同否？

答曰：上條稽緩制書，注云：謄制、敕、符、移之類皆是。即明制、敕之義，輕重不殊。其奏抄御親畫聞，制則承旨宣用，御畫不輕承旨，理與制書義同。

（唐）長孫無忌等《唐律疏議》卷九《職制・受制忘誤》 諸受制忘誤及寫制書誤者，事若未失，笞五十；已失，杖七十。轉受者，減一等。

疏議曰：謂承制之人，忘誤其事及寫制書脱剩文字，並文字錯失。事若未失者，謂未失制書之意，合笞五十。已失，謂已失事意而施行，合杖七十。轉受者減一等，若宣制忘誤及寫制失錯，轉受者雖自錯誤，爲非親承制敕，故減一等：未失其事，合笞四十；事若已失，合杖六十。故云轉受者減一等。

（唐）長孫無忌等《唐律疏議》卷一〇《職制・制書官文書誤輒改定》 諸制書有誤，不即奏聞，輒改定者，杖八十；官文書誤，不請官司而改定者，笞四十。知誤，不奏請而行者，亦如之。飾文者，各加二等。

疏議曰：制書有誤，謂旨意參差，或脱剩文字，於理有失者，皆合覆奏，然後改正施行。不即奏聞，輒自改定者，杖八十。官文書，謂常行文書，有誤於事，改動者，皆須請當司長官，然後改正。若有不請自改定者，笞四十。知制書誤不奏，知官文書誤不請，依錯施行，亦如之：制書誤，得杖八十；官文書誤，得笞四十。依公式令：下制、敕宣行，文字脱誤，於事理無改動者，勘檢本案，分明可知，即改從正，不須覆奏。其官文書脱誤者，諮長官改正。輒飾文字者，各加二等，謂非動事，修飾其文，制書合杖一百，官文書合杖六十。若動事，自從詐增減法。

（唐）長孫無忌等《唐律疏議》卷一〇《職制・上書奏事犯諱》 諸上書若奏事，誤犯宗廟諱者，杖八十；口誤及餘文書誤犯者，笞五十。

疏議曰：上書若奏事，皆須避宗廟諱。有誤犯者，杖八十。若奏事口誤及餘文書誤犯者，各笞五十。

即爲名字觸犯者，徒三年。若嫌名及二名偏犯者，不坐。嫌名，謂若禹與雨、丘與區。二名，謂言徵不言在，言在不言徵之類。

疏議曰：普天率土，莫匪王臣。制字立名，輒犯宗廟諱者，合徒三年。若嫌名者，則禮云禹與雨，謂聲嫌而字殊；丘與區，意嫌而理別。及二名偏犯者，謂復名而單犯並不坐，謂孔子母名徵在，孔子云季孫之憂，不在顓臾，即不言徵；又云杞不足徵，即不言在。此色既多，故云之類。

（唐）長孫無忌等《唐律疏議》卷一〇《職制・上書奏事誤》 諸上書若奏事而誤，杖六十；口誤，減二等。口誤不失事者，勿論。

疏議曰：上書，謂書奏特達。奏事，謂面陳。有誤者，杖六十。若口誤，減二等，合笞四十。若口奏雖誤，事意無失者，不坐。

上尚書省而誤，笞四十。餘文書誤，笞三十。誤，謂脱剩文字及錯失者。

疏議曰：上尚書省而誤者，謂内外百司應申尚書省，而有文字脱剩及錯失者，合笞四十。餘文書誤者，謂非上尚書省，凡是官文書誤者，合笞三十。

即誤有害者，各加三等。有害，謂當言勿原而言原之，當言千疋而言十疋之類。

疏議曰：上書、奏事誤有害者，合杖九十。上尚書省誤有害者，合杖七十。餘文書誤有害者，合杖六十。是名各加三等。注云有害，謂當言勿原而言原之，當言千疋而言十疋之類，稱之類者，自須以類求之，類例既多，事非一端。假有犯罪，當言原之而言勿原，當言勿原而言原之，承誤已行決及原放訖者，此即當條雖有罪名所爲重者，自從失出入論，不可直從有害加三等。

若誤可行，非上書、奏事者，勿論。可行，謂案省可知，不容有異議，當言甲申而言甲由之類。

疏議曰：上尚書省以下，雖誤，案驗可行者，皆不坐。可行者，謂案驗其狀，省察是非，不容更有別議。當言甲申之日，而言甲由之日，如此之類，是案省可知，雖誤，皆不合罪。

（唐）長孫無忌等《唐律疏議》卷一〇《職制·事應奏不奏》　諸事應奏而不奏，不應奏而奏者，杖八十。應言上而不言上，雖奏上，不待報而行，亦同。不應言上而言上及不由所管而越言上，應行下而不行下及不應行下而行下者，各杖六十。

疏議曰：應奏而不奏者，謂依律、令及式，事應合奏而不奏；或格、令、式無合奏之文及事理不須聞奏者，是不應奏而奏：并合杖八十。應言上者，謂合申上而不言上。注云雖奏上，不待報而行，亦同，謂事合奏及已申上，應合待報者，皆須待報而行，若不待報而輒行者，亦同不奏、不申之罪。若據文且奏且行，或申奏知不須待報者，不當此坐。不應言上者，依律、令及格、式，不遣言上而輒言上；及不由所管而越言上者，假謂州管縣，都督管州，州、縣事須上省，皆須先申所管州、府，不申而越言上者；並事應行下而不行下，不應行下而行下者，謂應出符、移、關、牒、刺而不出行下，不應出符、移、關、牒、刺而出行下者：各杖六十。

（唐）長孫無忌等《唐律疏議》卷一〇《職制·驛使稽程》　諸驛使稽程者，一日杖八十，二日加一等，罪止徒二年。

疏議曰：依令：給驛者，給銅龍傳符；無傳符處，爲紙券。量事緩急，注驛數於符契上，據數以爲行程，稽此程者，一日杖八十，二日加一等，罪止徒二年。

若軍務要速，加三等；有所廢闕者，違一日，加役流；以故陷敗户口、軍人、城戍者，絞。

疏議曰：軍務要速，謂是征討、掩襲、報告外境消息及告賊之類，稽一日徒一年，十二日流二千里，是爲加三等。有所廢闕者，謂稽遲廢闕經略、掩襲、告報之類。違一日加役流，稱日者，須滿百刻。爲由驛使稽遲，遂陷敗户口、軍人、衛士、募人、防人一人以上及諸城戍者，絞。若臨軍對寇，告報稽期者，自從乏軍興之法。

（唐）長孫無忌等《唐律疏議》卷一〇《職制·驛使以書寄人》　諸驛使無故，以書寄人行之及受寄者，徒一年。若致稽程，以行者爲首，驛使爲從；即爲軍事警急而稽留者，以驛使爲首，行者爲從。有所廢闕者，從前條。其非專使之書，而便寄者，勿論。

疏議曰：有軍務要速，或追徵報告，如此之類，遣專使乘驛，齎送文書。無故，謂非身患及父母喪者，以所齎文書，別寄他人送之及受寄文書者，各徒一年。若致稽程，謂行不充驛數，計程重於徒一年者，即以受書行者爲首，驛使爲從。此謂常行驛使而立罪名。即爲軍事警急，報告征討、掩襲、救援及境外消息之類而稽留，罪在驛使，故以驛使爲首，行者爲從。注云有所廢闕者，從前條，謂違一日，加役流；以故陷敗户口、軍人、城戍者，絞。其非專使之書，謂非故遣專使所齎之書，因而附之，其使人及受寄人並勿論。

（唐）長孫無忌等《唐律疏議》卷一〇《職制·文書應遣驛不遣》　諸文書應遣驛而不遣驛，及不應遣驛而遣驛者，杖一百。若依式應須遣使詣闕而不遣者，罪亦如之。

疏議曰：依公式令：在京諸司有事須乘驛，及諸州有急速大事，皆合遣驛。而所司乃不遣驛，非應遣驛而所司乃遣驛，若違者，各杖一百。又，依儀制令：皇帝踐祚及加元服，皇太后加號，皇后、皇太子立及赦元日，刺史若京官五品以上在外者，並奉表疏賀，州遣使，餘附表。此即應遣使詣闕，而不遣者，亦合杖一百，故云罪亦如之。

（唐）長孫無忌等《唐律疏議》卷一〇《職制·驛使不依題署》　諸驛使受書，不依題署，誤詣他所者，隨所稽留以行書稽程論減二等。若由題署者誤，坐其題署者。

疏議曰：文書行下，各有所詣，應封題署者，具注所詣州府。使人乃不依題署，誤詣他所，因此稽程者，隨程者，隨所稽留，準上條行書稽留之程減二等，謂違一日杖六十，二日加一等，罪止徒一年。若有軍務要速者，加三等。有所廢闕者，從加役流上減二等，徒二年半。以故有所陷敗，亦從絞上減二等，徒三年。若由題署者誤，謂元題署者錯誤，即罪其題署之人，驛使不坐。

（唐）長孫無忌等《唐律疏議》卷一〇《職制·公事應行稽留》　諸公事應行而稽留，及事有期會而違者，一日笞三十，三日加一等，過杖一百，十日加一等，罪止徒一年半。

疏議曰：凡公事應行者，謂有所部送，不限有品、無品，而輒稽留。及事有期會，謂若朝集使及計帳使之類，依令各有期會，而違不到者，一

日笞三十，三日加一等，過杖一百，十日加一等，罪止徒一年半。但事有期限者，以違限日爲坐；無限者，以付文書及部領物後，計行程爲罪。即公事有限，主司符下乖期者，罪亦如之。若誤不依題署誤，以致稽程者，各減二等。

疏議曰：公事有限，與上文事有期會議同。上文謂在下有違，此文謂主司符下乖期者，罪亦如之，並同違期會之罪。若使人不依題署，錯詣他所及由曹司題署有誤，而致稽程者，各減二等，謂違一日笞三十，減二等，笞十；罪止徒一年半，減二等，各合杖一百。

（唐）長孫無忌等《唐律疏議》卷一一《職制·奉使部送雇寄人》

諸奉使有所部送，而雇人寄人者，杖一百；闕事者，徒一年。受寄雇者，減一等。

疏議曰：奉使有所部送，謂差爲綱、典，部送官物及囚徒、畜産之屬。而使者不行，乃雇人、寄人而領送者，使人合杖一百。闕事者，謂於前事有所廢闕，合徒一年。其受寄及受雇者，不闕事杖九十，闕事杖一百，故云減一等。

即綱、典自相放代者，笞五十；取財者，坐贓論；闕事者，依寄雇闕事法。仍以綱爲首，典爲從。

疏議曰：或綱獨部送而放典不行，或典自領行而留綱不去，此爲自相放代，笞五十。受財者，坐贓論。其闕事及不闕事，並受財輸財者，皆以綱爲首，典爲從。假有兩綱、兩典，一綱、一典取財代行，一綱、一典與財得住，與財者坐贓論減五等，縱典發意，亦以綱爲首，典爲從；取財者坐贓論。其贓既是彼此俱罪，仍合没官。其受雇者，已減使罪一等，不合計贓科罪，其贓不徵。若監臨官司將典行放取物者，並同監臨受財之法，不同綱、典之罪。即雖監臨，元止一典，放住代行者，亦同綱、典之例。

（唐）長孫無忌等《唐律疏議》卷一二《户婚·州縣不覺脱漏增減》

諸州縣不覺脱漏增減者，縣内十口笞三十，三十口加一等；過杖一百，五十口加一等。州隨所管縣多少，通計爲罪。通計，謂管二縣者，二十口笞三十；管三縣者，三十口笞三十之類。計加亦準此。若脱漏增減並在一縣者，得以諸縣通之。若止管一縣者，減縣罪一等。餘條通計準此。各罪止徒三年。知情者，各同里正法。不覺脱漏增減，無文簿者，官長爲首；有文簿者，主典爲首。佐職以下，節級連坐。

疏議曰：州縣不覺脱漏增減者，與上條里正不覺脱漏減義同，十口笞三十，三十口加一等，即是二百二十口杖一百；過杖一百，五十口加一等。州隨所管縣多少，通計爲罪，若管二縣以上，即須通計，謂管二縣者，二十口笞三十；管三縣者，三十口笞三十之類。計加亦準此，謂一縣三十口，加一等，即州管二縣者，六十口加一等；管三縣者，九十口加一等；若管十縣，三百口加一等。若脱漏增減並在一縣者，謂管三縣，一縣内脱漏三十口，州始笞三十；若管四縣，一縣内脱漏四十口，州亦笞三十，故云得以諸縣通之。若止管一縣者，減縣罪一等，謂縣脱三十口，州得笞二十之類。餘條通計準此，謂一部律内，州管縣，監管牧，折衝府管校尉，應通計者，得罪亦準此。各罪止徒三年。知情者，各同里正法，其州縣知情，得罪同里正法，里正又同家長之法，共前條家長脱漏罪同。

注：不覺脱漏增減，無文簿者，官長爲首；有文簿者，主典爲首。佐職以下，節級連坐。

疏議曰：不覺脱漏增減，無簿帳及不附籍書，宣導既是長官事，由檢察遺失，故以長官爲首，皆同不覺脱漏增減之坐次，通判官爲第二從，判官爲第三從，典爲第四從。見有文簿，致使脱漏增減者，勘檢既由案主，即用典爲首，判官爲第二從，通判官爲第三從，長官爲第四從。其間有知情之官，並同家長之罪，即從私犯首從科之；不亂情者，自依公坐之法。

（唐）長孫無忌等《唐律疏議》卷一二《户婚·里正官司妄脱漏增減》

諸里正及官司，妄脱漏增減以出入課役，一口徒一年，二口加一等。贓重，入己者以枉法論，至死者加役流；入官者坐贓論。

疏議曰：里正及州、縣官司，各於所部之内，妄爲脱漏户口，或增減年狀，以出入課役，一口徒一年，二口加一等，十五口流三千里。若有因脱漏增減，取其課調入已，計贓得罪，重於脱漏增減口罪者即準贓以枉法論，計贓至死者加役流；其贓入官者，坐贓論。其品官受贓雖輕，以枉法論，一疋以上即除名，不必要須贓重。衆人之物，亦累倍而論之。

（唐）長孫無忌等《唐律疏議》卷一三《户婚·不言及妄言部内旱澇霜蟲》　諸部内有旱澇霜雹蟲蝗害之處，主司應言而不言及妄言者，杖七十。覆檢不以實者，與同罪。若致枉有所徵免，贓重者，坐贓論。

疏議曰：旱謂亢陽，澇謂霖霔，霜謂非時降實，雹謂損物爲災，蟲蝗謂螟螽蟊賊之類。依令：十分損四以上，免租；損六，免租、調；損七以上，課、役俱免。若桑、麻損盡者，各免調。其應損免者，皆主司合言。主司，謂里正以上。里正須言於縣，縣申州，州申省，多者奏聞。其應言而不言及妄言者，所由主司杖七十。其有充使覆檢不以實者，與同罪，亦合杖七十。若不以實言上，妄有增減，致枉有所徵免者，謂應損而徵，不應損而免，計所枉徵免，贓罪重於杖七十者，坐贓論，罪止徒三年。既是以贓致罪，皆合累倍而斷。

問曰：有應得損免，不與損免，以枉徵之物，或將入己，或用入官，各合何罪？

答曰：應得損、免而妄徵，亦準上條妄脱漏增減之罪：主官者，坐贓論；入私者，以枉法論，至死者，加役流。

（唐）長孫無忌等《唐律疏議》卷一三《户婚·部内田疇荒蕪》　諸部内田疇荒蕪者，以十分論，一分笞三十，一分加一等，罪止徒一年。（州縣各以長官爲首，佐職爲從。户主犯者，亦計所荒蕪五分論，一分笞三十，一分加一等。）

疏議曰：部内，謂州縣及里正所管田。稱疇者，言田之疇類，或云：疇，地畔也。不耕謂之荒，不鋤謂之蕪。若部内總計，準口受田，十分之中，一分荒蕪者，笞三十。假若管田百頃，十頃荒蕪，笞三十。一分加一等，謂十頃加一等，九十頃荒蕪者，罪止徒一年。州縣各以長官爲首，佐職爲從，縣以令爲首，丞、尉爲從；州即刺史爲首，長史、司馬、司户爲從；里正一身得罪無四等罪名者，止依首從爲坐。其檢、勾品官爲佐職。其主典，律無罪名。户主犯者，亦計所荒蕪五分論，計户内所受之田，假有受田五十畝，十畝荒蕪，户主笞三十，故云一分笞三十。一分加一等，即二十畝笞四十，三十畝笞五十，四十畝杖六十，五十畝杖七十。其受田多者，各準此法爲罪。

（唐）長孫無忌等《唐律疏議》卷一三《户婚·里正授田課農桑違法》　諸里正，依令：授人田，課農桑。若應受而不授，應還而不收，應課而不課，如此事類違法者，失一事，笞四十。（一事，謂失一事於一人。若於一人失數事及一事失之於數人，皆累爲坐。）

疏議曰：依田令：户内永業田，每畝課植桑五十根以上，榆、棗各十根以上。土地不宜者，任依鄉法。又條：應收授之田，每年起十月一日，里正預校勘造簿，縣令總集應退應受之人，對共給授。又條：授田：先課役，後不課役；先無，後少；先貧，後富。其里正皆須依令造簿通送及課農桑。若應合受田而不授，應合還公田而不收，應合課田農而不課，應課植桑、棗而不植，如此事類違法者，每一事有失，合笞四十。

注：一事，謂失一事於一人。若於一人失數事及一事失之於數人，皆累爲坐。

疏議曰：一事，謂失一事於一人者，假若於一户之上，不課種桑、棗爲一事，合笞四十。若於一人失數事，謂於一人之身，應受不授，又不課桑、棗及田疇荒蕪；及一事失之於數人，謂應還不收之類，在於數人之上皆累而爲坐。

三事，加一等。縣失十事，笞三十；二十事，加一等。州隨所管縣多少，通計爲罪。（州、縣各以長官爲首，佐職爲後。）

疏議曰：假有里正，應課而不課是一事，應受而不授是二事，應還而不收是三事，授田先不課役後課役是四事，先少後無是五事，先富後貧是六事，田疇荒蕪是七事，皆累爲坐。其應累者，每三事加一等，即失二十二事徒一年。縣失者，亦準里正，所失十事笞三十，二十事加一等，一百七十事合徒一年。州隨所管縣多少，通計爲罪，謂管二縣者，失二十事笞三十，失三百四十事徒一年。其管縣多者，通計各準此。

注：州、縣各以長官爲首，佐職爲從。

疏議曰：州縣以刺史、縣令爲首，其長官闕者即次官爲首，佐職及判户曹之司爲從。

各罪止徒一年，故者各加二等。

疏議曰：各罪止徒一年，謂州縣長官及里正，各罪止徒一年。故犯者各加二等，即是一事杖六十；縣十事笞五十；州管二縣，二十事笞五

十，計加亦準此通計爲罪，各罪止徒二年。其州止管一縣者，各減縣罪一等，若有故、失，罪法不等者，亦依併滿之法。假如授田等失七事，合杖六十；又有故犯三事，亦合杖六十，即以故犯三事，併爲失十事，科杖七十。其州縣應累併者，各準此。

（唐）長孫無忌等《唐律疏議》卷一三《户婚・應復除不給》　諸應受復除而不給，不應受而給者，徒二年。其小徭役者，笞五十。

疏議曰：依令：人居狹鄉，樂遷就寬鄉，去本居千里外復三年，五百里外復二年，三百里外復一年之類，應給復除而所司不給，不應受而所司妄給者，徒二年。其小徭役，謂充夫及雜使，準令應免不免，應役不役者，合笞五十。其妄給復除及應給不給，準贓重於徒二年者，依上條妄脱漏增減以出入課役，一口徒一年，二口加一等，贓重入己者，以枉法論，至死者加役流；入官者，坐贓論。其不應受復除人而求請主司，妄得復除者，依《名例》若共監主爲犯，雖造意，仍以監主爲首，即是所司爲首，得復者爲從。若他人爲請求，妄得復者，自從囑請法。

（唐）長孫無忌等《唐律疏議》卷一三《户婚・差科賦役違法》　諸差科賦役違法及不均平，杖六十。

疏議曰：依令：凡差科，先富强，後貧弱；先多丁，後少丁。差科賦役違法及不均平，謂貧富、强弱、先後、閑要等差科不均平者，各杖六十。

若非法而擅賦斂，及以法賦斂而擅加益，贓重入官者，計所擅坐贓論；入私者，以枉法論，至死者加役流。

疏議曰：依《賦役令》：每丁，租二石；調絁、絹二丈，綿三兩，布輸二丈五尺，麻三斤；丁役二十日。此是每年以法賦斂，皆行公文，依數輸納；若臨時別差科者，自依臨時處分。如有不依此法而擅有所徵斂，或雖依格、令、式而擅加益，入官者，總計贓至六疋，即是重於杖六十，皆從坐贓科之。假有擅加益入官絹滿一百疋，比斂衆人之物，法合倍論，倍爲五十疋，坐贓論，罪止徒三年。入私者，以枉法論，稱入私，不必入己，但不入官者，即爲入私。官人有禄，枉法一尺杖一百，一疋加一等，十五疋絞；無禄者減一等，二十疋絞。今云至死者加役流，並不合絞。其間賦斂雖有入官，復有入私者，即是罪名不等，宜依併滿之法。假有擅賦斂得一百疋，九十疋入官，十疋入私，從入官九十疋倍爲四十五疋，合徒二年半，倍入私十疋爲五疋，亦徒二年半，不得累徒五年，須以入私十疋併滿入官九十疋，爲一百疋，倍爲五十疋，處徒三年。

（唐）長孫無忌等《唐律疏議》卷一三《户婚・輸課税物違期》　諸部内輸課税之物，違期不充者，以十分論，一分笞四十，一分加一等。州、縣皆以長官爲首，佐職以下節級連坐。

疏議曰：輸課税之物，謂租、調及庸、地租、雜税之類。物有頭數，輸有期限，而違不充者，以十分論，一分笞四十。假有當里之内，徵百石物，十斛不充，笞四十，每十斛加一等。全違期不入者徒二年。州、縣各以部内分數，不充科罪準此。

注：州、縣皆以長官爲首，佐職以下節級連坐。

疏議曰：刺史、縣令，宣導之首，課税違限，責在長官。佐職以上節級連坐，既以長官爲首，通判官爲第二從，判官爲第三從，主典及檢勾之官爲第四從。以勸導爲首，屬在長官，故不同判事差等。其里正處百户之内，事在一人，既無節級連坐，唯得部内不充之罪。

户主不充者，笞四十。

疏議曰：百姓當户，應輸課税，依期不充，即笞四十，不據分數爲坐。

（唐）長孫無忌等《唐律疏議》卷一五《廄庫・牧畜産死失及課不充》　諸牧畜産，準所除外，死、失及課不充者一，牧長及牧子笞三十，三加一等；過杖一百，十加一等，罪止徒三年。羊減三等。餘條羊準此。

疏議曰：廄牧令：諸牧雜畜死耗者，每年率一百頭論，駝除七頭，騾除六頭，馬、牛、驢、羖羊除十，白羊除十五。從外蕃新來者，馬、牛、驢、羖羊皆聽除二十，第二年除十五；駝除十四，第二年除十；騾除十二，第二年除九；白羊除二十五，第二年除二十；第三年皆與舊同。準率百頭以下除數，此是年別年除之數，不合更有死、失。及課不充者，應課者，準令：牝馬一百疋，牝牛、驢各一百頭，每年課駒、犢各六十，騾駒減半。馬從外蕃新來者，課駒四十，第二年五十，第三年同舊課。牝駝一百頭，三年内課駒七十；白羊一百口，每年課羔七十口；羖羊一百口，課羔八十口。準此欠數者，爲課不充。除外死、失及課不充者

一，牧長及牧子笞三十，三加一等，即是欠二十二，合杖一百；過杖一百，十加一等，計欠七十一，罪止徒三年。羊減三等，欠三以下未有罪名，欠四笞十，三口加一等，罪止徒一年半。注云餘條羊準此，餘條謂養飼不如法之類，但餘條論畜罪名無羊者，並減馬三等，故云準此。

新任不滿一年，而有死、失者，總計一年之内月别應除多少，準折爲罪；若課不充，游牝之時當其檢校者，準數爲罪，不當者不坐。游牝之後，而致損落者，坐後人。

疏議曰：新任不滿一年，謂任牧尉、牧長、牧子未滿期年，而有死、失。總計一年之内月别應除多少，準折爲罪，謂若騾新從外蕃來，當年聽除十二，即是月别得除一頭。新任三月，除三頭；五月，除五頭。餘畜，一年準當色應除數準新任，月别折除分數亦準此。若除外死、失，皆準上文得罪。若課不充，游牝之時當其檢校者，準數爲罪，準令：牧馬、駞、牛、驢、羊，牝牡常同群。其牝馬、驢每年三月游牝，應收飼者，至冬收飼。不當游牝之時，課雖不充，依律不坐。注云游牝之後而致損落者，坐後人，謂雖不當游牝之時檢校，於後損落，仍得其罪。

繫飼死者，各加一等；失者，又加二等。牧尉及監各隨所管牧多少，通計爲罪，仍以長官爲首，佐職爲從。餘官有管牧者，亦準此。

疏議曰：繫飼死者加一等罪，謂應牧繫養之者，收飼理不合死，故加罪一等。雜畜一死笞四十，罪止流二千里。失者，又加二等，以其繫飼不合失落，故加二等。稱又者，明累加，即失一杖六十，罪止流三千里。繫飼羊，亦各減三等。牧尉及監各隨所管牧尉、長，通計爲罪。依令：牧馬、牛，皆百二十爲群；駞、騾、驢，各以七十頭爲群；羊，六百二十口爲群。群别置牧長一人。率十五長，置尉一人。其監，即不限尉多少。通計之義，已從户婚解訖仍以長官爲首，佐職爲從者，爲群牧事重，委在官。死、失及課不充，以監爲首，副監及丞、簿爲從。條言並爲從，明主典無罪。注云餘官有管牧者，亦準此，其牧有置監管者，亦有隸州、縣官管者，故云餘官有管牧者，亦準此。

（唐）長孫無忌等《唐律疏議》卷一五《厩庫・受官羸病畜産養療不如法》 諸受官羸病畜産，養療不如法，笞三十；以故致死者，一笞四十，三加一等，罪止杖一百。

疏議曰：依《厩牧令》：官畜在道，有羸病不堪前進者，留付隨近州縣養飼療救，粟草及藥官給。而所在官司受之，須養療依法，有不如法者，笞三十。以故致死者，謂養療不如法而致死者，一笞四十，三加一等，罪止杖一百。

（唐）長孫無忌等《唐律疏議》卷一五《厩庫・大祀犧牲養飼不如法》

諸供大祀犧牲，養飼不如法，致有瘦損者，一杖六十，一加一等，罪止杖一百；以故致死者，加一等。

疏議曰：供大祀，犧牲用犢；人帝配之，即加羊豕。其養牲，大祀在滌九旬，中祀三旬，小祀一旬，養飼令肥，不得捶撲。違者，是如法。致有瘦損者，一杖六十，一加一等，五不如法，罪止杖一百。以故致死者，加罪一等：一死杖七十，五死徒一年。其羊豕雖供人帝，爲配大祀，故得罪與牛皆同。《職制律》：中、小祀遞減二等，餘條中、小祀準此。即中祀養牲不如法，各減大祀二等；小祀不如法，又減中祀二等。

（唐）長孫無忌等《唐律疏議》卷一五《厩庫・乘官畜脊破領穿》

諸乘駕官畜産，而脊破領穿，瘡三寸，笞二十；五寸以上，笞五十。謂圍繞爲寸者。

疏議曰：乘駕官畜産，謂牛、馬、駞、騾、驢。乘騎者脊破，駕用者領穿，瘡三寸，笞二十；五寸以上，笞五十。稱以上者，瘡雖更大，罪亦不加。若是别傷，非乘駕所損，自從傷官畜産之罪，不當此坐。注云謂圍繞爲寸者，便是瘡圍三寸，徑一寸；圍五寸一分，徑一寸七分。雖或方圓，準此爲法，但廉隅不定，皆以圍繞爲寸。

若放飼瘦者，計十分爲坐，一分笞二十，一分加一等；即不滿十者，一笞三十，一加一等。各罪止杖一百。

疏議曰：若將官畜放飼，謂牧監之官及牧子以上令瘦者，計十分爲坐。假令一群百疋馬，十疋瘦爲一分，合笞二十；一分加一等，九分並瘦，或百疋皆瘦，合杖一百。即不滿十者，一笞三十，一加一等，謂止放八疋，一瘦笞三十；八疋並瘦，更加七等，合杖一百。故云各罪止杖一百。監及牧尉，皆以所管通計爲罪。餘雜畜準數得罪皆準此，羊準例減三等。

（唐）長孫無忌等《唐律疏議》卷一五《厩庫・官馬不調習》 諸官

馬乘用不調習者，一疋笞二十，五疋加一等，罪止杖一百。

疏議曰：依《太僕式》：在牧馬，二歲即令調習。每一尉配習成人十人，分爲五番上下，每年三月一日上，四月三十日下。又令云：殿中省尚乘，每配習馭調馬，東宮配翼馭調馬，其檢行牧馬之官，聽乘民馬，即令調習。故官馬乘用不調習者，一疋笞二十，五疋加一等，即是四十一疋，罪止杖一百。上臺、東宮供御馬不調習，得罪重於此條，即從《職制律》車馬不調習本條科罪。

（唐）長孫無忌等《唐律疏議》卷一五《廄庫·官私畜損食物》 諸放官私畜産，損食官私物者，笞三十；贓重者，坐贓論。失者，減二等。各償。若官畜損食官物者，坐而不償。

疏議曰：謂放官私畜産，損食官私之物，損食雖少，即笞三十。若準贓得二疋一尺，合笞四十，是名計贓重者，坐贓論。失者，減二等，謂非故放，因亡逸而損食者，減罪二等。各償所損，既云損食官私之物，或損或食，各令食畜主備償。若官畜損食官物，坐而不償。公廨畜産損食當司公廨，既不同私物，亦坐而不償；若損食餘司公廨，並得罪仍備，一準上文。

（唐）長孫無忌等《唐律疏議》卷一五《廄庫·庫藏主守不搜檢》 諸有人從庫藏出，防衛主司應搜檢而不搜檢，笞二十；以故致盜不覺者，減盜者罪二等。若夜持時不覺盜，減三等。

疏議曰：從庫藏出，依式：五品以上，皆不合搜檢。其應搜檢而不搜人者，防衛主司笞二十。以不搜檢故，而致盜物將出，計所盜之贓，主司減盜者罪二等。若夜持時，謂庫藏之所持更之人，不覺人盜物者，減盜者罪三等。持時，謂當時專持更者。假有不覺盜五疋絹，減三等，得杖八十之類。主守不覺盜者，五疋笞二十，十疋加一等；過杖一百，二十疋加一等，罪止徒二年。若守掌不如法，以故致盜者，各加一等。故縱者，各與同罪。

疏議曰：主守，不限有品、無品，謂親主當庫藏者。不覺有人盜物，準絹五疋笞二十，不滿五疋，未合得罪。十疋加一等，八十五疋杖一百。過杖一百，二十疋加一等，一百四十五疋，罪止徒二年。若守掌不如法，謂防守、持更、鏁閉、封印乖違不如法，而致盜者，各加一等，謂防衛不如法，有人從庫藏出又不搜檢致盜，不覺上加一等，謂止減盜者一等；夜持時不如法，不覺盜，亦加一等，止減盜者二等；主守之司不如法，不覺盜，亦加一等，五疋笞三十，罪止徒二年半。此是各加一等。故縱者，各與同罪，謂防衛主司，夜持時之人及主守之司，故縱盜者，並各與盜者同罪。稱同罪者，不在除、免、倍贓、監主加罪之例。

即故縱贓滿五十疋加役流，一百疋絞。若被强盜者，各勿論。

疏議曰：國家庫藏，本委主司，若主司知情容盜，得罪重於盜者。《名例律》與同罪者，不在加役流之例，故於庫藏條中特生此例。故縱贓四十九疋以下，與盜者罪同，不合除、免；滿五十疋，加役流，除名、配流如法；一百疋，絞。此謂故縱一人之罪。若故縱頻盜及衆人盜者，各依累倍之法。若被强盜者，各勿論，謂被威力盜之，非能拒得者，勿論。

（唐）長孫無忌等《唐律疏議》卷一五《廄庫·損敗倉庫積聚物》 諸倉庫及積聚財物安置不如法，若曝涼不以時，致有損敗者，計所損敗坐贓論。州、縣以長官爲首，監、署等亦準此。

疏議曰：倉，謂貯粟、麥之屬。庫，謂貯器仗、綿絹之類。積聚，謂貯柴草、雜物之所。皆須高燥之處安置；其應曝涼之物，又須曝涼以時。若安置不如法，曝涼不以時，而致損敗者，計所損敗多少，坐贓論。州、縣以長官爲首，以下節級爲從。監、署等有所損壞，亦長官爲首，以次爲從，故云亦準此。

（唐）長孫無忌等《唐律疏議》卷一五《廄庫·財物應入官私》 諸財物應入官私而不入，不應入官私而入者，坐贓論。

疏議曰：凡是公私論競，割斷財物，應入官乃入私，應入私乃入官，應入甲而入乙，應入私而入公廨，各計所不應入而入，坐贓論。

（唐）長孫無忌等《唐律疏議》卷一五《廄庫·放散官物》 諸放散官物者，坐贓論。謂出用官物，有所市作及供祠祀、宴會，剩多之類。物在，還官；已散用者，勿徵。謂營造剩多，爲物在。祀畢食訖，爲散用。

疏議曰：放散官物，謂出用官物，有所市作，並謂官物還充官用者。假有營造屋宅及供祠祀、宴會，料度剩多，各主所剩，坐贓論。若物在未用，各準所剩還官。若祠祀禮畢，宴會食盡及營造事訖，皆勿徵。

（唐）長孫無忌等《唐律疏議》卷一五《厩庫・應輸税迴避詐匿》

諸應輸課税及入官之物，而迴避詐匿不輸，或巧僞混惡者，計所闕，準盗論。主司知情，與同罪；不知情，減四等。

疏議曰：應輸課税，謂租、調、地税之類，及應入官之物，而迴避詐匿，假作逗留，遂致廢闕及巧僞濫惡，欺妄官司，皆總計所闕入官物數，準盗科罪，依法陪填。主司知其迴避詐匿巧僞濫惡之情而許行者，各與同罪。不知情者，減罪四等。縣官應連坐者，亦節級科之。州官不覺，各遞減縣官罪一等。州縣綱、典不覺，各同本司下從科罪。若州縣發遣依法，而綱、典在路，或至輸納之所事有欺妄者，州縣無罪。

（唐）長孫無忌等《唐律疏議》卷一五《厩庫・輸給給受留難》 諸有所輸及出給，而受給之官無故留難，不受不給者，一日笞五十，三日加一等，罪止徒一年。門司留難者，亦準此。若請輸後至，主司不依次第，先給先受者，笞四十。

疏議曰：有應輸官之物及官物應出給與人，而受物出給之官無故留難，不受不給者，一日笞五十，三日加一等，罪止徒一年。而受給門司留難者，亦準受給官司之法，故云亦準此。若請輸後至，官司不依次第先受給及請輸前至後給受者，笞四十。

（唐）長孫無忌等《唐律疏議》卷一五《厩庫・輸課物齎財市糴充》

諸應輸課物，而輒齎財貨，詣所輸處市糴充者，杖一百。將領主司知情，與同罪。

疏議曰：應輸送課物者，皆須從出課物之所，運送輸納之處。若輒齎財貨，詣所輸處市糴充者，杖一百。將領主司若知齎物於送納之所市糴情，與輸人同罪。縱一人糴輸，亦得此罪。

（唐）長孫無忌等《唐律疏議》卷一六《擅興・功力採取不任用》

諸役功力，有所採取而不任用者，計所欠庸，坐贓論減一等。

疏議曰：謂官役功力，若採藥，或取材之類，而不任用者。若全不任用，須計全庸；若少不任用，準其欠庸，並倍坐贓論減一等。

若有所造作及有所毀壞，備慮不謹，而誤殺人者，徒一年半；工匠、主司各以所由爲罪。

疏議曰：謂有所繕造營作及有所毀壞崩撤之類，不先備慮謹慎，而誤殺人者，徒一年半。工匠、主司各以所由爲罪，或由工匠指撝，或是主司處分，各以所由爲罪，明無連坐之法。律既但稱殺人，即明傷者無罪。

（唐）長孫無忌等《唐律疏議》卷一六《擅興・丁夫差遣不平》 諸應差丁夫，而差遣不平及欠剩者，一人笞四十，五人加一等，罪止徒一年。即丁夫在役，日滿不放者，一日笞四十，一日加一等，罪止杖一百。各坐其所由。

疏議曰：差遣之法，謂先富强，後貧弱；先多丁，後少丁。凡丁分番上役者，家有兼丁，要月；家貧單身，閑月之類。違此不平及令人數欠剩者，一人笞四十，五人加一等，罪止徒一年。即丁夫在役，謂在役之人，日滿不放者，一日笞四十，一日加一等，罪止杖一百。注云各坐其所由，謂止坐不放者所由之人，明無連坐之法。

（唐）長孫無忌等《唐律疏議》卷二六《雜律・丁防官奴婢病不救療》

諸丁匠在役及防人在防，若官户、奴婢疾病，主司不爲請給醫藥救療者，笞四十；以故致死者，徒一年。

疏議曰：丁匠在作役之所，防人在鎮守之處，若官户、奴婢在本司上者，而有疾病，所管主司不爲請，雖請而主醫藥官司不給，闕於救療者，笞四十。以故致死者，謂不請給醫藥救療，以故致死者，各徒一年。

（唐）長孫無忌等《唐律疏議》卷二七《雜律・棄毁亡失符節印》

諸亡失器物符印之類，應坐者，皆聽三十日求訪，不得，然後決罪。若限内能自訪得，及他人得者，免其罪。限後得者，追減三等。

疏議曰：若亡失器物符印之類，寶及門鑰亦同。爲亡失應合罪者，未得即決，皆聽三十日求訪，限滿不得，然後決罪。若三十日内自訪得，及他人得者，免其亡失之罪。三十日限外得者，追減三等，若已經奏決，不合追減。

官文書、制書，程限内求訪得者，亦如之。

疏議曰：官文書及制書程限内求訪得者，謂曹司執行案，各有程限，公式令：小事五日程，中事十日程，大事二十日程。徒罪以上獄案，辯定後三十日程。其制、敕皆當日行下，若行下處多，事須抄寫，依公式令滿二百紙以下，限二日程。每二百紙以上，加一日程。所加多者，不得過五日。赦書不得過三日。若有亡失，各於此限内訪得者，亦得免罪。限外

得者，坐如法。然制、敕事重，程限一日，如有稽廢，得罪不輕，若許以三旬追訪，稽者皆須注失，所以不與亡失器物同例。若官文書、制書事已行訖，無程者，亦依三十日爲限。

即雖故棄擲，限内訪得，聽減一等。

疏議曰：器物、符、印之類以下，雖有規避，而故棄擲，限内訪得者，聽減本失罪一等。

（唐）長孫無忌等《唐律疏議》卷二六《雜律・校斛斗秤度不平》

諸校斛斗秤度不平，杖七十。監校者不覺，減一等；知情，與同罪。

疏議曰：校斛斗秤度，依《關市令》：每年八月，詣太府寺平校，不在京者，詣所在州縣平校，並印署，然後聽用。其校法，《雜令》：量，以北方秬黍中者，容一千二百爲龠，十龠爲合，十合爲升，十升爲斗，三斗爲大斗，十斗爲斛。秤權衡，以秬黍中者，百黍之重爲銖，二十四銖爲兩，三兩爲大兩一兩，十六兩爲斤。度，以秬黍中者，一黍之廣爲分，十分爲寸，十寸爲尺，一尺二寸爲大尺一尺，十尺爲丈。有校勘不平者，杖七十。監校官司不覺，減校者罪一等，合杖六十；知情，與同罪。

（唐）長孫無忌等《唐律疏議》卷二六《雜律・市司課物價不平》

諸市司評物價不平者，計所貴賤，坐贓論；入己者，以盜論。其爲罪人評贓不實，致罪有出入者，以出入人罪論。

疏議曰：謂公私市易，若官司遣評物價，或貴或賤，令價不平，計所加減之價，坐贓論。入己者，謂因評物價，令有貴賤，而得財物入己者，以盜論，並依真盜除、免、倍贓之法。其爲罪人評贓不實，亦謂增減其價，致罪有出入者。假有評盜贓，應直上絹五疋，乃加作十疋，應直十疋減作五疋，是出入半年徒罪，市司還得半年徒坐，故云以出入人罪論。若應直五疋，評作九疋，或直九疋，評作五疋，於罪既無加減，止從貴賤不實坐贓之法。

（唐）長孫無忌等《唐律疏議》卷二七《雜律・失時不修隄防》

諸不修隄防及修而失時者，主司杖七十；毁害人家、漂失財物者，坐贓論減五等；以故殺傷人者，減鬬殺傷罪三等。謂水流漂害於人。即人自涉而死者，非。即水雨過常，非人力所防者，勿論。

疏議曰：依《營繕令》：近河及大水有隄防之處，刺史、縣令以時檢校。若須修理，每秋收訖，量功多少，差人夫修理。若暴水泛溢，損壞隄防，交爲人患者，先即修營，不拘時限。若有損壞，當時不即修補，或修而失時者，主司杖七十。毁害人家，謂因不修補及修而失時，爲水毁害人家，漂失財物者，坐贓論減五等，謂失十疋杖六十，罪止杖一百；若失衆人之物，亦合倍論。以故殺傷人者，減鬬殺傷罪三等，謂殺人者，徒二年半；折一支者，徒一年半之類。

注云水流漂害於人，謂由不修理隄防，而損害人家及行旅被水漂流，而致死傷者。即人自涉而死者，非，所司不坐。即水雨過常，非人力所防者，無罪。

其津濟之處，應造橋航及應置船筏，而不造置及擅移橋濟者，杖七十；停廢行人者，杖一百。

疏議曰：津濟之上，應造橋航，謂河津濟渡之處應造橋及航者，編舟作栰，及應置舟船，及須以竹木爲栰以渡行人，而不造置及擅移橋梁濟渡之所者，各杖七十。停廢行人，謂不造橋航及不置船栰，並擅移橋濟，停廢行人者，杖一百。

（唐）長孫無忌等《唐律疏議》卷二七《雜律・主守官物亡失簿書》

諸主守官物，而亡失簿書，致數有乖錯者，計所錯數以主守不覺盜論。

疏議曰：凡是官物，皆立簿書。主守之人，亡失簿書，爲失簿書之故，遂令物數乖錯者，計所錯之數，依不覺盜論。厩庫律：主司不覺盜者，五疋笞二十，十疋加一等；過杖一百，二十疋加一等，罪止徒二年。

其主典替代者，文案皆立正案，分付後人，違者杖一百。並去官不免。

疏議曰：謂典替代，所有文案，皆須立正案，分付承後人，違而不付者，合杖一百。縱雖去官，不同名例免法，故注云並去官不免。

（唐）長孫無忌等《唐律疏議》卷二七《雜律・棄毁亡失符節印》

諸棄毁符、節、印及門鑰者，各準盜論；亡失及誤毁者，各減二等。

疏議曰：棄毁符、節、印及門鑰者，各準盜法論罪。《賊盜律》：盜宫殿門符發兵符、傳符，流二千里；使節及皇城、京城門符，徒三年；餘符，徒一年；門鑰，各減三等。盜官文書印，徒二年；餘印，杖一百。其亡失符、節、印以下，誤毁者，各減二等，謂各減棄毁之罪二等。

（唐）長孫無忌等《唐律疏議》卷二七《雜律・私發制書官文書印封》

諸私發官文書印封視書者，杖六十；制書，杖八十；若密事，各依漏泄坐減二等。即誤發，視者各減二等；不視者不坐。

疏議曰：官司行下文書，多有封印，而有私發印封視書者，杖六十。視制書，杖八十。若密事，各依漏泄坐減二等，《職制律》：漏泄大事應密者，絞，減二等，徒三年；非大事應密，徒一年半，減二等，杖一百。誤發視者各減二等，謂誤發，因視制書，杖六十；官文書，笞四十；大事應密，視者，徒三年上減二等，徒二年；非大事應密，視者，杖一百上減二等，杖八十。不視者，不坐，謂初雖誤發，竟不視書者，無罪。

（唐）長孫無忌等《唐律疏議》卷二七《雜律・棄毁亡失官私器物》

諸棄毁、亡失及誤毁官私器物者，各備償。謂非在倉庫而別持守者。若被强盗者，各不坐，不償。即雖在倉庫，故棄毁者，徵償如法。其非可償者，坐而不備。謂符、印、門鑰、官文書之類。

疏議曰：官私器物，其有故棄、毁，或亡失及誤毁者，各備償。注云謂非在倉庫而別持守者，謂倉庫之外，別處持守，而有棄毁、亡失及誤毁官私器物，始合備償。若被强盗，各不坐、不償。雖在倉庫之内，若有故棄毁，徵償如法。其非可償者，止坐其罪，不合徵償。故注云謂符、印、門鑰、官文書，稱之類者，寶、節、木契、制敕並是。

劉俊文《敦煌吐魯番唐代法制文書考釋・律・垂拱廐庫律殘卷》 諸牧畜産，準所除外，死、失及課不充者一，牧長及牧子笞卅，三加一等；過杖一百，十加一等，罪止徒三年。羊減三等。餘條羊準此。新任不滿一年，而有死、失者，揔計一年之内囙別應除多少，準折爲罪。若課不充，游牝之時當其檢校者準數爲罪，不當者不坐。游牝之後而致損落者，坐後人。繫飼死者，各加一等；失者，又加二等。

劉俊文《敦煌吐魯番唐代法制文書考釋・律・垂拱户婚律殘卷》 諸里正、不覺脱漏增减者，一口笞卅，三口加一等；過杖一百，十口加一等，罪止徒三年。不覺脱户者，聽從漏口法。州縣脱户，亦準此。若知情者，各同家長法。諸州縣不覺脱漏增减者，縣内十口笞卅，□口加一等；過杖一百，五十口加一等。州隨所管縣多少，通計爲罪。通計，謂管二縣者，廿口笞卅；管三縣者，卅口笞卅之類。計加亦準此。若脱漏减並在一縣者，得以諸縣通之。若止管一縣者，減縣者罪一等。餘條通計準止。各罪止徒三年。知情者，各同里正法。不覺脱漏增减，無文簿者，官長爲首；有文薄者，主典爲首。佐職節級連坐。諸里正及官司妄脱漏增减，以出入課役，一口徒一年，二口加一等。贓重已者，以枉法論，至死者加役流；入官者，坐贓論。

諸部内有旱、澇、霜、雹、蟲、蝗爲害之處，主司應言而不言及妄言者，杖七十。覆檢不以實者，與同罪。若致枉有所徵免，贓重者坐贓論。

諸部内田疇荒蕪者，以十分論，一分笞卅，一分加一等，罪止徒一年。州縣各以長官爲首，佐職爲從。户主犯者，亦計所荒蕪五分論，一分笞卅，一分加一等。諸里正，依令授人田，課農桑。若應受而不授，應還而不收，應課而不課，如此事類違法者，失事笞卅，一事，謂失一事於一人。若於一人失數事，及一事失之於數人，皆還爲坐。三事加一等。縣失十事笞卅，廿事加一等。州隨所管縣多少，通計爲罪。州縣各以長官爲首，佐職爲從。各罪止徒一年。故者，各加二等。諸差科賦役違法及不均平，杖六十。若非法而擅賦斂，及以法賦斂而擅加益，贓重入官者，計所擅坐贓論；入私者，以枉法論，至死者加役流。

（宋）宋敏求《唐大詔令集》卷五七《宰相・貶降上・皇甫鎛崖州司户參軍制》 朕顧眇身，初膺大寶，思有以上諧天意，下悦人心，將澄理化之源，必分邪正之路，言念輔弼，方俟忠賢。其或挾姦容身，斂怨歸國，罪已暴於天下，法宜行於事初。不速去之，曷明予志。中大夫、守門下侍郎、同中書門下平章事、上柱國、賜紫金魚袋皇甫鎛，器本凡近，性尤險狹，行靡所顧，文無可觀。雖早踐朝倫，而素乖公望。自掌邦計，屬當軍興，以剥下爲徇公，既鼓衆怒；以矯情爲孤立，用塞人言。洎塵臺司，益蠹時政，不知經國之大體，不慮安邊之遠圖，三軍多凍餒之憂，百姓深凋瘵之弊。事皆罔蔽，言悉虚誣，遠近咸知，朝野同怨，而又廣稱方士，上惑先朝，潜通姦人，罪在難赦。合加竄殛，以正刑章，俾黜遐荒，尚存寛典。凡百在位，宜悉朕懷。

（宋）宋敏求《唐大詔令集》卷五七《宰相・貶降上・令狐楚衡州刺史制》 忠臣之節，莫大於送往事居；君子之方，寧忘於養廉遠耻。况位崇輔相，職奉園陵，蒙蔽之過屢聞，誠敬之忠盡廢。朕雖含垢，人亦有言，深念君臣之恩，難厭公卿之論。宣歙等州都團練觀察處置等使、大中

大夫、使持節宣州諸軍、守宣州刺史、兼御史大夫、上輕車都尉、賜紫金魚袋令狐楚，早以文藝，得踐班資，憲宗念才，擢居榮近。異端斯害，獨見不明，密隳討伐之謀，潛附奇邪之黨。因緣得地，進取多門，遂忝臺階，實妨賢路。朕以道遵無改，事貴有終，再命黃扉之榮，專奉玄宫之禮。而不能率下，罔念匡君，致於隳政牧之職，掩韋術、李鄘之舉。成朕不敏，職汝之由，前命乘軺，尚期改節。人心大惑，物議囂然，雖欲特容，難排衆怒。俾從謫守，猶奉詔條，予豈無恩，爾宜自省，可使持節衡州諸軍事、守衡州刺史，散官勛賜如故。仍馳驛發遣。

（宋）宋敏求《唐大詔令集》卷五七《宰相·貶降上·第五琦長流夷州制》 君之使臣，期叶心以輔政；臣之事主，當盡忠以明職。苟或冒官罔上，黷利崇姦，靡懲折鼎之兇，載履覆車之敗。自貽厚責，難捨刑章。正議大夫、行忠州長史員外置同正員外、上柱國、扶風縣男第五琦，素以幹能，早膺任使。自艱難之際，筦藏是司，久彰歲月之勞，頗申强濟之用，所以收其課績，擢在臺階。而行闕由衷，任惟過量，務容身之計，虧許國之誠，變法多紊於常經，率情每違於直道；交惟黨比，用匪忠良，頗乖秉鈞之體，諒乏致君之忠。頃者遂從貶削，爰示典章。是以輿議日聞，僭違益露，引承福於肘腋，殖貨於中；處宋晦於膏腴，竊盜於外。其懷金暗室，曾不慚於四知；納賄私家，動有逾於萬計。比令按問，咸伏其辜。且國賦邦徭，軍儲歲備，朕以戎車屢駕，氓俗未康，常有誡敕，令其節省。豈謂陰圖聚斂，擅出科條，上延謗於公家，下益疲於人業，徇私封己，歸怨稱君。忝曰人臣，胡寧忍此？況又深尤隱慝，累干刑書，朕亦含垢匿瑕，爲之掩惡。議以明刑，合從秋令，顧君臣之義大，庶終始而禮全。夫除惡務本，國家之彝訓；申恩念舊，王者之深仁。屬陽和在辰，品物咸遂，由是抑從寬典，特屈嚴誅。宜寬殊死之命，俾就投荒之謫。可除名長流夷州。馳驛發遣，仍差綱領，送至彼所，勿許東西。於戲！朕臨御以來，每更輔弼，皆宥以過失，存其禄位。今者琦之所犯，負國誠深，義不可以苟容，法不可以頻貸。申兹憲令，用警庶寮，凡百卿士，宜知朕意。

《舊五代史》卷六《梁書·太祖本紀》〔乾化元年五月癸巳〕詔左、右銀臺門，朝參諸司使庫使已下，不得帶從人入城，親王許一二人執條床手簡，餘悉止門外，闌入者抵律。閽守不禁，與所犯同。先時門通内無門籍，且多勳戚，車騎衆者，尤不敢呵察。至是有以客星凌犯上言者，遂令止隔。

《舊五代史》卷四二《唐書·明宗本紀》〔長興二年五月辛酉〕詔：近聞百執事等，或親居内職，或貴列廷臣，或宣達君恩，或勾當公事，經由列鎮，干撓諸侯，指射職員，安排親昵，或潛示意旨，或顯發書題。自今後一切止絶，有所犯者，其發薦人貶官，求薦人流配。如逐處長吏自徇人情，只仰被替人詣闕上訴，長吏罰兩月俸，發薦人更加一等，被替人却令依舊。

（宋）竇儀等《宋刑統》卷七《衛禁律·宿衛人上番不到》 諸宿衛人應上番不到，及因假而違者，一日笞四十，三日加一等，過杖一百，五日加一等，罪止徒二年。

疏議曰：宿衛人應上番而不到，及因得假而違者，一日笞四十，三日加一等，滿十九日合杖一百。若過杖一百，五日加一等。罪止徒二年，計三十四日即當罪止。

問曰：假有宿衛人番期五日未滿，因一日假，遂違不上，爲當止得四日違罪，爲復累至罪止而科？

答曰：番期有限，限内有故須請假，日滿即須赴番。違假不上，准日科斷。其人四日之外，即當下直，下日不勞請假，豈合計日累科四日之外，明知不坐。

又問：應上不到，因假而違者，並罪止得徒二年。若准三十四日罪止，便是月番之外。今解下番之日不坐，恐理未盡。

答曰：依式，三衛去京二千里外，六十日上，嶺南爲季上。三十四日罪止，爲包遠道生文。

（宋）竇儀等《宋刑統》卷八《衛禁律·宿衛人兵仗不得遠身》 諸宿衛者兵仗不得遠身，違者杖六十，若輒離職掌加一等，別處宿者又加一等，主帥以上各加二等。

疏議曰：兵仗者，謂横刀常帶，其甲矟弓箭之類，有時應執著者，並不得遠身。不應執帶者，常自近身。輒遠身者，各杖六十。其職掌之處依次坐立，輒離職掌加一等，合杖七十。即於別處宿者，又加一等，合杖八十。主帥以上各加二等。稱主帥以上，謂隊副以上至大將軍以下，兵仗遠身杖八十，輒離職掌杖九十，別處宿者杖一百，是各加二等。

（宋）竇儀等《宋刑統》卷八《衛禁律·越州縣鎮戍城及官府廨垣》

諸越州、鎮、戍城及武庫垣，徒一年；縣城，杖九十。皆謂有門禁者。越官府廨垣及坊市垣籬者，杖七十。侵壞者，亦如之。從溝瀆内出入者，與越罪同。越而未過，減一等。餘條未過，准此。即州鎮關戍城及武庫等門應閉，忘誤不下鍵；若應開，毀管鍵而開者，各杖八十。錯下鍵及不由鑰而開者，杖六十，餘門各減二等。若擅開閉者，各加越罪二等。即城主無故開閉者，與越罪同，未得開閉者，各減已開閉一等。餘條未得開閉準此。【略】

又云，即州、鎮、關、戍城及武庫等門，應閉，忘誤不下鍵；若應開毀管鍵而開者，各杖八十。議曰：州、鎮、關、戍城、武庫，各有禁門，應閉皆須下鍵，其忘誤不下鍵，若應開毀管鍵而開者，各得杖八十。

又云，錯下鍵及不由鑰而開者，杖六十，餘門各減二等。議曰：錯下鍵謂管鍵不相當者，及不由鑰而開者，謂不用鑰而開，各杖六十。餘門謂縣及坊市之類，官有門禁者，若應閉忘誤不下鍵，應開毀管鍵而開，各杖六十，錯下鍵及不由鑰而開，各笞四十，故云餘門各減二等。

又云，若擅開閉者，各加越罪二等。即城主無故開閉者，與越罪同，未得開閉者，各減已開閉一等。注云，餘條未得開閉準此。議曰：擅謂非時而開閉者。州及鎮戍武庫門而有非時擅開閉者，並加越罪二等，處徒二年。縣城以下擅開閉者，並加越罪二等。城主無故開閉者，謂州縣鎮戍等長官主執鑰者不依法式開閉，與越罪同。其坊正、市令非時開閉坊市門者，亦同城主之法。州縣鎮戍城門各徒一年，自縣城以下悉與越罪同。既云城主無故開閉，即是有故許開，若有警急驛使及制敕事速，非時至州縣者，城主驗實，亦得依法爲開，又依《監門式》，京城每夕分街立鋪，持更行夜，鼓聲絶則禁人行，曉鼓聲動即聽行，若公使齎文牒者聽，其有婚嫁亦聽。注云，須得縣牒。喪病須相告赴，求訪醫藥，齎本坊文牒者亦聽。其應聽行者，並得爲開坊市門。若有警急及收掩，雖州縣亦聽非時而開。未得開閉者，謂未通人行者爲未開，尚得人行者爲未閉，各減已開閉一等。餘條謂宫殿門以下有門禁之類，未得開閉者，皆準此減一等。

（宋）竇儀等《宋刑統》卷八《衛禁律·關津留難》 諸關津度人無故留難者，一日主司笞四十，一日加一等，罪止杖一百。

疏議曰：關謂判過所之處，津直度人，不判過所者。依令，各依先後而度，無故留難不度者，一日主司笞四十。主司謂關津之司。一日加一等，七日罪止杖一百，此爲非公使之人，若軍務急速而留難不度，致稽廢者，自從所稽廢重論。

諸私度有他罪重者，主司知情，以重者論，不知情者依常律。

疏議曰：私度者，謂無過所從關門私度，止徒一年。或有避死罪逃亡，別犯徒以上罪，是名有他罪重。關司知情者，以故縱罪論，各得所度人重罪。不知情者依常律，謂不知罪人別犯之情者，依常律不覺故縱之法。

諸領人兵度關，而別人妄隨度者，將領主司以關司論。關司不覺，減將領者罪一等，知情者各依故縱法。有過所者，關司自依常律。將領主司知情，減關司故縱罪一等，不知情者不坐。

疏議曰：準令，兵馬出關者，依本司連寫敕符勘度。入關者，據部領兵將文帳檢入。而別有人妄隨度者，罪在領兵官司，故云將領主司以關司論。知情與同罪，不覺減二等。若知別有重罪，亦依重罪科之。關司不覺者，謂關司承將領者文簿，不覺別人隨度者，減將領者一等，謂減度者罪三等。知情者各依故縱法。稱各者，將領主司及關司俱得度人之罪。有過所者，關司判度，自依常律，不減將領主司之罪。若將領主司知情，減關司故縱罪一等，不知情者不坐。

（宋）竇儀等《宋刑統》卷九《職制律·貢舉考課》 諸貢舉非其人，及應貢舉而不貢舉者，一人徒一年，二人加一等，罪止徒三年。非其人謂德行乖僻，不如舉狀者。若試不及第減二等，率五分得三分及第者不坐。若考校、課試而不以實，及選官乖於舉狀，以故不稱職者，減一等。負殿應附而不附，及不應附而附，致考有升降者，罪亦同。失者各減三等，餘條失者準此。承言不覺又減一等，知而聽行與同罪。

疏：諸貢舉非其人，及應貢舉而不貢舉者，一人徒一年，二人加一等，罪止徒一年。注云，非其人謂德行乖僻，不如舉狀者。若試不及第減二等，率五分得三分及第者不坐。議曰：依令，諸州歲別貢人，若別敕令舉，及國子諸館年常送省者，爲舉人，皆取方正清循，名行相副。若德行無聞，妄相推薦，或才堪利用，蔽而不舉者，一人徒一年，二人加一等，罪止徒三年。注云，非其人謂德行乖僻，不如舉狀者。若使名實乖違，即是不如舉狀，縱使試得及第，亦退而獲罪。如其德行無虧，唯只策不及第，減乖僻者罪二等。率五分得三分及第者不坐，謂試五得三，試十得六之類，所貢官人皆得免罪。若貢五得二，科三人之罪，貢十得三，科七人之罪。但有一人德行乖僻，不如舉狀，即以乖僻科之，縱有得第者多，並不合共相準折。

又云，若考校、課試而不以實，及選官乖於舉狀，以故不稱職者，減一等。注云，負殿應附而不附，及不應附而附，致考有升降者，罪亦同。議曰：考校謂内外文武官僚，年終應考校功過者。其課試，謂貢舉之人藝業伎能，

依令課試有數。若其官司考試不以實，及選官乖於所舉本狀，以故不稱職者，謂不習典憲任以法官，明練經史授之武職之類，各減貢舉非其人罪一等。負殿應附不附者，依令私坐每一斤爲一負，公罪二斤爲一負，各十負爲一殿。校考之日，負殿皆悉附狀。若故違不附，及不應附而附者，謂蒙別敕放免，或經恩降，公私負殿並不在附限。若犯免官以上及贓賄入己，恩前獄成，仍附景迹，除此等罪，並不合附，致使考校有升降者，得罪亦同，謂與考校、課試不實罪同，亦減貢舉非其人罪一等。

又云，失者各減三等。注云，餘條失者準此。又云，承言不覺又減一等，知而聽行與同罪。議曰：失者各減三等，謂意在堪貢，心不涉私，不審德行有虧，得減故罪三等。自試不及第以下、應附不附以上，失者又各減三等。餘條失者準此，謂一部律内公事錯失，本條無失減之文者，並準此減三等。承言不覺，亦從貢舉以下，承校試人言，不覺差失，從失減三等上更減一等，故云又減一等。知而聽行，亦從貢舉以下，知非其人，或試不及第，考校、課試知其不實，或選官乖狀，各與同罪，謂各與初試者同罪。

准：《考課令》，諸州縣官人撫育有方，户口增益者，各准見在户爲十分論，加一分，刺史、縣令各進考一等，每加一分進一等。其州户不滿五千，縣户不滿五百，各準五千、五百法爲分。若撫養乖方，户口減損者，各準增户法亦減一分降一等，每減一分降一等。其有勸課田農，能使豐殖者，亦準增户法見地爲十分論，加二分各進考一等，每加二分進一等。其有不加勸課以致減損，一分降考一等，每損一分降一等。若數處有功，並應進考者，亦聽累加。

（宋）竇儀等《宋刑統》卷九《職制律·刺史縣令私出界》　諸刺史、縣令、折衝、果毅私自出界者，杖一百。經宿乃坐。

疏議曰：州縣有境界，折衝府有地團，不因公事私自出境界者，杖一百。注云，經宿乃坐。既不云經日，即非百刻之限，但是經宿，即合此坐。

（宋）竇儀等《宋刑統》卷九《職制律·在官不直》　諸在官應直不直，應宿不宿，各笞二十，通晝夜者笞三十。若點不到者，一點笞十。一日之點，限取二點爲坐。

疏：諸在官應直不直，應宿不宿，各笞二十，通晝夜者笞三十。議曰：依令，内外官應分番宿直，若應直不直，應宿不宿，晝夜不相須，各笞二十，通晝夜不直者，笞三十。

又云，若點不到者，一點笞十。注云，一日之點，限取二點爲坐。議曰：内外官司應點檢者，或數度頻點，點即不到者，一點笞十。注云，一日之點，限取二點爲坐，謂一日之内，點檢雖多，止據二點得罪，限笞二十。若全不來上，計日以無故不上科之。

問曰：二日以上，日别常問曹司，曹司點檢，每點不到，若科無故不上，即是日别常來，若以累點科之，罪又重於不上。假有十日之内，日别皆來，每點不到，欲科何罪？

答曰：八品以下頻點不到，便是已發更犯，合重其事，累點科之。如非流内之人，自須當日決放。初雖累點罪重，點多不至徒刑。計日不上初輕，日多即至徒坐。所以日别上者據點，全不來者計日。以此處斷，實允刑名。

（宋）竇儀等《宋刑統》卷九《職制律·不上》　諸官人無故不上及當番不到，雖無官品，但分番上下，亦同。下條準此。若因假而違者，一日笞二十，三日加一等，過杖一百，十日加一等，罪止徒一年半。邊要之官加一等。

疏：諸官人無故不上及當番不到。注云，雖無官品，但分番上下亦同。下條準此。議曰：官人者，謂内外官人。無故不上，當番不到，謂分番之人應上不到。注云，雖無官品，謂但在官分番者，得罪亦同官人之法。下條準此者，謂之官限滿不赴，及官人從駕稽違，及從而先還，雖無官品，亦同官人之法。

又云，若因假而違者，一日笞二十，一日加一等，過杖一百，十日加一等，罪止徒一年半。邊要之官加一等。

議曰：官人以下、雜任以上，因給假而故違，並一日笞二十，三日加一等，二十五日合杖一百，三十五日徒一年，四十五日徒一年半。邊要之官謂在緣邊要重之所，無故不上以下，各加罪一等。

（宋）竇儀等《宋刑統》卷九《職制律·之官限滿不赴》　諸之官限滿不赴者，一日笞十，十日加一等，罪止徒一年。即代到不還，減二等。

疏議曰：依令，之官各有裝束程限，限滿不赴，一日笞十，十日加一等，罪止徒一年。其替人已到，淹留不還，準不赴任之程，減罪二等。其有田苗者，依令聽待收田訖發遣，無田苗者依限須還。

（宋）竇儀等《宋刑統》卷九《職制律·從駕稽違》　諸官人從駕稽違，及從而先還者，笞四十，三日加一等，過杖一百十日加一等，罪止徒二年。侍臣加一等。

疏議曰：官人謂百官應從駕者，流外以下應從人亦同官人之罪，共書吏、書僮

之類，差遣官人者，不在此限。其有稽違不到及從而先還者，雖不滿日，笞四十，三日加一等，過杖一百，十日加一等，罪止徒二年。侍臣謂中書、門下省五品以上，依令應侍從者，加罪一等。

（宋）竇儀等《宋刑統》卷九《職制律・祭祀》　諸大祀不預申期，及不頒所司者，杖六十。以故廢事者，徒二年。牲牢、玉帛之屬不如法，杖七十，闕數者杖一百，全闕，者徒一年。全闕謂一坐。即入散齋不宿正寢者，一宿笞五十，致齋不宿本司者，一宿杖九十，一宿各加一等。中小祀遞減二等。凡言祀者，祭享同。餘條中小祀準此。

疏：　諸大祀不預申期，及不頒所司者，杖六十。以故廢事者，徒二年。議曰：依令，大祀謂天地、宗廟、神州等爲大祀。或車駕自行，或三公行事。齋官皆散齋之日，平明集省受誓誡。二十日以前，所司預申祠部，祠部頒告諸司。其不預申期及不頒下所司者，杖六十。即雖申及頒下，事不周悉，所坐亦同。以故廢祠祀事者，所由官司徒二年，應連坐者各依公坐法，節級得罪。釋曰：節級，猶等級也。

又云，牲牢、玉帛之屬不如法，杖七十，闕數者杖一百，全闕者徒一年。注云，全闕謂一坐。議曰：牲謂牛、羊、豕，牢者牲之體。玉謂蒼璧祀天，黃琮祭地，五方上帝各依方色。帛謂幣帛。稱之屬者，謂黍稷以下。不依禮令之法，一事有違，合杖七十。一事闕少，合杖一百。一坐全闕，合徒一年。其本是中小祀，雖從大祀受祭，若有少闕，各依中小祀遞減之法。闕坐更多，罪不過此。餘祀闕坐皆準此。

又云，即入散齋不宿正寢者，一宿笞五十，致齋不宿本司者，一宿杖九十，一宿各加一等。中小祀遞減二等。議曰：依令，大祀散齋四日，致齋三日。中祀散齋三日，致齋二日。小祀散齋二日，致齋一日。散齋之日，齋官晝理事如故，夜宿於家正寢。不宿正寢者，一宿笞五十，一宿加一等。其無正寢者，於當家之內餘齋房內宿者，亦無罪，皆不得預穢惡之事。故《禮》云：三日齋，一日用之猶恐不恭。犯翼祖廟諱，改爲恭。致齋者，兩宿宿本司，一宿宿祀所。無本司及本司在皇城外者，皆於郊社、太廟宿齋。若不宿者，一宿杖九十，一宿加一等。通上散齋，故云各加一等。中小祀者，謂社稷、日月、星辰、岳鎮、海瀆、先農爲中祀，司中、司命、風師、雨師、諸星、山林、川澤之屬爲小祀。從大祀以下犯者，中祀減大祀二等，小祀減中祀二等，故云各遞減二等。

注云，凡言祀者，祭享同。餘條中小祀準此。議曰：依《祠令》，在天稱祀，在地爲祭，宗廟名享，今直舉祀爲例，故曰凡言祀者祭享同。餘條中小祀準此，但在中祀有犯，皆減大祀二等，小祀有犯，皆減中祀二等，謂下條大祀在散齋弔喪、問疾，《賊盜律》盜大祀神御物之類，本條無中小祀罪名者，準此遞減。

諸大祀在用齋而弔喪、問疾、判署刑殺文書及決罰者，笞五十，奏聞者杖六十。致齋者各加一等。

疏議曰：大祀散齋四日，並不得弔喪，亦不得問疾。刑謂定罪，殺謂殺戮罪人，此等文書不得判署，及不得決罰杖笞，違者笞五十。若以此刑殺決罰事奏聞者，杖六十。若在致齋內犯者，各加一等。中小祀犯者，各遞減二等。

諸祭祀及有事於園陵，若朝會，侍衛行事失錯，及違失儀式者，笞四十。謂言辭喧囂坐立怠慢乖衆者乃坐。應集而主司不告，及告而不至者，各笞五十。

疏：　諸祭祀及有事於園陵，若朝會，侍衛行事失錯，及違失儀式者，笞四十。注云，謂言辭喧囂，坐立怠慢乖衆者乃坐。議曰：稱祭祀者，享亦同。及有事於園陵，謂謁陵等事。若朝會，謂百官朝參集會，及侍衛祭祀之事，行事失錯，及違失儀式者，笞四十。注云，謂言辭喧囂，坐立怠慢，謂聲高喧鬧，坐立不正，不依儀式，與衆乖者乃坐。

又云，應集而主司不告，及告而不至者，各笞五十。議曰：應集謂祭祀以下及餘事合集之人，而主司不頒告令集，罪在主司。告而不至，獨坐不至者。故云各笞五十。

諸廟享知有緦麻以上喪，遣充執事者，笞五十，陪從者笞三十，主司不知勿論。有喪不自言者，罪亦如之。其祭天地、社稷則不禁。

疏議曰：廟享爲吉事，《左傳》曰：吉禘於莊公。其有緦麻以上慘，不得預其事。若知有緦麻以上喪，遣充執事者，主司笞五十。雖不執事遣陪從者，主司笞三十。若主司不知前人有喪者勿論。即有喪不自言而冒充執事及陪從者，亦如之。其祭天地、社稷不禁者，《禮》云：唯祭天地、社稷爲越紼而行事，不避有慘。故云則不禁。

（宋）竇儀等《宋刑統》卷九《職制律・制書稽緩錯誤》　諸稽緩制書者，一日笞五十，謄制、敕、符、移之類皆是。一日加一等，十日徒一年。其官文書稽程者，一日笞十，三日加一等，罪止杖八十。

疏：　諸稽緩制書者，一日笞五十。注云，謄制、敕、符、移之類皆是。又云，一日加一等，十日徒一年。議曰：制書在令無有程限，成案皆云即日行下，稱即日者，謂百刻內也。寫程通計，符、移、關、牒滿二百紙以下，給二日程，過此以外，每二百紙以下加一程，所加多者，總不得過五日。其赦書計紙雖多，不得過三日。軍務急速，皆當日並了。成案及計紙程外仍停者，是爲稽緩，一日笞五十。注云謄制、敕、符、移之類，謂奉正制敕，更謄已出符、移、關、解、刺、牒皆是，故

言之類。一日加一等罪，六日杖一百，十日徒一年，即是罪止。

又云，其官文書稽程者，一日笞十，三日加一等，罪止杖八十。議曰：官文書謂在曹常行，非制敕奏抄者。依令，小事五日程，中事十日程，大事二十日程，徒以上獄案辯定須斷者三十日程。其通判及句經三人以下者，給一日程，經四人以上給二日程。大事各加一日程。若有機速，不在此例。機速謂軍機急速，不必要準案程，應了不了，亦準稽程法。除此之外，皆準事稽程者，一日笞十，三日加一等，罪止杖八十。

諸被制書有所施行而違者，徒二年。失錯者杖一百。失錯謂失其旨。

疏議曰：被制書謂奉制有所施行，而違者，徒二年。若非故違而失錯旨意者，杖一百。

問曰：條云，被制書施行而違者，徒二年。未知敕及奏抄得罪同否？

答曰：上條稽緩制書注云，謄制、敕、符、移之類皆是。即明制敕之義，輕重不殊。其奏抄御親畫聞，制則承旨宣用，御畫不輕承旨，理與制書義同。

諸受制忘誤及寫制書誤者，事若未失，笞五十，已失杖七十。轉受者減一等。

疏議曰：謂承制之人忘誤其事，及寫制書脱謄文字，並文字錯失。事若未失者，謂未失制書之意，合笞五十。已失謂已失事意而施行，合杖七十。轉受者減一等。若宣制忘誤，及寫制失錯，轉受者雖自錯誤，爲非親承制敕，故減一等。未失其事合笞四十，事若已失合杖六十，故云轉受者減一等。

諸制書有誤，不即奏聞，輒改定者，杖八十。官文書誤，不請官司而改定者，笞四十。知誤不奏請而行者，亦如之。輒飾文者，各加二等。

疏議曰：制書有誤，謂旨意參差，或脱剩文字，於理有失者，皆合覆奏，然後改正施行。不即奏聞，輒自改定者，杖八十。官文書謂常行文書，有誤於事，改動者皆須請當司長官，然後改正。若有不請自正定者，笞四十。知制書誤不奏，知官文書誤不請，依錯施行，亦如之。制書誤得杖八十，官文書誤得笞四十。依《公式令》，下制敕宣行，文字脱誤，於事理無改動者，勘檢本案分明可知，即改從正，不須覆奏。其官文書脱誤者，諮長官改正。輒飾文字者，各加二等，謂非動事，修飾其文，制書合杖一百，官文書合杖六十。若動事，自從詐增減法。

准：《公式令》，諸制敕宣行，文字脱誤，於事理無改動者，勘驗本案分明可知，即改從正，不須覆奏。其官文書脱誤者，諮長官改正。

（宋）竇儀等《宋刑統》卷一〇《職制律·奏事及餘文書誤》　諸上書若奏事而誤，杖六十，口誤減二等。口誤不失事者勿論。上尚書省誤笞四十，餘文書誤笞三十。誤謂脱謄文字及錯失者。即誤有害者，各加三等。有害謂當言勿原而言原之，當言千匹而言十匹之類。若誤可行，非上書奏事者勿論。可行謂案省可知，不容有異議，當言甲申而言甲由之類。

疏：諸上書若奏事而誤，杖六十，口誤減二等。注云，口誤不失事者勿論。議曰：上書謂書奏特達，奏事，謂面陳，有誤者杖六十。若口誤減二等，合笞四十。若口奏雖誤，事意無失者不坐。

又云，上尚書省而誤笞四十，餘文書誤笞三十。注云，誤謂脱謄文字及錯失者。議曰：上尚書省而誤者，謂内外百司應申尚書省，而有文字脱謄及錯失者，合笞四十。餘文書誤者，謂非上尚書省，凡是官文書誤者，合笞三十。

又云，即誤有害者，各加三等。注云，有害謂當言勿原而言原之，當言千匹而言十匹之類。議曰：上書奏事誤有害者，合杖九十，上尚書省誤有害者，合杖七十，餘文書誤有害者，合杖六十，是名各加三等。注云，有害謂當言勿原而言原之，當言千匹而言十匹之類。稱之類者，自須以類求之，類例既多，事非一緒，假有犯罪，當言原之而言勿原，當言勿原而言原之，承誤已行決及原放訖者，此即當條雖有罪名，所爲重者自從失出入論，不可直從有害加三等。

又云，若誤可行，非上書奏事者勿論。注云，可行謂案省可知，不容有異議，當言甲申而言甲由之類。議曰：上尚書省以下雖誤，案驗可行者，皆不坐。可行者謂案驗其狀，省察是非，不容更有別議。當言甲申之日，而言甲由之日，如此之類，是案省可知，雖誤皆不合罪。

（宋）竇儀等《宋刑統》卷一〇《職制律·應奏不奏》　諸事應奏而不奏，不應奏而奏者，杖八十。應言上而不言上，雖奏上，不待報而行亦同。不應言上而言上，及不由所管而越言上，應行下而不行下，及不應行下而行下者，各杖六十。

疏議曰：應奏而不奏者，謂依律令及式，事應合奏而不奏，或格令式無合奏之文，及事理不須聞奏者，是不應奏而奏，并合杖八十。應言上者，謂合申上而不言上。注云，雖奏上，不待報而行亦同。謂事合奏及已申上，應合待報者，皆須待報而行。若不待報而輒行者，亦同不奏、不申之罪。若據文且奏且行，或申奏知不須待報者，不當此坐。不應言上者，依律令及格式，不遣言上而輒言上，及不由所管而越言上者，假謂州管縣，都督管州，州縣事須上省，皆須先申所管州府，不申而越言上者；并事應行下而不行下，不應行下而行下者，謂應出符移關牒刺而不出行下，不應出符移關牒刺而

出行下者各杖六十。

（宋）竇儀等《宋刑統》卷一〇《職制律・出使不返制命》　諸受制出使，不返制命，輒干他事者，徒一年半。以故有所廢闕者，徒三年。餘使妄干他事者，杖九十。以故有所廢闕者，徒一年。越司侵職者，杖七十。

疏議曰：受制敕出使事訖，皆須返命奏聞。若不返命，更干預他事者，徒一年半。以故有所廢闕者，徒三年。餘使謂非制使，妄干他事者，杖九十。以故有所廢闕者，徒一年。越司侵職者，謂設官分職，各有司存，越其本局，侵人職掌，杖七十。其受皇后及皇太子令，出使不返命，得罪依減制敕一等。

（宋）竇儀等《宋刑統》卷一〇《職制律・驛使稽程》　諸驛使稽程者，一日杖八十，二日加一等，罪止徒二年。若軍務要速，加三等，有所廢闕者，違一日加役流，以故陷敗户口、軍人、城戍者絞。

疏：諸驛使稽程者，一日杖八十，二日加一等，罪止徒二年。議曰：依令，給驛者，給銅龍傳符，無傳符處爲紙券，量事緩急，注驛數於符契上，據此驛數以爲行程。稽此程者，一日杖八十，二日加一等，罪止徒二年。

又云，若軍務要速，加三等，有所廢闕者，違一日加役流，以故陷敗户口、軍人、城戍者絞。議曰：軍務要速，謂是征討掩襲、報告外境消息及告賊之類，稽一日徒一年，十一日流二千里，是爲加三等。有所廢闕者，謂稽遲廢闕經略，掩襲、告報之類。違一日加役流，稱日者，須滿百刻。爲由驛使稽遲，遂陷敗户口、軍人、衛士、募人、防人一人以上及諸城戍者絞。若臨軍對寇，告報稽期者，自從乏軍興之法。

（宋）竇儀等《宋刑統》卷一〇《職制律・驛使以所齎文書寄人》　諸驛使無故以書寄人行之及受寄者，徒一年。若致稽程，以行者爲首，驛使爲從。即爲軍事警急而稽留者，以驛使爲首，行者爲從。有所廢闕者從前條。其非專使之書，而便寄者勿論。

疏議曰：有軍務要速或追徵報告，如此之類，遣專使乘驛，齎送文書。無故，謂非身患及父母喪者。以所齎文書别寄他人送之，及受寄文書者，各徒一年。若致稽程，謂行不充驛數，計程重於徒一年者，即以受書行者爲首，驛使爲從。此謂常行驛使而立罪名。即爲軍事警急，報告、征討、掩襲、救援及境外消息之類而稽留，罪在驛使，故以驛使爲首，行者爲從。注云，有所廢闕者，從前條。謂違一日加役流，以故陷敗户口、軍人、城戍者絞。其非專使之書，謂非故遣專使所齎之書，因而附之，其使人及受寄人並勿論。

（宋）竇儀等《宋刑統》卷一〇《職制律・文書遣驛》　諸文書應遣驛而不遣驛，及不應遣驛而遣驛者，杖一百。若依式應須遣使詣闕而不遣者，罪亦如之。

疏議曰：依《公式令》，在京諸司有事須乘驛，及諸州有急速大事，皆合遣驛，而所司乃不遣驛，非應遣驛而所司乃遣驛者，各杖一百。又依《儀制令》，皇帝踐祚及加元服，皇太后加號，皇后、皇太子立及赦元日，刺史若京官五品以上在外者，並奉表疏賀，州遣使，餘附表。此即應遣使詣闕，而不遣者，亦合杖一百，故云罪亦如之。

諸驛使受書不依題署，誤詣他所者，隨所稽留，以行書稽程論減二等。若由題署者誤，坐其題署者。

疏議曰：文書行下，各有所詣，應封題署者，具注所詣州府。使人乃不依題署，誤詣他所，因此稽程者，隨所稽留，準上條行書稽留之程減二等，謂違一日杖六十，二日加一等，罪止徒一年。若有軍務要速者，加三等，有所廢闕者，從加役流上減二等，徒二年半，以故有所陷敗，亦從絞上減二等，徒三年。若由題署者誤，謂元題署者錯誤，即罪其題署之人，驛使不坐。

（宋）竇儀等《宋刑統》卷一〇《職制律・輸納符節遲留》　諸用符節事訖，應輸納而稽留者，一日笞五十，二日加一等，十日徒一年。

疏議曰：依令，用符節並由門下省，其符以銅爲之，左符進内，右符在外。應執符人有事行勘，皆奏出左符，以合右符，所在承用，事訖使人將左符還。其使若向他處，五日内無使次者，所在差專使送門下省輸納。其節，大使出即執之，使還亦即送納。應輸納而稽留者，一日笞五十，二日加一等，十日徒一年，雖更違日，罪亦不加。其傳符通用紙作乘驛，使人所至之處，事雖未訖，且納所，事了欲還，然後更請，至門下送輸。既無限日，行至即納，違日者，既非銅魚之符，不可依此科斷，自依紙券，加官文書稽罪一等。其禁苑門符及交巡魚符，若木契等，於餘條得減罪二等，輸納稽遲者，準例亦減二等。若木契應發兵者，同上符節之罪。

（宋）竇儀等《宋刑統》卷一〇《職制律・公事稽程及誤題署》　諸公事應行而稽留，及事有期會而違者，一日笞三十，三日加一等，過杖一百，十日加一等，罪止徒一年半。即公事有限，主司符下乖期者，罪亦如之。若誤不依題署，及題署誤以致稽程者，各減二等。

疏：諸公事應行而稽留，及事有期會而違者，一日笞三十，三日加一等，過杖一百，十日加一等，罪止徒一年半。議曰：凡公事應行者，謂有

所部送，不限有品無品，而輒稽留。及事有期會，謂若朝集使及計帳使之類，依令各有期會，而違不到者，一日笞三十，三日加一等，過杖一百，十日加一等，罪止徒一年半。但事有期限者，以違限日爲坐，無限者，以付文書及部領物後，計行程爲罪。

又云，即公事有限，主司符下乖期者，罪亦如之。若誤不依題署，及題署誤以致稽程者，各減二等。議曰：公事有限，與上文事有期會同。上文謂在下有違，此文謂主司下符乖期者，罪亦如之，並同違期會之罪。若使人不依題署，錯詣他所，及由曹司題署有誤而致稽程者，各減二等，謂違一日笞三十，減二等，笞十；罪止徒一年半，減二等，各合杖一百。

（宋）竇儀等《宋刑統》卷一一《職制律·奉使部送寄人雇人》 諸奉使有所部送而雇人、寄人者，杖一百，闕事者徒一年。受寄雇者減一等。即綱典自相放代者，笞五十；取財者坐贓論，闕事者依寄雇闕事法。仍以綱爲首，典爲從。

疏：諸奉使有所部送而雇人、寄人者，杖一百，闕事者徒一年。受寄雇者減一等。

議曰：奉使有所部送，謂差爲綱典，部送官物及囚徒、畜産之屬，而使者不行，乃雇人、寄人而領送者，使人合杖一百。闕事者，謂於前事有所廢闕，合徒一年。其受寄及受雇者，不闕事杖九十，闕事杖一百，故云減一等。

又云，即綱典自相放代者，笞五十，取財者坐贓論，闕事者依寄雇闕事法。仍以綱爲首，典爲從。議曰：或綱獨部送，而放典不行，或典自領行，而留綱不去，此爲自相放代，笞五十。受財者坐贓論，其闕事及不闕事，並受財輸財者，皆以綱爲首，典爲從。假有兩綱兩典，一綱一典取財代行，一綱一典與財得住，與財者坐贓論，減五等。縱典發意，亦以綱爲首，典爲從。取財者坐贓論。其贓既是彼此俱罪，仍合没官。其受雇者已減使罪一等，不合計贓科罪，其贓不徵。若監臨官司將所部典行放取物者，並同監臨受財之法，不同綱典之罪。即雖監臨元止一典，放住代行者，亦同綱典之例。

（宋）竇儀等《宋刑統》卷一三《户婚律·旱澇霜雹蟲蝗部内田疇荒蕪》 諸部内有旱澇、霜雹、蟲蝗爲害之處，主司應言而不言，及妄言者，杖七十。覆檢不以實者，與同罪。若致枉有所徵免，贓重者坐贓論。

疏議曰：旱謂亢陽，澇謂霖霪，霜謂非時降實，雹謂損物爲災，蟲蝗謂螟螽蝥賊之類。依令，十分損四以上免租，損六免租調，釋曰：租調課役具在《賦役令》。損七以上課役俱免。若桑麻損盡者，各免調。其應損免者，皆主司合言。主司謂里正以上，里正須言於縣，縣申州，州申省，多者奏聞。其應言而不言，及妄言者，所由主司杖七十。其有充使覆檢不以實者，與同罪，亦合杖七十。若不以實言上，妄有增減，致枉有所徵免者，謂應損而徵，不應損而免，計所枉徵免，贓罪重於杖七十者，坐贓論，罪止徒三年。既是以贓致罪，皆合累倍而斷。

問曰：有應得損免不與損免，以枉徵之物或將入己，或用入官，各合何罪？

答曰：應得損免而妄徵，亦準上條妄脱漏增減之罪。入官者坐贓論，入私者以枉法論，至死者加役流。

諸部内田疇荒蕪者，以十分論，一分笞三十，一分加一等，罪止徒一年。州縣各以長官爲首，佐職爲從。户主犯者，亦計所荒蕪五分論，一分笞三十，一分加一等。

疏議曰：部内謂州縣及里正所管。田稱疇者，言田之疇類，或云，疇，地畔也。不耕謂之荒，不鋤謂之蕪。若部内總計準口受田，十分之中，一分荒蕪者，笞三十。假若管田百頃，十頃荒蕪，笞三十。一分加一等，謂十頃加一等，九十頃荒蕪者，罪止徒一年。州縣各以長官爲首，佐職爲從。縣以令爲首，丞尉爲從。州即刺史爲首，長史、司馬、司户爲從。里正一身得罪，無四等罪名者，止依首從爲坐。其檢句品〔官自〕爲佐職，其主典，律無罪名。户主犯者，亦計所荒蕪五分論，計户内所受之田，假有受田五十畝，十畝荒蕪，户主笞三十，故云一分笞三十，一分加一等，即二十畝笞四十，三十畝笞五十，四十畝杖六十，五十畝杖七十。其受田多者，各準此法爲罪。

（宋）竇儀等《宋刑統》卷一三《户婚律·課農桑》 諸里正，依令：授人田，課農桑。若應受而不授，應還而不收，應課而不課，如此類違法者，失一事笞四十，一事謂失一事於一人。若於一人失數事，一事失之於數人，皆累爲坐。三事加一等。縣失十事笞三十，二十事加一等。州隨所管縣多少，通計爲罪。州縣各以長官爲首，佐職爲從。各罪止徒一年。故者各加二等。

疏：諸里正，依令：授人田，課農桑。若應受而不授，應還而不收，應課而不課，如此事類違法者，失一事笞四十。議曰：依《田令》，户内永業田課植桑五十根以上，榆棗各十根以上，土地不宜者，任依鄉法。又條，令應收授之田，每年起十月一日，里正預校勘造簿，縣令總集。應退、應受之人，對共給授。又條，授田先不課役，後課役，先無後少，先貧後富。其里正皆須依令造簿通送及課農桑。若應合受田而不授，應合還公田而不收，應合課田農而不課，應課植桑棗而不植，如此事類違法者，每一事有失，合笞四十。

注云，一事謂失一事於一人。若於一人失數事，及一事失之於數人，

皆累爲坐。議曰：一事謂失一事於一人者，假若於一户之上，不課種桑棗爲一事，合笞四十。若於一人失數事，謂於一人之身，應受不授，又不課桑棗，及田疇荒蕪。及一事失之於數人，謂應還不收之類，在於數人之上，皆累而爲坐。

又云，三事加一等。縣失十事笞三十，二十事加一等。州隨所管縣多少，通計爲罪。

議曰：假有里正應課而不課，是一事，應受而不授，是二事，應還而不收，是三事，授田先不課後課，是四事，先少後無，是五事，先富後貧，是六事，田疇荒蕪，是七事，皆累爲坐。其應累者，每三事加一等，即失二十二事，徒一年。縣失者，亦準里正所失，十事笞三十，二十事加一等，一百七十事合徒一年。州隨所管縣多少，通計爲罪，謂管二縣者，失二十事笞三十，失三百四十事徒一年。其管縣多者，通計各準此。

注云，州縣各以長官爲首，佐職爲從。又云，各罪止徒一年。故者各加二等。議曰：州縣以刺史、縣令爲首，其長官闕，即次官爲首，佐職及判户曹之司爲從。各罪止徒一年，謂州縣長官及里正，各罪止徒一年。故犯者，各加二等，即是一事杖六十，縣十事笞五十，州管二縣，二十事笞五十，計加亦準此通計爲罪，各罪止徒二年。其州止管一縣者，各減縣罪一等。若有故失，罪法不等者，亦依併滿之法。假如授田等，失七事，合杖六十，又有故犯三事，亦合杖六十，即以故犯三事併爲失十事，科杖七十，其州縣應累併者各準此。

（宋）竇儀等《宋刑統》卷一三《户婚律・給復除》 諸應受復除而不給，不應受而給者，徒二年，其小徭役者笞五十。

疏議曰：依令，人居狹鄉，樂遷就寬鄉，去本居千里外，復三年，五百里外復二年，三百里外復一年之類。應給復除而所司不給，不應受而所司妄給者，徒二年。其小徭役謂充夫及雜使，準令應免不免，應役不役者，合笞五十。其妄給復除及應給不給，準贓重於徒二年者，依上條妄脱漏增減以出入課役，一口徒一年，二口加一等。贓重入己者，以枉法論，死者加役流，入官者坐贓論。其不應受復除人而求請主司，妄得復除者，依《名例》，若共監主爲犯，雖造意，仍以監主爲首，即是所司爲首，得復者爲從。若他人爲請求，妄得復者，自從囑請法。

（宋）竇儀等《宋刑統》卷一三《户婚律・差科賦役不均平及擅賦斂加益》 諸差科賦役違法及不均平，杖六十。若非法而擅賦斂，及以法賦斂而擅加益，贓重入官者，計所擅坐贓論，入私者以枉法論，至死者加役流。

疏：諸差科賦役違法及不均平，杖六十。議曰：依令，凡差科，先富强後貧弱，先多丁後少丁。差科賦役違法及不均平，謂貧富、强弱、先後、閑要等差科不均平者，各杖六十。

又云，若非法而擅賦斂，及以法賦斂而擅加益，贓重入官者，計所擅坐贓論，入私者以枉法論，至死者加役流。議曰：依《賦役令》，每丁租兩石，調絁絹二丈，綿三兩，布輸二丈五尺，麻三斤，丁役二十日。此是每年以法賦斂，皆行公文，依數輸納。若臨時別差科者，自依臨時處分。如有不依此法，而擅有所徵斂，或雖依格令式而擅加益，入官者總計贓至六匹，即是重於杖六十，皆從坐贓科之。假有擅加益入官滿一百匹絹，比斂衆人之物，法合倍論，倍爲五十匹，坐贓罪止徒三年。入私者以枉法論。稱入私，不必入己，但不入官者即爲入私。官人有禄，枉法一尺杖一百，一匹加一等，十五匹絞。無禄者減一等，二十匹絞。今云至死者加役流，並不合絞。其間賦斂雖有入官，復有入私者，即是罪名不等，宜依併滿之法。假有擅賦斂得一百匹，九十四入官，十四入私，從入官九十四倍爲四十五匹，（或）〔合〕徒二年半，倍入私十四爲五匹，亦徒二年半，不得累徒五年，須以入私十四併滿入官九十四爲一百四，倍爲五十四，處徒三年。

準：唐長慶元年正月二十五日度支旨條節文，如有兩税合徵錢物，數外擅加率一錢一物，州縣長吏並同枉法贓論。

（宋）竇儀等《宋刑統》卷一三《户婚律・輸税違期》 諸部内輸課税之物，違期不充者，以十分論，一分笞四十，一分加一等。州縣皆以長官爲首，佐職以下節級連坐。户主不充者，笞四十。

疏：諸部内輸課税之物，違期不充者，以十分論，一分笞四十，一分加一等。議曰：輸課税之物，謂租調及庸、地租、雜税之類，物有頭數，輸有期限，而違不充者，以十分論，一分笞四十。假有當里之内徵百石物，十斛不充笞四十，每十斛加一等，若全違期不入者，徒二年。州縣亦各以部内分數，不充科罪準此。

注云，州縣皆以長官爲首，佐職以下節級連坐。議曰：刺史、縣令宣導之首，課税違限，責在長官，佐職以下，節級連坐。既以長官爲首，通判官爲第二從，判官爲第三從，主典及檢句之官爲第四從。以勸導之首屬在長官，故不同判事差等。其里正處百户之内，事在一人，既無節級連坐，唯得部内不充之罪。

又云，户主不充者，笞四十。議曰：百姓當户應輸課税，依期不充，即笞四十，不據分數爲坐。

（宋）竇儀等《宋刑統》卷一五《廄庫律・牧畜死失及課不充》 諸牧畜産準所除外，死失及課不充者，一牧長及牧子笞三十，三加一等，過杖一百，十加一等，罪止徒三年。羊減三等。餘條羊準此。新任不滿一年而

有死失者，總計一年之內月別應除多少，準折爲罪。若課不充，游牝之時，當其檢校者，準數爲罪，不當者不坐。游牝之後而致損落者，坐後人。繫飼死者，各加一等，失者又加二等。牧尉及監各隨所管牧多少，通計爲罪，仍以長官爲首，佐職爲從。餘官有管牧者亦準此。

疏：諸牧畜產準所除外，死失及課不充者，一牧長及牧子笞三十，三加一等，過杖一百，十加一等，罪止徒三年。羊減三等。注云，餘條羊準此。議曰：《廄牧令》，諸牧雜畜死耗者，每年率一百頭論，駞除七頭，騾除六頭，馬牛驢羖羊除十，白羊除十五。從外蕃新來者，馬牛驢羖羊皆聽除二十，第二年除十五，駞除十四，第二年除十，騾除十二，第二年除九，白羊除二十五，第二年除二十，第三年皆與舊同，準率百頭以下除數。此是年別所除之數，不合更有死失。及課不充者，應課者，準令牝馬一百匹，牝牛驢各一百頭，每年課駒犢各六十，騾駒減半。馬從外蕃新來者，課駒四十，第二年五十，第三年同舊課。牝駞一百頭，三年內課駒七十，白羊一百口，每年課羔七十口，羖羊一百口，課羔八十口。準此欠數者，爲課不充。除外死失及課不充者，一牧長及牧子笞三十，三加一等，即是欠二十二合杖一百。過杖一百，十加一等，計欠七十二，罪止徒三年。羊減三等，欠三以下未有罪名，欠四笞十，三口加一等，罪止徒一年半。注云，餘條羊準此。餘條謂養飼不如法之類。但餘條皆論畜罪名無羊者，並減馬三等，故云準此。

又云，新任不滿一年而不死失者，總計一年之內月別應除多少，準折爲罪。若課不充，游牝之時，當其檢校者，準數爲罪，不當者不坐。注云，游牝之後而致損落者，坐後人。議曰：新任不滿一年，謂任牧尉、牧長、牧子不滿周年，而有死失，總計一年之內，準折爲罪，謂若騾新從外蕃來，當年聽除十二，即是月別得除一頭，新任三月除三頭，五月除五頭，餘畜一年，準當色應除數，準新任月別折除分數亦準此。若除外死失，皆準上文得罪。若課不充，游牝之時，當其檢校者，準數爲罪。準令，牧馬駞牛驢羊，牝牡常同群，其牡馬驢每年三月游牝，應收飼者，至冬收飼，不當游牝之時，課收雖不充，依律不坐。注云，游牝之後而致損落者，坐後人。謂雖不當游牝之時，檢校於後損落，仍得其罪。

又云，繫飼死者，各加一等，失者又加二等。牧尉及監各隨所管牧多少，通計爲罪，仍以長官爲首，佐職爲從。注云，餘官有管牧者亦準此。議曰：繫飼死者，加一等罪，謂應牧繫養之者，收飼理不合死，故加罪一等。雜畜一死笞四十，罪止流二千里。失者又加二等，以其繫飼不合失落，故加二等。稱又者，明累加，即失一杖六十，罪止流三千里。繫飼羊亦各減三等。牧尉及監，各隨所管牧尉、長，通計爲罪。依令，牧馬牛皆百二十爲群，駞騾驢皆以七十頭爲群，羊六百二十口爲群，群別立牧長一人，率十五長置尉一人，其監即不限尉多少。通計之義，已從戶婚解訖。仍以長官爲首，佐職爲從者，爲群牧事重，委在長官，死失及課不充，以監爲首，副監及丞簿爲從。條言佐職爲從，明主典無罪。注云，餘官有管牧者亦準此。其牧有置監管者，亦有隸州縣官管者，故云餘官有管牧者亦準此。

（宋）竇儀等《宋刑統》卷一五《廄庫律·檢驗畜產不以實》 諸驗畜產不以實者，一笞四十，三加一等，罪止杖一百。若以故價有增減，贓重者，計以增減坐贓論，入己者以盜論。

疏議曰：依《廄牧令》，府內官馬及傳送馬驢，每年皆刺史、折衝、果毅等檢揀，其有老病不堪乘用者，府內官馬更對州官揀定，開封府管內送尚書省揀，隨便貨賣。檢揀者並須以實，不以實者，一笞四十，三加一等，罪止杖一百。若以檢揀不實之故，令價有增減者，計增減之贓重，坐贓論。謂驗一不實，增三匹一尺，及減三匹一尺，各笞五十。每一匹加一等，十四徒一年，十四加一等。若因此增減之贓，將入己者，計罪以盜論，仍徵倍贓。監主加二等，一匹以上除名。其閒有增減不平之贓，有入己不入己者，若一處犯，便是一事分爲二罪，罪法不等，即以重法併滿輕法，須將以盜之贓累於坐贓之上科之，其應除、免、倍贓各盡本法。若驗羊不實，減三等。共增減贓及以盜論者，並各依本條，不在羊減三等之例。

（宋）竇儀等《宋刑統》卷一五《廄庫律·養療不如法》 諸受官羸病畜產，養療不如法，笞三十，以故致死者，一笞四十，三加一等，罪止杖一百。

疏議曰：依《廄牧令》，官畜在道，有羸病不堪前進者，留付隨近州縣養飼療救，粟草及藥官給。而所在官司受之，須養療依法，有不如法者，笞三十。以故致死者，謂養療不如法而致死者，一笞四十，三加一等，罪止杖一百。

（宋）竇儀等《宋刑統》卷一五《廄庫律·養飼犧牲》 諸供大祀犧牲，養飼不如法，致有瘦損者，一杖六十，一加一等，罪止杖一百。以故致死者，加一等。

疏議曰：供大祀犧牲用犢，人帝配之，即加羊豕。其養牲，大祀在滌九旬，中祀三旬，小祀一旬，養飼令肥，不得捶朴，違者是不如法。致有損瘦者，一杖六十，一加一等，五不如法，罪止杖一百。以故致死者，加罪一等，一死杖七十，五死徒一年。其羊豕雖供人帝，爲配大祀，故得罪與牛皆同。職制律，中小祀遞減二等，餘條中小祀準此。即中祀養牲不如法，各減大祀二等，小祀不如法，又減中祀二等。

（宋）竇儀等《宋刑統》卷一五《廄庫律·乘駕損傷官畜》 諸乘駕官畜產，而脊破領穿，瘡三寸笞二十，五寸以上笞五十。謂圍繞爲寸者。若

放飼瘦者，計十分爲坐，一分笞二十，一分加一等，即不滿十者，一笞三十，一加一等，各罪止杖一百。

疏：諸乘駕官畜産，而脊破領穿，瘡三寸笞二十，五寸以上笞五十。注云，謂圍繞爲寸者。議曰：乘駕官畜産謂牛馬駞騾驢。乘騎者脊破，駕用者領穿，瘡三寸笞二十，五寸以上笞五十。稱以上者，瘡雖更大，罪亦不加。若是別傷，非乘駕所損，自從傷官畜産之罪，不當此坐。注云，謂圍繞爲寸者。即是瘡圍三寸，徑一寸，圍五寸一分，徑一寸七分，雖或方圓，準此爲法，但廉隅不定，皆以圍繞爲寸。

又云，若放飼瘦者，計十分爲坐，一分笞二十，一分加一等，即不滿十者，一笞三十，一加一等，各罪止杖一百。議曰：若將官畜放飼，謂牧監之官及牧子以上令瘦者，計十分爲坐。假令一群百匹馬，十匹瘦爲一分，合笞二十。一分加一等，九分並瘦，或百匹皆瘦，合杖一百。即不滿十者，一笞三十，一加一等，謂止放八匹，一瘦笞三十，八匹並瘦，更加七等，合杖一百，故云各罪止杖一百。監及牧尉，皆以所管通計爲罪。餘雜畜準數得罪，皆準此。羊準例減三等。

（宋）竇儀等《宋刑統》卷一五《厩庫律・官馬不調習》 諸官馬乘用不調習者，一匹笞二十，五匹加一等，罪止杖一百。

疏議曰：依太僕式，在牧馬二歲即令調習，每一尉配調習馬人十人，分爲五番上下，每年三月一日上，四月三十日下。又令云，殿中省尚乘，每配習馭調馬，東宮配翼馭調馬，其檢行牧馬之官，聽乘官馬，即令調習，故官馬乘用不調習者，一匹笞二十，五匹加一等，即是四十一匹，罪止杖一百。上臺、東宮供御馬不調習，得罪重於此條，即從職制律車馬不調習本條科罪。

（宋）竇儀等《宋刑統》卷一五《厩庫律・畜産損食官私物》 諸放官私畜産損食官私物者，笞三十。贓重者，坐贓論，失者減二等，各償所損。若官畜損食官物者，坐而不償。

疏議曰：謂放官私畜産損食官私之物，損食雖少，即笞三十。若準贓得二匹一（人）〔尺〕，合笞四十，是名計贓重者坐贓論。失者減二等，謂非故放，因亡逸而損食者，減罪二等，各償所損。既云損食官私之物，或損或食，各令畜主借償。若官畜損食官物，坐而不償。公廨畜産損失當司公廨，既不同私物，亦坐而不償。若損食餘（私）〔司〕公廨，並得罪，仍備一準上文。

（宋）竇儀等《宋刑統》卷一五《厩庫律・庫藏搜檢偷盗》 諸有人從庫藏出，防衛主司應搜檢而不搜檢，笞二十。以故致盗，不覺者減盗者罪二等。若夜持時不覺盗，減三等。主守不覺盗者，五匹笞二十，十匹加一等，過杖一百，二十匹加一等，罪止徒二年。若守掌不如法，以故致盗者，各加一等。故縱者各與同罪。即故縱贓滿五十匹加役流，一百匹絞。若被强盗者，各勿論。

疏：諸有人從庫藏出，防衛主司應搜檢而不搜檢，笞二十。以故致盗，不覺者減盗者罪二等。若夜持時不覺盗，減三等。議曰：從庫藏出，依式五品以上皆不合搜檢。其應搜檢而不搜檢者，防衛主司笞二十。以不搜檢故而致盗物將出，計所盗之贓，主司減盗者罪二等。若夜持時，謂庫藏之所，持更之人，不覺人盗物者，減者罪三等。持時謂當時專持更者。假有不覺盗五疋絹，減三等，得杖八十之類。

又曰，主守不覺盗者，五匹笞二十，十匹加一等，過杖一百，二十匹加一等，罪止徒二年。若守掌不如法，以故致盗者，各加一等。故縱者各與同罪。議曰：主守不限有品無，謂親主當庫藏者。不覺有人盗物，準絹五匹笞二十，不滿五匹未合得罪，十匹加一等，八十五匹杖一百，過杖一百，二十匹加一等，一百四十五匹罪止徒二年。若守掌不如法，謂防守、持更、鏁閉、封印乖違不如法，而致盗者，各加一等。謂防衛不如法，有人從庫藏出入，又不搜檢致盗，不覺上加一等，謂止減盗者一等。夜持時不如法，不覺盗，亦加一等，止減盗者二等。主守之司不如法，不覺盗，亦加一等，五匹笞三十，罪止徒二年。此是各加一等。故縱者各與同罪，謂防衛主司並夜持時之人，及主守之司，故縱盗者，並各與盗者同罪。稱同罪者，不在除免、倍贓、監主加罪之例。

又云，即故縱贓滿五十匹加役流，一百匹絞。若被强盗者，各勿論。議曰：國家庫藏本委主司，若主司知情容盗，得罪重於盗者。《名例律》與同罪者，不在加役流之例，故於庫藏條中特生此例。故縱贓四十九匹以下，與盗者罪同，不合除免。滿五十匹加役流，除名、配流如法。一百匹絞。此謂故縱一人之罪。若故縱頻盗，及衆人盗者，各依累倍之法。若被强盗，各勿論，謂被威力盗之，非能拒得者，勿論。

（宋）竇儀等《宋刑統》卷一五《厩庫律・損敗倉庫物》 諸倉庫及積聚財物安置不如法，若曝凉不以時，致有損敗者，計所損敗坐贓論。州縣以長官爲首，監（置）〔署〕等亦準此。

疏議曰：倉謂貯粟麥之屬，庫謂貯器仗、綿絹之類，積聚謂貯柴草雜物之所，皆須高燥之處安置。其應曝凉之物，又須曝凉以時，若安置不如法，曝凉不以時，而致損敗者，計所損敗多少，坐贓論。州縣以長官爲首，以下節級爲從。監署等有所損壞，亦長官爲首，以次爲從，故云亦準此。

（宋）竇儀等《宋刑統》卷一五《厩庫律・財物應入官私》 諸財物

應入官私而不入，不應入官私而入者，坐贓論。

疏議曰：凡是公私論競割斷財物，應入官乃入私，應入私乃入官，應入甲而入乙，應入私而入公廨，各計所不應入而入，坐贓論。

（宋）竇儀等《宋刑統》卷一五《廄庫律·放散官物》 諸放散官物者，坐贓論。謂出用官物，有所市作，及供祠祀宴會剩多之類。物在還官已散用者，勿徵。謂營造剩多爲物在，禮畢食訖爲散用。

疏議曰：放散官物，謂出用官物，有所市作，並謂官物還充官用者。假有營造屋宅，及供祠祀宴會料度剩多，各計所剩坐贓論。若物在未用，各準所剩還官，若祠祀禮畢，宴會食盡，及營告事訖，皆勿徵。

（宋）竇儀等《宋刑統》卷一五《廄庫律·輸課稅逗留濕惡》 諸應輸課稅及入官之物，而迴避詐匿不輸，或巧僞濕惡者，計所闕準盜論。主司知情與同罪，不知情減四等。

疏議曰：應輸課稅，謂租、調、地租之類，及應入官之物，而迴避詐匿，假作逗留，遂致廢闕，及巧僞濕惡，欺妄官司，皆總計所闕入官物數，準盜科罪，依法陪填。主司知其迴避詐匿、巧僞濕惡之情而許行者，各與同罪，不知情者減罪四等。縣官應連坐者，亦節級科之，州官不覺，各遞減縣罪一等，州縣綱典不覺，各同本司下從科罪。若州縣發遣依法，則綱典在路，或至輸納之所，事有欺妄者，州縣無罪。

（宋）竇儀等《宋刑統》卷一五《廄庫律·給受留難》 諸有所輸及出給，而受給之官無故留難，不受、不給者，一日笞五十，三日加一等，罪止徒一年。門司留難者亦準此。若請輸後至，主司不依次第先給、先受者，笞四十。

疏議曰：有應辦理官之物，及官物應出給與人，而受物、出給之官無故留難，不受、不給者，一日笞五十，三日加一等，罪止徒一年。而受給門司留難者，亦準受給官司之法，故云亦準此。若請輸後至，官司不依次第先受給，及請輸前至後給受者，笞四十。

（宋）竇儀等《宋刑統》卷二六《雜律·市價不平》 諸市司評物價不平者，計所貴賤坐贓論，入己者以盜論。其爲罪人評贓不實，致罪有出入者，以出入人罪論。

疏議曰：謂公私市易，若官司遣評物價，或貴或賤，令價不平，計所加減之價，坐贓論。入己者，謂因評物價，令有貴賤，而得財物入己者，以盜論，並依真盜除免、倍贓之法。其爲罪人評贓不實，亦謂增減其價，致罪有出入者。假有評盜贓應直上絹五匹，乃加作十匹，應直十匹，減作五匹，是出入半年徒罪，市司還得半年徒坐，故云，以出入人罪論。若應直五匹，評作九匹，或直九匹，評作五匹，於罪既無加減，止從貴賤不實坐贓之法。

（宋）李燾《續資治通鑑長編》宋真宗景德二年九月 判刑部慎從吉言：自今遇有赦文頒下，請差三司、館閣、官告院吏筆札精熟者書寫，每本著其姓名，集審刑詳議、大理詳斷官校讀，錯誤者罪之，仍請令中使監莅。詔可。國家三年一修郊禮，必有肆赦，寇萊公嘗議模印以頒四方，爲衆所沮，乃止。其後，外郡覆奏赦書字誤，沂公始舉寇相之議，令刑部鎖宿雕字人模印頒行。因之，日官乞每年頒歷日亦雕板印行。舊每歲募書寫人，所費三百千，今模印則三十千。仍有沮議曰：一本誤則千百本誤。沂公語之曰：不令一字有誤可矣。自爾遵行不改。此據王皞《百一編》，當附王曾當國時。

（宋）李燾《續資治通鑑長編》宋真宗大中祥符元年十月 詔行事官、職掌人盡恭奉祀，有涉懈慢，令憲臺及監察使糾舉，遇赦不原。

（宋）李燾《續資治通鑑長編》宋真宗大中祥符二年十一月 甲子，詔諸路官吏有蠹政害民，辯鞫得實，本路轉運使、提點刑獄官不能舉察者論其罪。先是，知晉州齊化基、知鄜州何士宗皆坐贓抵法，監司初不以聞，故申敕之。何士宗鄜州事當考，至道二年正月，自河東漕責華州。

上嘗謂宰相曰：爲國之要，在乎賞當其功，罰當其罪。不任情於其間，則賞罰必當，懲勸必行，萬方必理，和氣必生，自然天地降祥，四方無事。以此思之，可不戒乎？又言：聞隴州推官陳漸，不能謹潔，轉運使以堯叟諸侄，不即按舉，昨因違越被劾，堯叟特爲請令罷任。自今儻如此，必正其罪，不復貸矣。此二事據《實訓》，前屬元年，后屬二年，今並附此。與監司不能舉察官吏事，或相類爾，當考。

（宋）李燾《續資治通鑑長編》宋真宗大中祥符四年正月 詔應汾陰行事官及職掌人，敢有懈惰者，勿以赦原。

《宋史》卷八《真宗本紀》 〔天禧元年冬十月〕壬申，論諸州非時災沴不以聞者論罪。

（宋）李燾《續資治通鑑長編》宋真宗天禧三年七月 庚辰，屯田員外郎鍾離瑾言：竊見諸州長史，緣境內雨足苗長，即奏豐稔。其後霖潦霜旱，蝗螟災沴，皆隱而不言，上罔朝廷，下抑民俗。請自今令諸州，有災傷處，即時騰奏，命官檢視。如所部豐登，亦須俟夏秋成日上奏，如奏

後災傷者，聽別上言。隱而不言者，論其罪。從之。

（宋）佚名《宋大詔令集》卷一九二《政事·誡飭·誡諭内外官詔天聖九年十月丙戌》 朕遵列聖之謀，荷慈宸之教，于兹八載，雖致小康，而搢紳之間，名節罔勵，致臺文之上奏，謂吏議之不容。矜勞者掠美以近名，希進者行險以徼寵，詆誣執致，干撓有司。分屏翰者或奏請之靡厭，主按察者或寬縱之爲得，貪而無耻，姑務營私，老而非材，曾不知退，縣廉耻之未飭，致風化之靡醇。臨朝以思，於朕何望。用稽彝訓，申儆羣倫，苟少冒於官箴，將自投於公憲。布告遐邇，體朕意焉。

（清）徐松《宋會要輯稿·刑法二·禁約》〔明道二年八月〕二十七日，審刑院詳議官劉京言：諸州軍非朝旨不得擅有科率，如違，並從違制私罪定斷。從之。

（清）徐松《宋會要輯稿·刑法二·禁約》〔景祐三年〕四月七日，河北轉運司言：滄州南皮縣令朱谷，部民論取受不公，懼罪逃走，已行收捉。詔：將來遇赦不原，永不録用。今後命官使臣依此例。

（宋）李燾《續資治通鑑長編》宋仁宗寶元元年二月 三司言山場榷務，自今火焚官物，其直萬緡以上者，監官並勒停，主吏配别州牢城。從之。

（宋）佚名《宋大詔令集》卷一九三《政事·誡飭·誡百官舉行真宗文武七條詔慶曆四年十二月丁酉》 湯德至盛，著具儆之言。漢功方茂，下督責之詔。于時中外協謀，以趣太康。朕顧眇躬，托王公之上，明弗能燭，政有未通，每念付畀之勤，隆平之紹，日慎時惕，罔敢自安，庶臻至治，無羞先烈。是以畿府州軍監縣之長，居常推擇。部分總督屯邏之委，一皆僉求。亦冀羽翮參翔，腹背偕奮，手足迭捍，心膂獲寧。今乃聞郡邑庶官，未能稱職，紀律隳廢，真僞混淆。或自謂謹柔，既艱集事。或矜爲强濟，又匪恤人。或朝夕詭激，而望遷除。或歲月因循，以濟貪冒。或廣飭厨傳，掩簠簋之瀆。或曲奉監司，逃簡書之劾。緣令作弊，倚公殖私。頃者以邊鄙未寧，師旅累出，既不獲已，調發於民，隨輒戒敕，勿令騷擾。然而斗粟未漕，民有一鍾之費。疋帛暫輸，吏有數縑之入。與我共此，所望責成，而爲上斂怨，任將安寄。以至盜賊屯結，公行劫掠，上下畏懦，弗能擒討，驚騷閭里，盜弄庫兵。士非素習之專，患無預防之禁。永言兹弊，寧安朕懷。跡夫弊生，實始官濫。恭以先皇帝克著明德，達見治宜，親著七條，垂戒百執。每辭去之日，並令拜賜閤門。凡從政於外，舉得奉行。群臣亦有刊石傳文，題屏示座。朕以爲既能尊戴，曷若踐言，幸獲親聞，便當立事。其外任文武臣僚等，自今後以來，務革前失，聿追新圖，以聖考七條，更相誨勗。置朕此訓，亦須研尋，爲仁由己，取則何遠。上尊先甲之論，次謹申命之虔，攝而頽綱，綴我漏目，使美績歲茂，善狀日升，則隆名顯秩，朕將何吝。必若姦宄弗率，農畝卒萊，論報誣冤，徭役重困，不恤士伍，不訓武經，邦有明科，朕當必罰。咨爾有衆，無謂食言。

（宋）佚名《宋大詔令集》卷一五三《政事·儆災·災傷令提轉督責州縣長吏勤撫疲羸詔嘉祐元年三月壬子》 比者天災流行，蝗潦相繼，雖發公廪之粟，蠲常賦之科，而民之損瘠，賑救未洽。親民之吏，疚心所事，如父兄之奔迫，治子弟之疾苦，惡有不獲全濟哉！如聞上下因循，視同常務，至其下貧阽危，轉死溝壑，或鬻市其所愛，或啗食其遺軀，方春發生，群物忻豫，迺令吾民，憯怛如此，朕甚憚焉。轉運使提點刑獄，其悉乃心，督責州縣長吏以下，勤撫疲羸，急於營濟。仍察官吏之不稱職者以名聞。

《宋史》卷一二《仁宗本紀》〔嘉祐四年六月〕丁丑，詔轉運司，凡鄰州饑而輒閉糴者，以違制論。

（明）丘濬《大學衍義補》卷一〇九《慎刑憲·慎眚災之赦》 仁宗嘉祐中，學士張方平言：中外官多發人積年罪狀，數按人赦前事。及奏劾事，輒請不以赦原減，快一時之小忿，失天下之大信。自今有類此者，以故違制書坐之。御史吕誨亦以爲言。乃下詔曰：比者中外多上章言人過失，外眡公言，内緣私忿，詆欺曖昧，苟陷善良。又赦令者，所以與天下更始。而有司多按赦前事，殆非慎命令，重刑罰，使人洒然自新之意也。自今有上章告人罪，及言赦前事者，訊之。

臣按：無事而赦，固非國家美事。有事而赦，而又不能守，使失信於人，尤非國家善治也。蓋國寶於民，民寶於信，上之出令，一有不信於民，異時再有所言，則民不信之矣。是以善爲治者，必不輕於出令。命既出矣，而必守之以信。非但欲其令之必行，蓋欲其事之可繼也。

（宋）陳襄《州縣提綱》卷四《催科省刑》　縣官催科引呈，户長日不下四五十人。訊杖違法過數，則日不下三千，以月計之，所訊幾十萬矣。積而至於三載，不知其幾十萬，而決撻不預焉。雖云奉公行法，然呼號之聲，上徹於天，其間豈無濫及，痛楚誰其酬之？倘能遏弊源，出信令，核虚實，崇勸誘，固不必專尚訊撻也。

（宋）李燾《續資治通鑑長編》宋神宗元豐元年十月　壬子，御史中丞蔡確言：竊聞江東轉運判官何琬言，京師有以琬所列事密報知江寧府吕嘉問者。審如此，則不可不痛繩，以杜交通漏泄之姦。乞令有司窮治，如有實，乞重施行。詔除王安石書外，餘並送御史臺根究。

（宋）李燾《續資治通鑑長編》宋神宗元豐元年十月　詔廣南西路轉運司劾邕州不救火官吏，其都監、寨官並械送獄。以上批邕、廉州永平、太平寨，相繼遭火焚，失錢糧、器仗。州寨皆邊要，水陸巇崄，艱於運致，一旦以吏懈弛，所失動計數十萬。其失火之人，難繩以常法，宜速根究，主名斬訖以聞，其當職官不救護，亦可枷勘故也。

（宋）佚名《宋大詔令集》卷一九四《政事・誡飭・誡諭百官詔元豐五年五月壬午》　敕：朕惟先王以道涖天下，列而爲事，陳而爲法，人各有分然後安，官各有守然後治。三代以降，累世相仍，寖迷本原，遂亂名實，餘敝斯積，其流及今。朕閔古弗還，因時改造，是正百職，復建六聯，先後重輕，粗獲條次，小大貴賤，迭相維持，差擇羣材，分委成憲，佇觀來効，共致丕平。敢有弗欽，將底厥罪。新除省臺寺監官，詳定官制所已著所掌職事。如被選之人，不循分守，敢有僭紊，其申諭中外。違是令者，執政官委御史臺彈奏，尚書以下，聽長官糾劾以聞。

（宋）佚名《宋大詔令集》卷一九四《政事・誡飭・誡飭廢格詔令詔元豐八年十月戊寅》　比者詔令屢下，冀以均寬民力，便安公私。如聞官吏狃習故態，不切奉行，或致廢格，使遠近之人，未盡被惠。自今仰悉心奉行，監司檢察，倘有戾違，即仰御史臺彈劾奏。

（宋）佚名《宋大詔令集》卷一九四《政事・誡飭・誡勵中外奉承詔令稱先帝更易法度惠安元元之心詔元豐八年四月》　恭以先皇帝臨御天下，十有九年。夙夜厲精，建立政事，所以惠澤四海，垂之後世。比聞有司，奉行法令，往往失當。或過爲煩擾，違戾元降詔旨。或苟爲文具，不能布宣實惠。或妄意窺測，怠於舉職。將恐朝廷成法，因以隳弛。其申喻中外，自今以來，協心循理，奉承詔命，以稱先帝更易法度惠安元元之心。敢有弗欽，必底厥罪。仰仍御史臺察訪彈劾以聞。

（宋）佚名《宋大詔令集》卷一九六《政事・誡飭・誡約監司體量公事懷姦御筆手詔崇寧五年十月十六日》　監司分按諸路，爲耳目之任。近降指揮，體量公事而觀望顧避，附下罔上，隱庇滅裂，變亂事實，於吴亮則以無爲有，於蔡佃則以有爲無，使朝廷刑罰失誤，其罪莫大。除已究正，量行黜責外，自今敢有懷姦挾情，不實不盡者，流二千里，斥之遠方，永不收叙。仍不以去官赦降原減。布告諸路，咸使聞知。

（宋）佚名《宋大詔令集》卷一九六《政事・誡飭・誡約無侵官御筆手詔大觀三年二月六日》　朕稽若在昔，分職建官，分守不同，名實各異，大不陵小，卑不踰尊，故以官修其方，吏宿其業，祗遹先烈，董正治官。而士不知命，人不安次，越職干禄，昧利鮮廉，顛沛亂常，僥幸苟得。至或出位以害已行之令，犯分以興胥動之言。内外之臣，更相侵紊。侍從官非己所職，乃輒干預省臺寺監。郡守監司，更相侵越。曾莫之懲，欲使小大之情乎，義利之心定，其可得乎？夫人有常心，法有常守，則道德一而政治成。今法備令具，可以守成，而懷異侵官，靡遵彝憲。其齊乃位，黜乃心，各恭爾事，罔或不欽，以成天下之務。如或有違，在外委監司，在内仰御史臺以聞，罰及爾身，罪不汝貸。

（清）徐松《宋會要輯稿・食貨七〇・均糴雜録》　〔政和二年〕八月三日，尚書省言：七月二十八日已降指揮，三路均糴斛斗。今措置約束，均糴法州縣不得常行，並俟朝廷降指揮，方許均糴。不應均而輒均，若不依役錢，或多寡不均者，徒二年，吏人配千里。不前期支錢，或斗價支錢，增減不寔者，加一等，吏人配一千五百里。乞取若減刻兩均錢者，以自盜論，贓輕者配一千里。從之。【略】

〔政和四年〕十月二十三日，詔：自均糴斛斗，須管先椿見錢，方得均糴。如違，官員徒一年，吏人配千里。以尚書省言河陽縣及孟州温縣百姓訴納通均糴斛斗，不曾支錢，詔官吏罰銅有差，兼有是詔。

（宋）佚名《宋大詔令集》卷一五七《政事・學校・學生懷挾代筆監司互察御筆手詔政和六年十一月十五日》　學校以善養天下，比來法行令具，

士有所養，餘二十萬人，絃頌之聲，無遠弗届，方周千里之畿遠矣。朕樂與天下士共之，而吏緣爲姦，士失所守，至假名代筆，覬免户役，挾書就試，僥幸苟得，請託求囑，觀望權要。比命有司，重置以法，此豈朕所望於士者。夫法久則弊，人玩則弛，其令諸路監司重置以法，知而不舉，皆與同罪，提舉教授，仍加二等。尚書省檢舉學事司官，察其失職者罷之。

（清）徐松《宋會要輯稿·刑法二·禁約》〔政和七年〕八月三日詔：訪聞河朔郡縣，凡有逐急應副河埽梢草等物，多是寄居命官子弟及舉人、伎術、道僧、公吏人別作名目攬納。或干托時官權要，以攬狀封送令佐，恣其立價，多取於民。或令民户陪貼錢物，郡縣爲之理索，甚失朝廷革弊恤民之意。今並以違御筆論，不以蔭贖及赦降自首、原減。許人告，賞錢一千貫，以犯事人家財充。當職官輒受請求者，與同罪。

（宋）佚名《宋大詔令集》卷一八一《政事·常平·約束常平散斂糴糶等詔宣和元年八月十二日》常平之法，先帝力辨異議，斷以獨智，建立至艱，付畀爲重。比年以來，提舉官任非其人，法令日以弛廢。已兩降親詔令及三省措置，及慎選使者外，比覽奏牘，有一年之間，一縣拖欠常平免役坊場等錢至數萬貫石，並逃亡詭名，失陷本息者，不可勝計。或人吏冒税户姓名給納拖欠，或當職官縱容知情，冒請錢穀，以新蓋舊，以收不寔。顧按劾所聞者，如此其衆，舉天下言之，則姦污偷惰之吏，不特擅支借用，公違先帝成憲，積累失陷，日侵月削，斂散糴糶，何緣辦足？其前項違法官吏等，中書省候按到將上取旨，重行竄責。仰諸路提舉常平官，候指揮到，躬詣遍行，取索點檢違法廢令去處，按劾以聞。仍開具所部有無拖欠及失陷本息，逐一具旁通聞奏。今後給納□散，如申狀不寔，差公吏人並命官之家，詭名假冒卑幼私請，並兩經倚閣，或年終有欠，轉行給散，差公吏人緣給納受乞，或將新蓋舊，抑勒留難，一切違法，當職官及管勾官不按劾，仰漕憲並廉訪使者互察聞奏，當議重行黜責。仍許人户越（訢）〔訴〕，疾速行下。

（清）徐松《宋會要輯稿·刑法二·禁約》〔宣和二年〕三月十九日，朝奉郎守開封府右司録李侗奏：伏見監司被受御筆處分，或暫攝帥府，或託故在假，身不行而委官以代之。被委小吏請託避免，動涉月日，莫肯就道。慢命不虔，於此爲甚。欲望嚴立約束。詔：今後監司被受御筆處分，無故不親往，輒委官者，徒二年。不以失減。

（清）徐松《宋會要輯稿·食貨三十五·鈔旁印帖》〔宣和二年〕十二月十七日，尚書省劄子節文：官賣鈔旁定帖，並須每户請作納一鈔，不得依前衆户連名。遇人户請買，當官依法出賣。不當官給賣者，杖一百。公吏人等攬買，出外增塔價錢轉者，各徒二年。

（清）徐松《宋會要輯稿·刑法二·禁約》〔宣和六年〕四日臣僚言：乞詔有司，應諸州公使庫輒均配人户、米麥，及在任官令機户織造匹帛者，重立憲法，庶使黷慢之吏少知畏戢。詔令尚書省立法。尚書省修到：諸外任官自置機杼，或令機户織造匹帛者，各徒二年。計所利臟重者，以自盜論。仍並許越訴。從之。

（清）徐松《宋會要輯稿·刑法二·禁約》〔宣和七年〕十二月十九日，詔：二浙漕計，積弊之久，訪聞自來多務看謁，妨廢職事。自今可恪守詔條，迎送之類，除專使外，餘一切並罷。如違，以大不恭論。

（清）徐松《宋會要輯稿·刑法二·禁約》〔建炎二年〕三月十一日，臣僚言：江淮荆浙等路州縣，輒於賊過之後，科率百姓金銀錢米等物，或稱犒賞，或稱創置防城軍器之屬，往往並緣爲姦，肆行侵盜。伏望嚴立約束，委監司覺察。敢有抵冒者，重行黜責。監司知而不糾，與同罪。從之。

（清）徐松《宋會要輯稿·食貨十七·商税四》〔建炎〕二年四月二十七日詔：應客販糧斛柴草入京船車，經由官司抑令納力勝商税錢者，從杖一百科罪，許客人越訴。收數多，法應重者，自從本法。【略】

三年四月一日詔：應與販物斛入京，許客人經所在去處陳狀，出給公據，沿路商税力勝並特放免。糶到價錢，不限貫百，令留守司驗實給據，放令出門。其般販先至京城入中數多之人，從留守司具名取旨，當議推賞。如官司輒敢非理邀阻，許客人越訴，官吏重行編置。仍仰逐路提刑司常切覺察。九月一日，御營使司參議官兼措置軍前財用李迨言：客人多江西、湖南般運斛㪷竹木前來，建康府往往筭請鹽鈔並糴米以回。貨經由一處，税場抑令納力勝税錢數百千者，以至其餘物貨皆不依條例，數倍收税，致商旅不通，實害利源。伏望申嚴禁約，如有違戾，當職官重賜黜責，攔頭公人決配，許客越訴。專委提舉茶鹽官按治督責，諸州主管官常

切檢察，如失按舉，與同罪。從之。

（清）徐松《宋會要輯稿・食貨六四・上供》〔建炎〕四年九月六日，户部侍郎孟庾言：崇寧立法，諸路違欠上供錢物，官衝替而吏配千里，務要應期辦集。後大觀間户部奏請，以爲法禁太重，將官員衝替改作差替，人吏決配改作勒停，期於必行，不爲虚文。繼承指揮却依舊法。日來朝廷不欲深罪，監司州郡公然違戾，深慮有悮國計。伏望嚴賜督責監司州郡當職官將，令年上供錢物，須管依限起發赴行在，應取支用如有違欠，並乞依大觀間申請斷罪。從之。

（清）徐松《宋會要輯稿・食貨六四・上供》紹興元年三月十九日，尚書省言：行在養兵之費浸廣，帑藏之積無幾。將來大禮合用賞給百萬，既不許横斂，惟指擬上供。宜預行戒飭。詔監司及州縣當職官：不務體國，縱令拖欠，起發違滯，或冒法截留，侵隱兑借之類，有悮大禮。支遣官追一官勒停，人吏杖脊遠配。若率先起足，取旨優異推恩。仍令户部常切催督，其置簿點檢驅催，並依已降指揮施行。從之。

（清）徐松《宋會要輯稿・食貨六三・蠲放》〔紹興二年〕十二月九日，臣寮言：乞今後除税租、免役、和買依法催科，以備軍期，不管缺誤，自餘非泛科配一切停罷。本部言：若遇災傷，難以不行除放，若實因軍期，亦有許收量添酒錢，專令應付。或因軍期所需，多科其數，別行支用，以自盗贓論，官員竄嶺表，人吏決配。欲下諸路轉運司嚴責守令，催科税賦，不管違戾。從之。

（宋）熊克《中興小紀》紹興四年夏四月　言者謂軍興以來，陛下不吝推賞，以旌戰士。而所屬上功，類不覈實。有盗賊自去而曰收復州縣，有寇過境上而曰保守無虞。如惠州及東莞縣，皆經殘破，而守令以禦寇推賞，不知何所據而奏。州縣且然，況於軍伍。似此姦罔，詎可置而不問。辛巳，詔兵部申嚴奏功不實之法。

（清）徐松《宋會要輯稿・刑法二・禁約》〔紹興四年〕九月十日詔：監司守臣，今後不得並緣軍興，妄有横斂。如違命，官竄海外，吏人決配。【略】

十一月三日德音：訪聞州縣近因軍興，並緣爲姦，非理科率。如修城科買塼石，採斫材木，及沿江州郡科造木筏，致費四五十千，大困民力。並令日下住罷，如依舊科率，許人户越訴，及採訪得知其當職官並竄嶺表。

（清）徐松《宋會要輯稿・刑法二・禁約》〔紹興〕七年六月十五日，尚書省勘會：浙江西興兩岸濟渡，多因過渡人衆争奪上船，或因渡子乞覓邀阻，放渡失時，致多沉溺。自紹興元年至今年，已三次失船，死者甚衆。其監渡官係兼職，難以專一，理合措置。有旨：如裝載過數，梢工杖八十，致損失人命，加常法二等。監官故縱與同罪，不覺察杖一百，輒以渡船私用或借人並徒一年。其新林翕山私渡人杖一百。仍許人告，賞錢五十貫。

（清）徐松《宋會要輯稿・食貨七〇・賦税雜録》〔紹興九年五月〕二十四日，詔令新復州縣將劉豫重斂之法焚於通衢。十年九月十日，明堂赦諸路州縣人户納田畝錢，依已降指揮，免收頭子、市例、船脚等錢。官司搔擾，當職官除名勒停，公吏人流配海外。情重者，依軍法施行。

（清）徐松《宋會要輯稿・食貨六四・上供》〔乾道四年〕十二月十四日，四川總領所夔州路轉運司言：夔路歲發上供等錢物，支降鹽茶，下逐州拘收，自行變賣充本，收買金銀絹帛起發，偃折人户輸納數目。其州軍如有侵移借兑，欺隱不行盡實偃折，乞比附擅賦斂法科罪。詔：如有違戾，即將官吏依非法擅賦斂條，以違制論，依律徒二年科罪。

（宋）謝深甫等《慶元條法事類》卷七《職制門・監司巡歷》〔職制勑〕諸監司每歲詣所部點檢、催促、結絶見禁罪人，於令不應委官而輒委者，徒二年。【略】

諸發運監司巡按，提點坑冶鑄錢，提舉市舶之類，若屬官及諸州通判同。隨行公吏違法，出給驛券及所給官司，各徒二年。所請贓重者，自從重。

（宋）謝深甫等《慶元條法事類》卷八《職制門・定奪體量》〔職制勑〕諸被受監司定奪公事州委官同。而違限者，論如官文書稽程律。各定而不當者，杖八十。計嘱請求受財之類，自依本法。【略】

諸被受三省、樞密院、省臺、寺監指揮相度定奪，三省、樞密院尚書、六曹行下應委官定奪，所委官同。若會同取索餘官司被受朝旨而會問取索者，同。而違限者，論如官文書稽程律。以上催驅官與同罪，即回報不圓，致妨定斷，減二等。

諸被受朝省指揮，體究公事漏落及不實者，杖一百。諸被差體究公事，輒枷訊人者，論如前人不合捶考者律。罪輕者，杖一百。【略】

諸監司州縣，被受朝省行下取會，三經究治不報者，人吏杖一百，勒停。當職官具奏聽旨。州縣被受監司取會，准此。

〔斷獄勑〕諸奏制究治公事，已給限而無故稽違者，徒二年。

（宋）謝深甫等《慶元條法事類》卷八《職制門·漏泄傳報》〔職制勑〕諸聽探傳報漏泄朝廷機密事，若差除差除，謂未出尚書省、樞密院者。流二千五百里。主行人有犯，加一等，並配千里。非重害者，徒三年。各不以蔭論。即傳報實封申奏應密文書，並撰造事端，謄報惑衆者，並以違制論。以上事理重者，奏裁。各許人告，於事無害者，杖八十。

諸發運監司依監司例人凡可按刺州縣者同。經略、安撫總管鈐轄司人吏，漏泄本司公事，杖八十。重害者，加二等。重害，謂機密事。若奏劾徒以上罪及措置之類。即機密事情理重者，仍奏裁並許人告。【略】

諸軍機密速文書，不於合處投下者，杖一百。

諸軍馬甲杖，若防城備城物數輒漏泄者，徒二年。

諸臣庶言事，不應傳播而輒漏泄者，杖一百，奏裁。【略】

〔擅興勑〕諸軍器樣制，保模法式同。傳寫漏泄者，徒二年，許人捕。若製造輒改樣及減功料者，杖一百。

（宋）謝深甫等《慶元條法事類》卷九《職制門·擅離職守》〔職制勑〕諸在官無故亡，擅去官守亦同亡法。計日輕者，徒二年。有規避或致廢闕者，加二等。主兵之官各加一等，緣邊主兵官又加二等。統轄官司知而聽行者，減犯人一等。不從計日之坐。

（宋）謝深甫等《慶元條法事類》卷九《職制門·迎送宴會》〔職制勑〕諸在任官游從宴會妨公務者，杖一百。捕盗及緣邊官夜筵，准此。

諸州遇聖節元日冬至節度，慶賀宴集，輒廢巡警者，徒一年，或雖巡警而不躬親者，杖一百。

（宋）謝深甫等《慶元條法事類》卷一二《職制門·蔭補》〔職制勑〕諸命官陳乞奏薦致仕，陳乞致仕遺表親屬等恩澤同。州不依條式保明，故爲漏落不圓，致行取會者，杖一百。吏人仍勒停。若不取索保官印紙批書，及已批書不於申狀聲説，或申奏狀内不塡實日者，當行吏人杖八十，職級減一等，簽書官罰俸一月。

（宋）謝深甫等《慶元條法事類》卷一四《選舉門·薦舉總法》〔職制勑〕諸舉清要官，謂舉充御史閤門祗候之類。及舉充縣令，若從事郎以上並改官而用，所舉已充其任者，若犯入己贓，舉主與同坐。犯贓應除免。若贓輕以除免，比罪而坐奏舉者，聽依私罪法減等。至死者減壹等。私罪徒以上，減貳等。舉改官或從事郎以上而止陞資序。若舉其佗職任，申差、奏差與奏舉同。餘條奏、辟奏舉職任不言申奏、差者，准此。並泛言陞陟，謂充清要，若將領任使，及錢穀、刑獄、親民之類。已用所舉，關陞資序，或轉官及舉恩澤文學已注官者，各又減壹等。其用舉主差注入官，又減貳等。用泛舉陞陟而得關陞者，自監當入親民。親民陞通判，通判申知州，各於所陞及雖用所舉差注入官，非陞資序者，於所差，若舉其佗職任者，於所舉任内有犯，乃坐。其因別勑奏舉擢用者，止坐別勑。奏舉之官以上，被舉官非故犯私罪，舉主不坐。

諸舉官充職任於所舉任内，以職事曠廢，至公罪徒以上，舉主減二等。即不因本職而犯者不坐。

諸舉官而薦充侍從臺省，若停廢及責降，差遣未經叙復而奏舉者，各杖壹伯。依令應保奏者，非。

（宋）謝深甫等《慶元條法事類》卷一五《選舉門·舉辟》〔職制勑〕諸舉辟充緣邊城寨職任幹辦，所舉任内職事曠廢者，與同罪。至死者，減壹等。【略】

諸舉充縣令而用所舉已充其任者，若犯入己贓，舉主與同坐。犯贓應除免，若贓輕以除免，比罪奏舉者，聽依私罪法減等。至死者，減一等。私罪徒以上，減二等。若舉其佗職任，申差、奏差與奏舉同。餘條奏辟、奏舉職任，不言申奏差者，准此。又減一等。若舉其佗職任者，於所舉任内有犯，乃坐。其因別敕奏舉擢用者，立坐別敕奏舉之官，以上被舉官非故犯私罪，舉主不坐。

諸舉官充職任，於所舉任内以職事曠廢，至公罪徒以上，舉主減二等。即不應本職而犯者，不坐。

諸奏特敕舉邊臣，有武勇方略已任用，而不如所舉，舉主與同罪。至死者，減壹等。犯贓私其餘公罪並不坐。

（宋）謝深甫等《慶元條法事類》卷一六《文書門·詔敕條制》〔職制勑〕諸受聖旨寬恤事件，奉行不虔及隱匿曉示者，徒壹年。監司知

而不按劾，與同罪。

諸承賞功罰罪，不置厤供呈膽下，並編録不如法者，杖壹伯。

〔宋〕謝深甫等《慶元條法事類》卷一七《文書門・架閣》〔職制勑〕諸制書若官文書應長留而不別庫架閣，或因檢簡移到而不別注於籍者，各杖壹伯。即應檢簡公案而被差覆檢官不如令者，罪亦如之。

諸架閣庫文書，所掌官吏散失者，杖壹伯。散，謂出限或不立限，各遇百日不拘收者。行遣不絶者非。當職官吏以架閣應留文書費用者，以違制論。非重害，減叁等。

諸公人亡失應架閣文書，限滿尋訪不得者，斷罪枷錮。再限通滿百日不得者，降壹資，限外得者，復舊資。縣吏人杖捌拾。

〔宋〕謝深甫等《慶元條法事類》卷一七《文書門・毀失》〔雜勑〕

諸棄毀交鈔便遞牒、便錢公據，請給券厤者，論如重害文書律。主自棄毀交鈔錢公據者，不坐。即棄毀及亡失付身制書、官文書，止坐棄毀及亡失之人。

諸獄囚案款不連黏，徒壹年。有情弊者，以盗論。即藏匿、棄毀、折換見行主應架閣文書有情弊者，准此。

諸主行吏人若專副毀失交鈔遞牒、便錢公文者，論如重害文書律，仍勒停。有情弊者，永不收叙。

諸公人亡失見行公案、帳籍、簿厤等，及應架閣文書限滿尋訪不得者，斷罪枷錮。再限通滿百日不得者，降壹資，限外得者，復舊資。縣吏人杖捌拾。

諸棄毀、亡失付身補授文書，謂告勑、宣劄、帖牒之屬。官司保明不實者，杖壹伯。

〔職制勑〕諸命官陳乞封贈叙復，若去失之類，州不依條式保明，故爲漏落不圓致行取會者，杖壹伯，吏人仍勒停。若不取索保官印紙批書，及已批書不於申狀聲説，或申奏狀内不墳實日者，當行吏人杖捌拾，職級減壹等，簽書官罰俸壹月。

〔宋〕謝深甫等《慶元條法事類》卷二八《榷禁門・榷貨總類》

〔名例勑〕諸違犯禁物，如被盗詐恐喝，及因水火致彰露者，並同首原。

〔宋〕謝深甫等《慶元條法事類》卷三〇《財用門・上供》〔厩庫勑〕諸上供錢物應收而不收，或舊收多而新收少，若應封樁起發而全不封樁起發，或已封樁而輒支兑，若虚作限内裝收及虚申綱解，並應支還人使請庫務錢過三日不支還者，官吏各徒二年。内應封樁起發而拖欠，致取勘後政官者，不以去官。赦降失減人吏，不在併計之限。即雖〔對〕〔封〕樁起發，而限滿不足，杖一百。過限六十日以上，加一等。

諸州縣鎮場務收到無額上供錢，務解納，違限杖八十。若輒侵借本條重者自從重。及供申隱漏增減不實者，各徒二年。

諸州縣鎮場務季申通判廳無額上供錢物帳狀違限者，各杖八十。即通判廳審覆，供申提點刑獄司違限者，徒二年。本司點磨申尚書户部。違限准此。

諸上供錢物，雖請降特旨截留，供兑支撥，聽被受官司執奏不行，如違期不奏及支撥官司，各徒二年。元陳請截撥官司，准此。

諸上供錢物承詔令蠲免者，轉運司晝時除豁其數，如違，杖一百。

諸轉運司欠年額上供錢物，而以未起便封樁數規免違限，虚作已樁發及隱漏不實者，徒二年。

諸吏人驅磨點檢出收到無額上供錢物，供申數目不實，而侵隱移易，別作窠名收係。若支使者，州及八千貫，提點刑獄司一萬五千貫以上，累滿者同。並奏裁。

〔宋〕謝深甫等《慶元條法事類》卷三二《財用門・點磨隱陷》

〔職制勑〕諸承提點刑獄司輪取諸軍請給旁厤轉運司及州縣等處買物文憑之類，點磨而違限不供送者，杖八十，一日加一等。三十日以上，若折换移改事節有所規避者，徒二年。其提點刑獄司應取而不取，應點磨而不點磨，各故爲隱庇者，與同罪。

〔宋〕謝深甫等《慶元條法事類》卷三二《財用門・理欠》〔厩庫勑〕諸欠應磨勘均分及關理欠司無故違限者，一日杖一百，五日加一等，罪止徒二年。

諸欠官物不即報所屬根催者，杖八十。違法借支與人，應追收而不追收者，准此。

諸欠官物謂在理欠司者。季納不及二分，笞五十，每季加一等。

諸管押官物有欠及損污，於納處理償而限滿不足者，十貫以上至四十

貫，笞四十，十貫加一等，罪止杖一百。

諸他司借過錢物，應還而不檢舉拘收者，杖六十。

諸請給糧院審失點檢，致誤支錢物者，各杖八十。累及五百貫，杖一百，命官降半年名例，吏人勒停。一千貫以上，命官降一年名次，吏人仍永不收叙。不許諸處收係。

（宋）謝深甫等《慶元條法事類》卷三六《庫務門·場務》〔厩庫勅〕諸官物安置不如法、暴凉不以時致損敗者，以專副爲首，監官爲第二從，簽書官爲第三從，通判知州爲第四從。事有所由，以所由爲首。積草不如法者，積匠與專副同等。庫敖場子之類專防守者，減專副三等，罪止杖一百。即鹽因滷瀝及糧草三年外，因陳浥焦梢致耗折者，償而不坐。

（宋）謝深甫等《慶元條法事類》卷四七《賦役門·閣免税租》〔户婚勅〕諸擅倚閣税租者，徒二年。

（宋）謝深甫等《慶元條法事類》卷四八《賦役門·科敷》〔厩庫勅〕諸官司非遇聖節，輒借以和雇和賃爲名同。人户什物、陳設器用、人船車乘者，徒一年。雖應借，而以民間所無之物或多抛數目及令裝飾諸色人者，准此。即供而不還，並因請納乞取財物者，加二等。長吏知而聽者，與同罪。不覺察，杖一百，按閲將兵官奏裁。

（宋）謝深甫等《慶元條法事類》卷七八《蠻夷門·入貢》〔雜勅〕諸管押伴送蕃夷外國貢使，計程無故輒稽留一日，杖一百，一日加一等，至徒二年止。若因而興販或乞取搔擾者，計贓加二等。贓輕者，徒二年。

（宋）謝深甫等《慶元條法事類》卷七九《畜産門·差給官馬》〔厩庫勅〕諸轉運司擅支撥非本司官馬並給之者，各徒二年。諸軍闕馬應給填而所屬留難違限者，一日杖八十，十日杖一百，應給遣而不給遣者，罪亦如之。

諸官馬堪給而驗爲不堪，罪輕者，杖一百，許人告。

（宋）真德秀《政經·禁苛擾》 昨曾約束民間争訟，官司所當明辨是非，如果冒犯刑名，自合依條收坐。今聞屬縣乃有專事科罰者，遂使富民有罪得以幸免，貧者被罰，其苦甚於遭刑。日下各仰除罷。今恐屬縣有因公事而科罰民財者，截自日下並令除罷。

《宋史》卷四四《理宗本紀》〔寶祐五年春正月〕丙午，禁奸民作白衣會，監司、郡縣官等失覺察者坐罪。

《金史》卷九《章宗本紀》〔明昌二年四月〕乙酉，葬孝懿皇太后於裕陵。戊子，制諸部内災傷，主司應言而不言及妄言者杖七十，檢視不以實者罪如之，因而有傷人命者以違制論，致枉有徵免者坐贓論，妄告者户長坐詐不以實罪，計贓重從詐匿不輸法。

《金史》卷一〇《章宗本紀》〔明昌六年八月〕乙亥，敕宫中承應人出職後三年内犯贓罪者，元舉官連坐，不在去官之限，著爲令。

《金史》卷一四《宣宗本紀》〔貞祐四年〕六月戊子詔：凡進奏帖及申尚書省、樞密院關應密大事，私發視者絞，誤者減二等，制書應密者如之。

《金史》卷四五《刑志》 貞祐四年，詔凡監察失糾劾者，從本法論。外使入國私通本國事情，宿衛、近侍官、承應人出入親王、公主、宰執家，災傷乏食有司檢覈不實致傷人命，轉運軍儲而有私載，考試舉人而防閑不嚴，其罰並決。在京犯至兩次者，臺官減監察一等治罪，論贖，餘止坐，專差任滿日議定。若任内曾以漏察被決，依格雖爲稱職，止從平常，平常者從降罰。

《金史》卷一〇〇《完顔伯嘉傳》〔金宣宗興定〕四年秋，河南大水，〔伯嘉〕充宣慰副使，按行京東。奏曰：亳州災最甚，合免三十餘萬石。三司止奏除十萬石，民將重困，惟陛下憐之。詔治三司奏災不以實罪。

《金史》卷四五《刑志》 府寶典書北京奴盗符寶局金牌，伏誅，仍除屬籍。按虎、阿虎帶失覺察，各杖七十。

史金波等譯《天盛改舊新定律令》卷七《行職門》 一、地邊、地中行大小職時，當依法派遣職人。若違律不派職人時，有官罰馬一，庶人十三杖。一日職使變成二日，派職人則不治罪。逃跑者當受杖，並仍償職。又邊地築堡城時，職人已派，已招喚，不派笨工者，及已派不往者等，一律按不出軍判斷。內地築堡城時，不派笨工及已派不往等罪，比邊地築堡城時不派笨工及已派不往之罪狀當減少一等。

一、行各種職事時，發職人者集中處小監及局分人等應發不發，遣散職人，取贓及使妨礙職務、不任職等，當計量取贓數及工價數，按枉法貪

贓罪判斷。

一、諸人做種種職事時，職事已完，則當於日期內遣放職事人。未畢，則當求論文。若不求論文，日已畢而不令職事人散時，有官罰馬一，庶人十三杖。

史金波等譯《天盛改舊新定律令》卷九《貪奏無回文門》 一、諸有所奏者，允許經局分處奏，不許不經局分處而自貪自奏。若違律無理奏報時徒一年，受賄則依枉法貪贓罪法，未受賄而見識誤者，有官罰馬一，庶人十三杖。

一、諸司所奏者，大人、承旨、局分都案、案頭、司吏等當引導而奏，不許獨自奏。違律時有官罰馬一，庶人十三杖。其中官家出諭文謂可獨自奏，則罪勿治。【略】節親、宰相、大小臣僚等，因大□，諸司有所奏者當奏引，不許使持頭字。違律時有官罰馬一，庶人十三杖。

一、諸人催促文字者，不許與局分人超越引導處。若違律超越而來時，催促文字者、局分人等一律有官罰馬一，庶人十三杖。局分人曰勿來，及未見而後來等，罪勿治。

史金波等譯《天盛改舊新定律令》卷一〇《續轉賞門》 一、前述任職位人三年期滿時，期間住滯詞中遭降官、罰馬者，依文武次第引送中書、樞密，當入陞册。日畢索功時，局分□□□當磨勘。降一官者，官賞皆□□，遭罰馬則罰一次者可得官，不得賞，罰二次者得半賞，不得官，罰三次官賞皆不得。若有遭降官、罰馬，不引送中書、樞密，或已引送而不入陞册，後推尋時未仔細推尋，無受賄徇情，則局分大小有所住滯者有官罰馬一，庶人十三杖。若遭降官、罰馬後，願不再爲錯惡，與局分大小故意而不引送，已引送而不陞入册等時，求官賞賜者未告職管處，未索官賞，則徒三個月。若典册上有者期滿索官賞，局分大小知聞徇情，曰未曾住滯以爲遮掩時，求官者及使得愛樂者等，一律校中出徒六個月，所奏已成，未奏成，則徒二年，雖斷而未到位則徒五年，已任則徒八年。因自得賞已出庫中，則請者、使出者等罪□依偷盜法判斷。又無受賄徇情，抵校□□而使得官賞者，比前述受賄徇情之各各罪狀減二等，無理得官賞數皆當還。其中受賄者與枉法貪贓罪比較，從其重者判斷。

史金波等譯《天盛改舊新定律令》卷一二《無理註銷詐言門》 一、諸人使轉院時，爲中間語、寫文字者等知其受賄，賄多少，一律是官人則當比有罪人之從犯依次減二等，是使軍則比從犯依次減一等，未知，罪勿治。

史金波等譯《天盛改舊新定律令》卷一三《執符鐵箭顯貴言等失門》 一、執火急符，有期限時，晝夜全不過，其間誤自一時至三時八杖，誤自四時至六時十杖，自七時至十時十三杖，自十一時以上以誤全日論。

一、因來至邊地敵寇不安定之地，我方發兵馬，又十惡中叛逃以上三種情等，執符火急要言，予之期限中，誤一日徒一年，誤二日徒三年，誤三日徒五年，誤四日徒十年，誤自五日以上者，一律當絞殺。

一、十惡中，叛逃以上三種事以下，及地邊、畿内事有所告奏，又安排發笨工，催促種種物，依法派執符，在限期上不到來，延誤者，自一日至三日徒三個月，自四日至七日徒六個月，自八日至十日徒一年，自十一日至十三日徒二年，自十四日至十七日徒三年，自十八日至二十一日徒四年，自二十二日至二十五日徒五年，自二十六日至二十八日徒六年，自二十九日至三十一日徒七年，自三十二日至三十六日徒十年，自三十七日至三十九日徒十二年，自四十日以上一律無期徒刑。其中受賄者，與枉法貪贓罪比較，從重者判斷。

一、執符除頭字上捕騎數以外，有超捕騎者時，一人超引隨從、超捕馱畜，日期內依次改之者，已捕多少勿論總數，當以一日捕一畜計之，一人一日引徒一年，二日徒二年，三日徒三年，四日徒四年，五日徒五年，六日徒六年，七日徒八年，八日徒十年，九日徒十二年，十日無期徒刑，自十一日以上一律絞。若超十一人同時引，或有二、三、四、五引之等，多少日當引，依一人一日一畜論，依日數計之，依前罪狀法判斷。所引人超，依各自日上下所引，以執符者之從法判斷。若他人放之，則放者當承從罪，所引人比超放者罪減一等。若執符之人雖超，然未引，執賣典物多，超捕畜騎乘者，以一日一畜計，加罪法與前述相同。超人騎乘殺傷者畜當償，一起諸人當舉。舉賞：短期一年當得十緡，獲長期八年、十年當得七十緡，獲十二年、無期徒刑等當得九十緡，死罪當得至一百緡，當由執符者及引超人者出之。執典物亦當入予舉賞中，所超數當還主人。若執符者自己之衣服、用品、口糧等所持取幾何以外，不許於彼虛僞變賣，

及雖未捕超之畜，然置自己騎下。違犯時徒六個月，舉賞五緡錢，當由執典出予。

一、所派執符不直接往職上，因私出行而殺坐騎者，執符當償。因私出行者計其日限，依次一日以多捕一畜論，與前述超捕之罪情相同，他人舉時，依超捕法當得舉賞。【略】

一、諸人執符、鐵箭出使處，無心失誤而騎跌自顛，符、鐵箭折損，失留書子、鎖舌、捕畜頭字等時，因大意，有官罰馬一，庶人十三杖。【略】

一、諸院執符往至時，驛行巡視，執符所遣童子、局分人、還畜者等縱放畜、取賄等者，當計量，以枉法貪贓論。倘若未受賄，相知聞而放畜，及取未覺人之畜，轉而未□轉等時，庶人十三杖，有官罰馬一。【略】

一、諸人已差，已領符，無論文不許擅自在家中。若違律時，在家中日期判斷同於地邊界內發放笨工、催促種種物所派之執符者延誤日期罪行。【略】

一、他國使來者，監軍司、驛館小監當指揮，人馬口糧當於近便官穀物、錢物中分撥予之，好好侍奉。使人原有上諭可來京師者當來，不應到來及曰我退回等，當住其處，奏報京師以待上諭。又來京師者，送使人者應執符，則送以符，不應執符者，監軍司當送以騎乘。不侍奉使人時，有官罰馬一，庶人十三杖。【略】

一、諸司因大小官事應派執符，符確有時，不許不令執符而行捕坐騎頭字。如果違律行捕坐騎頭字時，行者徒一年。其中令執捕坐騎頭字，有因私使之時，因私使者及行捕坐騎頭字者之局分所使人等，與因私擅自遣執符之高低罪情相同。又有送囚者，當令捕牛、驢，予之頭字，勿捕駱駝、馬。捕駱駝、馬時，庶人十三杖，有官罰馬一。其中雖應派執符，然符實不在，而行捕坐騎頭字者之罪，依局分大小官事不應派執符處行捕坐騎論文者，因言微而不應派執符法判斷。【略】

一、諸人記名貴言、印信、旌羽等中遺失一種時，徒三個月，自二種以上一律徒一年。其中失火、水漂、爲盜軍所奪等，勿治罪，六個月期間當告於局分。遺失是實，當令擔保，只關者知之，隨後可領換新。逾期則有官罰馬一，庶人十三杖。

一、執符出使處大意失符者，當絞殺。判斷未至而得之則徒五年，判斷之後得之者，徒六年。

一、流軍、監軍司、邊檢校等△上提舉執符失之者，失者當絞殺，大人因執符失之者指揮失誤，徒一年。

一、諸執符失往發兵符牌時，應發之兵無遲緩，如期來到，則失顯合者徒三年。若應發之兵集日未到來，則失顯合者絞殺。【略】

一、諸人執符牌、兵符，與敵人盜詐軍等相遇，失火、水漂而亡失符、牌等時，執者因大意，徒一年。【略】

一、取牌中，同體以外稍有不合者，依軍法何行，彼符有若干不合，變處當由刺史、監軍同官共爲手記而行，京師局分人派發致誤者徒一年。監軍司人見符不合，懈怠而不告，亦徒一年。

史金波等譯《天盛改舊新定律令》卷一五《催租罪功門》 一、諸租户所屬種種地租見於地册，依各自所屬次第，郡縣管事者當緊緊催促，令於所明期限繳納完畢。其中住滯時，種種地租分爲十分，使全納，部分納、全不納等時，功罪依所定實行

一等催促租之大人，於租户種種地租期限内已納未納幾何，於全部分爲十分，其中九分已納一分未納者勿治罪，八分納二分未納當徒六個月，七分納三分未納徒一年，六分納四分未納徒二年，五分納五分未納徒三年，四分納六分未納徒四年，三分納七分未納徒五年，二分納八分未納徒六年，一分納九分未納徒八年，十分全未納徒十年。若十分全已納，則當加一官，獲賞五兩銀、雜錦一匹。

一等乘馬催促租者自處所屬租户家主不納種地租而住滯時，乘馬自局分當總催促，到時分爲十分，比催促租之大人之罪情當減三等判斷。

一、都轉運司大人、承旨勿入催促地租中，當緊緊指揮、催促所屬郡縣内人。其上爲提舉者，大人、承旨中一年内當令一人檢換。若住滯時，依前與催促者住滯之分等承罪次第相同。

一、每年春開渠大事開始時，有日期，先局分處提議，伕事小監者、諸司及轉運司等大人、承旨、閤門、前宫侍等中及巡檢前宫侍人等，於宰相面前定之，當派勝任人。自□局分當好好開渠，修造墊板，使之堅固。事始自夏季，至於冬結冰，當管，依時節當置灌水之人。若水險而眼心未

至時，應另派排水之人則當派。渠水巡檢、渠主等當緊緊指揮，令依番灌水。若違律，應予水處不予水而不應予水處予水時，有官罰馬一，庶人十三杖。【略】

一、催促地租者令一班小監當分别按納册催促其人地租，不許另過。違律另過時，過者、導助者所在局分大小等，一律依執牧農重事轉院罪狀判斷。

史金波等譯《天盛改舊新定律令》卷一五《租地門》 一、大渠水已落時，附近官私家主當報，當立即勸護，協助修治。倘若違律不往報時，有官罰馬一，庶人十三杖。

史金波等譯《天盛改舊新定律令》卷一五《催繳租門》 麥、穬，靈武郡人當交納。

大麥一種，保静縣人當交納。

麻褐、黄豆二種，華陽縣家主當分别交納。

秫一種，臨河縣人當交納。

粟一種，治源縣人當交納。

糜一種，定遠、懷遠二縣人當交納。

一、前述租穀物中秫、粟二種，管事之人令納米者，地租一律或納穀物，或令納米，原法已成不同。此後租户家主人不須納米，實當納秫粟。爲官舂米者不在，則當於獲罪亡人中分撥，令立班而舂之。若違律令納租之人納米時，局分大小一律二年。【略】

一、轉運司人將簿册、憑據種種於十一月一日至月末一個月期間引送磨勘司不畢，逾期延誤時，大人、承旨、都案、案頭、司吏等一律與前述郡縣局分大小誤期罪狀相同。

一、磨勘司人臘月一日持來簿册、憑據時，至臘月末一個月期間磨勘不畢而逾期時，大人、承旨、都案、案頭、局分人之延誤罪依轉運司局分大小罪狀法判斷。

一、地租種種於臘月一日至月末一個月期間磨勘已畢時，所遺尾數地租當引送轉運司，當令所屬郡縣催促者再行催促，逾期則所管轄處再派人。於所予期限不完畢而住滯時，局分人之罪與前述郡縣人催促地租，轉運司告憑據延誤罪同樣判斷。

史金波等譯《天盛改舊新定律令》卷七《敕禁門》 不許軍馬、習事中令旨、軍旨、臺旨、帳下指揮等傳行諭文。假若違律時，傳行者之罪，當視其罪情奏告實行，持諭文傳行者徒二年，聽者徒三年。

史金波等譯《天盛改舊新定律令》卷一〇《失職寬限變告門》 一、諸大人、承旨、習判、都案、案頭等不赴任上及超出寬限期，又得職位官敕諭文已發而不赴任等，一律超一二日罰五斤鐵，三四日十斤鐵，五日十三杖，六日起至十日徒三個月，十一日起至十五日徒六個月，十六日起至二十日徒一年，二十日以上至二十五日徒二年，二十六日起至一個月徒三年，一個月以上一律當革職，官□□馬勿失。

一、司吏不赴司職時，一日起至五日笞十五，六日起至十日十杖，十一日起至十五日十三杖，十六日起至二十五日徒三個月，二十六日起至一個月徒六個月。一個月以上至三個月徒一年，三個月以上至十個月徒二年，十個月以上一律徒三年。

一、使人、都監未赴任上，一二日笞十五，三四日笞二十，五日起至十日十杖，十日以上至一個月徒三個月，一月以上至三個月徒六個月，三個月以上至十個月徒一年，十個月以上一律徒三年。【略】

一、邊中京師諸司大人不在，立便有言者，當報承旨、習判等告變。若公事大小及其餘言種種是緩事，應待大人而不待，以告變時，有官罰馬一，庶人十三杖。

史金波等譯《天盛改舊新定律令》卷一九《牧場官地水井門》 一、諸牧場之官畜所至住處，昔未納地册，官私交惡，此時官私地界當分離，當明其界劃。官地之監標誌者當與掌地記名，年年録於畜册之末，應納地册，不許官私地相混。倘若違律時，徒一年。

一、諸牧場所屬官地方内之原家主家中另外有私地者，不許於官地内安家，皆當棄之。地方無有，及若雖有而草木不生，或未有净水，無供給處，又原家實舊者，可於安家處安家。彼牧場其他諸家主等，不許於牧官畜處於水過處墾耕，原有已耕地舊田地當耕，當依邊等法人交納散黍中。彼地方内之牧人、雜家主等於妨害官畜處新耕時，大小牧監不告於局分，不令耕舊田地，牧主、牧人等叨擾時，一律有官罰馬一，庶人十三杖。若天旱□，官牧場中諸家主之尋牧草者來時，一年以内當安家，不許耕種。

逾一年不去，則當告於局分而驅逐之。一年以内驅逐，及逾一年而不驅之時，有官罰馬一，庶人十三杖。

史金波等譯《天盛改舊新定律令》卷一九《畜利限門》 一、官牧場之馬不好好養育而減食草者，計量之，比偷盗法加一等。未減食草，其時檢校失誤致馬羸瘦者，當視肥馬已瘦之數罰之，自杖罪至一年勞役，令依高低承罪。

一、御騎馬中因打拷及失誤而致損目、折傷足等時，徒三個月，死則當償之。

一、年年供應給他國所用駱駝、馬，牧者預先於北院所轄牧人中分出八十户，再於東院所轄牧人中分出二十户，以此爲供應所用駱駝、馬予他國之牧者。彼所派牧人持取官畜，則以後當令遠離場中。

一、諸人撿得畜，律令限期已過，應充公，及有諸人罰贓畜，又無力償官錢物而换算納畜等，由所轄司引送，當接與頭字而送群牧司，於官畜中註册，同時當有成色説辭，磨勘司亦當予證明。

史金波等譯《天盛改舊新定律令》卷一九《校畜磨勘門》 一、官之牧場之牧人、大小管事不許於家主中分捕牲畜施印。若違律時，以偷盗法判斷，彼所印之畜當置納印而還屬者，□□當另償之。

一、諸牧場四種官畜原已交納，死減以外損失者，依次當緊緊催促牧人償之。倘若牧人無力，則當催促小牧監令償之。小牧監償之不足，則當催促牧首領、末驅令償之。其中倘若催促償之而無所償，實無力者，當置命。四種畜一律依以下所定之數高低判斷。

駱駝、馬：

牧人無一、二，十杖；無三、四，十三杖；無五、六，徒六個月；無七八，徒一年；無九、十，徒二年；無十一、十二，徒三年；無十三、十四，徒四年；無十五、十六，徒五年；無十七、十八，徒六年；無十九、二十，徒八年；無二十以上至二十二，徒十年；二十三至二十五，徒十二年；二十五以上一律當絞殺。

小牧監自一至三，八杖；自四至六，十杖；自七至九，十三杖；自十至十二，徒六個月；自十三至十五，徒一年；自十六至十八，徒二年；自十九至二十一，徒三年；自二十一至二十三，徒四年；自二十四至二十六，徒五年；自二十七至二十九，徒六年；自三十至三十二，徒八年；自三十三至三十五，徒十年；自三十六至四十，徒十二年；四十以上一律當絞殺。

牧首領、末驅自一至五勿治罪。自六至八，八杖；自九至十一，十杖；自十二至十四，十三杖；自十五至十七，徒六個月；自十八至二十，徒一年；自二十一至二十三，徒二年；自二十四至二十六，徒三年；自二十七至二十九，徒四年；自三十至三十三，徒五年；自三十四至三十七，徒六年；自三十八至四十一，徒八年；自四十二至四十五，徒十年；自四十六至五十，徒十二年；五十以上一律當絞殺。

牛：

牧人無一、二，八杖；無三、四，十杖；無五、六，十三杖；無七、八，徒六個月；無九、十，徒一年；無十一至十三，徒二年；自十四至十六，徒三年；自十七至十九，徒四年；自二十至二十二，徒五年；自二十三至二十五，徒六年；自二十六至二十八，徒八年；自二十九至三十一，徒十年；自三十二至三十五，徒十二年；三十五以上一律當絞殺。

小牧監自一至三，笞二十；自四至六，七杖；自七至九，八杖；自十至十二，十杖；自十三至十五，十三杖；自十六至十八，徒六個月；自十九至二十一，徒一年；自二十二至二十四，徒二年；自二十五至二十七，徒三年；自二十八至三十，徒四年；自三十一至三十四，徒五年；自三十五至三十八，徒六年；自三十九至四十二，徒八年；自四十三至四十六，徒十年；自四十七至五十，徒十二年；五十以上一律當絞殺。

牧首領、末驅自一至五，勿治罪。自六至九，笞二十；自十至十三，七杖；自十四至十七，十杖；自十八至二十一，十三杖，自二十二至二十五，徒六個月；自二十六至二十九，徒一年；自三十至三十三，徒二年；自三十四至三十七，徒三年；自三十八至四十一，徒四年；自四十二至四十五，徒五年；自四十六至四十九，徒六年；自五十至五十三，徒八年；自五十四至五十六，徒十年；自五十七至六十，徒十二年；六十以上一律當絞殺。

殺羝、羊：

牧人罪：自一至五，七杖；自六至九，十杖；自十至十三，十三杖；自十四至十七，徒六個月；自十八至二十一，徒一年；自二十二至二十五，徒二年；自二十六至二十九，徒三年；自三十至三十三，徒四年；自三十四至三十六，徒五年；自三十七至三十九，徒六年；自四十至四十二，徒八年；自四十三至四十六，徒十年；自四十七至五十，徒十二年；五十以上一律當絞殺。

小牧監：自一至五勿治罪。自六至十，八杖；自十一至十五，十杖；自十六至二十，十三杖；自二十一至二十四，徒六個月；自二十五至二十八，徒一年；自二十九至三十二，徒二年；自三十三至三十六，徒三年；自三十七至四十，徒四年；自四十一至四十四，徒五年；自四十五至四十八，徒六年；自四十九至五十二，徒八年；自五十三至五十六，徒十年；自五十七至六十徒十二年；六十以上一律當絞殺。

牧首領、末驅自一至十，勿治罪。自十一至十五，七杖；自十六至二十，十杖；自二十一至二十五，十三杖；自二十六至三十，徒六個月；自三十一至三十五，徒一年；自三十六至四十，徒二年；自四十一至四十五，徒三年；自四十六至四十九，徒四年；自五十至五十三，徒五年；自五十四至五十七，徒六年；自五十八至六十一，徒八年；自六十二至六十五，徒十年；自六十六至七十，徒十二年；七十以上一律當絞殺。【略】

一等往至諸場大校時，牧人分析，曰牲畜已遣分者，勿論，當令償之，現執註銷收據則當註銷。倘若現不見註銷收據而註銷者，後實有註銷，則至羖羝、羊二十、牛五、犛牛、駱駝、馬一，大校局分人等有官罰錢五緡，庶人十杖。多於彼則有官罰馬一，庶人十三杖。倘若彼註銷收據實無，則所註銷之畜計價，以偷盜法判斷。其中有註銷而未令待，已令償畜，後註銷來，則先所償之畜當置納印，以還屬者牧□□。

史金波等譯《天盛改舊新定律令》卷一九《畜患病門》 一、牧場失官牲畜者，當問大小牧監、牧人等，令置狀，知情人擔保是實，則當依畜法償之。因大意，十三杖。

史金波等譯《天盛改舊新定律令》卷四《邊地巡檢門》 一、檢主管，檢人依法派於職上，主管自未往□□者，徒二年，若有住滯出□□□□□□ □□依其重者□□□判斷。

一、【略】則主管徒二年，檢人徒六個月。【略】

一、與沿邊異國除爲差派外，西番、回鶻、韃靼、女直相和倚持，我方大小檢引導過防綫遷家養水草、射野獸來時，當回拒，勿通過防綫。刺史、司人亦當檢察，若不回拒，有住滯時，守更口者中檢主管徒六個月，檢人徒三個月。將佐、首領有官降一官，罰馬一；無官十三杖，罰馬二。管事邊檢校降二官，罰馬三。刺史因未檢察，罰馬二，正、副統等在邊境任職，則副行統等降一官，罰馬二；正統者曾說地界勿通防綫，管事人已行指揮，則勿治罪。未行指揮則當降一官，罰馬一。若正、副統歸京師，邊事、軍馬，頭項交付監軍司，則監軍、習判承罪順序：習判按副行統，監軍按正統法判斷。

史金波等譯《天盛改舊新定律令》卷四《修城應用門》 一、監軍司大人一年中往接續提舉狀，及城主司人說聚集狀等，監軍司當變，每年正月五日以內，當告經略使處，經略使當一併總計而變，正月五日始東南經略使人二十日以內，西北經略使一個月以內，當向樞密送狀。若不按時日報告，有何障礙處遲緩至一個月以內，監軍司判及經略使處未經告等罰馬一，監軍司、經略使等□□案，罰七緡錢，一個月以上一律□□□經告等，降一官，罰馬一，監□□□□□□等都案，罰馬一，爾後局分□□□□□□按判斷，經略、經義等應不應治罪時，□□〔依時〕奏計實行。

一、□□提舉者，監軍司大人中司體□□□□續置，應遣不遣，及已遣已往狀□□□□一律降一官，罰馬一，已遣不往則□□□□當罰馬一。

史金波等譯《天盛改舊新定律令》卷五《季校門》 一、諸父子有補償馬及應按畜等級烙印馬等，一律當印從駒至有齒之良馬。膘弱、塌脊者，齒不合格及老馬等者不得印驗。若違律者，有官罰馬一，庶人十三杖。

一、校驗時官馬以私馬代驗者，當罰私馬爲官馬。其交驗官馬者前需補償馬，則當以此私馬代補償，徒三個月。前著籍官馬現有而以弱代替驗校，則所驗馬當由另外無馬車卒請領，當於校狀上註册給予。其馬屬者因

不好好調官馬，應依法受杖。其中出借私馬知代替官馬往校驗者，則當罰出借者馬，舉發借者與索者罪過者償，按前述索借官馬、堅甲三種之法相同判斷。又借者不知情，則不治罪，索借者當補償馬。

史金波等譯《天盛改舊新定律令》卷一八《他國買賣門》 一、他國買賣者之物已施印記時，擅自毀御印子，解而盜抽時，依邊等庫局分於官物入手法，當比偷盜罪加一等判斷。其中馱倒、馱架跌入泥水中、繩索斷而御印子損壞是實，則當謂管事者而再施印記，勿治罪。

一、他國買賣者往時，所載諸司務詔等所屬種種所賣官物及所載私物等，當分别賣之而勿混。官私物買賣中，先已競争，價何給處當買賣。相引導中不許知前競争語而欲賣己物，前所競争價格既定，隨意加價買賣。若違律加價時，當量所加之數，依枉法貪贓罪法判斷。有舉者，亦依舉邊等雜罪之予舉賞次第法，由犯罪者給予。未知前競争語，則勿治罪，若舉虚亦同等判斷。

一、皇城司所屬種種官物放置時，有年日多過，物已成舊者當奏，三司當予，入於耗用中。倘若有舊物不告奏時，大人、承旨、庫監、出納、都案、案頭、司吏等，一律有官罰馬一，庶人十三杖。

一、諸沿庫貯藏放置種種官物，鎧甲、武器、雜物，當好爲地盤，下方勿使透濕，上方勿過雨水。局分處當常常視之，依時節晾曬。若不晾曬致損毁時，當計損毁幾何，局分大小庫局分等當共償之。因大意而損毁，量其物依情，承罪法依以下所定實行。管事者當承□正頭罪，以下局分大小庫。

史金波等譯《天盛改舊新定律令》卷一九《供給馱門》 一、官家驛駕出，三司、皇城等應遣所須騎乘駱駝者，三司、皇城、行宫司等大人當派其一以共職。彼駱駝當經小監中審視，脊折，鼻缺時，局分人庫監、出納、牽駱駝者、大小牧監當依高低斷杖罪。不派小監者時，有所住滯處有官罰馬一，庶人十三杖。若彼畜中病死者，病臥時當告局分處，是實言則當交肉、皮，駱駝當註銷。馱下已殺、已牽而失之等，掌庫局分者、牽者等當共償之。

《元史》卷二《太宗本紀》 〔太宗六年〕夏五月，帝在達蘭達葩之地，大會諸王百僚，論條令曰：凡當會不赴而私宴者，斬。【略】諸公事非當言而言者，拳其耳。再犯，笞。三犯，杖。四犯，論死。

《元史》卷一〇一《兵志》 中統元年，詔：隨處官司，設傳遞鋪驛，每鋪置鋪丁五人。【略】一晝夜行四百里。各路總管府委有俸正官一員，每季親行提點。州縣亦委有俸末職正官，上下半月照刷。如有怠慢，初犯事輕者笞四十贖銅，再犯罰俸一月，三犯者決。總管府提點官比總管減一等，仍科三十，初犯贖銅，再犯罰俸半月，三犯者決。鋪兵鋪司，痛行斷罪。

《元典章》卷五四《刑部・雜犯・擅科・民官影占民户》 至元九年，御史臺：提刑按察司申：察到太原路平晋縣隱藏閏當當等一十一户，取到本縣官吏招伏。呈奉中書省劄付該：送户部議得：達魯花赤押里正、縣尹孫義所招罪犯，各擬罰俸一月。主簿趙充讓所招，擬罰半月。司吏郭瑞所招罪犯，擬將本人笞四十七下，依舊勾當。都省準擬，除外，仰行下各道提刑按察司，更爲體察施行。

又至元二十年，御史臺咨：據河北河南道提刑按察司申：察知鄭州花赤、管城縣官將軍民户耿順等占破，令各户供送柴草、粟麥等事。取到各官招伏。呈奉中書省劄付：送刑部議得：如不係格後，擬決下項杖數，仍解見任，期年，降先職一等叙用。承此。咨請如有占破户計，用心體究施行。鄭州達魯花赤紐僯，係蒙古人氏，狀招：占破軍民人户耿順，除免雜泛夫役，令各户供送訖小麥二十七石一斗，粟一十九石八斗，白米五升，大麥一石，稻谷一石，大紙一千五十張，柴四百五十個，草七百七十個，罪犯。決二十七下。管城縣縣尹李濟狀招：占破張順等一十五户，供送訖小麥六石六斗，粟六石，白米一石，黑豆一石，草六百三十個，粉一裹，斜皮一個，及科與軍户計置抄造歷日紙，罪犯。決二十七下。

又至元三十年御史臺咨：據山東廉訪司申：益都路軍户王讓告：本司達魯花赤忙兀歹隱占張螺子等三户，每月供送油三斤，柴三驢，菜二筐。照依逐月時估，追到中統鈔一百三十八兩三錢三分，先行給付各户收訖。取到本官招伏，是實。得此。本臺議得：忙兀歹所招，擬決三十七下，解見任，别行求仕。除外，咨請行下合屬禁約，常切體察施行。

《元史》卷一〇《世祖本紀》 〔至元十六年三月〕丙寅，敕中書省，凡掾史文移稽緩一日二日者杖，三日者死。

《元典章》卷五四《刑部・雜犯・擅科・禁影占富户不交當差》至元二十八年，行省準尚書省咨：準江浙行省咨：本省所轄地面寬闊，人民衆庶，事務繁多，軍民弊病多端，户口貧富不同。體知得：諸衙門及權豪之家，將富上民户恃勢影占，不當差役，却令供辦草料、柴薪、菜蔬等物，或充祗候、面前，私自占使。凡有公家差役，交無力小民替代，迤漸虧損，未便。咨請聞奏事。準此。於至元二十八年三月二十五日，奏過事内一件：前者，江淮省官人每與將文書來：但勾當裏行的官人，令史、勢要人每，將富户影占著，不交當差，却交貧民當差，生受有。禁約的聖旨與者。麽道，聖旨有來。俺商量：如今交新去的省官人每根底委付將去呵，中也者。奏呵，那般者。麽道，你行文書者。麽道，聖旨了也。欽此。

《元典章》卷五四《刑部・雜犯・違慢・起解昏鈔違限罪名》元貞二年正月，御史臺咨：承奉中書省劄付：據户部呈：照得：各路平準行用庫倒换昏鈔，隨即使訖退印，配成料例，每季不過次季孟月十五日已裏起納。呈奉到中書省劄付：擬到違限不起昏鈔罪名：違期一季，提調路官罰俸一月，首領官的決七下，司吏、庫官一十七下；州官決七下，首領官一十七下，司吏、庫官二十七下。二季，提調路官罰俸兩月，首領官一十七下，司吏、庫官二十七下；州官一十七下，首領官二十七下，司吏、庫官三十七下。三季，提調路官罰俸三月，首領官二十七下，司吏、庫官三十七下；州官二十七下，首領官三十七下，司吏、庫官四十七下。都省準擬，仰依上施行。

《通制條格》卷一九《捕亡・倉庫被盗》大德六年三月，中書省樞密院呈倉庫巡防盗賊等事，刑部議得：倉庫被盗，如有賊人出入，蹤跡明白，正賊未獲者，着落當該圍宿軍官軍人追陪。無明白蹤跡者，於倉庫官、司倉、司庫人等名下追陪。候獲正賊，却行追還陪納之人。都省准擬。

大德六年九月，中書省刑部呈：右八作司被盗，督勒兵馬司捉賊，仍取到圍宿軍官軍人防禁不嚴，并八作司官守宿人等有失覺察，各各招伏，另行斷遣外，議得：八作司屢經被盗，蓋因每日支納官物人衆烏雜，提舉司與圍宿軍官不設防禁，賊人恣意出入，視物易取，此生盗之源也。擬合立法防禁，以備不虞。參詳八作司除正門外，周圍院墻築打高厚，其墻頭裏外多用棘針椁查，使賊人不能上下出入。將頓物屋壁用磚壘砌，門窗鎖鑰堅牢。據應收到荆筐、椁籮、箱匱、栲栳、席簟，似此可以藏賊之物，不許露地頓放，亦合令蓋敖房收貯，封銷門户。每日收支諸物，令把門軍官軍人用心関防，出則搜檢，毋使夾帶。每至日暮，八作司正官親將敖門封鎖，司官、司庫合干人與圍宿軍官人等，眼同院内敖外仔細搜巡，别無停藏賊人，軍官親驗敖門鎖訖，然後俱出。仍置文曆開寫搜巡司官人等花名畫字，及封鎖正門畢，將應有鎖匙與搜巡文曆一處用匣封鎖，依例八作司提舉收掌。至晚，本司正官壹員，與司庫合干人各壹名，輪番守宿。當該圍宿軍官號令軍人坐鋪知更，持鈴擊柝，各執軍器把守圍繞。至明，本司官人等與軍官軍人驗封開門，同入搜賊。如獲賊徒，隨即發付兵馬司追問。若是軍官、司官人等搜巡不嚴，藏下賊人，當該軍官、司官人等比依捕捉不獲（切）〔竊〕盗中限例，俱各斷罪。如不獲賊，均陪所盗官物。若賊踰墻而入盗訖官物者，本處坐鋪軍人照依不獲（切）〔竊〕盗末限例斷罪。如不獲賊，追陪所盗物貨，再犯加壹等。軍官初犯，罰俸壹月，再犯，決壹拾柒下。若有強刼倉庫賊人，依不獲強盗末限例，將軍官軍人俱各斷罪。仍令兵馬司依例責限捉賊。其餘倉庫一體施行。都省議得：若遇強刼賊徒，圍宿巡鋪軍官軍人力所不及者，似難追斷。餘准所擬。

延祐元年七月，中書省刑部呈：河南省宣使張從政関撥到鈔本，於彰德路唐宋站界不見，訖至元折中統鈔叁拾陸定壹拾兩，歸問間，欽遇詔赦。參詳所失鈔本，比獲正賊，着落押運官、庫官、庫子、站船梢工孫千兒等，并防送軍兵、巡宿丁壯，均徵納官。仍督勒應捕官兵根緝正賊，須要得獲追贓數足，至日驗數給付。都省准呈。

《元典章》卷五四《刑部・雜犯・私役・民官役民致死》大德六年六月，行臺準御史臺咨：萬安縣尹宗子文得替閑居，持勢豪霸，擅差民户挑撅壕渠，修築花園，土崩壓死謝再九等六名。擬合罷職不叙，倍徵燒埋銀兩，給付屍親。請照詳。呈奉中書省：送刑部照擬得：宗子文所犯，若準行省所擬，除名不叙，倍追燒埋銀兩并各人役過工錢，給付各主，遍行禁治。都省咨請依上施行。

《元典章》卷五四《刑部・雜犯・私役・牧民官私役，渰死人夫》

至大元年九月，行臺準御史臺咨：備江南湖北道廉訪司申：準沅州路黔陽縣牛郁、達魯花赤伯顔，大德九年署押批貼，買楠木，令主首楊萬四、祇候蔣仲差倩船夫裝載。船沈，渰死黄晚等三人。取訖各官招伏。罪經原免，比例解任，標附過名，均徵銀錢給付苦主，相應。咨請照詳。準此。呈奉中書省劄付：送刑部議得：縣尹牛郁、達魯花赤伯顔，職居牧民，不以撫字爲務，貪圖黄晚，江漲，榜截楠木，署押批貼，分付主首楊萬四、祇候蔣仲差倩船夫取運，致將黄晚等三名渰死。罪經原免，擬令依例解見任，於各官名下倍徵燒埋銀兩，給付苦主，標附相應。都省準擬除外，仰照驗施行。

《元史》卷二三《武宗本紀》〔至大三年九月〕壬寅，敕諸司官濫設者，毋給月俸。詔諭三寶奴等：去歲中書省奏，諸司官員遵大德十年定制，濫者汰之。今聞員冗如故，有不以聞而徑之任者。有旨不奏而擅令之任及之任者，並逮捕之，朕不輕釋。

《元典章》卷五四《刑部・雜犯・違錯・縣官擅斷軍事》 皇慶元年二月日，福建道宣慰司承奉江浙行省劄付：準樞密院咨：近據左衛呈：百户田榮等申：通州路縣于縣令、張縣尉等，不行約會，將修理倉敖軍人李順斷訖三十七下。本人見行杖瘡舉發腫胤，毉工看治。得此。差獄典赤賽甫丁等前去，將各人勾唤到官。送據斷事官呈：取責到一干人等招詞。數内縣尹于澤狀招：既是通州路縣尹職役，於至大四年七月二十七日，有李賢就扯行凶軍人李驢兒告稱，用老酒將伊頭上打破。破令毉工相驗得李賢頭上斜左被傷一處，斜長一寸三分，闊三分，是實。取訖證見曹寬、李驢兒招伏文狀。自合令王大嫂、曹寬與李驢兒面對，依例取要辜限文狀。又既蒙累降聖旨節該：軍民相犯賊情、人命等重罪，過交管民官歸問。其餘家財、田土鬪打相争輕罪過的，軍民官約會著問者。欽此。亦合依例約會軍官，一同歸問斷罪，却不合令王大嫂、曹寬與李驢兒面對，及不取要辜限文狀，亦不候李賢見帶傷瘡痊可，却取訖浮平痊可準伏。又不欽依約會管軍官，擅將軍人李驢兒斷訖三十七下。又招：於閏七月二十三日聞知，又發有司吏孫得榮賫到典史先行書卷完備，虚行扣捏到三次移關約會管軍官案劄檢目公使人等到狀，不合書押了當。又不合於議劄子止判寫三十七下字樣。合得罪犯是實，及責得縣尉張禮、典史李仁、司吏孫得榮、弓手李賢，與于澤所招相同。擬縣尹于澤，四十七下；縣尉張禮，三十七下；典史李仁，四十七下；司吏孫得榮，五十七下；弓手李賢，二十七下。本院官於至大四年八月初十日奏：通州管轄的潞縣官，爲李順小名的軍人歐打李賢名字人來。麽道，不令面對，信從著一面詞説，將軍人斷訖三十七下。世祖皇帝、完澤篤皇帝、曲律皇帝聖旨裏：軍民相犯呵，除重罪過外，其余勾當，與軍官一同約會著歸問者。麽道，聖旨有來。他每明知，不約會軍官，一面將軍人斷訖之後，却説約會軍官不到。麽道，虚捏押下文案，無體例有。戒諭多人，爲頭的，打四十七下，余的依著資次，斷他每罪過呵，怎生？奏呵，奉聖旨：那般者。今後休似這般交軍人每生受。您遍行各處者。欽此。

《元典章》卷五四《刑部・雜犯・虚妄・虚報灾傷田糧官吏斷罪》

皇慶元年五月，行臺準御史臺咨：奉中書省劄付：户部呈奉省判：江浙省咨：近據各處申報到至大三年水旱灾傷官民田土二萬三千四百八十頃三十四畝一分五厘一毫一系，該糧二十九萬六千一十一石一斗八合，州、縣官檢踏是實，路、府正官復踏相同。移準監察御史、各道廉訪司牒，體覆得，除實灾田土二萬二千二十五頃三十三畝三分九厘八毫七系八忽，糧二十七萬九千二百六十九石七斗五升八合外，體覆出冒破灾傷復熟等田一千四百五十五頃七分五厘二毫三系二忽，該糧一萬六千七百四十一石三斗五升。得此。照得：至元二十七年、二十八年，平江路吴江等縣正官虚報灾傷田糧，取到官吏招伏，移準都省咨文，其罪雖在格前，亦合黜降。又準都省咨該：得替已招人員，通行議罪外，今後似前虚申作弊，斷罪黜降，已經遍行去訖。據前項冒破灾傷，路、府、州、縣正官若便取問，緣在格前事理，例合黜降。於至大四年六月初七日依例標附過名，行下各處，如各官任滿，於解由内明白開寫外，本部議得：國家經費，錢糧爲重。人户申告灾傷，恐有不實，委自路、府、州、縣正官檢踏是實，然後行移廉訪司，依例體覆。今既體覆出冒破田土該糧一萬六千餘石，合準江浙行省所擬。如擬灾傷，若有似前虚申冒破，即將元委檢踏官吏依例斷罪，任滿，於解由内明白開寫，以憑黜降。如蒙準呈，遍行合屬照會，相應。具呈照詳。都省仰依上施行。

《元典章》卷五四《刑部・雜犯・違錯・長官擅斷屬官》　皇慶二年三月日，福建道宣慰司準本道廉訪司牒該：準邵武路牒呈：皇慶元年十二月十八日，差建寧縣主薄雷潤押運鐵課，赴宣慰司交納，本官推故不肯押運，就公廳高聲惡言咆哮，不有上下，抵觸官府。取訖雷潤短狀招伏在官，理宜懲戒。伏請照詳。準此。照得：近承江浙行省準中書省咨：御史臺呈：江北淮東道廉訪司申：承奉御史臺劄付：各路、府、州、司、縣官員陞軍情緊急大事遲慢，取問明白招伏，受敕官聽候都省區處，照得：即目軍民各分，軍無調遣，所辦課程、稅糧，最爲大事，俱有常限。各處路官，少得正人禁之，猶恐以私害公，非理凌辱司屬之官。官詳，遲慢軍情緊急大事的決，路官若欲虛人，何事不爲緊急大事？略舉今歲清明節假，楊州路達魯花赤牙里，爲監倒昏鈔泰興縣主簿郭仁出離鈔庫，斷罪七下，又因咆哮，枷收數日，後斷七下，如此大暴。又有諸衙門差人州縣催促公事，就斷正官，去人無不陪取。看詳：職官公罪甚多，合無比附至元六年都省元行刑部見擬：受敕官，除捕蝗遲慢不測，掩捕大寇違慢，各路量情斷決，餘有違慢，內郡申部，餘申行省，禁約諸司差人就斷正官之令？事關通例，具呈照詳。都省除已劄付御史臺，依已行事理施行外，仍令禁約各路官司却不得因以小事爲大事，常事爲急務，織羅受敕職官，非理斷決。若獨員按臨去處，果有違誤軍務大事，不得擅斷，取訖明白招伏，會議決罰。咨請依上施行。

《元典章》卷五四《刑部・雜犯・虛妄・官吏檢踏災傷不實》　延祐二年六月，行臺準御史臺咨：來咨：浙西道廉訪司申：準分司牒：體覆出湖州路德清縣伏熟田二頃八十三畝二分五厘，米三石六升一合十勺九抄。移準湖州路牒，到檢驗官吏招伏。本臺看詳：若便斷罪，終無通例。呈奉中書省劄付：送刑部議得：湖州路德清縣尹杜沅、司吏宋元善所招，虛踏災田二頃八十三畝二分五厘，除破官糧三石六升一合七勺九抄罪犯，係皇慶元年十月二十九日以前，欽遇原免，依例標附。今後似此若不分別輕重黜降，似爲不倫。以此參詳：各處官吏檢踏災傷不實，冒破官糧，受財者，以枉法論；不曾受財，檢踏不實者，驗虛報田糧多寡，臨時斟酌定罪，相應。具呈照詳。都省仰依上施行。

《元典章》卷五四《刑部・雜犯・違慢・人民餓死官吏斷罪》　延祐五年三月十七日，江浙行省準中書省咨：御史臺呈：成州人民闕食，本州不即申報賑救，以致死亡流移。取訖當該官吏違慢招伏。看詳：同知康惟忠等，職居牧民，撫字乖方。適值人民缺食，不即賑救，致有流移死亡，甚失牧民之道。以此參詳：若便區處，處別無所守通例。具呈照詳。得此。送據刑部呈：照得：大德七年四月十三日，御史臺承奉中書省劄付：本臺呈：監察御史呈：大寧路惠州人民闕食，本路官怠慢，五個月餘不行踏驗。取訖見在官吏招伏。本臺看詳：大寧路等處人民闕食餓死，宜早賑濟外，拘總管哈魯等不即申報災傷，罪犯。本部議得：總管哈魯，量擬三十七下，過七十，依例贖罪。府判馬謀，二十七下。各解見任，降先職一等。提控案牘姚子淵，三十七下，罷役不敘。都省議得：提控案牘姚子淵所犯，量決三十七下，罷見役，期年後，降先職一等。餘準部擬。今承見奉，本部議得：成州同知康惟忠等所招，本管人民遭值饑饉闕食，不即申報賑濟，以致流移餓死人口，罪犯。比依量擬同知康惟忠三十七下，州判黃文德三十七下，各解見任，降先職一等。吏目趙克讓、司吏張惟福，三十七下，罷見役，期年後降等敘用，相應。具呈照詳。得此。都省準擬，除外，咨請遍行合屬，依上施行。

《通制條格》卷一四《倉庫・關防》　諸倉庫錢物，監臨官吏取借侵使者，以盜論。

《通制條格》卷一四《倉庫・關防》　諸倉庫局院踈漏，速申修理。霖雨不止，常需檢視，隨宜備禦，不致官物損壞。若收貯不如法，妨備不盡心，曝曬不以時，致有損敗者，各以其事輕重論罪。所壞之物，仍勒陪償。

《元史》卷一〇三《刑法志》　諸有司橋梁不修，道塗不治，雖修治而不牢強者，按治及監臨官究治之。諸有司不以時修築隄防，霖雨既降，水潦並至，漂民廬舍，溺民妻子，爲民害者，本郡官吏各罰俸一月。縣官各笞二十七，典官各一十七，並記過名。

《元史》卷一〇二《刑法志》　諸官府印章，長官掌收，次官封之，差故即以牒發次官，次其下者第封之，不得付其私人。諸郡縣城門鎖鑰，並從有司掌之。諸有司，凡薦舉刑名出納等文字，非有故，並須圓署行之。諸職官到任，距上司百里之內者公參，百里之外者免；上司輒非理

徵會，稽失公務者，禁之。諸内外百司呈署文字，並須由下而上論定而後行之。諸省府以下百司，凡行公務，置朱銷簿，按治官以時考之。諸職官公坐，同職者以先到任居上，輒越次而坐者，正之。諸有司公事，各官連銜申稟其上司者，並自書其名。有故，從對讀首領官代書之，具述其故於名下，曹吏輒代書其名者，罪之。諸職官受代聽除之處，從所便，具載解由。私赴都者，禁之。諸有司案牘籍帳，編次架閣。各路，提控案牘兼架閣庫官與經歷、知事同掌之；散府縣州，知事、提控案牘、都吏目、典史掌之。任滿相沿交割，毋敢不慎。諸樞密院行省文卷，除軍數及邊關兵機不在考閲，餘並從監察御史考閲之。諸職官承上司他委，所治闕官者，許回申。不得擅令首領官吏攝事。諸職官押運官物赴都，除常所不差者，餘並置籍輪差。徇私不均者，罪其上司。諸吏員遷調，廉訪司書吏、奏差避道，路府州縣吏避貫。諸有司遺失印信，隨即尋獲者，罰俸一月；追尋不獲者，具申禮部別鑄。元掌印官解職坐罪，非獲元印，不得給由求叙。諸毁匿邊關文字者，流。

《元史》卷一〇二《刑法志》　諸湖南北、江西、兩廣接境溪洞蠻獠竊發，諸監臨禁治不嚴及故縱者，軍官笞三十七，管民官二十七，並削所受階一等，記過。諸邊隅鎮守不嚴，他盜輒入境殺掠者，軍官坐罪，民官不坐。諸軍民官鎮撫邊陲，三年無嘯聚之盜者，民官減一資，軍官陞散官一階；五年無者，軍民官各陞散官一等。諸郡縣版籍，所司謹庋置之，正官相沿掌之。

諸劭農官，每歲終則上其所治農桑水利之成績於本屬上司，本屬上司會所部之成績，以上於大司農。若部，部考其勤惰成否，以上於省而殿最之。其在官怠其事，隳其法者，罪之。諸職官行田，受民户齊斂錢者，以一多科斷。諸受財占民差徭者，以枉法論。諸額課所在，管民正官董其事，若以他故出，次官通攝之。諸額收錢糧，各處計吏，歲一詣省會之。有齊斂者，從按治官舉劾。諸郡縣歲以三限徵收稅糧，初限十月終，中限十一月終，末限十二月終。違者初限笞四十，再犯杖八十，但結攬及自願與結攬人等，並没入其家財，仍依元科之數倍徵之。若不差正官部糧，而以權官部之，或致失陷及輸不足者，達魯花赤管民官同坐。【略】

諸掩骼埋胔，有司之職。或饑歲流莩，或中路暴死，無親屬收認，應聞有司檢覆者，檢覆既畢，就付地主鄰人收葬；不須檢覆者，亦就收葬。諸救災卹患，鄰邑之禮。歲饑輒閉糴者，罪之。諸郡縣災傷，過時而不申，或申不以實，及按治官不以時檢踏，皆罪之。諸蟲蝗爲災，有司失捕，路官各罰俸一月，州官各笞一十七，縣官各二十七，並記過。諸水旱爲災，人民艱食，有司不以時申報賑卹，以致轉徙饑莩者，正官笞三十七，佐官二十七，各解見任，降先職一等叙。諸有司檢覆災傷，或以熟作荒，或以可救爲不可救，一頃以上者罰俸，二十頃者笞一十七，二百頃以上者笞二十七，五百頃以上笞三十七，惟以荒作熟，抑民納糧者，笞四十七，罷之。托故不行，妨誤檢覆者，笞三十七。

諸義夫、節婦、孝子、順孫，其節行卓異，應旌表者，從所屬有司舉之，監察御史廉訪司察之，但有冒濫，罪及元舉。諸賜高年帛，應受賜而有司不以實報者，正官笞四十七，解職別叙。諸州縣舉茂異秀才，非經監察御史廉訪司體察者，不得開申。

《元史》卷一〇三《刑法志》　諸急遞鋪，輒開所遞實封文書，妄入無名文字者，笞五十七。諸急遞鋪，每上下半月，府州判官縣主簿親臨檢視，所遞文字但有稽違、磨擦、沉匿，鋪司鋪兵即驗事重輕論罪，各路正官一員總之，廉訪司察之。其有弗職，親臨官初犯笞一十七，再犯加一等，三犯呈省別議，總提調官減親臨官一等。每季具申上司，有無稽違，仍於各官任滿日，解由開寫，而黜陟之。

《元史》卷一〇三《刑法志》　諸各路醫學大小生員，不令坐齋肄業，有名無實，及在學而訓誨無法，課講鹵莽，苟應故事者，教授、正、録、提調官罰俸有差。諸醫人於十三科内，不能精通一科者，不得行醫。太醫院不精加考試，輒以私妄舉充隨朝太醫及内外郡縣醫官，内外郡縣醫學不依法考試，輒縱人行醫者，並從監察御史廉訪司察之。

《元史》卷一〇三《刑法志》　諸有司治賦斂急，致貧民鬻男女爲輸者，追還所鬻男女，而正有司罪，價勿償。

《元史》卷一〇四《刑法志》　諸犯私鹽者，杖七十，徒二年，財産一半没官，於没物内一半付告人充賞。鹽貨犯界者，減私鹽罪一等。提點官禁治不嚴，初犯笞四十，再犯杖八十，本司官與總管府官一同歸斷，三犯聞奏定罪。

《元史》卷一〇四《刑法志》有司禁治不嚴，致有私茶生發，罪及官吏。監臨正官禁治私鐵不嚴，致有私鐵生發者，初犯笞三十，再犯加一等，三犯別議黜降。

《元史》卷一〇四《刑法志》諸衛輝等處販賣私竹者，竹及價錢並没官，首告得實者，於没官物約量給賞。犯界私賣者，減私竹罪一等。若民間居宅内外並欄檻竹不成畝，本主自用外貨賣者，依例抽分。有司禁治不嚴者罪之，仍於解由内開寫。

《元史》卷一〇五《刑法志》諸度量權衡不同者，犯人笞五十七。司縣正官，禁治不嚴，初犯罰俸一月，再犯笞二十七，三犯別議，仍記過名。路府州縣達魯花赤長官提調失職，初犯罰俸二十日，再犯別議。

《元史》卷一〇五《刑法志》諸獄醫，囚之司命，必試而後用之，若有弗稱，坐掌醫及提調官之罪。

《元史》卷一〇三《刑法志》諸倉官委任親屬爲家丁，致盜糶官糧者，笞五十七，解職殿叙；同僚相容隱，四十七，解職。

《元史》卷一〇四《刑法志》諸産金之地，有司歲徵金課，正官監視人户，自執權衡，兩平收受。其有巧立名色，廣取用錢，及多秤金數，克除火耗，爲民害者，從監察御史廉訪司糾之。

《元史》卷一〇四《刑法志》諸職官被差，以疾輒令人代乘驛傳而往者，杖六十七，代者笞五十七。

《元史》卷一〇五《刑法志》諸有司長官，輒以追到盜贓支使，却虚立給主文案者，雖會赦，解職，降先職二等叙。承吏，除名不叙。

《大誥續編·擅差職官》十二布政司及諸司去處倉場、庫務、巡檢、閘壩等官，各有職掌，暫時不可離者。前十二布政司及府、州、縣官，往往動經差使倉場、庫務、湖池、閘壩、巡檢等司官員，離職辦事，罪得亂政之條，合該身首異處。前事已往，今後敢有如此者，比此罪而昭示之。其各官擅承行者如之。

《大誥續編·魚課擾民》所在湖池河泊，地理所在，從古至今，辦集課程一定不易之所。邇年以來，姦邪小人受任，將從古以來不係辦課所在小溝、小港、山澗去處，下流雖通辦課去處，其小溝、小港、山澗及灌溉塘池、民間自養魚鮮池澤，皆已照地起科。並不係辦課去處，小人生事，貪心無厭，搜求擾民，將農民小溝、小港、山澗、灌溉池塘、養魚池澤取魚罾網，罩籠之類一概搜拿，聲言要奏，如此虐民。今後敢有仍前奪民取採鰕魚器具者，許民人拿赴有司。有司不理，拿赴京來，議罪梟令，以快吾良民之心。

《大誥續編·湖池水面錢》所在湖池，民舟經涉。其河泊之官敢有妄取水面錢者，罪不赦。

《大誥續編·諸司進商税》洪武十九年，十二布政司率諸有司及魚湖諸色司局等衙門官吏，進呈十八年金、銀、鈔、錠、錢帛之類。總計府、州、縣、司、局等衙門二千四百三十七處。至之日，所進之文，奏本一，啓本一，諸物件文册一。量此三件，甚不繁冗，當措辦此件，已有數月。其來有七千里至京者，有八千里至京者。進奏之時，令人細閱奏目、啓劄，有倒使印信者，有漏使印信者，有全不用印信者，有不書名姓者，並身不稱臣者，文書有有總無撒色者，有有撒無總者；有縣局不分，課程混淆者。如此者，布政司、府、州、縣皆如之。朕諭羣職曰：爾等數千里，數百里，爲此辦集，凡經半年。今至也，皆無人臣之禮。當未起之時，孰罪加臨？爾等皇皇其心，諸事顛倒，爾必欲姦貪，故作此態乎？今執爾來文，不消加刑問罪，即此真犯，别何辭焉？群職默然。嗚呼！前屍未移，後屍繼至。此番群職若論如律，數千中得生者，輕罪者，渾無。爲其初任，故且釋之，令載罪往悛。其得罪，布政司一十二處，鹽運司一處，府一百六處，州一百二十九處，縣九百八十一處，税課司局八百二十八處，河泊所三百七十九處，庫二處。

《大誥續編·民拿經該不解物》諸處有司解納諸物，若官吏親自解赴京納，連年通同户部、兵部、刑部、工部、户科、兵科、刑科、工科給事中，陰謀結黨，虚出實收，每常事覺，誅戮者甚多。餘人復任是職，不數月，仍蹈前非。如安慶府、蘇州府、江西布政司等處，臨解物之際，多不差經該人員，每每著令富户起解，故意虐吾良民。此《誥》一出，凡在官之物起解之際，須差監臨主守者。若是布政司、府、州、縣不差監臨主守，故差市鄉良民起解諸物，因而賣富差貧，許市鄉年高耆宿、非耆宿老人及英壯豪傑之士，將首領官並該吏幫縛赴京。若或深知在閑某人，或刁狡好閑民人教此官吏，一發幫赴京來。有司官吏精目是誥，勿墮比憲，敢

有故違，族誅之。何故極刑如是？蓋謂此差一行，及至抵京倉庫等處，朕一時不知，其不畏死之徒，往往刁蹬留難，動經數月弗得歸還，或半載未歸者有之，必賄賂而後已。當起解之時，有司託此名色，使用錢已斂民矣。及其行也，令民自備，爲因重復害吾良民。此等官吏，一犯族誅，爲其害重也。

一、湖廣黄州府原感湖河泊所魚户劉復三。管解魚油二千五百斤赴丁字庫進納，原數欠少五百斤，用鈔八十貫與本庫副使唐顔，虚買實收。

一、湖廣衡州府桂陽縣解物人翟用等。解課赴京，用鈔一百五十貫付丁字庫官攢唐顔等，虚買實收桐油五百八十四斤。

一、蘇州府胡達等。起解洪武十八年桑絲折絹，奏目内明有絹六百三十九疋，及其進納，止有絹一十三疋。

一、江西九江府赤湖河泊所錢福六。解課赴丁字庫進納，用鈔三百一十貫與本庫官攢紀麟等，虚買實收魚油、香油五百五十七斤。

一、浙江紹興府倫塘税課局大使莫仲和。解課赴京，奏目内明開見錢鈔三千九百貫五十五文，及至進納，却少一千六百一十四貫四百文。

一、安慶府龍南蓮若湖河泊所官鄭德榮。奏目内明開見解魚油二千一百五十八斤，魚鰾二十四斤，及至進納，並無魚油魚鰾，推稱未到，意在虚買實收。

一、湖廣辰州府辰溪縣知縣蔡德茂。奏目内明寫見在瓜鋏五千二百九十七斤，及至進納之際，並無前項瓜鋏，却推稱因罷場治不敢起解，意在虚買實收。

一、北平府通州三河縣。奏目内明開見解桑絲折絹九十五疋，麻八百六十五斤，綿花四百三十二斤，及至進納，並無前項絹麻綿花，意在虚買實收。

《大誥三編·農吏》 今後諸衙門官，凡有公事，能書者，務必唤首領官於前，或親口聲説，首領官著筆，或親筆自稾，照行移格式爲之，然後農吏謄眞，署押發放。吏本粘連卷宗，點檢新舊，驗看遲速，知數目之精，未嘗公事主謀在乎吏。今往往正官、首領官憑吏立意，施行其事，未有不墮於殺身者也。此時姦貪猾吏已行不用，惟以農人役之。凡百公事，若吏無贓私，一切字樣差訛，與稾不同，乃吏謄眞之罪。設若與稾相同，主意乖違，罪坐官長，吏並不干。

（明）談遷《國榷》太祖洪武二十二年二月 六科失記旨意，增減失實，覆軍籍不明，俱下獄。

《大明律》卷二《吏律·職制·擅離職役》 凡官吏無故擅離職役者，笞四十。若避難因而在逃者，杖一百，罷職役不叙。民避事重者，各從重論。其在官應直不直，應宿不宿，各笞二十。若主守倉庫、務場、獄囚、雜物之類，應直不直，應宿不宿者，各笞四十。

《大明律》卷二《吏律·職制·貢舉非其人》 凡貢舉非其人及才堪時用應貢舉而不貢舉者，一人杖八十，每二人加一等，罪止杖一百。所舉之人，知情，與同罪；不知者，不坐。若主司考試藝業技能，而不以實者，減二等。失者，各減三等。

《大明律》卷二《吏律·職制·舉用有過官吏》 凡官吏曾經斷罪罷職役不叙者，諸衙門不許朦朧保舉。違者，舉官及匿過之人，各杖一百，罷職役不叙。

《大明律》卷二《吏律·職制·擅勾屬官》 凡上司催會公事，立案定限，或遣牌，或差人，行移所屬衙門督併。如有遲錯，依律論罪。若擅勾屬官，拘唤吏典聽事，及差占推官司獄、各州縣首領官，因而妨廢公務者，笞四十。若屬官承順逢迎及差撥吏典赴上司聽事者，罪亦如之。其有必合追對刑名，查勘錢糧，監督造作重事，方許勾問。事畢，隨即發落。無故稽留三日者，笞二十，每三日加一等，罪止笞五十。

《大明律》卷二《吏律·職制·官吏給由》 凡各衙門官吏，給由到吏部，限五日付勘完備，以憑類選銓注。若不即付勘完備者，遲一日，吏典笞一十，每一日加一等。罪止笞四十。首領官減一等。若公私過名，隱漏不報者，以所隱之罪坐之。若罰贖記過者，亦各以所罰所記之罪坐之。若報重罪爲輕罪者，坐以所剩罪。當該官司，符同隱漏者，與同罪。承報而差漏，主上司失於查照者，並以失錯漏報卷宗科斷。其漏附行止者，一人至三人，吏典笞一十，每三人加一等，罪止笞四十。若有增減月日、更易地方、改换出身、蔽匿過名者，並杖一百，罷職役不叙。有所規避及受贓者，各從重論。

《大明律》卷三《吏律·公式·講讀律令》 凡國家律令，參酌事情輕重，定立罪名，頒行天下，永爲遵守。百司官吏務要熟讀，講明律意，剖决事務。每遇年終，在内從察院，在外從分巡御史、提刑按察司官，按治去處考校。若有不能講解，不曉律意者，初犯罰俸錢一月，再犯笞四十附過，三犯於本衙門遞降叙用。其百工技藝，諸色人等，有能熟讀講解，

通曉律意者，若犯過失及因人連累致罪，不問輕重，並免一次。其事干謀反、逆叛者，不用此律。若官吏人等，挾詐欺公，妄生異議，擅爲更改，變亂成法者，斬。

《大明律》卷三《吏律・公式・制書有違》 凡奉制書有所施行而違者，杖一百。違皇太子令旨者，同罪。違親王令旨者，杖九十。失錯旨意者，各減三等。其稽緩制書及皇太子令旨者，一日笞五十，每一日加一等，罪止杖一百。稽緩親王令旨者，各減一等。

《大明律》卷三《吏律・公式・事應奏不奏》 凡軍官犯罪，應請旨而不請旨，及應論功上議而不上議，當該官吏處絞。若文職有犯，應奏請而不奏請者，杖一百。有所規避，從重論。若軍務、錢糧、選法、制度、刑名、死罪、災異及事應奏而不奏者，杖八十。應申上而不申上者，笞四十。若已奏已申，不待回報而輒施行者，並同不奏不申之罪。其合奏公事，須要依律定擬，具寫奏本。其奏事及當該官吏、僉書姓名，明白奏聞。若有規避，增減緊關情節，朦朧奏准施行，已後因事發露，雖經年遠，鞫問明白，斬。若於親臨上司官處，禀議公事，必先隨事詳陳可否，定擬禀說。若准擬者，上司置立印署文簿，附寫略節緣由，令首領官吏書名畫字，以憑稽考。若將不合行事務，妄作禀准，及窺伺公務冗併，乘時朦朧禀説施行者，依詐傳各衙門官員言語律科罪。有所規避者，從重論。

《大明律》卷三《吏律・公式・官文書稽程》 凡官文書稽程者，一日吏典笞一十，三日加一等，罪止笞四十。首領官各減一等。若各衙門遇有所屬申禀公事，隨即詳議可否，明白定奪回報。若當該官吏不與果決，含糊行移，互相推調，以致耽誤公事者，杖八十。其所屬將可行事件不行區處，作疑申禀者，罪亦如之。其所行公事已果決，行移或有未絕，或不完者，自依官文書稽程論罪。

《大明律》卷三《吏律・公式・照刷文卷》 凡照刷有司有印信衙門文卷，遲一宗、二宗，吏典笞一十；三宗至五宗，笞二十；每五宗加一等，罪止笞四十。府、州、縣首領官及倉庫、務場、局所、河泊等官，各減一等。失錯及漏報一宗，吏典笞二十；二宗、三宗，笞三十；每三宗加一等，罪止笞五十。府、州、縣首領官及倉庫、務場、局所、河泊等官，各減一等。其府、州、縣正官、巡檢，一宗至五宗，罰俸錢一十日，每五宗加一等，罰止一月。若錢糧埋没，刑名違枉等事，有所規避者，各從重論。

《大明律》卷三《吏律・公式・磨勘卷宗》 凡磨勘出各衙門未完文卷，曾經監察御史、提刑按察司照刷駁問遲錯，經隔一季之後，錢糧不行追徵足備者，提調官吏，以未足之數十分爲率，一分笞五十，每一分加一等，罪止杖一百。刑名造作等事，可完而不完，應改正而不改正者，笞四十，每一月加一等，罪止杖八十。受財者，計贓以枉法從重論。若有隱漏不報磨勘者，一宗笞四十，每一宗加一等，罪止杖八十。事幹錢糧者，一宗杖八十，每一宗加一等，罪止杖一百。有所規避者從重論。若官吏聞知事發，旋補文案，以避遲錯者，錢糧計所增數，以虚出通關論。刑名等事，以增減官文書論。同僚若本管上司，知而不舉及符同作弊者，同罪。不知情，及不同署文案者，不坐。

《大明律》卷三《吏律・公式・增減官文書》 凡增減官文書者，杖六十。若有所規避，杖罪以上，各加本罪二等，罪止杖一百，流三千里。未施行者，各減一等。規避死罪者，依常律。其當該官吏，自有所避，增減文案者，罪同。若增減以避遲錯者，笞四十。若行移文書，誤將軍馬錢糧，刑名重事，緊關字樣，傳寫失錯，而洗補改正者，吏典笞三十。首領官失於對同，減一等。幹礙調撥軍馬及供給邊方軍需錢糧數目者，首領官、吏典皆杖八十。若有規避，故改補者，以增減官文書論。未施行者，各減一等。因而失誤軍機者，無問故、失，並斬。若無規避，及常行字樣，偶然誤寫者，皆勿論。

《大明律》卷三《吏律・公式・漏使印信》 凡各衙門行移出外文書漏使印信者，當該吏典、對同首領官並承發，各杖六十。全不用印者，各杖八十。干礙調撥軍馬、供給邊方軍需錢糧者，各杖一百。因而失誤軍機者，斬。

《大明律》卷三《吏律・公式・漏用鈔印》 凡印鈔不行仔細，致有漏印及倒用印者，一張笞一十，每三張加一等，罪止杖八十。若實鈔庫不行用心檢閘，朦朧交收在内者，罪亦如之。

《大明律》卷四《户律・户役・賦役不均》 凡有司科徵税糧，及雜泛差役，各驗籍内户口田糧，定立等第科差。若放富差貧，那移作弊者，

許被害貧民，赴拘該上司，自下而上陳告。當該官吏，各杖一百。若上司不爲受理者，杖八十。受財者，計贓以枉法從重論。

《大明律》卷四《户律・户役・丁夫差遣不平》 凡應差丁夫雜匠，而差遣不均平者，一人笞二十，每五人加一等，罪止杖六十。若丁夫雜匠承差，而稽留不着役，及在役日滿，而所司不放回者，一日笞一十，每三日加一等，罪止笞五十。

《大明律》卷七《户律・倉庫・錢糧互相覺察》 凡倉庫務場官吏、攢攔、庫子、斗級，皆得互相覺察。若知侵欺、盜用、借貸係官錢糧，已出倉庫，匿而不舉及故縱者，並與犯人同罪。失覺察者，減三等，罪止杖一百。若官吏虚立文案，那移出納及虚出通關，其斗級、庫子、攔頭不知者，不坐。

《大明律》卷七《户律・倉庫・倉庫不覺被盜》 凡有人從倉庫中出，守把之人不搜檢者，笞二十。因不搜檢，以致盜物出倉庫而不覺者，減盜罪二等。若夜直更之人，不覺盜者，減三等。倉庫直宿官攢、斗級、庫子，不覺盜者，減五等，並罪止杖一百。故縱者，各與盜同罪。若被强盜者勿論。

《大明律》卷七《户律・倉庫・收支留難》 凡收受支給官物，其當該官吏，無故留難刁蹬，不即收支者，一日笞五十。每三日，加一等。罪止杖六十，徒一年。守門人留難者，罪亦如之。若領物納物之人，到有先後，主司不依次序收支者，笞四十。

《大明律》卷七《户律・倉庫・損壞倉庫財物》 凡倉庫及積聚財物，主守之人安置不如法，曬晾不以時，致有損壞者，計所損壞之物，坐贓論。着落均賠還官。若卒遇雨水冲激，失火延燒，盜賊劫奪，事出不測而有損失者，委官保勘覆實，顯跡明白，免罪，不賠。其監臨主守若將侵欺、借貸、那移之數，乘其水火盜賊，虚捏文案，及扣換交單籍册，申報瞞官者，並計贓，以監守自盜論。同僚知而不舉者，與同罪。不知者，不坐。

《大明律》卷七《户律・倉庫・轉解官物》 凡各處徵收錢帛，買辦軍需，成造軍器等物，所在州縣交收，差有職役人員，陸續類解本府。若本府不即交收，差人轉解，勒令人户，就解布政司者，當該提調正官，首領官、吏典，各杖八十。若布政司不即交收，勒令各府，就解部者，首領官、令典罪亦如之。其起運官物，長押官及解物人，安置不如法，致有損失者，計所損失之物，坐贓論，着落均賠還官。若船行卒遇風浪，及失火延燒，或盜賊劫奪，事出不測，而有損失者，申告所在官司，委官保勘覆實，顯跡明白，免罪，不賠。若有侵欺者，計贓，以監守自盜論。若起運官物，不運本色，而輒賫財貨，於所納去處，收買納官者，亦計贓以監守自盜論。

《大明律》卷一一《禮律・祭祀・祭享》 凡大祀及廟享，所司不將祭祀日期預先告示諸衙門者，笞五十。因而失誤行事者，杖一百。其已承告示，而失誤者，罪坐失誤之人。若百官已受誓戒，而弔喪問疾、判署刑殺文書，及預筵宴者，皆罰俸錢一月。其知有緦麻以上喪，或曾經杖罪，遣充執事，及令陪祀者，罪同。不知者不坐。若有喪有過，不自言者，罪亦如之。其已受誓戒人員，散齋不宿淨室，罰俸錢半月。致齋不宿本司者，罰俸錢一月。若大祀牲牢玉帛黍稷之屬，不如法者，笞五十；一事缺少者，杖八十；一座全缺者，杖一百。若奉大祀犧牲，主司喂養不如法，致有瘦損者，一牲笞四十。每一牲加一等，罪止杖八十。因而致死者，加罪一等。中祀有犯者，罪同。餘條准此。

《大明律》卷一二《禮律・儀制・乘輿服御物》 凡乘輿服御物，收藏修整不如法者，杖六十。進御差失者，笞四十。其車馬之屬不調習，駕馭之具不堅完者，杖八十。若主守之人，將乘輿服御物，私自借用，或轉借與人，及借之者，各杖一百，徒三年。若棄毁者，罪亦如之。遺失及誤毁者，各減三等。若御幸舟船，誤不堅固者，工匠杖一百。若不整頓修飾，及在船篙棹之屬缺少者，杖六十。並罪坐所由。監臨提調官，各減工匠罪二等。並臨時奏聞區處。

《大明律》卷一二《禮律・儀制・朝見留難》 凡儀禮司官，將應朝見官員人等，托故留難阻當，不即引見者，斬。大臣知而不問，與同罪。不知者不坐。

《大明律》卷一二《禮律・儀制・上書陳言》 凡國家政令得失，軍民利病，一切興利除害之事，並從五軍都督府、六部官，面奏區處，及聽監察御史、提刑按察司官，各陳所見，直言無隱。若内外大小官員，但有

本衙門不便事件，許令明白條陳，實封進呈，取自上裁。若知而不言，苟延歲月者，在内從監察御史，在外從按察司糾察。若百工技藝之人，應有可言之事，亦許直至御前奏聞。其言可用，即付所司施行。各衙門但有阻當者，鞫問明白，斬。其陳言事理，並要直言簡易，每事各開前件，不許虚飾繁文。若縱横之徒，假以上書，巧言令色，希求進用者，杖一百。若稱訴寃枉，於軍民官司，借用印信封皮入遞者，借者及借與者，皆斬。

《大明律》卷一三《兵律・宫衛・從駕稽違》　凡應從車駕之人，違期不到及從而先回還者，一日笞四十，每三日加一等，罪止杖一百。百户以上，各加一等。若從車駕行而逃者，杖一百，發邊遠充軍。百户以上，絞。親管頭目故縱者，各與犯人同罪；失覺察者，減三等，罪止杖一百。

《大明律》卷一三《兵律・宫衛・門禁鎖鑰》　凡各處城門應閉而誤不下鎖者，杖八十；非時擅開閉者，杖一百。京城門，各加一等。其有公務急速，非時開閉者，不在此限。若皇城門應閉而誤不下鎖者，杖一百，發邊遠充軍；非時擅開閉者，絞。其有旨開閉者，勿論。

《大明律》卷一七《兵律・郵驛・遞送公文》　凡鋪兵遞送公文，晝夜須行三百里，稽留三刻，笞二十，每三刻加一等，罪止笞五十。其公文到鋪，不問角數多少，須要隨即遞送，不許等待後來文書。違者，鋪司笞二十。

凡鋪兵遞送公文，若磨擦及破壞封皮，不動原封者，一角笞二十，每三角加一等，罪止杖六十。若損壞公文，一角笞四十，每二角加一等，罪止杖八十。若沉匿公文，及拆動原封者，一角杖六十，每一角加一等，罪止杖一百。若事干軍情機密文書，不拘角數，即杖一百。有所規避者，各從重論。其鋪司不告舉者，與犯人同罪。若已告舉而所在官司不即受理施行者，各減犯人罪二等。

凡各縣鋪長，專一於概管鋪分，往來巡視。提調官吏，每月一次親臨各鋪刷勘。若失於檢舉者，通計公文稽留及磨擦破壞封皮，不動原封十件以上，鋪長笞四十，提調吏典笞三十，官笞二十。若損壞及沉匿公文，若拆動原封者，與鋪兵同罪。提調吏典減一等。官又減一等。府州提調官吏，失於檢舉者，各遞減一等。

《大明律》卷一七《兵律・郵驛・鋪舍損壞》　凡急遞鋪舍損壞，不爲修理；什物不完，鋪兵數少，不爲補置；及令老弱之人當役者，鋪長笞五十，有司提調官吏各笞四十。

《大明律》卷一七《兵律・郵驛・驛使稽程》　凡出使馳驛違限，常事，一日笞二十，每三日加一等，罪止杖六十。軍情重事，加三等；因而失誤軍機者，斬。若各驛官，故將好馬藏匿，推故不即應付，以致違限者，對問明白，罪坐驛官。其遇水漲路道，阻礙經行者，不坐。若驛使承受官司文書，誤不依題寫去處，錯去他所，而違限者，減二等。事干軍務者，不減。若由公文題寫錯者，罪坐題寫之人，驛使不坐。

《大明律》卷一七《兵律・郵驛・文書應給驛而不給》　凡朝廷調遣軍馬及報警急軍務至邊將，若邊將及各衙門飛報軍情，詣朝廷文書，故不遣使給驛者，杖一百。因而失誤軍機者，斬。若進賀表箋，及賑救饑荒，申報災異，取索軍需之類重事，故不遣使給驛者，杖八十。若常事，不應給驛而故給驛者，笞四十。

《大明律》卷一七《兵律・郵驛・公事應行稽程》　凡公事有應起解官物、囚徒、畜産，差人管送而輒稽留，及事有期限而違者，一日，笞二十，每三日加一等，罪止笞五十。若起解軍需，隨征供給而管送違限者，各加二等，罪止杖一百。以致臨敵缺乏，失誤軍機者，斬。若承差人，誤不依題寫去處，錯去他所，以致違限者，減二等。事干軍務者，不減。若由公文題寫錯者，罪坐題寫之人，承差人不坐。

《大明律》卷一四《兵律・軍政・激變良民》　凡牧民之官，失於撫字，非法行事，激變良民，因而聚衆反叛，失陷城池者，斬。

《明太宗實訓》卷二《卹民》　永樂五年五月辛未，上聞河南饑而有司匿不以聞，因命刑部悉逮寘於法。又勑都察院左都御史陳瑛等曰：國之本在民，而民無食，是傷其本。朕自嗣位以來，夙夜以安養生民爲心，每歲春初及農隙之時，勑郡縣浚河渠，修築堤岸、陂池，捕蝗蝻，遇有饑荒，即行卹賑。比者河南郡縣薦罹旱澇，有司匿不以聞，又有言雨暘時，若禾稼茂實者。及遣人視之，民所收有十不及四五者，有十不及一者，亦有掇草實爲食者，聞之惻然。亟命發粟賑之，已有饑死者矣。此亦朕任用匪人之過。已悉寘於法。其榜諭天下有司：自今民間水旱災傷不以聞者，必罪不宥。

（明）談遷《國榷》成祖永樂九年七月　甲申，諭兵部：遣人巡視苑馬寺官，不散牧者罪之。

《明仁宗寶訓》卷二《明刑》　永樂九年閏十二月庚申，上爲皇太子。户部言：廣東雷州府九月颶風暴雨，遂溪海康二縣，壞廬舍千六百餘間，田禾八百三十八頃，民溺死千六百餘人，府縣匿不以聞。上曰：守令民之父母，不恤其患，又不以聞，是豈有人心！令御史按視鞫治。

《明史》卷六《成祖本紀》　〔永樂〕十年春正月己丑，命入覲官千五百餘人各陳民瘼，不言者罪之，言有不當勿問。丁酉，大祀天地於南郊。癸丑，振平陽饑，逮治布政使及郡縣官不奏聞者。【略】

夏六月甲戌，諭户部，凡郡縣有司及朝使目擊民艱不言者，悉逮治。【略】

〔十一年〕壬午，諭通政使、禮科給事中，凡朝覲官境内災傷不以聞，爲他人所奏者，罪之。

《明太宗寶訓》卷二《寬賦》　〔永樂十年六月〕甲戌，敕户部臣曰：朕爲天下主，所務安民而已。民者，國之本。一民不得其所，朕之責也。故每歲遣人巡行郡邑，凡歲之豐歉、民之休慼，欲周知也。近者河南民饑，有司不以聞，而往往有言穀豐者。若此欺罔獲罪於天，此亦朕任非其人之過。其速令河南發粟賑民，凡郡縣及朝廷所遣官，目擊民難不言者，悉追下獄。

《明太宗寶訓》卷二《恤災異》　永樂十一年正月壬午，上謂通政司通政馬麟，禮科給事中朱市曰：在外有司官來朝，朕令言民間利病，率云田穀豐稔，閭閻樂業。比聞山西饑民有食樹皮草根者，未聞有一人言之。自今言民情者，悉記之。如境内有災傷饑饉不自言，致他人言之者，必正其欺隱之罪。

《明太宗寶訓》卷二《恤災異》　〔永樂十一年〕九月壬午，上謂行在户部臣曰：近山東蝗生，有司坐視不問。及朝廷知之，遣人督捕，則已滋蔓矣。此豈牧民者之道。其令各郡縣，每歲春至驚蟄之時，即遣人巡視境内。但有害稼若蝗蝻之類，及其時初發，即設法捕絶。或蟲蝗有遺種，亦須尋究盡除。如因循不行，府州縣官悉罪之。若布政司按察司失於提督，同罪。其各處衛所，令兵部一體移文，使遵行之。

（明）戴金《明條法事類纂》卷一一《吏部類・官文書稽程・在外司府衛縣稽緩勘合公文拿問當該官吏例》　成化四年五月二十七日，刑部等衙門尚書等官陸等題爲陳言修省事。刑科抄出本科給事中白昂題，（一本）陳言事六件：謹命令以全大信、循治化以上流民、禁科徵以蘇民困、專委任以革民姦、（嚴）立期限以集庶務、止虚僞以息刁風，開件具題。奉聖旨：該衙門知道。欽此。欽遵抄出。除謹命令以全大信等件禮部等衙門另行外，今將立期限以集庶務、止虚僞以息刁風二件，本部會同都察院右都御史林等查議明白，各立前件。緣係陳言事理及奉欽依該衙門知道事理，未敢擅便，具題。奉聖旨：是。准議。欽此。

計開：

一件，立期限以集庶務。竊聞惟時亮天（工），則庶績咸熙，此致治之道也。今天下吏軍民人等來京，有因考滿給由、舉保襲替等項，事跡未明，例應駁勘者，有因奉訴詞訟或申理冤枉，事干在外提人照勘者。在京各衙門類行勘合，前去該司、府、衛仰令勘報，及有累次催行者，所司奏行既久，視爲泛常，動經年載不（節）〔即〕完報，甚至吏胥作弊，索取財物，刁蹬多端，不可枚舉，以致聽候人難。中間貧窮老疾者，誠所不堪。久淹囹圄者，尤（恐）〔堪〕憫恤。此則引領而日望回文，彼則端坐而（致）〔置〕之高閣。致人嗟怨，以（臺）〔召〕不（詳）〔祥〕，莫此爲（其）〔甚〕。乞敕該衙門會議，今後駁勘官吏人等未明事蹟，查理軍民匠灶各項户役，及停囚待對，提人照勘，一應緊〔要〕公務，合無量其事情大小，驗其往來程途，就於勘合劄付内，定立限期，付公差便人順賫，行仰完報。如有仍前違誤，及賫文人員遲延者，或照精微批（限）〔文〕事例，參奏究問，罪坐所由。或定爲（法）〔罰〕俸事例，或紀其違限次數，待朝覲考察之日，通行查究。或從長斟酌，定擬良法，奏請定奪。必使情法俱通，久遠可（以）〔行〕，則庶事不隳，下人得所，而休祥可期矣。

前件議得，在外司、府、衛稽遲勘合公文，經年不即完報，聽候人難，誠如給事中白昂所言之弊。但各衙門勘合發〔送〕，俱（以）〔已〕明注年月日期。所至司、府衛路程遠近，俱有定限。凡官文書稽程，官吏耽誤公文，俱有正律論罪，不須更立限期，別擬其罪。所付公差人順賫行仰完報，固爲良便，亦有公文停久，不遇公差人便者，其公差人賫至中途，

或有事故稽遲者，難執一定之論。欲爲久遠可行之計，須是該衙門將所行勘合公文，量事緩急，或差人專齎，或遇公差人順齎，或入遞程送，俱要時加催檢。本部通行各司、府、衛等衙門知會，今後府州縣提調官，依律每月一次親臨該管鋪分刷勘一應接遞公文，如有稽留及磨擦破壞無封者，就將鋪長、司兵人等拿問。若承行衙門稽遲者，該管上司即便究問，責令完報。都察院通行各巡按御史並按察司分巡官，一體督察各該衙門，務將勘合公文隨即完報。如果提人一時未獲，追贓一時未完者，仰令先行明白回報。敢有故違，稽緩常行事務，查提首領官吏及作弊刁蹬之人究問。事干軍機、錢糧重務，並將該官吏拿問，嚴限完報。干礙軍職及五品以上官員，奏請提問。如此，則情法俱通，而久遠可行矣。

奉聖旨：是。准行。欽此。

（明）戴金《明條法事類纂》卷九《吏部類・官員赴任過限・〔缺題〕》　成化六年三月二十日，吏部尚書等題爲申明舊例禁約事。照得本部銓選考課之法，俱有定制。第緣年久，或至乖違。況近年任路多岐，人材壅塞，奔競偷邪之風益甚。若不因時釐正，隨（尊）〔導〕修革，則弊日以滋，政日以弛。今將舊制及時宜利病所當申明禁約事件，開坐具題。

計開：

一件，舊例選授在外官員，隨即領憑赴任。近年官員選後，多有不即赴科畫字領憑，潛住京城，一兩月不辭朝出城。或措借錢物，置辦衣裝，娶妻買妾。又有枉道回家，動經三五個月不赴任者。以致各處缺官數多，累申連奏。況有邊方及庫馬錢糧所係，不無有誤。自後，自選授之後，限五日赴科畫字領憑。除有敕人員並京官（出）〔除〕外任，不得過一月之外，其餘若延緩半（年）〔月〕之上不辭朝出城者，行鴻臚寺及各衙門查出，拿送法司問罪。其有已辭出城復入潛住者，改降別用。若過違憑限半年之上不到任者，雖有中途患帖，不準，照例問罪。過一年之上者，不許到任，起送革職爲民。本部通行各處查報施行。

《明憲宗寶訓》卷二《正法》　〔成化六年〕七月庚辰，兵部奏：近者，京城內外强盜數十成群，肆行劫掠，請嚴禁治之。上曰：盜賊縱橫，皆兵馬司及錦衣衛應捕官校不用心緝捕所致。已往姑恕，復怠緩縱容、瘝職廢事者，降調邊方。能擒獲有勞者，給賞。

（明）戴金《明條法事類纂》卷八《吏部類・責舉非其人・濫舉風憲官舉主罰俸例》　成化七年四月十六日，吏部（審）〔爲〕慎選風憲〔官〕事。吏科等科都給事中等官程萬里等題：臣等竊惟御史古〔之〕臺官，（寄）〔司〕人君耳目之責，事總朝綱，職司天憲，振肅百僚，扶持元氣，厥任匪（經）〔輕〕，有非百司庶職之可比。古今聖帝明王，用圖治理，未有不重此官者也。頃年任此官者，間有（必）〔倖〕進，頗欠老（賊）〔成〕。出巡臨事，（綱諸）〔罔諳〕憲體，未免乖方，以致仰勞聖慮，申敕吏部：近來御史初任的多（久）〔欠〕老成，今後還照《憲綱》選用。不拘內外官員，但係科目出身，曾經三年考滿，一體選用，務在得人。欽此。欽遵。此我皇上之心，即古聖帝明王治國之盛心。重其官而慎其選者，止宜秉公持正，務求（員）〔實〕才以充任用，庶（免）〔可〕仰副聖心之萬〔一〕矣。且如行人司行人，發身賢科，皆可用也。若一不甄別賢否，但經考滿者，即得選用，不無太易，〔使〕其間幸遇是選者，得輕視此官乎？推官、知縣，練達政事，固可舉也，若不歸責舉主，凡科目出身者，皆得舉薦，不無太濫。其間冒膺（是）薦舉者，能不大〔啓〕倖端乎？夫倖開一門，則奔（兢）〔競〕成風。行之日久，誠恐（人）〔任〕臺課者，率多庸流，司風紀者，舉非端士。尚望其正己正人，揚清激濁，振紀綱，扶元氣，難矣。臣等訪得各處舉到知縣，多有不叶公論。且如知縣王與，平昔在任，略無異致，歷任三年之上，過名數次，向不敢給由，人所共知。似此之徒果可以任風憲御史，〔則〕數多〔矣〕。本部爲照考滿在部相應官員少，已經奏將考滿行人等項相應人員照例考選外，仍將見任推官、知縣，查歷三年之上，政蹟顯著者，行取考選。今該都察院右〔都〕御史李等奏稱，御史差用不敷。合無通行各布、按二司及直隸各府正官，會同巡按御史推舉推官、知縣，不分旌異〔與否〕，但有廉能老成，歷任三年之上，係中舉及進士出身者，從公推舉，起送吏部覈實，分送問行除授等因。奉聖旨：是。有巡撫的，一體公同推舉。欽此。續該巡按浙江道監察御史劉珂、同布政司右參政杜謙、左參議寧玢、右參議劉澻、傳允，及按察司劉釪等訪察得崇德縣知縣王與，直隸巢縣人，歷任三年之久，廉能昭著，歷練老成；欽差總督糧儲巡撫、南直隸都察院右副都〔院〕〔御〕史劉會同直隸監察御史姚明、常州府知府龍晋推舉得無錫縣知

縣賴英，直隸（人）丘縣人；江陰縣知縣王秉彝，四川巴縣人，俱歷任三年之上，各官歷政勤能，操履清白。欽差總督漕運兼巡撫淮陽等處都察院右副都御史陳會同巡按直隸監察御史劉忠、鳳陽府知府李選推舉盱眙縣知縣鞠庸，山東文登縣人，歷任三年之上，本官廉能昭著，歷練老成。各奏送到部。及查得行先該應天府府尹畢亨考滿到部，呈報溧水縣知縣夏環公勤有爲，政蹟卓異。本部應該府呈勘，本官任（本）內並無贓犯罪名，別無違礙。行取保結，起送到部。照例考覈得，王與係舉人，先該巡按浙江監察御史楊糧奏保旌異；夏環係進士，有前項該府勘保，明白結狀，俱文學頗優，已經陸續奏（順）〔送〕各道理刑外，及考驗得，知縣賴英、王秉彝、鞠鏞雖有干濟粗才，難任憲職。既該巡撫、巡按等官奏保，亦合收候。查得別項相應員缺，另行奏請定奪。今吏科等科都給事中程萬里等題稱前因，除王與、賴英、王秉彝、鞠鏞查缺調除，其夏環既稱未見虛實，合候問結之日另行。臣等看得御史之職不爲不重，必欲慎選，庶幾得人。所以本部節次照依原奉欽依事理，遇有行人考滿到部，及查已經考滿在任者，詢諸衆論，察其爲人，考其文學可取者，送去理刑。仍從該院考驗，有不堪者，出之，收（後）〔候〕以待別用。蓋亦不敢輕易以害公論。今奏要將聖諭欽依及右都御史李奏准事理通行一節，緣曾經考滿的與歷任三年之上，不分曾經旌異、未曾旌異者，事例不同，恐難遵守。合無將程萬里等奏准事例，通行在外巡撫、巡按各布、按二司及直隸各府正官，今後舉保推官、知縣堪用御史者，務要秉公嚴察。曾經考滿旌異，指陳實迹，及體貌相應者，奏送吏部。若有濫舉不堪，罪至舉主。其行人已經考滿者，本部嚴加訪察，果有相應，行取考驗，分送兩京都察院照例問理，務求得人，以肅風紀。所據副都御史滕照、陳廉，御史劉珂、姚明、劉忠，參政杜謙、參議寧琮、劉湧、傅允，按察使劉釬、知府龍晋、李選，俱係原舉保人員，合當拿問。緣係在京堂上並風憲方面府正等官，及節奉欽依還查他舉主來説事理，未敢擅便，具題。次日奉聖旨：是。巡撫官不體朝廷慎選風憲之意，本當究問，但饒這遭。滕照、陳廉罰俸半年，其餘罰俸一年。今後考滿等到部，相應的，照例陸續選用。其在外舉保的，不許（敢）擅便起送。仍從本部查取。欽此。欽遵。又該本部查行先任浙江左布政使余子俊並見任右布政劉福俱係正官，合通查罰俸等因，成化七年四月十七日具題。節該奉聖旨：余子俊半年，劉福照例。欽此。

《明憲宗寶訓》卷二《正法》〔成化十五年〕十二月丙午，提督鄖陽等處大理寺右少卿吴道宏奏：荆襄流民，其來實自河南。今河南右參政蔡誌、僉事董齡皆任撫民之寄，不親詣其地以盡職業，致流民潛入荆襄。宜治二人罪，以爲居官自圖安逸者之戒。上曰：流民棄業而逃，勢非得已。若有司加意撫治，亦可漸復。今河南方面官不親撫治，非所以副增官專治之意也。其各治罪如律。

《明孝宗實録》弘治元年二月 丙辰，太監覃昌諭在京諸司：朝廷政事，祖宗俱有成憲，今後五府、六部、都察院、通政司、大理寺等衙門，務須遵守，毋得互相囑托，有虧公道。如內外官敢有寫帖子囑托者，內官連人送東廠楊鵬，外官送錦衣衛朱驥，奏來處治。若容隱不奏者，事發，俱治以重罪。

《明世宗實録》嘉靖四十一年正月 辛亥，都察院左都御史潘恩等言四事：【略】邇來御史巡歷，惟急簿書期會與迎承趨走之末，不暇問有司賢否。雖行舉刺，必及代期。以故人情縱玩，貪吏日衆。今後宜令振揚綱紀，詳核諸司治行，不時奏聞，毋候差滿，不者回道以不職論。【略】上以爲深切時弊，令務實舉行。

（明）陳子龍等《明經世文編》卷四八九徐光啓《申明初意録呈原疏疏》 如臣此等章奏，俱不應發抄，而報房無知，往往竊謄，傳播大都。今日兵機要務，言出口而敵先聞矣。使得因我備以備我，用我謀以謀我，皆不可之大者。且才臣策士，習見時情如此，雖有奇謀秘計，知其無益，不敢言也。伏乞敕下所司：一切本揭關係兵事者，差實嚴禁，不得妄行抄傳，違者以漏泄論罪。庶充玩法者知儆，抱奇者獲申矣。

（明）佚名《新纂四六合律判語》卷下《工律·造作不如法》 適器用以爲尚，創裁允極於聰明。工善事而稱良，造作當循於制度。故帝舜陶於苦窳，《帝王世紀》：舜陶於河濱，器不苦窳。若輪扁斲中疾徐。今某濫飧廪於公家，寄身品於匠氏。破規削矩而妄出範圍，棄墨違繩而肆加鎚鑿。車迷軒輊，王良弗利於馳驅。矢失停驂，叔段寧甘於縱肆。徒虛文之外飾，竟實用以無裨。應來感於宣尼，重發不觚之嘆；豈未聞於孟子，遂妄信度之懲。考其誠既不足爲工，厚其情宜必論其罪。

（明）佚名《新纂四六合律判語》卷下《工律·冒破物料》 物料出於公家，宜知愛惜之義。造作資於良匠，無存覬覦之謀。蓋居肆固以成事爲先，而用物則以妄費爲戒。今某濫百工之賤役，效一日之微勞。竊官物以潤家，無嫌冒破。駕虛詞而計料，欲齊貪漁。扁舟造以千緡之錢，層臺疊夫千家之產。得大木而斲小，致怒齊宣。製美錦而傷多，《左傳》：子産曰：今吾子愛人則以政，猶未能操刀而使割也，其傷實多。子有美錦，不使人學製焉。舡譏子産。不思牛溲馬渤，在盧扁亦自珍藏。豈知木屑竹頭，雖陶侃未必妄用。合計贓而論罪，仍追物以還官。

（明）佚名《新纂四六合律判語》卷下《工律·造作過限》 造作之巧，固有籍乎良工。省試之勤，當弗違於定限。庶幾居肆之美，自無漫令之愆。今某罔習精專，惟知怠緩。漫勞杼柚，機絲尚寄於虛名；徒事爐錘，戎器猶虧於實數。況無充於歲課，固已越夫常期。踰歷春冬，不濟緩急之用。稽多歲月，徒知餼廩之糜。弗念雲錦段匹也。之麗朝霞，將入篚筐之貢。豈思霜鋒寶劍也。之淬秋水，欲資寇敵之防。工匠之罰攸宜，官吏之刑應坐。

（明）佚名《新纂四六合律判語》卷下《工律·盜决河防》 川澤弘潤下之功，《書·洪范》：水曰潤下。爲利斯溥。隄防乃障水之具，所係非輕。遷書特表於《河渠》，班史載陳乎《溝洫》。豈容盜决，暗泄泉流。今某藉口疏通，忍心穿鑿。居然荷鍤，夷積玉於鯨波。倏爾轟雷，潰長隄於蟻穴。韓《文》：千丈之堤，潰於蟻穴。巧肆穿窬之智，潛爲鑽隙之謀。遂使居民罹沉竈之殃；趙襄子爲智伯所攻，走晋陽。三家以國人圍而灌其城，不浸者三版，沉竈產蛙，民無叛意。忍見行旅重褰裳之苦。瓠子既决，漢武時，瓠子河决，乃沉白馬於河以禱，作歌傷之。徒悲漢武之歌。晋陽欲危，誰惜趙襄之急。白圭貽害於鄰國，爾罪得無同乎？齊桓謹盟於曲防，我法兹無宥矣。

（明）佚名《新纂四六合律判語》卷下《工律·失時不修隄防》 漢武填河，玉璧遂沉於瓠子。晋君合堰，銅龍卒起於石函。晋文公欲修九龍堰，掘地得石函，有銅龍六板，堰遂成，故名銅龍堰。故民家俯視清淮，隄尚濱於天監。而漕艘直通永濟，渠遂定於開皇。今某罔顧滔天，徒知玩日。商羊起舞，齊有一足鳥，飛止殿前，舒翅而跳。齊侯遣使問於孔子。孔子曰：鳥名商羊。昔有童謠曰：天將大雨，商羊起舞。今齊有之，將有水災。不爲齊暴之預防。大火南流，反語鄭僑之過備。豈西門之治鄴邑，將借河伯以投巫。西門豹爲鄴令，俗故信巫。每歲爲河伯娶婦，選民間室女投之河。豹至期往觀，指女曰：此醜，不可爲河伯婦，可另選，煩大巫往報河伯。即使吏投之於水。少傾曰：再煩中巫報之。又欲投之，諸民悉號泣求免。從此風俗大正。抑白圭之慕禹功，惟憑鄰國以爲壑。思不同乎已溺，刑難赦於王章。

（明）佚名《新纂四六合律判語》卷下《工律·侵佔街道》 張良燒棧道於褒中，漢王之國，張良送至褒中，說漢王燒絕棧道，以備諸侯盜兵，且示項羽無東意。止因備盜。宋祖負險石於馬上，宋太祖入澤州路涂，自於馬上負石，將士皆負石，遂如坦途。欲便行人。孰云街道之中，可施侵佔之計。今某無地起樓臺，寇萊公爲相，魏野上以詩云：有官居鼎鼐，無地起樓臺。後契丹使至，問曰：孰是無地起樓臺相公？乃竊取天街之半。有心寬第宅，遂陰窺衢路之聯。得寸進尺，豈同范睢之謀。讓畔讓途，虞芮二國争田，數年不决，乃共往質於西伯。入其境，見耕者讓畔，行者讓途，乃自耻曰：吾輩小人，何敢入君子之國？遂各置其田。故違西伯之化。不聞竇憲奪沁水園，漢章帝時，竇憲恃宫掖之勢，奪沁水園公主田。帝召責之曰：國家棄憲，如孤雛腐鼠耳。貴戚幾爲雛鼠。罔思蕭何請上林苑，蕭何以長安地狹，上林苑多空閑地，願令民得入田，毋收稾爲禽獸食。上大怒曰：相國多受賈人財物，爲請吾苑。下廷尉械繫之，後因王尉言釋之。元勛且就囹圄。地取還官，人斷以杖。

中國第一歷史檔案館《滿文老檔》天命八年五月 二十二日，定巴牙喇之值班人等，待門開後，始得入坐。僅限值班人等，他人不得入內。守門人亦不得入內，坐於門。鳴板召之，乃入。鳴板畢即出。有事之欲入，則立於門，由門人往告内班之人，請示於汗，准入則入。雖有事不問而入，則罪所入之人。若門人不阻而放入，則罪門人。内班值宿之人，於翌日晨，俟汗、福晋起身及爾等值日班之人入後，方准離去。汗、福晋起身之前，若值宿班之人擅自離去，則罪所去之人，若值日班之人入，則罪所入之人。值宿之人，爾等當於日在接差，若日落始來，則罪之。

中國第一歷史檔案館《滿文老檔》天聰元年五月 二十三日，汗諭執政諸大臣曰：詳查各旗所屬之人孰能耕種，孰不能耕種，孰有糧，孰無糧。其未耕種而無糧者，有兄弟則令與其兄弟相依，無兄弟孤獨之人，則令於牛録中有糧殷富之人養之。若係諸貝勒素知才能之人，則詳察其無糧

未耕種緣由，告知諸貝勒。近聞盗賊蜂起，乘馬劫殺等語。如管堡撥碩庫有不修葺堡中倒塌之墻垣，不稽察盗賊者，則與賊同罪。如牧馬之人，不查收馬匹，縱賊乘騎行竊者，與賊同罪。守門之人，將隨時查出入人等，而不行詳查者，亦與賊同罪。如管堡撥什庫，有斂民食物，賄賂往查田畝糧穀及馬匹等諸物之官員者，罪之。官員有受賄者，亦罪之。前因扎爾庫斂民食物，已正法矣。

中國第一歷史檔案館《清初内國史院滿文檔案譯編》天聰八年十一月 二十日，考察管轄漢民各官。以撫養之善否、户口之繁减，分別優劣。正藍旗甲喇章京殷廷輅撫養漢民不善，損失甚多，詰其所管漢民减少之故，言俱在諸貝勒、大臣及民人之家等語。已將容留撫養漢民姓名及漢人姓名，造册送交諸考察大臣。後又佯爲遺忘，稱無糧餓死逃亡，造册送交，擅自更改前册。與前册校對，知屬假造。以殷廷輅不善撫養漢民，耗損甚多，且素行姦詐，遂誅之。筆帖式席喇布與殷廷輅一同改造册籍，亦鞭一百，貫耳鼻。

中國第一歷史檔案館《滿文老檔》崇德元年五月 十四日，寬温仁聖汗諭都察院諸臣曰：爾等既職司諫諍，我身有過，或奢侈無度，糜費財貨，或殺黜功臣，或逸樂游畋，不理政務，或耽於酒色，不勤國事，或廢棄忠良，信任姦佞，或陟有罪，黜有功，凡此種種，一經聞知，當即直諫。至諸王、貝勒及大臣等，如有怠職守，貪酒色，好逸樂，取民財物，搶奪美女，或朝會不敬，冠服違式，或朝參入署，一不稱心，托病偷安，凡此種種，均由禮部稽查。倘禮部之人，徇情容隱，則其未盡之事，爾等即應查奏。至六部之事〔原檔殘缺〕冤枉，未完之事，誑奏已結者，爾等亦查奏。凡罪人赴部控告，該部王、承政等尚未擬罪審結，又預先赴告於爾衙門者，爾等公議，當奏者奏，不當奏者，則由爾等議駁之。明國習俗，爾都察院亦通行賄賂之所，爾等當互相妥爲防檢。再者，爾等若以私仇誣劾，一經察出，唯爾等是罪。此外，所有奏事，是則從之，非亦不加罪。斷不令被參者與爾等面質也。至無職庶人，即禮節錯誤，亦不必指奏，我國初興禮節，禮儀多未嫻習，爾等當教誡而寛釋之。

《清聖祖實録》康熙三十八年正月 辛卯，諭吏部、户部、兵部、工部：朕撫馭寰區，乂安中外，孜孜圖治，宵旰勤民，期於天下咸遂生成，物無不得其所。今邊烽永靖，四方無事。獨是黄淮爲患，衝决時聞，下河地方，田廬漂没。朕軫念民艱，曩曾屢遣大臣督修，不惜數百萬帑金，務期早綏黎庶。乃歷年已久，迄無成功。今水勢仍復横溢，浸漫城閏，沉没隴畝，以致民多失業。董其役者，未有上策可以宜民時厘，朕懷未嘗少釋。在内諸臣，咸請朕親臨指示，爲一勞永逸之圖。方今春時，雨水减少，正宜講求疏濬，以遂安瀾。爰諏吉南巡，親加勘閲。更以吴地襟帶江湖，乃東南奥壤，勵俗省耕，兼行臨視。凡一切往返供億，已皆俾辦於京師。即途次日用所需，亦令各衙門照本地時值採買。總於民間，一無所累。仍恐沿途官吏借名科派，致累閭閻，故特頒諭嚴行申飭。如有悖旨假託派索者，察實即以軍法從事。該地方大小文武官員，不許與扈從官員借稱親舊，擅相餽遺，違者，與受人員並以軍法從事。其扈從大小官員、隨行僕從人等，如有横行生事者，一并從重治罪。凡經過地方，百姓各安生業，皆如常時，務令廛無廢市，隴不輟耕，毋得惶遽引避。其軍民人等懷挾私怨，受人指使，擅於駐蹕處所輒行告訐者，一概嚴禁不准，仍照衝突儀（伏）〔仗〕例嚴加治罪。爾部即傳諭扈從大小官員人等，並行各該督撫，於各府州縣城市鄉村遍張告示，備行曉諭，務令億兆通知，以副朕體恤惠愛至意。特諭。

《清聖祖實録》康熙五十三年十二月 〔辛巳〕兵部議覆：都察院左都御史揆叙疏言：近聞在京各省提塘及刷寫報文者，除科抄外，將大小事件採聽寫録，名曰小報，送與各處，甚至任意捏造，駭人耳目，祈嚴加禁止，庶好事不端之人有所畏懼等語。應如所請，嚴行禁止。違者從重治罪。從之。

《清聖祖實録》康熙五十四年二月 庚午，諭大學士等曰：部院滿漢司官皆有辦事職任，必謹慎勤敏，始克稱職。如有懶惰昏庸，輕浮躁妄，生事招摇，疾病疲癃者，豈容姑留。又各省地方官内有大臣子弟，及大臣保舉陞任之人，恃伊父兄及保舉大臣，更或倚借師生，恣意妄行，督撫俱不能約束。即居官清廉之人，亦應素位而行謹慎自持，豈可自恃清廉，偏僻固執乎？爾等會同九卿詳議具奏。尋議覆：部院及在外地方官員内，如有不盡職者，即行糾參。倘徇情隱蔽，堂官督撫，一並議處。從之。

《清聖祖實録》康熙六十一年十一月 〔甲辰〕傳諭大將軍以下：各

路將軍及直省督撫提鎮等，有差員齎摺到京者，照常啟奏，無得沉隱停滯，違者照大不敬律治罪。並嚴諭伊等在京子弟家人。

《清聖祖實録》康熙六十一年十二月〔甲子〕諭部院各衙門：凡出示曉諭，原欲利民除弊，使人知所遵奉，以昭功令也。近見各衙門出示，或變易舊章，或恣徇私意，或作威作福，或釣譽沽名，往往朝夕自爲更改，彼此互相矛盾。胥吏因之以作姦，宵小借端以滋擾，種種弊竇，不可勝舉。先帝嘗深惡之。嗣後各衙門遇當禁約曉諭之事，務期矢公矢慎，協情當理。可以永遠奉行者，方准出示。儻仍蹈舊轍，科道官即行參奏治罪。

《清世宗實録》雍正二年二月〔癸卯〕刑部遵旨議覆諱盜不報處分例：州縣革職，道府同知、通判失察者，降二級調用，徇庇者降三級調用。州縣既經揭報而上司不行轉報者，降四級調用。州縣以強爲竊，以多爲少，上司不行詳查，遽行轉報及解審時不能審出者，亦降三級調用。若督撫失察，降一級留任，其兼轄武官亦照文職例議處。至律載竊犯三次者絞，贓至一百二十兩以上者絞，嗣後不照贓究擬，或於初犯再犯時不依律刺字，以至累犯者，亦照失出例議處。從之。

《清世宗實録》雍正四年七月〔乙卯〕吏部遵旨議覆保甲之法：十户立一牌頭，十牌立一甲長，十甲立一保正。其村落畸零及熟苗熟獞，亦一體編排。地方官不實力奉行者，專管兼轄統轄各官，分別議處。再，立民間勸懲之法，以示鼓勵。有據實首告者，按名數獎賞。隱匿者加以杖責。應通行直省，以文到半年爲限。有能舉首盜犯者，免罪。其從前未經發覺之案，地方官即行揭報者，亦免議處。至盜案疏防，文武各官處分。除山海大盜、土獞蠻苗及響馬老瓜等賊勢難擒捕者，文武官照舊例處分。若盜至十人以下者，文職照例處分外，武職各官酌量分別寬減。惟未獲盜首者，專〔汛〕〔訊〕官仍照定例處分。得旨：依議。通行各省，文到半年爲期甚迫，著以一年爲限。

中國第一歷史檔案館《雍正朝漢文諭旨》雍正八年十一月初十日 上諭：凡漢軍人員之祖父，皆本朝開國時從龍入關之人，是以受國家之恩最爲優渥。而其中懋著功勳者，不但加恩于其本身，且望其世世子孫居高位，食厚禄，綿慶澤于無窮也。而無如其中有一種不肖之人，忘國家高厚之恩，背祖宗忠義之訓，自暴自棄，干犯王章。伊等不自念其先人，而朕于執法定罪之時，未嘗不念忠勳之後竟罹罪譴，爲之含淚悽然，躊躕再四，不忍頒發諭旨也。范時繹乃一參領，再朕念爲功臣之後，加恩用爲總兵官。伊辦理陵寢事務，尚能謹慎小心，朕冀其紹述家聲時授以江南總督之重任，且官階加以都統尚書。伊在江南，雖在勉持操守，而玩愒廢弛，無察吏安民之善政，視地方之事如膜外。鹽梟巨盜，待朕訪確姓名，密諭批示，而伊始行緝捕，且辦事不知慎密，竟有聞風遠颺者。又如江南浙江地方潛藏匪類，蠱惑人心，伊不能禁約稽查以端風俗，轉與私相往來，及至奸徒敗露之後，浙江文到，提拿重犯，而伊瞻顧舊交，欲爲之袒護。此尚得謂之有人心者乎？而朕猶諒其出於愚昧無知，非交結逆黨之大惡，密令總督李衛於審訊定案之時留意保全之。及伊到京，朕猶不忍令其罷斥廢棄，特命太平峪工程，以爲效力自新之路。適因北河總督不得其人，於是令伊前往，諄諄訓誨。即田文鏡見伊到豫，亦深喜得相助爲理之人。豈料伊下愚不移，以河渠乃民命所關，正當伏汛危險之時，竟忍視爲膜不相關之務，曠職負恩，至于此極，此范時繹之槩也。尚崇廙之祖尚可喜，于太祖皇帝時抒誠歸順，至兵逆變亂時，尚之信雖干叛逆之條，而尚可喜始終不失臣節，尚之隆侍從内庭數十年，小心勤謹，深受聖祖皇帝之恩。伊子尚崇廙原係散秩大臣，朕望其成立，特加任用，令其管理陵寢事務。伊頗能黽勉供職，無欺無隱。朕因奉天積習尚未全改，特將伊授爲盛京五部尚書，令其整理訓導。及伊陛辭起身之時，朕見其舉止言動頓改常度，于是切加訓誨。而伊不能領受，一到新任，行事乖張，前將差往辦理之官達參奏，朕將官達召回詰問，官達陳奏尚崇廙在任種種狂肆之狀。朕以其出於仇怨之口，未之深信。後據平郡王參奏前來，朕令大臣等將伊與同事官員二傳齊質問，伊狂肆不敬、背公行私之處悉皆確實，伊亦俛首無辭。此尚崇廙之大槩也。李永陞原任河南南陽總兵官，居官聲名甚屬不好。隆科多曾在朕前參奏，朕細加訪查，實多劣跡，於是將伊罷斥，發往口外臺站効力贖罪。及朕恭閲聖祖皇帝實録，見四川原任總督李國英平寇捕賊，懋著勞績，詢其子孫，則李永陞其滴派也。遂降特旨，將伊調回，授以參領之職。朕含淚面加訓諭，伊以感激涕零。後又加恩遷擢，至於都統，辦理該旂事務，尚覺妥貼，似屬盡心職守者。朕以爲感奮自新，大改故轍矣，

是以授爲工部尚書。豈料伊一到工部之任，遂作弊營私，婪贓纍纍，甚至延奸胥爲幕客，以開招搖納賄之門。審訊之下，供證鑿鑿，無可置辯。此李永陞之大槩也。此三人者均係從漢軍世家之裔，彼之祖父効忠宣力如此，國家之酬庸賞功如此，而彼之負恩辜德如此，朕實不解此輩具何肺腑也。凡在廷臣，莫不爲之嘆息痛恨。想伊父祖有知，亦應含恨於九原，惟是朕再四躊躕，若欲按律置之於法，則追念伊等前人勳勞，拳拳費釋。若欲寬宥其罪，又恐開將來功臣子孫肆行不法之漸。展轉猶疑，實不能决。但思伊等所犯，尚不至於隆科多、年羹堯、蔡廷不可赦宥之條，今且施法外之仁，將范時繹、尚崇廙、李永陞釋放，令伊等洗滌肺腸，遷善改惡。倘能戴朕寬宥浩蕩之恩，痛自愧悔，將來或另有使令之處。若怙惡不悛，再有過犯，定行正法，莫希再邀寬典也。着將伊等所有應行審結之案，仍令該部審明，定擬其奏。特諭。欽此。

《西寧青海番夷成例·不設十户頭目》　每十户設立頭目一名。如不設立者，千户等罰犏牛七條，百户等罰犏牛五條，管束部落之百長等罰犏牛三條。

《理藩院則例》卷二四《邊禁·失查商民偷渡出口》　蒙古官員失查商民偷渡出口者，降一級。無級可降，折罰二九牲畜，存公備賞。

《理藩院則例》卷四四《罪罰·失察盜挖金銀礦沙處分》　蒙古地方凡產金銀礦沙處所，各該扎薩克派員查緝。如有偷挖者，無論人數多寡，立即嚴拏。蒙古解送理事司員衙門，民人解交州、縣衙門究辦。該承緝官並扎薩克免議。如民人偷挖，該蒙古無得錢招留、包庇、夥挖情形，該承緝官失於查緝，事發，罰一九牲畜。失察之扎薩克罰俸三個月。蒙古本身偷挖，該承緝官失於查緝，事發，革職。失察之扎薩克罰俸六個月。如蒙古招留民人、得錢包庇、夥同偷挖，事發，該承緝官失於查緝，革職，鞭一百。失察之扎薩克罰俸一年，仍另派員接緝。倘該承緝官於查緝各案審有知情故縱等弊，革職，鞭一百，加枷號一個月。該扎薩克罰俸二年。

《理藩院則例》卷五五《罪罰·失火延燒檔案軍器》　內外扎薩克各旗因不戒於火以致延燒檔案軍器等物者，未能先事預防之該扎薩克罰俸一年，協理臺吉折罰二九牲畜，其有監守之責之協理臺吉罰四九牲畜，臺吉罰三九牲畜，蒙古官員革職，兵丁鞭一百，革退。但訊有曠班致失守護情形，協理臺吉革任，臺吉革去臺吉，蒙古官員革職，鞭一百，兵丁革退，鞭一百，加枷號一個月。檔案通行補抄，軍器查由原修處所，由該旗修理賠補。

《蒙古律例》卷二《户口差徭·大遼河牧放牛馬計其孳缺數目議叙議處》　乾隆三十三年四月，本院遵旨議奏定例：

科爾沁十旗牧放大遼河所牧之馬匹，於三年年終將孳缺現存實數查明彙總奏聞時，除此三年內倒斃之馬匹及十分中孳息一分者無庸議叙外，孳生至二三分者，將該扎薩克紀録一次，協理臺吉等在於本旗所罰牲畜內，著各賞牲畜五頭以（土）〔上〕，俱照此例核計分數，分別議叙。其十分中所缺不及一分者，將所缺馬匹著落該扎薩克、協理臺吉等照數賠補外，仍將該扎薩克罰扎薩克俸半年，協理臺吉等各罰牲畜五頭，暫存公所，以備賞賜效力人等。如缺一分以上至二分者，將該扎薩克罰俸一年，協理臺吉等各罰一九牲畜。二分以上者，計其分數議處。所缺馬匹，俱著落該扎薩克、協理臺吉等照數賠補。喀喇沁、土默特等四旗牧放之大遼河牛馬，亦照此例辦理。

《大清律例》卷六《吏律·職制·貢舉非其人》　律

凡貢舉非其人，及才堪時用，應貢舉而不貢舉者，計其妄舉與不舉人數，一人，杖八十；每二人加一等，罪止杖一百。所舉之人知情，與同罪；不知者，不坐。

若主司考試藝業技能，而故不以實者，可取者置之下等，不可取者反置之上等。減二等。

若貢舉考試失者，各減三等。受贓，俱以枉法從重論。

條例

一、鄉會試考試官同考官及應試舉子有交通、囑托、賄買、關節等弊，問實斬決。

一、歲貢生員册報到部，遇有事故不許補貢。其未經報部，遇有事故者，勘明准令次考補貢。若丁憂及患病，勘明仍補該年之貢。如托故延至三年之外者，亦不准收。有司朦朧送補者，各治罪。

一、應試舉監生儒及官吏人等，但有懷挾文字銀兩，並越舍與人換寫文字者，枷號一個月。滿日杖一百，發爲民。其夫匠、軍役人等，受財代

替、夾帶傳遞、及不舉察捉拿者，發邊外爲民。官縱容者，交部議處。受財以枉法論。其武場有犯懷挾等弊，俱照此例擬斷。

一、凡學臣考試，如提調官通同作弊，及引誘爲非者，同學臣一並革職提問。其學臣暗通關節，私鬻名器，提調官雖無通同引誘情弊，而防範不嚴者，交部議處。學臣應用員役，倘有招摇撞騙，及受賄傳遞等弊，提調官不行防拿究治者，亦交部議處。若學臣操守清廉，杜絕情弊，而提調官不得遂其引誘，反行挾制把持者，該學臣即行指參，審實，將提調官照貪官例治罪。

一、凡考試官毫無情弊，下第諸生不安義命，逞忿混行攙鬧者，發附近充軍。

一、官生録科，該學政瞻徇情面，濫行録送，如官卷内有文理荒謬，幸邀科第者，發覺之日，將送考官一並嚴加議處。

一、考職貢監生，如有包攬代作等弊，察出題究。若監試御史隱匿、瞻徇，照例議處。其假冒、頂替者，本犯照詐假官律治罪。互結監生照知情詐假官律治罪。出結之官照例議處。若身故未經繳照者，限四個月准家屬自首。如逾限不首，查出嚴行治罪。該地方官於已革、已故未經繳照之人徇隱故縱、不嚴行追繳，事發之日，照例議處。其先經考職、未經揀選，復行頂名重考，希圖引見者，許出結互結首告，將本犯照律治罪。如知情不舉，將出結互結人員一並嚴加治罪。

《大清律例》卷六《吏律·職制·舉用有過官吏》　律

凡官吏曾經斷罪罷職役不叙者，諸衙門不許朦朧保舉；違者，舉官及匿過之人，各杖一百，罷職役不叙。受贓，俱以枉法從重論。若將帥異才，不係貪污規避而罷閑者，有司保勘明白，亦得舉用。

條例

一、文職官員舉貢監生並吏員、承差人等，曾經考察論劾、罷黜，及爲事問革、例不入選者，若買求官吏改洗文卷，隱匿公私過名，或詐作丁憂起復，以圖選用，事發問罪，吏部門首枷號一個月。已除授者，發邊衛；未除受者，發附近各充軍。其起送官吏不分軍衛有司，但知情受賄者，亦發附近充軍。贓重者從重論。若原不知情，止是失於覺察者，照常處分發落。

一、凡衙役犯侵盜錢糧、婪贓等罪，遇赦豁免後，復入原衙門及別衙門應役者，杖一百、徒三年。該管官知情故縱，及督撫不即糾參者，俱交該部議處。

一、凡部院衙門書辦或因有疾，或因不諳文移，退役之後，倘有更名重役者，杖一百，革退。

一、凡在外各衙門書役投充，務查該役的名，取具並無重役、冒充親供互結，行查本籍地方，該地方官加具印結申送，方准著役。倘有役滿不退者，杖一百，革役。本管官不行，查出交部議處。

一、凡在京各衙門書吏缺出，應募投充者，取具同鄉書吏保結，該衙門於十日内照保結所開籍貫、住址、三代姓氏，咨行吏部，轉行各省，取具印甘各結。順天限四十日，直隸、山東、河南、山西、奉天限三個月，江蘇、安徽、陝甘、湖南、湖北、浙江、江西限四個月，雲貴、川廣、福建限六個月，咨送到部，准其著役。該地方官吏有勒索、遲延等弊，分別處分、治罪。本非大、宛兩縣籍貫，揑稱土著之民，地方官朦朧出結，該吏及承行吏典嚴加治罪，地方官交部議處。

一、凡各部院衙門役滿書吏籍隸大、宛二縣者，令該縣將年貌、住址、墳墓，造册申送都察院，令該城御史按册確查其非。實在大、宛籍貫者，一概逐回。倘潛留京城，照年滿書役冒籍、冒名例杖一百，勒令回籍。如有包攬、招摇等弊，按律治罪。其混行造册之該縣知縣不行，查出之該城御史交部議處。若因犯有事故，押逐回籍，行文本籍地方官嚴行管束。如有仍來京者，將本籍地方官交部議處。其無業游民，曾經犯罪，亦令京城文武地方各官實力稽查，押逐回籍，交與該地方官嚴行管束。

一、各部院衙門經承書吏所雇貼寫，該管司官開明伊等姓名、年貌、籍貫，取具該經承保結，移付司務廳註册。倘遇驅逐、辭去，即移付司務廳除名。如有揑報詭名，經承扶同保結，察出照重役例治罪。其有負罪潛逃者，著落保結之經承立限捕獲，亦照律治罪。

一、部院各衙門書吏，從前未經犯案，例應回籍者潛匿京師，拿獲之日即遞回原籍。其從前犯事，遞回原籍，今又私自來京，雖未經犯案，即應查拿，枷號一個月、責四十板。其有再來犯案，罪止杖笞者，仍從重照例枷、責。所犯重於枷責者，照本犯應得之罪加一等治罪，仍遞回原籍，

交地方官嚴行管束。其疏縱之地方官交部議處。

《大清律例》卷六《吏律·職制·擅離職役》 律

凡官内外文武吏典無患病公差之故擅離職役者，笞四十。各留職役。若避難如避難解之錢糧、難捕之盜賊、有干係者。因而在逃者，杖一百，罷職役不叙；所避事重者，各從重論。如文官隨軍供給糧餉，避難在逃，以致臨敵缺乏；武官已承調遣，避難在逃，以致失誤軍機。若無所避，而棄印在逃，則止罷職。

其在官如巡風官吏、火夫之類。應直不直，應宿不宿，各笞二十。若主守常川看守。倉庫、務場、獄囚、雜物之類，應直不直，應宿不宿者，各笞四十。俱就無失事者言耳。若倉吏不直宿而失火，庫子不直宿而失盜，禁子不直宿而失囚之類，自有本律科罪。

條例

一、監生在監肄業，及各衙門辦事官吏承差，皆不許請人代替，違者俱問罪，黜革爲民。代替者別有職役，一體問革。

一、外任旗員子弟歸旗後，有因事告假與例相符者，該旗酌量給假，仍分別省分遠近，定限給以執照，令其依限回旗，並咨部行文該省，按限催令歸旗，如有藉端逗留，照違制律治罪。

《大清律例》卷七《吏律·公式·講讀律令》 律

凡國家律令，參酌事情輕重，定立罪名，頒行天下，永爲遵守。百司官吏務要熟讀，講明律意，剖決事務。每遇年終，在内在外，各從上司官考校。若有不能講解，不曉律意者，官罰俸一月；吏笞四十。

其百工技藝諸色人等，有能熟讀講解，通曉律意者，若犯過失，及因人連累致罪，不問輕重，並免一次。其事干謀反、叛逆，不用此律。

若官吏人等挾詐欺公，妄生異議，擅爲更改，變亂成法即律令者，斬監候。

《大清律例》卷七《吏律·公式·官文書稽程》 律

凡官文書稽程者，一日，吏典笞一十；三日加一等，罪止笞四十。首領官各減一等。首領官，吏典之頭目。凡言首領，正官、佐貳不坐。

若各衙門上司遇有所屬申稟公事，隨即詳議可否，明白定奪批示回報。若當該上司官吏，不與果決，含糊行移，上下互相推調，以致耽誤公事者，上司官吏杖八十。其所屬下司將可行事件，不行區處，無疑而作疑申稟者，下司官吏罪亦如之。

條例

一、内外衙門公事，小事五日程，中事十日程，大事二十日程，並要限内完結。若事干外郡官司關追會審，或踏勘田土者，不拘常限。

一、部、院衙門一切應行事件，俱於到司五日之内行文。其有訛誤舛錯之處，將專管值日之滿漢司官交部議處。如遺漏未行，或遲延日久，將滿漢司官交部分別議處。

一、刑部應會三法司畫題事件，將稿面鈐蓋司印，註明緣由，付督催所彙齊，轉交大值日司，分用印文，移送法司衙門畫題。限十日内亦用印文送回。如稿内有酌議改易之處，限五日内即將應酌議改議之處用印文聲明緣由，送回刑部查核定議。刑部仍用印文將應否改議之處聲明，再行會送法司衙門。

一、凡州縣官承審案件，或正犯或緊要證佐染患沉疴，即將患病日期詳報。俟該犯病愈之日起解。其患病日期准於原限内扣除。府、州、司、道審轉之時，或遇犯證患病，亦准報明扣除。若帶病起解，以致中途病斃，照解犯中途患病不行留養例，交部議處。若無故遲延，捏報患病，希圖扣限，及上司徇隱，並交部議處。

《大清律例》卷七《吏律·公式·照刷文卷》 律

凡照刷有司有印信衙門文卷，可完不完。遲一宗、二宗，吏典笞一十；三宗至五宗，笞二十；每五宗加一等，罪止笞四十。府州縣首領官及倉庫務場局所河泊等官，非吏典之比。各減一等。

失錯漏使印信、不僉姓名之類。及漏報，卷宗本多，而不送照刷。一宗，吏典笞二十；二宗、三宗，笞三十；每三宗加一等，罪止笞五十。府州縣首領官及倉庫務場局所河泊等官，各減一等。其府州縣正官、巡檢，非首領官之比。一宗至五宗，罰俸一月；每五宗加一等，罪止三月。

若文卷刷出。錢糧埋没，刑名違枉等事，有所規避者，各從重論。

條例

一、各部、院衙門，每月將已結、未結科抄事件造册分送六科。科抄並見理事件，造册分送各道，勘對限期。其各部註銷會稿事件，即於註銷册内，將會稿衙門定議日期，逐一詳開，移會科道查覈。倘有遲延、違誤

者，察參。

一、在京各衙門，凡關錢糧刑名案件，每年八月内彙造印册，送京畿道刷卷。有遲錯者，察參。

《大清律例》卷七《吏律・公式・磨勘卷宗》　律

凡照磨所官磨勘出各衙門未完文卷，曾經布政司、按察司，照刷駁問遲錯，經隔一季之後，錢糧不行追征足備者，提調掌印官吏，以未足之數十分爲率，一分，笞五十；每一分加一等，罪止杖一百。刑名、造作等事，可完而不完，應改正而不改正者，過一季，笞四十；一季後，每一月加一等，罪止杖八十。受財者，計贓，以枉法從重論。

若有隱漏，已照刷過卷宗，不報磨勘者，一宗，笞四十；每一宗加一等，罪止杖八十。事干錢糧者，一宗，杖八十；每一宗加一等，罪止杖一百。有所規避者，從重論。

若官吏，文書内或有稽遲未行，或有差錯未改，聞知事發將吊查，旋補文案，未完，捏作已完；未改正，捏作已改正。以避遲錯者，錢糧，計所增數，以虚出通關論；刑名等，以增減官文書論。同僚若本管上司，知而不舉，及扶同旋補作弊者，同罪；不知情及不同署文案者，不坐。

《大清律例》卷七《吏律・公式・增減官文書》　律

凡增減官文書者，杖六十。若有所規避而增減者，杖罪以上，各加規避本罪二等，罪止杖一百，流三千里。未施行者，於加罪上各減一等。規避死罪者，依常律。其當該官吏，自有所避之罪，增減原定文案者，罪與規避同。若增減以避遲錯者，笞四十。

若行移文書，誤將軍馬、錢糧、刑名重事緊關字樣，傳寫失錯，而洗補改正者，吏典笞三十。首領官失於對同，減一等。若洗改而有干礙調撥軍馬及供給邊方軍需錢糧數目者，首領官、吏典，皆杖八十。若有規避故改補者，以增減官書論。各加本罪二等。未施行者，各於規避加罪上減一等。若因改補，而官司涉疑，有礙應付，或至調撥軍馬不敷、供給錢糧不足，因而失誤軍機者，無問故失，並斬監候。以該吏爲首。若首領及承發吏，杖一百，流三千里。

若非軍馬、錢糧、刑名等事文書，而無規避，及常行字樣偶然誤寫者，皆勿論。

《大清律例》卷七《吏律・公式・漏使印信》　律

凡各衙門行移出外文書，漏吏印信者，當該吏典、對同首領官並承發，各杖六十。

全不用印者，各杖八十。

若漏印及全不用印之公文，干礙調撥軍馬、供給邊方軍需錢糧者，各杖一百。因其漏使不用，所司疑慮不即調撥供給，而失誤軍機者，斬監候。亦以當該吏爲首，經管首領官並承發，止坐杖一百，流三千里。若倒用印信者，照漏用律杖六十。

條例

一、各部院稿案，有應行添改之處，俱用印鈐蓋。如有疏忽，照例參處。

一、奏銷册内，錢糧總數遺漏印信及有洗補添注字樣，造册之員交部議處，繕書册吏按律治罪。

《大清律例》卷八《户律・户役・賦役不均》　律

凡有司科徵税糧及雜泛差役，各驗籍内户口田糧，定立上中下等第科差。若放富差貧，那移等則作弊者，許被害貧民赴控該上司，自下而上陳告。當該官吏各杖一百。改正。若上司不爲受理者，杖八十。受財者兼官吏上司言，計贓，以枉法從重論。

條例

一、督撫、司道嚴督府、州、縣掌印正官審編均徭，從公查照歲額差役。其丁糧有力之家，止編本等差役，不許分外加增餘剩銀兩。貧難下户並逃亡之數，聽其空閑，不許徵銀及額外濫設聽差等項名色擾累，違者，該督撫，糾察將有司官依違制律治罪，上司官容情不舉，罪同。

一、各省藩司並府、州、縣如遇各部派到物料，從公斟酌所屬大小豐歉，坐派採買。若豪猾規利之徒買囑吏書妄禀，編派下屬承攬害民者，發附近衛所充軍，印官聽從者，參究治罪。若本無部派物料，而捏稱坐派，及明知官收官解，藉端生事，擾累地方者，亦照此例治罪。紳衿除優免本身丁銀外，倘借名濫以子孫族户冒入者，該地方官查出，生監申革，職官題參，各杖一百，受財者從重論。如有私立宦儒圖户名色，包攬詭寄者，照脱漏版籍律治罪，詭寄與受寄者同論。

一、凡紳衿之家與齊民一體編次，聽保、甲長稽查，違者照脱户律治

罪。地方官徇情不詳報者，交部照例議處。至充保長、甲長，並輪直、支更、看柵等役，紳衿免派。齊民内老、疾、寡婦之家子孫尚未成丁者，亦俱免役。

一、軍民七十以上者，許一丁侍養，免其雜派差役。

《大清律例》卷八《户律・戸役・收養孤老》 律

凡鰥寡孤獨及篤廢之人，貧窮無親屬依倚，不能自存，所在官司應收養而不收養者，杖六十。若應給衣糧，而官吏剋減者，以監守自盗論。凡係監害者，不分首從，並贓論。

條例

一、直省州縣所屬養濟院，或應添造或應修葺者，令地方官酌量修造，據實估計，報明督撫，在于司庫公用銀内撥給。仍不時查勘，遇有滲漏之處，即行粘補完固。倘有升遷事故，造入交代册内，取具印給，送部。其正實孤貧俱令居住院内。每名各給印烙年貌腰牌一面。該州縣按季到院，親身驗明腰牌，逐名散給口糧。如至期，印官公務無暇，遴委誠實佐貳官代散，加結，申報上司。毋許有冒濫、扣剋情弊。若州縣官不實力奉行者，該督撫即行查參，照例議處。

一、老人九十以上者，地方官不時存問，其或孤寡及子孫貧不能養贍者，州縣查明，賑恤，詳報督撫，奏聞。動用錢糧，務令得沾實惠。

一、軍流等犯，除年逾六十不能食力者，照例撥入養濟院，按名給與孤貧口糧外，或年未六十而已成篤疾、不能謀生者，亦應一體撥給。其少壯軍流各犯，實係貧窮又無手藝者，初到配所，按該犯本身及妻室子女，每名每日照孤貧給與口糧。自到配日起，以一年爲止，于各州縣存貯倉穀項下動用報銷。各州縣有驛遞之處，一切應用人夫酌派軍流少壯中無資財手藝之犯充當，給與應得工食。無驛遞之州縣，公用夫役均令一體充當，逐日給與工價。仍令該督撫照各處現行章程妥協辦理。

一、京師五城，各設棲流所一處，安頓貧病流民。其修理房屋工料及衣食藥餌之資，每年每城動支户部庫銀二百兩備用。如有不敷，許其赴部具領。如或有餘，留于下年備用。該御使督率司坊等官，實心辦理。如有虚冒侵蝕等弊，照例交部治罪。

《大清律例》卷八《户律・戸役・檢踏災傷田糧》 律

凡部内有水旱霜雹及蝗蝻爲害，一應災傷應減免之田糧，有司官吏應准告而不即受理申報上司，親行檢踏，及本管上司不與委官覆踏者，各杖八十。若初覆檢踏，有司承委官吏不行親詣田所，及雖詣田所，不爲用心從實檢踏，止憑里長甲首朦朧供報，中間以熟作荒，以荒作熟，增減分數，通同作弊，瞞官害民者，各杖一百，罷職役不叙。若致枉有所徵免有災傷當免而徵，曰枉徵。無災傷當徵而免，曰枉免。糧數，計贓重者坐贓論。枉有所徵免糧數，自奏准後發覺謂之贓，故罪理於杖一百，并坐贓論。里長甲首各與同罪。受財官吏里甲受財檢踏開報不實，以致枉有徵免者，並計贓以枉法從重論。

其檢踏官吏及里長甲首，原未受財，止失於關防，致使荒熟分數有不實者，計不實之田，十畝以下免罪。十畝以上至二十畝，笞二十；每二十畝加一等，罪止杖八十。官吏係公罪，俱留職役。

若人户將成熟田地，移丘換段，冒告災傷者，計所冒之田，一畝至五畝，笞四十；每五畝加一等，罪止杖一百。其冒免之田合納税糧，依額數追徵入官。

條例

一、天下有司凡遇歲饑，先發倉廪賑貸，然後具奏，請旨寬恤。

一、凡夏災不出六月底，秋災不出九月底，先以被災情形題報。其被災分數，按限勘明，續報。逾限者，交該部議處。

一、州縣詳報被災情形，查勘分數，遵照題定四十日限期辦理。其距省遥遠地方，准照交代之例，扣算程途日期。如逾限，照例題參，交部議處。

一、賑濟被災饑民以及蠲免錢糧，州縣官有侵蝕肥己等弊，致民不沾實惠者，照貪官例，革職拿問。督撫、布政司、道府等官不行稽察者，俱革職。

一、凡有蝗蝻之處，文武大小官員率領多人，公同及時捕捉，務期全净。其雇募人夫，每名計日酌給銀數分，以爲飯食之資。許其報明督撫，據實銷算。果能立時撲滅，督撫具題，照例議叙。如延蔓爲害，必根究。蝗蝻起於何地及所到之處該管地方官玩忽從事者，交部照例治罪。並將該督撫一並議處。

一、凡遇蠲免錢糧之年，將所免錢糧分作十分，以七分免業户，三分

免佃户。雍正十三年十二月内欽奉上諭：蠲免之典，業户邀恩者居多。彼無業貧民，終歲勤動，按産輸糧，未被國家之恩澤。欲照所蠲之數，履畝除租，繩以官法，則勢有不能。其令所在有司，善爲勸諭各業户，酌量寬減佃户之租，不必限定分數，使耕作貧民有餘糧以贍妻子。若有素封業户能善體此意、加惠佃户者，則酌量獎賞之。其不願者，聽之。亦不得免强從事，特諭。

一、凡遇歉收之歲，貧士與貧民，一體賑恤。

一、遇有恩詔豁免錢糧，其漕項、蘆課、學租、雜税各項，俱入豁免之内。地方官違者，以違制論。入己者，以侵盗論。

一、凡有蠲免，俱以奉旨之日爲始。其奉旨之後，部文未到之前，有已輸在官者，准作次年正賦。永著爲令。如官吏朦混隱匿，即照侵盗錢糧律治罪。

一、凡開墾水田六年，旱田十年，將屆升科之期，該督撫委員復加履畝丈勘。果有坍塌、冲漲或成磽确者，概免升科。違者，以官吏不用心從實檢踏律治罪。

一、直省地方，被災十分者，蠲免錢糧七分；被災九分者，免六分；八分者，免四分；七分者，免二分；六分者，免一分。

一、直省地方有被災五分者，亦准蠲免錢糧十分之一。永爲定例。

一、凡各省地方被災不及五分、有奉旨及督撫題請緩徵者，於次年麥熟後，止令催徵舊欠，其本年錢糧准於九月後催徵。若深冬方得雨雪及積水退者，緩至次年秋收催徵。如被災八分、九分、十分者，將該年緩徵錢糧俱分作三年帶徵。被災五分、六分、七分者，分作二年帶徵，以紓民力。

一、凡被災地方米船過關，果係前往售賣，免其納税。給予印票，責令到境之日呈送該地方官鈐蓋印信，回空查銷。如有免税米船偷運别省並未到被災地方先行糶賣者，將寬免之税加倍追出，仍照違制律治罪。

《大清律例》卷九《户律·户役·荒蕪田地》 律

凡里長部内已入籍納糧當差田地，無水旱災傷之故荒蕪，及應課種桑麻之類，而不種者，計荒蕪不種之田地，俱以十分爲率，一分，笞二十；每一分加一等，罪止杖八十。縣官各減里長罪二等，長官爲首，一分減盡無科。二分方笞一十。加至杖六十罪止。佐職爲從。又減長官一等。二分者減盡無科。三分者方笞一十。加至笞五十罪止。人户亦計荒蕪田地，及不種桑麻之類，就本户田地以五分爲率，一分，笞二十；每一分加一等；追徵合納税糧還官。應課種桑棗黄麻□麻棉花藍靛紅花之類，各隨鄉土所宜種植。

《大清律例》卷一一《户律·倉庫·附餘錢糧私下補數》 律

凡各衙門及倉庫、但有附餘錢糧，須要盡實報官，明白立案於正收簿内，另作數支銷。若監臨主守，將增出錢糧，私下銷補别項事故虧折之數，瞞官作弊者，不分首從，並計贓，以監守自盗論。其虧折追賠還官。

若内庫收受金帛，當日交割未完者，不許帶出，許令附簿寄庫。若有餘剩之物，本庫明白立案正收，開申户部作數。若解户朦朧擅將金帛等物出外者，不分多少，斬。雜犯，准徒五年。守門官失於盤獲搜檢者，杖一百。金帛等物追還官。

《大清律例》卷一二《户律·倉庫·錢糧互相覺察》 律

凡倉庫務場官吏攢攔庫子斗級，皆得互相覺察。若知侵欺、盗用、借貸係官錢糧，已出倉庫，匿而不舉，及故縱者，並與犯人同罪。至死減一等。失覺察者，減三等，罪止杖一百。

若官吏虚立文案，那移出納，及虚出通關，另有本律。其斗級庫子攔頭不知者，不坐。

《大清律例》卷一二《户律·倉庫·倉庫不覺被盗》 律

凡有人非監守從倉庫中出，守把之人不搜檢者，笞二十。因不搜檢，以至盗物出倉庫而不覺者，減盗罪二等；若夜直更之人不覺盗者，減三等；倉庫直宿官攢斗級庫子非正直本更。不覺盗者，減五等，並罪止一百。故縱者，各與盗同罪。至死減一等。若被强盗者，勿論。互相覺察與此不覺被盗，官吏皆係公罪，仍留職役。隱匿不舉與此故縱，皆係私罪，各罷職役。

條例

一、内外官庫，被竊盗銀一千兩以上，一個月不獲，經管該弁並巡捕官俱各住俸；半年不獲，題參議處。被盗二三次者，奏請降調。其該道分巡分守者，參奏議處。不及前數者，俱照常發落。庫子盡其財産，均追賠償。候正贓獲日，照數給還。若各官妄拿平人逼認盗賊追賠者，亦依例問罪。此指被竊盗言，故照數追賠。若强盗，自有勿論律。

一、將進倉漕糧攔路戳袋、挖越倉墻，進倉偷米之盜，聽刑部查審，照律治罪。不至死罪者，若係另户旗人，發黑龍江、寧古塔等處披甲當差。若係奴僕，發黑龍江、寧古塔等處給與披甲之人爲奴。係民人，發往雲南、貴州、四川、兩廣烟瘴少輕地方嚴行管束。至褲襖細袋裝米偷盜等小賊，拿獲，該監督呈報倉場侍郎，即於倉門首枷號四十日。係旗人，鞭一百；係民，杖一百。

《大清律例》卷一二《户律・倉庫・損壞倉庫財物》律

凡倉庫及積聚財物，主守之人，安置不如法，曬晾不以時，致有損壞者，計所損壞之物價，坐贓論；罪止杖一百，徒三年。著落均賠還官。若卒遇雨水沖激，失火延燒，若倉庫內失火，自依本律杖八十，徒二年。盜賊分强、竊。劫奪，事出不測，而有損失者，委官保勘核實，顯迹明白，免罪不賠。其監臨主守官吏，若將侵欺借貸那移之數，乘其水火盜賊，虛捏文案，及扣換交單籍册，申報瞞官希圖幸免本罪者，並計贓以監守自盜論。同僚知而不舉者，與同罪；不知者，不坐。

條例

一、凡各府州縣倉廒，俱造入交盤項內，新舊交代。若有木植毁爛傾圮滲漏，即行揭報。將原任官交部議處；徇情濫受，接任官亦交部議處。其霉爛虧空穀石，着接任官勒限賠補，不完治罪。

《大清律例》卷一二《户律・倉庫・轉解官物》律

凡各處徵收錢帛，買辦軍需，成造軍器等物，所在州縣交收，差有職役人員，陸續類解本府。若本府不即交收，差人轉解，勒令州縣人户就解布政司者，當該提調正官首領官吏典，各杖八十。公罪。若布政司不即交收，勒令各府解部者，提調正官首領官吏典，罪亦如之。若原行僉定長解，不用此律。

其起運前項官物，長押官及解物人，安置不如法致有損失者，申告所在官司，委官保勘核實，顯迹明白，免罪不賠。若有侵欺者，不論有無損失事故，計贓，以監守自盜論。

若起運官物，不運原本色，而輒賫財貨於所納去處收買納官者，亦計所買餘利爲贓，以監守自盜論。

條例

一、漂没船糧，著落沿途催攢各官及汛地文武官員親臨勘實，各出保結取具運官結狀，該督撫確察，具題豁免。若漕運官軍水次折干，沿途盜賣，自度糧米短少，故將船放失漂流，及雖係漂流，損失不多，乘機侵匿，捏作全數，賄囑有司官吏扶同奏勘者，前後幫船及地方居民，有能覺察告首，督運官司查實，給賞輕賫銀十兩。官軍侵盜至六百石者，擬斬；不及六百石者，發邊遠充軍。沿途催攢及汛地文武各官不親臨確勘的實、遽出保結者，革職。督撫不嚴察確實，遽行題豁，事發，交部議處。所虧米數，仍行原衛所將故失、侵捏之人家産變賣抵償，不許輕扣别軍月糧。前後幫船知而不舉，一體連坐。仍于正犯所欠錢糧內，責令幫賠十分之三。

一、運糧官員、旗軍人等，犯該人命、强盜等項重罪者，官，拘繫奏提；旗軍人等，即便提問，其餘一切小事，候交糧畢日審結。

一、空、重漕船，沿途州縣衛所照定限時日驅令出境。如有違限，將專催、督催、押運、領運官俱交該部照例分别議處。隨幫、百總、旗頭，違限一次，笞五十；二次，杖六十；三次，杖七十。每一次加一等，罪止杖一百，徒三年。督撫不行查參，照隱匿不參催糧官例議處。没有非常風阻、冰凍、淺滯，俱令查實報明，免其議處。

一、凡運解餉鞘到汛，不照撥定兵丁名數護送，或兵丁有於中途私回者，解官即報明該督撫題參，將該汛㟪兼將弁，照少撥解役例議處，中途私回之兵丁，庫革名糧。

一、糧船到淮，米色霉變，運弁出有米色結狀者，虧折之米著落縣幫旗丁賠補。運弁未經出有結狀者，著落縣幫各半均賠。

一、衛所運弁正丁雇覓頭船水手，俱開明姓名、籍貫，各給腰牌，令前後十船互相稽查，取具正丁甘結，十船連環保結。如一船生事，十船連坐。押運糧道等官在途稽查。倘有生事者，會同地方官審訊懲治。仍將生事情由報明總漕。其未經開兑之先，責成本省巡撫及糧道等官。開運出境之後，責成漕運總督及沿該管文武等官。到津以後，責成倉場侍郎坐糧廳，並天津總兵、通州副將、天津通州府縣，各按該管地方嚴行稽查。一經事犯，協同押運官立即擒拿，按律懲治。倘押運官弁或有徇縱，地方官不行查拿，該督撫即行題參。除徇縱之押運官照例革職外，其該管道員及

沿途之該管文武官弁，並各處之該管上司，俱分別議處。若申報而各處該管上司不行題參者，照例議處。

一、委解銅筋，照解餉之例，按運更換。如有遞年長令管解者，將原委之上司交部議處。倘局内書役、爐頭人等，於收銅之時任意輕重，及勒索情弊，查明，按律治罪。失察之該管官交部嚴加議處。其各省委解顔料等項，亦照此例，按批更換。

一、鹽課銀兩，起解京協各餉，所需水脚，向係商人自備應用。並不按站給與夫馬供應。每逢起解之期，巡鹽御史預先移會前途督撫，撥兵護送，務由大路按站而行，夜宿州縣，照例撥給人夫巡守。如有疏虞，經過之地方文武各官，照例分賠。如巡鹽御史不移會督撫，解官不知會地方官，潛行小路，致有疏失，著落解官名下追賠。解官不能完項，即著差委之上司賠補。

一、解餉失鞘，地方文員分賠一半，差委不慎之大員分賠三分，解員賠二分。如解員不能賠補，亦著差委之大員賠補。武員照例處分，免其分賠。

《大清律例》卷一六《禮律·祭祀·祭享》 律

凡天地社稷大祀及廟享，所司太常寺將祭則先致齋，將齋則先誓戒，將戒則先告示。不將祭祀日期預先告示諸衙門知會者，笞五十。因不告示而失誤行事者，杖一百。其已承告示而失誤者，罪坐失誤之人。亦杖一百。

若傳制與百官齋戒，百官已受誓戒，而弔喪問疾、判署刑殺文書及豫筵宴者，皆罰俸一月。其所司知百官有緦麻以上喪、或曾經杖罪，遣充執事及令陪祀者，罪同；不知者，不坐；若有喪、有過不自言者，罪亦如之。其已受誓戒人員，散齋於外不宿凈室，致齋於内不宿本司者，并罰俸一月。

若大祀牲牢玉帛黍稷之屬不如法者，笞五十。一事缺少者，杖八十。一座全缺者，杖一百。

若奉大祀在滌之犧牲，主司犧牲所官喂養不如法，致有瘦損者，一牲，笞四十；每一牲加一等，罪止杖八十。因而致死者，加一等

在祀有犯者，罪同。餘條准此。

條例

一、凡郊祀齋戒前二日，太常寺官宿於本司。次日，具本奏聞，致齋三日。次日，進銅人，傳制諭文武官齋戒，不飲酒，不食葱韭薤蒜，不問病，不弔喪，不聽樂，不理刑，不與妻妾同處。定齋戒日期，文武百官先沐浴更衣，本衙門宿歇。次日，聽誓戒畢。致齋三日。宗廟社稷，亦致齋三日，惟不誓戒。

一、大祀前三月，以犧牲付犧牲所，滌治如法。中祀前三十日滌之。小祀前十日滌之。大祀，祭天地、太社、太稷也。廟享，祭太廟、山陵也。中祀，如朝日夕月風雲雷雨岳鎮海瀆，及歷代帝王先師先農旗纛等神。小祀，謂凡載在祀典諸神。惟帝王陵寢及孔子廟則傳制特遣。

《大清律例》卷一七《禮律·儀制·失占天象》 律

凡天文，如日月、五緯、二十八宿之屬。垂象，如日重輪及日月珥蝕、景星彗孛之類。欽天監官失於占候奏聞者，杖六十。

條例

一、占候天象，欽天監設觀星臺，令天文生分班晝夜觀望。或有變異，開具揭貼，呈堂上官。當奏聞者，隨即具奏。

《大清律例》卷一八《兵律·宫衛·宿衛人兵仗》 律

凡宿衛人兵仗不離身，違者，笞四十。輒暫離應直職掌處所，笞五十。別處宿，經宿之離。杖六十。官員，各加一等。親管頭目知而不舉者，與犯人同罪。失覺察者，減三等。

《大清律例》卷二〇《兵律·關津·詐冒給路引》 律

凡不應給路引之人，謂配遣囚徒、安置家口之類。而給引，及軍詐爲民，民詐爲軍，若冒名告給引，及以所給引轉與他人者，並杖八十。若於經過官司停止去處，倒换另給路引，及官豪勢要之人，囑託軍民衙門，擅給批帖，影射人貨出入者，各杖一百。若官吏人匠供送文引年深，於原任原役衙門告給新引，照身回還者，不在此限。當該官吏聽從及知情給與者指上三件，并同罪；若不從及不知者，不坐。

若巡檢司越分給引者，罪亦如之。依聽從知情律。

其應給衙門不立文案，空押路引私填與人者，杖一百，徒三年。

受財者，分有禄無録計贓，以枉法，及有所規避者，或販禁貨通番，或避罪犯出境，各從重論。

《大清律例》卷二一《兵律・厩牧・牧養畜産不如法》　律

凡牧養官馬牛駝騾驢羊，并以一百頭爲率。若死者損者失者，各從實開報。死者，即時將皮張鬃尾入官，牛筋角皮張亦入官。其管牧牧長、牧副，每馬牛駝一頭，各笞三十；每三頭，加一等；過杖一百，每十頭加一等，罪止杖一百，徒三年。羊減馬三等；四頭，笞一十；每三頭，加一等；過杖一百，每十頭加一等，罪止杖七十，徒一年半。驢騾減馬牛駝二等。一頭，笞一十；每三頭，加一等；過杖一百，每十頭加一等，罪止杖八十，徒二年。若胎生不及時日而死者，灰醃；并年老而自死者，看視明白，不坐。若失去賠償，損傷不堪用，減死者一等坐罪。其死損數目，并不准除。

《大清律例》卷二一《兵律・厩牧・孳生馬匹》　律

凡牧長管領騍馬，一百匹爲一群，每年三群，孳生駒一百匹。若一年之内止有駒八十匹者，笞五十；七十匹者，杖六十。典牧官不爲用心提調者，致孳生不及數，各減三等。太僕寺官又減典牧官罪二等。

條例

一、凡上駟院、太僕寺所管游牧馬群，每三年整頓一次，不論騍馬、兒馬，馬駒，每三匹内合算當孳生馬一匹。除合算正額外，多孳生一百六十匹以上者，爲頭等；八十匹以上者，爲二等；一匹以上者，爲三等；牧長、牧副分别給賞。若合算正額内少孳生五十匹以下者，牧長罰馬五匹，牧副各笞四十；一百匹以下者，牧長罰馬七匹，牧副各笞五十；一百匹以上者，牧長罰馬九匹，牧副各杖六十。騸馬群倒斃，少者，賞；多者，罰；相半者，免議。賞罰之數，視騍馬群第三等例。其各馬群賞罰相半者，總管官免議。賞多者，按群給賞；罰多者，按群受罰。

《大清律例》卷二一《兵律・厩牧・驗畜産不以實》　律

凡官司相驗分揀相驗其美惡，而分别揀選，以定高下。官馬牛駝騾驢，不以美惡之實者，一頭，笞四十；每三頭加一等，罪止杖一百。驗羊不以實，減三等。若因驗畜不實而價有增減者，計所增虧官減損民價坐贓論；入己者，以監守自盜論；各從重科斷。不實罪重，以不實坐贓；自盜罪重，從自盜坐贓。

條例

一、州縣起解備用馬匹，各要經由該管官驗中起解。若有馬販交通官吏、醫獸人等，兜攬作弊者，問罪，枷號一個月，發邊衛充軍。

《大清律例》卷二一《兵律・厩牧・養療瘦病畜産不如法》　律

凡養療瘦病官馬牛駝騾驢不如法，無論頭數，笞三十；因而致死者，一頭，笞四十；每三頭加一等，罪止杖一百。羊，減三等。

《大清律例》卷二一《兵律・厩牧・乘官畜脊破領穿》　律

凡官馬牛駝騾驢，乘駕不如法，而致脊破領穿瘡圍繞三寸者，笞二十；五寸以上，笞五十。并坐乘駕之人。若牧養瘦者，計百頭爲率，十頭瘦者，牧養人及牧長、牧副，各杖二十；每十頭加一等，罪止杖一百。羊，減三等。典牧官各隨所管牧長多少，通計科罪。亦以十分爲率。太僕寺官，各減典牧官罪三等。

條例

一、車駕行幸所需馬匹車輛及校尉等所乘馬匹，俱令該管職事人員親身關領，嚴行約束。若校尉當差人役、趕車步軍，將馬匹不按時飲水喂草，私自濫行馳驟，或在沿途，或到處所，倒斃走失者，各杖一百，躦病損傷者，減一等。

《大清律例》卷二一《兵律・厩牧・官馬不調習》　律

凡牧馬之官，聽乘官馬，而不調習者，一匹，笞二十；每五匹加一等，罪止杖八十。

《大清律例》卷二二《兵律・郵驛・遞送公文》　律

凡鋪兵遞送公文，晝夜須行三百里。稽留三刻，笞二十，每三刻加一等，罪止笞五十。其公文到鋪，不問角數多少，鋪司須要隨即附籍遣兵遞送，不許等待後來文書，違者，鋪司笞二十。

其鋪兵遞送公文，若磨擦及破壞封皮，不動原封者，一角笞二十，每三角加一等，罪止杖六十。若損壞公文，不動原封者。一角笞四十；每二角加一等，罪止杖八十。若沉匿公文，及拆動原封者，一角杖六十；每一角加一等，罪止杖一百。若事干軍情機密文書，與漏泄不同。不拘角數，即杖一百。有所規避而沉拆者，各從重論。規避罪重，從規避。沉拆罪重，問沉拆。其鋪司不告舉者，與犯人同罪。若已告舉，而所在官司不即受理施行者，各減犯人罪二等。

其各縣鋪長，專一於概管鋪分往來巡視，提調官吏每月一次親臨各鋪

刷勘。若有姦弊失於檢舉者，通計公文稽留、及磨擦破壞封皮不動原封十件以上，鋪長笞四十，提調吏典笞三十，官笞二十。若損壞及沉匿公文，若拆動原封者，鋪長與鋪兵同罪，提調吏典減一等，官又減一等。府州提調官吏失於檢舉者，各減一等。

條例

一、無印信文字，不許入遞。

一、各鋪司法，若有無籍之徒，不容正身應當，同强包攬，多取工錢，致將公文稽遲沉匿等項，問罪，不分軍民，俱發附近充軍。其提調官該吏鋪長，各治以罪。

一、各省驛站遞送公文，令管站官各立印信號簿。上站號簿，用下站官印，於每月底彼此移明查考。倘有沉匿稽延等情，即行評報該管上司據實題參，不得故爲容隱。其沉匿平常公文，馬夫照鋪兵律治罪。提調官吏依律遞減。若事干軍情機密文書而沉匿者，不拘角數，馬夫杖六十，徒一年；提調典杖一百，革役，司驛官革職。如有所規避者，從重論。

《大清律例》卷二二《兵律·郵驛·邀取實封公文》 律

凡在外大小各衙門官，但有人遞進呈實封公文至御前，下司被上司非禮陵虐，亦許據實封奏。而上司官令人於中途急遞鋪邀截取回者，不拘遠近，從本鋪鋪司、鋪兵赴所在官司告舉，隨即申呈上司轉達該部，奏聞追究邀截之情得實，斬監候。邀截進表文比此。其鋪司、鋪兵容隱不告舉者，各杖一百。若已告舉，而所在官司不即受理施行者，罪亦如之。

若邀取實封至六部、察院公文者，各減二等。下司畏上司劾奏而邀取者，比此。

《大清律例》卷二二《兵律·郵驛·鋪舍損壞》 律

凡急遞鋪舍損壞，不爲修理，雜物不完，鋪兵數少，不爲補置，及令老弱之人當役者，鋪長笞五十；有司提調官，各笞四十。

條例

一、急遞鋪，每一十五里設置一所，每鋪設鋪兵四名，鋪司一名，於附近有丁力糧近一石之上、二石之下者點充，須要少壯正身，與免雜泛差役。每鋪置備各項什物，十二時輪日晷牌子一個，紅綽屑一座，并牌額鋪册二本。上司行下一本，各府申上一本。遇夜，常明燈燭。鋪兵每名合備什物，夾板一副，鈴攀一副，纓槍一副，油絹三尺，軟絹包袱一條，箬幅、蓑衣各一件，紅悶棍一條，回册一本。

《大清律例》卷二二《兵律·郵驛·驛使稽程》 律

凡出使馳驛違限，常事，一日，笞二十；每三日加一等，罪止杖六十；軍情重事，加三等；因而失誤軍機者，斬監候。若各驛官故將好馬藏匿，及推故不即應付，以致違限者，對問明白，即以前應得笞杖斬。罪坐驛官。其遇水漲路道陰礙經行者，不坐。

若驛使承受官司文書，誤不依原行題寫所在公幹去處，錯去他所而違限者，減二等；四日，笞一十；每三日加一等，罪止笞四十。事干軍務者，不減。若由原行公文題寫錯者，罪坐題寫之人，驛使不坐。

條例

一、凡官員因軍務差遣及自軍前赴京齎奏軍情，倘經過地方不照依勘合火牌糧單隨即供應驛馬廩給、不爲豫備公館以致遲誤者，按遲誤事情巨細，將本城長官及所派催辦驛馬糧餉官俱題參，交部察議擬罪。若長官他出不在本城而有遲誤者，其委托怠玩，亦不得免罪，仍交部察議。

一、各處水馬驛遞運所夫役巡檢司弓兵，若有用强包攬、不容正身著役、多取工錢，害人攪擾衙門者，問罪，不分軍民，俱發附近衛所充軍。其官吏通同縱容者，各治以違制罪。若不曾用强多取工錢者，不在此例。多取工錢，問求索計贓，依不枉法論。

一、凡齎奏，不騎驛馬，違限十日以內者，免罪；十日以外，係常事笞三十，密事笞四十。

《大清律例》卷二二《兵律·郵驛·多乘驛馬》 律

凡出使人員，應乘驛船驛馬數外，多乘一船一馬者，杖八十；每一船一馬，加一等。若應乘驢而乘馬，及應乘中等下等馬，而勒要上等馬者，杖七十。因而毆傷驛官者，各加一等。至折齒以上，依鬥毆論。若驛官容情應付者，各減犯人罪一等。其應乘上等而驛官却與中等下等馬者，罪坐驛官。本驛如無上等馬者，勿論。

若出使人員枉道馳驛，及經驛不換船馬者，杖六十。因而走死驛馬者，加一等；追償馬匹還官。

其事非警急，不曾枉道，而走死驛馬者，償而不坐。

若軍情警急，及前驛無船馬倒換者，不坐不償。亦究不倒換緣由。

條例

一、勘合之外，如敢多給一夫一馬，許前途州縣據實揭報都察院糾參。倘容情不揭，别經揭報，一并治罪。其差使至境硬派民間牲口者，從重治罪。

條例

一、凡指稱勛戚文武大臣近侍官員姻黨族屬家人名目，虚張聲勢，擾害經過軍衛有司驛遞衙門，占宿公館，索取人夫馬匹車輛財物等項，及姦徒詐稱勢要衙門，乘坐黑樓等船隻，懸掛牌面，希圖免税，誆騙違法者，徒罪以上，俱於所犯地方枷號一個月，發邊衛充軍；杖罪以下枷號一個月發落。索取財物，問求索；希圖免税，問匿税；誆騙違法，問詐稱見任官家人於所部内得財。

一、凡馳驛官員縱容差官跟役毆罵驛官驛夫，或并無急務、走死驛馬，并額馬既足，故行越站，以及索詐財物者，該地方官、驛官一面申詳上司，一面具報該部，察究得實，官員革職，差官人等拿送刑部從重治罪。若無勘合火牌謊稱公差，支取夫馬船隻及索詐財物者，亦俱拿送刑部，從重治罪。其不照依所定程途，枉道擾驛者，係官，交該部議處；差役，杖一百。

一、水驛一應差船，如有派撥埠頭、扣剋官價入己者，計贓，照侵盜錢糧例問擬。各衙門鄉親來往并書吏人等濫捉民船，輒用旗槍燈籠、假借本管官銜者，照無官而詐稱有官律，杖一百，徒三年。

《大清律例》卷二二《兵律・郵驛・多支廩給》 律

凡出使人員，多支領廩給者，計贓，以不枉法論；分有禄無禄。當該官吏與者，減一等。强取者，以枉法論；官吏不坐。多支口糧比此。

條例

一、各處地方，如遇外國人入貢經過驛遞，即便察照勘合應付，不許容令買賣，連日支應，違者按律治罪。若街市鋪行人等私與外國人交通買賣，貨物入官，犯人問罪，枷號一個月發落。貨物若不係違禁，引違制。若係禁貨，引爲外國收買違禁貨物例，發邊衛充軍。

《大清律例》卷二二《兵律・郵驛・文書應給驛而不給》 律

凡朝廷調遣軍馬，及報警急軍務至邊將，若邊將及各衙門飛報軍情詣朝廷實封文書，故不遣使給驛而入遞者，杖一百；因而失誤軍機者，斬監候。

若進賀表箋、及賑救饑荒、申報災異、取索軍需之類重事，故不遣使給驛者杖八十。失誤軍機，仍從重論。若常事不應給驛而故給驛者，笞四十。

《大清律例》卷二二《兵律・郵驛・公事應行稽程》 律

凡公事有應起解官物囚徒畜産，差人管送而輒稽留，及一切公事有期限而違者，一日，笞二十；每三日加一等，罪止笞五十。若起解軍需隨征供給，而管送兼稽留違限者，各加二等，罪止杖一百；以致臨敵缺乏，失誤軍機者，斬監候。若承差人誤不依題寫去處，錯去他所，以致違限者，減本罪二等；事干軍務者，不減。或笞、或杖、或斬，照前科罪。若由公文題寫錯而違限者，罪坐題寫之人，承差人不坐。

條例

一、各處有司起解在逃軍犯及充軍人犯，量地遠近，定立程限，責令管送。若長解縱容在家遷延，不即起程，違限一年之上者，解人發附近；正犯原係附近，發邊衛；原係邊衛，發極邊衛分，各充軍。

一、夫役工匠人等，遇有緊要差使，傳集公所，立待應用。如不遵官長約束，爲匪不法，逞刁挾制，因而率衆揚散以致誤差，審明，爲首者，擬斬監候，爲從，均枷號一個月，杖一百。倘係偶爾違禁，干犯賭博、鬥毆等事，并未挾制官長揚散誤差者，仍按本律治罪。

《大清律例》卷二二《兵律・郵驛・承差轉雇寄人》 律

凡承差起解官物囚徒畜産，不親管送，而雇人寄人代領送者，杖六十。因而損失官物畜産及失囚者，依本律各從重論。損失重問損失，輕則仍科雇寄。受雇受寄人，各減承差人一等。

其同差人自相替者放者，各笞四十；取財者，承替取放者貼解之物，計贓，以不枉法論。若事有損失者，亦依損失官物及失囚律追斷，不在減等之限。若侵欺故縱，各依本律。替者有犯，管送人不知情，不坐。

條例

一、起解人犯，每名選差的役二名管押，兵丁二名護送。若兵役派不足數，及雇人代解，許兵役互相稟報本管官，知會原派衙門查究補派。若兵役知而不舉，將兵役及承派之書吏弓兵俱杖一百，革役。其經由前途文

武各官按批查點。有缺少及代解等弊，即詳報督撫，將原派官弁參處。其缺少頂替之兵役，照承差起解囚徒雇人代送律，杖六十，革役。如前途各官隱匿不報，別經發覺，題參議處。

《大清律例》卷三四《刑律·雜犯·夫匠軍士病給醫藥》 律

凡軍士在鎮守之處，丁夫、雜匠在工役之所而有疾病，當該鎮守監督官司不爲行移所司請給醫藥救療者，笞四十；因而致死者，杖八十。若已行移所司，而不差撥良醫，及不給對症藥餌醫治者，罪同。

《大清律例》卷三八《工律·營造·擅造作》 律

凡軍民官司有所營造，應申上而不申上，應待報而不待報，而擅起差人工者，即不科斂財物。各計所役人雇工錢，每日八分五厘五毫。以坐贓致罪論。

若非法所當爲而輒行營造，及非時所可爲而輒行起差人工營造者，雖已申請得報，其計役坐贓之罪亦如不申上待報者坐之。

其軍民官司如遇城垣坍倒，倉庫公廨損壞，事勢所不容緩。一時起差丁夫、軍人修理者，雖不申上待報，不爲擅專。不在此坐贓論罪之限。

若營造計料申請合用財物，及人工多少之數於上，而不實者，笞五十。若申請不實以少計多，而於合用本數之外，或已損財物，或已費人工，各并計所損物價，及所費雇工錢，罪有重於笞五十者，以坐贓致罪論。罪止杖一百，徒三年。贓不入己，故不還官。

條例

一、凡在京各處修理工程，工價銀五十兩以内、物料銀二百兩以内者，照依各處印文，准其修理。其工價銀五十兩以上、物料銀一百兩以上者，著該處料估啓奏，工部差官覆核，會同該處官員首領監修，將用過錢糧，著管工官名下銷算。如多用錢糧，不行啓奏即便承修者，將行文與承修堂司官交與該部議處。若物料工價甚多，而分爲幾段陸續行文，俱稱五十兩以内不奏者，查出亦交與該部議處。

一、凡修理行宫并各省倉廒等項工程，一應動用錢糧事件，令該督撫奏聞，該部議覆，再行修理。工完之日，督撫親自查明，倘有開報浮多，據實核減，造册具題，該部詳核題銷。如有不行啓奏，擅自咨部請銷，而該部據咨完結者，即行題參，交該部議處。

一、凡各省修建一應工程，如物料價銀五百兩以上，工價銀二百兩以上者，該督撫將動支銀兩及工料細數預行確估，題報工部，查明定議，會同户部指定款項，題覆，准其動用興修。俟工竣之日，督撫親自查核造册，題報工部，核明准銷，仍知照户部查核。其物料價銀五百兩以上、工價銀二百兩以下者，該督撫咨明工部定議，知照户部，令其動項興修，工竣逐一造册題銷。倘有需用物料工價甚多，而分爲幾處，陸續咨報，并未題明，輒行修建者，查出題參。其有應動用存公銀兩者，該督撫將確估工料細數，咨報工部查明，知照户部，准其動用。工完造報工部，將准銷銀數造入該年存公册内，咨送户部查核。

一、緊急工程不及先行料估核算者，酌量工程大小，預發錢糧，派員修造。俱以領銀之日起限。如物料工價二百兩以内者，限一個月；五百兩以内者，限兩個月；一千兩至二千兩以内者，限三個月；三千兩至五千兩以内者，限四個月，如式完竣。工竣之後，限十日内，呈遞銷算清册。限十五日該司核算呈堂。如不遵定限完工，及工竣之日不照限呈遞清册，或已遞清册，該司不據實核算者，照例分别議處。如管工官，或有限期已屆，修理未完，而因避處分，捏報工竣者，另行指參，交部議處。其工竣核銷，如有應繳銀兩不即交庫完結者，將該員參革，照例勒限催追。限内全完，准其開復，逾限不完，照侵蝕正項錢糧例治罪，仍著落家産，追銀還庫。該司官員扶同徇隱，并交部議處。

一、各省委員修理城工，督、撫、布、按，每人各管一處。若城工有數處者，則令分管；一二處者，則令挨管。如有修築不堅，三年之内傾圮者，著承修之員與專管之上司分賠。倘上司因干係己身賠修，故意隱匿者，一經發覺，責令專修，并交部治罪。

《大清律例》卷三八《工律·營造·虚費工力採取不堪用》 律

凡官司役使人工，採取木石材料及燒造磚瓦之類，虚費工力而不堪用者，其役使之官司及工匠人役，并計所費雇工錢坐贓論。罪止杖一百，徒三年。若有所造作，及有所毁壞，如拆屋壞墻之類。備慮不謹而誤殺人者，官司人役，並以過失殺人論。採取不堪，造毁不備，工匠、提調官，各以所由經手管掌之人爲罪。不得濫及也。若誤傷，不坐。

《大清律例》卷三八《工律·營造·修理倉庫》 律

凡内外各處公廨倉庫局院一應係官房舍，非文卷所關，則錢糧所及。但有損壞，當該官吏隨即移文所在有司計料修理。違者，笞四十。若因不請修而損壞官物者，依律科以笞四十之罪，賠償所損之物。還官。若當該官吏已移文有司，而失誤施行，不即修理者，罪坐有司。亦笞四十，損壞官物，亦追賠償，當該官吏不坐。

條例

一、各省營房墩臺，該管地方文武員弁會同協辦、修造；完竣，嚴督兵丁加謹守護。如遇坍損，立即報明印汛各員，公同查勘修理。造入交代，於離任時，取具接任官印結，詳報該管上司查核存案。倘平日不隨時修葺，以致坍塌，經後官詳揭，即行題參，著落印汛員弁分認賠修。如去任員弁無力賠修，文員，即着落不嚴查之道府賠修；武弁，即著落不嚴查之將備賠修。如兵丁作踐折毀，嚴懲責革，著落汛弁獨賠。如汛弁無力，即著落該管將備分賠。至交代之時，後官如有勒措、濫接等弊，該管上司查實，亦即題參，交部議處。

《大清律例》卷三九《工律・河防・失時不修堤防》 律

凡不先事修築河防，及雖修而失時者，提調官吏各笞五十。若毀害人家漂失財物者，杖六十。因而致傷人命者，杖八十。

若不先事修築圩岸，及雖修而失時者，笞三十。因而淹没田禾者，笞五十。

其暴水連雨損壞堤防，非人力所致者，勿論。

條例

一、凡運河一帶用强包攬閘夫、溜夫二名之上，撈淺鋪夫三名之上，俱問發附近充軍。攬當一名，不曾用强生事者，問罪，枷號一個月發落。

一、遇河工緊要工程，如有浮議動衆，以致衆力懈弛者，將倡造之人擬斬監候；附和傳播者，杖一百，即於工所枷號一個月。其指稱夫頭、包攬代雇、勒措良民者，二名以上，發附近充軍；一名者，杖一百，枷號一個月發落。

一、楚省歲修堤防，如有措勒業户，將夫土包折銀錢者，照河工包攬閘夫溜夫撈淺鋪夫例，分别名數定擬。

一、河工承修各員採辦料物，如有奸民串保領銀，侵分入己，以致虧帑誤工，該總河將承辦官參究，仍將虧帑奸民發該州縣嚴查追比。倘有徇縱等情，亦即查參，交部議處。其虧帑串保奸民審實，照常人盜倉庫錢糧律，計贓治罪。應追銀兩逾限不完，著落原領官名下追賠。

一、凡堤工，宜加意慎重，以固河防。除現在已成房屋無礙堤工者免其遷移外，如再有違禁增蓋者，即行驅逐治罪。並將徇縱容隱之官弁交部分别議處。

《大清律例》卷三九《工律・河防・修理橋梁道路》 律

凡橋梁道路，府州縣佐貳官職專提調，於農隙之時，常加點視修理。橋梁務要堅完，道路務要平坦。若損壞失於修理阻礙經行者，提調官吏笞三十。此原有橋梁而未修理者。

若津渡之處，應造橋梁而不造，應置渡船而不置者，笞四十。此原未有橋梁而應造置者。

《兵部處分則例》卷二四《郵政・馳遞緊要公文逾限》 定限日行六百里加緊公文，若不依限馳遞，將遲延三刻以上之員，降一級調用。公罪。兼管臺站上司，降一級留任。公罪。如係限行四五百里緊要公文，將遲延三刻以上之員，降一級留任。公罪。上司罰俸一年。公罪。若因中途遇雨連綿，河水漲發，及馬驚跌斃馬夫等事，取有地方官印結報部，并逾限一二刻者，俱准其免議。其無故遲延至三刻以上者，該總督、巡撫據實查參，照例議處。

《兵部處分則例》卷四《限期・造册錯誤遲延》 一、内外營衛各員造報錢糧文册不能分晰，以致款項不符者，降一級調用。公罪。轉報官罰俸一年。公罪。提督、總兵罰俸六個月。公罪。經該管提督、總兵查出揭參者，將造册轉報之員議處，提督、總兵免議。如造册内數目舛錯遺漏者，造册官罰俸一年。公罪。提督、總兵及轉報官各罰俸六個月。公罪。其提督、總兵自行造册舛錯遺漏者，亦罰俸一年。公罪。至錢糧文册内舛錯遺漏非關數目，及别項數目舛錯遺漏非關錢糧者，造册官罰俸三個月。公罪。轉報官罰俸一個月。公罪。

一、營衛各員造送關係錢糧册結遲延違限不及一月者，罰俸六個月。公罪。違限一個月以上者，罰俸一年。公罪。違限三個月以上者，降二級留任。公罪。違限六個月以上者，降二級留任。公罪。違限一年以上者，

降二級調用。公罪。如並無關係錢糧册結違限不及一月者，罰俸三個月。公罪。違限一月以上者，罰俸六個月。公罪。違限三月以上者，罰俸一年。公罪。違限六月以上者，降一級留任。公罪。違限一年以上者，降二級留任。公罪。如册結已經申送而提督、總兵不即轉送以致遲延者，營衛各員免議。如關係錢糧册結將不即轉送之提督、總兵，違限不及一月者，罰俸三個月。公罪。違限一月以上者，罰俸六個月。公罪。違限三個月以上者，罰俸一年。公罪。違限六個月以上者，降一級留任。公罪。違限一年以上者，降二級留任。公罪。如並無關係錢糧册結，違限一月以上者，罰俸三個月。公罪。違限三月以上者，罰俸六個月。公罪。違限六月以上者，罰俸一年。公罪。違限一年以上者，降一級留任。公罪。若造册之員因舛錯遺漏，經該管上司駁查更正，遲延三月以内者，照造册舛錯遺漏例議處。如遲延三月以上者，仍照造册遲延例議處。

一、造報各項錢糧文册，因舛錯以致遲延之案，除初次往返程途並各上司查覈日期均准其扣除外，其有屢經駁飭遵照更正者，皆由該員不能悉心覈對，以致輾轉稽遲，所有再次駁查以後往返程途月日，並各上司查覈日期概不准其扣除，仍按其違限月日分别議處。至該管各官故意駁飭，將本員遲延免議，其故意駁飭之該管各官，罰俸六個月。私罪。失察之兼轄上司，罰俸三個月。公罪。

《兵部處分則例》卷二二《關禁・徇縱廢鐵黑鉛》 一、沿邊沿海守口官，遇有廢鐵貨潛出邊境及海洋貨賣者，立即拿究，免其處分。如徇縱出口者，革職。私罪。賄縱者，革職，提問。私罪。失察者，降一級調用。公罪。

一、馬白税口黑鉛禁止不許販運出口，如有潛行出口，地方官不行查禁者，照失察廢鐵出口例議處。自行拿獲者，免議。

《兵部處分則例》卷二二《關禁・城門鎖鑰》 一、直省城門及各府州縣城門鎖鑰，均歸城守武職掌管，務須督率兵丁按例以時啓閉，稽查出入。倘有任意遲留放人出入者，該管城守官，罰俸一年。私罪。若將鎖鑰不親自收，任聽兵丁私行開門，放姦匪出入者，將專管官，降二級調用。私罪。

《兵部處分則例》卷一三《海禁・查驗山東海船》 山東外洋商船，照該省驗單查對外，其登州、萊州二府民人前往奉天貿易，及奉天等處民人有過海者，商人船隻出口入口，該州縣俱給與印單，將客人姓名、貨物名單，賣貨地方，同船户水手姓名一一開載，守口官掛號驗單放行。若兵役有勒索情弊，守口官失察者，降一級調用。公罪。如有流民私往奉天偷渡出口，守口武弁失察者，降二級調用。公罪。

《兵部處分則例》卷二四《郵政・本報不親身押送》 一、凡馳驛本章及緊要文報，應有員弁押送者，如不行親身押送，即行革職。私罪。失於覺察之該管上司，罰俸一年。公罪。

一、奉派臺站員弁遞送緊要事件，如有親身不行馳遞，令人代替者，革職。私罪。甚至刻剥官役，故意跑死驛馬，及勒索好馬，干預地方事務，擾害百姓者，俱按例治罪。管派不慎之上司，照僉差不慎例，降一級調用。公罪。總督、巡撫、提督、總兵徇情不參，提督、總兵降二級調用，私罪。總督、巡撫交吏部議處。

《工部則例》卷八〇《關税・巡查關税口岸》 雍正十二年欽奉上諭：直省關税監督，於地方官原不相統轄，一切呼應不靈。而大小口岸甚多，監督一人勢難分身兼顧，雖選委書吏、巡役公同親信、家人稽查收放，而地方文武各員以爲無與己事，並不協力，或轉挾私，則姦商之隱漏，地棍之把持，督撫或不關心監督，動則掣肘，不獨於税務無補，即於地方亦難免擾累。嗣後凡有監督各關，著督撫於兼管所屬口岸，飭令該地方文武各官不時巡查，如有縱容滋擾情弊，聽該督撫參處。至監督徵收税課及一切應行事宜，仍照舊例遵行，不必聽督撫節制。如此庶既有專司，仍無歧視於税課，商民似均有裨益。欽此。

《清仁宗實録》嘉慶二年十月〔丁巳〕 諭内閣：内務府大臣將失火延燒之太監及失於稽察之總管首領太監等分别治罪一摺。宫禁重地，該太監等不能小心看守，以致失火延燒，獲罪甚重。本應照擬嚴辦，朕仰體上天好生之德，量予從寬。所有原擬絞決之太監郝士通，著改爲應絞監候，秋後處決。原擬絞候之首領太監張十太、劉順、王進録，著免死，發往黑龍江，給索倫達呼爾爲奴。原擬發遣之散衆太監二十二名，均著免其發遣。此内李從詳、孫天成二名，係專管東暖閣之人，著重責四十板，發往吴甸鍘草三年。張寬等二十名，俱重責四十板，交總管分撥當差效力。至

專管之總管太監顧進朝，著革去總管，仍回瀛臺，在太監上當差，並罰錢糧六年。總管太監蕭得録、張進喜、劉芳、佟安、佟玉明，雖均係總管，究非專司，俱免其革去頂帶，仍各罰錢糧四年，以示薄懲。尋又命軍機大臣傳諭刑部，將太監郝士通發往黑龍江，給打牲烏拉索倫達呼爾爲奴。

《清宣宗實録》道光十七年四月〔辛未〕諭内閣：前據御史費庚吉奏，各直省書役擾害，請嚴定懲創章程，當交吏部議奏。兹據該部會同刑部奏稱：例載司道府州縣等官，不時察訪衙蠹，申報該督撫究擬。若該管官員不行察報，該督撫不行訪參，均有處分。立法已爲盡善，但恐日久因循，奉行不力。著各直省督撫嚴定章程，認真查辦。嗣後除本官失察衙蠹，别經發覺，從重議處外，如前任有著名衙蠹，後任查出，或有能查辦鄰境衙蠹，如罪應杖徒，每名著准其紀録一次。罪應軍流，每名准其紀録二次。罪應斬絞，每名准其加一級。各直省督撫務當嚴飭所屬，實力奉行，不得視爲具文，致干咎戾。該部即纂入則例遵行。

《清宣宗實録》道光十七年十月〔戊辰〕内務府大臣奏，遵議逃走太監治罪章程：太監逃至河南、山東、山西及東三省，枷號一年，發放黑龍江給官員爲奴，遇赦不赦。如逃至各省，即係越省遠颺，永遠枷號禁斃。另有案情，從重辦理，仍將容留之人治罪。如止逃回順天、直隸本籍者，照舊例辦理。逃往别州縣，離本籍五百里以外，枷號六個月，發往打牲烏拉給官員爲奴，三年釋回。如復行逃走，即照逃往河南、山東、山西、東三省之例治罪。從之。

《清宣宗實録》道光十八年四月〔己巳〕諭内閣：御史黄樂之奏各省獲盜保奏人員，請旨嚴飭覈實一摺。各省地方文武員弁，遇有盜劫重案，緝捕勤奮，自應照例送部引見，量加鼓勵。據該御史奏稱，近來每多冒功取巧。本管官獲犯無所見長，因將本案贓犯歸於他人，以爲同寮見好之地。且有他人獲犯，私行賄售，甚至將所獲人犯嚴刑逼認，朦混邀功。此等弊習，各省均所不免，而廣東、廣西、福建爲尤甚。嗣後著各直省督撫，凡遇屬員獲盜之案，務宜詳加覈實，毋許朦混。如有威逼妄報邀功等情，即著從嚴參辦。至向來獲盜之案，有具題者，亦有專摺具奏者，辦理殊未畫一。嗣後應如何酌定章程，以歸畫一，及該員等獲盜兩次，應如何並案送部引見，以杜取巧之處，著吏部議奏。尋奏：嗣後凡遇各直省現任及候補人員，有數次獲盜尚未到部者，令該督撫並案給咨赴部，將該員初次獲盜案由，於引見摺内聲明請旨。其續獲之案，逐案給予加級。其有前次獲盜引見，尚未補官補缺者，續獲之案，仍予加級，無庸調取。至現任獲盜人員，已補所用之官，候補獲盜人員，業經儘先補缺者，又拿獲盜犯例應調取者，仍照例調取。其前任獲盜之案，無論升補何官，均祇准於現任内給予加級。從之。

《回疆則例》卷六《巴里坤五臺站當差回子頭目分别勸懲》 巴里坤五臺站，每臺站虚銜金頂。回子頭目責令約束稽查當差，回子果能出力，並無違誤過犯，賞加一月鹽菜銀兩。倘約束不力，除停止加賞外，仍分别責革。至臺站一切差使，均由該臺武職官弁派委。其虚銜金頂，俟半年期滿更換時，即行撤銷，不准戴用。

《回疆則例》卷七《回疆大小衙門自雇工匠》 新疆各衙門有需一應大小工匠，自行雇覓，發給工價。不得私役回子充爲工匠，冀免差賦及收受認月紅錢。倘有前項免糧充役，致令窮回代爲攤納者，一經告發，該參贊大臣即指明參奏，照枉法贓辦理，並將阿奇木伯克一併治罪。如該參贊大臣竟有故違容隱即由伊犁將軍查明參奏，也准各城大臣據實揭參，一體治罪。

《回疆則例》卷七《禁止阿奇木伯克供給司員等月費》 喀什噶爾及各城司員、筆帖式等，月支鹽菜俱已加增，所有司員、筆帖式及家丁、厨役人等，不得由阿奇木伯克供給月費口食，倘有貪劣故違索取者，事發，由該參贊大臣查明參奏，即行正法，並將濫行供應之阿奇木伯克一律治罪。

《回疆則例》卷八《慎選充當回子阿渾》 回疆阿渾爲掌教之人，回子素所遵奉，遇有阿渾缺出，由各莊伯克回子查明通達經典、誠實公正之人，公保出結，准阿奇木伯克稟明該管大臣點充。並於每月朔望赴大臣衙門叩見，日久熟認。如有不知經典、化導無方，或人不可靠及剥削回户者，即行懲革，並將原保之阿奇木伯克等，一並參辦。

《清宣宗實録》道光二十七年十月〔戊申〕諭内閣：御史張寶簪奏，州縣吏役縱匪殃民，請飭查懲辦一摺。州縣爲親民之官，遇有匪徒擾害地方，自宜嚴拏懲辦，以安善良。乃如該御史所奏，各省有會匪、捻

匪、掖匪名目，聚集橫行，魚肉良懦。及事發控告，又爲吏役朦蔽，概置不問，縱匪殃民，莫此爲甚。各省督撫受恩深重，一切安民察吏，應如何認真講求。乃於各該州縣縱盜害民，置若罔聞，總以塗飾將就爲事，是受屬員之欺而即以欺上。身爲大吏，置國計民生於不問，天良安在耶？嗣後各直省督撫務當嚴飭各該州縣，偵緝匪徒，漸絶根株，並嚴定章程。如該州縣有衙蠹包庇惡匪，被民人指名控告，一面申報，一面拏辦，免其查議。儻隱匿不報，別經發覺，即將該州縣從重叅處。再遇有民人上控匪徒擾害，情節重大者，若仍批回原審之員，則小民受虐愈酷，該督撫酌量親提，派員嚴審。訊有吏役庇護蒙蔽情事，即將吏役等加等治罪，並將該地方官嚴行叅處。該督撫等務當破除情面，以除莠安良爲心，無得藉口積重難返，畏難苟安。使吏治民風蒸蒸日上，朕所望也。經此訓諭之後，儻仍泄沓從事，不能興利除害，靦顔坐鎮封圻，縱幸免朕之譴責，其將何以對此小民乎？懔之，將此通諭知之。

《清宣宗實録》道光二十八年十二月〔己未〕諭内閣：都察院奏，遵議，吏部帶領引見堂司各官處分等語。吏部主事陳鴻壽、宋延春、何栻、崇恩均著降一級留任，不准抵銷。文慶、陳官俊、花沙納、侯桐、福濟、張芾均著罰俸一年，亦不准其抵銷。門禁例應嚴肅。道光四年，曾經降旨申諭，總因日久懈弛，視門單爲具文，或不繕送，或繕送而不覈實稽查，以致有人混入，著再行申禁。嗣後部院各旗營、各衙門引見人員進内，仍遵前降諭旨、認真查辦，不得視爲具文。儻再有誤入禁門之事，定將各員從重懲辦，決不寬貸。

（清）席裕福《清朝政典類纂》卷三七七《刑九·吏律職制·貢舉非其人》　凡貢舉非其人及才堪時用應貢舉而不貢舉者，計其妄舉與不舉人數。一人杖八十，每二人加一等，罪止杖一百。所舉之人知情與同罪，不知者不坐。若主司考試藝業技能而故不以實者，可取者置之下等，不可取者反置之上等。減二等。若貢舉考試失者，各減三等。受贓，俱以枉法從重論。

條例

一、鄉會試考試官同考官及應試舉子，有交通囑託，賄買關節等弊，問實，斬決。謹案：此條係乾隆五年遵照順治十五年諭旨，恭纂爲例。一、歲貢生員册報到部，遇有事故，不許補貢。其未經報部，遇有事故，勘明，准令次考補貢。若丁憂及患病，勘明，仍補該年之貢。如托故延至三年之外者，亦不准收。有司朦朧送補者，各杖一百。受贓者，俱以枉法從其重者論。謹案：此條嘉慶六年改定。一、應試舉監生儒及官吏人等，但有懷挾文字銀兩，當場搜出者，枷號一月，滿日杖一百，革去職役。其越舍與人換寫文字，或臨時換卷，並用財雇倩夾帶傳遞與夫匠軍役人等，受財代替夾帶傳遞及知情不舉察捉拏者，俱發近邊充軍。若計贓重於本罪者，從重科斷。官縱容者交部議處。受財者以枉法論。其武場有犯懷挾等弊，俱照此例擬斷。謹案：此條乾隆三十七年改定。一、凡學臣考試，如提調官通同作弊及引誘爲非者，同學臣一併革職提問。其學臣暗通關節，私鬻名器，提調官雖無通同引誘情弊，而防範不嚴者，交部議處。學臣應用員役，儻有招摇撞騙及受賄傳遞等弊，提調官不行訪拏究治者，亦交部議處。若學臣操守清廉，杜絶情弊，而提調官不得遂其引誘反行挾制把持者，該學臣即行指參，審實，將提調官照貪官例治罪。謹案：此條係雍正五年定。原文防範不嚴者，照溺職例革職。不行訪拏究治者，照失察衙役犯贓例議處，均於乾隆五年改交部議處。一、凡考試官毫無情弊，下第諸生不安義命，逞忿混行攙鬧者，照假以建言爲由挾制官府污人名節報復私讐例，發附近充軍。謹案：此條係原例。假以建言爲由以下，原文係照光棍例治罪，乾隆五年改，續經删去，惟存發附近充軍五字。一、官生録科，該學政瞻徇情面，濫行録送，如官卷内有文理荒謬，倖邀科第者，發覺之日，將送考官一併嚴加議處。謹案：此條雍正五年定。一、考職貢監生如有包攬代作等弊，察出提究。若監試御史隱匿瞻徇，照例議處。其假冒頂替者，本犯照詐假官律治罪。互結監生照知情詐假官律治罪。出結之官照例議處。若身故未經繳照者，限四個月准家屬自首。如逾限不首，查出審有轉賣頂替别情，照詐假官律治罪。計贓重者，以枉法論。若審係偶爾遺忘，並無別故，當官銷燬，免其治罪。該地方官於已革、已故未經繳照之人，徇隱故縱，不嚴行追繳，致滋事故者，事發之日，照例議處。謹案：此條嘉慶六年改定。一、鄉會試考試官同考官及應試舉子，有交通囑託賄買關節等弊，問實，無論曾否取中，援引咸豐九年順天鄉試科場案内欽奉諭旨，俱照本例問擬，仍恭候欽定。同治九年續纂。

事例

順治十五年諭：朝廷舉人材，科目最重，必主考同考官皆正直無私，

而後真才始得。昨因鄉試賄賂公行，情罪重大，已將李振鄴、田耜等特置重辟，家產籍没。會試大典，尤當慎重。考試官同考試官及天下舉人，若不洗滌肺腸，痛絶情弊，不重名器，不惜身命，仍敢交通囑託，賄買關節等弊，或被發覺，或經科道指參，即將作弊人等俱照李振鄴、田耜等重行治罪，決不姑貸。爾部即刊刻榜文，通行嚴飭，使知朕取士釐姦至意。特諭。雍正四年議准：文武生員，除事關切己及未分家之父兄，許其出名告理外，如代人具控作證者，該地方官申詳學臣褫革之後，始行審理曲直。至告給衣頂，必限十科之外。或實係年老病廢，及進學時年已衰邁者，該教官出具印結具詳，學臣覈驗，准給。如給衣頂後，有包攬詞訟者，加倍治罪，將出結之教官及學臣交部查議。至捐納貢監妄爲生事，應行褫革者，地方官申報督撫學臣。其事屬督撫者，移咨學臣。事屬學臣者，移咨督撫。一面褫革，一面報部，年底仍將審明緣由造册送部查覈。其考職吏員倚恃護符，作姦犯科者，該地方官申報上司，轉詳督撫咨部，革去職銜，照所犯罪名，加凡人一等治罪。《會典》事例。六年奉旨：各省監生每於考職之時，託在京之親戚朋友代爲應考，而本人安坐原籍，濫叨職銜，陋習相沿已久。今准其自行出首，代考之人酌量寬免。託人代考者，但革監生，不治其罪。隱匿不首者，一經發覺，即行正法。《通典》。乾隆二年諭：道府等官皆屬親民要職，必才幹素著、廉潔自持者方克勝任，是以皇考當日曾令督撫兩司各行保舉。朕今仿照此例，著於各省道府官内，令督撫藩臬各據所知，保舉一二員、二三員，俱各密封具奏，不得會同商酌。如所保之人不當，日後劣迹敗露，將保奏上司一併治罪。嘉慶七年諭：嗣後步軍統領衙門，遇有番役緝捕勤奮，祇准量加獎賞。即實有拏獲要犯者，亦祇可從優加賞，毋許給與頂戴。儻再行濫請，即以違制論。二十五年諭：嗣後各直省凡題請入祀名宦鄉賢者，該督撫務當確切查實，不得以名實不符者濫竽陳奏。部臣尤應秉公覈議，不可稍涉瞻徇。庶揚清激濁，公議昭然，其有裨於世道人心者，非淺也。又諭：各直省督撫所有兩司道府州縣以及營伍員弁内，如實有才德兼優，認眞辦事者，著出具切實考語，密摺保奏。歷任後除公罪不論外，若作姦犯科，身罹私罪，惟所保之督撫是問。如有貪婪不法，以刻爲明，或年老昏憒，不能辦事者，亦著據實奏參。道光六年諭：嗣後各省預保武職，務須認眞遴舉，擇其年力精壯，才技優嫻，不得任意濫保。如再有將此等庸劣之人預保，必將該員即行革職，所保之上司交部嚴議。【略】咸豐九年諭：本日據載垣等奏會審科場案内已革大員並已革大員定擬罪名先行擬結一摺，朕詳加披覽，反覆審定，有不能不爲在廷諸臣明白宣示者。科場爲掄才大典，交通舞弊定例甚嚴。自來典試，大小諸臣從無敢以身試法，輕犯刑章者。不意柏俊以一品大員，乃辜恩藐法，至於如是。柏俊身任大學士，在内廷行走有年，曾任内務府大臣、軍機大臣，且係科甲進身，豈不知科場定例，竟以家人求請，輒即撤換試卷。若使靳祥尚在，加以夾訊，何難盡情吐露。既有成憲可循，朕即不爲已甚。但就所供情節詳加察覈，情有可原，法難寬宥，言念及此，不禁垂泪。柏俊著照王大臣擬，即行處斬，派肅順、趙光前赴市曹監視行刑。已革編修浦安、已革舉人羅鴻繹、已革主事李鶴齡，著照例斬決，以昭炯戒。副主考户部尚書朱鳳標，於柏俊撤換試卷闈中，並未查訊出場，後又不即行參奏，著照舊例辦理。知情徇隱即應治罪，即止於失察，亦應研訊。惟閲其供詞，尚無知情情弊，諒朱鳳標亦不致公然徇縱，著從寬即行革職。同考官降調編修鄒石麟，爲已革職舉人平齡更改硃卷，實屬違例，著革職永不叙用。其磨勘查出試卷，應行查辦之舉人余汝偕等十二名，並同考官徐桐、鍾琇、涂覺綱、何福咸，對讀官鮑應鳴，應得處分，著交禮部，查照科場條例，定擬具奏。至墨卷内更改馬丞字樣，是否由外簾傳遞之處，著原派之監臨明白回奏，另片奏催。未經至案之謝森墀、熊元培、李旦華三名，著江蘇巡撫派員解京歸案審訊。嗣後科場大典，秉文衡者皆當潔己虚懷，杜絶干請。應試士子亦各立品自愛，毋蹈夤緣覆轍，則朕此次執法嚴懲，實爲士林維持風氣。爾在廷諸臣，當能默喻朕衷也。又諭：本日據載垣等奏科場案内審明已革大員並已革職員等定擬罪名一摺，科場爲掄才大典，考試官及應試舉子有交通囑託，賄買關節等弊，問實斬決，定例綦嚴，不得以曾否取中，分别已成、未成。此案已革工部候補郎中程炳採，於伊父程庭桂入闈後，竟敢公然接收關節條子，交家人胡升轉遞場内，即係交通囑託關節，情罪重大，豈能以已中、未中强爲區别？程炳採著照該王大臣等所擬，即行處斬。已革二品頂戴左副都御史程庭桂身任考官，於伊子轉遞關節並不舉發，是其有以蒙蔽，已可概見，雖所收條子未經中式，而交通已成，確有實據，即立

予斬決，亦屬罪有應得。惟念伊子程炳採已身罹大辟，情殊可憫，若將伊再置重典，父子概予駢首，朕心實有不忍，程庭桂著加恩發往軍臺，效力贖罪。此係朕法外施仁，並非從死罪遞減，亦非因其接收關節未經中卷，姑從末減也。其致送關節之謝森墀等，本應照科場專條治以死罪，惟與業經正法之羅鴻驛等尚屬有間，工部候補郎中謝森墀、恩貢生報捐國子監學正學録王景麟，均著革職。熊元培著革去附貢生，與已革候補郎中李旦華、已革候選通判潘敦儼、已革翰林院庶吉士潘祖同、已革刑部候選員外郎陳景彥，已於二月間加恩免其死罪，著照所擬，均著發往新疆，效力贖罪。李旦華之父、前任刑部侍郎李清鳳，現在原籍病故，著該部查明，李旦華如家有次丁，即於百日後起解。如家無次丁，著俟安葬伊父，再行發遣。降調湖南布政使潘鐸，平日訓子無方，著交部議處。其應議之監臨監試專司稽查，及内外簾執事各員並搜檢，王大臣著禮部按照科場條例，據實查明各該員所司何事，應議之處，詳晰開列，銜名具奏。再降諭旨，另片奏未能究出冒名之人，請旨議處等語，載端全陳，著交宗人府、吏部照例議處。至科場條例，本有專條，刑部所擬程庭桂等罪名，俱不在科場例内，輒將向辦各案以已成、未成比擬，實屬不合。業於王大臣等摺内詳細批示，若照硃批給予處分，恐該堂官等難當此重咎。著傳旨申飭科場一案前後所降諭旨，著即補入禮、刑二部則例，永遠遵行。《彙案》。

（清）席裕福《清朝政典類纂》卷三七七《刑九・吏律職制・擅離職役》 凡官内外文武吏典吏無患病、公差之故，擅離職役者，笞四十。各留職役。若避難如避難解之錢糧，難捕之盜賊，有干係者。因而在逃者，杖一百，罷職役不叙。所避事重者，各從重論。如文官隨軍供給糧餉，避難在逃，以致臨敵缺乏。武官已承調遣，避難在逃，以致失誤軍機。若無所避而棄印在逃，則止罷職。其在官如巡風官吏、火夫之類，應直不直，應宿不宿，各笞二十。若主守常川看守。倉庫、務場、獄囚、雜物之類，應直不直，應宿不宿者，各笞四十。俱就無失事者言耳。若倉吏不直宿而失火，庫子不直宿而失盜，禁子不直宿而失囚之類，自有本律科罪。

條例

一、監生在監肄業及各衙門辦事官吏承差，皆不許倩人代替，違者俱杖一百，黜革。代替者別有職役，一體問革。謹案：此條嘉慶六年改定。一、外任旗員子弟歸旗後，有因事告假與例相符者，該旗酌量給假，仍分別省分遠近，定限給以執照，令其依限回旗，並咨部行文該省，按限催令歸旗。如有藉端逗遛，照違制律治罪。謹案：此條雍正十三年定。

事例

乾隆三十二年諭：嗣後州縣官概不准託故赴省，扣展公出日期。其有因派委會審及查辦緊要事件，必須檄調到省者，該督撫將應行扣展之故，於年終彙奏一次，交部查覈。如有假公濟私並無實據者，或由部查出，或別經發覺，惟該督撫是問。嘉慶十五年奉旨：嗣後庶吉士等呈請給假，除實係患病終養外，其請假省親、修墓等事，不必論歷俸年分，俱令據實呈明，仍按省分遠近，除去往返程途，定限在家居住四個月，期滿即行，起咨銷假。如違限不到，查係無故逗遛者，著奏明將該員懲治不貸。道光十年諭：嗣後實缺人員，除奏明撤任及奉差出省者，准委員署理外，其無故在省逗遛不回本任者，即嚴參示懲。十四年諭：嗣後京外實缺人員，無論何項請假開缺，著該管上司詳查確實，並責成出結，官取具並無規避營私甘結，方准開缺。倘有捏飾情弊，或因事發覺，或經科道糾參，即將出結官照本員應得處分，一律懲處。十八年諭：嗣後頂補人員，均不准於見缺後呈請開除差使回旗會試，以杜規避。《彙案》。

（清）席裕福《清朝政典類纂》卷三七七《刑九・吏律職制・官員赴任過限》 凡已除官員在京者以除授日爲始，在外者以領該部所給文憑限票日爲始，各依已定程限赴任。若無故過限者，一日笞一十，每十日加一等，罪止杖八十，並留任。若代官已到，舊官各照已定限期交割户口、錢糧、刑名等項，及應有卷宗籍册完備，無故十日之外不離任所者，依赴任過限論，減二等。亦留任。其中途阻風、被盜、患病、喪事不能前進者，聽於所在官司告明，給印信結狀，以備後日違限，將結狀送官照勘。若有規避詐冒不實者，從重論。該官司扶同保勘者，罪同。謹案：雍正三年改定。

條例

一、陞除出外，文職已經領敕、領憑，若無故遷延，至半年之上不辭朝出城者，參提，依違制律問罪。若已辭出城，復入城潛住者，交部議處。謹案：此條係原例，參提下本無依違制律四字，又例末原文，係改降別用，均乾隆五年增改。一、外任漢軍官員有陞轉來京，及年老有病降級革職歸旗者，

務於定限之內起程，令該督撫、提鎮照依各省遠近，大路有驛站者，日行一站。僻路無驛站者，日行五十里，酌定到京期限，咨報該部、該旗。其中途阻風、被盜、患病、喪事不能前進，仍照律聽其於所在官司給狀，以備照勘外，如有無故不速起程，或已起程中途逗留，或在別處居住，或本身進京而令家口在別處居住者，督撫、提鎮題參交部，均照違制律治罪。地方官不行詳報，督撫、提鎮不行題參，交部議處。或已經起程，地方官不行申報，督撫、提鎮不行咨明該部、該旗，以致沿途逗留生事者，亦交部議處。或革職免罪人員，別無未清事件，亦遵照此例給咨，催令回旗，免其沿途押解。謹案：此條乾隆五年改定。一、漢官革職離任，交代完日，即令起程，不得過五個月之限。該督撫將起程日期報部，並知會原籍地方官。儻違限不即起程一月以上，照舊官十日之外不離任所律治罪。該管及地方官不行查出，交部議處。革職免罪人員，亦令按限起程，免其請咨押解。其有冤抑，欲赴都察院具呈申理者，地方官給咨，來京事竣之日，發回原籍。如藉端留滯，照例治罪。五城司坊官徇情容留，交部議處。一、京官革職，曾經問有罪名者，限一月內起程，五城司坊官將起程日期報部，並知會原籍地方官。儻違限不即起程一月以上，照例治罪，五城司坊官及地方官不行查出，亦交部議處。謹案：此二條係乾隆五年將前條改定。

事例

雍正五年諭：嗣後遇有錢糧、刑名事件，應行降調、革職之員，該督撫題參之日，即行摘印，委員署理。俟該部議覆，奉旨定案之日，再行開缺。若有旨寬免，仍准復還原任。將此永著爲例。乾隆十五年諭：嗣後各督撫於屬員有題請革職，或勒令休致，另行降補。改用教職以及丁憂告病之類離任者，俱一面具題，一面即行委員收取印信署事，並將任內經手錢糧一一清查，毋得瞻徇，著爲令。二十六年議准：嗣後同知以下在部領憑赴任各員，如實係順道呈請省親者，亦俱照道府之例，准其給假二十日，以遂烏私。嘉慶十年奏准：嗣後凡未經領憑赴任及領憑未經到省，並到省未經到任人員，如因患病開缺，將來痊時，均令其坐補原缺，毋庸帶領引見，以昭畫一。至業經到任，實因患病開缺者，仍照舊例，病痊時由該督撫驗明給咨，送部引見。二十年覆准：嗣後報捐分發，將每月十五日以後零星領照各員，均歸於下月十五日正期領照，依限到省人員內，統行一並掣簽。道光十六年諭：嗣後各督撫等務當破除錮習，一秉至公，遇有屬員因案革職者，飭令回籍。降調者，給咨赴部候補。即有交代經手事件，亦應照例勒限，咨部辦理，不得任意遲延，妄生希冀。經此次諄諭之後，各督撫等如敢視爲具文，將此項人員留省差委，甚至登諸薦牘，吏部即行指參。又諭：嗣後凡緣事革職、降調，應行離省之員，該督撫於交代清楚後，不給咨令其回籍，及回籍候補赴部候選，轉將該員留省差委，藉端保奏者，著照委署別缺之例，定爲降一級調用。《彙案》。

（清）席裕福《清朝政典類纂》卷三七八《刑十・吏律公式・事應奏不奏》

凡應議之人，有犯應請旨而不請旨，及應論功上議而不上議，即便拏問發落者，當該官吏照雜犯律處絞。若文武職官有犯應請而不奏請者，杖一百。有所規避，如懷挾故勘出入人罪之類。從重論。若軍務、錢糧、選法制度、刑名死罪、災異，及事應奏而不奏者，杖八十。應申上而不申上者，笞四十。若應議之人及文武官犯罪并軍務等事，已奏已申不待回報而輒施行者，並同不奏不申之罪。至死減一等。其各衙門合奏公事，須要依律定擬罪名，具寫奏本。其奏事及當該官吏僉書姓名，現今奏本，吏不僉名，明白奏聞。若官吏有所規避，將所奏內增減緊關情節，朦朧奏准，未行者以奏事不實論。施行以後，因事發露，雖經年遠，鞫問明白，斬監候。非軍務、錢糧，酌情減等。若於親臨上司官處稟議公事，必先隨事詳陳可否，定擬稟說。若准擬者，方行上司置立印書文簿，附寫所議之事略節緣由，令首領官吏書名畫字，以憑稽考。若將不合行事務，不曾稟上司，妄作稟准，及窺伺上司公務冗併，乘時朦朧稟說，致官不及詳察，誤准施行者，依詐傳各衙門官員言語律科罪。有所規避者，從重論。詐傳官員言語本罪詳見《詐僞律》。謹案：原文首句云凡軍官犯罪，第二節首句云若文職有犯，均雍正三年改。

條例

一、凡州、縣官將小民疾苦之情，不行詳報上司，使民無可控訴者，革職永不敘用。若已經詳報，而上司不接，准題達者革職。謹案：此條乾隆五年改定。一、各省學臣發審事件，一面發提調官訊問，一面咨明督撫稽查，提調等官仍具文通報。除例應枷責完結者，聽提調官隨時發落，報明學臣、督撫、藩臬銷案外，其枷責以上罪名，俱照例擬議，報明學臣，詳解藩臬核轉，由督撫分別批結咨題。如提調等官奉到學臣批檄，不行通

報，即罪無出入，亦交部議處。謹案：此條乾隆二十四年定。一、都察院、步軍統領衙門遇有各省呈控之案，俱不准駁斥，先向原告詳訊。其實係冤抑難申，情詞真切，及地方官審斷不以草率辦結，並官吏營私執法，確鑿有據，及案情較重者，即行具奏。如訊供與原呈迥異，或係包攬代訴，被人挑唆，情節顯有不實，及原告未經在本省赴案成招，挾嫌傾陷，藉端拖累，應咨回本省審辦之案，亦於一月或二月視控案之多寡，彙奏一次，並將各案情節於摺内分晰註明。如距京較近省分，將原告暫交刑部散禁，提本省全案卷宗細加查覈，再行分别酌辦。儻有案情較重，不即具奏，僅咨回本省辦理者，各堂官交部嚴加議處。謹案：此條嘉慶十五年定。一、文自知縣以上，武自守備以上，如有自盡之案，該督撫專摺奏聞。謹案：此條咸豐三年續纂。

事例

雍正三年議准，外省人命案件，擬以軍流等罪咨部完結者，俱駁令具題。嗣後不行具題者，將該督撫查議。乾隆四年奏准，嗣後除人命、强盜情罪重大案内，例應發黑龍江、寧古塔等處者，應仍令各督撫特疏具題外，其餘因事擬遣一切軍流等案，如果案犯情節顯明，别無疑竇者，俱照誣告反坐等項之例，令各督撫迅速審擬，咨部完結，統於歲底彙題。仍將各案原招造册送部查覈。四十六年諭：嗣後除尋常逃犯仍照例咨部轉行通緝外，如遇有命盜免死減等人犯在配脱逃，情罪較重者，即一面飭屬通緝，咨部存案；一面奏聞。五十三年議准，嗣後除有關人命擬徒，及命案内續獲擬徒，餘犯均於專案咨部後，入於軍流本内，年終一併彙題外，其無關人命罪止擬徒之犯，雖係專案咨部，亦毋庸入於彙題，以免淆混。五十九年諭：嗣後各省如遇有殺死一家三命以上，及殺死非一家四命以上之案，仍著專摺具奏。其殺死一家二命，及非一家三命者，該督撫等但應速行具題，於題到時，内閣即票擬，速奏簽進呈，交法司速議具題，亦不敢久稽顯戮。嘉慶四年諭：嗣後都察院、步軍統領衙門，遇有各省呈控之案，俱不准駁斥，其案情較重者，自應即行具奏。即有應行咨回本省審辦之案，亦應於一月或兩月，視控案之多寡，彙奏一次，並將各案情節於摺内分晰註明，候朕批閲。儻有案情較重不即具奏，僅咨回本省辦理者，經朕看出，必將各堂官交部嚴加議處。著爲令。十二年諭：嗣後都察院、步軍統領衙門，於接受呈詞時，著先向原告逐款詳訊，除實係冤抑難伸，情詞真切，及地方官審斷不公，草率辦結，並官吏營私骫法，確鑿有據者，仍當立時奏聞，另候辦理，毋稍壓擱外，如所訊之供，竟與原呈迥異，或係包攬代訴，被人挑唆，其情節顯有不實，及原告未經在本省赴案質訊録供成招，不免有挾嫌傾陷，藉端拖累情事，著咨回本省嚴辦。仍交該衙門按期嚴催，開單，彙奏。其距京較近省分，著先將原告暫交刑部散禁，提取本省全案卷宗細加覈閲，再行分别覈辦。十七年奏准，如謀反大逆，但共謀者謀殺祖父母、父母者，妻妾謀殺夫之祖父母、父母者，妻妾謀殺故夫祖父母、父母者，殺一家非死罪三人，及支解人爲首者，謀殺期親尊長、外祖父母者，情可矜憫，准夾簽聲明之案，仍專本具題。採生折割人爲首者，子孫毆死祖父母、父母者，糾衆行劫在獄罪囚，持械拒殺官弁，爲首及下手殺官者，尊長謀占家産圖襲官職，殺功、緦卑幼一家三人者，發遣當差爲奴之犯殺死伊管主一家三人者，罪囚由監内結夥反獄，持械拒傷官弁，爲首及下手殺官者，妻妾因與有服親屬通姦，同謀殺死親夫者，若與平人通姦謀殺，仍專本具題。卑幼圖財，强姦、謀殺尊長者，殺一家非死罪二人，如死係父祖子孫及服屬期親者，洋盜會匪及强盜拒殺官差，罪應斬梟者，凡十六條，俱應專摺具奏。其餘尋常罪，應凌遲、斬梟、斬決之案，仍專本具題。以上均《會典》事例。道光四年諭：兵部將王府應行斥革官員，分别應奏不應奏請旨。嗣後王府所屬長史、司儀長等官，遇有過犯應行斥革者，由該王等據實參奏。如奉旨交部查議，由兵部專案具題。至護衛五品典儀以上等官應行斥革，無庸具奏，即由該王等轉咨兵部覈議彙題。並著兵部於接到該王等咨文時，仍覈其過犯情節，如果輕重懸殊，該部即行據實奏聞請旨。其六品以下等官，如有過犯應行斥革者，仍照舊例咨行兵部革退。聖訓。

（清）席裕福《清朝政典類纂》卷三七八《刑十·吏律公式·官文書稽程》 凡官文書稽程一日者，吏典笞一十，三日加一等，罪止笞四十。首領官各減一等。首領官，吏典之頭目。凡言首領正官，佐貳不坐。若各衙門上司遇有所屬申禀公事，隨即詳議可否，明白定奪批示回報。若當該上司官吏不與果決，含糊行移，上下互相推調，以致耽誤公事者，上司官吏杖八十。其所屬下司將可行事件不行區處，無疑而作疑申禀者，下司官吏罪亦如

之。

條例

一、内外衙門公事，小事五日程，中事十日程，大事二十日程，並要限内完結。若事干外郡官司關追會審，或踏勘田土者，不拘常限。謹案：此條係原例，本作中事七日程，大事十日程。又關追會審四字，原作追會，均雍正五年改。一、部院衙門一切應行事件，俱於到司五日之内行文，其有訛誤舛錯之處，將專管值日之滿、漢司官，交部議處。如遺漏未行，或遲延日久，將滿、漢司官交部分别議處。謹案：此條雍正八年定。一、州縣官承審案件，或正犯或緊要證佐患病，除輕病旬日即痊者毋庸扣展外，如遇病果沉重，州、縣將起病、病痊月日，及醫生醫方先後具文通報，成招時出具甘結附送，令該管府、州，於審轉時查察加結轉送。如府、州司道審轉之時，或遇犯證患病，亦准報明扣除，但病限毋論，司、府、州、縣，俱准其扣展一月。若帶病起解以致中途病斃，照解犯中途患病不行留養例議處。儻係州縣揑報假病借延，立即揭參。府、州扶同加結，院司察出，將府、州一併開參。如審轉之府、州、司道無故遲延，揑報患病，希圖扣限。及上司徇隱，並交部議處。謹案：此條係乾隆五十三年修併。一、凡刑部衙門尋常移咨外省案件，如行查家産，關提人犯，俱以文到之日爲始，依限查覆。於覆文内將何日接到部咨，有無逾限之處，隨案聲明。儻一時未得清晰，必須輾轉咨查。不能依限查覆者，亦即聲請展限。如逾限不完，又不聲明緣由，經部行催之後，即行查參，將承辦之州、縣及各該上司，俱交部議處。一、凡州、縣承審命案，詳請檢驗，上司並未批駁者，仍按限審解外，其有屢次駁查，後經批准遲延有因之案，該督撫據實聲明報部，准其另行扣限。如有揑飾，照例嚴參。謹案：以上二條，均乾隆十一年定。一、凡各部院事件在本部題結者，吏、禮、兵、工部及各衙門，俱定限二十日。户、刑二部，定限三十日。行查會稿，係吏、禮、兵、工及各衙門主稿者，定限四十日。户、刑二部定限五十日。内所會各衙門，各定限五日。户、刑二部，各定限十日。逾限即行參處。謹案：此條乾隆十六年遵旨定。一、凡各省報部難結事件，如通緝已届四十年者，即行查銷，毋庸列入彙奏。儻後經緝獲，仍行質明辦理。謹案：此條係乾隆三十七年定。一、刑部應會三法司書題事件，將稿面鈐蓋司印，註明緣由，付督催所彙轉交大值日司，分用印文，移送法司衙門書題，限八日内亦用印文回。如稿内有酌議改易之處，即將應酌議改易之處，用印文聲明緣由，亦於八日内送回刑部查覈定議。刑部仍用印文將應否改易之處聲明，再行覈送法司衙門。謹案：此條道光元年修改。一、議覆斬、絞監候，本章於科抄到部之日爲始，仍照定例，限八十日内具題。其立決本限七十日内具題，有行查會議事故，亦仍照例扣限。每日進立決本，不得過八件，務須按日均匀搭配。如遇實在科抄到部擁擠之時，臨時奏明，酌量加增。其科抄到部月日，並是否依限具題，統於本尾逐一聲明。儻有逾限，隨本附參。謹案：此條道光元年續纂。一、各處轉咨報部，由刑部改題之案，如係漢字咨文到部者，以文到之日爲始。斬、絞監候案件，限九十日具題。立決案件限八十日具題。係清文咨部者，監候案件加譯漢，限期二十日。立決案件加譯漢，限期十日。有行奪會議事故，亦照科鈔本章之例，照例扣限，仍將咨文到部月日及是否依限具題，統於本尾逐一聲明。儻有逾限，隨本附參。謹案：此條道光十五年續纂。

事例

順治十二年覆准：凡直省刑獄案件，儻有躭延，督撫即行指參。仍於年底將已決未決欽件數目併稽遲緣由開册，咨送三法司查覈。康熙九年題准：凡承審欽件，限期專責督撫。有違限者，將督撫計月處分。如承問官將易結之事遲延不結，或將難結情由不豫行申報者，聽督撫題參，將承問官罰俸一年。二十二年議准：直省人命事件，改限六個月審結，逾限不結不及一月者，承問官罰俸三月。一月以上者，罰俸一年。三十二年諭：嗣後將刑部議結細事，照熱審減等例，十日一次，彙寫具題。其具題時，著將到部之日，審起完結之日，俱行寫出。三十六年議准：問刑官員審理盜案，供證既明，可結不結，逾限至一年以上者，照無故遲延之例，嚴加議處。四十年議准：各府、州、縣人命案件，六個月限滿，照例題參。後又於四個月限内不行完結，復參遲延者，照題定易結不結之例，將承審各官革職，並將督催之臬司刑名巡道及承催道員，各降三級調用。如承審官或爲勢壓，或以賄囑故，爲延緩，聽訟不平，鍛練失實等項，該督撫嚴查題參。四十四年議准：旗民互告事件，承審官限一月完結。有提人行查之處，以人文到部之日扣限。雍正二年覆准：凡參承審

遲延，原審官初次限滿，已經參過遲延，其在二限之内，承審官遇有陞任降革，或因公他往委署，及新任之員接審者，卽於接審日算起，准其展限四個月。如限内仍不審結，該督撫卽將易結不結情由查明題參。五年議准：嗣後刑部行提人犯，行令八旗内務府五城順天府，務照定例於文到之日，卽行查送過部。如人犯或有他故，卽行報明，如有越三日不送到部，並不報明不到情由，卽將該管官照例參處。又諭：嗣後凡有緝拏人犯之處，各該衙門卽速行文，不得稽遲時刻。儻文到之日，彼處奉行不力，以致免脱，責有攸歸。著將此旨内外通行。乾隆十四年奉旨：嗣後各部事件，在本部題結者，吏、禮、兵工等部及各衙門，俱定限二十日。户、刑二部定限三十日。行查會稿係吏、禮、兵、工及各衙門主稿者，定限四十日。户、刑二部定限五十日。内所會各衙門各定限五日。户、刑二部各定限十日。逾限卽行參處。如此，限期既歸畫一，不致怠玩逾時，亦不致草率了事。各部院大臣其務靖共率屬體時亮天工之意，以副咸釐庶績之治。以上均《會典》事例。三十三年諭：嗣後八旗宗人府，凡有行交外省事件，俱行該部轉行，不得徑行外省。將此永著爲例。聖訓。嘉慶二十二年奏准：嗣後提省委審之案，如有必須地方官踏勘地界等事，卽照鄰封關提人犯之例，於文到日限二十日詳覆。仍先行申詳咨部，以備查覈。通行。

刑案

書吏漏辦公文，日久不覆，照遺失官文書律減一等，杖六十。嘉慶二十二年直隸司現審案。

漏辦公文，畏罪隱匿，比照棄毁官文書律，擬杖加等問徒。嘉慶二十四年湖北案。

提塘官領出應頒越南國時憲書，遲至兩月，並未附寄，提塘官革職。奉差進京遞摺之外委，提塘官曾有囑伊揣帶憲書之語，因臨行時匆忙，未及往取，提塘官未送交，以致憲書稽遲。外委責二十棍，革退示警。道光十三年邸抄。

差弁遺失題名録木箱，照不應重杖八十律，擬杖折責，革役。光緒三年雲南案。

（清）席裕福《清朝政典類纂》卷三七八《刑十・吏律公式・照刷文卷》　凡照刷有司有印信衙門文卷，可完不完遲一宗、二宗，吏典笞一十。三宗至五宗，笞二十。每五宗加一等。罪止笞四十。府、州、縣首領官，及倉庫、務場、局所、河泊等官，非吏典之比，各減一等。失錯漏使印信，不僉姓名之類，及漏報卷宗，本多而不送照刷，一宗，吏典笞二十。二宗、三宗，笞三十。每三宗加一等。罪止笞五十。府、州、縣首領官，及倉庫、務場、局所、河泊等官，各減一等。其府、州、縣正官巡檢，非首領官之比，一宗至五宗罰俸一月，每五宗加一等。罰止三月。若文卷刷出錢糧埋没，刑名違枉等事，有所規避者，各從重論。謹案：原文罰俸一十日，每五宗加一等，罰止一月，雍正三年改。又原注錢糧下不見下落四字，刑名下不依正律四字，乾隆五年刪。

條例

一、各部院衙門，每月將已結未結科抄事件，造册分送六科。科抄並見理事件，造册分送各道，勘對限期。其各部註銷會稿事件，卽於註銷册内，將會稿衙門定議日期，逐一詳開，移會科道查覈。儻有遲限者，察參。謹案：此條乾隆五年改定。一、在京各衙門，凡關繫錢糧、刑名案件，每年八月内彙造印册，送京畿道刷卷。有遲誤者，察參。謹案：此條雍正三年定。一、各省彙題事件，統限開印後兩月具題。如有遲延，刑部隨本查參，交部議處。謹案：此條乾隆二十三年定。一、各省彙奏事件，該督撫於每年十月截數，咨報各部及軍機處。均限十二月初間咨齊。卽由軍機大臣會同該部彙開清單，於年底先行具奏。仍交部分别覈議，照例具題。如該督撫等逾限不報，交部察議。謹案：此條嘉慶六年改定。一、各省軍流人犯定地發配，及到配安置，俱聲明何司案呈，專咨報部。謹案：此條道光元年續纂，五年復奏頒修。

事例

雍正元年諭：嗣後凡三法司會議案件本尾帶及行令補參者，督撫咨覆刑部。其或處分，或寬免，作何完結之後，令刑部知會書題衙門公同刷卷。如此則胥役不得上下其手矣。五年議准：嗣後刑部現審事件，著令承審司官每於月底，將所審案件，逐案開具簡明略節，並監犯名數，收監日期，造具清册。其有行提應質人犯等項，不能依限完結者，將緣由一併造入册内，呈堂查覈。若有濫行監禁，及無故遲延不結者，卽將該司官指

名題參，照例議處。若刑部不行題參，或彼科道糾察，或別經發覺者，將堂官一併議處。其直省問刑各衙門，亦於每月一體造具清册，呈報督撫查覈。如有濫禁等弊，即行題參議處。儻督撫不行題參，別經發覺，將督撫一併議處。以上均《會典》事例。嘉慶十年議准：嗣後一切揭帖咨文及親供册結，如有挖補粘貼之處，毋論是否緊要字樣，均須詳核，鈐用印信。仍於文內聲明，並無挖改，及挖改處，俱經鈐蓋印信字樣，以備查考。通行。

（清）席裕福《清朝政典類纂》卷三七八《刑十・吏律公式・增減官文書》 凡增減官文書內情節字樣者，杖六十。若有所規避而增減者，杖罪以上至徒、流，各加規避本罪二等，罪止杖一百，流三千里。未施行者，於加罪上各減一等。規避死罪者，依常律。其當該官吏自有所避之罪，增減原定文案者，罪與規避同。若增減以避遲錯者，笞四十。若行移文書，誤將軍馬、錢糧、刑名重事緊關字樣傳寫失錯，而洗補改正者，吏典笞三十，首領官失於對同，減一等。若洗改而有干礙調撥軍馬、及供給邊方軍需錢糧數目者，首領官、吏典皆杖八十。若有規避故改補者，以增減官文書論。各加本罪二等。未施行者，各於規避加罪上減一等。若因改補，而官司涉疑，有礙應付，或至調撥軍馬不敷供給，錢糧不足，因而失誤軍機者，無問故失，並斬監候。以該吏爲首，若首領及承發吏，杖一百、流三千里。若非軍馬、錢糧、刑名等事文書，而無規避及常行字樣偶然誤寫者，皆勿論。

刑案

書吏聽許銀兩，捏改文尾，因銀未到手，將文書壓擱，得銀二十兩，始將文書挪改月日封發，未便計贓擬杖，應加重。照增減官文書有所規避律，擬杖一百、流三千里。親老丁單，准其查辦。嘉慶二十五年雲南司現審案。

（清）席裕福《清朝政典類纂》卷三七八《刑十・吏律公式・封掌印信》 凡內外各衙門印信，長官收掌。同僚佐貳官用紙於印面上封記，俱各書字。若同僚佐貳官公差事故，許首領官封印，違者杖一百。

事例

道光十七年奏准：嗣後各省官員請領新印，繳銷舊印，如逾限例四月以外，照欽部事件遲延例，按逾限遠近分別議處。其接到新印，不繳完舊印者，亦照事件遲延例議處。如逾限一年以上，即照例議降一級留任。上司不行催領，及不行繳者，俱罰俸三月。通行。

（清）席裕福《清朝政典類纂》卷三七八《刑十・吏律公式・漏使印信》 凡各衙門行移出外文書漏使印信者，當該吏典對同首領官並承發，各杖六十。全不用印者，各杖八十。若漏印及全不用印之公文，干礙調撥軍馬供給邊方軍需錢糧者，各杖一百。因其漏使不用，所司疑慮不即調撥供給，而失誤軍機者，斬監候。亦以當該吏爲首，經管首領官併承發止坐杖一百、流三千里。若倒用印信者，照漏用律杖六十。

條例

一、各部院稿案有應行添改之處，俱用印鈐蓋。如有疏忽，照例參處。一、奏銷册內錢糧總數遺漏印信，及有洗補添注字樣，造册之員交部議處。其繕册書吏按律治罪。謹案：以上二條，均係雍正十一年定。一、寢重地採辦祭品，及一切有關錢糧行文出境等事，俱具稿呈堂鈐蓋堂印咨行。謹案：此條係乾隆四十五年定。

事例

乾隆六年議准：查直省文武大小衙門頒發印信，政令所關。凡一切差票，自應鈐蓋印信，然後發行。乃因事非重大，輒用硃標小票硃點銜單，並不鈐印。胥吏易於舞弊，甚至姦惡之徒，假硃朱票，嚇騙鄉愚，報復私仇，捉人拷打，弊難悉數。嗣後各直省文武大小衙門，凡一切差票，俱令鈐蓋印信。如無印信衙門，即用鈐記。所有硃標小票銜單永行禁止。仍令該管上司不時查察，儻有仍用無印小票銜單，即行揭報題參，將出票之員，照移行文書遺漏鈐蓋印信例，罰俸一年。又議准：各衙門無印之票，貽誤多端，允宜禁止。而印票不銷，流毒更甚於無印。除胥役差票未銷，藉端詐擾害鄉民者，照律治罪，無庸更爲定例外，其該管上司，不實力稽查，以致衙役犯贓，定例處分。其衙役持票恐嚇鄉民犯贓者，將該管官照失察衙役雖未犯贓，但將應銷差票遲延不銷，該管官照事件遲延例，分別議處。以上均《會典》事例。

刑案

書吏於登記簿漏用鈐印，比依漏使印信律，杖六十，免其革役。道光四年貴州司案。

（清）席裕福《清朝政典類纂》卷三七八《刑十・吏律公式・擅用調

兵印信》　凡統兵將軍，及各處提督總兵官印信，除調度軍馬，辦集軍條行移公文用使外，若擅出批帖，假公營私，及爲憑照防送物貨。原缺。

條例

一、凡各省文武大小官員，有以官印用於私書者，照違制律治罪。有所求爲從重論。謹案：此條乾隆五年改定。

（清）席裕福《清朝政典類纂》卷三八九《刑二十一・兵律厩牧・牧養畜産不如法》　凡牧養官馬、牛、駝、贏、驢、羊，並以一百頭爲率，若死者、損者、失者，各從實開報。死者即時將皮張鬃尾入官，牛筋、角、皮張亦入官。其管牧牧長、牧副，每馬、牛、駝一頭，各笞三十，每三頭加一等，過杖一百。每十頭加一等，罪止杖一百，徒三年。羊減馬三等，四頭笞一十，每三頭加一等，過杖一百。每十頭加一等，罪止杖七十，徒一年半。驢、贏減馬、牛、駝二等，一頭笞一十，每三頭加一等，過杖一百。每十頭加一等，罪止杖八十，徒二年。若胎生不及時日而死者，灰醃並年老而自死者，看視明白，不坐。若失去賠償損傷不堪用，減死者一等坐罪。其死損數目並不准除。謹案：並年老而自死者七字，雍正三年增。

條例

一、解送軍營馬匹倒斃，其分起解送之文武各員，照軍營賠補馬匹之數，每百匹准其倒斃三匹。如倒斃三匹以上至二十匹者，交部照例分別議處。二十匹以上者，杖一百。三十匹以上者，杖六十，徒一年。三十五匹以上者，杖七十，徒一年半。四十匹以上者，杖八十，徒二年。四十五匹以上者，杖九十，徒二年半。五十匹以上者，杖一百，徒三年。如有盜賣別情，計贓以監守自盜論。至總理督解之員，合其督解總數，按其倒斃多寡，亦即照此分別議處治罪。若知盜賣之情而故縱者，罪同。謹案：此條嘉慶六年修改。

事例

乾隆三十六年諭：　兵部前次議處解馬倒弊各官一案，馬之駙解馬一千有餘，倒斃八十餘匹，爲數雖不及十分之一，但其人本平常，是以照議革職。至周承謨管解營馬三千餘匹，竟倒斃至一千一百九匹之多，較馬之駙數甚懸絶。革職之外，自應治其餘罪，以示懲儆。舊例所定倒斃六十匹以上，不計多寡，概予革職而止，實未平允。著軍機大臣會同該部，另行按所解馬成數，分晰定例具奏。《會典》事例。嘉慶九年議准：　嗣後出師官兵馬匹，將不堪用營馬充數者，將承辦挑選之員降三級調用，該管上司降一級調用，提鎮一級留任。吏、兵二部通行。

刑案

虎城走失虎隻，齧斃人命，擬枷號兩個月，發吉林當差。奉旨：　加恩免其發遣。嘉慶二十五年江西司案。

（清）席裕福《清朝政典類纂》卷三八九《刑二十一・兵律厩牧・孳生馬匹》　凡牧長管領騍馬，一百匹爲一羣，每年三羣孳生駒一百匹。若一年之内止有駒八十四者，笞五十七。十匹者，杖六十。典牧官不爲用心提調者，致孳生不及數，各減三等。太僕寺官又減典牧官罪二等。謹案：雍正三年改定。

條例

一、凡上駟院太僕寺所管遊牧馬羣，每三年整頓一次。不論騍馬、兒馬、馬駒，每三匹内合算當孳生馬一匹。除合算正額外，多孳生一百六十匹以上者爲頭等，八十匹以上者爲二等，一匹以上者爲三等，牧長、牧副分別給賞。若合算正額内少孳生五十匹以下者，牧長罰馬五匹，牧副各笞四十。一百匹以下者，牧長罰馬九匹，牧副各杖六十。騙馬羣倒斃，少者賞，多者罰，相半者免議。賞罰之數視騍馬羣第三等例。其各馬羣賞罰相半者，總管官免議。賞多者按羣給賞，罰多者按羣受罰。謹案：此條雍正三年定。

事例

道光七年諭：　玉麟等奏查明廠馬賠累情形，量請調劑一摺。伊犁歲收哈薩克廠馬及各部落呈遞伯勒克馬匹，向交察哈爾、額魯特兩營，入於備差廠牧放。其倒斃分數，例與孳生備差之馬，按年一律以六釐報銷。近年以來，各夷呈納之馬多係殘廢，收入廠後，易於倒斃。該官兵等格於成例，不能溢額報銷賠償，官馬情形，日增竭蹶，自應量加調劑。著照所請，嗣後此項馬匹收交，該兩營另廠牧放，續有倒斃，准其每年每百内報銷三分。自道光九年爲始，另册造報，照新定章程覈銷，以示體恤。其孳生廠出羣備差之馬，仍照舊例，按年以六釐報銷，勿得牽混。《聖訓》。

（清）席裕福《清朝政典類纂》卷三八九《刑二十一・兵律厩牧・驗

畜產不以實》　凡官司相驗分揀相驗其美惡而分別揀選，以定高下。官馬、牛、駝、贏、驢不以美惡之實者，一頭笞四下，每三頭加一等，罪止杖一百。驗羊不以實，減三等。若因驗畜不實而價有增減者，計所增虧官減損民價，坐贓論。入己者，以監守自盜論，各從重科斷。不實罪重，從不實坐贓。自盜罪重，從自盜坐贓。

條例

一、州縣起解備用馬匹，各要經由該管官驗中起解。若有馬販交通官吏、醫獸人等兜攬作弊者，問罪，枷號一個月，發近邊充軍。謹案：此條雍正三年刪定。

刑案

涼莊解馬官兵恐馬匹平常，見寧夏馬匹膘壯，私相挑換，照不應重律加等，鞭九十。該管佐領防禦驍騎校俱革職。乾隆二十年甘肅案。

（清）席裕福《清朝政典類纂》卷三八九《刑二十一・兵律厩牧・乘官畜脊破領穿》　凡官馬、牛、駝、贏、驢，乘駕不如法而致脊破領穿，瘡圍繞三寸者，笞二十。五寸以上笞五十。并坐乘駕之人。若牧養瘦者，計百頭爲率，十頭瘦者，牧養人及牧長、牧副各笞二十，每十頭加一等，罪止杖一百。羊減三等。典牧官及隨所管牧長多少，通計科罪。亦以十分爲率。太僕寺官各減典牧官罪三等。謹案：亦以十分爲率注，乾隆五年增。

條例

一、車駕行幸所需馬匹車輛及校尉等所乘馬匹，俱令該管職事人員親身關領，嚴行約束。若校尉當差人役趕車步軍，將馬匹不按時飲水喂草，私自濫行馳騾，或在沿途，或到處所，倒斃走失者，各杖一百。蹎病損傷者，減二等。謹案：此條雍正五年定。

事例

康熙十六年題准：凡恭遇皇帝行幸應用車馬及校尉所騎馬匹，俱交與該執事及領去官員，嚴飭校尉步兵及當差人役，令其按時餧養，毋得濫行騎騁。如有倒失一二匹者，將該執事、領去官員罰俸六月。五匹以下者，罰俸一年。八匹以下者，降一級留任。十一匹以下者，降二級調用。十四匹以下者，降三級調用。十七匹以下者，降四級調用。十八匹以上者，革職。校尉步兵、當差人役，鞭一百。其馬匹躦病損傷者，五匹以下，將該執事、領去官員罰俸六月。十匹以下者，罰俸一年。十五匹以下者，降一級留任。二十匹以下者，降二級調用。二十五匹以下者，降三級調用。三十匹以下者，降四級調用。三十一匹以上者，革職。校尉步兵、當差人等，鞭八十。至隨駕內閣中書、欽天監、太醫院等官，將所騎馬匹躦病損傷一二匹者，罰俸六月。三四匹者，罰俸一年。倒失一二匹者，亦罰俸一年。三四匹者，降一級留任。以上馬匹倒傷等項，如該管官員情願賠補者，免其處分。《會典》事例。

（清）席裕福《清朝政典類纂》卷三八九《刑二十一・兵律郵驛・遞送公文》　凡鋪兵遞送公文，晝夜須行三百里。稽留三刻，笞二十，每三刻加一等，罪止笞五十。其公文到鋪，不問角數多少，鋪司須要隨即付籍遣兵遞送，不許等待後來文書。違者，鋪司笞二十。其鋪兵遞送公文，若磨擦及破壞封皮，不動原封者，一角笞二十，每三角加一等，罪止杖六十。若損壞公文，不動原封者，一角笞四十，每二角加一等，罪止杖八十。若沉匿公文及拆動原封者，一角杖六十，每一角加一等，罪止杖一百。若事干軍情機密文書，與漏泄不同。不拘角數，即杖一百。有所規避而沉拆者，各從重論。規避罪重，從規避。沉拆罪重，問沉拆。其鋪司不告舉者，與犯人同罪。若已告舉而所在官司不即受理施行者，各減犯人罪二等。其各縣鋪長專一於該管鋪分，往來巡視。提調官吏每月一次親臨各鋪刷勘。若有姦弊，失於檢舉者，通計公文稽留及磨擦破壞封皮不動原封十件以上，鋪長笞四十，提調吏典笞三十，官笞二十。若損壞及沉匿公文，若拆動原封者，鋪長與鋪兵同罪，提調吏典減一等，官又減一等。府州提調官吏失於檢舉者，各遞減一等。

條例

一、無印信文字不許入遞。謹案：此條係原例。一、各省驛站遞送公文，令管站官各立印信號簿，上站號簿用下站官印，於每月底彼此移明查考。儻有沉匿稽延等情，即行詳報該管上司，據實題參，不得故爲容隱。其沉匿平常公文，馬夫照鋪兵律治罪，提調官吏依律遞減。若事干軍情機密文書而沉匿者，不計角數，馬夫杖六十，徒一年。提調吏典杖一百，革役。司驛官革職。如有所規避者，從重論。謹案：此條乾隆五年刪定。一、馬上飛遞公文，如有遺失，除將馬夫照例治罪外，該地方官一面詳報該管

上司，一面逕報原發衙門，查覈補給。謹案：此條乾隆二十二年定。一、凡軍臺文報，如有將報匣夾板及兵部加封事件擅敢拆動，以致漏泄事情者，該管大臣立即查究，供證明確，無論官兵、馬夫，即按軍法從事。其專管臺站之文武員弁，革職拿問。管轄臺站大員，交部議處。至軍營來往文移劄稟，有關軍需糧餉、調遣兵馬及陞調參革官員等項，發遞時俱用釘封，鈐蓋印信。如臺站書吏人等私自拆閱者，查出究明，問擬滿流。臺站官弁交部分別議處。謹案：此條乾隆三十九年定。一、刑部咨行各省立決人犯公文，俱釘封嚴固，封面註明件數並由馬上飛遞字樣，派筆帖式一員送交兵部，加封發驛馳遞。謹案：此條乾隆四十九年定。

事例

乾隆十五年諭：向來軍機處交出公文簽發馬上飛遞者，定限日行三百里。遇有最緊要事件，始以日行六百里字樣加簽。公文緩急既有不同，則遞送遲延處分亦應分別差等。乃吏部議處此等案件，不按三百里、六百里之分，但查覈時刻逾違，俱照扣關公文例，議以降一級調用，比例殊未允協。現於吏議積案甚多，著量加區別。除沉匿軍情機密事件，仍照驛站舊例議處外，其軍機處交出尋常緊要事件，限日行六百里者，倘有逾限，准照扣關之例議處。若係軍機處常行事件，限馬上飛遞日行三百里者，逾限之處，照公文遲延例議處。著爲令。再軍機處交遞公文，原係酌量事件以定程期，嗣後非遇最緊要事件，亦不得以六百里簽發。聖訓。二十三年議准：查本部一應公文，均關緊要。遇有遺失，如俟地方官報明，該撫轉飭在京提塘查明，原衙門始行補發，必致輾轉遲誤。嗣後凡本部給發公文，應令該提塘另立號簿，並另行包封註明號件，沿途登記清單。如有遺失，該地方官即查明上鋪原文原册，亦照遺失馬上飛遞之例，一面詳報該管上司，一面徑報本部查覈補給，始免遲滯遺誤。二十四年議准：嗣後如有遺失本部公文，遵照本部前行辦理外，其州縣附近巡撫衙門者，即具詳巡撫咨部，並報明總督查考。如附近總督衙門即詳請總督核咨，並報明巡撫查考。如此，州縣報部之外，復有督撫覈咨稽查，庶不致沿途躭擱，其遺失公文得以速行補給。二十九年議准：嗣後封印期内各省遞到公文，毋拘緊要事件及尋常文册，俱令各該提塘照常隨時投遞。況各部院衙門封印後，原有當月司員及各司輪流值日司員，所有一切文移，俟當堂拆閱後仍照舊僉定開印日期，發司酌量以次辦理。如此，則緊要之事既已隨時遵辦，而尋常事件亦可次第查案，辦稿更屬從容。以上均《會典》事例。四十年諭：前因蘇嶠知上司訪款劾參，計圖反噬捏款誣揭督撫司道等一案，擅用六百里驛馬交鎮遠縣轉發，該縣李常吉違例遽爲馳遞，實屬錯謬。因令袁守侗等查明參奏，並諭兵部再行查例通飭。蓋以此等揭報部科，止准其專人賫投，何得擅動驛馬。李常吉以鎮遠首站，近在同城，蘇嶠平日之貪黷狼籍，該縣豈無聞見。縣既將蘇嶠通揭情形稟知督撫，則蘇嶠先發制人之舉，該縣皆所深知，乃復違例濫應，代爲馳遞，其咎實無可貸。至沿途各驛站接准：上站六百里公文，原不能知其中係何緊要事件，自不便擅意駁回，若亦治以濫應處分，於事理未爲平允。且恐有驛各州縣，因此心存畏避，設遇係實有關重大之件，亦不肯爲之接遞，於公務轉滋貽誤。所有各驛站馳遞蘇嶠通揭文書各員，除首站鎮遠縣知縣照例議處外，其餘均無庸查議。凡有似此者，俱照此例辦理。聖訓。四十九年議准：嗣後除常行公文，仍照舊制送交兵部轉發提塘遞送外，其一應立決人犯咨文，俱釘封嚴固，封面註明件數並由馬上飛遞字樣，派筆帖式送交兵部，加封發驛。計一年立決重案不過在三百件以外，驛站尚不致過於勞疲，而要件可免稽遲泄漏之患。《會典》事例。六十年議准：鄉試硃墨卷解部時，務須用箱隻裝貯，加封粘貼印花，專委妥員親身赴部投遞。禮部通行。嘉慶九年奏准：嗣後各省驛遞本章，於原發首驛書立滚單，鈐蓋縣印。首驛填寫本箱若干，何日何時遞發。次站填寫何日何時接到，並無遲誤字樣。若上站遲誤，下站接到，寫明例應何日何時遞到，今於何日何時遞到，計逾時刻若干。不但免輾轉咨查，而各驛亦共知警惕。至各省賫送本章，知實有遇事停阻，務取地方官印結備驗。如無印結，即照逾限例辦理。通政司通行。二十三年議准：嗣後接遞釘封夾板公文到站時，務須解開夾板，詳細驗明内裹包封印花，公文完好，方可接收，拴縛妥協轉遞。照例將收到時刻，限行里數及有無擦損、拆動情弊，於火票排單内逐一註明。倘上站業已填滿，即另粘空紙，鈐用本站印信戳記，接連填注。道光五年議准：嗣後各省由驛發遞奏摺夾板公文等項，將限行里數以及封發時日均於排單内註明，發驛馳遞。到站詳細驗明内裹包封印花，完好者方准接收轉遞，並將收到時刻及有無擦損、拆動情弊，於火票排單内逐一註

明。倘上站亦已填滿，該站即另粘空紙，鈐用本站印信戳記，接連填注。如有遺漏及雖經填注，核與册報時刻不符者，查明飭取職名送部議處。倘有擦損、拆動情弊，即取具上站印結並備紙張，將公文包裹完好，粘貼本站印花，在排單内聲叙，轉遞咨行該省查辦。如有遲延到站時，核明何處延擱，照例議處。以上均兵部通行。同治元年奏准：嗣後頒發各省空白執照，應由各該督撫嚴飭經過地方，妥爲接遞。如有不知慎重，致有遺失，即行專摺奏參，仍按執照内應捐銀數，著落失事地方官全行賠補。户部通行。九年諭：各省驛站往往有私拆公文之弊，嗣後著各督撫責成臬司妥議章程，於上下站接遞詳細稽查，以杜弊端。如查有拆損情事，即將私拆之人加等治罪，並將管驛之各該地方官從嚴參處。聖訓。十年奏准：嗣後接遞奏摺夾板以及緊要釘封等件，如上站遞到時，即由接遞下站逐細查驗，倘有破損、拆動形跡，即由下站遵照前奉部議，將上站遞夫扣留，稟明本站。該管官秉公閲看，取具上站遞夫親供，一面將遞到公文加封，簽明何站拆動緣由，粘貼印花，趕緊遞送，一面報明院司，以憑隨時查究。如下站不報，率行轉遞，咎歸轉遞之下站。倘各站輾轉隱匿前遞，即將接遞之末站從重嚴究。光緒十九年奏准：嗣後如有匪徒竊毁電報杆綫，不論官電、商電，是竊是毁，不計贓數，但經拆斷，均比依驛站馬夫迎送公文，事干軍務機密沈匿例，杖六十，徒一年。如係竊盗，仍照本法刺字。棄毁者免刺。誤毁者，於杖六十徒一年罪上減三等，擬杖八十。竊毁杆線，均照估追賠。倘有地方奸民造言聚衆，拔毁杆線至數十里外，逞兇拒捕，致傷官兵，情節重大者，仍隨時察酌情形，分别首從，比照土匪滋事，從嚴懲辦，不得復拘常例。其失查竊毁杆綫之地保，照不應重律，擬杖八十，折責革役。誤毁免議。以上均通行。

刑案

馬夫漏遞公文，旋經查獲，訊係無心遺漏，惟係軍機處緊要公文，比照沈匿軍情文書例，減一等，滿杖。嘉慶二十五年四川案。

外委遺失摺奏要件，非尋常文書可比，於驛站上枷號三個月示懲。道光元年陝西案。

（清）席裕福《清朝政典類纂》卷三八九《刑二十一·兵律郵驛·驛使稽程》 凡出使馳驛違限，常事一日笞二十，每三日加一等，罪止杖六十。軍情重事加三等，因而失誤軍機者，斬監候。若各驛官故將好馬藏匿，及推故不即應付，以致違限者，對問明白，即以前應得笞杖斬。罪坐驛官。其遇水漲，路道阻礙，經行者不坐。若驛使承受官司文書，誤不依原行題寫所在公幹去處，錯去他所而違限者，減二等。四日笞一十，每三日加一等，罪止笞四十。事干軍務者，不減。若由原行公文題寫錯者，罪坐題寫之人，驛使不坐。

條例

一、凡賫奏不騎驛馬，違限十日以内者，免罪。十日以外，係常事，笞三十，密事笞四十。謹案：此條雍正五年定。一、凡官員因軍務差遣及自軍前赴京賫奏軍情，儻經過地方不照依勘合火牌糧單，隨即供應驛馬廪給，不爲預備公館，以致遲誤者，按遲誤事情巨細，將本城長官及所派催辦驛馬糧餉官俱題參交部，察議擬罪。若長官他出，不在本城而有遲誤者，其委托怠玩，亦不得免罪，仍交部察議。謹案：此條乾隆五年定。一、各處水馬驛遞，運所夫役鋪兵及巡檢司弓兵，若有用强包攬，不容正身著役，多取工錢，致將公文稽遲沈匿及攬擾衙門者，發附近充軍。其官吏鋪長通同縱容者，各治以違制罪。失於覺察者，交部議處。若不曾用强多取工錢者，不在此例。多取工錢，問求索計贓，以不枉法論。謹案：此條乾隆五十三年修併。

事例

嘉慶十一年諭：倭什布尋獲遺失硃批伊黎將軍喀葉噶爾辦事大臣奏摺夾板並查詢情形一摺。據稱：此項批回摺件，係兵丁李太接遞，途遇大風，乘馬驚逸，墜落跌傷。幸身帶炒麪，和雪充飢數日。後遇民人給與乾糧，該兵丁背負夾板勉强前進，又被大風吹迷，誤入荒灘。經都司劉受尋至七個井地方，見其卧地，僅有氣息等語。閲其供情，殊覺可憫，倭什布摺内猶稱所供迷失情形，難以遽信，現在飛咨伊犁將軍等另行查明辦理。試思該兵丁因馬驚跌傷，不能行走，展轉顛躓，尚身背夾板，不致遺失。若另有别情，自必將夾板毁棄，其所供有何不信之處，發待另行究辦乎？倭什布應即將該兵丁量加賞賚。設因傷身故，再行賞給。至已革外委劉勇，於硃批摺件並未親身遞送，實屬玩誤，著照所請，即在白墩子軍臺枷號三個月，滿日折責發落。其專管兼轄統轄軍臺之都司劉受、署副將

高勇忠、總兵達自祥，著交部分別議處。至近日以來，甘省至新疆各臺站，屢有遲悞遺失之事，甚至頒賞食品匣破無存，額運綢緞多被押竊，是各臺站必有積慣盜賣官物之竊賊在彼潛匿，必須緝獲究辦。而管理軍臺之文武官弁，並不實力稽察整頓，一任竊匪遠颺，日久尚無弋獲，怠玩已極。著該督並新疆將軍大臣等嚴飭查拏。嗣後遇有賚送文報官物，務令小心馳遞。倘再有遲逾程限、失脱包匣等事，立即從重懲辦，毋稍徇縱，以肅郵政。聖訓。

（清）席裕福《清朝政典類纂》卷二八九《刑二十一・兵律郵驛・承差轉雇寄人》　凡承差起解官物、囚徒、畜産，不親管送而雇人、寄人代領送者，杖六十。因而損失官物、畜産及失囚者，依本律各從重論。損失重，問損失。輕則仍科雇寄。受雇受寄人各減承差人一等。其同差人自相替者放者，各笞四十。取財者，承替取放者貼解之物，計贓以不枉法論。若事有損失者，亦依損失官物及失囚律追斷，不在減等之限。若侵欺、故縱，各依本律。替者有犯，管送人不知情，不坐。

條例

一、起解人犯，每名選差的役二名管押，兵丁二名護送。若兵役派不足數，及雇人代解，許兵役互相稟報本管官，知會原派衙門查究補派。若兵役知而不舉，將兵役及承派之書吏、弓兵俱杖一百，革役。其經由前途文武各官，按批查點，有缺少及代解等弊，即詳報督撫，將原派官弁參處。其缺少頂替之兵役，照承差起解囚徒雇人代送律，杖六十，革役。如前途各官隱匿不報，別經發覺，題參議處。謹案：此條雍正八年定。

事例

道光十一年諭：嗣後著各省督撫嚴飭州縣，遇有派出管解差役，務令正身前往。倘有失事，即查明有無雇寄情事，於摺内聲明。如係雇替，即將原委差役加等治罪，以儆疲玩而重公務。將此通諭知之。聖訓。咸豐十年奏准：嗣後差役押解人犯中途脱逃，如審係違例雇替，即將原派差役欽遵諭旨，加等治罪，以歸畫一。通行。

紀事

《史記》卷二《夏本紀》　當帝堯之時，鴻水滔天，浩浩懷山襄陵，下民其憂。堯求能治水者，群臣四嶽皆曰鯀可。堯曰：鯀爲人負命毁族，不可。四嶽曰：等之未有賢於鯀者，願帝試之。於是堯聽四嶽，用鯀治水。九年而水不息，功用不成。於是帝堯乃求人，更得舜。舜登用，攝行天子之政，巡狩。行視鯀之治水無狀，乃殛鯀於羽山以死。天下皆以舜之誅爲是。

《尚書・五子之歌》　太康尸位以逸豫，滅厥德，黎民咸貳。乃盤游無度，畋于有洛之表，十旬弗反。有窮后羿因民弗忍，距于河。厥弟五人御其母以從，徯于洛之汭。五子咸怨，述大禹之戒以作歌。

（清）孫星衍《尚書今古文注疏》卷三〇《書序》　羲和湎淫，廢時亂日，胤往征之，作《胤征》。注：鄭康成曰：胤，臣名。《胤征》已逸。疏：羲氏、和氏世爲日官。《春秋左氏》桓十七年《傳》云：天子有日官，諸侯有日御。服虔注云：日官、日御，典曆數者也。《夏本紀》云：帝中康時，羲、和湎淫。是羲和歷世爲日官，至中康時，湎淫廢職也。鄭注：見《史記集解》。云：胤，臣名者，《顧命》云：胤之舞衣。鄭注：云：古人造此物者之名。《僞傳》以爲國名，非也。

（漢）劉向《説苑》卷一《君道》　趙簡子與欒激游，將沈於河，曰：吾嘗好聲色矣，而欒激致之。吾嘗好宫室臺榭矣，而欒激爲之。吾嘗好良馬善御矣，而欒激求之。今吾好士六年矣，而欒激未嘗進一人，是進吾過而黜吾善也。

《左傳・哀公三年》　夏五月辛卯，司鐸火。火踰公宫，桓、僖災。救火者皆曰顧府。南宫敬叔至，命周人出御書，俟於宫，曰：庀女，而不在，死。子服景伯至，命宰人出禮書，以待命。命不共，有常刑。校人乘馬，巾車脂轄，百官官備，府庫慎守，官人肅給。濟濡帷幕，鬱攸從之。蒙葺公屋，自大廟始，外内以悛。助所不給。有不用命，則有常刑，無赦。公父文伯至，命校人駕乘車。季桓子至，御公立於象魏之外，命救

火者傷人則止，財可爲也。命藏《象魏》，曰：舊章不可亡也。富父槐至，曰：無備而官辦者，猶拾瀋也。於是乎去表之稾，道還公宮。

孔子在陳，聞火，曰：其桓、僖乎！

《史記》卷四六《田敬仲完世家》〔威王〕召阿大夫語曰：自子之守阿，譽言日聞。然使使視阿，田野不闢，民貧苦。【略】是子以幣厚吾左右以求譽也。是日，烹阿大夫，及左右嘗譽者皆并烹之。

《韓非子·外儲説右上》甘茂相秦惠王，惠王愛公孫衍，與之間有所言，曰：寡人將相子。甘茂之吏道穴聞之，以告甘茂。甘茂入見王曰：王得賢相，臣敢再拜賀。王曰：寡人託國於子，安更得賢相？對曰：將相犀首。王曰：子安聞之？對曰：犀首告臣。王怒犀首之泄，乃逐之。

《史記》卷八四《屈原列傳》〔楚〕懷王使屈原造爲憲令，屈平屬草稿未定。上官大夫見欲奪之，屈平不與，因讒之曰：王使屈平爲令，衆莫不知，每一令出，平伐其功，以爲大量我莫能爲也。王怒而疏屈平。

《史記》卷七九《范雎列傳》後五年，昭王用應侯謀，縱反間賣趙，趙以其故，令馬服子代廉頗將。秦大破趙於長平，遂圍邯鄲。已而與武安君白起有隙，言而殺之。任鄭安平，使擊趙。鄭安平爲趙所圍，急，以兵二萬人降趙。應侯席稾請罪。秦之法，任人而所任不善者，各以其罪罪之。於是應侯罪當收三族。秦昭王恐傷應侯之意，乃下令國中：有敢言鄭安平事者，以其罪罪之。而加賜相國應侯食物日益厚，以順適其意。

《史記》卷一〇〇《欒布列傳》景帝中五年薨。子賁嗣，爲太常，犧牲不如令，國除。

《漢書》卷五二《田蚡傳》〔建元〕六年，竇太后崩，丞相昌、御史大夫青翟坐喪事不辦，免。

《漢書》卷一六《高惠高后文功臣表》〔鄭侯〕〔孝景〕中二年，侯勝嗣，二十一年，坐不齋，耐爲隸臣。師古曰：謂當侍祠而不齋也。

《漢書》卷一六《高惠高后文功臣表》〔蓼夷侯〕孝文九年，侯臧嗣，四十五年，元朔三年，坐爲太常衣冠道橋壞不得度，免。師古曰：游衣冠之道。

《漢書》卷一五上《王子侯表》〔重侯〕〔孝武元朔四年〕四月甲午封，四年，元狩二年，坐不使人爲秋請免。

《漢書》卷一五上《王子侯表》〔南陵侯〕不得封年，後三年，坐爲沛郡太守橫恣罔上，下獄瘐死。

《漢書》卷一六《高惠高后文功臣表》〔高景侯〕〔繩〕侯平嗣，元狩四年，坐爲太常不繕園屋，免。

《漢書》卷一五上《王子侯表》〔沈猷侯〕建元五年，侯受嗣，十八年，元狩五年，坐爲宗正聽請，不具宗室，耐爲司寇。師古曰：受爲宗正，人有私請者，受聽許之，故於宗室之中事有不具，而受獲罪。

《漢書》卷一六《高惠高后文功臣表》〔戚圉侯〕建元三年，侯信成嗣，二十年，元狩五年，坐爲太常縱丞相侵神道，爲隸臣。師古曰：《刑法志》罪人獄已決，完爲城旦舂，滿三歲爲鬼薪白粲，一歲爲臣妾，一歲免爲庶人。然則男子爲隸臣，女子爲隸妾也。

《漢書》卷九〇《酷吏傳·義縱》上幸鼎湖，病久，已而卒起幸甘泉，道不治。上怒曰：縱以我爲不行此道乎？銜之。至冬，楊可方受告緡，縱以爲此亂民，部吏捕其爲可使者。天子聞，使杜式治，以爲廢格沮事，棄縱市。

《漢書》卷一六《高惠高后文功臣表》〔曲成侯〕建元二年，侯皇柔嗣，二十四年，元鼎二年，坐爲汝南太守知民不用赤側錢爲賦，爲鬼薪。師古曰：赤側解在《食貨志》。時並令以充賦，而汝南不遵詔令。

《漢書》卷一六《高惠高后文功臣表》〔廣阿懿侯〕建元五年，侯越人嗣，二十一年，元鼎二年，坐爲太常廟酒酸，免。

《漢書》卷一五上《王子侯表》〔建成侯〕〔孝武元朔四年〕三月乙丑封，元鼎二年，坐使行人奉璧皮薦，賀元年十月不會，免。師古曰：以皮薦璧也。時以十月爲歲首，有賀而不及會也。

《史記》卷三〇《平準書》其明年，天子始巡郡國。東度河，河東守不意行至，不辨，自殺。行西踰隴，隴西守以行往卒，天子從官不得食，隴西守自殺。於是上北出蕭關，從數萬騎，獵新秦中，以勒邊兵而歸。新秦中或千里無亭徼，於是誅北地太守以下，而令民得畜牧邊縣，官假馬母，三歲而歸，及息什一，以除告緡，用充仞新秦中。

《漢書》卷五〇《鄭當時傳》漢征匈奴，招四夷，天下費多，財用

益屈。當時爲大司農，任人賓客僦，人多逋負。司馬安爲淮陽太守，發其事，當時以此陷罪，贖爲庶人。

《漢書》卷一六《高惠高后文功臣表》〔鄭侯〕〔孝武元狩〕六年，侯壽成嗣，十年，坐爲太常犧牲瘦，免。

《漢書》卷一八《外戚恩澤侯表》〔平津獻侯〕元狩三年，侯度嗣，十三年，元封四年，坐爲山陽太守詔征鉅野令史成不遣，完爲城旦。

《漢書》卷一六《高惠高后文功臣表》〔黎頃侯〕元朔五年，侯延嗣，十九年，元封六年，坐不出持馬，要斬。户千八百。師古曰：時發馬給軍，匿而不出也。

《漢書》卷一七《景成昭宣元成功臣表》〔成安侯韓延年〕元封六年，坐爲太常行大行令事留外國書一月，乏興，入穀贖，完爲城旦。師古曰：當有所興發，因其遲留故闕乏。

《漢書》卷一六《高惠高后文功臣表》〔宣平武侯〕元鼎二年，侯昌嗣，十二年，太初二年，坐爲太常乏祠，免。師古曰：祠事有闕也。

《漢書》卷六八《霍光傳》〔元平元年〕太后詔歸賀昌邑，賜湯沐邑二千户。昌邑群臣坐亡輔導之誼，陷王於惡，〔霍〕光悉誅殺二百餘人。

《漢書》卷七二《王吉傳》 王既到，即位二十餘日以行淫亂廢。昌邑群臣坐在國時不舉奏王罪過，令漢朝不聞知，又不能輔道，陷王大惡，皆下獄誅。唯吉與郎中令龔遂以忠直諫正得減死，髡爲城旦。

《漢書》卷九〇《酷吏傳·嚴延年》 嚴延年字次卿，東海下邳人也。其父爲丞相掾，延年少學法律丞相府，歸爲郡吏。以選除補御史掾，舉侍御史。是時大將軍霍光廢昌邑王，尊立宣帝。宣帝初即位，延年劾奏光擅廢立，亡人臣禮，不道。奏雖寢，然朝廷肅焉敬憚。延年後復劾大司農田延年持兵干屬車，大司農自訟不干屬車。事下御史中丞，譴責延年何以不移書宫殿門禁止大司農，而令得出入宫。於是覆劾延年闌内罪人，法至死。延年亡命。會赦出，丞相御史府徵書同日到，延年以御史書先至，詣御史府，復爲掾。宣帝識之，拜爲平陵令，坐殺不辜，去官。

《漢書》卷九〇《酷吏傳·嚴延年》 會琅邪太守以視事久病，滿三月免，延年自知見廢，謂丞曰：此人尚能去官，我反不能去邪？又延年察獄史廉，有臧不入身，延年坐選舉不實貶秩，笑曰：後敢復有舉人者矣！

《漢書》卷七〇《陳湯傳》 初元二年，元帝詔列侯舉茂材，勃舉湯。湯待遷，父死不奔喪，司隸奏湯無循行，勃選舉故不以實，坐削〔二百户〕〔户二百〕，會薨，因賜謚曰繆侯。湯下獄論。

《漢書》卷一〇《成帝紀》〔永始二年〕十二月，詔曰：前將作大匠萬年知昌陵卑下，不可爲萬歲居，奏請營作，建置郭邑，妄爲巧詐，積土增高，多賦斂繇役，興卒暴之作。卒徒蒙辜，死者連屬，百姓罷極，天下匱竭。【略】萬年佞邪不忠，毒流衆庶，海内怨望，至今不息，雖蒙赦令，不宜居京師。其徙萬年敦煌郡。

《漢書》卷七一《平當傳》 先是太后姊子衛尉淳于長白言昌陵不可成，下有司議。〔平〕當以爲作治連年，可遂就。上既罷昌陵，以長爲首建忠策，復下公卿議封長。當又以爲長雖有善言，不應封爵之科。坐前議不正，左遷鉅鹿太守。

《漢書》卷八六《師丹傳》 會有上書言古者以龜貝爲貨，今以錢易之，民以故貧，宜可改幣。上以問丹，丹對言可改，章下有司議，皆以爲行錢以來久，難卒變易。丹老人，忘其前語，後從公卿議。又丹使吏書奏，吏私寫其草，丁、傅子弟聞之，使人上書告丹上對事行道人徧持其書。上以問將軍中朝臣，皆對曰：忠臣不顯諫，大臣奏事不宜漏泄，令吏民傳寫流聞四方。臣不密則失身，宜下廷尉治。事下廷尉，廷尉劾丹大不敬。事未決，給事中博士申咸、炔欽上書，言丹經行無比，自近世大臣能若丹者少。發憤懣，奏封事，不及深思遠慮，使主簿書，漏泄之過不在丹。以此貶黜，恐不厭衆心。尚書劾咸、欽：幸得以儒官選擢備腹心，以所折中定疑，知丹社稷重臣，議罪處罰，國之所慎，咸、欽初傳經義以爲當治，事以暴列，乃復上書亡稱譽丹，前後相違，不敬。上貶咸、欽秩各二等，遂策免丹曰：夫三公者，朕之腹心也，輔善相過，匡率百僚，和合天下者也。朕既不明，委政於公，間者陰陽不調，寒暑失常，變異婁臻，山崩地震，河決泉涌，流殺人民，百姓流連，無所歸心，司空之職尤廢焉。君在位出入三年，未聞忠言嘉謀，而反有朋黨相進不公之名。乃者以挺力田議改幣章示君，君内爲朕建可改不疑；以君之言博考朝臣，君乃希衆雷同，外以爲不便，令觀聽者歸非於朕。朕隱忍不宣，爲君受愆。

朕疾夫比周之徒虚僞壞化，寖以成俗，故屢以書飭君，幾君省過求己，而反不受，退有後言。及君奏封事，傳於道路，布聞朝市，言事者以爲大臣不忠，辜陷重辟，獲虚采名，謗譏匈匈，流於四方。腹心如此，謂疏者何？殆謬於二人同心之利焉，將何以率示羣下，附親遠方？朕惟君位尊任重，慮不周密，懷諼迷國，進退違命，反覆異言，甚爲君恥之，非所以共承天地，永保國家之意。以君嘗託傅位，未忍考於理，已詔有司赦君勿治。其上大司空高樂侯印綬，罷歸。

《漢書》卷八一《孔光傳》〔孔〕光退閭里，杜門自守。而朱博代爲丞相，數月，坐承傅太后指妄奏事自殺。

《後漢書》卷七七《李章傳》〔李章〕後坐度人田不實徵，以章有功，但司寇論。月餘免刑歸。

《後漢書》卷七九上《牟長傳》〔牟〕長少習《歐陽尚書》，不仕王莽世。建武二年，大司空弘特辟，拜博士，稍遷河内太守，坐墾田不實免。

甘肅省文物考古研究所《居延新簡》 建武六年九月丁酉朔丙辰，令史嘉劾移居延獄，以律令從事。

建武六年七月戊戌朔壬寅，令史嘉劾將良林詣居延獄，以律令從事。

狀辭曰：居延中宿里，公乘，年五十八歲。

良林所部主隊長鄭孝、侯雲亡，蘭越塞天田出，不得。

歸第八亭部田舍，月廿四日還詣部，積六日。【略】

守候長居延鳴沙里尚林，私去署，隧□□□□□□月三日□□□良私去官□□□【略】□

案：良林私去署，皆□宿止，且乏迹候

《後漢書》卷一三《隗囂傳》〔王〕元字惠孟，初拜上蔡令，遷東平相，坐墾田不實，下獄死。《決録》曰平陵之王，惠孟鏘鏘，激昂囂、述，困於東平也。

《後漢書》卷一下《光武帝紀》〔建武十六年〕秋九月，河南尹張伋及諸郡守十餘人，坐度田不實，皆下獄死。

《後漢書》卷一下《光武帝紀》〔建武十六年〕郡國大姓及兵長、群盗處處並起，攻劫在所，害殺長吏。郡縣追討，到則解散，去復屯結。青、徐、幽、冀四州尤甚。冬十月，遣使者下郡國，聽群盗自相糾擿，五人共斬一人者，除其罪。吏雖逗留回避故縱者，皆勿問，聽以禽討爲效。其牧守令長坐界内盗賊而不收捕者，又以畏愞捐城委守者，皆不以爲負，但取獲賊多少爲殿最，唯蔽匿者乃罪之。於是更相追捕，賊並解散。徙其魁帥於它郡，賦田受稟，使安生業。自是牛馬放牧，邑門不閉。

《後漢書》卷二三《竇融傳》〔建武〕二十年，大司徒戴涉坐所舉人盗金下獄，帝以三公參職，不得已乃策免融。明年，加位特進。

《後漢書》卷四一《鍾離意傳》 時詔賜降胡子縑，尚書案事，誤以十爲百。帝見司農上簿，大怒，召郎將笞之。意因入叩頭曰：過誤之失，常人所容。若以懈慢爲愆，則臣位大，罪重，郎位小，罪輕，咎皆在臣，臣當先坐。乃解衣就格。帝意解，使復冠而貰郎。

《後漢書》卷三五《曹褒傳》〔曹褒〕初舉孝廉，再遷圉令，以禮理人，以德化俗。時它郡盗徒五人來入圉界，吏捕得之，陳留太守馬嚴聞而疾惡，風縣殺之。褒勑吏曰：夫絶人命者，天亦絶之。皋陶不爲盗制死刑，管仲遇盗而升諸公。今承旨而殺之，是逆天心，順府意也，其罰重矣。如得全此人命而身坐之，吾所願也。遂不爲殺。嚴奏褒耎弱，免官歸郡，爲功曹。

《後漢書》卷三三《鄭弘傳》〔鄭弘〕奏尚書張林阿附侍中竇憲而素行臧穢，又上洛陽令楊光，竇之賓客，在官貪殘，並不宜處位。書奏，吏與光故舊，因以告之。光報憲，憲奏弘大臣漏泄密事。帝詰讓弘，收上印綬。弘自詣廷尉，詔敕出之。

《後漢書》卷七六《王渙傳》〔王渙〕在温三年，遷兗州刺史，繩正部郡，風威大行。後坐考妖言不實論。歲餘，徵拜侍御史。

《後漢書》卷八二上《方術傳·李郃》 元初四年，代袁敞爲司空，數陳得失，有忠臣節。在位四年，坐請託事免。

《後漢書》卷六《孝冲帝紀》〔建康元年九月〕己未，九江太守丘騰有罪，下獄死。

《東觀記》曰騰知罪法深大，懷挾姦巧，稽留道路，下獄死也。

甘肅省文物考古研究所《居延新簡》 隧即廣北當山隧長李同，八月十九日去署亡，至二十三日□

甘肅省文物考古研究所《居延新簡》 坐簿書貴直爲擅賦，臧二百五十以上

《三國志》卷二四《魏志・高柔傳》 時制，吏遭大喪者，百日後皆給役。有司徒吏解弘遭父喪，後有軍事，受敕當行，以疾病爲辭。詔怒曰：汝非曾、閔，何言毀耶？促收考竟。高柔見弘信甚羸劣，奏陳其事，宜加寬貸。帝乃詔曰：孝哉弘也！其原之。

《三國志》卷四四《蜀志・蔣琬傳》 〔蔣〕琬以州書佐隨先主入蜀，除廣都長。先主嘗因游觀奄至廣都，見琬衆事不理，時又沈醉，先主大怒，將加罪戮。軍師將軍諸葛亮請曰：蔣琬，社稷之器，非百里之才也。其爲政以安民爲本，不以修飾爲先，願主公重加察之。先主雅敬亮，乃不加罪，倉卒但免官而已。

《三國志》卷六五《吴志・韋曜傳》 〔韋曜〕少好學，能屬文。【略】〔孫〕晧以爲不承用詔命，意不忠盡，遂積前後嫌忿，收曜付獄，是歲鳳皇二年也。曜因獄吏上辭，【略】冀以此求免，而晧更怪其書之垢，故又以詰曜。曜對曰：囚撰此書，實欲表上，懼有誤謬，數數省讀，不覺點污。被問寒戰，形氣吶吃。謹追辭叩頭五百下，兩手自搏。

《晉書》卷三〇《刑法志》 去元康四年，大風之後，廟闕屋瓦有數枚傾落，免太常荀寓。於時以嚴詔所遣，莫敢據正。然内外之意，僉謂事輕責重，有違於常。會五年二月有大風，主者懲懼前事。臣新拜尚書始三日，本曹尚書有疾，權令兼出，按行蘭臺。主者乃瞻望阿棟之間，求索瓦之不正者，得棟上瓦小邪十五處。或是始瓦時邪，蓋不足言，風起倉卒，臺官更往，太常按行，不及得周，文書未至之頃，便競相禁止。臣以權兼暫出，出還便罷，不復得窮其事。而本曹據執，却問無已。臣時具加解遣，而主者畏咎，不從臣言，禁止太常，復興刑獄。

《宋書》卷四四《謝晦傳》 〔永初〕二年，坐行璽封鎮西司馬、南郡太守王華大封，而誤封北海太守球，版免〔謝〕晦侍中。

《宋書》卷五七《蔡興宗傳》 〔蔡興宗〕轉司徒左長史，復爲中庶子，領前軍將軍，遷侍中。【略】坐屬疾多日，白衣領職。

（清）郝懿行《補宋書刑法志》 〔元嘉七年〕尚書守門有制，八座以下門生隨入者各有差，不得雜以人士。琛以宗人顧碩頭寄尚書張茂度門名，而與碩頭同席坐。明年，坐遣出，免中正。凡尚書官，大罪則免，小罪則遣出。遣出者百日無代人，聽還本職。

《宋書》卷五一《營浦侯遵考傳》 〔元嘉〕二十一年，〔豫州刺史、營浦侯遵考〕坐統内旱，百姓饑，詔加賑給，而遵考不奉符旨，免官。

《宋書》卷五九《殷淳傳》 〔殷〕淳弟沖字希還，歷中書黄門郎，坐議事不當免。

《宋書》卷六〇《王韶之傳》 王韶之字休泰，琅邪臨沂人也。【略】恭帝即位，遷黄門侍郎，領著作郎，西省如故。【略】坐璽封謬誤，免黄門。

《宋書》卷七三《顔延之傳》 劉湛誅，起延之爲始興王濬後軍諮議參軍，御史中丞。在任縱容，無所舉奏。遷國子祭酒、司徒左長史，坐啓買人田，不肯還直，尚書左丞荀赤松奏之曰：求田問舍，前賢所鄙。延之唯利是視，輕冒陳聞，依傍詔恩，拒捍餘直，垂及周年，猶不畢了，昧利苟得，無所顧忌。延之昔坐事屏斥，復蒙抽進，而曾不悛革，怨誹無已。交遊闒茸，沈迷麴蘖，横興譏謗，詆毁朝士。仰竊過榮，增憤薄之性；私恃顧眄，成强梁之心。外示寡求，内懷奔競，干禄祈遷，不知極已，預讌班觴，肆駡上席。山海含容，每存遵養，愛兼彫蟲，未忍遐棄，而驕放不節，日月彌著。臣聞聲問過情，孟軻所耻，况聲非外來，問由己出，雖心智薄劣，而高自比擬，客氣虚張，曾無愧畏，豈可復弼亮五教，增曜臺階。請以延之訟田不實，妄干天聽，以强凌弱，免所居官。詔可。

《宋書》卷八二《周朗傳》 〔周朗〕出爲廬陵内史。郡後荒蕪，頻有野獸，母薛氏欲見獵，郎乃合圍縱火，令母觀之。火逸燒郡廨，朗悉以秩米起屋，償所燒之限，稱疾去官，遂爲州司所糾。

《宋書》卷八二《周朗傳》 〔沈〕懷文與顔竣、周朗素善，竣以失旨見誅，朗亦以忤意得罪。

《宋書》卷八五《謝莊傳》 〔孝建元年，謝莊〕拜吏部尚書。【略】三年，坐辭疾多，免官。

《南齊書》卷二四《張瓌傳》 〔建元〕三年，烏程令顧昌玄有罪，瓌坐不糾，免官。

《南齊書》卷一五《劉祥傳》 永明元年，〔劉彪〕坐廟墓不修削爵。

《南齊書》卷三三《王延之傳》　永明中，〔王倫之〕爲侍中。世祖幸琅邪城，倫之與光禄大夫全景文等二十一人坐不參承，爲有司所奏。詔倫之親爲陪侍之職，而同外惰慢，免官，景文等贖論。

《南齊書》卷四四《沈文季傳》　御史中丞徐孝嗣奏曰：風聞山東群盗，剽掠列城，【略】吴郡所領鹽官令蕭元蔚、桐廬令王天愍、新城令陸赤奮等，縣爲白劫破掠，並不經格戰，委職散走。元蔚、天愍還臺，赤奮不知所在。又錢塘令劉彪、富陽令何洵，乃率領吏民拒戰不敵，未委歸臺。餘建德、壽昌，在劫斷上流，不知被劫掠不？吴興所領餘杭縣被劫破，令樂琰乃率吏民徑戰不敵，委走出都。會稽所領諸暨縣，爲劫所破，令陵琚之不經格戰，委城奔走，不知所在。案元蔚等妄藉天私，作司近服，昧斯隱慝，職啓虔劉。會稽郡丞張思祖謬因承乏，總任是屍，涓誠匆效，終焉無紀。【略】輒下禁止彪、琰、洵、思祖、文季視事如故，鸞等結贖論。詔元蔚等免，思祖、鸞、文季原。

《南齊書》卷四九《王奂傳》　〔殷〕恒，宋泰始初，爲度支尚書，坐屬父疾及身疾多，爲有司所奏。明帝詔曰：殷道矜有生便病，比更無横病。恒因愚習惰，久妨清叙。左遷散騎常侍，領校尉。

（宋）司馬光《資治通鑑》齊武帝永明八年冬十月　交州刺史清河房法乘，專好讀書，常屬疾不治事，屬，託也；屬疾，猶言託疾也。由是長史伏登之得擅權，改易將吏，不令法乘知。録事房季文白之，法乘大怒，繫登之於獄，十餘日。登之厚賂法乘妹夫崔景叔，得出，因將部曲襲州，襲州治也。執法乘，謂之曰：使君既有疾，不宜煩勞。因之别室。法乘無事，復就登之求書讀之，登之曰：使君静處，猶恐動疾，豈可看書！遂不與。乃啓法乘心疾動，不任視事。十一月乙卯，以登之爲交州刺史。法乘還，至嶺而卒。嶺，即大庾嶺也。史言徒讀書而無政事者，不足以當方任。

《梁書》卷四九《文學傳・丘遲》　天監三年，〔丘遲〕出爲永嘉太守，在郡不稱職，爲有司所糾，高祖愛其才，寢其奏。

《梁書》卷一四《江淹傳》　少帝初，〔江淹〕以本官兼御史中丞。【略】於是彈中書令謝朏、司徒左長史王績、護軍長史庾弘遠，並以久疾不預山陵公事。

《梁書》卷一六《王亮傳》　〔天監〕四年夏，高祖讌於華光殿，謂群臣曰：朕日昃聽政，思聞得失。卿等可謂多士，宜各盡獻替。尚書左丞范縝起曰：司徒謝朏本有虚名，陛下擢之如此，前尚書令王亮頗有治實，陛下棄之如彼，是愚臣所不知。高祖變色曰：卿可更餘言。縝固執不已，高祖不悦。御史中丞任昉因奏曰：

臣聞息夫歷詆，漢有正刑；白褒一奏，晋以明罰。况乎附下訕上，毁譽自口者哉。風聞尚書左丞臣范縝，自晋安還，語人云：我不詣餘人，惟詣王亮；不餉餘人，惟餉王亮。輒收縝白從左右萬休到臺辨問，與風聞符同。又今月十日，御餞梁州刺史臣珍國，宴私既洽，群臣並已謁退，時詔留侍中臣昂等十人，訪以政道。縝不答所問，而横議沸騰，遂貶裁司徒臣朏，褒舉庶人王亮。臣於時預奉恩留，肩隨並立，耳目所接，差非風聞。竊尋王有遊豫，親御軒陛，義深推轂，情均《湛露》。酒闌宴罷，當扆正立，記事在前，記言在後，軫早朝之念，深求瘼之情，而縝言不遜，妄陳褒貶，傷濟濟之風，缺側席之望。不有嚴裁，憲准將頽，縝即主。

臣謹案：尚書左丞臣范縝，衣冠緒餘，言行舛駁，誇諧里落，喧詬周行。曲學諛聞，未知去代；弄口鳴舌，衹足飾非。乃者，義師近次，縝丁罹艱棘，曾不呼門，墨縗景附，頗同先覺，實奉龍顔。而今黨協釁餘，翻爲矛楯，人而無恒，成兹姦詖。日者，飲至策勛，功微賞厚，出守名邦，入司管轄，苞篚罔遺，而假稱折轅，衣裙所弊，讒激失所，許與疵廢，廷辱民宗。自居樞憲，糾奏寂寞。顧望縱容，無至公之議；惡直醜正，有私訏之談。宜置之徽纆，肅正國典。臣等參議，請以見事免縝所居官，輒勒外收付廷尉法獄治罪。應諸連逮，委之獄官，以法制從事。縝位應黄紙，臣輒奉白簡。詔聞可。

（宋）司馬光《資治通鑑》梁武帝天監五年冬十月　魏京兆王愉、廣平王懷國臣多驕縱，公行屬請，魏主詔中尉崔亮窮治之，坐死者三十餘人，其不死者悉除名爲民。惟廣平右常侍楊昱、文學崔楷以忠諫獲免。昱，椿之子也。

《梁書》卷一八《康絢傳》　初，堰起於徐州界，刺史張豹之宣言於境，謂己必屍其事。既而〔康〕絢以他官監作，豹子甚慚。【略】絢還後，豹之不修堰，至其秋八月，淮水暴長，堰悉壞決，奔流於海，祖暅坐下獄。

《梁書》卷二七《明山賓傳》　初，〔明〕山賓在州，所部平陸縣不
稔，啓出倉米以贍人，後刺史檢州曹，失簿書，以山賓爲秏闕，有司追
責，籍其宅入官。

《梁書》卷三四《張緬傳》　〔大通元年，張緬〕俄遷御史中丞，坐
收捕人與外國使鬭，左降黄門郎，兼領先職，俄復爲真。

《南史》卷五一《梁臨川靖惠王宏傳》　中大通四年，特封臨賀郡王。
後爲丹陽尹，坐所部多劫盜，復爲有司所奏，去職。

《陳書》卷一一《淳于量傳》　天康元年，〔淳于量〕至都，以在道淹
留，爲有司所奏，免儀同，餘並如故。

《陳書》卷三六《始興王叔陵傳》　高宗譴責御史中丞王政，以不舉
奏免政官，又黜其典籤親事，仍加鞭捶。

《陳書》卷二八《武陵王伯禮傳》　〔太建〕十一年春，被代征還，
〔武陵王〕伯禮遂遷延不發。【略】御史丞奏免官，以王還第。

《北齊書》卷四二《陽休之傳》　頃之，坐詔書脱誤，左遷驍騎將軍，
積前事也。

《北史》卷一六《魏臨淮王譚傳》　孚持白武幡勞阿那瓌於柔玄、懷
荒二鎮間。阿那瓌衆號三十萬，陰有異意，遂拘留孚。載以轀車，日給酪
一升、肉一段。每集其衆，坐孚東厢，稱爲行臺，甚加禮敬。阿那環遂南
過，至舊京。後遣孚等還，因上表謝罪。有司以孚事下廷尉，丞高謙之云
孚辱命，處孚流罪。

《魏書》卷三〇《安同傳》　太宗即位，命〔安〕同與南平公長孫嵩
並理民訟。又詔與肥如侯賀護持節循察并定二州及諸山居雜胡、丁零，宣
詔撫慰，問其疾苦，糾舉守宰不法。同至并州，表曰：竊見并州所部守
宰，多不奉法。又刺史擅用御府鍼工古彤爲晋陽令，交通財賄，共爲姦
利。請案律治罪。太宗從之，於是郡國肅然。同東出井陘，至鉅鹿，發衆
四户一人，欲治大嶺山，通天門關，又築塢於宋子，以鎮静郡縣。護疾同
得衆心，因此使人告同築城聚衆，欲圖大事。太宗以同擅徵發於外，檻車
徵還，召群官議其罪。皆曰：同擅興事役，勞擾百姓，宜應窮治，以肅
來犯。太宗以同雖專命，而本在爲公，意無不善，釋之。

《魏書》卷五一《皮豹子傳》　南天水郡民柳旃據險不順，喜率衆討
滅之。轉散騎常侍、安南將軍、豫州刺史。詔讓其在州寬怠，以飲酒廢
事，威不禁下，遣使者就州决以杖罰。七年卒，贈以本官，謚曰恭公。子
承宗襲爵。

《北史》卷五六《魏收傳》　天保元年，〔魏收〕除中書令，仍兼著作
郎，封富平縣子。二年，詔撰《魏史》。四年，除魏尹，故優以禄力，專
在史閣，不知郡事。初，帝令群臣各言志，收曰：臣願得直筆東觀，早
出《魏書》。故帝使收專其任。又詔平原王高隆之總監之，署名而已。帝
敕收曰：好直筆，我終不作魏太武，誅史官。【略】

收所引史官，恐其陵逼，唯取學流先相依附者。其房延祐、辛元植、
眭仲讓雖夙涉朝位，並非史才；刁柔、裴昂之以儒業見知，全不堪編
緝；高孝幹以左道求進。修史諸人，宗祖姻戚，多被書録，飾以美言。
收頗急，不甚能平，夙有怨者，多没其善。每言：何物小子，敢共魏收
作色！舉之則使上天，按之當使入地。初，收在神武時爲太常少卿，修
國史，得陽休之助。因謝休之曰：無以謝德，當爲卿作佳傳。休之父固，
魏世爲北平太守，以貪虐爲中尉李平所彈獲罪，載在《魏起居注》。收書
云：固爲北平，甚有惠政，坐公事免官。又云：李平深相敬重。尒朱榮
於魏爲賊，收以高氏出自尒朱，且納榮子金，故減其惡而增其善，論云：
若修德義之風，則韋、彭、伊、霍，夫何足數。

時論既言收著史不平，文宣詔收於尚書省與諸家子孫共加論討。前後
投訴，百有餘人，云遺其家世職位；或云其家不見記録；或云妄有非
毁。收皆隨狀答之。范陽盧斐父同附出族祖玄傳下；頓丘李庶家傳，稱
其本是梁國蒙人。斐、庶譏議，云史書不直。收性急，不勝其憤，啓誣其
欲加屠害。帝大怒，親自詰責。斐曰：臣父仕魏，位至儀同，功業顯著，
名聞天下，與收無親，遂不立傳。博陵崔綽，位至本郡功曹，更無事迹，
是收外親，乃爲傳首。收曰：綽雖無位，道義可嘉，所以合傳。帝曰：
卿何由知其好人？收曰：高允曾爲綽贊，稱有道德。帝曰：司空才士，
爲人作讚，正應稱揚。亦如卿爲人作文章，道其好者，豈能皆實？收無
以對，戰慄而已。但帝先重收才，不欲加罪。時太原王松年亦謗史，及
斐、庶並獲罪，各被鞭配甲坊，或因以致死。盧思道亦抵罪。然猶以群口
沸騰，敕魏史且勿施行，令群官博議。聽有家事者入署，不實者陳牒。於

是衆口諠然，號爲穢史，投牒者相次，收無以抗之。時左僕射楊愔、右僕射高德正二人勢傾朝野，與收皆親。收遂爲其家並作傳，二人不欲言史不實，抑塞訴辭，終文宣世，更不重論。

《隋書》卷一《高祖紀》〔開皇七年〕十一月甲午，幸馮翊，親祠故社。父老對詔失旨，上大怒，免其縣官而去。

《隋書》卷四二《李德林傳》〔李德林〕轉懷州刺史。在州逢亢旱，課民掘井溉田，空致勞擾，竟無補益，爲考司所貶。

《隋書》卷二五《刑法志》 左領軍府長史考校不平，將作寺丞以諫麥麴遲晚，武庫令以署庭荒蕪，獨孤師以受蕃客鸚鵡，帝察知，并親臨斬決。

《隋書》卷六六《源師傳》 煬帝即位，〔源師〕拜大理少卿。帝在顯仁宮，敕宮外衛士不得輒離所守。有一主帥，私令衛士出外，帝付大理繩之。師據律奏徒，帝令斬之，師奏曰：此人罪誠難恕，若陛下初便殺之，自可不關文墨。既付有司，義歸恒典，脱宿衛近侍者更有此犯，將何以加之？帝乃止。

《隋書》卷五五《乞伏慧傳》 煬帝即位，〔乞伏慧〕爲天水太守。大業五年，征吐谷渾，郡濱西境，民苦勞役，又遇帝西巡，坐爲道不整，獻食疏薄，帝大怒，命左右斬之。見其無髮，乃釋，除名爲民。卒於家。

《隋書》卷四七《柳機傳》 時齊王正擅寵，左右放縱，喬令則之徒，深見昵狎。〔柳〕謇之雖知其罪失，不能匡正。及王得罪，謇之竟坐除名。帝幸遼東，召謇之檢校燕郡事。及帝班師，至燕郡，坐供頓不給，配戍嶺南，卒於涯口，時年六十。

（唐）王方慶《魏鄭公諫録》卷二《諫禁張士貴》 太宗因教習不整，遣大將軍張士貴杖中郎、郎將等，士貴坐杖輕，下吏。公諫曰：臣在外竊聞大將軍張士貴坐行杖阿縱，送付大理。臣以爲教習不整，官司誠合重責，但將軍之任，職在爪牙，委以心膂，取其誠效，行杖小有不稱，未是將軍之罪。且使將軍執杖，已不可爲後法。又以杖輕加責，彌復驚駭物情。假令推得阿私，終恐有虧聖德。太宗大笑，遽令釋之。

（宋）王欽若等《册府元龜》卷一七五《宮臣部·罪譴》 杜正倫，太宗貞觀中爲中書侍郎兼太子左庶子。時太子承乾有足疾，不能朝謁，好昵近群小。太宗謂正倫曰：我兒疾病，乃可事也，但全無令譽，不聞愛賢好善，私所引接，多是小人，卿可察之。若教示不得，須來告我。正倫數諫不納，乃以太宗語告之，承乾抗表聞奏。太宗謂正倫曰：何故漏泄我語。對曰：訓導不入，故以陛下語嚇之，異其有懼或當反善。帝怒，出爲穀州刺史。

薛大鼎，貞觀中爲齊王祐長史。祐溺情群小，大鼎屢諫不聽。太宗以鼎輔導無方，竟坐免，而以權萬紀代之。

《新唐書》卷八九《韋挺傳》 初，〔韋〕挺爲大夫時，馬周爲監察御史，挺不甚禮。及周爲中書令，帝欲湔拭用之，周言挺倨於自用，非宰相器，遂止。帝將討遼東，擇主餉運者。周言挺才任粗使，帝謂然。挺父故爲營州總管，嘗經略高麗，故札藏家，挺上之。帝悦曰：自幽距遼二千里無州縣，吾軍靡所仰食，卿爲朕圖之。苟吾軍用不乏，是公之功。其自擇文武官四品十人爲子使，取幽、易、平三州鋭士若馬各二百以從。即詔河北列州皆取挺節度，許以便宜。帝親解貂裘及中廐馬賜之。挺遣燕州司馬王安德行渠，作漕艫轉糧，自桑乾水抵盧思臺，行八百里，渠塞不可通。挺以方苦寒，未可進，遂下米臺側，廥之，待凍泮乃運以爲解。即上言：度王師至，食且足。帝不悦曰：兵寧拙速，無工遲。我明年師出，挺乃度它歲運，何哉？即詔繁畤令韋懷質馳按。懷質還劾：挺在幽州，日置酒，弗憂職，不前視渠長利，即造船行粟，綿八百里，乃悟非是，欲進則不得，還且水涸。六師所須，恐不如陛下之素。帝怒，遣將作少監李道裕代之。敕治書侍御史唐臨馳傳，械挺赴洛陽，廢爲民，使白衣從。

《新唐書》卷二二三《張文瓘傳》 〔張文琮〕子〔張〕錫，久視初，爲鳳閣侍郎、同鳳閣鸞臺平章事，代其甥李嶠爲宰相。請還廬陵王，不爲張易之所右。與鄭杲俱知選，坐洩禁中語，又賕謝鉅萬，時蘇味道亦坐事，同被訊，繫鳳閣，俄徙司刑三品院。錫按轡專道，神氣不懾，日膳豐鮮，無損貶。味道徒步赴逮，席地菜食。武后聞之，釋味道，將斬錫，既而流循州。

（宋）司馬光《資治通鑑》唐玄宗先天元年十二月 〔李〕日知在官，不行捶撻而事集。刑部有令史，受敕三日，忘不行。日知怒，索杖，集群吏欲捶之，既而謂曰：我欲捶汝，天下人必謂汝能撩李日知嗔，受李日

知杖，不得比於人，妻子亦將棄汝矣。遂釋之。吏皆感悦，無敢犯者，脱有稽失，衆共譴之。

《舊唐書》卷五九《姜謩傳》　〔開元〕十年，〔姜皎〕坐漏泄禁中語，爲嗣濮王嶠所奏，敕中書門下究其狀。嶠即王守一之妹夫，中書令張嘉貞希守一意，構成其罪，仍奏請先決杖配流嶺外。下制曰：秘書監姜皎，往屬艱難，頗效誠信，功則可録，寵是以加。既忘滿盈之誡，又虧静慎之道，假説休咎，妄談宫掖。據其作孽，合處極刑，念茲舊勛，免此殊死。宜決一頓，配流欽州。皎既決杖，行至汝州而卒，年五十餘。皎之所親都水使者劉承祖，配流雷州，自餘流死者數人。時朝廷頗以皎爲冤，而咎嘉貞焉，源乾曜時爲侍中，不能有所持正，論者亦深譏之。玄宗復思皎舊勛，令遞其柩還，以禮葬之，仍遣中使存問其家。十五年，追贈澤州刺史。晦坐皎左遷春州司馬，俄遷海州刺史，卒。

（宋）司馬光《資治通鑑》唐玄宗天寶二年春正月　李林甫領吏部尚書，日在政府，政府，謂政事堂。選事悉委侍郎宋遥、苗晉卿。御史中丞張倚新得幸於上，遥、晉卿欲附之。時選人集者以萬計，入等者六十四人，倚子奭爲之首，群議沸騰。前薊令蘇孝韞以告安禄山，禄山入言於上，上悉召入等人面試之，奭手持試紙，終日不成一字，時人謂之曳白。癸亥，遥貶武當太守，晉卿貶安康太守，倚貶淮陽太守，同考判官禮部郎中裴朏等皆貶嶺南官。

（宋）司馬光《資治通鑑》唐玄宗天寶四年三月　乙巳，以刑部尚書裴敦復充嶺南五府經略等使。五月壬申，敦復坐逗留不之官，貶淄川太守，以光禄少卿彭果代之。

《新唐書》卷一二六《韓滉傳》　自至德軍興，所在賦税無藝，帑司給輸乾隱。〔韓〕滉檢制吏下及四方輸將，犯者痛挾以法。會歲數稔，兵革少息，故儲積穀帛稍豐實。然覆治案牘，深文鈎剥，人亦咨怨。大曆十二年秋，大雨害稼什八，京兆尹黎幹言狀，滉恐有所蠲貸，固表不實。代宗命御史行視，實損田三萬餘頃。始，渭南令劉藻附滉，言部田無害，御史趙計按驗如藻言，帝又遣御史朱敖覆實，害田三千頃。帝怒曰：縣令，所以養民，而田損不問，豈恤隱意邪？貶南浦員外尉，計亦斥爲豐州司户員外參軍。方是時，潦敗河中鹽池，滉奏池産瑞鹽。帝疑，遣諫議大夫蔣鎮廉狀，鎮畏滉，還乃賀帝，且請置祠，詔號寶應靈慶池。

（宋）王溥《唐會要》卷六一《彈劾》　建中元年三月，監察御史張著冠豸冠，彈京兆尹兼御史中丞嚴郢於紫宸殿。以郢奏詔浚陵陽渠，匿詔不時行，故使奔蹙，以歸怨於上。

《新唐書》卷一五九《盧坦傳》　河南賦限已窮，縣人訴機織未就，〔盧〕坦詣府請申十日，不聽。坦諭縣人弟輸，勿顧限，違之不過罰令俸爾。由是知名。

《新唐書》卷一六〇《韋綬傳》　穆宗爲太子，〔韋〕綬入侍讀，遷諫議大夫。太子書依字輒去人，曰：上以此可天下事，烏得全書耶？綬白之，帝喜，即賜綬錦綵。方太子幼，綬數爲俚言以悦太子，它日侍，太子爲帝道之，帝怒曰：綬當以經義輔導太子，而反語此，朕何賴焉？外遷虔州刺史。

（宋）司馬光《資治通鑑》唐憲宗元和十五年　初，祕書少監田洎入吐蕃爲弔祭使，按《新書·吐蕃傳》：帝即位，遣田洎往告哀。則以洎爲告哀使，非弔祭使。吐蕃請與唐盟於長武城下，洎恐吐蕃留之不得還，唯阿而已。既而吐蕃爲黨項所引入寇，因以爲辭曰：田洎許我將兵赴盟。於是貶洎郴州司户。

《新唐書》卷九一《温造傳》　大和二年，内昭德寺火，延禁中野狐落，野狐落者，宫人所居也，死者數百人。是日，宰相、兩省官、京兆尹、中尉、樞密皆集日華門，督神策兵救火所及，獨御史府不至。〔温〕造自劾曰：臺繫賊，恐人緣以構姦，申警備，乃得入。臣請入三十直，崔蠡、姚合二十直，自贖。宰相劾造不待罪於朝，而自許輕比，不可聽。有詔皆奪一月俸。

《舊唐書》卷一七下《文宗本紀》　〔大和五年〕五月戊戌朔，太廟第四室、第六室破漏，有司不時修葺，各罰俸。上命中使領工徒及以禁中修營材葺之。右補闕韋温上疏論曰：宗廟不葺，罪在有司弛慢，宜加重責。今有司止於罰俸，便委内臣葺修，是許百司之官公然廢職。以宗廟之重，爲陛下所私，則羣官有司，便同委棄，此臣竊爲聖朝惜也。事關宗廟，皆書史册，苟非舊典，不可率然。伏乞更下詔書，復委所司營葺，則制度不紊，官業各修矣。疏奏，帝嘉之，乃追止中使，命有司修奉。

（宋）司馬光《資治通鑑》唐文宗開成五年八月　庚午，門下侍郎、同平章事李珏坐爲山陵使龍輴陷，罷爲太常卿。貶京兆尹敬昕爲郴州司馬。

（宋）司馬光《資治通鑑》唐宣宗大中五年十一月　右羽林統軍張直方坐出獵累日不還宿衛，貶左驍衛將軍。

《舊唐書》卷一八下《宣宗本紀》〔大中九年〕三月，試宏詞舉人，漏泄題目，爲御史臺所劾，侍郎裴諗改國子祭酒，郎中周敬復罰兩月俸料，考試官刑部郎中唐枝出爲處州刺史，監察御史馮顓罰一月俸料。其登科十人並落下。其吏部東銓委右丞盧懿權判。以吏部侍郎鄭涯檢校禮部尚書，兼定州刺史、御史大夫，充義武軍節度、易定州觀察處置、北平軍等使。御史臺據正月八日禮部貢院捉到明經黄續之、趙弘成、全質等三人僞造堂印、堂帖，兼黄續之僞著緋衫，將僞帖入貢院，令與舉人虞蒸、胡簡、黨贇等三人及第，許得錢一千六百貫文。據勘黄續之等罪款，具招造僞，所許錢未曾入手，便事敗。奉敕並準法處死。主司以自獲姦人，並放。

《舊五代史》卷七一《唐書・羅貫傳》　羅貫，不知何許人。進士及第，累歷臺省官，自禮部員外郎爲河南令。貫爲人强直，正身奉法，不避權豪。時宦官伶人用事，凡請託於貫者，其書盈閣，一無所報，皆以示郭崇韜，因奏其事，由是左右每言貫之失。先是，梁時張全義專制京畿，河南、洛陽僚佐，皆由其門下，事全義如廝僕。及貫授命，持本朝事體，奉全義稍慢，部民爲府司庇護者，必奏正之。全義怒，因令女使告劉皇后從容白於莊宗，宦官又言其短，莊宗深怒之。會莊宗幸壽安山陵，壽安，原本作壽奄，考《五代會要》，貞簡太后陵名壽安，今改正。道路泥濘，莊宗訪其主者，宦官曰：屬河南縣。促令召貫至，奏曰：臣初不奉命，請詰稟命者。帝曰：卿之所部，反問他人，何也？命下府獄，府吏榜笞，促令伏款。翌日，傳詔殺之。郭崇韜奏曰：貫別無贓狀，橋道不修，法未當死。莊宗怒曰：母后靈駕將發，天子車輿往來，橋道不修，是誰過也？崇韜奏曰：貫縱有死罪，俟款狀上奏，所司議讞，以朝典行之，死當未晚。今以萬乘之尊，怒一縣令，俾天下人言陛下使法不公矣！莊宗曰：既卿所愛，任卿裁決。因投袂入宮。崇韜從而論列，莊宗自闔殿門，不得入。即令伏法，曝屍於府門，冤痛之聲，聞於遠邇。

（宋）司馬光《資治通鑑》後唐明宗天成四年九月　吴越王鏐居其國好自大，朝廷使者曲意奉之則贈遺豐厚，不然則禮遇疏薄。嘗遺安重誨書，辭禮頗倨。薛《史》曰：錢鏐致書安重誨云：吴越國王致書於某官執事。不叙寒暄。重誨怒其無禮。帝遣供奉官烏昭遇、《考異》曰：《吴越備史》、《十國紀年》皆云監門衛上將軍，蓋借官耳。今從《實録》等諸書。韓玫使吴越，昭遇與玫有隙，使還，玫奏：昭遇見鏐，稱臣拜舞，謂鏐爲殿下，及私以國事告鏐。安重誨奏賜昭遇死。

《舊五代史》卷四二《唐書・明宗本紀》〔長興二年五月乙酉〕　鴻臚卿柳膺將齋郎文書賣與同姓人柳居則，伏罪，大理寺斷當大辟，緣經赦減死，追奪見任官，終身不齒。

《舊五代史》卷四八下《唐書・末帝本紀》〔清泰三年三月戊午〕　初，延州保安鎮將白文審聞兵興岐下，專殺郡人趙思謙等十餘人，已伏其罪，復下臺追繫推鞫，未竟。會去年五月十二日德音，除十惡五逆、放火殺人外並放。盧損輕易即破械釋文審，帝大怒，收文審誅之。臺司稱奉德音釋放，不得追嶺祇證。中書詰云，德音言不在追窮枝蔓，無不得祇證六字，擅改敕語。大理斷以失出罪人論，故有是命。

（宋）王欽若等《册府元龜》卷六九《刑法部・深文》　後唐李殷夢爲刑部員外郎時，徐州奏沛縣令鄭曈下鄉，將縣印隨身，誤有亡失。大理正宋昇以誤失定罪，合除一任官。殷夢詳覆，以爲置印在懷，輒稱亡失，請以毀棄論。其累任告示，並請追赴都省焚之。

《舊五代史》卷一二九《周書・齊藏珍傳》　廣順中，〔齊藏珍〕奉命滑州界巡護河堤，以弛慢致河決，除名，配沙門島。

《宋史》卷一《太祖本紀》〔建隆二年夏四月〕己未，左贊善大夫申文緯坐失覺察除籍。

（清）徐松《宋會要輯稿・食貨六二・義倉》　太祖建隆二年四月，大名府上言：館陶縣民郭贇訴。去冬所檢田，各有隱漏田畝。詔本縣令程迪杖脊，除名配沙門島。元檢官給事中常準，奪兩任官。

（宋）李燾《續資治通鑑長編》宋太祖建隆三年三月　己卯，封邱縣令蘇允元，坐申雨降不實免官。

（宋）李燾《續資治通鑑長編》宋太祖建隆三年七月　右衛率府率薛勳掌常盈倉，受民租，概量重，詔免勳官，配隸沂州，倉吏棄市。《舊録》以爲二年事，今從《新録》。

（清）徐松《宋會要輯稿·食貨六二·京諸倉》　乾德三年九月，帝聞在京官廩有積歲陳腐者，乃有司滯於給遣也。權點檢三司使趙玭及判官，並罪罰俸。

（宋）李燾《續資治通鑑長編》宋太祖乾德三年九月　庚寅，侍御史蘇善鄰除名，流沙門島，坐知陳州日不法也。

（宋）李燾《續資治通鑑長編》宋太祖開寶二年十二月　奪右贊善大夫王昭文兩任，案王昭文，《宋史》及薛應旂《續通鑑》皆作王昭。配隸汝州，坐監大盈倉，其子與倉吏爲姦贓故也。

《宋史》卷二《太祖紀》　〔開寶四年十一月庚戌〕河決澶州，通判姚恕坐不即上聞棄市。

（宋）李燾《續資治通鑑長編》宋太宗太平興國二年五月　蔡州團練使張延範前知廣州，火焚公帑香藥、珠貝、犀象殆盡，延範奏不以實，又縱私奴三輩於部下受賕。御史府案得其狀，上先命斬其奴於廣州市，癸酉，責延範爲護國行軍司馬。

（宋）李燾《續資治通鑑長編》宋太宗太平興國二年七月　壬戌，斬宦者周延峭，坐齎詔至宋州視官羅，擅離羅所出城飲酒，遺失詔書故也。

（清）徐松《宋會要輯稿·食貨六二·京諸倉》　太宗太平興國二年七月，詔免右監門衛將軍范從簡、率府率宋延信、太子洗馬張若納、衛尉寺丞劉光序等官，坐分掌太倉吏重入民租，失察舉故也。先是，歲漕江淮米四、五百萬斛，以給京師。選能吏分掌其出納，以中黄門副之。太宗恐吏概量爲姦，遣期門卒變服偵邏，得永豐倉持量者張遇凡八輩。鞫之，盡得其受財爲姦狀，帝悉命斬之，杖中黄門，免掌庾吏，懲不謹。

（宋）李燾《續資治通鑑長編》宋太宗太平興國五年二月　諸州馬多死，殿直李謂坐監牧許州，盗官菽二百五十石，馬死者千五百匹，械繫送闕下。甲子，並内侍梁守忠及主吏三人悉斬於市。

《宋史》卷二六七《劉昌言傳》　上言：水旱民輸税愆期。舊制六月開倉，臣令先一月許所在縣驛輸納以便民。獲盗當部送闕下，臣恐吏柔懦不能制，再亡命，配隸軍籍。此二事，臣從便宜，不如詔書，慮讒慝因而浸潤，願陛下察之。太宗下詔責其不循舊章，斂怨於民，自今敢背棄詔條，譴責不復恕。

（宋）李燾《續資治通鑑長編》宋真宗景德二年九月　己巳，以户部判官李含章監朗州酒税。含章狥公潔己，而臨事褊執，群吏以簿書稽滯爲訟，推劾得實，群吏決杖，而含章亦贖金，仍釐務焉。

（宋）李燾《續資治通鑑長編》宋真宗景德三年十一月　詔：每宣敕下諸路相度會問公事，多是稽留，不即結絶，致煩催促。況稽留制書，律有明禁，當諭轉運使告示，自今凡受宣敕，並須當日内施，限律限内結絶。若别須會問的實，限内未了者，亦須於限滿日具事由奏裁。如敢依前稽緩，官吏併當勘劾，依律科罪。仍委中書門下、樞密院置簿提舉。

（宋）李燾《續資治通鑑長編》宋真宗景德四年十月　丙午，江南轉運副使、太常博士、直史館何亮遷左司諫，爲廣南西路轉運使，代舒賁也。賁坐不察宜州劉永規虐政，御史臺差官就劾，罷其任。欸聞，詔贖金釐務以懲之。

（宋）李燾《續資治通鑑長編》宋真宗大中祥符五年四月　甲辰，修内司方皇城累甓土摧，役卒壓死者十二人，詔以錢帛給其家，仍劾主者罪。自是以功役尤廣，且屬炎暑，遂罷之。

《宋史》卷八《真宗本紀》　〔大中祥符五年八月〕庚戌，淮南旱，減運河水灌民田，仍寬租限；州縣不能存恤致民流亡者，罪之。

《宋史》卷八《真宗本紀》　〔天禧三年三月〕癸未，翰林學士、工部尚書錢惟演等坐知舉失實，降一官。

（宋）李燾《續資治通鑑長編》宋仁宗慶曆三年九月　范仲淹言：臣昨日面奏滕宗諒事，當天威震怒之際，臣言不能盡。又章得象等不知彼中事理虚實，皆不敢向前，惟臣知從初仔細，又只獨自陳説，顯涉黨庇宗諒。雖已行勘鞫，必能辨明虚實，然有未達之情，須至上煩聖聽。今具晝一如後：

一、梁堅元奏宗諒於涇州賤買人户牛驢，犒設軍士。臣竊見去年葛懷敏敗後，向西州軍官員驚憂，計無所出。涇州無兵，賊已到渭州，只是一百二十里，宗諒起遣人户强壯數千人，入城防守。其時又水冰寒苦，軍情

愁慘，得宗諒管設環慶路節次策應軍馬四頭項，一萬五千餘人，酒食柴薪並足，衆心大喜。雖未有大功，顯是急難可用之人，所以舉知慶州。倉卒收買牛驢犒軍，縱有虧價，情亦可恕。

一、梁堅奏宗諒在邠州聲樂數日，樂人弟子得銀楪子三二十片者。臣與韓琦到邠州，筵會一日，其時衆官射弓，各將射中，楪子散與過弓箭軍人及妓樂，即非宗諒散與而罪歸宗諒。又云士卒怨嗟，況邊上筵會，是常當直軍人更番祇候，因何得其日便有怨嗟？

一、梁堅奏稱：宗諒到任後使過錢十六萬貫，其間有數萬貫不明。今來中使體量，卻稱只是使過三千貫入公用，已有十五萬貫是加誣，錢數物料是諸軍請受，在十六萬貫之内，豈可諸軍請受亦作宗諒使過？臣在慶州日，亦借隨軍庫錢回易，得利息二萬餘貫，充隨軍公用支使外，卻納足官本。今來宗諒所用錢數物料，必亦是供官本回易所得，將充公用。

一、環慶一路四州，共二十六寨，將佐數十人，兵馬五萬。自宗諒勾當，已及八九個月，並無曠闕。邊將軍民，亦無詞訟。處置蕃部軍馬公事，又無不了。若不才之人，豈能當此一路？

一、邊上主帥，若不仗朝廷威勢，何以彈厭將佐軍民，使人出死力，禦捍强敵。宗諒是都部署、經略使，一旦逐之如一小吏，後來主帥豈敢便宜行事？

一、防秋及時，主帥未有顯過，而奪其事任，將令下獄，若遇賊兵寇境，未知令何人卒然處置？此路今差王元權領，况王元在河東沮怯，已曾責降，今且在邊上備員，豈可便當一路委寄？恐更誤事。

一、宗諒舊日疏散，又好榮進，所以招人謗議，易爲取信。

一、臺諫官風聞未實，朝廷即便施行。臣目擊非虛，而未蒙朝廷聽納。臣若是誑妄之人，不當用在兩府。既有目覩之事，豈可危人自安，誤陛下賞罰。兼西北未寧，見搜求稍可邊上任用之人，即加獎擢，豈宜逐旋破壞，使邊臣憂惕，不敢作事！雖國家威令不可不行，須候見得實情，方可黜辱。臣欲乞朝廷指揮，宗諒止在任勾當，委范宗傑在邠州一面勘鞫干連人，並將已取到慶州錢帛文帳磨勘。如宗諒顯有欺隱入己及乖違大過，即勾宗諒勘鞫。如無乖違大過，又無欺隱入己，即差人取問，分析緣由，入急遞聞奏，别取進止。所有張亢亦奉聖旨令便勘鞫，臣體量得張亢不能重慎，爲事率易，昨在渭州，亦無大段過犯。乞委范宗傑一就勘鞫干連人，依勘滕宗諒事行遣聞奏。仍乞以臣此奏宣示臺諫官，候勘得滕宗諒、張亢卻有大段乖違過犯及欺隱入己，仰臺諫官便更彈劾，臣甘與二人同行貶黜。臣所以極言者，蓋陛下委寄邊臣，使一向外禦而無内憂之禍，則邊上諸路人人用心，不至解體，有誤大事。張亢自渭州徙並代，在三年七月甲戌。

（宋）李燾《續資治通鑑長編》宋仁宗慶曆四年二月　徙知虢州滕宗諒知岳州，用御史中丞王拱辰之言也。己酉，宣拱辰赴臺，拱辰因入見，上諭曰：言事官第自振職，勿以朝廷未行爲沮己，而輒請解去以取直名。自今有當言者，宜力陳無避。拱辰頓首謝。

始，梁堅劾宗諒枉費公用十六萬緡。及遣中使檢視，乃宗諒始至涇州日，以故事犒賚諸部屬羌，又間以饋遺遊士故人。宗諒恐連逮者衆，因悉焚其籍，以滅姓名。然宗諒所費，才三千緡，堅並諸軍月給言之，故云十六萬。參知政事范仲淹力辨之。會堅死，臺官執堅奏劾宗諒不已，故宗諒再黜，然終賴仲淹之力，不奪職也。

《宋史》卷三〇四《曹穎叔傳》　〔曹穎叔〕爲開封府判官，時御史宋禧鞫衛士獄於内侍省，禧不能辨，及獄具，内侍使禧自爲牒，穎叔言禧爲制使辱命，請寘之法。

（宋）李燾《續資治通鑑長編》宋神宗熙寧三年五月　條例司言：權陝西轉運副使陳繹不依條案治部内違法抑配青苗錢官吏，乃擅止環、慶等六州給散青苗錢，且欲留常平倉物，準備緩急支用，壞常平久行之法。詔繹特放罪。

（宋）李燾《續資治通鑑長編》宋神宗熙寧三年八月　大理寺言：涪州羈縻州巡檢、供奉官苗承祐不覺獠賊入界劫掠漢民，會德音，當罰銅六斤。上批：職爲捕盗，致賊肆行劫略，不即擒捕，又奉朝旨，猶敢怠惰不出討賊，可特勒停。

（宋）李燾《續資治通鑑長編》宋神宗熙寧三年九月　大理寺言，麟、府、豐州及堡寨官吏不申舉修葺城櫓、器甲及簡選兵馬等，當違制失公罪。詔知州、皇城使、嘉州防禦使王慶民等管勾軍馬司，通判、寨主、監押凡四十人降官罰金有差。已而樞密副使馮京言：臣昨爲本路經略使，

事無不總，而因循苟簡，不能提振，以至上煩聖慮。望畜降黜，使諸路帥臣明知朝廷重邊事，雖一時無事罷去，後冒取名位者猶必行法，以厲偷墮不職之臣。優詔釋其罪。

（宋）李燾《續資治通鑑長編》宋神宗熙寧五年六月　司封郎中謝景初追兩官，都官郎中李杲卿一官，勒停，并坐前任成都府路監司踰濫故也。杲卿先服罪，景初未服，詔利州選差官就成都置勘。馮京曰：景初當提點刑獄，在一路吏民之上，今令萬里往舊治所就獄，恐有辭便乞伏罪。賈誼言：當養人臣以廉恥，宜止就鄰路近處。上曰：景初自無廉恥，如此更困辱之，亦無傷。所謂刑不上大夫者，既刑，即不可使復爲大夫。賈誼所言恐非是。兼景初在本路桀驁不奉朝廷法令，其自爲乃如此，何足恤！王安石曰：若悉力公家，奉行詔令，即私行有缺，尚有可矜。今既令陵政，又所爲自無恥，且就獄辯對虚實，於景初固無可恥。若鄰路勘，使無罪證見之人受弊，卻不便也。

（宋）李燾《續資治通鑑長編》宋神宗熙寧五年七月　戊戌，東上閤門使、樞密都承旨李評知保州，仍領榮州刺史，用罷都承旨恩例也。先是，評坐同天節不令殿前、馬、步軍司赴垂拱殿起居，及判刑部杜紘不告謝兼失申舉，爲中書劾奏，罷管勾合門，送宣徽院取勘，及案具，罰銅六斤，評遂乞免閤門供職，上不許。王安石曰：此乃評避中書點檢，承前詔意，恐中書推求其罪。緣臣董正百官，見左右近習有罪，豈得不案？陛下方尊寵倚信李評，臣當避位。上曰：朕未嘗尊寵倚信評也，但閤門、樞密院藉評檢點簿書而已。安石曰：臣備位大臣，案治小臣誕謾罪狀明白，小臣任事如故，臣反受詰責，誠難以安職，惟罷臣則評自可不免閤門勾當。上曰：詰責那有是。安石曰：陛下前詔云煩費推求，何日窮已，臣豈不上體聖意？如臣議上壽事但據理評議，亦數蒙陛下督過。上曰：上壽事或恐理有未盡處。安石曰：此極細事，然陛下乃不及待，且令中書改正。以臣所奏，實不見評有理，評敢爲誣罔蔽欺不但此，此豈可復在人主左右？臣聞樞密院，評作姦宄尤多，顧臣不詳知本末，不敢論奏。中外之人，其孰以陛下親信李評爲可者？上曰：評固非忠良，又無遠識，今當與換何等差遣？安石曰：陛下雖知評非忠良，無遠識，臣雖知陛下聖質高明，然四方之人豈復知此？但見陛下親厚評如此，罪狀明白猶待之不衰，則天下姦邪安肯革面退聽？王珪請與冀州，上曰：評父老，與宮觀何如？既而曰：如此則又不離閤門。珪曰：罷都承旨，例亦合遷官。上良久曰：評以罪去官，豈當復遷？乃令與保州，珪曰：評若思過，更年歲間却收用可也。安石曰：變詐小人若復親近，但有虧損聖德。若陛下果能覺悟，又安可復親近？然此事須陛下熟慮，若以臣故强勉斥逐，則臣更有放横之嫌矣。因言程昉及李若愚事，曰：臣前論李若愚姦罔，陛下待下之彌親，後論李評欺誣，陛下遇之彌厚，不知陛下用臣以何爲職業？臣蒙陛下信聽，當以臣素行無他，然願陛下每事考察，臣若有一違負陛下，則罪宜大於餘人，以臣最獲親近故也。程昉事見四年十月十六日。初，程昉以塞河功加帶御器械，用故例入侍，評不欲昉親近，因立法：都知、押班、帶御器械，差遣在京者乃聽供職，他則否。時押班李若愚，帶御器械惟昉，昉疑評抑己，遂訟評，故安石以爲言。若愚先治塘泊有勞，不自言，及王臨奏《塘泊圖》，上乃知之，深嘉若愚不伐。安石謂：若愚大猾，故爲此以中聖意。緣大臣與若愚交私，若愚雖不自言，必有爲若愚言者，陛下安可因此一事遽信之？若愚前體量秦州事，盛稱李師中，誣罔王韶，今陛下豈不察此也！上又問都承旨解職恩例。及進呈，有除大將軍、刺史者，上曰：刺史太優。詔評領榮州刺史，又曰：評在閤門、密院，多與人爭，觸怨怒，何所利？安石曰：或以守道違衆觸怨怒，或以招權竊威福，托公直以自結人主觸怨怒。其觸怨怒同，其情則異。如裴延齡欺罔，德宗獨信之者，以其能變詐故也。陛下憐評，恐近類此。上又言：張琥論李評不合上殿，此殊無理。安石曰：陛下耳目之官識見皆不足賴，但採聽浮言，不皆中理，此臣所以尤願陛下詳擇熟慮是非枉直也。若陛下耳目之官爲陛下別白忠邪，即當爲陛下論先王之道，奉行中書故事而已，何至紛紛與小人校辨？《林希野史》云：李評久侍上左右，雖以戚里進，然頗知書，習典故，多智數，鮮有及者。爲閤門使。又令樞密都承旨不用次補直以外官進自評始。其幸於上，中外無可比者。與同列奏事，必留身，閑雖不奏事，上必獨與語踰刻，上色未嘗不懽也。評所聞外事，大小悉以聞，然而遭評讒毀者不少矣。閤門、密院吏苦評苛察，雖執政亦不敢少斥其非，往往陰贊其美，結以自固，諫官、御史未嘗有一言及評。上朝夕欲除簽書樞密院，雖他人莫不度其將然。自府界置保甲，妨擾民情不樂，畿內人得以私習武備，評亦極論其不可。他日，上語安石保甲事，李評甚危言之，安石始怒評敢輒議己，日摭其過，然評之怙寵未易動也。熙寧

五年以來，評愈不平安石擅權專國，上不得有所爲，屢攻其短，上又時以其語對執政道之，安石益怒。會閤門誤排軍員等坐位，安石請劾評等，評訴於上，以爲：此小事，非閤門罪，安石欲沮辱臣爾，陛下每有所黜，即安石多方黨蔽，黜者反進擢。安石有所怒，陛下雖明知其無過，安石必欲加罪，如臣是也。上爲之動，但命劾閤門胥吏，貸評等不問。安石固請之，於是御史紛然交攻評矣。上猶未聽，安石乃不入朝，乞解政事，章凡數上，上遣中人宣押入中書，即時劾評，安石乃留。月餘，劾狀已上，猶命特放，安石勃然曰：陛下始許臣以逐評，臣乃留，今放評罪何也？臣願復去。上不得已，黜評知保州。評父端願爲評乞在京閑漫差遣，又乞侍養，不許，上亦惜其遠去，改知潁州。評既斥，又除曾孝寬爲都承旨，不用武臣，自此密院官屬亦安石黨人矣。嗚呼，其慮遠哉！希所云評誤排軍員等坐位，必誤，事具六月壬辰。

（宋）李燾《續資治通鑑長編》宋神宗熙寧五年二月　詔太子中允、集賢校理、同修起居注、直舍人院、同知諫院張琥落修起居注，罷直舍人院、諫院。先是，著作佐郎陳大順謁集賢校理李定、同大理寺丞沈邁，語陝西轉運使張詵上殿稱旨，賜紫章服，上令處置慶陽叛兵，許以詵爲本路經略使。定翌日見琥，語及之，又詵婿檢詳樞密院兵房文字蘇液亦對琥言此。琥遂疏於上前，以制旨未下，傳言漏露，恐非所宜，且言詵輕脱不可用。上疑其言，王安石亦謂：此事宜窮究，恐讒人專造此，欲沮詵作帥，姦不可長。乃令樞密院召訊定等，其言不盡如琥章，琥坐奏事不實故責。上曰：琥並奪三職，不太重乎？安石固以爲當然，又請窮究定及大順等。而定復自言事有證佐，與樞密院所訊異狀，安石右定，不直樞密院，乞付御史臺劾，上從之。三月癸巳，再劾。張詵召對，附去年十月六日庚申。《司馬光日記》云：上密論陝漕張詵使除所招慶卒。詵既去，諫官張琥言：既赦而復誅之，何以信後？上怒，詰琥從何得此語，琥云風聞，又云得之李定，又云得之大理寺丞沈邁、著作陳大順，又云得之蘇液。液，詵婿也。上怒其語異同，故奪三職，且使鞫問。詵密以語之介甫，欲爲三人之地，建言：若加窮覈，密語必布，使降卒反側，非宜。乃令陳大順所言爲虚語以誑定云。《日記》又云介甫素善待蘇液，尤不欲罪之，乃諷法官駁案，更令沈衡鞫之，歸而衡鞫李德芻，改命祝諮鞫之，德芻亦介甫所左右也。吕秦州云。《日記》又云劉仲通言：上密與張詵謀伐夏，介甫漏之，張琥諫，上怒，推迹所從來，介甫懼，使章惇語陳大順引虚，已受其無咎，大順許諾。已而恐介甫不能庇，乃囊云惇使我云然，故並惇付祝諮鞫之。《日記》又云范百禄言：上怒張琥，疑中書佑之，使密院詰問，既又下臺鞫問，辭與密院異同，但令陳大順獨承鹵莽，故又使祝諮鞫之。

（宋）李燾《續資治通鑑長編》宋神宗熙寧七年八月　詔御史臺推直官、職方員外郎田曾降一官，京西轉運使吳幾復、轉運判官曾伉、提舉常平等事胡宗師各罰銅一斤，提點刑獄陳世修赴闕。幾復等案權知唐州、虞部郎中蘇涓失點檢兵馬司存留修召渠卒及妄弗公使錢事，涓不服。訟久不決，遣曾就州置獄。涓又訴監司捃摭誣罔不實，曾不並治，迺令審刑院、大理寺以涓等事狀取旨。時既黜曾等，涓所坐杖六十，罪以赦原。

（宋）李燾《續資治通鑑長編》宋神宗熙寧七年九月　權發遣兩浙轉運副使張靚言：體量官司行鹽法差誤十事，內三事盧秉舉覺已根究外，越州有因監催鹽償錢，母殺子者；又瀕海等縣，隔州縣追同保人，令本路轉運司劾官吏。其鹽事司違法第月比較課利，決責、枷錮專副。詔淮南西路轉運司劾盧秉以聞。其後奏至，秉坐公罪杖六十，用赦原之。差靚體量，在五月十九日丙辰。《吕惠卿日録》：熙寧八年二十八日，進呈張靚乞避盧秉狀，上曰：是他乞移京東西一路，或解罷赴闕，莫只是要朝廷知。僉曰：是如此。余曰：但陛下察之，便得見説。盧秉尤怨臣等，至於人前泣訴。王珪曰：韓絳等當時便要衝替卻。上曰：秉誠有過當事。余曰：沈括初自浙中回，外面説底事，必然面奏陛下。斷過刑名一歲及數千人，此是沈括録來。越州母殺子，是謝景温手裏斷，是括體訪來，嗔他張靚體量不得是。虞太寧論盧秉事，只明州有七八件違法，雖是秉牒太寧驅磨，然太寧才具申縣保甲，秉三日走到太寧縣，搜尋他事，便罷了太寧公事，顯是怒他如此申明。太寧言秉立式與州縣，應斷過鹽案並依式供申本司，有逐季申、月申、旬申、逐時申，或本司勾當公事檢法官點檢。至於入徒、流、配罪並不點檢，已死及流、配並追償錢於其家。只六年八月一日內，收坐官員已百餘員，決人吏八百餘人，如此盡有迹狀，若送與秉分析，必了不得。然臣等爲秉亦收許多課利，而去歲中外方欲共壞朝廷新法，則不可不且保全他。以此只於靚體量事中，只擇一件月比較專副事勘他。然秉一路添許多刑名，極非佳事，又秉寬苛刻之罪，嚴縱舍之禁，則州縣自然趨向如此。如張靚自言趁得課利多如秉，未知實與不實，若果是實，却無如此違法事，即爲可嘉。上曰：若如此即須加賞。八年七月九日，盧秉自淮東提刑除發運副使，靚時任兩浙運副，故乞迴避。十月二十五日，緣張若濟、鄭膺事罷。今附注惠卿云云於此七年九月二十八日，更徐考之。虞太寧事，當並考。

（宋）李燾《續資治通鑑長編》宋神宗熙寧八年正月　庚戌，冀州言：散直王達與侍禁李可觀等督役治州城，雨壞二十六步。法寺當達公罪杖，會赦原，中書擬達罰重難差遣一次。上批：河北諸城工役方興，若容其怠慢，工成未幾而摧塌，恐枉費人力，緩急誤事。可觀等罰銅，達

決杖。

（宋）李燾《續資治通鑑長編》宋神宗熙寧八年四月　罷著作佐郎林旦勾當進奏院，以知通進銀臺司陳繹言旦先任臺官，坐言事不實降黜，乞別與差遣故也。

（宋）李燾《續資治通鑑長編》宋神宗熙寧八年六月　丙午，詔判都水監李立之、丞王令圖，主簿李黼、句當公事陳祐甫各罰銅二十斤，立之出知陝州，前判監、衛尉少卿、知陝州宋昌言，汴口官、都官郎中王珫，都官員外顏處恭，西京左藏庫副使劉文應各降一官，改昌言知丹州。並坐閉訾家口不當也。王安石初議，汴口官及昌言爲一等，當奪一官，立之等罪止贖銅。上欲罷立之都水，與郡。王珪又言昌言專受指相度，罰宜更重。安石曰：珫言昌言明與人言執政意必欲閉，珫屢争弗得。上曰：既如此不奏，乃依違，何名守官？安石曰：此所以與昌言同罰。然昌言誠宜更重。乃奪昌言陝州，而使立之代之。

（宋）李燾《續資治通鑑長編》宋神宗熙寧八年六月　詔令式所修定宗室禄令，不成文理，未得頒行，送詳定一司敕令所重定以聞。於是删定官魏沂罰銅十斤，送審官東院，詳定官沈括特釋罪。

（宋）李燾《續資治通鑑長編》宋神宗熙寧八年七月　詔提舉京東西路常平等事、太子中允方沃贖銅十斤，管句崇福宫、太常少卿趙丙降一官，持服人太子中允、集賢校理許安世俟服闋，與小處簽書判官。丙、沃坐任大宗正丞不察李逢入宫。安世坐以鈒龍刀遺李士寧也，服除，簽書濠州團練判官。

（宋）李燾《續資治通鑑長編》宋神宗熙寧八年十二月　江南西路轉運判官，太子中允、直集賢院吕昇卿落職，除援太常寺太祝，監無爲軍酒税，昇卿對上言得解進士李籍不識字，中書取籍試卷視之，應格。詔昇卿分析，昇卿言：不識字者，猶言不别菽麥也。法寺當以對制不以實，追兩官。

（宋）李燾《續資治通鑑長編》宋神宗熙寧九年十二月　詔：大軍頓峒日久，止緣丁夫不足元數，致稽軍事。其州縣當職官，令廣西轉運司案比元拋數不及七分處，州官追一官，縣官追兩官，無官可追即停其俸。各且令在任縣官枷項監督，并劾罪以聞。

（宋）李燾《續資治通鑑長編》宋神宗熙寧十年五月　御史中丞鄧潤甫、知雜事蔡確言：開封府判官吴幾復奉詔勘王永年告其妻之兄弟宗室叔皮、叔兼等易衣私出求卜，言涉不順，及永年妻趙氏又訟永年盗官錢事。是時，永年未死，幾復已索永年與叔皮、楊繪、竇卞等往還書簡，幾復推究叔皮等所言本末，至於繪、卞書簡皆不問，乃以他事爲辭，乞送府司勘結，顯爲有所畏避。案：幾復人物庸下，素行汚鄙，京府之任，已爲玷竊，復敢陰黨貴勢，巧避君命，乞行黜責。詔與幾復小州。

（宋）李燾《續資治通鑑長編》宋神宗元豐元年八月　大理寺言，知澶州、右諫議大夫韓璹，坐所舉駕部郎中俞士龍犯入己贓，當追一官勒停。詔免璹勒停，以璹嘗應副河事有勞故也。

（宋）李燾《續資治通鑑長編》宋神宗元豐二年二月　丁未，詔知南劍州萬公儀追一官，免勒停。通判黄子春、知邵武軍周約、簽判李上賓，各罰銅二十斤，差替。其餘巡檢、巡茶鹽、縣令、尉，追官、勒停、罰銅、衝替者凡二十九人。并坐賊廖恩經所部不覺察，及討捕無功，雖會赦降去官，猶責及之。

（宋）李燾《續資治通鑑長編》宋神宗元豐二年二月　御史何正臣言：赴太廟監察，攝太尉、豫章郡王宗諤遣吏傳言有負屈事。按宗諤親則近屬，爵爲郡王，安得更有抑屈事？就使有之，不訴於朝廷而訴於臣，且方齋祠，輒語及此，望付有司治其罪。詔大宗正司劾罪，後大宗正司言宗諤三問不承，詔罰銅二十斤。

（宋）李燾《續資治通鑑長編》宋神宗元豐二年三月　三司言：會計河北東路熙寧十年收支實闕錢帛等，比轉運副使陳知儉、判官汪輔之元奏之數少七十三萬餘緡，知儉等誠不職，乞降黜以誡諸路。詔提舉司劾罪奏之。輔之坐杖七十，知儉杖六十，各該去官。詔各特罰銅二十斤。

（宋）李燾《續資治通鑑長編》宋神宗元豐二年五月　詔知潤州、司封員外郎、直昭文館吕嘉問落職衝替，免勒停。監市易務門、河南府左軍巡判官華申甫除名。兩浙路提點刑獄、祠部員外郎、集賢校理王陟臣落職衝替。供備庫副使張濟追一官，遠小處監當。知慶州、天章閣待制俞充罰銅三十斤，檢正中書孔目房曾伉二十斤，度支副使張璪十斤。初，江東轉運判官何琬劾奏嘉問不法，章未下，而嘉問辨訴。詔御史臺推治，申甫自

京師以私書報之，申甫得之於濟及陟臣、充，陟臣檢正中書吏房，充都提舉市易司，濟故三司吏，伉嘗爲璪道嘉問事，而璪漏其語於所親也。上欲究所從來，命取進奏院發書歷，得嘗與嘉問通書主名，乃下開封府令人自陳，不盡當除名，而申甫不以實，故除名，嘉問坐報上不以實，雖會恩不貸也。元年九月二十六日詰嘉問。

（宋）李燾《續資治通鑑長編》宋神宗元豐二年六月　乙丑，詳定禮文並詳定朝會儀注所言：檢討官、御史臺主簿何洵直坐前任原州判官失入死罪衝替，乞留檢討。從之，仍不許理任。

（宋）李燾《續資治通鑑長編》宋神宗元豐三年正月　降前知江寧府、司封員外郎吕嘉問知臨江軍。嘉問前坐監司按修造違法事等奪職，至是上書自辨，又坐對制不實，會恩止降差遣。前勘官太常博士范峋、太常丞彭汝礪坐推鞫不盡，雖會恩，各特奪一官。

（宋）李燾《續資治通鑑長編》宋神宗元豐三年四月　詔前河北路轉運副使陳知儉罰銅三十斤，前提點河北路刑獄韓正彦罰銅三十斤。坐河決曹村失備也。

（宋）李燾《續資治通鑑長編》宋神宗元豐三年五月　詔司農少卿、前知衛州魯有開罰銅二十斤，通判、幕職官、汲縣主薄、尉並衝替，巡河部役官追官、勒停、差替。并坐河溢失救護也。

（宋）李燾《續資治通鑑長編》宋神宗元豐三年五月　梓夔路鈐轄司上瀘州路分都監王宣等所部親兵不救護主將，分三等。詔並免死決配，第一等十八人，廣南遠惡州軍牢城，遇赦不還；第二等四十七人，荆湖牢城；第三等十五人，千里外牢城。內重傷人免杖。

（宋）李燾《續資治通鑑長編》宋神宗元豐三年九月　癸酉，以知同州、右諫議大夫、集賢殿修撰張景憲嘗舉知襄城縣于石，犯入己贓。刑部奏景憲合徒二年，勒停。中書言景憲合依劉庠例追一官，免勒停，移小郡，緣兩省官例進呈取旨。上批：可依庠例。乃降一官，知房州。知保州、西上合門使、嘉州團練使張利一亦坐舉石，當徒二年，追團練使一官，免勒停，仍衝替。樞密使言利一係極邊職任，取旨。上批：依斷免衝替勒停，與展一期叙。五月乙亥于石除名。

（宋）李燾《續資治通鑑長編》宋神宗元豐三年十一月　乙未，陝西路轉運司言，知隴州、左藏庫使薛緣閭繆，不覺察吏受贓，乞放罷。上批：緣常以賣酒過度得罪，今又不能率履勵行，整飭職事，乃因循縱弛，有甚前日，不可不痛懲治。其隴州干繫官令轉運司劾之，緣先衝替，今任內舉緣官，亦案後收坐。

（宋）李燾《續資治通鑑長編》宋神宗元豐三年十二月　詔秘書省正字、驅磨市易錢物范百嘉追一官勒停，權發遣户部副使、都提舉市易司王居卿免追官勒停，聽以贖論。百嘉坐前任監鹽違法冒賞，而居卿失保明，及被劾虚妄也。

（宋）李燾《續資治通鑑長編》宋神宗元豐四年四月　詔承議郎、天章閣待制、知慶州俞充追兩官，降授通直郎，免勒停，職任如故；朝請大夫、知揚州鮮于侁追一官，降授朝散大夫，衝替。坐舉知綿州神泉縣胡獻犯贓故也。

（宋）李燾《續資治通鑑長編》宋神宗元豐五年正月　詔開封府界提點司，聞知管城縣陸宣職事不修，體量事實以聞。提點司初不按舉，承詔即言宣暗慢迂疏，事多逋滯，糾擿稽違數條以應詔。上批：陸宣先衝替，仍劾罪。朱本云：初，帝下提點司令案陸宣，而提點司案，故衝替，仍劾其罪。前史官妄以爲不案，但應詔而已，皆涉詆誣，删去。今從新本。

（宋）李燾《續資治通鑑長編》宋神宗元豐五年二月　兩浙路轉運司言：知潤州鞠直卿侮法專威，寮屬不得豫議；及私遣衙校過揚州問市價，諭市司增價糴職田米；納本州衙前李誠妹，踰法先支重難錢與李誠，已遣官推治。而真卿高亢苛暴，吏民承其積威莫敢訴；仍恃年老，意行不顧。欲望罷真卿劾罪。從之，仍衝替。上曰：刺史、縣令治民爲最近，漢自刺史有入爲三公者，蓋重其任爾。今之藩郡不過數十，往往多不得人，則縣令可知也。自今更宜謹擇。

（宋）李燾《續資治通鑑長編》宋神宗元豐五年三月　祖道又言：御史彈奏前知延州吕惠卿遣禁軍饋徐禧公使物，已詔劾罪，而惠卿論奏，輒引《編敕》兩府犯公坐案後取旨，及徐禧無罪不當劾。《編敕》明有三百里饋酒之禁，而惠卿迺謂變易他物，則酒不出三百里，非所禁也。舞文玩法，罪狀甚明。一昨陛下講武西陲，規摹一出聖訓，邊臣奉行而已。惠卿乃謂今日乘幾之舉，有類拙速。竊觀惠卿越在衰苴，不畏名節，規免小

累，饕功自賢，意自延安赴闕，妄覬陛下有復用之意，惟恐釋服之後，舊物不可復得。近降朝旨免劾，此雖出於陛下終始大臣之恩，然竊謂士大夫廉恥不立，而朝廷行法宜自貴者始。惠卿違法饋送，雖已免問，而論奏虛妄，不可不懲。詔劄與惠卿。其後根治祖道所論張誠一事，爲臺吏李景仁所誤，劾惠卿事不當，皆以赦原。其後至赦原，朱本增入，當考。

（宋）李燾《續資治通鑑長編》宋神宗元豐六年三月　御史王桓言：聞户部尚書安燾近緣住滯綱運事，避匿己罪，報上不以實，法應隔朝參，而陛下優恩，特令免隔。比聞獄具，有司依條報燾不應釐務，燾於此時自當杜門屏息，以俟謫命，而乃不忌典刑，傳呼入省，燾可謂犯義而不知恥矣。陛下屈法以寵近臣可也，其如天下相率爲燾何？詔劄與燾。

（宋）李燾《續資治通鑑長編》宋神宗元豐六年四月　熙河蘭會路制置司言：準詔劾李浩罷蘭州猶帶本路鈐轄擅奏赴闕罪狀，而浩自言雖奏赴闕，實未離任。詔：浩於法當以擅去官守論，然以未離本路，及近出塞有功，可罰銅二十斤。

（宋）李燾《續資治通鑑長編》宋神宗元豐六年四月　大理寺言：商税院送客人尹奇於隰州博綠礬，引外有剩數，乞移河東路勘結。理正杜純乞以所剩礬六百斤没官，仍釋尹奇罪。詔大理寺勘結施行，其杜純越職論事，付御史臺劾之。已而上批：大理正杜純近以不守業職，妄論私礬事，已付有司案治。日者，大理長、貳上殿，面問楊汲等純在寺其它治狀，乃知供職以來，造姦不一，數與長、貳紛紜。據汲等奏陳三四，皆純理不直，意在取説聾俗，沮壞法令，探其用心，罪在不赦。可先衝替，仍下本寺具純前後異議事狀，送御史臺一同根勘。

（宋）李燾《續資治通鑑長編》宋神宗元豐六年十月　中書省言：三省六曹諸司，如係聖旨指揮應速行及差除，並批時辰付受。無故違滯，隨事科罰，一日杖八十，二日加一等，罪止徒一年。詔改作十日徒一年。

（宋）李燾《續資治通鑑長編》宋神宗元豐六年十月　詔：宜州監押、右侍禁陸厚貸命免真決，刺面除名配沙門島；普義寨監押、三班借職何希古，權融州都巡檢、內殿崇班李貫，除名，送千里外編管；通判、通直郎曹覯前坐它罪，候當叙日展三期；推官孫立節、司户張峒各衝替；土丁指揮使莫令頑、石聘，副指揮使陸計，宜州澄海十將謝進並特放罪。初，安化州蠻賊千餘人鈔劫，厚等坐與蠻鬥先退，覯征討稽期，立節等失出令頑流罪；而令頑等以嘗累白厚，欲出救應，故特貰之。

（宋）李燾《續資治通鑑長編》宋神宗元豐六年十月　朝奉大夫、試户部侍郎蹇周輔降一官，長林縣主簿蹇承辰除名，市易務下界監官宋喬年、梁鑄、內殿崇班符守規、借職史安世各衝替，三班借職宋仲約刺面配車營務，少府監修制官宋世隆刺面配沙門島。周輔坐不覺察子貸官錢，然以措置江西、福建鹽事有勞，特免廢黜；承辰貸度僧牒錢，喬年、鑄不覺察吏乞取世隆錢，餘並以貸官錢連坐，會赦特斷也。八月庚辰，周輔子逢辰賒與湯七度牒，又稱承辰貸世隆錢。逢辰係承務郎，承辰無官。今承辰乃以主簿見，又獨被責，當考。

（宋）李燾《續資治通鑑長編》宋神宗元豐六年十月　又詔定、祁州官吏，資政殿學士、光禄大夫呂公著以下八人各降一官，坐違法差禁軍防送罪人也。初，上患禁兵有防送之勞，乃定令凡罪人當配流者，皆就隸當州；其一條編管遷鄉人，以遞鋪卒轉送。至是，祁州得河埽重役人尚進等五人贓狀，既斷當遷之役所，祁以武衛卒護至定，定復以饒武卒送之。陸中素不快於公著，亟奏其事。李寧案鞫，即觀望以爲河埽重役人應即用編管人法，以遞鋪卒轉送。既上於朝，大理亦附會以蔽罪，然理官自知其大謾，併引不應爲律，公著與屬官遞減，當贖金三斤至一斤。執政請奪職，上以爲太重，故有是命。八月十三日，命李寧劾。

（宋）李燾《續資治通鑑長編》宋神宗元豐六年十一月　御史中丞黄履言：準詔具前任禮部尚書不當發頭子追太常寺吏事，今內外官司亦通用此例，與刑部用帖子下所屬不同。詔履辦事不直，罰銅二十斤。

（宋）李燾《續資治通鑑長編》宋神宗元豐七年八月　辛未，詔禮部侍郎李常罰銅十斤，膳部郎中曾有開與宫觀差遣。坐修條不當也。

（宋）李燾《續資治通鑑長編》宋神宗元豐七年八月　詔江南西提舉鑄錢、朝議大夫錢昌武致仕，江東提舉鑄錢、朝議大夫李棻衝替。昌武坐妄奏棻處置乖方，當徒二年；棻坐不實，當徒一年；各會赦，而昌武年七十二故也。

（宋）李燾《續資治通鑑長編》宋神宗元豐七年十月　詔供備庫副使、知會溪城王令宣追一官勒停。坐擅殺官牛，與蠻立誓，取公使庫無名額

錢，悔過以償也。

（宋）李燾《續資治通鑑長編》宋神宗元豐七年十一月　庚子，樞密院言：準朝旨，涇原路差赴城、寨、堡、鎮防秋卒，比之諸路昌發，並與特支，其常例差發者不給。涇原路經略司誤比類該説，不盡指揮給渭州防秋府界第四將。詔轉運司劾罪，已支錢更不拘收，勒干繫人均備。後經略使盧秉言誤給錢乞獨坐罪。詔秉罰銅二十斤，劾俸罪均備指揮不行。十月三日可考。

（宋）李燾《續資治通鑑長編》宋哲宗元符元年四月　詔重修《熙寧日曆》官周穜，所進熙寧夏季《日曆》差錯重複，罰金八斤。

（宋）熊克《中興小紀》紹興二十七年三月　先是，刑部侍郎張杓薦主官誥院朐山鮑覺。有旨賜對，既而覺對不稱旨，杓爲言者所論：降一官罷。夏四月甲寅，知樞密院湯思退等言：杓薦人不當，失陛下信任之意。昨已罷之，甚合公論。上曰：朕居深宮中，何由盡識天下人材，侍從不足信，朕何所取信？初見覺上殿，已覺不如所舉，況又臺諫論列較其罪，自合遠竄。只降一官罷，已是寬典。思退曰：誠如聖訓。

（明）張四維《名公書判清明集》卷三《賦役門·綱運·綱運折閱皆稍火等人作弊》　州縣裝發綱米，斗斛升合，皆有定數，縱是東量西折，相去亦能幾何。皆緣稍火等人，侵移偷盗，押綱官吏或與通同爲姦，或不用心照管，所以折欠過多。且如今此張細、王太運載和糴米，自新化裝發，至潭州交卸，以水程計之，不過千四、五百里，溪水泛漲，順流而下，半月可達。何爲六月旦日離岸，至七月望日纔到，濡滯若是，意果何爲？多爲一日之留，則多作一日之弊。當時官吏亦且聽其所爲，更不催督，豈皆念不到此哉？路上有花並有酒，一程分作兩程行，蓋亦有所利而然也。遂使虧折之數，已居十分之二。千里之程，半月之内，其弊已如此，若更遠於此，必至於滿船空載月明歸矣。儻或佚罰，則自此人人是則是傚，將吏人既已均賠，船户各決脊杖十五，配本州。

（明）張四維《名公書判清明集》卷一一《人品門·公吏·州吏故違安邊所録匣》　朝廷以九郡分隸江東，獨寧國雖隸部内，而幾於化外。湯友、王琮故違安邊所録匣，是慢朝廷之令也。使所行下本司追解，非惟不伏解來，抑且不行回報。本司行移交馳於道，而二吏安坐於家，是無監司也。若不將二吏重斷，則自後本司凡有催督刑獄事，及承準省部事，不復可以行於寧國矣。擬官欲只將二吏解使所，却恐使所不知因依，或杖或放，是又中其姦計，不若徑斷備申，湯友、王琮各決臀杖二十，刺面配一千里，且申司所照會。僉判廳吏既挾他司幹宗以相凌，若只追吏，何以示懲。牒府，將僉判對移外縣丞，以示薄懲，非特爲此事設也，爲紀綱體統設也。請權府速與施行，申，吏免追。

（明）張四維《名公書判清明集》卷一一《人品門·公吏·都吏潘宗道違法交易五罪》　身爲本州都吏，違法强買同分人見争田産，罪一也。挾都吏之勢，號令歙縣官吏，曲斷公事，罪二也。本司先勒令分析，再行下詰責，有追上決配之文，意欲使之退田還人，免致紊煩，而公然占吝，陽爲責退之辭，陰行謀筭之計，致使詞人曉曉不已，罪三也。爲勢家望青斫木，患苦田里，罪四也。被追久而不出，罪五也。免盡情根勘，從輕決脊杖十五，配徽州牢城。

（明）張四維《名公書判清明集》卷一一《人品門·軍兵·兵士差出因奔母喪不告而歸其罪可恕》　吴保隨直上幕，不告而歸，其罪固不可容恕。原其逃歸之故，却係奔母之喪。古之孝子，行役則瞻望母，出使則思將母，今吴保因差出在外，母卧病則不得侍其醫藥，疾革則不得啓其手足，聞訃之日，方寸之亂，不言可知，見星而舍，猶以爲緩，尚何暇於謁告哉！昔吴起仕於魏，母死不歸，而曾子絶之，孟宗爲吴縣令，因奔母喪，自囚以聽刑，陸遜表其素行，乃得免死。然則吴保之罪，提幹必能以情宥之矣。備申提舉司，乞免行追究，仍告示兵馬司，今後如差軍兵往二千里外，約往來該四月以上，而其人有父母年老衰病，别無以次可供侍者，並免指差。

《遼史》卷四《太宗本紀》　秋七月戊申，晋遣使進犀帶。庚戌，吐谷渾來貢。乙卯，敞史阿鉢坐奉使失職，命笞之。

《遼史》卷六一《刑法志》　景宗在潛，已鑒其失。及即位，以宿衛失職，斬殿前都點檢耶律夷臘葛。

（清）嵇璜等《續文獻通考》卷三四《選舉考·舉士》　〔遼聖宗開泰元年〕是年，詔裴元感、邢祥知禮部貢舉。七月，進士康文昭、張素臣、郎元達等，坐論知貢舉私曲，皆杖而徒之。

《金史》卷一〇三《完顏阿里不孫傳》 完顏阿里不孫字彥成，曷懶路泰申必剌猛安人。明昌五年進士，調易州、忻州軍事判官，安豐縣令。補尚書省令史，除興平軍節度副使，應奉翰林文字，轉修撰，充元帥左監軍紇石烈執中經歷官。執中圍楚州，縱兵大掠，坐不諫正，決杖五十。

《明太祖實録》洪武七年夏四月 彰德府稅課司稅及細民瓜菜、柿棗、畜牧、飲食之物。事聞，上曰，古謂聚斂之臣，甚於盜臣，正此等官吏也。命罪之。

《明太祖實録》洪武十年五月 誅户部主事趙乾。敕中書省臣曰，嚮荆蘄等處水災，朕寢食不安，亟命趙乾往賑之，豈意乾不念民艱，坐視遷延，自去年十二月至今年五六月之交方施賑濟，民饑死者多矣。夫民饑而上不恤，其咎在上，吏受命不能宣上之意，視民死而不救，罪不勝誅。其斬之以戒不恤不吾民者。

《明太祖實録》洪武十二年十二月 是月，右丞相汪廣洋坐事貶海南，死於道。【略】

四年正月，丞相李善長以老辭位，乃拜廣洋爲右丞相，以參政胡惟庸爲左丞，廣洋居位庸庸，無所建明。六年正月，以怠職左遷廣東行省參政，逾年召爲左御史大夫。十年，復拜右丞相。上遇之特厚，嘗有疾在告，賜敕勞問。然頗湛酒色，荒於政事，以故事多稽違。又與胡惟庸同在相位，惟庸所爲不法，廣洋知而不言，但浮沉守位而已。上察其然，因敕以洗心補過。廣洋内不自安，久之，占城貢方物使者既至，而省部之臣不以時引見，上以其蔽遏遠人，下敕書切責執政者，廣洋惶懼益甚。至是，御史中丞涂節言，前誠意伯劉基遇毒死，廣洋宜知狀。上問廣洋，廣洋對以無是事。上頗聞基方病，時丞相胡惟庸挾醫往候，因飲以毒藥，乃責廣洋欺罔，不能效忠爲國，坐視廢興，遂貶居海南。舟次太平，復遣使敕之曰，丞相廣洋從朕日久，前在軍中屢（聞）〔問〕乃言，否則終日無所論，朕以相從之久，未忍督過。及居臺省，又未當獻一謀畫以匡國家，民之疾苦，皆不能知問。命爾出使，有所相視，還而噤，不一語。事神治民，屢有厭怠。況數十年間，在朕左右，未嘗進一賢才。昔命爾佐文正治江西，文正爲惡，既不匡正，及朕諮詢，又曲爲之諱。前與楊憲同在中書，憲謀不軌，爾知之不言。今者益務沉湎，多不事事。爾通經能文，非（遇）〔愚〕昧者，觀爾之情，浮沉觀望，朕欲不言，恐不知者謂朕薄恩，特賜爾敕，爾其省之。廣洋得所賜書，益慚懼，遂自縊卒。廣洋善篆隸大書，尤工爲歌詩。爲人寬和自守，居相位默默無所可否，由是人以庸懦不立目之。大抵其相才不足，與姦同位而不能去，故卒至於覆敗云。

（明）何棟如《皇祖四大法》卷六《治法》 〔洪武十五年四月〕戊戌，上海知縣王瑛以選力士不稱旨，刑官以欺誑不敬論之。給事中劉逵駁以爲：貢舉非人律有定條，選力士不稱而坐以不敬，太重，不當律意。上是其方，命法司自今論決，務從平恕，毋或深文。於是瑛得從輕論。

《明太祖實録》洪武十八年夏四月 丁酉，吏部尚書余熂以罪誅。時國子監祭酒宋訥以嚴厲爲衆所嫉，助教金文徵與熂同鄉里，謀逐之。以訥年老，移文令致仕，訥陛辭，上驚問故，訥陳非本意，乃鞫所由，熂吐實。上怒熂專擅威柄，並文徵等誅之，而以敕諭訥曰，君子之道，猶嘉穀，小人之道猶稂莠，二者並有，世所不免。雖然天相德人，猶扶植嘉穀，故其道堅而不磨，彼小人之所爲自澌燼矣。卿勿爲是而替威儀，必竭乃心力，奉敕如故。

（明）談遷《國榷》太祖洪武二十三年八月 壬午，赦監守倉糧陳腐者之罪。

（明）談遷《國榷》太祖洪武二十五年七月 敕刑部：榜諭天下學校。時各學教諭訓導考滿入京，上召問民間所苦。岢風州學正吳從、權山陰教諭張恒皆對曰：不知也，而非職事。上曰：學官即勸教，豈有不與人接者？朔望節暇，民務當及之。學期用世，君問不答，何所用也？其竄之極邊。

（明）談遷《國榷》太祖洪武二十七年四月 己丑，曲阜知縣孔希文坐貢舉不當，宥之。

（明）余繼登《典故紀聞》卷五 洪武間，鎮南衛卒造官船，擅伐民樹木爲樓櫓，民訴之。太祖曰：輦轂之下尚如此，其他可知。命斬其爲首者一人示衆，餘杖之，謫戍甘肅。

《明太宗實録》永樂元年三月 辛丑，南陽鄧州官牛疫死者多，有司責民償甚急，民貧至省，有鬻男女以償者，事聞，上恕甚，曰：孔子聞廄焚，問傷人否，不問馬，蓋爲人貴於畜。今以人易牛，何其不仁哉。況

畜牛本以爲民，今及毒民如此。命有司，牛死者悉免償，民所鬻男女償牛者官贖還之。仍命法司治有司不奏而擅責民償之罪。

（明）卜世昌等《明通紀述遺》**永樂元年四月**　右副都御史黃信以泄漏獄事誅。先是，李至剛妻父有犯，都察院逮問，當處以重刑。至剛乞免於上，上曰：法司鞫獄，情之輕重，外人何以知之？對曰：此黃信與臣言。上命錦衣衛鞫之，有實狀。特命誅之。

《明太宗實録》**永樂二年春正月**　辛亥，禮部尚書李至剛劾奏，户部右侍郎李文郁無故不陪祀太廟。命下刑部治之。部議文郁大不敬，謫戍三萬衛。

（明）談遷《國榷》**成祖永樂二年十月**　戊戌，刑部劾儋州知州陳敏周、海南衛千户陳善等，餉舟風壞，遽散之官軍，當罪。上曰：事有權宜，丞不及奏，汲黯所以達大體也。置勿問。

《明太宗實録》**永樂五年三月**　壬申，守衛官有於皇城下口誦經不輟者，上聞之，召至諭之曰：爾爵禄自誦經得之耶？自備宿衛，不於此時用心防姦，乃一心誦經，可乎？若意欲修善，當存心忠孝，不越分違法，自然有福，如無是數者，而望有福無禍，得乎？若閒暇之際，口欲誦念，則《太祖皇帝御制文武大誥》等書，其中皆趨吉避兇，保富貴之道，爾取讀誦，亦於身家有益矣。今後若仍於宿衛之所誦經者，必罪不宥。

（明）談遷《國榷》**成祖永樂五年三月**　誅禮部右侍郎戚存心。存心先泄機密，宥之。至是上夜御右順門，急召禮部官。命至邸，滅燭就邸。上久待不至，還奏得實，誅之。

《明史》**卷六**《成祖本紀》〔永樂五年〕五月甲子，張輔擒黎季犛、黎蒼獻京師，安南平。河南饑，逮治匿災有司。敕都察院，凡災傷不以實聞者罪之。

（明）談遷《國榷》**成祖永樂五年五月**　辛未，河南饑，有司匿不以聞，悉下刑部。亟賑之。

《明太宗實録》**永樂五年十一月**　己未，巡按河南監察御史曹琰劾奏：河南按察司副使夏禮，裴璉、僉事温仲和、黃友信，畏巡歷之勞，躭燕安之樂，凡有公務，移委有司代行，受耳目之寄，失憲紀之職。上命都察院逮鞫之。

（明）談遷《國榷》**成祖永樂八年八月**　丁酉，先是監察御史李琳言，福建各鹽場虧課，悉論官吏死。上察其艱難，俱宥之。

《明太宗實録》**永樂九年六月**〔戊午〕是月，交阯布政司右參議解縉有罪，徵下獄。縉先爲翰林學士兼右春坊大學士，甚見寵任，坐廷試讀卷不公，出爲廣西布政司右參議。曾有言縉嘗泄建儲時密，議者遂改交阯布政司，命專督化州餽餉。時翰林檢討王偁有罪謫，隨總兵官在交阯，教縉指言廣東化州，二人遂共趍廣東，娱嬉山水忘返。縉又上言，請用數萬人鑿贛江以便往來。上曰：爲臣受事，出引而避去，乃欲勞民如此！並稱皆下獄。後數歲皆瘦死。縉文學書札，獨步當時，其爲人曠易無城府，喜薦引士，然少慎擇，且所行多任情忽略，故及於罪。偁爲文，獨爲縉所喜，而傲誕不檢，士論黜之。初，縉之下獄也，獄吏拷治，索所與同謀。縉不勝楚，書大理寺丞湯宗，宗人府經歷高得暘，禮部郎中李至剛，右春坊中允兼翰林修撰李貫，贊善兼翰林編修王汝玉，編修朱紘，檢討蔣驥、潘畿，蕭引高等塞責，皆下獄。後得暘、貫、汝玉、紘引高相繼死獄中。

《明太宗實録》**永樂九年七月**　甲申，上諭兵部尚書金鍾等曰：近聞北京苑馬寺官違背號令，不以馬散牧，率縶維於皂櫪，致有歸嚙而死者，有飼秣失宜而死者，有病不治而死者。其遣人巡視，果如所聞者，悉罪之。

《明太宗實録》**永樂九年九月**　庚午，禮部尚書趙羾有罪下獄。上初北征，羾當扈從，託疾不行。後宴群臣及四夷，朝使命以位次，圖示俾不失序，羾不奉命，並爲都察院所劾。上皆宥之。至是，朝鮮遣使朝貢將歸，例有賜賚，羾不以奏。上怒曰：是將使朕失遠人之心。遂下於獄。

（明）談遷《國榷》**成祖永樂十年正月**　癸丑，稷山河津滎河等縣人言：歲饑，採蒺藜蒲根，而有司急征，乞寬貸。上閔之，立遣賑。其布政司守令不以聞，悉械至京師論罪。

（明）談遷《國榷》**成祖永樂十年六月**　甲戌，諭户部：發粟賑河南飢民，時有司不以聞，或言穀稔。於是命郡縣及朝廷遣官，遇民艱不言者，悉下之獄。

《明太宗實録》**永樂十四年秋七月**　辛亥，巡按江西監察御史成均劾奏：江西布政司右參政潘賜不修職守，惟觴酒賦詩爲務，及與都指揮使

唐琮督造海船，慢令失期。上以琮武夫，姑貫其耳，命都察院逮賜鞫之。

《明仁宗實訓》卷二《退不肖》〔永樂二十二年八月〕辛酉，貶掌中都留守司都指揮僉事牛諒戍交阯。初，上命諒從武安侯鄭亨鎮守大同，諒悍行，且不樂屬人，即詭奏曰：令臣往治事乎？抑爲隸乎？

上曰：朝廷重邊務，命爾從總兵大臣，庶幾有贊畫之益，顧爲逮是何等語？朕初即位，爾敢方命不恭如此，將朝廷不復使人耶？令公侯大臣推問之，遂奏諒懷詐不忠，無人臣禮，法當誅。

上不必誅，亦不可用，遂有是命。

《明仁宗實録》永樂二十二年十月 己巳，命罷都指揮使張廉官。先是，命廉往大同操備，廉托他事不行。至是，命廉、武安侯鄭亨往大同備禦，廉不欲居。亨下，陛辭奏曰：臣仍遵奉先命，往大同操備。

上曰：爾已托故不行，今命從武安侯，爾又不欲，敢數違朝命。假若麾下人數違爾言，如何命部？罷廉官，爲隸。遣屬英國公。

《明仁宗實録》洪熙元年三月 壬子，通政使司通政使李嘉，户科給事中艾廣，俱坐奏對不實，（對不實）降交阯按察司知事。刑科給事中劉蓋坐稽緩奏牘，謫交阯。

《明史》卷九五《刑法志》 宣德三年，怒御史嚴皚、方鼎、何傑等沈湎酒色，久不朝參，命枷以徇。

《明宣宗寶訓》卷四《備荒》 宣德三年四月辛未，户科給事中宋徵言：洪武中，郡縣所羅預備倉糧，近皆廢弛，宜下郡縣修倉徵收，以備荒歉。

上謂行在户部臣曰：此太祖皇帝備荒良策，當百世行之，今廢弛如此，皆有司之過。宜即遣官巡視整理，有慢令及欺弊者，皆罪之。

《明宣宗實録》宣德三年十一月 壬戌，巡按山東監察史包德懷奏：遼東廣寧後屯衛西長嶺韃賊入寇，剽掠傷人，備御都指揮李敏及提督瞭望千百户皆約束不嚴，請罪之。上諭行在都察院臣曰：軍官備邊，但守常法，以保境安民，倘能謹嚴，豈有外患？古之良將，雖安閒之際，常若臨敵，不敢少怠。今失機，皆由主將號令不嚴，軍政不修所致。其令御史治之如律。

《明宣宗實録》宣德四年秋七月 庚申，行在虎賁右衛指揮使侯端奏：指揮同知吴瑛荒惰不治事，常不朝參，惟日游蕩酣飲。上命行在錦衣衛執付法司治之，曰：前日指揮顧斌方以群飲得罪，此人又繼之。國家費廩禄，養此輩何用？不治之，無以警衆。

《明宣宗實録》宣德五年五月 辛丑，行在禮部言：廣東都司遣鎮撫杜鑒送納降香二千斤，虧一百八十斤。請罪之，仍責陪償。上曰：朕常聞遠方輸京之物，慮以不足取罪，必增十四五以來，此必京庫稱重之弊，不問，亦不責償。

《明宣宗實録》宣德十年十二月 庚申，都督同知巫凱奏瀋陽備禦官軍守望不嚴，以致達賊入境侵掠。上曰：遼東官軍不爲不多，而達賊屢入爲寇，皆爾總兵等官偷惰所致。即命兵部責取失機失瞭官死罪狀，住俸一年，令立功以贖。

（明）余繼登《典故紀聞》卷九 宣宗聞府軍後衛有題進本夜遞至北中門，守衛不肯轉達，因謂錦衣衛官曰：祖宗成法，朝罷外廷有事急奏者，不問晨夜，即具本進，守門者即爲上達，所以通警急，絶壅蔽。今敢若此，不可寬貸，其執付法司罪之。

《明英宗實録》正統元年五月 丁卯，宥陝西行都司都指揮同知包勝罪。勝守凉州、莊浪二衛，不嚴督所部，致賊入城虜掠人馬。詔巡按監察御史曹翼逮鞫之，坐勝當戍邊。上曰：勝於法本難恕，姑宥之，毋得仍蹈前失。

《明英宗實録》正統元年秋七月 癸亥，通政使司左通政佘可才先任郎中，署吏部事，囑驗封司主事徐昱將後軍都督府辦事吏林文迪撥户部湖廣司。倉科郎中于謙、員外郎王彦英不科舉。事覺，上命法司鞫治之。

《明英宗實録》正統元年十二月 丁丑，下行在兵部尚書王驥、右侍郎鄺埜於獄。先是上以西北邊情緊急，諸將未即奏功，命驥等會官計議以聞，越五日猶未回奏。是日早朝，奏事畢，上召驥等至前，面責之曰：邊情緊急如此，爾等何故遲延不議？欺朕年幼邪！遂命執驥等下獄。

《明英宗實録》正統三年夏四月 甲戌，編修謝璉、監察御史趙全等下錦衣衛獄，尋釋之，以其監試歲貢生員不嚴，致有商議及易卷之弊也。

《明英宗實録》正統三年六月 癸酉，逮廣東按察司僉事趙全、福建按察司副使楊勲。初全爲御史巡按福建，同勲聽訟，論决不如例，僉事張

崇不舉其失。至是右都御史陳智等按奏之，故有是命，且責崇自陳不舉狀。

《明英宗實録》**正統四年三月** 丙寅，下監察御史章珪於獄。初工部主事孫雷守制歸，奪人園地，杖人致死，事覺，論絞，後遇赦，珪言其當復職，既而又言其先犯贓罪，宜罷黜。右都御史陳智等劾珪奏詞先後不一，請治其罪。上命罷雷爲民，而下珪於都察院獄鞫之。

《明英宗實録》**正統五年夏四月** 庚辰，逮右僉都御史盧睿下獄。睿巡撫大同宣府，瓦剌使臣回至大同，總兵官朱冕等欲增供給年二百隻，睿忿曰：軍民貧甚，此何從出？如此館待，何日是！語聞，上命睿自陳狀，睿飾詞不實。於是給事中、御史交章劾之，械睿至京，會官廷鞫，論罪應杖，遂下獄。

《明英宗實録》**正統六年閏十一月** 甲戌，下户部尚書劉中敷、右侍郎吴璽、陳瑺於獄。時瓦剌使臣朝貢，帶長行馬駝存留大同牧放。上問户部官，存留馬駝數幾何，應支草料數幾何，中敷等不知，無以對。中官王振言於上，執中敷等下獄，會官鞫問，論罪應斬。遂禁錮之。

《明英宗實録》**正統七年二月** 丙午，先是，以天下朝覲官至，命吏部考察，許方面及各府正官舉聞賢否，本部類奏。留罷黜陟，務存至公，仍聽都察院劾其徇私者。至是，都御史王文等檢閲考後犯贓等項，爲民官員知府官黄勝等數多，劾方面官浙江左布政使右執中、按察使軒輗等二十員並吏部尚書郭璡等考選不公，黨惡殃民。上曰：所言誠是。吏部堂上官宥之，其石執中等姑記其罪，仍住俸三月，再犯不宥。

《明英宗實録》**正統七年三月** 乙亥，錦衣衛指揮使徐恭、同知劉源、僉事劉勉、王虹、劉寬、陳端各領金牌，當駕直省，潛回私家，失悞宣召，命給事中廷鞫之。獄成，上宥其罪，各住俸一月。

《明英宗實録》**正統七年夏四月** 甲午，巡按直隸監察御史程富奏：京衛武學教諭黄塀言語妄誕，動止輕浮，及考試不稱，又抗拒不服，宜罪之。上曰：塀爲人師範，迺如此。姑宥其罪，仍罰俸一月。明日，塀亦以富擅凌辱教官等事奏。上曰：塀已蒙宥罪，乃摭拾御史不準，令禮部記其過。

《明英宗實録》**正統七年冬十月** 丙午，山西右參議劉珪督工采燒柴炭，於易州坐藏逋僧及減直易所部安邑典史騾諸不法，爲人所舉，刑部尚書魏源等案奏其狀。命徵下獄鞫之。

《明英宗實録》**正統八年夏四月** 乙未，福建行都司都指揮僉事徐信、蔣貴坐不躬賫賀表，代以屬官。陝西行都司署都指揮僉事楊斌坐隱匿官糧，私役軍伴。奉旨陳狀，文過不實。俱下獄，論贖杖還職。

《明英宗實録》**正統十一年五月** 乙未，監察御史周道下獄。時宥錦衣衛卒獲盜，例不當陞賞，道請陞賞之。已而自陳其誤，故下獄。

《明英宗實録》**正統十一年十二月** 己酉，巡按廣東監察御史艾茂奏，廣東都指揮使何貴、署都指揮僉事張玉、千户高昇等督官軍詣遂溪縣捕賊失機，左布政使吴楊、左參政龔莵、僉事楊輔等不能協同撫捕，輒先回任，請治其罪。上命貴、玉降一級，揚等責死罪狀，停俸二年，昇等杖一百，發充軍，俱仍令擒賊，再犯處死。

《明英宗實録》**正統十三年五月** 戊子，初，湖廣按察司副使王瑄奏巡按御史閻寬同往施州衛，多役皂隸人等，俾乘有司馬匹，及審决荆州等府衛罪囚，託疾不出，反朦朧參奏，會審官吏又輕慢親王，不迎敕諭。有詔逮之，而寬已回京矣。至是，十三道監察御史劾之，法司奏詔擬贖杖還職。上命杖畢，發戍遼東邊衛。

《明英宗實録》**正統十三年五月** 壬子，巡按廣東監察御史等官楊綱等奏：鹽課提舉司提舉安寧既承差委，往催官軍截殺電白等處蠻賊，乃圖管鹽利己，推避不去，詐病掩過，宜置諸法。上命剛執寧鞫問，枷於布政司前一月，依律斷之。

《明英宗實録》**正統十三年十一月** 庚寅，監察御史胡拱辰下獄。時盜竊山西道贓罰庫金幣，拱辰掌道事。坐提督不嚴故也。

《明英宗實録》**正統十三年十二月** 甲子，户部奏：近移文天下府州縣將遠年逃亡户奏聞，除其租賦，所遺地畝召人承種。今順天府通州遷民逃亡七十二户，拋下賦稅，每年累及里甲包納，所司匿不以聞，因民自陳始得其實。府尹、知州等官俱當逮治。上曰：姑記其罪，俱罰俸二月，再犯不宥。

《明英宗實録》**正統十四年夏四月** 戊辰，四川松潘鎮平等堡守備指揮吴謙等以貪淫激變番人，致傷官軍，鎮守右僉都御史冠深鞫謙罪當斬。

時鎮守都指揮僉事王杲調都指揮僉事周琥往攝守鎮平，琥復不即赴，深上謙等罪，並劾琥及杲。上命罪謙等如律，杲不問，琥罰俸三月。

《明英宗實録》正統十四年夏四月　丁丑，廣東都司重囚一百七十人越獄，掠軍器，破城門逸去。都指揮僉事姚麟劾夜巡官軍及廣州諸衛官軍不策應。六科給事中鮑輝等劾麟怠棄兵政，挾詐飾非，及廣州諸衛指揮等官王瑾等縱軍歇役，失守城池。上怒，命錦衣衛官乘傳執麟，命巡按御史收瑾等鞫之。仍命廣東三司官嚴督所在有司緝捕逸賊，弗獲，俱治以罪。

《明英宗實録》正統十四年九月　壬午，大同總兵官廣寧伯劉安下獄。安自大同入朝，言上命已來報虜情，且蒙陞爲侯。文武大臣及六科十三道敕安擅離信地，徑赴闕庭，素無智謀，莫救邦家之難，不由朝命，自加侯爵之榮，宜正典刑，以爲衆戒。王令多官議安罪，應斬，令禁錮之。

（明）余繼登《典故紀聞》卷一一　正統時，司禮監火者賈麥兒以私事囑吏部尚書郭璡、户部尚書劉中敷，皆從之。事覺，英宗命宥璡、中敷，戒勿再犯。麥兒送法司論如律，枷示於司禮監之新房。【略】

正統時，東城兵馬指揮范質坐事被枷，司禮監内使邵智聰擅令校尉囑守枷卒，俾少寬質。事覺，命斬智聰，勿再覆。

《明英宗實録》景泰二年八月　甲戌，雲南右參議甘敬修進表至京，因奏雲南軍民及諸處逃來軍匠常嘯聚，千百爲群，盗礦於諸銀場，張旗持刃，殺傷甚衆，其官軍多縱子弟與通，不之擒捕，非臣布政司所轄，難加督責，請增按察司僉事一員提督之，而裁減臣他用。奏下，都察院言敬修姦惰，既知盗礦者非横，何不禁治馳奏，乃因進表之便，謀欲裁己之職。命下敬修獄，贖徒還職。

《明英宗實録》景泰四年八月　丁酉，都察院右都御洪英先是往浙江考察官吏，以私意黜退按察使陳璇，鎮守都督李信又奏其紊亂軍政，考察不當。言官劾英操行不端，風紀不振。詔徵英還京。英至，以老疾乞歸。帝曰：英有罪自當待命，乃欲致仕求免不聽其去。遂下刑部獄論贖徒。命贖畢送吏部調用，尋命致仕。

《明英宗實録》景泰四年十月　乙巳，都察院鞫四川按察司僉事成功，職專管屯，故縱廢弛，以致子粒不完，當贖杖還職。從之。

《明英宗實録》景泰五年九月　己巳，刑部福建司贓罰銀爲盗所竊，太子太保兼尚書俞士悦等劾本司署郎中黄宗、巡風主事陳鴻漸等不嚴鈐束巡視，且自輸罪。詔堂上官不問，其餘悉令錦衣衛鞫之，徵完贓物。

《明英宗實録》景泰五年十月　丙申，順天府府尹馬諒、府丞陳宜坐奏火燬府治狀不實，俱贖徒還職。

《明英宗實録》天順元年二月　癸卯，誅司禮監太監廖官保。官保管御藥房，上嘗索藥不得，至是誅之。

《明英宗實録》天順元年二月　己亥，僧録司右闡教道堅嘗因故太監陳祥奏請建大隆福寺，且假祈禳入内殿誦經，費府庫財，上命斬之。已而刑科覆奏。命宥死，發充鐵嶺衛軍。

《明英宗實録》天順三年九月　癸卯，下監察御史田景暘錦衣衛獄。景暘自山東巡按還納其印，尚寶司言印有缺壞，故下獄。

《明英宗實録》天順四年七月　丙申，貴州清軍監察御史郭本言：各處鎮守總兵等官，多帶京衛都指揮並指揮千百户以從，甚至有係錦衣金吾旗手諸親軍衛者驅使前後，無異奴隸。夫京衛官所以翊衛京師，難與外衛例論，而錦衣諸衛又所以侍從乘輿，是皆名分體統所關，臣下豈敢僭役？又況此輩恃隨從重臣，多罔利生事，人莫敢誰何，宜悉徵回京師，以正名器，以杜邊將驕横之漸。上覽之，怒曰：此御史生事，錦衣衛其遣人執來治罪。遂遣敕戒論十三布政司並南北直隸。清軍御史李勝等曰：先命爾等往各處清理軍伍，務在盡心竭慮，以稱委任。今貴州清軍御史郭本不以當務爲急，往往具本干預別事。且如各處鎮守總兵等官跟隨軍職，俱係奏準帶去。本却擅自奏要取回，又如貴州征剿西堡苗賊缺糧，鎮守總兵、巡按御史、都布按三司會議，於雲南借銀糴買，以備軍餉。本却自擬巡按具本同奏，原其心，豈誠爲國爲民，蓋以自衛小才，虛張聲勢，不顧大體，任意妄爲，似此乖方，法難容恕。已行遣人執問懲治。敕至，爾等宜以此爲戒，不許一毫干預別事，務在專心清理，俾軍伍充足，以副朝廷委任之意，毋或傚尤，自取罪愆。本既執至，下錦衣衛獄，降雲南永平縣主簿。

《明英宗實録》天順四年八月　己巳，光禄寺大烹内門火，刑部請治掌寺事禮部右侍郎蔚能等提督不嚴之罪。詔宥之。

《明英宗實録》天順四年閏十一月　戊午，夜曉刻月食四分有奇，欽

天監失於推算。上召內閣臣李賢等謂曰：月食人所共見，蓋因欽天監失於推算，不預奏，故不及救護。湯序以禮部侍郎掌監事，於此而不盡心，曠職多矣。間序凡有災異，多隱蔽不言。見天文有變，必曲爲解説，或將不詳字語改削而進。若遇吉兆，却祥書進呈，其懷姦不忠如此。且上天垂戒，意必有在，朝廷正欲聞災異以加修省，而序乃隱蔽不言，罪可容乎？賢曰：自古聖帝明王，威以謹天戒爲首務，仰觀聖意，實同往聖，非後世諱言災咎者比，而序昧於大體，不能恭職，誠可罪也。於是執序及監正谷濱，監副倪忠、春官正郭貴等下獄。都察院坐序、濱、忠杖，貴等徒，俱贖還職。上命降序爲太常寺少卿，仍理監事。濱、忠俱罰俸三月。貴等如擬。

《明英宗實録》天順七年十月　庚戌，降監察御史朱賢爲四川忠州花林水驛驛丞。先是，賢上言，欲多取進士，以備任使。上惡其干譽，下錦衣衛獄。至是，都指揮僉事門達言，由進士爲官，以貪墨姦詐，敗者甚多。而賢妄言進士得人，宜重罪之。法司論當徒還職。上特命贖畢，降之。

《明憲宗實録》成化元年二月　乙巳，責兩廣、四川鎮守巡撫巡按並三司官爲事官。先是科道言兩廣、四川三司官並鎮守、巡撫、巡按等官失土失職，委靡不振，請按問其罪。上以各官罪狀輕重不一，命都察院六部科道等官擬議。於是以總兵官顧彪等九人、都督和勇等二十四人，指揮杜衛等五人，四人所當坐者律具奏。詔：皆從輕處之，其已免官及歷任未久者弗治，改任者停俸三等，在任者停俸莅事，仍命協力殺賊，俟地方寧靜回奏，巡按官停俸一年。

《明憲宗實録》成化三年夏四月　壬寅，巡按直隸監察御史康永韶奏户部尚書馬昂用計勒買民地，昂亦奏永韶挾私枉斷。遣刑部郎中陳儼等勘問。儼奏，永韶憑委官，妄報枉斷地土，而昂亦不避嫌疑，輒自行下原籍官司勘問，俱令治罪。上置昂不問，並永韶亦貸之。

《明憲宗實録》成化五年八月　〔癸酉〕山西按察司奏，六月二十四日夜，山西行都司死囚十五人越獄縋城以遁。都指揮畢英、馬欽及指揮董謙等關防踈略，城禁不嚴，乞正其罪。都察院請下巡按御史逮治英等如律，並移文總兵等官督捕。詔：姑不問英、欽等停俸，謙等革冠帶，鎖項，同總兵等官所差人捕之，至囚獲日以開。

《明憲宗實録》成化七年二月　〔己酉〕錦衣衛獄囚五人皆强盜當死者，夜穴墻而逃，獄卒走報守正陽門官，黎明門猶不啓，守門内官以聞。有旨問其故，都指揮袁彬等始具奏，並自陳伏罪。詔責其不能嚴密關防，皆有罪，姑宥之。看監百户等付都察院鞫治。

《明憲宗實録》成化十年閏六月　甲申朔，兵科右給事中章鎰等劾奏，太傅會昌侯孫繼宗爲國貴戚，總司兵柄幾二十年，未聞展一籌以禦夷狄，樹一勳以報國家，尸位素餐，懷禄固寵，此其宜退一也。近者太監覃勤提督營伍，審核繼宗私役軍士千餘，雖朝廷置而不問，豈可恬不知愧，復總兵柄乎，此其宜退二也。食萬鍾之禄，享八袠之壽，子貴孫榮，盛滿已極，此其宜退三也。伏望陛下解其兵柄，賜之閒居，則既不失始終優待貴戚之恩，而繼宗亦得以保全禄位矣。修武伯沈煜鎮守寧夏，都督同知顔彪鎮守宣府，皆非統馭之才，且乏清廉之譽，虜寇内侵，擁兵自衛，夤緣請託，得遂還京。又復坐營管操，坐府理事，誣下罔上，推姦避難，原心定罪不忠之甚者也。及都督同知芮成往年鎮守四川與巡撫都御史汪浩專尚私忿，不與協謀，一有警報浩則設計追捕，而成則束手無爲。既而交惡互奏，俱逮至京。浩坐酷刑，謫戍。成坐貪利，降官。故時議爲前日建功，浩多於成，今日抵法，成輕於浩。爲之不平，况浩竟死於邊，而成復得任事。人請天理其可容乎。伏望以沈煜、顔虎、芮成悉依白玉、董㫝事例，革其職任，則倖門塞而輿論快矣。得旨，姑已之。

《明憲宗實録》成化十一年三月　庚戌朔，四川左布政使楊文琳，右布政使馬馴，左參議吴（樌）〔價〕右參議李衍，俱以屬府税糧課鈔累年不完，爲巡〔撫〕〔按〕御史所劾。時文琳已去官，衍陞河南右參政，都察院請（所隨）〔隨所〕在命巡按御史逮治如律，從之。

《明憲宗實録》成化十一年秋七月　己巳，曉刻，北斗西北三尺許，有星如鷄卵大，（赤）〔赤〕色有光，行至斗杓開陽邊，入於近濁。欽天監掌監事太常寺少卿童軒等入朝時見之，及靈臺郎劉紳等，報稱北方有星如鷄卵大，青白色有光，起自北斗魁中，東北行至近濁，後有二小星隨之，已按占書具奏稿矣。軒因以所見詰之，監候蘇智乃言天文生宋永目昏不能詳視，遂與紳等於奏稿中塗去魁中二字，以二小星隨之改作尾跡炸散，別

按占書具奏封〔進〕。於是軒劾奏紳等職專觀候，不自詳察，諉諸老生朦朧妄報，於星象起止、形色既已不同，其占法休咎何從而驗，任情欺誑，孰甚於斯，宜治其罪。得旨：皆宥之。

《明憲宗實録》成化十三年夏四月　乙未，勒令陝西布政司右參政王育致仕。巡撫都御史余子俊言，育以左布政使調降而來，每分巡所至閉門静坐，若無官守，雖白晝强盗殺人重事，亦置不問，請黜之，以爲怠事曠職者戒。吏部覆奏，遂勒令致仕。

《明憲宗實録》成化十三年九月　戊辰，禮科右給事中唐章等盤糧宣府，還奏虧折浥壞之數，米豆至十萬餘石，馬草至二百餘萬束，請治前後管糧官並巡撫都御史鄭寧等罪。詔可。

《明憲宗實録》成化十四年九月　癸亥，光禄寺厨人盗官物事覺，本寺卿艾福，少卿秦玘、郭良，寺丞顧禎、楊惇、胡恭等坐不〔能〕嚴禁，停俸有差。

《明憲宗實録》成化十五年十一月　辛丑，巡撫貴州右副都御史陳儼等，以西堡獅子孔既平，上議以爲賞罰者勸懲之典，西堡蠻夷之叛，蓋由署都指揮僉事管立不能先事防禦，長官温鎧恣意貪黷，署都指揮僉事蔡英等不能往來遏截，宜治其罪。

《明憲宗實録》成化十五年十一月　丙午，提督撫治鄖陽等處大理寺右少卿吴道宏奏：荆襄雖稱流民淵藪，其來實自河南。今河南右參政蔡志，僉事董齡皆任撫民之寄，不親詣其地以盡職業，致流民冒禁成群，潛入荊襄居住，宜治二人罪，以爲居官自圖安逸者之戒。上曰：流民棄素而逃，勢非得已，若有司加意撫還，亦可漸復，今河南方面官不親撫治，非所以副增官專治之意也，其各令治罪如律。

《明憲宗實録》成化十七夏四月年　己巳，兵部奏：近者磨勘湖廣、四川等都司，及南京錦衣等衛所馬數，册籍失没甚多，因循積弊，通宜究問。有旨：失錯違限者姑貸其罪，埋没等類僉書官吏奪俸糧一月，見在比較及該管官逮問之。

《明憲宗實録》成化十七年秋七月　壬寅，國子監生李春，奏保雲南故鎮守副總兵沐瓚子城，才猷超越，宜代其父充副總兵官，鎮守雲南。上以春等不事本業，出位妄言，下所司議。兵科給事中參春等情出請託，兵部覆奏，命下錦衣衛鞫治之。

《明史》卷九五《刑法志》　南御史李珊等以歲祲請振。帝摘其疏中訛字，令錦衣衛詣南京午門前，人杖二十，守備太監監之。

《明憲宗實録》成化十七年十一月　戊戌，遼府寧福鄉君詣京，奏兄豪㙺既封爲長陽王，已該進〔封〕爲縣主，遼王因懷宿憾不爲轉奏。有旨：寧福鄉君擅離本府，遼王不爲阻，其下敕切責之。鄉君〔遣人送回，其所奏事所司看詳以聞。〕禮部覆奏：鄉君例當追封，遼王挾私不爲轉奏，而長史等官亦不爲啓勸，鄉君出城府衛官及守門官軍皆不諫止，又不具聞，俱宜令所司執問。從之。

《明憲宗實録》成化十九年十一月　庚子，給事中田景賢稽覈大同、宣府邊儲虧少，奏巡撫都御史郭鏜、秦紘及户部郎中南釗、汪洪失職之罪。命停鏜、紘俸各三月，釗、洪俟回京逮問。

《明憲宗實録》成化二十年九月　丁酉，都察院經歷李晟，以言事下錦衣衛獄。【略】有詔：晟泛言煩擾不聽，仍下有司看詳。於是兵部尚書張鵬等，劾晟罪宜究治，命錦衣衛鞫問之。法司坐罪以請，命〔請〕〔調〕外任爲漢陽府通判。

《明憲宗實録》成化二十年冬十月　壬午，監察御史熊翀照刷南京諸司文卷，參奏失錯等官成國公朱儀等一千一百十九員，都察院請行逮治。有旨：免執問，失錯者責其罪狀，違錯者停俸一月，稽遲者兩月。

（明）余繼登《典故紀聞》卷一五　成化時，以街渠污穢壅塞，爲工部所奏，逮兵馬指揮並巡城御史、錦衣衛官校於獄。

《明孝宗實録》弘治六年十一月　庚戌，初南京工部遣匠役徐謙，納上供器物於光禄寺，謙匿紅黄羅結二千餘，並選退羅複絨襻四百，與其徒分之，而以〔侑〕〔賄〕取寔收運部，尋賣其所匿，爲緝事者所執，送法司治罪。給事中夏昂，監察御史張禎等，因劾光禄寺卿胡恭監臨失職，請罷其官。詔降恭二級；署官任永欽、施本泰降三級，〔俱〕調外任；吕洪、劉文、楊述皆除名；少卿賀思聰、李棨，寺丞鄭忠俱下刑部逮問。既而降恭爲山東都轉運鹽使司同知，忠爲福建都轉運〔鹽〕使司副使，棨爲山東青州府同知，調思聰爲河東陝西都轉運鹽使司判官。

《明孝宗實録》弘治十二年十一月　壬午，廣東南雄府委官大使蔡賡

等，伴送安南國陪臣阮觀賢朝貢，觀賢自南雄雇南海民九人，沿途給役，至儀真又雇裁縫數人。及抵京，爲緝事者所發。以賡等知而不舉，命逮問如律。

《明孝宗實録》弘治十七年十一月　辛丑，廣東潮州府饒平縣判賊蘇孟凱等，先因家貧逋租，及誣田主不直，有司拘之，遂出亡聚衆，刼掠里邑，民兵御之不利，勢愈猖獗。至是，分守副使凃昪率兵捕獲，斬之。兩廣鎮巡官以聞，且請究治軍衛有司之誤事者，命叛賊妻孥就彼變賣賞功。誤事人員提問明白聞奏，内去任者免之，其未獲賊犯，務緝除盡絶，毋貽患地方。

《明武宗實録》弘治十八年六月　己卯，刑科給事中王宸參奏陝西、寧夏等衛指揮僉事尹清等三十八員浥爛糧草，當究問。户部言清等已遇赦，其虧損邊糧宜行巡按御史逮治，追陪完日釋之。報可。

（明）查繼佐《罪惟録》志卷五《藝文志》　正德二年，《通鑑纂要》成，以字訛，坐削奪者二十餘人。

《明武宗實録》正德三年七月　庚子，給事中張賢、監察御史閻睿等奏，查盤甘肅洮岷等糧料銀兩草束之類，自弘治十七年迄於正德二年十二月，浥爛侵盗數多，已將經該官吏人等問擬監追，其督理官員副使，高崇熙、張天衢、李端澄，參議賈璇，僉事王相、官賢，行太僕寺卿陳寬、寺丞田美俱合逮問，並劾巡撫都御史畢亨、曹元楊一清、張泰、才寬等罪。户部議覆：各官多遷官去任，會亨等亦各奏辯，詔端、澄、相、璇、美行巡按御史逮繫追陪。餘皆宥之。

《明武宗實録》正德四年十一月　戊寅，巡按湖廣御史洗光查勘地方賊盗攻劫，並劾鎮巡等官太監趙榮、都御史張子麟、參政王綬、都指揮馬武等二十九員失事之罪。兵部第其輕重以聞。得旨：失事官員俱照前旨令戴罪自效，去任未經行遣者各奪俸二月。

《明武宗實録》正德十年十一月　戊辰，謫榆林城把總都指揮同知鄭胤、延安衛署都指揮同知柏梁邊衛充軍，以出境燒荒，致賊侵掠故也。

《明武宗實録》正德十二年五月　庚子，治寧夏固靖、延綏等處失事罪。先是，十年秋，虜衆深入固原、平凉，直抵隴州，陣亡併殺虜者三千七百餘人。略牛馬雜畜二十餘萬。至是勘報。兵部議覆：官旗高玉、宋的中等當逮治者凡一百六十七人，亦有功可贖罪者。並列鎮守太監廖堂、王兟、張昭，總制都御史鄧璋，督糧侍郎馮清，巡撫都御史陳璘、邊憲，都督王勛、侯勛、潘浩，都指揮陶文等罪狀。時侯勛已卒，堂、兟已取回，清、憲各陞遷去任。詔玉等如議。堂、兟及陞遷去任充軍降級者，俱宥之。勛子孫止許襲祖職，璋準以功贖罪，璘、清、憲、文等俱奪俸有差。

《明武宗實録》正德十四年三月　甲辰，貴州苗賊入都清衛等處殺掠，守備都指揮周吉不能捍禦，因歸咎於前守備都指揮邵鑑，鑑亦誣吉棄城逃回，下巡按御史勘實。吉坐守備不設，發邊衛充軍，鑑誣告降一級。

《明世宗實録》嘉靖十八年四月　甲寅，初，駕南狩，沿途有司以供具不辦獲罪。若副使潘鎰、知府劉汝松、府同知李朝陽與州縣等官逮行在詔獄，拷訊爲民者甚衆。及上將回鑾，乃諭掌行在兵部都察院事王廷相，令委在所三司知府等官分理夫馬糧草，並以沿途躲避官員，責其參治。及入河南境，抵裕州，供具復不治。於是河南布政使司參政張思聰、按察司副使胡廷禄、陳逅、南陽府知府王維垣俱逮詔獄，黜爲民。嚴旨責廷相悉糾諸怠弛者。廷相乃移咨撫按官，俾指實聞具。及是，廷相彙刻奏聞，自順天府尹邵錫、密雲副使高金、天津副使張承祚而下凡七十六員。得旨：各官違誤推避，悖慢爲甚。在京令法司，在外令巡撫官逮治，從重擬罪以聞。其平日貪墨及假公科斂者，仍各追贓，完日治罪如例。已法司擬上罪狀，詔錫降二級，調外任，金、承祚等悉黜爲民。

《明世宗實録》嘉靖三十一年八月　己卯，革福建都司掌印署都指揮僉事田耕職，下巡按御史逮治。先是漳州府傳報贛賊入境，布政使岑萬、按察使王昺議發兵剿之。耕（隨）〔遂〕以便宜調軍〔徵餉，所在騷動，既而聞賊入廣東，乃罷兵還，上所〕徵發餉之數於巡按御史曾佩，佩以其不先關？白乃奏劾耕罪，因並及萬、昺。部議萬、昺本爲地方設備，騷擾之罪耕當坐之。詔逮耕問，萬（策）〔昺〕等〔令策〕勵供職。

《明世宗實録》嘉靖三十四年二月　辛巳，治河南盗師尚詔作亂時守土諸臣失事之罪，歸德衛指揮同知朱殿坐死繫獄，歸德府知府尹一仁黜爲民，柘城縣知縣王世禎、鹿邑縣知縣李景儒、歸德衛千户董愷、張梓俱謫戍，商兵縣知縣周南、歸德守備指揮芮九思等各贖杖還

職。

《明世宗實録》嘉靖三十五年五月　丙戌，降海防僉事董邦政爲蘇州府同知，仍戴罪剿賊，坐督戰退縮爲御史周如斗所劾也。未幾總督胡宗憲以四月中清水窪等處捷聞，稱邦政及總兵俞大猷功，邦政得免戴罪，仍送吏部擬陞四品職級；大猷復祖職。時，邦政聞左遷報，已移病先歸，部疏未及上，如斗復論其怨望託病之罪，乞加重處。得旨：東南多事之際，若遷謫官，槩因託病議罷，友遂其私。令亟催赴任，如再遲延，以法治之。

《明世宗實録》嘉靖三十六年九月　丁丑，以盗越南京城劫上元縣獄，罷撫寧侯朱岳、守備太監郭墩任回京閒住，奪兵部尚書張鏊俸三月，下知縣劉以貞等南京法司問。

《明世宗實録》嘉靖三十九年六月　甲辰，巡按直隸御史王汝正劾上三十六年春，虜犯大同芍藥坡中平山等墩及攻破拒胡堡等處，參將潘（搢）〔縉〕擁兵退怯，副總兵郝承恩調援觀望，及守備徐執中等三員、中路參將郭綱等三十員俱有罪。上從部擬，降縉職二級，承恩一級；執中等俱革任逮問。

《明世宗實録》嘉靖四十年五月　癸亥，論盗劫廉州庫諸臣失事罪，下巡捕指揮范濟、知府熊琦等按臣治罪，停守巡參將官劉懃等俸，令戴罪捕賊。昨年十一月中，八寨狼獞偵知廉州官兵出城採珠，乃夜縋入城，殺邏卒十餘人，劫庫銀以出。御史蔡結以聞，故有是命。

（明）卜世昌等《明通紀述遺》嘉靖四十三年十二月　刑科右給事中張岳奏：方今世際清明，各部諸臣皆思疏瀹澡雪，以清吏治。惟兵部畏縮逡巡，各司條例雜亂無章，胥吏朋姦，搏噬武弁。此其咎必有所歸。楊博聞之，奏乞罷歸思過。上詔留之。

（明）余繼登《典故紀聞》卷一七　嘉靖時，給事中陸粲覈實壩上等牛馬羊房見在頭畜共三千九百七十七，歲應用料豆三萬九千三百一十五石有奇，草九十萬一千五百八十四束，比之原數，減料一十四萬二千餘，草四百六萬一千餘。蓋自有馬房以來，糜費侵漁，不知有幾，根盤勢據，莫敢誰何。世廟報曰：各馬牛房宿弊，非止一端，蠹國害民，長姦惠惡，莫此爲甚。自今敢有復蹈前弊，科道官及緝事衙門即指實參奏，處以重罪。

（明）余繼登《典故紀聞》卷一七　嘉靖時，世廟因災荒敕諭都察院，内一段言：朕近因民窮，屢有蠲貸之命，聞所在官司仍徵又催之者。夫官免之意在裕民，卻乃如是，論財則官民兩不獲，上擁虚名，下受重困，法令俱亡。著議處考究，其有欺隱及不遵的，從重治罪。按此弊在今爲尤甚。

《明穆宗實録》隆慶元年十月　庚戌，山西巡按御史王漸覈奏邊臣失事罪狀，言自虜入犯距出邊之日縱横蹂踐者已踰三旬，劫掠傷殘者（追）〔迫〕將千里，中間攻陷燒燬殺擄者何啻數萬計。而總督王之（詰）〔誥〕等，自八月間聞虜結聚於黑石崖等處，正與井坪邊對境，不能（無）〔先〕事預防，山西副將田世威、參將黑雲龍、劉寶等皆逗遛不戰，俱宜明正法典。兵部（覆議）〔議覆〕，得旨：逮世威等下獄，令之（詰）〔誥〕回籍，住雲龍等俸，俱聽勘。

《明穆宗實録》隆慶二年七月　己酉，盗入廣東（廣）〔廉〕州城劫庫，殺傷官軍，撫按官以聞。命罰伸威兵備副使張子弘俸二月，下指揮高勛等御史問。

《明穆宗實録》隆慶二年九月　壬申，廣東巡按御史王同道核上海寇曾一本犯省城，守臣失事狀，總督張（翰）〔瀚〕亦具疏自劾。上以（翰）〔瀚〕任淺姑令策勵自效，奪守巡僉事周舜岳、參政謝鵬舉及領哨指揮白翰紀等俸三月，都指揮黃應甲、來熙、布政使熊汝達等俸二月，指揮趙陞等下巡按御史逮問。

《明穆宗實録》隆慶六年正月　壬申，巡按御史劉良弼劾上隆慶四年十月虜犯大同失事狀，因言總兵官趙（奇）〔岢〕宜量罰，參將原于天及守備周橋、毛恭、徐秉忠等宜重治，守備〔王楠〕略有斬獲，宜稍輕之。上特宥（奇）〔岢〕罪，革楠任回衛，仍降祖職二級，謫橋、恭戍邊，秉忠等下巡按御史逮問。

《明神宗實録》萬曆元年二月　己未，工部奏主事石漢冒破事，係書手矇朧，失於稽查。仍令漢戴罪聽候刑部嚴究。

《明神宗實録》萬曆二年八月　丙辰，覆南京署兵科事禮科給事中王頤題盗劫蕪湖縣庫地方失事官員。奉旨：操江都御史董堯封降一級，調

外任；巡撫都御史宋儀望到任未久，着戴罪立限捕賊；各巡按、巡江御史，候差滿之日都察院從公考察。兵備副使丁應璧革任閑住，把總承應奎等、知府錢立等俱住俸，縣丞李亞春革職，俱戴罪緝捕。

《明神宗實録》萬曆七年十月 丁酉，兵科左給事中李選題參陝西巡撫右副都御史傅希摯，原疏極言隴右礦賊猖獗，又自任以督兵驅捕，事竄具疏。既奉明旨，諄切責成，夫何時經半載，寂無一言，不知前項礦賊曾否剿除？地方官員有無失事？今已陞户部右侍郎離任矣。希摯本以庸才繆膺重寄，背違明旨，曠廢官常，即其罔效於三秦，奚取並聯乎？九列所當究治，以懲玩怠。奉旨：傅希摯慢令曠職，差革任閑住。

《明神宗實録》萬曆十一年九月 丁酉，黜薊遼總督周詠爲民，以勘劉臺贓，扶同虚捏，爲給事中戴光啓所劾也。

《明神宗實録》萬曆十二年三月 甲申，兵科給事中張維新言：工部右侍郎劉志尹，昔在湖廣科場，取故相居正子懋修中高等，附權欺罔，難膺大工之任。上令致仕去。

《明神宗實録》萬曆二十四年五月 〔乙亥〕諭吏部：近來各部屬官不修本等職業，往往徇私狂妄，煩言亂政，朱長春以候補之官言會議之事，必岳元聲見彼言未下，故暗相囑使，本俱當拿問，姑從輕，朱長春、岳元聲都革職爲民。【略】庚辰，科臣葉繼美，王佐以遺官倭封事，與兵禮二部司官並削職。堂上官亦奪俸，閣部大臣皆有疏救，至是於禮部尚書范謙疏，得旨卿爲大臣，見國家有大事，義當效職盡忠，分憂釋惑。如何以奉行之旨，尚爾畏難違背。今擬以别故，又救激瀆擾，姑且不究，禮部該司官周嘉賓等，與司務徐文斗等，都革職爲民。不許朦朧推用。

《明神宗實録》萬曆二十六年六月 戊辰，御史趙文炳參襄城伯李承功玩違。明旨，騷擾驛遞，詔罰承功禄米一年，隨從人役下法司究問，並行各省直撫按，嚴飭禁絶。

《明神宗實録》萬曆二十七年閏四月 甲申，儀真税監暨禄，委官馬承恩等以抽税激變，禄聳詞具奏，且參守御楊應光推諉不救。上命逮應光究治，已獲犯人陳真等送南京刑部重擬，未獲者嚴限緝拏。仍申飭撫按及地方有司，毋得各分彼此。應光已逮，禄復爲乞原，詔釋之。

《明熹宗實録》天啓元年閏二月 壬寅，兵科給事中蕭基極論閲臣姚宗文之罪，言每見虎酋等倫極桀驁，暖兔杪花等紛求新賞，督臣疏報，皆歸咎於王猷之妄許，而宗文一揭纚纚數百言，欲蓋彌彰，始知猷之矯命，宗文故縱而教之者也。宗文揚旌出關不能布一人之德威，以簡蒐軍，實乃摇唇鼓舌，共事冰炭，使熊廷弼一日不能安其位，又信一市井無賴之王猷以啓釁召侮，罪可勝誅哉。章付部院。

《明熹宗實録》天啓元年八月 辛未，尚膳監常隨屈進忠先爲劫賊，恐事發，與王府内使王進貪謀收選入宫，已下鎮撫司究問。給事中倪思輝等乞嚴究王進引進兇盗之罪，仍敕各監稽查左右，嚴加揀選，務擇端謹，毋用匪人。報可。

《明熹宗實録》天啓二年十二月 丙子，刑部等衙門會審錢千秋事言：徐時敏金保玄假捏關節，詐士子賄物，而錢千秋入其套中。茲審三犯俱曰主考未傳此關節，則三犯當問以應得罪名，主考不知情，不必以莫須有懸坐也。錢千秋當黜革充戍，以正士風，徐時敏、金保玄二姦一戍允宜，尤當枷號示衆。其主考房考雖未明露關節，不能覺弊防姦，亦難免踈虞之罪，宜正顯罰。得旨：錢千秋等俱依擬發遣，錢謙益、鄭履祥失於覺察，各罰俸三個月。

《明熹宗實録》天啓三年閏十月 癸卯，直隸順德府内丘縣梁原店地方府有逃來西兵五十餘人，乘夜劫掠各店，隨至沙河縣截劫陝西解銀二十餘鞘。與官兵轉輾千里，走武安、踰遼州，經交州渡文水望榆林而去。巡撫張鳳翔以聞。敕行山陝督撫巡按官行所屬協捕，其經過地方疏玩各官分别罰治，拏賊獲日方準開復。

（明）查繼佐《罪惟録》紀卷一六《熹宗紀》 〔天啓四年十一月〕會推吏部尚書，侍郎陳于廷等列喬允昇、馮從吾、汪應蛟名上。奉中旨：所推仍是趙南星擬用私人。復指于廷及楊漣、左光斗鉗制衆正，扶同抗旨，俱革職爲民。袁化中亦坐黨庇，及張光前、房可壯引罪，並降調。

《明熹宗實録》天啓七年三月 癸未，褫革花馬池副總兵郭威振等，以虜人安定堡失事，爲寧夏巡撫史永安所糾也。

《明熹宗實録》天啓七年四月 戊戌，工部主事吕下問奉委督催黄山木價，株連無涉，縱役横騷，遂致群噪揭竿擁其署，敕印俱毁，府縣官安緝解散。下問奏聞。得旨：黄山一案，追出侵欺，給業平民。若使山與

價準，不强人以價之不平；價與力準，不抑人以力之不堪；承買之後，産又與畝準，不苛人以畝之不載，委曲開譬，多方調劑，地方人情，兩求愜當，人必樂從。確難滿額方據實入奏，有何難事？吕下問不能禁戢差役，株連無干，致激地方之變，不稱任使，著回原籍聽該撫按勘明生事原由情節，量懲首禍具奏。黄山事理歸併許志吉，撫按官行該府縣官宜並協力共急公家，再有推委旁觀，指名參處。地方人等亦宜共曉朝廷追究大豪，無波累無辜至意，静聽差官有司設法區處，自愛身家，無聽姦黠鼓煽，以身觸法。

（明）蕭良泮《重刻釋音參審批駁四語活套》卷二《參語》 周角政乏循良，心安慘薄。曾弗勤於收養，顧乃任其侵漁。王亢專司庫務，罔知監守之責。聽同侵盗，均甘邊遣之條。孫氏等雖稱流離失所，亦宜遵守王章。國家法律爲王章。迺敢倡集羣兇，剽掠鄉民。贓證明實，擬斬無虧。

中國第一歷史檔案館《滿文老檔》天命六年九月 初七日夕，滿達爾漢牛録下克里家之一蒙古人闖入汗之院門。守門之二旗巴喇人及駐守院内之侍衛等竟未覺察。該蒙古人繞汗寢室之西山牆入北門，衆女見之入告。遂執雅孫、烏丹納、阿薩里等三人。初八日交法司審訊。責之曰：爾等乃汗簡選守門之侍衛，如斯歹人闖入院門竟未覺察，爾等守門有何益焉？遂擬罪，二旗二十人各笞十鞭。責名巴達者曰稱：汗擢爾爲臣，賜以參將之職，侍衛之名，視爾如子，厚加豢養，然不念養育之恩，不圖報效，歹人闖入院門，爲何不覺不察？遂治其罪，革參將職，籍没遼東戰役以來所有賞賚。對其乘夜獨入院門者，綑綁用刑，斬首示衆。

中國第一歷史檔案館《滿文老檔》崇德元年三月 十六日，先是遣席當阿、鄂里喀齎書往潘家口，因邊隘堅固，不可前進，遂還。後汗復命碩翁科羅巴圖魯勞薩往邊視之，及布彦、席特庫察看還報，言邊牆有流水處可通行等語。審實，坐欺君罪一、怠惰罪一、怯懦罪一，以此三罪，革席當阿牛録章京職，解巴牙喇甲喇章京任，擬鞭一百，準其以物折贖。鄂里喀解巴牙喇甲喇章京任，擬鞭一百，準其以物折贖。

中國第一歷史檔案館《滿文老檔》崇德元年七月 二十五日，都察院各官奏寛温仁聖汗曰：臣等得悉，吏部李延庚用人徇情，陞人納賄，此等事情早有所聞，謹劾奏其事之一、二。凡事俱用其下屬應役之人充分得撥什庫、小撥什庫，大行録用。楊春華襲職時，索銀五十兩。又與富豪生員張承蔭交好，遂於去年徇情舉之禮部，未見録用，欲用爲吏部啓心郎，爲管庫官，收税官告揭乃止。彼又與金玉和合謀，互舉子弟，以汗之官爵徇私家之情面。李延庚出言不實，人極姦詐，毫無爲國效力之心，止圖身家之利。吏部何以擢此不忠不法之人。請汗睿慮。遂下法司勘問，得實。金玉和以李延庚弟索太賢良堪用舉之吏部，李延庚以金玉和子烏依齊舉之禮部，緣此，李延庚、金玉和並論死。博爾惠、公衮、巴哈納悉以奏聞聖汗，聖汗命免死。解李延庚吏部任，革其甲喇章京職，仍爲牛録章京，罰銀百兩。解金玉和禮部任，革其梅勒章京職，仍爲甲喇章京，罰銀五十兩。

《清太宗實録》崇德二年七月 〔癸酉〕是日，議户部參政恩克瞻徇本旗禮親王，將另選十二護衛之二十九壯丁擅免徭役，罪一。既私免徭役，又詭稱承政英俄爾岱及諸參政皆知，罪二。又疑參政孫塔私更案册，罪三。又疑兩黄旗亦多報壯丁，私免徭役，陳告兵部，查訊所告俱誣，罪四。先稱承政英俄爾岱及諸參政皆知，時未供達陽阿、鍾古之名，後潛問達陽阿，復巧供此二人皆知，罪五。又阿爾海牛録下幼丁十一口，係覺羅應免二丁，乃多免十一丁，罪六。恩克應論死，籍家産。從之。

《清聖祖實録》康熙二十七年二月 〔己未〕刑部議覆：翰林院疏參侍讀學士德格勒，私抹記注，大干法紀。侍講徐元夢與德格勒互相標榜，情罪可惡。應將德格勒擬斬立決，徐元夢擬絞監候。得旨：德格勒著監候，秋後處決。徐元夢著免死。枷號三月，鞭一百，入辛者庫。

《清聖祖實録》康熙三十七年十一月 〔丁酉〕户部議覆刑部尚書傅拉塔、張鵬翮等疏言：臣等遵旨查陝西長安等三縣倉米虧空一案。原任長安縣知縣謝嵩齡、永壽縣知縣萬廷詔經收米麥，其見存者與該撫所題之數相符。除折米銀十萬六千九百兩存貯布政司庫，其各州縣寄貯鄉村寺廟等處米麥，應交該督撫嚴催，限三個月内運入省城永豐等倉。華陰縣知縣董盛祚經收已完米麥，亦限三個月内運入省城永豐等倉。其未完米石已越七年，亦交該督撫委道員督催，限本年十二月終照數全完。如違此限，該督撫即將董盛祚革職拿問，嚴審治罪。應如所奏。從之。

《清聖祖實録》康熙六十一年十二月 甲子，諭户、工二部：財者利

罪，朕亦不能再寬矣。

中國第一歷史檔案館《雍正朝漢文諭旨》雍正四年十一月初十日 一件原任山西平陽府革職知府董紳修理城垣推卸一案。於雍正四年十一月初十日題，雍正五年五月初十日奉旨，董紳家產不必行追，着將伊發往臺站效力。如寔心效力則已，若仍復怠玩將董紳即於彼處正法。欽此。

《清高宗實録》乾隆四十六年十二月 諭，前據御史錢灃參奏，畢沅署陝甘督篆時，於該省冒賑諸弊，瞻徇畏避，請敕部將畢沅比照捏結各員治罪一摺。即諭畢沅明白回奏，並令大學士九卿科道議奏。據大學士等請將畢沅革職，發往新疆效力贖罪。已降旨俟畢沅覆奏到日，再降諭旨矣。今據畢沅奏，伊於四十一年署理督篆時，因金川凱旋，經手軍需事件業集，迅速回陝，於該省監糧情弊，曾經查問屬員，支吾隱飾，急切不能得其要領，則是畢沅已大概知有弊矣。何以不奏，至四十四年署篆，又以伊赴西寧口外，辦理事件，在省爲日無多，未能覺察舉劾，今並請交部嚴加治罪等語。畢沅兩經署理督篆，於王亶望等折捐冒賑，上下通同舞弊等事，適值其時，乃不即據實參奏，及至降旨詢問，又以兩署總督，爲時甚暫，辦理軍需等項事件繁多。托詞卸責。所奏實屬支飾，試思革職交部亦不過，仍如大學士九卿等所議耳。但王亶望等勾通侵冒一案，內外大臣皆知而不舉。朕亦不肯獨歸罪畢沅一人，且現在督撫一時乏員，畢沅著從寬，照李侍堯、富勒渾之例，降爲三品頂帶，仍留陝西巡撫之任，所有應得職俸及養廉，永行停支，以示懲儆。倘因停其廉俸，或需索屬員，以爲自肥之計。一經查出，朕必重治其罪，不能再爲寬貸也。該部知道。

《清高宗實録》乾隆四十八年正月 乙巳，諭，據富勒渾等奏，查明臺灣刁民械鬬滋事一案，係知府蘇泰罔知政體，立意主和。知縣冷震金，又復隨聲附和，希圖將就了事，甚至總兵金蟾桂、副將鄭瑞等接據該縣禀報，亦不親往督捕，以致匪徒肆橫無忌，蔓延三月有餘，均非尋常懈玩可比，請旨一並革職拏問等語。此案刁民滋事，皆係蘇泰、冷震金立意主和希圖將就了事，以致刁民窺見府縣畏葸無能，益復肆無忌憚。甚至鎮協大員亦一味因循怠惰，並不親往督捕。可見該省諸務廢弛已極，文武各員全不以事爲事，實堪痛恨，不可不嚴加懲創，以爲貽誤地方者戒。除蘇泰業經革職拏交刑部治罪，金蟾桂亦經革職，其知縣冷震金、副將鄭瑞、護副

用之源。古帝王足國裕民，務必制節謹度。朕初即位，每恐府庫金錢，中飽於胥吏之侵蝕。以後凡户、工二部，一應奏銷錢糧米石物價工料，必須詳查核實，開造清册具奏，毋得虛開浮估。儻有以少作多，以賤作貴，數目不符，核估不實者，事覺，將堂司官從重治罪。

《清世宗實録》雍正元年正月 癸未，諭大學士等：前年因黄河衝决，皇考特遣牛鈕、齊蘇勒等堵築修理堤工。一切完竣，交與楊宗義。乃楊宗義不能時時加謹防守，致修築之處又復衝决。經九卿議，將楊宗義革職，拿交刑部，從重治罪。

皇考從寬恕免，將一切河工，令其效力贖罪。今被衝决之堤工，俱已合龍。仍著楊宗義加謹防守，不時修築。春日水融之先，務期預爲防守堅固，斷不可似從前疎忽，又致衝决。果能加謹防護，即可贖其前愆。如將已完堤工再致衝决，朕必重治其罪。

《清世宗實録》雍正元年正月 癸卯，諭直省主考官：爾等俱係皇考選用之人，朕諒爾等必能自好，是以特簡爲主考官。爾等務秉公考取學問優長之士，果能不徇私情，聲名無忝，則不但無負朕之選用，亦不負皇考愛養之恩矣。回京之日，朕自加陞擢。如有徇私之處，經朕訪聞，定行從重治罪，決不寬貸。

《清世宗實録》雍正二年十一月 〔癸丑〕諭内閣、九卿、詹事、科、道等：歷年户部庫帑虧空數百萬兩，朕在藩邸，知之甚悉。此乃國家經費所關，甚爲重大，故朕特令怡親王管理清查。朕思康熙年間之虧空，此時不能清楚。儻雍正年間又有虧空，將來亦復不便稽查。積弊相因，何以經國用而垂法紀乎？後經怡親王查出，實在虧空二百五十餘萬兩，深以追補爲難，請以户部所有雜費，逐年代完，約計十年可以清楚。此怡親王欲善爲歸結之意。朕思歷年經手，俱有堂司官員，當時任意侵漁，此時置之不問，令其脱然事外，國法安在？諭令交與户部尚書孫渣齊辦理。孫渣齊職司户部，以致虧空如此之多，朕曲加寬宥，並未革職，只令伊查明經手官員，量力派令完補。乃孫渣齊徇情庇護私人，又有曾瞎子一案，揆厥情罪，實不容逭。朕又念先帝舊臣，不忍正法，將孫渣齊革職。其各員名下應追銀兩，照所派數目，作速追完。其餘一百餘萬兩，照怡親王所請，在户部逐年彌補。若各員應行追完之項，將來仍不全完，則按律治

將隋光德、都司方廷魁、守備王安邦、侯永義俱著革職，同金蟾桂等一並拿交刑部，分別定擬具奏。

《清仁宗實録》**嘉慶元年十一月**　癸亥，諭内閣玉德奏，前在山東巡撫任内有博興縣銀匠張介平私雕假印，串商地保張思誠誆騙花户錢糧一案。該撫照冒支錢糧例將張介平擬以斬決。經刑部議駁應照僞造衙門印信誆騙財物例，改擬斬候。查此案係玉德主見，從重問擬，據實陳明，懇請交部議處等語。朕披閲之下，此案張介平私雕假印誆騙糧户馬廷公等錢文，均係應徵地丁銀兩，無論其已未入官，即屬正項錢糧，不得謂爲誆騙財物。刑部堂官何以拘例改擬具題，傳詢刑部堂官。據阿桂面奏，此案到部時阿桂以例有專條，應按照辦理。張介平一犯，情節較重，入於本年秋審情重人犯之内正法，已足示懲。與刑部堂官商酌改擬等語，此事阿桂因該省援例，尚須斟酌。告知刑部堂官，尚屬留心，該堂官等既以阿桂所見爲是，自應將改擬緣由專摺具奏，請旨定奪。乃僅照例具題，殊屬含混，且此等關係罪名輕重，刑部改擬之本，向來内閣票擬，俱用雙簽。並有票三簽者，一票部駁甚是，一票依議，一票著照該督撫所擬。今内閣僅票單簽，亦屬疏漏。朕日理萬幾，於各部院尋常題本豈能逐字檢閲，或偶有疏略，而此案刑部既未專摺具奏，内閣亦未票擬雙簽，並非朕之疏略。試思張介平一犯，該部既入情重辦理，即照玉德原擬斬決，亦無二歧。是刑部改擬此案，拘泥例條，於情節輕重，未能細核。尚無大錯，但不專摺請旨，則咎無可辭。阿桂與胡季堂等均著交部嚴加議處。其票本之大學士亦著交部議處。玉德等原擬尚無不合，著免其交部。朕辦理庶獄，無不悉心權度，折衷至當。而於臣工功過，亦必權其輕重，隨時勸懲，從不肯稍任含混也。

《清仁宗實録》**嘉慶四年二月**　庚戌，諭内閣：刑部查奏在監人犯，經朕詳覈案情，内總兵黄瑞、副將朱士奉、遊擊何天標、都司福寧阿四名，均因未能嚴防卡汛，致賊竄逸，各有應得之罪。但朱士奉身受槍石傷數處，何天標亦受槍矛傷數處，尚係實力禦賊。朱士奉著降一等賞給參將，何天標降一等賞給都司。如傷未痊癒，即令回籍調養，若已就痊可，即發往四川軍營，自備資斧，交勒保差委。至黄瑞、福寧阿並未受傷，黄瑞著降四等賞給都司。福寧阿既係旗人，著賞給護軍校。亦俱發往四川軍營，自備資斧交勒保差委，與朱士奉等效力贖罪。至伊轍布之子哈青、錢受椿之子錢三紉子。年俱紉稚毫無知識，且伊轍布、錢受椿年長之子，皆已發遣，哈青、錢三紉子均著加恩釋放，各回旗籍，年及歲時。亦免其發遣。

《清仁宗實録》**嘉慶四年三月**　戊辰，又諭：據拉旺多爾濟等將臺吉阿咱拉戕害伊伯卓哩克圖一案，復行審明具奏一摺。從前主事西拉布，於關繫七命之案，並未悉心研究，濫行定罪。著即革職拏問。西拉布或有心屈抑，或庸懦草率，務須嚴加審訊。至朋素克琳沁，於此案曾否聽信讒言，均未可定，亦應解任質訊。特克慎乃特派之員，於此等要案固執己見，辦理錯謬，而阿咱拉所畫供招，係蒙古語冤枉字樣，特克慎在理藩院行走多年，蒙古冤枉之語，豈竟不曉耶？至前摺奏稱，五十九、納沁俱已脱逃，亦甚草率，特克慎著一並解任，交拉旺多爾濟等以備訊問。將此諭令知之。

《清仁宗實録》**嘉慶四年五月**　庚申，諭内閣：秦承恩自教匪滋事以來，漫無調度，玩誤機宜，以致陝匪日久未能撲滅，業經革職拏問解交刑部審訊。今已訊明，並據恒瑞轉據臺斐音查詢覆奏，雖無關閉城門，安坐衙署，致難民觸城投河之事，但秦承恩身爲巡撫，不能盡心辦賊，玩誤稽延，實有應得之罪。著軍機會同刑部、即行按律定擬具奏。

《清仁宗實録》**嘉慶四年十月**　乙巳，諭内閣：刑部等衙門奏世襲男爵雲騎尉兼三等侍衛慶麟派送梓宫，在路因病逃走，照從車駕行而逃者職官擬絞監候之例，將慶麟擬絞監候一摺，固屬照例辦理。但念慶麟究因帶病前往，曾經兩次向該章京處告假未允，病迷失路，仍行自回通州。若照部議，則有心逃走者又當何如？慶麟著革去世襲男爵並雲騎尉及三等侍衛，從寬發往伊犁，交與保寧嚴行管束。

《清仁宗實録》**嘉慶十一年四月**　乙巳，諭内閣：昨據英善覆奏，福寧在藏時實有向糧員豫借庫銀之事，未經阻止參劾，咎實難辭，懇請從重治罪。本日復據德瑛等奏稱：傳詢福寧，據伊呈稱，從前到藏之初，因修理房屋器具，向糧員豫支數月養廉。回京時又因缺少盤費，復向糧員借支，共未完銀二千八百兩。上年六月抵成都後，隨即折變銀兩，交明藩庫搭解回藏，存有藩司印文及收銀執照等語。帑項至重，豈容任意挪移？

福寧即因用度不敷，欲行借支，亦應奏明請旨。乃並未具奏，輒私用印文向糧員豫支養廉，雖已於路過成都時交清藩庫，而其擅行挪借之罪，實不能逭。伊現係休致之員，亦不必再交部議，即著革去三品頂帶示儆。英善前在軍營獲戾，降爲四品頂帶，派令赴藏。原係充瑕録用之員，嗣因其駐藏數年，洊加恩擢，用至左都御史兼管旗務。乃伊自到京後，不過旅進旅退，無一建白，竟係年老耆猾。現在查出伊從前在藏之時，於福寧擅借庫銀，並非例應在四川呈繳之款。既據福寧於路過成都時呈出此項，勒保自應一面收明解藏，一面據實參奏。何以該督亦未奏及，殊屬非是。勒保著傳旨申飭，究竟此項銀兩，福寧係於何日呈交四川藩庫，四川省於何時搭解赴藏，及藏內曾否收到歸款？著勒保督同藩司董教增詳晰查明，據實具奏。尋議英善降三級調用。從之。

《清仁宗實録》嘉慶十二年五月　戊申，又諭：本日刑部議覆汪志伊奏拏獲謀叛之湖北提標左營馬兵徐榮等分別治罪一摺，已另降旨飭遵。至摺內稱該管遊擊雅金泰，未便以其不識漢字稍爲姑容，請旨革職一節。外省緑營辦理事務，文移往來，俱用漢字。該管營員即僅識漢字，尚恐於一切營務，不能妥協辦理。若並漢字不識，勢必至稿案茫然，動形竭蹶。即如已革遊擊雅金泰，於部文內，令俟有應減馬兵缺出陸續改挑步兵之處，因不識漢字，未能理會部文，先後將馬兵王連等二十一名即行降補步兵。辦理錯謬，以致兵丁不服，釀成事端，是其明驗。嗣後旗員及東三省人員，有揀補各省緑營武職者，各該管上司保送時，不得以不識漢字之人濫行充數。及揀選時，仍著欽派大臣等臨其詢期是否能識漢字，並面加試驗。其不識漢字者，不準揀選。方免臨事舛誤，於營務庶有裨益。

《清仁宗實録》嘉慶十七年五月　丁亥，諭內閣：百齡等奏，蕭南同知陳熙，因李家樓漫口未能搶護，革職枷示工次。今李工蕆事，可否將該革員疏枷釋放等語。該革員陳熙於李家樓漫口，怠緩疏防，致興大工。自堵築以來，糜費帑金數百萬，尚非所惜，而被水地方，貽害生靈甚衆。該革員玩誤之罪，非可輕宥，現在李工雖已合龍，伏秋大汛屆期，南河在工各員，正當防守喫緊之際，著仍將陳熙枷示工次，俾各工員等觸目警心，共知儆懼。俟本年秋汛安瀾後，再行奏明疏枷釋放。

《清仁宗實録》嘉慶十七年五月　己巳，諭內閣：汪志伊等奏審明私與洋盗書札，招令投首之參革護遊擊許廷進等分別定擬一摺。海洋盗匪皆內地奸民，法所難宥。惟當擒捕治罪，以彰國典。其有窮蹙投首者，經該督撫奏明請旨，赦罪免死，原係法外之仁。前曾屢降諭旨，不準帶兵之員私行招撫。許廷進以水師將領，捕盗是其專責。且曾任總兵大員，獲咎後棄瑕録用，復賞戴花翎，擢至都司兼護遊擊。乃不認真緝捕，私寫札諭，招致洋匪吴屬投首。並聽營書之詞，札內稱盗匪爲兄，卑鄙無耻已極。汪志伊等擬以杖一百，流三千里，甚屬疏縱，不足蔽辜。許廷進著在閩省枷號三個月，滿日責處三十板，發往黑龍江充當苦差，以示懲儆。

《清仁宗實録》嘉慶十七年八月　辛酉，諭內閣：鐵保等奏，審明阿克蘇錢局積弊，先將現案人犯按律定擬，並將局書解部以憑質對一摺。此案阿克蘇局員舞弊情由，經鐵保等訊明那彦寶、范建豐家人，俱經得受陋規範。建豐前經革職審問，今訊明並無知情入己情弊，只係失察家人犯贓，本應與那彦寶一同交部議處。但伊二人均係曾經獲咎，棄瑕録用之人。今復於該處錢局積弊毫無覺察，又不能約束家人其咎較重。那彦寶、范建豐均著交部嚴加議處。范建豐著即來京聽候部議，遊擊達祥明知官成等有餽送情弊，匿不稟揭，且與該管大臣家人往來，實屬溺職，著即革職無庸再交部議。其前任局員達冲阿，已滿書吏羅洪基，及那彦寶家人王姓，著於楊思珍解到後，刑部審訊明確，分別定擬。再將此案各犯罪名，一並核議。具奏。

《清仁宗實録》嘉慶十八年六月　乙卯，又諭：百齡等參奏，辦工不善溺斃逃夫多命之工員，並緝兇不力之文武員弁，請旨革職一摺。此案夫役受雇挑土，若非工價有克扣短發情弊，何至潘開得等七十人同時逃散，夫頭崔全率人追趕，同行止二十餘人。逃夫七十人並無拒捕情狀，何以淹斃至二十四人之多？且撈獲屍身內驗有帶鐵器金刃等傷者，案多疑竇，必應徹底根究。著該督等就現獲各犯詳悉研鞫，如工員夫頭有侵扣肇釁情弊，分別嚴行懲辦。或另有群毆逞兇緣由，亦訊明按律定擬，毋稍枉縱。其工員候補州同袁暹及緝兇不力之署清河縣知縣縣丞龔京正、把總張永貴俱著革職仍留於地方協緝。督緝不力之淮揚道徐承恩、副將汪德、都司徐彬、淮安府知府岳山及督工不慎之淮海道河洲，著交部分別議處。至此案

溺斃多命，事在四月十八日，迄今兩月有餘，始行奏聞，殊屬遲緩，百齡、黎世序、朱理俱著交部察議。

《清仁宗實録》嘉慶十八年九月　丙戌，又諭：本月十五日在内直日之署護軍統領楊澍曾業已革職發遣。是日禁門直班官員兵丁等，俱係鑲黄旗護軍營，該管護軍統領明志，平日訓練無方，致兵丁不能禦賊，亦有應得之咎。明志著即革職。其蒼震門、東華門、西華門該班官員兵丁等查明捕賊被戕者，著加恩照陣亡例賜恤。捕賊受傷者，準其將功抵過。餘俱著拏交刑部別治罪。

《清仁宗實録》嘉慶十八年九月　〔丙戌〕又諭：百齡等奏，八月二十九至九月初九等日，江境上游黄沁等河同時異漲，其睢南薛家樓及桃北丁家莊漫水。俱經掣通刷缺，適因河水陡落，亦已乘勢補築完善等語。江境薛家樓、丁家莊兩處刷缺之處，已搶堵斷流，自因上游睢州漫口掣溜旁趨，得以迅速堵合。其不能先事豫防之總督百齡、署河道總督黎世序著交部議處。該管廳營各員弁，著該督等題參，所有補築漫口工程，即責令分賠示懲。

（清）祝慶祺《刑案匯覽》卷七《吏律公式・官文書稽程》　户部咨：送書吏韓懷書經手公文，因值役滿，未即辦理，亦未囑令接手書吏趕辦，以致日久漏未咨覆。即與遺失無異，韓懷書應照遺失官文書律，杖七十，自行投首減一等，擬杖六十。嘉慶二十二年直隸司現審案。

（清）祝慶祺《刑案匯覽》卷七《吏律公式・官文書稽程》　北撫咨：府書李正暹於縣詳到府時，並不將卷宗歸檔，混行夾入已結卷内。迨奉行催，又檢查未獲，懼干究處，並不稟舉，輒行隱匿。雖非受賄規避，實屬玩法，將李正暹比照棄毁官文書律，杖一百。該犯延擱不辦，應再加一等，擬杖六十，徒一年。嘉慶二十四年案。

（清）祝慶祺《刑案匯覽》卷七《吏律公式・增減官文書》　盛京刑部奏吏部書吏王漢川，聽許銀兩，捏改文尾。因銀未到手，將文書壓擱兩月，得銀二十兩，始將文書挪，□日封發。未便計贓僅擬杖責，應加重，照增減官文書有所規避律，擬杖一百，流三千里。所供親老丁單，準其查辦。嘉慶二十五年雲南司現審案。

（清）祝慶祺《刑案匯覽》卷七《吏律公式・棄毁制書印信》　山西司查律載棄毁官文書杖一百等語，此案解役藍玉，因奉派押解徒犯郝玉學，致赦玉學中途脱逃。該犯並不據實稟報，輒敢偷挖刑房舊存護票印花，粘貼回照銷差。雖與詐爲各衙門印信文書不同，惟將官文書印信挖毁，即與棄毁無異。該撫將該犯照盗官文書律上量減問擬，未免輕縱。藍玉除押解徒犯脱逃杖六十輕罪不議外，應改依棄毁官文書杖一百，係衙役知法犯法，加一等，杖六十，徒一年。雖事犯到官在本年正月十二日恩旨以前，係衙役棄毁官文，規避銷差，情節較重，應不準援減。道光十一年説帖。

（清）林則徐《林則徐集》奏稿八《監利糧書抗土鬧局案審明定擬摺　道光十七年六月初十日》　此案龔紹緒即龔振先，充當書吏，輒敢詭列卯名，侵蝕土錢至六十串之多，實屬玩法。若照侵盗錢糧，僅擬準徒，尚不足以蔽辜。龔紹緒應比照蠹役詐贓十兩以上，發近邊充軍例，擬發近邊充軍。糧書鄧培元、吴德潤私收土費錢四千八百文及三千六百文不等，未便因其先侵後吐，寬免置議，應照蠹役詐贓一兩至五兩例，各杖一百，加枷號一個月，均照例刺字。張良佐等赴局滋鬧，若僅依鬥毆律科以笞罪，不足示儆。張良佐、李先懷、朱德順、周伯讓、胡世瀛、何利明、蕭之棣、黄海兒，均請照不應重律，杖八十。張良佐係糧書，應加一等，杖九十。龔經伸、龔經輝、李先正、楊祖欽、鄧德華、潘學珍、姚大幅在局隨同喧嚷，亦有不合，各照不應輕律，笞四十，均分别折責發落革役。職員秦祖恩充當散局首士，因糧書蕭之桐催費之力，輒令雇工朱正榜擅用鐵鍊將蕭之桐鎖拏進局，殊屬妄爲，應請照違制律，杖一百，革去從九品職銜。朱正榜與縣役曾祥聽從鎖拏，應於秦祖恩杖一百罪上減一等，各杖九十。曾祥仍革役。蕭之桐雖訊無糾衆搞土實據，但身充糧書，承催土費，久不繳局，致被首士鎖押滋鬧；龔紹琨聽從龔紹緒詭列册名，均屬不合，並照不應重律，杖八十，各折責發落革役。周超伯充當總局首士，因潰堤赴搶無及，不協輿情，已據稟退，應與首士王修蘭等均毋庸議。龔紹緒侵蝕土錢，照數追完。印券飭給花户收執，墨券業經銷燬。鐵鍊據供丢棄，無從查起。胡世照及屈斯文等被竊錢物，飭縣緝獲贓賊另結。監利縣知縣鄧蘭薰，查無私得陋規錢，審辦蕭之桐、張良佐兩案亦非徇縱，惟於糧書龔紹緒等侵收土費失於覺察，已干例議。又朱三工潰口係奏明責令該縣賠修之

工，鄧蘭薰補還新堤雖已捐賠完竣，經該管道府驗無草率，而搶險截流用項仍於續徵土費内開銷，殊屬非是。相應請旨將革職留任之監利縣知縣鄧蘭薰，即行革任，以示懲儆。該縣十四、十五兩年工程久經告竣，所有民欠土費多係被水之户，應免著返。至各汛佐雜雖廉俸無多，然汛地距堤皆近，督工薪水飯食應令自行開發，不準由局再給。嗣後總局徵收土費，不許假手糧書，但恐糧里不清，户名未確，應責成該縣押令各書將推收過割之真名的户底册，逐一編造清楚，交局徵收。遇有賣田過户，亦即查明更正，務使户名均歸的實，毫無詭混。如糧書造册故意舛錯致誤催收，查出加倍嚴懲，以儆姦蠹。至設局期於杜弊，本不宜多，嗣後仍只於外城設一總局遴派公正首士四人經理，每日每名準給薪水錢三百文，按年更换，不準久充滋弊。各鄉散局概行裁撤，以節糜費而慎堤防。

除備借招送部外，所有臣等遵旨查辦緣由，理合恭摺具奏。伏乞皇上聖鑒訓示。謹奏。

《清宣宗實録》道光二十五年六月〔戊子〕又諭：刑部，山西司書吏陸靈皐，於清字公文積壓多件，延不呈司簽到，實屬瞻玩。僅予杖徒尚覺輕縱，陸靈皐著杖一百，流二千五百里，先於刑部衙門前枷號一個月示衆，以昭炯戒。該司譯漢筆帖式，委署主事壽山不諳清文，以致積壓文書不辦，實屬庸劣無能，著即行革職，發往軍臺效力贖罪。所有道光十五年起，歷任山西司承辦司員，著交部查取職名，分别嚴加議處。其原派不諳清文筆帖式壽山，作爲委署主事之刑部堂官，及歷任刑部堂官，均著交部分别議處。諭軍機大臣等。

《清宣宗實録》道光二十五年十月〔丙申〕又諭：梁寶常奏：查明奉化縣匪徒張名淵等因所控糧案未結，輒敢聚衆阻考，毆辱委員，焚搶民舍。提督詹功顯迅即撥兵派令參將百勝、都司鄧鳳翔帶領赴援。旋將匪徒擊散，現在倉庫監獄未動，該匪徒出城以後，各鄉附和之徒漸次散去。惟唐嶴、汪家村等莊，尚聚多人，計圖抗拒。經該撫調兵往剿，該匪徒等事起倉猝，勢頗猖獗，該提督撥兵迅速，調度有方。百勝等奉派救援，奮勇前進，以致身受重傷，均屬可嘉。詹功顯、百勝、鄧鳳翔俱著交部從優議叙。其傷亡弁兵，著該撫查明照例咨部議恤。該縣知縣王濟先因增加糧價，釀成京控，該府李汝霖審訊此案，輒擅責生監，以致人心不服。又於有事之時，遽爾告病，顯有規避情事。李汝霖、王濟均著即行革職拏問，交該撫嚴訊。寧紹臺道陳之驥，前往該處不能彈壓撫諭，因匪黨衆多，輒行避匿，實屬懦怯無能。陳之驥著暫行革職，該撫惟當會同該提督率將弁，將未散匪徒迅速撲滅，剋日蕆事。其著名匪犯張名淵、趙順年等務須按名拏獲，審明嚴辦，以伸國法而净根株。

《清宣宗實録》道光二十八年 諭軍機大臣等：有人奏州縣諱盜殃民，請飭查辦一摺。據稱直隸廣平府屬永年、廣平等縣，自二十六年至本年二月，强劫發冢之案，多至數十起，均經事主呈報有案，乃該地方官畏葸諱飾，未肯緝辦。於數十案書，僅止拿獲武河清家發冢案犯八名，猶復意存開脱。其餘畏事不報，報而不問者，不可枚舉。並稱，永年縣馬快侯四、王登科、閻哥答等縱容群賊訛索善良等語。盜賊肆行，地方官玩視民瘼，又任聽馬快豢賊，固因規避處分，亦恐懦弱無能，爲姦胥等所挾制，似此貽害閭閻，亟應嚴切查辦。著訥爾經額拉奉此旨，即遴委賢員馳往該處，逐案查明。速飭文武員弁一體偵拏，分别懲辦。至馬快侯四、王登科、閻哥答三名，既已聲名昭著，斷非善良，亦應密票提省究辦。毋任聞風遠颺，並著嚴查該縣等。果否有彌縫抑勒情弊，據實嚴參，毋稍回護，以靖地方。原摺著鈔給閲看，將此諭令知之。尋奏，永年縣廩生武河清，呈控墓牆被賊毀竊一案，已獲首伙杜泳吉等五名，地方官例免處分。無所用其規避，又廣平縣武生董體仁、文童、楊文元等。丘棺被鑿，亦已先後獲案，分别究辦。馬快侯四等提解到省，訊無縱賊訛索情事，惟該役等平日果係奉公守法，何致聲名昭著，已飭先行革役發回廣平府管押，再行密訪究辦，下部知之。

中國第一歷史檔案館《咸豐同治兩朝上諭檔》咸豐八年七月十三日

上諭前據花沙納等，會同刑部奏審明已革順天府府尹張起鵷承辦糧臺，濫支各款，當經降旨俟户部工部將原封文册及續交帳目查覈明確，有無浮冒侵蝕，再行定擬罪名。兹據花沙納等會同刑部奏稱據户工二部將該革員經手糧臺正雜各款會算完結。尚無侵蝕入己情弊，惟究補帳目情節較重，應加等科罪等語。此案革員張起鵷辦理糧臺，於通判龔國瑞捐輸礮職並未聲敘錢數糧臺餘存軍物，并不奏明作抵，又違例濫支監糧馬乾，及各員行住車價並車馬津貼銀兩均未照定例辦理，已有應得之咎。且呈出帳目因有違

例之處逐款改補意存規避，實屬有心朦混，張起鵷著即照所擬發往軍臺效力贖罪。仍暫行監禁，勒限兩箇月將應賠款項完繳清結，再行起解。其查對完縣房産，著準其作抵，餘依議。欽此。

《清穆宗實録》同治四年十月　戊午，諭内閣，前據御史丁浩奏參河南杞縣知縣查以謙，鄢陵縣知縣徐士錞貪劣各款，當經諭令吴昌壽查明具奏。兹據奏稱，查明查以謙在杞縣徵收錢糧，並非加派，亦無勒罰銀米入己情事。

該員因民間買賣房地漏税者多，曾傳集産行報契投税，並未勒比致斃人命，亦無抑勒居民破産之事。其被參霸占民女爲妾，及家丁幕友撞騙各節，均無其事。至徐士錞查無任聽王德海招摇納賄實據，惟家丁余姓，曾借兵差派車勒索錢文，家丁周姓犯姦，致蘇姓二女羞憤投井，該員往驗，揑報失足落井，雖無賄和情事，亦難辭咎等語。河南杞縣知縣查以謙被參各款，既據查明並無其事，著無庸議。鄢陵縣知縣徐士錞，於家丁周姓犯姦釀命，在押脱逃，輒敢故出其罪，揑詳了事，並失察家丁，余姓借差詐贓，難保無另有通同婪索情弊。徐士錞著即行革職，勒限將該家丁周姓、余姓交出，提同人證，質訊明確，從嚴懲辦。

《清穆宗實録》同治六年春正月　又諭：前因官文在湖廣總督任内動用捐款各情，當經降旨，交部嚴加議處。兹據吏部議以革職，自屬咎所應得。惟念官文在湖廣總督任内十餘年，歷經會同胡林翼、曾國藩，廓清江鄂，勳勞甚著。而被議各款，尚非貪污欺罔可比，若遽盡予罷斥，殊非朝廷保全功臣之意。大學士一等伯官文，著革去湖廣總督，加恩仍留伯爵大學士，改爲革職留任，八年無過，方準開復。並罰伯俸十年，不準抵銷。即行來京供職。

《清穆宗實録》同治六年十月　辛丑，諭内閣：給事中謝膺禧奏，查出富新倉有虧那情弊，請飭審辦一摺。富新倉各廒，業經謝膺禧先期封閉。乃該給事中到倉查閲，封條竟多拆動，顯有那補虧短情弊。花户朱士魁著交部嚴行審訊，並著倉場侍郎將該倉各廒，徹底清查，虧短若干，據實具奏，毋稍含混。另片奏，請飭倉場侍郎派員接管監督等語。富新倉花户舞弊，該倉監督應行質訊，現在放米未完，著倉場侍郎另派得力可靠人員接管該倉，監督事務，以專責成。

《清穆宗實録》同治六年十一月　又諭：鍾岱、宋晋奏失察漕倉舞弊，自請嚴議一摺。前因禄米、北新各倉放米遲誤，當經派令存誠、卓保、瑞常、畢道遠前往清查。業據查出禄米、北新二倉虧短情形，當將花户等均交刑部審訊。鍾岱、宋晋在任數年，於該倉各項積弊，未經查出，以致虧短米豆十萬餘石之多，實非尋常疏忽可比。所有該侍郎等應得處分，著刑部於定案時聲明請旨。

中國第一歷史檔案館《光緒宣統兩朝上諭檔》宣統元年年閏二月二十五日　巴州知州趙萬春不諳治理，訾議甚多，梓潼縣知縣沈希濂不恤民艱，營利廢事，慶符縣知縣蕭澤寰縱容家丁不恤人言，夾江縣知縣熊振治理甚拙，利心未除，候補直隸州知州姚汝芳前署城口廳通判不理詞訟，紳民交怨，均著即行革職。綦江縣知縣李桂芳志氣衰頽毫無展布著勒令休致，打箭鑪廳同知武文源敷衍無實，酉陽直隸州知州申轔治盗無能，雙流縣知縣鄭珉才短性執，珙縣知縣陳其訓輿論不孚，峩眉縣知縣蕭茂芬疏庸怠忽，墊江縣知縣張六翮，滎縣知縣趙惟新，銅梁縣知縣李景晋，滎經縣知縣彭文翰，永川縣知縣俞賓奎，榮昌縣知縣趙詠清等六員俱難勝繁劇人地不宜，以上十一員均著開缺另補。另片奏綏甯協副將唐珊峰禦夷無方用人乘謬難勝閫寄，崇化營都司李孔周才力庸邁心術難問，均著即行革職。馬邊右營備劉德昭，峩邊右營備何學章年力就衰聲名平常均著勒令休致。又片奏戒煙不力各員據實糾參等語，保甯府教授喻鎮藩，邛州學正戴綸喆，龍安府訓導唐棣華，彰明縣訓導王式彝，試用巡檢陳祖望，試用典史任慶瑞，補用縣丞張貞吉均著即行革職。彰明縣知縣姚良椿戒煙不力，居官尚無廢事，著暫行革職，調省查看。餘著照所議辦理該部知道。欽此。

司法瀆職分部

論　説

《漢書》卷二二《禮樂志》　至宣帝時，琅邪王吉爲諫大夫，又上疏言：欲治之主不世出，公卿幸得遭遇其時，未有建萬世之長策，舉明主於三代之隆者也。其務在於簿書斷獄聽訟而已，此非太平之基也。今俗吏所以牧民者，非有禮義科指可世世通行者也，以意穿鑿，各取一切。是以詐僞萌生，刑罰無極，質樸日消，恩愛寖薄。孔子曰安上治民，莫善於禮，非空言也。願與大臣延及儒生，述舊禮，明王制，驅一世之民，濟之仁壽之域，則俗何以不若成康？壽何以不若高宗？上不納其言，吉以病去。

《漢書》卷二三《刑法志》　原獄刑所以蕃若此者，禮教不立，刑法不明，民多貧窮，豪桀務私，姦不輒得，獄豻不平之所致也。《書》云伯夷降典，悊民惟刑，言制禮以止刑，猶隄之防溢水也。今隄防凌遲，禮制未立；死刑過制，生刑易犯，饑寒並至，窮斯濫溢；豪桀擅私，爲之囊橐，姦有所隱，則狃而寖廣：此刑之所以蕃也。孔子曰：古之知法者能省刑，本也；今之知法者不失有罪，末矣。又曰：今之聽獄者，求所以殺之；古之聽獄者，求所以生之。與其殺不辜，寧失有罪。今之獄吏，上下相驅，以刻爲明，深者獲功名，平者多後患。諺曰：鬻棺者欲歲之疫。非憎人欲殺之，利在於人死也。今治獄吏欲陷害人，亦猶此矣。凡此五疾，獄刑所以尤多者也。

《晉書》卷三〇《刑法志》　至章帝時，尚書陳寵上疏曰：先王之政，賞不僭，刑不濫，與其不得已，寧僭不濫。故唐堯著典曰流宥五刑，眚災肆赦。帝舜命皋陶以五宅三居，惟明克允。文王重《易》六爻，而列叢棘之聽；周公作《立政》，戒成王勿誤乎庶獄。陛下即位，率由此義，而有司執事，未悉奉承。斷獄者急於榜格酷烈之痛，執憲者繁於詐欺放濫之文，違本離實，箠楚爲姦，或因公行私，以逞威福。夫爲政也，猶張琴瑟，大弦急者小弦絶，故子貢非臧孫之猛法，而美鄭僑之仁政。方今聖德充塞，假於上下，宜因此時，隆先聖之務，蕩滌煩苛，輕薄箠楚，以濟羣生，廣至德也。

《舊唐書》卷七七《劉德威傳》　〔貞觀〕十一年，〔劉德威〕復授大理卿，太宗嘗問之曰：近來刑綱稍密，其過安在？德威奏言：誠在主上，不由臣下。人主好寬則寬，好急則急。律文失入減三等，失出減五等。今則反是，失入則無辜，失出便獲大罪。所以吏各自愛，競執深文，非有教使之，然畏罪之所致耳。陛下但捨所急，則寧失不經復行於今日矣。太宗深然之。

《舊唐書》卷五〇《刑法志》　然則天嚴於用刑，屬徐敬業作亂，及豫、博兵起之後，恐人心動搖，欲以威制天下，漸引酷吏，務令深文，以案刑獄。長壽年有上封事言嶺表流人有陰謀逆者，乃遣司刑評事萬國俊攝監察御史就案之，若得反狀，斬決。國俊至廣州，遍召流人，擁之水曲，以次加戮，三百餘人，一時併命，然後鍛鍊曲成反狀。乃更誣奏云：諸道流人，多有怨望。若不推究，爲變不遥。則天深然其言，又命攝監察御史劉光業、王德壽、鮑思恭、王處貞、屈貞筠等，分往劍南、黔中、安南、嶺南等六道，按鞫流人。光業所在殺戮，光業誅九百人，德壽誅七百人，其餘少者不減數百人。亦有雜犯及遠年流人，亦枉及禍焉。

時周興、來俊臣等，相次受制，推究大獄。乃於都城麗景門內，别置推事使院，時人謂之新開獄。俊臣又與侍御史侯思止王弘義郭霸李敬仁、評事康暐衛遂忠等，招集告事數百人，共爲羅織，以陷良善。前後枉遭殺害者，不可勝數。又造《告密羅織經》一卷，其意旨皆網羅前人，織成反狀。俊臣每鞫囚，無問輕重，多以醋灌鼻。禁地牢中，或盛之于瓮，以火圜遶炙之。兼絶其糧餉，至有抽衣絮以噉之者。其所作大枷，凡有十號：一曰定百脉，二曰喘不得，三曰突地吼，四曰著卽承，五曰失魂膽，六曰實同反，七曰反是實，八曰死猪愁，九曰求卽死，十曰求破家。又令寢處糞穢，備諸苦毒。每有制書寬宥囚徒，俊臣必先遣獄卒，盡殺重罪，然後

宣示。是時海内慴懼，道路以目。麟臺正字陳子昂上書曰：

臣聞古之御天下者，其政有三：王者化之，用仁義也；霸者威之，任權智也；强國脅之，務刑罰也。是以化之不足，然後威之，威之不足，然後刑之。故至於刑，則非王者之所貴矣。況欲光宅天下，追功上皇，專任刑殺以爲威斷，可謂策之失者也。

臣伏覩陛下聖德聰明，遊心太古，將制静宇宙，保乂黎民，發號施令，出於誠慊。天下蒼生，莫不懸望聖風，冀見神化，道德爲政，將待於陛下矣。臣聞之，聖人出，必有驅除，蓋天人之符，應休命也。日者東南微孽，敢謀亂常。陛下順天行誅，罪惡咸伏，豈非天意欲彰陛下威武之功哉！而執事者不察天心，以爲人意，惡其首亂唱禍，法合誅屠，將息姦源，窮其黨與。遂使陛下大開詔獄，重設嚴刑，冀以懲姦，覩于天下。逆黨親屬及其交遊，有涉嫌疑，辭相連及，莫不窮捕考校，枝葉蟠挐，大或流血，小禦魑魅。至有姦人熒惑，乘險相誣，糾告疑似，冀圖爵賞，叫于闕下者，日有數矣。于時朝廷徨徨，莫能自固，海内傾聽，以相驚恐。賴陛下仁慈，憫其危懼，賜以恩詔，許其大功已上，一切勿論，人時獲泰，謂生再造。愚臣竊以忻然，賀陛下聖明，得天之機也。不謂議者異見，又執前圖，比者刑獄，紛紛復起。陛下深思天意，以順休期，尚以督察爲理，威刑爲務，使前者之詔，不信於人，愚臣昧焉，竊恐非五帝、三王伐罪弔人之意也。

臣竊觀當今天下百姓，思安久矣。曩屬北胡侵塞，西戎寇邊，兵革相屠，向歷十載。關、河自北，轉輸幽、燕；秦、蜀之西，馳騖湟、海。當時天下疲極矣！重以大兵之後，屬遭凶年，流離飢餓，死喪略半。幸賴陛下以至聖之德，撫寧兆人，邊境獲安，中國無事，陰陽大順，年穀累登，天下父子，始得相養矣。揚州構禍，殆有五旬，而海中晏然，纖塵不動，豈非天下蒸庶厭凶亂哉？臣以此卜之，百姓思安久矣。今陛下不務玄默，以救疲民，而又任威刑以失其望，欲以察察爲政，肅理寰區。愚臣暗昧，竊有大惑。且臣聞刑者，政之末節也。先王以禁暴釐亂，不得已而用之。今天下幸安，萬物思泰，陛下乃以末節之法，察理平人，愚臣以爲非適變隨時之義也。頃年以來，伏見諸方告密，囚累百千輩。大抵所告，皆以揚州爲名，及其窮竟，百無一實。陛下仁恕，又屈法容之，傍訐他事，亦爲推劾。遂使姦臣之黨，快意相讎，睚眦之嫌，即稱有密，一人被告，百人滿獄，使者推捕，冠蓋如市。或謂陛下愛一人而害百人，天下喁喁，莫知寧所。

臣聞自非聖人，不有外患，必有内憂，物理自然也。臣不敢以古遠言之，請指隋而説。臣聞長老云：隋之末世，天下猶平。煬帝不恭，窮毒威武，厭居皇極，自總元戎，以百萬之師，觀兵遼海，天下始騷然矣。遂使楊玄感挾不臣之勢，有大盗之心，欲因人謀，以竊皇業。乃稱兵中夏，將據洛陽，哮虓之勢，傾宇宙矣。然亂未逾月，而頭足異處。何者？天下之弊，未有土崩，蒸人之心，猶望樂業。煬帝不悟，暗忽人機，自以爲元惡既誅，天下無巨猾也，皇極之任，可以刑罰理之。遂使兵部尚書樊子蓋專行屠戮，大窮黨與，海内豪士，無不罹殃。遂至殺人如麻，流血成澤，天下靡然思爲亂矣。於是蕭銑、朱粲起於荆南，李密、竇建德亂於河北。四海雲搖，遂並起而亡隋族矣。豈不哀哉！長老至今談之，委曲如是。

觀三代夏、殷興亡，已下至秦、漢、魏、晉理亂，莫不皆以毒刑而致敗壞也。夫大獄一起，不能無濫。何者？刀筆之吏，寡識大方，斷獄能者，名在急刻，文深網密，則共稱至公，爰及人主，亦謂其奉法。於是利在殺人，害在平恕，故獄吏相誡，以殺爲詞。非憎於人也，而利在己。故上以希人主之旨，以圖榮身之利。徇利既多，則不能無濫，濫及良善，則淫刑逞矣。夫人情莫不自愛其身，陛下以此察之，豈非無濫矣！冤人吁嗟，感傷和氣；和氣悖亂，羣生癘疫；水旱隨之，則有凶年。人既失業，則禍亂之心怵然而生矣。頃來亢陽愆候，雲而不雨，農夫釋耒，瞻望嗷嗷，豈不由陛下之有聖德而不降澤於人也？儻旱遂過春，廢於時種，今年稼穡，必有損矣。陛下可不敬承天意，以澤恤人？臣聞古者明王重慎刑罰，蓋懼此也。《書》不云乎，與其殺不辜，寧失不經。陛下奈何以堂堂之聖，猶務强國之威。愚臣竊爲陛下不取。

且愚人安則樂生，危則思變。故事有招禍，法有起姦。倘大獄未休，支黨日廣，天下疑惑，相恐無辜，人情之變，不可不察。昔漢武帝時巫蠱獄起，江充行詐，作亂京師，至使太子奔走，兵交宫闕，無辜被害者以萬千數。當時劉宗幾覆滅矣，賴武帝得壺關三老上書，幡然感悟，夷江充三

族，餘獄不論，天下少以安耳。臣讀書至此，未嘗不爲戾太子流涕也。古人云：前事不忘，後事之師。伏願陛下念之。今臣不避湯鑊之罪，以螻蟻之命，輕觸宸嚴。臣非不惡死而貪生也，誠以負陛下恩遇，以微命蔽塞聰明，亦非敢欲陛下頓息嚴刑，望在恤刑耳。乞與三事大夫，圖其可否。夫往者不可諫，來者猶可追，無以臣微而忽其奏，天下幸甚。

疏奏不省。

時司刑少卿徐有功常駁酷吏所奏，每日與之廷爭得失，以雪冤濫，因此全濟者亦不可勝數，語在《有功傳》。及俊臣、弘義等伏誅，刑獄稍息。前後宰相王及善、姚元崇、朱敬則等，皆言垂拱已來身死破家者，皆是枉濫。則天頗亦覺悟，於是監察御史魏靖上言曰：

臣聞國之綱紀，在乎生殺。其周興、來俊臣、丘神勣、萬國俊、王弘義、侯思止、郭弘霸、李敬仁、彭先覺、王德壽、張知默者，即堯年四凶矣。恣騁愚暴，縱虐含毒，讎嫉在位，安忍朝臣，罪逐情加，刑隨意改。當其時也，囚囹如市，朝廷以目。既而素虚不昧，冤魂有託，行惡其報，禍淫可懲，具嚴天刑，以懲亂首。竊見來俊臣身處極法者，以其羅織良善，屠陷忠賢，籍没以勸將來，顯戮以謝天下。臣又聞之道路，上至聖主，傍洎貴臣，明明知有羅織之事矣。俊臣既死，推者獲功，胡元禮超遷，裴談顯授，中外稱慶，朝廷載安。破其黨者，既能賞不逾時；被其陷者，豈可淹之累歲。且稱反徒，須得反狀。惟據片辭，即請行刑，拷楚妄加，款答何限。故徐有功以寬平而見忌，斛瑟羅以妓女而受拘，中外具知，枉直斯在，借以爲喻，其餘可詳。臣又聞之，郭弘霸自刺而唱快，萬國俊被遮而遽亡。霍獻可臨終，膝拳於項；李敬仁將死，舌至於臍。皆衆鬼滿庭，羣妖横道，惟徵集應，若響隨聲。備在人謠，不爲虚説，伯有晝見，殆無以過。此亦羅織之一據也。臣以至愚，不識大體，儻使平反者數人，衆共詳覆來俊臣等所推大獄，庶鄧艾獲申於今日，孝婦不濫於昔時，恩涣一流，天下幸甚。

疏奏，制令録來俊臣、丘神勣等所推鞫人身死籍没者，令三司重推勘，有冤濫者，並皆雪免。

（宋）王溥《唐會要》卷三九《議刑輕重》 神龍元年正月，趙冬曦上書：臣聞夫今之律者，昔乃有千餘條。近者隋之姦臣，將弄其法，故著律曰犯罪而律無正條者，應出罪則舉重以明輕，應入罪則舉輕而明重，立夫一條而廢其數百條。自是迄今，竟無刊革，遂使死生罔由乎法律，輕重必由乎愛憎。受罰者不知其然，舉事者莫知其犯，臣恐賈誼見之，必爲之慟哭矣。夫立法者，貴乎下人盡知，則天下不敢犯耳，何必飾其文義，簡其科條哉？夫科條省則下人難知，文義深則法吏得便。下人難知則暗陷機穽矣，安得無犯法之人哉？法吏得便則比附而用之矣，安得無弄法之臣哉？臣請律令格式，復更刊定其科條，言罪直書其事，無假文飾。其以准加減比附量情及舉輕以明重不應得爲而爲之類，皆勿用之，使愚夫愚婦聞之必悟，則相率而遠之矣，亦安肯知而故犯哉？苟有犯，雖貴必坐，則宇宙之内，肅肅然咸服矣。故曰：法明則人信，法一則王尊。《書》曰：刑期于無刑，誠哉是言。

（唐）元稹《元氏長慶集》卷三六《中書省議舉縣令狀》 吏部重奏舉薦縣令節文。右，吏部以停年課資之格，取宰邑字人之官，公幹强白者拘以考淺，疾廢耄聵者得在選中，倒置是非，無甚於此。朝廷將欲漸去其弊，所以特設舉薦之科。明詔既行，起請尋下，有司再議釐革，何以取信於人！據吏部云：增加新戶，開墾荒田，已是考課舊條。獄絶繫囚，冤人申雪，亦是政途常事。舉察吏不法，恐生告訐之風。有利益公家，又未指陳其目。選授者例無異績，尚得四考守常，舉薦者縱未殊尤，豈可二年便罷。今請但行連坐舉主之文，不必更依吏部分外條件。又云：見任官及處士散試官，並請停集。且起家散試，固有才能；見任他官何妨撫字。若皆限其資歷，即與常選何殊？今請除見任縣令，其餘並令赴集。又云：檢勘牓樣，剗放程式，及試書判，並請准平選人例處分。若此，則案牘之吏得肆姦欺，書判雖工，何關政術？有同減選赴集，豈是特舉與官！今請應舉薦人，量納文狀，便令注擬，亦不在剗放及試書判之限。又云：並請注破碎之縣，責其効實。本舉良能，冀蒙優奬，皆居破碎之處，恐同貶降之條。以前數件，並恐不可施行。伏請但依起請節文處分，仍請據今年縣令員闕，先盡舉薦人數。留闕有餘，然後許注擬平選人等，冀將允當。同前五舍人同署。

（宋）王欽若等《册府元龜》卷六一八《刑法部・平反》 夫議獄緩刑則五辭惟允，舉直錯枉則庶戮無冤。葢折獄之惟難，在蔽訟而多濫。況

一成難變，君子所以哀矜，兩造相違，良臣所以慎測，故有吏訊既備，亟辨其厚誣，具獄已封，特明其非罪，斥深文之弊，破偏聽之姦，脱桁棘於良民，正殿刀於元惠，宜乎獲仁人之譽，享高門之封者焉。

（宋）洪邁《容齋三筆》卷七《唐觀察使》　唐世於諸道置按察使，後改爲采訪處置使，治於所部之大郡。既又改爲觀察，其有戎旅之地，即置節度使。分天下爲四十餘道，大者十餘州，小者二三州，但令訪察善惡，舉其大綱。然兵甲財賦民俗之事，無所不領，謂之都府，權勢不勝其重，能生殺人，或專私其所領州，而虐視支郡。元結爲道州刺史，作《春陵行》，以爲諸使誅求符牒二百餘通，又作賊退示官吏一篇，以爲忍苦哀斂。陽城守道州，賦税不時，觀察使數誚責，又遣判官督賦，城自囚於獄。判官去，復遣官來按舉。韓愈《送許郢州序》云：爲刺史者常私於其民，不以實應乎府，爲觀察使者常急於其賦，不以情信乎州，財已竭而斂不休，人已窮而賦愈急。韓皐爲浙西觀察使，封杖決安吉令孫澥至死，一時所行大抵類此，然每道不過一使臨之耳。今之州郡控制按刺者，率五六人，而臺省不預，毀譽善否，隨其意好，又非唐日一觀察使比也。

（宋）蘇舜欽《蘇學士集》卷一一《五事景祐四年五日七日閤門下》　臣謹按前志曰：白事之吏，民之仇讎。又云：急吏緩民，則吏不可縱，政之大防也。臣竊見州縣之吏，多是狡惡之人。窺伺官寮，探刺旨意，清白者必多方以誤之。貪婪者則啗利以制之。然後析律舞文，鬻獄市令，上下其手，重輕厥刑，變詐奇衺，無所不作，苟或敗露，立便逃亡，稍候事平，復出行案。設有强明牧宰督察太嚴則締連諸曹，同日亡命，或獄訟未具，遂停鞫劾，賦税起納，無人催驅。近年已來，習成此弊，官長務從姑息，恐失大計，見其邪濫，不敢以法繩之。惟此輩凶人，唯利是嗜，每糾以嚴憲，尚不悛心，何況縱之，使亂正法，實政理之巨蠹，黎民之害焉。人雖切齒，無可柰何，蓋緣國家别無敕條，以加檢束。臣欲乞今後州縣曹司，有闕並於第二人户上選差，仍令每五人互相為保，或逃亡者立差官，籍其家，量取以充賞，募人收捉，或遇赦，首身亦乞流配别郡。如此，則不敢公然作過，以紊政經。

（宋）趙汝愚《宋名臣奏議》卷二三馬遵《上仁宗論内降指揮差臺官勘張懷恩等事第二狀》　臣近為朝廷差臺官置獄，一出内降指揮，國柄動摇，物議騰沸。臣以當職兩具奏封，尋以齋宿行事，未敢繼陳章削干黷旒之嚴。如聞内臣傳宣催促，繼有降文字付吴中復等，中外聞之，寖以喧駭，何則？朝廷賞罰，自當公行，《禮》曰：爵人於朝，與士共之。刑人於市，與衆棄之。皆謂公也。今仲昌等二小臣犯法，非急切幾事。若陛下聞之語言，見之文字，即宜付外施行。若謂已經中書，則宜移之密院，何煩内降文字，駭物情而損國體哉。緣内降之弊，害政之大者。皇祐明堂之後，嘗有特詔止絶。天下歌舞，流為頌聲。今陛下享壽昌之慶，行恭謝之儀，肆赦改元，新天下之耳目，豈可却行弊事，壞皇祐之成憲，取吏民之深議哉。若習以為常，行之不已，臣恐事日多，聖心日勞，非所以成簡易之法，取康寧之福也。然則威權可易，紀律可隳，自古亂階，由此途出。漢唐不遠，厥鑒甚明。不可不深思，不可不熟慮。伏望陛下博采公議，特出英斷，追改前敕，以李仲昌等文字付外施行。若謂已經中書，即乞改付樞密院。仲昌等苟有深犯，自存嚴科，如此則獄合乎大公，而一代之典，可用權綱，歸乎至正，而多門之弊不生，制治保安，實由此路。

（宋）趙汝愚《宋名臣奏議》卷九九傅堯俞《上仁宗乞發遣親事官吴清等照證公事》　臣近曾上言，乞發遣親事官吴清等赴開封府照驗。張文政公事至今未蒙施行。臣竊思之，深為不便，豈有報人殺人，不從對辨，獄詞未盡，寃抑可虞，固非陛下仁恤慎刑之素意也。臣伏料陛下非惜此數人，但欲知外事，恐沮塞之，今後不敢報耳。以臣所見，實為未得。若付之所司，辯其是否而賞罰之，則實事日聞於陛下，維慮言者多耳。儻但縱之，使言一切不問，則以睚結之者有罪不發，以事忤之者無過被報。雖刺告盈前，於陛下何益，適足以煩刑禁而摇善良之心。況今吴清等事與前後不同，本屬城南地分，乃報城東。公事事實，當賞吴清等，而罪城東探報之人；事虚，則吴清等豈得免責。苟罔辨是非，蕩無拘檢，臣恐此曹過蒙優假，因勢作威，誣陷平民，漸不可長。必有謂若沮此曹則陛下無由知外事者，以此誤陛下。幸深思臣言，則事理可見。伏望早賜指揮發遣，免致淹延刑禁，且長小人之權。臣不任懇激之至。

（明）楊士奇等《歷代名臣奏議》卷二一一《法令》　右正言傅堯俞論審刑院大理寺等處欺罔事，狀曰：臣伏以附下罔上，昔為重辟，刑故無小，古有通規，苟涉於兹，詎容緘默。臣近聞大理寺斷鄭州嚴奕公事，

誤用格條，已經裁決，輒自舉覺，再上殿敷奏。中外聞者，莫不驚駭。緣法寺一司編勅，法官錯誤不許陳首。頃歲張价、劉述等黜官是也。臣恐此條，後有衝改。伏乞追守以重刑典，且使猾吏不得緣而為奸。儻此法猶存，則大理寺可謂故為罔上矣。豈有本司定制，而不知者乎。始時之誤，或有可矜，乃敢公然自舉，援據謬例，上昧朝廷而謾陛下，此而可貸，孰不能容。自陛下新覽萬機，百司稍知畏懼，日月未久，輒肆欺誣。臣恐陛下威令自兹虧損。伏望窮究重行貶降，庶幾綱紀可以整齊。臣屬以子喪，在告不獲，即時論列。

堯俞再論審刑院等處欺罔事狀曰：臣近有狀奏彈審刑院大理寺官吏不合舉覺，誤斷嚴奕公事，援據非例，再上殿敷奏。臣始疑一司編勅，後有衝改，蓋竊料陛下新總大政，勵精為治，臣下豈敢遽為奸罔。今訪聞審刑院大理寺詳斷諸色公案，其所斷法狀並須兩司詳定，同具進入。如經奏斷後結狀却有錯失，其兩司官吏，不在舉覺之限，此條見今行用，況張价、劉述等降黜未久，耳目相接，衆人共悉。法官安得不知，乃敢公相表裏，共為欺謾，方今之事，無大於此者。昔裴度以五坊使追捕平人為大，而謂東方用兵為小，誠深識治體者也。況法吏匿法，以舞文罔天子乎。不獨如是，又欲遂廢成法，以自便其高下之手，苟幸無敗，其漸將無所不為，啓導奸源虧損威柄，自此始也。臣謂肅正紀綱，可以破猾吏之膽，在此一舉。陛下儻從寬假姑，務含容異，時雖重為刑戮，人且不懼。況斷官孟開，乃盧士宗親戚。固足以察其用心，惟陛下留神，早賜施行。

（宋）陳襄《州縣提綱》卷一《面審所供》　吏輩責供，多不足憑。蓋彼受賂，所責多不依所吐，往往必欲扶同牽合，變亂曲直。山谷愚民目不識字，吏示讀不實，若憑所供輒斷，而不面詰之，則貧弱之民，無辜而受罪矣。凡吏呈所供，必面審其實。如言與供同，始判入案。或言與供異，須勒再責。若供不當廳而令其下司，則豪强之人，教唆之徒，公然據司案而坐，指揮吒咤，變情節，善良之人，有寃無告矣。

（宋）陳襄《州縣提綱》卷一《察監繫人》　二競干證俱至，卽須剖決。干證未備，未免留人。承監人乞覓不如意，輒將對詞人鎖之空室，故爲饑餓，不容人保。人或受競主之賕，以無保走竄妄申，官司不明，輒將其人寄獄者多矣。凡承監須令卽召保，不測檢察。如不容保，故爲鎖繫，必懲治之。仍詐親屬無時陳告，或果貧而無保，須度事之輕重，或押下所屬，追未至人。

（宋）陳襄《州縣提綱》卷一《防私覿之欺》　凡醫術遊謁之士，固不能絶其謁見，然謁見之數，不能亡嫌。間有私覿者，必接於公廳，蓋十目所視，可防其妄以關節欺人。頃年嘗覩一術士，受賂於袖，詐言以與官人傍。則令所賂之人遠觀，彼見其接之私室，與之私語，以爲誠然。迨至興訟，無以自明矣。

（明）楊士奇等《歷代名臣奏議》卷二一一《法令》　彭汝礪上奏曰：刑罰之設，或輕或重，必也，惟其當而已。舜命臯陶之言曰：與其殺不辜，寧失不經。然則先王之意，非不欲輕也。臣以職事斷獄，至於强盜而疑之。夫白晝蒙金革，叫呼跳梁，係累其老稚，而奪其財者，為强盜矣。以饑餒故，計為狗竊，遇主人而或傷之者，亦為强盜。陰謀首惡，唱其徒而先之，以相賊害者，其罪死宜矣。蠢愚柔懦，迫脅而從之，或致有傷，則其罪亦死。以情論之，則如不同；以法論之，則比等。臣切以為過矣。蓋先王之用刑，皆不得已也。而至於殺人，則尤重也。可以刑可以無刑，聖人曰：無刑。可以殺可以無殺，君子曰：無殺。凡此，皆忠厚之至也。臣欲乞應先强後盜。先盜後强，而傷變主者，論如今律。持刃先盜後强，不持刃先强後盜傷變主者，其首死，其從者流。其有不持刃先强後盜，傷變主者流，其從者徒。情理切害者，特許奏。

（明）楊士奇等《歷代名臣奏議》卷二一一《法令》　汝礪又論刑名不當取決執政。狀曰：臣聞刑部大理寺近年用法多不守一，而其刑名取決於執政，所欲深則以重論，所欲貸則以輕論。然則輕重在有司不在法也。臣切謂法者，天下之平也。而大理者，法之所寓也。大理知守法而已，人君有不能奪也。故于定國斷獄，人自以為不寃。張釋之論法，天下無寃民。今以取決於執政，則大理審刑幾無用矣。以有司斟酌，以有司定計，如此，則有司之守得，上下之體定，而中書總其成焉。輕重之失，得察而罪之。使出於中書則審刑大理無所矜慮，而人亦無敢言者矣。而有司之守亡，上下之體改。吏將從而為奸，大臣將緣而害正，民將困而失所矣。臣欲乞如事理顯白，敢以疑慮為名，切欲廵廳商量，仰中書、樞密院、御史臺覺察以聞。

汝礪又乞懸法示人。狀曰：臣爲廬州職官，以職事治獄，而怪鄉閭平民，非有饑寒之迫，仇讎之報，而徇情冒法，自陷於重獄。訊之，蓋亦不知法之至於此極也。臣惻然傷之，以謂聖人之於民，所以愛養之厚，有養有教有戒，其或至於用刑者，皆不得已也。豈欲陷民於不可見耶。蓋周官之法，凡治象之法，教象之法，刑象之法，皆以正月陳於象魏，或以木鐸徇之，以警於衆；或以時月讀之，以教於衆，而於刑禁尤悉也。小宰憲宮刑，士師憲禁令，訝士諭罪刑，讀誓禁布憲，憲邦刑以達於四海，此民之所以無憾而刑可以至於不用也。後世法令，一藏於有司，而民未嘗知之，及陷於罪，然後從而刑之，蓋亦幾於罔民矣。臣欲乞凡國之政教，刑禁之要，各以時憲，於州縣鄉保使有司讀諭而教之，曰其言如是，則其法如是，其罪如是，則其刑如是。使天下之民，知天子所以教愛之。如此而得有所避也。刑可得而省矣。

（明）丘濬《大學衍義補》卷一〇八《慎刑憲·謹詳讞之議》 哲宗元符中，刑部言，祖宗以來，重失入之罪，所以恤刑。紹聖之法，以失出三人，比失入一人，則是一歲之中，偶失出罪死三人，即抵重譴。夫失出，臣子之小過，好生聖人之大德，請罷理官失出之責，使有司讞議之間，務令忠恕，從之。

臣按，宋朝重深入之罪，而失出者不罪焉，此《書》與其殺不辜，寧失不經之意也。後世失入者坐以公罪，而失出者往往問以爲贓，是以爲刑官者，寧失入而不敢失出，蓋一犯贓罪，則終身除名，犯公罪者，可以湔除而無後患，故也。

高宗紹興二十六年，詔申嚴州郡妄奏出入人死罪之禁，右正言淩哲，上疏言，漢高祖入關，約法三章，殺人者實居首焉。司馬光有言，殺人者不死，雖堯舜不能政治。竊見諸路州軍，勘到大辟，雖刑法相當者類以爲可憫奏裁無他，居官者無失入坐累之虞，爲吏者有放意鬻獄之事。貸死愈衆，殺人愈多，非辟以止辟之道也。欲望特降睿旨，應今後州軍大辟，若情犯委實疑慮，方得具奏，若將別無疑慮，情非可憫，奏案輒引例減貸以破正條，並許臺官彈劾，嚴寘憲典。上覽奏曰，但恐諸路滅裂，實有疑慮情理可憫之人一例不奏，有失欽恤之意。

臣按，洪邁有言，州郡疑獄許奏讞，蓋朝廷之仁恩，然不問所犯重輕，及情理蠹害，一切縱之則爲壞法，雖然，人心所見不同，而其所議擬之獄未必皆當。或似是而非，或似非而是，苟非取裁於上，焉能決斷。必欲立爲一定之法，不許輕易奏讞，則所失入者多矣。高宗曰，但恐諸路實有疑慮，情理可憫之人，一例不奏，有失欽恤之意。仁者之言哉。

（宋）張綱《華陽集》卷一四《論獄囚瘐死劄子》 臣聞詰姦禁暴莫重於獄，敗法亂政莫甚於治獄之吏，恭惟陛下自卽位以來，每發德音、下明詔未嘗不以欽恤刑獄爲先，然近歲吏奸成市，未能遽革，或緣貨鬻，或挾怨讎，或望風旨，或私逞威勢，捶楚之下，欲致之死地，往往先以病聞，及其已死，縣匿之不以申州，州匿之不以申監司，上下相蒙，難以稽察。按紹興斷獄勑，諸囚在禁病死，歲終通計所禁人數，死及一分，則官吏以次斷罪，罪止杖一百，此固法之善也。然繫囚日死，官吏斷罪之文，初未嘗舉行，夫欲懲其苛慘，而罪止於杖，責之既輕，復爲虛文。宜其吏之不知畏也。昔漢宣帝詔郡國歲奏繫囚，以掠笞若瘐死，即坐名縣爵里，丞相御史課殿最以聞，臣愚欲自今以後，令州縣月具繫囚存亡之數，長吏結罪，保明申提刑司，歲終舉行斷罪之法，仍每路比較一州一縣死囚最多之數，具當職官吏姓名，取旨黜責，其最少處亦乞量行褒賞，如宣帝故事。庶慘酷稍懲，人無横害，以廣陛下好生之德。取進止。

（宋）蘇轍《欒城集》卷四五《論衙前及諸役人不便劄子》 臣近奏乞脩完弊政，以塞異同之議。其一謂諸州衙前。臣請先諭今昔差、雇衙前利害之實。蓋定差鄉戶，人有家業，欺詐逃亡之弊比之雇募浮浪其勢必少。此則差衙前之利也。然而每差鄉戶，必有避免糾決，比至差定，州縣曹例乞取不貲，及被差使，先入重難。若使雇募慣熟之人費用一分，則鄉差生疎之人非二三分不了，由此破蕩家產。嘉祐以前，衙前之苦，民極畏之。此則差衙前之害也。若雇募情願，自非慣熟，必不肯投。州縣吏人知其熟事，乞取自少。及至勾當，動知空便，費亦有常，雖經重難，自無破產之患。此則雇衙前之利也。然浮浪之人，家產單薄，侵盜之弊必甚於鄉差。熙寧以來，多患於此。此則雇衙前之弊也。然則差衙前之弊害在私家；而雇衙前之弊害在官府。若差法必行，則私家之害無法可救；若雇法必用，則官府之弊有法可止。何者？嘉祐以前，長名衙前除差三大户外，許免其餘色役。今若許雇募衙前，依昔日長名免役之法，則上等人户

誰不願投？諸州衙前例得實户，則所謂官府之害坐而自除。臣竊謂雖三代聖人，其法不能無弊，是以易貢為助，易助為徹，要以因時施宜，無害於民而已。今差法行於祖宗，雇法行於先帝，取其便於民者而用之，此三代變法之比也。謹具條例如後：　元祐三年五月二十八日勑：　諸路衙前規繩，令逐州當職官員體究利害，委是難以招募處，即以舊支雇食錢參酌量添入合銷重難分數，勾集衙衆參定優重之實，申轉運司審察施行訖，保明申户部點檢。元祐三年六月三日勑：　應投明衙前，並依舊與免本户色役。元祐三年六月三日勑：　諸處鄉户衙前役滿未有人抵替者，並且依見行招募法支雇食支酬錢。如願招募者，聽仍依條與免本户身役。不願招募者，速招人抵替。十月一日勑，除去役滿二字。元祐三年閏十二月十九日勑：　諸路監司勘會衙前，有招募未足去處，躬親與當職官員同共體究利害，如委有妨害事節及優重未均，或合以舊支雇食錢添入重難分數，並依五月二十八日勑命指揮，勾集衙衆參定，一面施行訖。修入衙規，仍分明曉諭，限半年招募人投名替放鄉差人户了當。如限滿尚有不足去處，即具的實事由，申户部看詳施行。元祐四年八月十八日勑：　諸州衙前投明不足去處，見役年滿鄉差衙前並行替放，且依舊條差役，更不支錢。如願投充長名及向去招募到人，其雇食支酬錢即全行支給，却罷差充。其投募長名之人，並與免本户役錢二十貫文，如所納數少，不係出納役錢之人，即許計會六色合納役錢之人，依數免放。

《宋史》卷三五一《朱諤傳》　〔朱諤〕又言：　陛下手詔屢下，惻怛願治。然吏奉行者多安於苟簡，或懷二三，梠置不行，使德音善教，無由下達。願分命使者刺舉諸道，有受令而不行及行令而不盡者，論如古留令、虧令之罪，則令出而朝廷尊矣。元祐紛更，凡得罪于熙寧、元豐者，不問是否，輒陳冤訴，自歸無過之地，彰先朝之失刑，希合姦臣，規求進用。門下侍郎許將頃下御史獄，抗章云：　絲毫自知其無事，父子相係而為囚，追屬吏十有六人，繫病者百有三日，終無可坐之罪，遂加不實之刑。夫以追屬吏如是之多，繫病者如是之久，卒之於無可坐，則先帝所用之刑為何哉？將於哲廟表，泛為平詞；至宣仁太后之前，則銜冤負痛。其辭如此，於陛下紹述成功，得無少損乎。

（宋）洪邁《容齋隨筆》卷一六《吏文可笑》　吏文行移，只用定本，故有絶可笑者。如文官批書印紙，雖宫觀嶽廟亦必云不曾請假；或已登科級，見官臺省清要，必云不曾應舉，若試刑法。予在西掖時，漢州申顯惠侯神，頃係宣撫司便宜加封昭應公，乞換給制書。禮寺看詳，謂不依元降指揮於一年限内自陳，欲符下漢州，告示本神知委。予白丞相别令勘當，乃得改命。淳熙六年，予以大禮恩澤改奏一歲兒，吏部下饒州，必欲保官狀内聲説被奏人曾與不曾犯決笞，有無翦刺，及曾與不曾先經補官因罪犯停廢，别行改奏；又令供與予係是何服屬。父之於子而問何服屬，一歲嬰兒而問曾與不曾入仕坐罪，豈不大可笑哉！

（宋）劉安世《盡言集》卷二《論開封官吏妄奏獄空冒賞事》　右臣伏見御史臺舉劾開封官吏，將大辟罪人寄廂，妄奏獄空，致朝廷誤推賞典，如聞已降指揮，錢勰止令贖銅，出知越州，林邵范子諒，並與小郡其餘官吏，特免改正。雖門下省，甞具封還，續准朝旨，惟展磨勘，此乃陛下至仁至厚，不欲窮治，而勰等所犯，情實欺君，考之公論，皆謂責之太薄，而名且不正，事關國體，須至論列。臣聞人主所以鼓動天下，制馭臣民之柄，莫大於賞罰，使賞必及於有功，罰必加於有罪，則四海之内竦然向風，而無不心服者矣。惟其無功者虚受，有罪者幸免，遂容僭濫，而其弊將至於無所勸懲。然則爲天下者，安可不以至公而慎用之乎！今開封官吏，以大辟之囚，權令寄廂，敢肆誕謾，謂無一人之獄，朝廷信用其奏，亟推厚賞，進官錫服，幾二十人，下至胥史，亦霑恩賜，播傳天下，書之史册，何可掩也。繼而臺臣抗章，彈其繆妄，陛下付之執政，按見實迹，縱不欲論以全罪，猶當奪其誤賞之官，少爲天下誣罔之戒，而乃一切仍舊。復得名藩，使勰善者，不過如此。今實有罪，何以示懲。陛下若明正刑典，則虚僞之迹，固在勰等，苟謂已行之命，憚於追改，則好名之謗，遂歸朝廷，傳之後世，實累聖德。伏望陛下，特狥公議，追勰誤賞之官，黜之小郡，其餘官吏，亦令改正，使天下之公朝知名器，不可幸以得，非惟塞小人奔競之路，亦助成陛下無私之政。所以詳論之者，蓋欲救正國家之大體，非特區區爲一錢勰而發也。伏惟留神省察，早降指揮。

（宋）劉安世《盡言集》卷二《奏乞發遣趙令耦對獄事》　右臣近聞皇城使令耦，任杭州都監日，姦贓狼籍，深爲民害。比緣臣僚上言，疏其醜惡，既而朝旨下本路，體量悉得其實，遂起制獄推劾，本處差人計會開

封府，攝令耦叅對，尋委職員，託以他事，召至府門，而令耦探知是杭州令來追攝。倉皇鞭馬，奔還居第，閉關不出，人莫得見。繼令其母進狀，稱疾不能就道，臣聞令耦以宗室子，出補外官，而恃勢貪暴，恣爲不法。今杭州見勾千照人已不少，待令耦至，方能勘結，豈容託病，端坐於家。伏望聖慈，詳此事理，速降指揮，下開封府，差人押送前去，非惟暑伏之中，不至留獄，又正其罪，以謝遠民，使天下之人，知陛下之無所私，而清朝之不可紿，實爲幸甚。

（宋）劉安世《盡言集》卷一〇《論都司官吏違法擬賞事》 臣伏見尚書省吏額房，看詳畢，中書後省所條，六曹寺監吏人額祿文字，都事時忱，於司勳所定酬賞之外，別擬特旨，違法推恩，其事已具臺章。臣不復論，竊聞近降旨揮，改從司勳元議，而舞文之吏，尚仍舊職，事繫綱紀，須至論列，檢准元祐元年十月十三日勑節文，應三省人吏，除歲終比較，屬本省外，其勞績合推恩依條，送吏部勘當。上尚書省，次第施行，今來司勳既已勘當，各已指定酬賞，而都司輒敢廢格，旋擬特旨，所得恩例，四人獨優，僥倖無憚，莫甚於此，且天下之事，既有定法，循常進熟，即可奉行。惟是重輕可否之間，規矩繩墨之外，非常之斷，必歸人主。是以進呈之日，面取聖旨，大臣於此，猶不得專，豈有胥徒，乃可擅命，冒昧公議，欺罔執政，違法亂紀，漸不可長，伏望聖慈，詳察事理，據今謬賞之人，除果無大過，自來不爲人所指目者，並依司勳勘當推恩，且令依舊外，其時忱蘇安靜任永壽時惲四人，姦惡如此，不可復留。欲乞並與合得官，悉令外補，庶幾稍破黨與，不至亂政。取進止。

（宋）劉安世《盡言集》卷一〇《論都司官吏違法擬賞事第二》 臣近具劄子，論列尚書省都事，時忱等四人，舞文亂法，過冒厚賞，乞行罷斥，以破黨與，竊聞時忱及任永壽，已令外補外，時惲蘇安靜，尚留公府，物議未安，須煩天聽。臣竊謂有司遷進敷吏，恩澤厚薄，固未足論。然尚書省乃政本之地，法度之所自出，若容姦慝，廢格條詔，將何以訓迪在位，表率四方。臣詢採衆言，考驗實狀，惟此四人者，招權用事，蠹弊非一。今去留相半，無以示懲，而又同罪異罰，有害政體。伏望聖慈，深賜省察，檢會臣前奏事理，特降旨揮，並蘇安靜時惲悉令斥逐，庶懲巨猾，以厲其餘，稍存紀綱，不累聖政。取進止。

（宋）劉安世《盡言集》卷一一《論都司官吏違法擬賞事第七》 臣近已累次奏論，都司違法擬賞，乞正其罪。至今未蒙指揮。臣所以上犯聖顏，下忤執政，數進狂瞽，期於必行者，非特區區於二三郎吏，而所可深惜者，陛下之良法也。去歲臣以職事進對，親奉德音，以謂臣僚才得富貴，便須改節，伏蒙訓飭，使臣常如今日，自後薦承恩擢，遂長諫垣，誓堅一心，上副聖意。今都司官吏廢法而不守，挾私而罔上，恃賴執政，不畏彈劾，公肆大言，必保無患。臣若愛身固位，置而不論，豈惟辜陛下拔擢之恩，亦甚非愚臣平昔之志。遂於前月十九日，具都司違法之實，並姦人遂非之論，畫一條奏，析以義理。跼蹐俟命。今已半月，豈陛下以謂既逐群胥，不必窮治，故寢臣疏，不付外廷乎！臣雖至愚，豈敢勸陛下爲已甚之事，蓋任永壽等，雖乞酬奬，乃小人僥倖之常態，未之深責，爲都司者，苟有一人，能執元祐詔書，則必不至濫推恩賞。惟其交結群小，輕侮朝綱，蔑棄典刑，憑恃城社，則是罪在有司，不可不治。臣前奏所謂姦吏妄訴則法在，都司失職則法亡者，正爲此耳。若不稍加懲戒，深恐小人之氣，日益增長，臺諫之風，遂將陵夷。臣亦何顔，敢處言路，況臣所乞，止於贖金，既非深文，惟欲少正國體，伏望陛下，察臣至懇，以前月十九日所進劄子，批降旨揮施行。

（宋）劉安世《盡言集》卷一一《論都司官吏違法擬賞事第八》 臣近已累具論列，都司等違法擬賞，乞正其罪，至今未奉旨揮。臣竊惟三省之吏，久習姑息，朋黨交結，牢不可破。元祐之初，司馬光秉政，素疾其事，亦會言者，嘗有論奏，遂具建明，乞加懲革，尋奉詔旨，專委給舍左右司，同共詳定，疏爲新令。十有七條，裁抑僥倖，時稱良法，後人雖不能潤澤之，猶當恊力固守，以存至公之道。今敕文具在，並無衝改，而都司陰附群小，輒敢廢格，倡爲邪說，文過飾非。臣於前月十九日，畫一劄子中，盡破其妄，且公府設屬，本以糾正省事，若朋姦罔上，蔑棄典刑，既不加罪，又俾在職，異日群有司犯法亂紀，不識何以詰之？伏望聖慈，特降睿旨，檢會臣前後章疏，早賜施行，取進止。貼黄：臣聞中書舍人顔復道，右司晁端彦之語曰：裏面主張甚緊，必然無事。臣竊謂陛下常以至公爲心，決無曲主小人之理，不識端彦，安得此言。蓋有大臣漏泄德音，故使此輩恃賴，愈增氣焰，伏望陛下，察其姦狀，出臣畫一之章，庶

使群邪自知其罪，不敢造播邪説，以惑衆聽。

（宋）汪藻《浮溪集》卷二《奏論邢焕孟忠厚除授不當狀》　臣聞人主之政，公與私不並行，恩與法不兩立，以公滅私，以法奪恩者治，以私害公，以恩撓法者亂。此古今不易之道也。陛下以邢焕爲中宫之父，易文資從武中外之人，莫不以爲當，而稱贊聖德不已者，以其出於公法也。至以孟忠厚爲係隆祐太后之親，令依舊文資，中外之人哄然不息，致臣僚交章論奏，雖煩聖訓，諄諄誨諭，終莫能弭者，以其出於私恩也。昔漢明帝馬后爲章帝之母，帝欲封其家，太后屢辭不許，帝重請曰，漢興舅氏之封侯，猶皇子之爲王者，太后誠存謙虚，奈何。令臣獨不加恩三舅乎，其言可謂切至，而后終不從，至數年僅許封關内侯而已，彼外戚封侯漢法也。而明德拳拳如此，豈不以婦人内夫家外父母家，宗族太寵非己之福耶。故自古欲觀母后之賢否者，無他，在於能遠外家之寵與不能耳。隆祐太后盛德著聞天下三十年於兹矣，今一旦以忠厚之故，使陛下屈公法而隆私恩，臣恐海内之人非特得以議，陛下而於隆祐亦不能無疑，非所以成隆祐遠嫌之德，而全陛下孝養之誠也。此事所係非輕，臣不敢緘默，伏乞睿慈檢會以前，臣僚章疏詳加省覽，早賜施行，所有邢焕孟忠厚書牘行下指揮，臣未敢施行。

（宋）真德秀《西山文集》卷四〇《譚州諭同官咨目》　何謂十害？曰斷獄不公，獄者，民之大命，豈可少有私曲。聽訟不審，訟有實有虚，聽之不審，則實者反虚，虚者反實矣，其可苟哉！淹延囚繫，一夫在囚，舉室廢業，囹圄之苦，度日如歲，其可淹久乎！慘酷用刑，刑者，不獲已而用，人之體膚，即己之體膚也，何忍以慘酷加之乎！今爲吏者，好以喜怒用刑，甚者或以關節用刑，殊不思刑者，國之典，以代天糾罪，豈官吏逞忿行私者乎！不可不戒。汎濫追呼，一夫被追，舉室皇擾，有持引之需，有出官之費，貧者不免舉債，甚者至於破家，其可汎濫乎！招引告訐，告訐乃敗俗亂化之原，有犯者自當痛治，何可勾引，今官司有受人實封狀與出榜召人告自陰私罪犯，皆係非法，不可爲也。

（宋）真德秀《政經·清獄犴》　獄者，生民大命，苟非當坐刑名者，自不應收繫。爲知縣者每每必須躬親，庶免冤濫。訪聞諸縣間有輕寘人囹圄，而付推鞫於吏手者，往往寫成草子，令其依様供寫，及勒令立批出外索錢，稍不聽從，輙加箠楚，哀號慘毒，呼天莫聞。或囚糧減削，衣被單少，饑凍至於交迫。或枷具過重，不與湯刷，頸項爲之潰爛。或屋瓦疎漏不修，有風雨之侵。或牢床打併不時，有蟣虱之苦。或坑厠在近，無所蔽障，有臭穢之薰。或因病不早醫治，致其瘐死。或以輕罪與大辟同牢。若此者不可勝數。今請知縣以民命爲念，凡不當送獄公事，勿輕收禁，推問供責，一一親臨，飯食處時時檢察，嚴戢胥吏，毋令擅自拷掠，變亂情節。至于大辟，死生所關，豈無纖毫或至枉濫，明有國憲，幽有鬼神，切宜究心，勿或少忽。

（明）張四維《名公書判清明集》卷一《官吏門·禁戢·禁約吏卒毒虐平人》　照法官所定，牒州照斷。近閲諸郡獄案，有因追證取乞不滿而殺人者，有因押下争討支俵而殺人者，有討斷杖兜驅錢而殺人者，又有因追捕妄捉平人吊打致死者。嗚呼！斯民何辜，而罹此吏卒之毒。且尋常被追到官人，往往只是干證牽連，及係被訴究對本自有理人，非必皆有所犯。縱使有犯，亦或出於詿誤。縱非詿誤，亦止有本罪。見吏卒如見牛阿旁，或撼或踢，或叱或唾，神魂已飛，繼以百端苦楚，多方乞覓，如所謂到頭，押下，直攔，監保，出門入户兜驅，行杖，無所不有，最是門留鎖押及私監凍餓，動有性命之憂。爲官人者何嘗覺察，直待因此殺人。民之受害，偶未至死，而不能伸訴者何限，況又餓殺、凍殺及困苦疾疫而殺，官司又以無痕傷，而俾得漏網，苟有仁心者，寧不爲之痛心疾首。合遍牒諸州縣，各各禁約關防，痛革此弊，如或不悛，定將官吏一併從坐，毋但謂罪及走卒，而他不復問。各限一月，具已榜示，已禁約條件申。併榜司前，如有被苦者，許徑赴廳前高聲自陳。

（元）胡祗遹《紫山大全集》卷二一《雜著·政事》　古者明四目，達四聰，不偏聽，不妄信，不輕疑，使端慤之人采民謡，聽公論，國人曰賢而後用，國人曰罪而後誅。今則不然，無稽之言，弗詢之謀皆得而陳之。究其情則本非爲國除奸，一納其言則便欲居官而食禄，是以紛紛籍籍，或采之游戲，指以爲罪，甚無謂也。

（元）胡祗遹《紫山大全集》卷二一《雜著·官吏稽遲情弊》　稽遲害民，甚於違錯。若詞訟到官，立便決斷。案牘之間，雖欲文過飾非，錯失自見，小民銜冤，隨即别有赴訴。司縣違錯，州府辨明改正；州府違錯，按察司辨明改正。小民無淹滯枉屈之冤，官吏當違背錯失之罪。近年

奸貪官吏恐負罪責，事事不爲斷決，至於兩詞屈直顯然明白，故爲稽遲，輕則數月，甚則一年二年，以至本官任終，本司吏更換數人，而不決斷。元告、被論兩家公共賄賂，又不決斷，歲月既久，隨衙困苦，破家壞産，廢失農務歲計，不免商和。商和之心，本非得已，皆出於奸吏揹勒延遲之計。兩家賄賂，錢多者勝，以屈爲直，以直爲屈，不勝偏倍。條畫雖定大小中三事限次，終無明白罪責。擬合照依違限條畫，初犯職官罰俸一月，兩犯罰俸兩月，三犯的決罷職。吏人初犯的決，再犯決罷。因稽遲而揹勒商和者，尤不可准，罪責加稽遲一等。伏乞申臺呈省，如蒙俯允，乞賜遍示天下，將此情弊斷例，省諭府州司縣，大字真書於各衙廳壁，以示懲誡。

（元）胡祗遹《紫山大全集》卷二一《雜著·稽遲違錯之弊》　違錯之奸易見，稽遲之奸難明。格例雖立小事、中事、大事之限，府州司縣上至按察司皆不舉行。縱有依格欲舉行者，多不通吏事。奸吏倒提月日，補貼虚檢，行移調發，文飾捏合，彌縫完備，應對支吾，恣爲欺謾，苦虐軍民。小民所争，不過土田、房舍、婚姻、良賤、錢債而已，是數者皆非難問難斷可疑之大事。有争田一二畝而稽遲不斷，受賂枉法，巧文佞説，直至三月務革，十月務開，又復如前，動經一年二年不決。按察之於司縣，鈞卷求奸，不亦疎乎？所争之物不直數貫，隨衙經年累歲，一家起訟，連累數家，妨廢生理農功，破家壞産，冤抑百端。然則稽遲之禍民，豈爲細過？有司恬然不問，縱遇鞫問明白者，不過笞縣吏一二十下，不滿奸頑之一笑。雖立按察司，與無何異？又且動經二年，不行照刷，虎狼蛇虺，何所畏懼？朝廷仁愛，問民疾苦，使訴陳官吏奸弊，每人每月每年須上陳若干款項及斷訖情由，牒司申臺呈省。

（元）胡祗遹《紫山大全集》卷二一《雜著·司吏遷轉之弊》　人之所以爲惡，害人以利己者，或賦秉貪饕，或生理門户所逼。二者交攻，寒餒切身，而能晏然安貧，不務苟得，二千年中惟顔子能之。以顔子之行而責庸人，何不恕之甚也。今之縣吏，日俸二百，一身不能養活，況父母妻子奴婢乎？所賴者不離鄉井，特藉田園産業，以身在官門，減薄本户差發，庶能粗遣。今令二年一轉，挈家移徙他邑，賃房糴糧，創置一切什物器用、柴薪芻豆，沿路車脚搬載脚錢，一棄一置，所費不輕。諺語所謂無折匙，良以此也。窮迫如此，欲不取於人，其可得乎？又兼二年光景，三轉案則年限已滿，以致案牘紊亂亡失，前後承繼不能通知，不相接續，雖有明敏剛斷官長，非吏不行，中間情弊百端。且如争田競土一切詞訟公務，奸吏默計轉遷之限，二三務革，則稽遲之罪不在己，一切違錯不在己，接卷承行者日月淺近，罪歸前吏，則罪亦不在己矣。爲官長欲窮詰前吏，則已遷别縣；問目今承行司吏，則日月不該。遷轉吏人之弊以至於此，執政者尚以爲良法，何不思之甚也！不務選擇人才，專恃遷轉，庶不爲惡；不思本欲止惡，反爲助惡。使本人賢良，雖終身不遷，亦不害政害民；使本人貪污頑鈍無耻，一日九遷，所至爲惡。譬如松柏之剛直，藤蘿之委曲，賦性一定，雖移之萬里之外，豈能變易其性哉。舊例省掾部掾百二十月方許出職，盖爲主典案牘，不可不久於其事，數變易則不能周知。親民之吏周知一縣官政民情、前後文案，轉遷如此之速，實爲不便，反致奸黠因之爲惡，蠹政害民。以此論之，轉遷莫若擇人。擇人主於門第清白、産業富實、不貪污、慎行止之人，日月深久，定以出身。

（元）胡祗遹《紫山大全集》卷二三《雜著·民間疾苦狀》　官吏斷事無法可守，當議頒降條法，不致罪一而刑異，奸吏因緣，高下其手。

（元）胡祗遹《紫山大全集》卷二三《雜著·民間疾苦狀》　御史臺、按察司彈糾貪污，申明冤滯，實省部諸司之藥石也。省不知與己爲助，反視之如仇讎，百端沮抑。是以近年以來當是任者全身遠禍，閉口不言。爲書吏、書史者，委靡貪污，與州縣吏無異；甚者反與之文過飾非，隱比其罪惡，滋長其貪冒。自今以往，當激勵振作。碌碌無稱者退罷；少犯贓污，視州縣官吏加一等治罪，終身不復叙用。

（元）張養浩《牧民忠告》卷上《聽訟第三·移聽》　近年司憲受詞訟，往往檄州郡官代聽之，代聽者不可承望風旨，邀寵一時，使人茹枉受刑，而靡恤陰理。

（元）張養浩《牧民忠告》卷下《慎獄第六·詳讞》　在獄之囚，吏案雖成，猶當詳讞也。若酷吏鍛鍊而成者，雖讞之，囚不敢異辭焉。須盡辟吏卒，和顔易氣，開誠心以感之，或令忠厚獄卒款曲以其情問之。如得其冤，立爲辨白，不可徒拘閡吏文也。噫！姦吏舞文，何所不至哉！

（元）張養浩《牧民忠告》卷下《慎獄第六·視屍》　故事：承檢屍

之牒，則劃時而行，重人命也。其或行焉而後時，時焉而不親涖，親焉而不精詳，罪皆不輕也。其檢之之式又當徧者，筮仕者不可以不知。

（元）張養浩《牧民忠告》卷下《慎獄第六·囚糧》 天地之德曰好生，聖元體之，以有天下。諸在縲紲無家者，皆給之糧，惟縣獄不給也。意者縣非待報之官府，故令畧詰其然，而上之州。比見爲州者，往往爲吏之所欺，吹求不受，以致瘐死於縣獄。夫罪不至死，而以己私繆殺之，不仁甚矣。爲州若府者，尚深戒之。

（元）張養浩《牧民忠告》卷下《慎獄第六·非縱囚》 古人縱囚省親，如期還獄者甚多，要不可以爲法也。夫法者，天子之所有，而民或犯之，是犯天子之法也。而彼乃與期而縱之，是不幾於弄天子之法，以掠美市恩於下者乎。然出於朝廷，則可，出於一己之私，則不可。

（元）張養浩《牧民忠告》卷下《慎獄第六·自責》 教民不至，則犯禁者多；養民無術，則病饑者衆。爲守與牧，而使其至此，獨歸咎於民，難矣哉！

（元）張養浩《牧民忠告》卷下《閒居第十·致政》 古人以休官致政爲釋重負而脫羈囚，竊甞思之，誠有是理。方其仕也，嚴出入而慎起居，一嚬一笑亦不敢以輕假人。蓋一身而爲衆師表，少踰規矩，謗議四聞，譬之特行於高屋之上，自頂至踵，在下者無不見之也。一朝代至，完身而去，詎止如釋重負脫羈囚而已哉！甞見仕而休居者往往不喜，或命子姪，或託朋友，市奸搆訟，靡政不及，小有所違，則曰去官同見任，使新上者法格令弛，拒納難容而撓沮排觝，爲狀百端。細民無知，亦從而靡。設使己政之初，人以是薦擾，當若何推心體之，必自知其可惡矣。

（明）黄訓《名臣經濟録》卷四七汪鋐《刑部題奏雜論·題為反獄事》

福建道監察御史呈刑科抄出，巡按、福建監察御史施山鎮守福建地方，兼管市舶司事，内官監左少監師章，各奏前事。奉聖旨，都察院看了來說。欽此。欽遵通抄出到道，具呈到院。臣等看得巡按福建監察御史施山鎮守福建地方，内官監左少監師章各奏，稱侯官縣監侯人命强盜重犯盧堅等十九名，執持刀斧反獄，殺死左布政使查約、右叅議楊瑀、都指揮王翺、知縣黎文會、按察司經歷周煥，又打開福州府及懷安縣門，進入各監内，將斬絞重囚犯張九等五十七名，一同反出，打開城門，殺死把門百户及民兵郭清等。賊衆方行逃走，副使郭持平等陸續擒捕，及叅奏巡捕、指揮仲欽等不行嚴謹防捕一節為照，福建省城設有都布按三司，并一府三衛三縣等衙門，各該掌印，佐貳等官俱各在任，又有巡按御史及鎮守内臣同在一城。今侯官縣監囚犯一旦執持刀斧，公然反出，殺死方面大臣，刼放府縣囚犯，殺死門官民兵，一齊奔逸，如出無人之境，則上而鎮守三司法令廢弛，下而府衛縣官職業不修，居然可見。及照布按二司監并府監俱設有司獄官吏及獄卒數十人以上，關防猶自嚴謹。今重犯不收司府監而收縣監，則經該官吏，其情弊亦自可知。再照前項重犯，招内既稱情真怕死，然前此會審却乃不行處決，朦朧監禁，則巡按御史及三司掌印等官豈能辭責？臣等又訪得亂作之時，御史及三司等官，或踰垣，或投入民居，各四散奔走藏躲，損失威重，莫此為尤。且無辜之民横罹鋒鏑者，不下六七十人。賊首奔遯未獲，奏報情詞未真，人心洶洶，誠有如都給事中趙廷瑞之所叅者。查得巡視浙江等處，都御史胡璉見已到任，本院欲候命下，備咨本官行令，上緊親詣福建地方，將前項反獄事情從公查勘，要見反獄囚犯何年監禁？何官問理？因何不收司府監而收縣監？因何遷延，不行處決？即今斬獲者是否真正其奔逸？賊首林汝美、車卜二等有無捕獲？軍民被殺的有若干名口？各賊行過鄉村，曾否殺擄人財？務要一一從公勘問明白，分别各該貽患失事等項，官員罪犯輕重及將擒捕效勞人員分别功罪，查被殺左布政查約應恤緣由，一併奏請施行。緣係反獄，及奉欽依都察院看了來說事理，未敢擅便，謹題請旨。奉聖旨：是。

（清）林時對《荷牐叢談》卷三《王給諌都疏糾首翻逆案》 聖明建中立極，首定逆案，嚴於斧鉞，炳若日星。不意黨逆之徒，敢於護法，巧爲援引，如田惟嘉、張捷、唐世濟、袁弘勳、應喜臣，乘間竊發，翻鐵案者，不一而足也。今又有原任通政使陞刑部侍郎章光岳其人者，於璫燄正熾之日，以狼籍監司，夤緣卿寺，已足爲生平附逆之明證矣。迺任通政，首疏倡言，謂逆案中有枉者，請令逆黨辨疏，容其封進，下部院公議。賴聖明洞察奸狀，奉有欽定逆案，諭旨甚明，何得妄希陳辨，即着一概駁回。而光岳抗旨朦朧，仍將吕純如、吴弘業之辨疏，公然封進。又有水佳胤者，疏請吏部，將逆案中人之不平者，一一明告。我皇上亦奉有逆案頒諭甚明，何得陰借啓事，明滋辨竇。則佳胤之倒身翻案者，非光岳之教猱

升木乎？誅其心，正犯蔑旨欺君之罪；按之法，當從巧言亂政之科。臣以爲今日薦逆之人，即當年附逆之人。若不正其罪，於刑書何以懲其惡，於日後殆不能爲光岳等寬矣。

（清）汪輝祖《佐治藥言·婦女不可輕喚》 提人不可不慎，固已事涉婦女，尤宜詳審，非萬不得已、斷斷不宜輕傳對簿。婦人犯罪，則坐男夫，具詞則用抱告。律意何等謹嚴，何等矜恤。蓋幽嫻之女，全其顏面，即以保其貞操，而妒悍之婦，存其廉耻，亦可杜其潑横。吾師孫景溪先生諱爾周，言令吳橋時，所延刑名幕客葉某者，才士也，一夕方飲酒，偃仆於地，涎沫横流，氣不絶如縷，歷二時而甦。次日齋沐閉户，書黄紙疏，親赴城隍廟拜燬，回署後，眠食若平常，越六日又如前偃仆，良久復起，則請遷居外寓。詢其故，曰：吾八年前館山東館陶，有士人告惡少子調其婦者，當核稿時，欲屬居停，專懲惡少子，不必提婦對質。友人謝某云，此婦當有姿首，盍寓目焉。余以法合到官，遂喚之，已而婦投繯死，惡少子亦坐法死。今惡少子控於冥府，謂婦不死，則渠無死法，而婦之死實由内幕之傳喚。館陶城隍神關提質理，昨具疏申剖，謂婦被惡少子所調，法合到官，且喚婦之説，起於謝某。城隍神批准關復，是以數日幸得無恙，頃又奉提，謂被調之後，夫已告官，原無意於死，及官傳質審，始忿激捐生。而傳質之意，在窺其色，非理其冤。念雖起於謝某，筆實主於葉某。謝已攝至，葉不容寬，余必不免矣。遂爲之移寓於外，越夕而殞。夫以法所應傳之婦，起念不端尚不能幸逃陰譴，況法之可以不傳者乎？觀輕傳者，釀事致禍如此，則全書省事急訟等條，可不加意體會乎？

（清）汪輝祖《佐治藥言·差禀拒捕宜察》 余族居鄉僻，每見地總領差勾攝應審犯証，勢如狼虎，雖在衿士不敢與抗，遇懦弱農民，需索尤甚，拂其意則歷聲呵詬。或自毀官票以拒捕禀究，人皆見而畏之，無敢公然與之相觸。夫凶盗重犯，自問必死，拒捕之事，間或有之。若户婚田債細故，兩造平民，必無敢毁票以拒者，拒捕之禀，半由索詐而起。然一以拒捕傳質，即至審虚，民不堪命矣。余在幕中，遇此等事，直將毁票存銷，改差承行，止就原案辦理，其果否拒捕，屬主人密加確訪，而改差票内不及拒捕之説，以免串詐，然其每訪輒虚。故差禀拒捕，斷斷不可偏聽。

（清）汪輝祖《佐治藥言·勿輕引成案》 成案如成墨，然存其體裁而已。必援以爲準，刻舟求劍，鮮有當者。蓋同一賊盗而糾夥上盗，事態多殊，同一鬭毆而起衅下手，情形迥别。推此以例其他，無不皆然。人情萬變，總無合轍之事。小有參差，即大費推敲。求生之道在此，失入之故亦在此，不此之精辯而以成案是援，小則翻供，大則誤擬，不可不慎也。辦案不可有成心，不可無定見，如案未可信，不厭研審，是謂無成心。案既可信，始定發書，是謂有定見，是書之謂，以筆代詞也。既曰代詞，則無甚去取删改，可知情狀既明，自有一律一例適當其罪。何必取成案，而依樣葫蘆耶？苟必成案是循，不免將就增減，毫釐千里，誤事匪輕。

（清）汪輝祖《佐治藥言·嚴治地棍》 吏治以安良爲本，而安良莫要於去暴。里有地棍，比户爲之不寧，訛借不遂，則造端訐告，其尤甚者，莫如首賭首娼，事本無憑。可以將宿嫌之家一網打盡，無論冤未即雪，即至審誣而破家蕩産相隨屬矣。惟專處原告。不提被呈，則善良庶有賴焉。惟是若輩倚胥吏爲牙爪，胥吏倚若輩爲腹心，非賢主人相信有素，上水之船，未易以百丈牽矣。土豪地棍無地無之，亦視官之賢否，以爲縱斂耳。果官盡其職，幕盡其能，舉措得宜，自然畏服，嚴治之説，未可拘泥。

（清）李星沅《李文恭公奏議》卷八《審擬越獄脱逃絞犯摺子》 奏爲拏獲越獄脱逃絞犯審明定擬，具奏仰祈聖鑒事。竊照褒城縣賊犯黄汶章糾竊逾貫，在獄脱逃一案，前經臣將管獄等官恭摺參奏奉旨，這所參疎防監犯脱逃之陝西褒城縣典史喬永安著革職拏問，交該撫提同刑禁人等嚴訊，確情按律定擬具奏褒城縣知縣侯國璋著即勒令嚴緝，俟限滿能否弋獲，並公出有無案，據著該撫查明分别辦理，餘依議。欽此。當即欽遵勒令嚴緝，並飭司委審去後適據該縣侯國璋禀報，督飭典史喬永安會營帶同兵役於八月初三日跴至鳳縣北星地方協同該處兵役，將黄汶章拏獲，隨批飭解省歸案訊辦。茲據委員署西安府知府徐棟審明定擬，由署臬司崇綸解勘前來，臣親提研訊。緣黄汶章籍隸四川儀隴縣，於道光二十五年二月初六日至褒城縣覓工與素識在逃之張正洪，劉老二，鄧狗包子，李老麽遇道貧難，黄汶章起意糾竊。即於是夜攜帶雲梯尖刀餘俱徒手偕抵馬獻圖客店挖洞進内，竊出過客張風，王文輝衣包兩箇，攜至僻處查點共銀五封，約

重四百餘兩，衣物布疋三十餘件，黄汶章分銀大小二十錠六件，竝白布一疋衣轕五件其餘銀物張正洪等俵分各散，旋經事主報縣會營協緝將黄汶章一犯盤獲，連贓帶縣訊詳收禁。五月二十五日該縣侯國璋因另案奉調赴府會審，六月初三日傍晚典史喬永安進監收封，驗明鐐鐐鎖柵，復諭禁卒傅成小心看守。是夜五更傅成同更夫李明等困倦睡熟，黄汶章起意乘間越獄脱逃，即扭斷鐐鐐柵鎖至西北牆角脱去紅衣褲，撥開水道磚塊爬出，先藏城邊空地，黎明混出城門而逸。及傅成醒覺喊同更夫查找無踪，稟經該典史申報該縣馳回勘訊詳緝。經臣參奏行提刑禁飭委審辦。八月初三日該犯逃至鳳縣北星地方即被該縣督飭典史帶同兵役同鳳縣兵役獲解來省，委員提同刑禁審擬，由司勘解親提研鞫，據各供認前情不諱，嚴究該犯此外再無窩夥竊劫別案，其在獄脱逃委係刑禁人等一時疎於防範，竝無鬆刑賄縱情弊，逃後亦無行兇爲匪，及知情容留之人，究詰不移，案無遁飾。查例載犯罪囚禁在獄僅止一二人乘間穿穴踰牆脱逃，原犯斬絞監候，應入緩决者入於秋審情實又監犯越獄，如獄卒果係依法看守，一時疎忽偶致脱逃，竝無賄縱情弊者依律減囚罪二等，他人捕獲不准免罪。又律載獄卒不覺失囚，減囚罪二等，司獄官典減獄卒罪三等。又例載羈禁斬絞重犯越獄脱逃將管獄官革職拏問，四箇月限内拏獲即行革職，免其拏問各等語。此案黄汶章糾同在逃之張正洪等行竊，事主張風等銀物計贓均在一百二十兩以上，業據供明按律罪應絞候秋審入緩。乃該犯輒敢越獄脱逃，實屬藐法，應依例問擬黄汶章合依犯罪囚禁在獄，僅止一二人乘間穿穴踰牆脱逃原犯絞監候應入緩决者入於秋審情實例擬絞監候，入於秋審情實仍盡竊盜本法刺字。禁卒傅成，訊無賄縱情弊，逃犯又於限内被獲，惟係他人捕得，例不免罪，傅成合依律於黄汶章絞罪上減二等杖一百徒三年，至配折責安置。刑書王西治應依律於傅成滿徒罪上減三等，擬杖七十徒一年半，據供親老丁單，俟確查取結另行辦理。更夫李明竝不小心防範，應照不應重律杖八十折責發落。典史喬永安於四箇月限内帶同兵役拏獲逃犯，業經革職，照例免其拏問。褒城縣知縣侯國璋，先因奉調公出確有月日，案據可查，又於限内獲犯，失防職名，例得免參。逸賊張正洪等飭緝務獲另結。所有拏獲鄰境趙獄絞犯應議文武職名，竝飭查明開報除供招咨部外理合恭摺具奏。

（清）李秉衡《李忠節公奏議》卷一一《奏查明福山縣被參丁書通賄舞弊各情摺》　奏爲遵查福山縣被參丁書通賄舞弊各情謹將查明議擬緣由恭摺覆陳仰祈聖鑒事。竊臣於上年十二月初四日具奏，遵查平原縣知縣楊德成被參各款一摺，聲明原參門丁勾通棍徒、典史霸佔民女各案，係福山縣之事，已另派委員赴福山縣查提訊究在案。查原奏内稱福山縣盜賊于福臣搶劫鄰封棲霞縣有案移文調訊，經差役拏獲，該縣受賄故縱文覆以貿易出外任賊遠颺。其門丁王晶山勾通棍徒蕭銘恒霸佔民人劉三登已許字之女爲妾，蕭銘恒倚爲護符，揑造僞字，詐隱良懦，該縣典史則硬霸幼道姑爲妾。上房村牟姓家被搶案内，竟有該典史親族人置之不究。有于鴻泰楊子良被控案關逆倫罪名，以開設游藝堂藥鋪解姓道人與刑書傅泉霖與典史關説暗通知縣，皆以賄免等因。前經委員密查復以家丁書吏通賄舞弊非指名提訊，不能得實，隨飭將王晶山、傅泉霖、蕭銘恒提省發委濟南府審訊。兹據濟南府知府劉景宸訊明議擬，前來查王晶山即王静山係歷城縣人，向充福山縣稿案門丁，光緒十九年不記月日，與住城充役之劉三登出嫁女趙劉氏通姦，嗣向其夫講允賣休，給錢一百千遂買作妾。並非蕭銘恒説合，亦無揑造僞字情事。傅泉霖係福山縣刑書，光緒二十一年縣民楊子良因所畜牲口踐食其無服族叔楊汝能地内禾苗，彼此口角爭毆遂致興訟，知縣康鴻逵正在考試，委典史姚鶴齡代訊，楊子良託傅泉霖向典史行賄，傅泉霖並未應允亦無解姓道人關説賄賂，暗通知縣之事。案内亦無于鴻泰之名，惟傅泉霖因楊汝能素不安分，曾向典史面稟屬實。蕭銘恒係福山縣人，向在城内開設盔帽鋪，與縣民欒象琦素識，光緒十九年九月，欒象琦因其兄毆妻斃命在押，來城料理訟事，住蕭銘恒鋪内，蕭銘恒曾爲其打點差役開銷飯食錢文，並借給欒象琦銀兩，後因向索未還，又欒象琦涉訟經該縣傳訊未結，此提訊王静山即王晶山等各供之情形也。于福臣係福山縣人，畜有騾馱，欒象琦在縣城時，其姪女與棲霞縣人親眷李姓有私，謀與偕逃，攜帶銀兩雇于福臣騾轎載往棲霞。欒象琦聞知，在棲霞縣控告，移文傳訊于福臣時已他出，並非搶劫，該縣實無受賄故縱情事，至典史姚鶴齡買道姑二人實有其事，惟年均幼小姚鶴齡買爲婢女，並非作妾。上房村人牟起禄雜貨鋪被劫，經該縣拏獲首夥盜犯謝成林等四名分别定擬，尚有夥盜王慶太王少玉晉書林等三名在逃未獲，並非該典史親族。此委查知縣典史及

丁書等被參各款之情形也。臣查王靜山即王晶山充當門丁輒敢與在縣充役之劉三登出嫁女趙劉氏通姦買休，殊屬玩法，應酌量由姦罪杖枷上加等擬徒，事犯在恭逢光緒二十年正月初一日恩詔以前，應准援免，惟門丁犯法未便寬縱，擬發縣監禁數年，再准保釋。刑書傅泉霖因縣民楊子良與其無服族叔楊汝能爭訟，雖未爲楊子良通賄，輒以楊汝能素不安分，向典史面禀，蕭銘恒因欒象琦住伊鋪內，輒代其打點差役，開銷飯錢，均屬不合，傅泉霖、蕭銘恒均應照不應重律杖八十。傅泉霖折責革役，惟久充刑書，有無別犯不法情事，應仍交該縣管押，查明如無別情再行釋放。蕭銘恒事犯亦在恩詔以前，所得杖罪應准援免，遞籍交保管束。典史姚鶴齡查無向知縣關説賄賂情事，惟身係職官輒買幼道姑爲婢殊屬不合，業經臣於計典案內刻參應無庸議。福山縣知縣康鴻逵查無縱賊受賄各情，惟該縣地近煙臺，華洋雜處該員於此缺殊不相宜，應請開缺留省另補。所有遵查福山縣被參丁書通賄舞弊查明議擬緣由謹繕摺具陳。

（清）曾國荃《曾忠襄公奏議》卷二一《遵旨查察奏參各案疏光緒五年正月三十日》　奏爲遵旨查明所參各節委無其事恭摺覆陳仰祈聖鑒事。竊查光緒四年二月十二日奉上諭：有人奏山西州縣人命重案往往概令賄和寢息，如岢嵐州有歷六月餘命案，不爲相驗，迨屍親上控，始行補報。又祁縣有土豪霸占河渠毆死二命，傷及多人，該縣皆令和息。忻州知州戈姓在任十餘年，命案皆令私和。襄垣縣有子毆父死一案，該縣以重賄求潞安府知府高姓，將該犯餓斃了案。其餘州縣中賄結命案者不可枚舉。又晉省府州縣徵收貨税，皆假公營私，潞案府知府高姓出示收税每兩加增六七錢，勒逼鐵商納税。該省州縣報解税銀不過三分之一，餘則盡飽私橐，訛索多端，甚至不應納税之貨强行徵收，有闔市閉門數日者，至釐卡抽税尤多擾累。前潞安府知府高振宛，縱子與門丁納賄爲其子娶部民焦姓之女爲妾，屯留等縣典史因未送陋規即予撤任，並剋扣書院膏火銀兩。前任知府葉桂棻准入名宦祠，高振宛將木主毁棄不令入祠。西火縣丞劉方亨挐解斬犯，該府挾嫌疏縱，反揑詞詳請參革請飭查辦等語。所奏各節如果屬實即應從嚴懲辦，著曾國荃按照所陳各節，嚴密查辦毋稍徇隱等因。欽此。遵即行司委員嚴密確查，據實詳辦，去後兹據署藩司江人鏡、臬司薛允升詳稱遵查。現署岢嵐州知州姜振岐，祁縣知縣劉發岏。現署潞安府知府劉鼎新事非本任，無所用其迴護，隨委候補知府吴其復，代州知州阮棻，候補知縣陳守中分往各該處不動聲色，嚴密確查，據實禀覆。兹據該委員陳守中禀稱，遵即馳抵岢嵐州會同該署州姜振岐查得，該前州湯學治任內，於光緒二年五月二十八日據州屬化嶺塔村鄉約，張有厚報據村人李和子投稱伊父李來管大因李賴子欠工不補，與其母争吵後於二十五日被李賴子糾人用刀將伊父砍傷身死，兇犯逃逸一案。湯學治隨即親詣驗訊差緝，於閏五月初二日緝獲李賴子到案。訊據供認糾邀王年荒子等七人各帶鐮刀，不知何人將李來管大砍傷身死。伊在場並未動手，經湯學治飭緝凶犯將驗訊大概情形於閏五月十一日通禀。六月初三日填格通報，計遲延不及十日，嗣因限滿犯未弋獲開具承緝不力職名送參在案，並無六月餘不爲相驗，迨屍親上控始行補報之案。復赴祁縣會同該縣劉發岏查得，該縣屬有昌源河一道附近各村莊開渠引水，以資灌溉地畝，遇天時亢旱河水漲發上游則霸占多澆，下流則竊挖私溉，急控不休，邇年以來因雨澤愆期彼此争水互毆一二人受有微傷之案，不一而足，均經該縣隨時究懲完結，並無毆死二命成廢十三人之案，無所用其勒和。又據代州知州阮棻禀稱，奉委確查忻州知州戈姓在任十餘年，命案皆令私和一節。查得前任忻州知州戈濟榮在任十餘年，檢閱任內辦過命案四十起，皆係照例詳辦，有案可稽，惟未經詳辦命案二起：一係同治八年十月南胡村人楊芝蘭因與霍降口角，後越十二日因病身死，一係同治十一年十二月曹村人汪兆鼇家裁縫李善賢，因虧累愁急自行投井身死，均報經戈濟榮先後驗訊明確委係因病及自行投井身死，並無别故，取具各屍親甘結完案。戈濟榮因無罪可科，未經詳報現飭傳屍親人等到案訊非賄和取有甘結。此外委無呈報命案戈濟榮任聽賄和，並不詳報情事，又據吴其復會同劉鼎新禀稱遵即檢齊府縣各卷按照原奏各節，會同逐細訪查如原奏，高振宛年逾八十一節，查高振宛現年六十六歲有履歷可考，並無年逾八十情事。又如原奏襄垣縣子毆父死高振宛貪其重賄令將該犯餓斃了案一節。查閱卷宗並親往該縣明察暗訪，有光緒三年二月襄垣縣民李馨因瘋砍死母妻二命一案，報經該縣獲犯訊供通報，按律擬辦旋因該犯在監病故，詳經咨部核覆戮屍梟示在案，並無賄求了事令將該犯餓斃情事。此外並無子毆父死之案。又如原奏出示收税每銀一兩加徵六七錢一節，查潞安府每年額徵商畜正額溢額盈餘税銀五千六百餘兩，其盈餘一項

隨正帶徵加以傾鎔火耗解費。因商人來自各路銀色不一，挑換每至口角，是以改爲收錢每兩按市價多收錢一二百文，以資津貼，相沿已久，並非始自高振宛。偶有每兩收錢二千三四百文者，係按時價漲落核計，並非定章，如果每兩加增六七錢，商賈何甘隱默並無一人控告。又如原奏勒逼鐵商納稅杖責一節，查光緒三年五月間有鐵商王興盛赴潞採買官鐵，口稱未帶文憑，高振宛恐有假冒，傳案查訊，因該商不服頂撞，予以戒飭，令其照章納稅完案，并無勒逼情事。又如原奏縱子與門丁納賄一節，查高振宛生有二子長寅生已故，次德生尚幼，其寅生在日住京讀書，上屆會試中式進士以主事用分部行走，後因請假至潞安省親，旋即在署病故。其無招權納賄可知，至與門丁納賄並無姓名無從查究。又如原奏爲其子娶部民焦姓之女爲妾一節，查高振宛用價買過長治縣民焦姓之女爲婢，寅生無嗣曾否納此婢爲妾寅生既故，高振宛又回原籍無從查詢，傳訊焦姓供認，高振宛價買伊女爲使女屬實，從未往來，曾否作爲子妾並不知情。又如原奏屯留等縣典史，因未送陋規即予撤任一節，查晉省正雜各員向無致送陋規名目，至壺關等縣典史陳永清等前因先後俸滿赴省驗看，經前藩司以該員等或聲名平常或捕務欠勤，留省察看，並無因未送陋規由府參劾案卷。又如原奏剋扣書院膏火銀兩一節，查府城上黨書院向有學田以租穀爲膏火，由長治縣徵收，監院領放，高振宛在任添設育英文課，並非書院籌款發商生息以作獎賞，詳明有案交卸後已將本銀收回，事已中止。又如原奏前任知府葉桂棻准入名宦祠，高振宛將木主毁棄不令入祠一節，該委員等親詣名宦祠，查有前任知府葉桂棻牌位在祠，據該府學教授楊恩澍面稱葉桂棻牌位，係光緒四年三月由署長治縣袁敬捧送入祠，並無毁棄木主不准入祠之事。又如原奏西火縣丞劉方亨拏獲斬犯，該府挾嫌疎縱，反捏詞詳請參革一節。查光緒二年四月間有奉天監生唐凌閣，以强姦未允，挾嫌誣陷等詞，赴府稟控長治縣縣丞劉方亨經高振宛批飭長治縣查訊，復據唐凌閣之妻李氏以强姦等詞赴府續控，始據劉方亨以李氏係唐凌閣拐帶等詞，剖辯高振宛因職官被控强姦之後，始稱拐帶虛實均應澈究，將唐凌閣飭發長治縣看管，旋即在押脱逃，李氏旋亦報毒自盡，詳經前撫臣鮑源深批飭，提省發交太原府審辦，一面將劉方亨咨革，經太原府詳請咨查飭緝唐凌閣究辦嗣經奉天督，臣以光緒元年十月十六日夜，唐凌閣率領多人各持鎗礮闖入廣甯縣，屬甯家屯民人劉百芝家將其妻李氏搶去，後聞領到山西逼吞洋煙斃命。三年三月唐凌閣回家經劉百芝之妻兄李湧泉呈請練勇馬隊總兵聶桂林派哨官將唐凌閣拏獲，唐凌閣畏罪服毒斃命等因。咨覆飭據太原府提案訊明劉方亨並無强姦情事，李氏委因唐凌閣捏控羈候受累，愁急自盡，並無別故，惟劉方亨不察唐凌閣係屬匪徒混留入署，以致釀成衅端究有不合，業已革職，應毋庸議。由兩司詳經臣咨部查照在案，以上各節業據該委員等訪查確實，尚無各項情事，至於原奏晉省府州縣徵收貨税，皆假公營私州縣報解税銀不過三分之一，餘則盡飽私囊，訛索多端，甚至不應納税之貨强行徵收，有闔市閉數日者。至釐卡抽税尤爲擾累兩節，查晉省各府州縣每年經徵商畜雜税正餘銀兩自數十兩起，至數千兩止，蓋以地方户口之多寡，銷售之衰旺著爲定額。自軍興以後，民力凋敝，税務漸不如前，近來荒歉頻仍商賈裹足，遂多徵不足額，紛紛稟請儘徵儘解，因課有定額均經隨時批駁此係實在情形。且應徵各貨税則向係榜示街市，民間無不周知，遵照投納有年，如果訛索强徵，受擾之人焉肯緘默，至抽釐濟餉原爲萬不得已之舉，亦爲近日必不可少之款。晉省試辦之初設立各卡議定釐則，頒發榜示，派員駐紮認真經理，並隨時稽查，遇有辦理未妥者立予撤回究辦，現經查明尚無訛索强徵闔市閉門數日及擾累情事等情由藩臬兩司會詳請奏前來，臣覆加查察委係實在情形，第釐金關係要需，亟宜清查弊竇，人命最爲重大，尤應嚴禁私和，除由臣督率兩司通飭各屬於人命案件，據實驗報，如查有諱匿民命賄和結案及抽釐苛徵者，立即從嚴參辦，庶幾死者不至含冤而商旅亦免擾累。

（清）陳夔龍《庸盦尚書奏議》卷一三《查覆天津審判廳被參各款摺》

旨查明天津審判廳被參各節，據實覆陳恭摺抑祈聖鑒事。竊查前督臣楊士驤任内承准軍機大臣字寄光緒三十四年十二月十四日奉上諭。有人奏京津審判廳弊竇甚多，請嚴定章程，慎選判員一摺。著法部大理院直隸總督按照所參各節，確切查明據實具奏。並著嚴定章程，力除積弊。原摺均著鈔給閲看，欽此。當經飭司按照原參各節確切查覆，並由司核議章程詳辦在案查原奏指參京師審判廳等案業經奉旨特交法部大理院查明覆奏。其何福興李桐豫冀州寇李氏各案據升任按察使何彦昇逐一調查明確，詳覆核辦等情，前護督臣崔永安未及核辦，臣到任接交詳加覆核。如原奏何福興控

喬振之侵蝕鋪款一案，喬振之事後捏指欠款意圖反噬，疊經天津府審得確情，嚴限清結，洎有審判廳之設，初尚平允，及廳員陳清濱、邵孔亮因緣授受，竟反前斷，以押追之，喬振之竟釋而不問，致其遠颺一節。查何福興籍隸天津開設義興齋鞋作坊，並福興合雜貨鋪均係鋪夥，喬振之經手與姚少琴所開德義厚義生厚各錢鋪均有銀錢出入，嗣因虧欠被德義厚等鋪呈控。經天津縣承審員候補知縣陳慶彬集訊飭令何福興等清算各帳，計福興合欠德義厚等鋪銀七千餘兩，而何福興即以鋪夥喬振之侵吞鋪款具呈控追由縣移經商會指有弊混，喬振之堅稱商會偏袒，與何福興先後上控並赴京控，經民政部暨農工商部咨直飭發天津府訊追，移由高等審判分廳委承審員，即用知縣邵孔亮審訊，按照廳章仍由商會另派公正人到廳，查明喬振之經手福興合出入各賬內有銀兩一萬兩，款目混雜實有侵吞弊竇，其福興合欠德義厚等鋪銀七千餘兩應在喬振之名下追交，當將喬振之從嚴監追。旋派候補知縣韓樹梅接訊，據德義厚等鋪夥楊墨香以福興合應償銀七千餘兩經喬振之央人調處行交現銀二千兩，餘款分期歸楚呈准將喬振之保釋，嗣何福興又以喬振之乾没鉅款，控經民政部咨由前督臣楊士驤飭廳查訊，派承審員候補知縣伍鈞因查喬振之經手福興合欠德義厚各款，除前項鋪帳業已處結外，另借銀二千兩有立給德義厚借約可憑。何福興因姚少琴等向索此項銀兩，撥房抵款收回借約，呈驗立約日期係在福興合歇業之後，訊與何福興無涉。喬振之查傳未到，詰之姚少琴、楊墨香，僉稱喬振之借銀屬實。其爲喬振之乾没鉅款無疑，應由喬振之歸償，斷令姚少琴等退還何福興所撥房屋，一面查封喬振之住房計原典價銀七百餘兩，即歸姚少琴管業尚短銀一千二百餘兩，俟傳喬振之到案再行照追，給領何福興等均各遵斷完案。原參所指廳員陳清濱想係陳慶彬之訛。惟陳慶彬係天津縣承審人員，於何福興控喬振之侵款之事未經核斷，其廳員邵孔亮審得確情，即予從嚴監追，尚屬公允。原參謂陳慶彬邵孔亮因緣授受竟反前斷實無其事。又原奏李桐豫在巡警局控曹劍秋侵吞銀兩一案。初尚斷令曹劍秋歸還李姓一半，後聞請託道員洪姓，轉託總辦道員申姓，諭令委員蔡姓斷以一千兩結案。蔡姓當堂公然謂此係總辦分付，如果不服另自控告，此等讞詞適足令人恥笑，李桐豫續行具呈，反以抗不遵斷批飭一節。查李桐豫籍隸天津縣，前於光緒二十六七年間因曹劍秋之兄曹星橋包辦各項工程，爲其經理一切，不支薪水。原議從厚酬勞未定成數，嗣曹星橋包工致富，得李桐豫之力居多，李桐豫用過曹星橋銀一千兩，洋一千元，曹星橋言明日後仍給酬金。嗣曹星橋故後李桐豫置地需款向曹劍秋借銀不允，因曹劍秋坐擁厚資不知酬勞，於三十二年三月間赴巡警總局呈控。經局員正任獻縣知縣阮國楨，候補知縣蔡濟清等疊次集訊，李桐豫、曹劍秋供詞各執，旋據商民陸宣王文濂出爲調處。曹劍秋允給酬勞銀一千兩，繳案存局。李桐豫不願具領，案懸未結。現據天津高等審判分廳派委承審員候補知縣周寶辰何維彬訊明，曹劍秋故兄曹星橋當時包辦工程，李桐豫幫同經理，並無合夥情事，惟平日既無工資，其欲曹劍秋厚給酬勞，尚屬近情，質諸曹劍秋亦謂諭其前勞本應再行酌給。即據證佐高輔臣、劉振廷調處，令曹劍秋於前繳警局銀一千兩，外再加二千兩共給李桐豫銀三千兩以作酬勞。此外李桐豫與曹姓往來各帳概行作廢，永斷葛藤，其呈案有據之匯源永等各款均歸曹劍秋自行清理。李桐豫等均各遵辦分別交領完案。是李桐豫前在警局控追酬金本無確數，曹劍秋交銀一千兩係由陸宣等具呈調處並非局員蔡姓，即蔡濟清所斷。原參所指初斷歸還一半後斷以千金結案，均非事實。至總辦道員申姓即申實亨，謂其聽受道員洪姓囑託及蔡濟清等可笑之讞詞自係傳聞之訛。又原奏冀州寇李氏控寇恒義、趙錫昌等攬喪霸婚霸產一案，以大理院爲全國審判總匯，據情，具控訊明有因，牌示在案，乃以人證均在保定爲詞，不爲審結，仍將原被告發回原省，以致仍發原官原委審問，聞此案有趙維慶、劉春霖從中運動，支持從前知州苗玉珂祝芾委員周廉溥均有不實不盡，該鋪復有捏寫劉春霖存款虛造外欠等事，案經發回寇恒義等危詞恐嚇，寇李氏懼遭傾害不敢回歸冤情莫達一節。除由大理院查明牌示原委，業經覆奏外，查寇李氏先控攬喪，續控霸婚霸產，緣寇李氏之後夫寇恒禮籍隸冀州與堂兄寇恒義分居各度，尚有京保等處鋪產未分，公同經理，寇恒禮前妻尚氏早故，於光緒三十年秋間寇恒禮在保定府憑媒娶寇李氏爲繼妻，三十一年二月間寇恒禮聞伊母寇王氏病重，同寇李氏回家。寇王氏故後寇李氏料理喪事，寇恒義與族長寇恒廉等因聞寇李氏係有夫改嫁之婦不容居喪。寇李氏以寇恒義等謀產攬喪赴州呈控，該前州苗玉珂供各執。寇李氏遂砌詞上控，並赴京控，由內城工巡總局咨經前督臣袁世凱行司飭據保定府督同局員訊明。寇李氏係孀婦再醮，並非有夫之婦，斷令寇

恆禮仍爲夫婦回籍爲母發喪，其各處鋪産仍歸寇恆禮與寇恆義兩家經管，取結詳銷。寇李氏又以寇恆義等將伊女騙至甯晉縣與成增韶爲婚等情控。經批司飭州傳訊正在審理間，而寇李氏赴京師内城地方及高等審判廳呈訴，寇恆義等擾喪霸産及盜賣鋪産並誘女霸婚等情。經高等廳呈由法部咨經前督臣楊士驤行司檄委候補知縣周廉溥會同該前州祝芾以查原控攬喪霸産業由保定府訊結，現控盜賣鋪産飭查原被告均未回籍，無憑查訊，將被控霸婚之寇恆廉等傳案訊明。寇恆禮前妻尚氏遺有一女年逾二旬，亟宜婚配，光緒二十二年五月間經尚氏之母弟束鹿縣人尚閣臣因寇恆禮同繼妻寇李氏在省居住，商由寇恆禮之胞嫂寇史氏主婚，尚閣臣同其外甥成爲軒作媒，告知族長寇恆廉寫立婚書，許配與成爲軒之族弟甯晉縣人成增韶爲繼室。尚閣臣曾給寇恆禮等送信，旋於是年九月間迎娶過門，嗣寇李氏回家前往成增韶家認親，因欲接女赴省，成增韶未允，彼此争鬧，遂致涉訟添傳，尚閣臣、成增韶供均相符，僉稱委非誆誘霸婚，斷無離異之理。諭令成增韶俟寇恆禮夫婦回家偕婦服禮，以敦戚誼。離時寇李氏在京復控經大理院，將寇恆義咨回行司飭解，冀州取保候訊，而寇李氏等日久未回，由州按照原告兩月不到案聽審之例，詳請立案不行，現經臬司飭委候補知縣周寶辰會同該署州朱佑保按照原參各節調查，保定府並前此印委訊斷卷據均尚公允。詰之寇恆義據稱並無託趙維慶、劉春霖在州牧苗玉珂、祝芾委員周廉溥處運動及危詞恐嚇寇李氏情事，至伊家與劉春霖各在省城開設鋪業來往帳目事所常有，伊鋪亦無捏寫存款虚造外欠等語。所供尚近情理，偏加訪查，原參謂趙維慶等從中運動主持以及印委苗玉珂等不盡實，委是毫無確據，此查明天津審判廳巡警局及冀州被參各案之實在情形也。臣查以上三案既經臬司分案調查，尚無别項情弊，應請毋庸置議又原奏謂上控之案，不得發交原官審問，並應嚴定章程慎選判員各節。查天津各級審判上控案件即由上級提審並無仍發原官審問之事，至審判試辦章程經前督臣袁世凱擬定，奏明在案。現由臬司會同津海關道天津道飭聽悉心核議，原訂章程一百四十五條本注重於力祛舊習，務體民情與原奏用意相符。應令循舊辦理，如有窒礙之處仍當隨時變通，以期完善。其各級判員臣當飭司督同各該廳長認真考核，如有聽斷不公，及操守難信者，立即指名參劾以慎庶獄而杜弊，理合恭摺具陳。

綜述

《尚書·呂刑》 兩造具備，師聽五辭；五辭簡孚，正于五刑。五刑不簡，正于五罰；五罰不服，正于五過。五過之疵，惟官，惟反，惟内，惟貨，惟來。其罪惟均，其審克之。

《周禮·秋官司寇·禁殺戮》 禁殺戮，掌司斬殺戮者，**【略】**攘獄者，遏訟者，以告而誅之。

睡虎地秦墓竹簡整理小組《睡虎地秦墓竹簡·秦律十八種·倉律》 日食城旦，盡月而以其餘益爲後九月稟所。城旦爲安事而益其食，以犯令律論吏主者。減舂城旦月不盈之稟。

睡虎地秦墓竹簡整理小組《睡虎地秦墓竹簡·秦律雜抄》 捕盜律曰：捕人相移以受爵者，耐。求盜勿令送逆爲它，令送逆爲它事者，貲二甲。

睡虎地秦墓竹簡整理小組《睡虎地秦墓竹簡·法律答問》 士〔五〕〔伍〕甲盜，以得時〔直〕〔值〕〔臧〕〔贓〕，〔臧〕〔贓〕〔直〕〔值〕百一十，吏弗〔直〕〔值〕，獄鞫乃〔直〕〔值〕〔臧〕〔贓〕，〔臧〕〔贓〕〔直〕〔值〕過六百六十，黥甲爲城旦，問甲及吏〔可〕〔何〕論？甲當耐爲隸臣，吏爲失刑罪。甲有罪，吏〔智〕〔知〕而端重若輕之，論〔可〕〔何〕〔殹〕〔也〕？爲不直。

睡虎地秦墓竹簡整理小組《睡虎地秦墓竹簡·法律答問》 論獄〔何謂〕不直？〔可〕〔何〕謂縱囚？罪當重而端輕之，當輕而端重之，是謂不直。當論而端弗論，及傷其獄，端令不致，論出之，是謂縱囚。

睡虎地秦墓竹簡整理小組《睡虎地秦墓竹簡·法律答問》 贖罪不直，史不與嗇夫和，問史〔可〕〔何〕論？當貲一盾。

張家山二四七號漢墓竹簡整理小組《張家山漢墓竹簡·二年律令·盜律》 受賕以枉法，及行賕者，皆坐其〔臧〕〔贓〕爲盜。罪重於盜者，以重者論之。

張家山二四七號漢墓竹簡整理小組《張家山漢墓竹簡·二年律令·捕

律》　群盗殺傷人、賊殺傷人、强盗，即發縣道，縣道亟爲發吏徒足以追捕之，尉分將，令兼將，亟詣盗賊發及之所，以窮追捕之，毋敢□界而〔環〕〔還〕。吏將徒，追求盗賊，必伍之，盗賊以短兵殺傷其將及伍人，而弗能捕得，皆戍邊二歲。三十日中能得其半以上，盡除其罪，得不能半，得者獨除；死事者，置後如律。大痍臂臑股胻，或誅斬，除。與盗賊遇而去北，及力足以追逮捕之而官□□□□逗留畏耎弗敢就，奪其將爵一〔絡〕〔級〕，免之，毋爵者戍邊二歲；而罰其所將吏徒以卒戍邊各一歲。興吏徒追盗賊，已受令而逋，以畏耎論之。

盗賊發，士吏、求盗部者，及令、丞、尉弗覺〔智〕〔知〕，士吏、求盗皆以卒戍邊二歲，令、丞、尉罰金各四兩。令、丞、尉能先覺〔智〕〔知〕，求捕其盗賊，及自劾，論吏部主者，除令、丞、尉罰。一歲中盗賊發而令、丞、尉所不覺〔智〕〔知〕三發以上，皆爲不勝任，免之。

群盗、盗賊發，告吏，吏匿弗言其縣廷，言之而留盈一日，以其故不得，皆以鞠獄故縱論之。

□□□□發及鬬殺人而不得，官嗇夫、士吏、吏部主者，罰金各二兩，尉、尉史各一兩；而斬、捕、得、不得、所殺傷及〔臧〕〔贜〕物數屬所二千石官，二千石上丞相、御史。能産捕群盗一人若斬二人，〔捧〕〔拜〕爵一級。其斬一人若爵過大夫及不當〔捧〕〔拜〕爵者，皆購之如律。所捕、斬雖後會□□論，行其購賞。斬群盗，必有以信之，乃行其賞。

甘肅省文物考古研究所《居延新簡》　以兵刃索繩它物可以自殺者予囚，囚以自殺、殺人若自傷、傷人而以辜二旬中死，予者髡爲城旦舂。

《晋書》卷三〇《刑法志》　律之初制，無免坐之文，張湯、趙禹始作監臨部主見知故縱之例。其見知而故不舉劾，各與同罪，失不舉劾，各以贖論。

《漢書》卷八《宣帝紀》　〔地節四年九月〕又曰：令甲，死者不可生，刑者不可息。此先帝之所重，而吏未稱。今繫者或以掠辜若飢寒瘐死獄中，何用心逆人道也！朕甚痛之。其令郡國歲上繫囚以掠笞若瘐死者所坐名、縣、爵、里，丞相御史課殿最以聞。

《漢書》卷八《宣帝紀》　〔元康二年〕夏五月，詔曰：獄者萬民之命，所以禁暴止邪，養育羣生也。能使生者不怨，死者不恨，則可謂文吏矣。今則不然。用法或持巧心，析律貳端，深淺不平，增辭飾非，以成其罪。奏不如實，上亦亡繇知。此朕之不明，吏之不稱，四方黎民將何仰哉！二千石各察官屬，勿用此人。

《漢書》卷八《宣帝紀》　〔五鳳四年〕夏四月辛丑晦，日有蝕之。詔曰：皇天見異，以戒朕躬，是朕之不逮，吏之不稱也。以前使使者問民所疾苦，復遣丞相、御史掾二十四人循行天下，舉寃獄，察擅爲苛禁深刻不改者。

《後漢書》卷三《章帝紀》　〔建初五年〕三月甲寅，詔曰：孔子曰：刑罰不中，則人無所措手足。今吏多不良，擅行喜怒，或案不以罪，迫脅無辜，致令自殺者，一歲且多於斷獄，甚非爲人父母之意也。有司其議糾舉之。

《後漢書》卷三《章帝紀》　〔元和〕二年春正月乙酉，詔曰：《令》云人有産子者復，勿筭三歲。今諸懷妊者，賜胎養穀人三斛，復其夫，勿筭一歲，著以爲令。又詔三公曰：方春生養，萬物孚甲，宜助萌陽，以育時物。其令有司，罪非殊死且勿案驗，及吏人條書相告不得聽受，冀以息事寧人，敬奉天氣。立秋如故。夫俗吏矯飾外貌，似是而非，揆之人事則悦耳，論之陰陽則傷化，朕甚饜之，甚苦之。安静之吏，悃愊無華，日計不足，月計有餘。如襄城令劉方，吏人同聲謂之不煩，雖未有它異，斯亦殆近之矣。閒勑二千石各尚寬明，而今富姦行賂於下，貪吏枉法於上，使有罪不論而無過被刑，甚大逆也。夫以苛爲察，以刻爲明，以輕爲德，以重爲威，四者或興，則下有怨心。吾詔書數下，冠蓋接道，而吏不加理，人或失職，其咎安在？勉思舊令，稱朕意焉。

《後漢書》卷四《和帝紀》　〔永元十六年〕秋七月，旱。戊午，詔曰：今秋稼方穗而旱，雲雨不霑，疑吏行慘刻，不宣恩澤，妄拘無罪，幽閉良善所致。其一切囚徒於法疑者勿決，以奉秋令。方察煩苛之吏，顯明其罰。

（清）張鵬一《漢律類纂・盗律・枉法請求》　諸爲人請求於吏以枉法，而事已行，爲聽行者，皆司冠作。《恩澤侯表》如淳注引律。《公羊・宣元年》齊人取濟西田，《傳》何休注猶律行言許受賂。

案，此條當有脱誤，謂爲人請求枉法，如已聽，事雖未行，請者聽者，皆司冦論，重枉法故也。

(清) 張鵬一《漢律類纂·刑制·稱定名例》 案，漢律諸贓有枉法、不枉法，受所監臨財物云云，與此强盗贓，皆後世六贓所本也。

(清) 杜貴墀《漢律輯證》卷三 非法。《前·百官表》，元狩五年初置司直，比二千石，掌佐丞相舉不法。《後書·百官志》，御史中丞舊别監御史在殿中密舉非法，侍御史掌察舉非法，受公卿郡吏奏事，有違失，舉劾之。都官從事主察舉百官犯法者，其餘郡國從事每郡國各一人主督促文書察舉非法。《桓譚傳》極言讖之非經，帝大怒曰：譚非聖無法，將下斬之。《丁鴻傳》部署之吏無所畏憚，縱行非法，不伏罪辜。

(清) 杜貴墀《漢律輯證》卷四 舉奏非是。《蓋寬饒傳》：饒坐舉奏大臣非是，左遷爲衛司馬。師古注，非是，不以實也。《陳湯傳》坐言事非是，幽囚久繫，歷時不決，執憲之吏，欲致之大辟。《功臣表》元狩二年，隨城侯不虞坐爲定襄都尉匈奴敗太守以聞非實謾免。《史記索隱》謂上聞天子狀不實爲謾。按，《唐律》奏事不實在《詐僞一》。《淮陽王欽傳》王舅張博數遺王書所言悖逆無道，王不舉奏而多與金錢，罪至不赦。《唐律》事應奏不奏在《職制二》。《平當傳》，成帝既罷昌陵以長首建忠策得下公卿議封長當，又以爲長雖有善言，不應封爵之科，坐前議不正，左遷鉅鹿太守。

《晉書》卷三《武帝紀》 〔太康〕九年春正月壬申朔，日有蝕之。詔曰：興化之本，由政平訟理也。二千石長吏不能勤恤人隱，而輕挾私故，興長刑獄，又多貪濁，煩撓百姓。其敕刺史二千石糾其穢濁，舉其公清，有司議其黜陟。令内外羣官舉清能，拔寒素。

《魏書》卷五《高宗紀》 〔太安五年〕九月戊辰，詔曰：夫褒賞必於有功，刑罰審於有罪，此古今之所同，由來之常式。牧守莅民，侵食百姓，以營家業，王賦不充，雖歲滿去職，應計前逋，正其刑罪。而主者失於督察，不加彈正，使有罪者優游獲免，無罪者妄受其辜，是啓姦邪之路，長貪暴之心，豈所謂原情處罪，以正天下。自今諸遷代者，仰列在職殿最，案制治罪。克舉者加之爵寵，有愆者肆之刑戮，使能否殊貫，刑賞不差。主者明爲條制，以爲常楷。

《魏書》卷八《世宗紀》 〔景明二年春正月〕辛亥，詔曰：諸州刺史，不親民事，緩於督察，郡縣稽逋，旬月之間，纔一覽決。淹獄久訟，動延時序，百姓怨嗟，方成困弊。尚書可明條制，申下四方，令日親庶事，嚴勒守宰，不得因循，寬怠虧政。

《魏書》卷四一《源賀傳》 〔後魏文成帝時〕斷獄多濫，〔源〕賀上書曰：案律：謀反之家，其子孫雖養他族，追還就戮，所以絶罪人之類，彰大逆之辜；其為刼賊應誅者，兄弟子姪在遠，道隔關津，皆不坐。竊惟先朝制律之意，以不同謀，非絶類之罪，故特垂不死之詔。若年十三已下，家人首惡，計謀所不及，愚以為可原其命，沒入縣官。高宗納之。賀為征南將軍，冀州刺史，改封隴西王，賀上書曰：臣聞：人之所寳，莫寳於生全；德之厚者，莫厚於宥死。然犯死之罪，難以盡恕，權其輕重，有可矜恤。今勁寇遊魂於北，狡賊負險於南，其在疆埸，猶須防戍。臣愚以為自非大逆，赤手殺人之罪，其坐贓及盗與過誤之愆應入死者，皆可原命，謫守邊境，是則已斷之體，更受全生之恩；徭役之家，漸蒙休息之惠。刑措之化，庶幾在兹。《虞書》曰：流宥五刑，此其義也。臣受恩深重，無以仰答，將違闕庭，豫增係戀，敢上瞽言，唯加裁察。高宗納之，已後入死者，皆恕死徙邊。久之，高宗謂羣臣曰：源賀勸朕宥諸死刑，徙充北番諸戍，自爾至今，一歲所活殊為不少，生濟之理既多，邊戍之兵有益。卿等事朕，致何善意也。苟人人如賀，朕治天下復何憂哉！顧憶誠言，利實廣矣。羣臣咸曰：非忠臣不能進此計，非聖明不能納此言。

(唐) 長孫無忌等《唐律疏議》卷一一《職制·有所請求》 諸有所請求者，笞五十；謂從主司求曲法之事。卽爲人請者，與自請同。主司許者，與同罪。主司不許及請求者，皆不坐。已施行，各杖一百。

疏議曰：凡是公事，各依正理。輒有請求，規爲曲法者，笞五十。即爲人請求，雖非己事，與自請同，亦笞五十。主司許者，謂然其所請，亦笞五十，故云與同罪。若主司不許及請求之人，皆不坐。已施行，謂曲法之事已行，主司及請求之者各杖一百，本罪仍坐。

所枉罪重者，主司以出入人罪論；他人及親屬爲請求者，減主司罪三等，自請求者，加本罪一等。

疏議曰：所枉重者，謂所司得囑請，枉曲斷事，重於一百杖者，主司得出入人罪論。假如先是一年徒罪，囑請免徒，主司得出入徒罪，還得一年徒坐。他人及親屬爲請求者，減主司罪三等，唯合杖八十，此則減罪輕於已施行杖一百，如此之類，皆依杖一百科之。若他人、親屬等囑請徒二年半罪，主司曲爲斷免者，他人等減三等，仍合徒一年，如此之類，減罪重於杖一百者，皆從減科。若身自請求而得枉法者，各加所請求罪一等科之。

即監臨勢要，執要者，雖官卑亦同。爲人囑請者，杖一百；所枉重者，罪與主司同，至死者減一等。

疏議曰：監臨者，謂統攝案驗之官。勢要者，謂除監臨以外，但是官人，不限階品高下，唯據主司畏懼不敢乖違者，雖官卑亦同。爲人囑請曲法者，無問行與不行，許與不許，但囑即合杖一百。主司許者，笞五十。所枉重於杖一百，與主司出入坐同。主司據法合死者，監臨勢要合減死一等。

（唐）長孫無忌等《唐律疏議》卷二四《鬭訟·越訴》 諸越訴及受者，各笞四十。若應合爲受，推抑而不受者笞五十，三條加一等，十條杖九十。

疏議曰：凡諸辭訴，皆從下始。從下至上，令有明文。謂應經縣而越向州、府、省之類，其越訴及官司受者，各笞四十。若有司不受，即訴者無罪。若應合爲受，謂非越訴，依令聽理者，即爲受。推抑而不受者，笞五十。三條加一等，謂不受四條杖六十，十條罪止杖九十。若越過州訴，受詞官人判付縣勘當者，不坐。請狀上訴，不給狀，科違令，笞五十。

即邀車駕及撾登聞鼓，若上表訴，而主司不即受者，加罪一等。其邀車駕訴，而入部伍内，杖六十。部伍，謂入導駕儀杖中者。

疏議曰：有人邀車駕及撾登聞鼓，若上表申訴者，主司即須爲受。不即受者，加罪一等，謂不受一條杖六十，四條杖七十，十條杖一百。其邀車駕訴人，輒入部伍内者，杖六十。注云部伍，謂入導駕儀仗中者，依《鹵簿令》：駕行，導駕者：萬年縣令引，次京兆尹，總有六引。注云：駕從餘州、縣出者，所在刺史、縣令導駕，並準此。儀仗依本品。若訴人入此儀仗中者，杖六十。

問曰：有人於殿庭訴事，或實或虚，合科何罪？

答曰：依令：尚書省訴不得理者，聽上表。受表恒有中書舍人、給事中、御史三司監受。若不於此三司上表，而因公事得入殿庭而訴，是名越訴。不以實者，依上條杖八十；得實者，不坐。

（唐）長孫無忌等《唐律疏議》卷二四《鬭訟·監臨知犯法不舉劾》 諸監臨主司知所部有犯法，不舉劾者，減罪人罪三等。糾彈之官，減二等。

疏議曰：監臨，謂統攝之官。主司，謂掌領之事及里正、村正、坊正以上。知所部之人，有違犯法、令、格、式之事，不舉劾者，減罪人罪三等，假有人犯徒一年，不舉劾者，得杖八十之類。糾彈之官，唯減二等，謂職當糾彈者。其金吾當檢校之處，知有犯法不舉劾者，亦同減罪人罪二等。

（唐）長孫無忌等《唐律疏議》卷二五《詐僞·詐病死傷檢驗不實》 諸有詐病及死傷，受使檢驗不實者，各依所欺，減一等。若實病死及傷，不以實驗者，以故入人罪論。

疏議曰：有詐病及死若傷，受使檢驗不以實，各依所欺減一等，即上條詐疾病者杖一百，檢驗不實，同詐妄，減一等，杖九十；傷殘徒一年半，減一等，徒一年；若詐死，徒二年上減一等，處徒一年半之類。若實病及傷，謂非詐病及詐傷，使者檢云無病及傷，便是故入人徒、杖之罪；若實死，檢云不死，即是妄入二年徒坐。使人枉入杖者得杖罪，枉入徒者得徒坐，各依前人入罪法。未決者，減一等。

（唐）長孫無忌等《唐律疏議》卷二八《捕亡·將吏捕罪人逗留不行》 諸罪人逃亡，將吏已受使追捕，而不行及逗留；謂故方便之者。雖行，與亡者相遇，人仗足敵，不鬭而退者：各減罪人罪一等；鬭而退者，減二等。即人仗不敵，不鬭而退者，減三等；鬭而退者，不坐。

疏議曰：依《捕亡令》：囚及征人、防人、流人、移鄉人逃亡，及欲入寇賊，若有賊盗及被傷殺，並須追捕。其罪人逃亡，謂犯罪事發而亡，囚與未囚並是。將吏已受使追捕者，謂見任武官爲將，文官爲吏，已受使追捕罪人。而不行及逗留，謂故作迴避逗留及詐爲疾患不去之類；

雖行，與亡者相遇，人兵器仗足得相敵，不戰鬭而退者：各減罪人罪一等，謂罪人合死，將吏處流三千里之類。鬭而退者，謂人仗足敵，鬭而退者，減二等；若罪人應死，將吏合徒三年。即人仗不敵，謂賊多兵少，或器仗不敵，不鬭而退者，減三等，罪人應死，將吏徒二年半。鬭而退者，不坐，謂人仗不敵，計盡力窮，知難而退者，不坐。

即非將吏，臨時差遣者，各減將吏一等。三十日內能自捕得罪人，獲半以上；雖不得半，但所獲者最重：皆除其罪。雖一人捕得，餘人亦同。若罪人已死及自首各盡者，亦從免法；不盡者，止以不盡人爲坐。

疏議曰：即非將吏，謂非見任文武官，即停家職資及勳官之類，臨時州縣差遣，領人追捕者，各減將吏罪一等。雖非將吏，奉勑差行者，亦同將吏之法，不在減一等之限。三十日內自捕得罪人，獲半以上，謂十人逃亡，獲得五六者；雖不得半，但所獲者最重，假有徒、流、死囚一時逃走，捕得死罪一人，雖不得徒、流九人：仍除其罪。雖是一人捕得，衆共失囚之人並同免法。若罪人已死，謂自死及被他人殺，若能歸首，十人俱盡者，亦從免法；若罪人自首不盡，止以不盡之人，準罪爲坐。限外，若配贖以後，能自捕得者，各追減三等；即爲人捕得及罪人已死，若自首，各追減二等。已經奏決者，不在追減之例。餘條追減準此。

疏議曰：失罪人經三十日，追捕不得，無官蔭者或配徒、流，有官蔭者或已徵贖，此後能自捕得罪人，各追減前所斷罪三等。即他人捕得及罪人身死訖，若罪人自首，各得追減二等。注云已經奏決者，不在追減之例，謂將吏以下失罪人，其罪已經奏決徒、流、笞、杖之類，不在追減之例。餘條追減準此，謂亡失寶印及不覺失囚等，稱追減者，若事經奏決，亦不在追減之例，故云餘條準此。

（唐）長孫無忌等《唐律疏議》卷二八《捕亡・捕罪人漏露其事》

諸捕罪人，有漏露其事，令得逃亡者，減罪人罪一等。罪人有數罪，但以所收捕罪爲坐。

疏議曰：捕罪人，謂上條將吏以下受使追捕。而有漏露應捕之事，令使罪人逃避者，漏露之人減罪人罪一等。注云罪人有數罪者，假有一人，或行强盜，兼復殺人，又欲謀叛：若爲謀叛而捕，漏露者唯從謀叛減一等；若爲賊盜或殺人而捕，漏露者即從賊盜、殺人上減一等，不論謀叛。故云但以所收捕罪爲坐。

未斷之間，能自捕得，除其罪；相容隱者爲捕得，亦同。餘條相容隱爲捕得，準此。即他人捕得，若罪人已死及自首，又各減一等。

疏議曰：未斷之間，謂漏露之罪，未經斷定。能自捕得罪人者，除其失囚之罪。相容隱者爲捕得，謂同居及大功以上親、外祖父母、外孫、若孫之婦、夫之兄弟及兄弟妻，奴婢、部曲爲主捕得，並同身自捕獲，皆除其罪。注云餘條相容隱爲捕得，準此，假如上條將吏受使追捕罪人致失者，相容隱捕得，亦與自捕得同。故云亦準此。即他人捕得，若罪人已死，謂自死及被他人殺者皆同，及自首，又各於罪人上更減一等，總減罪人罪二等。

（唐）長孫無忌等《唐律疏議》卷二八《捕亡・流徒囚役限內亡》

諸流徒囚，役限內而亡者，犯流、徒應配及移鄉人，未到配所而亡者，亦同。一日笞四十，三日加一等；過杖一百，五日加一等。

疏議曰：流、徒囚，謂或流或徒者。各在其役限內而亡者，注云犯流、徒應配及移鄉人，未到配所而逃亡者，各與流徒囚役限內而亡罪同，一日笞四十，三日加一等，十九日合杖一百。過杖一百，五日加一等，五十九日流三千里。

主守不覺失囚，減囚罪三等；即不滿半年徒者，一人笞三十，三人加一等，罪止杖一百。監當官司，又減三等。故縱者，各與同罪。

疏議曰：主守，謂主守囚徒之人及部領流移人等。不覺囚亡，減囚罪三等，謂從囚本罪上減三等，不從逃坐減之。即不滿半年徒者，謂徒役將滿，餘日不滿半年徒，而有逃亡者，不計逃日而科，唯據亡人之數爲罪，一人笞三十，三人加一等，謂四人亡，合笞四十；不覺二十二人亡，即至罪止，合杖一百。監當官司，又減三等，謂減主守罪三等，不覺二十二人亡者，罪止杖七十。故縱者，各與同罪，稱各者，謂監當官司及主守，各與亡囚本犯罪同。

（唐）長孫無忌等《唐律疏議》卷二八《捕亡・主守不覺失囚》 諸主守不覺失囚者，減囚罪二等；若囚拒捍而走者，又減二等。皆聽一百日追捕。限內能自捕得及他人捕得，若囚已死及自首，除其罪。即限外捕得，及囚已死，若自首者，各又追減一等。

疏議曰：主守者，謂專當守囚之人，典獄之類，不覺失囚者。減囚罪二等，假失死囚合徒三年之類。若囚拒捍强走，力不能制，又減二等。皆聽一百日追捕，限内能自捕得，及他人捕得者，不限親踈，若囚已死及自歸首，並除失囚之罪。即百日限外捕得，及囚已死，若囚自首各又追減失囚本罪一等。稱追減者，謂失囚之罪已經斷訖者，仍更追減。若已奏決者，不在追減之例。

監當之官，各減主守三等。故縱者，不給捕限，即以其罪罪之。未斷決間能自捕得，及他人捕得，若囚已死，及自首各減一等。謂此篇内，監臨主司，應坐。當條不立捕訪限，及不覺故縱者，並準此法。

疏議曰：監當之官，謂檢校專知囚者，即當直官人在直時，其判官準令合還。而失囚者，罪在當直之官各減主守三等。謂減囚罪五等，囚若拒捍而走，得減囚罪七等之類。故縱者，不給捕限，謂主守及監當之官故縱囚逃亡者，並不給限捕訪。即以其罪罪之者，謂縱死囚得死罪，縱流徒囚得流徒罪之類。未斷決間，謂官當收贖者，未斷死及笞杖者未決，能自捕得，及他人捕得，若囚已死及自首，各減一等。

注謂此篇内監臨主司應坐，當條不立捕訪限，及不覺故縱者，並準此法。

疏議曰：上條征人逃亡者，主司故縱與同罪，及流徒囚限内而亡，監當官司不立捕限，及不覺故縱如此之類，並準此條爲法。

（唐）長孫無忌等《唐律疏議》卷二九《斷獄·囚應禁不禁》 諸囚應禁而不禁，應枷、鏁、杻而不枷、鏁、杻及脱去者，杖罪笞三十，徒罪以上遞加一等，迴易所著者，各減一等。

疏議曰：《獄官令》禁囚：死罪枷、杻，婦人及流以下去杻，其杖罪散禁。又條：應議請、減者，犯流以上，若除、免、官當，並鏁禁。即是犯笞者不合禁，杖罪以上始合禁推。其有犯杖罪不禁，應枷、鏁、杻而不枷、鏁、杻及脱去者，杖罪，笞三十；徒罪不禁及不枷、鏁若脱去者，笞四十；流罪不禁及不枷、鏁若脱去者，笞五十；死罪不禁及不枷、鏁、杻若脱去者，杖六十：是名遞加一等。迴易所著者，各減一等，謂應枷而鏁，應鏁而枷，是名迴易所著，徒罪者，笞三十；流罪，笞四十；死罪，笞五十。

即囚自脱去及迴易所著者，罪亦如之。若不應禁而禁及不應枷、鏁、杻而枷、鏁、杻者，杖六十。

疏議曰：即囚自擅脱去枷、鏁、杻者，徒罪笞四十，流罪以上遞加一等；即囚自迴易所著者，各減一等。故云亦如之。若不應禁而禁及不應枷、鏁、杻而枷、鏁、杻，並謂據令不合者，各杖六十。

（唐）長孫無忌等《唐律疏議》卷二九《斷獄·與囚金刃解脱》 諸以金刃及他物，可以自殺及解脱，而與囚者，杖一百；若囚以故逃亡及自傷、傷人者，徒一年；自殺、殺人者，徒二年；若囚本犯流罪以上，因得逃亡，雖無傷殺，亦準此。

疏議曰：金刃，謂錐、刀之屬。他物，謂繩、鋸之類。可以自殺及解脱枷、鏁、杻，雖囚之親屬及他人與者，物雖未用，與者即杖一百。若以得金刃等故，因得逃亡，或自傷害，或傷他人，與物者徒一年；若因自殺，或殺他人，與物者徒二年；若因本犯流罪以上，因得金刃等物而得逃亡者，雖無殺傷，與物者亦徒二年。

即因逃亡，未斷之間，能自捕得及他人捕得，若因自首及已死，各減一等。即子孫以可解脱之物與祖父母、父母，部曲、奴婢與主者，罪亦同。

疏議曰：謂因因得金刃及他物之故，以自解脱而得逃走，與物人罪未斷之間，能自捕得及他人捕得，若因自來歸首及囚自死，或他人殺之者亦同，各減一等，謂徒以下囚逃者，一年徒上減；流、死囚逃走，二年徒上減。即子孫以可解脱之物，謂稱孫者，曾、玄同，而與祖父母、父母；或部曲、奴婢與主者：並與凡人罪同。亦不合輒自捕捉，若官司遣捕而送者，無罪；自捕送官者，同告法。若有傷殺而逃亡者，後能捕獲，與物之人，各依前傷殺之罪，不合減科。

（唐）長孫無忌等《唐律疏議》卷二九《斷獄·囚應給衣食醫藥而不給》 諸囚應請給衣食醫藥而不請給，及應聽家人入視而不聽，應脱去枷、鏁、杻而不脱去者，杖六十；以故致死者，徒一年。即減竊囚食，笞五十；以故致死者，絞。

疏議曰：準《獄官令》：囚去家縣遠絶餉者，官給衣糧，家人至日，依數徵納。囚有疾病，主司陳牒，請給醫藥救療。此等應合請給，而主司

不爲請給及主司不即給；準令病重，聽家人入視而不聽；及應脱去枷、鏁、杻，而所司不爲脱去者：所由官司合杖六十。以故致死者，謂不爲請及雖請不即爲給衣糧、醫藥，病重不許家人入視及不脱去枷、鏁、杻，由此致死者，所由官司徒一年。即減竊囚食者，不限多少，笞五十。若由減竊囚食，其囚以故致死者，減竊之人合絞。

（唐）長孫無忌等《唐律疏議》卷二九《斷獄・訊囚察辭理》　諸應訊囚者，必先以情，審察辭理，反覆參驗；猶未能決，事須訊問者，立案同判，然後拷訊。違者，杖六十。

疏議曰：依《獄官令》：察獄之官，先備五聽，又驗諸證信，事狀疑似，猶不首實者，然後拷掠。故拷囚之義，先察其情，審其辭理，反覆案狀，參驗是非。猶未能決，謂事不明辨，未能斷決，事須訊問者，立案，取見在長官同判，然後拷訊。若充使推勘及無官同判者，得自別拷。若不以情審察及反覆參驗，而輒拷者，合杖六十。

若贓狀露驗，理不可疑，雖不承引，即據狀斷之。若事已經赦，雖須追究，並不合拷。謂會赦移鄉及除、免之類。

疏議曰：若贓狀露驗，謂計贓者見獲真贓，殺人者檢得實狀，贓狀明白，理不可疑，問雖不承，聽據狀科斷。若事已經赦者，雖須更有追究，並不合拷。注云謂會赦移鄉及除、免之類，謂殺人會赦，仍合移鄉；犯十惡、故殺人、反逆緣坐，會赦猶除名；監臨主守於所監守犯姦、盜、略人若受財而枉法，會赦仍合免所居官。稱之類，謂會赦免死猶流，及盜、詐、枉法猶徵正贓，故云之類。

（唐）長孫無忌等《唐律疏議》卷二九《斷獄・拷囚不得過三度》　諸拷囚不得過三度，數總不得過二百，杖罪以下不得過所犯之數。拷滿不承，取保放之。

疏議曰：依《獄官令》：拷囚每訊相去二十日。若訊未畢，更移他司，仍須拷鞫，即通計前訊以充三度。故此條拷囚不得過三度，杖數總不得過二百。杖罪以下，謂本犯杖罪以下、笞十以上，推問不承，若欲須拷，不得過所犯笞、杖之數，謂本犯一百杖，拷一百不承，取保放免之類。若本犯雖徒一年，應拷者亦得拷滿二百，拷滿不承，取保放之。

若拷過三度及杖外以他法拷掠者，杖一百；杖數過者，反坐所剩；以故致死者，徒二年。

疏議曰：拷過三度，謂雖二百杖，不得拷過三度。及杖外以他法拷掠，謂拷囚於法杖之外，或以繩懸縛，或用棒拷打，但應行杖外，悉爲他法。犯者，合杖一百。杖數過者，反坐所剩，謂因本犯杖一百，乃拷二百，官司得一百剩罪之類。以故致死者，謂拷過三度，或用他法及杖數有過，而致死者，徒二年。

即有瘡病，不待差而拷者，亦杖一百；若決杖笞者，笞五十；以故致死者，徒一年半。若依法拷決，而邂逅致死者，勿論；仍令長官等勘驗，違者杖六十。拷決之失，立案、不立案等。

疏議曰：拷雖依法，囚身有瘡若病，不待差而拷者，杖一百。若決杖笞者，笞五十。若囚瘡病未差，而拷及決杖笞致死者，徒一年半。若依法用杖，依數拷決，而囚邂逅致死者，勿論。邂逅，謂不期致死而死，《詩》云邂逅相遇，言不期而遇。仍長官以下，並親自檢勘，知無他故，具爲文案。若長官等不即勘檢者，杖六十。注云拷決之失，謂訊囚及決杖笞，於法有失者，立案、不立案等。其有失者，依《職制律》：失者，聽減三等。

（唐）長孫無忌等《唐律疏議》卷二九《斷獄・鞫獄官停囚待對牒至不遣》　諸鞫獄官，停囚待對問者，雖職不相管，皆聽直牒追攝。雖下司，亦聽。牒至不即遣者，笞五十；三日以上，杖一百。

疏議曰：鞫獄官，謂推鞫主司。停囚待對問，謂囚徒侶見在他所，須追對問者。雖職不相管，皆聽直牒。稱直牒者，謂不緣所管上司，直牒所管追攝。注云雖下司，亦聽，假如大理及州、縣官，須追省、臺之人，皆得直牒追攝。牒至，皆須即遣。不即遣者，笞五十；三日以上，杖一百。

（唐）長孫無忌等《唐律疏議》卷二九《斷獄・依告狀鞫獄》　諸鞫獄者，皆須依所告狀鞫之。若於本狀之外，別求他罪者，以故入人罪論。

疏議曰：鞫獄者，謂推鞫之官，皆須依所告本狀推之，若於本狀之外，傍更推問，別求得笞、杖、徒、流及死罪者，同故入人罪之類。若因其告狀，或應掩捕搜檢，因而檢得別罪者，亦得推之。其監臨主司，於所部告狀之外，知有別罪者，即須舉牒，別更糾論，不得因前告狀而輒推

鞫。若非監臨之官，亦不得狀外別舉推勘。

（唐）長孫無忌等《唐律疏議》卷二九《斷獄·囚徒伴移送併論》 諸鞫獄官，囚徒伴在他所者，聽移送先繫處併論之。謂輕從重。若輕重等，少從多。多少等，後從先。若禁處相去百里外，各從事發處斷之。違者，杖一百。

疏議曰：鞫獄官，囚徒伴在他所者，假有諸縣相去各百里內，東縣先有繫囚，西縣囚復事發，其事相連，應須對鞫，聽移後發之囚，送先繫之處併論之。注云謂輕從重，謂輕罪發雖在先，仍移輕以就重。若輕重等，少從多，謂兩縣之囚，罪名輕重等者，少處發雖在先，仍移就多處。若多少等，即移後繫囚，從先繫處。若禁囚之所相去百里外者，各從事發處斷之，既恐失脱囚徒，又慮漏泄情狀，故令當處斷之。違者，各杖一百。

若違法移囚，即令當處受而推之，申所管屬推劾。若囚至不受及受而不申者，亦與移囚罪同。

疏議曰：違法移囚，謂移重就輕，或移多就少之類。即令當處受而推之，謂囚至之處，即合受推。仍申所管之州推劾，謂兩縣囚申州，兩州囚申省，並依狀推劾。

因至不肯爲受，或受囚不申管屬，與擅移囚罪同，亦杖一百。即擅移因縣各隸別州者，即受囚之縣申所管之州，轉牒送囚之州，依法推劾。此等移囚，並謂兩處事發。若是一處事發者，不限遠近，皆須直牒追攝，如有違者，自從上法。

（唐）長孫無忌等《唐律疏議》卷二九《斷獄·決罰不如法》 諸決罰不如法者，笞三十；以故致死者，徒一年。即杖麤細長短不依法者，罪亦如之。

疏議曰：依《獄官令》：決笞者，腿、臀分受。決杖者，背、腿、臀分受。須數等。拷訊者亦同。笞以下，願背、腿分受者，聽。決罰不依此條，是不如法，合笞三十。以此決罰不如法，而致死者，徒一年。依令：杖皆削去節目，長三尺五寸。訊囚杖，大頭徑三分二釐，小頭二分二釐。常行杖，大頭二分七釐，小頭一分七釐。笞杖，大頭二分，小頭一分五釐。謂杖長短麤細不依令者，笞三十；以故致死者，徒一年。故云亦如之。

（唐）長孫無忌等《唐律疏議》卷三〇《斷獄·監臨自以杖捶人》 諸監臨之官因公事，自以杖捶人致死及恐迫人致死者，各從過失殺人法；若以大杖及手足毆擊，折傷以上，減鬭殺傷罪二等。

疏議曰：謂臨統案驗之官，情不挾私，因公事，前人合杖、笞，自以杖捶人致死；及恐迫人致死，謂因公事，欲求其情，或恐喝，或迫脅，前人怕懼而自致死者：各依過失殺人法，各徵銅一百二十斤入死家。若前人是卑賤，罪不至死者，各依本殺法徵銅。若以大杖及手足毆擊，折傷以上者，自擊、使人擊等，減鬭殺傷罪二等，謂其應償死者，合徒三年之類。

雖是監臨主司，於法不合行罰及前人不合捶拷，而捶拷者，以鬭殺傷論，至死者加役流。即用刃者，各從鬭殺傷法。

疏議曰：雖是監臨主司，於法不合行罰，謂非判事之官及非專當督領者，不得輒行捶罰。假有人犯徒以上罪，合送法司，不送法司，當曹即自行決罰之類；及前人不合捶拷，謂前人無罪，或雖有罪應合官當、收贖之類，而輒捶拷者：以鬭殺傷論，謂傷與不傷，並依他物鬭毆之法。其因捶拷而致死者，加役流。用刃者，謂監臨之官自以杖捶人致死以下，有用刃殺傷者，各依《鬭訟律》：用刃殺者，斬；用兵刃殺者，同故殺法。

問曰：里正、坊正、村正及主典，因公事行罰前人致死，合得何罪？

答曰：里正、坊正、村正等，唯掌追呼催督，不合輒加笞杖，其有因公事相毆擊者，理同凡鬭而科。主典檢請是司，理非行罰之職，因公事捶人者，亦與里正等同。

（唐）長孫無忌等《唐律疏議》卷三〇《斷獄·斷罪不具引律令格式》 諸斷罪皆須具引律、令、格、式正文，違者笞三十。若數事共條，止引所犯罪者，聽。

疏議曰：犯罪之人，皆有條制。斷獄之法，須憑正文。若不具引，或致乖謬。違而不具引者，笞三十。若數事共條，謂依《名例律》：二罪以上俱發，以重者論。即以贓致罪，頻犯者並累科。假有人雖犯二罪，並不因贓，而斷事官人止引二罪俱發以重者論，不引以贓致罪之類者，聽。

（唐）長孫無忌等《唐律疏議》卷三〇《斷獄・應言上待報而輒自決斷》　諸斷罪應言上而不言上，應待報而不待報，輒自決斷者，各減故失三等。

疏議曰：依《獄官令》：杖罪以下，縣決之。徒以上，縣斷定，送州覆審訖，徒罪及流應決杖、笞若應贖者，即決配徵贖。其大理寺及京兆、河南府斷徒及官人罪，并後有雪減，並申省，省司覆審無失，速即下知；如有不當者，隨事駮正。若大理寺及諸州斷流以上，若除、免、官當者，皆連寫案狀申省，大理寺及京兆、河南府即封案送。若駕行幸，即準諸州例，案覆理盡申奏。若不依此令，是應言上而不言上；其有事申上，合待報下而不待報，輒自決斷者：各減故、失三等，謂故不申上、故不待報者，於所斷之罪減三等；若失不申上、失不待報者，於《職制律》公事失上各又減三等。即死罪不待報，輒自決者，依下文流二千里。

（唐）長孫無忌等《唐律疏議》卷三〇《斷獄・輒引制敕斷罪》　諸制敕斷罪，臨時處分，不爲永格者，不得引爲後比。若輒引，致罪有出入者，以故失論。

疏議曰：事有時宜，故人主權斷制敕，量情處分。不爲永格者，不得引爲後比。若有輒引，致罪有出入者，以故失論，謂故引有出入，各得下條故出入之罪；其失引者，永準下條失出入罪論。

（唐）長孫無忌等《唐律疏議》卷三〇《斷獄・官司出入人罪》　諸官司入人罪者，謂故增減情狀足以動事者，若聞知有恩赦而故論決，及示導令失實辭之類。若入全罪，以全罪論；雖入罪，但本應收贖及加杖者，止從收贖、加杖之法。

疏議曰：官司入人罪者，謂或虛立證據，或妄構異端，捨法用情，鍛鍊成罪。故注云，謂故增減情狀足以動事者，若聞知國家將有恩赦，而故論決囚罪及示導教令，而使詞狀乖異。稱之類者，或雖非恩赦，而有格式改動；若非示導，而恐喝改詞。情狀既多，故云之類。若入全罪，謂前人本無負犯，虛構成罪，還以虛構枉入全罪科之。

注：雖入罪，但本應收贖及加杖者，止從收贖、加杖之法。

疏議曰：假有入官蔭人及廢疾流罪，前人合贖入者，亦以贖論；或入官户、部曲、奴婢并單丁之人，前人合加杖者，亦依加杖之法收贖，不用官當及配流、役身之例。此是官司入人罪，與誣告之法不同。

從輕入重，以所剩論；刑名易者：從笞入杖、從徒入流亦以所剩論，從徒入流者，三流同比徒一年爲剩；即從近流而入遠流者，同比徒半年爲剩；若入加役流者，各計加役年爲剩。從笞杖入徒流、從徒流入死罪亦以全罪論。其出罪者，各如之。

疏議曰：從輕入重，以所剩論，假有從笞十入三十，即剩入笞二十；從徒一年入一年半，即剩入半年徒，所入官司，各得笞二十及半年徒之類。刑名易者，從笞入杖，亦得所剩之罪；從徒入流者，注云三流同比徒一年爲剩，謂從徒三年入流二千里，或二千五百里，或流三千里，遠近雖異，俱曰流刑，至於配所役身，三流同有一年居作，故從徒入流，三流同比徒一年爲剩。即從近流二千里，入至二千五百里，或入至三千里者，同比徒半年爲剩。若從三流入至加役流者，各計加役年爲剩，但入加役流者，加常流役二年，將加役二年以爲剩罪。從笞杖入徒、流，從徒、流入死罪，假有從百杖入徒一年，即是全入一年徒坐；從徒流入死罪，謂從一年徒以上至三千里流，而入死刑者，亦依全入死罪之法：故云亦以全罪論。其出罪者，謂增減情狀之徒，足以動事之類。或從重出輕，依所減之罪科斷，從死出至徒、流，從徒、流出至笞、杖，各同出全罪之法，故云出罪者，各如之。假有囚犯一年徒坐，官司故入至加役流，即從一年至三年，是剩入二年徒罪，從徒三年入至三流，即三流同比徒一年爲剩，加役流復剩二年，即是剩五年徒坐。官司從加役流出至徒一年，亦準此。即斷罪失於入者，各減三等；失於出者，各減五等。若未決放及放而還獲，若囚自死，各聽減一等。

疏議曰：即斷罪失於入者，上文故入者，各以全罪論，失於入者，各減三等，假有從笞失入百杖，於所剩罪上減三等；若入至徒一年，即同入全罪之法，於徒上減三等，合杖八十之類。失於出者，各減五等，假有失出死罪者，減五等合徒一年半；失出加役流，亦準此，三流同爲一減，減五等，合徒一年之類。若未決放者，謂故入及失入死罪，及杖罪未決，其故出及失出死罪以下未放；及已放而更獲；若囚自死，但使囚死，不問死由：各聽減一等，謂於故出入及失出入上，各聽減一等。即別使推事，通狀失情者，各又減二等；所司已承誤斷訖，即從失出入法。

雖有出入，於決罰不異者，勿論。

疏議曰：别使推事，謂充使别推覆者。通狀失情，謂不得本情，或出或入。各又減二等，失入者，於失入減三等上又減二等；若失出者，於失出減五等上又減二等。所司已承誤斷訖，謂曹司承誤通之狀，已依斷訖。即從失出入法，謂皆從在曹司出入法科之，並同減五等、三等之例。若未決放及放而還獲，若囚自死，各聽減一等。其所司承誤已斷訖者，曹司同餘官案省不覺法。雖有出入，於決罰不異，假有官户、部曲、官私奴婢，本犯合徒三年斷入流罪，或從三流之法科徒三年，各止加杖二百，刑名雖有出入，加杖數即不殊者，無罪。故云於決罰不異者，勿論。

問曰：有人本犯加役流，出爲一年徒坐，放而還獲減一等，合得何罪？

答曰：全出加役流，官司合得全罪；放而還獲減一等，合徒五年。今從加役流出爲一年徒坐，計有五年剩罪；放而還獲減一等，若依徒法減一等，仍合四年半徒。既是剩罪，不可重於全出之坐，舉重明輕，止合三年徒罪。

（唐）長孫無忌等《唐律疏議》卷三〇《斷獄・赦前斷罪不當》 諸赦前斷罪不當者，若處輕爲重，宜改從輕；處重爲輕，即依輕法。

疏議曰：處斷刑名，或有出入不當本罪，其事又在恩前，恐判官執非不移，故明從輕坐之法。若處輕爲重，宜改從輕，假有鬬殺堂兄，當時作親兄，斷爲惡逆，會赦之後，改從堂兄，坐當不睦，赦若十惡亦原，處流二千里，以常赦不免，故仍處流坐。又如鬬殺凡人，斷爲殺緦麻尊長，會赦，十惡不免，改爲雜犯，免死，移鄉。此並仍有輕罪。又有受所監臨五十疋，斷爲枉法處死，會赦，改爲受所監臨，不在徵贓之例。又有犯近流，科作遠流，或止合一官當徒，斷用二官以上，若奏畫訖及流至配所會赦者，改從本犯近流及還所枉告身，若未奏畫及流人未到流所會赦者，即從赦原。若應徵銅而處輕爲重，其銅或在限外未輸，或在限内納訖，會赦者，並改從輕法，其剩納者，却還；未送者，依輕罪數徵納。若限内未納會赦者，從赦並免。稱輕者，全免亦是。故令云：犯罪未斷決，逢格改者，格重，聽依犯時；格輕，聽從輕法。即總全無罪，亦名輕法。其處重爲輕，即依輕法，假令犯十惡，非常赦所不免者，當時斷爲輕重及全放，並依赦前斷定。

其常赦所不免者，依常律。常赦所不免者，謂雖會赦，猶處死及流，若除名、免所居官及移鄉者。

疏議曰：常赦所不免者，赦書云罪無輕重，皆赦除之，不言常赦所不免者，亦不在免限，故云依常律。即：犯惡逆，仍處死；反、逆及殺從父兄姊、小功尊屬、造畜蠱毒，仍流；十惡、故殺人、反逆緣坐，獄成者，猶除名；監守内姦、盜、略人、受財枉法，獄成會赦，免所居官；殺人應死，會赦移鄉等是。

即赦書定罪名，合從輕者，又不得引律比附入重，違者各以故、失論。

疏議曰：赦書定罪名，合從輕者，假如貞觀九年三月十六日赦：大辟罪以下並免。其常赦所不免、十惡、祅言惑衆、謀叛已上道等，並不在赦例。據赦，十惡之罪，赦書不免；謀叛即當十惡，未上道者，赦特從原。叛罪雖重，赦書定罪名合從輕，不得引律科斷，若比附入重。違者，以故、失論。

（唐）長孫無忌等《唐律疏議》卷三〇《斷獄・獄結竟取服辯》 諸獄結竟，徒以上，各呼囚及其家屬，具告罪名，仍取囚服辯。若不服者，聽其自理，更爲審詳。違者，笞五十；死罪，杖一百。

疏議曰：獄結竟，謂徒以上刑名，長官同斷案已判訖，徒、流及死罪，各呼囚及其家屬，具告所斷之罪名，仍取囚服辯。其家人、親屬，唯止告示罪名，不須問其服否。囚若不服，聽其自理，依不服之狀，更爲審詳。若不告家屬罪名，或不取囚服辯及不爲審詳，流、徒罪並笞五十，死罪杖一百。

（唐）長孫無忌等《唐律疏議》卷三〇《斷獄・緣坐没官不如法》

諸緣坐應没官而放之，及非應没官而没之者，各以流罪故、失論。

疏議曰：《賊盜律》：謀反及大逆人，子年十五以下及母女、妻妾，子妻妾亦同，若祖孫、兄弟、姊妹，並没官。男夫年八十及篤疾，婦人年六十及癈疾，並免。出養、入道及娉妻未成者，並不追坐。若應没而放，應放而没，各依流罪以故失論，謂反逆緣坐流三千里，没官罪重，須用三千里流法，若故，同故出入三千里流；若失，同失出入三千里流。稱放

者，應没遺流，與全放無別；應流遺没，得罪亦同。

（唐）長孫無忌等《唐律疏議》卷三〇《斷獄・徒流送配稽留》 諸徒、流應送配所，而稽留不送者，一日笞三十，三日加一等；過杖一百，十日加一等，罪止徒二年。不得過罪人之罪。

疏議曰：徒、流應送配所，謂徒罪斷訖，即應役身。準《獄官令》：犯徒應配居作，在京送將作監，在外州者供當處官役。案成即送，而稽留不送；其流人，準令：季別一遣。若符在季末三十日内至者，聽與後季人同遣。違而不送者：一日笞三十，三日加一等；過杖一百，十日加一等，五十二日罪止徒二年。注云不得過罪人之罪，謂罪人應徒一年者，稽留官司亦罪止徒一年之類。

（唐）長孫無忌等《唐律疏議》卷三〇《斷獄・婦人懷孕犯死罪》 諸婦人犯死罪，懷孕，當決者，聽産後一百日乃行刑。若未産而決者，徒二年；産訖，限未滿而決者，徒一年。失者，各減二等。其過限不決者，依奏報不決法。

疏議曰：婦人犯死罪，懷孕，當應行決者，聽産後一百日乃行刑。若未産而決者，徒二年；産訖，未滿百日而決者，徒一年。失者，各減二等，未産而決，徒一年；産訖，限未滿而決者，杖九十。即過限不決者，依奏報不決法，謂依下條：即過限不決者，違一日杖一百，二日加一等。

（唐）長孫無忌等《唐律疏議》卷三〇《斷獄・拷決孕婦》 諸婦人懷孕，犯罪應拷及決杖笞，若未産而拷、決者，杖一百；傷重者，依前人不合捶拷法；産後未滿百日而拷決者，減一等。失者，各減二等。

疏議曰：婦人懷孕，犯罪應拷及決杖笞，皆待産後一百日，然後拷、決。若未産而拷及決杖笞者，杖一百。傷重者，謂傷損之罪，重於杖一百者。依前人不合捶拷法，謂依上條：監臨之官，前人不合捶拷而捶拷者，以鬬殺傷論。若墮胎者，合徒二年。婦人因而致死者，加役流。限未滿而拷決者，減一等，謂減未産拷決之罪一等。失者，各減二等，謂未産而失拷、決，於杖一百上減二等；傷重，於鬬傷上減二等。若産後未滿而拷決者，於杖九十上減二等；傷重者，於鬬傷上減三等。

（唐）長孫無忌等《唐律疏議》卷三〇《斷獄・立春後秋分前不決死囚》 諸立春以後、秋分以前決死刑者，徒一年。其所犯雖不待時，若於斷屠月及禁殺日而決者，各杖六十。待時而違者，加二等。

疏議曰：依《獄官令》：從立春至秋分，不得奏決死刑。違者，徒一年。若犯惡逆以上及奴婢、部曲殺主者，不拘此令。其大祭祀及致齋、朔望、上下弦、二十四氣、雨未晴、夜未明、斷屠月日及假日，並不得奏決死刑。其所犯雖不待時，若於斷屠月，謂正月、五月、九月，及禁殺日，謂每月十直日，月一日、八日、十四日、十五日、十八日、二十三日、二十四日、二十八日、二十九日、三十日，雖不待時，於此月日，亦不得決死刑，違而決者，各杖六十。待時而違者，謂秋分以前、立春以後，正月、五月、九月及十直日，不得行刑，故違時日者，加二等，合杖八十。其正月、五月、九月有閏者，令文但云正月、五月、九月斷屠，即有閏者各同正月，亦不得奏決死刑。

（唐）長孫無忌等《唐律疏議》卷三〇《斷獄・死囚覆奏報決》 諸死罪囚，不待覆奏報下而決者，流二千里。即奏報應決者，聽三日乃行刑，若限未滿而行刑者，徒一年；即過限，違一日杖一百，二日加一等。

疏議曰：死罪囚，請奏畫已訖，應行刑者。皆三覆奏訖，然始下決。若不待覆奏報下而輒行決者，流二千里。即奏報應決者，謂奏訖報下，應行決者。聽三日乃行刑，稱日者，以百刻，須以符到三日乃行刑。若限未滿三日而行刑者，徒一年。即過限，違一日杖一百，二日加一等。在外既無漏刻，但取日周晬時爲限。

（唐）長孫無忌等《唐律疏議》卷三〇《斷獄・斷罪應決配而收贖》 諸斷罪應決配之而聽收贖，應收贖而決配之，若應官當而不以官當及不應官當而以官當者，各依本罪，減故、失一等。死罪不減。

疏議曰：斷罪應決配之，謂無官蔭及非老、小及疾之色，犯笞、杖應決，徒、流應配，官司乃聽收贖；應收贖，謂有官蔭及廢疾，若年七十以上，十五以下，本罪合贖而決配之；若應官當，謂流内九品以上，犯徒以上罪，合以官當，官司乃不以官當；或不應官當，謂罪輕不盡其官及過失犯罪，不合用官當徒，而官司乃以官當者：各依本犯當、贖及決、配之罪，減故、失一等，謂故言出入、失出入者，各從本罪上減一等，是名減故、失一等。注云死罪不減，若應死而聽當、贖，應收贖而真

決死刑，不在減例，各從出入死罪故、失科之。

即品官任流外及雜任，於本司及監臨犯杖罪以下，依決罰例。

疏議曰：品官任流外及雜任，謂身帶勳官、散官而任流外及雜任者。於本司及監臨，謂於本司及臨時監統者。若犯杖罪以下，依流外、雜任之例決杖，不准官品徵贖。若徒罪以上，自依當、贖法。其有準蔭應贖者任流外及雜任，若犯杖罪以下，亦準品官，依決罰例。

（唐）長孫無忌等《唐律疏議》卷三〇《斷獄·斷罪應斬而絞》 諸斷罪應絞而斬，應斬而絞，徒一年；自盡亦如之。失者，減二等。即絞訖，別加害者，杖一百。

疏議曰：犯罪應絞而斬，應斬而絞，徒一年，以其刑名改易，故科其罪。自盡亦如之，依《獄官令》：五品以上，犯非惡逆以上，聽自盡於家。若應自盡而絞、斬，應絞、斬而令自盡，亦合徒一年，故云亦如之。失者，減二等，謂原情非故者，合杖九十。即絞訖，別加害者，謂絞已致斃，別加拉幹、折腰之類者，杖一百。

（唐）長孫無忌等《唐律疏議》卷三〇《斷獄·領徒囚應役不役》 諸領徒應役而不役，及徒囚病愈不計日令陪役者，過三日笞三十，三日加一等；過杖一百，十日加一等，罪止徒二年。不得過罪人之罪。

疏議曰：領徒應役，謂掌領囚徒，令役身者而不役；及徒囚因病給假，病愈合役，不令陪役者：過三日笞三十，三日加一等，過二十四日合杖一百。過杖一百，十日加一等，罪止徒二年。注云不得過罪人之罪，謂如應徒一年者，雖多日不役，亦不得過徒一年；其二年以下，並準此。囚數多者，從不役人日多者爲罪。

（唐）長孫無忌等《唐律疏議》卷三〇《斷獄·縱死囚後捕得稽留不報》 諸縱死罪囚，令其逃亡，後還捕得及囚已身死，若自首，應減死罪者，其獲囚及死者之處，即須遣使速報應減之所，有驛處發驛報之。若稽留使不得減者，以入人罪故、失論減一等。

疏議曰：謂囚合死在禁，所司縱令逃亡，依故縱之條，還合死罪。捕得，及囚已死，若自首，應減死罪者，謂依《捕亡律》及上條放而還獲，得減一等者。其獲囚之處及死首之所，即須遣使速報應減死之處；若有驛之處，發驛報之。若使人及官司稽留，令不得減罪，致使囚已決訖者，以入人罪故、失論減一等，謂故稽遲，從故入上減一等，流三千里；若失稽遲，從失入罪上減一等，總減罪人四等，徒二年。官司及使人，各以所由爲坐。

（宋）王欽若等《册府元龜》卷六四《帝王部·發號令》 乾元二年三月詔曰：百姓之間，務在優恤，前詔已有處置。訖其或事妨於政，法害於人，尚有因循理資改革。前後詔命，非不叮嚀，至於頒行，多有掩蔽，蓋緣賞罰未著，所以恩信或稽。自今已後，如有姦吏弄法割剝黎元，因公循私，害物傷政，委御史臺訪察，具狀彈奏，當議刑章。比緣軍國務殷，或宣口敕處分，諸色取索及決配囚徒，雖務從權，實爲亂政。自今已後，一切並停。如非正宣，並不得行用中外，諸務各歸有司。英武軍虞候及六軍諸使諸司等，比來或因論競，懸白進擒，既紊綱紀，復擾甿黎。自今已後，一切須經臺府，如所繇處斷不平，即任具狀奏聞。京城諸色所繇，先緣與逆賊追捕，比令招捉，矜其迫脅，一切並放。其受賊僞官人莊宅，不合收納者，一切並還。如有已將借賜即准估量還價直，仍委所繇勘會處分。賞罰二柄，國之大綱。令在必行，人則無濫。自今已後，朝廷及軍府疇庸議罪，宜各精詳，如舉或因情事有不當，所繇長吏必寘嚴典。

【略】

其御史臺所欲彈事，不須更進狀，仍服豸冠。所被彈劾有稱讎嫌者，皆巽遷延，以求苟免，但所舉當罪，則讎亦不嫌。如憲官不舉，所職降資出臺。儻涉阿容，仍重貶責。今殘妖未殄，國步猶艱，共體至公，以康庶政。朕推誠御物，與衆共之，四海之人，皆朕耳目，則何功不就，何化不成？思與蒼生臻夫至道，下詔之後，百司及諸州府，事有非便，文有不該，仰各條件奏聞即當釐革。宣示中外，知朕意焉。

（宋）王欽若等《册府元龜》卷六一六《刑法部·議讞》 楊嗣復，長慶中爲中書舍人。時東川觀察使奏：遂寧縣令龐驥犯贓事，大理以法論。嗣復等衆酌曰：龐驥贓貨之數爲錢肆百餘千，其間大半是枉法，據職定罪，合處極刑。雖經赦恩，不在原免。伏以近日贓吏皆蒙小有矜寬，類例之間，慮須貸死。敕：長史犯贓，其數不少，縱寬刑曲，難免鞭笞。但以近逢鴻恩，人思減等，雖節文不在免，於情理亦要哀矜。龐驥量除名，流溪州。其贓付所司。准法。

（宋）王溥《唐會要》卷四〇《君上慎恤》 太和二年二月，刑部奏，伏准今年正月三日制刑獄之内官吏，用情推斷不平。因成冤濫者，無問有贓無贓，並不在原免之限。又准律文，出入人罪，合當坐者，不言有贓無贓，今請准律科本罪，不得原免，勑旨依。

（宋）王溥《唐會要》卷四〇《君上恤刑》 開成四年五月勑：京城百司及府縣禁囚，動經歲月，推鞫未畢。其有絶小事者，亦數月不速窮詰，遷延至時日。由官吏因循，致兹留獄。炎蒸在候，冤滯難堪，宜付御史臺委裴元裕選强明御史三兩人，各本司分閱文案，清理疎決聞奏。如官吏稽慢，亦具名銜聞奏。

《舊唐書》卷五〇《刑法志》 斷獄而失於出入者，以其罪罪之。失入者，各減三等。失出者，各減五等。

（宋）王溥《唐會要》卷六九《縣令》 〔大中〕二年二月，刑部起請節文：自今已後，縣令有贓犯，録事參軍不舉者，請減縣令二等結罪。其録事參軍有罪，刺史不舉者，刺史有罪。觀察使不舉者，並所司奏聽。勑旨：宜依。

（宋）王欽若等《册府元龜》卷一五五《帝王部·督吏》 〔唐宣宗大中四年〕又曰：刑獄之内，吏得使情，推斷不平，因成冤濫。無問有贓無贓，並不在原免之限。

《舊五代史》卷一四七《刑法志》 〔長興〕二年二月辛亥，敕：朕猥以眇躬，薦承鴻業，念彼疲瘵，勞於寐興。或慮官不得人，因成紊亂；或慮刑非其罪，遂至怨嗟。王化所興，獄訟爲本，苟無訓勵，必有滯淹。近日諸道百姓，或諸多違犯，或小可鬬争。官吏曲縱胥徒，巧求瑕舋。初則滋張節目，作法拘囚；終則誅剥貨財，市恩出拔。外憑公道，内循私情，無理者轉務遷延，有理者却思退縮。積成訛弊，漸失紀綱。自今後切委逐處官吏州牧縣宰等，深體余懷，各舉爾職。凡關推究，速與剸裁。如敢苟縱依違，遂成枉濫，或經臺訴屈，或投匭申冤，勘問不虚，其元推官典並當責罰，其逐處觀察使、刺史，别議朝典。宜令諸道州府，各依此處分，所管屬郡，委本道嚴切指揮。八月丁卯，敕：三京、諸道州府刑獄，近日訪問，依前禁繫人，多不旋決，諸道宜令所在各委長吏，專切推窮，不得有滯淹。【略】〔長興二年〕四月，前濮州録事參軍崔琮上言：諸道獄囚，恐不依法拷掠，或不勝苦致斃，翻以病聞，請置病囚院，兼加醫藥。中書復云：有罪當刑，仰天無恨；無病致斃，没地銜冤。然死灰而必在至仁，照覆盆而須資異鑑，《書》著欽哉之旨，《禮》摽佣也之文，因彰善於泣辜，更推恩於扇暍。所請置病囚院，望依，仍委隨處長吏，專切經心。或有病囚，當時遣醫人診候，治療後，據所犯輕重決斷。如敢故違，致病囚負屈身亡，本處官吏，並加嚴斷。兼每及夏至，五日一度，差人洗刷枷匣。

（宋）王欽若等《册府元龜》卷六一三《刑法部·定律令》 長興二年四月，大理正劇可久奏引《開成格》應盜賊須得本贓然後科決，如有推勘因而致死，以故殺罪論。臣詳此理未便，且云無持贓待捕之賊或偷生隱諱，所司又須訊拷，死反償命，實恐惠姦。起今後如因而致死者，如無故則請減一等，别增患病而死者從辜限，正賊減本罪五等。中書覆云：今後凡關賊徒若推勘因而致死者有故以故殺論，無故減一等。如拷次因囚增疾患，候驗分明，如無他故，雖辜内致死亦以減一等論。

《舊五代史》卷一四七《刑法志》 顯德元年十一月，帝謂侍臣曰：天下所奏獄訟，多追引證，甚致淹延，有及百餘日而未決者。其中有徒黨反告者，劫主陳訴者及妄遭牽引者，慮獄吏作倖遲留，致生人休廢活業，朕每念此，彌切疚懷。此後宜條貫所在藩郡，令選明幹僚吏，當其訴訟。如獄不滯留，人無枉撓，明具聞奏，量與甄獎。

（宋）竇儀等《宋刑統》卷二五《詐僞律·檢驗病死傷不實》 諸有詐病及死傷，受使檢驗不實者，各依所欺減一等。若實病死及傷，不以實驗者，以故入人罪論。

疏議曰：有詐病及死若傷，受使檢驗不以實，各依所欺減一等，即上條詐疾病者杖一百，檢驗不實，同詐妄減一等，杖九十，傷殘徒一年半減一等，徒一年，若詐死，徒二年上減一等，處徒一年半之類。若實病及傷，謂非詐病及詐傷，使者檢云無病及傷，便是故入人徒杖之罪。若實死，檢云不死，即是妄入二年徒坐。使人枉入杖者得杖罪，枉入徒者得徒坐，各依前人入罪法。未決者減一等。

（宋）竇儀等《宋刑統》卷二八《捕亡律·將吏追捕罪人》 諸罪人逃亡，將吏已受使追捕，而不行及逗留，謂故方便之者。雖行，與亡者相遇，人仗足敵，不鬬而退者，減罪人罪一等，鬬而退者，減二等。即人仗

不敵，不鬬而退者，減三等，鬬而退者不坐。即非將吏，臨時差遣者，各減將吏一等。三十日內能自捕得罪人，獲半以上，雖不得半，但所獲者最重，皆除其罪。雖一人捕得，餘人亦同。若罪人已死，及自首各盡者，亦從免法，不盡者，止以不盡人爲坐。限外若配贖以後，能自捕得者，各追減三等。即爲人捕得，及罪人已死，若自首，各追減二等。已經奏決者，不在追減之例。餘條追減准此。

疏：諸罪人逃亡，將吏已受使追捕，而不行及逗留。注云，謂故方便之者。又云，雖行，與亡者相遇，人仗足敵，不鬬而退者，減罪人罪一等，鬬而退者，減二等。即人仗不敵，不鬬而退者，減三等，鬬而退者不坐。議曰：依《捕亡令》，因及征人、防人、流人、移鄉人逃亡，及欲入寇賊若有賊盜及被傷殺，並須追捕。其罪人逃亡，謂犯罪事發而亡，囚與未囚並是。將吏已受使追捕者，謂見任武官爲將，文官爲吏，已受使追捕罪人，而不行及逗留，謂故作迴避逗留，及詐爲疾患不去之類。雖行，與亡者相遇，人兵器仗足得相敵，不戰鬬而退者，各減罪人罪一等，謂罪人合死，將吏處流三千里之類。鬬而退者，謂人仗足敵，鬬而退者，減二等，若罪人應死，將吏合徒三年。即人仗不敵，謂賊多兵少，或器仗不敵，不鬬而退者，減三等，罪人應死，將吏徒二年半。鬬而退者不坐，謂人仗不敵，計盡力窮，知難而退者不坐。

又云，即非將吏，臨時差遣者，各減將吏一等。三十日內能自捕得罪人，獲半以上，雖不得半，但所獲者最重，皆除其罪。雖一人捕得，餘人亦同。若罪人已死，及自首各盡者，亦從免法。不盡者，止以不盡人爲坐。議曰：即非將吏，謂非見任文武官，即停家職資，釋曰：停家職資謂前職前官。及勳官之類，臨時州縣差遣，領人追捕者，各減將吏罪一等。雖非將吏，奉敕差行者，亦同將吏之法，不在減一等之限。三十日內自捕得罪人，獲半以上，謂十人逃亡，獲得五六者。雖不得半，但所獲者最重，假有徒流死囚，一時逃走，捕得死罪一人，雖不得徒流九人，仍除其罪。雖是一人捕得，衆共失囚之人，並同免法。若罪人已死，謂自死及被他人殺，若能歸首，十人俱盡者，亦從免法。若罪人自首不盡，止以不盡之人准罪爲坐。

又云，限外若配贖以後，能自捕得者，各追減三等。即爲人捕得，及罪人已死，若自首，各追減二等。注云，已經奏決者，不在追減之例。餘條追減准此。議曰：失罪人經三十日，追捕不得，無官廕者或配徒流，有官廕者或已徵贖，此後能自捕得罪人，各追減前所斷罪三等。即他人捕得，及罪人身死訖，若罪人自首，各得追減二等。注云，已經奏決者，不在追減之例。謂將吏以下失罪人，其罪已經奏決，徒流笞杖之類，不在追減之例。餘條追減准此，謂亡失實印及不覺失囚等，稱追減得，若事經奏決，亦不在追減之例，故云餘條准此。【略】

諸捕罪人有漏露其事，令得逃亡者，減罪人罪一等。罪人有數罪者，但以所收捕罪爲坐。未斷之間，能自捕得，除其罪。相容隱者爲捕得亦同。餘條相容隱爲捕得準此。即他人捕得，若罪人已死，及自首，又各減一等。

疏：諸捕罪人有漏露其事，令得逃亡者，減罪人罪一等。注云，罪人有數罪，但以所收捕罪爲坐。議曰：捕罪人，謂上條將吏以下，受使追捕，而有漏露應捕之事，令使罪人逃避者，漏露之人減罪人罪一等。注云，罪人有數罪者，假有一人，或行强盜，兼復殺人，又欲謀叛，若爲謀叛而捕，漏露者唯從謀叛減一等。若爲賊盜或殺人而捕，漏露者即從賊盜殺人上減一等，不論謀叛，故云但以所收捕罪爲坐。

（宋）竇儀等《宋刑統》卷二八《捕亡律·被囚禁拒捍官司而走主守不覺失囚》

諸被囚禁拒捍官司而走者，流二千里，傷人者加役流，殺人者斬，從者絞。若私竊逃亡，以徒亡論。事發未囚而亡者亦同。

疏議曰：被囚禁，不限有罪無罪，但據狀應禁者，散禁亦同。拒捍官司而强走者，流二千里。傷人者，謂因拒捍，傷主司及捕捉之人者，加役流。殺人者斬，從者絞。不至死者，依首從法。若私竊逃亡，謂被囚禁而私逃者，從上條流徒囚役限內而亡，一日笞四十，三日加一等，過杖一百，五日加一等。此是事發更爲，合重其坐。注云，事發未囚，謂罪人事發被追，拒捍官司逃走，及私竊逃亡，亦與在禁逃亡罪同。

問曰：有人據狀不合禁身，被官人枉禁，拒捍官司逃走，合得何罪？

答曰：本罪不合囚禁，枉被官人禁留，雖即逃亡，不合與囚亡之罪。若有拒捍殺傷，止同故殺傷法，私竊逃亡同在家逃亡之罪。若判案禁者，雖本無罪，亦同囚例。

諸主守不覺失囚者，減囚罪二等。若囚拒捍而走者，又減二等。皆聽一百日追捕，限內能自捕得，及他人捕得，若囚已死及自首，除其罪。即限外捕得，及囚已死若自首者，各又追減一等。監當之官各減主守三等。故縱者，不給捕限，即以其罪罪之。未斷決間，能自捕得，及他人捕得，若囚已死及自首，各減一等。謂此篇內監臨主司應坐，當條不立捕訪限，及不覺故縱者，並准此法。

疏：諸主守不覺失囚者，減囚罪二等。若囚拒捍而走者，又減二等。皆聽一百日追捕，限內能自捕得，及他人捕得，若囚已死及自首，除其

罪。即限外捕得，及囚已死若自首者，各又追減一等。議曰：主守者，謂專當守囚之人，典獄之類，不覺失囚者，減囚罪二等，假失死囚，合徒三年之類。若囚拒捍强走，力不能制，又減二等。皆聽一百日追捕，限内能自捕得，及他人捕得者，不限親疏，若囚已死，及自歸首，並除失囚之罪。即百日限外捕得，及囚已死，若囚自首，各又追減失囚本罪一等。稱追減者，謂失囚之罪已經斷訖者，仍更追減。若已奏決者，不在追減之例。

又云，監當之官各減主守三等。故縱者不給捕限，即以其罪罪之。未斷決間，能自捕得，及他人捕得，若囚已死及自首，各減一等。議曰：臨當之官，謂檢校專知囚者，即當直官人在直時，其判官准令合還而失囚者，罪在當直之官，各減主守三等，謂減囚罪五等。因若拒捍而走，得減囚罪七等之類。故縱者不給捕限，謂主守及監當之官故縱囚逃亡者，並不給限捕訪。即以其罪罪之者，謂縱死囚得死罪，縱流徒囚得流徒罪之類。未斷決間，謂官當收贖者未斷死，及笞杖者未決，能自捕得，及他人捕得，若囚已死及自首，各減一等。

注云，謂此篇内監臨主司應坐，當條不立捕訪限，及不覺、故縱者，並准此法。議曰：上條征人逃亡者，主司故縱與同罪，及流徒囚限内而亡，監當官司不立捕限，及不覺、故縱，如此之類，並准此條爲法。

准：周顯德五年七月七日敕條，若主守監當不覺失囚，自捕得及親屬得者，即請免失囚之罪。即他人捕得，若囚已死，及囚自首者，亦請坐主守監當失囚之罪，減二等。

（宋）竇儀等《宋刑統》卷二九《斷獄律·應囚禁枷鏁杻》 諸囚應禁而不禁，應枷鏁杻而不枷鏁杻，及脱去者，杖罪笞三十，徒罪以上遞加一等。迴易所著者，各減一等。即囚自脱去及迴易所著者，罪亦如之。若不應禁而禁，及不應枷鏁杻而枷鏁杻者，杖六十。

疏：諸囚應禁而不禁，應枷鏁杻而不枷鏁杻，及脱去者，杖罪笞三十，徒罪以上遞加一等。迴易所著者，各減一等。議曰：《獄官令》，禁囚死罪枷杻，婦人及流以下去杻，其杖罪散禁。又條，應議請減者，犯流以上，若除免官當，並鏁禁。即是犯笞者不合禁，杖罪以上始合禁。推其有犯杖罪不禁，應枷鏁杻而不枷鏁杻，及脱去者，杖罪笞三十。徒罪不禁及不枷鏁，若脱去者，笞四十。流罪不禁及不枷鏁，若脱去者，笞五十。死罪不禁及不枷鏁杻，若脱去者，杖六十。是名遞加一等。迴易所著者，各減一等。謂應枷而鏁，應鏁而枷，是名迴易所著，徒罪者笞三十，流罪笞四十，死罪笞五十。

又云，即囚自脱去及迴易所著者，罪亦如之。若不應禁而禁，及不應枷鏁杻而枷鏁杻者，杖六十。議曰：即囚自擅脱去枷鏁杻者，徒罪笞四十，流罪以上遞加一等。即囚自迴易所著者，各減一等，故云亦如之。若不應禁而禁，及不應枷鏁杻而枷鏁杻，並謂據令不合者，各杖六十。

（宋）竇儀等《宋刑統》卷二九《斷獄律·與囚金刃等令自殺及得解脱者》 諸以金刃及他物，可以自殺及解脱，而與囚者，杖一百。若囚以故逃亡，及自傷傷人者，徒一年，自殺殺人者徒二年。若囚本犯流罪以上，因得逃亡，雖無傷殺，亦准此。即囚因逃亡，未斷之間，能自捕得，及他人捕得，若囚自首及已死，各減一等。即子孫以可解脱之物與祖父母、父母，部曲、奴婢與主者，罪亦同。

疏：諸以金刃及他物，可以自殺及解脱，而與囚者，杖一百。若囚以故逃亡，及自傷傷人者，徒一年，自殺殺人者，徒二年。若囚本犯流罪以上，因得逃亡，雖無傷殺，亦准此。議曰：金刃謂錐刀之屬，他物謂繩鋸之類，可以自殺及解脱枷鏁杻。雖囚之親屬及他人與者，物雖未用，與者即杖一百。若以得金刃等故，因得逃亡，或自傷害，或傷他人，與物者徒一年。若囚自殺，或殺他人，與物者徒二年。若囚本犯流罪以上，因得金刃等物，而得逃亡者，雖無傷殺，與物者亦徒二年。

又云，即囚因逃亡，未斷之間，能自捕得，及他人捕得，若囚自首及已死，各減一等。即子孫以可解脱之物與祖父母、父母，部曲、奴婢與主者，罪亦同。議曰：謂囚因得金刃及他物之故，以自解脱，而得逃走，與物人罪未斷之間，能自捕得，及他人捕得，若囚自來歸首，及囚自死，或他人殺之者亦同，各減一等。謂徒以下囚逃者，一年徒上減，流死囚逃者，二年徒上減。即子孫以可解脱之物，謂稱孫者，曾玄同，而與祖父母、父母，或部曲、奴婢與主者，並與凡人罪同，亦不合輒自捕捉。若官司遣捕而送者無罪，自捕送官者同告法。若有傷殺而逃亡者，後能捕獲，與物之人各依前傷殺之罪，不合減科。

（宋）竇儀等《宋刑統》卷二九《斷獄律·決罰不如法》 諸決罰不如法者，笞三十，以故致死，徒一年。即杖麤細長短不依法者，罪亦如之。

疏議曰：依《獄官令》，決笞者，腿臀分受。決杖者，背腿臀分受。須數等拷訊者，亦同笞以下，願背腿分受者聽。決罰不依此條，是不如法，合笞三十。以此決罰不如法而致死者，徒一年。依令，杖皆削去節目，長三尺五寸。訊囚杖大頭徑三分二釐，小頭二分三釐。常行杖大頭二分七釐，小頭一分七釐。笞杖大頭二分，小頭一分

半。謂杖長短麤細不依令者，笞三十，以故致死者，徒一年，故云亦如之。

（宋）竇儀等《宋刑統》卷三〇《斷獄律·官司出入人罪赦前斷罪輕重不當》　諸官司入人罪者，謂故增減情狀，足以動事者。若聞知有恩赦，而故論決，及示導令失實辭之類。若入全罪，以全罪論。雖入罪，但本應收贖及加杖者，止從收贖、加杖之法。從輕入重，以所剩論。刑名易者，從笞入杖，從徒入流，亦以所剩論。從徒入流者，三流同比徒一年爲剩。即從近流而入遠流者，同比徒半年爲剩。若入加役流者，各計加役年爲剩。從笞杖入徒、流，從徒、流入死罪，亦以全罪論。其出罪者，各如之。即斷罪失於入者，各減三等。失於出者，各減五等。若未決放，及放而還獲，若囚自死，各聽減一等。即別使推事，通狀失情者，各又減二等。所司已承誤斷訖，即從失出入法。雖有出入，於決罰不異者勿論。

疏：諸官司入人罪者。注云，謂故增減情狀，足以動事者。若聞知有恩赦，而故論決，及示導令失實辭之類。又云，若入全罪，以全罪論。議曰：官司入人罪者，謂或虛立證據，或妄搆異端，捨法用情，鍛鍊成罪。故注云，謂故增減情狀，足以動事者。若聞知國家將有恩赦，而故論決囚罪，及示導教令，而使詞狀乖異。稱之類者，或雖非恩赦，而有格、式改動，或非示導，而恐喝改詞，情狀既多，故云之類。若入全罪，謂前人本無負犯，虛構成罪，還以虛構枉入全罪科之。

注云，雖入罪，但本應收贖及加杖者，止從收贖、加杖之法。議曰：假有入官蔭人及廢疾釋曰：廢疾、篤疾具在第十二丁中老小疾條。流罪，前人合贖入者，亦以贖論。或入官户、部曲、奴婢并單丁之人，前人合加杖者，亦依加杖之法收贖，不用官當及配流役身之例。此是官司入人罪，與誣告之法不同。

又云，從輕入重，以所剩論。刑名易者，從笞入杖，從徒入流，亦以所剩論。注云，從徒入流者，三流同比徒一年爲剩。即從近流而入遠流者，同比徒半年爲剩。若入加役流者，各計加役年爲剩。又云，從笞杖入徒、流，從徒、流入死罪，亦以全罪論。其出罪者，各如之。議曰：從輕入重，以所剩論。假有從笞十入三十，即剩入笞二十，從徒一年入一年半，即剩入半年徒，所入官司，各得笞二十及半年徒之類。刑名易者，從笞入杖，從徒入流，亦得所剩之罪。從徒入流者，注云，三流同比徒一年爲剩。謂從徒三年入流二千里，或流二千五百里，或流三千里，遠近雖異，俱曰流刑，至於配所役身，三流同有一年居作，故從徒入流，三流同比徒一年爲剩。即從近流二千里入至二千五百里，或入至三千里者，同比徒半年爲剩。若從三流入至加役流者，各計加役年爲剩。但入加役流者，加常役流二年，將加役二年以爲剩罪。從笞杖入徒、流，從徒、流入死罪，假有從百杖入徒一年，即是全入一年徒坐。從徒、流入死罪，謂從一年徒以上至三千里流而入死刑者，亦依全入死罪之法，故云亦以全罪論。其出罪者，謂增減情狀之徒，足以動事之類，或從重出輕，依所減之罪科斷。從死出至徒、流，從徒、流出至笞杖，各同出全罪之法。故云，出罪者各如之。假有囚犯一年徒坐，官司故入至加役流，即從一年至三年，是剩入二年徒罪。從徒三年入至三流，即三流同比徒一年爲剩，加役流復剩二年，即是剩五年徒坐。官司從加役流出至徒一年，亦准此。

又云，即斷罪失於入者，各減三等。失於出者，各減五等。若未決放及放而還獲，若囚自死，各聽減一等。議曰：即斷罪失於入者，上文故入者，各以全罪論，失於入者，各減三等。假有從笞失入百杖，於所剩罪上減三等。若入至徒一年，即同入全罪之法，於徒上減三等，合杖八十之類。失於出者，各減五等。假有失出死罪者，減五等，合徒一年半。失出加役流亦准此。三流同爲一減，減五等，合徒一年之類。若未決放者，謂故入及失入，死罪及杖罪未決，其故出及失出，死罪以下未放，及已放而更獲，若囚自死，但使囚死，不問死由，各聽減一等，謂於故出入及失出入上各聽減一等。

又云，即別使推事，通狀失情者，各又減二等。所司已承誤斷訖，即從失出入法。雖有出入，於決罰不異者勿論。議曰：別使推事，謂充使別推覆者，通狀失情，謂不得本情，或出或入，各又減二等。失入者，於失入減三等上又減二等，若失出者，於失出減五等上又減二等。所司已承誤斷訖，謂曹司承誤通之狀，已依斷訖，即從失出入法，謂皆從在曹司出入法科之，並同減五等、三等之例。若未決放，及放而還獲，若囚自死，各聽減一等。其所司承誤已斷訖者，曹司同餘官案省不覺法。雖有出入，於決罰不異，假有官户、部曲、官私奴婢本犯合徒三年，斷入流罪，或從三流之法科徒三年，各止加杖二百。刑名雖有出入，加杖數即不殊者無罪，故云於決罰不異者勿論。

問曰：有人本犯加役流，出爲一年徒坐，放而還獲，減一等，合得何罪？

答曰：全出加役流，官司合得全罪。放而還獲，減一等，合徒五年。今從加役流出爲一年徒坐，計有五年剩罪，放而還獲，減一等，若依徒法減一等，仍合四年半徒。既是剩罪不可重於全出之坐，舉重明輕，止合三年徒罪。

諸赦前斷罪不當者，若處輕爲重，宜改從輕。處重爲輕，即依輕法。其當赦所不免者，依常律。常赦所不免者，謂雖會赦猶處死及流，若除名、免所居官及移鄉者。即赦書定罪名合從輕者，又不得引律比附入重，違者各以故失論。

疏：諸赦前斷罪不當者，若處輕爲重，宜改從輕。處重爲輕，卽依輕法。議曰：處斷刑名，或有出入，不當本罪，其事又在恩前，恐判官執非不移，故明從輕坐之法。若處輕爲重，宜改從輕。假有鬭殺堂兄，當時作親兄，斷爲惡逆，會赦之後，改從堂兄，坐當不睦，赦若十惡，亦原處流二千里，以常赦不免，故仍處流坐。又如鬭殺凡人，斷爲殺緦麻尊長，會赦十惡不免，改爲雜犯，免死移鄉，此並仍有輕罪。又有受所監臨五十匹，斷爲枉法處死，會赦改爲受所監臨，不在徵贓之例。又有犯近流科作遠流，或止合一官當徒，斷用二官以上，若奏畫訖，及流至配所，會赦者，改從本犯近流，及還所枉告身。若未奏畫，及流人未到流所，會赦者，卽從赦原。若應徵銅，而處輕爲重，其銅或在限外未輸，或在限內納訖，會赦者，並改從輕法，其剩納者卻還，未送者依輕罪數徵納。若限內未納，會赦者，從赦並免，稱輕者全免亦是。故令云，犯罪未斷決，逢格改者，格重聽依犯時，格輕聽從輕法。卽緦全無罪，亦名輕法。其處重爲輕，卽依輕法。假令犯十惡，非常赦所不免者，當時斷爲輕罪及全放，並依赦前斷定。

又云，其常赦所不免者，依常律。注云，常赦所不免者，謂雖會赦猶處死及流，若除名、免所居官及移鄉者。議曰：常赦所不免者，赦書云，罪無輕重，皆赦除之，不言常赦所不免者，亦不在免限，故云依常律。卽犯惡逆仍處死，反逆及殺從父、兄、姊、小功尊屬，造畜蠱毒仍流，十惡、故殺人、反逆緣坐獄成者，猶除名，監守內姦盜略人、受財枉法獄成，會赦免所居官，殺人應死，會赦移鄉等是。

又云，卽赦書定罪名合從輕者，又不得引律比附入重，違者各以故失論。議曰：赦書定罪名合從輕者，假如貞觀九年三月十六日赦大辟罪以下並免。其常赦所不免，十惡、祆言惑衆、謀叛已上道等，並不在赦例。據赦十惡之罪，赦書不免。謀叛卽當十惡，未上道者，赦特從原。叛罪雖重，赦書定罪名合從輕，不得引律科斷。若比附入重，違者以故失論。

（宋）竇儀等《宋刑統》卷三〇《斷獄律·斷罪不當役徒應役不役及病愈不陪日》 諸斷罪應決配之而聽收贖，應收贖而決配之，若應官當而不以官當，及不應官當而以官當者，各依本罪減故失一等。死罪不減。

疏議曰：斷罪應決配之，謂無官蔭及非老小及疾之色，犯笞杖應決，徒流應配，官司乃收贖，應收贖，謂有官蔭及廢疾，若年七十以上、十五以下，本罪合贖，而決配之；若應官當，謂流內九品以上犯徒以上罪，合以官當，官司乃不以官當，或不應官當，謂罪輕不盡其官，及過失犯罪不合用官當徒，而官司乃以官當者，各依本犯當贖及決配之罪，減故失一等。謂故出入、失出入者，各從本罪上減一等，是名減故失一等。注云，死罪不減。若應死而聽當贖，應收贖而真決死刑，不在減例，各從出入死罪故失科之。

卽品官任流外及雜任，於本司及監臨犯杖罪以下，依決罰例。

疏議曰：品官任流外及雜任，謂身帶勳官、散官而任流外及雜任者。於本司及監臨，謂於本司及臨時監統者。若犯杖罪以下，依流外雜任之例決罰，不准官品徵贖。若徒罪以上，自依當贖法。其有准蔭應贖者，任流外及雜任，若犯杖罪以下，亦准品官依決罰例。

諸斷罪應絞而斬，應斬而絞，徒一年，自盡亦如之。失者減二等。卽絞訖別加害者，杖一百。

疏議曰：犯罪應絞而斬，應斬而絞，徒一年。以其刑名改易，故科其罪。自盡亦如之，依《獄官令》，五品以上犯非惡逆以上，聽自盡於家，若應自盡而絞斬，應絞而令自盡，亦合徒一年，故云亦如之。失者減二等，謂原情非故者，合杖九十。卽絞訖別加害者，謂絞已致斃，別加拉幹折腰之類者，杖一百。

諸領徒應役而不役，及徒囚病愈，不計日令陪役者，過三日笞三十，三日加一等，過杖一百，十日加一等，罪止徒二年。不得過罪人之罪。

疏議曰：領徒應役，謂掌領囚徒役身者，而不役，及囚徒應病給假，病愈合役，不令陪役者，過三日笞三十，三日加一等，過二十四日合杖一百，過杖一百，十日加一等，罪止徒二年。注云，不得過罪人之罪。謂應徒一年者，雖多日不役，亦不得過徒一年。其二年以下並准此。囚數多者，從不役人多者爲罪。

（宋）竇儀等《宋刑統》卷三〇《斷獄律·縱死囚逃亡》 諸縱死罪囚令其逃亡，後還捕得，及囚已身死，若自首，應減死罪者，其獲囚及死首之處，卽須遣使速報應減之所，有驛處發驛報之，若稽留使不得減者，以入人罪故失論，減一等。

疏議曰：謂囚合死在禁，所司縱令逃亡，依故縱之條，還合死罪，捕得及囚已死，若自首，應減死罪者，謂依《捕亡律》及上條，放而還獲，得減一等者，其獲囚之處死首之所，卽須追使速報應減死之處，若有驛之處，發驛報之。若使人及官司稽留，令不得減罪，致使囚已決訖者，以入人罪故失論，減一等。謂故稽遲，從故入上減死一等，流三千里。若失稽遲，從失入罪上減一等，總減罪人四等，徒二年。官司及使人，各以所由爲坐。

（清）徐松《宋會要輯稿·刑法六·禁囚》 〔太平興國〕九年三月三日詔：自今天下繫囚，依舊例十日一具所犯事因、收禁月日申奏，其間留寄禁店户將養，保明出外知在，並同見禁人數，仍委刑部糾舉。如事

理可斷及事有小虛有禁繫者，本處官吏重行朝典，人吏仍勒停，配重處色役。奏禁人數不以實及淹延日月，當密行察訪，許人告。

（宋）佚名《宋大詔令集》卷二〇〇《政事·刑法·司理掠囚致死以私罪罪之詔太平興國九年五月戊午》　國家欽恤刑事，重惜人命，豈容酷吏，恣爲深文，掠治無辜，致其殞殺，損傷和氣，莫甚於斯。鳳翔府司理參軍楊燕、鄭州參軍張睿並掠囚至死，已從私罪决遣訖。今後犯者，並以私罪罪之。

（清）徐松《宋會要輯稿·刑法四·斷獄》　太宗雍熙三年五月，刑部言：果州、達州、密州、徐州官吏枉斷死罪，雖已駁舉，而人命至重，死者不可復生，非少峻條貫，何以責其明慎？按《斷獄律》：從徒罪失入死罪者，減三等，當徒二年半，公罪分四等。望自今斷奏失入死刑者，不得以官減贖；檢法官削一任，更贖銅十斤；本州判官削一任，本吏並勒見任。從之。

（宋）佚名《宋大詔令集》卷二〇〇《政事·刑法·誡約州郡刑獄詔淳化元年正月乙巳》　朕司牧黎人，哀矜庶獄，累行欽恤之詔，用推仁恕之恩。而以官吏之間，委任尤劇。凡在決讞，所宜盡心，巧詆者必致於嚴科，平反者亦加其懋賞。懲勸之道，斯爲至焉。近者達州司法參軍鄭侃等，擅以平民陷於死罪，鞭箠楚毒，鍛鍊周密，論報已具，上下相蒙，達予聽聞，深用嗟憫，已正三章之罰，俾從兩觀之誅，因念州縣至繁，刑辟未措，或有深文之吏，尚多無告之人。各宜遵守詔條，恪居官次，當信賞必罰之際，體好生惡殺之心，勉思竭情，無自獲戾。

（清）徐松《宋會要輯稿·刑法四·斷獄》　真宗景德二年七月五日，上刑者言：刑部舉駁外州官吏失入死罪，准《斷獄律》，從流失入死罪者，減三（年）〔等〕，徒二年半，公罪分四等定斷。官減外徒二年，爲首者追官，餘三等徒罪並止罰（錮）〔銅〕。伏以法之至重者死，人之所保者生。儻官司不能盡心，則刑辟乃有失入。蓋幕職州縣官初歷官途，未諳吏事，長吏明知從坐，因循不自詳究。雍熙三年七月勅：權判刑部張佖起請：失入死罪不許以官當贖，知州通判勒停。咸平二年編勑之時，輒從删去。臣以爲若依格法舊條，似虧懲勸。或准張佖起請，又未（酬）〔酌〕中。欲望自今失入死罪至追官者，斷官衝替，候放選日注僻遠小處官，繫書幕職州縣官注小處官，（景）〔京〕朝官任知州通判知令録，幕職授遠處監當，其官高及武品內職，奏裁。詔可。

（宋）佚名《宋大詔令集》卷一六一《政事·官制·置糾察在京刑獄詔大中祥符二年七月丁巳》　輦轂之下，斯謂浩穰。獄訟之間，尤爲繁劇。苟粗乖於閱實，則或陷於非辜。伏念軫懷，當食興嘆，分予憂寄，今有得焉。特進官司，察其枉撓，庶彰隱悼，以召和平。宜令金部員外郎知制誥周起、侍御史趙湘糾察在京刑獄，其御史臺開封府在京應有刑禁之處，並得糾舉，逐處斷徒已上罪。於供報內未盡理及淹延者，並追取案牘，看詳駁奏。若曠於舉職，致有枉濫，因事彰露，則重論其罪。

（宋）佚名《宋大詔令集》卷二〇一《政事·刑法·令府界提點往來察舉諸縣刑獄詔大中祥符二年七月庚午》　折明惟刑，有國所重。眷上都之屬邑，擇良吏以按巡。尚慮攸司，未符欽恤，申嚴命令，俾奉詔條，督察稽留，糾懲乖失，勉修厥職，稱朕意焉。宜令開封府界提點縣鎮公事楊侃、李允恭往來察舉諸縣刑獄，如事未盡理，有所淹繫，並取案牘，躬親録問。若曠於奉職，或致枉濫，當重行朝典。

（宋）李燾《續資治通鑑長編》宋真宗大中祥符五年六月　審刑院言：斷知縣李說坐報上不以實，罰銅十斤。私罪而漏通舉主及勘官，並請按問。上謂宰臣曰：說止杖罪，舉主及勘官，罪當笞耳。徒有勞煩，而不足以懲勸，自今宜並取旨。

（清）徐松《宋會要輯稿·刑法六·禁囚》　〔天聖八年〕六月詔：開封府言：准律諸主守不覺失囚者，減囚罪二等。若囚拒捍走者，又減二等，皆聽一百日追捕。自來失囚，依條給限監捕，限滿不獲，方行決斷。內有減至杖罪者，若便行斷遣，又礙律文，須至一例給限。伏緣京畿諸縣亦有失囚，若不分輕重，一例監捕，頗復淹延。欲乞自今在京及府界諸縣應失囚，本非固縱，依律減至杖罪以下者，便行決遣，更不給限。所走罪人，散行捕捉。從之。

（宋）佚名《宋大詔令集》卷二〇二《政事·刑法·誡獄吏詔天聖九年四月戊寅》　國家明慎庶獄，撫養羣黎，囹圄之間，必須閱實，捶楚之下，尤貴得情。隴州官吏孫濟等誣陷非辜，阻傷和氣，且人命至重，朝憲具存，倘援寬大之恩，曷謝沉冤之痛，並從嚴譴，式戒慢官。應天下親民掌

獄之官，自今各務究獄訟而審行之，苟致冤濫，必罰無赦。

（清）徐松《宋會要輯稿・刑法四・斷獄》〔寶元二年十二月〕二十五日，屯田郎中知閬州張保之言：縣司解送公事，若犯死罪，只作徒以上，或本犯徒，却作死罪，解送赴州。州司勘正，縣司官吏乞申明，合與不合成故失入罪論。事下法寺，衆官看詳：諸縣申解公事，州與縣解罪名差互不同者，縣司官吏依令文更不問罪。或解徒以上到州推勘，却至杖罪及平人，即從違制失定。如挾私故意增減，即以故入人罪論。從之。

（清）徐松《宋會要輯稿・刑法六・禁囚》 英宗治平二年二月七日，開封府言：軍巡院見禁杖瘡未損逃走軍人，乞責付所轄去處，監防執役，依疾病之例日給口食，内羸瘦未任功役者，亦與口食。委官司鈐轄，如法造致，供給將理，不得減剋。今後如此類並乞準例。從之。

（宋）佚名《宋大詔令集》卷二〇二《政事・刑法・州縣獄罪人死具為令詔治平四年十二月丙寅》 獄者，民命之所繫也。比聞有司歲考天下之奏，而瘐死者多。深惟獄吏與犯法者，旁緣爲姦，檢視不明，使吾元元，横罹其害。《書》不云乎，與其殺不辜，寧失不經。其具爲令，應諸州軍府軍巡司理院，所禁罪人，一歲在獄病死及二人者，推司獄子杖六十，每增一人加一等，罪止杖一百。如五縣已上州，歲死三人，開封府司軍巡歲死七人，如死二人法，加等亦如之。典獄之官，如推獄，經兩犯即坐，而仍從違制。大縣一二萬户已上，依五縣已上州法。提刑歲終會死者數以聞，中書檢察，或死者過多，官吏雖已行罰，當更黜責。

《宋史》卷二〇一《刑法志》〔神宗即位初〕未幾，復詔：失入死罪，已決三人，正官除名編管，貳者除名，次貳者免官勒停，吏配隸千里。二人以下，視此有差。不以赦降、去官原免。未決，則比類遞降一等；赦降、去官，又減一等。令審刑院、刑部斷議官，歲終具嘗失入徒罪五人以上，京朝官展磨勘年，幕職、州縣官展考，或不與任滿指射差遣，或罷，仍即斷絶支賜。以前法未備，故有是詔。又嘗詔：官司失入人罪，而罪人應原免，官司猶論如法，即失出人罪；若應徒而杖，罪人應原免者，官司乃得用因罪人以致罪之律。

《宋史》卷二〇一《刑法志》〔熙寧〕八年，洪州民有犯徒而斷杖者，其餘罪會恩免，官吏失出，當劾。中書堂後官劉衮駁議，以謂：律因罪人以致罪，罪人遇恩者，准罪人原法。洪州官吏當原。又請自今官司出入人罪，皆用此令。而審刑院、大理寺以謂：失入人罪，乃官司誤致罪於人，難用此令。其失出者，宜如衮議。

（宋）李燾《續資治通鑑長編》宋神宗熙寧十年四月 法寺奏：開封府司録司勘到宗室叔兼、叔吴，進士秦宏各爲私有禁書不全，及别制下問報上不實，未奏減等，係杖罪，緣會疎決釋放。從之，詔秦宏送開封府鄢陵縣羈管。

（清）徐松《宋會要輯稿・刑法四・斷獄》〔熙寧〕十年六月十六日詔：刑部、審刑院、大理寺歲終比較，刑法官内有失入罪及失錯稽違多者，具名以聞，當量輕重，特與施行。

（清）徐松《宋會要輯稿・刑法四・斷獄》〔元豐〕七年八月五日，臣僚言：伏見法寺斷大辟，失入一人有罰，失出百人無罪。斷徒流罪，失入五人則責，及之失出雖百人不書過。常人之情，能自擇利害，誰出入公心爲朝廷正法者？乞今於條内添入失出罪五人，比失入一人，失出徒流罪三人，比失入一人。從之。

《宋史》卷二〇一《刑法志》 初，法寺斷獄，大辟失入有罰，失出不坐。至是，以失出死罪五人比失入一人，失出徒、流罪三名，亦如之。著爲令。

《宋史》卷一九《徽宗紀》〔建中靖國元年夏四月〕壬寅，詔：諸路疑獄當奏而不奏者科罪，不當奏而輒奏者勿坐，著爲令。

《宋史》卷二〇一《刑法志》 政和三年，臣僚言：遠方官吏，文法既疏，刑罰失中，不能無冤。願委耳目之官，季一分録所部囚禁，遇有冤抑，先釋而後以聞。歲終較所釋多寡，爲之殿最。其徼功故出有罪者，論如法。

（清）徐松《宋會要輯稿・刑法六・禁囚》〔政和四年〕十二月十四日，刑部郎中李緯奏：諸路奏案，凡承勘結絶入遞，雖有程限，然州郡尚或因循，淹滯囚繫，至有結絶後數月方入遞者。欲乞今後諸路奏案，並令法寺點檢，如有稽留，摘其甚者上之，朝廷下之有司，依法勘劾施行。從之。

（宋）李心傳《建炎以來繫年要録》紹興五年夏四月 詔：諸縣違

法，知通失按舉而被按於監司。諸州違法，監司失按舉而被按於臺諫。各察治得實者，並減犯人罪五等。犯人繫公罪，又減二等，並不以去官原免。著爲令。

《宋史》卷二〇一《刑法志》〔紹興〕五年，給事中陳與義奏有司多妄奏出入人罪，帝爲申嚴立法，終不悛。

二十六年，右正言凌哲復上疏曰：漢高入關，悉除秦法，與民約法三章耳。所謂殺人者死，實居其首。司馬光有言：殺人者不死，雖堯、舜不能以致治。斯言可謂至當矣。臣竊見諸路州、軍大辟，雖刑法相當者，類以可憫奏裁。自去歲郊後距今，大辟奏裁者五十餘人中，有實犯故殺、鬭殺常赦所不原者，法既無疑，情無可憫，刑、寺並皆奏裁貸減。彼殺人者可謂幸矣，被殺者銜恨九原，何時已邪？臣恐强暴之風滋長，良善之人，莫能自保，其於刑政，爲害非細。應今後大辟，情法相當、無可憫者，所司輒奏裁減貸者，乞令臺臣彈劾。帝覽奏曰：但恐諸路滅裂，實有情理可憫之人，一例不奏，有失欽恤之意。令刑部坐條行下。

（宋）熊克《中興小紀》紹興七年九月 大理少卿薛仁輔奏：天下獄有半年未決者，乞委提刑親問，一年未決者，具事因申省。乙亥，執政張守等言：累降聖旨，催諸路結獄，不得淹滯，如仁輔所奏，則許半年或一年矣。上以爲然。且曰：獄，重事也，朝廷須當留意，舜之戒曰：欽哉欽哉，惟刑之恤哉。死者不可復生，朕未嘗送一人入獄。秦檜等曰：陛下好生，實與天地同德，此舜之用心也。

（清）徐松《宋會要輯稿·刑法四·斷獄》紹興十一年五月十七日詔：自今大辟罪人赴刑日，令長吏遣當職官引囚親行審問鄉貫、年甲、姓名、來歷，別無不同，即依法施行。若巡尉捕盜意在希賞，便將平民執以爲寇，係律官司入人罪。若入全罪，以全罪論；從輕入重，以所剩論，合從故入人罪法科斷。欲乞朝廷申嚴行下。從之。

（清）徐松《宋會要輯稿·刑法三·定贓罪》二十六年四月十七日，祕書少監楊椿言：伏覩紹興二十二年二十五年赦文，如有今後籍没財産之人，並令所屬具情犯條法申提刑司審覆得報，方許拘籍。仍仰監司常切覺察，其所以約束關防。周悉如此，而所至猶有不遵赦令，輒任私意籍没罪人財産者，蓋緣未曾立法斷罪故也。望詔有司申嚴行下，如是違法籍没罪人財産及不先申提刑司審覆得報便行拘籍者，科以某罪。監司不覺察者，降一等坐之。庶幾政平訟理，不致濫及無辜。上曰：此須立法斷罪，但刑名不必太重，務在必行。五月十七日乃詔：諸財産不應籍没而籍没者，徒二年。若應籍没而不申提刑司審覆，及雖申而不待報者，杖一百。監司不覺察者，各減一等。著爲令。

（清）徐松《宋會要輯稿·刑法四·斷獄》〔乾道九年五月〕二十六日，兩浙東路提點刑獄公事鄭興裔言：獄者，所以合異同之辭，差官勘鞫，正欲得其實情。今之勘官，往往出入情罪，上下其手，或箠楚煆煉，文致其罪；或裏私容情，陰與脱免。雖在法有故出、故入、失出、失入之罪，幾爲文具。欲望明詔有司，俾之遵守。〔原缺〕部檢坐見行條法，申嚴行下。二年四月二十七日臣僚言：獄者，愚民犯法固其自取。然亦有遷延枝蔓而情實可憫者。竊見春夏之交，疫癘方作，因繫淹抑，最易傳染，一人得疾，馴至滿獄，州縣謂之獄瘟。乞明詔諸路監司守臣遵守成憲，入夏之初，躬親或差官慮囚。如犯大辟，立限催促勘結，不得遷延枝蔓。其餘罪輕者，即時斷遣。見坐獄人或遇疾病，亦須支彼官錢，爲醫藥、饘粥之費。且已斷遣人數及有無疾病以聞。仲夏復命憲臣斷行疎決，無致後時，務令囚繫得脱疫病、炎暑之酷。從之。

（清）徐松《宋會要輯稿·刑法四·出入罪》淳熙元年六月四日赦令所言：大辟翻異，後來勘得縣獄失實，乞止依乾道敕條科罪。如係故增減情狀，合從出入法施行。從之。

（清）徐松《宋會要輯稿·刑法六·禁囚》〔淳熙元年正月〕八日詔：諸路禁囚有不得其死或人數稍多，獄官、令佐、守倅悉坐其罪，不以去官赦原。以大理卿周自强言廣西獄囚死於凍餒笞掠者甚衆，故有是命。

（清）徐松《宋會要輯稿·刑法四·出入罪》乾道敕增立縣以杖笞及無罪人作徒流罪，或以徒流罪作死罪送州，杖一百。若以杖笞及無罪人作死罪送州者，科徒一年刑名。先是臣僚言：縣獄失實，當將官吏一等推坐出入之罪。刑寺謂縣獄與州獄刑禁不同，故是看詳之。【略】〔淳熙〕六年十二月十六日，詔命官犯贓至死後，因理雪特與減降，而元勘鞫官吏應坐失入死罪者，止從犯人所得流罪，理爲失入。施行。

《宋史》卷二〇〇《刑法志》 淳熙初，浙西提刑鄭興裔上《檢驗格目》，詔頒之諸路提刑司。凡檢覆必給三本：一申所屬，一申本司，一給被害之家。紹興法，鞫獄官推勘不得實，故有不當者，一案坐之。乾道法，又恐有移替事故者，即致淹延，乃令先決罪人不當，官吏案後收坐。至是，所司請更定死罪依紹興法，餘依乾道施行，從之。其後，有司以覆勘不同，則前官有失入之罪，往往雷同前勘。帝知其弊，十四年，詔特免一案推結一次。於是小大之獄，多得其情。二廣州軍獄吏，畏憲司點檢送勘之害，凡有重囚，多斃於獄。臣僚以爲請，乃詔二廣提刑司詳覆公事，若小節不完，不須追逮獄吏，委本州究實保明；遇有死者，必根究其所以致死。

（清）徐松《宋會要輯稿·刑法六·禁囚》 〔淳熙〕十三年十月八日，前權知德慶府趙伯逷言：每遇盛暑之月，其守倅等點檢催促結絶刑禁，仍仰本路監司復行檢察，如滅制違戾，按劾聞奏。而遠方州縣所謂慮囚者，實爲文具。守臣去郡獄不遠，尚有親臨決遣者。至於通判職官，或畏冒暑，或憚遠涉，往往秖令人下縣取索，而供報上司，却云某曰某時躬親起離。諸路州縣，如慮囚敢不親行，許令監司守臣覺察，奏劾施行。從之。

（清）徐松《宋會要輯稿·刑法六·禁囚》 紹熙元年七月十二日，臣僚言：州縣獄必有歷，凡有罪而入禁者，必書其月日，以時檢舉結絶，無致淹延，此法意也。往往不能仰體朝廷欽恤之意，疚心獄事，公事到官，付之吏手，不問曲直，將干連無辜之人一例收禁，獄犴常滿，不上禁歷，號爲寄收，乞取厭足，旋行踈放。乞申飭諸路提點刑獄常切覺察，自今後分上下半年，從本司印給赤歷下州縣，獄官以時抄轉所禁罪人，不得別置寄收私歷。州委司法，縣委佐官，五日一申，隨即檢舉催促結絶。巡歷所至，索歷稽考，如輒將干證無罪之人淹延收繫，及隱落禁歷不行抄上而別置歷者，按劾聞奏，官吏重寘典憲。從之。

（宋）謝深甫等《慶元條法事類》卷一〇《職制門·同職犯罪》 〔斷獄敕〕諸録事司理、司法參軍州無録事參軍而司户參軍兼管獄事者，同。於本司鞫獄檢法有不當者，與主典同爲一等。

（宋）謝深甫等《慶元條法事類》卷二八《榷禁門·榷貨總類》 〔衛禁敕〕諸巡捕榷貨使臣差人巡察者，徒二年。知犯人藏匿及經過處，須分捕而差者，不坐。

（宋）謝深甫等《慶元條法事類》卷二八《榷禁門·榷貨總類》 〔衛禁敕〕諸巡捕榷貨人已獲犯人而故縱，若減所獲物或受贓者，並許人告。

（宋）謝深甫等《慶元條法事類》卷三六《庫務門·倉庫受乞》 〔職制敕〕諸請求曲法，杖八十。爲人請者，與自請同。主司許者，與同罪。主司不許，止坐請求者。已施行者，各徒一年。緦麻以上親請者，減一等。

（宋）謝深甫等《慶元條法事類》卷七三《刑獄門·檢斷》 〔斷獄令〕諸司法參軍於本司檢法有不當者，與主典同爲一等。

（宋）謝深甫等《慶元條法事類》卷七三《刑獄門·決遣》 〔斷獄敕〕諸侵夜行刑者，杖一百。

諸官司行決不如法，謂用繩核等窒其口，或於鼓面抨硾，及用棍棒、藤條捶決，并以荆棒、竹篦之類杖背者。及杖瘡未損而重疊行決者，各以違制論。因而致死者，論如前人不合捶考律。若滴水之類遲延行決者，杖一百。

諸決罪人而違判，增杖者一百，徒流罪徒一年。入罪重者，杖各加所入罪一等。以故致死，各減鬭殺罪三等。即所增杖數過二十及於杖上增以他物者，各加二等。以故致死，論如前人不合捶考律。

諸杖直決人而暗加杖數，及於杖上增以他物，故爲慘毒者，徒二年。意在規求，或情涉讎嫌，若決徒流罪者，配本州。以故致死者，依故殺法，仍奏裁。

諸決罪人不如法，當職官杖直，各依首從法。及瘡病不待差而決事，由當職官者杖直，罪止杖一百。

諸杖笞獄具枷扭、鉗鎖之類同。制度違式者，杖六十。

諸死罪應奏裁而輒決者，流二千里。謂非刑名疑慮或情法輕重及可憫者。

諸罪人應送所屬而輒決邂逅致死，非挾情者，以違制論。

（宋）謝深甫等《慶元條法事類》卷七三《刑獄門·出入罪》 〔斷獄敕〕諸官司失入死罪一名，爲首者當職官勒停，吏人千里編管。第二從當職官衝替，事理重吏人五百里編管。第三從當職官衝替，事理稍重吏人鄰州編管。第四（從）〔徒〕當職官差替，吏人勒停。二人各遞加一等，

謂如第四從依第三從之類。爲首者當職官追一官勒停，吏人二千里編管。三人又遞加一等，爲首者當職官追兩官勒停，吏人配千里。以上雖非一案皆通計。並不以去官。赦降原減未決者，各遞減一等。謂第三從依第四從，第四從三人依二人之類。會恩及去官者，又遞減一等。以上本罪仍依律。其去官會恩者本罪，自依原減法。即事涉疑慮，若係强盜殺人正犯各應配，或中散（夫）〔大〕夫以上及武官犯者，並奏裁。【略】

諸吏人故出入人杖以上罪，雖未決，勒停。徒以上罪，雖會恩，仍永不敘。失入死罪未決，避罪逃亡者，准此。其受財出入人死罪而罪不致死者，雖未得，配廣南，從者配千里。【略】

諸州推司謂當直司、州院司、理院推司。餘條稱州推司，准此。法司吏人失出入徒以上罪，已決放而罪不至勒停者，再犯或及五人失入者，勒停。失出者還舊役，降本等下名，並永不得再充。【略】

諸官司以淹造食物、洗暴煎煉取鹽斷罪者，以入人罪論。

諸罪人本罪遇恩應原，而輒以虚妄之類收坐者，以入人罪論。罪輒者杖一百。

諸斷罪應決徒流而編配，應編配而決徒流，各減出入罪二等。謂如應決徒而刺配，從刺配減二等之類。出入重者，計所剩以全罪論。謂如應決徒一年而配沙門島，合比流者，以全入徒三年論之類。

諸公吏犯罪不應通計而故爲決論，虚立案款作論決者，同。若事發後妄作以前陳首，各致官司已施行者，當職官吏以故出人罪論。【略】

〔斷獄令〕諸命官犯贓至死，後因理雪改正，元勘官吏合行收坐者，止依犯人所降特旨，從流罪，理爲失入。【略】

〔斷獄敕〕諸録事司理、司法參軍州無録事參軍而司户參軍兼管獄事者，同。於本司鞫獄檢法有不當者，與主典同爲一等。

（宋）謝深甫等《慶元條法事類》卷七三《刑獄門・推駮》〔斷獄敕〕諸官司舉駮，入人死罪不當者，杖一百。

諸置司鞫獄不當，案有當駮之情而録問官司不能駮正，致罪有出入者，減推司罪一等。即審問非置司同。或本州録問者，減推司罪三等。當職官簽書獄案者，與出入罪從一重。【略】

諸縣以杖笞及無罪人作徒流罪，或以徒流罪作死罪送州者，各杖一百。若以杖笞及無罪人作死罪送州者，徒一年。其故增減情狀者，各從出入法。

（宋）謝深甫等《慶元條法事類》卷七三《刑獄門・移囚》〔斷獄敕〕諸違法移囚流以上，以違制論。即囚至不受及受而不申者，杖一百。

諸以在禁罪人避免按察官點檢，而移往他所者，徒二年。許被禁之家越訴。【略】

諸勘鞫公事，妄作緣故陳乞移推，及州縣未結絶，非寃抑不公而監司輒移者，各杖八十。

〔名例敕〕諸違法移囚，囚未至而追還者非。不在自首覺舉之例。

（宋）謝深甫等《慶元條法事類》卷七四《刑獄門・失囚》〔捕亡敕〕諸主守不覺失囚者，徒以上先決杖一百，杖以下先決杖六十，給限追捕如法。限滿不獲，已決之罪不通計。若失死囚者，五百里編管，兵級依地里降配。故縱者許人告。【略】

諸主守不覺失囚，杖以下罪，雖給限追捕，不得，免役。

（宋）謝深甫等《慶元條法事類》卷七五《刑獄門・部送罪人》

〔擅興敕〕諸部送罪人，應逐州差人交替，而不差人，致越過者，知通各徒一年，兵職官加一等，仍許以次州奏劾。即部送人不陳乞交替而自越過者，杖一百。

〔捕亡敕〕諸罪人應部送上京在路逃亡者，以徒亡論。計日輕者，杖一百。

諸部送已決配流、編管、羈管、移鄉人而有縱失者，準其亡罪，論如縱失囚法，不以日坐。謂如縱配軍逃亡，應從上軍法者，止準流罪，不從斬坐。亡罪輕重，刺配，準徒二年。餘準杖一百。若故縱元犯强盜配軍，謂兇惡、或死罪貸命、或配沙門島遠惡州者。兵級配鄰州，公人配本城，事理重者奏裁。

諸部送已決配流、編管、羈管、移鄉人而故縱逃亡者，許人告。其同犯爲從之人，若事未發露，能自首陳所縱之囚，雖未捕得，亦聽原罪。

諸受部送在京首獲兵級刺面人，官司應差人而違者，杖六十，致逃亡者加二等。即至所隸未滿半年，復逃入京首獲者，本轄節級歲終科稜二人，笞四十。二人加一等，罪止杖一百。將校杖六十。

諸部送刺配，若逃亡兵級輒入京城者，徒二年。

諸監管寒月權留功役人而不覺逃亡者，杖六十。故縱者，準部送已決編配人法坐之。許告給賞亦同。

〔斷獄敕〕諸部送罪人，非理陵虐者，杖一百，鄰州編管兵級降配。罪至徒者，奏裁，並許人告。

（宋）謝深甫等《慶元條法事類》卷七五《刑獄門・刑獄雜事》

〔斷獄敕〕諸囚在禁，吏人獄子不守宿，杖八十。吏人聽分番。夜有死失殺傷之類應下者，不坐。

諸囚在禁，故自傷殘者，吏人獄子、防守人各杖八十。因而致死，各加二等。【略】

諸罪人到官，有隨行之物未經官驗視而獄司擅自開發者，杖八十。因而盜取，自盜論。

（宋）謝深甫等《慶元條法事類》卷七七《服制門・喪葬》〔雜敕〕

諸緣勑葬，而主管使臣及官司以所須之物配擾人户，或減剋所支財物者，徒二年。情重，鄰州編管，命官勒停。

（明）王圻《續文獻通考》卷一六七《刑考・刑制》〔宋寧宗嘉定十六年二月，臣寮奏：檢驗不同，要害致命之因，法至嚴矣。而檢驗失實，則爲覺舉，遂以苟免。欲望睿旨下刑部看詳，頒示遵用。刑寺長貳詳議，檢驗不實當覺舉，自有見行條法。令檢驗不實乃爲覺舉，遂以苟免。今看詳：命官檢驗不實或失當，不許用覺舉原免。餘並依舊法施行。從之。

（清）徐松《宋會要輯稿・刑法六・禁囚》〔嘉定十六年〕十一月六日，臣僚言：訪聞安邊所屬官，多不稟命使長，輙將每日送下公事，不問輕重，遇夜寄錢塘、仁和兩縣并諸廂尉司等處，淹繫日久，不即予決，拘囚囹圄，病痛相纏，前後死者不知其幾。乞行下兩縣等處，每日仰官吏具本所有無送下寄收公事，申御史臺以憑稽考。如或仍前違戾，許被寄禁人家屬直經本臺陳訴，訪聞得實，將當職官具申朝廷，重賜鐫責，公吏決配。從之。

《宋史》卷二〇〇《刑法志》　諸重刑，皆申提刑司詳覆，或具案奏裁，既無州縣專殺之理，往往殺之而待罪。法無拘鎖之條，特州縣一時彈壓盜賊姦暴，罪不至配者，故拘鎖之，俾之省愆，或一月、兩月，或一季、半年，雖永鎖者亦有期限，有口食。是時，州縣殘忍，拘鎖者竟無限日，不支口食，淹滯囚係，死而後已。又以己私摧折手足，拘鎖尉砦。亦有豪强賂吏，羅織平民而囚殺之。甚至户婚詞訟，亦皆收禁。有飲食不充，飢餓而死者，有無力請求，吏卒凌虐而死者；有爲兩詞賂遺，苦楚而死者。懼其發覺，先以病申，名曰監醫，實則已死；名曰病死，實則殺之。至度宗時，雖累詔切責而禁止之，終莫能勝，而國亡矣。

《宋史》卷二〇一《刑法志》　至理宗時，往往讞不時報，囚多瘐死。監察御史程元鳳奏曰：今罪無輕重，悉皆送獄，獄無大小，悉皆稽留。或以追索未齊而不問，或以供款未圓而不呈，或以書擬未當而不判，獄官視以爲常，而不顧其遲，獄吏留以爲利，而惟恐其速。奏案申牘既下刑部，遲延日月方送理寺。理寺看詳，亦復如之。寺回申部，部回申省，動涉歲月。省房又未遽爲呈擬，亦有呈擬而疏駁者，疏駁歲月，又復如前。展轉遲回，有一二年未報下者。可疑可矜，法當奏讞，矜而全之，乃反遲回。有矜貸之報下，而其人已斃於獄者；有犯者獲貸，而干連病死不一者，豈不重可念哉？請自今諸路奏讞，即以所發月日申御史臺，從臺臣究省、部、法寺之慢。從之。而所司延滯，尋復如舊。

（清）畢沅《續資治通鑑》宋理宗淳祐八年二月　庚子，帝諭輔臣曰：所在監司、帥守，輕行括籍，多因細事，中以深文，甚而置之死地，往往利其財耳，真所謂殺越人於貨。至於用刑，自有成法，今有司率意任情，更不遵守條令。凡此皆當禁止。可禋明肆赦，益加申嚴，如有非辜越訴，究證得實，必論如律。

《宋史》卷二〇一《刑法志》　景定元年，乃下詔曰：比詔諸提刑司，取翻異駁勘之獄，從輕斷決。而長吏監司多不任責，又引奏裁，甚者有十餘年不決之獄。仰提刑司守臣審勘，或前勘未盡，委有可疑，除命官、命婦、宗婦、宗女及合用蔭人奏裁外，其餘斷訖以聞。官吏特免收坐一次。

（明）王圻《續文獻通考》卷一六七《刑考・刑制》　丘氏濬曰：按《宋史・刑法志》理宗朝天下之獄，不勝其酷。每歲冬夏，詔提刑行郡決囚。提刑憚行，悉委倅貳。倅貳不行，復委幕屬。所委之人，肆行威福，以要餽遺。監司郡守，擅作威福，意所欲黥，則入其當黥之由；意所欲

殺，則證其當死之罪。呼喝吏卒，嚴限日時，監勒招承，催促結欵。而又擅制獄具，非法殘民。有夾幇、腦箍、超棍等名。富實之家稍有罥罣，動籍其貲，不問輕重，並從科罰。州縣往往專殺、拘鎖、淹滯囚繫，死而後已，又以己私摧折手足，受豪强賂，羅織平民，囚殺之。至度宗時，雖累詔切責而禁止之，終莫能勝，而國亡矣。説者謂宋以仁厚立國，今觀《刑法志》所云，則其一時司刑之吏，刑人之具，殆與漢武帝、唐武后時無以異也，卒至垂天地之和，促國家之脉，而召裔夷之禍。嗚呼，豈無自而然哉！

《遼史》卷八二《耶律隆運傳》　〔遼聖宗統和〕十二年六月，奏三京鞫獄官吏多因請託，曲加寬宥，或妄行搒掠，乞加禁止。上可其奏。

《金史》卷七《世宗本紀》　〔大定十二年二月〕丙辰，詔自今官長不法，其僚佐不能糾正又不言上者，並坐之。

《金史》卷九《章宗本紀》　〔明昌元年〕六月己丑，制定親王家人有犯，其長史府掾失覺察、故縱罪。

《金史》卷四五《刑法志》　〔明昌〕四年七月，上以諸路枷杖多不如法，平章政事守貞曰：枷杖尺寸有制，提刑兩月一巡察，必不敢違法也。【略】

〔承安〕五年五月：刑部員外郎馬復言：外官尚苛刻者不遵銅杖式，輒用大杖，多致人死。詔令按察司糾劾黜之。【略】

十二月，翰林修撰楊庭秀言：州縣官往往以權勢自居，喜怒自任，聽訟之際，鮮克加審。但使譯人往來傳詞，罪之輕重，成於其口，貨賂公行，冤者至有三、二十年不能正者。上遂命定立條約，違者按察司糾之。且謂宰臣曰：長貳官委幕職及司吏推問獄囚，命申御史臺聞奏之制，當復舉行也。又命編前後條制，書之於册，以備將來考驗。

《金史》卷一二《章宗本紀》　〔金章宗泰和四年八月〕丁未，以安州軍事判官劉常言，諸按察司體訪不實，輒加糾劾者，從故出入人罪論，仍勅停。若事涉私曲，各從本法。

《金史》卷一六《宣宗本紀》　〔興定五年九月〕丁亥，詔州府及軍官捕盗慢職，四品以下宣慰使決之，三品以上奏裁。

《金史》卷四五《刑法志》　嘗詔宰臣，朝廷每歲再遣審録官，本以爲民伸冤滯也，而所遣多不盡心，但文具而已。審録之官，非止理問重刑，凡訴訟案牘，皆當閲實是非，囚徒不應囚繫則當釋放，官吏之罪即以狀聞，失糾察者嚴加懲斷，不以贖論。

史金波等譯《天盛改舊新定律令》卷九《延誤審訊和辦案門》　一、節親、宰相、臣僚、大人等□□□□□不許使掌文字種種習事放逸限誤。若違律失職行文字，放逸有罪人，則行文字者局分導頭字□□聽者□□□依放逸有罪人法□□則【略】字行【略】從重判斷【略】未【略】有官罰馬一，庶人十三杖。

一、節親、宰相、臣僚、大□□□等不許因私意問□□習事。違律時，言多少一律徒一年，受賄則與枉法貪贓罪比較，從其重者判斷。

一、在京師各司問習事中，獲死、無期□□，審刑司已審中，與□□不同時，當問有何異同曲枉，令明，則人□□□□□枷，問於其處，問其異枉，爲之轉司□何應，當奏報於中書、樞密所管事處，賜予諭文。

一、邊中監軍司府、軍、郡、縣問種種習事中，應獲死、無期之人，於所屬刺史審刑中，□有罪人謂其不服，則當明其枉□□語爲何□。本人應枷於刺吏處問之，報經略職管司等，當待諭文。

一、不繫屬於經略之囉龐嶺監軍司者，自杖罪至六年勞役於其處判斷。獲死罪，長期徒刑，黜官、革職、軍等行文字，應奏報中書、樞密，回文來時方可判斷。官□□□□者當送京師。

一、前述所審獲死罪、長期徒刑之人謂屈枉不服，問者局分小大爭辯，實有枉言時，何人於審者處説項當獲重罪，當絶命。受賄審者亦聽信説項，以受賄徇情而□□人之枉言不聽，□□審者、説項者等一樣判斷。依已至未至次第與加□□罪相同。若被審人與審者本人有隙者，有罪人死則依故意殺人法，不死則比有罪人減一等。若無受賄徇情差意等，無心失誤而致見解錯誤者，所判斷罪過高則減二等，過低則減三等，□判斷則本處當再減之。

一、被審之有罪人實有死、長期徒刑罪中，免罪□□，拷打仍謂我不服，亦遣審者局分大小而爲之決斷，受賄未聽而判斷，□則徒一年，判斷未至則徒六個月。

一、諸司局分人行過文字者，當於所定日上完畢。倘若至其日未畢，

有未畢之緣由□□併判寫完畢，則罪勿治，無緣由則依【略】當承罪。

一、地邊地中立便急速有文字稽緩【略】應爲【略】大人當量之而減罪。

一、諸司知執聖旨頭字者，應如何行【略】不許懈怠。若違律時，立便□□□個月期間爲懈怠者，依延誤罪判斷。一個月以上懈怠一番，司吏徒二年，案頭徒一年，都案徒六個月，承旨、習判等徒三個月，大人罰馬一。懈怠二番，司吏徒三年，案頭徒二年，都案徒一年，承旨、習判等徒六個月，大人罰馬二。三番以上一律司吏徒四年，案頭徒三年，都案徒二年，承旨、習判等徒一年，大人罰馬三。再依□□□節使人遣人於日限期間以内往□□□逾日時分析頭字，有【略】則依一番懈怠法【略】。

一、諸司察解文字者三【略】外上當作手記，□册當予局分處。前限日以外，緩一日至五日者，十杖；五日以上至十日，十三杖；自十一日至十五日，徒三個月；自十六日至一個月，徒六個月；一個月以上一律徒一年。共相任職有手記者，作從犯判斷。

一、諸司各案一個月散行文字者，案頭、司吏當令明。行文字時，所行搜尋者五日期間當搜尋畢。倘若誤期時，前五日以外，緩行自一日至五日者，局分司吏笞十五，其餘罪勿治。五日以上至十日，局分司吏十杖，同任職有手記案頭等，庶人有雜官等笞十五，有及品官七斤鐵。自十一日至十五日，局分司吏十三杖，同任職者八杖。自十六日至二十五日，局分司吏徒三個月，同任職十杖。自二十六日至一個月，局分司吏徒六個月，同任職十三杖。一個月以上一律局分司吏徒一年，同任職徒三個月。同任職無案頭手記，未知等，罪勿治。

一、有因前述遲緩住滯寄名文書，二三種以上罪集於一人者，諸司當結合共同引送各案，從重判斷。

一、案頭、司吏校文字者當於外爲手記。倘若其不合於文字而住滯，則校文字者依法判斷。同任職有手記時，所校文字上有疑□，知有住滯而未過問者，比校者罪減一等。未知，則因未仔細搜尋而再減一等。

一、諸司所判寫文字者，承旨、習判、都案等當認真判寫，於判寫上落日期，大人、承旨、習判等認真當落，不許案頭、司吏判寫及都案失落日期。若違律時，一律徒六個月，受賄則與枉法貪贓罪從重判斷。

一、諸司查律令者，二案頭、五司吏等一共當設七人，另當設一律案檢。所有判斷公事時，問處案人當告案，應有罪情，罪紙其後留白紙空頭，經大人處判斷□，當載律案檢中，當查律令、罪法，以紅字寫於空頭白紙上，律案檢、案頭、司吏當爲實狀，相接繼，當予局分處，經判斷實行。倘若問公事處案局分人核罪情及查律令有誤時，受賄、相惡而增減者，當令與所增減比較，賄多則與枉法貪贓罪比較，從其重者判斷。無意受賄，核檢失誤而致判斷增罪，則減二等。已減罪，則減三等。尚未判斷，則依次當再減一等。

一、中書、樞密、諸司等都案文字住滯時，官大及品亦當入承罪人中，應枷繫亦枷繫，應笞杖者，行杖處所屬司大人當計，罰錢若干置案。其中諸司都案應承杖亦承杖。

史金波等譯《天盛改舊新定律令》卷九《諸司判罪門》 一、國境中諸司判斷習事中，有無獲死及勞役革職、軍、黜官、罰馬等，司體中人當查檢，明其有無失誤，刺史人當察。有疑誤則棄之，無則續一狀單，依季節由邊境刺史、監軍司等報於其處經略，經略人亦再查其有無失誤。核校無誤，則與報狀單接。本處有無判斷及爾後不隸屬於經略之各邊境，京師司等皆依文武次第，分別當報中書、樞密。至來時，所屬案中亦再與律令仔細核校。有失誤則別行查檢，無，則增於板簿上，一等等奏聞而告曉之。若諸司人未依季節而報，而中書、樞密局分人未過問等，一律依延誤公文判斷。

一、諸人獲十惡及死、長期徒刑等罪□已拘縛者，無論官高低，一律當枷而報問之。其餘大小公事已縛者，自語抵以上有官人於五里以内所住處當持，問頭並作狀，不肯爲狀而住於五里以外，當喚於司邊作狀。不説實話則當使奏言。壓亦不爲實狀，然後當枷之□□□問於其妻子，爭訟者勿奏報呼於職管處。枷繫法與丈夫相同，自有頭主至柱趣官者當繫，自有戲監官以下應枷。其中不應枷繫而枷繫，應枷繫而不枷繫等，一律有官罰馬一，庶人十三杖。其中有大官應奏不奏時，徒一年。

一、諸司問公事限期：死刑、長期徒刑等四十日，獲勞役者二十日，其餘大小公事十日期間問畢判斷。若彼期間問判不畢時，局分中都案、案頭、司吏，庶人十三杖，有官罰馬一。當事人不全備，則勿計入前述日期

有罪人而未提名時，聞者自意言於有罪人者，言者當承全罪，出言者比□□罪減二等。

一、諸人有大小罪，他人等對有罪人枉逼打拷恐嚇而致上吊、自刎自殺者，恐嚇者是他人，因有意說，則當絞殺，一時怒惱爭鬥中尋惡而嚇者徒十二年，戲言誤說罪者徒五年。上吊、自刎未亡則致誤者徒五年，毆打爭鬥言惡者徒四年，戲而言之者徒三年。是使人、都監，則比前述他人之各各罪狀減一等。

一、知有罪人中公事明確而不實，則可三番拷之。一番拷可行三種，笞三十，□爲，懸木上。彼三番已拷而不實，則當奏報。彼問杖者，當言於大人處並置司寫，當求問杖數。若諭文□□上置，自專拷打□爲等時，有官罰馬一，庶人十三杖。諸局分大小與有罪人若因原有相應而有置□□者，受賄徇情，不應拷而拷之，令其受杖數超於明定數等，一律笞三十以內者有官罰馬一，庶人十三杖，笞三十以上至笞六十徒三個月，笞六十以上至笞九十徒六個月，笞九十以上一律徒一年。於已受問杖番數以外，再令自一番至三番以上屢屢懸木上，已令受苦楚，則依次加一等。受賄則當以枉法貪贓論，從其重者判斷。

一、諸人派還官利限，催促及問公事中，當事人□□□，依法打拷而致死者，未有異意，限杖未超，則罪勿治。超過時，杖致死徒二年。若雖超而未亡，則有官罰馬一，庶人十三杖。無杖痕而因染他疾病致死者，勿以杖致死論，當與已超過而未死□□相同。若懷他意，被告人自己訴訟所訴是實，知證分白時，有意無理打拷死者，依有意殺法判斷。若他人說項，受賄徇情而無理打拷，令杖數超而死時，依枉法借故殺法判斷。人未死，則拷者自失誤及他人說項，因受賄徇情而拷之等，一律依前諸司局分大小與法不合，無理增加有罪人之杖數之罪，他人說項者之罪，當比拷者之各各罪狀減一等。

一、監禁者監守失誤，囚自殺者，寄名徒一年，小監有官罰馬一，庶人十三杖。若囚於他事欺騙索求刀、鐵棍、毀身用具、繩索等，不許予之。若違律予之時，未用以毀身者十三杖，已上吊、自刎而未亡則徒一年，死則徒二年。予者是他人，亦同之。寄名、都監、小監等已見而未取之，罪與予者同。若去獄囚之手銬，使隨意在，獄囚自搜尋刀、鐵棍、他中。

史金波等譯《天盛改舊新定律令》卷九《行獄杖門》　一、節親、宰相、諸司大人、承旨、大小臣僚、行監、溜首領等於家因私人牢獄，不許置木枷、鐵索、行大杖。若違律時徒一年。其中行一種大杖者，有官罰馬一，庶人十三杖。

一、諸司枷繫當事人者，大人、承旨共在，則共議枷之。大人不在，則承旨計之，應枷則枷之，不應枷繫則不許枷繫。違律時，有官罰馬一，庶人十三板。

一、諸司承旨、習判、都案、案頭、司吏、都監、小監等不許於司中行大杖。違律時，有官罰馬一，庶人十三杖。

史金波等譯《天盛改舊新定律令》卷九《行獄杖門》　一、往監喚諸囚及罪人，實告其有何罪債情節，未說其他恫嚇言語，而自己畏罪上吊、自刎而自殺者，彼告之者有官罰馬一，庶人十三杖。未告其人有罪語，彼心下思其罪債，畏而自殺者，罪勿治。

一、諸人無罪而謂之有罪，未傳喚而謂之來傳喚，及無理打拷，以恫嚇語恐嚇其自殺，或別人誣言他人犯罪之語而使聞之，彼言於有罪人，恐嚇其逃，未尋獲及自殺等罪，依所定判斷。

一等無罪而謂之有罪，未傳喚而謂之來傳喚，打拷恐嚇使自殺時，比毆打爭鬥相殺罪減一等。上吊、自刎而未死，則恐嚇者徒三年。若依官法枷繫之，在牢獄中死者，比在外人恐嚇而致上吊、自刎死與不死之二種罪狀依次各減一等。若亡失尋之不獲，則與他人枉告人有罪而亡失尋之不獲罪狀相同。

一等別人聞他人犯罪語，在有人處報其有罪，嚇其自殺者，死者本人有死罪則言者徒二年，有自杖罪至勞役罪則徒三年。已逃跑者，後主人三個月期間何日中當得而上吊、自刎未亡等，一律有官罰馬一，庶人十三杖。逾期未得，則言者之罪：有死罪亡失徒三年，有長期徒刑罪徒二年，有自三年至六年罪徒一年，自徒二年以下勿治。若罪非實，亦非有意，聽他人所言虛妄語而說加補語，有罪人聞之自殺、逃跑等時，比前述因言實罪而自殺亡失等各各罪狀依次加一等。其中於初言說者於以後依次傳語者雖言於有罪人，則先言者爲主謀，後說者以從犯論。僅僅隨語而說，言及

器等得手而上吊、斷喉，去手銬者之罪亦前述他人予獄囚刀、鐵棍、他器等致上吊、自刎死與不死之罪狀法判斷。

史金波等譯《天盛改舊新定律令》卷九《行獄杖門》 一、寄名都監者及都監小監、使人等取賄而放有罪人，及受賄未放、未受賄無心失誤而失之等，放失者三個月期間當尋有罪人。實未得，則放有逆重罪者家門人應連坐，依各文武次第，中書、樞密當遣，應往何處當計議。其餘同抄輔主不應連，按異抄爲他人輔主法，與第六卷上犯逆人不應連坐，與爲各輔主次第相同。不應連坐家門人，京師不須遣，職管司人應令何往則使共往，應與他人寄名則當寄名。放之者罪依所定判斷。

一等都監者等受賄，放自短期勞役至死罪者時，放者應枷，後當尋事主之子、兄弟。限期内得之，則依有罪人之從犯法，未得，則令抵之。若有罪人爲他人所得入手及死亡等，一律減一等。若放者已逾限期，已判斷，已殺者以外，雖應死，然或已赦命而服無期徒刑，或已黜落官職而獲勞役，而後獲有罪人，亦與前減罪之法相同。彼判斷人中有黜落官職者，則承罪時與原本所執官職重行抵較。不應失官職，則於局分處尋諭文，當依舊往任上。已黜落官，應得遷轉下官，亦應得之，官敕諭文當了結，應重新得。又局分大小於囚禁處雖不受賄，然是宗姻親戚，欲使不獲罪□，或有説項寄語者徇情而放囚，亦與取賄放囚同等判斷。

一等都監者等雖於有罪人處受賄，然依律法未松懈禁制，疏忽失誤而失之，限期内未得，則失死罪及長期徒刑者徒六年，失六年至三年短期徒刑者徒二年，失二年至六個月徒刑者徒三個月，失獲三個月徒刑者十杖。於限期内獲有罪人，則失獲死及長期徒刑者時徒一年，失六年至三年徒刑者時徒三個月，失二年以下者時十三杖。前限期中未獲，已判斷後方獲之者，當依限期中獲法減之。

一等都監者等未受賄，無心失語而失有罪人者，限期内尋之不獲，則寄名失之者，因失死罪及長期徒刑者徒三年，失六年至三年徒刑者徒一年，失二年以下者十三杖。限期内獲之及逾期而獲之等，一律失死罪及長期徒刑者徒三個月，其餘失有期者十杖。都監、小監於限期内未獲，則失死罪及長期徒刑者徒一年，失短期徒刑者十三杖。失其餘者之罪勿治。逾期而獲之者，當釋前罪。

一等前述都監及都監小監、使人等受賄而逸放有罪人以外，謂未受賄而疏忽失誤失之時，非是實，失謀逆及死罪、長期徒刑有罪者當三番拷之，其餘失短期徒刑者笞三十而問之。杖已行，依前有無逸放語，依尋找有罪人之承罪次第判斷。

一、牢獄内囚監中，職管都監、小監等教有罪人方便語而使增減罪時，判斷已至，則於有罪人所有種種罪中所教之方便語，與種種罪相抵，判斷未至則減一等。是他人則比都監，小監之罪情依次再減一等。語未教而使其遇他人而言之者，監者小監等徒六個月，餘人徒三個月。若使其遇他人時，彼使其通公事，則依前比教語而使罪增減之罪狀依次減二等。受賄者與枉法貪贓罪及前有罪比較，從其重者判斷。【略】

一、牢獄中囚禁者無大人處諭文判寫，都監者小監、局分人等不許脱放。若違律脱放時，與有罪人相等。其中囚已死及自投奔歸來、他人捕之、自捕入手等，一律比有罪人減一等。

一、諸司問公事處，不許無職人走近停留並與所問人言語。若令其離開而未離開，與所問人言語者，與局分人争鬥時，有官罰馬一，庶人十三杖。其中爲當事人做主，分析教示者，以局分人教示之從犯法判斷。

一、牢獄内囚犯有病不醫、奪取囚之食糧、衣服等而致囚死時，局分大小之罪依以下所定判斷。一等拘繫職管獄囚大人、承旨中一二人原有隙，共任職大人、承旨相告以有隙之語，自相商議相謂而聽之，枉法以壓制，無理口□□□（所食）而取之，無理□使之受杖，如此爲方便而殺囚者，依相怨故意殺法判斷。雖告而聽之，然應不應惡殺之語未取，未回報，亦未告於局分，則比從犯減一等。若告而聽之，雖已説不應也之語，然未告於局分，則再減一等。

一等都監及小監、局分都案、案頭、司吏等，已聞獄囚與職管大小、承旨有隙之語，已承殺法指揮，無理而殺者，依有意殺人之從犯法判斷。若有隙人自意殺之，局分人等已聞故意殺之語，應不應之語無所取，亦未告於局分，則比從犯判減二等。雖已謂不應也，已過問而不聽，無所告，則依次判減三等。

一等獄囚與職管大人、承旨有隙，共任職大人承旨聞覺不勸，拷之而使損其口喉，實聞見而不勸，妄死人時，同任職大人、承旨徒四年。雖謂

之不應也而勸之，然彼未聽語，則因未告於局分而徒二年。已告及彼當時不在等，罪勿治。若在司體上，在而無理爲之，當時不在，爾後到來亦未仔細推尋，則有官罰馬一，庶人十三杖。都案、案頭、司吏等未過問者徒二年，謂已過問而不聽，未問時不告，則徒一年。使人都監、小監等依大人、承旨謂當減囚之食飲，未提出而聽承指揮語而減時，徒三年。若已提出而未問未告，則徒一年。

一等因人染疾病不醫，不依時供給囚食，置諸牢獄不潔净處，及應擔保而不擔保等，疏忽失誤而致囚死時，依四季節，諸司所屬囚亡若干，刺吏司體等當依次相互檢視。所屬司中人分別入册，報於經略，經略人於其上轉之，爾後經略與不隸屬諸司一併依文武次第分别報中書、樞密。大人、承旨一律一大人所屬死一至五名時徒一年，死五至十名徒二年，十以上至十五徒三年，十五以上至二十徒四年，二十以上一律徒五年。【略】

一等枷禁囚處之牢獄當善爲之，於空氣流處爲之天窗，冬季當置草席、蒲席。燃料除自備外，實無力者應供給若干。若不供給，違律等時，局分大小一律有官罰馬一，庶人十三杖。【略】

一等前述人中，因犯十惡及雜罪中得死罪而已拘縛之人有疾病、惡瘡、孕子等，不許擔保。當使住牢獄净處，遣人侍奉，有疾病、惡瘡、孕子等當治之，一面分析尋問當事人。自長期徒刑以下至短期者，有疾病、惡瘡，婦人孕子生産日已明，則遣人視之。婦人生産月日是否屬實，當問所知。是實則當令只關，暫接擔保，疾病惡瘡愈，産子一個月後再當推問。若非實，爲知證者因未得仔細視之，有官罰馬一，庶人十三杖。受賄則與枉法貪贓罪比較，從其重者判斷。因誤言婦人産期，則笞三十。有疾病、惡瘡而實不重，允許强之。婦人非産期亦當依法推問，其中婦人非産月勿受問杖。若推問畢而已爲之判斷時，當令視有疾病、惡瘡者及孕子婦人，言是實，則疾病既愈及婦人已産之一個月然後判斷。右違律先行判斷者，其致死時徒三年，落胎兒則徒二年，未致者有官罰馬一，庶人十三杖。視者作僞未受賄，則與判斷者相同，受賄則以枉法貪贓論，與前述罪比較，從其重者判斷。

一、邊中諸司都巡檢等處現拘囚中，有以枉法、滯緩、受賄、徇情而遣放之等，所屬刺史人當每十日一番審視推察之，當登記於板簿上。如其有枉法等，則屬司應再予之期限，一個月一番報於經略，不隸屬經略者則當報中書，中書局分當行板簿。有僞名，因管處之罪狀語當有，入册，返訴當予之。刺史人當催之，於律令限期内判斷，推問當令完畢。全部完畢，返訴告狀來時，當於板簿上告曉。

史金波等譯《天盛改舊新定律令》卷九《越司曲斷有罪擔保門》

一、諸司局分人未取賄賂，未徇情，當事人未聚集，問情不足，欲斷局分問者之語，謂依官方及大人指揮當脱之，以威脅語强使脱之時，獲死罪及長期徒刑者徒三年，短期徒刑自三年至六年者徒一年，自徒二年至徒一個月者十杖，獲杖罪勿治。

一、諸局分人受賄而枉判斷公事之罪，依以下所定判斷。

一等本無罪而治罪，是杖罪而判勞役，有勞役者爲長期徒刑，獲長期徒刑而令承死罪等，枉者當承全罪。

一等有杖罪而加杖數，應獲勞役而加年數，是三種長期、無期徒刑而依次加之等，枉法者當自承所加之罪。原本犯罪者自身所有罪行依法判斷，勿使枉者承之。若不應革職，無理相怨而加罪以革其職，或雖應革職而減罪則不革職，與此次第加之而多黜其官，多加其黥，又不應黥而黥之等，於同等枉法罪狀上判斷各加一等。

一等有重罪者減半，亦所減半多少，由枉罪者自承之。

一等前述罪既加，已使受黥杖，已超前罪，則當去所受之黥。以自身實罪而應受黥者，依前所受，不需再爲黥之。其中已減罪，有使受輕罪之黥杖，則依原先實有重罪應獲之黥杖勞役而承之，當去前黥。

一、受賄已枉公事而未判斷者，依前判斷所至之罪狀依次減一等，受賄多則與枉法貪贓罪比較，從其重判斷。

一、問公事中雖未有賄，然徇情以枉公事者，確明顯，則與取賄而枉公事之罪狀相同。

一、諸局分人問公事中，未取賄賂，未徇情，問訴訟人情節充足，然未得實情，無理判斷等罪，依所定判斷。

一等問訊已足，知情人皆已問而同之，被告人謂我服罪，實話未準而判斷誤者，有官罰馬一，庶人十三杖。

一等問訊已足，實話已準，律令語法分明時，推尋誤而增減罪情，犯

時，徒十二年。是僕隸及市場賣身價女，則徒六年。婦人自情願，首先出語，則與前述無理侵凌之□□罪狀較之，男子比婦人罪依次減一〔等〕。□男子先出語，婦人情願□□□男人當依法承罪，婦人罪勿治。局分大小原本與禁婦有染，禁於司內時淫亂及司外再分析，原無淫行而侵凌而又遣之，人口入手侵凌等徒六年。其中僕隸及有身價等侵凌者徒六個月。原有淫行，於司外又淫者，與淫他人妻罪相同。

一、諸人因大小公事，已許賄而未入手，心下存其語而枉公事者，與貪贓枉法□□□未決判罪狀相當。若未枉法，依律理□□實行，然謂已許賄而取之，則有官罰馬一，庶人十三杖，許賄者以從犯法判斷。若謂未許賄，亦未取之，則罪勿治。

史金波等譯《天盛改舊新定律令》卷一三《派大小巡檢門》 一、巡檢人捕强盗、偷盗時，三日以内管事當派都巡檢，令其於十日以内集問之時，當引導於所屬司内，若彼逾所示日期，管事處派遲緩及管事人不令而延誤等時，罪依以下所定判斷。其中有已轉捕相盗者，及爲巡檢、都巡檢，勾管之人依次已遣，未往至於局分，半途送者緩慢等，派者勿論以延誤日期。

一等派巡檢人捕强盗延誤一日至五日，徒一年，五日以上徒二年。捕偷盗延誤者，當比前述延誤强盗罪減一等。

一等派都巡檢人捕强盗、偷盗，延誤一日至十日及十日以上等罪情，與前述巡檢人延誤罪相同。

一等所屬司人、正副人不令時，延誤罪依都巡檢處派人延誤之罪狀判斷。

一等送者延誤時，與都巡檢人延誤罪相同。【略】

一、巡檢實已捕盗，及或諸人告舉曰盗人確在而示之，因受賄徇情而不捕，釋放等者，斷與盗人同。受賄多則以枉法貪贓論，與前述罪比較，從重者判斷。

一、捕盗巡檢未巡行於所屬地方而懈怠之，致家主中入盗詐，取畜物者，盗人確爲他人捕得之，盗應獲死時徒二年，獲長期時徒一年，獲六年至四年時徒六個月，獲三年至一年時徒三個月，獲月勞役時十三杖，杖罪者勿治罪。若盗人未得手，則當計所失畜物，依前述法判斷。若雖巡行而

十惡罪中以重爲輕者，局分大小致誤者與枉法罪相同。除此以外，獲死罪、長期徒刑、短期徒刑而加之，則比枉法罪減二等，減之則減三等，判斷未至而依次再減一等。

一等問訊已足，實話雖已準，然彼之罪於律令不明，輕重當判爲何未清，應奏報時，其處判斷未受賄徇情而加之，則比枉法罪減三等，減之則減五等。【略】

一、有死罪不許擔保。若違律無理擔保及外逃、亡失等時，罪依所定判斷。其中自無期以下者，當允許擔保。

一、局分大小人使有死罪人無理擔保時，有罪人未亡失，則徒三年。若亡失，則局分大小當初判斷勿急，對擔保者限期三個月，當令尋之，限期内得到則徒四年；逾明已判斷後方得到則徒六年；不得，則比有罪人減一等。若彼有罪人逃往敵界又投奔歸來，及逃人被捕而定其罪，則限期後始得亦置罪□□也依不得有罪人法□□□坐大數雖造意爾後從犯等當【略】

一、擔保者受賄逸放有罪人及□□□誤失之等罪法：

一等受賄，徇情而逸放者徒三個月，□□獲則比從犯減一等。日□□□者，當依從犯法判斷放者之罪。及□判斷之後得有罪人者，限期中得之，當依法判斷減之。

一等雖已受賄，然未放逸，疏忽失誤而失之者，於前述限期内得之則徒六個月，限期内不得則徒五年。已判斷之後再得及放者判斷□□而得等，一律六個月。

一等未受賄徇情，無心【略】限内得之則三個月【略】二年，限期【略】前述限期【略】當獲□個月【略】

一等前述擔保者皆受賄徇情，則以主從犯論，依前所示【略】比之依次減一等。主犯一部受賄徇情，一部未受賄徇情等，有無受賄徇情，各自與前述罪狀相同。皆未受賄徇情，則不需論主從，一樣判斷。

一、有罪人無理令擔保而逸放之罪狀高低依前述。若受賄多者，以枉法貪贓論，與前有罪比較，從其重者判斷。【略】

一、他人妻子被訴訟而諸司枷禁之，局分大小、都監、小監等侵凌時，徒十年。其中庶人侵凌有官人之妻、官低人侵凌官品大於已者之妻

生住滯，則有官罰馬一，庶人十三杖。彼盜人爲巡檢自捕得之，則罪勿治。

一、捕盜巡檢人局分地方内，諸人入爲盜詐，畜物主人搜尋盜人，曰在附近某處，有告者，敢只關，而不往搜尋，爲懈怠時，當比前述未巡行而生住滯之各種罪狀加一等。

一、巡檢人侵擾本地家主、食賄時，以枉法貪贓論。

一、巡檢於一年期間捕盜應得功，及該年内因不得盜而獲罪時，應得功當得功，出住滯則當承罪。【略】

一、爲巡檢勾管者，無論日夜，當於重地方巡行，當敦促各小巡檢，所屬地方不許生盜詐住滯。若違律未巡行於屬地而生住滯，及雖巡行而仍出住滯等時，當比小巡檢之各種罪狀減一等。

《通制條格》卷一九《捕亡・捕盜責限》 至元十四年七月，欽奉聖旨立按察司條畫内一款節該：守土官常切覺察，毋致盜賊生發。或有賊人起於不意，即時申報上司，並行移隣近官司，併力捕捉。如申報稽遲，並有失覺察，致令滋蔓結成羣黨者，糾察。

至大四年十一月，中書省刑部呈：議得捕盜官兵失過盜賊，格前違限不獲，合行革撥；格後違限不獲者，既正賊不該原免，捕盜官兵亦合依例追斷。都省准擬。

延祐元年六月十四日，中書省奏：前者河西務一起賊人船裏住着强劫錢、殺傷人命的上頭，兵馬司官人每教那裏的軍官添氣力拿賊麽道説呵，軍官每不曾肯有。又爲偷盜了官頭口的上頭，差人根趕至慶元路去呵，將那賊每也捉獲了。沿路來的時分，經過的城子裏索防送的人呵，不是俺管的地面賊有麽道，不曾添氣力來。軍官每並管民官似這般不添氣力呵，怎中？公事鬆慢了去也者。各處捕盜官兵，教公謹捕捉賊人者。拿賊時分，附近有的軍官並管民官每，不以是誰，教做伴的，各處遍行文書，大都兵馬司官人每根底與添氣力聖旨呵，怎生？奏呵，那般者，與者。麽贓道聖旨了也。欽此。

《元史》卷一二《世祖本紀》〔元世祖至元十九年九月〕敕：官吏受賄及倉庫官侵盜，臺察官知而不糾者，驗其輕重，罪之。中外官吏贓罪，輕者杖決，重者處死。言官緘默，與受贓者一體論罪。仍詔諭天下。

（明）王圻《續文獻通考》卷一六九《刑考・讞審》〔元成宗〕大德六年四月，行臺扎付監察御史内一件：今後有司凡有死情官事，隨即差官初復檢驗。其受差檢屍官承文字日，不移時刻，依例將引仵作人吏、屍親鄰佑、行兇人等前往。停屍官吏須要親臨已死人屍側，監督仵作人對衆如法檢驗。檢屍官吏與仵作人等眼同看視傷痕，定驗端的致命根因，依式開寫，于定驗致命傷項下，具説前項傷痕係檢屍官某人視（視）屍身，令仵作行人定驗，別無不實，重甘結罪回報外，據覆檢官吏人等回避初檢官吏、仵作行人，依上檢驗。其檢屍官吏並不許逗留，不即前去，以致已死人身屍潰爛，不堪檢驗；及不得不行臨屍檢驗，止憑仵作行人口喝傷痕致命，亦不許復檢官就用初檢官、仵作行人及計囑初檢官吏通同回報檢屍文狀。各道（廢）訪司當切體察，如有違犯，將檢屍官吏斟酌輕重斷罪。施行。

（明）王圻《續文獻通考》卷一六九《刑考・讞審》〔元成宗大德〕八年，彰德府申：切見各處有司，不以人事爲重，凡有告（歐）〔毆〕傷身死者，不行隨即飛申檢驗，初檢官司雖有申到屍狀，復檢官司不能即到屍前，以致屍見發變，不能復檢。既見復檢官司不能復檢，初檢官吏因而故捏合已死之人作自縊，或投井、火燒、自傷殘害，身死中間，別無堪信顯迹，必須追究往來，補搭叩換。州縣司使通行捏合，虚套撥賺，原告絶詞文狀，不准官吏通同。如此，使死者幽冥之冤，何由得雪？本省看詳：檢驗屍傷，或受差過時不發，或牒至應受而不受，或不親臨視，或承他處官司請官檢驗，或有官可挪而稱闕，或應牒鄰近而牒遠者，或因驗而不驗，或不明定要害致死之因，或定而不當，或漏露所驗事狀，或將初檢屍狀與初檢官司扶同檢驗等事情弊，紛紜不能槩舉，理宜明定罪例，通行遵守。又刑部議得：檢驗屍傷，已有常式。近年以來，親民之官不以人命爲重，往往推延，致令發變；不親臨監視，轉委司吏，行人與覆檢官司遞相符同，裝捏屍狀，移易輕重，情弊多端，擬合設法關防。若依奉使宣撫所言，似爲縷細。本部今条酌，定立屍帳圖畫，屍身一仰一合，令各路一樣板印，編立字號，勘合用印，鈐記發下。州縣置簿封收，如遇檢屍，隨即定立時刻，行移附近不干礙官司，争速差人投下公文，仍差委正官將引首領官吏、慣熟仵作行人，就賫原降屍帳三幅，速請停屍去處，呼

應合聽檢并行兇人等，躬親監視，對衆眼同自上至下，一一分明，仔細檢驗指説。沿屍應有傷損，即于元書屍身上比對被傷去處，標寫長濶深淺，各各分數，定説端的要害致命根因。檢屍官吏于上署押一幅，給付苦主一幅，連粘入卷一幅，申達本管上司。仍取苦主并聽檢一（千）〔干〕人等，連名甘結，依式備細開寫，當日保結回報，明白稱説各遞相離里路，承發檢驗日時，飛申本管官司。其復檢了畢，亦將屍帳一幅給付苦主，一幅入卷，一幅申報上司。或有違慢或牒到而不受，致令屍變者，正官決三十七下，首領官吏各決四十七下。其不親臨監視，轉委公吏檢驗，并增減不實，移易輕重，定執致命因依不明，或初復官吏相見符同屍狀者，正官取招，量事重輕降黜；首領官吏各決五十七下，罷役；仵作行人決一十七下。

（元）沈仲緯《刑統賦疏・第五韻》 官司捕逐法寬於救助。官司之事既有緩急，律之議刑豈無輕重。故《鬭訟律》云，强盗及殺人官司不即捕逐者，一日徒一年，竊盗減二等。《捕亡律》：諸鄰里被强盗及殺人告而不即救助者杖一百，聞而不及救助者減一等，力勢不能赴救者速告隨近官司，若不告者亦以不救助論。其官司不即救助者徒一年，竊盗減二等。然官司不捕逐須，計一日方坐，罪不救助則計時者，蓋賊盗未散之時救助則財無傷而人無害，若賊盗既散雖是捕捉則財已傷而人已害矣，故不捕逐者其法寬不救助者其法則不得不嚴也。

直解：强盗及殺人生發官司劃時救助財無傷人無害故不捕逐者罪輕，不救助者罪重。

通例：至元三十一年十一月刑部議得，强盗行劫之際，官府承告或聞知，不即救，捕盗官決五十七下，解見任別行求任，達魯花赤長官以下量決三十七下，都省准擬。不即救捕。

（元）沈仲緯《刑統賦疏・第五韻》 主守故縱理異於聽行。主司知而聽行，主守故縱，二者略而言之則同，詳而言之則異，何則？《衛禁律》云：諸宿衛者以非應宿衛人冒名自代，及代之者入宫内流三千里，殿内絞，若以應宿衛人自代及代之者各以闌入論，主司不覺減二等，知而聽行與同罪。其《廄庫律》云，主司不覺盗者，五匹笞二十，十匹加一等，過杖一百，二十匹加一等，罪止徒二年，故縱者各與同罪。《捕亡律》：諸流徒囚役限内而亡者一日笞四十，三日加一等，過杖一百，五日加一等，故縱者各與同罪。又條，主覺不覺失囚者減囚罪二等，若囚拒捍走者又減二等，皆聽一百日追捕，故縱者不給捕限，以其罪罪之。此三者主守知而故縱，各與犯人同罪。夫如出入宫殿之門宿衛人以人自代及代之者，主司固當有以卻之，知而不能卻，以至聽從官物被盗，囚人亡失，主守固能有以執之，知而不能執，以至於容隱四者之情，則同故法各論之，以同罪。然後以異者以其情，雖同而事則異也。

直解：宿衛人以人冒名自代主司聽行與犯人同罪，官物被盗主守放縱，亦與犯人同罪，二者情同理異。

通例：至順二年二月刑部呈議，主守謂專當守囚，即禁獄卒之類。監當謂檢校專之罪囚，即路有司獄丞。其州縣佐二等官分輪提牢，比與監當不同參詳。主守不覺失囚者，減罪囚罪二等。若因反獄在逃，又減一等。皆聽給限一百日，限内能自捕得及他人捕得者，囚已死及自死，皆與免罪，即限外捕得，及囚已死，若自首者，各又減一等。監當司獄丞各減主守罪四等。路府州縣該輪提調官佐二等官，又減監當之罪一等。故縱者不給捕限，與囚同罪。泰定四年八月，部議福州路平准庫貼庫戴善卿自行挑剜，假爲鈔兩，以眞作僞，詭名倒換鈔，本杖一百七下，徒一年。庫副比權容縱濫設，雖令陪鈔，不行拘收，申官燒毁，事干鈔法，杖六十七下，罷職降一等敘用。

《元史》卷一〇三《刑法志》 諸守庫藏軍官，夜不直宿，致有盗者，笞三十七，還職。捕盗不獲者，圍宿軍官軍人追賠所失物貨，俟獲盗徵贓給還。若遇强劫，軍官軍人力所不及者，不在追斷之限。

《元史》卷一〇三《刑法志》 諸捕盗，境内若失過盗賊，却獲他境盗賊，許令功過相補。如獲他境强盗，或僞造寶鈔二起，各准境内强盗一起，無强盗者准竊盗二起。如獲竊盗，准亦如之。如境内無失，但獲强竊盗賊，依例理賞。若應捕之人，及事主等告指捕獲者，不賞。諸捕盗官，不得差遣，違者臺憲官糾之。諸捕盗官，任内失過盗賊，除獲別境盗准折外，三限不獲，强盗三起，竊盗五起，各笞一十七；强盗五起，竊盗十起，各笞二十七；强盗十起，竊盗十五起，各笞三十七。鎮守軍官一體捕限者同罪，親民提控捕盗官，減罪二等。其限内獲賊及半者免罪，若諸

人獲盜應賞者，賞之。諸南北兵馬司，職在巡警非違，捕逐盜賊，輒理民訟者，禁之。諸南北兵馬司，罪囚八十七以下，決遣；應刺配者，就刺配之。諸各路在城録事録判，分番巡捕，若有失盜，止坐巡捕官。諸職官非應捕之人，告獲反賊者，陞二等用。諸告獲强盜，每名官給賞錢至元鈔五十貫，竊盜二十五貫，親獲者倍之，獲强盜至五人與一官。諸捕獲弒逆兇徒，比獲强盜給賞。諸隨處鎮守軍官軍人，親獲强竊盜賊者，減半給賞。諸都城失盜，一年不獲者，勒巡軍陪償所盜財物，其敢差占巡軍者，禁之。諸捕盜官捕獲强竊盜賊，不即牒發，淹禁死亡者，杖七十七，罷職。諸盜牛馬，悔過放還者，以竊盜已行不得財論，不徵倍贓賞錢，有司輒以常盜刺斷者，以刑名違錯科罰。諸捕盜官，輒受人遞至匿名文字，枉勘平人爲盜，致囚死獄中者，杖九十七，罷職不敘；正問官六十七，降先職二等敘，首領官笞四十七，注邊遠一任，承吏杖六十七，罷役不敘；主意寫匿名文書者，杖一百七，流遠；遞送匿名文書者，減二等；受命主事遞送者，減三等。諸捕盜搜捕逆賊，輒將平人審問蹤跡，乘怒毆之，邂逅至死者，杖六十七，解職別敘，記過，徵燒埋銀給苦主。諸捕盜官受財故縱賊囚者，與犯人同罪，已敗獲者，徒杖並減一等。諸父有罪，不坐其子；兄有罪，不坐其弟。

《元史》卷一〇二《刑法志》　諸湖南北、江西、兩廣接境溪洞蠻獠竊發，諸監臨禁治不嚴及故縱者，軍官笞三十七，管民官二十七，並削所受階一等，記過。諸邊隅鎮守不嚴，他盜輒入境殺掠者，軍官坐罪，民官不坐。諸軍民官鎮撫邊陲，三年無嘯聚之盜者，民官減一資，軍官陞散官一階；五年無者，軍民官各陞散官一等。

《元史》卷一〇二《刑法志》　諸州縣義倉糧數不實，監臨失舉察者，罪之。

諸職官於禁刑之日決斷公事者，罰俸一月，吏笞二十七，記過。諸有司斷諸小罪，輒以杖頭非法杖人致死，罪坐判署官吏。諸曾訴官吏之人有罪，其被訴官吏勿推。諸有司輒憑妄言帷薄私事逮繫人者，笞四十七，解職，期年後敘。

《元史》卷一〇二《刑法志》　諸民犯弒逆，有司稱故不聽理者，杖六十七，解見任，殿三年，雜職敘。諸檢屍，有司故遷延及檢覆牒到不受，以致屍變者，正官笞三十七，首領官吏各四十七。其不親臨或使人代之，以致增減不實，移易輕重，及初覆檢官相符同者，正官隨事輕重論罪黜降，首領官吏各笞五十七罷之，仵作行人杖七十七，受財者以枉法論。諸有司，在監囚人因病而死，虚立檢屍文案及關覆檢官者，正官笞三十七，解職別敘。已代會赦者，仍記其過。諸職官覆檢屍傷，屍已焚瘞，止傅會初檢申報者，解職別敘。若已改除，仍記其過。

《元史》卷一〇三《刑法志》　諸婚田訴訟，必於本年結絶，已經務停而不結絶者，從廉訪司及本管上司，正官吏之罪。累經務停，而不結絶者，即與歸結，不在務停之限，違者罪亦如之。

《元史》卷一〇五《刑法志》　諸失盜，捕盜官不立限捕盜，却令他户賠償事主財物者，罰俸兩月，仍立限追捕。諸强盜殺人，三限不獲，會赦，捕盜官合得罪罰革撥，仍令捕盜，任滿不獲，解由内通行開寫，依例黜降。諸他境盜，入境逃藏，捕盜官輒分彼疆此界，不即捕捉者，笞四十七，解職別敘，記過。【略】

諸解發囚徒，經過州縣止宿，不寄收牢房，輒於逆旅監繫，以致脱監在逃者，長押官笞二十七，還役；防送官四十七，記過。諸囚徒反獄而逃，主守減犯人罪二等，提牢官又減主守四等。隨時捉獲及半以上者，罰俸一月。

《元史》卷一〇五《刑法志》　諸在禁囚徒，無親屬供給，或有親屬而貧不能給者，日給倉米一升，三升之中，給粟一升，以食有疾者。凡油炭席薦之屬，各以時具。其饑寒而衣糧不繼，疾患則醫療不時，致非理死損者，坐有司罪。【略】

諸有司，在禁囚徒饑寒，衣食不時，病不督醫看候，不脱枷杻，不令親人入侍，一歲之内死至十人以上者，正官笞二十七，次官三十七，還職；首領官四十七，罷職別敘，記過。

《元史》卷一〇五《刑法志》　諸官吏平反冤獄，應賞者，從有司保勘，廉訪司體覆，而後議之。其有冒濫不實者，罪及保勘體覆官吏。

《元史》卷一〇二《刑法志》　諸部送囚徒，中路所次州縣，不寄囚於獄而監收旅舍，以致反禁而亡者，部送官笞二十七，還職本處，防護官笞四十七，就責捕賊，仍通記過名。諸有司各處遞至流囚，輒主意故縱

者，杖六十七，解職，降先品一等敍，刑部記過。

《元史》卷一〇三《刑法志》　諸都城失盜，一年不獲者，勒巡軍陪償所盜財物，其敢差占巡軍者禁之。諸捕盜官捕獲强竊盜賊，不卽牒發，淹禁死亡者，杖七十七，罷職。

《元史》卷一〇三《刑法志》　諸捕盜官，輒受人遞至匿名文字，枉勘平人爲盜，致囚死獄中者，杖九十七，罷職不敍；正問官六十七，降先職二等敍；首領官笞四十七，注邊遠一任；承吏杖六十七，罷役不敍；主意寫匿名文書者，杖一百七，流遠；遞送匿名文書者，減二等；受命主事遞送者，減三等。

《元史》卷一〇三《刑法志》　諸各路推官專掌推鞫刑獄，平反寃滯，董理州縣刑名之事，其餘庶務，毋有所與，按治官歲録其殿最，秩滿則上其事而黜陟之。凡推官若受差不聞上司，輒離職者，亦坐罪。

《元史》卷一〇三《刑法志》　諸有司故入人罪，若未決者及囚自死者，以所入罪減一等論，入人全罪，以全罪論，若未決放，仍以減等論。諸故出人之罪，應全科而未決放者，從減等論，仍記過。諸失入人之罪者，減三等，失出人罪者減五等，未決放者又減一等，並記過。諸有司失出人死罪者，笞五十七，解職，期年後降先品一等敍，記過，正犯人追禁結案。

《元史》卷一〇三《刑法志》　諸審囚官强愎自用，輒將蒙古人刺字者，杖七十七，除名，將已刺字去之。

《元史》卷一〇三《刑法志》　諸有司承告被盜，輒將（景）〔警〕跡人，非理枉勘身死，却獲正賊者，正問官笞五十七，解職，期年後，降先職一等敍；首領官及承吏，各五十七，罷役不敍；均徵燒埋銀給苦主，通記過名。

《元史》卷一〇三《刑法志》　諸有司輒將革前雜犯，承問斷遣者，以故入論。諸監臨挾仇，違法枉斷所監臨職官者，抵罪不敍。

《元史》卷一〇三《刑法志》　諸主守失囚者，減囚罪三等，長押流囚官中路失囚者，視提牢官減主守罪四等，既斷還職。諸大小刑獄應監繫之人，並送司獄司，分輕重監收。諸掌刑獄，輒縱囚徒在禁飲博，及帶刀刃紙筆陰陽文字入禁者，罪之。

《元史》卷一〇五《刑法志》　諸已斷流囚，在禁未發，反獄毆傷禁子，已逃復獲者，處死；未出禁者杖一百七，發已擬流所。諸解發囚徒，經過州縣止宿，不寄收牢房，輒於逆旅監繫，以致脱監在逃者，長押官笞二十七，還役；防送官四十七，記過。諸囚徒反獄而逃，主守減犯人罪二等，提牢官又減主守四等。隨時捉獲及半以上者，罰俸一月。

《大明律》卷四《户律·户役·點差獄卒》　凡各處獄卒，於相應慣熟人内，點差應役。令人代替者，笞四十。

《大明律》卷七《户律·倉庫·擬斷贓罰不當》　凡擬斷贓罰財物，應入官而給主及應給主而入官者，坐贓論，罪止杖一百。

《大明律》卷七《户律·倉庫·隱瞞入官家産》　凡抄没人口財産，除謀反、謀叛及姦黨，係在十惡，依律抄没，其餘有犯，律不該載者，妻子財産不在抄没入官之限。違者，依故入人流罪論。若抄劄入官家産而隱瞞人口不報者，計口，以隱漏丁口論。若隱瞞田土者，計田以欺隱田糧論。若隱瞞財物房屋孳畜者，坐贓論。各罪止杖一百。所隱人口財産，並入官。罪坐供報之人。若里長同情隱瞞，及當該官吏知情者，並與同罪。計所隱贓，重者，坐贓論，全科。受財者，計贓，以枉法各從重論。失覺舉者，減三等，罪止笞五十。

《大誥續編·刑獄》　所在官於司獄，役於獄典、獄卒者，曩古役是者，機秘而理焉。所以機之幽微，其在禁者，皆自招其禍而至刑，非善之善者也。雖罪有輕重，其獄情外不得而知之者，以其輕重同牢，若一囚事泄，闔獄之情露矣。先王之治獄也，使幽其情，令囚内外憂之。嗚呼！囚體深遠，外而父母妻子不得而易見者也，内而囚心懸望，欲眷屬之語，何由而至耶。雖隔壁不聞其音，對門無復可語。間出獄外，遥見眷屬，豈若路人。嗚呼！聖人之治良哉。云何？爲先王之制，此刑此法，頓民之頑心。罪輕者，異日與決之後，囚獲生歸，眷屬以謂死者復生，妻子又諫，父母兄長誡，昔友者勸，皆訴獄之幽情，機秘之狀，由是而良心發見，囚亦爲是則云繫獄之不易也。所以先王舉此制，而司獄、獄典、獄卒奉行毋怠，所以囹圄長空。今之主典者不然，内外情通，教囚番異，刑具顛倒臨人。所以顛倒臨人者，應柙而枷，應枷而鎖，應杻而脱去，應鎖而不鎖；非柙而柙，非枷而枷，非鎖而鎖，非杻而杻。爲何？爲欲財也。嗚呼！囚犯五刑，至獄之日，畏此刑具，方嗟前日之非，豈無自新之爲，

雖有此心，悔之晚矣。神魂皇皇，夢寐恍惚，終不得而免，甚矣哉懼乎。其爲司獄、獄典、獄卒，不觀是囚之貌態，不度囚之憂心，又不以己推之，是致囚買生而離死。其主典者見利忘害，徑受財而趨死焉。所以趨死者，教囚番異，接受贓私，縱囚自在，走泄獄情，縱囚在逃，令服毒藥，獄殺囚徒。所以今之獄囚，輕重顛倒，犯者相繼，囹圄不得而虛也。嗚呼！囚畏死而貪生，罄家資以賄賂，主典貪財，致身亡而覆姓。吁！是《誥》一出，不奉朕命仍復爲之，世將焉治？

《大誥續編·再誥刑獄》 再誥刑禁。司獄、獄典、獄卒，人人必要深知禁囚之機。凡在禁之囚，司獄、獄典、獄卒，但係畏懼刑法、保身惜命之人，一切囚詞，不教他人走泄獄情，自己雖然主典，亦不肯將囚詞輕與閒人知會，何況縱人走泄事情。其囚罪輕重，雖然如律已定，主典亦不與囚易知。此所以機之幽者，爲此也。夫賢人君子之典獄也，保囚即保身也。囚無横死，身無禍殃。設使囚亡非法，重則累及其身，非重泛濫而苦囚，愆延於後嗣，所以賢人君子之典獄也，不分囚之輕重，常以善言以妥之，若寒則置温之，炎暑則置涼之，飲食則節之，病則醫之。所以主囚之道，古人必此而爲之理焉。所以前所誥機秘而理幽，爲若是。嗚呼！凡職於典獄者，役於監獄者，知此機秘理幽，行朕所申先王之道，未嘗不家妥而身子昌焉。朕所以重《誥》者，自世亂方定以來，知理者亡，無藉者進，所在刑獄，非罪而死者多矣，有罪而非法死者亦多矣。所以無罪而死者多，由苦寒而逼，炎暑而蒸，飲食不節，病無醫藥，蓋謂主典欲財而無與，或受他人之財，代其報讎，無罪而死者由是。有罪而非法死者，亦因寒暑、飲食、醫藥並欲財而無與，不待律法定，而人已亡矣。所以非法死者，爲此也。嗚呼！朕出是《誥》，凡主典刑禁之人，父母妻子、親戚朋友當以朕言勸誡之。行朕之道，其陰騭之理，惻隱之心，以爲常道，行之於歲月日時。將後陰騭博被於獄囚，雖釋道處身於物外，儔燈侶影苦行於終身，何苦此修之速疾也。嗚呼！凡人父母妻子，親戚朋友，必以朕言誡勉之。

《大誥三編·逃囚》 自郭桓掌户部之時，天下錢糧、金銀、匹帛，不半年餘，其桓弊盈寰宇。其貪婪之徒聞桓之姦，如水之趨下，半年間，弊若蜂起，殺身亡家者，人不計其數。出五刑以治之，挑筋、剁指、刖足、髡髮、文身，罪之甚者歟。君子厭聞，賢人惡聽，智者格非。庸庸無藉之徒，輕生如此。如黥刺者，發充軍遐荒，往往帶黥刺而中途在逃。有等押解者，親覩罪囚黥刺形狀，又不以爲寒心，接此囚錢物，特意縱放中途在逃。爲《大誥》一出，鄰里親戚有所畏懼，其蘇、松、嘉、湖、浙東、江東、江西，有父母親送子至官者，有妻舅、母舅、伯、叔、兄、弟送至京者多矣。朕見親戚不忍罪囚再犯逃罪遭刑，親送出官，凡此等類，不加刑責，送著原發地所。其有親戚影射，四鄰擒獲到官者，本人梟令，田産入官，人品發往化外，如此者多矣。有等鄰里亦行隱藏，不拿到官，同其罪者亦多矣。所在巡檢、弓兵，受財縱放越境而逃者，同其罪者不少。嗚呼！不才無藉有如此耶。且如守邊軍士，闢士開邊，功非淺淺，就留戍邊，永不敢回，孰敢違命而自由。其犯法囚徒，不揣開邊之功如此，犯法充軍，何幸得此！累惡不悛，初則本身犯罪，往往中途在逃，二次三次者有之，終不自省，直至家破，人口流移化外，本身受殺而後已。

（清）龍文彬《明會要》卷六四《刑·刑制》 初，官吏故勘平人致死者，論死不宥。給事中于泰言：其意本非故殺，宜在所宥。由是，坐故勘者悉得貸罪。景泰中，御史左鼎等言：小民無知犯法，可以情貸。若官吏以法律從事，操威福之柄，豈可懷私受賄殺無罪人？原其情，與故殺何異？先朝屢有恩宥，皆不及此。誠以法者天下之公，不可以私意妄有輕重也。章下刑部，議：自後，故勘者宜論死不宥。從之。

（明）戴金《明條法事類纂》卷四六《刑部類·囚應禁而不禁·禁約久〔禁〕罪人例》 成化元年六月二十五日，禮部尚書姚等題，爲建言民情事。該陝西慶陽府知府等（衛）〔衙〕門等官張翔等（達）〔建〕言民情事件。該通政使司官奏，係民情事理，合着禮部會官議。奉聖旨：是。欽此。欽遵會同各部、都察院、通政司、大理寺、六科給事中議得：後開事件合准所言，宜從吏部等衙門查勘定奪。奉聖旨：是。欽此。

計開：

一、四川嘉定州峨眉縣知縣段顥言一件。四川等處地方，近有强盜劫掠，燒（煙）〔毁〕衙門，强捉軍民妻女，殺戮巡捕軍民。皆因貪官污吏逼迫，厚科横斂。不知下人無知而犯法，誠如孺子無知而入井。奈何聽理

詞訟，官既貪賄而爲人作主，吏必抗拒而舞文弄法。官吏交征，里老顛（例）〔倒〕，有錢者先求挽該吏指引見官，説事過錢；無錢者捉拿到官，分外逼勒拷打，含冤無訴，强要招承。又不隨即發落，久禁長監。無（禁）〔奈〕責令妻子生錢揭債，典當産業，變賣兒女，先賂禁子、兵牌、吏典至於主文書手，後到正佐同僚上下皆同，方纔疏放。有此民害，乞敕都察院通行各該衙門，審查得實拏送。庶使盜賊寧息，良善安綏便益事。

前件，行巡按御史禁約。

成化十四年八月二十四日，禮部等衙門尚書等官鄒等題，爲建言民情計開：

一、獄内事。竊見本布政司各府縣牢獄，不分輕重囚犯，動（輕）〔輒〕淹禁半年、一年之上，不行問結，致（被）〔彼〕等刁豪之家，用錢買囑。貪酷官吏，將有錢被告保放在外，止將貧難原告並干連人收監。在監禁饑凍而死者猶可，其干連人被監而死者情實可憐。如蒙乞敕都察院，轉行各處巡按御史出榜嚴〔加〕禁約。惟復親詣吊取各府州縣囚簿到官審勘，開立前件，大事限十日，户婚田土一切小事限五日，俱要依律問報。仰該吏按月銷繳前件。庶使獄囚不致淹禁，干連死於無辜。若有仍前淹禁者，當該官吏一體治罪。

前件，行巡按御史按察官查究禁革。

（明）戴金《明條法事類纂》卷三八《刑部類・告狀不受理・禁約在外都指揮等官私家濫受詞訟並司府州縣酷刑及科罰例》 成化元年十一月十七日，禮部等衙門尚書等官，爲達民情等事。奏奉聖旨：是。欽此。

計開：

一件，刑獄積弊事。該雲南都司平夷衛鎮撫張璘言：竊見天下都司軍衛設立衛所鎮撫衙門等，以問理刑名。軍民有犯到官，依律問擬，開詳本衛。近年以來，有等新任指揮官員，係武不諳法律，恣其私意。遇有問擬罪囚，開詳到衛，不分情犯輕重，不肯照文施行，故意刁蹬，展轉參駁，多要增減罪名，希求賄賂。比及問有罪名不當，事有遲誤，法司止有將原問官吏參責，並不推究堂上官員。事不歸一，人多淹滯。及有本都司守備等項指揮及各衛指揮官員，倚持權勢，專以在於私家濫受軍民詞狀，無處批仰心腹軍舍提獲，或於私家馬房内監禁，或送衛鎮撫淹禁，半年之上，不肯疏虞，又無原發情由行問，號稱寄監。中間多係懷挾私仇，扭曲（行）作直，以致人受其害，苦無伸訴。如蒙乞敕法司出榜禁約，軍民詞訟俱要自下而上陳告，止許劄印色等項各有贓罰，并里甲人等買辦應用。近來各衛衙〔門〕但遇公差考滿及買辦軍需人員到來，不分有無違限，輒便指以公罰紙劄筆墨爲由科於取物，以致承差之人乘此迴還，上下遞加，重科於民，情無控訴。如蒙乞敕法司通行各布政司府州縣，今後但有前項一應人員到來，如有違例限等項，明白送問，照依所犯輕重，照例罰贖。無違條不許一概擅罰及棄其買賣功計，科害於民。如有仍前罰取紙劄多科等項，許被害之家指實赴巡撫、鎮守等官處陳告，治以重罪，庶使奸弊可革，便益。前件法司行移禁約。

（明）戴金《明條法事類纂》卷三七《刑部類・辨明冤枉・在外軍民奏訴冤枉行巡撫按二司親問通行各處巡撫都御史選委三司堂上官直隸去處委衛府州官審録見監罪囚不許偏私例》 成化三年四月十四日，刑部等衙門尚書等官陸等題，爲清理刑獄事。刑科抄出福建布政司使左布政奏敬等奏。嘗聞刑者，人命之所以。聖人不得已而用之，非恃此以爲治也。《書》曰：欽哉，欽哉，惟刑之恤哉！是也。洪惟我朝列聖相承，務以刑獄爲重。故（因）〔内〕既設刑部，都察院專理刑獄，又設大理寺專審録參駁。應死囚犯每歲秋後會審明白，然後行刑。此天地好生之心。近年以來，在外都、布、按三司、府州縣衛所問刑官員，因是無人參駁及不（請）〔講〕律令，多有憑藉威勢而操劾不仁者，有矜智巧以爲聰明者，有妄招平人而報私仇者，有遇例應該釋放而故禁至死者，有嗔怪官吏小過而逼招贓私者。當笞杖者則入至於徒流，應徒流者則誣至於斬絞。或捶死以滅口，或破家而蕩産。欲赴京伸訴則懼路途之遠，欲本處告理則畏懷恨之仇。如此濫及無辜，豈不傷天地之和哉？緣雖有見行會審事例，不過止據呈報之數，其他隱匿重囚之卷，無由得知。及徒流笞杖之犯，罪雖頗輕，亦有可憫之人。如蒙乞敕法司計議，合無仍照正統年間事理，刑部、都察院、大理寺選差諸曉刑名歷練老成官員，公同給事中一員，請敕分投前往各布政司並直隸府州衛所，先取各該官吏不致隱瞞重甘結狀，就將彼此大小衙門（凡）〔見〕監重囚罪始末文卷並出入囚簿，逐次吊查到官，從公審録明

白。死罪情真罪允者，原問衙門徑自呈詳合干上司具除。笞杖徒流罪無出入者，依擬發落。若事有冤枉並有人伸訴者，即與受狀辨理。情可矜、罪可疑，及干礙原問官吏，通行奏請定奪。如此，則刑名必不縱肆以枉人，良民必不含冤而負屈矣。具本，該通政使司官奏，奉聖旨：該衙門知道。欽此。欽遵抄出到部，會同都察院大理寺左都御史等官李等議得，御史並各處按察司官巡歷去處，審録罪囚，辨明冤枉，乃其本職，具有成憲。正統六年間，爲恤刑事，三法司選差諳曉刑名屬官，奉勒分投於南北直隸會同巡按御史，各布政司去處會同按察司官一員，審録司府州縣衛所等衙門監問罪囚。真犯重刑情罪允當，監候，詳呈聽決。果有冤枉，從公辨理。情可矜疑，奏請定奪。雜犯死罪以下，即便發落。原問官吏出入人罪，俱先究罪。出於此一時恩典，不爲常例。至正統九年間，爲欽恤刑獄事，都察院議奏，南北直隸刑部差官各一員，各布政司去處選委按察司官一員，俱會巡按御史照前審録。天順年間以來，俱行巡按御史會同審録。成化元年間，巡按福建監察御史魏濟奏，要將在外重囚以三年爲率，都察院奏請行仰巡按御史會同都、布、按三司，照例審録。本院議奏，今後各處都布按三司並所屬，及直隸衛所府州縣問完重囚，都、布、按三司會同巡按御史直隸去處御史公同衛府州正官，照例隨即審録。情真罪當者，仍發原問衙門呈詳，得報處決。若有冤枉，即與辨理，就便徑自發落，永爲遵守。又經通行去後，今福建布政司左布政使秦敬等，奏言在外都、布、按三司府州縣衛所問刑官員不諳律令，有憑威勢而操劾不仁者，有矜智巧以爲聰明者，有妄招平人而報復私讎者，有遇例應該釋赦而故禁至死者，有嗔怪官吏小過而逼認贓私者，當笞杖者則入至於徒流，應徒流者誣至於絞斬。雖有見在事例會審，不過止據呈報之數。其他隱匿重囚文卷，無由得知。及徒流笞杖人犯，罪雖頗輕，亦有可憫之人。要照正統年間事例，刑部、都察院、大理寺差官公同給事中分投審録一節。蓋因各處審刑官員中間，亦有奉行未至，致有此言，難憑雜論。查得各處巡按御史等官，節有審辨罪〔重〕囚，〔奏〕請發落。此例行之未久，若通差官，分投審録，未（兑）〔免〕勞擾下人。況兩廣等布政司並直隸、淮、揚等處，各有水旱災傷，捕盜備邊事繁於〔此〕者。合無仍照見行事例，通行各處巡撫、都御史、布政司去處，選委三法司堂上老成廉明官各一員，（真）〔直〕隸去處仍委衛所州縣正官，俱督令公同巡按御史，將見監問輕重囚犯照例審録。如有巡按撫處，聽從御史選委，其審録囚罪，務在至公至當。不許偏私出入及袒護（俱）〔懼〕事。若所屬大小問刑衙門官吏，敢有似前違枉，或隱匿不報，許巡撫、巡按官體訪得出，或被人告訐事發，就便拿問。干礙軍職並五品以上官，奏請提問。如此，則欲可無冤枉而事免紛更矣。緣以建言審刑事例，及奉欽依該衙門知道事理，未敢擅便。具題。次日奉聖旨：是。欽此。

（明）戴金《明條法事類纂》卷四六《刑部類·官司出入人罪·申明通行問刑衙門不許深文妄加參語故入人罪例》　成化八年五月初七日，刑部尚書陸等題，爲（成）〔陳〕言修省事。河南清吏司案呈，奉本部送刑科抄出到科等科都給事中白昂等題，爲前事。内一件：内外法司問擬囚犯，已有定制，永爲遵守。合無今（外）〔後〕不許法外妄加參語，故入人罪。庶使政令均一，人無嗟怨。開坐具題。奉聖旨：該衙門知道。欽此。欽遵抄出送司。伏睹天順八年正月二十二日，節奉詔書内一款：凡問囚犯，今後一依《大明律》科斷。照例運磚、做工、納米等項發落。所有條例並宜革去，不許深文妄引參語，濫及無辜。欽此。欽遵外，合都給事中白昂等，蓋恐奉行未至，又奉前因，案呈到部。合再申明通行。在京法司並錦衣衛，在外巡按監察御史並大小問刑衙門，今後問擬囚犯，悉遵欽奉詔書内事理，依律照例議擬發落，不許深文妄引參語，故入人罪。果有情重難擅發落者，明白奏請定奪。緣係陳言事例及奉欽依該衙門知道事理，未敢擅便，具題。次日奉聖旨：是。欽此。

（明）戴金《明條法事類纂》卷一〇《吏部類·吏典·有司掌印官鈐束吏典不許縱容擾民例》　成化十一年五月二十八日，禮部等衙門題，爲建言民情事。成化十一年月日不等，於禮科抄出浙江紹興府等衙門通判等官人等齊施等建言民情事件。該通政使司官奏，看係建言事理，合着禮部抄出會官議。奉聖旨：是。欽此。欽遵，抄出到部。會同各部、都察院、通政使司、大理寺、六科給事中，議得除有例見行及泛言難准外，數内五十二件合准所（宜）〔言〕從吏部等衙門查勘定奪施行。未敢擅便，各官奏，奉聖旨：是，欽此。

計開：

一、直隸河間府寧津縣縣丞闞理言事一件：革吏弊。各府州縣吏典，既蠲免其徭役，復厚其俸給，欲其在房專心書辨，以承役使也。近年以來，有等掌印官員，但知接受民間大小詞狀，准行在房，不知用心鈐記，防範將來。故吏典乘其間隙，有先行勒要錢物而與施行，有受賄授詞而滅跡無存，有無錢而經月不行，以致民之理直者啣冤無詞，理曲者肆爲得志。雖吏（也）〔典〕瞞官作弊，皆由掌印官致然也。今後凡遇民間告理大小詞訟等項，經該官員編其號簿，用印鈐記，以憑查掌，即與次第分理，銷其號簿，庶使吏（典）〔弊〕止息，民冤得伸矣。仍將各房吏典，不時點閘，令讀律算等書，毋得縱容在外游蕩擾民。違者依律究治。

（明）戴金《明條法事類纂》卷三七《刑部類·辨明冤枉·法司凡遇刑獄有冤枉者即與辨理違者一體治罪例》 成化十三年四月初九日，都察院等衙門掌院事太子少保兼左都御史等官李等題，爲挾仇（指）〔捎〕財指攀陷害辨明等事。山東道呈抄，蒙本院等衙門太子太保兼左都御史等官李等案驗，該本道呈刑科抄出直隸真定府趙州寧晉縣軍籍曹鼎令妻弟徐良抱奏前事。奉聖旨：法司與他辨。欽此。欽遵。又於本科抄出前項府縣民薛方令婿周經抱奏陳訴冤枉，指攀陷害平人性命辨明等事。奉聖旨：都察院知道。欽此。欽遵。本院看得：曹鼎、薛方與犯人于原等先爲妖言事，該錦衣衛鎮撫司將各犯問招，奏送本院擬罪。各犯節次奏訴冤枉。及係妖言重情，合無照例會官從公審問明白，依律議擬，奏請發落等因，具題。奉聖旨：是。欽此。欽遵具呈到院，會同刑部等衙門尚書等官董等查得：先該錦衣衛鎮撫司問得犯人于原，招係山東東昌府武城縣紅官屯民，逃在臨清上馬鎮河西潛住。今有在官直隸真定府南昌縣熟識民人劉仁美，先年入贅與新河縣民人宋奈爲婿。成化十七年正月十六日，跟隨先獲妖賊李能，在臨清縣提口等處地方捏造妖言，說知丙申丁酉年煙塵四散，正是末劫之年，李家出世，我有天分。就在臨清起兵，先截糧道，有二十八宿助我。持《緊關周天烈火圖》一本與劉仁美，此書是鬼谷子傳與孫臏、龐涓古書，世間無有。你雖不識字，懷裡揣着，逢水不淹，逢火不燒，逢刀不砍，逢箭不射，逢虎狼不傷，此書千神萬鬼護持。就陞劉仁美做帶刀指揮，伊亦不合聽信（信），將銀五兩作謝禮，能收接各散。成化十一年三月，失記日子，有隆慶州已故無目算命人康文秀到于原家安歇，與原算命。不合妄說原有一人之分，我尋你六七年，你正係東南第一枝。于家出世，如今末劫年程到了。你若起手時，自有好漢扶助。你去尋幾個好漢來，與你計較。有康文秀就將《太上天元甲子顯明曆》一本與原，令今在官弟于浩，不合聽信鈔寫觀看，是原聽記在心。康文秀在（與）〔于〕原家住至半月，往南京去訖。本年八月二十六日，有李能見事發露，密將《金鎖洪楊太策》等項妖書勘合，都與劉仁美收藏在家。不期李能因妖言事發，被捉去訖。成化十二年八月初十日，有康文秀回到原家，仍說前項妖言，是原不合聽信。至十一日。康文秀前去直隸真定〔府〕寧晉縣，令在官相識民人王鳳、江弘並先任廣西平樂府冠帶閑住同知曹鼎，臨清縣民知縣薛方，於未獲不知籍貫人孫榮家算命，又不合妄說各人俱有官做。本月十二日，有弟于浩前去新河縣買賣，至晚到劉仁美家宿歇，有劉仁美與原弟言說：我有一本好書，你看是甚麼書？彼時于浩亦不合聽從揭看。至次日，欲要討書回家抄寫。有劉仁美不肯，回說泄了天機。原弟于浩到家，原問：劉仁美處你曾看有好書麼？于浩回說：他與我看來。本月二十二日，有王鳳、江弘、曹鼎、薛方、孫榮，各不合聽信，隨同康文秀到（與）〔于〕原家投拜。是原備酒吃飲間，原言說：如今《湖漳》勘合俱已事發。人都知道。你每怎麼計較？康文秀說：我有萬寧寺印的《西方公據宴路途引》一百餘紙，可散於他。各人收執暗號之後，有路引散與王鳳十紙，江弘十紙，孫榮二紙。曹鼎、薛方不曾受要。有康文秀密與原說：你封此職事與他每。是原又不合回說：若是事成，着王鳳做總兵官，江弘做前路先鋒，曹鼎做牧侯將，薛方做監兵軍，孫榮做別將，康文秀做軍師。王鳳下跪，江弘下拜，曹鼎、薛方、孫榮俱各起身作揖。康文秀說：到來年三月初三日，我每都來原家聚齊議事，就招集人馬，先去張秋截住糧草船。得了糧草，往曹、濮二州，上南京做皇帝。是原又說：我這婦人者，怎麼去？康文秀說棄（子）〔了〕罷！若到南京，另選三宮六院也不難。等項言語，說舉各散。本年十月十二日，劉仁美因買雜貨前來原家安歇，是原置酒管待。又不合與劉仁美妄說：有康先生算我有一人之分，東南第一枝于家出世，如今末劫年程到了。我康先生已分付他每去了，約到來年三月初三日聚齊起手。我知道你有兵書戰策，你扶助我。着你做帶刀指揮。有劉仁美回說：我有許多兵書戰策，怎麼只封指

揮？是原言説：我封你鎮殿侯。就（於）〔與〕路引二十餘張爲號，有劉仁美收執，起身拜謝去訖。後原着弟于浩去劉仁美家觀看，果有《金鎖洪楊大策》等書，不肯與于浩拿來等情，致被緝。知有孫榮聞知事發，先已脱逃，將原等捉獲。就於劉仁美名下追出銀、《金鎖洪楊太策》一本。《周天烈火圖》一本，《九龍戰江圖》一本，《天通世讓雲求》一本。《六甲明天了地真驅金神飛通里玩書》一本，《七羅無價紫金船》五本，《三天九關金殿金經》一本，《照天鏡經》一本，《白練經》一本，《天髓靈經》一本，《准備神搶咒》一本，《周天羅極龍華三會湖瑋如意勾節印記勘合圖》一本，《天羅符》一本，《神頌日》二本，《奏准湖瑋》二本，《龍鳳勘合》一紙，《冥途路引》一紙。于浩名下追出《太上天元甲子顯明曆》一本，《冥途路引》三十七紙。王鳳名下追出路引三張。江弘名下追出路引二紙在官。同原等押解來京，將追出妖書隨本封進訖，蒙將原等奏拿到，連日用刑鞫問。有薛方同將曹鼎各又不合又捏稱同縣刁（氏）〔民〕江弘、王鳳借要財物不與，挾讎攀指誣陷等詞，各（另）〔令〕具本。各另婿弟蘇昇等抱奏前來。蒙本司將原等審招前情是實，奏送都察院，擬得于原合依妖言者律，劉仁美、于浩、曹鼎、薛方、王鳳、江弘俱傳用惑衆者律，各斬，俱秋後處決。二次具本，發大理寺審録。曹鼎、薛方、于浩連日稱冤，不肯服罪，駁回監候再擬問。今會審得曹鼎執稱，先因同街無籍民人王鳳，問鼎借米不與借怪恨，後因妖言事發，通同江弘乘機嚇要銀兩不得，將鼎妄攀。在於于原家飲酒，散與路引卻（交）收受不要。後將僞職作揖散虚詞。鼎思先中進士，歷任給事中、同知，雖是愚昧，豈肯受此僞職，自取滅己。鼎與于原等平日不曾會面。薛方稱：先前有江弘見方做官回家，疑方有錢，倚潑問方借銀使用無與，嗔怪後，江弘爲事懷（恨）前恨，將方誣指在（官）于原家飲酒，受監軍僞軍、僞職，亦捏散與路引不要虚情。方與于原、劉仁美等素不相識，乃鼎與方同街居住，委的具係良民。平（借）〔昔〕在家不曾出外，鄰里鄰佑人所共知。止因各人要來抄借銀錢不與，被伊懷恨誣陷重情，實是逸枉。于原執稱，先有無目人康文秀來家安歇，日久情熟。本人就《太上天元甲子顯明曆》妖書一本與原，不合令弟于浩，亦不合聽伊收藏在家。康文秀又將《冥途路引》四十四張（要）〔與〕原收執。原平日委的（要）〔與〕曹鼎、薛方並不相識。止因捉獲（考）〔拷〕問之時，受刑不過（日），只得招認捏造妖書，及不合聽從王鳳、江弘言語，將伊誣攀。在卷内王鳳執稱，與江弘同夥買賣酒生理，有于原將帶酒面前來鳳家安歇發賣。于原因見鳳與江弘每好善，就將原收路引三紙與鳳，二紙送與江弘。明知是妖言文，各不合收藏在家，日逐供獻。鳳與江弘爲因艱難，陸續同曹鼎、薛方揭借銀錢作本不得，一向懷恨。後因事發，各又不合商同將伊攀指，致被捉拿拷問，只得妄招並在於于原家飲酒，散與路引不要及收受後將監軍情由。劉仁美執稱，先年有父劉成存，日習學陰陽，因與失記名黎道人往來相識，本人就將《緊關周天烈火圖》等項妖書二十二本紙與父收看。成化六年三月内，有父病故，遺下妖書。仁美自合首官燒毀，不合收藏在家。成化十二年十月内，仁美前去臨清收買雜貨，到于原家住歇。臨回問于原，原將收路引二張送與仁美。又不合將帶回家，一向收藏放。于原並不曾授與鎮殿侯職事。後因緝獲，仁美要得脱免，聞知先獲臨清縣妖言犯人李能事發，當就捏供原收妖書俱是李能傳説送與。被獲之時懼怕拷打，只得妄説跟隨李能傳説丙甲丁酉年煙塵四散等語，圖免刑法。仁美並不與曹鼎、薛方面會，惟恐不得。蒙取見監另起犯人李能前來，責與仁美面對，並不識認。及查據李能前執稱，有兄李成，在日與能另住。是能因其田産，承認到本縣絶户朱買兒地田一分，就頂一户充軍。其兄李成名籍當差。有兄日前收有《金鋒玉鏡番天捐地搜神記里玩》等項妖書在家。後兄病故，有已故嫂王氏仍前收藏。成化十三年三月初五日，被錦衣衛行事官校緝知，將嫂提獲。彼時能在地種麥，被嫂王氏引領官校前來，將能拿住，就將本印五顆，絹旗五首，槍二根，藥一包，説稱是能做造物件，要行謀逆。能並不知印旗等件來歷，今蒙將能問擬重罪，委實冤枉。據此，隨吊本犯原行文卷到官，查得先該錦衣衛鎮撫司問得李能招稱，不合收藏故兄李成妖書在家觀看，及又不合用龍筋等木雕印五顆，及造旗旛、護身符、行糧藥銀城圖龍鳳勘合同文狀，並捏造如今人民艱難，未劫年程到了妖言等情，奏送本院擬罪，已將李能議擬犯該造妖言斬罪，具本發審。該大理寺官奏准監候處決。今稱冤枉，別無證佐，難便准信。除將李能仍發監候，轉行巡按山東監察御史會同都、布、按三司堂上官親詣彼處，從公勘報。如果原問是實，仍依原擬監候處決。若有冤枉，會官辨理，另行奏請發落外，於原、劉仁美、

于浩、王鳳、江弘招同，曹鼎、薛方供同。議得：于浩、劉仁美、于原、王鳳、江弘除不應輕罪，俱合依私有妖書隱藏不送官者律減等，各杖九十、徒二年半，俱係民人，審無力照例做工。各滿日與供明曹鼎、薛方各寧家，内曹鼎照舊冠帶閑住。查得先該御馬監太監汪直題，爲妖言惑衆潛謀作亂等事。本院將犯人徐貴議擬緣由具題，節該奉聖旨：朕念人命重情，今後三法司但遇冤抑的，務從公推情審辨，不許顧忌，殘害無辜。欽此。欽遵，今問各犯前罪，緣于原、劉仁美、于浩、王鳳、江弘、曹鼎、薛方俱先問斬罪，今辨于原、劉仁美、于浩、王鳳、江弘徒罪，曹鼎、薛方供明寧家，欲將事内李能情犯行勘，緣係會官辨問收藏妖書情由，及奉欽依法司與他辨並都察院知道事理，未敢擅便，具題。次日奉聖旨：是。于原等都准辨發落。恁法司今後凡遇刑獄，務要原情推鞫。有犯冤抑的，即與辨理。如違，一體治罪。欽此。

（明）戴金《明條法事類纂》卷四六《刑部類・凌虐罪囚・禁約問刑官吏司獄不得凌虐罪犯死於非命例》　成化二十一年十一月二十六日禮部等衙門題，爲建言民情等事。計開：

一、獄囚以人命爲重，審録以冤爲先。臣竊見在外司府州縣衛所，問擬死罪，雖照例監候申詳，聽候審録。中間有等酷暴殘忍官吏，懼怕審録干礙原問，及抄寫原發招擬訴詞報司；獄官與囚卒，畏囚越獄脱逃致罪，陰計虐害致死，陽作病故。甚有將在監未曾問結輕罪人犯陷害〔人〕〔致〕死，旋補文案，淹飾己非，致死囚屬無所控訴，豈不傷陰陽之和。夫古治獄常求人之生尤失之死，而況常求其死哉！今後在外各衙門，問擬重囚，務要依律監候審録。果有患病不醫治者，許或妻男兄弟一人入視，與同一言。氣結即係真〔犯〕〔死〕，若先已故，乃明詳審，聽其訴理，追究致死根因坐罪。笞杖徒流待問人犯，果有患病，許親屬保管出外醫治。如此，庶上不負朝廷恤刑之制，下無冤死獄卒之辜。

前件法司查行。看得在外見監重囚，俱係謀故、鬥〔歐〕〔毆〕、强盗、殺人等項，真犯斬□呈詳待報處決人犯。若因患病准令親人入視，與與通言語一節。恐引惹平人出入囚禁，致生他患。又要將笞杖徒流人犯患病者，許令保管。然其間雖係罪不至死，但情亦有輕重，不若一概許保管出外。又恐詐僞日生，遷延壞事，俱屬窒礙難行。今後各該衙門囚犯患病，但審係輕重別無患害合查勘者，許令親屬保管醫治。若情重及重情因中間具結呈詳者，止許撥醫調治，不可擅縱保管壞事。如或原問並司獄官吏，敢有適己自便，凌虐囚犯於非命者，許囚人家屬赴官陳告，一體依律治罪。庶使法度昭昭，人不易犯。

（明）戴金《明條法事類纂》卷四六《刑部類・凌虐罪囚・囚犯患病情罪重者不許保領在外司獄人等凌虐致死許家屬告官治罪〔例〕》　一件，建言民情等事。成化二十三年二月内，該吏部等衙門尚書等官等會議准，題今後各衙門囚犯患病，但審情輕別無干礙，令查勘報，許令親屬保管醫治。若情重囚中間結勘呈詳者，止許撥醫調治。本司擅縱、保管壞事，如或原問並司獄官吏敢凌虐囚犯以致死於非命者，許囚人家屬赴官司陳告，一體依律治罪。

（明）戴金《明條法事類纂》卷四六《刑部類・淹禁・禁約淹禁致死〔事例〕》　成化二十三年七月初五日，都察院爲建言民情等事。准禮部咨，成化二十二年月日不等，於禮部抄出吏部等衙門〔所〕〔聽〕選官人文宣等建言民情事件。該通政使司官奏，看係建言事理，合着禮部抄出會官議。奉聖旨：是。欽此。欽遵抄出到部，會同各部、都察院、通政使司、大理寺、六科給事中議得：數内五十四件全准所言，宜從吏部等衙門查勘定奪施行。未敢擅便，照例各官奏。奉聖旨：照例。欽此。欽遵。計開：

一、省淹禁以全民命。竊照本處人民，良善者固有，刁潑構訟者不無。守令得人，則争訟自息，囹圄空虚。苟非其人，則詞訟猬興，獄囚淹禁。舊旨：户婚、田土、鬥〔歐〕〔毆〕、相争一切小事，俱屬里老剖斷。近年以來，府縣不拘大小事情，一概行提原被證佐，俱發監〔追〕〔禁〕。應剖斷者遷延而不使斷，申詳發勘者怠緩而不申勘，事情牽連者固難一時明白，其可結證事亦淹禁三四個月、或七八個月。以致獄囚聚至衆多，監房充滿。春夏間穢氣薰蒸，致成疫疾。於府一年之〔上〕〔内〕，在禁者死不下百數。間有領出醫治傳〔染〕〔氣〕〔各〕家死者不〔司〕〔可〕枚舉。在監身〔死〕之人雖有案卷，相視明白，死罪囚人固不足惜，徒流笞杖及于連無之人死于非命，出於何辜？冤號之發上〔微〕〔徹〕於天，水旱災傷未必不由此招。抑惟聖上以至仁治天下，凡遇隆寒、盛暑之時，特降恩

例，在京在監囚犯減等發落。每歲處治重囚必赦多官會審，無冤具奏審決，及至〔行〕刑又行三次覆奏。有司官員仍敢罔體皇上元元保民，不妄殺一無辜之意，以百姓如螻蟻，視人命如草芥。似此淹禁罪囚，非無禁例。但有司官員罔各遵守。中間亦有才識淺陋，理斷不（前）〔全〕。伏望皇上乞敕法司計議，行移有司。今後監問囚犯，除死罪徒流監禁外，杖罪以下及干連證佐之人，俱要召保知，在外聽候取問，不許監禁。户婚、土田、鬥（歐）〔毆〕、相争一切小事，俱發里老體勘明白，即時發落。仍行巡按、分巡、分守官查究。敢有將輕囚一概監禁一年之内，罪不致死囚犯在監死至十名以上者，作酷刑官開報黜退。無罪之人在監死者，以故禁故勘律條坐罪。有司照依刑部月報囚數事例，每月將〔在〕監囚犯分豁舊管新收，開除實在犯名的數，申報巡按、巡守官處查考。按臨府縣，務要親詣監房點視。但有情輕及無干罪（因）〔囚〕一概監禁在外，就便參治。如此，則刑獄不（治）〔致〕淹禁，人命得以保全。此等淹禁致死囚人，誠恐各處亦有此弊，仍乞通行禁約。

前件，通行禁約。

弘治元年四月十三日，都察院右都御史馬等題，爲陳言申明職等清理刑獄事。

計開：

一、嚴門禁以彰國法。臣節該伏睹欽定諸司職掌刑部内一款：凡見問囚人，設置司獄司監，禁各該卒管押，赴部問畢，隨即押回監收，時刻不得離摘左右，務要内情不得出外，外情不得内入，使人知因由困苦之狀，以煩杜其頑心。獄囚飯食以時接遞，毋得作弊刁蹬。欽此。竊照三法司設立總門，三門各撥吏典守把，正以嚴出入而防奸匿，慎獄以備不測，豈無故而虚立哉？今刑部等衙門日逐將囚犯發審，本司正係獄囚易漏之處。比與在監不同，嚴加防範猶恐有泄，況有累犯不悛罪至大辟者，賭博、光棍、持刀殺人者。此等凶徒正當禁錮，無令諸人交通。庶幾人知趨避，不敢輕犯。近見法司總門，每遇囚徒發審之際，男婦濟濟，老幼紛紛，盈街塞巷，何啻累百？糾合成（郡）〔群〕，盛服梳裝，如赴親盛之會；扛臺酒食，羅列杯盤，如叙嫁娶之歡。守把之人不思主掌何事，容入門内；押囚之人不（雇）〔顧〕關防何在，（縱）〔從〕令與囚交接。彼此相處，甚於平時；喧嘩群飲，安知法司。以致凶徒近年無忌，白晝持刀在街殺人。犯者相繼，往往有要法司之謡。辨事吏典，貪圖賄賂，揀選衙門，累有改撥之情。長奸縱惡，欺公玩法，莫此爲甚。欲民趨善避惡而不羅於刑法也，難矣！且獄囚飯食，自有應遞之人，豈宜此輩擅入；獄囚發審，自有應立囚房，豈宜在外容止。但守（押）〔押〕之人罔體立法之意，惟知容縱可以得錢，及敢（冒）〔冒〕法爲奸如此。臣見大臣移宅尚常用人守把，若非應入之人亦不許進。況法司乃懲奸革弊之所，懲惡彰善之地，而門禁之弊如此，反不如私禁之門矣！其何以使人知警懼，而獄情不致於漏泄乎！如蒙乞敕都察院出榜曉諭，嚴加禁約。今後囚人發審，飯食止許吏卒總門接遞，管押囚犯徑令押赴本司囚房聽審，不許仍容前項人等擅入，及將囚犯止在外。如此，則衙門清肅而國法（照）〔昭〕然，人自震悚，奸弊潛消矣！前件竊詳，法司刑獄所係，門禁宜在謹嚴。本院並刑部等衙門囚犯飯食，各有官吏專管搜檢遞送，閑雜人等不許擅自進入，獄情亦不至於漏透。其三法司總門，永樂、宣德、正統年未曾設立，天順年間方纔照依南京事例起，蓋以關防三法司送審獄囚，不得泄漏事情。前項奸弊積習，年久以爲常。其打門吏典或貪圖酒食，或受要錢物，罔肯阻（當）〔擋〕，以致如斯。亦有勢要之家，不容阻（當）〔擋〕，恃强進入者，或如評事魯來清所言。合無不必出榜，本院出給告示，於總門前張掛曉諭，嚴加禁約。守門吏典人等，今後囚人發審之時，飯食止許的親家屬一人送入，其管押囚犯吏典，就令徑赴大理寺該守聽審，〔不〕許在於門外遷延，（政）〔致〕令泄漏事情。敢有不遵，仍前縱容囚人家屬親戚人等，扛臺酒食似前擁入門内者，將守門吏典重加懲治。受錢者取問如律；閑雜之人亦就送問。庶使門禁謹嚴而獄情不致透漏矣！弘治元年四月十三日，都察院左都御史馬等題，爲陳言申明職掌清理刑獄事。

計開：

一、慎行勘以杜冤滯。臣節該伏睹《大明令》内一款：凡所在重刑，須要行勘。又睹《大明律》内一款：凡公事官文書程；注：謂文案小事五日程，中事十日程，大事二十（月）〔日〕程，此外不了是名稽程。欽此。仰惟朝廷設置法司，專一清理刑獄，辨明冤枉。淹禁罪囚明有正條，應該行勘，亦有定式，載在律令，至詳至備。誠萬世不刊之盛典，百

代不易之良規。百司官吏合當熟讀講解剖決事務。況職專刑名，有敢而不遵行者乎？臣見刑部等衙門遇有囚犯，不論情之輕重，事之大小，可止以親斷不當行勘者，一概委勘。雖家財圍（歐）〔毆〕小事，若得完結，動經三四月，或至五六月，甚至八九月者有之。殊不知行委官員亦〔非〕職掌，責以刑名尤非其長。況奉公守法者固難保其必無，而貪圖賂賄者又不知其幾何，且擾侵下人，干連人衆，顛倒曲直，其害不可勝言。及至勘報，所司不分曲直，多照原來保勘問擬罪名，以致罪多稱冤。及經本司駁行，原委官員規避，罪名改换者少，所司仍依原擬送審，欲再參駁，奈何囚人輸服懇告無冤。究其所由，緣淹禁歲久，懼怕刑責，只得甘受其冤。臣近來審録之際，查得各該衙門發落卷内人犯，有淹二三年者，有五六年者，甚至累及無辜。頃死（行）〔刑〕獄者有之，多係行勘之（數）〔時〕幸遇大赦，（弓練）〔方讞〕解赴完卷。前項情弊，昭然可見。在内如此，在外可知。若不具奏，誠恐各衙門革後仍蹈舊轍，則情弊復生。如蒙乞敕都院通行内外問刑衙門，今後務要遵依律令所載行勘，如妖言强盗重情及人命田土應該（檢）〔勘〕踏外，其餘一應詞訟，止許行提緊關人犯，親自問理，不許一概委勘，互相作弊。如此，則獄囚無冤滯，而人免擦擾矣！

前件看得：法司問理詞訟事，有當勘者《大明令》内該載已定。取問囚人次第，諸司職掌内開載亦詳。若肯遵依，豈有淹滯？但近年以來，内外（開）〔問〕刑官員多避嫌疑，或通賄賂，不分事之大小俱要行勘，甚至具告受贓官員亦要勘報。至月方讞問革大利，只要推平利己，掩人耳目。以致原告並干連之人，死于獄中者有之，（被）〔破〕家蕩産者有之。所委官員因而取財，顛倒是非出入之（拳）〔權〕皆由於彼。問刑官員止據原來保結，擬罪多有冤抑。誠如評事魯永清所言。但言監禁二三年者，有五六年者。若非是人命必是强盗重情。或因緊關證佐之人在逃，以此未得歸結，或有之亦必不多。合無通行内外問刑衙門，及各該巡按御史，今後凡遇理大小詞訟，除人命、强盗、妖言，果有稱冤事未明白，並勘事情，遵依《大明令》施行外，其餘一應大小當問詞訟，照依諸司職掌内事理，行提緊關干證人等到官，從公親自問理，作急擬罪發落，不許似前委勘悉其入出輕重人罪，及久禁負累致有枉抑者。敢故違展行勘者，在内許科道官指實糾刻，在〔外〕許巡按御史參奏。若御史有違，臣等查究。庶使法令（照）〔昭〕明，而獄無冤滯之患矣！律令以平刑罰等三件，逐一詳擬明白，開立前件，伏乞聖裁。緣係陳言及奉欽依該衙門知道事理，具題。奉聖旨：准議。欽此。

（明）戴金《明條法事類纂》卷四六《刑部類·官司出入人罪·緝訪參送法司囚犯原問官明知冤抑畏禍不與辨理者以故入人罪論》　一件，循有事。弘治三年十月内，該吏部等衙門太子太保尚書等官王等會議題。京内外及通州等處緝訪人員，參送法司擬重囚者，若是贓證未真，檢驗未明者，勿拘成案，務與辨。若原問官員明知冤抑，畏懼緝捕之人尋常陷害，不與辨理者，以故出入人罪論。

（明）戴金《明條法事類纂》卷四六《刑部類·囚應禁而不禁·法司將問過輕重罪囚如法監禁不許偏徇》　弘治五年九月二十六日，刑部爲傳奉事。該司禮監太常韋傳奉聖旨：説與刑部都察院，近來恁法司監禁罪囚，多有徇情不公。今後務要本犯情罪輕重如法監禁，不許仍前偏徇，輕重失當。如違，治罪不饒。欽此。欽遵傳奉到部。除補本覆卷等因，送司案呈到部擬合通行除外，合連送該司印付浙江等十三清吏司，各照傳奉欽依内事理欽遵施行。

《明史》卷九三《刑法志》　弘治六年，太常少卿李東陽言：五刑最輕者笞杖，然杖有分寸，數有多寡。今在外諸司，笞杖之罪往往致死。縱令事覺，不過以因公還職。以極輕之刑，置之不可復生之地，多者數十，甚者數百，積骸滿獄，流血塗地，可爲傷心。律故勘平人者抵命，刑具非法者除名，偶不出此，便謂之公。一以公名，雖多無害。此則情重而律輕者，不可以不議也。請凡考訊輕罪即時致死，累二十人或三十人以上，本律外，仍議行降調。或病死不實者，并治其醫。乃下所司議處。

（明）戴金《明條法事類纂》卷四八《刑部類·決罰不如法·文武官將犯該笞杖罪囚酷刑致死數多捏作因公等項法司比附上請》　弘治六年八月十四日，刑部尚書白等題，爲應詔陳言事。河南清吏司案呈，乞奉本部送准禮部咨，禮科抄出太常寺少卿兼翰林院侍講學士李東陽奏内一件：孟子曰：省刑罰。臣按刑者輔治之具，聖人不得已而用之者也。然必定爲輕重之等，而於（具）〔其〕疑者，則寧捨重以就輕，所以體上天好生

之心以爲民生也。今之五刑，最輕者爲笞杖，然杖有分寸，數有多寡，極爲（計）〔詳〕慎。獄訟既多，人若難制，乃有矯輕以從重者，在京法司密邇輦轂，尚少過差。在外諸司，或倚法立威，笞杖之罪往往（至）〔致〕死，補立卷案，旁引醫證，（從）〔縱〕令事覺，不過以因公還職，於是箠人重者爲能吏，殺人多爲好官，習俗相仍，日以彌甚。夫挺之與刃，刃之與證，其殺皆（因）〔同〕。以極輕之刑，置之不可復生之地，傷天地之和，壞國家之法，莫有大於此者。假令一時之暫，一二人之少諉諸過誤，理或有之。而多者數十，甚者數（有）〔百〕，乃既以因公自解，豈復有民懼哉？今故勘平人者有抵命之律，刑具非法者有除名之例。偶不出此，則謂之因公。一以公名雖多無害，此則情重律輕，則不可以不議也。自今以後，凡拷訊輕重，即時（至）〔致〕死，累二十或二十人以上，本律外，仍令吏部法司議行降調。或病死不實者，醫證人等並治以罪，亦可以爲殘民之戒等因，具題。奉聖旨：該衙門看〔了〕來說。欽此。欽遵。除另行外，備由開單移咨送司。伏覩《大明律》：凡官吏懷挾私讐，故勘平人，因而致死者斬。若因公事干連平人在官，事須鞫問，及罪人贓仗證佐明白，不服招承，明立文案，依法拷訊，邂逅致死者，勿論。監臨官因公事於人虛怯去處，非法毆打致死者，杖一百，徒三年，追埋葬銀一十兩。若於臂腿受刑去處依法決打，邂逅至死者，勿論。欽此。欽遵。及查得本司別卷，先該本部節次奏行事例，問刑衙門有犯用腦箍、夾棍、烙鐵、悶馬棍等項酷刑具，及於虛怯去處毆打致死者，與軍職有犯，各問爲民。其因公事或笞或杖臂腿去處，決打致死者，依律科斷。中間果有情重法輕，難以寬縱者，須臨時具實奏請定奪，見今通行。查呈到部。臣等看得：太常寺少卿兼翰林院侍講學士李（乘）〔東〕陽奏稱前因，蓋欲省刑罰，重民命，仰體上天好生之德，奉行朝廷欽恤之仁，有關治化，深切時弊。合無通行內外問刑衙門，除挾私故勘平人致死者，及因公非法毆人虛怯去處致死，並干連平人鞫問及罪人（賊）〔贓〕證明白、不服招承，與依法拷打受刑去處邂逅至死者各依律科斷外，若文武官因公問事，敢用慘暴刑具，及於虛怯去處打人致死，仍照例爲民。其有犯該笞杖輕罪，而原問官施其酷暴，輒便重加鞭挺，致（使）〔死〕人命數多，旁引醫證揑作病死；旋補卷宗，誣以重罪；揑爲因公，揑稱依法等項，計圖自解，欲脫除名。若致死三人以上，一時事發者，相檢明白，究問是實，果無該載律例，務要斟酌比附，上請定奪。中間醫證人等，有因勢逼利誘，通同作弊者，一體究問，從重歸結。庶使法令昭明，人知警懼。緣係議處事例，及奉欽依該衙門看了來說事理。具題。奉聖旨：是。欽此

（明）戴金《明條法事類纂》卷一一《吏部類·官文書稽程·南京法司於各衛提人勘事稽緩並徇私者提問經該官員》 一件守禦事。弘治七年四月內，南京守備太監等官陳祖生等奏，該刑部尚書白等題准，通行南京法司，今後行文南京各衛提人勘事，若經該官員縱容月久，累催不報者，不必先行住俸，照例參奏提問發落。該還職者，仍舊支俸。中間有徇私聽囑，及受財故縱，不行解報者，從重問結。仍轉行南京內外守備衙門，一體嚴加禁治。各該衛所官吏，不許因而玩法作弊，自取罪愆。

《明史》卷九四《刑法志》 嘉靖六年，給事中周琅言：比者獄吏苛刻，犯無輕重，概加幽繫，案無新故，動引歲時。意喻色授之間，論奏未成，囚骨已糜。又況偏州下邑，督察不及，姦吏悍卒倚獄爲市，或扼其飲食以困之，或徙之穢溷以苦之，備諸痛楚，十不一生。臣觀律令所載，凡逮繫囚犯，老疾必散收，輕重以類分，枷杻薦席必以時飭，涼漿暖匣必以時備，無家者給之衣服，有疾者予之醫藥，淹禁有科，疏決有詔。此祖宗良法美意，宜敕臣下同爲奉行。凡逮繫日月并已竟、未竟、疾病、死亡者，各載文册，申報長吏，較其結竟之遲速，病故之多寡，以爲功罪而黜陟之。帝深然其言，且命中外有用法深刻，致戕民命者，即斥爲民，雖才守可觀，不得推薦。

（明）徐紘《明名臣琬琰續録》卷一九宋端儀《刑部尚書惠安彭公行狀部》 凡有章奏，無不先允而後下於該部，該部承而行之，不復審聽，是失政體也。及至有犯多從寬免，有毆人致死者，竟不提問，或有提問成獄，旋復宥之，是失刑威也。

《明熹宗實録》天啓三年五月 刑科左給事中劉弘化奏言：臣承之刑垣，正當熟審之時，竊照佟卜年一獄，厭讞牘之含糊，既以明刑，煩明旨仍不厭罪案之詳慎，終以法守付法司。仰見聖心仁至義盡如此，其兼備也。惟是臣上玩愒，無以佐下風、稱德意，致絫送徒勤、訊鞫久滯。如臣巡視廠庫，所絫委官經歷魏國材等，又御史夏之令所絫傳應春等，他如假

官假監假印假批，見於臣同官之所條上者，不一而足，所宜勒限追贓盡法究報。至若禁城清肅，人命頻聞，璫監横恣，殺傷如戲，頃一月閉已再見告。如王文進之毆死戴進忠，既經巡城御史審確，何以倉忙移獄？竊意帝王無私，法行自近，則天昭常憲，以與衆共之，尤不能不厚望於皇上矣。得旨：各犯着刑部作速問究。應該會問的着都察院即委御史官不得彼此推延。佟卜年已屢奉旨，如何又挨？著即定擬具奏。

《明熹宗實録》天啓六年閏六月 刑部尚書徐兆魁奏熱審届期，忽見厰疏之欵謂監守自盜倉糧斬罪犯官李柱明，與僭用龍袍斬罪犯官李承恩重貲營脱，方震孺、劉鐸托温國奇曾問臣求寬，何異風馬牛不相及也。至吏書索騙，司官甘爲所愚，汙如翟師偃、李陞問、馮士棨，今雖悔，亦何及哉？夫書吏之玩法，司官之過也；司官之不净，臣之責也。乞先罷臣而後勘實三司官，以爲職降罰差等。得旨：徐兆魁縱容司官吏書受賄賣法，全不知愧而强辭飾辯，温國奇執法臺臣反爲重犯求寬，成何憲體，都著冠帶閑住。劉鐸犯罪得釋，已屬漏網，又代人居間行賄，明設騙局，著捉了問。方震孺追贓未究，復增一案，罪上加罪，其受賄司官俟鎮撫司問明具奏處分。

（明）王圻《續文獻通考》卷一六七《刑考·刑制》 劉玉《論刑獄疏》訪得刑部近年以來，問理刑獄多便己私，不體朝廷欽恤之意。每遇强竊盜及人命重囚，不問虚實，輒加嚴刑苦訊。又有經本寺審允，題奉欽依處决者，分付獄官私行謀死，詐稱病故，不得明正典刑，及未成招死者枕籍於獄。雖經御史及錦衣衛官相視，不過虚應故事。本寺所審者，止據見在人犯病故者，例不查考，以致該部肆行無忌，問官緣此得省文移，提牢官員緣此便於防守，而以人命之重，如拉犬彘，習以爲常，漫不知惜，甚傷天地之和，召灾致變，未必不由於此。此等弊政，已非一日，兹當欽明。大獄之後，人圖自新，諒無敢蹈前非者。臣等恐宿獘難祛，頽風易靡，不可不預爲之防也。合無行令刑部衙門，戒飭各屬，俱要仰體至仁，重惜民命。一應罪囚，無得非法凌虐，有患病者，提牢官及司獄官請醫調治。或調治不痊身死者，一面行文都察院等衙門，差官相視明白，仍一面將患病緣由開送本寺，以憑查審。若御史等官驗有傷重，及本寺審係矜疑人犯并未結事情，雖係真正死罪重囚，不曾請醫用心調治，假捏虚文開報者，俱係當該官吏，恭究從重治罪。其男子杖罪以下，及干證平人、婦人徒罪以下者，不許一槩淹滯。每月終，該部堂上官仍將見在開除病故囚數，開具説帖，御前宣奏。庶司刑乃有所避忌，而囹圄無寃獄矣。又訪得相視官往往畏懼復命，捱延數日，積死數囚，方行相視，以致屍肉潰爛，臭穢燻蒸，莫敢近前。非惟死者莫辯其寃，生者亦被所染，瘟疫舉發，莫可救藥，誠爲可矜。亦乞勅都察院等衙門，遇有該部開報死囚，隨即差官相視，毋至，仍前耽悞參究治罪。如此，則陛下如天之仁，及於枯骨矣。

近時法司問事，多有淹滯，日久牽累平人，合無行令，今後問擬大小事情及行各城勘驗者，大事限二十，中事十日，小事限五日，俱要提齊完結。此外，如錢糧行查未明强竊盜，挨拏正犯未獲人命，未檢結勘，以致稽遲者，將見在人犯及本狀内各起事情先行問招送審，本寺即明開各犯到官之日，以憑查考。有淹滯過期者，年終類奏，量請罰治。如例應委官勘問，及行軍衛有司會勘違限并托故推調不即赴勘者，原委衙門照例參奏提問。庶宿弊可革，而官無曠職矣。

（明）蕭良泮《重刻釋音參審批駁四語活套》卷一《參語》 主簿周丁，叨署縣篆，縣篆，縣印也。罔守官箴。用奸吏爲腹心，大開賄賂之門。納苞苴於私囊，不顧違枉之法。官常大壞，擬戍何辭？吴戌既不匡救其官長之失，反通同其弊害之奸。贓私雖無入己，行檢亦屬不臧。不臧，不善也。照例革役，情實相應。趙甲等集黨爲强劫之謀，剽掠於官府之内。情犯深重，例當梟首。内趙甲係子首發，論罪固當得免，但干係城池、倉庫，若使依律准首，不無法外遺奸。按以常人盗庫之例，發遣允宜。趙巳因懷繼母之不慈，敢以攘羊而證父。《語》云：其父攘羊，而子證之。論事雖爲得實，按法亦屬干名。鄭氏心存妬惡，驅逐其前妻之子。據律無文，難免其不應之愆。

典吏鄭庚，職司於巡捕，責在防奸。顧乃納賄賂以行私，置兇徒而不詰。詰音結，不盤察也。是巡捕無追捕之能，而防奸有縱奸之咎。照例充戍，與評奚枉。衛丑誤殺旁人，雖無心於褚子之死，而逞兇捏殺，實有意於趙甲之亡。問以故殺，情亦相應。趙九既不能勸阻其父於未盗之先，乃敢竊放其父於桎梏之後。桎梏乃肘鐐也。一本之愛固切，父母一本之恩。三尺之法難逃。

（明）蕭良泮《重刻釋音參審批駁四語活套》卷一《參語》　巡檢衛丑，職司盤詰，心尚奸貪。獲私鹽而不行送官，受賄賂而擅放逃走。按律遣戍，情法允宜。趙子始之聽誘賭博，情猶可諉。繼之夥賊行劫，罪實難逃。吴巳違憲禁而擅越京城，敬畏之心安在？周戊知盗贓而接買肥己，枷號之咎當懲。李丁既同主守之責，敢肆偷盗之謀。虎兕出柙，咎將誰諉？吴河爲兄之小忿，致毆死其傍人。是徒知兄命之所當遵，而不知人命豈容誤毆？問以鬥殺，情實相應。

獄官趙無策，司典刑而不知戒慎，徇私情而釋放罪人。但憐飛鳥依沙，古云：有鳥被傷，而人憐之。不顧縱虎出柙。出柙，見《語》云：虎兕出柙，典守者不得辭其過。事屬不職，黜罷奚辭？孫守勇謀盗無同行分贓之跡，揆情猶或可原；避罪有拒捕敵殺之兇，論法尤所難逃。若使止擬罪人拒捕之條，不無輕縱。按以謀叛已行之律，情實無虧。孫守信徒知有手足之情，罔顧有法紀之嚴，搶劫成獄囚犯，法宜棄諸市曹。周失慎明知有罪之人，敢作逋逃之主，滋奸長惡，罪難輕容。

庫官李江，倚奸吏爲腹心，罔知戒慎；視公帑爲私藏，任意侵欺。庫吏周四，既同主守之責，亦肆偷盗之謀。獨不思虎兕出柙，而咎將誰也。與李江等均宜照例遣戍，以爲貪官污吏之戒。王氏雖係趙甲之妻，然既縱容與人通姦，而律係應離人數。小玉雖係錢乙姦生之女，然未經斷付收養，則犯時固爲不知。趙甲之於小玉，義雖不同乎父子，但恩養自幼，情實有間乎常人。錢乙之於王氏，尊卑之名分已定，鬥毆之等第已彰。揆諸秉彝，難同凡論。

兵馬指揮馮壬，職守地方，志流污下。既不能弭盗於未然，瘝官而曠職。敢公然尅贓於已獲，誠屍位而素餐。爲謀不忠曰屍位，食禄無功曰素餐。

（明）蕭良泮《重刻釋音參審批駁四語活套》卷二《參語》　褚子行事乖張，存心偏拗。音奥。既聞訃以歸家，訃音富，聞喪者謂之聞訃。批硃票而取貨。索段絹數十疋，遍擾各商。用扇帕一兩箱，僅支半價。居官斂怨，雖菜户亦被其貪殘。去任潛踪，致牙行申訴於各道。管倉場而索受常例，罔念膏脂。《史》云：一顆一粒，皆民之膏脂。宋太宗諭云：爾俸爾禄，民膏民脂。下民易虐，上天難欺。縱皂隸而虐平民，有同狼虎。

衛丑酷以濟貪，奸足文過。文，飾也。先在江浦用門子爲腹心，贓私憑其過付。繼轉應慶以皂隸爲爪牙，關節任其交通。收庫子之公堂，受民間之囑託。既已陞遷今職，不知痛洗前非。工部攬各司之權，陰爲謀利。廬州納權勢之賄，不顧成規。

（明）蕭良泮《重刻釋音參審批駁四語活套》卷二《參語》　趙甲才媿鷹揚，太公有鷹揚之才。胸無豹略。賊發既不能協力以剿捕，寇退又不能設法以督追。遂使賊勢滋漫，言其勢猖獗之甚。累致官兵淹溺。縱牙爪之徒，假虎威而施酷烈；令甲胄之士，逞螳怒以肆憑凌。《史》云：以寡而敵衆，是猶逞螳臂以當萬乘之車轍。是衛民反致殃民，而禦寇實以爲寇。奔競成風，奔競言多方貪緣也。廉恥掃地。甘爲媚竈之計，《語》云：與其媚於奥，寧媚於竈。殊無守禦之謀。觀其賄賂軍門，知其剥削軍士。印信重務也，受賄而濫委匪人，賭博細故也，觸怒而舉家受禍。至於那緩就急，雖一時之微功，顧若失此遺彼，終非萬全之長策。宋臣張齊賢上疏諫北征曰：聖人舉事，志在萬全。相應量加議處，以爲無方不廉者之戒。

照得陣亡指揮錢乙，惟知國難之當殉，不顧衆寡之弗敵。孤軍入援，援，救也。師尚未及乎幾百，捐軀報主，氣實有倍於三軍。宜録其後，以旌忠魂。

指揮孫丙，職叨世官，行同狗彘。始枉法而賣放操軍，繼差人而擄掠附地。欺罔之心大著，貪婪濫同。之跡尤彰。吴巳、鄭庚，用謀搶奪均贓，按律無分首從。知縣衛丑，職司專城之寄，專城乃牧民之責，即今之守城地之官是也。全無防患之謀。臨事不能固守，乃敢輒棄逃竄。以上各犯，處以典刑，委無虧枉。

都指揮錢乙，奉命分符，殊乏禦戎之策。滋漫因解，重罹邊遣之條。鎮撫陳癸，獲馬未徵報效之能，嗜利惟肆貪饕之念。俱應分别遣戍，武夫懲戒允宜。

千户王辛，貨利是求，法律罔顧。將兵赴敵，未見有血刃之勞；《史》云：血刃之勞，方爲盡忠。獲賊貪贓，已著有尅留之跡。計贓固非枉法，論事已屬有違。典史趙甲，承調即戎，無勇往致身之義；畏難苟安，有潛踪離跡之非。雖未至於殞軍失事，終不免於臨事避難。陳癸防奸却自爲奸，致同差受捐軀之禍。捐軀即損身也。錢乙等捕盗反以爲盗，使村民罹搶奪之殃。吴巳僭用器物，致有誨盗之虞。私藏戎具，又犯無將之戒。《語》

云：律凡無將之戒，即惡逆也。以上各犯，相應擬律定罪，情法誠爲允宜。

鍾大素負山嵎之險，山曲曰嵎。中肆狼虎之心。搆羣黨至及百人，横行劫掠無忌。燒民房百有餘座，慘害地方匪輕。今雖繫頸自降，言其縛首，以輸服也。固當與其更生之路。但係故意放火，亦難免其處死之條。李丁奮勇當鋒，以身擊敵。主將退奔而不爲少助，客兵危迫而獨肯相援！與夫望風奔潰者《左傳》：哀公十一年，齊用犁鉏之計伐魯，時右師子洩戰敗，諸士卒皆望風奔潰，惟孟之反以孤軍而揮戈於後。今人因戰不勝而走者，謂之望風奔潰。萬萬不同。若使概鞫，無所分别，而保全首領之人，反得以是藉口。

指揮李丁，委守海防，先行故縱。番船灣泊十餘日，有若罔聞；買港贓私十數金，公然接受。致惹邊釁，妄起事端。忍將行貨之商，指作劫人之盗。及承戒飭，益肆譸張。譸音濤，即方張也。調集兵船，郡縣因而騷擾。轉輸軍餉，府庫爲之一空。方且違例以冒功，更復乘機以攘貨。善能變詐，巧事彌縫。雖爲武弁之小夫，實則衣冠之巨盗。參提充戍，猶有餘幸。

何角職任邊鎮，罔持法紀。肆貪坐視，奚殊沐猴而冠，沐猴，猿猴也。師古曰：雖着人衣冠，其心不似人也。縱虜跳樑，跳樑，即猖獗之狀。何異開門延賊？《捷録》云：是何異開門而揖盗乎？贓跡既形於朝野，過惡已積如丘山。使能掉電光之舌，馳波濤之辯者，漢文帝：舌如電光，辯如波濤。言人善爲説辭。安容飾其罪哉？劉亢邊鄙武夫，貪財豈憚於四知。故縱醜虜，委城寧顧於一死。委猶棄也。均應擬斬，以爲奸貪失事者之戒。

苟角叨居守備之寄，常懷奸詭之謀。托心腹傳言，潛通消息於夷寨。任情納賄，輒敢侮釁於邊方。縱部軍而打奪罪人，心實懷乎不軌。信主文而脱放强盗，跡難掩於私通。事干夷情，法應提問。

孫丁叨任軍職，濫受民詞。獄訟固在於有司，豈容干涉？贓物合歸於原主，尚復揩留。雖誣贓已經辯釋，而違例猶犯憲章。布派軍丁，名雖無而實估。需求馬草，利雖小而必專。既散□而中途脱逃，情弊斯顯。以詳讞而衆誣成獄，事跡難名。卑□無賴，曲意營求。因閑住而姤人掌印，假公事而遂己私謀。先已犯贓，量戒示而行罰。既謀管事，復估役而賣軍。罰紙價而入私囊，估軍丁而充役使。久溺情於月錢，尤朵頤乎衛印。《易》：頤卦初九，舍爾靈龜，觀我朵頤。朵，垂也，動也。欲食之貌，即貪饕也。立功逃回既不舉解，竊盗顯露又不申詳。厚賂營求印信，以足徼倖之心。虚文掩飾貪謀，而起争端之念。但知叨掌印信爲能，罔知職業不修可恥。部下新軍在逃，既不依時造報食糧文册，又不截日住支。雖無分受之贓，難免不職之罪。派追軍士月錢，擅自那移花費。贓雖未曾入己，法固在所難容。違明禁而賣放海船，納私賄而縱容船貨。挾智懷奸，欺上罔下。侵佔屯田而取利肥己，教唆詐訟而報復私仇。家人盗物不行依法告官，私自用刑以致囚傷身死。既不能以禮下人而遏兇争競，又不能以忿自肅而僭佚驕奢。倚巡捕而擅受詞訟，假私禁而挾取財物。既因小忿而毆人成傷，復肆危言而逼人致死。由嚴刻以致怨，肆酷烈而濟貪。若不盡法究治，何以警戒將來？

參照總兵趙角，職重保釐，釐，安也。才疏經略，經，經綸。略，韜略。不能振揚威武以肅邊陲，顧乃使軍出境自犯物議。重損中國之威，殊失憲臣之體。

參照百户錢乙，武弁庸流，濫叨巡捕。縱奸養惡，非刑拷打平民。假賊婪贓，乘機嚇取財物。名雖衣冠，而行同狗彘。世食公禄，而品類穿窬。

周戊叨居將帥，懦怯無爲。縱軍擄掠而取及犬羊，犬羊，夷虜之人，性秉犬羊。事猶可諉；議奏行兵而欺君罔下，罪復何辭？衛壬等分調營堡，職任匪輕。或聞報遷延而後期方至，或遇敵偃蹇猶退縮也。而按轡徐行。不疾進貌。甚至棄城逃走，臨陣先退，致使虜騎長驅。肆無忌憚，服以上刑，情理允宜。千户何畢將順來京，徒取媚於上官，擅離信地，罔知畏於國法。事已昭彰，情難姑息。均宜重究，以戒諸邊。及照右哨指揮韓奎，奮勇先鋒，古有先鋒大勇。已有效勞之績。巨魁殲殄，上音千，言賊人已梟首也。尤著禦夷之威。功可嘉賞，禮宜獎旌。軍人楊婁，受財賣級，明例昭然。但斬獲首級三顆，論功亦有微勞。似應准贖，以旌其勇。

千户孫宇，叨承世廕，志尚狼貪。既不能衛内捍外，致聚衆肆行劫掠。罪狀已彰，洪典何道？鎮撫李宙，始聽誘而隨行上盗，卒知悔而首還原贓。於法難全免罪，據例革職相應。

指揮王辛，職司巡禦，責在地方。既乏預患防備之計，乃敢私通賄賂之門。玩寇殃民，莫此爲甚。千户韓辰，少長綺紈，罔識禮法。違例分受

盗贓，論罪宜充邊戍。巡捕百户李秋，濫職戎伍，大肆貪饕。剋留盗贓入己，國法實難所逃。均宜治罪，用警將來。

（明）蕭良泮《重刻釋音參審批駁四語活套》卷二《參語》　王一萌覬覦之心，輒肆漁獵之計。政苛猛虎，孔子曰：爲政苛於猛虎。而此即虎之爪牙。賦甚毒蛇，而此即蛇之種類。不能奉公以圖實效，乃敢縱容而尚虚聲。本色未見上倉，通關先出，折收未聞入庫，砝票横標。正宜一意周旋，恪守清介。豈得多方窺伺，輒起盗心。心胸藏荆棘，《詩》云：亦孔之棘。言人心之奸詐也。志慘鏌鋣。鏌鋣，劍名。有曰干將，有曰鏌鋣。鏌鋣者，干將之妻也。金鐵未流，干將夫妻乃斷髮，投於爐中，遂鑄成劍。陽干將作龜文，陰鋣鏌作縵理。且能割犀斬鯨。今人慘毒之甚者，故有同其鏌鋣之慘也。本非武庫之司，武庫乃藏兵器之所。乃蓄尚方之器。即器械也。不影射以行私，則展轉以營利。宜懲法外之奸，庶隱術中之禍。

陳癸歷官而善政無聞，守郡而貪聲大著。招富民趙福於公堂，假稱訪察而受銀千兩；赴監生王辛之私邀，磬收酒器而折席百金。王成何辜，而奪三百之訟田；陳戊無罪，而重百金之科罰。宦囊有陳萬貫之謡，萬貫，言多也。昔有陳姓爲縣令，恣意貪得。去任時，民有陳萬貫之謡。民訟有陳三翻之號。相應重處，以正官邪。

林西立心險創，制行乖張。姦鄰婦而口咬耳角，淫穢有徵；徵，證也。黠獄囚而刀刈脚心，殘虐無比；以失政誣李知府之匿，心同市井；假訪察挾張知州之銀，行類穿窬。既譎斥全無悔悟之心，是小人難成君子之器。

沈卯斗筲之器，筲音騷，言鄙細也。《語》云：斗筲之人，何足算也。利必計於錙珠。錙珠，毫末也。闒茸之資，闒茸，無才力，不正不肖之人。貪有同於鼯鼠。《詩》云：鼯鼠之貪。以作頭韓辰爲腹心，以皂隸楊巳爲鷹犬。即獵户打獵之雁犬也。買木料剋取商人之價，怨讟盈庭。管修倉抽分作頭之銀，纖毫計較。管廬州則假託清查三五兩而不等，迨職營繕則先行斂送十分取一。不意至庫子之盗銀，彼豈無所持耶？罰曠役人而折價，人得識其後矣。雖贓私入己僅有千餘，而部體官箴誠爲壞盡。

何戊職專捕盗，帶管安邊。假兵哨巡緝之名，爲自己交通之路。林一過送奇貨，衆證俱明。陳子差索夷船，原票見在。胡都司因事稍怒，連夜告罪，且分受寶劍象牙。何喬以私挾公，贓跡彰聞，乃牒首琉球瑣幅。故違禁例，大壞官常，貽害地方，致戕民命。斥官去任，實爲漏網遺奸。

胡壬行同鬼魅，言尤足以飾奸，性若豺狼，術偏長以濟惡，走馬街豈用武之地？妄言與賊百戰，對陣生擒。玄鍾所地名。非用刑之場。敢先斬首數人，專擅濫殺。林正招尤惹釁，法固難容，而裂屍剖心是何刑罰？李一依父取銀罪不至死，而總角梟首，總角，未冠之稱，即今之束髮童子也。曾無哀矜。王娘子因一拜而傷生，陳惟一取片言以處決。旗牌未到，難諉咎於軍門；威福自專，致效尤於海道。效人過事曰效尤。會審方纔數刻，梟首濫及百人。黷貨買功，何異穿窬之事？飾詞捷報，全無惻隱之心。捏稱破虜擒王，希即封侯拜將。欺君罔上，處死奚疑？

（明）佚名《新纂四六合律判語》卷下《刑律·吏典代寫招草》　發身雖吏，必鮮端人。假手獄司，豈無奸弊？故寇準用士，却其恃乎簿書；寇準爲相，用人皆惟才是使，同列忌之，命吏持例簿以進，準却之。若劉晏理財，但使司乎符牒。於昭明禁，允重於明章。今某媚若妖狐，狡若黠鼠。不嫌卑役，方勤案牘之勞。輒代刑人，捏寫供招之草。肆爾規圖於賄賂，居然增減於情詞。輕重徇於筆端，何以使刑罰之中？出入由於紙上，安能致訟獄之平。宜申按罪之條，用示舞文之警。

（明）海若湯《古今律條公案》附録《擬罪問答》　問曰：一、如受錢枉法，止該杖八十，過錢之人該斷何罪？答曰：過錢人無禄則減受錢人罪一等，杖六十，遷徒比流減半。準徒二年是謂受錢者輕，過錢者重何也？惡其引送之奸也。餘可類推。

（明）海若湯《古今律條公案》附録《擬罪問答》　問曰：一、如因婦保管在外，與保管人通奸者何斷？答曰：因婦乃繫在禁者方是，今在外雖是管押，止依常論。若獄卒奸囚婦者，當與官吏同罪。

（明）海若湯《古今律條公案》附録《擬罪問答》　問曰：一、如貧夜無故入人家者，其主捉獲，拷打致死，當作何斷？答曰：在家捆打者雖不登時，罪止拘執也。出外須係登時，即罪人不拒捕而殺。

黄彰健《明代律例彙編》卷二六《刑律九·雜犯·囑託公事》　凡官吏諸色人等，曲法囑託公事者，笞五十，但屬卽坐，謂所屬曲法之事，不分從與不從，行與不行，但囑即得此罪。當該官吏聽從者，與同罪。不從者不坐。

若事已施行者，杖一百。所枉罪重者，官吏以故出入人罪論。若爲他人，及親屬囑託者，減官吏罪三等。自囑託已事者，加本罪一等。若監臨勢要，爲人囑託者，杖一百。所枉重者，與官吏同罪。至死者，減一等。謂監臨勢要之人，但囑託即杖一百。官吏聽從者，仍笞五十。已施行者，亦杖一百。所枉之罪，重於杖一百者，官吏與監臨勢要之人，皆得故出入人之罪。官吏依律，合死者，監臨勢要之人，合減死一等。若受贓者，並計贓，以枉法論。若官吏不避監臨勢要，將囑託公事實跡，赴上司首告者，陞一等。

黄彰健《明代律例彙編》卷二八《刑律十一·斷獄·與囚金刃解脱》

凡獄卒以金刃，及他物可以自殺，及解脱枷鎖之具而與囚者，杖一百。因而致囚在逃，及自傷或傷人者，並杖六十，徒一年。若囚自殺者，杖八十，徒二年。致囚反獄，及殺人者，絞。其囚在逃，未斷之間，能自捕得，及他人捕得，若囚已死，及自首者，各減一等。若常人以可解脱之物與人，及子孫與祖父母、父母，奴婢雇工人與家長者，各減一等。若司獄官典及提牢官，知而不舉者，與同罪。至死者，減一等。若受財者，計贓，以枉法從重論。若獄囚失於點檢，致囚自盡者，獄卒杖六十。司獄官典，各笞五十；提牢官，笞四十。

黄彰健《明代律例彙編》卷二八《刑律十一·斷獄·官司出入人罪》

凡官司故出入人罪，全出全入者，以全罪論。謂官吏因受人財，及法外用刑，將本應無罪之人，而故加以罪，及應有罪之人，而故出脱之者，並坐官吏以全罪。法外用刑，如用火燒烙鐵烙人，或冬月用冷水澆淋身體之類。若增輕作重，減重作輕，以所增減論。至死者，坐以死罪。謂如其人犯罪應決一十，而增作二十之類，謂之增輕作重，則坐以所增一十之罪。其人應決五十，而減作三十之類，謂之減重作輕，則坐以所減二十之罪。餘准此。若增輕作重，入至徒罪者，每徒一等，折杖二十。入至流罪者，每流一等，折徒半年。入至死罪，已決者，坐以死罪。若減重作輕者，罪亦如之。若斷罪失於入者，各減三等。失於出者，各減五等。謂鞫問獄囚，或證佐誣指，或依法拷訊，以致招承及議刑之際，所見錯誤，别無受贓情弊，及法外用刑，致罪有輕重者，若從輕失入重，從重失出輕者，亦以所剩罪論。並以吏典爲首。首領官減吏典一等。佐貳官減首領官一等。長官減佐貳官一等科罪。若囚未決放，及放而還獲，若囚自死，各聽減一等。謂故入及失入人笞杖徒流死罪未決，其故出及失出人笞杖徒流死罪未放。及放而更獲，若囚人自死者，於故出入及失出入人罪上，各聽減一等。

黄彰健《明代律例彙編》卷二八《刑律十一·斷獄·陵（會典作凌）虐罪囚》　凡獄卒非理在禁，陵虐毆傷罪囚者，依凡鬭傷論。尅減衣糧者，計贓以監守自盗論。因而致死者，絞。司獄官典，及提牢官，知而不舉者，與同罪。至死者，減一等。

中國第一歷史檔案館《滿文老檔》天命七年正月　二十六日，汗諭衆漢人曰：我國維生之道，乃事之曲直，秉公聽斷。凡不受下人之財賄者，心術正直善良之人，酌情晋陞。凡庇護邪惡貪財之人，予以降職。諸凡案件，先交守堡、備禦。守堡、備禦審訊後，交參將、遊擊。參將、遊擊審訊後，交都堂、總兵官。都堂、總兵官審訊後，告於八貝勒。小事則由八貝勒共同審理結案。大事則奏聞於汗。八王以下，守堡以上各官，不可獨斷，皆集於衙門，共同審理。若各就本衙門獨自審理，貪財徇庇，妄加剖斷，恐獲罪於天。所謂衆人聽斷，乃此也！等語。

中國第一歷史檔案館《盛京原檔》一八九號　崇德三年八月十五日，鑲黄旗達爾泰與正黄旗松寧噶争女人一事，先已訟於法司，達爾泰又於龔袞回家時，追於途中告之，龔袞云：爾事由得特記之，爾可言於得特。達爾泰復去得特家相告。事下法司鞫審。得特違法在家中獨自聽訟，應罰以規定之罪。龔袞聞之於途中，不令爾去刑部，竟言達爾泰可告於得特，亦應罰以規定之罪。一議龔袞並非在家中聽訟，不過聞於途中，應免其罪。達爾泰違法，不告於刑部而擅自告於得特之家，應罰以規定之罪。奏聞，上命：龔袞、得特、達爾泰三人俱罰以規定之罪。

（清）嵇璜等《清朝通志》卷七五《刑法略·刑制》　〔順治〕八年，論：天下罪囚死于囹圄者何限？有死于疾病，有死于飢餓，有死于刑拷，有死于官吏虐害囚徒之陰謀。諸如此類，未可悉數，朕心惻然。在良有司，濟以醫藥，給以口糧，非刑有禁，凌虐有禁，内外交通毒謀陰害有禁。督撫巡按時加申飭，該道府親爲稽察，州縣有犯前弊，分别參處。庶獄囚不致無故枉死，用昭朝廷法外之仁。

《刑部現行則例》卷中《賊盗》　巡蹤章京見蹤不追，明知故縱者，將章京革職，小撥什庫枷號一個月鞭一百，革去撥什庫。將披甲人鞭一百等因。康熙十七年題定毋庸再定外，其尋蹤去的章京、兵丁將拿獲的人參賊徇情放走者，將章京革職，兵鞭一百。若取其銀財放走，將所偷得的人

參不全送到衙門入己者，章京革職，同去的兵丁一并交與刑部，計隱瞞人參及所取銀財之物，照律治罪。若去的官員隱瞞而不首，同去的兵丁出首者，出首之物賞給出首之人一半，一半入官。至於拿獲人參賊所騎馬匹等物，亦一半入官，一半賞給拿獲人參賊的兵丁，人參盡行入官。其尋蹤去的章京一年内拿獲人參賊一百名以上者，紀録一次。二百名以上者，紀録二次。三百名以上者，紀録三次。四百名以上者，准加一級。所拿獲之賊更多者，照此紀録加級。再巡蹤章京、兵丁誣拿無辜之人，將章京革職，兵丁枷號兩個月鞭一百。若奪取財物者，將章京革職，交與刑部議罪，兵丁枷號三個月鞭一百。其打蜂蜜、水獺等項人等，執信票在分内山河行走，如尋蹤章京、兵丁圖功誣拿，搶奪財帛等物者，照誣拿無辜之人治罪。或無信票或有信票不在分内山河行走，往別山河行走，或於票内人數之外多帶偷刨人參等行走者，令巡蹤章京、兵丁仍照常緝拿。若將拿來人等打牲之人揑情控告，如審虚者，照誣告重律治罪。如刨人參人偷將邊欄毁壞出入者，令汎地坐臺、撥什庫壯丁速行報明該管章京查拿。若見蹤不趕，或通同章京、撥什庫、兵丁、看門馬法、筆帖式等受賄令其出入者，將章京、撥什庫、披甲人俱照尋蹤章京、兵丁治罪。將馬法、筆帖式、坐臺壯丁照巡蹤兵丁治罪，革去馬法、筆帖式。

《刑部現行則例》卷下《斷獄》　一、凡承問各官如係徇私枉法顛倒是非、故出故入委實情弊顯然者，仍行指名參處。至於擬罪稍輕、引律稍有未協遺錯過失等項，將案内查明非係果實徇私，免其究參，即行改正。

【略】

一、凡事件不許改批這地方官一次、那地方官一次。審理案内，民係何處人，即交該管地方官詳審明白，申詳督撫、臬司。督撫等官於下屬詳審之事，原批某衙門完結，如果情事未明，即將未明之處詳細指出批駁。倘仍復朦混，即將該問官題參嚴加議處，另委別官審理。若督撫等官將事理已明可結之事故生枝節屢行批駁，遲延不結者，從重議處。【略】

一、凡有盜案，其關係人命之事，該督撫親加詳審，務得真情，使無辜良民不至冤。如有地方不肖官員仍有誣良爲盜，并關係人命之事。該督撫親行審出，據實題參。將誣良官員照律例從重治罪。督撫免其議處。若督撫不自審出，或部院衙門察出，或被害之人告發，將督撫一併嚴行議處。

一、番役人等捉獲强盜，先送官審，不許私刑取供。違者，於本衙門枷號一個月責四十板，革役。如得財及誣陷無辜者，從重科罪。至於妄用腦箍、毛竹、連根、大板及竹簽、烙鐵等刑至斃人命者，以故殺論，不准援赦。其初招既定，不許續扳。

一、貪官蠹吏發覺等事，督撫必須從公審擬，若有徇庇貪污情弊，科、道糾參是真者，將督撫、承問各官交與該部從重治罪。

一、京城内，凡問刑部院衙門承審官員，凡審案件雖在限内并不取供審理，遲延逾限；雖取供不行審結；其將真正人犯雖限内取録口供，不速行題結，以致犯人并牽連無干之人監禁斃命，或羈門斃命者，應照一案所斃人數，將承審司官俱照外官處分之例處分。若堂官不據實題參者，照督撫處分之例處分。凡現審一案内人犯監斃三、四人者司獄罰俸三個月，五、六人者罰俸六個月，七、八人者罰俸九個月，九、十人者罰俸一年，十一人以上者革職。在門斃命者，其該城門尉、城門校、千總俱照司獄處分。其承審官員，仍當不時嚴加巡察，若獄卒、守門人等，將犯人凌虐剋减有傷，即行拘拿，照律嚴行治罪。【略】

一、凡官員擅取病呈致死監犯者，依謀殺人造意者斬監候律擬罪。獄官、禁卒人等聽從指使下手者，依從而加功者絞監候律擬罪。不加功者，杖一百流三千里。

一、凡官員仍用柙狀者革職，杖一百流三千里。禁卒杖一百，革役。

一、凡大小衙門問刑官員，將刑獄供招不速行結，無故遲延者，將承審官革職。無故將平人久羈囹圄者，將承審各官革職。因而致死，故勘致死者，俱照律遵行。其改造口供故行出入者，將承審官革職。擬以死罪已决者，抵以死罪。其草率定案，證據無憑，枉坐人罪者，將承審官革職。其衙門蠹役，恐嚇索詐十兩以上者，并妻子安插於奉天地方居住。至一百二十兩，照枉法擬絞。

一、凡另户家主或係家僕縊死、赴水身死者，許總甲等當日據實帶同屍親呈報該地方官。如縊死、赴水身死是真，別無他故者，照律免檢，即批令殮葬。若并無他故，該地方官不即完結，遷延時日，及總甲與屍親當日不即行據實呈報，妄行揹勒，并衙役驗屍之人有恐嚇行詐等項情弊，受

勒被詐之人控告，或科道糾參者，將地方官交與該部議，總甲人等枷號四十日責四十板。若受財，計所受之財，從重治罪。如有他故，聽死者之祖父母、父母親屬於是日具告該地方官，即於是日檢驗，將屍收殮。若自縊、赴水是實，妄捏虚詞控告者，亦枷號四十日責四十板。再，旗下人自縊死、赴水身死者，皆係各該佐領、撥什庫具報，差部内撥什庫相驗，别無他故，即行完結，并無遷延時日。或有將家僕雖教令責打有傷，而縊死、赴水身死是真，家主亦不擬罪。往驗撥什庫等，稱有傷係打死恐嚇打詐，及屍親有措勒等弊，或受勒被詐之人控告，或科道題參，將往驗撥什庫及屍親等俱枷號四十日鞭一百。該佐領、撥什庫不即行具報，照不應重律鞭八十。受財者，計所受之財，從重治罪。

《清聖祖實録》康熙五十七年十二月〔乙丑〕刑部等衙門遵旨會議：直隸各省人犯鬬毆傷輕未即殞命，或因傷風或因他病而死者，將毆打之人免其擬抵，減等發落。如係毆傷致死而捏報傷風他病死者，承問府州縣及司道督撫俱照失出例處分，將府州縣官降一級調用，司道罰俸一年，督撫罰俸六個月。從之。

《清世宗實録》雍正元年十一月〔壬午〕九卿議覆兵部尚書盧詢條奏請定捕盗官役勸懲及窩主之罪：嗣後捕役獲盗，設立賞格。其窩主應發遣黑龍江。得旨：此議尚未詳盡。從來盗案内，盗首脱逃尚未緝獲，或報稱病故者甚多。如何使盗首必不漏網，盗案不致稽遲之處，應再加詳議。至於窩主，有窩强者，有窩竊者，有知情者，有不知情者，有分贓者，有未分贓者，律内按罪分别立決、監候斬絞以至杖笞，開載甚明。今概行議遣黑龍江，可乎？又議獲盗過半，免其治罪，過半之外，拏獲一名，賞銀十兩等語。夫獲盗過半，免其治罪，足矣。過半之外，拏獲一二名，即加賞賚，此不過地方官酌量行之，以示鼓舞。又何得預定數目，援爲定例乎？此本著發回，再行詳議具奏。尋議：嗣後承緝各官不獲盗首者，雖獲盗過半，仍按限分别議處。如盗首果係病故，必查有實據，方准免其處分。捕役拏獲盗首，令州縣官從優給賞。其不獲者，將家口監禁勒比。至窩盗之家知情存留，分别定以杖流。存留三人以上者，充發三姓地方。永著爲例。從之。

《清世宗實録》雍正四年十月 壬午，諭刑部：直省命盗重案，州縣官承審不實，誤擬重罪，著照貪官例革職，永不敍用。其接任官能將實情審出者，著交部議敍。嗣後俱照此例行。

《西寧青海番夷成例・不拿逃人》凡見逃人不行擒拿，任其逃去者，千户等罰人七户，百户等罰人五户，管束部落之百長等罰人三户，小百長等罰四九，小頭目及平人罰三九。若追拿逃人格鬥致死者，如有所擄之人，給死者之家一名，加罰三九牲畜；若無所擄之人，向該管逃人之爲首頭目名下追取三九牲畜賞給。

《西寧青海番夷成例・討賊不與》凡拿獲發覺賊犯，討取不與，以致脱逃者，千户等罰五九，百户等罰四九，管束部落之百長等罰三九。

《西寧青海番夷成例・看守斬犯疏脱》凡看守斬犯，罪人疏脱者，將疏脱小百長等罰三九牲畜，小頭目等罰二九牲畜，革退等級；係平人，鞭八十。若疏脱看守非死罪之人，疏脱之百長等罰二九牲畜，小頭目等罰一九牲畜；係平人，鞭六十。所逃罪犯若被他人拿獲者，將所罰頭目之牲畜賞給拿獲之人；未獲，將所罰牲畜給與部落之爲首頭目。

《西寧青海番夷成例・犯罪私完》凡罪犯發覺，一犯不得私議。如私議完結者，千户等罰三九，百户等罰二九，管束部落之百長等罰一九，小百長等罰牲畜七件，小頭目等及平人罰牲畜五件。其該部落頭目將人帶至犯罪部落頭目處所議辦。如遲至二日不給人者，向其頭目按日罰三歲牛。如事未給之先，不得騎取烏拉秣素。事完斷結之時，騎取罪番烏拉，按站食用秣素。其所取頭目之人役，雖有九九，不得與盗犯三數之外多取，而納認罪牛一條。其認罪頭目之人役，所納雖有九數，止准取罰服牲畜内三歲牛一條。事結遲至十日不給者，該罪犯部落之百長等罰犏牛三條。如將所罰牲畜奪回，加倍追罰。如不完結，即行具報。

《大清律例》卷八《户律・户役・點差獄卒》律

凡各處獄卒，于相應慣熟人内，點差應役，令人代替者，笞四十。

《大清律例》卷一二《户律・倉庫・擬斷贓罰不當》律

凡擬斷贓罰財物，應入官而給主，及應給主而入官者，坐贓論，罪止杖一百。

條例

一、凡查估、追變之員勘報不實、瞻徇延緩、以致帑項懸缺者，著令

代賠。若查勘本無不實，催追本無徇縱，只因變抵不敷，以致公帑懸缺，仍在本人名下歸結，不得向查估、追變之人勒令代賠。違者以違制論。

一、凡承追各款贓罰銀兩，著落本犯勒追完結。其有律應身死勿徵者，仍照定例免徵。至年遠贓私，必確查實據，方可著追，不得于本犯之外混追賠補。違者以違制論。

《大清律例》卷三四《刑律・雜犯・囑託公事》 律

凡官吏諸色人等，或爲人、或爲己，曲法囑託公事者，笞五十，但囑即坐。不分從、不從。當該官吏聽從而曲法者，與同罪；不從者，不坐。若曲法事已施行者，杖一百。其出入所枉之罪重于杖一百者，官吏以故出入人罪論。若爲他人及親屬囑託以致所枉之事重于笞五十者，減官吏罪三等；自囑託己事者，加所應坐本罪一等。

若監臨、勢要曲法爲人囑託者，杖一百。所枉重于杖一百者，與官吏同故出入人罪；至死者，減一等。

若曲法受贓者，並計贓通算全科。以枉法論。通上官吏人等囑託者，及當該官吏并監臨勢要言之，若不曲法而受贓者，只以不枉法贓論；不曲法又不受贓，即俱不坐。

若官吏不避監臨、勢要，將囑託公事實迹，赴上司首告者，升一等。吏候受官之日，亦升一等。

條例

一、民人附合結黨、妄頂官府之事者，杖一百。如有降調黜革之員賄囑百姓保留者，審實，將予受官民俱照枉法贓治罪。

《大清律例》卷三五《刑律・捕亡・應捕人追捕罪人》 律

凡在官應捕人承官差官捕罪人而推故不行，若知罪人所在而不即捕者，減罪人所犯罪一等。以最重之罪人爲主，減科之。仍載罪限三十日內，能自捕得一半以上，雖不及一半，但所獲者最重，功足贖罪。皆免其罪；雖一人捕得，餘人亦同。若于限内雖未及捕獲，而罪人已死，及自首各盡者，亦免罪。其罪人或死或首，猶有不盡者，止以不盡之人犯罪減等爲坐。其非專充應捕人臨時差遣者，或推故不行，或知而不捕，各減應捕人罪一等。仍責限獲免。其應捕人及非應捕人，有受財故縱者，不給捕限，各與囚之罪重者同罪。亦須犯有定案，可與同科。所受之贓重于囚罪者，計贓全科，以無祿人枉法從重論。

條例

一、隔屬、隔省密拿强盗及人命案内應擬斬絞重犯，有縱令劫奪及徇庇不解，其該管官題參解任。如在隔省，移咨會參解任，俟獲犯審明具題開復。該管之鄉地甲鄰嚴拿究治。若本無搶犯徇庇等弊，而捕役賄縱捏稱被劫者，將捕役照誣告律治罪。原參之員即行開復，誤聽捕役之員交部議處。

一、步軍統領衙門番役，只許于京城内外五城所屬地方緝拿人犯。既經拿獲，屬提督管轄者，限即日送該管營弁轉送提督衙門；屬五城管轄者，限即日送該管官轉送御史衙門。如稽留數日始行送官，將番役究明私拷、勒索情弊，分别定擬。如有得財縱放，照衙役犯贓例治罪。其地屬州縣者，行文州縣僉差擒捕，必須番役擒捕者，奏聞請旨後行。

一、脱逃要犯，務將該犯年貌、籍貫、有無鬚痣詳細開明，行文通緝。各州縣于文到之日差捕認緝。一面填寫印票，分給各鄉總甲，遍行訪察。如果遍緝無踪，年底出具印甘各結，轉詳咨部。仍令接緝務獲，知照銷案。

一、緝捕强盗、人命或關係緊要案内人犯，如有逃逸，一面行文八旗并提督五城協力緝捕，一面牌行直隸附近京城之涿州、良鄉、通州、昌平、河間等處州縣。部文到日即行捕緝，再行補報督撫。

一、凡王公等之辛者庫家人等，有犯命盗重案脱逃者，該衙門查拿之時，即行文知會伊主協同捕緝。一年限滿不獲，將辦理包衣事務官交部議處。其該管王貝勒貝子公等，各罰俸一個月。未獲逃犯，仍照案協同緝拿。

一、五城司坊等官，若于途次遇有凶徒不法等事，不論何城，并准當時拘執，録取口供，詳解該城御史審訊，一面報明本城御史存案。其有曖昧隱避等事，亦許密詳該城御史查拿。仍密詳本城存案，造册送院注銷。倘該役借端訛詐，駕詞妄稟，及司坊官擅作威福，拘拿自審，或縱役滋擾，該御史題參，分别議處治罪。若押坊捕役因非本管地方，明知故縱，及有受賄情弊，嚴加治罪。大、宛二縣亦不論五城及該縣所屬，遇有凶犯不法等事，亦一體緝拿。

《大清律例》卷三五《刑律・捕亡・徒流人逃》 律

凡徒、流、遷徒、充軍囚人已到配所，于所役限内而逃者，一日笞五十，每三日加一等，罪止杖一百，仍發配所。其徒囚照依原犯該徒年分從新拘役，役過月日，并不准理。

若官司起發已經斷決徒、流、遷徒、充軍囚徒，未到配所，中途在逃者，其計日論罪亦如配所限内而逃者論之。

配所主守及途中押解人不覺失囚者，一名杖六十，每一名加一等，罪止杖一百，皆聽一百日内追捕。配所提調官及途中長押官，減主守及押解人罪三等。限内能自捕得，或他人捕得，若囚已死及自首，皆免罪。故縱者，不分官役。各與囚之徒、流、遷徒、充軍同罪；受財者，計所受贓，以枉法從重論。贓罪重，以枉法科之；縱罪重，仍以故縱科之。

《大清律例》卷三五《刑律·捕亡·稽留囚徒》　律

凡應徒、流、遷徙、充軍囚徒斷決後，當該原問官司限一十日内，如原定法式鎖杻，差人管押，牢固關防，發遣所擬地方交割。若限外無故稽留不送者，三日，笞二十；每三日加一等，以吏爲首科斷。罪止杖六十。因稽留而在逃者，就將當該提調官住俸勒限嚴捕；吏抵在逃犯人本罪發遣，候捕獲犯人到官替役，以囚至配所之日疏放。

若鄰境官司遇有囚遞到，稽留不即遞送者，罪亦如之。稽留者，驗日坐罪；致逃者，抵罪發遣。

若發遣之時，提調官吏不行如法鎖杻，以致囚徒中途解脱自帶鎖杻在逃者，與押解失囚之人同罪。分别官吏，罪止杖一百，責限擒捕。

并罪坐所由疏失之人。受財者，計贓，以枉法從重論。統承上言。

條例

一、秋審人犯解省之時，俱令各州縣徑行解司，仍報明該管各府。審後亦即由司給發護牌，分發各州縣收禁。仍彙文行知各該府。

《大清律例》卷三五《刑律·捕亡·主守不覺失囚》　律

凡獄卒不覺失囚者，減囚原犯之罪二等。以囚罪之最重者爲坐。若囚自内反獄在逃，又減不覺罪二等。聽給限一百日戴罪追捕，限内能自捕得，及他人捕得，若囚已死及自首，獄卒皆免罪，司獄官典，減獄卒罪三等。其提牢官曾經躬親逐一點視罪囚，鎖杻俱已如法，取責獄官、獄卒牢固收禁文狀者，不坐。若提牢官于該日不曾點視以致失囚反逃者，與獄官同罪。若提牢官、獄卒、官典故縱者不給捕限，官役各與囚同罪，至死減等；罪雖坐定，若未斷之間，能自捕得及他人捕得，若囚已死及自首，各減囚罪一等；受財故縱者，計贓，以枉法從重論。

若賊自外入獄劫囚，力不能敵者，官役各免罪。

若押解在獄罪囚，中途不覺失囚者，罪亦如之。如獄卒減二等，仍責限捕獲免罪；如有故縱及受財者，并與囚同罪；係劫者，免科。

條例

一、凡押解人犯中途脱逃者，短解及護送營兵俱照長解治罪。

一、凡發遣黑龍江、寧古塔等處人犯，沿途官員親身不行押解，交與兵丁解送，或不謹慎看守，以致罪人逃脱者，官交部嚴加議處，將兵丁照律治罪，再加枷號一個月。

一、枷號人犯脱逃，看守人役亦照律擬斷。

《大清律例》卷三六《刑律·斷獄·囚應禁而不禁》　律

凡鞫獄官于獄囚應禁而不收禁，徒犯以上，婦人犯姦，收禁；官犯公私罪，軍官輕罪，老幼廢疾，散禁。應鎖杻而不用鎖杻，及囚本有鎖杻，而爲脱去者，各隨囚重輕論之。若囚該杖罪，當該官司，笞三十；徒罪，笞四十；流罪，笞五十；死罪，杖六十。若應杻而鎖，應鎖而杻者，各減不鎖杻罪一等。

若囚自脱去鎖杻，及司獄、官典、獄卒，私與囚脱去鎖杻者，罪亦如鞫獄官脱去之罪。提牢官知自脱，與脱之情而不舉者，與官典獄卒同罪；不知者，不坐。

其鞫獄官于囚之不應禁而禁，及不應鎖杻而鎖杻者，倚法虐民。各杖六十。

若鞫獄，司獄、提牢官典、獄卒，受財而故爲操縱輕重者，并計贓，以枉法，從重論。有祿人八十兩，律絞。

條例

一、凡枷號人犯，除例有正條，及催徵税糧用小枷枷號、朝枷夜放外，敢有將輕罪人犯用大枷枷號，及用連根帶鬚竹板傷人者，交部議處。因而致死者，問發爲民。枷犯滿日責放。不許先責後枷。遇患病，即行保釋醫治，痊日補枷。若先責後枷，遇患病不即行保釋醫治，以致斃命者，交部嚴加議處。督撫不行察參，或經科道糾參，督撫司道一并議處。

一、侵欺錢糧數至一千兩以上、挪移錢糧數至五千兩以上者，令該管官嚴行鎖禁監追。其侵欺不及一千兩、挪移不千五行兩者，散禁官房，嚴加看守，勒限一年催比。如逾限不完，即鎖禁監追。若應行監禁之犯不行監追，及失于防範以致自盡者，將該管之州縣官均照溺職例革職。其該管之上司官或徇隱，或失察，交部分别議處。

《大清律例》卷三六《刑律·斷獄·故禁故勘平人》　律

凡官吏懷挾私仇，故禁平人者，杖八十。平人係平空無事，與公事毫不相干，亦無名字在官者，與下文公事干連之平人不同。因而致死者，絞監候。提牢官及司獄、官典、獄卒知而不舉首者，與同罪；至死者，減一等；不知者，不坐。若因該問公事干連平人在官，本無招罪而不行保管，誤禁致死者，杖八十；如所干連事方訊鞫，有文案應禁者，雖致死勿論。

若官吏懷挾私仇，故勘平人者，雖無傷。杖八十；折傷以上，依凡鬥傷論。因而致死者，斬監候。同僚官及獄卒知情而與之共勘者，與同罪；至死者，減一等；不知情而共勘，及雖共勘而但依法拷訊者，雖致死傷，不坐。若因公事干連平人在官，事須鞫問，及正犯罪人贓仗證佐明白，而干連之人，獨爲之相助匿非。不服招承，明立文案，依法拷訊，邂逅致死者，勿論。

條例

一、强、竊盜、人命及情罪重大案件正犯及干連有罪人犯，名證據已明，再三詳究不吐實情，或先已招認明白，後竟改供者，准夾訊外，其别項小事，概不許濫用夾棍。若將案内不應夾訊之人濫用夾棍，及雖係應夾之人因夾致死，并恣意叠夾致死者，將問刑官題參治罪。若有别項情弊，從重論。

一、内而法司、外而督撫、按察使、正印官，許酌用夾棍外，其餘大小衙門概不許擅用。若堂官發司，上司官批發，佐雜審理事件，呈請批准，方許刑審。若不呈請而擅用夾棍、拶指、掌嘴等刑，及佐貳并武弁衙門擅設夾棍、拶指等刑具者，督撫題參，交部議處。正印官亦照失察例處分。

一、凡内外大小問刑衙門設有監獄，除監禁重犯外，其餘干連并一應輕罪人犯，即令地保保候審理。如有不肖官員擅設倉舖所店等名，私禁輕罪人犯及致淹斃者，該督撫即行指參，照律擬斷。

一、凡用刑衙門，凡一切刑具不照題定式樣造用，致有一、二、三號不等者，用刑官照酷刑例治罪。上司各官不即題參，照徇庇例治罪。

一、直隸各省督撫設立用刑印薄，分發問刑衙門。將某案某人因何事用刑訊，及用刑次數，逐細填注簿内，于年終申繳督撫查閱。如有濫用夾棍及用多報少情弊，即將用刑各官指參議處。并設立循環簿，將每日出入監犯名姓填注簿内，按月申送該府查封。如有濫行監禁，及懷挾私仇，故禁平人，照律擬罪。

一、承審官吏，凡遇一切命案、盜案，將平空無事并無名字在官之人，懷挾私仇，故行勘訊致死外，倘事實無干，或因其人家道殷實，勒詐不遂，暗行賄囑罪人誣扳，刑訊致死者，并照懷挾私仇，故勘平人致死律，擬斬監候。如有將干連人犯不應拷訊，誤執己見，刑訊致斃者，依決人不如法，因而致死律，杖一百。其有將干連人犯不應拷訊，任意叠夾致斃者，照非法毆打致死律，杖一百、徒三年。如有將徒、流人犯拷訊致斃二命者，照決人不如法加一等，杖六十、徒一年。三命以上，遞加一等。罪止杖一百、徒三年。其有將笞、杖人犯致斃二命者，照非法毆打致死律加一等，杖一百、流二千里。致斃三命以上者，遞加一等。罪止杖一百、流三千里。若因公事干連人犯，依法拷訊，邂逅致死，或受刑之後，因他病而死者，均照邂逅致死律，勿論。如有姦徒挾仇誣告平人，官吏知情受其囑託，因而拷訊致死者，本犯依誣告律，擬抵。官吏照爲從律，滿流。如有誣告平人，官吏不知情，依法拷訊致死者，將誣告之人擬抵，官吏交部議處。若被誣之人不肯招承，因而叠夾致斃，照非法毆打致死律定擬，均不得删改律文内懷挾私仇字樣。混引故勘平人，概擬重辟。在外不按實具題，在内含糊照覆，照官司出入人罪律，分别治罪。

《大清律例》卷三六《刑律·斷獄·陵虐罪囚》　律

凡獄卒縱肆非理在禁陵虐毆傷罪囚者，依凡鬥傷論。驗傷輕重定罪。剋減官給罪囚之衣糧者，計剋減之物爲贓，以監守自盜論。因毆傷剋減而致死者，不論囚罪應死不應死，并絞監候。司獄官典并提牢官知而不舉者，與同罪；至死者，減一等。有不知，坐以不應。

條例

一、在内法司問發程遞人犯，在外問刑衙門程遞來京及遞解别省人

犯。除原有杻鐐照舊外，其押解人役若擅加杻鐐，非法亂打，搜檢財物，剝脱衣服，逼致死傷，及受財故縱，并聽憑狡猾之徒買求殺害者，除實犯死罪外，徒罪以上，屬軍衛者，發邊衛充軍；屬有司者，發邊外爲民。

一、除强盗、十惡、謀、故殺重犯用鐵鎖杻鐐各三道，其餘鬥毆、人命等案罪犯以及軍流徒罪等犯，止用鐵鎖杻鐐各一道；笞杖等犯，止用鐵鎖一道。如獄官、禁卒將輕罪濫用重鎖，重罪私用輕鎖，及應三道而用九道，應九道而用三道，將獄官題參，禁卒革役。受賄者照枉法從重論。任意輕重者，照不應鎖杻而鎖杻律治罪。提牢官失於覺察，交部議處。

一、凡部發遞解及外省解部并解别省軍流徒罪發回安插人犯，僉差官員務選有家業正業解送。如解役在途教唆人犯通同搶奪者，俱照白晝搶奪律例治罪。中途患病者，原解即報明所在官司，親身驗明，出具印結，即著該地方官留養醫治。隨行親屬病者，亦准存留，候病痊起解。仍將患病日期報部。如不行留養致有病故，及受財囑託，揑病遲延者，將該地方官交部議處。其取結後犯人身死者，官役免議。若未取病結在途身死者，僉差官員交該部照例按名議處。一名解役，杖六十，徒一年。每一名加一等，罪止杖一百，徒三年。

一、凡官員擅取病呈，致死監犯者，依謀殺人造意律，斬監候。獄官、禁卒人等聽從指使下手者，依從而加功律，絞監候；未曾下手者，依不加功律，杖一百，流三千里。

一、凡問刑衙門，不許于獄内用柙床。違者，官革職，杖一百，流三千里；禁卒，杖一百，革役。

一、凡押解兵役驛夫人等，敢于中途姦污犯人妻女者，依姦囚婦律，杖一百，徒三年。押解官雖不知情，亦交該部嚴加議處。如押解官自犯姦污，及陵虐勒財者，交該部從重議罪。其被害犯人係流徒寧古塔等處者，許赴盛京户部控告； 係解京及解各省者，許赴刑部并所在官司控告。

一、凡獄卒有受罪人仇家賄囑、謀死本犯者，依謀殺人首從律治罪。

一、凡犯人出監之日，提牢官、司獄細加查問。如有禁卒人等陵虐需索者，計贓治罪。仍追贓，給還犯人。提審官、司獄不行查問，事發之日，亦照失察例議處。

一、徒罪以下人犯患病者，獄官報明承審官，即行赴監驗看。是實，行令該佐領驍騎校地方官取具的保，保出調治。俟病痊即送監審結。其外解人犯無人保出者，令其散處外監，加意調治。如獄官不即呈報，及承審官不即驗看，保釋者，俱照淹禁律治罪。若本犯無病，而串通獄官、醫生揑稱有病者，該犯并獄官、醫生俱照詐病避事律治罪。或病已痊癒，而該佐領驍騎校地方官不即送監審結者，將本犯及該佐領驍騎校地方官亦俱照詐病避事律治罪。若保出故縱者，將保人治以本犯應得之罪； 疏脱者，減二等。仍將取保不的之該佐領驍騎校該地方官題參議處。若有受賄情弊，計贓，以枉法從重論。至督撫題報監斃人犯，將本犯所犯罪名、所患病症，及有無陵虐、曾否保釋，逐一聲明。如有朦朧情弊，查出交部分别議處。

一、番役將盗犯及死罪人犯私拷取供者，枷號一個月，杖一百；將軍流以下等犯私拷取供者，各遞加一等治罪。如有逼索銀錢，計贓，以枉法從重論。該犯有誣指揑誣情弊，照誣告律治罪。該管官失察、故縱，交部分别議處。

《大清律例》卷三六《刑律·斷獄·淹禁》 律

凡獄囚情犯已完，在内經法司在外經督撫審録無冤，别無追勘未盡事理，其所犯笞杖徒流死罪應斷決者，限三日内斷決。係徒流應起發者，限一十日内起發。若限外不斷決、不起發者，當該官吏過三日，笞二十。每三日加一等，罪止杖六十。因過限不斷決、不起發，而淹禁致死者，若囚該死罪，杖六十； 流罪，杖八十。徒罪，杖一百。杖罪以下，杖六十，徒一年。惟重囚照例監候。

條例

一、凡恩詔頒到，赦款内除已經刑部、法司覆核明白，應免罪囚逐一詳查，登時釋放，另行題明外，如有情罪可疑者，限赦到一月内即彙疏奏請。其未經法司核覆明白者，俟法司核覆文到之日，即時釋放，毋得耽延時日。如赦到奏請違限，及將應免輕罪人犯并無辜之人仍濫行監禁者，交該部議處。

一、各省審結叛案，凡有應解部流徒入官人口家產，俱立限兩個月，自該省起解，解送人役仍定行程限期，違者題參。

一、凡監候待質人犯，除强盗案件不應寬釋外，如人命等案，有正犯

未獲，將牽連餘犯監候待質，已過三年者，取具的保釋放。在外俟緝獲正犯之日，再行質審。倘釋放後，私自逃匿，保人重懲，本犯獲日從重治罪。

《大清律例》卷三六《刑律·斷獄·與囚金刃解脱》 律

凡獄卒以金刃及他物，如毒藥之類。凡可以使人自殺及解脱鎖杻之具，而與囚者，杖一百。因而致囚在逃，及于獄中自傷或傷人者，并杖六十，徒一年。若致囚獄中自殺者，杖八十，徒二年；致囚反獄而逃，及在獄殺人者，絞監候。其囚脱越反獄在逃，獄卒于未斷罪之間，能自捕得，及他人捕得，若囚已死，及自首者，各減一等。

若常人非獄卒。以可解脱之物與囚人，及子孫與在獄之祖父母、父母，奴婢、僱工人與在獄之家長者，各減獄卒一等。

若司獄官典及提牢官，知而不舉者，與同罪；至死者，減一等。

若獄卒、常人及提牢、司獄官典受財者，計贓，以枉法，從重論。贓重，論贓；贓輕，論本罪。

若獄卒失于檢點防範，致囚自盡，原非縱與可殺之具者，獄卒，杖六十；司獄官典，各笞五十；提牢官，笞四十。

《大清律例》卷三六《刑律·斷獄·主守教囚反異》 律

凡司獄官典、獄卒，教令罪囚反異成案，變亂已經勘定之事情，及與通傳言語于外人，以致罪人扶同，有所增入他人減去自己之罪者，以故出入人罪論；外人犯教令、通傳，有所增減者，減主守一等。

若獄官典卒容縱外人入獄，及與囚傳通言語走洩事情，于囚罪無增減者，笞五十。

若獄官典卒、外人受財者，并計入己贓，以枉法，從重論。

條例

一、刑部乃總理刑名之地。如有閑雜人等擅自出入，及跟隨聽審人犯私入衙門窺探者，本犯及守門領催兵皂俱責治，于刑部門首枷號。官員犯者，交該部議處。

一、凡書辦皂隸及官員家僕人等，有擅自出入監所者，令提牢官、司獄、禁卒立拿回堂，將書隸革役，責四十板，遞回原籍；家人枷號一個月，責四十板；家人之主交部議處。若不行拘拿被查出者，提牢官、司獄俱以失察例議處。

一、步軍統領酌量派出番役，在刑部衙門處左近密行訪拿。若有探聽之徒，照私入刑部衙門例，枷號一個月，責三十板。係官交部議處。如有受賄通信教供情弊，察實，將書役并行賄之人均計贓從重治罪。

《大清律例》卷三六《刑律·斷獄·獄囚衣糧》 律

凡獄囚，無家屬者，應請給衣糧；有疾病者，應請給醫藥，而不請給；患病重者，除死罪不開鎖杻外，其餘應脱去鎖杻，而不請脱去；犯笞罪者，應保管出外，而不請保管；及疾至危篤者，應聽家人入視，而不請聽；以上雖非司獄官典、獄卒所主，但不申請上司，司獄官典、獄卒笞五十。因而致死者，若囚該死罪，杖六十；流罪，杖八十；徒罪，杖一百；杖罪以下，杖六十，徒一年。提牢官知而不舉者，與獄官典卒同罪。

若司獄官已申稟上司，而上司官吏不即施行者，一日，笞一十；每一日加一等，罪止笞四十。因而致死者，若囚該死罪，杖六十；流罪，杖八十；徒罪，杖一百；杖罪以下，杖六十，徒一年。

條例：

一、凡解部及遞解外省各項犯人，有司官照支給囚糧之例按程給與口糧。如遇隆冬停遣，照重囚例，每名給與衣帽。倘有官侵吏蝕，照冒銷錢糧律治罪。

一、凡司獄吏目、典史，專管囚禁。如犯人果有冤濫，許管獄官據實申明。如府州縣不准，許即直申憲司各衙門提訊。

一、凡牢獄禁繫囚徒，年七十以上、十五以下，廢疾，散收，輕重不許混雜。鎖杻常須洗滌，席薦常須鋪置，冬設暖床，夏備涼漿。凡在禁囚犯，日給倉米一升，冬給絮衣一件，夜給燈油，病給醫藥。并令于本處有司在官錢糧內支放。獄官預期申明關給，毋致缺誤。有官者犯私罪，除死罪外，徒流鎖收，杖以下散禁。公罪，自流以下皆散收。

一、內外刑獄醫治罪囚，各選用醫生二名。每遇年底，稽考優劣。如醫治痊愈者多，照例俟六年已滿，在內咨授吏目，在外咨授典科、訓科。不能醫治，病死多者，即責革更換。

一、在監人犯，許令祖父母、父母、伯叔、兄弟、妻妾、子孫一月兩次入視。使役之人不越兩名。若有送飲食者，提牢官驗明，禁子轉送。其

盗犯，妻子、家口不許放入監門探視。違者，妻子、家口枷號兩個月，責四十板，不准收贖。提牢司獄官吏參處。

一、刑部赴倉支領囚糧，每石給脚價銀五分。倘獄卒人等私行扣剋，照律嚴加治罪。獄官通同作弊，一體治罪。其失察之提牢官交部議處。

一、刑部南北兩監板棚，不許禁卒人等私相租賃。如有受賄頂租等弊，將獄卒人等從重治罪。

《大清律例》卷三六《刑律·斷獄·老幼不拷訊》 律

凡應八議之人，禮所當優。及年七十以上，老所當恤。十五以下，幼所當慈。若廢疾疾所當矜。者，如有犯罪，官司并不合用刑拷訊，皆據衆證定罪；違者，以故失入人罪論。故入抵全罪。失入減三等。其于律得相容隱之人，以其情親有所諱。及年八十以上，十歲以下，若篤疾，以其免罪，有所恃。皆不得令其爲證；違者，笞五十。皆以吏爲首，遞減科罪。

《大清律例》卷三六《刑律·斷獄·鞫獄停囚待對》 律

凡鞫獄官推問當處罪囚，有同起内犯罪人伴見在他處官司，當處停囚專待其人對問者，雖彼此職分不相統攝，皆聽直行文書勾取。他處官司于文書到後，限三日内即將所勾待問人犯發遣。違限不發者，一日，笞二十；每一日加一等，罪止杖六十。當處鞫獄者，無以其不發而中止，仍行移他處本管上司，問違限之罪督令將所取犯人解發。

若起内應合對問同伴罪囚，已在他處州縣事發見問者，是彼此俱屬應鞫。聽輕囚移就重囚。若囚數相等者，以後發之囚，送先發官司并問。若兩縣相去三百里之外者，往返移就，恐致疏虞。各從事發處歸斷。移文知會。如違輕不就重，少不移多，後不送先，遠不各斷。者，笞五十。若違法反將重囚移就輕囚，多囚移就少囚者，當處官司隨即收問。不得互相推避。仍申達彼處所管上司，究問所屬違法移囚笞五十之罪。若當處官司囚到不受者，一日，笞二十；每一日加一等，罪止杖六十。

《大清律例》卷三六《刑律·斷獄·依告狀鞫獄》 律

凡鞫獄，須依原告人所告本狀推問。若于本狀外別求他事，摭拾被告人罪者，以故入人罪論。或以全罪科；或以增輕作重科。同僚不署文案者不坐。

若因其所告本狀事情或法應掩捕搜檢，因掩捕而檢得被犯別罪，事合推理者，非狀外摭拾著比。不在此故入同論之限。

《大清律例》卷三六《刑律·斷獄·原告人事畢不放回》 律

凡告詞訟，對問得實，被告已招服罪，原告人別無待對事理，鞫獄官司當隨即放回。若無待對事故稽留三日不放者，笞二十；每三日加一等，罪止笞四十。

《大清律例》卷三七《刑律·斷獄·官司出入人罪》 律

凡官司故出入人罪，全出全入者，徒不折杖，流不折徒。以全罪論。謂官吏因受人財，及法外用刑，而故加以罪，故出脱之者，并坐官吏以全罪。

若于罪不至全入，但增輕作重，于罪不至全出，但減罪作輕，以所增減論；至死者，坐以死罪。若增輕作重，入至徒罪者，每徒一等，折杖二十，入至流罪者，每流一等，折徒半年；入至死罪已決者，坐以死罪。若減重作輕者，罪亦如之。

若斷罪失于入者，各減三等；失于出者，各減五等；并以吏典爲首，首領官減吏典一等，佐貳官減首領官一等，長官減佐貳官一等科罪。坐以所減三等、五等。

若囚未決放，及放而還獲，若囚自死，故出入，失出入。各聽減一等。其減一等，與上減三等、五等，并先減而後算折其剩罪以坐；不然，則其失增失減剩杖剩徒之罪，反有重于全出全入者矣。

凡故增笞從徒，如犯笞一十，故增作杖八十、徒二年；徒三等折杖六十，原包杖一百，通折杖一百六十；除犯該笞一十，合坐官吏剩杖一百五十。未決者減一等，杖七十、徒一年半，折杖一百四十；除犯該笞一十，合坐剩杖一百三十。其剩罪俱全抵，不在收贖之限。

凡故增杖從徒，如犯杖八十，故增作杖六十、徒一年，通折杖一百二十；除犯該杖八十，合坐官吏剩笞四十。未決者減一等，杖一百；除犯該杖八十，合坐剩笞二十。

凡故增杖從流，如犯杖八十，故增作杖一百、流二千五百里；流二等折徒一年，三流原包五徒，折杖二百、徒一年；除犯該杖八十，合坐官吏剩杖一百二十、徒一年。未決者減一等，杖一百、徒三年，通折杖二百；除犯該杖八十，合坐剩杖一百二十。

凡故增輕徒從重徒，如犯杖六十，徒一年，故增作杖九十、徒二年半，徒四等折杖八十；除犯該徒一年折杖二十，合坐官吏剩杖六十。以

徒從徒，不必包杖一百算也；雖包算，其罪亦同。未決者減一等，杖八十、徒二年，折杖六十；除犯該折杖二十，合坐剩笞四十。

凡故增徒從流，如犯杖七十、徒一年半，通折杖一百四十；故增作流二千里，折徒半年，三流原包五徒，折杖二百、徒半年；除犯該杖一百四十，合坐官吏剩杖六十、徒半年。未決者減一等，杖一百、徒三年，折杖二百；除犯該杖一百四十，合坐剩杖六十。

凡故增近流從遠流，如犯杖一百、流二千里，折徒半年；故增作流三千里，折徒一年半；除犯該徒半年，合坐官吏剩徒一年。以流從流，不必包五徒折杖二百算。未決者，減盡無科。減遠流從近流者，仿此。

凡故增笞杖徒流至死，如增至死罪，本無折法。已決者，反坐以死。若未決及囚自死者，并聽減等。流三千里，原包五徒，折杖二百、徒一年半；各隨其本應得之罪除之，坐以剩罪。

凡故減徒從笞，如犯杖六十、徒一年，折杖一百二十，故減作笞五十；除已得笞五十，合坐官吏剩杖七十。未放者減一等，杖一百；除已得笞五十，合坐剩笞五十。

凡故減徒從杖，如犯杖九十、徒二年半，折杖一百八十，故減作杖一百；除已得杖一百，合坐官吏剩杖八十。未放者減一等，杖八十、徒二年，折杖一百六十；除已得杖一百，合坐剩杖六十。

凡故減重徒從輕徒，如犯杖一百、徒三年，折杖二百，故減作杖七十、徒一年半，折杖一百四十；除已得杖一百四十，合坐官吏剩杖六十。未放者減一等，杖九十、徒二年半，折杖一百八十；除已得杖一百四十，合坐剩笞四十。

凡故減流從笞，如犯杖一百、流二千里，折徒半年，故減作笞四十；三流原包五徒，折杖二百、徒半年；除已得笞四十，合坐官吏剩杖一百六十、徒半年。未放者減一等，杖一百、徒三年，折杖二百；除已得笞四十，合坐剩杖一百六十。減流從杖，仿此。

凡故減流從徒，如犯杖一百，流三千里，折徒一年半，故減作杖八十、徒二年，折杖一百六十；三流原包五徒，折杖二百、徒一年半；除已得杖一百六十，合坐官吏剩笞四十、徒一年半。未放者減一等，杖一百、徒三年，折杖一百六十，合坐剩笞四十。

凡故減死罪從笞杖徒流，如死囚已放者，反坐以死。若未放及放而還獲，若囚自死者，并聽先減去一等，依律折除。

凡失增笞從杖，如犯笞三十，失增作杖一百；失入減三等，該杖七十；除犯該笞三十，吏典爲首，合坐剩笞四十。未決者又減一等，合坐吏典首罪笞三十。

凡失增笞從徒，如犯笞一十，失增作杖一百、徒三年；失入減三等，杖七十、徒一年半，折杖一百四十；除犯該笞一十，吏典爲首，合坐剩杖一百三十。未決者又減一等，杖六十、徒一年，折杖一百二十；除犯該笞一十，合坐吏典首罪，杖一百一十。增杖從徒，仿此。

凡失增杖從流，如犯杖一百，失增作杖一百、流三千里；失入減三等，杖八十、徒二年，折杖一百六十；除犯該杖一百，吏典爲首，合坐剩杖六十。未決者又減一等，杖七十、徒一年半，折杖一百四十；除犯該杖一百，合坐吏典首罪，笞四十。

凡失增輕徒從重徒，如犯杖六十、徒一年，折杖一百二十，失增作杖一百、徒三年；失入減三等，杖七十、徒一年半，徒二等折杖四十；除犯該杖一百二十，吏典爲首，合坐剩笞二十；首領官減一等，笞一十；佐貳官，減盡無科。未決者又減一等，杖六十、徒一年，則與本該罪名同矣，雖吏典亦減盡無科。以徒從徒，及以徒從流，俱不包杖一百之數。

凡失增徒從流，如犯杖六十、徒一年，折杖二十，失增作杖一百、流三千里；失入減三等，杖八十、徒二年，折杖六十；除犯該杖二十，吏典爲首，合坐剩笞四十。未決者又減一等，杖七十、徒一年半，折杖四十，除犯該杖二十，合坐吏典首罪，笞二十。凡失增笞杖徒流入死，如死囚已決者，亦減三等。若未決及囚自死，又減一等。吏典爲首。其減至徒罪，亦折杖除之。

凡失減杖從笞，如犯杖一百，失減作笞三十，失出減五等，笞五十；除已得笞三十，吏典爲首，合坐剩笞二十。未放者又減一等，笞四十；除已得笞三十，合坐吏典首罪笞一十。

凡失減徒從笞，如犯杖七十、徒一年半，失減作笞二十，失出減五等，杖七十；除已得笞二十，吏典爲首，合坐剩笞五十。未放者又減一等，杖六十；除已得笞二十，合坐吏典首罪，笞四十。減徒從杖，仿此。

凡失減流從笞，如犯杖一百、流三千里，失減作笞一十，失出減五等，杖六十、徒一年，折杖一百二十；除已得笞一十，吏典爲首，合坐剩杖一百一十。未放者又減一等，杖一百；除已得笞一十，合坐吏典首罪，杖九十。

凡失減流從徒，如犯杖一百、流三千里，失減作杖六十、徒一年，失出減五等，杖六十、徒一年，吏典爲首，盡減無科。

凡失減死罪從流徒杖笞，如死囚已放者，亦減五等。若未放及放而還獲，或囚自死者，又減一等，其徒亦折杖除之。

條例

一、承審官改造口供，故行出入者，革職。故入，死罪已決者，抵以死罪。其草率定案、證據無憑、枉坐人罪者，亦革職。

一、凡初次供招，不許擅自刪改，俱應詳載揭帖。若承問官增減原供，希圖結案，按察使依樣轉詳，該督撫嚴察題參。不行察、參，將該督撫交部，一並議處。按察使亦不得借簡招之名，故爲刪改。倘遇有意義不明，序次不順，與情罪并無干礙，即就近核正申轉，將改本備案，不得發换銷毀。違者，依改造口供、故行出入例議處。

一、凡謀反、謀叛之罪，照律連坐、籍沒。其餘情罪詳載律内，俱應照律擬議。不得存心陷害，借言情罪重大，誣指朋黨，妄議株連父母兄弟妻子，籍沒家產。若承審官于本罪外揑造此等言語，株連父母兄弟妻子、籍沒家產者，即照故入人死罪律治罪。

一、凡督撫具題事件内有情罪不協、律例不符之處，部駁再審。該督撫虛心按律例改正具題，將從前承審舛錯之處免其議處。若駁至三次，督撫不酌量情罪改正，仍執原議具題，部、院覆核其應改正者，即行改正，將承審各官、該督撫一并交與該部議處。

《大清律例》卷三七《刑律·斷獄·辯明冤枉》 律

凡内外問刑衙門辯明冤枉，須要開具本囚所枉事迹，實封奏聞。委官追問其冤情得實，被誣之人，依律改正，所枉之罪坐原告，誣告。原問官吏以故失入罪論。

若罪囚事本無冤枉，朦朧辯明者，杖一百，徒三年；既曰朦朧，則原告原問官爲其誣矣。若所誣罪重于杖一百、徒三年者，以故出入人罪論。所辯之罪人知情，與蒙辯同罪；如原犯重，止從重論。不知者，不坐。

條例

一、法司凡遇一應稱冤調問及各衙門奏送人犯，如有冤枉及情罪有可矜疑者，即與辯理，具奏發落。毋拘成案。若明知冤枉、不與辯理者，以故入人罪論。

一、法司遇有重囚稱冤、原問官員輒難辯理者，許該衙門移文，會同三法司堂上官辯理。果有冤枉及情可矜疑者，奏請定奪。

一、凡在外審理事件，應照案内人犯籍貫，批委該管地方官審理明白，申詳完結。既經批委，不得反覆改批別屬。如果情事未明，務須詳細指駁。倘原問官仍復朦混申詳，即題參議處，另委別官審理。若督撫等官將事理已明之案故生枝節、屢行批駁、遲延不結者，亦交該部議處。

一、凡被參、革職訊問之員，審係無辜，即以開復定擬。不得稱已經革職、無庸議題覆。其原參重罪審虛、尚有輕罪、應以降級罰俸歸結者，開復原職，再按所犯分別降罰。

《大清律例》卷三七《刑律·斷獄·有司決囚等第》 律

凡有司于獄囚始而鞫問明白，繼而追勘完備；軍流徒罪，各從府州縣決配；至死罪者，在内法司定議，在外聽督撫審録無冤，依律議擬斬絞，情罪法司覆勘定議，奏聞候有回報，應立決者，委官處決，故延不決者，杖六十。

其公同審録之際，若犯人自行反異原招，或家屬代訴稱冤，審録官即便再與推鞫，事果違枉，即公同將原問原審官吏通問改正。同將原問原審之官吏通行提問，改正其罪。

若因犯明稱冤抑，審録官不爲申理改正者，以入人罪故或受贓挾私。失或一時不及參究。論。

《大清律例》卷三七《刑律·斷獄·檢驗屍傷不以實》 律

凡官司初檢驗屍傷，若承委牒到，託故遷延不即檢驗，致令屍變；及雖即檢驗，不親臨屍所監視，轉委吏卒；憑臆增減傷痕。若初檢與復檢官吏相見，扶同屍狀；及雖親臨監視，不爲用心檢驗，移易如移腦作頭之類。輕重如本輕報重，本重報輕之類。增減，如少增作多，如有減作無之類。屍傷不實；定執要害致死根因不明者；正官杖六十，同檢首領官杖七十，吏典杖八

十。仵作行人檢驗不實，扶同屍狀者，罪亦如吏典，以杖八十坐之。其官吏仵作，因檢驗不實而罪有增減者，以失出入人罪論。失出減五等，失入減三等。若官吏仵作受財故檢驗不以實致罪有增減者，以故出入人罪論；贓重于故出故入之罪者，計贓，以枉法各從重論。止坐受財檢驗不實之人，其餘不知情者，仍以失出入人罪論。

《大清律例》卷三七《刑律·斷獄·決罰不如法》　律

凡官司決人不如法如應笞而用杖者，笞四十。因而致死者，杖一百，當該官吏均徵理葬銀一十兩。給付死者之家。行杖之人，各減一等。不追銀。其行杖之人，若決不及膚者，依驗所決不及膚之數抵罪，或由主使，或由行杖。并罪坐所由。若受財而決不如法、決不及膚者，計贓，以枉法從重論。

若監臨有司管軍之官，因公事，主令下手者於人虛怯去處非法毆打，及親自以大杖或金刃手足毆人，至折傷以上者，減凡鬥傷罪二等；致死者，杖一百，徒三年，追埋葬銀一十兩；其聽使下手之人，各減一等；并罪坐所由。如由監臨，坐監臨；由下手，坐下手。若非公事以故勘平人論。若官司決罰人，監臨責打人。于人臂腿受刑去處，依法決打，邂逅致死，及決打之後自盡者，各勿論。

條例

一、奉天地方審理事件，人犯到案，先將鎖鏈盤于地上，令其膝跪；又以荆條互擊其背。著永行禁止。

《大清律例》卷三七《刑律·斷獄·斷罪引律令》　律

凡官司斷罪，皆須具引律例，違者，如不具引，笞三十。若律有數事共一條，官司止引所犯本罪者聽。所犯之罪，止合一事，聽其摘引一事以斷之。

其特旨斷罪，臨時處治，不爲定律者，不得引比爲律。若輒引比致斷罪有出入者，以故失論。故行引比者，以故入人全罪及所增減坐之；失于引比者，以失出入人罪減等坐之。

條例

一、督撫審擬案件，務須詳核情罪。劃一具題，不許輕重兩引。承問各官徇私枉法，顛倒是非，故出故入情弊顯然，及將死罪人犯錯擬軍、流，軍、流人犯錯擬死罪者，仍行指名參處。至於擬罪稍輕，引律稍有未協、遺錯、過失等項，察明果非徇私，及軍、流以下等罪錯擬者，免其參究，即行改正。

一、承問各官審明定案，務須援引一定律例。若先引一例，復云不便照此例治罪，更引重例，及加情罪可惡字樣坐人罪者，以故入人罪論。

一、例載比照光棍條款，仍照例斟酌定擬外，其餘情罪相仿、尚非實在光棍者，不得一概照光棍例定擬。

一、除正律、正例而外，凡屬成案，未經通行著爲定例，一概嚴禁。毋得混行牽引，致罪有出入。如督撫辦理案件，果有與舊案相合、可援爲例者，許於本内聲明，刑部詳加查核，附請著爲定例。

《大清律例》卷三七《刑律·斷獄·赦前斷罪不當》　律

凡官司遇赦，但經赦前處斷刑名，罪有不當；若處輕爲重，其情本係赦所必原者，當依律改正從輕；以就恩宥。若處重爲輕，其情本係常赦所不免者，當依律貼斷。以杜倖免。若處輕爲重，處重爲輕，係官吏于赦前故出入而非失出入者，雖會赦并不原宥。其故出入之罪。若係失出入者，仍從赦宥之。

《大清律續纂條例》卷二一《刑律·主守不覺失囚》　一、凡解審斬絞重犯，在途開放鎖鐐，以致脱逃，本犯未獲者，即將解役究審嚴行監禁。俟拿獲正犯之日，究明賄縱屬實，即將解役照所縱囚罪全科。如無賄縱情弊，審有違例僱替、托故潛回、無故先後散行、止任一人押解，以致脱逃者，亦照故縱律與囚同罪，不准照舊例減囚罪二等問擬。果係依法管解，偶致疏脱，審有確據者，除依律治罪外，仍勒限緝命。他人捕得，亦不准依律寬免。僉差不慎之地方官，視解役所得之罪，分別從重議處。

《大清律續纂條例》卷二一《刑律·稽留囚徒》　一、各省起解秋審人犯，各州縣如有相距在七十里以外不及收禁者，該地方官預期選撥幹役，前赴寄宿之處，傳齊地保，知會管汛，同原解兵役支更巡邏，防範。審後發回一體辦理。倘有疏脱及縱放等情，將各該役，俱照原解兵役一體治罪。

一、凡外遣人犯，務令依限解赴。如有患病應留養者，山海關以內州縣，責成直隸總督查察；山海關以外州縣，責成盛京將軍及奉天府府尹查察。必驗明患病確實，具結申請，方准照例留養。如有本係無病及病已痊癒，率行捏結，及漫無覺察任其遷延者，即將各該州縣及該旗員等，嚴查參處。并飭各屬將每年有無患病留養人犯及已未起解之處按季報明。該

督該府尹造册報部查核。直省遞解人犯，一體照此辦理。

《大清律續纂條例》卷二《刑律・應捕人追捕罪人》 一、步軍統領衙門正身番役，俱照各部院經承貼寫送查之例，將番役年貌籍貫按季造册，并出具并無白役、圓扁子印結，移送河南道御史考核。倘番役私用白役，別經發覺，將番役及所用白役，照吏典人等額外濫充律治罪；該統領及不行詳查之該御史，一并交部議處。至番役緝拿竊盜鬥毆之類，每名預給印票一張，開明款項，發交收執，并將預給印票款項移明河南道查核。如係提拿審案人犯，務必給與印票，將應拿人犯姓名逐一開明，有應密者，給與密票，亦於票内開明人犯姓名，如無票私拿，即將該番役解送刑部究訊治罪；失察該管官交部嚴加議處。

《大清律續纂條例》卷二《刑律・檢驗屍傷不以實》 一、州、縣仵作缺額不行募補，州、縣官及各上司均交部分別議處。倘不將仵作補足，因而私侵工食銀兩者，州、官革職，提問。該管各上司一并交部議處。

《大清律續纂條例》卷四《刑律・故禁故勘平人》 一、凡州、縣自理之案，不得擅用夾訊，其申報事件將夾訊幾次，或案内未曾夾訊之處，據實聲明，該管上司於解審時詳加察驗，如有朦朧隱匿等弊，即行題參。

《大清律續纂條例》卷六《刑律・辯明冤枉》 一、凡審理事件，除事涉兩邑，或案情重大，發審之初，即委員會審者，仍令會同審詳外，其因承審錯誤，另委別官審理者，專責委員虛心質訊，毋庸原問官會審。至定案後，如原問官果有徇私枉斷，故出故入情弊，仍照例參處。其或供情疏漏，或援引拘泥，誤出無心，經委員改正者，照審處錯誤例議處。

《大清律續纂條例》卷六《刑律・檢驗尸傷不以實》 一、凡檢驗量傷尺寸，照工部頒發工程制尺一例製造備用，不得任意長短，致有出入。

一、凡京師内城正身旗人，遇有命案，令本家稟報該佐領，轉報刑部相驗。街道命案，無論旗、民，令步軍校呈報步軍統領衙門，轉咨刑部，票委該城指揮相驗。其外城地方人命，亦無論旗、民，俱令總甲呈報該城指揮，該城指揮即速相驗，呈報該城御史，轉報刑部、都察院，若係旗人并報該旗。

一、凡黔、蜀等省，遇有命案，其府、州、縣，原無佐貳，及雖有佐貳，而不同城者，印官公出，准令經歷、知事、吏目、典吏等官，酌帶諳練仵作，速往如法相驗，寫立傷單，報明印官回日查驗，填圖通報。如印官不能即回，仍請鄰邑印官查驗填報。其訊無别故之自盡、病斃等案，驗明即准取結殮埋，仍由印官通詳立案。如代驗後查有增減傷痕情弊，即將原驗官照檢驗不實例分別議處。其各省所屬府、州、縣内，有與黔、蜀等省相似者，一體酌量辦理。其餘仍照定例遵行。

（清）佚名《治浙成規》卷五《臬政・寄買賊贓須先令賊犯供明是否知情分別辦理不得一概拘訊亦不許捕役查起》 浙江按察使司台呈詳爲請定查起竊贓之成規，以除擾害事。竊照賊憑贓定，贓真而後賊確，故賊犯供出寄買之贓，原有不得不據供查起之勢。但例載知而故買及知而寄藏者，僅以坐贓論罪，止滿杖。其不知者俱不坐罪。誠以用價買物偶爾寄藏，與同夥分受者不同，其情輕，故罪亦不重。乃近聞浙省各屬，每有獲賊到案，究訊原贓，供出某某買去，某某收存，官即票差追起，羣捕登門，如捉大盜。直入内室肆行搜撿，無論是否原贓，掃數掠取，名曰掃倉。又將其人持鍊拴鎖，危詞恐嚇。愚民不知律例，以爲干犯重罪，老幼驚惶，任其勒索，不饜不休。迨拘解到案，未審之前，先講使費班錢。既審之後，猶或嚴押追究，經旬累月，失業廢時。及至審雪釋回，而無辜之被害已不啻頭焦額爛矣。此猶實在買寄贓物者也。更有並無干涉之人，或賊犯挾有微嫌，思欲妄扳貽累，或經捕知其饒裕，計圖串囑飛噬，因而混供某贓賣與某人，某贓寄與某人。有司不加細察，輕聽犯供，簽票拘拏，嚴行究追，以快私仇，以飽蠹壑。迨鞫訊再三，終無下落，始知被誣保釋。而通詳文内，恐致供情冗雜，將此等情節删抹不敘。被誣之人方以得脱網羅爲幸，其吞聲負屈，不敢控訴者，又比比矣。似此猾賊信口混扳惡捕，藉端肆虐，拖害小民，實堪痛恨。查近奉定例：竊賊贓數該徒罪以上者，即令捕官帶同吏役查起贓物，不許捕役私自起贓，違則參處已有明條。其徒罪以下之案更多，勢難俱令捕官親往。其作何查起，例内未經議及。若不亟爲酌定成規，則積弊不除，民累實有難堪。應請通飭各屬，嗣後除内結重案應仍照定例委員辦理外，其徒罪以下之案，獲賊到案，供出買贓寄贓之人，必先將其人是否知情之處研訊確供。如賊犯堅供知情，應喚質訊，亦不得即差原捕往拘。應另差皂壯別班妥役，協同地保前往，着令寄買之人自行交出原贓。不許入内搜撿，亦不許持鍊拴鎖。止喚本人到

官問供一次，如與賊犯質明，實係知情者，取具的保，聽候擬詳發落，不必再訊，并管押候示。若質明不知竊情及並未買寄贓物，係賊犯挾嫌或聽囑誣扳者，更須立時省釋，將誣扳之賊犯、唆使之經捕，先行重責收禁，依律從重究擬，不得稍爲寬縱。其賊犯到官，即已供明買寄贓物之人，並未知情者一概不必拘訊。止須票飭地保，前往着令繳出原贓。如原贓實經轉售或已改造，無憑繳出，亦卽令本人將轉售改造情由據實稟明附詳，更不得混行押追。至賊犯携贓變賣別縣，亦須先訊賊犯。如供非知情，止許關取原贓，不得提人。卽供係知情，應行關提質訊者，亦須先將買寄之人住居、年貌詳晰聲明，備敘入關，不得含混移提。其別縣准到關文，亦照此分別知情不知情辦理。總不許差捕役前往拘追，以杜彼此串通囑扳圖詐之弊。此番通飭之後，倘州縣官並不遵照，先訊賊犯，令其將是否知情之處據實供明，輒卽混行拘提，并仍令捕役追起滋擾，則係有意縱役殃民，卽行嚴揭參處。如此則惡捕無權，無從逞其詐擾，而鄉愚無知，亦可不致拖累，似亦剔除民害之一端。是否有當，伏候憲臺察核示遵等情。於乾隆二十一年閏九月初十日詳奉巡撫部院楊批，如詳通飭遵照。仍候督部堂批示繳。又奉宫保督部堂喀批，如詳通飭遵照。如州縣仍前玩縱，卽行嚴揭請參。仍候撫部院批示繳。

《理藩院則例》卷四六《疏脱·疏脱解送及收管人犯》　一、凡疏脱解送及收管死罪人犯，該管章京罰三九牲畜，驍騎校罰二九牲畜二存公，俱革職。小領催鞭一百，披甲人鞭八十，俱革退。疏脱後旋經該管章京等自行拿獲，免其革職、革退。另人拿獲，即將存公牲畜充賞。疏脱解送收管不至死罪人犯，該管章京罰二九牲畜，驍騎校罰一九牲畜，小領催鞭八十，披甲人鞭五十。疏脱後旋經該章京等自行拿獲，賞還一九牲畜，驍騎校賞五牲畜，小領催賞三牲畜，披甲人賞二牲畜。疏脱後但訊有賄縱、故縱情弊，均照刑例辦理。

《理藩院則例》卷四六《疏脱·僉差不慎》　一、內外扎薩克各旗如解審死罪人犯中途脱逃，僉差不慎之該扎薩克罰俸一年。解審不致死罪人犯中途脱逃，僉差不慎之該扎薩克罰俸六個月，俱准其抵銷。如審有賄縱鬆刑故縱情弊，無論脱逃人犯係何罪名，僉差不慎該扎薩克加一等科斷。其地方官有應添差護解者，一體添差護解，如僉差不慎，由吏部議處。

《理藩院則例》卷四六《疏脱·截留奉提人犯》　一、內外扎薩克王、貝勒、貝子、公、扎薩克臺吉塔布囊各旗，遇有命盜案件，經各將軍都統關提人犯，如現有其人，該扎薩克王公等捏詞支飾，不將人犯交出，及提解人犯路經該王公地方，擅行截留者，革去扎薩克，仍罰世職俸三年，不准抵銷。其不兼扎薩克之王公，徑行請旨革職。

《理藩院則例》卷四三《審斷·受理案件不即查辦致釀人命》　一、凡內外各盟長、扎薩克于應行審理事件不即收審者，罰俸一年。若因不即查究，以致釀成人命者，罰俸三年。無俸人員照例罰九。

（清）沈書城《則例便覽》卷三八《編排保甲》　地方官不實力編排保甲，查點門牌者，降二級調用，兼轄官係不同城，降一級調用留任，統轄官降一級留任。如上司揭報題參者，免議。

凡戶內容留來歷不明之人，許保正甲長牌頭查實稟首，究問得實，拿禁治罪。將拿獲之員，每案紀録二次。倘不實力察訪，被別處拿獲盜賊供出窩家者，將州縣捕盜等官，各罰俸一年

（清）沈書城《則例便覽》卷三八《佐貳等官借捕擾民》　捕盜同知通判以下佐雜等官，借捕盜緝匪名色，及人命鬥毆犯姦等事，濫差衙役苦累小民致死未致死者，革職、降三級調用。不行查報之正印官及各上司，降二一級調用留任、督撫降一級留任，罰俸一年。

（清）沈書城《則例便覽》卷三八《捕役誣良》　捕役誣拿良民爲盜，及誣良爲竊，私用非刑，害人致死者，失察之州縣印捕官，革職。道府直隸州總捕廳，降二級調用，按察使降一級調用，督撫罰俸一年。誣良爲盜、竊，未經致死者，州縣印捕官降四、二級調用。道府等官，降一級調用、留任，按察使罰俸一年，督撫罰俸六個月。上司查出揭参者，免議。

武職獲賊訊供，不速移送有司，私用非刑審理，誣良爲盜，或誣良爲竊，致死者，除武職聽兵部查議外，不行查出之總督，及無總督省分之巡撫，罰俸九個月。未致死者，罰俸六個月。

（清）沈書城《則例便覽》卷三八《誣拿竊賊》　捕役誣拿曾經犯竊之人，指爲現在踹緝强竊盜犯，拷逼教供致死、未致死者，將該管州縣印捕官降三、二級調用。

（清）沈書城《則例便覽》卷三八《捕役誣良自行訪拿審出》　修改：

捕役誣良爲盜、竊之案，該管官係自行訪拿，或自行審出，未經致死者，免議。致死者，降二級留任。

（清）沈書城《則例便覽》卷三八《誣竊為盜自行訪拿審出》 捕役誣竊爲盜之案，該管官自行訪拿審出，未經致死者，免議。致死者，降一級留任。

（清）沈書城《則例便覽》卷三八《捕役豢竊》 捕役豢養竊賊，坐地分贓，本官平時不行稽查，或已經查拿，不依定例治罪，借端責革者，降二級調用。該管府州同城、不同城降一級調用留任。道員降一級，照舊管事。如該管各官明知狥縱，照諱盜例議處。若豢竊分贓等事月日，在該管官公出之後。事發於未回之前者，俱免議。

（清）沈書城《則例便覽》卷三八《惡役受賊餽獻乾隆五十五年》 惡役利賊餽獻，明知不拿，該管官知情故縱，革職。失於查察，該管官照捕役豢賊分贓例降二級調用。同城、不同城知府，降一級調用，留任。道員，罰俸一年。

（清）沈書城《則例便覽》卷三八《已革捕役窩匪滋事》 已革捕役窩匪滋事，地保狥隱不首，將不實心稽查之州縣印捕官，降二級調用。

（清）沈書城《則例便覽》卷三八《捕役為盜》 捕役爲盜或雇覓人役持票夥盜，爲竊者，州縣印捕官俱革職，降一級調用。府州降一級留任，罰俸一年，道員罰俸一年六個月。如將捕役爲竊盜之案，諱飾不報，亦革職。揑稱革役在前，降二級調用。若爲竊盜月日，在該管官因公出境之後，事發於未回之前者，免議。凡捕役爲盜竊，自行查出，減爲革職，降一級留任，上司免議。

（清）沈書城《則例便覽》卷三八《撫綏人丁為民之後復行為盜》 地方官約束不嚴，以致撫綏人丁，於爲民之後，復行爲盜者，降一級調用。

（清）沈書城《則例便覽》卷三八《竊賊承充捕役》 將竊賊及爲匪有案之人，准其承充捕役者，降一級調用。

（清）沈書城《則例便覽》卷三八《捕役索詐改過竊犯》 捕役將業經改過竊犯，勒索餽送者，州縣印捕官，均照失察衙役犯贓例議處。故縱者，照縱役犯贓例革職。失察之總捕廳官，罰俸一年。

（清）沈書城《則例便覽》卷三八《隔省州縣狥庇捕役》 盜賊脫逃窩藏別境，確有實據，行關捕緝，該地方官狥縱捕役，不即嚴比拿解，致令盜賊轉窩他境者，降三級調用。

（清）沈書城《則例便覽》卷三八《濫給事主自緝印票》 地方官遇有竊盜案件，如將印票濫給本人自緝者，降一級調用。致令借票滋事者，降三級調用。借票擾累釀成人命者，革職。不行查察之該管上司，罰俸一年。

（清）沈書城《則例便覽》卷三八《五城承緝竊案處分》 五城地方失竊，以失竊之日起，限四個月緝拿，限內獲賊及半者，免其查參。獲不及半，將該坊官住俸，再限一年緝拿。限內全獲，或拿獲及半，准其開復。逾限不獲，罰俸一年，賊犯照案緝拿。

（清）沈書城《則例便覽》卷三八《五城諱竊》 五城地方失竊案件，該坊官隱諱不行詳報，降一級留任，限六個月緝拿，全獲，開復。限滿不獲，降一級調用。該城御史狥隱不參，亦照坊官例處分。如事主未報，坊官實無諱竊情弊，照五城緝竊例，以發覺之日起，將該坊官住俸，限緝一年。限內獲犯及半，准其開復。如未及半，罰俸一年，竊犯照案緝拿。

（清）沈書城《則例便覽》卷三八《五城緝捕竊賊分別功過》 五城坊官有捕務克勤，所轄地方盜竊稀少，遇保題之時開明保奏外，其限滿後，上一年照案緝拿之犯，該城御史分別已獲未獲，年終彙咨，照直省州縣竊案記功記過之例查議。

（清）沈書城《則例便覽》卷三八《五城竊案年終彙題》 坊官跴緝竊賊，能於二參年限內拿獲賊犯，並無限緝之案者，准照拿獲鄰境逃徒之例，每按二名，紀録一次，每二名以次遞加。如一年內，於參限未滿之案，竊犯一名不獲，應照未獲案數議處。五、十五案以上，未獲一名者，降一級留任，調用。於年終彙題，案内分晰聲明，查辦無論案數，但於一年內能拿獲一二案者，仍准免議。

（清）沈書城《則例便覽》卷三八《衙署被竊》 文武衙署被竊，有關倉庫錢糧者，題參疎防。其止行竊署中物件，贓非滿貫者，承緝官扣限六個月查參，限滿不獲，罰俸一年，賊犯照案緝拿。其贓已滿貫，承緝官初參，罰俸一年，再限一年，緝拿不獲，罰俸二年，賊犯照案緝拿。其管

轄兵民之地方官衙署被竊，無論贓數已未滿貫，均照防範不嚴例，再罰俸一年。若不行申報，別經發覺，將失事之員，降一級留任，賊犯限一年緝拿，限內拿獲，開復。不獲，降一級調用。其無兵民責任之員被竊不報者，照諱竊例，罰俸六個月。已報者，免議。

（清）**沈書城《則例便覽》卷三八《諱竊》**　地方官諱竊不報，每案罰俸六個月，不行查揭之府州，罰俸三個月。

（清）**沈書城《則例便覽》卷三八《承緝竊案計贓處分》**　竊案自一百兩至一百二十兩，及已經滿貫者，均勒限六個月緝拿。限滿不獲一百兩至一百二十兩、已經滿貫之案，將承緝官罰俸六個月、一年，再限一年緝拿，限滿不獲，罰俸一、二年，賊犯照案緝拿。限內全獲，或拿獲首犯，俱免叅處。如全獲夥犯，而首犯未獲，仍照例叅處。若將贓物勒令事主少報，冀免處分者，降三級調用。

（清）**沈書城《則例便覽》卷三八《查拿積匪》**　民人有犯竊窩竊，以積匪猾賊論遣者，除本任查拿或協同拿獲免其處分外，其別經發覺，將失察之該管官，每名罰俸三個月。如地方官能拿獲鄰封積匪，審明罪應發遣者，每二名紀録一次，准其前後接算。

（清）**沈書城《則例便覽》卷三八《州縣緝拿竊賊年終彙奏》**　州縣統計一年内報竊之案，拿獲及半者，毋庸記功記過。其獲不及半者，每五案記過一次。拿獲及半之外，復有多獲者，每五案記功一次。凡記過至四次者，罰俸六個月。記功至四次者，紀録一次，俱以次遞加。如緝獲前官任内竊案，及鄰境賊匪竊贓滿貫之案，每一案記功一次，俱准其將記過之數抵銷。其未及一年離任，接任官員按其在任月日報竊幾案，緝獲幾案，分別辦理。其有地方竊案甚多，並不實力查拿，以及縱捕養奸苦累事主等弊，照例叅處。

（清）**沈書城《則例便覽》卷三八《家奴為竊》**　旗員失察，家奴爲盜，或窩盜及犯竊罪至發遣以上一二、三四、五六人者，罰俸兩、三個月、一年。七人至十人者，降一級，罰俸一年。十人以上者，革職。預先自行查出送部者，免議。

（清）**沈書城《則例便覽》卷三八《失察圍場内偷盜木植牲畜》**　圍場總管有拿獲盜伐木植，偷打牲畜人犯，即會同該州縣等查辦。將失察之該管地方州縣都守千把等官，三案以上，每案罰俸六個月。失察至四案以上者，自第四案起，每案降一級留任。該管道府副將所屬失察未至降級者，免其處分。若屬員例應降級者，將該管道府副將照失於查察例罰俸一年。至察哈爾蒙古人等，犯有偷砍打牲之事，將該佐領暨捕盜官，亦照地方文武員弁例議處。該總管照道府副將例議處，該扎薩克罰俸三個月。協辦台吉等各罰俸兩個月。無俸者，各罰牲畜二匹。地方官有能拿獲隣境偷砍打牲人犯，每一案紀録一次。該管地方官弁并蒙古本佐領及捕盜官，自行拿獲偷砍打牲人犯，每二案紀録一次。

（清）**沈書城《則例便覽》卷三八《偷挖西山礦土》**　西山内有偷挖礦土者，嚴拿治罪。有隱匿情弊，將巡檢革職提問外，其知縣同知道員，俱照溺職例革職。該督等不行揭叅，俱照狥庇例議處。加級紀録，不准抵銷。

（清）**沈書城《則例便覽》卷三八《蒙古藩封地方被盜》**　直隷口外蒙古藩封地方，並無墩臺營汛，遇有盜刼案件，免其題叅疎防，悉照命案緝兇之例查叅議處。

（清）**沈書城《則例便覽》卷三八《發塚開棺》**　發塚開棺見屍之案，照命案緝兇例扣限六個月查叅。初叅住俸，限一年緝拿，不獲，罰俸一年，再限一年緝拿，不獲，罰俸二年，仍再限一年緝拿，不獲，降一級留任，賊犯照案緝拿。倘隱匿不報，及見屍捏作見棺者，革職。其緝官員議敘議處，亦照接緝命案之例行。

（清）**沈書城《則例便覽》卷三八《發塚見棺》**　發塚止見棺槨之案，照例扣限六個月查叅，將地方官照不實力奉行察訪逃竊例罰俸一年，人犯照案緝拿。如將刨挖見棺，匿不詳報者，罰俸一年。

（清）**沈書城《則例便覽》卷三八《拿獲隣邑發塚人犯議敘》**　隣邑地方官拿獲發塚開棺見屍，案内爲首兇賊者，每名紀録一次。至四名以上，加一級。

（清）**沈書城《則例便覽》卷三八《禁止偷砍盜賣墳塋木植》**　旗民祖塋如有家奴盜賣，他人偷砍，甚至不肖子孫自行偷伐售賣，令各該地方官嚴拿治罪。倘漫不經管，致有偷砍盜賣情事，將該地方文武各官，照失於查察例罰俸一年。

（清）沈書城《則例便覽》卷三八《事主被盜未報》　拿獲盜賊，審時供出先有行刦之處，即申詳該督撫行查。若事主已經報官，該地方官隱匿不報者，照諱盜例查議。如事主未報，經本管州縣查出，或拿護賊犯審明補報者，無論前任後任，仍照例聲明並無諱盜情事申報，免其議處。如經上司訪聞飭令查拿，或別處供出移查，始據查明移報者，亦照例聲明並無諱盜情事報部，將該州縣照所屬地方有殺死人命不知情不行申報例降一級留任。該管府廳巡道，若訪聞行查，或本屬州縣查出補報者，均免議。其別經發覺者，將同城之道府同知通判等官罰俸一年。不同城在百里以內、外者，罰俸六、三個月。其專兼統轄各官疎防限緝，仍照例查議。若報後被旁人告發，或科道糾參，確查諱盜屬實者，將從前諱盜及發覺後仍行揑報之該地方官，仍革職。扶同轉報之該管官，照狥庇例降三級調用。

（清）沈書城《則例便覽》卷三八《事主以盜報竊》　事主報竊，地方官詳細研究，如有强刦情節，即會營詣驗，果係强刦，據實通報，實係竊案，亦將事主原呈備細抄録，查明並無抑勒諱飾，取具甘結隨文申送，其呈詞内如有强刦情節，地方官並未聲明親詣查驗者，令該上司指駁查驗。如因事主報竊，即以失竊定案後，經查明原報呈詞内原有强刦情節，參送到部，即實係竊案，亦將不親詣查驗之地方官降二級調用。不指駁查驗之道府同知通判，降一級調用。如地方官畏疎防承緝處分，借端嚇阻事主抑勒改供，以强報竊及刪減强刦情形轉報者，革職。若事主以强報竊之案，後經發覺，仍令地方官據實確查申報，督撫查核報部，如朦混申報者，將揑報官革職。扶同轉報之上司，降三級調用。

（清）沈書城《則例便覽》卷三八《衙門被刦不報》　衙署被刦隱匿不報，及以强報竊。本官革職，仍留該地方協緝。獲盜過半，准其回籍，若逾限不獲，勒令協緝，三年方准回籍。

（清）沈書城《則例便覽》卷三八《失察前官諱盜》　接任官於到任三月內，不將前官諱盜之案查出揭報，後經發覺，將接任州縣印捕官俱革職留任。接任同城不同城該管官降一級留任、罰俸一年。到任未及三月者，免議。接署各官，亦照此例議處。

（清）沈書城《則例便覽》卷三八《盜案不報總督》　盜案止報巡撫不報總督者，罰俸六個月。

（清）沈書城《則例便覽》卷三八《查驗被盜情形》　凡呈報盜案州縣印官，立即會營飛赴查驗前後出入情形，有無撞門毁戶，遺下器械油捻之類，事主有無拷燎綑紮傷痕，并訊地隣更夫救護人等，有無見聞影響，當場訊取確供通報。如州縣官不親詣查驗，或竟將未曾目見之情形揑作親詣塡報者，革職。該管道府直隸州并管捕廳員狥庇不揭者，降三級調用。

（清）沈書城《則例便覽》卷三八《隣邑印官代驗》　失事地方印官公出，佐貳捕官一面會營查驗緝捕，一面申請隣邑印官覆驗申報。倘隣邑推諉不即赴驗，降一級調用。或將未曾目見情形附會佐貳捕官揑作親驗者，降三級調用。

（清）沈書城《則例便覽》卷三八《苦累事主》　地方被盜，如有必須問明事主之處，准其取問，若因事主以强刦具報，不即嚴緝，反借端吹求，縱令衙役需索食物，更換衙門，將事主提審苦累致死、未致死者，將該管官革職治罪、降三級調用。不行查報之上司，各降三、一級調用、留任，督撫降一級留任、罰俸一年。如別有糾參告發，該上司督撫狥庇不行揭參者，俱降三級調用。

（清）沈書城《則例便覽》卷三八《移解當贓》　向各屬當舖起贓當商，敢於支飾不認，或匿贓先勒當本，其該管官袒護當商，不即查出移解，以致盜件遲延，許承審官詳明督撫，將袒護之地方官題參，照狥庇例降三級調用。隔省者，咨會題參，亦照此例議處。

（清）沈書城《則例便覽》卷三八《諱盜》　州縣諱盜不報，及諱强爲竊，俱革職。督撫及道府捕盜同知通判扶同狥隱者，俱降三級調用。如止係失於覺察，將同城之該管等官，降二級調用。不同城在百里以內、外者，降一級調用，留任。督撫罰俸一年，各該上司有能察出揭報者，免議。

（清）沈書城《則例便覽》卷三八《地方官報盜》　州縣官地方失事，勒令事主減報盜數，將未獲賊犯謊報溺死殺死者，革職。司道府等官率行轉報，罰俸一年。督撫不詳核具題，罰俸六個月。或本汛失盜不行詳報，推諉別汛者，亦照諱盜例處分。如將盜案已經申報，彼此推諉者，將不應推諉之官降一級調用，轉詳官罰俸一年。如上司將州縣申報盜數，擅自刪減者，照州縣例處分。如州縣官不確查盜數申報，或不開送失事地方官職名者，俱罰俸一年。

（清）沈書城《則例便覽》卷三八《盜案疎防議處》　督撫題參地方失事，應照四月六月之限，俱以失事之日爲始扣算具題，將該管各官題參到部，吏部即照例議處，按月彙題一次，毋庸俟兵部核明，武職再行查議。

（清）沈書城《則例便覽》卷三八《疎防題報遲延》　督撫題參疎防遲延，計月處分，若該管各官逾限不行詳報，該督撫扣明逾限月日，隨疏附參，不得將州縣道府公出日期籠統扣展，倘疎防限内前官未及詳報，離任經接任官詳報者，其疎防限期應前後接扣，如有遲延，後官仍按違限月日，分别議處。

（清）沈書城《則例便覽》卷三八《備載獲盜日期及失事地方》　一切盜案，督撫不將獲盜日期備載疏内者，罰俸一年。其疎防疏内，將失事地方在城在鄉，及有無派防兵丁設立墩堡之處，遺漏聲明者，罰俸六個月。

（清）沈書城《則例便覽》卷四一《承緝兇犯》　命案兇犯在逃，承緝官以六個月扣限查參，住俸，限一年緝拿。限滿不獲，罰俸一年，再限一年緝拿。限滿不獲，罰俸二年，仍再限一年緝拿。限滿不獲，降一級留任，兇犯照案緝拿。其殺人兇犯如隱匿本境，該管官員知而容隱者，革職。

（清）沈書城《則例便覽》卷四一《承緝重罪兇犯》　卑幼擅殺期功尊長，屬下人毆殺本管官，奴婢毆故殺家長，并殺死三命四命之兇犯脱逃，初參承緝官住俸，限一年緝拿。不獲，降一級留任，再限一年緝拿。不獲，照所降之級調用。

（清）沈書城《則例便覽》卷四一《兇首盜首不獲年底彙題》　命、盜案内之脱逃爲首兇犯、盜首，至勒緝年限已滿，照案緝拿後，該管各官不實力緝捕，於年底彙題册内核參，命案首犯未獲，將該州縣查參。盜首未獲，將道府同知通判直隸州州同州判州縣吏目典史等官，一併查參。俱按其不獲名數，分别議處。接緝之州縣吏目典史各官，一年内二三、四五名不獲，罰俸六、九個月。六七名以上不獲，罰俸一年。道府同知通判直隸州州同州判各官，總計所屬地方被刦案數，一年内屬員將首犯名數，拿獲不能及半者，罰俸六個月以上。應行議處，官員核參一次之後，即免其重複參處，仍令照案緝拿。如係承緝官四參，本身不致離任者，仍按年彙題。一名至二三名不獲，罰俸六個月，餘照前例處分。若接緝及督接緝各員，果能於照案緝拿之後，年底彙題之先，拿獲兇首盜首者，將接緝之州縣吏目典史等官，按其拿獲名數，二三、六七名以上者，紀録一、二次，督緝接緝之道府同知通判直隸州州同州判等官，總計所屬地方被刦案數，如能董率屬員拿獲過半者，紀録一次。其承緝接緝督緝各員，一年内拿獲之數與不獲之數相當者，准其功過相抵。

（清）沈書城《則例便覽》卷四一《接緝兇惡盜首按年彙題》　前官未獲兇惡盜首，接緝官三參，限滿本身未經離任者，仍入於彙題，按年核參。如一二、三四名不獲，罰俸六、九個月。五六名以上不獲，罰俸一年。

（清）沈書城《則例便覽》卷四一《命盜從犯彙題》　命盜等項雜犯，案内在逃之夥盜，從犯餘黨，罪該斬絞重辟者，俱以結案咨題部覆文到日爲始，勒限一年緝拿。逾限不獲，照承緝兇首盜首例，於年底彙題，將承緝官核議，一二、三四名不獲，罰俸六、九個月。五六名以上不獲，罰俸一年，再限一年緝拿。不獲，仍照此例議處，人犯照案緝拿。

（清）沈書城《則例便覽》卷四一《命案接緝兇犯》　前任有命案，正兇未獲，接任官以到任日起，限一年緝拿，不獲，罰俸一年，兇犯照案緝拿。如承緝官於初參限内離任，接緝官罰俸一年之外，再限一年緝拿，不獲，再罰俸一年，兇犯照案緝拿。若係殺死三命以上之案，承緝官未届三參離任，接緝官限滿不獲，罰俸一年，再限一年緝拿，不獲，罰俸二年，兇犯照案緝拿。或接緝官未届二參復因事故離任，令再接緝之員，限一年緝拿，不獲，罰俸一年，兇犯照案緝拿。

（清）沈書城《則例便覽》卷四一《通緝兇盜等犯開明姓名年貌》　通緝兇盜等犯遺漏開造姓名年貌有無須痣者，照發遣人犯漏開年貌例罰俸九個月。

（清）沈書城《則例便覽》卷四一《讎盜未明案件》　地方有受傷身死無名之人，自報官日起，扣限六個月緝拿，限滿無獲，照緝兇不力例處分。如日後查係盜殺，仍照盜案例參處。若接緝等官能於限内拿獲兇犯一名者，紀録一次，多者以次遞加。京城讎盜未明案件，亦照此例。

續纂：一、凡地方有受傷身死無名之案，毫無失物者，照命案緝兇

外，内有失物情形及盗田野穀麥菜菓無人看守器物之案，至拒捕傷人致死者，俱照盗案題參，按限參處。

（清）**沈書城《則例便覽》卷四一《相驗》** 凡人命呈報到官，如正印官公出，即申報鄰邑印官代驗，其或鄰邑地處寫遠，不能朝發夕至，或印官又經他往，勢難兼顧者，即派委佐貳代驗，仍聽正印官審理。而代驗之員，必係同知通判州同州判縣丞等官，毋得濫派雜職。其有日後復將屍傷詳請覆檢者，若檢出別情與初驗傷痕不符，將相驗官照檢驗不實例分別議處。以上相驗官員，止許隨帶仵作一名，刑書一名，皂隸二名，一切夫馬飯食，俱自行備用，並嚴禁書役人等不許需索。其果係輕生自盡，毆非重傷者，即於屍場審明定案，將原被鄰證人等釋放。故意遲延拖累者，照易結不結例處分。如不行自備夫馬取之地方者，照因公科歛律議處。書役需索者，照失察書役犯贓例議處。

（清）**沈書城《則例便覽》卷四一《驗屍遲延》** 人命報到地方官不即檢驗，致令屍變者，降一級調用。鄰邑代驗遲延，亦照此例。凡鄰邑代驗人命將接文交及起程時刻於通報文内聲明，據報人命之佐貳官，亦將移請代驗緣由報明府州查核。如鄰邑州縣藉稱患病要務不往相驗者，照不應重私罪律，降三級調用。如實在患病并要務等事不能前往代驗，該州縣據實聲明，取具同城官印結通報，上司存查，如有虚揑將扶同出結之同城官，照徇情例降二級調用。

（清）**沈書城《則例便覽》卷四一《相驗遲延議處上司》** 人命案件州縣官不即親詣相驗，故意遲延拖累者，該管各上司不行揭報題參，知府降一級調用，司道罰俸一年，督撫罰俸六個月。

（清）**沈書城《則例便覽》卷四一《檢驗不確》** 官員驗屍聽信仵作，有傷報稱無傷，或將打傷砍傷報稱跌傷磕傷者，降二級調用。轉詳之上司，罰俸一年。如上司批伊復檢，竟不復檢，或將傷痕不行全報，少報者，降一級調用。至有數處傷痕，將致命傷痕報出，不致命傷痕遺漏未報，再或拳傷報稱踢傷，木器傷報稱鐵器傷之類，罪無出入者，罰俸一年。

（清）**沈書城《則例便覽》卷四一《違例三檢》** 檢屍如違例三檢者，罰俸一年。

（清）**沈書城《則例便覽》卷四一《委令雜職驗屍》** 地方遇有命案，如同城並無佐貳及地方廣袤鄰壤相距寫遠者，倘印官公出，准令經歷照磨知事吏目典史等官，酌帶諳練仵作速往相驗，寫立傷單報明印官，回日查驗填圖通報，如印官不能即回，一面驗立傷單，一面仍請鄰邑印官查驗填報。若經歷等官初驗時，畧有增減，後經查出，即將原驗官照檢驗不實例議處。若地非廣袤，同城原有佐貳，仍照定例遵行。如有濫行派委者，將委令之上司，降一級留任。

（清）**沈書城《則例便覽》卷四一《川省自盡路斃人命》** 川省除眞正人命及自盡案内有情節可疑者，經歷等官代驗後仍由印官查驗填報外，其餘訊無別故之自盡倒斃等案，不必待印官查驗，即准取結殮埋，仍由印官通詳立案，倘有别項情弊，將原驗之佐雜，照檢驗不實例議處。

（清）**沈書城《則例便覽》卷四一《相驗鬬毆重傷不實》** 鬬毆重傷之人，除附近城郭及事簡州縣可以往驗者，仍令正印官親詣驗看外，其離城寫遠之區及繁冗州縣，應委佐貳捕巡等官速往驗報，仍聽州縣定限保辜。倘佐貳捕巡等官驗報不實，照檢驗不確例議處。如州縣官實能往驗而怠弛推諉，概委之佐貳捕巡等官，致滋擾累揑飾等弊，仍照濫行派委例降一級留任。

（清）**沈書城《則例便覽》卷四一《失察逞兇結黨》** 兇徒聚衆械鬬，如係釁起一時，並非預謀聚衆者，失察之地方官免議。其持械肆横，預先糾衆，地方官有心故縱者，革職。實係失於覺察，不行查拿者，降一級留任。如能將首從各犯嚴拿全獲，按律懲治者從寬，免其處分。若獲犯到案，不嚴行懲治，代犯開脱者，照故出人罪例議處。

（清）**沈書城《則例便覽》卷四一《諱命》** 地方有殺死人命，州縣知情隱匿者，革職。上司明知不行揭參者，各降三級調用。不知情失於覺察者，同城知府降一級留任，司道、督撫罰俸一年、六個月，不同城在百里以内、外知府罰俸一年、九個月，司道罰俸九、六個月，督撫罰俸六、三個月，直隸州照不同城知府例處分。州縣官不知情不申報者，降一級留任，上司免議。

（清）**沈書城《則例便覽》卷四一《毆死揑報毆後傷風》** 命案實係毆傷致死，而揑報毆後傷風死者，承問府州縣官降一級調用，司道、督撫罰

俸一年、六個月。

（清）沈書城《則例便覽》卷四一《漂流受傷浮屍不行驗報》　沿河州縣遇有被傷屍身漂流过境，該地方官未經撈驗，被下游收穫，或別經發覺，或據兇犯供出，將未經撈驗之各州縣官，照失於查察例罰俸一年。或地保人等已經呈報，而地方官諱匿不報，照鄰邑不往相驗例降三級調用。

（清）沈書城《則例便覽》卷四一《命案自行查出免議》　命案地方官從前不知不報，後即自行查出通報，不論年月遠近，俱免議處。若係上司查出，或被旁人告發，仍照不知情不申報例降一級留任。接任官不能查出，照失於查察例罰俸一年。

（清）沈書城《則例便覽》卷四一《賄縱誣告人命》　凡誣告人命及有教唆情弊，地方官務必嚴審，照律治罪。如有徇私賄縱者，照故出人罪例分別議處。

（清）沈書城《則例便覽》卷四一《接緝命犯拿獲議敘》　接緝命犯，無論斬絞凌遲，能於一年限內，拿獲一案首犯者，紀録一次。首從悉獲，紀録二次。

（清）沈書城《則例便覽》卷四一《鄰邑拿獲命犯議敘》　鄰邑地方官，拿獲別縣正兇壹、二、三名，紀録壹、二、三次。四名以上，加一級。

（清）沈書城《則例便覽》卷四一《失察前官諱命》　前官任內，有殺人兇犯隱匿不報，接任官以到任之日爲始，限三個月查出揭報，如逾限不能查報，別經發覺，將接任州縣官降一級留任，接任同城知府罰俸一年，道員罰俸九個月。接任不同城百里以內、外，知府罰俸九、六個月，道員罰俸六、三個月，接任直隸州照知府例議處。接署各官，亦照此例議處。未及三月者，免議。

（清）沈書城《則例便覽》卷四一《五城命案推諉不報》　五城命案，如係民地，應總甲呈報，如係旗地，應領催呈報。倘佐領兵馬司互相推諉，查明地界，將該管官照推諉事件例議處。

（清）沈書城《則例便覽》卷四一《五城命案巡城科道處分》　五城命案，司坊官照例議處，其巡城科道，如一年之内三案、五案、六七案以上未獲，罰俸三個月、六個月、一年。

（清）沈書城《則例便覽》卷四一《監追埋葬銀兩結報不實》　監追埋葬銀兩，限滿無完詳請，豁免之後，如有資財隱匿，或經查出，或被屍親告發，將該州縣照不行查明給結例，罰俸一年。

（清）沈書城《則例便覽》卷四二《關提人犯扣限并地方官逾限不解》　鄰封關提人犯，限文到二十日拿解，隔省關提人犯，限四個月拿解。如無故逾限不發，照事件遲延例，逾限不及一月者，罰俸三個月。逾限一月以上者，罰俸一年。聽信地保差役揑稱竝無其人，并從經外出空文回覆者，降三級調用。

（清）沈書城《則例便覽》卷四二《尋常事件關提及地方官匿犯不解》　戶婚田土錢債、鬥毆、賭博等細事，於事犯地方告理，不得於原告所住之州縣呈告，原籍地方官濫准行關者，罰俸一年。被告地方官，據關拘發者，罰俸六個月。如事犯之地方官告准關提，而被告地方官庇匿不解者，降三級調用。

（清）沈書城《則例便覽》卷四二《旗民同處地方拘拿人犯》　旗民同處地方，拘拿人犯。如確係命盗造賭重犯，不論旗民，一面關會，一面差役持票徑行拘拿。該旗民官員或有心牽制，不即添差協拿，致使奸匪遠遁，或有諱命諱盗等弊，許通揭該上司會參，將有心牽制不拿以致遠遁之該管官，照徇庇例降三級調用。其諱命諱盗，仍照例革職。若非命盗造賭緊要重情，竝無的實證據者，旗民官員仍知會拘審，不得縱容差役擾害地方，違者照生事擾民例分別議處。

（清）沈書城《則例便覽》卷四二《緝捕事務文武移會分關盤驗議處議敘》　一應緝捕事務如文員、武弁，先行訪知，即移會武弁、文員，俱各遴選兵役，合力協拿，不得推諉。如已准移會，不即添差協拿，俱照推諉事件例罰俸一年。至鄰邑他省沿邊沿海通緝人犯，如於文到之後，以隔屬岐視文員，不移會武弁協拿者，降一級調用。如鄰邑員弁准關之後，即能緝獲罪犯，并他省沿邊沿海員弁，於文到之後，果能盤獲匪犯者，每按二名紀録一次。倘兵役人等，有妄指平民騷擾索詐以及賄縱等弊，該管官係知情故縱，照縱役貪贓例革職。若失於覺察，仍照失察衙役犯贓例議處。

（清）沈書城《則例便覽》卷四二《隔屬縱庇命盗重犯》　隔屬密拿贓盗及命案斬絞重犯，而彼處地方官膜視隔屬，袒護本地方民人，以致奸徒得以肆行刦奪者，許原地方官詳明督撫題參。如在隔省，亦即詳明本省

督撫移咨彼省督撫會疏題參，將縱犯之該地方官摘印解任，俟此案獲犯審明題結之日，出具考語，咨送引見請旨開復。至隔屬本無搶犯情弊，而捕役賄縱捏稱被刦，致將隔屬官題參者，審明之日，將原參之官開復，誤聽捕役之員照誤揭例降二級調用。

（清）沈書城《則例便覽》卷四二《緝捕誘拐等犯》　承緝誘拐等犯，勒限六個月，逾限不獲，罰俸一年，人犯照案緝拿。

（清）沈書城《則例便覽》卷四二《差拿鄰境盜逃竊匪》　凡交界村莊盜逃竊匪窩賭窩娼等類，如有竄入鄰境，一面差役持票往拿，一面移文關會添差協緝，不得以此疆彼界必待關提，致使聞風遠遁。倘該地方官明知逃匿鄰境，輒以非其管轄，任意疎縱，不急往拿，及鄰境之該管官有心牽制不行協緝者，如係盜犯，將該地方官并鄰邑之州縣，均降三級調用。如係逃竊窩賭窩娼等犯，均罰俸一年。

（清）沈書城《則例便覽》卷四二《番役獲犯滋弊》　番役拿獲人犯鎖縶羈留，不即送官及私行取供拷逼勒索，該管文武官弁不行查究，別經發覺者，各照失察本例分別議處。如有得財縱放，照失察衙役犯贓例議處。如止私行取供竝無拷逼勒索等弊者，罰俸一年。

（清）沈書城《則例便覽》卷四二《濫委押解要犯》　緊要官犯等類務委現任文武員弁押解，其試用効力未經歷練者，概不得濫行派委。如有違例濫派以致疎失者，將原委之文武各上司，照濫委解送中途誤失例降一級調用。即無有疎失，亦照濫委解送中途無有誤失例罰俸一年。

（清）沈書城《則例便覽》卷四二《僉差不慎》　修改：一、斬絞重犯少差解役不加肘鎖以致脱逃者，降一級調用。如已加肘鎖多差解役脱逃者，降一級。限一年督緝。限内全獲，開復。逾限不獲，照所降之級調用。若未滿限離任者，接任官限一年緝拿。不獲，罰俸一年。仍限一年緝拿，不獲，再罰俸一年，逃犯照案緝拿。如軍流徒罪等犯不加肘鎖少差解役以致脱逃者，罰俸一年。如已加肘鎖多差解役脱逃者，罰俸六個月，逃犯照案緝拿。如遞回原籍無罪之人途路脱逃者，僉差之員罰俸三個月。若解役與犯同逃者，亦照各項罪犯脱逃之例，一體限緝議處。有文批遺失銷燬者，罰俸六個月。如所差解役得受各犯賄賂縱逃者，該管官照僉差不慎例分別處分。外係斬絞重犯，再照約束不嚴例降一級調用。係軍流徒罪等犯再議以降一級留任。

（清）沈書城《則例便覽》卷四二《決不待時及斬絞重犯新疆人犯中途脱逃》　修改：一、決不待時及斬絞重犯中途脱逃，將僉差之員革職，留緝限内拿獲，送部引見請旨開復。不獲，照例擬罪至發往新疆等處人犯中途脱逃，僉差之員降二級調用，級紀不准抵銷。果能自備資斧弋獲，准其奏請開復。乾隆五十五年。

乾隆五十三年定例，解審罪應凌遲斬絞立決重犯中途脱逃，僉差不慎之長解官及添差護解之地方官，俱留該處協緝，五年限滿無獲，審係解役受賄故縱，應照囚罪全科者，協緝官從重發往軍臺効力贖罪。若審係偶致疎縱例得減等定罪者，協緝官應於縱囚越獄本例，杖八十，徒二年上，從重加等。擬以杖一百，徒三年。如所限五年期内能將正犯全行拿獲者，照舊例准其開復。倘有一名不獲，仍照例科罪至軍流等犯，悉仍照舊辦理。

（清）沈書城《則例便覽》卷四二《查點解役》　遞解人犯解到之州縣，務將解差點驗，如人數不足，或有僱替情弊，即就近究懲。倘瞻徇鄰封情面不行究懲，或解至伊境内失囚，與僉差不慎之員一併參處，著落緝拿。如起解地方官袒護衙役，因解到之州縣查責，其差遂含怨致怒於鄰封者，該督撫查訪有據，即指名題參，將袒護之員照徇庇例降三級調用。

（清）沈書城《則例便覽》卷四二《解犯中途脱逃上司處分重犯脱逃另有新例》　府州所屬州縣，有山海巨盜斬絞重犯、軍流徒杖笞罪等犯中途脱逃，每案罰俸九、三個月，道員罰俸六個月、免議。

（清）沈書城《則例便覽》卷四二《遞解人犯不開明年貌》　修改：一、軍流徒罪及解回發落管束之犯，發解時均於批解長文内載敘事由，竝開明年貌疤痣箕斗，以備查核。如原解地方業已開明，至中途仍有僱倩頂替等事，若係該犯賄差頂替者，將僉差之員照賄縱例議處。如止於失察，照失於查察例罰俸一年。轉解之員，照不行詳查例罰俸六個月。如原文未經開載，將原解之員，照違令公罪律罰俸九個月。混行接解之地方官，照疎忽例罰俸三個月。

（清）沈書城《則例便覽》卷四二《軍流等犯不按限起解》　軍流徒罪并遷徙各處及免死減等外遣人犯，俱以文到日爲始，限兩個月起解，路途解送每日定限五十里。如無故逾限不行發解，降一級調用。未經行催之

上司，罰俸六個月。如果實係患病不能起解，詳請咨部准其另扣，犯病日期亦不得過一百日之限。如過限不行發解，亦降一級調用。未經行催之上司，罰俸一年。至各省審結案内，應行解部之入官人口家産，亦立限兩個月。該省起解解送人役，仍定行程限期，違者即照此例議處。

（清）**沈書城《則例便覽》卷四二《解犯到境推諉不接》**　竝無監獄處所遇有解犯到境，該管官即行接收，多撥兵役於店内嚴加看守，毋致疎虞。如有藉詞推諉不收人犯，僅令原役看守，致犯脱逃者，將該地方官降三級調用，加級紀録不准抵銷，該管上司降二級留任。

（清）**沈書城《則例便覽》卷四二《擅行發配》**　官員將未經題結軍流等犯先行發遣者，降一級留任。

（清）**沈書城《則例便覽》卷四二《錯解人犯》**　官員應解人犯錯解別處者，罰俸六個月。

（清）**沈書城《則例便覽》卷四二《解犯中途患病》**　解部及遞解外省各項犯人中途患病，即報該地方官查驗出結，如取結後死斃者，其官役免議。未取印結，途中死一二名、三四名、五六名以上者，將僉差之官罰俸一年，降一級留任、降二級調用。至發回原籍安插併流徒充軍等犯中途患病，如不留養醫治以致病故者，將該地方官亦照此例議處。

（清）**沈書城《則例便覽》卷四二《軍流人犯之妻捏報病廢》**　軍流人犯之妻，例應緣坐者，如年過六十，本屬老病不能隨行，及患病遂成篤廢不能補解者，仍取具鄰族甘結，該地方官勘明申詳，倘有捏飾情弊，降二級調用。轉詳之上司，罰俸一年。

（清）**沈書城《則例便覽》卷四二《人犯衆多分起解送》**　發遣人犯多至五名以上者，每五名作一起先後解送。至起解時務必嚴加鎖鐐倘解役受賄開放，及轉解之地方官因前途未曾鎖鐐不復行查，聽其散行，將該地方官與前途未曾鎖鐐官，均按罪犯輕重，照不加肘鎖脱逃例議處。

（清）**沈書城《則例便覽》卷四二《擅給流犯印文》**　官員如給軍流人犯出關印文或給執照者，降四級調用。

（清）**沈書城《則例便覽》卷四二《解送人犯給發批迴逾限》**　外省官員解送人犯到部，限十日内給發批迴，倘限内不行查收及不給發批迴者，將該司官照事件遲延例議處。

（清）**沈書城《則例便覽》卷四二《容留發遣人犯》**　免死減等發遣人犯逃回，容留居住之房主，係官革職。不行查拿之州縣官，降一級，罰俸一年。該管府州罰俸一年，道員罰俸九個月，五城司坊官照州縣議處。

（清）**沈書城《則例便覽》卷四二《違例發遣》**　軍流徒罪人犯於例應停解時，違例發解者，罰俸六個月。

（清）**沈書城《則例便覽》卷四二《軍流等犯放保脱逃》**　官員將應擬軍流徒罪人犯，令人取保脱逃者，降一級調用。係笞杖人犯，罰俸六個月。

（清）**沈書城《則例便覽》卷四二《徒罪人犯私回不行查拿》**　徒罪人犯私回本籍，該地方官不行查出拿解者，罰俸一年。

（清）**沈書城《則例便覽》卷四二《徒犯分別專管兼轄》**　徒犯脱逃有、無驛丞者，以驛丞、知督爲專管，知縣、知府爲兼轄，至原有驛丞員缺，因事故離任，知縣暫行兼管者，應將知縣照一人兼兩任例就一任處分。其兼轄職名毋庸開參，再屬府轄之驛丞，應以知府爲兼轄，其知縣職名亦毋庸開報。

乾隆五十二年定例，徒犯不拘驛地均勻酌發各州縣安置。乾隆五十四年定例，徒犯既不拘有無驛站，均勻酌配，遇有脱逃，應照安插軍流之例以吏目典史爲專管，州縣爲兼轄。有驛州縣以管驛之驛丞等官爲專管，分別辦理。

（清）**沈書城《則例便覽》卷四二《疎脱徒犯》**　徒犯脱逃，初參專管、兼轄官，罰俸六、三個月，限一年緝拿。不獲，專管、兼轄官罰俸一年、六個月。若徒犯倩人替代，私自回籍，該驛官受賄縱放者，革職治罪。印官覺察詳報者，免議。若竝無覺察，照不揭報劣員例分別議處。

（清）**沈書城《則例便覽》卷四二《私役徒犯》**　驛官將私事役使徒犯他往離驛者，罰俸九個月。

（清）**沈書城《則例便覽》卷四二《軍流及巴里坤種地并安插為民人犯脱逃》**　軍流人犯及發往巴里坤種地，并安插爲民人犯在配乘間脱逃，初參專管、兼轄官，罰俸六、三個月，限一年緝拿。不行查察之府廳直隸州知州州同州判，罰俸三個月，限滿不獲，專管、兼轄官罰俸一年、六個月。如軍流人犯到配交地方官收領者，即以州縣爲專管，令府廳直隸州知州州同州判稽查軍犯飭發何衛着伍者，以出具收管之員爲專管。至兼轄衛所之府

廳，若衛所已有兼轄之員，則府廳應照統轄處分。若知府係兼轄之員，已照例議以罰俸限緝，其不行查察之處，毋庸重複議處，止將統轄廳員議處。再軍流到配，令該印官每月點驗二次，如不行點驗以致脫逃者，除將專兼本官照例叅處外，應將不行點驗之員，再罰俸一年。若軍流人犯在配日久，或交通官弁生事不法，或賄囑官吏潛逃無踪，該府廳據實查報，將任其交通之州縣官降二級調用，受賄官革職。審擬該府廳免其查叅，若該府廳漫無覺察，照失於查察例罰俸一年。

乾隆二十九年部行如吏目典史爲專管，則州縣爲兼轄，府廳爲不行查察。如州縣爲專管，則知府爲兼轄，廳員爲不行查察。如直隸州所屬軍流脫逃，應以直隸州爲兼轄者，則州同州判爲不行查察。如直隸州爲專管，即以道員爲兼轄，毋庸併叅州同州判。

（清）沈書城《則例便覽》卷四二《軍流人犯攜帶妻子脫逃》 軍流人犯如攜帶妻子脫逃者，初叅專管、兼轄官，罰俸一年、六個月，限一年緝拿。不行查察之府廳，罰俸三個月，限滿不獲，專管、兼轄官降一級留任，罰俸一年。降級留任官員，緝獲之日，准其開復。如遇陞調離任，即於現任內降一級留任，如丁憂事故離任者，於補官日降一級留任，均扣滿三年，無過開復。

（清）沈書城《則例便覽》卷四二《新疆改發內地遣犯脫逃》 新疆改發內地遣犯如係攜帶妻子，單身脫逃，初叅專管官降二、一級留任，兼轄官降一級留任，罰俸一年，俱限一年緝拿。不行查察之府廳，罰俸一年、六個月。道員罰俸九、三個月。限滿不獲，專管官降二、一級調用，兼轄官降二、一級留任。

乾隆五十年定例，此等逃遣之案，配所地方官限滿之後，其年久無獲者，竟置不議，未免於限年本意尚未周備。應於正限滿後，再限一年緝拿，限滿不獲，罰俸一年。仍限一年緝拿，限滿不獲，再罰俸一年。如前官已經離任，即將接任之員，照此按限叅處。

（清）沈書城《則例便覽》卷四二《軍流徒罪人犯脫逃併案分案議處》

軍流徒罪人犯在配同日脫逃者，軍流二名以下，徒罪四名以下，併案查議，至一案內數人分爲數日前後脫逃者，仍按其脫逃次數計案議處。

（清）沈書城《則例便覽》卷四二《軍流徒犯同日脫逃》 軍流徒罪人犯同日脫逃一二名、四名以下者，仍照例併案查議。若逃至三、五名以上，即照流犯攜帶妻子脫逃之例，初叅該管官罰俸一年，兼轄官罰俸六個月，俱限一年緝拿。限滿不獲，該管官降一級留任，兼轄官罰俸一年，脫逃在六、十名以上，即照重罪流犯攜帶妻子脫逃之例，初叅該管官罰俸一年，兼轄官罰俸六個月，俱限一年緝拿。二叅該管官降一級留任，兼轄官罰俸一年，仍限一年緝拿。三叅該管官降一級調用，兼轄官降一級留任，如專兼各官能於限內拿獲一、二名及獲半者，仍按其未獲名數議處。

（清）沈書城《則例便覽》卷四二《疎縱改遣重犯多人》 疎縱改遣重犯至五六名者，該管官革職留任戴罪，勒限一年督緝，全獲，開復。逾限一、二名不獲，降二、三級調用。三名不獲，即行革職。

（清）沈書城《則例便覽》卷四二《軍流人犯及奉天徒犯充夫脫逃》

軍流人犯到配，若撥派州縣等衙門充當夫役者，遇有脫逃事故，止將本管官查叅，兼統各官毋庸開送。至奉天徒犯分發州縣衙門充當夫役脫逃者，亦照此例。

（清）沈書城《則例便覽》卷四二《烏魯木齊各項人犯為民脫逃》

烏魯木齊各項人犯爲民之後，或攜眷潛逃，或隻身遠遁，將管理昌吉頭屯戶民事務之把總爲專管，同知爲兼轄，道員爲統轄。如一百日限內拿獲，免其處分，逾限不獲，即照軍流人犯單身脫逃竝攜帶妻子脫逃之例分別議處。

（清）沈書城《則例便覽》卷四二《軍流人犯在配為匪》 在配軍流人犯行竊爲匪，該管官自行查拿者，免議。如失於查拿別經發覺，每名罰俸一年。

（清）沈書城《則例便覽》卷四二《重罪軍流人犯脫逃二条》 軍流遣犯內如詐爲制書詐傳詔旨僞造印信，謀反叛逆，强盜私鹽，及左道妖言妄言，煽惑商漁船夾帶違禁物件，謀殺出使官吏，漏洩機密，走透消息，走泄事情，採生折割，毒藥殺人，以藥迷人等案內，軍流遣犯，俱係情罪甚重在配脫逃者，初叅二叅仍照定例議處外，應於二叅限滿之後，再限一年緝拿。限滿不獲，係單身、攜帶妻子脫逃之犯，專管官降一級留任、調用，兼轄官罰俸一年、降一級留任。降級留任官員，緝獲之日，准其開復。如遇陞調離任，即於現任內降一級留任。如丁憂事故離任者，於補官日降一級留任，均扣滿三年，無過開復。

（清）沈書城《則例便覽》卷四二《軍流人犯逃回原籍不行查拿》

修改：軍流在配脱逃本籍，地方官出結後仍不時偵緝，一經回籍自行拿獲者，免議。如別經發覺，照軍流人犯捏結留養例降二級調用。如該犯逃回於未准咨緝之先，及逃回於取結地方官離任之後者，將失察之員，照失於查察例罰俸一年。若先逃回本籍，復逃往別處，有知情容留及知而不首者，其所在之地方官不行查出，照不行詳查例罰俸六個月。

（清）沈書城《則例便覽》卷四二《新疆及改發遣犯逃回原籍并逗遛別處》 新疆及改發内地人犯逃回原籍居住，別經發覺原籍地方官曾經奉文密緝者，無論已未詳覆，降二級調用。未經奉文密緝者，降二級留任。若在別處逗遛一二名在半月以上者，失察之地方官，降一級留任。逗遛在三名以上失察在半月以上者，降二級留任。一月以上者，降二級調用。

乾隆五十年定例，原籍地方前官業已奉文密緝，後官任内失於查拿，或經別處拿獲訊有逃回原籍之事，亦應酌予處分。議令原籍接緝之地方官，如有失察逃回原籍者，於應得降調留處分外，再將從前未獲年分，按照二限，各罰俸一年。

（清）沈書城《則例便覽》卷四二《拿獲鄰境軍流等犯分別議敘》 地方官拿獲鄰境逃犯，如係軍流罪犯單身脱逃者，每一起紀録一次。携帶妻子脱逃之犯全獲者，每一起紀録一次。其拿獲脱逃徒犯者，每二名紀録一次。准其前後接算。如發往巴里坤種地及新疆改遣人犯脱逃，地方官有能拿獲者，亦照此例分別議敘。其拿獲新疆改遣逃犯至六名以上者，竝無本境改遣逃犯未獲，照拿獲鄰境刦掠大案之例奏請送部引見。如有本境改遣逃犯未獲之案，停其送部照例議敘。係前官任内未獲逃遣，仍准奏請送部引見。

（清）沈書城《則例便覽》卷四二《充發烟瘴軍流人犯》 充發烟瘴軍流人犯，不論旗民已未到配，如於經過州縣及安插地方有妄行不法等事，州縣官狥情故縱，隱匿不報者，照狥情例降二級調用。或有疎防脱逃者，將該管官降一級留任。限一年緝拿，限内拿獲，開復。逾限不獲，照所降之級調用。逃犯交與接任官照案緝拿。

（清）沈書城《則例便覽》卷四二《人犯辱官詐財》 解犯於經過處所，辱官詐財，生事不法，州縣官隱匿不報者，降二級調用。該管各上司未經察出者，罰俸一年。若地方官已經申報，而司道府不行轉報，督撫不行查辦者，將司道府降二級調用，督撫降一級調用，申報之州縣免議。

（清）沈書城《則例便覽》卷四二《毆差奪犯》 續纂：地方官因事累民，以致民情不服聚衆毆差者，嚴叅究治外，係應行緝拿之案兇徒，恃衆哄鬧，奪犯毆差，未能即時擒獲，將該地方官照盜案例題叅疎防。倘有諱匿，亦照諱盜例議處。

（清）沈書城《則例便覽》卷四二《遞回人犯出境生事》 凡充徒年滿及遞回原籍取具收管之犯，該地方官不嚴行管束，致令脱逃出境生事，一、二三、四五六、七八九名，罰俸一、二、六、九個月。十名以上，罰俸一年。其容留潛住之地方官，亦照此例按名議處。仍著落原籍地方官勒限一年緝拿，逾限不獲，每一名罰俸三個月，四名以上罰俸一年，十名以上降一級留任。倘業已脱逃捏稱竝未出境，別經發覺，將該地方官革職。上司知而不報，降三級調用。

（清）沈書城《則例便覽》卷四二《遞籍人犯潛逃來京》 修改：在京問擬笞杖枷責遞回原籍人犯，如有私行脱逃出境來京者，無論生事與否，該管官申報該上司，并原犯事地方一體查拿，仍將疎脱之地方官查叅，悉照各省遞回人犯出境生事例議處。如有隱匿不報，照應申不申公罪律罰俸六個月。

（清）沈書城《則例便覽》卷四二《四川貴州遞籍人犯潛逃出境》 四川貴州二省犯罪遞回原籍人犯，如復私逃至犯事省分者，失察之原籍地方官照遞回人犯脱逃例，按出境名數處分，如犯事省分失察容隱，亦照原籍地方官致令疎脱出境例，按潛匿名數分別議處。

（清）沈書城《則例便覽》卷四二《藏匿潛逃罪犯》 負罪潛逃之犯，其窩藏之家，係職官知情窩隱者，除革職外，仍照本犯原罪治罪，不准折贖。至於犯罪之人在於所屬境内藏匿，地方官不實力稽查，或被旁人首發，或被鄰境官司拿獲，將該地方官降一級留任。如有屬員藏匿罪人，該管上司不行查出揭叅，事發將藏匿之員照律治罪，該管上司降一級留任。

（清）沈書城《則例便覽》卷四二《軍流徒罪及安插為民人犯脱逃隱匿不報》 軍流徒罪及安插爲民人犯脱逃隱匿不報者，將配所該管官初叅降二級留任，限一年緝拿，限内緝獲，開復。限滿不獲，照所降之級調用。該管道府於盤查巡察之便，按册傳點，倘有脱逃匿報等弊，立即揭叅。如容隱不報，一并叅處。

(清) 沈書城《則例便覽》卷四二《京城緝捕要案人犯》 凡係奉旨緝捕關係要緊人犯，該管衙門即行文八旗步軍統領及五城察院，轉行所屬地方嚴行緝拿，并牌行附近之涿州等處一體盤緝，該州縣即令捕役嚴行查訪，另行申報總督。如此等人犯脱逃，經管應捕地方勒限一個月緝獲。限內不獲，俱降一級調用。如一月之內拿獲者，免其議處。若非經管各官及該管上司大臣，有能將此等人犯於一月之內、外拿獲者，每一名紀録一次。若此等人犯行文到日，地方各官不即緝捕，或被旁人告發。或鄰境官司拿獲，將該地方官降二級調用。如拿獲之犯審出在何地藏匿，不知情者，將該地方官降一級留任。知情容隱者，革職。該管上司降二級調用。

(清) 沈書城《則例便覽》卷四二《五城命盜重犯發保脱逃》 五城命盜重犯拿獲到案，不行羈禁，擅行發保，未經脱逃者，將該司坊官罰俸一年。因而脱逃者，降一級留任。限一年緝拿，限內拿獲，開復。限滿不獲，照所降之級調用，逃犯交與接任官勒限一年緝拿，能於限內拿獲，紀録一次。限滿不獲，罰俸一年。逃犯照案緝拿，如別城及鄰邑地方官有拿獲此等逃犯者，每一名紀録一次。

(清) 沈書城《則例便覽》卷四二《緝拿重犯》 凡奉旨緝拿重犯，如果無獲，亦竝無人隱藏，地方官於年底申報後被旁人首獲，審出曾在某處隱藏某家，將申報之該地方官革職，府州降二級調用，道官罰俸一年，巡撫罰俸九個月，加級紀録，不准抵銷。若未經申報之前，如有隱藏，被旁人首告拿獲者，將該地方官降二級調用，府州罰俸一年，道官罰俸九個月，巡撫罰俸六個月，加級紀録，亦不准抵銷。如該管各官知情聽其隱藏者，與罪人一體治罪。如奉旨緝拿重犯，地方官盡心拿獲一名者，即准加一級。

(清) 沈書城《則例便覽》卷四二《重犯中途脱逃增改上司處分乾隆五十五年》 續纂：上司於所屬遇有決不待時重犯脱逃，該管知府降一級調用，加級不准抵銷。司道、督撫降二、一級留任，均准抵銷。如係秋審發回監候及解往歸案審辦罪應擬抵之犯脱逃，知府、司道降一級調用、留任，督撫罰俸一年。發往新疆遣犯脱逃，知府降一級留任，司道、督撫罰俸一年、六個月，加級俱准抵銷。如有欽奉特旨交部嚴議者，該管知府例應降調之處，毋庸查級議抵。如屬員限內獲犯，開復，該管上司一并奏請開復。其尚未送部議處者，俟咨送到部時酌減議結，將降調減爲降留，降留減爲罰俸。

(清) 沈書城《則例便覽》卷四二《承審案件分別展限》 官員審理命盜欽部事件及一切雜案，如有正犯及要證未獲，或盤獲賊犯究出多案，事主未經認贓必須等候方可審擬，或因隔省行查限內實難完結者，預行申詳，督撫分別題咨展限。若正犯要證及盜竊案內首從人犯已經到案，間有餘犯未獲者，即將現獲之犯審結，不得藉詞展限，亦不得延至日久請就現犯審結之日起限。若承審期內遇有續獲之犯，如到案在州縣分限以內者，即行一併審擬毋庸另展限期。如到案已在州縣分限以外另行專案扣限四個月審擬完結。如間有獲犯到案在州縣分限將滿者，亦不得逾違統限。如該上司不嚴加查核聽其藉端稽延任意扣展，查出除不准展限外已逾二參分限者，仍照二參例議處，未逾二參分限者，將任意扣展之承審官降一級調用，轉詳之司道府州等官各降一級留任，督撫罰俸一年。

(清) 沈書城《則例便覽》卷四二《盜案虛實未分展限》 盜案果有虛實情形未分，盜贓未確，限內不能完結者，據實詳報，上司核明，報部准其展限四個月。倘承審官將易結之盜案濫請展限，照易結不結例，革職，轉詳咨部之司道府州等官，各降一級留任，督撫罰俸一年。

(清) 沈書城《則例便覽》卷四二《命案遲延有因以檢驗之日起限》 命案詳請檢驗上司竝無批駁情節者，仍按限審解外其有屢經駁查方行批准，實屬遲延有因之案，該督撫聲明報部，准其以開檢之日起限。如有假捏展限情弊，照例參處。

(清) 沈書城《則例便覽》卷四二《臬司自理事件并上司批審事件限期》 按察使自理事件限一個月完結，上司批審事件限一個月審報，如有遲延照例，分別議處。

(清) 沈書城《則例便覽》卷四二《改委別員承審展限》 修改：原問官審斷未當，改委別員承審之案，照接審官例，扣半加展，州縣分限兩、三個月者，准展一個、一個半月。如有逾違，仍照原審官例議處，至改委之員除陞遷事故竝派委緊要案件，許令另委外，如無此等事故復行改委及明知屬員例限將屆，故爲派委者，將該上司均照狥庇例議處。至案件發審之初，即委員會審并部駁，另委賢員審擬之案，准以該員奉文之日扣限

審解，附招聲明，毋庸另行咨題。

（清）沈書城《則例便覽》卷四二《州縣自理詞訟及上司批審事件》

修改：州縣自理戶婚田土等項案件，定限二十日完結。仍設立號簿，開明已未完結緣由，令巡道稽查督催該管府州按月提取號簿查核督催，或有關提人犯踏看情形不能依限完結者，該府州詳道轉報督撫准其展限，該道分巡所至查過州縣，即將該州縣已未結若干件摘取簡明一單行知該州縣，限其完結續報一面將單移知兩司申詳，督撫查考。如州縣有違限不行審結者，該道府等查叅照事件遲延例議處。若該道查報不實，將該道罰俸六個月。該道查出該府州，罰俸三個月。倘號簿內有將自理詞訟遺漏未經造入，該州縣罰俸三個月。朦混塡註者，州縣降一級調用，府州降一級留任。係有心弊混匿不造入號簿，或未結捏報已結，州縣革職，府州降三級調用，徇情枉斷者，按所犯輕重指叅嚴加議處。係府州查出揭叅者，免其議處。如巡道漫不查催及查出州縣捏報遷延匿不詳報督撫者，降三級調用，至上司批審事件，即責成批審之上司。凡有已逾一月之限而催提不覆者，即指案移司詳院查叅照例議處。倘各上司因循瞻顧不隨時詳請咨叅，巡道不隨時稽查督催，俱降二級調用。

（清）沈書城《則例便覽》卷四二《上控詞訟委員審理》 民間詞訟州縣審斷之後赴督撫藩臬等衙門具控者，飭令本管道府按事之重輕，或親行集訊，或委員另審。如赴道府衙門呈訴者，即行親審。倘仍發原問官收問，或仍令會審者，將道府照律分別議處。查律內稱訴冤枉發原問官司收問者，依告狀不受理律論罪。又凡鬬毆婚姻田宅等事不受理者，各減犯人罪二等，罪止杖八十。所委之員，若有瞻徇，降二級調用，聽從囑托者，革職。

乾隆五十一年定例，藩臬兩司遇有督撫批發戶婚田土尋常之案，頭緒紛繁，必須委員代爲查案者，於取供後，仍由該司親訊定案，加看擬詳其控告官吏之案，一經督撫批發，該司即親勘擬詳，不得委員代勘，至道府奉到上司批發控詞，無論事之巨細，均應親訊加看擬詳，不得轉委。所屬州縣先行審擬其自理詞訟，亦俱令親自提訊。如違，即照不即親勘例議處。

（清）沈書城《則例便覽》卷四二《臺灣承審限期》 臺灣承審盜、命、雜案，廳縣限四、三、兩個月解府，府連海洋程途其限四、三、兩個月解司，司限一個月解督撫，督撫限一個月咨題，統限九、八、七個月完結。其命盜搶竊重案，府審後即解巡道勘問，解司巡道審轉，限期即在府審限內通融扣算。如有逾限照內地承審之例議處。

（清）沈書城《則例便覽》卷四二《湖南乾州鳳凰永綏三廳承審命盜》

湖南乾州鳳凰永綏三廳承審命盜及理應解審重案，俱照州縣解府之例，就近移解辰州府覈查明確轉行解司，該廳照州縣分限審解，該府仍照知府分限辦理。

（清）沈書城《則例便覽》卷四二《雲南府廳審解命盜案件》 雲南鶴慶麗江永北順寧四府本管境內命盜等案，由迤東道審轉。景東蒙化二同知命盜等案，由迤西道審轉。至道府同知承審分限悉照定例遵行。其五嶆思茅大關魯甸威遠中甸等廳命盜等案，令各廳員照州縣之例，勘驗承審，徑解該管知府審轉，其審轉限期以及承審、緝議敘、處，悉由該管知府核轉報部照例辦理。

（清）沈書城《則例便覽》卷四二《貴州貴陽等四府審理命盜案件》

糧驛道分巡之貴陽平越石阡三府并貴東道分巡之黎平一府命盜案犯，俱解各該管道員審轉。其餘貴東貴西二道分巡之都勻鎮遠思南思州銅仁安順南籠大定等八府親轄案件，仍照成例，徑解臬司審轉。其貴陽等四府自理命盜案件，既由道核轉，其該道承審限期准其照例加展，如有遲延照例分別議處。

（清）沈書城《則例便覽》卷四二《貴州分駐州同州判命盜案件》

永豐州分駐册亨州同一員定番州分駐羅斛大塘州判二員命盜案件，照普安州黃草壩州判之例，一面勘驗通報，其人犯仍解各州承審招解。如有驗報不實及承審遲延，照例查叅。

（清）沈書城《則例便覽》卷四二《承審扣除犯病日期》 州縣承審案件，如有案內正犯，或緊要證佐患病，只准扣展一個月。至府州司道審轉時，或遇犯證患病，亦准其扣除總不得過一個月之限。若承審官及審轉之府州司道將人犯帶病起解以致中途病斃一二名者，罰俸一年。三四名者，降一級留任。五六名以上者，降二級調用。若無故遲延捏報患病，希圖扣限者，革職。各上司扶同徇隱，降三級調用。

乾隆四十四年定例，應擬斬絞人犯患病，督撫據報，即先具文報部。

（清）沈書城《則例便覽》卷四二《承審扣除程途》 承審官招解人

犯按照道里遠近將解府解司程限日期於咨題内聲明准其扣除。如有解役中途逗遛者，仍照原限日期扣除。按每日行五十里扣算，不准將逗遛日期扣算。

（清）沈書城《則例便覽》卷四二《難結案件展限》 實係重大案件，二限必不能完結者，許該督撫於二叅限滿題叅時，即將難結緣由疏内聲明吏部，將承審各官革職留任，再限四個月審結，如再不結題叅革任該督撫。如將易結之事朦混其題者，照徇庇例處分。

（清）沈書城《則例便覽》卷四二《二叅限滿并該管府州查叅》 州縣審理案件於二叅限滿不結後，將該管之府州一併查叅。如係難結案件，承審之州縣議以革職留任者，將揭報之府州罰俸一年。如係易結不結，承審之州縣議以革職。并三限不能審結議以革任者，將揭報之府州降一級留任。如州縣官承審案件玩延不結府州竝不揭報，降三級調用。其府州自行審理案件督催之道員照知府例分別議處。至按察使爲刑名總滙事務繁多一時難於稽察，應准揭叅免議。如有竝非難結案件，該管府州捏飾難結緣由朦混詳請展限者，革職。按察使不行查出揭叅據詳率轉，照徇庇例議處，督撫將違限各官徇情不行題叅，照徇情例議處。

（清）沈書城《則例便覽》卷四二《上司苛駁等弊》 州縣承審案件各上司倘有苛駁索詐，或將屬員解到日期故爲改遲推卸等弊，該督撫查明，將該上司各官題叅，照易結不結例議處，該督撫徇隱不揭，照徇庇例議處。

（清）沈書城《則例便覽》卷四二《上司混駁直揭三法司刑科》 州縣原讞情罪，果與律例照脗合，上司混駁許承審官抄録原審供册，并批駁案卷直揭三法司刑科查核。如果是實將偏私混駁之上司，照例議處。如承審官徇私瞻顧所擬情罪與律例不符以致上司批駁，固執原擬不爲改正，反以定有直揭三法司刑科之例，遂裝點情詞混行直揭者，革職治罪。

（清）沈書城《則例便覽》卷四二《不能審出盗賊誣良》 凡盗賊誣良承審官初次不能確審實情，經上司駁查自行改正，或被上司審出實情改正。如已、未經致死者，降一級留任、罰俸一年。道府據招率轉，經司駁查，始行改正，或被上司審出實情改正，如已、未經致死者，罰俸一年、九個月。按察使不細心嚴鞫，經督撫駁查，始行改正，或被審出實情改正，如已、未經致死者，罰俸九、六個月。其不行查出具題之督撫經部駁始行改正，如已、未經致死者，罰俸六、三個月。若州縣官膜視悠忽，或經上司駁查至再始行改正，或被上司審出實情，如已、未經致死者，降二、一級調用。道府據議率轉經司再駁始行改正，或被上司審出實情，如已、未經致死者，降一級調用，留任。按察使不細心嚴鞫，經督撫再駁，始行改正，或被審出實情，如已、未經致死者，降一級留任，罰俸一年。其不行查出具題之督撫，經部再駁始行改正，如已、未經致死者，罰俸一年六個月。若州縣官自行審出與飭駁之上司均照例免議。

（清）沈書城《則例便覽》卷四二《斬絞人犯捏報留養》 斬絞人犯竝無祖父母父母而稱爲有，竝未年老而指爲老，實有以次成丁而稱爲無，該管官不行查明率行申報者，降三級調用，轉報之上司降一級留任，督撫罰俸一年。若地方官申報後上司復令察出，或原官察出據實首送，照檢舉定例查議。道府州縣官自行檢舉應降級調用者，減爲降一級留任，見降罰門。

（清）沈書城《則例便覽》卷四二《軍流徒罪捏報留養》修改：軍流徒犯及免死減等流犯，如竝無年老祖父母父母而稱爲有，實有以次成丁而稱爲無，該管官不行查明，率行申報者，降二級調用，轉詳之上司罰俸一年，督撫罰俸六個月。如有此等人犯用財行求事發將申報官革職提問，轉詳之上司降三級調用，督撫降一級留任。凡審辦軍流徒犯之案無論應否留養，於到案日訊明，本犯有無祖父母父母子孫及年歲若干，敘明存案，有不遵例取供者，照軍流等犯未經審出實情例議處。若地方官申報後上司復令察出，或原官察出據實首送者，俱免議。

（清）沈書城《則例便覽》卷四二《叅劾官員就近審理》 總督所叅之員令巡撫審理，其福建湖北雲南各省巡撫與總督同城，江蘇安徽廣東各省與總督雖不同城，兩江總督駐劄江寧府在江蘇安徽適中之地，兩廣總督駐劄肇慶與廣東巡撫駐劄之地不遠，亦令撫叅督審。其湖南雖統屬湖廣，相隔洞庭一湖，陝甘總督遠駐甘肅兼管甘肅巡撫事，以及浙江江西陝西廣西貴州等省均屬隔省巡撫所叅之員，即令該撫就近審結。兩司審轉時，備詳總督稽核，仍令巡撫將審案移會總督合詞具題。

（清）沈書城《則例便覽》卷四四《定稿司官議敘議處》 刑部辦理案件除各省咨題到部細小事情與例不符應行駁詰者無庸置議外，其該督撫咨題案件有將應擬重罪人犯竟令脱網，無辜之人羅織疑罪者，司官能細心查核，

駁行覆審，果得實情改正，將首先立議，主稿之司官於每年十二月内彙奏，每案紀録一次，若督撫咨題案件罪無出入，司官妄行苛駁，將應擬重、輕罪人犯欲行開脱、改作重罪，致有出入者，將主稿之司官隨時查參，照例分別議處。

（清）沈書城《則例便覽》卷四四《衛所命盗等案》　衛所屯丁居住州縣地方者，遇有命盗等案，限滿無獲，將州縣官與衛所官弁一併列參照例議處。如衛所官弁因州縣既有責成以致徇庇屯丁，故意推諉者，照徇庇例議處。

（清）沈書城《則例便覽》卷四四《賄買盗供輒轉行查》　盗犯初獲到案，即訊明曾經行刦某處，同夥幾人，共刦幾次，審擬定案以後，不許聽其任意狡供，倘續獲之賊有所供出之案，仍應行查，亦以初供爲主，如有不肖州縣賄買盗供，輒轉行查，希圖銷案者，照易結不結例革職。

（清）沈書城《則例便覽》卷四四《借盗銷案》　州縣官將竝未供有行刦別案已經正法之盗作爲本案盗犯，或明知非本案正盗與鄰邑互相交結借盗銷案者，捏報之州縣及鄰邑囑託之印官，俱革職。道府等官扶同徇隱，降三級調用。如係捕役串通盗犯教供妄認，州縣官失於覺舉，不將串通情由審出者，罰俸一年。

（清）沈書城《則例便覽》卷四四《審理盗案刑逼妄供》　官員審理盗案，如將誣拿妄攀人犯，竝不虚衷研審，混以刑逼招認妄供者，革職。

（清）沈書城《則例便覽》卷四四《拘提人犯衙役滋事》　地方官遇有命盗鬭毆姦拐等事，所差衙役將拘提審訊之犯私用非刑拷逼致死者，本官降三級調用。雖未用刑拷逼而正犯及家屬有因凌逼嚇詐苦累自盡者，將失察之該管官降二級調用。止於用刑拷逼索詐銀錢勒逼教供未經致死人命者，降一級調用。竝未拷逼索詐，但因藉差滋事釀成人命者，亦降一級調用。

（清）沈書城《則例便覽》卷四四《地方官不驗明拷打痕據》　地方官於人犯到案，若經驗無拷打教逼等情，後經受害人告發，或經上司提驗訊明，即題參，降三級調用。

（清）沈書城《則例便覽》卷四四《佐貳官不許准詞訟》　佐貳等官擅准詞狀，降一級調用。正印官不行詳查，罰俸一年。

（清）沈書城《則例便覽》卷四四《佐雜擅受印官濫批致斃人命》　佐雜等官擅受而未致斃人命，及斃人命而實係例應緝拿之罪犯畏罪自戕事出倉卒，竝無差役需索情弊者，仍照定例分別辦理。如本非佐雜應理之事，因擅受致釀人命，除佐雜立即咨革，將該印官照防範不嚴例降一級留任。不得於既經斃命之後，以揭報爲詞聲請免議。如印官規避處分，匿不具報，即照諱命例革職。至印官將詞訟批發佐雜未經致斃人命者，仍照定例查議，或因濫批致斃人命者，將印官照溺職例革職。如州縣畏懼處分，隱匿濫批情節，該管府州不查出揭報照徇庇例降三級調用。竝將不説報題參之司道督撫均降一級留任。

乾隆四十三年定例，佐雜因擅受釀命斥革者，照永不敘用之例，不准捐復。

（清）沈書城《則例便覽》卷四四《地方事件濫批鄉地》　民間一應詞訟細事，如田畝之界址溝洫及親屬之遠近親疎許令鄉地呈報地方官，據覆核明，親加剖斷，如不行親審，批令鄉地處理完結者，罰俸一年。至命盗案内緊要情節及重大事件，如有濫批鄉地查覆者，降三級調用。

（清）沈書城《則例便覽》卷四四《容有職人等坐審》　官員審事時，容有職人等坐審者，罰俸一年。

（清）沈書城《則例便覽》卷四四《禁止株連婦女》　承審案件除律例内應行提取婦女收禁照例提訊，其餘小事，牽連婦女，仍照例提子姪兄弟代審。外遇虧空賠累追贓搜查家産雜犯等案，概不許提審婦女，倘有刻薄官員陽奉陰違，侮辱婦女，照違制律治罪，各該上司徇庇失察，分別議處。

（清）沈書城《則例便覽》卷四四《越次控告上司濫准》　凡未經在下控告輒赴院司道府控告上司違例濫行准理者，罰俸九個月。

（清）沈書城《則例便覽》卷四四《直隸州命盗案件審轉限期》　各省直隸知州自理刑名命盗等案，除向例徑自解司者，仍照例遵行竝將道員應得之分限刪除外，其責成道員審轉者，令道員就近牒移轉司，如有情罪不當，駁訊妥確，再行轉解，其道員承審，限期處分，俱照知府例核議。

（清）沈書城《則例便覽》卷四四《知府親管地方事件審解限期》　各省有知府親管地方審理事件，概照州縣應得之限審解，即於審限内將知府應得之分限刪除，不得混行扣展。

（清）沈書城《則例便覽》卷四四《奉天辦理命盗案件》 修改：奉天十二州縣熊岳等處旗民交涉命盗等案，屬州縣界内者，令州縣承審。屬同知通判界内者，令同知通判承審。毋庸旗員會審，定案後旗人笞杖等罪，移旗發落，係徒罪以上，呈送盛京刑部核辦，倘有承審遲延任意濫刑及不能審出實情，或婪贓徇情將承辦之員照例參處。如有定案之後，將旗人笞杖等罪不移旗發落者，亦照例議處。

（清）沈書城《則例便覽》卷四五《擅用非刑》 官員將犯人除夾棍桚指之外，另用非刑者，革職。將婦人用夾棍者，亦革職。該管上司不察實具報降二級調用。督撫不行題參降一級留任。如將孕婦用桚指者，降一級調用，該管上司不察實具報罰俸一年，督撫罰俸六個月。

審問小事不准用夾棍，若將應夾之人罪不致死者夾死，罰俸一年。將不應夾之人行夾降一級留任，夾死者降三級調用。應夾之人恣意叠夾致死者，革職。若有别項情由，照情由議罪，若將不應夾之人回堂行夾，將堂官罰俸六個月。

（清）沈書城《則例便覽》卷四五《刑具違式》 問刑衙門所用刑具不遵定例式樣，任意造用者，照擅用非刑例革職道府不行詳揭照不察實具報例降二級調用，督撫失於查參罰俸一年。如道府已經詳揭而該督撫徇隱不行參奏，將督撫照徇情例降二級調用。在京衙門用刑官照州縣例議處，該管官失於查察照督撫例罰俸一年。如該管官明知徇隱不行查參，亦照徇情例處分，至跪鍊壓膝等刑倘有違例濫用，將濫用之員降一級調用。

（清）沈書城《則例便覽》卷四五《稽查用刑》 各省督撫設立印簿分發，問刑衙門填注用刑次數，年底申繳查閱，若有濫用夾棍及用多報少情弊查出，指參將濫用夾棍之員照將不應夾之人行夾例降一級留任，將用多報少之員照朦混造册例降一級調用。

（清）沈書城《則例便覽》卷四五《禁用柙牀》 官員於獄内用柙牀者，革職交部治罪。或拘禁地窖，或以長木將各犯同繫，令其不能轉動，凌虐罪囚者，革職。

（清）沈書城《則例便覽》卷四五《佐貳微員不許用夾棍》 佐貳微員一概不許動用夾棍，若審理批發奉委事件有應夾訊者，係上司批委詳明，改委印官審理，係印官批發呈明印官掣回自行審理。倘該佐貳仍沿舊習請發刑具，該上司遽准夾訊者，即行揭參。如夾訊之人已、未經致死者，佐貳官革職，降三級調用，原委上司降三、一級調用。

（清）沈書城《則例便覽》卷四五《失察佐雜擅用刑具》 佐雜擅用夾棍桚指等刑具，該印官失於查察，降二級調用，如自行詳揭者，免議。

（清）沈書城《則例便覽》卷四五《誤行正法》 官員將絞罪犯人誤斬者，降二級調用。將應監候秋決人犯即行正法者，降四級調用。如將立決人犯於停刑之日處決者，罰俸六個月。

（清）沈書城《則例便覽》卷四五《誣告人命刑逼招認》 挾讎誣告人謀死人命致屍遭蒸檢，承審官刑逼招認者，革職。審出實情者，交部議敘。

（清）沈書城《則例便覽》卷四五《疎脱枷犯》 枷號旗下人犯，令城門尉等詳驗枷封收受，或枷具脱鬆，或封皮折皺可以脱出者，將看封之司官照杖罪人犯應禁不禁律，罰俸六個月。仍將該犯送部枷號封固發門之後，該部派滿漢官員調旗巡查，如有將人犯枷號鬆脱散放，或枷具鬆疎及封皮折皺可以脱出，巡查官員明知不行稟首者，罰俸九個月。

（清）沈書城《則例便覽》卷四五《笞辱官員》 上司將所屬佐貳官員遇有事故不行題參，任意笞辱者，降二級調用，笞辱知縣以上官員，降三級調用。

（清）沈書城《則例便覽》卷四五《擅責旗下人》 官員擅行夾責旗下人者，降一級調用。

（清）沈書城《則例便覽》卷四五《邪術避刑》 奸徒將各種避刑邪術私相傳授學習及代人作法架刑者，地方官不行查拿，降一級調用。

（清）沈書城《則例便覽》卷四六《疎縱越獄脱逃》 反叛斬罪之人越獄，不論名數多寡，管獄官革職拿問，有獄官亦革職，戴罪勒限一年督緝，全獲開復，逾限不全獲，即行革職。

山海巨盗斬絞重罪并問發新疆，人犯越獄，不論名數多寡，該督撫即時題參，將管獄官革職拿問，有獄官革職留任，如能於四個月疎防限内拿獲，管獄官免其拿問，仍革職。有獄官自拿獲之日起扣限一年，無過開復。如四個月限内不能全獲，有獄官仍留任一年，戴罪督緝。全獲者亦自拿獲之日起，扣限一年，無過開復。倘逾限一、二名不獲，降一、三級調

用。三名不獲一名者，革職。逃犯俱交與接任官，勒限一年緝拿，限滿不獲，照例議處。改發内地遣犯越獄管獄官革職拿問，有獄官即行革職，仍留該地方協緝，乾隆三十三年案。

軍流徒杖笞等犯越獄，不論名數多寡，定限四個月題參疎防，將管、有獄官革職留任，住俸戴罪勒限一年緝拿，督緝全獲開復。逾限不獲，管獄官革職。有獄官一二名不獲，罰俸一年。三四、五六、七八、九十名不獲，降一、二、三、四級調用。逃犯俱交與接任官，勒限一年緝拿。

前官未獲越獄人犯，接任官到任之日起，限一年緝拿。如於限内將前官全未拿獲人犯全獲者，不論俸次即陞。如前官止獲一二名其餘逃犯接任官如能全獲者，不論名數多寡，紀録一次。如山海巨盜斬絞重犯一年限内，無論名數多寡，不拿獲者，罰俸一年，再限一年緝拿，限滿不獲，罰俸二年，仍再限一年緝拿。三限不獲，降一級留任，逃犯照案緝拿。如軍流徒杖笞等犯一名到四名、五六名、七八名、九名十名以上不獲者，罰俸三、六、九個月、一年，逃犯照案緝拿。

斬絞重犯越獄，限滿不獲，州縣降調，例應留於地方協緝，五年其有紀録加級抵銷免其降調之員，仍限五年緝拿，逾限不獲，照例查參，分别降調革職。至軍流以下人犯越獄，限滿不獲，降調。有紀級抵銷，仍留原任者，再限一年緝拿，限滿不獲，照接緝官例議處。全獲者，原係伊任内脱逃人犯，不准議敘。

官員將别案已經正法及縊死溺死賊犯，混稱此案越獄之犯，希免承緝處分者，俱革職。不行確查遽行轉詳、具題之司道府、督撫，罰俸一年、六個月。

署事官任内有越獄之事，照現任官例處分，如正印官暫行兼攝獄務，遇有疎脱重犯之案，即照管獄官例題參，革職拿問，倘能於百日限内緝獲，將可否令該督撫給咨送部引見之處，恭候欽定。

（清）沈書城《則例便覽》卷四六《疎縱重犯越獄官員假滿協緝》 凡限緝越獄重犯，官員如有患病及終養等事，無論在任承緝及離任協緝，俱不准回籍外，其承緝協緝限内遇丁憂事故，暫令回籍，給假百日，治喪假滿，仍回原任地方協緝接扣前，限滿日照例查辦。

（清）沈書城《則例便覽》卷四六《未定罪名人犯越獄》 未經擬定罪名人犯越獄，定限四個月，題參疎防如取供已明，罪無可疑者，即於疎防文内聲明該犯應得罪名，以憑照例議處。如果係監候待質罪難懸擬者，亦於疎防文内聲明，酌照軍流等犯越獄例議處。如越獄至十一名以上，初參將有獄官革職戴罪，勒限一年督緝，全獲開復，限滿不獲，仍照例計名數多寡議處。其逾限未獲十一名以上者，革職。未獲逃犯亦交與接任官，勒限一年緝拿，至越獄逃犯罪無可疑，仍捏稱罪難懸擬者，有獄官革職。不行確查具報之府州罰俸一年，轉詳之司道罰俸六個月，督撫罰俸三個月。若受屬員請託代爲轉報府州司道降二級調用、留任，督撫罰俸一年。

（清）沈書城《則例便覽》卷四六《越獄因公出境》 有獄各官因公出境，如遇反叛斬絞重犯越獄，係帶印公出者，仍照承緝官例處分。係交印公出者，以署事之員爲承緝，本員回任時，照接緝官例查議。如遇軍流徒杖笞等犯越獄，係帶印公出者，初參免其處分，仍限一年緝拿，逾限不獲，仍照定例議處。交印公出者，回任時亦照接緝官例查議，如無接緝官處分者，免議。若並非因公出境，該管上司瞻徇情面，捏稱因公出境，掩飾具奏，將該管上司瞻徇情例降三級調用，有獄官照規避例革職。

（清）沈書城《則例便覽》卷四六《監犯越獄上司處分》 斬絞重犯并問發新疆人犯越獄，係賄縱脱逃者，將該管府州革職，司道降一級調用。不嚴參之督撫，降二級留任。已經嚴參者，降一級留任。並非賄縱者，將該管府州罰俸一年，限一年督緝，逾限不獲，降一級留任。或前案發覺以後，及未經開復以前，又遇所屬重犯越獄者，即降一級調用，督撫司道初參罰俸六個月，限一年督緝，限滿不獲，罰俸一年。如軍流徒杖笞等犯越獄，將該管府州隨案查參罰俸六個月，道員罰俸三個月。

（清）沈書城《則例便覽》卷四六《重犯越獄不報》 官員將斬絞人犯越獄脱逃，旋即自行拿獲，隱匿不報，或不行羈禁著人取保以致脱逃，均革職。或發伊收監之犯不自收監，反推發别衙門以致脱逃者，降四級調用。如該管上司不據實具報者，降二級調用。

（清）沈書城《則例便覽》卷四六《越獄嚴究賄縱》 越獄重犯，承審官如能究出，賄縱實情，免其從前失察犯贓處分。如不嚴究實情，照未經審出贓銀例，降三級調用。

（清）沈書城《則例便覽》卷四六《獄官議敘》 獄官能董率提牢吏役，嚴加防守，一年內有三名以上重犯竝無疎失者，紀録一次，每三名加一等，十五名以上者加一級，再有數多者，以次遞加吏目典史。三年之內竝無疎失，亦照獄官定例議敘。

（清）沈書城《則例便覽》卷四六《鄰境拿獲越獄議敘》 重犯越獄，鄰境文武正雜等官有能一月內拿獲者，每一名加一級，再紀録一次。一月外拿獲者，每一名加一級。如拿獲鄰境越獄軍流罪犯，每一名紀録一次，徒罪人犯每二名紀録一次，准其前後接算。

（清）沈書城《則例便覽》卷四六《獄官濫行差調》 管獄之司獄司吏目典史，如有濫行差調，上司照虛懸城守例議處。貴州省竝無佐雜閒員，遇有緊要差務，典史吏目仍准酌量委用。其吏目典史，如遇緝限屆期例當降革，謀差展限者，將該員照規避例革職。

（清）沈書城《則例便覽》卷四六《獄官監斃分别人犯處分》 管獄官監斃人犯，如係斬絞重犯，一案內監斃一、二、三、四人者罰俸一、三、六、九個月，五人以上罰俸一年。如係軍流罪犯一案內監斃一、二、三、四人者，罰俸三、六、九個月、一年五人以上，革職。凌遲重犯及徒罪以下人犯，一案內監斃一、二、三人者，罰俸六、九個月、一年，四人以上，革職。人犯有帶病進監身故者，免議。至刑部司獄官監斃斬絞重犯，一案內三四、五六、七八、九十人者，罰俸一、三、六、九個月，十一人以上者，罰俸一年。軍流罪犯一案內監斃三四、五六、七八、九十人者，罰俸三、六、九個月、一年，十一人以上者，革職。凌遲重犯及徒罪以下人犯一案內監斃三四、五六、七八人者，罰俸六、九個月、一年，九人以上革職。如一案內一時監斃斬絞軍流徒罪之犯數人以上者，照各項人犯分别議處，再督撫題報監斃人犯，務將所犯罪名所患病症及有無凌虐竝輕罪人犯，曾否保釋緣由逐一聲明，如有朦混情弊，經部查出，將該督撫每案罰俸三個月。若承審各官不行詳報聲明，罰俸六個月。

（清）沈書城《則例便覽》卷四六《承問官監斃盜犯》 承問官將盜犯取有口供，未經題結監斃者，無論首、夥盜一案內監斃四人以下者免議。五六、七八、九十人者罰俸三、六個月、一年，事結具題之後，監斃者免議。

（清）沈書城《則例便覽》卷四六《管獄官監斃盜犯》 除管獄官將盜犯未經取供，案未審明，監斃及滅口致死者，仍照例議處外，如已經取供審明後，管獄官竝無致斃情事，在監病故不論首、夥盜四人以下者免議。至將一案內盜犯監斃五人以上者，罰俸一年。

（清）沈書城《則例便覽》卷四六《監斃鹽犯》 地方官拿獲鹽犯，即行審結，其有遲延，在四月內將人犯監斃者，該鹽政會同督撫咨衆照承審官例議處。倘再任意不結，拖累至四月之外，以致一案監斃至三人，一年監斃至三案者，將州縣照獄官監斃例議處。

（清）沈書城《則例便覽》卷四六《承審命案監斃分别處分》 人命重案正犯已獲，證佐未明，難以定招，二限之內，該犯病故者，仍照承審限內竝不取供監斃例議處。若犯證已齊，承審官漫不經心，限內竟不訊取口供，以致該犯於限外禁斃者，若係正犯仍照承審限內竝不取供監斃例議處。若係證佐等犯照監斃干連人犯例，一二人者，罰俸一年。三、四人者降一、二級留任、調用，五人者，革職。

（清）沈書城《則例便覽》卷四六《獄卒謀死本犯》 獄卒有受罪人讎家賄囑謀死本犯等弊者，失察之該管官革職。

（清）沈書城《則例便覽》卷四六《滅口致死》 官員將叛逆强盜及斬絞人犯滅口致死者，革職提問。上司不據實具報，降二級調用。

（清）沈書城《則例便覽》卷四六《在獄自盡附委官看守例》 修改：除情重要犯在獄乘機自倖逃顯戮者，該管有獄各官聽該督撫等嚴行查衆，分别治罪外，其斬殺監候人犯、凌遲及立决重犯、軍流人犯自盡者，管獄官降三級調用不准抵銷、革職、降一級調用准抵銷。有獄官降二、三、一級調用准抵銷、調用准抵銷，留任。乾隆五十五年。

督撫所衆貪劣官員委官看守如疎忽致自盡者，承委之官罰俸三個月。

（清）沈書城《則例便覽》卷四六《情實官犯在監自盡》 情實官犯在獄自戕州縣與吏目典史一併革職拿問。府州革職，按察使降一級留任，督撫罰俸一年。

（清）沈書城《則例便覽》卷四六《縱放人犯》 貪婪革職官員竝提問之犯不監候具題完結，縱回原籍，或聽其散居脱逃者，俱革職。逃犯交與接任官照越獄例限一年緝拿，如解餉官失銀縱放脱逃，及那用錢糧官員未經追完縱往他處者，俱降一級留任，限一年緝拿，限內不獲，降一級調

用。

（清）沈書城《則例便覽》卷四六《遇赦濫禁》　赦詔到日如將應赦免人犯仍濫行監禁，或應放犯人不即查放，遲誤十日者，將該管官革職，其有未經法司核覆明白之犯，該法司核明文到之日，不即釋放，亦革職。該管上司不詳查揭參，俱降二級調用，督撫俱降一級留任。若有情罪可疑，該管官不於一月内詳明奏請，違限一、二、三月以上者，降一、二級調用，革職，該管上司不詳查揭參者，罰俸一年，降一、二級留任，調用，該督撫罰俸六個月、一年、降一級留任。如係上司督撫遲延，將上司督撫照該管官例處分，該管官免議。

（清）沈書城《則例便覽》卷四六《禁設倉舖濫刑》　問刑衙門原設有監獄，應將倉舖所柵店盡行拆毀，如有私設倉舖等項，受囑恐嚇報讎將輕罪犯人私禁致斃者，將該管官照律治罪。

（清）沈書城《則例便覽》卷四六《禁革舖監使費》　凡需索應禁人犯舖監使費并禁卒人等凌虐監犯，需索銀錢者，將失察之提牢司獄，該管有獄各官照失察衙役犯贓例分別議處。知情故縱照縱役犯贓例革職。

（清）沈書城《則例便覽》卷四六《監犯循環簿》　各府州縣設立循環簿，飭令所屬州縣填註監犯出入名姓，按月申送查閱，如將收監人犯隱漏不行填註，查係不應禁之人，除照濫禁律治罪外，仍將造册之員照朦混造册例降一級調用。如係應禁人犯，照造册遺漏例議處。

（清）沈書城《則例便覽》卷四六《察查監獄》　管獄有獄各官，應不時親詣監所察視，如不親查，以致監墻傾圮，吏卒疎忽者，雖無越獄事犯，亦將該獄官降一級調用，有獄官罰俸一年。若監獄廢壞不修，至交代時，揑飾具報，將廢壞不修之前任官降一級調用。揑飾具報之接任官降一級留任，道府不據實揭報，罰俸一年。

（清）沈書城《則例便覽》卷四六《監獄嚴查出入》　在監人犯照例，許令親屬一月兩次入視，其有送飯食者，令禁子轉行送進，至未結案之犯，親屬一概不許入監。倘不嚴行管束，以致閑雜人等出入，將提牢官司獄官俱照縱容外人入獄律議處。官典笞五十，受財計贓從重論。其書辦皂隸以及官員家僕有擅自出入監所，私通消息，教令串改口供情弊者，提牢司獄立即拘拿回堂，將書吏責革家人之主一併議處。倘不嚴行查察致有串供等弊，一經查出，將提牢官司獄官，亦照縱容外人入獄律議處。

（清）沈書城《則例便覽》卷四六《笞杖人犯不許濫行監禁杖責》　遞回原籍笞杖人犯，接遞州縣濫行收禁，照不應禁而禁，杖六十，公罪律罰俸一年。此等輕罪例應移回原籍折責，如承審衙門先責後解者，照違令笞五十，公罪律罰俸九個月。

（清）沈書城《則例便覽》卷四六《官員擅自鎖禁》　官員犯罪未經奉旨拿問者鎖禁鎖拿永行禁止，若司道府官將未奉督撫行令，拿禁之官擅自拿禁，并不至於拿禁之官妄行拿禁者，革職。

（清）沈書城《則例便覽》卷四六《造報重犯遺漏》　官員造報重犯文册遺漏已決人犯未造者，罰俸一年，該管各官未經查出，罰俸六個月。

（清）沈書城《則例便覽》卷四六《瘋病不行鎖錮看守》　凡有瘋病之人，其親族鄰佑人等已經報官，該地方官該佐領不嚴飭親屬鄰佑人等鎖錮看守，以致瘋病之人自殺、殺他人者，將該地方官該佐領罰俸三個月、一年。

《蒙古律例》卷九《捕亡·明出賊人不給拿來》　將明出賊人不給擒來，令其脱逃者，已未管旗王、貝勒、貝子、公、台吉、塔布囊等各罰俸一年，無俸台吉、塔布囊等各罰五九牲畜。

《蒙古律例》卷一二《斷獄·内扎薩克喀爾喀等處移覆土默特旗下咨文定限》　乾隆三十八年正月，本院議覆綏遠城將軍容保等具奏定例：歸化城土默特地方之命盗案内，有關提扎薩克等旗下之人犯及咨查事故並特令緝拿者，喀爾喀四愛曼定限六個月，内扎薩克各旗定限四個月。該扎薩克等如逾限推諉，不將人犯解送，不即查覆案情，遲延日月者，由承辦官員申報該上司，即行指名參奏，報院嚴加查議。

《蒙古律例》卷九《捕亡·疏脱斬犯》　凡將收管之斬犯疏脱者，收管之章京罰三九牲畜，驍騎校罰二九牲畜，革職，小領催鞭一百，披甲人鞭八十。若收管不至於斬之人犯疏脱者，章京罰二九牲畜，驍騎校罰一九牲畜，小領催鞭八十，披甲人鞭五十。疏脱之犯經旁人拿獲，將所罰章京、領催牲畜給拿之人。如未經拿獲，所罰牲畜存公。

《例案摘要·捕亡押解脱逃·押解發遣新疆人犯脱逃解役兵丁分別治罪通行道光四年河南司》　嗣後押解發遣新疆人犯中途脱逃係免死減等例應

然後官爲收審，亦經刊入清訟章程，通行裁革，各在案。各屬果能留心稽察，實力奉行，弊端何患不除。閭里胥蒙其福。乃上官雖屢頒誥誡，而屬吏多視爲具文，以致鄉曲小民，被其誅求而甘心隱忍，在官人役，無所顧忌，而益肆貪婪，亟應重申禁令，以挽惡習，而示來兹。合行出示嚴禁。嗣後該地方官相驗人命，勘訊盜案，務當恪遵功令，一切夫馬飯食，由官自行發給，不許丁役人等向尸親事主索取分文，以藉端騷擾。至鄉民稟送盜賊，該地方官亦即立時收審，毋任需索重費，有意留難，仍隨時隨事嚴密稽查。如有前項情弊，或被告發，該地方官立即切實根究，從嚴懲辦。倘敢陽奉陰違，有心徇縱，許被害之人赴本管上司指控。訪查得實，定將丁役人等提案究辦，並將該地方官嚴揭請參，决不寬貸。再，立法固宜周密，而杜弊尤貴忠恒。該地方官並將此示泐石，豎立頭門前，俾民間有所見聞，不致任其婪索，丁役咸知警惕，不敢復蹈前非，則民害從此而除，盜風亦從此而息矣。夫役由署捐給，爲數無多，而民間省累不少。爲民父母者，亦當樂爲造福也。限一月內刊監，通報以憑。另有差委之員，順道查明。倘抗不監碑，及有心控報，一經查出，定即詳撤，慎毋自誤。懔之切切，毋違。特示。

光緒十年五月　日　署南澳同知潘維麟遵奉刊監。

《戊戌變法·上諭》光緒二十四年六月癸巳〔二十九日〕又諭：李端棻奏，請删改則例等語，各衙門咸有例案，勒爲成書，顜若畫一，不特易於遵行，兼可杜吏胥任意准駁之弊，法至善也。乃閲時既久，各衙門例案太繁，堂司各官，不能盡記，吏胥因緣爲奸，舞文弄法，無所不至，時或舍例引案，尤多牽混附會，無論或准或駁，皆恃例案爲藏身之固，是非大加删訂，使之歸於簡易不可。著各部院堂官，督飭司員，各將該衙門舊例，細心紬繹，其有語涉兩歧，易滋弊混，或貌似詳細，揆之情理，實多窒礙者，概行删去，另定簡明則例，奏准施行。尤不得藉口無例可援，濫引成案，致啓弊端。如有事屬創辦，不能以成例相繩者，准該衙門隨時據實聲明，請旨辦理，仍按衙門煩簡，立定限期，督飭司員，迅速辦竣具奏，將此通諭知之。

（清）席裕福《清朝政典類纂》卷四〇九《刑四十一·刑律捕亡·稽留囚徒》　凡應徒流、遷徙、充軍囚徒，斷决後當該原問官司限一十日正法之盜犯，除有心賄縱，仍照與囚同罪例定擬外，如審有違例僱替託故潛回或在途開放鎖鐐，止圖便于行走以致脱逃，並無故縱情弊者，將押解兵役審明何人起意，暫行監禁。另選幹役押同該兵役親屬跴緝給限百日限內捕得。將起意違例僱替及開放鎖鐐之犯減逃犯本罪一等，擬徒。限滿無獲，杖一百，流二千里。其餘押解兵役及代替之犯，限內拏獲，減逃犯本罪二等，限滿無獲，各減一等發落。如係依法管解，偶致疎脱，該兵役等並無首從可分，亦各暫行監禁，以一年爲限。如一年限內捕得者，各減逃犯本罪二等；限滿無獲，各減一等發落。其押解尋常遣犯應仍依舊例照徒流人逃律，杖六十，加枷號一個月。

《回疆則例》卷六《阿奇木伯克不得私理刑訊重案》　各城阿奇木伯克等，凡遇枷責輕罪人犯，准其自行辦理。仍令稟明駐劄大臣，存案備查。如遇有刑訊重案，阿奇木伯克不得濫設夾棍、杠子，擅自受理。隨時稟明本管大臣，聽候委員會同審辦。

中國第一歷史檔案館《咸豐同治兩朝上諭檔》同治二年二月十二日

上諭給事中博桂奏，刑部反獄重案蒙混定稿，請飭查辦嚴定獄卒罪名，並將聲名狼籍之承審司員參奏一摺。據稱刑部定案總應覈明，情節以律例爲憑越獄反獄劫囚律分三等，而該部辦理疏防反獄一案，將同謀之監犯照却囚科罪，將主守之獄卒照反獄減等，又將管獄有獄各官照越獄查參，辦理岐異。又於問擬流罪之禁卒田文玉背例聲請留養，於逸犯周六之戚田五冒名進監，所訊情節前後自相矛盾，亦未將失於稽查之司務參處，其提牢司獄值宿及臨時督率禁卒追捕情形，並未查詢明確。又不將收管周六等犯之獄卒嚴訊治罪，種種蒙混支離實屬草率定讞各等語。著派寶鋆沈桂芬會同都察院堂官秉公將此案覆查究辦，務期水落石出，以成信讞。並將摺內所參聲名狼籍之司員余光倬遇案宣揚，於承辦馬錫禄之案求堂派審迴護處分，鑽營取巧等情及將此次反獄一案含混定稿。於禁卒田文玉違例聲請留養是否另有别情，一併確查據實嚴參其所請飭刑部嚴定罪名之處。著於定案時聲明請旨。欽此。

譚棣華等《廣東碑刻集·禁示碑記》　廣東按察使司沈，爲出示嚴禁事。照得州縣勘驗盜劫命案，一切夫馬飯食，例應自行備用，不準索取民間，迭經各前司通飭，出示嚴禁。至鄉民稟送盜賊，州縣丁役必索重費，

內，如原定法式鎖杻，差人管押，牢固關防，發遣所擬地方交割。若限外無故稽留不送者，三日笞二十，每三日加一等，以吏爲首科斷。罪止杖六十。因稽留而在逃者，就將當該提調官住俸勒限嚴捕，吏抵在逃犯人本罪發遣，候捕獲犯人到官替役，以囚至配所之日疎放。若鄰境官司遇有囚遞到，稽留不即遞送者，罪亦如之。稽留者，驗日坐罪。致逃者，抵罪發遣。若發遣之時提調官吏不行如法鎖杻，以致囚徒中途解脫自帶鎖杻在逃者，與押解失囚之人同罪。分別官吏，罪止杖一百，責限擒捕。並罪坐所由疎失之人，受財者，計贓以枉法從重論。統承上言。謹案：原文至日疏放下，有別敘二字，銷杻俱作枷杻，雍正三年刪改。

條例

一、凡外遣人犯，務令依限解赴。如有患病應留養者，山海關以內州縣，責成直隸總督查察，山海關以外州縣，責成盛京將軍及奉天府府尹查察。必驗明患病確實，具結申請，方准照例留養。如有本係無病及病已痊癒，率行捏結，及漫無覺察任其遷延者，即將各該州縣及該旗員等嚴查參處。并飭各屬將每年有無患病留養人犯及已未起解之處，按季報明，該督該府尹造册報部查覈。直省遞解人犯，一體照此辦理。謹案：此條乾隆二十四年定。

一、凡隔省遞籍人犯，該州縣一面發遞，一面關會原籍，並知照經過地方官。無論長解短解，務遵定例，加差轉遞。各該州縣，仍於季底將有無遞解過某省人犯若干名造册，由府彙詳督撫，分咨各省轉行查覈，照案咨覆。其本省遞解人犯，亦責成各州縣彼此關覆查結。謹案：此條乾隆二十八年定。

一、外省發遣官常各犯，及發往軍臺効力贖罪廢員，與軍流徒罪人犯，於文到之日，均限一個月即行起解，勿得任其逗遛。各該督撫將各犯起解月日，專諮報部，如有遲逾，即行指參。倘實因患病，逾限不能起解者，地方官驗看屬實，加具並無捏飾印甘各結，詳明督撫，起限亦不得過兩個月。該督撫亦即咨部查核，如有假捏及逾限不行起解者，別經發覺，將該州縣及失察之各上司，分別交部議處。謹案：此條道光元年、五年兩次修改。

一、各處有司起解在逃軍犯及充軍人犯，量地遠近，定立程限，責令管送。若長解縱容在家，遷延不即起程，違限一年之上者，解人發附近充軍。受財者，計贓以枉法從其重者論。正犯原係附近發近邊，原係近邊發邊遠，原係邊遠發極邊地方各充軍。謹案：此條嘉慶十五年由郵驛公事應行稽程門移改。

一、各省遞解人犯如遇前途水阻及另有事故不能前進，即由附近州縣詳報該省督撫，察看情形屬實，迅即飛咨鄰省截留，不准州縣擅自知會。仍飭令最近之州縣，將接到人犯分別監獄大小，酌留一二十名，再令各上站挨次留禁，由該州縣開具犯名事由，申報該省上司，咨報查考。俟前路疎通，即行起解。如有州縣擅用公文私信，知會上站截留，即由該督撫據實嚴參。謹案：此條道光十五年續纂。

一、凡各省距省窵遠之各廳州縣問擬遣軍流犯，各督撫於出咨後，即令造册，先行定地，並發給咨牌。存俟奉到部覆，即行僉差起解，不准稍有稽滯。仍將發給咨牌並起解日期，報部查核。謹案：此條咸豐三年續纂。

事例

順治十八年題准：凡各省審結叛案內，流徒入官人口、家產，以部文到日爲始，限兩個月自該省起解，違限者題參議處。其押解人犯，亦定限起發，遲延者重責革役。康熙四年題准：凡外省擬定軍流人犯，以部咨到日，限一個月起解。仍照律扣定路程，如贓多不完，限內不能解者，聽督撫據實題明。若地方官違限不解，押解人役限內不到，聽督撫指名參究。七年覆准：起解軍流人犯，停其新定一月之限，仍照律行。九年題准：發遣軍流徒犯，該管官兩月內不行起解者，罰俸一年，過一年者降一級調用。不行催查之上司，罰俸半年。若起解遲延，致人犯斃獄者，降一級調用。上司官罰俸一年。官員將應解人犯錯解別處者，罰俸六月。若將未經題結軍流等犯先行發遣者，降一級留任。二十九年諭：官員獲罪革職，即與民人一體，不必另立限期，仍照現行例行。乾隆八年議准：查定例：流罪以上人犯，府縣審明，解司轉院。徒罪以下人犯，州縣審明，擬議詳結，毋庸解司。是犯該徒罪以下，雖非婦女，既經州縣審明，尚得擬議詳結，毋庸解司轉院，以省拖累，況因姦被誘之案，其婦女止應擬徒。而徒罪又例得收贖，業經詳審明確，猶復解府解省，以致差役陵虐，困頓道途，殊非情理，外省辦理此等案件，或將被誘之婦仍解院司，

亦有在府州即行摘釋，殊未畫一。請嗣後一經該州縣審明，即交親屬收管，聽候發落，毋庸解府解省，各省一體遵行。二十六年議准：嗣後各省軍流等犯，臬司審詳之日，將人犯暫停發回，候督撫查覈。如有應行覈訊者，即行就近提訊。其或情罪本輕，供證明確，毫無疑竇者，亦不必概行解送，致有稽遲拖累。五十年議准：嗣後黑龍江等處遣犯，無論當差爲奴，均令知會地方官，每犯一人，添差幹役二名，協同營弁，沿途小心遞解，以昭嚴密。如有疎虞，將地方官役與弁兵一體查參治罪。其他省或有似此止有弁兵管解，不由地方官添差護送者，俱令照此畫一辦理。以上均《會典》事例。嘉慶二十四年諭：御史蔣雲寬奏查明減等章程一摺。各省軍流人犯遇有減等恩旨，該督撫等自應迅速辦理。乃近日外省辦理遲延，且有遺漏，殊乖矜恤之意。此次恩詔内查辦減等，著各督撫、將軍、都統府尹飭屬查明，按限造册報部，並聲明接奉部文日期。倘逾定限，該部照例查參，仍令各督撫等取具各屬並無遺漏印結，報部備查。再各省軍流人犯定地發配及到配安置，向來均不報部，遇有別案牽涉，輾轉行查，徒遲時日。嗣後俱著專咨報部，年終仍造册彙報，以憑稽核。二十五年諭：嗣後發遣官犯於奉到諭旨之日，即勒令起解，不許片刻停留。如有交代未清事件，該管上司另行核辦。其官員革職者，奉旨之日即行摘去頂戴。拏問者，奉旨之日即令上鎖收禁，均照定例遵行。倘有仍前市恩寬縱者，一經查出，即行革職不赦。以上均《聖訓》。

刑案

發往軍臺官犯，解送兵部不由驛站，改路自行到京，應改發新疆効力贖罪。道光六年江西司案。

(清)席裕福《清朝政典類纂》卷四〇九《刑四十一·刑律捕亡·主守不覺失囚》 凡獄卒不覺失囚者，減囚原犯之罪二等。以囚罪之最重者爲坐。若囚自内反獄在逃，又減不覺罪二等。聽給限一百日戴罪追捕，限内能自捕得及他人捕得，若囚已死及自首，獄卒皆免罪，司獄官典減獄卒罪三等。其提牢官曾經躬親逐一點視罪囚，鎖杻俱已如法，取具獄官、獄卒牢固收禁文狀者，不坐。若提牢官於該日不曾點視，以致失囚反逃者，與獄官同罪。若提牢官、獄卒、官典故縱者，不給捕限，官役各與囚同罪，至死減等。罪雖坐定，若未斷之間，能自捕得及他人捕得，若囚已死及自首，各減囚罪一等。受財故縱者，計贓以枉法從重論。若賊自外入獄劫囚，力不能敵者，官役各免罪。若押解在獄罪囚中途不覺失囚者，罪亦如之。如獄卒減二等，仍責限捕獲免罪。如有故縱及受財者，並與囚同罪。係刦者，免科。

條例

一、凡發遣黑龍江寧古塔等處人犯，沿途官員並不親身押解，交與兵丁解送，或不謹慎看守，以致罪人脱逃者，官交部嚴加議處，將兵丁照徒流人逃本律治罪，再加枷號一月。謹案：此條嘉慶十五年修改。

一、枷號人犯脱逃，看守人役亦照律擬斷。謹案：此條乾隆五年定。

一、解審斬絞重犯，除解役受賄徇情故縱，以致脱逃本犯，旋即就獲，質審明確，分別依律定擬外，其在途開放鎖鐐，以致脱逃本犯未獲者，將解役究審，嚴行監禁。俟拏獲正犯之日，究明賄縱屬實，將解役照所縱囚罪全科。如無賄縱情弊，仍照故縱律與囚同罪，至死減一等發落。倘監禁已至十年，正犯尚未拏獲，將解役照流犯監候待質十年限滿之例，先行發配，俟緝獲正犯質明，分別辦理。如十年限内遇有恩旨，不准查辦。其並未開放鎖鐐，但審有違例雇替，託故潛回，無故先後散行，止任一人押解，以致脱逃者，將違例雇替、潛回、散行之解役，即照故縱律與囚同罪，至死減一等發落，不准照舊例，減囚罪二等問擬。果係依法管解，偶致疎脱，審有確據者，除短解兵役依律減二等治罪外，將長解二名暫行監禁，本官另選幹役，押同原解之親屬上緊踹緝，酌限一年，如能限内拏獲，審無賄縱別情，仍將長解依律減二等擬徒。或限内無獲，即照逃犯本罪減一等，問擬滿流。他人捕得，亦不准依律寬免。僉差不慎之地方官，視解役所得之罪，分別議處。謹案：此條乾隆二十五年定，嘉慶六年修併，道光元年修改。

一、押解發遣新疆人犯中途脱逃，係免死減等，例應正法之盜犯，除有心賄縱，仍照與囚同罪律定擬外，如審有違例雇替，託故潛回，或在途開放鎖鐐，止圖便於行走，以致脱逃，並無故縱情弊者，將押解兵役暫行監禁，另選幹役押同該兵役親屬踹緝。百日限内捕得，將起意違例雇倩，託故潛回，及開放鎖鐐之犯，減逃犯本罪一等擬徒。限滿無獲，杖一百，流二千里。其餘兵役及代替之人，限内拏獲，各減逃犯本罪二等。限滿無獲，各減一等發落。如係依法管解，偶致疎脱，亦將該兵役等暫行監禁，

一年限内捕得者，各減逃犯本罪二等。限滿無獲，各減一等發落。如係尋常遣犯脱逃，將押解人等杖八十，再加枷號一月。故縱賄縱者，仍照律與囚同罪。其由新疆改發烟瘴及黑龍江等處人犯中途脱逃者，亦照此分别辦理。謹案：此條嘉慶六年、道光元年、五年三次修改，咸豐三年復奉頒修。

一、直隸等省如遇緊要官犯等類，務擇現任文武員弁派委押解。其試用効力未經歷練者，概不得濫行派委。如有違例濫派，以致疎失者，除押解之員按照律例分别議罪外，仍將原委之文武各上司，分别有無誤失，交部議處。謹案：此條乾隆三十四年定。

一、解役疎脱應擬斬絞重犯，審有違例雇替、託故潛回情事，應照故縱律與囚同罪者，如疎脱之犯案情未定將解役牢固監候，俟逃犯拏獲定罪，再行照例辦理。謹案：此條係乾隆三十五年遵旨定例。

一、凡監犯越獄，如獄卒果係依法看守，一時疎忽，偶致脱逃，並無賄縱情弊，審有確據者，依律減囚罪二等治罪。仍給限一百日，限内能自捕得，准其依律免罪。如他人捕獲或囚已死及自首，概不准免罪。其有將在監斬絞重犯鬆放獄具，以致脱逃，將鬆放之該禁卒嚴行監禁，俟拏獲逃犯之日，究明賄縱屬實，即照所縱囚罪全科。本犯應入秋審情實者，亦入情實。應絞決者，亦擬絞決。應斬決以上者，亦即擬以斬決。如係徇情鬆放獄具，或托故擅離，或倩人代守，防範疎懈，乘間潛逃者，亦照故縱律與囚同罪，至死減一等，不准照舊例減囚罪二等問擬。謹案：此條乾隆三十九年定，嘉慶十五年修併。

一、解審斬絞重犯中途脱逃，除原犯斬絞立決者即行正法外，其原犯斬絞監候之犯，覈其情罪，如秋審時應入情實者，即改爲立決，應入緩決者，即改入情實。謹案：此條乾隆五十四年定。

一、解審罪應凌遲斬絞立決監候重犯中途脱逃，僉差不慎之長解官，及撥兵添差護解之地方文武各官，俱照吏部定例，分别擬以降留、降調、革職，並革職留任限一年緝拏。限内全獲，題請開復。如限滿不獲，查係依法管解，偶致疎脱者，即照吏例，以降革完結，毋庸治罪。若審係解役賄縱故縱，概行革職，擬以杖一百，徒三年。儻犯被他人捕得者，仍照例科罪。至軍流等犯解審脱逃，及斬絞人犯解審脱逃拏獲案内，另有軍流等犯未獲，其僉差護解各官，仍照舊例，交部分别議處。謹案：此條嘉慶八年定。

一、凡解審軍流徒犯中途脱逃，審係役卒受賄故縱，即以囚罪全科。贓多者，以枉法從其重者論。如係依法管解，偶然疎脱者，給限百日，能于限内捕得，均依律免罪。若限滿無獲，長解減囚罪二等，短解減三等。倘審有違例雇倩情弊，亦給限百日，限内捕得，將起意違例雇倩之犯，減囚罪二等，餘皆免罪。若限滿無獲，起意違例雇倩者，減囚罪一等，餘皆減二等。謹案：此條嘉慶六年修併，十九年復奉頒修。

一、押解軍流罪犯中途脱逃，押解兵役人等，除有受賄故縱情事，仍從重定擬外，如係依法管解，偶致疎脱者，將押解兵役人等，照配所看守保甲例，擬杖八十，僉差不慎及押解之員，交部議處。謹案：此條咸豐三年續纂。

一、解審斬絞重犯，審有違例雇替等情，其例應與囚同罪，至死減等發落之解役，仍於本罪上加一等定擬。謹案：此條同治九年續纂。

事例

康熙九年題准：官員將斬絞犯人在獄不加肘鎖，以致脱逃者，革職。上司官不據實申報，降二級調用。若已加肘鎖脱逃者，照越獄例，限一年緝拏。不獲者，照罪犯輕重處分。其起解斬絞重犯不加肘鎖，少差解役，以致脱逃者，降一級調用。軍流徒罪人犯，罰俸一年緝拏。如已加肘鎖，多差解役脱逃者，俱照越獄例，按罪犯輕重處分。若係差役得財，將人犯疎縱脱逃者，本管官照失察衙役犯贓例處分。原解未經交付之先疎縱脱逃者，將原地方各官議處。如已經交付明白脱逃者，將承接該管各官議處。

雍正二年議准：押解盜犯中途致有脱逃者，將僉差不慎之該縣照例議處，其加級紀録俱不准抵銷。

乾隆四十三年議准：嗣後遇有押解斬絞立決及秋審擬入情實重犯，如不小心僉解，致解役有違例雇替，開放鎖鐐，縱囚脱逃者，將僉差長解之州縣，比照管獄官減一等治罪。如營員撥兵護解，亦有雇替情節，應與州縣一例問擬。以上均《會典》事例。

嘉慶七年奏准：嗣後凡問發新疆，及由新疆改發内地，逃後例不正法各犯，無論在途在配，及原指失察各官，均改照失察疎脱尋常軍流遣犯之例覈議。其失察疎脱例應正法之犯應議各員，仍照舊例辦理，不得率引

新例，致滋牽混。

十一年諭：嗣後著責成各省督撫嚴飭州縣，遇有派出管解差役，務須正身前往，倘有失事，即查明有無雇替情弊，於摺内聲明。如係雇替，即將原派差役加等治罪。

光緒元年覆准：嗣後遇有解審斬絞重犯中途脱逃之案，均以犯逃之日起限，以歸畫一而免歧異。

刑案

解役散行，致犯脱逃，限内協獲，照長解減二等例，於本犯斬罪上減擬滿徒。嘉慶二十五年福建案。

押解絞犯解役潛回，尚未失囚，比照獄卒故縱罪囚，與囚同罪，未斷之前，若囚自首，減囚罪一等律上，量減一等，擬以滿徒。道光元年山東案。

禁卒疎防，例應免罪人犯越獄，照不應重杖。道光二年直隸案。

遞解未定案之命盜重犯中途脱逃，押解兵役照不覺失囚律，一名杖六十，加枷號一箇月。道光六年直隸案。

一切徒犯，例應咨部者，應俟奉准部覆，例得外結者，應俟奉有督撫批飭，始得謂之斷結。今該犯擬徒解州，審回中途脱逃，尚未詳撫批飭，與已經斷結者不同。管解兵役，應照解審人犯中途脱逃例科斷。道光六年江西司説帖。

解審徒犯兵役，託故落後，致犯脱逃，比依解審徒犯中途脱逃，審有違例雇倩情弊，限滿無獲，將違例雇倩者減囚罪一等例問擬。道光九年廣東案。

解審斬犯脱逃，旋經伊父首獲，比照一人越獄，半年内自首，仍照原擬罪名，如有服親屬拏首，亦照自首之例定擬。道光十二年廣東案。【略】

疎脱解配擬軍枷號人犯，比依尋常遣犯脱逃，押解人等審無故縱者，與囚同罪例，於逃犯軍罪上，量減滿徒。係職官，應發往軍台効力贖罪。光緒六年奉天司説帖。

（清）席裕福《清朝政典類纂》卷四一〇《刑四十二・刑律斷獄・囚應禁而不禁》 凡鞫獄官於囚應禁而不收禁，徒犯以上，婦人犯姦，收禁。官犯公私罪，軍民輕罪，老幼廢疾，散禁。應鎖杻而不用（銷）〔鎖〕杻，及囚本有鎖杻，而爲脱去者，各隨囚重輕論之。若因該杖罪，當該官司笞三十，徒罪笞四十，流罪笞五十，死罪杖六十。若應杻而鎖，應鎖而杻者，各減不鎖杻罪一等。若囚自脱去鎖杻，及司獄、官典、獄卒私與囚脱去鎖杻者，罪亦如鞫獄官脱去之罪。提牢官知自脱與（之脱）〔脱之〕情而不舉者，與官典、獄卒同罪，不知者不坐。其鞫獄官於囚之不應禁而禁，及不應鎖杻而鎖杻者，倚法虐民，各杖六十。若鞫獄司獄、提牢官典、獄卒受財而故爲操縱輕重者，並計贓以枉法從重論。有祿人八十兩，律絞。謹按：原律文作應枷鎖杻而不枷鎖杻，及應枷而鎖，應鎖而枷，雍正三年奏准獄囚概不用枷，枷字均删。

條例

一、侵欺錢糧數至一千兩以上，挪移錢糧數至五千兩以上者，令該管官嚴行鎖禁監追。其侵欺在一千兩以下，挪移不及五千兩者，散禁官房嚴加看守，勒限一年催比。如逾限不完，即鎖禁監追。若應行監禁之犯不行監追，及失於防範，以致自盡者，將該管之州縣官，均照溺職例革職。其該管之上司官，或徇隱，或失察，交部分别議處。謹按：此條雍正六年定。原例侵欺錢糧三百兩以上，即鎖禁監追，迨乾隆五年，因侵欺錢糧已改定至一千兩以上，始擬監候斬，奏將三百兩監追之例，改爲一千兩以上。三十一年，又因限内完贓，不准減等，侵欺自一百兩以上至一千兩，分别擬流，照例俱應監禁，將一千兩以上監追之例，改爲一百兩以上。嘉慶四年，復准完贓減等，仍照乾隆五年舊例，一千兩以上始行監追。

一、遞回原籍人犯，如係奉特旨及犯徒罪以上援免，解交地方官管束之犯，經過州縣，仍照例收監。其犯笞杖等輕罪遞回安插者，承審衙門於遞解票内，註明不應收監字樣，前途接遞州縣，即差役押交坊店歇宿，仍取具收管，毋得濫行監禁。至遞解人犯有應行責懲者，亦於文移内聲明，令原籍地方官折責，毋得先責後解，違者交部分别議處。謹案：此條乾隆五年定。

一、山海關外往來解送人犯住居歇店，該店主即通知該屯領催鄉約，按户派夫，幫同押解。兵丁看守支更，如有疎脱，即將押解官兵、更夫、領催鄉約等一併送交盛京刑部審訊，分别治罪。謹案：此條乾隆二十六年定。

一、解審軍流以上人犯，令各州縣酌量地方情形，如有相距在五十里以外不及收監者，先期撥役前往，於寄宿處所傳齊地保人等，知會汛兵支更巡邏往回一體辦理。倘有疎虞，地保營汛俱照原解兵役治罪，地方官從

重議處。謹條：此條乾隆二十七年定。

一、直省並無監獄地方，該管官遇有解犯到境，即行接收，多撥兵役，於店房内嚴加看守，毋致疎虞。如有藉詞推諉，不收人犯，僅令原解兵役看守，致犯脱逃者，該督撫即行嚴參，交部從重議處。謹案：此條乾隆二十九年定。

一、各扎薩克蒙古徒罪以上人犯，一面報部，一面委員解送，應監禁之地方官監禁。謹案：此條乾隆三十年定。

一、凡枷號人犯，除例有正條，及催徵稅糧用小枷枷號朝枷夜放外，敢有將輕罪人犯用大枷枷號，及用連根帶鬚竹板傷人者，交部議處。因而致死者，照非法毆打致死律，杖一百，徒三年。應枷號者，定於滿日責放，不許先責後枷。遇患病，即行保釋醫治，痊日補枷。若先責後枷，遇患病不即行保釋醫治，以致斃命者，交部嚴加議處。督撫不行察參，或經科道糾參，督撫司道一併議處。謹案：此條係乾隆五年修併，嘉慶六年復將問發爲民句改爲照非法毆打致死律，杖一百，徒三年。

事例

順治十六年覆准：五城人犯有事關重大者，方許羈鋪候審。其餘小事，不得濫行羈鋪。如各役有索詐等情，該御史指名題參，按例治罪。至在外各府州縣重犯，應寄監候審，其輕罪人犯亦不得濫行羈禁。如衙官禁役將無辜之人濫送監倉，及有索詐等弊者，該撫按據實糾參。十七年議准：凡徒罪以上帶鐵鎖三條，笞杖以下輕罪，止帶鐵鎖一條。康熙四年覆准：凡將不係重犯違例監禁者，題參治罪。九年題准：官員將斬絞人犯在獄不加杻鎖，以致自盡者，降一級調用。上司不申報者，罰俸一年。如已上杻鎖自盡或病死者，免議。十二年題准：凡關繫强盗人命等重罪人犯，脖項、手足應用鐵鎖、杻鐐各三條，其餘人犯用鐵鎖、杻鐐各一條。三十六年議准：凡重犯案内干連人犯，州縣官確審果係無辜牽連者，止録原供，申詳上司結案，牽連之人不必起解，即行釋放。四十五年覆准：問刑衙門設有臨獄，將倉鋪柵店盡行拆毁，除重犯羈監外，其干連輕重人犯，即令保候審理。如有私設倉鋪等項，將輕罪人犯私禁致斃者，該督撫即行指參，將該管官照例治罪。又覆准：枷犯患病，即行釋放醫治，病痊之日補枷。雍正元年題准：刑部各司審理事件，不許擅行司坊拘拏，任意收禁釋放。若情罪果有關繫，回明堂官，喚同司獄諭明，方准收禁。若不回堂，濫行送監者，將該司官並聽從收禁之司獄一併參處。十三年議准：嗣後内外各衙門承審案件，除律例内應行提取婦女收禁，照例提訊，其餘小事牽連婦女，仍照例提子姪兄弟代審外，如遇虧空、累賠、追贓搜查家産、雜犯等案，概不許提審婦女。將婦女提審之處，永行禁止。嗣後倘有刻薄官員陽奉陰違，仍蹈前轍，或經告發，或各該上司覺察，照違制律治罪。倘該上司有徇庇及失察等情，一經發覺，並將各該上司分别議處。乾隆五十六年諭：嗣後各省秋審情實人犯解審後，俱即留於司監羈禁，不必發回各州縣。並著該督撫就近派撥本標及城守營兵丁幫同巡邏，責成按察使督率兵役實力稽查。儻有疎虞，必將該督撫臬司一體治罪。決不稍爲寬貸。以上均《會典》事例。嘉慶四年議准：嗣後除臺灣府斬絞監候人犯係遠隔重洋，仍照例留禁省監，並離省窎遠府分，秋審仍照例由巡道審勘外，其餘各省斬絞重犯，俟督撫審勘後，俱照舊例發回各州縣監禁，即於犯事地方處決示衆。如此，省監不致多聚凶囚，且在本處正法，不特鄉黨可以觸目警心，即屍親人等見凶犯伏法，亦可以消其冤忿。其往返遞解重囚，仍嚴飭沿途地方官，照例委員差派兵役，逐程小心護解，不得稍有疎虞。通行。

（清）席裕福《清朝政典類纂》卷四一〇《刑四十二·刑律斷獄·故禁故勘平人》

凡官吏懷挾私讎，故禁平人者，杖八十。平人係平空無事，與公事毫不相干，亦無名字在官者，與下文公事干連之平人不同。因而致死者，絞監候。提牢官及司獄、官典、獄卒知而不舉首者，與同罪，至死者減一等，不知者不坐。若因該問公事干連平人在官，本無招罪而不行保管，誤禁致死者，杖八十。如所干連事方訊鞫，有文案應禁者，雖致死勿論。若官吏懷挾私讎，故勘平人者，雖無傷，杖八十。折傷以上，依凡鬭傷論。因而致死者，斬監候。同僚官及獄卒知情而與之共勘者，與同罪，致死者減一等，不知情而共勘，及雖共勘而但依法拷訊者，雖致死傷，不坐。若因公事干連平人在官，事須鞫問，及正犯罪人贓仗證佐明白，而干連之人獨爲之相助匿非，不服招承，明立文案，依法拷訊，邂逅致死者，勿論。

條例

一、承審官吏，凡遇一切命案、盗案，將平空無事並無名字在官之

人，懷挾私讐，故行勘訊致死者，照律擬罪外，倘事實無干，或因其人家道殷實，勒詐不遂，暗行賄囑罪人誣扳，刑訊致死者，亦照懷挾私讐，故勘平人致死律，擬斬監候。如有將干連人犯不應拷訊，誤執己見，刑訊致斃者，依法人不如法因而致死律，杖一百。其有將干連人犯不應拷訊，任意疊夾致斃者，照非法毆打致死律，杖一百，徒三年。如有將徒流人犯拷訊致斃二命者，照決人不如法加一等，杖六十，徒一年。三命以上，遞加一等，罪止杖一百，徒三年。其有將笞杖人犯致斃二命者，照非法毆打致死律，加一等，杖一百，流三千里。致斃三命以上者，遞加一等，罪止杖一百，流三千里。若因公事干連人犯依法拷訊，邂逅致死，或受刑之後因他病而死者，均照邂逅致死律，勿論。如有姦徒挾讐誣告平人，官吏知情，受其囑託，因而拷訊致死者，本犯依誣告律擬抵，官吏照爲從律滿流。如有誣告平人，官吏不知情，依法拷訊致死者，將誣告之人擬抵，官吏交部議處。若被誣之人不肯招承，因而疊夾致斃，照非法毆打致死律定擬。均不得刪改律文內懷挾私讐字樣，混引故勘平人，概擬重辟。在外不按實具題，在內含糊照覆，照官司出入人罪律，分別治罪。謹案：此條乾隆元年定。

一、直省州縣自理之案，不得擅用夾訊。其申報事件，有曾經夾訊者，將來訊幾次，或未曾夾訊之處，於招册內據實聲明，該管上司於解審時詳加察驗。如有朦朧隱匿情弊，即行題參。至佐貳奉上司批發審理事件，有應夾訊者，詳明上司，改委印官審理。係印官批發者，呈明印官繫回，自行審理。如有違例用刑者，督撫題參，交部嚴加議處。謹案：此條乾隆五十三年刪併。

一、內而法司，外而督撫、按察使，正印官許酌用夾棍拶指外，其餘大小衙門，概不准擅用。若堂官發司審理事件，呈請批准，方許用夾棍拶指。若不呈請而擅用，及佐貳並武弁衙門擅設夾棍拶指等刑具者，該堂官及督撫題參，交部議處。正印官亦照失察例處分。謹案：此條道光十五年修改。

一、强竊盜人命及情罪重大案件，正犯及干連有罪人犯，或證據已明，再三詳究，不吐實情，或先已招認明白，後竟改供者，准夾訊外，其別項小事，概不許濫用夾棍。若將案內不應夾訊之人濫用夾棍，及雖係應夾之人，因夾致死，並恣意疊夾致死者，將問刑官題參治罪。若有別項情弊，從重論。謹案：此條雍正五年改定。

一、凡內外大小問刑衙門，設有監獄，除監禁重犯外，其餘干連並一應輕罪人犯，即令地保保候審理。如有不肖官員擅設倉鋪所店等名，私禁輕罪人犯及致淹斃者，該撫即行指參，照律擬斷。謹案：此條雍正五年定。

一、凡問刑各衙門一切刑具，除例載夾棍拶指、枷號竹板，遵照題定尺寸式樣，官爲印烙頒發外，其擰耳、跪鍊、壓膝、掌責等刑，准其照常行用。如有私自創設刑具，致有一二三號不等，及私造小夾棍、木棒捶、連根帶鬚竹板，或擅用木架撑執、懸吊敲踝、針刺手指或數十斤大鎖，並聯枷或用荆條互擊其背，及例禁所不及賅載一切任意私設者，均屬非刑，仍即嚴參，照違制律，杖一百。其有將無辜干連之人濫刑拷訊，及將應行審訊之犯恣意陵虐，因而致斃人命者，照非法毆打致死律治罪。上司各官不即題參，照徇庇例議處。謹案：此條嘉慶十九年，由因應禁不禁門一條，決罰不如法門一條移併。

一、直省審辦案件，輕罪及干連人證交保看管，倘該書差串通需索陵虐，於陵罪囚本律上，加一等治罪。贓重者，以枉法從重論。其押保店名目，嚴行禁革。謹案：此條同治九年續纂。

〔事例〕

康熙四年覆准：凡地方官將殷實平民指稱土豪拘禁勒（者財）〔財者〕督撫題參，從重治罪。四十年議准：問刑官員違例用刑，故勘平人，誣指良民爲盜，擅責無罪生員者，該督撫指名題參，交與該部嚴加議處。如督撫隱容，一併交與該部議處。乾隆元年奏准：嗣後各省每府設立循環簿，飭令所屬各州縣，將每日出入監犯姓名填註簿內，按月申送。該府逐一查閱，如有不應收禁之人濫行收監，及懷挾私讐故禁平人者，均照律擬罪外，倘州縣故將收禁人犯隱漏，不行填註者，照朦混造册例，降一級調用。如係遺漏未造，照造册遺漏例議處。五年議准：嗣後遞回原籍人犯內，凡奉特旨及徒罪以上援免，交地方官管束，不許出境之犯，仍照舊收監外，其犯該笞杖等輕罪，遞回原籍安插人犯，應令承審衙門，於遞解文移票內註明該犯罪名，並不應收監字樣。其前途接遞州縣，如遇該犯住宿之夜，即遴選妥役，將該犯押交坊店歇宿，不許濫行監禁。仍照例取具

前途收管，毋得疎縱。如接遞之州縣將不應收監人犯濫行收監者，將該州縣官照不應禁而禁，杖六十公罪律，罰俸一年。九年議准：嗣後凡犯姦婦女到案，録供後即交與本夫或親屬保領，不許仍行羈禁。至犯該死罪收禁者，必須另設女監，毋得紛紜雜處。並於申報上司文內，將另禁之處明白聲敘，以備查覈。以上均《會典》事例。五十三年諭：各督撫務嚴飭問刑衙門，將班館等項名目，永行禁革，以除姦蠹而絕弊端。如有任令差役等設立班館，私置刑具各情事，一經發覺，不特地方官從嚴治罪，並將失察之各上司一併嚴加議處。仍著年終奏聞。聖訓。嘉慶四年諭：嗣後一切刑具，即用官定尺寸頒發印烙，如有私自創設刑具，非法濫用者，即行嚴參治罪。十五年議准：承問官員審辦案件，果能虛衷研鞫，原不專事刑求，惟案情百出，遇有案犯狡黠，匿情不吐，或證據已明，而忽認忽翻，礙難定讞，臨時酌加熬訊，或擰耳、跪鍊，或繼以壓膝，即可迅得實情。但此數項，並非例內載明應用之刑，若遇上司指摘，或被刁民藉詞訐告，竟與實在殘濫刑者同干，吏議殊不足以昭平允。謹將前項應用之刑，於例内明著其文，俾内外通行遵守。以上均《會典》事例。道光十六年諭：佐貳擅受呈詞，久干例禁，曾經屢次降旨，嚴禁陋習，各直省督撫自應一體恪遵。乃本年據瑚松額參奏曰馬州州判吳士敏濫刑拷斃四命，烏爾恭額參奏署嘉興府通判丁廷鈺濫刑枷責民人錢同甫，惠吉參奏賀縣典吏田承澍杖責龍克瓊斃命。兩月之間，層見疊出，其未經發覺者，更不知凡幾。是各督撫等以朕諄諄告誡之詞，視爲具文，並不實力奉行，挽回積習，已可概見。近聞各省吏目典史署內，多充捕役，拏鎖鄉民，設立差館、土地祠二處地方，以爲拘押之所，縱差勒索，箠楚不堪。此等以酷濟貪，玩視民命之員，皆因該管上司約束不嚴，以致肆行無忌。與其參處於濫刑之後，孰若禁止於擅受之先。著通諭各督撫嚴飭所屬印官，密行查訪，如有擅受，不待濫刑，即稟知嚴參。倘循情隱飾，一經破案，將印官一併參處。聖訓。

刑案

縣丞拏賭，致隨從之人戳傷平人，復帶回濫責，致令受戳傷重身死，照故勘平人致死律，量減擬流，從重發新疆當差。嘉慶十八年福建案。

縣丞任聽衙役家人故押平人，致令自盡，從重發新疆當差。衙役家人並無串詐別情，比照蠹役詐贓斃命例，量減滿流。道光元年安徽案。

外委擅鎖酗酒滋事民人，墜鍊身死，比照公事干連在官本無招罪而不保管誤禁致死律科斷。道光五年江蘇案。

刑嚇笞杖人犯，致令妄認爲盜，在監病故，照承審官吏拷訊笞杖人犯，致斃二命擬流例，量減滿徒。情節較重，應發往軍臺效力贖罪。道光十年廣東司說帖。

技勇兵妄拏舉人，擅行鎖打，依番役人等私拷平人，杖九十，徒二年半例上，酌加二等問擬。光緒十年奏准案。

（清）席裕福《清朝政典類纂》卷四一〇《刑四十二·刑律斷獄·淹禁》

凡獄囚情犯已完，在内經法司，在外經督撫審録無冤，別無追勘未盡事理，其所犯笞、杖、徒、流、死罪應斷決者，限三日內斷決。係徒流應起發者，限一十日內起發。若限外不斷決、不起發者，當該官吏過三日笞二十，每三日加一等，罪止杖六十。因過限不斷決、不起發而淹禁致死者，若囚該死罪，杖六十。流罪，杖八十。徒罪，杖一百。杖罪以下，杖六十，徒一年。惟重囚照例監候。謹案：原文監察御史、提刑按察司。雍正三年奏准：監察御史指巡按御史言，今無巡按御史，直省刑名俱督撫具題，候旨定奪。無按察司審録無冤，即行斷決之事，刪去監察御史、提刑按察司九字，改爲法司督撫。

條例

一、凡恩詔頒到，赦款内除已經刑部法司覆覈明白，應免罪囚逐一詳查登明釋放，另行題明外，如有情罪可疑者，限赦到一月内即彙疏奏請。其未經法司覈覆明白者，俟法司覈覆文到之日，即時釋放，毋得耽延時日。如赦到奏請違限，及將應免輕罪人犯並無辜之人仍濫行監禁者，交該部議處。謹案：此條雍正五年定。

一、各省審結叛案，凡有應解部流徒入官人口、家産，俱立限兩箇月，自該省起解。解送人役仍定行程，限期違者，題參。謹案：此條雍正五年定。原載《吏律》官文書稽程律後，乾隆五年移附此律。

一、各直省府廳州縣，凡有監獄之責者，除照向例設立循環簿，填註每日出入監犯姓名，申送上司查閱外，並令與專管監獄之司獄、吏目、典史等官，各將監獄人犯，無論新收舊管，逐名開載填註犯案事由、監禁年月及現在作何審斷之處，造具清册，按月申送該管守巡道。該管守巡道認真查核，如有濫禁、淹禁情弊，即將有獄官隨時參處。仍令該道因公巡歷

至府廳州縣之便，親提在監人犯，查照清册，逐名點驗。其有填註隱漏者，將有獄官及管獄官一併參處。並令該道每季將府廳州縣所報監犯清册彙送督撫臬司查核，若府廳州縣有淹禁、濫禁情弊，該道未行揭報，經督撫查出，或別經發覺，即將該道一併交部議處。謹案：此條道光十五年續纂。

事例

順治十三年題准：凡有大案獄情，即應具招定罪，其州縣等官自理事件，亦不得濫行監禁，違者該撫按指名參處。十五年題准：凡各府州縣官，每季將現監罪犯姓名、年月情節，併係何官未經審結緣由，造册申報司道，轉詳撫按。有無故繫獄淹斃人命者，按察司指名開報，撫按據實題參。康熙四年題准：凡督撫現在提問究擬人犯，無應追之贓者，遇赦即行釋放，然後具題。其有應追之贓者，亦將人犯釋放，審明贓物，具題候結。五十三年諭：嗣後直省刑名，除重犯案内軍流徒罪，仍行候旨完結外，所有杖罪以下輕罪，著該督撫於審結日即行發落，不必羈候部覆，只於疏内逐一聲明，務使無知罣誤之民早得脱身寧家，以副朕哀矜體恤至意。其不關題請，各督撫應自行審結發落者，仍照舊例。五十四年覆准：嗣後各省具題案内應擬枷號者，俱照依杖罪，先行發落。雍正二年題准：凡命盗等案有監斃人犯者，或隨招附參，或監斃在具題之後，仍行補參，勿得於正案未審結之先，咨參監斃，借端銷案。其有重犯已斃，餘犯毋庸具題者，務將原供全案備細造報刑部，嚴加察覈。不協者，駁令改正。其允協者，務須註明情罪允協，應照該督撫所咨完結等語。監斃職名，交與吏部，照例議處。又諭：私刨人參者，舊例不論已得未得，俱解送刑部，往返拖累，故於盛京刑部監禁，每年差官前往審理。朕思伊等俱係圖利窮民，春夏時被獲監，至九月、十月方得審結，延挨月日，身受寒暑，多致疾病死亡，甚屬可憫。寧古塔有將軍辦事御史，盛京有將軍刑部，併副都御史，嗣後各地方所獲者，即行審理，作速完結，年底彙齊具本啓奏。自今將審理偷刨人參之部院衙門堂官，停其遣往。三年議准：嗣後除管獄官將盗犯未經取供，案未審明監斃，及滅口致死者，仍照例議處外，如已經取供審明後，管獄官並無致斃情事，在監病故四人以下者，將管獄官免其議處。至將一案内盗犯監斃五人以上者，仍將管獄官罰俸一年。凡强盗案件，督撫具題，將監斃人數於本内聲明，即行免議。五年議准：嗣後彙題事件，除奉旨所交并情罪可惡者，仍俟奉旨發落。其餘平常罪犯，如竊盗三犯贓數不多改遣，家奴喫酒行凶發遣，及賭博擬流，販私擬徒，男婦通姦擬以枷責等項，凡與此相類罪犯，於審結之後，即照例先行發落，仍於彙題疏内聲明。乾隆三十年議准：嗣後督撫同城省分，如遇撫臣公出，除一應題咨事件並無人犯解省者，仍聽撫臣攜赴沿途覈辦外，其例應解審各案，撫臣起程之後，即令臬司解歸督臣審題，仍於疏内聲明，俟撫臣旋署接辦。以上均《會典》事例。同治四年奏准：嗣後著各省督撫於京控案件，仍責成臬司親提訊問。各省首府發審之案，務令嚴定限期，隨到隨結。無干人證，立予省釋，不得任情積壓，濫行拖累。各州縣應行解省要犯，不准託故耽延。倘查有案經數年，任意延宕，及州縣解犯遲延者，即著該管上司從嚴參辦。通行。

刑案

書吏遺漏查辦減等絞犯，淹禁六載，比照斷罪應收贖而決配，依出入人罪減故改失一等律，於絞罪上統減五等，擬杖七十，徒一年半。嘉慶十八年山東案。

（清）席裕福《清朝政典類纂》卷四一〇《刑四十二・刑律斷獄・陵虐罪囚》 凡獄卒縱肆非理，在禁陵虐毆傷罪囚者，依凡鬭傷論。驗傷輕重定罪。剋減官給罪囚之衣糧者，計剋減之物爲贓，以監守自盗論。因毆傷、剋減而致死者，不論囚罪應死不應死，並絞監候。司獄官典及提牢官知而不舉者，與同罪。至死者，減一等。有不知，坐以不應。謹案：乾隆五年查舊律總註云：言知而不舉與同罪，不言不知不坐者。以司獄、提牢以獄爲職，獄卒之弊不容不知也。《箋釋》註云：有不知，坐以不應。今增註律後。

條例

一、在内法司問發程遞人犯，在外問刑衙門程遞來京及遞解别省人犯，除原有杻鐐照舊外，其押解人役若擅加杻鐐，非法亂打，搜檢財物，剝脱衣服，逼致死傷，及受財故縱，并聽憑狡猾之徒買求殺害者，除實犯死罪外，徒罪以上俱枷號兩月，發煙瘴充軍。謹案：此條乾隆三十六年改定。

一、凡官員擅取病呈致死監犯者，依謀殺人造意律，斬監候。獄官、禁卒人等聽從指使下手者，依從而加功律，絞監候。未曾下手者，依不加功律杖一百，流三千里。

一、凡問刑衙門不許於獄內用柙牀。違者，官革職，杖一百，流三千里。禁卒杖一百，革役。謹案：以上二條均係原例。

一、除强盜、十惡、謀故殺重犯用鐵鎖、杻鐐各三道，其餘鬭毆人命等案罪犯，以及軍流徒罪等犯，止用鐵鎖、杻鐐各一道，笞杖等犯，止用鐵鎖一道。如獄官、禁卒將輕罪濫用重鎖，重罪私用輕鎖，及應三道而用九道，應九道而用三道，將獄官題參，禁卒革役，受賄者照枉法從重論。任意輕重者，照不應鎖杻而鎖杻律治罪。提牢官失於覺察，交部議處。謹案：此條乾隆元年增定。

一、凡部發遞解及外省解部，並解別省軍流徒罪發回安插人犯，僉差官員務選有家業正役解送。如解役在途教唆人犯通同搶奪者，俱照白晝搶奪律例治罪。中途患病者，原解卽報明所在官司，親身驗明，出具印結，卽著該地方官留養醫治。隨行親屬病者，亦准存留，候病痊起解，仍將患病日期報部。如不行留養，致有病故，及受財囑托，捏病遲延著，將該地方官交部議處。其取結後犯人身死者，官役免議。若未取病結，在途身死者，僉差官員交該部，照例按名議處。一名，解役杖六十，徒一年。每一名加一等，罪止杖一百，徒三年。謹案：此條乾隆五年改定。

一、凡押解兵役驛夫人等，敢於中途姦污犯人妻女者，依姦囚婦律，杖一百，徒三年。押解官雖不知情，亦交該部嚴加議處。如押解官自犯姦污及凌虐勒財者，交該部從重議罪。其被害犯人係流徒寧古塔等處者，許赴盛京户部控告。係解京及解各省者，許赴刑部並所在官司控告。謹案：此條乾隆元年改定。

一、凡獄卒有受罪人讐家賄囑，謀死本犯者，依謀殺人首從律治罪。

一、凡犯人出監之日，提牢官、司獄細加查問。如有禁卒人等凌虐需索者，計贓治罪，仍追贓給還犯人。提牢官、司獄不行查問，事發之日，亦照失察例議處。謹案：以上二條，均係雍正五年定。

一、徒罪以下人犯患病者，獄官報明承審官，卽行赴監，驗看是實，行令該佐領驍騎校地方官取具的保，保出調治，俟病痊，卽送監審結。其外解人犯無人保出者，令其散處外監，加意調治。如獄官不卽呈報，及承審官不卽驗看保釋者，俱照淹禁律治罪。若本犯無病，而串通獄官醫生捏稱有病者，該犯併獄官醫生俱照詐病避事律治罪。或病已痊愈，而該佐領驍騎校地方官不卽送監審結者，將本犯及該佐領驍騎校地方官亦俱照詐病避事律治罪。若保出故縱者，將保人治以本犯應得之罪。疎脱者，減二等。仍將取保不的之該佐領驍騎校該地方官查參議處。若有受賄情弊，計贓以枉法從重論。至督撫題報監斃人犯，將本犯所犯罪名、所患病症及有無凌虐，曾否保釋，逐一聲明，如有朦朧情弊，查出交部，分别議處。謹案：此條雍正五年定。原文疎脱者減一等，乾隆五年改，照失囚律。

一、番役將盜犯及死罪人犯私拷取供者，枷號一月，杖一百。將軍流以下等犯私拷取供者，各遞加一等治罪。如有逼索銀錢，計贓以枉法從重論。該犯有誣指捏詐情弊，照誣告律治罪。該管官失察故縱，交部分别議處。謹案：此條乾隆元年定。

一、凡內外斬絞監候之犯，每遇秋審時，責令獄官監看薙髮一次，軍流人犯每季薙髮一次，仍令留頂心一片。謹案：此條乾隆十一年定。

一、秋審解省人犯，俟審畢發回後，方許薙髮。謹按：此條乾隆二十五年定。

一、刑部監犯患病沈危，醫生呈報救治後，提牢官回堂，移會滿漢查監御史，卽日赴部查驗。如有監斃人犯，無論因病因刑，及猝患暴病身死，不及呈報救治者，均移會滿漢查監御史，率領指揮一員，限一日內赴部，會同刑部司官相驗。倘承審官有非法拷打，及將不應刑訊之人濫刑致斃，並禁卒有凌虐罪囚各情事，卽嚴參究辦。至步軍統領、都察院、順天府、五城各衙門並各省送部之案，務將人犯是否患病，及曾否刑訊受傷之處，於文內詳晰聲明。若送到人犯受有刑傷及病勢沉重者，刑部立卽移咨查監御史，亦於一日內赴部查驗立案。謹案：此條嘉慶十九年續纂。

一、刑部監犯越獄並在獄滋事之案，該禁卒等分别有無受財故縱治罪。除至死無可加外，餘各於本罪上加一等。流罪以上，先於刑部門口枷號兩月，徒罪以下，枷號一月。如有挾嫌設法陷害本官情事，照惡棍設法詐官實在，光棍擬斬例，分别首從嚴辦。如該提牢官知情徇隱故縱，照私罪嚴參革職。若止疎於防範，失於覺察，照公罪交部議處。謹案：此條同治九年續纂。

事例

順治八年諭：天下罪囚死於囹圄者，何限？有死於疾病，有死於飢

餓，有死於刑拷，有死於官吏虐害囚徒之陰謀，諸如此類，未可悉數，朕心惻然。在良有司濟以醫藥，給以口糧。非刑有禁，凌虐有禁，內外交通毒謀陰害有禁。督撫巡按時加申飭，該道府親爲稽察，州縣有犯前弊，分別參處。庶獄囚不致無故枉死，用昭朝廷法外之仁。《皇明通志》。

康熙二十二年議准：凡獄卒及守門人等有將犯人凌虐、尅減、需索者，承審官嚴察拘拏，照例治罪。若凌虐致斃一案內三四人者，司獄罰俸三月。五六人者，罰俸六月。七八人者，罰俸九月。九人十人者，罰俸一年。十一人以上者，革職。在門斃命者，該城門尉、城門校、千總俱照司獄例處分。

四十五年議准：人犯審後發回，行至中途帶病，進監卽故，管獄官毋庸指參。

雍正三年議准：嗣後若非强盜，而解役人等擅用觀音鐲，並將應毀之背鐐凌虐罪囚者，一經受害之人告發，或經查出，卽將該管官弁、司獄、禁卒、解役人等一併交與該部，從重治罪。以上均《會典》事例。

道光十九年諭：御史陳光亨奏請嚴禁獄卒、番役惡習一摺。獄卒凌虐人犯，例禁綦嚴。若如所奏，近來刑部收禁人犯，有罪尚未定而不免破家者，有身或無辜而幾至斃命者，需索凌虐，悍黠不顧，必應嚴行禁止。著刑部堂官責成提牢、司獄各員，嚴行約束，維期有犯，必懲毋任。藉端肆虐，仍著查監御史隨時細心查察，倘有前項情弊，卽將管獄各員一併參處。至番役之設，原以緝捕姦宄。乃近來番役之外，更有白役，往往消弭巨案，戕害良民，又或拘糾小偷，逼認匪徒。著步軍統領嚴行查禁，毋稍回護。著五城御史互爲稽查，毋任瞻顧。又據奏：外省呼籲不聞，荼毒滋甚。箠楚之外，更用非刑，圜扉之外，另有私押。官未審理，見事生風，案已訊明，敲骨吸髓。種種情弊，亦所難免。著直省各督撫務飭屬員認真查辦，如敢徇庇縱容，立卽從嚴參處，以懲蠹役而安閭閻。將此通諭知之。《聖訓》。咸豐五年議准：嗣後輕罪人犯及干連人證交保看管者，該書差如有需索、陵虐情事，卽於陵虐罪囚本律上加一等治罪。計贓重者，以枉法從重論。仍嚴行禁革、押保等名目，以符定例。通行。

刑案

差役私鎖干連人犯，致令自盡，比照押解人役擅加杻鐐逼致死傷例，枷號兩箇月，發煙瘴充軍。嘉慶十八年直隸案。

差役私將被控之人鎖押寓所，不令起立自由。迨其患病，又不交屬領回，致令病斃。（此）〔比〕照威力制縛私家拷打監禁致死律，量減滿流。嘉慶二十三年山東案。

奉派管押人犯擅加鎖鐐，致令墜鍊身死，比照獄卒凌虐罪囚，因傷致死律，量減滿流。嘉慶二十四年安徽案。

差役妄拏無干，因其子爭吵，復敢揪扭朦稟，以致衆情不服鬧堂，比照衙役擅加杻鎖，非法亂打，犯至徒罪以上例，枷號充軍。道光元年直隸案。

差役獲賊，慮被脫逃，擅加鎖鐐，致令墜鍊身死，比照押解人犯擅加鎖鐐，逼致死傷例，枷號充軍。道光四年直隸案。

謀死送官監禁放火棍徒，既已到官收禁，其應得罪名自有國法，非讎家所能專主。應照平人謀殺本律，分別從重定擬。道光五年直隸司說帖。

捕役拏獲在押脫逃之賊犯，私行鎖鐐，復被脫逃自盡，照不應重律，杖八十，加枷號一月。道光十年浙江案。

（清）席裕福《清朝政典類纂》卷四一〇《刑四十二·刑律斷獄·與囚金刃解脫》 凡獄卒以金刃及他物，如毒藥之類，凡可以使人自殺及解脫鎖杻之具而與囚者，杖一百。因而致囚在逃，及於獄中自傷或傷人者，並杖六十，徒一年。若致囚獄中自殺者，杖八十，徒二年。致囚反獄而逃，及在獄殺人者，絞監候。其囚脫越反獄在逃，獄卒於未斷罪之間，能自捕得及他人捕得，若囚已死及自首者，各減一等。若常人非獄卒，以可解脫之物與囚人，及子孫與在獄之祖父母、父母，奴婢、雇工人與在獄之家長者，各減獄卒一等。若司獄、官典及提牢官知而不舉者，與同罪，至死者減一等。若獄卒、常人及提牢、司獄、官典受財者，計贓以枉法從重論。贓重論贓，贓輕論本罪。若獄囚失於檢點防範，致囚自盡，原非縱與可殺之具者，獄卒杖六十，司獄、官典各笞五十，提牢官笞四十。謹案：原文枷鎖，雍正三年改鎖杻。

事例

康熙六年題准：獄官防範不嚴，以致斬絞人犯執持鐵器等物，在獄傷人未出獄者，降一級調用，該管官罰俸一年。《會典》事例。

刑案

禁卒並不小心管守，以致監犯私取石塊致死同監囚犯，比照以他物與囚殺人律，量減滿流。嘉慶十五年浙江司說帖。

禁卒任聽犯父將治瘡藥末進監，致絞犯私服斃命，比照以金刃他物與囚，致囚自殺律，量減一等，徒年半。嘉慶二十年福建案。

絞犯自戕，典史僅止失于防範，並未縱令自盡，照不應重律。業已革職，應毋庸議。刑書同罪，亦杖八十。禁卒照以金刃與囚自殺律，徒二年。嘉慶二十年山西案。

鄉約盤獲盜犯，因其中途脱逃，從後追趕，致盜犯自戕身死，比照獄卒失于檢點，致囚自盡律，杖六十。嘉慶二十年雲南案。

解役熏點蚊煙，以致重犯取服斃命，比照以金刃他物與囚，致因自殺律，徒二年。嘉慶二十二年福建案。

看役聽囑開枷，以致枷犯自盡，比照獄卒以可解脱鎖杻之具與囚，致囚自殺律，徒二年。嘉慶二十四年福建案。

解審賊犯中途服食瘡藥毒斃，解役照不應重律，加枷號兩箇月。嘉慶二十四年江蘇案。

解配流犯中途患瘋自戕身死，解役比照獄卒失于檢點，致囚自盡律，杖六十。嘉慶二十四年安徽案。

禁卒在廚切菜，絞犯奪刀自戕，比照以金刃與囚，致囚自殺律，量減一等，徒年半。道光元年廣東案。

禁卒將拆衣小刀置放監內，致監犯戳斃人命，比照以金刃與囚，致囚自殺人律，量減滿流。道光二年陝西案。

禁卒私放手鐐，以致斬犯自縊，比照以可解脱鎖杻之具與囚，致囚自殺律，徒二年。道光二年湖北案。

凌遲人犯在監因病墜鍊身死，禁卒照失于檢點，致囚自盡律，杖六十。刑書笞五十，典史先已參革，應毋庸議。有獄官公出，免議。道光六年直隸案。

解役放開鎖杻，致犯落井身死，比照獄卒解脱鎖杻之具，致囚自殺者，杖八十，徒二年律，減等科斷。道光八年陝西案。

徒犯散禁外監，因病自盡，禁卒照獄囚失於防範，致囚自盡，獄卒杖六十律，減等問擬。道光十一年浙江案。

解徒吸食洋煙，致斬犯竊服煙膏斃命，比照獄卒以金刃他物與囚自殺者，杖八十，徒二年律科斷。光緒四年湖北案。

（清）席裕福《清朝政典類纂》卷四一〇《刑四十二・刑律斷獄・主守教囚反異》

凡司獄、官典、獄卒教令罪囚反異成案，變亂已經勘定之事情，及與通傳言語於外人，以致罪人扶同，有所增入他人，減去自己之罪者，以故出入人罪論。外人犯教令通傳，有所增減者，減主守一等。若獄官、典卒容縱外人入獄，及與囚傳通言語，走泄事情，於囚罪無增減者，笞五十。若獄官、典卒、外人受財者，並計入己贓，以枉法從重論。

條例

一、在京問刑各衙門，如有閒雜人等擅自出入，及跟隨聽審人犯私入窺探者，本犯及守門領催兵皂俱責治，於衙門首枷號一月，責三十板。官員犯者，交該部議處。如因出入窺探，而又另犯教供勾串等弊，仍按照律例從重治罪。謹案：此條道光二十五年修改。

一、凡書辦、皁隸及官員家僕人等，有擅自出入監所者，令提牢官、司獄、禁卒立拏回堂，將書隸革役，責四十板，遞回原籍。家人枷號一月，責四十板，家人之主交部議處。若不行拘拏，被查出者，提牢官、司獄俱以失察例議處。謹案：此條雍正三年定。

一、步軍統領酌量派出番役，在刑部衙門外左近，密行訪拏。若有探聽之徒，照私入刑部衙門例，枷號一月，責三十板。係官，交部議處。如有受賄通信教供情弊察實，將書役並行賄之人，均計贓從重治罪。謹案：此條雍正八年定。

事例

雍正元年題准：現審事件，惟該承審滿漢司官審問，該司之筆帖式與書辦登記口供。若有別司司官與筆帖式過來同坐遞話者，連容隱之官參處。《會典》事例。

刑案

禁卒縱容差役進監教演軍犯供詞，比照獄卒通傳言語有所增減，以故出入人罪論，故入者以全罪論，囚未決放，聽減一等律，問擬滿徒。嘉慶二十一年浙江案。

銜役誘供，致犯誣指平人監斃，比照誣告人因而致死擬絞例，量減滿流。道光十二年直隸案。

刑書誤聞人言教誘犯供，依故入人死罪未決滿流罪上，量減滿徒。道光十三年直隸司案。

代作詞狀，教令犯父翻供，圖脱其子罪名，比照教令罪囚反異成案減罪者，以故出人罪全出者，以全罪論，因未決放減一等，律於本犯滿徒罪上，減一等。係屬外人，照律再減一等，擬杖八十，徒二年。道光十三年江西司案。

（清）席裕福《清朝政典類纂》卷四一一《刑四十三・刑律斷獄・官司出入人罪》 凡官司故出入人罪，全出全入者，徒不折杖，流不折徒，以全罪論。謂官吏因受人財，及法外用刑，而故加以罪，故出脱之者，並坐官吏以全罪。若於罪不致全入，但增輕作重，於重不致全出，但減重作輕，以所增減論。至死者，坐以死罪。若增輕作重，入至徒罪者，每徒一等，折杖二十。入至流罪者，每流一等，折徒半年。入至死罪已決者，坐以死罪。若減重作輕者，罪亦如之。若斷罪失於入者，各減三等。失於出者，各減五等。並以吏典爲首，首領官減吏典一等，佐貳官減首領官一等，長官減佐貳官一等科罪。坐以所減三等、五等。若因未決放及放而還獲，若囚自死，故出入、失出入各聽減一等。其減一等與上減三等、五等，並先減而後算折其剩罪以坐。不然，則其失增、失減、剩杖、剩徒之罪，反有重於全出全入者矣。凡故增笞從徒者，如犯笞一十，故增作杖八十，徒二年；徒三等折杖六十，原包杖一百，通折杖一百六十。除犯該笞一十，合坐官吏剩杖一百五十。未決者減一等，杖七十，徒一年半，折杖一百四十。除犯該笞一十，合坐剩杖一百三十。其剩罪俱全抵，不在收贖之限。故增杖從徒者，如犯杖八十，故增作杖六十，徒一年，通折杖一百二十。除犯該杖八十，合坐官吏剩笞四十。未決者減一等，杖一百。除犯該杖八十，合坐剩笞二十。故增杖從流者，如犯杖八十，故增作杖一百，流二千五百里。流二等折徒一年，三流原包五徒，折杖二百，徒一年。除犯該杖八十，合坐官吏剩杖一百二十，徒一年。未決者減一等，杖一百，徒三年，通折杖二百。除犯該杖八十，合坐剩杖一百二十。故增輕徒從重徒者，如犯杖六十，徒一年，故增作杖九十，徒二年半，徒四等折杖八十。除犯該徒一年，折杖二十，合坐官吏剩杖六十。以徒從徒，不必包杖一百算也。雖包算，其罪亦同。未決者減一等，杖八十，徒二年，折杖六十。除犯該折杖二十，合坐剩笞四十。故增徒從流者，如犯杖七十，徒一年半，通折杖一百四十，故增作流二千里，折徒半年，三流原包五徒，折杖二百，徒半年。除犯該杖一百四十，合坐官吏剩杖六十，徒半年。未決者減一等，杖一百，徒三年，折杖二百。除犯該杖一百四十，合坐剩杖六十。故增近流從遠流者，如犯杖一百，流二千里，折徒半年，故增作流三千里，折徒一年半。除犯該徒半年，合坐官吏剩徒一年。以流從流，不必包五徒，折杖二百算。未決者，減盡無科。減遠流從近流者，倣此。故增笞杖徒流至死者，死罪本無折法，已決者反坐以死。若未決及囚自死者，並聽減等。流三千里，原包五徒，折杖二百，徒一年半，各隨其本應得之罪除之，坐以剩罪。故減徒從笞者，如犯杖六十，徒一年，折杖一百二十，故減作笞五十。除已得笞五十，合坐官吏剩杖七十。未放者減一等，杖一百。除已得笞五十，合坐剩笞五十。故減徒從杖者，如犯杖九十，徒二年半，折杖一百八十，故減作杖一百。除已得杖一百，合坐官吏剩杖八十。未放者減一等，杖八十，徒二年，折杖一百六十。除已得杖一百，合坐剩杖六十。故減重徒從輕徒者，如犯杖一百，徒三年，折杖二百，故減作杖七十，徒一年半，折杖一百四十。除已得杖一百四十，合坐官吏剩杖六十。未放者減一等，杖九十，徒二年半，折杖一百八十。除已得杖一百四十，合坐剩笞四十。故減流從笞者，如犯杖一百，流二千里，折徒半年，故減作笞四十，三流原包五徒，折杖二百，徒半年。除已得笞四十，合坐官吏剩杖一百六十，徒半年。未放者減一等，杖一百，徒三年，折杖二百。除已得笞四十，合坐剩杖一百六十。減流從杖，倣此。故減流從徒者，如犯杖一百，流三千里，折徒一年半，故減作杖八十，徒二年，折杖一百六十，三流原包五徒，折杖二百，徒一年半。除已得杖一百六十，合坐官吏剩笞四十，徒一年半。未放者減一等，杖一百，徒三年，折杖二百。除已得杖一百六十，合坐剩笞四十。故減死罪從笞杖徒流者，如死囚已放者，反坐以死。若未放及放而還獲，若囚自死者，並聽先減去一等，依律折除。失增笞從杖者，如犯笞三十，失增作杖一百，失入減三等，該杖七十。除犯該笞三十，吏典爲首，合坐剩笞四十。未決者又減一等，合坐吏典首罪，笞三十。失增笞從徒者，如犯笞一十，失增作杖一百，徒三年，失入減三等，杖七十，徒一年半，折杖一百四十。除犯該笞一十，吏典爲首，合坐剩杖一百三十。未決者又減一等，杖六十，徒一年，折杖一百二十。除犯該笞一十，合坐吏典首罪，杖一百一十。增杖從徒，倣此。失增杖從流者，如犯杖一百，失增作杖一百，流三千里，失入減三等，杖八十，徒二年，折杖一百六十。除犯該杖一百，吏典爲首，合坐剩杖六十。未決者又減一等，杖七十，徒一年半，折杖一百四十。除犯該杖一百，合坐吏典首罪，笞四十。失增輕徒從重徒者，如犯杖六十，徒一年，折杖二十，失增作杖一百，徒三年，失入減三等，杖七十，徒一年半，徒二等折杖四十。除犯該杖二十，吏典爲首，合坐剩笞二十。首領官減一等，笞一十。佐貳官減盡無科。未決者又減一等，杖六十，徒一年，則與本該罪名同矣，雖吏典亦減盡

無科。以徒從徒及以徒從流，俱不包杖一百之數。失增徒從流者，如犯杖六十，徒一年，折杖二十，失增作杖一百，流三千里，失入減三等，杖八十，從二年，折杖六十。除犯該杖二十，吏典爲首，合坐剩笞四十。未決者又減一等，杖七十，徒一年半，折杖四十。除犯該杖二十，合坐吏典首罪，笞二十。失增笞杖徒流入死者，如死囚已決者，亦減三等。若未決及囚自死，又減一等。吏典爲首，其減至徒罪，亦折杖除之。失減杖從笞者，如犯杖一百，失減作笞三十，失出減五等，笞五十。除已得笞三十，吏典爲首，合坐剩笞二十。未放者又減一等，笞四十。除已得笞三十，合坐吏典首罪，笞一十。失減徒從笞者，如犯杖七十，徒一年半，失減作笞二十，失出減五等，杖七十。除已得笞二十，吏典爲首，合坐剩笞五十。未放者又減一等，杖六十。除已得笞二十，合坐吏典首罪，笞四十。減徒從杖，倣此。失減流從笞者，如犯杖一百，流三千里，失減作笞一十，失出減五等，杖六十，徒一年，折杖一百二十。除已得笞一十，吏典爲首，合坐剩杖一百一十。未放者又減一等，杖一百。除已得笞一十，合坐吏典首罪，杖九十。失減流從徒者，如犯杖一百，流三千里，失減作杖六十，徒一年，失出減五等，杖六十，徒一年。吏典爲首，減盡無科。失減死罪從流徒杖笞者，如死囚已放者，亦減五等。若未放及放而還獲，或囚自死者，又減一等，其徒亦折杖除之。謹案：乾隆五年增註：剩罪全抵之法，如故增笞從徒條內，官吏合坐剩杖一百三十，其剩罪俱全抵，不在收贖之限。所謂全抵者，非滿杖以上皆決杖也。凡增笞杖從徒，減徒從笞杖，及增減徒從徒者，每徒一等，折杖二十。若所剩杖數至滿杖以上，則減杖加徒。如剩杖一百一十，應作笞五十，徒一年。一百二十，應作杖六十，徒一年。一百三十，應作杖六十，徒一年半。一百四十，應作杖七十，徒一年半之類。其增笞杖徒作流，減流作笞杖徒，及增減流徒者，每流一等，折徒半年。如犯笞一十，故增作流二千五百里，流二等折徒一年，三流原包五徒，除已得笞一十，合坐剩罪，杖九十，徒四年。如犯流三千里，故減作笞二十，流三等折徒年半，三流原包五徒，除已得笞二十，合坐剩罪，杖八十，徒四年半之類。故曰全抵剩罪，不在收贖之限。總之，折徒不得至五年，而決杖不得過一百也。

條例

一、承審官改造口供，故行出入者，革職。故入死罪已決者，抵以死罪。其草率定案，證據無憑，枉坐人罪者，亦革職。謹案：此條康熙十八年議准。

一、凡初次供招，不許擅自删改，俱應詳載揭帖。若承問官增減原供，希圖結案，按察使依樣轉詳，該督撫嚴察題參。不行察參，將該督撫交部一併議處。按察使亦不得借簡招之名，故爲删改。儻遇有意義不明，序次不順，與情罪並無干礙，即就近覈正申轉，將改本備案，不得發換銷毀。違者，依改造口供，故行出入例議處。謹案：此條乾隆五年增定。

一、凡謀反、謀叛之罪，照律連坐籍没。其餘情罪，詳載律內，俱應照律擬議，不得存心陷害，借言情罪重大，誣指朋黨，妄議株連父母、兄弟、妻子，籍没家産。若承審官於本罪外捏造此等言語，株連父母、兄弟、妻子籍没家産者，即照故入人死罪律治罪。謹案：此條雍正三年定。

一、州縣承審逆倫，罪關凌遲重案，如有故入、失入，除業經定罪招解者，分别已決未決，按律定擬外，其雖未招解，業已定供通詳，經上司提審平反，究明故入、失入，各照本律減一等問擬。其餘尋常審案，仍照舊辦理。謹案：此條係乾隆四十一年遵旨議定。

一、知府直隸州有將各州縣審擬錯誤，關係生死出入大案，虚公研鞫，究出實情，改擬得當，經上司覈定題達部議準行者，交與吏部查明奏請，送部引見。謹案：此條係乾隆四十一年，遵旨著爲令。

一、凡駁飭改正之案，刑部即檢查該府州縣原詳，據實覈辦。如原詳本無錯誤，經上司飭駁，致錯擬罪名者，將該上司議處。若原詳未奉飭駁，該上司代爲承當，除原擬之員仍按例處分外，將該管上司照徇庇例嚴議。謹案：此條係嘉慶六年遵旨定例。

事例

順治八年諭：凡被參官審問涉虚，係道府聽開報不實者，察究原開報官。係承問官私出脱者，察究原承問官。若督撫巡按不先行參究，經部院舉奏，即以不職論。康熙二十四年議准：凡强盗重案關繫人命者，督撫務應親審。如有不肖官員圖脱己罪，誣陷良民者，照律例從重治罪，督撫免議。如督撫不行審明，别經發覺者，一併議處。乾隆三十八年議奏：部駁改擬案件，如有將凌遲斬絞立決重案，錯擬徒杖罪名，經部駁覆審改正者，將承問官照斬絞人犯未經審出實情例，降一級調用。不能駁飭審實各上司，亦照例議處。奉旨：嗣後遵駁改正之案，督撫臬司道員仍照舊辦理外，其承審之州縣，覈轉之知府，於凌遲斬絞立決重案，擬罪失之過輕者，俱應照例實降。若監候以下罪名錯誤，有議應降調離任者，俱著該督撫出具考語，送部引見，候朕酌量降旨。著爲令。以上均《會典》事例。

嘉慶九年奏准：嗣後問刑官員于命盜案件並無確實證據，將誣拿誣告之

人草率定案，枉坐淩遲斬絞重罪者，革職。枉坐發遣軍流者，降四級調用。枉坐徒杖以下者，降三級調用，毋庸查級議抵。至該管府州并各上司不能平反，率據原招詳轉州縣官應革職者，府州降四級調用，司道降三級調用，督撫降二級調用。州縣應降四級調用者，府州降三級調用，司道降二級調用，督撫降一級調用。州縣應降三級調用者，府州降二級調用，司道降一級調用，督撫降一級留任，亦毋庸查級議抵。如該上司有能駁審得實者，照例給予議敘。又奏准：嗣後除部駁再審，經該督撫轉飭覆審，遵駁更正者，仍照向例辦理外，如係經刑部徑行按律改正具題者，即照失出、失入本例議處，毋庸減等。再查原審案情不確，部駁改正者，向照不能審出實情例減等議處。惟係同一擬罪不當，亦應照失出失入例減等，毋庸另行分別，以免牽混。又奏准：嗣後凡失入徒杖以下罪名者，照失入軍流例遞減一等，承問官罰俸一年，司道罰俸六個月，督撫罰俸三個月。失出徒杖以下罪名者，照失出軍流例遞減一等，承問官罰俸六個月，司道罰俸三個月，督撫免議。不將徒杖人犯審出實情者，承問官罰俸六個月，司道罰俸三個月，督撫免議。不取緊要口供者，承問官罰俸三個月，司道、督撫免議。至部駁再審案件，經督撫轉飭覆審駁改者，向照不能審出實情及失出失入例，分別減等議處。如係徒杖人犯，亦照增定條例減等議處。以上均吏部通行。道光九年諭：御史奇成額請飭禁删改供招，及勒薦幕友上下勾通，擅改案牘各一摺。讞獄以兩造供詞爲據，頭容意爲增減？嗣後審辦案件，無論初審招解，悉照原供通詳，不准稍有增減。該管上司過堂時，亦須逐層推問，如犯供與原報不符，務即虛衷研鞫，核實究辦，期臻平允。至幕友資其襄辦，原祇令幫同檢校例案，仍須自作主張，若一切悉行諉付，必勾通擅改，委曲彌縫，甚或勒薦屬吏，暗中聯絡，朋比爲姦，不可不嚴行飭禁。著各省督撫通飭所屬，不得爲幕友轉薦私人。仍隨時查察，勿令上下交通，有犯必懲，以肅功令聖訓。同治二年奏准：嗣後各省督撫通飭所屬，審理案件，務當虛衷研鞫，必須情真罪當，以期無枉無縱。定稿時尤不得任聽幕友弄筆，致與實情不符。倘查有前項情事，即行指名嚴參，以肅吏治而慎刑章。光緒九年議准：嗣後審理命盗等案，務須詳細推鞫。果係情真罪當，毫無疑義者，詳敘供勘招解，該臬司亦應親提覆審，如情罪不符或實有冤抑者，即立予平反，不得稍涉迴護，總期無枉無縱，俾成信讞。倘有規避處分，致有冤及無辜等情，亦即嚴行參辦。以上均通行。

刑案

命案正兇脱逃年久就獲，究出武弁妄拏教供，刑逼枉殺二命，依官司故入人罪全入者，以全罪論，仍照誣告已決依本律，坐以斬罪。請旨：即行正法。光緒八年江蘇案。

（清）席裕福《清朝政典類纂》卷四一一《刑四十三・刑律斷獄・辯明冤枉》 凡内外問刑衙門，辯明冤枉，須要開具本囚所枉事蹟，實封奏聞。委官追問其冤情得實，被誣之人依律改正所枉之罪，坐原告誣告、原問官吏以故失入罪論。若罪囚事本無冤枉，朦朧辯明者，杖一百，徒三年。既曰朦朧，則原告、原問官爲其誣矣。若所誣罪重於杖一百，徒三年者，以故出入人罪論。所辯之罪人知情，與朦辯同罪，如原犯重，止從重論。不知者，不坐。謹案：原文起句係凡監察御史、按察司，雍正三年改内外問刑衙門。

條例

一、法司凡遇一應稱冤調問，及各衙門奏送人犯，如有冤枉及情罪有可矜疑者，即與辯理，具奏發落，毋拘成案。若明知冤枉，不與辯理者，以故入人罪論。謹案：此條係原例。

一、法司遇有重囚稱冤，原問官員輒難辯理者，許該衙門移文，會同三法司堂上官辯理。果有冤枉及情可矜疑者，奏請定奪。謹案：此條雍正三年删定。

一、凡在外審理事件，應照案内人犯籍貫，批委該管地方官審理明白，申詳完結。既經批委，不得反覆改批别屬。如果情事未明，務須詳細指駁。儻原問官仍復朦混申詳，即題參議處，另委别官審理。若督撫等官將事理已明之案，故生枝節，屢行批駁，遲延不結者，亦交該部議處。謹案：此條雍正三年定。

一、凡審理事件，除事涉兩邑，或案情重大，發審之初即委員會審者，仍令會同審詳外，其因承審錯誤，另委别官審理者，專責委員虚心質訊，毋庸原問官會審。至定案後，如原問官果有徇私枉斷，故出、故入情弊，仍照例參處。其或供情疎漏，或援引拘泥，誤出無心，經委員改正者，照審處錯誤例議處。謹案：此條乾隆十五年定。

一、命盜案件經該督撫臬司駁審，除案情重大，須該知府赴省審理，或係委派會審，仍聽該督撫隨時酌量辦理外，如果案情與原招並無出入，即由附省知府審轉，仍許原審知府一體列銜申詳。儻審理錯謬關繫重大者，卽將承審之州縣及率轉之知府，一併開參，照例分別議處。謹案：此條乾隆二十年定。

一、凡處決人犯，有臨刑時呼冤者，奏聞覆鞫，如審明實有冤抑，立爲申雪，將原審官參奏，照例懲治。如係妄行翻異，冀延顯戮，除原犯斬罪仍即處斬外，如原犯絞罪者，亦改爲斬罪，即行正法。謹案：此條嘉慶十五年續纂。

一、各省督撫，除事關重大，案涉疑難，應行提審要件，或奉旨發交審辦，以及民人控告官員營私枉法，濫刑斃命各案，俱令率同司道等親行研審，並司道各官接授所屬控詞，遇有前項各情，或經上司批發之案，亦卽親提審辦間，有户婚田土案件頭緒紛繁，必須酌派妥員代爲查審者，於結案時，仍由該司道等官覆勘定議具詳，不得僅委屬員承審外，其餘上控之件，訊係原問各官業經定案，或案雖未定，而有抑勒畫供，濫行羈押，及延不訊結，並書役詐贓舞弊情事，如在督撫處具控，卽發交司道審辦。或距省較遠，卽發交該管守巡道審辦。如在司道處具控，卽分別發交本屬知府或鄰近府州縣審辦。如在府州處具控，卽由該府州親提審辦，概不准復交原問官，並會同原問官辦理。審明後，按其罪名，係例應招解者，仍照舊招解。係例不招解者，卽由委審之員詳結。其有委審之後復經上控者，卽令各上司衙門親提嚴鞫，不得復行委審。若命盜等案尚未成招，尋常案件尚無堂斷而上控呈詞内又無抑勒畫供，濫行羈押，及延不訊結，並書役詐贓舞弊各等情，應卽照本宗公事未結絶者，當發該官司追問律，仍令原問官審理。該管上司仍照律取具，歸結緣由勾銷。倘有應親提而委審，或應親提委審而發交原問衙門者，卽令該督撫指名嚴參，交部照例議處。其所委之員，若有瞻徇聽囑等弊，亦卽嚴參治罪。該督撫有違例委審者，亦照例議處。至於刁健之徒本無冤抑，或因負罪受懲，掩飾己非，捏款誣控，或因鬭毆、婚姻、田宅等事，不赴本管官控理，輒赴上司衙門架詞妄控者，仍按律治罪。謹案：此條道光十五年修併。

事例

雍正元年諭：部駁事件，督撫每固執原題，具奏一經駁回，往返遲誤數月，干連人等多致貽累。嗣後部内應駁事件，督撫若仍固執原題，具奏部内，卽將督撫一併議處。具奏如不應駁事件，部内故求疵隙題駁，該督撫將不應駁情由奏聞。乾隆五十六年諭：外省習氣，往往以州縣民人在上司呈控之案，卽發該管府縣審辦，以致扶同瞻徇，百弊叢生。嗣後不特民人赴京控訴事件，經朕降旨發交審辦者，應提犯親訊，卽本省民人在督撫衙門控告屈抑之案，亦當親提究辦，不得仍委所屬州縣承審，致有輾轉庇護，宕延不結之事。以上均《會典》事例。道光十八年諭：嗣後京控發交事件，著各該督撫等於審結時，將是否親提之處隨案聲敘。如有應親提而委審，應親提委審而仍發原問衙門者，俱著專案報部，照例分別議處。聖訓。

刑案

盜犯臨刑呼冤，據實平反，比例擬徒，原審、覆審均請旨卽行革職，發往軍臺效力贖罪。光緒九年河南案。

（清）席裕福《清朝政典類纂》卷四一二《刑四十四·刑律斷獄·檢驗屍傷不以實》

凡官司初檢驗屍傷，若承委牒到，託故遲延，不卽檢驗，致令屍變，及雖卽檢驗，不親臨屍所監視，轉委吏卒憑臆增減傷痕，若初檢與覆檢官吏相見，扶同屍狀，及雖親臨監視，不爲用心檢驗，移易、如移腦作頭之類，輕重、如本輕報重，本重報輕之類，增減如少增作多，如有減作無之類，屍傷不實，定執要害致死根因不明者，正官杖六十，同檢首領杖七十，吏典杖八十。仵作行人檢驗不實，扶同屍狀者，罪亦如吏典以杖八十坐之。其官吏、仵作因檢驗不實而罪有增減者，以失出入人罪論。失出減五等，失入減三等。若官吏、仵作受財，故檢驗不以實，致罪有增減者，以故出入人罪論。贓重於故出故入之罪者，計贓以枉法各從重論。止坐受財檢驗不實之人，其餘不知情者，仍以失出入人罪論。

條例

一、遇告訟人命有自縊、自殘，及病死而妄稱身死不明，意在圖賴詐財者，究問明確，不得一概發檢，以啓弊竇。其果係鬭殺、故殺、謀殺等項當檢驗者，在京委刑部司官及五城兵馬司、京縣知縣，在外委州縣正印官，務須於未檢驗之先，卽詳鞫屍親、證佐、兇犯人等，令其實招以何物

傷何致命之處，立爲一案。隨卽親詣屍所，督令仵作如法檢報，定執要害致命去處，細驗其圓長、斜正、青赤、分寸，果否係某物所傷，公同一干人衆，質對明白，各情輸服，然後成招。或屍久發變，青赤顏色亦須詳辨，不許聽憑仵作混報擬抵。其仵作受財，增減傷痕，扶同屍狀，以成寃獄，審實贓至滿數者，依律從重科斷。不先究致死根由明確，概行檢驗者，官吏以違制論。謹案：此條係原例。原文當檢驗者句下，係在京初發五城兵馬司，覆檢則委京縣知縣。在外初委州縣正官，覆檢則委推官。例末贓至滿數者句下，原文係查照誆騙情重事例，枷號問遣。均於雍正三年奏改。

一、諸人自縊溺水身死，別無他故，親屬情願安葬，官司詳審明白，准告免檢。若事主被强盜殺死，苦主自告免檢者，官與相視傷損，將屍給親埋葬。其獄囚患病，責保看治而死者，情無可疑，亦許親屬告免覆檢。若據殺傷而死者，親屬雖告，不聽免檢。謹案：此條係原例。

一、凡人命重案，必檢驗屍傷，註明致命傷痕。一經檢明，卽應定擬。若屍親控告傷痕互異者，許再行覆檢，勿得違例三檢，致滋拖累。如有疑似之處，委別官審理者，所委之官帶同仵作，親詣屍所，不得弔屍檢驗。

一、凡外省駐防旗人遇有命案，該管旗員卽會同理事、同知、通判，帶領領催、屍親人等，公同檢驗，一面詳報上司，一面會同審擬。如無理事、同知、通判之處，卽會同有司官公同檢驗，詳報審擬。

一、凡人命呈報到官，該地方印官立卽親往相驗，止許隨帶仵作一名，刑書一名，皂隸二名，一切夫馬飯食，俱自行備用，並嚴禁書役人等，不許需索分文。其果係輕生自盡，毆非重傷者，卽於屍場審明定案，將原、被、鄰、證人等釋放。如該地方印官不行自備夫馬，取之地方者，照因公科斂律議處。書役需索者，照例計贓分別治罪。如故意遲延拖累者，照易結不結例處分。若係自盡，並無他故，屍親捏詞控告，按誣告律科斷。如刁悍之徒藉命打搶者，照白晝搶奪例擬罪，仍追搶毀物件給還原主。其勒索私和者，照私和律科斷。勒索財物入官。至該管上司於州縣所報自盡命案果屬明確無疑者，不得苛駁，准予立案。若情事未明，仍卽秉公指駁，俟其詳覆覈奪。謹案：以上三條均係雍正三年定。

一、凡州縣額設仵作，大縣三名，中縣二名，小縣一名。每於額設之外，再募一二名，令其跟隨學習。每名給發《洗寃録》一部，選委明白刑書一人，與仵作逐細講解。每年開印後，該州縣將額設學習名數造具花名清册，申送該管州，彙册通送院司存案。該管府州每年隨時就近提考一次。考試之法，卽令每人講解《洗寃録》一節，如果明白，當堂從優給賞。儻講解悖謬，飭令分別責革及勒限學習。另募充補，仍彙册申報院司查覈，並將召募非人、懈於查察之州縣，分別查參。至仵作工食，每名撥給皂隸工食一分，學習者兩人共撥給皂隸工食一分。若有曖昧難明之事，檢驗得法，果能洗雪沉寃，該管上司賞給銀十兩。儻有故行出入，審有受賄情弊，照例治罪。若仵作額缺，不行募補，州縣官及各上司均交部分別議處。儻州縣不將仵作補足，因而私侵工食銀兩者，州縣官革職，提問該管上司一併交部議處。在京五城司坊額設仵作，卽責成該巡城御史，每年照此辦理。謹案：此條乾隆五十三年修併。

一、地方呈報人命到官，正印官公出，壤地相接不過五六十里之鄰邑印官，未經公出，卽移請代往相驗，或地處窵遠，不能朝發夕至，又經他往，方許派委同知、通判、州同、州判、縣丞等官，毋得濫派雜職。其同知等官相驗，填具結格通報，仍聽正印官承審。如有相驗不實，照例參處。謹案：此條乾隆元年定。

一、檢驗自盡人命，如屍親遠居別屬，一時不能到案，該地方官應卽驗明，立案殮埋。謹案：此條乾隆六年定。

一、凡檢驗量傷尺寸，照工部頒發工程制尺，一律製造備用，不得任意長短，致有出入。謹案：此條乾隆十一年定。

一、凡黔蜀等省遇有命案，其府州縣原無佐貳，及雖有佐貳而不同城者，印官公出，准令經歷、知事、吏目、典史等官，酌帶諳練仵作，速往如法相驗，寫立傷單報明。印官回日查驗，填圖通報。如印官不能卽回，仍請鄰邑印官查驗填報。其訊無別故之自盡病斃等案，驗明卽准取結殮埋，仍由印官通詳立案。如代驗後查有增減傷痕情弊，卽將原驗官照檢驗不實例，分別議處。其各省所屬府州縣內，有與黔蜀等省相似者，一體酌量辦理。其餘仍照定例遵行。謹案：此條乾隆十六年定。

一、凡各省州縣同城並無佐貳，鄰封窵遠地方遇有呈報人命，印官公出，如原係吏目、典史分轄地方，卽日可以往返者，仍飭吏目、典史驗立

傷單，申報印官覆驗。其距城遥遠，往返必需數日處所，該吏目、典史據報，一面移會該管巡檢，就近往驗，填註傷單，一面申請印官覆驗通報。如印官不能卽回，卽申請鄰邑代驗通詳。儻該巡檢相驗不實，或有受賄情弊，卽行分別參究。謹案：此條乾隆十八年定。

一、歸化城各協廳所屬，遇有呈報命案到官，卽令該通判星往驗明，填格録供通詳。仍照例詳請都統，派委蒙古官員會同審擬，毋庸詳派會驗，致滋稽延。儻該通判等相驗不實，以及遲延貽誤，令該管上司分別參處。謹案：此條乾隆二十九年定。

一、在京五城司坊，每城額設仵作一名之外，各添設額外學習仵作一名，令該巡城御史召募，考試充當。其工食照額設仵作減半賞給，每名月給工食銀五錢，由户部支領，以資養贍。遇有額設仵作病故、革退，卽以額外仵作頂補，再行考募學習之人。謹案：此條乾隆三十四年定。

一、凡五城遇有命案，除道途倒斃、客店病亡，經該城驗訊屬實，卽自行完結外，其餘金刃自戕、投井、投繯等案，俱令該城指揮照例驗報，由該城御史審訊，轉報刑部覈覆審結。儻有漏報，將該城官員指名參處。謹案：此條乾隆三十八年定。

一、黔省州縣命案，如逢盛暑，印官公出不能卽回，鄰封寫遠，往返數日者，准代驗之雜職等官，取立傷單，將屍棺殮。其州縣未能覆驗緣由，及原驗雜職銜名，俱於原題内聲敘，如有傷痕不符等弊，將原驗官參處。若印官計日卽回，鄰封相距不遠者，仍照舊例行。謹案：此條乾隆四十一年定。

一、京師五城吏役有犯命案，本城官員概令迴避。該巡城御史速調別城指揮，帶領本管吏仵，前往相驗辦理。其各省州縣，如本州縣吏役有犯命案，卽就近稟請該上司，立委別州縣帶領本管吏仵，前往驗辦。謹案：此條乾隆四十六年定。

一、京師五城指揮相驗，城内不得過兩日，關外不得過三日。如一時案件叢集，指揮不能分身者，准委副指揮吏目代驗，仍歸指揮承辦。儻指揮有心規避，委驗之員有心推卸者，巡城御史稽查參奏。御史姑容，經他人查出參奏者，一併交部議處。謹案：此條乾隆五十六年定。

一、凡京師内城正身旗人，及香山等處各營房旗人，遇有命案，令本家稟報，該佐領巡報刑部相驗。街道命案，無論旗民，命步軍校呈報步軍統領衙門，一面咨明刑部，一面飛行五城兵馬司指揮，星往相驗，巡報刑部。其外城地方人命，亦無論旗民，俱令總甲報該城指揮。該城指揮卽速相驗，呈報該城御史，轉報刑部都察院。若係旗人，并報該旗。謹案：此條雍正八年原例，嘉慶六年修改。

一、廣西東蘭州屬之那地土州，凌雲縣屬之天峨哨地方，去州縣城在三百里，及全州屬之西延州，同西隆州屬之八達州，同去州城在一百里以外之命案，准令該處分駐州同、州判、縣丞帶領諳練吏仵，前往代驗，填格取結，送交該州縣承審。如有驗勘不實，照例議處。其東蘭、凌雲去州縣不及三百里，全州、西隆州去州不及一百里之命案，仍各照舊例辦理。謹案：此條道光十年修改。

一、奉天省昌圖、岫巖、鳳凰城各廳所屬命案，如距廳在三百里以外者，准令照磨，及分防巡檢帶領諳練吏仵，前往代驗，填格取結，送交各該廳承審。如有勘驗不實，增減傷痕情弊，分別照例議處。其訊無別故，自盡、病斃等案，亦准取結驗埋，由各該廳通詳立案。若距廳不及三百里者，仍照舊例辦理。謹案：此條道光五年續纂，十年修改。

一、差役奉官暫行看押人犯，有在押身死者，無論有無凌虐，均令稟明本管官，傳到屍親，眼同驗明，不得任聽私埋。如有私埋情事，經屍親控告破案者，官爲究明致死根由，詳請開檢，毋庸取具屍親甘結。檢明後，除訊係差役索詐凌虐致斃者，仍照各本律例從重治罪外，若止係因病身死，卽將私埋之差役杖七十，徒一年半。控告之屍親訊無挾讎情節，仍按誣告各本律，分別科斷。地方官有任聽私埋，及庇護差役不卽開檢者，交部分別嚴加議處。至差役私押斃命之案，應令稟請鄰封州縣，傳到屍親，眼同驗明究辦。若有私埋匿報，以及一切兇徒挾讎謀財，致斃人命，私埋滅跡者，經屍親告發之後，如業將致死根由究問明白，毫無疑義，而屍傷非檢不明者，亦卽詳請開檢，按例懲辦，均毋庸取具屍親甘結。謹案：此條道光十五年續纂。

事例

順治十年題准：凡遇地方道斃之人，果係饑寒所致，查無別情者，卽行瘞埋。司坊各官不得借名檢驗，株連無辜，開姦人騙詐之端。十二年

題准：凡自盡人命呈報到部，即差本部員役相驗，查無打死傷痕及別情者，俱取屍親與本佐領下領催甘結存案。若相有重傷及別情者，發司審理。九年題准：凡檢屍官員聽信仵作埋没傷痕，或將打砍傷痕報稱跌磕傷者，降二級調用。轉詳之上司，罰俸一年。如上司批令再檢，不行檢驗，或不實報傷痕者，降一級調用。二十三年定：管理京城街道步軍官員、兵丁人等，查伊所管汛内有斃於道者，或車馬撞死，或病死，或因別故而死，俱開明情由，具報刑部。不行開報者，聽刑部題參。五十二年題准：旗人自縊、抹脖、投井身死等事驗明，令其擡送。如不法棍徒勒掯攔阻者，照例治罪。該堆子、該門、該班官兵如而不即行擒拏，官交該部議處，兵交部治罪。雍正五年議准：嗣後除實係因病倒臥，自死無傷者，許地方官驗詳掩埋外，如將受傷身死之人，作爲病斃擅自掩埋結案者，發覺之日，將該地方各官俱照例議處。再有不肖官員慮兇犯莫緝，將讐盗命案竟行隱匿不報者，事發之日，將地方各官並上司，俱仍照諱盗諱命例議處。乾隆二十二年議准：自盡、病斃案件，驗訊果無別傷、別故者，仍照舊例録供填册，專案通詳院司，覆覈存案。若案情可疑，辦理疎漏者，指駁究審。三十八年議准：據廣西巡撫咨稱：竊照人命全重屍傷，傷有致命不致命，驗屍檢骨，務期畫一。兹先奉刑部頒發驗屍圖格並《洗冤録》所開左右血盆骨，俱係不致命。迨續奉頒發檢骨屍格，又係致命。兩格互異，礙難遵循。且恐設有共毆人致死之案，一係毆傷血盆骨，一係毆傷脊背之類，如遇檢骨，勢必同爲致命，轉至混淆，難於定擬。是否續頒檢格刊刻訛錯，抑或另有考證等因。查檢骨與驗屍，其傷有内外深淺之不同，故圖格内有致命不致命之分別。左右血盆骨在驗屍圖内，註係不致命，係指在外傷痕而言。在《洗冤録》論沿身骨脈内載，髀骨中陷之缺盆，即血盆骨。註云：髀骨中陷之血盆，嗓喉上之結喉，曲鬢上之頂心，眉際末之太陽，與眥鼻山根，印堂腦角，並釵骨下腰門，皆致命要處，檢骨時最宜細看。他骨一傷，不過成殘疾。此數處若傷，立致畢命等語。是以乾隆三十五年所頒骨格圖内，即按照《洗冤録》所載，將血盆註爲致命，繪圖頒發，並非刊刻訛錯。至該撫所稱共毆之案，一係毆傷血盆骨，一係毆傷脊背之類。查《洗冤録》檢驗總論内開：如死人身上有兩痕皆可致命，若兩人下手，須兩痕内斟酌最重者爲致命。又註云：最重，謂先論緊要，次論傷痕淺深、闊狹等語。所論甚爲明晰，自可查覈辦理，無虚混淆。以上均《會典》事例。道光五年奏准：命案既重，初供尤慎。初檢，應嚴飭各州縣立時往驗，倘有無故遷延，押令賄和等弊，嚴參究辦。十三年奏准：凡有相驗事件，除聚衆械鬭人犯衆多之案，准酌派差役拘拏外，其尋常人命，概行嚴飭遵例，輕騎減從，不許濫帶多人，勒派供給塲規。十四年奏准：嗣後著各該督撫飭令各該州縣，于相驗時詳細辨認，務將扎傷、劃傷分晰註明，不得統填刃傷，以杜牽混。儻不肖州縣有性耽安逸，弔屍驗視，及厭其穢惡，不敢近前，並率准疎遠屍親混行攔驗，以致仵作人等滋弊者，俱著各該管上司隨時訪查，遇有前項弊端，立即據實從嚴參辦，勿稍姑容。以上均通行。十七年論：給事中黎攀鏐奏州縣命盗案件，多不親往勘驗，請嚴行飭禁一摺。著各該督撫通飭所屬州縣，凡遇命案，必當迅速親驗。即或因公出境，亦應照例交鄰封代驗。遇有盗案，亦應親自勘驗。儻敢濫委佐貳，或託故遲延，即行指名嚴參，以儆疲玩。至州縣下鄉，跟役吏胥人等勒派夫馬，俱應使費，小民既負冤抑，又遭横索，尤爲惡習，著一併嚴行申禁。嗣後州縣因案下鄉，務須輕騎減從，約束胥役不許向民間需索分毫，如敢有心徇庇，或失於覺察，即著該督撫據實參奏。其一應官員因公過境，概不准多帶丁役，稍有需索滋擾，將此通諭知之。聖訓。咸豐六年奏准：嗣後各直省州縣官於民人呈報鬭毆傷重之案，無論離城寫遠，事務冗繁，如有輒令刑書、仵作前往代驗者，將該州縣官降三級調用。私罪。因仵作代驗，以致輕重任情，罪有出入者，該州縣官革職。吏部通行。

刑案

自盡之案屍親，藉命鬭毆傷人，因出嫁姪女自盡，將其翁姑毆傷。例無屍親藉命傷人治罪明文，惟參酌藉命打搶之例，應照凡人搶奪治罪，則藉命鬭毆，亦應照凡鬭科斷。乾隆五十一年直隸司説帖。

驗屍圖内，骨皆不載，而獨載血盆一處。因血盆部位在屍傷係不致命，檢骨則係致命。一處部位，而有致命不致命之分，所以屍圖内專行開載。蓋血盆骨本係要害之所，如僅（正）〔止〕皮破血流，則係不致命。若傷至骨損，則立時斃命。是以一骨有致命不致命之分，非若琵琶骨之概以不致命爲斷也。該司請將琵琶骨一併添入《洗冤録》之處，應毋庸議。

乾隆五十一年部復雲南按察司條奏。

仵作跌斷骨殖，致人懷疑誣控，問不應重杖。嘉慶九年四川司說帖。

知州于致死命案，並不立時往驗，以致他人指官訛詐，假捏斑痧跌斃，勒令屍親攔驗，又不詳察虛實，捏作已驗詳報，致將應擬絞罪二犯全行失出。訊無故出情弊，依斷罪失于出者，減五等，放而還獲，又減一等，于絞罪上減六等，徒二年。嘉慶二十年山西案。

因姦懷孕，姦夫買藥墜胎，致姦婦抽風身死，殮埋已久。死由墜胎，免其開檢。道光六年直隸案。

屍經官驗，恐被裝傷，糾搶屍身，比照刁徒直入衙門挾制官吏擬軍例，量減滿徒。道光九年安徽司案。

仵作誤斷屍骨，致屍親搶屍，比照無賴棍徒遇有自盡之案，冒認屍親，混行吵鬧，毆打搶去死首勒揹者，杖一百，枷號兩個月例。爲從減一等科斷。道光十二年四川案。

（清）席裕福《清朝政典類纂》卷四一二《刑四十四·刑律斷獄·決罰不如法》 凡官司決人不如法如應笞而用杖者，笞四十。因而致死者，杖一百。當該官吏，均徵埋葬銀一十兩給付死者之家。行杖之人，各減一等，不追銀。其行杖之人，若決不及膚者，依驗所決不及膚之數抵罪，或由主使，或由行杖，並罪坐所由。若受財而決不如法，及決不及膚者，計贓以枉法從重論。若監臨有司管軍等之官，因公事主令下手者，於人虛怯去處非法毆打，及親自以大杖或金刃、手足毆人至折傷以上者，減凡鬭傷罪二等，致死者，杖一百，徒三年，追埋葬銀一十兩。其聽使下手之人，各減一等，並罪坐所由。如由監臨，坐監臨。由下手，坐下手。若非公事，以故勘平人論。若官司決罰人，監臨責打人，於人臀腿受刑去處依法決打，邂逅致死，及決打之後自盡者，各勿論。

事例

順治十七年題准：凡問刑衙門無實贓確證，及户婚田土小事，不得濫用夾棍。康熙九年題准：凡官員考鞫人犯，於夾棍桚指外用別樣非刑，及將婦女擅用夾棍者，俱照例革職。該管上司不行查報，降一級調用。督撫不行題參，降一級留任。其犯婦有孕，亦不得擅用桚指。違者降一級調用，該管上司罰俸一年，督撫罰俸六月。凡官員將旗下人擅行夾責者，降一級調用。三十七年議准：查訊犯人之時，或有贓證明白姦惡之徒，希圖倖免，不肯承認，或將同夥不行首出，妄扳良人者，仍行掌嘴嚴訊外，其尋常細事，用皮底、竹板、木板按頭於膝，或按頭於石，批擊審訊者，永行禁止。四十一年覆准：嗣後內外問刑官員，將不應夾訊之人夾訊，即時身死，併應夾之人恣意疊夾致死者，將承審官俱照律治罪。其學鹽關差官員，亦照州縣佐貳官例不許擅用夾棍。如有應用夾棍事件，俱送問刑衙門審理。若有故違夾訊者，交與該部從重治罪。以上均《會典》事例。道光五年覆准：查律以決不如法，及非法、依法三項分別定擬徒杖，勿論。誠以官司決罰，其所用之刑與受刑之處，各有定制可循。是依法拷訊，不期致死，則官司並無不合，自當予以勿論。至所用係刑具中應有之物，而輕重多寡與例不符，如律內所稱應笞而杖之類，則法雖在而用之不當，故謂之不如法。若於例准行用之外，另用他物拷打，則所用並非刑具中之所有，故謂之非法毆打，界限分明，不容牽混。通行。

刑案

委員因寓所被竊，將買贓之人帶案，掌責致斃，比照承審官吏將干連人犯不應拷訊，任意疊夾致斃例，滿徒。嘉慶十七年江蘇案。

查辦理武弁責斃人命之案，其應否擬抵，總以死者是否有罪爲斷。蓋武弁雖不准理民詞，究有查緝之責。如死係賭匪賊犯，向俱酌情，照監臨官因公事非法毆打致死例，擬徒。若死係無罪之人，即應照毆死平人一例問擬。今外委因平人恃醉混罵，喝令兵丁棍責致死，實屬逞忿作威，應依威力主使人毆打致死律擬絞，兵丁依爲從擬流。嘉慶十九年直隸司說帖。

武弁拏獲賭犯，因不服混罵，喝令兵丁疊責致斃，照監臨官非法毆打致死，擬徒。兵丁依爲從減等問擬。嘉慶十九年山東案。

千總將平民拉至汛署，擅行鞭責，與擾害無異，依武弁擾害責打民人未致死例，革職。聽從行杖之兵丁，減一等，杖九十。嘉慶二十年安徽案。

大使因人呈送訛詐之犯，並不解縣，輒行擅受，因其倔强，喝差役疊毆致斃，實屬非法毆打。該員並非應訊之官，未便照非法毆打致死律擬徒，致與監臨官無別，亦未便竟照凡人主使毆打致死律擬抵。從重發新疆當差，聽從下手之差役，仍依非法毆打致死滿徒律，減一等，徒二年半。嘉慶二十年雲南案。

巡檢擅受，濫行枷號，致人失跌，墊傷殞命。死雖自行失跌，究因濫枷所致。如係應訊之官，應依非法毆打致死律，擬徒。今該員並非應訊之官，若照本律擬徒，與監臨官無所區別。照問刑衙門濫行拷打致死律，加一等，擬流。仍應彙題。嘉慶二十三年福建司說帖。

守備捉獲竊賊，晒壓毆打致斃，比照監臨官因公事非法毆打致死律，滿徒。嘉慶二十四年四川案。

典史奉委，比追係約領買兵穀，依法杖責十六板，因死者負痛，兩腿分開，致傷腎囊殞命，正與依法決罰邂逅致死律相符，照律勿論，仍交部議處。皂役免議。嘉慶二十五年湖南案。

知州非刑拷訊，致被誣之人因傷身死，依監臨官非法毆打致死律，滿徒。已有抵命之人，免其追埋。道光三年雲南案。

典史奉委，代驗祭祀牛隻，因牛瘦小，飭令保正更換不遵，于齋戒期內，將保正杖責，以致囚傷越日身死，與拷訊平民不同。應照違制律，杖一百，追埋葬銀十兩。聽從行杖之人，杖九十。道光三年四川案。

典史非刑拷斃代賊賣贓之人，照監臨官因公事非法毆打致死律，滿徒，追埋。道光四年直隸案。

把總巡街，遇見强姦未成罪人，上前捉捕。因其向罵，用脚踢斃。雖有應捕之責，而無得打之權，固未便科以平人擅殺之條，亦不與應行責打但不如法者同論，且非監臨可比。照監臨官非法毆人致死律，量加擬流。道光五年雲南司說帖。

汛弁因人喊控，擅自收審，濫用刑責，致人氣忿自盡。比照將無辜之人濫刑拷訊致斃例，依非法毆打致死律，滿徒，追埋。聽從責打之兵丁，問不應重杖。道光五年直隸案。

外委擅責民人，致被責自縊身死，外照威逼人致死，擬杖。部改照因公非法毆打致死律，擬徒。道光五年直隸案。

汛弁傳訊窩娼人犯，因其不肯認罪，喝令兵丁棍責釋放，致令傷潰身死。此依監臨官因公事非法毆打致死律，滿徒，追埋。聽從下手之兵丁，減一等，徒二年半。道光六年直隸案。

知州非刑拷訊，致犯受傷後因病身死，從重照濫用非刑例革職。道光九年陝西司說帖。

知縣因棍徒罵官毆差，用棺將其悶死，照非法毆打致死律，滿徒。道光十年邸鈔。

吏目因在配軍犯行竊被獲，狡供頂撞，喝令差役用竹條弔打多傷，致死二命。從一科斷，照監臨官非法毆打致死律，滿徒，倍追埋銀兩，分別給領。年逾七十，例應收贖，係官犯。恭候欽定。奉旨：不准收贖。道光十三年邸鈔。

典史非法毆死罪本應死監犯，照監官因公事非法毆打致死律，問擬滿徒。道光十三年雲南司說帖。

知縣擅決刦掠匪犯，依罪人本犯應死而擅殺者，杖一百律問擬。事犯在恩詔以前，應請准予寬免，並開復原參革職處分。光緒元年廣西案。

（清）席裕福《清朝政典類纂》卷四一二《刑四十四·刑律斷獄·斷罪引律令》 凡官司斷罪，皆須具引律例，違者如不具引，笞三十。若律有數事共一條，官司止引所犯本罪者，聽。所犯之罪止合一事，聽其摘引一事以斷之。其特旨斷罪，臨時處治，不爲定律者，不得引比爲律。若輒引比，致斷罪有出入者，以故失論。故行引比者，以故出入人全罪，及所增減坐之。失於引比者，以失出入人罪，減等坐之。

條例

一、承問各官審明定案，務須援引一定律例。若先引一例，復云不便照此例治罪，更引重例，及加情罪可惡字樣，坐人罪者，以故入人罪論。謹案：此條係乾隆五年將雍正六年欽奉諭旨併入前條纂定。

一、例載比照光棍條款，仍照例斟酌定擬外，其餘情罪相仿，尚非實在光棍者，不得一概照光棍例定擬。謹案：此條乾隆元年定。

一、除正律、正例而外，凡屬成案未經通行，著爲定例，一概嚴禁，毋得混行牽引，致罪有出入。如督撫辦理案件，果有與舊案相合，可援爲例者，詳於本内聲明，刑部詳加查覈，附請著爲定例。謹案：此條乾隆三年定。

事例

順治十年諭：凡問擬人罪，務詳審實情。引用本律，一切鉤索羅職，悉宜痛革。亦不得借口故出，以致漏網。康熙九年題准：督撫將重犯引律具題，或擬重，或擬輕，曾經三法司兩議具題者，督撫併承問官俱免

議。二十七年題准：一應審擬事件，有例者引例，無例者引律，與律例不脗合者，量其情罪，比照律例定擬。情罪輕而故入，情罪重而故出者，將承問各官並該督撫俱交與該部議處。雍正二年諭：嗣後凡本内有引例者，勿用新字係何年所定之例，止寫出其年。乾隆九年議准：嗣後凡有關涉永遠定例之部文，不論刑名、錢穀，或題奏及咨准部覆，一概隨時通行藩臬衙門。或於單行文内指明轉行字様，迨到司後，即令專管該司於行府之外，分移各道。到府後，於行州縣之外，分移丞倅，一體遵照。併令大小各衙門，將奉行條例派撥專書經收，記明檔案，務期彙總齊全，毋得紛紜散軼，入於新舊交盤之内，遞相接授。儻有疎忽，別經舉覺，即將該管官典照遺漏行文例查議。以上均《會典》事例。道光二十四年奏准：嗣後審辦命盜等案，如本例載明應先行恭請王命正法者，方可審辦。後一面具奏，一面恭請王命先行正法。或定例雖無先行正法明文，核甚情罪，實在重大，不容稍稽顯戮者，亦准該督撫等權宜辦理。仍將實在情形，隨摺聲明。其餘尋常案件，本例但言請旨即行正法，均應俟奉到諭旨，再行處決。同治九年議准：嗣後遇有京控交審案件，務當秉公核辦。審實則屈必爲伸，審虚則誣必加等。如情節或有可原，不妨酌減定擬，不得仍照向來積習，節删迎車駕及擊登聞鼓字様，摘引申訴不實律，遷就完結。以上均通行。

（清）席裕福《清朝政典類纂》卷四一二《刑四十四・刑律斷獄・吏典代寫招草》 凡諸衙門鞫問刑名等項，必據犯者招草以定其罪。若吏典人等爲人改寫及代寫招草，增減其正實情節，致官司斷罪有出入者，以故出入人罪論。若犯人果不識字，許令在官不干礙之人依其親具招情代寫。若夾典代寫，即罪無出入，亦以違制論。

條例

一、凡有司讞獄時，令招房書吏照供録寫，當堂讀與兩造共聽。果與所供無異，方令該犯畫供。該有司親自定稿，不得假手胥吏，致滋出入情弊。如有司將供詞輒交經承，致有增删改易者，許被害人首告。督撫察實題參，將有司官照失出入律議處，經承書吏照故出入律治罪。受財者，計贓以枉法從重論。謹案：此條雍正七年定。

事例

康熙四十四年覆准：審理强盗人命等情，取明犯人口供，高聲朗誦，紙尾填註該犯姓名，令其親自畫押，定擬具題。乾隆二十三年議准：嗣後州縣遇有人命案件，務於檢驗屍傷時，訊取已經到案犯證，切實供詞，並將案内人犯是否齊全，及有無要犯未獲之處，同驗屍圖格造册，於十日内申報督撫。該督撫即據州縣驗詳，轉咨部科備案。定案之後，供吐相符，固爲信讞。其於覆審時，究出實情與初供不相脗合者，將究結改正縁由，據實詳敘。審轉之上司並覈議之法司，虚衷體察，果無捏飾別情者，即行覆結，亦不得指初供互異爲名，借端苛駁。承審各官有心翻案，删改原招，或回護初供，遷就紐合，及初次故爲取具，閃爍供詞，以圖改移出入者，該督撫嚴察題參，將承審官照故行出入例議處。督撫不行查察，被法司糾舉得實者，將該督撫交部，亦照前例議處。四十一年議准：嗣後各省承審命盜及重要等案，於取供畫押時，令要犯畫供二紙，一紙存署，一紙申送督撫，隨案送部。如有抑勒畫押情弊，經上司究出，即據實揭參。若關罪名出入者，將該州縣照故出入人罪律辦理。如本府不能究出，經司道究出者，並將該府劾參，交部議處。至尋常外結之案，亦照此例，將原供各畫二紙，一存本署，一送臬司備案。四十三年議准：將要犯畫押供單申送上司審轉，隨案送部之例，停止。仍責成督撫大吏，督率司府於命盜重案，隨時加意體察，反覆推求，稍有可疑，即徹底究明，期於無枉無縱。儻州縣一時疎忽，不能審出實情，或係另有規避，任意鍛鍊，删改供招，即分別參辦。以上均《會典》事例。道光十年諭：御史卞士雲奏請飭禁外省書吏擬批積習一摺。各省督撫司道及學政鹽關各衙門，遇有批稟批呈事件，鉅細均應親身覈定，不得假手吏胥，致滋弊混。據該御史奏：各省申詳案件與具呈上控之人，每先向掌稿經承打點，如應准之件，另擬數語議駁，應駁之件，另擬數語議准，先以消息宣露。無識之徒受其愚弄，甚且勾通幕友，因緣爲奸，其弊無所不至，所關於吏治匪淺。著通諭各督撫轉行各衙門，嗣後凡遇批稟批呈，無論重大案件及尋常事件，均著悉心詳核，自行裁酌，毋許專任吏胥幕友，預定准駁，致令藉端朦混，遇事招摇，以除積弊而肅吏治。光緒九年奏准：嗣後題咨命盜等案，務須遵照定例，將初次供招全行載入。即使解省後犯有翻異，亦將所以翻異之供，另開報部，以備查核。臬司不得盡行删減，强歸原供，致令實情隱

滅。如有州縣聽信劣幕友刪改供招情事，該督撫即行嚴參治罪。以上均通行。

紀事

《左傳・襄公二十六年》 楚子、秦人侵吴，及雩婁，聞吴有備而還。遂侵鄭。五月，至於城麇。鄭皇頡戍之，出，與楚師戰，敗。穿封戌囚皇頡，公子圍與之争之，正於伯州犁。伯州犁曰：請問於囚。乃立囚。伯州犁曰：所争，君子也，其何不知？上其手，曰：夫子爲王子圍，寡君之貴介弟也。下其手，曰：此子爲穿封戌，方城外之縣尹也。誰獲子？囚曰：頡遇王子，弱焉。戌怒，抽戈逐王子圍，弗及。楚人以皇頡歸。

（漢）劉向《説苑》卷一四《至公》 楚令尹子文之族有干法者，廷理拘之。聞其令尹之族也，而釋之。子文召廷理而責之曰：凡立廷理者，將以司犯王令而察觸國法也。夫直士持法，柔而不撓，剛而不折；今棄法而背令，而釋犯法者，是爲理不端，懷心不公也。豈吾營私之意也，何廷理之駁於法也？吾在上位以率士民，士民或怨而吾不能免之於法，今吾族犯法甚明，而使廷理因緣吾心而釋之，是吾不公之心明著於國也。執一國之柄而以私聞，與吾生不以義，不若吾死也。遂致其族人於廷理，曰：不是刑也，吾將死。廷理懼，遂刑其族人。成王聞之，不及履而至於子文之室，曰：寡人幼少，置理失其人，以違夫子之意。於是黜廷理而尊子文，使及内政。國人聞之，曰：若令尹之公也，吾黨何憂乎！乃相與作歌曰：子文之族，犯國法程。廷理釋之，子文不聽。恤顧怨萌，方正公平。

《史記》卷一一九《循吏列傳・李離》 李離者，晋文公之理也。過聽殺人，自拘當死。文公曰：官有貴賤，罰有輕重。下吏有過，非子之罪也。李離曰：臣居官爲長，不與吏讓位，受禄爲多，不與下分利。今過聽殺人，傳其罪下吏，非所聞也。辭不受令。文公曰：子則自以爲有罪，寡人亦有罪邪？李離曰：理有法，失刑則刑，失死則死。公以臣能聽微决疑，故使爲理。今過聽殺人，罪當死。遂不受令，伏劍而死。

《史記》卷一一九《循吏列傳・石奢》 石奢者，楚昭王相也。堅直廉正，無所阿避。行縣，道有殺人者，相追之，乃其父也。縱其父而還自繫焉。使人言之王曰：殺人者，臣之父也。夫以父立政，不孝也；廢法縱罪，非忠也，臣罪當死。王曰：追而不及，不當伏罪，子其治事矣。石奢曰：不私其父，非孝子也；不奉主法，非忠臣也。王赦其罪，上惠也；伏誅而死，臣職也。遂不受令，自刎而死。

《史記》卷六《秦始皇本紀》 三十四年，適治獄吏不直者，築長城及南越地。

張家山二四七號漢墓竹簡整理小組《張家山漢墓竹簡・奏讞書》 南郡卒史蓋廬、摯田、（叚）〔假〕卒史瞗復攸庫等獄簿

御史書以廿七年二月壬辰到南郡守府，即下，甲午到蓋廬等治所，其壬寅補益從治，上治

它獄。四月辛卯瞗有論去。五月庚午朔，益從治，蓋廬有（資）〔貲〕去。

八月庚子朔論去。盡廿八年九月甲午已。

凡四百六十九日。朔病六十二日，行道六十日，乘恒馬及船行五卌六里，（衛）〔率〕之，日行八十五里，

畸（奇）卌六里（衛）〔率〕。除（弦）〔元〕、伏不治，它獄四百卌九日，定治十八日。

御史下書別居它笥。今復之：庫曰：初視事，蒼梧守竈、尉徒唯謂庫：利鄉反，新黔

首往（毄）〔擊〕，去北當捕治者多，皆未得，其事甚害難，恐爲敗。庫視獄留，以問獄史氏，氏曰：

蒼梧縣反者，御者恒令南郡復。義等戰死，新黔首恐，操其（叚）〔假〕兵匿山中，誘召稍

來，皆（榣）〔摇〕恐畏，其大不安，（有）〔又〕須南郡復者即來捕。義等將吏卒（毄）〔擊〕反盗，弗先候視，

爲驚敗，義等罪也，上書言（財）〔裁〕新黔首罪。它如書。竈、徒唯曰：教謂庫新黔首當捕者不得，

勉力（善）〔繕〕備，弗謂害難，恐爲敗。唯謂庫久矣，忘弗識。它如庫。

氏曰：〔刻〕〔劾〕下，與〔脩〕〔攸〕守媱、丞魁治，令史駐與義發新黔首往候視，反盗多，益發與戰。義死，〔脩〕〔攸〕〔有〕〔又〕益發新黔首往〔毄〕〔擊〕，破，凡三輩，駐并主籍。其二輩戰北當捕，名籍副并居一笥中，駐亡，不得，未有以別〔智〕〔知〕當捕者。及屯卒□敬，卒已罷去，〔移〕〔徙〕〔?〕還之，皆未來。好畤辟駐有鞫，氏以爲南郡且來復治。庫問，氏以告庫，不〔智〕〔知〕庫上書。它如庫。媱、魁言如氏。詰氏：氏告庫曰：義等戰死，新黔首恐，操其〔叚〕〔假〕兵匿山中，誘召稍來，皆〔榣〕〔摇〕恐畏，其大不安，有須南郡復者即來捕。吏訊氏，氏曰：駐主新黔首籍，三輩戰北，皆并居一笥中，未有以別〔智〕〔知〕當捕者，遝駐未來未捕，前後不同，皆何解？氏曰：新黔首戰北當捕者，與後所發新黔首籍并，未有以別〔智〕〔知〕。駐主遝未來，獄留須駐。庫爲攸令，失聞。庫別異，不與它令等。義死，黔首當坐者多，皆〔榣〕〔摇〕恐吏罪之，〔有〕〔又〕別離居山谷中。民心畏惡，恐弗能盡偕捕，而令爲敗，幸南郡來復治。庫視事掾獄，問氏，氏即以告庫，恐其怒，以自解于庫，實須駐來别籍，以偕捕之，〔請〕〔情〕也。毋它解。

詰庫：毄〔擊〕反群盗，儋乏不鬬，論之有法。庫挌掾獄，見罪人，不以法論之，而上書言獨〔財〕〔裁〕新黔首罪，是庫欲〔繹〕〔釋〕縱罪人也。何解？庫曰：聞〔?〕等上論奪爵令戍，今新黔首實不安輯，上書以聞，欲陛下幸詔庫以撫定之，不敢〔擇〕〔釋〕縱罪人。毋它解。

詰庫：等雖論奪爵令或〔戍〕，而毋法令，人臣當謹奏法以治。今庫〔繹〕〔釋〕法而上書言獨〔財〕〔裁〕新黔首罪，是庫欲〔繹〕〔釋〕縱罪人明矣。吏以論庫，庫何以解之？庫曰：毋以解之，罪。

問南郡復吏到攸，攸遝駐未來，未有新黔首當捕者名籍。駐來會，建曰：義死，自以有罪，棄籍去亡，得□視氏所言籍，居一笥中者，不署前後發，毋章，雜不可〔智〕〔知〕。南郡復吏乃以〔智〕〔知〕巧令〔脩〕〔攸〕誘召〔取〕〔聚〕城中，謁〔?〕訊傳先後以別，捕〔毄〕〔擊〕戰北者。獄留盈卒歲，不具斷，蒼梧守已劾論□□□□□□駐及吏卒不救援義等去北者，頗不具，別奏。它如〔辤〕〔辭〕。鞫之：義等將吏卒新黔首〔毄〕〔擊〕反盗，反盗殺義等，吏、新黔首皆弗救援，去北。當遝駐，傳詣〔脩〕〔攸〕，須來以別黔首當捕者，當捕者多別離相去遠，其事難，未有以捕章捕論。〔詷〕〔庫〕上書言獨〔財〕〔裁〕新黔首罪，欲縱勿論，得，審。令：所取荆新地多群盗，吏所興與群盗遇，去北，以儋乏不鬬律論；律：儋乏不鬬，斬。篡遂縱囚，死罪囚，黥爲城旦，上造以上耐爲鬼薪，以此當庫。當之：庫當耐爲鬼薪。庫〔毄〕〔繫〕。訊者七人，其一人〔毄〕〔繫〕，六人不〔毄〕〔繫〕。不存皆不訊。

《中國簡牘集成·東海尹灣漢墓出土簡牘》 山鄉相、魯國魯旦恭，故亭長，以捕格不道者除。

山鄉丞、魯國魯橋敬，故亭長，以捕格不道者除。

《中國簡牘集成·東海尹灣漢墓出土簡牘》 戚左尉、魯國魯史父慶，故假亭長，以捕格不道者除。

《漢書》卷二三《刑法志》 及至孝武即位，外事四夷之功，內盛耳目之好，徵發煩數，百姓貧耗，窮民犯法，酷吏擊斷，姦軌不勝。於是招進張湯、趙禹之屬，條定法令，作見知故縱、監臨部主之法，緩深故之罪，急縱出之誅。其後姦猾巧法，轉相比況，禁網寖密。律令凡三百五十

九章，大辟四百九條，千八百八十二事，死罪決事比萬三千四百七十二事。文書盈於几閣，典者不能偏睹。是以郡國承用者駮，或罪同而論異。姦吏因緣爲市，所欲活則傅生議，所欲陷則予死比，議者咸冤傷之。

《漢書》卷五九《張湯傳》　是時，上方鄉文學，湯決大獄，欲傅古義，乃請博士弟子治《尚書》、《春秋》，補廷尉史，平亭疑法。奏讞疑，必奏先爲上分別其原，上所是，受而著讞法廷尉挈令，揚主之明。奏事卽譴，湯摧謝，鄉上意所便，必引正監掾史賢者，曰：固爲臣議，如（此）上責臣，臣弗用，愚抵此。罪常釋。間卽奏事，上善之，曰：臣非知爲此奏，乃監、掾、史某所爲。其欲薦吏，揚人之善解人之過如此。所治卽上意所欲辠，予監吏深刻者；卽上意所欲釋，予監吏輕平者。所治卽豪，必舞文巧詆；卽下户羸弱，時口言雖文致法，上裁察。於是往往釋湯所言。湯至於大吏，内行修，交通賓客飲食，於故人子弟爲吏及貧昆弟，調護之尤厚。其造請諸公，不避寒暑。是以湯雖文深意忌不專平，然得此聲譽。而深刻吏多爲爪牙用者，依於文學之士。丞相弘數稱其美。

《漢書》卷一六《高惠高后文功臣表》〔朝陽齊侯〕孝文十四年，侯當嗣，三十九年，元朔二年，坐教人上書枉法，耏爲鬼薪。户五千。

《漢書》卷一六《高惠高后文功臣表》〔武彊侯〕孝文後二年，侯青翟嗣，四十七年，元鼎二年，坐爲丞相建御史大夫（陽）〔湯〕不直，自殺。

師古曰：以獄建之意，而不直也。

《漢書》卷一五上《王子侯表》〔攸輿侯〕〔孝武元朔四年〕三月乙丑封，二十二年，太初元年，坐篡死罪囚，棄市。

《漢書》卷一七《景武昭宣元成功臣表》〔新時侯趙弟〕太始三年，坐爲太常鞠獄不實，入錢百萬贖死，而完爲城旦。

如淳曰：鞠者，以其辭決罪也。晉灼曰：律説，出罪爲故縱，入罪爲故不直。

《漢書》卷七一《于定國傳》　于定國字曼倩，東海郯人也。其父于公爲縣獄史，郡決曹，決獄平，羅文法者于公所決皆不恨。郡中爲之生立祠，號曰于公祠。

東海有孝婦，少寡，亡子，養姑甚謹，姑欲嫁之，終不肯。姑謂鄰人曰：孝婦事我勤苦，哀其亡子守寡。我老，久絫丁壯，柰何？其後姑自經死，姑女告吏：婦殺我母。吏捕孝婦，孝婦辭不殺姑。吏驗治，孝婦自誣服。具獄上府，于公以爲此婦養姑十餘年，以孝聞，必不殺也。太守不聽，于公争之，弗能得，乃抱其具獄，哭於府上，因辭疾去。太守竟論殺孝婦。郡中枯旱三年。後太守至，卜筮其故，于公曰：孝婦不當死，前太守彊斷之，咎黨在是乎？於是太守殺牛自祭孝婦冢，因表其墓，天立大雨，歲孰。郡中以此大敬重于公。

《漢書》卷六〇《杜延年傳》　治燕王獄時，御史大夫桑弘羊子遷亡，過父故吏侯史吳。後遷捕得，伏法。會赦，侯史吳自出繫獄，廷尉王平與少府徐仁雜治反事，皆以爲桑遷坐父謀反而侯史吳臧之，非匿反者，乃匿爲隨者也。卽以赦令除吳罪。後侍御史治實，以桑遷通經術，知父謀反而不諫争，與反者身無異，侯史吳故三百石吏，首匿遷，不與庶人匿隨從者等，吳不得赦。奏請覆治，劾廷尉、少府縱反者。遂下廷尉平、少府仁獄。延年乃奏記光争，以爲：吏縱罪人有常法，今更詆吳爲不道，恐於法深。光以廷尉、少府弄法輕重，皆論棄市。

《漢書》卷七《昭帝紀》〔昭帝始元四年冬〕廷尉李种坐故縱死罪棄市。

《漢書》卷七《昭帝紀》〔昭帝元鳳三年〕夏四月，少府徐仁、廷尉王平、左馮翊賈勝胡皆坐縱反者，仁自殺，平、勝胡皆要斬。

《漢書》卷一七《景武昭宣元成功臣表》〔商利侯王山壽〕元康元年，坐爲代郡太守故劾十人罪不直，免。

《漢書》卷七六《張敞傳》〔張〕敞與蕭望之、于定國相善。始敞與定國俱以諫昌邑王超遷。定國爲大夫平人尚書事，敞出爲刺史，時望之爲大行丞。後望之先至御史大夫，定國後至丞相，敞終不過郡守。爲京兆九歲，坐與光祿勳楊惲厚善，後惲坐大逆誅，公卿奏惲黨友，不宜處位，等比皆免，而敞奏獨寢不下。敞使（卒）〔賊〕捕掾絮舜有所案驗。舜以敞劾奏當免，不肯爲敞竟事，私歸其家。人或諫舜，舜曰：吾爲是公盡力多矣，今五日京兆耳，安能復案事？敞聞舜語，卽部吏收舜繫獄。是時冬月未盡數日，案事吏晝夜驗治舜，竟致其死事。舜當出死，敞使主簿持教告舜曰：五日京兆竟何如？冬月已盡，延命乎？乃棄舜市。會立春，

行冤獄使者出，舜家載尸，并編敞教，自言使者。使者奏敞賊殺不辜。天子薄其罪，欲令敞得自便利，即先下敞前坐楊惲不宜處位奏，免爲庶人。敞免奏既下，詣闕上印綬，便從闕下亡命。

《漢書》卷七六《趙廣漢傳》　司直蕭望之劾奏：廣漢摧辱大臣，欲以劫持奉公，逆節傷化，不道。宣帝惡之，下廣漢廷尉獄。又坐賊殺不辜，鞠獄故不以實，擅斥除騎士乏軍興數罪。天子可其奏，廣漢竟坐要斬。

《後漢書》卷一下《光武帝紀》　〔建武二十年〕夏四月庚辰，大司徒戴涉下獄死。《古今注》曰：坐入故太倉令奚涉罪。

《後漢書》卷七七《酷吏傳·周紆》　〔永元〕六年夏旱，車駕自幸洛陽録囚徒，二人被掠生蟲，坐左轉騎都尉。

（宋）王欽若等《册府元龜》卷六一八《刑法部·平反》　後漢郭躬爲廷尉，奏讞法科多所全生。傅賢爲廷尉，嘗垂念刑法，務從輕比，至斷獄，遲回流涕。在位四年，獄稱治平。

（明）吴訥《棠陰比事續編·周陽曲法》　周陽繇景帝時爲郡守。武帝即位，繇最爲酷暴驕恣，所愛者撓法活之，所憎者曲法誅滅之。爲守，視都尉如令；爲都尉，則凌太守。後爲河東都尉，與其守勝屠公争權，相告訐，勝屠公自殺，繇棄市。

《後漢書》卷三《章帝紀》　〔元和〕秋七月丁未，詔曰：律云：掠者，唯得榜笞立。又《令丙》：箠長短有數。自往者，大獄已來，掠考多酷，鉆鑽之屬，慘苦無極，念其痛毒，怵然動心。《書》曰：鞭作官刑，豈云若此。宜及秋冬理獄，明爲其禁。

《後漢書》卷三《章帝紀》　〔建初〕三月甲寅，詔曰：孔子曰：刑罰不中，則人無所措手足。今吏多不良，擅行喜怒，或案不以罪，迫脅無辜，致令自殺者，一歲且多於斷獄，甚非爲人父母之意也。有司其議糾舉之。

《後漢書》卷七六《循吏傳·孟嘗》　孟嘗字伯周，會稽上虞人也。其先三世爲郡吏，並伏節死難。嘗少脩操行，仕郡爲户曹史。上虞有寡婦至孝養姑。姑年老壽終，夫女弟先懷嫌忌，乃誣婦厭苦供養，加鴆其母，列訟縣庭。郡不加尋察，遂結竟其罪。嘗先知枉狀，備言之於太守，太守不爲理。嘗哀泣外門，因謝病去，婦竟冤死，自是郡中連旱二年，禱請無所獲。

《後漢書》卷七七《酷吏傳·王吉》　〔王〕吉少好誦讀書傳，喜名聲，而性殘忍。以父秉權寵，年二十餘，爲沛相。曉達政事，能斷察疑獄，發起姦伏，多出衆議。課使郡内各舉姦吏豪人諸常有微過酒肉爲臧者，雖數十年猶加貶棄，注其名籍。專選剽悍吏，擊斷非法。若有生子不養，即斬其父母，合土棘埋之。凡殺人皆磔屍車上，隨其罪目，宣示屬縣。夏月腐爛，則以繩連其骨，周徧一郡乃止，見者駭懼。視事五年，凡殺萬餘人。其餘慘毒刺刻，不可勝數。郡中惴恐，莫敢自保。及陽球奏甫，乃就收執，死於洛陽獄。

《後漢書》卷八一《獨行傳·戴就》　戴就字景成，會稽上虞人也。仕郡倉曹掾。揚州刺史歐陽參奏太守成公浮臧罪，遣部從事薛安案倉庫簿領，收就於錢唐縣獄。幽囚考掠，五毒參至。就慷慨直辭，色不變容。又燒鋘斧，使就挾於肘腋。就語獄卒：可熟燒斧，勿令冷。每上彭考，因止飯食不肯下，肉焦毀墮地者，掇而食之。主者窮竭酷慘，無復餘方，乃卧就覆船下，以馬通薰之。一夜二日，皆謂已死，發船視之，就方張眼大駡曰：何不益火，則使滅絶！又復燒地，以大鍼刺指爪中，使以把土，爪悉墮落。主者以狀白安，安呼見就，謂曰：太守罪穢狼藉，受命考實，君何故以骨肉拒扞邪？就據地答言：太守剖符大臣，當以死報國。卿雖銜命，固宜申斷冤毒，奈何誣枉忠良，强相掠理，令臣謗其君，子證其父！薛安庸騃，忸行無義，就考死之日，當白之於天，與群鬼殺汝於亭中。如蒙生全，當手刃相裂！安深奇其壯節，即解械，更與美談。表其言辭，解釋郡事。徵浮還京師，免歸鄉里。

（宋）洪邁《容齋續筆》卷六《鍾繇自劾》　漢建安中，曹操以鍾繇爲司隸校尉，督關中諸軍。詔召河東太守王邑，而拜杜畿爲太守。郡掾詣繇求留邑，繇不聽，邑詣許自歸。繇自以威禁失督司之法，乃上書自劾曰：謹案侍中守司隸校尉東武亭侯鍾繇，幸得蒙恩，以斗筲之才，仍見拔擢，顯從近密，銜命督使。明知詔書深疾長吏政教寬弱，檢下無刑，乆病淹滯，衆職荒頓。既舉文書，操彈失理。輕慢憲度，不與國同心。爲臣不忠，大爲不敬。臣請法車召詣廷尉治繇罪，大鴻臚削爵土。臣輒以文書

付功曹從事，伏須罪誅。詔不許。予觀近時士大夫自劾者，不過云乞將臣重行竄黜囹門待罪而已，如繇此章，蓋與爲它人所糾亡異也，豈非身爲司隸，職在刺舉，故如是乎！

《晉書》卷三〇《刑法志》 衛凱又奏曰：刑法者，國家之所貴重，而私議之所輕賤；獄吏者，百姓之所懸命，而選用者之所卑下。王政之弊，未必不由此也。請置律博士，轉相教授。事遂施行。然而律文煩廣，事比衆多，離本依末，決獄之吏如廷尉獄吏范洪受囚絹二丈，附輕法論之，獄吏劉象受屬偏考囚張茂物故，附重法論之。洪、象雖皆棄市，而輕枉者相繼。

《三國志》卷一二《魏志·司馬岐傳》 〔司馬〕芝亡，子岐嗣，從河南丞轉廷尉正，遷陳留相。梁郡有繫囚，多所連及，數歲不決。詔書徙獄于岐屬縣，縣請豫治牢具。岐曰：今囚有數十，既巧詐難符，且已倦楚毒，其情易見。豈當復久處囹圄邪！及囚至，詰之，皆莫敢匿詐，一朝決竟，遂超爲廷尉。是時大將軍爽專權，尚書何晏、鄧颺等爲之輔翼。南陽圭泰嘗以言迕指，考繫廷尉。颺訊獄，將致泰重刑。岐數颺曰：夫樞機大臣，王室之佐，既不能輔化成德，齊美古人，而乃肆其私忿，枉論無辜。使百姓危心，非此焉在？颺於是慚怒而退。岐終恐久獲罪，以疾去官。

《三國志》卷二四《魏志·高柔傳》 〔魏高柔爲廷尉時〕護軍營士竇禮近出不還。營以爲亡，表言逐捕，没其妻盈及男女爲官奴婢，盈連至州府，稱寃自訟，莫有省者，乃辭詣廷尉。柔問曰：汝何以知夫不亡？盈垂泣對曰：夫少單特，養一老嫗爲母，事甚恭謹，又哀兒女，撫視不離，非是輕狡不顧室家者也。柔重問曰：汝夫不與人有怨讎乎？對曰：夫良善，與人無讎。又曰：汝夫不與人交錢財乎？對曰：嘗出錢與同營士焦子文，求不得。時子文適坐。小事繫獄，柔乃見子文，問所坐。言次，曰：汝頗曾舉人錢不？子文曰：自以單貧，初不敢舉人錢物也。柔察子文色動，遂曰：汝昔舉竇禮錢，何言不耶？子文怪知事露，應對不次。柔曰：汝已殺禮，便宜早服。子文於是叩頭，具首殺禮本末，埋藏處所。柔便遣吏卒，承子文辭往掘禮，即得其屍。詔書復盈母子爲平民，班下天下，以禮爲戒。

《晉書》卷六九《郭隗傳》 建興中，丞相府斬督運令史淳于伯而血逆流，〔郭〕隗又奏曰：古之爲獄必察五聽，三槐九棘以求民情。雖明庶政，不敢折獄。死者不得復生，刑者不可復續，是以明王哀矜用刑。曹參去齊，以市獄爲寄。自頃蒸荒，殺戮無度，罪同斷異，刑罰失宜。謹按行督運令史淳于伯刑血著柱，遂逆上終極柱末二丈三尺，旋復下流四尺五寸。百姓喧譁，士女縱觀，咸曰其寃。伯息忠訴辭稱枉，云伯督運訖去二月，事畢代還，無有稽乏。受賕使役，罪不及死。軍是戍軍，非爲征軍，以乏軍興論，於理爲枉。四年之中，供給運漕，凡諸徵發租調百役，皆有稽停，而不以軍興論，至於伯也，何獨明之？捶楚之下，無求不得，囚人畏痛，飾辭應之。理曹，國之典刑，而使忠等稱寃明時。謹按從事中郎周莚、法曹參軍劉胤、屬李匡幸荷殊寵，並登列曹，當思敦奉政道，詳法慎殺，使兆庶無枉，人不稱訴。而令伯枉同周青，寃魂哭於幽都，訴靈恨於黃泉，嗟嘆甚於杞梁，血妖過於崩城，故有隕霜之人，夜哭之鬼。伯有書見，彭生爲豕，刑殺失中，妖眚並見，以古況今，其揆一也。皆由莚等不勝其任，請皆免官。於是右將軍王導等上疏引咎，請解職。帝曰：政刑失中，皆吾闇塞所由。尋示愧懼，思聞忠告，以補其闕。而引過求退，豈所望也！由是導等一無所問。

《晉書》卷八四《殷仲堪傳》 桂陽人黃欽生父没已久，詐服衰麻，言迎父喪。府曹先依律詐取父母卒棄市，仲堪乃曰：律詐取父母寧依毆詈法棄市。原此之旨，當以二親生存而横言死没，情事悖逆，忍所不當，故同之毆詈之科，正以大辟之刑。今欽生父實終没，墓在舊邦，積年久遠，方詐服迎喪，以此爲大妄耳。比之於父存言亡，相殊遠矣。遂活之。

《晉書》卷四六《劉頌傳》 〔劉頌〕遷議郎，守廷尉。時尚書令史扈寅非罪下獄，詔使考竟，頌執據無罪，寅遂得免。時人以頌比張釋之。在職六年，號爲詳平。

《宋書》卷六四《鄭鮮之傳》 〔鄭鮮之〕入爲員外散騎侍郎，司徒左西屬，大司馬琅邪王録事參軍，仍遷御史中丞。性剛直，不阿强貴，明憲直繩，甚得司直之體。外甥劉毅，權重當時，朝野莫不歸附，鮮之盡心高祖，獨不屈意於毅，毅甚恨焉。義熙六年，鮮之使治書侍御史丘洹奏彈毅曰：上言傳詔羅道盛輒開賊，遂盗發密事，依法棄市，奏報行刑，而

毅以道盛身有侯爵，輒復停宥。桉毅勳德光重，任居次相，既殺之非己，無緣生之自由。又奏之於先，而弗請於後，閫外出疆，非此之謂。中丞鮮之於毅舅甥，制不相糾，臣請免毅官。詔無所問。

《宋書》卷六五《吉翰傳》　〔元嘉六年〕時有死罪囚，典籤意欲活之，因翰入關齋呈其事。翰省訖，語今且去，明可便呈。明旦，典籤不敢復入，呼之乃來，取昨所呈事視訖，謂之曰：卿意當欲宥此囚死命。昨於齋坐見其事，亦有心活之。但此囚罪重，不可全貸，既欲加恩，卿便當代任其罪。因命左右收典籤付獄殺之，原此囚生命。其刑政如此，其下畏服，莫敢犯禁。

《南齊書》卷三一《江謐傳》　〔江謐〕出爲建平王景素冠軍長史、爲長沙內史，行湘州事，政治苛刻。僧遵道人與謐情款，隨莅郡，犯小事，餓繫郡獄。僧遵裂三衣食之，既盡而死。爲有司所奏，徵還。明帝崩，遇赦得免。

《南齊書》卷三七《到撝傳》　隨王子隆帶彭城郡，撝問訊，不修民敬，爲有司所舉，免官。

（宋）王欽若等《册府元龜》卷六一八《刑法部·平反》　顧榮，字彦先，爲廷尉。平趙王倫，誅淮南王允，允官屬下廷尉議罪，榮具明刑理。

王坦之爲侍中，時，卒士韓悵逃亡，歸首云失牛，故叛。有司劾悵偷牛，考掠服罪。坦之以爲悵束身自歸，而法外加罪，懈怠失牛事或可恕，加之木石，理有自誣，宜附罪疑從輕之例，遂以見原。

《南齊書》卷三三《王僧虔傳》　〔建元二年〕郡縣獄相承有上湯殺囚，〔王〕僧虔上疏言之曰：湯本以救疾，而實行冤暴，或以肆忿。若罪必入重，自有正刑；若去惡宜疾，則應先啓。豈有死生大命，而潛制下邑。愚謂治下囚病，必先刺郡，求職司與醫對共診驗；遠縣，家人省視，然後處理。可使死者不恨，生者無怨。上納其言。

（南朝宋）劉義慶《世説新語》卷上之下《政事》　王安期作東海郡，吏録一犯夜人來。王問：何處來？云：從師家受書還，不覺日晚。王曰：鞭撻甯越以立威名，恐非致理之本。使吏送，令歸家。

《梁書》卷三七《何敬容傳》　〔天監〕十一年，坐妾弟費慧明爲導倉丞，夜盜官米，爲禁司所執，送領軍府。時河東王譽爲領軍將軍，敬容以書解慧明，譽即封書以奏。高祖大怒，付南司推劾，御史中丞張綰奏敬容挾私罔上，合棄市刑，詔特免職。

（宋）司馬光《資治通鑑》梁武帝天監十五年春正月　匡又彈侍中侯剛掠殺羽林。剛本以善烹調爲尚食典御，嘗食典御，魏官也，掌調和御食，温凉寒熱，以時供進則嘗之。或曰：嘗當作尚，平、去二字通用。凡三十年，以有德於太后，事見上年。頗專恣用事，王公皆畏附之。廷尉處剛大辟，太后曰：剛因公事掠人，邂逅致死，於律不坐。少卿陳郡袁翻曰：邂逅，謂情狀已露，隱避不引，不引，謂不引伏也。考訊以理者也。今此羽林，問則具首，剛口唱打殺，撾築非理，安得謂之邂逅！太后乃削剛户三百，解尚食典御。

《梁書》卷五〇《庾仲容傳》　〔庾仲容〕除尚書左丞，坐推糾不直免。

（宋）周密《癸辛雜識後集·縱囚》　梁席闡爲東陽太守，在郡有能，悉放獄中囚，依期而至。後漢虞延爲細陽令，每至歲時伏臘，輒休遣囚徒，各使歸家，並感其恩德，因期而還。南史何胤在齊爲建安太守，爲政有恩，人不忍欺，每伏臘放囚還家，依期而返。嗚呼！中孚之信及豚魚，蓋非一日之積也。

《北齊書》卷四六《蘇瓊傳》　并州嘗有强盜，長流參軍推其事，所疑賊並已拷伏，失物家並識認，唯不獲盜贓。文襄付瓊更令窮審，乃別推得元景融等十餘人，並獲贓驗。文襄大笑，語前妄引賊者曰：爾輩若不遇我好參軍，幾致枉死。

《魏書》卷一一一《刑罰志》　太宗即位，修廢官，恤民隱，命南平公長孫嵩、北新侯安同對理民訟，庶政復有敘焉。帝既練精庶事，爲吏者浸以深文避罪。

《魏書》卷一一一《刑罰志》　〔太和〕三年，下詔曰：治因政寬，弊由網密。今候職千數，姦巧弄成，重罪受賕不列，細過吹毛發舉，其一切罷之。於是更置謹直者數百人，以防諠鬭於街術。吏民安其職業。

《魏書》卷三八《刁整傳》　相州刺史、中山王熙在鄴起兵，將誅元叉等。事敗，傳首京師。熙之親故莫敢視。整弟婦即熙姊，遂收其屍藏

之，後乃還熙所親。又聞而致憾，因以熙弟畧南走蕭衍，誣整將叛，送整與弟宣及子恭等幽繫之。賴御史王基與前將軍檢事使魏子建理雪，獲免。

《隋書》卷六三《元壽傳》 高祖嘗出苑觀射，文武並從焉。開府蕭摩訶妻患且死，奏請遣子向江南收其家產，御史見而不言。〔元〕壽奏劾之曰：

臣聞天道不言，功成四序，聖皇垂拱，任在百司。御史之官，義存糾察，直繩莫舉，憲典誰寄？今月五日，鑾輿徙蹕，親臨射苑，開府儀同三司蕭摩訶幸厠朝行，預覩盛禮，奏稱請遣子世略暫往江南重收家產。妻安遇患，彌留有日，安若長逝，世略不合此行。竊以人倫之義，伉儷爲重，資愛之道，烏鳥弗虧。摩訶遠念資財，近忘匹好，又命其子捨危惙之母，爲聚斂之行，一言纔發，名教頓盡。而兼殿內侍御史臣韓微之等親所聞見，竟不彈糾。若知非不舉，事涉阿縱；如不以爲非，豈關理識？謹按儀同三司、太子左庶子、檢校治書侍御史臣劉行本出入宮省，備蒙任遇，攝職憲臺，時月稍久，庶能整肅纓冕，澄清風教。而在法司虧失憲體，瓶罄罍恥，何所逃愆！臣謬膺朝寄，忝居左轄，無容寢默，謹以狀聞。其行本、微之等，請付大理。上嘉納之。

《隋書》卷六五《權武傳》 〔開皇十七年〕其年，桂州人李世賢作亂，武以行軍總管與武候大將軍虞慶則擊平之。慶則以罪誅，功竟不録，復還于州。多造金帶，遺嶺南酋領，其人復答以寶物，武皆納之，由是致富。後武晚生一子，與親客宴集，酒酣，遂擅赦所部内獄囚。武常以南越邊遠，治從其俗，務適便宜，不依律令，而每言當今法急，官不可爲。上令有司案其事，皆驗。上大怒，命斬之。武於獄中上書，言其父爲武元皇帝戰死於馬前，以此求哀。由是除名爲民。

《隋書》卷二五《刑法志》 御史監師，於元正日不劾武官衣劍之不齊者，或以白帝，帝謂之曰：爾爲御史，何縱捨自由。命殺之。諫議大夫毛思祖諫，又殺之。

《隋書》卷五六《張衡傳》 時齊王暕失愛於上，帝密令人求暕罪失。有人譖暕違制，將伊闕令皇甫詡從之汾陽宮。又録前幸涿郡及祠恒岳時，父老謁見者，衣冠多不整。帝譴〔張〕衡以憲司皆不能舉正，出爲榆林太守。

《隋書》卷六六《郎茂傳》 其年，恒山贊治王文同與〔郎〕茂有隙，奏茂朋黨，附下罔上。詔遣納言蘇威、御史大夫裴蘊雜治之。茂素與二人不平，因深文巧詆，成其罪狀。帝大怒，及其弟司隸別駕楚之，皆除名爲民，徙且末郡。

《新唐書》卷一〇六《楊纂傳》 貞觀初，〔楊纂〕爲長安令，賜爵長安縣男。有告女子袁妖逆者，纂按之，情不得。袁敗，太宗惡其不忠，將殺之，中書令温彥博以過誤當宥，乃免。

《舊唐書》卷五〇《刑法志》 其後河内人李好德，風疾瞀亂，有妖妄之言，詔按其事。大理丞張蘊古奏，好德癲病有徵，法不當坐。治書侍御史權萬紀，劾蘊古貫相州，好德之兄厚德，爲其刺史，情在阿縱，奏事不實。太宗曰：吾常禁囚於獄内，蘊古與之弈棋，今復阿縱好德，是亂吾法也。遂斬於東市，既而悔之。

（宋）王欽若等《册府元龜》卷五二一《憲官部·私曲》 唐袁異式爲監察御史。初，右相劉仁軌爲給事中，受詔按李義府殺畢正義之事。仁軌既不曲掩其狀，義府銜之，繇是見排，出爲青州刺史。俄又以運糧失船，異式馳往鞫之，承義府之旨，逼仁軌令自殺。辭曰：仁軌劾官不辦，國有當刑，公若以法斃之，則將欲逃死，亦不可得也。令若遽自絞縊以快讐者，竊所未甘心焉！於是結奏仁軌罪。詔削官爵，令於遼東効力。

（明）吴訥《祥刑要覽》卷中《李嶠列枉》 李嶠，高宗時爲給事中，會來俊臣構狄仁傑、李嗣真、裴宣禮等獄，將抵死，敕嶠與大理少卿張德裕，侍御史劉憲覆驗，德裕等内知其冤，不敢異，嶠曰：知其枉不申，是謂見義不爲者，卒列其枉狀。

（唐）劉肅《大唐新語》卷四《持法》 唐臨爲大理卿，初莅職，斷一死囚。先時坐死者十餘人，皆他官所斷。會太宗幸寺，親録囚徒。他官所斷死囚，稱冤不已；臨所斷者，嘿而無言。太宗怪之，問其故，囚對曰：唐卿斷臣，必無枉濫，所以絶意。太宗嘆息久之，曰：爲獄固當若是。因遂見原。即日，拜御史大夫。太宗親爲之考詞曰：形若死灰，心如鐵石。初，臨爲殿中侍御史，正班大夫韋挺責以朝列不肅，臨曰：此將爲小事，不以介意，請俟後命。翌日，挺離班與江夏王道宗語，趨進曰：王亂班。將彈之。道宗曰：共公卿大夫語。臨曰：大夫亦亂班。

挺失色而退，同列莫不悚動。

（明）吴訥《祥刑要覽》卷中《唐臨不冤》　唐臨，高宗時按獄交州，出冤繫三千人，遷大理卿，帝嘗録囚，臨占對無不盡，帝喜曰：國之要，在用法，刻則人殘，寬則失有罪，惟是折中以稱朕意。他日復訊，餘司斷者，輒紛訴不服，獨臨所訊無一言，帝問故，答曰，唐卿斷囚不冤，所以絶意。帝嘆曰，爲獄者固當若是，乃自述其考曰，形如死灰，心若鐵石云。

（宋）王欽若等《册府元龜》卷六一八《刑法部・平反》　徐有功天授初累補司刑丞、秋官員外郎，稍遷郎中。有功前後居法官，數議大獄，務存平恕，凡所濟活者數千百家。周興、丘勣、來俊臣等深文酷法，由是少衰，後以公事免。後爲左臺侍御史，時，潤州刺史竇孝諶妻龐氏，爲奴誣告云夜解髮祈福，則天令給事中薛季昶鞫之，季昶斷鍊成其罪，龐氏當坐斬。有功獨明其無罪，而季昶等反陷有功黨援惡逆，奏付法司結刑，當棄市。有功方視事，令史垂泣以告，有功曰：豈吾獨死而諸人長不死耶？乃徐起而歸。則天覽奏，召有功，詰之曰：卿比斷獄，失出何多？對曰：失出，臣下之小過；好生，聖人之大德。願陛下洪大德，則天下幸甚。則天默然，於是龐氏減死，流於嶺表。

（宋）王溥《唐會要》卷六一《彈劾》　永徽元年十月二十四日，中書令褚遂良，抑買中書譯語人史訶擔宅，監察御史韋仁約劾之。大理丞張山壽斷，以遂良當徵銅二十斤，少卿張叡册，以爲非當，估宜從輕。仁約奏曰：官市依估，私但兩和耳。園宅及田，不在市肆，豈用應估？叡册曲憑估買，斷爲無罪，大理之職，豈可使斯人處之？遂遷遂良及叡册官。

（唐）杜佑《通典》卷一六七《刑法・雜議下》　永徽二年七月二十五日，華州刺史蕭齡之前任廣州都督，受左智遠及馮益妻等金銀奴婢，詔付羣臣議奏。上怒，令于朝廷處置。御史大夫唐臨奏曰：臣聞國家大典，在于刑賞，古先聖王，惟刑是恤。今天下太平，合用堯舜之典。比來有司多行重法，敘勳必須刻削，論罪務從重科，非是憎惡前人，止欲自爲身計。今議齡之之事，有輕有重，重者至流，輕者除名。以齡之受委大藩，贓罰狼籍，原情取事，死有餘辜。然既遣詳議，終須近法。臣竊以律有八議，並依周禮舊文，矜其異於衆臣，所以特制議法禮。王族刑於僻處，所以議親；刑不上大夫，所以議貴，明知重其親貴。議欲緩刑，非嫉其賢能，謀致深法。今議官必于常法之外，議令入重，正與堯舜相反，不可爲萬代法。臣既處法官，敢不以聞。詔遂配流嶺南。

《新唐書》卷二二三《李義府傳》　永徽六年，〔李義府〕拜中書侍郎、同中書門下三品，封廣平縣男，又兼太子右庶子，爵爲侯。洛州女子淳于以姦繫大理，義府聞其美，屬丞畢正義出之，納以爲妾，卿段寶玄以狀聞。詔給事中劉仁軌、侍御史張倫鞫治，義府且窮，逼正義縊獄中以絶始謀。侍御史王義方廷劾，義府不引咎，三叱之，然後趨出。義方極陳其惡，帝陰德義府，故貸不問，爲抑義方，逐之。

（宋）王欽若等《册府元龜》卷六一八《刑法部・平反》　唐狄仁傑垂拱中歷遷冬官侍郎、文昌右丞、豫州刺史，並有能名。是時，坐越王貞軍詿誤，因緣合誅者七百餘人，仁傑以其並是脅從，抗表申理，則天咸宥之。

（元）馬端臨《文獻通考》卷一六六《刑考・刑制》　長壽元年，左臺中丞來俊臣羅告同平章事任知古、狄仁傑、裴行本、司農卿裴宣禮、前文昌左丞盧獻、御史中丞魏元忠、潞州刺史李嗣真謀反。先是，來俊臣奏請降敕，一問即承反者，得減死。及知古等下獄，俊臣以此誘之。仁傑對曰：大周革命，萬物惟新。唐室舊臣甘從誅戮，反是實。俊臣乃少寬之。仁傑密裂衾帛，書冤狀，令其子特之，稱變得召見。則天覽之，以問俊臣。對曰：仁傑等下獄，臣未嘗褫其巾帶，寢處安甚。苟無事實，安肯承反？太后使通事舍人周綝往視之。俊臣暫假仁傑等巾帶，羅立於西，使綝視之。綝不敢視，唯東顧唯諾而已。俊臣詐爲仁傑等《謝死表》，使綝奏之。樂恩晦男未十歲，没入司農，上變得召見。太后問狀，對曰：臣父已死，臣家已破，但惜陛下法爲俊臣等所弄。陛下不信臣言，可擇朝臣之忠清、陛下素所信任者，爲反狀以付俊臣，無不承反矣。太后意稍悟，召見仁傑曰：卿承反，何也？對曰：不承，則已死於拷掠矣。太后曰：何爲作《謝死表》？對曰：無之。出表示之，乃知其詐。於是出此七族，俱坐流貶。

（唐）張鷟《朝野僉載》卷二　京兆人高麗家貧，於御史臺替勳官遞送文牒。其時令史作僞帖，付高麗追人擬嚇錢。事敗，令史逃走，追討不

獲。御史張孝嵩捉高麗，拷膝骨落地，兩脚俱攣。抑遣代令史承僞，准法斷死訖。大理卿狀上故事，准《名例律》，篤疾不合加刑。孝嵩勃然作色曰：脚攣何廢造僞！命乃舁上市斬之。

（宋）王欽若等《册府元龜》卷六一八《刑法部・平反》 蘇頲爲左臺監察御史，長安中，詔頲案覆來俊臣等舊獄，頲皆申明其枉，雪寃者甚衆。韋虚心爲侍御史，中宗景龍中，西域羌胡叛背，時並擒獲，有勅盡欲誅之。虚心論奏，但罪元惡，其所全者千餘人。

（宋）司馬光《資治通鑑》唐玄宗開元三年正月 御史大夫宋璟坐監朝堂杖人杖輕，貶睦州刺史。

《舊唐書》卷一八六《毛若虚傳》 乾元二年，鳳翔府七坊押官先行剽劫，州縣不能制，因有劫殺事，縣尉謝夷甫因衆怒，遂榜殺之。其妻訴於李輔國，輔國奏請御史孫鎣鞫之，鎣不能正其事。又令中丞崔伯陽三司使雜訊之，又不證成其罪。因令若虚推之，遂歸罪於夷甫。伯陽與之言，若虚頗不遜。伯陽數讓之，若虚馳謁告急，肅宗曰：卿且出。對曰：臣出即死矣。肅宗潛留若虚簾內，召伯陽至，伯陽頗短若虚，上怒，叱出之。因流貶伯陽同推官十餘人，皆於嶺外遠惡處。宰相李峴以左右於鎣等，亦被貶斥。於是若虚威振朝列，公卿懾懼矣。

（宋）王欽若等《册府元龜》卷五二一《憲官部・希旨》 敬羽爲御史中丞，時道士申泰芝託使鬼物却老之術，得幸於肅宗。因使往湖南宣慰，受奸贓鉅萬，又以詭言惑衆。潭州刺史龐承鼎按其事以聞，肅宗不之信，召泰芝赴京師，下承鼎於江陵獄，詔嚴郢窮理之。郢具以泰芝奸狀聞，肅宗又令中使與吕諲同驗。諲亦執奏泰芝無狀，肅宗皆不納。羽希旨附會泰芝，肅宗大怒，竟杖殺承鼎。

《舊唐書》卷一一八《元載傳》 李少良者，以吏用，早從使幕，因職遷殿中侍御史。罷，遊京師，干謁權貴。時元載專政，所居第宅崇侈，子弟縱横，貨賄公行，士庶咸嫉之。少良怨不見用，乘衆怒以抗疏上聞。留少良於禁内客省，少良友人韋頌因至禁門訪少良，少良漏其言；頌不慎密，遂爲載備知之，乃奏少良狂妄，詔下御史臺訊鞫。是時御史大夫缺，載以張延賞爲之，屬意焉。少良以泄禁中奏議，制使陸珽同伏罪。初，韋頌及珽俱與少良友善，與載子弟親黨款狎。頌得少良微旨，漏於載所親，遂達於載。載密召珽問之，珽具白其狀及禁中語。載得之，奏于上前，上大怒，並付京兆府決殺。珽，國子司業善經之子也，少傳父業，頗通經史，性浮躁而疏，故及于累。

《舊唐書》卷一三二《李元素傳》 〔貞元中李元素〕任侍御史，時杜亞爲東都留守，惡大將令狐運，會盗發洛城之北，運適與其部下畋于北郊，亞意其爲盗，遂執訊之，逮繫者四十餘人。監察御史楊寧按其事，亞以爲不直，密表陳之，寧遂得罪。亞將逞其宿怒，且以得賊爲功，上表指明運爲盗之狀，上信而不疑。宰臣以獄大宜審，奏請覆之，命元素就決，亞迎路以獄成告。元素驗之五日，盡釋其囚以還。亞大驚，且怒，親追送，馬上責之，元素不答。亞遂上疏，又誣奏元素。元素還奏，言未畢，上怒曰：出俟命。元素曰：臣未盡詞。上又曰：且去。元素復奏曰：一出不得復見陛下，乞容盡詞。上意稍緩，元素盡言運寃狀明白，上乃悟曰：非卿，孰能辨之？後數月，竟得其真賊，元素由是爲時器重。

《舊唐書》卷一五《憲宗本紀》 〔元和十二年〕貶京兆尹竇易直爲金州刺史，以鞫獄得贓不實故也。辛丑，以御史中丞爲京兆尹。

《新唐書》卷一一八《裴潾傳》 穆宗立，泌等誅，召〔裴〕潾，再遷刑部郎中。前率府倉曹參軍曲元衡杖民柏公成母死，有司以死在辜外，推元衡父蔭贖金，公成受賕不訴，以赦免。〔裴〕潾議曰：杖捶者，官得施所部，非所部，雖有罪，必請有司，明不可擅也。元衡非在官，公成母非所部，不可以蔭免。公成取賄仇家，利母之死，逆天性，當伏誅。有詔元衡流，公成論死。

（唐）白居易《白氏長慶集》卷五九《奏狀・奏閿鄉禁囚狀》 虢州閿鄉湖城等縣禁囚事宜。右伏聞前件縣獄中，有囚數十人，並積年禁繫，其妻兒皆乞於道路，以供獄糧。其中有身禁多年，妻已改嫁者；身死獄中，取其男收禁者。云是度支轉運下囚禁在縣獄，欠負官物，無可填陪，一禁其身，雖死不放。前後兩遇恩赦，今春又降德音，皆云：赦文不該。至今依舊囚禁。臣伏以罪坐之刑，無重於死，故殺人者罪止於死，坐贓者身死不徵。今前件囚等，欠負官錢，誠合填納；然以貧窮孤獨，唯各一身，債無納期，禁無休日。至使夫見在而妻嫁，父已亡而子囚。自古罪人，未聞此苦。行路見者，皆爲痛傷。況今陛下愛人之心，過於父母，豈

容在下有此窮人？古者一婦懷冤，三年大旱；一夫結憤，五月降霜。以類言之，臣恐此囚等憂怨之氣，必能傷陛下陰陽之和也。其囚等人數及所欠官物，并赦文不該事由，臣即未知委細。伏望與宰相商量，兼令本司具事由分析聞奏。如或是實，禁繫不虛。伏乞特降聖慈，發使一時放免。一則使縲囚獲宥，生死皆知感恩。二則明天聽及卑，遠近自無冤滯。事關聖政，不敢不言。臣兼恐度支鹽鐵使下諸州縣禁囚，更有如此者，伏望便令續條流具事奏上。

（唐）白居易《白氏長慶集》卷六七《判·得甲為獄吏囚走限内他人獲之甲請免罪》　圜土不嚴，罪人其遁。亡而由己，誠曰慢官；獲則因人，其何補過？相維彼甲，所謂攸司：不念恪居，儆於羑里；旋聞失守，逸乃楚囚。雖非故縱所爲，曾是慢常而致。徒稱勿佚，未可塞違。得於他人，自是疎網無漏，失其所職，豈可出匪不科？無貪假手之功，固合甘心於罰。

（唐）白居易《白氏長慶集》卷六七《判·得丁私發制書法司斷依漏洩坐》　丁訴云非密事，請當本罪。君命是專，刑其無小；王言非密，罪則從輕。丁乃攸司，屬當行下。不慎厥德，擅發如綸之言；自災於身，難求疎網之漏。然則法通加減，罪有重輕：必也志在私行，唯當專達之責；如或事關樞密，則科漏泄之辜。請驗跡於紫泥，方定刑於丹筆。

《新唐書》卷一六三《柳公綽傳》　行部至鄧，縣吏有納賄、舞文二人同繫獄。縣令以公綽素持法，謂必殺貪者，公綽判曰：贓吏犯法，法在；姦吏壞法，法亡。誅舞文者。

《舊唐書》卷一七《敬宗本紀》　〔寶曆二年春正月〕庚午，貶殿中侍御史王源植爲昭州司馬。時源植街行，爲教坊樂伎所侮，導從呵之，遂成紛競。京兆尹劉栖楚決責樂伎，御史中丞獨孤朗論之太切，上怒，遂貶源植。

《舊唐書》卷一八《宣宗本紀》　〔大中元年〕九月，前永寧縣尉吴汝納詣闕稱冤，言：弟湘會昌四年任揚州江都縣尉，被節度使李紳誣奏湘贓罪，宰相李德裕曲情附紳，斷臣弟湘致死。詔下御史臺鞫按。【略】

〔二年〕二月，御史臺奏：

據三司推勘吴湘獄，謹具逐人罪狀如後：揚州都虞候盧行立、劉羣，於會昌二年五月十四日，於阿顏家喫酒，與阿顏母阿焦同坐，羣自擬收阿顏爲妻，妄稱監軍使處分，要阿顏進奉，不得嫁人，兼擅令人監守。其阿焦遂與江都縣尉吴湘密約，嫁阿顏與湘。劉羣與押軍牙官李克勲卽時遮欄不得，乃令江都百姓論湘取受，節度使李紳追湘下獄，計贓處死。具獄奏聞。朝廷疑其冤，差御史崔元藻往揚州按問，據湘雖有取受，罪不至死。李德裕黨附李紳，乃貶元藻嶺南，取淮南元申文案，斷湘處死。今據三司使追崔元藻及淮南元推判官魏鉶并關連人款狀，淮南都虞候劉羣、元推判官魏鉶、典孫貞高利錢倚黄嵩、江都縣典沈頒陳宰、節度押牙白沙鎮遏使傅義、左都虞候盧行立、天長縣令張弘思、典張洙清陳迴、右廂子巡李行璠、典臣金弘舉、送吴湘妻女至澧州取受錢物人潘宰、前揚府録事參軍李公佐、元推官元壽吴珙翁恭、太子少保分司李德裕、西川節度使李回、桂管觀察使鄭亞等，伏候敕旨。

其月，敕：

李回、鄭亞、元壽、魏鉶已從別敕處分。李紳起此冤訴，本由不真，今既身殁，無以加刑。粗塞衆情，量行削奪，宜追奪三任官告，送刑部注毁。其子孫稽於經義，罰不及嗣，並釋放。李德裕先朝委以重權，不務絶其黨庇，致使冤苦，直到于今，職爾之由，能無恨歎！昨以李威所訴，已經遠貶，俯全事體，特爲從寬，宜準去年敕令處分。張弘思、李公佐卑吏守官，制不由己，不能守正，曲附權臣，各削兩任官。崔元藻曾受無辜之貶，合從洗雪之條，委中書門下商量處分。李恪詳驗款狀，蠹害最深，以其多時，須議減等，委京兆府決脊杖十五，配流天德。李克勲欲收阿顏，決脊杖二十，配流硤州。劉羣據其款狀，合議痛刑，曾効職官，不欲決脊，決臀杖五十，配流岳州。其盧行立及諸典吏，委三司使量罪科放訖聞奏。

《舊唐書》卷一二八《顏真卿傳》　〔顏真卿〕爲監察御史，充河西隴右軍，試覆屯交兵使。五原有寃獄，久不决。真卿至，立辯之。天方旱，獄決乃雨，郡人呼之爲御史雨。

（宋）王欽若等《册府元龜》卷六一八《刑法部·平反》　竇參，代宗時爲監察御史，奉使按湖南判官馬彝獄，時彝舉屬令贓罪至千貫，爲得罪者之子因權倖誣奏彝，參意白彝無罪，彝實能吏也。參德宗初爲御史中

丞，時神策將軍孟華有戰功，爲大將軍所誣，奏稱華謀反，有右龍武將軍李廷玉前陷吐蕃久之，自校爲部曲，誣告潛通吐蕃，皆當死，無以自白，參悉理出之。由是人皆屬望。

《舊唐書》卷一八五下《袁滋傳》　部有邑長，下吏誣以盜金，滋察其冤，竟出之。

（唐）封演《封氏聞見記》卷九《解紛》　熊曜爲臨清尉，以幹蠱聞。太原守宋渾被人經採訪使論告，使司差官領告事人就郡按之。行至臨清，曜欲解其事，乃令曹官請假，而權判司法。及告事人至，置之縣獄。曜就加撫慰，供其酒饌。夜深屏人與語，告以情事，欲令逃匿。其人初致前，却見曜有必取之色，慮不免，遂許之。曜令獄卒與脱鎖，厚資給，送出城，并獄卒亦令逃竄。天明，吏白失囚，曜馳赴郡，具陳權判司法，邂逅失囚。太守李澄不之罪也。爲申采訪，奉帖牒，但令切加捕訪而已。既失告者，渾竟得無事。

《新唐書》卷一六三《孔巢父傳》　江西觀察使李少和坐贓，獄寢不下；博陵崔易簡殺從父兄，鞫狀具。京兆尹左右之，翻其情。戣慷慨論正，貶少和，殺易簡，奪尹三月俸。

《舊五代史》卷三九《唐書・明宗本紀》〔天成三年八月閏月〕己巳，滑州掌書記孟昇匿母服，大理斷處流，特勅孟昇賜自盡。觀察使、觀察判官、録事參軍失其糾察，各行殿罰。

《舊五代史》卷四八《唐書・末帝本紀》〔清泰三年三月〕戊午，御史中丞盧損責授右贊善大夫，知雜侍御史韋棁責授太僕寺丞，侍御史魏遜責授太府寺主簿，侍御史王岳責授司農寺主府。初，延州保安鎮將白文審聞兵興岐下，專殺郡人趙思謙等十餘人，已伏其罪，復下臺追繫推鞫，未竟。會去年五月十二日德音，除十惡五逆、放火殺人外並放。盧損輕易即破械釋文審，帝大怒，收文審誅之。臺司稱奉德音釋放，不得追領祇證。中書詰云，德音言不在追窮枝蔓，無不得追領祇證六字，擅改敕語。大理斷以失出罪人論，故有是命。

（宋）王欽若等《册府元龜》卷六一六《刑法部・議讞》　漢張仁瑑爲左庶子，乾祐二年十二月，鄧州節度判官史在德棄市，以其誤斷民崔彥等八人犯牛皮禁罪，皆至死刑故也。時朝廷方務積甲，故牛華之禁甚峻。先是，潞州長子縣民犯鞹底二殺數人，在德援例以斷之。節度使劉重進以崔彥將牛皮漢高廟冒皷曾於本鎮申明，其與故犯不同，改杖放之。在德固爭，因而上言朝廷，命使索覆。在德以失入伏辜。時樞密使楊邠以法寺覺縱，乃召仁瑑讞之。仁瑑讞上，以大理寺所斷卽依律文，凡斷罪合取最後勅爲定詳，編勅云：宮典鞫獄枉濫，或經臺授軌勘問不虛，元推官典並當誅罰。又常有忻州法椽郭業故入張仁安一人死罪，合當誅罰處分。今在德故入八人罪，法寺不援後勅，准據律文。今以郭業比附，在德合處極典。大理聞是讞，又引晉朝後勅云：今後不得以斷郭業勅内誅罰二字爲用，並須依格律斷獄。時宰臣蘇逢吉見之，言於楊頒，不能正，竟決杖死之。

《舊五代史》卷一一一《周書・太祖本紀》〔廣順元年五月〕甲申，考城縣巡檢、供奉官馬彥勍棄市，坐匿赦書殺獄囚也。

《舊五代史》卷一二三《周書・李從敏傳》〔唐明宗時〕鎮州有市人劉方遇，家富於財。方遇卒，無子。妻弟田令遵者，幼爲方遇治財，善殖貨，劉族乃共推令遵爲方遇子，親族共立券書，以爲誓信。累年後，方遇二女取資於令遵不如意，乃訟令遵冒姓，奪父家財，從敏令判官陵浣鞫其獄，而殺令遵。案《北夢瑣言》云：鎮州市民劉方遇，家財數十萬。方遇妻田氏蚤卒，田之妹爲尼，常出入方遇家，方遇使尼長髮爲繼室。有田令遵者，方遇之妻弟也，善貨殖，方遇以所積財令令遵興殖焉。方遇有子年幼，二女皆嫁。方遇疾卒，子幼不能督家業，方遇妻及二女以家財數爲令遵興殖，乃聚族合謀，請以令遵姓劉，爲方遇繼嗣，卽令鬻券人安美爲親族請嗣。券書既定，乃遺令遵服斬衰居喪。而二女初立令遵時，先邀每月供財二萬，及後求取無厭，而石、李二女夫使二女詣本府論訴，云令遵冒姓，奪父家財，令遵下獄。石、李二夫族與本府要吏親黨，上至府帥判官、行軍司馬、隨使都押衙，各受方遇二女賂錢數千緡，而以令遵與姊及書券安美同情共盜，俱棄市，人知其冤。令遵父詣臺訴冤，詔本州節度副使符蒙、掌書記徐臺符鞫之，備明姦狀。及詰二女，伏行賂於節度使趙環、代判高知柔、觀察判官陸浣，並捕下獄，具服贓罪。事連從敏，甚懼，乃令其妻赴洛陽，入宮告王淑妃。明宗知之，怒曰：朕用從敏爲節度使，而枉法殺人，我羞見百官，又令新婦奔赴，不須見吾面。時王淑妃頗庇護之，趙環等三人竟棄市，從敏罪止於罰俸而已。案《北夢瑣言》云：從敏初欲削官，中官哀祈，竟罰一年俸。

（明）余懋學《仁獄類編》卷二六《冤死致大霧》　五代時唐明宗天

成間，馬殷封楚國王，常用都軍判官高郁爲謀主，國賴以富強，鄰國皆疾之，高季興輩多以流言間郁于殷，殷不聽，後讃于殷子希聲，希聲言于殷，稱郁奢僭外交，鄰藩請誅之。殷曰：成吾功業，皆郁力也，汝勿爲此言。希聲固請，罷其兵柄，乃左遷郁行軍司馬。郁謂所親曰，亟營西山，吾將歸老，猘子漸大，能咋人矣。希聲聞之，益怒，矯以殷命，殺郁于府舍，牓論中外，誣郁謀叛，并誅其族黨。至暮，殷尚未知，是日大霧，殷謂左右曰，吾昔從孫儒度淮，每殺不辜，多致茲異，馬步院豈有冤死者乎。明日，吏以郁死告，殷拊膺大慟曰，吾老耄，政非己出，使我勳舊橫罹冤酷，吾何可久處此乎。殷亦尋卒。

（五代）何光遠《鑒誡録》卷六《戲判作》　王蜀宋開府僥忝樞衡，紊亂時政，所爲妖媚，下筆縱橫。凡斷國章，多爲戲判，用三軍爲兒戲，將萬機爲詭隨。取笑四方，結怨上下，以至一身受戮，後主遭誅，良由君子退身，閹人執政者也。《判行營將士申請裹糧》云：才請冬賜，又給行裝。漢州咫尺，要甚裹糧。綿州物賤，直到益昌。又《判内庭求事人》云：覓事撮巔坳，勾當須教了。儻若有闕遺，禁君直到老。又《判導江縣申狀封皮上著狀上門府衙》：敕加開府，不是門府。典押雙眇，令佐單瞽。量事書罰，勝打十五。令佐盤庚，典押歲取。事了速歸，用修廨宇。又《判小朝官郭延鈞進識字女子》云：進來便是宫人，狀内猶言女子。應見容止可觀，遂令始制文字。更遣阿母教招，恨不太真相似。且圖親近官家，直向内廷求事。又《判神奇軍背軍官健李紹妻阿鄧乞判改嫁》：淡紅衫子赤輝輝，不抹燕脂不畫眉。夫婿背軍緣甚事，女人別嫁欲何爲。孤兒携去君爭忍，抵子歸來我不知。若有支持且須守，口中爭著兩張匙。又《判簡州刺史安太尉申院狀希酒場》云：係州收榷，安胡安胡，空有髭須。所見不遠，智解全愚。酒場是太后教令，問你還有耳孔也無。又《判内門捉得御厨雜使衙官偷肉》云：斤斤肉是官家物，飽祭喉嚨更將出。不能爲食斬君頭，領送右巡枷見骨。

（宋）司馬光《資治通鑑》後周太祖廣順二年三月　大理卿蕭儼惡延己爲人，數上疏攻之，會儼坐失入人死罪，惡，烏路翻。數，所角翻。上，時掌翻。誤入人死罪，謂之失入。鍾謨、李德明輩必欲殺之，延己曰：儼誤殺一婦人，諸君以爲當死。儼九卿也，可誤殺乎？獨上言：儼素有直聲，今所坐已會赦，宜從寬宥。儼由是得免，人亦以此多之。

（宋）王欽若等《册府元龜》卷六一七《刑法部·守法》　劉延爲刑部郎中，廣順三年九月，同州節度使薛懷讓并子有光，受夏陽縣民張廷徽獻送，迫促判官劉震斷殺里人康重等。其親屬訴冤，臺司奏薛懷讓并子有光及隨幕判官軍將等，並合追攝勘問。太祖以懷讓武臣，位兼使相，不欲責辱，只令臺司據見勘到款占結案。獄成上付大理寺詳斷。劉震、王延誨並處死。延祥覆，稱節度使薛懷讓已下未曾勘對，劉震等各是偏詞，伏候勑裁。太祖覽之，謂侍臣曰：劉延所奏甚是公正。懷讓既然不問，劉震等宜與減等。故劉震、王延誨得以不死，但決配焉。

《宋史》卷二七〇《劇可久傳》　劇可久字尚賢，涿州范陽人。【略】周廣順初，改太僕卿，復爲大理卿。會鄭州民李思美妻詣御史臺訴夫私鬻鹽，罪不至死，判官楊瑛置以大辟。有司攝治瑛，瑛具伏。可久斷瑛失入，減三等，徒二年半。宰相王峻欲殺瑛，召可久謂之曰：死者不可復生，瑛枉殺人，其可恕耶？可久執議益堅，瑛得免死。由是忤峻，改太僕卿，分司西京。

《宋史》卷二六六《辛仲甫傳》　周廣順中，郭崇掌親軍，領武定節制，署仲甫掌書記。顯德初，出鎮澶淵，仍署舊職。崇所親吏爲廂虞候，部民有被刦殺者，訴陰識賊魁，即捕盜吏也，官不敢詰。仲甫請自捕逮，鞫之，吏故稽其獄，仲甫曰：民被寇害而使自誣服，蠹政甚矣，焉用僚佐爲？請易吏以雪冤憤。崇悟，移鞫之，乃得實狀。

（宋）王欽若等《册府元龜》卷六九九《牧守部·枉濫》　周趙鳳爲單州刺史。鳳既剛忿不仁，得位逾熾，刑獄之間，猶爲不道。嘗斷殺賊丁鸞而納其室。又民家女趙哥者，許嫁李誨，未成婚，鳳逼納之。母楊辭以女許嫁，不可。鳳叱之，與三縑携之入第。楊號泣告訴。鳳怒召李誨及行媒崔氏并楊氏三人，俱決杖五十。經兩月餘，楊氏又號於州門，鳳出趙哥，見楊子母，俱鞭臀十七，仍配趙哥爲州妓。又鳳妻兄劉遷納州民馮氏女爲妾，馮氏母詣州訟遷，鳳召遷與馮氏母俱梜之。馮氏訴有娠。鳳鞭背十七，遞之外鎮。又成武縣僧智源弟子智拴竊智源錢十八千，告官勘鞫，伏罪。其弟子誣師與尼姦，械繫智源六十餘日，須令伏姦，鞭脊十七，盡没其資財。又戰州民張翰、張珪、姚誨等訴男張弘滋等被趙鳳巡捕時拷

捶，令伏與賊通，納賂方免。

（宋）李燾《續資治通鑑長編》宋太祖建隆二年五月　五代以來，典刑弛廢，州郡掌獄吏不明習律令，守牧多武人，率恣意用法。金州民馬從玘子漢惠無賴，嘗害其從弟，又好爲敚斂，閭里患之。從玘與妻及次子共殺漢惠，防禦使仇超、判官左扶，悉按誅從玘妻及次子。上怒超等故入死罪，令有司劾之，並除名，杖流海島。自是，人知奉法矣。

（宋）李燾《續資治通鑑長編》宋太祖建隆三年九月　甲申，同州觀察判官徐光乘坐斷獄失實免官。

《宋史》卷三《太祖本紀》〔開寶六年八月〕侯濟坐試判假手，杖、除名。

（宋）李燾《續資治通鑑長編》宋太祖開寶九年九月　癸未，監察御史楊士達棄市，坐通判蘄州日鞫獄濫殺人也。

《宋史》卷二〇〇《刑法志》　初，太祖嘗決繫囚，多得寬貸。而開封婦人殺其夫前室子，當徒二年，帝以其凶虐殘忍，特處死。至是，有涇州安定婦人，怒夫前妻之子婦，絕其吭而殺之。乃下詔曰：自今繼母殺傷夫前妻子，及姑殺婦者，同凡人論。雍熙元年，開封寡婦劉使婢詣府，訴其夫前室子王元吉毒已將死。右軍巡推不得實，移左軍巡掠治，元吉自誣伏。俄劉死。及府中慮囚，移司録司案問，頗得其侵誣之狀，累月未決。府白于上，以其毒無顯狀，令免死，决徒。元吉妻張擊登聞鼓稱冤，帝召問張，盡得其狀。立遣中使捕元推官吏，御史鞫問，乃劉有姦狀，慚悸成疾，懼其子發覺而誣之。推官及左、右軍巡使等削任降秩；醫工詐稱被毒，劉母弟欺隱王氏財物及推吏受贓者，並流海島；餘決罰有差。司録主吏賞緡錢，賜束帛。初元吉之繫，左軍巡卒繫縛搒治，謂之鼠彈等，極其慘毒。帝令以其法縛獄卒，宛轉號叫求速死。及解縛，兩手良久不能動。帝謂宰相曰：京邑之内，乃復冤酷如此，况四方乎？

（宋）李燾《續資治通鑑長編》宋太宗太平興國七年閏十二月　新建縣令朱靖因怒決部民致死，甲午，靖杖脊，配沙門島禁錮。

（宋）徐松《宋會要輯稿・刑法四・斷獄》　大中祥符七年九月十二日，權知開封府王曉洎判官等，坐斷獄失誤罰金。

《宋史》卷二〇〇《刑法志》　仁宗聽斷，尤以忠厚爲主。隴安縣民誣平民五人爲劫盜，尉悉執之，一人掠死，四人遂引服。其家辨于州，州不爲理，悉論死。未幾，秦州捕得真盜，隴州吏當坐法而會赦，帝怒，特貶和州孫濟爲雷州參軍，餘皆除名流嶺南。賜錢粟五家，復其役三年。因下詔戒敕州縣。廣州司理參軍陳仲約誤入人死，有司當仲約公罪，應贖。帝謂審刑院張揆曰：死者不可復生，而獄吏雖廢，復得敘官。命特治之，會赦勿敘用。尚書比部員外郎師仲説請老，自言恩得任子，帝以仲説嘗失入人死罪，不與。其重人命如此。

（宋）李燾《續資治通鑑長編》宋仁宗天聖九年夏四月　戊寅，貶屯田員外郎、同判隴州孫濟爲雷州參軍；軍事判官李謹言、推官李廓、司理參軍嚴九齡，隴安縣尉董元亨並除名，配廣州衙前。先是，隴安縣民龐仁義誣馬文千、高文密等五人爲劫盜，元亨即逮繫文千等，仁義且教其妻妾認所盜贓。既而文密掠死獄中，餘遂誣服。文千父訴於州，濟權領州事，而不爲理。文千等既抵死，而秦州乃捕得真爲盜者。濟等會赦當原，上怒，特遠貶之，司理院獄吏仍杖脊配沙門島，縣吏刺配廣南牢城，文千等五家皆賜錢米，復其役三年。因下詔曰：隴州論平民五人爲劫盜抵死，主者雖更赦，已悉致於理。自今親民掌獄官，其務審獄情，苟或枉濫，必罰無赦。

《宋史》卷一一《仁宗本紀》〔景祐元年六月〕戊子，詔轉運使、提點刑獄，所部官吏受贓失覺察者，降黜。

（清）徐松《宋會要輯稿・刑法四・斷獄》〔景祐三年〕四月九日，法寺奏斷：泉州録事參軍張尋失吴皓死罪，徒二年半，公罪定斷合追一任，勒停。支使施收罰銅三十斤，勒停。通判張大冲二十斤，知州蘇壽十斤。各與監當。權司法吕喬卿，權南安主簿，准條去官。詔特衝替。八月十五日，知蘄州虞部員外郎王蒙正責洪州別駕，坐故入林宗言死罪，合追三官，勒停，特有是命。判官尹奉天、司理參軍劉渙並坐隨順，奉天追兩任官，渙曾有議狀，免追官。監酒借職崔克明將酸黄酒入己，特免除名，追官勒停。通判張士宗隨順蒙正，虚妄申奏，追見任官。黄州通判潘衢不依指揮再勘林宗言翻訴事，罰銅三十斤，特勒停。權蘄州水主簿鄭照搜求宗言事，罰銅九斤。蘄春知縣蘇謹録問不當，罰銅十斤，並特衝替。宗言將官麻入己，罰銅八斤，特勒停殿直。皇甫振借銀與蒙正，合罰銅七斤。

録事參軍尹化南、司法參軍胡揆不駮公案，各罰銅五斤。【略】十一月十日，梓州路提刑司言：法司人吏失出入徒罪二人以上，及二人以下，再犯，乞求不差充法司。詔可。

（清）徐松《宋會要輯稿・刑法四・斷獄》 寶元二年十二月十四日就徒，知廬州祠部郎中集賢校理王質監舒州靈仙觀，前通判比部員外郎陳執方通判潭州，並坐失入囚死罪，自餘幕官曹掾連坐五人。

（宋）李燾《續資治通鑑長編》宋仁宗至和元年八月 范鎮又言：臣伏見祠部員外郎邵必先知常州日，誤以杖六十罪作徒一年決遣，自開封府推官落集賢校理，降充邵武軍監税。準法，去官遷官流以下罪勿論，當時特旨已爲過重。近以南郊赦恩并今年三月德音，纔移揚州監酒，中外之説以爲用法過當。使必犯情涉深故，雖廢終身亦不爲過，然出於失誤，於法本輕，又別無難恕情理，伏望特與牽復職任，庶合用法之意。臣與必同在館閣，知其本末甚詳，竊恐如必之比尚多，伏乞下大理寺、刑部檢會聞奏，比類施行。

（清）徐松《宋會要輯稿・刑法四・斷獄》 至和二年二月五日，廣州司理參軍陳仲約特勒停。仲約任廣州司理參軍，鞫囚失入死罪，從公坐贖銅。

（宋）李燾《續資治通鑑長編》宋仁宗至和二年二月 廣州司理參軍陳仲約誤入人死罪，有司當仲約公罪應贖。帝謂知審刑院張揆曰：死者不可復生，而獄吏雖暫廢，他日復得敘官，可不重其罰耶！癸巳，詔仲約特勒停，會赦未許敘用。

（明）余懋學《仁獄類編》卷二二《包拯受吏欺》 宋包拯知開封，有犯杖脊徒罪者，吏受財與之約，曰：今見尹須使我責狀，汝但號呼自辨，我當與汝寬罪，各受杖決。既而引責囚，如吏言，分辨不已。吏入大聲呼之曰，如何只受脊杖出去。拯惡吏招權，捽吏杖之物，寬囚罪，從杖。公止知以此折吏勢，不知乃爲所賣也。

（宋）司馬光《傳家集》卷二三《言張田第二狀》 右臣近曾上言張田不可充荊湖南路提點刑獄，未蒙朝廷施行。臣竊以吏者民之紀綱，提點刑獄，吏之師帥，苟不得其人，則一方咸受其弊。又凡今之朝士，自常調進用者，皆自此官爲始，國家尤宜慎擇其人，田資性險薄，色厲内荏，毀譽出其愛憎，威福發於喜怒，陵其可陵，佞其可佞，真小人之雄傑，而時俗以爲賢才。夫不善之人，天下皆知其不善，斯不足疾也。惟衆人謂之賢，而實不肖者，君子疾之。昔漢文帝欲以嗇夫爲上林令，張釋之以爲嗇夫利口捷給，恐天下隨風而靡，唐太宗見進士等第，怪其無張昌齡王公謹名，王師旦曰，二人有文無行，恐變陛下風雅。今提點刑獄，其爲輕重，非特上林令與入等進士之比也。臣願陛下必選忠厚方正，實有治行者爲之，其飾僞行險，躁於進取，如田比者，皆不可用也。臣今所言，非專爲湖南之吏民，亦爲國家重惜風俗，伏惟陛下察其愚忠，其荊湖南路提點刑獄，乞別賜擇人。

《宋史》卷二〇〇《刑法志》 李士寧者，挾術出入貴人門，常見世居母康，以仁宗御制詩上之。百禄謂士寧熒惑世居致不軌，且疑知其逆謀，推問不服。禧乃奏：士寧贈詩，實仁宗御制，今獄官以爲反因，臣不敢同。百禄以士寧嘗與王安石善，欲鍛煉附致妖言死罪，卒論士寧徒罪，而奏禧故出之，以媚大臣。詔詳劾理曲者以聞。百禄坐報上不實，落職。

（宋）李燾《續資治通鑑長編》宋神宗熙寧三年八月 辛未，兩浙轉運使太常寺少卿賈昌衡、同提點刑獄南作坊使李惟賓、前轉運使光禄卿侯瑾，並降一官。昌衡仍降副使，餘各降一等差遣。坐不劾祖無擇、苗振，又考振課績入中等故也。

（清）徐松《宋會要輯稿・刑法四・斷獄》〔熙寧〕四年四月十二日詔：開封府河東轉運使取勘太原府及經畧司、審刑院、大理寺勘斷王育等刑名不當以聞。刑房申：大原大谷縣尉王育權本縣，斷高福行奸，因謀合人白雅并妻阿程隱庇不通，捶拷至死。本府官吏以阿程爲有罪之人，將王育爲失減。法寺又引律，稱所拷數不過，合無罪，并依比司攝判，去官勿論外，只將令手分族寫獄子申報，及拆粘公案，從不應爲重杖八十，私罪贖銅八斤。今詳阿程係與夫同犯于法，止坐尊長，及不合隱庇。既阿程身死，顯是官司于法不應捶拷，准律鬬殺傷論，至死加役流。今王育合于加役流上定斷，會降徒三年，追一官，更罰銅十二斤，勒停。所有大原府應干官吏，河東經畧司、審刑院、大理寺主判官並各有上項減誤，斷罪名不當故也。

（宋）李燾《續資治通鑑長編》宋神宗熙寧四年秋七月〔乙酉〕兵部郎中、天章閣待制、知秦州韓縝落職，分司西京。初，指使、三班奉職傅勍夜被酒，誤隨縝入宅，縝令軍校以鐵裹頭杖杖勍脊百餘，致死。勍妻持血衣撾登聞鼓上訴，詔劾之。大理寺當縝罪加役流，該德音降徒三年，公罪應追官勒停，故有是責。賜勍家絹百匹。御史知雜鄧綰言：縝凶恣專殺，逞其殘暴，而監司不覺舉，走馬不即聞，乞并責之。於是，走馬承受、西頭供奉官劉用賓坐匿勍妻訴牒降一官，内臣劉希奭坐不以實奏贖銅十斤。

（宋）李燾《續資治通鑑長編》宋神宗熙寧五年三月　命太常寺少卿、同糾察在京刑獄祝諮查院劾李定、陳大順等所言張詵事。始，定實與沈邁同聞大順言，對樞密院輒諱匿之。張琥既坐責，章惇雅善琥，欲明琥非妄奏，乃教定引邁爲證，且謂邁必不敢諱匿。邁與定俱赴御史獄，皆以誤聽爲辭，謂大順初無此言。及案上，定當坐罪報不以實，王安石不悦，指其案不圓處乞別推。吴充曰：獄官姑欲從寬耳。安石曰：今務得實，安可從寬？上曰：本疑造此者欲傾害張詵，今既無此，姑已可也。安石曰：若奏報果不以實，豈容但已？乃下其案法寺，法寺亦疏其不圓，命沈衡并鞫之，衡辭以親嫌，故改命諮。二月癸丑，琥責；四月丙寅，罰銅。

（宋）李燾《續資治通鑑長編》宋神宗熙寧五年四月　詔著作佐郎、新陝西轉運勾當公事陳大順罰銅六斤，衡替，坐被鞫報上不實遇降故也。祝諮再劾大順等，具得其語言曲折。李定亦坐報上不實罰銅五斤，放罪。王安石力爲定辨，數謂定初對樞密院時，固云證佐具在，而樞密誣之，定不當坐，乃詔免定罰。又詔御史臺前勘官姚原古治獄鹵莽，雖去官，下淮南轉運司劾罪以聞。

（宋）李燾《續資治通鑑長編》宋神宗熙寧七年八月　癸未，翰林侍讀學士楊繪、陳繹並爲翰林學士。已而知制誥、兼知諫院鄧潤甫言：嘗論陳繹過惡，今繹除翰林，臣適當制，乞令以次當制官撰辭。詔罷繹命。先是，潤甫嘗言鄧州卒陳美、齊貴夜入州廨，與婢姦，殺繹子及其婦，繹自見閨門狼籍，一切寬貸庇覆。鄧州所劾，與轉運司奏不同，乞遣官覆案故也。

（宋）李燾《續資治通鑑長編》宋神宗熙寧八年五月　又詔三司判官杜訢展二年磨勘，檢法官賈種民特衝替。坐斷犯倉法人從杖罪，中書以爲不當故也。

（宋）李燾《續資治通鑑長編》宋神宗熙寧八年六月　己亥，提舉崇福宫、兵部員外郎、直昭文館傅堯俞落職，追一官勒停。坐知徐州日不受朱唐告李逢謀逆狀，法寺當絞，以失減及去官會赦，特黜之。

（宋）李燾《續資治通鑑長編》宋神宗熙寧九年十二月　甲辰，翰林學士、兵部員外郎兼侍讀陳繹落翰林學士兼侍讀，以本官知制誥、知滁州。太子中允、直集賢院、兼直舍人院張誨落直集賢院、直舍人院，勒停。

先是，開封府鞫司農寺吏劉道冲盗用官錢，寺吏杜亮常就道冲私貸官錢，亮當補官，懼罪，告誨促道冲案。誨以簡與繹，繹呼獄吏諭意，遣見誨，具道獄事，不俟會問，即區斷出其重罪，杜亮補授三班奉職。詔提舉諸司庫務司鞫之，繹累問不伏，仍停其俸及人從，就劾之。獄具，誨又報上不以實，故有是責。杜亮勒停，編管隨州。知制誥熊本封還辭頭，言繹不當猶處侍從職。詔繹落知制誥，爲集賢院學士。後本人對，上曰：近臣盡規，當知無不言也。

（宋）李燾《續資治通鑑長編》宋神宗熙寧十年四月　詔判登聞鼓院、祕閣校理陳睦衝替。坐前任兩浙提點刑獄顧女奴及不按知華亭縣張若濟贓罪，雖原赦，特責之。

（宋）李燾《續資治通鑑長編》宋神宗元豐元年閏正月　初，韓琦判相州，有三人爲劫，爲鄰里所逐而散。既而爲魁者謂其徒曰：自今劫人有救者，先殺之。衆諾。他日，又劫一家，執其老姥，搒捶求貨。鄰人不忍其號呼，來語賊曰：此姥更無他貨，可惜搒死。其徒即刺殺之。州司皆處三人死。

刑房堂後官周清，本江寧府法司，後爲三司大將，王安石引置中書，且立法云：若刑房能駁審刑、大理、刑部斷後違法，得當者，一事遷一官。故刑房吏日取舊案，吹毛以求其失。清以此自大將四年遷至供備庫使，行掌後官事。相州獄已決數年，清駁之曰：新法：凡殺人雖已死，其爲從者被執，雖經拷掠，若能先引服，皆從按問欲舉律減一等。今盗魁既令其徒云：有救者先殺之，則魁當爲首，其徒用魁言殺救者，則爲從，

又至獄先引服，當減等，而相州殺之，刑部不駁，皆爲失入死罪。事下大理。大理以爲：魁言有救者先殺之，謂執兵仗來鬬也。今鄰人以好言勸之，非救也，其徒自出己意，手殺人，不可爲從，相州斷是。詳斷官竇苹、周孝恭以此白檢正劉奉世。奉世曰：君爲法官，自圖之，何必相示？二人曰：然則不可爲失入。奉世曰：君自當依法，此豈必欲君爲失入邪？於是大理奏相州斷是。清執前議，再駁，復下刑部新官定，刑部以清駁爲是。大理不服，方爭論未決，會皇城司奏相州法司潘開賫貨詣大理，行財枉法。

初，殿中丞陳安民簽書相州判官日，斷此獄，聞清駁之，懼得罪，詣京師，歷抵親識求救。文彥博之子、大理評事及甫，安民之姊子，吴充之婿也，安民以書召開云：爾宜自來照管。法司竭其家貲入京師，欲貨大理胥吏問消息。相州人高在等在京師爲司農吏，利其貨，與中書吏數人共耗用其物，實未嘗見大理吏也。爲皇城司所奏，言賫三千餘緡賂大理。事下開封按鞫，無行賂狀，惟得安民與開書。諫官蔡確知安民與充有親，乃密言事連大臣，非開封可了。遂移其獄御史臺。【略】

〔神宗元豐元年夏四月〕知諫院蔡確既被旨同御史臺按潘開獄，遂收大理寺詳斷官竇苹、周孝恭等枷縛暴於日中，凡五十七日，求其受賂事，皆無狀。【略】確引陳安民置枷於前而問之，安民懼，即言嘗請求文及甫，及甫云已白丞相，甚垂意。丞相，指吴充也。確得其辭，喜，遽欲與潤甫登對，具奏充請受賕枉法。潤甫止之。明日，潤甫在經筵獨奏：相州獄事甚微，大理實未嘗納賂，而蔡確深探其獄，支蔓不已。竇苹等皆朝士，搒掠身無完膚，皆銜冤自誣，乞蚤結正。【略】遣知諫院黄履、勾當御藥院李舜舉據見禁人款狀引問，證驗有無不同，結罪保明以聞。履、舜舉至臺，與潤甫、確等坐簾下，引囚於前，讀示款狀，令實則書實，虚則陳冤。前此，確屢問囚，有變詞者輒笞掠。及是，囚不知其爲詔使也，畏吏獄之酷，不敢不承，獨竇苹翻異，驗拷掠之痕，則無之。履、舜舉還奏，上頗不直潤甫等言。【略】詔確、履及監察御史裏行黄廉就臺劾實，仍遣舜舉監之。【略】

〔神宗元豐元年六月〕詔殿中丞陳安民追一官，勒停；【略】前檢正中書刑房公事劉奉世落直史館，免勒停，監陳州糧料院；詳斷官竇苹追一官，勒停；詳議官周孝恭、大理評事文及甫，並衝替；【略】周清遷一官。

（宋）李燾《續資治通鑑長編》宋神宗元豐元年十月　命權同判刑部員外郎吕孝廉，司勳員外郎、權大理少卿韓晉卿，於同文館置司，劾相國寺設粥院僧宗梵等事，令勾當御藥院竇仕宣監之。以上批：完梵緣其主僧行親擅用官給常住粥錢，推其費錢之狀，乃出前知祥符縣孫純借錢文字，案法，貣貸之人各合有罪，而主司以純聯近臣之親，特爲停抑其辭，仍累使人諭純，止令私償所負，可送無干礙官司根究。先是，純罷祥符縣，得梓州路提舉常平官，而行親者，舊爲純主治田産，純欲之新任，從行親督錢，行親自借常住錢百千給純，而宗梵告行親輒持百千出，疑有姦。權發遣開封府蘇頌曰：宗梵告非干己事，不當治。錢隸常住，非官給，無貣貸法。然純聞事覺，即以錢償行親矣，宗梵坐決杖。或言純乃頌女壻堂妹之子，頌故出純罪，爲皇城卒所告。上以爲輦轂之下，近臣敢以情勢撓法，審如此，則不可不治，故有是命。

（宋）李燾《續資治通鑑長編》宋神宗元豐二年三月　陳東上閤門使、果州刺史、秦鳳路副總管夏元幾爲都鈐轄。坐前知鎮戎軍失入人死罪也。五月己巳又責。

（清）徐松《宋會要輯稿·刑法四·斷獄》　元豐二年四月二十六日詔：權判南京國子監尚書爲部郎中鄭宗礪罰銅十斤，致仕。坐前知眉州失入人死，會舍赦，而宗礪年已七十餘故也。

（宋）李燾《續資治通鑑長編》宋神宗元豐二年八月　詔權知開封府、翰林學士、起居注舍人兼侍讀許將落職知蘄州，前司録參軍、虞部郎中李君卿降一官，前士曹參軍蔡洵並衝替，國子監丞、祕書丞王愈追一官勒停，直講周常差替，開封府判官許懋、李寧，祕書丞熊皋罰銅有差。初，進士虞蕃訟太學不公事，付府推治，辭連上舍生，既追就對，而逼禮部試，將奏以爲無罪，出之。後蕃所指以爲不公者，并及將之妻弟與其鄉人，迺移御史臺，蔡確、舒亶治之，將父子相繼下獄，竟坐奏釋上捨生爲不實，而君卿、洵、懋、寧皆坐阿隨將，愈坐爲進士陳雄請屬升舍皋、常皆轉相牽連，特有是責。

（宋）李燾《續資治通鑑長編》宋神宗元豐三年正月　詔提點淮南東

路刑獄范百禄罰銅二十斤。坐知揚州江都縣王觀枉法受財，轉運司遣官鞫劾，而百禄擅止之也。

（宋）李燾《續資治通鑑長編》宋神宗元豐三年二月　〔己未〕詔光禄寺丞、權發遣大理寺丞賈種民衝替，知大理卿崔台符、少卿楊汲、權監察御史裏行何正臣，各罰銅十斤。大理初鞫陳世儒獄，并治世儒妻李氏，母呂氏嘗干其叔父公著，請求於知開封府蘇頌。公著未嘗以語頌，而種民挾情，於上殿劄子增易語言事節，傳致其罪。公著自辨，移御史臺推治。時頌已坐孫純事謫知濠州，追還，參對得實。種民坐罪，而正臣坐常監勘，與台符、汲各不舉察故也。

（宋）李燾《續資治通鑑長編》宋神宗元豐三年二月　〔壬戌〕詔知濠州、祕書監、集賢院學士蘇頌歸班，羣牧判官、都官郎中龐元英送審官東院，大理評事呂希亞、贊善大夫晏靖並衝替。頌坐前知開封府鞫陳世儒事，而元英詣頌伺問，頌嘗酬對，但言其情狀極醜惡，刑名未可知。法寺當頌，元英以不應爲從重。希亞、靖亦嘗伺問，後坐報上不實。始頌鞫世儒獄具，輒爲法官所駮，或謂頌欲寬世儒夫婦。上以詰頌，且曰：無縱有罪，頌對：事在有司，臣固不敢之使重。詔移獄於大理。大理因言頌嘗受呂公著請求。遣官即訊於濠州，而世儒獄又移付御史臺。自濠赴臺置對。御史曰：君素長者，必以親舊之情不能違，速自言，毋重困辱。頌曰：誣人以死不可爲，若自誣以得罪，雖甚重，不敢避。遂手書數百言付獄吏。上覽奏牘，疑之，詔御史求實狀。御史反覆究治無得，乃詰大理獄吏所得公著請求之説，吏窮，吐實曰：此大理丞賈種民增減其辭爲之也。今其藁尚在。取而視之，信然。於是種民抵罪，而頌得辨明，猶坐酬對元英等爲泄獄情，故罷濠州。此據元符詔旨内蘇頌附傳及曾肇《墓銘》删修。四月四日當參考。

（宋）李燾《續資治通鑑長編》宋神宗元豐六年五月　甲午，大理寺上大理正杜純妄議客礬事案，當不應言上官減公罪笞，該疎決。詔杜純特追一官，勒停，將來叙復，永不令典刑獄。

（宋）李燾《續資治通鑑長編》宋神宗元豐六年六月　壬申，詔刑部郎中杜紘罰銅八斤，展磨勘二年。初，邵武軍奏讞，婦陳與人姦，謀殺其夫已定，其夫醉歸，陳不鍵門，姦者因入殺之。法寺當陳謀殺，從而不加功；而紘議陳加功，罪應死不疑。又興元府奏讞，梁懷吉聞出妻晁病往視，因寄粟種，晁子輒取食之，懷吉毆其子死。法寺當晁子盜粟，懷吉當雜犯死罪，引赦原；而紘議晁子食懷吉粟，乃用受寄輒費用，不入捕法。議既不同，下御史臺定奪。御史臺言刑部駮議皆不當，故罰及之。

（宋）李燾《續資治通鑑長編》宋神宗元豐六年十二月　三班奉職李概貸死，免除名，追二官勒停，坐毆盜袴遞卒死。大理寺當概公罪絞，特貸之。詔應臺察事已奏，雖經恩不原。

（明）吴訥《祥刑要覽》卷中《提舉辯明》　宋提舉楊某爲越録事參軍，其守治盜嚴，凡保内捕賊不獲，則被盜物責保長償之。有一人家被盜，持杖追繫僕地，執送保長，保長苦之，乃即械繫解官，問盜死，郡因治保長制死獄具。後公閲狀云左肋下致命一痕，長寸二分，中有白路，必背後追擊，是其死非因保長制縛也，獄吏爭案已成，公不聽，即追詰元捕賊者，果得其情，索致杖首有裂，證益明，乃引法止坐保長，杖罪免死。後公二子登進士，雖曰有命，然其心可尚也。

（明）余懋學《仁獄類編》卷二八《陳睦沉香冤》　宋陳睦嘗提點兩浙刑獄，會杭民有妾沉香者，澣衣井旁，其嫡子偶墮井死，妻訟於州，以爲必沉香擠之。三易獄不合，睦怒，逐掾殺沉香。東坡詩：殺人無驗終不快，此恨終身恐難了。蓋有激云。睦還京，久之無所授，禱神廟無應，後恍聞人云如沉香何？睦震汗，廢食數日而卒。

（宋）李心傳《建炎以來朝野雜記甲集》卷六《朝事・建炎至嘉泰申嚴贓吏之禁》　自祖宗開基，首嚴贓吏之禁，重者輒棄市。真宗以後，稍從寛貸，然亦終身不用。建炎二年春，高宗復詔贓罪明白者，不許堂除及親民差遣，犯枉法、自盜，罪至死者，籍其貲。二月辛未。四年秋，詔自今犯贓免死者，杖脊流配。八月戊子。是冬，湖口令孫咸坐贓黜隸連州。上謂輔臣曰：祖宗時，贓吏有例杖於朝堂者，黜而特配，尚爲寛典。十一月壬子。紹興四年，秀州黄大本遂決刺焉。然高宗性仁厚，但行之數人而止。七年秋，永嘉令李處廉貸死，籍其貲，自是爲例。九月丙戌。二十六年秋，處守鄒栩犯贓當死。栩，鄒忠公志子也。上見其獄，蹙額久之，曰：既贓罪不可貸，乃編置吉州。九月癸丑。隆興二年秋，統制官魏尚者，盜用所部軍食，爲錢三千緡。獄具，孝宗諭湯丞相曰：故事，當直

決。湯丞相曰：尚，武人，不足深責。願陛下三令五申。上勉從之。九月己丑。遂降詔禁止。十月乙丑。其後廣西提刑石亨義抵罪，始刺配焉。淳熙五年，上既申保任京官連坐之罰。十年夏，又詔自今自盜、枉法、贓罪至死者，籍其貲，仍決配，不以秩位之高下，形勢之輕重，朕將一概施行。六月戊戌。遂命監司、帥臣，歲舉部内廉吏一二人，具實迹來上，令中書籍記，無則闕之。六月己未。然亦未嘗有決刺者。慶元元年，倪正父爲吏部侍郎，建言：今之達官貴人，贓以萬計，監司臺諫按法，不過放罷。前之行遣，既不究實，後之辨雪，遂得有辭。請自今以貪墨聞者，雖未欲送獄根勘，亦合差官究實懲治，庶幾大贓治而小贓懲。八月己丑。其後亦不克舉行。嘉泰二年冬，言者又論臣僚贓累鉅萬，具載章疏，投閑數月，便得祠禄，請自今皆須二年。十一月庚午。雖有是言，然臺諫所論，或得於風聞，朝廷察其誣，未嘗不拔拭也。若究實懲治，則贓者不得幸免，而枉者可以復直矣。舊以絹計贓者，千三百爲一匹，後增至二千。紹興三年，高宗以絹直高，特下詔增一千。九月辛未。乾道六年，復詔權以四千爲一匹。三月甲戌。迄今遂爲定制。

（宋）張綱《華陽集》卷一八《奏狀·駮郭彦參放罷指揮狀》　八月二十八日准中書門下省送到録黄一道，爲郭彦參依前降指揮放罷等事，令臣書詞行下者，右臣契勘郭彦參權江州瑞昌縣事，擅枷張俊下書人，張玘其事已經洪州體究得實。臣取索事狀看詳，蓋緣本縣舊吏鄢昱爲俊管莊，昱方有公事在縣，而玘適持俊書來，徑傳入宅，故彦參怒其不伏止約，又疑玘所持書，是昱詐爲，遂令枷問，已而不曾勘斷，却行疎放。夫縣令官雖卑然以百里之權，付之事有不平，豈免訶問。臣竊見近時州縣官吏率多曲意迎合，求媚於當路，至于不隨流俗能爲陛下奉法遵職者絶少。若彦參所爲，正當有以崇奬之，使其一時之間小有過當理尚可恕，況於法初無違犯，何所加罪哉。始者洪州體究申上朝廷得旨，郭彦參依已降指揮放罷，于是士論藉藉以謂罰及無辜，尋爲臣寮論列，陛下灼見，其事收還指揮不行。今又因俊奏陳，御令彦參依前放罷兩月之間，反復如此，非所以示信于天下．且俊大臣也，豈肯以私意害朝廷之公法哉。蓋是俊未知昨來體究得實，及已施行了當，所以再有論奏。臣愚欲望聖慈特降睿旨將洪州體究到郭彦參事因，並前後臣寮章疏劄令俊知，其郭彦參止乞依今年七月十二日已降指揮施行，所有今來録黄，臣未敢書讀行下，謹録奏聞，伏候勑旨。

（宋）沈括《夢溪筆談》卷一一《官政》　近歲邢、壽兩郡，各斷一獄，用法皆誤，爲刑曹所駁。壽州有人殺妻之父母昆弟數口，州司以不道緣坐妻子，刑曹駁曰：毆妻之父母，即是義絶，況其謀殺，不當復坐其妻。邢州有盜殺一家，其夫婦即時死，惟一子明日乃死，其家財産户絶，法給出嫁親女。刑曹駁曰：其家父母死時，其子尚生，時産乃子物，出嫁親女乃出嫁姊妹，不合有分。此二事略同，一失於生者，一失於死者。

（宋）洪邁《容齋四筆》卷一一《熙寧司農牟利》　熙寧元豐中，聚斂之臣，專務以利爲國，司農遂鬻天下祠廟。官既得錢，聽民爲賈區，廟中慢侮穢踐，無所不至。南京有閼伯微子兩廟，一歲所得不過七八千，張文定公判應天府，上言曰：宋王業所基也，而以火王。閼伯封於商丘，以主大火，微子爲宋始封，此二祠者獨不得免乎！乞以公使庫錢代其歲入。神宗震怒，批出曰：慢神辱國，無甚於斯！於是天下祠廟皆得不鬻。又有議前代帝王陵寢，許民請射耕墾，司農可之，唐之諸陵，因此悉見芟刈。昭陵喬木，翦伐無遺。御史中丞鄧潤甫言：熙寧著令，本禁樵采，遇郊祀則勑吏致祭，德意可謂遠矣。小人掊克，不顧大體，使其所得不貲，猶爲不可，況至爲淺鮮者哉！願絀創議之人，而一切如故。於是未耕之地僅得免。二者可謂前古未有，一日萬幾，蓋無由盡知之也。

（宋）李燾《續資治通鑑長編》宋哲宗元祐元年正月　御史安惇言開封府推官胡及縱獄子胡義拷無罪人死，又推治公事漏泄獄情。詔送吏部與合入差遣。元豐八年六月丙戌，及依舊供職。

（宋）李燾《續資治通鑑長編》宋哲宗元祐元年閏二月　殿中侍御史吕陶言：都城之廣，萬衆所聚，姦僞百出，刑訟實繁，推劾聽斷，尤宜詳審。朝廷欽恤之意，防禁最密，每開封府大辟獄具本處，既已録問，則申刑部請覆其實，刑部乃關吏部差官同慮謂之審問。囚無翻異，則論決如律；事有可疑，則移治他司。蓋所以察寃濫而重人命也。安可徇一己之私見，而欲他人之必死乎。臣伏見開封府勘小阿賈殺人公事。吏部差劉斐審問，斐看詳案卷，稱是情節可疑，遂疏述不圓七事申刑部，乞行會問，續據本府回報，三事並是誤供。又據劉斐續條陳案，節不圓一十二項。其

刑部既見劉斐所申如此，亦慮小阿買之情或涉寃枉，遂付大理再推，庶得其實，即於格法未見違戾，而知府蔡京輙有論奏，謂阿買大情已正，便當處死。劉斐不合疏駁，刑部不當移推，皆宜論罪，其徇情好勝，逞威犯分，不顧義理，一至於此，且人命至重，死不復生，小節既是未圓，大情容有不實。若便將阿買處死，則是大辟罪人不須再行審問。三木之下，枉殺必多。況朝廷立法，極從仁愛，天下死罪稍涉疑慮，可憫並須奏聽勅裁，多蒙寬貸，豈有不容問難，便欲行刑。又緣録問條制令移司勘逐者，並指定不圓事節，回牒本處。今劉斐既疏述一十九事，皆是不圓，刑部須至重勘。若阿買不行兇，則京顯有殘忍鍛鍊失入之罪。或阿買委是正賊，則京猶有鹵莽判押不職之愆。生殺之端，斐皆無過。若萬一朝廷聽其妄奏，加罪於斐，則向去審問之官，率皆畏避不敢伸陳；被刑之人，多負抑屈，無所赴愬。況尚書刑部，主天下獄訟兼糾察在京刑獄之職，可以統轄開封按劾其罪。今既舉職，反為開封所劾，則上下之分顛倒錯亂，非所以尊朝廷，風四方之意。又緣京知府以來，殊無治迹，聽獄斷罪，失謬極多。於段繼隆之事，則親書塗抹，放縱冒法賣官之人；於僧惠信之事，則遂非妄奏，曲庇重禄受賕之吏。方當至公之朝，宜檢舉京前後過惡，重行黜降，今既未正其罪，又差知真定府兼安撫使。考之公論，殊未為允。伏請寢罷新命，候大理結正小阿買等公事三件了日，別取朝廷指揮。

（清）徐松《宋會要輯稿·刑法三·勘獄》 徽宗大觀元年八月四日，尚書省言：大理少卿任良弼劄子奏，竊聞州縣推獄承勘盜賊，多容妄稱，兼藏盜之家、干繫隣保等人無所憚畏，致有公然容養，縱令他界作過，侵山林、田野、宿泊，更不根究的實窩藏去處。不惟使代支官賞無從追理，害良民。欲乞應州縣推治强盜，並須根究窩藏住止，鄰保地分，依法施行。理當明立條約，諸推强盜而不根究窩藏之家及住止，鄰保地分人者，各徒二年。不盡者，減二等。監司當行檢察，其違慢官吏，並從違制罪。從之。

《宋史》卷二五四《薛懷讓傳》 夏陽富人張廷徽誣告趙隱等五人爲盜殺人，且厚賂懷讓子有光。懷讓知之，即諷吏掠治隱等，强伏之，遣掌書記李炳、親校賈進蒙追、判官劉震等鍛成其獄，隱等皆棄市。家人詣闕訴冤，懷讓亦自入朝，遽獻錢百萬，請開宴，不納。俄捕獲本賊，下御史臺鞫問，懷讓懼，獻馬十四，復不納。有司請逮懷讓繫獄，周祖以宿將，釋不問，杖流震等。

（清）徐松《宋會要輯稿·刑法四·斷獄》 〔紹興〕二年六月二十九日詔：大理寺當斷靖州鄭謐作不應爲重杖罪，差錯官左奉議郎評事黄邦俊、右朝奉郎行丞路彬，各罰銅十斤。

（宋）熊克《中興小紀》紹興三年夏四月 己丑，宰執奏刑部郎中韓膺胄請：誤入人死罪者，乞依祖宗法終身廢之，經赦不原。上曰：此仁宗之事也，其仁民詳刑如此。上又謂吏部曰：亂後文書不存，吏緣爲姦，長吏尤當痛懲其弊。使差注無滯，權尚書洪擬，雖累歷亦恐失於濡緩。席益曰：擬甚用心。上曰：治吏以法，使之畏威，乃不敢侮文也。吕頤浩曰：唯上德以寬服民，其次莫如猛也。

（宋）熊克《中興小紀》紹興二十六年春正月 時言者謂諸縣巡尉不用心捕强盜，反令隣保備賞捉賊擾之。及捕到官，卻令扳有力之家悉追入獄，恣行乞取，望嚴禁止。上曰：朕深知之。惟得一好守臣，即此弊自革。不得人，約束雖嚴，不能禁也。魏良臣等奏曰：自今每一郡闕，敢不究心搜才，仰副陛下之意。

（明）丘濬《大學衍義補》卷一一〇《慎刑憲·明復讐之義》 宋高宗紹興末，盜發王公哀母冢，有司釋之，公哀手殺盜。事聞，兄佐爲吏部員外郎，乞納官以贖公哀之罪。詔令給舍議。楊椿等謂：發冢開棺者，事當絞。公哀始獲盜，不敢殺而歸之官。獄成而吏出之，使揚揚出入閭巷與齊民齒，則地下之辱，沉痛鬱結，終莫之伸。爲人子者，尚當自比於人。公哀殺掘冢法應死之人，爲無罪，納官贖罪之請，當不許。故縱失刑有司之罪，宜如律。上是之，詔公哀降一官，依舊供職。紹興府當職官皆抵罪。

臣按：戕人之屍與其身，雖有死生之異，孝子愛親之心，則不以死生而異也。王公哀訴發冢之盜於官，官不爲之理。而殺之，蓋所殺者發冢應死之盜，所報者不共戴天之仇。朝廷坐有司之罪，是也。而降公哀一官，豈所以爲訓乎？夫公哀不聞之官而擅殺之，罪之可也。今既聞之官而官出之，則故縱失刑，罪有所歸矣。

《宋史》卷三九七《徐誼傳》 徐誼字子宜，一字宏父，温州人。乾

道八年進士，累官太常丞。〔知徽州時〕歙縣有妻殺夫繫獄，以五歲女爲證，詛疑曰：婦人能一掌致人死乎？緩之未復也。會郡究實税於庭，死者父母及弟在焉，乃言：我子欠租久係，饑而大叫，役者批之，墮水死矣。然後冤者得釋，吏皆坐罪，闔郡以爲神。

（宋）周密《齊東野語》卷一《張定叟失出》　宋建康溧陽市民同日殺人，皆繫獄。獄具以囚，上府亦同日就道。二囚時相與語，監者不虞也。夕宿邸舍，甲謂乙曰，吾二人事已至此，死固其分，顧事適同日，計亦有可爲者，我有老母，貧不能自活，君到府第，稱冤，悉以諉我，我當兼任之，等死耳。幸而脱，君家素温，爲我養母，終其身，則吾死爲不徒死矣。乙欣然許之。時張定叟以尚書知府事，號稱嚴明。囚既至，皆呼使前問之。及乙則曰，某實不殺某人，殺之者亦甲也。張駭異，使竟其説，曰，甲已殺某人，既逸，出其家，不知爲甲所殺也。平日與某有隙，遂以聞於官。已而甲又殺某人，乃就捕，某非不自明，官闇而吏賕，故冤不得直也。張以問甲，甲對如乙言，立破械縱之。一縣大驚，甲既論死，官吏皆坐失入抵罪，而張終不悟。

（明）張四維《名公書判清明集》卷一二《懲惡門·姦穢·兵士失妻推司受財不盡情根捉》　道不拾遺，户不夜閉，郡治之先事也。營婦阿葉，中夜爲强有力者挾而匿之，巡徼之司置而不問。其夫張震訟之于州，本廂輒將無干人解上塞責。推吏蔣估陰與匿亡之家表裏爲一，案内緊要人隱而不追，不過泛然行根捉，苟延歲月而已。且城闉之内，比屋聯居，安有軍士失妻，終於不獲？吏姦蒙之，顯然可見。尋行改勘，隨得其情。蘇炳婢阿孫窑爲地道，誘致阿葉，藏寘其家，凡四十餘日，外人烏得知之？始者蘇炳辭以初不知情，猶有可諉者，及事到有司，情狀具見。勘之蔣估，賄賂之行，自蘇氏出，謂之不知可乎？王清之輩，爲其攀惹羅織，實非幸。蘇爲逋逃主，旁觀自若，豈法理之所容。蔣估徒二年，刺配鄰州，監贓遺行。阿葉徒二年，籍爲官妓，押下浦江縣拘管，毋令東西。阿孫徒二年。劉政杖一百，除移外寨，永不許還原營。劉六杖一百。

（明）張四維《名公書判清明集》卷一《官吏門·儆飭·縣官無忌憚》　小民求趂，本自可念。李大秀既碎於千四饅頭動使，毋怪於千四夫妻抱幼女登其門，而理取也。抱女上門，不爲無心。李大秀不知自反，又從而打之。阿陳忿忿之心，不顧其女，遂以當李大秀之棒。既死之後，李大秀之罪安得而辭哉！蕭主簿受囑，更不體究，及本司行下究驗，而主簿乃敢以假和狀申繳，本司追推吏，又只解廳子，而以推吏逃走爲説，其無忌憚如此。人命至重，豈可不討分曉。今改委段縣尉仍舊權縣事，躬親從公指實體驗申。蕭主簿候對移，蘇萬、王昌各從杖一百，釘錮押下監追司，仍牒州照會，餘照擬行。

（明）張四維《名公書判清明集》卷一一《人品門·公吏·十虎害民》　當職昨過鉛山縣，聞有十虎，極爲民害，如程仁、張槿、徐浩、周厚、余慶、詹澄、陳明、周麟、徐濤等是也。盤據本縣，酷毒害民。當職首將程仁、徐浩、周厚杖脊加配拘鎖，張槿決配拘鎖，余慶、詹澄見行根究，惟周麟、陳明、徐濤三名及追治。今運司以熊炤家業事押赴本司，當職照得熊炤以勢家强幹，恐脅欺騙，氣凌州縣，止從編管，已爲輕典。但當來本縣吏人輒以私意煅煉，希冀財物，抄估家業，乃併他人行李欲掩而有之，不爲無罪。而此三吏虐取害民，則亦豈此罪之所能盡其萬一哉。熊炤家業雖已給還，而三吏之罪烏可倖免，陳明、周麟各決脊杖十五，編管一千里，徐濤追赴司，決脊杖十五，押還原配所。李發、張福助之爲虐，亦難輕貸，各勘杖一百，放。仍牒報轉運司。

（明）張四維《名公書判清明集》卷一一《人品門·公吏·治推吏不照例禳祓》　本路獄事之多，莫如饒、信，居常繫獄者動輒百十人，未見有獄空之時。此不可專歸罪於民俗之頑獷，皆緣官司不以獄事爲意，每遇重辟名件，一切受成吏手，一味根連株逮，以致歲月奄延，獄户充斥。氣候不齊之時，春秋之交，多是疾疫相染，無辜瘐死，當職心甚痛之。到任初，首先出榜禁戢，又且夙夜不敢怠，每獄事大情已定者，簡徑斷決。幸而饒州兩獄歲首獄空，亦欲兩獄舉行禳祓，感召和氣。不期推吏等人，非其所樂聞，只願獄户充斥，可以騙乞，反怒當職不合踈決，使狴犴一清，更不照例禳祓。誅心而論，豈可苟免。俗語云：打殺鄉胥手，勝齋一千僧。推司枉法受財，出入生死，其爲害何止如鄉胥而已，配兩推吏，勝似齋一萬僧，何必緇黄設醮設斛，方可請福。汪仁、劉友係兩獄頭名推吏，各刺配本州牢城，長枷榜示各獄前，使往來觀看，舉手加額，道一聲稱快，自足以感召和氣。十七日却押上，仍帖問兩獄官。

（明）張四維《名公書判清明集》卷一一《人品門·公吏·提舉判》

吏卒之罪，僉廳所擬已當，但造意以啓吏姦者誰歟？握筆以改欵詞者誰歟？操兵以刃人，不罪所操之主，而罪兵；蓄蠱以害物，不咎所蓄之家，而咎蠱，可乎？不可也。知録於當職有同年之契，見其尚在選調，本甚有意料理之。到官之初，首加訪問，不聞美譽，惟有貪聲，參衆論以皆同，非兩怒之溢惡，甚爲同年惜之。然猶耳可得聞，口不可得言也。不謂一旦手足敗露，心術莫揜如此，衆目共睹，萬口流傳，雖欲曲爲回護，而不可得，況以鞫獄爲職，一出一入，關係匪輕。今於監司親隨僕從，猶敢逼迫囚人以羅織之，嗾使吏卒以鍛鍊之，則他可知已。帖本官具析案劾，已將趙興禮斷配南康軍，王仁壽編管英德府，周昶編管武岡軍，將李百二、劉達等疎放外，牒本司照會。

（宋）劉克莊《後村先生大全集》卷一九二《信州申解胡一飛訴劉惟新與州吏楊俊榮等合謀誣賴乞取公案赴司》 所在頑民，平白揑造致死公事，以害善良，以報仇怨，固亦有之；未有民間初無詞狀，而自州刑案作勘會，單稱上饒縣石橋鄉三十一都李乙身死至今未申呈覆，爲事祖者。至於追逮二十餘人，纍纍繫獄，既無事實，爲太守者，亦可以少悟姦吏之賣弄，而自悔聽訟之不明矣！今刑案吏人止杖一百，則是太守與刑案爲告訐追擾騙挾之宗主，此二十餘人者之家已破，而生事之人與作過之吏，罰不傷其毫毛。度虞守之意，必以爲李乙生死未見分曉之故。今李乙已獲在官，此事合照不以赦原之法定罪。牒東通□□追上楊俊榮決脊杖二十，刺配一千里牢城，劉惟新勘杖一百，折徒編管五百里，鄭百九、徐千四、鄭松年、潘千四各杖一百訖申，案發下。

《金史》卷四五《刑志》 武器署丞奕、直長骨赧坐受草畔子財，奕杖八十，骨赧笞二十，監察御史梁襄等坐失糾察罰俸一月。上曰：監察，人君之耳目。事由朕發，何以監察爲？

《金史》卷九《章宗本紀》 〔明昌元年〕六月己丑，制定親王家人有犯，其長史府掾失覺察，故縱罪。

《金史》卷一二八《循吏傳·高昌福》 許州都統韓常用法嚴，好殺人，遣介送囚於汴，或道亡，監吏自度失囚恐得罪，欲盡殺諸囚以滅口。昌福識監吏意，窮竟其狀，免死者十七八，而諸吏遂怨昌福，欲搆害之。

《元典章》卷五五《刑部·雜犯·脱囚·脱囚監守罪例》 至元三年六月，平陽路：弓手鄭進監送賊人謝柰僧，沿路在逃，罪犯。法司擬：減囚罪二等，合徒二年。部擬：決七十七下。

又，至元三年六月，中都路申：巡軍馬百户侯甫，賫实封文字前去真定路，捉獲僞鈔刘皮，自合与本処添差弓手監押到真定府交割，却不合轉分付弓手孟進監押，以致在逃，罪犯。法司擬：怠慢事重，杖八十。部擬：量決四十七下。

又，至元三年八月，河間路：爲强盗刘千奴劫獄在逃，押獄閻聚七十七下，牢子陳德、石聚各六十七下，司獄刘義四十七下，提調官罰俸兩月。

又，至元三年九月，東平路申：禁子張昇等失囚，走訖殺死王重四賊人陳天佑。部擬：斷禁子張昇、管平，各七十七下。首領李旺、宋興，各五十七下。

一起，大都路歸問得昌平縣祇候人刘順招伏：因爲監押信萬奴，申來本縣歸問打傷人民公事，沿途不爲用心，以致信萬奴自抹身死。欽遇赦恩，將本人疎放了當。部擬得：信萬奴虽是自抹身死，盖因刘順不爲用心監看，罪犯，欽遇赦恩，别無定奪外，拟被死坐葬之資，擬於刘順名下徵鈔五十兩，給付苦主。呈奉到中書省劄付，依准所擬施行。

《元典章》卷五一《刑部·諸盗·失盗·捕盗官身故難議追罰》 至元七年十月二十九日，尚書刑部據益都路申莒州備莒縣申：事主趙閏年等被盗劫訖財物，爲三限不獲賊人，取到簿尉孫玉招伏，合停八月俸給。本官已行闕支，擬候停罰九月分俸鈔。間有孫玉於八月初八日疾病身故，乞照驗事。省部相度：簿尉孫玉身前不獲失過賊徒，既已身死，難議追罰，合下仰照驗施行。

《元典章》卷五四《刑部·雜犯·違枉·被盗枉勘平民》 至元七年閏十月，尚書刑部：奉尚書省劄付：拠安陽縣尉王再思涉疑王丑漢作賊，屈勘身死，擬斷本官七十七下，省會罷任，及追徵燒埋銀五十兩，給付苦主。安陽縣達魯花赤竹迷思等不合依憑王縣尉，再將逐人拷問罪犯，各罰俸鈔一十兩，主簿徵鈔八兩，解部。承此。

《元典章》卷五四《刑部·雜犯·違枉·枉勘部民致死》 真定路南

宫縣達魯花赤脱因迷失，縣尹龐鐸、縣丞蔡茗各狀招伏：賈珍与靳留女互争地土公事，既是賈珍賫到馬千户関文，止是遅下，不合作本人隱匿関文，昏賴庄田，枷收断遣，及脱因迷失自行主意，五杖子换一個人，將賈珍斷訖三十七下，因杖瘡，五日身死，罪犯。部擬：脱因迷失，三十七下，除名。龐鐸，二十七下，解見任，期年後降先戰一等叙用。蔡茗，一十七下，解任，期年後降先戰一等叙用。均徵燒埋銀兩，給付苦主。省准断訖。

《元典章》卷五一《刑部・諸盗・失盗・捕殺人賊同强盗罪賞》 至元十年正月十五日，中書右三部爲彰德路申：李僧住狀告不知何人就本家將母阿任殺死，前官縣尉張玉違訖，三限不獲正賊，得替別無，合停俸例。除已出給解由求仕，乞照驗事。省部爲此照依舊例：殺人者比同强盗。擬自今後，謀故殺人與强盗一體定立罪賞。呈奉到都堂，鈞旨準擬施行。奉此仰依上施行。

《元典章》卷五一《刑部・諸盗・失盗・捕殴死人賊同强盗罪賞》 至元十四年五月，中書兵刑部據大都路申：高仲安殴死田哇兒在逃，三限不獲。取勒定興縣簿尉官違限招伏，却稱似難依强盗體例招伏。乞照驗事。省部相度：高仲安殴死田哇兒在逃，雖與强盗不同，終係干礙人命，合下仰照驗，更行立限，須要捉獲高仲安到官。如是違限不獲，依例取招，責罰施行。

《元典章》卷四〇《刑部・刑獄・獄具・禁止慘刻酷刑》 至元二十年十一月，御史臺準本臺中丞崔少中牒該：照得鞫獄之具，自有定制。比年以來，外路官府酷法虐人。有不招承者，跪於甆芒碎瓦之上，不勝楚痛，人不能堪。罪之有無，何求不得？其餘法外慘刻，又不止此。今後似此鞫問之慘，自内而外通行禁斷。如有違犯官吏，重行治罪。似望體皇上恤刑之本意，去酷吏肆虐之餘風，天下幸甚。牒請照驗施行。準此。呈奉中書省劄付，除已遍行禁止外，仰照驗施行。

《元典章》卷五四《刑部・雜犯・違枉・拷無招人致死》 至元二十四年二月日，江西行省准中書省至元二十三年八月二十七日咨：拠御史臺呈：行臺咨：廣東道按察司申：潘先告廣州路官吏，因爲長李、趙二等强拖人口，指兄潘興知情，有羅摠管、嚴治中將兄法外拷訊，就牢身死。取到總管、治中、司吏冼泳等并初、復檢官吏招伏。都省議得：總管羅仔、治中嚴珪所招：拠羅成之等告男并小厮上山採柴，被人拿住。勾到干連人馬富詞因，指出潘興曾對刘二説称山上多有採柴小厮，令刘二拿兩個來賣語句，有潘興等不招，自合研窮磨問，伺候刘二到官，指證明白，將潘興依理鞫問，却不合不候刘二到官，使令牢子張瑞等將潘興當厅縛倒，用獄具沿身拷打，以致因傷身死情罪。各量決三十七下，解見任，別行求仕，標附公罪過名。咨請委官與按察司官一同依上断决。其余有招人數，就便量情断决施行。

《元典章》卷五四《刑部・雜犯・違枉・淹禁死損罪囚》 至元二十七年六月初二日，尚書省咨：拠御史臺呈：備監察御史呈：彰德路安陽縣縣尉司將偷牛賊人刘四五六名淹滞在禁，因病身死。取到權縣尉本縣主簿刘仲珉招伏。都省擬断七十七下，罷職。除已札付刑部断决外，合下仰照驗施行。

《元典章》卷五四《刑部・雜犯・違枉・拷打屈招殺夫》 至元二十九年二月，行臺據監察呈：審録龍興路一起，鄧阿雇稱冤，並不曾與姪鄧巽有奸，謀殺夫鄧德四，亦不知夫鄧德四被殺根因。節次稱冤，上下官司不准，將阿雇打拷屈招，委是冤枉。得此。省會新建縣，於所指四十四都，審捉到潘四三、胡万一到官，供指：委有田主鄧巽爲爭家財，倩令殺伊叔鄧德四。於至元二十五年正月二十八夜二更時，依從鄧巽主使，於本人手内接訖尖刀一張在手，胡万一手執磚石一个，與雷正俚同情，於鄧德四睡処堂上靈前將本人殺死，是實。並不是鄧巽與阿雇有奸，謀殺伊夫，是实。得此。看詳：上項公事，上下官司將鄧阿雇枉勘，枷禁五年，实爲冤枉。切恐其余路分亦有似此冤枉之囚，擬合行下各道廉訪司，審察施行。

《元典章》卷四〇《刑部・刑獄・獄具・罪人毋得鞭背》 至元二十九年二月，中書省據御史臺呈：河北、河南道肅政廉訪司申準懷孟路分司僉事趙朝列牒：據懷孟路録事司在城住坐人户劉阿韓口告，十月，内蒙河内縣差委男劉蹺前去萬善店營盤搭蓋小薛大王帰里，有本路笑薛同知，因事於男劉蹺背上打訖一十七下身死等事。除另行追問外，卑職嘗讀唐《貞觀政要》所載大宗回閲銅人，見人之五臟近於背，詔天下勿鞭背，

可謂仁君知愛民之本，爲萬世之龜鑑也。今朝廷用刑，自有定制。有司不詳科條，輒因暴怒濫用刑辟，將有罪人脱去衣服，於背上拷訊，往往致傷人命，深負聖上好生之德。若不禁治，事關至重。都省準呈遍行呈遍行，合屬禁治施行。

《元典章》卷五四《刑部・雜犯・違例・禁差使多取分例》 至元二十九年十一月，行御史臺准御史臺咨：挖西蜀四川道廉訪司申：劒州普安站告樞密院差去官布歹多要分例，又將帶訖本站係官被一張，非理搔擾不公等事。取到布歹招伏。憲臺議得：百户布歹量決三十七下，解見任，别行求仕。合咨請遍行禁治。

《元典章》卷五四《刑部・雜犯・違枉・枉禁平民身死》 至元二十九年，行御史臺：爲浙東道廉訪司申：婺州路阿老瓦丁被劫，蘭溪縣尉涉疑捉拿包捨等二十一名，在禁身死，後獲正賊真贓。取到婺州路枉禁平民招伏。移准御史臺咨：呈奉中書省劄付：送刑部議得：縣尉朱政所招，不行擗緝正賊，輒將平民包捨等三十九名逼勒虚招作賊，朦朧解縣，轉行解府，致將元劫正賊錢慶二等捉獲，追搜贓仗到官情罪，虽係分間已前，終是入罪之原，以致將包捨等二十一名枉禁身死，甚失所委，量擬決五十七下，罷戝，除名不叙。推官蔡錫，既係鞠勘之官，凡有盗賊，先脩五聽，審其辞理，參其證佐，辨驗是非，理有可疑，然後考掠。虽蘭溪縣解到包捨等三十九名，在本縣曾招行刼阿老瓦丁財物，殺死事主馬黑馬没等，别无元劫正贓、行使器仗。並不詳情磨問，又信從包捨等妄指平人徐再五等九十六家受寄贓物，不令面對，輒便追給。在後捉獲正賊，追收贓仗到官。虽係分間罪囚已前，却緣平人包捨等二十一名枉禁身死，深不稱戝，擬合除名不叙。達魯花赤小云失、治中忽都魯迷失、知事杜亮等，不行詳情追究罪犯，量情難恕。擬將達魯花赤、治中觧見任，期年之後，降先戝一等叙用外，挖知事杜亮，又權司獄事，却不將各人時復審録，致將平人枉禁身死，擬合罷職，除名不叙。燒埋銀兩，令縣尉朱政与本路判署官吏均徵，給付各主，相應。都省議得：朱政等虽在分間以前，却緣將無辜良民包捨等三十九名逼勒虚招作賊，以致枉禁身死二十一名，情罪深重。擬断縣尉朱政一百七下，推官蔡錫八十七下，知事杜亮五十七下。所挖達魯花赤小云失、治中忽都魯迷失當問緣爲公差，不曾詳審，止憑推官押過各賊招詞文解，署押在卷，以致枉禁各人身死，各決三十七下。餘准部擬。都省除外，仰照驗依上施行。

《元典章》卷五四《刑部・雜犯・違慢・巡檢有巡失捕》 至元三十年二月二十一日，江西行省龍興路烏山巡檢賈義招伏，程倉官被賊劫殺，本司相離五里餘路，承告報後，不合將引弓手於程倉官家看踏蹤跡，以致衆賊逃走。又招丁上舍被賊七十餘人刼掠，不合不行黏蹤追捕，以致賊人走透，致煩調軍於寧州捕獲到戴千八等罪犯。省府議得：除將本處巡檢名缺别行選差相應人員補替外，據巡檢賈義擬決三十七下，合下仰遍行照會，以爲懲戒。

《元典章》卷五四《刑部・雜犯・違例・禁刑日問囚罪例》 元貞二年九月，江西行省准本省左丞咨：贛州路貼書劉慶益與寫發人史秀，於八月二十三日將賊人鍾大肚、王三閏仔吊縛跪問。唤責得該行李珍狀招：不合不体八月二十三日禁刑日，令貼書劉慶益問囚。劉慶益狀招：不合依從司吏李珍，前去取責賊人王閏仔詞因，令牢子王富將本賊縛吊跪問。寫發人史秀等人、牢子王富狀招无異。除取訖經歷王世暉有失関防招伏，將本官、司吏、寫發人等責罰外，挖該吏李珍狀招伏違例罪犯，擬將本人断罪罷役。行下本路，照依廉訪司牒内事理，選保貼書二名，其餘人数革去外，咨請禁治。准此。

《元典章》卷五五《刑部・雜犯・放賊・弓手受財放賊》 元貞二年十二月，湖廣等處行中書省劄付該：差官審断常德路見禁罪囚数内强盗一起：李丑兒招伏：行刼楊三各家財物，打傷事主。有弓手周百六捉拿，要訖中統鈔二十兩脱放。并責得周百六名大椿招伏相同。挖周大椿所招罪犯，不曾断過，依例乞照詳。得此。省府議得：周大椿所招受錢脱放强盗賊徒李丑兒罪犯，決杖一百七下，罷役。元受贓鈔，徵解没官。劄付常德路外，依上施行。

《元典章》卷五四《刑部・雜犯・違枉・枉禁賊攀上盗》 元貞三年正月，行御史臺准御史臺咨：近挖河北河南廉訪司申：准分司牒：考城縣貼軍户朱僧兒狀告：本縣李縣尉捉獲張厨偷盗驢畜，指称張厨將父朱三攀指，拷打凌虐，訊瘡舉發，纔方保放等事。取到縣尉李蘒招伏：至元三十一年十二月初四日，捉獲偷驢賊人張厨，問得招伏：委曾二次

候人王成起夫，索要鈔兩，將男龔仲一行打。在縣妄告，被縣吏抑勒虛招，用麄杖子將男断决，回家身死。責得行杖祗候人姚元狀招：不合依隨司吏夏賢分付重打上，於首領楽宝處接到杖子，元争打頭杖，用大頭徑將龔仲一断訖一十下，於本人腰眼上近下打訖二下，以致受杖血攻腰腎，致命身死罪犯。楽宝、夏賢所招相同。取訖宜春縣判署官有失関防招伏。咨請定奪。准此。送刑部回呈：施行間，大德三年正月初八日，欽奉詔書内一欵節該：其餘雜犯，並行釋免。欽此。本部議得：各人所犯，罪經釋免，擬於姚元、楽宝名下依例均徵燒埋銀兩，給付苦主。拠宜春縣官吏過名，標附相應。都省議得：姚元所犯，因爲夏賢分付，此上將龔仲一非法行打，因傷身死。所拠燒埋銀兩，擬合着落夏賢、姚元、楽宝均徵。餘准部擬。請依上施行。

《元典章》卷四〇《刑部・刑獄・獄具・禁殺殺問事》 大德四年九月，江西行省劄付，據南豐州備吏目王沂呈：欽惟聖朝大推好生之仁，曲盡恤刑之意。方今用刑，已有定例。向之者，縲縛罪人，磁芒刺膝，鞭背精跪，游街拷掠，遇夜問事等項非法酷刑，已蒙上司禁革。切見有司親民之官，每於問事之際，私情暴怒，輒遣兇徒驅於公廳之下，恣情以殺捆打，不思爲人，覩物，聽事全在耳目。其殺殺擊之，打及一頰，則冲損頭以致含血滿口，兩頰釁腫，傷於肌膚，連月不愈。及其甚者，或打其耳際近於太陽虛怯去處，左邊擊由右耳出血，右邊擊左耳出血，經日昏迷。輕則救之蘇省，痛楚之餘，血氣閉塞，致成聾聵，終爲殘廢。重則因而致傷人命，深可哀矜。如蒙一例禁止，不惟居官者戢虐之風，爲事者免殘疾之若，庶不失聖朝好生之意。乞備申施行。得此州司看詳：若準吏目王沂所言，實爲允當。備申訖照詳。得此移準中書省咨：照得諸人犯罪，自有常憲，請照驗依例施行。準此。

《元典章》卷五四《刑部・雜犯・違枉・拷勘葉十身死》 大德七年七月初七日，中書省咨：御史臺呈：行臺咨：浙東廉訪司申：衢州路開化縣尉王澤、百户朱瑞，因汪有成被盗絲貨，將本人汪雲三，餘添葉十作賊，非法凌虐拷勘，數内葉十因傷身死。問得縣尉王澤狀招：於大德六年九月初十日，獲到汪有成被盗絲貨可疑人葉層五、葉十、汪雲三，别無明白堪信贓証，自合用心諳情，以理推問，却不合三次約會軍官，喝令

盗訖余墓村李四驴三頭，不得姓名人家驴二頭。將張厨拷問有无同伴賊人，致本賊轉行虛指朱三偷盗刘大驴畜。於朱三左右腿上枉勘打拷訊五十餘下，収禁五十余日，纔方牒發本縣罪犯。呈奉中書省劄付：送刑部議得：縣尉李蘚所犯，捉獲偷驴正賊張厨，招説明白，不即牒縣，却將平民朱三執謀同情爲盗，拷打張厨，導引攀指，不立案驗，輒便加刑，枉勘虛招，訊瘡舉發，才方保放。既已平復，量擬四十七下，觧見任，别行求仕，標附。都省准擬，合下仰照驗，依上施行。

《元典章》卷五五《刑部・雜犯・放賊・職官受財放賊》 大德元年，御史臺咨：拠河北河南道廉訪司申：許州臨潁縣達魯花赤平州八撒兒狀招：至元三十年十一月内，盤獲強打柏鄉縣館驛内官錢人趙七十等四名，要訖各賊中統鈔二百五十六定一十两，内平州八撒兒分訖鈔一百五十六定一十两。汴梁路於各人名下追徵数足，申乞照詳事。得此。本臺議得：平州八撒兒所招，放賊分使贓鈔一百定，折至元鈔一千貫，依枉法例，已是任滿，擬合除名不叙。呈奉中書省劄付：送刑部議擬，回呈：係大德元年二月二十七日欽遇赦已前事理，本部叅詳：平州八撒兒所犯，合准御史臺議擬，除名不叙。

《元典章》卷五四《刑部・雜犯・違例・禁刑日断人罪例》 大德元年十月，江西湖東道廉訪司奉行臺劄付：來申：建昌路南城縣藍田巡檢夾谷德禎招伏：於五月初四日乙丑日，將弓手殷祥、周順各決一十七下，罪犯。量決三十七下。還戢。憲臺看詳：夾谷德禎所招罪犯，量決二十七下，還戢勾當。仰照驗施行。

《元典章》卷四〇《刑部・刑獄・鞫獄・枉勘枉禁論罪》 大德二年八月，行御史臺劄付：據廣西道申，賓州路曹總管拷勘張縣尹等身死，又邕州路達魯花赤密刺將犯人非法拷勘公事，似此枉禁酷虐人命致死或不致死，著爲罪例，使有司易於遵行，移準御史臺咨，呈奉中書省劄付，送刑部照擬回呈，本部參詳：枉勘枉禁，情犯各別，輕重不同，難便一槩定論，擬合臨事詳情，議罪相應。得此，都省議得：鞫勘罪囚，已有定例。今後若有枉勘枉禁，依準部擬，隨情量輕重論罪。

《元典章》卷五四《刑部・雜犯・違枉・重杖打人致死》 大德三年三月，江西行省准中書省咨：來咨：袁州路宜春縣龔士高告：本縣祗

弓手徐魁五等七人，將葉十、葉層五用木棒放在各人胐脉内，令弓兵併立，輪番用力踏踏，及使麻繩綁縛，用使荆杖，將各人非法凌虐，以致葉十、葉層五兩手脚潰爛，俱成大傷，葉十因傷身死，招伏是实。百户朱瑞狀招相同。縣尉王澤脱監在逃。具呈照詳。送刑部議得：衢州路開化縣尉王澤、鎮守百户朱瑞所招，因汪有成被盗絲貨，告指可疑人葉層五、葉十、汪雲三，取問得既无堪信明白賍驗，不即根捕正賊，輒將各人法外凌虐拷勘。數内葉十因訊瘡致命，葉層五被傷，赴廉訪司稱冤。委官取問得：寄賍人余曾六等避怕拷勘，轉於事主等処買絲，作元盗正賍納官。一干人招証明白。縣尉王澤避罪，脱監在逃，即同獄成，比例合決六十七下，解任，降先職二等，從御史臺根勾到官，依上施行外，拟百户朱瑞止合依例捉賊，不應與縣尉王澤將无辜葉十枉勘身死罪犯，緣係管軍之職，又曾三次用言止約，王澤不從，止拟不合同立案驗情罪，量減二等，決四十七下。仍於縣尉王澤名下，追徵中統鈔一十錠，給付苦主，充營葬之資，標附過名，相應。都省准擬，請依上施行。

《元典章》卷四〇《刑部・刑獄・獄具・巡檢司獄具不便》大德七年十一月，中書省據河南江北道奉使宣撫呈官民不便數事，關係通例，送刑部議擬到淮安路推官吴承務呈：泗州天長縣銅城巡檢司官吏，將平人袁虎子用獄具非法拷訊，虚招殺有，及法外將當三銅錢用火燒紅，放於兩腿燒烙。已問明白，斷罪罷役。看詳獄具，有司不得已而後用之物。巡檢職當捕盗，豈可得而行使，以致非法將平人拷訊，及用炮烙酷惨之物？理當禁治。若將隨處巡檢司獄具盡行拘禁，以爲長便。檢會到正統五年欽奉聖旨條畫内一款：諸州司縣但有疑獄不能斷決者，毋得淹滯，仰隨即申解本路上司。若猶有疑惑不能决者，申行中書省外，巡尉捕盗官提獲盗賊，隨時發與本縣，公坐推問是實，解赴本州府再行鞫勘施行，不得轉委吏人及弓手人等拷問。應犯死罪，枷杻收禁，婦人去杻，杖罪以下並鎖收。欽此。已經遍行，合屬欽依施行去訖。今據見呈，本部議得：諸處捕盗巡尉人員，職掌巡捕，擬合依奉都省元行，不得獨員鞫勘，所據，不應存設法外獄具。合準奉使宣撫所言，拘禁相應都省，咨請依上施行。

《元典章》卷五四《刑部・雜犯・違枉・打死換作磕死》大德八年三月初十日，御史臺咨：廣西道廉訪司申：刷出廣西宣慰司文卷，静江路申：古縣倸富禄巡檢司牒：梁壽二告：何福慶因欠軍人王買驢、楊聚竹席，被各人將木棍決打身死。古縣不將行兇人王買驢歸問，却將何福慶妻何阿盧扣唤元供，作伊夫與王買驢相扯跌倒，被竹根磕着陰囊身死，將王買驢疎放等事。取到簿尉史玉，達魯花赤月赤蒙古各各招詞。議得：月赤蒙古擬合解任，標附過名，别行求仕。史玉，解見任，降先職二等，雜職内任用。除將各人離職，羈管聽候，着落追徵燒埋銀兩給付苦主外，咨請照詳。准此。呈奉到中書省劄付：送刑部議得：王買驢將何福慶用棒搠死，屍狀無疑，招伏明白。簿尉史玉不思人命爲重，聞知有詔，使令司吏扣换元招，却作自磕身死，故出其罪。擬降二等，雜職内任用。達魯花赤月赤蒙古不合隨從情犯，解任，别行求仕，標附相應。都省准擬，除外，仰依上施行。

《元典章》卷五四《刑部・雜犯・違錯・刑名枉錯斷例》大德九年九月日，福建廉訪司承奉行臺劄付：近據海北廣東道廉訪司申，廉阿羅狀告育男廉西保被平山站劉提領決打身死，惠州路陳總管等改换尸狀等事。取到總管陳佑等各各招詞，議擬申乞照詳。移準御史臺咨，呈奉中書省劄符送刑部照得：大德七年正月内，承奉中書省劄付本部元呈，奉省判臺呈廣西道廉訪司申：劉子開告：大德五年六月内，弟劉子勝買到香貨，至八月二十七日經過遠江務，被吴大使用手執木拐將劉子勝決打身死。初復檢驗官臨桂縣尹張輔翼、録事司達魯花赤禿哥俱各驗作服毒身死。取訖各各招伏，大德六年四月初四日，欽遇赦恩釋免。除將犯人吴讓欽依釋免，追徵燒埋銀兩給付苦主外，據張輔翼等職役，令合幹部分議擬相應。送刑部議得：縣尹張輔翼、達魯花赤禿哥所招務官吴讓將劉子勝決打身死，虚作服毒身死回報，罪經原免，擬合依例解見任，期年後降先職一等，放雜職内任用，標附相應。都省準擬，仰照驗依上施行。奉此，本部議擬到下項事理開坐，具呈照詳。都省準擬，仰照驗施行。一名陳佑狀招：欽受宣命，武節將軍、惠州路總管兼管内勸農事職役。大德五年八月二十六日，有司吏趙賢輔將到歸善縣申初檢定驗：廉西保被打，血作攻心身死。文解本吏對佑覆説，薛經歷道：這劉提領是宣慰司劉經歷多曾分付，將來教覷當。將文解扣换作因病身死。佑自合令本吏依例追問，却不合説經歷行商量。又招：八月二十九日，歸善縣達魯花赤阿都

赤前來府廳前，佑與薛經歷處覆説道：趙令史退回廉西保身死文解，扣換生前被打，後因病身死。薛經歷依前分付阿都赤道：據先被打，後因病身死。就有阿都赤於佑處計稟。佑明知係干人命，又不合回對薛經歷道那般是，又對阿都赤道只恁的也好。又招：九月初三日，司吏趙賢輔將元判二十六日文解於佑處呈，行下本縣追問，不合依隨本吏，覆説文字遲慢，將元判改二十四日文解署押了當罪犯。廉訪司先議得：總管陳佑即係牧民之官，不以人命爲念，輒憑經歷薛瑜言語，令司吏趙賢輔將歸善縣達魯花赤初檢得廉西保生前被打身死，退回作因病身死。違錯罪犯，欽遇赦恩釋免。擬將總管陳佑解見任，別行求仕，標附過名。緣本官欽受宣命人員，誠恐所擬未應。刑部議得：總管陳佑所招不合將歸善縣元申檢驗到廉西保被打身死文解，令本縣換作病死。罪經赦恩釋免，量擬解見任，期年後降先職一等，雜職内任用，標附相應。

一名董瑞狀招：欽受宣命，同知惠州路總管府事職役。於大德五年八月二十六日招伏相同，罪犯是實。廉訪司議得：同知董瑞所招不詳，廉西保身死事干人命，二次信從司吏趙賢輔，朦朧署押檢驗廉西保身死文解違錯。罪經赦恩釋免。又兼本官已行得代，先已除受廣東道宣慰副使僉元帥府事，即日年及七十，例應致仕，若將董瑞標附過名。刑部議得：董瑞所招情犯，如準行臺所擬相應。

一名薛瑜狀招：只受敕牒，從仕郎惠州路總管府經歷職役。大德五年八月二十六日招伏相同，又將尸傷改換，仵作行人葉禄首告到官，罪犯是實。議得經歷薛瑜所招，明行廉西保身死干係人命，因爲阿都赤説稱劉提領等，供指廉西保被小王決打，經隔二十三日身死。又爲宣慰司劉經歷曾行分付，將劉提領覷當，當此司吏趙賢輔將文解退回作被打傷痕平復的係患病身死，有阿都赤親行赴府於薛經歷處禀問，又合再令經本官若初檢到廉西保生前被打、血作攻心身死文解，換作被打傷痕平復，因病身死違錯。罪經釋免，擬將經歷薛瑜解見任，降一等敘用。刑部議得：經歷薛瑜所犯，將歸善縣元申廉西保身死文解退回，換作病死。罪既遇釋免，量擬解見任，期年之後降先職一等，雜職内任用，標附過名，似爲相應。

一名阿都赤狀招：祇受敕牒，進義副尉惠州路歸善縣達魯花赤廉管勸農職役。大德五年八月十八日，據廉阿羅狀告平山站提領劉玉將伊男西保決打，於八月十七日夜身死。阿都赤於當月二十日躬親將引仵作行人葉禄、司吏羅時英，初檢得已死人廉西保身尸，除炙瘡五痕外，左右肩膀各一痕，係拳痕。右肋肘側一痕，係磕痕。右脊膂側連肋第三枝上痕，係他物傷。右脊膂上一痕，係他物痕。據仵作行葉禄當場對衆定驗，左脊膂上一痕爲重，的係生前因他物打傷，血作攻心致命身死，回關本縣，開申惠州路照驗。於八月二十七日，有司吏徐禮收回總府押過本縣元申檢司文解，言稱：趙知房分付，換過定驗，作患病身死文解申報，以致事發到官，罪犯是實。廉訪司議得：阿都赤所招，係是牧民官職本官親行初檢，得廉西保的係生前被他物打傷，血作攻心致命身死。回關本縣申路。續有司吏徐禮將回總府押過文解，言稱趙知房退回，換作患病身死明知干係人命，親行赴府禀覆，又行信憑薛經歷等言語，同劉提領係是宣慰司劉經歷江眷，以此依隨省會司吏官徐禮，扣換初檢廉西保生前被打，血作攻心身死，改作生前被打，傷痕漸已平復，因病身死。欽遇釋免，擬將達魯花赤解見任，降一等敘用。刑部議得：達魯花赤阿都赤所招不合依隨總管陳佑等會，扣換元申驗到廉西保被打身死尸狀文解，罪經赦恩釋免，量擬解見任，期年降先職一等敘用，標附相應。

一名趙賢輔，見充惠州路總管府司吏。狀招於大德五年八月十九日，承行歸善縣申廉阿羅狀告男廉西保被打身死公事，不合依隨經歷薛瑜言語，將初檢文解退與縣吏徐禮，於初檢官阿都赤説扣換生前患病身死，執覆路官，將元判二十六日改作八月二十四日。又招：既是博羅縣復檢文解遲慢不到，自合依例催舉，却不合於八月二十六日、九月十一日二次不立案驗，使訖印批差黄通、劉政前去博羅縣勾換到該吏黄庭舉、下姚典行吏蕭仲壬，使喚人葉三五，令各人計會歸善縣，扣換文解，換作病患身死，及受訖黄庭舉焦布三丈二尺，浮茶二袋，人已用過，罪犯是實。廉訪司議得：司吏趙賢輔所招廉西保身死，明知事干人命，不合依隨薛瑜經歷言語，將路官利害、歸善縣申到廉西保生前被打、血作攻心身死文解，令初檢官吏扣作因病身死。又招復檢文解遲慢，取要訖該吏黄庭舉焦布三丈二尺，浮茶二袋。罪犯欽遇釋免。擬將司吏趙賢輔罷役不敘，已牒惠州路去訖。刑部議得：趙賢輔所招罪犯，即係刑名違錯，重罪既以斷罷，別無定奪，依例標附相應。

一名徐禮狀招：見充歸善縣司吏。於大德五年八月十八日，承行廉阿羅告男西保身死公事。於二十四日移準本縣初檢官達魯花赤阿都赤關該，檢得已死人廉西保尸傷狀，同於二十五日將文解赴府投下了當。至二十七日，有府吏趙賢輔追照過本縣行卷，將元解退回，令禮與本縣達魯花赤商量，換作患病身死文解申府，及打勒取到王元德，扶同招詞，罪犯是實。廉訪司議得：司吏徐禮狀招廉西保身死，明知事干人命，不合依隨薛經歷等言語，將惠州路官押過廉西保生前被打、血作攻心身死文解，扣換作因病身死。又節次將王元德行打，勒令扶同詞因曾行打廉西保身死違錯。罪犯幸得欽遇赦恩釋免，擬將徐禮罷役不敘，移牒本路照會去訖。所招罪犯，廉訪司既已斷罷，別無定奪。

一名蕭仲壬狀招：係博羅縣待闕人吏勾當。於大德五年八月二十日，本縣差仲壬根隨達魯花赤忙哥察兒前來歸善縣里水坊，復檢已死人廉西保。驗行本尸傷目相同。回關本縣照驗去後，不合從府吏趙賢輔省會，仲壬，使喚人葉三五計會歸善縣，鈔寫到改換廉西保的係患病身死檢目，不令縣官得知，私扣換文解，申府了當，罪犯是實。廉訪司議得：蕭仲壬狀招無俸人吏根隨覆檢官忙哥兒前去復檢到廉西保生前被打、血作攻心身死文解申府，不合依隨趙賢輔言語，改換廉西保係因病身死，不令縣官知會，私自扣換文解申府。罪犯欽遇赦恩釋免，擬將蕭仲壬革去，移牒本路照會去訖。刑部議得：司吏蕭仲壬所招罪犯，既廉訪司斷罷，別無定奪。

《元典章》卷五五《刑部・雜犯・縱囚・牢子私縱配囚行劫》 大德十年十月，御史臺咨：據河北河南道廉訪司申：白沙提舉司管下東張治牢子宋僧住，將配役賊徒陳福興等所帶鐐鐮、脚鐲取去，故縱在外，持仗强劫良民錢物，却行還禁，知情分贓等事。呈奉中書省劄付：送刑部議得：東張治牢子宋僧住，將配役賊人陳福興等八名，取去各帶鐐鐮、脚鐲，縱令在外，强盗張澤銀頭面等物，一同分贓。合咨行省，令有司並勘完備，依例結案。設法関防一節，從本省講究，就便施行。所拘提舉司併鐵冶所官吏有失関防，以致牢子縱令配囚行劫民財罪犯，如蒙劄付御史臺，行下本道，就便究治，相應。具呈照詳。都省除外，仰依上施行。

《元典章》卷五四《刑部・雜犯・違枉・枉禁輕生自縊》 大德十一年六月，江西行省准中書省咨：所委官前刑部主事李居禁呈：依奉省劄，前去江西行省，与省委瑞州路同知鄭朝列一同審録見禁罪囚。罪囚起内，吉州路録事司一起，牢子肖德、陳万監禁鍾三自縊身死。參照過行卷，取訖録事司達魯花赤小雲失海牙狀招：大德九年十一月十四日，據李阿刘狀告：刘季三同不得姓名塩客一人，將夫尋唤出外，打死。与本司録事及判官一同歸問得：正犯人刘季三已招將李重二踢死。干犯人鍾三招指：曾將李重二罵作歪觜乞人子，少人錢不還語句，及向前救勸不從，致係刘季三將李重二踢死。申奉到吉州路旨揮駁問。鍾三即係緊問合問人數，再行引審，各人所招無異，即合分下輕重，依例發落，却不合爲苦主李阿刘節次告稱夫係是鍾三踢死，不肯准伏，因此將鍾三鎖禁六十余日，以致在禁輕生自縊身死，招伏是实。録事紀録、録判蔣祥、典史刘顯、司吏曾文信等、吉州路吏刘宣，所招無異。若便予决，緣係在禁縊死人命事理。送刑部議得：録事司達魯花赤小雲失海牙、録事紀録、録判蔣祥、典史刘顯等所招，雖是取訖鍾三因刘季三踢死李重二，不行極力救勸招伏，却不分間輕重發落，枉禁八十余日，以致在禁自縊身死。各官罪經革撥，比例，俱觧見任，别行求仕。外，據司吏刘宣等各罷見役，通行標附過名，相應。都省咨請依上施行。

《元典章》卷五三《刑部・訴訟・稱冤・稱冤從臺察告》 大德十一年八月，御史臺咨：奉中書省劄付：來呈：建德縣達魯花赤桑哥哈刺失，因起盖安樂堂等事，取受錢物，内程貴德等鈔一定爲重。取訖招伏，追贓到官。本人赴建德路、江浙省稱冤。本省輒憑虚詞，咨禀都省，不候明文，輒令還職。擬合將桑哥哈刺失依例殿叙，支過俸給追徵，相應。送本部照得：先奉省判：江浙省咨，亦爲此事。本部議得：桑哥哈刺失因起盖安樂堂，巡禁私塩，取受程貴德等鈔定事理，不曾赴御史臺伸訴。合咨本省，如本人果有冤抑，赴御史臺陳告外，據行省受理，不行咨禀都省明降，輒令桑哥哈刺失還職，事屬違錯，合從都省區處。呈奉劄付：准呈。除已移咨江浙省依上施行，具本省首領官、令史違錯招伏咨省外，仰照驗施行。奉此。今奉前因，本部議得：建德縣達魯花赤桑哥哈刺失取受程貴德等鈔定，理合赴御史臺稱冤，江浙行省不應受理，及不候都省回咨，輒令本人還職。其違錯一節，已蒙移咨行省取問去訖。外，據桑哥哈刺失職役，合候殿年滿日，依例求仕，不應還職。支過俸給，擬合移咨

都省照勘，於本人名下追徵還官，相應。都省准擬，除外，仰依上施行。

《元典章》卷五四《刑部·雜犯·違枉·打死驗作病死》　大德十一年月，行臺准御史臺咨：承奉中書省劄付：近據刑部備磁州知州張奉訓呈：成安縣人户田雲童，於正月初二日，將弟田二用趕麵杖毆打，伊母阿耿向前解勸，誤於頭上打傷，初三日身死。伊舅耿端陳告，本縣達魯花赤太帖木兒看循不肯受理。於本縣刘主簿處告過，勾捉一干人等到官。達魯花赤太帖木兒初檢得，本屍頂心偏右新打破瘡口，長九分，闊三分，寫作炙瘡瘢痕，并額上、左手、右肩、腰間青腫，口内血出，俱不寫入傷狀，令人邀請肥鄉縣復檢官吏，揑合屍狀，定驗作因風氣病身死。卑職問出官吏取受，及將田雲童等招詞開申廣平路，不行申覆上司，止照小節不完，又令卑職歸問。中間窒礙，不能盡言。看詳：人子之道，理當報本。毆母致死，罪莫大焉。若不僭呈，差官前來審録歸結，實非卑職獨力可辦之事。得此。差委前兩淮轉運塩使司同知忽都牙里鞠問是實。除田雲童別行結案外，問出成安縣達魯花赤太帖木兒狀招：受訖田雲童弟田安中統鈔一十五定，雜色暗花段子八疋，毛子一疋。除回付外，入己鈔七定，折至元鈔七十貫。依枉法例，决訖八十七下，除名不叙。典史趙璧，要訖田安中統鈔四定三十兩，段子三疋。除回付外，入己中統鈔一定，係枉法。接行司吏周德華，受訖田安中統鈔三定，折至元鈔三十貫，係不枉法。各决訖五十七下，罷役不叙。肥鄉縣達魯花赤亦的，典史李榮，司吏孫榮祖狀招：不合食用田安酒食，將復檢屍傷脱傷驗作因風氣病身死。將達魯花赤亦的，量决四十七下，罷職不叙。典史李榮，五十七下，罷役。司吏孫文質又招：要中統鈔三定，折至元鈔三十貫，係枉法，决杖七十七下，罷役不叙。廣平路官、首領官不合不即飛申上司，及不勾追赴路歸問，罪犯，別行。外，都省議得：知州張奉訓正奉公直，申省部辨明惡逆重事，糾正枉法官吏，除以優加陞用外，合下仰照驗施行。

《通制條格》卷二〇《賞令·平反冤獄》　至大元年六月，中書省江浙行省咨：浙東道宣慰司都元帥府呈，衢州路司吏陳昌，平反龍游縣枉問方德一殺死葉隆三，江山縣毛文一代替張文六招承打死楊文六，西安縣誣問徐春娘因奸殺夫，蔣萬六等虚招打劫葉貴四家財等冤獄。廉訪司體察相同，連到的本牒文。刑部議得：衢州路司吏陳昌，平反冤獄，如准於本道宣慰司令史内不次補用相應。都省准呈。

《元典章》卷五四《刑部·雜犯·違枉·枉勘死平民》　至大三年三月日，福建廉訪司承奉行臺劄付准：照得：大德九年二月十三日，據廣西道廉訪司申：大德七年十二月二十四日，慶遠宜山縣人户謝徹廣，令姪男謝克勤代告：先被莫榮捉拿男謝三二，賣出深洞，盜殺耕牛，捉拿到官。莫榮買求見問官朱僉事，勒取誣告招伏，斷訖一百七下，追牛九隻。告蒙宣慰使司元帥府回避本官。又大德五年正月内，朱僉事借中統鈔五十定，又借夫五十名。爲借不從，讎恨，却令僞鈔賊人蒙五攀指男謝二六行使，非法拷打，在牢身死。問得司吏莫煥等供指：朱僉事對説：我審囚問僞鈔賊蒙五，你休覷面皮。這謝徹廣老駒，曾告我。本官令煥傳言道：官司打听得謝徹廣分付元起屋木匠小吴、唐再二，同你做僞鈔。送一十五定與謝二六接受。令煥取責蒙五招詞，分付宜山縣吏黄世榮抄寫。回縣，扣煥蒙五元招，及取訖連署官安撫使韓文熁等招，指証明白。朱国宣抗拒不招。係欽受宣命人員，難以鞠問。乞照詳。爲此，劄付本道，依例停職，追問明白，擬定申臺去來。回據狀申：開到韓文熁一干人等招詞，指証謝二六因朱僉事拷勘致死，有朱僉事抗拒不肯招承。以此將朱国宣停職，再行取問。大德九年三月二十三日，欽遇釋免，罪經釋撥。情理深重，合依太原路堅州達魯花赤忽都魯挾讎將平人張添作賊拷打身死，將朱国宣罷職不叙，唯復依裕州方城縣達魯花赤燕帖木兒將平人韓順挾恨在禁例，解任，於雜職内任用。其燒埋錢，合比武崗縣枉勘平民匡乂等作賊身死例，於朱国宣名下追徵給主。安撫使韓文熁狀招，係判署長官。謝二六到官，不行發付宜山縣帰對，隨問朱僉事留於安抚司。除朱僉事喝令周君信拷打外，韓文熁亦令批頭木棍將謝二六拷訊，杖瘡釁發致死，又兼韓文熁節次分輪檢視罪囚，有謝徹廣告已年八十，別无招涉，淹禁在牢九个月，本官置之不問明，直至謝徹廣病危，才方保放還家，不及半月身死。聞知謝克勤赴廉訪司陳告，纔令親人甘勝代首。原其所犯，雖无始謀情意，終是判署長官，擬將韓文熁解見任，別行求仕。本臺議擬得：安抚司僉事朱国宣，枉勘平人謝二六身死，雖无招承，其始謀情節，衆証明白，依准廣西廉訪所擬，罷職，除名不叙。及安抚使韓文熁已招：隨同朱僉事，令禁子周君信用批頭木棍將謝二六拷勘，杖瘡釁發致死。又將謝

徹廣无招監禁九个月，直至病重才方保放在外，不及半月身死。亦合除名不叙，同朱国宣名下均徵燒埋錢数，給付苦主，相應。各官俱係欽受宣命人員，移咨御史臺照詳。今准回咨：呈奉中書省劄付：據刑部呈：照得大德六年三月，承奉中書省劄付：本部元呈：奉省判：河南行省咨：揚州路江都縣宜凌巡檢司枉問魯觀奸因奸殺夫，本婦称冤事理。送本部議得：魯觀奸元用鎌刀刮鍋，伊夫向伊哥毆打，本婦遮護，誤將夫向伊哥咽喉抹傷。當時伊翁姑知會，不曾生發，其弓手徐妙舉呈到官。巡檢司官吏枉勘魯觀奸，虚指因奸殺夫。今既看驗得魯觀奸委有女身，難以因奸殺夫定論。止據魯觀奸因夫毆打，遮護誤傷罪犯。罪經原免。以此參詳：如准參政朱資德并行省所擬，將魯觀奸疏放，分付伊夫向伊哥完聚。宜凌趙巡檢雖无取到招伏，司吏周士貴所指枉勘，罪犯明白。然此革前，即係故入人罪，擬合罷去不叙，相應。都省准擬，仰照驗施行。又照得：大德七年七月内，承奉中書省劄付：湖廣省咨：武崗縣龍溪隘頭目蕭監税涉疑捉獲匡八，指出伊兄匡十一、劉十一等三十余人行劫孟弓手等四家財物。武崗縣官吏并管軍千户張宣武，節次取問得匡十一等一十一名各招：不合听從首賊匡彈壓糾合，行劫孟弓手等四家財物。匡彈壓不肯招伏。数内匡八等一十一名，因病身死六名，保放在外身死五名。及問得事主向躭公等三名並不曾被劫。孟弓手狀結：被劫時，於内認得一賊，係刘千一，元患右眼。次後捉獲正賊刘千一招指：與羅季四等一十八名劫訖孟弓手財物，並不曾與匡彈壓等上盗。本道宣慰司委寶慶路府判孫承德，取問到頭目蕭監税、武崗司吏蔡瑛等各各枉勘招伏。爲无元問官屈勘招詞，推問間，欽遇釋免。若使追徵燒埋銀兩，却緣事在革前，咨請定奪。送本部議得：龍溪隘頭目蕭新等别无承准事主告劫文憑，輒將平人匡八捉拿拷勘，妄指伊兄匡十一三十余人行劫周躭公、周十、向躭公、孟弓手家財，解赴武崗縣。當官該吏並不詳情磨問，止憑誣詞，約會軍官張千户，將匡十一等非理煆煉，屈勘虚招。既勾問得所止事頭周躭公等三家狀招，不曾被盗，亦無追到可信賍仗，又无明白顯跡，即係无辜良民，理合隨即疎放。其元問官吏，依前枉禁匡八等一十一名身死，内羅道人等三名，召保在外病死。别无定奪外，禁死无辜匡八等八名，情罪非輕。以此參詳：雖无取到元問正官招伏，却緣該吏蔡瑛等招指明白，見各人署押案卷可照，罪无可疑。欽遇釋免，量擬達魯花赤沙班、縣尹陳世榮、縣丞趙淵、主簿孫從、千户張宣武，解見任，各降元職二等。典史司吏楊滋等俱各革罷不叙，通行標附。仍於元問官吏并把隘頭目肖新等名下，均徵中統鈔八十定，給付苦主，充營葬之資，相應。都省議得：元問正官，量擬達魯花赤沙班、縣尹陳世榮、縣丞趙淵、主簿孫從，各降先職一等。軍户千户宣武，削降散官一等。余准部擬。除外，仰照驗依上施行。奉此。本部議得：慶遠安抚司僉事朱国宣始因挾恨人户謝徹廣男謝二六，曾行將宜山縣已問印造僞鈔人蒙五打拷，令司吏莫焕教引虚指謝徹廣男謝二六曾行供逸，知情分使。如此取訖招詞，分付縣吏黄世榮，扣换本賊元招，勾捉謝徹廣到官。謝二六赴廣西宣慰司陳告，復值伊姪宋元帥循情不與受理，赴湖廣行省稱冤，其朱国宣等差无職役人王再貴，就武昌路捉拿本人回還。又不發下宜山縣，与元指賊人帰對，亦无取到招伏。主意与安抚使韓文煟，違例輒將謝二六枷禁，遊街号令，連日拷勘，經隔六日，在牢因傷身死。伊父謝徹廣年逾八十，无招監禁九个月余，病重才方召保还家，一十四日身死。使無辜良民父子二人俱囚枉禁，死於非命。却行嗔毒復驗官河池縣薄尉左榮祖依實檢驗，情罪深重。雖无取到招伏，其連職官并一干人等指証明白。罪經革撥，比例擬合罷職不叙。安抚韓文煟，原其所犯，雖僉事朱国宣主意，終是判署長者一同拷勘，枉禁平人致命，比例量降二等，均徵燒埋銀兩給付苦主，標附相應。都省准擬，仰照驗施行。

《元典章》卷五四《刑部・雜犯・違例・省官多取分例》 至大四年閏七月日，江西廉訪司承奉行臺劄付：准御史臺咨：據監察御史呈：察知赴任官和林行省陳郎中等一行，經過站赤内，打拷頭目人等，不應多取分例羊口，拽車鋪馬，兀剌赤差使报馬。取訖陳郎中名政、員外郎忽辛等各各招詞。施行間，欽遇釋免。呈奉中書省劄付：刑部呈：檢照到至元二十九年十一月行臺准御史臺咨：四川廉訪司申：劒州普安站告，樞密院差去官布歹多要分例，又將帶訖本站官被一張，非理搔擾不公，取到布歹招伏。憲臺議得：百户布歹量決三十七下，解見任，别行求仕。遍行禁治去訖。今承見奉，本部議得：和林省郎中陳政、員外郎忽辛、管勾孫英、提舉張吉等所招，因赴和林之任，不合打拷站官人等，多要分例羊口，又用鋪馬、乘駕車輛等罪，欽遇原免，比例，擬合解見任，别行求

仕，標附相應。具呈照詳。都省仰依上施行。

《通制條格》卷二〇《賞令・平反冤獄》 至大四年七月，中書省。江浙行省咨：平反冤獄，官吏當爲之事，今後須要細考實跡，廉訪司體勘別無虚繆捏合，量擬陞等減資。如有不實，罪及體勘官司，庶革濫源。刑部議得：今後若有平反罪囚，細考實跡明白，本道廉訪司體覆是實，總管上司保勘相同，然後許動公文，以憑定擬。其或冒濫不實，罪及保勘體覆官司，以革僥倖之弊。都省准呈。

《元典章》卷五三《刑部・訴訟・稱冤・稱冤赴臺陳告》 至大四年閏七月，江西廉訪司承奉行臺劄付：准御史臺咨：監察御史呈：近爲尚書省恣意行事，沮壞臺綱，致令被問經斷官吏人等往往稱冤。施行間，廉訪司官吏枉問人員，合依元奉聖旨事意，赴御史臺陳告。如所告是实，累經欽遇詔赦，擬合革撥，例難照勘。議擬：今後，若有告監察御史、元問官吏當罪。誣告者，依例加等断决。具呈照詳。得此。於至大四年四月十四日，奏過事内一件：設官置吏，爲安百姓，分揀是非有來。如今委付來的官人每，不尋思養百姓，科一分雜泛呵，加添着科的上頭，百姓每生受有。更因事要了肚皮，是的却做不是，不是的却做是的上頭，爲那般，世祖皇帝立御史臺、廉訪司交糾察的緣故，是這的有來。被擾的百姓，上位根底到不得，近的，臺裏告；遠的，廉訪司裏告呵，要肚皮來的官人每，對證着招伏了断罪來的，枉断罷俺。麽道一面詞，上位根底交奏了的也有。官人每的冤抑便達知上位，百姓每冤抑，上位根底不能達知。爲那般，做僥着稱冤的人多有。似這般明白勾當裏窒礙着，監察、廉訪司官懼怕着，勾當裏不肯向前有，一兩个肯向前行的緣故，這的有。俺商量來：今後，廉訪司官，俺好生的選揀着，上位根底奏，可憐見呵，俺侭氣力拯治。依着世祖皇帝立來的聖旨体例裏，称冤的人，臺裏告者。臺官每分揀者。上位根底奏呵，怎生？奏呵，那般者。麽道，聖旨了也。又奏：尚書省沮壞臺綱的上頭，監察、廉訪司官枉断罷俺。麽道，省裏、臺裏称冤的人多有。如今俺待問呵，赦前勾當有。奏呵，赦前勾當，您休問者。今後称冤的人，臺裏称冤，您依体例分揀者。麽道，聖旨了也。欽此。

又御史臺咨：皇慶元年四月十二日，奏過事内一件：薛禪皇帝立御史臺呵，糾彈官吏做賊説謊，見的眼、聽的耳朵。麽道有來。完澤禿皇帝時分，樞密院經歷哈剌哈孫與伯顔、八都馬辛等省官，通同言着郭監察沮壞臺綱行來。那事問的其間，經了革來。曲律皇帝時分，三宝奴等奏：委付臺官每來，臺裏首領官吏無体例，打來。又教令納昔兒等八十人称冤，沮壞臺綱行來。去年春間，皇帝登了宝位，那勾當是赦前的勾當，休問者。麽道，奉聖旨革了來。如今納昔兒等三起人每稱冤的上頭，奉聖旨：刑部裏差人分揀者。麽道，省家俺根底與將文書來有。這人每裏頭，一個長安縣尹周元小名的人，大德七年張閭陝西做監司時断罷來。到今十年也，纔称冤。一個納昔兒小名的人，元招了三件取受的勾當，如今則寫着兩件，那一件取受了七十兩鈔，不曾敢告有。則這一件，也合罷戝有。一個吏部令史裴頤浩小名的人，要了四定鈔，監察擬着四十七下，叙用。五府審囚官審的番了，問的再招了呵，加等打了五十七下。其余的人每，都和這的一般招的明白。這裏頭也有刑部擬來的，也有五府審囚官斷了的，也有臺裏断了的，至於二品、三品，犯着取受，經断罷了的了也有。他每知道自己的罪過，不肯稱冤有。這告狀的人，都是七品、八品，多有令史出身。小人每无羞懼的上頭，這般妄告有。又違了聖旨，將赦前勾當告有。沮壞臺綱，待做乾净人。麽道，這般上位根底告來。這告的事，都是赦前的勾當有，刑部家也説道：省家合回奏。麽道，省裏与了文書有。俺商量來：似這般勾當，若問呵，做賊説謊的人厮倣學，臺家事也有窒礙。依着已了的聖旨革撥了呵，怎生？今後，称冤的人有呵，交臺裏告，外頭的有呵，交行臺裏告。依着聖旨体例裏分揀呵，怎生？奏呵，歹人每有。您説的是。那般者。麽道，聖旨了也。欽此。

《通制條格》卷二〇《賞令・平反冤獄》 皇慶元年七月，中書省。江浙行省咨：泉州路備市舶司提舉楊天瑞呈，前任建寧路判官，有建陽縣賊人葛令史作耗，本路總管馬謀與鎮守張萬户領軍因往收捕，回至建寧路甌寧縣界。馬謀知得吉陽里張重九弟張重七有室女月娘幼美，欲問爲妾。本婦已許他人，不從所説。本官率領軍馬到於張重九家安下，織羅張重七、張重九曾受賊人劄付，拷打逼尋月娘得見，强行奸污女身，及將各家資財人口盡數虜掠。爲恐稱冤，將張重七等九名遊街打死，張重九等五人懸命在地。當職親詣張重九等於本路公廳引問，説出馬謀强奸室女，妄

行虜掠人口財物。具經監察御史並本道按察司力言，救活張重九等五人性命，及於馬謀總管、張萬户名下追到月娘，并送與上下官吏撒花男女計一伯一十九名，盡數放還各家，父子夫婦完聚。御史臺奏奉聖旨，將馬謀明正典刑。今連廉訪司的本牒文在前。都省議得：楊天瑞平反冤獄五人，追回人口一百一十九名給親完聚，理宜優陞，於本官應得品級上量陞一等。

《通制條格》卷二〇《賞令・平反冤獄》 皇慶二年二月，中書省。江浙行省咨：南劍路推官潘允前任泉州路推官，平反（普）〔晉〕江縣枉勘平民陳每仔等五名屈招强劫許文卿家財，殺死事主，將各人辨明疎放。未踰月間，龍溪縣全獲正賊郭應等一十六名。後除本路推官，辨明邵武路元問龔順屈招踢死黄貴、建寧路元問鄒天佑屈招踢死李二十五二起人命。廉訪司體覆相同。都省議得：推官潘允平反冤抑事，理量擬減一資歷。

《通制條格》卷二〇《賞令・平反冤獄》 皇慶二年六月，中書省江浙行省咨：慶元路司獄郭東，任内平反冤獄三起，凡活六人。本道廉訪司嘉其用心，三次察舉，今已得代，宜加陞用。刑部議得：司獄郭東平反冤囚内，竺妙二等三名，元招與妾同情，藥死妻阮安三娘，本官問得，阮安三娘因痢疾身死；又强賊錢十二起内，林明二元招持杖下手殺人，本官問得，却係隨從賊人；又强盗樂明二等事内，顔曾一元招同情上盗，本官平反即係無辜之人。悉皆疎放。各處保勘明白，廉訪司體覆相同。擬合於本官應得資品上量減一資。都省准擬。

《元典章》卷五四《刑部・雜犯・違錯・官典刑名違錯》 皇慶二年十一月二十四日，江西廉訪司奉江南行臺劄付廣東道廉訪司申：審鈔廣州路罪囚，數内番禺縣一起梁伶奴等因争田土互相争打，蔡敬祖、羅二、謝劉德身死等事。初檢元問官縣尹馬廷傑等檢驗違式，變亂事情，縱令吏貼私下取問，出脱真情。移推博羅縣歸問得實，照出違錯事理。取訖縣尹馬廷傑、典史孔鎮材各各招伏，罪經詔恩釋免，合解任罷職，别行求仕。得此移準御史臺咨，呈奉中書省劄付送據刑部呈，逐一議擬於後，具呈照詳。得此，都省準擬，仰依上施行。

縣尹馬廷傑招伏：至大四年四月初三日，準本縣闕蔡阿陳告梁伶奴等因争田土，將夫蔡敬祖打死，將引司吏周鬱、仵作行人杜通於停尸去處，呼集尸親、（杜）〔社〕甲、被告一干人等，眼同初檢。得已死蔡敬祖沿身上下除輕傷不係致命外，右肋一痕係他物痛，皮不破，血不出，滲色黑，横量長二寸八分，濶九分，的係致命身死。自合當場究問，端的何人行兇，取責明白招伏，追究器仗，比對傷痕，令正犯人於尸帳上畫字。不合輒憑梁伶奴與戴壽安互推不招，故違省部元降體式，於尸帳内正犯人名下，擅添被告人三字，令梁伶奴、戴壽安僉名畫字。在後博羅縣問得：梁伶奴於三月二十九日夜在五顯廟内，戴壽安等享神喫酒，伶奴用木棍於蔡敬祖右肋打著身死。不合不行躬親追究，轉令司吏帖書人等私下取問，教令蔡元卿虚指已死謝景德用木棍將兄蔡敬祖右肋打訖一下倒地，元卿瞋恨，用木把頭將謝景德打死。又不合信從梁伶奴止招用槍扎傷魏貴一，結諱不招打死蔡敬祖罪犯。招伏是實，招除輕罪外，止以初檢蔡敬祖尸傷右肋他物一痕，的係致命。不行用心研問，輒憑梁伶奴等互推不招，故違元降尸傷體式，於正犯人下擅添被告人三字，令梁伶奴等於下畫字。移推博羅縣問得：梁伶奴用木棍將蔡敬祖右肋打著身死。本縣歸問之初，馬廷傑是正官，明知刑名重事，不行躬親推究，轉令司吏貼書私下取問故縱，取受正犯人梁伶奴贓賄，教令蔡元卿虚指眼見已死謝景德將兄蔡敬祖打倒，蔡元卿用木把頭將謝景德打〔死〕及依從梁伶奴止招用槍扎傷魏貴一，不招打死蔡敬祖情由。如此捏合，出脱梁伶奴打死蔡敬祖情罪。原其所犯，即係刑名違錯。罪遇釋免，若比定例，合依廉訪司所擬，解見任，别行求仕，標附過名，似爲相應。典史孔鎮材招伏是實，刑部議得：番禺縣典史孔鎮材所招除輕罪外，止以蔡阿陳告梁伶奴等争田土，將夫蔡敬祖打死，此時孔鎮材因事被問還役，卷内明見縣尹馬廷傑初檢蔡敬祖尸傷，右肋致命一痕，馬縣尹不行究問明白，追究兇仗，違例於尸帳正犯人下擅添被告人三字，令梁伶奴畫字，不得疏駁，輒與備申總府。在後博羅縣問得的係梁伶奴將蔡敬祖打死，明知刑名重事，不合轉令該吏楊棟等私下取問，故縱受贓，教令蔡元卿虚指眼見已死謝景德用棍將兄蔡敬祖打倒，蔡元卿用木把頭將謝景德打死，依從梁伶奴止招用槍扎傷魏貴一，不招打死蔡敬祖實情。如此串套捏合，出脱梁伶奴殺人情由。原其所犯，即係刑名違錯。罪輕聖旨赦恩釋免，若依本道肅政廉訪司所擬，解見役，别行求仕，標附過名，似爲相應。皇慶二年十二月，江西廉訪司準龍興路

牒，呈奉付準中書省咨來咨龍興路申：劉嘉告王汝椿充新建縣吏，檢驗丁清九打死張辛六尸首，受錢作弊，出没致命，虛稱因病身死。蒙廉訪司取訖王汝椿招詞，斷五十七下，罷役。在後本人隱下前過，朦朧告敘，昇轉龍興路臨江路司吏。有此不因，告乞施行。得此，行據理問，所照得王汝椿充新建縣司吏，檢尸違錯，取訖招伏，議斷問爲是添設司吏，例革在閒申奉省劄，擬將本人斷訖五十七下，罷役。如委在閒，别無定奪。本所議得：既非贓私，理難不敘。況兼既斷之後，復充州路司吏，宜從省府詳酌。得此，又據檢校過上項文卷，議得王汝椿檢驗違錯，雖非贓私，終是人命違錯，擬合革去。得此，劄付臨江路，將本有罷役聽候。却據王汝椿狀告：前充新建縣吏檢尸違錯，取問爲係添設司吏，元俸例革在閒，告蒙龍興路發充寧州司吏，節次昇轉到路，通前歷俸五十二月。前項初復檢驗官俱已得除見役勾當，今惟獨將汝椿罷役，委實不公，告乞施行。得此，本司看詳初復檢驗張六尸首縣丞五珍等，俱各封品遷除去訖，今次止據王汝椿一名不敘，其餘官即係一體，咨請照詳。準此。送刑部議得：臨江路司吏王汝椿，大德六年充龍興路新建縣無俸司吏，困隨縣丞王珍檢驗張辛六尸傷，不行躬親臨監，以至作作行人隱不傷痕，刑名違錯。本路申奉省劄，已將本人斷決五十七下，罷役。於大德八年告敘，復充進賢縣俸司吏，檢尸不明，行省斷罪罷去。數年之後告敘，到今一十餘年，又累遷臨江路吏八月，通前歷俸五十二月。以此參詳：王汝椿先充新建縣無司吏，請俸一十一月，轉充寧州司吏二十七月，龍興路取充府吏六月，次經詔赦，兼元犯既無贓私，難以終身不敘。合令依舊勾當，具呈照詳。得此，都省準呈，咨請依上施行。

《元典章》卷五五《刑部·雜犯·放賊·番禺縣官保放劫賊》　皇慶三年正月，江西廉訪司奉江南行臺劄付：准御史臺咨：來咨：廣東廉訪司申：至大四年十一月初七日，照過廣州路行卷。事主唐至明告：回回番客五人，帶領小厮及不得名賊人二十餘名，各執鎗刀，跳過船上，先將蔡梢等九人殺死，劫奪財物、鈔定等事。行移鄰境官司，根捕賊徒。其番禺縣既於十月初七日拿獲賊韓天祐等一十一名，及回回火者及等，追搜真贓仗到官。本縣不即取問，反受賊人火者及飾詞，托病一分，保管出外，縱令在逃。爲此，取訖番禺縣達魯花赤馬兀台違錯招伏，擬解見任，别行求仕。本臺看詳：事干通例，宜從合干部分定擬，咨請照詳。呈奉中書省劄付：送拠刑部呈：議得：番禺縣達魯花赤馬兀台所招，至大四年十月初九日東莞縣関報：唐至明告：回回番客五人，及不得名賊人二十余人，殺死徐幹等九名，行劫財物，燒毀船隻。本官捉獲賊人韓天祐等一十一名同火者及并黑回回四人，贓仗到官。其賊人韓天祐明指火者及爲首，糾合上盜，不合輒便听從火者及所告飾詞，占恡一月有餘，不行發付東莞縣併勘。又信從本賊托病一分，便行保放，縱令在逃。廣州路再行捉獲，發付東莞縣追勘。以此參詳：馬兀台耽居牧民，兼攝捕盜，輒將已獲賊人燒船强劫首賊火者及，不行牒發官司併勘，占恡一月有餘，托病保放，縱令在逃。既是前賊復獲，罪遇原免，量擬解見任，别行求仕，標附相應。照詳。得此。都省仰依上施行。

《元典章》卷五四《刑部·雜犯·違枉·枉勘革前未取到招伏》　延祐二年三月，江西省拠廣東道呈：廣東廉訪司牒：先爲廣州路番禺縣郭一哥被劫，本縣簿尉史彰信將平人馮法大等枉勘虛招。博羅縣追問，各賊番異。及弓手朱禄孫將林聖護打死等事。革前雖无取到招伏，却緣弓手陳英等招指明白，并本縣案卷可照。申奉行御史臺劄付：移准御史臺咨：呈奉中書省劄付：送刑部議得：番禺縣簿尉史彰信、典史陳珪、司吏潘頤等，因郭一哥被劫衣服鈔兩，本縣不行詳情推問，止憑事主郭一哥新婦陳二姐孝說，將平人馮法大等八名枉勘虛招作賊，追贓到官。博羅縣帰問得，各賊番異，已追到官贓物，俱於諸人処借買。拠簿尉史彰信等，革前雖已取到招伏，緣本縣元立案驗明白。以此參詳：簿尉史彰信等所犯，合准已擬，簿尉史彰信解見任，别行求仕；典史陳珪、司吏潘頤等罷役不叙。外，拠朱禄孫即係應捕官兵，被差將林聖護監收，爲本賊越墻在逃，趕至官山嶺上，因林聖護拒捕，用棍將本人毆傷身死，事本因公，情非故殺，罪經釋免，拠燒埋銀兩，難議追理。都省准擬，仰照驗施行。

《元典章》卷五三《刑部·訴訟·稱冤·稱冤問虛斷例好生斷者》

延祐三年四月日，江南行臺准御史臺咨：照得：先爲行臺并各道廉訪司断罷犯贓人員，往往捏合飾詞，赴臺稱冤。於延祐元年十二月二十五日，拜住怯薛第三日，光天殿兩壁棕毛主廊内有時分，速古兒赤乞兒不花、天宝赤買驴等有來。趓兒只中丞、脱火歹治書、買驴經歴等奏：答剌罕大

夫等衆臺官商量定，教俺奏有：各処爲取受断罷了的官吏每來這臺裏稱冤的多有。這裏頭，赦前的也有，革後的也有，赦來的，怎生分揀？赦後的，這裏待分揀呵，他每的文卷干礙着的人每，這裏也無。接了他每的告狀，將那裏的廉訪司裏去呵，那人每不肯，只俺根底告着行有。奏呵，比似如今称冤，爲甚要肚皮來？不肯去底，發將去。問的是虚呵，好生断者。麽道，聖旨了也。欽此。除外，咨請欽依施行。

《元典章》卷五三《刑部・訴訟・稱冤・官吏革前稱冤》延祐三年六月，江西廉訪司奉行臺劄付：准御史臺咨：延祐二年十一月二十七日，合禀通例，呈奉到中書省劄付：送刑部議到下項事理。一欵：官吏革前取受錢物，廉訪司已行追問，赴御史臺、奉使宣撫稱冤，劄付本道照勘。取問之際，欽遇詔赦，罪經釋免，合无還職？前件議得：官吏取受，格前称冤，行移照勘追問之際，既遇釋免，再无取到招伏，欽依革撥，合令還職。如及缺期，已注代官，別行求仕，相應。都省仰依上施行。

《元典章》卷五四《刑部・雜犯・違枉・枉勘格前取到招伏》延祐三年六月，行臺劄付：准御史臺咨：延祐二年十一月二十七日合禀通例，呈奉中書省劄付：送刑部議擬下項事理，内一欵：官吏人等，雜犯枉禁、枉勘等事，延祐二年十一月二十七日以前取訖招伏，議罪之際，罪經釋免，據役，合无黜降殿叙？前件議得：官吏人等枉勘、枉禁，如已有招伏明白，據各人職役，照例議擬。其事雜犯，驗事輕重，詳情區処，相應。都省准擬，仰依上施行。

《元典章》卷五四《刑部・雜犯・違枉・胡廣等遊街身死》延祐四年正月，江西廉訪司承奉江南行臺劄付：准御史臺咨：來咨：江東道廉訪司申：皇慶元年六月初一日，准分司牒：審録池州路罪囚，数内一起胡廣等身死公事，取訖本路正官、首領官吏，并監官録事司達魯花赤明里于思、貴池縣尹黄璋等各各招伏外，拠總管孛栾歹雖是患病拒抗，衆證案驗明白。若將各官解任殿叙，緣係爲例事理，開咨請照詳。呈奉中書省劄付：送拠刑部呈：議擬到下項事理，逐一開坐于後。燒埋銀兩，難以追徵。具呈照詳。得此。都省仰依上施行。

司吏周崇仁狀招：皇慶元年二月十四日，拠青陽縣解到當攔客旅、沿村擾民、詐騙錢物犯人胡凱等一十二名，取到胡凱等不合雕到建康路万户府僞印，假寫根捉逃軍僞引、差劄，一同胡廣等一十余人在鄉以捉逃軍爲由，當攔路行客旅，沿村搔擾百姓，詐騙財物，各各招伏。未曾追勘完備，有本路官總管言語：胡凱等一十人騎棘馬，責付録事司達魯花赤明里于思、貴池縣尹黄璋監押前去遊街號令。崇仁明知上司禁例，不許遊街拷掠，自合明白執覆，却不合故違通例，當厅將胡凱等責付縣尹等，監押前去遊街號令。隨有本路達魯花赤省會縣尹黄璋、録事司達魯花赤明里于思，言道：這胡凱等一起人是害百姓的，好生將去街上打着，交他叫著號令。以致楊首領等將胡廣、朱珍、胡德林、陳閔兒、康環兒、王德一、强一、胡張哥、張保兒亂杖行打，内胡廣等四名隨即身死。又聽總管并達魯花赤、同知、張府判、田推官、首領官陳知事、申照磨商議，扛擡胡廣等尸身還禁，令司獄司虚捏病狀，却作患病身死，行下録事司、貴池縣，委官初復檢驗外，拠胡凱等俱因被打傷重，又行虚捏患病三分，發下録事司覊管醫治。自二十二日至二十三日，有康環兒、王德一、强一、胡張哥節續身死。行拠録事司、貴池縣初復檢驗得：胡廣等八名俱係臀腿受杖傷重，血氣攻侵兩後肋連腰，致命身死。招伏是实。本部議得：司吏周崇仁所犯，欽遇原免，合依已擬，罷役標附，相應。

首領官二名。提控案牘申世榮、知事陳敏狀招相同。本部議得：提控桉牘申世榮、知事陳敏主領案牘人員，各官不詳胡凱等所犯，不應違例遊街拷掠胡廣八名，因傷致命。罪經原免，各降先職一等，通行標附過名，相應。

推官田克終狀招相同。本部議得：推官田克終所犯，雖犯人胡凱等因僞雕建康万户府印信，假寫文引、差札，仝胡廣等一十二人以捉逃軍爲由，搔擾百姓，詐騙錢物，内胡張哥、康環兒、强一、王德一止是令犯爲擾民，胡廣、陳閔兒等雖有前過，其罪亦不至死。却不合與本路官、首領官吏省會貴池縣尹黄璋等，監押犯人胡廣等各騎刺馬遊街，號令拷打，因傷致死八人。罪經原免，擬降先職一等，標附相應。

路官四員。除總管孛栾歹推病未招外，府判張豊、同知憧兀兒、達魯花赤小云失帖木兒各狀招相同。本部議得：犯人胡凱等因爲雕刊建康万户府印信，假寫文引、差劄，同胡廣等一十二人以捉逃軍爲由，搔擾百

姓，詐騙錢物，内胡張哥、康環兒、强一、王德一止以爲從擾民，胡廣、陳閔兒雖有前過，其罪亦不至死。本路總管孛栾歹不詳事之輕重，輒与本路達魯花赤小云失帖木兒省會縣尹黄璋等官，監押胡廣等各騎棘馬遊街，號令拷打，因傷致死八人。以此參詳：胡張哥等枉死之由，实爲路官所致。總管孛栾歹雖无取到招伏，本路同署案驗路吏周崇仁等招證明白，擬合一例断罪。欽遇原免，量擬達魯花赤小云失帖木兒、總管孛栾歹、同知憧兀兒、府判張豊，各降先戢一等，通行標附，相應。

監押號令官録事司達魯花赤明里于思、貴池縣尹黄璋各狀招伏相同。本部議得：池州路録事司達魯花赤明里于思、貴池縣尹黄璋所招，依蒙本路達魯花赤小云失帖木兒、總管孛栾歹等官省會，及路吏口傳言語，將犯人胡凱等一十名監押，各騎刺馬遊街，號令拷打，因傷致死八人。罪遇原免，量擬各降先戢一等，標附相應。

《元典章》卷五五《刑部・雜犯・縱囚・禁子受錢縱囚在逃》 延祐四年四月，江西行省准中書省咨江浙省咨：福州路申：司獄張守仁不爲用心鈐束見禁輕重罪囚，以致牢子謝伯高等受要在禁囚徒錢物，縱容罪囚林榮公等一十七名脱獄在逃，後將元逃賊徒全獲還禁等事。取訖本官招伏，罪遇原免。本省看詳：司獄張守仁，戢專刑獄，不爲用心鈐束禁子，將見禁罪囚依例牢固收禁，以致牢子謝伯高等受訖在禁囚徒錢物，縱容重罪林榮公等一十七名脱獄在逃，俱已捉獲還禁。本官所招罪犯，已擬笞決四十七下，解見任，别行求仕。今奉使宣抚却以終无定例，罪遇原免，改令張守仁還戢，比与本省元行不同。别无遵守通例，咨請照詳。准此。送刑部議得：司獄張守仁所招，不合不爲用心鈐束，以致牢子謝伯高等受要在禁囚徒錢物，縱容重囚林榮公一十七名脱獄在逃，後將元逃賊徒全獲還禁。以此參詳：張守仁所招，雖是不爲用心鈐束，却缘本官患病在家，又兼脱獄囚徒全獲還禁，别難議罪。又遇詔赦。擬合比例令本人還戢。今後主守不覺，失囚者，減囚罪二等。若囚反獄在逃，又減二等，皆聽給限一百日追捕。如限内能自捕得，或他人捕得，若囚已死及自首，皆合免罪。即限外捕得，及囚已死或自首者，各又減一等。提牢官，各減主守罪三等。故縱者，不給捕限，即以其罪罪之。其未断决能自捕得，及它人捕得，若囚已死及自首，各減一等。如蒙准呈。遍行遵守，相應。具呈照詳。得此。都省議得：主守不覺，失囚者，減囚罪三等。若囚反獄在逃，又減二等。提牢官，各減主守罪四等。故縱者，与囚同罪。若受贓多者，從重論。至死者，一百七，徒三年。余准部擬。咨請遍行，依上施行。

《元典章》卷四六《刑部・諸贓・以枉法論・減徵事故起發盤纏》 延祐四年七月，行臺劄付：准御史臺咨：奉中書省劄付：四川省咨：樞密院大德六年三月二十日奏奉聖旨節該：今後，軍每的盤纏奥魯裏來取呵，万户府驗着軍的姓名，攢着册，行省官每根底与着。行省印信文書裏，差千户、百户騎着鋪馬，立限前來取發者。奥魯里人每并差來的人每，勾當不交疾忙完備，使見識，做賊説謊着，交短少呵，依体例要罪過。麼道，奏呵，恁説的是有。那般者。聖旨了也。欽此。照得：本省概管各萬户府，類攢延祐元年軍人起發，不下九万余定。其奥魯官司循習旧弊，妄捏事故減徵名項，短少訖中統鈔一万余定，欺隱入己。除已劄付各処奥魯官司，与差去官一同搜檢查勘，着落追解合該利息，就便追給外，咨請照詳。准此。送掫兵部呈：四川省征戍軍兵，中原籍居，於元籍各路奥魯内徵取起發鈔定，津助當軍人氣力。各処奥魯官，与所委徵取起發軍官苻同，妄作減徵事故，欺詐盗用，戍卒有缺接濟。罪雖經免，起發即係軍人家備錢物，理合本利計筭追徵。本部與刑部官議得：徵取錢物，已有通例。今後各処奥魯官與徵取起發軍官，妄作事故，欺詐盗用鈔數，合將當該正官、首領官吏取問明白，驗贓，依十二章枉法例論罪，計筭本利，追徵給主。所掫革前欺隱入己起發鈔定，准擬追給，相應。都省仰依上施行。

《元典章》新集《刑部・巡捕・不獲賊・馬縣尉不即拏賊》 延祐五年五月日，江西行省准中書省咨：據侯澄告，係龍興路司獄得代。延祐四年四月十六日將馬一疋、驢二頭、行李鈔絹等物，前來大都求仕。至二十二日到清池縣卜老橋店北，有達達三人騎馬前來，用箭射傷澄肐膊、腰肋及打傷馬三，强刼訖行李鈔定，止存下馬疋驢畜。當日告到清池縣，馬縣尉本官帶酒不理，發怒拏出環刀道：我斫你！不肯理問。至二十七日才令醫工驗傷，告到清池縣並滄州，亦不取問馬縣尉不即受理被刼情詞，乞施行。得此，委兵馬司指揮要里忽都魯取到滄州清池縣捕盗官吏招伏，送刑部議得：滄州知州郝君佐遲慢招伏，罰俸一月；案牘都目各決一十

七下，司吏一十七下，依舊勾當。縣尉馬德狀招不即受理捉賊及將事主侯澄毆罵，經隔六日才行驗傷罪犯，擬決三十七下，解任，別行求仕。具呈照詳。議得縣尉之職，專一儆捕。其馬德不爲用心巡防，以致盜賊生發，事主侯澄告報中傷被刼，不即受理，反行穢罵，詳此所爲，難任牧民。已招罪犯，擬笞決三十七下，解現任，於雜職内遷用。餘准部擬。

《元典章》新集《刑部・諸殺・檢驗・邱縣尹將病死人檢驗取受》 延祐五年六月日，袁州路准江西廉訪司牒准分司牒該：延祐三年六月初十日，贛州路贛縣劉元八告娶陳氏慶一爲妻，因病身死，埋殯了當。有邱縣尹差人監元八開棺檢驗，委因病死，被本縣官典司吏取受訖鈔定。追問得縣尹邱恢狀招：延祐三年四月二十五日，有鄭茂珍告女外甥陳氏慶一娘嫁劉元八爲妻，不知本婦因何身死。信憑司吏鍾鼎狀外審責出鄭茂珍浮詞，變易元告情詞，擬係身死不明，違例開棺檢驗。有跟隨人應徐兒對説劉元八：有中統鈔五定送官人，計求親覷。至二十八日，有劉元八將到鈔五定，分付應徐兒轉付與恢收接。至六月初五日，分司下馬惟恐劉元八告發，即將前鈔分付應徐兒收留回付，不到元主，招伏是實。議得縣尹邱恢所招不應將陳氏慶一身尸違例開棺檢驗，接受劉元八中統鈔五定入己，經隔月餘，才令應徐兒回付，不曾到主罪犯，量笞三十七下，解見任，別行求仕。斷遣間欽遇釋免。【略】

刑部呈：議得縣尹邱恢所招，不合輒憑司吏鍾鼎審責鄭茂珍元告狀外浮詞，變易情節，將劉元八病死妻陳氏慶一違例開棺檢驗，暴露尸骸，受要到劉元八中統鈔五定，爲分司下馬却行，分付過錢人應徐兒回主不到。詳其所犯，難居牧民。罪過原免，擬合解見任，於雜職内敘用相應。都省准擬施行。

《元典章》新集《刑部・巡捕・不獲賊・扈巡檢不即挐賊》 延祐五年十一月日，江西行省準中書省咨御史臺呈山北遼東廉訪司申分司牒：按治錦州，審録罪囚，内强盗一起：閻李家驢等三名打死事主曹大用，刼訖緞疋等物。追照過行卷，取到巡檢扈永泰不即依時捉賊，司吏李智等令事主將被害身尸焚燒各各招詞。本如看詳：各處盜賊生發，蓋因捕盜官兵禁防無法，制御不嚴，以致如此。令錦州桃花島强賊殺死良民曹大用，刼訖財物。巡檢扈永泰承告之際，不以人命爲重，故行蔽匿，不即追捕，致令司吏李智令事主將被害尸身焚燒。幸然事主曹成親獲賊人，又不申報依例追勘，推調數日，勢不獲已，才方受理，却行抑勒事主，逼取不即申官招伏，彌縫己罪。情犯非輕，事干通例。具呈照詳。送刑部議得：錦州桃花島巡檢扈永泰職專捕盗，事主曹成告報强賊將兒曹大用打傷身死，刼訖財物，不即捉賊，却行畏避，捕限又不受理。在後曹成自獲行刼正賊閻李家驢等三名並賍根，覔本官再行陳告，却取曹成不行申官招伏，意欲彌縫己罪。以此參詳：扈永泰所犯情罪非輕，擬杖斷六十七下，罷職不敘。司吏李智量減一等，合決五十七下，罷役不敘。

《元典章》卷五四《刑部・雜犯・違枉・虚捏病狀》 官豎提領井大椿狀招是实。本部議得：官豎井大椿所招罪犯，欽遇原免，擬合革去，相應。録事司典吏祝夔、司吏程子邁，各狀招伏是实。本部議得：典史祝夔，司吏程子邁各招，不應虚申胡廣等因病身死。罪遇原免，擬合罷見役，標附相應。獄典鄭礼招伏是实。本部議得：鄭礼所招，不應虚捏胡凱等病死，罪犯。欽遇原免，擬合革去，相應。司獄邢文通。本部議得：邢文通雖无取到招伏，緣獄典招指本官署押虚捏病狀，案驗明白。量擬解見任，別行求仕，標附相應。

《元典章》新集《刑部・刑獄・詳讞・平反冤獄》 延祐七年二月日，江南行臺準御史臺，咨承奉中書省劄付刑部呈，切謂信賞在功無不報，必罰在罪無不懲。非功而獲爵則爵輕，非罪而肆刑則刑褻。方今庶務，唯刑爲重，平反冤獄，乃居官者職令，所當爲之事，比因昇等減資之路，其一等貪進僥幸之徒，承差委問之際，不詳事理虚實，欲圖昇進，往往鍛煉獄成，返害無辜，捏合文案所在，官司亦不詳讞，輒憑申牒廉訪司取具，體察公文。咨申省部定擬，其間平反辨明，固亦有之。照出不完冒濫者十常八九，必致駁問往復，照勘文繁，經年逾月不能杜絶其於始，初定立平反，止是推官任滿，考其殿，最而言殊，無平反通例。若不定擬，深爲未便。今後，内外官員果能留情獄訟，平反保勘明白，行移各處廉訪司體覆，相同繳連的，本方許申呈，須具元問並平反，各各緣由，備細招詞，取到枉勘官吏招伏。本宗公事如何歸結開坐？咨申詳酌，如能平反重刑三名以上，量昇一等犯，流配五名者，擬減一資名，數不及者，從優定奪，其吏員事不干已，而能平反者，依上於應得役上量，進一等，遷調。

若職當審録，並家屬稱冤，承差委問，諸人告指不在論賞之例，其或冒濫不實，罪及保勘體察，官司庶革僥幸之弊。如蒙準呈，遍行照會遵守，相應具呈，照詳得此議，得諸官員今後如能平反，重刑一名以上，昇一等，犯流罪三名減一，資歷五名昇一等，名數不及者，從優定奪，徒役五名以上，減一。資餘準部擬都省仰依上施行。

《元典章》新集《刑部・雜犯・違枉・延祐七年革後稟到官吏違枉雜犯等事》 延祐七年八月日，江西廉訪司奉臺劄准御史臺咨奉中書省劄付來呈：延祐七年三月十一日，革後稟例，送刑部照擬，到下項事理，都省准擬，仰依上施行。

一、官吏枉勘枉禁，不公不法雜犯等事，已有招伏，罪經釋免，罷事合无停罷，刑部照得：延祐四年五月十七日，承準中書省劄付官吏人等，枉勘枉禁，如已招伏明白，據各人罷役，照例議擬。其余雜犯，驗事輕重，詳情區處，已經照會。今承見奉本部議得，官吏違枉不公不法雜犯等事，已有招伏，罪經釋免，擬合比依前例，施行相應。

《元典章》新集《刑部・雜犯・違枉・枉勘平人身死》 至治元年四月日，江浙行省准中書省咨御史臺呈：抄燕南道廉訪司申：延祐六年閏八月十二日，准本道僉事拜降奉議牒體，知真定路静安縣尹王瑞承權尉司，輒憑張阿曹朦朧告伊男張犇兒身死，枉勘平人李黑兒等五名，酷加刑獄，非理拷勘，抑勒各人虚招打死張犇兒事情，數内李黑兒被抏九十餘下，在禁抏瘡發潰身死，張犇兒却行存活出官，事不獲已，借使喂養馬駝錢買囑，苦主將李黑兒屍身焚埋，彌縫己罪。及至聞知事發，避罪在逃，衆証明白，例同獄成，罪經釋免，擬合罷戢不叙。静安縣達魯花赤爊赤所招，擅借馬駝官錢買囑苦主不令進詞。若擬解任，緣本官因病作闕，摽附相應。具呈照詳，得此。都省咨請，依上施行。

《元典章》新集《刑部・雜犯・違枉・路縣官擅斷和尚要罪過》 至治元年五月日，行宣政院准宣政院咨采咨杭州路錢塘縣違例接受僧陳大隆詞狀，將普福寺住持僧子与勾擾爲此，取訖本縣典史周世裕等各狀，招差宣使僧家奴與杭州路公同斷遣，亦非自專，本路官將宣使僧家奴所使人陳三監禁，如此不遵，甚失朝廷護法安僧之美意，咨請聞奏，未准。回示准此照得，先准咨文，亦爲此事，已經移付蒙古房聞奏。施行去訖。又照得先爲路縣官吏擅斷僧人，於延祐七年十二月初六日，奏過事内一件。通州路縣有的一個翟德淵名字的和尚，文書裏告李明秀名字的和尚和媿德温名字的俗人毆打的上頭，路縣官俺根底不商量一面詞，將李明秀和尚根底打了二十七下，説有宣政院裏差人那，路縣官人每根底要將招伏來，如今怎生是麼道奏呵。恁省官人每根底説省裏宣政院差人一処問了，要罪過者麼道聖旨了也。欽此。除欽遵外，今准前因咨請，欽依施行。

《元典章》新集《刑部・雜犯・違枉・牧民官誣執平民打死馬疋枉勘陪價》 至治二年二月初九日，福建宣慰司奉本道廉訪司牒奉江南行臺劄付准御史臺咨承奉中書省劄付來呈：河南廉訪司申抄王成等，狀告延祐七年三月内村西元種穀苗二十四畝有房兄王胡，係濟源縣孟縣尹佃户与本官帶養馬一疋，日夜撒放於内，食踐約五畝，爲是房兄縣官馬疋，難違面情，不曾陳告。將穀割刈，般載上場。其馬因病倒死了，當至九月初二日，有祗候小吴勾成王瑞赴縣公庁跪下，孟縣尹独坐，司吏王文瑞等言道王胡告王三打傷馬疋。王瑞指你證見成道，不曾打傷，喝使祗候人等將成兩脚揹踏住，踏下大拇指甲，皮拍子打訖三十余下。爲王瑞不肯証説，用皮拍子打訖五十余下，昏迷噴甦，又用荆棒乱行敲打数十余下，又行昏迷不覺。穀道内糞出難禁，凌虐打拷，不免遂伊虚指招承。用木橛扎傷，枉禁勒陪馬價一十二定，取訖各各招詞看詳。縣尹孟大中酷法枉勘平人勒陪馬價入己，情罪尤重，擬合計賍，以不枉法定論殿降。似此残忍難任牧民，仍於雜戢内叙用，宜令合干，部分定擬相應。具呈照詳，得此送刑部呈議得：濟源縣尹孟大中所招撫，將自己黄馬一疋，分付伊家佃户王成牧放，其馬，被傷倒死，不合教令王胡証執房弟王成打傷，虚立王瑞作証，就於私宅喚到，書狀人王文中捏寫告狀，將平民王成、王瑞勾追到官，獨員取問，爲不承伏指証，喝令獄卒人等，將各人髮鬢揪提踏踏，用皮拍子法外拷打，致將王成脚指甲脱落，王瑞二次昏迷，用水噴甦，勒令虚指，枉禁七日，屈陪馬價一十二定，罪犯以此。參詳縣尹孟大中不思撫字，反肆貪殘，誣執平民打死馬疋，枉勘陪價，原其所犯，即与取受何殊！擬合以王成一主中統，折至元鈔一百貫爲重，依不枉法例五十貫以上至一百貫，杖断六十七下，殿三年，降先戢一等，難任牧民，雜戢内叙用相應。具呈照詳，得此。除外都省合下仰照驗，依上施行。

《明太祖寶訓》卷二《恤刑》〔洪武元年三月〕己丑，詔下曰：朕恭承大統爲天下生民之主，惟我皇祖皇考受民之仁，祇率不怠。旦夕思念，人命甚重，哀矜庶獄，惓惓在懷。夫刑以禁暴止邪，道民於善，豈專務誅殺哉。故律令之制，善善長而惡惡短，罰之輕重，咸適厥中，顧執法之吏不能皆平，有虚飾其情，傅致死罪，而比附謬妄，尤甚枉人。朕深憫之。夫五刑之條，莫甚大辟。大辟之施，身首異處，斯已極矣。自今有犯死罪律該凌遲者，依律科決，其餘死罪，止於斬絞。法司並勿傅會，昧情失實以致冤濫。若朕一時過於嫉惡，律外用籍没及凌遲之刑者，法司再三執奏，三不允至於五奏，五奏不允同三公及大臣執奏，必允乃已，永爲定制。文武諸司，自今亦不縱肆暴酷，於法外用鞭背等刑，以傷人命，尤不許加人宫刑，絶人嗣續，有自宫者以不孝論。人之爲非，固有父子不相爲謀者。肆虞舜爲君，罰弗及嗣，文王之世，罪人不孥。自今惟犯謀反大逆者，依律連坐，其餘有犯止坐本身，毋一槩處以連坐之法。古之盛時，恒採民言，用資戒警，今凶險之徒，往往摭拾誣爲誹謗。法吏深刻，鍛煉成獄，刑之失中，民則無措，今後但有告誹謗者，一切勿治。爾中外文武羣臣，宜端乃志，悉乃心，畏天愛人，務從寬恕，庶有以佐朕父母斯民之治。有或違者，必罰不貸。布告天下，咸使聞知。

《明太祖寶訓》卷五《賞罰》洪武二年七月癸丑，監察御史謝恕巡按松江，以欺隱官租逮繫一百九十餘人。至京師，多有稱冤者。治書侍御史文原吉等以其事聞。

太祖命召數人親問之，曰悉得其情，乃責恕曰：御史，耳目之官。當與民辨是非，明曲直，不使冤抑，方爲稱職。今爾爲御史，不能爲民伸冤理枉，反陷民於無辜，朝廷耳目將何賴耶？於是盡釋其人，以恕下吏。原吉等能不敢蔽聰明，賞綵幣有差。

《明太祖寶訓》卷五《恤刑》洪武十五年五月乙卯，監察御史雷勵坐失入人徒罪。太祖責之曰：朝廷所以使頑惡懾伏，良善得所者，在法耳。少有偏重，民無所守。爾爲御史而執法不平，何以激濁揚清，伸理冤枉？且徒罪尚可改正，若死罪論決，可以再生乎？命法司勵罪以戒深刻者。

（明）何棟如《皇祖四大法》卷六《治法》〔洪武十六年十二月〕甲午，刑部尚書開濟等有罪伏誅。濟，洛陽人。初爲國子助教，與丞相胡惟庸善，以疾罷歸，訓徒里中。十四年，前御史大夫安然薦其才，召拜刑部尚書。初至官，勤敏有爲。嘗奏令諸司各置考功圖，日書官員所行事蹟，以稽覈其勤怠。又言今内外奏劄，宜減省繁文。軍民以細故犯罪者，宜即決遣，無久拘禁。數月之間，獄無淹滯。上以濟有才，頗信用之。濟由是自負，持法漸肆巧詐，性殘酷，好以法中傷人。凡意所不悦，輒深文巧法以入之，無能自脱者。濟與鄉人有舊怨，乃誣構下獄，令郎中仇衍等鍛成之。嘗不奉旨，擅移文督責諸司，若中書省所爲者。又爲榜戒其僚屬曰：尚書到任日久，事之遲錯，皆寬大容忍，復爾則罪不爾貸。奏請揭于文華殿，以示于衆。上曰：爾告戒僚屬之言，欲張之殿庭，豈人臣禮耶？濟慚謝未幾，又立簿曰寅戌之書以限僚屬出入。上聞，切責之曰：古人以卯酉爲常道，今使趨事赴工者朝自寅，暮盡戌，奉父母、會妻子能幾何時耶？濟不聽。獄囚有禁死者，濟亦不問。嘗受一囚賂，以獄中死囚代而脱之，爲獄官所發。上召濟諭之。濟歸部，與侍郎王希哲、主事王叔徵執獄官于獄，扼其吭而殺之。其恃權罔上，傷害善良類如此。上屢訓諭之，不悛。會有告其在洛陽時，嘗盜賈人驢，賈人示重賞，濟得賞乃還之，又强役其甥女閻氏爲女使。濟妹亦早寡，姑老獨存，濟利其家財，盡掠取之，擕其妹并一子以歸。其姑欲訴，濟輒捶逐之。於是監察御史陶垕仲等劾奏濟瀆亂人倫，有傷風教，不可爲國大臣。又擅殺獄官，及言濟奏事時，置奏劄懷中，或隱不言，欲入啓，皇太子至，則又不言，乃復入奏，覘伺上意，務爲兩圖，奸計莫測。上怒，乃下濟獄，并執侍郎王希哲、郎中仇衍等詔廷臣訊之。濟具服其奸狀，於是并希哲等誅之。

（明）何棟如《皇祖四大法》卷八《治法》〔洪武二十九年〕夏四月戊子朔丙午，監察御史王仲和言：湘陰縣丞劉英以生革爲鞭，長三尺，中夾銅錢，撻人至皮肉皆裂。嘗出行，以巡檢弗出迎，怒而撻其妻幾死。請逮英罪之。上曰：刑者，不得已而用之，故聖人常加欽卹，惟恐濫及無辜。英一縣丞耳，酷虐乃至於此，獨不聞劉寬蒲鞭之事哉？且律載刑具，明有定制，乃棄不用而殘酷如是，是廢吾法也，難論常律。遂逮英至，戮之於市。

（明）談遷《國榷》太祖洪武三十年七月　丁巳，左都御史楊靖賜死。

靖，山陽人，洪武乙丑進士，自庶吉士試事吏科，歷户、刑部尚書，明敏有識，善敷奏，上最任之。至是鄉人繫獄，家人撃登聞鼓上狀，靖稍改删，爲御史所劾，不問，而言官論之不已，故賜死。

《明太宗實録》永樂元年夏四月　〔辛酉〕都察院右副都御史黄信以漏泄獄事誅。先是，禮部尚書李至剛妻父坐事，都察院逮問，當處以重法，至剛言於上，希恩丐免。上曰，法司鞫獄，情之輕重，外人何以知之。對曰，此黄信與臣言。遂爲刑科都給事中周璟等所劾。上命錦衣衛鞫之。有實狀，特命誅之。

《明太宗實録》永樂二年三月　庚申，上召刑科都給事中楊恭等諭曰：國家號令，使小人畏而不犯可矣，雖其爲惡之心未必革，然爲上者，用法當以寛不以猛，待人當以威不以僞，猛則民不堪，僞則不信。去歲命御史給事中往各處撫安軍民，禁止恩奸，導其爲善。臨遣之際，諄諄告戒，務在安民。昨日給事中丁琰等奏云，至四川，見無犯法者，乃陰遣親信用銀誘之交易，已而果有犯之，是其心終不戒也，遂執之。琰不肖，刻薄如此，假令民畏法，反執陰誘者送官，何以處之。古人治天下，無非公平正大之道。昔唐太宗以物試人，待其受之則加之罪，賴魏徵諫而止。朕嘗戒此事，思得魏徵其人置於左右。今此輩小人但圖邀功，不顧枉陷良善，甚孤朕任使。其令都察院遣人馳往，釋所誣民，而執琰等赴京罪之。仍移文各處撫安者，使咸知琰等所爲而爲戒。

《明太宗寶訓》卷五《恤刑》　〔永樂二年〕九月丙寅，刑部言：有千户違法，縫夾皮爲鞭，灌桐油其中，以決罰人，罪當杖。

上曰：制皮鞭罰人，取其柔薄，蓋刑具之輕者，示辱而已。今用皮鞭，又灌油其中，傷人甚矣。用心殘酷如此，豈可使長人杖之？仍罷其職。

（明）談遷《國榷》成祖永樂六年三月　辛未，撫按江西□科給事中朱肇捕安福盗虐民，株逮三千三百人，上得狀，徵收下獄。

《明太宗寶訓》卷五《恤刑》　永樂六年九月己酉，刑科都給事中張信劾奏刑部都察院淹禁罪囚，致有瘐死於獄者。

上惻然曰：朕数命法司無滯獄，既汝爲稱職，乃視人命如草芥。遂召尚書吕震等切責之曰：汝坐享厚禄而飲酒嘻嘻不事事。罪人無輕重，騈死獄中，汝不卹。汝不畏鬼罰，不畏朝典耶？期三百，除大辟罪，餘雜犯死罪以下悉疏決，違者不宥。

《明太宗實録》永樂十年十二月　丁卯，刑部右侍郎張本等言：御史張循理擅鞫軍職，宜正其罪。從之。

《明太宗實録》永樂十一年春正月　〔辛丑〕大理寺左侍丞王高，右侍丞劉端以縱姦惡外親棄市。

《明太宗實録》永樂十二年八月　〔戊申〕都察院左副都御史李慶劾奏：忻城趙彝擅殺餽運民丁，盗賣官粮，都督譚青選軍出征，精鋭者以賂得免，罷弱者驅迫以行。又逼取指揮許真等金銀馬牛，都督朱崇恣肆貪淫。又擅給千百户十餘人驛馬。請悉論如法。上曰：大臣所爲如此，不懲治將漸習成。命三法司鞫彝崇，下青錦衣衛獄。

《明太宗實録》永樂十二年十一月　〔乙丑〕靖江九輔國將軍贇億有罪免。初，贇億召護衛老卒趙孜爲符呪事，怒其來遲，槌殺之。又縱家人走馬蹴傷司獄沈興。又私匿桂林軍民畢道清等在府傳授妖術，妄言禍福。事覺，法司當以死，命免官泗州爲民。

《明太宗實録》永樂十三年春正月　庚申，行在都察院右副都御史王彰劾奏：監察御史李文鳳擅罪軍職，宜正其罪。命如律。

《明太宗實録》永樂十三年十月　辛未，巡按湖廣監察御史林衡劾奏，荆州左衛指揮僉事鄧義等爲擅毁湘府、山川、壇廟逮問，而掌衛事都指揮使李英僉事王剛擅引恩例釋義等還職，乞皆罪之。命都察院悉謫戍邊。

《明太宗寶訓》卷二《明刑》　〔永樂十四年七月甲寅〕上爲皇太子監國。南京刑科給事中李能劾啓：河南布政司左參議王徵，廵視民瘼，所至恣貪酷，杖殺新鄭等縣吏民數人，請治其罪。上曰：廵視民瘼，求以恤人。乃縱私殺人，罪奚可容！命都察院追鞫之。

《明太宗實録》永樂十四年秋七月　丙午，應城伯孫嚴有罪免。初，嚴鎮通州，通州衛千户蔡原與金吾右衛千户馬俊鬭毆，赴嚴陳訴，嚴怒俊言不遜，槌殺之。事覺，上召問嚴，嚴不以實對。刑科給事中陳敏劾之，命法司會公侯鞫之，有驗。免死，安置交阯。

《明史》卷七《成祖本紀》　〔永樂二十一年〕三月庚子，御史王愈等會決重囚，誤殺無罪四人，坐棄市。

《明史》卷一五〇《虞謙傳》 良鄉民失馬，疑其隣，告於丞，拷死。丞坐決罰不如法，當徒，而告者坐絞。〔嚴〕本曰：丞罪當。告者因疑而訴，律以誣告致死，是丞與告者各殺一人，可乎？駁正之。莒縣屯卒奪民田，民訟於官，卒被笞。夜盜民驢，民搜得之，卒反以爲誣，擒送千户，民被禁死，法司坐千户徒。本曰：千户生，則死者冤矣。遂正其故勘罪。

《明宣宗寶訓》卷一《明斷》 六月庚子，先是直隸定興縣民王林子鎖定輸草，虚買實收，事覺。行在刑部四川司鞫治，林當斬，以瞽得贖。

上曰：瞽者能輸草乎？更詳審之，勿使無辜受枉，姦慝倖免。遂下大理寺審允以奏。

刑部再問，林瞽實，鎖定冒父名代輸，用白金綺賂收草千户張敬虚收，至是覆奏。

上以刑部大理寺堂上官治獄不謹，姑宥其罪，而罰刑部四川司并大理寺左寺官俸三月。

（明）余繼登《典故紀聞》卷一〇 宣宗聞刑部繫囚反獄，諭侍郎施禮等曰：罪囚繫獄，凡獄具，輕重各有宜施，嘗聞太祖皇帝言：仁於仁，不仁於不仁。强盜何足矜憫，而姑息之？今之逸，如虎逸柙，人復被害矣。此由堂上官縱弛，故下人得以生弊，推情論法，爾亦當罪，姑停俸治事，必俟盜獲而後與俸，盜不獲，爾罪不免。

《明宣宗實録》宣德二年三月 〔甲寅〕陝西岷州衛百户陳瑛有罪誅。瑛初刼奪番民馬，聞番民欲告，執而殺之。法司逮問具實，論斬罪。上曰：邊將能撫安邊民已亦得安，豈得奪其利，而又殺之，是自求禍。如律斬之。

《明宣宗實録》宣德三年八月 〔癸未〕行在都察院左副都御史陳勉、左僉都御史李濬、右僉都御史凌晏如、監察御史繆讓、行在大理寺右少卿王文貴、評事陳永祥諸□坐失出死罪下獄。先是，龍驤衛千户劉廣、劉震、王文坐尅軍糧，以監守自盜論應死，廣等懼死，妄訴冤，勉等遂改論杖罪。上謂三法司臣曰，廣等從重入輕，若今所擬是，則前之所擬非，亦不得無罪。爾等再推究其實以聞。至是，三法司奏審其情實，於法應死。遂命下勉等於錦衣衛獄，尋命宥之。

《明宣宗實録》宣德三年十一月 〔丁卯〕監察御史張循理有罪，下獄死。先是，河南道監察御史趙儼往河南清理軍伍，非法杖死無罪九人。事發，罪應死，監候處決循。理與儼故同僚，一日，具酒召儼出獄共飲，飲罷，儼乘間逃逸。行在都察院官奏循理縱死囚，上命行在錦衣衛鞫之。至是，以病死獄中。

《明宣宗寶訓》卷五《正法》 〔宣德四年〕七月甲子，御史沈閏受土豪金帛，出其殺人死罪。事覺閏引狀。法司奏律應絞，但事在赦前，應杖。

上曰：御史，朝廷耳目，受重賂縱死罪，是耳目蔽矣，豈可貸？其免杖，發戍遼東邊衛。

《明宣宗實録》宣德五年三月 〔丁卯〕山西趙城縣知縣張秉有罪誅。秉差役不公，民有欲訴之上司者，秉執而杖殺之。民妾又欲訴，執而杖之，烙其肢體，亦死。行在刑部論於律當斬。上曰：縣令，民父母，當愛民如子。今以私意殺一家二人，是民賊也。無故傷人畜産，食人瓜果，尚有罪，况殺人乎。斬之如律。

《明宣宗實録》宣德六年二月 癸亥，監察御史趙儼有罪伏誅。儼初往河南清理軍伍，杖死里長老人九人。事覺，都察院鞫訊皆實，論當死，監候待决，御史張循理以舊同僚召儼出獄，共飲，飲罷，儼間逃逸，循理以縱死囚下獄死，至是始捕得儼。上曰，此酷吏也，視人命如草芥。命斬于市。

《明宣宗實録》宣德六年八月 〔庚申〕行在大理寺奏，汾州民𢟪其伯祖以徭役委己，又捶撻之，誣伯祖妖書誹謗事應斬。上曰，正家當先正身，彼爲家長必所行有未善，致不肖子孫造誣，今寘之死尚過，命但杖一百，發戍遼東，使爲子孫知所儆，爲家長者因此亦可以反思。又奏韓城縣丞劉通怒縣民召不即至，杖之死，聞其兄將訴官，又執而杖之死，應斬。上曰，縣官，民之父母，乃不以愛民爲心，一怒而殺二人，命斬於市。

《明宣宗實録》宣德十年十一月 〔乙未〕四川按察使劉洵以修葺公宇索蜀府甎瓦獸頭，又挾私捶死弓兵五人。長史姜士儀奏之。下都察院獄，論斬罪。洵稱冤。命三法司辯言，其罪實當。上從之。

《明英宗實録》正統元年八月 乙丑，行在福建道監察御史張忠、邢

端有罪下獄。初忠等引犯人福建平海衛百户王勝、傅保估贓低價，故出入人罪。事覺，上命法司鞫治之。

《明英宗實録》**正統二年十二月**　己未，復命石璞、湯節捕反獄囚。初江西按察司死囚反獄，給事中、御史劾奏按察使石璞，都指揮湯節罪。詔免璞、節官，立期日捕之。至是踰期不獲，遂逮至京。法司當璞、節徒罪。上命再期三月，不獲，乃罪之。

《明英宗實録》**正統三年春正月**　〔甲午〕神機營把總指揮僉事龐得縱卒，納賂，怒其總旗不附己，輒假以伐薪公用困辱之，總旗不得已，鬻月糧軍裝買薪代輸，無所縱，自經死。事覺，有司論贖罪還職調衛。上以得貪酷，害人至死，不可以常律斷，命于教場枷號一月，發遣戍邊。

《明英宗實録》**正統三年夏四月**　〔庚辰〕鞏昌邊賊三百餘騎犯迭烈孫城，搶虜居人牛馬，守瞭千户王瑀不報而遁。上命巡按御史賈璡究問，璡處瑀死罪，違律，又於所上章疏有誤。行在都察院劾之，遂逮璡下獄。

《明英宗實録》**正統三年冬十月**　〔壬子〕福建按察司副使楊勳鞫龍溪縣民私往琉球國販貨，例當械至京，勳擅發遣。都察院劾勳，逮下獄，坐贖罪還職。上曰：勳不諳憲體，其送吏部改用。

《明英宗實録》**正統三年十二月**　〔丙辰〕行在刑部尚書魏源、右侍郎何文淵、都察院右都御史陳智，右僉都御史王翺、大理寺左少卿程富、右少卿賀祖嗣等下獄。先是巡撫湖廣禮部右侍郎吴政等奏遼王諸罪，而匿其姦郡主重情。詔逮政等至京，命源等鞫之，源等論政等罪不當。行在刑科給事中郭瑾等劾之，遂逮源等俱下錦衣衛獄。

《明英宗實録》**正統四年閏二月**　〔辛丑〕謫廣西按察副使李立戍威遠衛。立以徇私釋有罪逮下都察院獄，復欲誣構都察院官，事覺，上特命謫之。

《明英宗實録》**正統五年三月**　〔乙卯〕謫提督燕河營等關都指揮蕭敬戍甘肅。敬在營賣放軍士，且私役軍種藝孳牧，採榛造器，又挾私拷逼人招承死罪。總兵官都督王彧以聞，下法司鞫之，擬敬贖罪還職。上曰：蕭敬貪酷，屢犯不悛，豈宜以常例處之，命械發甘肅充軍立功。

《明英宗實録》**正統五年八月**　〔庚午〕陝西右參議郝敬有罪，謫戍大同。敬以督屬府公乘隶傳過華池驛，呼驛丞張耕野不至，命從隸即其家執之杖死。事覺，陝西按察司奏按之，驗，當敬贖徒還職。上曰：敬以小忿杖驛官至死，不仁甚矣，不可拘以常律，其編戍大同。

《明英宗實録》**正統六年秋七月**　〔甲子〕謫陝西都指揮僉事周全戍邊。全坐挾讎杖死千户罪，當斬。巡按御史李匡辨其無挾讎情，但酷暴，難居方面。上是之，令杖一百，赦其死，謫之。

《明英宗實録》**正統六年十一月**　〔己未〕調江西饒州府知府黄通理於雲南廣南府。先是，通理坐杖人至死，爲怨家所訴，逮治。至是遇赦，當還職。上曰：知府是牧民官，當以勤卹爲心。今通理杖人至死，勤卹之心安在。雖遇原例，仍處以邊郡，庶暴虐者知所警。

《明英宗寶訓》**卷三《懲酷刑》**　正統六年十一月己未，調江西饒州府知府黄通理于雲南廣南府。先是，通理坐杖人至死，爲怨家所訴，逮治。至是，遇赦當還職，吏部以聞。

上曰：知府是牧民官，當以仁愛存心。今通理杖人至死，仁愛之心安在？雖遇原例，仍處以邊郡，庶暴虐者知所懲戒。

《明英宗實録》**正統七年秋七月**　〔戊辰〕福建按察司僉事李在修因公杖死軍民八人，罪應贖徒。監察御史邢端等劾其酷刑，難居風憲。上曰：在修輕視人命如此，可以常律處乎？其發戍邊衛。

《明英宗實録》**正統七年十二月**　甲午，巡按雲南監察御史俞本、雲南三司官都指揮僉事潘瑢、左參議王善、僉事徐麟等始以讞獄有失，爲都察院所劾，奉旨自陳，至是俱伏罪。上命本等住俸三月，瑢武夫特宥之。

《明英宗實録》**正統九年三月**　〔己未〕宥玄城等衛指揮牙里麻等七人死。先是，牙里麻等來朝貢，馬至蘇州被盜，不告官追捕，輒擅繫居民劉重環兒夫婦，并掠其財物，至會同館囚之。事覺下法司論罪，俱當死。至是，上念其頭目素無過惡兹又修朝貢而來，故特宥之，仍命賚勑歸諭其頭目替非等戒其自後遣使，須擇謹愿之人，庶不爲其所累。

《明英宗實録》**正統九年五月**　〔壬申〕廣東崖州守禦正千户陳政聞黎賊出没，同副千户洪瑜領軍追捕，乃圍熟黎村，黎首出見，政等輒殺之，又令軍旗孫得等十五人焚其廬舍，殺其妻孥數人，擄其財物，致各黎激變，政及官軍百人皆爲所殺。巡按監察御史趙忠鞫瑜等罪應斬。上命忠同三司再讞之。瑜果無冤，依律處決，孫得等俱宥死，杖一百，發充廣西

邊衛軍。

《明英宗寶訓》卷三《懲酷刑》〔正統九年〕十月庚午，初大興縣知縣蘇敬怒耆老蕭永勘事不明，杖之至死。永家訴于朝，下刑部鞫問當罰役復職。及是役滿，吏部請黜爲民。上曰：蘇敬爲牧民官，不施教化而專尚刑威，杖人至死，牧民之心安在？其謫戍威遠衛，以爲嗜刑殘民者之戒。

《明英宗實録》正統十年六月〔戊申〕監察御史吉慶坐當毆人至死，法司論贖杖還職。六科十三道劾其酷刑，難居風憲，上命謫戍遼東鐵嶺衛。

《明英宗實録》正統十二年三月〔丙子〕南京刑部右侍郎鄭泰坐鞫囚罪輕者，輒械至京，下南京都察院獄，論泰應杖贖罪還職。從之。

《明英宗實録》正統十二年十二月〔己未〕大理寺寺丞李奎爲監察御史時，巡按蘇州，有訟松陵驛丞趙讓者，奎問發讓爲民，訟者當杖，乃坐以笞，爲讓所訐。上命都察院逮奎鞫問，論當贖杖復職。從之。

《明英宗實録》正統十二年十二月〔壬午〕湖廣按察司奏都指揮僉事胡海，以百户凌瑛巡捕貪利，毆之致死，妄奏瑛自縊。上命鞫其罪，當贖徒還職。從之。

《明英宗實録》正統十三年二月〔辛未〕雲南按察司副使蕭晅，初爲刑部山西郎中，攝河南司事，時本司主事洪繩受有贓，縣丞賄而出其罪，未結以憂去，晅不究，但據成案與結。事覺，及之法司，論晅不應從重，當贖杖完官。從之。

《明英宗實録》正統十三年冬十月 丙辰，河南都指揮僉事張昊以盜反獄，下巡按御史逮治，論贖杖還職。從之。

《明英宗實録》正統十三年冬十月〔丁丑〕浙江按察司副使馮誠鞫囚論罪有不當者，命巡按御史逮問，論當杖贖還職。從之。

《明英宗實録》正統十四年二月〔癸酉〕湖廣按察司副使邢端坐擅執京衛經歷論罪，又爲御史時枉論人以死。下巡按御史鞫，當贖徒復職。從之。

《明英宗實録》正統十四年三月〔壬寅〕廣西左布政使揭稽、右布政使孫曰良、左參政謝澤、右參政武達、左參議甄完、右參議侯臣，坐盜越蒼梧縣獄，匿不奏。命巡按御史鞫之，論贖杖復職。

《明英宗實録》正統十四年夏四月〔戊午〕東城兵馬指揮范質坐事被枷，司禮監内使邵智聰擅令校尉，囑守枷卒俾少寬質，事覺，命斬智聰，勿再覆。

《明英宗實録》正統十四年六月〔庚戌〕山西巡按監察御史全智、都指揮僉事王友、署都指揮僉事朱忠、按察副使趙敬、僉事何自學，坐會審强盜罪狀不實，爲清軍御史畢鸞所劾。上置不問，俱停俸兩月。

（明）余繼登《典故紀聞》卷一一 正統時，刑部强盜越獄，下尚書王質等於都察院鞫問。獄具，英宗命杖提牢主事王彰、司獄王温等，謫戍威遠，黜巡風主事王儉爲民，降尚書王質爲户部右侍郎，左侍郎郭璡爲潯州府知府。其原問郎中等官，以不早歸結，各降黜之。

《明英宗實録》景泰二年八月〔己丑〕南京兵部尚書靖遠伯王驥按河陽衛百户周忠枉法受財罪，因言忠嘗欲獨擅寶船廠事而誣退同事百户，又構詞陷内官王普於死，是以愈暴横廠内外，官民俱呼爲周老虎，役占軍匠無慮數百，親管指揮莫敢登門，法司具獄以聞，命發充口外軍。

（明）余繼登《典故紀聞》卷一二 景泰時，有言錦衣衛官校緝事之弊者，云多爲人復私怨，指無爲有，誣致人罪，且例不許辯理，景皇曰：官校本以廉陰謀不軌大姦大惡，乃今其弊如此，後有送法司不引伏者，其爲辯理之，如肆誣罔，俱重罪不宥。

《明英宗實録》天順元年正月〔戊子〕謫兵部車駕司署郎中事主事沈敬戍邊。初廷臣會鞫于謙、王文等。文力辯無迎外藩之事，曰召王須有勑符，遣人往召必有脚力，事關車駕司有無可驗語上聞。命錦衣衛逮敬鍛鍊之，無實跡。廷臣覆奏謙召敬議，差人往迎未及定，敬畏勢不敢上告。上復命錦衣衛會三法司鞫之，法司坐敬知謀反情故縱，當斬。上命宥敬死，發充鐵嶺衛軍。

《明英宗實録》天順五年九月〔癸亥〕有爲反賊曹欽行貨于外者，法司以不通反謀，第論杖，引詔例奏免。上特命發戍遼東。且戒法司，今後論反賊連染罪，毋得奏引詔例。

《明英宗實録》天順七年五月〔丙申〕河南裕州民奏知州秦永昌貪暴，打死人命數多，且嘗衣黄闕民兵。上遣錦衣衛官校往覈之，遂執至

京，且籍其家貲陳於外廷。詔廷臣閱之，內閣臣李賢等暨諸大臣合疏請誅永昌，以戒有司之不法者。上從之。斬永昌于市，仍榜示天下。

《明英宗實録》天順七年十二月 戊申，擢進士趙繙爲工部虞衡司主事。陝西按察司僉事李觀素淫縱，有知縣楊洪者挾私杖部民，傷重死。其家訴於觀，觀受洪賂，報民病死，出洪罪。伺察校尉覺之，執觀下獄，都察院論觀當充軍。從之。

《明憲宗實録》天順八年九月 〔壬戌〕山東青州衛指揮康榮故勘平人致死，都察院議如律。上宥其死，謫戍遼東邊衛。

《明憲宗實録》成化元年三月 〔丁卯〕謫延綏總兵官都督僉事張傑戍邊，巡撫右僉都御史徐廷章下獄，罰贖還職，停俸一年。初廷章奏傑姦宿淫婦，求索賄賂，有枉法者，且聽守制主事蔡麟私囑納馬，及守御無法等情。傑亦誣奏廷章私受部下舊識知縣秦紘賄賂，奏陞故州知縣，紘因送人夫應用辦納，及姦淫等狀。上命刑部郎中羅淮、錦衣衛千户趙璟按訪，傑事多實，而廷章事多虛。有旨，俱下獄。仍命官會問，擬傑罪當贖絞，謫戍邊衛。廷章罪當贖徒還職。詔如所擬，廷章仍罰俸一年。

《明憲宗寶訓》卷三《懲酷刑》 成化三年正月庚寅，巡按直隸監察御史康驥，奏長垣縣丞宋鑑，主簿李謙因失盜一事之疑，故勘三人致死，一人廢疾。適遇恩宥，亦宜編之軍伍爲戒。

上曰：朝廷恩例，雖寬而鑑、謙酷暴特甚，誠有不當原者。其各杖一百，發大同邊衛充軍，家屬隨住。

《明憲宗實録》成化三年六月 〔丙子〕南京户部主事劉懷經監放南京留守左衛倉糧。錦衣衛委官千户喻瓛者因私囑不行搆怨，尋有本衛百户陳璉唐突倉門，爲守者所執，懷經欲治其罪。瓛因令璉糾其姪及軍士百餘人，擁衆直入倉，懷經走避，璉等候其出，毀其衣冠而痛毆之。驅至錦衣兩指揮家，跪之門外，不見省。又至成國公朱儀處，儀亦不面折，但令送懷經收監。懷經愬本部以聞。命給事中左賢御史賈俊，郎中何喬新往覈實，仍命官會問，議瓛、璉及懷經俱贖杖還職，且請究儀罪。上宥儀，餘准擬。時瓛、璉情重法輕，懷經被其箠辱，乃亦與同罪而不得少伸，輿論不平，莫不以失刑，爲朝廷惜云。

《明憲宗實録》成化四年五月 〔庚午〕先是四月十七日夜，南京都察院重囚反獄者六十四人。至是事聞，都御史林聰請逮署院事御史趙璉及提監巡風御史王相、張鶯等治罪，後請移文南京守備等官督捕反獄者。詔可。

《明史》卷一八六《楊守隨傳》 楊守隨，字維貞，鄞人，侍郎守陳從弟也。舉成化二年進士，授御史。巡視漕運，覈大同軍餉，巡按江西，所至以風采見憚。

六年疏陳六事，言：郕王受命艱危時，削平禍亂，功甚大。歿乃諡以戾，公論不平。此非先帝意，權奸逞私憾者爲之也。亟宜改易，彰陛下親親之仁。尚書李秉効忠守法，一時良臣，爲蕭彦莊誣劾致仕，乞即召還。律令犯公罪者不罷，近御史朱賢、婁芳等並除名，乞復其官，且戒所司毋法外加罪，一以律令從事。西征之役，以數萬甲兵討出没不常之寇，千里轉輸，曠日持久，恐外患未平，內地先敝，乞速班師，戒邊臣慎封守。近例，軍官犯罪未結正者，遇赦即原，致此曹遷延，以希倖免。自今衆證明白者，即據律定案，毋使逃罪。雖遇赦免，亦不得管軍。在外官俸、兵餉，有踰年不給者，由郡縣蓄積少也。請於起運外，量加存留，以濟乏匱。疏奏，時不能從。太常少卿孫廣安母喪起復，守隨與給事中李和等連章論之，乃令守制。

《明憲宗實録》成化七年冬十月 〔壬申〕殺江西吉安府知府許聰。聰以吉安民好訟，刼盜方熾，且奉敕行事，特嚴刑立威，以禁制其下，死於獄者五十餘人，又其爲人矜傲，藩臬官多疾之。會副使夏寅提學至吉安，聰屢抗拒，寅不堪，回語按察使牟俸，俸切齒嗾寅奏發其平日兇惡，及侵欺官錢諸事，未及勘報。適南京大理寺卿夏時正巡視江西，考察官員，入寅等言。考聰貪酷，黜爲民。聰不服，而守禦千户蔣慶具以其貪酷事呈稟時正，遂委三司掌印官牟俸等執聰下獄，檢其簿案人命數，具疏以聞。而監察御史俞藎以聰與寅有隙，事有干對，當提問，亦具奏。上遣刑部員外郎李廷美往會藎勘問。還奏，所勘人多病死於獄，即有傷於杖者亦非挾私所致，惟侵欺罪實。特聰監守自盜，律斬，贖爲民，刑部以爲宜。藎受賕枉法，例發充軍，聰以已被俸等搆陷，亦具各人姦貪不法，并俸主使夏寅、蔣慶及左使夏時正將人命害已等情，令家人訴辯不已。上以聰人命數多，疑廷美等有所私，時藎已代還，俱被逮。復遣錦衣衛千户全章覆

實，械聰至京，仍命都察院會官廷鞫之，乃比故勘律擬斬，命即如所擬處決。刑科都給事中白昂等以未經審録爲請，不從，且命毋覆奏，遂以是日夜四鼓押赴市曹斬之。廷美坐勘聰事不實，降湖廣衡州府通判，降澧州判官，寅等事俱免勘。聰之死，説者謂其兇暴致禍固宜，但係比律不許覆奏，又乘夜行刑，則以司禮監太監黄高納其所厚。吉安人洪僧官以聰嘗箠辱其徒，至以瓦擦其首流血，積恨之譖所致，人不能無私議，云俸得召爲太僕卿，亦高之力也。

《明憲宗實録》**成化九年春正月**　〔壬子〕錦衣衛罪囚越獄，掌衛事都指揮同知袁彬，指揮同知焦壽，僉事趙能，朱驥具奏自劾，及劾守監百户劉勇等不謹。上命執勇等下都察院鞫問，彬等皆宥之。

《明憲宗實録》**成化九年秋七月**　〔辛卯〕南京盜因風雨夜入都察院獄劫死囚三人以去，守備成國公朱儀等以聞，右副都御史胡拱辰因劾提牢巡風御史郭經、陳壯，并司獄等官罪，仍自劾。刑部請差錦衣衛官逮至京鞫治。上曰：有罪官吏就令南京刑部取問，經、壯仍令戴罪捕囚，拱辰姑宥之。

《明憲宗實録》**成化十一年十一月**　〔己巳〕刑部主事陳鳳、薛禥，坐失入人罪，問擬爲民。以過赦乞還職，都察院謂二人雖無贓私，但已經聖斷，宜依原擬爲是，從之。

《明憲宗實録》**成化十四年五月**　〔癸酉〕都察院囚越獄，刑科都給事中楊理等，劾奏兵部尚書兼左都御史王越，右僉都御史李綱，巡風御史馬隆、李寅及經歷等官罪。有旨：宥越等，停俸三月。隆等命錦衣衛收鞫之。

《明憲宗實録》**成化十五年二月**　壬寅，廣西守禦太平千户所獲安南國諜者七人，繫之鎮撫司獄中，有民人與之識者走報其家，賂守獄卒皆脱其械使亡去。事覺，民及獄卒俱坐（罪）〔死〕（死）〔罪〕。鎮守等官各奏其事，并言守禦千户趙邦防範不嚴之罪，法司覆請重懲之，有旨：趙邦守禦不謹，贖罪畢，降官二級，本衛差操。

《明憲宗實録》**成化十五年五月**　〔丙寅〕駙馬都尉（懋）〔樊〕凱，私淫使婢，縱暴致傷人命。爲太監汪直發其事，下錦衣衛獄鞫治得實，請置於法。上以凱不守法度，恣意非爲，姑宥其罪，令戴平巾送國子監讀書習禮，仍革去禄米五百石。

《明憲宗實録》**成化十五年十一月**　〔丙午〕巡按福建監察御史戴用，坐故入漳州府知府張瓚罪，法司問擬贖杖復職，從之。

《明憲宗實録》**成化十五年十二月**　〔癸酉〕降湖廣按察司副使郁文博爲陝西布政司右參議，管理甘肅等處糧儲。文博擅辯詳，允死囚從輕處斷，爲巡按御史所奏，坐不諳律例，有失憲職故也

《明憲宗實録》**成化十六年冬十月**　〔丙寅〕慶成王府鎮國將軍奇澗、奇澈、鍾鋊姦占樂婦，奪人財産，鍾鈌、鍾鐺、鍾鈅、鍾鈃、鍾鏞、鍾錀、奇洤、奇漠侵害夫役，邀奪糧馬，巡撫右僉都御史秦紘劾之，慶成王鍾鎰奏爲奇澗等飾罪，且誣奏紘諸違法事，併行太監尚亨、刑部郎中張錦等會官覈實，下刑部具請裁處，各擬罪有差。上以各將軍不遵祖訓，恣意非爲，奇澗等三人革官職禄米，鍾鈌等八人革禄米一年，慶成王以不能教子，又隱情妄奏，革禄米三之二，仍下勅切責之，杖所收樂人，送晋府幽閉，所生男女隨住，永不許請封，餘准擬，紘亦坐所奏有不實者，贖徒還職。

《明憲宗實録》**成化十七年五月**　〔壬辰〕刑部郎中林和等往勘無錫縣獄，因劾奏巡按御史陳鼎，問擬囚犯失於研審，以（官）〔冠〕帶閒住官爲民人擬罪，刑部舉奏之。上曰：刑獄重事，今御史所奏名籍錯誤，其逮問如律。

《明憲宗實録》**成化十七年六月**　〔丙午〕監察御史李延壽，巡按永平等府，以撫寧縣知縣蔣惠與百户桊山訐奏，坐故出惠罪，及刑科都給事中王坦，給事中趙璧，俱以惠鄉里，徇情偏向，妄加山參駁法司擬罪，奏上，命三人俱送吏部降三級調外任，延壽廣東遂溪縣，坦廣西北流縣，璧四川榮經縣，俱主簿。

《明憲宗實録》**成化十七年秋七月**　〔乙未〕華陽王申鏳，先以有罪革爵，復强取婦女三人，法當遣還其家，申鏳自言皆嘗生子，并有娠者，不當遣。下鎮守湖廣内官按驗，皆妄。申鏳懼，始遣出。事聞，都察院論其罪，請下勅切責之，制可。

《明憲宗實録》**成化十七年冬十月**　庚午，調刑部主事蕭瑛爲雲南廣南府通判。瑛坐沛縣知縣馬時中奏内使郭文經過索取毆傷人命事，爲文所

訐併下刑部獄，俟勘未結。璵時提獄禁，暫許時中出外取冬衣，原問官主事范吉聞將爲緝事者所發，呈於本部舉奏之，下璵錦衣衛獄，論贖杖還職。上曰：璵徇情聽囑，放囚出外，難居法司，命吏部調外任。既而吉亦坐呈璵放出時中而不及其皂隸丁鑑，亦論贖杖還職。上以吉爲原問官，亦調外任，吏部擬雲南廣西府通判，得旨調陝西鳳翔府，刑部尚書林聰、左侍郎張鎣，以不能鈐束屬官請罪。上責其不謹而宥之。

《明憲宗實録》成化十七年十二月　〔己酉〕監察御史楊純，巡按宣府、大同等處，審録罪囚，失於查照，且與知府周正通問不避嫌疑，事覺，都察院奏請差官代回下刑部擬罪，贖徒還職。

《明憲宗實録》成化十八年三月　乙酉，勒兵部尚書陳鉞致仕，右軍都督馬儀南京閒住。儀奏鉞巡撫遼東時，姦貪欺罔，倚法弄權，剋取官銀，營求陞職，用指揮監造器皿，役千户入京調事，擅殺進貢夷人而侵其方物，隱匿（浮）〔俘〕獲男女而擇其有色者二人，與子澍分收之。御史强珍嘗劾其失機隱匿，侍郎馬文升欲發其激變夷情，鉞輒報與太監汪直，誣陷二人謫戍，御史王崇之不從其濫報有功，亦被誣陷降官。其子澍冒授錦衣千户，亦恃勢爲非。事下都察院，請遣官按之。上以（議）〔儀〕所奏鉞事情本宜追究，但多經處置，亦有不實，又連及者衆，免其勘問。鉞、儀皆難任大臣，鉞令致仕，儀閒住，并調澍永平衛左所帶俸差操。

《明憲宗實録》成化十九年八月　〔庚寅〕前軍都督府罪囚越獄。掌府事太子太保新寧伯譚佑，都督同知袁彬伏罪，宥之，各停俸三月。仍命佑等同錦衣衛五城兵馬緝捕。

《明憲宗實録》成化十九年九月　〔壬辰〕誅妖人王臣，傳首江南示衆。臣任錦衣衛千户，以妖術爲太監王敬所信任。敬奉使蘇、常等府，奏詣臣及百户王完等十九人以從，所至，陵轢官吏，毒害良善，詐傳詔旨，括取奇玩之物，皆出臣所爲。臣又多取美女因爲淫亂，既還京，爲太監尚銘發其事，下都察院鞫治得實，獄上，上曰：民情常患於不能上達，王臣等在外矯詐爲奸惡，使東南赤子重罹荼毒，朕安得知之，罪狀既露，非重戮不足以謝天下，亟斬之，仍梟首於被害州縣，王敬充南京孝陵衛净軍種菜，王完等發開原、肅州二衛充軍，家屬隨往。

《明憲宗實録》成化二十年秋七月　〔丙午〕湖廣按察司僉事卜同，以先任刑部員外郎問理犯人，失於詳審輒僉書具奏，事覺執至京，下刑部擬罪如律，贖杖還職。

《明憲宗實録》成化二十二年六月　〔壬辰〕調錦衣衛指揮章瑾于南京。瑾與指揮楊綱同理鎮撫司刑，以具奏疏不謹服罪。上以綱等問刑失當，又不嚴密，回奏本内詞涉大過，綱停俸三月，瑾調南京錦衣衛莅事。

《明憲宗實録》成化二十二年十一月　〔丙寅〕四川按察司副使王軾，按嘉定州同知盛崇仁贓罪，崇仁逃赴京，使其弟俟駕出稱冤，仗前錦衣衛執之，命刑部郎中同錦衣衛百户，往會巡按御史逮軾驗問，崇仁實未嘗受贓，但坐誣告人罪當徒。軾以風憲官失入人罪當杖，因械至京，下刑部重鞫，得旨：准擬。崇仁贖罪畢降官二級，調除邊任。

《明憲宗實録》成化二十三年十一月　〔癸丑〕吏科左給事中宋琮等言：比因兵部尚書兼翰林院學士等官尹直等，姦貪不法，奔競無恥，臣等科道官交論之，皇上已令尚書李裕，都御史劉敷致仕去。臣等竊以尹直及禮部左侍郎黄景，姦貪奔競，比之李裕等爲甚，如進士李文祥，御史湯鼐、姜洪，庶吉士鄒智，及南京十三道官相繼論奏，此可見好善惡惡天下之同憤也，且尹直自南京轉任兵部以至入閣，黄景自部屬陞任通政以至侍郎，未嘗一經推舉，其附托姦人而進不待辯説自明矣，况其自陳皆不實，言不職之罪乃飾非强辯，自叙年勞，又皆誣稱先帝見知特加任用，此又姦邪不忠，欺罔不法之尤甚者也。伏望皇上斷自宸衷，明正其罪，罷歸田里，則公道昭明，人心痛快。監察御史許斌等亦以爲言，上曰：爾等言是，尹直、黄景既進用不合公論，直令致仕給驛還鄉，景冠帶閒住。時論快之。

《明孝宗實録》弘治二年十月　〔丁酉〕總督兩廣都御史秦紘言：臣至兩廣，聞地方之害有二，總兵征蠻將軍安遠侯柳景，侵奪民利，欺隱官課，剥削貪饕，私通夷交易番貨，黨助土官濫殺無辜，其害偏於兩廣。分守雷、廉等處左參將署都指揮僉事王麟（□）〔掊〕（克）〔剋〕害衆，怨讟並興，其禍偏于一方。二害不除則兩廣軍民終無安日。巡按御史周南亦以爲言，命馳傳行文，取景至京治之，巡按監察御史逮麟等，訊實以聞。

《明孝宗實録》弘治二年十月　〔己酉〕是夜，都察院死罪囚劉永反獄獲之，右都御史屠滽等上疏請罪。上曰：風憲衙門倍當嚴謹，胡不戒

飭防範以致如是，堂上官姑從輕，罰俸二月。

《明孝宗實録》弘治四年十一月　〔丁丑〕晉府寧化王鍾鈵，狎昵太原左衛軍馬健，遂與其妻妄通。凡軍婦之有色者，健每引與鍾鈵姦，因留不遣。其後，軍人郝俊等不從，鍾鈵提金骨朵箠殺之，以此死者八人，以他事死者又九人。惡少張鑾等十一人皆附之，又收父妾李素真爲宫人。與弟鎮國將軍鍾鎔不相能，潛令人毁其府第門，鍾鎔乃盡發鍾鈵諸不法事，鍾鈵亦訐鍾鎔不孝嫡母，僭服蟒衣，姦通樂婦諸事，又託舍餘李愷竊寫鍾鎔所訟詞，令教授張珊造詞奏辨，俱下山西巡撫等官鞫之得實。詔以鍾鈵姦收父妾，强奪人妻，又殘酷箠死人命數多，革去冠帶、禄米，令戴頭巾閑住。鍾鎔姦凌樂婦，不能奉母，蔑禮僭分，革去禄米三之二，仍俱降勑切責。馬健、張鑾等十一人，俱處死。千户閻忠等五人，亦坐不能（止）〔正〕救（何）〔阿〕奉任使降一級，調貴州都匀衛帶俸食糧差操，李愷並家屬清平衛充軍，教授張珊等二人，下按察御史逮治之。

《明孝宗實録》弘治四年十一月　〔丁丑〕晉府慶成王長子奇湞代理府事，狎昵太原事右衛指揮僉事李學等，盜闢軍糧並銀絹等物。軍人劉珏、金榮、陳賢與小旗沈清謀訟之，百户黄璽嗾學執珏等下獄，誣珏等嘗盜發河東郡君塚，各杖之百，珏等越獄逃竄，〔璽〕等捕之，獲陳賢及其黨朱進，總旗汪脱，王倫撲殺之。學以清與賢共謀，亦誣清盜祖廟祭器，清逃匿，捕其妻齊氏並傭人郝郎妻傅氏，炮烙之，仍以竹籤釘其指爪，傅氏死。清與其子訴於朝，學復嗾慶成王誣奏清，從京師執以歸，箠其子死，别令人縊殺清。金榮越獄以出，與其弟通奏學等誣殺人命，及其家子弟與王府婚配失倫諸不法事，學執通下獄箠死。至是，死者之家各訴于官，所司具實以聞，詔以奇湞聽人撥置，箠死無辜七人，革去冠帶，令帶頭巾讀書，不許理府事，並慶成王婚配失序，俱降勑切責。李學等十一人俱依擬處決。其效尤暴横，侵盜錢糧，嚇搶其財物儀賓等官項倫等三十一人，納米完，仍革去冠帶閑住。百户臧縺等七人，各降一級，調四川茂州食糧差操。總旗陳子成等十人，各降一級，與軍人周敬等十三人，俱押發陝西涼州衛，轉發沿邊墩臺守哨。

《明孝宗實録》弘治四年十二月　〔戊午〕岷府南渭王長子膺鑼性狠戾，所爲多不法，又烝其父之宫人，人有忤者輒箠之至死，或縛于桎射之，男女數十人。與諸弟處如仇讎，嘗置毒于食欲殺之，弟膺鈔妻趙美而艷，膺鑼每淫于其弟婦，王使膺鈔遷居以避，膺鑼反倡言趙與他人通，逼使自縊以滅口，並箠死膺鈔生母，又率人圍膺鈔第，膺鈔踰墻得免，奔永州府訴之，復遣人奏其事。上命巡按監察御史及二司官會勘，太監劉雅人府拘宫人鞫訊得實，刑部議擬，上聞。上以膺鑼敗〔倫傷化，罪惡深重，降庶人，居之鳳陽之高墻，家屬令〕南渭王管攝，膺鈔奏事亦有不實，減禄米三之一，被烝宫人令自盡。其黨惡群小處決者一人，杖一百發邊遠充軍者十五人。

《明孝宗實録》弘治五年五月　〔丁酉〕黜管理河道工部郎中吴珍爲民，坐非法用刑戕害人命也。

《明孝宗實録》弘治六年七月　〔丙午〕刑部具本發審死罪重囚畢通、劉玉等。通當梟首，主事石璧，誤以梟首坐玉。爲刑科所劾，侍郎戴珊請罪，命錦衣衛執璧下鎮撫司鞫之，珊罰俸一月，令失錯者改正。

《明孝宗實録》弘治七年四月　〔乙酉〕貴州守臣械送都匀長官司苗賊長脚等至京，上命法司會官廷鞫之，凌遲處死者十一人，斬者二人，俱不必覆奏。貴州前衛指揮李淮，千户劉澄，以押囚不謹，致長脚在道自盡，贖杖還職。

《明孝宗實録》弘治七年四月　丙戌，初，廣西按察司罪囚越獄，遂越城而逃。撫巡等官劾奏按察使傅希説，及守城指揮王黼、裴綱等罪，下巡撫官鞫問，俱坐贖杖還職。得旨：希説職掌刑獄，黼、綱職守城池，乃縱容重囚，與獄卒内外通謀越獄越城，官守安在，是不可以常法論，希説降二級别用，黼、綱各降一級帶俸差操，其巡城守鋪等官指揮范琛等六人，仍逮問如律。

《明孝宗實録》弘治八年八月　戊寅，四川馬湖府土官知府安鰲有罪伏誅。鰲性殘忍，暴虐其民。計口賦錢，歲得銀以萬計，其所征絲麻并板價數亦如之。每祭祀進貢則又緣以掊尅，姦民王大經等左右之，土人有美婦女多淫之，將嫁必禀命于鰲，有至老不敢適人者。嘗遣沐川土民四千餘人運木于大汶溪，歲暮逃歸，疑爲夷祥慶所誘，令叔駱率家僮楊黨等百餘，邀于途，執而支解之，殺其從者九人，棄屍水中。祥慶即鰲妻之父也，其弟祥佐告于巡撫都御史，鰲紿駱獨任其辜，又令人從旁曲證之，後

懼事露，又遣黨等執駱子孫及家人婦女四十二人，悉囊沙壓死以滅口，駱遂瘐死獄中。鰲以祥佐尚在，必欲致之死，聞妖僧百足能爲魘昧之術，乃於郊外生採割一人，依其法呪之亦不驗已。僧有周姓者，曾訐奏其祖，鰲銜之，掘墓粉其骨。杞事蕭孟宣不與黨惡則髡而漆之。遣蠻夷長官司長官文昌保誣奏一僉事，昌保不從而畏鰲滅其家，投繯而死。其子博告襲，鰲遂奪其官以與仲子，屢遣王閏富等殺之，不得，後令土吏楊恩賢持書與弟鏈令殺博，恩賢實不知有司受鰲賄，乃坐恩賢死罪，鰲聞恩賢妾欲稱冤，遂併虜其妻强配于人，而禁之出入，投其二子于河。又令王滿等殺平夷長官司長官王大慶，大慶知而避之，乃殺其二弟。又有百户曹璿者，追捕他囚入其境，鰲以爲仇家壻，夜遣人殺之。土人前後遭鰲殺害者無慮數百人，塚墓遭發掘者百八十餘所，廬舍遭焚燬者三百四十餘家。仇家屢奏其事，下有司驗治，多爲之掩護遷延，獄不能決者餘二十年。最後巡按御史張鸞，按察僉事曲鋭，檄敘州知府吴愈，按得其實，鰲屢欲汙之，而鸞、鋭治之益力。鰲自度罪惡深重，私造甲冑兵戈，招土人爲拒捕計，久之，無肯應者，乃就擒。至是，都察院具獄以聞，鰲所犯凌遲罪八、斬罪十二、絞罪三，應凌遲處死。鏈等五人應斬，閏富等二人應絞，大經等四人應贖。上從之。以大經等情重律輕，并家屬械發邊衛，永遠充軍。安氏自唐宋以來，世據馬湖，國初有安本者歸附，遂命爲本府知府，子孫世襲，至鰲已五世矣，民苦鰲之毒而不敢言，雖縉紳仕于朝者，亦易姓名占籍他郡以避禍，至是以罪誅，一方之民若解倒懸云。

《明孝宗實録》弘治八年十一月 〔乙酉〕晋府寧化王鍾鋓，既以罪革歲禄冠服而兇殘益甚，多闌婦女入府中，稍失意輒痛加箠楚，或斫足髡首，或囊土壓面，前後死者六七人。校尉英剛、白宗善逢迎，每令入宫與妃武氏及婢妾亂，一婢不從，輒殺之。嫡母趙氏驚恐成疾薨，生母劉氏飲宴間諭以好言，鍾鋓怒，舉酒器擲之，劉氏走而免。有陳媪者病狂，裸而縛於樹，燒鐵繩纏而烙之，求與庶母李氏姦，不從，亦杖而刺之，又恐其事聞，欲縱火焚其宫而自殺，羣婢妾不勝其毒，夜聚而逃，爲邏者所獲。鎮守太監劉政，巡撫都御史張敷，巡按御史白鸞，各奏其事。上命太監羅禄，大理寺丞王鑑之，錦衣衛指揮僉事葉廣，往會都御史顧佐按之，鍾鋓使其徒曹錦，以重賄祈脱罪不得，既而宫人等皆畏迫不敢言，禄等遂從而信之，奏薄具罪。鍾鋓反誣其弟鍾鏞與武妃犯姦，因痛箠妃及其子奇瀏，生母劉氏奔救之，鍾鋓嚙其肩仆于地，以杖傷其口，流血污衣，又逼奇瀏使證武妃姦，箠掠幾死，宫人張喜兒等護出之，於是其事悉露，政等奏禄、鑑之、廣所按不實，而鍾鋓亦具奏，自文詞連都指揮僉事袁果，左布政使陳清，按察使李琮，副使陳金。上復命太監陳寬，刑部侍郎戴珊，錦衣衛指揮同知王貯覆按，得實。上猶恐其冤，命諸廷臣於諸王館會鞫之，至是，都察院奏鍾鋓妃武氏執不承姦，事涉曖昧，生母劉氏有悔言，而其餘所犯皆實，請重行國法，以爲宗藩戒，併劾敷華及禄等罪。上曰：鍾鋓不孝，淫亂事情尚在可疑，但閨門不正，違法多端，不宜君國，降爲庶人，送鳳陽高墻内禁錮終身，仍命省司給其薪米。武氏革去妃號，令回府養其姑，逃出宫婢，悉杖送浣衣局。吴剛、白宗蠱惑宗藩，導之爲惡，他罪亦重，皆處斬。錦等八人，發邊衛充軍，奇瀏情有可憫，姑恕其罪，俟請封之日，禮部具白以聞，張敷華、顧佐、白鸞各罰俸三月，袁果、陳清、李琮、陳金各五月。羅禄、王鑑之、葉廣、劉政姑宥之。

《明孝宗實録》弘治十年三月 〔辛酉〕兵部尚書馬文升言：京師屬有一人殺一家三人者，又有日中殺人于路，衆人莫敢顧者。二事前後蓋踰二旬，兩殺人者今尚不獲，乞嚴爲之禁。上命停巡城御史及巡捕官俸，責限捕之。

《明孝宗實録》弘治十年九月 丙寅，曲阜縣人孔布，以妖術惑衆，從之者百餘人，事覺，逃避巢縣山中，定遠縣主簿捕之急，布率其徒入縣欲殺主簿，復攻縣門，知縣曾大有等禦之不得入，殺民兵火甲七人，傷七人，焚居民八十餘家而去。事聞，兵部以中都留守司及鳳陽府掌印官已知妖人惑衆而不行禁補，請令戴罪擒賊，其定遠縣官請停俸，爲爲事官俟擒賊盡絶，奏請定奪，從之。命即行巡撫巡按官嚴督所司設法擒捕，不許視常怠玩。

《明孝宗實録》弘治十三年二月 〔甲辰〕唐府新城王芝坦疑軍餘朱茂盗所支禄米，將繫治之，茂逃，遂捕其子械繫東廒，茂妻畢氏故出入芝坦所求宥不得，陰縱之亡，芝坦怒，誘致畢氏，令其長子彌鏡榜掠數百，加以炮烙，身無完膚，遂死。事聞，刑部請論如法。上曰：芝坦妄用炮烙慘刑，致死無辜人命，彌鏡不能以禮諫父，乃助惡傷人，當重治以罪，

姑從輕，革去爵號，仍勑唐王嚴加管束。

《明孝宗實録》弘治十五年四月 〔乙丑〕分守開原右參將胡忠，生因〔令〕〔公〕科〔欽〕〔斂〕所部財物，左監丞黄延决人不如法致死，下巡按御史逮問，各贖杖還職。

《明孝宗實録》弘治十七年正月 〔庚寅〕巡撫宣府都御史劉聰下獄，生偏信下人妄興大獄，破良民數十家。刑部擬聰贖徒還職，科道復交章劾之，謂聰罪重罰輕，乃降湖廣布政司參政。既而遂以朝覲考察去官，冠帶閒住。

（明）陳洪謨《治世餘聞》上篇卷二 刑部尚書閔圭讞獄不稱旨，上怒甚。一日與尚書劉大夏論及之。劉與閔同年交厚，且知其爲人，欲解救之，而未敢言。俟上論畢，對曰：法司執法，恩歸朝廷，似未可深怪。上曰：爾第云古昔何人如此執法？大夏見聖怒，莫知所對。上詰之，對曰：嘗聞孟子云：舜爲天子，皋陶爲士，執之而已。上默然久之，怒意未解。大夏竊意所對欠避諱，心悔其失。上徐曰：朕亦知閔圭是老成人物，欲求一人以易之，不可得。但此事執之太過耳。明日奏下，允刑部之議。吁！上之明燭人心，而强於從善如此。

《明武宗實録》正德元年十月 甲戌，天壽山守備太監賈性所爲多不法，濫刑致死無罪者六人，爲東廠所發，下錦衣衛鎮撫司逮問。獄具，送刑部擬徒。詔以擬未當，令都察院會錦衣衛堂上官及科道官於闕下會審，改擬斬。遂劾刑部原問官朱鑑等失出死罪，大理寺官吴偉等參駁未詳，并及其堂上官閔珪、楊守隨等俱宜究治。得旨：性減死發充南海子净軍，珪等并鑑等姑宥之。

《明武宗實録》正德二年閏正月 〔庚申〕太監李榮傳旨執指揮僉事牟斌，於闕下杖之三十，降百户閒住。時官寮以忤瑾意坐事逮繫錦衣衛獄者，斌頗善視之。瑾矯上命，謂其徇私壞法而加之以罪。

《明武宗實録》正德二年五月 〔甲子〕慶成王府輔國將軍表棌造低銀，令本府儀賓胡世福强買物貨，因挾勢〔歐〕〔毆〕人。都察院上其罪狀，詔世福逮問，表棌賜書切責。

《明武宗實録》正德二年七月 〔戊申〕河間府景州知州馬馭與致仕僉事孫博搆怨，博發其非刑殺人及科罰事。命大理寺官同巡按御史勘問。坐馭故勘平人致死論斬，馭奏辯，復命刑部、錦衣衛官往勘，又經審録無異，而馭訴不已。上特宥其死，杖之百，充邊衛軍。

《明武宗實録》正德二年十月 〔丁丑〕降大理寺署寺正田中爲蘭谿縣丞，署寺副張雲鵬爲寧遠縣丞，右評事魯鐸爲河内縣丞。初英國公張懋家人趙文才等以侵占官民田，經刑部問擬，減等徒杖罪，大理寺評如所擬。詔以文才等律輕情重，該寺不行參駁難居法吏，故有是命。

《明武宗實録》正德二年十一月 〔甲辰〕革監察御史金洪、刑部員外郎趙廉職，令都御史張泰致仕，奪御史刑纓、都指揮費梁俸各三月，御史季春候有京秩員缺用之。初，陝西三水縣民趙恕妻梁氏與所私謀殺恕，論斬，繫獄久矣。既而，恕以他事入獄，獄卒馮昇聽恕與梁氏通有孕，恕遂自誣謂梁氏無謀殺之情也。洪時按陝，乃改辯梁氏罪止杖，春代洪擬斬如初。及廉往録囚奏讞如洪所辯，復移御史秦昂鞫之，卒如春擬。於是洪、廉俱革職，而春獨以擬罪合律被録，泰以併問失於參駁，纓、梁以會奏失於阿從，亦坐焉。然奏内初無泰與梁名銜而處斷輒及之，恕、昇又特謫戍邊衛，蓋瑾欲假法以警動有司也。

《明武宗實録》正德二年十一月 〔壬子〕降四川按察司副使匡翼之爲浙江桐盧知縣，奪巡按貴州御史董紘、刑部員外郎朱鑑、錦衣衛千户賈珍俸各三月。初，翼之之巡按貴州也，聽千户王鋭與百户徐鑑互争之獄，欲毁鋭所造違式廳樓，鋭繫而逃，又遣人追之，鋭方渡河，其僕有溺而死者，鋭乃構贓罪誣奏翼之。鋭死，其子儀累愬不已，命鑑，珍會紘即訊之。因劾翼之所處未善，然亦因公況已遷，律應紀録，經赦例應免科。有旨謂：翼之居風憲逞威，逼人溺死，以慘酷罪之，紘、鑑、珍勘事扶同，亦各奪俸。蓋皆瑾任情裁處，視律例無足據矣。

《明武宗實録》正德三年十一月 〔己未〕福建按察司副使張疊誣構泉州府同知于茂贓罪，坐充軍。茂訴辯因訐奏疊故殺平人致死。命大理寺少卿季春、錦衣衛都指揮楊玉往勘，擬疊斬罪。茂復職并參先任泉州府同知梁紈、按察使荆茂、副使丁養浩，僉事董豫，參政劉孟、巡按御史陳玉、泉州府知府吴晟俱宜逮問。詔是之。而宥紈等不問，各罰贖罪米五百石。

《明武宗實録》正德四年三月 〔甲辰〕司禮監太監閻宣、户部侍郎

韓福等會勘榮王所乞湖廣常德、辰州府屬縣無糧田地一千五百九十五頃有奇，山場周圍八百二十里，房屋舖面一千五十八間，宜給本府。及參先任巡撫都御史韓重、副使劉遜、參政涂旦、參議胡瑞等前勘不明陰陽訓術，劉賢承勘受財之罪。下户部議覆，詔田地給府管業，遜令勘官逮問旦，巡按御史問，重、瑞免逮，各罰米三百石。賢發陝西固原衛永遠充軍。

《明武宗實録》正德四年十月 〔壬寅〕武昌府知府曹來旬先爲御史，巡按山東，因録囚内有犯殺一家非死罪三人者，供詞證佐未明，行布按二司勘問後，事鞫實而原犯死於獄。來旬時已遷官，劉瑾追求行湖廣巡按御史逮問，坐罪如律，仍罰米三百石輸居庸關。

《明武宗實録》正德五年二月 乙酉，廣東參議吴廷舉嘗枉道過家，爲偵事者所發。會鎮守太監潘忠與廷舉有怨，後奏其爲僉事時擅用公錢，禁死平人諸不法事。遂逮繫錦衣獄拷訊。廷舉自誣服，命枷于吏部前一月，廷舉垂死，有爲言于張綵者，得釋，仍謫戍山西振武衛。

《明武宗實録》正德五年四月 〔乙巳〕寧化王府奉國將軍奇灌嘗坐罪革冠帶猶不斂戢，與其子鎮國中尉表欏、表榕多畜無賴攫財於市，或僞券取償，意滿乃釋。其繫官司不能禁，潞城縣歲運秋草赴場，輒邀部運者曰：吾爲汝輸。既又請託於官，以圖免，逋負常以千數。事聞，命大理寺丞蔡中孚及錦衣衛官往按之。辭連鎮守太監朱秀，巡按御史弓元、湯沐、馬昊、仇惠。先（是）〔任〕山西參政臧麟，副使王紹，僉事（故）〔胡〕希顔，太原知府鮑瓘，署都指揮劉寵。詔以奇灌稔惡不悛，并其二子革禄米三之二，仍降勑切責之，校尉從更爲惡者二十七人俱發遣衛充軍。各官罰米有差，元已爲民，瓘謫戍免罰，寵革其見任，惠俟巡按還奏處，秀姑宥之。

《明武宗實録》正德五年五月 〔戊午〕巡撫大同都御史王綸以公事杖二人致死，爲瑾緝事者所發。下巡按御史逮問，擬爲民。有旨：謂巡按者庇綸。於是都察院改擬綸斬，綸復奏辯，乃從巡按所擬。

（明）卜世昌《明通紀述遺》正德九年三月 降監察御史劉天和爲金壇縣丞，王丞相爲贛榆縣丞。時陝西鎮守太監廖堂誅求無厭，天和、廷相相繼按其地，稍裁抑之，遂致怨恨。會堂奉旨於蘭州等處造辦進貢燒餅，宜關□巡按。天和以蘭州爲御史馬溥然所轄，辭不往。又洛川妖民邵進禄謀爲亂，事覺，自首於官，廷相釋之。堂遂摭奏天和違命，併及廷相釋賊事。命遣官校械繫二人至京，送鎮撫司拷訊。獄久未釋，言者多救之。乃付法司擬罪，當贖杖還職，内批特降之。蓋堂以厚賂結同類，諸權倖爲之助也。時各處鎮守者罔利作威，甚于虎狼，而堂爲尤甚。御史既連得罪，由是官司無敢與抗，民不勝其擾矣。

《明武宗實録》正德十年十月 己卯，黜監察御史李穩爲民。穩巡按山西，太原人劉澄者，投鎮守門下，與諸猾胥怙勢害民，爲各州縣代納鹽鈔，而厚索其價分之，穩收澄等四人拷訊以死。襄垣縣庠生連瑀等，與捕盜縣丞搆訟，穩惡瑀等黨惡，笞之而死者又四人。澄子瑶，寧化王府儀賓也，使人擊登聞鼓愬寃，瑀家亦赴愬，詔以人命至重，遣刑部郎中徐珙及錦衣衛官往按之。珙等還奏其狀，法司請俟穩回京日逮問，詔錦衣衛官校執至京鞫治。黜爲民。

《明武宗實録》正德十年十月 〔己卯〕黜監察御史施儒爲民。儒巡按應天等府，嘗出城，守門軍人請職銜以報守備衙門，儒怒其輕己，執治之。軍人因誣服守門私騙人財，發外衛充軍。於是守備太監黄偉，魏國公徐俌等不能平，奏儒擅作威福，併及其初至時不先謁孝陵枉道還家等事。命錦衣衛執儒至京拷訊，儒具服罪，法司擬故入人罪律，贖杖還職，詔特黜爲民。

《明武宗實録》正德十一年十月 〔甲戌〕勒浙江按察司僉事韓邦奇爲民。初鎮守太監王堂採辦土産鮮品進貢，邦奇奏言不便宜，停止。及輕堂凡事不以関白，堂積忿，遂〔奏〕其沮格上供，欲沽美名，而使怨歸朝廷，爲不敬且僭用轎乘，用刑酷刻，皆違法。詔逮至錦衣衛獄掠訊。邦奇不服，令復鞫治之。尋送法司擬贖杖還職。有旨：特黜爲民。既而，給事中王爌、御史王栢等皆言邦奇禁姦戢暴，甚得憲體，不宜以小過棄，請如原擬，不聽。時各處鎮守妄作威福，每誣奏人，輒賂權倖者助之，故凡遭搆陷，無得免者。

《明武宗實録》正德十二年五月 〔丙子〕寧府典寶副閻順典、膳正陳宣及内使劉良潛走至京，奏：典寶正涂欽爲王所親信，與致仕都（尉）〔御〕史李士實、都指揮葛江、吏羅黄、盧榮、熊濟、校尉查五、樂人曾魯、張奉、張潮等濁亂宮禁，又與士實時在五所密謀鑿池造船，以爲水

嬉，疑有非常，其掠死良民，逼奪財産，燒燬房屋諸違法事，不可勝數。乞勑三法司官勘治，以救一方民命。有旨，執付錦衣衛獄。即而，王亦奏順等背義私逃，乃各杖之五十，發孝陵種菜。順等諸秘奏皆勿問，惟以書諭王而已。時宸濠有逆謀，順等諫阻，反爲欽所譖，懼及禍，故潛走。上變而内外權責皆受濠賂，竟坐以罪。

《明武宗實録》正德十三年三月　壬子，勒致仕太子太保左都御史彭澤爲民，逮甘肅巡撫都御史李昆、兵備副使陳九疇至京治之。初，兵部尚書王瓊既奏遣科道官詳勘哈密事，欲中澤以危法，及勘至，於澤一無所劾，瓊又遣其屬詢路直囑，會同館主事張爍嗾夷人之拘館中者，令暴澤短，不可。瓊計阻，乃自直言，澤擅遣使妄增金幣，以勑諭及欽賞，自遺書議和，失信起釁，辱國喪師，并昆、九疇俱宜逮治。詔以事體重大，下廷臣集議之。及議，衆多不平，然畏瓊不敢言。禮部尚書毛澄折辯之，瓊厲聲曰：使械至闕前，鞫以重刑，當自吐實。澄曰：是何言也？古者刑不上大夫。户部尚書石玠曰：彭某，好人。都給事中王爌、石天柱皆曰：事不可枉。瓊（衆迫）〔迫衆〕論，因曰：我豈害彭某者？乃援筆易奏稿數字，謂澤歸踰年，乃失事，似亦可原。奏入，得旨，澤受朝廷重命不能宣揚德意，失信夷人，又未畢事而還，貽害地方，當重治，姑奪職爲民。昆、九疇俱逮問。於是，六科十三道汪玄錫、師存志等各上疏言：澤累年征伐之功，多有可録，前此致仕，人言洶洶，謂如澤者，（木）〔未〕可遽聽其去，今又一旦追奪其官，比之編氓，恐天下四夷聞之，因朝廷用舍有所窺伺，況夷情曲折，内外之論，亦持兩端，澤固不能無過，然未可以一事之失，而遽至少恩也。伏望皇上照察還澤原職致仕以全君臣終始之義。不納。

《明武宗實録》正德十六年八月　〔庚子〕刑部覆户部主事張淳甫疏言：州縣有司用刑酷虐，不惜民命，宜行撫按官嚴禁，仍令寬潔牢獄時具食飲，事無大小即與斷理，不得淹滯拘禁。上曰：有司酷刑殘民，甚失朝廷欽卹之意，其嚴禁之。

（明）余繼登《典故紀聞》卷一六　彭城衛千户吴能以家貧出其女滿倉兒，令張媪鬻之，媪鬻於樂婦張氏，而紿言周官人家。後張轉鬻於樂工焦義，義又鬻於樂工袁璘，璘使爲娼。時能久没，其母聶氏聞之，覓諸歌肆，女怨母鬻己，不復認，聶與子政攘而歸。璘贖以十金，不從。訟之刑部，郎中丁哲訊得其實，璘不服，哲重加笞，越數日死，女斷歸聶。璘妻訟於東廠太監楊鵬，鵬奏之，命三法司、錦衣衛會問，不決，復命府部大臣及科道廷訊之，始吐實。都察院謂哲罪當徒，女當杖。刑部吏徐珪疏言：哲斷女甚當，而楊鵬之姪淫於是女，且以他事恨哲，乃因此事欲陷哲。三法司畏懼東廠，莫敢辯明。及朝堂問明，乃此女止擬杖，而哲反擬徒。東廠之勢爲羣臣所畏如此。臣在刑部三年，見鞫問盜賊，多東廠鎮撫司所獲，其間有校尉挾讎誣陷，有校尉爲人報讎者，有校尉受首惡之贓反以爲從卻令旁人抵罪者，惟用刑罰逼之誣服，刑官即洞見真情，不敢擅更一字。以今哲事觀之，益復可信，諸人冤枉，豈不有傷天地之和？願革去東廠，戮楊鵬叔姪，謫鎮撫司於邊，進哲一官，以酬被誣受辱之苦。其鎮撫司理刑，不必專用錦衣衛官，乞推選刑部主事一人，共蒞其事。珪贖罪畢爲民，哲亦給璘埋葬之費，革爲民。

《明世宗實録》嘉靖四年十月　〔癸丑〕陝西乾州盜樊紳、張合等以妖術聚衆爲亂，官軍討平之。詔録其功，勑賜提督楊一請、巡撫王藎、鎮守太監晏宏等各銀幣有差。已而紳等復越獄，捕獲伏誅。按察司署印副使張宏以關防不嚴，奪俸三月。

《明世宗實録》嘉靖五年五月　戊戌，先是，内臣黄玉守備潼關勒取軍民財物以萬計，拷掠人致死者衆，各該撫按參奏，委官驗實，奉旨令南京新房閑住。又甲子庫内臣趙綱需索解户，致死無辜，俱會勘明白，依律議擬，竟從宥免。南京科道官交章請正其罪，俱不聽。於是，都察院左都御史顔頤壽言：黄玉、趙綱等所犯過惡，法曹按驗，不爲不明；言官參劾，不爲不切，若竟中其奸，置之不問，是黷貨殺人者，得以苟容，國法不彰，民心自解，殆非守成致治之良圖也。上以茲事，朝廷既以處斷，責頤壽不諳國體，抗旨屢奏，戒勿復言。

《明世宗實録》嘉靖五年六月　〔戊辰〕禮科右給事中謝蕡疏請革嚴刑以全民命。上曰：人命至重，死者不可復生，邇來問刑官于罪輕宜用常刑者，率用酷刑拷訊，傷人或因而致死。朕心甚惻，都察院其即以朕意示各撫按官，令戒諭諸問刑者，自今務以寬卹爲念，有嚴刑死傷人者，降革如法，上官容隱不即參究者，罪如之。

(明) 沈德符《萬曆野獲編》卷一八《刑部・嘉靖丁亥大獄》 張永嘉暴貴，武定侯郭勳首附之，因得上異寵。妖人李福達一獄，世宗疑御史借端傾動，故命璁以兵部侍郎署都察院，吏部侍郎桂萼署刑部，少詹事方獻夫署大理寺，俱議禮新貴人也。三法司之長，俱下獄訊治。時刑部尚書顔頤壽，素輕璁萼。至是乃命拶之。且笑謂之曰：汝今日服未？顔不勝楚毒，叩頭搶地曰：爺饒我。時京師爲十可笑之謡。其一曰：某可笑，侍郎拶得尚書叫。在事大小諸臣俱抵罪，而張寅與李福達遂判爲二人，上大喜，予二品服，璁即拜相，仍掌都察院，彙張寅事爲書，名《欽明大獄録》，頒示天下，自是主上蔑視臣工，動出中旨定獄，羅織漸密，告訐繁興。外戚張延齡則坐謀叛，都御史胡纘宗則坐誹謗，皆文武尊親，拷掠瀕死。以致諫臣楊允繩、沈鍊、楊繼盛等死於市，馬從謙、楊最等幾二十人死於杖。而至丁汝夔之獄，則署刑部侍郎彭黯、左都御史屠僑、大理卿沈良才。俱箠楚闕廷，仍降俸管事，待之如奴隸，無復優禮大臣之體，蓋用顔頤壽等例也。至季年，而夏相公之伏法，李太宰之斃獄，特其甚者耳。

《明世宗實録》嘉靖十八年八月 〔壬寅〕刑部賊囚越獄，隨格殺之。事聞，詔錦衣衛逮司獄張鳳、提牢主事曹亨，付鎮撫司責訊。奪巡風主事吴昆俸半年，切責尚書周期雍、侍郎宋景等，各奪俸三月。仍勅部院，獄禁重囚，務嚴防守候，奏請處決。再有踈虞，重治不宥。

《明世宗實録》嘉靖十九年二月 丁亥，保定府新城知縣吴璦以部民唐剛告其子鉞不孝，令屠者支解鉞而燔之。都察院上其事。上曰：鉞罪固不容誅，璦專殺慘虐，亦宜處死，姑免死，發邊衛永遠充軍。

《明世宗實録》嘉靖十九年四月 〔辛未〕降刑部尚書周期雍俸一級。先是錦衣衛指揮同知樊瑶以長子綱嘗有罪，不當嗣，欲令庶子緯爲嗣。綱又訐緯不可嗣，宜嗣己子。詔下法司按治。刑部言子揚惡以毁親，父昵私以偏庶，其罪均。上報曰：父子不可並罪，再議之。於是法司改綱誣告人死罪未決者律，瑶仍奏事不實律。奏入，上怒責期雍曰：瑶奏己事與奏事不同，期雍變亂律條，責令對狀。尋引罪。上謂期雍職掌刑法，問罪不當律，姑奪俸一級。

《明世宗實録》嘉靖十九年五月 癸巳，先是大理寺卿牛天麟等讞獄誤書斬罪葉弘陸等十名爲凌遲。上覽獄詞，與奏內不同，責令對狀。天麟等引罪。上切責而宥之，奪該寺官俸一月。

(明) 卜世昌《明通紀述遺》嘉靖四十一年正月 〔壬戌〕左都御史潘恩言四事：【略】四言有司任情出入，鍛鍊成獄，假積穀之例，託兵費之名，多則罰金數百，少亦輸穀數十，比追罄産有同没籍。今後宜坐應得之條，勿加一切之罰。上命務實舉行。

(明) 談遷《國榷》世宗嘉靖四十五年九月 壬午，監察御史王時舉，論刑部尚書黄光昇不諳法律，如內犯李永以訴事冒突乘輿，本非死比也，乃擬矜疑。又擬海瑞失律。上怒，安置口外。

《明穆宗實録》隆慶四年三月 〔壬申〕河南開封府祥符縣知縣謝萬壽以酷刑黜爲民。萬壽在祥符數箠死無辜，撫按官惜其初仕日淺，奏當改調。吏部議謂酷者尚留，是廢法也，留而他調，彼民何罪，宜依例罷黜，以爲酷法害民者戒。從之。

(明) 沈德符《萬曆野獲編》卷一八《刑部・冤獄》 錦衣帶俸指揮周世臣者，故戚畹慶雲侯壽之孫也。居東城小巷中，喪其（耦）〔偶〕，與婢荷花同臥起，有奴王奎司啓閉。歲隆慶六年九月十一日昏暮，世臣率荷花執燎扃户，有數盜斧門入。世臣持仗戰，仆一人。羣盜合力攻之，敗而見殺。荷花伏屏處私晛，不敢仰視。盜發笥得百五十金去。遺金少許，荷花攜之以報王奎。時先帝梓宫就山陵，內外戒嚴。指揮張國維奉兵部司令司游徼，而信地內盜戕國戚，懼且受譴，馳往求盜。不得，則至王奎室中，見荷花持金絮泣。適鄰居盧錦來索肉價，會邏卒至，避伏牀下。國維曳出之，訊知屠兒，遂執爲與荷花稔姦，搆淫夫弑逆。盧錦不勝楚毒，誣伏。又周之宗老，聞盜來視，亦謂實然。詈荷花曰：主何負汝而反？當斬萬段！國維喜，益信其真。詔下法司鞫，初稱冤，且無驗，乃請移他曹再讞。時署刑部侍郎翁大立是其言，第心恨大逆，且先入語，遂欲速磔之，立㖒他署郎吏成獄。郎力持不許，翁益怒，亟命上奏，得旨如擬。至萬曆四年，而王奎、盧錦、荷花俱伏法，人皆稱快。乃羣盜則覩刑於市而竊笑之。羣盜得志，彌横恣爲椎埋，鮮衣怒馬，以遊俠見稱。其魁名朱國臣者，初亦宰夫也，畜二瞽妓，教以彈詞博金錢。夜則侍酒，國臣時時醉詈，且痛笞之。二妓不能堪，乃洩其殺周皇親及他流劫事，聞兵部捕之，與其黨劉汝成、劉五等七人俱收縛。都下皆痛荷花冤不已。語傳內廷，會

刑科亦追論其事。上惻然傷之，械國臣赴刑部，俱吐實，備列剽掠情狀。乃知周世臣會屢屬目，國臣疑其辨貌討捕，決意殺之。而劉汝成戳其脇，劉五斫其胸。汝成又自列舉事未幾，生女脇下有大創，如世臣死時，故已知其為厲矣。時去決冤獄時已二年，刑部尚書為嚴恭肅清，慮初問諸臣當得罪，謀之首揆江陵公。江陵公云：第以真情入告主上，不得有所飾，且首事者尤不可宜，蓋謂張國維也。嚴如教上疏，上以所擬過輕，命再擬。乃謫三刑郎於外任，翁司寇已正位南樞，遂奪官歸，而張國維終於論戍。一時以為縱，或謂張弁有大力結強援，得麗輕典云。

《明神宗實錄》萬曆四年五月　壬子，削涼州衛掌印指揮戴世勳籍，以百户蔡明冒襲受賄不舉故也。

《明神宗實錄》萬曆四年七月　〔庚申〕刑科都給事中嚴用和言：宗祖愛惜民命，律有故禁故勘因而致死之款，例有酷刑傷人因而致死之條。今有司恣一己震怒，虐民作威，有如陝西巡按所論洵陽知縣吳崇、雲南巡按所論元謀知縣張維，皆暴酷異常，乞行各按臣提問。下所司，覆如用和言。

《明神宗實錄》萬曆四年八月　〔庚午〕兵部以山西馬邑縣強賊郝彦臣等越獄，乞申飭。上曰：處決強盜，三令五申。既任意抗違，雖再行申飭何益？今後必盡法，毋務姑息。按臣沈涵以新任宥之，強賊既已拏獲年餘，何無詳報申問？或司道官原未呈詳，或巡按御史故不奏請，并本縣正佐官憑限有無過違？其令涵即從實勘奏。郝彦臣等即梟示，未獲者緝拿，餘如議。

《明神宗實錄》萬曆四年十二月　〔辛巳〕巡按廣東御史詹貞吉報潮州府獄囚越城逃，因言知府丘齊雲方供闈事，罪在署印通判龔修，因既出獄，又復越城，同城衛縣印捕官均難辭咎。詔下龔修于御史訊。

《明神宗實錄》萬曆五年十一月　甲戌，福建泉州府重犯越獄脱逃，事聞。命降知府丘浙、同知陸一鳳俸級有差，奪守巡道王元敬、吴孔性俸三月，下巡捕指揮李效廉等于御史問。

《明神宗實錄》萬曆六年十二月　〔己卯〕池州府范人、張思道等七人犯強盗得財律。先是，奉旨處決，而御史耿嗚世以稱冤，監候請。上以嗚世寬縱廢法，降一級，調外任。

《明神宗實錄》萬曆七年六月　〔戊戌〕北口賊夷越獄，依巡按御史勘擬各失事員從等罪：張維典刑，其餘各降有差。

《明神宗實錄》萬曆七年九月　〔乙卯〕鳳陽府宿州越獄強盗高寅等三十一名時即擒獲，逸其九。巡撫江一麟劾兵備朱東光、知州郭騰、巡捕孔源洙、邵梼等罰俸有差。

《明神宗實錄》萬曆九年五月　〔戊辰〕山西撫按辛應乾、黄應坤參寧化王府庶宗伴哥逞忿行兇，弑母殺弟，罪惡異常，乞從重處置，以為宗室悖逆之戒。上以逆宗罪惡深重，着照英燿例即便斬首以示，仍焚屍不與葬埋。

《明神宗實錄》萬曆十二年六月　〔戊申〕兵部覆直隸巡按陳性學參總兵麻錦貪婪殘暴，宜罪如律。麻栢冒名頂替，革任提問。王國翼、江昌國降級，倪尚忠等奪俸。是之。

（明）于慎行《穀山筆塵》卷一〇《明刑》　萬曆甲申，江右中丞曹君大埜論劾臨江知府錢若賡殺死無辜至二百有奇，上大怒，下所在逮治。數月不報，有旨數趣閣臣，令從重問擬，江右勘者論以永戍。上意少之，使中官持本送閣，命票極刑。閣臣再三執奏，上不可，手批決不待時。閣臣再奏：若賡所犯不至此。即處以極刑，亦緩至秋後，方今春和發育，望體生物之仁。上命中使語閣臣曰：彼殘許多人命，都是秋後否？彼奈何不體生陽發育之心？閣臣無以對。已而又上揭力救，詞至迫激。上不得已，從之，令監候處決。時以主上恩威並用，人心悚服。蓋上春秋已長，明習治體，加意元元，痛絶酷烈，此本盛德事，第一二老臣恐開輕殺之端，再三執奏，其實若賡之罪，死有餘辜，不足惜也。予嘗與相知論此事，以為劾之者與救之者皆非也。何也？若賡性本殘刻，當江陵末政，以此求知，又怙同里相公之勢，恣行無忌，曹中丞者，平日不敢戒諭，至養成其惡，度不可已，不得不劾，又恐其有内主輕論，不足以傷，則摭拾如許，以重其罪，安得有二百人命可輕易登於奏牘？且一郡守三年殺人命如許，為撫按者所主何事，而不早覺察？故曰：劾之者非也。人主受中貴之言，以為文吏持柄相黨護，乃一郡守殺人二百而閣臣、法司、臺諫相率救之，上以為何如？且若賡有罪人也，所争法比輕重之間，而今上有黨護之疑，後即有無罪被誣者，亦不可救矣。此謂為有罪者決網而為無

罪者設鈎也。又有甚焉，老成慮事，恐開妄殺之端是矣，令人主曰：一郡守殺人數百而罪不至死，使爲天下主者妄殺一人則群然爭之，是天子不如郡守專也，此念一動，後即用重典繩下，亦不可救矣。此止輕殺之端而開重法之原也，故曰：救之者非也。一介諸生，叨有民社之寄，視民命如草菅，是誠何心？而救之者又何心？果有鬼神，無陰譴耶？予爲此説，非刻也，厚也。錢，四明人，余閣學之邑子而新都許閣學之門人也。

《明神宗實録》萬曆十三年二月〔甲辰〕逮方復乾于詔獄。復乾知曹州，多殺無罪，撫臣李輔劾之，逮赴詔獄。尋下法司問，欲當以杖。上以爲不蔽罪，當以遠戍。

《明神宗實録》萬曆十九年五月〔甲戌〕福建長泰縣反獄重囚三十五名，已獲并物故三十四名，未獲一名。參政鄒墀罰俸二月，知縣李學詩革職閑住。

《明神宗實録》萬曆十九年十月〔己酉〕奪零陵縣知縣楊勝梧俸，以獄卒王應森索重囚酒醉，囚乘間脱逃也。

《明神宗實録》萬曆二十年十一月〔丁巳〕朔州知州李曇以殘酷杖斃九命，遣戍。

（明）李本固《汝南遺事》卷下　彭應參字汝省，光山人。慷慨有大節，疾惡如仇，慕義若渴，其天性也。萬曆庚辰成進士。初令肥鄉，繼補高陵，俱以廉能著稱。己丑行取授廣西道御史，遇事敢言，丰采震灼。壬辰，出按浙江，毅然有澄清之志，墨吏嵎虎憚其威稜。有兩大姓，豪奴千百，侵奪民産，而范狀元之子尤横，漁色罔利，道路以目，或生縛人而沉之江，所司莫敢問。民怨已極，乃羣起而訴於御史臺。御史下其事所司，欲加窮治。小民乘勢，交訴狀元，狀元忿恨投繯死。復有陰主其事者，遂以其夫人赴闕，擊登聞鼓訐奏。上遣緹騎逮御史，浙民沿江攀號者數十人，幾不得行。因範銅爲像生祠之。賴上聖明，兼以諸大臣救解，僅從削籍歸。

《明神宗實録》萬曆二十三年十二月　壬戌，刑部奏費甲金隱匿事情，已提客用及王坤覺大義等嚴刑考訊，而苦不招承，恐此獄終無完期。費甲金係勳庸世臣，難以提問，莫若嚴責費甲金速將贓物從實解進，免家屬徒斃杖下。上以其支吾了事，堂上官姑不究，該司官降一級調外任。仍令盡法嚴追，不許仍前縱容。

《明神宗實録》萬曆三十七年三月〔乙酉〕南京刑科給事主劉時俊，以守備撫寧侯朱繼勳貪肆無忌，假條陳侵各部職掌，濫准詞狀，笞虐幕官，疏劾罪之。

《明神宗實録》萬曆三十九年七月〔庚子〕兵部尚書李化龍，都察院孫瑋同奏，定遠侯鄧紹煜縱族人鄧世槐、鄧世桂等凌辱冠裳，草菅士類。陪京作人首善，何可令此輩雄行，既該撫按題參應候命下，將鄧世槐等嚴提正法。庶士風不至凌夷而豪强知警矣，從之。

《明神宗實録》萬曆四十年四月〔癸巳〕以湖廣江夏縣大盗越獄，奪知縣瞿溥俸，千户王官提問。

（明）焦竑《玉堂叢語》卷二《銓選》　當考察之期，劉公龍奮然以進賢退不肖爲己任。預奏：考察事重，若被黜官員希圖報復，及自知不免媒孽當事者，俱治以重罪。上可其奏，於是裁酌精核，聲實必當，評隲品列，不惑浮議，人咸稱其鑒。

《明熹宗實録》天啓五年五月〔庚戌〕原任刑部郎中岳駿聲疏陳張差闖宫舊案，乞改正以昭信史，言張差原係薊州井兒峪人，與李自强、馬三道等俱住本州毛鄉官莊房，自强等燒灰爲生，而差則賣柴者也。萬曆四十二年，内監龐保、劉成修造鐵瓦廠於本州黄花山中，自强等因倚藉内監聲勢，强買差柴而欲短其價，差堅執不允。後差所積柴一夕火焚，差意自强等放火，赴愬，内監嗔不爲理，而跟隨人役反百般挫毆，拘繫多時，於是氣忿莫伸，癲病劇發，口稱擊登聞鼓聲冤，乃于四十三年四月初二日被酒闖入薊道衙門，指天畫地，語多不倫。道臣袁和審係癲病釋而逐之，遂于本年五月初四日有闖宫之事。各犯口語與屯馬御史移查薊州戚知州覆報印揭相符，可覆也。此時，臣與司官曾道唯等以張差闖宫毆人論死無疑，龐保、劉成應提質審，至自强等皆賣菜傭工，實係株誣，重獄宜慎，況兩次司官公庭會審口語與之宷私審互異，不敢不一一致詳，而之宷心恨臣不爲附和矣。蓋之宷當差入獄時，審知有内監姓名，遂視爲奇貨可居，先令獄官獄典絶差囚食兩晝夜，伺差奄奄垂斃，俛首欲食之急，乃呼出牢，與以酒飯，教導言語，復牢廳唐獄官、孫獄典、顧庫子等人人目擊。故臣等會審日，之宷咆哮自恣，將所供前項實情叱不許詳録，而供語中如有私指

者據案促書。凡後招中所載打上宮去撞一個打一個等語，皆之寀一一獄中教就而差口述于公堂會審之日者也。先是，之寀上疏後，一二無識喜事輩隨聲吠影，連章激聒，神祖先帝父子間愁不自安。在神祖惟恐外人信有偏愛而冒不慈之名於先帝，在先帝惟恐宮闈激成他變而冒不孝之名於神祖，乃傳示百官御門宣御臣從堂官張問達、寺臣王士昌所刻宣召，實紀中恭繹神祖，面諭群臣曰：昨有風癲張差突入東宮，此是異事，與朕何與？外廷有許多閑說，你每誰無父子，乃欲離間我父子，又以手約先帝體曰：彼從六尺，孤養至今成丈夫矣，我有別意，何不於彼時更置之？至今長成，又何疑耶？其弟福王且已之國，即有他舉，亦須爾文武百官草詔差官去取來，彼能插翅飛至乎？又恭繹先帝，面諭群臣曰：似此風癲之人，决了便罷，不許株連。我父子何等親愛，外廷有許多議論，爾輩爲無君之臣，令我爲不孝之子，深爲可恨，欽此。臣等深維此際聖意愈奉嚴則劑，尚不敢以救正之故激而傷和，况帝王之家、臣子之誼乎？又况支子既封，元良正位，又無嫌疑，而反捏爲嫌隙以撼動之，真爲國本計者于心忍乎？乃之寀何以忍爲此？盖之寀素無賴人也，兩任縣令，貪縱不簡，夤陞寺部，鬻獄不貲，每一事到手，其嗜利巧射之心往往膽雄手辣，上疏時全在圖詐戚婉。鄭國泰故疏中並無一根究主使字樣，而疏尾却有尚留一疏進諫等語，即以此語密囑高長班朱書辯嚇國泰幹僕鄭鰲曰：還要再上一疏，說你家主係主使之人。國泰惶懼，隨托徐堅生同高長班等厚賄以萬金，一時長安中鬨然相傳，後果不見之寀有第二疏。他人以好名之故不知有君父，而之寀則以好利之故不知有君父，高長班等活口見在，之寀原疏見在，不可一質證乎？之寀又捏出張差出首手本，毋論差目不識丁，手不能書，即使果有此手本，之寀何不出于四十三年多官會審之日，而乃出于天啓二年乞補誥命之時乎？之寀又云兇器藏在內府，猶憶之寀等初審再審後，臣一日過山東司，取差所執棍，看而無有也。臣曰此猶强盗賍伏須驗明貯庫，比時山東司隨移手本索棍于巡視衙門，巡視又轉索于守衛官，而終無以應，始知棍即守門內監持以騙差而差奪以毆內監者，原非差手執有棍也。臣更有說于此，請與今日在朝大小臣工虛心平酌焉。四十三年之寀原疏中自張差外，止言不知姓名老公指龐保、劉成已耳，又言李自强、馬三道等已耳，乃差則初招即擬斬矣，成、保則斃之大內矣，自强等則嚴刑訊鞫，絕無謀情而的係誣扳，又三奉聖諭矣。于情于法有挂漏否？若曰舍自强等而別究主使，如所云勳戚鄭國戚者，乃之寀天啓二年疏中添捏借題者也，臣等會審于四十三年，乃即欲當先，而逢之寀天啓二年借題添捏之私指，其誰能之乎？即使之寀四十三年一如今日借題添捏囈語，堂官遂率意，神祖信之，先帝之心安乎？又不然，而神祖疑之先帝之勢不危乎？言念至此，之寀傾危大罪即寸臠不足以謝九廟社稷之靈，乃猶沐猴而冠，揚揚長安道上，上欺聖明，下欺士大夫乎？伏乞皇上勅下閣部大臣九卿科道將臣疏所陳闖宮始末遂一體勘得實，復奏陛下，即命史官撰聖諭一道布告天下，使二帝心事萬世爲昭。宣付史館，從前實録所載險臣添捏事情一一改正，以爲信史，庶見先帝父子兄弟之間藹若春温，而今日刑賞是非之柄昭如星燦，所係國家治亂否泰之關豈淺鮮哉。得旨：張差風顛情節原招甚明，王之寀故捏虛詞，口授逼供。離間宮闈，誣捏多命，罪已滔天，却又嚇詐鄭國泰銀兩至千二萬，逐其子鄭養性踉蹌去國，飄泊無居，似此貪饕奸狼，即肆諸市朝亦豈爲過？姑免深究，著疏撫按追完前賍解部充餉，仍將此本宣付史館詳載顛末播告天下，岳駿聲即與起用，其鄭養性准回京師九門外安插管業，該部知道。

（明）包汝楫《南中紀聞》 武岡州岷宗素横，每每强占人田房子女，有司不能禁。天啓五六年間，岷王初立，精明嚴肅，約束諸宗，地方賴以安枕。至崇禎初年，兇校彭侍聖盗帑事敗，賄結逆宗企鉦，一夕毒斃岷藩，士民悲之，如喪考妣。今彭校已伏法正辜矣。

《明熹宗實録》天啓七年二月〔戊戌〕都察院左都御史房壯麗覆大同巡撫王點疏，劾殺胡堡守備麻岌，以盤詰致死，私市夷馬，太谷縣民侯朝快等言岌恃惡淫刑，引故勘平人因而致死者律斬。上謂麻岌譏察馬市，自其職掌招稱家丁張庫等起釁，首禍有歸，如何引故勘平人之律，且一事二律，前後矛盾，顯是文致失平。如有司杖斃多命，則必輕引出脫，祖宗立法豈容任情出入牢獄，高莊兒監斃亦是一抵。况岌祖麻貴久歷戰陣，積有首功，岌承世陰，亦在議功之例，著戴罪立功，其張庫等還行彼處撫按再加確議具奏。

《明史》卷九五《刑法志》 及天啓時，魏忠賢以秉筆領廠事，用衛使田爾耕、鎮撫許顯純之徒，專以酷虐鉗中外，而廠衛之毒極矣。

《明史》卷九五《刑法志》 田爾耕、許顯純在熹宗時爲魏忠賢義子。其黨孫雲鶴、楊寰、崔應元佐之。拷楊漣、左光斗輩，坐贓比較，立限嚴督之。兩日爲一限，輸金不中程者，受全刑。全刑者，曰械，曰鐐，曰棍，曰拶，曰夾棍。五毒備具，呼暑聲沸然，血肉潰爛，宛轉求死不得。

《明史》卷九四《刑法志》 凡内外問刑官，惟死罪并竊盜重犯，始用拷訊，餘止鞭扑常刑。酷吏輒用挺棍、夾棍、腦箍、烙鐵及一封書、鼠彈箏、攔馬棍、燕兒飛，或灌鼻、釘指，用徑寸嬾杆、不去棱節竹片，或鞭脊背、兩踝致傷以上者，俱奏請，罪至充軍。

（明）余懋學《仁獄類編》卷三〇《燭焚屍買屍燭奸》 東鄉縣民黄亨八祖墳被人侵葬，怪墳鄰高玄十六不與通知，誘至其家痛毆，斃于非命，亨八懼，乃賄屍親，赴縣以跌死告，追埋葬爲詞，及諸黨里于証人等各以輕重受賄，有李丹鳳者未得賄，以毆死情首縣，亨八大懼，乃賄諸惡少焚高玄十六眞屍，買丐者楊建七之屍，以俟檢驗，又懼檢無跌傷，復賄仵作江顯，于臨檢折斷肋骨，報作跌傷，縣官欲擬跌死，則疑于人言，欲擬毆殺，則惑于骨傷，乃備事由，行理刑官勘，先君閲狀，至傷止右肋骨二根，曰，此明係毆殺，何爲跌傷，乃詰八等曰，人自上跌下，使其仰面而跌，則腦後脊背通應受傷，使其合面而跌，則頭面胸堂通應受傷，使其側身而跌，則肩臂等處并肋外應先受傷，今右臂右肩俱無恙，而獨斷右肋二骨，必打斷也，諸人默無以應。先君乃親臨檢驗，閲所斷二骨，俱自裏折出，傷不相接，且無血蔭，先君曰，此屍後折也，屍疑有故，乃集諸屍親黨里干証人等，委曲審問，盡得其賄買焚屍買屍之狀，論亨八抵死，焚屍與賣屍者擬戍，屍親黨里俱以受賄，擬徒，獄具上行南昌理刑官，覆檢焚屍買和，諸人以大赦減免，惟亨八論如原問。

（明）蘇茂相《新鐫官板律例臨民寶鏡》卷八《衙臺類審語·酷吏》

趙某以刑房酷吏侮弄刀筆，瞞官作弊，所稱生民蟊賊非耶。丁某舊遭仇賊誣扳，既無贓證，合當釋放，乃夜半提監索銀五十兩，胡爲者也。夫以一冤獄而索銀五十，若脱百罪，銀曷勝紀！是以刀筆爲孤注，罪人爲奇貨，家成金穴，語不誣矣。贓既有指，惡已貫盈，合配遐荒，撲殺此獠。

（明）蘇茂相《新鐫官板律例臨民寶鏡》卷九《衙臺類審語·虎捕》

劉某鑽充捕兵，罔知王某遭賊仇扳，攬票承行，挾同心腹詹某、吴某等，相與圍屋剿捉。蠶食牛飲，且勒騙打發銀八兩，卷擄裳服。據其兇暴，乃虎而翼者也。夫某非真賊，何用羣雄激捉。劉某有工食，過索八兩打發。騙一吴三，其威福如此，則他可例推。贓證不誣，律合遠遣。詹某、吴某未分贓，姑從杖儆。

（明）蘇茂相《新鐫官板律例臨民寶鏡》卷九《衙臺類審語·積蠹》

審得江忠公門積蠹，蠹役有聲，允同檮杌。假黄堂之花票，詐官府之朱標。初四晚帶黨抉户提人，奚異攔途之猛虎。三十里鎖嚇勒金，不殊吞海之長鯨。青天白日之下，可容魑魅魍魎噬人。犯革不悛，詐官重犯，編配何辭。

（明）蘇茂相《新鐫官板律例臨民寶鏡》卷九《衙臺類審語·籍關勒騙》 巡司職專訊察，倘人非異人，貨非私貨，即合放行，毋得阻留。今關上興留難之舉，局中懷勒騙之心。梗塞道路，荼毒商旅，乃至此耶。仰府嚴拘，究贓警飭回報。

（明）蘇茂相《新鐫官板律例臨民寶鏡》卷九《衙臺類審語·總書》

審得陶某輪充十年黄册，本屬散書，前尹以縣總二名似覺難理。君某增之，此固爲國家慮長遠也，但某力綿體薄，方就册局，即嘔血而歸。衆書目擊，諒非詐也。今其妻某氏訴稱：夫無兄弟又乏嗣胤，事屬十年，倘有變故，無人領替，中間或有弊端，不上誤其圖，下累其民乎，事無日前之慮，必有日後之憂，况前總例止二名，今册審未定，事有可更。除去陶某以充散書，未爲不可。仰縣總陳欽、吴順合同驗明丁糧數目，明白過割，庶使日後無弊端。

（明）毛一鷺《雲間讞略》卷四《一件殺人漏斬事》 本府牒送絞犯蔡旂等

前件審得：蔡旂、邵道等皆同里人，汪鳳山則籍隸新安，僑居邵道之房者也。山素輕貲，饒青樓之興。癸卯歲之七月廿八，挾妓群飲，旂爲不速之客，山留飲久之，旂與衆呼盧，各出錢刀以較勝負。山與鄉人鮑賢各負，各吝不與，旂因争閧不已。山欲與妓綢繆，頗厭之。旂謂山謾罵不堪，與山徒手相角，旂欲趨避，山因追逐而誤跌仆地，旂復推敵桌壓之。

維時，鮑賢等業先滅燈而去，邵道、沙榴驚山不起，亟秉燭視，則山已汗出氣絶矣。夫山以追奔自蹶，不得全歸咎於旂，然始而交毆者旂也，繼而推桌者旂也；若謂桌不在身，疑其死不由壓，竊恐受傷負痛，寧保其不一反側，顧猶帖然於敝桌之下耶？且查胸膛心坎之傷斜横長及三寸，尤爲桌壓左券，而背脅後肋諸傷又稱一帶難量，則其仆之俯仰，與桌之在身在地又不辨自晰矣；況燈滅人散，彼此相持者惟山與旂耳，推桌者舍旂之外無人，旂亦更不能覓一他臂以自解。山死旂手明甚，山應旂抵何疑？唯是避走初無跌山之心，推桌亦無死山之意，祇山酒色過度，髓枯精竭，力怯體虚，遂致因鬥毆而跌，因跌壓而死，是則情之可原者也。似難遽爲解網，仍照原擬轉詳，姑俟異日矜請可也。沙榴等見爭不解，見鬥不救，均應杖治。

（明）毛一鷺《雲間讞略》卷七《一件造訪屠民事》　江院李批上海縣告人錢思齋狀

前件審得：陸仁戀役作奸，茹賄玩法，其穢迹彰聞久矣。上年憲訪薄懲，已屬儌幸，乃復怙終不悛，與梟惡施詔聯居造訪。蓋其含沙射影，埋機設穽已非旦暮之故，至所謂肆雌黄而快睚眦，抑又不足異矣。向來人情洶洶，道路以目，乃若輩善自蓋覆，不致敗露；有楊龍者爲仁內弟，先實與仁之謀而後又陰露其謀於施潤，蓋因單中有羅織施潤事款，姑稍一滲泄之以徒索騙耳。乃潤固狡猾多智者，設微賄爲餌，而原單竟落潤手，遂執之赴愬於縣。此雖潤之巧取，亦恢網之不漏，而假乎於龍以發其覆也。維時，陸仁被逮，施詔潛逃，縣取仁筆迹驗合如券，因坐仁遠戍而楊龍以發露得末減，施詔以續獲亦得末減。夫貸詔者以詔未與謀，而貸龍者以龍敗其謀也。夫謂詔不與謀乎？事發而逃，何爲逃矣，而且挈妻子以逃，何爲？蓋此事聞當日單款甚多，楊龍匿不盡吐，其逃也，恐其盡露也。其逃而復就逮也，知露未盡而尚得遮藏其夙垢也。蓋仁之所恃者詔，仁固詔所鞭箠使者，彼實主謀，而謂非與謀可乎？楊龍之發其謀也，果始事之日遂掉臂而袖手耶？抑執筆之時遂反唇而摇舌耶？龍非仁黨，仁當不令與聞；仁不以龍爲心腹，仁當不令龍執筆。乃業已聞之，業已書之，而曰出於一時之逼脅，此可信乎？然使龍先實與謀而首發果出自龍，則悔禍與懼罪之念可宥也，乃龍又不過偶執之爲騙局，偶失之於香餌，此潤出首時，龍尚嘵嘵置辯，則龍固反覆之尤者也，謂非與謀而實欲敗其謀可乎？蓋施詔陰陽闔闢，深謀固在陸仁之上，楊龍翻覆變詐，罪孽亦不在陸仁之下，第念詔無手筆在單，龍亦止供謄寫之役，較仁怙終故犯肆然無忌者終爲有間。仁仍縣擬，詔、龍姑諭配，以待自新。張三槐、王敬泉素爲仁翼，此審鞫無踪影。錢思齋蓋亦里中惡少，素號無良，而屢與三槐等有隙，因見有單款在官，且聞有單款未吐，恐爲三槐輩所藉口，而又恐三槐輩爲仁所附翼，扨馬自驚，冀免後患，且乘若輩縣詞有名，可得一當，以圖報復，擠若輩於深穽耳。脱己陷人，狡腸利口，亦宜重治，念其告詞頗實，姑與比匪之三槐、敬泉並杖。施潤誘單執首，可上首功，而乃株引無辜，亦屬生波，一杖無詞。其楊龍所得施潤銀錢柴薪合追入官。

（明）蕭良泮《重刻釋音參審批駁四語活套》卷一《參語》　知州吳巳，折獄不詳，脱奸徒於法網；問刑弗當，陷良善於非辜。雖無故勘之情，難逃失入之咎。錢巳恃强横而搶奪傷人，慘毒之情大著。鄭庚受枉贓而嫁禍善類，奸險之行益彰。罪惡貫盈，法難輕貸。鄭寅始僉謀而不能勸阻其兄，繼同行而反翼助其虐。即其立心險詐，誠爲滋惡長奸。王仁徒爲有冤之所當伸，而不知印信豈容私借？陳癸視國寶爲虚器，國寶，印信也。又《史》云：天子之璽，謂之國寶。敢曲法以徇私。厥罪惟均，夫復奚枉。

知縣李丁，謬膺典守之寄，敢受枉法之贓。是爲滋惡長奸，相應照例發遣。趙甲視微利而故縱罪人，自蹈喪元之典。鄭庚違法律而徑提軍職，難逃專擅之條。吳巳始借官物而違約不還，罪猶可諉；繼其奏辯而借封皮入遞，情屬奸欺。王辛盜開未殯之柩，而懼罪脱逃；妄生虚誕之辭，而粧誣人罪。應宜反坐，以警奸徒。

縣丞王九，任巡捕之責，防奸息盜未聞；懷利己之貪，枉法受財顯著。李三肆包攬之奸猾，輒乘機以騙財；陳十積年戀役，已有過錢實跡；周四集黨詐財，各有入己真贓。與九等情例相合，法當遣戍。趙乙始則不運本色，而輕齎買納，繼則展轉官銀，而營利肥家。雖未虧損於官，亦合依律懲究。

主簿李丁，委署縣事，輕聽人情，以錢糧委於匪人。匪人，非可用之人。《易》曰：比之匪人，不亦傷乎。致侵盜而不輸官。事干不職，黜斥奚辭。庫官孫壬，職司庫藏，心肆貪饕。納暮夜之苞苴，暮夜，黑夜也。苞苴，食醅

也。深味四知之戒。四知乃天知、地知、你知、我知。昔漢楊震爲官，有故人餽之以金。震曰：我知故人，故人不知我。然暮夜所餽，雖無人知，豈不聞天知、地知、你知、我知乎？於是即所餽以金者，大慚而去。出邇關之虚數，重違三尺之章。贓污有跡，遣戍相應。序班周戊，濫厠衣冠，厠，列也。規圖貨利入公門。囑託官府，縱家人攬解錢糧。行檢已爲不莊，似難列於禮署，禮署即儀禮司官。洪武三十年始改儀禮司爲鴻臚寺。糧長吳巳，因徵解倚公多取，惟圖肥己之利。以錢糧假手他人，假手，託倩於人。致有損失之虞。鄭庚戀役，爲其過付，跡有涉於滋奸。王辛管押，任其賣縱，情亦屬於黨惡。例既有條，均宜發遣。周小等雖爲同居之家人，實爲濟惡之羣黨。既已侵損於人，難准共犯免科。

（明）張肯堂《𤲃辭》卷一《常國臣一》　務本逐末，爲術甚廣，而以訟庭爲利藪者，則常國臣是也。遁其籍不濬而大名，詭其名不常國臣而侯國尚。鑽營一關，假托公差，遍肆誅求。拂其願，則纍纍就縶；滿其欲，則托以事故名色，止須一紙回覆耳。當大名之來關也，爲人一十有九。本縣甚駭其多，然茫然不知何事，亦不審侯國尚爲何人。但知事關府詞，不得不奉行耳。隨差民壯谷守義執票拘發，後據結稱，在濬止得五人，其餘非滑縣人，則托以詭名在逃耳。夫濬邑雖小，編户亦不下數萬，安能人人而物色之，而不意其爲毒至此極也。孫汝全行錢三千七百，國臣俛首承當矣。夫非其明證與！谷守義身充民壯，奉票拘提，而假權他人。據孫汝全亦稱，並未見面，非愚則奸，而況席朝卿之一千七百，又侃侃乎執之甚堅也。究贓坐配，兩人均無可議，所可異者，國臣詭捏國尚爲名，所告府狀，被證止十四名耳，而行關乃十九人，衹今具告之張四維與姚有慶、李邦倖、李花、劉自南等，皆與府詞無與也，而關文何以併及，意者國臣無賴，不獨與濬縣衙役朋比作奸，而並與大名吏書夤緣爲弊，遂私爲添入乎。緣係隔縣不能盡悉其情，然亦不可不一爲嚴究者也。至張四維巧借國臣爲詞，而實則嫁禍於劉可忠。據云詐錢五千，毫無實據，即其原證楊學義亦云兩人向以詰告成仇。學義自以他故貸錢與四維耳，並未見可忠索錢也。乘機混告，妄發大難，是即國臣之流亞耳。

（明）張肯堂《𤲃辭》卷四《劉孔仁》　胥掾爲奸必有其故，而至如承發書劉孔仁之沉匿文簿，則本縣之所深求其故而不得者也。府設河道詞詳牌劄循環一簿，條教甚簡，開報不難，即有神奸，應無所施其骫骳矣。乃自二年二月設立以來，此簿竟庋高閣。迨三年八月，又奉府票嚴催，詰之則云本縣從無此簿，此通行之誤耳。蓋此簿設於本縣未到任之先，故一時即未能定其有無。而情態支吾，固心疑之矣。迨督迫轉急，刑以迫之，而堅執以爲未嘗有如故也。展轉思之，弊端難詰。一旦令他役至承發一司，傾筐倒笥，舉積年之案牘，一一披之，而原簿、原票宛然架上。不審從來隱蔽，是何肺腸？真不能爲之解矣。擬之以律，即遺失止應杖贖，而頑鈍至此，常法豈足蔽哉。

（明）張肯堂《𤲃辭》卷一二《李天户等》　獄固有執法愈滯推情始得者。滑民秦定國、劉永福之斃於曠野也，據屍親執詞，則李天户是討。然初猶在疑似間也。至兩逐於滑審，而其詞始峻。再紬於清豐之覆審，而其執天户也益力。蓋人命出入，所關甚鉅。以莫須有罪人，執法者所不出也。故無不正色拒之，然而屍親本情則愈晦矣。查定國、永福皆無賴窶人，生爲行屍，死作腐骨，固無足怪。即宋、王二氏鵠面鶉衣之形，可概睹矣。以故見殺數月，肢體暴露，藁葬未能。原詞中所稱無棺無塚，以及用錢五千，托人買和等語，明明藏一乞憐之情，而鞫獄者偶不之悟，即本縣亦必再鞫而後恍然於此也。天户之不殺人，克儉之不買和，證佐有口皆能言之。第當前此天户被刑，實有誓不共生之語，此則其種毒之根。初告克儉無名，再告始入。而克儉懼爲株連，曾向屍親祈免，故爲今日藉口地耳。死者可哀，生者亦復可念。原告罷於應詞，即被告亦復苦於拖累。斷令天户、克儉共捐數金，爲兩人市櫬，稍有贏餘，給與二氏瞻生。而天户猶以前語服杖，兩造額手，僉謂息肩之有日矣。至殺人之人，究不可問，姑以俟之恢網。然此亦滑臺事，非本縣樽俎之所及也。

（明）佚名《崇禎記聞録》卷二　崇禎十年丁丑元旦日食，元宵夜月食，俱在歲首，度非嘉祥也。米價向來騰湧，冬粟每石一兩二錢，白粟一兩一錢，此荒歲之價，而吳民習爲常矣。自去秋及春，油價增至每斤净錢七八十文，大爲可駭。三月中，有兑糧指揮泊舟楓橋，偶被賊竊，誣及附近饒裕之家。執其人，酷加弔拷，抄搶其家，群情憤然不平。十五日指揮以事入城，衆相約尾其後，至西城橋，群起而毆，指揮轎傘冠服俱毁，遍體受傷，身無寸絲，裸形至府。太尊令庫吏與之便服一二，以蔽其體，慰

遣之出，其隨從軍丁，被捶死於途中者七人，亦異事也。聞指揮不數日亦卒，或云指揮之弟代庖者。

中國第一歷史檔案館《滿文老檔》天命六年九月　初十日，審理各案。李都司曾執郭游擊部下千總用刑，杖其臀，夾其足，爲人首告。衆官會審擬罪，革李都司之職，以報汗，命留其都司之職，罰銀二十兩。

中國第一歷史檔案館《滿文老檔》天命八年三月初　是日，透登額因家中漢婦潛逃，即執與此無涉之漢人，索其逋逃，未告法司，擅以繩絞其頭而刑之。故將透登額鞭三十以報之。

（清）嵇璜等《清朝通志》卷七五《刑法略・刑制》〔順治〕十八年，定審問官有擅用匣牀捕獲强盗，有妄用腦箍、毛竹連根大板及竹籤、烙鐵等刑，肆行酷虐，致斃人命者，從重治罪。

（清）李之芳《棘聽草》卷七《誣妄・按院一件為衙蠹事》　審得戴禄等倡行左道，自蘭谿以至遂昌，無籍之徒隨聲附和，即誘周廷憲之子周承龍，又誘門子趙秀齋堂新郲一人轂中，不容輕出，此其心爲何心？此其教爲何教？即何十八曾經犯賊刺字，而收爲黨羽，且有撩天名號，亦大可咄嗟驚詫也。周廷憲身充甲長，將戴禄等報明該縣，用以涣人心之蠱集，而弭地方之隱憂，誰曰不宜？乃反行控道，即以同黨周王五作證，搶劫布貨之説，何其誣妄不根？復使子戴海福勒和嚇詐，致周廷憲無可奈何，揮刀自刺，傷瘢宛然，其得生者幸矣。尤可異者，捕差胡陳拘犯回來，禄敢糾率閻有仁、何十八等守候金家插地方，公行擒搶，非惟舟中衣服、銀、米等項肆奪無餘，又將胡陳鏁鏈歸家，逼令入教，行路駭聞。若非胡陳妻知之，呈明捕廳檄行該縣，豈能輕脱虎口？及自揣惡極罪大，無可抵飾，再有赴憲之鳴，輒復以同黨之張亨、包六五插證。蓋皈依之教，所在恒有，無處不通，故能隨聲而應，所謂寄字即可告人，要非虚語也！但此案以告衙蠹爲詞，及盡法研訊，反覆諦審，其事之始終確然如此。蓋此輩之惡原不可以常情、常理度之，今若不嚴行創懲，則將來何事不爲！竊恐狡惡之狀，政未止此耳。戴禄應從徒配，其戴海福、閻有仁、何十八及張亨、包六五等，均應併擬。被奪之物，照追給主。胡陳往拘時，據張亨供曾有受贓，併杖不枉。

（清）李之芳《棘聽草》卷七《誣妄・按院一件為衙蠹事》　審得黄永焕、黄永位同族雁行也，初因永位與黄星啓致争公路，結訟在縣，彼星啓垂髫之童，疑謂非永焕之教唆不及此，中心銜之，所由來者漸矣。本年元旦，永焕衷然以明時巾服趨而拜於祠廟，惟此竪儒愚不諳事，使永位向無嫌隙，則必指其迂腐，笑而罷之，豈復有此紛紛扭控哉？然此實永焕自招其尤，雖欲倖免，自不可得，乃將田屋變賣，得銀三十六兩，付潘世琳轉求車相公請託免申，黄照供吐最真，則其情亦窘而狀可憐矣。孰知前銀已費，該縣申報依然，因此上控耳。然究其禍本，皆永焕自貽伊戚，安得以愚昧爲之少寬？按律違禁，杖不爲枉。世琳過付關説，杖復何詞！第車相公東西南北之人，已經回籍，無從追究，前銀即於世琳名下追給。餘俱免議。

覆審得黄永焕拜祠而用明時巾服，致令永位扭控，雖向有隙嫌，此皆自貽伊戚，即其人之迂腐，然論法原未易寬也。第按以違制，則律亦止於杖百耳。況本生因巾服之故，現奉黜革乎？則服之不衷，已足裁身；而法之所施，可以示創。仍照原擬。

（清）李之芳《棘聽草》卷三《衙蠹・按院一件為出巡事》　審得毛鳳翔充刑吏而擇食居民，王國焞借糧書而慣欺里遞，二犯之事雖殊，其爲罪則一也。如王文省因地基告訐，則常例可詐；黄君一因祭祖致訟，則指稱可詐；盛仲伯因款待未周，則容隱可詐；吴佛緣因牛死報官，則私宰可詐。他若朱有光、陳福因父與牛牙致争，必置酒求服而後已。此毛鳳翔之款蹟質證無異詞者。如金伯恂僉役投遞認狀，則常例可詐；季世和包允代解南米，則使費可詐；駱永昌、何兆榮僉解顔料，則騙免可詐。此王國焞之款蹟質證無異詞者。惟圖吮膏肥己，不顧百姓剥膚，孰知發伏摘奸，早使二犯破膽，追贓各杖，允蔽其辜。其毛鳳翔詐朱廿四一款，應聽别案另結。再有朱一雲索陳玭酒資，雖僅四錢，相應追給，並杖示儆。

《清聖祖實録》康熙二十四年四月　〔戊戌〕刑部題易州知州韓文煜等誣良爲盗，應革職遣戍，知府以上，降革有差。得旨：此案可如所議。不肖官員止爲一己考成，誣良爲盗者甚多。百姓受冤莫訴，深可憫恤。自後應作何立法勸懲，俾善良得安，民無冤抑，庶不負朕祥刑之意。其令九卿、詹事、科道集議以聞。尋議：凡有盗案，其關係人命之事，該督撫親加詳審，務得實情，使無辜良民不致冤抑。如有地方不肖官員，仍有誣

良爲盜并關係人命之事，該督撫親行審出，據實題參，將誣良官員照律例從重治罪，督撫免其議處。若督撫不自審出，或部院衙門察出，或被害之人告發，將督撫一并嚴行議處。從之。

《清聖祖實録》康熙二十六年正月　庚申，都察院議覆：原任刑部尚書禧佛審蔡毓榮一案，不秉公研訊，律擬失當，顯係徇庇。禧佛已經別案革職，應枷號兩月，鞭一百。刑部尚書胡昇猷、侍郎張鵬、趙之鼎、敦多禮，不嚴加審訊，俱係徇庇，應各降二級調用。敦多禮已經別案革職，應將佐領降二級調用。得旨：禧佛著照部議完結後，發往黑龍江披甲效力贖罪。敦多禮亦著發往黑龍江。胡昇猷補授刑部以來，並無効力處，照議降二級調用。張鵬莅任未久，免罪。趙之鼎從寬免調用，著降二級留任。

《清聖祖實録》康熙四十八年十二月　〔甲寅〕先是，工部左侍郎兼管光禄寺卿事莫音代，參劾署丞杭務禮等侵盜光禄寺庫銀一案，刑部尚書巢可托不行詳察，令承審郎中瓦爾達將杭務禮夾訊逼供，以致杭務禮子素納海情急赴熱河叩閽。

上命巴渾德、阿靈阿、孫渣齊、耿額等嚴審具奏。至是，馬渾德等覆奏：莫音代參杭務禮侵盜庫銀，並無確據，明係誣枉。且莫音代職司光禄，於凡御用食物，漫不經心，奉旨在侍衛行走，又不竭誠効力，情罪可惡，應將莫音代擬斬立決。刑部尚書巢可托，將不應夾之杭務禮枉行夾訊，殊屬溺職，應革職。承審刑部郎中瓦爾達，應降一級，罰俸一年。得旨：莫音代從寬免死，著枷號三月，鞭一百。巢可托著革職。餘依議。

《清聖祖實録》康熙四十七年九月　丁丑，上召諸王、大臣、侍衛、文武官員等，齊集行宫前，命皇太子允礽跪。

上垂涕諭曰：朕承太祖、太宗、世祖弘業四十八年，於兹兢兢業業，軫恤臣工，惠養百姓，惟以治安天下爲務。今觀允礽不法祖德，不遵朕訓，惟肆惡虐衆，暴戾淫亂，難出諸口。朕包容二十年矣，乃其惡愈張，僇辱在廷諸王、貝勒、大臣、官員，專擅威權，鳩聚黨與，窺伺朕躬，起居動作，無不探聽。朕思國惟一主，允礽何得將諸王、貝勒、大臣、官員任意凌虐，恣行捶撻耶？如平郡王訥爾素貝勒海善、公普奇俱被伊毆打，大臣官員以至兵丁，鮮不遭其荼毒。朕深悉此情，因諸臣有言及伊之行事者，伊即讎視其人，横加鞭笞，故朕未將伊之行事一詢及於諸臣。朕巡幸陝西、江南、浙江等處，或駐廬舍，或御舟航，未嘗跬步妄出，未嘗一事擾民。乃允礽同伊屬下人等恣行乖戾，無所不至，令朕赧於啓齒。又遣使邀截外藩入貢之人，將進御馬匹任意攘取，以至蒙古俱不心服。種種惡端，不可枚舉。朕尚冀其悔過自新，故隱忍優容至於今日。又朕知允礽賦性奢侈，著伊乳母之父凌普爲内務府總管，俾伊便於取用。孰意凌普更爲貪婪，致使包衣下人，無不怨恨。朕自允礽幼時，諄諄教訓，凡所用物皆係庶民脂膏，應從節儉。乃不遵朕言，窮奢極欲，逞其兇惡，今更滋甚，有將朕諸子不遺噍類之勢。十八阿哥患病，衆皆以朕年高，無不爲朕憂慮。伊係親兄，毫無友愛之意，因朕加責讓，伊反忿然發怒。更可異者，伊每夜逼近布城裂縫，向内窺視。從前索額圖助伊潛謀大事，朕悉知其情，將索額圖處死。今允礽欲爲索額圖復仇，結成黨羽，令朕未卜今日被鴆，明日遇害，晝夜戒慎不寧。似此之人，豈可付以祖宗弘業？且允礽生而剋母，此等之人，古稱不孝。朕即位以來，諸事節儉，身御敝褥，足用布韈。允礽所用，一切遠過於朕，伊猶以爲不足，恣取國帑，干預政事，必致敗壞我國家，戕賊我萬民而後已。若以此不孝不仁之人爲君，其如祖業何？諭畢，上復痛哭仆地，諸大臣扶起。

上又諭曰：太祖、太宗、世祖之締造勤勞，與朕治平之天下，斷不可以付此人。俟回京昭告於天地、宗廟，將允礽廢斥。朕前命直郡王允禔善護朕躬，並無欲立允禔爲皇太子之意。允禔秉性躁急愚頑，豈可立爲皇太子，其允礽黨羽，凡係畏威附合者，皆從寬不究外，將索額圖之子格爾芬、阿爾吉善暨二格蘇爾特、哈什太、薩爾邦阿俱立行正法，杜默臣、阿進泰、蘇赫、陳俔、雅漢、著充發盛京。此事關係天下萬民，甚屬緊要。乘朕身體康健，定此大事。著將允礽即行拘執，爾諸王、大臣、官員、兵民等以允礽所行之事爲虚爲實，可各秉公陳奏。衆皆叩首流涕，奏曰：皇上所見至聖至明。諭旨所言皇太子諸事，一一皆確實，臣等實無異辭可以陳奏。

《清聖祖實録》康熙五十年十二月　〔乙丑〕江南江西總督噶禮疏參江蘇按察使焦映漢，貪黷性成，蔑視民命，巧詐欺飾，命革職提問。

《清聖祖實録》康熙五十一年十一月　〔乙酉〕先是，福建巡撫覺羅滿保會同浙閩總督范時崇，列款糾參革職原任福建提督藍理，貪婪酷虐，

流毒士民，現在京師，應請拏究。上命兵部左侍郎覺和托等，將藍理帶往福建會審。至是，覺和托察審藍理霸市抽税，婪贓累萬，被害不止一家，流毒已極，應擬斬立決。得旨：藍理應依議處斬，但在臺灣澎湖對敵之時，奮勇向前，著有勞績，著從寬免死，調取來京入旗。

中國第一歷史檔案館《雍正朝滿文硃批奏摺全譯·盛京刑部侍郎武格奏請嚴審故縱犯人逃逸之驍騎校摺雍正四年三月二十二日》 盛京刑部侍郎臣武格謹奏：爲奏參事。

雍正四年二月二十八日，刑部咨文内稱，據盛京兵部咨行，開原城守尉吳達禪呈稱，由部發往黑龍江之犯人石成，已從鐵嶺派出一名官員、四名披甲押解前來，由署城守尉印之防禦額楚肯將犯人石成交給正紅旗驍騎校蘇都呼，又派出六名披甲押送。旋據驍騎校蘇都呼稟稱，本職帶領六名披甲押解犯人石成，於十一月十七日在雙轎子地方讓犯人石成逃跑，云云。故捉拿披甲德壽、必瑪遜、樸齊、沙海、那遜、阿必岱等六人，又驍騎校蘇都呼一並呈解貴部。等因前來。據此，現將讓犯人石成得以逃跑之官兵，已解送盛京刑部。等因前來。準此，本刑部查得，該石成者，乃欽命發往黑龍江永行枷號之犯人，將此咨行奉天將軍，以便普遍咨行，務期嚴加查拿石成外，仍咨行盛京刑部，〔原檔殘缺〕，由值月驍騎校巴岱接收後，將犯人交給我，當時犯人石成並未鎖禁，而將鐵索、脚鐐等具，均裝於袋子後交給我。我接收後欲將犯人石成鎖上鐵索，但石成求我，且值月驍騎校巴岱亦與我言稱，我等皆姓滿洲，互相認識，請看在我臉面上，可否不鎖上鐵索，等語求我，故我未曾鎖上鐵索是實。我留下四名披甲後，僅帶領披甲必瑪遜、阿必岱，讓石成仍騎乘其原來騎乘之騾子，押解至邊外，我派阿必岱、必瑪遜在前面走，我一人跟在犯人石成之後面走，行至雙轎子地方，我之坐騎失前蹄，我當即倒地，而石成騎騾子逃跑是實，我並無收取銀兩後有意放跑。等語。披甲阿必岱供稱：鐵嶺官兵押解石成至開原後，我驍騎校蘇都呼接收。我到達後，並未給犯人石成鎖上鐵索。驍騎校蘇都呼將所派出之六名披甲，留下其中之四人，僅帶領必瑪遜及我二人，押解石成，於本月十六日，行至伊勒們驛，驍騎校蘇都呼派我二人前去跟隨發往寧古塔等地之二十五名犯人車。次日，即十七日，我等隨犯人車至吉林烏拉。十八日晨，驍騎校蘇都呼趕來，與我等言稱，石成逃跑。等語。經訊問披甲必瑪遜，所供與阿必岱同。查得，讓石成逃跑之驍騎校蘇都呼、值月驍騎校巴岱，經相商謀之後，不鎖禁石成，且驍騎校蘇都呼又截留所派出六名披甲中之四人，僅帶二名披甲押解石成。押解途中，又派二名披甲前行，而僅蘇都呼自己跟隨石成，使致逃跑。由此觀之，同謀故縱石成逃跑者，極爲顯然。該石成者，乃鎖上九層鐵索發往黑龍江之重犯，所到之處，理應詳加核查，選派妥當官兵，安全押送爲是。署城守尉印之防禦額楚肯並不詳察，而交驍騎校蘇都呼兼押石成，蘇都呼乃押發往寧古塔等地罪犯陸達等人之驍騎校，在兼押途中，讓石成逃跑，且又一月之後才報部，由此觀之，必有緣故。是以，不得不詳加研審此類之事，務必審出實情，從重治罪懲戒。請將令石成逃跑之驍騎校蘇都呼、值月驍騎校巴岱，俱行革職拿審，務必審明從何地開始不鎖禁石成，以及令逃跑之情弊。若仍不供實情，則必刑訊。又擬傳署印之防禦額楚肯到案，以便嚴審對質。倘若審出實情，而伊仍假官職不吐實供，則即革職嚴審。爲此謹奏，請旨。

中國第一歷史檔案館《雍正朝滿文硃批奏摺全譯·盛京將軍伊禮布等奏參看守罪犯之數名官員蔑視國法摺雍正五年八月初七日》 鎮守奉天等處地方將軍臣覺羅伊禮布等謹奏：爲參奏事。

竊於本年七月十二日，臣等派遣佐領察木布往查各處囚禁罪犯。察木布返回告稱：我前去囚禁王秀德等罪犯之地查看時，其五名罪犯内莫凌孜未在，而守備桃賴亦未在。等語。本月十五日，派出佐領王琳、拖沙喇哈番瑪齊等往查囚禁之罪犯後，王琳、瑪齊等返回告稱：我二人巡查囚禁罪犯至正紅旗大門，查看囚禁於倉子之罪犯，郭勝、三保未在，而守備劉容儀亦未在。等語。攬頭沈尚德假借官米之名，於海上私行賣米一案，防禦孫泰涉及此案，但恐其與罪犯串通，不供實情，有礙審辦，遂派官兵散放看守。於七月十六日，派出協領銜王玉容往查囚禁罪犯後，王玉容來報：看守孫泰之驍騎校陳延茹及孫泰本人俱不在看守所。等語。是以，傳看守罪犯之驍騎校桃賴、劉容、陳延茹，詢問桃賴、劉容二人：爾等乃專爲看守罪犯之官員，其罪犯莫凌孜、郭勝、三保等解鎖離開看守之倉子，顯係爾等收賄釋放。又詢陳延茹：爾將看守之孫泰肆意釋放，況且爾又未在看守所，爾收取孫泰之賄賂甚是顯然。應從實招供。等語逐一審

問後，桃賴供稱：我率領催、披甲看守王秀德等人，於七月十二日，因罪犯莫凌孜來向我乞求，我準其回家是實。我亦回家喫飯。將莫凌孜由看守所放回家中乃我之罪過，我無言以對。我不曾收取莫凌孜之銀兩。等語。劉容供稱：於七月十五日，我將囚禁倉子之罪犯郭勝、三保放出倉子，返家取盤纏是實，我不曾向郭勝、三保收取錢財，將伊等放出看守所乃我之罪過，我無言以對。等語。陳延茹供稱：我帶孫泰由看守所出外喫飯是實，我不曾收取孫泰之銀兩，將孫泰私自放出看守所乃我之罪過，我無言相對。等語。查得，莫凌孜、郭勝、三保係鎖禁之罪犯，驍騎校桃賴、劉容皆爲看守官員，竟然私行由看守之所將罪犯莫凌孜、郭勝、三保釋放，至各處閒遊，甚是失職。其防禦孫泰，恐其與應審之罪犯串通，不供實情，有礙審辦，特派陳延茹看守，而陳延茹竟然帶孫泰出看守之地閒遊，亦甚是失職。臣等懇請將桃賴、劉容、陳延茹咸交付該部嚴加議罪。爲此謹奏，請旨。

鎮守奉天等處地方將軍、拖沙喇哈番、加一級臣覺羅伊禮布，都察院左都御史銜、協理將軍衙門事務臣尹泰，副都統、加二級臣圖爾賽，副都統臣納沁。

硃批：著從嚴議罪擬本具奏，莫凌孜、三保等俱爲姦詐惡棍，數年來未還清應償還之錢糧，尚且如此違例，竟少無懼怕悔改之意，蔑視國法，理當從重議罪具奏。

中國第一歷史檔案館《雍正朝滿文硃批奏摺全譯·山東道監察御史勒恩特依奏陳嚴懲斷案刑審之貪贓枉法者摺雍正七年七月二十二日**》** 山東道監察御史加一級臣覺羅勒恩特依謹奏：爲敬陳管見事。

竊臣查得，凡所理案件，皆應以理按律審理，屬强盗重犯者，則予拘監審斷，倘不招實情，拒不吐供，須靠行刑者，方準夾訊。茲刑部官員不論案件輕重，將無涉株連之人亦拿拘監禁，於審明取供之前，先行夾訊。更有甚者，將大案巧飾化小，輕罪陞爲重罪，删裁重要口供，顛倒是非，妄加擬罪，至與吏部會議之案内，遇恩詔按律同應赦免之罪，有議赦者，亦有未議赦者。對枉法之人，聖主明鑒，陸續予以懲處，但官吏書辦素來其風敗壞，仍然貪贓枉法以行，對枉法之人若不嚴加儆戒，恣意違法之事誠難杜絶。臣伏惟，皇帝體卹生民，其明德仁恩，雖如草芥之微亦無所不至。外任官員無辜被參之人，因飾命呈書都察院，致如螻蟻之人無不荷主恩惠。以臣愚意，嗣後凡應拘審之正兇案犯外，若對應交付於旗佐領司坊官員之無涉案連之人，有違例拿禁，恣意行刑，貪贓索賄，顛倒是非，無辜擬罪等情，可準受害人呈書都察院核查奏聞審理。倘有假冒上訴，經審確屬不實者，將呈書者從重治罪。查得，河南、江南、浙江、山西、山東、陝西六道，每月稽察銷檔之事。若係欽命查議審理之案，皆由河南道承辦，江南等五道除銷檔之事外，別無審辦之項。故請將因冤案所呈之書分給江南等五道，會同六科給事中審議。如此則審案議罪之官不敢擅自行弊也。爲此謹奏。

《清高宗實録》乾隆四十年九月〔戊午，又諭〕昨四川省秋審册，經九卿改入情實者五起，爲數過多，將承審之員議處。因署督文綬現辦軍需，於秋審案件未能悉心覈定，是以將專辦之署臬司顧光旭，嚴加議處。而文綬則從其輕。今福建錯擬緩決，係余文儀所辦。余文儀向係刑部出色司員，於讞案情節輕重，皆所熟悉，且非若文綬承辦軍需者可比，何輕率錯擬若此？秋審雖臬司專責，但廣德係吏部司員出身，刑名之事，不及余文儀遠甚。使欲加罪，則重在余文儀，而廣德爲輕。因所改止有兩案，姑免交部。余文儀著傳旨申飭，嗣後秋讞定擬，如再有舛誤，不能復邀寬典矣。

《清高宗實録》乾隆四十七年二月 壬午，諭曰：楊魁奏，革職知縣楊慰，訪稟諸羅縣盗首洪籠病故，經委驗，知府蘇泰稟稱：係久斃之屍，並非洪籠正身，拘獲洪籠之兄洪盧，訊係因根緝畏累，將路斃屍身捏作洪籠病死，投保轉報等情。現在提集人犯，嚴切根究一摺。此案内，盗犯洪籠係爲首要犯，自應嚴緝正身務獲，速正刑誅。乃該犯之兄竟敢將路斃屍身捏冒病死，已革知縣楊慰並不驗明，遽行據報。顯係憚於協緝，有心欺捏，情罪甚爲可惡，僅於該省提審，不足蔽辜，所有革職知縣楊慰，著即拏交刑部治罪。至知府蘇泰，於委驗屍身，究出假捏情事，辦理尚能持正，著交部議叙。其革職知府萬縣前，仍照該撫所請，留臺協緝，獲盗後方准内渡，該部知道。

《清高宗實録》乾隆四十七年二月〔丁丑〕軍機大臣會同刑部議覆，據陝甘總督李侍堯奏，鎮迪道巴彦岱前在鎮西府任内，收受經方餽送銀一

千兩，現任鎮西府富明阿明知經方虧空，因恐分賠不行查揭，均請照例擬流，應如所請。巴彦岱照侵盗錢糧一千兩杖流例，富明阿照故出人罪死囚未放減一等，杖流例，俱從重改發新疆効力贖罪。得旨：此案巴彦岱在鎮西府任内，收受經方餽送銀一千兩，明知該犯虧空帑項已逾數萬，因受賄在先，憚於舉發，又恐自身將致賠累，是以甘爲徇隱，覈其情罪，與署鎮西府之富明阿並未收受餽送銀兩，止係庇獲不行揭報者，輕重懸殊，軍機大臣會同該部覈擬時，自應按例將巴彦岱比照經方斬決之罪，減一等定擬斬候，方爲允協。乃率照李侍堯原擬，將巴彦岱、富明阿均擬杖流，改發新疆，殊屬錯謬。定此案之軍機大臣、刑部堂官及李侍堯俱著交部議處。此案巴彦岱改爲應斬監候秋後處決，餘依議。甘肅各官上下通同一氣，目無法紀，至於如此。雖王亶望一人之作俑，而官官相護之風，至於舉朝皆然。朕竟不能以誠感衆，實爲慚德，不知衆人以爲何如。

《清高宗實録》乾隆四十七年十一月〔己亥〕又諭：據姚成烈覆奏嚴緝傷差奪犯之要犯胡成性一摺。止將接奉諭旨，空文敷衍，而於如何飭屬設法蹤緝，及現在曾否就獲之處，並未據實具奏。似於此等緝拏要犯之案，可以一奏了事者，殊屬非是。著傳諭姚成烈：將胡成性一犯是否就獲，並現在如何飭緝辦理之處，據實速奏。至外省於接奉緝拏匪犯之旨，往往視爲具文，僅以一奏塞責，而於脱逃之犯並不實力擒拏，尅期弋獲，殊非肅法懲兇之意。並著傳諭各督撫：嗣後遇有緝犯之案，務須嚴飭各屬，勒限擒捕，毋得視爲海捕通緝具文，致要犯久稽顯戮。

《清高宗實録》乾隆四十七年十一月〔丙寅〕又諭：據雅德覆奏黄茂拒捕自焚一案。摺内稱黄茂胞叔黄便，控告該犯逆祖毆叔，該縣營弁往拏，該犯拒捕，鎗傷兵役。經汀漳龍道姚棻會同遊擊田藍玉，帶兵圍守，該犯情迫自焚，當即撲救，搶出男女屍身四具，據原告黄便認明，係黄茂同妻子四人之屍，現委員前往，將黄茂等屍棺封記，聽候查驗辦理等語。黄茂自焚身死，既係原告認明，更有何疑？若該撫前奏即將此等情節查明，詳悉聲叙，自可毋庸降旨查詢。可見該撫於地方緊要事件，並未留心，必待朕嚴切傳諭，方始悉心究訊。今此案既經查有切實證據，自屬可信。乃雅德又奏稱，令將黄茂屍棺封記，再行親往查驗。試思該犯焚死已久，該撫即親往查驗，又憑何辦認其真僞，且又焉能如原告當場認明之親切耶？雅德不過因前旨詢問，聊以此奏塞責，何不諳事體輕重若此？著傳旨申飭。

《清高宗實録》乾隆四十八年十一月〔甲辰〕諭軍機大臣等據黄仕簡奏，訪查臺灣淡水廳屬有奸民林淡等焚燒殺命一案，事隔兩月，營員並不具報。現將諱匿玩延之副將左瑛，移咨督臣，會疏題參，並囑鎮臣柴大紀到臺迅速督辦，毋致稽延疎縱等語。所辦是。此案前經雅德、富勒渾先後具奏，已降旨令該撫嚴飭查拏，並將不行親往查拏之臺灣道楊廷樺交部嚴加議處矣。臺灣民俗刁悍，向易聚衆滋事。經上年大加懲創之後，其風仍未能盡息。該道楊廷樺係獲咎降調棄瑕録用之員，不知感恩奮勉，於此等要案不即親往查拏，因循玩視，已照部議降調，其員缺將李淩原補授。計此時黄仕簡自已起身赴京陛見。著傳諭雅德飭知該道，速赴新任，實力整頓。所有林淡等焚搶案内已獲各犯，即著雅德速飭該鎮道審訊明確，應行正法者，即在該處正法。其未獲夥犯，並著嚴飭該地方文武各員弁，迅速按名查拏務獲，毋使一名漏網。將此由四百里傳諭黄仕簡、雅德，並諭富勒渾知之。

《清高宗實録》乾隆四十八年十二月〔壬戌〕諭軍機大臣等，昨據雅德參奏，漳州府李淩原等於民人許烈等毆死楊恩一案，審解逾限，易結不結。已明降諭旨，將李淩原等革職，並將永福調補臺灣道矣。永福本係獲咎降調，從寬留任之員。今又加恩調任臺灣，委以重任，該處遠隔重洋，民俗刁悍，屢有聚衆滋事之案，駐劄道員，最關緊要必須實力整頓，痛改廢弛積習，庶於海疆有益。永福身係滿洲，尤非楊廷樺可比，伊若不知感激奮勉，事事整飭，將來該地方或有仍前怠玩廢弛之處，必將伊從重治罪。非比楊廷樺之僅予革除已也。著傳諭富勒渾、雅德嚴行詳飭該道凛遵辦理，將此由四百里諭令知之。

（清）祝慶祺《刑案匯覽》卷五九《刑律斷獄·官司出入人罪》 湖廣司查錯擬罪名生死出入，吏部例内應行降調。此案桂陽另案降調知縣黄賢先，因張毛毛被阮通士誣質供認毆傷朱孔身死，將張毛毛定擬絞抵，具詳經州駁回。訊明張毛毛並非正兇，稟州另行審辦，是該縣雖經失實在先，業已遵駁，訊非正兇，稟州另審，與原擬斬絞監候，部駁改爲軍流徒者相同。按例止於議處，既據該撫附疏題參，應聽吏部按例查議。至官司

出入人罪分別減等律例，係指官員有別項情弊，業經參革治罪者，審明後始援用定擬，其未經參革之文武官員有犯公私罪名，名例尚有分別降罰降調明文。況審擬錯誤，例止議處，似不在應行議罪之列。奉批，該撫既云失入，應照刑律減三等治罪，仍查有無以此交部議處之案。遵復，查得乾隆四十九年七月，安徽省審題王振紀喝令陳文忠毆傷張朝御身死，原審將陳文忠擬絞，遵駁改正，將王振紀擬絞一案。又五十年四月，江西省蕭來致死兄妻蕭阮氏，原擬絞候，遵駁爲杖一百一案。又湖南省歐美成捉姦捆溺歐受受身死，原擬絞候，遵駁改爲滿徒一案。以上三案均係承問失入，交部議處，吏部出語内亦俱聲明係屬失入，例應議處，將各員議以降調在案，理合稟覆。乾隆五十八年説帖。

《清高宗實録》乾隆五十九年三月〔己巳〕軍機大臣會同刑部議奏：欽差大學士福康安等，審擬蓡局協領虧帑累民，分別治罪。得旨，諸穆三依擬應斬，著監候秋後處決。恒秀依擬應絞，著監候秋後處決。至此案歷任將軍、副都統等，辦理蓡務，不能妥協，因循掩蓋，以致釀成積弊。予以革職降調，本屬罪所應得。姑念伊等祇係經理不善，尚書侵肥入己情事，都爾嘉著革職，從寬留任。琳寧著降三級，從寬留任。慶桂著降一級，從寬留任。那奇泰著降二級，從寬留任。索喜、寧泰俱著降一級，從寬留任。餘依議。

《清高宗實録》乾隆五十九年十二月〔丙子〕諭軍機大臣等，前因邪教案犯劉之協，另案關提至河南扶溝縣，乘間脱逃一案，將穆和藺革職，發往烏嚕木齊効力贖罪，並將革令劉清鼐及案内之解役人等，一併解京審訊。兹據軍機大臣訊明劉清鼐供詞，據稱劉之協於九月十五日脱逃，伊於十九日，奉到上司查拏劉之協公文。始知係邪教案内要犯等語，劉之協係與劉松倡復邪教之人，豫省爲劉松原籍，既經穆和藺查出咨會甘肅究辦，即應先行飛速通飭各屬，將劉之協及早查拏，則該縣得以早奉公文，即可將該犯尅期解送，迺遲緩怠玩，延擱時日，致要犯得以乘間脱逃。由此觀之，是劉清鼐疎脱人犯，皆由於穆和藺之行文遲延所致，其罪實無可逭，前次僅將伊革職，發往烏嚕木齊効力贖罪，尚屬從輕示懲。計此旨到時，穆和藺已可行抵藺州，著傳諭勒保，即宣示諭旨，令其將因何不早爲行文拏犯之處，明白登答，據實具奏。

《清高宗實録》乾隆六十年正月〔壬子〕諭：本日刑部奏審擬正白旗滿洲輕車都尉喀寧阿毆傷庶母任氏，致令自縊身死，擬發黑龍江當差，又原任浙江温處道高樹勳追項未完，查明並無産業，擬流折枷，其應追銀兩，請旨豁免二摺，所辦皆屬大錯。喀寧阿係伊父四十一長妾王氏所生，亦妾所生，非嫡子也。即嫡子亦不應如此犯倫。任氏乃四十一之次妾，曾生女二妞，年已長大，即係喀寧阿同類之庶母。乃任氏向其索要棉襖，既不給與，輒敢拳抵脚踢，致任氏受傷後，遂氣忿自縊。是喀寧阿凌辱庶母，致令輕生，自應問擬抵償。何得率引毆傷父妾之例，僅擬發黑龍江？實爲寬縱。喀寧阿著改爲應絞監候，入於情實。至高樹勳久任道府，廉俸優厚。其所借欠張謙良名下應繳城工銀兩，祇一萬四千餘兩，何致不能完交？所稱咨查該旗屯及直省各督撫，實無隱寄財産之處，俱不足信。若如所奏，將該員擬徒，又以旗人例折枷，免其追繳，伊轉得安居屯莊，擁貲坐享，何以示懲？朕固不爲已甚，不加深究。此項銀兩，不值再行查追，即著豁免。但其揑飾之情罪，未便寬減。高樹勳著發往伊犁，給厄魯特爲奴。仍交沿途各督撫派員小心管解，如有疎脱等事，惟該督撫是問。試思當得何罪。刑部辦理此二案，錯謬已極。自因朕上年屢降恩綸，疊施愷澤，丙辰年即屆歸政之期，遂爾事事顢頇，意存姑息，以邀人譽。殊不知一切法律，朕可以法外施仁，臣工等豈得擅行市惠！若似此一味輕縱，於政治大有關係。不特朕未歸政以前，斷不肯任其朦混。即歸政以後，朕亦豈置天下之事於不問？維時若臣下等敢於嘗試，更當重治其罪，決不因歸政而稍存寛貸也。今刑部堂官於此二案，已露其機。辦理大錯，殊屬昧良。俱著交部嚴加議處，以示懲儆。朕臨御六十年，辦理庶務，惟日孜孜，從不稍存懈忽。大小臣工，務宜各矢天良，交相儆勉，以副朕教誨，成全至意。

《清高宗實録》乾隆六十年閏二月〔丁亥〕又諭：邪教案犯劉之協，在扶溝脱逃後，節經降旨，令該督撫嚴密查拏，迄今未據緝獲。試思各省地方，自督撫以至州縣，層層管束，如果實力查緝，彼將焉往？乃該督撫等既未能將正犯查明實在蹤跡，而辦理非過即不及，輒將輾轉牽涉之人，紛紛拘訊，即如前次惠齡在樊城查拏張華一犯，將字音相似之人張添華、張化等一併搜查拘訊。而現在周樽因查拏劉玉春，亦將太和縣城内

城外之劉姓民人，傳齊盤問。此等民人，與邪教匪犯並無關涉，而牽連提究，徒滋擾累。邪教傳徒惑衆，固不可不嚴查究辦，然亦豈可波及無辜？外省派委佐雜及胥役人等，即遇無事之時，尚思借端訛詐，擾累平民，况藉查拏邪教爲詞，必混行搜捕。及審非案犯，並不治伊等誤拏之罪，則其弊更不可問。而民人等借此互相仇扳誣陷者，亦所時有。即使訊屬無干，旋行省釋，而拘提到案，往來質審，已受株連破家蕩産之累，成何事體！著密諭各督撫，此後惟當嚴密留心查拏正犯，毋任潛匿遠颺。如遇委員差役等妄拏平人，借事訛索者，即將伊等加重懲治一二，以儆其餘，則委員役吏等知所懲儆，不敢任意索詐，而無干之人，亦免波累。但該督撫仍不得因有此旨，即意存怠忽，又置緝捕要犯於不問，以致終無弋獲也。

（清）祝慶祺《刑案匯覽》卷六〇《刑律斷獄·決罰不如法》　直隸司此案把總盛誥，因所屬兵丁彭隴欲醉罵街，並挾盛誥傔其採窑石塊碎小之嫌，一併指名混罵。經盛誥傳問，彭隴復直認指罵，盛誥氣忿，喝令兵丁任幗富將彭隴用棍於臀腿等處責打六十餘棍，以致因傷殞命。該司將盛誥等分別擬以杖徒等。因職等查兵丁彭隴辱罵本官，已有應得之罪，盛誥因其當面混罵，主令棍責，並無不合，特以棍責四十之後，復令毆打致死，究屬非法毆打。且既經訊明並無挾嫌故勘情事，照例擬以滿徒，不准援免辦理，已屬從嚴。兵丁任幗富等分別擬以徒杖，准予援免，均屬妥協，似可照辦。奉諭，傷不全在臀腿受杖，查劉松岳案比定等因。遵查，乾隆五十年十月内欽差侍郎姜審辦直隸昌黎縣劉松岳因查審地畝，主使衙役拿責鄧甫清，致傷額顱等處身死，復捏報在監病故，原奏聲明該參員任性濫刑斃命，應照非法毆打致死擬徒。又復躲避處分，諱傷爲病，捏飾無弊，從重發往親疆，以示懲敬。此案把總盛誥因兵丁彭隴酗酒罵街，並將其指名混罵，主使棍責，因彭隴身子轉動，以指傷其䏱瞅等處身死，並無挾嫌遷怒別情。設將彭隴臀腿毆傷斃命，應照依法決罰邂逅致死律勿論。今傷及䏱瞅，擬以徒罪，尚屬照例辦理，較之昌黎縣劉松岳濫刑斃命之後復以捏報病故者不同。該司擬以不准援免，職等公同酌核，已屬從嚴應請照辦。嘉慶元年說帖。

（清）沈廷瑛《成案備考》嘉慶十年　因罪人當堂頂撞，令役用棒毆打脚踝，致斃，依律擬杖，刑部爲遵旨核擬具奏事，議得直隸總督顔〔檢〕奏，知縣宋遠非刑斃命，審明定擬一摺。據奏稱緣宋遠係獻縣知縣。嘉慶七年正月間，有村民王齊等因缺籽種向監生錢世科共借穀一百六十餘石。王齊名下借穀一石五斗，原許麥秋二收清償。是年均未交還。八年春間，錢世科赴縣呈告，陸續追還八十餘石。王齊與陳甫、陳興業等各户仍欠八十餘石。八月初五日，錢世科以秋收豐稔，向王齊等索討不給，又赴縣催追，該縣宋遠票差快頭宋廷標往催未交。九月初十日，宋廷標轉撥張開貴、黄文碧往催。陳甫與之爭吵，張開貴將陳甫帶縣訊追。陳甫之子陳丑、陳興業並王大丑、王二丑、王三丑、彌振宗尾隨觀看，行至村西，與王齊、王全方兄弟撞遇，王齊詢知情由，聲言原差敢於帶人，喝令先行毆打再與訐訟。陳丑、陳興業、王大丑聽從下手，毆傷張開貴肩甲、左肋、右胯、左胯、腦後、脊背、脊膂、後肋、腰眼、脚跟等處，並將左胳膊毆折。又毆傷黄文碧右眉、右眼、肩甲等處，旋各逃逸。王全方、彌振宗、王二丑、王三丑，並未助毆。張開貴、黄文碧借錢世科房屋養傷。錢世科具稟宋遠，委典史吴楷前往驗傷開單，送縣差拿審究。十一月二十一日，緝獲王齊、彌振宗到案。彌振宗將王齊喝令毆差伊在旁目擊之處供認明確。王齊狡不承認，宋遠諭令刑夾，王齊即起身頂撞宋遠，以王齊不服跪訊，令快役劉廷見、劉懷玉將王齊按倒，又令馬越用木棒毆責脚踝二十下，致傷兩足外踝，並墊傷内脚踝等處，王齊始行承認。宋遠當將王齊收禁，未經具詳，催緝陳甫等無獲。十二月十八日王齊染患痢疾，提禁醫治服藥無效，棒傷潰爛，至二十三日身死。宋遠並不詳請委員驗報，私自相驗，捏填兩脚踝夾傷平復，仍復隱匿不詳。屍母王馮氏因脚踝潰爛，自係因傷身死，但張開貴胳膊毆折，未經痊癒，且其次子王全方亦係在場。恐應問罪又在逃未回，不敢告發。九年五月内王全方回家詢悉前情張開貴傷已漸次平復，遂赴步軍統領衙門具控，咨回審辦。經臣委員開驗屍傷，並審係非刑斃命，恭摺參奏。奉旨將宋遠革職，飭令嚴審定擬具奏等因。遵即提犯研審，據供前情不諱，將宋遠擬徒等因，具奏前來。查律載，官司決人不如法，因而致死者，杖一百，行杖之人減一等。若監臨有司官，因公事于人虚怯去處，非法毆打及親以大杖金刃毆人致死者，杖一百徒三年。又例載如有將徒流人犯拷訊致斃二命者，照決人不如法加一等，杖六十徒一年。又律載犯罪拒捕，毆所捕人至折傷以上者，絞監候。若罪人本

犯應死而擅殺者，杖一百各等語。又乾隆五十年臣部議覆湖廣總督特〔成額〕題署襄陽府同知劉具斌，因賊犯汪成煥狡供，用木棒毆打脚踝，因傷身死案內，欽奉諭旨汪成煥雖因傷身死，該署同知究因賊匪狡賴翻供，用刑拷打，與故勘平人有間。將劉具斌交部議處在案。此案參革知縣宋遠，因王齊拖欠錢世科穀石被控，差役張開貴等往催王齊，喝令陳丑等將張開貴左胳膊毆折，經宋遠拘訊王齊狡供不認，反行頂撞不服。宋遠令皂役用木棒毆責其脚踝，以致潰爛身死。查王齊負欠不還被控係屬有罪之人，膽敢拒捕毆折差役胳膊，按律罪應絞候。宋遠將其責訊致死，係致斃罪犯應死之人，較之拷訊徒流人犯致斃二命者，情罪較輕，且所用木棒並非例載大杖金刃，脚踝亦非虛怯處，所核與劉具斌拷訊賊犯用木棒毆打脚踝，因傷身死之案，情事相同。惟該參員審訊案犯並不虛心研鞫，因其狡展，輒用木棒毆打脚踝，究屬違例，自應照決人不如法問擬。今該督將宋遠依非刑毆打致死律擬徒，與例不符。宋遠應改依官司決人不如法，因而致死律，杖一百。係職官犯公罪，業經革職應毋庸議。其下手快役馬越、劉廷見、劉懷玉應于宋遠杖一百罪上減一等，杖九十，免其革役。陳丑等應令該督飭緝獲日另結等因。嘉慶十年正月二十日奏奉旨依議欽此。

《清仁宗實録》嘉慶十二年四月〔壬午〕又諭：玉慶等奏，訊明蘇州府縣承審壽州三命重案，徇情故出情節，按律定擬，並將該總督臬司分別參奏一摺，已批交刑部議奏矣。臬司遇昌，於此等重大之案，並不豫提犯證，親行確訊。及府縣具詳後，又不細覈案情，悉心推鞫，該司爲刑名總匯，一任屬員受囑蒙詳，顛倒獄情，竟同聾瞶。僅予革職，不足蔽辜。遇昌著革職，發往烏嚕木齊効力贖罪。至總督鐵保，於特旨交審之案，即與欽差無異，乃並不親提嚴訊，率據承審屬員照擬定案，復失察周鍔等徇情蒙混之弊，轉以平反得實，代請議叙，實屬錯謬。鐵保著革退宫保銜，拔去花翎，仍交部嚴加議處，俟奏上再降諭旨。尋議革職，得旨降爲二品頂帶，仍帶革職留任。

《清仁宗實録》嘉慶十二年六月　癸未，諭内閣：御史英綸奏刑部銀庫失銀一案，拖延數載尚未結案，又大興縣民人馬林家母女白晝被傷身死一案，亦逾半載並未訊有頭緒，均屬延緩懸宕等語，所奏甚是。刑部爲刑名總匯之區，於本衙門自審案件，尤當迅速審辦，隨時完結。乃於嘉慶九年銀庫失銀一案，拖延數載，迄未能研審得實，正犯又未飭緝務獲，現在仍有寄監候緝待質之人。至大興縣民馬林家母女被傷身死之案，以輦轂之下，白晝行兇，連斃二命，實屬不法已極，必須迅速懲辦。前經特降諭旨，勒限嚴拏，而各該衙門至今並未緝獲，以致無憑審辦，均屬延玩。所有刑部失銀一案，今著專派未經審辦此案之堂官韓對、秦瀛二人，並著於司員内亦遴派未經承審此案者，督令將現在寄監之犯詳加研究，是否實係正賊及知情分贓之人。如訊係無辜，應行釋放，嚴緝正犯。著即奏明分別辦理。其馬林家母女被傷身死之案，著步軍統領衙門、順天府五城遵照前旨，嚴拏正兇，勿任漏網。如不能迅即就獲，著每月具奏一次，自請處分。刑部近在京城，尚如此因循疲玩，無怪乎各直省積年陳案，不能清理。朕實引以爲愧，未知内外問刑官員亦知愧否？

《例案摘要·謀殺人·圖財害命初供已認旋即翻異駁令另審嘉慶十四年湖廣司》　查圖財害命重案，承審官自宜詳慎推鞫，固不可使正犯倖漏法網，亦不可任捕役妄拿無辜，率意刑求，致滋冤濫。此案鮑福壽在途被殺之處，本部詳閱供招，細核情節，已將鮑福壽據王錫純呈明，是伊店夥係被顧之黄姓，圖財害命等情，該縣飭差勒緝。該役李元因陶有曾見過黄姓，囑作眼目，誤認謝正貴爲黄姓，拿獲送縣訊。據謝正貴供認，係聽從龔貴誆騙騾隻，賣錢分用。伊隨假捏黄姓，詭欲往該縣顧得鮑福壽騾隻，殺死以便取其錢騾。迨半夜後，伊同鮑福壽趕騾行至曠野地方，龔貴先已在彼等候，即用刀砍傷鮑福壽身死等語。及鬮獲龔貴到案，亦供認起意謀殺各情，與謝正貴供詞符合，并供出李發亦屬同夥。緝獲李發到案，堅不承認，龔貴等旋各翻供不承。委員嚴審謝正貴，實非黄姓。將陶有照誣良爲盜擬軍例，減等擬徒。惟如非正兇，何以所供圖財害命情形歷歷如繪？迨李發到案不認，謝正貴等俱將已供情節頓行翻異。如謂謝正貴等本非正兇，到案時即應極力剖辨，豈肯將罪于重辟之事率行承認？且緝拿黄姓，謝正貴即與黄姓面目相仿，以致陶有誤拿到案時，謝正貴何肯供認假捏黄姓，並裝點圖財謀死鮑福壽情形以實已非？種種疑竇殊出情理之外。若非謝正貴等實係正兇，捏詞狡卸，即係捕役畏比妄拿，教供逼認，并串囑陶有硬証。而該縣亦不加詳察，遂致謝正貴等誣服。如果屬寔，自應將該役李元並陶有嚴審究辦，並將該縣參奏，以爲玩視重案者戒。今僅將陶有

依誣良爲盜，量減擬徒，援赦減杖，李元擬杖寬免，殊屬輕縱。本部未便率覆，應令該撫另委賢員，提集人証，研審謝正貴等是否正兇，並捕役李元是否有心妄拿，及該縣有無刑求逼認各情。詳訊明確，按律妥擬，到日再議。

《清仁宗實録》嘉慶十五年七月〔丙子〕諭内閣近來諸臣内執法者少，廢法者多，大率不肯存任怨之心，而惟知蹈市恩之習。夫立法創自祖宗，百餘年來奉行勿替。朕祗守成憲，諸臣即皆係佐朕執法之人，自當有善同賞，有惡共罰。况本朝法度公平，一切斷罪論刑，從無過嚴失當之舉。設使有過嚴失當者，諸臣亦惟當執法論奏。苟所奏得當，朕亦無不權衡末減。豈有陽奉陰違，私向罪人昵比之理？即如近日查出綳武布等獲罪之後，發往吉林。彼時秀林等竟爲之代修住房，飲助盤費，並且爲之措繳官項，甚至饋送節禮多次。風聞各處遣戍官犯，竟有與將軍並坐共食者，豈不可駭！朕於臣下所犯罪名，區别詳慎。其罪不至死者，按照定律分别軍流。至於大臣問擬遣戍者，大率案情本重，尚不至於死，是以止坐謫戍，令其備嘗艱苦。至於日後或加恩釋回，或令其多住數年，或竟不准釋回，皆必詳審再三，歸於至當。乃朕方令其折磨改悔，而該處大臣轉爲經營曲庇，安其服食，便其起居，俾得花銷逸樂，盡忘戍所之苦。豈非背法而行，必欲與朕意違拂乎？且人情照應誰則能免，果係舊交戚好，現非執法之人，逢有謫戍遠行，解囊佽助，此亦情事之常。若秀林等正係該處執法大臣，何得與本處罪人私相交往？况其所給銀兩，又非己貲，不過將婪索贓私供其揮霍。蓋緣伊等在彼，亦自知營私敗檢之事，難免人知。豫恐發往之人釋回傳播，既可藉此彌縫，而又結交見好。豫爲他日地步，其居心豈復可問乎？此等特旨發遣之人，該處大員尚敢如此庇護，無惑乎上行下效，各處地方官於發遣流徒常犯，皆一味博寬厚之名，全不認真管束，以致在配脱逃者絡繹不絶。如昨日廣西逃遣，復來行在叩閽，成何事體！各省刑禁弛縱如此，國法安在？朕辦理刑政，從不肯有意從嚴，天下臣民共知共見。而大臣中乃敢市恩取悦，徇私廢公，則是朕之所惡。必欲庇之，國之所棄。必欲全之，將憲典竟可阻撓，罪人無所儆懼。朕豈肯以國家成法任伊等廢弛？將來勢不得不大加整頓，激成猛以濟寬，朕亦無如之何矣。將此通諭内外臣工，其各屏去私心，凜遵法度，勿徇情邀譽，自蹈重愆，以副朕諄諄訓誨至意。

（清）祝慶祺《刑案匯覽》卷五九《刑律斷獄・與囚金刃解脱》浙江司查上年二月間，福建省奏監犯宋抓孜因病發躁，致傷同監人犯沈萬年身死一案。聲明禁卒周幅專司獄務，監内存有甎塊鐵鉗，並不小心收藏，致宋抓孜先後拾取鐵塊甎鉗毆傷沈萬年身死，非尋常玩忽可比，將周幅比照獄卒以金刃他物與囚殺人絞監候律，量減一等，擬杖一百流三千里。經本部照擬核覆，奏結在案。今浙省奏監犯王起會在厠墻乞取石塊，挾嫌毆斃監犯潘阿龍一案。該省以禁卒張瓏並不小心看守，以致王起曾私取石塊毆斃同監囚犯，將張瓏比照以他物與囚殺人律，量減擬以滿流，核與宋抓孜之案情罪相同，似可照覆。嘉慶十五年説帖。

（清）祝慶祺《刑案匯覽》卷五八《刑律捕亡・主守不覺失囚》江西撫奏緩決絞犯曾瘋瘇越獄脱逃被獲一摺。嘉慶十六年十一月二十七日奉上諭：先福奏縣監絞犯越獄，即徑拿獲審明定擬一摺。此案信豐縣絞犯曾瘋瘇越獄脱逃，該縣公出典史親督丁役，於三日内即將該犯拿獲，尚屬知懼知勉。若仍予革職，未免無所區别。黄思錦著革去頂戴，改爲革職留任，四年無過，題請開復。嗣後管獄官遇有脱逃監犯，於五日内緝獲者，即照此例辦理。餘著該部議奏。欽此。據該撫奏稱，據信豐縣知縣劉篤勝詳報，該縣於本年六月二十六日因奉該管贛州府委，赴鄰境協拿花會賭犯公出。接據典史黄思錦稟報，六月三十日夜，有絞犯曾瘋瘇越獄脱逃，督押丁書兵役趕緊追拿，於七月初三日將犯拿獲。該縣趕回勘訊詳報，緣曾瘋瘇因糾竊未得贓，被事主追捕，該犯圖脱，刃傷事主，審依竊盜未經得財逃走，被事主追逐，拒捕刃傷例擬絞監候，入於秋審緩決，發縣監禁。六月三十日晚，該典史黄思錦進監收封上全刑具，諭令禁卒殷茂小心看守。是夜曾瘋瘇慮及秋審已過，畏懼正法，起意逃走。五更時，乘禁卒、刑書兵役睡熟，悄悄走起，擰斷鐐銬，脱去紅衣，扳折木柵，鑽身出外。至獄神堂前院内，見地上放有涼棚柱木，移至院西墻邊，即緣木上墻，跳出墻外街道，潛至城邊。時已黎明，城門已開，該犯本係秃頭，並無頭髮，即混出城外。禁卒殷茂睡起，查知驚喊。正遇該典史同刑書進監查驗，聞知即趕緊追拿，於七月初三日該典史督同丁書兵役并禁卒家屬拿獲。稟經該縣，劉篤勝趕回勘驗，嚴訊刑禁人等，實係依法看守巡邏，因

《清仁宗實録》嘉慶十七年三月　諭内閣，前據陽春等奏，布魯克巴頭人等，因貨物進關漏税，經帕克哩營官查詰，有策忍敦柱，輒同跟役郭結、卜瓊等將正副營官揪毆，經伊等訊供，將該頭人等問擬斬梟斬決具奏。部議上時，業經降旨發往，旋又據陽春等奏到，接據布魯克巴部長來稟稱營官先持刀向戳，該番民始行抵格，請免治罪。因查陽春等初次奏摺，並未將營官持刀一節聲叙，似有意偏袒營官，辦理不公。隨又特降諭旨，由五百里發去，令瑚圖禮等再行詳查起釁根由，其策忍敦柱等三人暫緩辦理。本日召見松筠，諭及此事，據松筠奏，向來布魯克巴進藏貨物，例不上税，節經禁革有案。並稱營官等均係唐古忒充當，向來外夷人等，與邊地營官及唐古忒等鬭毆致斃均依各部落土俗治罪，並准收贖罰付死者之家等語。此案陽春等所奏，策忍敦柱等逞兇治罪根由，係因漏税而起，若向來既不收税豈能加以漏税之咎。竟是該營官等勒索肇釁，陽春等不將營官滋事之處據實查辦，以服夷情。轉稱該頭人抗税起釁，且彼時既據跟役幹扎喜有營官先用刀向戳之供。摺内全不叙及，其檄諭該部長文内，亦不叙明。以致該部長具稟申辯，再營官被毆之傷，亦未驗明輕重。案内緊要情節，伊等均一味含糊，不加詳訊，顯係偏聽枉斷，案情多不確實，至外夷與唐古忒鬭毆之案，既有舊例可循，伊等又何以不行查明，輒將策忍敦柱等三人問擬重辟，陽春、慶惠二人辦理此事，欺隱舛謬，糊塗不堪，厥咎甚重，著交部嚴加議處，即來京聽候部議，尋議陽春、慶惠均照溺職例革職，從之。

《清仁宗實録》嘉慶十八年四月　癸亥，諭内閣：據富俊奏審訊遣犯韓自有等商謀糾劫大概情形一摺。此案遣犯韓自有等糾衆滋事，前據斌静參奏副都統明德辦理張皇，並將派審之協領巴達爾呼奏請革職。兹據富俊訊明，韓自有等雖非謀叛，而糾衆謀劫各情節，業據劉三供認明確，遣犯糾約滋事，自應嚴拏懲辦。明德一聞首告，即將各犯全行拏獲。惟未能審訊明晰，全委之巴達爾呼等嚴刑拷問，致將案犯拖斃。雖有應得之咎，亦不過止於議處。乃斌静前至墨爾根城，即不會同明德審辦，率行參奏，並請將巴達爾呼革職，實屬偏執意見。斌静不勝將軍之任，著即來京候旨。所有此案犯證多名，著富俊遵照前旨，逐一訊明，分別定擬具奏。巴達爾呼著先行開復，俟結案時與明德一併交部分別議處。

值困倦睡熟，偶致疎脱，並無知情賄縱及鬆放刑具情事。將曾瘋瘇照原擬絞候改入情實，殷茂等擬以徒杖等因。應如所奏，曾瘋瘇合依犯罪因禁，在獄脱逃，原犯絞監候應入緩決者，入於秋審情實辦理。該撫奏稱，禁卒殷茂訊係依法看守，一時疎忽，究非知情賄縱。惟於擬絞秋審重犯越獄脱逃，毫無覺察，非尋常玩誤可比，未便因其限内遺屬隨同拿獲，遽予免議，致滋無所警畏，仍應照例問擬。殷茂合依監犯越獄，禁卒實係一時疎忽，偶致脱逃，並無賄縱情弊者，依律減囚罪二等例，於曾瘋瘇絞罪上減二等，杖一百，徒三年。刑書何定洪於限内親身獲犯，律得免罪。惟於擬絞重犯並不小心防範，實屬疎忽。禁卒袁發、黄忠、任彩雖看守別籠人犯，第於同監之犯脱逃，毫無覺察，應與刑書何定洪並支更巡邏因倦睡熟之差役蕭助、李升、兵丁林玉瀧均照不應重律，杖八十，分别革役、革伍等語，均應如所奏完結。又據奏稱，典史黄思錦於絞犯越獄即時，親督丁役於三日内拿獲，雖尚迅速，惟係專管監獄之員，不能先事防範，應請革職，免其拿問。該縣劉篤勝當犯逃之日，因公出境，無從覺察，且於三日内即經該縣丁役隨同捕獲，應請免議。此案係營兵限内協獲，汛弁及文武各上司職名並免開參等語。除典史黄思錦應遵旨革去頂戴，改爲革職留任，四年無過，題請開復外，餘應移咨吏、兵二部，照例查辦，並通行各省遵照。嘉慶十六年通行。管獄官革職留任，四年無過，題請開復，已纂例。

（清）祝慶祺《刑案匯覽》卷六〇《刑律斷獄·決罰不如法》　東撫咨，革弁顔懷哲鞭責賭犯靳連山身死一案，此案顔懷哲係已革觀城汛經制外委，因時届隆冬，恐有匪徒窩竊聚賭滋事，帶同汛兵張敬等赴鄉查夜，適靳連山與劉見德等在場院内聚賭，該革弁即令兵丁將靳連山等拿獲，押帶進城，移縣究辦。靳連山不服押帶，頂撞混罵，該革弁令兵丁趙迎林、李殿魁將其按倒褫褲，令張敬鞭責，因黑夜恐鞭稍傷及腎囊，故令張敬將皮鞭雙折，先責五下，靳連山益肆混罵，該革弁又喝令責打五下，先後致傷靳連山左右臀腿。詎靳連山素患癆病，被責過重，移時殞命。查該革弁拿獲賭犯靳連山，欲押帶進城送縣究辦，即因其不服混罵亦止應移明該縣從嚴懲治，乃喝令兵丁將皮鞭雙折疊責其臀腿致斃，實屬非法毆打。該省將該弁比照監臨官因公事非法毆打致死律，杖一百徒三年，聽從下手之兵丁張敬減等，擬杖九十徒二年半。情罪允協，應請照覆。嘉慶十七年説帖。

（清）祝慶祺《刑案匯覽》卷五九《刑律斷獄・故禁故勘平人》 福撫題：縣丞馬士鴻帶領胡榮拿賭，因賭匪陳文貴跑入游清懷所住瓦窰廠內，即從矮墻爬出逃逸。胡榮等同民人劉觀善進廠查拿，游清懷攔阻，並聲稱陳文貴業已逃逸，不容進內。劉觀善將游清懷毆傷，該縣丞令將游清懷等帶回。行至署前，游清懷斥責劉觀善不應幫司混拿，互相爭罵，劉觀善順拾地上柴片，戳傷游清懷心坎倒地，胡榮等將其扶進署內。迨縣丞馬士鴻回署，訊問游清懷不應攔阻搜查，詎游清懷因傷重，含糊答應，語言不明，該縣丞疑其逞刁，將游清懷笞責。游清懷因心坎被戳，傷重殞命。將馬士鴻於劉觀善絞罪上量減一等，擬杖一百流三千里。經本部以案情未協，駁令覆審。旋據將馬士鴻改照故勘平人致死，斬候律上量減一等，擬流加重發往新疆充當苦差。嘉慶十八年案。

（清）祝慶祺《刑案匯覽》卷五九《刑律斷獄・淹禁》 東撫奏，緩決絞犯胡添經遇赦減等，府書李庭竹遺漏查辦一案。此案緩決絞犯胡添經恭逢嘉慶十一年恩旨，經本部議，將該犯（周）〔同〕該縣另案絞犯劉二均監禁二年再行減等。嗣該犯監禁限滿，由部行知遵辦，該府刑書李庭竹於奉到部文轉行時，將胡添經一犯遺漏，縣書高煥彩等及司書耿玉照等亦均未查出稟辦。以致胡添經淹禁多年，實非尋常疎漏可比。案內情節諸多疑竇，自應駁審。稿尾查鉅野縣緩決絞犯胡添經恭逢嘉慶十一年正月初四日恩旨，經臣部議將該犯同該縣另案絞犯劉二均歸於秋審緩決案內，監禁二年再行減等。奏明行知該撫遵照，嗣於十二年胡添經等監禁二年限滿，復經臣部開列清單行令該撫轉飭發配，各在案。茲據該撫奏稱署曹州府吳學泗於奉到（湖）〔胡〕添經等減等部文，即飭府書李庭竹叙稿判發轉行，詎李庭竹於粘單內僅寫劉二一名，其胡添經漏未寫入。前署鉅野縣崔起龍接到府行，發交刑房書辦高煥彩承辦，將劉二詳請定地發配，至胡添經應行減等之處未經查明稟辦，仍於歷年秋審時造入舊事册內申送，司書亦未查出。迨本年秋審始行查明，提訊府縣司書等，委無串通舞弊情事，將該吏等分別枷杖笞責。該犯胡添經復逢十四十六等年恩旨，應累減杖罪發落等。因臣等查胡添經等監禁年滿，前經臣部摘敘各犯犯事節署，行知遵辦，每名字有數行，並非僅止犯名數字，該府書李庭竹於繕牌轉發時，何致將數行事由全行漏寫，迨該縣詳請定地，並無胡添經犯名，該府書何以不稟明查詢，謂非有心弊混，殊不可信。該縣於臣部同時奏准將胡添經與劉二監禁二年減等之處，業經該府轉行遵照，迨後接奉府牌飭令，將劉二等詳請定地，粘單內僅止劉二一名，顯與前奏不符，牌內寫有劉二等字様，又與粘單互異，其爲舛漏顯而易見。該縣官吏並不具詳請示，豈得謂爲無心疎忽。且該縣歷年辦理秋審，仍將胡添經造入舊事册內詳報臬司，該司書等何以總未查出，遽將該犯於十三年秋審册內扣除。臣部檢查該省歷年題報秋審後尾，並無該犯之名。現據該省審訊司書等供稱，因各州縣造報册藉遲早不一，不及彙核，歷年均照上屆司中底案核辦秋審，及至縣册送到，遂未細看。查外省舊事，秋審人犯時，有病故及補請留養開除者，辦理秋審時，臬司所存底案豈能一一符合，自應憑各州縣本年造報文册核對轉詳，斷無僅據臬司所存底案核辦之理，明係該吏等揑詞文飾。再該縣於每年秋審將胡添經列入舊事册內造報，嗣接奉臬司轉行部咨內並無該犯之名，核與原造册籍既不相符，何以亦不具詳請示，是該吏等所供遺漏疏忽等情毫無情理。該省以疊蒙恩赦應行減釋之犯，任聽書吏延壓淹禁六年，始行覺察，以致無辜濫繫，未獲早沐皇仁。府、州、縣司書顯有賄囑壓擱及勾通舞弊情事。今該撫並未澈底根究，率據該吏等串揑之詞分別擬以枷杖笞責完結，何足以儆奸胥而肅吏治。案情既未確實，罪名亦大關出入，臣部礙難照覆。除胡添經一犯應令該撫即行發落外，應令該撫親提嚴審另行妥擬，毋稍迴獲。嘉慶十八年説帖。

施據覆審，將府書李庭竹改照斷罪應收贖而決配，依出入人罪減故失一等律，於胡添經絞罪上統減五等擬杖七十徒一年半。見成案。

《清仁宗實録》嘉慶十九年四月 〔丁亥〕又諭：前據劉鐶之等奏，訪聞薊州一帶有販賣鈕扣用藥迷人之事，拏獲唱木偶戲之張化祥等三人。驗有紅藥，並訊有聽從山東周村鎮開設鈕鋪民人沈益三謀逆供詞。嗣又將夥同售賣藥鈕之王業古等六人一併獲案。經刑部訊明，張化祥等所供藥鈕迷人之説，全屬子虚，並據同興等緝獲沈益三及各鋪夥，訊明所賣鈕扣內紅黄藥末均係銲藥，實非迷人藥物。據實覆奏。本日又據該府尹等奏，派員在薊州等處遍行詳查，前言係聞自鄉民傳説，毫無應驗等語。此案本屬荒誕，既已查詢明確，亟應省釋以免拖累。所有山東省緝獲之沈益三等，著即行釋放回籍。其現在刑部監禁之張化祥等六名，即釋放，令該地方官

留心約束，毋任出外滋事。至稾拏審訊之縣丞徐振鑽，前經賞擢知縣、道員，張五緯給予加級之處，俱著徹銷。

（清）祝慶祺《刑案匯覽》卷六〇《刑律斷獄·決罰不如法》　川督咨，守備楊英將賊犯楊貴捉拿，洒壓毆打，以致因傷身死，將楊英比照監臨官因公事於人虛怯去處，非法毆打至死律，杖一百徒三年。嘉慶二十四年案。

直督題，外委蔡升棍責監生湯汝楨身死一案。查歷年辦理武弁責斃人命之案，其應否擬抵，總以死者是否有罪爲斷。蓋武弁雖例不准理民詞，究有查緝之責，如死係賭匪賊犯，向俱酌情照監臨官因公事非法毆打致死例擬徒，若死者係屬無罪之人，即應照毆死平人一律問擬。此案湯汝楨因族弟湯德順被控，經吏目飭差傳訊，湯汝楨見票内名姓不符，不令族弟赴審，在街與差役嚷鬧，並非不應管之事。該外委蔡升路過喝問，因其出言無狀，即帶至署中，復因其混罵，喝令兵丁將其棍責致斃。查湯汝楨不過飲醉在街，與差役嚷鬧非匪徒賊犯可比，即因其恃醉罵官，亦應移送有司審辦，乃輒喝令兵丁將其棍毆致斃，實屬逞忿作威。死者既係平人，自應照毆死平人律科斷。該省將蔡升依威力主使人毆打致死律擬絞監候，兵丁陳幅依爲從擬流，情罪均屬允協，應請照覆。嘉慶十九年説帖。

嘉慶元年直督題，外委王敏曾棍責民人顧梅身死一案。查王敏曾係欒州稻地汛外委，因民人顧梅在裘魏氏家持刀逞兇，裘魏氏令工人王自富等將顧梅捆送至稻地汛管束。時因該弁公出，王自富等凂該汛兵丁高成玉等送至澗河汛約束。經澗河汛把總榮嚴詢問，因顧梅出言頂撞，棍責十下，仍不輸服，令王自富等自行送赴欒州。顧梅因挾該汛兵丁高成玉押送之嫌，在該弁署前嚷罵，該弁回汛聽聞出而喝斥，顧梅即向辱罵，該弁氣忿，意欲壓其兇横，令兵丁熊崑山等將顧梅揿按，在臀腿棍責十五下，因其滾轉致傷右胠，并墊擦傷右胯右膝等處殞命。將王敏曾依威力主使人毆打因而致死律，擬絞監候，經本部照擬，題覆在案。

（清）祝慶祺《刑案匯覽》卷六〇《刑律斷獄·檢驗屍傷不以實》　川督咨，吴錫九因伊女曾吴氏溺斃，誤執傷痕疊控一案。查吴錫九所控曾士璉毆斃曾吴氏，假作自溺，前經檢驗，並無毆死重傷。髑髏骨肉，洗有泥沙，其爲實係自溺斃命，已無疑義。乃復誤執傷痕翻控檢驗，實屬不合。惟該犯所指腸出耳根骨斷各傷，均屬有因，並非疑出無據，與憑空誣告人命者有間。吴錫九係曾吴氏之父，應照期親尊長誣告人命，致蒸檢卑幼身屍，照誣告人死罪未決律治罪，擬流加徒例，量減一等，杖一百，總徒四年。該犯曾士璉妻父，應再減一等，杖一百，徒三年。至初驗仵作張文高將陰户腸出之處，並未喝報，而復檢仵作杜松林又將骨殖跌斷，以致吴錫九懷疑妄控，殊屬不合，未便以業經責懲免其重科。張文高、杜松林應各照不應重律，杖八十，革役。嘉慶十九年説帖。

（清）李馥堂《兩歧成案新編》卷八《監犯自戕典史獄卒擬罪》　山西司，嘉慶二十年，奏緩決絞犯李文惠在監自戕身死一案。禁卒胡進才比照獄卒以金刃與囚致囚自殺律，杖八十，徒二年。木匠修理監門，赴院出恭，不將器具收藏，致監犯抽取鏍刀自戕。應於胡進才罪上減一等，杖七十，徒一年半。典史張鳳翔雖在監照看，並不監視完工，輒走開查看監墻，致犯自戕，非尋常疎忽可比。張鳳翔應於禁卒罪上減一等，杖七十，徒一年半。刑書魏恒義照不應重杖。

（清）李馥堂《兩歧成案新編》卷八《監犯自戕典史獄卒擬罪》　山西司，嘉慶二十年，奏絞犯張進魁在監自戕身死一案。禁卒李寶當用刀切菜之時，聽聞張進魁與同監人犯張林争鬧，趕出喝勸，並未將刀收藏，致張進魁自戕身死。應照獄卒以金刃與囚致囚自殺律杖八十，徒二年。司獄曹天柱於徒二年罪上減一等，杖七十，徒一年半。刑書趙全幅照不應重杖。經本部查，司獄曹天柱既據該撫訊明，進監收封，驗明刑具完固，委無縱令自盡情事。是該司獄僅止失於防範，並非徇縱，與知有金刃與囚自殺不舉者不同。且司獄官典律，應同一科斷。該撫將刑禁趙全幅止科不應重杖，而於司獄則科以徒罪，實未平允。司獄曹天柱應改照不應重杖，業已革職，應毋庸議。

（清）李馥堂《兩歧成案新編》卷八《監犯自戕典史獄卒擬罪》　雲南司，嘉慶二十年，咨監犯楊振先自戕身死一案。查禁卒馬洒力將切菜小刀放於桌上，忘收入鞘，致楊振先拾刀自戕身死。該撫將馬洒力照獄卒失於檢點致囚自盡律，擬杖六十，聲明加枷號一個月，經本部，以楊振先之死實由禁卒遺刀所致，若僅照失於檢點律擬杖加枷，未免寬縱。惟較之金刃與囚者，微有區别。馬洒力應改依獄卒以金刃與囚致囚自殺，杖八十，

徒二年律上減一等，杖七十，徒一年半。

（清）李馥堂《兩歧成案新編》卷八《監臨官因公事非法毆打致死》

雲南司，嘉慶二十年，奏井大使胡克勤因僧人同愷等被已死蔡綿保訛詐醉鬧，解送井署，該革員輒行擅受，復因蔡綿保倔强咆哮，令差役家人用椅脚木棒叠毆，以致蔡綿保因傷身死。雖蔡綿保係有罪之人，而該革員實非應訊之官，若僅照監臨官因公事非法毆打致死律問擬滿徒，尚覺輕縱，應請旨發往新疆，充當苦差。

（清）李馥堂《兩歧成案新編》卷八《監臨官因公事非法毆打致死》

湖廣司，嘉慶二十年，咨巡檢李瑋因獲賊王么兒供出窩家陳聾五，並稱賊犯劉人兒等常在陳聾五家往來，前赴查拿。見黄加一躲入床下，疑係陳聾五窩留之賊，帶回審訊，事屬因公。第黄加一供稱，向陳聾五索討賭錢，不認行竊，即應解縣，拘傳陳聾五質究。乃擅用非刑拷訊，以致因傷斃命。復串賊誣扳糾竊朦混禀縣。自應酌量加等問擬，應將巡檢李瑋照監臨官因公非法毆打致死滿徒律上加一等，杖一百，流二千里，追埋葬銀一十兩。弓兵人等照下手爲從，各杖九十，徒二年半。

《清仁宗實録》嘉慶二十年三月　癸丑，諭内閣：　吴璥等奏已革臨清直隸州知州楊嗣曾，在東有年，前曾拏獲偷竊御馬要犯，於地方河工事宜均極幹練，可否捐復原官，留於東省委用等語。楊嗣曾前此拏獲行竊御馬要犯，業經施恩鼓勵。嗣因審理白居敬一案，刑求傷重，致令解京瘐斃，降旨革職。白居敬畫符斂錢，固有應得之罪，但其罪不至死，楊嗣曾一味刑求，以致拖累斃命，情節較重，著不准捐復。既據吴璥等奏稱，該革員於催漕宣洩機宜尚爲熟悉，著留於東省河工，交該河督差委，効力贖罪。如果始終奮勉，屆滿三年，該河督據實奏聞請旨，朕自酌量施恩，毋庸伊出貲捐復也。

《清仁宗實録》嘉慶二十年十一月　己酉，諭内閣：　綿課等奏，會訊已革禮親王昭槤，勒逼莊頭程幅海增租，將程建忠、程建義非刑酷虐各情。此案程幅海之子程建義，充當莊頭二年，並未欠租，兼有長交租錢。昭槤因於大海增租，謀充莊頭，即將程建義革退，並令昭于大海加增之數，加找二年租銀。程建義之父程幅海不從，昭槤派護衛柳長壽前往程幅海家，搶割莊稼，拆毁房屋。又將程幅海父子叔姪六人圈禁，昭槤自擲磁瓶於地，用磁片劃傷程建義，程建忠脊背百餘道，至於流血昏暈。似此以酷濟貪，虐我赤子，實出情理之外。我國家永不加賦，正賦錢糧，祇於按例催徵。每遇水旱偏災，仍必加恩蠲緩。即如昨日山東曹、定二縣豁免錢糧，即有二十餘萬。此外歷年所降恩旨蠲免者，殆不可數計。蓋損上益下，民説無疆，全黎庶之身家，保國家之根本。各王貝勒家衣租食税，亦當仰體此意，豈宜分外苛求，恣行貪虐。昭槤承受世封，席豐履厚，平日以田租細故，在順天府步軍統領刑部等衙門涉訟纍纍，而於府第中仍如此非刑虐下，實屬奇貪異酷。僅止革去王爵，不足蔽辜。俟結案時，仍當治以應得之罪。二等護衛柳長壽爲助虐爪牙，復侵用入己銀一百兩，著即革退，動大刑夾訊，嚴審治罪。程幅海長交租錢二百九十一千零，及被割莊稼變賣錢八百九十三千零，並搶毁各項什物及拆毁木植，著派秀寧、穆彰阿、彭希濂，往該府照數提取至刑部，傳程幅海等當堂給還，並罰昭槤出銀二百兩，分賞横被非刑之程建義、程建忠，即予省釋。此項地九頃六十畝，著即徹出王府，賞給貝子奕純。仍令程幅海承充莊頭，以示矜卹。于大海謀充莊頭，從中播弄，著革去莊頭，交刑部加等刑訊治罪。昭槤如此妄爲，恐此外尚有别項殘酷款跡，其頭等護衛布音圖、德寧俱著解任，同該府管事太監劉金磬一併交刑部隔别研訊供詞，據實具奏。

（清）祝慶祺《刑案匯覽》卷五九《刑律斷獄·主守教囚反異》　浙撫咨：刑禁費致淮等，容縱差役教供。查差役俞烺等，奉差承緝燒棺案内正賊無獲，慮受比責，賄囑舊匪俞瑞祥等承認。收禁後出入監門，教演燒棺俱詞情形。費致淮等雖不知俞瑞祥有誣認情事，惟容縱俞烺等進監出入教演，以致情罪變亂。將費致淮等，具比照獄卒通傳言語，有所增減，以故出入人罪論，故入者以全罪論，囚未決放聽減一等律，於俞瑞祥軍罪上減一等，擬杖一百，徒三年。嘉慶二十一年案。

《清仁宗實録》嘉慶二十二年八月　壬申朔，諭内閣：長齡奏特參需索不遂，杖斃番命營員一摺。地方官無故杖斃人命，大干法紀。今署黎園營都司甘肅提標守備徐士麟，因派買牛羊不遂，輒將番民莽噶拉木棍責斃命，貪酷不法已極。徐士麟著即革職拏問。其得受交馬陋規銀兩之把總王蔭本、外委滿和、李天伏，俱著革職，交該督提同應訊人證，嚴行審究。將來定罪時，杖斃番命之劣員，應行擬抵。其得受交馬規銀各員，亦不得

照尋常計贓論罪，均著加重定擬具奏。前任都司張雲漢現來行在引見，著兵部即行扣除，將該員革職拏問，解回甘省，歸案質訊。

（清）祝慶祺《刑案匯覽》卷五九《刑律斷獄·陵虐罪囚》　東撫奏：散役林逢太，擅將被告之張山帶至私寓看押，因口角細故，輒敢鎖其頸項，拴於門檻，不令起立自由，實屬依杖威力，肆意陵虐。後雖開鎖，仍復散押數日始行稟到，迨張山患病，又不交親屬領回，以致在押病斃。現經訊明死由於病，應將林逢太比依威力制縛，私家拷打，監禁致死者絞監候律，量減一等，杖一百流三千里。嘉慶二十三年案。

（清）祝慶祺《刑案匯覽》卷五九《刑律斷獄·陵虐罪囚》　順尹奏：差役胡子成因里書孫鐸浮收銀兩事發到官，奉派看押，輒將孫鐸任意鎖繫窗楞。門丁葉文秉機索詐，致（縣）〔孫〕鐸墜錬身死。惟孫鐸之死，並非葉文私屬鎖押，與嚇詐致斃者有間，葉文應於蠹役作贓斃命擬絞例量減一等，杖一百流三千里。胡子成止於看押不如法，尚無非理陵虐，應照非理陵虐罪囚致死擬絞律量減一等，杖一百流三千里。道光元年直隸司案。

安徽司奏：縣役張幅録將奉官鎖押抄寫異字之閆文彬，夜則私加手銬，白日始行開放，迨明知次早即可保釋，因恐逃走受累，仍復銷銬，以致閆文彬慮有重罪，情急自行墜錬身死。查閆文彬之抄寫異字，不過鄉愚無知，准其訊明保釋。而張幅禄身充賤役，未能深悉，疑爲邪教重犯，私加嚴銬，致令愚民畏罪自盡。應將張幅禄比照獄卒非理陵虐罪囚，因毆傷致死者絞律量減一等，擬杖一百流三千里。嘉慶二十四年案。

（清）李馥堂《兩歧成案新編》卷八《依法决打致死》　湖廣司，嘉慶二十五年。奏典史傅炯於奉委比催欠穀，查明保約黃佳松領買兵穀，逾限未繳，本應責處。該典史飭役，在於黃佳松臀腿受刑處依法責打，事屬因公。且僅十六板，亦非濫刑。黃佳松負痛掙扎，兩腿分開，致傷腎囊殞命，非其意料所及，正與依法毆打邂逅致死勿論之律相符。惟於皂役行杖時，並不飭令細心檢點，以致黃佳松因傷腎囊等處身死。應將典史傅炯照例開復，交部議處。皂役吴超、劉福均免置議。

（清）李馥堂《兩歧成案新編》卷八《依法决打致死》　山東司，嘉慶二十五年。奏已死焦汝亮因拖欠歷年錢糧並不保充莊長，經該縣傳案，當諭令皂役時爽比責二十板。因焦汝亮負痛在地翻動，以致誤傷右臀、右脇虛怯去處。雖係無心誤傷，究屬決不如法。將時爽依因公事於人虛怯處非法毆打致死律，杖一百，徒三年，追埋葬銀一十兩給領，解任。知縣譚文模因焦汝亮不肯保充莊長，查明抗欠節年錢糧，先責後枷，以致焦汝亮於疎枷後因傷斃命。雖事屬因公，究屬違例，應請革職。

（清）李馥堂《兩歧成案新編》卷八《監犯自戕典史獄卒擬罪》　廣東司，道光元年。咨鬬殺擬絞監犯鄧業道因索欠，與同監犯人争鬧，經禁卒聞知稟經該典史往斥。鄧業道恐罪上加罪，值潘有在厨用刀切菜，捏稱出恭，潘有持刀欲管押赴厠，該犯乘間搶取菜刀自戕。潘有比照金刃與囚自殺杖八十徒二年律上量減一等，杖七十，徒一年半。

（清）祝慶祺《刑案匯覽》卷五九《刑律斷獄·陵虐罪囚》　直督奏：快役温廷彦，因牌頭鄭鳴同未經辦差奉票查傳，輒將無干之鄭鳴崗帶縣。迨鄭鳴崗之子聞知往探争吵，該犯復敢揪毆直至縣堂，反行嚷鬧，捏詞朦稟，致衆情不服鬧堂。將温廷彦比照衙役擅加杻鐐，非法亂打犯至徒罪以上例枷號兩個月，發烟瘴充軍。道光元年案。

（清）祝慶祺《刑案匯覽》卷五九《刑律斷獄·故禁故勘平人》　安撫奏：張幗珠因謝士安住屋與伊地毘連，疑被侵占，與素好之董耿五談及，董耿五因與謝士安有嫌，即唆使張幗珠控告，並允代爲作證。張幗珠隨赴縣呈控，該縣患病，委縣丞往勘，該縣丞飭差唐貴專訊未到。嗣謝士安欲爲伊子畢姻，進城買物，與唐貴路遇，唐貴令謝士安赴縣呈契，謝士安本未帶有契據，答以查勘時再行呈出，唐貴不依，扭至該縣丞公館，向管門家人應幅告知，應幅即回明該縣丞出堂訊問。謝士安未帶地契。即諭令取保，經唐貴請將謝士安先行管押，給其尋人取保，該縣丞應允，唐貴將謝士安管押側屋。詎謝士安因伊子婚期在即被押，情急自縊。除私押輕罪人犯致死之該縣丞從重發往新疆外，差役唐貴、家人應幅雖訊無串詐別情，惟唐貴將謝士安扭帶赴官，朦稟管押，以致忿急自縊，應幅於謝士安到案時輒稟請該縣丞訊問，實屬慫恿干預，均比照蠹役詐贓斃命例量減一等，擬流。董耿五挾嫌慫恿張幗珠控告，不知謝士安並未侵占，與主令誣告有間，且所控本非重事，惟主使唆訟致肇釁端，應照誣告人致死律酌減一等，擬流。張幗珠因疑誤控，照不應重律杖八十。道光元年案。

（清）李馥堂《兩政成案新編》卷八《職官留養》　福建司，道光二年。奏送吏目馬心廣擅用非刑，毆打刺匪鄭三斃命一案。查吏目馬心廣將刺匪鄭三拏獲審訊，不肯吐供竊案，輒令皂役王禄等用棍迭打其兩胯等處。鄭三行竊，本係罪人，該吏目原有緝訊之責。惟木棍非例設刑具，胯腿非受刑之處，實屬非法毆打。將馬心廣依監臨有司因公事非法毆打致死律，杖一百，徒三年。雖供母老丁單，係官不准留養。

（清）祝慶祺《刑案匯覽》卷五九《刑律斷獄·與囚金刃解脱》　直督題，監犯蔡連生砍死同監人犯賀清奇，案内之禁卒谷自起，雖訊無私放刑具，第將鐵斧携至監内砸煤，並不謹慎取藏，以致監犯拾取，砍死人命。谷自起應照獄卒以金刃與囚，致因殺人絞候律上量減一等，杖一百流三千里。道光三年案。

（清）祝慶祺《刑案匯覽》卷六〇《刑律斷獄·决罰不如法》　直督咨：白塔汛經制外委李崇紳，因民人郭幅仁向郭九鴻索欠争吵，赴該汛喊控。該弁李崇紳本欲送縣審訊，因時已歲暮，欠項無多，允爲調處，即遣兵丁尹高升等將郭幅仁並子郭五傳訊，勸其暫緩。郭幅仁不允頂撞，李崇紳即飭兵丁尹高升將郭幅仁杖責十板。郭五見而不依，復令兵丁陳旺將郭五杖責二十五板。郭幅仁被責，氣忿自縊身死。將李崇紳比照威逼人致死律，擬杖一百。經本部查李崇紳身爲武弁，並無應訊之責，乃於郭幅仁向郭九鴻索欠涉訟，輒擅自收審，將郭幅仁父子傳案，濫用刑責，雖郭幅仁死由自縊，究因該弁濫責所致。應將李崇紳比照將無辜之人濫刑拷訊致斃例，照非法毆打致死律，杖一百徒三年，追埋葬銀十兩，兵丁尹高升照不應重律杖八十。道光五年案。

（清）祝慶祺《刑案匯覽》卷五九《刑律斷獄·陵虐罪囚》　直督咨：沈繼宗因同姓不宗之沈補丁挾嫌放火，捉獲送縣羈禁，後商同張樹身等將沈補丁謀毒身死一案。查例載：官員擅取病呈致死監犯者，依謀殺人造意律斬監候，獄官、禁卒聽從下手依從而加功律絞監候；未曾下手者，依不加功杖一百流三千里；又獄卒受罪人讐家賄囑謀死本犯者，依謀殺人首從律治罪，各等語。是官員致死監犯及獄卒受人賄囑謀殺監犯，皆不得以死者係屬罪犯貸其謀殺本罪，則讐家謀死監内罪犯豈能不以謀殺論。蓋犯罪之人未經到官爲罪人，已經到官收禁者則爲罪囚。既已訟之於官，將罪人收禁，其應得罪名自有國法處治，非讐家所能專主。若謂死者雖經送官監禁，究屬罪犯，殺者仍可擅殺論罪，設有殺人應抵正兇收禁在監，其被殺親屬挾讐亦可藉言報復，將兇犯謀死，此風一開，不獨辦理各案諸多掣肘，且兇惡陰險之徒，挾其私忿，藐視王章，實不足以肅囹圄而杜讐殺。此案前據該督以沈繼宗因沈補丁挾嫌放火，燒其麥垜，當場捉獲，投知鄉約張樹身，送官監禁。因沈補丁有回家報復之言，（商）〔商〕允張樹身做成信餅送進監内，沈補丁食畢，毒發斃命。因犯已羈禁，與未經送官者不同。應否將沈繼宗照擅殺擬絞，張樹身比例量減擬減，抑或將張樹身仍照平人謀殺律，分别加功不加功擬以絞流等。因咨請部示，經本部以此等罪人業已到官收禁，自應聽憑官斷，治以國法，與僅就拘報，並未到官，尚得以擅殺科罪者不同。若於監獄重地潛肆陰謀，自未便仍從寬典，致滋輕縱，議令將該犯等照謀殺律分别首從定擬去後。兹據該督咨稱，提訊沈繼宗，因被燒麥垜約有小麥九石餘斗，慮及家口乏食，心生氣忿，並因沈補丁有回家殺害之言，念加忿急，是其起意致死，即非專慮報復，亦無别有讐隙。沈補丁本屬放火兇徒，沈繼宗以被害之人，商謀毒死擅殺原包謀故爲首罪，止絞候，爲從悉屬餘人，第事在送官監禁以後，固未便仍照擅殺科斷。若竟照尋常謀殺定擬，則全置放火兇徒於不問，似亦情輕法重等因。復請部示，查擅殺罪人一項，係指未經送官者，而言至既經送官監禁未成招者，則謂之獄囚，已成招者則謂之罪囚，均應聽從官斷，非被害之人所尋專擅。沈補丁挾嫌放火固屬罪人，沈繼宗如於未經送官以前將其謀殺，則擅殺原包謀，故自應照擅殺例擬以繯首。今既已送官監禁，則沈補丁係待决罪囚，在官員獄卒設計謀殺尚應照謀殺律定擬，即未便將沈繼宗等科以擅殺，如謂被害之人不值爲放火兇徒擬抵，亦祇應於秋審時衡情辦理，定案時不得先爲遷就，致滋輕縱。應令直照前咨，仍將該犯等按凡人謀殺本律定擬。道光五年説帖。

（清）祝慶祺《刑案匯覽》卷五九《刑律斷獄·官司出入人罪》　陝督奏：王芝連等聽從樊禮文强切事主閔盛桃家，尚未得贓，知州應曙霞承審錯謬一案。查律載：官司斷罪失入者，減三等，囚未决放，聽減一等。又吏部定例：官員承問，引律不當，將應擬軍流以下及無罪之人，錯擬斬絞者，承審官降三級調用，審轉官降二級調用，臬司降一級調用，

督撫降一級留任。以上皆指錯擬未決者而言各等語。此案已革秦州知州應曙霞因承審樊禮文糾刼州民閔盛桃家，經事主鄰佑于萬順等幫捕，登時戳傷樊禮文身死，閔盛桃因感于萬順等幫捕之情，又料事主格殺强盗，必無重罪，起意頂認殺賊，獲盗集訊，夥盗王正黄等狡不認盗，閔盛桃力難剖辯，誣認戮死竊賊，將閔盛桃依事主因賊犯黑夜偷竊已被毆跌倒地，輒復疊毆致斃例，擬絞監候。犯兄探知伊弟問成絞罪，心懷不甘，同母李氏具控，並經本部以引例未協駁令另擬。經該督訊明前情，將該州應曙霞參奏革職，訊無故勘諱盗情事，將應曙霞照官司斷罪失人律，於原擬絞罪上統減四等，擬杖八十徒二年。固係照本部定律辦理，惟查吏部既另有奏定處分則例，即不應仍引律文定擬，應請照例議駁。道光六年説帖。

（清）祝慶祺《刑案匯覽》卷五八《刑律捕亡·主守不覺失囚》　直督咨，解役王可大等遞解逃兇張景瑞中途脱逃一案。檢查本年江蘇司審辦南營外委胡淙等疎脱未定罪名遞犯張洛賈一案，先據提督衙門訊，據張洛賈供認，與梁黑兒等夥刼四案録供，奏送到部，當經直督奏請，解直歸案審辦。經本部將張洛賈等咨送兵部，交胡淙等帶領馬兵李幗安等押送。行至廣安門外，張洛賈乘間逃走。訊無賄縱，將胡淙等照中途押解失囚律，擬杖六十，加枷號一個月，奏結在案。今此案張景瑞因在奉天扎死魏兆基，逃回原籍山東，被獲解往奉省審辦。遞至三河縣，僉差兵役王可大等解赴蘇州交替。行至中途，張景瑞乘間脱逃，業經該司駁。據該督以命案如登時致死拒捕姦盗罪人、擾害棍徒，罪皆不至抵償。即鬬殺中亦有因風及保辜正餘限内外身死減等流徒及僅科傷罪之條，並非概擬斬絞。不特拿獲之萊陽縣及接遞之州縣難以懸擬絞抵，即管解之兵役亦不過視爲尋常遞犯，若竟將遞解兵役照疎脱解審斬絞重犯分别有無賄縱一例問擬流徒，與實在疎脱業經成招定罪之犯無所區别。將王可大等仍照原擬，杖六十，並酌加枷號一個月。咨部查張景瑞既有扎死魏兆基之供，即不得謂非應擬絞抵之犯。惟究未成招，若遽與解審斬絞人犯同科，將來遇有不能指定罪名之命案，擬難辦理。該省將兵役王可大等照押解人不覺失囚一名律，杖六十，加擬枷號，亦係罪疑惟輕之義，且與胡淙等疎脱竊刼未分之張洛賈一案情罪相同，應請照覆。道光六年説帖。

（清）祝慶祺《刑案匯覽》卷六〇《刑律斷獄·決罰不如法》　直督咨，把總郭文擅行棍責窩娼之李恭，因傷身死一案。此案把總郭文因李恭租給賣姦之劉氏等房屋居住，經地保查知，稟知該把總郭文派兵查拿，劉氏等聞風逃逸，該把總當將李恭傳到，因時已夜深，不及送縣，即自行審訊，李恭出言頂撞，該把總喝令兵丁賈明金棍責二十下，李恭仍不認罪，該把總又令賈明金棍責十下，當予釋放。詎李恭回家，因右腿棍傷潰爛身死等因。查嘉慶十七年，山東省革弁顔懷哲拿獲賭犯靳連山不服押帶，令兵丁張敬鞭責身死，將顔懷哲擬以滿徒，下手之兵丁張敬擬杖九十徒二年半在案。今已革把總郭文因李恭窩頓流娼，將其傳案，因其頂撞，令兵丁賈明金將其棍責身死。該把總棍責民人，係屬非法毆打，核與顔懷哲之案情節相似。該省將郭文比依監臨官因公事非法毆打致死律，擬杖一百徒三年，情罪允協，仍應照律著追埋葬銀兩，給親具領。至聽從下手之兵丁賈明金，該省擬以不應重杖，殊屬輕縱，且與顔懷哲案内之兵丁張敬辦理兩歧，應將賈明金改照於郭文滿徒上減一等，杖九十徒二年半。奉堂批，查五年該省李崇紳一案，聽從下手之兵丁係照不應重律擬杖，應交館再核等因。復查核李崇紳之案，係將郭幅仁杖責後致郭幅仁氣忿自盡，死非因傷，下手之犯祗可擬杖，與郭文之案死由於傷者不同，揆諸情理，因公非法毆打致斃人命之案，下手者若果依法決罰，別被責之人何致因傷身死，故此等下手之犯似應與本官分任其罪，本官既照因公事非法毆打致死律擬以滿徒，若將聽從下手之犯僅擬杖責，未免輕重失論，且有辦過擬徒成案，自應將賈明金仍照爲從律減等擬徒，以昭平允。道光六年説帖。

（清）祝慶祺《刑案匯覽》卷五八《刑律捕亡·主守不覺失囚》　湖廣司查律載途中押解人不覺失囚一名，杖六十等語，此案余元德推二把手小車營生，在湖北襄陽縣憑高泳瀧車行雇給濮文彬推送河南。行抵長葛縣，濮文彬以被余元德行竊衣箱一隻潛逃，具控估值贓銀三百三十三兩零。移籍拿獲余元德，訊稱並無行竊衣箱之事，將余元德備文撥役移解質訊。遞至漢川縣，差役喻幅，葛相管解，詎余元德乘間脱逃，限滿無獲。該撫以余元德係質訊之犯，案情尚未審定，疎脱之解役亦難定罪。第據喻幅等所供並無賄縱，究屬一面之詞，未可遽信，將差役喻幅等暫行監候，俟緝獲余元德質明辦理等因。查余元德被人控告行竊逾貫，移籍緝獲。因該犯供稱並無行竊之事，押解質訊，是罪名尚未審定。該犯中途脱逃，解

役人等自不能照押解絞罪人犯中途脱逃之例辦理。如該撫所咨，將解役喻幅等暫行監候。倘余元德弋獲無期，而未定罪名之解役從何定立待質年限，勢必終身淹禁，殊未允協。檢查近年辦理此等解役疎脱强竊，未分及正兇，未成招之犯，俱照押解人不覺失囚一名律，杖六十，酌加枷號一個月，自應援照定擬。惟喻幅等所供並無賄縱，係屬一面之詞，仍應監候，俟緝獲余元德再行質訊辦理。道光八年説帖。

（清）祝慶祺《刑案匯覽》卷五八《刑律捕亡·主守不覺失囚》 江西撫咨解役李華等押解未定罪名人犯江顯松中途脱逃一案。緣江顯松籍隸建昌縣，因新建縣萬家瑶控其拐逃伊嫂萬熊氏，案内經新建縣移經德安縣，緝獲遞解收審。道光九年九月十二日，該縣僉差李華、袁法押解江顯松赴建昌縣交替。是日傍晚，解至建昌縣三口地方，江顯松聲稱腹痛，赴路旁厠屋出恭，李華等在外看守，詎江顯松由厠後墻逃走，經李華等查找無蹤，稟縣。研訊解役，委係一時疎忽，並無賄縱情事。查江顯松係未定罪名人犯，遞至中途脱逃，解役李華等未便遽行擬結，應請准其取保，俟緝獲江顯松審定罪名，再行照例問擬。所有疎脱職名，應先開報等因。查疎脱押解未定罪名之犯，因其尚未成招，固未便將解役照囚犯罪上減等科斷，亦不能因限滿無獲，終身待質。向俱將解役照主守不覺失囚律上酌加枷號一個月，歷經如此辦理。今該撫以逃犯未獲，請將解役取保，俟緝獲逃犯再行問擬。倘逃犯弋獲無期，解役罪名遂終身莫定，未爲允協，自應仿照成案辦理。解役李華、袁法既據該撫訊明，委係一時疎忽，並無賄縱情事，俱合依主守及押解人不覺失囚一名律，杖六十，各加枷號一個月，並革役。惟此等疎脱押解未定罪名之解役，恐各省擬罪未能畫一，應通行各省一體遵照。道光十年通行。

（清）祝慶祺《刑案匯覽》卷一三《刑律賊盜·强盜》 御史瞿奏營弁楊廷瓚、勒休吏目趙大觀諱盜私和匿報一案。此案西珠市口汛都司楊廷瓚、勒休吏目趙大觀，當事主李文英呈報被盜時，業已親往勘驗，即應具呈稟報，密速查拿。乃楊廷瓚輒起意商同趙大觀，向事主賠贓，私和匿報，實屬玩視盜劫重案。若僅照諱盜例革職，尚覺輕縱相應，請旨將勒休吏目趙大觀即行革職，與已革都司兼世襲雲騎尉楊廷瓚，均發往軍臺効力贖罪，以示懲儆。楊廷瓚據供母老丁單，查職官犯罪應否留養，例無明文。惟伊父楊炳文打仗陣亡，殁於王事，既據供明母老丁單，可否准予查辦之處，恭候欽定。趙大觀，據供實年七十一歲，查與在官履歷不符，毋庸收贖。劉鳴謙係該汛千總，本有應捕之責，乃於都司楊廷瓚等商同私和時並不稟阻，復聽從找人説合，亦未便僅照諱盜例革職，相應請旨，將解任西珠市汛千總劉鳴謙即行革職，仍依關廂内失事專汛千總杖一百例，杖一百。雖係職官，不准納贖，照例折責發落。王七、陳四明知事主被盜報官，輒聽從千總劉鳴謙説合，若僅照私和公事律擬笞，亦覺輕縱。王七、陳四均照不應重律，杖八十，枷號一個月。事主李文英於被盜後已經呈報，復收受賠贓錢文，抽回原呈，雖訊因獲盜無期，贓懸無著，是以無奈應允，究有不合，應照不應輕律，笞四十，所得制錢四百千，訊係賠贓錢文，應免著追其餘未交制錢。四百千，係屬口許虚數，亦免呈繳。其楊廷瓚雲騎尉世職，應咨兵部查辦等因。奉旨，此案諱盜私和匿報之勒休吏目趙大觀，著即革職發往軍臺，効力贖罪。已革西珠市汛都司兼世襲雲騎尉楊廷瓚，起意商同趙大觀私和匿報厥罪，惟均姑念伊父楊炳文打仗陣亡，殁於王事，並據供明母老丁單，楊廷瓚業經革職，著加恩免其發往軍臺。所遺雲騎世職，著兵部照例查辦。解任西珠市汛千總劉鳴謙著即革職，仍依關廂内失事，專汛，千總杖一百。雖係職官不准納贖，照例折責發落，餘依議等因。欽此。道光十二年邸抄。

（清）祝慶祺《刑案匯覽》卷五九《刑律斷獄·獄囚衣糧》 雲督奏：籌酌議給軍遣等犯口糧一摺，查動撥銀兩事隸户部，咨行户部核議去後。兹據户部以該督等原奏雖係籌給軍遣等犯口糧，惟所稱近年發滇人犯較多，是以酌增額數，其應否准其定額之處，事隸刑部等因。查軍遣等犯皆各省隨時解發，或多或少本部並無額數可稽。該督原奏所稱軍犯應籌給口糧者約計一千五百名，請動撥鹽課溢餘銀兩以爲口糧之用等語，自係就該省現在到配軍犯酌定額數，其應否定額及溢餘銀兩是否無關正款，此外有無閒款可籌並作何報銷之處，均事隸户部，應仍由户部主稿會同本部具奏。道光十二年説帖。

（清）林則徐《林則徐集》奏稿八《當陽縣絞犯李士茂在監自縊案審明定擬摺道光十七年五月二十八日》 奏爲遵旨審明定擬，仰祈聖鑒事：竊照當陽縣應入本年秋審緩決絞犯李士茂在監自縊身死，前經臣等據

實奏參革審，欽奉諭旨：這所參湖北當陽縣典史曹林，於本年秋審擬絞重犯並不加意防範，以致在監自縊身死，實非尋常疏忽可比。著即革職，交該督等提同刑禁人等嚴審究辦。當陽縣知縣王朝柟不能先事預防，著交部議處。欽此。當經臣等行司飭提參革典史曹林及禁卒人等來省，飭委署武昌府知府成善訊明，由藩臬兩司覆審議擬解勘前來。

臣等隨親加研訊，緣李士茂係當陽縣人，因共毆李士才身死，審擬絞監候，題准部覆，應入道光十七年秋審緩决之犯。該犯素患癆病，時發時愈，道光十七年正月二十五日李士茂舊病復發，禁卒侯必貴、曾升稟經該縣撥醫調治無效，李士茂常稱，病磨難受，不如早死。侯必貴等曾向勸慰。至二月初二日早，典史曹林進監放封後，李士茂咳嗽氣喘，不思飲食，在廒躺臥，侯必貴等均往厨房照料各犯食飯。詎李士茂因病磨苦，輒萌短見，乘間用繫褲絲帶在廒柵横檔上自縊殞命。侯必貴等進廒瞥見，解救無及。時該縣王朝柟先期赴隄督修未回，報經該典史曹林稟縣，稟荆門州飭委署遠安縣劉鴻庚詣驗填格通報，由兩司暨該管道州揭報奏參，奉旨敕審。臣等隨提該典史及刑禁人等研訊，堅供委係一時疏忽，並無私鬆刑具及凌虐致縊情事。究詰不移，似無遁飾。

禁卒侯必貴、曾升，均合依獄囚失於检點致囚自盡者，禁卒杖六十律，杖六十；刑書潘長青合依司獄官典笞五十律，笞五十；俱折責革役。當陽縣典史曹林，失防絞犯在監自盡，咎有應得，業經革職，應毋庸議。當陽縣知縣王朝柟，雖係公出，惟不能先事防範，已奏請交部議處，應聽部議。

除供招咨部外，理合恭摺具奏，伏乞皇上聖鑒，敕部覈覆施行。謹奏。

（清）林則徐《林則徐集》奏稿八《南漳縣斬犯楊和尚脱逃案審明定擬摺道光十七年六月二十五日》 奏爲遵旨審明定擬，恭摺奏祈聖鑒事：

竊照湖北襄陽縣接遞南漳縣斬犯楊和尚中途脱逃一案，經臣等據實奏參。欽奉諭旨：這所參籤差不慎之原解官湖北南漳縣知縣李景頤、護解官署襄陽縣知縣紀昌期、襄陽城守營守備楊玉林，著一併先行交部照例議處，仍勒限一年緝拏逸犯楊和尚務獲，俟限滿有無弋獲，再行分別辦理。至該兵役等有無賄縱情弊，著該督等提省嚴行訊究，按律懲辦。欽此。當查此案先已行提押解兵役來省，並據襄陽縣聲明，營兵朱吉升、店主張升元患病，難以解訊等情。飭委署武昌府成善審擬，由司詳解前來。

臣等親提研訊，緣楊和尚籍隸南漳縣，因行竊張潮貴等家，護夥拒傷張潮貴身死，經南漳縣審擬斬監候，籤差裴秀玉、田玉解由府司勘轉覆審具題，發回南漳縣監禁聽候部覆。道光十七年正月二十五日由宜城縣護解至襄陽縣接收，二十六日經襄陽縣紀昌期籤差鄧洪升、楊開幗，移營撥兵潘志議、朱吉升協同該長解裴秀玉、田玉押護前進。是日行至南漳縣屬永泉舖地方，天晚投宿張升元飯店。裴秀玉、田玉、鄧洪升、楊開幗，同楊和尚在房内睡歇，潘志議、朱吉升在房外攔門開舖，一同防守。半夜後，該兵役等見楊和尚睡熟，各因行路困倦，亦俱就寢。詎楊和尚即乘間頂開籠面木板，扭斷鐐銬，攀落窗櫺，由窗洞爬出，越墻逃逸。該兵役等驚覺，喊同張升元分途追拏無蹤。稟縣會同勘訊通詳，批司嚴緝，並將籤差不慎之員弁先行奏參。行提該兵役裴秀玉等來省研訊，堅稱實係一時疏脱，並無賄縱及違例雇替私鬆刑具情弊。

查例載：解審斬絞重犯，果係依法管解偶致疏脱，審有確據者，除短解兵役依律減二等治罪外，將長解兩名暫行監禁，本官另選幹役押同原解之親屬上緊緝，酌限一年。如能限内拏獲，審無賄縱別情，仍將長解依律減二等擬徒。如限内無獲，即照逃犯本罪減一等問擬滿流等語。此案長解差役裴秀玉等及短解兵役鄧洪升等，於解審發回斬候重犯並不小心防守，致被中途脱逃，實屬疏忽，惟訊係依法管解，尚無賄縱别情。應照例將長解南漳縣差役裴秀玉、田玉二名俱暫行監禁，仍由南漳縣另選幹役，押同該差等親屬上緊緝，酌限一年，俟限滿逃犯有無弋獲，再行分别辦理。短解襄陽縣差役鄧洪升、楊開幗，兵丁潘志義、朱吉升，均合依押解罪囚，中途不覺失囚者，減囚罪二等律，於楊和尚斬罪上減二等，各杖一百，徒三年，折責定地充徒。逃犯楊和尚仍飭嚴緝，務獲究報。至籤差長解不慎之南漳縣知縣李景頤、添差短解不慎之襄陽縣知縣紀昌期、襄陽城守營楊玉林，已先經奏參，請旨交部照例議處。所有兼轄文武職名，俟飭取另行開參。

是否允協，除供招咨部外，理合恭摺具奏，伏乞皇上聖鑒，敕部覈覆施行。謹奏。

（清）林則徐《林則徐集》奏稿八《駐防婦女傅察氏逃走案審明定擬摺道光十八年正月初十日》 奏爲遵旨審明定擬，恭摺奏祈聖鑒事：

竊臣於道光十七年十一月十九日准兵部咨：署荆州將軍穆精阿等參奏駐防婦女逃走，捏報日期一案，欽奉上諭：穆精阿等奏，請將失察捏報之該管各官交部議處一摺。此案前署佐領防禦安清等，於該旗閒散祥魁之妻逃走，並不即時呈報咨行查拏，及呈遞印稿日期又不相符，殊屬謬妄。安清及新任佐領全順、該翼協領斐星額，俱著交部議處。驍騎校景星，亦有失察之咎，著交部議處。又另片奏，全順呈具印稟，稱係穆精阿諭令呈遞印稿，並開導安清，令其畫押了案等語。著交林則徐親提全案人證，秉公審訊，按律辦理。該部知道。欽此。又准咨稱：具奏前事，內開：八旗婦女逃走，向係隨時諮報，並無失察議處明文。該管官既無處分，似無所用其規避。究係如何隱飾捏報，抑或另有別情，應俟查明覆奏到日，再行定議等因。奉旨：依議。欽此。恭録咨會到臣。當即欽遵，移提全案人證至省，行司飭委武昌府知府崇善等覈卷訊供，由藩司張岳崧、臬司程銓審擬詳辦前來。

臣隨親提研訊，緣祥魁係荆州駐防正白旗蒙古全順佐領下閒散，於道光十五年聘娶鑲紅旗滿洲有福佐領下步軍霍奇音布之女傅察氏爲妻，未生子女。該氏因夫家貧苦，常回母家居住，又與母家不合，即歸夫家。其夫與父亦因該氏情性乖張，各懷憎厭，任其獨往獨還，從未著人伴送。十七年五月初九日，該氏復獨回母家居住，至六月十二日祥魁親往催令回歸，該氏必欲俟次日方回，祥魁生氣回家。詎該氏即於十三日由母家潛逃。霍奇音布夫婦以爲其女已回夫家，遂不過問。八月十八日該管步軍東亮、音德赫等風聞該氏逃走，令人至祥魁家查問。祥魁當與其父母同至霍奇音布家查尋不見，彼此爭鬧，各處訪無蹤跡，未經呈報。此傅察氏在其母家私自潛逃之原委也。

後經祥魁具報族長吉瑞、領催珠克騰額轉報防禦安清，會同佐領全順，飭傳祥魁，訊問前情，移查鑲紅旗佐領有福，傳到霍奇音布查訊，亦不認傅察氏在伊家逃走，當即據供移覆。安清因兩造供詞各執，傅察氏果否逃走，難以定斷，致未呈請咨緝。是月二十三日，佐領全順、防禦安清，始以該氏不知去向，稟經署將軍穆精阿發交左司甘露等審訊。至三十日，審明傅察氏係於六月十三日在母家逃走屬實。該佐領防禦擬具咨緝之稿，因逃走日期先未審定，於稿内留空待填，迨署將軍穆精阿催稿緊急，該旗協領斐星額於九月初四日即將前稿送閱。穆精阿以稿内何未填明逃走月日，駮令斐星額轉交全順填寫。全順以傅察氏脱逃日久，始行咨緝，恐與定例不符，因左司所訊傅察氏由母家逃走情節，係於八月三十日甫經審定，遂將審明之日填作逃走之期。旋聞署將軍穆精阿欲以捏報奏參，心懷畏懼，即向穆精阿稟稱，前稿係由將軍諭辦。又聞該署將軍因安清先未畫押，曾令佐領塔那布、貼寫玉昆傳諭，以傅察氏既經審明由母家逃走，何以屢傳安清不到？有無別故，令其自行具稟。如果逃走屬實，即應呈稿畫押，以便通緝辦理等語。安清聞知案已審實，亦即畫押。全順輾轉傳聞，誤以通緝爲通融，寫入稟内。又協領斐星額曾向全順言及左司既經審明，可即具稿，署將軍自必從寬辦理。在斐星額本係臆度之語，全順亦誤會係署將軍傳諭，因而具稟剖辯。此又協領兼佐領全順改填月日暨誤會妄稟之情形也。

兹經署荆州將軍穆精阿等奏奉諭旨，交臣審辦，遵即提齊人卷，審悉前情。臣以駐防婦女私逃，該管各官既係例無處分，何必改填月日，致蹈欺飾之愆？恐尚别有情弊。署將軍穆精阿如果先許通融，迨後始行參奏，亦難瞞衆人耳目。復經反復究詰，據全順供稱，伊於十七年七月二十七日到任，已在傅察氏逃走之後，即有失察處分，亦非伊任内之事，無所用其規避。實因該氏夫母兩家彼此供詞各執，未能訊定脱逃日期，以致遲延多日，始行呈請查緝。復思旗人逃走理應即時咨緝，因將審定月日填作逃走之期。迨聞署將軍欲行參辦，意謂由將軍諭令具稿，自必從寬辦理，是以具稟剖辯，希冀寬免處分。伊由駐防出身，不曉文義，於通緝兩字向不理會，聞署將軍傳諭，以爲當是通融辦理，實屬萬分糊塗，委非有心捏稟。質之全案人證，僉供穆精阿並無准予通融之語，塔那布、王昆等亦無詭傳，實由全順誤會所致。衆口一詞，案無遁飾。

此案傅察氏在母家潛逃，其父霍奇音布並不知情，即該管之佐領各官，經兵部查明，例無失察婦女逃走處分，原無所用其規避。惟協領兼佐領全順，既誤以左司審明之日填作傅察氏逃走日期，及聞穆精阿欲行參奏，乃復妄肆稟辯，現雖訊據堅供實由誤會傳聞所致，並非有心捏稟，而

種種冒昧糊塗，殊屬荒謬。相應請旨將全順交部嚴加議處。協領斐星額、防禦安清，於未填月日稿內輒行畫押，亦屬率忽，均應交部議處。佐領塔那布、貼寫玉昆，訊無訛傳該署將軍之諭，應與出差之驍騎校景星、不知伊女潛逃之步軍霍奇音布，均毋庸議。逃婦傅察氏，獲日另結。

除全案供招送部外，所有審明定擬緣由，理合繕摺具奏，伏乞皇上聖鑒，敕部覈覆施行。謹奏。

《清宣宗實録》道光二十四年十一月〔丙寅〕諭內閣：上年四川省辦理秋審人犯，經刑部由緩改實者，共有七起。本年該省辦理秋審，經刑部由緩改實者，復有五起。該督及臬司等於秋讞大典，未能慎重詳核，以致此次復失出多案，著交部查明，分別議處。嗣後各直省督撫督率、臬司務當虛衷定讞，斷不可惑於救生不救死之説，故從輕減，亦不可有意刻覈。總期無枉無縱，各得其平，用副朕執法用中至意。

《清宣宗實録》道光二十四年十一月〔丁卯〕諭軍機大臣等，傳諭湖北按察使陳功，本日裕泰奏參通城縣知縣林逢年，審辦竊案乖謬一案。已明降諭旨，將該員林逢年革職，交臬司陳功審辦矣。此案屍子魏信道稱伊父魏圓圭，係被煙燻刑斃。經該督委員檢驗魏圓圭屍身，係屬生前因病身死，魏信道堅以伊父右肋骨損折，係生前被張貴先毆傷，其餘骨殖殘缺，指爲仵作保户受賄匿報捏抵，結求覆檢，自應覆加確驗。著陳功詳細檢明屍骨，其右肋骨究竟是否生前受傷，京控無名之張貴先，必須傳案訊其曾否毆折，骨殖因何殘缺，是否仵作保户等舞弊藏匿，所稱各情，殊多疑竇，尤須徹底嚴切根究，以服該屍子之心，儻稍有瞻徇含混遷就了事，將來別經發覺，該臬司不能當此重咎也，將此傳諭知之。尋裕泰、陳功覆奏魏圓圭被控竊賊，經該縣知縣林逢年差拘，復行毆傷差役，該縣提審魏圓圭，喝令用小竹板責打四次，跪鍊壓膝二次，並嚇稱如再刁狡，即用煙燻鼻，魏圓圭仍未實供。旋因病保出身故。覆檢魏圓圭骨殖實係因病身死，復提要證張貴先等質訊，並非張貴先毆傷，密飭委員詣埋屍處坑內淘得脚跟骨，驗明與魏圓圭右脚脛骨接筍相符，屍子魏信道亦查明屍骨被獸殘食缺失屬實，魏信道合依子孫誤執傷痕告官蒸檢者，杖一百流三千里，加徒役三年例科罪。餘各按律問擬。知縣林逢年含糊詳報，又於差役詐贓失察，業經革職，應毋庸議。下部議。從之。

《清宣宗實録》道光二十五年十一月〔辛酉〕先是，民人周文盛呈控給事中雙壽囑託巡城御史萬超受賄妄拏。上命軍機大臣會同刑部審訊，至是訊明覆奏。得旨，此案已革吏目蔣勤培，以不應承審之案，經該城御史批委，並不稟辭，且聽許囑託。輒將無辜婦女，濫行責押，實屬任性妄爲，僅予革職，不足蔽辜，著從重發往軍臺效力贖罪。給事中雙壽，爲鋪户再三請託，復串囑捏供，殊屬卑鄙，御史萬超於副指揮審報之案，違例改派吏目，雖訊無授意曲法情事，惟以風憲官聽受囑託，並諭令吏目追問婦女，以致該吏目濫行拷訊，實屬乖謬。雙壽、萬超著即行革職，永不敘用。給事中陳慶鏞於萬超向商改派吏目訊案時，隨同批發，咎亦難辭，著交部嚴加議處。

《清宣宗實録》道光二十五年十二月 戊申，諭內閣：前據御史岳慶奏參，審案委員與被告同車，及不提被告反罰原告等款。當交訥爾經額查訊。茲據查明覆奏，委員曾貫之承審之案，被告並非護衛，其護衛同武舉被控之案，並非曾貫之承審。現提案證查訊，該委員並無與被告同車赴府之事。至被告馮巨鏞實已到案，原斷交出銀錢，係屬地租，並非勒罰。惟該委員會同河間府知府審訊此案，既據馮巨鏞呈出借字，自應詳查質對，乃據供率銷借約，致令翻控，究屬疏忽。前任河間府現任宣化府知府德齡，候補知縣曾貫之，均著交部，照例議處。

（清）李星沅《李文恭公奏議》卷五《審擬已革縣丞擅受斃命全案摺子》 奏爲遵旨審明定擬，恭摺奏祈聖鑒事。竊照鳳翔縣縣丞徐誠榮擅受民詞致張芳在押縊斃一案，經臣具摺參奏。奉旨這所參擅受濫押斃命之陜西鳳翔縣縣丞徐誠榮著革職，交該撫提同全案人證，研究確情，按律定擬具奏。欽此。臣即欽遵檄飭兩司將案内應訊人證提集嚴審，去後茲據委員西安府知府李希曾審明，由藩司陶廷杰，臬司傅繩勛會訊定擬，轉解前來，臣親提研鞫。緣徐誠榮係浙江監生，捐納縣丞分發陝西咨補鳳翔縣縣丞，道光二十三年十二月十二日有縣民常學禮買得張傑木料，該價錢二十千一百文，因雇張芳車輛運回，即向借貸永盛生記票錢五千文先行付交張傑，嗣張傑查無永盛生錢鋪，知係假票，尋向常學禮不依争吵，隨赴縣丞衙門呈控。該縣丞徐誠榮飭差袁鐸將常學禮喚案審明，票係張芳借給，旋於十九日傳到張芳復訊，並搜出十千錢票一紙，亦無大成春號當據，張芳

供係素識之羅升假造交伊行使，羅升現赴甘省未回，徐誠榮遂將張芳同常學禮交役王和楊喜帶至署前廟内管押，俟緝獲羅升質究。二十四年正月二十五日午後，張芳之弟張斌暨其子張道娃前往探望，詢及假票來歷，張芳告知係伊私造行使，捏供搪抵並無羅升其人，將來究出實情必須問罪，聲言不如早死，張斌等當向勸慰而回，詎張芳愁急莫釋，即於是夜乘看役楊喜等睡熟，自解繫褲皮帶在門鐶上自縊。次早常學禮驚見喊同楊喜等解救不及，業已殞命。經該縣知縣黎保泰揭報委驗通詳，臣即將該縣丞徐誠榮參奏革職，飭提人證委員研訊由司解勘，各供前情不諱。臣查該縣丞違例擅受交差，羈押以致張芳輕生，謂無串詐凌逼別情，殊難憑信，復經嚴切根究，據徐誠榮供稱實因事關誆騙，張芳供詞支飾，又與常學禮俱無的保，是以交差看管，擬俟緝獲羅升再行送縣，委係一時糊塗，並無授意婪索情弊。質之常學禮亦供張芳造使假票，因慮審明治罪愁急自縊，如果官役詐逼，伊亦被押日久，正可據實供明，何肯代爲隱諱，並據屍親張斌等僉供，張芳生前止向告知造使假票，畏審問罪，並未提及官役詐逼之事，反復究詰，矢口不移，案無遁飾。此案鳳翔縣縣丞徐誠榮於民間詞訟，並不備文送縣，輒行擅受濫押致使造假票之張芳畏罪自盡，雖訊無授意婪索情弊，實屬違例妄爲，業已革職，應毋庸議。張傑違例赴縣丞衙門具控致釀人命，看役楊喜王和失於防範，均應照不應重律杖八十，各折責發落。楊喜等仍革役，張芳假造錢票行使照詐欺取財律應計贓准竊盜論，已經畏罪自盡，應與不知假票之常學禮及奉官傳唤之袁鐸均免置議。鳳翔縣知縣黎保泰，於縣丞擅受釀命之後，始行據實揭報，例有失察處分，應請旨交部議處假票繳帶銷燬無干省釋。除全案供招咨部外所有審明定擬緣由理合恭摺具奏。

（清）李星沅《李文恭公奏議》卷五《特參神木縣知縣王致雲摺子》

奏爲特參玩視重案，審辦錯謬之縣令請旨革職，以示懲儆，恭摺奏祈聖鑒事。竊照神木縣十三歲幼女李春孩被無服族人李蘇氏李述秀毆斃一案。先據該縣知縣王致雲訊，係李春孩見有竊賊偷摘樹果，在園聲喊李蘇氏同李述秀往勸，因伊幼子摘食樹果李春孩復行嚷駡，李蘇氏等氣忿各用木棒樹枝毆傷李春孩身死假裝自縊等通詳。當經臣等批飭再行研訊去後，旋據該縣將李蘇氏依鬬殺律擬絞，李述秀擬杖一百徒二年，由府審轉解司經前臬司傅繩勛與臣面商此案李春孩年幼無知，該犯等有何忿恨，輒行疊毆致斃，傷在陰户，且該犯等一男一女何以同向果園，同毆裝縊情節甚屬支離，當飭檄委西安府知府李希曾提證研審究出李述秀向與李蘇氏有姦。是日掩門續舊，不期李春孩突至撞見，李述秀慮其張揚，稔知李春孩之父李述友時常在外賣果，家止李春孩一人，起意致死滅口。商允李蘇氏攜帶鐮柄追至其家，李述秀將李春孩仰面扳倒，先用身帶手巾塞口，李蘇氏用鐮柄毆其左右脚腕、右脚跟，李述秀接過鐮柄向李春孩陰户毆戳數下，致傷李春孩左右胯相連陰户，登時殞命。李述秀復起意將屍背移李述友果園樹枝，懸掛時有王述法在坡望見，走攏查問，李述秀捏稱李春孩詈駡伊等作賊，起衅毆斃裝縊，並囑李蘇氏到官照所捏情詞供認，毆戳陰户重傷，監禁數年即可減罪收贖。李蘇氏因與李述秀通姦情密，亦即允從，在縣供認。至兇器僅一鐮柄，遞換毆打，現在解驗並不曾用樹枝，提訊仵作據供前驗屍傷，因李述秀供指用樹枝毆打，又在園内起出比對相似，是以當場喝報委無增減等情，將李述秀改照謀殺造意律擬斬監候刺字。李蘇氏依從而加功律問絞。由司覆審解勘前來，臣隨親訊無異。查人命重案，全在承審官悉心推究，毫髮無遺，庶幾情真罪當。今李述秀因被李春孩撞破姦情，起意商同李蘇氏謀斃滅口，衅由姦私，死係幼女，情殊慘毒，乃該縣王致雲並不虚衷推鞫，認真定擬，輒任犯供支飾，又不辨別兇器，含混招解，若非飭司委員確審，幾至誤謀殺爲鬬殺，誤正犯爲從犯，縈稺含寃，淫兇漏網，實屬不知詳慎，草率糊塗，相應據實奏參請旨將神木縣知縣王致雲即行革職，以爲玩視重案者戒。除將李述秀等一案另疏題報外，所有特參縣令審辦錯謬緣由謹繕摺具奏。

（清）李星沅《李文恭公奏議》卷一二《審擬退卯捕役誣竊爲盜摺子》

奏爲退卯捕役誣竊爲盜，追拏到案遵旨審明定擬恭摺奏祈聖鑒事。竊照邳州客民劉瑞凝以被盜無獲，捕役孟田明退暗充朋比包庇，以有供無贓之張貫五等搪塞免比等情，赴都察院衙門具控奏奉諭旨，此案著交孫善寶親提人證卷宗，秉公研訊，按律究辦，原告劉瑞凝該部照例解往備質，欽此。竝准將原告劉瑞凝遞解回蘇，當經前撫臣孫善寶行司飭提人卷來省委員提訊。張貫五等實非此案正盜，因被告孟田在歇脱逃，致未訊結，各前署撫臣節次勒拏未獲，臣到任後查案嚴飭該管邳州將孟田拏獲解省。據長

洲縣等審明録供，由臬司周祖植覆審解勘前來，臣隨親提人證逐加研鞫。緣孟田籍隸邳州，曾充該州捕役，於道光十四年退卯，劉瑞凝即劉瑞成向在邳州開張布店，道光二十一年八月二十八日夜，劉瑞凝店鋪被盗撞門進内拒傷劉瑞凝及店夥楊永順，刦去銀錢衣物布疋，報經前署知州劉同纓會營勘訊，驗傷估贓通詳，飭捕王先石得陳盛勤緝未獲。劉同纓於疎防限内卸事，前任已革知州張心淵到任按限參緝。王先等畏比央孟田設法幫捕，仍無弋獲。孟田稔知張貫五素行不端，與匪往來，心疑劉瑞凝案係張貫五等行刦，令王先等將張貫五拏解，即使審非正盗亦可搪塞比限。王先等允從，將張貫五拏住解州提訊。張貫五自行誣服，竝將素識之沈科陳銀供爲同夥，經該州先後提案質訊，沈科忽認忽翻，陳銀堅不承認。張貫五又因追究原贓將身穿馬褂指作贓衣，劉瑞凝認非原贓，經該管徐州道府查知嚴飭提同原拏捕役質究詳辦。劉瑞凝亦以供贓不起捕庇案懸等詞，赴徐州府暨前撫臣程商采衙門具控批飭審辦。竝據案徽靈璧縣以該縣事主王尚文被搶案内獲犯耿八認刦劉瑞凝之案移解邳州從重審辦。該州張心淵提訊耿八供認，聽從周奉夥同趙四等行刦拒捕不諱，提訊張貫五翻異前供竝稱前係畏刑混認，質之耿八亦稱張貫五等委非同夥，亦不認識。竝據耿八供出贓衣移調解州傳主認非原物，贓證仍屬未明，耿八旋即在監病故。由徐州府飭委睢甯縣驗無凌虐別故，填格通詳，陳銀亦因病交保。該州責令王先等緝周奉、趙四各犯，王先等仍央孟田幫拏無獲。劉瑞凝即赴都察院具控奏奉諭旨交審，孟田於到官後畏罪脱逃。兹經追拏到案，委員審明，由司覆審解勘前來，臣親提研鞫，據各供悉前情嚴究，孟田實止於退卯，後幫同緝捕，主使捕役王先等將素行不端之張貫五拏解搪比，竝非平空誣拏，亦無包庇匪類情事，訊之張貫五等亦各自認行竊不識姓名事主衣服牛驢。不諱其事主劉瑞凝被刦一案，堅執不承，詰係前在邳州畏刑混認，矢口不移，案無遁飾，查例載捕役人等奉差緝賊非本案正盗，若其人素行不端將捕役照誣良爲盗例，減一等杖一百徒三年等語。此案孟田曾充州捕，業經退卯因捕役王先等央令幫同緝捕，該犯稔知張貫五素行不端，輒令王先等妄拏搪比，殊屬藐法。查例内竝無已退捕役幫緝案件將素行不端之人拏解審非正盗作何治罪明文，自應比例問擬。孟田應比照捕役人等奉差緝賊，審非正盗，若其人素行不端，將捕役照誣良爲盗例，減一等杖一百徒三年例，杖一百徒三年。該犯被控提省在歇脱逃，應加逃罪二等，擬杖一百流二千五百里，到配折責安置。事犯脱逃在道光二十五年五月二十四日清刑恩旨以前到官司在後，且係已退捕役誣竊爲盗，應不准其援減捕役王先石得陳盛因承緝盗案無獲，聽從孟田將素行不端張貫五拏解罪，應擬徒飭州另行照例詳辦。張貫五沈科訊非正盗，應毋庸議，其認竊各案，應發回邳州查案擬結，原告劉瑞凝所控得實，且已在寓病故，孟田在歇脱逃，保歇人等訊無凌虐賄縱情事，均毋庸議。劉瑞凝被刦之案飭州嚴緝正盗，竝周奉等務獲究辦，餘屬無干免其提質。除供招咨部外，所有審明定擬緣由，理合恭摺具奏。

中國第一歷史檔案館《咸豐同治兩朝上諭檔》咸豐元年正月初六　奏爲會同審訊解任都統等供詞支飾，請旨革職以便嚴究事。據都察院奏送密雲駐防已革馬甲魁山京控一案，前經奉旨將密雲副都統德順、察哈爾都統雙德解任質訊，臣等督飭章京司員逐加研鞫。據雙德供稱，道光二十七年間在密雲副都統任内報修營房六處，派佐領海玉等承辦，嗣海玉面禀向户部書吏王雨田詢知報修工程部中須有使費，已議定給銀六百兩等語，伊恐被部駮當令海玉照辦共估修銀二千九百七十五兩，海玉旋赴直隸藩庫領銀，除扣去部中費用外實交庫二千三百七十五兩。二十八年正月間動工，嗣伊陞任察哈爾都統，聞知德順接任後查閲工程與原估不符，欲行奏參，恐干處分，隨措銀六百兩令伊子忠泰前往密雲交海玉補還等情。又據德順供稱二十八年四月間，陞任密雲副都統到任後查出工程草率，與原估不符，當欲參辦海玉，同閤營官員再三懇求情願，另行修理，各員隨具連名甘結一紙。伊即未奏參，旋於十月間將工程重修完竣。至海玉如何短交銀兩及雙德代爲補還之處，均不知情等供。臣等以德順既經查出工程草率，與原估不符，即應據實參辦，何以一經屬員求情，輒任聽閤營官弁具結了事，顯係有意消弭，且本營協領缺出即將辦工草率之海玉挑補，又將海玉之姪恩成挑補佐領，更難保無徇庇受賄重情。至雙德於海玉告知部中使費輒令付給追聞，德順欲行奏參即措銀六百兩令伊子忠泰送交代爲補還，如無情弊何肯出此，連日研訊該都統等供詞含混，堅不吐實，相應請旨將解任。察哈爾都統雙德、密雲副都統德順一併革職，會同嚴訊以成信讞，謹恭摺具奏。

中國第一歷史檔案館《咸豐同治兩朝上諭檔》咸豐元年二月初三日

咸豐元年二月初三日奉旨此案已革密雲協領海玉報修工程，輒將領項內用銀六百兩付給户部書吏王雨田作爲打點使費，希圖分案核准，實屬以財行求。海玉著從重發往新疆効力贖罪。已革察哈爾都統雙聽任海玉付給書吏銀兩，復聞知德順欲行參奏，措銀補還庫項顯係徇庇於前，消弭於後。已革密雲協領蘇克都亨以管庫之員，聽從海玉向書吏行賄，即應以爲從論。已革密雲副都統德順，於該處修工草率業經查出，輒聽屬員求情，具結了事，結内注寫與己無干字樣，實屬有意消弭，自爲開脱，且協領缺出即將辦工草率之海玉升補，並將資格尚淺之恩成升補佐領，又於伊子私往密雲並不阻止。雙德、蘇克都亨、德順均著從重發往軍臺効力贖罪。雙德、德順雖年逾七十，不准收贖。事犯雖在恩赦以前，均不准其援免。已革馬甲魁山因革差挾嫌，將不干己事牽控多款，實屬刁健，著銷除本身旗檔，發近邊充軍，到配枷號三個月，枷滿嚴行管束。未獲之高二、王雨即王潤祥仍著嚴緝，務獲送部究辦，餘依議。該部知道。欽此。

中國第一歷史檔案館《咸豐同治兩朝上諭檔》咸豐元年五月二十九日

上諭薩迎阿奏審擬通事，誘逼供詞，並分别議擬非刑逼供之承審各員，及誘供之司道開單呈覽，已明降諭旨，將張集馨等先行革職，同通事馬圖等解送刑部歸案覈辦矣。另片奏覆查琦善原奏各條，披覽均悉惟已革蒙古章京格窩先經琦善奏革頂翎嚴審，迨定案摺内並未聲叙現尚留禁省監。雖查與雍沙番案無涉，其與柯柯烏蘇賊匪送信一節，是否因接叩懇病故，恃無質證狡飾不承。仍著薩迎阿確切查明辦理，前次交查各件著一併確查具奏，將此諭令知之，欽此。【略】

上諭薩迎阿奏審明通事誘逼供詞，並通事供出承審各員非刑逼供，暨司道誘供，故入人罪各情一摺。並分别定擬開單請旨，所有擬請革職發往新疆之甘肅署蘭州府慶陽府知府步際桐，候補知府桂昌署静甯州知州趙桂芳，候補知縣姜熊平，羅縣知縣緐評，靖遠縣知縣李志學，署平凉縣知縣劉元績，署碾伯縣知縣尹泗，調任鎮迪道西甯道文桂，凉州俄埔嶺營遊擊冷震東，擬請革職發往軍臺之署按察使前任鞏泰階道朱其鎮，均著即行革職交該署督派員解交刑部。朱其鎮現經告病如已起程回籍，著咨行沿途各督撫派員解京，其擬請革職發往親疆之調任河南布政使甘肅布政使張集馨，著革職交潘鐸派員解交刑部一併歸案質訊覈議具奏。並著該署督將案内已革通事馬圖乜、福康潤及兵丁馬仲元、林治康、伏元、通丁馬明春、蘇録、馬得成、王廷美一併押解刑部質訊。將所擬罪名覆覈辦理所請嚴議議處之。前署督標中軍副將現題補平羅營參將珠克登，西甯北川營都司石長興，肅州安西營都司辛殿甲，西甯鎮標右營千總趙國棟，鎮海營千總米兆魁，丹噶爾，同知彭衍堂，西甯府知府鈴祥均著刑部於定案時分别覈擬。請旨至訊係無辜奏請省釋之番族洛尕等十七名，著刑部定案時奏明辦理單併發。欽此。

中國第一歷史檔案館《咸豐同治兩朝上諭檔》咸豐二年三月十三日

旨越獄絞犯郭大即郭志，著步軍統領衙門順天府五城暨直隸總督，山西巡撫一體嚴拏，務獲解部究辦。刑部司獄德善，提牢主事奎福於要犯越獄漫無覺察，難保無私開刑具，知情故縱等弊。德善著先行革職，奎福著先行解任，即交該堂官提同禁卒人等嚴訊確情，按律定擬具奏，失察之刑部堂官著一併先行交部議處。欽此。

中國第一歷史檔案館《咸豐同治兩朝上諭檔》咸豐二年十二月二十日

旨這所參疎防斬絞各犯越獄脱逃之管獄官代理金鄉縣典史候補從九品顧功亮著即革職，拏問，交李僡提同刑禁人等嚴審，有無故縱情弊，按律懲辦有獄官金鄉縣知縣李庚，著先行交部議處，仍勒限上緊緝拏，限滿無獲即著嚴參，該部知道。欽此。

中國第一歷史檔案館《咸豐同治兩朝上諭檔》咸豐三年三月十九日

旨這所參疏防重犯越獄脱逃之管獄官河南河内縣典史汪牧，著革職拏問交該撫提同刑禁人等嚴審確情。如有賄縱情弊，即著按律治罪。有獄官河内縣知縣裘寶鏞，著先行交部議處，仍勒限將逃犯李成等嚴拏務獲審辦，儻限滿無獲即著嚴參。欽此。

中國第一歷史檔案館《咸豐同治兩朝上諭檔》咸豐三年五月初七日

花沙納瑞麟奏遵旨查辦一摺，此案劉秋貴雖經驗明，實係受刑後因病身死，並非有意消弭，惟係特旨交審要犯，刑部承審司員未能審出實情，致該犯倖逃顯戮，已屬顢頇草率。郎中陳魯，員外郎馮栻明知該犯死於秋審處，輒因奏有嚴旨恐干重譴，囑令提牢主事志善捏報日期，司獄彰善亦聽囑容隱，均屬咎無可辭。陳魯、馮栻、志善、彰善均著交部嚴加議處。郎

中上行走怡昌郎中馮志沂，員外郎尚阿布、候補主事王金鎔、羅寶森，堂主事上行走文荃，未能覺察檢舉，亦屬疎忽，均著交部議處。尚書周祖培及失察之各該堂官著一併交部分別議處。餘依議。欽此。

中國第一歷史檔案館《咸豐同治兩朝上諭檔》咸豐三年八月二十五日

景淳奏監犯結夥脱逃，請將管獄官革職提訊一摺。吉林阿勒楚喀地方署管獄官防禦委佐領富順職司監獄，並不加意防範，致令監犯魏存有等九名乘夜脱逃，並拒傷兵丁。現雖獲犯五名，尚有擬絞及未定罪名人犯四名未獲，實非尋常疎忽可比。富順著即革職交該將軍提同委官鳳春及兵丁等訊明，有無鬆刑等弊，並將現獲各犯按律定擬懲辦，未獲各犯仍著通飭所屬一體協緝務獲，毋使漏網，該部知道。欽此。

中國第一歷史檔案館《咸豐同治兩朝上諭檔》咸豐四年五月初一日

旨這所參疎脱監犯越獄多名之管獄官，浙江遂安縣典史汪英倬著即革職拏問，交黃宗漢提同刑禁人等及已獲各犯嚴訊，如有鬆刑賄縱情弊即著從嚴懲辦。署遂安縣知縣丁承壽既據查係因公出境復經另案撤任，著毋庸議，其在逃未獲各犯仍飭接署知縣嚴拏務獲，毋任一名漏網。欽此。

中國第一歷史檔案館《咸豐同治兩朝上諭檔》咸豐四年六月初一日

承志等奏審明失察門丁書役事後受贓之前任知縣請旨革職一摺。所有前任奉天府承德縣知縣延瑞及門丁樂昌等，應得處分罪名均著刑部議奏。此案前經給事中賈世行參奏，聲稱聞有環慶隆錢鋪將應交鹽課等銀運送山西，被該縣差役攔回罰銀擾累。現據承志等奏，有環慶隆財東賈世行現任御史之語，該給事中以本身開設錢鋪被人訛索，何妨詳晰聲敘據實具奏，乃輒以風聞入告，並不將實在原委陳明，實屬有心含混，賈世行著交部議處。欽此。

中國第一歷史檔案館《咸豐同治兩朝上諭檔》咸豐七年九月十五日

前據御史張興仁奏參，江蘇前任長洲縣知縣王如林，匿荒私斂，濫刑詐索，包庇匪類，吸食鴉片强買民女等款。當降旨令該督撫詳查參奏。茲據何桂清等查明，該員經徵錢漕，實無匿荒浮折土匪沈聚保等糾衆滋事，辦理亦無不合。並查無陋規包庇廣匪訛索鹽店陋規及强買民女等劣績。傳訊該員熬驗亦無烟癮。著毋庸議，惟該員在長洲縣任内尚有欠解地漕正雜等銀九千九百四十三兩零，屢催未解實屬玩延，王如林著暫行革職，勒限兩箇月將短解銀兩掃數全完，儻逾限不繳，著即從嚴參辦。欽此。

中國第一歷史檔案館《咸豐同治兩朝上諭檔》咸豐八年五月二十日

都察院奏直隸把總靳飛熊遣抱告梁太成以同族挾嫌謀殺伊父，知縣聽信妄供枉斷捏詳等詞赴該衙門呈訴。此案著交譚廷襄親提人證卷宗秉公嚴訊確情，按律定擬具奏。移抱告民人梁太成該部照例解往備質，所有草率定讞之正定縣知縣著即撤任，聽候傳訊。欽此。

中國第一歷史檔案館《咸豐同治兩朝上諭檔》咸豐八年八月二十一日

王慶雲奏請將審報命案不實之知縣革職提訊一摺。四川署什邡縣知縣王九蘭，前任告病知縣范恕，於姦夫殺死本夫重案諱飾於前，復捏詳於後，均著先行革職，交該督提同全案人證嚴行審訊按律定擬，毋稍枉縱。欽此。

中國第一歷史檔案館《咸豐同治兩朝上諭檔》咸豐八年八月二十七日

瑞常等奏遵旨查明鄉闈辦理不善各情，請分別審訊議處一摺。此案順天府大興、宛平二縣辦理鄉闈供給，任意草率。既據查明有發價折扣情事，猶復供詞歧異，顯有需索仰勒情弊。所有該二縣經手家丁吏役，著交刑部查傳嚴行審訊，大興縣知縣賀廷鋆，宛平縣知縣毛慶麟應得處分俟刑部訊明後照例核辦。糧馬通判蕭鼎禧，既有胞弟應試例應迴避，乃託病告假，不肯入場，實屬取巧規避，著先行交部議處，其有營私肥己等弊著俟刑部訊明後照例辦理，委員李光瀾李建中催辦。遲延試用府經歷潘淳臨期不到，治中蔣大鏞辦理卷册錯亂，著交部議處。委員蕭履中等，著吏部查取職名一併議處。順天府府尹梁同新身任監臨總司場務，於派委各員既不能詳慎於先，以至疲玩草率，種種延誤，甚至於規避不到之員均未指名參辦，尤屬有心徇庇，梁同新著照吏部原議降三級調用，以示懲儆，餘依議。欽此。

《清穆宗實録》同治四年十月 庚申，諭内閣：本年各直省辦理秋審人犯，經刑部由緩决改情實者，四川省五起，奉天省五起，河南省九起，山東省八起。該將軍、府尹、督撫並該臬司，於秋讞重犯，未能詳審覈擬，著交部查明分別議處。嗣後各將軍、府尹、督撫等務當督同所屬，遵照定例，酌覈案情，悉心究擬。因不可失之刻覈，亦不可惑於救生不救死之説，故從輕減，總期執法持平，無枉無縱。

《清德宗實録》光緒二十一年八月　甲午，諭内閣：前因四川省有疊毁教堂之案，業經降旨，將辦理不善之前任總督劉秉璋從重懲處。兹據恭壽，鹿傳霖奏稱，現經切實查辦，拏獲首從各犯王睡亭等二十三名。内訊明就地正法者六名，擬軍流枷杖者十七名。自足以昭炯戒而儆將來。所有辦理不善之卬州知州周鳳藻，署大邑縣知縣沈炘、署冕甯縣知縣信元良、新津縣知縣粟秉、灌縣知縣范萬選，業經先後參撤外，辦理保甲局候補道周振瓊，著撤去差使，交部議處。署成都府知府唐承烈、署華陽縣兼署成都縣候補知縣黄道榮、署城守營遊擊向慈、樂山縣知縣洪祖年、署樂山汛千總黄承烈，均著交部議處。川省各國教堂林立，鹿傳霖等務當嚴飭所屬，實力保護，毋得再有疏虞。並飭各州縣隨時勸諭，曉以利害。總期猜嫌盡釋，民教相安，用副朝廷綏靖地方至意。

中國第一歷史檔案館《光緒宣統兩朝上諭檔》光緒二年七月三十日　御史張觀準奏，廣東海豐縣有會匪余阿箝等挾仇糾殺余焕文等六命，該縣知縣及委員等規避改供，獲犯不辦，以致案懸五載不結。請飭查參等語。人命重案，理宜迅結，若如該御史所奏，殊屬不成事體。著劉坤一、張兆棟親提人證卷宗，秉公嚴訊確情，按律定擬具奏。所有海豐縣知縣蔡逢恩及歷任知縣辦理遲延之處，並著查明據實參奏，以重民命。欽此。

（清）張之洞《張文襄公全集》卷一一七《公牘·批劉陽縣等稟會訊匪黨録供擬辦光緒十八年三月二十四日》　此案供詞逆跡顯露，該印委等復以愚懵無知誤入迷途，尚非甘心爲匪等詞曲爲之解，誠不知是何居心。試思該犯等喫血酒開客寓約期行事，陰謀詭秘豈得謂之愚懵無知。李朝富上年三月即開設客寓，陳裕和等來往往宿，豈得謂之甫經入會。數日用紅黄旗先佔縣城，邀集兄弟殺官佔城，所謀何事豈得謂之誤入迷途，尚無謀爲不軌，尚非甘心爲匪，然則必如何而後可謂之不軌爲匪乎？現在長沙謡言未息，藥局失鎖足徵該犯等黨羽衆多，逆謀深險可爲寒心。設非先事破獲爲患何堪設想。該印委等猶以尋常未經滋事之會匪，强爲比擬。且律載年未及歲分别情罪辦理，並無二十餘歲不辦重罪之條。據稟李朝富年僅二十六歲冀爲開脱，尤爲謬妄。此等重犯尚不嚴辦，以後團紳誰敢拏匪送官乎？仰南按察司先將該印委等嚴行申飭，飭即覆訊確供由司照章核議速覆。飭遵廖鴻基輕縱巨匪，厥咎實無可辭推，究其故皆由該縣平日並不嚴辦會匪，養癰貽患是以該守備懼有報復不敢認真。應再嚴飭該守備將陳裕和拏獲以贖前愆，並飭縣設法購綫嚴拏務獲，並將此外著匪及早查拏，以息亂萌，儻再泄延縱匪以致釀成大事，試問該縣能當此重咎否？

中國第一歷史檔案館《光緒宣統兩朝上諭檔》宣統元年閏二月十二日　有人奏廣西臬司王芝祥，破壞憲政袒庇私人，冤殺無辜，誣陷善類一摺。又片奏署廣西右江道沈秉炎縱兵演戲，聚賭。右江鎮李國治烟癮甚深，剿匪疲玩等語。著張人駿、張鳴岐按照所參各節，切確查辦，據實具奏。毋稍迴護，原摺片均鈔給閲看。欽此。

《各省審判廳判牘》第二編《判詞類·巡警因不服指揮毆人成傷江寧地方審判廳案》　緣黄昌期係南一區巡警，宣統三年六月十七日，黄昌期巡至五定橋地方，見菜擔擺在路口，有礙交通，飭令搬讓，適買菜人鍾步亭給付菜價，阻撓不服，黄昌期用鞭嚇毆，互相揪扭倒地，致傷鍾步亭心坎等處。經警局將黄昌期等解送檢察廳，驗明在案，轉送前來。當經提同黄昌期等研訊，據供前情不諱，應即判決。查律載：他物毆人成傷處四等罰。又，凡不應爲而爲之者，處四等罰各等語。此案巡士黄昌期因菜擔有礙交通，飭令搬讓，係該巡事應管之事。惟買菜人鍾步亭既有不服情形，黄昌期自應協警將鍾步亭送局懲辦，不應用鞭嚇毆，互相揪扭倒地，致鍾步亭受傷，實屬不合。黄昌期以他物毆人成傷，係不應爲而爲，從一科斷，處四等罰，追銀二兩，責令保辜限二十日，限内不能執業。因出養傷費洋二元交鍾步亭結領，着即搬出，不准再住該區滋擾。鍾步亭當路買菜不服警章，本有不合，姑念既經受傷，從寬免究，案情確鑿，别無疑議。此判。

《各省審判廳判牘》第一編《批詞類·批澂江府民婦李李氏遣抱李蘇張上訴勒索兇傷押直庇曲等情一案雲南高等檢察廳批詞》　狀悉。羅長生等欠爾貨銀，既有賬據可憑，且經兩次由縣飭赴商務公所理處，何至放走被告，反將爾勒結索費。大堂之下，豈兇毆之地？爾侄既受重傷，何又勒繳銀兩，種種可疑，殊難憑信。惟既稱奉道批縣稟覆在案，仰候移道查覆以憑核辦可也。

《各省審判廳判牘》第二編《判詞類·以財求得枉法新民地方審判廳案》

緣劉信、馬殿富均籍隸新民府，莊農度日。馬殿富係劉信之婿，先曾充

當府屬湯家屯鄉約，嗣被裁革，遷往彰武縣屬陳家坨子居住。宣統元年七月初一日夜，劉信之子劉廣德糾邀梁榮等强劫王家崗子事主王澤家棉被、馬匹等物，得贓並槍斃事主王柏春，犯案被獲，送廳審辦。是月半間，不記日期，馬殿富聞信前往劉姓家探望，路過湯家屯，至素識者邀之韓子榮家暫息，道及前情，韓子榮向馬殿富告稱，劉信若能花洋三百元，即可託人求説，將劉廣德罪名減輕。馬殿富信以爲實，見劉信後，即將韓子榮所言告知，劉信應允。於八月間不記日期，劉信先後賣牛、借貸，並託其無服族弟劉起代爲出典地，未向告知作何花用，共陸續凑得東錢屯帖二千三百餘吊，合小銀元二百八十元，交給馬殿富手。馬殿富攜款來至府街找向韓子榮，説明囑託代辦，當將銀元如數轉交，韓子榮收下。韓子榮應允，聲稱轉託府街雲集店寄住之海城縣人邱化亭商辦，馬殿富復轉向劉信言明。九月初間，馬殿富領同劉信找向韓子榮追詢，韓子榮答以事已辦妥，並索下欠銀元二十九元。劉起因手内無錢，未曾付給，即經本廳訪聞，劉起有與劉信典地措款情事，密函新民府飭警將劉起傳獲，送交檢察廳，照章起訴，送請預審前來。當經提訊，據劉起供稱，伊當時僅代劉信典地措錢，先不知作何使用，事後劉信向伊談及，始知措款因爲其子劉廣德打點輕減罪名，係新民府遷居彰武縣之馬春榮代辦，即經移請檢察廳轉行彰武縣，將馬春榮傳送來廳。訊據供稱，不但此事毫不知情，且與劉信等亦不認識，質之劉起，供明前因到案心慌，誤供馬殿富爲馬春榮，實與馬春榮無干等語。當將馬春榮釋回安業，復經移知檢察廳，分別查緝去後，嗣據劉起之妻劉郭氏將劉信、馬殿富找獲送廳，迭次研鞫，據各供認前情不諱，本廳案關指官騙財，而韓子榮在逃未獲，總恐所與之贓不止此數，反復推求，堅供如前，案無遁飾。查逸犯韓子榮等聞風遠颺，弋獲無期，未便久羈。劉信所與之贓，既經馬殿富如數轉交，韓子榮收受，始終未與邱化亭晤面説明，其邱化亭有無夥騙情事，無從查訊，自應以現犯之供爲准，先行判決。查現行刑律載：詐欺官私取財，計贓准竊盜論。又，竊盜贓一百二十兩，流三千里。又例載：凡有以財求得枉法者，與受財人同罪；説事過錢者，不得贓，依律減等定擬。又律載：説事過錢者，無禄人減二等，罪止徒二年各等語。此案劉信因其子劉廣德强劫事主王澤家，拒斃事主王柏春，犯案到官，輒敢以財行求，希圖減輕罪名，實屬不法。查該犯所與之贓，實付過小銀元二百八十元，照市折合銀在一百三十兩以上，韓子榮將來緝獲，計贓罪應滿流，自應按例問擬。劉信應合依以財行求得枉法者，與受財人同罪例，照詐欺官私取財，准竊盜贓一百二十兩流三千里，擬流三千里，收所習藝十年。馬殿富雖不知韓子榮誆騙情事，輒敢説事過錢，惟訊未得財，亦應按律科斷，馬殿富合依説事過錢者，無禄人減二等，罪止徒二年律，擬徒二年，按限收所習藝，限滿釋放。馬春榮早經釋回安業，應與訊無説事過錢情事之劉起，均毋庸議。逸犯韓子榮、邱化亭由檢察廳飭緝，獲日另結，無干省釋。此判。

《各省審判廳判牘》第二編《判詞類·女看役失於防範致令斬立決犯婦自縊江寧地方審判廳案》 緣陳柏氏籍隸安徽休寧縣，現充江寧地方審判廳女看守所女看役。由檢察廳飭發已決女犯鞠潘氏一名，收入所内女字第四號房間。今陳柏氏看管鞠潘氏，在所患病，報經檢察廳撥醫調治。宣統三年四月初八日鞠潘氏病勢增劇，又據禀經所官將手鐐放開，四月十四日四更時分，鞠潘氏起來出恭，適別號女犯吴劉氏亦陡患腹痛，狂叫不已，經陳柏氏前往料理湯藥，陳柏氏不能兼顧，回去稍遲，詎料鞠潘氏乘間扯下被裹布一條在房内木栅上自縊。陳柏氏回房瞥見，當即報經所官，帶同所丁進房解救無效，移時殞命。即經所官報明前署檢察廳廳長戴直牧，派第二初級檢察廳檢察官項澤皤前往該所驗訊，由檢察廳詳奉批飭，將該女看役提案移送審判廳，切實研究有無凌虐及別項情弊，務得確情，録取切供，分別擬議詳辦等因，將犯卷轉送到廳。查此案自縊之鞠潘氏係與付殿國通姦，同謀勒死親夫鞠永順身死，依律擬斬之犯，准奉前因，即提陳柏氏到案研訊，據供實係一時疏忽，並無凌虐及別項情弊，質之別號女犯吴劉氏，供亦相同。究詰不移，案無遁飾，應即判決。查例載：失於檢點防範致囚自盡者，役卒處六等罰等語。此案女看役陳柏氏於奉發看守之犯乘間自縊，殊屬疏忽，惟訊因當時別號女犯喊令料理湯藥，顧彼失此，勢難兼顧，情尚可原，且看守所既非監獄可比，看役又與役卒不同，自應照量減問擬。陳柏氏應比照失於檢點防範致囚乘間自盡者獄卒處六等罰律上，酌減一等，處五等罰，銀二兩五錢，另行册報。除將所官應議職名另行開報外，合行判決。

《各省審判廳判牘》第三編《公牘類·雲南高等檢察廳據地方檢察廳

呈戚楊氏鄭陳氏互毆成傷一案經同級審判判決引律有誤提起上訴移高等審判廳起訴文》爲起訴事。案據地方檢察廳呈請，案准同級審判廳移開戚楊氏喊訴被鄭陳氏等砍傷一案，現經判決，戚楊氏合依手足毆人成傷，限内平復，於三等罰上減二等，擬處一等罰；鄭陳氏合依他物毆人成傷，限内平復，於四等罰上減二等，擬處（三）〔二〕等罰；小秀英年止七歲，救親情切，順用刀背毆傷戚楊氏鼻梁平復，並無教令之人，照律勿論。應請查照執行等由。准此。查此案事實無甚出入，惟斷引法律之點，復查律例，並無減等明文，理合提起上訴：將原案卷宗，呈請衡核辦理，爲此具呈。須至呈者，計呈卷宗一束，兇刀一把等情。據此，查各級審判廳試辦章程第五十九條，檢察官得爲刑事上訴人。此案地方審判廳斷引辜内醫治平復各減二等之律，核閱律文，係專指折傷以上，與案情之屬折傷以下者，顯係兩岐，法律點之錯誤，自應提請更正。又查憲政編查館咨復法部准東三省總督咨據奉天提法使呈請，分咨館部明示辦法案内載：各廳判決刑事各案，在未逾上訴期限以前，查果係有罪斷爲無罪，重罪斷爲輕罪，該管檢察廳仍可提起上訴等語。此案係重罪斷爲輕罪，查卷未逾上訴期限，相應移請貴廳照章公判施行。須至移者。

《各省審判廳判牘》第二編《判詞類・自治調查員知法藐法安慶地方審判廳案》 緣汪恒源年五十八歲，父母俱故，並無兄弟，娶妻生有子女。童效勛年三十五歲，父故，母存，年八十歲，家有一弟，年三十三歲，娶妻生子，均籍隸懷寧縣，同住大豐鄉相公保。汪恒源向開小雜貨店生理，近因歇業無事，於本年正月間在家私開鴉片煙館，供人吸食，借獲微利。童效勛向業訓蒙，捐有從九職銜，經縣派充自治調查員，以與汪恒源素有戚誼，不便禁阻。因與汪恒源言明，捏稱自吸，令其每月捐納龍洋一角五分，准其開設，并親筆給煙户證據一紙，允以遲日再爲代换執照，以圖影射。其證據上書煙户二字，中書區名、號數、吸煙分量、納捐數目，下書調查員二人姓名。因該區調查員原派係童效勛及查聲翼，遂將查聲翼一名一並書列。嗣經查聲翼聞知，以童效勛盗用伊名營私包庇，顯干例禁，邀集該保紳董陳壽芝等同往汪恒源家索閱，證據屬實，勒令閉歇煙館。一面呈由檢察廳飭傳汪恒源、童效勛到案，起訴過廳，訊悉前情。復據汪恒源供稱，二、三、四三個月捐錢六百文，已由童效勛之叔童立志在所欠煙賬内扣除，五月分捐資未付。質之童效勛，則稱未收到分文，伊亦不知童立志有無扣賬之事，飭傳童立志未到，應先判決。查《禁煙條例》第三條：凡開設鴉片煙館供人吸食者，處四等有期徒刑或千元以下之罰金，房主知情者，房屋入官，不知者不坐。又第六條：凡該官吏知有犯前條之罪而故縱者，與犯人同罪，贓重者，仍從重論。又第十條：四等有期徒刑，三年未滿一年以上及第十一條處罰金刑應加減者，以本條四分之一爲一等各等語。此案汪恒源私開鴉片煙館，供人吸食，實犯四等有期徒刑。惟念鄉曲愚民，爲貧所迫，且開設年月亦尚未久，自應就規定刑期範圍内從輕處罰，酌定爲一年徒刑，收入習藝所工作，限滿釋放。童效勛捐有從九職銜，充當自治調查員，與官吏無異，明知汪恒源私開煙館，不惟不加禁阻，反敢捏名書給煙户證據，代爲影射，雖據稱贓錢六百文並未入手，實屬知情故縱，厥罪維均應革去職銜並調查員名目，亦定爲一年徒刑，收所工作，限滿釋放。如願改繳罰金，則按一千元四分之一，着令呈繳銀元二百五十元以示薄懲。汪恒源煙館業由陳壽芝等勒經閉歇，其房屋供係向人租住，業主並不知情，從寬免其入官。童效勛原捐職銜，僅領實收，未换部照，應令將前項實收及縣署派充調查員之照會一並追繳涂銷。童立志飭提獲日另結。此判。

貪贓分部

論説

《後漢書》卷三九《劉愷傳》 安帝初，清河相叔孫光坐臧抵罪，遂增錮二世，釁及其子。是時居延都尉范邠復犯臧罪，詔下三公、廷尉議。司徒楊震、司空陳褒、廷尉張皓議依光比。愷獨以爲春秋之義，善善及子孫，惡惡止其身，所以進人於善也。《尚書》曰：上刑挾輕，下刑挾重。

如今使臧吏禁錮子孫，以輕從重，懼及善人，非先王詳刑之意也。有詔：太尉議是。

《宋書》卷四二《王弘傳》 王弘字休元，琅邪臨沂人也。【略】弘博練治體，留心庶事，斟酌時宜，每存優允。與八座丞郎疏曰：同伍犯法，無士人不罪之科，然每至詰謫，輒有請訴。若垂恩宥，則法廢不可行，依事糾責，則物以爲苦怨。宜更爲其制，使得優苦之衷也。又主守偷五匹，常偷四十匹，並加大辟，議者咸以爲重，宜進主守偷十匹、常偷五十匹死，四十匹降以補兵。既得小寬民命，亦足以有懲也。想各言所懷。

左丞江奥議：士人犯盗贓不及棄市者，刑竟，自在贓汙淫盗之目，清議終身，經赦不原。當之者足以塞愆，聞之者足以鑒誡。若復雷同羣小，謫以兵役，愚謂爲苦。符伍雖比屋鄰居，至於士庶之際，實自天隔，舍藏之罪，無以相關。奴客與符伍交接，有所藏蔽，可以得知，是以罪及奴客。自是客身犯愆，非代郎主受罪也。如其無奴，則不應坐。

右丞孔默之議：君子小人，既雜爲符伍，不得不以相檢爲義。士庶雖殊，而理有聞察，譬百司居上，所以下不必躬親而後同坐。是故犯違之日，理自相關。今罪其養子、典計者，蓋義存戮僕。如此，則無奴之室，豈得宴安。但既云復士，宜令輸贖。常盗四十匹，主守五匹，降死補兵。雖大存寬惠，以紓民命，然官及二千石及失節士大夫，時有犯者，罪乃可戮，恐不可以補兵也。謂此制可施小人，士人自還用舊律。【略】

弘議曰：尋律令既不分別士庶，又士人坐同伍罹謫者，無處無之，多爲時恩所宥，故不盡親謫耳。吴及義興適有許、陸之徒，以同符合給，二千石論啓丹書。己未間，會稽士人云十數年前，亦有四族坐此被責，以時恩獲停。而王尚書云人舊無同伍坐，所未之解。恐莅任之日，偶不值此事故邪。聖明御世，士人誠不憂至苦，然要須臨事論通，上干天聽爲紛擾，不如近爲定科，使輕重有節也。又尋甲符制，蠲士人不傳符耳，令史復除，亦得如之。共相押領，有違糾列，了無等衰，非許士人閭里之外也。諸議云士庶緬絶，不相參知，則士人犯法，庶民得不知。若庶民不許不知，何許士人不知。小民自非超然簡獨，永絶塵秕者，比門接棟，小以爲意，終自聞知，不必須日夕來往也。右丞百司之言，粗是其況。如衰陵士人，實與里巷關接，相知情狀，乃當於冠帶小民。今謂之士人，便無小人之坐；署爲小民，輒受士人之罰。於情於法，不其頗歟？且都令不及士流，士流爲輕，則小人令使徵預其罰，便事至相糾，閭伍之防，亦爲不同。謂士人可不受同伍之謫耳，罪其奴客，庸何傷邪？無奴客，可令輸贖，又或無奴僮爲衆所明者，官長二千石便當親臨列上，依事遣判。又主偷五匹，常偷四十匹，謂應見優量者，實以小吏無知，臨財易昧，或由疏慢，事蹈重科，求之於心，常有可愍，故欲小進匹數，寬其性命耳。至於官長以上，荷蒙禄榮，付以局任，當正己明憲，檢下防非，而親犯科律，亂法冒利，五匹乃已爲弘矣。士人無私相偷四十匹理，就使至此，致以明罰，固其宜耳，並何容復加哀矜。且此輩士人，可殺不可謫，有如諸論，本意自不在此也。近聞之道路，聊欲共論，不呼乃爾難精。既衆議糾紛，將不如其已。若呼不應停寢，謂宜集議奏聞，決之聖旨。太祖詔：衛軍議爲允。

（宋）李昉等《文苑英華》卷七六八《刑法・嗣濮王犯贓請免死議》

議曰：死者不可復生，刑者不可復續。故聖人但訊矜羣臣，仰採爰書，俯窺刑鼎，應議之科有八，議親之意特深，犯死之條有二，犯贓之刑非重。廣骨肉之禮，則德盛而教尊。崇錐刀之禁，則化衰而情莫疑。謹按國子司南之嗣爵重阜陵，當膠東之榮位，齊列無聞樂善有墜昭害疑。但以刑故宥過議人不捨。武帝忍受於漢親抵罪可矜，高祖約法於秦暴，則知原情輕重與事淺深，哀死者之銜冤，不以親而廢法。憫生靈之無識，不以法而陷人。盗爲因官犯罪專殺以盗之，此正盗而爲輕因殺而非重。進雖傷於貪穢，退非負於幽冤。豈惟乾坤感氣雨露所偏。然而睦彼親親，須明惻隱。謹議。

（唐）陸贄《翰苑集》卷一九《中書奏議・請不簿録竇參莊宅狀》

右希顔奉宣進止，凡是官吏貪濁，取受錢物，猶並徵贓。竇參負朕至深，廣納賄貨，又更交結，謀行惡事。其莊宅錢物奴婢之類，豈不合收納入官。竇參身既遠貶，亦恐被人破除隱沒。今欲使人勾當收拾，卿等商量可否者。謹按國家典法，沒入官産唯有兩科，一謂姦贓，一謂叛逆，皆須先鞫犯狀，審得實情，憲司察冤，法寺論罪，會府覆奏，掖垣參詳，如是悉無異詞，然後謂之獄成。而聞於天子，其有抵於深辟者，制可既下所司，

猶三五覆奏，庶或宥之。聖王愛人恤刑，乃至如此精慎。罪法既定，方合徵收。叛逆則盡沒其家，姦贓則止徵所犯，蓋示懲戒匪貪貨財，何嘗有罪未斷有法未詳而可以納其資產者也？伏惟聖德廣大，如天包含，徵忿於彝憲之中，念終於常情之外，已存惠貸，不寘嚴刑。今若簿録其家，竊恐以財傷義，猥蒙下問實，荷皇明輒罄。愚誠所祈，天鑒謹奏。

（清）董誥《全唐文》卷四八二權德輿《奏于董所犯當明刑正罪疏》 竊以董溪等當陛下憂山東用兵時，領糧料供軍重務，聖心委付不比尋常，敢負恩私恣其贓犯，使之萬死不足塞責，宏寬大之典流竄太輕。陛下合改正罪名兼責臣等疎畧。但詔令已下，四方聞知。不書明刑有此處分，竊觀衆情有所未喻。伏以自陛下臨御已來，每事以誠，實與天地合德，與四時同符，萬方之人沐浴皇澤。至如于董所犯，合正典章，明下詔書，與衆同棄，即人各懼法，人各謹身。臣誠知其罪不容誅，又是已過之事不合論辯。上煩聖聰，伏以陛下聖德，天姿度越前古，頃所下一詔，舉一事皆合理，本皆順人心，伏慮他時更有此比。但要有司窮鞫審定罪名，或致之極法，或使自盡。罰一勸百，孰不甘心。巍巍聖朝事體，非細臣每於延英奏對，退思陛下求理之言。生逢盛明，感涕自賀。況以愚滯朴訥，聖鑒所知，伏惟恕臣迂疎，察臣丹懇。

（宋）包拯《包孝肅奏議集》卷四《請贓吏該恩未得敘用》 臣竊聞太宗朝，臣僚或犯贓罪，並配少府監隸役，及該赦宥，謂近臣曰：此既犯贓汚，只可放令遂便，不可復以官爵。其責貪殘，慎名器也如此。且兩漢以贓私致罪者，尚禁錮子孫，矧自犯之乎！今明堂大赦，應係貶降臣僚，例該録用。若張可久，先任淮南轉運使日，以自販私鹽，剩收職田斛削，累經敘用，已任蔡州節度副使，見監陳州糧料，今來不可更復正官，欲望且與散官量移差遣。其餘應以贓濫致罪者，乞不一例録用，所貴贓吏稍知警懼。

（宋）司馬光《傳家集》卷三二《章奏十五·言任守忠劄子治平元年七月十八日上》 臣竊聞入内内侍省都都知任守忠，擅取奉宸庫金珠數萬兩，獻遺中宮，自以爲功，仍受中宮賞賜，外議籍籍，無不駭愕。伏以守忠從來罪惡極多，不可遽數。陛下體元繼統，聖政方新，守忠曾無畏憚，益恣巧諂，公取官物，自眩私恩，贊導椒房，首爲侈靡，既求權寵，又分厚利。姦邪之臣，無大於此，伏望陛下，特發神斷，以守忠付所司窮治，所犯明正典刑，以示天下，取進止。

（宋）司馬光《傳家集》卷三二《章奏十五·言任守忠第二劄子元祐元年上》 臣近曾上言任守忠姦邪事跡，乞正典刑，未聞施行。臣案守忠懷姦罔上，謟佞貪惏，竊弄權柄，固非一日，專爲讒慝，交構兩宮，狡詐反覆，陛下所知。若非先帝聖明，皇太后仁慈，則社稷可憂，天位不安。今又盜取庫物，曲求容媚，教中宮爲不順，陷陛下爲不義，此而不誅，典刑安用。據守忠罪惡，臣久合奏陳，但以陛下踐阼之初，天威未振，欲望陛下親發英斷，戮此大姦，使内外之臣，莫不震肅。今聖恩容貸，已及歲餘，外議皆言守忠以謟佞之故，受陛下寵遇，過於先帝之時。臣備位諫官，不敢塞默，守忠職在宮禁，久專威福，若不早除，恐別生事。伏望陛下如臣前奏，速以守忠付所司，窮治所犯，肆之市朝，以副天下之望。取進止。

（宋）劉安世《盡言集》卷五《論章惇強買朱迎等田產事》 右臣伏見蘇州崑山縣百姓朱迎、徐宗、唐遂、諸育四人，經户部陳狀，各稱有田產，元係抵當市易官錢，後來連值災傷，不能如期結絶，所納息罰，已過官本，其餘逋欠，自合依元祐元年二月二十八日朝旨，特與除放。今來州縣官司，不惟廢格詔令，不為施行，而又章惇作男名目，將朱迎等不願出賣田產，逼脅逐人，須令供下願賣文狀，並從賤價強買入己。雖有不即承伏之人，縣官畏惇之勢，往往誣以他罪，屢加刑責，必使如意而後止。異日迎等遍詣本州及轉運提刑司，次第陳訴，並不依公理斷，雖一偏之辭，未足盡信，而民負抑屈，無所伸告，不遠數千里，赴愬省部，流離顛頓，恐不徒然。按惇以大姦之才，抱死黨之志，方陛下踐祚之始，布平易近民之政，惇備位大臣，不能輔成上德，而包蓄詭計，動爲異論，陽示強鯁，陰助奸慝，以至悖慢帷幄之前，殊無臣子之禮。陛下以天地之量，赦而不誅，止罷執政，出之藩鎮，謂宜追省前過，痛自懲艾，而長惡不悛，陵蔑國法，刼持州縣，強市民產。前後大臣，肆行姦惡，未見如此之甚者。臣竊謂惇閑居里閈不與政事，而氣燄凶暴，官司莫之敢忤，寧屈陛下之法，不敢違惇之命，使惇得行其志，則天下之弊，將有不可勝言者矣。伏望陛下，詳此事理，留意遠民，特降指揮下户部，取朱迎等四狀，選差臺官，

置獄推劾。若惇果有上件罪狀，即乞特行竄殛，以戒亂政跋扈之臣。其州縣及監司，承望風旨，殘害平民，亦乞重行追奪，以懲奉法不謹之吏，庶存公道，以召和氣。

（宋）劉安世《盡言集》卷五《論章惇強買朱迎等田產事第二》 右臣近嘗彈奏章惇，強以賤價，買民田產，及州縣監司，承望風〔旨〕，不敢違忤。雖朱迎等次第陳訴並不依公理斷，欲乞選委臺臣，置獄推究。今已累日，未聞施行。按惇抱死黨之志，而濟以陰謀，蘊大姦之才，而輔之殘忍。因緣王安石、吕惠卿之黨，遂得進用，而搆起邊隙，徼幸富貴，在先帝時，已坐買田不法，嘗罷執政。元豐之末，再叨大任，陛下嗣位，擢寘大樞，而內懷姦謀，沮毀聖政，公肆悖慢，殊無臣禮。陛下曲示容貸，未忍加誅，出之近藩，已屈公議。繼以家難，退歸里閭，而敢憑恃凶豪，陵暴寡弱，使無辜之民，流離失業，不遠數千里，求直於户部，覽其訴牒，可為心惻。臣竊謂崑山縣官，輒違詔旨，將朱迎等不願出賣田產，逼以威刑，須令供下願賣文狀，使惇並以賤價強買入己，則是縣官畏惇也。朱迎等詣本州及轉運提刑司陳訴，而逐處不敢受理，則是州郡及監司畏惇也。朱迎等抱負屈抑，赴愬省曹。本部明知兩浙監司，皆有妨礙，雖楊傑係後來到任，而其人孱懦齷齪，苦無風力，自合申稟朝廷，選官根究，而姑欲應法，止委楊傑，則是户部畏惇也。國家設置御史，本以糾察百僚。今自中丞以下，未聞有一言繩其亂法，則是御史臺畏惇也。臣忝備諫職，不敢緘默，輒據事狀，奏疏論列，而執政不能明正典刑，惟務姑息，不即選差公方正直，不畏強禦之士，俾之窮治，而視爲常事，止送發運司體量，則是執政畏惇也。夫州縣監司之畏惇，而廢格詔條，以害良民，則國家之憲章具在，猶可按劾。今執政大臣，及御史臺，尚亦畏惇，則朝廷之綱紀，復何望哉。願陛下明詔輔弼，共守直道，有功必賞，有罪必罰，無使邪正雜揉，枉直混淆，好惡不明，是非莫辨，依違畏縮，徒為自全之計，則陛下威福之柄，不至陵夷，而姦雄跋扈之臣，少知畏矣。伏望聖慈檢會臣前奏事理，特賜指揮施行。

（宋）劉安世《盡言集》卷五《論章惇強買朱迎等田產事第三》 右臣近聞，蘇州崑山縣百姓朱迎等，經户部論訴，章惇強以賤價，買民田產，遂具奏陳乞，委臺臣置院推劾，繼聞朝廷只送發運司體量，尋再具狀論列，未蒙施行，竊慮朝廷不欲輕信偏辭，遽興詔獄，然無告之民，不遠數千里，赴愬省部，以情度之，不應全然虛妄。緣本路監司，見朱迎等訴牒，不為受理，即是各有妨礙，而轉運與發運司，自來職事相干。今若委之根究，深慮顧惜人情，滅裂其事，欲望聖慈詳酌，特降指揮，令自朝廷，選差公方正直，不畏強禦之人，前去體量，所貴遠民屈抑，有所伸雪。

貼黄： 據朱迎等狀稱，已經蘇州及轉運提刑司陳訴，並不蒙依公施行。今來若只下本州，及監司體量，必恐護短遂非，曲為蔽匿。淹延刑禁，虛煩行遣，欲乞朝廷詳酌，選擇官吏，置司推劾，所貴易見情狀，不失其罪。

（宋）張綱《華陽集》卷一七《駁陳鑄吴説差遣指揮狀》 右臣今月十四日準中書門下省送到録黄一道，右朝奉大夫吴説差權發遣江南西路轉運判官右承議郎陳鑄差提舉兩浙西路茶鹽公事。臣伏見吴説、陳鑄輕儇不端，皆無素行，內吴説昨任兩浙市舶，緣苗傅叛逆附會兇黨，忽除金部郎官，仍領市舶職事，後因臺臣論列罪狀顯明，與劉蒙、范仲熊等同被黜責，未幾復除福建運判，物論大喧，偶緣丁憂，遂免彈擊，兼其爲人貪冒無恥，嘗以習書大字所在求請牌額，爲人題寫，以徼厚利，有識鄙之。鑄昨任江東鹽司過惡暴著，言者亦嘗論其貪污貪緣冒進等事，而罷其差遣。臣不復縷陳契勘監司刺舉一路委寄非輕如二人者，皆罪戾之餘，久犯清議，方當循名責實之公朝，豈容更叨重寄。臣若不言必致公論沸騰，復煩朝廷改命，欲望聖慈當成命未行之時，特賜寢罷，所有上件録黄臣未敢書行，繳連在前。謹録奏聞，伏候勅旨。

（宋）張綱《華陽集》卷一七《駁錢稔與郡指揮狀》 今月初七日晚準中書門下省送到勅黄一道，奉聖旨錢稔與郡令臣書行者。右臣竊觀比年以來，所以害民者莫甚乎貪殘之吏，迺者陛下數頒明詔，訓敕中外，又臨遣五御史巡行郡國，以察治狀。其有贓污不法與夫刑獄冤濫，皆得以上聞，仰見聖心慨然欲革其弊，甚盛德也。臣方竊喜以謂貪殘之吏自是當知所畏矣。今日忽見錢稔得旨，與郡衆口讙譁，殊不曉所以然者。契勘錢稔素無廉聲，而有酷惡之資，頃爲臣寮，論列其奉使浙西則罪贓狼籍，皆得所取受迹狀甚明。其任大理少卿，則持刑不平，專事觀望，嘗以三等風指

授其同列臣，雖不識稔，以言章考之，而參以士論蓋行汙寄治倚權勢爲暴者也。貪殘二字，稔實盡之。若使之爲郡，其能以廉節自持，爲陛下牧養小民乎？其能體欽恤之意，而不擾於獄市乎？向自廷尉以殫章罷職未幾，除知臺州，又復言罷，衆謂稔當廢放終身。今日豈可更臨郡寄，臣愚欲望聖慈察前後章疏所言罪狀，將今來與郡指揮特賜寢罷，所有録黄臣未敢書行，謹録奏聞，伏候勑旨。

（宋）胡寅《斐然集》卷一五《繳湖南勘劉式黜異》 臣聞劉式係大贓吏，宣和六年任潭州湘潭縣日，值科燕山免夫錢，湘潭管田八十六萬畝，式每畝科錢七百文二分納見錢，每畝盜一百文入己，一分以銀折納。其時銀價踴貴，每兩至三貫文。式用潭等取之於民，而以廣等納之於官。廣等者以十錢為兩，見行法秤也。潭等者以十三錢為兩，湖南民間通用私秤也。據此兩項，式之所盜，其數多矣。當時為監司按發，送邵州根勘，事已明白。式用重賂於京師求囑，遂行黜異，乞移別路。遂改送袁州，看詳得無罪狀，遂還元任，考滿而去，至今湖南言贓吏者以式為首。昨緣姻婭之私，冒法改官，不依資格注授邵州通判，其意以邵州舊曾，盡法勘己，欲報私怨也。賴言者發其奸狀，追官罷任，稍快公議。今來河南憲司所勘止坐言章中，論式殺害平人，為百姓胡安所訟，式反訟安，以書達衡守，祝其周旋，式當連坐一事而已。然衡州推勘院已申提刑司稱鞫勘圓備，比至差官録問，胡膺等一十九人各已伏辯，獨式黜異不承。今來致煩朝廷，令提刑司別選官移桂陽監置司，重別根勘。謹按式冒法改官，不依資格授通判差遣，則殺害平人，又以書干託太守，祝其周旋，事之必有理無可疑也。今干照人各已伏辯，而式獨不肯承罪，其挾權驕恣，可驗臣僚之言矣。至於冒法改官，不依資序注授通判差遣，朝廷雖灼見罪狀，各已追改，而式之罪名未結正也。今衡州置獄追呼已多，聞有破產之家被殺者，沈寃未伸方逮者，證佐未畢，而又移獄，已是暑月，只緣劉式一夫奸兇抵悍，頃年黜異，得其慣便，是致獄訟滋彰，煩瀆典憲。伏乞聖慈別降指揮，令湖南提刑司選差強明官吏，嚴立近限，疾速具案聞奏。所貴劉式不敢恃頑脫免，而於無辜干証之人，免於囚繫淹延。俟案上日，將式冒法改官等事一併行遣，為惡吏之戒，以稱陛下愛民去姦之意。所有録黄，臣未敢書行。

（明）于慎行《穀山筆麈》卷一〇《明刑》 古時受贓，法極重，如唐肅宗上元間，或告宰相第五琦受人金三百兩，遣御史按之，遂坐長流，可謂重矣。近世，贓吏受財五百以上，法方遣戍，其泛指贓數不可覈實者，即至千萬，不過罷免。又肅宗時，宦官受財爲人求官於宰相呂諲，事覺，宦官杖死，諲亦罷免。近時，中貴請托宰相，如取如攜，縱遇事發，不過革退，未聞杖死，亦未有連坐宰相者。蓋今之人情似刻而實縱，今之法紀似密而實疎也。

唐代宗時，優崇宦官，公求賂遺，無所忌憚。宰相嘗貯錢閣中，每賜一物，宣一旨，無空還者。出使所歷州縣，移文取貨與賦稅同，皆重載而歸。德宗知其弊，有中使受方鎮之賂，杖而流之，自是皆莫敢受，可見中官求索乃古今通弊也。近世此風尤甚，閣部大臣奉旨，宣賜，問勞，皆厚有贈遺，即傳一旨至部，亦不空還。在今視爲固然，不以爲異，其實，中涓奉旨臨問，大臣即少有勞遺，亦不爲過，惟不當苦索耳。至於宣索州縣，毒流吏民，則蠹政之大者。乃至勛臣持節册封親王，索至千金不已，文臣爲副使，杯盤花幣亦皆不受，相懸如此。彼誠何心，獨不知愧。此皆所當懲革者也。

元載爲相，主書卓英倩竊權用事，士之求進者，非結英倩無由自達。元和初，有堂後主書滑渙久在中書，與樞璫相結，宰相議事，有與內中異者，令渙達意，常得所欲，罪發賜死，籍其家財，可數千萬。此輩近亦有之。中書省吏謂之主書，堂後主書尤其親密，即宋之堂後官也。此輩外挾宰相以要士夫，內挾中貴以鈐宰相，一時不得，則血脉不通，政多齟齬，此其數千萬宜爾。【略】

德宗既貶竇參，欲籍其家，陸贄諫曰：在法，反逆者，盡没其財，贓污者，止懲所犯，皆須結正施刑，然後收籍。今罪法未詳，已存寬貸，若簿録其家，恐以財傷義。德宗不聽，竟賜參死而籍其家。唐法如此者多矣。蓋籍没之法，因種族其家，然後奴婢貨財皆爲官有，若其罪未至族，則家固無恙，從而籍之，不相中矣。近日一事與此相類，而在事之臣無引贊語以進者，刑政一失，其可收乎？

憲宗既誅李錡，有司籍其家財，學士裴垍、李絳請以逆人資財賜浙西百姓，代今年田租，憲宗嘉嘆，即從其言，此事可以後法。蓋割剥六州之

民以富其家，故即以其所有，寬六州之民也。近日江西、湖廣乃以二相籍没，累及閹省，而所籍之財盡入内帑，於主德民瘼均有損焉。使當事諸公肯舉李錡故事爲明主告，未有不嘉嘆也，而坐視無策，付之竊嘆，惜哉！

【略】

唐開元中，刺史楊濬坐贓當論死，上命杖之六十，丞相裴耀卿上疏：決杖贖死，恩則甚優，解體受笞，事頗爲辱，止可施之徒隸，不當及於士人。玄宗習見武后之朝笞撻公卿有如徒隸，而忘其非法也，耀卿一言，遂停此法。有宋三百餘年，未嘗及朝士，可謂有禮矣。近代建言得罪之臣，往往賜杖，大廷裸體係累，不以爲辱，而天下以其抗疏成名，羡之如登仙，是古人之所爲辱，乃今之所爲榮也，豈盛世所宜有哉！大抵上之所賞，即下之所譽，則以其賞爲榮，而不然者，則賞亦辱也；上之所刑，即下之所毁，則以其刑爲辱，而不然者，則刑亦榮也。夫使上之刑賞不足爲榮辱，而士之榮辱制於下之毁譽，則國是將日非矣。有識之士可不爲寒心哉！

（宋）李燾《續資治通鑑長編》宋真宗大中祥符八年閏六月　上謂宰相曰：數有人言官吏犯贓者多，蓋朝廷緩於懲戒。王旦曰：今品官犯贓，情理乖當，但千錢已上皆配隸衙前，遇赦，得逐便，再遇赦，得參軍、文學，終身不齒善良。其有犯法輕贓，遇大慶不過得一判司，每赴選調，必首載其贓濫，爲辱極矣。然萬一有當極典者，朝廷但委之攸司，死者無則得免。蓋太宗謹重刑罰，行三宥之恩，此等多蒙減死。陛下即位以來，贓吏若比前代，則犯者似差少。

（宋）司馬光《司馬温公文集》卷三《論以公使酒食遺人刑名狀嘉祐七年正月十九日上》　臣聞聖主之教，尚忠厚而貴愷悌，故《詩》有《鹿鳴》、《伐木》、《即醉》、《行葦》，美宴好之相樂，刺乾餱之失德。禮有幣帛饔餼，行於邦國。贄獻飲酒，施於鄉黨，是以風俗純和，協氣流通。漢景帝詔曰：吏受所監臨以飲食免。重。其更議。著令丞相、廷尉議曰：吏及諸有秩，受其官屬所監所治所行所將飲食，計償費勿論。卓茂爲密令，民有言，部亭長受其米肉遺者。茂曰：凡人所以貴於禽獸者，以有仁愛也。鄰里饋遺，此乃人道所以相親。汝獨不欲修之，寧能高飛遠走，不在人閒邪？民曰：然則律何故禁之？茂曰：律設大法，禮順人情。今我以禮教汝，汝必無怨惡。以律治汝，汝一門之内，小者可刑，大者可殺也。近歲以來，中外有司，喜以微文刺舉苛細，至於宴飲相從，酒食相饋，皆集累成過，抵以峻法。驟聞知鎮戎軍曹修，受鄜州所送公用酒，已而自首，法官處以贓罪。陝西都轉運使彭思永奏，據密院劄子賈漸起請除舊例，送酒食外，不得買置金帛，作士風贈遺，並省司參詳。今後以公使錢買置珍異等物，及見錢送與人者，並從違制定斷。其收受人坐贓論。其有公使錢人受還答之物，入己，準盗論。今曹修因陳首，雖免書罰，尚負贓名，使人疑惑，乞明立條約。朝廷命有司參議，至今未決。臣竊詳舊條之意，明許以酒食相遺，其有公使錢人受還答之物，正謂珍異見錢。今曹修所受，止於樽酒，隨而自首，已爲刻薄。法官又以贓罪加之，剖析一條以爲二事，不察人情，不顧大禮。若朝廷因之，遂爲著令，臣恐忠厚之俗益衰，媮薄之風遂長。百司庶尹，無所措其手足。虧損聖朝堂堂之化，非細故也。臣今所言，非爲曹修除雪贓名，欲望朝廷申明舊條，應以公使錢及財物贈遺人及受者，各坐贓論。其監臨之官，受所監臨，或因使於所，及經過處，受取者，並準律文處分。即贈遺人而受其還答入己者，準盗論。並須贓滿五疋以上，方得科罪。其不滿五疋，及以飲食之物相饋餉者，皆勿論。如此則人情有以相接，貪吏不能爲姦，百司有所循守矣。

（宋）歐陽修《歐陽修全集》卷六《論葛宗古等不當減法劄子》　臣伏見近日贓吏葛宗古、王克庸、滕宗諒等相繼贓污事發，内葛宗古情理尤惡。臣伏覩去年朝廷命賈昌朝等減省天下冗費，上自陛下供御之物，至於皇后宫嬪飲食已來，盡皆減節。蓋謂調度至多，公私已乏，故陛下以身先天下，自行減刻。一作省。要供軍費，凡爲邊將者，所得一錢一帛，宜思此物自生民困苦之中，取其膏血。陛下憂勞之際，減自聖躬，如此得之，宜作如何使用。今乃盗朝廷賞勞蕃夷之物，贍養求食婦人全家骨肉，及供自己家口，并營造工作私家冗用之類，量其如此用心，豈是愛君憂國忘身破賊之人，何足愛惜。若律文已重，即乞盡行，更不減法。若舊法尚輕，仍望特加重斷。其滕宗諒、王克庸，若事狀分明，亦望早賜勘鞫，正行國典。竊慮議者爲宗古等方任邊陲，宜從寬貸。臣非不知駕馭英雄難拘常法，如太祖委用李漢超等，蓋漢超能捍寇戎，不爲邊患，功大過小，理可優容。諸將守邊，未有尺寸之效，而先已踰違不一無踰不二字。法，外恃敵

在而欲望朝廷屈法姑息。今朝廷未曾行寬假之患，一作惠。而此三人不法一作已各。如此，若更寬之，則今後邊臣，不復可以法制矣。臣思邊上公使，必欲使將臣不拘常法者，若用之，陰養死士，招延布衣，利啗敵人，賞勞將校。如此之數，皆不必問其出入，可恣所爲，或其性本闊略，偶不點檢，誤用於私家。原其本情，亦可輕恕。若宗古等故意偷謾減刻宴犒蕃夷軍士之物入己者，有何可恕之理特減從輕，有何可贖之功得以屈法。若此三人不行重斷，則邊臣知元昊常在，則一無則字。可以常爲不法。臣恐翫寇弄兵，事無了日，今取進止。

（宋）**李心傳《建炎以來繫年要録》紹興元年十二月** 丁丑，手詔略曰：比緣國難，盗起未息者，蓋姦贓之吏，無卹民意。及煩王師而軍需不免又取於民，因循展轉，日甚一日。欲民不盗，不可得也。可將建炎三年以前積欠，除刑勢户及公人外，一切蠲除。如州縣不奉詔，及監司協州縣巧作催科者，並除名。令御史臺糾察，多出黄榜曉諭。又詔三省備坐祖宗朝眞決贓吏舊制，鏤板行下，自今有犯，依法行遣，仍籍没家財。上以軍興民困，吏緣爲姦，故盗賊蜂起。乃下此詔焉。

（宋）**李心傳《建炎以來繫年要録》紹興二十六年七月** 御史臺檢法官褚籍言：近來州縣守令，頗多貪墨。每有豪户及僧道富贍者罪犯，必令獻助錢物或作贍軍支用，或作修葺亭館。多者數千緡，少亦數百緡。更不原其所犯輕重，例作緣故釋放。此風寖長，不可不革。望俾有司嚴立法禁，並以贓論。從之。

（宋）**汪應辰《文定集》卷一六《答張侍郎》** 某又言：近降指揮治贓吏，盡用祖宗法。今時與國初不同，國初承五代殺伐之餘，嚴刑峻法，未能盡革。當時州郡多付之武夫，至有不識字畫，而以僕從代書判者，至於判司、簿尉，往往以牙校爲之。故朝廷亦不復以士類待之。至於天下即定，選舉益清，前日之刑寖不復用，故范祖禹著《唐鑑》，以爲士自一命以上，刑辱不及，以爲本朝美事。然臣之愚非以贓吏爲可恤也，彼既已冒犯典憲，自絶士類，亦何足以士類待之。第恐此刑既用，久而濫及於士類爾。不必遠引，只如前日用事之臣，意所不樂者，往往皆誣以贓罪。今之大臣，有親被其害者。陛下聖明。今已灼見誣枉，若使當時盡用祖宗法治之，今雖欲改正，而復用之，豈可得乎？此不可以不慎也。上云：卿所慮甚高遠，人所莫及。然朕當擇巨蠹者治之，以儆其餘。宣諭之語甚多，今録其要者。某云臣謂贓吏皆當治，但此刑不可輕用爾。若使監司得其人，按治得其實，雖停降編竄，亦足以懲惡。非謂縱姦而不問也。上云：卿所諭甚善。當日所對，大略如此。

（宋）**陸九淵《陸九淵集》卷八《與趙推》** 今風俗弊甚，獄訟煩多，吏姦爲朋，民無所歸命，曲直不分，以賄爲勝負。獄訟之間，雖有善士臨之，亦未必能盡得其情。

（宋）**陸游《渭南文集》卷四《上殿劄子》** 〔臣〕聞善觀人之國者無他，惟公道行與否爾。《書》曰：毋虐煢獨，而畏高明。《詩》曰：柔亦不茹，剛亦不吐，此為國之要也。若夫虐煢獨畏高明，茹柔吐剛，而能使天下治者，自古未之有也。朝廷之體，責大臣宜詳，責小臣宜略。郡縣之政，治大姓宜詳，治小民宜略。賦斂之事，宜先富室，征税之事，宜覈大商。是之謂至平，是之謂至公。行之一邑，則一邑治。行之一郡，則一郡治。行之天下，而治不逮於古者，萬無是理也。伏見朝廷頃因人言必顯有功狀，乃畀職名，行之數年，而大臣近侍不得職者幾人。帥臣監司之加職者，又比比而有，至於銓曹格法所以厄小官者，則未嘗少弛張也。慶典之行，所及至廣，貼職以上，例皆甄復。雖阿附秦氏得罪者亦在焉。至於常調孤遠，固多久絓刑憲者，今更赦令，雖使皆得霑被，銓法拘攣，必不如是之曠蕩也。無乃責大吏反畧，而責小臣反詳乎。郡縣之吏，不能自立，觀望揣摩，惟強是畏，豪右雖犯重辟，官吏貪者黠者，則公與之爲市。廉者懦者，則又自營，曰得無反爲所害乎。凡嫁豗平人，誣罪僮奴者，皆有司爲之道地也。凶年饑歲，雖貧富俱病，然富者利源至多，貧者惟守田畝，孰爲當恤，視郡縣之庭，鞭笞流血，杻械被體者，皆貧民也。吳蜀萬里，關征相望，富商大賈，先期遣人懷金錢以賂津吏，大舸重載，通行無苦，終更小官，造廷進士，垂橐蕭然，齎糧有限，而稽留苛暴，略不之恤，如是，謂之平可乎？謂之公可乎？臣昧死伏望陛下推至平至公之道，自朝廷始，然後下詔戒敕四方，而繼之以誅賞，不過歲月，治効自見。惟在陛下執之重如山嶽，堅若金石爾。荀卿論闢國之說曰：兼併易能也，堅凝之難，夫豈獨兼併哉。凡為政，施行之甚易，堅凝之甚難。臣區區之言，陛下或以為萬有一可采焉，敢併以堅凝為獻。取進止。

（明）楊士奇等《歷代名臣奏議》卷二一四《法令》 虞允文論金州之弊，乞加威令於諸將，狀曰：臣聞七月二十九日到金州宣布陛下德意，不敢不盡，而臣以非才，乃使之理軍市、修民政、去大奸蠹，以革四十年不可勝言之弊，大懼不足以奉明詔、稱崇委也。臣自累日來，以所聞見考質文簿，則隨一事有一弊，條目至多不可殫紀。臣嘗行江淮荆襄，歷徧諸軍，較之金州，實所未有也。大抵視民之財即己之財，視官之物即己之物。公取竊取見於一事，輙以十數萬計，貪墨自肆上下一律略無忌憚。至軍民日用食飲之物，一毫不恤也。原其端由起於王友直，而成於今日，愁怨之聲載於道路。臣既摘其大者，牓於通衢，劄下諸軍，明以實事，丁寧約束，庶其懲改，或可少副陛下顧懷遠方軍民之意。然牓與劄，子姑先示告戒而已。如欲羣貪斂戢，根株脱壞，大洗堅夂之惡習，非一振朝廷威令，則小人之聽未必具孚，小人之心無緣盡革也。數十年來，士夫之説，以循習守常者謂之静重，以革敝盡治者謂之生事。自生事之説行於上，而巧詆深謗之人四出以應之。流言一行，非者輙信，是者輙疑。敝未必能盡革，治未必能盡立，而身已危。故寧為因循苟且以竊静重之名，而享安榮逸樂之福。此臣之所甚憤也。然臣倚陛下聖明，不敢自愛，雖其人方主兵未敢明有所究治，而官庫之錢前後欺隱，與顯然分取者一面拘收，已及五十餘萬緡。至以諸軍折估等錢，自利州捻領所關，請徑為回易，隱落乾沒之數未敢問也。日者，伏聞陛下以鎮江主將之貪，亟罷黜之，赫然一怒，以慰安三軍之士，而擢用王友直、郭剛。近者莫不悦，遠者莫不畏，甚盛舉也。論者獨曰：一將在軍，指顧笑譚之間，掊斂剋剥之事，無不如意，財既鉅萬矣，富可百世矣。一旦得罷去，以就祠庭之逸而月食厚禄，是其所大欲也。如使諸將始效其貪，中極其富，而終覬其逸，則知懲艾者鮮矣。如未欲正其罪、籍其財，姑褫其崇資，而徙之遠方，猶足以伸威令示方來也。臣伏望陛下剛明果斷，作新治功，竊意必有以處此，特萬里外未知之爾。臣所出牓約束事件，謹録具別劄進呈。伏乞睿照。

（宋）蔡戡《定齋集》卷一《奏議·議治贓吏法狀》 臣聞法貴於行，不貴於重。太重則不可常行，法重而必行，非先王之法也。王者之政，蓋有不忍之心存焉，一有不忍之心，則法雖重而未必常行，不過救一時之弊而已。今夫蠹國害民莫甚贓吏，雖肆諸市，朝有不足恤。伏自陛下初政以來，舉行決配之法，所以嚴戢此徒而惠愛斯民者，可謂至矣。然十五六年之間，抵觸重憲者數人耳，豈州縣之吏人人精白謹廉，或畏法遠罪而不犯有司乎？然贓吏固自若也，國家忠厚與周匹休風俗習為醇美，監司守臣務行寬大，坐視笞辱黥涅，與徒隸等惡傷士類，故不忍為，甚則持釋氏因果之説，寧鐫秩罷官，不肯劾吏，必不得已使之尋醫而去，贓汚狼藉所不可掩，姑求一二。微罪應課塞責，或經年參選，或遇赦敘用，復使臨民，其害滋甚。臣愚欲望聖慈特賜詳酌，凡贓吏罪至決配者，姑免其罪，編置海外州軍，雖遇大赦，永不量移，或情理巨蠹非常法所可治者，取自聖裁時一用之。仍乞睿旨嚴飭監司守臣，悉以刺舉部內有犯失於覺察，或它司按劾，或朝廷訪聞考驗，得實者併坐之，庶得贓吏必達不至漏網，重為民害。

（明）孫世芳《宣府鎮志》卷一九《法令考·宋》 光宗紹熙元年，金明昌元年，金制軍前受財法，章宗問曰：今何不專用律文。宰臣張汝霖曰：前代律令各分其有犯令以律決之。今宜審定律令。上曰：可。於是置詳定所命官爲書，又別制軍前受財法，頒行沿邊軍州。

（清）畢沅《續資治通鑑》元成宗元貞二年 〔六月〕甲寅，降官吏受贓條格，凡十有三等。南臺御史大夫阿喇卜丹舊作阿瓦老丁，今改。言：立法貴輕重得宜，使民不至易犯。今所降條格，除枉法外，其不枉法者，自二十兩以下，罪與受一分者同科，似輕重少偏。不聽。

（元）胡祗遹《紫山大全集》卷二三《雜著·民間疾苦狀》 一、賄賂公行，則百務紊亂，民冤無訴，宜禁治嚴切。欲斷賄賂，莫若賞廉罰貪。【略】

一、某自起身至據臺鼎，專以賄賂左右，迎合上意爲務，故能使受賂者投間抵隙，交口薦譽，迎合偵伺，無不如意。自斯人顛覆以來，受惠者一無所得，思慕之心追懷曷已。相繼爲政者，循覆轍則不可，新易途則招謗，謗言日多，不惟不能施爲，雖欲身安其位，庸可得乎？當自侍御僕從，有出身，有賜賚，以代私恩，不使怨怒，不惟立酬勞報功之令典，亦庶幾杜絶苞苴賄賂私相恩讐之罪念。【略】

一、倉場庫務諸錢穀官，雖非所以處清流待英才之地，亦無以市井細民賂以貨財而可得者。上以財賂賣之，下以貨賄得之，上下交征利，又無

出身，欲戒人以不盜，何不恕之甚也。即今贓污之弊，莫甚於此。愚謂宜準往代舊例，以待有功之子孫，有月給，有增秩拜官，盜錢得罪之科。如是則國無賣官之羞，人絶僥倖之念，錢穀入官而不入於私家，人矜廉潔而有光於祖考。兹事非難，當革前弊，凡隨駕日久，如集賽臺等子侄弟兄，户選一名補注，不願者聽，責成於漢人，以蒙古人領其事，而不課其殿最。【略】

一、前省官自謂於國盡忠，靳惜財物，不敢妄支虚費，遂於諸投下五户絲銀，歲賜暨諸犒賜等物，不肯依時應副，巧計開除不滿合得元數。所與之物，金銀匹段，亦皆低歹不堪使用衣著。今次事發，爲人首告，假銀足爲明驗，實失諸王心，怨歸於上，何足以爲忠。古人親親之義，分寶玉於伯叔之國，時庸展親，恐不當如是。【略】

一、今次貪人所積贓物不啻數萬錠，其實皆出於生民之膏血，惟數宜與民休息，免絲銀或三年或二年。統體受痛，不立法，不選人，無賞罰，貪貨財土地，取兵取民無制度，御臣下法寬而不禮重，易進易退。百官苟且趨利，無貴賤等級。職員太冗，俸給不足，員冗則論議紛紜而事不集，俸薄則生理不給而生貪污。以今觀之，每一司分莫若減員之半而倍其俸。【略】

一、府州縣司吏所以遷轉者，本恐年深作弊。自遷轉以來，其弊愈深，其誤事愈甚。何以言之？人之所趨，惟名與利。照得府州縣司俸薄不足以利家，辛苦年深不得入流品，無利無名，復何顧藉？不貪污，不枉曲，何以度日？兼吏人之職專主簿書案牘之首尾，公勤才干者聽從本官及上司呼召指使之不暇，安能經理上項所當知之事哉？是以問東而不知西，問首而不知尾，一聽於主案、貼書之所可否。而況貪賄賂，殖貨財，奉官民，避强凌弱，庇富虐貧，非主案、貼書則不能也。以此論之，反不若不遷之爲愈也。居父母之邦，粗有田宅産業，賴公門庇蔭，足以養廉，人情物理，彼此不能相欺謾，不親即故，人非豺狼，遇事豈不相憫恤，案牘出於其手，不勞苦而嫻熟，知首知尾，其莅於其職，每事不敢苟且，恐後不能離手。豈惟吏人，至於職官，自循末世避貫遷轉之法，亦不免此弊。不務擇人，止務遷轉，甚非良法。使爲官爲吏者性果廉平，雖居鄉黨亦廉平；性果貪曲，雖處異鄉亦貪曲。避貫如以狼守羊，何往而不殘食之也。罷遷轉，務擇人，使鄉里公共推擇，俸足以養廉公平，歲久則得入流品，庶幾簡易而得人，不撓法，不害民，不誤事。

（元）胡祗遹《紫山大全集》卷二一《雜著·政事》 爵禄者，人主之權衡，以待賢者能者，使之趨事赴功而樂爲吾用。是故古之明智之君設爲諸科，不惟使人難得而貴慕之，亦使不才無能之人各安其分，而杜絶覬覦。今日之病，失於取人無法，輕以賜與，故得之者不以爲恩，而失之者足以興怨。一人之身，始以勤約武勇而成事，終以侈靡安逸而敗功，況嗣守之人乎？自古得天下，莫不以祖考英武勤約而得，莫不由子孫宴安逸樂怠惰而衰，故兵不可不蓄養精練，本不可不大，末不可不小，爲子孫者不可忘祖考得天下之由。必欲息天下之欺，明萬幾之微，駕御百寮，廉公畏罪，如事神明，莫若自家嗣以降，下及諸王之子孫，皆知務學，知爲政，知民事，知吏情。俗儒事實門類不切時務陳言贅語無補於治者，不足以亂視聽。豐本細末，重内輕外，莫若推恩分力於各王之諸子諸孫。諸胄子從冢嗣游學，則久久敬愛畏服；一旦命令，則無不畏從。諸宰職雖無功，亦無大過，語其權無咎人之威，語其貪污無百金之賄，縱有之不及贓吏十百之一。方今無豪傑英偉可負萬鈞之才，莫若養以廉隅，推以赤心，使其親舊，猶勝於無行恃口之小人。用一小人，不惟啓覬覦之心，來讒侮之口，惑清明之視聽，抑使方外輕笑朝廷，有用非其人之誚。

（元）張養浩《牧民忠告》卷上《戒貪》 普天率土，生人無窮也，然受國寵靈而爲民司牧者，能幾何人？既受命以牧斯民矣，而不能守公廉之心，是自不愛也，寧不爲世所誚耶！況一身之微，所享能幾，厥心溪壑，適以自賊。一或罪及，上孤國恩，中貽親辱，下使鄉隣朋友蒙詬包羞，雖任累千金，不足以償一夕縲紲之苦。其戚於已敗，曷若嚴於未然。嗟爾有官，所宜深戒。

（元）張養浩《牧民忠告》卷上《禁家人侵漁》 居官所以不能清白者，率由家人喜奢好侈使然也。中既不給，其勢必當取於人，或營利以侵民，或因訟而納賄，或名假貸，或託姻屬，宴饋徵逐，通室無禁，以致動相掣肘，威無所施。己雖日昌，民則日瘁，己雖日權，民則日怨。由是而坐取辱者，蓋駢首驪踵也。嗚呼！使爲妻妾而爲之，則妻妾不能我救也；使爲子孫而爲之，則子孫不能我救也；使爲朋友而爲之，則朋友不

能我救也。妻妾子孫朋友皆不能我救也，曷若廉勤乃職，而自爲之爲愈也哉！蓋自爲雖闔門恒淡泊，而安榮及子孫；爲人雖讙然如可樂，而禍患生幾席也。二者之間，非眞知深悟者，未易與言。有官君子，其審擇焉。

（元）徐元瑞《吏學指南·贓私》　取受，因事受財謂之取受。《曲禮》曰：臨財無苟得。蓋恐傷其廉節而玷其行，故立法以制之也。論贓，納賄曰贓。孟子曰：可以取，可以無取，取傷廉；可以與，可以無與，與傷惠。則古人不獨戒其非義而取也，至於以財物與人者，亦必求其義焉。雖然非義取之而與財之人，又有情非故犯，可矜者名有數等，開列於後。彼此俱罪，謂取與不應者。假如枉法、不枉法及受所監臨財物并坐贓者，取與既各得罪，其贓并合没官。取與不和，謂恐嚇、詐取、乞索、率斂之類，本非有意他求，其財并合給主。行求，謂凡是公事，各依正理，輒有請求，情涉規避，其贓并合没官。盜贓，不以强竊，但係官物者還官，私物還主，若無主仍没官。倍贓，謂盜一而取二也。犯禁，謂如應禁兵器、禁書、寶印之類，及私家違制并榷貨之物，俱名犯禁，并合没官。生産蕃息，謂婢生子，馬生駒之類。轉易他物，謂本贓是驢，回易得馬之類。興生出舉，謂以財出舉而得利潤者。饋遺，以食餉人曰饋，以物贈人曰遺。闌遺，闌，遮也。路有遺物，官遮止之，伺主至而給與，否則舉没於官。賄賂，送財曰賄，受遺曰賂。又曰苞苴并行。晉琅邪王道子交通請托，賄賂公行。貨賄，金玉曰貨，布帛曰賄。關節，《漫録》曰：下之所以通款曲於上者，曰關節。又《唐摭言》云：造請權要，謂之關節。漢曰關説。受賕，謂曲法致賂也。過度，與人過財也。方言謂之涉濟，猶船舟涉濟，其事得遂也。贓濫，納賄曰贓，猥雜曰濫。泛濫，非理生事也。猶水之延漫浮遍溝瀆也。踰濫，謂非理污淫也。私濫，謂不公而錯雜也。侵漁，謂妄取民財也。《漢·宣紀》：小吏俸禄薄，欲無侵漁百姓難矣。漁奪，譬漁獵設網而奪民財也。《漢·景紀》：漁奪百姓。蠶食，《漢·宣紀》：豪强大姓，蠶食無饜。師古曰：猶蠶食葉也。贓污，謂贓染也。狼藉，多受贓賄者，謂之奸贓狼藉。《演義》曰：物雜亂貌。言狼起卧游戲，多藉其草而皆縱横穢亂也。請求，凡是公事，各依正理，輒有所求，規薦曲法，謂之請求。請托，謂以事干求也。奏裁，謂犯贓之人，必須聞奏取旨，以奏決者。當免，謂以官當罪也。除名，謂官除其品職吏名，其所役與民一體也。勒停，謂住其職役，不許勾當也。罷役，謂吏有所任役使者。罷職，謂官有所職掌者。不敘，謂既犯贓私，職役已罷，雖有前資，再不叙用也。革罷，革，變也；罷，休也。謂本非官設人員，革除不用也。濫設，官吏公使人等，在格各有員數，而或署置過限，是名濫設。

《大元通制·取受贓賄》　枉法：一貫至十貫決四十七下，十貫至廿貫決五十七下，廿貫至五十貫決七十七下，五十貫至一百貫決八十七下，一百貫之上決一百七下。不枉法一貫至廿貫四十七下，廿貫以上至五十貫五十七下，五十貫以上至一百貫六十七下，一百五十貫以上至二百貫八十七下，二百貫以上至三百貫九十七下，三百貫以上一百七下。

（明）卜世昌等《明通紀述遺》嘉靖六年十月　大學士張璁疏略曰：人君以論相爲職，宰相以正君爲功。如楊綰相而子儀減聲樂，黎幹省騶從，崔寬毁第舍；秦檜陰險納賂，延禍國祚。二人爲相得失甚明。今之内閣，宰相職也，頃來部院諸臣，有志者難行，無志者聽令，是部院爲内閣之府庫矣。今之監司，苞苴公行，稱爲常例，簠簋不飭，恬然成風，是監司又爲部院之府庫矣。撫字勞心，指爲政拙，善事上官，率與薦名，是郡縣又爲監司之府庫矣。皇上欲宣德流化，必自内閣始，誠令内閣得人，則清明之治可奏。臣見每年進表朝覲官，率以餽送京官爲名，科索小民，怨詈載道，宜如禁約，犯者勿赦。上命都察院訪察，犯者以贓論。

（明）卜世昌等《明通紀述遺》嘉靖十八年六月　左都御史王廷相應詔自陳曰：臣觀今日士風臣節，大率廉静之節僅見，貪汙之風大行。一得任事之權，即爲營私之計，濕薪可以爇火，白晝可以通神。夫豈清平之世所宜有乎！昔在先朝，蓋有賄者矣，然猶百金稱多，而今則累十鉅萬以爲常。蓋有貪者矣，然猶宵行畏人，而今則張膽明目而無忌。一登仕宦之途，即存僥倖之念。要路權門，終日十至，每遇一官有缺，必數人争競，而廉恥掃地矣。夫恬静爲君子，奔競爲小人。奔競即進，則恬静必退。其爲世道不祥莫大焉。臣不能正身格物，使弊絶風清，復不能遠避嫌疑，抗疏論列，則今日干和氣，召天災，實臣奉職無狀所致。乞賜罷黜，以儆有位。不允。

（明）孫旬《明疏鈔》卷一三解一貫《停差官以塞弊源疏》　近該工

部題稱：看得内織染局奏要，查照成化、弘治年間事例，請勑差官前去蘇杭等府織造。伏望皇上念地方災傷，恤民艱苦，仍賜停止，不必差官。承聖旨：這龍袍等件，既急缺應用，照先年舊例，還着該局差官二員，前去提督織造。寫勑與他。欽此。隨該本局覆題：點差太監吴勲、少監張志聰並堂長十名、舍人一名、家人五名，於兵部討文書，馳驛前去。奉聖旨：是該衙門知道，欽此。臣等聞之，不勝驚歎。豈上用服飾真有所不足，而差内臣往督？豈真出於陛下之本心哉？意者，左右奸貪，假公營私以濟其欲，陛下未之覺耳。臣等仰惟我祖宗列聖，或御補綴之服，或著布素之袍。敝垢不换，則曰自念惜福；澣濯不嫌，則曰非爲矯餙。當時未聞差内臣織造也，亦未聞患服用不足也。憲宗、孝宗二帝，盛德大業可以法萬世者，不知其幾？只此一事一時，偶權宜之，亦非真欲以爲萬世聖子神孫久法也。人猶恨當時羣臣不能直言極諫，用使後人之奸貪得以藉口。迨至正德年來，權奸用事，日肆征取，内臣千方管幹，參隨百計，誅求織造之弊，於斯極矣。幸遇聖明御極，凡取佛、採辦、燒造，一切害民之政，剪除殆盡。而織造之差，亦首先停止。葢不獨浙民受其福，天下之民皆受其福也。詔下之時，如霖雨於大旱之後，人無不稱其便。雖有憸邪，如鼠伏於深穴之中，亦誰敢售其奸？臣民延頸，皆想望太平。甫及二年有餘，不意今復有此差織之舉，豈前日害民而今日遽便民耶？抑豈前此二年服用有餘，而今歲遽不足耶？又豈前詔書懇切如此爲民，而今日豈肯自食之耶？是必臣官欲行侵漁科盗計耳。臣等故曰：左右奸貪，假公管私以濟其欲者，此也。今四方災異迭興，水旱頻仍，餓殍盈途，生意已盡，而浙省倭寇爲患，地方困苦尤甚。陛下方遣官賑恤，乃忽爲此科害，臣等恐浙民聞之，悲涕愁歎，食不下咽，思投何地之溝壑也。譬病羸之人，氣息奄奄投以良藥，尚不敢望其活，今乃以毒藥中之，其不絶者，鮮矣。臣等觀該局所奏前項龍袍，係干監用，惟恐彼處官員故行怠玩，聽去官員具陳奏聞。豈非假此挾制，欲使郡邑官吏望風承順，供饋之不暇，少不如意，即被以不恭之罪耶？又欲督同浙江並南直隸巡撫，按各司府官員提調織造。夫撫按官所以察奸抑惡，司府所以分憂恤患，今乃使内臣督同織造，豈朝廷設官分職爲民之意哉？至於賫去式樣，則欲馬快、船隻、車輛裝載。差去人員，則欲稟給馬匹、軍民應付。式樣不過數紙，器用先如此其奢華。足跡猶未啓行，聲勢先如此其張大。況在途之需索，到彼之供張，其薰天氣餤，又豈待言而後顯哉。由是言之，此官一差，變産陪官，鬻兒抵罰，今年織户，來歲流民，信有如臣僑所言者矣。縱横街市，搶奪民財，折乾索賄，水珍陸異，信有如臣懷所言者矣。弊源一開，末流無年不至。陝西之織絨，江西之燒造，各省之買辦、採辦，各府之管店、管莊，紛然而起，信有如臣原所言者矣。臣等徒罪言官，誠恐民窮盗起，因是激成大變，雖萬死何贖。伏望皇上念百姓之艱難，法祖宗之儉德，納言官之正論，斥左右之奸邪，收回成命，俯從該部所議，不必差官。如果不足，但勑該局先將緊急上用袍服開出，本部行浙江鎮巡府司等官，令其議處買辦，速解進用。尤望皇上一遵祖宗良法美意，不必曰正德年間事例固不可行，而成化弘治年間事例皆不可行也，則我皇上與祖宗帝王同德，浙民亦得以安生，而不被其荼毒，禍亂亦可因是以止矣。

（明）孫旬《明疏鈔》卷一三林若周《戒幸成以圖長治久安疏》 臣聞去歲山東盗起，報者數以日多。始之以數人，繼之以百、以千、以萬，而猶謂不已。又繼之以官兵，或至失利，兇焰熏熾。隨至戒嚴，至有以厪聖慮。近據鳳陽府手本飛報，前賊已於二月初三日被大軍圍住洪廠集地方，勦絶殆盡，人心始得稍寧。是蓋陛下德繫人心，威寒逆膽，天助吾順，不半載而底定蕩平，可幸矣。但痛定思痛，豈不寒心！曩者，劉六、劉七之變亦猶是也。後無一生全，但兵民死於劉六、劉七者，不知其幾十萬，民財没於劉六、劉七者，與費公家之犒賞者，亦不知其幾十萬，猶曰以是爲幸。嗣是又幸於今日矣。夫幸不可以常僥，況於兵哉！及今不圖，又安知不望幸於他日。蓋陛下知盗之興，而不知其所以興，知底定平蕩之可幸，而不知安定於無事之當圖。知爲吾地之梗不容於不殺，而不知其初亦吾赤子爲之也，亦可矜憫。臣惟民之爲盗固不幸，而自待以死，吾又幸而殺之，又及夫無罪之兵民，吾何忍哉！方今天下大勢，民窮財盡極矣，而有司方爾漁獵，鎮守之徵求者又不已，此民焉得而不窮且盗也！夫有司漁獵，近蒙朝覲，已大明黜罰矣。其鎮守太監，陛下亦宜親降手勑、切責或有以處之，則亦庶乎弭盗安民之一策也。彼鎮守太監要亦有人心者，親見夫民窮財盡，豈不知恤。但所以刻剥之者，亦其不得已之勢然也。蓋方其出鎮之時，所用或有不下數十萬金者。夫數十萬金，豈一人所能獨

辦！固無藉小人，爲之分投舉借以萬之爾。是以奏帶參隨，雖有定例，而無名之充孰得而稽之。爲鎮守者不過享一身之富貴，此輩各多其利息，以倍償其資本。則彼雖有一點愛民之心，亦將有不獲盡矣。臣愚以爲宜秉此盜賊方熄之初，貪官污吏一革之後，亦宜將鎮守取回，與民休息，則未有民不富、盜不已、而太平不立致也。

（明）陳子龍等《明經世文編》卷一八〇桂萼《修省十二事疏》 一、謹巡捕之職重贓官之法。臣會詳得捕盜一事，國家甚重，設民職於各府州縣者，所賴以聯屬保甲，以安輯地方。設軍職於京城及在外各衛所者，所賴以追勦捕捉，以防衛地方。近民官多羅織平民以獲盜計功，軍職多妄報首級以殺掠爲尚。本以化盜從良者，今反以激良爲盜，殊乖國家建官之意。合無通行撫按衙門，嚴加究治，領兵官須約己率下，申嚴紀律，所過之處不得秋毫有犯，擒斬有名劇賊，衆證明白，方許報功，違者以故殺抵命。其民職有縱客積年捕人，公行羅織，以疑似執民不肯開豁者，拿問革職，致死者以故殺罪之。如原報賊情有虧在者就與分豁。如此則地方得以寧謐，而不致激民爲盜矣。又照内外犯贓官員，所以累經罷黜而不畏者，以所犯非枉法贓，雖盜千百貫而罪止充徒故也。夫犯重罪，枉法減輕，贓僅滿貫即得充軍。其各司及府州縣官於所治之民，或爲人誣告人命，或爲人誣攀爲盜，明知其冤，乃加嚴刑，逼取財物方免，以致賣人妻孥，破人莊産而不顧。其視强盜以兵刃劫人而取財者，實異事同情也。顧罪止充徒人，豈畏之哉。合無定爲事例，凡各司府州縣官，有犯前項强索無罪人財物，至值銀五十兩以上者，問發邊遠充軍。如詹事府少詹事霍韜之論，則法行而貪官始畏矣。

（明）陳子龍等《明經世文編》卷九七謝遷《乞正谷大用罪疏》 臣等今早文華殿進請之後，伏蒙特賜宣召，得親御座商略大政。仰瞻天顔，和粹温潤，俯聽玉音，從容委曲，真大聖之資帝王之度。臣等何幸得備任使而遭此休明之運，荷此希闊之恩。退至内閣更相慶忭，以爲有君如此何忍負之。竊惟聖明所諭御馬監草場地土錢糧仍聽本監管理，原差踏勘太監李璽等免其提問俱已仰遵聖意票擬施行。惟谷大用竊弄威權，蠱惑先帝，假勘地之名，混占産業莊田，至一萬有餘頃，侵欺子粒官銀至百萬有餘兩，利歸私室，怨及朝廷，情罪深重，神人共怒，必須從公究問，然後國法可彰。聖諭以爲地土乃祖宗之舊制，然額外有所侵佔以剥害小民致其嗟怨，則非祖宗設立之初意也。聖諭以爲踏勘奉先帝之成命，然歷年有所侵欺以厭飽姦貪私於一己，則先帝亦不得而知也。自陛下即位以來，踏勘見於詔旨，官經屢遣，歲已三更。今草場之界額既明，大用之惡狀益著，若不明正其罪，何以警戒將來？況今水旱相仍，人民十分飢困，追其所侵贓銀之半，足以少備賑濟之需。與其積於一家，以利蠹國之盜臣，孰若散於窮民以溥朝廷之恩澤。伏望俯納臣等之言，以正清朝之法，將谷大用提問追贓，則可以平人心之怨憤，可以彰天討之至公。天下幸甚！臣等幸甚！

（明）陳子龍等《明經世文編》卷一八六霍韜《天戒疏》 洪武三十年定《大明律》有禄人受枉法贓八十貫絞。嚴爲之禁，欲人難犯也。文官以其厲已，遂托欽定事例，改從雜犯而許之贖，故得贓愈多，贖罪愈易，是教天下奸貪也，非太祖聖制也。今之撫按有以正法治贓吏，人悉詆之曰苛刻。有棄正法容贓吏，人悉目之曰忠厚。人情誰不樂忠厚之譽，畏苛刻之誚也。贓官以法輕易犯，清議不公也，遂肆無忌憚。職催科則借法肆貪，賦入朝廷不一二，利歸私家常八九矣。職巡捕則指良爲賊，逼取利矣。有因贓而酷，非法用刑剥民肌骨，致之死者矣。有良民畏法鬻兒女扼喉咽人贓救命者矣。贓官罪狀，難盡名言。田野細民，怨痛之氣下徹泉壤矣。災變所召，又其一也。律曰故禁平民致死者絞，謂平民罪本輕，或本無罪，故禁之致死也。又曰：故勘平民致死者斬，謂平民罪本輕，或本無罪，故勘之致死也。皆酷吏之弊也。我太祖皇帝以死刑懲之所以保萬民之命也，俾酷吏不敢肆也。今則廢棄正律，故酷吏無忌。臣見有官爲知府，因一醉筆死平民四命者矣。有官爲僉事，因一怒倒縣十三歲童子致之死者矣。有夏月酷暑淹禁平人致死百數命者矣。餘則或因催科，或因獄訟鞭朴之下，民命如蟻，非命而死者豈可計也。

（明）陳子龍等《明經世文編》卷二六五胡宗憲《陳愚見以裨邊務事疏》 臣切惟京師天下之根本，居庸等關，京師之門户。宣、大兩鎮京師之藩蔽。藩蔽厚，則門户堅，門户堅，則根本固。況祖宗陵寢密邇居庸，則今日九邊之鎮莫重於宣、大矣。宣府連遭虜患，大同近亦失事。地方屢經殘破，黠虜不時窺伺，則今日九邊之事，莫急於宣、大矣。臣以庸愚謬

無制之兵，有能之將不可以勝。昔呂蒙斬覆鎧之卒，而軍中肅然。光弼取退奔之首，遂致克捷。自古未有法令不行，而能決勝者也。臣前謂士卒之驕悍，由於將領之貪黷，此探本論也。使法例嚴矣，將領廉矣，而士卒猶有不用命者，此則怙强稔惡之流，刑戮不加，紀律廢矣。臣觀邇年失事將官節奉欽依拏解來京，處以重典誠得禦將之權矣。而軍旗之强悖姦猾、不顧主將者自若也。雖嘗申明軍法，勅下總兵官，凡軍士臨陣退縮及逗遛不進者，許其徑自斬首，亦云嚴矣。近來邊將臨敵，士卒望塵而潰，曷嘗見總兵官顯誅一人哉。彼士卒者習知進則必死，退則必生，亦何苦捨生而求死也。所以然者，將官數易，上下異欲平居無事。威令既不能行，臨敵倉皇，軍法又焉所施。昔孫武斬宮嬪而破楚，穰苴誅莊賈而走燕，皆令行有素也。臣愚以爲宜申明條格，凡操練調遣，屯戍按伏，但有不遵約束者，俱許軍法從事，則部伍嚴肅，軍容整齊，威聲既著於平時，號令必行於臨敵矣。

（明）陳子龍等《明經世文編》卷三五六徐陟《奏爲懇乞天恩酌時事備法紀以善臣民以贊聖治事》 詐欺取財，貪黷不止。臣惟見行律法小民小臣犯贓分尅亦必追問入官給主，蓋彼于上無法而無所畏憚故也。宜其知所懲禁矣。而有屢犯不悛者，豈無目哉！比犯贓私，臣於審録時每見犯該追贓罪囚輒與僚屬嘆論邸報所傳，巡撫總督等官被人指摘贓私累至數十萬，朝廷大法僅行于下而不行於上，往往止於降調，重者不過閑住爲民，若充軍則十一矣。追贓者蓋萬一耳。是累犯贓之徒，少者罪反重而宜嚴。多者罪反輕，而宜縱乎？此其故不可言也。夫天下之財皆民之膏血，朝廷之財也。向來皆撫在外，或以兵餉或以加派，或以勸借或以酷刑，或以訪拿或以紙贖，或公行取討或虚價勒賣，或因事受財或侵盜庫藏，百計攘奪於軍，尅削於民，爲神人共憤。及被論劾，獨得偏廢追贓之法，降調者仍享富貴，退黜者亦以富終其身，及於子孫烏足以示戒？是以官民效尤，屢犯不止。此不當盡法以立之防乎！或謂言官風聞未必皆實。臣愚以爲一人之言，容或有風聞之説，然亦未必舉他事即無誤，而言人之贓私即有誤也。又時當舉劾之會，以臺諫數人之耳目，訪以旬月之久，所請求亦既詳且盡矣。所言贓私果百無一實乎？縱使虚情相參，亦當行令各該巡按御史勘實追取，不當只以降調等項塞白。臣又聞之，各處巡撫總督提調等

膺明命，出按兩鎮，入境之後，周諮博訪，頗得其槩。雖弊端不一，然其爲疆埸之蟊賊，軍旅之膏肓者，則在於邊臣貪佞，法令縱弛，芻糧匱乏，兵馬單弱，士氣不振。此數者其尤也，非大有以振勵而鼓舞之，則將至於不可收拾者矣。若夫攻守之具、器械之備、並堡之宜，此在各該鎮巡等官隨機應變，着實舉行，臣不敢一一煩瀆天聽，謹掇其事體重大，非臣子所敢專擅者，條爲人事，上塵聖覽。伏乞早賜施行。

計開

一、重科條以肅將領。臣聞罰太輕則人輕犯，令必嚴則人知畏。邇年以來，沿邊將士驕悍成習，元帥之令不行於偏裨，偏裨之令不行於將校，將校之令不行於士卒。此皆臣所親歷而目擊者也。夫廉則生威，欲則不剛。故必有撫綏之將，而後有節制之兵。今之邊將，半是債帥，尅軍以自肥，剥下以奉上。既有豺狼無厭之心，必成猫鼠同眠之勢。猾軍悍卒，動輒挾制。平時法令既不能行，臨敵指揮，焉得如意。自非重立科條，申明禁例，則不能以挽頹風而祛積弊也。昔者孟獻子曰：與其有聚斂之臣，寧有盜臣。是聚斂之爲害，甚於盜也。夫聚斂云者，以奉公也，而顧盜之不如，則私己者又可知矣。臣伏讀《問刑條例》屢年所該載者，惟監守盜沿邊錢糧，及運官索要運軍財物二款，最爲嚴重。只今犯者頗少，人咸賴之。臣愚以爲暗盜於倉庫，明奪於軍士，又何以異。邊軍征戍之苦，與運軍般兑之勞，殆更有加。臣欲自今沿邊將領等官，但有扣減軍士衣糧馬價入己者，俱照監守自盜沿邊錢糧事例行。科歛軍士財物入己者，俱照科索運軍事例行。則將官皆知畏法，而貪黷之風自息。弱者得以安生，强者亦難挾制矣。昔我太祖高皇帝《御製大誥武臣》一序，專以將官苦害軍士，丁寧戒諭，千有餘言。我皇上繼統以來，屢申禁令，以警貪殘。夫何習染既久，閑之惟艱，科尅之害邊方尤甚。昔年巡撫陝西都御史翁萬達等，憤邊將周繼勲之貪婪，亦當查比運官科索之例上請，伏蒙皇上特賜俞允，但未著爲定例，仍要奏請定奪。所以問刑衙門，四五年來未見比引。伏乞勅下刑部等衙門，將臣前此二例再加詳議。倘或可行，乞著爲令，以便遵守。伏乞聖明裁定。

一、申軍法以嚴部伍。臣聞兵法曰：愛而不能令，厚而不能使，亂而不能治，譬如驕子，不可用也。又曰：有制之兵，無能之將不可以敗。

官贓盜以前二十年之間爲甚，必須申嚴律例，凡大小臣工被論贓私勘實，與民一體直限嚴追。仍盡官吏受財本法追奪，併議中外諸臣庇貪欺罔者之罪，以杜奸黨。其二十年之間，江浙、福廣、南北直隸等處腹里及各邊關一應督撫等官，不拘在任在家，遷轉聽勘回籍等項，但有贓私狼籍形蹟顯著者，亦必須吏部都察院同兩京科道從公會議糾劾，逐一追贓解部，以充邊儲，以雪郡忿，用寬民力或賜民租。其追贓未完者，催完未勘者，催勘欺庇黨護者必罪，庶足以爲天下臣民詐欺貪黷者之戒。如此，而後國法庶幾其少伸也。

一、侵換給主贓物。臣等因審南京兵馬某人而知其然，弊亦不止於此。有等入官贓私干係違禁民間所不敢用變賣無主者，收貯各衙門庫內口久，贓吏並監守人役抵換及致蹂虞損失，誠有可惜，又有各處變賣贓物，往往通同賤估尅換，及將賣價匿入私囊不濟公用。臣請定爲罪名，不拘在內在外以充朝廷犒賞之用，仍要犯人招出餽送違例物件之人，及行令科道訪實奏聞處治出者受者之罪。其民間可變賣者，悉應陸續變價造册送部，以充邊儲，不得客留在千各衙門，致令似前埋沒失所。巡按御史滿日，將已未變賣曾否送部奏報。如因循故違及損給主贓物者，分別治罪追賠以警奸貪。

（明）陳子龍等《明經世文編》卷三二九鄒應龍《貪橫蔭臣欺君蠹國疏》 臣竊惟朝廷之優禮臣下何其至哉！貴以崇爵，富以厚禄，以榮其身，以潤其家，足矣！然未已也，猶恤其私而蔭及其子若孫焉。復爲之崇爵厚禄，視其父祖亞焉。朝廷之優禮臣下何其至哉！夫是則爲之臣者，正宜夙夜匪懈，雖捐糜其軀，猶不足以仰答萬一也。而況有貪橫欺罔靡所不至者，可不爲之切齒痛心也乎。此臣所以不避鈇鉞，而敢披瀝於君父之前也。切照工部左侍郎嚴世蕃本以父官得承簡命，歷陞清要，位貳冬卿，朝廷之優禮也可謂至矣。爲世蕃者，臣不知宜何如以報朝廷也。夫何頻年以來，大肆身謀，蔑視國法。臣不暇一一悉數其罪，謹擇其尤者一二以瀆天聽。夫爵賞者，朝廷之典也。臣下惡得而私之。然世蕃則視猶己物，廣致賂遺，每一開選，則某官銀若干，某官銀若干，至于陞遷也亦然，某缺銀若干，某缺銀若干。羣衆相競則價值轉增，蓋未有不遂其所需而可以自然得者。試舉一以例其餘。往年吏部稽勳司缺主事，凡資格相應者悉就而謀之，如羣兒争啖一餅然。於是世蕃之門，紛然如市，有刑部主事今告病，禮部祠祭司員外郎項治元者，本爲富家必欲得此，乃增至一萬三千金，世蕃家人嚴年爲之遞送，竟陞吏部主事。人以所賄之數，有符昔之富民沈萬三者，乃以沈官兒呼之。士論囂然，醜聲日甚，本官尋以抱□抑鬱，遂告病去。夫京官之陞轉，未必盡此輩也。然此輩不終無也。夫是以往歲河南道監察御史令陞河間府知府張九功，條陳時事，有謂吏部舊用千金，今則增至萬金者，蓋指治元而言之，惜乎不明言其姓名。而公論至今惜之爾。今歲三月揀選官員，有舉人潘鴻業者，欲得山東臨清州知州，自攜八百金，乃稱貸在京肙人一千五百金，託中書嚴鴻以二千二百金送世蕃，竟除此官。於是宰執大臣多有面斥其非者，鴻業則惶恐自失，事遂露於同儕。夫有司之陞授，未必盡此輩也，然此輩不終無也。竊念京師借貸，利半其本，如此官者計速償已不下三千金矣。奈何不取之民而誰取乎！夫即此二事觀之，則餘可類推矣，不特此也。每遇歲時及父子生日，中外各官，俱有餽贈，遂爲定例，略不見疑。然則世蕃父子所蓄可勝計哉！以過送之人言之，有轎夫牛班頭者，有家人嚴年者，有親識中書羅龍文者，有伊子中書嚴鴻者，此輩固多，而此數人則其尤著者爾。然數人之中嚴年尤甚，蓋由主人勢焰熏天，故彼自爾尊重，以鶴山爲道號，與士夫相往來，歷年黷貨何止百十萬金。往歲大學士嚴嵩生辰，彼則以數萬金爲壽，夫家人之富如此，主人當何如耶！又有極惡家人嚴冬者，今在南京楊州儀真等處，用强奪買人田産數十處。每處價可數千金，賣者價銀纔得十之四五而已。剥取民財，侵奪民利如此類甚多。昔人所謂敢怒而不敢言者，其斯之謂與。夫世蕃黷貨欺君，不忠甚矣。然猶有可詳者，往值母喪例應回籍，荷蒙皇上軫念，伊父嵩年老，綸音留以侍養，命其子錦衣衛都指揮僉事嚴鵠送喪。夫爲世蕃者，猶當比例陳情以盡子道可也，夫何一聞成命，遂喜不自勝，蓋彼自知所爲不道，惟恐身去被人指摘，且縱淫偷安已久，亦不任行路苦辛，應酬倥傯也。故肆然家居，明示謝客，暗通賄遺，姬妾滿前，酣飲竟夕，今一目已盲，而悛心不悛。昔人謂求忠臣於孝子之門者，臣敢必其不可得矣。然猶縱子鵠沿途取索，郡邑爲空，恣意鞭箠，民生塗炭，此其爲心何如也。夫今天下水旱頻仍，倭虜未服，民窮財乏，難以措置者，正由世蕃父子貪淫過甚，爲官者勢必剥民脂膏，空人皮

骨，以奉彼之欲，以償己之費而後已。夫是則民奚以不貧，民貧則國奚以得富。去歲因天旱奉旨斥貪墨，荷蒙皇上聖明，所斥降者幾數百人，而此賊實爲罪首，反不與焉。何則彼父子積威所劫，天下畏之如虎狼蛇蝎，且黨類布列捏動掣肘，言之自取禍階，故人不敢及之耳。比臣待罪行人，原無言責。今蒙聖恩擢以言官，尚何愛惜一死，而緘默苟容以負皇上，以負祖宗乎。參照工部左侍郎嚴世蕃，本以鄙夫謬應蔭秩，不思奉公盡職，顧乃罔上行私，明開請託之門，汙同狗彘，陰塞忠良之路，狠似豺狼。項元治一主事也，乃受金一萬三千，則陞京堂者，所獲之多具見。潘鴻業一知州也，必用金二千二百，則轉方面者，所費數可知。任中書羅龍文爲腹心，自目之曰：此吾弄臣，是朝廷之官輒敢玩侮。聽家人嚴年之主使，人稱之曰：鶴山先生，是童僕之賤，亦爾尊榮。一歲而生日禮、節序禮，各臣之解送，魚貫珠聯，一季而茶果儀、問安儀，各處之餽遺，斗量車載，遞運珍奇寶貝，水陸絡繹無休，道路爲之長嗟。奪占田地房屋，左右侵凌未已，士民付之一嘆，錦衣玉食，僭擬王侯，作福逞威，權傾中外。生民之膏髓，剝斂無遺，時事之艱難，坐視罔恤。居喪無禮，教子惟貪，不孝不忠，大姦大惡，故天下雖婦人小子亦願臠其肉而泄其憤懣之心。然内外有文武百官，莫敢指其名，而數其欺罔之罪，此臣所以切齒痛心而冒死以瀆天聽也。再照大學士嚴嵩致位首相，受國厚恩，植黨蔽賢，何有廊廟之度。招權納賄，寔同市井之爲。庭訓無方，官常失職，戒之在得，甘背先聖格言。專擅選官，輒犯天朝明律。此其罪當首論者也。錦衣衛都指揮僉事嚴鵠叨朝廷之冠裳，藉父祖之威勢，視祖母喪爲奇貨，一路恣意需索，郡邑因之罄囊，逞錦衣官爲近臣，百官極力承迎，豪傑爲之喪氣。此其毛頭鼠輩，亦敢狐假虎威，罪當併論者也。如蒙皇上俯納臣之愚忠，洞察逆黨，如果臣言不謬，將嚴嵩等或姑令退休，或加之顯罰，或斬世蕃之頭懸之藁竿，以示天下萬世，爲臣子不忠不孝者之戒，則天下之人，有不稽首稱快仰頌聖明者，未之有也。如是則羣黨可以漸除，善類可以日進，官清則政善，政善則民安，國用有不足，四境有不寧，聖化有不隆盛者，亦未之有也。如或臣言不實，則願斬臣之首，亦懸之藁竿，以謝世蕃父子，以爲天下萬世言官欺誑者之戒，則臣雖在九泉亦無恨也。

（明）陳子龍等《明經世文編》卷四六九汪若霖《歇商不宜妄追職官無辜就斃疏》 臣等叨領巡視之役，職在肅清上供體察民艱，謹中官之出納勿敢侵耳。顧十庫錢糧尚有頭緒，各監局措辦，可以支吾。獨有惜薪一司，官冗役橫，蜂聚豺貪，各商每廠支錢糧僅足鋪墊，一切柴炭皆竭膏脂，百爾敲剝，如蹈湯火，是以年來工部商人三十餘名，至今逃亡消磨僅餘六人。此六人者，皆殘喘遊魂，苟活旦夕，供應安得及期，僉派又非其日。臣等蚤夜兢兢，方圖與部從長畫議，多方招徠，務求上下兩利之計。乃於本月十八日接得惜薪司内官楊致中手本，内稱具題鋪戶王來聘侵欠預支銀兩，派定於本月初八日上柴一廠，尋復逃躲，行東城兵馬司監收家屬，因嚴比伊妻弟鄭光擢賠納，於十二日送中城兵馬司澄清坊舖，當夜身死。臣等不勝駭愕，隨喚該坊司日張應宿，而據稱本日二更時分，致中差管事陳福信，管押到光擢，尋於五更時分身死，當報中城察院，如法檢驗，遍身傷重，手足拶夾俱已潰壞，臣等於是不勝嗟嘆。夫王來聘義勇前衛掌印指揮僉事也，迫協役累，久已停免，而鄭光擢又燕山右衛指揮僉事，絶不相關者也。頃者皇上念幾輔天下根本，詔下恤商，有曰内府舖墊，使費日增，刑逼威傷致令逃亡相繼。京師空虛深可憂懼。王言如天而致中獨不聞乎？今致中所爲揑奏皇上者，固曰來聘拖欠預支耳。使誠有之，則南廠諸使固在，即應勾攝，則工部及臣等衙門何故不行知會，而擅恣若是。内臣一紙紅批，威如駕帖，亂刑驚促，控訴無門。且夫初八日至十二日時，非久也。來聘家屬俱在，非遂滅跡人間也。稍緩須臾，何難根究，即以彼久未供役者，一旦而責以一廠三十萬斤之多，採置輓運，勢須一二百里外，又寒沍皸瘃，不能卒至，何不少假便宜，而遽繫其妻子，使益畏縮又望風捕影，株連殺人乎。律令凡六部察院等衙門見問公事，但有干連軍官者，須密切實封奏聞，不得擅自勾問。杖罪以上，論功定議，請旨區處。若此其重也，今來聘與鄭光擢皆指揮世職，光擢特以來聘戚屬之故，無罪而執之如囚纍，然榜掠鍛鍊立登鬼簿，致中縱無人心，獨不念朝廷所以卹勳裔之制耶。日來鄭氏寡妻孤子叫呼道路有目同悲。據稱致中聽信積惡寫字項掌班等，差惡役陳福信等多人鎖拏光擢，夾拶累日，陸續得過銀二十七兩，銅錢五千三百文。又口稱索賄千金，方行釋放。然則致中所爲毒刑峻罰，惟日不足者，果爲公乎！抑爲私乎！居常狼狽虎噬，惟誅求是亟，惟厮隸是縱。至於刑見罪彰，則日上供緊要之故也。夫誰期

乎？祖宗建官命署，皆有深意。司曰惜薪，將尺柴寸炭，尚須愛嗇，謂民力之艱難耳。豈謂因以困民，而又枉殺之。供御有缺，尚可復進。人命一絶，不可復生。國家大辟極刑猶須平反，而致中作威以騁慘礉，若此之甚乎？致中酷傷多命，人怨入骨，屢辱白簡。幸緩天誅，乃猶怙終不悛轉加咆哮，流禍安窮。夫背詔毒民，其罪一也。威逼殺人，其罪二也。擅勾軍官，其罪三也。蓄奸播虐，嚇詐得財，其罪四也。揑奏欺上，其罪五也。專刑無法，其罪六也。稔惡負恩，不知省改，其罪七也。長至大慶而使冤聲厲氣，汙塞長安，其罪八也。怵迫商民，使内供益緩，其罪九也。蔓引無辜，搖動京師，其罪十也。如致中者，天理所難容，王法所不宥者矣。伏祈皇上慨然乾斷，將致中革去總理職銜，敕下法司，從公鞫問。並將積書項國祚等悉正典刑，以謝鄭光擢於地下，而紓商民萬口之恨。庶幾，虐焰消而人自樂供，國法肅而邦其永寧乎！抑臣等猶有説焉，國家設有工部柴炭一司，專以催攢各商，而内外諸廠，特其納受傳送之官不知起自何時。中使乃得追比商人，而刑罰之酷舖墊之多，則自楊致中總理始，仍有管理僉書等凡數十人，更有守門巡街香匠秤手園頭等項，千蹊萬徑張口待飽。而該部年來錢糧缺乏，無從預支，各商率皆破家以應，賒死於刀俎桎梏之間。夫既役其力而又竭其生，是横征也。上方與之而下先奪之，此亂象也。國家曾未當省金錢毫厘之費，徒爲若輩掣肘，致令棼棼反苦不足，可爲太息！臣等竊計以欲爲内供常給莫如恤商，欲恤商莫如去刑汰費歸之畫一。伏乞敕下該部推廣柴炭司設官之義，倣驗試驗糧二廳之制，以屯田司主事一員專督其役。預支不爽催辦如常，各廠但静聽輸入，不得追呼。而臣等時監收之。其各廠積猾冗役盡行裁革，但依舊額，自可足用。鋪墊一節，查照十庫事理，斟酌定制不得恣取。並在外胥卒，嚴加禁約，要使各商奔走拮據之内，尚得沾濡銖兩以示鼓舞。夫如是則政有綱紀而人可憑藉，何致逃亡愁苦，傷國家根本。如楊致中之所爲者，是在審擇人焉。若夫僉報鋪商早宜分别，凡業儒之家，自生員以上，功臣之後，自千百户以上，及民音寡婦弱子，並得豁免。即今六商既困，安得株守四年一派之例，此則該部之所宜亟行者也。臣等據事直陳，揆時酌議。統惟聖明裁覽。

（明）孫甸《明疏鈔》卷三二陳以勤《條獻末議以裨聖政疏》　一、處贓吏。臣惟朝廷設守令之官所以安民，故必廉潔者膺非常之賞，貪墨者蒙不可宥之誅，然後長吏興仁行而黎庶獲以安業。何也？中人之情，高官厚禄可以動之。至其不肖者，賞之亦不能勸，則必盡法繩之，而後有所懲所謂贓吏。是以漢制，以六條察守令，而侵漁百姓聚歛爲姦者，居其首。順帝時，遣使察貪汙有罪者，刺史二千石驛馬上之，墨綬以下輒自收舉，法至嚴也。我祖宗朝綜覈吏治，於枉法受賕者，憲典最重。嗣後稍從姑息，人心怠玩，遂至廉隅磨缺，名檢墮失，寖以成風，不可禁制。故先臣何瑭謂受贓滿貫以上，宜藉没家産。近日大學士張居正亦謂將贓私嚴行追併，其言皆深切時務之要。臣竊見比來仕路，雖稍改易流習，而窮鄉下邑，吏之縱恣自若，其行如盜跖，其欲如饕餮，剥民之財罄於錙銖。各撫按官耳目委諸下僚，多爲所欺蒙，不即擿發，即有敗露者又以寘紓容隱爲良，曲意回護以樹私恩，其載下考語及奏劾疏中未盡其什一。吏部據其詞而議懲創之，輕者改調，或陞王府官屬，重者褫其職任，如此而已。其有贓私狼籍，衆所共憤者，乃請旨提問。所司竟羈縻日月，照常歸結，刓法以容姦。臣誠不知其可也。且贓吏之願，非在於爲名也。其始也，以市井狙儈之行，冒膺名秩，即垂涎民之所有，欲以自潤，及其囊橐既充，溪壑已滿，不幸而致敗罷官，廼其所甘心者，方且覓良田美宅，揚揚自謂得計，而人亦以其戾官致富，自謂雄傑矣。今欲禁贓吏而止於罰官，是徒辱之以區區之名，控之以不足揣之爵禄，而其非道所獲者，不能損其毫毛，安得不掉臂而樂去也。夫以貪殘之徒，漏網聖朝者，不知其幾，即敗露褫職，又竟墮其策中。至其甚者，得從吏訊，可謂盡法矣。廼復夤緣以脱。然則百姓之憤，何由而洩！國家之綱紀何爲而振！無惑乎寵賂日章，而清白不著也。合無申飭撫按官，凡所屬有司，悉心廉訪，果有不自砥礪侵害下民者，或徑自拿問，或參奏處治，吏部更加裁酌。如係昏庸無知，利歸旁側者，姑照常罷官。但是入己贓私，不徒論罷，必如數追出助邊，輕者追完放歸；重者仍依律問斷。即木索受笞辱亦不足惜。或謂是舉頗傷操切，非所以明厚臣也。切思此輩貪婪，多以暴虐濟之，自常俸外，皆是朘削膏血。民之貧羸孤弱者，往往捐妻賣子，殞命箠械，以應其求，蓋切齒腐心，欲刺刃其腹中久矣。此之重處，所謂今而後得反之也。宋范仲淹云，一家哭何如一路哭，意亦如此。臣謂此法果行，則人皆恐恐然，畏刑

憲之及而斂其手足，不敢輒犯，天下疲民得以湔洗瘡痏，沐浴膏潤。太平之美可日月冀矣。夫久任則中材者有所慕於進職，追贓則不肖者有所畏於後，而不敢爲非。臣之二議，所宜並舉而實以相濟者也。伏乞聖裁。

（明）孫旬《明疏鈔》卷三二凌儒《陳愚見以裨聖治疏》　一曰重貪墨之罰以勵頹風。蓋國家建立，在外大小臣工，凡以爲潤澤生民保安地方之計而其最切且要者，則在布政與知府、知州、知縣等官，苟此輩不貪，則保甃司牧咸得其人，民瘼庶幾其有瘳矣。柰何此輩提方寸之印，任意伸縮錢糧，朝夕營私，執敲朴以鞭笞百姓。其所以括取常規舊例火耗秤頭，與夫因事受贓，指公科斂，甚至假借軍餉名色，動罰大家富户，輒至幾百幾千，椎髓剥膚，民不堪命，至是極矣。然其所以肆無忌憚者，亦以贓吏之罰太輕。蓋曰縱或敗露彰聞，重不過爲民，次亦不失冠帶以去，此外更無憂矣。則其所以嗜利殉財惟日不足，又何所顧而不爲哉。臣謂今日在内臣工，率相重名檢而遠苞苴，而明旨屢頒，復諄諄乎私餽是禁，廼日聽外官之貪墨如，故不爲破格一處，如吾民之倒縣何。合無勑下該部，通行撫按，將屬内貪墨異常者，不得優以藩司官尊，甲科可惜，不得待以朝覲罷斥。差完論劾，即不時指實奏聞，仍令該部今後遇有指名特奏者，不得槩擬閑住爲民，務須重擬以懲，拿觧來京，追贓治罪。其事情稍輕，應行提問者，使部仍酌地方遠近，限以具奏之期，不許歲月遷延，復致幸免。其有先經論劾，見行提問，久而不報者，通行切責爲何姑息長姦。如此，則禁例之申飭益嚴，風聲之感召自别，而懲一警百之餘，庶貪黷者稍知改弦易轍矣。

（明）于慎行《穀山筆麈》卷一〇《明刑》　萬曆丙子五月，魚臺隋府爲山西僉事，以殘暴罷官，里居横甚。舊所從師某爲邑丞，老年八十餘，府欲奪其産，致之於獄，其人遣子上書，訐府不法事。上時年十四，覽疏震怒，使中官問輔臣曰：人之爲惡，至於如此，且辱其業師，大不可容，其逮下吏。相公上札奏，以爲府罪固不可恕，第其怨家之言，恐未必實，且告訐之門不可輕開。事遂不行。府蓋蒲坂張相君門人也。是年十月，山東撫臣奏：昌邑令孫鳴鳳居官貪鄙，竊取帑金，及遷官去任，道中榷吏卒金，人二兩。上覽其疏，持示輔臣，且笑且怒，曰：道榷吏金，與盗何異？江陵奏曰：方今法紀粗張，而貪風未止，若要天下太平，須是百姓得安，若要百姓安生，須是官不要錢。上曰：先生言是。昨覽其疏，此人乃進士出身，何其無耻如此？江陵復奏：此人惟自恃進士出身，故敢如此放肆，不然，亦尚不敢。今後皇上用人，惟當考其功能，不必拘以資格。若奉法守分，不肯要錢，就是異途下僚，亦當顯擢。若貪贓壞法，不守官常，即高第貴游，亦當重處。上曰：善。即此二事，見上聰明天縱，漢昭不及也。

（明）談遷《國榷》光宗泰昌元年八月　吏科都給事中范濟世請申懲貪酷，略曰：近年法度陵夷，貪殘接跡，此其病在藉口憐才耳。夫有才而殘民蠹國，又何利於若才而用之。如鄭之范作令貪甚，以小才遂及寬政，追守開原，復私放軍士，致陷重城。人顧惜之曰：使可改圖。誰見失節之婦，晚以清白自見哉。且今之求多者，大約鄉科歲貢耳。甲科監司已爲之地，不使聞於直指。即贓私狼籍，怨讟沸騰，又多方爲之解曰：甲科也，有才也。僅僅降調。不二三年，儼然復其故物。彼何憚而不恣肆哉！今後御史參貪酷吏，下臣科抄參，吏部行巡按御史訊之。報可。

（明）孫傳庭《孫傳庭疏牘》卷三《糾參貪横監司疏》　題爲監司貪横已極，謹據寔糾參，以肅憲紀事：比來察吏之法不及於監司，在賢者固不因以弛防，而不肖者遂至敢於敗檢。於是有恣饕餮以營私槖，而攫取勝於盗行，縱狐鼠以剥民膏，致科派多於額賦；且憑播弄以行其顛倒，法紀全無，借傾險以肆其把持，善良側目；以至虧行濫訟，鬻士買官，批問輒下及中軍，關説敢旁干學政，誠不容一日姑容，如分守關西道副使李公門者，物爲我皇上臚列陳之，計事蹟共十七款。該臣參看得本官欲如谿壑難盈，情比山川尤險。指能障目，遂謂天日可欺；膽欲包身，詎復神明是畏！罄竹莫窮其穢跡，鑠金更饒有讒謀！廉吏視之如讐，民瘼置之罔恤！最可恨者，徇劣令則一縣之錢糧侵混至一萬有餘，竟欲使知府不敢揭參；庇積役則兩地之幫貼科派至二萬餘金，幾欲使按臣不得過問。祇緣利令智昏，詎惜身敗名裂！况於文較武賦，亦欲居奇，而請托公行，即聖明累飭之功令，曾不足以動其顧慮。其他塗面昧心，寡廉鮮恥之事，於本官又何責焉。若不重加反處，則大之不法，安望小廉？前之不懲，何有後警？秦之吏治，臣殆不知所底矣。再照驛遞私派一事，抗不裁革，知府熊應元、鳳翔知縣楊大勳幾欲請損，亦竟不能力爭。蓋本官儼然監

司，本官既爲羣役所用，雖於臣之檄禁面叱，尚恬不爲意，各官亦何能爲！至若知府熊應元一清若水，徒以本官驅除異己，竟罹盆冤！貪人固善爲下石之謀，廉吏豈竟杳撥雲之日！是非難泯，故微臣不能無復楚之心；衰鉞有靈，惟明主乃能爲烹阿之事。伏祈敕下該部，將李公門嚴加議處，庶官邪知警，而憲紀可肅。臣謹會同按臣王倓合詞具題。崇禎十一年六月初二日具題。本月二十九日奉旨：該部嚴察速奏。

（明）蕭良泮《重刻釋音參審批駁四語活套》卷一《參語》 蔣寅先充捕快，後作攬頭。蔣二營入户書，典守錢糧。兄弟爲奸，表裏相濟。上則侵欺官銀，下則詐指私帖。屢年既不送庫，節次又不送查。今經盡數究明，據法相應引例。

孫丁身充里書，蔑視法紀。枉法接受贓私，作弊撒開糧册。相應照例擬戍，用示懲創。李壬行賄飛灑，計在避重，亦宜併究。

周癸交通作弊，隱詭田糧。此受減派之利，彼遺多灑之害。欺官罔民，誠巨蠹也。巨，大也。蠹音妒。蟲屬，能蛀書。今人爲害者謂之巨蠹。依律擬罪，不足懲奸。

吴甲貪受私賄，證佐不公；鄭乙各架虚詞，交相誣抵。均屬逞健，通合問徒。

吴丙荒田償債，已啓告騙之端；何乙指田報買，屢開詐騙之局。但念皓首窮囚，皓首，白髪之謂。積逋無措，更加之罪，亦徒淹獄待斃而已。

趙甲、趙乙異父同母，本屬至親。緣争咫尺之山，咫尺，些小也。忍傷手足之愛。各騁虚詞，騁音逞，架也。互相搆訐。即其見利滅親，誠兄弟之無良也。均應究罪，以懲薄俗。【略】

吴巳懷忿貪財，推刃親兄。即其載屍捏告，希求掩飾，而不知已自爲顯證在矣。豈其天奪其魄，默使之然歟？宜服上刑，用懲惡逆。

鄭庚肆劫多年，毒流數方；贓證斯顯，斬復何辭？事主王辛，受其厚賄，聽之展脱，亦應併究。

馮壬始以行强而漏網，竟以行竊而就擒。惡貫已盈，處斬何枉？

陳癸領兵分哨，望敵先奔。應寘重典，以警其餘。

（明）佘懋學《仁獄類編》卷二三《賂獄》 蓋《吕刑》論五過之疵，以惟貨與官反内來竝論，而曰其罪惟均，而臧僖伯之諫魯君亦曰：國家之敗由官邪也，官之失德，寵賂章也。夫一貨爾失德，由是惟罪，由是敗國，由是非甚不智，其誰肯棄德從罪，於蔑三尺而敗國家之事也哉。夫郜鼎入而宋亂成，梗陽饋而屬厭規，邢女納而叔魚屍，衛穀受而覇聲損，往牒所載，炯戒昭如。矧曰：惟府辜功，天又報之，以庶尤乎。或乃曰：賂以行權，聖人不廢，閎散之脱羑若可睹已。是不然，夫閎散者，固爲其君賂也，非西伯之自爲賂也，然而天下之惡皆歸下流矣，是故一賂也，聖人用之以達權，貪□狗之以貨獄，其蹟若同，其心則義利判矣。

（明）海若湯《古今律條公案》附録《擬罪問答》 問曰：一、如官吏人等科人財入己者，以枉法論，滿貫得引例，斷否？

答曰：科之贓與比接受者不同，止科其罪，不應擬問充軍。

（明）海若湯《古今律條公案》附録《擬罪問答》 問曰：一、如受財故縱至死者，全科設有雜犯死者，受財故縱者，作何斷？

答曰：受財故縱至死全科，不分真雜，俱得擬絞。若係雜犯，照依準徒。

（明）海若湯《古今律條公案》附録《擬罪問答》 問曰：一、如監臨二官新到未事，一官受禮物，一官受銀兩，各當作何斷？

答曰：禮物者飲饌之物，銀兩者財帛之屬，雖曰受之則一，而致罪不同。禮物則坐監臨接受送之條，銀兩則坐非因事而受財坐贓之罪。

（明）黄訓《名臣經濟録》卷四六《刑部論奏·考校錢糧封事鄭士利》 前月九日，欽遇陛下渙發德音，廣開言路，此二帝三王之盛舉也。側聞邇來中外臣民大有所陳，惟考校錢糧事未有言者。意者當陛下赫怒之餘，故人容容各自重耶。不然，何其宜言而不言也。臣草野布衣，聞見淺近，政事之得失，生民之利病，臣焉能知，惟考校錢糧，得聞一二。諺所謂：耳聞不如目見。向非臣兄士原為先任懷慶府同知，考校錢糧事，斷發工役，臣亦蓋不知也。自詔書之下，臣欲言之久矣。特以臣兄之故，恐陛下以臣為假公營私者，不敢言欲進復退者累一月，既竊自念以為，當陛下求言之急，豈惡直言之士，若乃畏首畏尾，避嫌遠疑，是忠臣義士之心不白於天下也。輒不自揆，故僭言之，亦不自量已。昔有野人食芹而美者，則欲以獻於其君，區區愚衷，正與此類。陛下幸垂察焉。夫考校錢糧，用使空印，自昔已然，非至聖代而然也。陛下即位已九年矣，詔條之内不見禁

革，而律令之内所不該載，上下成習，以為當然，天下之人咸知之，惟陛下未之知耳。一旦生事之人摭拾此事，致使忠良老成咸被其害。臣愚請試言其故。夫考校錢糧，各府賫將文卷越行省，攢造千百卷宗，攢於一册，牽查照算，豈無錯誤，故曰：寸寸而度之，至丈必繆；銖銖而數之，至石必差。是以必須空印無弊也，向使有司官吏欲偷盗挪移，埋沒作弊，當預於本處文卷補完，然後赴省部攢造，豈不藏鋒斂鍔，便且易邪，又何必欲空印旋補而旋生弊也。又況出納錢糧各州府，非奉省部不敢專擅一絲一毫之出入，其原皆出於省部，故省部卷中所有府州文卷不能損也。府州文卷所無，省部卷中不能益也。若綱在綱，有條而不紊，特散漫於各卷未之歸一查照，攢造之間，不能無誤。空紙所以為誤，差錯之設無弊也。且各省府至户部里路，遠者半年，餘近者亦不下半月，偶有差錯，理須扣換填補，若待復至本處衙門用使印信，即非旬日可及。省部置局督併攢造有如星火，若爾展轉迂迴，豈不大誤事邪。是以必須空印無弊也。今行移文書，除張縫中印信外，後面必有年月，年月之旁必有註語，然後官吏僉押於年月註語之間，用使印信。今考校文册下面張縫印信雖多，而後面年月之旁註語已定，又止一印信。向使掾典欲假此空印行移文書，潛謀不軌，下而張縫固有印信可徵，而後面年月即無印信又無封皮，不知復可作何行移，而何處不曉法律舖兵便與承接遞送，而何等庸愚官吏，輒便憑信與之施行。空印之不可以行移遞送而明矣。臣竊迹前世興亡之故，大抵親賢臣遠小人以興，而親小人遠賢臣以敗，未嘗以空印也。空印之不能為國家患益明矣，陛下以天縱之資，日月之明，豈不燭此情理。然而盛怒未解者，意者左右之臣未嘗以此言進歟。臣愚竊以為考校官吏，止可坐之以不勤之罪，而不當坐之以重罪也。況所犯在律令頒行之先乎。空印既不可以行移文書，又不可以挪移作弊，免死杖一百，工役終身，前此復有充軍者。假使偷盗挪移，潛謀不軌，不審陛下復加之何罪。陛下必欲禁革空印，不過罪一二人，下半紙詔書明諭天下，使天下後世之人知懼而不敢犯，足矣。何必牽枝引蔓，罪及各省府邪。夫人才之難，自古為然，十年長養，十年教訓，十年歷練，至於四十血氣既定，見識已明，然後適用，故曰：人惟求舊，今内而尚書，外而叅政等官，尤所謂國之重臣，功能俱茂者也。自非聖人不能無過，縱有罪過，臣猶謂得與八議之科。今乃俱為考校錢糧有不保首領復追俸者，有斷發工役，改發充軍者，中外老成蕩然一空，並使晚進後生布列中外未審，孰為陛下畫此策也。使彼在任之内，所言所行果皆考校錢糧事邪。抑亦有忠國愛民之事也。如果俱係考校錢糧固為得罪，若亦有一斑半點為國為民，亦可絶長補短以功掩過，三年之俸亦不足為國重輕也。而追之是導天下之人而為貪污也，奚補哉。其犯贓私者工役而用，使空印者亦工役，復終身焉。彼富裕者固不復憂，而此貧乏者則受苦楚。其平日贓私者，至此自為得計。臣竊恐自是之後，廉謹者愈無所勸矣。昔秦穆公赦食馬之徒，厥後猶得其死力。考校官吏，非岐下野人比也，陛下幸赦之，又豈特得其死力而已哉。古人有言曰：人之有言，不得已也。臣兄已斷發工役，固不敢辭，而甘心輸作以贖罪矣。臣復勤勤懇懇不避鈇鉞為陛下言者，非不知觸忤天顔，罪在不赦，顧以朝廷大體，當務從平恕，不宜持法過當，有累聖明盛德，蓋亦不得已言耳。固非為臣兄一人之計而言也。言詞粗鄙，不能回護。陛下倘以臣為草野疎愚，不識朝廷忌諱，恕其狂瞽而納用其言，又豈特考校官吏，感恩無窮，天下之士，必皆鼓舞懽忻而樂於仕進矣。謹於中書省投進，以聞干冒宸嚴，無任戰慄屏營之至。

（清）徐世昌《退耕堂政書》卷二四《署三姓副都統德勝貪婪瀆職據實糾參摺》 奏爲專閫大員貪婪瀆職據實糾參恭摺仰祈聖鑒事。竊查三姓地處極邊，距省窵遠。臣世昌前因訪聞署理該處副都統協領德勝，有包攬荒段，私收税課情事，當即會同調任撫臣朱家寶，札派蜂蜜山招墾委員范熾泰就近前往密查。旋據覆稱距三姓城東北二百里，加木斯地方舊有官荒一段，係副都統衙門官兵辦公隨缺地畝，已於早年一律放竣。該署副都統蒞任後，藉口隨缺之地不敷所用，遂將該處迤南官馬廠一帶生荒派員丈放，乃於三道岡句心吉迤北先自揑造堂名，包攬一萬晌，並於三姓左近稗子溝、土龍山、火龍溝、新官地、山咀子屯暨富克錦所屬之古必札拉等處，置有荒地甚多，統計不下一千餘方，皆以賤價所得。現在託人四處覓售，每晌索價乃至數倍，此該署副都統託名包攬大段官荒，希圖漁利之實情也。至私收税課一節，查松花江沿岸産木甚富，商民入山砍木運至江口或三姓城者，必須先赴副都統税局報明候驗，凡木無論大小粗細，分配停匀。不及十數者，按照時價折錢值十抽一。逾十數者，不準折價，則按木

數十取其一，甚至枯枝蔓草柳條之類，亦須照抽且不發給稅票。木商爲之裹足，居民爲之吞聲，此該署副都統私收木稅重斂横徵之實情也。又查三姓每年例進貂皮二千六百餘張，向歸副都統衙門承辦，曾經奏明準照時價採買。乃該署副都統竟藉挑選官皮爲名，每年挑至四五千張之多，每張僅給官價銀八兩左右，實較尋常市價減銀二十兩以至三十餘兩不等，且復出有告示，不準商人私相買賣，祗準東來昌等皮莊二十餘家收買，並須隨時前赴稅局報明註册，藉端抑價，跡近壟斷，更難保不無轉售牟利情事，此該署副都統挑選官皮從中舞弊之實情也。以上各節，均該委員親詣該處稅局皮莊調查所得，復經訪詢附近商民，亦無異詞。並將該署副都統所領荒地開具清摺，連同所鈔告示等件，稟復前來。臣世昌與盧昭常復加考察，均屬實在情形，事關大員貪婪溺職，既經訪查得實，曷敢瞻徇，壅於上聞。相應專摺列款糾參，請旨斥革，並由臣等查明私徵濫收各款，分別入官，以昭法戒而儆貪邪。除三姓副都統一缺已於裁旗添缺摺内奏請裁撤外，此次所參各節如蒙俞允，所有三姓副都統員缺，應請暫不派員接署，該處旗務事宜即由各旗協領管理直接行省公署，遇有詞訟案件，並令暫歸依蘭府知府審理，俟將來增設道缺後，再行酌量，歸併所有。特參署三姓副都統協領德勝貪婪溺職擬請斥革並請暫不派員接署緣由理合恭摺具陳，伏乞。

綜　述

《左傳·昭公十四年》 已惡而掠美爲昏，貪以敗官爲墨，殺人不忌爲賊。《夏書》：昏、墨、賊，殺。皋陶之刑也。

《周禮·地官司徒·卝人》 掌金玉錫石之地，而爲之厲禁以守之。若以時取之，則物其地，圖而授之，巡其禁令。

睡虎地秦墓竹簡整理小組《睡虎地秦墓竹簡·法律答問》 （智）〔知〕人通錢而爲（臧）〔藏〕，其主已取錢，人後告（臧）〔藏〕者，（臧）〔藏〕者論不論？不論論。

睡虎地秦墓竹簡整理小組《睡虎地秦墓竹簡·法律答問》 邦亡來通錢過萬，已復，後來盜而得，（可）〔何〕以論之？以通錢。

張家山二四七號漢墓竹簡整理小組《張家山漢墓竹簡·奏讞書》 北地守（瀱）〔讞〕：女子甑、奴順等亡，自處□陽，甑告丞相自行書順等自贖，甑所（臧）〔贓〕過六百六十，不發告書，順等以其故不論，疑罪。廷報：甑、順等受、行賕（狂）〔枉〕法也。

受、行賕枉法，見《二年律令》第六〇簡：受賕以枉法及行賕者皆坐其（臧）〔贓〕爲盜，罪重於盜者，以重者論之。又第五五、五六簡：盜（臧）〔贓〕（直）〔值〕過六百六十錢，黥爲城旦舂。

張家山二四七號漢墓竹簡整理小組《張家山漢墓竹簡·奏讞書》 河東守（瀱）〔讞〕：士吏賢主大夫𣅀，𣅀盜書（毄）〔繫〕（隊）〔隧〕亡，獄史令賢求，弗得，（毄）〔繫〕母嬐亭中，受豚、酒（臧）〔贓〕九十，出嬐，疑罪。廷報：賢當罰金四兩。

《漢書》卷五《景帝紀》 〔前元元年〕秋七月，詔曰：吏受所監臨，以飲食免，重；受財物，賤買貴賣，論輕。廷尉與丞相更議著令。廷尉信謹與丞相議曰：吏及諸有秩受其官屬所監、所治、所行、所將，其與飲食計償費，勿論。它物，若買故賤，賣故貴，皆坐臧爲盜，没入臧縣官。吏遷徙免罷，受其故官屬所將監治送財物，奪爵爲士伍，免之。無爵，罰金二斤，令没入所受。有能捕告，畀其所受臧。

《後漢書》卷七《孝桓帝紀》 〔建和元年夏四月〕壬辰，詔州郡不得迫協驅逐長吏。長吏臧滿三十萬而不糾舉者，刺史、二千石以縱避爲罪。

（清）薛允升《漢律輯存·尚書》 〔尚書〕惟貨惟來。

釋文云：來馬本作求，云有求請賕也。漢律云：諸爲人請求於吏以枉法而事已行者，皆屬司寇。《説文》曰：賕，以財物枉法相謝也。从貝求聲。楝案：漢盜律有受賕之條，即經所云惟貨也。又有聽請之條，即經所云惟求也。孔氏本作來，以爲舊相往來，義反紆回矣。

陳喬樅《今文尚書經説考》：吕刑，惟來馬本作求，云有求請賕也。王鳴盛曰：漢律：諸爲人請求於吏以枉法而事已行者，皆屬司寇。《説文》貝部云：賕，以財帛枉法相謝也。蓋漢盜律有受賕之條，即經所云惟貨也。又有聽請之條，即經所云惟求也者相同，故馬注云是兼説惟貨惟求之義也。

《説文》：賕，以財物枉法相謝也。段玉裁曰：枉法者違法也。法當有罪，而以財

求免是曰賕，受之者亦曰賕。《吕刑》五過之疵惟來，馬本作惟求，云有請賕也。按上文惟貨者，今之不枉法贓也。惟求者今之枉法贓也。

（清）杜貴墀《漢律輯證》卷三　行言許受賕。公羊宣元年傳注，當坐取邑。未之齊當坐者，由律行言許受賂也。十年傳齊已言取之矣，其實未之齊也。疏似若漢律行言許受財之類。諸爲人請賕於吏以枉法，《説文》賕以財物枉法相謝也。而事已行爲聽行者皆爲司寇。《外戚恩澤侯表》平丘侯王遷，地節二年坐平尚書聽請受臧六百萬自殺。如湻注引律。師古注：有人私請求而聽受之。《王子侯表》嗣沈猷侯受，元狩五年坐爲宗正聽不具宗室，耐爲司寇。師古注：受爲宗正人有私請求者聽之，故於宗室之中事有不具而受獲罪。《史記・功臣表》臨汝侯灌賢，元朔五年坐行賕罪國除。《前書・功臣表》孝文十三年嗣汾陰侯周意坐行周賕，髡爲城旦。武帝建元六年嗣樂平侯衛侈，坐買田宅不法，有請賕吏死。按唐律有所謂求受人請賕在職制二。《杜業傳》定陵侯既出關伏罪復發，下雒陽獄，丞相史搜得紅陽侯書奏業聽請不敬，坐免就國。服虔注：業受立屬請爲不敬。

（清）杜貴墀《漢律輯證》卷四　臧吏禁錮。按文帝時賈人贅壻及吏坐臧者禁錮不得爲吏。安帝初，叔孫光坐臧抵罪，遂增錮二世釁及其子。是時居延都尉范邠復犯臧罪，詔下三公廷尉議，司徒楊震、司空陳衮、廷尉張皓議依光比。太尉劉愷獨以爲：春秋之義，善善及子孫，惡惡止其身。如今使臧吏禁錮子孫，以輕從重懼及善人，非先王詳刑之意有詔，太尉議是。永初中，陳忠上言解臧吏三世禁錮事皆施行。殤帝延平元年詔，自建武以來諸犯禁錮詔書雖解有司持重多不奉行，其皆復爲平民。

吏及諸有秩受其官屬所監、所治、所行、所將，其與飲食計償費，勿論。師古注：計其所費，而償其直，勿論罪也。它物，若買故賤，賣故貴，皆坐臧爲盗，没入縣官。師古曰：它物，謂非飲食者。吏遷徙免罷，受其故官屬所將監治送財物，奪爵爲士伍，免之。師古曰：謂奪其爵，令爲士伍，又免其官職，即今律所謂除名也。無爵，罰金二斤，令没入所受。有能捕告，畀其所受臧。《景帝紀》元年七月詔更議著令。師古曰：帝以爲當時律條吏受所監臨賂遺飲食，即坐免官爵，於法太重，而受所監臨財物及賤買貴賣者，論法太輕，故令更議改之。《功臣表》清安侯申屠臾，元鼎元年坐爲九江太守受故官送，免。太始四年嗣侯任當千，坐賣馬一匹賈錢十五萬，過平，臧五百已上，免。《薛宣傳》櫟陽令賊取錢財數十萬，給爲非法；賣買聽任富吏，賈數不可知。證驗以明白，欲遣吏考案。《白孔六帖》狂鍾離意爲郡督郵，縣亭長有受人酒禮，郡下法記治之。意封記曰：政化自近及遠，宜先清府内，闊略遠縣微細之愆。王吉爲沛相，有微過酒食爲臧者，數十年猶加販斥，注其名籍也。按唐律，監臨受供饋去官受舊官屬財物在職制三。臧百萬以上爲不道，為狡猾不道。見功臣湘成侯表王尊陳湯傳。

（清）杜貴墀《漢律輯證》卷三　恐猲。猲亦作曷，作喝。公羊僖十四年傳是見恐曷而亡。《戰國策》橫人日夜務以秦權恐喝諸侯以求割地。取財。《王子侯表》元狩三年平城侯禮坐恐猲取雞，以令買償，免侯。元鼎三年嗣葛魁侯戚坐縛家吏恐猲受賕棄市。師古曰：猲以威力脅人也，賕枉法以財相謝。鴻嘉三年嗣侯德天坐恐猲國人受財臧五百以上免侯。建昭四年籍陽侯顯坐恐猲國民取財物免。晉張斐上律表有事狀相似而罪名相涉者，守將中惡言恐猲。按唐律恐猲取人財物在賊盜三。

《北史》卷二《魏本紀・高宗文成帝》　〔和平〕二年春正月乙酉，詔曰：刺史牧人，爲萬里之表。自頃每因發調，逼人假貸，大商富賈，要射時利，上下通同，分以潤屋。爲政之弊，莫過於此，其一切禁絶。犯者，十疋以上皆死。布告天下，咸令知禁。

《北史》卷九《周本紀・世宗明帝》　〔武成元年夏五月〕乙卯，詔曰：比屢有糾發官司赦前事者，有司自今勿推究。唯庫廐倉廩，與海内所共。漢帝有云：朕爲天下守財耳。若有侵盗公家財畜錢粟者，魏朝之事，年月既遠，一不須問；自周有天下以來，雖經赦宥，事迹可知者，有司宜即推窮。得實之日，免其罪，徵備如法。

（唐）長孫無忌等《唐律疏議》卷一一《職制・受人財為請求》　諸受人財而爲請求者，坐贓論加二等；監臨勢要，準枉法論。與財者，坐贓論減三等。

疏議曰：受人財而爲請求者，謂非監臨之官。坐贓論加二等，即一尺以上笞四十，一疋加一等，罪止流二千五百里。監臨勢要，準枉法論，即一尺以上杖一百，一疋加一等，罪止流三千里，無禄者減一等。與財者，坐贓論減三等，罪止徒一年半。若受他人之財，許爲囑請，未囑事發者，止從坐贓之罪。若無心囑請，詭妄受財，自依詐欺科斷。取者雖是詐欺，與人終是求請，其贓亦合追没。其受所監臨之財，爲他司囑請，律無別文，止從坐贓加二等，罪止流二千五百里，即重於受所監臨。若未囑事發，止同受所監臨財物法。

若官人以所受之財，分求餘官，元受者併贓論，餘各依己分法。

疏議曰：謂有官之人，初受有事家財物，後減所受之物，轉求餘官，初受者併贓論，餘官各依己分法。假有判官，受得枉法贓十疋，更有兩官

連判，各分二疋與之，判官得十疋之罪，餘官各得二疋之坐，二人仍並爲二疋之從。其有共謀受財，分贓入己者，亦各依己分爲首從之法。其中雖有造意及以預謀不受財者，事若枉法，止依曲法首從論，不合據贓爲罪。如曲法罪輕，從知所部有犯法不舉劾，減罪人罪三等科之。

（唐）長孫無忌等《唐律疏議》卷一一《職制·有事以財行求》 諸有事以財行求，得枉法者，坐贓論；不枉法者，減二等。即同事共與者，首則併贓論，從者各依己分法。

疏議曰：有事之人，用財行求而得枉法者，坐贓論。不枉法者，謂雖以財行求，官人不爲曲判者，減坐贓二等。即同事共與者，謂數人同犯一事，斂財共與，元謀斂者，併贓爲首，仍倍論；其從而出財者，各依己分爲從。

（唐）長孫無忌等《唐律疏議》卷一一《職制·監主受財枉法》 諸監臨主司受財而枉法者，一尺杖一百，一疋加一等，十五疋絞。

疏議曰：監臨主司，謂統攝案驗及行案主典之類。受有事人財而爲曲法處斷者，一尺杖一百，一疋加一等，十五疋絞。

不枉法者，一尺杖九十，二疋加一等，三十疋加役流。

疏議曰：雖受有事人財，判斷不爲曲法，一尺杖九十，二疋加一等，三十疋加役流。

無祿者，各減一等：枉法者二十疋絞，不枉法者四十疋加役流。

疏議曰：應食祿者，具在《祿令》。若令文不載者，並是無祿之官，受財者各減有祿一等：枉法者二十疋絞，不枉法者四十疋加役流。

（唐）長孫無忌等《唐律疏議》卷一一《職制·事後受財》 諸有事先不許財，事過之後而受財者，事若枉，準枉法論；事不枉者，以受所監臨財物論。

疏議曰：官司推劾之時，有事者先不許物，事了之後而受財者，事若曲法，準前條枉法科罪。既稱準枉法，不在除、免、加役流之例。若當時處斷不違正理，事過之後而與之財者，即以受所監臨財物論。

（唐）長孫無忌等《唐律疏議》卷一一《職制·受所監臨財物》 諸監臨之官，受所監臨財物者，一尺笞四十，一疋加一等；八疋徒一年，八疋加一等；五十疋流二千里。與者，減五等，罪止杖一百。

疏議曰：監臨之官，不因公事而受監臨内財物者，計贓一尺以上笞四十，一疋加一等；八疋徒一年，八疋加一等；五十疋流二千里。與財之人，減監臨罪五等，罪止杖一百。

乞取者，加一等；强乞取者，準枉法論。

疏議曰：乞取者，加一等，謂非財主自與，而官人從乞者，加受所監臨罪一等。以威若力强乞取者，準枉法論，有祿、無祿各依本法。其因得餉送而更强乞取者，既是一事分爲二罪，以重法併滿輕法。若是頻犯及二人以上之物，仍合累併倍論。

（唐）長孫無忌等《唐律疏議》卷一一《職制·因使受送遺》 諸官人因使，於使所受送遺及乞取者，與監臨同；經過處取者，減一等。糾彈之官不減。即强乞取者，各與監臨罪同。

疏議曰：官人因使，於所使之處受送遺財物，或自乞取者，計贓準罪，與監臨官同。經過處取者，謂非所詣之處，因使經歷之所而取財者，減一等。糾彈之官不減者，謂職合糾彈之官，人所畏懼，雖經過之處，受送遺、乞取及强乞取者，各與監臨罪同。

（唐）長孫無忌等《唐律疏議》卷一一《職制·貸所監臨財物》 諸貸所監臨財物者，坐贓論；授訖未上，亦同。餘條取受及相犯，準此。若百日不還，以受所監臨財物論。强者，各加二等。餘條强者準此。

疏議曰：監臨之官於所部貸財物者，坐贓論。注云授訖未上者，若五品以上據制出日，六品以下據畫訖，並同已上之法。餘條取受及相犯，謂受所監臨及毆詈之類，故言準此。若百日不還，爲其淹日不償，以受所監臨財物論。若以威力而强貸者，各加二等，謂百日内坐贓論加二等，滿百日外從受所監臨財物上加二等。注云餘條强者準此，謂如下條私役使及借駞騾驢馬之類，强者各加二等。但一部律内，本條無强取罪名，並加二等，故於此立例。所貸之物，元非擬將入己，雖經恩免，罪物尚徵還。縱不經恩，償訖事發，亦不合罪，爲貸時本許酬償，不同悔過還主故也。若取受之贓，悔過還主，仍減三等。恩前費用，準法不徵貸者，赦後仍徵償訖，故聽免罪。

若賣買有剩利者，計利，以乞取監臨財物論。强市者，笞五十；有剩利者，計利，準枉法論。

疏議曰：官人於所部賣物及買物，計時估有剩利者，計利，以乞取監臨財物論。强市者笞五十，謂以威若力强買物，雖當價，猶笞五十；有剩利者，計利，準枉法論。

問曰：官人遣人或市司而爲市易，所遣之人及市司爲官人賣買有剩利，官人不知情及知情，各有何罪？

答曰：依律：犯時不知，依凡論。官人不知剩利之情，據律不合得罪。所爲市者，雖不入己，既有剩利，或强賣買，不得無罪，從不應爲：準官人應坐之罪，百杖以下，所市之人從不應爲輕，笞四十；徒罪以上，從不應爲重，杖八十。仍不得重於官人應得之罪。若市易已訖，官人知情，準家人所犯知情之法。

即斷契有數，違負不還，過五十日者，以受所監臨財物論。即借衣服、器翫之屬，經三十日不還者，坐贓論，罪止徒一年。

疏議曰：官人於所部市易，斷契有數，仍有欠物，違負不還，五十日以下，依《雜律》科負債違契不償之罪；滿五十一日，以受所監臨財物論。即借衣服、器翫之屬者，但衣服、器物，品類至多，不可具舉，故云之屬。借經三十日不還者，坐贓論，罪止徒一年。所借之物各還主。

（唐）長孫無忌等《唐律疏議》卷一一《職制·役使所監臨》 諸監臨之官，私役使所監臨，及借奴婢、牛馬駝騾驢、車船、碾磑、邸店之類，各計庸、賃，以受所監臨財物論。

疏議曰：監臨之官，私役使所部之人，及從所部借奴婢、牛馬駝騾驢、車船、碾磑、邸店之類，稱奴婢者，部曲、客女亦同，各計庸、賃之價，人、畜、車計庸，船以下準賃，以受所監臨財物論。强者，加二等。其借使人功，計庸一日絹三尺。人有强弱、力役不同，若年十六以上、六十九以下，犯罪徒役，其身庸依丁例；其十五以下、七十以上及廢疾，既不任徒役，庸力合減正丁，宜準當鄉庸作之價。若準價不充絹三尺，即依減價計贓科罪；其價不減者，還依丁例。

即役使非供己者，非供己，謂流外官及雜任應供官事者。計庸坐贓論，罪止杖一百。其應供己驅使而收庸直者，罪亦如之。供己求輸庸直者，不坐。

疏議曰：非供己，謂流外官者，謂諸司令史以下，有流外告身者。雜任，謂在官供事，無流外品。爲其合在公家驅使，故得罪輕於凡人不合供官人之身，計庸坐贓致罪，一尺笞二十，一疋加一等，罪止杖一百。其應供己驅使者，謂執衣、白直之類，止合供身驅使，據法不合收庸，而收庸直，亦坐贓論，罪止杖一百，故云亦如之。注云供己求輸庸直，謂有公案者，不坐。別格聽收庸直者，不拘此例。

若有吉凶，借使所監臨者，不得過二十人，人不得過五日。其於親屬，雖過限及受饋、乞貸，皆勿論。親屬謂緦麻以上，及大功以上婚姻之家。餘條親屬準此。

疏議曰：吉，謂冠婚或祭享家廟。凶，謂喪葬或舉哀及殯殮之類。聽許借使監臨部內，所使總數不得過二十人，每人不得過五日。其於親屬雖過限，謂親屬別於數限外驅使及受饋餉財物、飲食，或有乞貸，皆勿論。親屬，謂本服緦麻以上親及大功以上親共爲婚姻之家，並通受饋餉、借貸、役使，依法無罪。餘條親屬準此者，謂一部律內，稱親屬處，悉據本服内外緦麻以上及大功以上其爲婚姻之家，故云準此。

營公廨借使者，計庸、賃，坐贓論減二等。即因市易剩利及懸欠者，亦如之。

疏議曰：借使所監臨奴婢、牛馬、車船、碾磑、邸店之類，爲營公廨使者，各計庸、賃，坐贓論減二等。即爲公廨市易剩利及懸欠其價不還者，亦計所剩及懸欠，坐贓論減二等，故云亦如之。

（唐）長孫無忌等《唐律疏議》卷一一《職制·監臨受供饋》 諸監臨之官，受猪羊供饋，謂非生者。坐贓論。强者，依强取監臨財物法。

疏議曰：監臨之官，於所部内受猪羊供饋者，即是殺訖始送，故注云謂非生者，舉猪羊爲例，自餘禽獸之類皆是，各計其所直，坐贓論。强取者，依强取監臨財物法，計贓，準枉法論。其有酒食、瓜果之類而受者，亦同供饋之例，見在物徵還主。若以畜産及米麵之屬饋餉者，自從受所監臨財物法，其贓没官。

（唐）長孫無忌等《唐律疏議》卷一一《職制·率斂所監臨財物》

諸率斂所監臨財物饋遺人者，雖不入己，以受所監臨財物論。

疏議曰：率斂者，謂率人斂物，或以身率人以取財物饋遺人者，雖不入己，併倍以受所監臨財物論。若自入者，同乞取法。既是率斂之物，與者不合有罪，其物還主。

（唐）長孫無忌等《唐律疏議》卷一一《職制・監臨之官家乞借》

諸監臨之官家人，於所部有受乞、借貸、役使、賣買有剩利之屬，各減官人罪二等；官人知情與同罪，不知情者各減家人罪五等。

疏議曰：臨統案驗爲監臨。注云：謂州、縣、鎮、戍折衝府等判官以上，總爲監臨。自餘唯據臨統本司及有所案驗者。此等之官家人，於其部内有受財、乞物、借貸、役使、賣買有剩利之屬者，各減官人身犯二等。若官人知情者，並與家人同罪。其不知情者，各減家人罪五等，謂準身自犯，得減七等。

其在官非監臨及家人有犯者，各減監臨及監臨家人一等。

疏議曰：在官非監臨者，謂非州、縣、鎮、戍、折衝府判官以上，其諸州參軍事及小録事，於所部不得常爲監臨，此爲在官非監臨。若有事在手，便爲有所案驗，即是監臨主司。無所案驗者，有所受乞、借貸、役使、賣買及假賃有剩利之屬，知情、不知情，各減監臨之官罪一等。家人有犯，亦減監臨家人罪一等。

問曰：州、縣、鎮、戍、折衝府判官以上，於所部總爲監臨，自餘唯據臨統本司及有所案驗者。里正、坊正既無官品，於所部内有犯，得作監臨之官以否？

答曰：有所請求及枉法、不枉法，律文皆稱監臨主司，明爲臨統案驗之人，不限有品、無品，但職掌其事，即名監臨主司。其里正、坊正，職在驅催，既無官品，並不同監臨之例。止從在官非監臨，各減監臨之官罪一等。

（唐）長孫無忌等《唐律疏議》卷一三《户婚・占田過限》 諸占田過限者，一畝笞十，十畝加一等；過杖六十，二十畝加一等，罪止徒一年。若於寬閑之處者，不坐。

疏議曰：王者制法，農田百畝，其官人永業準品，及老、小、寡妻受田各有等級，非寬閑之鄉不得限外更占。若占田過限者，一畝笞十，十畝加一等；過杖六十，二十畝加一等，一頃五十一畝罪止徒一年。又，依令：受田悉足者爲寬鄉，不足者爲狹鄉。若占於寬閑之處不坐，謂計口受足以外，仍有剩田，務從墾闢，庶盡地利，故所占雖多，律不與罪。仍須申牒立案，不申請而占者，從應言上不言上之罪。

（唐）長孫無忌等《唐律疏議》卷一三《户婚・妄認盗賣公私田》

諸妄認公私田，若盗貿賣者，一畝以下笞五十，五畝加一等；過杖一百，十畝加一等，罪止徒二年。

疏議曰：妄認公私之田，稱爲己地，若私竊貿易，或盗賣與人者，一畝以下笞五十，五畝加一等，二十五畝有餘，杖一百。過杖一百，十畝加一等，五十五畝有餘，罪止徒二年。《賊盗律》云：闌圈之屬，須絶離常處；器物之屬，須移徙其地。雖有盗名，立法須爲定例。地既不離常處，理與財物有殊，故不計贓爲罪，亦無除、免、倍贓之例。妄認者，謂經理已得；若未得者，準妄認奴婢、財物之類未得法科之。盗貿易者，須易訖。盗賣者，須賣了。依令：田無文牒，輒賣買者，財没不追，苗子及買地之財並入地主。

（唐）長孫無忌等《唐律疏議》卷一三《户婚・在官侵奪私田》 諸在官侵奪私田者，一畝以下杖六十，三畝加一等；過杖一百，五畝加一等，罪止徒二年半。園圃，加一等。

疏議曰：律稱在官，即是居官挾勢。侵奪百姓私田者，一畝以下杖六十，三畝加一等，十二畝有餘，杖一百。過杖一百，五畝加一等，三十二畝有餘，罪止徒二年半。園圃，謂蒔果實、種菜蔬之所而有籬院者，以其沃塉不類，故加一等。若侵奪地及園圃，罪名不等，亦準並滿之法。或將職分官田貿易私家之地，科斷之法，一準上條貿易爲罪。若得私家陪貼財物，自依監主詐欺。其官人兩相侵者，同百姓例。即在官時侵奪、貿易等，去官事發，科罪並準初犯之時。

（唐）長孫無忌等《唐律疏議》卷一三《户婚・盗耕人墓田》 諸盗耕人墓田，杖一百；傷墳者，徒一年。即盗葬他人田者，笞五十；墓田，加一等。仍令移葬。若不識盗葬者，告里正移埋，不告而移，笞三十。即無處移埋者，聽於地主口分内埋之。

疏議曰：墓田廣袤，令有制限。盗耕不問多少，即杖一百。傷墳者，謂窀穸之所，聚土爲墳，傷者合徒一年。即將尸柩盗葬他人地中者，笞五十；若盗葬他人墓田中者，加一等，合杖六十。如盗葬傷他人墳者，亦同盗耕傷墳之罪。仍各令移葬。若不識盗葬之人，告所部里正移埋，不告而移，慮失屍柩，合笞三十。即無處移埋者，謂無閑荒之地可埋，聽於地

主口分内埋之。

（唐）長孫無忌等《唐律疏議》卷一一《職制・去官受舊官屬士庶饋與》 諸去官而受舊官屬、士庶饋與，若乞取、借貸之屬，各減在官時三等。謂家口未離本任所者。

疏議曰：舊官屬，謂前任所僚佐。士庶，謂舊所管部人。受其饋送財物，若乞取、借貸之屬，謂賣買、假賃有剩利、役使之類，各減在官時三等。並謂家口未離本任所者。其家口去訖，受饋餉者，律無罪名，若其乞索者，從因官挾勢乞索之法。

（唐）長孫無忌等《唐律疏議》卷一一《職制・挾勢乞索》 諸因官挾勢及豪强之人乞索者，坐贓論減一等；將送者，爲從坐。親故相與者，勿論。

疏議曰：或有因官人之威，挾恃形勢，及鄉閭首望豪右之人，乞索財物者，累倍所乞之財，坐贓論減一等。將送者爲從坐，謂領豪右人等乞索者，雖不將領而斂財送者，並爲從坐。若强乞索者，加二等。注云親故相與者，勿論，親謂本服緦麻以上，及大功以上婚姻之家；故謂素是通家，或欽風若舊，車馬不吝，縞紵相貽之類者；皆勿論。

（唐）長孫無忌等《唐律疏議》卷一三《户婚・盗耕種公私田》 諸盗耕種公私田者，一畝以下笞三十，五畝加一等；過杖一百，十畝加一等，罪止徒一年半。荒田，減一等。强者，各加一等。苗子歸官、主。下條苗子準此。

疏議曰：田地不可移徙，所以不同真盗，故云盗耕種公私田者。一畝以下笞三十，五畝加一等，三十五畝有餘，杖一百。過杖一百，十畝加一等，五十五畝有餘，罪止徒一年半。荒田減一等，謂在帳籍之内，荒廢未耕種者，減熟田罪一等。若强耕者，各加一等：熟田，罪止徒二年；荒田，罪止徒一年半。苗子各歸官、主，稻苗子者，其子及草並徵還官、主。下條苗子準此，謂妄認及盗貿賣、侵奪私田、盗耕墓地，如此之類，所有苗子各還官、主。其盗耕人田，有荒有熟，或竊或强，一家之中罪名不等者，並依《例》以重法並滿輕法爲坐。若盗耕兩家以上之田，只從一家而斷，並滿不加重者，唯從一重科。若親屬相侵得罪，各依服紀，準親屬盗財物法，應減者節級減科。若已上籍，即從下條盗貿賣之坐。

（唐）長孫無忌等《唐律疏議》卷一五《厩庫・驗畜不實》 諸驗畜産不以實者，一笞四十，三加一等，罪止杖一百。若以故價有增減，贓重者，計所增減坐贓論；入己者，以盗論。

疏議曰：依《厩牧令》：府内官馬及傳送馬驢，每年皆刺史、折衝、果毅檢揀。其有老病不堪乘用者，府内官馬更對州官揀定，京兆府管内送尚書省揀，隨便貨賣。檢揀者，並須以實，不以實者，一笞四十，三加一等，罪止杖一百。若以檢揀不實之故，令價有增減者，計增減之贓重，坐贓論，謂驗一不實，增三疋一尺及減三疋一尺，各笞五十；每一疋加一等，十疋徒一年，十疋加一等。若因此增減之贓，將入己者，計贓以盗論，仍徵倍贓；監主加二等，一疋以上除名。其中有增減不平之贓，有入己、不入己者，若一處犯，便是一事分爲二罪，罪法不等，即以重法並滿輕法，須將以盗之贓累於坐贓之上科之，其應除、免、倍贓，各盡本法。若驗羊不實，減三等；其增減贓、坐贓及盗論者，並各依本條，不在羊減三等之例。

（唐）長孫無忌等《唐律疏議》卷一五《厩庫・出納官物有違》 諸出納官物，給受有違者，計所欠剩，坐贓論。違，謂重受輕出，及當出陳而出新，應受上物而受下物之類。

疏議曰：監主官物，或受或給，而有違法者，謂稱量之物，出納須平，若重受輕出，即有餘剩；及當出陳而出新，應受上物而受下物，此即爲欠。須計欠、剩之價，準坐贓科罪。其有輕受重出及應出新而出陳，應受上物而受中物，得罪與上文並同，故云之類。

其物未應出給而出給者，罪亦如之。官物還充官用而違者，笞四十。其主司知有欠剩不言者，坐贓論減二等。

疏議曰：其物未應出給者，依令：應給禄者，春秋二時分給。未至給時而給者，亦依前坐贓科罪。若給官物還充官用，有違者，笞四十。其主司知情欠剩，而不舉言者，計所欠剩，坐贓論減二等。

（唐）長孫無忌等《唐律疏議》卷一五《厩庫・監主借官奴畜産》 諸監臨主守，以官奴婢及畜産私自借，若借人及借之者，笞五十；計庸重者，以受所監臨財物論。驛驢，加一等。

疏議曰：監臨主守之官，以所監主官奴婢及畜産，私自借，謂身自

借用，若轉借他人及借之者，或一人、一畜，但借即笞五十。或借數少而日多，或借數多日少，計庸重於借罪者，以受所監臨財物論，累贓爲坐。驛驢，加一等，謂借即得杖六十；計庸重，以受所監臨財物論加一等。其車船、碾磑、邸店之類，有私自借，若借人及借之者，亦計庸賃，各與借奴婢、畜産同。律雖無文，所犯相類。《職制律》，監臨之官借所監臨及牛馬駞騾驢、車船、邸店、碾磑，各計庸賃，以受所監臨財物論。計借車船、碾磑之類，理與借畜産不殊，故附此條，準例爲坐。

即借驛馬及借之者，杖一百，五日徒一年；計庸重者，從上法。即驛長私借人馬驢者，各減一等，罪止杖一百。

疏議曰：即私借驛馬及官司借之者，各杖一百，五日徒一年。計庸重者，從上法，謂計驛馬之庸，當上絹八疋，合加一等，徒一年半。即驛長私借人馬驢者，減一等，準令：驛馬驢一給以後，死即驛長陪填。是故，驛長借人驢馬，得罪稍輕。各減一等，謂上文借驛馬驢，加受所監臨財物一等，今驛長借人驢馬各減一等，與受所監臨財物罪同，罪止杖一百。

（唐）長孫無忌等《唐律疏儀》卷二六《雜律·坐贓致罪》　諸坐贓致罪者，一尺笞二十，一疋加一等；十疋徒一年，十疋加一等，罪止徒三年。謂非監臨主司而因事受財者。與者減五等。

疏議曰：贓罪正名其數有六，謂受財枉法，不枉法，受所監臨，强盗，竊盗，并坐贓。然坐贓者，謂非監臨主司因事受財，而罪由此贓，故名。坐贓致罪犯者，一尺笞二十，一疋加一等，十疋徒一年，十疋加一等，罪止徒三年。假如被人侵損備償之外，因而受財之類，兩和取與，於法竝違。故與者，減取人五等，即是彼此俱罪，其贓没官。

《舊唐書》卷一九〇上《文苑傳·劉胤之》〔劉延祐後歷右司郎中〕李敬業之亂，楊州初平，所有刑名，人莫能定。延祐奉使至軍所決之。時議者斷受賊五品官者斬，六品者流。延祐以爲諸非元謀，廹協從逆，即置極刑，事涉枉濫，乃斷受賊五品者流，六品已下俱除名而已。其得全濟者甚衆。

劉俊文《敦煌吐魯番唐代法制文書考釋·格·神龍散頒刑部格殘卷》

官人在任，緣贓賄計罪成殿已上；雖非贓賄，罪至除、免，會恩及別勑免：並即録奏，量所犯贓狀，貶授嶺南惡處及邊遠官。

流外行署、州縣雜任，於監主犯贓一疋以上，先決杖六十；滿五疋以上，先決一百；並配入軍。如當州無府，配側近州。斷後一月内，即差綱領送所配府，取領報訖，申所司。贓不滿疋者，即解却。雖會恩，並不在免軍及解免之限。東在都及京犯者，於尚書省門對衆決。在外州縣者，長官集衆對決。贓多者，仰依本法。

（唐）杜佑《通典》卷一七〇《刑法·寬恕》　天寶元年二月敕：官吏準律應犯枉法贓十五匹合絞者，自今以後，特加至二十匹。仍即編諸格律，著自不刊。

（宋）王溥《唐會要》卷四一《雜記》　永徽五年三月制：州胥吏犯贓一匹以上，先決一百，然後準法。

（宋）王溥《唐會要》卷六九《刺史下》　上元元年正月勅：丞簿等有犯贓私，連坐縣令。其罪減所犯官一等。便遞相管轄，不敢爲非。

（宋）司馬光《資治通鑑》開元二十五年五月　夷州刺史楊濬坐贓當死，上命杖之六十，流古州。左丞相裴耀卿上疏，以爲決杖贖死，恩則甚優，解體受笞，事頗爲辱，止可施之徒隸，不當及於士人。上從之。

（宋）王溥《唐會要》卷六八《刺史上》　天寶十一載十二月勅：牧宰字人，所寄尤重。至於禄料，頗亦優豐。自宜飭躬勵節，以肅官吏。如聞或犯贓私，深紊綱紀。今後刺史犯贓，宜加常式一等。

（宋）王欽若等《册府元龜》卷六一二《刑法部·定律令》　肅宗至德元年七月即位，詔官吏犯枉法贓終身勿齒。

（宋）王欽若等《册府元龜》卷六一二《刑法部·定律令》　凡在職司必當廉慎，苟懷貪汙，實紊政經。爲理之先，固在懲誡其犯贓官。本據律文，刑名甚重，頃者多從寬宥，不足懲姦。切在申明，使其知懼。自今以後，如錢穀稍多及情狀難恕者，宜杖決配流，餘並比類節級科處。如有此色，所在長吏及觀察使不能糾察，事發之後，並據所犯輕重加責罰，庶警貪吏，以惠疲人。

（宋）王溥《唐會要》卷六六《大理寺》　其年十月，大理少卿崔杞奏：當寺官人，今後在寺詳斷或出使推案，有犯贓私者，請於常式加罪

一等。餘犯即準舊式。從之。

（宋）王溥《唐會要》卷四一《雜記》 長慶二年九月勅：應犯贓罪，今後不得以散試官當罪。

（宋）王溥《唐會要》卷三九《議刑輕重》 太和四年十二月，刑部員外郎張諷、大理少卿崔圮等奏議親、議貴事。其一議親曰：皇帝至太皇太后皇后親有內外服同者，皆在議條。伏以親疎之序，既有等衰，即雨露之恩，皆宜沾洽。此實皇王大猷，自家刑國，親九族，協萬邦之旨也。近者，絳州刺史裴銳所犯贓罪至深。陛下以太皇太后之親，下尚書省集議。此乃陛下知刑賞之理重，與衆共之。伏請今後，親有任刺史監臨主守犯贓罪，得蒙減死者，必重其過，直以贓罪爲汙累，定刑流決外，其後子孫，並不得任理入官及爲監臨主守。庶得家知其恥，人革非心。其一議貴曰：謹按禮經，貴謂近於君也。非獨高秩厚俸之爲貴。今後刺史非在朝文武職事三品官任者，於所部犯贓抵死罪，並不得以刺史品秩議貴，徵司議條，免所犯罪。如先任在朝三品，合在議條者，即準議親條決流外，子孫者未得任理入官及監臨主守。如有法官及本官推官，不詳官品，妄有引議，請科違勅罪。其功勤賓故等，有犯贓罪同者，並請準親貴之法。勅：官必任親賢，貴無宜輕授。罰不及嗣，經訓具有明文。若坐子孫，慮傷事理。此一節且仍舊，餘依。

（宋）王溥《唐會要》卷三九《議刑輕重》 開成三年五月，刑部奏：準今年二月八日赦書，官典犯罪，不在此限者，伏以律載贓名，其數有六。官典有犯，並列科則。其閒有入己者，罪即懸別。今請監臨主守將官物私自貸用，并借貸人，及百端欺詐等，不在赦限。如將官物還充公用，文記分明者，並請原免。勅旨：宜依。

（宋）王欽若等《册府元龜》卷六一三《刑法部·定律令》 〔唐〕會昌元年正月，詔曰：朝廷典刑，理當畫一。官吏贓坐，不宜有殊。內外文武官犯入己贓，絹三十疋，盡處極法。惟鹽鐵度支户部等司官吏，破使物數雖多，只遣。填納盜使之罪，一切不論。所以天下官錢悉爲應在，姦吏贓污多則轉安。此弊最深，切要杜塞。自今以後，廣支鹽鐵户部等司官吏及行綱脚家等，如隱使官錢計贓至三十疋並處極法，除估納家產外並不使徵納。其取受贓亦準此一條，從鹽鐵使柳公綽所奏也。

《舊唐書》卷一八《宣宗紀》 〔大中四年〕三月己卯，刑部奏：監臨主守，應將官物私自貸使並貸借人，及以己物中納官司者，并專知別當主掌所由有犯贓，并同犯入己贓，不在原赦之限。從之。

（宋）王溥《唐會要》卷三九《議刑輕重》 大中五年十月勅，今後有官典犯贓，及諸色取受，但是全未發覺已前，能經陳首，即準律文與減等。如知事發，已有萌兆，雖未被追捕勘問，亦不許陳首之限。

（宋）王溥《唐會要》卷八三《租稅上》 自今已後，天下兩稅其諸色輸納，官典受一錢已上，並同枉法贓論。官人先解見任，典正等先決四十。委採訪使巡察，若不能舉按者，採訪使別有處分。

（宋）王欽若等《册府元龜》卷六一三《刑法部·定律令》 〔長興二年四月〕刑部郎中周知微奏：臣每詳覆案文，静究贓罪條件，或有因緣勘鞫，滋漫告陳，雖廣訟論，漸異根本。其閒有物關獻遺，事同情異，或果實紙筆之徒，或絲履藥茶之類，逐色目計錢不及三二百，聚都數不過四五千，爲案牘之微贓，傷朝廷之大體。引律二罪俱發以重者論，不累輕以加重。請非正論事條外，定贓之時並許除落。中書覆奏云：周知微踐揚華省，獻納明廷，所貢讜言，深符治道，蓋慮細微之物便爲贓賄之名，遂致刑章過行深刻。須知撙節，務守廉隅，或是監臨之司，或因公事之際，凡關取與便，涉阿私物，若顯屬貨財，並宜爲贓罪，其餘不是監臨，不因公事，不在此限，應推斷科條，不得有違格律。

（宋）王欽若等《册府元龜》卷六一三《刑法部·定律令》 〔清泰三年〕五月，中書門下奏：刺史位列公侯，縣令爲人父母，只合倍加乳哺，豈合自至瘡痍？一昨張宗裔胥吏訟，論合當極典，法司據律罪止徒流，向來此法極嚴纔可存其軀命，即一二十年不復還鄉。卻緣近日赦宥稍頻，遷易頗數，致其兇物不顧嚴刑。臣竊惟立法稍嚴則人不敢犯，其見行法律望下所司更加詳酌。及下御史臺，刑部大理議云：舊律枉法贓十五匹絞，天寶元年加至二十匹，請今後犯枉法贓十五匹準律絞。不枉法贓舊律三十匹加役流，受所監臨，五十匹流二千里。今請依《統類》不枉法贓過三十匹，受所盜贓過五十匹。從之。

（宋）李燾《續資治通鑑長編》宋太祖開寶七年二月 先是，知博州呂鵠、知蘄州秦亶皆坐盜鹽麴額外錢，決杖除名。庚子，令諸州知州、通

判、判官、兵馬都監、縣令所掌鹽麴及市征、地課等，並親臨之，月具籍供三司，秩滿校其殿最，欺隱者當置於法，募告者賞錢三十萬。

（宋）竇儀等《宋刑統》卷一三《户婚律·占盜侵奪公私田》　諸占田過限者，一畝笞十，十畝加一等，過杖六十，二十畝加一等，罪止徒一年。若於寬閑之處者不坐。

疏議曰：王者制法，農田百畝，其官人永業准品，及老小寡妻受田，各有等級，非寬閑之鄉，不得限外更占。若占田過限者，一畝笞十，十畝加一等，過杖六十，二十畝加一等，一頃五十一畝罪止，徒一年。又依令，受田悉足者爲寬鄉，不足者爲狹鄉。若占於寬閑之處不坐，謂計口受足以外，仍有賸田，務從墾闢，庶盡地利，故所占雖多，律不與罪，仍須申牒立案。不申請而占者，從應言上不言之罪。

諸盜耕種公私田者，一畝以下笞三十，五畝加一等，過杖一百，十畝加一等，罪止徒一年半。荒田減一等，强者各加一等，苗子歸官主。下條苗子准此。

疏議曰：田地不可移徙，所以不同真盜，故云盜耕種公私田者，一畝以下笞三十，五畝加一等，三十五畝有餘杖一百，過杖一百，十畝加一等，五十畝有餘罪止，徒一年半。荒田減一等，謂在帳籍之内荒廢未耕種者，減熟田罪一等。若强耕者，各加一等，熟田罪止徒二年，荒田罪止徒一年半。苗子各歸官主，稱苗子者，其子及草並徵還官主。下條苗子准此，謂妄認盜貿賣，侵奪私田，盜耕墓地，如此之類，所有苗子各還官主。其盜耕人田，有荒有熟，或竊或强，一家之中，罪名不等者，並依例以重法並滿輕法爲坐。若盜兩家以上之田，只是一家而斷，並滿不加重者，唯從一重科。若親屬相侵，得罪各依服紀，准親屬盜財物法，應減者節級減科。若已上籍，即從下條盜貿賣之坐。

諸妄認公私田若盜貿賣者，一畝以下笞五十，五畝加一等，過杖一百，十畝加一等，罪止徒二年。

疏議曰：妄認公私之田，稱爲己地，若私竊貿易，或盜賣與人者，一畝以下笞五十，五畝加一等，二十五畝有餘杖一百，過杖一百，十畝加一等，五十五畝有餘罪止，徒二年。《賊盜律》云，闌圈之屬須絶離常處，器物之屬須移徙其地。雖有盜名，立法須爲定例。地既不離常處，理與財物有殊，故不計贓爲罪，亦無除免、倍贓之例。妄認者，謂經理已得，若未得者，准妄認奴婢、財物之類，未得法科之。盜貿易者，須易訖，盜賣者，須賣了。依令，田無文牒輒賣買者，財没不追，苗子及賣地之財並入地主。

諸在官侵奪私田者，一畝以下杖六十，三畝加一等，過杖一百，五畝加一等，罪止徒二年半。園圃加一等。

疏議曰：律稱在官，即是居官挾勢，侵奪百姓私田者，一畝以下杖六十，三畝加一等，十二畝有餘杖一百，過杖一百，五畝加一等，三十二畝有餘罪止，徒二年半。園圃謂蒔果實、種菜蔬之所而有籬障者，以其沃塉不類，故加一等。若侵奪地及園圃，罪名不等，亦准併滿之法。或將職分官田貿易私家之地，科斷之法，一准上條貿易爲罪。若得私家陪貼財物，自依監主詐欺。其官人兩相侵者，同百姓例。即在官時奪貿易等，去官事發，科罪並准初犯之時。

諸盜耕人墓田，杖一百，傷墳者，徒一年。即盜葬他人田者，笞五十，墓田加一等，仍令移葬。若不識盜葬者，告里正移瘞，不告而移，笞三十。即無處移瘞者，聽於地主口分内瘞之。

疏議曰：墓田廣袤，令有制限，盜耕不問多少，即杖一百。傷墳者，謂窀穸之所，聚土爲墳，傷者合徒一年。即將屍柩盜葬他人地中者，笞五十。若盜葬他人墓田中者，加一等，合杖六十。如盜葬傷他人墳者，亦同盜耕傷墳之罪。仍各令移葬。若不識盜葬之人，告所部里正移瘞之。不告而移，慮失屍柩，合笞三十。即無處移瘞者，謂無閑荒地可瘞，聽於地主口分内瘞之。

准：《田令》，諸競田判得已耕種者，後雖改判，苗入種人。耕而未種者，酬其功力。未經斷決，强耕者，苗從地判。又條，諸田爲水侵射不依舊流，新出之地，先給被侵之家。若别縣界，新出依收授法，其兩岸異管，從正流爲斷。若合隔越受田者，不取此令。

准：唐寶應元年四月十七日敕節文，諸百姓競田如已種者，並據見佃爲主，待收了斷割。其盜種者，任地主收苗，所用人功，不在論限。

（宋）竇儀等《宋刑統》卷一一《職制律·請求公事曲法受財請求》

諸有所請求者，笞五十，謂從主司求曲法之事，即爲人請者與自請同。主司許者與同罪。主司不許，及請求者皆不坐。已施行者，各杖一百。所枉罪重者，主司以出入人罪論。他人及親屬爲請求者，減主司罪三等，自請求者加本罪一等。即監臨、勢要，勢要者，雖官卑亦同。爲人屬請者，杖一百。所枉重者，罪與主司同。至死者減一等。

疏：諸有所請求者，笞五十。注云，謂從主司求曲法之事，即爲人請者與自請同。又云，主司許者與同罪。注云，主司不許，及請求者皆不坐。又云，已施行者，各杖一百。

議曰：凡是公事，各依正理，輒有請求，規爲曲法者，笞五十。即爲人請求，

雖非己事，與自請同，亦笞五十。主司許者，謂然其所請，亦笞五十，故云與同罪。若主司不許，及請求之人皆不坐。已施行謂曲法之事已行，主司及請求之者各杖一百，本罪仍坐。

又云，所枉罪重者，主司以出入人罪論。他人及親屬爲請求者，減主司罪三等，自請求者加本罪一等。議曰：所枉重者，謂所司得囑請，枉曲斷事，重於一百杖者，主司得出入人罪論。假如先是一年徒罪，囑請免徒，主司得出入徒罪，還得一年徒坐。他人及親屬爲請求者，減主司罪三等，唯合杖八十，此則減罪輕於已施行一百，如此之類者，依杖一百科之。若他人親屬等囑請徒二年半罪，主司曲爲斷免者，他人等減三等，仍合徒一年，如此之類，減罪重於杖一百者，皆從減科。若身自請求而得枉法者，各加所請求罪一等科之。

又云，卽監臨、勢要。注云，勢要者，雖官卑亦同。又云，爲人囑請者，杖一百。所枉重者，罪與主司同。至死者減一等。議曰：監臨者，謂統攝案驗之官。勢要者，謂除監臨以外，但是官人，不限階品高下，唯據主司畏懼，不敢乖違者，雖官卑亦同。爲人囑請曲法者，無問行與不行，許與不許，但囑卽合杖一百，主司許者笞五十。所枉重於杖一百，與主司出入，坐同主司。據法合死者，監臨、勢要合減死一等。

諸受人財而爲請求者，坐贓論，加二等，監臨、勢要準枉法論。與財者坐贓論，減三等。若官人以所受之財分求餘官，元受者並贓論，餘各依已分法。

疏：諸受人財而爲請求者，坐贓論，加二等，監臨、勢要準枉法論。與財者坐贓論，減三等。議曰：受人財而爲請求者，謂非監臨之官，坐贓論，加二等，卽一尺以上笞四十，一匹加一等，罪止流二千五百里。監臨、勢要準枉法論，卽一尺以上杖一百，一匹加一等，罪止流三千里，無禄者減一等。與財者坐贓論，減三等，罪止徒一年半。若受他人之財許爲囑請，未囑事發者，止從坐贓之罪。若無心囑請，詭妄受財，自依詐欺科斷。取者雖是詐欺，與人終是求情，其贓亦合追没。其受所監臨之財爲他司囑請，律無別文，止從坐贓加二等，罪止流二千五百里。卽重於受所監臨，若未囑事發，止同受所監臨財物法。

又云，若官人以所受之財分求餘官，元受者併贓論，餘各依已分法。議曰：謂有官人初受有事家財物，後減所受之物轉求餘官，初受者並贓論，餘官各依已分法。假有判官受得枉法贓十匹，更有兩官連判，各分二匹與之，判官得十匹之罪，餘官各得二匹之坐，二人仍並爲二匹之從。其有共謀受財，分贓入己者，亦各依已分爲首從之法。其中雖有造意及以預謀不受財者，事若枉法，止依曲法首從論，不合據贓爲罪。如曲法罪輕，從知所部有犯法不舉劾，減罪人罪三等科之。

諸有事以財行求得枉法者，坐贓論，不枉法者減二等。卽同事共與者，首則併贓論，從者各依已分法。

疏議曰：有事之人用財行求而得枉法者，坐贓論。不枉法者，謂雖以財行求，官人不爲曲判，減坐贓二等。卽同事共與者，謂數人同犯一事，斂財共與，元謀斂者併贓爲首，仍倍論，其從而出財者，各依已分爲從。

（宋）竇儀等《宋刑統》卷一一《職制律·枉法贓不枉法贓强率斂》

諸監臨主司受財而枉法者，一尺杖一百，一匹加一等，十五匹絞。不枉法者一尺杖九十，二匹加一等，三十匹加役流。無禄者各減一等，枉法者二十匹絞，不枉法者四十匹加役流。

疏：諸監臨主司受財而枉法者，一尺杖一百，一匹加一等，十五匹絞。議曰：監臨主司謂統攝案驗及行案主典之類，受有事人財而爲曲法處斷者，一尺杖一百，一匹加一等，十五匹絞。

又云，不枉法者一尺杖九十，二匹加一等，三十匹加役流。議曰：雖受有事人財，判斷不爲曲法，一尺杖九十，二匹加一等，三十匹加役流。

又云，無禄者各減一等，枉法者二十匹絞，不枉法者四十匹加役流。議曰：應食禄者，具在《禄令》，若令文不載者，並是無禄之官。受財者各減有禄一等，枉法者二十匹絞，不枉法者四十匹加役流。

准：唐天寶元年二月二十日敕節文，官吏應犯枉法贓十五匹合絞者，自今以後，特宜加至二十匹，仍卽編諸格律。

准：唐長興四年六月十四日敕節文，起今後贓名條内有以準加減及同字者，並陪贓累贓，並宜准律令格式處分。

准：唐應順元年三月二十日敕節文，刺史、縣令、丞尉得替，自今後如是見任官將已分錢物資送得替人，卽請勿論。其或率斂吏民，以受所監臨財物論，加一等。如以威刑率斂，以枉法論。其去任受財人請減二等。

准：周顯德五年七月七日敕條，今後無禄人犯枉法贓者，特加至二十五匹絞。

准：周顯德五年七月七日敕條，不枉法贓今後過五十匹者，奏取敕裁。

臣等參詳，今後應緣檢括田苗、差役、定稅、送帳過簿、了末稅租、團保捉賊、供造僧帳，因以上公事率斂人錢物入己，無所枉曲者，諸以不枉法論，過五十匹者奏取敕裁。若不入己，轉將行用，減二等，過一百匹者奏取敕裁。若率斂財物有所枉曲，及强率斂人錢物入己者，並以枉法論。

諸有事先不許財，事過之後而受財者，事若枉，准枉法論。事不枉者，以受所監臨財物論。

疏議曰：官司推劾之時，有事者先不許物，事了之後而受財者，事若曲法，准前條枉法科罪。既稱准枉法，不在除免、加役流之例。若當時處斷不違正理，事過之後而與之財者，即以受所監臨財物論。

（宋）竇儀等《宋刑統》卷一一《職制律·受所監臨贓乞取强乞取贓監臨內受饋遺》　諸監臨之官受所監臨財物者，一尺笞四十，一匹加一等，八匹徒一年，八匹加一等，五十匹流二千里。與者減五等，罪止杖一百。乞取者加一等，强乞取者准枉法論。

疏：諸監臨之官受所監臨財物者，一尺笞四十，一匹加一等，八匹徒一年，八匹加一等，五十匹流二千里。與者減五等，罪止杖一百。議曰：監臨之官不因公事而受監臨內財物者，計贓一尺以上，笞四十，一匹加一等，八匹徒一年，八匹加一等，五十匹流二千里。與財之人減監臨罪五等，罪止杖一百。

又云，乞取者加一等，强乞取者准枉法論。議曰：乞取者加一等，謂非財主自與，而官人從乞者，加受所監臨罪一等。以威若力强乞取者，准枉法論。有祿、無祿各依本法。其因得餉送而更强乞取者，既是一事分爲二罪，以重法併滿輕法。若是頻犯及二人以上之物，仍合累併倍論。

准：周顯德五年七月七日敕條，起今後受所監臨贓及乞取贓過一百匹者，奏取敕裁。

諸官人因使，於使所受送遺及乞取者，與監臨同。經過處取者減一等。糾彈之官不減。即强乞取者，各與監臨罪同。

疏議曰：官人因使，於所使之處受送饋財物或自乞取者，計贓准罪，與監臨官同。經過處取者，謂非所詣之處，因使經歷之所，而取財者，減一等。糾彈之官不減者，謂職合糾彈之官，人所畏懼，雖經過之處，受送遺、乞取及强乞取者，各與監臨罪同。

諸貸所監臨財物者，坐贓論。授訖未上亦同。餘條取受及相犯並准此。若百日不還，以受所監臨財物論，强者各加二等。餘條强者准此。若賣買有賸利者，計利以乞取監臨財物論，强市者笞五十。有賸利者，計利准枉法論。即斷契有數，違負不還，過五十日者，以受所監臨財物論。即借衣服、器翫之屬，經三十日不還者，坐贓論，罪止徒一年。

疏：諸貸所監臨財物者，坐贓論。注云，授訖未上亦同。餘條取受及相犯並准此。

又云，若百日不還，以受所監臨財物論，强者各加二等。注云，餘條强者准此。議曰：監臨之官於所部貸財物者，坐贓論。注云授訖未上者，若五品以上據制出日，六品以下據畫訖，並同已上之法。餘條取受及相犯，謂受所監臨及毆詈之類，故言准此。若百日不還，爲其淹日不償，以受所監臨財物論。若以威力而强貸者，各加二等，謂百日內坐贓論加二等，滿百日外從受所監臨財物上加二等。注云，餘條强者准此，謂如下條私役使及借駞、騾、驢、馬之類，强者各加二等。但一部律內本條無强取罪名，各加二等，故於此立例。所貸之物，元非擬將入己，雖經恩免，罪物尚徵還，縱不經恩償訖，事發亦不合罪。爲貸時本許酬償，不同悔過還主故也。若取受之贓，悔過還主，仍減三等。恩前費用，准法不徵，貸者赦後仍徵償訖，故聽免罪。

又云，若賣買有賸利者，計利以乞取監臨財物論。强市者笞五十，有賸利者計利准枉法論。議曰：官人於所部賣物及買物，計時估有賸利者，計利以乞取監臨財物論。强市者笞五十，謂以威若力强買物，雖當價猶笞五十。有賸利者，計利准枉法論。

問曰：官人遣人或市司而爲市易，所遣之人及市司爲官人賣買有賸利，官人不知情及知情，各有何罪？

答曰：依律，犯時不知，依凡論。官人不知賸利之情，據律不合得罪。所爲市者雖不入己，既有賸利，或强賣買，不得無罪，從不應爲准官人應坐之罪。百杖以下，所市之人從不應爲輕，笞四十，徒罪以上，從不應爲重，杖八十，仍不得重於官人應得之罪。若市易已訖，官人知情，准家人所犯知情之法。釋曰：家人所犯知情，法在下條。

又云，即斷契有數，違負不還，過五十日者，以受所監臨財物論。即借衣服、器翫之屬，經三十日不還者，坐贓論，罪止徒一年。議曰：官人於所部市易，斷契有數，仍有欠物，違負不還，五十日以下，依《雜律》科負債違契不償之罪。滿五十一日，以受所監臨財物論。即借衣服、器翫之屬者，但衣服、器物品類至多，不可具舉，故云之屬。借經三十日不還者，坐贓論，罪止徒一年，所借之物各還主。

諸監臨之官私役使所監臨，及借奴婢、牛馬駝騾驢、車船、碾磑、邸店之類，各計庸賃，以受所監臨財物論。卽役使非供己者，非供己，謂流外官及雜任應供官事者。計庸坐贓論，罪止杖一百。其應供己驅使而收庸直者，罪如之。供己求輸庸直者不坐。若有吉凶借使所監臨者，不得過二十人，人不得過五日。其於親屬，雖過限及受饋乞貸皆勿論。親屬謂緦麻以上及大功以上婚姻之家。餘條親屬准此。營公廨借使者，計庸賃坐贓論，減二等，卽因市易賸利及懸欠者，亦如之。

疏：諸監臨之官私役使所監臨，及借奴婢、牛馬駝騾驢、車船、碾磑、邸店之類，各計庸賃，以受所監臨財物論。議曰：監臨之官私役使所部之人，及從所部借奴婢、牛馬駝騾驢、車船、碾磑、邸店之類，稱奴婢者，部曲、客女、隨身亦同，各計庸賃之價，人、畜、車計庸，船以下准賃，以受所監臨財物論，强者加二等。其借使人功，計庸一日，絹三尺。人有强弱，力役不同，若年十六以上、六十九以下，犯罪從役，其身庸依丁例。其十五以下、七十以上及廢疾，既不任徒役，庸力合減正丁，宜准當鄉庸作之價。若准價不充絹三尺，卽依減價計贓科罪，其價不減者，還依丁例。

又云，卽役使非供己者。注云，非供己，謂流外官及雜任應供官事者。又云，計庸坐贓論，罪止杖一百。其應供己驅使而收庸直者，罪亦如之。注云，供己求輸庸直者不坐。議曰：非供己，謂流外官者，謂諸司令史以下有流外告身者，雜任謂在官供事，無流外品，爲其合在公家驅使，故得罪輕於凡人，不合供官人之身，計庸坐贓，致罪一尺，笞二十，一匹加一等，罪止杖一百。其應供己驅使者，謂執衣白直之類，止合供身驅使，據法不合收庸而收庸直，亦坐贓論，罪止杖一百，故云亦如之。注云，供己求輸庸直，謂有公案者不坐，別格聽收庸直者，不拘此例。

又云，若有吉凶借使所監臨者，不得過二十人，人不得過五日。其於親屬，雖過限及受饋乞貸皆勿論。注云，親屬謂緦麻以上及大功以上婚姻之家，餘條親屬准此。議曰：吉謂冠婚或祭享家廟，凶謂喪葬或舉哀及殯殮之類，聽許借使監臨部內，所使總數不得過二十人，每人不得過五日。其於親屬雖過限，謂親屬別於數限外驅使，及受饋餉財物、飲食或有乞貸，皆勿論。親屬謂本服緦麻以上親及大功以上親，共爲婚姻之家，並通受饋餉、借貸、役使，依法無罪。餘條親屬准此者，謂一部律內稱親屬處，悉據本服內外緦麻以上及大功以上，共爲婚姻之家，故云准此。

又云，營公廨借使者，計庸賃坐贓論，減二等，卽因市易賸利及懸欠者，亦如之。議曰：借使所監臨奴婢、牛馬、車船、碾磑、邸店之類，爲營公廨使者，各計庸賃，坐贓論，減二等。卽爲公廨市易賸利及懸欠，其價不還者，亦計所賸及懸欠，坐贓論，減二等，故云亦如之。

諸監臨之官受猪羊供饋，謂非生者。坐贓論，强者依强取監臨財物法。

疏議曰：監臨之官於所部内受猪羊供饋者，卽是殺訖始送，故注云謂非生者。擧猪羊爲例，自餘禽獸之類皆是，各計其所直坐贓論。强取者依强取監臨財物法，計贓准枉法論。其有酒食、瓜果之類而受者，亦同供饋之例，是在物徵還主。若以畜産及米麵之屬饋餉者，自從受所監臨財物法，其贓没官。

諸率斂所監臨財物饋遺人者，雖不入己，以受所監臨財物論。

疏議曰：率斂者，謂率人斂物，或以身率人以取財物饋遺人者。雖不入己，並倍以受所監臨財物論。若自入者，同乞取法。既是率斂之物，與者不合有罪，其物還主。

諸監臨之官，家人於所部有受乞、借貸、役使、賣買有賸利之屬，各減官人罪二等。官人知情與同罪，不知情者各減家人罪五等。其在官非監臨，及家人有犯者，各減監臨及監臨家人一等。

疏：諸監臨之官，家人於所部有受乞、借貸、役使、賣買有賸利之屬，各減官人罪二等。官人知情與同罪，不知情者各減家人罪五等。議曰：臨統案驗爲監臨，注云，謂州縣、鎮戍、折衝府等判官以上，總爲監臨，自餘唯據臨統本司及有所案驗者。此等之官，家人於其部內有受財、乞物、借貸、役使、賣買有賸利之屬者，各減官人身犯二等。若官人知情者，並與家人同罪，其不知情者，各減家人罪五等，謂準身自犯得減七等。

又云，其在官非監臨，及家人有犯者，各減監臨及監臨家人一等。議曰：在官非監臨者，謂非州縣、鎮戍、折衝府判官以上，其諸州參軍事及小録事於所部不得常爲監臨，此爲在官非監臨。若有事在手，便爲有所案驗，卽是監臨主司無所案驗者，有所受乞、借貸、役使、賣買及假賃有賸利之屬，知情、不知情各減監臨之官罪一等。家人有犯亦減監臨家人罪一等。

問曰：州縣、鎮戍、折衝府判官以上，於所部總爲監臨，自餘唯據臨統本司及有所案驗者。里正、坊正既無官品，於部内有犯，得作監臨之官以否？

答曰：有所請求及枉法、不枉法，律文皆稱監臨主司，明爲臨統案驗之人，不限有品無品，但職掌其事，卽名監臨主司。其里正、坊正職在驅催，既無官品，並不同

監臨之例，止從在官非監臨，各減監臨之官罪一等。

諸去官而受舊官屬士庶饋與，若乞取、借貸之屬，各減在官時三等。謂家口未離本任所者。

疏議曰：舊官屬謂前任所僚佐，士庶謂舊所管部人，受其饋送財物，若乞取、借貸之屬，謂賣買假賃有賸利、役使之類，各減在官時三等。並謂家口未離本任所者，其家口去訖，受饋餉者，律無罪名。若其乞索者，從因官挾勢乞索之法。

諸因官挾勢及豪强之人乞索者，坐贓論，減一等，將送者爲從坐。親故相與者勿論。

疏議曰：或有因官人之威，挾恃形勢，及鄉閭首望豪右之人，乞索財物者，累倍所乞之財，坐贓論，減一等。將送者爲從坐，謂領豪右人等乞索者，雖不將領而斂財送者，並爲從坐。若强乞索者，加（一）〔二〕等。注云，親故相與者勿論。親爲本服緦麻以上及大功以上婚姻之家，故謂素是通家，或欽風若舊，車馬不吝，縞紵相貽之類者，皆勿論。

准：刑部格敕，諸州解代官人及官人親識并遊客，並不得於所在官司及百姓間乞取，若官人處分及率斂與者，並同自乞取法。其諸王公以及百官家人，所在官人不得令供給，其强索供給者，先決杖三十。

准：周顯德四年二月六日敕節文，諸處頗有閑人、遊客，干投縣鎮乞索，或執持州府職員書題，干求財帛，縣鎮承意分配，節級所由，其所由節級，又須轉於人户處乞覓，頗是煩擾者，宜令今後止絶。如有此輩，並許諸色人論告，勘當不虚，其發書題人並縣鎮官吏并遊索人等，並當重斷。

（宋）竇儀等《宋刑統》卷一五《厩庫律・財物應入官私》 諸財物應入官私而不入，不應入官私而入者，坐贓論。

（宋）竇儀等《宋刑統》卷二六《雜律・受寄財物輒費用》 諸受寄財物而輒費用者，坐贓論，減一等。詐言死失者，以詐欺取財物論，減一等。

疏議曰：受人寄付財物，而輒私費用者，坐贓論，減一等，一尺笞十，一匹加一等，十匹杖一百，罪止徒二年半。詐言死失者，謂六畜、財物之類，私費用而詐言死及失者，以詐欺取財物論，減一等，謂一尺笞五十，一匹加一等，五匹杖一百，五匹加一等。

問曰：受人寄付財物，實死失，合償以否？又監臨受寄，詐言死失，合得何罪？

答曰：下條云，亡失者官私器物，各備償，被强盗者不償。即失非强盗，仍合償之。以理死者，不合備償，非理死者，准《廄牧令》，合償減價。若監臨主司受寄，詐言死失者，以詐欺取物減一等科之。

（宋）竇儀等《宋刑統》卷二六《雜律・坐贓》 諸坐贓致罪者，一尺笞二十，一匹加一等，十匹徒一年，十匹加一等，罪止徒三年。謂非監臨主司而因事受財者。與者減五等。疏議曰：贓罪正名，其數有六，謂受財枉法、不枉法、受所監臨、强盗、竊盗并坐贓。然坐贓者，謂非監臨主司，因事受財，而罪由此贓，故名坐贓。致罪犯者，一尺笞二十，一匹加一等，十匹徒一年，十匹加一等，罪止徒三年。假如被人侵損，備償之外，因而受財之類。兩各取與，於法並違，故與者減取人五等。即是彼此俱罪，其贓没官。

（宋）竇儀等《宋刑統》卷二九《斷獄律・受囚財教導令翻異》 諸主守受囚財物，導令翻異，及與通傳言語，有所增減者，以枉法論，十五匹加役流，三十匹絞。贓輕及不受財者，減故出入人罪一等。無所增減者，笞五十。故出入人罪一等。無所增減者，笞五十。受財者，以受所監臨財物論。其非主守而犯者，各減主守一等。

疏：諸主守受囚財物，導令翻異，及與通傳言語，有所增減者，以枉法論，十五匹加役流，三十匹絞。議曰：主守謂專當掌囚典獄之屬，受囚財物，導引其囚，令翻異文辯，及得官司若支證，外人言語，爲報告通傳，有所增減其罪者，以枉法論。依無禄枉法受財，一尺杖九十，二匹加一等，十五匹加役流，三十匹絞。

又云，贓輕及不受財者，減故出入人罪一等。無所增減者，笞五十。受財者，以受所監臨財物論。其非主守而犯者，各減主守一等。議曰：贓輕謂受贓得罪，輕於減囚罪一等者，及不受財，唯通言語，減其出入罪一等。謂導令翻異，及通傳言語，出入囚死罪者，處流三千里，出入流罪以下，各減本罪一等之類。雖即教導及通傳言語，於囚罪無所增減者，笞五十。若無增減而受財者，以受所監臨財物論，一尺笞四十，一匹加一等，八匹徒一年。其非主守而犯者，謂非監當囚人，而有外人導囚翻異，有所增減，各減主守罪一等。若受財，於主守贓上減一等，若不受財者，於囚罪上減二等，雖通言語，無所增減，笞四十。

（宋）李燾《續資治通鑑長編》宋太宗至道元年正月 諸州奏案頻有官典盗用庫物者。上謂近臣曰：夫人之善惡，在乎原情。假如官典私竊

庫物，雖至鉅萬，止一盜爾，亦何害於民哉。若黨庇儉人，稔成姦惡，以兹蠹政，其爲盜大矣。

（宋）包拯《包孝肅奏議集》卷四《請重斷張可久》 臣等伏見僉書武信軍節度判官廳公事吴奎奏劾，前淮南轉運按察使司勳郎中張可久招伏，不合在任日於部下興販私鹽一萬餘斤等情，罪案下大理寺。竊慮本寺引用應犯違禁等物，並以見捉獲斤兩條貫定斷。今張可久販私鹽已經賣過，别無見在，議罪必輕，況前件條貫，本為細民所投。按張可久本庸鄙之資，濫按察之任，為朝廷之倚重，乃一方之表帥，而巧圖財利，冒犯禁憲。雖前後職司臣僚或有以贓濫獲罪，然未有如可久之甚者。此而可恕，孰不可容！其張可久乞不原近降疎決，特於法外重行遠地編管，以勵將來。仍乞今後應臣僚等或犯興販諸般違禁等物者，不以見在或廢用，並以元犯斤石罪名定斷。其諸色人等所犯，即依舊條施行，所貴貪猥之輩，稍知警懼。

（宋）包拯《包孝肅奏議集》卷四《請法外斷魏兼》 臣訪聞勘到前淮南轉運使工部郎中魏兼，以先在任日，於部内置買物業，并剩量過職田斛斗等罪犯奏案，已下法寺詳斷。魏兼蚤踐周行，荐叨煩使，專總察之任，在表率之地，固當正身蒞下，竭節奉公，而乃不顧朝章，自為非法。竊慮疎决在近，乞不從原減之例。臣伏見先朝以崔端知華州日，於部下創置物產，事發被劾，先帝置之散秩，擯棄終身。其魏兼，伏望聖慈特出宸斷，法外重行，以警貪猥。

《宋史》卷一九九《刑法志》 〔景德〕四年，復置諸路提點刑獄官。【略】如刑獄枉濫不能擿舉，官吏曠弛不能彈奏，務從畏避者，寘以深罪。知審刑院朱巽上言：官吏因公事受財，證佐明白，望論以枉法其罪至死者，加役流。從之。

（宋）李燾《續資治通鑑長編》宋真宗大中祥符五年九月 癸未，開封府勘糧專勾司吏因諸軍批請納賂，罪當徒。上曰：此但紙筆之費，累而爲贓，第決杖釋之。

《宋史》卷九《仁宗紀》 〔天聖五年十二月〕丁亥，詔：百官宗室受賂，冒爲親屬奏官者，毋赦。

（宋）李燾《續資治通鑑長編》宋仁宗天聖七年三月 三司使寇瑊繩下急，漕數不足，綱吏率論以自盜。勾當東排岸司符惟忠爭曰：在法，欠不滿四百石者不坐。若以自盜論，則計直八百即當坐待矣。瑊怒曰：敢抗三司使耶！惟忠曰：職有當辨，非抗也。瑊益怒，惟忠爭愈力，如所爭乃已。惟忠，彦卿曾孫也。此事附見。

（宋）李燾《續資治通鑑長編》宋仁宗天聖七年三月 乙丑，詔吏受賕，自今毋用蔭。時三司吏毋士安坐受賕，法應徒，而用祖縣令蔭以贖論，特決杖勒停，而降是詔。

（清）徐松《宋會要輯稿·刑法二·禁約》 〔明道二年〕十一月十七日，中書門下言：檢會先詔外任臣僚有貪污不公被轉運司體量聞奏者，候得替與降等差遣，欲今後顯有不公即依例施行。若别無顯狀不降等差遣。從之。

（清）徐松《宋會要輯稿·刑法二·禁約》 〔明道二年〕十二月二日，臣僚上言：三班人吏抑屈使臣賄賂公行，嗟怨之聲聞於道路。欲乞戒約詔三班院審官院流内銓人吏，今後如有受贓並行決配。

（清）徐松《宋會要輯稿·刑法三·定贓罪》 國朝之制，凡犯贓者，據犯處當時物準上估絹平贓。如所犯贓去見禁處千里外及贓已費用者，皆於事發處依犯時中估物價約估，亦依上估絹平贓，兼具贓物已費見在，其生產之類有無蕃息，及以贓轉易得物皆具言之。内有經赦，即言在赦前後贓錢絹匹。入按估時，皆長史通判本判官面勒行人估定實價，其制勘推期者，亦勘官監估。【略】四年九月二十六日詔曰：先是江浙諸州所定法以絹計贓物，絹價錢每二疋當江北之一，今宜以千錢爲疋計贓論其罪。五年三月二十一日詔，荆湖嶺南等處絹價錢目，今所定法如江浙例，悉以千錢爲絹一匹論其罪。八年十二月二十三日福州言：先是銅鐵錢兼用，鐵錢三直銅錢當一。吏受賕盜用官物參以銅錢計其贓差重，自今望悉以銅錢定罪。從之。至道三年七月二十二日詔，逐處將鐵錢依時價準折銅錢實數定罪施行。大中祥符六年二月一日，詔川陝四路贓錢賞罰錢，以小鐵錢十當一。【略】景祐元年閏六月二十九日，法寺請今後凡勘賊盜所通贓物，稱於人户處典質，即先取簿歴詔證，方得追取，若官司挾情教令指説，又追取贓物，抑令民陪備並科違例罪。從之。

（宋）李燾《續資治通鑑長編》宋仁宗慶曆四年二月 詔開封府吏受

賄，雖會疏決，毋以例原。

《宋史》卷九《仁宗本紀》　詔：百官、宗室受賂冒爲親屬奏官者，毋赦。

（宋）李燾《續資治通鑑長編》宋神宗熙寧三年十月　詔給納常平錢穀官司公人受贓，雖已降依斂掠、乞取差點人夫錢物條約，慮未知懼，自今杖罪編管隣州，徒以上刺配本州牢城。許人告，杖罪賞錢五十千，徒罪百千。

（宋）李燾《續資治通鑑長編》宋神宗熙寧五年五月　又詔增中書審官東、西、三班院，吏部流内銓，南曹，開封府吏禄，其受賕者以倉法論。上曰：中書吏俸已厚，恐堂後官已不受賕矣。王安石曰：中書下等吏人亦多是近上吏人子弟，恐未免受賕也。今欲清諸司，即宜自中書始。今所添錢，除用坊場税錢外，合支三司錢二萬六千緡，然坊場錢方增未已，亦恐所支不盡三司此數。若行此法，即自中書至諸司皆不受賕，亦足觀示四方聖政之美也。前人稱孔子爲政，亦以賓至不求有司爲善。上曰：然。朱史移此段附三年八月癸未，蓋失先後之序，今移。《日録》仍見本日。

（宋）李燾《續資治通鑑長編》宋神宗熙寧五年八月　詔：知階州、内藏庫副使劉舜臣奪一官，勒停。坐掠上番義勇僦錢及州人由橋梁過者皆率錢，謂之打撲，以供公使，爲御史彈奏也。

（宋）李燾《續資治通鑑長編》宋神宗熙寧八年九月　辛巳，命司農寺主簿王古鞫前秀州通判張若濟贓罪以聞。御史中丞鄧綰言：若濟先知華亭縣，參知政事吕惠卿及其諸弟與之密熟，託若濟使縣吏王利用借富民朱庠等六家錢四千餘緡，於部内置田，利用管勾催收租課等事，乞施行。故有是命。始，若濟去華亭，大理寺丞上官汲爲代。若濟受民吴湘等銀九百餘兩，後以兩浙轉運副使王庭老等薦，通判秀州。若濟疑汲在華亭發其姦，收付獄。汲止坐違法差人衙替，汲妻高氏詣登聞以訴。會提點刑獄盧秉亦按若濟贓。試將作監主簿鄭膺者，惠卿舅也。若濟資膺錢五萬入京請求，又陰使人竊舊案牘焚之，匿其枉法罪，止坐受所監臨，追三官勒停，送衡州編管。汲訟不已，於是綰受其言，因劾惠卿與若濟交結狀。綰借若濟事以攻惠卿，蓋王雱意也。二十六日《惠卿自辨》。

（清）徐松《宋會要輯稿・倉貨六二・京諸倉》　神宗熙寧三年九月二十五日，三司詳定：在京船般倉專副所由鬭子曹司門人等，如因倉事取受糧綱及請人錢物，並應在京諸司係公之人因倉事取受專典鬭級，並因綱運事取受糧綱錢物，並計贓錢，不滿一百徒一年，每一百加一等，一千流二千里，每一千加一等，罪止流三千里。所有共受分贓入己者，并計所受坐罪，仍分首從。其引領過度并行用錢者，於首罪下減二等。已上決訖徒罪皆刺配五百里外牢城，流罪皆刺配千里外牢城，滿十千即受贓爲首者，刺配沙門島。已上若許未受其取與引領過度人各減本罪一等，爲首者依上條配。内合配沙門島者，配廣南牢城。仍許諸色人陳告，犯人該徒，給賞錢百千，流罪二百千，配沙門島三百千。若係公之人，給賞外更轉一資。其賞錢並先以官錢代支，一面内自收受贓及元引領過度并行用錢人家財充填。下足即與除破，其元引領過度及行用并受贓人，亦許陳首，依條免罪，給賞。從之。

（宋）李燾《續資治通鑑長編》宋神宗熙寧九年二月　辛卯，詔：自今應官員及子弟并舉人，非見有熙河路本貫，輒至彼中納糴請官物者，徒二年，官司知情與同罪，許人陳告，賞錢二百千。

（宋）李燾《續資治通鑑長編》宋神宗元豐元年五月　甲申，上批：聞福建、兩浙有舊販高麗海商，知朝廷遣使，争謀以輕舟馳報，規求重賂。其下逐路監司覺察之，依《編敕》私販新羅法，許人告捕，送五百里編管。

《宋史》卷一九九《刑法志》　元豐二年，成都府、利路鈐轄言：往時川峽絹匹爲錢二千六百，以此估贓，兩鐵錢得比銅錢之一。近絹匹不過千三百，估贓二匹乃得一匹之罪，多不至重法。令法寺定以一錢半當銅錢之一。

（宋）李燾《資治通鑑長編》宋神宗元豐三年十月　乙亥，御史滿中行言：豫章郡王宗諤，常以私書託處州監押黎若訥買什器，及取玩好女樂，皆不償直，見於宗正司理索，及多受若訥賂遺。乞付之有司，論以國法，以爲貴戚之誡。詔大宗正司理還其直。

（宋）李燾《續資治通鑑長編》宋神宗元豐七年十二月　通直郎李孝謹貸死除名，配南雄州牢城，免決刺。坐前知齊州禹城縣受金錢，大理寺當孝謹罪絞，特貸之。

（宋）陳襄《州縣提綱》卷一《節用養廉》 仕宦有俸給之薄者，所得不償所用，貲産優厚，猶有可誘。若貲産微薄，悉藉俸給，而乃用度不節，日用飲食衣服奴婢之奉，便欲一一如意，重之以嫁娶之交迫，必至窘乏。夫平昔奢侈之人，一旦窘乏，必不能堪，窺竊之心，繇是而起。猾吏彌縫其意，又從而餌之，一旦事露，失位辱身，追悔莫及。故欲養廉，莫若量其所入，節其所用，雖麤衣糲食節澹度日。然俯仰亡媿，居之而安，履之而順，其心休休，豈不樂哉！

（宋）陳襄《州縣提綱》卷一《責吏須自反》 今之爲官者，皆曰吏之貪，不可不懲。吏之頑，不可不治。夫吏之貪頑，固可懲治矣，然必先反諸己以率吏。夫富者不爲吏，而爲吏者皆貧，仰事俯育，喪葬嫁娶，凡欲資其生者，與吾同耳。亡請給於公，悉贓以爲衣食。大夫受君之命，食君之禄，尚或亡厭，而竊於公，取於民，私家色色，勒吏出備，乃反以彼爲貪，爲頑，何耶？故嘗謂惟圭璧其身，纖毫無玷，然後可以嚴責吏矣。

（宋）陳襄《州縣提綱》卷四《廉則財賦給》 有一邑之土地，斯有一邑之常賦，有一州之土地，斯有一州之常賦。或至匱乏者，多起於守宰之不廉。蓋守宰廉，則吏爲欺弊猶有忌憚。守宰不廉，則己盗其一，吏盗其十。上下相蒙，恣爲欺隱，其終未有不至匱乏者。故理財當以廉爲先，又能時時檢核滲漏，無有不給。

（宋）李燾《續資治通鑑長編》宋哲宗元祐五年十一月 詔監臨主守以官私物自貨而會恩者，元犯罪至死，配本州；不至死，計贓五十匹者，鄰州編管。

（宋）李燾《續資治通鑑長編》宋哲宗元祐五年十二月 丁巳，户部言： 諸軍管當請受曹司軍人剩員，詐欺或妄作名目減刻官物，及請給入己者，依主首自盗法。杖罪配鄰州，徒、流罪配五百里，追贓不免，罪至死者奏裁。若捕人能獲犯人者，依驅磨點檢告發隱落失陷官錢法給賞，係私物者減半。詐欺未得，減二等，皆陷配。本轄人故縱與同，罪至死者減一等。經歷吏人點檢敗獲者，得與未得，各依告捕人賞，三分給一，累給滿二百緡者，仍轉一資。從之。

《宋史》卷二〇一《刑法志》〔紹聖〕三年，復置大理寺右治獄，官屬視元豐員，仍增置司直一員。大理卿路昌衡請： 分大理寺丞爲左、右推，若有翻異，自左移右。再變，即命官審問，或御史臺推究。不許開封府互勘及地分探報，庶革互送挾讐之弊。徒已上罪，移御史臺。命官追攝者，悉依條。若探報涉虚，用情託者，並收坐以聞。

《宋史》卷二〇一《刑法志》 紹聖三年，刑部侍郎邢恕等言： 藝祖初定天下，主典自盗，贓滿者往往抵死。仁祖之初，尚不廢也。其後用法稍寬，官吏犯自盗，罪至極法，率多貸死。然甚者猶決刺配島，錢仙芝帶館職，李希甫歷轉運使，亦不免也。比朝廷用法益寬，主典人吏軍司有犯，例各貸死，略無差別。欲望講述祖宗故事，凡自盗，計贓多者，間出睿斷，以肅中外。詔： 今後應枉法自盗，罪至死，贓數多者，並取旨。

（宋）李燾《續資治通鑑長編》宋哲宗元符元年七月 大理寺言： 京城内監臨主守自盗，及盗所監臨財物，依一司敕計贓，更不加等；盗蕃國進奉人錢物者準此。以上輕者，依海行敕律加法。從之。

（清）徐松《宋會要輯稿・刑法二・禁約》〔大觀二年十二月八日〕同日詔天下： 每歲賜錢，合藥以救民病。比聞州郡因循苟簡，姦猾干請，不及貧病，惠靡逮下，吏慢弗察。可詳立法： 修制不依方，給散不如法，徒一年； 當職冒請者，以自盗論。

（清）徐松《宋會要輯稿・刑法二・禁約》 政和元年三月二十一日，詔諸路公使支用隨逐處各有已定例册，其監司所在及巡歷或朝省遣官所至州郡，往往多不循例，過有供饋，朝廷察知其弊，遂修立崇寧五年春頒敕。諸與所部監司若朝省所遣使命，至本路以香藥饋送者，徒二年，折計價直以自盗論。雖已行下，而訪聞或不顧廉耻之吏，尚敢巧作名目，或將香藥變爲飲食之類，折等價錢，貪冒無厭，不知正極。今後監司或朝廷所遣官至本路，雖非以香藥饋送并折計價直，而輒敢巧爲别色名目收受者，並依上項崇寧五年敕條施行。

（清）徐松《宋會要輯稿・刑法二・禁約》〔政和六年十一月〕二十九日詔： 比聞諸局擅遣大小使臣出外，計置物件，所遣官騷動州縣，擾害良民。自今無付受朝旨，輒遣使臣出外，若所在受而爲施行者，並違御筆論。令監司覺察，御史臺彈劾以聞。十二月十日，刑部奏： 修立到諸監司依監司例，人凡可按刺，州縣者同。輒赴州郡筵會及收受上下馬供饋者，各徒二年等條，從之。

（清）徐松《宋會要輯稿・刑法二・禁約》〔宣和〕二年正月二十八日，臣僚言：乞自今後諸司及州縣當職官，若被受朝省拋降應國用所須之物，輒敢不依元數拋置，妄有增加者，不以已未供納其剩數並乞計贓論罪。若敢依前違犯，許人陳告，及乞委廉訪使者常切覺察。從之。

《宋史》卷二二《徽宗紀》〔宣和三年〕冬十月甲寅，詔自今贓吏獄具，論決勿貸。

（宋）留正等《中興兩朝聖政》建炎二年正月　乙未詔：自今犯枉法自盜贓人，令中書省籍記姓名，罪至徒者，永不敘用。按察官失於舉劾者，並取旨科罪，不以去官原免。時議者以爲崇觀以來贓吏甚衆，其害民甚於盜賊，故條約之。

（宋）李心傳《建炎以來繫年要録》建炎二年二月　詔自今犯枉法自盜贓抵死者，籍其資。時議者以爲贓吏之盛，所在填溢。願明詔有司應緣贓得罪及曾經案發迹狀明白，並毋得與堂除，及親民自今有犯者，仍籍其資，即監司守倅失案郡縣，及監司失案守倅，與失於互察者，並科違制之罪。不以去官原免。或謂當今使貪使過之時，恐難以概廢，竊謂貪贓之人惟可用於軍旅，不可用臨民。況其天資好賄者，雖死不變，借令才力可以辦事，而結怨民心，爲害甚大。上酌其言，乃詔贓情俱重者籍没，餘從之。

（宋）熊克《中興小紀》建炎四年冬十月　知湖口縣孫咸以贓罪抵死。壬子，詔貸命黥之。上謂宰執曰：祖宗時贓吏有杖朝堂者，黥之尚爲寬典。又曰：自今贓吏須與痛懲，庶幾可革久弊。謝克家曰：聖訓及此，吏知所畏矣。

《宋史》卷二〇〇《刑法志》　當建、紹間，天下盜起，往往攻城屠邑，至興師以討之，然得貸亦衆。同知樞密院事李回嘗奏强盜之數，帝曰：皆吾赤子也，豈可一一誅之？誅其渠魁三兩人足矣。至待貪吏則極嚴：應受贓者，不許堂除及親民；犯枉法自盜者，籍其名中書，罪至徒即不敘，至死者，籍其貲。諸文臣寄禄官並帶左、右字，贓罪人則去之。是年，申嚴真決贓吏法。令三省取具祖宗故事，有以舊法棄市事上者，帝曰：何至爾耶？但斷遺之足矣。貪吏害民，雜用刑威，有不得已，然豈忍寘縉紳於死地邪？

《宋史》卷二七《高宗本紀》〔紹興四年〕二月壬午，詔：贓罪至死者仍籍其貲。

《宋史》卷二八《高宗本紀》〔紹興七年八月〕甲寅，詔：命官犯贓，刑部不得擅黥配，聽朝廷裁斷。

《宋史》卷二九《高宗本紀》〔紹興十年二月戊申〕詔：贓吏罪抵死，情犯甚者，奏取旨。

（宋）熊克《中興小紀》紹興十九年五月　初言者謂祖宗以來定公私贓三等之罪，以糾天下之吏，原其意未嘗不在於保民。嚮緣州縣官，率多不虔，而民被其害，於是又立民事一罪，在公私贓三等之外。然有公罪雖輕，而麗民事則遂爲終身之累，甚於私罪之極重者，是以疑似之際，吏肆其姦，得以舞文而出入之，不可不察。望敕有司更加詳議。庶協於中，事下敕令所，既而本所奏，謂民事被罪，謂擅行科率，及應因害民之事以被罪者，則不注知通及縣令差遣，緣民事被罪，難與犯公罪者同，欲乞依見條。八月辛亥，從之。

（宋）李心傳《建炎以來繫年要録》紹興二十三年五月　庚寅，刑部侍郎韓仲通言：近郊赦，禁州縣不得挾私意籍罪人家産，德至渥也。而守令猶有易以追賞錢爲名，且違法多立其數，至數百千，致竭其産，雖鬻妻子，不足以償。望詔有司申嚴禁止。詔刑部申嚴行下。

（宋）翟汝文《忠惠集》卷七《越州奏乞不原赦斷推吏吴言等贓罪狀》

臣聞祖宗之法，深嫉贓吏，雖大卿監受贓滿者，必置極典。推原聖意以謂受贓必枉法，故與衆棄之，除去蠹害，而況推獄之吏，鬻獄公取不知紀極，一旦僥倖脱免，法不得行，則姦惡愈滋後難復治。臣伏見本州左右獄推吏吴言等，昨因承勘進納人王隨分産公事，取受過王隨等錢二千七百八十餘貫，其餘公事又十數項。自古至今推吏受贓至三千餘貫未有敢恣横如此之甚者，臣方究治未結正，間遇赦恩即時釋放。尋訪聞吴言等既釋放出外，舉城僚吏百姓無不切齒憤嘆，以謂縱此姦猾不早窮治，咎在臣失政刑。臣既聞衆論籍籍，不敢遽已，再委本州山陰縣王禧承勘上件贓狀，已究得實，情理巨蠹，此則臣愚暗失職不能先事譏察，復素無威令，以致姦吏欺罔之過。然今日朝廷方追復祖宗之法，有詔申嚴姦贓之令，而魁惡不治幸赦，原免贓吏無以懲創，小人安所忌憚，虎兕出於柙，臣實恥之。伏

乞判自聖意特降睿旨，將推吏吴言等特不原赦，許從本州，依法斷遣施行，庶幾稍除一方積弊。責臣治理，須至奏聞者右謹録奏聞，伏候勑旨。

（清）畢沅《續資治通鑑》宋孝宗隆興元年九月　丁酉，詔：今後命官自盜枉法贓罪抵死，除籍没家財外，依祖宗舊制決配。

（清）畢沅《續資治通鑑》宋孝宗淳熙十六年二月　己卯，詔：官吏贓罪顯著者，重罰無貸。

（清）徐松《宋會要輯稿・刑法二・禁約》〔淳熙七年〕五月二十日詔：自今諸路監司并州郡吏卒除依條差出勘旁借請外，輒用白狀借請并計贓斷罪。二十八日詔：自今應諸司屬官，止令置司州軍依格支破，當直人不得下外州取撥及收受錢糧衣賜等入己。如有違戾，令諸司互察，重寘典憲。六月十六日詔：監司郡守毋得以寬剩爲名，刻剥州縣非正頒錢物，其巡歷處到任之初，亦不得抑勒州縣輒取獻納，如有違戾，在外許監司互相覺察，在内令臺諫按劾以聞。

（清）畢沅《續資治通鑑》宋孝宗淳熙十年六月　辛酉，詔曰：朕惻怛在心，惟吏或不良，無以宣德明恩。若乃貪饕無饜，與貨爲市，漁奪百姓，侵牟下民，有一於此，足秕邦政。天下之大，郡邑之衆，假勢放利，實煩有徒。若此，朕雖有愛民勤政之誠，焦勞於上，仁恩利澤，何由而下究哉！朕嗣服之初，蓋嘗考法祖宗，嚴贓吏之禁，其持心不移，覆出爲惡者，既已逮治一二，厲在位矣。歲月既久，法以漸緩，贓過之吏，忸習寬政，日甚歲劇。今列官處職，姦法不忌，是與盜無異也。國有憲法，朕不敢廢。今後命官犯自盜、枉法贓罪抵死者，籍没家財，取旨決配，並依隆興二年九月已降詔書施行，必無容貸。

（宋）謝深甫等《慶元條法事類》卷七《職制門・監司巡歷》　諸監司依監司例入凡可按刺州縣及屬官同。每歲巡歷所部州縣，若承指揮非泛幹辦及因疾故未徧復出，雖已徧而別因公事復出同。輒再授到發酒食供饋，並依例外受饋送法。

（宋）謝深甫等《慶元條法事類》卷七《職制門・監司巡歷》　諸發運監司巡歷隨行吏人所在受例外供饋，以受所監臨財物論。

（宋）謝深甫等《慶元條法事類》卷七《職制門・監司巡歷》　諸監司巡按州縣官及屬官差出幹辦公事同。隨行公吏兵級於所部受乞財物者，許人告。

（宋）謝深甫等《慶元條法事類》卷七《職制門・監司巡歷》　諸發運監司巡按以所得酒賣易，杖一百。

（宋）謝深甫等《慶元條法事類》卷九《職制門・饋送》　諸發運監司例外受供給饋送者，以自盜論。

（宋）謝深甫等《慶元條法事類》卷九《職制門・饋送》　諸發運監司、察訪司、外都水丞、應制置提點提舉官，并朝廷省、臺、寺監差官出外，以上屬官同。若經略安撫總管鈐轄司差本司官於所部幹辦，緣邊安撫出巡於所轄并幹辦處，越等及例外受供給饋送者，以自盜論。

（宋）謝深甫等《慶元條法事類》卷九《職制門・饋送》　諸路帥臣不因賞給將士將犒賞錢物，妄作名目饋送監司或屬官機幕及受之者，以坐贓論。

（宋）謝深甫等《慶元條法事類》卷九《職制門・饋送》　諸發運監司依監司例，凡應按刺州縣者同。若朝省所遣官至本路，輒以香藥饋送非以香藥別爲名目饋送者同。徒二年。折計價直，以自盜論。

（宋）謝深甫等《慶元條法事類》卷九《職制門・饋送》　諸品官以金繒珠玉器用什物果實醯醢之類送遺按察官及權貴，若受之者，並坐贓論。親故相送遺者，非。

（宋）謝深甫等《慶元條法事類》卷九《職制門・饋送》　諸内外見任官因生日輒受所屬慶賀之禮謂功德疏放生之類。及與之者，各徒一年，詩頌減一等，所受贓重者坐贓論。

（宋）謝深甫等《慶元條法事類》卷九《職制門・饋送》　諸季點官受所季點縣鎮寨官送遺者，徒二年。有公使而例外受者，準此。

（宋）謝深甫等《慶元條法事類》卷九《職制門・饋送》　諸緣邊州帥臣所在非。及鎮寨於例外饋送以違制論，受者準此。應幹辦官屬唯聽受到發酒食，其餘供饋，例册有者亦是。及一季内再至，雖酒食各不得受，違者杖一百。所送官司罪亦如之。朝廷遣使或監司於例外受者，奏裁。

（宋）謝深甫等《慶元條法事類》卷九《職制門・饋送》　諸朝廷遣使出外及專差體量公事官，所至輒受供給饋送者，以自盜論。

（宋）謝深甫等《慶元條法事類》卷九《職制門・饋送》　諸監臨主

司受及乞取所監臨贓百匹，命官奏裁，餘配本城。

（宋）謝深甫等《慶元條法事類》卷一〇《職制門・舍驛》 諸應入驛人抑勒取索驛内所無之物，致當驛人陪錢物者，以乞取監臨財物論。

（宋）謝深甫等《慶元條法事類》卷一一《職制門・差破當直》 諸監當官輒令所轄人和雇當直者，計庸坐贓論。

（宋）謝深甫等《慶元條法事類》卷一三《職制門・敘復》 諸公人犯四色贓，罪杖，謂盗及枉法恐喝强乞取。並勒停。

（宋）謝深甫等《慶元條法事類》卷三六《庫務門・倉庫受乞》 諸監臨主司受財枉法二十匹，無禄者二十五匹，絞。若罪至流，不枉法，贓五十匹，受及乞取所監臨贓百匹，配本城。

（宋）謝深甫等《慶元條法事類》卷三六《庫務門・倉庫受乞》 諸監臨主司受財枉法，其引領過度，過人各減主司罪三等。因而受財贓重者，坐贓論加二等。主司罪至死者配本州。

（宋）謝深甫等《慶元條法事類》卷七三《刑獄門・出入罪》 諸州推司、法司吏人，置司鞫獄檢法同。因本司事受財入（已）〔己〕，罪不至勒停者，降一資。仍還舊役，永不遷轉。

（宋）謝深甫等《慶元條法事類》卷七五《刑獄門・驗屍》 諸行人因驗屍受財，依公人法。

（宋）謝深甫等《慶元條法事類》卷七六《當贖門・追當》 諸監臨主守於所監守内犯盗，及受財枉法應除名者，並謂贓已入己。應斷私罪者非。

（清）畢沅《續資治通鑑》宋理宗嘉熙四年十月 丁酉，詔曰：朕惟我朝以仁厚待士大夫，惟於贓吏，罰未嘗少貸。比歲以來，貪濁成風，椎剥滋甚，民窮而溪壑不厭，國匱而囊橐自豐。今茲新楮之行，未必不爲罔利之地，其令臺諫、監司常切覺察。

（清）畢沅《續資治通鑑》宋理宗淳祐十年秋七月 癸酉，左司諫陳垓言：祖宗治贓吏之法，具在國史。今州縣官吏贓敗，或營求脱免。請下諸路制、總、監司遵守，仍許臺臣覺察。從之。

《遼史》卷一六《聖宗本紀》〔遼開泰七年〕詔内外官，因事受賕，事覺而稱子孫僕從者，禁之。

《遼史》卷一七《聖宗本紀》〔太平六年十二月〕辛巳，詔北南諸部廉察州縣及石烈、彌里之官，不治者罷之。詔大小職官有貪暴殘民者，立罷之，終身不録；其不廉直，雖處重任，即代之；能清勤自持者，在卑位亦當薦拔；其内族受賂，事發，與常人所犯同科。

《遼史》卷六二《刑法志》 重熙元年，詔職事官公罪聽贖，私罪各從本法；子弟及家人受賕，不知情者，止坐犯人。

《遼史》卷一九《興宗本紀》〔重熙十年〕秋七月壬戌，詔諸職官私取官物者，以正盗論。

《遼史》卷二一《道宗本紀》〔遼清寧四年〕秋七月辛巳，制諸掌内藏庫官盗兩貫以上者，許奴婢告。

《金史》卷六《世宗本紀》〔大定七年九月己巳〕詔吏人但犯贓罪，雖會赦，非特旨不叙。

《金史》卷七《世宗本紀》〔大定十二年三月〕乙亥，詔尚書省：贓污之官，已被廉問，若仍舊職，必復害民。其遣使諸道，即日罷之。

《金史》卷七《世宗本紀》〔大定十八年〕七月丙子，上謂宰臣曰：職官始犯贓罪，容有過誤，至於再犯，是無改過之心。自今再犯，不以贓數多寡，並除名。

《金史》卷一〇《章宗本紀》〔明昌六年八月〕乙亥敕：宫中承應人出職後三年内犯贓罪者，元舉官連坐，不在去官之限。著爲令。

《金史》卷四五《刑法志》 承安二年，制軍前受財法，一貫以下，徒二年，以上徒三年，十貫處死。

（清）嵇璜等《續文獻通考》卷一三五《刑考・刑制》〔金章宗泰和〕八年四月，詔諸州府司縣造作不得役諸色人匠。違者準私役之律，計傭以受所監臨財物論。

史金波等譯《天盛改舊新定律令》卷二《貪狀罪法門》 一、因諸事局分另外人等受賄時，其中曲枉勤事，已決斷及未決斷，亦在文書判憑上或重者輕判，輕者重判，故意曲枉，實明顯有可見，及行賄時説請曲斷勤事，受賄者亦説當爲汝枉斷，話知證分白，當按枉法貪污論。直接審問時，因説汝當有錯。已受賄，而於公事上未枉法決斷，亦無顯見枉法事，當爲不枉法受賄。視錢量、罪情，按以下所定判斷：

一等枉法受賄者，自一百錢至一緡，造意十三杖，從犯十三杖。一緡以上至三緡，造意徒三個月，從犯十三杖。三緡以上至六緡，造意徒六個月，從犯徒三個月。六緡以上至九緡，造意徒一年，從犯徒六個月。九緡以上至十二緡，造意徒二年，從犯徒一年。十二緡以上至十五緡，造意徒三年，從犯徒二年。十五緡以上至十八緡，造意徒四年，從犯徒三年。十八緡以上至二十一緡，造意徒五年，從犯徒四年。二十一緡以上至二十五緡，造意徒六年，從犯徒五年。二十五緡以上至三十緡，造意徒八年，從犯徒六年。三十緡以上至三十五緡，造意徒十年，從犯徒八年。三十五緡以上至四十緡，造意徒十二年，從犯徒十年。四十緡以上一律造意絞殺，從犯徒十二年。

一等不枉法受賄者，一百錢至一緡，造意八杖，從犯七杖，一緡以上至五緡，造意十三杖，從犯十杖。五緡以上至十緡，造意徒三個月，從犯十三杖，十緡以上至十五緡，造意徒六個月，從犯徒三個月。十五緡以上至二十緡，造意徒一年，從犯徒六個月。二十緡以上至二十五緡，造意徒二年，從犯徒一年。二十五緡以上至三十緡，造意徒三年，從犯徒二年。三十緡以上至四十緡，造意徒四年，從犯徒三年。四十緡以上至五十緡，造意徒五年，從犯徒四年。五十緡以上至六十緡，造意徒六年，從犯徒五年。六十緡以上至七十緡，造意徒八年，從犯徒六年。七十緡以上至八十緡，造意徒十年，從犯徒八年。八十緡以上一律造意徒十二年，從犯徒十年。

一、行賄者按受賄者之從犯法，及有中間説情者，比行賄者罪減一等，若講情、傳賄都有，則講情比傳賄當再依次減一等。

一、諸人受賄時，因單人一種訴訟重複受賄者，所受多少當相合計算。若人數衆多，訴訟相同，及若是單人，訴訟不同，而受賄等，一律按枉法不枉法分別總計，二緡當按一緡算。其中總合財數高，有重罪，則與二緡合一緡罪比較，按其重者判斷。若犯罪者以不同訴訟，分別受賄者不須總計二緡算一緡，當以受賄數高者計，以重者計算。又接贓處以及食者等分別人數衆多，行賄者派贓數合計，食者分用，食者以貪贓罪判斷。按接贓處自身分多少，算爲食者之從犯。

一、諸人除別有受賄罪情以外，其中有已飲食酒肉者，買、傳酒肉者以及飲食者等，依各自多少當分別劃分，按各自價值爲幾何，食貪、傳給者等，當與各各罪狀相同。其中有他人者，非與罪事相聯繫説項者，勿連罪。

一、枉法屬一種者，及他人等何時告狀一樣皆當審問以外，不枉法受賄者，三年以内物屬者追告，則當依法審問。已還，當給屬者。若以審問得知，則當交官。不允屬者自己未告而他人舉告，以及三年過後物屬者重追究。違律時接狀、告者等，一律有官罰馬一，庶人十三杖。

一、因枉法貪贓，物主人自告，則當還屬者，他人舉告，則按邊等雜罪之告賞給法，其數多少，當於交還貪物中出給。此外，超額及以問解明等，一律皆當交公。

史金波等譯《天盛改舊新定律令》卷四《棄守大城門》 一、守大城者，當使軍士、正軍、輔主、寨婦等衆人依所定聚集而住，城司自己當提舉。有不聚集時，當催促，應依高低處罪，令其守城。假若官家及監軍司等派人當提舉，仍不聚集時，州主、城守、通判等一律不知，未貪贓則應在正軍、輔、寨婦等總計十分，缺一、二分，不治罪；缺三、四分，三十杖，勿革職；缺五分，當革職，十三杖；缺六分，徒三個月；缺七分，徒六個月；缺八分，徒一年；缺九分以上一律當革軍職，徒二年，無官徒三年。貪贓則十分中缺一、二分勿革職，十三杖；缺三、四分，當革職，十三杖；缺五分，徒三個月；缺六分，徒六個月；缺七分，徒一年；缺八分，當革軍職，徒二年；缺九分以上一律徒三年，無官徒四年。據其貪量按枉法貪贓罪法，依其重者判斷。所貪贓當交官。應革職，軍職數，當先革去，所遺勞役當以官品當。

史金波等譯《天盛改舊新定律令》卷四《棄守營壘城堡溜等門》

一、邊檢校、營壘堡城主管、州主、□監等局分軍卒、寨婦等，本人不在而使他處往，收賄者，放一人至二十人，十杖；二十一人至四十人，十三杖；四十一人至六十人，當革職，徒三個月；六十一人至八十人，徒六個月；八十以上至一百人，徒一年；百人以上，一律徒二年，勿革軍職。使他處往罪及量其所貪之枉法貪贓罪，依其重者判斷。未貪贓知情者，當比貪贓罪減一等，勿革軍職。未貪贓，不知情者，一人至三十人勿治罪；三十人以上，一律有官罰馬一，庶人十三杖。【略】

一、守營壘堡城者□□□等中□□□□以下軍士、寨婦等□□徇情□□□者，一人至十人，徒三個月；十一人至二十人，徒六個月；二十一人至三十人，徒一年；三十人以上一律徒二年，勿革軍職。又軍士、寨婦等擅自不來，相徇情，不催促，不告局分處，受賄令住其他處等，一律一人至十人十三杖；十人以上至二十人徒三個月；二十人以上至三十人徒六個月；三十人以上一律徒一年，勿革軍職。依前述有官、庶人中受賄者計量，將枉法貪贓罪法及不聚集人罪，按其重者判斷。贓當交官。

一、守營、壘、堡城者軍溜等中，軍士、寨婦等本人不往，向大小頭監行賄，令某處住，往者、收留者罪相等，正軍、輔主等一律十杖，寨婦笞二十，與行賄罪比較，按重者判斷。

一、守營壘堡城者，軍溜等中正軍、輔主、寨婦等，向邊檢校、營壘主管、州主、城守所屬軍首領等行賄，營壘城軍溜等中雖未行賄，擅自不往□□□□□□□十三杖。十日以上至二十日，徒一個月；□□日以上至一個月，徒三個月；一個月以上一律徒六個月。其中正軍住城壘中，寨婦不來者，寨婦當依法受杖，勿及服勞役。屬者男人因不送寨婦，打十杖。寨婦、男人等皆不來者，依法判斷。寨婦勿及服勞役，已行賄則與行賄罪比，按重者判斷。

史金波等譯《天盛改舊新定律令》卷四《邊地巡檢門》　一、檢主管自己不往巡檢，放逸檢人，受賄，一齊不往巡檢，在期限内局分更口上有無住滯者，檢主管、檢人等於所在處限避，在住滯出不出罪狀上當增加一等，視其贓數量，與枉法貪贓罪等，依其重者判斷。

一、檢主管、檢人等本人不往，放逸失於監察，使敵軍、盜寇、避逃者穿過，有住滯者，依未往，本人有何住滯判斷。及住滯未出，則檢主管徒六個月，檢人徒三個月，他處往者罪，比未往檢人有無住滯各罪狀當減一等判斷。【略】

一、檢人向主管行賄，不往檢所，及擅自不往等，在日期内，未生住滯，則徒一年。有住滯，則有何住滯，及未有住滯，枉法貪贓等三種罪相比較，依其重者判斷。

史金波等譯《天盛改舊新定律令》卷四《棄守大城門》　一、守大城者州主、城守、通判等局分軍卒、寨婦等中，本人不駐守，知其在處，受賄而使人數不缺者，與前述邊境檢校、管壘主管等局分軍士、寨婦中受賄令在別處之罪相同判斷，未知□□者一至五十人，不治罪，五十以上，一律有官罰馬一，庶人十三杖。

一、大城中州主、城守、通判、邊檢校、營壘主管等逸放所屬局分中正副溜、大小軍首領，受賄者，一至三人，十三杖，勿革職；四至七人，十三杖，當革職；八至十人，徒六個月；十人以上一律徒一年，勿革軍職。受賄，以枉法貪贓罪法及不召集人罪，依其重者判斷。所貪贓當交官。

一、大城所屬正副軍溜□自放逸局分大小軍首領，受賄使他處在等，與州主、城守、通判等放逸大小溜首領，受賄使何處在等罪同等判斷。

史金波等譯《天盛改舊新定律令》卷四《修城應用門》　州主、城守、通判等遣人城上戰具種種□令提舉時，有不聚集，相顧徇情聚□□□□所無多少數，按偷盜法判斷，受賄□□□□按偷盜法及不聚集罪，依其□□□□〔重者判斷〕。

史金波等譯《天盛改舊新定律令》卷五《季校門》　一、諸無有堅甲、馬者，應以五十隻羊、五條牛計量，實有則當烙印一馬。有百隻羊，十條牛，則當尋馬一及披、甲之一種。有二百隻羊，十條牛者則當由私尋披、甲、馬三種。當在册上註册。若違律不以畜品級折尋，一種徒六個月，二種徒一年，三種徒二年。首領知覺，則屬下不以畜品搜尋披、甲、馬，總計多少，當全分爲十分，按邊等其屬下力能補償披、甲、馬而不使補償，首領承分等罪法當加一等。受賄則以枉法貪贓罪論，與前述罪比，依其重者判斷。其中按畜品級搜尋堅甲，無有名者，諸院正軍可備布、氈甲一種，當供給備校驗。【略】

一、往爲季校者，其人馬、食饌及其他須領等，分別依第二十卷規定明確以外，所校閲軍當認真校驗。不允取飲食物，校閲時爲虚雜，以及於大小軍首領、軍卒總計出攤派。若違律大校畢局分人人於所校軍中受賄時，所受多少總計按枉法貪贓判斷。巡檢者受賄徇情，隱瞞他人之罪者，及本人弄虚作假時所受賄，與隱瞞他人之罪及弄虚作假罪比較，依其重者加一等。若受賄未徇情，巡檢失誤不知，則有官罰馬一，庶人十三杖。【略】

一、校軍時大校之案頭、司吏、大小軍首領等局分中，軍卒中正軍、輔主之官馬，堅甲、雜物、武器等實無，及雖有但弱劣，式樣不合，而行賄，放過虛雜，使人於實有合於式樣中時，罪依所定判斷。若收賄，則當算枉法貪贓，與放虛雜罪比較，依其重者判斷。

史金波等譯《天盛改舊新定律令》卷六《官披甲馬門》　諸大小軍首領、末驅、舍監等其下□□□出賣自己輔主及官馬、披、甲知不告者，若未受賄，庶人賣一至三，應徒一年；四至七，徒二年；八至十，徒三年；十一至十三，徒四年；十四至十五，徒五年；十六至十七，徒六年；十八至二十，徒十二年；二十以上一律當絞殺。受賄則計量，依偷盜律以及前述罪依其重者判斷。

史金波等譯《天盛改舊新定律令》卷六《發兵集校門》　發兵時大小首領、正軍、輔主按律令當擯官馬、堅甲，本人親往，不許停留。違律，大小軍首領及以下軍卒本人不往者，誰放逸尋家門能辨人指揮，入留止之內。未擯官馬，堅甲及後棄散之者，正軍、輔主若將官馬、堅甲棄諸溝壑等時，未受賄棄一種至三種，徒一年；三種以上至七種，徒二年；七種以上至十種，徒三年；十種以上至十三種，徒四年；十三種以上至十五種，徒五年；十五種以上至十七種，徒六年；十七種以上至二十種，徒十二年；二十種以上者，一律絞殺。其中受賄者當以貪贓枉法論，視其重者判斷。

史金波等譯《天盛改舊新定律令》卷六《抄分合除籍門》　人、馬、堅甲、正軍、輔主新生等所有當註册註銷者，均應依殿前司諸案職管順序通過。已註銷數應記入案簿册，每年納籍日當送交軍案册，與軍籍册校核，已註銷未註銷均應標明。其中有籍册未註不改者，若不同意，則未受賄有官罰馬一，庶人十三杖，受賄者依枉法貪贓判斷。

史金波等譯《天盛改舊新定律令》卷一五《渠水門》　節親、宰相及他有位富貴人等若毆打渠頭，令其畏勢力而不依次放水，渠斷破時，所損失畜物、財產、地苗、傭草之數，量其價，與渠頭瀆職不好好監察，致渠口破水斷，依錢數承罪法相同，所損失畜物、財產數當價二分之一。渠頭曰我已取渠口，立即告奏，則勿治罪。若行賄徇情，不告管事處，則當比無理放水者之罪減二等。又諸人予渠頭賄賂，未輪至而索水，致渠斷時，主罪由渠頭承之，未輪至而索水者以從犯法判斷。渠頭或睡，或遠行不在，然後諸人放水斷破者，是日期內則主罪由放水者承之，渠頭以從犯法判斷。若逾日，則主罪當由渠頭承之。

史金波等譯《天盛改舊新定律令》卷一五《渠水門》　一、大都督府轉運司所屬冬草、條椽等，京師租户家主依法當交納入庫。若未足，則彼處轉運司人當量之，當於租户家主徵派使納。其所納數已畢，有超出數當還屬者，不治罪。若不還而自己食之時，計價以偷盜法判斷，已入官庫則與做錯罪相同。【略】

一、京師界沿諸渠幹上△有處需椽，則春開渠事興，於百伕事人做工中當減一伕，變而當納細椽三百五十根，一根長七尺，當置渠幹上，若未足，需多於彼，則計所需而告管事處，當減伕職而納椽。若不告管事處而令減夫職而納椽，且超派時，未受賄且納入官倉，則當比做錯罪減一等，自食之，則當與枉法貪贓罪相同。

一、租户家主納冬草、條等時，轉運司大人、承旨中當派一庫檢校，當緊緊指揮庫局分人，使明繩捆長短松緊，當依法如式捆之。五十日一番當計量，捆不如式，則幾多不如式者由草庫局分人償之。未受賄則有官罰馬一，庶人十三杖，受賄則以枉法貪贓罪判斷。又伕事小監等斂草時，亦當驗之，未足則當使未足數分明。庫檢校及局分人等有何虛枉處，償草承罪法當與前所示相同。

史金波等譯《天盛改舊新定律令》卷一五《催租罪功門》　一、灌水時，諸人排水者未依番予水，曰未得時，當告所管事處，應派人則派人，應行則行。原排水者有罪跡，應問則當問之，當即予水。若排水者有罪跡，受賄徇情而不問之時，局分大小一律依枉法貪贓罪法判斷。未受賄則有官罰馬一，庶人十三杖。

史金波等譯《天盛改舊新定律令》卷一五《取閑地門》　一、諸人無力種租地而棄之，三年已過，無爲租傭草者，及有不屬官私之生地等，諸人有曰願持而種之者，當告轉運司，並當問鄰界相接地之家主等，仔細推察審視，於棄地主人處明之，是實言則當予耕種諭文，著之簿册而當種之。三年已畢，當再遣人量之，當據苗情及相鄰地之租法測度，一畝之地優劣依次應爲五等租之高低何等，當爲其一種，令依納地租雜細次第法納

租。該年内於前地册當註册，租傭草當依邊等法承之。若屬者□未放棄，依租傭草法之時，有出言掩飾，無理持取，察者與告者暗中做諭文，察者受賄，則以枉法貪贓罪法，未受賄，十三杖，從其重者判斷。又諸人已棄之，屬者未明，是生地等，不告於局分而隨意種之，及所告日完畢而不納租，又局分處不過問，察者見是好地，受賄徇情，減頃畝數，爲之減租等，以避租傭草，當計重，比偷盜罪減一等。

史金波等譯《天盛改舊新定律令》卷一五《納領穀派遣計量小監門》

一、地邊、畿内來納官之種種糧食時，當好好簸揚，使精好糧食，乾菓入於庫内。執庫小監、出納等各自三年當遷轉，與新局分十月一日始爲交接。轉交時應簸揚糧食，倘若彼糧食中已毁，不堪取揚，有塵土者，當入先執局分人之損失中，量當減之，後又不足者，當令償之。糧食出庫計量時，需筆工數與庫局分相當，則自人當出量。若糧食甚多，力不堪任，則所屬司衙及刺史等當共量之，當計其糧食等次及交接日期，附近頂底，使軍、獨誘等中當權分派。完畢時，當速使散。其上虚枉，受賄徇情而行不應行，以及人超過總數等時，未受賄者徒六個月。若爲官事中已減除，自使及受賄等者，當計工價，以枉法貪贓論，與前述罪比較，從重者判斷。

糧食交接期限多少見條下。

一千斛以下十日，
一千斛以上至二千斛十五日，
二千斛以上至五千斛一個月，
五千斛以上至一萬斛四十日，
一萬斛以上至一萬五千斛五十日，
一萬五千斛以上至二萬斛六十日，
二萬斛以上至二萬五千斛七十日，
二萬五千斛以上至三萬斛八十日，
三萬斛以上至三萬五千斛九十日，
三萬五千斛以上至四萬斛一百日，
四萬斛以上至五萬斛一百十五日，
五萬斛以上至六萬斛一百三十日，
六萬斛以上至七萬斛一百四十五日，
七萬斛以上至十萬斛一百六十日，
十萬斛以上一律一百八十日。

一、諸官民等執領單來領糧食時，依次當先予舊糧食，不許予新糧食、徇情及索賄等。若枉法留舊予新、徇情索賄等時，當自共計新舊之價，新者所高之價依做錯法罪情條款承罪，所超出數當還庫内，領者以庫局分之從犯法判斷。若受賄，則與枉法貪贓罪比較，從重者判斷。

自一緡至五緡七杖，
自六緡至十緡八杖，
自十一緡至十五緡十杖，
十五緡以上至二十緡十三杖，
二十緡以上至二十五緡三個月，
二十五緡以上至三十緡六個月，
三十緡以上至三十五緡一年，
三十五緡以上至四十緡二年，
四十緡以上一律三年。【略】

一、諸邊中有官糧食中已出於諸分用處，監軍司諭文往至時，當明其領糧食斛斗者爲誰，刺史處知覺當行。計量小監由監軍習判、同判等輪番當往一人。領糧食處鄰近，則刺史當自往巡察，若遠則可遣勝任巡察之人，依數分派。所予爲誰，分用幾何，當行陞册。完畢時，現本册當送刺史處磨勘，同時令庫局分、巡察者等當一併只關。未有虚雜，諭文、本册等相同無疑，則當還監軍司，並告出諭文之局分處，以索註銷。若局分大小人受賄徇情而使無理多領及刺史人受賄不棄虚雜、不巡察等時，計多領糧食之價，以偷盜法判斷，受賄則與枉法貪贓罪比較，從重者判斷。【略】

一、納種種租時節上，計量小監當坐於庫門，巡察者當併坐於計量小監之側。納糧食者當於簿册依次一一唤其名，量而納之。當予收據，上有斛斗總數，計量小監手記，不許所納糧食中入虚雜。計量小監，局分大小之巡察者巡察不精，管事刺史人中間應巡察亦當巡察。若違律，未納而入已納中，爲虚雜時，計未納糧食之價，以偷盜法判斷。受賄則與枉法貪贓罪比較，從重者判斷。未受賄，檢校未善者，有官罰馬一，庶人十三杖。

史金波等譯《天盛改舊新定律令》卷一五《地水雜罪門》　一、催促

地租者乘馬於各自轉運司白册□□蓋印，家主當取收據數登記於白册。其處於收據主人當面由催租者爲手記，十五日一番，由轉運司校驗，不許胡亂侵擾家主取賄等。違律不登記、無手記時十三杖，受賄則依枉法貪贓罪法判斷。

史金波等譯《天盛改舊新定律令》卷一七《急用不買門》　一、官家須用雜供給物種種，預先未供給而懈怠之，致官受損。若違律時，管事者大人、承旨、供給正副頭監等買時，當計量予之時價若干，其買與官方所求超值幾何，當比偷盜罪減一等。所求超值數當罰，當交納官。原所出私價幾何，當還屬者。

一、諸局分人執官物種種應耗減者，執局分人遷轉磨勘時，當依所定減其耗損。減耗損以外有超過者，當由官家註册。倘若執局分人未遷轉，未暇減耗損，不許持取、隱藏、盜竊官物等。若違律盜取時，所盜計價，當於偷盜罪上加一等，所加勿及死。

史金波等譯《天盛改舊新定律令》卷一八《他國買賣門》　諸人以二官物自相調换者，量價一樣，未有高低，則記名人、調换者等一律徒一年。量價有差，則當量其超數，比偷盜罪當減一等。若受賄則以枉法貪贓論，與前述調换罪比較，從重者判斷，有相議則依次當減一等。

史金波等譯《天盛改舊新定律令》卷一八《他國買賣門》　往隨他國買賣者，所賣官物而載種種畜物者，往時當明其數，當爲註册。往至他國時，官物當另賣之，所得價及實物當於正副使眼前校驗，成色、總數當註册，種種物當記之，以執前宫侍御印子印之。已歸，來至番國時，當引導於局分處，於彼視之，核校種種物成色數目，當斂之。倘若買賣中官私物相雜，不分别賣之，不許以官之好物調换私之劣物。倘若違律，調换者及相與調换者等，一律當共計其官物私物，等價而無高低，則徒二年。若價格有高低而致官虧損，則量其因私獲超利幾何，以偷盜法判斷。若致官虧損微少，則與前述調换罪比較，從重者判斷。官物未破損如前，則當交還，私物當還屬者。其中官物已舊損亡失，則爲虚雜之人依其罪狀共償之。

史金波等譯《天盛改舊新定律令》卷一九《校畜門》　一、諸牧場，京師大人往校者，案頭、司吏、隨從、僮僕等之人馬食糧，當自官方領取。於牧場中取時，計其價，以枉法貪贓罪法判斷。

史金波等譯《天盛改舊新定律令》卷一九《校畜門》　一、諸牧場賠償損失之官畜四種中，不許母畜有輪空，及所償尾數未畢，應償處畜册上實有，場内同取之。倘若違律時，仔畜之毛絨、酥當依法納之，牧人、大小牧監、大校局分人、群牧司、磨堪司等不察其言，有賄則以枉法貪贓罪，與無賄徒一年比較，從其重者判斷。【略】

一、牧場年年已爲大校而應償者，當催促牧人、大小牧監，早日償之，尾數當畢。倘若其中有力償之人曰無力，入置命中，諸人舉之時，罪依所定判斷。

一等催促償還時，大校局分人等不許於能償人處取賄徇情而入無力償中，使置命等。倘若違法受賄，則以枉法貪贓罪及計畜價以偷盜罪等比較，從重者判斷。若未知其能償，未受賄而催促未成者，有官罰馬一，庶人十三杖。

一等諸牧場牧人、大小牧監償畜，雖能償而曰無力償，於大校頭監、案頭、司吏處行賄時，其所償牲畜者，依數當令大小牧監、牧人等償之。罪者，受賄則與大校局分人等同樣判斷。一等舉置命賞者，當視牧人所獲之罪輕重，獲舉賞法及舉虚之罪狀，與第十三卷所述相同。

史金波等譯《天盛改舊新定律令》卷一九《管職事門》　一、四種畜繁殖之仔、駒、犢、羔羊等，每年四月一日開始，則繁殖數於十月一日以内皆於盈能處置號印，盈能當面應於仔、駒等之耳上及羔羊之面頰上爲號印。仔中死亡而有繁殖不足時，當於先前盈能處催促令償之而置號印，一併於十月一日大校到來時當面驗之，各公母畜等，依律令當置火印。有已超者，依法當還牧人。若違律仔中不置號印，有償而不令償、公母畜等不印時，盈能受賄者，依枉法貪贓罪法判斷。未受賄，則仔、駒自一至二十，十三杖；二十以上至五十，徒三個月；五十以上至一百，徒六個月；一百以上一律徒一年。羔羊自一至五十，十杖；五十以上至百，十三杖；百以上至百五十，徒三個月；百五十以上至二百，徒六個月；二百以上一律徒一年。

史金波等譯《天盛改舊新定律令》卷一九《畜利限門》　一、四畜群之幼畜當依前所定計之，實數當註册，不足者當令償之，所超數年年當予

牧人。其幼畜死，不許註銷。其中幼馬勿予公，當予母。

百大母駱駝一年内三十仔，四月一日當經盈能驗之，使候校。大人到來時當印之，於册上新取項内以群産所有註册。二年總計六十仔數當足，册上之馬仔當依次登録齒數。

百大母馬一年五十仔。

百大母牛一年内六十犢。

百大母羖䍽一年内六十羔羊。

犛牛在燕支山、賀蘭山等兩地中，燕支山者土地好，因是犛牛地，年年利仔爲十牛五犢，賠償死亡時，當償實犛牛。賀蘭山有犛牛處之數，年年七八月間，前内侍中當派一實信人往檢視之，已育成之幼犢當依數註册，已死亡時當價犢牛。倘若違律，賀蘭山上檢視犛牛者不依時日派遣時，大人、承旨、都案、案頭、司吏等有官罰馬一，庶人十三杖。檢視者隱匿幼犢時，檢者、牧人等受賄，則以枉法貪贓罪及偷盜錢財罪比較，從重者判斷。無賄、未知，則檢者勿治罪，牧人依偷盜法當承罪。

史金波等譯《天盛改舊新定律令》卷一九《畜利限門》 一等御供畜中分離母畜，牧人攤派雜事、牧監大小首領派於圈牧人中等時，有官罰馬一，庶人十三杖。受賄則以枉法貪贓論。御供圈牧已定之外，無論文判寫而令多抽時，所多之畜在圈牧中，其毛絨、酥幾年未納，依現價法計價，以偷盜法判斷。取者承造意罪，其餘承從犯罪。毛絨、酥當由取者償之而交納於官。其中未知，勿治罪。若局分大小受賄，則與枉法貪贓罪比較，從重者判斷。

史金波等譯《天盛改舊新定律令》卷一九《官畜私畜調换門》 諸人不許自相調换優劣二種官畜。倘若違律調换時，以調换當時之價值幾何，當計量二者，畜價值等，則記名人、調换者等一律徒一年。若畜計價高低不同，則計所超之價，當比偷盜之罪減一等。若受賄則與枉法貪贓罪比較，從重者判斷。其中有相議，則依次當減一等，原畜依舊彼此交還。

(清)嵇璜等《續通典》卷二二《選舉·雜議論》 元世祖時東平布衣趙天麟上太平金鏡策略曰：

昔金大定閒，尚書省奏順州軍判崔伯時受贓不枉法，準制，當削官停職。世宗曰：受財不至枉法以習知法律故也。所爲，姦狡習與性成後復任用，豈能自悛，雖所犯止於追官，非奉特旨，無復録用。以致犯禁者鮮，此先事之明驗也。

《通制條格》卷一八《關市和雇和買》 至元四年三月，欽奉詔書内一款節該：諸王駙馬經過州郡，從行人員多有非理需索，官事夤緣爲姦，用壹鳩百，重困吾民。自今各體朝廷節用愛民之意，一切懲約，毋蹈前非。其和雇和買，驗有物之家，隨即給價。尅減欺落者，從監察御史、肅政廉訪司體察究治。欽此。

《元史》卷七《世祖本紀》 〔至元八年正月〕詔禁邊將受賂放軍及科斂。

(清)畢沅《續資治通鑑》元世祖至元十九年九月 壬戌，敕：官吏受賄及倉庫官侵盜，臺察官知而不糾者，驗其輕重罪之。中外官吏贓罪，輕者杖決，重者處死。言官緘默，與受贓者一體論罪。仍詔諭天下。

(清)畢沅《續資治通鑑》元世祖至元二十年六月 〔戊子〕初定官吏贓罪法：自五十貫以上，皆決杖，除名不敍，百貫以上者死。

《元史》卷一七三《崔斌傳》 〔元世祖至元二十三年〕又，軍、站諸戶，每歲官吏非名取索，賦税倍蓰，民多流移。請自今非奉旨及省部文字，敢私斂民及役軍匠者，論如法。

崔彧言：今百官月俸不能副贍養，難責以廉勤之操。宜議增庶官月俸，所增雖賦之於民，官吏不貪，民必受惠。其有以貪抵罪，亦復何辭！從之。己丑，詔增内外官吏俸。

《元史》卷一七二《趙孟頫》 〔元至元二十三年〕詔集百官於刑部議法，衆欲計至元鈔二百貫贓滿者死，孟頫曰：始造鈔時，以銀為本，虛實相權，今二十餘年間，輕重相去至數十倍，故改中統為至元，又二十年後，至元必復如中統，使民計鈔抵法，疑於太重。古者，以米、絹民生所須，謂之二實，銀、錢與二物相權，謂之二虛。四者為直，雖升降有時，終不大相遠也，以絹計贓，最為適中。況鈔，乃宋時所創，施於邊郡，金人襲而用之，皆出於不得已。迺欲以此斷人死命，似不足深取也。

《元典章》卷四七《刑部·諸贓·侵盜·攬飛盜糧等例》 至元二十五年十月，尚書省奏奉皇帝聖旨，諭省院臺部、内外百司大小官吏、軍民、諸色人等：據尚書省奏：百姓合納税糧，各處官吏、坊里正、主

首、權豪勢要人等，結攬輕賫錢物，與倉官、攢典、斗脚通同飛鈔，及管糧官吏、運糧車船人户侵盗官糧，似此奸弊多端，蓋是各道宣慰司、按察司、總管府、漕運司不爲用心禁治，以致糧斛不能盡實到官。擬到禁治條畫，乞降聖旨宣諭事。準奏。今後若有違犯，照依定例條畫追斷施行。

一、諸倉官吏與府、州、司、縣官吏人等，百姓合納税糧，通同攬納接受輕賫飛鈔者，十石以上，各刺面，各杖一百七下；十石之下，杖九十七下。官吏，除名永不叙用。退闕官吏、豪勢富户、行鋪人等違犯者，十石以上，決九十七下；十石以下，杖八十七下。其部糧官吏知情受分，與結攬官吏同罪；不曾受分，杖五十七下，除名永不叙用。有失覺察者，親民部糧官吏，決二十七下；府州總部糧官吏，決一十七下。若能捕獲犯人者，與免本罪。宣慰司摘委正官一員，專一提調禁治。如是違慢，從尚書省量情治罪。按察司官糾察不嚴，亦行究治。倉官人等盗粜官糧，結攬納飛鈔者，一體刺斷。知情粜買者，十石以上，杖一百七下；十石之下，杖九十七下。其漕運司官吏，有失覺察者，驗糧多寡究治。所據盗粜糧價、飛鈔輕賫盡數追没外，正糧，於倉官并結攬粜買人處依價均徵還官。

一、江淮河海運糧官吏、船户、梢工、水手人等，妄稱風水渰没船隻，及車船人户用水攪拌，插和糠塵，因而盗用官糧者，十石以上，刺面，杖一百七下；十石之下，杖九十七下。若知情粜買者，十石以上，杖一百七下；十石之下，杖九十七下。所據元盗糧價并正糧，照依前項體例追徵。其本管官吏知情受分者，與盗糧人同罪；不曾受分者，杖五十七下，除名永不叙用。失覺察者，驗糧多寡究治。

一、運糧船户冒支糧斛，十石以上，杖九十七下；十石之下，杖八十七下，追徵糧斛還官。本管官吏知情受分，或因而尅落者，依上斷罪，除名永不叙用。有失覺察者，驗糧多寡究治。

一、漕運司官吏影占運糧人户并車船頭口者，量事輕重杖斷，除名永不叙用。

一、停閑運糧車船户計，仰宣慰司、各路、府、州、司、縣官司盡數勾追到官，發付合屬，收管運糧。避役在逃者，聖旨到，限一百日，許令出首免罪，給付元抛事産，依舊當役。限外不行出首，勒令本處官司緝捉得獲，痛行斷罪，發還元役。

一、漕運司并各路官司，常切厘勒倉官人等，并不得收管不堪支持糧斛，及在倉糧數，時常點視挑倒，無致發變損壞。違者，勒令倉官陪糧斷罪，漕運司并各路官司亦行究治。

《元史》卷一五《世祖本紀》〔至元二十六年冬十月〕丙辰，禁内外百官受人饋酒食者，没其家之半。

《元典章》卷四八《刑部·諸贓·首贓·取受出首體例》 至元二十六年，行御史臺：據嶺北湖南道提刑按察司準本道按察使徐嘉議牒該：照得，漢唐以來律令，自首者原其罪。蓋念人之犯法，或能追悔。苟不開以自新之途，恐有意於遷善者無從改過，故設爲此科以誘掖之。今朝廷清明，疾惡雖甚，而首原之條不廢，其仁愛忠厚，抑亦可知也。奈何近年以來，官司貪婪成風，詎肯無耻？或受私賄，或盗官錢，不知紀極。若遇按察司官經過，十分爲率，略首一二，上以塞憲司搜尋，下以杜怨家之告，安處故位，即與無事之人，依舊要錢，弗改前過。屢則復首，首則見原。贓雖積而法不加，家愈肥而位愈固。貪吏不衰，庶政不理，有此幸門以啓迪耳。爲此，條其到許人首罪可議事目凡十款，牒請更爲講究可否，備申行御史臺著爲定例，以絶僥幸。準此。已移牒分司巡按官，照依下項事理施行。

一、諸人犯罪，自悔而首官者，合準所首。其餘勾追到官省會，具狀陳首，或逼令認納贓錢若干，數少則抑勒增添。如此等類，擬合革撥。

一、察過官吏罪犯，勾唤到官，問出實情，却令寫作首狀，省會免罪。此事猶爲失體，𥨊法長奸，擬合禁斷。

一、自首取要，往往不賫所首錢物，止具其數於狀而言。準首免罪之後，行移追徵，反更占悋不納，勾呼催督，有經涉年歲不了絶者。今後擬合曉諭：首錢之人，須要隨狀賫擎所首錢物，赴官陳告。如無所首錢物，并不準首。其錢明有下落，委不在身者，不拘此例。

一、奸猾小人，贓污狼籍，巡按官到，自知不免事發，往往總行出首鈔若干，言稱：自任以來，月日不等，忘記物主姓名，通要訖這此錢物。官司既將首狀接受，收訖所首錢物，諸人欲言者，皆不敢告。縱有敗露，即以已首之物抵之。此奸人之尤者。今後自首乞受，須要具寫某年月日，

因爲是何公事，受訖某人錢物，如此開豁明白，方接首狀。若總錢物而不開寫物主名項，擬合將錢追沒，不準所首。事發，依理取問。

一、己身犯罪，必須己身當官陳首。子侄、奴隸不許代替。若假托子侄、奴隸代取受而首者，取問得實，雖準已首，擬合依理斷罪。

《元典章》卷四八《刑部・諸贓・首贓・出首取受定例》 至元二十九年七月，御史臺呈準下項事理，仰遵依施行。本臺呈：先欽奉聖旨節該：取與同罪。除欽依外，照得：取受錢物之人懼罪，因而隱諱；其與錢之人懼罪，亦不肯説，而相掩覆，人莫能知，難於敗露。莫若再降敕條：取與同罪，告首者原之，對證是實，止坐不首者。如此，則取與之際，互有隱防之心，庶幾不敢取與。切見目今官吏首錢，取者既已免罪，與者亦未嘗斷。擬合欽依同罪之條斷之。刑部照得：至元二十八年五月二十二日，欽奉聖旨節該：如今，但是勾當裏行底、喫俸錢的，不揀甚麽底肚皮，休要者。道了。這般道了呵，要肚皮的人每有罪過，斷罪者。欽此。本部議得：官吏取要，事有枉法，贓有多寡，擬合量其所犯輕重、贓物多寡，斟酌科斷黜降。與財者，枉法，減受錢人罪一等；不枉法者，減罪二等。首者原罪；不首者，依二科斷黜降。前件議得：取受罪名，本臺已有奏準斷例，欽依施行。

一、本臺呈：官吏首訖取受，止合免斷，不合復令勾當，及依例叙用。刑部議得：官吏出首取受之贓，既以準首免罪，難議降黜，依例標附過名。若職官再犯，量事輕重，科斷黜降。吏人再首，無問所首贓物多寡，勒停。前件議得：依準部擬施行。

一、本臺呈：官吏首罪，往往不肯盡實，或因別處事發，才方自言，或詭名代替陳告。再欲勾問，却行逃閃，因而逗遛文字，卒難結絶，紊亂官司。今後應首罪人，擬事輕重，權且監收，或召壯保羈管，行移，勘當得所首公事別無隱漏差異，及他處未經事發，方許準首，省會寧家。刑部議得：犯罪未發而自首者，原其所犯之罪。今後，官吏首罪，事重者監收，輕者召保聽候。取勘是實，別無隱漏詐冒，及未經事發者，準首原免。若知人欲告而自首者，減罪二等。或聞知別處事發，赴官陳首，計所首日程可知。雖是不知，仍依知人欲告而自首者，減二等科之。詭名代替，不在原免之限。如犯人實有病故，許令親屬代替。前件議得：犯罪陳首，合驗輕重，隨事區處施行。

一、本臺呈：首罪不盡，以所餘坐之，此舊例也。若首罪有不盡者，合無斷罪？刑部議得：首罪不盡不實者，止以不實不盡罪之。前件議得：依準部擬施行。

一、本臺呈：一人先首罪，準首原免，不改前過，再行違犯，又赴官陳告。若不原免，是玩法也。擬合別立條章，以示懲戒。刑部照得：即與前款首罪例同，別難再議。前件議得：依準部擬施行。

《元典章》卷四七《刑部・諸贓・侵使・庫官侵使昏鈔》 至元二十九年九月，中書省據御史臺備燕南河北道廉訪司所委東光縣主簿兼尉耿熙呈：計點出長蘆行用庫官、庫子，將倒下中統昏鈔侵使。得此。委密蘭與本道廉訪司官一同追問得：副使于仲、庫子朱雲震等，通同侵盜訖鈔一萬五百七十八定。有後界庫官黄慶、劉諒到任，要訖銀鈔，不行交割，及兩次轉差計點官滄州同知的斤、無棣縣主簿兼尉李原，到庫取受錢物，不行計點。又滄州親臨提調官吏，經年不點，亦不起解；本州司吏周尚文，於倒下昏鈔内侵借使用；河間路總管府提調正官、首領官吏，將昏鈔不爲催督，依期起納。取到犯人并提調官吏各各招伏詞因。都省議得：通行實鈔，國民所賴。今河間路滄州官吏并庫官、庫子人等，不遵元行，如此作弊。若不明示懲勸，深爲未便。爲此，於八月初四日聞奏過，擬斷下項罪名。除別行外，咨請遍行合屬，出榜於平準行用庫門首，曉諭禁治。庫副于仲處死，籍没家業人口。庫子元各杖斷一百七下，配役一年。除親口外，斷没驅口財産。受財不行交點見在錢物新庫官二名：提領受銀三定、至元鈔四定，杖斷一百七下，配役一年。大使受銀二定、至元鈔四定，杖斷八十七下，配役一年。受錢不行計點見在錢物元差官二名，各杖斷八十七下，解見任。期年之後，降先職三等。侵借官錢司吏，杖斷一百七下，罷役，永不叙用。本處親臨提調官吏，經年不點解昏鈔。知州，五十七下，解見任；期年之後，降先職一等。都目，五十七下，罷役，永不叙用。司吏，六十七下，罷役，永不叙用。本路總提點官吏，不爲依期起納昏鈔。總管爲已得替，量決二十七下，別求仕。經歷、知事，各決三十七下，解任，別求仕。提領案牘，四十七下，解任，別求仕。司吏，五十七下，罷役，永不叙用。縣不應保庫子于仲，就升充平準庫使。典史

權縣事，三十七下，罷役，永不敍用。寫發人，一十七下，罷去。看庫弓手四名，受要庫子中統鈔四定三十兩，令拆墻搬入侵盜鈔數庫内，作不曾盜使，各斷八十七下，發遣還家。過錢與元計點官人，斷四十七下。計點官，别行陞用。

《元史》卷一八《成宗本紀》〔元貞元年秋七月〕職官坐贓論斷，再犯者加二等。倉庫官吏盜所守錢糧，一十貫以下笞之，至十貫杖之，二十貫加一等，一百二十貫徒一年，每三十貫加半年，二百四十貫徒三年，滿三百貫者死。計贓以至元鈔爲則。

《元典章》卷四七《刑部・諸贓・侵盜・侵盜錢糧罪例》元貞元年七月，欽奉聖旨條畫：

一、倉庫官吏人等盜所主守錢糧，一貫以下，決五十七；至十貫，杖六十七。每二十貫加一等。一百二十貫，徒一年。每三十貫，加半年。二百四十貫，徒三年。三百貫，處死。計贓以至元鈔爲則，諸物依當時估價。應犯徒一年，杖六十七，每半年加杖一十，三年杖一百七，皆決訖居役。

一、諸倉庫官、知庫子、攢典、斗脚人等侵盜移易官物，匿不舉發者，與犯人同罪。失覺察者，減犯人罪四等。

一、諸倉庫大小官吏人等，皆得互相覺察。其有侵盜錢糧，即將犯人財産拘檢見數，準折追理。若犯人逃亡，及無可追者，并勒同界官典人等，立限均陪。

《元史》卷二〇《成宗本紀》〔大德五年正月壬子〕御史臺臣言：官吏犯贓及盜官錢，事覺避罪逃匿者，宜同獄成，雖經原免，亦加降黜，庶姦僞可革。從之。【略】

〔七月丁未〕詔軍官受贓者與民官同例，量罪大小殿黜。

《元典章》卷四六《刑部・諸贓・取受・贓罪條例》十二章。大德七年三月十六日，欽奉聖旨，諭中書省、樞密院、御史臺、内外大小諸衙門官吏、軍民、諸色人等：慶賞刑滅，國之大柄，二者不可偏廢。朕自即位以來，恪遵聖祖成憲，優遇臣下，品爵以榮其身，禄賜以厚其家，期於履正奉公，有裨國政，百姓乂安，以稱朕懷。不務出此，若平章伯顔、暗都刺、右丞八都馬辛等，營私納賂，蒙蔽上下，以致政失其平，民受其弊。今已籍没家貲投戍邊遠，明正其罪，是用更張，以清庶務。遣使巡行郡邑，問民疾苦，分别淑慝。以近年所定贓罪條例，互有輕重，特敕中書集議，酌古準今，爲十二章。又以官吏俸薄，不能養廉，京朝百司，月俸之外，增給禄米；外任官，無公田官，摽撥公田，無田則量支禄米。自今已始，凡在内外有官守者，洗心滌慮，公勤奉職，治底均平，無俾吾民重困，式副委任責成之意。所定條格，開列於後。諸職官及有出身人等，今後因事受財，依條斷罪。枉法者，除名不敍；不枉法官，須殿三年。再犯不敍。無禄官，減一等。以至元鈔爲則。枉法

一貫至十貫，四十七下。不滿貫者，量情斷罪，依例除名。

一十貫以上至二十貫，五十七下。

二十貫以上至五十貫，七十七下。

五十貫以上至一百貫，八十七下。

二百貫之上，一百七下。

不枉法

一貫至二十貫，四十七，本等敍。不滿貫者，量情斷罪。解見任，别行求仕。

二十貫以上至五十貫，五十七，注邊遠一任。

五十貫以上至一百貫，六十七，降一等。

一百貫以上至一百五十貫，七十七，降二等。

一百五十貫以上至二百貫，八十七，降三等。

二百貫以上至三百貫，九十七，降四等。

三百貫以上，一百七，除名不敍。

《元典章》卷四六《刑部・諸贓・取受・定擬給没贓例》一、官吏取受枉法、不枉法大略。枉法：一、受訖爲事無理人錢物，斷令有理。一、受訖有罪人錢物，脱放。一、受錢買囑，刑及無辜。一、教令有罪人妄指平民，取受錢物。一、違例賣官，及横差民户充倉庫官，祗待頭目、鄉里正等，詐取錢物。不枉法：一、饋獻，率斂津助、人情，推收、過割，因事索要勾事、紙筆等錢，及倉庫院務搭帶分例，關津、批驗等錢，其事多端，不能盡舉。一、與錢人本宗事無理或有罪，買囑官吏，求勝脱免。雖已受贓，其事未曾枉法結絶，合從不枉法科斷。一、贓物給没。没

官：一、與錢人本宗事無理或有罪，買囑官吏，求勝脱免。不論其事已未結絶，俱各没官。雖與錢人自首，亦合没官。一、與錢人本宗事雖是有理，用錢買囑官吏，要將對訟人凌虐重斷，不遂其意，告發到官，即系行賕，亦合没官。取與錢人明白招伏。一、營求勾當贓錢及求仕人雖依理合用，當該官吏不曾刁蹬乞取，行賕疾早定奪，或要稱意窠闕，因不遂願，告發到官，即系行賕。一、騙脅、科斂等錢，畸零不能給散，或不能盡見出錢人花名，隨事議没。給主：一、與錢人本宗事有理，官吏刁蹬取受，告發到官，合給主。一、被欺、詐脅、科斂等贓。官吏及過錢人出首錢物，見行體例止令合屬照勘，若是不曾事發，聽擬没官。今若論與錢人本宗事有理、無理，以論給、没，必須勾追與錢等，對問明白，才方議擬，難便結絶。合無止依見行體例，照勘擬没。一、管軍官取受軍人錢物，追到贓錢，申解行省，發付内院。

《元典章》卷四七《刑部・諸贓・侵使・税官侵使課程》　大德七年六月初九日，御史臺承奉中書省劄付：刑部呈：準吏部關：武昌路税務大使孫桂等，欺隱侵使增餘課程四定二十五兩，廉訪司以不枉法，三十七下，解見任，别行求仕。本部議得：孫桂等節次侵使中統鈔四定三十三兩内，廉訪司元徵四項鈔四定二十五兩，今次續照出一項與董詢納課支用鈔一十三兩，計折至元鈔四十七兩六錢。即係枉法，每人該至元鈔一十五兩八錢六分去零，係一十貫以上，依例合決五十七下，解見任，期年之後，降先職一等。廉訪司依不枉法例斷罪，别無定奪。所據各人職役，擬合比例，期年之後降叙相應。具呈。都省準呈，仰照驗施行。

《元史》卷二〇《成宗本紀》　〔甲午〕命何榮祖等更定律令。詔軍官受贓罪，重者罷職，輕者降其散官，或決罰就職停俸，期年許令自效。

《元典章》新集《刑部・贓賄・雜例・延祐七年革後稟到通例》　延祐七年八月日，江西廉訪司奉行臺劄付準御史臺咨：奉中書省劄付延祐七年三月十一日，欽奉詔赦，除欽遵外，參詳諸人言告，官吏人等取受不公等事，合定通例，具呈照詳。送據刑部照擬到合行事理，都省仰依上施行。

一、諸人言告官吏人等，取受不公，已有招伏。罪經釋免，未追給没贓物，并自首未納之數，合無追徵黜降。刑部照得延祐四年二月十二日，準中書省劄付，官吏人等，取受不公，已有招伏，罪經釋免，未追給没贓物，并自首未納之數，擬合追徵。未有招伏者，欽依革撥，已經照會。今承見奉，本部議得，上項事理，合依前例，一體施行相應。

一、諸人告言官吏人等取受不公，犯在延祐七年三月十一日以前，發在以後詔書未到，取訖招伏追贓之際，罪經釋免，職役并未追贓物，合無追徵黜降殿叙，刑部照得：延祐四年二月十二日，呈準中書省劄付御史臺呈，云：至大四年，犯在格前一款，已經照會。今承見奉本部議得，上項事理，合依前例，一體施行相應。

一、諸人言告官吏人等取受錢物，衆證明白，避罪在逃，罪經釋免，合無依例追徵殿叙，刑部照得，延祐四年二月十二日，呈準中書省劄付照得，大德五年正月十一日，御史臺奏過事内一件，云：至大四年，照出避罪在逃例。已經照會，今承見奉本部議得官吏人等取受錢物在逃，合同獄成，罪經釋免，依例罷職殿叙，其未招贓物，格前既無取到招伏，擬合免徵相應。

一、諸官吏因差管押官物，取要納物人等起發等錢。事發取訖招伏，追贓到官，罪經原免，職役未審，合無黜降。刑部議得：延祐四年五月十七日，呈準中書省劄付，官吏因差管押官物，取要納物人起發等錢。已招明白，追贓到官，罪遇原免，所據職役，驗事輕重，依例議擬相應，已經照會。今承見奉，本部議得，上項事理，合依前例，一體施行相應。

一、局、院、站赤、百户頭目、里正、主首、牙行人等，因而取要錢物，取訖招伏，斷罪追贓，累經釋免，後奉通例，革前已有招伏者，依例追徵。行移有司追解，杖限徵納，别無折挫，體覆是實，數年不能結絶，似此之類，合無免徵。刑部照得：延祐四年五月十七日，呈準中書省劄付，本部先呈準中書劄付，本部元呈：官吏人等取受不公，已有招伏，罪經釋免，依例黜降。未追給没贓物，并自首未納之數，擬合追徵。未有招伏者，欽依革撥。都省準擬，奉此，本部議得：合依前例，一體施行。如委無折挫，體覆是實，免徵相應，已經照會。今承見奉本部議得，上項事理，合依前例，一體施行相應。

官吏人等於所管户内減價買物，取訖招伏，元買物貨，已行銷用。欽奉詔赦，遇革合元，比依前例，照依市價，虧欠之數追給。刑部照得：

延祐四年五月十七日，呈準中書省劄付，官吏人等，於所管户内減價買物，已有招伏者，罪經釋免，虧欠價錢依數追給，未招伏者，欽依革撥，元價難議没官。已經照會，今承見奉本部議得，上項事理，合依前例，一體施行相應。

一、諸被彈劾贓污不公不法、不勝職任官吏，章已到臺，并各道廉訪司照勘，未經回文，合無荅報完備，比例標附解降。刑部照得：延祐四年五月十七日，呈準中書省劄付，先呈準中書省劄付，被彈贓污不公不法、不勝職任官吏，罪經釋免，擬合依上照勘明白，至日依例定擬。已經照會，今承見奉，本部議得，上項事理，合依前例，一體施行相應。

一、各站提領，頭目將官降本站支持首思錢本，關支出庫，給散中間，指以營幹在站公事，將上項鈔定，不行給散人户，於上下官府關節破使，自首到官指出受錢官吏，勾問間，欽遇詔赦，欽依革撥。元告錢物，合無著落，告人追徵給散。刑部議得：各站提領頭目將官降支持錢物，指以營幹，在站公事，不行給散人户，恣意克除，於上下官府破使，首告到官指出受錢官吏，未經勾問，欽遇革撥，所指元告錢物，既擬自首到官，難議追徵。擬合革撥相應。

一、官吏人等，因事取受錢物，聞知欲告，回付本主，出首到官，取訖招伏，議罪之際，欽遇釋免外，據職役，例解見任，別行求仕。如犯贓多事枉，其罪例減二等釋免，所有職役，合無依枉法定例，不叙或黜降殿叙，唯復止依前例，解任求仕。刑部照得：延祐四年五月十七日，呈準中書省劄付照得：延祐元年閏三月初五日，承奉中書省劄付本部元呈，云：知人欲告通例。已經照會，今承見奉本部議得，上項事理，合依前例，一體施行相應。

一、軍官因公齊斂盤纏，犯在延祐七年三月十一日以前，取訖招伏，罪經釋免，據職役，并已招未追贓鈔未審，合無追徵黜降。刑部照得：延祐四年五月十七日，呈準中書省劄付：軍官因公齊斂盤纏，革前取訖招伏，罪經釋免，已招贓物，擬合追徵職役，照例議擬。已經照會，今承見奉本部議得，上項事理，所犯不一，已招贓鈔，合依前例追徵外，據職役，量事輕重，比例定擬相應。【略】

一、各處院務財賦諸衙門，除正課外，欺隱附餘課鈔，事發到官，未審比同係官錢糧，合無追問。前件照得，大德八年七月，承奉中書省劄付該隨處院務湖泊辦課人員，欺隱合辦正課，依枉法論罪，侵使增餘錢數，如依不枉法例，定擬似爲平允。都省議得：院務湖泊辦課人員，侵使增餘額外錢數，既是難同枉法，臨事詳情，輕重論罪。餘準所擬施行。又照得延祐七年五月二十日，御史臺呈：諸人告言官吏人等取受不公云云，承此，已經遍行照會。今承見奉，本部議得：院務財賦諸衙門官吏，正課已行辦足，欺隱附餘課鈔，終非係官正數。如犯在延祐七年三月十一日已前，取訖招伏者，依例追徵，未有招伏，欽依革撥相應。

一、官吏生辰節朔嫁娶誕會，受要司屬部民人等饋送羊、酒、錢物，科斂不公及買物少價，革前取訖招伏，職役合無解任殿叙，前件照得延祐元年三月二十九日，呈準中書省劄付來呈，奉省判御史臺呈：數内一項諸人告言官吏人等，生辰節朔嫁娶筵會等事，受要司屬部民人等饋送羊、酒、錢物及科斂不公，不係因事取受，合無追斷。本部議得，官吏生辰節朔嫁娶筵會，受要司屬部民人等饋送羊、酒、錢物及科斂不公事有因緣，難同真犯取受，擬合欽依革撥，依準部擬。承此，已經遍行照會了當。又照得大德六年，承奉中書省判送，本部呈：泰安州長清縣尹張仲英任内吴顯等告論不公，解由内開寫狀招六項，臺擬張仲英係是提調課程正官，節次令人賫鈔，遍歷所屬税務辦課人等處，減價勒買絲絹，數内受要訖閤都監絹五疋，并元價鈔一定，罪經釋免，擬合解見任，別行求仕。本部議得：縣尹張仲英所犯，除輕罪外，止據本官用錢於閤都監處買絹，在後收訖元價鈔一定，又要訖絹五疋。雖非因事取受，終是違例，又係提調正官，不應於治下院務内受要絹疋。若準別行求任，恐起僥倖之門，已久爲例未便。參詳張仲英所要閤都監絹五疋，該中統鈔一定五兩，折至元鈔一十貫，依不枉法例，二十貫以下，三十七下，罪經釋免，依例殿三年別叙，相應具呈照詳。今據見呈蒙都堂議得：張仲英所犯，即非因事取受，合準御史臺所擬，連送刑部，依上施行。奉此。今承見奉，本部議得：官吏生辰節朔嫁娶誕會，受要司屬部民人等饋送羊、酒、科斂錢物，合準前例革撥外，據買物少價，革前取訖招伏者，依例解任別叙，相應。

一、斷罷官吏冒收職田俸給，罪經釋免，合無追徵還官。前件照得，延祐七年五月二十日，呈準中書省劄付本部議得：延祐七年三月十一日

已前，官吏人等冒破多佑欺隱尅落入己係官之數，已未承伏，俱合欽依追問徵理斷罪，相應。承此。已經遍行，照會了當，今承見奉本部議得，斷罷官吏冒收係官職田俸給，罪經釋免，合依前例，追徵還官，相應。

一、諸衙門濫設人等取受，或百姓過付尅落錢物，革前已有承伏，或犯在革前，招在革後，罪經釋免，未納贓錢，合無追徵。前件照得，延祐七年五月二十日，呈準中書省劄付，本部呈照得，延祐四年二月十二日，呈準中書省劄付御史臺呈：官吏人等取受不公，犯在革後，已有招伏，追贓之際，欽遇詔赦，罪經釋免，所擬職役，并未追贓物，自首未納之數，合無一體追徵，黜降殿叙，終無明白通例，具呈照詳。本部議得，官吏人等，格前取受錢物，格後雖有取到招伏，難擬黜降殿叙。其未追贓物及自首未納之數，欽依革撥。都省除外仰依上施行，承此。已經遍行照會。今承見奉，本部議得，上項事理，合依前例，一體施行相應。承此。

一、屯鎮軍人月支口糧，其掌管錢糧人吏除合支正數外，多計米數，支糧官司又不子細查筭，朦朧勘合下倉，支出官糧，關請司吏將多支米數冒關入己，比之侵盗，雖是不同，緣革後事發，取到招伏，冒關糧數已追到官所犯，合無原免。前件照得，延祐七年五月二十日，呈準中書省劄付本部議得：延祐七年三月十一日已前，官吏人等冒破多估欺隱，尅落入己係官之數，已未承伏，俱合欽依追問徵理斷罪。相應承此，已經遍行照會了。當人照得延祐七年十二月初一日，欽奉詔書內一款節該，諸人侵欺盗用失陷短少減駁合追係官錢糧，如在延祐七年三月十一日詔書以前，已有追理文案者，先將奴婢財産盡數準折入官，不敷之數，體覆明白，并從釋免。若有不盡不實，從監察御史肅政廉訪司體察，已徵入主典之手者，不在此限。欽此。今承見奉，本部議得，上項冒關糧數，既已追徵到官，所犯擬合徵依詔書事意，施行。

一、延祐七年三月十一日已前，諸人首告漏舶事理，犯人罪經釋免，已招未納滲泄舶貨，并知情販賣轉賣，多得價錢未審，合無追徵，依例給没。未事發者合無受理追問，前件照得，延祐七年十月十六日，承奉中書省劄付本部議得：私賣漏舶物貨，舶商人等私發番船滲泄舶貨，已招并自首未納鈔數贓物，既是延祐七年三月十一日詔赦以前，已有文案事理。招在革後，未納贓物，俱合欽依免徵。都省準擬照會了當，今承見奉本部議得，上項事理，合依前例，一體施行相應。

（元）沈仲緯《刑統賦疏·第二韻》　與財而有罪者四。王者立法不獨或人而取財，則亦或人非義而與其財也。非義而取財者，既有明禁。非義與而者，烏得無罪？然考之《刑統》以財與人而得罪者止有四條，一曰與財行求得枉法者，二曰與財行求得不枉法者，三曰監臨受財而非因事者，四曰因事受財而非監臨者。《職制律》諸有事以財行求得枉法，得不枉法，二者皆有罪也。又條諸監臨之官受所監臨財物者一匹笞四十，一匹加一等八匹徒一年，八匹加一等五十匹流二千里。與者減五等罪止杖一百。此監臨受財雖非因事，與者亦有罪也。《雜律》諸坐贓致罪者一尺笞二十，一匹加一等，十匹徒一年，十匹加一等罪止徒三年。與者減五等。疏議謂坐贓者，謂非監臨主司因事受財而罪由此贓，故名坐贓致罪。假如被人侵損備償之外，因而受財之類，然而和取與於法無違，故與者減取人五等，此因事受財雖非監臨，與者亦有罪也。蓋受財枉法不枉法，受所監臨坐贓四者，與財之人非有規求亦有隱避，亦不得無罪也。

直解。以財與人而有罪者四，律有四條，一有所規避以財與監臨主司行求曲法斷事，一在所監臨内不因公事以財物與監臨之官，一侵損於人備償之外因而更與之者。

通例。至元十九年六月十九日，刑部呈，官吏取受事有枉法不枉法，贓有多寡，擬合量其所犯輕重，贓物多寡斟酌科斷黜降。與財者枉法減受錢人一等，不枉法者減罪二等。首者原罪，不首者依上科斷。都省議得取受罪名御史臺已有，奏準斷例仰欽依施行。此枉法不枉法與財有罪。《至元新格》諸運司并提點官吏凡於管下院務取借錢物以盗論，與者罪同，此不因公事以財與監臨有罪。泰定二年三月，臺案工部奏差劉偉告充倉官受要守關奏差趙傑齎發中統鈔一十八錠四十兩買關，難同因事取受決五十七下，解任别敘。出錢人趙傑所犯斷三十七下，此非因事與財有罪。

私貸私借皆以字爲法。貸，音特。《周禮·泉府》凡民貸者以國服爲之息。注：從官借本也。借，假也。古之制律因字立法，緣情定罪，是以

輕重得中。《廄庫律》諸監臨守以官物私自貸，若貸人及貸之者無文記以盜論，有文記者准盜論。文記得抄署之類律文稱貸者，貸字注：從官借本，因知官物不必明言資物貨賄而自可見。蓋監主守躬親保曲職專府庫，守掌官司財物，不令監臨之官知會，私自貸借及貸借與人，其罪故不輕也。然或有名簿或取抄及署領者猶可稽考，故止准盜論。若其別無文記可考者，貸借日久本物已費，安知其不爲烏有乎？似無遺官之理？宜乎同真盜論科罪之重也。又條監臨主守之官以官物私自借，若借人及借之者笞五十，過十日坐贓論減二等。疏議謂官物謂衣服氈褥幃帳器玩之類，蓋監臨主守之官統攝所部案驗以其所監臨之物私自假借與人，雖是不應終有人。夫主典可見可證不過服用翫玩而已，然昔物猶存易於還官，止坐贓論減二等，宜乎科罪之輕也。然則官物有貸財、服、器之殊，監臨主守之官別法有準盜以盜減等之異，以貸以借者因其物之殊，法之異，故用字之不同。用字之不同，則論罪宜有輕重也。

直解。監臨主守私貸官物謂從官借，本知是資財貨賄之物。監臨主守之官私借官物，律義謂衣服器玩之類。

通例。私借官錢從侵盜。至元二十八年十二月臺糾臨江路總管姚文龍寫立文帖，於官庫内借出鈔本一千四伯四十五錠，絲三斤，斷七十七下不敘，移見鈔本以盜論。大德六年，户刑部議庫官縱令庫子私偷鈔本出庫營利人已無文記，事發已還庫，計利各驗分受贓以盜論，斷除名，通同受分匿不告發與同罪，鈔不還庫，驗多寡以監主盜所主守官錢論罪。

餘親餘贓各隨文見義。蓋聞餘親餘贓而無一定之論，在乎隨文見義而已。夫親，五服之内皆親也，而有周親餘親，何也？蓋期年服尊長卑幼謂之周親，大功小功緦麻服尊長卑幼皆謂餘親。《户婚律》嫁娶違律，祖父母、父母、主婚者獨坐。主婚若周親尊長，主婚者，主婚爲首，男女爲從。事由男女，男女爲首主婚爲從。疏議曰：餘親謂周親，卑幼及大功以下則是周親，卑幼及大功以下尊長卑幼皆謂餘親也。若其《盜賊律》云，略賣周親以下卑幼爲奴蓋同毆殺法，其賣餘親者各從凡人和略法，而周親卑幼則不與焉，如此則周親卑幼又不爲餘親矣。贓者，六贓之内皆贓也，而有正贓餘贓之別何耶。蓋强盜贓、竊盜贓、枉法贓謂之正贓，不枉法贓、受所監臨贓、坐贓謂之餘贓。《名例律》云：盜詐取人財物而於財主處首露與經官自首同，其於餘贓悔過還主減本罪三等，則是盜詐之外枉法贓不枉法贓之屬皆爲餘贓也。若又條會赦及降盜詐枉法猶追正贓，餘贓非見，在并從赦原而枉法贓不與焉，如此則枉法贓又不爲餘贓矣。蓋法一定，周親卑幼作周親者，爲服制而言，作餘贓者爲盜詐取財首贓而言，是則凡稱餘親餘贓者又豈有一定之論哉。各當隨其所犯之律文以見，用法之義可也。

直解。周親卑幼以服制言，作周親以違法爲婚言，則作餘親枉法贓以追倍贓言，則作餘贓。

通例。餘親餘贓。延祐四年五月，部議奉元路賊人樊猪兒偷盜表叔高貴錢物，與事主雖是無服，終是姑表之親，合同親屬，相犯既將本賊斷放，擬合免刺，不追倍贓。

（元）沈仲緯《刑統賦疏・第八韻》 親故乞索不論於挾勢。《職制律》謂：諸因官挾勢乞索者坐贓論減一等。注：親故相與者勿論。疏議曰：親謂本服緦麻以上，若大功以上婚姻之家。故謂素，是通家或欽風。若舊車馬不吝縞紵相貽之類也。皆勿論。蓋既非因事又非監臨，令爲親戚昔曹通家如此之類，宜乎相與勿論也。

直解。因親因故相與乞覓索取財物者勿論。

通例。至元三十一年十二月，部議吉凶議吊人之常禮，廉慎者自不濫交貪縱者，因而張大絶行禁約恐涉大嚴，若不關防必生奸弊。諸官吏在任部下人情禮數，除親戚故舊及理應追往之人，違者禁止，如違，隨其輕重斟酌追斷。

噫，吏之於法也，知非艱而用維艱，宜盡心於議刑之際。噫，歎辭書曰：知之非艱，行之惟艱。蓋情有萬殊，事有萬變，法豈能盡情人之事哉。執法之吏知之雖不爲難，而得之憂爲難也。議刑之際若能用古之法續時之宜，量事之大小，推情之輕重，盡心而宜之，然後法無廢而無失矣，事無失則刑不濫矣。

（清）畢沅《續資治通鑑》元武宗至大元年秋七月 〔庚申〕敕以金銀歲入數少，自今勿問何人，以金銀爲請奏及託之奏者，皆抵罪。又，各處宣慰使等官，多以結託來京師，今後非奉朝命毋赴闕。

（清）畢沅《續資治通鑑》元文宗至順元年十一月 辛巳，御史臺臣

言：陝西行省左丞齊喇，舊作怯列。坐受人僮奴一人及鸚鵡，請論如律。詔曰：位至宰輔，食國厚禄，猶受人生口，理宜罪之。但鸚鵡微物，以是論贓，失於太苛，其從重者議罪。今後凡饋禽鳥者，勿以贓論，著爲令。

《元史》卷三五《文宗本紀》〔至順二年〕癸亥，詔：諸官吏在職役或守代未任，爲人行賕關説，其有所取者，官如十二章論贓，吏罷不敍終其身；雖無所取，訟起滅由己者，罪加常人一等。

《元史》卷三五《文宗本紀》辛巳，御史臺臣劾奏：燕南廉訪使卜咱兒，前爲閩海廉訪使，受贓計鈔二萬二千餘錠、金五百餘兩、銀三千餘兩、男女生口二十二人及它寶貨無算，雖遇赦原，乞追奪制命，籍没流竄。詔如所言，仍暴其罪示天下。

《元史》卷四一《順帝本紀》〔至正元年十二月〕甲午，設立（海）海剌秃屯田二處。詔：犯贓罪之人，常選不用。

《元史》卷一〇〇《刑法志》竈户工本，官吏通同尅減者，計贓論罪。

《元史》卷一〇二《刑法志》諸告官吏贓，有實取之者，有爲過度人所諱而官吏初不知者，有官吏已知而姑付過度之家、事畢而後取之者，有本未嘗言而故以錢物置人家、指作過度而誣陷人者，止以錢物所在坐之，與錢人俱坐。

《元史》卷一〇二《刑法志》諸以親女獻當路權貴求進用，已得者追奪所受命，仍没入其家。

《元史》卷一〇二《刑法志》諸職官到任，輒受所部贄見儀物，比受贓減等論。諸職官受部民事後致謝食用之物者，笞二十七，記過。諸上司及出使者，於使所受其燕饗餽遺者，準不枉法減二等論，經過而受者各減一等，從臺憲察之。

《元史》卷一〇二《刑法志》諸方面大臣，受金縱賊成亂者斬，僚佐受金，或阿順不能匡正，並坐罪，會赦仍除名。

《元史》卷一〇二《刑法志》諸内外百司官吏，受贓悔過自首，無不盡不實者免罪，有不盡不實，止坐不盡之贓。若知人欲告而首及以贓還主，並減罪二等。聞知他處事發首者，計其日程雖不知，亦以知人欲告而首論。詭名代首者勿聽。犯人實有病故，許親屬代首。臺憲官吏受贓，不在準首之限。有司受人首告者，罪之。

《元史》卷一〇二《刑法志》諸職官恐嚇有罪人求賂，未得財者，笞二十七。

《元史》卷一〇三《刑法志》諸倉庾官吏與府州司縣官吏人等，以百姓合納税糧，通同攬納，接受折價飛鈔者，十石以上，各刺面，杖一百七；十石以下，九十七；官吏除名不敍。退閑官吏、豪勢富户、行鋪人等違犯者，十石之上，杖九十七；十石之下，八十七。其部糧官吏知情分受，笞五十七，除名不敍。有失覺察者，監臨部糧官吏，二十七；府州總部糧官吏，一十七。若能捕獲犯人者，與免本罪。若倉官人吏等盜糶官糧，與攬納飛鈔同論。知情糴買，十石以上，杖一百七；十石之下，九十七。其漕運官吏有失覺察者，驗糧數多寡治罪。其盜糶糧價，結攬飛鈔，追徵没官，正糧於倉官，並結攬糴買人均徵還官。

《元史》卷一〇三《刑法志》諸軍官犯贓，應罷職殿降者，上所佩符，再敍日給之。

《元史》卷一〇三《刑法志》諸投下官吏受贓，與常選官同論。諸投下雜職犯贓罪者罷之，不以常調殿降論。

《元史》卷一〇三《刑法志》諸典守鈔庫官，已倒昏鈔，不用退印，笞五十七，解見任。提調官失計點，笞一十七，並記過名。諸鈔庫官，輒以自己昏鈔，詭名倒换者，笞三十七，記過。諸平準行用庫倒换昏鈔，多取工墨錢，庫官知而不曾分贓者，減一等，並解職别敍。主謀又受贓者，以枉法論，除名不敍。

《元史》卷一〇三《刑法志》諸庶民有妄以漏籍户及土田，於諸王公主駙馬呈獻者，論罪；諸投下輒濫收者，亦罪之。

《元史》卷一〇三《刑法志》諸有司受財故縱正賊，誣執非罪，非法拷訊，連逮妻子，銜冤赴獄，事未曉白，身已就死，正官杖一百七，除名，佐官八十七，降二等雜職敍，仍均徵燒埋銀。

《元史》卷一〇三《刑法志》諸管軍官吏，受錢代替軍空名者，驗入己錢數，以枉法科罪除名。令兄弟子姪驅丁代替者，驗名數多寡，論罪解降。

《元史》卷一〇五《刑法志》 諸公差，於官船夾帶從人，冒支分例者，笞一十七，記過，支過分例米，追徵還官。

《元史》卷一〇五《刑法志》 諸監臨官輒舉貸於民者，取與俱罪之。諸稱貸錢穀，年月雖多，不過一本一息，有輒取贏於人，或轉換契券，息上加息，或占人牛馬財産，奪人子女以爲奴婢者，重加之罪，仍償多取之息，其本息没官。諸典質，不設正庫，不立信帖，違例取息者，禁之。

《元史》卷一〇五《刑法志》 諸打捕鷹坊官，以合進御膳野物，賣價自私者，計贓以枉法論，除名不敍。

《元史》卷一〇五《刑法志》 諸軍人受財，僞造火印，將所管官馬盜換與人者，杖九十七，追贓没官。諸年穀不登，百姓饑乏，遇禁地野獸，搏而食之者，毋輒没入。

《元史》卷一〇五《刑法志》 諸職官但犯贓私，有罪狀明白者，停職聽斷。諸奴賤爲官，但犯贓罪，除名。諸職官犯贓，生前贓狀明白，雖死猶責家屬納贓。諸官吏犯贓罪，遇原免，或自首免罪，過錢人即因人致罪，不坐。諸官吏贓罰，臺官問者歸臺，省官問者歸省。諸職官犯贓，罪狀已明，反誣告臨問官者，斷後仍徒。諸官吏家人受贓，減官吏法二等坐。官吏初不知，及知即首，官吏家人俱免；不即首，官吏減家人法二等坐，家人依本法。若官吏知情，故令家人受財，官吏依本法，家人免坐。官吏實不知者，止坐家人。諸職官受除未任，因承差而犯贓者，同見任論。邊遠遷轉官，已任而未受文憑犯贓者，亦如之。吏未出職受贓，既出職事發，罷所受職。諸錢穀官吏受贓，不枉法者，止計贓論罪，不殿年敍。諸職官受贓，聞知事發，回付到主，同知人欲告自首論，減二等科罪。枉法者降先職三等敍，不枉法者解職別敍。諸職官侵用官錢者，以枉法論，雖會赦，仍除名不敍。諸職官在任犯贓，被問贓狀已明而稱疾者，停其職歸對。諸職官所將親屬傔從，受所部財而無入己之贓，會赦還職。諸外任牧守受贓，被問垂成，近臣奏徵入朝者，執付元問官。諸職官犯贓在逃者，同獄成。諸職官受贓，丁憂，終制日究問。軍官不丁憂者，不在終制之限。諸職官犯贓，已承伏會赦者，免罪徵贓，黜降如條；未承伏者勿論。諸職官受贓，即改悔還主，其主猶執告者勿論。諸職官受財爲人請託者，計贓論罪。諸小吏犯贓，並斷罪除名。諸庫子等職，已有出身，無添給禄米者，不與小吏犯贓同論。諸掾吏出身應入流，或以職官轉補，但犯贓，並同吏員坐除名。府州縣首領官非朝命者，同吏員。諸吏員取受非真犯者，不除名。

《元史》卷一〇二《刑法志》 諸職官及有出身人，因事受財枉法者，除名不敍；不枉法者，殿三年；再犯不敍，無禄者減一等。以至元鈔爲則，枉法：一貫至十貫，笞四十七，不滿貫者，量情斷罪，依例除名；一十貫以上至二十貫，五十七；二十貫以上至五十貫，杖七十七；〔五十貫以上至一百貫，八十七〕；一百貫之上，一百七。不枉法：一貫至二十貫，笞四十七，本等敍，不滿貫者，量情斷罪，解見任，別行求仕；二十貫以上至五十貫，五十七，注邊遠一任；五十貫以上至一百貫，杖六十七，降一等；一百貫以上至一百五十貫，七十七，降二等；一百五十貫以上至二百貫，八十七，降三等；二百貫以上至三百貫，九十七，降四等；三百貫以上，一百七，除名不敍。

（元）佚名《别本刑統賦解》 公取豈殊於竊取也。潛形隱面謂之竊，不避目視謂之公，二者皆從盜也。然竊取者盜之常也，而有不避十目所視十手所指，將他人之物爲已物而公然取之，比之穿窬之情稍乎輕矣。然法無異者，蓋非借非乞即係盜也。故曰：公取豈殊於竊取也。

失器物者方辨於官司。

凡有系官之物監守當持守而護愛，故不致失棄。若有故毁者準盜論，而有終身持愛，一朝力所不致而有誤失者，責其情犯雖非故毁，亦受護之不至，減故毁三等，仍令借償。若私家之物情既非故即合免罪，償物而已矣。

貸市易者始分於監守。

監者監臨也，守者守主也。統攝按驗謂之監臨，躬親保典謂之主守，二者職分雖殊，然貸市易官物者俱各坐罪而分輕重，蓋監臨之職惟在關防點較，主守之職日親其物出入自專，故監臨之職比之主守則輕。舊例貸官物出市易换者，主守從盜論，監臨減一等，故有此分也。

（明）談遷《國榷》太祖洪武四年十月 命官吏犯贓者無貸。初元末政以賄成，上深知之，曰：此弊不革，欲善治無由也。

（明）談遷《國榷》太祖洪武十四年三月 癸卯，敕刑部官吏受賂者，

必求所賂人并罪，家徙邊。著爲令。

《明詔令》卷三《太祖高皇帝・禁戒諸司納賄詔洪武十八年六月二十七日》　奉天承運皇帝詔曰：天道以有餘而補不足，人不奉天，故以不足而奉有餘。嗚呼！罪盈自己，惡怒人神。天譴既臨，尚惡不已，復造多非，蠹政害民。如户部侍郎郭桓、胡益、王道亨闔部等，刑部尚書王惠迪、侍郎葛修闔部等，兵部侍郎王志闔部等，工部侍郎麥志德闔部等，禮部尚書趙瑁闔部等，贓貪亂政，罪已分明。及其問贓下落，尚惡不已，爲此掩其殺身之計，不將實寄所在供招，太半妄指平民爲實，以致一時不能革彼姦心，善良受害。朕爲設官，爲民造福，既不勝任，而且罪盈，法古天討，以除民害，因此愈加害民；必欲除姦，復生姦甚，擾害吾民，實朕不才之所致。今詔天下，凡我良民，憐朕不敏，以居君位。嗚呼！《書》不云乎：天位艱哉！寢食不安，以圖民康，仰天俯察求治，姦貪愈增。若此人心，爲之奈何！然自詔之後，凡擾吾民者，大赦不赦。所有合行事宜，條陳於後：

一、詔書到日，敢有非公文坐名追取，在鄉託以追罰爲由，許諸人拿送赴有司或赴京來，治以重罪。

一、雖有公文名不坐者，恃以公文脅取民財，亦送京師。

一、今後凡有良民，毋得交結官吏，引惹罪愆。設若不遵朕訓，故違實犯，家長極刑，眷屬遷於化外。

一、官民人等所有錢物寄借，須憑文約。如無文約，諸司不理，違者抵罪。

一、天下諸司衙門，毋得賄賂上司。敢有賄賂者，其犯或彼或此。若賄賂者犯，必詢因何爲；若受賄賂者犯，必詢贓因甚而至。嗚呼！不循朕訓，犯之日決有罪焉。

一、户部郭桓、兵部王志、工部麥志德、刑部王惠迪、禮部趙瑁，各恃所掌之要，脅逼天下諸司，所以賄賂之資，雲屯務集。

一、十二布政司，毋得送贓六部等衙門。若六部有犯，必稽贓自何來。若司，必言府；府，必言州；州，必言縣。今後窮贓，必以此問。凡姦貪小人，聞此求贓來源，日夜憂懼，去邪歸正，爲民造福，毋自招愆。

一、今此一犯，且如郭桓、五部等官，或盜倉庫錢糧，或侵欺諸色課程，接諸色買求，將此錢物着十二布政司，兵、工、刑、户、禮五部官，着令朝覲布政司等官假以寄借爲由，各帶贓鈔銀兩，每部帶去不下數千萬。及其至司，將前鈔銀散布所屬諸司，不問貧難富户，指此爲由，生事科斂，異日加倍歸還。以此觀之，民何生理？

一、福建道御史于敏、北平道御史丁廷舉、廣東道御史吴真，各人爲見問出審刑司右審刑吴庸等妄指平民，已行凌遲示衆。其于敏、丁廷舉、吴真所言，諸人本欲妄指，必是追贓擾民，好歹怨謗朝廷，今日識破機會，其實代罪。當時物本在張，今日卻指在李，縱有實寄，借者以一指十，加倍者多，所以人各相效，一概擾民。

一、今後行人受差，敢於各處索要相送，犯者處死，與受者同。所以不得已而禁。設若不禁，有司斂民與之。所差之人既多，民之生理有限，供給既廣，將何以奉？所以嚴禁。故兹詔示，想宜知悉。

《大誥・官民犯罪》　今後官民有犯罪責者，若不順受其犯，買重作輕，買輕誣重，或盡行買免，除死罪坐死勿論，餘者徒流遷徙笞杖罪賄賂出入，致令冤者不伸，枉者不理，雖笞亦坐以死。法司罪同犯者。此犯不分贓之巨微，除失錯公罪不坐，凡私的決，並不虛示。

《大誥・行人受贓》　行人受命而出，或捧制書，或尋常差使，或催督六部、都察院公事，所在受贓者，問贓自何而來，必供諸司所與。擒至諸司，問此賄賂錢物從何而至，必供取之於民。其害民之姦，豈可隱乎。當此之時，除民人被其威逼科斂不罪外，官吏與者、受者罪同。

《大誥・開州追贓》　有司務在問民疾苦，撫安良善，罪姦治頑，伸冤理枉。其大名府開州判劉汝霖，係江西布政司九江府耆儒。受以來，不將所學運用以持心，而乃棄先聖先賢之道，私邪妄作，上謗朝廷，下虐良民。其北平布政司、按察司官吏李彧、趙全德等，通同六部官郭桓等，十二道丁廷舉等，寄借贓鈔。各官事發，坐各定數，遣人追取。本州官吏羅從禮等，分寄一萬七千貫。州判劉汝霖，竟不將前項所寄贓鈔照名追還，卻乃帖下鄉村，遍處科民，代陪前項鈔貫。朕知諸處有司一體如是，故出詔播告天下官民人等：所有物件錢物寄借，須憑文約；如無，諸司不理，理者抵罪。其州判劉汝霖，視爲泛常，仍復出帖科民，甚至禁錮其

民，逼令納鈔。其帖之詞曰：民不以朝廷追贓爲重。致有開州耆民，不忍坐視民患，赴京面奏者五人焉。即遣人按治，果如奏狀，於是將州判劉汝霖梟令於市。

《**大誥·倉庫虚出實收**》天下倉廒並庫藏等處，官攢斗級人等有犯贓私，問贓自何而得，必供虚出實收與納户某人，接受錢物若干。當此之際，憑招勾納户到官，加倍追陪。當該法司不行如勑究問追徵，罪如犯者。

《**大誥·籍没攬納户**》攬納户攬到人户諸色物件糧米等項，不行赴各該倉庫納足，隱匿入己，虚買實收者，追物還官，然後處以重刑，籍没家産。

《**大誥·揚州魚課**》揚州瓜埠河泊所，欠魚課鈔四萬張。其郭桓著令追陪，通同揚州府知府戰慎，不令網業户及湖官陪償，却乃行下富户追陪。追鈔既足，各人分受入己，變買銀兩。其所欠四萬贓鈔，行下湖官原籍江西布政司追陪。及其鈔至，猶且因循不進，意圖入己。雖未入己，由是而犯。嗚呼！揚州魚户欠鈔，指以湖官原籍江西，著令江西布政司追陪。其布政司不才，將平民一槩科陪，又非揚州河泊所民。初本所欠四萬，今兩處共追八萬。揚州四萬已行入己，重復追徵四萬，又欲侵欺。君子監焉，人有如此無狀者。

《**大誥·設立糧長**》如一縣糧該十萬，止設糧長十人，正副不過二十人，依期辦足，勤勞在乎糧長，有司不過議差部糧官一員，赴某處交納，甚是不勞心力。嗚呼！其不才有司官吏，通同姦頑夤緣作弊，故行零碎，先後設計留難，紊亂不勞盡力之事，自取滅亡。

教化風俗乃有司之首務，民有風俗未美者，朕何嘗速責於有司，必待自漸而成。刑各失出失入，爲其人人精神有限，智識短長，未曾輕責失出失入之官。錢糧盡在民間，徵斂不足，其頑在民，何嘗即責有司。所以責者，接受贓私，故行出入罪名，於糧虚出實收，就倉盜賣，有時妄起科徵。如此虐吾良民，所以罪者，爲此也。便於細民之説，糧長就鄉聚糧，其升合斗勺，數石數十石之家，比親赴府、州、縣所在交納，其便甚矣。奈何愚民猶有謗言，乃曰受害，此人情之難處。有等糧長，貪婪無厭，將自己合納二税，盡爲衆户所包，少有不從，倚官挾勢，臨門吊打，細民從之。有等糧長，心懷仁德，性體柔懦，上不倚官，下不挾勢，並不令細民包納本户二税，從實催徵。民情不然，欺侮懦弱，故行過期不足，反累善良。嗚呼！吾言至此，惟天可監，君子詳觀。

《**大誥·冒解軍役**》鳳湯臨淮縣知縣張泰、縣丞林淵、主薄陳日新、典史吴學文，爲勾補逃軍事，受要逃軍陳保仔錢鈔，逼令民人管伍、管歪兒兄弟二人充當異姓軍役，兄頂陳保仔軍，弟頂王虎子軍，各各着役，以致告發。又河南嵩縣知縣牛承、縣丞毌亨、主簿李顯名、典史趙谷安，亦受要逃軍趙成錢鈔，逼令征進雲南有功，留守烏撒軍人趙成子鐵驢，代充逃軍趙成軍役，以致告發。此兩縣官員，盡行典刑。

《**大誥續編·解物封記**》嗚呼艱哉！朕竭心力，不能化聰、愚之不善，奈何？且如立一法，去姦去弊，必欲保全臣民。其所立也，多因事而制。雖因事而制，未嘗輕發，必慮之萬全，然後敷於臣民。久之，終未見成效。嗚呼！艱矣哉！且如洪武初，天下諸司差人解物赴京，照該倉庫送納，一至中書下部，照數收受。一起解絹者，數具千疋，其該部點掣二百，以爲不堪，著令解物人再進堪中换去。其解物者收買依數兑换，備數送庫。交納了當，赴部欲取原絹，部官吏已入己矣，並無有還者，解者以狀來聞。朕知此弊非起於洪武之初，其來久矣。所以知者爲何？爲拿住貪官污吏，問出前情，已將各官吏棄市矣。朕籌慮數月，立法布於諸司：今後諸司凡有解進之物，於本衙門公同印押，封記牢固，省令解物人休開。物至，朕號令該部毋得擅開封緘，直抵當該庫分，庫官辨驗開封。堪中，則如法收受。不堪，則如數奏聞。此便於臣民者也。此出未久，其所在諸司通同起解者，並不公同緘封，惟是散盛解行，却乃廣用印信封皮，令解物人於身藏帶。於所解之物，無所關防，沿途或以微抵巨，或以賤易貴，或虚買實收，止納一半，觀朝廷之隙爲之，全不納者有之，有抵庫而不如數者有之。鞫問其由，其印信封皮懸帶在身，至京方用。謂曰：何若是？

對曰：已與官吏交通，自起至京，便於抵换，虧折自由。嗚呼！前爲中書六部庫藏人員刁蹬留難解物者，朕特設此法，以便解物之人，更不陷官吏於不易。此法之良，雖神天亦謂之便，而況人乎！其趨死之徒見此法此行難以作弊，故不依允，直至殺身而後已。

《大誥續編·相驗囚屍不實》 嗚呼！人心危險，果若是歟。朕自馭宇以來，務必人人同仁，使身不遭兇禍，所以切切圖治，必欲人安。爲何？朕嘗以己之父母推之，以己之妻子推之，代他奸頑不才之憂，皇皇無已，所以皇皇無已。爲年壯者非爲，父母在堂，妻嬌子幼，一旦殺身，致老父母思昔襁哺，朝夕翫愛，提携撫育，至於身壯，子雖不才而至刑，其父母慈子之情未嘗以子不才而有間，所以朝夕瞪目四視，子在而遊方，終不獲生歸矣。夫婦年邁，新婦嬌弱，有孫孩童，艱理家事，切思苦是，將必窘於衣食。情壞至此，哀傷感憶，晝夜欷歔而不已，神人聞之，亦也感傷。爲此，朕惡人不思父母妻子，妄爲百端。所以刑姦頑不孝之徒，意在所刑者少，歸善者多，人人必思父母之劬勞，爲夫綱，子綱必能。豈期刑愈重而犯愈多。洪武十八年、十九年，一樣奸謀，朝棄市數人，當日同謀死罪者又數人，此數人不鑒朝殺者，奸與己奸同。嗚呼！前誅血未乾，屍未移，本人已造殺身之計在身矣。且如洪武十九年春三月十四日，刑部子部，總部司門二部，朗中員外郎主事都吏等官吏胡寧、童伯俊等，恣肆受財，縱囚代辦公務，書寫文案，被司獄王中以狀來聞。覺奸頑之情態，於是朕親詣太平門，將各官吏捶楚無數，刖其足，發於本部昭示無罪者。嗚呼！以此法此刑，朕自觀之，毫髮爲之竦然，想必無再犯者。豈期未終半月，其都官員外郎李燧、司務楊敬，將在禁死囚邵吉一屍停於獄內，通同醫人、獄典、獄卒等作三屍相驗，以出有罪者張受甫等二人，受財四百八十貫。嗚呼！人心之危，有若是耶。吁！以此觀之，世將安治？智人觀之。

《大誥續編·縱囚越關》 巡檢之設，本爲察奸頑而捕私邪。使境内民安，是其責任也。其所任巡檢者不得其人，人皆不度其所掌是其重事也，往往將越關逃軍逃囚，雖髡發墨面文身，受財而縱行之。嗚呼！止知目前之利，不知向後之害。洪武十九年四月初十日，蘇州府管下七縣地方，捉拿黥面文身髡發在逃囚徒一十三名，無黥刺一十九名，逃吏二十五名，逃軍六名。下法司並各衛鞫問經過隘口受財脱放情由，一一供招在官。因此囚徒罪及貪婪巡檢七名，弓兵一十五名，皆不免死。此《誥》一出，所在把隘去處應有囚徒，不許賣放。如前受財縱放囚徒在逃者，自將以爲不犯，豈期《大誥》一出，鄉里之人不容，拿獲到官，問出前情，罪不能免，豈不險哉！

《大誥續編·阻當耆民赴京》 洪武十九年三月二十九日，嘉定縣民郭玄二等二名，手執《大誥》赴京，首告本縣首領弓兵楊鳳春等害民。經過淳化鎮，其巡檢何添觀刁蹬留難，致使弓兵馬德旺索要鈔貫，聲言差人送赴京來。如此沮壞，除將各人押赴本處，弓兵馬德旺依前《大誥》行誅，梟令示衆，巡檢何添觀刖足枷令。今後敢有如此者，罪亦如之。

《大誥續編·剋減賑濟》 河南水災，連并三年，民患水甚。二次敕駙馬都尉李祺、梅殷賑民於災處，賑後終歲不聞賣棄兒女。洪武十八年災，敕户部差行人賫鈔詣河南，會布政司、按察司、當該府、州、縣賑如前例。賑後未及終歲，朕聞之，民有賣兒女者，陳州民亦有易其妻者。嗚呼哀哉！海内之亂，朕憑諸英俊，委命大將軍中山武寧王、開平忠武王等躬擐甲冑，不五年而偃兵。紀年洪武，今十有九年矣，歲不能任賢，以致水災之濟不周，致陳民賣妻，鄭民賣子，原武之民艱甚。嗚呼！兵凶事也，尚可平之，奸貪小人，甚若兇器。五教不循，五刑弗懼，無如鄭州知州康伯泰，原武縣丞柴琳各將賑民錢入己：康伯泰一千二百貫，柴琳二百貫，布政使楊貴七百貫，參政張宣四千貫，王達八百貫，按察司知事謝毅五百貫，開封府同知耿士能五百貫，典吏王敏一千五百貫，鈞州判官弘彬一千五百貫，襄城縣主薄杜雲昇一千五百貫，布政司令史張英一千五百貫，張岩五百貫。貪匿之後，天寒地凍，其嚴凝之氣禀非其宜，則有墮指裂膚。其災民腹饑，被體之衣且薄，更兼日無可炊之糧，老幼艱辛，未免號呼於天。其貪婪之徒，豈不天討有罪乎！其鄭州知州康伯泰，原武縣丞柴琳，布政司參政張宣，開封府同知耿士能，鈞州判官弘彬，襄城縣主簿杜雲昇等，坐視民患，略無惻色，由是捕鞫之，情理昭然。除參政張宣等功臣之子免死充軍外，其有司官吏，宜其然而死乎。

《大誥三編·臣民倚法為姦》 於戲！世有姦頑，終化不省，有若是！且如朕臣民有等姦頑者，朕日思月慮，籌計萬千，務要全其身命，使揚祖宗，顯父母，榮妻子，貴本身，共安天下之民。朕所設一應事務，未嘗不穩，一一盡皆的當。其不才臣民百般毀壞，不行依正所行，故意亂政壞法，自取滅亡，往往如此，數百數千矣。故入此姦頑，終了殺身者，莫知其數。且如朕為布政司、府、州、縣並軍職衙門，恐各官吏才力不

及，特設良法使行之。其法已定，其法已良，有等不才姦頑，故意妄生枝節擾亂，使上不能清其事，官吏人民易爲作弊。及至事發，使彼自清簿書，少減輕其罪。當此之時，意在求生，其心切切。及其理也，自亦莫能知，是亂之極也。嗚呼！其貪心勃然而起，迷其真性，造惡如此，雖欲自求生路，亦也不能。況朝廷及他受害者，如府、州、縣官不能，朕設良法，使安其禄位。其常熟縣秋糧四十萬石有零，教糧長三十餘名掌之。臨催糧時，省會三十餘名人糧辨已。本以大户爲糧長，掌管本都鄉村人民秋夏税糧。其官吏見法正且清，難爲作弊，却乃設計亂法。其亂法之計，將糧長不許管領本都鄉村納糧人户，調離本處，或八九十里、一百里，指與地方，使爲糧長者，人户不識，鄉村不知。其本都、本保及鄰家錢糧，却又指他處七八十里、百十里人來管辦，務要糧糧不清，田地不真，易爲作弊，如此擾害細民。朕將原設三十餘名糧長革去，從本縣並各處有司設法自辦。其常熟官吏用六百有零里長催辦，其爲首者既多，奸民乘此，其弊紛然，常熟縣官莫能誰何！加以自取肥己，一旦發露，官吏殺身，奸民又罪若干，皆亂政壞法自取也。初爲上司輕易虐辱所屬，朕命不許，凡有合行事務，公文往來，必欲事成其所屬。建昌縣知縣徐頤等，恃倚朕命，二十次，四十次，三十次，十七八次不答應，致使公事有妨。如此亂法，事覺皆處以極刑，盡是沮壞安身之法，自取殺身之禍。如民人亂法，朕見府、州、縣官吏苦民極甚，特不許有司差人下鄉，有司官吏亦不許親自下鄉。法已行，官吏守者且有一半，民甚安矣。有等恃倚《誥》文，非理抗拒，有司里甲糧長，不肯趨事赴工，以致家破人亡者多矣。嗚呼！姦頑之徒難治，扶此彼壞，扶彼此壞。觀此姦頑，雖神明亦將何如！今將各各所犯條列於後，觀者戒之。

一、建昌縣知縣徐頤，爲本縣夏税違限不納，本府帖下督催二十八次，恃頑不答，却乃詭生巧計，暗令納户黄文哲等赴所納倉分虚買通關。事發，刑部差旗軍張觀、音保等提取。本官將刑房吏喻俊輕隱藏，暗圖賄賂，接受鄧子富等三名鈔四百餘貫，脱放各人，却令吏房吏徐文政抄批支吾。是後，本縣官吏二十餘日不於正門出入，潛於後門往來。各軍等候日久，不見提到，每日止於縣前伺候，忽見抄批吏徐文政，拿住欲同赴京。本官發怒，故將各軍羅織，搶入縣廳跪問，誣以直行正道，於縣門下監鎖。内三名脱歸，面奏前項事情，本官聞知，才將原監鎖軍人疎放。及至坐提本官，又行令弟徐二舍會集老人張克成等七十餘人，至京妄保。行至江北，止分四十二人赴京，妄訴官有政事。如此姦狡百端，凌遲示衆。

一、松江府知府李子安，爲欽差旗軍傅龍保等十五名到府抄扎犯人計三家財，提取贓吏夏時中等三名，比對勘合之後，李子安不與旗軍知會，私自將計三家抄扎，尅落家財作弊，又將夏時中等三名受財賣放。各軍因見弊多，欲帶該吏張子信赴京回話，本吏將鈔十貫相送，被各軍送到本府封記。李子安慮恐各軍到京發其姦貪，却乃將帶本府吏典、皁隸人等，搶奪該吏回去，及將旗軍傅龍保等十二名收監。又三名走脱，欲行赴京，其知府李子安與守門鎮撫閉門邀截回還，鎖禁五十餘日。自知非理，朦朧妄申都察院定奪。都察院著令解院施行，其李子安又行設計，却將旗軍解赴府軍前衛，以致事發，凌遲示衆。

一、江浦縣知縣楊立，爲欽差旗軍到縣追徵胡黨李茂實鹽貨事，知縣楊立每日於各里長家飲酒，其江浦去京止隔一江，本官並不以公務爲重。及見旗軍催督追鹽，本官先與給事中句端面約，故不答應，却用掌記書寫事情，差皁隸送至給事中句端家。句端接入房内，備寫緣由，仍令皁隸將回，傳遞消息。別無上司明文，却稱我於給事中處討得分曉來了，如今不要追鹽，每引止折鈔四貫。如此結交近侍，欺罔朝廷，事發，凌遲示衆。

一、甘泉縣知縣鄭禮南等，爲催徵洪武十八年欺隱税糧事，本府四十八次帖下催徵，本縣並不答應。又爲追徵贓糧贓銀等事，累催不見次第。本府委自知事李固親到本縣著追，其知事到於撫安驛安歇，再三令人喚知縣鄭禮南、主簿婁本前來取招。鄭禮南不服，婁本出驛將領祇禁二十餘人，將知事李固去紗帽，揪住頭髻，再三揉辱，喝令祇禁搶去監禁。如此頑惡，凌蔑上司，罪可容乎！

一、開州同知郭惟一，不畏國法，惟務設計贓貪害民。本州耆宿董思文等再三勸諭本官：如今《大誥》頒行，務要安民，官人不可如此。其同知郭惟一發忿嗔怪，耆宿董思文等因此赴京陳告。其同知郭惟一率領祇禁人等，將耆宿董思文邀截回州，收監在禁，監死董思文一家四口，以致董思文姪董大赴京告發。其郭惟一梟令示衆。

一、德安縣丞陳友聰，通同里長唐祐等，欺隱茶株，不行踏勘，接受

本人羅、絹、布共十四，鈔八十貫。本府帖下二十七次提取，縣丞抗拒不服。及府委推官坐提，却行會集吏典、弓兵、里長、茶户周鼎等三十餘人，將推官等搶拏入縣，喝令打死勿論，隨即綁縛枷杻拘監。却寫奏啓本，差典吏易達、禁子馬興等，管押陳推官等九名赴京，遮掩前非。及至憲司差喻承差同本府知府黄維清前去追提，又行會集周鼎等將門把住，自執鐵叉拒敵。肆惡如此，凌遲示衆。

一、定陶縣知縣劉正，爲按察司追徵贓鈔事，移文一十七次，本縣不行答應。因差禁子陳良並兖州府差禁子李仕成到縣，坐追贓鈔四千七百八十貫。知縣令兵房吏趙謹將酒一瓶、鷄一隻與各人飲喫。各人説稱：知縣不行追徵贓鈔，却送鷄酒來。知縣却説：你喫也不追徵，不喫也不追徵。後因拿承差皂隸陳良等鎖收在禁，行枷杻手起解，又行商量：我不曾追得贓鈔起，他不曾坐公廳，騎官驢，若到京，我縣家有罪。因分付長押：中途放了，我只不要他告狀便了。如此姦頑，罪可容乎！

一、萊陽縣丞徐坦，爲勾軍事，府帖一十一次下縣催勾，徐坦與兵房吏劉英等收贓一百貫，不行挨勾。及至本府差典吏董志、禁子杜黑馬到縣提勾官吏，却誣董志等爲馳當道，入正門，枷杻赴京。聞知本府具奏，纔將軍丁張玉山勾解搪塞，凌遲示衆。

一、溧水縣主簿范允，爲抄扎姦黨張名善家財，本縣頑民湯希悦等隱匿抄扎財物，冒告文引，私下遞與張名善盤費，以致民人霍進等到縣告發。其主簿不以隱匿抄扎家財爲重，却行受要湯希悦等鈔四百貫，紅綾二匹，泯滅其事。向後霍進等欲行赴京陳告，又令湯希悦等邀截回還。故意受贓不理，却敢稱説：便告我，也赦我三箇死罪。他每不要本縣來住。致被霍進等告出前情。如此怙恩肆惡，梟令任所。

一、嘉定縣民蒲辛四，一户分爲三户。《大誥》未頒時，蒲辛四充耆宿，時常騙要里民周祥二錢物。《大誥》頒行，蒲辛四畏懼告發，父子三人將周祥二幫縛家内，用油浸紙撚插於周祥二左足大指二指兩間，逼令招爲害民弓兵。嗚呼！民有不良者如此。父子三人，分作三户，名開户不開。其蒲辛四充耆宿，一男充里長，孫充甲首，皆爲鄉里之害。及至將周祥二幫縛赴京，通政司驗問，足有火燒瘡腫。蒲辛四語言妄對，拿下問出前情，梟令示衆，籍没其家。

一、嘉定縣民沈顯二，詐稱魚湖頭目，與鄰人周官二將積年害民里長顧匡幫縛赴京。行至蘇州閶門，耆宿曹貴五觀和，沈顯二接受鈔一十五貫，紬一匹，銀釵銀鐲等物，就行脱放。顧匡畏懼再後事發，親自赴京出首。耆宿曹貴五聞知本人欲首：我係勸和人，必相連累，隨與一同赴京出首。其民人周官二一聞此事，畏懼首發，亦行赴京出首。其沈顯二聞此三人赴京，星夜趕至淳化鎮，意在一同出首。其周官二、曹貴五、顧匡設計，却將沈顯二幫縛面奏。至通政司，沈顯二杻脱在逃。周官二、曹貴五又行設計，却將原拿里長顧匡仍前幫縛赴通政司告。通政司審問：顧匡係你同伴拿人的人，你如何拿他？周官二言説：顧匡本是我每原拿的人，沈顯二受財脱放，我等各人畏懼事發，一同赴京出首。不期沈顯二續後趕來，我等一見沈顯二到，却將沈顯二作騙人財物幫縛前來，故意隱下前情。今沈顯二杻脱在逃，我等又將原拿顧匡幫縛首告。嗚呼！民有姦頑者若是，所設計謀，尋常語言説出來，人也早晚不能曉解其計。似此姦頑，四人皆梟令示衆，籍没其家。

一、歸安縣楊旺二，明知本都里長攢造文册，雇倩良民文阿華在家書寫，甲首盛秀二助勞，係是辦集公事，並無科歛害民情由，却乃姦貪恣惡，將文阿華、盛秀二幫縛拿至安吉縣地面，私自監禁一月，百般欺詐銀鈔等物，脱放各人。爲無人保領還家，心恐事發，仍將各人拿來。如此排陷小民，肆姦玩法，梟令示衆。

一、安吉縣民金方，佃種本縣民潘俊二田一畝六分，兩年田租，不行交還。其潘俊二赴金方家取討，本人反行嗔怪發狠，將潘俊二作害民豪户幫縛，騙要本人黄牛一隻，猪一口，宰請衆人飲喫。又行虚勒要潘俊二已收田租並不曾騙要牛隻文書三紙，然後將潘俊二幫縛前來。如此騙害良民，梟令示衆。

一、崇德縣民李付一等，見充本縣里甲。爲起夫於沿海地面築城防倭，擾民生理，二次牌勾，故意抗拒不答，俱各在逃。本縣批差甲首王辛三勾喚，李付一稱説：待我宰羊賽願，同你赴縣辦事。因設計詐請王辛三飲酒，醉後將本人作害民甲首幫縛赴京，言稱王辛三騙我羊酒飲喫。如此誣誑，各人凌遲示衆。

一、烏程縣民余仁三等二十九名，係本縣富民游茂玉佃户。游茂玉爲

見水災，余仁三等各缺食，將自己糧米俵借各人食用。其余仁三等不行備辦交還，却嗔游茂玉取討，因結搆頑民一百餘人至游茂玉家，將本人房屋門户俱各打碎。游茂玉爲見兇頑，潛躲他處。余仁三等於游茂玉家搜出原借米文約，其糧長閔益亦在其中，同惡相濟，將原借米文約唱名俵還各户。又於游茂玉家箱籠内搶出銀四十五兩，鈔七十五貫，首告買免。又將游茂玉家山羊二隻宰殺賽神，却將游茂玉作豪民幫縛赴京。如此兇頑，除將余仁三、閔益、嚴三保等梟令示衆，其餘各人發化外充軍，家下人口，遷發化外。

一、歸安縣民慎右三等，明知本都民人許福三、張勝四係是民害，自合即拿赴京，却不合指以幫縛民害爲由，恐嚇許福三等財物，致被福三等逃躲。因將許福三房屋門户毁壞，鷄鵝羊酒，私宰羣飲，韶神祈卜，然後將許福三等拿來。行至上元縣土橋，又行設計，逼令本人虚寫借米四十七石文約一紙與我，我只將你作幫虎名色拿去，免致梟令抄扎。行至通濟門外，又行設計，將所拿二人分作二起妄告，冒請賞給，以致被拿人告發。免死發廣西拿象，人口遷於化外。

一、歸安縣民戴興四等，爲恃頑不納秋糧，里長陳勝佑雇倩農民丘華一前到伊家催取。其戴興四等嗔怪本人到家取索，却將丘華一作幫虎拿來，致被通政司審出前情。免死發廣西拿象，全家抄扎，人口遷於化外。

一、蘇州府吴縣糧長於友本係胡黨，數曾犯法，面刺死囚隱送同罪。本人因與胡惟庸通謀，其弟於名，職内藏庫官，掌管錢帛，偷盗庫藏財物，已發寧夏充軍，本人亦發鳳陽屯種。後本人將隱送同罪四字起去，還鄉復業，充洪武十八年糧長。至十九年，本區内里長盛宗欲行赴京陳告本人胡黨事，其於友將本人邀回，置禮求免。略得少暇，却率家人及鄰里分使胡惟庸錢物者沈革六等二十名，將里長盛宗作害民弓兵幫縛赴京。朕親面見，其里長盛宗從前分訴於友爲惡緣由，黨弊昭然。於是命法司發回本貫梟令示衆。

《大誥三編·驛丞害民》 沅州黔陽縣安江驛丞李添奇，自洪武十五年到任，恣肆爲非，害民非止一端。每月取要驛户酒七十壜，茶、油、鹽各七斤，喂猪白粟米一石二斗，喂鷄、鵝、鴨穀一石二斗，及拘驛夫妻小到家紡織，又擅拆官船改造作自己船隻，裝載瓦器買賣。豈止如此，科斂驛夫銀鈔，收買良民來興等三名作本家驛口，占據驛夫五名在家使唤，不行走遞。後權安江巡檢司，違法做造生牛皮鞭，身帶腰刀，時常飛放擾民。及生員齎擎詔書到司，在外飛放，不行迎接開讀。如此慢君虐民，神人共怒，致被士民李子玉等率精壯拿獲赴京，罪不可容，所以斬趾，枷令驛前，所在驛官，觀之戒之。

《大誥三編·官吏長押賣囚》 各處爲事囚徒，有司或差吏員，或弓兵，或皂隸，或長押人等，管解赴京。此等之徒，不知利害，惟務貪贓，中途賣放者有之，就於本處獄内賣放者有之。似此姦貪賣囚之徒，屢常拿住刑之，人各不畏其死，犯者相繼。此《誥》一出，敢有仍前賣放囚徒者，本身處以極刑，籍没家産，人口遷於化外。

《大誥三編·揭籍點吏》 吏部郎中劉焕等，朕命揭黄册，照丁數點選吏人。其應天府所屬六縣，若每縣點選三二十名，足够使用；多者六七十名，十分備不缺矣。其郎中劉焕等，將溧水一縣選下有丁之户五十餘家，被給事中張衡奏發。以溧水一縣較之於九州之郡，若比僉點，不下數十餘萬，以爲吏用，何處安插？爲此，拿下法司詢問，爲何一縣點選若干！姦不能逃，實供在官。其詞曰：焕聞揭册僉吏，故將有丁力之家廣選，書記姓名，聲出在外，故使民知。民畏爲吏，必有賄賂。若此，吏曹選吏之權，今得揭册爲之，其所賄賂，甚非小小。嗚呼！前官屍未朽腐，受誅者血尚未乾，焕等一入吏曹，即蹈前非，是其難化也。

《大誥武臣·科斂害軍》 大同前衛百户李隆，爲要買馬，科軍人孫德等鈔四百四十九貫，布四疋，銀四兩入己；鎮南衛百户楊廳保科各軍鈔五貫入己，百户趙忠科各軍米一十六石、鈔七十五貫入己；叙南衛指揮夏晟，科各軍茜草一百斤做人事送人，又每旗科釘三千箇打船做買賣；寧海衛千户張麟、潘德，爲改造鎗甲，科各軍鈔八十七貫，各分入己；金吾後衛百户于保，爲屯種買牛，科各軍鈔七十五貫五百文入己；金山衛百户張敬，爲買墻板，科各軍鈔三十貫入己；萊州衛百户孫驥，爲畫圖本，科各軍鈔二十六貫入己；河南衛百户侯顯，爲蓋自己房屋，科各軍鈔八十貫入己。這火官人如此科斂害軍。那小軍每一月止關得一擔兒倉米，若是丈夫每不在家裏，他婦人家自去關呵，除了幾升做脚錢，那害人的倉官又斛面上打減了幾升，待到家里，吶音伐。過來呵，止有七八斗兒

米。他全家兒大大小小要飯喫，要衣裳穿，他那裏再得閒錢與人。這千百户每，直這等無仁心，他關了許大俸錢，倒又去科斂害軍。科這窮軍每的鈔，回家去賣酒賣肉喫呵，便如將他身上的血來咂喫一般。喫了這等東西，有甚麽長進，神天也如何肯。而今都發去邊遠充軍了，看他去做軍時，果實過活得不過活得。

《大誥武臣・冒支官絹》 府軍右衛千户朱德，府軍前衛千户許壽、左弼，龍驤衛千户戴楫，鎮撫丘魯，金吾後衛千户李茂，羽林右衛千户王寅，鷹揚衛百户甄祥、朱壽，府軍後衛百户居義，龍虎衛百户周驢，武德衛百户張弘，虎賁左衛鎮撫弓顯，府軍左衛鎮撫嚴整等，俱爲關支軍人冬衣絹匹，通同承運庫官黄伯學等，冒支出官絹二千五百九十四匹，各分入己。事發，都着他戴罪出征。這許多絹都是百姓每供將來的，百姓每多少艱難，纔做成得一匹。又多少艱難，纔運得到京城，收在庫裏。如何敢自家輕用了，不是有功的，也如何敢輕與。他每平白地裏多關出許多去，都將妄費用了。這是天財，如何容易消受得。

《大誥武臣・尅落糧鹽》 襄陽衛千户孫齊，尅落各軍月糧三百石入己； 千户周銘，尅落軍人鹽鈔二百貫入己； 鎮南衛百户周原德，尅落軍人月鹽三十三斤入己； 福州左衛百户劉義，尅落軍人鹽鈔二十二貫五百文入己； 臺州衛鎮撫錢興，尅落軍糧三百七十八石入己； 紹興衛百户王伯當，尅落軍人鹽鈔九貫八百文入己； 定遼衛百户靳允恭，尅落軍糧一十八石入己； 應天衛百户袁思誠，尅落軍人屯種稻穀一十石、小麥一十五石入己； 沂州衛百户王仁美，尅落軍人鹽鈔四十貫入己； 永州衛百户毛思盟，尅落軍人鹽鈔二十貫入己； 儀真衛百户劉仲賢，尅落賞軍蘇木二十二斤入己； 平陽衛百户何敬，克落軍人賞賜鈔一百貫入己。事發，都貶去邊遠充軍。那小軍每每月關的糧，及關得些兒賞賜，全家兒都望着他。做官的不能撫卹他，倒又去尅落了他的東西，也將心去度量一度量，果實過得去不過得去。這等無仁心的人，你怕他得長久，子孫出來怕會長進。

《大誥武臣・生事苦軍》 海寧衛千户費進，他以起蓋營房爲由，差軍出外砍竹子並茅。及至軍每千辛萬苦砍得回來了，他却將來堆在城裏，出號令不許各軍出去砍柴，就將這茅草做柴出賣。軍人每家裏無柴燒，又出城去不得，没奈何，則得去買他的做柴燒。小軍每一月止關得一擔兒米，喫也尚且不勾，又那裏有錢來買柴。他做千户的，每月關了十六擔俸米，却這等無仁心害那軍，若不罪他呵，那小軍每怎當。

《大誥武臣・賣放胡黨》 凡抄劄胡黨及提取害民官吏人等，都差軍官軍人前去。爲甚麽不差别人，止差軍官軍人？ 每日差一箇行人出去，有司打送，動輒數百貫鈔，這等人，白身在草窠裏出來，又無功勞，他却便得了許多東西，因此上都差軍官軍人，便他得了些東西，也是出過氣力的人，却不强似與那白身無功勞的人。其寧都衛指揮邢旺、汪海，千户嚴福等，不體這意思，又去作弊，接受胡黨家人李應名等五名鈔八百五十貫、銀六十兩、金十兩，却將各人賣放，着伴當陳彦一送出通濟門去訖。水軍衛鎮撫張龍，接受胡黨陳詠等鈔五百貫、銀二十兩，將各人户下人口脱放。當初着他抄劄胡黨時，則要抄得精細，不走了人，其餘家財不問多少都將與他。他却作弊，將罪人賣放，把法度壞了。這等不知恩的人，若不罪他呵，那撒潑的怎地怕。

《大誥武臣・賣放軍人》 應天衛百户韋真，接受軍人葉德驥銀四兩、鈔二十貫、紵絲襖子一件，將本軍脱放； 興化衛鎮撫陳林，接受軍人王受鈔五十一貫，將本軍脱放； 太原左衛百户劉雲，接受軍人薛尚文、荆希成等銀四十兩、鈔四十貫，將各軍脱放； 錦衣衛百户裴興，接受力士蔣次五等八名鈔九十貫、夏布五匹，將各人脱放。事發，都發去邊遠充軍。而今做指揮、做千户的，你怕是他一箇人的功勞，都是衆軍每做成與他的。若無了軍呵，便做是一箇好男子，也陣上渾當得幾箇人住，當不住，可便輸了。不知他却如何只要貪財，把軍都賣了。被財利迷了他心，一來把軍法壞了，二來身子也不顧了。這等愚夫，若不治他呵，久後裏怎地好。

《大誥武臣・生事害民》 杭州右衛指揮陳祥，他領軍出海捕倭，與令史魏克銘商量，以批引爲名，將捕魚船隻阻當，多般刁蹬，取要鈔貫方肯放他來往，共取受鈔一千二十一貫入己。後有軍人王鑾子，去都司告令史魏克銘係是積年民害，他又着千户陶真將原告趕回。事發，貶去金齒充軍。海邊百姓每常被倭賊害得没奈何，他做守禦巡捕的，絶不見他報些功勞來，則在那里生事害民，又將害民的猾吏隱藏在衛，商量作弊。他也不

若内府承運庫，收受金帛，當日交割未完者，許令附簿寄庫。若有餘剩之物，本庫明白立案正收，開申户部作數。若朦朧擅將金帛等物出外者，斬。守門官失於盤獲搜檢者，杖一百。

《大明律》卷七《户律·倉庫·守掌在官財物》 凡官物，當應給付與人，已出倉庫而未給付，若私物，當供官用，已送在官而未入倉庫，但有人守掌在官，若有侵欺、借貸者，並計贓，以監守自盜論。

（明）鄧士龍《國朝典故》卷三四《國初事蹟》 太祖於國初編《律》，頒行各衙門遵守。豈憶犯法者多，太祖曰：本欲除貪贓官吏，奈何朝殺而夕犯！今後犯贓者不分輕重皆誅之。後再編《律》，令枉法不枉法輕重罪之，著爲令。

（明）談遷《國榷》成祖永樂四年五月 戊午，駙馬都尉富陽侯李讓舍人中鹽被告，下錦衣衛，反坐告者。廷譴則錦衣衛以賂故，令都察院論家人如律。

（明）談遷《國榷》成祖永樂九年三月 癸酉，先有指揮許天城衛千户某罪，繫刑部獄。其母託已賂部官，并首所賂。上問千户與指揮有舊乎？曰：否。上曰：非舊何託爲？下指揮法司，則指揮鄰刑部，察母日槖饘，給其賂，事且泄，自首。上宥母不問，戍指揮交阯。

（明）徐學聚《國朝典匯》卷八一《府州縣》 〔永樂〕十三年七月上諭内外諸司官員，朕祇奉天命，統承皇考鴻基，即位以來，宵衣旰食，兢兢業業，廉謹幹濟，盡誠謁慮，愛恤軍民者有之，而闒茸無爲貪污壞法酷害軍民者有之，是致軍民受其毒害，困迫不勝。蓋由朕之不明，任用非人以致此也。且如灤州不才官吏指以官辦爲由，巧立名色，以一科百，以十科萬，所得贓物各分入己，民人受害，怨歸朝廷，天地鬼神不容，致使敗露已該凌遲處死，家産籍没，父母妻子給配。今後諸州官吏敢有仍前貪贓壞法虐害軍民，必殺無赦。其軍民今後有合辦差撥税糧等項，各要依期辦納，敢有頑猾過期不行辦納者，事發亦皆處以重罪。

《明太宗實訓》卷三《明賞罰》 永樂十六年十二月戊子，申嚴官吏犯贓之禁，進法司諭之曰：唐太宗惡官吏貪濁，有犯贓者，必寘於法，故吏尚清謹，民免於掊尅，貞觀之治，所以爲盛。朕屢勑中外諸司不許妄役一夫，擅歛一財，而不才官吏恣肆自若，百姓苦之。良農必去稂莠者，

思量保守名分，則一味潑做，直至而今做壞了才罷。

《大誥武臣·説事過錢》 成都前衛千户胡中，四川布政司爲鹽法事將客人葉惟茂等監問，他與蔣指揮家人蔣均俊通同前去胡參議處，求免從輕發落，過付錢鈔，就内抽減鈔三百二十貫、銀四十兩、紵絲一匹、鹽一引入己；又接受客人張潮英等銀十兩、鈔十五貫。着他在外廂守禦，他本等的事都不整理，却去交結有司，説事過錢。這等不才的，如何不罪他。

（明）談遷《國榷》太祖洪武二十八年閏九月 壬戌朔丁卯，吏部尚書翟善受賄當死，其父謙乞宥戍，許之，降宣化知縣。

（明）余繼登《典故紀聞》卷五 洪武二十八年，以侵暴屯卒誅東勝衛百户吴信，因遣使諭邊將曰：昔漢趙充國征討西羌，所用芻糧，未嘗仰給朝廷，由其勸課，撫綏有道，遂成大功。朕因中原之民艱於供給，故緣邊列衛，立屯田之法，以代民力。奈何將校不能撫綏，又困擾之，如東勝百户吴信，不卹士卒，侵其賞賜，貪淫無厭。使守邊者皆如信，田土何得而治，糧食何得而充？今遣人往諭，爾等其恪遵朕言，毋如吴信也。

《大明令·刑令》 凡在官受贓，去官事發；前任受贓，改除事發，並依見任追斷。

《大明令·刑令》 凡軍官犯贓，杖罪者，依例降等，隨即叙用。至徒、流者，充軍。建立事功，依例擢用。至死罪者，議擬聞奏，取自上裁。

《大明令·刑令》 凡官吏犯贓至流罪者，不問江南、江北，并發兩廣、福建府分及龍南、安遠、汀州、漳州烟瘴地面安置。其上項烟瘴地面附近州府之人犯贓，并發迤北邊塞處所。

《大明令·刑令》 凡江南府分里長犯贓，罪至徒者，除湖廣行省所轄府分及九江、南康、池州等依律徒役外，其餘去處里長，依律斷訖，將本人現種田土没官，連同居共爨家小，遷徙江北地面住坐，照依所没田地頃畝數目，撥付荒田爲業耕種。

《大明律》卷七《户律·倉庫·附餘錢糧私下補數》 凡各衙門及倉庫，但有附餘錢糧，須要盡實報官，明白正收作數。若監臨主守，將增出錢糧私下銷補别項事故虧折之數，瞞官作弊者，並計贓，以監守自盗論。

爲害苗也。繼今，犯贓官吏，必論如法，不可貸。

《明宣宗寶訓》卷五《正法》〔洪熙元年〕九月丙午，御史戴誠奏太常寺贊禮郎吕得真買羊湖州，逼取賄賂。上諭行在都察院臣曰：國家重祭祀，故犧牲諸物，皆買於民間，令酬實價，不許損民。今假此以求賄賂，人既興怨，神豈歆享？就令御史治之。

《明宣宗寶訓》卷四《武備》〔洪熙元年十月〕壬辰，巡按御史顧達奏，鳳陽指揮蕭敬等尅減軍士月糧。

上謂侍臣曰：古良將巡撫士卒，足其衣食，艱難則與同甘苦，貧困則給以私財。今所爲如此，平日殘忍可知。命刑部逮治之。

《明宣宗寶訓》卷四《武備》宣德元年正月甲寅，陽武侯薛禄奏，天城衛軍士守邊者，月糧折絹人一匹，千户潘海每匹但給二丈，餘皆入己。

上諭行在兵部臣曰：軍糧一石折匹絹，蓋優與之，使人得禦寒，而朕猶慮其乏食，今乃三分取其一，但知利己，豈有恤軍之心，其執付法司罪之。爾兵部仍給榜邊衛戒約。

《明宣宗寶訓》卷五《審刑罰》〔宣德四年〕六月甲午，吏部尚書郭璡奏文官有犯以納米贖罪例徒流贓罪降一等。

上曰：例者所以權一時之宜，豈可常行。若久行之，使貪汙者益肆其志，廉公者無所激勸，其可乎？今後文職官吏犯贓罪俱依律。仍命諭法司知之。

（明）談遷《國榷》宣宗宣德四年六月　甲午，定文官犯贓依律科斷不贖，追誥敕。

《明史》卷九《宣宗本紀》〔宣德五年〕五月癸卯，追奪贓吏誥敕，著爲令。

《明宣宗寶訓》卷四《恤將士》　宣德六年二月戊午，行在刑部奏長陵衛千户嚴忠詐取餘丁財物，罪應徒。

上從之。曰：朕念軍士艱難，故免餘丁之役，合資助之。管軍官其父母，乃不能體此意，而剥削之，此豈有心卹軍，小懲大戒，亦小人之福。

（明）談遷《國榷》宣宗宣德十年三月　〔丁亥〕定吏典犯法無贓者，斷決就役。贓則納鈔，完日俱發爲民。

（明）余繼登《典故紀聞》卷一〇　宣宗嘗諭右都御史熊概曰：朝廷優恤軍士，給以衣食，欲其得所。比聞官旗吏胥人等，妄意誅求，多立名目，衷取月糧，尅減冬衣緜花。亦有都指揮指揮假託公事，徧歷取財，乃以軍糧布花，變易金銀饋送，所以軍士衣食不充，多致逃竄。朝廷任彼撫綏，乃更肆爲刻削，俾恩不下究，情不上通，欲便按法行誅，則是不教而殺。爾都察院即揭榜禁戒，仍令巡按御史及按察司巡察，有再犯者處死，家屬戍邊。

（明）談遷《國榷》英宗正統九年八月　〔甲寅〕大理寺卿俞士悦等言：文職受財枉法滿貫絞者，例充軍。不滿貫者，並贖爲民。武職坐流徒杖者，概充軍。夫武職出萬死得官，例概充軍，則前功盡棄，罪反重於文職。乞令武職受贓私縱操卒滿貫當死者充軍。其不滿貫當流徒杖者，如舊贖罪還職。從之。

《明英宗寶訓》卷二《戒將臣》　正統九年八月丁未，勑太保成國公朱勇等並五軍三千神機等營曰：朕念軍士艱窘，命有司給銀兩以優恤之，而管軍頭目却以置備軍裝爲名，因而掊尅之。爾等畧不禁戢，甚者又假公事以科歛，役操軍以種田，揆厥所由，罪必有在，已命御史察糾，亟改前非，毋貽後悔。

《明英宗寶訓》卷二《諭臣下》　正統十三年九月庚子，上諭禮部尚書胡濙等曰：宗室，國之至親。近聞内外官員有以事至王府者，多方需索，以致窘迫。自今使臣至者，止許待以酒饌，餘物一毫勿與之。若有仍前需索者，三司并巡按御史體實來聞，不分内外，大小官員人等，正犯處死，全家發戍邊方。其三司御史知而容隱者，治以重罪，爾即移文各衙門官員人等一體知悉。

《明英宗實録》天順六年秋七月　〔乙卯〕京師有無賴子數十輩，常在吏部前覘聽選官吏監生，或謀賂内外官求美除，而貧欲借貸者輒引至富家借金，遂爲之徃賂。其實或徃或否，偶得美除，則掩爲己功，分有其金，俗呼爲撞太歲。既又執憑與所除官偕徃任，所取償數倍。至是有爲緝事者所覺，下錦衣衛鞫得實，俱發邊遠充軍，命都察院揭榜天下禁約。

（明）戴金《明條法事類纂》卷一三《户部類·鈔法·禁止勢要賣鹽

鈔例》 成化十三年正月二十二日，户部爲勢要貪利，〔屬〕〔囑〕賣食鹽鈔貫，虧官損民事。户科抄出巡按直隸監察御史黄傑題，訪得各處地方收受鹽鈔，最爲虧官損民。有勢要貪利之人，收買堪收鈔貫，一千貫有值銀二兩以上者，有值銀一兩以上者，亦有不堪收受者，裝運各處地方，交通官吏，有將財物土産相送者，有倚官職勢要相逼者，又〔有〕以甘言美語許以保陞照顧者。其各該官吏止知奉職勢要，不顧虧官損民，將鈔不憑解户檢驗，一概〔般〕〔盤〕收在官，然後攤分里甲，坐派人户，每一千貫，有勒作五兩者，有勒作六兩者，其大州縣等，價動以萬〔討〕〔計〕，小州縣亦不下三五千兩。小民被其〔利〕害，朝廷不得實用，鈔法不得疏通。除臣按屬地方，事發已經提問如律，照常例發落外，臣訪得此弊，不惟直隸一處小民被害，天下小民〔俱〕被害。其勢要貪利之人，多藉此致富。而無恥官員，多假此夤緣進身。若不立法禁約，貪風愈熾，小民被害，風行川流，〔倚〕〔何〕日止息！乞敕户部、都察院計議，今後收受食鹽鈔，不分存留起運，照依見行事例，俱要聽從小民自便。錢鈔中半自賣自納，解户依數收受，照原坐存留起解。若有勢要貪利之人不行遵守，仍蹈前非，包攬〔上〕納，高抬價值，逼勒害民者，事發將貪利販鬻之人〔及〕所屬官吏，通行參究，取問如律。囑賣鈔貫得過價錢，不分多少，盡數入官，照依時價撥給〔鋪〕户，自行買鈔上納，其餘銀鈔俱作備用等因，具本。該通政使司官奏，奉聖旨：該衙門知道。欽此。欽遵，鈔送到司，案呈〔到部〕。先該大興右衛指揮使周廣奏稱，近（軍）〔年〕以來，鈔法不行，每鈔一千貫止值銀四五錢。邇者，在京各行鋪户官買辦物件，所折鈔貫，終年不得關支，只得賣與殷實之家，自行該庫關出，就裝載於各布政司、府、州、縣去處。或以熟官員，大肆人情，公行囑託，每鈔一千，原價不過四五錢，卻徵銀五兩、一倍，〔此〕皆民膏民脂，小民受害，要行禁約。本部看得所言事理，誠有此弊。合無通行禁約，今後如有違犯，許諸人首告，犯人問罪，其鈔入官。具題。奉聖旨：是。今後倚恃勢要賣鈔，並有司聽囑的，都重罪不饒。著巡按御史糾舉。欽此。已經通行欽遵去後。今又奏前因，查得前項事理，案呈。合再通行禁約。爲此，（除外）合仰各司抄案回司，類行分管司、府，着落當該官吏，查照本部節次題奉欽依内事理，欽遵施行。

《明憲宗實訓》卷三《戒貪》 成化十九年二月丙子，都察院奏文職官有犯聽許財物問發爲民者，其人援有復職例奏辯，按律：官吏凡犯貪淫，俱罷職役不叙。今其人犯贓，雖未入己，貪污已著，槩擬復職，亦非政體所宜，宜如考覈素行不謹者，令冠帶閑住。

上曰：居官以廉潔爲本，一犯贓污清議所棄，況能逃於國法乎！彼聽財物與受而入己者，雖若不同，然已心許之矣，不必論其迹也。槩使復職，固失之，縱若令冠帶閑住，亦未足以爲貪墨者之戒，必仍發爲民，如律意爲是。法司其遵行之。

（明）戴金《明條法事類纂》附編《邊衛軍職侵欺臨敵糧草犯該斬絞罪者降級調衛例》 成化二十年十一月十一日，刑部尚書張等題，該户部尚書余奏。查得：巡撫遼東左僉都御史滕照奏準事例，軍職犯該監守自盗、常人盗倉庫錢糧，賣放操軍、侵欺糧賞、受財枉法滿貫律該絞斬者，照例運磚、運炭、納米等項贖罪。完日，俱降三級，腹裏衛分調邊衛，邊衛調極邊衛分，常川俸差操，不許管軍、管事。成化元年十一月二十七日。節該欽奉詔書：今後軍職有犯枉法等項例該降級者，免降，俱發邊方立功五年。滿日復職，仍迴衛帶俸差操。欽此。欽遵。即今内外法司問擬軍職，除真犯死罪外，有犯監守自盗、常人盗倉庫錢糧、賣放操軍、侵欺糧賞，受財枉法滿貫，律該絞斬者，俱發邊方立功五年。滿日，仍迴原衛帶俸差操，不許管軍、管事。此係見行事例。又查得軍職宿娼者，調衛；姦宿軍妻、行止有虧、敗倫傷化者，發原籍爲民，令應襲子孫承襲。看得尚書余題稱：保安衛指揮蔣銘、千户衛剛，並以後有犯此等侵欺、抵换臨敵糧草官價等罪，照依先年舊例減降二級，俱調廣西極邊衛分立功。滿日，就彼帶俸差操，不許管軍、管事。緣所領臨敵糧草餽送價銀，非比平時供輸之物，肆行侵欺抵换，法當緣嚴以示懲，合無準其所言，就行本官將蔣銘、衛剛查照舊例減降二級，俱調廣西極邊衛所立功五年。滿日，就住立功衛所，帶俸差操，不許管軍、管事。仍行都察院轉行各該巡撫、巡按等官知會，今後遼東、大同、宣府、寧夏、甘、延等處，但係西北一帶沿邊衛所軍職官員，有犯此等侵欺臨敵糧草官價，犯該斬絞罪名，俱照此例降級調衛發落。若平昔有犯不係臨敵糧草官價及徒流罪名，止照常例發落。如此，庶幾法令適宜，姦貪（如）〔知〕警。奉聖旨：是。蔣

銘，衛剛降二級調廣西極邊衛所立功。滿日，就彼帶俸差操。欽此。

(明)戴金《明條法事類纂》附編《鎮守守備等官取錢害人，聽科道及巡撫、巡按奏劾，及占奪有主山場田地，悉令退還例》　弘治元年閏正月二十五日，太子太保兵部尚書余等題，爲陳言事。職方清吏司案呈，該雲南道監察御史葛萱奏條陳四事具本。該通政使司官奏。奉聖旨：該衙門知道。欽此。欽遵。(我)〔案〕呈到部，今將擇鎮守以安地方一事議擬，開立前件。弘治元年閏正月二十五日，太子太保尚書余等題。奉聖旨：準擬。欽此。

計開：一件擇鎮守以安地方。臣觀各處鎮守、守備、分守備官爲一方之保障，係軍民之休戚。其任可謂重矣。得其人，則事妥而民安；非其人，早事擾而民害。(豈)〔豈〕可不擇其人而輕委任之也？近年以來，領是職者，縱人騷擾有司，則自百姓含嗟。又其橫肆之徒，聽用無賴小人，將空閑有主山場、田地、池塘等項已妄稱官地，報於本官，占爲己業，百姓畏懼，不敢與爭。似此之數，不可枚舉。朝廷委托盛意，本欲求地方之安，而轉爲地方之害。臣又聞兩京内外管軍者，有辦月錢之名；管門者，有網(見)〔兒〕錢之號；管糧者，有常例；鎮守者，有年例；抽分者，有菜子錢；各色收科者，有拜見錢；納炭者，有收炭錢；納米者，有收米錢。臣於成化二十年冬月早晨往本衙門辦事，於太平門外堤上親見後湖挑水軍言：每挑水五石，出錢二十文。以萬軍計之，該錢二十萬，號曰收水錢。沿途嗟怨。臣有不怨，臣恐剥削年深，軍民愈困，深爲未便。臣彼時亦欲陳言，因臣丁憂遂寢。近自陛下即位以來，此風漸息。臣再歷陳前弊，除有例欽給者，請量加裁減，無例擅自科擾者，痛加禁革。所以多弊者，蓋由不得其人故耳。今日武臣、内臣領鎮守、分守之託者，使德望(於)〔如〕班(趙)〔超〕，仁信如羊祐，愛物如曹彬，料敵如趙充國，必能鎮静一方，無歛怨害民之事。今日領守備總督之責者，使廉(静)〔正〕如珠儀，經濟如周抗，勤勞如陳豫，忠(宄)〔忱〕如王鯁，必能撫恤一方，自無過分妄爲之失。方今内外概有其人，但其間不能無不肖之混進，故不能無前之數弊也。乞敕吏部、都察院、兵部、六科十三道，通將各處鎮守、守備、分守内臣、武臣、文職並倉場、門禁員缺，評其賢否、得失、才識高下，悉要推舉諳練治體、老成端謹之人，取其所長，舍其所知短，隨其才器，斟酌用之。如：某人勘任某官，某人可治某人。可留者，留之；可調者，調之。其餘濫設及生事擾民者，取迴别用。庶使地方寧謐，軍民有賴，爲國家無疆之福也。其繁難去處，存留内臣一員，減省去處，乞爲裁革。如無堪舉之人，通行革去。(正)〔止〕留巡撫、都御史，尤爲盡善。再乞申兩京都察院，歷將前弊通行出榜禁革，不許仍蹈前非。如有不行改正，許科道官指名劾奏，加以重治，以蘇軍民之困痛，掃積年之弊，新今日之規模。久居長治之策，端在此矣。

前件查得：成化三年五月十八日，該本部官節該欽奏憲宗皇帝聖旨：爲官的，都有俸禄、人役。若有不體朝廷歲費衣糧養軍備用的心，徇私己利，揆之天理、國法皆怕難容。自今坐營把總以下，但役占(丘)〔五〕名以下者，降一級；五名以上者，降二級；甚者，罷職充軍，仍發邊方守禦。如或容情故縱不舉者，事發，一體治罪不饒。欽此。續爲官軍月糧等事。該本部議得：太監汪直所言，各處鎮守、分守内外官員中間，有時備邊軍士私役數多，緣無定與則例，合無比照京營事體量減，定擬軍伴管操指揮各四名，管隊千户等官二名，先盡餘丁撥用，不許指勒包攬囚錢。遇有警急照舊操守。成化十四年四月十七日奏。奉憲宗皇帝聖旨：是。準擬。欽此。續爲災異陳言事。該本部定擬京營提督内官五十名，掌營内官與總兵官三十名，坐營官十名，把總官五名。各處鎮守内外官二十名，分守内外官十五名，守備内外官十名。續爲陳情守備事。該旗手衛軍人曹銘奏稱：守門門官内(便)〔弁〕員數繁冗，勒要守衛軍人網巾、煤炭等項銅錢。本部議得：合無行科道、各該點城官、並本部委官、及留守五衛官，各要用心時常點閘。如有賣放遠處，並勒要財物者，聽各官指實具奏拏問。成化二十一年二月十四日，節該奉憲宗皇帝聖旨：是。今後守衛官軍，敢有似前指此爲由，多害軍士錢物，送與門官内使，賣放迴營。及指揮千百户人等，侵剋肥己的事發，官降，軍人調發邊衛差操。恁還通行各衙門守門、守衛、内外官軍人等遵守。欽此。除欽遵外，今監察御史葛萱奏稱：兩京内外官員：管軍者，有辦納月錢；管門者，有網兒錢；管糧者，有常例錢；鎮守者，有年例錢；抽分者，果子錢；各色收糧者，有拜見錢；納炭者，有收炭錢；納米者，各有收米錢。情

弊多端，皆由不得其人所致。要將鎮（中）〔守〕分、（中）〔守〕等項內外官員，平昔賢否得失。可留者，留之；可調者，調之。其餘取迴別用一節。所處在京衙門各營內臣，近該司禮監奏請處置。在外鎮守、分守等項內外官員中間，有奉成化二十三年九月初六日詔書取迴者，該本部九月二十七日，奉行自陳。一、惟聖明裁擇，定其去留者，有該本部弘治元年閏正月十五日，會科道考察存留者，俱別無定奪外，所據前項情弊，合無不必出榜，止是通行在京各提（替）〔督〕、內外大臣，及南京守備參贊內外大臣、兩京五府、各衛、各門守衛、內外各邊鎮守、總兵、巡撫內外官員，各以體國爲心，痛革前項取錢之弊。此外，（丈）〔又〕有賣放、供給、科擾、聚斂等項患害，一切革罷。及行戶部通行查理，果有占奪百姓有主山場、田地、池塘等項，悉令退還。敢有不（後）〔悛〕者，聽兩京科道並巡撫、巡按等官，指實劾奏，即置於法；容情不舉者，事發，一體治罪。

（明）余繼登《典故紀聞》卷一五　成化時，都御史李賓言：在外官司聽斷官民詞訟，動輒罰人財物，始則暫寄官庫以欺人，終則通同庫役以入己。又預備稽考告訐，假立文簿，虛作支銷。宜行禁革，嚴治其罪。從之。

《明孝宗寶訓》卷三《正法》　弘治元年閏正月丁卯，初太監梁芳等以獻珎玩得寵，一時後宮器用以珎寶相尚，京師上下亦然，物價騰踴，一珠至數十金，市者皆秉以取富。於是指揮使張紀、指揮僉事任義、千戶馮宇、沈達，百戶楊春，所鎮撫徐昌、袁凱與賈人馮謙、王通、李祥、王智、夏線兒等日求採供獻，至是，言官劾奏下獄。

上曰：紀等交結內侍，進獻珎玩，盜支內府財物數多，雖遇赦，難依常例。紀、義、宇、達俱發遼東鐵嶺衛，春等六人發口外開平衛，俱永遠充軍，昌、凱革職，調永寧衛。

（明）戴金《明條法事類纂》附編《軍職求索賣放軍人及占奪屯田等項，照舊例發落，若有屢問屢犯情重者，奏請》　弘治六年五月二十日，刑部尚書彭等題，爲陳言舊例以革宿弊事。雲南清吏司案呈，奏本部送刑科抄出欽差整飭蘇州等處兼巡撫順天府地方都察院右僉都御史魏題。竊惟養兵所以衛民，衛民所以保邦，爲國良法無於此。臣邇者奉敕親閱邊關，因點查得：今關（寨）〔塞〕、營堡、衛所軍士亡故者固有，在逃者倍多，詳其所以，皆由管軍官員任意科害，或隱占在家做造器物，或私放歇閑勒出銀兩，或奪占衛所屯田威迫耕種，或剋減該関月糧，侵收入己。但遇生辰慶賀、歲時節禮，展轉餽輸，以因已衛。及將見在餘丁暗地役使，賣放，解到新軍不肯發伍食糧，掌印管操官勒要拜見禮，衛所各旗吏索要紙筆錢。中間或有措辦不前，自縊身死者有之；亦有因見盤纏已空，棄妻在逃者有之；是以每年清勾起解，隨解隨逃，以致軍士日耗，皆因此輩自負軍官犯贓問罪，只該復職。其意以爲縱使事發提問，不過用銀數兩收贖，官職還在。臣伏睹大明律：文職官犯私罪餘條內，凡犯罪至杖一百者，文官該罷職不叙，軍官該降充總旗，是以當時守法人不受害。後（月）〔因〕軍官犯枉法贓，俱問（後）〔復〕職，不惟（周）〔國〕法不均，抑且縱容此軍官肆行無忌，其（呈）〔至〕侵欺在官糧銀、（益）〔盜〕用軍器、物料，屢問、屢犯，弊不可除，不獨沿邊如此，誠恐腹裏亦然。如蒙乞敕該部計議奏準，〔今〕後軍職有犯除別項因贓致罪者，照依（允）〔見〕行事例發落者，因剋減賣放、科斂、求索軍餘所得糧銀，奪占屯田地土所（救）〔收〕子粒，侵欺在官財物，盜（困）〔用〕軍器、物料，犯至徒罪以上者，俱依律同罪，降等叙用。庶使人知警懼等因。該通政使司官奏。奉聖旨：該部知道。欽此。欽遵。抄出送司。查得：成化元年八月內，刑部等衙門尚書等官陸等題，該巡撫遼東都御史勝照奏。（仝）〔全〕〔今〕後軍職有犯監守自盜、常人盜倉庫錢糧、賣放操軍、侵欺糧賞、受財枉法滿貫，律該斬絞者，照例運磚等項。完日，俱降二級，腹裏衛分調邊衛，邊衛分調極邊衛分，常川帶俸差操。其監守自盜、受財枉法不滿貫、挾勢求索所部財物入己、私役操軍、辦納月錢，犯該徒流罪名者，俱照常例發落，仍於原衛所帶俸差操。等因具題。節該（俸）〔奉〕憲宗皇帝聖旨：都在滕照擬奏事例發落，便行內外問刑衙門知道。欽此。本年十一月內欽奉詔書內一款：今後軍職有犯枉法等項，例該降級者，免降，俱發邊方立功五年。滿日，復職。仍迴原衛，帶俸差操。欽此。成化三年四月內，兵部題，該監察御史康驥奏：軍職如有私役軍人跟隨辦納月錢、索要財物、逼迫在逃，及賣放迴還，該管官員問罪，照例革去管事。若新解到衛軍未及一年，被該管軍逼（近）〔迫〕在逃賣放迴還十名以上，

仍降一級。每十名遞降一級，帶俸差操。等因具題。奉憲宗皇帝聖旨：是。欽此。成化二十一年十一月内，該兵部題，準通行在内在外各該都司衛所衙門，照依欽定事例，軍政官員只撥與餘丁，使正軍不許摘撥。役占五名以下者，降一級；五名以上者，（級）〔降〕二級；甚者，罷職充軍，仍發邊遠守禦。令該前因通查，案呈到部。有得都御史魏奏：要將軍職所犯剋減、賣放、科斂、求索，並奪占屯田、侵欺官物、盜用軍器、物料，犯至徒罪以上者，依律問罪降等一節。緣查有前項節（大）〔文〕奏行事例，難再更張，合無通將前項再行申明禁約，事發到官，提問如律。查例發落中間，如有屢問、屢犯，情重罪輕者，聽巡撫、巡按等官臨時問擬明白，奏請定奪。（緣）具題。奉聖旨：是。欽此。

《明世宗實録》正德十六年七月　丙子，命革錦衣等八十衛所及監、局、寺、廠、司庫諸衙門旗校勇士、軍匠人役，凡投充新設者十四萬八千七百七十一人，敢有違明詔，影射存留，冒支倉糧者，罪如律。

《明世宗實録》正德十六年十二月　〔庚辰〕户部議覆漕運總督陶琰等條奏：漕政事宜請嚴，總衛管運官如有科斂軍士財物至五十兩以上者，問發邊衛充軍；不及數者，照例降級；侵盜官糧至百石、銀至百兩以上者，問擬斬罪。若犯罪，行提三次不到官者，行令該衛追贓完日，申巡按御史炤例擬罪發落。以後有犯，永爲遵守。及行各該監兑巡按官及京通二倉坐糧巡倉，並薊州管糧官將各該運官遷延違限，有司徵收過期者，指實參奏提問，查炤住俸降級事例，著實舉行。從之。

《明會典》卷一一八《兵部·銓選·勳禄》　凡軍官侵盜錢糧監追未完，子孫襲職者，扣俸還官。萬曆八年議準，武職犯該監守自盜等罪，問擬永遠充軍者，追贓不論年月久近、贓數多寡，務要追完，方許保送應襲之人襲職，不許扣俸抵補。其犯該因公科索等罪，問擬立功降調以下，贓百兩以上監追一年之外不能完官者，許扣俸抵補。如贓少家富，仍追並完納。有正犯子孫故絶而别枝子孫當襲者，先準襲職，然後扣俸抵補。如或贓銀至數百兩，米至數百石以上，而承襲之人官卑俸薄不能補完，當先儘正犯家産估賠，並將俸扣十分之五。其餘應否開豁，勘明奏請。

凡立功未滿身故，子孫襲替者，與支半俸，扣至限滿全支。其立功遇宥官，正德二年題準，行該衛所扣算。自到彼立功，及遇宥回衛已過五年之上，又能改過自新者，照例與支全俸。其未及五年，全未及立功者，亦須扣算五年之數，方許收支。若長惡不悛，雖及年限，亦不準與。該衛所有朦朧收支者，參問枉法贓罪。

《明會典》卷一三二《刑部·受贓·家人求索》　凡監臨官吏家人，於所部内，取受求索，借貸財物，及役使部民，若賣買多取價利之類，各減本官罪二等。若本官知情，與同罪。不知者不坐。

《明會典》卷一三二《刑部·受贓·風憲官吏犯贓》　凡風憲官吏受財，及於所按治去處，求索借貸人財物，若賣買多取價利，及受饋送之類，各加其餘官吏罪二等。

《明會典》卷一三二《刑部·受贓·私受公侯財物》　凡内外各衛指揮、千户、百户、鎮撫，并總旗、小旗等，不得於私下，或明白接受公侯所與寶鈔、金銀、段疋、衣服、糧米、錢物。若受者，軍官，杖一百，罷職，發邊遠充軍。總旗、小旗，罪同。再犯處死。公侯與者，初犯再犯，免罪附過；三犯，準免死一次。若奉命征討，與者、受者，不在此限。

《明世宗寶訓》卷七《飭吏治》　嘉靖六年十一月癸未，上諭輔臣曰：吏部劾奏熊一渶本，卿等票來止説戒其後來，往者不究，恐無以戒後者。今可批示，熊一渶即屢被論劾，却不迴避，今又該巡按御史劾有貪婪實跡。革了職，所犯贓私，行巡按官勘問明白，着實盡追入官，奏來處治。近年犯贓官員，雖難參劾，皆止去官，贓私多少，置之不究，終身受用無忌懼，所以往往不知警戒。爾部視裡會同都察院，從實查究參來，説如此方可懲戒將來，徒以虚文，頑貪愈無忌憚，勿故姑息。

《明世宗寶訓》卷七《飭吏治》　嘉靖四十四年十二月乙亥，雲南臨安府同知何啓蒙、河陽縣知縣嚴傑俱以貪酷，爲按臣所糾，詔俱黜爲民。仍以傑下巡按御史提問，具奏。因諭吏部、都察院曰：貪官不治，百姓不安。今後犯贓數多者，俱照此例行，不許貸縱。都察院通查先今奉旨逮問文武官，催行各御史劾勘問結，於回道考察日明開已未完件數奏請，毋得隱護。

（明）卜世昌等《明通紀述遺》嘉靖四十一年正月　〔左都御史潘恩言四事〕三言御史巡歷供億饋遺之費，動至百數，甚或公受保舉謝儀，私索地方土物。今後毋過自奉，毋厚私交，仍禁革守令常例，一切羨餘紙

贖，悉歸公帑。【略】上命務實舉行。

（明）余繼登《典故紀聞》卷一七　嘉靖時，以工部尚書李鐩營求得諡，不協公論，并贈官俱革。因詔：大臣家子弟，有託爲求文，公行賄賂營求贈諡廕官者，緝事衙門訪實，奏聞處治。

（明）陳仁錫《明世法録》卷五五《漕政·官軍犯罪》　隆慶二年，題準把總官除合用座船應用軍伴外，不許多占船隻，多帶門廚書識，派累貧軍供應，違者聽漕司僨運等官，指實從重參究。

一、勢豪與放私債，交通運官，挾勢擅拿官軍綁打凌辱，强將官糧準還私債者，軍發邊衛充軍，民發口外爲民，運糧官參究治罪。

一、漕運把總，指揮千百户等官索要運軍常例，及指以公辦等費爲由，科索并扣除行月糧，與船料等項值銀三十兩以上者問罪。立功五年，滿日降一級，帶俸差操。如未及三十兩者，止照常科斷。其跟官書算人等，指稱使用科索軍人財物入己，許贓論罪。如至二十兩以上，發邊衛充軍。

一、凡漕運錢糧，有侵盗銀三百兩，糧六百石以上，俱照侵盗本律，仍作真犯死罪。係監守盗者斬，係常人盗者絞。奏請定奪。

（明）談遷《國榷》穆宗隆慶六年十月　丙子，隨州知州周行墨甚，削籍下臺訊，上因諭吏部，奏報貪吏毋諉縱。

《明神宗實録》萬曆三年五月　〔丁巳〕有假新選州同詐借商人銀八百兩者，事覺，吏科給事中李盛春疏言：棍徒結夥誆害，及富商放債重貪，宜行廠衛嚴加訪緝。因言開納事例，除冠帶榮身無關民社者可也，若有司佐幕分牧之官能爲民害者，宜悉行停止。爲貪官圖選有司之禁，一夫一皂，皆民財力，宜通行撫按衙門嚴禁。三司首領，州縣佐貳官不許擅自擡轎，違者據法重處。州縣佐貳官果有貪污不職，正官不行開報；州縣正官果有貪污不職，知府不行開報者，撫按官宜仿古連坐之法參論罷黜。見在有司果與地方相安可堪父任者，宜照例題請加銜。州縣佐貳雜職貪酷害民者，照例盡法追贓問遣。果有材能超卓者，照例不拘資格，一體薦揚。庶部黨息而人心知儆，選法清而吏治彌肅。吏部覆奏。從之。

《問刑條例·刑律·賊盗·監守自盗倉庫錢糧條例》　凡倉庫錢糧，若宣府、大同、甘肅、寧夏、榆林、遼東、四川、建昌、松潘、廣西、貴州，并各沿邊、沿海去處，有監守盗糧四十石，草八百束，銀二十兩，錢帛等物值銀二十兩以上，常人盗糧八十石、草一千六百束，銀四十兩，錢帛等物值銀四十兩以上，俱問發邊衛，永遠充軍。兩京各衙門及漕運，并京、通、臨、淮、徐、德六倉，有監守盗糧六十石，草一千二百束，銀三十兩，錢帛等物值銀三十兩以上，常人盗糧一百二十石、草二千二百束、銀六十兩，錢帛等物值銀六十兩以上，亦照前擬，充軍。其餘腹裏，但係撫按等官查盤去處，有監守盗糧一百石、草二千束，銀五十兩，錢帛等物值銀五十兩以上，常人盗糧二百石、草四千束、銀一百兩、錢帛等物值銀一百兩以上，亦照前擬充軍。以上人犯，俱依律并贓論罪，仍各計入己之贓，數滿方照前擬斷，不及數者，照常發落。若正犯逃故者，於同爨家屬名下追賠，不許濫及各房親屬。其各處徵收在官應該起解錢糧，有侵盗者，俱照腹裏例擬斷。

凡沿邊、沿海錢糧，有侵盗銀二百兩、糧四百石、草八千束，錢帛等物值銀二百兩以上，漕運錢糧，有侵盗銀三百兩、糧六百石以上，俱照本律，仍作真犯死罪。係監守盗者，斬。係常人盗者，絞。奏請定奪。

《問刑條例·刑律·賊盗·監守自盗倉庫錢糧新題例》　萬曆十五年正月題奉欽依：除係真正監守自盗與真盗官物者，不論雜犯，俱行刺配。如係查盤坐侵及非真盗而以監守自盗論者，照依歷年會議，雜犯準徒，仍行免刺。

《問刑條例·刑律·賊盗·監守自盗倉庫錢糧新頒條例》　十四年十二月本部題，爲遵明旨酌情法，以便通行事。奉聖旨：盗犯贓貫，原有正律，但近來問刑官失於詳審，任情擬斷，以致罪有枉濫，法礙遵行。你部裏既參酌適中，以後真盗實贓，不論犯徒、減徒，務遵前旨行。其查盤坐侵等項，照舊免刺，不必引用新例。

萬曆十八年五月内四川司問過犯人張進等，偷盗庫銀緣由，大理寺題，奉聖旨：張進、趙保、鮑舉，都著錦衣衛用二號大枷，於工部門首，枷號兩個月，滿日發遣，以後偷盗銀兩的，照這例行。

（明）樂天子《折獄奇編》卷一《六贓辨》　一曰監守。所謂監守盗者，但係經管經收及臨差遣管領提調人員，并佐二首領官同署文案者，皆是也。

一曰常人。所謂常人盗者，凡係在官之役監臨主守之人，取受侵欺借貨，如同倉庫官攢斗級庫子盗本庫本倉，非自己經收之物，及擅取衙門中官造什物磚瓦之類。官山内樹木，軍船上所載官物，皆是也。

一曰枉法。所謂枉法者，凡受人財而爲之逆理曲法，枉斷枉爲，是枉法贓也。

一曰不枉法。所謂不枉法贓者，凡官吏人等受爲人財物不曾違法，是不枉法贓也。

一曰竊盗。所謂竊盗者，但潛形隱面而偷取人財物，不專在於剜孔鑽門也。如白日在街伺人不見而取之者亦是。若白日突入人家，瞰人不在，或剜人袖内荷包而取財物，則爲掏摸，罪同竊盗。

一曰坐贓。所謂坐贓者，如新任新役接收部屬拜見銀兩及諸色人等。無事受人餽送，與彼殺傷醫藥之外，損壞牛馬器物房屋賠償之外，被人偷盗原數之外，各多取財物者，又如擅科歛財，或造作虚費人工物料之類，皆名坐贓。

黄彰健《明代律例彙編》卷七《户律四・倉庫・私借錢糧》　凡監臨主守，將係官錢糧等物，私自借用，或轉借與人者，雖有文字，並計贓，以監守自盗論。基非監守之人借者，以常人盗倉庫錢糧論。若將自己物件抵换官物者，罪亦如之。

胡瓊集解附例

一、各處部解官吏大户，起解各色錢糧，不分在家沿途，已入倉庫或未入倉庫，及經收官攢並攬頭人等，但有侵欺花費，遇革不行首出還官者，仍查照原定各邊兩京腹裏等項事例，計算所侵減數多寡，分别等第，一體問罪發邊遣。

一、攬納錢糧，擅開官封，侵盗官銀，販鬻營利，枷號兩個月，滿日發邊衛永遠充軍。

黄彰健《明代律例彙編》卷七《户律四・倉庫・攬納税糧》　凡攬納税糧者杖六十，著落赴倉納足，再於犯人名下，追罰一半入官。若監臨主守攬納者，加罪二等。其小户畸零米麥，因便輳數，於納糧人户處附納者，勿論。

弘治問刑條例

一、京通並馬房倉場等處，收受草束，若兜攬之徒，恃强，將不堪水濕小草充數，囑託監收官員收受者，拏送問罪，枷在本處倉場門首三箇月發落。

一、内外倉場等處糧草，並各處軍需等項，不拘起運存留，但有包攬誆騙，不行完納，事發問罪，責限三箇月以裏完納，者照常發落；過期不完者，儘其財産陪納，發邊衛充軍。經年不完者，仍枷號一箇月，照前發遣。各邊武職，主使家人伴當跟隨，交結人員，挾勢攬納作弊者，參問，降二級。聽使之人，仍照前例問發。

一、各處掌印官，將所屬起解一應錢糧批交，妄作人情，攬與内外勢要官豪者，問發爲民。干礙勢豪，參究治罪。

一、各邊召商上納糧草，若内外勢要官豪家人，開立詭名，占窩轉賣取利者，俱問發邊衛充軍。干礙勢豪，參究治罪。

續例附考

一、各處部解錢糧等項人員，自行及主令子弟家人承攬解納侵剋官價者，坐以監守盗。若他人包攬錢糧正價，侵分花費，坐以常人盗。若包頭等項人員，於錢糧正價外，多要盤纏使用等項，或已包攬原解布絹花絨皮張顔料生藥等項本色錢糧，指以脚價使用爲由，多誆銀兩財物，並分受者，俱坐以誆騙。若包攬之人，事發問罪，監追三箇月之上，或經年不完者，俱照例充軍枷號發遣。

胡瓊集解附例

一、王府將軍中尉及儀賓之家，但有用强兜攬錢糧，坑陷納户者，將應得禄糧價銀，一體扣足給主，方許關支。

一、在京街坊有等刁徒光棍，時常善訪鋪行，但與解户交關價銀，輒便邀集黨類，數十爲羣，入門噪鬧，指爲攬納，捉獲送官。其家畏懼罪名，厚賂買滅，所費用錢物出在解户，其其作或交關未完者，委被驚散，錢糧累年不完。今後該府將各項鋪户審勘丁力相應之家，問送户部，收報在官。各司府州縣起解錢糧布絹等項揀退不堪者，解户有能自行買補，聽從其便。不能買者，學官估定價值，責令鋪户領賣銀兩收買補納。若鋪户刁蹬遷延不行買補者，照依在京坑陷納户事例；無籍光棍再有打攪，照依在京打攪倉場事例，聽户部拏送法司，問發充軍。

大明律直引所載問刑條例

一、清弊源。切惟各處錢糧，一絲一粒，皆民脂民膏。僉點解户，運至京師，多遭攬頭人等誆騙，以致揭債破家，坑陷而死者有之。户丁又被追併，淹禁而死者亦有之。查得本部問過犯人陳昂，承攬草豆各倉場上納，共誆銀七千四百餘兩。犯人任亮，承攬松江布疋甲字等庫上納，誆銀八千五百餘兩。犯人李達承攬山東柴炭惜薪司等處上納，誆銀一千餘兩。其餘類此者不可枚舉。揆厥弊端，豈無所自。蓋由各倉場監局廠庫等衙門管事並内外勢要人員，巧立名色，勒措銀兩，通同作弊，以此攬頭人等，遞加誆攬，及至緝拿到官，多不窮究其源，一切并坐攬頭。其得財之人邈然不知，貪黷愈甚。既往昔固難追究，將來者尤當嚴戒。伏望皇上痛念軍民困苦，乞勅各該緝事衙門，今後拿獲攬頭到官，務要追究受財人員，指實參奏，並送法司，明正其罪。其告法司者，一體參究追問。如此，庶幾弊源可杜，而災異可弭矣。

嘉靖問刑條例

一、在京刁徒光棍，訪知鋪行但與解户交關價銀，輒便邀集黨類，數十爲羣，入門嗓鬧，指爲攬納，捉要送官，其家畏懼罪名，厚賂買滅，所費錢物，出在解户，以致錢糧累年不完。如有犯者，聽經該及緝事衙門，拏送法司，查照打攪倉場事例發遣。

萬曆問刑條例

一、各處司府州縣，每歲將應解錢糧，起數先後，編次在册。務要差委的當人員，依次起解。其兑頭水脚等項，照數交領，不許分毫侵尅。仍將起解日期，預先報部，以憑查催。如有阿狥人情，濫差積年無藉之徒，及捏稱把總雜職陰陽省祭等項名色領解，致侵銀一千兩以上者，降一級。若應解錢糧，不即起解，因而别項那用一千兩以上者，亦降一級。五千兩以上者，照不謹事例罷黜。其册報錢糧，已經解出，違限一年以上，不行追取批回者，官住俸，承行該吏革役。若聽内外勢要官豪攬納者，問發爲民。干礙勢豪，參究治罪。

順治例與萬曆例同。

一、内府錢糧及内外倉場糧草，並各處軍需等項，不拘起運存留，但有包攬誆騙，銀一百兩，糧二百石以上，不行完納，事發問罪。責限三箇月以裏完納者，照常發落。過期不完者，儘其財産賠納，發邊衛充軍。經年不完者，仍枷號一箇月，照前發遣。各邊武職，主使家人伴當跟隨，交結人員，挾勢攬納作弊者，參問，降二級。聽使之人，仍照前例問發。

新頒條例

一、萬曆二十二年該刑部尚書趙題，爲酌議條例未盡事宜，恭請聖斷，以正法典，以永垂久事。題稱：今後納税去處，有權豪無藉之徒，朋謀結黨，倚勢用强，措勒客商，挾制官吏，攬擾商税，或恐嚇騙客商財物者，杖罪以下，本處枷號二箇月發落。徒罪以上及再犯杖罪者，免其枷號，并發附近衛分充軍。係軍衛者，發邊衛。其包攬侵尅，雖無攬擾之情，但係國課者，一百兩以上，亦發附近充軍。其不干國課與不及數，及無攬擾之情者，止計贓問罪，仍枷號一月發落。庶輕重有辨，情罪合宜。伏惟勑下本部，纂入條例，遵行等因。奉聖旨：這侵欺國課，包攬税糧，情罪既有輕重多寡不同。其充軍枷號，都着依擬行。欽此。

黄彰健《明代律例彙編》卷八《户律五·課程·監臨勢要中鹽》 凡監臨官吏詭名，及權勢之人中納錢糧，請買鹽引勘合，侵奪民利者，杖一百，徒三年。鹽貨入官。

黄彰健《明代律例彙編》卷七《户律四·倉庫·冒支官糧》 凡管軍官吏總旗、小旗，冒支軍糧入己者，計贓準竊盜論。免刺。

弘治問刑條例

一、各衛所管軍頭目人等，將明正公文，關出官軍糧料布花等物。若指以公用差使爲由，因而侵欺糧料一百石，大布一匹，綿花一百斤，錢帛等物直銀三十兩以上者，問擬如律。軍職立功五年，滿日降一級，帶俸差操。旗軍人等枷號一箇月，發極邊墩臺守哨，五年滿日疎放。

一、弘治三年二月二十七日節該欽奉聖旨：鍾滂奇浥奇濁，節次重出領狀，冒支官糧，好生不遵祖訓。就將他每禄米，革去十分之二，以示懲戒。今後將軍儀賓有犯，都照這例行。欽此。

一、官員監生吏典旗軍人等，關過俸糧及預支應得糧米，遇有事故調用等項，五斗以上，失於還官者，事發止問不應，追糧還官。五斗以下，俱免追問。

胡瓊集解附例

一、弘治十三年十一月覆奏，軍人揭債，債主自走倉庫關領者，比依擅領軍職俸糧事例，債主問詐，委官問擬受財聽囑罪名。【略】

新頒條例

一、刑部爲查發侵餉大姦，謹請明旨處分，以清積弊，以警將來事。内準都察院咨：該總督蘇遼保定右都御史兼兵部右侍郎張國彦等會題：内參廣寧左衛餘丁兵備道書辦徐仲魁楊柏翁宗善等，與管糧衙門並各營哨掌糧寫字王國用牟占兒等，侵欺官軍俸鈔糧賞馬匹料草等項銀兩緣由。除徐仲魁等問擬監守自盗庫錢四十貫並贓二百兩以上，照例真犯斬罪；翁宗善等永遠充軍。議稱：今後有犯該監守自盗之條者，該營將領千把總等官，一體坐罪。其侵冒之多寡，情罪之輕重，臨時奏請定奪等因。奉聖旨：都察院知道。欽此。該本院看得：今後凡將領官雖不得輕發錢糧，而造册請支，俱由該管千總把總管操等官開造。如有冒支侵欺等弊，務當一體究贓連坐，增入問刑條例。覆奉聖旨：徐仲魁等，着監候詳決。翁宗善等發遣。李惟蕚等，巡按御史提問具奏。以後冒支侵欺邊餉，該管將領通同作弊的，一體論罪。巡撫總兵官，還會同嚴加查覈。其餘俱依擬。欽此。

黃彰健《明代律例彙編》卷七《户律四・倉庫・庫秤雇役侵欺》　凡倉庫務場局院庫秤斗級，若雇役之人，侵欺借貸移易係官錢糧，並以監守自盗論。若雇主同情分受贓物者，罪亦如之。其知情不會分贓，而符《會典》作扶同申報瞞官，及不首告者，減一等，罪止杖一百。不知者不坐。

黃彰健《明代律例彙編》卷七《户律四・倉庫・虚出通關朱鈔》　凡倉庫收受一應係官錢糧等物不足，而監臨主守，通同有司提調官吏，虚出通關者，計所虚出之數，併贓，皆以監守自盗論。若委官盤點錢糧，數本不足，符《會典》作扶同申報足備者，罪亦如之。受財者，計贓以枉法從重論。其監守不收本色，折收財物，虚出朱鈔者，亦以監守自盗論。納户知情減二等，免刺，元《會典》作原與之贓入官。不知者不坐。其贓還主。同僚知而不舉者，與犯人同罪。不知，及不同署文案者，不坐。

嘉靖問刑條例

一、凡各處巡撫巡按官，每年一次，會同委官查盤所屬地方錢糧，及點閘驛遞夫馬等項。直隸委府佐等官，各省委守巡等道，公同盤點明白，通行申詳，會案發落。其倉庫驛遞錢糧等項，有關各差御史等衙門者，一體申呈知會，從一歸結。不許偏執己見，各另委官煩擾地方。亦不許行委州縣正官，致妨職業。其承委官員，不行查審入己贓數的確，聽憑吏書故入人罪者，聽撫按官應提問者提問，應參奏者奏請提問，降一級調用。情重者，革職閒住。

萬曆問刑條例

一、凡各處巡按御史，每年一次，委官查盤所屬地方錢糧，及點閘驛遞夫馬等項，事完之日，各委官將查點過緣由，並問過罪名，通申巡撫知會。内有與各差御史事體相關者，摘申各差御史知會，從一歸結，不必另委官查點，致滋煩擾。亦不許委州縣正官，致妨職業。若各委官不悉心查點，審究贓數的確，但憑吏書故入人罪者，聽撫按官，應提問者，提問；應參奏者，奏請提問，降一級調用。情重者，革職閒住。

順治例與萬曆例同。順治律康熙刊本此例下增小字注云：查盤奉旨新裁。此當因順治末年裁巡按御史不設，故增此小字注。

黃彰健《明代律例彙編》卷七《户律四・倉庫・守掌在官財物》　凡官物當應給付與人，已出倉庫而未給付，若私物當供官用，已送在官而未入倉庫，但有人守掌在官，若有侵欺借貸者，並計贓，以監守自盗論。

胡瓊集解附例

一、各邊管隊員，將各軍月糧布花扣除，因而致將軍人凍餒身死者，五名以下降一級，六名以下降二級，甚者罷職充軍。及管軍官事總小旗關支逃故等項軍糧，與承委收糧官員人等，將應扣還官俸糧，朦朧支者，依常人盗擬斷。其承委官員人等，侵欺應放官軍俸糧者，依監守盗擬斷。若管軍官吏總小旗冒支見在軍糧一石者，照依冒支律科斷。一石以上，俱照常人盗律。

萬曆問刑條例

一、各處衛所管軍頭目人等，關出糧料布花等物，若指以公用爲由，因而扣減入己，糧料至一百石，大布綿花錢帛等物值銀三十兩以上者，問罪，追贓完日，軍職發立功，五年滿日，降一級，帶俸差操。旗軍人等，枷號一箇月，發極邊墩臺守哨，五年滿日疎放。

黃彰健《明代律例彙編》卷一六《兵律四・厩牧・隱匿孳生官畜産》

凡牧養係官馬贏驢等畜，所得孳生，限十日内報官。若限外隱匿不報，計贓準竊盜論。因而盜賣，或抵换者，並以監守自盜論罪。其都羣所、太僕寺官，知情不舉，與犯人同罪。不知者俱不坐。

一、凡盜賣官馬者，追罰馬二匹。知情和買牙保鄰人，各罰馬一匹。宰殺及盜賣官驢者，俱照此例。首告於犯人名下追馬銀三兩，贏一兩，驢一兩。充賞。凡巡馬官，每三月一换。

一、凡寄養馬，除年老外，其餘作踐成疾，不堪給軍者，原領人户，追罰銀二兩。盜賣三匹以上者，充軍。知情和買者，民發擺站，軍發邊方瞭哨。

一、凡印烙馬匹，民馬照舊印左。給軍則印右。如京營邊關馬，無右印，即係盜買民間官馬，追究問罪。

黃彰健《明代律例彙編》卷一四《兵律二・軍政・私賣戰馬》 凡軍人出征，獲到馬匹，須要盡數報官。若私下貨賣者，杖一百。軍官賣者，罪同，罷職充軍。買者笞四十，馬匹價錢並入官。軍官軍人買者，勿論。

嘉靖新例

一、嘉靖元年兵部議準：今後有將自己及他人騎操馬，私賣與人，若初犯止盜壹貳匹者問罪，枷號壹個月。屬有司者，發附近衛所；屬軍衛者，發邊遠，各充軍。盜至伍匹及叁犯以上者，俱問罪，枷號壹個月，屬有司者，發邊衛；屬軍衛者，發極邊衛，各永遠充軍。其知情接買，受寄偷盜官馬，各初犯，止是壹貳匹者，問罪，枷號壹個月發落。叁匹以上，及再犯，免其枷號，屬有司者，發附近，屬軍衛者，發邊衛，各充軍。伍匹及叁犯以上者，問罪，枷號壹個月，屬有司者發邊衛，屬軍衛者發極邊衛分，各充軍。該枷號者，用壹百伍拾斤大枷，枷在人烟輳集處。兩隣知而不首，事發，從重治罪。仍行都察院出榜禁約，及通行内外衙門，一體遵守。

黃彰健《明代律例彙編》卷一八《刑律一・賊盜・監守自盜倉庫錢糧》 凡監臨主守，自盜倉庫錢糧等物，不分首從，併贓論罪。併贓，謂如十人節次共盜官錢四十貫，雖各分四貫入己，通算作一處。其十人各得四十貫，罪皆斬。若十人共盜五貫，皆杖一百之類。並於右小臂膊上，刺盜官錢糧物三字。每字各方一寸五分。每畫各濶一分五釐。上不過肘，下不過腕。餘條準此。

一貫以下，杖八十。

一貫之上，至二貫五百文，杖九十。

五貫，杖一百。

七貫五百文，杖六十，徒一年。

一十貫，杖七十，徒一年半。

一十二貫五百文，杖八十，徒二年。

一十五貫，杖九十，徒二年半。

一十七貫五百文，杖一百，徒三年。

二十貫，杖一百，流二千里。

二十二貫五百文，杖一百，流二千五百里。

二十五貫，杖一百，流三千里。

四十貫，斬。

條例節要

一、内外問擬監守常人盜，至三犯者，行查明白，不分革前革後，開具所犯，奏請發落。成化十七年正月二十六日行。

弘治問刑條例

一、凡倉庫錢糧，若宣府、大同、甘肅、寧夏、榆林、遼東、四川、建昌、松潘、廣西、貴州，並各沿邊沿海去處，有監守盜糧二十石，草四百束，銀一十兩，錢帛等物直銀一十兩以上，常人盜糧四十石，草八百束，銀二十兩，錢帛等物直銀二十兩以上，俱問發邊衛，永遠充軍。兩京各衙門漕運，及京通臨淮徐德六倉，並腹裏節差給事中御史查盤去處，若有監守盜糧四十石，草八百束，銀二十兩，錢帛等物直銀二十兩以上，俱問發邊衛，永遠充軍。兩京各衙門漕運，及京、通、臨、淮、徐、德六倉，並腹裏節差給事中御史查盤去處，若有監守盜糧四十石，草八百束，銀二十兩，錢帛等物直銀二十兩以上，常人盜糧八十石，草一千六百束，銀四十兩，錢帛等物直銀四十兩以上，亦照前擬充軍。其餘腹里節差巡守等官查盤去處，若有監守盜糧八十石，草一千六百束，銀四十兩，錢帛等物直銀四十兩以上，常人盜糧一百六十石，草三千二百束，銀八十兩，錢帛等物直銀八十兩以上，亦照前擬充軍。若盜沿邊沿海糧四百石，草八十束，銀二百兩，錢帛等物直銀二百兩以上，不分監守常人，俱照奉弘治三

年二月二十三日欽定事例，斬首示衆。其四等人犯，俱依律並贓論罪。仍各計入己之贓，數滿方照前擬斷。不及數者，照常發落。若正犯逃故者，於同爨家屬名下追陪。不許濫及各居親屬。其各處徵收在官軍需物料，應該起解料價銀兩，即係腹裏去處錢糧。如有侵盗者，追贓完日，亦照前例擬斷發落。【略】

萬曆問刑條例

一、凡倉庫錢糧，若宣府、大同、甘肅、寧夏、榆林、遼東、四川、建昌、松潘、廣西、貴州，並各沿邊沿海去處，有監守盗糧四十石，草八百束，銀二十兩，錢帛等物值銀二十兩以上，常人盗糧八十石，草一千六百束，銀四十兩，錢帛等物值銀四十兩以上，俱問發邊衛永遠充軍。兩京各衙門，及漕運，並京通臨淮徐德六倉，有監守盗糧六十石，草一千二百束，銀三十兩，錢帛等物值銀三十兩以上，常人盗糧一百二十石，草二千四百束，銀六十兩，錢帛等物值銀六十兩以上，亦照前擬充軍。其餘腹裏，但係撫按等官查盤去處，有監守盗糧一百石，草二千束，銀五十兩，錢帛等物值銀五十兩以上，常人盗糧二百石，草四千束，銀一百兩，錢帛等物值銀一百兩以上，亦照前擬充軍。以上人犯，俱依律並贓論罪。仍各計入己之贓數滿，方照前擬斷。不及數者，照常發落。若正犯逃故者，於同爨家屬名下追陪。不許濫及各居親屬。其各處徵收在官，應該起解錢糧，有侵盗者，俱照腹裏例擬斷。

順治例與萬曆例同。惟删俱照腹裏例擬斷之例字。

一、凡沿邊沿海錢糧，有侵盗銀二百兩，糧四百石，草八千束，錢帛等物值銀二百兩以上，漕運錢糧，有侵盗銀三百兩，糧六百石以上，俱照本律，仍作真犯死罪。係監守盗者，斬。係常人盗者絞。奏請定奪。

順治例與萬曆例同。

新題例

萬曆十四年三月，刑部題：除係真正監守自盗，與真盗官物者，不論雜犯，俱行刺配。如係查盤坐侵及非真盗而以監守自盗論者，照依節年會議，雜犯準徒者仍行免刺。奉聖旨：盗犯贓貫，原有正律，但近來問刑官失於詳審，任情擬斷，以致罪有枉濫，法擬通行。你部裏參酌適中，以後真盗實贓，不論犯徒減徒，務遵前旨。其查盤坐侵等項，準照舊規，免刺，不必引用新例。欽此。

新題例

一、萬曆十四年九月初二日該刑部題，爲申明刺字事例以一法守事：奉聖旨：軍官軍人犯該徒流，律並免刺，以後文職官照軍職官一體行。其餘但以盗論及雜犯斬絞準徒的，俱照盡本法刺字，著爲例。欽此。

新題例

萬曆十五年正月題奉欽依：除係真正監守自盗，與真盗官物者，不論雜犯，俱行刺配。如係查盤坐侵，及非真盗而以監守自盗論者，照依節年會議，雜犯準徒，仍行免刺。

新頒條例

一、萬曆十四年十二月〔初二日〕本部題，爲遵明旨，酌情法，以便通行事。內稱：除真正監守自盗與真盗官物者，不論雜犯，俱行刺配，如係查盤坐侵，及非真盗而以監守自盗論者照依節年會議，雜犯準徒者仍行免刺。奉聖旨：盗犯贓貫，原有正律。但近來問刑官，失於詳審，任情擬斷，以致罪有枉濫，法擬遵行。你部裏即參酌適中，以後真盗實贓，不論犯徒減徒，務遵前旨行。其查盤坐侵等項，照舊免刺，不必引用新例。

一、萬曆十八年五月內（刑部）四川司問過犯人張進等，偷盗庫銀緣由，大理寺題，奉聖旨：張進趙保鮑舉都著錦衣衛用二號大枷，於工部門首枷號兩個月，滿日發遣。以後偷盗銀兩的，照這例行。

例

一、萬曆十四年十一月三十日題奉欽依：凡遇軍官軍人，犯該徒流，並免刺。以後文職照軍職一體行。其真正監守自盗與真盗官物者，不論雜犯，俱行刺配。如係查盤坐侵，及非真盗，與各條以監守自盗論者，俱準照舊免刺，擬斷發落。

一、萬曆十五年十二月二十日題奉欽依：以後查盤一應倉庫錢糧，遇有侵穴，查得經手人犯，各計入己實贓滿數者，方許照例發遣。毋得止據見在欠數，外《大明律》萬曆己酉刊本外作分。坐引擬。至於倉厫草垛，必須逐一查驗，亦無得止據一厫一垛，積算取盈，概坐斬遣。

一、萬曆十五年十二月二十日題奉欽依，以後遇有追贓人犯，正犯逃故者，止許於同爨家屬名下追併。間有監久産盡者，結勘明白，量議開

豁，應題請者，照例題請。其無干里隣平民及各居觀屬，毋得仍前一概監禁，致使變産包賠，及庾死囹圄。

一、萬曆十七年六月初二日題奉欽依：一、凡邊餉官軍俸鈔糧賞馬匹草料等項錢糧，有侵欺冒支，計贓多寡，俱照前例議擬外，以後有冒支侵欺邊餉，該管將領通同作弊，一體論罪。揆其情輕重，臨時奏請定奪。

新題例

一、萬曆十七年四月二十二日，都察院題，爲查發侵餉大奸，謹請明旨處分，以清積弊，以警將來事。覆總督蘇遼右都御史張國彦等會題：凡將領官雖不得經發錢糧，而造册請支俱由該管開造。如有冒支侵欺等弊，一體坐罪。奉聖旨：以後冒支侵欺邊餉，該管將領通同作弊，一體論罪。欽此。

一、萬曆二十年二月二十四日，兵部尚書石星等題：邊務久廢，閲視當嚴，懇乞聖明，復舊典，專差遣，以圖安攘事：覆閲視大理寺少卿王世揚題，凡監守常人盜以後侵欺人犯，但有贓至二十兩以上者限一月，二百兩以上者限三個月，果能盡數通完，例該永戍者，止照本律發落。真犯死罪者減等，免死充軍，以着伍後所生子孫替役。如過期不完，各依本等律例，從重定擬。

例

萬曆二十三年奏準：錢糧收放，務要身親經理。如有假託吏胥，致使侵欺銀兩及米穀值銀五百兩以上，掌印官罰俸半年；一千兩以上，降一級；三千兩以上，降閑散；五千兩以上，照不謹例，閑住，聽撫按覈查明確，酌議奏請。

黄彰健《明代律例彙編》卷二二《刑律六·受贓·剋留盜贓》 凡巡捕官已獲盜賊，剋留贓物，不解官者，笞四十。入己者，計贓以不枉法論。仍將其贓，併論盜罪。若軍人弓兵有犯者，計贓雖多，罪止杖八十。

黄彰健《明代律例彙編》卷二三《刑律六·受贓·因公擅科斂》 凡有司官吏人等，非奏上司明文，因公擅自科斂所屬財物，及管軍官吏、總旗、小旗，科斂軍人錢糧賞賜者，杖六十。贓重者，坐贓論。入己者，並計贓以枉法論。其非因公務科斂人財物入己者，計贓以不枉法論。若饋送人者，雖不入己，罪亦如之。

弘治問刑條例

一、在京在外衙門，不許罰取紙劄筆墨銀硃器皿錢穀銀兩。若奉明文，修理衙門學校倉厫橋梁等項，方許勸諭，或罰取木植磚瓦石灰等料，自不經手，委人修理。若指稱修理，不分有無罪犯，用强科罰米穀至五十石，銀至二十兩以上，絹帛貴細之物值銀二十兩以上者，縱有修理，不準花銷。起送吏部，降一級敍用。

續例附考

一、弘治十六年十一月刑部議奏：科斂載諸律文，科罰著爲條例，各已明白。其部擬發落兩頭，自有不同。蓋是問刑衙門官有昧於此者，將不該降級官員，一概送部，每費查處。合無申明前例，通行巡撫巡按及司府州縣等衙門，今後凡有司官吏人等，非奉上司明文，非因公務，擅自科斂所屬財物，委無入己，並饋送人者，並依律科斷，不必起送。其奉明文修理衙門學校倉厫橋梁等項，勸諭或罰取木植磚瓦石灰等料，委人修理，自不經手，別無私弊者，照例免問。若指稱修理，將原被告人或違誤公事里老人等，任意科罰米穀至五十石，銀二十兩以上，絹帛貴細之物值銀二十兩以上者，縱有修理，不準花銷，依律問擬違例罪名，備由起送吏部，降級敍用。中間果有入己，饋送與人私弊，從重問革施行，不在起送之限。題奉聖旨：是。科罰修理，曾經手的，不準花銷，照例起送。若自不曾經手，支銷明白的，只依科斂律發落。欽此。

胡瓊集解附例

一、各衛所管軍頭目人等，將明正公文關出官軍糧料布花等物，若指以公用差使爲由，因而侵欺糧料一百石、大布一百疋、棉花一百斤、錢帛等物直銀三十兩以上者，問擬如律。軍職立功五年，滿日降一級帶俸差操；旗軍人等枷號一個月，發極邊墩臺守哨五年，滿日疏放。

一、各邊管隊官員，將各軍月糧布花扣除，因而致將軍人凍餒身死者，五名以下降一級，六名以上降二級，甚者罷職充軍。及管軍官吏總小旗關支逃故等項軍糧，與承委收糧官員人等，將應扣還官俸糧朦朧支者，依常人盜擬斷。其承委官員人等侵欺應放官軍俸糧者，依監守盜擬斷。若管軍官吏總小旗買支見在軍糧一石者，照依冒支律科斷。一石以上，俱照常人盜律。

一、弘治十三年十一月覆奏：今後如有此弊者，照前項事例擬斷發落。其軍人揭債，債主自赴倉場關領者，比依擅（冒）領軍職俸糧事例，債主問誆詐，委官問擬受財聽囑罪名。

新例

一、嘉靖七年七月户部題奉欽依：運糧把總千百户等官索要運軍常例銀兩，及科索軍士財物，十兩以上者，降二級；四十兩以上者，降三級，發原衛帶俸差操，再不推用。至五十兩以上者，問發邊衛充軍。其跟官書算人等，指稱使用等項，科索軍士銀至十兩以上者，拏問，永遠充軍。

大明律集解增附

一、嘉靖六年二月十三日恩詔：有司有指稱修理，科罰民財者，縱不入己，照科罰事例，起送降用。

一、嘉靖六年十月二十七日都察院題：每年進表，三年朝覲官員，往往託以餽送京官禮物爲名，科歛小民，搥撻誅求，怨聲載道，等因，奉欽依：覽卿先今所奏，無非革貪風以隆治道之意。近年以來，委的貪墨風聞，在外官員，剥下奉上，民窮財盡，實由於此。都察院便通行嚴加禁約：今後進表朝覲官員，再有似前科歛小民財物，餽送人的，在外著巡按御史，在京著緝事衙門糾察緝訪，雖不入己，亦坐贓論罪。大臣百官表率尤當嚴於自治，以遠嫌疑。勿得自損名節。該衙門知道。欽此。

一、嘉靖七年十月十五日，節該户部等衙門議題欽依：運糧把總千百户等官，索要運軍常例銀兩，及科索軍士財物，至十兩以上者，問罪，降一級；二十兩以上者降二級；三十兩以上者降三級，至四十兩以上者仍降三級，發回原衛帶俸差操，再不推用。至五十兩以上者，問發邊衛充軍。其跟官書算人等指稱使用等項，科索軍士銀兩至十兩以上者，拿問，永遠充軍。

一、嘉靖七年閏十月初十日節該刑部題準，司府州縣問刑罰紙，仍聽收納本色，貯庫公用，禁其濫罰。以後本衙門佐貳首領內該問刑官並各房吏典該用書辦紙劄，及遇上司按臨該用供送紙張，俱於所收囚紙內分用。不許再行里甲及罰取貧民。違者計贓論罪。

黄彰健《明代律例彙編》卷二三《刑律六・受贓・有事以財請求》

凡諸人有事，以財行求得枉法者，計所與財坐贓論。若有避難就易，所枉重者，從重論。其官吏刁蹬，用强生事，逼抑取受者，出錢人不坐。

嘉靖新例

一、嘉靖元年參月節奉聖旨：近日以來，在京在外無藉之徒，或造金銀寶石首飾縧環提繫等物，指稱打點，餽送，營求幹辦私事。你東廠及錦衣衛緝事衙門五城巡視御史，務要用心密切訪察，具實參奏，拏送法司問罪畢，用壹百伍拾斤大枷，枷號壹個月，滿日，押發煙瘴地面充軍。欽此。

一、嘉靖元年兵部奏（奉）聖旨：將領往往圖利害人，貪緣干進。京師有等豪滑之徒，又專與交通請託，污玷大臣。你部裏，便行與撫按官着實嚴加訪察，指實劾奏。東廠錦衣衛還多方查訪。有犯的，拏送法司追問。將官調雲貴兩廣地主安置。打點的，發邊衛充軍。欽此。

黄彰健《明代律例彙編》卷二三《刑律六・受贓・在官求索借貸人財物》凡監臨官吏，挾勢，及豪强之人，求索借貸所部内財物者，並計贓，準不枉法論。强者，準枉法論。財物給主。若將自己物貨，散與部民，及低價買物，多取價利者，並計餘利，準不枉法論。强者準枉法論。物貨價錢，並入官給主。若於所部内買物，不即支價，及借衣服器玩會典作翫之屬，各經一月不還者，并坐贓論。若私借用所部内馬牛駝贏驢，及車船碾磨店舍之類，各驗日，計雇貸錢，亦坐贓論。追錢給主，若接受所部内餽送土宜禮物，受者笞四十。與者減一等。若因事而受者，計贓以不枉法論。其經過去處，供餽飲食，及親故餽送者，不在此限。其出使人，於所差去處求索借貸，賣買多取價利，及受餽送者，並與監臨官吏罪同。若去官，而受舊部内財物，及求索借貸之屬，各減在官時三等。

弘治問刑條例

一、文武職官索取土官夷人猺獞財物，犯該徒三年以上者，俱發邊衛充軍。

一、光祿寺買辦一應物料。弘治四年十一月内節該欽奉聖旨：奸頑之徒，稱是報頭等項名色，在街强賒，作弊害人的，拏來枷號三箇月，滿日還從重發落。欽此。

胡瓊集解附例

一、巡撫巡按官如遇侯伯等官出使，務要密切體訪。如有詐騙王府財物，索要軍衛有司驛遞銀兩，及多用車輛船隻人夫馬匹，擾害地方者，徑自指名參奏，治以重罪。

新例

一、嘉靖七年正月吏部題奉欽依：吏役頂頭銀兩，積弊有年。今後有犯的，舊吏送問，黜退爲民。新吏依聽出錢，一體革役。本管掌印官，容情故縱，緝訪得出，或被人告發，就作罷軟黜退。在外衙門，通行撫按官，照例禁治。

嘉靖問刑條例

一、凡遼東、宣府、大同、延綏、寧夏、甘肅、固原并偏頭等關，直隸薊州密雲等處，各沿邊地方，各該鎮守總兵副參遊擊守備都司衛所官員，但有科斂軍人財物，及扣減月糧入己，贓至滿貫，犯該徒三年以上者，俱改調煙瘴地面衛所，帶俸差操。

一、雲南兩廣四川湖廣等處流官，擅自科斂土官財物，僉取兵夫，徵價入己，强將貨物發賣，多取價利，各贓至滿貫，犯該徒三年以上者，問發附近衛所充軍。若買賣不曾用强，及贓數未滿者，照行止有虧事例爲民。其科斂財物，明白公用，僉取兵夫，不曾徵價者，照常發落。

嘉靖三十四年續準問刑條例

一、凡遼東宣府大同延綏寧夏甘肅固原，并偏頭等關，直隸薊州密雲等處沿邊地方，總兵副參遊擊守備都司衛所官員，但有科斂及扣減人己贓私，至二百兩以上，發邊衛永遠充軍。四百兩以上，斬首示衆。

萬曆問刑條例

一、凡遼東、宣府、大同、延綏、寧夏、甘肅、固原并偏頭等關，直隸薊州密雲等處，各沿邊地方。各該鎮守、總兵、副、參、遊擊、守備、都司衛所等官，但有科斂軍人財物，及扣減月糧，計入己贓，至三十兩以上，降一級，帶俸差操。百兩以上，降一級，改調煙瘴地面，帶俸差操。二百兩以上，照前調發充軍，三百兩以上，亦照前調發永遠充軍。其沿海地方有犯，亦照前例科斷。應改調及充軍者，俱發邊遠衛分。

一、雲貴、兩廣、四川、湖廣等處流官，擅自科斂土官財物，僉取兵夫，徵價入己，將貨物發賣，多取價利，各贓至滿貫，犯該徒三年以上者，問發附近衛所充軍。若買賣不曾用强，及贓數未滿者，照行止有虧事例問革。其科斂財物，明白公用，僉取兵夫，不曾徵價者，照常發落。

黄彰健《明代律例彙編》卷二三《刑律六·受贓·事後受財》 凡有事，先不許財，事過之後而受財，事若枉斷者，準枉法論。事不枉斷者，準不枉法論。

黄彰健《明代律例彙編》卷二三《刑律六·受贓·官吏受財》 凡官吏受財者，計贓科斷。無祿人，各減一等。官追奪除名。吏罷役，俱不敍。說事過錢者，有祿人，減受錢人一等。無祿人，減二等。罪止杖一百，各遷徙。有贓者，計贓從重論。

有祿人，枉法贓各主者通算全科謂受有事人財而曲法科斷者，如受十人財，一時事發，通算作一處，全科其罪。

一貫以下，杖七十。

一貫之上，至五貫，杖八十。

一十貫，杖九十。

一十五貫，杖一百。

二十貫，杖六十，徒一年。

二十五貫，杖七十，徒一年半。

三十貫，杖八十，徒二年。

三十五貫，杖九十，徒二年半。

四十貫，杖一百，徒三年。

四十五貫，杖一百，流二千里。

五十貫，杖一百，流二千五百里。

五十五貫，杖一百，流三千里。

八十貫，絞。

不枉法贓各主者通算折半科罪謂雖受有事人財，判斷不爲曲法者。如受十人財，一時事發，通算作一處，折半科罪。

一貫以下，杖六十。

一貫之上，至一十貫，杖七十。

二十貫，杖八十。

三十貫，杖九十。

四十貫，杖一百。
五十貫，杖六十，徒一年。
六十貫，杖七十，徒一年半。
七十貫，杖八十，徒二年。
八十貫，杖九十，徒二年半。
九十貫，杖一百，徒三年。
一百貫，杖一百，流二千里。
一百一十貫，杖一百，流二千五百里。
一百二十貫，罪止杖一百，流三千里。
無祿人
枉法
一百二十貫，絞。
不枉法
一百二十貫之上，罪止杖一百，流三千里。

弘治問刑條例

一、文職官吏監生知印承差，受財枉法至滿貫絞罪者，發附近衛所充軍。

嘉靖七年例

嘉靖七年六月初九日刑部尚書胡世寧等題：四川清吏司案呈：問得犯人陳昇招充思城坊總甲，受財賣放犯人事發，本司問擬受財枉法無祿人一百二十貫律絞，係雜犯，準徒五年，送大理寺審録，三次駁回。節稱：枉法指官吏而言，陳昇係總甲，非應捕人役及官吏之比，欲改問求索，案呈到部。臣等伏覩大明律內一款，凡官吏受財者，計贓科斷，無祿人各減一等，其下開列有祿人一貫以下杖七十，至八十貫絞；無祿人各減一等，至一百二十貫絞，此似專指官吏而言，大理寺所駁，據文爲是。然查別條言：受財得財取財，計贓以枉法論不一。如户律檢踏災傷田糧條內則似兼指里長甲首而言；收糧違限條內則似兼指分催里長而言；隱瞞入官家產條內則似兼指供報之人并里長而言。市司評物價條內則似泛指諸物行人而言。又如兵律詐冒給路引條內則似兼指勢要囑託而言；承差轉寄人條內又專指同差取財而言。刑律因公擅科斂條內則又兼指總小旗人等而言；詐傳聖旨條內則又兼指諸人動事曲法而言；囑托公事條內則又兼指諸色人等而言；應捕人追捕罪人條內則又兼指非應捕人臨時差遣者而言；徒流人逃條內則又兼指主守押解人而言；稽留囚徒條內則又兼押解人而言；主守不覺失囚條內則又兼指獄卒而言；囚應禁而不禁條內則亦兼指獄卒而言；與囚金刃解脱條內則又通指獄卒常人而言，主守教囚反異條內則又兼指作行人而言；決罰不如法條內則又兼指行杖之人而言；徒囚不應役條內則又泛指監守之人罪坐所由而言；凡此一十九條各項受財當問枉法之人，皆非專指官吏也。是以兩京法司及司府等衙門，自求凡遇皂隸里長總甲等項，役於官，責之守法而得財賣放者，皆作無祿人，依官吏受財條內，計贓科斷，其行已久。本寺亦屢經審允。今惟陳昇一事再三駁回，欲問求索減等，臣等實所未曉。思今京城內外，僉設總甲，專責守捕地方盜賊人命等事，正係應捕之人，有守法之責者也。其得財賣放不守，真是枉法，豈容改擬。如蒙聖明，特賜照詳，明示定例，今後諸色人等凡有役於官，應該守法，而得財賣法不守者，照前仍問枉法，計贓科罪。其若屍親失主鄰居等項，不係有役於官，應該守法之人，嚇詐有罪人財物，不行首告者，各依本律，不問枉法等因。奉世宗皇帝聖旨：是。但係在官人役應該守法而得錢財賣法的，仍依枉法科罪。其餘各依本律問擬發落。欽此。

大明律集解增附

一、嘉靖七年七月二十五日，節該兵刑等部會官題準：受財枉法律文，重在官吏。不在官之人及在官人役受財，而於法不曾枉曲者，輒同官吏一概問擬枉法，則失之濫。其總甲等項人役臨時差遣追捕罪人而犯贓者，以應捕人受財論。不係差遣，雖曾受財，不曾賣法出脱者，以求索論。

一、嘉靖八年三月二十九日節該刑部題奉欽依：官吏人等犯贓，務要盡數監追，問發充軍。不許任情故出。欽此。

嘉靖新例

一、嘉靖柒年柒月刑部等衙門議準：在官人役，應該守法，而得財賣放者，依枉法論。臨時差遣追捕犯人犯贓者，以應捕人受財論。不係差遣，雖曾受財，不曾賣放出脱者，以求索論。其泛常不在官之人，受財有

所縱容，及雖在官人役，受財而枉法不曾枉曲者，不得輒同官吏，一概問擬枉法。

嘉靖問刑條例

一、凡在官人役，取受有事人財，律無正條者，果於法有枉縱，俱以枉法，計贓科罪。若屍親鄰證等項，不係在官人役，取受有事人財，各依本等律條科斷，不在枉法之律。

黄彰健《明代律例彙編》卷二三《刑律六・受贓・坐贓致罪》 凡官吏人等，非因事受財，坐贓致罪，各主者通算折半科罪。與者減五等。謂如被人盜財，或毆傷。若陪償，及醫藥之外，因而受財之類。各主者，並通算，折半科罪。爲兩相和同取與，故出錢人，減受錢人罪五等。又如擅科斂財物，或多收少徵，錢糧雖不入己，或造作虛費人工物料之類。凡罪由此贓者，皆名爲坐贓致罪。

一貫以下，笞二十。

一貫之上，至一十貫，笞三十。

二十貫，笞四十。

三十貫，笞五十。

四十貫，杖六十。

五十貫，杖七十。

六十貫，杖八十。

七十貫，杖九十。

八十貫，杖一百。

一百貫，杖六十，徒一年。

二百貫，杖七十，徒一年半。

三百貫，杖八十，徒二年。

四百貫，杖九十，徒二年半。

五百貫之上，罪止杖一百，徒三年。

黄彰健《明代律例彙編》卷二三《刑律六・受贓・官吏聽許財物》

凡官吏聽許財物，雖未接受，事若枉者，準枉法論。事不枉者，準不枉法論，各減一等。所枉重者，各從重論。

一、官吏聽許財物，依律擬罪，不問爲民。

中國第一歷史檔案館《滿文老檔》天命四年五月 查得汗之族弟卦勒察，子湯古岱二貝勒、一等總額真費英東扎爾固齊、二等因山額真博爾晉侍衛、梅勒額真西拉巴侍衛、五牛録額真圖勒昆等藏匿金銀、緞紬、蟒緞、毛牛角、毛青布、翠藍布、貂皮等物，乃告。汗曰：爾等領兵在外，管束衆人，身受勞苦，故每於用兵，皆以大臣之名分，行犒賞頗優也！如此當衆宣譽賞賜，尚不滿足矣。爾等既然如此竊取，則將該大臣等所竊取之財物，其所得之人口財物及以大臣名分當衆賞賜之物盡行籍没，賜與公正之大臣。遂令未隱匿財物廉潔公正之諸大臣及其屬下隨從小人共分之。分與大臣者多，衆隨從則以微賤之分少分之。賞賚既畢，分得財物之諸大臣曰：如此諸多財物，僅我等取之實多也。乞諸貝勒擇其優者取之。若論公正而賞之，則諸貝勒所得之餘，由我等取之可也。汗曰：此竊取之財，若分賜於諸貝勒，則彼竊取者並無怨忿，諸貝勒得之，尚復何恨可言？今使未行隱匿廉潔公正之諸大臣得之，以令偷盜者愧悔也哉！未加索取，盡賜公正之諸大臣分之。微賤者竊大物，黥其耳鼻；次者射骲箭十；竊小物者，打臉十次。

中國第一歷史檔案館《滿文老檔》天命六年六月 初九日，復州備禦王彬告大貝勒曰：交哈興旺紅馬一匹，銀五十兩餽送王都堂。去年十二月，爲籌都堂之年禮，交漢人駱三薩銀一百兩，令其購蟒緞、珍珠支去。今年四月又支銀一百三十兩。十二月二十一日，交駱三薩純金十兩，上等粧緞一疋，由我偕從人霍世勒送去。五月初三日，王備禦、我，於我上房北屋，交給駱三薩銀三百五十兩，並曰：瀋陽、甜水站無官，爾以此銀送王都堂，詢之彼處曾賞我乎？吴善送佟駙馬馬一匹，蟒緞衣服一件。趙三奎送佟鎮國銀八十兩。送李大成金二兩、銀瓢一個、粗布二十疋、細布二疋、棉二包、黄馬一匹。送畢志賽金十兩，銀瓢一個。送佟都司騾一頭。送朱永成花馬一匹、銀三十兩。又永寧監備禦李殿魁告曰：壬戌年八月十九日，都堂取我李殿魁之金二十兩，王遊擊知之。十有初九日，都堂烏爾古岱以狐欣皮襖給銀十兩。由王遊擊取去。十二日，塔爾虎取青馬一匹、驢一頭、白馬一匹，送都堂。王遊擊帶去鐵匠一人，名馬二，皮匠二人，名張九、李配，留都堂處。此案交衆審事官及諸貝勒審理。烏爾古岱額駙供曰：所謂黄金，前李殿魁曾拿黄金十兩，言係愛塔送來。送來後，我想，愛塔與我有仇，恐乃欲加誣告而誘惑之。遂出金以示四貝勒。

曰：凡人在與明交戰中，所匿之物，均須交出。交則無罪，不交，被人首告，則罪之。

中國第一歷史檔案館《滿文老檔》天命八年五月〔初二〕額爾德尼巴克什家婢女首告額爾德尼曾受朝鮮送獻之絹。並將所獲之珍珠、東珠及金，匿藏井中，在遼東抄家時，額爾德尼將東珠、珍珠、金，藏於妻弟家中。汗召額爾德尼巴克什曰稱：夫爾額爾德尼隱匿之此類東珠、珍珠、金等，乃前案未繳之物，因畏罪而藏匿之，故令爾獻出。倘若獻出，我諭都堂，赦爾無罪，既啃之骨，焉能再啃？倘爾强辯不從之，因而陷罪，我亦不加干涉矣。額爾德尼巴克什向汗叩頭欲答無藏匿之物，汗止之曰：爾勿妄答之，退回深思，再行秉答。額爾德尼巴克什退歸家中後，汗遣龍什向其曉諭曰：有藏匿之東珠、珍珠、金等物，即獻出。獻則無罪。額爾德尼巴克什對曰：我豈能以金、珠爲貴，自身爲賤乎？蒙汗眷顧，獻出即可免罪。今獻出所藏之東珠，乃雅蓀之妻所贈者。雅蓀之妻曾將此類東珠二十餘顆送與哈達之格格，而未受也。我妻往雅蓀家，正逢其開箱和倒器。因我子有齒疾，故乞索之以研敷患處。所給之東珠、珍珠，係購於漢人王國臣者。後經與王國臣核對，其珍珠多於王國臣所售之數。因此，衆都堂審額爾德尼巴克什曰：若係雅蓀之妻所給之東珠，在遼東抄家時，雅蓀家所有米、肉，既已搜盡，如此多之東珠爲何未搜出？爾當時爲何不聲明此係雅蓀妻所給之東珠，此類東珠雅蓀家尚有二十餘顆？爾匿藏東珠，爲何卸罪於雅蓀？爲何在抄家時將東珠送藏他處？遂擬額爾德尼巴克什夫婦以死罪矣。又以爲何窩藏額爾德尼巴克什送來之東珠、珍珠、金等物？婢女前來首告，爾額爾科圖、布爾噶圖、布彥圖等爲何與額爾德尼逐出家人，而閉門私議？當初已頒禁令，父有罪，子勿涉，至兄有罪，弟勿涉。若涉之，則死罪同斬，罰罪同罰。爾等爲何干涉之？遂告於汗。汗怒，命殺額爾德尼巴克什夫婦，遂盡殺之。額爾科圖鞭責一百，刺其耳鼻。布爾噶圖、布彥圖各鞭五十，刺其耳。

中國第一歷史檔案館《滿文老檔》天命八年五月〔初三〕是日，掌碩托貝勒財物之雅木布魯一夥四人，因夥同銀匠二人隱匿銀兩而治罪。雅木布魯以其兄之功釋放，索償一半銀兩。其餘五人，各鞭責二十三，刺其耳鼻。

四貝勒曰：誠愛塔所送，又有何益？不知暫留此金，以待事發。此事德格類阿哥、濟爾哈朗阿哥、岳托阿哥皆知。原金仍在，至於其他十兩之金，則不知也。李殿魁曰：一日内先送十兩，後送十兩，皆受之。塔爾虎知之。塔爾虎對曰：先送之十兩黄金由叔父受之。後又送十兩亦皆屬實，然叔父未曾受之。烏爾古岱額駙曰：我未曾受狐肷皮襖，係由岳托阿哥給價取去。僅此而已，其他一概不知。問塔爾虎，答曰：馬匹係給價受之，狼皮袍子確實送來，然嗣後又令拿回。李殿魁曰：皮袍子即在爾家。遂往觀之，果有皮袍子。經如此審訊，衆皆坐罪。衆審斷官曰：阿敦阿哥獲罪時，爾烏爾古岱故充忠良，跪於汗前，令衆大臣皆跪於後，爾曰：不懲殺此姦逆，烏爾古岱今後何以治國？以示爾之忠心。然所報答汗者，實乃内藏禍心，外以巧言而取信也。爾烏爾古岱之罪，與額爾德尼巴克什之罪無異，以治彼之法治爾可也。至於四貝勒、德格類阿哥、濟爾哈朗阿哥、岳託阿哥等，爾等皆知前額爾德尼巴克什因東珠獲罪，其他貝勒爲何不知？後此金之事，又係爾四貝勒知之，其他貝勒不知。故擬參劾諸貝勒之罪，請汗審斷，並擬烏爾古岱以死罪。告於汗，汗曰：我曾令烏爾古岱招認之。爲漢人財物之故，能將爾如何？雖經再三訓斥，均未招認。今此案皆已無誤屬實。然爲漢人財物之故，即應治烏爾古岱以死罪乎？著免此議，停審烏爾古岱，革其都堂之職，授予牛録備禦之職。爾可去衆人聚宴之處，不得獨往他人之宅，他人亦勿去爾宅。其罪亦只應如此處之。至於漢人所餽送之諸物，皆令其繳納之。此案即如此了結之。又對四貝勒曰：爾若賢良，則凡事秉公從寬處之，兄弟之間皆平等以待，相互敬愛。爾果獨善其身，超越他人而行，置衆兄於不顧，爾欲爲汗乎？聚朝而散時，爾送衆兄，則衆兄之子弟必報爾，送爾至家，此方合禮儀耳。爾不送衆兄，而衆兄之子弟送爾，爾何故默然受之？爾之賢明何在？德格類、濟爾哈朗、岳託，爾等爲何超越父兄而過分放縱？爾等如此過分而行者，皆乃讒言致惡而已，何益有之？乃悲之。爲了結此案又曰：漢人餽送烏爾古岱之金銀，皆由四貝勒償還。罰取德格類一牛録之諸申、濟爾哈朗二牛録之諸申，岳託一牛録之諸申，以抵罪。此案如此了結。遂遣歸。

中國第一歷史檔案館《滿文老檔》天命八年五月　初二日，汗降書諭

中國第一歷史檔案館《滿文老檔》天聰四年四月　初十日，諭漢文武各官曰：貝勒諭管理永平府文武各官曰：我聞爾等畏懼諸申大臣及遼東舊漢官，餽以財物等語。我國慣例，不納賄賂，廉者舉之爲臣，受賄之官，降之不用也。主上既録用不貪財正直之人，其在下之人，又何懼乎？爾若有罪，雖給金千兩，亦無益也；若無罪，雖衆貝勒，又何懼焉？倘有誣詐者，察審明白，治以重罪。嗣後，凡有恐嚇惑衆之言，爾等勿得驚懼，可來上前控告。凡上所委之事，惟聽該管官之言，勿信他人之言。

中國第一歷史檔案館《滿文老檔》天聰六年七月　十五日，明國所贈糧米財物，阿什達爾漢及龍什、達雅齊塔布囊、衛寨桑四人，悉行私取，不分給同行之白格依、愛巴里等。龍什復私换官價所買蟒緞，筆帖式白格依及筆帖式愛巴里以其事奏聞於汗。遂命盡奪阿什達爾漢、達雅齊、龍什所得財物、糧米，仍坐龍什竊盗罪，罰銀百兩，革職。衛寨桑以新附之人，免奪其財物、糧米。巴克什庫爾禪妄自尊大，輕視同行筆帖式穆成格，向明人只報其身份，而不報穆成格。故盡奪巴克什庫爾禪所得財物。

中國第一歷史檔案館《滿文老檔》崇德元年五月　二十八日，昔鑲黃旗下諾木齊同扎富尼等往征瓦爾喀，私取所獲貂皮、猞猁猻皮、黄鼠狼皮、灰鼠皮、貉皮、水獺皮，爲其家岳皮匠首告。法司審實，準首告者離其主人，諾木齊鞭八十二，貫耳，籍其俘獲，罰銀九兩，罷管牛録，不準其陞級。此次鑲藍旗下道蘭亦同往時，將其甲付鑲紅旗所得呼爾哈人馱載，以潛行轉移皮桶，貂皮，爲前往搜索之鑲紅旗納爾賽牛録下筆帖式胡西里拿獲，告法司審訊，得實，道蘭鞭一百，貫耳鼻，罷管牛録。

中國第一歷史檔案館《滿文老檔》崇德元年十月　初七日，敕曰：寬温仁聖汗諭：前有定制，已傳宣於衆：凡珍珠、東珍、金銀、花蟒緞、良緞等各色精美之物，應進獻者，即送各固山額真，隱匿不送者罪之。此外別有所獲，方歸得獲者。今聞有者不遵前旨，猶如無旗無牛録無主之人，不赴該管官處交納，隱藏攜歸，反言此係我所得，此係我家奴所得，意欲取媚，各圖私獻。此等人以此爲口實，肆匿珍重之物，多藏少獻之謀也。其私進之物，蓋主上所應得者，其私受者亦爲小人，私進者亦爲賊也。嗣後，凡有所得，宜各送該管固山額真，固山額真總收籍記，當如拜音圖擇人收藏，敬謹進獻，方爲合理。

（清）吴震方《嶺南雜記》卷上　康熙三十九年八月，西撫彭諱鵬示爲東省官鹽壟斷，西省衆怨沸騰等事，内開西省目下鹽價每斤錢二百文，民間計兩而買，每兩錢十二文。攙水和泥，只有七八錢。本都院按日買食，合兩三處，才得一斤。本都院淡食何必言？然如小民疾苦何？本月十三日，親到東關查訊，據稱各舖鹽觔如洗，斷鹽已逾半月。舖商俱無得賣，皆係燒煉舊鹽包，得些觔兩，聞之髮竪。查本月準前院沈揭帖，内開招商程永和承充桂林埠商在案，相距三月，故意遲留，預擡高價，蠹國殃民，壅引誤餉，數者實相因也。鹽道鹽廳，絶口不使本都院與聞，徒以混示塗飾耳目。本都院下車以來，每日食鹽，買辦價二分五六厘不等。而鹽道猶云詳定二分，豈猶在醉夢中乎！鹽道含糊瞻顧，本都院雖欲不言得乎！按本朝律載，官員若將自己物貨，散與部民，及低價買物，多取貨利者，並計餘利準不枉法論，貨物價錢一並入官給主。今官而賈也，吏而商也，官賈吏商，擡高價之鹽，窮民貧户，沸無鹽之嗟，計準餘利，贓雖不枉，佔奪盤踞，情則比强，本當窮源溯本，即爲剔弊懲貪。但鹽政非巡撫所敢知，而壅壞至此，不得大聲疾呼，所當咨明鹽院，悉聽主裁。

《刑部現行則例》卷下《受贓》　凡有以財行求及説事過錢者，審實，皆計所與之贓與受財人同科。如抑勒詐索取財者，與財人及説事過錢人俱不坐。至於別項饋送者，照律文議。

《刑部現行則例》卷下《受贓》　凡除如實係至親平常來往外，補授總督、巡撫、司、道官員赴任之時謁見在京大臣各官，或自任所差人問候在京大臣各官，并總督、巡撫、司、道官員之在京子弟及提塘人等來往大臣各官之家，概行禁止。如有赴任時謁見大臣各官及自任所差家人其在京子弟、提塘仍來往行走者，大臣官員不行自首，將謁見行走之督撫、司、道并不行出首之大臣官員俱革職。至督撫、司、道家人子弟，提塘往大臣各官家人家行走，其主知者革職，將家人寬免。其主不知者，降二級，將兩家家人俱行正法。提塘有職者革職，無職者亦照家人正法。其在京大臣各官去拜見督撫、司、道等官饋送裘馬等物，幕賓、僕從等人應酬禮物錢送及在外督撫、司、道任所差人概行禁止，若督撫、司、道不將在京大臣各官所差之人舉出，所送各物舉出者，將差人送各物之大臣各官不行舉出之督撫、司、道亦俱革職。如督撫、司、道官員向在京大臣各官因事營求

饋送禮物，或諂媚求譽饋送禮物者，將饋送、收受之人俱革職拿問。地方官吏於民間正項錢糧之外，濫收苛派諂媚饋送大臣官員者，將饋送、收受之人亦革職拿問。

《刑部現行則例》卷下《受贓》　一、凡督撫將衙蠹訪拿，許司、道、府、州、縣等官舉報。若司、道、府、州、縣等官將衙蠹不報上司，或上司訪出，或科道糾參，或被受害之民具告者，將司、道、府、州、縣等官照徇庇例降二級調用。不行題參之督撫，罰俸一年。其訪拿衙蠹並贓私數目，仍應年終造册題報。

一、縣總理書如犯贓入己者，照衙役犯贓擬罪，不準折贖。保人歇家串通衙門行賄害衆者，照不係在官人役取受有事人財律條科斷。

一、凡官役審實贓銀之內，如有虧短價值之類，追給原主，其詐騙逼勒之項，被害自行首告者，追給原主。如非自行首告，係督撫、科道參發者，仍概追入官。

一、凡正身衙役，不許私用白役。如私用白役得贓，將白役照衙役犯贓治罪。其白役犯贓正身，衙役知情同行者，照衙役犯贓治罪。不知情不同行者不坐。若違禁用白役者，正身衙役與白役俱杖一百革役。

《刑部現行則例》卷下《受贓》　一、承問官將贓銀那移赦前赦後之處，照吏部所定贓銀私自改删例革職。如承審遲延及延挨熱審減等等弊，該部查出，將該管各官照違限月日處分，犯人亦不準減等。

《刑部現行則例》卷上《職制》　上諭諭禮部：朝廷選舉人才，科目最重，必主考、同考官皆正直無私，而後真才始得。昨鄉試賄賂公行，情罪重大，已將李振鄴、田耜等特置重辟，家産籍没。會試大典尤當慎重，考試官、同考試官及天下舉人，若不洗滌肺腸痛絶情弊，不重名器，不惜性命，仍敢交通囑託賄買關節等弊，或經發覺，或經科道官參，即將作弊人等俱照李振鄴、田耜等重行治罪，決不姑貸。爾部即刊刻榜文，遍行嚴飭，使知朕取士釐姦至意。特諭。

《刑部現行則例》卷上《職制》　一、凡如侵錢糧婪贓等犯遇赦免罪後，仍復入原衙門及别衙門應役者，除死罪外，將本犯並妻流徙寧古塔。經管官知情，縱復入衙門，並經傍人告發，該督撫不即糾參，俱交與該部。

《清世宗實録》雍正二年八月　刑部等衙門議覆條奏内稱官員虧空錢糧，審係那移案内有多至數萬兩者，或以罪止擬流。而任意那用，或以罪無遞減，而故意不完。請嗣後那移一萬兩以上至二萬兩者，發邊衛充軍。二萬兩以上者雖屬那移亦照侵盗錢糧例擬斬。俱限一年全完免罪，二年完者減二等，三年完者減一等。三年限滿不能全完，查未完之數照例治罪。應如所請。從之。

《清高宗實録》乾隆四年二月　大學士等遵旨議覆刑部尚書尹繼善奏，定例侵盗挪移官項等贓，立限追繳。其有於一年内全完者，準將死罪人犯，比免死再減一等發落，軍流徒等免罪。乃因有等贓二字，遂將一切贓私包舉在内，反令貪墨之徒得以援免。請嗣後除侵盗錢糧之犯，限内完帑，仍照例準減免外，若官役因事受財，審明係枉法不枉法，及律載準枉法不枉法論等贓，果於一年全完，死罪照原擬減一等改流。軍流以下，各減一等發落。應如所請。從之。

《大清律例》卷九《户律·田宅·私借官車船》　律

凡監臨主守將係官車船、店舍、碾磨之類，私自借用，或轉借與人，及借之者，各笞五十。驗日，追僱賃錢入官。(不得過本價。)若計僱賃錢重於笞五十者，各坐贓論，加一等。

《大清律例》卷一一《户律·倉庫·多收税糧斛面》　律

凡各倉主守官役收受税糧，聽令納户親自行概，平斛交收，作正數。(即以平收者作正數支銷，依例準除折耗。)若倉官斗級不令納户行概，踢斛淋尖，多收斛面在倉者，杖六十。(若以所多收之附餘糧數總計贓重於杖六十者，坐贓論；罪止杖一百。此皆就在倉者言，如入己，以監守自盗論。)提調官吏知而不舉，與同罪；(多糧給主。)不知者，不坐。

條例

一、在京、在外並各邊，一應收放糧草去處，若職官子弟、積年光棍、跟子買頭、小脚歇家、跟官伴當人等，三五成群，搶奪籌斛、占推行概等項，打攪倉場及欺陵官攢，或挾詐運納軍民財物者，杖罪以下於本處倉場門首枷號一個月發落；徒罪以上與再犯杖罪以下免其枷號，發附近充軍，干係内外官員，題參交部議處。

一、各處倉糧每石收耗米三升。查盤之時計守支年分，每年每石準開

耗一升。若三年之外，原收耗糧已減盡，照例於正糧内遞開一升，準作耗糧。此外若有侵盗者，方照律例問罪。

一、社倉捐穀，聽民自便，不得繩以官法。違者，以違制論。

一、凡社倉穀石，不遇荒歉，借領者，每石收息穀一斗還倉，小歉借動者免取其息。

一、凡貢監生員中富生上户，定限五月完半，十月全完。如届期不清，再展二月，以歲底全完爲率。中下貧生，定限八月完半，歲底全完。如届期不清，中等以開歲二月爲率，下等以開歲四月爲率。務須全完。如逾限不完，即行詳革。革後全完，仍準開復。若委係赤貧無力，而尾欠僅屬分厘者，詳查明確，暫免詳革。準於秋收並入限年完半數内，帶徵完足。

《大清律例》卷一一《户律・倉庫・攬納税糧》　律

凡攬納他人税糧者，杖六十。著落本犯赴倉照所攬數納足，再於犯人名下，照所納數追罰一半入官。

若監臨主守，官役挾勢攬納者，加罪二等。仍追罰一半入官。

其小户畸殘田零零丁，不足以成一户。米麥，因便凑數於本里納糧人户處附納者，勿論。包攬侵費正數及多科費用，以誆騙論。若侵欺，以監守自盗論。包與者，不應，杖罪。

條例

一、凡内府錢糧及内外倉場糧草、各處軍需等項，不拘起運存留，但有包攬誆騙銀一百兩、糧二百石以上，不行完納，事發責限三個月以内完納者，照常發落；過期不完者，盡其財産賠納，發邊衛充軍。各邊武職主使家人、伴當、跟隨交結人員、挾勢攬納作弊者，參問究擬，聽使之人仍照前例問發。

一、内外各處收受草束，若兜攬之徒恃强將不堪水濕小草充數、囑託監收官員收受者，拿送問罪，枷在本處倉場門首三個月發落。

《大清律例》卷一一《户律・倉庫・虚出通關硃鈔》　凡錢糧通完，出給印信長單爲通關。倉庫截收，則暫給紅批照票爲硃鈔。

律

凡倉庫收受一應係官錢糧等物原數本不足，而監臨主守通同有司提調官吏，虚出通關給發者，計所虚出之數，並贓不分攤各犯，皆以監守自盗論。

若委官盤點錢糧，數本不足，扶同監臨提調官。申報足備者，罪亦如之。亦計不足數，以監守自盗論，並贓。受財者，計入己贓，以枉法從重論。

其監守不收本色，詐言奉文折收財物，虚出硃鈔者，亦以監守自盗論。納户知情，減二等，免刺，原與之贓入官；不知者，不坐，其贓還主。

通上同僚知而不舉者，與犯人同罪；至死減等。不知及不同署文案者，不坐。以失覺察論。

條例

一、凡州縣倉庫錢糧，責成知府嚴行盤查，於每年奏銷時出具所管州縣倉庫實貯無虧印結，造册申詳保題。仍令不時盤查，一有虧空，無論幾時察出，立即列揭請參，免其治罪，分賠。如知府通同徇隱，別經發覺，將知府革職離任，先於本犯名下着追，勒限三年。如果家産全無，無力完帑，將未完銀米等項，無論侵那，俱着落知府獨賠。如止盤查不實，不行揭報，審係州縣侵欺，將知府照失察侵盗本例議處，免其分賠。審係州縣那移，亦先於本犯名下着追，勒限三年。如果家産全無，無力完帑，將未完銀米等項，責令知府分賠一半。如知府查出虧空，揭報司道，司道不即轉揭及司道已經轉揭督撫不即題參，許知府竟揭部、院，將不轉、不參之督撫、司道議處，着令分賠。如督撫、司道明知州縣虧空，不即報參，反爲設法彌補，於本犯勒追限滿之日，著落督撫、司道分賠，仍交部照例議處。

一、各府倉庫錢糧，於每年奏銷時，責成各該道盤查。直隸州錢糧，責成分巡道盤查。糧驛道錢糧，責成布政使盤查。藩庫錢糧，該省有總督者，督撫會同盤查；無總督者，巡撫盤查。其總督有管轄兩三省者，或隔二三年，或隔三四年，於題明巡查地方事情之便，會同盤查。出具印結，於奏銷本内一並保題。倘有扶同徇隱及盤查不實、不行揭報，俱照州縣倉庫例行。如有抑勒那借濫動以致虧空者，許據實通詳揭送各部、院，奏聞，嚴加議處，責令賠補。

一、凡州縣侵那虧空，審明確係知府徇隱、應著落獨賠之項，將徇隱之知府革職離任。其州縣空銀米，仍依侵那等贓年限，先於本犯名下盡數

著落嚴追。一年限内全完，係侵欺之項、本犯擬死罪者，照例減二等發落；擬軍流徒杖者，照例釋免。若係那移之項至二萬兩以上者，本犯照例釋免；未至二萬兩者，本犯照例準其開復。其徇隱之知府亦一體準其開復。如二限、三限補完者，本犯照例分別發落。若三年限滿不能完足，本犯仍照原擬治罪。查實果係家産全無，無力完帑，將未完銀米等項著落徇隱之知府獨賠，勒限一年完補，若能於限内全完，準其開復，限滿不完，再限一年完補。若能於二限内賠補全完，照伊原職降一級調用。如二限内完不足數，再限一年完補。若能於三限内全完，照伊原職降二級調用。三限既滿之後，雖照數賠補全完，亦不準其開復。

一、凡州縣那移虧空，審明係知府不行揭報，應著落分賠之項，將知府革職。其虧空銀米，仍依那移虧空年限，先於本犯名下盡數著落嚴追。一年限内全完，將本犯及不行揭報之知府俱照例準其開復。二限三限補完，本犯照例分別發落。若三年限滿，不能完足，本犯仍照原擬治罪。查實果係家産全無，無力完帑，將未完銀米等項著落不行揭報之知府分賠一半，其餘一半入於無著項下完結。其知府分賠一半銀兩，勒限一年完補，限内全完準其開復，不完再限一年完補。若能於二限内全完者，準其開復，於補官日罰俸一年。如二限内完不足數，再限一年完補。若能於三限内全完者，照伊原職降一級調用。如三次限滿不完，不準開復。未完銀兩仍著落追賠。

一、各省屬官虧空，上司明知故縱者，令徇隱之上司各賠一分。

一、凡新舊交代，如果米穀收存不慎，官物遺失不全，立即揭報題參。於舊官名下著追。如已經後官接受出結，米穀霉變、官物短少，著落接任出結之官按數賠補。

《大清律例》卷一一《户律·倉庫·私借錢糧》 律

凡監臨主守，將係官錢糧等物，乃金帛之類，非下條衣服之屬。私自借用或轉借與人者，雖有文字，文字兼文約、票批、簿籍。並計所借之贓，以監守自盜論。其非監守之人借者，以常人盜倉庫錢糧論。監守坐以自盜，非監守止以常人盜，追出原物還官。

若將自己物件抵換官物者，罪亦如之。自己物件入官。

條例

一、凡管民地方官員借用官銀，初次逾限不能完者，即令離任，限一年，還完開復。若限内不完，革職，著落家産還完。旗員交與該旗催追，漢官交與該督撫催追。

一、凡州縣衛所虧空錢糧，如果民欠未完捏報全完，或私自借給百姓倉糧，其私借錢糧之員及捏報官員，應照虚出通關硃鈔律，計所虚出之數並贓皆以監守自盜論。其實在民欠、民借，仍著落原借欠之人完納。其那移錢糧有項可抵者，即令接任官催徵補項。若捏報私借那移之項，該員情願一年内代民全完者，準其復還原職。

一、府州縣春間借出倉穀，秋收後勒限徵比，務於十月中全完，造具册收，送户部查覈。如有紳衿及牙行蠹役將家人佃户姓名影射，零星領出入己，積至二三十石者，紳衿斥革，牙行蠹役枷號一個月，責四十板。俱照追入倉。其代爲造册之鄉保地方，有無受贓，分別治罪。該管上司不行揭參，交部議處。

一、虧空人員，除查明家産盡數追賠外，如有屬員借支、借領及同官那借，出有印領者，將所有借欠之項責令追還，以抵該員虧空。仍分別議處。至平日債負或幫助親友及同官私借，雖有文約、書札、記簿，並無印領，止許自行取討，若混請開抵虧空者，無論遠近年分，概不準行。仍將本人照圖賴誣扳治罪。地方有司聽從開抵妄拿無辜追比者，照故勘平人律治罪。受賄得贓者，計贓以枉法從重論。其因規避處分，指引開欠者，承追官照藉端將親族濫行著落追賠例問擬，該管上司官交部分別議處。

一、凡遇地方荒歉，借給貧民米石穀麥，或開墾田土，借給牛具籽種，以及一切吏役兵丁人等辦公銀兩，原係題明咨部行令出借，倘遇人亡産絶，確查出結，題請豁免。如有捏飾侵漁，以及未經報明私行借動者，即行題參，按律治罪。

一、凡支銷錢糧，均有一定款項、額數。如有違例開銷，著落擅動、濫給人員賠補。倘上司官因爲數繁多，一人不能歸結，派令屬員公捐還項，或逼令接任官按股分賠，將抑勒之上司官照例治罪。

《大清律例》卷一一《户律·倉庫·私借官物》 律

凡監臨主守將係官什物、衣服、氈褥、器玩之類私自借用，或轉借與人及借之者，各笞五十。過十日各計借物坐贓論，減二等。罪止杖八十，徒

二年。各追所借還官。若有損失者，依毁失官物律，坐罪追賠。有心致損，依棄毁官物計贓，準竊盗論，加二等，罪止杖一百，流三千里。誤毁及遺失者，減棄毁之罪三等，杖八十，徒二年，並追賠。

《大清律例》卷一二《户律·倉庫·庫秤僱役侵欺》 律

凡倉庫務場，局院庫秤斗級，若僱役之人，受僱之人，即是主守。或侵欺或借貸或移易，二字即抵換也。係官錢糧，並以監守自盗論。若僱主同情分受贓物者，罪亦如之。其知情不曾分贓，而扶同僱役者，以所盗物，捏作見在申報瞞官，及不首告者，減自盗一等，罪止杖一百，不知者，不坐。

條例

一、凡糧重倉多州縣，印官不能兼顧，遴點老成書吏收糧。如有僉派匪人侵蝕漕糧者，書吏照監守自盗律治罪，州縣官交部議處。侵蝕米石，即着該役名下嚴行追補。如糧戶私相折銀，訪獲除銀入官充餉，追交應完米石外，量其多寡，分別責懲，收銀書吏計贓治罪。

《大清律例》卷一二《户律·倉庫·出納官物有違》 律

凡倉庫出納官物，當出陳物而出新物，則價有多餘。應受上物而受下物，則價有虧欠。之類，及有司以公用和雇和買，不即給價，若給價有增減不如價值之實者，計通上言。所虧欠當受上物而受下物及雇買不即給價，即給價減不以實，各有虧欠之利。及多餘當出陳物而出新物，及雇買給價增不以實，各有多餘之利。之價，並計所虧欠、所多餘坐贓論。以錢糧不係入己，僱買非充私用，故罪止杖一百，徒三年，贓分還官，給主。

若應給俸禄未及期而預給者，罪亦如之。

其監臨官吏統上論。知而不舉，與同罪，不知者不坐。

條例

一、各省採買一應倉糧穀石，務令州縣等官，平價採買，運倉不許轉發里遞派買。至驛遞所需草豆，令有驛各官平價採買。亦不得派發里遞，苦累小民。應需運價，準令開銷。敢有私派勒買及短給價值、强派强拿民力運送者，坐贓治罪。

一、凡兵丁生息營運銀兩，或占百姓行業，或重利放債以爲生息者，出納官吏照騷擾地方、索借部民財物，計贓科罪。上司失察，交部議處。

《大清律例》卷一二《户律·倉庫·那移出納》 律

凡各衙門收支錢糧等物，已有文案以備照，勘合，以行移，典守者自合依奏出納，若監臨主守不正收正支，如不依文案勘合，那移出納，還充官用者，並計所那移之贓，準監守自盗論，罪止杖一百，流三千里，係公罪。免刺。

若各衙門不給半印勘合，擅出權宜票帖，關支或給勘合，不立文案放支；及倉庫但據權帖不候勘合，或已奉勘合，不附簿放支者，罪亦如之。各衙門及典守者，並計支放之贓，準監守自盗論。

其出征鎮守軍馬經過去處，合付行糧草料，明立文案，即時應付，具數開申合干上司準除，不在擅支之限，違而不即應付者，杖六十。

條例

一、上司逼勒所屬那移庫銀，本官自行首告者，審實上司照貪官例治罪，下屬免議。逼勒至死者，家屬赴控，上司如不行準理，許赴通政司鼓廳衙門具告。審實以逼勒至死之上司抵罪，不行準理之上司革職。

一、凡那移庫銀五千兩以下者，仍照律擬雜犯流，總徒四年。其那移五千兩以上至一萬兩者，擬實犯杖一百，流三千里，不準折贖。若那移一萬兩以上至二萬兩者，發邊衛充軍。二萬兩以上者，雖屬那移，亦照侵盗錢糧例，擬斬監候。統限一年，果能盡數全完，俱免罪。其未至二萬兩者，仍照例準其開復。若不完，再限一年，追完，減二等發落。二年限滿不完，再限一年追完，減一等發落。若三年限滿，不能全完者，除完過若干之外，照見在未完之數治罪。

一、州縣虧空題參時，一面於任所嚴追，一面行文原籍，將伊家産嚴查存案。如任所無完，即變價補完。若承追地方官不行查出，交部照例議處。

一、除侵盗虧空仍照定例外，其分年追賠拖欠各項銀兩，以一年爲一限，計應追之數，按年均分，務令按限交完。見任職員初限不完者，解任，令同二限銀兩帶罪完納。如照數全完，準以原官補用。若二限内僅完初限銀兩者，仍帶罪追比。或初限、二限均不能完，革去職銜，同三限銀兩一並嚴追。此三限内止完一限之數者，仍革職嚴追。或完兩限之數者，復其職銜，帶罪完納。能照數全完者，準其開復補用。倘三限均不能完，交刑部治罪。所欠銀兩於家屬名下嚴追。至無禄人等初限不完，監禁。令同二限銀兩一並追比。如照數全完，暫予釋放。若僅完初限銀兩，二限未

能全完者，仍監禁追比。或初限、二限均不能完，令該旗、該地方官將財產查封，同三限銀兩一並嚴追。此三限內止完一限之數者，暫免其變產。或完兩限之數者，將本身釋放，財產仍行封守。或照數全完者，本身釋放、免罪，財產給還。倘三限俱不能完，即將財產入官變賣，本身交刑部治罪。至追比之項有分二年者，一年不完，照初限例處分；二年俱不完，即照三限例治罪。倘二年內完一年之數者，再限一年。仍不能完，或完不足數者，即行治罪。

一、凡州縣、虧空倉穀，以穀一石照銀五錢定罪。麥、豆、青粱、青稞等雜糧並同。係侵蝕入己者，照侵欺錢糧例擬斷，係那移者照那移庫銀例擬斷。其倉穀，令接任官於秋成穀賤時申詳督撫、藩司，酌動何項錢糧，照時價先行買補。該州縣出具倉收，道府加結報部。於虧空人員及妻、子名下，勒限一年，將動用銀兩照數追補還項。如逾限不完，亦照勒追庫銀例分別治罪。其有倉廒州縣，倘因循怠玩，於滲漏處既不粘補，應蓋造處又不詳請，以致米穀霉爛者，革職，勒帑買補，勒限一年，照數追賠。如限內不完，照損壞倉庫財物律治罪。若有將倉穀侵盗入己捏稱霉爛虧空者，仍照侵蝕例治罪。

一、凡地方有軍需公務督撫不及咨題者，行令該州縣墊辦。或那庫項，或墊己資，先行詳明督撫，辦完十日內即照實價申詳。該督撫照時價核實，於文到半月內題報。户部亦於科抄到日半月內覈定議覆，行文該布政司，不論庫項、已資，即令給發。倘州縣申報過限，或督撫題報後期，俱交吏部議處。若該州縣報價不實，及督撫不覈實題報，希圖冒銷者，户部即行題參。州縣照侵欺例治罪，督撫、司道等官照徇庇例議處。

一、州縣交代，除實在民欠外，將已徵錢糧侵蝕虧空捏稱民欠，令後官接受者，後官即揭報該管上司。如該管上司護庇離任之員，及該管府州畏慮分賠，因而抑勒交盤者，被勒之員直揭部科，代爲陳奏。其所揭抑勒之司道府州等官，該督撫據實確審定擬。如有干連，督撫將具揭及虧空之員押赴來京，交都察院確審。將抑勒之督撫一並從重議處，或係誣捏枉揭，交與刑部治罪。倘前官虧空，後官容隱不報，出結接受，至本身離任始稱前任虧空者，將欠項追賠外，仍治以瞻徇私受罪。其揭報之員照例赴部，於別省調補。倘調補省分該管上司因前揭報之故，多方搜求，藉端誣陷者，許該員於都察院呈辯。果係冤抑，將該管上司交部議處。如該員借名誣辯者，從重治罪。

一、各省倉穀減價平糶，其價值解存司庫，或就近之道府庫，至秋收務依原糶之數領價買補。其買補倉穀時價不敷，於本邑糶賣盈餘銀兩內動支。倘穀價昂貴，不能於次年買補，聲明報部展限。若故意遲延不行買補，以玩視倉儲題參。倘遇州縣交代，未及秋收買補之期，所存價值無虧，即令新任領買，不得捐勒推諉。違者，將該員及該管各官分別議處。

一、凡追賠還官各項銀兩，有較原參之數浮多者，仍給還本人。

一、凡虧空之案，審出民欠那墊是實，除將本犯照例議罪外，另限四個月，委員徹底清查，出具並無假捏影射印結，再令接任官出具認徵印結，仍向欠户催徵。如限滿不完，將接徵官照例參處。倘本無實欠，接任官通同捏結，察出照捏欠之數與本犯同罪。仍令分賠。

一、接任官承查交代，如有虧空，即於具題之日扣限。倘有續揭，亦以出咨之日扣限。倘有甘受違限處分，摘款先揭，預爲三參五參地步轉輾延挨者，即將該員著落賠補。

《大清律例》卷一二《户律・倉庫・冒支官糧》 律

凡管軍官吏，冒支軍糧入己者，計所冒支之贓，準竊盗論，取之於軍，非取之於官也，故止準竊盗論。若軍已逃故，不行扣除而入己者，以常人盗官糧論。若承委放支而冒支者，以監守自盗論。免刺。

《大清律例》卷一二《户律・倉庫・起解金銀足色》 律

凡收受納官諸色課程，變賣貨物，起解金銀，須要足色。如成色不及分數，提調官吏及估計煎銷人匠，各笞四十，著落均賠還官。官有侵欺，問監守盗。知情通同，故不收足色，坐贓論。

《大清律例》卷一二《户律・倉庫・守掌在官財物》 律

凡官物當應給付與人，已出倉庫而未給付；若私物當供官用，已送在官而未入倉庫，均爲官物。但有人守掌在官，官司委僉守掌之人。若有侵欺借貸者，並計入己贓，以監守自盗論。若非守掌之人侵欺者，依常人盗倉庫律論。其有未納而侵用者，經催里納保歇，各照隱匿包攬欺官取財科斷，不得概用此律。

條例

一、凡八旗參領、佐領、驍騎校、領催等，將一切收貯公所干係錢糧

並交庫銀兩侵蝕者，照監守自盜律，一千兩以上，斬監候；一千兩以下，雜犯準徒；一萬兩以内，遇赦準其援免；有逾此數，不準寬免。

《大清律例》卷一三《户律・課程・監臨勢要中鹽》 律

凡監臨鹽法官吏詭立僞名，及内外權勢之人，中納錢糧，於各倉庫，請買鹽引勘合，支領官鹽貨賣，侵奪民利者，杖一百、徒三年，鹽貨入官。鹽引勘合追繳。

《大清律例》卷二三《刑律・賊盜・監守自盜倉庫錢糧》 律

凡監臨主守自盜倉庫錢糧等物，不分首從，並贓論罪。並贓謂如十人節次共盜官銀四十兩，雖各分四兩入己，通算作一處，其十人各得四十兩罪，皆斬；若十人共盜五兩，皆杖一百之類。三犯者絞，問實犯。

並於右小臂膊上，刺盜官銀糧物三字。每字各方一寸五分，每畫各闊一分五釐，上不過肘，下不過腕。餘條準此。

一兩以下，杖八十。

一兩之上，至二兩五錢，杖九十。

五兩，杖一百。

七兩五錢，杖六十，徒一年。

一十兩，杖七十，徒一年半。

一十二兩五錢，杖八十，徒二年。

一十五兩，杖九十，徒二年半。

一十七兩五錢，杖一百，徒三年。

二十兩，杖一百，流二千里。

二十五兩，杖一百，流二千五百里。

三十兩，杖一百，流三千里。雜犯三流，總徒四年。

四十兩，斬。雜犯。徒五年。

條例

一、凡漕運糧米，監守盜六十石入己者，發邊遠充軍。入己數滿六百石者，擬斬監候。

一、漕、白二糧過淮以後，責令該管道府州縣往來巡察。有盜賣、盜買之人，拿獲即各枷號一個月，糧米仍交本船。米價入官充餉，運弁俟回南日，聽總漕捆打四十。如地方官失察者，交該部議處。

一、小船人户受雇偷載漕糧盜賣者，將船户照漕、白二糧過淮後盜賣盜買枷號一個月例，減二等發落。其漕船頭舵明知旗丁盜賣，不據實舉首者，俱照不應重律，杖八十。受財計贓從重論。

一、凡侵盜倉庫錢糧入己，數在一千兩以下者，仍照本律擬斷，雜犯準徒五年。一千兩以上者，擬斬監候。遇赦準予援免。如數逾一萬兩以上者，不準援免。文武官員犯侵盜者，俱免刺字。

一、凡侵盜那移應追之贓，一年内全完，將死罪人犯比免死減等例，再減一等發落；軍流徒罪等犯，免罪。若不完，犯人暫停治罪，再限一年追賠。完者，死罪人犯免死，減等發落；軍流徒罪亦減等發落。若不完，軍流徒罪犯人即行充配，死罪照原擬監追，仍再限一年，着落犯人妻及未分家之子名下追賠。如果家産全無，不能賠補，在旗參、佐領、驍騎校，在外，地方官取具印甘各結，申報都統督撫保題，豁免結案。倘結案後，别有田産人口發覺者，盡行入官。將承追出結各官革職。所欠贓銀米穀着落賠補。督催等官照例議處。内外承追督催武職，俱照文職例議處。再一應贓私，察果家産全無、力不能完者，概予豁免，不得株連親族。倘濫行着落親族追賠，將承追官革職。其該管上司如有逼迫出結之事，屬官不行出首，從重治罪。

一、凡侵盜錢糧之犯照例分别治罪外，其侵欺錢糧，着落犯人妻及未分家之子名下，照追入官。至如一人名下有侵欺又有那移者，應無論那移、侵欺之案并發，及侵欺之案先發、那移之案後發，均着勒限一年，令其先完那移之項，後完侵欺之項。若完那移數内完足侵欺之數，其餘侵欺、那移之數委屬力不能限内全完者，將擬斬人犯暫停正法，仍再勒限監追。此等虧空之案，該督撫務宜秉公確審，固不可以那爲侵，使人冤抑；其有以侵爲那，及非實在無力完帑者，該督撫扶同徇庇，藉端巧爲開脱，或被人首告，或經指參，將該督撫交部嚴加議處。

一、凡八旗侵盜案内有無力完帑，並無隱匿情弊者，將本犯仍歸原罪完結外，妻子等免其治罪。如有隱匿情弊，仍照雍正七年定例，並依侵盜本條則例，分别數目，其未完之數在一千兩以上、本犯現在擬斬監禁者，將伊妻並未分家之子入辛者庫；數在一千兩以下者，將隱匿之人枷號三個月發落。若係那移等項，仍照隱匿本律治罪，所隱財産俱行入官。該管

保題各官，亦俱照舊例治罪追賠。

一、完贓減免之犯如又犯贓，俱在本罪上加一等治罪。

《大清律例》卷三一《刑律・受贓・剋留盜贓》律

凡巡捕官已獲盜賊，剋留贓物不解官者，笞四十；入己者，計贓，以不枉法論，仍將其所剋之贓，並解過贓通論盜罪。若軍人、弓兵有犯者，計贓雖多，罪止杖八十。仍並贓以論盜罪。

條例

一、胥捕侵剋盜贓者，計贓，照不枉法律，從重科斷。

《大清律例》卷三一《刑律・受贓・因公科斂》律

凡有司官吏人等，非奉上司明文，因公擅自科斂所屬財物，及管軍官吏科斂軍人錢糧賞賜者，雖不入己。杖六十；贓重者，坐贓論；入己者，並計贓以枉法論。無祿人減有祿人之罪一等，至一百二十兩，絞監候。其非因公務科斂人財物入己者，計贓，以不枉法論。無祿人罪止杖一百，流三千里。若餽送人者，雖不入己，罪亦如之。

條例

一、凡京城及外省衙門，不許罰取紙紮、筆墨、銀硃、器皿、錢穀、銀兩等項，違者計贓論罪。若有指稱修理，不分有無罪犯，用強科罰，米穀至五十石，銀至二十兩以上，絹帛貴細之物值銀二十兩以上者，事發，交部照例議處。

一、江南、江西、湖廣地方及黄、運兩河，遇有公事，該督撫查實，題請定奪。不許輒派商捐。倘地方官有私行勒派者，即行題參治罪。該督撫失於覺察，一並交部議處。

《大清律例》卷三八《工律・營造・冒破物料》律

凡造作，局院頭目工匠有於合用數外，虚冒多破物料而侵欺入己者，計入己贓以監守自盜論。不分首從，並贓論罪，至四十兩斬。追物還官。若未入己，只坐以計料不實之罪。

局官並承委覆實官吏知情扶同捏報不舉者，與冒破同罪。至死減一等。失覺察者，減三等，罪止杖一百。

條例

一、直隸各省督撫、將軍、提鎮所轄各標營等衙門，收貯軍器，經上司官查盤，若有侵欺物料、那移掩飾、虚數開報者，俱以監守自盜論。贓重者，照侵欺倉庫錢糧例治罪。該管官不查報並失察之上司官，俱交該部，照例分别議處。

一、河工估計工程，總河及該督撫分司委員確查，工段丈尺、樁埽料物，如果與所估物料數目相符，覈實具題，發帑興修。如估計過多，物料數目不符，查出即行指參。承查之員扶同徇隱，交部議處。至完工之日，再行確查。如工程單薄，物料剋減，錢糧不歸實用，以致修築不堅固，將承修之員立即參究，分别入己、不入已定罪。侵冒銀兩，勒限追賠。

一、直屬搶修等工，每年應需物料，務於八月内預動銀兩，給發購辦。按照漕規價值，據實秤收，毋許重收累民。十月照額辦足交工，取具並無短少印甘各結存案。倘承辦之員，限内不能如數辦足，將料物秤收短少，希冀掩飾，並將舊爛物料攙入，或經廳汛印官於互相秤收之時查出揭報，或經該督訪聞，立即嚴參議處。如過期發銀，購辦遲滯，分别查參。其上年餘剩物料，該管河道查盤實數，出具並無虧空印結呈報。倘盤查缺少，扶同徇隱，及有霉爛侵虧等弊，即將文武汛員與盤查不實之上司一並參處，照數分賠補項。

一、各省修造標營船隻，着道員、副將會同領價。道員遴委同知、通判，副將遴委都司、守備，協同辦料修造。如係將軍標下船隻，即遴委參領以下等官，同領同辦。倘承修之員修不如式，貽誤軍工，以及監驗查收之員需索措勒，並船上什物不即交代清楚，兵丁私行盜賣，以致短少殘缺者，該督撫等即將該管將弁指名題參。其頭舵人等照例治罪，分别著追。如該管上司不行查察，故爲徇隱，一經發覺，照例議處。

一、浙省修築塘工，估需銀兩，飭令承修之員專案請領，不得牽混並領，亦不得通融挪用。領銀之後，將辦過物料數目申報上司，委員查驗。如堆貯物料與所報相符，承查之員加具保結，申詳貯用。倘有虧缺及挪移掩飾情弊，即行揭參。查驗官扶同徇隱，一並參處。至各塘保固限内，如有坍塌，即著落承修之員賠修。若遇有異常潮汐，委非人力可施，查明工程堅固，錢糧俱歸實用者，準取結保題，免其賠修。如物料苟簡，工程草率，錢糧不歸實用，致有衝塌，照例題參，著落賠修。

一、豫省應修水利地方，有動用帑項者，承修各員果能實力辦理，俟

保固三年之後，該督撫嚴題，並交部分別議叙。倘有不預行修築，以致田畝被淹，即將各員交部分別議處。若侵蝕錢糧，工程不能堅固，承修之員照侵欺河工錢糧例，參革治罪。該管各官徇隱不報，俱照例處分。

一、凡各省修建工程所需物料，該督撫等轉飭承辦各員，不必拘泥各省從前造報物料定價，悉照時價確估造報。工竣之日，另行委員查勘，並取具並無捏飾印結詳報。該督撫等確訪時價，詳細覈明，據實題咨，工部再行覈銷。倘承辦各員浮開揑報，即照冒銷錢糧例指參。所委各員查驗不實，照扶同徇隱例參處。

《大清律例》卷一二《户律·倉庫·收支留難》 律

凡收受支給官物，其當該官吏，無故二字重看。留難刁蹬，不即收支者，一日，笞五十；每三日加一等，罪止杖六十，徒一年。

守門人留難者，不放入，計日論。罪亦如之。

若領物納物之人到有先後，主司不依原到次序收支者，笞四十。

條例

一、大通橋監督將運進倉内米數，預期行文入倉監督，早開倉門，務要本日照數收完。如有至晚收納不及者，該倉監督親身查照登簿貯倉，次日抽掣收受。違者，交該部議處。如運役擅於中途寄放者，照偷盗議罪。

一、凡錢糧物料等項解送到部，限文到三日内即行查收，掣給批回。如無故不收完給批者，照律計日治罪。至書役人等指稱估驗、掣批掛號等項費用名色，藉端包攬索詐者，許解官、解役即於該衙門首告，交送刑部，問實，發邊衛充軍。贓重者，以枉法從重論。係官，革職問罪。該管官失察者，交部議處。如解官預先囑託、和同行賄、聽其包攬者，與受財人一體治罪。

一、凡糧船運抵石壩、土壩，限十日内將米起完。如起米違限、以致回空船隻守凍者，坐糧廳監督革職。若受財，并衙役人等交刑部治罪。其漕糧運至京通各倉，若米到不即令過壩、過閘，指勒不令入倉者，許運丁首告，交刑部，將衙役人等從重治罪。如坐糧廳及各倉書役人等，向運官、運丁指稱掣批等項名色勒索者，一兩以下，杖六十，徒一年；一兩以上，杖一百，徒三年；十兩以上，發邊衛充軍；贓重者，仍從重論。若支放米石，攙和沙土者，亦交刑部從重治罪。有向闞米之人勒索得財者，照指稱掣批等項名色計贓論罪。因而打死人命者，擬斬監候。闞米人等米色不堪，不行首告，或私給錢者，與受同科。以上各項，監督失察者，交部嚴加議處。知情故縱者，革職，從重治罪。失察之倉場侍郎，亦交部分別議處。

《大清律例》卷一五《户律·市廛·市司評物價》 律

凡諸物牙行人評估物價，或以貴爲賤，或以賤爲貴，令價不平者，計所增減之價，坐贓論。一兩以下，笞二十，罪止杖一百、徒三年。入己者，準竊盗論查律坐罪，免刺。

其爲以贓入罪之罪人估贓，增減不實，致罪有輕重者，以故出入人罪論。若未決放，減一等。受財受贓犯之財，估價輕；受事主之財，估價重。者，計贓，以枉法從重論。無祿人，查律坐罪。

《大清律例》卷三一《刑律·受贓·有事以財請求》 律

凡諸人有事，在財行求官吏欲得枉法者，計所與財，坐贓論。若有避難就易，所枉法之罪重於與財者，從重論。其贓入官。其官吏刁蹬，用强生事，逼抑取受者，出錢人不坐。避難就易，謂避難當之重罪，就易受之輕罪也。若他律避難，則指難解錢糧、難捕盗賊皆是。

條例

一、凡有以財行求及説事過錢者，審實，皆計所與之贓，受財人同科。仍分有祿、無祿，有祿人概不減等，無祿人各減一等。其行求説事過錢之人，如有首從者，爲首，照例科斷；爲從，有祿人聽減一等，無祿人聽減二等。如抑勒詐索取財者，與財人及説事過錢人俱不坐。至於别項饋送，不係行求，仍照律擬罪。

《大清律例》卷三一《刑律·受贓·在官求索借貸人財物》 律

凡監臨官吏挾勢，及豪强之人，求索、借貸所部内財物，並計索借之贓，準不枉法論；强者，準枉法論；財物給主。無祿人，各減有祿人一等。

若將自己物貨散於部民，及低價買物，多取價利者，并計餘利，準不枉法論；强者，準枉法論；物貨價錢，并入官給主。賣物，則物入官，而原得價錢給主，而所用之價入官。此下四條，蓋指監臨官吏，而豪强亦包其中。

若於所部内買物，不即支價，及借衣服器玩之屬，各經一月不還者，并坐贓論。仍追物還主。

若私借用所部内馬、牛、駝、騾、驢，及車船、碾磨、店舍之類，各驗日計雇賃錢，亦坐贓論，追錢還主。計其犯時雇工賃值，雖多不得過其本價。

若接受所部内饋送土宜禮物，受者笞四十，與者減一等；若因事在官而受者，計贓，以不枉法論；其經過去處供饋飲食，及親故饋送者，不在此限。

其出使人於所差去處，求索借貸，賣買多取價利，及受饋送者，并與監臨官吏罪同。

若去官而受舊部内財物，及求索借貸之屬，各減在官時三等。

條例

一、凡外任旗員，該旗都統參領等官，有於出結時勒索重賄，及得缺後要挾求助，或該旗本管王貝勒，及門上人等有勒取求索等弊，許本官據實密詳督撫轉奏。倘督撫瞻顧容隱，許本官直揭都察院，轉爲密奏。倘不爲奏聞，許各御史據揭密奏。

一、文武職官，索取土官、外國、瑶、僮財物，犯該徒三年以上者，俱發邊衛充軍。

一、雲、貴、兩廣、四川、湖廣等處流官，擅自科斂土官財物，僉取兵夫，徵價入己，强將貨物發賣，多取價利，贓至該徒三年以上者，俱發邊衛充軍。若買賣不曾用强，及贓數未至滿徒者，按律計贓治罪。其科斂財物明白公用，僉取兵夫不曾徵價者，照常發落。

一、苗、蠻、黎、僮等僻處外地之人，并改土歸流地方，如該管官員有差遣兵役騷擾逼勒、科派供應等弊，因而激動番蠻者，照引惹邊釁例，從重治罪。

一、凡出差巡察之員，所到州縣地方，如有收受門包，與者，照鑽營請託例治罪；受者，照婪贓納賄例治罪。該督撫不行查察，交部議處。

一、各上司如有勒薦幕賓、長隨者，許屬員揭報。將勒薦之上司照例革職。其幕賓、長隨鑽營上司引薦，在各衙門舞弊詐財者，計贓以枉法論。幕賓照衙門書吏加等治罪例治罪，長隨照衙門蠹役恐嚇索詐十兩以上例治罪。如鑽營引薦，别無情弊，但盤踞屬員衙門者，幕賓照書役年滿不退例杖一百，徒三年；長隨枷號一個月，杖一百。各遞回原籍，分别發落。其屬員徇隱不行揭報者，照例革職。若屬員營求上司，因所薦幕賓、長隨有勾通行賄等弊，照例分别議處治罪。

《大清律例》卷三一《刑律·受贓·家人求索》 律

凡監臨官吏家人，兄弟、子姪、奴僕皆是。於所部内取受所求索借貸財物，依不枉法。及役使部民，若買賣多取價利之類，各減本官吏罪二等；分有祿、無祿。須確係求索借貸之項，方可依律減等。若因事受財，仍照官吏受財律定罪，不準減等。若本官吏知情與同罪，不知者，不坐。

《大清律例》卷三一《刑律·受贓·官吏受財》 律

凡官吏因枉法、不枉法事受財者，計贓科斷，無祿人，各減一等；官追奪除名，吏罷役，贓止一兩。俱不叙用。

說事過錢者，有祿人減受錢人一等，無祿人減二等，如求索、科斂、嚇詐等贓。及事後受財過付者，不用此律。罪止杖一百，徒二年；照遷徙比流減半科罪。有贓者，過錢，而又受錢。計贓從重論。若贓重，從本律。

有祿人：凡月俸一石以上者。

枉法贓各主者，通算全科。謂受有事人財，而曲法處斷者，受一人財，固全科；如受十人財，一時事發，通算作一處，亦全科其罪。若犯二事以上，一主先發，已經論決，其他後發，雖輕若等，亦并論之。

一兩以下，杖七十。

一兩至五兩，杖八十。

一十兩，杖九十。

一十五兩，杖一百。

二十兩，杖六十，徒一年。

二十五兩，杖七十，徒一年半。

三十兩，杖八十，徒二年。

三十五兩，杖九十，徒二年半。

四十兩，杖一百，徒三年。

四十五兩，杖一百，流二千里。

五十兩，杖一百，流二千五百里。

五十五兩，杖一百，流三千里。

八十兩，實絞監候。

不枉法贓各主者，通算折半科罪。雖受有事人財，判斷不爲曲法者，如受十

人財，一時事發，通算作一處，折半科罪。一主者，亦折半科罪。準半折者，皆依此。

一兩以下，杖六十。

一兩之上至一十兩，杖七十。

二十兩，杖八十。

三十兩，杖九十。

四十兩，杖一百。

五十兩，杖六十，徒一年。

六十兩，杖七十，徒一年半。

七十兩，杖八十，徒二年。

八十兩，杖九十，徒二年半。

九十兩，杖一百，徒三年。

一百兩，杖一百，流二千里。

一百一十兩，杖一百，流二千五百里。

一百二十兩，杖一百，流三千里。

一百二十兩以上，實絞監候。

無祿人：凡月俸者不及一石者。

枉法，扶同聽行及故縱之類。一百二十兩，絞監候。

不枉法，一百二十兩以上，罪止杖一百，流三千里。

條例

一、各部、院衙門書辦有輒敢指稱部費，招摇撞騙，干犯國憲，非尋常犯贓可比者，發覺審實，即行處斬，爲從知情、朋分銀兩之人，照例發往雲貴川廣煙瘴少輕地方，嚴行管束。

一、凡在官人役，取受有事人財，律無正條者，果於法有枉縱，俱以枉法計贓科罪。若屍親鄰證等項，不係在官人役取受有事人財，各依本等律條科斷，不在枉法之律。

一、貪贓官役，罪至死而免死減等發落，及罪不至死擬流者，并發川陝邊省，令該督撫按其原罪定地遠近，安插爲民。

一、凡衙門蠹役恐嚇索詐十兩以上者，發邊衛充軍。至一百二十兩者，照枉法擬絞。其或索詐貧民，致令賣男鬻女者，十兩以下，亦照例充發。爲從分贓者，不計贓，并杖一百、徒三年。

一、縣總里書如犯贓入己者，照衙役犯贓擬罪，不準折贖。保人歇家串通衙門行賄者，照不係在官人役取受有事人財科斷。

一、凡正身衙役違禁私帶白役者，并杖一百，革役。如白役犯贓，照衙役犯贓例治罪。正身衙役知情、同行者，與同罪。不知情、不同行者，不坐。

一、司、道、府、州、縣等官不時察訪衙蠹，申報該督撫究擬。若該管官員不行察報，經督撫上司訪拿，或別經發覺者，照徇庇例交該部議處。如督撫不行訪參者，亦交該部議處。其訪拿衙蠹并贓私數目，仍應年底造册題報。

一、直省書役年滿缺出，遵例召募。有暗行頂買、索取租銀者，缺主照枉法受財律，計贓定擬。至八十兩者，絞。頂缺之人照以財行求律，至五百兩者，杖一百、徒三年。出結人等依不應重律，杖八十。該管官員交部議處。倘該督撫陽奉陰違，亦照例議處。其年滿考職時，務令填寫并無假姓冒籍字樣，方準收考。若有冒籍冒名等弊，事發者，革去職銜，杖一百。不能稽查之該管等官，俱交部議處。至各衙門一切案件，若假手書吏，以致定稿時高下其手，駁詰不已，有贓者，照枉法受財律科罪；無贓者，依不應重律，杖八十，革役。該管官員照例議處。如該督撫不行題參，亦交部議處。

一、凡各衙門書吏，如有舞文作弊者，係知法犯法，應照平人加一等治罪。

一、凡上司經過，屬員呈送下程，及供應夫馬車輛一切陋規，俱行革除。如屬員仍有供應，上司仍有勒索者，俱革職、提問。若督撫不行題參，照例議處。其上司隨役、家人私自索取，本官不知情者，照例議處。如知情故縱，罪坐本官，照求索所部財物律治罪。其隨役、家人照在官求索，無祿人減一等律治罪。并許被索之屬員據實詳揭。若屬員因需索濫行供應，及上司因不迎送供應，别尋他事，中傷屬員者，將屬員及各上司照例分别議處。

一、書吏舞文作弊，其知情不首之經承、貼寫，俱照本犯罪減一等發落。如有將書吏情弊查出、舉首三次者，係書吏，不論已未期滿，準其考職即用。如係貼寫，準其與期滿之書吏一體考職。倘有不肖之徒，希圖考

職及懷挾私讎，妄行出首者，照誣告律從重治罪。

一、督撫司道各上司差役擾害鄉民，許州縣查拿，并許被害人呈告，將該役照例治罪。

一、除審無入己坐贓致罪者，果能於限內全完，仍照侵盜、那移、虧空錢糧之犯準其減免外，若官吏因事受財，貪婪入己，審明枉法不枉法，及律載準枉法、不枉法論等贓，果於一年限內全完，死罪照原擬減一等，改流；軍、流以下各減一等發落。其應追贓物照例勒追完結。倘限內不完，死罪仍照原擬監追，流罪以下即行發落。

《大清律例》卷三一《刑律·受贓·坐贓致罪》 律

凡官吏人等，非因枉法、不枉法之事而受人之財，坐贓致罪；各主者，通算折半科罪；與者，減五等。謂如被人盜財或毆傷，若賠償及醫藥之外因而受財之類。各主者，并通算折半科罪。爲兩相和同取與，故出錢人減受錢人罪五等。又如擅科斂財物，或多收少徵，如收錢糧稅糧斛麵，及檢踏災傷田糧，與私造斛斗秤尺各律所載雖不入己，或造作虛費人工物料之類，凡罪由此贓者，皆名爲坐贓致罪。官吏坐贓，若不入己者，擬還職役，出錢人有規避事重者，從重論。

一兩以下，笞二十。

一兩之上至十兩，笞三十。

二十兩，笞四十。

三十兩，笞五十。

四十兩，杖六十。

五十兩，杖七十。

六十兩，杖八十。

七十兩，杖九十。

八十兩，杖一百。

一百兩，杖六十，徒一年。

二百兩，杖七十，徒一年半。

三百兩，杖八十，徒二年。

四百兩，杖九十，徒二年半。

五百兩罪止杖一百，徒三年。以坐贓非實贓，故至五百兩罪止徒三年。

《大清律例》卷三一《刑律·受贓·事後受財》 原在事後，故別於受財律。

律

凡官吏有承行之事先不許財，事過之後而受財，事若枉斷者，準枉法論；事不枉斷者，準不枉法論。無祿人各減有祿人一等。風憲官吏仍加二等。若所枉重者，仍從重論。官吏俱照例爲民，但不追奪誥敕。律不言出錢過錢人之罪，問不應從重可也。

《大清律例》卷三一《刑律·受贓·官吏聽許財物》 原未接受，故別於事後受財律。

律

凡官吏聽許財物，雖未接受，事若枉者，準枉法論；事不枉者，準不枉法論，各減受財一等。所枉重者，各從重論。必自其有顯迹，有數目者，方坐。凡律稱準者，至死減一等，雖滿數，亦罪止杖一百，流三千里。此條既稱準枉法論，又稱減一等，假如聽許準枉法贓滿數，至死減一等，杖一百，流三千里；又減一等，杖一百，徒三年，方合律。此正所謂犯罪得累減也。此明言官吏，則其餘雖在官之人，不用此律。

條例

一、聽許財物，若甫經口許，贓無確據，不得概行議追。如所許財物封貯他處，或寫立議單文券，或交與說事之人，應向許財之人追取入官。若本犯有應得之罪，仍照律科斷。如所犯本輕或本無罪，但許財營求者，止問不應重律。其許過若干、實交若干者，應分別已受、未受數目，計贓，并所犯情罪，從重科斷。已交之贓，在受財人名下着追；未交之財，仍向許財人名下着追。

《大清律例》卷三一《刑律·受贓·風憲官吏犯贓》 律

凡風憲官吏受財，及於所按治去處，求索借貸人財物，若賣買多取價利，及受饋送之類，各加其餘官吏受財以下各款罪二等。加罪不得加至於死。如枉法贓須至八十兩方坐絞，不枉法贓須至一百二十兩之上方坐絞。風憲吏無祿者，亦就無祿枉法、不枉法本律斷。其家人如確係求索借貸，得減本官所加之罪二等。若因事受財，不準減等，本官知情者與同罪，不知者不坐。

《大清律例》卷三一《刑律·受贓·私受公侯財物》 律

凡內外武官，不得於私下或明白接受公侯伯所與金銀、緞疋、衣服、糧米、錢物。若受者，杖一百，罷職，發邊遠充軍。再犯，處死。公侯與

者，初犯，再犯免罪，三犯奏請區處。若奉命征討，與者、受者，不在此限。或絞，或斬，律無明文。但初犯充軍，即流罪也。再犯加至監候絞，以其干係公侯伯，應請自上裁。

《大清律續纂條例》卷二《刑律》 一、執事大臣，不行約束家人，致令私向所管人等往來交結借貸者，一經發覺，將伊主一並治罪。【略】

一、官員婪贓，審係枉法，入己者，雖於限內全完，不準減等。其不枉法贓，及準枉法論，并坐贓致罪等項，仍照定例辦理。【略】

一、長隨求索嚇詐，得財舞弊者，照蠹役詐贓例治罪。並照竊盜例，初犯以贓犯二字刺臂，再犯刺面。其有索詐婪贓、託故先期預遁、及本官被參後，聞風遠揚者，拿獲之日，照到官後脱逃例，各加二等治罪，仍追原贓。其各衙門現任大小官員，如有收用犯案刺字長隨者，交部議處。

《大清律續纂條例》卷六《刑律·監守自盜倉庫錢糧》 一、凡侵貪之案，如該員身故，審明實係侵盜庫帑圖飽私囊者，即將伊子監追。

《清高宗實録》乾隆十四年十月 又諭：朕於侵貪各案，諄諄垂戒，前後所降諭旨，不啻三令五申。此次勾到，辦理侵貪各案，有督撫輕擬，經九卿改入情實者，有九卿混入緩決，經朕指示情節改入情實者。所有二年限滿之犯，完數如例者，業經分別原減，其逾限未完，營私入己，確然有憑者，予勾正法。誠以律不容弛，法當共守。與其失之寬而犯之者衆，不如顯然示以無所假借。俾知所戒，而不致更蹈覆轍，所全者實多也。朕前降旨，令刑部於秋朝審時，將各省官犯彙爲一册，得以詳悉推勘，以昭慎重之意。此雖不僅指侵貪，而官犯内惟侵貪者常多，以理論之，潔己奉公，人臣之職分應爾。倉庫錢糧，莫非小民脂膏，上以供軍國經費，人君且不得私有，而乃漫無顧忌，如取如攜，婪正供而入私槖。是閭里之輸將，徒爲若輩填谿壑也。

《清高宗實録》乾隆十四年十月〔壬寅〕諭：明後兩年，國家大慶，秋審一應情實人犯，理應停止勾決。但侵貪之犯非尋常命盜案件可比，著各省督撫於所屬侵貪案犯限滿之日，即將已完未完實數聲明，分別定擬，另案具題，不必坐俟壬申年秋審，此朕因時懲貪之意。此二年仍照舊例行。

《清高宗實録》乾隆四十六年二月 又諭曰：阿桂等具奏審擬王燧貪縱不職，牟利營私各款，照不枉法論律擬發往伊犁，自備資斧，永遠充當苦差一摺，問擬殊屬輕縱，已批交該部，從重覈擬具奏矣。王燧身爲監司大員，由朕特加擢用，乃不思潔己奉公，貪縱不法，以致民怨沸騰，實出情理之外，非尋常貪縱玩法者可比。其勒買部民女子房屋，及夥開銀號等事，實與枉法無異，即從重擬絞，亦不爲過，何得僅擬外遣。若凡爲地方大員者，罔顧法紀，平日逞其婪索驕縱之私，倖免無事，即可坐享厚貲，從容佚樂。及至事蹟敗露，不過問擬外遣，何足以示懲儆而彰法憲乎！王燧即著富勒渾親身嚴行押解來京，交與刑部從重治罪，一路小心管押，毋稍疎虞。至阿桂、陳輝祖審擬此案輕縱之處，並著傳旨申飭。

《理藩院則例》卷三八《偷竊·侵蝕盜賊財物》 一、承緝盜賊之官員、兵役等，將已獲盜賊之牲畜、財物侵蝕，不行報官私分入己者，各罰五牲畜。將私分牲畜、財物照數追出。係贓給付事主，係賊犯財物給付賊犯。

《理藩院則例》卷四四《罪罰·禁止饋送差員財物》 一、内外扎薩克各旗遇有應行查勘、審訊事件，經該處將軍、都統、大臣、差官到境，該扎薩克除供應烏拉外，不得濫行饋送財物。如違，事發，係管旗之汗、王、貝勒、貝子、公、扎薩克、臺吉、塔布囊，均照不應重私罪，降三級調用。蒙古官員無級可降，照例折罰扎薩克俸。其不管旗之汗、王等及無俸協理臺吉以下並章京等官，均照例折罰牲畜。但有以財行賄情形，照刑例計贓科斷。

《兵部處分則例》卷二五《馬政·剋扣朋銀》 一、購買營馬不許短價侵漁，如本官有剋扣攤派等弊，該將軍、總督、巡撫、提督題參，將本官革職，私罪。計贓治罪。若任聽兵丁以不堪營馬充數者，該管官，降三級調用。私罪。

《兵部處分則例》卷二九《軍器·軍械完固毋庸屆限修製》 一、各直省庫貯軍械，雖逾定限，尚屬完固整齊者，毋庸拘泥限期修製，致滋糜費。如有限期雖屆，將完固軍械因有定例年限率行報部冒混修製者，別經發覺，除不準其開銷外，將冒混修製之員，降一級調用私罪。查驗失實之上司，降一級留任公罪。

《兵部處分則例》卷二九《軍器·軍械破壞匿不修製》 一、各直省

庫貯軍械未屆年限，先行破壞者，著落該管官賠修。如該管官任其廢棄，匿不詳請修製，經總督、巡撫於閱操之時查出參奏者，降一級留任私罪。

《兵部處分則例》卷二九《軍器·出師官兵携帶軍械如有損壞隨時修製》　一、出師官兵携帶軍裝器械，先期咨報兵部備案，於凱撤回營之時，派委文員會同該管將備確切查驗，將帶回堪用之件，盡數歸額，其損壞各件，準其隨時修製。如有浮冒，經部查出，或別經發覺，將查驗及承辦各營員，照冒混修製軍械例，議處。

《回疆則例》卷七《禁止各城大臣收受博勒克》　一、回疆各城大臣到任並遇節壽，所屬阿奇木伯克不準呈遞博勒克一切土物及大臣回京餽送盤費，如該大臣有收受婪索情弊，由參贊大臣查明參奏，即行正法，如參贊大臣倘有違犯，應聽伊犁將軍查參，也許各城大臣據實揭參，仍將餽送之阿奇木伯克一體治罪。

《回疆則例》卷八《阿奇木伯克到任不準回衆供支什物》　一、各城阿奇木伯克到任，凡需用一切什物，不準攤派所屬回莊，及小伯克到任，也不準送阿奇木禮物，違者經該管大臣查出，嚴參治罪。

《回疆則例》卷七《年班伯克私斂錢文濫派馬匹》　一、回疆各城阿奇木伯克等，每值年班，不準藉土貢之名橫加聚斂，私派烏拉馬匹勒折錢文，違者準許各回户赴本管大臣衙門控告，即照枉法贓治罪。

《回疆則例》卷七《司員收買馬匹不準伯克供支料草》　一、各城司員等收買瘦馬，不準由阿奇木伯克供支料草，喂至膘壯時作價發交變賣，及托阿奇木伯克代習物件，違者經該管大臣查出，即行參辦，並將濫應代爲習賣之伯克一並從重治罪。

《回疆則例》卷七《伯克等私折烏拉馬匹》　一、喀什噶爾等處大臣巡閱卡倫所需烏拉馬匹，照數於額設馬匹內發給印票傳調，以資騎用，不準阿奇木伯克以沿途支應及內外當差人等雜費另作攤款苦累小回，該伯克倘有影射派調等項情弊，即由該大臣奏明從重治罪。

《回疆則例》卷七《禁止大小衙門及阿奇木伯克藉端苛斂》　一、新疆各回城大小衙門日用所需並各項匠役工價口食，遇有差使準折馬價，以及公私人役使費一概不準相沿陋習向阿奇木伯克勒索供應，阿奇木伯克也不得假官用之名，妄行攤派克列克里克色里克錢文。如有改易名目或因公苛派暗爲巧取擾累閭閻者，一經查出，抑被告發，無論該管大臣並屬下官員以及阿奇木伯克等，均照枉法贓嚴行治罪。

《回疆則例》卷七《各城辦事大臣不準發交變價馬匹》　各城辦事大臣自養馬匹，如浮於騎用只可令家丁出售，不準私作重價發交阿奇木伯克變賣，致滋阿奇木伯克展轉分派窮回領馬繳價之弊，違者，照枉法贓治罪，並將逢迎之阿奇木伯克一體究辦。

（清）席裕福《清朝政典類纂》卷四〇五《刑三十七·刑律受贓·官吏受財》　凡官吏因枉法不枉法事受財者，計贓科斷，無禄人各減一等，官追奪除名，吏罷役，贓止一兩俱不敘用。說事過錢者，有禄人減受錢人一等，無禄人減二等，如求索科斂嚇詐等贓及事後受財過付者不用此律。罪止杖一百徒二年，照遷徙比流減半科罪。有贓者，過錢而又受錢，計贓從重論，若贓重從本律。有禄人，凡月俸一石以上者，枉法贓各主者，通算全科。謂受有事人財而曲法處斷者，受一人財，固全科。如受十人財，一時事發通算作一處，亦全科其罪。若犯二事以上，一主先發已經論決，其他後發雖輕若等亦並論之。一兩以下杖七十，一兩至五兩，杖八十。一十兩杖九十。一十五兩杖一百。二十兩杖六十，徒一年。二十五兩杖七十，徒一年半。三十兩杖八十，徒二年。三十五兩杖九十，徒二年半。四十兩杖一百徒三年。四十五兩杖一百流二千里。五十兩杖一百流二千五百里。五十五兩杖一百流三千里。八十兩實絞監候。不枉法贓各主者，通算折半科罪。雖受有事人財，判斷不爲曲法者，如受十人財，一時事發，通算作一處，折半科罪，一主者亦折半科罪，準半折者皆依此。謹案：此註本有受一人之財不半科語，乾隆五年删改。一兩以下杖六十。一兩以上至一十兩杖七十。二十兩杖八十。三十兩杖九十。四十兩杖一百。五十兩杖六十徒一年。六十兩杖七十徒一年半。七十兩杖八十徒二年。八十兩杖九十徒二年半。九十兩杖一百徒三年。一百兩杖一百流二千里。一百一十兩杖一百流二千五百里。一百二十兩杖一百流三千里。一百二十兩以上實絞監候。無禄人凡有俸不及一石者，枉法，扶同聽行及故縱之類。一百二十兩，絞監候。不枉法，一百二十兩以上，罪止杖一百流三千里。

條例

一、凡在官人役取受有事人財，律無正條者，果於法有枉縱，俱以枉法計贓科罪。若屍親鄰證等項不係在官人役取受有事人財，各依本等律條

科斷，不在枉法之律。謹案：此條係原例。

一、各部院衙門書辦有輒敢指稱部費招搖撞騙，干犯國憲，非尋常犯贓可比者，發覺審實即行處斬。爲從知情朋分銀兩之人，照例發往雲貴兩廣煙瘴少輕地方嚴行管束。謹案：此條係乾隆五年遵照雍正五年諭旨定例。其知情分贓之人本發黑龍江爲奴，改照新例發雲貴兩廣煙瘴少輕地方。

一、凡正身衙役違禁私帶白役者，並杖一百，革役。如白役犯贓照衙役犯贓例治罪正身。衙役知情同行者與同罪，不知情不同行者不坐。

一、司道府州縣等官不時察訪衙蠹，申報該督撫究擬，若該管官員不行察報，經督撫上司訪拏或別經發覺，照徇庇例交該部議處。如督撫不行訪察者，亦交該部議處，其訪拏衙蠹並贓私數目仍應年底造册題報。謹案：以上二條均係雍正五年定。

一、凡上司經過屬員呈送下程，及供應夫馬車輛一切陋規俱行革除，如屬員仍有供應，上司仍有勒索者，俱革職提問。若督撫不行提參，照例議處。其上司隨役家人私自索取，本官不知情者，照例議處。如知情故縱，罪坐本官，照求索所部財物律治罪。其隨役家人照在官求索無祿人減一等律治罪，並許被索之屬員據實詳揭。若屬員因需索濫行供應，及上司因不迎送應供別尋他事，中傷屬員者，將屬員及各上司照例分別議處。謹案：此條雍正七年定。

一、直省書役年滿缺出遵例召募有暗行頂買索取租銀者，缺主照枉法受財律計贓定擬，至八十兩者，絞。頂缺之人照以財行求律，至五百兩者，杖一百，徒三年。出結人等依不應重律杖八十。該管官員交部議處。儻該督撫陽奉陰違，亦照例議處，其年滿考職時務令填寫並無假姓冒籍字樣方準收考。若有冒籍冒名等弊，事發者革去職銜，杖一百。不能稽查之該管等官俱交部議處至各衙門。一切案件若假手書吏以致定稿時高下其手詰詐不已，有贓者，照枉法受財律科罪。無贓者，依不應重律杖八十，革役。該管官員照例議處，知該督撫不行題參，亦交部議處。謹案：此條乾隆五年改定。

一、督撫司道各上司差役擾害鄉民，許州縣查拏併許被害人呈告將該役照例治罪。謹案：此條乾隆二年定。

一、官吏婪贓審係枉法入己者，雖於限內全完，不準減等。如審無入己各贓，並坐贓致罪者，果能於限內全完仍照挪移虧空錢糧之犯準其減免外，其因事受財入己，審明不枉法及律載準枉法不枉法論等，贓果於一年限內全完，死罪減二等發落，流徒以下免罪。若不完，再限一年勒追。全完者，死罪及流徒以下各減一等發落。如不完，流徒以下即行發配。死罪人犯監禁，均再限一年著追。三年限外不完，死罪人犯永遠監禁。全完者，奏明請旨，均照二年全完減罪一等之例辦理。謹案：此條嘉慶十一年修併改定。

一、書吏舞文作弊，其知情不首之經承貼寫，俱照本犯罪減一等發落。如有將書吏情弊查出舉首三次者，係書吏不論已未期滿，準其考職即用。如係貼寫，準其與期滿之書吏一體考職。儻有不肖之徒希圖考職及懷挾私讐，忘行出首者，照誣告律從重治罪。謹案：此條乾隆五年定。

一、凡各衙門書吏差役，如有舞文作弊，藉案生事擾民者，係知法犯法，俱照平人加一等治罪。受財者計贓從重論。謹案：此條雍正七年定，道光二十年修改。

一、白役詐贓斃命之案，除將白役照例擬抵外，如正役知情，同行在場幫索，及正役雖未同行而主使詐贓者，俱發極邊足四千里充軍。若正役僅止知情同行，並無嚇逼情事者，仍照例杖一百，流三千里。其並未主使詐贓，亦未知情同行，但於事後分贓，即於白役死罪上減二等，杖一百，徒三年。贓多者，計贓從重論。若並未分贓，及白役詐贓，並未致斃人命者，仍照私帶白役例責革，加枷號兩月。謹案：此條乾隆四十三年定，嘉慶十九年修改。

一、縣總里書如犯贓入己者，照衙役犯贓擬罪。保人歇家串通衙門行賄者，照不係在官人役取受有事人財科斷。謹案：此條嘉慶十五年修改。

一、內外大小衙門蠹役恐嚇索詐貧民者，計贓一兩以下杖一百。一兩至五兩，杖一百，加枷號一月。六兩至十兩，杖一百，徒三年。十兩以上，發近邊充軍。其因索詐致令賣男鬻女者，十兩以下亦照例充發。至一百二十兩者，照枉法贓擬絞。爲從分贓，並減一等。計贓重於從罪，仍從重論。如嚇詐致斃人命，不論贓數多寡，已未入手，擬絞立決。拷打致死，擬斬立決。若死係作姦犯科，有干例議之人，係嚇逼致自盡者，擬絞監候。拷打致死者，擬斬監候。爲從並減一等。謹案：此條嘉慶六年同治九

年兩次修改。

一、各衙門差役逼斃人命之案，訊無詐贓情事，但經藉差倚勢陵虐嚇逼，致令忿迫輕生者，爲首杖一百，流三千里。其差役子姪親屬私代辦公，逼斃人命，除訊係詐贓起衅，仍照蠹役詐贓斃命例一體問擬外，若非衅起詐贓，爲首實發雲貴、兩廣極邊煙瘴充軍。至差役有因索詐不遂，將奉官傳唤人犯私行羈押拷打陵虐者，爲首枷號兩月，實發雲貴、兩廣極邊煙瘴充軍。其僅止私行羈押，並無拷打陵虐情事，爲首杖一百，徒三年。爲從各減一等。謹案：此條道光十五年續纂。

事例

順治元年定凡官吏犯贓審實者，立行處斬。違禁多收錢糧火耗者，即以犯贓論。八年諭：治國安民首在懲貪，大貪罪至死者，遇赦不宥。十二年議准：衙役犯贓一百二十兩以上，分别絞、斬。一兩以上俱流徙。一兩以下，責四十板，革役。又諭：貪官雖經革職，猶得享用贓資，故貪風不息。今後内外大小貪官受贓至十兩以上者，不分枉法不枉法俱籍没家産入官，仍依律定罪。以上均會典事例。十二年諭刑部曰：朕覽參劾貪官本章，贓私盈千累萬，及問結擬罪往往脱卸於衙役官，既以贓輕免死而該役又止坐無祿輕條，案墨未乾，伊等即鑽營别衙門充役，縱横盤踞，播惡無窮，不加嚴處，何以除民害而肅紀綱。嗣後内外問刑衙門審究蠹役，計贓定議不許援引無祿輕條。凡情罪重大者，分别絞、斬，其餘俱流徙。該部即載律例内仍飭通行。十三年覆准：衙役犯贓流徙尚陽堡。又覆准：凡衙役犯贓，本官查出揭報者，免議。若不行揭報别經告發訪聞者，該督撫按一併糾參治罪。十六年諭：貪官贓止十兩者，免其籍没，責四十板，流徙席北地方，其應杖責者不準折贖。康熙九年題准：凡衙役犯贓，本管官失於覺察，十兩以上者，革職。一兩以上者，降二級調用。不及一兩者，降一級調用。十一年覆准：犯贓官役分别枉法不枉法，照數多寡輕重擬罪之條俱仍照律行。又覆准：在京部院衙門書辦指依本司事犯贓，刑部審實，贓至十兩以上者，將該管司官各降一級留任。不及十兩者，罰俸一年。無司分衙門書辦犯贓，將該管官亦照此例議處。十二年題准：凡貪贓官役流徙杖罪，俱不準折贖。又題準凡外官有失察衙役犯贓，吏部已經革職者，俱免其擬杖折贖。十八年議定：凡州縣等官因聽理案件勒詐人財物者，革職拏問。司道府等官知而不行揭報，聽督撫題參革職。若已經揭報，督撫不行參奏，降五級調用。四十一年題准：凡賄囑財物已經過付方準出首，即將所首財物賞給出首之人。以上均會典事例。乾隆四年諭：各部之弊多由於書吏之作姦，外省有事到部必遣人與書吏講求，能飽其欲，則援例準行，不遂其欲，則藉端駁詰。司官庸懦者，往往爲其所愚而不肖者，則不免從中染指。至於堂官事務繁多一時難以覺察，且既見駁稿亦遂不復生疑，以致事之成否悉操書吏之手，而若輩肆無忌憚矣。在督撫藩臬等止圖事之完結，遂樂爲應付，而不惜甘爲容隱而不言。無怪乎姦胥猾吏以詐騙爲得計，視國法如弁髦也。内部之書吏索之督撫，彼此效尤，必至督撫之書吏索之司道，司道之書吏索之府縣，層累而降，受其害者，仍在吾民也。嗣後著嚴行禁止。藩臬以下經手之案，著督撫嚴查禁約，倘書吏有仍前需索者，督撫即時奏聞。如有不遵朕旨，私相授受者，必將與受之人照枉法贓治罪。督撫容隱不奏，亦必嚴加議處。各省關差鹽政織造提鎮等官俱一體遵行。二十三年欽奉諭旨：嗣後除因公挪移及倉穀霉浥情有可原等案仍照舊例外，所有實係侵虧入己者，限内完贓減等之例，著永行停止。五十七年諭：嗣後除書役等詐贓斃命等項仍按律治罪外，其雖無嚇詐等情而有藉勢妄爲累及平民，致令本官降革者，所有幕友書役長隨應如何酌定治罪之處，著該部詳細定議，具奏欽此。遵旨議准：嗣後地方官有應參降革之案，該督撫先飭該管上司嚴究。幕友書役長隨等如有慫恿愚弄情事，即拘拏看守。除舞弊詐贓及捕役藉端誣拏平民併奉差緝賊混拏充數等款，俱照例辦理外，其審無前項情弊，但有倚官滋事，慫令妄爲，累及本官者，各按本官降革處分上加一等。本官降一級者，將該犯杖七十。降二級者，杖八十。降三級者，杖九十。降四級者，杖一百。革職者，杖六十，徒一年。如本官罪（上）〔止〕擬徒，亦各於本官罪上加一等治罪。籍隸本地者，即交本地方官。外籍者，遞回原籍仍嚴加管束，不許復充。儻仍潛身該地欺瞞後任，改易姓名，復充書役及幕友長隨者，應令該督撫詳加查察，一經得實，即嚴參治罪。其本官罪至軍流外遣者，仍與本官同罪。以上均會典事例。嘉慶二十五年諭：嗣後着該督撫詳加區别於失察書役詐贓釀命之案，如該管官有授意故縱揑供規避者，仍據實嚴參。若止係失於覺察自行查拏究辦者，定案時準其於摺内聲

明，量予寛減，以期吏治肅清，獄訟甯息，共登上理焉。聖訓。道光十三年議准：嗣後各衙門差役逼斃人命之案卽訊，無詐贓情事，但藉差倚勢凌虐逼斃人命者，俱照蠹役詐贓斃命例減一等，杖一百，流三千里。至差役子姪親屬私代辦公逼斃人命，除訊係詐贓起釁，仍照蠹役詐贓斃命例一體問擬外，其非釁起詐贓者，均實發雲貴兩廣極邊煙瘴充軍。通行。十七年論：御史金光杰奏請嚴禁州縣到任得受卯規一摺，直省州縣之有房書役隸籍以承管稿件供給差役卽古府史胥徒之制而馭之無方，每易詐姦舞弊，全在該管官廉明勤慎，隨時懲治，俾得有所儆畏，不敢爲非。若如該御史所奏州縣到任有點卯陋規，房書卽於點卯之日先行繳入，各役則俟有差遣之事陸續繳完，又有經承註案差役買票等費並新選之官甫經到任，該書役等卽挾銀錢先爲借用等情，以本官取諸書役其流弊不可勝言，而書役等既有所挾，無弊不作，州縣官卽不能不爲庇護，於吏治大有關係。着各直省督撫飭令該管道府嚴行禁止，嚴密藉查。倘有不肖州縣不知自愛，有此等情弊，卽著嚴行參處，毋稍姑息，以飭吏治，而肅官方。將此通諭知之。又論：前據御史費庚吉奏各直省書役擾害請嚴定懲創章程，當交吏部議奏。茲據該部會同刑部奏稱，例載司道府州縣等官不時查訪衙蠹，申報該督撫究擬。若該管官員不行察報，該督撫不行訪參，均有處分。立法已爲盡善，但恐日久因循奉行不力，著各直省督撫嚴定章程，認真查辦。嗣後除本管失察衙蠹別經發覺，從重議處外，如前任有著名衙蠹，後任查出或有能查辦鄰境衙蠹，如罪應杖徒，每名著準其紀録一次，罪因軍流，每名準其紀録二次；罪應斬絞，每名準其加一級。各直省督撫務當嚴飭所屬，實力奉行，不得視爲具文，致干咎戾。以上均聖訓。十八年議准：嗣後吏役中有犯舞弊擾害詐贓等案，控經本管官不肯究辦，經上司審出者，本管官卽照徇庇衙蠹例議處。控經上司或仍發原審或仍照原斷別經發覺者，該上司卽照扶同徇庇例議處，仍於結案時將有無徇庇之處分別聲明，以昭核實。吏部通行。又議准：嗣後各衙門書吏差役如有藉案生事，擾害平民者，依書役作弊之例照平人加一等治罪。咸豐五年奏准：嗣後書差索詐得贓之案，但經致斃人命，不論贓數多寡，於絞候例上從重加擬絞決。若拷打致死，於斬候例上從重加擬斬決，以除兇暴而安良善。但此等人犯較之身自爲盜入室拽贓，綑縛事主，或拒捕殺傷人者，究有不同，且主謀加功情罪各殊，仍應分別首從以符定例之意。又議准：嗣後解犯進省，如有上司衙門書差藉端勒索規費，許該州縣直揭上司衙門立卽嚴拏懲辦。倘該州縣瞻顧容隱，別經發覺卽將與者受者一體嚴辦。該上司徇隱不參照徇庇例議處。以上均通行。

刑案

弓兵聽賄縱放罪犯以致自縊並非嚇詐逼死，於絞罪上量減擬流。嘉慶元年福建案。

索詐不遂打死被詐之人，比照蠹役索詐貧民。如係挾打身死，照故殺律斬候。嘉慶二十年山東案。

蠹役詐贓，其人因別故自盡，並非因詐所致，於詐贓斃命絞罪上量減發遣。嘉慶二十三年山東案。

退卯刑書嚇詐事主，致令自盡，比照蠹役詐贓斃命例擬絞。嘉慶二十五年江蘇案。

差役逼索押犯代賠飯賬扣留不放，並稱再延稟官，比追致人自盡與詐贓不同，比照蠹役詐贓斃命絞例量減滿流。道光元年湖北案。

皂役因人朦考捏稱打點騙銀一千兩，尚未入手，照指稱衙門打點名色，誆騙財物，擬軍例量減滿徒。道光元年直隸案。

奉票緝犯未獲，懼干比責拘拏犯弟希圖追問下落，致令自盡，與詐贓斃命有間，比依蠹役詐贓斃命絞例量減滿流。道光二年陝西案。

差役藉票嚇詐，致人情急自戕未死，照蠹役詐贓斃命絞例量減滿流。道光三年廣西案。

衙役因族弟被人毆死，屍母得賄私和藉恃屍族向兇犯嚇詐，致令自盡，與逼斃常人有間，應照詐贓斃命例量減滿流。道光三年廣東案。

差役奉票緝拏，因人躲避不見，向其妻嚇逼，致其妻自縊身死，比照蠹役詐贓致斃量減擬流，仍令專本具題。道光三年安徽案。

詐贓斃命之案，雖止虛言勒詐，並未指有確數，但其斃命，則一應照例擬絞，不得量減。道光六年山東司説帖。

奉派管押生員惡其混告別役詐贓，不允暫時釋回並用言恐嚇，致令自盡，比照蠹役詐贓斃命例量減滿流，從犯擬徒。道光六年山東案。

差役奉票傳人，因其逃避恐嚇犯母致令自盡，訊無詐贓情事，比依蠹

役詐贓斃命絞例量減滿流，從犯擬徒。道光七年河南司説帖。

縣役緝獲賭匪，聽許錢文免送，嗣賭匪因許錢無措垂鍊自縊，與詐贓斃命者有間，比照蠹役詐贓斃命擬絞例量減滿流。道光七年山西案。

奉票傳訊索詐盤費，用言恐嚇，致被詐之人自盡，雖贓未入手，仍應照例擬絞，不得量減。道光十一年貴州司説帖。

蠹役索詐贓未入手，照蠹役詐贓十兩以上擬軍例量減滿徒。道光十三年安徽案。

蠹役嚇詐致斃一家二命，依例問擬絞候請旨即行正法。道光十四年貴州案。

正役聽從幫役詐贓致斃人命，照白役詐贓斃命，如正役知情在場幫索例發極邊足四千里充軍。道光十四年安徽案。

吏目詐騙監犯得財退還未盡，依例計贓擬軍。係職官從重發往黑龍江充當苦差，免其刺字。光緒五年陝西案。

知縣藉端侵漁勒索，堅不成招，照衆證確鑿，定擬滿流。係職官從重發往黑龍江効力贖罪。光緒五年陝西案。

崇文門理藩院差役詐索貢使，照違制律擬以滿杖。光緒六年奏準案。

協領受贓聞控畏罪首還，依受人不枉法贓一百二十兩以上、絞罪上減二等，杖一百、徒三年律科斷。係職官請旨發往軍臺効力贖罪。光緒七年奏結案。

（清）席裕福《清朝政典類纂》卷四〇五《刑三十七・刑律受贓・坐贓致罪》　凡官吏人等非因枉法不枉法之事而受人之財坐贓致罪，各主者通算折半科罪，與者減五等。謂如被人盗財或毆傷、若賠償及醫藥之外，因而受財之類，各主者並通算折半科罪。爲兩相和同取與，故出錢人減受錢人罪五等。又如擅科斂財物，或多收少徵，如收錢糧税糧斛面、及檢踏災傷田糧與私造斛斗秤尺，各律所載，雖不入己，或造作虚費人工物料之類，凡罪由此贓者，皆名爲坐贓致罪。官吏坐贓，若不入己者，擬還職役，出錢人有規避，事重者從重論。一兩以下笞二十，一兩以上至十兩笞三十，二十兩笞四十，三十兩笞五十，四十兩杖六十，五十兩杖七十，六十兩杖八十，七十兩杖九十，八十兩杖一百，一百兩杖六十徒一年，二百兩杖七十徒一年半，三百兩杖八十徒二年，四百兩杖九十徒二年半，五百兩罪止杖一百徒三年。以坐贓非實贓故，至五百兩，罪止徒三年。

事例

康熙十二年題准凡婪贓官員審係挪用錢糧，私自加派公用科斂坐贓致罪革職者，其徒杖等罪折贖俱免。會典事例。

刑案

聽官爲人説事意圖分肥，索借得銀三百兩，照坐贓律擬徒一年。完贓不準減免。道光十五年江蘇司説帖。

知縣藉端勒罰城工訊未入己，照坐贓律問擬滿徒從重發往新疆効力贖罪，照例改發黑龍江充當苦差。同治十年邸鈔。

知縣因公科斂，依有司官吏人等非奉上司明文因公擅自科斂所屬財物，贓重者坐贓論。坐贓七十兩，杖九十。律擬杖九十，業已革職應毋庸議。光緒七年山東司説帖。

（清）席裕福《清朝政典類纂》卷四〇五《刑三十七・刑律受贓・官吏聽許財物》　原未接受，故别於事後受財律。　凡官吏聽許財物，雖未接受，事若枉者，準枉法論，事不枉者，準不枉法論，各減受財一等，所枉重者各從重論。必自其有顯跡，有數目者，方坐。凡律稱準者，至死減一等。雖滿數，亦罪止杖一百，流三千里。此條既稱準枉法論又稱減一等。假如聽許準枉法贓，滿數至死減一等，杖一百，流三千里。又減一等，杖一百，徒三年，方合律。此正所謂犯罪得累減也。又此明言官吏，則其餘雖在官之人不用此律。

條例

一、聽許財物若甫經口許贓，無確據不得概行議追。如所許財物封貯他處，或寫立議單文券或交與説事之人，應向許財之人追取入官。若本犯有應得之罪，仍照律科斷。如所犯本輕或本無罪，但許財營求者，止問不應重律其許過若干實交若干者，應分别已受未受數目計贓，並所犯情罪從重科斷。已交之贓在受財人名下著追。未交之財仍向許財人名下著追。謹案：此條雍正十二年案。

事例

康熙二十七年覆准：官員過錢贓未受，照聽許財物律杖一百徒三年。會典事例。同治八年諭：刑部奏審明言官聽受賄囑並案内各犯定擬具奏一摺，此案給事中徵麟聽受鞏進年等代張傑賄買摺奏，率以杜甲捐糧入己等

情具摺陳奏，雖經刑部審明，贓未接受，而輒藉言事爲納賄之資其情節實屬可惡，吏科給事中徵麟着照部議卽行革職，發往軍臺効力贖罪。其所擬鞏進年等杖徒各罪均着照所議辦理。聖訓。

（清）席裕福《清朝政典類纂》卷四〇五《刑三十七・刑律受贓・有事以財請求》 凡諸人有事以財行求官吏欲得枉法者，計所與財坐贓論。若有避難就易，所枉法之罪重於與財者從重論。其贓入官。其官吏刁蹬用强生事逼抑取受者，出錢人不坐。避難就易謂避難當之重罪，就易受之輕罪也。若他律避難則指難解錢糧難捕盜賊皆是。

條例

一、凡有以財行求及説事過錢者，審實皆計所與之贓與受財人同科，仍分有祿無祿。有祿人概不減等，無祿人各減一等。其行求説事過錢之人，如有首從者，爲首照例科斷，爲從有祿人聽減一等，無祿人聽減二等。如抑勒詐索取財者與財人及説事過錢人俱不坐。至於別項餽送不係行求，仍照例擬罪。謹案：此條乾隆五年增定。

一、姦徒得受正兇賄賂挺身到官頂認，審係案外之人在外省業已招解，臬司在京業經法司會審已屬成招定罪，幾致正兇漏網者，俱照本犯徒流斬絞之罪一例全科。若正兇放而還獲及逃囚自死者，頂兇之犯照本罪減一等。其行賄本犯除應立決者，毋庸另議外，原犯應入情實者擬爲立決，應入緩決者，秋審時擬入情實，原犯軍流等罪照軍流脱逃改調例加等調發。徒杖以下按律各加一等。如尚未成招，罪未議定，旋卽破案者，行賄兇犯仍照原犯罪名問擬。受賄頂兇者，減正犯罪二等。至同案之犯代認重傷致脱本犯罪名已招解者，減正犯罪一等。若原犯本罪重於所減之罪，或相等者，各加本罪一等。未招解者，仍照本罪科斷。行賄兇犯均各照原犯罪名定議。教誘頂兇者，與犯人同罪。計贓重者，行賄頂兇教誘各犯，無論案內、案外已未成招，均以枉法贓從其重者論，照例與受同科説合過錢者，各減頂兇之犯罪一等。受財重者，準枉法贓從重論。如有子犯罪而父代認其子除罪應立決者，毋庸另議外，如犯應斬絞監候者，俱擬以立決。軍流徒罪各以次遞加。謹案：此條嘉慶六年續纂。十九年由名例律下稱與同罪內門一條移併。

事例

順治元年定凡人犯事用賄求免者枷號鞭責，受賄之人亦枷號，依盜罪鞭責，財物入官。若本管部內人役餽送禮物，與者受者俱問罪。十四年定：凡保人歇家串通衙役行賄害民，事犯照衙役一體治罪。康熙十二年題准：保人歇家與衙役不同，其犯事治罪照不係在官人役受有事人財律條科斷。二十四年議准：凡有土豪積蠹紳衿父兄在衙門左近開店者，嚴拏照律從重治罪。該管官不行查禁督撫題參議處。以上均會典事例。乾隆三十一年議准：嗣後親屬相殺尊長卑幼代爲頂兇之案，凡屬有關於避重就輕者，除將本犯照例擬議外，將頂兇之尊長卑幼卽照所頂之罪全科至死減一等問擬。若無關於避重就輕而有犯尊長卑幼代爲頂兇者，均減本犯之罪二等問擬，以上再如有受賄情弊仍均計贓以枉法從重科斷。通行。嘉慶五年湖北巡撫審題李連三等共毆涂存王身死案內，因李連三賄囑同案從犯李高惠頂兇，經該知府審明將李連三依共毆律絞監候，聲明秋審入於情實。李高惠照受賄頂兇例與本犯絞罪一律全科。據伊母自首照律減等擬徒等因。經刑部議稱例載姦徒得受正兇賄賂挺身到官頂認致脱本犯罪名者，不計贓數多寡俱照本犯徒流斬絞一例全科。其行賄之本犯原犯應入情實者改爲立決。應入緩決者，秋審時入於情實。又罪囚監禁在獄，乘間脱逃，原犯斬絞監候應入情實者，改爲立決。應入緩決者，入於秋審情實各等語。推原例意誠以行賄買兇之犯希圖漏網與越獄脱逃無異，故定例比照越獄條例辦理，以示懲創。惟是越獄之例以已經出獄爲斷，則頂兇之案亦應以已經招解爲斷。若尚未招解到司，事尚未成，不在例應加重之例。至受賄頂兇之犯，原指案外之人貪圖賄利，甘心頂認已經招解定案致脱本犯罪名者，自應照本犯罪名一律全科。若係案内之人得受賄賂將輕傷供認重傷，雖案已招解，在本犯僅止避重就輕，尚非脱然事外，在頂兇之犯僅止移輕作重，較案外人憑空代認者有間，自應減正兇罪一等問擬。未招解者，照原犯本罪科斷。得贓重者計贓以枉法從其重者論。原例未經分晰，各省辦理未免參差，卽如此案李高惠係案内共毆餘人，因得受李連三水田錢文代認致命重傷，經縣據供詳府旋經李高惠之母赴府首告，審出實情，尚未解司定案。該撫將李高惠依頂兇例全科，因自首照例減二等擬徒。李連三依律擬絞，聲明入於秋審情實，是將未經定案之犯科以已經定案之罪。且以同案代認重傷之人，科以事外頂兇之例，未爲允協，自應申明例意以昭界

限。因議將李連三依共毆人致死下手致命傷重者絞律，擬絞監候，其秋審時，入於情實之處，毋庸議。李高惠照餘人本律問擬滿杖。惟得受李連三水田錢文應令該撫照犯時價值確估計算按照枉法計贓從其重者科罪。會典事例。

刑案

受賄私和姦事以枉法律計贓科斷。乾隆五十六年直隸案。

以財行求照律與受財同科，不得僅將詐財之人擬軍，許錢者減等擬徒。嘉慶十四年四川案。

聽從母命代弟頂兇業已成招本係同案之人例得減流，今迫於母命與常人受賄者有間，於流罪上量減滿徒。嘉慶十九年雲南案。

原謀賄囑屍親捏供鬬殺尚未成招，仍照原謀本律擬流，正兇絞候。屍兄問不應重杖，屍妻婦女無知免議。道光六年直隸案。

行竊爲匪推跌其母被族長毆傷，因風身死，其母受賄頂兇照子被殺，父母受賄私和例擬杖收贖。道光九年四川司説帖。

命案賄和匿報説事過錢者，減受財人罪一等擬徒。道光十年山東案。

毆傷失跌淹斃案外之人代爲餘人頂認，比照頂認正兇減正犯罪二等例科斷。道光八年廣東案。

屍妻受財，扶同隱飾，捏指頂兇爲正犯，比照夫被殺妻受賄私和，無論贓數多寡擬流例科斷。道光四年廣東案。

以財行求，並非一人收受，未便籠統併計，應與得贓最多者同科。道光十三年奉天司説帖。

（清）席裕福《清朝政典類纂》卷四〇五《刑三十七·刑律受贓·在官求索借貸人財物》 凡監臨官吏挾勢及豪强之人，求索借貸所部財物，並計索借之贓準不枉法論，强者準枉法論，財物給主。無祿人各減有祿人一等。若將自己物貨散與部民及低價買物多取價利者，並計餘利準不枉法論，强者準枉法論，物貨價錢並入官給主。賣物則物入官，而原得價錢給主。買物則物給主，而所用之價入官。此下四條蓋指監臨官吏而豪强亦包其中。若於所部內買物不即支價及借衣服器玩之屬各經一月不還者，並坐贓論。仍追物還主。若私借用所部內馬牛駝贏驢及車船碾磨店舍之類，各驗日計雇賃錢，亦坐贓論，追錢給主。計其犯時雇工賃值雖多不得過其本價。若接受所部內餽送土宜禮物，受者笞四十，與者減一等。或因事在官而受者計贓以不枉法論。其經過去處供餽飲食及親故餽送者不在此限。其出使人於所差去處求索借貸賣買多取價利及受餽送者，並與監臨官吏罪同。若去官而受舊部內財物及求索借貸之屬，各減在官時三等。

條例

一、凡外任旗員該旗都統參領等官，有於出結時勒索重賄及得缺後要挾求助，或該旗本管王、貝勒及門上人等有勒取求索等弊，許本官據實密詳督撫轉奏。儻督撫瞻顧容隱，許本官直揭都察院轉爲密奏。儻不爲奏聞，許各御史據揭密奏。謹案：此條係乾隆五年遵雍正元年諭旨定。

一、文武職官索取土官、外國、猺獞財物，犯該徒三年以上者，俱發近邊充軍。謹案：此條係原例。邊衛乾隆四十二年改近邊。

一、苗蠻黎獞等僻處外地之人併改土歸流地方，如該管官員有差遣兵役騷擾逼勒科派供應等弊，因而激動番蠻者，照引惹邊釁例從重治罪。謹案：此條乾隆五年删定。

一、雲貴兩廣四川湖廣等處流官擅自科斂土官財物，僉取兵夫徵價入己，强將貨物發賣多取價利贓至該徒三年以上者，俱發近邊充軍。若買賣不曾用强及贓數未至滿徒者，按律計贓治罪。其科斂財物明白公用僉取兵夫不曾徵價者照常發落。謹案：此條乾隆五年改定。

一、凡出差巡察之員所到州縣地方如有收受門包，與者照鑽營請託例治罪。受者照婪贓納賄例治罪。該督撫不行查察交部議處。謹案：此條係乾隆五年遵照雍正八年諭旨定例。

一、各上司如有勒薦長隨及幕賓者，許屬員揭報，將勒薦之上司照例革職。如長隨鑽營上司引薦在各衙門招摇撞騙財物者，照衙門蠹役恐嚇索詐十兩以上例計贓治罪。幕賓鑽營引薦，事後收受爲事人禮物尚非舞弊詐財者，計贓以不枉法論，照衙門書吏加等例治罪。如倚仗聲勢欺壓本官舞弊詐財者，亦照蠹役詐贓例計贓治罪。如鑽營引薦別無情弊，但盤踞屬員衙門者，幕賓照書役年滿不退例杖一百，長隨枷號一月，杖一百，各遞回原籍分別發落。其屬員徇隱不行揭報者，照例革職。若屬員營求上司因所薦幕賓、長隨有勾通行賄等弊，照例分別議處治罪。謹案：此條嘉慶六年改定。

一、長隨求索嚇詐得財舞弊者，照蠹役詐贓例治罪，並照竊盜例初犯以贓犯二字刺臂。再犯刺面。其有索詐婪贓託故先期豫遁，及本官被參後聞風遠颺者，拏獲之日照到官後脱逃例各加二等治罪，仍追原贓。其各衙門現任大小官員，如有收用犯案刺字長隨者交部議處。謹案：此條乾隆二十四年定。

一、各省府州縣等衙門，除日用零星需用食物準其於本地方照市價平買外，其餘需用布疋紬緞一切貨物等項，或由本籍攜帶或在鄰境買用，毋得於管轄地方濫行賒買。該管上司仍隨時稽察，如有仍在本境賒欠等弊即嚴參究治。謹案：此條乾隆五十四年遵旨定例。

事例

順治十三年諭：凡屬吏借節禮名色餽送上司，公行賄賂者重治。康熙十七年議準：凡府州縣等官借名拜壽行賀，私謁上司，夤緣通賄，事發將與受之官俱革職提問，其上司雖未接受，不行舉發者罰俸一年。又議準：上司官於所屬借貸財物事發，照貪官例處分。十八年議準：凡有司官供應芻粟物料不發現銀，採買借取於民或虧短價值者督撫題參拏問，若督撫徇隱不參别經發覺將該管上司各官俱革職拏問，該督撫革職。三十七年覆準：州縣等官上司多借訪事爲名索取餽遺，嗣後如有此等情弊許州縣官揭報督撫指名題參。如督撫抑勒徇庇不行題參，許其開具實跡實封徑達通政司衙門奏聞事實，將該督撫從重議處。以上均會典事例。光緒二年諭御史張觀準奏各省州縣積弊甚深，請正其源，以端吏治一摺。州縣爲親民之官，得人則治，該管上司尤當身爲表率，方期上理日臻。該御史所稱提省羈留勒接交代多攤捐款，委員需索，壓薦幕友，濫用長隨各條，實爲近時陋習。嗣後各該省督撫等務宜洗心滌慮，正己率屬，如有前項情弊力矢湔除。其有因攤捐被累者，立卽查明，概予裁革，俾賢能者得以自立，中材以下亦得循分守職，無所藉口。庶幾大法小廉吏治蒸蒸日上，用副朝廷澄敘官方之至意。諭摺彙存。

刑案

都司欲買當票向當夥索看貨物，不允，令兵丁將當夥掌責，查所當衣物估值銀五百餘兩，應照官吏求索借貸所有財物，强者準枉法論罪，止滿流例量減擬。嘉慶十九年廣西案。

調任將軍因起身盤費不敷，託協領轉借銀四千兩，應照監臨官借貸所部財物去官，減三等律，於準不枉法贓滿流上減爲徒二年，所借銀兩雖已退還，惟一品大員不知檢束未便免議。道光十三年陝西案。

武弁嚇詐所部黎人錢文計贓準枉法論罪，在滿徒以上照文武職官索取猺獞財物犯該徒三年以上例發近邊充軍。道光六年廣東案。

（清）席裕福《清朝政典類纂》卷四〇五《刑三十七·刑律受贓·家人求索》

凡監臨官吏家人兄弟子姪奴僕皆是。於所部内取受，所求索借貸財物依不枉法及役使部民，若買賣多取價利之類，各減本官吏罪二等。分有祿、無祿，須確係求索借貸之項方可依律減等。若因事受財，仍照官吏受財律定罪不準減等。若本官吏知情與同罪。不知者不坐。謹案：注内兄弟子姪句須確係求索借貸以下數句俱乾隆五年增。

條例

一、執事大臣不行約束家人，致令私向所管人等往來交結借貸者，一經發覺，將伊主一併治罪。謹案：此條乾隆二十二年遵旨定例。

刑案

開設錢鋪收納錢糧，串通庫書侵蝕，經縣訊究未認，門丁乘機索詐以致被逼自盡與詐逼平民不同，照蠹役詐贓斃命例量減擬流。嘉慶二十年浙江案。

知縣門丁向行户發換潮銀三百餘兩，不遂私行鎖押，與蠹役詐贓無異，未便因贓未入手稍爲輕縱，依長隨嚇詐得財照蠹役詐贓治罪，十兩以上擬軍例量減滿徒。嘉慶二十三年山西案。

門丁因本官審斷錯語，乘機撞騙制錢一百千文，該犯非執法之人應以不枉法論。惟乘機舞弊，情殊狡詐，應比照長隨嚇詐得財照蠹役詐贓十兩以上例擬軍。道光九年平定州案。

門丁聽許錢文，將看押人犯私行取保，致使回家自盡，照長隨倚官滋事累及本官革職例科斷。道光四年福建司案。

學政家人冒充前站招摇索詐，照蠹役詐贓十兩以上例擬軍，奉旨發往新疆給官兵爲奴，到配加枷號一個月。道光八年江西司案。

家丁藉拏賭嚇詐非聚賭之人，致令跳水溺斃，依蠹役嚇詐致斃人命例擬絞立決。光緒元年安徽司説帖。

門丁索詐得贓並索陋規比照長隨求索嚇得財照蠹役詐贓例治罪計贓擬發近邊充軍。光緒七年江蘇案。

（清）席裕福《清朝政典類纂》卷四〇五《刑三十七・刑律受贓・風憲官吏犯贓》 凡風憲官吏受財及於所按治去處求索借貸人財物，若賣買及取價利及受餽送之類，各加其餘官吏受財以下各款罪二等。加罪不得加至於死，如枉法贓須至八十兩方坐絞，不枉法贓須至一百二十兩之上方坐絞。風憲吏無祿者亦就無祿枉法不枉法本律斷其家人。如確係求索借貸，得減本官所加之罪二等。若因事受財不準減等。本官知情與同罪，不知者不坐。謹案：小註其家人如確係求索借貸二句乾隆五年增改。

事例

康熙十七年議準：凡督撫有私差內司人等借名訪察事件，徧歷州縣並督撫兩司另開便門容令所屬人員交通出入者俱革職，其將遊客優伶人等貽書薦送所屬亦照此議處。會典事例。

（清）席裕福《清朝政典類纂》卷四〇五《刑三十七・刑律受贓・因公科斂》 凡有司官吏人等非奉上司明文因公擅自科斂所屬財物，及管軍官吏科斂軍人錢糧賞賜者，雖不入己，杖六十，贓重者坐贓論。入己者，並計贓以枉法論。無祿人減有祿人之罪一等，至一百二十兩絞監候。其非因公務科斂人財物入己者，計贓以不枉法論。無祿人罪止杖一百流三千里。若餽送人者雖不入己，罪亦如之。謹案：原文管軍官吏下有總旗小旗四字，雍正三年删。

條例

一、凡京城及外省衙門，不許罰取紙劄、筆墨、銀硃、器皿、錢穀、銀兩等項，違者計贓論罪。若有指稱修理，不分有無罪犯，用强科罰，米穀至五十石，銀至二十兩以上，絹帛貴細之物值銀二十兩以上者，事發交部照例議處。謹案：此條係原例。末句原作事發問罪起送吏部降一級調用。雍正三年改事發交該部降一級用。乾隆五年復改爲事發交部照例議處。

一、江南、江西、湖廣地方及黄、運兩河遇有公事，該督撫查實題請定奪，不許輒派商捐。儻地方官有私行勒派者，即行題參治罪。該督撫失於覺察一併交部議處。謹案：此條雍正十一年定。

事例

康熙三年議準：凡有司詞訟有借名備賑，罰穀肥私者，該督撫指名參處，如督撫不行題參被科道糾舉者，該督撫及承問各官一併議處。又議準：凡有司官借稱差使大臣供應科斂百姓者，照貪官例治罪。督撫司道等官俱照失察貪官例處分。以上均會典事例。乾隆二十二年諭：民間詞訟案件不得濫行準罰，若果所犯之罪本輕而爲富不仁，情實可惡則酌量示罰，以充地方橋道廟宇等工之用，亦尚可準。但須奏明請旨，不得擅自批給。道光九年諭德英阿等奏妥議伊犂查禁需索陋規章程一摺，前據該將軍等奏稱伊犂回户與南路各城情形不同，尚無需索陋規，惟恐或不免有苛派等弊，降旨令詳查明確妥議章程奏明辦理。茲據奏該將軍等到任之初即嚴飭理事同知暨回務處章京阿奇木伯克等諭行各回户，如各衙門有指稱官差需索供應代辦皮張糧料等事，準令該回户指控得實奏明懲辦。嗣後將南路各城新定章程，飭令逐條譯寫回字告示在古爾扎回城勒石以垂久遠。此外兩城滿洲營錫伯索倫額魯特察哈爾四部落並理事撫民同知及所屬巡檢回員，屢經督同各領隊大臣伊犂鎮總兵嚴密稽查，尚無需索陋規情事，所辦甚好。嗣後著該將軍等隨時查禁既加防範，統於年終確具奏一次。其新任將軍參贊大臣無論正署人員均於到任三個月要確切查訪，如有干犯棄令者立即奏參懲處，不必待至年終彙奏。倘將軍參贊大臣不能潔己率下，營私貪污及徇庇所屬，有犯不舉，除將軍參贊大臣互相稽查據實參奏外，並準各該管領隊大臣軍衙密奏。各領隊大臣總兵官及同知章京等，有簠簋不飭者，着該將軍務當遵照奏定章程行之以實，不可日久視爲具文至干查咎。以上均聖訓。

刑案

衙役催辦兵車始因車輛尚無回期，多收車價京錢五十八吊，迨車輛已回奉官示諭，並不遵照給還錢文意圖侵蝕，釀成控案，照枉法贓杖七十，徒一年半，無祿人減一等。未免輕縱，毋庸減等仍擬徒。嘉慶二十年直隸司案。

倚恃挑工總董逼令各董事墊發錢文復濫費錢九百餘千，雖未侵蝕肥己，第任意濫支食即同入己，比依官吏挾勢及豪强之人求索財物强者準枉法論律，計贓一百二十兩以上擬流。嘉慶二十年江西案同。

縣丞借賀印爲名，欲圖收得銀錢補修衙署，其請分在先，未便以不入己論。查請分斂錢與因公科斂不同，照官吏非因公務科斂財物入己計贓，

以不枉法論，律不枉法贓六十兩，杖七十，徒一年半。嘉慶二十三年湖廣司案。

鄉約承辦差事始因例價不敷浮派漁利不遂，將人毆傷，繼則稟官差傳，致人在店病斃，比照蠹役詐贓斃命例量減滿流。嘉慶二十四年直隸案。

知縣藉案勒罰銀兩修理書院，因其聲稱不能如限措繳交人看守，令役索催致使情急自盡，請旨革職，發往新疆充當苦差。道光七年山西司案。

知縣藉修理縣署城垣科斂所屬銀兩修整餘銀入己，先後並未請示稟報，依有司官非奉上司明文因公擅自科斂，所屬財物入己者計贓以枉法論，枉法贓八十兩絞監候律問擬。光緒三年貴州案。

在籍職官藉名賓興私刻戳記派捐，比依描摹印信行使不得財者杖一百例，量減一等科斷。請旨開復原官再按所犯照例議處。光緒九年貴州案。

（清）席裕福《清朝政典類纂》卷四〇五《刑三十七・刑律受贓・尅留盜贓》　凡巡捕官已獲盜賊，尅留贓物不解官者，笞四十。入己者計贓以不枉法論，仍將其所尅之贓並解過贓通論盜罪。若軍人弓兵有犯者，計贓雖多，罪止杖八十。仍併贓以論盜罪。

條例

一、胥捕侵剋盜贓者計贓照不枉法律從重科斷。謹案：此條雍正五年定。

（清）席裕福《清朝政典類纂》卷三九一《刑二十三・刑律賊盜・監守自盜倉庫錢糧》　凡監臨主守自盜倉庫錢糧等物，不分首從，併贓論罪。併贓謂如十人節次共盜官銀四十兩，雖各分四兩入己，通算作一處。十人各得四十兩，罪皆斬。若十人共盜五兩，皆杖一百之類，三犯者絞問實犯。並於右小臂膊上刺盜官銀糧物三字。每字各方一寸五分，每畫各闊一分五釐，上不過肘，下不過腕，餘條準此。一兩以下，杖八十，一兩以上至二兩五錢，杖九十。五兩杖一百。七兩五錢杖六十，徒一年。一十兩杖七十，徒一年半。一十二兩五錢，杖八十，徒二年。一十五兩，杖九十，徒二年半。一十七兩五錢杖一百，徒三年。二十兩杖一百流二千里。二十五兩杖一百，流二千五百里。三十兩杖一百，流三千里。雜犯三流總徒四年。四十兩斬。雜犯徒五年。謹案：雜犯三流總徒四年八字，係雍正三年增注。

條例

一、凡漕運糧米監守盜六十石入己者，發邊遠充軍。入己數滿六百石者，擬斬監候。謹案：此條雍正三年定。

一、小船人户受雇偷載漕糧盜賣者，將船户照漕白二糧過淮後盜賣盜買枷號一個月例，減二等發落。其漕船頭舵明知旗丁盜賣不據實舉首者，俱照不應重律杖八十。受財計贓從重論。謹案：此條乾隆三年定。

一、凡侵盜應追之贓，著落犯人妻及未分家之子名下追賠，如果家産全無，不能賠補，在旗參佐領驍騎校，在外地方官取具甘結申報都統督撫保題豁免結案。倘結案後别有田産人口，發覺者盡行入官，將承追申報各官革職，所欠贓銀米穀著落賠補，督催等官照例議處，内外承追督催武職俱照文職例議處。再一應贓私察果家産全無，力不能完者，概予豁免，不得株連親族。倘濫行著落親族追賠，將承追官革職，其該管上司如有逼迫申報取具甘結之事，屬官不行出首，從重治罪。謹案：此條乾隆四十三年修改。

一、凡侵貪之案如該員身故，審明實係侵盜庫帑，圖飽私橐者，即將伊子監追。謹案：此條乾隆十二年定。

一、漕白二糧過淮責令該管道府州縣往來巡察，如有將行月糧米私自盜賣、盜買者拿獲各枷號一個月。若有一人盜買及一幫盜賣數至百石以上者，將爲首之人枷號兩個月，折責四十板，糧米仍交本船米價入官。其失察盜賣之運弁，如米數不及五十石者，將該弁即於倉場衙門捆打四十數。至五十石以上者，降一級調用。百石以上，降二級調用。二百石以上革職。如地方官失察者，交該部議處。謹案：此條乾隆十七年定，嘉慶十一年修併。

一、監守盜倉庫錢糧除審非入己者，各照那移本條律例定擬外，其入己數在一百兩以上至四十兩者，仍照本律問擬，準徒五年。其自一百兩以上至三百三十兩，杖一百，流二千里。至六百六十兩，杖一百，流二千五百里。至一千兩，杖一百，流三千里。一千兩以上者，擬斬監候，勒限一年追完。如限内全完，死罪減二等發落，流徒以下免罪。若不完，再限一年勒追。全完者，死罪及流徒以下各減一等發落。如不完，流徒以下即行發配，死罪人犯監禁，均再限一年。著落犯人妻及未分家之子名下追賠。三年限外不完，死罪人犯永遠監禁。全完者，奏明請旨均照二年全完減罪

一等之例辦理。至本犯身死實無家產可以完交者，照例取結豁免。其完贓減免之犯，如再犯贓俱在本罪上加一等治罪。文武官員犯侵盜者俱免刺字。謹案：此條（慶）〔嘉〕慶六年修併。

一、經紀花户並車户、船户駕掌代役人等，凡有監守之責，竊盜漕倉糧米入己，數滿六百石，擬斬監候。一百石，擬絞監候。六十石以上，實發雲貴兩廣極邊烟瘴充軍。二十石以上，杖一百，流三千里。十石以上，杖一百，徒三年。五石以上，杖八十，徒二年。不及五石，杖六十徒一年。俱限四個月勒追全完。應斬候者，減爲附近充軍。應絞候者，減爲杖一百，流三千里。應軍流者，減二等發落。應徒者，免罪。不完，再限四個月勒追。全完，應斬候者，減爲邊遠充軍。應絞候者，減爲近邊充軍。軍流以下於原犯罪上減一等發落。逾限不完，徒罪及軍流罪即行發配。死罪人犯計不完之數六百石者入於秋審情實辦理。一百石以上及不及一百石者，均入於秋審緩決，再限四個月勒追。限外不完，永遠監禁。全完者，原擬斬候之犯，發遣新疆酌撥種地當差。原擬絞候之犯，實發雲貴兩廣極邊烟瘴充軍。其駕掌人等如有盜賣官船板木者，照盜賣漕糧例分別計贓治罪。至押運漕官弁旗丁及各直省倉糧有犯監守自盜仍各照本律例問擬。謹案：此條同治九年續纂。

事例

雍正十三年九月奉旨：三百一千兩之數原係法司上下其手之通弊，著永行禁止。援詔邀免之處著以一萬兩以下爲準，有逾此數者，不準豁免。乾隆十二年奉旨：州縣官侵蝕倉庫非因公挪用，可比此等貪劣之員多有身故，事發以後不過於家屬名下勒限著追，遷延一二年率以家產全無保題豁免，且並有父没而子乘機盜帑移罪於父，已仍得坐擁厚貲者，殊無以儆貪風，夫父子一身也，子代父罪，亦理之宜。嗣後侵貪之案，如該員身故，審明實係侵盜庫帑者，即將伊子監，著爲例。二十三年諭：嗣後除因公挪移及倉穀霉絶情有可原等案仍照舊例外，所有實係侵虧入己者，限內完贓減等之例，著永行停止。嘉慶四年議準：嗣後凡侵盜錢糧數在四十兩並三百三十兩以至一千兩以上者，悉依律例分別擬以徒流斬候，仍遵照舊例勒限一年。如限內全完死罪照免死，減等人犯再減一等，流徒以下免罪。若不完，再限一年，勒追全完者，死罪及流徒以下各減一等發落。如不完，流徒以下即行發配，死罪人犯監禁均再限一年，著落犯人妻子名下著追。三年限內不完，死罪人犯永遠監禁。全完者奏明請旨，亦照二年全完減死罪一等之例。至本犯身死實無家產可以完交者，照例取結豁免。其限內完贓不準減等之例應請删除。如此酌復舊制則被參監追之人共知限內全完即得減罪，自必各思自全之路，多方設湊，依限彌補，以冀仰邀恩澤。即該管上司無所用其瞻徇，自必隨時查辦，而倉庫可期實貯矣。以上均會典事例。二十年諭：嗣後各省州縣如有侵蝕錢糧數逾巨萬者，革職拏問，分別問擬斬候、斬決，勒限監追，限內全完，貸其一死，永不叙用。逾限不完，即行正法。聖訓。咸豐四年奏準：嗣後凡有商民人等應納地丁錢糧以及鹽課關税捐輸等項，即照户部奏定章程，準其以鈔票分成搭繳，如該管官吏等不照成數收受，勒索現銀現錢者，許該商民據實首告，即計官吏等買鈔轉抵所得餘贓按照時價以監守自盜論。即贓未入手，但經議有定數者，亦應按照律例各減一等科斷。通行。同治十二年奉旨：前因楊昌濬奏革書韓溥華具控犯書孫錦捏報病故改名朦充等情，當經諭令將全案人證卷宗解交刑部確切審訊。兹據該部奏稱，訊明韓溥華所控犯書孫錦等侵蝕機張銀兩及捏報病故頂名冒充各情均皆屬實，按律定擬等語，此案孫錦等侵蝕機張並顔料等銀迨經查出，勒限賠修，仍敢草率朦混及勒賠完固後又復頂名，意存狡卸，且於嚴拏緊急時捏報病故，實屬狡猾。孫錦即孫世鑣，著照該部所擬杖一百，流三千里，不準援免。韓溥華即韓繩武，所告孫錦各情或審明屬實，或事出有因，惟既經向臬司呈控，並不静候審訊，輒在將軍衙門呈告，且有朦捐職銜情事，韓溥華著革去從九品職銜，杖一百，不準納贖，仍遞回追照折責發落。飭縣管束書吏孫錦在押脱逃，現據伊父供稱係文生員孫文浩改名充當織造衙門經承實屬不守本分，著即行斥革，仍著浙江巡撫嚴緝，務獲提同韓溥華質訊明確，有無侵吞情弊，按律定擬報部。前任杭州將軍連成於韓溥華呈控時輒行收受札縣殊屬不合，織造文治於孫同如病故後並不扣除，致令孫錦頂名朦混，且於生員孫文浩改名承充書吏毫無覺察，復疎防孫文浩在著脱逃，實屬疎忽，連成文治均著交部議處。聖訓。

光緒四年奏準：嗣後如有官員籍災冒賑，侵吞入己，數在一千兩以上者，仍照侵盜錢糧例擬斬監候。其數逾巨萬，實在情罪重大者，仍照定

例斬監候問擬，由該督撫臨時酌量具奏請旨定奪。其入己之數雖未至千兩以上而巧立名色，任意尅扣及有吏胥串弊紳董分肥情事，即照侵盜錢糧例計贓，應得徒流等罪上酌加一等分别辦理。雖逢恩赦，不準援免。通行。

刑案

知縣侵蝕塘房修費銀兩，旋聞改教之信即行陸續放給並無入己，應照知人欲告而自首律於監守自盜計贓本罪上減二等問擬，不準納贖。乾隆二十四年江蘇案。

營弁因馬倒斃，私賣官廠賠補，比照監守盜錢糧入己至二百三十兩例問擬，勒限追繳。嘉慶二十四年陝西案。

庫丁起意虛立印付侵盜餉銀舞弊分用，比照各部院書辦指稱部費招摇撞騙干犯國憲即行處斬律擬斬立決，其餘分别治罪。道光十三年邸抄。

侵盜那移限内完贓，準其減免之例係指本犯自行完交者而言，至上司分賠完項應否減免，自應專本具題請旨定奪。嘉慶八年雲南司說帖。

庫書偷竊庫銀，應照監守自盜論，限内全完照例免罪。嘉慶十一年山西司說帖。

侵虧庫項本員身死，將子監追，徇情結報之知州，照虛出通關律以監守自盜論總徒。代管庫務侵銀百兩以上之犯，依監守盜倉庫錢糧例擬流。均俟追銀限滿分别有無全完再行辦理，不得即行發配。嘉慶十一年安徽司說帖。

坊官承辦平糶，私取米石回署，意圖多賣錢文，計贓百兩以上，雖已起獲，完充官糶，仍應照監守自盜例科斷從重，請旨發往烏魯木齊效力贖罪。嘉慶十六年刑部案。

櫃書於革役後，在地丁房幫辦事件私收花户銀米入己，將廢串捏寫新串欺騙鄉愚，計贓六兩有零，比照監守自盜律滿杖，限内完贓，不準免罪。嘉慶十八年江西案。

都司侵蝕兵糧，洗改文移，一年限内完贓，其規避增減文書例應加罪二等，係由侵盜而起，並非别犯他罪，應準其一並寬免。嘉慶十九年雲南案。

帖書盜用都司鈐記冒領俸餉銀兩，因其並無典守之責，比照竊盜庫貯銀錢例絞候，請旨即行正法，聽從冒領分贓之字識減發黑龍江爲奴。嘉慶二十四年直隸案。

銀匠干發交傾解藩庫銀兩，乘機侵用一千餘兩，限内全完外，照監守自盜例減等擬徒，從重加軍。部議監守盜倉庫錢糧之例，原以在官人役有監守之責者，故特設專條，若非在官人役則有常人盜之例，改照本例科斷。道光元年湖廣案。

庫書進庫彈兑銀兩乘間偷竊尚未出庫，比照穿穴壁封竊盜庫銀未經得財例滿徒。道光三年貴州案。

庫書侵盜漕糧，限内完贓，不得牽引監守盜倉庫錢糧限内全完免罪之例，仍應照例問罪。道光十一年江蘇司說帖。

門丁書役派管平糶係屬臨時差遣，均有主守之責，其尅扣米石偷賣侵蝕應照監守自盜律，不分首從並贓論罪，照例刺字，限内完贓，不準寬免。違例多買米石之人均照違制律治罪。道光十二年邸抄。

辦釐委員失察書識舞弊，比照監守盜倉庫錢糧計贓定罪，限内全完，照例免罪，仍刺字發落。委員復職罰俸一年。光緒四年雲南案。

官紳侵盜辦理粥廠賑米，照監守自盜不分首從並贓論罪，遵照新章加等定擬，分别從重發往軍臺效力贖罪定地折貢充徒。光緒五年河南案。

釐局司事舞弊計贓比例問擬斬候，限内全完，減二等發落。委員失察革職。光緒七年湖北案。

紀事

《左傳・襄公二年》 楚公子申爲右司馬，多受小國之賂，以偪子重、子辛，楚人殺之。故《書》曰：楚殺其大夫公子申。

《左傳・昭公十四年》 晉邢侯與雍子争鄐田，久而無成。士景伯如楚，叔魚攝理。韓宣子命斷舊獄，罪在雍子。雍子納其女於叔魚，叔魚蔽罪邢侯。邢侯怒，殺叔魚與雍子於朝。宣子問其罪於叔向，叔向曰：三人同罪，施生戮死可也。雍子自知其罪而賂以買直，鮒也鬻獄，邢侯專殺，其罪一也。己惡而掠美爲昏，貪以敗官爲墨，殺人不忌爲賊。《夏書》曰：昏墨賊殺，皋陶之刑也。請從之。乃施邢侯而尸雍子與叔魚於市。

張家山二四七號漢墓竹簡整理小組《張家山漢墓竹簡・奏讞書》 北

地守讞：女子甑、奴順等亡，自處彭陽，甑告丞相自行書順等自贖。甑所（臧）〔贓〕過六百六十，不發告書，順等以其故不論，疑罪。廷報：甑、順等受行賕（狂）〔枉〕法也。

《漢書》卷一六《高惠高后文功臣表》〔汾陰悼侯周昌〕孝文前五年，侯意嗣，十三年，坐行賕，髡爲城旦。

《史記》卷一〇一《袁盎鼂錯列傳》及孝文帝崩，孝景帝即位，鼂錯爲御史大夫，使吏案袁盎受吴王財物，抵罪，詔赦以爲庶人。

《漢書》卷五《景帝紀》〔景帝元年〕秋七月，詔曰：吏受所監臨，以飲食免，重；受財物，賤買貴賣，論輕。廷尉與丞相更議著令。廷尉信謹與丞相議曰：吏及諸有秩受其官屬所監、所治、所行、所將，其與飲食，計償費，勿論。它物，若買故賤，賣故貴，皆坐臧為盜，沒入臧縣官。吏遷徙免罷，受其故官屬所將監治送財物，奪爵為士伍，免之。無爵，罰金二斤，令沒入所受。有能捕告，畀其所受臧。

《漢書》卷一七《景武昭宣元成功臣表》〔岸頭侯張次公〕以都尉從車騎將軍擊匈奴侯，從大將軍，益封，凡二千户。五月己巳封，五年，元狩元年，坐與淮南王女陵姦，受財物免。

《漢書》卷一五上《王子侯表》〔平城侯禮〕〔孝武元朔三年〕十月癸酉封，六年，元狩三年，坐恐猲取雞以令買償免，復謾，完爲城旦。

《漢書》卷一五上《王子侯表》〔葛魁節侯寬〕元狩四年，侯戚嗣，五年，元鼎三年，坐縛家吏恐猲受賕，棄市。

《史記》卷九六《張丞相列傳》子侯臾代，六歲，坐爲九江太守受故官送有罪，國除。

《漢書》卷九〇《酷吏傳·王温舒》歲餘，會宛軍發，詔徵豪吏。温舒匿其吏華成，及人有變告温舒受員騎錢，它姦利事，罪至族，自殺。其時兩弟及兩婚家亦各自坐它罪而族。光祿勳徐自爲曰：悲夫！夫古有三族，而王温舒罪至同時而五族乎！温舒死，家絫千金。

《漢書》卷一七《景武昭宣元成功臣表》〔梁期侯任破胡〕以屬國都尉間出擊匈奴將軍絫絺縵等侯。五（年）〔月〕辛巳封。侯當千嗣，太始四年，坐賣馬一匹賈錢十五萬，過平，臧五百以上，免。

《漢書》卷六六《公孫賀傳》〔公孫〕賀子敬聲，代賀爲太僕，父子並居公卿位。敬聲以皇后姊子，驕奢不奉法，征和中擅用北軍錢千九百萬，發覺，下獄。

《漢書》卷九〇《酷吏傳·田延年》先是，茂陵富人焦氏、賈氏以數千萬陰積貯炭葦諸下里物。昭帝大行時，方上事暴起，用度未辦，延年奏言商賈或豫收方上不祥器物，冀其疾用，欲以求利，非民臣所當爲。請沒入縣官。奏可。富人亡財者皆怨，出錢求延年罪。初，大司農取民牛車三萬兩爲僦，載沙便橋下，送致方上，車直千錢，延年上簿詐增僦直車二千，凡六千萬，盜取其半。焦、賈兩家告其事，下丞相府。丞相議奏延年主守盜三千萬，不道。霍將軍召問延年，欲爲道地，延年抵曰：本出將軍之門，蒙此爵位，無有是事。光曰：即無事，當窮竟。御史大夫田廣明謂太僕杜延年：《春秋》之義，以功覆過。當廢昌邑王時，非田子賓之言大事不成。今縣官出三千萬自乞之何哉？願以愚言白大將軍。延年言之大將軍，大將軍曰：誠然，實勇士也！當廢大議時，震動朝廷。光因舉手自撫心曰：使我至今病悸！謝田大夫曉大司農，通往就獄，得公議之。田大夫使人語延年，延年曰：幸縣官寬我耳，何面目入牢獄，使衆人指笑我，卒徒唾吾背乎！即閉閤獨居齊舍，偏袒持刀東西步。數日，使者召延年詣廷尉。聞鼓聲，自刎死，國除。

《漢書》卷一八《外戚恩澤侯表》〔平丘侯王遷〕以光祿大夫與大將軍光定策功侯，千二百五十三户。八月辛未封，五年，地節二年，坐平尚書聽請受臧六百萬，自殺。

《漢書》卷七六《趙廣漢傳》趙廣漢字子都，涿郡蠡吾人也，故屬河間。少爲郡吏、州從事，以廉潔通敏下士爲名。舉茂材，平準令。察廉爲陽翟令。以治行尤異，遷京輔都尉，守京兆尹。會昭帝崩，而新豐杜建爲京兆掾，護作平陵方上。建素豪俠，賓客爲姦利，廣漢聞之，先風告。建不改，於是收案致法。中貴人豪長者爲請無不至，終無所聽。宗族賓客謀欲篡取，廣漢盡知其計議主名起居，使吏告曰：若計如此，且並滅家。令數吏將建棄市，莫敢近者。京師稱之。

《漢書》卷一五下《王子侯表》〔藉陽侯顯〕〔孝宣甘露二年〕十一月壬申封，十六年，建昭四年，坐恐猲國民取財物，免。六百户。

《漢書》卷七四《丙吉傳》吉本起獄法小吏，後學《詩》、《禮》，皆

通大義。及居相位，上寬大，好禮讓。掾史有罪臧，不稱職，輒予長休告，終無所案驗。客或謂吉曰：君侯爲漢相，姦吏成其私，然無所懲艾。吉曰：夫以三公之府有案吏之名，吾竊陋焉。後人代吉，因以爲故事，公府不案吏，自吉始。【略】

吉薨，謚曰定侯。子顯嗣，甘露中有罪削爵爲關内侯，官至衛尉太僕。始顯少爲諸曹，當從祠高廟，至夕牲日，乃使出取齋衣。丞相吉大怒，謂其夫人曰：宗廟至重，而顯不敬慎，亡吾爵者必顯也。夫人爲言，然後乃已。【略】

先是顯爲太僕十餘年，與官屬大爲姦利，臧千餘萬，司隸校尉昌案劾，罪至不道，奏請逮捕。上曰：故丞相吉有舊恩，朕不忍絶。免顯官，奪邑四百户。後復以爲城門校尉。顯卒，子昌嗣爵關内侯。

《漢書》卷六六《田千秋傳》〔田千秋〕子順嗣侯，官至雲中太守，宣帝時以虎牙將軍擊匈奴，坐盜增鹵獲自殺，國除。

《漢書》卷七九《馮野王傳》〔野王字君卿〕元帝時，遷隴西太守，以治行高，入爲左馮翊。歲餘，而池陽令並素行貪汙，輕野王外戚年少，治行不改。野王部督郵掾祋祤趙都案驗，得其主守盜十金罪，收捕。並不首吏，都格殺。並家上書陳冤，事下廷尉。都詣吏自殺以明野王，京師稱其威信，遷爲大鴻臚。

《漢書》卷七〇《陳湯傳》延壽遷城門校尉，護軍都尉，薨於官。成帝初即位，丞相衡復奏湯以吏二千石奉使，顓命蠻夷中，不正身以先下，而盜所收康居財物，戒官屬曰絶域事不覆校。雖在赦前，不宜處位。湯坐免。

《漢書》卷八三《薛宣傳》〔薛〕宣爲吏賞罰明，用法平而必行，所居皆有條教可紀，多仁恕愛利。池陽令舉廉吏獄掾王立，府未及召，聞立受囚家錢。宣責讓縣，縣案驗獄掾，乃其妻獨受繫者錢萬六千，受之再宿，獄掾實不知。掾慙恐自殺。宣聞之，移書池陽曰：縣所舉廉吏獄掾王立，家私受賕，而立不知，殺身以自明。立誠廉士，甚可閔惜！其以府決曹掾書立之柩，以顯其魂。府掾史素與立相知者，皆予送葬。

《漢書》卷八一《匡衡傳》初，衡封僮之樂安鄉，鄉本田隄封三千一百頃，南以閩佰爲界。初元元年，郡圖誤以閩佰爲平陵佰。積十餘歲，衡封臨淮郡，遂封真平陵佰以爲界，多四百頃。至建始元年，郡乃定國界，上計簿，更定圖，言丞相府。衡謂所親吏趙殷曰：主簿陸賜故居奏曹，習事曉知國界，署集曹掾。明年治計時，衡問殷國界事：曹欲奈何？殷曰：賜以爲舉計，令郡實之。恐郡不肯從實，可令家丞上書。衡曰：顧當得不耳，何至上書？亦不告曹使舉也，聽曹爲之。後賜與屬明舉計曰：案故圖，樂安鄉南以平陵佰爲界，不〔足〕〔從〕故而以閩佰爲界，解何？郡即復以四百頃付樂安國。衡遣從史之僮，收取所還田租穀千餘石入衡家。司隸校尉駿、少府忠行廷尉事劾奏衡監臨盜所主守直十金以上。《春秋》之義，諸侯不得專地，所以壹統尊法制也。衡位三公，輔國政，領計簿，知郡實，正國界，計簿已定而背法制，專地盜土以自益，及賜、明阿承衡意，猥舉郡計，亂減縣界，附下罔上，擅以地附益大臣，皆不道。於是上可其奏，勿治，丞相免爲庶人，終於家。

《漢書》卷一五下《王子侯表》〔承鄉節侯當〕侯德天嗣，鴻嘉二年，坐恐猲國人，受財臧五百以上，免。

《漢書》卷六六《陳咸傳》時車騎將軍王音輔政，信用陳湯。咸數賂遺湯，予書曰：即蒙子公力，得入帝城，死不恨。後竟徵入爲少府。少府多寶物，屬官咸皆鉤校，發其姦臧，没入辜榷財物。官屬及諸中宮黄門、鉤盾、掖庭官吏，舉奏按論，畏咸，皆失氣。爲少府三歲，與翟方進有隙。方進爲丞相，奏咸前爲郡守，所在殘酷，毒螫加於吏民。主守盜，受所監。而官媚邪臣陳湯以求薦舉。苟得無恥，不宜處位。咸坐免。

《漢書》卷七七《何並傳》是時潁川鍾元爲尚書令，領廷尉，用事有權。弟威爲郡掾，臧千金。並爲太守，（故）〔過〕辭鍾廷尉，廷尉免冠爲弟請一等之罪，願蚤就髡鉗。並曰：罪在弟身與君律，不在於太守。

《漢書》卷九九下《王莽傳》天下吏以不得奉禄，並爲姦利，郡尹縣宰家累千金。莽下詔曰：詳考始建國二年胡虜猾夏以來，諸軍吏及緣邊吏大夫以上爲姦利增産致富者，收其家所有財産五分之四，以助邊急。公府士馳傳天下，考覆貪饕，開吏告其將，奴婢告其主，幾以禁姦，姦愈甚。

《後漢書》卷七九上《儒林傳·歐陽歙》〔歐陽〕歙在郡，教授數百人，視事九歲，徵爲大司徒。坐在汝南臧罪千餘萬發覺下獄。

《後漢書》卷四一《鍾離意傳》 鍾離意字子阿，會稽山陰人也。少爲郡督郵。時部縣亭長有受人酒禮者，府下記案考之。意封還記，入言於太守曰：《春秋》先内後外。《詩》云刑於寡妻，以御于家邦。明政化之本，由近及遠。今宜先清府内，且闊略遠縣細微之愆。太守甚賢之，遂任以縣事。【略】顯宗即位，徵爲尚書。時交阯太守張恢，坐臧千金，徵還伏法，以資物簿入大司農，詔班賜羣臣。意得珠璣，悉以委地而不拜賜。帝怪而問其故。對曰：臣聞孔子忍渴於盜泉之水，曾參回車於勝母之閭，惡其名也。此臧穢之寶，誠不敢拜。帝嗟歎曰：清乎尚書之言！乃更以庫錢三十萬賜意。轉爲尚書僕射。

《後漢書》卷六《質帝紀》〔永嘉元年〕二月，豫章太守虞續坐臧，下獄死。

《後漢書》卷六《質帝紀》〔永嘉元年〕冬十一月己丑，南陽太守韓昭坐臧，下獄死。

《後漢書》卷七《桓帝紀》〔元嘉二年十二月〕右北平太守和旻坐臧，下獄死。

《後漢書》卷七《桓帝紀》〔延熹五年十一月〕京兆虎牙都尉宗謙坐臧，下獄死。

《後漢書》卷七《桓帝紀》〔延熹九年三月〕陳留太守韋毅坐臧自殺。

《後漢書》卷五六《王暢傳》〔王暢〕尋拜南陽太守。前後二千石逼懼帝鄉貴戚，多不稱職。暢深疾之，下車奮厲威猛，其豪黨有釁穢者，莫不糾發。會赦，事得散。暢追恨之，更爲設法，諸受臧二千萬以上不自首實者，盡入財物；若其隱伏，使吏發屋伐樹，堙井夷竈，豪右大震。

《後漢書》卷七《獻帝紀》〔興平元年秋七月〕三輔大旱，自四月至於是月。帝避正殿請雨，遣使者洗囚徒，原輕繫。是時穀一斛五十萬，豆麥一斛二十萬，人相食啖，白骨委積。帝使侍御史侯汶出太倉米豆，爲飢人作糜粥，經日而死者無降。帝疑賦卹有虚，乃親於御坐前量試作糜，乃知非實，使侍中劉艾出讓有司。於是尚書令以下皆詣省閣謝，奏收侯汶考實。詔曰：未忍致汶於理，可杖五十。自是之後，多得全濟。

甘肅省文物考古研究所《居延新簡》 ☒谷删丹故吏趙回刪相鯉放蔡☒

☒□忠苛人受錢臧三百以上，告☒

薛英群《疏勒河流域出土漢簡》 行言者若許，多受賕以枉法，皆坐臧爲盜，没入（官）□□行言者本行職□也。

謝桂華等《居延漢簡釋文合校》 襄一領臧直五百以上，士吏昌劾移郡

謝桂華等《居延漢簡釋文合校》 □庫佐安世主毋區處，主守而即盜□□□

甘肅省文物考古研究所《居延新簡》 盜所主隧長徐宗等奉候君與□□□誠宣罪名明白令史☒

謝桂華等《居延漢簡釋文合校》 二月戊寅，張掖大守福庫丞承熹兼行丞事，敢告張掖農都尉護田校尉府卒人，謂縣律曰：臧它物非錢者，以十月平賈計。案戍田卒受官袍衣物，貪利貴賈貰予貧困民。吏不禁止，浸益多，又不以時驗問。

甘肅省文物考古研究所《居延新簡》 便人足轉案報非穀，臧二百五十以上

《宋書》卷六九《劉湛傳》 劉湛字弘仁，南陽涅陽人也。【略】湛改領歷陽太守。爲人剛嚴用法，姦吏犯臧百錢以上，皆殺之，自下莫不震肅。

《宋書》卷五三《庾登之傳》 庾登之字元龍，潁川鄢陵人也。【略】〔元嘉五年〕，出爲吴郡太守。州郡相臨，執意無改，因其莅任臧貨，以事免官。

《南史》卷二一《王弘傳》 王弘字休元，琅邪臨沂人。【略】〔元嘉〕六年，弘又上表陳彭城王宜入輔，並求解州，義康由是代弘爲司徒，與之分録。【略】又主守偷五疋，常偷四十疋，並加大辟。議者咸以爲重。弘以爲：小吏無知，臨財易昧。或由疏慢，事蹈重科。宜進主守偷十疋，常偷五十疋死，四十疋降以補兵。至於官長以上，荷蒙榮禄，冒利五疋乃已爲弘，士人至此，何容復加哀矜。且此輩人士可殺不可讁，謂宜奏聞，決之聖旨。

文帝從弘議。

《宋書》卷六四《何承天傳》　何承天，東海郯人也。【略】承天與尚書左丞謝元素不相善，二人競伺二臺之違，累相糾奏。太尉江夏王義恭歲給資費錢三千萬，布五萬匹，米七萬斛。義恭素奢侈，用常不充，二十一年，逆就尚書換明年資費。而舊制出錢二十萬，布五百匹以上，並應奏聞，元輒命議以錢二百萬給太尉。事發覺，元乃使令史取僕射孟顗命。元時新除太尉諮議參軍，未拜，爲承天所糾。上大怒，遣元長歸田里，禁錮終身。元時又舉承天賣茭四百七十束與官屬，求貴價，承天坐白衣領職。

《宋書》卷七四《臧質傳》　臧質字含文，東莞莒人。【略】明年，太祖又北伐，使質率所統見力向潼關，【略】質又顧戀嬖妾，棄營單馬還城，散用臺庫見錢六七百萬，爲有司所糾。上不問也。

《宋書》卷六九《范曄傳》　初，〔孔〕熙先父默之爲廣州刺史，以贓貨得罪下廷尉，大將軍彭城王義康保持之，故得免。

《宋書》卷四六《張邵傳》　張邵字茂宗，會稽太守裕之弟也。【略】江夏王義恭鎮江陵，以邵爲撫軍長史，持節、南蠻校尉。坐在雍州營私蓄聚，贓貨二百四十五萬，下廷尉，免官，削爵土。

《宋書》卷六五《劉道產傳》　劉道產，彭城吕人，太尉諮議參軍簡之子也。【略】道產弟道錫，巴西、梓潼二郡太守。【略】〔元嘉〕二十一年，遷揚烈將軍、廣州刺史。二十七年，坐貪縱過度，自杖治中荀齊文垂死，乘輿出城行，與阿尼同載，爲有司所糾。值赦，明年散徵，又以赦後餘贓，收下廷尉，被宥病卒。

《宋書》卷四七《劉懷肅傳》　〔裴〕方明，河東人，爲劉道濟振武中兵參軍，立功蜀土，歷潁川南平昌太守，皆坐贓私免官。

《宋書》卷四五《劉德願傳》　世祖大明初，爲遊擊將軍，領石頭戍事。坐受賈客韓佛智貨，下獄，奪爵土。

《宋書》卷八九《袁粲傳》　袁粲字景倩，陳郡陽夏人，【略】〔大明〕三年，坐納山陰縣民丁彖文貨，舉爲會稽郡孝廉，免官。

《宋書》卷五〇《垣護之傳》　垣護之字彦京，略陽桓道人也。【略】大明三年，徵爲右衛將軍。【略】明年，出爲使持節、督豫司二州諸軍事、輔國將軍、豫州刺史、淮南太守。復隸沈慶之伐西陽蠻。護之所莅多聚斂，賄貨充積。七年，坐下獄，免官。

《宋書》卷四二《劉穆之傳》　劉穆之字道和，小字道民，東莞莒人，漢齊悼惠王肥後也。【略】少子貞之，中書黄門侍郎，太子右衛率，寧朔將軍、江夏内史。卒官。子裒，始興相，以贓貨繫東冶内。

《宋書》卷六三《沈勃傳》　勃好爲文章，善彈琴，能圍棊，而輕薄逐利。歷尚書殿中郎。太宗泰始中，爲太子右衛率，加給事中。時欲北討，使勃還鄉里募人，多受貨賄。上怒，下詔曰：沈勃琴書藝業，口有美稱，而輕躁躭酒，幼多罪愆。比奢淫過度，妓女數十，聲酣放縱，無復劑限。自恃吴興土豪，比門義故，脅説士庶，告索無已。又輒聽募將，委役還私，託注病叛，遂有數百。周旋門生，競受財貨，少者至萬，多者千金，考計贓物，二百餘萬，便宜明罰敕法，以正典刑。故光禄大夫演之昔受深遇，忠績在朝，尋遠矜懷，能無弘律，可徙勃西垂，令一思愆悔。於是徙付梁州。

《宋書》卷九四《恩倖傳・戴明寶》　戴明寶，南東海丹徒人也。【略】〔太宗初〕遷宣威將軍、晋陵太守，進爵爲侯，增邑四百户。泰始三年，坐參掌戎事，多納賄貨，削增封官爵，繫尚方，尋被宥。

《南齊書》卷五三《良政傳・沈憲》　沈憲字彦璋，吴興武康人也。【略】永明八年，子明典籤劉道濟取府州五十人役自給，又役子明左右，及船仗贓私百萬，爲有司所奏，世祖怒，賜道濟死。憲坐不糾，免官。

《南齊書》卷四六《蕭惠朗傳》　〔惠朗〕善騎馬，同桂陽賊叛，太祖赦之，復加序用。永明九年，爲西陽王征虜長史，行南兗州事。典籤何益孫贓罪百萬，棄市，惠朗坐免官。

《梁書》卷四六《徐文盛傳》　徐文盛字道茂，彭城人也。【略】〔盛〕又聚贓汚甚多，世祖大怒，下令責之，數其十罪，除其官爵。

《南齊書》卷三七《虞悰傳》　虞悰字景豫，會稽餘姚人也。【略】鬱林立，改領右軍將軍，揚州大中正，兼大匠卿。起休安陵，於陵所受局下牛酒，坐免官。

《南齊書》卷四三《王思遠傳》　王思遠，琅邪臨沂人。尚書令晏從弟也。【略】高宗輔政，不之任，仍遷御史中丞。臨海太守沈昭略贓私，思遠依事劾奏，高宗及思遠從兄晏、昭略叔父文季請止之，思遠不從，案事如故。

《南齊書》卷三七《劉悛傳》　悛仍代始興王鑑爲持節、監益寧二州諸軍事、益州刺史，將軍如故。悛既藉舊恩，尤能悦附人主，承迎權貴。賓客閨房，供費奢廣。罷廣、司二州，傾資貢獻，家無留儲。在蜀作金浴盆，餘金物稱是。罷任，以本號還都，欲獻之，而世祖晏駕，鬱林新立，悛奉獻減少，鬱林知之，諷有司收悛付廷尉，將加誅戮。高宗啓救之，見原，禁錮終身。

《梁書》卷二六《陸杲傳》　陸杲字明霞，吴郡吴人。【略】杲性婞直，無所顧望。山陰令虞肩在任，贓污數百萬，杲奏收治。

《梁書》卷四一《劉覽傳》　〔劉覽字孝智〕當官清正，無所利。姊夫御史中丞褚湮，從兄吏部郎孝綽，在職頗通贓貨，覽劾奏，並免官。

《南史》卷六二《賀琛傳》　〔賀〕琛性貪嗇，多受賕賂，家産既豐，買主第爲宅，爲有司奏，坐免官。

《南史》卷二二《王筠傳》　筠字元禮，一字德柔，幼而警悟，七歲能屬文。【略】〔中大通三年〕，尋出爲臨海太守，在郡侵刻，還資有芒屩兩舫，他物稱是。爲有司奏，不調累年。

《梁書》卷一四《江淹傳》　江淹字文通，濟陽考城人也。【略】時明帝作相，因謂淹曰：君昔在尚書中，非公事不妄行，在官寬猛能折衷；今爲南司，足以震肅百僚。淹答曰：今日之事，可謂當官而行，更恐才劣志薄，不足以仰稱明旨耳。於是彈中書令謝朏、司徒左長史王績、護軍長史庾弘遠，並以久疾不預山陵公事；又奏前益州刺史劉悛、梁州刺史陰智伯，並贓貨巨萬，輒收付廷尉治罪。

《梁書》卷一〇《蕭穎達傳》　建康城平，高祖以穎達爲前將軍、丹陽尹。【略】

遷征虜將軍、太子左衛率。御史中丞任昉奏曰：【略】風聞征虜將軍臣蕭穎達啓乞魚軍税，輒攝穎達宅督彭難當到臺辨問。列稱尋生魚典税，先本是鄧僧琰啓乞，限訖今年五月十四日。主人穎達，於時謂非新立，仍啓乞接代僧琰，即蒙降許登税，與史法論一年收直五十萬。如其列狀，則與風聞符同，穎達即主。【略】臣等參議，請以見事免穎達所居官，以侯還第。

《梁書》卷二九《邵陵攜王綸傳》　邵陵攜王綸字世調，高祖第六子也。【略】天監十三年，封邵陵郡王，邑二千户。【略】〔中大通〕四年，爲侍中、宣惠將軍、揚州刺史。以侵漁細民，少府丞何智通以事啓聞。

《梁書》卷三三《劉孝綽傳》　劉孝綽字孝綽，彭城人，本名冉。【略】後爲太子僕，母憂去職。服闋，除安西湘東王諮議參軍，遷黄門侍郎，尚書吏部郎，坐受人絹束，爲餉者所訟，左遷信威臨賀王長史。

《梁書》卷五〇《文學傳·伏挺》　〔伏挺字士標〕挺後遂出仕，尋除南臺治書，因事納賄，當被推劾，挺懼罪，遂變服爲道人，久之藏匿，後遇赦，乃出天心寺。

《梁書》卷三一《袁昂傳》　〔袁昂字千里，陳郡陽夏人〕時尚書令王晏弟詡爲廣州，多納賕貨，昂依事劾奏，不憚權豪，當時號爲正直。

《梁書》卷一五《謝朏傳》　〔謝朏字敬冲，陳郡陽夏人也〕出爲臨川内史，以賄見劾，案經袁粲，粲寢之。

《陳書》卷一六《蔡景歷傳》　〔蔡景歷字茂世，濟陽考城人也〕永定二年，坐妻弟劉淹詐受周寶安餉馬，爲御史中丞沈炯所劾，降爲中書侍郎，舍人如故。【略】〔天嘉〕六年，坐妻兄劉洽依倚景歷權勢，前後姦訛，並受歐陽武威餉絹百匹，免官。

《陳書》卷三四《文學傳·庾持》　庾持字允德，潁川鄢陵人也。【略】天嘉初，遷尚書左丞。以預長城之功，封崇德縣子，邑三百户。拜封之日，請令史爲客，受其餉遺，世祖怒之，因坐免。【略】除臨安令，坐杖殺縣民免封。

《陳書》卷三四《文學傳·褚玠》　褚玠字温理，河南陽翟人也。【略】太建中，山陰多豪猾，前後令皆以贓汙免，高宗忌之，謂中書舍人蔡景歷曰：稽陰大邑，久無良宰，卿文士之内，試思其人。景歷進曰：褚玠廉儉有幹用，未審堪其選不？高宗曰：甚善，卿言與朕意同。乃除戎昭將軍、山陰令。縣民張次的、王休達等與諸猾吏賄賂通姦，全丁大户，類多隱没。玠乃鎖次的等，具狀啟臺，高宗手勑慰勞，並遣使助玠搜括，所出軍民八百餘户。

《陳書》卷二九《宗元饒傳》　宗元饒，南郡江陵人也。少好學，以孝敬聞。仕梁世，解褐本州主簿，遷征南府行參軍，仍轉外兵參軍。及司徒王僧辯幕府初建，元饒與沛國劉師知同爲主簿。高祖受禪，除晉陵令。

人爲尚書功論郎。使齊還，爲廷尉正。遷太僕卿，領本邑大中正，中書通事舍人。尋轉廷尉卿，加通直散騎常侍，兼尚書左丞。時高宗初即位，軍國務廣，事無巨細，一以咨之，臺省號爲稱職。

遷御史中丞，知五禮事。時合州刺史陳裒贓汙狼藉，遣使就渚斂魚，又於六郡乞米，百姓甚苦之。元饒劾奏曰：臣聞建旟求瘼，實寄廉平，褰帷恤隱，本資仁恕。如或貪汙是肆，徵賦無猒，天網雖疎，茲焉弗漏。謹案鍾陵縣開國侯、合州刺史臣裒，因藉多幸，預逢抽擢，爵由恩被，官以私加，無德無功，坐尸榮貴。譙、肥之地，久淪非所，皇威克復，物仰仁風。新邦用輕，彌俟寬惠，應斯作牧，其寄尤重。爰降曲恩，祖行宣室，親承規誨，事等言提。雖廉潔之懷，誠無素蓄，而稟茲嚴訓，可以厲精。遂乃擅行賦斂，專肆貪取，求粟不猒，愧王沉之出賑。徵魚無限，異羊續之懸枯。寘以嚴科，實惟明憲。臣等參議，請依旨免裒所應復除官，其應禁錮及後選左降本資，悉依免官之法。遂可其奏。吴興太守武陵王伯禮，豫章内史南康嗣王方泰，竝驕蹇放横，元饒案奏之，皆見削黜。

《陳書》卷三〇《傅縡傳》 縡爲文典麗，性又敏速，雖軍國大事，下筆輒成，未嘗起草，沉思者亦無以加焉，甚爲後主所重。然性木彊，不持檢操，負才使氣，陵侮人物，朝士多銜之。會施文慶、沈客卿以便佞親幸，專制衡軸，而縡益疎。文慶等因共譖縡受高驪使金，後主收縡下獄。縡素剛，因憤恚，乃於獄中上書曰：夫君人者，恭事上帝，子愛下民，省嗜慾，遠諂佞，未明求衣，日旰忘食，是以澤被區宇，慶流子孫。陛下頃來酒色過度，不虔郊廟之神，專媚淫昏之鬼；小人在側，宦豎弄權，惡忠直若仇讎，視生民如草芥；後宮曳綺繡，廄馬餘菽粟，百姓流離，僵屍蔽野；貨賄公行，帑藏損耗，神怒民怨，衆叛親離。恐東南王氣，自斯而盡。書奏，後主大怒。頃之，意稍解，遣使謂縡曰：我欲赦卿，卿能改過不？縡對曰：臣心如面，臣面可改，則臣心可改。後主於是益怒，令宦者李善慶窮治其事，遂賜死獄中，時年五十五。

《魏書》卷三〇《安同傳》 同長子屈，太宗時典太倉事，盜官粳米數石，欲以養親。同大怒，奏求戮屈，自劾不能訓子，請罪。太宗嘉而恕之，遂詔長給同粳米。其公清奉法，皆此類也。

《魏書》卷三六《李順傳》 〔李〕順凡使涼州十有二返，世祖稱其能。而蒙遜數與順游宴，頗有悖慢之言，恐順東還泄之朝廷，尋以金寶納順懷中，故蒙遜罪釁得不聞徹。浩知之，密言於世祖，世祖未之信。太延三年，順復使涼州，及還，世祖曰：昔與卿密圖，期之無遠。但以頃年東伐，未遑四顧，荏苒之間，遂及於此。今和龍既平，三方無事，比繕甲治兵，指營河右，掃蕩萬里，今其時也。卿往復積歲，洞鑒廢興，若朕此年行師，當克以不？順對曰：臣疇日所啟，私謂如然。但民勞既久，未獲寧息，不可頻動，以增勞悴。願待他年。世祖從之。五年，議征涼州，順議以涼州乏水草，不宜遠征。與崔浩庭諍。浩固執以爲宜征。世祖從浩議。及至姑臧，甚豐水草。世祖與恭宗書以言其事，頗銜順。後謂浩曰：卿昔所言，今果驗矣。浩曰：臣之所言，虚實皆如此類。初，蒙遜有西域沙門曇無讖，微有方術。世祖詔順令蒙遜送之京邑。順受蒙遜金，聽其殺之。世祖克涼州後，聞而嫌順。涼土既平，詔順差次羣臣，賜以爵位。順頗受納，品第不平。涼州人徐桀發其事。浩又毁之，云：順昔受牧犍父子重賂，每言涼州無水草，不可行師。及陛下至姑臧，水草豐足。其詐如此，幾誤國事。不忠若是，反言臣讒之於陛下。世祖大怒，真君三年遂刑順於城西。

《魏書》卷四四《薛野賭傳》 沛郡太守邵安、下邳太守張攀咸以贓污，〔薛〕虎子案之於法。

《魏書》卷一八《臨淮王傳》 〔提〕爲梁州刺史，以貪縱削除，加罰，徙配北鎮。

《魏書》卷三三《谷渾傳》 〔谷〕洪性貪奢，僕妾衣服錦綺，貲累千金，而求欲滋劇。時顯祖舅李峻等初至京師，官給衣服，洪輒截没。爲有司所糾，並窮其前後贓罪，坐以伏法。

《魏書》卷四一《源懷傳》 又詔爲使持節，加侍中、行台，巡行北邊六鎮、恆燕朔三州，賑給貧乏，兼採風俗，考論殿最，事之得失，皆先決後聞。自京師遷洛，邊朔遥遠，加連年旱儉，百姓困弊。懷銜命巡撫，存恤有方，便宜運轉，有無通濟。時后父于勁勢傾朝野，勁兄于祚與懷宿昔通婚，時爲沃野鎮將，頗有受納。懷將入鎮，祚郊迎道左，懷不與語，即劾祚免官。懷朔鎮將元尼須與懷少舊，亦貪穢狼藉，置酒請懷，謂懷曰：命之長短，由卿之口，豈可不相寬貸？懷曰：今日之集，乃是源

懷與故人飲酒之坐，非鞫獄之所也。明日公庭，始爲使人撿鎮將罪狀之處。尼須揮泪而已，無以對之。懷既而表劾尼須。其奉公不撓，皆此類也。

《魏書》卷一〇五之二《天象志》〔延興二年九月辛巳〕統萬鎮將、河間王閭虎皮坐貪殘賜死。

《魏書》卷三三《王憲傳》〔王雲〕在州坐受所部荆山戍主杜虞財貨，又取官絹，因染割易，御史糾劾，付廷尉。遇赦免。

《魏書》卷六三《宋弁傳》鴻貴爲定州平北府參軍，送兵於荆州。坐取兵絹四百匹，兵欲告之，乃斬十人。又疏凡不達律令，見律有梟首之罪，乃生斷兵手，以水澆之，然後斬決。尋坐伏法。時人哀兵之苦，笑鴻貴之愚。

《隋書》卷二《高祖紀》〔開皇十三年〕戊子，晉州刺史、南陽郡公賈悉達，隰州總管、撫寧郡公韓延等，以賄伏誅。

《隋書》卷六二《劉行本傳》雍州別駕元肇言於上曰：有一州吏，受人饋錢三百文，依律合杖一百。然臣下車之始，與其爲約。此吏故違，請加徒一年。行本駁之曰：律令之行，並發明詔，與民約束。今肇乃敢重其教命，輕忽憲章。欲申己言之必行，忘朝廷之大信，虧法取威，非人臣之禮。帝嘉之，賜絹百疋。

《隋書》卷五三《史萬歲傳》史萬歲，京兆杜陵人也。父靜，周滄州刺史。萬歲少英武，善騎射，驍捷若飛。好讀兵書，兼精占候。年十五，值周、齊戰於芒山，萬歲時從父入軍，旗鼓正相望，萬歲令左右趣治裝急去。俄而周師大敗，其父由是奇之。武帝時，釋褐侍伯上士。及平齊之役，其父戰没，萬歲以忠臣子，拜開府儀同三司，襲爵太平縣公。【略】

先是，南寧夷爨翫來降，拜昆州刺史，既而復叛。遂以萬歲爲行軍總管，率衆擊之。入自蜻蛉川，經弄凍，次小勃弄、大勃弄，至於南中。賊前後屯據要害，萬歲皆擊破之。行數百里，見諸葛亮紀功碑，銘其背曰：萬歲之後，勝我者過此。萬歲令左右倒其碑而進。渡西二河，入渠濫川，行千餘里，破其三十餘部，虜獲男女二萬餘口。諸夷大懼，遣使請降，獻明珠徑寸。於是勒石頌美隋德。萬歲遣使馳奏，請將翫入朝，詔許之。爨翫陰有二心，不欲詣闕，因賂萬歲以金寶，萬歲於是舍翫而還。蜀王時在益州，知其受賂，遣使將索之。萬歲聞而悉以所得金寶沉之於江，索無所獲。以功進位柱國。晉王廣虛衿敬之，待以交友之禮。上知爲所善，令萬歲督晉府軍事。明年，爨翫復反，蜀王秀奏萬歲受賂縱賊，致生邊患，無大臣節。上令窮治其事，事皆驗，罪當死。上數之曰：受金放賊，重勞士馬。朕念將士暴露，寢不安席，食不甘味，卿豈社稷臣也？萬歲曰：臣留爨翫者，恐其州有變，留以鎮撫。臣還至瀘水，詔書方到，由是不將入朝，實不受賂。上以萬歲心有欺隱，大怒曰：朕以卿爲好人，何乃官高禄重，翻爲國賊也？顧有司曰：明日將斬之。萬歲懼而服罪，頓首請命。左僕射高熲、左衛大將軍元旻等進曰：史萬歲雄略過人，每行兵用師之處，未嘗不身先士卒，尤善撫御，將士樂爲致力，雖古名將未能過也。上意少解，於是除名爲民。歲餘，復官爵。尋拜河州刺史，復領行軍總管以備胡。

《隋書》卷八〇《列女傳・陸讓母》陸讓母者，上黨馮氏女也。性仁愛，有母儀，讓即其孽子也。仁壽中，爲番州刺史，數有聚斂，贓貨狼籍，爲司馬所奏。上遣使按之皆驗，於是囚詣長安，親臨問。讓稱冤，上復令治書侍御史撫按之，狀不易前。乃命公卿百僚議之，咸曰讓罪當死。詔可其奏。

讓將就刑，馮氏蓬頭垢面詣朝堂數讓曰：無汗馬之勞，致位刺史，不能盡誠奉國，以答鴻恩，而反違犯憲章，贓貨狼籍。若言司馬誣汝，百姓百官不應亦皆誣汝。若言至尊不憐愍汝，何故治書覆汝？豈誠臣？豈孝子？不誠不孝，何以爲人！於是流涕嗚咽，親持盃粥勸讓令食。既而上表求哀，詞情甚切，上愍然爲之改容。獻皇后甚奇其意，致請於上。治書侍御史柳彧進曰：馮氏母德之至，有感行路。如或殺之，何以爲勸？上於是集京城士庶於朱雀門，遣舍人宣詔曰：馮氏以嫡母之德，足爲世範，慈愛之道，義感人神，特宜矜免，用奬風俗。讓可減死，除名爲民。復下詔曰：馮氏體備仁慈，夙閑禮度。孽讓非其所生，往犯憲章，宜從極法，躬自詣闕，爲之請命，匍匐頓顙。朕哀其義，特免死辜。使天下婦人皆如馮者，豈不閨門雍睦，風俗和平！朕每嘉嘆不能已。宜摽揚優賞，用章有德。可賜物五百段。集諸命婦，與馮相識，以寵異之。

（唐）吳兢《貞觀政要》卷一《政體》初，息隱、海陵之黨，息隱，

高祖長子也，名建成，初立爲太子。海陵，高祖第四子也，名元吉，初封齊王。建成荒色嗜酒，畋遊無度，見秦王功高，與元吉謀害秦王。秦王知之，遂殺二人，既即帝位，乃封建成爲息王，謚曰隱。元吉爲海陵王，謚曰剌。同謀害太宗者數百千人。事寧，復引居左右近侍，心術豁然，不有疑阻。時論以爲能。斷決大事，得帝王之體。深惡官吏貪濁，有枉法受財者，必無赦免。在京流外有犯贓者，皆遣執奏，隨其所犯，寘以重法。由是官吏多自清謹。制馭王公妃主之家，大姓豪猾之伍，皆畏威屏跡，無敢侵欺細人。

《舊唐書》卷五八《唐儉傳》 〔唐儉〕嘗託鹽州刺史張臣合收其私羊，爲御史所劾，以舊恩免罪，貶授光禄大夫。

（宋）司馬光《資治通鑑》唐太宗貞觀十六年十一月 高祖之入關也，隋武勇郎將馮翊黨仁弘將兵二千餘人歸高祖於薄阪，從平京城，此皆隋恭帝義寧元年事。將，即亮翻。黨，抵朗翻。尋除陝州總管，大軍東討，仁弘轉餉不絶，謂討王世充時也。陝，失冉翻。歷南寧、戎、廣州都督。梁以犍爲郡，置戎州，隋廢州爲郡，唐復改郡爲州。仁弘有材略，所至著聲迹，上甚器之。然性貪，罷廣州，爲人所訟，贓百餘萬，罪當死。上謂侍臣曰：吾昨見大理五奏誅仁弘，五年制令，死罪四，三日五覆奏。哀其白首就戮，方晡食，遂命撤案；然爲之求生理，終不可得。今欲曲法就公等乞之。十二月，壬午朔，上復召五品已上集太極殿前，謂曰：法者，人君所受於天，不可以私而失信。今朕私黨仁弘而欲赦之，是亂其法，上負於天。欲度藁於南郊，日一進蔬食，以謝罪於天三日。房玄齡等皆曰：生殺之柄，人主所得專也，何至自貶責如此！上不許，羣臣頓首固請於庭，自旦至日昃，上乃降手詔，自稱：朕有三罪：知人不明，一也；以私亂法，二也；善善未賞，惡惡未誅，三也。以公等錮諫，且依來請。於是黜仁弘爲庶人，徙欽州。

（宋）王欽若等《册府元龜》卷七〇〇《牧守部·貪黷》 唐席辨，貞觀中爲滄州刺史。辨雖有幹畧，而性貪鄙。時所部長蘆令李太辨恣行侵奪，賄賂盈門，按察既知，屢加誚讓。太辨懼，求媚於辨，送縑二百疋、羅三十疋以遺之。辨遂納之，反加顧遇。事發，詔朝集使臨觀而戮之，太辨亦伏法。

《舊唐書》卷五八《長孫順德傳》 長孫順德，文德順聖皇后之族叔也。【略】

武德九年，與秦叔寶等討建成餘黨於玄武門。太宗踐祚，真食千二百户，特賜以宫女，每宿内省。後順德監奴受人餽絹事發，太宗謂近臣曰：順德地居外戚，功即元勳，位高爵厚，足稱富貴。若能勤覽古今，以自鑒誡，弘益我國家者，朕當與之同有府庫耳。何乃不遵名節，而貪冒發聞乎！然惜其功，不忍加罪，遂於殿庭賜絹數十疋，以媿其心。大理少卿胡演進曰：順德枉法受財，罪不可恕，奈何又賜之絹？太宗曰：人生性靈，得絹甚於刑戮；如不知愧，一禽獸耳，殺之何益！尋坐與李孝常交通除名。

（宋）王欽若等《册府元龜》卷六一六《刑法部·議讞》 唐臨，高宗永徽初爲御史大夫。華州刺史蕭齡之坐前任廣州都督受贓，詔文武百官議其罪，皆請處置，以勵貪汙。帝將從之。臨奏曰：齡之受委大藩，贓罪狼藉，原情取事，死有餘辜。然既遣詳議，終須近法。臣竊惟議事之官，未盡議刑本意，律有八義，並依周禮舊文，矜其異於衆臣，所以制特議法。王族刑於隱者，所以議親，刑不上大夫，所以議貴。明知重其親貴，議欲緩刑，非爲嫉其賢能，謀致深法。今議官多於刑法之外，議令入重，正與堯相反，不可爲萬代法。臣既處法官，敢不以聞！乃下詔曰：華州刺史蕭齡之粤以嘗才，累叨非據，入參九列，出總六條，番禺重鎮，控攝遐遠。心如谿壑，聚斂無厭，不憚典章，唯利是視。豪門富室，必與交通，受納金銀，二千餘兩，乞取奴婢一十九人，赦後之贓，數猶極廣。群僚議罪，請處極刑，奏決再三，即合從戮。但人命至重，每存審慎，又其驅策自久，桑榆漸迫。諸子號叫，伏闕求恩，哀矜之心，發自懷抱。宜免腰領之誅，投身瘴癘之地，可除名，配流嶺南遠處，庶存鑒誡，頒示天下。

《新唐書》卷八三《高宗太平公主傳》 長安浮屠慧範畜貲千萬，諧結權近，本善張易之。及易之誅，或言其豫謀者，於是封上庸郡公，月給奉稍。主乳媪與通，奏擢三品御史大夫。御史魏傳弓劾其姦贓四十萬，請論死。中宗欲赦之，進曰：刑賞，國大事。陛下賞已妄加矣，又欲廢刑，天下其謂何？帝不得已，削銀青階。

《新唐書》卷一〇四《張行成傳》 后既春秋高，易之兄弟顓政，邵

王重潤與永泰郡主竊議，皆得罪縊死。御史大夫魏元忠嘗劾奏易之等罪，易之訴於后，反誣元忠與司禮丞高戩約曰：天子老，當挾太子爲耐久朋。后問：孰爲證左？易之曰：鳳閣舍人張説。翌日庭辯，皆不讎，然元思、説猶皆被逐。其後易之等益自肆，姦贓狼藉。御史臺劾奏之，乃詔宗晋卿、李承嘉、桓彦範、袁恕己參鞫，而司刑正賈敬言竊望后旨，奏昌宗彊市，罪當贖，詔曰可。承嘉、彦範進曰：昌宗贓四百萬，尚當免官。昌宗大言曰：臣有功於國，不應免官。后問宰相，内史令楊再思曰：昌宗主鍊丹劑，陛下餌之而驗，功最大者也。即詔釋之，歸罪其兄昌儀、同休，皆貶官。

《舊唐書》卷九二《宗楚客傳》 景龍中，西突厥娑葛與阿史那忠節不和，屢相侵擾，西陲不安，安西都護郭元振奏請從忠節於内地，楚客與晋卿、處訥等各納忠節重賂，奏請發兵以討娑葛，不納元振所奏。娑葛知而大怒，舉兵入寇，甚爲邊患。於是監察御史崔琬劾奏楚客等曰：【略】

謹案宗楚客、紀處訥等，性惟險詖，志越溪壑，幸以遭逢聖主，累忝殊榮，承愷悌之恩，居弼諧之地。不能刻意砥操，憂國如家，微效涓塵，以裨川岳。遂乃專作威福，敢樹朋黨，有無君之心，闕大臣之節。潛通獫狁，納賄不貲。公引頑兇，受賂無限。醜問充斥，穢行昭彰。且境外之交，情狀難測，今娑葛反叛，邊鄙不寧，由此賊臣，取怨中國，論之者懼禍以結舌，語之者避罪以鉗口。但晋卿昔居榮職，素闕忠誠，屢抵嚴刑，皆由黷貨。今又叨忝，頻沐殊恩，厚祿重權，當朝莫比。曾無悛改，仍徇贓私，此而可容，孰不可恕？臣謬參直指，義在觸邪，請除世蠹，用答天造。楚客、處訥、晋卿等驕恣跋扈，人神同疾，不加天誅，詎清王度。並請收禁，差三司推鞫。

（宋）王欽若等《册府元龜》卷七〇〇《牧守部·貪黷》 蕭執珪爲嵐州刺史，盧季珣爲復州刺史，崔慓爲銀州刺史，開元八年，并坐貶。詔曰：先王制法度，立師長，將以爲理也。夫刺史者，受方岳之寄，爲吏人之表，以宣法則，以樹風教，故得人則河潤九里，京師蒙其福，非才則虐流百城，黎庶受其害，所以漢宣云：與我共理者，其惟良二千石歟？中大夫前守嵐州刺史蕭執珪、通議大夫前守復州刺史盧季珣、中散大夫前守銀州刺史崔慓等，各藉階資，謬居藩牧，不率法度，情匪在公。憑此尸素，黷其貨賄，豈有奉條察之委，居道化之先？顓利無厭，貪以敗類，固上行而下効，豈澄源以正本？有靦面目，實虧風憲。雖罪無所漏，已寘刑章，而情頗難容，宜從遠謫。執珪宜除名配隸營府，即差使所在驰驛領送，至彼不得東西。季珣可恩州司馬，慓可施州司馬，並員外置同正員，即發遣赴任。仍頒於郡國，以勵在官。

《舊唐書》卷八《玄宗本紀》 〔開元十年〕三月戊申，詔自今内外官有犯贓至解免已上，縱逢赦免，並終身勿齒。

（唐）杜佑《通典》卷一六九《刑法·守正》 〔開元〕十年八月，冀州武强縣令裴景仙犯乞取贓積五千匹，事發，上大怒，令集衆殺之。大理卿李朝隱奏曰：景仙緣是乞贓，罪不至死。又景仙曾祖，故司空寂，往屬締構，首參元勳。載初年中，家陷非罪。凡其兄弟，皆被誅夷，唯景仙獨存，今見承嫡。據贓未當死坐，准犯猶入議條。十代宥賢，功實宜録，一門絶祀，情或可哀。願寬暴市之刑，俾就投荒之役。則舊勳不棄，平典斯允。手詔不許。朝隱又奏曰：輕重有條，臣下當守。枉法而取，十五匹便抵死刑。乞取爲贓，數千匹止當流坐。今若乞取得罪，便處斬刑，後有枉法當科，欲加何辟？所以爲國惜法，期守律文。非取以法隨人，曲矜仙命。射兔魏苑，驚馬漢橋，初震皇赫，竟從廷議，豈威不能制，而法貴有恒。又景仙曾祖寂，定爲元勳，恩倍恒數。若寂勳都棄，仙罪特加，則叔向之賢何足稱者，若敖之鬼不其餒而。捨罪念功，乞垂天聽。遂決杖一百，配流。

（宋）王欽若等《册府元龜》卷七〇七《令長部·貪黷》 宋廷暉爲宣州溧陽令，周仁公爲涇州良原令，裴裔爲寧州彭原令，開元二十五年正月，皆犯贓坐死刑。玄宗以陽和在候，特恕之，悉杖六十，配流於龔州。勅曰：朕思致時和，每矜刑典，而貪饕之吏抵犯自多，猶冀恥格，豈在哀矜。宣州溧陽令宋廷暉等各效官榮，非無禄利，不能砥礪，乃黷貨贓，使者繩違，刑曹定罪，併當極法，合正嚴科。然而發生在時，布澤茲始，永言惻隱，能無惠恤。乃期改過，且用輕刑，宜並配流，即差綱領送，雖止殺之義頗乖於國禮，而好生之德冀洽於人心，教而不誅，庶乎不及，何必峻罰，然後焉善。凡令在直，宜副此懷。

《舊唐書》卷九《玄宗本紀》 〔開元二十七年〕六月甲戌，内常侍

牛仙童坐贓，決殺之。幽州節度使、兼御史大夫張守珪以賄貶爲括州刺史。太子太師、徐國公蕭嵩以嘗賂仙童，左授青州刺史。

（宋）王欽若等《册府元龜》卷七〇〇《牧守部・貪黷》　盧暉爲魏州刺史，開元二十九年坐贓。詔云：暉素是安庸，幸承資地，早升清列，爰典大藩，不能勵彼公心，少申答効，而咨其鄙識，莫顧廉隅，黷貨無厭，蠹政斯甚。或增加賦斂，或減截官錢，入己之贓，六百餘貫，自外所犯，數倍於茲。況又役使人工，殆三十萬，復有何要，輒化爲勞。慢法徇私，觸類非一。朕志存撫育，情切好生，特寬斧鑕之誅，俾從流放之典，可長流富州。

（宋）王欽若等《册府元龜》卷七〇〇《牧守部・貪黷》　王琚爲鄴郡太守，天寶五載，坐贓。詔云：琚久經任使，歷典藩條，恃朝廷之見寬，冒憲法而無憚，凡所涖職，罕著善聲。自頃移官，益彰喧訟，志由貪敗，政以賄成，所犯贓私，動盈千計。正名論罪，合寘流刑。宥過推恩，猶從貶任，可江華郡司馬員外置。

（宋）王欽若等《册府元龜》卷四八二《臺省部・貪黷》　宋渾，玄宗時爲御史中丞。天寶九載四月，坐贓伏罪。詔曰：渾幸因門緒，累升榮秩，頃委以澄清，擢居風憲，而公心有害，私欲弭彰，冒法受贓，既墜於家業。敗名殉利，載犯於國章。特申念舊之恩，俾從流放之典，宜除名，長流嶺南高要郡。

（宋）王欽若等《册府元龜》卷七〇〇《牧守部・貪黷》　韋陟爲河東太守，天寶十三年貶爲臨賀郡桂嶺縣尉員外置，仍馳驛發遣。陟天寶初自吏部侍郎出爲襄陽、鍾離、義陽三郡太守。楊國忠專政，徵爲河東太守、本道採訪使。陟以名位素著，怏怏久失職，及臨關輔，冀有任用。而性頗侈豪，所涖不修清廉之操，遂恣其利欲，盛以河東土物入饋權要，爲部人所發。詔下御史訊鞫，陟時朝謁在華清宮，惶怖不安，乃厚遺御史中丞吉温，求救於祿山。事泄，爲國忠奏貶，温亦坐貶澧州長史。

《舊唐書》卷一八五下《良吏傳・吕諲》　吕諲，蒲州河東人。志行修整，勤於學業。少孤貧，不能自振，里人程楚賓家富於財，諲娶其女，楚賓及子震皆重其才，厚與資給，遂游京師。天寶初，進士及第，調授寧陵尉，本道採訪使韋陟嘉其才，辟爲支使。隴右、河西節度使哥舒翰奏充度支判官，累兼衛佐、太子通事舍人。諲性謹守，勤於吏職，雖同僚追賞，而塊然視事，不離案簿，翰益親之，累兼虞部員外郎、侍御史。【略】

乾元二年三月，以本官同中書門下平章事，知門下省事。七月，丁母憂免。十月，起復授本官，兼充度支使，遷黄門侍郎。上元元年正月，加同中書門下三品，賜門戟。既立於第門，或謂諲曰：吉慶之事，不宜凶服受之。諲遂權釋縗麻，當中而拜，人皆笑其失禮。累加銀青光祿大夫，東平男。諲既爲相，用妻父程楚賓爲衛尉少卿，子震爲員外郎。中官馬上言出納詔命，諲昵之，有納賂於上言求官者，諲補之藍田尉。五月，上言事洩笞死，以其肉令從官食之，諲坐貶太子賓客。

又妖人申泰芝以左道事李輔國，擢爲諫議大夫。輔國奏於道州界置軍，令泰芝爲軍校，誘引羣蠻，納其金帛，賞以緋紫，用囊中敕書賜衣以示之，人用聽信。軍人例衣朱紫，作剽磎洞，吏不敢制，已積年矣。潭州刺史龐承鼎忿之，因泰芝入奏，至長沙，縶之，首贓巨萬，及左道文記，一時搜獲，遣使奏聞。輔國黨芝，奏召泰芝赴闕。既得召見，具言承鼎曲加誣陷。詔鞫承鼎誣罔之罪，令荆南府按問。諲令判官、監察御史嚴郢鞫之。諲上疏論其事，肅宗怒，流郢於建州。承鼎竟得雪，後泰芝竟以贓敗流死。人重諲之守正，其剛斷不撓，皆此類也。

《舊唐書》卷一〇八《崔涣傳》　肅宗靈武即位。八月，與左相韋見素、同平章事房琯、崔圓同賫册赴行在。時未復京師，舉選路絶，詔涣充江淮宣諭選補使，以收遺逸。惑於聽受，爲下吏所鬻，濫進者非一，以不稱職聞。乃罷知政事，除左散騎常侍，兼餘杭太守、江東採訪防禦使。旋授正議大夫、太子賓客。乾元三年正月，轉大理卿。再遷吏部侍郎、檢校工部尚書、集賢院待詔。性尚簡淡，不交世務，頗爲時望所歸。遷御史大夫，加税地青苗錢物使。時以此錢充給京百官料，涣爲屬吏希中，以下估爲使料，上估爲百官料。其時爲皇城副留守張清發之，詔下有司訊鞫，涣無詞以對，坐是貶道州刺史。

（宋）王欽若等《册府元龜》卷七〇〇《牧守部・貪黷》　李巨，肅宗乾元初爲河南尹，於城市橋梁出入車牛皆税錢以供國用，頗有乾没，士庶怨之。後與妻張氏不睦，張氏即皇后從父妹。宗正卿李遵搆之，發其贓，貶爲遂州刺史。

《舊唐書》卷一一一《房琯傳》　崔圓本蜀中拜相，肅宗幸扶風，始來朝謁。琯意以爲圓纔到，當卽免相，故待圓禮薄。圓厚結李輔國，到後數日，頗承恩渥，亦憾於琯。琯又多稱病，不時朝謁，於政事簡惰。時議以兩京陷賊，車駕出次外郊，天下人心惴恐，當主憂臣辱之際，此時琯爲宰相，略無匪懈之意，但與庶子劉秩、諫議李揖、何忌等高談虚論，説釋氏因果、老子虚無而已。此外，則聽董庭蘭彈琴，大招集琴客筵宴，朝官往往因庭蘭以見琯，自是亦大招納貨賄，姦贓頗甚。顔真卿時爲大夫，彈何忌不孝，琯既黨何忌，遽託以酒醉入朝，貶爲西平郡司馬。憲司又奏彈董庭蘭招納貨賄，琯入朝自訴，上叱出之，因歸私第，不敢關預人事。諫議大夫張鎬上疏，言琯大臣，門客受贓，不宜見累。二年五月，貶爲太子少師，仍以鎬代琯爲宰相。

《舊唐書》卷一一《代宗本紀》　〔永泰二年〕宣州刺史李佚坐贓二十四萬，集衆杖殺，籍没其家。

《舊唐書》卷一三六《竇參傳》　〔代宗時竇參轉大理司直〕時婺州刺史鄧珽坐贓八千貫，珽與執政有舊，以會赦，欲免贓。詔百寮於尚書省雜議。多希執政意，參獨堅執正之於法，竟徵贓。

《舊唐書》卷一一八《王昂傳》　〔代宗時〕昂復檢校刑部尚書，知省事，專事奢靡，廣修第宅，多畜妓妾，以逞其志。在刑部，雖公務有程，昂耽徇私宴，連日不視曹事。性貪吝，無愧苟得，乃鬻公廨園菜，收其錢以潤屋，甚爲時論所醜。元載誅，貶連州刺史。

《舊唐書》卷一八三《外戚傳·吴湊》　〔大曆中〕宰臣元載弄權，招致賄賂，醜迹日彰，帝惡之，將加之法，恐左右泄漏，無與言者，唯與湊密計圖之。及收載於内侍省，同列王縉，其黨楊炎、王昂、韓洄、包佶、韓會等，皆當從坐籍没。湊諫救百端，言法宜從寬，縉等從坐，理不至死。若不降以等差，一例極刑，恐虧損聖德。由是縉等得減死，流貶之。

（宋）王欽若等《册府元龜》卷七〇〇《牧守部·貪黷》　薛邕爲宣州刺史，德宗建中初盗官貨，計錢萬萬。殿中侍御史員寓因私憾而奏舉之，故貶官。無幾，又配流象州。

（宋）王溥《唐會要》卷六〇《御史臺上·殿中侍御史》　〔貞元十一年二月〕黔中監察御史崔穆爲部人告贓二十七萬貫及他犯，遣監察御史李直方往黔州覆按。近事，雨晦無對見者。是日雨止，上重至延英，召見直方遣焉。

（宋）王欽若等《册府元龜》卷七〇〇《牧守部·貪黷》　路怤爲涪州刺史，貞元十四年以贓追奪兩官，仍勿齒三五年。

（宋）王欽若等《册府元紀》卷七〇〇《牧守部·貪黷》　陽履爲永州刺史，貞元十六年觀察使吕渭奏履犯贓，令三司使推鞫。履又表自言當州營備錢物上獻，爲觀察使所鞫按。令中使王文湊就州取履至京師，三司使訊其所妄破用，履云市馬進訖。及訊其馬於何人處買及價值齒歲，履答狀，馬主東西南北貴公子也，今不知所在。言馬齒歲，按禮經齒路馬者當誅，今不敢言其他。狀欵多如此類。德宗悦其進奉之言，不責也，但令免官而已。

（宋）王欽若等《册府元龜》卷七〇〇《牧守部·貪黷》　鄭式瞻爲衢州刺史，貞元十七年死於州獄。初鹽鐵使李錡於衢州即山鑿銀，式瞻誣銀工，杖殺十餘人，人怨之。觀察使舉奏，發御史就鞫之，坐贓二千貫，笞四十，流崖州，詔未至而死。

張登爲漳州刺史，貞元十七年死於州獄。登暴狼貪冒，擅賦百姓，没買州人爲奴婢者三十人，姦亂裨將家財非一，其不堪辱有縊死者。部人蔡化訴於闕下，詔命就鞫，遂幽死。

（宋）王欽若等《册府元龜》卷五一一《邦計部·貪污》　裴延齡，貞元中爲户部侍郎判度支。既病，多載運度支官庫中錢物歸私第，無人敢言。

李錡，貞元中爲浙西觀察諸道鹽鐵轉運等使，鹽鐵漕輓之利積於錡之私室，而國計日耗。

《舊唐書》卷一四《憲宗本紀》　〔元和六年〕五月甲午朔，取受王承宗錢物人品官王伯恭杖死。

（宋）王欽若等《册府元龜》卷七〇七《令長部·貪黷》　柳昇爲長安縣令，天寶三年，坐贓，於朝堂杖殺之。

竇崟爲萬年縣令，代宗永泰元年，坐贓，流虔州百姓。

高曖爲鄭州武縣令，憲宗元和九年七月，坐侵蠹百姓，貶恩州陽江縣

尉

《舊唐書》卷一五九《崔羣傳》　又鹽鐵福建院官權長孺坐贓，詔付京兆府決殺，長孺母劉氏求哀於宰相，羣因入對言之。憲宗愍其母耄年，乃曰：朕將屈法赦長孺，何如？羣曰：陛下仁惻即赦之，當速令中使宣諭。如待正敕，即無及也。長孺竟得免死長流。羣之啟奏平恕，多此類也。

（宋）王欽若等《册府元龜》卷七〇〇《牧守部·貪黷》　王仲周爲明州刺史，元和四年坐贓貶韶州司户。

劉文翼爲瀘州刺史，元和四年坐贓貶爲崖州登邁縣尉。

陳當爲榮州刺史，元和五年貶爲羅州吴川縣尉，以坐贓故也。

張惎爲將作少監，元和五年貶爲朗州長史。惎前爲蘄州刺史，坐贓，爲觀察使郗士美所奏。【略】

李宙爲丹王府長史，元和七年以前任復州刺史坐贓，貶爲賀州司户參軍。

孟嘗謙爲安州刺史，元和八年坐在郡貪濁弋獵擾人，貶柳州司馬。

李將順爲袁州刺史，元和九年坐以官錢貿易以求利，且擅興工役，貶循州司户參軍。

李彦輔爲簡州刺史，元和十年坐贓貶韶州司馬。

《舊唐書》卷一四六《楊憑傳》　楊憑字虚受，弘農人。舉進士，累佐使府。徵爲監察御史，不樂檢束，遂求免。累遷起居舍人、左司員外郎，禮部兵部郎中，太常少卿，湖南江西觀察使，入爲左散騎常侍、刑部侍郎，京兆尹。憑工文辭，少負氣節，與母弟凝、凌相友愛，皆有時名。重交遊，尚然諾，與穆質、許孟容、李鄘、王仲舒爲友，故時人稱楊、穆、許、李之友，仲舒以後進慕而入焉。性尚簡傲，不能接下，以此人多怨之。及歷二鎮，尤事奢侈。

元和四年，拜京兆尹，爲御史中丞李夷簡劾奏憑前爲江西觀察使贓罪及他不法事，敕付御史臺覆按，刑部尚書李鄘、大理卿趙昌同鞫問臺中。又捕得憑前江西判官、監察御史楊瑗繫於臺，復命大理少卿胡珦、左司員外郎胡証、侍御史韋顗同推鞫之。詔曰：楊憑頃在先朝，委以藩鎮，累更選用，位列大官。近者憲司奏劾，暴揚前事，計錢累萬，曾不報聞，蒙蔽之罪，於何逃責？又營建居室，制度過差，侈靡之風，傷我儉德。以其自尹京邑，人頗懷之，將議刑書，是加愍惻。宜從遐譴，以誡百僚，可守賀州臨賀縣尉同正，仍馳驛發遣。先是，憑在江西，夷簡自御史出，官在巡屬，憑頗疏縱，不顧接之，夷簡常切齒。及憑歸朝，修第於永寧里，功作併興，又廣蓄妓妾於永樂里之别宅，時人大以爲言。夷簡乘衆議，舉劾前事，且言修營之僭，將欲殺之。及下獄，置對數日，未得其事，夷簡持之益急。上聞，且貶焉，追舊從事以驗。自貞元以來居方鎮者，爲德宗所姑息，故窮極僭奢，無所畏忌。及憲宗即位，以法制臨下，夷簡首舉憑罪，故時議以爲宜；然繩之太過，物論又譏其深切矣。

（宋）王欽若等《册府元龜》卷五一一《邦計部·貪污》　于皐謩，憲宗時爲行營糧料使，元和六年五月坐犯諸色贓，計錢四千二百貫，并前糧料使董谿犯諸色贓，計四千三百貫。又於正額供軍市糴錢物數内抽充羨餘公廨諸色給用，計錢四萬一千三百貫。勑：于皐謩、董谿等頃以山東興師，饋運務重，朕召於内殿，委以使車，誡厲激揚，非不誠切。亦謂盡力成務，減私奉公。而乃肆意貪求，曾無忌憚，擅請時服，乾没軍資，負恩敗法，一至於此。據其罪狀，合寘極刑，以其嘗列班行，皆承門序，弘以好生之澤，免其殊死之辜，是俾投荒，期於勿齒。皐謩除名，配流春州。董谿除名，配流封州。其判官崔元受、韋岵、薛巽、王湘等並貶嶺外。皐謩、谿行至潭州，並專遣中使賜死。

六月丁丑，御史臺奏推問前行營糧料使判官元侑及典吏等計贓一千萬，宜并付京兆府，各決重杖一頓處死。

《舊唐書》卷一六七《竇易直傳》　竇易直字宗玄，京兆人。【略】元和六年，遷御史中丞，謝日，賜緋魚袋。八年，改給事中。九月，出爲陝虢都防禦觀察使，仍賜紫。入爲京兆尹。萬年尉韓晤姦贓事發，易直令曹官韋正晤訊之，得贓三十萬。上意其未盡，詔重鞫，坐贓三百萬，貶易直金州刺史，正晤長流昭州。

（宋）王欽若等《册府元龜》卷七〇〇《牧守部·貪黷》　馬平陽爲夔州刺史，元和十年以貪虐貶爲韶州司户。

夏侯至爲汴州刺史，元和十年以貪虐貶潮州司户。

（宋）王欽若等《册府元龜》卷七〇〇《牧守部·貪黷》　李逢爲台

州刺史，元和十二年坐贓，貶康州司户參軍。

唉異爲集州刺史，元和十二年坐贓貶封州司户參軍。

崔祝爲鄭州刺史，元和十二年御史臺奏祝坐贓三萬餘貫。勑：崔祝抵犯刑章，宜加貶逐，緣其身居憂服，未可授官，宜且於康州安置，待服滿日處分。其贓充進助者，仍令度支收管。本道觀察使覺察不早，特宜釋放，祝於當州顧召行營車除充佑給付，又擅出州倉粟麥，貴貨之以利入己。及觀察使舉聞，發御史按之，乃以助軍進奉爲名，晝夜促進。祝父老病，聞御史按祝，竟以憂死。祝既除名，所至遲留，又錮身配流康州。

（宋）王欽若等《册府元龜》卷七〇〇《牧守部·貪黷》　第五申爲資州刺史，元和十四年坐贓，貶連州司馬。

崔勵爲邛州刺史，元和十四年坐贓，決杖流驩州。

宋君平爲涪州刺史，元和十五年坐贓，削官一任。

楊朗爲鄭州刺史，元和十五年坐贓，削官一任，徵十斤銅。

《舊唐書》卷一七〇《裴度傳》　又賈人張陟負五坊使楊朝汶息利錢潛匿，朝汶於陟家得私簿記，有負錢人盧載初，云是故西川節度使盧坦大夫書跡，朝汶即捕坦家人拘之。坦男不敢申理，即以私錢償之。及徵驗書跡，乃故鄭滑節度盧羣手書也。坦男理其事，朝汶曰：錢已進過，不可復得。御史中丞蕭俛及諫官上疏陳其暴横之狀，度與崔羣因延英對，極言之。憲宗曰：且欲與卿商量東軍，此小事我自處置。度奏曰：用兵小事也，五坊追捕平人大事也。兵事不理，祇憂山東；五坊使暴横，恐亂輦轂。上不悦。帝久方省悟，召楊朝汶數之曰：向者爲爾使我羞見宰相。遽命誅之。

《舊唐書》卷一六三《孟簡傳》　〔元和〕十四年，敕於穀城縣置羣牧，命曰臨漢監，令簡充使。簡奏請均州鄖鄉縣鎮遏使趙潔充本縣令。臺司奏有虧刑典，罰一月俸。是歲，改授太子賓客，分司東都。十五年，穆宗即位，貶吉州司馬員外置同正員。初，簡在襄陽，以腹心吏陸翰知上都進奏，委以關通中貴。翰持簡陰事，漸不可制，簡怒，追至州，以土囊殺之，且欲滅口。翰子弟詣闕，進狀訴冤，且告簡贓狀。御史臺按驗，獲簡賂吐突承璀錢帛等共計七千餘貫匹，事狀明白，故再貶之。長慶元年大赦，量移睦州刺史。二年，移常州刺史。三年，入爲太子賓客，分司東都。

（唐）元稹《元氏長慶集》卷三七《彈奏劍南東川節度使狀》　劍南東川詳覆使。故劍南東川節度觀察處置等使嚴礪，在任日擅沒管内將士、官吏、百姓及前資寄住等莊宅、奴婢，今於兩税外加配錢、米及草等，謹件如後：　嚴礪擅籍沒管内將士、官吏、百姓及前資寄住塗山甫等八十八户，莊宅共一百二十二所，奴婢共二十七人，並在諸州項内分析。

右，臣伏准前後制勑，令出使御史所在訪察不法，具狀奏聞。臣昨奉三月一日敕，令往劍南東川詳覆瀘川監官任敬仲贓犯，於彼訪聞嚴礪在任日擅籍沒前件莊宅、奴婢等，至今月十七日詳覆事畢，追得所沒莊宅、奴婢。文案及執行案典耿琚，馬元亮等檢勘得實。據嚴礪元和二年正月十八日舉牒稱：管内諸州，應經逆賊劉闢重圍内並賊軍到處，所有應接，及投事西川軍將州縣官所由典正前資寄住等，所犯雖經霈澤，莊田須有所歸，其有莊宅、奴婢、桑柘、錢物、斛㪷、邸店、碾磑等，悉皆搜檢。得塗山甫等八十八户，案内並不經驗問虚實，亦不具事職名，便收家産沒官，其時都不聞奏。所收資財、奴婢，悉皆貨賣破用，及配充作坊驅使。其莊宅、桑田，元和二年、三年租課，嚴礪並已徵收支用訖。臣伏准元和元年十月五日制：西川諸州諸鎮刺史大將及參佐官吏將健百姓等，應被脅從補署職掌，一切不問。又准元和二年正月三日赦文，自今日已前，反逆緣坐，並與洗滌。況前件人等，悉是東川將吏百姓及寄住衣冠，與逆黨素無管屬。賊軍奄至，暫被脅從，狂寇既平，再蒙恩蕩。嚴礪公違詔命，苟利資財，擅破八十餘家，曾無一字聞奏。豈惟剝下，實謂欺天。其莊宅等至今被使司收管。臣訪聞本主並在側近，控告無路，漸至流亡。伏乞聖慈勒本道長吏及諸州刺史，招緝疲人，一切卻還産業，庶使孤窮有托，編户再安。其本判官及所管刺史，仍乞重加貶責，以絶姦欺。

嚴礪又於管内諸州，元和二年兩税錢外，加配百姓草共四十一萬四千八百六十七束，每束重一十一斤。右，臣伏准前後制敕及每歲旨條：兩税留州留使錢外，加率一錢一物，州府長吏並同枉法計贓，仍令出使御史訪察聞奏。又准元和三年赦文：大辟罪已下，蒙恩滌蕩。惟官典犯贓，不在此限。臣訪聞嚴礪加配前件草，准前日月追得文案，及執行案典姚孚檢勘得實。據嚴礪元和二年七月二十一日舉牒稱：管内郵驛要草，於諸

州秋税錢上，每貫加配一束。至三年秋税，又准前加配，計當上件草。臣伏准每年旨條，館驛自有正科，不合於兩税錢外，擅有加徵。況嚴礪元和三年舉牒，已云准二年舊例徵收，必恐自此相承，永使疲人重困。伏乞勒本道長吏，嚴加禁斷，本判官及刺史等，伏乞准前科責，以息誅求。

嚴礪又於梓、遂兩州，元和二年兩税外，加徵錢共七千貫文，米共五千石。右，臣准前月日追得文案，及執行案典趙明之檢勘得實。據嚴礪元和二年六月舉牒稱：綿、劍兩州供元和元年北軍頓遞，費用倍多。量於梓、遂兩州秋税外，加配上件錢米，添頓綿、劍兩州頓遞費用者。臣又牒勘綿州，得報稱：元和二年軍資錢米，悉准舊額徵收，盡送使訖，並不曾交領得梓、遂等州錢米添填頓遞，亦無尅折當州錢米處者。臣又牒勘劍州，得報稱：元和元年所供頓遞，侵用百姓腹内兩年夏税錢四千二十三貫三文，使司令於其年軍資錢内尅下訖。其米即用元和元年米充，並不侵用二年軍資米數。使司亦不曾支梓、遂州錢米充填者。臣伏念綿、劍兩州供頓，自合准敕優矜。梓、遂百姓何辜，擅令倍出租賦。況所徵錢米數内，惟尅下劍州軍資錢四千二十三貫三文。其餘錢米，並是嚴礪加徵，別有支用。其本判官及遂州刺史，悉合科處，以例將來。擅收没塗山甫等莊宅、奴婢，及於兩税外加配錢、米草等，本判官及諸州刺史名銜，並所收色目，謹具如後：擅收没奴婢莊宅等。元舉牒判官、度支副使、檢校尚書刑部員外郎兼侍御史、賜緋魚袋崔廷：都計諸州擅没莊共六十三所宅四十八所，奴一十人，婢一十七人。於管内諸州元和二年、三年秋税錢外隨貫加配草。元舉牒判官、觀察判官、殿中侍御史内供奉盧詡：都計諸州共加配草四十一萬四千八百六十七束。加徵梓、遂兩州元和二年秋税外錢及米。元舉牒判官攝節度判官監察御史裏行裴誗：計兩州加徵錢共七千貫文，米共五千石。梓州刺史、檢校尚書左僕射兼御史大夫嚴礪，元和四年三月八日身亡。擅收塗山甫等莊二十九所，宅四十一所，奴九人，婢一十七人。加徵三千貫文，米二千石，草七萬五千九百五十三束。遂州刺史柳蒙：擅收没李簡等莊八所，宅四所，奴一人。加徵錢四千貫文，米三千石，草四萬九千五百三十五束。綿州刺史陶鍠：擅收没文懷進等莊二十所，宅十三所。加徵草八萬八千六百八十八束。劍州刺史崔實成：擅收没鄧琮等莊六所。加徵草二萬一千八百七十七束。普州刺史李忻：元和二年加徵錢草六千束，三年加徵草九千四百五十束。【略】

奉敕：籍没資財，不明罪犯，税外科配，豈顧章程。致使銜冤，無由仰訴，不有察視，孰當舉明。所没莊宅、奴婢，一物已上，並委觀察使據元没數，一一分付本主。縱有已貨賣破除者，亦收贖卻還。其加徵錢、米、草等，亦委觀察使嚴加禁斷，仍牓示村鄉，使百姓知委。判官崔廷等，名叨參佐，非道容身。刺史柳蒙等，任竊藩條，無心守職。成此弊政，害及平人，撫事論刑，豈宜免戾。但以罪非首坐，法合會恩，亦有恩後加徵，又已去官停職，俾從寬宥，重此典常。其恩後加徵草，及柳蒙、陶鍠、李忻、張平、邵膺、陳當、劉文翼等，宜各罰兩月俸料，仍書下考，餘並釋放。牒至，准敕故牒。

（唐）元稹《元氏長慶集》卷三七《彈奏山南西道兩税外草狀》　山南西道管内州府，每年兩税外，配率供驛禾草共四萬六千四百七十七圍，每圍重二十斤：興元府二萬圍，内五千圍每年折徵價錢充使司雜用，每圍一百二十文，據元和三年使牒減免不徵，餘一萬五圍見徵。率洋州一萬五千圍，利州一萬一千四百七十七圍。

右，訪聞前件州府每年兩税外，加配驛草，遂於路次州縣檢勘文案。據諭後使牒，並稱准舊例於兩税外科配。又牒，山南西道觀察處置等使裴玢勘得報稱：自建中元年已後，每年隨税據貫配率前件禾草將供驛用者。伏准元和元年已後三度赦文每年旨條：兩税留州留使錢外，加率一錢一物，州府長吏並以枉法贓論。又准今年二月三日制節文：諸道兩税外搉率，比來制敕處分，非不丁寧。如聞或未遵行，尚有欺弊，永言奉法，事理當然，申敕長吏，明加禁斷。如刺史承使牒於界内搉率者，明加懲責，仍委御史臺及出使郎中官御史訪察聞奏者。伏以前件草並是兩税外徵率，准制合勒本道，明加禁斷。其州府長吏，仍令節級科處分。勘責得實以前，劍南東川詳覆使、監察御史元稹奏。謹具如前。中書門下牒御史臺牒：奉敕積習多年，成此乖越，然在長吏，合尋根由。循失政之規，置無名之税。雖原情可恕，而在法宜懲。觀察使宜罰一月俸，刺史各罰一季俸，仍令自元和四年已後禁斷。牒至，准敕故牒。

《新唐書》卷一六三《孔戣傳》　戣字君嚴，擢進士第。【略】俄兼太子侍讀，改給事中。江西觀察使李少和坐贓，獄寢不下；博

陵崔易簡殺從父兄，鞫狀具。京兆尹左右之，翻其情。戣慷慨論正，貶少和，殺易簡，奪尹三月俸。再遷尚書左丞。信州刺史李位好黄、老道，數祠禱，部將韋岳告位集方士圖不軌，監軍高重謙上急變，捕位劾禁中。戣奏：刺史有罪，不容繫仗内，請付有司。詔還御史臺。戣與三司雜治，無反狀。岳坐誣罔誅，貶位建州司馬。中人愈怒，故出爲華州刺史。

《舊唐書》卷一七二《令狐楚傳》　〔穆宗長慶元年〕其年六月，山陵畢，會有告楚親吏贓污事發，出爲宣歙觀察使。楚充奉山陵時，親吏韋正牧、奉天令于翚、翰林陰陽官等同隱官錢，不給工徒價錢，移爲羨餘十五萬貫上獻。怨訴盈路，正牧等下獄伏罪，皆誅，楚再貶衡州刺史。

（宋）李昉等《太平御覽》卷六四一《刑法部·贓貨》　又曰：牛僧孺爲御史，長慶元年，宿州刺史李直臣坐贓當死。直臣賂中貴人爲之伸理，僧孺堅執不迴。穆宗面喻之曰：直臣事雖失，此人有經度才，可委之邊任。朕欲貸其法。僧孺對曰：允人之才，止於持禄取容耳。帝王立法束縛奸雄，正爲才多者，禄山朱泚以才過人，濁亂天下，況直臣小才，又何屈法哉！

又曰：山南東道節度使柳公綽，自京赴鎮行部，過鄧縣，縣吏二人犯法在獄，一人納賄，一吏舞文。縣令以公綽持法，犯贓者必不免及過歟。公綽斷曰：贓吏犯法，法在。姦吏壞法，法亡。遂殺舞文，未下車而襄漢大治。

又曰：李石用金部員外郎韓益判度支案，益坐贓，繫臺石。奏曰：臣以李益曉錢穀，録用之，不謂貪猥如此。帝曰：宰相但知人則用，有過則懲，卿所用人且不掩其惡，可謂至公。

（宋）王欽若等《册府元龜》卷六一六《刑法部·議讞》　楊嗣復長慶中爲中書舍人。時東川觀察使奏遂寧縣令龐驥犯贓事，大理以法論。嗣復等衆酌曰：龐驥贓貨之數，爲錢肆百餘千。其間大半是枉法，據職定罪合處極刑。雖經赦恩，不在原免。伏以近日贓吏皆蒙小有矜寬，類例之間，慮須貸死。勑：長史犯贓，其數不少，縱寬刑曲，難免鞭笞，但以近逢鴻恩，人思減等，雖節文不在免，於情理亦要哀矜。龐驥量除名，流溪州，其贓付所司准法。

（宋）王欽若等《册府元龜》卷七〇〇《牧守部·貪黷》　李彤自鄧州刺史入爲司農少卿，長慶四年貶吉州司馬員外，同正。彤前在鄧州坐贓錢百餘萬，仍自刻石紀功，號爲善政碑。觀察使柳公綽以事聞，故有是命。

（宋）王欽若等《册府元龜》卷七〇〇《牧守部·貪黷》　唐慶前爲壽州刺史，長慶四年，刺史楊歸厚告論慶違赦勑科配百姓税錢及破用官庫錢物等事，慶犯正入己贓四千七百餘貫。勑：唐慶入己贓僅五千貫，據罪定刑，實難全宥。但以惟新之日，政務從寬，要示含容，俾從流竄，宜除名，長流崖州。

《新唐書》卷一七五《楊虞卿傳》　〔唐穆宗年間〕俄詔行勞西北邊。還，遷侍御史，改禮部員外郎，史館脩撰。進吏部。會曹史李賨等鬻僞告，調官六十五員，贓千六百萬以上，虞卿發其姦，賨等繫御史府。而虞卿親吏嘗受二百萬，亡命，私奴受三十萬，虞卿縛奴送獄。三司嚴休復、高釴、韋景休雜推，賨等皆誅死。虞卿坐不檢下免官。

（宋）王欽若等《册府元龜》卷七〇七《令長部·貪黷》　孟孚爲蘇州嘉興縣令，敬宗寳曆元年六月，坐贓，杖四十，除名，流康州。

（宋）王欽若等《册府元龜》卷七〇七《令長部·貪黷》　劉伉爲藍田令，寳曆二年三月，御史臺推勘在任日將諸色錢隱没破用，凡九十餘萬。制曰：劉伉所犯贓私，其數至廣，恣爲貪猾，固抵刑章。若據本條，合當極法。以其大父於國有勞，特爲矜量。俾從寬宥，宜除名，流雷州。伉，故宰相晏之孫也。

《新唐書》卷一六〇《崔元略傳》　〔元略〕敬宗初，還京兆尹，兼御史大夫。收貸錢萬七千緡，爲御史劾奏，詔刑部郎中趙元亮、大理正元從質、侍御史温造以三司雜治。元略素事宦人崔潭峻，頗左右之，獄具，削兼秩而已。俄授户部侍郎，譏謗大興，諫官斥元略方劾而遷，有助力，元略自解辨，乃止。京兆劉栖楚又劾元略前造東渭橋，縱吏增估物不償直，取工徒贓二萬緡。詔奪一月俸。

（宋）王溥《唐會要》卷六〇《御史臺上·侍御史》　太和三年，華州刺史宇文鼎、户部員外郎盧允中坐贓。文宗怒，將殺之。侍御史盧宏貞奏曰：鼎爲近輔刺史，以贓污聞，死固恆典。但取受之首，罪在允中。監司之責，鼎當連坐。帝然之，減鼎三等。

《舊唐書》卷一六五《殷侑傳》〔大和六年〕其年，濮州録事參軍崔元武，於五縣人吏率斂及縣官料錢，以私馬擡估納官，計絹一百二十匹。大理寺斷三犯俱發，以重者論，衹以中私馬爲重，止令削三任官。而刑部覆奏，令決杖配流。獄未決，侑奏曰：法官不習法律，三犯不同，即坐其所重。元武所犯，皆枉法取受，準律，枉法十五匹已上絞。《律疏》云：即以贓致罪，頻犯者並累科。據元武所犯，令當入處絞刑。疏奏，元武依刑部奏，決六十，流賀州。乃授侑刑部尚書。八月，檢校右僕射，復爲天平軍節度使。上以温造所奏深文故也。

《舊唐書》卷一七下《文宗本紀》〔大和七年九月〕丙寅，侍御史李款閤内奏彈前邠州行軍司馬鄭注，曰：注内通敕使，外連朝官，兩地往來，卜射財貨，晝伏夜動，干竊化權。人不敢言，道路以目。請付法司推劾情款。旬日之中，諫章數十上，由是授注通王府司馬、兼侍御史，充神策軍判官，中外駭嘆。

（宋）王欽若等《册府元龜》卷七〇七《令長部・貪黷》　李林宗爲河南縣令，爲縣未數月，贓買市人縑帛。文宗大和七年三月坐贓貶。

《舊唐書》卷一七下《文宗本紀》〔大和八年九月己未〕隨州刺史杜師仁前刺吉州，坐贓計絹三萬匹，賜死於家。故江西觀察使裴誼乖於廉察，削所贈工部尚書。

（宋）王欽若等《册府元龜》卷六一九《刑法部・案鞫》　裴充爲大理少卿，文宗大和八年十二月癸巳，命充與刑部郎中張諷、侍御史盧弘正充三司使就御史臺推户部錢物事。華州刺史宇文鼎、户部員外郎盧允中、左司員外郎判户部姚康並下御史臺推鞫。先是宇文鼎妄支和糴官秦季元錢捌萬餘貫，姚康、盧允中與巡官李孚、楊洵美並典史等分取秦季元絹凡六千九百四十疋，至是御史臺以具獄聞。鼎貶循州刺史，康貶韶州始興縣尉，允中貶高州良德縣尉，洵美與孚各杖一百，流嶺外。

（宋）王欽若等《册府元龜》卷六一六《刑法部・議讞》　張丹爲愛州刺史。大和中刑部奏：據大理寺申，準詳斷安南經略使韓約奏丹犯贓並欲謀惡事已準法處置訖者。伏以追攝禁劾，即是制因，不合專擅處置。奉三月十九日勅，宜付所司速詳斷聞奏。今據寺申，據律文，反逆謀叛各有本條，並無欲謀惡事之科。又準律以贓入罪者，除正贓見在，流死勿徵。據罪先勒張丹通款，估納家資，然後就刑，慮涉情故。又張丹男宗禮、宗智等，年皆幼弱，張丹雖徵，愛州雖遠，且當領郡，則謂御思，縱合重繩，須候勅命。既歸法寺，必在正名。苟輕荒服之刑，是棄遠人之命。伏以聖朝以慎恤爲理，以惠澤愛人，每議典刑，必行寬宥，豈使一夫不獲，吞恨九泉。伏請聞奏推覆，方可詳斷，所冀事狀明白，法令施行。勅：詳覆格律，既在疑文，其張丹男宗禮、宗智等並釋放。贓錢已别有處分，其江陵華宅等勒却還張宗禮等。

《新唐書》卷一六四《殷侑傳》〔開成元年〕涇原節度使朱叔夜坐侵牟士卒，贓數萬，家畜兵器，罷爲左武衛大將軍。侑薄其罪，天子由是疏之，賜叔夜死，出侑爲山南東道節度使。

（宋）王欽若等《册府元龜》卷四五五《將帥部・貪黷》　李泳爲河陽節度使。泳本以市人發跡禁軍，以賄賂交通，遂至方鎮。初任鎮武節度，轉爲河陽，所至以貪殘爲務，特所交結，不稟憲章。犒宴所陳果實，以木刻綵績之。聚斂無已，人不堪命，遂至於亂。文宗開成二年六月，河陽軍亂，數日方止。泳貶澧州長史。

（宋）王欽若等《册府元龜》卷七〇〇《牧守部・貪黷》　韓知章爲漢州刺史，開成四年，以在任日恣誅求，達於聖聽，勒歸私第。

《新唐書》卷一六四《歸融傳》〔唐文宗年間〕初，户部員外郎盧元中、左司員外郎判户部案姚康受平糴官秦季元絹六千匹，貸乾没錢八千萬，俱貶嶺南尉。數年，金部員外郎韓益判度支，子弟受賕三百萬，未入者半。帝問融：益所犯與盧元中、姚康孰甚？對曰：元中等枉失庫錢，益所坐子弟受賄，事異法輕。故益止貶梧州參軍。融遷京兆尹，李固言爲相，惡之，徙祕書監。

《舊唐書》卷一七三《李紳傳》〔宣宗時〕紳始以文藝節操進用，受顧禁中。後爲朋黨所擠，濱於禍患。賴正人匡救，得以功名始終。殁後，宣宗即位，李德裕失勢罷相，歸洛陽，而宗閔、嗣復之黨崔鉉、白敏中、令狐綯欲置德裕深罪。大中初，教人發紳鎮揚州時舊事，以傾德裕。初，會昌五年，揚州江都縣尉吴湘坐贓下獄，準法當死，具事上聞。諫官疑其冤，論之，遣御史崔元藻覆推，與揚州所奏多同，湘竟伏法。及德裕罷相，羣怨方構，湘兄進士汝納，詣闕訴冤，言紳在淮南恃德裕之勢，枉

殺臣弟。德裕既貶，紳亦追削三任官告。

吴汝納者，澧州人，故韶州刺史武陵兄之子。武陵進士登第，有史學，與劉軻並以史才直史館。武陵撰《十三代史駁議》二十卷。自尚書員外郎出爲忠州刺史，改韶州。坐贓貶潘州司户卒。

汝納亦進士擢第，以季父贓罪，久之不調。會昌中，爲河南府永寧縣尉。初，武陵坐贓時，李德裕作相，貶之，故汝納以不調挾怨，而附宗閔、嗣復之黨，同作謗言。會汝納弟湘爲江都尉，爲部人所訟贓罪，兼娶百姓顔悦女爲妻，有踰格律。李紳令觀察判官魏鉶鞫之，贓狀明白，伏法。湘妻顔，顔繼母焦，皆笞而釋之，仍令江都令張弘思以船監送湘妻顔及兒女送澧州。

及揚州上具獄，物議以德裕素憎吴氏，疑李紳織成其罪。諫官論之，乃差御史崔元藻爲刺使，覆吴湘獄。據款伏妄破程糧錢，計贓準法。其恃官娶百姓顔悦女爲妻，則稱悦是前青州衙推，悦先娶王氏是衣冠女，非繼室焦所生，與揚州案小有不同。德裕以元藻無定奪，奏貶崖州司户。及汝納進狀，追元藻覆問。元藻既恨德裕，陰爲崔鉉、白敏中、令狐綯所利誘，即言湘雖坐贓，罪不至死。又云，顔悦實非百姓，此獄是鄭亞首唱，元壽協李恪鍛成，李回便奏。遂下三司詳鞫，故德裕再貶，李回、鄭亞等皆竄逐。吴汝納、崔元藻爲崔、白、令狐所獎，數年並至顯官。

《舊唐書》卷一八下《宣宗本紀》〔大中二年六月己丑〕户部侍郎兼御史大夫、判度支崔龜從奏：應諸司場院官請却官本錢後，或有欺隱欠負，徵理須足，不得苟從恩蕩，以求放免。今後凡隱盗欠負，請如官典犯贓例處分。縱逢恩赦，不在免限。從之。

（宋）王欽若等《册府元龜》卷七〇七《令長部·貪黷》 王涣爲青州壽光令，黷貨聚斂，强奪下民資糧材木，修建私第，百姓苦之，乃訴於廉使者，因鞫劾，計贓十餘萬。有司以聞，帝怒。開平二年三月，委本郡長吏準格處分。

（宋）王欽若等《册府元龜》卷七〇七《令長部·貪黷》 尹崇規爲青州北海令，殘虐於民，賄賂彰顯。開平二年七月，委本道長吏斃之。

（宋）司馬光《資治通鑑》後梁貞明六年正月〔德勝節度使張〕崇在廬州，貪暴不法。會廬江民訟縣令受賕，徐知誥遣侍御史知雜事楊廷式往按之，欲以崇威，廷式曰：雜端推事，其作至重，職業不可不行。知誥曰：何如？廷式曰：械繫張崇，使吏如昇州簿責都統。知誥曰：所按者縣令，何至於是？廷式曰：縣令微官，張崇使之取民財，轉獻都統耳。豈可捨大而詰小乎？知誥謝之曰：固知小事不足相煩。以是益重之。

《舊五代史》卷六七《唐書·李愚傳》〔梁末帝年間〕晋州節度使華温琪在任違法，籍民家財，其家訟於朝，制使劾之，伏罪。梁末帝以先朝草昧之臣，不忍加法，愚堅按其罪。梁末帝詔曰：朕若不與鞫窮，謂予不念赤子；若或遂行典憲，謂余不念功臣。爲爾君者，不亦難乎！其華温琪所受贓，宜官給代還所訟之家。貞明中，通事舍人李霄傭夫毆僦舍人致死，法司按律，罪在李霄。愚白：李霄手不鬬毆，傭夫致死，安得坐其主耶！以是忤旨。愚自拾遺再遷膳部員外郎，賜緋，改司勳員外郎，賜紫，至是罷職，歷許、鄧觀察判官。案：《歐陽史》作罷爲鄧州觀察判官。（《舊五代史考異》）

《舊五代史》卷三五《唐書·明宗本紀》〔莊宗同光四年四月丙申〕敕曰：租庸使孔謙，濫承委寄，專掌重權，重權，原本作重難，今據《册府元龜》改正。侵剥萬端，姦欺百變。遂使生靈塗炭，軍士飢寒，成天下之瘡痍，極人間之疲弊。載詳衆狀，側聽輿辭，難私降黜之文，合正殛誅之典。宜削奪在身官爵，按軍令處分。雖犯衆怒，特貸全家，所有田宅，並從籍没。是日，謙伏誅。敕停租庸名額，依舊爲鹽鐵、户部、度支三司，委宰臣豆盧革專判。

《舊五代史》卷七三《唐書·毛璋傳》〔莊宗年間〕初，延祚在獄，多言璋陰事，璋許重賂，以塞其口。及免，延祚徵其賂，璋拒而不與，以至延祚詣臺訴璋翻覆，復下御史臺訊鞫。中丞吕夢奇以璋前蒙詔雪，今延祚以責賂之故，復加織羅，故稍佑璋。及款狀上聞，或云夢奇受璋賂，所以獄不盡情，執之，移於軍巡。璋具狀曾許延祚賂未與，又云曾借馬與夢奇，别無行賂之事。朝廷懲其宿惡，長流儒州，賜死於路。

《舊五代史》卷七一《唐書·曹廷隱傳》 天成初，除齊州防禦使，下車嚴整，頗有清白之譽。時有孔目吏范弼者，爲人剛愎，視廷隱蔑如也。弼監軍廩，糴空乏以取貲，糴空乏以取貲，原本疑有舛誤。《册府元龜》所引

《薛史》與《永樂大典》同，今無可復考，姑仍其舊。又私貨官鹽，廷隱按之，遂奏其事。弼家人訴於執政，並下御史府劾之。弼雖伏法，廷隱以所奏不實，亦流永州，續勅賜自盡，時人寃之。

（宋）王欽若等《册府元龜》卷七〇〇《牧守部·貪黷》 李鄴爲亳州刺史，明宗天成二年，詔配崖州長流，百姓所在賜自盡。鄴爲政貪汙，有奴爲人轉金，冀廻公道奴匿其金，鄴知，遂殺之。其家人上論訴其私事，遂伏法。

（宋）王欽若等《册府元龜》卷四五五《將帥部·貪黷》 陶玘，明宗天成初鄧州留後，聚斂無節，贓污頗甚，爲所部縣令盛歸仁所訟，貶嵐州司户，後賜死。

（宋）王欽若等《册府元龜》卷五八《帝王部·守法》 後唐明宗天成三年七月，汴州倉吏七十二人定贓至死，分戮於三市。史彦弼爲汴州衙較舊將之子，石敬塘之戚屬，王建立奏，希免死。帝曰：王法無親，豈可私狥。乃皆就戮。

（宋）王欽若等《册府元龜》卷五一一《邦計部·貪污》 後唐尹玉羽，明宗時爲觧縣榷鹽使，遷光禄大夫。天成三年五月爲人所訟，使過官錢。按之不虚，且令徵納填贓纔足自舉，欲就通班，勅旨停見任。

（宋）王欽若等《册府元龜》卷七〇〇《牧守部·貪黷》 成景弘爲曹州刺史，受倉吏百緡。天成三年七月，勅：成景弘位列百城，秩膺八命，在旌旗而甚至於委任。以非輕所宜，均我詔條，副余優寄，而乃罔遵彝憲，輒恣貪求，差廪吏以非公，取貨財而潤己。纔行鞫勘，果伏罪尤，宜行竄逐之文，以示澄清之道。可貶綏州司户參軍。續勅長流宥州。

《舊五代史》卷三九《唐書·明宗本紀》 〔天成三年〕陵臺令張保嗣等各虚稱試銜，爲奉先令王延朗所訟，大理寺斷以詐假官論，刑部詳覆，稱非詐假。大理執之，召兩司廷議，刑部理屈，故有是貶。紓續勅配隴州，徒一年。未幾，詔曰：天下州府，例是攝官，皆結試銜，試銜，原本作私銜，今據《五代會要》改正。或因勘窮，便關詐假。已前或有稱試銜，一切不問，此後並宜禁止。曹州刺史成景宏貶綏州司户參軍，續勅長流宥州，尋賜自盡，坐受本州倉吏錢百緡也。壬戌，齊州防禦使曹廷隱以奏舉失實，配流永州，續勅賜自盡。案：《歐陽史》作己未，殺齊州防禦使曹廷隱。己未在壬戌前三日，不應發配在後，賜死轉在前也，《歐陽史》疑訛。

（宋）王欽若等《册府元龜》卷七〇七《令長部·貪黷》 後唐張延輝爲許州臨潁令。明宗長興元年九月，爲縣人韋知進所訟，稱知進父充所繇爲衙參，不到，决杖致死。又論延輝取贓賂法司，估計錢三十三貫，以絹平之，得絹二十二疋，準法決重杖一頓，處死。主簿高延誨罰兩月俸。

《舊五代史》卷四三《唐書·明宗本紀》 〔長興三年三月甲申〕靈武軍將裴昭隱等二人與進奏官阮順之隱官馬一匹，有司論罪合抵法，帝曰：不可以一馬殺三人命。笞而釋之。

（宋）王欽若等《册府元龜》卷七〇〇《牧守部·貪黷》 盧質爲滄州節度使，長興四年奏薦滄景觀察判官。靳詡雪得寃獄，乞行恩奬。詡父名儒，滄州市井之富民也，家財鉅萬，前後鎮帥無不受其賂者。先是應聖節，靳儒來朝，帝見之於後樓下。儒因言其子詡爲本道觀察判官，月限已滿，乞量留一年。帝即從之。又薦押牙郝寓。帝曰：寓乃何人？朝廷事有大臣，朕不自由爾，無宜多言也。詡，商販之子，不數年至本州從事。質書生，備位廉察而受賂薦（許）〔詡〕，人士醜之。

（宋）王欽若等《册府元龜》卷七〇七《令長部·貪黷》 吕澄爲秦州清水縣令，長興四年七月，觀察使奏澄於長興元年、二年、三年相以乞斂人户財物，共計一千一百一十九碩顆貼貫，計贓三百六十八貫。事下法司。大理少卿康澄斷：準律，受所監臨贓罪，當贖流三千里。吕澄以兩任官當三年徒罪，餘二年徒罪，徵銅四十斤。刑部員外郎薛冲又詳覆：吕澄贓賂事發，因鎮將上論乞取之贓，又無文簿，鎮將遍下鄉村勘問，又無人户姓名，積數雖多，未掌正格，量其情狀，難逭刑章。勅旨：吕澄命爲宰守，委以民人，不守公廉，恣行聚斂，贓數甚廣，情狀難矜。當寘重刑，仍從遠竄。宜決脊杖二十，配流嵐州。關連人吏，依法司所奏。

晋郭綰爲絳州翼城令，少帝開運二年，法寺奏綰乞門户人粟八百一十五碩五斗，計贓絹八十疋，準律徒四年，以官當注毀四任告勅，流三千里。從之。

（宋）王欽若等《册府元龜》卷七〇七《令長部·貪黷》 楊鐐爲皷城令，長興四年七月鎮州奏鐐與主簿徐延同情出賣官麴一十二碩，計錢三十八千，估絹三十四疋二丈，其錢入己破使。事下法司，大理正張仁瑑、

刑部郎中康澄斷，準律主當監官罪併當絞。徐延專掌賣麴，縣令監臨，據罪並絞。闔連典吏笞、杖、徒、流有差。從之。

（宋）桂萬榮《棠陰比事·孔察代盜》　後唐孔相循權涖夷門軍府事。長垣縣有四巨盜，富有資產，及敗，則四貧民耳。時都虞候姓韓者，密使郭崇韜之僚婿也，與権吏獄典同鍛其欵，欵成，斷令棄市。慮之，無言。就法之際，因屢回首。公疑，召問之，乃曰：實枉。且言：適為獄吏高其枷尾，遂不得言。即命移於州獄，鞫之，自韓已下凡數十人，受賂約七千緡，併以伏法。

（宋）王欽若等《册府元龜》卷五八《帝王部·貪黷》　丁延徽爲供奉官，監倉，與倉官共盜倉米三百五十石。延徽性纖巧，權貴多庇護之，禁繫經年，比望至應聖節則釋放，乃至節前取旨放繫囚。帝曰：除盜倉粟官典外餘可疎放。時侍衛指揮張從賓言事，帝多容之，因奏他事。從賓言及延徽情非盜粟，意本賠填。帝曰：食我厚禄，偷我倉儲，期與決死，蘇秦説予不得，非但卿言。衆於是不敢言。異日，帝御中興殿，謂近臣曰：丁延徽禁繫經年，竊盜倉儲，何須擁護，不然則合原則。原淹滯如此，復何計較耶！既知擁護不及，仍據法寺具獄斷決。

（宋）王欽若等《册府元龜》卷五一一《邦計部·貪污》　晉董遇，高祖天福中爲三司副使，阿附人吏，滯於部斷。有王景遇者，累掌銅鹽雜務，善以賂事人，朝廷之間多有受其媚爲之左右者，因以貨數千萬賂遇，求爲解縣榷鹽使。數年，敗負下獄。景遇蔓引數十人，而遇以受賂聞。

（宋）王欽若等《册府元龜》卷七〇〇《牧守部·貪黷》　晉李彦珣爲坊州刺史，高祖天福五年十二月，犯枉法贓，特勑免官。彦珣久臨翟道，苛暴不法，結怨所部。宜君縣民唐璘與李婦争田，彦珣納賄數十萬，曲斷其事，故李婦詣御史府上訴，按詰伏罪，法寺詳斷以上奏。勑曰：李彦珣頃委分符，不能求瘼。既受贓而枉法，合準律以定刑，特與含弘，聊示懲戒，宜奪一任官，送虢州收管。

《舊五代史》卷九二《晉書·吕琦傳》　天成初，拜琦殿中侍御史，遷駕部員外郎，兼侍御史知雜事。會河陽帑吏竊財事發，詔軍巡院鞫之。時軍巡使尹訓怙勢納賂，枉直相反，俄有訴冤於闕下者，詔琦按之，既驗其姦，乃上言請治尹訓，沮而不行。琦連奏不已，訓知其不免，自殺於家，其獄遂明，蒙活者甚衆，自是朝廷多琦之公直。

（宋）王欽若等《册府元龜》卷六一七《刑法部·守法》　晉張仁願開運初再爲大理卿。嘗以開州刺史王澈犯贓，朝廷以澈功臣之子，欲宥之。仁願累執奏不移，竟遣伏法。議者賞之。

（宋）王欽若等《册府元龜》卷七〇七《令長部·貪黷》　周陸憲爲曹州冤句令，太祖廣順元年十月坐贓絲五萬兩。先是，本部民楊文投匭，論憲下開封府推鞫。憲以本部内放絲伏罪，獄成，追毁入任官牒。

陳守愚爲唐州方城令，廣順二年二月在任尅留人户蠶一千五百斤貨之，兼丐率資金，爲民所訟。守愚携牌印自訴於闕下，御史臺推劾伏罪，杖死之。

（宋）王欽若等《册府元龜》卷七〇〇《牧守部·貪黷》　張順爲楚州刺史，顯德五年十二月己丑，賜死於都城外。順發身戎伍，累遷虎捷廂主，歷登、汝、楚三州防禦使。在楚州日，嘗隱落下榷税錢五十餘萬，官庫絲綿二千餘兩，及縱其部下擾民，民甚苦之。爲轉運判官馮瓚所奏，下御史府訊之，得實，故寘於法焉。

《舊五代史》卷一二三《周書·李從敏傳》　〔明宗時李從敏〕代范延光爲成德軍節度使，加檢校太尉，封涇王。涇王，原本作渭王，今從《歐陽史》改正。

鎮州有市人劉方遇，家富於財。方遇卒，無子。妻弟田令遵者，幼爲方遇治財，善殖貨，劉族乃共推令遵爲方遇子，親族共立券書，以爲誓信。累年後，方遇二女取資於令遵不如意，乃訟令遵冒姓，奪父家財。從敏令判官陸浣鞫其獄，而殺令遵。案《北夢瑣言》云：鎮州市民劉方遇，家財數十萬。方遇妻田氏蚤卒，田之妹爲尼，常出入方遇家，方遇使尼長髮爲繼室。有田令遵者，方遇之妻弟也，善貨殖，方遇以所積財令令遵興殖焉。方遇有子年幼，二女皆嫁。方遇疾卒，子幼不能督家業，方遇妻及二女以家財數爲令遵興殖，乃聚族合謀，請以令遵姓劉，爲方遇繼嗣，即令鬻券人安美爲親族請嗣。券書既定，乃遣令遵服斬衰居喪。而二女初立令遵時，先邀每月供財二萬，及後求取無厭，而石、李二女夫使二女詣本府論訴，云令遵冒姓，奪父家財，令遵下獄。石、李二夫族與本府要吏親黨，上至府帥判官、行軍司馬、隨使都押衙，各受方遇二女賂錢數千緡，而以令遵與姊及書券安美同情共盜，俱棄市，人知其冤。（《舊五代史考異》）　令遵父詣臺訴冤，詔本州節度副使符蒙、掌書記徐台符鞫之，備明姦狀。及詰二女，伏行賂於節度使趙

環、代判高知柔、觀察判官陸浣，並捕下獄，具服贓罪。事連從敏，甚懼，乃令其妻赴洛陽，入宫告王淑妃。明宗知之，怒曰：朕用從敏爲節度使，而枉法殺人，我羞見百官，又令新婦奔赴，不須見吾面。時王淑妃頗庇護之，趙環等三人竟棄市，從敏罪止於罰俸而已。案《北夢瑣言》云：從敏初欲削官，中宫哀祈，竟罰一年俸。

（宋）路振《九國志》卷六《前蜀·王宗壽傳》〔王宗壽〕爲金吾上將軍，持法平正，院吏周郃受贓鬻獄，宗壽捕鞫得其實，郃以重貨求救於大閹爲解，竟棄郃市。

（宋）路振《九國志》卷七《後蜀·申貴傳》〔申貴〕貪鄙殘虐，所在聚斂財貨，民不勝其弊。典眉州，受財鬻獄，尤恣暴横。嘗指獄門，謂左右曰：此我家錢爐。其不道如此。初兼五縣巡檢，令其子元寳與州吏許延祺誣構民連賊，枷禁以求賂，被訴下獄，責授貴維州司户參軍，弛驛發遣，至犀浦，賜自盡。

（宋）李昉等《太平廣記》卷一二四《報應·鍾遵》 江南大理評事鍾遵，南平王傳之孫也，歷任貪濁。水部員外郎孫岳素知其事，密縱於權要，競坐下獄，會赦除名。遵既以事在赦前，又其祖嘗賜鐵券，恕子孫二死，因復詣闕自理。事下所司，大理奏贓狀明白，遂棄市。臨刑，或與之酒，遵不飲，曰：吾當訟於地下，不可醉也。遵死月餘，岳方與客坐，有小青蛇出於棟間，岳視之，驚起曰：鍾評事，鍾評事！變色而入，遂病，翌日死。

（宋）李昉等《太平廣記》卷一二四《報應·郝溥》 偽蜀華陽縣吏郝溥，日追欠税户，街判司勾禮遣婢子阿宜赴縣，且囑溥曰：不用留禁殘税，請延期輸納。郝溥不允，決阿宜五下，仍納税了放出。明年，縣司分擘百姓張瓊家物業，郝溥取錢二萬。張瓊具狀論訴，街司追勘，勾禮見溥，大笑曰：你今日來也，莫望活，千萬一死。令司吏汝勳搆成罪，遂殺之。不數日，汝勳見郝溥來索命，翌日暴卒。勾禮晨興，忽見郝溥升堂，羅拽毆擊，因患背瘡而死。

（宋）吕中《宋大事記講義》卷二《太祖皇帝·去贓吏》 建隆二年正月，遣使度民田，館陶令坐括田不實杖流海島。

（宋）吕中《宋大事記講義》卷二《太祖皇帝·去贓吏》 建隆二年，内酒坊火役夫突入省部盜官物，太祖以酒坊使左丞規副使田處岩縱酒工為盜，斬五十餘人，丞規處岩亦棄市。

《宋史》卷一《太祖本紀》〔建隆二年四月〕己未，商河縣令李瑶坐贓杖死。左贊善大夫申文緯坐失覺察，除籍。

《宋史》卷一《太祖本紀》〔建隆二年五月〕庚寅，供奉官李繼昭坐盜賣官船棄市。

（宋）李燾《續資治通鑑長編》宋太祖建隆二年八月 永濟縣主簿郭顗坐贓一百二十萬，棄市。

（宋）李燾《續資治通鑑長編》宋太祖建隆三年十月 廣濟縣令李守中坐贓，決杖配海門島。

《宋史》卷一《太祖本紀》〔乾德二年〕五月己卯，知制誥高錫坐受藩鎮賂，貶萊州司馬。

（宋）李燾《續資治通鑑長編》宋太祖乾德二年五月 辛巳，宗正少卿趙礪坐贓，決杖除籍爲民。

（宋）李燾《續資治通鑑長編》宋太祖乾德二年十一月 甲申，文思使常岑決杖黥面，配沙門島，副使宋延思決杖，配隸陳州，坐監主自盜，爲部曲所告也。

《宋史》卷二《太祖本紀》〔乾德三年四月〕癸丑，職方員外郎李岳坐贓棄市。

《宋史》卷二《太祖本紀》〔乾德三年八月〕戊午，殿直成德鈞坐贓棄市。

《宋史》卷二《太祖本紀》〔乾德三年十月〕己未，太子中舍王治坐受贓殺人棄市。

（宋）李燾《續資治通鑑長編》宋太祖乾德四年五月 甲戌，光禄少卿郭玘棄市。玘知衛州以贓聞，詔左拾遺袁仁鳳鞫其事，罪不至死，又遣左拾遺張純覆實，乃寘於法。

《宋史》卷二《太祖本紀》〔乾德四年八月〕庚戌，樞密直學士馮瓚、綾錦副使李美、殿中侍御史李檝爲宰相趙普陷，以贓論死；會赦，流沙門島，逢恩不還。

《宋史》卷二《太祖本紀》〔乾德五年〕九月壬辰，倉部員外郎陳

郾坐贓棄市。

《宋史》卷二〇〇《刑法志》　時郡縣吏承五季之習，黷貨厲民，故尤嚴貪墨之罪。

《宋史》卷二《太祖本紀》〔開寶二年十二月〕己亥，右贊善大夫王昭坐監大盈倉，其子與倉吏爲姦贓，奪兩任，配隸汝州。

《宋史》卷二《太祖本紀》〔開寶三年十一月〕癸丑，右領軍衛將軍石延祚坐監倉與吏爲姦贓，棄市。

《宋史》卷二《太祖本紀》〔開寶四年正月〕丁未，右千牛衛將軍桑進興坐贓棄市。

（宋）李燾《續資治通鑑長編》**宋太祖開寶四年四月**　壬辰，監察御史閭邱舜卿棄市，坐通判興元府盗用官錢九十萬故也。

《宋史》卷二〇〇《刑法志》　開寶四年，王元吉守英州，月餘，受贓七十餘萬，帝以嶺表初平，欲懲掊克之吏，特詔棄市。

（宋）李燾《續資治通鑑長編》**宋太祖開寶五年三月**　乙酉，殿中侍御史張穆棄市，坐通判定州犯贓錢百萬，爲部曲鴻遇所告，按得實，故寘於法。賜遇錦袍、銀帶、絹三百疋。

（宋）李燾《續資治通鑑長編》**宋太祖開寶五年七月**　己未，右拾遺、通判夔州張恂坐贓棄市。

《宋史》卷三《太祖本紀》〔開寶五年十二月〕甲寅，内班董延諤坐監務盗芻粟，杖殺之。

（宋）李燾《續資治通鑑長編》**宋太祖開寶六年五月**　供備庫使李守信，受詔市木秦隴間，盗官錢鉅萬，及代歸，爲部下所告。守信至中牟縣，聞其事，自剄於傳舍。上命司勳郎中、監在京商税務蘇曉按之，逮捕甚衆。右拾遺、通判秦州馬適妻，守信女也。守信嘗用木爲筏以遺適，曉獲其私書以進。上將赦之，曉固請寘適於法，適坐棄市，仍籍其家，餘所連及者，多至破産，盡得所盗官錢。上悦，癸亥，以曉爲右諫議大夫、判大理寺事，尋遷左諫議大夫，復監在京商税務。曉無子，有一女，甚愛之，亦先曉卒，人以爲深刻所致云。

《宋史》卷三《太祖本紀》〔開寶七年正月〕癸亥，左拾遺秦亶、太子中允吕鵠并坐贓，宥死，杖，除名。

《宋史》卷三《太祖本紀》〔開寶七年二月〕乙巳，太子中舍胡德冲坐隱官錢，棄市。

《宋史》卷三《太祖本紀》〔開寶七年〕五月戊申朔，殿中侍御史李瑩坐受南唐餽遺，責授右贊善大夫。

《宋史》卷三《太祖本紀》〔開寶七年十二月〕己巳，左拾遺劉祺坐受賂，黥面，杖配沙門島。

（宋）李燾《續資治通鑑長編》**宋太祖開寶八年五月**　初，兵部郎中董樞知桂陽監罷，右贊善大夫孔璘代之，璘罷，太子洗馬趙瑜代之，稱疾去，以著作郎張侃代之。侃至未幾，奏璘在官累月，得羡銀數十斤，雖送官而不具數，計樞與璘所隱没多矣。詔御史府鞫之。獄具，有司言法皆當死。上曰：趙瑜非自盗，但不能發摘耳。璘與樞並棄市，瑜決杖流海島，以侃爲屯田員外郎。

（宋）李燾《續資治通鑑長編》**宋太祖開寶八年六月**　丁未，宋州觀察判官崔約、録事參軍馬休棄市，並坐受賕不法也。

《宋史》卷三《太祖本紀》〔開寶九年八月〕辛丑，太子中允郭思齊坐贓棄市。

《宋史》卷二六一《張鐸傳》　宋初，加檢校太師，俄復鎮涇州。州官歲市馬，鐸厚增其直而私取之，累至十六萬貫，及擅借公帑錢萬餘緡，侵用官麴六千四百餅。事發，召歸京師，本州械繫其子保常及親吏宋習。太祖以鐸宿舊，釋不問，罷鎮爲左屯衛上將軍，奏朝請而已。其所盗用，仍蠲除之，保常、習亦得釋。鐸又嘗假晋邸錢百六十萬，太宗即位，詔貰之。

（宋）李燾《續資治通鑑長編》**宋太宗太平興國元年十二月**　己未，幸講武池，遂幸玉津園。秘書丞安璘杖脊，除籍爲民。坐知道州日受賕枉法故也。

（宋）李燾《續資治通鑑長編》**宋太宗太平興國二年六月**　自江南平，歲漕米數百萬石給京師，增廣倉舍，命常參官掌其出納，内侍副之。上猶恐吏槩量不平，遣皇城卒變服覘邏，於是廉得永豐倉持量者張遇等凡八輩受賕爲姦，庚辰，悉斬之。監倉右監門衛將軍范從簡等四人免官，同監内侍決杖。

（宋）李燾《續資治通鑑長編》宋太宗太平興國二年九月　辛卯，内品王守忠棄市，坐監法酒庫，盜官酒三百瓶，爲其匠王景能所發故也。賜景能紫衣、銀帶、帛五束。

（宋）李燾《續資治通鑑長編》宋太宗太平興國三年二月　殿直武裕統兵戍海門，於所部恣爲姦贓，詔容州鞫實，嶺南轉運使周渭杖殺之。

（宋）李燾《續資治通鑑長編》宋太宗太平興國三年二月　丙寅，泗州録事參軍徐璧棄市。坐掌本州倉户民租，與牙校高貴爲姦贓，取民賄而免其租入，以虚券給之。事發，璧及貴並抵法，支黨皆杖脊配隸遠惡處。

（宋）李燾《續資治通鑑長編》宋太宗太平興國三年四月　辛巳，斬侍御史趙承嗣，坐監鄭州市征，與吏爲姦，隱没官錢巨萬計。人有告者，詔鞫之，得其實，有司言法當絞，上特命斬之，並吏七人皆斬於市。仍詔諸道罷運使布告州縣，以儆羣吏，揭於所居官舍之壁。

（宋）李燾《續資治通鑑長編》宋太宗太平興國三年七月　中書令史李知古受賕，擅改刑部所定法，出罪人，爲所訴，鞫得實，壬子，杖殺之。刑房吏孫甫坐免官。

（宋）李燾《續資治通鑑長編》宋太宗太平興國三年八月　癸酉，杖殺詹事府丞徐選，坐督漕濮州軍儲，受賕不法，爲館驛吏所訴，鞫之得實故也。

（宋）李燾《續資治通鑑長編》宋太宗太平興國三年八月　丁卯，著作佐郎盧佩棄市。佩監昇州酒，轉運使樊若冰劾其姦贓，詔鞫之，具伏，前後所受贓錢一百九十貫，遂抵於法。

（宋）李燾《續資治通鑑長編》宋太宗太平興國五年十月　丁亥，杖殺陽武縣令張希永。坐與主榷酤吏趙贇前後盜取羨餘官錢二百三十四貫入己，鞫之得實，及贇皆抵法。

《宋史》卷二六七《滕中正傳》　中正嘗薦舉監察御史張白知蔡州，假貸官錢二百貫糴粟麥以射利，坐棄市。中正降爲本曹員外郎，依舊知雜。

《宋史》卷四《太宗本紀》〔太平興國六年〕十一月丁酉，監察御史張白坐知蔡州日假官錢糴糶，棄市。

《宋史》卷五《太宗本紀》〔雍熙二年夏四月〕己丑，殿前承旨王著坐監資州兵爲姦贓，棄市。

《宋史》卷五《太宗本紀》〔雍熙二年冬十月〕己酉，汴河主糧胥吏坐奪漕軍口糧，斷腕徇於河畔三日，斬之。

（宋）呂中《宋大事記講義》卷四《太宗皇帝·官吏》　端拱初，少府監言配役人郭晃等皆任京朝官，會赦當敘用。上曰：贓吏不可復齒仕籍，止令釋之。

（宋）呂中《宋大事記講義》卷四《太宗皇帝·官吏》　淳化元年，蓬州司法鄭侶坐受賕故入，伏誅。

《宋史》卷五《太宗本紀》〔淳化二年二月癸丑〕監察御史祖吉坐知晉州日爲姦贓，棄市。

《宋史》卷三〇四《王彬傳》　淳化三年，進士及第，歷雍丘尉。皇城司陰遣人下畿縣刺史，多厲民，令佐至與爲賓主。彬至，捕鞫之，得所受賂，致之法，自是詔親事官毋得出都城。

《宋史》卷三〇四《范正辭傳》　太宗征河東，諸州部糧多不及期，正辭所部長山縣吏張秀督民輸，受錢二千，即杖殺之，郡中畏服。

《宋史》卷二〇〇《刑法志》　咸平間，有三司軍將趙永昌者，素兇暴，督運江南，多爲姦贓。知饒州韓昌齡廉得其狀，乃移轉運使馮亮，坐決杖停職。遂撾登聞鼓，訟昌齡與亮訕謗朝政，仍僞刻印，作亮等求解之狀。真宗察其詐，於便殿自臨訊，永昌屈狀，遂斬之，釋亮不同，而昌齡以他事貶郢州團練副使。

（宋）李燾《續資治通鑑長編》宋真宗咸平五年三月　庚戌，比部員外郎、直史館洪湛削籍，流儋州。工部尚書兼御史中丞趙昌言、膳部郎中兼侍御史知雜事范正辭並削一任，昌言責授安遠行軍司馬，正辭滁州團練副使。推直官殿中丞高鼎、主簿王化並削兩任，鼎責授蘄州別駕，化黄州參軍。

先是，有河陰民常德方者，訟臨津尉任懿納賄登第，下御史臺鞫，得懿欵云：咸平三年補太學生，寓僧仁雅舍，仁雅問懿就舉有知識否，懿曰無。仁雅曰：我院内有長老僧惠秦者，多識朝貴，當爲道達。懿署紙許銀七鋌。仁雅、惠秦私隱其二，易爲五鋌。惠秦素識王欽若，欽若時已在貢院，乃因欽若館客寧文德、僕夫徐興納署紙欽若妻李氏。李氏密召家

僕祁睿，書懿名於睿左臂，並口傳許賂之數，入省告欽若。及懿過五場，睿復持湯飲至省。欽若遣睿語李氏，令取所許物。懿未即與，而懿預奏名登科，授官未行，丁内艱還鄉里。仁雅爲文德、惠秦輩所迫，馳書河陰，形於詛詈。德方者，賣卜縣市，獲仁雅書以告。昌言具得其事，白請逮欽若屬吏。

先是，欽若爲亳州判官，睿即其廳幹，及代歸，以睿從行，雖久事欽若而未除州之役籍。貢舉事畢，會州人張績還鄉里持服，欽若託爲睿解去名籍。至是，欽若自訴，云睿休役之後，始傭於家，而惠秦未嘗及門。欽若方被寵顧，上謂昌言曰：朕待欽若至厚，欽若欲銀，當就朕求之，何若受舉人賂耶？且欽若纔登政府，豈可遽令下獄乎？昌言争，不能得。乃詔翰林侍讀學士邢昺、内侍副都知閻承翰，并驛召知曹州工部郎中邊肅、知許州虞部員外郎毋賓古就太常寺别鞫，得懿欵云：有妻兄張駕舉進士，識湛，懿亦與駕同造湛門，嘗以石榴二百枚、木炭百斤饋之。懿之輸銀也，但憑二僧達一主司，實不知誰何。至是，昺等緣懿識湛，以爲湛納其銀。湛適使陝西，中途召還。時張駕已死，寗文德、徐興悉遁去。欽若近參機務，門下僕使多新募置，不識惠秦，故無與爲證。又欽若固執知舉時未有祁睿，而懿欵已具，遂以湛受銀爲實，議法當死，特貸之。懿杖脊，配隸忠靖軍。惠秦坐受簡及隱銀未入己，以年七十餘，當贖銅八斤，特杖一百，黥面配商州坑冶。仁雅坐詛詈懿，杖脊，配隸郢州牢城。是獄也，仁雅雖坐詛詈懿索銀，而不窮用銀之端。

初，王旦與欽若知舉，出爲同知樞密院事，以湛代之。湛之入貢院，懿已試第三場畢。及官收湛臟，家實無物。湛素與梁顥善，假顥白金器，乃取顥所假者輸官。昌言等皆坐故入并及於責。此段《實録》所書，專爲王欽若諱。今用司馬光《記聞》及《欽若新傳》修入。

（宋）李燾《續資治通鑑長編》宋真宗咸平五年五月　壬寅，國子博士知滎州褚德臻坐與判官鄭蒙共盗官銀，德臻杖死，蒙決杖配流。先是，本州勾押官趙文海、勾有忠知德臻等事，因諷王典曰：官帑之物，輒以入己，一旦敗露，必累吾輩。德臻等聞之，即與之銀一鋌以滅口。至是，事發議罪，判大理寺朱搏言文海等恐喝臟滿合處死。審刑院以爲蒙盗官銀，尚從流配，文海等只因揚言，安可極法！乃下其狀尚書都省集議。既而翰林學士承旨宋白等議請如審刑院所定，從之。

（宋）李燾《續資治通鑑長編》宋真宗咸平六年二月　庚寅，屯田員外郎盛梁削籍黥面，流崖州。梁前知普州，受賕枉法，給部民韓從曮所納田産，下御史按劾，罪當大辟，而父年八十，子年十四，法當上請，又事在五年郊祀赦前，故免死焉。

《宋史》卷七《真宗本紀》〔景德二年六月〕己丑，曹州民趙諫、趙諤以恐喝贓鉅萬伏誅。

（宋）李燾《續資治通鑑長編》宋真宗景德三年九月　庚子朔，斬殿直、泗州巡檢王文用。文用捕獲劫賊，受賊父賂，遂以其父爲反告，上於本州。既而慮其事敗，乃迫脅所部將校，謀爲剽劫。鞫之得實，罪當絞，特斬焉。又黜其父右領軍衛大將軍、會州刺史謙爲忠正節度副使，不署州事。上視欵，見文用才二十歲，未嘗更事，因詔三班院，自今使臣年及三十累經勾當者，乃得選充監押、巡檢。

《宋史》卷七《真宗本紀》〔大中祥符元年九月〕壬申，知晋州齊化基坐貪暴削籍，流崖州。

（宋）李燾《續資治通鑑長編》宋真宗大中祥符三年四月　知施州、侍禁孫詡坐擅賦斂入己，私役所監臨，計絹二十匹，削籍爲民。

（宋）李燾《續資治通鑑長編》宋真宗大中祥符五年四月　同州觀察使王嗣宗知鎮州，與樞密直學士、給事中邊肅爲代。二人素不相能，肅嘗以公錢貿易規利，又遣部吏彊市民羊及買妾，嗣宗諷通判東方慶等列狀訴之。嗣宗以聞，有司請逮繫，上曰：肅在近職，朕不欲使之屬吏。又念其頃守邢州，有固禦之勞，乃命樞密直學士劉綜、任中正以嗣宗奏示之，肅盡引伏。乙丑，肅坐奪三任，授岳州團練副使，不署州事。嗣宗嘗自言，徙種放、掘邠狐及案肅爲去三害。

《宋史》卷二七七《慎知禮傳》　又高清者，庫部郎中士宏之子，景德中舉進士，宰相寇準以弟之女妻之。寇氏卒，故相李沆家復壻之。歷官以賄聞，頗恃姻援驕縱，被服如公侯家，以是欺蠧小民。知太康縣，民有詣府訴家産者，清納其賄，時已罷任，即逃居他所。鋭嘗就清貸白金七十兩，清以多納賄賂，事將敗，求以爲助。時方鞫盧氏獄，從吉請對，發其事，欲以自解。逮清等繫獄，命比部員外郎劉宗言、御史江仲甫劾之。清

枉法當死，特杖脊黥面，配沙門島；銳又削衛尉寺丞；從吉坐首露在已發，當贖銅，特削諫議大夫。

《宋史》卷二八三《王欽若傳》 知邵武軍吴植病，求外徙，因殿中丞余諤以黄金遺欽若，未至，而植復遣牙吏至欽若第問之。欽若執以送官，植、諤皆坐貶。初，欽若安撫西川，植爲新繁縣尉，嘗薦舉之。至是，亦當以失舉坐罪，詔勿問。

（宋）李燾《續資治通鑑長編》宋仁宗天聖元年十一月 都官員外郎、知漣水軍鄧餘慶受枉法贓；閤門祗候、三陽寨主荆信監倉，自糴粟入中；殿直、監興平縣酒税何承勛，監進賢鎮鹽酒税易著明，並自盗官物：各貸死，杖脊，配廣南牢城。壬寅，詔以餘慶等罪狀申警羣吏。

（宋）吕中《宋大事記講義》卷一〇《仁宗皇帝·嚴贓吏 戮敗將》 天聖二年，李應機知袁州貪墨，除授將作。上曰：外臺，耳目所係，當職不言，轉運提刑贖銅。

《宋史》卷二〇一《刑法志》 天聖初，吏同時以贓敗者數人，悉竄之嶺南，下詔申儆在位。有平羌縣尉鄭宗諤者，受賕枉法抵死，會赦當奪官。帝問輔臣曰：尉奉月幾何，豈禄薄不足自養邪？王欽若對曰：奉雖薄，廉士固安自守。特杖宗諤，配隸安州。其後數懲貪吏，至其末年，吏知以廉自飾，犯法者稍損於舊矣。

（宋）李燾《續資治通鑑長編》宋仁宗慶曆四年二月 江西轉運使移屬州，凡市末鹽鈔，每百緡貼納錢三之一。通判吉州李虞卿受賕免貼納，事覺，大理將以枉法論。知審刑院丁度曰：枉法，謂於典憲有所阿曲。虞卿所違者，轉運使移文耳。遂貸虞卿死。

（宋）李燾《續資治通鑑長編》宋仁宗皇祐四年八月 甲戌，三司言，左監門衛大將軍、循州刺史世清，以病篤私易官馬，計贓絹十六匹，其罪合聽裁。上曰：雖宗室，可廢國法乎。罰銅四十斤。

《宋史》卷三〇四《劉湜傳》〔劉湜遷殿中侍御史〕詔詣渭州劾尹洙私用公使錢，頗傅致重法，以故洙坐廢。還，爲尚書禮部員外郎兼侍御史知雜事，同判吏部流内銓，除鹽鐵副使。議者謂湜探宰相意，深致洙罪，故得優擢焉。

《宋史》卷三〇三《魏瓘傳》〔魏瓘〕以給事中知開封府，政事嚴明，吏民憚之。内東門索命婦車，得賂遺掖庭物，付府驗治，獄未上，内降釋罪。諫官吴奎言法當執奏，而瓘不即奏行，請以廢法論，降知越州。

《宋史》卷二〇一《刑法志》 熙寧二年，比部郎中、知房州張仲宣嘗檄巡檢體究金州金阬，無甚利。土人憚興作，以金八兩求仲宣不差官。及事覺，法官坐仲宣枉法贓應絞，援前比貸死，杖脊黥配海島。知審刑院蘇頌言：仲宣所犯，可比恐喝條。且古者刑不上大夫，仲宣官五品，有罪得乘車，今刑爲徒隸，其人雖無足矜，恐汚辱衣冠爾。遂免杖、黥，流賀州。自是命官無杖黥法。

（宋）李燾《續資治通鑑長編》宋神宗熙寧三年三月 詔祕書監王端追一官，與宫觀差遣，坐前知鄭州伐園木爲薪以自入，及報上不實，法寺當追官勒停，而詔免勒停故也。

（宋）李燾《續資治通鑑長編》宋神宗熙寧三年十二月 侍御史知雜事謝景温言：近除喬叙湖南路轉運判官，聞叙知濮州雷澤縣，贓汚狼籍，一歲之間，斂鄉民之絲萬兩，不知所歸。詔京東同提點刑獄孔宗翰、知濮州鄭熹密體量以聞。其後，下曹州制勘，叙除買絲無罪外，但坐嘗賣馬於所監臨，有剩利贓，杖八十，特勒停。

（宋）李燾《續資治通鑑長編》宋神宗熙寧五年四月 西京左藏庫副使、知利州周永懿貪暴不法，轉運副使鮮于侁得其贓狀，即遣吏就御史張商英言：永懿在任時，轉運使李瑜、提點刑獄周約交章薦舉，永懿倚瑜、約之助，故鬻獄納賄，無所忌憚，不可不治。詔候永懿案到取旨。後永懿編管衡州，瑜、約及同提點刑獄羅居中皆坐奪一官。

（宋）李燾《續資治通鑑長編》宋神宗熙寧六年七月 戊辰，審刑院、大理寺言，夔州權管威棹指揮都頭、北班殿侍杜信減尅軍糧，盗官營材，當杖脊降配。詔以信昭憲皇后兄之曾孫，特贖銅勒停，編管汝州。

（宋）李燾《續資治通鑑長編》宋神宗熙寧七年五月 大理寺丞、知永興軍鄠縣薛固勒停，縣吏韓仲裁等五人竝配五百里。固坐枷錮青苗户及用木夾升民户等，致吏受賕，會降，特黜之。

（宋）李燾《續資治通鑑長編》宋神宗熙寧八年三月 史館修撰宋敏求言：奉詔續修《國朝會要》，乞差著作佐郎館閣校勘林希、光禄寺丞李德芻爲編修官。詔以希充檢閲文字，德芻有贓罪，令刑部定是與不是入已

贓以聞。其後，刑部言德芻所犯係入己贓，不復差。

（宋）李燾《續資治通鑑長編》宋神宗熙寧八年六月　法寺言三班借職南世景坐監主自盜，無官犯罪，有官事發，命以贖論。詔世景勒停，展三期叙，自今比類，樞密院取旨。

（宋）李燾《續資治通鑑長編》宋神宗熙寧八年十二月　權御史中丞鄧綰言：前光禄寺丞李德芻贓污廢黜，自請尋醫，昨編修會要所輒舉德芻檢討。近又聞得旨與在京差遣。況德芻庸駿孱猥，不讀書，無出身，外議皆云德芻韓氏之甥，吕氏之壻，與編修會要官連親，親黨多爲之干謁請屬。乞罷德芻與在京差遣指揮。從之。

（宋）李燾《續資治通鑑長編》宋神宗熙寧八年十二月　詔職方員外郎張祥、宋璋各追兩官勒停。祥等爲諸王宫教授，宗室令戚、令志等皆從受業，因薦就試受其家白金爲謝事覺，法寺以贓論故也。

（宋）李燾《續資治通鑑長編》宋神宗熙寧八年十二月　〔御史蔡承禧〕又言：聞大理寺丞方澤當吕惠卿與鄭膺連結張若濟，於秀州華亭縣姓朱、姓湯人借錢買田之時，澤亦挾惠卿勢，借錢數百緡。惠卿又以錢七百緡，令姓王人販紗羅，已納千餘緡，而惠卿責索無厭，致自經死，孤遺二子，養於澤家，其人與澤是親，緣此惠卿於衆親中力爲薦舉，遂得爲提舉官。根究施行。詔送根究公事所。

（宋）李燾《續資治通鑑長編》宋神宗熙寧九年五月　甲戌，御史臺言：大理寺前斷祕書監王端知鄭州日，以倒死官柳木入己，估贓絹二匹三丈五尺，當除名勒停，而法官元斷迴避，詐匿不輸，顯有不當。端見年七十，詔免除名勒停，降授太常少卿致仕，元斷官崔台符等各展二年磨勘。

（宋）李燾《續資治通鑑長編》宋神宗熙寧十年十月　集慶軍節度使、同平章事宗諤坐克留宗室俸，以還己所貸息，詔釋其罪。

（宋）葉夢得《石林燕語》卷六　熙寧中，蘇子容判審刑院，知金州張仲宣坐枉法贓，論當死。故事，命官以贓論死，皆貸命杖脊，黥配海島。蘇請曰：古者刑不上大夫，可殺則殺。仲宣五品，雖有罪得乘車。今杖而黥之，使與徒隸爲伍，得無重污多士乎？乃詔免杖黥，止流嶺外，自是遂爲例。

《考異》：當云官五品，時法官援李希輔例，請貸命杖脊，黥配海島。蘇言希輔、仲宣均爲枉法，仲宣止係違命，視希輔有間。上令免決黥之。蘇又奏不可，曰：古者刑不上大夫。仲宣官五品，今貸死而黥之，使與徒隸爲伍，雖其人無可矜，所重者污辱衣冠耳。遂免杖黥流嶺外。非故事皆貸命杖脊，黥配海島也。又，先以免杖，次乃免黥。

（宋）李燾《續資治通鑑長編》宋神宗元豐元年十月　大理寺言：散員都虞候、萬州刺史全信，乞取衛旦等錢物，當追刺史，罰銅六十斤，降配。詔依斷，降充湖南本城都頭。先是，上批：全信乞取本班長行衛旦錢物，已奏案可速進呈裁斷，庶軍中有以警勵。至是，樞密院奏斷也。

（宋）李燾《續資治通鑑長編》宋神宗元豐三年四月　壬子，御史滿中行言：都水監丞及巡河使臣按行河上，縱吏受賄。而逐埽軍司、壕寨人員、兵級等第出錢，號爲常例。稍不如數，則推擿過失，追擾決罰。苦於誅求，至借官錢應辦。乞體量根究施行。詔轉運判官孫迥體量以聞，後應犯在赦後者，皆根勘論如法。

（宋）李燾《續資治通鑑長編》宋神宗元豐三年十二月　詔大理寺丞王觀除名，永州編管，坐如江都縣受賄枉法罪至流也。

（宋）李燾《續資治通鑑長編》宋神宗元豐四年五月　癸丑，御史滿中行言：開封府治蓋漸之獄，漸有田宅質與樞密院都承旨張誠一，質既虧元價，而又不盡償直，仍約將來贖田，卻取貴價，贓貪不法，何異寇攘？而道路之言，以爲前知陽翟縣孫賁實爲之地。賁在任姦狀甚多，昨因蓋漸家業檢校在官，而賁輒違法轉易，視如己物，倍價而買，半價而償，下以應副親識，上以交結權貴。誠一爲利所啖，故數薦賁於朝。案誠一職在樞府，陛下左右之臣，而馮恃權寵，黷貨外交，託公報私，欺罔聖聽。今聞開封府典獄官吏追逮證左，而賁獨在所遺。詔送開封府。

（宋）李燾《續資治通鑑長編》宋神宗元豐七年二月　御史蹇序辰言：左司員外郎曾伉前任江西提點刑獄，巡歷至洪州，受公使庫月給，及以官錢自貸職田所得米備價，乞正其罪。詔轉運司體量以聞。伉尋卒，遂已。

（宋）李燾《續資治通鑑長編》宋哲宗元祐七年二月　〔乙未〕刑部言：兩犯贓罪杖，各經勒停，若與一犯人同期叙用，輕重未稱。欲令兩

犯正人已贓罪杖，並經勒停，於初叙用期限上展二期叙用，武臣準此。犯在今來展期已前者，聽依舊法。從之。

（宋）李燾《續資治通鑑長編》宋哲宗紹聖四年四月〔乙未〕刑部言前知宿州、朝請大夫盛南仲並妻三泉縣君王氏在任贓污事。詔盛南仲除名，免其決流，送永州編管。王氏追封邑，罰金。

《宋史》卷三五五《虞奕傳》〔虞奕擢監察御史〕陽武民傭於富家，其室美，富子欲私之，弗得，怒殺之，而賂其夫，使勿言。事覺，府縣及大理鬻獄，奕受詔鞫訊，皆伏辜。

（宋）王明清《玉照新志》卷五　洪芻、駒父等獄案，亦得之陸務觀云，亦是其省部散失史册所遺者。建炎元年八月十四日，尚書有送到侍御史黎確奏準，尚書省劄子，五月十八日同奉聖旨：訪聞昨來京城圍門王府主第及宗室戚里之家以至庶民，根括金銀官司周懿文、王及之、余大均、胡思、陳沖等，因緣爲奸，隱匿財物，萬數浩瀚，及聚斂歌樂，無所不爲。士大夫負國至此，難以一例寬貸。可差黎確、馬伸就臺根勘，具案奏聞施行。洪芻罷諫議大夫，張才卿罷刑部郎中，胡思、王及之、余大均、周懿文、陳沖並先已放罷。今勘到具撮明白刑名下項：降受朝散郎、前太僕少卿陳沖，著往親懿宅抄扎，將王府果子喫用摘花，歸家與內人同坐喫酒，令內人唱曲子，見牙簡隱匿，公然受犒賞酒并錢，將出剩金銀等隱匿入己，收掌未曾收討絹六百一十五尺，除輕罪外，準條監主自盜，若絞刑，贓罪處死，除名。該大赦原免，緣五月十八日奉聖旨：難以一例寬貸，根勘聞奏。前大理卿周懿文，抄札景王府，喫蜜煎等摩孩羅士兒、孩兒等歸家，受犒設酒錢及喫宮人酒果，交勸計贓六疋六尺，除罪外，準條行下合杖六十，公罪贓外笞五十，不曾計到摩孩羅，贓如不滿百文，便城内竊盜杖八十，如滿百文杖一百。贓罪定斷後贓外杖九十，罰銅九斤入官，放罷。在赦前合原。朝議大夫、前刑部郎中張才卿着起發懿親宅金銀，喫內人酒果等，與內人邊氏離三四步坐喫酒，令內人張福喜唱曲子，受犒設酒，將抄扎扇兒、摩孩兒等歸家受酒，估贓計絹羅八疋七尺。除輕罪外，準條與所部接坐，合徒二年，私罪官減外徒一年半，罰銅三十斤入官放。朝散大夫洪芻差抄扎見景王府祇候人曹三馬，後囑託余大均放出，將來本家同宿顧作祇候人，準條監守自犯姦合流三千里，私罪議減外徒三年，追一官，罰銅二十斤，除名勒停。朝請郎、前吏部員外郎王及之抄扎金銀，見官屬將寧德皇后親妹追提苦辱，並不施行，及喫受訢王府婕妤佐酒食，不鈐束，覺察人吏與鄭紳家女使嬌奴等私通，及犒設酒根括金銀買抵包換入己，計贓二十五疋，除輕罪外，準條便以私物貿易官物計利以盜論，合加徒、流、贓罪，追六官，除名勒停。朝散大夫、前司農卿胡思、推釋張邦昌表内添入諂奉語言，及抄扎棣華宅，有祖宗實録借看，及罷館伴不合借彼馬，太僕寺差到馬點數不見，是大王府公然乘騎，不見實録十册，認是親事官去失。除輕罪外，係不應爲重合杖八十，贓罪外杖六十，先次據干照人説出逐人罪犯。朝請郎、前添差開封少尹余大均，往景王府喬貴妃位抄扎到金銀與內人喬念奴並坐飲酒，唱曲子，以賫首金銀爲由，放喬奴乘馬歸家，收藏作祇候人，隱藏根括籠子一隻，寄金銀庫內，於內取出麝香二十臍餘，被府尹納了，除罪輕外，總內不估到所盜麝香錢如滿十貫，係監主自盜，加役流遠，追舉官除名勒停，如滿三十五疋，合絞刑，贓罪，除名。朝奉郎主客員外郎李彝，差往王府抄扎，與內人曹氏等飲酒，及與內人喬念奴等飲酒並坐，知余大均、洪芻等顧買曹氏等，放令逐便，請洪芻等筵會，令曹氏女子唱曲子，除輕罪外準條，李彝係不應出謁而謁，合徒二年，私罪追兩官勒停。案後，收坐該赦原五月十八日同奉聖旨：余大均、陳沖、洪芻情犯深重，並當誅戮，各特貸命除名勒停，長流沙門島，永不放還，至登州交割。張才卿責授文州別駕，雷州安置。李彝責授茂州別駕，新州安置。王及之責授隨州別駕，恩州安置。胡思責授沂州別駕，連州安置，並依斷。其後駒父渡海，有詩云：關山不隔還家夢，風月猶隨過海身。竟没於島上。又由婦人焉，死甚可哀，言之醜也，不欲宣之。有子柄，字仲本，亦能詩，爲徐師川壻，嘗出知永州。

（宋）李心傳《建炎以來繫年要録》紹興元年十月〔丁丑〕又詔三省：備坐祖宗朝直決贓吏舊制鏤板行下，自今有犯，依法行遣，仍籍没家財。

（宋）李心傳《建炎以來繫年要録》紹興元年十二月　丁亥，言者請贓吏當死者勿貸，帝曰：朕本心欲專尚德化，顧贓吏害民，有不得已者，然亦豈忍遽置搢紳於死地！如前詔杖遣足矣。

（宋）李心傳《建炎以來繫年要録》紹興二年八月〔甲午〕近歲官

吏坐贓抵死之人，率皆貸配，故犯法者滋多。至是錢塘縣吏樂振受賄當死，詔論如律，其徒始駭懼。大理寺丞姚焯因請以振刑名頒下諸州。從之。

（宋）**留正《中興兩朝聖政》紹興三年三月**　癸酉，東流令王鰭坐贓抵死，除名編管新州。自是贓吏罕復黥配矣。

《宋史》卷二八《高宗本紀》〔紹興五年〕夏四月丙午，貴池縣丞黄大本坐枉法贓，杖脊刺配南雄州。

（清）**徐松《宋會要輯稿·倉貨七〇·經界雜録》**〔紹興〕十三年十月十五日，李椿年言：見措置諸州府經界，應公吏乞取財物，並依重禄法斷罪，仍許越訴。從之。

《宋史》卷三四《孝宗本紀》〔乾道三年〕八月丁酉，内侍陳瑜、李宗回坐交結戚方受賂，瑜除名，決杖，黥面配循州；宗回除名，筠州編管，方責授果州團練副使，潭州安置，籍所盜庫金以犒軍。

（宋）**留正《中興兩朝聖政》淳熙元年二月**　辛酉，詔平江府將魏壽卿見存家産抄估，補填所侵盜官錢。以臣僚言壽卿知無爲軍巢縣，移易大軍錢二萬二千餘貫入己，故有是命。

（宋）**留正《中興兩朝聖政》淳熙十二年正月**　癸卯，進呈知平江府常熟縣曾棨將版帳贓賞等錢支用及違法科取錢物等事。刑寺看詳：曾棨所犯公罪徒，贓罪流，私罪絞。上曰：曾棨具獄抵罪，可除名勒停。上又曰：朕昨夜思之，監司以按察爲職，置司所在，不能無失職之罪。若欲行罰，又恐此後抉擿人之小過而知縣愈難爲。次日，御筆批置司所在監司傳淇劉款各降一官。

《宋史》卷四三《理宗本紀》〔淳祐五年〕三月庚子，詔嚴贓吏法，仍命有司舉行彭大雅、程以升、吳淇、徐敏子納賄之罪。

（宋）**岳珂《桯史》卷五《部胥增損文書》**　先君之客耿道夫端仁爲余言，其媦張氏，不欲名。淳熙間，尉廣之增城有黠盜劉花五者，聚黨剽掠，官司名捕累載弗獲。一日，有告在鄰邑之境民家者，民素豪，枳闌環溪，畜犬獰警，吏莫敢闖其藩。張欲躬捕，弓級陳某者奮而前曰：是危道，不煩親行，我得三十人饒取之。使之往，信宿而得，鞫其橐侶，凡十餘輩，散跡所往，咸縶而來，贓證具以告縣，於法應賞矣。先是，張以他事忤令，盜之至，令訊爰書。以實言府，張以非馬前捕不應。今將論報，張乃知之，祈之椽史，咸曰，案已具府，視縣辭而已。事且奏，不容增。府尹適知已，又祈之，亦弗得，自分絶望。又一年，秩滿，買舟如京，過詔，因謁憲臺，坐謁次，有它客縱譚一尉事，適相類，漫告之。客曰，是不可爲，然於法情理，兇虐嘗懸購者，雖非躬獲，亦當免試，或循資盍。試請一公，移儻可用。張方慮闕陞薦削不及格，聞之大喜，遂白之憲，憲命以成案録，爲據付之。至臨安，果以初筮無舉員，當入殘零。張良窘，偶思有此據，以示部胥，胥視之色動，曰：匄我一昔，得與同曹議。居二日來，邀張至酒家劇飲，中席謂之曰：君欲改秩乎？張錯愕，不敢謂然。胥曰：我不與君劇，君能信我，事且立辦。詰所以，笑不答，遂去。明日復至其邸，張疑未泮，出，謀之道夫。道夫曰：胥好眩詡，志於得錢，然亦有能了事者，不可信，亦不可却，盍爲質而要其成。張歸，胥又來，則曰：君不深信我，我請毋持錢去，事成乃見歸。許諾索緡二千，酬酢竟日，以千緡成約，張貸其半千，道夫同，緘識於霸東周氏。兩月不復來，顧以爲妄相與，深咎輕信，徒取愒日。忽夜三鼓，有叩門者，乃胥焉，喜見眉睫，曰：幸不辱命。文書銜袖，取視之，則名登於進卷矣。張大駭，且質之左銓，良是三代爵里皆無譌，又扣之省闥，亦然，以爲自天而下，然終莫測其繇也。欣然畀謝貲，又厚以饋，而問其故，胥不肯泄，曰：君第訖事，何庸知我。既而班見如彝，得宰福之永福，去亦自閟不言，惟道夫知之。先君爲侍左郎，道夫在館，因密訪其事。蓋胥初得憲司，據見所書功閲，皆曰增城尉司弓級陳某獲若干盜，因不以告人，夜致之家，於每司字增其左畫，曰同則如格矣。筆勢穠纖無少異，同列不之覺徵案，故府胥亦隨而增之，但時矯它曹貪緣之，命促其行，委曲遮護，徒以欲速告迄，不下元處而賞遂行。刻木輩舞文顧賕謝乃其常，蓋未有若此者，以此知四選蠹積，蓋不可勝筭，司衡綜者，可不謹哉。

《宋史》卷四四《理宗本紀》〔寶祐六年秋七月〕甲戌，詔前福建漕臣高斯得已奪職鐫官，其贓百餘萬嚴限徵償，以懲貪吏。

《宋史》卷四四《理宗本紀》〔開慶元年冬十月〕壬午，御史陳寅言：知江州袁玠貪贓不悛，殘賊州邑。詔削玠五秩，竄南雄州。

《宋史》卷四五《理宗本紀》〔景定五年秋七月〕乙未，馬天驥以

臺臣劾其貪贓，奪職罷祠，其子時楙削一秩，罷新任。

（明）張四維《名公書判清明集》卷二《官吏門・澄汰・知縣淫穢貪酷且與對移》　當職叨恩將漕，入境交印，職在觀風省俗，爲朝廷除姦貪穢酷之吏。自到崇安，每日延見吏民，接受詞訴，且密察一道官吏，以求無負委寄。領印之日，卽聞知縣淫穢貪酷之狀，甚使人駭愕，尚以風聞未必得實，日加詳審。及到縣郭，卽追吏妓等究問，不待勘鞫，僉無異詞，謂知縣日日宴飲，必至達旦，命妓淫狎，靡所不至。謂知縣不理民事，罕見吏民，凡有詞訴，吏先得金，然後呈判，高下曲直，惟吏是從。他如醉後必肆意施用酷罰，以爲戲樂，又非理不法之事，有難載之紙筆者。照的知縣早登科第，年事已及五十，曩因作縣，自干憲劾，到今豈不能少加懲艾，而淫穢貪酷，乃甚駭觀聽。當職領事之始，自合卽行按劾，以修監司之職，載念知縣歷事已多，不應怙終如此，且與開自新之門，對移本縣主簿。趙節推暫攝縣事，李主簿考試歸日，却令修舉邑政。凡兹娼妓流，皆知縣蠱心害政之媒，若不屏之他邑，欲端在目，終難悛改。將陳玉、翁瑗、詹媚、梁娟帖寄籍崇安縣，湯婉、江韻、吳瑞、陳瓊帖寄籍浦城縣，陳妙、吳芳、徐昤、彭英帖寄籍政和縣，嚴惜、鄭素帖寄籍松溪縣，並專人押發，取縣交管，候將來聖節啟建日申本司取回。葉祐、王嗣不能輔正知縣，反利其淫昏，以爲姦利之地，各決脊杖十五，編管五百里軍州。施達元係配軍，知縣輒收著後委任，使爲奸利，追上決脊杖十五，押送原配所。趙行、施進皆是知縣信任，取受不一，不欲窮究，各勘杖一百，勒罷。餘吏候到司有詞，逐一追究施行。仍榜市曹，併牒本路諸司照會。若知縣對移之後，尚恃惡不改，卽與奏劾。

（明）張四維《名公書判清明集》卷二《官吏門・借補・郡吏借補權監稅受贓》　李俊明原係郡吏，已經徒勒，豈應入役，輒就倉臺，妄行叙復。已爲不法，又敢恃借補爲承信，攝監稅於暴家岐，起居出入，一視官府，蒙以車蓋，翼以徒隸，而趨走其左右，尊嚴若神，人望而畏之。凡有所取，惟意之從，商旅經過，肆爲荼毒，東西行者皆所不免。怨聲載道，而郡不知，內外相倚，勢如駏蛩，有欲陳訴，無異登天。據興販往來之都會，肆溪壑無厭之私慾，含沙待吐，被害良多。雖關譏之設，古所不免，而壟斷之登，此爲獨甚。近因當職經從，熟知利害，羅有司追上勘鞫，且據供認一項，已有贓七貫，通計前後不知其幾，合決脊杖十二，刺配一千里，監贓押發，仍索上文帖毀抹，免行抄籍。譚拱、朱八、唐興宗、郭通皆平日從其所嗾者，亦皆有贓，各杖一百，耳後刺圓環。

（明）張四維《名公書判清明集》卷二《官吏門・受贓・巡檢因究實取乞》　當職在江西時，已聞扶友嵩、扶如雷之名。一時奪江州統領官陶俊印以歸，殘兩路，破永新，此人也。往歲范西堂權帥，嘗自發其惡，聞於朝，拘於寨，不知後來以何因緣冒濫今官，又以何因緣得此職，宜其以前日賊心戕百姓。此事特一件。今皮千四供執已明，豈靠頑所可抵拒。逮照勘案，催追未到人，再判扶如雷所犯情由照應。某頃年守官江右，正值扶寇結約狂僧，集衆披猖，震動兩路，殘破縣邑。其時官司狃於性習，餌以官資，賞以厚賂，方得帖服。自此益張驕習，江州視效，無歲不擾，常切扼腕。及誤蒙思易節湖湘，忽於本路在任官員脚色籍中見有兇雛扶如雷者，依然正統部內巡檢職事，猶以其未招民訴，姑且容養。及交事後，節據人户有狀論其不法，或訟其受人户白詞，或訴其縱寨兵劫奪，然亦不過判下本州、本縣就近追究，尚冀其少悛元惡。近據衡州州院勘到皮千四因争水車，輒開集人衆，各執器械，殺死楊百二事，係委扶巡檢究實，却使虞候賀照脅取大會一千貫，及將會三百貫與寨吏潭伸計囑因依。本司行下攸縣，追到巡檢扶如雷及寨吏潭伸赴司供對，次續據攸縣馮天麟、陳宗等亦訴扶巡檢取乞，方行詰問，乃咆哮不伏，公然放聲，謂做官不如打劫自由及無官更自快活之語。尋院送根問，後據州院勘到巡檢扶如雷，本司照得貪吏贓污，世不能免，乃若以盜賊而詐冒得官，既冒官而復謀攘竊，此其虎兕豺狼之性，至死不改，却非尋常貪贓之比。在法：諸領寨官爲監臨，受財十五疋者絞，其命官將校奏裁。今扶如雷所受贓數過五十疋，死有餘罪。又法：諸詐假官者流二千里，謂僞奏擬之類。今扶如雷以賊渠魁，不肯作招安受命，妄以自備家財贖回兩官印，欺罔朝廷，冒受官資，正應上項條令，豈容輕貸。再契勘到本人父扶友嵩猖獗之時，朝廷至遣統制王旻部兵馬三千前來討捕，黃岡一戰，官兵折三之二，賊勢愈熾，劫持官司，必欲取利，所帶惡少屯於沙浦，甚至又欲世襲峒主，不納王租。一時余侍郎軫念生齒，遂主招降，併官其子，至今衡湘痛入骨髓。況據本人供招所具，又曾兩次謀殺王官，已被拘鎖。今其所管之寨距舊日巢

穴，不滿三舍，設或斷蛇不殊，縱虎出押，他日必結連殘黨，倡鬨前日所部寨兵，合從而起，其禍有難言者。檢準紹興元年十一月指揮，凡兵將盜賊盡屬安撫司，況樞閫責專消除禍本，干係甚大。其扶如雷見拘鎖衡州土牢聽候，所合備録本人過犯在前，欲望鈞旨行下，拖考本人，拘鎖原案，將扶如雷真決刺配，永鎖土牢，將原冒受告身追毀，徑關樞密院照會，非特可以警肅贓貪，抑使萑葦餘孽凡受招携之恩者，皆將有所忌憚，而不爲不義。申知院大使行府，伏乞鈞旨施行。後準大使行府劄，本司差人管押扶如雷赴大使行府，從所申事理施行，遂差彭超榮管押扶如雷，解投大使行府去後，準劄下，照得扶如雷，頃者父子寇攘，邀求官爵，既登仕籍，長惡不悛，流毒於民，其實跡見於憲司所申，勘招不誣，贓滿配流實當，但以其曾忝一命，姑從末減。決遣拘繫，免復出貽害善良，且使其徒知有三尺。已取上扶如雷送湖南周路鈐，決軍杖一百，拘鎖飛虎寨，永不疎放，並關樞院照應施行。非得朝旨，不許疎放，庶免使復出爲惡。劄下湖南安撫大使及潭州各照應，及本司照會。

（明）張四維《名公書判清明集》卷二《官吏門·受贓·贓污》　何師説既爲人攬納，卽是攬户，安能免官司之追逮。但黄權乃敢令其兄丙二官者接受二銀盃、二千楮之賂。何物小子，贓污狼藉，入黑匣，牒鄭通判。四名赴司，限一日，違追廳吏。仍牒州契勘黄權簿是何人，何年到任，以憑施行。詞人責反坐。

（明）張四維《名公書判清明集》卷一一《人品門·士人·士人以詭囑受財》　余子能乃停泊公事姓胡人之甥，平日專以計置行賕爲生，今次乃以詭囑受財，當以盜論，豈得謂之士子。此而不懲，則譁徒得志，訟庭何由而清。余子能合決脊，刺方環。但古人於惡習已成之後，謂其未易洗滌，遽用重刑，近於不教之虐，所以姑惟教之。余子能決竹篦二十，以代大杖，仍編管五百里。王德元却不曾勘招假稱僉廳館客一節，但以其計置縣吏，隨人奔徙，此亦狗彘之不若。姑亦從輕，決竹篦二十，押下州學聽讀，請本學輪差人監在自論齋，不得放令東西。滿歲呈，仍監贓。

（明）張四維《名公書判清明集》卷一一《人品門·公吏·鄉司賣弄産税》　當職昨到安仁，有貴溪百姓訴鄉司邵遠賣弄産税者，其詞甚哀，已行不追赴司。十九日入界，一日之間，訴鄉司者三十一狀，內訴邵遠者十六狀，訴鄭興者七狀，訴鄭富者七狀，或專狀，或同狀，傴僂拜伏哀告者四十二人。閱其狀，皆重催白數，脅取錢物，無異虎狼之吞噬，盜賊之刼掠。並生穹壤間，與我皆同氣，爲民父母者，得不惻然動心乎？邵遠照臺判疾催追，鄭富兩名帖縣，限一日解赴行司，徐侁係罪犯吏，仍復出害民，帖縣追上，杖一百，押送外寨拘鎖，限一日申。所有上件三十一狀，併帖遣下，請知縣閲畢，併人繳回行司。當職巡歷，所以待本縣者厚矣，知縣切不可庇小吏，以傷大體。

（明）張四維《名公書判清明集》卷一一《人品門·公吏·罪惡貫盈》　州吏黄德，訴其取乞贓枉者非一人，本司已節次行下報勘，最是御史臺委本司追究張焱所訴打縛曲抑騙取，照條理斷一項，最爲緊切。本司送下司理院根勘，縱免桎梏，亦合收禁。今聞獄官陰縱之出外，輒令其踰獄墻，往來揚揚，在市飲酒，未嘗坐獄。如此則是內臺欲鞫之，而本獄故縱之。朝廷張官置獄，今乃蕩無綱紀，甚至獄牆反爲獄官、推吏受贓縱囚之路，可爲寒心。萬一內臺得知，或爲詞人指點，則本司、本州豈不俱受其責。直日排軍取赴本司，別送獄根勘，所有本州今根究事件，候本司根究施行，回申內臺畢日押下本州，聽從究對，併牒本州照會。訪聞此吏素爲暴悖，脅取公事，不一而足，曩在科提，則假公行私，大爲民害，占養娼妓，據良人婦，打蕩食肆，擾害市井，人莫不苦之。甚至挾州嶫之勢，譸張幻惑，雖州之都吏，亦莫得而鈐束之。都大判府直院屢嘗黜之，今又招數項詞訴，其不可不配明矣！候到，先與刺配。續據直日排軍徐達取押到黄德，呈奉臺判，黄德罪狀非一，先刺配五百里州軍，長枷押下鄱陽縣獄，委本司正提幹嚴行究勘情節，限兩日申，此係御史臺送下名件，不許苟簡。尋具刺配黄德州軍呈，奉臺判，池州。除已將黄德刺配，枷送鄱陽縣獄，委提幹根勘。續據提幹汪儒林申，具繳到黄德供招情款，呈奉臺判。黄德以一決脊刺環罪犯州吏，而能使千里之民敢怒而不敢言，黥配之日，闔城民庶無不以手加額，呼天稱快，雖三尺童稚，亦抛擲甎瓦，切齒唾罵，百姓不堪其苦如此，縱本司不黥之，都大直院亦必黥之矣！今據申，所供未及十分之一，如枉法取乞，而脅去張焱三百貫官會；酷虐吊打，而逼取楊千五十餘貫錢會；因事受賕，而接取吴有交三百餘貫官會；恐嚇欺騙，而脅取酒户汪㬋一千貫官會。其他如恃勢醉酒，而打碎

祝家之店；恣行無道，而姦據鍾萬五之妻；占養娼妓，而日酣歌於劉賽賽、柴五娘之館。甚至拒天臺之命令，玩監司之行移，往來牢獄如私家，輕視獄官如發蒙，罪惡貫盈，黥已晚矣！內供銀帛一節，本合根究，以事係贓賄，跡涉郡僚，姑存大體，不欲盡情。決脊杖十五，照已斷配池州，拘鎖都巡寨，仍牒州照會。翁司理受朝廷重禄，任牢獄重寄，而乃所爲如此，尤可駭者，方本司取上黄德之時，亦必待其取覆推官，俾黄德踰墻入獄，乃始解司，可重爲國家法守歎，官箴歎，豈獨推司之罪邪？帖請解推吏赴司，受杖一百，聊示薄責。

（明）張四維《名公書判清明集》卷一一《人品門・公吏・鉛山贓吏》

當職未入境，已聞鉛山縣有配吏程、徐、張、周四人，爲百姓之害，及入境，則百姓交訟之。如徐浩乞取官會三百貫，則招吴興陳論，乞取官會五百貫，則招劉言陳論。又如揚超所訴，則節次取受一千餘緡，其他乞取，如揚和暨汝和所論，不一而足。霸役年深，民懼如虎，號爲燒熱大王。甚者虚印乾鈔，移易倉庫，鼎造大厦，横行市井。每監司追逮，則一味逃避不出。如張謹接受官會三百二十五貫，則招楊青陳論，接受官會二百二十五貫，則招徐超陳論。又如曹介祉所訴，則張謹三人共討十八界會三百餘貫。狠毒酷暴，不啻狼虎。周厚身爲典押，政以賄成，乞取官會二百貫，則招王祥陳論，乞取官會三百餘貫，則招劉仁陳論。又如曲法受張良圭、王先明等贓，不一而足。惟程偉一名，據王大同、周琮、王文焕等論其接受情節，贓錢萬計，雖不曾明指錢數，然其更名爲偉，以泯蹤跡，改職爲都轄，以避典押之名，則又三人中之最黠者也。陰險斡民之利，更强占二婦以居家，創起月敷局，監納無名錢，白納三千石，重科半萬籌，不給朱鈔，白狀交納，尤爲百姓之苦。知縣第求辦事，豈能盡知。當職重念鉛山彫弊，民力已疲，復有此狼虎之吏，恣其溝壑之欲，日朘月削，民何以堪？此曹不除，何以安百姓而培國脈？徐浩、周厚、程偉三名已經徒配，各決脊杖十二，加配五百里，拘鎖外寨，毋使虎兕出押，重爲吾民之害。張謹一名，未經徒配，且押赴永豐縣獄，逐項根勘，限五日申。其餘污吏尚多，當職念縣道乏使，未欲盡行追究，仰自改過，如再招詞訴，決定追配。仍備榜行司及本縣曉示。

（明）張四維《名公書判清明集》卷一一《人品門・公吏・冒役》

當職入境閲詞，訴配吏者以千計，則一路之爲民害者可知也。雖已揀其尤者加配拘鎖，及以次追究，推原其由，皆貪官暴吏與之志同氣合，容縱冒役。所以行案貼寫，半是黥徒，攫拿吞噬，本無厭足。既經徒配，愈無顧藉，吮民膏血，甚於豺虎。前後監司非不嚴禁，往往官吏視爲具文，名曰罷逐，暗行存留。今約束到日，仰州縣卽時逐之，不得更入公門，速具姓名申本司籍記，仍旬具有無存留保明，申。如有故違，招人户指實陳告，斷行追究。州追都吏，縣追典押，官員按奏，務以必行，各請體悉。帖，仍榜。

（明）張四維《名公書判清明集》卷一一《人品門・公吏・姦贓》

朝廷行下秤提，官司日久廢壞，餘干縣典押陳閏蔑視行移，全不措置。本司委通判到縣體訪，其陳閏者，乃酣飲於尼寺、妓館，亦不出接通判，及反受卓鋪支十四等賕囑。吏之無狀，未有如此者。今據所招罪犯凡數十項，曲法計贓凡一百單一貫，決脊杖十五，刺配二千里州軍牢城。仍先傳示六縣各三日，俟監贓畢日，拘鎖外寨。仍牒縣追出幼女，責還余嫂子，取交狀申。三尼免斷。榜逐院。押録李椿同惡朋淫，寄配二千里。限五日措置增長會價，如違，押上。照榜本縣及帖諸縣，餘照擬行。

（明）張四維《名公書判清明集》卷一一《人品門・公吏・黠吏為公私之蠹者合行徒配以警其餘》

建陽舊號壯邑，十餘年間，縣道弗良於政，公吏黥配殆盡，今所存者，但是烏合不根，鼠竊狗盗輩。官司使姦詐者，事制曲防，姑責其奔走使令，每有所犯，隨事斷治，未嘗少貸。其有舞文弄法，背公營私，至爲公私之蠹者，若不條陳過惡，具解臺府，乞行徒配，以警其餘，則何以戢吏姦，何以蘇民瘼？徐安姦黠小吏，正緣本縣無人，姑令暫權押録。其人倚勢作威，違法生事，始則引誘丘信妻子，招其姑阿鄭論訴，甚則坐欠百姓錢，招龔純有詞，甚則取受税户錢物，私立遺囑，僞造前官批判，盗用官印，交結徒配江溓，移用本縣官錢，私買耕牛，在五通廟内宰殺。事發到官，姑從輕杖罪斷遣。當職昨被檄入府，暫權倅事，徐安輒脱去押録，令孫閏出名充應，實則行押録之事，却又坐占笄交司窠座，一意罔利。本縣兩年之間，運到鹽綱，皆蒙使府截留折納，百姓皆食貴鹽。當職稟告權府都運殿撰大卿，發鹽兩綱，下縣出賣，正欲加惠細民，俾之均沾其利。本縣措置，每出賣鹽五斤，加饒三兩，令

作一小包，區區之意，蓋謂自鄉販往來者，得此爲往來之費。徐安進説，謂當傒賣諸吏，責限納錢，其意以爲請出官鹽，可盜妄費，藉此爲由，鉗制徒黨。官司豈願與吏人爲市，已叱去。徐安抗拒官司，輒號召秤子等人，不得包裹零鹽，欲爲沮抑賣鹽之計，秤子畏其兇燄，輒皆聽命，遂使官司失信買鹽之人，人言籍籍，皆謂徐安何所恃而敢爾。前後相承，吏强官弱，縣令御史弗嚴，遂致黠胥玩令，一至於此，惟有愧見吏民而已。若就本縣從重輕勘杖一百勒罷，不過與之爬搔耳。兼是縣令去替在邇，若復縱姦弗治，寧免議，罪配隸，一邑百姓，實莫大之賜。

（明）張四維《名公書判清明集》卷一一《人品門·公吏·籍配》

王晋，猾吏也，有滔天之惡，山積之罪，所供未及九牛之一毛。今來抄估其家，蹤跡盡露，尚猶欲支離其詞邪！獄官所擬，已備知其姦狀，更限兩日，請嚴行鞫勘，詳供前後交通受賂罪惡，明具日子、錢數，以憑按法施行，毋使本司更移獄。再據州縣申，再根勘到王晋供招前後交通受賂事，並阿莊供招情犯，其王晋名下，計贓十七界官會共七萬六千六百六十六貫，紐贓絹一千六百八十六疋有零，遂送法司，具條呈檢法官書擬因依。呈奉臺判，本司副吏王晋，以敏給濟姦，以狡險濟惡，貪狠如虎狼，前政提刑受其籠絡，威行九州，凌犯綱常，至敢與提刑握手耳語，人皆呼爲小提刑。當職曩仕本路，備稔其惡，恨不斬之。招納賄賂，金帛充斥，公然架造層樓複屋，突兀於臺沼之側。始則恃提刑在要路，莫敢誰何，後則交結權要女婿，刼持官府，以堂堂上司，而一吏乃得以肆其姦，而莫之制，辱莫大焉。當職視事以來，節節據民詞訴，且形之歌謡，謂憲臺有意除姦吏，臺畔姦却不除，聞之使人赧然。今據州縣所勘，王晋所招，無非賣弄死刑公事，計贓凡該一千六百八十餘貫。抄估其家，悉爲寄附，然銀猶且一千二百餘兩，羅綺雜物，估價不下十萬，而舊楮、田宅不預焉。割九州赤子之脂膏，剝四十三縣百姓之肝腦，而以肥王晋之一身一家，亦慘矣哉！姦占兄嫂，以妻爲妾，紅幃紫幔，以銀爲枕，與嫂同房，而妻則屏棄於污漫之地，役使同奴婢之列，逆理亂倫有如此者，不黥之，何以懲本司之吏，不籍之，何以謝一路之民？計其贓罪，自當絞刑，姑與從輕貸死，決脊杖二十，配二千里，免拘鎖押遣。阿莊姦淫之罪，照條合流二千里定斷，姑從輕勘杖一百，編管鄰州。所有妻阿姜爲其厭薄，負寃可憫，特與給還新舊庵屋並基，並墳山，併屋内器具，與子同居。所有王晋並阿莊編管州軍呈，内王晋準臺判瑞州，阿莊南康軍。已引上斷遣訖。

（明）張四維《名公書判清明集》卷一一《人品門·公吏·受贓》

配吏鄭臻、金彬、吴恭三吏，結黨害民，流毒一縣，六鄉之人，怨之切骨。本司入錫匣追赴臺治，乃敢密遣姦猾譁徒，先次到司，物色擺佈，次則身賫金銀，買囑貴寓强幹，行賕匣司人吏，抑捺脱漏，以俟當職離任。甚至拆開文案，藏去縣丞所申，假作繳案申狀，僞稱縣丞差出。自初三至初六日，已抑捺四日。使非當職體探得知，則本司紀綱、國家典憲，爲此曹反復玩弄，狐蹤鬼跡，倏閃一番。吏之無狀，未有甚於此者。所勘罪犯，十未一二，而脅取姦虐之跡，已不可勝數。金彬贓計八千三百餘貫，決脊杖二十，刺配二千里州軍牢城，鄭臻贓二千三百貫，決脊杖十七，加配一千里，吴恭贓計一千三百餘貫，決脊杖十五，刺配一千里州軍牢城。（缺）係貴寓幹僕，不體主家清德，怙勢黨姦，接受銀會，干預刑名公事，不有國法，不從官府，不顧主家，本合刺配，姑從輕勘杖一百，押回温州。李偉係本州有請書司，黄季玉係教唆譁徒，乃敢出入臺府，行賕關節，各決脊杖十二，編管鄰州。内黄季玉更入匣催追，匣司最是本司命令所出之地，乃敢接受重賂，公然以假申狀脱判，將罪人私匿，此而可爲，孰不可爲，決脊杖二十，刺配二千里。

（明）張四維《名公書判清明集》卷一一《人品門·公吏·二十狀論訴》

當職入境，狀訴鄉司詹春、張慶者凡二十二狀，其他泛訴，亦無一狀無其名者。皆苦其飛走賣弄，鑿空生事之害，言之涕流，痛入骨髓，恨不食其肉。計其取受，不知幾千百貫，固不待送獄而罪狀昭著。今乃敢仍用故智，僅供招四百六十八貫，紗半疋，其意不過欲保全面皮，爲再歸復役害民之計。重刷重納，鉛山一縣，不知因此二賊破蕩家業者幾人，流離妻子者幾人，委填溝壑者幾人，痛哉！苦哉！而此賊者，乃獨得以遂其全軀保妻子之謀，是無天理矣！詹春、張慶各決脊杖十二，配一千里，餘並照擬行。仍榜本縣。

（明）張四維《名公書判清明集》卷一一《人品門·公吏·都吏輔助貪守罪惡滔天》

大教射畢收垛，其箭數或收或退，合追合斷，亦合從知

郡審實施行，又豈都吏可得以私意而自事。軍營遺火，其犯人合追斷，亦合從知郡審實施行，又豈都吏可得以私意而容庇。詳此二節，可見鄭俊平時，一軍事權，盡由本人把握。押下州縣，枷勘前後罪犯，及新知軍到任以來，鄭俊專擅不法及非理取乞事件。胡傑且責令照此一一依直再供，倂倂送勘。知郡之廉耻掃地，鄭俊之罪惡滔天，凡所供所招之詞，皆未見未聞之事，備所供摘録，申取大使行府鈞旨斷遣，胡傑且拘下，再勒供平日同惡相濟之人，一倂爲民除害。據鄭俊招伏情款，狼藉之狀，所不忍聞，乞祠從便，但不許歸軍干預財賦，因此席捲公私帑藏。牒報通判同押簿歷，一毫欺弊，責有所歸。倂引示本軍都副吏及帖財賦官知委斷罪。鄭俊輔助貪守，椎剥民財，黨庇親私，激成大變，擢髮不足數其罪，姑從擬重決脊杖二十，刺配海外州軍，拘鎖郴州土牢。胡傑決脊十二，編管全州。

（明）張四維《名公書判清明集》卷一二《懲惡門・豪横・斷罪》

甚矣！陳瑛之貪黷姦狡也。上則爲貪令作囊橐，掊摭鄉里私事，與之推剥取財，下則用配軍爲爪牙，旁緣氣勢剔縛，因而豐殖歸己。卽此一項，已是白奪四千四百貫之業，其他被其嚙膚吮血，合眼受痛，緘口茹苦者，不知其幾。湖南之盜賊，多起於下户窮愁，抱寃無所伸。此事自州縣而至本司，將及一年，獄官則爲其奇玩釣餌，推吏則爲其厚賂沉迷，越歷兩官，託延百計，及其終也，反將詞人兩手兩脚縛爛終死定論。若非專官專吏，索齊干照案牘，不特豪强依然得志，而被害之家反被誣罔之刑矣。若酌情而論，情同强盜，合配遠惡。送之檢法，止欲抑疾惡之忿心，行酌中之公法。并引上照斷，遵照擬判，逐一結斷。

（明）張四維《名公書判清明集》卷一《官吏門・儆飭・任滿巧作名色破用官錢》　昨據案呈此例，已知其不合令甲，必是作法於貪污之人，遂令檢尋其所由始。今稽之例册，乃果無之。刱爲此例者，甲守也，倍增其數者，乙守也。此二人果何人哉？在法，監臨主守自盜，贓滿三十五貫者絞。今以二人所帑錢數計之，甲守帑四十名，該錢、會四百餘貫，紐贓幾一百貫。乙守帑一百五名，該錢、會一千餘貫，紐贓幾二百貫，所犯皆在絞刑上。士大夫據案而坐，執筆而判，某吏盜公家財，某賊竊民家物，輕則斷，重則黜，又其甚則殺，一毫不肯少貸，而至於自己，則公然白晝拏攫，如取如携，視官吏略不慙，視法令略不懼，居師帥之位，而乃爲盜賊之行，曾無羞惡之心，此孟子所謂非人者矣。繼甲之後，凡四政皆不取，則其人之廉可知。繼乙之後，凡兩政皆取之，則其人之貪皆可知。當職雖不才，然於貪廉之間，則粗知所決擇久矣。且其所作名色，謂之送還行李，尤爲不美之甚。此行李也，其赴官之所將歟，則吾聞趙清獻之鎮益州也，一琴、一鶴、一蒼頭而已，其在官之所得歟，則吾聞元德秀之罷魯山也，笥餘一縑，駕柴車以去而已。然則此行李果何自而有哉？如元如趙，固非吾儕之所敢望，然若某若某，則凡稍有識者皆所羞爲，而謂賢者爲之乎？姑書之，以告來者。

（明）張四維《名公書判清明集》卷一一《人品門・公吏・爵命等事》

樊銓爲都吏日，將本軍已申朝廷椿下脩城見錢三萬貫，妄以賑荒爲詞，將錢變爲會，會變爲米，既而曰米曰會，皆羽化不存，遂使前人之椿積一空，本郡之緩急無備。朝廷發下進武校尉綾紙，與人抽拈，衆人各出錢物，樊銓輒爲暗鬮，稱是自己拈得。所積不義之財既富，遂有仕宦之想，徑將綾紙參部，公然作進士書填，且冒註吉州安福監税，赴任攝職，冒請俸禄。其居鄉自稱税院，轎馬出入，前呵後殿，恣爲威風，置買膏腴，跨連鄰境，莊田園圃，士大夫有所不如。生放課錢，令部曲擒捉欠債之人，綳吊拷訊，過於官法。當職引上被傷之人，當廳驗視，追送縣獄，又以財力買囑官吏，欲反坐詞人以罪名。以一吏之微，盜用府庫錢物，冒受朝廷爵命，憑恃豪富，侵剥貧弱，一郡之巨蠹也。聞其志得意滿，侍妾悉皆道裝，陰設鉤致之術，濁亂衣冠之家。干名犯分，闔郡切齒，擢髮不足數罪。今且以本是胥吏，而冒稱進士，冒受進武綾紙、監税省劄，從條決脊杖二十，刺面，配二千里州軍牢城。牒饒州，只令取上引斷押發，仍將冒受綾紙，省劄繳申朝省，乞行毁抹。估到家業，催申帳目，候到，撥付本軍，爲今歲救荒之備。仍榜本軍。

（明）張四維《名公書判清明集》卷一四《懲惡門・霸渡・約束張家渡乞覓》　照得廣濟縣張家渡，係是官民客旅往來之衝，月納鐵錢不過百貫，初非重征之地。訪聞監渡，從客姦欺百出，除納官錢之外，恣行騙脅，甚者奪攘財物，邀求收贖，方肯付還，違法已甚。當職居於隆興，鄉人來熟知其弊。去冬光州徐通判差人歸臨川，自有脚引，輒敢毆打，騙去官會兩貫文。俟有公移，別行追究。官司所差，尚敢如此，民旅經過，何

所忌憚。今出榜地頭曉諭，如遇被害之人，仰就本廳陳訴，切待追上付獄根勘。許從前所受過贓，先送法司指定，解州決配，斷不虛示。除取合干人責狀外，仰各知委。

《遼史》卷一六《聖宗本紀》〔統和七年九月〕戊辰，詔内外官，因事受賕，事覺而稱子孫僕從者，禁之。

《金史》卷七四《宗翰傳》 大定初，除刑部侍郎，充都統，與副統完顏布輝自東京先赴中都，輒署置官吏，私用官中財物。世宗至中都，事覺，斜哥當死，布輝當除名。詔寬減，斜哥除名，布輝削兩階，解職。二年，起爲大宗正丞，除祁州刺史。坐贓枉法，當死，詔杖一百五十，除名。

《金史》卷八《世宗本紀》〔大定二十二年〕五月戊子，西北路招討使完顏守能以贓罪，杖二百，除名。

《金史》卷一二八《女奚烈守愚傳》 先是，朝廷括河朔、山東地，隱匿者没入官，告者給賞。莒州刺史教其奴告臨沂人冒地，積賞錢三百萬，先給官鏹乃徵於民，民甚苦之。守愚列其寃狀白州，州不爲理，即聞於户部而徵還之，流民歸業，縣人勒其事于石。

《元史》卷一六七《王惲傳》 至元五年，建御史臺，首拜監察御史，知無不言，論列凡百五十餘章。時都水劉晸交結權勢，任用頗專，陷没官糧四十餘萬石，惲劾之，暴其姦利，權貴側目。【略】

九年，授承直郎、平陽路總管府判官。初，絳之太平縣民有陳氏者殺其兄，行賂緩獄，蔓引逮繫者三百餘人，至五年不決。朝廷委惲鞫之，一訊即得其實，乃盡出所逮繫者。

《元典章》卷四八《刑部·諸贓·贓罰·官吏取受錢物御史臺作數》

至元八年二月，尚書省據御史臺呈：近爲斷事官忽賽因并尚書省令史李元，各各取受錢物，爲此聞奏過。除另行外，欽奉聖旨：那陪償錢每分付與他每，却教入官倉呵，没體例。有那其間里生出做賊説謊公事來去也。今後，那般尋出來的錢物，您每追出來底，您根底有者，闌礙人衆的，中書省、尚書省、樞密院官人每追下呵，分付與您每。您每收拾下呵，數目我根前奏者。欽此。

《元史》卷一六《世祖本紀》 江淮豪家多行賄權貴，爲府縣卒史，容庇門户，遇有差賦，惟及貧民，詔江淮行省嚴禁之。

《元史》卷一七〇《尚文傳》〔至元〕二十二年，除御史臺都事。行臺御史上封事，言上春秋高，宜禪位皇太子，太子聞之懼，中臺祕其章不發。答即古阿散等知之，請收内外百司吏案，大索天下埋没錢糧，而實欲發其事，乃悉拘封御史臺吏案。文拘留祕章不與，答即古聞於帝，命宗正薛徹干取其章。文曰：事急矣！即白御史大夫曰：是欲上危太子，下陷大臣，流毒天下之民，其謀至奸也。且答即古乃阿合馬餘黨，贓罪狼籍，宜先發以奪其謀。大夫遂與丞相議，即入言狀，帝震怒曰：汝等無罪耶？丞相進曰：臣等無所逃罪，但此輩名載刑書，此舉動摇人心，宜選重臣爲之長，庶靖紛擾。帝怒稍解，可其奏。既而答即古受人金，與其黨竟坐姦贓死，其機實自文發之。

《元史》卷一六《世祖本紀》〔至元二十八年〕江淮行省言：鹽課不足，由私鬻者多，乞付兵五千巡捕。從之。塔剌海、張忽辛、崔同知並坐理算錢穀受賕論誅。

《元史》卷一九《成宗本紀》〔大德元年〕大都路總管沙的坐贓當罷，帝以故臣子，特減其罪，俾仍舊職。崔彧言不可復任，帝曰：卿等與中書省臣戒之，若後復然，則置爾死地矣。

《元史》卷二一〇《外夷傳·緬》〔大德〕五年九月，雲南參知政事高慶、宣撫使察罕不花伏誅。初，慶等從薛超兀而圍緬兩月，城中薪食俱盡，勢將出降，慶等受其重賂，以炎暑瘴疫爲辭，輒引兵還。故誅之。

（元）蘇天爵《滋溪文稿》卷一五《故奉政大夫遼陽行省郎中黄公神道碑銘》 延祐四年六月，吏部主事黄公肯播拜監察御史。時丞相特們德爾以受賕得罪，匿興聖近侍家，有司不得窮治其事，皆相顧，無可奈何。公視事，謂同列曰：丞相受賕之罪，固所當治，然其罪之大者，盍悉陳之。即率同列言丞相違世祖制，括江南地，致汀漳民叛。陰奪阿實罕太師官，致關陝弗寧。降諸王監郡監縣，致宗親不睦。增江淮鹽課地税，致黎民困窮。引用貪邪小人，致朝廷政亂。臺臣以聞，天子震怒，命罷相政事，黜其門下用事者若干人。由是公之聲名暴著中外，而小人怨恨，思害之矣。明年春，詔御史昌格偕公巡行上都，覆實吏牘。先時，上命建佛寺於雲州七峯山，以太府丞大都監治。大都者，平章某私人也。上所賜軍

匠、金帛，大都及總軍官悉分取之。軍匠訴於御史臺，至是就命公等鞫之，辭連平章及其兄某。二人方近倖寵任，權勢赫然，入言於上，以公等不思奉詔覈實吏贓，乃敢沮格修治佛寺。上性慈仁，奉釋教惟謹，以其言爲誠然，即遣使召公等至京師，止宫門外，某傳旨責而遣之。

（元）蘇天爵《滋溪文稿》卷二一《皇元贈集賢直學士趙惠肅侯神道碑銘》 公諱同列曰：欲正憲綱，當自己始。侍御史哈斯布哈冒占民田，立劾去。

（明）談遷《國榷》太祖洪武十八年三月 户部侍郎郭桓、胡益、王道亨等盗官糧至七百萬石，下獄。詞連禮部尚書趙瑁、刑部尚書王惠迪、兵部侍郎王志、工部侍郎麥志德等，舉部伏誅。株累天下官吏，死徙數萬人。寄染偏天下，民中豪以上皆破家。詔姦吏永不赦，御史余敏，丁廷舉言：法司迫切，皆歸謗朝廷。遂磔審刑司右審刑吴庸等，以息天下之謗。瑁等皆棄市。

談遷曰：帝素患元法之刓，最加意兵食，而當時死徙徧天下。一空印，一盗糧，禍至溢矣。盗糧至七百萬未盡，計臣或符籍稽誤，沿至大僇，蓋狃元習而不之戒也。然自是法日詳，奸民少戢矣。

《大誥·郭桓造罪》 造天下之罪，其造罪患愚者，無如郭桓甚焉。其所盗食糧，以軍衛言之，三年所積賣空，前者榜上若欲盡寫，恐民不信，但略寫七百萬耳。若將其餘倉分，並十二布政司，通同盗賣見在倉糧；及接受浙西四府鈔五十萬張，賣米一百九十萬不上倉，通筭諸色課程，魚鹽等項；及通同承運庫官范朝宗偷盗金銀，廣惠庫官張裕妄支鈔六百萬張；除盗庫見在實鈔、金、銀不筭外，其賣在倉税糧，及未上倉該收税糧，及魚鹽諸色等項課程，共折米筭，所廢者二千四百餘萬精糧。嗚呼，古今貪有若是乎！其郭桓不才，乃敢如是。其中所分入己者幾何，罪及同謀，愚頑者生死紀必枚焉。空倉廪，乏府庫，皆郭桓爲之。

《大誥·沉匿卷宗》 金吾後衛知事靳謙，始由小吏起取赴京，見其年壯聰敏，徑受金吾後衛知事，操持案牘，掌管衛兵。初見聰敏，朕以爲必然至誠，託以心腹，雖有機密事務，亦曾使令究焉。幾歲間，事頗不律。如不律者，皆罪之，獨謙且免。謙不知其恩，數犯以爲常，朕方知非是懷恩之士。命斷事官稽衛卷宗，令謙親挾卷宗赴斷事官覲面考對。及其至官，一衛卷宗，十不存一。於是着追明白，謙終日支吾，獨以肌膚以拒刑，又令妻妾擊鼓以訴，覈之不實，斷事官覆奏。朕親問之，謙不以卷宗奏答，却言斷事官誹謗朝廷。試將與斷事官周士銘對問，委實謗言。朕復問謙：斷事罪已，爾一衛卷宗安在？謙不答。復問卷宗有無，亦不答。再問到了卷宗有無，謙回言：到了無，於是凌遲處死。嗚呼！金吾後衛謙未任之先，軍七千餘。自謙到任，增至八千餘。其一切賞賜月支，其數浩大。謙盗賣倉糧數多，克落月支並賞賜，其數亦浩大。故不立案，必欲支吾，意在偷生，安可免乎！

《大誥·刑餘攢典盗糧》 龍江衛倉官攢人等，爲通同户部官郭桓等盗賣倉糧，其官攢人等已行墨面文身，挑筋去膝蓋，仍留本倉守支。不逾半年，進士到倉放糧，朝發籌二百根，至晚乃收二百三根。進士詰焉，乃是已刑之吏康名遠仍肆姦頑，偷出官籌，轉賣與一般刑餘攢典費祐，盗支倉糧。嗚呼！當是官是吏受刑之時，朕謂斯刑酷矣，聞見者將以爲戒。豈意攢典康名遠等肢殘體壞，形非命存，惡猶不已，仍賣官糧。此等兇頑之徒，果將何法以治之乎？

《明太祖實録》洪武十九年五月 己巳，常州府官范好古言，行人王良至郡，奉職不謹，黷貨無厭。上諭禮部臣曰：朕觀自古材智之士，不屈於無能之下，故克流芳於後。設使居官蒞事之時，屈於常人之下，無補於君，無益於民，壞法亂政，何所不有。今好古乃能守邦憲以尊朝廷，發奸貪以安黎庶，其不屈於無能之下可見矣。爾禮部即遣人賫醴以勞，仍令械良至京罪之。

《大誥三編·庫官收金》 承運庫官李庭珪係通政司吏，考滿得除承運庫官，掌管金帛。前庫官范潮宗等偷盗庫藏財物，身被刑責，非止一端。吾見不才者貪心不已，施五刑而不拘常憲，法外不忍見聞者猶若干刑。死者已死，刑餘不死在庫以示再任者三人，想必見者寒心，必無犯者。其李庭珪收輕賫金銀，設計偷盗金二十四兩，意在深謀，以愚朕心。將納金者每十兩多稱五錢，以百兩計之，已出五兩。以千兩筭之，金出一錠。其所折之金，何下數千百兩。若終收不犯，其所貪者正該幾何？糧長包賢等金已行收足，内多稱三十五兩，却與糧長丁遵等設計，故作刁蹬，云糧長包賢少金一釐五毫。糧長徑入狀以奏，朕赦之，一釐五毫不能

容民之欠，果何道哉？明日按問李庭珪，將所收本糧長金逐一稱驗，每十兩餘五錢。將五錢較之，一釐五毫果欠之乎？況糧長包賢等所納金七百兩，共餘三十五兩，豈有欠邪！其李庭珪特通糧長，以此一釐五毫來奏，料此一釐五毫尚爲欠數，豈有收受不精而有弊者乎！其李庭珪之計，豈不深謀者也！何犯之亦速，此作聰明至極而有此耶！當在通政司時，公座之官潔己奉公。李庭珪爲吏，官既公論，其李庭珪無所作爲，終一考吏役，並無贓私，得陞承運庫官。此果李庭珪能守而至此耶？正官能守而保全耶？此實通政司官成其考也。今一得位而即喪，可見小人非君子不能全其命行者歟。

《大誥三編·著業牌》　應天府上元縣知縣呂貞，自到任以來，並不將前所廢官員姓名、員數並所受殺身刑責，以爲推己之戒。本官任時，《大誥》頒行，民人一一遵守，見丁著業。其呂貞將民王七所告見丁著業事內事，盡行受財阻滯。嗚呼！有司惟在宣佈條章，引民遵守，民若欽遵，實官之福也。呂貞所管上元一縣，民該數萬，頑惡豈無，當以至公之道，化惡爲善，不致詞訟紛然，盜賊消靡，是其宜也。貞於公不行，於私務作，將見丁著業號令一概阻滯，由是而獲罪殺身矣。

《大誥三編·戴刑肆貪》　古人制刑，所以禁姦止暴，使人視之而不敢犯。今有等姦貪頑惡之徒，視國法如尋常，受刑憲如飲食，雖身被重刑，殘及肢體，心迷贓私，恬不自畏，愈造殺身之計。如丹徒縣丞李榮中並應天府吏任毅等六名，先爲受贓五百七十五貫，賣放均工人夫一千二百六十五名，法司鞫問，情罪昭然，死不可逃。朕念此徒惟知貪贓，勇不畏死，所以特命法司止將此徒各斷十指，押回本處，將所賣人夫著勾赴工，使其流血呻吟，備嘗苦楚。若果起到原賣人夫，豈不餘生可存？何期此輩不體朕之至意，却謂先時已受各人財物，遂匿其名，反將應免夫役鋪兵、弓兵、生員、軍户周善等數百餘家，一概遍鄉勾拿動擾，意在搪塞，於內又復受財作弊，以致被擾之家至京告出前情。嗚呼！見利忘生，怙終不改，有如此耶。使其因受刑責，翻然改圖，將前所賣人夫一名名從實勾解赴工，豈不復延餘喘於人世！顧乃恃刑肆貪，自速其死，梟令之刑，宜其然乎！

《大誥武臣·儲欽等擅收軍役》　淮安衛指揮儲欽，貪受贓鈔，將應提積年害民人等二百六名收充軍役；全州千户所千户喬義，受銀六十四兩，鈔二十貫，將害民吏賓真等收充軍役；溫州衛指揮焦益，受銀八兩，將開吏林道玉收充軍役；太倉衛指揮康鑑、陳銘、卜榮、葉山，受要贓鈔，容留皂隸湯回、倉脚夫錢官真等，補充軍役。這等吏員皂隸人等，都是積年在鄉交結有司，把持官府，説事過錢，酷害百姓之徒。朝廷本欲除去這等惡人，着那好百姓每得安，指揮儲欽等却俱各貪受贓私，容留在衛，將朝廷法度壞了。這等人容在下面，你怕他有甚麽好勾當。他在鄉既害百姓，在衛必然害軍，官人每也好歹被他連累壞了。其儲欽發去雲南；喬義、焦益發大寧充軍；康鑑、陳銘、卜榮、葉山發廣西拿象。看來今日他每這等遭貶呵，何不當初依本分，守着本等職事，好房子下坐着，關着俸米喫，却不快活麽道！他却務要這般撒潑做呵，不知他心裏果然是如何？

（明）談遷《國榷》太祖洪武二十年九月　丁酉，安置常茂於廣西之龍州。茂娶馮勝女，勝故兒子畜之，數責誚茂，時慢詞以應，勝故修恚，前劾緣飾之。茂自訴搏納哈出故且訐勝罪。胡中生子死二日，强娶其女，使閹行酒於納哈出妻，求大珠異寶，自掠胡馬亡算。上曰：是亦勝罪，罷勝就第，奉朝請。茂削爵，流龍州。土知州趙貼堅妻慕茂閥，女妻之，爲他夷所發。茂聞，服毒死。洪武二十四年也。或云隱他所，實不死。上兵索之，不得。徐聞其死，乃小解。

談遷曰：金山之款，萬一納哈出脱去，必以衆戰，憂方大也。中山王勳蓋天下，未盡快志於胡。馮宋公適投天隙，徒幪千里，斬溫禺以釁鼓，血屍逐以染鍔，不是過也。常茂雖紈綺從戎，裁抑過甚。遂生珠犀之謗近開肺腑指蹤之略，概廢干城，易賞而罪，何以勸功。噫，菹醢功臣，浸浸乎其漸矣！

（明）談遷《國榷》太祖洪武二十一年十一月〔庚子〕頒賜武臣保身敕。時廣西指揮耿良科斂激變，江西指揮戴忠勦盜貪賄，皆得罪。

（明）談遷《國榷》太祖洪武二十六年九月　丁巳，河南按察司僉事王平行部孟津宜陽，屬吏斂賄，械其人以聞，上敕勞之，賜鈔百錠，文綺襲衣。

（明）鄧士龍《國朝典故》卷四《國初記事》　高見賢奏掾史張有道

賣選，太祖命楊憲鞫之。有道招受同鄉徐君瑞買求樞密院掾史銀十兩。律該杖一百，太祖命分屍示衆。憲奏曰：臣職專執法，不該死而誅之，是臣壞法也。太祖從憲言，依律。

《明太宗實録》**永樂二年十一月**　丙辰，掌陜西都司事右軍都督僉事王英劾奏，都指揮葛進受賄，縱軍士不下屯。命法司追鞫之。

《明太宗實録》**永樂四年二月**　己丑，都察院左都御史陳瑛等言，本院右僉都御史俞士吉，大理寺少卿袁復，蘇州治水還，未見君復命，先趨私家，賚所重載，布列盈庭，且聞士吉等所至，貪受貨賂，具有實跡，大臣黷貨慢君，不可容恕。命錦衣衛鞫之。

（明）談遷《國榷》**成祖永樂七年六月**　〔甲辰〕御史袁綱、賈珩有罪，監國下之獄。綱、珩至兵部索皂隸，適武庫主事李貞遣皂隸葉轉等四人就役，指其受金，左都御史陳瑛請下貞獄，監國疑之。數日，貞妻擊登聞鼓，訴御史傅貞語索首飾納贓，匱不能應。監國知其寃，下廷訊。惟葉轉至貞及皂隸三人皆不承，笞死三日矣。監國詰綱、珩，並伏罪。刑科右給事中耿通並劾瑛。

《明太宗實録》**永樂八年六月**　庚子，北京監察御史鄒師顔劾啟，監察御史白春巡視驛站，貪受賄賂，宜付法司論罪。皇長孫命都察院鞫之。

《明太宗實録》**永樂八年十二月**　壬子，都察院左都御史陳瑛劾奏，隆平侯張信素無汗馬之勞，遭遇聖明，忝冒侯爵，不思恭儉持己，以保禄位，乃恣肆貪墨，無有厭足。近强占丹陽縣練湖八十餘里，又占江陰縣官田七十餘頃，法當逮問。上曰：瑛所言良是也。昔中山王有沙洲一區，耕農水道所經，其家僮常據之以擅利，中山王聞之，遂歸其地於官。今信何敢貪縱厲民如此。命三法司雜治之。

《明太宗實録》**永樂九年三月**　癸酉，先是，通政司言，有指揮首天城衛千户犯罪繫刑部獄，其母致貨，託己爲賂部官求免，己不敢從，併以其貨來首。上問千户與指揮有舊乎，對曰無。上曰：非故舊而輒以違法干之，獨不慮事敗哉？此非人情。命法司訊之。至是，法司奏，指揮所居近刑部，而千户之母寓其隣家，朝夕餽子食，指揮察其有賫橐，給言己與部官厚，可以賂免，母遂致貨。旁有欲發其姦者，指揮懼，遂自首，而隱其實情。論法，千户之母當準與贓律，指揮當罷職謫屯種。上曰：愛其子以賂求免，人之常情，且婦人烏知法律，其宥之。指揮始則欺人取貨，終則隱情罔上，又汙蔑朝臣，此不可恕，但罷職屯田，何以示懲，即械送交阯充軍。

《明太宗實録》**永樂十年七月**　〔丁亥〕巡按福建監察御史陳智劾奏，福建右布政使張拱辰贓罪。命都察院進鞫之。

《明太宗實録》**永樂十五年五月**　庚寅，巡按雲南監察御史劉潔劾奏，雲南布政司右參政姚肇私受商人賄賂，壞亂監法。左布政使周敖，右參政濮銘，坐視不舉，俱應逮問。上曰：藩翰大臣貪黷如此，何以責君縣。命潔鞫治。

《明仁宗實録》**洪熙元年春正月**　〔己卯〕監察御史尹崇高等劾奏，福建左布政使顧鼎前犯贓罪，遇赦還職，仍不悛改，貪肆無耻。命錦衣衛執付都察院治之。

《明仁宗實録》**洪熙元年八月**　〔壬午〕行在吏部言，監察御史張珪前在處州監辦銀課，盗官銀七十兩，律當斬。免死罰役，遇赦，旋丁憂去，今復闋，難復原職。上曰：爲姦盗豈可復用，罷爲民。

《明宣宗實録》**洪熙元年九月**　〔丙午〕巡按浙江監察御史戴誠奏：太常寺贊禮郎吕得真往湖州府買羊供祀，妄生嫌惡，索逼私賄，請治其罪。上諭行在都察院臣曰：國家重祭祀，其犧牲諸物買於民間者，令酬實價，不許損民。今假此以求賄賂，人既興怨，神豈歆享。就令御史治之。

《明宣宗實録》**宣德二年春正月**　〔乙巳〕行在刑部奏：直隸金山衛百户王銘領軍赴松江府支月糧，受軍賄賂，縱販私鹽。經金山巡檢司，又操兵拒捕，殺傷弓兵，所領軍皆已承罪，銘當逮治。上曰：武官領兵，當嚴紀律，今貪利而縱之爲非，又拒捕傷人，論罪所由，銘豈得免。令逮治如律。

《明宣宗實録》**宣德二年夏四月**　〔乙酉〕貴州新添衛副千户宣輔取受軍士綿布三百餘疋，行在右軍督府奏請令都司逮鞫之。上從之，顧謂都督府臣曰：今之武夫，少有廉節，非尅減軍糧，即科斂軍財，所圖利己，反以害己，然覆轍在前，終無戒者，何其愚也。

《明宣宗實録》**宣德三年夏四月**　〔癸亥〕禁軍官虐害軍士。時行在

都察院奏：大寧中衛百户劉勉管軍操練，受軍士賂，縱遣還家，又冒支其馬料，又毆病軍，求財不得而誣奏其避操，於律當斬。上曰：朕常戒約軍官，謂古之良將能愛恤士卒，所以能成功名，令其用意撫綏，無橫加害。今此輩縱惡，又復面謾，豈可貸也！令械置教場，榜以示衆，然後處決如律。都察院仍榜示中外管軍官員，俾皆知警。

（明）卜世昌等《明通紀述遺》宣德三年六月 工部尚書吴中下獄。先是，中私以官木磚瓦遺太監楊慶作私第，甚弘壯。上登皇城樓，遥望見之，問左右，得其實，遂下中獄。

《明宣宗實録》宣德三年八月 〔甲申〕遼東安樂州知州侯進奏：臣奉命赴任，携家以行，經山海關，已給行，後軍都督府出關勘合，守關指揮葛昇等稽留不遣，必索取賄賂，始得放行，凡經過者，皆苦其貪暴，請罪之。上諭右都御史顧佐等曰：朝廷設關，本以禦暴，今反爲暴。其令巡按御史治之如律。

《明宣宗實録》宣德三年八月 〔辛卯〕行在刑部奏：監察御史高昭犯贓罪，應死，然今恩例當運甎贖罪復職。上曰：犯贓豈可復任風憲？其罷爲民。

（明）鄧士龍《國朝典故》卷四七《三朝聖諭録》 宣德三年十月，劉觀有罪下獄。先是，六月中一日早朝罷，召楊榮及士奇至文華門，命光禄賜食，既，上曰：吾三人商量一事，京師端本澄源之地，祖宗時朝臣無貪者，年來貪濁之風滿朝，何也？士奇對曰：貪風永樂之末已作，但至今甚耳。上問：永樂何如？對曰：十五六年以後，太宗有疾多不出，扈從之臣放肆無顧藉，請託賄賂，公行無忌。此事已徹九重，但未舉發。仁宗嘗爲士奇言，初到北京，上問：南京臣寮有能守廉者否？對曰：無敢不守。上曰：扈從來此者贓賂競行，其能守廉惟吏部侍郎師逵一人，汝當知之。榮曰：是時贓貪，方賓最甚。上問：今日之貪，誰最甚者？榮對曰：莫甚劉觀。臣曰：風憲所以警肅百寮，憲長如此，則不肖御史皆效之。不肖御史差出四方，則不肖有司皆效之。上撫掌嘆曰：除惡務本。又問：廷臣中今誰可使掌憲？兩人久未對。上曰：未必都無一人？士奇對曰：通政使顧佐廉公有威，曾任御史及按察司，皆有風采。榮曰：佐亦嘗爲京尹，能防禁下吏，政清弊革。上喜曰：顧佐乃能如此。命賜茶而退。數日，有旨令劉觀巡閲河道。觀行十數日，陞顧佐右都御史，賜璽書，令考黜不肖，洗滌積弊。佐奏黜其屬不肖者二十餘人，罪甚者發遼東。於是，御史連章劾奏觀貪贓狼藉，並奏其子輻脅制諸道，娉私滅公，皆明著實跡。上大怒，追觀父子皆至，出御史章示之。既承伏，法司坐觀重法，以輻同犯，免科具奏。次年四月，上召榮及士奇以奏示之，且曰：觀負朝廷，處重非過。士奇對曰：觀誠有罪，但經事四朝，數受顯任，願姑屈法全其生。榮亦乞貸之。上曰：爲汝二人，曲貸其死。發爲邊吏。榮曰：辱之過甚，與死等耳。上曰：欲父子皆貸乎？榮曰：子發戍邊，而令觀隨居，恩與法兩盡矣。遂命法司發遼東。

《明宣宗寶訓》卷五《正法》 〔宣德三年〕十二月癸巳，陝西副使胡永成奏岷州衛指揮千百户龐敬等盗賣鳳翔等府秋糧，應提問。上曰：朕慮邊餉不足，常切留心。今奸弊如此，軍士何所仰給。古云：軍竈未炊，將不言饑。今但務肥己，不恤士饑，此豈可用命！悉治之如律。

《明宣宗實録》宣德四年五月 〔甲寅〕罷河南按察司僉事趙純爲民。純先任監察御史，巡按山東，受縣官銀幣，娶妾，事在赦前，當運甎贖罪。上曰：風憲贓罪不可贖，其罷爲民。

《明宣宗實録》宣德四年六月 〔辛丑〕罷浙江按察司僉事王鉉爲民。鉉居母喪，受民白金，干縣官釋死獄，論法當絞。法司言新例應納米贖罪復職。上以風憲官犯贓不可復，罷爲民，仍追奪誥命。

《明宣宗實録》宣德四年六月 〔癸巳〕謫開封府知府劉進爲吏。初，進受所屬部糧官綺帛，遇赦還職，又犯不法。巡按監察御史言，進既犯贓罪，赦後又犯不法，不可以長郡政。上曰：御史言是，其罷爲吏，用警守令之貪汙者。

《明宣宗實録》宣德四年秋七月 〔甲子〕謫廣東道監察御史沈潤充軍遼東。初，潤受土豪黄金五兩，白金百兩，文綺十匹，出其殺人死罪。事覺，上命行在三法司鞫之。潤引伏。法司奏：律應絞，但事在赦前，應杖。上曰：御史，朝廷耳目，受重賂，縱死罪，是耳目蔽矣，豈可輕貸！其免杖，發戍遼東邊衛。

《明宣宗實録》宣德四年秋七月 〔甲子〕行在都察院右都御史顧佐奏：舊御史嚴皚等貪淫汙濫，欺公賣法，臣嘗奏之，已奉旨發遼東各衛

充吏，今噎潛逃至京。上命錦衣衛執之。

《**明宣宗實録**》**宣德五年三月**〔丁卯〕應城伯孫傑有罪下獄。初，傑受命往鳳陽諸郡印識馬，所過貪暴，盱眙縣官畏傑酷刑，斂牧馬之家白金七十兩賂之，江都縣官亦斂白金二百餘兩賂之。巡按御史李叙廉得其實以聞。上命行在都察院俟傑歸治之。至是歸，右都御史顧佐奏請鞫之。上曰，傑爲大臣，受禄不少，當謹身率下，爲國家恤小民。乃貪虐如此。計所至害人，未必止此。命公、侯、伯、五府、六部大臣鞫之，皆實。遂下獄，仍追其贓。

《**明宣宗實録**》**宣德五年四月**〔乙亥〕山西左參議王儁與沁州知州楊瑀、判官游萃挾妓飲酒，又受瑀等銀絹，巡按御史廉察以聞。上諭右都御史顧佐曰：人無私欲，乃能立事功，一受私，即志屈氣餒，豈能立事。參議方面之臣，所爲如此，豈能施善政邪。令御史治之如律。

《**明宣宗實録**》**宣德五年閏十二月**〔辛亥〕江西按察副使李綸有罪，謫戍遼東。綸先爲監察御史，與都御史劉觀子輻游盪宿娼，及受海鹽縣豪民白金一百五十兩，黄金五兩，文綺二十餘匹，出其殺人之罪。至是事覺，行在都察院以聞。上命追所受贓及舊給勑，命發戍遼東邊衛。

《**明宣宗實録**》**宣德六年春正月**〔庚辰〕河南按察司奏，洛陽中護衛千户沈能、陳文等受已獲强盗白金，縱其逃逸，請罪之。上曰：强盗譬諸豺虎，人共惡而欲殺之，彼縱之，是縱豺虎害人。命治之如律。

《**明宣宗實録**》**宣德六年五月**〔壬午〕行在刑部侍郎樊敬等奏，歷事監生彭本分鞫罪囚，於律應杖，而給囚應徒，受囚白金十兩，當杖加徒。上從之。語侍臣曰：士非廉潔正直不可用，今未授官而使之學爲政已齷齪苟利，尚可用乎？

《**明宣宗實録**》**宣德六年秋七月**〔壬申〕監察御史吴方刷卷懷來衛，受白金二十兩隨行監生十人受三十兩，及衣服等物，指揮馬瑄等發其事。上諭都御史顧佐等曰：朕常言，御史以法治人，先當自治自身，違法何以責人。悉治之如律。

《**明宣宗實録**》**宣德六年九月**〔乙酉〕行在工部奏：順天府廣備庫所收預備賞賜軍士袢襖袴鞋，今虧欠者計一萬一千七百八十八件，官攢庫子皆當究治。上曰：此其姦喫非小，命付刑部治之。

（明）余懋學《**仁獄類編**》**卷二九**《**宥私用餘麥**》宣德六年，行在大理寺，奏通州學倉支麥已盡，學正劉畯令人掃除，得餘麥五斗，當歸官而私用之，於律應徒，論盜糧，當斬，家戍邊。上曰：以五斗棄餘之物殺人，不可，令戴罪還職，罰俸一年。

《**明宣宗實録**》**宣德九年三月**〔辛卯〕巡按福建監察御史黄振奏，漳州衛指揮覃庸等私通番國，巡海都指揮張翥，都司都指揮金瑛，署都指揮僉事陶旺等及左布政使周克敬俱嘗受庸金銀帽帶等物。庸已事覺，籍没翥等原受之物亦皆輸官，但方面重臣，交通小人，受其贓賄，不可寬假，請究治如律。上曰，御史言當，但既以輸官，宜從輕減，然亦不可不警之，悉停俸三年。

（明）余懋學《**仁獄類編**》**卷二九**《**宥受餽胡桃**》宣德九年，刑部員外郎楊紹宗自陳：臣先任行部主事，時有朋友史彬爲保定府推官，因上計吏餽臣胡桃，後奸吏舉其事，傾彬遂連及臣，今臣坐是不獲受法，伏望聖明矜憫。上曰：用法當量情，以朋友餽遺之微而終身受汚名，過矣。命行在吏部與之法。

（明）于慎行《**穀山筆塵**》**卷一〇**《**明刑**》咸通中，路岩爲相，頗通賂遺，左右用事，言者請破邊咸一家，可贍軍二年。邊咸者，岩之親吏也，與卓英倩、滑涣同。考之近事，亦頗有之，如權相紀綱號七與九者，破其家貲，不當贍一軍二年之費耶？【略】

竇參爲相，其族子名申者爲給事中，招權受賂。參每遷除朝士，常與申議，申因先報其人，時以喜鵲目之。及參賜死，申亦杖殺，喜鵲亦自不吉如此。今之卿相子弟爲喜鵲者，可以戒矣。

《**明英宗實録**》**正統元年二月**〔癸丑〕誅行在户部郎中蔡𣯫、錦衣衛百户王興。𣯫初以糧儲事差往廣東，索求財物、人口，枉道回家，爲巡按御史金敬所發。命興往執之。興受其賂，在途遷延。差人逮捕至京。法司會問，擬罪以聞。上以𣯫等情罪深重，法司擬非其律，復命鞫之。法司覆以重罪。上曰：蔡𣯫、王興受賕玩法，蔑視朝廷，其可容乎？命斬之於市，以警其餘。

《**明英宗實録**》**正統元年三月**〔甲午〕謫光禄寺寺丞等官董正等成甘肅。初左副都御史吴訥奏正等大肆侵盗贓賄以數百計，上命械至京，下

獄鞫之，律當贖絞，至是特命謫之。時同坐罪者自署丞而下，凡四十四人。

《明英宗實録》正統元年夏四月　乙丑，山東巡按御史任敬敏、參議杜子良、副使杜時、僉事楊潤俱有罪下獄。初山東鄉試，訓導江振爲廉外官，受士子賂，代爲答策，考試官教朱經亦受賂，託彌封官易卷。事覺，刑官、給事中賈銓等刻奏敬敏等監試防範不嚴之罪。上命都察院逮敬敏等下獄鞫之。

《明英宗實録》正統元年五月　〔戊子〕司禮監内使范聽奉命往廣東盤進貢方物，因而索耴民白金、線紬等物。事覺，追贓入官，付錦衣衛監禁。已而宥之。

《明英宗實録》正統元年六月　〔辛丑〕湖廣都司都指揮僉事何貴鎮守清良等衛，假以操練爲名，數受士卒銀兩、紵絲、馬牛等物，强奪良家妻女爲妾。下都察院獄，擬罪當絞。上特宥之，降爲事官，甘肅立功。

《明英宗實録》正統元年九月　〔辛酉〕罷廣東按察使陳禮爲民。禮在任託疾，怠於激揚，且以考滿將赴京，賤估於所部，市馬牙香百斤以歸，爲巡撫侍郎吾紳所劾奏。比至京，下獄，坐贖杖還職。至是吏部以其怠肆貪求，有玷風憲，奏黜爲民。

《明英宗實録》正統元年十一月　〔丁未〕太僕寺少卿鄭復言往直隸河州烙馬，受牧户賂。事覺，命法司逮治之。

《明英宗實録》正統元年十一月　〔甲寅〕罷福建右參議樊翰官。翰挾勢求索所部財物，巡撫侍郎吾紳劾奏下獄，坐贖徒爲民。

《明英宗實録》正統二年六月　癸酉，逮鎮守居庸關都指揮僉事高迪。時行在刑部尚書魏源奏迪竊官物，占官軍，役官馬牛，且挾妓酣飲怠邊事。故有是命。

《明英宗實録》正統二年十一月　〔丙子〕太僕寺少卿麗壎有罪下獄。初壎同本寺卿揚應春、寺丞劉璧分俵馬匹，受賂事覺，應春、璧俱下法司獄。應春贖罪調用，璧贖罪罷爲民。至是壎始逮至，下獄鞫之。

《明英宗實録》正統二年十二月　〔癸未〕謫陝西都指揮僉事王信爲爲事官。初信守備延安、綏德，數受軍士賂，縱之竄伍。下巡按監察御史章聰執治之，獄具，當斬。上命謫之，立功以贖。

《明英宗實録》正統三年九月　〔癸卯〕陝西行太僕寺少卿葛紹祖以閲馬受賂事覺，乃自首。上命巡按御史鞫之。

《明英宗實録》正統四年秋七月　〔乙亥〕山東都指揮僉事江原索所部贓坐罪，會赦，都察院請如例調沿邊都司。從之。

《明英宗實録》正統四年冬十月　〔乙未〕廣東右參議李穀有罪下獄。初穀鄉人韋顒任梧州教授，以受賕屬巡按御史陳濬逮治，顒以白金七十兩囑穀賂濬求出之，穀受其金不以言。濬廉得穀受金，劾奏其罪。上命行在都察院逮治之。

《明英宗實録》正統六年夏四月　〔辛巳〕監察御史許珩、馬謹下獄。先是興州後屯衛正千户洪政以罪械至行在都察院，政使其弟鑑持白金賂珩，珩受之，爲言於該道御史馬謹，謂政乃己親。謹從之，減政斬罪爲絞。事覺，行在刑部尚書魏源等請逮珩、謹驗治。從之。

《明會典》卷四〇《户部・預備倉》　洪武初，令天下縣分各立預備四倉，官爲糴穀收貯以備賑濟，就擇本地年高篤實民人管理。正統五年奏準，各處預備倉，凡侵盗私用，冒借虧欠等項糧儲，查追完足，免治其罪。其侵盗證佐明白，不服陪償者，準士豪及盗用官糧論罪。【略】又勅廣西布按二司並巡按等官，查勘預備倉糧内，有借用未還，並虧折等項，著落經手人户，供報追陪。其犯在赦前者，定限完日，悉宥其罪。赦後犯者，追完照例納米贖罪，若限外不完者，不論赦前後，連當房妻小，發遼東邊衛充軍。

《明英宗實録》正統六年五月　〔壬子〕貴州都指揮僉事侯義求白金、象牙等物於所屬官軍，爲監察御史吴鎰所劾。上命黜爲事官，從總兵官蔣貴立功，如其無功，即留金齒充軍。

《明英宗實録》正統六年十一月　〔庚戌〕監察御史鄭禧初坐贓罪下獄，當贖徒。逃匿者久之，至是遇赦方出，刑部奏罷爲民。

《明英宗實録》正統八年夏四月　〔壬辰〕巡按山東監察御史徐璟劾守備都指揮李弼受賂縱軍，杖死軍職，命執而鞫之。

《明英宗實録》正統八年秋七月　〔丙辰〕福建都指揮同知孫安坐索所部賂，論徒，會赦，調萬全都司。

《明英宗實録》正統八年十一月　〔己未〕南京監察御史王復以貪滛

械至錦衣衛，鞫之有驗，謫戍鐵嶺衛。

《明英宗實録》正統九年夏四月 〔己亥〕山西按察司僉事陳善、布政司參議鮑時嘗按部至臨縣，善索取白金，時低價市物，縣官俱徵之民，且侵其半，爲巡按御史吉慶所奏。都察院逮至鞫之，論俱贖徒爲民。上命降時雜職，謫善充口外軍。

《明英宗實録》正統九年五月 庚戌朔，內使陳景光送女官吴淑清還揚州，索取府衛白金、綵段等物，及幹私事越期而還。上命錦衣衛鞫實，監禁之。

《明英宗實録》正統九年六月 〔己卯〕禮科給事中徐忭、行人劉遜奉使琉球還，以船順帶琉球使臣梁回等三十名來京，并受黄金、沉香、倭扇之惠。校尉廉其事以聞，下錦衣衛獄鞫實。上命杖而宥之。

（明）余繼登《典故紀聞》卷一一 英宗初即位，敕工部曰：洪武、永樂間，各處府縣歲貢綵段，工部驗中方送內庫，且無賄囑及包攬之弊，故皆精密鮮明，足稱朝廷賞賚，亦不虛費百姓財力。近年以來，徒見糜費民財，而段匹多不堪用，此皆有司通同工匠侵盗易换，且聽人包攬解納，及至京，該部該庫官吏人等，又從而求取賄賂，一得其利，遂不辨美惡，悉送內庫，此積年之弊也。今特命司禮監取洪武、永樂間紵絲紗羅綾絹之類，與爾工部及各布政司府縣，務以此爲式成造，其起送至京，今監察御史同爾工部官辨驗，仍委司禮監官參視，敢有漫不知省仍蹈前弊者，通治以重罪不宥。【略】

正統時，府軍前衛指揮僉事鹿麟受枉法贓，賣放操軍三十九名。事覺，英宗命以百斤枷枷於教場號，令仍發遼東鐵嶺衛充軍。後有犯者，悉準此例。【略】

正統九年，敕户部曰：朝廷令人易納馬草開中鹽糧，本期資國便民，比聞各場納草之人，多係官豪勢要，及該管內外官貪圖重利，令子姪家人伴當假託軍民出名承納，又行囑托，規從輕省之處。如東直門牛房，歲計用草止十五萬，今添納至三十餘萬。積聚既多，久則必致下人乘隙侵欺。又各處所中鹽糧，亦係官豪勢要之家占中居多，往往挾勢將雜糙米上倉，該管官司，畏避權勢，輒與收受，以致給軍多不堪用。及至支鹽，又囑管鹽官攙越關支，倍取利息。致無勢客商守支年久不能得者有之，喪貲失業，嗟怨莫伸，其弊不可勝言。此皆爾等不能體國利人，徇情受囑之故，今姑宥爾等之罪，以後必須嚴謹禁約。草聽殷實，軍民承納，御史監收，但作弊者即拏問具奏。官豪勢要，及該管官員之家，不許仍前承納，與民爭利，違者聽御史舉劾。各場務會計歲用之數撥納，果有多餘，設法另行堆積，以備支用，毋得濫收作弊。各處中納鹽糧，務要乾圓潔淨，敢有仍前挾勢將雜糙米上倉，及該管官司聽囑收受者，聽巡按御史及提督官拏問，情重者具奏處治。御史提督官縱容不舉者，并治以罪。

《明英宗實録》正統十年五月 戊子，廣東按察使郭智下獄。初廣東都指揮姚麟諸軍官奏智侵官守，作威索賂，左參議楊信民亦奏智敗壞風憲，尅害軍民諸不法狀。都察院請下其事，巡按御史覆之，且言俟智考滿至收繫。及是智至，監察御史何永芳等以爲言，故有是命。

《明英宗實録》正統十一年春正月 〔甲午〕貴州都指揮僉事張景坐索賂諸罪，當贖徒復職。上特命降爲事官，發廣西殺賊立功。

《明英宗實録》正統十一年八月 〔庚申〕京營把總操練指揮使顧緣陰傑索取所部白金二百餘兩，事覺，法司論贖徒還職。上命謫戍邊衛。

《明英宗實録》正統十三年二月 〔乙巳〕浙江署都指揮僉事張勇爲指揮同知時，嘗掊所部白金，以餽運糧署都指揮僉事劉鼎。事覺，鼎以其半歸勇，因誣勇同受，勇遂匿己餽鼎事，首其金於官。奏下，巡按御史李賔鞫得實，坐鼎贖徒，調沿邊都司，并劾勇奏不以實，請逮治，從之。

《明英宗實録》正統十四年二月 〔戊午〕廣東都指揮僉事孫旺案所部指揮范縉避賊不擊，遂爲縉告其索賂罪。命巡按御史究之。

《明英宗實録》正統十四年二月 〔戊午〕鎮守洮州都指揮僉事李信爲人發其貪污諸罪，命巡按御史覆驗治之。

《明英宗實録》正統十四年夏四月 丁丑，陝西延綏龍州寨戍卒因修理城塹得銅錢金盞等物，把總守備署都指揮僉事陳聚收貯之官，因而侵欺其半。事覺，下陝西按察司論，當徵贓，贖斬還職。從之。

《明英宗實録》正統十四年五月 〔戊申〕謫刑科給事中陳傅戍大同。初傅奉命使琉球國，道過其家，遷延不行。禮科都給事中章瑾劾奏，傅福建人，福建地鄰琉球，當避嫌，却匿其貫籍，朦朧給內府金織衣一襲，鈔百錠往使。上命待使回治之。至是還，下錦衣衛獄鞫驗。法司奏比盜內府

財物者律當贖斬，黜爲民。上命謫戍大同威遠衛。

（明）余懋學《仁獄類編》卷二三《盒食釋犯贓》 國朝正統時，楊文貞在閣，其婿來京，久之當歸，念無囊資，會有知府某犯贓千萬，夤緣是婿，賂至數千，爲其求救。時某知府已入都察院獄，文貞不得已，於該道當問理日，遣一使持盒食至院，云楊少師與某知府送飯。該道官遂親下獄釋某知府刑具，候其飯畢，凡事一切聽令分雪，遂得還職。

（明）余懋學《仁獄類編》卷二三《郡司皆得賂》 魯穆，正統中爲福建僉事，泉州人有李姓者，妻吴美，舊與富姻林私，李調官廣西，林遣二健僕從李行，殺李道中，并殺其姪，吴竟適林。李宗人訴之，郡得賂，反坐李宗人誣。又訴按察司，得賂如郡，十餘年未決。公故廉，得踪跡甚詳，一訊，林即服。

（明）余繼登《典故紀聞》卷一一 正統時，大理寺卿俞士悦等言：例文職受財枉法，滿貫當絞者充軍，其不滿貫者俱贖罪爲民；武職出百死一生得官，今坐流徒杖者概充軍，則前功盡棄，而罪反重於文職。乞令武職受贓私縱操卒滿貫當死者充軍，其餘不滿貫當流徒杖者如舊贖罪還職，則不惟優待武臣，抑且寬恤刑典。從之。

《明英宗實録》景泰元年二月 〔戊子〕鎮守河南内官李琮、陳兵出入取民白金綵段等物無算，曰索猪肉五百餘斤，乾猪二口，他物稱是，家奴俱依聲勢貪暴害人，爲巡按御史陳玠所奏。命執下錦衣衛獄鞫之。

《明英宗實録》景泰元年二月 〔戊戌〕黜廣東按察司黄翰、僉事韋廣爲民。初左參議楊信民奏翰取官軍歌者爲妾，納縣官銀五百餘兩，爲出其罪，盜賊罰錢三萬六千，構事逼取富軍賂，縱酒杖死老人。廣斂民錢飾公廨，考滿受三司官餽賂，監試時縱其同鄉訓導子冒籍取中。翰、廣亦各奏民縱囚畏賊諸不法事，俱逮至京下獄。已而民信得白服職。至是都察院論翰當充軍，廣當爲民，然已遇赦免科。特命俱黜爲民。

《明英宗實録》景泰元年三月 〔乙巳〕直隸棗强縣知縣張紀坐事爲民，以銀百兩賂長隨李臣兒求平反，臣兒託奉御舒良，良不從人託，長隨高達轉懇之，復不從，乃還純賂三之二，純懷出北安門，爲宫軍所詰奏，送錦衣衛鞫之，鎮撫門達不得其情，改命都察院，乃引伏，詔司禮監監徵臣兒贓，杖五十，降大者，純杖一百，充遼東邊衛軍，餘悉宥之。

《明英宗實録》景泰元年五月 〔癸亥〕南京龍虎衛管操指揮周琭索賄於操卒，南京都察院劾之，並劾把總都指揮脩真鈐束不嚴，詔姑宥真，南京刑部但執琭鞫之。

《明英宗實録》景泰元年五月 〔壬子〕文思院大使畢整盜内府紵絲羅絹等物至數百匹，法司論贖斬爲民，詔免贖，編充隆慶衛軍。

《明英宗實録》景泰元年八月 〔己卯〕調直隸淮安府知府程宗戍遼東。坐擅集民船六十餘艘爲太監金英家奴李慶等載貨，且事後受其紵絲等賄也。

《明英宗實録》景泰元年九月 〔丙午〕初太監金英家奴郭廉、趙顯多支浙鹽，已謫戍邊衛。都察院劾奏兩浙運使吴方大畏勢受賂聽囑。詔械方大至京，至是追贓畢，發原籍爲民。

《明英宗實録》景泰元年十一月 〔甲辰〕初錦衣衛指揮僉事吕貴因達賊侵境陞署都指揮僉事出征，及還，貴恐調出失勢，託太監金英家人錦衣衛百户金善以賂英得辭，陞職仍舊官。又索營繕所官甎瓦等料萬餘以造私室，賂管海于内使葉景榮，景榮以石及草與之。事覺，下都察院論貴、善、景榮俱應斬，英宜究治。詔斬善，降調貴於邊衛，景榮送司禮監別用，贓物俱追入官，執英付都察院鞫之。左都御史陳鎰等言：英縱家人倚勢多支官鹽，累受賄賂，陞指揮韓志爲署都指揮僉事，陞内使汝住爲長隨奉御，陞都指揮孫鏜爲都督總兵，陞校尉劉信爲百户，工部尚書石璞結王振得職，英受璞賂以保其位，又準貴仍理錦衣衛事，姦惡如此，宜不拘常律處以極刑，籍没其家。帝命固禁英，執鏜、璞、志鞫之，論罪皆應斬，命姑宥之，再犯不宥。

《明英宗實録》景泰二年春正月 〔甲子〕初，行事校尉緝監察御史林廷舉與鹽運司同知鄭崇同里，崇授太監金英家人賄，多支官鹽，事露，令男以白金賂廷舉爲之求解。法司鞫廷舉應徒爲民。御史陳价等請命法司同六部會審，勿致寬抑。掌行事者右少監阮伯山奏价等黨廷舉，欲釋其罪，宜究治。詔法司杖廷舉一百，發戍邊衛，崇爲民，价等姑宥之。

《明英宗實録》景泰二年五月 〔庚申〕貴州都指揮僉事傅綱因撫安烏撒等衛至永寧，逼取諸軍官賂，按察司僉事張淑以聞，命巡按御史執問之。

《明英宗實録》景泰三年春正月　乙卯，廣東都指揮僉事高啟坐與軍婦姦，及迫取所部財物，巡按御史論贖徒還職，特命降爲事官，隨副總兵董興殺賊立功。

《明英宗實録》景泰三年三月　〔己亥〕釋都督同知顧興祖、署指揮僉事周晟。興祖坐受所部賄，事覺乃以給主，而自陳不實。晟坐受所部餽，遣法司論，俱當贖徒還職。詔免興祖贖，令操練於京，晟如擬。

《明英宗實録》景泰三年八月　〔庚午〕巡按廣東監察御史周文奏僉事龍澄清軍受賄，宜究問。從之。

《明英宗實録》景泰四年三月　〔乙卯〕山東右布政使裴綸初以私憾奏黜歷城知縣熊觀。觀發其監鄉試有私，數受贓補知印吏員，脱有罪囚，且縱其子索賂於諸縣，都察院屢行，巡按御史覆之有驗，至是黜綸爲民。

《明英宗實録》景泰五年八月　〔丁酉〕巡按廣東監察御史盛䫫先奏，巡撫廣東右侍郎揭稽受賂舉官，縱男販番貨，擅釋有罪軍職，誣有功巡檢與賊通，偪逐居民，酷虐用刑，廣民怨恨，形之歌謡，有非巡撫乃巡苦之語。稽亦奏䫫妄釋罪（因）〔囚〕，焚其均徭榜，使酒仗府衛官。命錦衣衛差官往復之，至是奏其情僞各半，命俱執下獄。巡按江西監察御史項璁按江西右布政司連均縱隸兵索詐關庫鈔者賂，具有狀，特宥之。刑科給事中王鎮等言，比年污官吏頗多，朝廷雖嚴於考察，猶未能革，如有君不問，則是自貪風於天下，而官吏愈效尤矣，宜命巡按御史舉問如律。從之。

《明英宗實録》天順元年二月　〔甲辰〕内官覃吉景泰間掌内庫金帛奇貨，籍記郕王所賜諸妃白金三萬餘兩，寶石萬餘，至是不以白。上命執送錦衣衛固禁之。

《明英宗實録》天順二年春正月　〔辛酉〕六科十三道劾兵部尚書陳汝言恃寵檢邪，紊亂朝政，受總兵等官楊能、石彪、李文、沐璘、胡誌、王楨、杜忠、曹安、宗勝、周賢、袁勝、石端、胡鏞、趙宣等賄賂，不貲專擅。選調其弟琰理，殊無功次，冒陞鎮撫。與部指揮盧旺結爲腹心，大通賄賂。僭居駙馬第宅，猶不足意，私役軍匠千餘人造舍違式及諸不法事，請正邦刑。文武群臣奉詔鞫實，議汝言及旺當斬，琰理罷職，能等當究治。上命法司固禁汝言及琰理，宥旺死，充軍。能等令陳狀，既而能等輸情服罪，命姑宥之，仍降勑，戒毋再犯。

《明英宗實録》天順二年夏四月　〔壬戌〕副都御史林聰等奏，鹽徒田琮、朱賢等拒巡捕官軍。鎮江衛指揮吴欽、陳勝、通州千户陳勣、姜忠、百户蘇英皆受琮等賂，縱其横逆，今籍没琮等赴京，欽等亦宜執問。上曰：欽等同惡，亦籍没之。

《明英宗寶訓》卷三《戒貪》　天順三年二月庚寅，調鳳陽右衛指揮使毛鑑於大同威遠衛。鑑坐科歛財物，律應絞。例運炭還職。兵部以其貪虐，請調衛，爲後來者戒。

《明英宗實録》天順三年三月　〔丙申〕四川都指揮僉事吴棨坐許陳汝言以賂，當杖。命贖畢不許視司事。

《明英宗實録》天順三年五月　〔辛丑〕巡按河南監察御史邢宥奏河南衛都指揮僉事陳昇先用白金百兩賂兵部尚書陳汝言，得掌都司事，率兵操備大同。比汝言下獄，事連昇，論罪當贖徒還職。上曰：昇姦詐若此，不可以常律處，調威遠衛，帶俸差操。

《明英宗實録》天順三年八月　〔壬申〕修武伯沈煜、刑科給事中王儼下錦衣衛獄。煜等奉命持節册封藩王，既行。上令錦衣衛校尉躡其後覘之，盡淂其受王饋遺狀。煜等還，六科十三道劾之，遂下獄。

《明英宗實録》天順三年冬十月　〔己巳〕命忠國公石亨閒住。時三法司錦衣衛鞫石彪罪。因劾亨出自民間，襲蔭軍職，累蒙國恩，爵至上公。而乃招權納賂，竊弄國法，闔門姻戚，詐冒遷官，濫舉孫弘等驟陞侍郎。私與鄒叔彝等講論天文，妄談休咎。至於侵佔官地，役使官軍，罪惡百端，難以枚舉。且縱令姪彪肆爲不法，宜正其罪。上曰：亨招權納賂，竊弄威福，縱容彪姦貪壞法，欺罔朝廷，論法本難容，第念其曾效微勞，姑從寬貸，其令閒住，不許管事朝參。

《明英宗實録》天順三年冬十月　〔丙子〕六科十三道劾忠國公石亨怙寵作姦，招權納賂，罪大惡極，不可勝言，及至事露，詐稱患病，故避朝參。法司累劾其罪，朝廷每賜寬容，而亨不知感激，俱不謝恩，是懷怨望之心也。乞正其罪，以爲人臣姦欺不忠之戒。上曰：石亨違法事情累次彰著，朝廷已從寬宥，而乃不知感激，心懷怨望，論法本難容，但已處置，姑已之。

《明英宗實録》天順三年十二月　己未，調遼東都指揮使夏霖廣西都

司帶俸差操，謫山東僉事胡鼎隆慶州爲民。霖貪淫受部屬饋遺無筭，至與建州衛及海西野人交通賄賂，且盗官木以建私居。時與妓女淫褻，鼎蹤其三十事以白，巡撫僉都御史程信奏之。上命内官張騏、錦衣衛指揮僉事郭瑛往覈之。瑛等受霖賂，報鼎所蹤事有誣，且言鼎嘗索部屬絹繪已像，乃執霖、鼎，俱下錦衣衛獄鞫，送都察院，左都御史寇深庇霖，惡鼎，論霖贖徒還職。鼎不能振揚風紀，索所部絹，而又增飾人過失，不可以常律處，故有是命。

《明英宗實録》天順四年八月〔乙丑〕復成山伯王琮爵，罰禄一年，罷工科給事中鄭瑞爲民。琮、瑞持節往楚府册封崇陽王妃，爲校尉發其沿途受軍衛有司米肉，且受崇陽王府羊酒。比還京，六科十三道被旨劾之，下錦衣衛獄。命償其所受，送都察院，論當徒，久之，乃有是命。

《明英宗實録》天順四年七月〔丙戌〕金吾右衛指揮同知高文受所部爲强盗者贓。事覺，自縊死。上曰：文指使所部爲强，分其贓，死有餘辜，仍斬首梟以徇。

《明英宗實録》天順四年七月 丁酉，三千營都指揮劉寬爲所部及校尉發其貪黷，誘姦軍妻諸罪，錦衣衛鞫，送刑部論，當斬。上命降爲正千户，調遼東邊衛。

《明英宗實録》天順六年二月〔壬申〕宥都督同知馬良罪。時良所部千户唐勝等冒支料豆二百石有奇，事覺。上宥良，而下勝等於獄。

《明英宗實録》天順六年六月〔癸巳〕御馬監勇士指揮僉事張宣隨太監帖木兒干往南京，還，過鳳陽夾溝驛，驛丞程端諂事帖木兒干，因以金帛賂宣，端來京，宣與宿妓家，因令端以馬饋帖木兒干，許爲遷官。又求金帛不已，端不與，宣數凌辱之，端忿恚，因發狂，突入御用監言宣反，羸衣上樹大叫，復走入西上門，門者獲之，與宣俱下錦衣衛獄。上御玄武門樓，命都指揮門達鞫之，端歷數達過惡，且云祖宗命我言。上命枷宣警衆，竟死於枷。以端爲狂，監禁之，尋罷爲民。

《明英宗實録》天順六年秋七月〔丙申〕巡按直隸監察御史樊英等下錦衣衛獄。時有訴英至六合縣，數飲丁憂主事鄭瑛家，因納賄廢法者。命給事中趙忠、錦衣衛百户陸瑄往覈之，忠等言英與瑛同年進士，嘗相遇飲，而納賂廢法實無有，仍械京，瑛至京，遂下獄。

《明英宗實録》天順七年十二月〔丙子〕四川按察使錢博初鞫副千户張清掊克諸罪，清父懼得罪，重賂博爲不竟獄，校尉伺覺察之。上命錦衣衛遣官往追其贓，并械以來三法司、錦衣衛會鞫之，論博受枉法財，當充軍。命仍繫之。

《明英宗實録》天順七年十一月〔丁卯〕掌錦衣衛事都指揮僉事門達權勢隆赫，同列皆下之，惟都指揮僉事袁彬恃恩不爲之下，遂有隙。彬妾父千户王欽藉彬勢誆人財，達廉知之，欲因以傾彬，奏請下彬獄。法司論彬贖徒還職。達猶未快。適有趙安者得罪在鞫。安初爲錦衣衛力士，嘗役於彬，後謫充鐵嶺衛軍，遇赦還，改府軍前衛。達因令安言其改府軍也，彬爲之請託而得。於是復捕彬拷訊之，因訐彬嘗受石亨、曹欽及諸干謁者饋遺，多用官木造私居，索内官督工者甎瓦，奪人子女爲妾諸不法事。獄已成，未上。軍匠餘丁楊塤素爲彬所愛，赴登聞鼓爲彬訴屈，語侵達。事聞並收塤付達，達拷訊之，曰：汝豈知爲此必有教汝者。塤知達意，即指學士李賢以對。先是賢聞達令校尉察鴻臚寺序班二十餘人求索朝覲官財物，盡執下獄，謂達曰：罪一二人足矣，何太多也，且此輩求索不遇得銀十數兩，若錦衣衛官校乃取於人以千萬計。後達又差官校出外訪，詐校尉。賢謂達曰：校尉得財，故人詐爲之。達因是惡賢，且以其勢與己抗，恐其於上前言己過惡，故欲害之。至是得塤言喜甚，奏請三法司會鞫塤於午門外。上遣中官襲當監鞫，達欲執賢與對，當曰：大臣不可辱，況此小事耶。塤亦吐實言，達嗾我指賢，於是賢得免執，彬歷言達所受賂遺尤多，凡餽彬者必倍餽達。法司畏達，不敢以彬言聞，論彬贖絞，塤斬，獄上。上特命彬贖畢調南京錦衣衛帶俸閒住，而禁錮塤。

《明英宗實録》天順八年夏四月〔乙未〕治廣東都指揮尹通罪，陞龍川知縣汪智爲府通判。先是天順中鹽徒劉清有罪，亡命龍川。知縣汪智寔獲之，通掩以爲功，又尅留其贓銀七百兩。事聞，命監察御史馮定同錦衣衛千户梁傑往按之，具得其實。於是罪通如律，而陞智通判。

（明）余繼登《典故紀聞》卷一三 天順間，内閣李賢言於英宗曰：今天下百姓頗安，惟有一害。英宗曰：何害？賢曰：錦衣官校差出者，取財擾民。因備述其故，英宗疑賢言過實，密訪之果然。有一人得銀三四千兩者，乃召管衛事指揮門達械之，令再有求索者，一體重治不饒。

（明）余繼登《典故紀聞》卷一三　天順間，英宗致書天下宗室諸王曰：先於正統十三年因内外官員人等差去王府多有不遵禮法求索財物，以致王府措辦艱難，甚失親親之義，已敕該部通行各處三司巡按御史等官，許令體察，具奏拏問，治以重罪，及致書各處王府知會，以此人不敢犯。近年以來，差去官員，視爲泛常，略無忌憚。且如修武伯沈煜、給事中王儼遣往瀋府册封行禮，接受王府銀兩數以百計，其餘表裏財物等項甚多。況王府財物有限，豈堪如此費用？其沈煜等已置於法，今後但有遣去内外人員到府，除飲饌之外，一毫財物不可與之。若有無知之徒，不顧廉耻求索財物者，事發仍照正統年間事例，正犯處死，全家邊遠充軍。庶使人知守法，親族不至勞費。

《明憲宗實録》**成化元年八月**〔壬午〕錦衣衛帶俸指揮季福，翊聖夫人劉氏夫也。爲家人張秀者所誘，奏請曹州民地爲莊田。秀輒率其黨至州，有所處分，巡按御史以聞。法司請執治罪。上宥福，而罪秀等如律。

《明憲宗實録》**成化二年秋七月**　庚寅，申戒出使王府官毋受宴餽。時有發革爵興濟伯楊宗嘗出使周府，所爲貪淫不法者，法司問擬如例。都察院因奏，正統間有旨使臣索取王府財物者罪至死，家屬謫戍邊。今宜申明舊例，犯者許巡按御史按察司舉奏，或徇情不舉，及王府輔導官不能以禮諫阻，因而阿附聽從者均治以罪。從之。

《明憲宗實録》**成化四年五月**〔丙寅〕監察御史李傑有罪除名。先是傑巡按山西，市所部狐裘等物，而不歸其直。巡撫都御史李侃與傑以公事相惡，遂發。其傑亦摭侃事，訐奏之。命刑部員外郎孫瑜等往勘，逮傑等至京。傑屢訴寃，並訐侃事不已。至是因寃恤會審傑，遂定罪除名。仍命給事中蕭彦莊等往按侃事。

《明憲宗實録》**成化四年秋七月**〔甲子〕監察御史唐震守制家居，出入府縣，請托及欺取官物，誣陷人罪。爲其鄉人所奏。刑部差官按之，皆實。逮至京下獄，坐贓革職爲民。震，江西新淦縣人。

《明憲宗實録》**成化五年五月**〔庚戌〕宥都督僉事盧能罪。能鎮守松潘，巡撫都御史汪浩劾其貪懦無爲，而瀘州衛千户夏正訐其受屬衛私賄諸狀。能因令吏馳愬朝。章下兵部言：能不改行思報，而乃誇誕文過，輒用印記，起符驗，遣吏馳奏，請究治其罪。上是其言，既而宥之。

《明憲宗實録》**成化五年秋七月**〔癸未〕欽天監監副吕慶、周昉以受財枉法下錦衣衛獄，具伏。刑部論，罪當絞，例減等充軍。詔：免之，但奪其官，仍充天文生。

《明憲宗實録》**成化七年二月**〔丙寅〕謫降前軍都督僉事湛清於廣東。清鎮守松潘未踰年，求取於所部贓賄狼籍，又冒用官倉糧料。巡視侍郎黄琛廉得之以聞，命刑部郎中王範等往按之，具伏。追贓得金二百七十兩、銀五千兩有奇，馬騾段匹他物，稱是，械清歸京師。三法司會官鞫於朝以具獄，奏清坐監守自盜，減死立功五年。上以清大肆姦貪情罪深重，特削官三等，降都指揮僉事，注調廣東廉州衛帶俸差操。

《明憲宗實録》**成化八年六月**〔辛巳〕懷柔伯施鑑奉命統領京營官軍，下場牧馬，多納所部賂遺。都指揮閻斌發其事，總兵官撫寧侯朱永等以聞。命都察院逮治，具伏，坐受財枉法，論絞，例減死，立功邊方五年，獄上。詔：鑑追贓畢，發貴州立功，餘把總等官兵部其通行戒約之，後或再犯，俱重罪不宥。

《明憲宗實録》**成化十年八月**　庚寅，户科左給事中劉昊養病居衡州，鄉民陳忠奏昊與知府徐孚交構爲不法事。命錦衣衛千户吳綬往勘，多誣，獨得昊受人授獻田地，及孚因公科歛罪。上以昊稱病居家，挾勢妄爲，贖罪畢仍發爲民，孚降二級調別任，忠發充邊衛軍，家屬隨住。

《明憲宗實録》**成化十一年夏四月**〔癸卯〕河南都指揮同知魯俊，總領官軍赴京操備，索取部下財物，事覺，下刑部坐罪如律，革見任帶俸差操。

《明憲宗實録》**成化十一年秋七月**〔甲寅〕甘肅副總兵都督同知馬儀，奏陝西行都司都指揮使丁鐸貪淫不法數事。上命錦衣衛遣官會巡按御史鞫之。

《明憲宗實録》**成化十二年二月**〔甲午〕閑住浙江按察司僉事陳蘭有罪，革冠帶爲民。蘭，直隸江陰縣人，居家嗜利，每以私債多取民財，受狀出批一如官府。適巡按御史戴縉至，民爭訴之，拘問具服，縉以聞，遂摘之。

《明憲宗實録》**成化十二年八月**　丁酉，南京監察御史陳宣，進士董安，俱守制家居，侵佔鄉民田産，索取財物，事未露，宣已復任，安亦授

浙江餘姚縣知縣，既而爲讎家所訐，事下刑部，請差官按之得實。時福建清軍御史尹仁與安同年，四川布政司參政鄭時，先任福州府知府，俱坐累，刑部各擬罪如律，宣、安俱坐贓除名，仁、時坐杖遇赦，各免贖還職。安家居時忤中貴人，執政者迎合其意，遂外補意猶不滿，乃因事中傷之，宣與安同鄉，俱坐免，士論爲之不平。

《明憲宗實録》成化十二年十月　〔癸未〕遼東操備都指揮指揮千百户等官李僞等五十四人以罪下獄。初，遼海等衛倉指揮等官受賂，混收粗惡豆米，會僞等查盤，亦受賂扶同，爲給事中所劾，下都察院，請行巡按御史逮僞等鞫治。詔可。

《明憲宗實録》成化十二年十月　甲戌，南京户科給事中蕭龍有罪，謫邊衛充軍，家屬隨住。龍養病家居，凌轢鄉族，妄受投獻田地，强佔人子女爲妾。事覺，命官覈實，法司問擬贖絞，命免贖而謫之。

《明史》卷一八二《王恕傳》　〔成化〕十二年，大學士商輅等以雲南遠在萬里，西控諸夷，南接交阯，而鎮守中官錢能貪恣甚，議遣大臣有威望者爲巡撫鎮壓之，乃改恕左副都御史以行，就進右都御史。初，能遣指揮郭景奏事京師，言安南捕盗兵闌入雲南境，帝即命景齎敕戒約之。舊制，使安南必由廣西，而景直自雲南往。能因景遺安南王黎灝玉帶、寶絛、蟒衣、珍奇諸物。灝遺將率兵送景還，欲遂通雲南道。景懼後禍，紿先行白守關者。因脱歸，揚言安南寇至，關吏戒嚴。黔國公沐琮遣人諭其帥，始返。而諸臣畏能，匿不奏。能又頻遣景及指揮盧安、蘇本等交通干崖、孟密諸土官，納其金寶無算。恕皆廉得之。遣騎執景，景懼自殺，因劾能私通外國，罪當死。詔遣刑部郎中潘蕃往按之。能又以其間，驛進黄鸚鵡。恕請禁絶，且盡發能貪暴狀，言：昔交阯以鎮守非人，致一方陷没，今日之事殆又甚焉。陛下何惜一能，不以安邊徼。能大懼，急屬貴近請召恕還。而是時商輅、項忠諸正人方以忤汪直罷，遂改恕掌南京都察院，參贊守備機務。能事立解，蕃勘上得實，置不問。

《明憲宗實録》成化十四年八月　〔甲寅〕通政使司右僉議李寬有罪，命冠帶閑住。寬提督永平、蘇州等處糧草，坐使家僮與人通賂求進，事覺，寬自以不知其事，具奏服罪，既獲宥，至是給事中、御史交論其平日姦貪罪狀，以爲不可宥，故有是命。

《明憲宗實録》成化十四年八月　〔庚子〕欽天監監副宋徽，春官正滅銘，秋官正潘泰，中官正周綸，並以收充天文生受賂事覺，問擬爲民。刑部因奏先年欽天監官犯罪者，俱奉聖斷，今徽等習學已成，據例亦宜充天文生應役，自後本監官犯罪應爲民者，悉依此例，應發戍者奏請處治，從之。

《明憲宗實録》成化十四年九月　〔甲子〕中都署副留守趙忠，受賂事覺，罷爲指揮僉事，調宣府開平衛差操。

《明憲宗實録》成化十四年十二月　〔癸丑〕巡撫宣府右僉都御史張頤，劾奏守備馬營堡都指揮李英侵欺錢糧，役軍受賂等罪，都察院請下巡按御史逮治，並詞所連千百户八人，俱逮之，報可。

《明憲宗實録》成化十五年五月　〔戊辰〕謫都察院右副都御史牟俸戍邊，調翰林院侍讀學士江朝宗於外任，其餘爲俸連坐者，罪各有差。俸與朝宗既下獄幾半年，浙江按察僉事吴瑀等始逮至會鞫，理刑指揮吴綬，承太監汪直意，備極拷掠，謂朝宗與俸有連，其婿松陵驛丞甘仲瓛，爲蘇州府推官。華清囑朝宗賂俸，求庇吴江知縣馮衡。俸鄉人亦多斂民財以餽俸，宜興知縣孟瀛爲部民所訐，俸以屬鎮江知府黎福按之，瀛因常州府同知柳演以賂免，俸又屬僉事吴瑀按華亭知縣宋端罪，旋受賂復其官。訊之皆不實，俸獨誣伏受常熟等縣糧長銀三千五百兩，例追入官。俸不能辨，連坐者共爲備納，其已費用者得旨免追，刑部擬俸受財枉法者律，朝宗及演清、衡、瀛、端、仲瓛等各坐徒杖贖還職，瑀及福皆無罪釋之，奏上。上以俸職司風紀，容通私賄，謫戍湖廣鎮遠衛。朝宗調廣東市〔船〕〔舶〕司提舉，餘如所擬。俸至戍所，逾年卒。

《明憲宗實録》成化十五年五月　〔戊寅〕下金吾右衛指揮經歷等官郭宏等三百四十九人於刑部獄。初，兵科給事中仰昇等劾宏等貪圖賄賂，假以内府差占爲名，縱放軍士，以致軍伍虚耗，有名無實。事下，兵部尚書余子俊等請逮治之，故有是命。

《明憲宗實録》成化十五年秋七月　〔丙子〕革錦衣衛帶俸指揮僉事張慶，千户邵瑛、王英、趙亮，百户楊春、胡節見任，節仍降一級。以慶等納賂牛循營求管事，而節爲循心腹用事，屢訐人陰私故也。

《明憲宗實録》成化十五年八月　〔壬寅〕韓王偕灐有罪革禄米三之

一，降輔國將軍徵鉌爲庶人。初，偕灊與徵鉌及弟徵鋗互訐奏不法事，命官往按之，得偕灊占地違例，私納賂遺及强娶部下已聘妻，徵鉌搏人致死，誣告兄以重罪，徵鋗家法不謹狀，刑部請治罪，故革降有差。

《明憲宗實録》成化十六年八月　〔乙亥〕守遼東靉陽堡都指揮佟昱等有罪下獄。時千户蕭聚勘報，昱科取所部銀，隱匿所獲馬，與百户傅林俱用銀買取首級，〔及〕千户王慶奪取首級轉賣於人，各報功次，及百户劉通笞逃軍不如法致死。事下，兵部請下山東按察司逮治之。詔可。

《明憲宗實録》成化十六年八月　〔癸亥〕神機營把總署都指揮僉事傅備，同指揮陳謙掌管各門城樓收貯帳房，既領出不照數交納，通同侵欺盗用。事覺，下刑部擬罪，奏上。詔曰：凡盗官物，律有常法處之，帳房爲兵衛所資，藏納宜謹，此輩乃合謀盗用，其不畏法可知矣，合依法司擬主守自盗者律，謫令邊方立功五年，俾姦頑知所警。

《明憲宗實録》成化十六年十二月　〔辛酉〕河南道監察御史陳斌巡按雲南，西廠緝事校尉訪其枉法納賕諸事，下錦衣衛獄鞫治，追其贓不得。久之，斌乃稱寄於原藉親識，遣官往追，完之。刑部擬坐絞罪。上宥其死，發充口外軍，家屬隨住。

《明憲宗實録》成化十七年二月　癸丑，守備徐州、歸德等處河南署都指揮同知王能，坐賄求選用，命罷任帶俸差操。

《明憲宗實録》成化十七年五月　〔戊子〕翰林院編修丁溥居家，與華亭縣主簿梁桂乘醉忿爭，桂因奏發其平日請託諸事，事連御史柳淳，命俱執問如律。

《明憲宗實録》成化十八年二月　癸亥，山西按察司參奏守備偏頭關都指揮僉事郭瑄，占收部内該徵屯糧，都察院請行本司分巡官執瑄鞫治，從之。

《明憲宗實録》成化十八年閏八月　〔癸巳〕下太常寺帶俸少卿周庠於錦衣衛獄。庠先爲光禄寺少卿内府書辦，嘗自陳其勞授從四品散官，例不該支俸而庠支之，比滿九年得擢太常，妄引舊例乞遞陞從三品俸。吏部奏庠貪冒無恥，且朦朧支散官俸，宜寘之法，而光禄寺官吏又漫不可否，輒給與之，亦宜究治。詔可，且令光禄寺卿艾福等具狀以聞，既而宥福等，停其俸一月。

《明憲宗實録》成化十八年十二月　〔壬午〕黜河南按察使陳相。巡按御史戴中劾奏相素無清譽，晚益貪淂，令其子韶冒管内新鄭縣户籍，欲舉爲周府教授，其他所行多不法者，乞罷之，且自劾乞罷。上曰：陳相冠帶閒住，戴中既自劾勿問。

《明憲宗實録》成化十九年二月　〔丙子〕都察院奏：文職官有犯聽許財物問發爲民者，其人授有復職例奏辯，按律官吏凡犯貪滛俱罷職役不叙，今其人犯贓雖未入己，貪污已著，槩擬復職亦非政體所宜，宜〔如〕〔加〕考覈素行不謹者，令冠帶閑住。奏入，上曰：居官以廉潔爲本，一犯贓污清議所棄，况能逃於國法乎！彼聽許財物與受而入己者雖若不同，然既心許之矣！不必論其迹也，槩使復職固失之縱，若令冠帶閑住亦未足以爲貪墨者之戒，必仍發爲民如律。意爲是，法司其遵行之。

《明憲宗實録》成化十九年三月　〔乙未〕巡按河南監察御史劾奏都指揮僉事高英盗用官物，私役軍餘，科罰財物抵换入己，法當治罪。都察院請下御史逮問如律，從之。

《明憲宗實録》成化十九年三月　〔庚子〕周府儀賓張瑀、黄晋卿、薛潤、魏隆、周慶、梁芳俱以賄囑典簿，預給禄米，領狀質銀於人，巡按御史按治典簿罪，因舉奏瑀等，都察院請下御史逮治之，詔可。

《明憲宗實録》成化十九年夏四月　〔甲申〕罷閒僉事張寬，先以貪淫事發貴州鎮遠府爲民，既而逃回，又誣奏撫治鄖陽大理寺右少卿吴道宏挾仇誣陷反貪暴等事。上仍命原差内外官蕭敬等會勘，襄陽衛鎮撫蘇忠，先因委勘寬事，挾取寬財物，亦被奏發，梁府内使陳鑑侵盗本府財物，亦坐累，敬等俱鞫得其實，各擬合坐者律，都察院以聞。上以寬、忠情犯深重，謫柳州衛充軍，鑑發本府守墳，道宏贖杖還職。

《明憲宗實録》成化二十年春正月　〔壬子〕東廠行事司禮監太監尚銘有罪，黜往南京，尋遣官校追械之還，將窮治之。既而有旨：銘管理東廠不公，欺心罔上，大肆姦貪，贓濫顯著，有壞成法，當置之死刑，姑從輕處治，不必來京。仍令押赴南京守備太監杖之百，充浄軍孝陵種菜。銘本汪直所薦，自直見疎，獨擅權勢，甘言悦色以鈎取名譽，而内肆陰狡，賣官鬻爵無所不至。聞京師有富室輒以事羅致之，得重賂乃已。又謀入司禮監與當道者相埒，人知其必敗，至是籍其家，得貲數萬，輦送内府

者累日不絶云。

（明）鄧士龍《國朝典故》卷五九《謇齋瑣綴録》 成化二十年七月，下陳鉞錦衣衛獄。先是，鉞鎮遼東，同汪太監征剿建州虜寇，因而侵盜邊庫銀兩計數十萬，私匿俘虜子女多人，父子各占一姝。既罷職家居，其寡嫂孤姪，苦其凌轢，潛赴京訴其事。東廠刺事太監卽日以聞，遣錦衣官校馳往逮之。執其幼子，考掠具服。所侵庫中玉蝴蝶諸異品，占所俘之姝，俱追解赴京，下錦衣鎮撫司鞫問，人皆爲之危。鉞乃洋洋然對於官曰：金銀實有之，但當時分送某幾千某若干，子女亦有之，但送某幾人某幾人，同時同事某收幾人某收幾人，而我所收皆衆所棄遺者。以故大臣曾有所受者，聞之皆膽顫心寒，相與極力營解，遂得無事，仍放爲民。

《明憲宗實録》 成化二十年十一月 〔乙巳〕停都督同知劉寧俸六月。寧充總兵官恊守大同，天城衛副千户宋琮，以侵欺馬價豆銀事覺，挾舊怨，發寧冒報功次、放債營利、納樂婦爲妾，且誣以他事，下都察院，請俱逮治。上以邊方用人之際，宥寧罪，但停俸半年。琮既犯罪，妄行奏擾，謫戍遼東衛分，其冒功陞者，命俱執問並革之。

《明憲宗實録》 成化二十一年夏四月 〔癸丑〕陝西都指揮僉事陳文，坐求索所部財物，問擬徒罪，調行都司帶俸差操。

《明憲宗實録》 成化二十一年秋七月 〔甲寅〕廣西都指揮僉事王璽守備慶遠，指揮程瑄賣部下月糧，並斂銀饋之。瑄每遣軍護客商出境取其貨，及賊入境殺掠復不能禦。爲巡按御史所劾，驗問得實，俱坐受財枉法罪。後更赦璽，當免罪帶俸差操，不得理軍事。瑄猶以失誤軍機當充軍。都察院具獄覈奏，詔可，瑄降官一級。

《明憲宗實録》 成化二十二年二月 丁亥，巡按貴州御史鄒魯，奏貴州都指揮僉事王溱，受土官財物，縱令讎殺。都察院請仍行魯逮溱鞫治，從之。

《明憲宗實録》 成化二十二年三月 丙寅，分守柳慶右叅將署都指揮僉事吳英，挾勢索取所部財物，又縱令下人尅害官軍，爲巡按廣西監察御史程春震所劾，問擬贖徒還職閑住。至是都察院以具獄上，上以英所爲不法，命追贓完日降一級，廣東邊衛差操。

《明憲宗實録》 成化二十二年五月 〔乙丑〕翰林院侍講尹龍有罪除名，並革其父吏部尚書尹旻太子少保，令致仕。時東廠官校發龍諸陰事，下錦衣衛獄，既而吏科給事中張雄等言：龍宅心匪臧，制行可惡，竊弄父權，大開倖路，納賄如市而略無忌憚，干謁如雲而罔知檢束。如榆次縣知縣孫盛饋銀三百五十兩，特授沂州知州，通州指揮吳昂送銀五百兩，兼管九衛糧運。且尚書尹旻，猥以凡庸，遭逢聖世，官成名立，改易初心，惟徇溺愛之小私，不顧輸忠之大節，縱子受賕而大著貪聲，恣意用人而甚虧公道。近年以來，奔競成風，以致賢否混淆，是非顛倒，欺公罔上，罪惡貫盈，物論沸騰，人心憤怨。伏望皇上明正其罪，以戒欺罔。監察御史陳孜等亦言：旻貌恭心異，舞智術以御人，行濁言清謀身家以爲計，假銓衡之公器，植桃李之私門厚鄉里，不論賢否，擇善地以居之，比親識不分淑慝，簡美職以授之。有初進而驟陞者，妄稱才識堪任，有久住而淹滯者，誣曰資格所拘。賄賂公行，苞苴競進，如通判王範，以其鄉之親黨而濫陞至事，經歷張璲，以其子之心友而驟進少卿。若此之類，難以悉舉。其子龍性尤譎詐，心復姦回，素無學問之功，藉父勢以爲美官，久著貪污之跡，據厚資而彰穢行，原其所自旻父也，龍子也。父之行既不足以正其子，子之惡豈不關於父！受賄者雖曰龍，而行事者實則旻也。使其不知則於子且不知何以别天下之賢否，使其知之則於家且不齊何以典人物之銓衡，清議不容，輿情共憤，事既敗露，幸蒙曲宥，自當稽首感激、奉身求退，復何面目立於清班！是蓋人言不恤，廉恥罔顧，殊失大臣之體，甘爲小人之歸，乞獨奮乾剛，大彰天討，以爲父子同惡人臣倖道之戒！上曰：尹旻姑不逮問，三法司、錦衣衛，具執尹龍並張璲、王範，於午門前拷訊明白，仍究其有如璲等親昵請託、營求陞職者，具實奏處。於是禮部郎中劉紳，兵部員外郎董寧，常德府同知朱紳，按察司副使謝顯、王錦、馮蘭各俱及焉，獄上，得旨：尹旻聽子納賄，徇情陞官，大壞邊法，仍革太子少保，止令以尚書致仕。龍憑藉父勢，交結憸邪，濫受贓私，發原籍爲民。璲、範降三級，調除遠方。劉紳等令各執問。侍郎耿裕等，令具狀以聞。裕等服罪，上責其職佐銓衡，乃旁視緘默，曲意阿從，致使陞擢不公，法當逮問，姑置之，仍停俸三月。已而降璲爲廣東化州知州，範爲雲南景東衛經歷，劉紳爲四川漢州知州，寧爲湖廣常德府通判。而命巡按御史執問顯、錦、蘭及朱紳來奏。

《明孝宗實録》弘治四年五月 庚子，詔逮問山西行都司署都指揮僉事陳志，坐受軍人賂，爲巡按直隸御史所奏也。

《明孝宗實録》弘治四年九月 〔甲申〕廣西都司都指揮僉事王璽，以索賄毆傷屬官，爲巡按御史所劾，命逮治之。

《明孝宗實録》弘治六年三月 戊子，遼東都司都指揮同知宋溥役軍士耕私田，私乘官馬致死，又索賄於軍士，巡按御史李善劾其罪，命逮治之。

《明孝宗實録》弘治八年四月 〔辛巳〕先是，江南蘇、松等府被水，命南京户部委官覈之。乃委主事高峘往，峘偕其養子林及舊隷蔣能同行，所至，每遣林等出與典賦者爲關節，議諸所直多寡若市物然，銀至百兩則所報災數不復問其虚實，否則駁之不已。以是州縣聞之，鮮不納賄。巡按御史吴一貫，巡撫都御史何鑑相繼發其事，下南京都察院問，並劾本部左侍郎李益以差委匪人，坐贖杖還職。峘追贓，並家屬發湖廣常德衛充軍，林等各坐罪有差。峘，故大學士穀之子，初爲中書舍人，奢靡亡節，多稱貸於人，及爲主事，敢貸者隨而索之，故以墨敗。

《明孝宗實録》弘治八年六月 〔癸酉〕先是，武驤右衛革職千户朱通，奏把總指揮彭麟等鬻放軍士，冒支月糧諸不法事，辭所連及甚衆。上命給事中吴仕偉，御史祁司員，郎中胡汝礪、夏昇，會御馬監太監甯瑾按之，瑾邀仕偉等入監諷以事多掣肘，遂奏稱内府非鞫獄之所，禁軍無清查之例。上命下麟及通於獄，餘皆不問。兵科都給事中楊瑛等劾麟及指揮使陳寬，俱膺重寄，肆爲姦貪。麟一人鬻放軍士八百餘人，歲冒〔支〕月糧八千餘石。勇士把總署督僉事梁洪，及指揮吴安、盧茂、栢瑩擅役衛士，導從出入。騰驤二衛指揮同知句洪、田忠夤緣把總致額外增設一員。其罪與麟等同，俱難輕貸。皇上初命仕偉等按問，中外咸謂百年宿弊一旦可除，而瑾等曲加掩護，遂止下通等二人於獄，餘悉不問，是所謂朝令夕改，非所以昭大信於天下也。彼謂内府衙門難於鞫獄，則勇士教場亦係公廨，獨不可以鞫乎！謂禁兵不宜清理，則皇城守衛亦時點視，是獨非禁兵乎！鬻放既不加罪，則將來效尤者必多，萬一有意外之虞，其誰與守？瑾巧言庇姦，仕偉等循默依違，俱有罪。乞别勑司禮監太監並户兵二部堂上官各一員，仍會科道官一一驗治。監察御史熊達等亦以爲言。上以事已施行，下所司知之，至是，刑部具獄併欲治洪等罪。得旨：麟鬻放軍士數多，情罪深重，照例並妻子發邊衛永遠充軍，仍命都察院榜示禁約。通贖罪畢並其子，調在京别衛。洪與寬等已有前旨，俱免究問。

《明孝宗實録》弘治十一年六月 戊子，中都留守司副留守張溥，私役軍人，多取貨利，爲鳳陽西高牆庶人女所奏，下廵按〔監察〕御史問擬贖徒還職，刑部請照例革任，帶俸差操，從之。

《明孝宗實録》弘治十二年八月 〔壬子〕福建邵武縣知縣高遷，侵漁官庫銀五百餘兩，他所得賂以千數。巡按監察御史嘗薦之，或先期準其考績。邵武人通判湯珍心不平，又以遷嘗慢之，奏發其事，並誣及都御史洪鐘，副使韋斌，僉事王寅等，命給事中熊偉等往按，奏擬遷監守自盜，追贓發原籍爲民，珍誣奏十人以上，革職冠帶閑住，下刑部議請如所擬。上以遷侵盜官錢，索取賄賂數多，難處以常例，並其家屬發廣東海南衛充軍。

《明孝宗實録》弘治十二年十一月 〔己卯〕初，壽王之國，承奉宋祥、趙鳳，典膳時俊等所過，縶掠官吏，責獻茶果錢，州縣不勝荼毒，率鳩貸富民錢以應之，至臨清州，吏偵知德州所賂銀錢幾三百兩，以白兵備按察司副使陳璧，璧令勿與，祥、鳳銜之，會璧隨鎮巡官朝王，祥立王側，揮内使執而毆之，流血被面，護送太監梁義止之，乃解。時各船軍校亦執梃登岸，毁居民屋舍，搶掠貨物，城中爲之罷市，已而義欲以聞，王乃召璧慰諭之，令義笞祥、鳳等，事遂已。頃之，東廠發押馬内官曹玉潞河驛脅索錢物事，有旨：侯王抵國驗問。而臨清軍民及璧皆奏其事於朝，且盤獲祥所販私鹽六萬三千餘引。上遣給事中丘俊等往驗之，得實，並劾長史王春、秦誠通不能諫正之罪，命下四川巡撫巡按官逮治，以在赦前，奏擬祥、鳳免徒革職解京。奏請時俊免杖還職，春及誠通免杖如例調選，且以曹玉等脅錢王名聞，命祥、鳳解京送司禮監奏請處治。俊、春、誠通俱改調别府，曹玉等逮治如律。

《明孝宗實録》弘治十四年閏七月 〔己卯〕廣東總督備倭署，都指揮僉事王俊，坐受財枉法發邊方立功，俟五年滿日，回衛帶俸差操。

《明孝宗實録》弘治十六年六月 〔己酉〕初，山西署都指揮僉事李愷領大同邊〔摽〕〔操〕，以餽總兵官莊鑑爲名，受所部氈段等物百餘事，

鑑亦侵入愷所收朋約市馬銀七百餘兩。事覺，愷下所司逮問，命贖杖還職，仍革官軍管事，並徵鑑還，令法司（挨）〔俟〕其至日以聞。

《明孝宗實録》弘治十六年十月　〔癸亥〕慶成王府儀賓郭譽有罪，革職爲民，坐結兇徒嚇詐財物故。

《明孝宗實録》弘治十七年三月　〔丁亥〕鎮守大同總兵官都督莊鑑有罪，謫遼東三萬衛立功。鑑在大同，侵盗官軍馬價銀七百餘兩，信任部指揮僉事呂愷，愷復倚鑑名索諸軍財物，百户侯俸發其事，鑑乃以所侵馬價送愷，且以賄囑愷，使承其事。愷懼而自言，巡按監察御史盧儀等核實具奏。命愷等論如律，鑑還京逮問。至是，獄具，擬監守自盗，論準徒五年，立功滿日，仍本府帶俸。

《明孝宗實録》弘治十七年九月　癸丑，刑部郎中蔡栻，坐受贓枉斷人家産，下錦衣衛獄。法司擬其罪，發附近衛所充軍，從之。

《明孝宗實録》弘治十七年十月　〔壬戌〕初，韓府通渭王徵釴薨，其長子偕洹已得旨襲封，然未受封册，其教授楊德顯乃以得旨之日爲始，移文平涼府冒支禄米千五百餘石。至是布政司奏其事，謂德顯及左右長史等官，俱當逮問，從之。

《明武宗實録》正德元年二月　〔乙亥〕分守金騰參將盧和性貪暴，挾索夷人金寶以萬計，納孟養思陸賂，以孟木等村夷寨畀之。民女有已聘爲人妻者，百計奪爲妻。吏民小忤輒至死。毆而死者二人，毒而死者一人，畏威而縊死者五人，爲分守内官孫叙所訐。而叙亦多索夷人金寶，初以平戛寨賣於莽勒，既而勒之叔輝納賂，又改畀之，且令人至夷地市寶石，和與之互訐，又邀截其奏下巡按御史驗問，俱擬斬。和所用千户李綸坐與夷通市，叙所用土官鎮撫謝宏、趙鉞坐强索財物，俱擬永遠充軍。都察院覆奏，和及綸、宏、鉞如擬，叙減降充軍，詔是之，發叙充孝陵神宫監軍。

《明武宗實録》正德四年正月　〔庚申〕黜監察御史歐陽雲、工科給事中吴儀。時出差回京者，必納賂於瑾，乃可免禍，往往於所至地方科索金錢，於是雲、儀出差，自陝西亦踵故習，而瑾之黨適有説瑾，勿受出差官餽遺者，瑾遂以二人有貪聲，用考察列黜爲民。

（明）卜世昌等《明通紀述遺》正德五年四月　給事中邵天和會巡按山西御史馬昊及參政臧麟僉事蕭淵查盤河東鹽課，將還，畏瑾索賂，謀於運使李德仁，德仁遂斂所屬銀一萬八千三百奇，和昊、麟、淵及巡鹽御史周廷徵、魏彦照分取各數千，潛至京寄於給事中白思誠家，而德仁自入者亦數十。爲瑾緝事者所發。時和已坐事爲民，乃遣給事中田汝耔往按之，具得其實。還奏有旨，陞汝耔俸一級，德仁罰米八百，天和二百，彦昭三百，昊、廷徵、麟、淵一百，思誠五十，各宥其罪。德仁、彦昭仍降二級，昊、麟、淵一級，廷徵以巡按陝西俟溝日治之。

《明武宗實録》正德五年十月　己亥，治瑾黨太監陶錦，監丞賈振等二十三人罪。錦、振爲瑾所親信，干進者，率因以通賄，而錦不法事尤多。嘗往福建查盤凌轢，三司不異，僕隸所索饋遺以數萬計。至是俱（彼）〔被〕收，法司擬朋黨亂政律當斬。詔錦、振各杖八十，與高諒、王鎮、王保、劉堂、劉聰、吕祥、殷俊、王俊、郭洪俱充孝陵衛淨軍，仍籍其家。臧林、王成、朱英、張鐙、布通、戴玉、黄瑄、劉清、劉瑶、鄭喜、尹鑾、劉景亦充淨軍，永不叙用。

《明武宗實録》正德五年十二月　〔庚子〕初陝西西安縣人韓範以承差服役焦芳門下，會劉瑾用事，芳以範陝西人，每私造，瑾輒以範隨時令往來傳語，爲姦利。範巧黠得瑾意，一時奔競者遂羣附之，有所干請皆因範以通賄，雖達官亦與抗禮，忘其爲賤役也。後選衛源驛丞，甫之任，復假公事留京中，上官亦莫敢問，瑾既誅，械繫錦衣獄拷治。辭連吏部尚書劉宇、刑部侍郎張鑾、南京太常寺少卿劉介、通政司參議吕元夫、大理寺丞蔡中孚、按察使仲本、參政彭桓、僉事王相、知府郭經、羅璋，皆因範通賄者也。宇，銀三千。介、中孚、桓、相、經、璋各千。元夫本金百。蓋範所招止此數人，賄實不止此數。如宇者，前後所賄蓋數萬，而範所入者亦不貲。獄具，詔範及家屬俱發廣西馴象衛永遠充軍。諸所連及者以人衆且多遷謫爲民，病故〔者〕，姑宥之。在任者，仍奪俸兩月。

《明武宗實録》正德六年三月　〔丁丑〕初太監陶錦差往福建查盤錢糧，布政使常麟、按察使夏景和、巡按御史韓廉、鎮守太監梁裕共斂所屬銀二萬兩，饋之。後錦以劉瑾黨被執，詞連麟等，俱逮問。時麟已陞南京禮部侍部，景和副部御史，廉調知縣，裕閑住。獄上，命各降一級，麟、景和俱調山西參政，裕仍閑住。

《明武宗實録》正德六年十二月〔丁亥〕兵部覆都給事中孫禎等劾奏：鎮守河南太監廖堂，守備南京太監彭恕，大肆姦貪，流毒遠近，皆聽信其下錦衣衛指揮廖鵬、楊瓚等導引所致，乞將鵬等革職逮治。得旨：鵬已有旨，並同時參隨官俱令回衛帶俸，瓚等姑免究，亦各令回原衛，不許在彼潛住。

《明武宗實録》正德八年十一月〔癸酉〕太僕寺丞張鑑督徵保定等府馬價並草場租，巡撫僉都御史林廷玉以災傷故令有司緩之，鑑不能平。會東鹿縣羣長私斂錢餽鑑，鑑覺，舉置之法。廷玉聞之，召各縣羣長使具報所饋鑑者贓至數百。即以奏聞，鑑逮繫詔獄，掠訊不肯承，且奏辯其冤，乃詔三法司錦衣衛會鞫之。鑑贓卒無實進，但以所歷騷擾，令贖徒畢對品調外任。廷玉亦坐挾私誣奏，調南京都察院。

《明武宗實録》正德九年十一月〔癸酉〕勒陝西按察司僉事張璡爲民，始璡與都御史張翼訐奏，遣給事中邵錫、刑部郎中閔槐、錦衣衛千户周衷勘之。時巡按御史成文亦劾翼失事冒功。翼疑璡與文同鄉有私，伺璡遣人如文所，執而脅之，俾首所餽文金錢狀。又慮其人不承厚賜以結之。即以奏聞，併下錫等案驗，皆誣。錫等還報，復下璡詔獄。與文面質詞不異，璡竟坐黜爲民，而翼以養病去，不復究。

《明武宗實訓》卷二《禁貪》　正德十年六月己巳，詔内外問刑衙門，凡徵收部解官物，雖未入官，有所侵盗，及遇革不改者，俱照監守及侵盗倉庫例科斷。敢有故縱者，坐之。著爲例。

《明武宗實録》正德十一年六月　戊辰，降山東按察司僉事中鸞一級。初巡按御史張羽劾鸞恣意妄行，怨讟並作，〔項〕〔頃〕因其父還鄉輒受各屬餽贐，稍不滿意，動加箠撻，宜即罷黜。吏部謂鸞先爲益都知縣，有親冒矢石，捍禦城池功，去之可惜，乃降之。

《明武宗實録》正德十二年四月〔庚戌〕十三道監察御史張士隆等言：陝西鎮守太監廖鑾姪鎧者，已坐罪除名。復冒功爲錦衣千户，狠戾貪淫，假竊威福，招無賴之徒以爲爪牙，結罷閒之官以諮謀議，强索民財，盗取官庫，凌辱宗室庶人子女，有受其笞撻者。陝人畏之如狼虎，將官副參而下皆納賄，復恐事敗，乃以氈帳等物進御希寵，由是諸所科索輒指爲進御。自陝達京車輛填塞於道，雖飛報邊情者，遇之不得行。又拜巡撫都御史蕭翀爲假父，益得恣。其所爲跡其虐害陝人者皆其父鵬害河南之故習也。河南以鵬致亂，今陝西各邊有警，鎧又亂之，萬一虜侵其外，民潰於内，其禍有不可勝言者。是時雖磔鎧於市，其將及乎？乞亟召鑾回，而寘鵬、鎧於法，以杜亂階。特六科給事中汪玄錫等亦以爲言，皆不報。

《明武宗實録》正德十三年九月〔丁巳〕陝西漢中知府賈銓以貪污下鎮巡官勘問，銓懼而逃，遂黜爲民。

《明武宗實録》正德十六年九月〔庚午〕初，薊州總兵官都督馬永以部下參將燒荒失事，爲江彬所挾，懼得罪，以銀二千兩賂之，爲城門閣者所獲。事覺，將逮永，巡按御史田美言：永一時名將，邊降倚賴，宜曲貸之。兵部稱，永累膺撫按薦舉，及所在軍民保留，而刑部議上，亦乞免具逮究。上從之，責永策勵供職。

《明世宗實録》嘉靖元年正月〔庚申〕浙江巡按御史何鉞奏：先任浙江鎮守太監劉璟、王堂、浦智，織造太監晁進皆黷貨害民，雖已罷革，未泄衆憤。都察院覆議，請逮問追贓，智貪縱尤甚，宜寘重典。得旨：四人業已處分，免逮治，所坐贓物如議追没。

（明）黄訓《名臣經濟録》卷四六《刑部論奏林俊題侵欺錢糧事》

嘉靖元年十月，管牛房尚膳監、左少監賈全，奉御王太安、郭文、王川長，隨段仲、張仲堂、姜輔、閻川，内使任信等侵盗喂養牛隻料豆三十九石，倉官徐鈞失於覺察。該本部浙江司問擬賈全等俱雜犯斬罪，徐鈞減等杖罪。具奏送審，奉聖旨，是賈全送司禮監，奏請發落，徐鈞等送大理寺審了來説。欽此。欽遵。抄出送司，案呈到部看得，刑部、大理寺，皆古刑官。虞謂之士師，周謂之司寇，我太祖慎重刑獄，鞫於刑部而讞於大理，然後告成於天子而聽之，此成法也。近者内侍有犯，多付司禮監，似無刑部也。今付刑部，又即付司禮，又似無大理也。竊意終非祖宗成法，伏望聖明，將賈全等仍同徐鈞等送大理寺審録，然後付之司禮，庶幾成法具存，為聖子神孫萬世不易定守。臣等不勝願幸，緣係奉欽依，是賈全等送司禮監奏請發落，徐鈞等送大理寺審了來説事理。嘉靖元年十月十五日具題，十八日奉聖旨，卿等説的是賈全已發落了。欽此。

《明世宗實録》嘉靖二年正月　庚戌，初冠帶軍匠柯琳貪緣得官南京錦衣衛指揮使，與太原指揮僉事江昌齡等共爲奸利，矯詔科索諸郡縣，贓

至數十萬。琳又黨江彬，誘武宗皇帝巡幸偏頭、關文，致山西布政使胡玥、副使秦瑋罪逮詔獄。彬伏誅，琳、昌齡等俱逃，御史張鉞捕鞫之。都察院坐琳罪當斬，昌齡等充煙瘴永遠軍，具獄以請。詔宥琳死，發兩廣極邊衛永遠充軍，昌齡等如擬，俱遇赦不宥。

《明世宗實録》嘉靖五年五月〔戊戌〕給事中沈漢言：户部郎中牟泰以屬吏徐賓侵盜官銀，逮繫詔獄，因責外任，按賓爲奸利，事在泰未任之前。今事敗而泰發之，是泰固無罪也，使下法司問理必得其情，因言祖宗設法司以理庶獄，即鎮撫司所鞫亦必赴法司議擬，乞復泰原職，自後刑法宜悉遵祖制。章下所司。

《明世宗實録》嘉靖十一年十二月〔壬午〕武功右衛中前所百户孫鏜訐奏兵部武庫司郎中苗汝霖前管郊壇工役時，侵剋夫銀萬計。詔下汝霖錦衣衛獄拷訊得實，發邊衛永遠充軍。

《明世宗實録》嘉靖十二年二月 己亥，奪楚府通山王府鎮國中尉顯棲祿五月，下武昌府知府仲選及楚府長史楊天茂、孫立於巡按御史逮問。顯棲故交驩選。郡有殺人獄，賂顯棲求脱。棲乃爲之尊致五百金選所，曰：酒也。選命吏叢其尊，得金。乃集僚佐，對識邑藏中，亟鞫成殺人獄，以其事聞撫按，並捕顯棲左右，劾治之。顯棲亦以游言誣選，啟行長史司以自解。天茂、立爲之轉呈撫按。於是撫按論顯棲納賄市私，又欲丈致人罪。選不自脩飭，致苞苴及門。天茂、立扶同呈舉，無所救正，均屬有罪。上切責顯棲薄罰之。寘選等於理。

《明世宗實録》嘉靖十八年三月〔甲午〕御史胡守中劾奏湖廣布政使徐乾、按察使吴允禄私饋銀五百兩于公館，剝民膏脂，裝誣風憲，乞重治以警官邪。上命行在錦衣衛執送鎮撫司杖治之。

《明世宗實録》嘉靖二十七年十一月 丁酉，巡按湖廣御史賈大亨劾奏荆州府知府周世雍，及竹山縣知縣雍通皆貪污不職，當爲民。吏部覆擬閑住。上竟從大亨言，照世雍、通俱爲民。仍戒吏部於貪墨官毋得徇情曲護。

（明）佚名《四川地方司法檔案》 壹起爲貪吏贓弊不解實米累衆替完乞憐均分錢糧事。

壹名，張孝，年叁拾貳歲，順慶府廣安州鄰水縣民，見充本縣首領候缺吏。狀招：本縣原額成都府廣豐倉□□本折柒拾貳石伍斗伍升肆合，秋米本折壹千叁百石。□年編僉解户玖名，解運赴倉完納，掣取通關銷繳。嘉靖貳拾柒年，本縣將孝未到父張仲華並在官余允禄、張俸愷、陳仲傑、胡本松、胡朝春、唐勝節、汪崇表、洪季國俱以丁糧編僉該年分該倉解户各壹名。本縣因災傷花户拖欠，將糧延至嘉靖貳拾玖年拾貳月内方纔追完行□。張仲華等赴縣領銀起運間，比孝思得張仲華年老，要行替解。查得夏米數少，希圖輕便，不合赴縣稟官頂名止解夏米本折柒拾貳石伍斗伍升肆合，領價銀肆拾柒兩壹錢陸分壹毫，余允禄等捌名各領解秋米本折不等。余允禄、張俸愷、陳仲傑、胡本松、胡朝春、汪崇表、洪季國各領本折銀共壹百兩，唐勝節領本色銀伍拾兩，折色銀肆拾兩，又余允禄等捌名於壹百兩之外復共領本色銀伍拾伍兩，俱給文起運，赴撫按衙門挂號，赴布政司，各將折色銀秤收貯庫，納獲庫收。本色米，孝該夏米叁拾陸石貳斗柒升柒合，價銀貳拾伍兩叁錢玖分叁厘玖毫；余允禄等捌名該秋米本色各柒拾壹石肆斗貳升捌合伍勺柒抄貳撮壹圭，價銀各伍拾兩，并原共領本色銀伍拾伍兩，該米柒拾捌石伍斗柒升壹合肆勺叁抄柒撮玖圭。劄發成都府轉發該倉買米上納間，比余允禄等要與孝將夏、秋本色米均分買米完納，將情具狀，告赴巡撫都老爹張處。蒙批：仰布政司提問招詳。蒙司抄詞，牌仰奉府楊通判即便行拘犯人張孝、張仲華、余允禄等到官，查審各犯原領解貳拾柒年分成都廣豐倉夏、秋米有無均納領解，是否那移不均，逐一查明有罪人犯，具招詳報。隨蒙本官行拘孝與余允禄等到官，逐一查審，孝委因父張仲華年老，替伊解納，赴縣頂名，止領解夏米本折銀肆拾柒兩壹錢陸分壹毫。余允禄等柒名各領解秋米本折銀各壹百兩，唐勝節領秋米本折銀玖拾兩，又共領秋米本色銀伍拾伍兩。孝委係少解銀伍拾貳兩捌錢叁分玖釐玖毫等情。蒙斷令：除各納完折色外，將余允禄等前項共領銀伍拾伍兩給與孝，令買秋米赴倉完納。其孝前原領夏米本色銀貳拾伍兩叁錢玖分叁釐玖毫亦均作玖分，令每人各領銀貳兩捌錢貳分壹釐五毫，通前各買米不等：孝該買夏、秋米捌拾貳石陸斗貳合貳勺叁抄柒撮玖圭，余允禄等捌名各該買夏、秋米柒拾伍石肆斗伍升玖合叁勺柒抄貳撮壹圭。各照數買運赴倉完納，掣取通關，庶夏秋各得以均融，領銀不至於偏重。前情明白，將孝取問罪犯。

捌名：余允禄、張俸愷、陳仲傑各年叁拾伍歲，胡本松、胡朝春、唐勝節各叁拾捌歲，汪崇表、洪季國各肆拾歲，俱鄰水縣民。各供同。

壹，議得：

張孝所犯，合依不應得爲而爲之事理重者律，杖捌拾，有《大誥》減等，杖柒拾。係吏，候具招呈詳允日，折納米價，贖罪完日，與告實余允禄、張俸愷、陳仲傑、胡本松、胡朝春、唐勝節、汪崇表、洪季國各寧家還役。

（明）佚名《四川地方司法檔案》 壹起爲閻王羣虎違例重分脚價欺孤思産不容安生事。

壹名，余陳祖，年肆拾捌歲，成都府資縣龍水上鄉民。狀招：故祖余伯山，生故伯余相，故父余正，在官叔余輔、余爵，未到余禄伍子。余相生在官大功弟余陳勛，余正生陳祖，余輔生在官大功弟余陳言，余爵生在官大功弟余陳善、未到余陳謨，余禄生在官大功弟余陳珠。嘉靖貳拾捌年内，本縣將陳祖户名、余爵並本管在官里長余萬珊及本鄉在官黄月虎、李大才税糧共柒石伍斗伍升，輪編茂州廣備倉該年分解户壹名，經收本折糧米壹百零貳石捌升。余爵糧伍石爲收頭，余萬珊肆斗，黄月虎壹石貳斗，李人才玖斗伍升，俱爲貼户。余爵議令陳祖與余陳勛、余陳言、余陳善、余陳珠伍人赴縣收解。各就不合乘此科派余萬珊、黄月虎、李人才幇出盤纏脚價銀不等：余萬珊出捌成色銀壹兩陸錢，折白銀壹兩貳錢捌分；黄月虎出捌成色銀玖兩陸錢，折白銀柒兩陸錢捌分，米壹石壹斗；李大才出白銀柒兩陸錢，米玖斗，共白銀壹拾陸兩伍錢陸分，米共貳石。俱付陳祖收掌，赴縣經收前糧。就將前科銀内將壹兩伍錢買備收銀簿歷、包封紙張並銀箱壹個、鎖鑰壹副，裝盛糧銀，又將肆兩伍錢陸分陸續在縣收糧，收買柴菜酒肉並飯米貳石俱食用花費訖，剩銀壹拾兩伍錢，仍付陳祖收掌。本年拾貳月内，比陳祖與余陳善、余陳言、余陳勛、余陳珠見得催收糧銀不完，恐後米價騰貴，要得各出銀兩，預去灌縣羅買，希圖扣侵官銀，各又不合議出白銀不等：陳祖與余陳善、余陳言、余陳勛各出白銀叁兩，余陳珠貳兩伍錢，並前科支剩銀壹拾兩伍錢，通共貳拾伍兩。議令余陳善、余陳言、余陳勛前去灌縣地名導江鋪買米。内將壹拾柒兩陸錢照時價每石價銀伍錢伍分買米叁拾貳石，又將貳錢買篾笆陸個，囤放未到店户張雄家，又將陸兩僱未到脚頭張大宣等拾駝，仍有銀壹兩貳錢，余陳善等在彼買米食費。回縣與陳祖、余陳珠收完本折糧銀共壹百貳拾貳兩伍錢，煎銷成錠，於嘉靖貳拾玖年貳月初貳日給文起運赴府，倒文赴布政司，將折色銀陸拾壹兩貳錢伍分驗發茂州貯庫，本色米伍拾壹石肆升，該銀陸拾壹兩貳錢伍分，劄發灌縣驗糧張通判處驗給。陳祖等買米間，比陳祖與余陳善、余陳言、余陳珠、余陳勛因買有前米叁拾貳石，止少壹拾玖石肆升，及見彼時米價時值柒錢，各又不合將官銀陸拾壹兩貳錢伍分各分壹拾貳兩貳錢伍分在身，眼同各出伍兩貳錢肆分共貳拾陸兩貳錢，内將柒兩買米拾石，壹拾玖兩貳錢僱未到脚頭余公儉等叁拾貳駝，仍遣未買米脚共玖石肆升。各名下止有官銀柒兩壹分。比余陳珠、余陳勛各又不合不候買完駝運，各將官銀柒兩壹分侵尅入己，私自回家避住。陳祖與余陳善、余陳言又將官銀各出叁兩玖錢，共壹拾壹兩柒錢，内將陸兩叁錢買米玖石肆升，伍兩肆錢僱脚玖駝，通將前米脚伍拾壹駝赴張通判處驗運該倉，納獲硃串回縣銷繳。見掣通關間，陳祖與余陳善、余陳言仍各剩銀叁兩壹錢壹分，各又不合侵尅入己，於本年肆月貳拾壹日回家。思得余陳勛、余陳珠侵分前銀，先回避住，負累買米玖石駝運，與余陳珠、余陳勛向説筭補，余陳珠當將白銀叁兩補還陳祖，與余陳言、余陳善各分壹兩。余陳勛不理，陳祖因而與余陳勛各又不合互相争攘間，比余輔、余爵各亦不合偏向，不行公處，陳祖又不合將余陳勛揪打壹場，未傷，當得余陳善等勸散。陳祖將情具告本縣署印洪主簿處。准拘間，余陳勛亦將陳祖等科派前情具狀，於内又不合添揑陳祖脚價余銀陸拾兩，明知數多，恐勛算出，計同豪叔余輔貪貼喝打，屈貼白銀伍兩肆錢等項虚實情詞，及添陳祖未到妻楊氏姓名在狀，於本年伍月貳拾肆日告赴布政司。蒙准批：仰府提問解詳。蒙府行提問，陳祖亦將余陳勛、余陳珠同管科侵前銀等情具狀訴府。催提陳祖等，於本年柒月初捌日申解到府。研審得：余輔、余爵各執稱，議令陳祖與余陳善等弟兄伍人收解前銀，委的科收黄月虎等幇出脚價銀壹拾陸兩伍錢陸分，米貳石，於内使費陸兩陸分，米貳石，仍有壹拾兩伍錢，並自措盤纏壹拾肆兩伍錢，預行買米叁拾貳石，脚拾駝。後陳祖與余陳勛等又將官銀貳拾陸兩貳錢買米拾石，僱脚叁拾貳駝，遣下米脚玖石未買，各將官銀分受各柒兩壹分入己。余陳珠、余陳勛各回避住，遣下未買

米脚俱累陳祖與余陳善、余陳言買運，納獲硃串，回向筭補，因而互相爭打，告出前情。又蒙查得，折色銀陸拾壹兩貳錢伍分驗發茂州貯庫，本色銀陸拾壹兩貳錢伍分驗給陳祖等買米内，除前科黄月虎等並陳祖等自措，除使費外，共銀貳拾叁兩陸錢，買米叁拾貳石，每石時價伍錢伍分，僱脚拾駝，每駝價銀陸錢。又官銀叁拾柒兩玖錢，買米壹拾玖石四升，每石時價柒錢，雇脚肆拾壹駝，通共買完米脚共伍拾壹駝，價銀足彀原徵本色陸拾壹兩貳錢伍分之數。其陳祖等雖各侵分官銀，原係科受黄月虎等幇出脚價並自措盤纏預買前米，以致遺剩官銀，侵尅入己。蒙斷令：陳祖等科收黄月虎、李大才、余萬珊幇貼脚價銀壹拾陸兩伍錢陸分，米貳石，内除買用紙劄厢鎖酒肉花費陸兩陸分、米貳石免追外，仍有白銀壹拾兩伍錢，俱於余陳祖等名下查照均出給主收領，各無異詞。將陳祖等取問罪犯外，結得每白銀壹兩值鈔捌拾貫，招結是實。

陸名，余陳善，年叁拾伍歲，余陳珠肆拾歲，余陳言叁拾伍歲，余陳勛貳拾陸歲，余輔柒拾貳歲，余爵陸拾玖歲，俱資縣民。各招同。

叁名，黄月虎，年伍拾叁歲，余萬珊伍拾伍歲，李大才叁拾歲，俱資縣民。各供同。

壹，議得：

余陳祖等所犯，余陳勛除誣告，又與余陳祖、余陳言、余陳善、余陳珠俱除起運官物，不運本色而輒賫財貨於所納去處收買若等罪名並不應俱不坐外，俱合依因公擅自科斂財物入己者計贓以枉法論，無禄人壹百貳拾貫律，各絞，係雜犯，准徒伍年。余輔、余爵俱依不應得爲而爲之事理重者律，各杖捌拾，有誥減等，各杖柒拾。俱民。緣余陳祖、余陳言、余陳善、余陳珠係大功卑幼告出，並同自首；余陳勛係大功尊長告出，亦同自首，俱免罪。余輔、余爵招係余陳言、余陳善父，俱依家人共犯免科。各完日，與供明余萬珊、黄月虎、李大才各寧家。

《明世宗實録》嘉靖三十年四月　〔甲申〕革隰川王俊柏管理府事。俊柏抑勒宗人，凡請名封婚祿者必索重賄，以致宗室子女過期不獲婚配名封者甚衆。屢奉嚴旨奪祿行查，執不奉詔，故有是命。

（明）卜世昌等《明通紀述遺》嘉靖四十年三月　直隸巡按御史黄紀勘奏，黄花鎮守備太監紀陽貪殘不法，大壞邊防。因言邊關守備太監之設其來已久，荷皇上洞燭邊情，盡行裁革。獨黄花鎮一人以保重地。臣謂本鎮既有兵備，又有叅將。守備等官則訓練防守自不乏人，太監自爲虚設。況此輩類多殘貪怯懦，原非可寄以兵柄者，請並革之。詔錦衣衛逮陽赴京，員缺不必更補。已而陽捕至，亦訐紀索賄不得，挾私妄奏。上乃命並逮紀送鎮撫司，與陽面質。紀坐調爲大理寺評事。

（明）查繼佐《罪惟録》志卷三二《外志·諸臣傳逸》　嚴嵩籍没案：黄金一萬三千兩零、純金器皿一萬一千兩零、鑲金器實金二千二百兩零、金鑲首飾實金六千五百兩零。通共浄金三萬二千九百六十九兩。銀二百零一萬三千四百兩零、銀器實銀二百零二萬七千九十兩零。通共浄銀四百四萬餘兩。玉器共一千零五十七件，内有漢始建國元年注水玉匜、晉永和鎮宅世寶紫玉杯、永和鎮宅世寶玉盤、紫玉、墨玉、碧玉、黄玉、荒玉、花玉等名，番字玉板一片、千岩競秀玉山一座，凡玳瑁、犀角、瑪瑙、銀□□、寶石、琥珀、珊瑚、象牙、水晶、玻瓈、哥窑、柴窑嘉峪石□等物共二千餘件。龍卵壺二，龍卵酒甕一，未製器龍卵一，洪熙、宣德中古剌水熊膽空青薔薇露十三礶，礦砂三百八十兩，硃砂二百五十斤，諸香二百九十一根，重五千五十八斤，奇南香三大塊，沉香山四座，織緞、綾紬、絨褐、羅錦、洋布、洋錦，共一萬四千三百零疋，内有五爪雲龍過肩緞三疋，宋錦一百一十七疋，瑣幅一百六疋，並諸色裘葛男女衣服一千三百餘件。古今名琴五十四張，内有月下水玉琴，咸通之寶、清廟之音、響泉、霜鍾、清流、激玉、玉壺冰、蒼龍嘖玉、一天秋、萬壑松，秋澗泉、雪衣鍾、玉鍒琤、寶玉、秋月春雪調、古冰泉、垂月松風、鳴雷震殿、九霄鳴佩、流水高山、寒江落雁等名。又大理石、古銅琴、古硯一十六方，内有未央宫瓦研、銅雀臺瓦研、唐天策府研、貞觀上苑研、蘇東坡天成研、宣和殿硯、文文山硯。其餘古銅器古書帖共四五千件，古名畫共三千餘件，内有唐九成宫避暑圖、阿房宫圖、宋周文矩學士文會圖、金谷園圖、唐閻立本職貢圖、杏壇圖、越王宫殿圖、宋張擇端清明上河圖、西湖春曉圖、南屏晚鍾圖、劉松源西湖圖。共計變價與器皿首飾共銀二百三十四萬二千零。續追不及千金。通共估現銀二百三十五萬九千二百四十二兩零，龍卵五個，貓睛三十三顆，暈貓睛一顆，祖母緑二顆。北京抄産不在數内。房屋千□餘間，内有雕刻香屋十間。總之，一處所籍不及十之四五，行賂與

寄頓過半。按越王宫殿圖係仁和縣丁氏物，天會圖係錢塘洪氏物，上河圖係蘇州陸氏物，每值千金，尚有贋本。

《明穆宗實録》隆慶二年七月　〔丙寅〕少傅兼太子太傅吏部尚書楊博、兵部尚書霍冀、刑部尚書毛愷各上疏請留大學士徐階，上俱報聞。已而，都察院左都御史王廷遂發給事中張齊奸利事，言齊前奉命賞軍宣大，時有鹽商楊四和者故與齊父棟相善，入其賂數千金，還，爲言恤邊商、革餘鹽等數事，皆室礙難行，爲大學士徐階所格。而四和見事不遂，復抵齊父〔家〕索金，踪跡頗露。齊内慙且恐得罪，乃藉以攻階爲名，〔黯〕〔黷〕亂無狀，宜正刑典。疏入，上以齊既受財枉法，令錦衣衛逮齊父子及諸疏内有名者，送鎮撫司鞫實以聞。

《明穆宗實録》隆慶二年九月　〔甲寅〕盜竊太倉庫銀，降管庫户部郎中宋諾、員外〔郎〕劉自化、許自新、主事王宇一級，調外任；奪主事任汝亮、彭富、周標、席上珍俸半年。先是，銀庫監督官每半年或三月一月輒易，更代弗常。代時交盤又徒具成數而已，未嘗一開庫細驗。以故典守官攢得私購軍匠人等巧竊陰携，蓋不記年所矣，其所虧折亦莫定其數。是年春，盜竊外庫銀六百兩，又竊老庫銀七百餘兩，爲怨家所發。上切責諾與自化交盤不明，事連先後接管員外許自新、主事任汝亮、彭富、周標、王宇、席上珍，俱下法司驗問，而令科道官通查二庫銀錢實數以聞。於是給事中王璽、御史蔣机上外庫銀實少八百餘兩，錢少五萬七千餘文。給事中劉繼〔文〕、御史周禧上老庫銀數反溢出舊額，而封識鎖鑰多磨滅難考，恐虧欠之數尚多。上乃命法司窮治，盡得先後爲盜主名胡守謙等及官攢與盜通者張漢等數十人，各枷號發遣有差，而自新、宇則以新受代與諾等得讁特重焉。上處分畢，因命自今管庫主事各注選三年不得輒易。其貯庫銀限以三千兩爲一匣，固封编號以便稽查。

《明穆宗實録》隆慶二年十二月　〔甲申〕山西北樓口參將都指揮使黑雲龍有罪發邊遠充軍，坐侵没軍糧三百兩故也。

《明穆宗實録》隆慶五年九月　〔己丑〕黜原任南京國子監祭酒姜寶爲民。令誠意伯劉世延、原任南京刑部尚書孫植閑住，世延仍奪俸半年。復原任南京國子監助教鄭如瑾官。初，給事中王禎之論寶也，止言其徇情亂法而不及受贓。及是，南京法司希大學士高拱指坐寶贓千金而爲如瑾辨雪，故有是命。

《明穆宗實録》隆慶六年九月　〔庚戌〕四川江油縣知縣趙佐以侵剋邊糧銀兩數多，依監守自盜例論斬。佐因冒運倉糧，每石扣減脚價銀四分，共侵盜入己銀二千二百四十四兩有奇。

《明神宗實録》萬曆元年七月　〔甲申〕刑部參中都留守司領班都司丙繼光私占責放官軍及科索軍銀七千三百餘兩，且復曲庇私人掩飾己罪，奉旨革職提問。

（明）談遷《國榷》神宗萬曆元年十月　榆林衛署指揮同知張曰敬，坐侵百金以上，永戍邊衛。

《明神宗實録》萬曆二年十一月　〔癸巳〕浙江撫按官揚鵬舉等言：處州、安吉、嘉善等府州縣水災，已經會議改折減免屯糧，分別賑恤，其隨時加派者，或量減分數，或暫行停徵。巡按御史復請貪官趙文華侵冒邊餉十餘萬，沈永言侵欺蠟茶等銀三萬餘兩，姑爲緩追。户部覆言：有災州縣帶徵錢糧姑準徵一分。趙思慎、沈永言等各犯變産，暫令改限完奏，奉旨追徵侵欠，與灾傷地方何干。撫按官借言蠲恤，背公市恩，姑不究，餘依擬行。

《明神宗實録》萬曆七年五月　〔己巳〕浙江巡按御史劾知縣王亮采及林紘、董盛等一十三人，計贓論罪各有差。部覆。得旨：王亮采革職爲民，林紘遠戍，董盛等擬徒發落。

《明神宗實録》萬曆八年正月　庚申，蘇州衛管鎮撫司指揮宋木因常州府發來勘産追贓，犯人管封周以賄脱逃。御史田樂上其事。上怒，勑加究處，並罪本道叅政徐用簡踈縱降治。

《明神宗實録》萬曆八年十月　〔戊戌〕南京户科給事中王蔚論劾南工部主事陳春差往儀真貪縱狀，因及户部主事蔡惟亨舊差九江貪穢狀。上命錦衣衛逮春，而革惟亨職爲民。

《明神宗實録》萬曆九年正月　〔乙亥〕巡按直隸御史劉光國會勘原任易州糧儲員外秦邦彦，管糧重入輕出，召買通商侵剋，官箴掃盪。乞提問追究。得旨：秦邦彦照貪例革職爲民，巡按御史提問具奏。

《明神宗實録》萬曆九年十月　〔戊戌〕發鳳翔知縣王明汲充軍，以按臣龔懋賞劾其累贓幾至八百，刑斃至於六命故也。

《明神宗實録》萬曆九年十一月〔辛酉〕户部奏：河南府起解太倉額銀四萬四千七十餘兩，計少五百九十六兩，錠數不依部題法馬，全用私鑄。據總督劉思問、科道萬象春等審究情節，係知府趙于敏扣剋所致。宜通行提問，以正侵盗之罪。得旨：趙于敏並經手人役與四様法馬，都着撫按官提解來京，與原解官李湘對訊。

《明神宗實録》萬曆十年十月〔丁酉〕雲南道御史楊寅秋糾吏部尚書王國光六罪，擅支工部銀一萬兩，修理火房，罪一。取抄没仇鸞家石獅充玩好，罪二。宴客宣武門樓，罪三。納滄州知州張與行所獻美女二人，罪四。勒司務胡誥引疾，而以内姻江學詩補之，罪五。覆用貪副使韓應元，不謹知府薛綸，受其厚賄，罪六。上覽疏大怒，詔：王國光欺君蔑法，念係大臣，姑落職、冠帶，閑住。復胡誥職，黜江學詩爲民。

《明神宗實録》萬曆十一年二月〔甲申朔〕刑科給事中田疇言：逆犯范登貪肆異常，言官論列尚未及阿附邪臣。如宣大巡撫賈應元，徇其占窩，大壞鹽法。文選郎中蔣遵箴藉登私宅，納賄賣官，御史于鯨、顧爾行皆聽囑託受賄，乞將四臣一體罷黜，以清仕路。疏下吏部，吏部覆，蔣遵箴降三級，調外任，顧爾行降遠方雜職。于鯨閑住，應元以他贓另勘。從之。

《明神宗實録》萬曆十四年正月〔壬子〕吏部等衙門題，考察貪酷知府等官張珩等共十四員，行各該衙門嚴行提問，應朝者舊有拏問之例。今皇子誕生，國有大慶，雖囹圄罪人，尚欣欣然有更生之望，而況各官叨塵，軒冕所論，事迹未必一一皆真，合從寛典，止令巡按御史提問追贓，以正其罪。庶恩威並著，情法適中，而大典爲益重矣。有旨：都著革職爲民，巡按嚴提究問追贓，立限具奏。

《明神宗實録》萬曆十六年十二月〔庚子〕太和縣知縣潘應期革職提問，從御史蘇酇劾其投賄求脱也。

《明神宗實録》萬曆十六年十二月〔辛巳〕南刑部主事劉以焕革職聽勘，以御史陳揚善劾其受賄，枉斷李鏜一事也。

《明神宗實録》萬曆十九年閏三月〔甲戌〕以遼東撫按官參備禦王宗堯失事行賄求免，宜革任提問。參議傅霖力却夜餽，不振風裁，委應紀録。從之。乙亥，以巡關御史張鶴鳴劾參將袁日章貪肆衰遲，提調張洙昏愚不簡，俱革任回衛。

《明神宗實録》萬曆十九年四月〔丁巳〕以遵化遊擊柴登科侵扣軍餉，革職提問。其武官近年專爲結納餽遺，却刻剥軍士，侵冒錢糧，以充私費，已屬積弊，仍着嚴禁，撫按官不時參奏重治。以鎮朔衛副千户桑國琛侵匿柴炭銀一百兩，致累印官。着追贓遣戍，仍革職爲民，許次房降級承襲。

《明神宗實録》萬曆十九年八月〔戊戌〕科臣揚文舉奉命發帑救荒，貪肆不簡，爲湯顯祖、李用中論劾。南道臣章守誠復糾其公論不容者十事。部覆以聞。上命降極邊雜職。

《明神宗實録》萬曆二十一年九月〔丙寅〕刑部看過原任新昌縣知縣宋堯化贓私追完，發原籍爲民。【略】〔癸酉〕都察院覆，湖廣巡按問過長沙府善化縣貪濫知縣陳一鑑追贓完日爲民。

《明神宗實録》萬曆二十三年三月 丙申，光禄寺寺丞兼河南道御史鍾化民劾河南郟縣知縣葉時榮侵尅賑饑銀兩及勸借科罰等項。上怒，逮禁詔獄，時榮展辯。詔將印信揭單發回，撫按官逐一勘問具奏，令毋輕縱。

《明神宗實録》萬曆二十五年九月 己亥，河南知縣孫文中侵欺庫銀，文中已故，巡按御史請移文原籍，變産追贓。報可。

《明神宗實録》萬曆二十七年閏四月〔丙申〕東征把總梁天胤侵盗兵餉，命嚴提追贓。【略】戒税監禁止額外需索，毋得遠差重徵及濫用匪人。

《明神宗實録》萬曆二十九年八月〔丁亥〕刑科右給事中陳維春言，税使陳使、陳奉凌逼親藩，以惡言侮襄王妃，嚇詐重賄，及前後贓銀十五萬，盗匿税銀不計其數。乞追贓正法，並將參隨沈事問等按究如律。不報。

《明神宗實録》萬曆三十年四月〔丙午〕遼東巡按御史何爾健劾棍惡宋希曾等勾引税監高淮、委官楊承恩等，逼詐贓私，鄉民無告，至欲順虜逃坐。請將諸惡嚴究正罪，以弭變安邊。得旨，令撫按同該監盡法追究，問擬具奏，不許連累無辜，以安地方。遼左衛鎮内外官員各協恭任事，如有偏執徇私，致啓釁端者，並處不貸。先是，高淮庇獲諸姦，以侵欺打奪具奏，傲旨，著内官會同撫按勘問。健前後兩疏辯理，及得是旨，

人心始定云。

《明神宗實録》萬曆三十四年五月〔戊子〕河南鹿邑知縣楊應魁貪酷異常，爲部民所告，巡按王業弘得實以聞。詔捕治之。

（明）毛一鷺《雲間讞略》卷三《一件出巡事》 鹽院左發問華亭縣訪犯吴文灼等。前件審得：吴文灼穴處户房，歷有年所。擅書算之微能，屢操阿柄；踞賦役之要地，輒肆狐奸。清查花詭，本欲革弊也。文灼反恣上下之手，而弊愈滋。罰徵蕩價，本欲懲奸也。文灼乃受奸頑之囑，而奸愈長。叨主税銀，原輸者則多越例之求，圖脱者並侵上供之額。民膏與國課並果其腹矣。謀隨審役，中産以圖改而漫恣顛倒，細户以同姓而混並誅求。民命與事權並懸其握矣。正宜以設詐服辜，而敢以效勞邀賞。小民箕會而入之官，本犯稛載而充之橐。雖曰請而後給，事則目所未睹。本犯恣行無忌大率類此。把持陷害之例，正爲是人設耳。至後編審解放之間，歷歷分明，文灼束手無可肆奸。然乘宋祐之謀布解也，既款延之腼享，乃又復索五金而始與印布。盧光大之減收銀也，知面諭之已真，則又復索四金而始與註銷。此固不移之狡性，亦復昔日之故智。他如顧義等以覬望而被誆，情則輕而贓不貲。吴壽以幼孤而見欺，事則小而心甚刻。此即投畀有圵似不爲過。僅僅附戍，蓋酌情法之平，殊未盡厥辜也。惟查單内領侵蕩價一節，屬在夢德。夢德雖業有願賠之詞，第越年餘而止完數金，亦無復追之理。應照例論遣，姑俟三月以裏完贓改擬。陸少國、王家臣、金道明、金時傑、徐承德、施大登間亦與文灼共事，而分贓固各有差。少國、家臣與金道明應徒。徐承德、金時傑與施大登應杖。金道明、施大登別卷已擬如律。各從勿論。周起豳昔曾爲總科之吏，承行蕩價，實未分侵。第覺察不早，致爲夢德所匿。他若李鳳鳴享富有而營爲花詭，鄒政管罰價而希圖緩徵，俱非急公，應各杖懲。其間被證潘才杲、徐岩等有同害而可以互質，有一事而不必兩證者，解恐滋擾，應從省發招解。

本院蒙批：吴文灼盤據户房，遇事舞弊，無論奸騙狼藉，遣有餘辜。依擬發鎮江衛充軍，拘僉妻解，招達部知。曹夢德領侵蕩價，例遣不枉，姑俟三月完贓日準與改擬。陸賓等一黨，奸書詐騙，既有重輕，究懲允宜，分別各照徒杖贖完革役。金道明、施大登照别卷勿論。周起豳等贖杖發落。餘照追贓，庫收管繳。

（明）毛一鷺《雲間讞略》卷四《一件貪污枉詐事》 江院李批華亭縣告人鄔鑑狀。前件審得：鄔鑑與胡立祖居同里閈，乃宿有睚眦之忿。里有社壇一區，壇廢基存，與鑑田三面毗連。鑑稍從旁侵之。又有傍田水陂，鑑復私闢爲田。立祖遂藉此爲修郄地，以滅旨欺國訐鑑也。縣令老人何琨查勘。琨索酒貲。鑑鄉愚且吝，不飽其欲，遂左袒立祖，復捏壇之上有鄉約所爲鑑所毁；又捏開墾水灘，爲鑑實獲利九年。回縣。縣因詳慎，復批楊縣丞覆核。本官以琨回辭爲券，斷鑑重建鄉約，並追灘利。故事未結，而鑑復逞也。夫官壇三面俱屬鑑田，唯一面臨河。據虧肆螫，以其三之一歸諸水濱，餘非鑑侵而誰侵乎？唯是三分灘地尚未成熟，遂欲追其歷年子粒，過矣。至於鄉約所之説，立祖詞猶不及，而琨乃以鼠腹不遂，飾爲蛇足，至今鑑憫憫憂蚤負也。老人可恨，罪加立祖一等矣。幸未茹贓，姑與立祖並杖，仍革去亭長之役，俾不得復爲祟於里閈。至若楊縣丞者，不過爲琨所悮。蓋琨既竊名亭長，實惟司直是寄，故縣委琨以折衷沸口，而縣衙官且取乎於其口，庸知亭長之大謬不然耶？鑑乃横口肆螫，並縣丞而污衊之，則此中脱狀故智不足信也。詞中又以指詐及郁從周。從周奸胥輩，豈無涎唾及鑑？第鑑實以吝招尤，吝酒貲於亭長，而何揮金不惜於從周？此在情外，無足據。且行金以求直也，求直而反得曲，其誰信之？第念其有吮髓之苦，故不覺有過顙之詞，姑薄懲以杖。雲鹿以棍徒而爲琨任刀筆，索酒舞文，實與有力，亦應杖治。楊士曾爲里排楊錦之子，鑑疑曾黨祖，而又以士曾昔爲縣吏，易於裝頭耳，實未作孽，應免究。壇基虧數，除傾河一面勿論，餘宜着鑑吐出歸壇。其開墾灘塗責令起科完糧，原斷花利宜豁。建所一節更爲荒唐，亦宜並豁。

《明神宗實録》萬曆三十六年十一月〔丙申〕山東巡按熊廷弼論劾候代撫臣趙揖侵欺遼鎮年例馬價銀兩，並分巡廣寧道按察使郝大猷，符同作姦。請乞嚴行勘處，章下所司。

《明神宗實録》萬曆四十年七月〔戊戌〕大理寺以光禄寺署正黄泰年等通同內官，盗賣倉穀，各罪有差。奏從之。

《明神宗實録》萬曆四十年十二月〔己亥〕御史凌漢翀疏，稱舉人劉琛鑽買房考行人李一公，中二十五名，朱良材賄買同經曹熗，中四十一名。富監王廷鼎、喬之申等，或三千金，或五百金，賄買進士王象春。請

勑下三法司會問。科臣李奇珍亦糸順天鄉試四十七名舉人張世偉賄通象春，倖中本房，禮部請並究處。有旨：著法司併問。

《明神宗實録》萬曆四十三年三月〔辛亥〕甘肅巡撫荆州俊劾莊浪兵備參政杜詩縱容姦貪，指揮羅光榮等索貨賣法，詩應降級，光榮等應行巡按御史提問。從之。

《明神宗實録》萬曆四十七年正月〔丁酉〕兵科給事中趙興邦奏錦衣衛舍人劉然騷擾驛遞，沿邊需索，至經繇二十五處，索賄三百餘金。伏乞勑下順天撫臣速行勘鞫，計所索詐贓銀如律治罪。以撫臣劉曰梧覺察故也。

（明）沈德符《萬曆野獲編》卷一八《刑部·逸囚正法》江陵當國時，持法不少假，如盜錢糧四百兩以上，俱非時誅死。吴中有銀工管方洲者，私用官帑千金，事發問斬，奏請旨下即正法，暫繫蘇州衛之鎮撫司獄。時押獄者王百户，即管兒女姻也，防範稍疎，聽其出入，一夕忽叛逸，上臺震怒，即以主者代其罪收禁之。百户家故温，出重賞募人，四出搜討。當事亦憫其苦，督捕役甚急。微聞有浮海行者，蹤跡可疑，乃南至閩廣近海諸地，無不遍歷，杳無消息。捕者意已闌，理歸裝矣。一日至香山嶼，忽傳走洋敗船飄至，姑往觀之，則桅舵俱失，寂無人聲，僅火艙留一、二垂死者，則管在焉。諸役大喜，紿之曰：吾輩亦將入南夷市販，今如此危險，決意歸矣。子可偕我行，子事已經大赦，勿慮也。遂拉之還吴。時旨已下，遲三日百户者赴市矣。比管至立釋之。吴人駭歎天網之巧如此。

（明）沈德符《萬曆野獲編補遺》卷三《臺省·御史墨敗》世宗末年，寵賂滋彰上下相蒙，無聞以贓吏上聞者。至嘉靖四十四年，巡按御史浙江黄廷聘回籍，過衡山縣，不禮知縣陳安志。陳怒發其篋，得金銀諸物甚夥。廷聘惶懼遜謝，始還之。其事傳聞入都，掌院左都御史張永明發其狀。上命廷聘冠帶閑住，臺長可謂能舉其職矣。四十五年給事中何起鳴，追論巡撫鄖陽都御史陳志先，任御史按江西，歸家過崇安縣，亡其四槖。建寧府推官吴維京爲捕獲得之，其中皆金寳，且有簿一扇，載賂遺不下數萬。上亦命革職閑住。蓋以省垣糾西臺也。至穆宗初年，屯鹽都御史龐尚鵬，疏劾淮揚巡鹽御史孫以仁侵匿鹽銀千餘兩，宜令先革職聽勘。上允之。是又同事憲臣相糾，與前兩事稍異矣。今上丙戌年，南京掌院右都御史辛自修，疏劾巡視下江御史沈汝梁贓賄數萬，奉旨追贓遣戍。此以堂官參治臺臣，正與張永明同。至辛卯年，原任江西廬陵知縣新任試御史錢一本，追論巡按江西丁憂御史祝大舟，臨行票取多贓。上命刑部主事馬猶龍往勘得實，乃命緹騎逮大舟至京，下詔獄，遣戍追贓。蓋以舊屬吏、新臺臣發同官穢狀也。至壬辰年，御史李天麟又劾大理丞原任御史蘇酇按滇，貪肆贓盈鉅萬。次年大計，以貪例斥爲編氓。是兩事皆同寅自相訐。較前事更大不同，而主上處分亦較世宗朝加重。蓋巡方不檢，因自取之，而蘭臺體面掃地盡矣。永樂八年，北京御史鄒師顔劾啓監察御史白春巡視驛站，貪受賄賂。皇太孫命都察院鞫之，時上北征未還，太孫留守北京行在也。宣德中，御史嚴皚受賂事露，爲御史劉洪道劾罷。又宣德末年，英宗登極，御史劉楨劾御史鄭禧，侵欺物料，受匠吏銀兩。御史廖文昌巡按廣西，擾害軍民，命逮下獄。又御史孫純鄭夏劾御史胡正巡視倉糧，爲表兄千户納糧，囑託徇私，亦下法司逮治。蓋國初臺臣已相訐如此。近日有臺不攻臺之説，雖非國體，亦近於厚。

（明）祁彪佳《莆陽讞牘》卷一《分守道一件督撫地方事》招解莆田縣那移治器餉銀吏書方幼輅等。審得墩臺治器一項銀兩，蓋舛錯之極矣。萬曆二十九年汛船破壞，布政司發銀五百五兩修造，檄縣將二十八、九年及三十年，三年内未完，兵餉追徵抵解。至三十六、七年，何知縣報虚數二百兩在庫，支吾前件及後已追徵一百五十兩七錢二分一釐矣。本府查核時，遂誤以一百六十五兩之數報本道，而前之二百兩並未説明，遂誤認爲三百十五兩矣。一百五十兩六零内，糧吏楊元標於三十九年借支六十五兩三錢八分二釐，解作興化衛軍糧矣。又糧吏王名臣於四十二年借支五十九兩一錢伍分，解作布政司缺官俸薪矣。又糧吏姚生華於四十六年借支二十六兩一錢七分九釐，解作布政司遼餉矣。是一百五十兩零之銀已那盡，而以一百六十五兩之數計之，遂有一十四兩二錢七分八釐未知下落之報矣。於是本道以二百兩作在庫，以一百五十兩作那移，以十四兩作侵用矣。今據該縣徐知縣及今令審查，共祇有一百五十兩之那移，餘皆以訛傳訛者。無銀而報二百兩之數，一訛矣。一百五十兩而報一百六十五兩之數，二訛矣。又不言一百五十兩在二百之内，三訛矣。一百五十兩任意借

用，全不照管二百兩之虛報，四訛矣。有此四訛，而若醉若夢，幾於疑鬼疑神矣，然而不得不疑也。報實數者在案卷，言虛數者祇口供，一疑也。解銀者雖有批迴而未開明那於治器一項，二疑也。何以一百六十五兩便屬妄稱，何以一百五十兩便屬真確，三疑也。由此三疑更須推勘到底，且此中胥役以朦朧致那移，以那移成侵用，往往而是。況此項銀兩極其矛盾，使案卷不足憑，而倏有倏無幾同兒戲乎？此蓋推勘之不可不嚴者也。然已歷經追比，經承之逃亡者幾半矣，此銀終屬烏有。即今方幼輅之一杖，職極知不足以結局。而或定此一案以清積牘，勿以二十年前之遺誤致累新令可也。

（明）余懋學《仁獄類編》卷二三《十萬可通神》　張延賞聞度支有一冤獄久不決，及延判，度支期以旬日平反，視事日案上一帖云，奉錢貳萬貫，乞不問其獄。延怒，悉收吏禁之。次日，於盟洗處又一帖奉錢拾萬，延嘆曰，錢至拾萬，可通神矣，無不可回之事，吾懼及禍，不得不止。

《明熹宗實録》泰昌元年十二月　〔庚戌〕總督漕運户部右侍郎王紀疏參兩淮鹽法道按察使袁世振與運同何廷相。先是，兩淮鹽商鑽領庫銀五萬金。事覺，廷相訐世振子陰受商賄，世振亦訐廷相與吏胥朋比，欲爲卸罪。王紀言：神姦謀侵庫金，道司遂成兩造。非嚴緝各犯，直窮真僞，恐縣斷難以輸服。宜令二臣答解任回籍，仍勑行嚴勘擬議具奏。章下。部院勘明奏奪。久之，言官復劾世振縱子通賄。世振竟以貪墨罹計典。

《明熹宗實録》天啟元年正月　〔乙未〕禮科給事中周士樸言：凈身男子之激變也，王添爵等以受賄而開亂。今陵軍之挾賞也，劉尚忠等以求賄而倡亂。均不容於堯舜之世，乞勑法司正二官之罪。刑科給事中熊德陽亦以爲言，兼責申廷譔不能約束，受其要挾，禮部不能規正發覺。又追論舊冬南京營軍聽備監言，逼科臣晏文輝文其公署，科臣踰垣僅免。祈大奮乾斷，早絶禍萌。得旨：法紀陵夷，委宜振刷，所奏已知悉。

《明熹宗實録》天啓元年十二月　〔庚午〕總理三部侍郎王在晋請申國法，以勵人心。言誰營守備王錫斧雇買漏船以冒船價，私倩丐徒以縻兵餉，又破壞海運新造沙船四十八隻，計價不啻七千金，宜嚴行淮楊撫提究追陪。

《明熹宗實録》天啓二年五月　〔乙巳〕刑部定李維翰、鄭之范獄，言：維翰身爲遼撫，受軍旅重寄。奴以李永芳爲心腹，我付之兵柄而不問，奴以互市爲機阱，我聽其款關而不疑。一旦變起，倉卒失城、失堡，二百里山河拱手送賊。喪師失地之罪何以自解？坐之重辟，庶懲首禍。若鄭之范以遼陽理刑，而攝監軍，乃視危遼爲金穴，倚署道爲壟斷，賄剥軍民不下數萬，攫取官帑亦至數千。胡騎驟至，棄印疾奔，此逃之首而罪之魁也。肆之市朝，庶快衆憤，並擬斬律。詔依擬，惟以鄭之范贓私數多，仍令嚴追變産充餉。

《明熹宗實録》天啓三年五月　〔甲寅〕刑科右給事中許可徵奏：臣承乏巡青時，糾參山東兗州府單縣縣丞金有華串通積棍謝岳侵匿解京糧銀，前後數萬，已經主事石維岳等問擬，金有華重刑、謝岳軍罪。後經原任江西道御史胡繼升會問，遂於有華等陰伏出入之根，預爲解脱之地。乞聖繼嚴勑法司究追正罪。得旨：金有華等著嚴查侵欠錢糧，比對正法，不得輕縱。如違拜問官參奏處治。

《明熹宗實録》天啟三年八月　〔丁亥〕貴州都司僉書黄運清以解圍叙功，新撫臣王三善劾其貪殘不法，縱所部軍士搒取鄉紳富户，一槩搜奪。又匿所支領倉米，縱軍士鼓譟，每米一升勒黄金數兩，城中珍奇、段疋、少女、名姝盡爲運清及其部下所掠。士民争欲食其肉，殺以濟貪，罪不容免。擬追贓二十萬以濟黔餉。從之。

《明熹宗實録》天啟五年三月　〔甲子〕下汪文言鎮撫司，革甘肅巡撫李若星職爲民，追奪誥命。以文言稱若星用銀五千兩謀巡撫也。

《明熹宗實録》天啟五年三月　〔丁丑〕錦衣衛北鎮撫司掌司事許顯純等勘問汪文言之獄，辭連趙南星、楊漣、左光斗、魏大中、繆昌期、袁化中、惠世揚、毛士龍、鄒維璉、鄧美、周朝瑞、黄龍光、顧大章、盧化鰲、夏之令、王之采、錢士晋、徐良彦、熊明遇、施天德等，以移宫進議者爲立户躐等之資，整頓銓政者爲偏聽招權之藉，布買命之金。而楊熊之刑停，啟賄賂之門，而陞遷之法濫，總歸之文言，得力於父事。王安結納權要，濁亂朝政，請勑下法司研鞫。得旨：仍發顯純嚴刑究問，楊漣、左光斗、袁化中、魏大中、周朝瑞、顧大章，遺緹騎逮至京究問追贓，趙南星等俱削籍，撫按提問逮贓具奏。

《明熹宗實録》天啓五年三月　〔乙丑〕刑部侍郎饒伸奏：拏問貪官鮑觀光等於城隍廟問過，各犯極口辯冤，款中所開，無一可質，欲懸坐定罪，終無以服各犯之心。乞發各該撫按御史究贓回奏。得旨：撫按參劾即係實證，何必又行彼勘結，還著該部照依原參款件追贓，以濟軍需。

《明熹宗實録》天啓五年七月　〔己巳〕刑部尚書李養正等覆奏何棟如招兵支銷餉銀，言：棟如爲人，腸熱而才踈，志高而行蕩。其結客而市義也，或捐家散之金，其豪舉而妄擲也。未收國士之用，固非沾沾爲潤橐之謀，而實往往多濫觴之弊。今屢經駁查，所領餉銀實侵用四百二十九兩，除木價抵還而外，尚欠二百六十三兩六錢有奇，固應按數以追陪，而即當緣贓以定罪。若夫逃亡補募驗係北音者，一千七百九十名，共冒安家銀二萬五千六十兩，雖逃一兵復補一兵，其所費之餉更倍。而名爲浙實則非浙，於初募之意不符，此則非棟如一手眼之所能周。而鄭涵略、宋鴻儒二弁之所分，隸所當於各弁名下追還官者也。他如姦棍唐一龍等假招募以快其鯨吞，騙多金而恣其〔兔〕〔免〕脱，法所難寬，宜行撫按嚴提追贓正罪。得旨：何棟如務追贓完日另奏發遣。其鄭涵略、宋鴻儒等領去銀兩俱係何棟如給發，不得分爲兩事，還著嚴提追究正法。

《明熹宗實録》天啓五年八月　〔癸未〕刑部覆遊士任等罪案，言：士任身爲募使，而妄任二三匪人以滋耗蠹，罪詎容宣，然而歷經各衙門，未有確以贓至士任者，祇曰踈於覺察，比擬遣戍，似已從重。胡維寧身爲盜叢，罪服上刑，改絞爲斬，庶足稍雪公憤，若夫科臣謂維寧募兵計費銀六十餘萬者，指總發之成數而言也。臣部節追維寧、孟淑孔、馮賓期等侵欺銀共五萬七千七百七十餘兩者，指侵冒之實數而言也。竊謂巨萬雖成，漏卮行伍，豈皆烏有況渡海將領見隨總帥於遐方，津門壁壘，尚列顔行於近地，與其虚張贓數而貽不了之局，毋若蹠實追究，而且服本犯心也。上可其奏。

《明熹宗實録》天啓六年四月　〔乙亥〕江西巡撫郭尚賓疏覆勘過汪文言株累各官，黄龍光贓銀二千兩，擬附近衛所充軍終身；施天德贓銀三千兩，已故；鄧渼及鄒維璉用賄求陞，計所與財，坐贓論徒二年半；徐良彦交結文言，杖七十。得旨：黄龍光甲元緩刑一疏，爲失陷封疆之臣求脱，目無朝廷，非尋常受財枉法者比，着定發邊遠充軍，僉妻著伍。鄧渼、鄒維璉、徐良彦交結汪文言，罪惡多端，徒杖豈足盡辜，都從重邊戍。黄龍光、施天德贓銀五千兩，速追觧進以充軍餉。

《明熹宗實録》天啓六年四月　〔癸酉〕江西巡撫郭尚賓奏問過南京御史李時馨所劾原任南京操江右僉都御史熊明遇交結汪文言，又改京倉一差，爲所參罰違禁，擅創湖山、亭臺、營房。依律杖後追贓一千二百兩、奪繳歷任誥勑。得旨：熊明遇交結汪文言，私通賄賂，造孽多端，及任南臺，又支贖鍰以填谿壑，費公帑以恣游觀。憲臣犯贓加常二等，擬徒未盡其辜，還着依律問遣，大彰國法。贓銀一千二百兩逮追觧進以助大工。

《明熹宗實録》天啓六年四月　〔丁亥〕巡按直隸御史楊春茂疏言：楊漣、左光斗在監病故，奉旨着行撫按嚴提家屬追贓。據該縣鞫審左光斗親男左國柱，取該里書畝册挽算，田房共估值一萬五千兩，又分派伊親弟左光睿罄貲五千兩，共足二萬兩。三日一比，勒限追完。得旨：左光斗所得謝薦銀並着盡數追完，不得隱匿。

《明熹宗實録》天啓六年閏六月　〔甲子〕御史盧承欽追糾去輔馮銓納賄居間，陷前輔，傾舊宰，擠同年，凌前輩，害發姦無隱之吴國華，逐執法不阿之余大成，尤爲公論所不齒。未復劾舊鹽臣徐縉芳，奉旨追贓，迄今全無影響。乞皇上拈廉法二字，與諸臣共相提醒。得旨：去輔行事雖係風聞，這本説的是。徐縉芳各項贓銀不下數萬，奉旨追贓已久，迄今不見分毫，是何法紀？其貯之官者可以立取，其斂之家者可以分追，著行淮揚、福建兩處撫按勒限嚴追解京，不得仍前違慢，以取罪戾。

（明）孫傳庭《孫傳庭疏牘》卷一《糾參婪贓刑官疏》　題爲刑官委署婪贓，遵敕先行拏問事：臣惟剿寇必先安民，而安民尤在察吏。臣備員秦撫，每於詰戎討寇之餘晷，益厪察吏安民之本圖。故屢飭所屬郡邑，凡問理詞訟，不許濫贖加罰；徵收錢糧，不許勒收羨耗；日用買辦，不許虧累行户。榜示諭禁，再三嚴切，尤於署篆各官諄諄加意。詎有貪黷恣肆，如署涇陽縣事慶陽府推官何守謙其人者。涇陽一邑爲三秦富庶之區，前任知縣王程先，經臣備察論劾，臣慎重此缺，不敢輕率擬補，而西安丞倅寥寥，無可委署。藩司因議借才鄰郡，以守謙調委。臣據詳批允，謂本官必知刻勵自愛，或不至染指羶地。臣以邇來吏治日汙，秦中尤甚，恐徵收索羨錮弊難除，密諭守巡兩道單騎親往，掣櫃拆驗。隨據分守關内道李

虞夔揭報，親至涇陽抽驗各里收完在櫃糧銀，每櫃抽驗二封，每兩除正數外，有加收羨耗三四分、有五六分者，有原收數少者卻於流水簿并封袋揑寫數多者，其餘在櫃銀兩尚未盡拆等因。又據稟稱，自本月初七日以前收者，何推官拆訖，無可查考。惟自初八日以後者，儲櫃無幾，抽掣數封秤兑，每兩正數之外，餘者多寡不一，至少不下三分，至多不過六分，另單呈覽。中有一櫃，係收書作弊，簿封與銀數不符，現發糧廳究擬另報。臣又訪得本官婪肆多端，復將單欵事跡，並被害證佐姓名，開發該道就近秉公親審明確呈報。一面令該道先將收完在櫃糧銀，公同教官逐封秤兑通完總算，原該正數若干？外加羨耗若干？並將收糧原戥及拆驗之戥嚴追封解去後，隨據該道呈報，該本道公同西安府通判余昌稜、該縣教官李連芳等親詣該縣堂，將前抽驗銀封驗明本道原判硃封，即追原收銀戥三把，將各里銀櫃共一十一個，逐一拆驗秤兑。正數銀二百八十九兩五分一釐八毫，外加羨耗銀一十四兩五錢二分。總計每兩外加耗銀五分。屢經申飭之後，尚有此數，就此計算，本官任内共收銀二萬三千七百四十二兩二錢零，共外加羨餘銀一千一百八十七兩一錢一分。其前收過銀兩已經起解，恐所加之數尚不止此。今將收銀吏趙參、張光顯、田國璽原收銀戥三把固封呈解。拆驗之戥係民間私戥，恐於天平不合，請乞本院查審，將三戥發布政司較合，等因。臣面審趙參，供稱何推官原定戥子每兩比民間重三分，秤時又高擡六七分，大約每兩重一錢，先因百谷里花户成光德納銀六錢八分，拆銀輕少，責二十板，枷號二日，身死是實。又據張光顯供稱：何推官平素火耗原有加一，今回慶陽，因本院告示嚴禁，令户房吏分付上糧花户，從今秤平些，是實。又據田國璽供稱：何推官自枷死花户成光德後，因火耗輕少，又拏三櫃、四櫃、九櫃、十櫃、十一櫃花户羅安等約十餘人，各責二十板、十五板不等，將十一櫃、九櫃、十櫃各問有力杖罪六人。自此以後，花户俱加火耗，每兩以民間戥子在加一以外，以降發法馬，每兩約加六七分。又封銀不論多少，俱要成錠，因此百姓所費遂多。又供：秤銀若是平了，何推官便説，就是買賣也没有這樣平秤之理。等情各供明白。及將解到原戥，與布政司法馬較兑，所差無幾，恐此戥猶非收糧原戥。並將各吏所借火耗輕少，拘拏花户枷責斃命，及納銀無論多寡俱要傾銷成錠情節，並行該道，與原發單欵一並審明確報去後。今據該道將臣原發單欵計十四欵，逐一審明登答呈報前來，並粘連已故知縣王光翰妻曹氏、武生樊聖謨、當鋪行王周、斗行張萬庫告狀四紙，同審明犯證申解到司。臣復行親審無異。該臣看得秦吏至今日，固稱數摘之瓜，而秦民至今日，更無可剜之肉。連歲均輸助餉，派徧九州，皇上獨俯聽臣言，特免陝西者，誠以十載兵荒之殘黎，實有旦夕難保之勢，不得不少留一息，以養將來回蘇之脈。如聽不肖有司朘削吞噬而莫之問，則皇上破格所免，與微臣痛哭所請者，不且毫無及於小民，而止飽此輩之囊橐耶？慶陽府推官何守謙，司理既有察吏之權，據篆更受保民之寄，乃不聞潔己，惟知谿壑是盈，且加以殘民，豈但簠簋不飭！馮姦儈爲線索，賄賂潛通；視民命如草菅，枷責立斃。尤可異者，以縣令之妻，忠將之母，煢煢霜嫠，望八垂死，而本官無端桚指，慘目傷心，又何有於武生樊聖謨之横加責罰也？本官酷以濟貪，斷難逃於三尺。除遵奏敕諭，一面先行拏問外，謹將審實事欵備列糾參。其慶陽推官員缺，敕下吏部速選，嚴限到任。臣謹會同按臣謝秉謙合詞具題。八月二十七日奉旨：何守謙即盡法追擬具奏，員缺速補，該部知道。

（明）祁彪佳《莆陽讞牘》卷一《本府一件横罩事》 罰穀 林廣修等。審得林廣居、廣修祖造軍營房一所，而中分之，乃出入共一門也。廣居陸續賣高仕弼父子，共得銀三十六兩。其契内四至則盡，兩分之房俱在其内，稱南至林朝彩房而不言至廣修房，則必裹廣修之房於内，乃與朝彩房連毗，契甚明也。況每一邊房不過值銀十餘兩，而仕弼已總出三十六兩，價已足矣。若廣修之一邊不賣，則誤賣者在廣居，多收銀者，亦在廣居，於仕弼何尤焉？或令廣居出一半之銀贖此一半之房還廣修可也。若未贖則仍然是弼房也。廣居、仕弼姑各罰穀二石。

（明）蕭良泮《重刻釋音參審批駁四語活套》卷一《參語》 周戊發跡科名，忝居民牧，惟知黷貨，黷音竇，貪也。武帝窮兵黷貨，爲政貪受賄賂，謂之黷貨。不顧傷廉。理人命而受贓私，繼家財而索銀緞。贓跡顯著，物議沸騰。應從例擬，少正官邪。

吳巳等各以門皂身役，不守法度。專事鑽刺，朋比爲奸，比，黨也。蠹政害民。或説事過錢而挾詐百端，或假票架誣而乘機索騙。鄭庚詐捕誣告，以快己私；王辛執詞欺誑，以護其主。均應依律擬罪，以彰法典。

馮壬倚居下僚，自甘喪節。贓私雖未狼籍，狼籍，猶狼戾，言多也。賄賂亦已公行。不思一命而下，皆有官箴；一命，自一命以至七命，皆承朝廷之秩，宜當守其官箴。一芥以上，豈容苟取？吝贓既實，擬罪何辭？參照律例問遣，以爲貪污者之戒。陳癸雖無嚇詐之贓，難免需索之罪，均應併究。

褚子假吏役而需索騙財，藉歇家而侵差詐穀。且名厠衣冠，厠音次列。勢壓鄉黨，真所謂虎而翼之者也。相應究革，用示懲創。

趙角棄儒入吏，假勢横行，縱猾僕而索囚徒之常例，串積歇而騙强盜之贓私。相應問革，用肅吏奸。錢亢與賊營爲詐分銀兩，罪亦難逭。

（清）張肯堂《㽞辭》卷一一《毛國成南樂人》　毛國成哀鳴救父，情自可矜，乃其踪跡詭秘，亦幾於一步十計矣。其初控也，亦明知夏奎受賄之無據，然以爲不加捕官之罪，則無緣蓋乃父之愆。其再控也，又陰揣捕官對簿之不甘，而以爲被犯違抗有形，則原告執詞愈確，屢行陳訴，總欲爲計冬開一綫耳。迨夏典史囚服束身，願與面折，而圃成於是乎窮矣，倏然免脱，匿影甚深，充其意以爲我一日未出，則此詞一日未完，猶可伺隙而動也。然本縣寧稽憲號，而不敢即以請者，誠慮遷延畏避，别有隱情，况大夥原招，復批本縣，父在圜扉，子將焉往？一旦國成自詣訟庭，兩案俱結，豈非快事。乃日復一日，侵尋半載，屬當歲試，遣人偵之，而臨考呼名，寂然如故也。如是將此案竟成塵牘已乎。夏奎受賄果真，官箴具在，孰能原之。乃國成先自遁矣，其爲誣衊，寧俟詞畢哉，三尺之法，其平如衡，固不因國成之哀籲，而少爲計冬寬。亦不因國成之竄逃，而過爲計冬罪。改戍從徒，業爲祝網，即計秋且徼寬政，而國成尚然棄父如遺，亦可稱進退無據已。

（明）佚名《崇禎紀聞録》卷三　會狀閣學周延儒，壯齡歸里，富貴福澤無加矣。後因天下多故，特旨以首輔徵。聖心倚毗何隆，乃彼實庸儒，徒知依勢納賄而已。比□入戕畿輔，嚴旨欲困而剿之，毋令逸出，周貪其重賄，授意縱之去。後情狀漸露，上怒其誤國，令解任回籍，未幾差官提赴京，中途賜自盡，截首傳示九邊，臣實負君，得禍殊慘，國體亦有傷，惜哉！

《清太宗實録》崇德四年九月　〔乙丑〕先是，正紅旗固山額真杜雷家人黑勒當攻城時，越敖漢柰曼兩旗汛地，於恩格圖一旗汛地豎梯。杜雷既隱其罪，及出邊時，遇敵拒戰，復令黑勒避去，又隱匿家人噶布喇盜馬罪，又索牛録俘獲馬各一，又以馬一匹給與酗酒之覺善，又三次入已降之城索取財物。又有一漢人知濟南府德王埋藏金珠處所，其人爲覺羅喀蒙阿所獲送於杜雷，既藏匿之。俟包衣甯塔海等出城，乃乘夜令人開窨私取金銀珠寶攜歸。至是本旗碩詹首於法司鞫訊得實，杜雷應論死，奪所俘獲及賞賜財物。喀蒙阿及固山額真下筆帖式鈕尼雅哈應各鞭一百，貫耳，追所俘物。噶布喇應鞭八十二，貫耳。黑勒應鞭一百，貫耳鼻，給禮親王爲奴，家資俱給碩詹。奏聞。上命杜雷著革職，罷固山額真任。納贖免死，追所俘獲及賜物以其半入官，以其半給碩詹；其所屬人員，撥給禮親王；追開窨所獲金珠入官。喀蒙阿免罪，止奪所俘物。鈕尼雅哈鞭八十，噶布喇鞭八十二，貫耳。黑勒鞭一百，給禮親王爲奴，家資給與碩詹。

中國第一歷史檔案館《清代檔案史料叢編》第十輯《李化熙題參貪官事本順治九年》　太子太保·刑部尚書臣李化熙等謹題，爲特糾貪穢廳官，以肅茶法事。

陝西清吏司案呈，奉本部送刑科抄出陝西甘肅巡按御史何承都題復前事内開，據按察司呈問得，一名顧言，年三十二歲，比直隸萬全右衛人，由拔貢順治七年九月内，改補鞏昌府通判，八年二月初二日西寧到任，今奉旨革職，狀招言不守官箴，狗縱貪婪，以致疏參。一，茶商亦既凋喪，本官收茶貪賄，向各商索要常例，照引數多寡爲婪入輕重，紬絹、狐皮，銀三四十兩不等。茶店内解麒、蘇小槐可證也。審據在官蘇小槐供稱，小的店内原歇茶商兩人，一名姜文盛，一名居秦。順治八年二月初二日，本官到任。初四日，見兩個商人送常例禮，言就不合收紬各一疋，共值銀三兩，絹各一疋，共值銀三兩，狐皮各一張，共值銀二兩，藍鞋一雙，值銀二錢，絨襪一雙，值銀五錢，原没有銀子。審解麒供同。一、五司存剩茶篦較之昔年萬不及一，本官密令茶房書辦吴國俊，在司暗取茶十篦入宅，監守自盗。舍快李得全、楊汝槐可證也。審據吴國俊供稱，八年十月内，本官又不合叫取十篦茶，收入宅内是實。每篦茶六斤半，共六十五斤，每斤值銀一錢，共值銀六兩五錢。審在官李得全、楊汝槐供同。一、入川馬匹奉旨急需，臣爲此焦心蒿目，星催招中。而本官於西寧中馬，復冒破茶

二十餘篦。舍快任道民可證也。審據在官任道民供稱，八年九月內，本官又不合於西寧中馬原冒破茶二十篦，共值銀十三兩，侵欺入己是實。一、本官歲徵屯糧一萬七百石零，每石加耗糧七升，共加收耗糧七百五十石，每石折價銀三錢，共折銀二百二十五兩零，串通管糧書辦王璽、賈文耀、荀炳義均分。裴應聘、崔有忠、王坎、丘茂郎證。審據在官裴應聘供稱，八年十月內，本官收屯糧一石原加耗七升，舊規收糧每石有三升折耗，這是律例所載的。本官除去存倉三升外，將四升折銀與王璽等均分是實。以四升合算，共侵糧四百二十八石，每石值銀三錢，共該銀一百二十八兩四錢。言不合侵分銀七十七兩四分。在官王璽、賈文耀、荀炳義各亦不合三人侵分銀五十一兩三錢六分，俱應追入官。審書辦賈文耀、荀炳義俱供同。一、本官所屬七驛遞共設驛軍一百五十名，每名月給京斗糧一石，每石克取耗糧一斗，計一年共克糧一百八十石，值銀五十四兩入己。西寧本成王驛丞、沈大字、郭養信、王所仁、兵書趙玉等證。審據在官驛丞王國覺供稱，我管西寧一驛有四十名軍，七驛大小多寡不等，共有一百五十名，每名月給米一石，本官八年二月起，每石糧克耗糧一斗，至九年二月初四日止，共一年，言又不合侵糧一百八十石，每石折銀三錢，共銀五十四兩入己訖，應追給原主。審在官王所仁等供同。一、本官經收牲畜税銀，每月收銀七、八兩，每季止解銀一十二兩，計年共克税銀七十餘兩。收税書辦侯寶玉、尚定宇、馬毛哥子並催税差人楊懷玉證。審據在官侯寶玉供稱，八年西寧畜税銀先是丁經歷可收，至八年七月本官接收。原每月收銀八兩，每一季只解銀十二兩。至九年正月止，共計七個月，共收銀五十六兩。除秋冬季解銀二十四兩外，尚餘銀三十二兩。直又不合侵加入己訖。應追入官。審書辦尚定宇等俱供同。一、本官濫用衙役，聽心腹書辦趙俊、王清宇將裁退舍皂翟登瀛、張思旺、韓三教等五十餘名，仍行收入每名送紙紅銀二兩，共銀一百餘兩，官吏分肥，王門子並翟登瀛等證。審據在官翟登瀛供稱，八年四月，本官將我們十五人奉文裁去，各役央書辦趙俊、王清宇代稟本官仍舊收用。各役共湊禮銀一百兩，送本官銀八十兩，言又不合接收訖外。送趙俊、王清宇二人二十兩，各亦不合入己是實。審在官張思旺、韓三教供同。一、本官向各店户科派買金二十兩。止發價一百兩，店户賠銀四十兩。苗國運、蘇小槐證。審據在官苗國運供稱，八年四月，本官發銀一百兩，令各店户買金，原每店賠銀五兩，本處止有五店，均賠銀二十五兩，買金十五兩，交與本官收訖。審蘇小槐供同。一、本官收站價銀五百兩，需索火耗銀五十兩，收站書役白體思、周應禎、王光福證。審據在官王光福供稱，八年七月內，蒙本處撫院發銀與本官，給散西寧各衛買馬，共扣銀五十兩是實。監收廳歷來只收糧，從無收銀之例，並無站價索耗之事，歷來卷案證。以上言穢迹昭著，先蒙巡茶姜御史訪真俱疏題參，於順治九年二月十六日奉聖旨：顧言着革了職，該督、撫、按提問追擬具奏。該部知道。欽此欽遵。抄出到部。移咨總督孟軍門，又咨巡撫甘肅周都御史、并巡撫陝西馬都御史，又咨都察院札行巡茶姜御史並巡按何御史，俱牌行本司移關西寧兵備道勘審間。

比言前項事迹彰著，又蒙巡按何御史訪出參題，九年三月十七日又奉聖旨：顧言革職，已有旨了，其本內贓款人犯，着督、撫、按一並提問追擬具奏，該部知道。欽此欽遵。抄出到部。移咨總督孟軍門，又咨巡撫周都御史，又咨都察院札行巡按何御史，本年四月十九日奉到，本月二十日俱有本司復移該道究審去後。

隨蒙本道將犯官顧言併名蠹役于證関送本司，備有西安理刑廳審解，依蒙即吊喚犯官顧言等一干犯證到官，該推官馮班逐款研審明白，看得顧言職叨郡佐，責任監收茶馬屯糧，皆軍國所需，不能設法稽查，乃敢狗私射利，或冒破茶斤，或暗取茶篦，或受商人之禮，狐皮、紬絹兼收，此猶其小者也。驛軍，苦役也，扣其糊口之糧；站價官銀也，剋其買馬之數。買金則短價，收税則侵欺，徵糧則折耗。更有甚者，衙役之裁，奉有經制，復敢濫收禮金，營營逐逐。若顧言者不幾官箴掃哉，又何怪猫鼠同眠，衙役王璽等均分潤橐也。本官侵扣多贓，律應徒儆。王璽、賈文耀、荀炳義、趙俊、王清宇與通同取茶之吴國俊，分别徒杖，情法允宜。除驛軍糧石所虧金價照數給主外，餘贓入官。璽、耀、義、宇並趙俊五犯，俱革役問擬。言官物當應給付，與人守掌侵欺計贓，與王璽、賈文耀、荀炳義主守詐取監守之物，俱以監守自盜雜犯，各徒罪。趙俊、王清宇詐欺官私取財與吴國俊，不應事重各杖罪招解本司。詳批，顧言名下贓私即就審實者論，已至三百餘兩，且內有斂耗多金，擬以雜徒，是否足蔽厥辜，功令森嚴，該廳復審妥擬解報。依蒙吊喚言等一干犯證到官，仍該推官馮班

復審，與前無異。看得顧言職司糧務，節敗官常，審實多贓，固纍纍非一事矣。第歷計其入己之財，如商人有禮，行户有金，濫收衙役有賄，按諸受饋虧價之條，折半科罪之法，皆情之極輕者。至茶篦、税銀、驛糧、站價侵尅之數既多，監守之條甚確，亦無容別擬也。若耗糧一款，復行嚴讞，數止七十餘金，雖有折銀之名，終歸收糧之實。況本官監收屯倉職掌甚明，律有多收税糧之款，注有入己自盗之文，酌情法而持其平，徒治允定敲辜，各犯悉如原擬，仍擬言等各前罪招解本司。詳批，加耗既引多收税糧之例，第各役奉文裁革。受賄復入翟登瀛等用財濫充，該何罪名，亦應議除明確。且本官濫贓三百餘金，可否分擬。至受茶商饋送並虧店户金價，果否止此，仰廳再勘擬妥確速報。依蒙仍喚言等到官，該推官馮班復審無異。看得顧言叨司糧務，濫贓纍纍，而王璽等叢姦挾分，歷審情真，毫無假貸者也。惟是翟登瀛、張思旺、韓三教既奉文裁汰，而復用賄鑽營，公然有違明禁，按諸額外濫充之條，翟登瀛比流減半擬徒允宜，張思旺、韓三教姑杖示懲，餘照原擬。仍擬顧言等各前罪，招呈本司。詳批，翟登瀛等既該濫充之罪，本官受財應何罪名，亦當説明，仰再確議報。依蒙該推官馮班復詳看得，濫充人役之條，容留者罪不過笞，即役數多而加等，亦止滿杖。至受財多寡，律無其文，難以人役之贓坐罪也。監守重徒已蔽顧言之辜，應與各犯俱照原擬問擬，言等各前罪招呈到司。

該本司按察使於時躍復詳無異，看得顧言職叨郡佐，志存貪婪，茶篦乃中馬之需，一任私取冒破，屯糧業有正供，猶敢恣意收耗。至於受商人之饋，尅驛軍之糧，以及尅扣站銀，侵匿税課，易金貽纍於店户，曾於何處而忘其貪求也。猶可異者，受冗役之賄，而朝汰夕復，如同兒戲，官箴大玷，孰有甚於此者？駁勘情真，雜徒不枉。至衙役王璽、賈文耀、苟炳義、吴國俊、趙俊、王清宇等或挾分耗糧，或阿官取茶，或詐欺受賄，與行求復□□□□□分別徒杖情法，□□□廳議分別入官給主。其翟登瀛□□□□□□趙俊、王清宇〔下殘〕

批紅：顧言等依議。

《清聖祖實録》**康熙四十七年十二月**　癸亥，吏部等衙門察議：原任内閣學士宋大業疏叅偏沅巡撫趙申喬輕褻御書等款，俱經趙申喬回奏辨明，應無庸議。其趙申喬所奏宋大業兩次奉差湖南，共得銀九千餘兩。宋大業已經自認。應將宋大業革職，杖流。所得銀兩追取入官。趙申喬於回奏内首明餽銀，應減罪二等，將趙申喬革職，擬徒。得旨：趙申喬從寬，免革職治罪，著降五級留任。宋大業從寬，免杖流，餘依議。

（清）李之芳《棘聽草》卷六《産業・分守道一件為污吏事》　審得陳元德原名林有道，乃陳阿童繼子也。阿童夫陳唯信隨母嫁於鄭四十三家，因爲鄭姓義子，則陳之與鄭，固已判然不侔矣。彼四十三者，自有親子鄭如琦，娶媳潘氏，生一女一子，女已及笄，適童應程之子童日奇爲婦；子名鄭世華，年方三歲，父已物故，煢煢孤兒，最可哀也。潘氏既孀，再醮於陳惟義，不得携世華偕往，孤子無依，當日有家長鄭祠常立約，託養於其親姊童日奇之家，世華之不即於失所者，賴有此耳。其田地、牛、産等項開載甚明，俟世華長成管業，於理允協。何物元德，以螟蠃之非類，眈眈垂涎於耕牛，而聳阿童爲此不經之控哉？所控陳希訓扳贓之説全虚，蓋童應程係縣刑房，乃經承希訓之事者，故假此爲題耳。杖坐元德，良不爲枉。硬證王禮之曉曉左袒，同惡相濟耶？有囑使然耶？併杖何説！

（清）李之芳《棘聽草》卷三《衙蠹・臬司奉三院一件為欽奉上傳事》

審得宋雲梯原非世用之材，謬膺民牧之寄，罔知政體，遂嘖煩言；乃因公濟私，以下鄉致設酒折席而滋擾。此陳四常、方秋、朱四十、傅左明、陳以和、蔣粲元之供吐可據也。他若因掣批遲悞而罰二金，循參吏陋規而取書價，復將月米之餘粒充官厨之飽餐，致使各蠹生姦，羣狐叢弊。如徐守經以周視粥廠之故，詐楊益銀；金任之、黄英以比掣批迴之因，索駱國孝賄；朱大賓、朱惟魁以新參常例，勒傅文琪等之資；黄加乘朱廿四之盗犯誣扳，同經承毛鳳翔婪索烹分；其李壽之詐楊世英，並確也。劉織中緣傅十一之死骸告争，輒與原差毛朋指詐滕一胡、滕十四等之被害，又明也。虞恍麟指稱使費，賺駱允恭而飽其欲；金任之遞保釋監，誘毛定生而行其姦；龔國卿、陶堯經、陳旭英索納户掣銷脚價，而烹分其銀。居官何事，而令各蠹欺蔽如此？藉云恤隱賑饑，不能釐姦剔弊，又安望其留心致治以惠生民哉？總之，此一官者，文義雖即淹通，條陳强作慷慨，究皆措浮詞於紙上，而何益民瘼！惜其貿利弊於胸中，而未周視聽，受贓有據，即非枉法，所當照追，按律擬杖，以肅官常。其徐守

經、朱大賓、朱惟魁、黄加、劉織中、虞光麟、金任之、毛鳳翔、龔國卿、陶堯經、陳旭英、黄英、毛朋、李壽，各追前贓，分别擬杖。餘審無辜免擬。

（清）李之芳《棘聽草》卷三《衙蠹・按院一件為出巡事》 審得蔣惟薰身司庫帑，自爲鼠社堪憑；遍詐贓私，明係狐威可假。見趙肩甫不應解役，則聲言收禁，嚇索多金；占季君德向來里長，雖備銀乞還，仍行包攬；周繼儉、徐秀山慮扳贓，而求縣批免，乘機獨飽篋囊；樓惟茂因僉解而向庫領銀，扣除盡填溪壑；吴有登争田小訟，常例必需；杜厲盧月米上倉，勒索有據。此皆款單明載，衆口確供。其他賣菜傭、田舍翁飲恨未伸者，又不知凡幾矣。此一犯者，嗜利如飴，猶蠅蟲之吮血；覷民若肉，快豺虎之剥膚，詐害皆真，擬配不枉，贓俱照追入官。其俞忠、陳馱農久經物故，無從質對者，姑存而不論可耳。

（清）李之芳《棘聽草》卷三《衙蠹・按院一件為出巡事》 審得駱應真猾蠹哉！忽而名駱升，忽而名駱榮，變幻其身，如鬼蜮之難方物；時而串劉宏，時而串洪鼎，勾聯其黨，洵狐鼠之結同羣。或指人命，或指詭寄，或指送情，家家飲泣，仇君淑、陳光逢、駱尚納等皆其被害；或乘解糧，或乘認保，或乘税契，處處寒心，林惟耀、陳汝能、周君德等皆其確證。而猶未已也，藉買墨以免差，十斛喻麋寫不窮平生罪孽；包紙張以納賄，千番楮牘書不盡夙昔貪頑。監生亦名器攸關，指端罔利；蠟茶皆方供孔棘，乞免營財。由此推之，何事非婪吸鄉民之端哉！此一犯者，承票如狼如虎，見錢似蝎似蠅，雖其款蹟，有年遠近之分；論其贓私，皆害士民之賊。按以城旦，亦足示懲。劉啓即劉宏烹贓有據，相應杖儆，贓俱照追入官。張登、洪鼎嚴提另結。

覆審得駱應惡貫既盈，贓私畢露，前經逐款嚴鞫，敢不盡法？初以謂無餘地矣。伏蒙憲駁，再提各證研審，其他悉與前供無異。税契一款，又有烹詐總書之銀，雖當日總書未經到官，今覆讞陳汝能之口供可據。若解銀一款，所謂正經費用者，當日則有解官施有道、解吏唐正喻，而雇船飯食之需，兵丁護送之費，皆出於此，原不可槩爲本犯受贓之論。全書紙張雖省下並未派用，得以乘機科斂者，則因藩司票取該縣經承磨對，該縣票提總書仇君樂赴省，而君樂以經管九年錢糧之故，遂得以指詐鄧統鏞前銀，實駱應爲之躦催包受。楊邦先認納監生，雖有票拘，繼即豁免。錢朝太、唐朝問等則並未有票行，皆本犯飄空嚇詐。夫蠹役之爲害，政不過追風躡影而行其科索之姦，所以爲真蠹也。雖解户、監生實縣官主其事，但衙役遲速回覆之間，巧行婪吸，必飽其欲而後已。況解户原無票拘乎？此情真可恨，而爲法之必不可貸。今再審贓無不盡，城旦法足示懲，仍照原擬，似不爲縱。仇君樂另提究結。

（清）李之芳《棘聽草》卷四《科詐・臬司一件為枉酷男命事》 審得朱國佐係朱朝勳侄孫，而朱應葵則朝勳侄也。先是宋縣官在任，因朝勳原充吏農，拘其復參兵吏，改撥禮房，後且欲令其典司庫藏，朝勳以重務難承，恐致賠累，躊躇四顧，而有進其説者爲金繼如，曰求情請托，不若暮夜投之苞苴，此所以付百四十金與繼如也。宋令尋罷事，朝勳且北上，而宋令之不能忘情朝勳者，稱其爲禮吏時有透支庫銀之故，乘應葵入市納糧，遂令家屬以騙庫錮婢具呈於署篆李同知而寘之獄。國佐出與周旋，兩次共銀六十四兩，係沈純過付，而卒不得釋，豈非國佐中飽，此何氏之控所由來哉？但前此求免庫役而付銀之金繼如遠差，無從拘質，則一百四十金之説授受果否，俱未可知，當俟繼如歸日另究。朝勳既已遊燕，即疇昔透支，亦非謝事之人所宜過而復問。據應葵疑爲胡起龍之搆唆，今亦因侵欠庫銀，現在監比，未據該縣解審。獨國佐受贓分明，既係入己，猶幸親屬減擬杖懲，前銀照追給主。

中國第一歷史檔案館《雍正朝滿文硃批奏摺全譯・署理内務府總管事務允禄等奏請拿獲李煦之子並查清其家産摺雍正元年正月初十日》 内務府謹奏：爲遵旨會議事。

雍正元年正月初五日，李煦爲王修德等人採參具奏一事，經我衙門議覆：採參之事甚爲繁亂，請寧古塔將軍宗室巴賽、盛京副都統來文、阿沙那，會同户部，公同詳加議定等因具奏，奉旨：王修德等六人，俱係大亂之人，實爲六光棍，現將此等人立即拿獲，交慎刑司，將伊等先前所欠之銀，嚴加追還，伊等若全部交出，再奏聞。若不全交完，斷不得寬宥伊等，定嚴加治罪。李煦，伊不安分，仍然替此等六光棍如此具奏，甚屬不合，伊謊用、虧空織造衙門之銀亦不少，理應將李煦立即拿獲，嚴加治罪，惟伊爲皇父有稍盡力之處，且已年邁，將此交内總管大臣議罪可也。

欽此。欽遵。臣等議覆，看得，李煦因病纏身，甚爲虛弱糊塗，妄聽人言，即替惡棍王修德等人採參事具奏，甚屬不合。將李煦革職，由織造衙門解任，伊所欠錢糧甚多，不可不償還。近年李煦疾病纏身糊塗，凡事不能親辦，皆交其子、家人等辦理，方謊用，虧空如許錢糧。由此觀之，顯爲其子、家人從中克取。既然如此，其所欠錢糧之處，即嚴加咨文該處巡撫、官員等，務將李煦之子及辦理家務、立業之現有及分檔出去之所有家人，由伊衙門使用之人，盡皆拿獲，將此等人房屋、產業、買賣、鋪子、貸出之銀等項查明後，由該巡撫、地方官等具保後，具奏可也。爲此謹奏，請旨。

署理内務府總管事務臣允禄、辦理内務府總管事務領侍衛内大臣曼武、内務府總管噶達渾、辦理内務府總管事務佐領伊都立。

中國第一歷史檔案館《雍正朝滿文硃批奏摺全譯·山西巡撫諾岷等奏報審理蘇克濟父子之情摺雍正元年九月二十六日》 山西巡撫臣諾岷等謹奏：爲奏聞事。

切臣等前審理知府裘章等首告蘇克濟一案，蘇克濟承認其任内侵蝕銀兩共計四百二十萬兩是實，但未就賠補虧空之項吐露實供，故臣等奏請將其子革職，與蘇克濟一併夾訊。奉旨：蘇克濟及其子俱革職，由審案之臣嚴審具奏。欽此。欽遵。當即將蘇克濟父子提堂，將皇恩法典錢糧之要復行開諭，蘇克濟父子仍堅持原供。遂夾訊蘇克濟四子達哈塔及三子達最，而後即令夾訊蘇克濟，蘇克濟遂即供稱：我任巡撫十二年餘，貪污諸多銀兩，因我父子服用奢華，隨得隨即順手揮霍掉了。且近幾年軍需運米喂駝之事亦耗資甚巨，銀兩進出數目皆由我家人趙七記載，趙七死後，無據可查。現我願以僅有之一百萬兩銀兩抵償。我父子現有家產共值銀二十萬兩，此俱係贓銀購置者，一時難以變價，俱請入官。再我兄各子家產值銀二萬兩，家人馬四、守常家產值銀一萬兩，我父子衣服、首飾器皿等物值銀七萬兩，此俱變價，於五個月内交付。我在任之際，饋送借給親朋之銀五十餘萬兩，追討此銀，半年内陸續交付。我父子本年地租銀爲五千兩，借給范毓彬之銀本利相加共計三萬兩，此銀即行討回，年内交付。我原借給趙七之人之銀，曾欲留做墊補虧空，經查尚未追完之銀爲九萬兩，算此之項，共計銀九十二萬餘兩，我一年限内再借七萬餘兩，凑足一百萬兩。除此以外，若有絲毫隱瞞，我父子雖正法，即使拋屍露骨亦心甘情願。我父子罪深至極，上負於主恩，下愧於祖父，雖死亦難抵罪。唯蘇克濟我年邁有病，不堪酷刑，我父子願服律例。等語。叩首供答。臣等竊惟，如此貪婪枉法之人，上負朝恩，下害百姓，殊干法紀。臣等祈請，現虧空各項，除蘇克濟承擔墊賠之一百萬兩外，其餘銀兩，則對原參各官於蘇克濟名下貪污之項嚴加清查，由伊等分别賠補，斷不準攤派於民，有累繼任。臣等將所有墊賠之事議定後，再對蘇克濟父子擬罪，另行繕本，由臣額倫岱、涂天相親携面奏皇上外，現審理之情，謹先繕摺奏聞。

山西巡撫臣諾岷、署理布政司印務侍讀學士臣田文鏡、按察使臣高成齡、領侍衛内大臣公臣額倫岱、刑部侍郎臣涂天相。

硃批：知道了。就這麽辦。

中國第一歷史檔案館《雍正朝滿文硃批奏摺全譯·兩江總督查弼納奏報河道總督趙世顯案内家人自縊摺雍正二年四月十二日》 江南、江西總督臣查弼納謹奏：爲奏聞事。

臣前經嚴加夾訊原河道總督趙世顯、家奴崔三等人後，於去年秋天，將伊等供認交付之銀數具摺奏聞。後以結案等因，催促伊等交銀時，均推諉不交，且只拿出供給人等項，而並不交出其現有財物。臣即曉諭於其利害關係，一俟交出供認銀兩，其罪可免，等因勸勉，並暫停審訊伊等之隱瞞之情。秋冬之際，臣又再三開諭，又飭交按察使開諭，但犯人崔三只供無隱瞞，前後所交出之供認銀兩亦甚少。到十月間，臣得知伊等忍而不多交出之情形後，即行咨文按察使五日一次重責嚴催，臣又親自督促重責嚴催，然該犯人極爲姦滑，如何督催，仍推諉不定，且又不供出隱瞞之情。故於今年春飭交按察使復又嚴審，又拶訊其妻妾，仍不供出實情。該犯人多年作惡詐取，其家甚富，所有財產並不致於其供認數目。故於三月十五日，臣親自傳犯人嚴行夾訊。伊不堪刑訊，才供出二萬餘兩銀子。又供稱，其主人好奢侈，費用甚多，其主人之子弟，兄弟之衆子，皆用其主人之銀兩，實無隱匿，等語。臣覺得該犯人仍在隱瞞自己之財產，故於十六日再次嚴審。崔三供稱，回到牢中後寫出來，不敢絲毫隱瞞。等因供認。當夜，崔三又供寫一萬兩銀子後，交付其兄崔二，夜里偷偷自縊，而崔二等未覺察。臣思之，該犯雖死，但不可不詳審其子、其兄、其兄之子。如

今正在嚴行夾訊崔二、崔大、崔三之子，務必審出其隱匿於他處之家産財物之後，再審清其主人有無隱匿家産財物，時再具奏。至於崔三兄弟所供出之借貸、拖欠等項，如今嚴咨各地，向借貸、拖欠官民催取。故將崔三自縊之事先行具奏。爲此謹奏聞。

臣衙門筆帖式六十三寫。

硃批：知道了。崔三等惡徒，引誘主人作惡，敗壞國政，侵蝕錢糧，擾害百姓。此等之人，理當凌遲之該殺奴才。如此死去，太輕了。

中國第一歷史檔案館《雍正朝滿文硃批奏摺全譯・刑部尚書阿爾松阿等奏請處置行賄人犯摺雍正二年六月初三日》 領侍衛內大臣、刑部尚書公阿爾松阿等謹奏：爲請旨事。

和碩廉親王摺奏：原任湖廣總督滿丕貪婪案內，據滿丕供：副將馬良燦、王允吉每人許我銀一千兩，我將他二人保放總兵官。馬良燦給我羽緞、猩猩氈、廣緞、廣紗、銀器等物，值銀一千餘兩。王允吉因路途遥遠，所許銀一千兩，没有給我等語。將馬良燦擬絞，王允吉擬徒，但馬良燦、王允吉俱未取有口供，自無懸定之例。馬良燦係原任江西總兵官，今已革職，或回原籍山東，或仍逗留任所，皆未可定。應行文山東、江西巡撫，在於何處，速行送部質審。

再查律內，在外五品以上官，有犯公私罪名，所司開具所犯奏聞請旨，不許擅自勾問等語。王允吉係現任川北總兵官，或行文川陝總督，將王允吉送部質審，或行文該督，就近取具確供送部，伏候上裁。爲此謹奏，請旨。

領侍衛內大臣刑部尚書公臣阿爾松阿、尚書臣勵廷儀、左侍郎臣馬爾齊哈、內閣學士署理左侍郎事臣黄炳、右侍郎臣馬喇、都統右侍郎臣高其佩。

硃批：咨行總督年羹堯，取供咨送。王允吉爲官名聲，問年羹堯、岳鍾琪，一併奏聞。

中國第一歷史檔案館《雍正朝滿文硃批奏摺全譯・閩浙總督滿保奏報處置犯罪之家奴事摺雍正三年二月十六日》 閩浙總督臣覺羅滿保謹奏：爲謹叩聖主訓諭事。

臣差賫捧賫摺之人於二月初十日抵至，臣恭謹拆閲，奉硃批諭旨：爾省大臣諸事得咎，聲名惡劣，皆爲京城倚靠大臣、在職幕賓及家奴所牽累。聽聞，爾之家人趁爾在浙江視察堤岸時，欺壓地方，辱罵知縣及其父母，故此爾以好言勸慰知縣，將爾家人帶枷示儆。此等惡奴，如此行事，千百件事才被爾抓獲一次，却從輕發落，掩人耳目。再又存心使胡佐兵起釁、刁難、糾參。胡佐兵如此胡鬧，因掌握爾之把柄，雖有貪污行爲，爾亦爲難。此等該死之惡奴，爾若加以痛責，爾之奴才恐懼，不再如此張狂，胡佐兵亦豈敢再犯法乎？此等奴才有何憐惜之處，手軟，家人即不能約束矣，何況屬員。欽此。臣謹閲，聖主訓諭甚明睿，皆爲大道理，盡述法規、管理之道，臣不勝惶悚感戴。再臣數月間未見聖主硃批諭旨，今忽見硃批訓諭，如獲至寶，歡忭不已，當即叩謝聖諭。查得，臣家之惡奴違法，理應當即杖斃示衆，臣一時優柔，僅將此惡奴鞭責一百戴枷，視察堤岸返回杭州時，因心中忿恨不已，親自監督又將此惡奴鞭責三百，綁縛鐵索囚禁，發往京城之皇莊。欽惟，外官因軍用奴而敗壞名聲者甚實。其行百般惡劣，方被抓獲一次，若不從重懲治，則家奴何所懼。臣處事優柔寡斷，甚謬矣。臣已知錯，豈敢不改，留存此等惡奴何用，故臣派家人二名趕往皇莊，將此惡奴綁縛鐵索，不給飯食餓斃，以示儆家奴。臣甚庸碌，不能約束家人，理應治罪，聖主寬宥，不予治罪，又降諭盡心訓示，覆載深恩，臣不勝惶悚感戴，謹叩謝訓諭，交付硃批諭旨。謹奏。

硃批：當時不能行，今雖補做，亦以朕等背負殺人之名而已。於事毫無補益，罷了。

中國第一歷史檔案館《雍正朝漢文諭旨》雍正四年正月二十六日 一件隆科多挾勢强索揆叙家人安圖銀兩一案。於雍正四年正月二十七日題二十八日奉旨。隆科多婪贓犯法，深負朕恩，本應按例即行治罪，但其才尚可用，朕心憫惜。着革退吏部尚書交委料理阿爾臺等路邊界事務。另降諭旨，倘能盡心辦理，尚可贖其前愆，若稍有怠忽，定行正法。伊家人牛倫，從前犯罪應死，比時交與隆科多自行處置。乃隆科多狥私容留，寔屬可惡，今招摇受賄諸事又復敗露，再難寬宥。着將牛倫即行處斬，其餽送銀兩之奉天府丞程光珠着革職，從寬留任。淮徐道張其仁，濟南府姚讓着調來引見。隆科多吏部尚書任內有辦理奉天司官一案，未曾清結，仍着隆科多辦理。於出差未經起身之前具奏。其名下應追銀兩，即着陸續交完。

餘依議。欽此。

《清世宗實録》雍正四年夏四月〔甲子〕户部等衙門議奏，原任直隸總督李維鈞侵蝕俸工銀十四萬八千餘兩，勒限五年追完。若限滿不完，或不足數，照侵蝕例治罪。得旨：五年限滿，分毫不完，然後治罪，於錢糧何益。此等缺欠錢糧，勒限追賠事件，應將所欠銀兩數目按所勒年限計算，一年應完若干。儻一年應完之數不完，如何治罪。年限已滿，不能全完，又如何治罪之處。著分别定議，嗣後一體遵行。

中國第一歷史檔案館《雍正朝漢文諭旨》雍正四年八月十一日　一件原任何南南陽總兵官董玉祥查奏，原任揔兵官佟世鱗收受生辰年節禮物，并情願賠交各欵銀兩一案。於雍正四年八月十一日題十八日奉旨：佟世鱗暫且停其枷責，着將伊應追銀兩速行完結，如果依限全完猶可寬免其罪，如故行推諉，不依限完結，着加倍治罪。欽此。

中國第一歷史檔案館《雍正朝漢文諭旨》雍正四年十二月初二日　一件會看得據鎮守宣化等處揔兵官黄廷桂叅送，原任宣化揔兵官許國桂貪婪欺妄，虚冒兵餉，併各巴顔工頭人等冒銷餽送銀兩一案，等因，於雍正四年十二月初二日題初十日奉旨：許國桂依擬應斬，着監候，秋後處決，張學庠依擬應斬，着監候，張文燦着革職，從寬免其枷徒。餘依議。欽此。

中國第一歷史檔案館《雍正朝漢文諭旨》雍正五年三月二十一日　一件辦理厢藍旗滿州都統事務多羅果郡王允禮奏，送原任都統圖思海運米至甦駱駝，并收受李樹德、欒廷芳盤費銀兩一案。雍正五年閏三月二十一日題，二十八日奉旨：圖思海依擬應絞着監候，圖思海之子圖敏曾在允禩門下，甚爲親密。圖思海原係黨内有名之人，欒廷芳係阿靈阿家人，以軍餉二萬兩餽送圖思海，圖思海輒敢收受，大干法紀。本應將圖思海即行正法，朕特從寬宥已屬殊恩，其應追銀兩理應速行完納。今乃遲延怠玩，而圖敏、圖奕將伊父生死致之度外，若爲不知尤屬可惡。着將圖奕革去員外郎提至京師，並將圖敏拿交刑部與伊父圖思海一同監禁。嚴追不必定限，着速追究完結。

中國第一歷史檔案館《雍正朝漢文諭旨》雍正九年三月十三日　一件署理蘇州巡撫尹繼善題參，原任鎮海將軍何天培，於署蘇州巡撫任内侵蝕徇隱，婪賄悮公等欵一案，等因，雍正九年三月十三日題十六日奉旨：何天培深負朕恩，是以從前部議伊所侵蝕關税銀兩加倍追繳。朕降旨允行，亦料其贓私不多，力能完納也。今伊名下侵蝕銀兩已至數萬，若令加倍追繳是徒有其名，而無完納之寔。亦不足示懲，何天培名下前後應追銀兩俱着照數追出，不必加倍。餘依議。

中國第一歷史檔案館《雍正朝滿文硃批奏摺全譯・刑部尚書海壽奏報審理寧古塔原副都統多索禮貪污案摺雍正十年二月十二日》　刑部尚書海壽謹奏：爲欽遵上諭事。

切照將軍常德參奏多索禮貪污一案，奴才先審理時，出財之高登隆等、議事轉送財物之杜三泰、收銀交付多索禮之多索禮家人吴四，俱已招認交給、收取是實，而多索禮仗其本身官職，惟抗辯無影無稽之事，不出實供。故奴才參奏，奉硃批：多索禮革職，嚴加審明具奏。欽此欽遵。奴才復傳多索禮審訊，未等用刑，便招認：民糧所之尹都向擅自採參人收銀釋放。等情訴訟案内，商人高登隆等爲不深究伊等而給銀一千五百兩；自查官屯額丁解除正賦年計，於償還糧穀案内，衆莊頭、額丁懼怕給銀五百兩；拿獲圖爾納、楊古納欲解送其京城原主案内，圖爾納等被迫給銀二百兩；於多開店鋪案内，衆鋪人湊交銀一千五百兩。俱皆收取是實。再，其母差遣扎納凱收取造讆人參時，驗收官等將入官佳參挑選十七兩八錢交給是實。等情。自認不諱。竊查多索禮原係牧長，蒙聖主施鴻恩，漸次用至副都統、將軍。因伊不勝將軍任，未即革職，復施恩補放寧古塔副都統，理應誠意效力，盡心報答。如今反辜負聖主鴻恩，行各色貪污，情殊可惡，將多索禮依照訛詐欺公斬監候之律擬斬，監斬秋後處決；將杜三泰依照議事轉送財物之律擬絞，監候秋後處決；吴莫和既與多索禮合謀，則不可留於本地，照例遣往西安當差；將吴四按律流放，遣送滿洲駐防之地爲奴；高登隆等既然平時俱擅行買賣人參，照例流放；出銀開店鋪之王建安等按指示往取人參之扎納凱俱照行亂重律擬杖，按例先行杖結；杜超等選佳參送給扎納凱，以送交多索禮之母，俱交該部查議。至於被迫出銀及經審無涉者，俱無庸議。又多索禮奏巴爾岱與郭正義合謀行弊一案，訊據郭正義供稱：向採參壯夫等收取官帳後，爲將餘參經哨探變賣事，發給道票之處，俱向奉天將軍、原寧古塔副都統多索禮出示報

明，並非擅自給者。再，所謂向擅自採參者，潛出過冬人收取官帳，發給道票者，乃無影之事，差人往迎壯夫者，遵例呈文，令往迎者俱候於哨所以內地塔地方。並未準其進入收參廠，且怎可以昂價售米折收人參，擇選佳參轉移耶？將此情形，詢問護票前往官員便知。再，將所收人參，俱經多索禮督查照數選取加封，送交內務府，我並未與巴爾岱相勾結，制造多索禮前任之事端。等語。

據巴爾岱供稱：由將軍衙門爲緝拿欽審案内罪犯。等因來文。我拿獲杜三桐等人，遣人往多索禮處取吴四，伊言在白都訥，故我行文將軍衙門。此前我拿獲賭博之杜林泰、圖里等，解送將軍衙門，照例治罪，杜林泰、圖里等俱係多索禮親戚，因結仇牽涉我，我並未與郭正義勾結而制造多索禮前任事端。再，發給往迎壯夫票證差遣時，派出官兵携帶斗升清點，經過哨探，並無發給前往貿易者票證之處，票證内誤以斗升爲金斗，查驗時未看出者，即我之過，有何言以供。等語。

護票協領博羅等供稱：郭正義等在綏芬地方收參時，我等俱在彼地照管。郭正義等並無由無票證者索要官帳發給票證之事，倘誠然有，豈能不執拿乎？再，往迎者皆於距離收參廠以内十里地方住宿，並未到廠，何以相互貿易？此俱無影之事。再，於寧古塔收選人參時，我等亦共同收選是實。等語。將此等情形質審多索禮，亦供稱：給郭正義發給壯夫等之票證，給我查驗者是實，至於其他事項，俱我訪查所聞，並無確實干證。等語。將多索禮理應依照奏事不實之律治罪，既以貪污擬斬，則視彼案從重完結。副都統巴爾岱未看出票證内誤以斗升爲金斗，則交該部查議。經審郭正義等並無行弊端，無庸議。將此兩案謹具本，交付侍讀學士穆和藺具奏，其關防亦交付穆和藺送交部外，奴才遵旨駐於吉林烏拉，與將軍常德共同辦事，恭候聖主調遣。再，聖主施鴻恩，將我子額駙哈魯遣來奴才前學習行走，奴才不勝感激，惟勤加教子，勉竭犬馬之力，以圖報於萬一。爲此謹奏。

刑部尚書臣海壽。

硃批：知道了。爾審議此案甚明，甚得里手。

中國第一歷史檔案館《雍正朝漢文諭旨》雍正十二年八月初十日　一件工部奏員外郎富謙修理城工，尅減工料一案。雍正十二年八月初十日彙題十六日奉旨：富謙所修城工甚屬緊要，伊乃漫不經心怠忽從事，情由可惡。著枷號將應賠銀兩加倍追出，若枷號滿日尚不完交，不準釋放。其所補脱逃之匠後陳起山等，顯係富謙飾詞狡供，何必交與地方官緝捕，即着富謙訪拿。欽此。

《清高宗實録》乾隆十四年冬十月〔癸未〕諭乾隆十二年，朕命清查虧空人犯，有李銘盤、吴浩、丁棻、佟鉅、永寧等五案，皆情實應勾。朕因向來辦理侵虧各案，相蒙俱入緩決，不但伊等意中，不知有予勾之典，即法司亦未知朕之法在必行。伊等初爲錮習所蒙，安心觀望。今遽寘之於法，乃爲不教而誅。即欲改悔，補救無由。是以法外施仁，再予一年之限。朕之本意，謂伊等果能於一年限内全完，則人心尚知畏法，可以施恩。如尚不完，則孽由自作，罪無可逭，誠非虚爲此言也。今吴浩一犯，已於限内照數全完，九卿等擬以可矜，減等發落。其李銘盤、丁棻二犯，未完亦不及一千兩以上，現在追繳照例入於緩決。其永寧一犯所參侵蝕銀兩，乃營運利銀，尚非庫項。佟鉅家産全無，其從前侵虧銀兩，作何花用，抑或有别故，著大學士會同該部，詳悉查明具奏。伊等俱現在監禁，如有應行訊問之處，即著傳訊。

中國第一歷史檔案館《乾隆朝懲辦貪污檔案選編》乾隆二十二年十一月初七日　上諭：前任山西巡撫明德與蔣洲共事經年，蔣洲侵虧狼藉，明德豈毫無所知？今復據劉統勳等奏到晋省州縣中侵虧庫項竟至盈千累萬者，是該省風氣視庫帑為可任意侵用已非一日。明德身為巡撫察吏是其專責，乃一任屬員侵帑營私至於此極實爲深負委任。明德即着都賚傳旨革職拿問，遴委妥員解赴山西，交劉統勳等一併審擬具奏。欽此。茲於十一月十六日準西安將軍都賚委協領馬森太等將明德押解到晋，臣等宣讀諭旨問明德你身為巡撫藩司，是你本管屬員蔣洲侵盗司庫銀兩已非一日，竟至一萬數千之多，通省皆知與你衙署僅隔一墻，無不知之理，乃一任蔣洲侵蝕明知故縱，是誠何心。春間蔣洲妻室亡故，巡撫統屬全省親往弔奠兩次，又率同司道公送奠分四百兩，以致通省望風效尤，斂分致送奠儀五六千兩，這明是你暗爲蔣洲彌補虧空之地。在蔣洲虧帑心虚益思逢迎結納，你又從中巧取，在任一年收蔣洲古董兩次養了孫子，蔣洲夥同司道送你金麒麟壽星綢緞等物，起身時又將古玩九件並銀一千二百五十兩送你收受，

你預備陛見提用司庫銀三千餘兩，後奉旨不準進京始將銀兩發還。此係庫帑竟爾取予自便，更屬平日撫司通同作弊之確據。又楊龍文亦曾送你磁器銅玉古董數次，又代汾州商顧鴻轉送銅器兩件，你俱一一收受，何簠簋不飭一至於此。再大同縣知縣朱廷揚虧空米豆多至五千餘石，庫項二千餘兩，你因何並不參追，轉保陞平定州知州題陞之後，新舊不能交代，輾轉逾限你又何故不行查參。一任遲延八月之久致朱揚那新掩舊，又在州任內虧空一萬二三千兩。又壽陽縣方山木植原係前撫恒文飭縣官爲封禁，你叫蔣洲砍伐三十餘根運至省城，既係官物，例應題奏動用，你私令砍伐運省，作何動用報銷。後來又如何交與蔣洲以致私賣彌補虧空，可即據實逐一供來。據明德供稱：我到任時聞蔣洲修理衙署，家口衆多，疑其庫項有虧，屢次訪查據説他虧空不過數千兩，從容數月即刻補還，我信以爲寔，不料蔣洲虧空庫項至一萬餘兩之多，我不能查明參奏寔負聖主深恩。我兩次收過蔣洲玉器三件，銅器一件，他不肯開價。今年二月伊妻亡故，我給他奠儀一百兩，原是補他古玩價銀之意。又我去年生孫，蔣洲同在省司道公送麒麟壽星等物，一時愚昧存留。我調任西安時，蔣洲説我護院印每月有養廉銀六百二十五兩，大人不肯借動庫項，把我應支護院養廉借兩個月去領了，新任養廉再還不遲。後蔣洲將古董八件銀一千二百五十兩屢次送來，我一時昏憒依允存留。我到了西安買了幾件銅器正要支領養廉一并送還蔣洲，值榆林被灾前往查辦，纔回衙門即蒙解審。我雖經調任，但借支蔣洲養廉罪亦難辭。又我調任時原有長支養廉後俱照數發還，我原托楊龍文代買古董收過他幾件，又拏兩件銅器來，也没説是顧鴻的，叫他開價，他不肯開，我給他烏雲豹袍褂各二件抵還他的。我又因朱廷揚辦差無悮，喂養軍需駱駝，又甚出力，是以平定州缺出將他題補，不知道他有虧空，寔係我昏憒糊塗。方山木植原係前撫恒文任内封禁，我因太原倉穀甚少，奏準添貯五萬石應建倉厫，當令該府將前項木植估計報部。我調任西安蔣洲如何私賣彌補虧空，我寔不知道。我荷蒙聖恩畀以封疆重寄，既不能查察屬員虧空，而收留古玩發價，並不分明借支養廉，又未及時發還，辜負皇上天高地厚之恩是無容身之地等語。臣等查對明德所供與蔣洲及伊家人黄義等所情節俱屬相符，伏思明德受恩深重身任封疆不思潔，已率屬，明知蔣洲庫項有虧隱忍不舉，及受伊餽送借貸等項數以千計，以致蔣洲、楊龍文、朱廷等侵蝕貪婪毫無顧忌，實爲深負聖恩。查律載凡官吏因枉法受財者，計贓科斷，枉法贓八十兩以上絞監候等語。明德除失察朱廷揚虧空長支養廉已經發還，及收受屬員餽送各輕罪不議外，其明知藩司虧空，不行舉發，轉受其銀，兩應以枉法論。枉法贓八十兩以上擬絞監候，秋後處決，係旂人應解部監候。臣等另繕供單恭呈御覽，謹將審明情節定擬罪名參摺奏聞。伏乞。

四川省檔案館《清代巴縣檔案彙編·擾民·乾隆二十九年五月三日慈里九甲盧瑶禀狀》爲賄縱延案，懇飭差拘事。情本年正月二十三日，蟻以遵批叩轅等情，控璧民胡友朝，游濫强牽蟻耕牛二隻在案，蒙準賜文移關友朝來渝。詎蠹票差李洪周，膽受惡賄，私將友朝放回。蟻三月二十三日，蟻以懇差押訊事，具禀恩轅，荷批：友朝是否潜回，着撥頭查明速禀。蟻哀撥頭催禀，云稱友朝之叔胡舉人估回等語。但仁天榮省，時值東作，案抗懸犁，束手停耕，情急水火，含冤莫伸。迫候天臺旋署，爲此叩恩，飭差李洪周將友朝等拘案訊追，臨耕有賴，農民霑恩。上禀太爺臺前俯準拘究施行。

縣正堂批：撥頭查明速禀。

四川省檔案館《清代巴縣檔案彙編·擾民·乾隆三十年三月十五日木洞巡檢司申文》爲提究事。本年三月十二日，奉特調四川重慶府巴縣正堂加五級紀録八次段憲牌，内開：本年三月初一日，據仁里八甲湯徐氏具告該巡檢差役周五等磕索錢物等項一案，等情到縣，據此，合行專差提究。爲此，牌仰該巡檢官攢照牌事理，文到即將周五、蔣六、嚴延王、陳老九、牟老三、何毓，並磕索湯徐氏銅錢八百、白紬裙一條，青紬小衣一條，紅布四尺、藍布四尺，鴨子三隻，母鷄三隻，斧頭一把，一並交給來役申解本縣，以憑訊究。毋得刻遲，速速等因。

奉此，遵查卑職衙門並無此案，細加查訪，緣二月十四日，有憲轅捕役苟榮、樊龍持憲票往拘慣賊祁淵、蕭七、龍福珍、湯大元、湯二元等共十餘名赴卑職衙門禀請添差。卑職因奉憲票，隨撥役王世倫、余斌、莫世榮前往協拿，數日後，各役皆回。並無拘獲人犯。憲役苟榮等只將在卑職衙門押住之賊犯李德榮提去。今奉憲牌，據湯徐氏告稱，前由卑職訊，據王世倫等供稱：當時憲役協同鄉牌人等至湯徐氏家捕緝伊子湯大元等，

因未獲人，輒取湯徐氏家鴨子二隻，鷄一隻，紅布一段，白細裙一條，有湯徐氏之招主陳大經復給苟榮盤費八百文屬實。嗣苟榮携帶鷄鴨回至木洞寓王希天店内，將鷄一隻宰訖，其鴨子走失一隻，帶回一隻回縣。其白細裙一條，苟榮聲稱扯與衆人爲手帕用，大家不要，苟榮亦帶回訖。卑職查訊店主及卑職頭門人役，皆稱當時眼見，餘無別物。等詞。今奉憲提。實在無贓可解。至憲牌内開周五、蔣六、陳老九、牟老三等並非卑職差役，只嚴廷玉係卑職衙門皂班，當時並没同去，無可申解。理合具文申復憲臺俯賜查覈。爲此，備由具申。伏乞照驗施行。須至申者。

右申特調四川重慶府巴縣正堂加五級紀録八次段。

中國第一歷史檔案館《乾隆朝懲辦貪污檔案選編》乾隆三十七年三月二十二日 上諭：前因錢度在雲南布政使任内，經廠員朱一深揭報贓欵累累，已傳諭高晋等將伊原籍家産貲財嚴密查封。今據海明奏到江西德化縣地方拏獲錢度家丁王壽等八人，查出攜帶銀二萬九千餘兩，並錢度親家信有趁王壽回南寄歸二數好為收貯或做地窖或做夾壁善為籌畫，以作永久之計等語。覽奏實深駭異。錢度係數年不給養廉之人，若非恣意婪贓，安得有如許積蓄，初不意錢度之負恩敗檢竟至於此。伊信内既有藏埋地窖夾壁之語，則其從前之詭祕隱匿定復不少，伊本籍常州府城又復寄居江寧，其多營狡窟更可概見。著再傳諭高晋、薩載即將錢度所有兩處財産嚴密查封，並將伊家屬嚴行究訊，逐細詳搜，毋使稍有藏匿寄頓。倘不實力查辦，或致尚有透漏，將來列經發覺惟高晋、薩載是問。將此由六百里傳諭知之。欽此。欽遵。寄信到臣仰見聖明，指示睿照無遺。查此案臣前在淮安欽奉諭旨，當因錢度原籍常州，其家屬俱住江寧府城，遵即派委道府並督飭江蘇藩臬三司分投查辦。業經臣會同督臣高晋恭摺奏蒙聖鑒嗣。臣訪聞錢度第三子錢鄷，前年自滇回寧，帶回貲財甚多，并訪有伊家人邵永年在蘇採辦物件，又準江西撫臣咨會拏獲錢度家人王壽等，查出隨船寄回銀二萬九千餘兩，並錢度親筆家信，内有好為收貯，或做地窖或做夾壁等語。其平日隱藏詭寄必多，節經嚴飭該司道等逐一徹底根究，毋使稍有隱漏。再，臣先聞錢鄷有妾陳姓寄居湖廣，先經飛咨飭查。臣於三月十六日自淮安起程赴興化、金壇兩處驗收城工後，回至常州復親率臬司道府，提齊錢度家人張四實等查訊。據供錢鄷曾定湖南常德府城内原任定遠縣陳長鈞之女為妾，查錢鄷現準湖南撫臣咨覆係在陳長鈞家拏獲，必有貲財寄頓。又據供上年十一月初六日有進貢家人魏士青、張林自京回滇帶回玉器十件，琥珀如意一枝，寶石鑲嵌赤金如意五枝，約重二百餘兩，金爐瓶三事，一副約重一百三十餘兩。查該家人帶回前項貢物，計其程途約需兩月有餘，始可抵滇，恐有聞風隱匿情事。又據供錢度第五子現贅松江城内張姓為婿，亦恐有隨帶財物，均經臣先後分咨，各省并行，蘇州藩臬二司確查辦理各在案。茲復仰蒙聖訓，臣隨於本月初一日自常州馳赴江寧，督率司道府等親提伊子錢邠及伊管事家人到案，隔別再加嚴訊。詳細搜查不使絲毫遺漏，除江寧、常州、蘇州三處先後查出錢度田地房屋古玩、貢器、金銀、衣飾什物等項各數目，會同督臣繕摺恭奏外，所有臣現在欽遵查辦緣由理合恭摺奏覆。伏乞。

（清）祝慶祺《刑案匯覽》卷五〇《刑律受贓·官吏受財》 大理寺少卿奏請增刪律例各條核定遵辦一摺。據稱，枉法贓八十兩即擬絞，不枉法贓一百二十兩方擬絞。罪名輕重懸殊乃濫設官吏條例。内開内臣衙門補用吏典，若舊吏索頂頭錢者計贓準不枉論，而官吏受財條下又閉直省書役年滿缺出有暗行頂買索取租銀者，缺主照枉法贓定擬。是同一書吏缺主受財，而枉法、不枉法輕重兩歧，應由部酌刪一條。臣等查書役年滿缺出，舊吏索取頂頭錢者本例，指明考取吏典照缺補用者而言。此頂書吏之缺既已官爲考取補用，舊吏無從作弊，止因新舊接手，藉稱頂頭名目需索錢文，於法原屬無枉，是以準不枉法論。名例凡言準者，至死減一等。此項人犯即至一百二十兩以上，亦罪止滿流。至於書役年滿暗行頂罪之例，則以在官吏典之缺，據爲私有，暗中租買，營私舞弊，實爲枉法。是以照枉法受財律計贓定擬，八十兩以上即照律應擬實絞。同係書吏有犯一則本係考取應行得缺之人，並無頂冒別情。一則租買官缺漁利居奇有把持盤踞之弊，二者情節既判若兩途，故罪名亦顯然迥異，應將該少卿所奏酌刪一條之處，毋庸議。乾隆四十四年奏準通行。

中國第一歷史檔案館《乾隆朝懲辦貪污檔案選編》乾隆四十五年五月初七日 奉旨大學士九卿核議尚書和珅等，審擬李侍堯貪縱營私各欵，將原擬斬候之處從重改爲斬決一摺。李侍堯歷任封疆，在總督中最爲出色，是以簡用爲大學士，數十年來受朕倚任深恩。乃不意其貪黷營私，婪索財

物盈千累萬，甚至將珠子賣與屬員勒令繳價，復將珠子收回。又廠員調回本任勒索銀兩至八千兩之多，現在直省督撫中令屬員購買物件短發價值，及竟不發價者不能保其必無。至如李侍堯之贓私累累，踰閑蕩檢，實朕意想所不到。今李侍堯既有此等敗露之案，天下督撫又何能使朕深信乎？朕因此案實深慙懣，近又聞揚景素聲名亦甚狼籍，但其人已死。若至今存，未必不爲又一李侍堯也。各督撫須痛自猛省，毋謂查辦不及倖逃法網，輒自以爲得計。總之，有則改之，無則加勉，觸目警心，天良具在，人人以李侍堯爲炯戒，則李侍堯今日之事，亦未必非各督撫之福也。所有此案核擬原摺即著發交各督撫閱看，將和珅照例原擬之斬候，及大學士九卿從重改擬斬決之處酌理準情，各抒己見，定擬具題，毋得游移兩可。至各省督撫衙門購買物件，除家人長隨例應關防不準出署外，其各衙門原有設立買辦聞今多有交首縣買辦，及中軍買辦之事，究以如何辦理方可不致滋弊。並著各督撫一併據實具奏，將此通諭中外知之。欽此。欽遵。咨行到臣，臣查李侍堯貪縱營私一案，經尚書臣和珅等審擬斬候，大學士九卿從重改擬斬決，仰蒙諭旨抄發核擬原摺，命臣等閱看，各抒己見定擬，毋得游移兩可。臣伏查尚書臣和珅等原擬除李侍堯挾勢求索各款，罪止滿流輕罪不議，就收受素爾方阿侵欺廠課銀八千兩一條，照侵盜錢糧入己一千兩以上例問擬斬候，原係照例辦理，而大學士九卿以李侍堯贓私累累僅擬斬候，尚覺罪浮於法，從重改擬斬決。請旨即行正法，酌理準情實，亦罪所應得。除李侍堯應從重定擬之處，謹遵旨另疏題覆外，至督撫衙門購買物件俱設有買辦，足供使令，若因首縣附居省會，令其買物易啓低價逢迎之習，中軍爲營將大員如以買物瑣事派委既非體制，且勢必轉交弁卒，剋削賒欠亦難保其必無。惟選募誠實良民認充買辦，月給工食，在署外聽差交員弁約束。凡購買物件訪確時價給以現銀，令其平買并出示曉諭，舖販俾得周知，倘買辦稍敢剋扣虧累，許即禀究，尚可杜滋弊之漸。臣歷仕各省及現在楚中購買物件，實係如此辦理，并無交令首縣中軍承辦之事，茲仰蒙諭旨垂詢。臣惟有益加謹慎防閑以仰副聖主肅清風紀之至意，臣謹據實覆奏。伏乞。

《清高宗實錄》**乾隆四十六年六月**　己丑，諭：軍機大臣，前據陳輝祖奏審訊王亶望私監糧折色一事，未將結報之道府何人，逐一供明。業經傳旨，令其即行覆訊。此事私收折色於前，勒買冒銷於後，情節已屬顯然。即王亶望亦不虞其始終狡展，但楊魁、陳輝祖等向其訊問，並無證據，未必肯據實供吐。著傳諭陳輝祖，即派妥員將王亶望挐交刑部嚴審，並飭沿途小心防護，毋致疎虞。又諭：前以甘省私收監糧折色一事，明係揑災冒賑，上下一氣，通同舞弊，不可不徹底嚴查。已屢經傳諭阿桂、李侍堯，將歷任道府何人，如何冒銷賑濟，如何勒買分肥，逐一查明，據實參奏。阿桂等自必嚴切根究，不肯爲人代擔干係。日内又命留京辦事王大臣，會同刑部提訊勒爾謹，並傳王廷贊到部質訊。並降旨陳輝祖等，即將王亶望挐交刑部審訊矣。此事既經發覺，斷無置而不辦之理。阿桂等自必認真查辦，令其水落石出，不肯稍存諱匿之見。至監糧折收之銀，大半歸於冒銷賑卹，但賑卹一事，甘省既向來如此，自應治冒銷者之罪，不應因有此弊，竟因噎廢食，將應賑卹者致不賑卹。朕愛養黎元，每遇各省水旱偏災，不惜多發帑金優卹，寧濫無遺，以期不使一夫失所。況甘省素稱邊隅磽瘠，尤宜加意撫綏，豈可以有冒賑之事，遂致貧民或有拮据。昔宋臣曾有以薦人不當，輒有悔意者。時程子云，願侍郎受百人欺，不可使好賢之心稍替。爲大臣者尚應如此存心，況朕君臨天下，保赤情殷，亦寧可受萬人之欺，不可使視民如傷之念，因此稍懈也。即以逆回一事而論，蘭州百姓，並無從賊之人，此實由朕平日子惠邊氓，有加無已，是以閭閻激發天良，不肯附從逆匪，豈非仁政之明效大驗耶？總之，甘省冒賑之弊，斷不可不辦，而甘省賑卹之事，仍不可不行。此意著傳諭阿桂、李侍堯，偏行出示甘省百姓，使之家喻户曉，倍深愛戴，以仰副朕意。【略】

諭：昨行在大學士九卿等審訊王亶望時，據供署中親友，常有囑託捐監之事。我就令屬員填給實收送進，並未發給糧價等語。此等夤緣熱中之人，王亶望既爲囑託屬員捐監，自必又有加捐官職，銓選地方之人。若輩出身，既不可問，倘任以地方事務，必致賄賂公行，毫無忌憚。於吏治地方，大有關係，不可不徹底查辦。現在阿桂會同李侍堯查辦揑災冒賑之案，著即就近查明王亶望及其餘道府等任内將子姪親友幕賓，令屬員填取監生實收之人，現有遞捐官職銓選，及分發各省試用者，查明一併革職。即現係監生並未捐官者，亦應查追監照，按名褫革，俾知名器不可濫邀，以杜鑽營倖獲之弊。其餘《四庫全書》處效力監生内，如有經王亶望送給

實收，濫邀議叙者，亦著一體斥革，仍加恩俱免其治罪，其總裁。朕俱加恩不問，但以後自當加慎，勿謂朕不教也。又據程棟供蔣全迪亦有交首縣捐監，不發銀兩之事，著一例查辦。至甘省捐監糧，自王亶望始收折色，王廷贊旋踵其獘，歷年所捐監生不下數十萬，皆屬濫厠成均。本應交部按名褫革，姑念人數衆多，且尚係本生自出己貲，與填給空名冒稱實收者有間，著加恩免其斥革。將此通諭中外知之。

中國第一歷史檔案館《乾隆朝懲辦貪污檔案選編》**乾隆四十六年九月初四日**　上諭阿桂等查奏，甘省折收冒賑一案，酌議條欵侵蝕銀數至一千兩以外者六十六員均擬斬監候等語。此等侵冒各犯，其情罪本無可貸，但一千兩以上一律問擬斬候，則該犯內侵蝕一千數十兩至數萬兩者，無所區別，且問擬斬候，人數未免太多。朕心有所不忍，此時阿桂已經起程，李侍堯即當遵照前降諭旨其贓私入己至二萬兩以上者問擬斬決，二萬兩以下者問擬斬候入於情寔，並將其入己銀兩數目另開清單，於各該犯名下注明。其自一萬兩以下亦應問擬斬候，請旨定奪。候朕酌核情罪輕重分別辦理，至折色冒賑各犯內如有得贓，本多又復借添建倉厫侵蝕公帑，則其罪更重。即使折收冒贓，得贓較少而又借建倉侵蝕者亦應從重問擬。將此二項另歸一案辦理，不得統入冒賑案內，致滋牽混。又阿桂等另摺所奏，王亶望等囑托屬員填給寔收之人，案卷內無從查核，即爲王亶望填送實收者，詰其係何姓名亦不記憶，俟查辦得寔續行具奏等語。該員等既爲王亶望等填送寔收，該捐生等係何名姓具經手之人豈有全無記憶，案卷內無從查核之理。現已交部詳查即使朦混一時，將來必致爲人告訐，或別經發覺，亦斷不能始終弊混也。又阿桂等所奏秦雄飛請交銀三萬兩一摺，秦雄飛業經查抄，即劉光昱、文德等亦均已查辦，其所請挪借賠繳之處亦可無庸置議，將此由六百里傳諭李侍堯，並諭阿桂知之。欽此。遵旨寄信前來。

中國第一歷史檔案館《乾隆朝懲辦貪污檔案選編》**乾隆四十六年九月初七日**　上諭昨以甘省私收冒賑一案，人數衆多，應以入己贓私之多寡定情罪之重輕。已降旨令阿桂等分別定擬。矣本日據英廉奏，查封原任刑部員外郎邱尚文在京貲財一摺，內稱邱大英任內共捐監生七千三百二十五名，辦過災賑糧銀十三萬六千九百兩零等語，該犯任內私收折色，捐監多至七千餘名，灾賑糧至十三萬六千餘兩，若非與王亶望通同勾結，焉得實收及辦賑銀兩如此之多？必係王亶望因其餽送豐厚，是以給與實收并令冒開灾賑，其爲侵蝕入己銀數奚止累萬。現在該員告病尚未回籍，着阿桂等提省嚴審，究出侵冒入己贓銀若干，查照前降諭旨按數定擬。至伊子邱尚文係捐納員外其報捐之項即係邱大英侵婪所得，自應遵照前旨即予革職，所有英廉原摺着抄寄阿桂閱看，並傳諭英廉知之。欽此。遵旨轉寄到臣，臣即飭提該犯邱大英率同按察使福寧嚴加鞫訊。據供：我於金縣任內總共侵冒灾賑銀三萬五十兩，前已據實供明，至我辦過灾賑一十三萬六千餘兩，係乾隆四十一、二、三等年積算總數。我在王亶望任內止辦過四十一年灾賑，其捐監七千餘名，亦係節年總數。至王亶望做藩司時，通省都要送禮，我只得隨衆餽送銀兩物件，實無勾通作弊情事。至我兒子邱尚文捐監係乾隆三十八年，在高臺縣報捐，我是年在西和縣任，並非本任填捐，以後將冒賑銀兩還清借項，那上捐銀兩就是所冒賑銀等情。臣查邱大英前供餽送王亶望銀四千兩，又買送皮貨銀二千四百兩，又買送物件銀二千兩，又送盤費銀三千兩。該犯餽送獨多顯有勾通情弊，復加嚴訊，堅供王亶望無人不向賂婪索，我不過隨衆餽送。若有交通情弊，我已身受重罪，何敢再有隱瞞等語。至伊子邱尚文捐監時雖非本任填捐，但捐納員外據供借銀上捐，將冒賑銀兩還項，即係侵婪所得。該犯邱大英已經臣會同大學士公臣阿桂審擬斬決，具奏。在案伊子邱尚文業經奉旨革職，所有遵旨覆審緣由理合恭摺奏聞。伏祈皇上睿鑒。謹奏。

《清高宗實録》**乾隆四十六年九月**（甲寅）諭：前因王廷贊、楊士璣等七犯，侵貪不法，業經降旨。查明該犯等之子，革去官職，俱發往伊犁，充當苦差。今閲阿桂等查奏各犯贓數單內，蔣重熹侵冒銀四萬七千四百兩，宋學淳侵冒銀四萬七千二百兩。又詹耀璘侵冒銀三萬四千五百六十兩外，復開銷添建倉厫銀六千二百五十兩。陳澍侵冒銀二萬五千三百兩外，復開銷添建倉厫銀一萬八千四百六十兩。覈其侵冒銀數，均在四萬兩以上。伊等之子，亦應照王廷贊等之子一律辦理，著交刑部查明。該四犯之子，如有官職者，即行革去，並著發往伊犁，充當苦差，以示懲儆。

《清高宗實録》**乾隆四十六年九月**　又諭：甘肅捏災冒賑侵蝕監糧一

案，昨據大學士公阿桂等審明各州縣供認入己贓數，自九萬至數千餘兩不等，照侵盜錢糧一千兩以上例，分別定擬斬決監候杖流一摺。當經降旨，令軍機大臣會同行在大學士九卿覈議，並交留京辦事王大臣會同在京大學士九卿科道，再行詳加覈覆。僉稱案内各犯實屬情真罪當，法無可貸，按例定擬具奏。朕惟州縣爲親民之官，平時固宜潔己奉公，廉隅自礪。若遇有災祲，尤當極力撫綏，使窮黎共沾實惠。至於借賑卹之名，爲侵漁之地，實爲從來所未有。朕亦不忍以此疑人，乃甘省各州縣朋比侵吞，毫無忌憚。且有於捏賑開銷之外，復冒請建倉，設法以肥私橐。其奇貪肆黷，真有出於意想之外者。此案始由王亶望、蔣全迪等首先舞弊，勾通上下，狼狽爲姦。但各州縣遇有上司押令報荒勒索銀兩之事，原許其直揭部科，朕可簡派大臣按問。何數年以來，各該州縣視侵帑爲故常，竟無一庸中佼佼者。再閲各犯供内，有將侵吞銀兩，爲冬季施粥施衣及修葺廟宇工程之用等語。毋論該犯等谿壑難盈，必不肯以婪得贓私，飾爲義舉。即地方此等事件，各州縣捐廉爲惠，施及貧民，亦職分所應爾，何處無之。又安得復於事後籍口開銷，希圖末減乎！又有稱爲驛站貼補者，從來驛站爲州縣之利藪，且各省皆有驛站，誰肯破産貼補？現在此案爰書已定，王大臣科道等復加覈擬，人無異詞。則此等侵帑殃民，骫法營私之吏，固不能復爲曲貸。所有案内侵冒賑銀二萬兩以上之程棟、陸瑋、那禮善、楊德言、鄭陳善、將重熹、宋學淳、李元椿、王臣、許山斗、詹耀璘、陳鴻文、黎珠、伍葆光、舒攀桂、邱大英、陳澍、伯衡、孟衍泗、萬人鳳等二十犯。又冒賑不及二萬兩，而任内有侵欺建倉銀兩之徐樹枬、陳韶二犯，若照擬一例予以斬決，轉與王亶望、蔣全迪等首惡罪名，無以稍示區别，程棟等著改爲應斬監候，入於本年勾到情實官犯内辦理。今各省官犯，已經勾決，著派刑部侍郎阿揚阿馳驛前往甘省，會同該督李侍堯傳旨曉諭，監視行刑。其侵冒銀一萬兩以上之閔鵷元、林昂霄、舒玉龍、王萬年、杜耕書、楊有澳、李本楠、彭永和、謝桓、周兆熊、福明等十一犯；又冒賑不及一萬兩，而任内有侵欺建倉銀兩之錢成均、王旭、陳金宣、宗開煌等四犯，據王大臣科道等覈擬斬監候，即入本年秋審情實者。雖應如所擬，但程棟等既末減爲今年秋審情實，閔鵷元等亦從寬免其即入本年秋審，仍牢固監候。其侵冒銀自九千至一千兩以上之韋之瑗、尤永清、萬邦英、丁愈、趙元德、顧汝衡、宋樹穀、黄道煚、蒲蘭馨、章汝楠、侯作吴、董熙、沈泰、墨爾更額、善達、華廷颺、賈若琳、龐櫄、史堂、覺羅承志、李弼、申寧吉、謝廷庸、葉觀海、麻宸、張毓林等二十六犯俱依擬應斬監候，統俟明年情實官犯勾到時，刑部聲明請旨，分别辦理。餘俱著照所議完結。前經降旨，朕於辦理此案，不得不爲已甚。今覈諸人情罪，仍不忍令其駢首受誅。就其中情節最重之程棟等二十二犯，先予勾決。所謂不爲已甚去已甚，實因吏治民生，關係重大，不得不辦之苦心。所有辦理此案，前後所降諭旨，著李侍堯明白宣諭各屬，俾觸目警心，共知侵貪之吏，天理所不容，即國法所難宥。庶幾辟以止辟，所全者多也。大學士公阿桂等定擬原摺及行在大學士九卿，並王大臣科道等覈覆，著一併發鈔。將此通諭中外知之。

中國第一歷史檔案館《乾隆朝懲辦貪污檔案選編》乾隆四十六年十一月初三日 上諭前於捏災冒賑案内，降旨將王廷贊等十一犯之子，照王亶望等之子之例發往伊犁充當苦差，嗣又降旨將王亶望之子年十二歲以下者解交刑部監禁，俟及歲再行發遣。所有王廷贊等十一犯之子自應亦照此辦理。本日舒常等奏查抄楊德言之父楊迎鶴任所貲財，訊出楊德言有子四人惟長子年十二歲餘俱幼穉，現在將伊第三子解甘歸案辦理等語。著傳諭李侍堯即將楊德言長子發往伊犁，其未及歲之幼子即派員解交刑部監禁。其餘王廷贊等各犯之子俱著照此辦理。并諭刑部堂官知之。欽此。遵旨寄信前來。

中國第一歷史檔案館《乾隆朝懲辦貪污檔案選編》乾隆四十六年十一月十一日 據稱遵旨將甘省那用監銀開報虚糧入己，各州縣詳悉查核，兹查得發給實收未捐，而捏報已捐，將虚糧開銷復冒折色者四員，係武威縣知縣李元椿，捏捐實收四百二十三張，計銀二萬三千二百六十五兩。山丹縣知縣萬邦英捏捐寔收二百八張，計銀一萬一千四百四十兩。寧夏縣知縣宋學淳，捏捐實收二百三張，計銀一萬一千一百六十五兩。漳縣知縣孫元禮，捏捐實收三十一張，計銀一千七百五兩。有雖經填捐而所捐監銀被别縣那用冒銷虚糧折色者二員，係平羅縣知縣杜耕書，計銀一千七百二十五兩，華亭縣知縣華廷颺，計銀一千六十二兩。至未經填捐而先那用他縣監銀者八員，係狄道州知州鄭陳善，那用銀一萬六千四百餘兩。會寧縣知縣

許山斗，那用銀一萬七千餘兩。碾伯縣知縣陳韶，那用銀八千八百餘兩。河州知州周植，那用銀二萬四百餘兩。署平番縣知縣周兆熊，那用銀一萬六百餘兩。張掖縣知縣麻宸，那用銀一萬餘兩。署金縣知縣王萬年，那用一萬一千四百餘兩。除周植一犯前因賊陷河州自經身死，鄭陳善等六犯業經正法，應毋庸議外，應將王萬年、周兆熊照原擬斬候，請旨即行正法。萬邦英、杜耕書、麻宸三犯，擬斬監候歸於秋審情實。華廷颺一犯擬斬監候，孫元禮一犯俟截拏到甘時再行辦理等語。查甘省各州縣於捏灾冒賑之外復將未捐未領虚糧開銷侵冒折色，弊中滋弊，骫法營私，莫此爲甚。除鄭陳善、李元椿、宋學淳、許山斗、詹耀璘、陳韶六犯業經正法，均毋庸議。其周植一犯前因賊陷河州自縊身死，現經臣等於另摺内議，將伊子發往伊犁充當苦差外，所有王萬年、周兆熊二犯，前據大學士阿審明。王萬年侵冒賑銀一萬七千餘兩，周兆熊侵冒賑銀一萬一千餘兩，經大學士九卿議奏，照侵盜錢糧一千兩以上擬斬監候。在案今復查出王萬年侵冒之外又那用監銀一萬一千四百餘兩，周兆熊侵冒之外又那用監銀一萬六百餘兩。是該二犯侵蝕銀兩合計均在二萬兩以上，應如該督所奏，將王萬年、周兆熊均照原擬斬候。請旨即行正法，以爲貪婪玩法者戒。至萬邦英原侵賑銀八千五百九十七兩，又冒銷虚糧折色銀一萬一千四百四十兩。杜耕書原侵銀一萬五千八百兩，又冒賑虚糧並折色銀一千七百二十兩。麻宸原侵銀一千三百一十兩，又那用監銀一萬餘兩。以上三犯核其贓數俱在一萬兩以上，應如該督所奏萬邦英、杜耕書、麻宸俱仍照侵蝕銀一萬兩以上擬斬監候，歸於秋審情實。華廷颺一犯原侵賑銀三千四百三十二兩，又冒銷虚糧折色銀一千六十二兩，亦應如該督所奏仍照侵蝕銀一千兩以上擬斬監候。該督奏稱，孫元禮一犯查係告病回籍，現在咨提截拏，尚未解甘。該犯於辦灾案内已有侵欺之項，應俟該犯解到併案嚴審從重定擬，再各該犯共那用監銀一十萬七千餘兩，俟查明通省虧空確數歸入一併辦理具奏等語。均應如該督所奏辦理所有臣等公同會議緣由謹恭摺具奏。伏祈皇上睿鑒訓示。謹奏。

中國第一歷史檔案館《乾隆朝懲辦貪污檔案選編》乾隆四十六年十二月初六日 將已革哈密通判經方解送到京，本日奉旨交軍機大臣，會同刑部審擬具奏。欽此。臣等會審得經方係原任甘省撫彝通判，乾隆四十年在撫彝任内折收捐監餘銀一千餘兩，又捏灾冒賑銀三千兩。四十一年調任哈密通判，歷任至今，復將接收前任庫項並備貯糧石草束等項銀兩統計虧空至十三萬餘兩。臣等以該犯京中並無産業，其所侵虧銀兩如何花消提訊經方，據供：哈密地當孔道過往差使絡繹一切供應車輛飯食並熟識相好之人餽送，土宜等物每年需費銀一萬餘兩；又藩司衙門領銀每百兩短發銀五兩，此十三萬兩中即短少銀七八千兩；又送過勒爾謹、王亶望各金子一百兩；送過本道巴彦岱吃食禮物並海龍褂甬一件、盤費銀一千兩；哈密辦事大臣佛德哈靖阿亦按節送過水禮；又每年送給都統索諾穆策凌禮物約值三千餘兩等語。臣等隨詰該犯以虧空甚多，即所供餽送之數亦屬無幾。此外究係如何花費，抑或另有隱匿寄頓之處，令其據實供吐。又據經方供稱：署中一應食用每年約需銀六七千兩，五年内共用去三萬餘兩，又哈密經管十四站預備海菜鋪墊等項俱無開銷，加以新疆食物綢緞價值昂貴，站上家人復從中浮開，每年又須銀一萬餘兩，共在任五年連家用約有十萬兩。又聽戲宴會一切花消共計銀十餘萬兩。又餽送各上司綢緞金銀不下二萬兩，是以京中並無産業。本年五月内差家人王守貴帶銀一千兩到省，令書辦馮廷選再借一千兩凑交。王守貴帶至京中置買房屋，馮廷選因無處借銀，借得金子八十兩作銀一千餘兩，俱付王守貴，行至途次即被盤獲，後因行查到甘又查出我令書辦張蔭堂送給司房書吏銀三千三百兩，抽取册檔欲圖侵用雜項銀一萬五百兩。我原因此項是前任移交不應解司之項又無欵可歸，是以賄求司房書辦商量抽取原册，將來可以不入交代即可抵償虧空等語。臣等又以該犯自行花消之項，雖無憑確查其餽送各上司禮物無難，質訊明確即如所供送都統索諾穆策凌禮物一節，果係何人致送及何人接收之處令其逐一供吐，復加嚴詰。又據經方供稱現有跟來家人德兒曾經兩次差去餽送索都統禮物，第一次送過金子四十兩、綢緞袍褂八副，交給管門家人王姓送進。第二次送過金子五十兩、綢緞袍褂四副，交給管門家人郭姓送進等語。訊之德兒亦與經方所供無異，臣等隨提索諾穆策凌家人王姓與德兒當堂質對並各加刑訊據策。家人王老虎堅供經方家人德兒曾經送禮一次，不過吃食水禮幾個綢緞袍褂料，並無金子等語。復詰訊德兒始據供稱餽送金子一節實是主兒進京時在醴泉縣飯店内教我捏供，希圖開銷虧空等語。臣等復嚴詰經方如何串通家人，欲圖誣賴，並所供三年共送

索都統禮物約有上萬銀兩之處，既經訊明只有綢緞等物，則所值有限，究竟其餘銀兩又歸何處？又據經方供稱送索都統金子的話實是我在途中囑咐德兒妄供，欲圖開銷虧空的意思，不料索都統業已來京，其家人現在案下質對明白，還有何辯。至我從前送索都統禮物共有六次，不過綢緞水禮，但這一萬兩銀子除去送都統禮物價值外，其餘短少銀兩實是我在撫彝廳前任内。原有虧空借款補抵，我在甘肅試用數年，未得實缺，家口盤費俱係日常借貸，是以累債至數千兩開外，及補撫彝通判即將庫項私自動用還債。至調任哈密時復將哈密應領之項存留撫彝以抵虧缺，所以哈密虧缺庫項累千盈萬無著等語。反覆研究加以刑訊，堅供不遺似無遁飾。查例載侵盜倉庫錢糧一千兩以上者斬監候，又律載官吏人等非因事而受財坐贓致罪五百兩罪，止杖一百徒三年，又律載接受所部内餽送土宜禮物受者笞四十各等語。今已革通判經方前於撫彝廳任内折捐冒賑侵蝕帑項已有四千餘兩，及經革審復查出哈密通判任内虧空各項至十三萬餘兩之多。詰其去項則稱係食用餽送宴會花用，所致查該犯折捐冒賑既已侵帑殃民，復敢將經手各項銀兩恣意侵用，以致虧空庫項十數萬兩，實屬駭人聽聞。且因虧項無著，起意與家人德兒在途次串通教供，謊稱送給都統索諾穆策凌金兩，欲圖開銷虧空，巧黠支飾，不法已極，尤爲從來未有之事。應將經文依侵盗錢糧一千兩以上例擬斬，請旨即行正法。以爲侵蝕賑帑，任意虧空者戒。至該犯冒賑雖不及四萬兩，而侵虧庫項則已至數倍，其情罪較冒賑四萬兩以上者更重。應請將其子重慶即照甘省冒賑贓數在四萬兩以上，發往伊犁充當苦差，索諾穆策凌雖經訊明並未收受經方金兩，但每年收受水禮綢緞等物，業據索諾穆策凌家人王姓等供認明確，應請將盛京將軍一等男索諾穆策凌革職，即照官吏非因事而受財坐贓，致罪五百兩罪止滿徒例擬徒，請旨定奪。佛德哈靖阿亦有收受吃食水禮情事，按律應擬笞四十，交部議處。除經方任内虧短銀兩統俟查明，再行分別罰賠外，查該員等已於失察經方虧空案内革去職銜。應俟班滿回京該部另行請旨，至收受禮物銀兩及海龍褂之巴彦岱已經奉旨革職在甘，審訊應與抽換原册司房書吏及賄通説合之張蔭堂等一并交督臣李就近提集，各犯嚴訊明確另行按律定擬具奏。其王守貴等帶銀來京希圖隱寄，應與德兒等俱由刑部按律定擬另結所有。臣等公同會審定擬緣由理合恭摺具奏。請旨。

《清高宗實録》乾隆四十六年十二月〔癸巳〕諭：刑部奏審擬甘肅侵冒案内。原任河州知州葉中之子捐納通判葉椿，業已革職，毋庸議。又原任徽縣知縣劉炯，擬斬監候，伊子劉士鑾等，分别杖徒斥革二摺，實屬非是。葉中在知州任内折收冒賑，贓數纍纍，係應問擬斬候，入於情實之犯。因其身故，得以幸逃顯戮。伊子葉椿，在館充當謄録，乃因伊父事發，先行出京逃匿。及拏獲到京，復以伊母患病，回籍探望，謬託行孝，巧詞支飾，尤爲可惡，自應發遣伊犁。乃刑部止據該犯一面之詞，僅謂葉椿革去官職，不復置議。甘省此案，上下勾通，侵帑剥民，盈千累萬，爲從來未有之奇貪異事。案内各犯，俱屬法無可貸，其有酌從寬減者，實爲朕法外之仁。刑部係執法衙門，自應按律問擬。即果有情節可原，即當聲明，請朕酌量加恩，何得率意徇情寬縱，以沽感譽。看來該堂官等，因英廉現在出差，竟好爲沽息，以博寬厚之名，實大不是。所有葉中之子葉椿，著發往伊犁充當（若）〔苦〕差，其劉炯雖止捐監未經辦災，但有建倉冒銷銀三千餘兩，係應擬斬監候之犯。伊子劉士鑾，於查抄家産時，膽敢將地畝契價私行隱匿，情殊可惡。劉士鑾著一併發往伊犁充當苦差。其劉士鋒中式副榜，併著斥去，以示懲儆。所有問擬寬縱之刑部堂官，俱著交部嚴加議處。

《清高宗實録》乾隆四十七年五月〔己亥〕又諭曰：國泰在山東巡撫任内婪索屬員銀兩盈千累萬。現據尚書和珅等審訊得實按律定擬，已批交大學士九卿覈擬具奏矣。國泰性情乖張，經軍機大臣阿桂、福隆安、和珅等密爲陳奏。欲以京員調用，消弭其事。朕以爲無此辦法，因諭令藩司于易簡來京，面詢以國泰居官如何，其有無婪贓不法款蹟，令其據實直陳。乃于易簡稱國泰馭下未免過嚴，遇有辦理案件未協，及詢問不能登答者，每加訓飭，是以屬員畏懼，退有後言。其實並無别項款蹟等語。又詢以國泰屢經保薦吕爾昌，有無徇庇交通之事。據稱吕爾昌與國泰均係刑部司員出身，委審案件，屬員中最爲得力，是以保薦未有瞻徇賄通之弊各等語。朕以于易簡爲于敏中之弟，又係朕特用之人，其言自屬確實。其所稱國泰待下過於嚴厲，亦切中國泰之病。其聲名狼籍，或屬員中有受屈糸處者，造作浮言以洩私忿，均未可知。且朕從不肯以封疆大吏，憑軍機大臣數人陳奏，爲進退之理。是以嚴飭國泰，令其反躬循省，隨時留心改悔，

照舊供職，庶幾可以仰承恩眷。設其時于易簡將國泰貪婪款蹟，據實陳奏，不但國泰營私不法之事，可以早行敗露，而于易簡秉公持正，朕必特加褒獎。乃竟敢於朕前飾詞容隱，朋比袒護，其居心實不可問。外省藩臬兩司，俱有奉事之責，遇有督撫不公不法之事，原準其飛章上達，況經朕之靦面詢問乎！若外省盡如于易簡之欺罔，則督撫藩臬，上下聯爲一氣，又將何事不爲？朕於諸臣罪案，必悉心權度，不肯稍涉顢頇。此案于易簡及國泰等應得罪名，俟大學士九卿覈覆具奏時，另降諭旨外，先將此通諭中外，並將軍機處所問于易簡之語，及申飭國泰之廷寄，俱發鈔，令衆知之。

中國第一歷史檔案館《乾隆朝懲辦貪污檔案選編》乾隆四十七年八月二十四日內閣奉上諭：甘肅捏災冒賑一案，所有查明逆匪滋事時曾有微勞之舒玉龍等二十四犯，已降旨照萬邦英之例，加恩免死發遣矣。其善達、承志二犯因其身係滿洲，輒敢隨同舞法營私，罪難末減，仍交刑部入於朝審辦理，實屬法無可貸，特念該二犯於賊匪滋事時究有協同守城派防要隘一節，可貸其一死。又烏魯木齊浮銷糧價案內之傅明阿、木和倫二犯亦係滿洲，原擬應斬監候，自屬罪所應得，但其侵冒銀兩究由於上司勒索，與監守自盜者尚屬有間，所有善達、承志、傅明阿、木和倫四犯俱著從寬免死，發往烟瘴地方，雖遇大赦不得援照省釋。所生親子皆係旗人，未便令其閑住，著交該旗存記，除親軍護軍披甲等差使準其充當外，其有頂帶職分概不準其挑補，以示懲儆。又烏魯木齊案內徐維紱、張建菴亦係定擬斬候之犯。今查徐維紱前在張掖縣丞任內曾經調令幫同萬邦英守城，張建菴侵冒銀數較少俱尚有一綫可寬。徐維紱、張建菴均著照萬邦英之例免死發往黑龍江充當苦差，雖大赦不得省釋，其親子亦不準應試出仕。欽此。

《清高宗實録》乾隆四十八年七月〔壬辰〕又諭：據劉峩奏準山西巡撫農起咨會，鎮門口把總張孝等串通兵丁，受賄縱放偷馬賊犯馬之玉等進口一案。現在提犯赴省究訊等語，賊犯馬之玉等在蒙古地方，夥衆肆竊馬匹至數十匹之多，情節甚爲可惡，不可不究拏夥黨，嚴行懲治。至守口弁兵，稽查匪類，係其專責，乃把總張孝等，竟串通兵丁，受賄縱放，尤屬大干法紀，無論得贓之多寡，自應一律從重治罪。著傳諭農起，遵照審辦。至劉峩所稱直屬弁兵，難保必無賄縱情事，已密札宣化鎮等一體嚴密查察等語。守口弁兵，俱係鎮將所管，未免心存迴護。現在該督已提賊犯馬之玉等赴省，該犯係行賄之人，著即嚴切究訊，令其據實確供。如直隸所屬守口弁兵，亦有賄縱情事，該督立即嚴叅，一律從重治罪。將此各諭令知之。

《清高宗實録》乾隆四十八年七月〔庚寅朔〕諭據閔鶚元參奏訪查上年收漕時，青浦縣知縣楊卓，於該縣生監倪溶等，攬收花户漕米，勾通漕書梅錦章等包納上倉，烹分餘利，一任朋比作奸，毫無覺察，恐有受其把持別情，請旨革職究審等語。劣衿把持公事，串通蠹書，包漕漁利，最爲地方之害。浙省久有此弊，以致鬧漕滋事，釀成大案。該縣與嘉興接壤，相習成風，自應查拏究辦，嚴加懲創。閔鶚元能留心查辦，實力整頓，所參殊屬可嘉。著交部議叙。至該縣楊卓，一任劣監蠹書，把持包攬，必有串通舞弊情事，著革職拏問，交該撫提同案內各犯，嚴審定擬具奏，該部知道。

中國第一歷史檔案館《乾隆朝懲辦貪污檔案選編》乾隆四十九年七月初六日奉上諭：前據薩載查奏，郝碩派累屬員公幫銀兩各欵，隨令解至行在親加刑訊。伊已逐欵供認，復令留京王大臣會同大學士九卿審擬具奏。茲據奏請將郝碩擬斬，即行正法。郝碩係總督郝玉麟之子，在軍機司員上行走，尚屬奮勉，是以加恩簡用司道游擢巡撫。乃不思奉公潔己，整頓地方，輒因進京陛見藉歛盤費爲名，勒派屬員公幫銀兩以致合省承風公行賄賂，實屬肆無忌憚。巡撫統轄全省屬員中有簠簋不飭者，尚應立時參劾以儆官邪，乃郝碩首先勒派罔顧廉隅，設使該省司道大員亦以陛見引見爲辭踵智效尤，遞相派累，則屬員輾轉逢迎，終□累於民。郝碩貪黷性成，托言缺少盤費，不過見其事出有因，而營私罔利，谿壑難盈，較之後前國泰之罪實無區別。國泰小有才情，於地方事務尚知留心辦理，一經劣蹟敗露立即審明治罪，不稍寬貸。郝碩於江南行在，陛見時詢以該省政務，奏對茫然彼時尚謂其近來昏憒不勝巡撫之任，乃不料具恣意貪婪意至於此。且伊託詞歛費即係國泰在山東敗露之時，是其明知故蹈顧忌。郝碩之罪即照王大臣等所奏予以棄市，亦所應得。今仍格外加恩照國泰之案姑予全軀，着派穆精阿前往監視賜令自盡。國家簡用封疆大員，原欲其整飭

官方身先表率，以期大法小廉。嗣後直省督撫其各慎持名節顧畏憲典，毋再如國泰、郝碩之牟利營私，自罹罪戾，一經發覺前事具在。朕不能曲爲寬宥也。

欽此。

中國第一歷史檔案館《乾隆朝懲辦貪污檔案選編》乾隆四十九年七月初九日 奉上諭：前據薩載參奏郝碩婪索屬員盤費銀兩案内，革職知府黄良棟等，餽送銀兩復代爲收存，其餘各府州縣亦有餽送銀兩之事，當經諭令該督將黄良棟等嚴審定擬具奏。其餘各府州縣並著審明，照國泰案内屬員餽送銀兩之例辦理。兹據薩載奏請將黄良棟等分別問擬新疆杖徒。其餘各府州縣例應革職離任，請旨施行等語。所有革職知府黄良棟等著交該部核議具奏，其餘各府州縣七十餘員著照國泰案内議罪之案，分別定擬具奏，再降諭旨摺併發。欽此。欽遵。於七月十二日抄出到部該臣等議得，據兩江總督薩載奏稱，緣乾隆四十七年正月内郝碩奏準進京陛見，維時各道府州縣多有在省者。郝碩以盤費短少向屬員言及，有前任已故吉南贛道湯萼棠餽送金子五十兩，并以郝碩意在幫助，向各府州縣告知，囑令量力餽送。首府黄良棟送銀八百兩，同知徐聯奎、鄭邦柱各送銀五百兩，李洗心送銀八百兩，其餘各屬陸續餽送銀自三百兩至一千兩不等。郝碩即令湯萼棠與鄭邦柱并前署南昌縣已故知縣龔珠，將各屬所送銀兩接收彙送收用共計銀三萬四百兩。四十八年七月内郝碩因有應交浙省海塘公項銀五萬兩，於黄良棟、徐聯奎進見時言及，力難措辦令其通知各屬公幫。黄良棟等因各屬甫經幫送盤費，恐力難爲繼，躊躇未決。次日進見，郝碩問知此事，尚無成議，即怒形於色。黄良棟、徐聯奎心生畏懼，即向在省之府州縣等告知，或一府中有一員在省者并令轉相傳告。黄良棟送銀一千兩，李洗心送銀五百兩，富森布送銀八百兩，鄭邦柱業已丁憂，徐聯奎無力未送，嗣各府廳州縣陸續餽送自二百兩至一千兩不等。郝碩復令黄良棟、徐聯奎并九江府同知李洗心接收轉交南昌縣富森布傾銷元寶計共收銀三萬八千五百兩。郝碩又自發銀湊足五萬兩，二次解過銀三萬五千兩，尚存銀一萬五千兩，因值離任寄存南昌縣庫。此郝碩兩次向屬員勒索，及黄良棟等經手派收之實情也。臣以黄良棟等既餽送郝碩銀兩，復爲傳説公幫，聽從接收曲意承順，此外必尚有因事營求説合過付之事，務期水落石出，未便任其隱匿。復嚴加究詰，僉供郝碩喜怒無常，動加聲色，屬員謁見之下時恐訶斥，是以公事之外並不敢輕有議論。所有兩次經手銀兩實因郝碩諭令傳知，幫助代爲收存，轉送畏懼聽從，此外實無別項營私欵跡，亦并未代各府州縣別有營求之事。今郝碩現已奉旨拿問審訊，若果別有經手得贓情弊，豈不慮其供出，如何尚敢隱瞞罪上加罪等語。再四究詰矢口不移，似無遁飾，將黄良棟、徐聯奎擬發新疆効力贖罪。鄭邦柱、李洗心、富森布擬以滿徒，其餘餽送各員俱擬以革職離任，恭候諭旨施行，等因具奏前來。查律載説事過錢者，有禄人減受錢人一等，又律載非因公事受財坐贓折半科罪，與者減五等，又坐贓五百兩罪止杖一百徒三年，又名例載文武官犯私罪杖一百革職離任各等語。此案代郝碩斂派收存銀兩，各員除原任吉南贛道湯萼棠，原署南昌縣知縣龔珠俱已病故不議外，其已革南昌府知府黄良棟既兩次餽送郝碩銀一千八百兩，復聽從指使轉向各屬傳言幫助，並代爲接收數至累萬，殊屬骫法。已革同知徐聯奎隨同傳説，幫助情罪相等，若僅照説事過錢本律減郝碩罪一等，擬以杖流，實不足以蔽辜。黄良棟、徐聯奎均應如該督所擬從重發往新疆自備資斧効力贖罪。已革同知鄭邦柱、李洗心，已革知縣富森布各餽送郝碩銀五百兩至一千餘兩不等，雖非因事營求亦未轉向各員説合，但既已餽送銀兩復又代爲收存，並經管傾銷亦與僅止被勒餽送者情罪較重。鄭邦柱、李洗心、富森布亦應如該督所擬均於黄良棟等遣罪上減一等各杖一百徒三年；查富森布係旗人，例應送部折枷發落。再該督奏稱其餘但止餽送銀兩之現任知府九員，同知四員，直隸州知州一員，通判二員，知州一員，知縣四十六員，原署知縣之縣丞一員，府經歷二員，并候補知縣五員，内有先後來省者均經訊明各名下所送銀兩數目與黄良棟等開出銀數相符，此外尚無別項餽送銀兩之事。查該員等餽送郝碩銀自數百兩至一千餘兩不等，均應照坐贓罪止杖一百徒三年，與者減五等律各杖一百，係官員犯私罪杖一百應革職離任。恭候另降諭旨施行等語。臣等查屬員非因公事餽送銀兩，按律均應計贓折半科罪，與者減五等。今詳查該督送到清册内開各員所送銀數自二百兩至二千兩多寡不一，雖由郝碩勒派所致，亦非因事營求，但隨聲附和濫行餽與，均屬骫法，自應依律定擬。所有現任知府顧葵等七十一員應如該督所奏，均照坐贓滿徒，與者減五等杖一百，係官員照例議處。應將建昌府知府顧

葵、饒州府知府阿明阿、撫州府知府陳朗、前任臨江府調任甘肅甘州府知府陳葆光、前任清江縣陞任廣東惠州府丁憂知府鄧廷輯、瑞州府知府蔡世恪、袁州府知府高芝、吉安府知府張明謙、南安府知府蔡葵、蓮花廳同知馬友蘭、南昌府同知衛謀、前任景德鎮降調同知邢璵、定南廳同知朱昕、寧都直隸州知州懷誠、南昌府通判李祖瑞、南康府通判張繡中、寧州知州李維謙、新建縣知縣邱堂、豐城縣知縣鄭樞、進賢縣知縣魏攀龍、奉新縣知縣剛柱、前署寧州事彭澤縣知縣高蟠、鄱陽縣知縣潘衡、前署樂平縣事峽江縣知縣張慶綰、德興縣知縣李錫百、前署德興縣事、瑞昌縣知縣張發長、上饒縣知縣程肇豐、玉山縣知縣李實福、弋陽縣知縣左方海、貴溪縣知縣鄭高華、前任貴溪縣調任都昌縣知縣周駿發、前署廣豐縣事武寧縣知縣石讚韶、星子縣知縣丁正心、前署都昌縣事廣豐縣知縣胡光祖、建昌縣知縣王伍拾、安義縣知縣黄景緯、德化縣知縣張泳、南城縣知縣李棠蔭、新城縣知縣李本梁、南豐縣知縣孫喬年、廣昌縣知縣李培、前任廣昌縣調任龍泉縣知縣潘汝炯、瀘溪縣知縣鄭九叙、臨川縣知縣曹蓋、金谿縣知縣李三聘、崇仁縣知縣雷鏄、宜黄縣知縣姜廷炳、樂安縣知縣嚴安儒、清江縣知縣王賡煒、新喻縣知縣張鏢、新昌縣知縣張翀、宜春縣知縣成元一、分宜縣知縣黄維綱、萍鄉縣知縣胥繩武、萬載縣知縣謝衮、盧陵縣知縣平觀瀾、泰和縣知縣韓暢、前署龍泉縣事樂平縣知縣于崇勑、萬安縣知縣靖本誼、永新縣知縣唐學榮、贛縣知縣劉塏、瑞金縣知縣劉登傑、崇義縣知縣張玫、前署萬安縣事吉安府經歷侯錫衮、前署泰和縣事廣信府經歷蔡國臣、前署鉛山縣事玉山縣縣丞周書西、前署弋陽縣事候補知縣陳盤言、署峽江縣事候補知縣王千驥、前署永豐縣事候補知縣陸文濤、前署鉛山縣事候補知縣朱秉、前署南康縣事候補知縣許如蘭均照例革職離任，仍照所送銀數任各員名下追繳入官。恭候諭旨遵行。該督又稱其因事故離任各員情罪相等亦照此辦理等語，應俟命下之日照現在各員一例辦理。至册，開曾經餽送銀兩今已病故各員應毋庸議。所有臣等遵旨核議分別定擬緣由理合恭摺具奏。爲此謹奏。請旨。

（清）祝慶祺《刑案匯覽》卷五〇《刑律受贓·官吏受財》 直隸司查律載枉法贓五十兩，杖一百，流二千五百里。輯注云：枉法、不枉法，各計入己之數科罪。無祿人減一等。又例載以財行求與受財人同科，仍分有祿無祿。有祿人概不減等，無祿人各減一等。其行求之人如有首從者，爲首照例科斷，爲從，有祿人聽減一等，無祿人聽減二等各等語。此案錢克從等因韓邦輔等恐問重罪，向伊發愁卽捏稱在衙門花用銀兩可以輕罪速結各騙得銀五十兩入己，設該犯等果有受財曲法之事，應按枉法贓五十兩擬流。係無祿人，減一等，罪止滿徒。因係指官撞騙，另依指稱衙門打點名色例從重擬軍。出錢之韓邦輔應仍依行求本例，按受財人錢克從等計贓五十兩擬流罪。上係無祿人減等，滿徒。孟庭梅爲從，五律再減一等。今該督將韓邦輔等於錢克從軍罪上減等，擬徒。罪名雖無出入，引擬究未切當，似應改擬。乾隆五十五年說帖。

《清高宗實録》乾隆六十年十月 辛卯，諭軍機大臣曰：魁倫等奏審明械鬭斃命各犯一摺已交軍機大臣會同該部速擬具奏矣。錢受椿身爲臬司種種營私舞弊，甚至延案勒賄，拖斃多命，罪不容誅。前令解京，原欲親加廷訊，盡法懲治示儆。今思伊職分尚小不足加之廷鞫，外省押解人犯，行程不能迅速，此時卽已起解，亦不過甫入浙境。且錢受椿倚恃督撫聲勢，性情乖張，貪縱妄爲，閩省官民自必羣懷忿怨。傳諭魁倫接奉此旨，如錢受椿尚未起解，卽毋庸解京，如已抵浙境，卽著吉慶派委滿洲道員，小心管解回閩，交該署督撫親視刑夾二次，重責四十板。再傳集在省官員，監同正法，俾觸目儆心，以爲骫法營私，謬妄貪黷者戒。至餽送錢受椿等各員雖由上司勒索，究非潔己守分之人，僅予褫革，未足示儆，著交與魁倫等。於清查虧空完竣後，若各該員尚有侵虧情節，自應從重問擬。若止於餽送亦當分别定以遠戍。而此內史恒岱一員既送浦霖銀兩又送錢受椿物件，石永福則於餽送浦霖一節尚思掩飾，不卽自行供首，此二人如另有侵虧之處，固當按律問擬。如亦不過止於餽送應擬遣伊犁。此案夤緣各員俱當永不叙用，以昭儆戒。前降諭旨除浦霖等供出餽送各員外不必再加深究，以示不爲已甚之意。然既已供出亦不得不加之懲創，以肅官方而澄吏治。

《清仁宗實録》嘉慶四年十月 戊辰，諭內閣：從前和珅攬權朦蔽，骫法營私，種種蠹國病民，貽誤軍務之罪，不可枚舉，而尤貪婪黷貨，惟賄是求。凡任鹽政關差織造者，無不逢迎意指，餽賂公行，就中兩淮爲尤甚。而兩淮各任鹽政中，又惟徵瑞爲尤甚。春間查辦和珅一案，曾經綿恩

查奏，徵瑞有餽送和珅銀二十萬兩未經收受之事。徵瑞應交官項甚多，乃日久延宕，有意拖欠，轉將銀二十萬兩致送和珅，及和珅未收，又不將此銀繳還官項，乃爲伊子捐納官職，開設鋪面。是其視應完之公帑，若在可緩，而惟以納賄權門爲急務。現在徵瑞前來行在，經朕面詢，據稱此項銀二十萬兩，因爲和珅妻故致送。彼時和珅意存見少，欲令伊增至四十萬，是以未收。而從前實曾送過和珅銀二十萬，當經收受。此外和珅交辦緞匹物件等項並奇巧之物，不可勝計等語。此事並非向伊究詰，伊即自行奏出。試問天下爲屬員者，餽送上司，有銀兩至數十萬者乎？其意不過欲以此結交取悦，冀圖和珅常爲庇護，可久留兩淮鹽政之任，不復更換，藉以便其私圖，自肥囊橐。若律以與受同科，早應查抄正法。且徵瑞在鹽政任內，有令伊家人高柏林修葺廟宇之事。現據玉德等查奏，徵瑞自捐銀五千兩倡修，又面託知府胡觀瀾代爲照料興修。而胡觀瀾以工程浩大，輒令該縣飭發印簿派捐鄉鎮等事。徵瑞身任鹽政，乃聽伊家人慫慂，自捐銀兩倡修寺廟，即因養廉豐厚，積有贏餘，亦應先繳官項，何乃爲此求福無益之事？並又向胡觀瀾囑託代辦，以致府縣藉端勸募，不但累及殷實鋪户，並至編户小民，其力不能捐輸者，亦抑令出錢施助，多方擾累，怨讟繁興，是又徵瑞之罪，無可解免者。特因和珅一案，早經辦結，概免株連。伊修廟一事，亦訊無染指分肥情事，姑免深究。但徵瑞現在前來陛見，若竟仍叨恩遇，不加譴責，則無識之人，妄疑徵瑞别有進奉消弭之事，得邀寬宥。現當整飭綱紀之時，豈得置之不議。俾此等卑污下賤之人，仍忝列卿班耶？徵瑞著革職，交署總管内務府大臣盛住，即日派員押赴萬年吉地欽工，令其自念所得罪譴，應如何出資自贖之處，自行陳明。即著盛住、范建豐、明德據實具奏。其應交銀兩，並著盛住等三人於交到時，隨時登記册檔，於工程内支用，報部覈銷。俾承辦工程各員，不致因徵瑞現有交項，從中訛索。但徵瑞亦不得因此爲名，又私自遣人前赴揚州，向商衆懇其幫助，儻徵瑞竟敢藉端累及商人，朕必無不知之理，一經發覺，必將徵瑞正法，決不姑寬。所有兩淮鹽政，著書魯去。其上駟院卿員缺，蘇楞額現已更換來京，即著蘇楞額補授。

《清仁宗實録》嘉慶四年十月 丁酉，諭内閣：胡齊崙身爲道員，經手湖北襄陽局軍需四百一十萬餘兩，並不按例支發，於奉文扣平之外，復又私扣銀至二萬九十餘兩，任情餽送，其罪甚重。因將胡齊崙革職，拏解來京，交軍機大臣會同刑部嚴行審訊，並傳集人證質對。今據審明屬實，照侵盜錢糧入己數在一千兩以上例，問擬斬監候，洵屬法無可貸。自勦辦教匪以來，迄今四載，所費帑項多至七千餘萬，賊匪滋擾，始自湖北，而軍營餽送之風，亦始自湖北。畢沅身爲總督，公然提用軍需正項，信任胡齊崙一人經理，恣意侵扣，實爲首先作俑。如畢沅尚在，朕必立寘重典也。軍營帶兵大員如明亮、永保等藉勦賊爲名，稽延時日，不願蕆事，其意以功成受賞，即加五等之封。詔糈自有定額，不如常在軍營，厚享餽賂。一領兵過往閒，而所得動至盈千累萬，以養寇爲肥身之計，以糜帑爲飽橐之資。縱賊蔓延，日久未滅，皆同於此。即如畢沅餽送永保銀二千兩，胡齊崙餽送永保銀六千兩一節，伊等即因永保在京監禁，欲行飲助，亦當各出己資，何得用國帑爲朋情耶！試思此項銀兩，皆兵丁等衣糧屝屨之資，今忽短餉八千，則從征之士因兹而罹凍餒之患者，不知其幾千人矣。而欲令其踴躍戎行，克敵致果，其可得乎？從征之士不能飽煖，焉能破賊？以致賊害良民，不可屈指。其罪皆由於此等劣員所積也。朕親政以來，將軍營積弊，屢次嚴飭禁止，而伊等習爲故事，仍恐相率傚尤，不得不再爲明白曉諭，俾知儆懼。現在四川軍餉已徹底查辦，務使領兵各員無利可圖，方能專心勦賊，以冀速蕆大功。至胡齊崙爲此案罪魁，今問擬斬監候，覈其情罪，明年秋審時，必當予勾。且業已動刑，監禁一年之久，或致病斃，轉得幸逃顯戮。然予以斬決，在胡齊崙雖不足惜，而於本律究有所加。朕詳慎庶獄，俱係按律辦理，從不肯有意從嚴。胡齊崙著即處絞，餘依議。將此通諭中外並領兵大員，及現辦軍需者知之。

（清）祝慶祺《刑案匯覽》卷五〇《刑律受贓・官吏受財》 户部咨稱本部具奏，原任黑龍江將軍景熠，在黑龍江將軍任内收受餽送折色皮張等項共應追繳銀三千三百九十七兩六錢，又與恒伯均分税課陋規制錢二百七十五千，應加倍追繳制錢五百五十千，統共應追繳銀三千九百四十七兩六錢。今伊子禄崇呈出老圈地二十四頃十九畝七分，每年取租銀五百十四零。查例載所報地畝得租銀一百三十兩者，準其抵帑一千兩，核算前地應作價銀三千九百五十四兩零以抵缺，應準其將地畝入官，抵完追項等因。其奏奉旨依議。欽此。知照前來查例載官吏因事受財入己，審明不枉法及

律載準枉法，不枉法論等，贓果於一年限内全完，死罪照原擬減一等改流，倘限内不完，死罪仍照原擬監追等語。此案宗室景熠，前在黑龍江將軍任内受總管協領富森布等餽送皮張並折價銀兩，及侵用牛馬稅課俸餉平餘，又同恒伯買馬轉賣攤分餘利等項，其銀三千九百四十七兩零，被參革審。依官吏因事受財不枉法贓一百二十兩以上律擬絞監候，於嘉慶六年五月奏交宗人府圈禁在案。今據伊子祿崇將老圈地畝呈出抵項，經户部奏準，是景熠應交銀兩業已照數全完，如在一年限内完交，按例應準減一等，改流。今户部於本年十二月奏明準抵，距上年五月奏準著追之日已逾一年之限。惟查侵盜錢糧之例，一年限内全完死罪減二等發落，流徒以下免罪。若不完再限一年勒追全完者，死罪及流徒以下各減一等發落，如不完流徒以下即行發配。死罪人犯監禁均再限一年著追，三年限外不完，死罪人犯永遠監禁；全完者，奏明請旨，均照二年全完減罪一等之例辦理。今景熠所得不枉法之贓，核與侵盜錢糧同一入己，現在完贓雖逾一年之限，若仍照例監禁似不足以昭平允，理合奏明請旨。可否即照侵盜錢糧三年限外全完，照二年全完死罪減一等之處。如蒙俞允臣部咨呈宗人府，將景熠按流三千里年限圈禁並通行各省，嗣後官吏因事受財人已審明不枉法及律載準枉法、不枉法論等贓，均照侵盜錢糧之例分別年限勒追辦理。奉旨：景熠應交銀兩已於一年限外如數全完著準其減等，仍交宗人府照例圈禁，俟限滿之日再行奏明請旨。餘依議。欽此。嘉慶七年奉天司通行已纂例。

《昆山見存石刻録》第五編《未題朝代嘉慶上諭嘉慶十年》 嘉慶十年五月二十六日奉上諭，刑部奏議覆鐵保等審擬吴江縣勒體知縣王廷瑄虧缺倉庫銀米並生監王雲九等勒索漕規分別定罪一摺。王廷瑄辦漕不善，挪移庫項數逾二萬兩以上，實屬昏庸不職，依擬應斬。着監候，仍勒限照數追完，再行分別辦理，餘均着照部議，完結此案。王廷瑄挪移虧缺數至累萬，皆因刁生劣監等在倉吵鬧勒索陋規所致。今審訊確實，所有附和得規計贓較輕之吴景修等三百十四名均經部議照該督所擬一並飭提責處。生監皆讀書人，今以此一案而罪犯責處者至三百餘名之多，閲之殊，不愜意。但該生監身列膠庠，不守臥碑，輒敢恃符尋釁，挾制官長，吵鬧漕倉，强索規費，此無賴棍徒之所爲，豈復尚成士類。朕聞各省劣衿往往出入公門，干預非分，以收漕一節，把持地方官之短長，而江蘇爲尤甚。各該州縣或平日與之交結，遂其取求，慾壑既盈，即遇不肖官吏實有圖利營私等事，亦復袒庇不言，徒使鄉里小民暗遭朘削，設稍不遂意，則遇事輒生枝節。每届開征時，挖交醜米，藉端滋事，動即以浮收漕糧列名，上控其實家無擔石，無非包攬交收視爲利藪，此等惡習，大壞名教。今吴江一縣分得漕規生監已有三百餘人，其餘郡縣可想而知。朕培養士子至優且渥，原望其束身自愛，鍵户讀書，並當勸化閭里愚民，知所觀法方不愧四民之首，乃蕩檢踰閑，至於此極，尚靦然廁身士林乎。所有吴景修等三百十四名，朕即概加扑責，亦其自取，但欲養其廉恥，此次姑免責處，予以自新之路，嗣後着鐵保、汪志伊會同莫晋督飭該教官等，嚴切教導，隨時管束，務使該生監等痛改前非，安分守法。如遇收漕時該州縣果有浮收入己情事自應據實劾。□倘該生監等不知悛改，仍蹈故轍，或此外刁劣紳衿有把持漕務，訛詐陋規等事，砌詞控告，審屬子虚者一經查出，即當奏明，從嚴治罪，決不寬貸。不僅扑作教刑，士子自不惜廉恥，朕亦不能廢法博譽。總之士林爲風化所關，待之優正以責之厚。朕嘉惠士子，然於此等敗類亦斷不肯稍事姑容，必欲挽回，積習而後已。該生監等俱各凛遵訓諭，立品懷刑，慎毋聽之，藐藐自蹈罪□致貽後悔，將此通諭知之，欽此。

《清仁宗實録》嘉慶十一年五月（丙子）又諭：本日宗人府刑部會奏審訊宗室徙義等私給民船執照準令投充各案，分別定擬各摺。此案投充船隻皆係該船户等圖避差徭，輾轉託人與宗室王公貝勒額駙等屬下護衛人等行求說合所致，而各王公貝勒額駙等應得之咎，總當視其知情與否，分別輕重。若實係知情，即不必論其曾否得贓，其咎總無可逭。徙義於家人奇成阿等向説船户田洪如等情願送銀四百兩，將船隻投充當差，輒行聽從辦給執照，雖贓未入手，而知情屬實。徙義前已革去奉國將軍，著照議圈禁二年。其所擬重責四十板之處，徙義職分本小，支派較遠，不值加以家法處治，非稍從寬宥也。其徐斌等犯均著照刑部所議發落。至綿律身係貝勒，支派切近，乃不知自愛，聽從護軍校成寧等慫恿，給與船户投充執照，許銀五百兩，實屬知情卑鄙，膽大妄爲。綿律前已革去貝勒，著於六月初二日，派二阿哥、三阿哥、儀親王、成親王、慶郡王永璘、定親王

綿恩會同軍機大臣、御前大臣、御前額駙、御前侍衛向敬事房取出家法，將綿律於圓明園奏事門外責處四十，並傳集近支宗室王公等看視，俾知儆畏。綿律仍交宗人府圈禁二年。至莊親王綿課、怡親王奕勳、貝勒綿譽、額駙索特納木多布齋各屬下護衛人等私攬民船，朦蔽給照，伊等均不知情，則當以其屬下人之得贓與否，定伊等失察之輕重。綿課當差辦事有年，乃於護衛德昌等得贓攬船，不能即時覺察懲辦，其咎較重。綿課著退出內廷，革去都統，毋庸署理領侍衛內大臣，並革去黄褂翎枝。此次亦毋庸扈從木蘭，仍罰職任俸二年。奕勳年齒本穉，其莊丁舒憪，私造執照撞騙攬船，亦已得贓屬實。奕勳著不必在上書房讀書，伊尚未管事，從寬罰職任俸一年。綿譽之護軍校福珠隆阿亦經得贓，綿譽著退出乾清門，並革去黄褂翎枝，仍罰職任俸二年。此次亦不必扈從木蘭，綿課等三人均毋庸再交宗人府議處。至額駙索特納木多布齋，若知情得贓，亦用家法重處，革職圈禁，不稍寬貸。今祗因護衛德成、經船户祁嘉祥等向説投充前赴通州，旋即心生畏懼，將旗幟徹收不敢向船户收錢，實係未經得贓。索特納木多布齋失察之咎較輕，前已革去護軍統領，罰職任俸一年，已足示懲。德昌、福珠隆阿、舒憪均經得贓，著加枷號三箇月，滿日發往伊犁當差。德成未經得贓，著枷號兩箇月，滿日發往烏嚕木齊當差。阿拉善王瑪哈馬拉請獻吉蘭泰鹽池，得旨嘉獎，賞三眼花翎，在乾清門行走。

《清仁宗實録》嘉慶十七年八月〔甲子〕刑部奏，訊擬高六毒斃韓貴興一案。得旨：此案高六因圖占韓貴興家産，謀毒斃命，致令韓氏絶嗣，陰險已極。到案後復狡供卸罪，致韓貴興屍骨慘遭蒸檢。又於謀毒韓貴興之時，將趙幅兒誤行毒斃，慘傷二命。按律斬決，尚覺情浮於法。高六著即處斬，仍加梟首示衆。張寬身充大興縣仵作，孫成褒因慮武清、寧河二縣仵作，不諳檢骨，特調取前往，該犯聽囑得贓，不但不據實檢驗，竟將屍身割卸，用藥物久煑，令毒痕脱落，骨殖殘毁，以致承審各官被其欺矇，俱罹罪辜。張寬一犯，險惡已極，不得以贓未滿貫，稍從寬減。張寬著改爲絞候，入於本年朝審情實。餘依議。

（清）祝慶祺《刑案匯覽》卷五〇《刑律受贓·官吏受財》　黑龍江將軍，奏領催保住披用恩特赫水奉派查禁糧車出境，輒將王二丕等糧車縱放出十，審照不枉法贓，擬以枷杖。經本部改依枉法贓四十兩，滿徒律，無祿人減一等，各杖九十，徒二年半。副總管額舍布派查糧車於范得明囑託時，並無申飭之語，竟縱令伊成蘇章阿糧車十三輛全行送山境外，並令范得明轉囑蘇章阿代買車套、皮帽，即屬故縱。該將軍輩請交部議處，駁令計贓擬罪，旋據覆審額舍布供稱，車套一副，計價二十吊，皮帽一頂，計價三吊，通計在十兩以上。推尚未買送，究屬贓未入手。額舍布應於枉法贓一十兩杖九十律減一等，擬杖八十，有玷官箴即行革職。嘉慶二十年奉天司案。

（清）祝慶祺《刑案匯覽》卷五〇《刑律受贓·官吏受財》　山東司，奏已革西城御史蕭鎮聽從賄囑，將崇文門酒税章程，妄思更改，混行瀆奏，將蕭鎮依官吏人等挾詐欺公，妄生異議，變亂成法律擬斬監候，已革捐職未入流。余銓與陳世維、商令鮑士恭賄囑蕭鎮，更改酒税章程，希圖原利。查余銓營求御史條奏陳世維立票賄求鮑士恭夤緣囑託，該三犯相惡相濟，厥罪惟均未便，僅照以財行求及説事過錢，無祿人減等例擬徒，均應於蕭鎮斬罪上量減一等，擬以滿流奏結。嗣恭奉上諭：我朝列聖相承廣開言路，朕虚懷納諫，凡科道所上章疏，其言是者，無不採納施行。即或識見迂陋，所言不當，亦每曲示包容，不時不旨誅戮言官，即如前朝批政延杖諫臣亦從無其事。本日朝審勾到官犯內伊綿奉蕭鎮二名俱予勾決。伊綿泰枉法婪贓，法所難宥。至蕭鎮職居言路，得以書言事，狥情聽囑已干法紀，乃竟賄賣。條陳以奏事爲納賄之具欺君罔上，孰大於此！若不加嚴懲，則言以賄行，顛倒是非，變亂黑白，勢將何所不至。特將該犯明正典刑，以昭炯戒。內外臣工當知朕所誅者，乃壞法營私，行同市儈之小人於上章言事之諫，臣毫不相涉也。地將此明白通諭知之。欽此。嘉慶二十二年案。

（清）祝慶祺《刑案匯覽》卷五〇《刑律受贓·官吏受財》　南撫，奏已革知縣顧烺忻失察丁役買食鴉片煙及差役索取得贓，並於到任後添設紅班房均干例議復於熊起和誣控張品元一案審斷後，得受銀六百兩。惟先經家丁陳四有結案後，張品元等出銀酬謝之言向告即未便以事後受財論。查熊起和所控張品元聚賭等情，審明實係挾嫌誣控，張品元本無罪可科，於法尚無所枉。顧烺忻應照不枉法贓一百二十兩以上律擬絞監候。雖將贓銀呈繳藩庫，惟官員營私婪贓，若照不枉法贓一年限內全完死罪減二等之

從輕。似大非持平之道，該省將該犯沈幅量減擬流，似未允協。案〔關〕〔門〕丁役（祚）〔詐〕贓釀命，似應駁令再行嚴審另行按律定擬。至典史章謹於監犯求追欠項，並不詳。縣輒自行傳追，已屬專擅，並恐尚有授意需索，希圖染指分肥各情原審亦尚恐未實，亦應一併根究，以昭核實。道光六年説帖。

（清）祝慶祺《刑案匯覽》卷五〇《刑律受贓・官吏受財》　晉撫題縣役張雲拿獲賭犯劉如亨，聽許錢文，致劉如亨無措自盡一案。此案張雲充當皂役，因劉如亨與史金馬等賭博，適該犯奉差巡緝，瞥見搶獲賭具，詢係劉如亨糾賭抽頭，用鐵鍊將其拴鎖。劉如亨畏懼，聲稱與史金馬等商湊錢文，央求免送，該犯應允，嗣劉如亨因許錢無措，用鎖項鐵鍊自縊殞命。該省將該犯比依蠹役詐贓斃命擬絞例量減擬流，等因查索詐錢文與聽許財物情事迥別，蓋以聽許財物名例所謂彼此俱罪之贓，而索詐錢文則被詐之人不坐，自不得相提並論。茲劉如亨本係賭匪，因被張雲拿獲，許錢免送。是劉如亨係以財行求，並非張雲起意索詐。劉如亨因許錢無措，以致自縊。核與詐贓斃命者有間。該省將張量雲減擬流，尚屬允協，亦與嘉慶元年福建省吳琳成案相符，似應照覆。道光十年説帖。

（清）祝慶祺《刑案匯覽》卷五〇《刑律受贓・官吏受財》　奉天司查律載官吏受財計贓科斷。又，有祿人枉法贓，各主者，通算全科八十兩絞監候。又，監臨官吏挾勢求索所部內財物强者，準枉法論。又，律稱準者罪止杖一百，流三千里。各等語。此案已革巡檢易開泰，因方曰凝將郭孝思之妻高氏毆傷，被郭孝思呈控，經已革伯都訥同知松奎將方曰凝責懲飭交易開泰派役看管，俟郭高氏傷痕平復再行發落。後經方曰凝胞兄方曰義央孫兆亨等向易開泰行賄，願出銀一百兩，求將方曰凝等釋放。易開泰應允，孫兆亨等送給易開泰銀九十六兩零，易開泰隨將方曰凝稟請釋放。方曰義旋赴該將軍處呈控，該將軍集訊易開泰狡供曾向孫兆亨借銀一百兩，是否係方曰義之銀，伊實不知等語。該將軍因另究出易開泰有代松奎向屬下鋪户借銀一千兩之事，將方曰義依誣告律擬流。松奎、易開泰均合依借部民財物律擬徒。等因具奏，經臣等查覈案情，未確。奏奉諭旨，駁令另行研究。去後，茲據該將軍覆行審明，將易開泰依枉法贓八十兩絞罪上量減一等，擬以滿流。方曰義等分別擬以徒杖，等因具奏。臣等查斷罪例，僅擬滿徒，實屬輕縱，應請旨發往新疆充當苦差。門丁陳四在署外居住，買屋娶妾，復因張品元許銀懇囑，該犯先向顧烺忻代爲轉懇，後又經手送交銀兩，應將陳四照長隨慫恿本官妄爲，如本官罪至軍流以上與同罪，與發新疆爲奴。嘉慶二十四年案。

（清）祝慶祺《刑案匯覽》卷五〇《刑律受贓・官吏受財》　厢紅旗漢軍於統奏現任欽天監筆帖式（應）〔趙〕應祥欲將自置旗地照例兑換入官地畝作爲塋基，因已地尚未稅契，須用佐領圖記方能過稅，隨向本佐領柯什布懇求戳用圖記轉詳户部，許給柯什布京錢五十吊，先付三十五吊，將圖記用訖。旋因下短錢文未結，被柯什布刁難，捏稱奉參領傳諭勒取族結經趙應詳呈控送部。查柯什布收受京錢三十五吊，折半科罪，尚不及十兩。其將地契戳用圖記，於法無枉，將柯什布照不枉法贓一兩以上律杖七十。趙應詳照以財行求與同罪，例杖七十。均係職官，以贓入罪例，應除名。應請旨一併革職。所得杖罪，俱照例免，其納贖追贓入官，兑換官地，應由該旗照例辦理。道光五年四川司現審案。

（清）祝慶祺《刑案匯覽》卷五〇《刑律受贓・官吏受財》　東撫題商河縣典史門丁沈幅等勒詐吳曰忠，致令自戕身死一案。查例載蠹役嚇詐致斃人命，不論贓數多寡，擬絞監候等語。此案沈幅、張奎、張懷智充當商河縣典史門丁，門役吳曰忠曾倍用監犯王克杰故父王紀京錢四十三千七百文，先還過王克杰京錢五千餘，欠未償。嗣王克杰乘典史章謹赴監收封，求追吳曰忠欠項。該典史差傳吳曰忠訊斷，令其繳還王克杰錢二十千清結。吳曰忠措齊錢文進城託原役崔相甫稟繳。崔相甫向沈幅告知，央令稟官沈幅起意勒詐，聲言令吳曰忠送幾千酒錢方爲稟到。崔相甫央免未允。張奎亦圖分肥，慫恿崔相甫説合，均未指定錢數。崔相甫往向吳曰忠告知張懷智亦圖分肥，勸令吳曰忠出錢完事。吳曰忠被詐，情急乘間用刀自戕殞命。該省以沈幅僅止虚言勒詐並未指有確數，將沈幅於絞候例上量減擬以滿流，張奎等遽減擬徒。職等查蠹役詐贓斃命，原與計贓科罪之案不同。是以定例不分贓數多寡，概擬繯首至詐贓尚無確數，各案各省辦理有照本例擬絞者，亦有量減擬流者。檢閱成案多未畫一。伏思此等案件贓數雖各有不同，其爲詐贓斃命則事無一致。咨以索贓尚無定數即予寬減是指定索錢數百文及一、二千文者俱置重典，而泛稱索錢數十百千者，轉得

無正條例，準援引他律加減定擬，若官吏得贓之案，或應依枉法或準枉法科斷，已各有正條，可循從無舍正條於不問而轉予寬減之理。今已革巡檢易開泰得受銀九十六兩零，將毆傷郭高氏發交看管之方曰凝釋放。如釋放之時，郭高氏傷痕業經平復，是方曰凝早應釋放。該革員有意刁難，延不發落，以致方曰凝行賄求釋，其情節與强索無異，自應依監臨强索所部財物準枉法論之律擬以滿流，不得牽引枉法之律。若郭高氏傷未平復，則方曰凝尚係例應看管之人，該革員受賄縱放實屬枉法，即應按枉法贓八十兩律擬以絞候，亦不得從寬末減致令貪墨之員倖逃法網。乃該將軍於此等緊要情節未據研究明確，輒將易開泰量減擬流，並將以財行求之方曰義擬以滿徒，均未允協，罪名有關出入。臣部未便率覆應令該將軍再行詳細研鞫，按律妥擬具奏。道光十二年説帖。

（清）林則徐《林則徐集》奏稿八《緝私員弁黃幗祥等獲私縱犯審明重辦片道光十八年正月初十日》 楚省地方爲行銷淮綱最重口岸，惟界連數省，私販處處可通，防範設有偶疏，即致受其侵灌，而不肖員弁每視鹺務爲利藪，骫法營私，靡所不至，非從嚴懲辦，無以杜絶弊源。臣等督飭各屬認真緝私，猶恐其陽奉陰違，當復隨時密查，緝私之人如有通同舞弊，加倍嚴懲，以冀挽回痼習。

前經訪聞宜昌鎮左營外委黃幗祥有獲私縱犯情事，隨據該管文武起獲存鹽，訊供詳報，當即斥革提省，審明該革弁先獲無犯私鹽二起，共一百八十一斤，起意賣錢入己，並將鹽十九斤自行留食。後又獲有私販吴癩子一起，將犯縱逃，留鹽二百八十斤，與兵丁鄧大治等變錢分用。除鄧大治按律懲辦外，查該革弁黃幗祥，身任武職，責在緝私，乃敢節次獲鹽肥己，故縱私梟，玩法已極，若僅照巡禁私鹽，故縱者與犯人同罪律，擬以杖一百，徒三年，尚覺情浮於法，應請將黃幗祥從重發往新疆充當苦差，以示懲儆。

又署黃州協都同試用武進士潘正衍，拏獲洪達棟鹽船脚私，不即送縣究辦，擅令兵丁管押，致被該犯洪達棟聚衆奪犯拒捕，現究出營書廖志洪復有聽囑賄求情弊。又蘄州通詳汪復興鹽船遭風淹消一案，該聞已革該州知州孫承恩、吏目李應嵩，均有勒報營私情事。以上兩案，俱經飭提至省，督司研訊，務期得實。惟潘正衍等供詞均甚狡展，相應請旨將署黃州協中軍都司試用武進士潘正衍革職，以便提同全案人證，嚴行質審，澈底根究。至孫承恩先經臣等於甄別案內，奏奉諭旨革職，李應嵩亦已咨部斥革，均當提案研鞫，務使水落石出，按擬懲辦，斷不任稍有遷就，以正官常而肅鹺政。

除黃幗祥一案另具供招咨部外，謹合詞附片陳明，伏祈聖鑒。謹奏。

《清宣宗實録》道光二十六年五月〔丙辰〕又諭：劉韻珂等奏請將恃符狡展之教官革職，並將應行質訊之知縣教授一併解任一摺。此案建寧府學訓導張賢理，詳訴該縣楊景濂擅設班館，私禁生員，該革生王澤舒並未供及，而該訓導反代訴甚力，且於咆哮公堂一節，匿不叙明，顯有得賄袒護情弊。建寧府學訓導張賢理著革職嚴審，前署建安縣事南平縣知縣楊景濂、建寧府學教授唐森均著暫行解任質訊究辦。尋奏，王澤舒買田匿糧，經知縣楊景濂戒飭詳革。王澤舒畏罪，具稟求建寧府儒學通詳辨訴，訓導張賢理赴省備質。因川貲無措，收受王澤舒餽送錢一百千文，應依不枉法贓擬杖，業已革職，應毋庸議。王澤舒照刁徒挾制律，減擬杖徒。唐森、楊景濂分別議處察議，下部議。從之。

（清）李星沅《李文恭公奏議》卷一二《審擬陳增控案摺子》 奏爲遵旨審明定擬恭摺，奏祈聖鑒事。竊照昭文縣民陳增以革書薛正安等把持漕務，浮收勒折，監生蔡五等朋充經造攬納漕糧等情，赴都察院呈控。咨回審辦經前署撫臣陳繼昌行司提審未到，臣抵任後訪知常熟縣花户近有大小名目，并有衿監充當經造情事，即經查案委員將被控之蔡廷熊即蔡三等提解來省，訊供支飾，奏奉諭旨，前任直隸獻縣知縣蔡廷熊，著暫行革職。武舉浦登彪著暫行斥革，研訊明確定擬具奏。等因。欽此。旋據蔡庭訓即蔡五等，自行赴省投首，催集全案人證，由蘇州府等審明録供，解經藩臬兩司覆審解勘前來。臣親提犯證逐加研鞫。緣蔡庭訓即蔡五，浦大田即浦楠，徐政心均籍隸常熟，薛正安籍隸昭文，徐政心係常熟縣漕書，薛正安本名薛瑞安前充昭文縣漕書，緣案問擬杖革。昭文縣歷年漕書錢坤吉等，因薛正安熟悉漕務，每當收漕時皆向詢訪商辦，該二縣地方遼濶，鄉僻零星小户，應完漕米難於跋涉，間有托令田多大户順便帶完之事，遂有大小户名目。蔡庭訓之兄告病在籍，知縣蔡廷熊及浦大田之子武舉浦登奎、浦登彪素爲鄉户帶完漕糧，鄉户田畝係自種自收，米均乾潔。蔡廷熊

等田畝係交佃户耕種，還租米多潮雜因以租米易換鄉户之米，赴倉揔交併時有掛欠。嗣因鄉户托完者衆，蔡廷熊不勝其煩，浦登奎等又北上會試，不復經手，各鄉户卽託蔡庭訓、浦大田代完。蔡庭訓、浦大田起意乘機誆騙，卽捏稱漕糧現須津貼，四處包攬於正額外各自多收費用，侵蝕入己。并因查造糧册推收過户等事，應由經造辦理，伊等包攬誆騙，難掩經造耳目卽詭名充當經造，以免發覺，又慮地方官查訪遂與徐政心、薛正安交通往來，餽送禮物，托爲照應。徐政心等貪得餽遺，各爲設法包庇。蔡庭訓自道光二十二年起，每年包攬米一百八十餘石，計侵騙錢二十七八九千不等，至二十四年共侵騙錢八十五千五百文。浦大田自二十一年起，每年包攬米一百五十餘石，計侵騙錢二十三四五千不等，至二十四年共侵騙錢九十六千四百文。又有增貢生顧文虎、職貢生曹毓德，明知薛正安係已革漕書，干預漕務，先後向薛正安、徐政心索取漕規竝未入手。陳增亦有應完漕米。二十四年秋間該縣等辦理歉收緩徵，陳增不知熟田漕米竝不展緩，往懇漕書徐萬長等詿緩。徐萬長等因查陳增田畝係在熟區向其回覆，陳增卽以薛正安更名頂充與常熟縣書通同一氣，串合蔡庭訓等朋充經造包攬勒索，移荒浮收各情詞，將蔡廷熊、浦登彪等一併牽砌，赴都察院呈控。咨回審辦，經臣訪查積弊將蔡廷熊等據案奏參奉旨革審。茲據訊擬詳解前來，臣親提覆鞫，據供前情不諱，反覆推究各供不移，案無遁飾。查律載，攬納税糧者杖六十，註云多科費用以誆騙論，又誆騙人財物者，計贓準竊盜論，又竊盜贓八十兩，杖九十徒二年半；九十兩，杖一百徒三年，又倉庫攢攔斗級若知侵欺盜用匿而不舉及故縱者，與犯人同罪。又例載聞拏投首之犯於本罪上減一等，科斷各等語。此案蔡庭訓等包攬漕糧，多收錢文，殊屬貪詐，應各按律問擬。蔡庭訓卽蔡五誆騙錢八十千零，計贓八十兩，浦大田卽浦楠誆騙錢九十千零，計贓九十兩。除詭名充當經造輕罪不議外，蔡庭訓應革去監生，請依攬納税糧多科費用以誆騙論，誆騙人財物計贓準竊盜論，竊盜贓八十兩律杖九十徒二年半，聞拏投首減一等，杖八十徒二年。浦大田革去監生，照竊盜贓九十兩，律杖一百徒三年。各定地發配折責充徒，誆得錢文照追入官。徐政心係現充常熟縣漕書，薛正安係已革漕書，均屬不知歛蹟，狡黠爲奸，且明知蔡庭訓等包漕侵騙，受餽包庇，實爲漕務之蠹。應各比照倉庫攢攔斗級，若知侵欺盜用，匿而不舉及故縱者，與犯同罪，律應與浦大田同罪，各杖一百徒三年。係蠹書，朋比藉漕，作奸酌加一等，俱杖一百流二千里。薛正安雖年逾七十，若仍留原籍必再盤踞滋弊，應不準其收贖，與徐政心各到配折責安置。陳增所控，蔡庭訓等包攬漕米，朋充經造，雖審得實，惟不在本省衙門具控，輒赴京越瀆，且其餘情詞亦多不實，應照申訴不實律，杖一百折責發落。蔡廷熊曾任知縣，浦登奎、浦登彪身係武舉，輒藉鄉户托帶完漕，和揔交均屬不知自愛，應各照違制律杖一百。蔡廷熊、浦登彪業已奏革。浦登奎亦請革去武舉，均免發落。增貢生顧文虎卽顧華莊廪貢生議叙鹽知事職銜，曹毓德訊無包攬浮勒情事，惟曾向漕書訛索漕規，雖未入手亦屬有虧行止，應各照不應重律杖八十一併斥革，免其發落，已選教諭。蔡廷灝、武舉浦登鰲均先外出不知。蔡庭訓等包漕誆騙情事，應免置議。常熟縣漕書徐萬長於陳增向懇詿緩時，竝不明白相告，致釀京控，亦請照不應重律，杖八十，折責革役。縣書錢庚等訊無聽串浮勒及私造大斛情事，均毋庸議。歷年漕書錢坤吉等，因薛正安熟悉漕務，任聽干預，均有不合飭縣，按名查提責革。蔡庭訓等包攬漕糧，訊係畸零小户附託完納，其加給費用亦被蔡庭訓等誆騙所致，請免提議。常熟昭文二縣既有包漕積弊，嗣後無論城鄉花户，均令親自赴倉，一律輸將，不準再有代完及大小户名目。其經造一役應由縣官選舉誠實農民充當，不準書役衿監詭名承充，并借口缺底私相頂賣，現爲蔡庭訓等詭充各役一併斥革。另僉以杜弊端蔡廷熊等掛欠漕尾，業據在縣繳清，陳增未完昭文縣漕米查明飭追。徐政心等收受禮物，訊無確數，請免追繳，業已訊明未到人證概免提質，除供招咨部外，謹會同兩江總督。臣壁昌恭摺具奏。伏乞。

（清）李星沅《李文恭公奏議》卷一〇《查追參革知縣缺交庫款銀兩摺子》 奏爲查明參革擬罪之知縣缺交庫款銀兩，現在嚴訊究追，恭摺奏祈聖鑒事。竊照州縣經管錢糧細絲毫皆關國帑，不容稍有虧絀。詎前任句容縣知縣張寬培因在上元縣任内徇庇家丁，指官詐贓，前經臣壁昌會摺奏請革職發往軍臺効力贖罪，業已接準部覆。所有句容任内經手各項錢糧，照例應歸現任句容縣知縣徐德元彙同，接署之王檢心等交代，一手盤查迭次飭催道府委員會盤。旋據徐德元禀承查王檢心等交代，俟查明另行造册結報。惟張寬培在任經手一切錢糧虧短甚鉅，由署江甯藩司查文經等據情

轉詳當因虧數未經指明，並恐抵款或有歧誤。經臣等先後批飭覆查，以憑會奏一面將該革員原籍家産及寓所資財先行移咨順天府府尹，並飭司查封，備抵在案。茲據徐德元稟稱，會同監盤上元縣毓彬弔齊册卷逐細查核，除交抵外，實計虧短正款銀一萬八千六百八十五兩零，開具年款稟揭等情，由江甯藩司徐廣縉署臬司積喇明阿轉。據該管道府揭報前來。臣等伏查張寬培係已經革職，擬罪之員其前在句容任内經手錢糧竟至缺交正款銀一萬八千六百八十餘兩之多，實屬膽玩，自應澈底根究，嚴行著追。現已檄司速飭江甯府將張寬培並經手丁書人等一并提解來省，嚴訊因何致虧分別是侵是挪按例定擬詳辦外，謹合詞恭摺具奏。伏乞皇上聖鑒。

中國第一歷史檔案館《咸豐同治兩朝上諭檔》咸豐三年六月十四日 内閣奉上諭有人奏河南陝州知州邱文藻辦理兵差浮開濫派，贓逾二十餘萬，又責差過境苛派甲長，並於前任交代賑濟捐項及富户捐助軍需，均未覈實報明。又借修工之名罰及訟案中殷實之户，縱令門丁買妓作妾等事。又署陝州知州劉學誠於該處甲長控告邱文藻門丁之案，一味袒庇，並强斷罰錢，借修理之名以圖私肥。此等貪污不職之員，若不從嚴懲辦，何以肅吏治而服民心。邱文藻、劉學誠均著革職拏問，交陸應穀親提嚴訊，按律懲辦。該部知道。欽此。

中國第一歷史檔案館《咸豐同治兩朝上諭檔》咸豐八年四月十九日 奉上諭： 前據御史來儀奏參，奉天海城縣知縣鮑師釗貪污不職各情，當交慶祺等嚴參懲辦。茲據該將軍等訪查研訊，按律定擬此案。海城縣知縣鮑師釗雖訊無設卡收税，按畝派錢，擅移萬壽牌，私收船規，强買民房，挾讎刑虐，索贓買娼等情。惟前在典史任内赴廟行禮至下馬牌未曾下馬，失察家人私受商船飯錢，且於本城紳商爲其母祝壽，餽送禮物，輒行收受，實屬不知檢束。鮑師釗著即革職，以示懲儆，餘著照所擬辦理。該部知道。欽此。

《清穆宗實録》同治四年六月 〔辛丑〕又諭： 前因萬青藜、卞寶第奏遵查給事中博桂奏文安縣兇犯寇玉林與衙役劉沅和朋比爲姦各情，並無實據，當以案關捏詞誣陷，牽涉言官，降旨交刑部嚴行審訊，並先後將户科給事中博桂等解任革職歸案審訊。茲據該部奏稱，審明言官聽屬受贓，並以財行賕各犯，按律定擬具奏一摺。此案博桂聽從全錕池卽全渭西慫慂，以寇玉林等不法各情，率行入奏。業據胡沅灊等僉供用銀一百六十兩，博桂以風憲官得贓四十五兩，實屬枉法。著照該部所擬，從重改發黑龍江效力贖罪。雖據稱母老丁單，仍不準其留養。該革員於熱河范幗鼎一案，尚有牽涉，著先行擬結，暫緩起解，仍著該部催提范幗鼎一案人證嚴行審訊，分別辦理。已革刑部司獄黄振鏞，聽從劉得立關説過付，著從重發往軍臺效力贖罪。

（清）張之洞《張文襄公全集》卷七《奏議·遵查革員侵蝕各款擬議結案摺光緒九年九月二十九日》 光緒八年七月二十三日欽奉寄諭，前據張之洞奏已革藩司葆亨、道員王定安貪黷營私，當經降旨將該革員等懲辦。所奏濫支各欵内并有奏結不發之款，國帑攸關不容稍有虧短。著張之洞詳細確查，將不應支發及朦混開銷款項，責令葆亨、王定安分别賠繳，並此外有無侵蝕之款一并查明具奏。將此諭令知之。欽此。當經派委前藩司方大湜升任河東道，唐咸仰令授河東道，高崇基檢調案卷傳詢。當日司員庫官，承領經手人等，詳細確查，去後惟該革司、革道在晉乃賑務方殷之時，用款紛淆，交卷舛漏，有無弊端猝難稽核。正值奏明設局清查庫款之際，因飭各員隨案綜核詳加參考，方大湜旋即去任。茲據唐咸仰、高崇基分派太原府知府，馬丕瑶原任潞安府知府，何林亨準補甯武府知府，俞廉三等先後查明詳覆。前來查葆亨濫發之款其爲數較鉅，爲臣原奏所已及者。如已故總兵羅承勳欠餉二萬七千餘兩一條，本係奏明不發之款，該革司發出後卽又聽羅承勳家屬轉借與人，撥抵交代寄存外庫。臣於上年七月奏參後，卽飭司將此款提回大庫，正款地丁項下所有借撥交案，概行注銷，分飭另繳。如提塘趙嘉年欠領塘費工食馬價等項二萬五千餘兩一條，已飭太原府知府馬丕瑶查訊，該提塘除使費扣成外，實領到銀一萬二千五百餘兩。如已故參將王同文欠餉一萬八千兩一條，亦經太原府馬丕瑶，暨東路營參將施紹恒查訊，王同文家屬除使費扣成外實領到銀一千六百餘兩，詢其索費扣成爲誰，則家丁庫吏與夫居間關説之人兼而有之。其是否本官染指，供詞含糊，未能指實。其爲數較少，爲原奏所未及者。如光緒六年挑掘後小河積土案，内查明浮費銀一千餘兩，又有與該革司素有私交，流寓在晉之候選知府任鶴年支領薪水六百七十二兩，盤費二百兩，查明亦係違章濫支。此外索費減扣之弊，凡屬稍可緩發者，幾於無款，不然

數多畸零，應即勿庸核計以上三項，共計使費扣減銀三萬兩有奇。臣衡情酌理無論在官在吏在丁藩司均不得辭其責，應令該革司賠繳一半，銀一萬五千兩。王定安濫發之款，除瑣細者不計外，有光緒六年十二月二十三日放楚軍勇糧銀一萬四千兩，此款本可緩發，該革員曲徇將并之請，亦難保無丁吏索費扣成之弊。臣於上年六月查出後即飭令該革道照數賠繳。合計葆亨、王定安賠款共二萬九千兩，已據陸續繳清。據藩司易佩紳詳報，均於本年九月二十三日收入司庫，作爲專案賠款，報部撥用充餉。至王定安設立營製所浮支糜費過多，雖所動係本省公用生息外銷之款，究屬虛糜誤公。現因臣於省城創立令德書院，以課諸生經史古學，飭令該革道賠繳公用生息銀一萬兩以爲修造書院之費。已於本年六月初六日繳清，據清源局司道詳報收入書院工程處，動用歸入外銷。此查明葆亨、王定安濫發款目，并分別收回酌賠之詳細情形也。

至此外有無朦銷侵蝕各節，查詢局員庫吏在省人員均不能指出確據。若再搜求陳案，徒致株連廢事。於庫款仍無所益，應請免其置議。竊惟葆亨、王定安兩員不知體念時難，節慎庫帑，致有濫發浮支，索費扣成諸弊。雖非朦銷侵蝕，實屬荒謬異常，業經褫職遣戍追繳鉅款已足。蔽辜惟葆亨家丁，貴州人，龔登科即龔萬銘一名。萬銘一名萬聯瀛湖南人，楊興瀚即楊清如索賄招摇劣蹟衆著扣減濫發諸弊，率皆此兩人所爲，聞均現居揚州開設金珠店。且龔登科朦捐同知職銜，四品封典，楊興瀚朦捐從九品，按經歷升銜五品封典，尤屬膽玩，應即撤銷捐案，革去封典職銜。咨會兩江江蘇湖南貴州督撫臣拏解來晉審辦，以爲家丁藐法舞弊者戒。王定安之戚、山西試用通判黃學濂，充當營製所委員，倚勢罔利，款目含糊，應請旨即行革職。葆亨任内掌庫書吏賈立農，素多劣蹟，已於光緒七年七月病故，所有贓款身死勿徵，應免著追抑。臣更有請者，一省政治清濁責在大吏，道府以下無非視風氣爲轉移。葆亨由藩護撫才行昏濁，秕政多端，其咎最重。王定安辦事頗有才具而不知自愛，附和妄爲，均經朝廷明正其罪。通計此案提回庫正款銀二萬七千兩，勒令賠繳銀三萬九千兩，并另片附奏各官捐銀二萬兩。又此次另摺奏明，查出巨興源票號隱匿捐款繳還銀一萬兩，共提回捐繳銀九萬六千兩。凡所以懲貪儆蠹之道，實已不遺餘力。其鑽營助惡，因緣爲奸最甚各員，亦經臣先後參撤驅逐離省。此後臣當隨時董戒通省屬官勵清奉法，督飭藩司嚴察吏奸綜核財用，當不致再蹈覆轍。合無仰懇聖慈將晉省舊案準其從此清結，於晉省官吏不復追咎前失。但考察現在實政，俾得振奮精神，濯磨自效，出自逾格鴻施。再此案因待清查庫款，完竣始能定議，且將各項賠款收齊，始行具奏，合并聲明。

（清）張之洞《張文襄公全集》卷九八《公牘·札南臬司勒令唐本有赴審光緒十七年六月初一日》　案據該司申報接據東安縣廩生席曜衡詞稱，唐本有刦穀九次，贓過四千。鄧第武前在貴州效力，挾伊父撤參之嫌與唐通信有釋犯生財之語。委員張銘將已獲之犯開釋，鄧張唐聲氣相通，與案實礙等情，該司因原告既不以張令爲然已札飭張令回省銷差。又據湖南永州鎮，馬署鎮稟報彈壓此案情形，並將唐本有所出告白抄呈，又據永州府光守稟稱，經防營總哨唐副將逢治在彼彈壓當場拏獲。唐開藻等送縣收押，復經零陵縣會營拏獲王作等數名，押令繳穀。自此痞棍稍知畏懼，復派令紳士唐家桐、屈得茂前往開導。唐本有頗知畏悔，現諭令赴府投案各等情。據此查據馬署鎮抄來唐本有所出告白，以席前司當年欠餉除已領到外，計欠薪水餉銀共將及五萬兩，屢索不應，並因田價未清糧米未撥，故往挑莊穀等語。查席前司自黔撤營回湘，已經二十餘年，如果真有欠餉，何以當時不即稟明清算補發，直待事隔二十年席前司身故已久，始行藉詞強索。其欠數已不可信，況唐本有所帶五營之勇，久已在黔遺散無存，今日索得此欠又將付給何人？即使所欠屬實，亦應向湖南撫院及藩司善後局具呈，懇請查案核算，亦無自行強搶莊穀之理。至席姓如係謀佔，該革員置買之莊田及因田價轇葛亦有地方官衙門可以具控審理，乃該革員竟敢持强率衆迭搶莊穀，已屬藐法妄爲。如有該革員親故交好，善爲該革員計，只有勸諭令其速行退還挑穀，歸案首悔，尚可早爲了結，免致身陷重罪，豈有委員反爲該革員生財之理。如果官助唐本有以勒索席姓，然則竟聽其搶奪可矣，又何必派委文武大員兵勇前往查辦耶。如一味勒逼席姓，曲獲唐本有，何以爲開導排解耶？此語如果屬實，殊屬謬不可解。況湖南一省自軍興以來，文武大員曾任統兵大員暨數十營統領者，何止數十百家，至曾充分統及營官者尤指不勝屈，何府無之。若散軍多年將領已故尚可追索欠餉，地方官即斷令出資息事，以饜其欲。將來紛紛效尤，恐湖南

通省無一府不生事，曾在軍營者無一家能安枕矣。斷斷無此政體。假如唐本有舊日部下之營哨官亦來索欠强搶，該革員何以處之？鄧副將函內生財云云或別有用意，所在應令該副將明白禀覆該司迅即轉飭永州府勒令唐本有即日到府投審，是非曲直自能爲之公平定斷。並將聽從强挑生事之匪徒交出懲辦，該革員勿再抗延重干咎戾，抑本部堂之意。更有進者席前司當年起家軍營，家道尚屬充裕，其子弟更事未深，必係於和睦鄉里，周恤貧乏之道有所未盡不免招人怨尤。致唐本有萌此貪妄之念，是今日必宜籌一永遠保全席氏之方，方爲持久盡善之道。應俟此案完結後，由永州府勸諭席氏子弟，令於該縣地方善舉之需，若書院義學社倉養濟育嬰之類。認捐巨款充公，別案爲之奏明請獎。至唐本有則無論有無欠餉，斷不補給，搶穀勒令退還，如此則席姓樹德既深鄉里，感悦以後。唐本有雖欲煽動鄉愚，欺凌席姓，遠近公論，必皆直席而曲唐。唐本有自知不爲公論所容，衆情所嚮，以後狡謀自然永遠消沮。在席氏既可收固結鄉里之實效，亦不致長舊部詐索之刁風。席曜衡等身列膠庠，必皆知禮好義，當能熟思審處，善持門户，無負本部堂教誨成全之深心。儻唐本有頑抗不遵，該府縣等即行飛速據實禀聞。本部堂即當奏明辦理，至永州鎮衡實兩協暨永州防營前派往强壓，兵勇此時亦不宜遽撤是爲至要，除分飭外合亟札行該司即便遵照轉飭該府縣交武委員等，查照上項指飭事理，體察現在情形明白曉諭，勒令唐本有赴府投到。並傳集席曜衡及應訊人等秉公持平，查訊分別勒交妥爲辦理通禀會核。飭遵。

（清）郭嵩燾《郭侍郎奏疏》卷八《特參貪婪不職之知縣疏會總督銜》

奏爲特參貪婪不職之知縣請旨革職歸案查辦，以警官邪，恭摺仰祈聖鑒事。竊查粵東吏治媮敝，門丁差役通同罔利，無能窮詰其底蘊。臣等考覈吏事，不敢稍有假藉，尤以清理詞訟，緝捕盜賊，約束幕友門丁爲課程，以求漸引而使之各軌於正。兹查有海豐縣知縣于奇峰，涖任未及一年，控案纍纍，多涉門丁詐贓私款。經飭署臬司郭祥瑞委員前往密查，具得其門丁方永順、楊陞夥同差役蔡錦、劉立等贓私狼藉情狀，竟至因案帶勇赴鄉擄搶。當將該員撤任，勒令將該門丁交出，距今日久，據稱門丁方永順等已逃赴香港，其爲分肥故縱，情形略可想見。又河源縣知縣張耀堂，初赴河源縣任，適值縣屬仙塘鄉潘姓匪徒攔劫糧差，征收餉銀，聚衆抗官。粵東歷來積習，惠潮等屬懲辦匪鄉，率以納賄銷案，託爲募勇辦案，經費名曰打兵費。臣等深鑒其弊，諭飭張耀堂無稍沾染舊習，經飭由惠州府籌給經費，並調撥勇營，幫同辦理，乃張耀堂於勇營未到之先，趕速寢事率稱罰捐，彌補倉穀。臣等以張耀堂才具尚佳，未肯遽加參辦，暫與撤任以示薄懲。飭委候補知縣俞文萊前往接署。據查該員不獨罰捐倉穀，未嘗彌補，並舊穀二千餘石，盡爲該員到任以後陸續挪用。似此二員之膽大妄爲，毫無顧忌，若不據實參辦，則紀綱法度廢弛日甚，吏治何由整飭，風俗何由挽回？據代辦藩司方濬頤，署臬司郭祥瑞查覈具詳，會揭前來相應請旨將海豐縣知縣于奇峰，河源縣知縣張耀堂，先行革職歸案查辦。一面勒令于奇峰交出門丁方永順等，研訊確情分別定擬，所有特參貪婪不職之知縣革職查辦，緣由謹繕摺具奏。

《各省審判廳判牘》第二編《判詞類・有事以財行求江寧地方審判廳案》

緣李振鏞籍隸江寧縣，係官立第三兩等模範小學堂畢業生，該犯外祖母張黄氏無嗣，侄媳張王氏亦無子息，有女名桂子，於光緒二十九年招贅張繼宗即范老五爲婿，承繼張氏爲後。三十一年，張黄氏病故，公親并無異言。三十三年，張王氏亦病故，該生之父李松貴前往阻殮，經前江寧縣判斷，李姓出具永不干預張姓家事甘結存案。現因李振鏞畢業，禀學司填結張姓文憑，又以前事赴江寧地方審判廳呈控，希圖翻案。當經民庭駁斥，復敢用匿名信并附裕和錢店期票一百元送呈承審推事，以期邀準。承審推事即行舉發，因案係以財行求，改送刑庭預審前來。當提李振鏞研訊，據供前情不諱，并無扛幫唆訟情事之人，應即判決。查律載：有事以財行求，計所與財坐贓論。又，坐贓致罪七十兩，處九等罰等語。此案李振鏞因爭繼翻案，輒敢以洋條百元行求推事，實屬不知自愛，自應按律問擬。李振鏞合依有事以財行求，計所與財坐贓論律，計所與贓值銀七十兩，兑取現洋充公外，除由本廳擬處九等罰，追銀十二兩五錢，模範小學生畢業撤革，相應移請檢察廳照章執行。

中國第一歷史檔案館《光緒宣統兩朝上諭檔》宣統元年六月十七日

内閣奉上諭：前據給事中高潤生奏參，吕海寰等容隱私人敗壞路政各節，當經諭令那桐確查。兹據查明覆奏，津浦路局總辦記名道李德順，秉便營私不顧大局，激動公憤，清議不容。候選道張鑑阿附逢迎卑污，無恥蠅營

狗苟，有玷官箴，均著革職，永不敘用。候選道曹嘉祥善於營運，結交官府，惟利是圖，著即革職。分省知縣永祺倚勢凌人，贓私累累，著革職，永不敘用，並發往軍臺効力贖罪。候選知府錢錫霖一聞提傳希圖脱逃，迨到案後又復供詞閃爍，該員聲名甚劣，貪婪狂悖，無所不爲，著革職，驅逐回籍，交地方官嚴加管束。商人高錫九，借地納賄，李運溪奪競營謀，均著遞解回籍，不準再向路局包運包工。吕海寰身爲督辦，於一切支款用人事前既不能防範，事後又失於覺察，著交部議處。幫辦大臣孫寶琦，視事未久，知有弊端，告知前督將李德順撤差，尚非始終受其蒙蔽，著毋庸置議。前直隸總督楊士驤，既失知人之明，難辭濫保之咎，著撤銷太子少保銜。餘依議。欽此。

《各省審判廳判牘》第二編《判詞類·承發吏受賄延縱貴陽地方審判廳案》 緣王華軒籍隸貴築縣，係本廳承發吏，現因本案斥革。宣統三年三月二十九日，王華軒奉票往傳王子清具控莫光培一案，向王子清索詐夫價銀壹兩陸錢。王子清初未允許，後因屢次向索，王子清無奈，許四月初二日給付，隨將銀壹兩陸錢交店主張雙發，囑其至期代交。初二日，王華軒復往索要，適王子清外出，張雙發即照數將銀轉付。又，周子清具控吳吉興一案，亦係王華軒奉票查傳，於四月初十日，王華軒復向周子清索詐，得銀四錢，均經本廳先後訪聞查傳王子清、周子清、張雙發到案，片請檢察廳派員莅視，訊據各供前情不諱，質之王華軒，供認向王子清索詐夫價銀壹兩陸錢屬實，周子清之銀四錢係向其借用等語。查周子清係控案之人，無論是索是借，均屬不應，應即照例判決。

查現行刑例載：内外大小衙門蠹役恐嚇索詐貧民者，計贓壹兩至伍兩，徒一年。又名例載：二罪俱發以重者論罪各等語。此案王華軒先後奉票往傳王子清及周子清二案，向王子清索詐得銀壹兩陸錢，向周子清索詐得銀肆錢。同時并發，係屬二罪俱發，即應照例從重定擬。惟該犯承發吏并無治罪專條，自應比照問擬。王華軒除索詐周子清得銀肆錢輕罪不議外，合比依蠹役恐嚇索詐貧民者，計贓壹兩至伍兩，徒一年例，擬徒一年，收所習藝，限滿釋放。王子清、周子清因被索詐，并無請求情事，店主張雙發僅祇代爲交銀，不知索詐情弊，均免置議。贓銀照追，分別給還，移送檢察廳執行。此判。

《嘉興歷代碑刻集·嘉興府儒學重修紀成碑碑陰》 八月初一日，一件積書灑弊事，犯人范銓、陸震犯該里書作弊索財，該嘉興縣各問充軍解府，審得二犯作弊索財，擬戍不枉。但該縣米恐非此二人所得，根連株究，波及頗多，姑免發遣，各折贖銀三十兩。陸震身故，止完銀一十二兩一錢； 范銓完銀三十兩。

違制失儀分部

綜述

《尚書·太甲》 王拜手稽首，曰：予小子不明于德，自底不類。欲敗度，縱敗禮，以速戾于厥躬。天作孼，猶可違；自作孼，不可逭。既往背師保之訓，弗克于厥初，尚賴匡救之德，圖惟厥終。

《尚書·顧命》 在後之侗，敬迓天威，嗣守文武大訓，無敢昏逾。今天降疾殆，弗興弗悟。爾尚明時朕言，用敬保元子釗，弘濟于艱難，柔遠能邇，安勸小大庶邦。思夫人自亂于威儀，爾無以釗冒貢于非幾。

《尚書·酒誥》 又惟殷之迪諸臣惟工，乃湎於酒，勿庸殺之，姑惟教之，有斯明享。乃不用我教辭，惟我一人弗恤，弗蠲乃事，時同于殺。

《周禮·地官司徒·司市》 夫人過市，罰一幕。世子過市，罰一帟。命夫過市，罰一蓋。命婦過市，罰一帷。

《禮記·月令》 水虞、漁師收水泉池澤之賦，毋或敢侵削衆庶兆民，以爲天子取怨於下，其有若此者，行罪無赦。

（清）孫希旦《禮記集解》卷一二《王制》 山川神祇有不舉者爲不敬，不敬者君削以地；宗廟有不順者爲不孝，不孝者君絀以爵；變禮易樂者爲不從，不從者君流；革制度衣服者爲畔，畔者君討；有功德於民者，加地進律。鄭氏曰：不順者，謂若逆昭穆。孔氏曰：山川是外神，故云不舉。

不舉，不敬也。山川在國境，故削以地。宗廟是內神，故云不順。不順，不孝也。宗廟可以表明爵等，故絀以爵。禮樂雖大事，而非切要，故以爲不從，君惟流放。制度衣服，政治之急，故以爲畔，君須誅討。此四罪，先輕後重。律，法也，謂法度，即《大行人》上公九命，繅藉九寸，冕服九章，建常九斿之等是也。馬氏晞孟曰：進律者，若子男以五爲節，則進之以七；侯伯以七爲節，則進之以九也。

《慎子·君人》　君人者，舍法而以身治，則誅賞予奪從君心出矣。然則受賞者雖當，望多無窮；受罰者雖當，望輕無已。君舍法而以心裁輕重，則同功殊賞，同罪殊罰矣，怨之所由生也。是以分馬者之用策，分田者之用鉤。非以鉤策爲過於人智也，所以去私塞怨也。故曰大君任法而弗躬，則事斷於法矣。法之所加，各以其分蒙其賞罰，而無望於君也，是以怨不生而上下和矣。

《慎子·君臣》　爲人君者不多聽，據法倚數以觀得失。無法之言，不聽於耳；無法之勞，不圖於功；無勞之親，不任於官。官不私親，法不遺愛，上下無事，唯法所在。

睡虎地秦墓竹簡整理小組《睡虎地秦墓竹簡·秦律十八種·置吏律》　除吏、尉，已除之，乃令視事及遣之；所不當除而敢先見事，及相聽以遺之，以律論之。嗇夫之送見它官者，不得除其故官佐、吏以之新官。

睡虎地秦墓竹簡整理小組《睡虎地秦墓竹簡·秦律雜抄》　求盜勿令送逆爲它，令送逆爲它事者，貲二甲。

吏自佐、史以上負從馬、守書私卒，令市取錢焉，皆䙴（遷）。

非歲（紅）〔功〕及（毋）〔無〕命書，敢爲它器，工師及丞貲各二甲。縣工新獻，殿，貲嗇夫一甲，縣嗇夫、丞、吏、曹長各一盾。城旦爲工殿者，（治）〔笞〕人百。大車殿，貲司空嗇夫一盾，徒（治）〔笞〕五十。

睡虎地秦墓竹簡整理小組《睡虎地秦墓竹簡·法律答問》　以其乘車載女子，（可）〔何〕論？貲二甲。以乘馬駕私車而乘之，毋論。

張家山二四七號漢墓竹簡整理小組《張家山漢墓竹簡·二年律令·置吏律》　縣道官有請而當爲律令者，各請屬所二千石官，二千石官上相國、御史，相國、御史案致，當請，請之，毋得徑請。徑請者者，罰金四兩。

張家山二四七號漢墓竹簡整理小組《張家山漢墓竹簡·二年律令·傳食律》　發（傳）□□□□，度其行不能至者□□□□□長官皆不得釋新成。使非有事，及當釋駕新成也，毋得以傳食焉，而以平（賈）〔價〕責錢。非當發傳所也，毋敢發傳食焉。爲傳過員，及私使人而敢爲食傳者，皆從食（臧）〔贓〕爲盜。

張家山二四七號漢墓竹簡整理小組《張家山漢墓竹簡·二年律令·徭律》　縣道官敢擅壞更官府寺舍者，罰金四兩，以其費負之。

《漢書》卷八六《何武傳》　〔何武〕及爲御史大夫司空，與丞相方進共奏言：往者諸侯王斷獄治政，內史典獄事，相總綱紀輔王，中尉備盜賊。今王不斷獄與政，中尉官罷，職并內史，郡國守相委任，所以壹統信，安百姓也。今內史位卑而權重，威職相踰，不統尊者，難以爲治。臣請相如太守，內史如都尉，以順尊卑之序，平輕重之權。制曰：可。以內史爲中尉。

（清）杜貴墀《漢律輯證》卷五　酎金。《史記·孝文本紀》：高廟酎。《集解》張晏曰：正月旦作酒，八月成，名曰酎。酎之言純也。武帝時，因八月嘗酎會諸侯廟中，出金助祭，所謂酎金也。按《後書·禮儀志》注引丁孚《漢儀》曰：酎金律，文帝所加，疑非。皇帝齋肅，親帥群臣，承祠宗廟，羣臣宜分奉請，諸侯列侯各以民口數率，千口奉金四兩奇，不滿千口至五百口亦四兩，皆會酎，少府受。又大鴻臚食邑在九眞、交阯、日南者用犀角長九寸以上若玳瑁甲一，鬱林用象牙長三尺以上若翡翠各二十，準以當金。《後書·禮儀》志注引漢律《金布令》。《章帝紀》注引作丁孚《漢儀式》。按《史記·平準書》注如淳曰：《漢儀》注侯歲以戶口酎黃金獻於漢廟，皇帝臨受獻金，以助祭大祠，曰飲酎。飲酎受金少不如斤兩，色惡，王削縣，侯免國。《武帝紀》：元鼎五年，列侯坐獻黃金酎祭宗廟不如法奪爵者百餘人。《王子侯表》：五鳳四年，嗣朝侯固城坐酎金少四兩免。地節四年，襄隄侯聖坐奉酎金斤八兩少四兩免。

（清）杜貴墀《漢律輯證》卷五　騎乘車馬行馳道中已論者，沒入車馬被具。《江充傳》如湻注引令乙。《翟方進傳》：從上甘泉行馳道中，司隸校尉陳慶劾奏方進，沒入車馬。太子得絶馳道。《成帝紀》引元帝令。應劭曰：馳道，天子所行道也，若今之中道。師古曰：絶，橫度也。《功臣表》：嗣侯昭涉昧，元狩五年坐行馳道中免。

《三國志》卷二《魏志·文帝紀》　〔黃初三年〕九月甲午，詔曰：

夫婦人與政，亂之本也。自今以後，羣臣不得奏事太后，后族之家不得當輔政之任，又不得横受茅土之爵；以此詔傳後世，若有背違，天下共誅之。庚子，立皇后郭氏。賜天下男子爵人二級；鰥寡篤癃及貧不能自存者賜穀。

《晉書》卷三〇《刑法志》　《司馬法》：或起甲兵以征不義，廢貢職則討，不朝會則誅，亂嫡庶則縶，變禮刑則放。

《北史》卷一六《魏臨淮王譚傳》　〔孝友又言〕請自兹以後，若婚葬過禮者，以違旨論。官司不加糾劾，即與同罪。

《隋書》卷六四《魚俱羅傳》　及帝嗣位，拜〔魚贊〕車騎將軍。贊性凶暴，虐其部下，令左右炙肉，遇不中意，以籤刺瞎其眼。有温酒不適者，立斷其舌。帝以贊藩邸之舊，不忍加誅，謂近臣曰：弟既如此，兄亦可知。因召俱羅，譴責之，出贊於獄，令自爲計。贊至家，飲藥而死。

（唐）長孫無忌等《唐律疏議》卷九《職制·置官過限及不應置而置》

諸官有員數，而署置過限及不應置而置，謂非奏授者。一人杖一百，三人加一等，十人徒二年；

疏議曰：官有員數，謂内外百司，雜任以上，在令各有員數。而署置過限及不應置而置，謂格、令無員，亡相署置。注云謂非奏授者，即是視六品以下及流外雜任等。所司判補一人杖一百，三有加一等，十人徒二年。若是應奏授，詐而不實者，從詐假法。如不合置官而故剩奏授者，從上書詐不實論。

後人知而聽者，減前人署置一等；規求者爲從坐，被徵須者勿論。即軍務要速，量事權置者，不用此律。

疏議曰：前人署置過限及不應置而置，後人知其剩員而聽任者，減初置人罪一等，謂一人杖九十，四人以上杖一百，七人以上徒一年，十人徒一年半。規求者爲從坐，謂人自規求而任者，爲初置官從坐，合杖九十。被徵須者，謂被徵召而權者，勿論。即軍務要速，量事權置者，謂行軍之所，須置權官，不當署置之罪，故云不用此律。

（唐）長孫無忌等《唐律疏議》卷九《職制·刺史縣令等私出界》

諸刺史、縣令、折衝、果毅，私自出界者，杖一百。經宿乃坐。

疏議曰：州、縣有境界，折衝府有地團。不因公事，私自出境界者，杖一百。注云經宿乃坐，既不云經日，即非百刻之限。但是經宿，即合此坐。

（唐）長孫無忌等《唐律疏議》卷九《職制·大祀在散齋弔喪問疾》

諸大祀在散齋而弔喪、問疾、判署刑殺文書及決罰者，笞五十；奏聞者，杖六十。致齋者，各加一等。

疏議曰：大祀散齋四日，並不得弔喪，亦不得問疾。刑謂定罪，殺謂殺戮罪人，此等文書不得判署，及不得決罰杖、笞。違者，笞五十。若以此刑殺、決罰事奏聞者，杖六十。若在致齋内犯者，各加一等。中、小祀犯者，各遞減二等。

（唐）長孫無忌等《唐律疏議》卷九《職制·祭祀朝會等失錯違儀》

諸祭祀及有事於園陵，若朝會、侍衛，行事失錯及違失儀式者，笞四十。謂言辭諠囂，坐立怠慢乖衆者，乃坐。

疏議曰：稱祭祀者，享亦同。及有事於園陵，謂謁陵等事；若朝會，謂百官朝參、集會；及侍衛祭祀之事：行事失錯及違失儀式者，笞四十。注云謂言辭諠囂，坐立怠慢，謂聲高諠鬧，坐立不正，不依儀式，與衆乖者，乃坐。

應集而主司不告，及告而不至者，各笞五十。

疏議曰：應集，謂祭祀以下及餘事合集之人。而主司不頒告令集，罪在主司；告而不至，獨坐不至者。故云各笞五十。

（唐）長孫無忌等《唐律疏議》卷九《職制·主司私借服御物》　諸主司私借乘輿服御物，若借人及借之者，徒三年。非服而御之物，徒一年。在司服用者，各減一等。非服而御，謂帷帳幾杖之屬。

疏議曰：乘輿服御物，主司持護修整，常須如法，若有私借，或將借人及借之者，各徒三年。非服而御之物，謂除服御物之外，應供御所用者，得徒一年。雖非自借及借人，在司服用者，各減一等；服御物，徒三年上減；非服而御，徒一年上減。是爲各減一等。

注：非服而御，謂帷帳幾杖之屬。

疏議曰：帷帳幾杖之屬，謂筆硯、書史、器玩等，是應供御所須，非服用之物。色類既多，故云之屬。

（唐）長孫無忌等《唐律疏議》卷一〇《職制·事直代判署》　諸公

文有本案，事直而代官司署者，杖八十；代判者，徒一年。亡失案而代者，各加一等。

疏議曰：公文，謂在官文書。有本案，事直，唯須依行。或奏狀及符、移、關、解、刺、牒等，其有非應判署之人，代官司署案及署應行文書者，杖八十。若代判者，徒一年。其亡失案而代者，各加一等：代署者杖九十，代判者徒一年半。此皆謂事直而代者。若有增減，出入罪重者，即從重科。依令：授五品以上畫可，六品以下畫聞。代畫者，即同增減制書。其有制可字，侍中所注，止當代判之罪。

（唐）長孫無忌等《唐律疏議》卷一〇《職制·受制出使輒干他事》

諸受制出使，不返制命，輒干他事者，徒一年半；以故有所廢闕者，徒三年。餘使妄干他事者，杖九十；以故有所廢闕者，徒一年。越司侵職者，杖七十。

疏議曰：受制、勅出使，事訖皆須返命奏聞。若不返命，更干預他事者，徒一年半；以故有所廢闕者，徒三年。餘使，謂非制使。妄干他事者，杖九十；以故有所廢闕者，徒一年。越司侵職者，謂設官分職，各有司存，越其本局，侵人職掌，杖七十。越其受三后及皇太子令，出使不返命，得罪依減制、勅一等。

（唐）長孫無忌等《唐律疏議》卷一〇《職制·增乘驛馬》　諸增乘驛馬者，一疋徒一年，一疋加一等。應乘驛驢而乘馬者減一等。主司知情與同罪，不知情者勿論。餘條驛司準此。

疏議曰：依《公式令》：給驛：職事三品以上若王，四疋；四品及國公以上，三疋；五品及爵三品以上，二疋；散官、前官各遞減職事官一疋；餘官爵及無品人，各一疋。皆數外別給驛子。此外須將典吏者，臨時量給。此是令文本數。數外乘取，是曰增乘，一疋徒一年，一疋加一等。應乘驛驢而乘驛馬者又準《駕部式》：六品以下前官、散官、衛官，省司差使急速者，給馬。使迴及餘使，並給驢。即是應乘驢之人，而乘馬，各減增乘馬罪一等。主司知情與同罪者，謂驛馬主司知增乘驛馬，及知應乘驢而乘馬等情者，皆與乘者同罪。不知情者，勿論。餘條驛司準此者，謂枉道及越過齎私物之類。

（唐）長孫無忌等《唐律疏議》卷一〇《職制·乘驛馬枉道》　諸乘驛馬輒枉道者，一里杖一百，五里加一等，罪止徒二年。越至他所者，各加一等。謂越過所詣之處。經驛不換馬者，杖八十。無馬者，不坐。

疏議曰：乘驛馬者，皆依驛路而向前驛。若不依驛路別行，是爲枉道。越至他所者，注云謂越過所之處，假如從京使向洛州，無故輒過洛州以東，即計里加枉道一等。經驛不換馬，至所經之驛，若不換馬者，杖八十。因而至死，依《厩牧令》：乘官畜産，非理致死者，備償。無馬者不坐，謂在驛無馬，越過者無罪，因而致死者不償。

問曰：假有使人乘驛馬枉道五里，經過反覆，往來便經十里，如此犯者，從何科斷？

答曰：律云枉道，本慮馬勞，又恐行遲，於事稽廢。既有往來之理，亦計十里科論。

（唐）長孫無忌等《唐律疏議》卷一〇《職制·乘驛馬齎私物》　諸乘驛馬齎私物，謂非隨身衣、仗者。一斤杖六十，十斤加一等，罪止徒一年。驛驢減二等。餘條驛驢準此。

疏議曰：乘驛馬者，唯得齎隨身所須衣、仗。衣謂衣被之屬，仗謂弓刀之類。除此之外，輒齎行者，一斤杖六十，十斤加一等，罪止徒一年。驛驢減二等，謂一斤笞四十，罪止杖九十。餘條驛驢準此者，謂稽程、枉道之類，諸條驛驢得罪，皆準馬減二等。

（唐）長孫無忌等《唐律疏議》卷一〇《職制·長官及使人有犯》

諸在外長官及使人於使處有犯者，所部屬官等不得即推，皆須申上聽裁。若犯當死罪，留身待報。違者，各減所犯罪四等。

疏議曰：在外長官，謂都督、刺史、折衝、果毅、鎮將、縣令、關監等。長官及諸使人於使處有犯了者，所部次官以下及使人所詣之司官屬，並不得輒即推鞫。若無長官，次官執魚印者，亦同長官。皆須先申上司聽裁。若犯當死罪，謂據糺告之狀合死者，散留其身，待上報下。違者，各減所犯罪四等。留身者，印及管鑰付知事次官，其銅魚仍留擬勘。勅符雖復留身，未合追納。

（唐）長孫無忌等《唐律疏議》卷一〇《職制·用符節事訖稽留不輸》

諸用符節，事訖應輸納而稽留者，一日笞五十，二日加一等，十日徒一年。

疏議曰：依令：用符節，並由門下省。其符，以銅爲之，左符進内，右符在外。應執符人，有事行勘，皆奏出左符，以合右符。所在承用事訖，使人將左符還。其使若向他處，五日内無使次者，所在差專使送門下省輸納。其節，大使出即執之，使還，亦即送納。應輸納而稽留者，一日笞五十，二日加一等，十日徒一年。雖更違日，罪亦不加。其傳符，通用紙作，乘驛使人所至之處，事雖未訖，且納所司，事了欲還，然後更請，至門下送輸。既無限日，行至即納。違日者，既非銅魚之符，不可依此科斷，自依紙券，加官文書稽罪一等。其禁苑門符及交巡魚符，若木契等，於餘條行減罪二等，輸納稽遲者，準例亦減二等。若木契應發兵者，同上符節之罪。

（唐）長孫無忌等《唐律疏議》卷一一《職制·長吏輒立碑》 諸在官長吏，實無政迹，輒立碑者，徒一年。若遣人妄稱己善，申請於上者，杖一百；有贓重者，坐贓論。受遣者，各減一等。雖有政迹，而自遣者，亦同。

疏議曰：在官長吏，謂内外百司長官以下，臨統所部者。未能導德齊禮，移風易俗，實無政迹，妄述己功，崇飾虚辭，諷諭所部，輒立碑頌者，徒一年。所部爲其立碑頌者，爲從坐。若遣人妄稱己善，申請於上者，杖一百。若虚狀上表者，從上書詐不實，徒二年。有贓重者，坐贓論，謂計贓重於本罪者，從贓而斷。受遣者，各減一等，各，謂立碑者徒一年上減，申請於上者杖一百上減。若官人不遣立碑，百姓自立及妄申請者，從不應爲重，科杖八十，其碑除毁。

注：雖有政迹，而自遣者，亦同。

疏議曰：官人雖有政迹，而自遣所部立碑，或遣申請者，官人亦依前科罪。若所部自立及自申上，不知、不遣者，不坐。

（唐）長孫無忌等《唐律疏議》卷一一《職制·律令式不便輒奏改行》

諸稱律、令、式，不便於事者，皆須申尚書省議定奏聞。若不申議，輒奏改行者，徒二年。即詣闕上表者，不坐。

疏議曰：稱律、令及式條内，有事不便於時者，皆須辯明不便之狀，具申尚書省，集京官七品以上，於都座議定，以應改張之議奏聞。若不申尚書省議，輒即奏請改行者，徒二年，謂直述所見，但奏改者。即闕上表，論律、令及式不便於時者，不坐。若先違令、式，而後奏改者，亦徒二年。所違重者，自從重斷。

（唐）長孫無忌等《唐律疏議》卷一三《户婚·差科賦役違法》 諸差科賦役違法及不均平，杖六十。

疏議曰：依令：凡差科，先富强，後貧弱；先多丁，後少丁。差科賦役違法及不均平，謂貧富、强弱、先後、閑要等，差科不均平者，各杖六十。

若非法而擅賦斂，及以法賦斂而擅加益，贓重入官者，計所擅坐贓論；入私者，以枉法論，至死者加役流。

疏議曰：依《賦役令》：每丁，租二石；調絁、絹二丈，綿三兩，布輸二丈五尺，麻三斤；丁役二十日。此是每年以法賦斂，皆行公文，依數輸納。若臨時别差科者，自依臨時處分。如有不依此法而擅有所徵斂，或雖依格、令、式而擅加益，入官者，總計贓至六疋，即是重於杖六十，皆從坐贓科之。假有擅加益入官絹滿一百疋，比斂衆人之物，法合倍論，倍爲五十疋，坐贓論，罪止徒三年。入私者，以枉法論。稱入私，不必入己，但不入官者，即爲入私。官人有禄，枉法一尺杖一百，一疋加一等，十五疋絞；無禄者減一等，二十疋絞。今云至死者加役流並不合絞。其間賦斂雖有入官，復有入私者，即是罪名不等，宜依並滿之法。假有擅賦斂得一百疋，九十疋入官，十疋入私，從入官九十疋倍爲四十五疋，合徒二年半，倍入私十疋爲五疋，亦徒二年半，不得累徒五年，須以入私十疋並滿入官九十疋，爲一百疋，倍爲五十疋，處徒三年。

（唐）長孫無忌等《唐律疏議》卷一四《户婚·監臨娶所監臨女》

諸監臨之官，娶所監臨女爲妾者，杖一百；若爲親屬娶者，亦如之。其在官非監臨者，減一等。女家不坐。

疏議曰：監臨之官，謂職當臨統案驗者，娶所部人女爲妾者，杖一百。爲親屬娶者，亦合杖一百。親屬，謂本服緦麻以上親及大功以上婚姻之家。既是監臨之官爲娶，親屬不坐。若親屬與監臨官同情强娶，或恐喝娶者，即以本律首從科之，皆以監臨爲首，娶者爲從。其在官非監臨者，謂在所部任官而職非統攝案驗，而娶所部之女及與親屬娶之，各減監臨官一等。女家，並不合坐。其職非統攝，臨時監主而娶者，亦同。仍各離

之。

即枉法娶人妻妾及女者，以姦論加二等；爲親屬娶者，亦同。行求者，各減二等。各離之。

疏議曰：有事之人，或妻若妾，而求監臨官司曲法判事，娶其妻妾及女者，以姦論加二等。其娶者有親屬，應加罪者，各依本法，仍加監臨姦罪二等。爲親屬娶者，亦同皆同自娶之坐。行求者，各減二等，其以妻妾及女行求，嫁與監臨官司，得罪減監臨二等。親屬知行求枉法，而娶人妻妾及女者，自依本法爲從坐。仍各離之者，謂夫自嫁妻妾及女，與枉法官人，兩俱離之。妻妾及女理不自由，故並不坐。

（唐）長孫無忌等《唐律疏議》卷一五《廄庫·乘官畜車私馱載》 十諸應乘官馬、牛、駝、騾、驢，私馱物不得過十斤，違者，一斤笞十，十斤加一等，罪止杖八十。

疏議曰：應乘官馬、牛、駝、騾、驢者，謂因公得乘傳遞，或是軍行。但因公事而得乘官畜者，私馱物不得過十斤。十斤之外更著者，一斤笞十，十斤加一等，罪止杖八十。

其乘車者，不得過三十斤，違者，五斤笞十，二十斤加一等，罪止徒一年。即從軍征討者，各加二等。

疏議曰：應乘官車，或載官私之物，載限之外，私物不得過三十斤。違者，五斤笞十，二十斤加一等，罪止徒一年。從軍征討者，各加二等，馬、牛以下，車以上，各加常犯二等：馬、牛、駝、騾、驢，七十一斤罪止杖一百；車，二百五斤罪止徒二年。

若數人共馱載者，各從其限爲坐。監當主司知而聽者，並計所知，同私馱載法。

疏議曰：若數人共馱載者，謂乘官畜及車。應得私載物限外，謂畜過十斤，車過三十斤。假有十人，同乘官畜，馱私物各十斤，其中五人數外各過一斤，依律各笞十；三人各過十一斤，各笞二十；二人各過八兩，律云過一斤笞十，今不滿一斤，依律各無罪。又有十人同車，載私物各三十斤，其中五人數外各過五斤，依律各笞十；三人各過二十五斤，各笞二十；二人各過二斤八兩，依律數不滿，各無罪。其監當主司知情者，並計前畜，總過三十九斤，則私馱法科，合笞四十；車總過一百五斤，同私載法，合杖六十之類。若從軍征討，亦依前各加二等。其有他人寄物，各計一斤以上爲罪，皆同私馱、載法。主當車馬及寄物之人，得罪各等，亦無首從。監當官司知情，準上解。若隨身衣仗應將行者，各在私物斤數之外，不在計限。

（唐）長孫無忌等《唐律疏議》卷一五《廄庫·監主借官奴畜産》 諸監臨主守，以官奴婢及畜産私自借，若借人及借之者，笞五十；計庸重者，以受所監臨財物論。驛驢，加一等。

疏議曰：監臨主守之官，以所監主官奴婢及畜産，私自借，謂身自借用，若轉借他人及借之者，或一人、一畜，但借即笞五十。或借數少而日多，或借數多而日少，計庸重於借罪者，以受所監臨財物論，累贓爲坐。驛驢，加一等謂借即得杖六十；計庸重，以受所監臨財物論加一等。其車船、碾磑、邸店之類，有私自借，若借人及借之者，亦計庸賃，各與借奴婢、畜産同。律雖無文，所犯相類。《職制律》：監臨之官借所監臨及牛馬駝騾驢、車船、邸店、碾磑，各計庸賃，以受所監臨財物論。計借車船、碾磑之類，理與借畜産不殊，故附此條，準例爲坐。

即借驛馬及借之者，杖一百，五日徒一年；計庸重者，從上法。即驛長私借人馬驢者，各減一等，罪止杖一百。

疏議曰：即私借驛馬及官司借之者，各杖一百，五日徒一年。計庸重者，從上法，謂計驛馬之庸，當上絹八疋，合加一等，徒一年半。即驛長私借人馬驢者，減一等，準令：驛馬驢一給以後，死即驛長陪填。是故，驛長借人驢馬，得罪稍輕。各減一等，謂上文借驛馬驢，加受所監臨財物一等，今驛長借人驢馬各減一等，與受所監臨財物罪同，罪止杖一百。

（唐）長孫無忌等《唐律疏議》卷一五《廄庫·監主貸官物》 諸監臨主守，以官物私自貸，若貸人及貸之者，無文記，以盜論；有文記，準盜論；文記，謂取抄署之類。立判案，減二等。

疏議曰：監臨主守，謂所在之處，官物有官司執當者。以此官物私自貸，若將貸人及貸之者，此三事，無文記，以盜論；有文記，準盜論。文記，謂取抄署之類，謂雖無文案，或有名簿，或取抄及署領之類，皆同。無文記以盜論者，與真盜同，若監臨主守自貸，亦加凡盜二等。有文

記者準盜論，並五疋徒一年，五疋加一等。立判案，減二等，謂五疋杖九十之類。

即充公廨及用公廨物，若出付市易而私用者，各減一等坐之。雖貸亦同。餘條公廨準此。即主守私貸，無文記者，依盜法。

疏議曰：即充公廨，謂以官物迴充公廨，及私用廨之物，無文記、有文記、立判案，若官物從庫藏積聚之中，出付人將市易，其市易人私用者，各準前官物應坐之罪，皆減一等坐之。稱私用者，雖貸亦同。餘條公廨準此，謂一部律內，但稱公廨私用及借，皆準此減盜罪坐之。即主守私貸，無文記者，依盜法，即與真盜同，加常盜二等，徵倍贓，有官者除名。故云依盜法。

所貸之人不能備償者，徵判署之官。下條私借亦準此。

疏議曰：監臨主守以官物貸人，所貸之人不能備償，謂無物可徵者，徵判署之官。判案者爲判官，署案者爲主典及監事之類。注云下條私借亦準此，謂下條監臨主守之官以官物借人，若所借人不能備償，亦徵判署之官，故云準此。諸監臨主守之官，以官物私自借，若借人及借之者，笞五十；過十日，坐贓論減二等。

疏議曰：監臨主守之官，以所監臨主守之物，謂衣服、氈褥、帷帳、器玩之類，但是官物，私自借，若將借人及借之者，各笞五十。過十日，計所借之物，準坐贓論減二等，罪止徒二年。

（唐）長孫無忌等《唐律疏議》卷一五《廄庫·監臨官僦運租稅》

諸監臨主守之官，皆不得於所部僦運租稅、課物，違者，計所利坐贓論。其在官非監臨，減一等。主司知情，各減一等。

疏議曰：凡是課稅之物，監臨主守皆不得於所部內僦勾客運。其有違者，計所利，坐贓論。除人畜糧外，並爲利物。在官非監臨，減一等，謂從坐贓減一等。主司知情者，各減一等，謂知監僦運，坐贓上減一等；若非監臨僦運，坐贓上減二等。所利之錢，一非彼此俱罪，二非乞索之贓，既用功程而得，不合沒官，還主。

（唐）長孫無忌等《唐律疏議》卷一五《廄庫·官物有印封擅開》

諸官物有印封，不請所由官司，而主典擅開者，杖六十。

疏議曰：但是官物，有封閉印記，欲開者皆請所由官司。其主典不請官司而擅開者，杖六十。

（唐）長孫無忌等《唐律疏議》卷二六《雜律·舍宅車服器物違令》

諸營造舍宅、車服、器物及墳塋、石獸之屬，於令有違者，杖一百。雖會赦，皆令改去之；墳則不改。

疏議曰：營造舍宅者，依《營繕令》：王公已下，凡有舍屋，不得施重拱、藻井。車者，《儀制令》：一品青油纁，通幰，虛偃。服者，《衣服令》：一品衮冕，二品鷩冕。器物者，一品以下，食器不得用純金、純玉。墳塋者，一品方九十步，墳高一丈八尺。石獸者，三品以上，六；五品以上，四。此等之類，具在令文。若有違者，各杖一百。雖會赦，皆令除去，唯墳不改。稱之屬者，碑、碣等是。若有犯者，並同此坐。

其物可賣者，聽賣。若經赦後百日，不改去及不賣者，論如律。

疏議曰：舍宅以下，違犯制度，堪賣者，須賣；不堪賣者，改去之。若赦後百日，不改及不賣者，還杖一百，故云論如律。

（唐）長孫無忌等《唐律疏議》卷二六《雜律·從征從行身死不送還鄉》

諸從征及從行、公使於所在身死，依令應送還本鄉，違而不送者，杖一百。若傷病而醫食有闕者，杖六十；因而致死者，徒一年。

疏議曰：從征，謂從軍征討；及從行，謂從車駕行及從東宮行；並公事充使，於所在身死。依令應送還本鄉者，《軍防令》：征行衛士以上，身死行軍，具録隨身資財及屍，付本府人將還。無本府人者，付隨近州縣遞送。《喪葬令》：使人所在身喪，皆給殯殮調度，遞送至家。從行，準《兵部式》：從行身死，折衝賻物三十段，果毅二十段，別將十段，並造靈轝，遞送還府。隊副以上，各給絹兩疋，衛士給絹一疋，充殮衣，仍並給棺，令遞送還家。自餘無別文者，即同公使之例。應送不送者，各杖一百。若傷病，謂征行人等，或病或傷，須醫藥救療，餘食供給，而醫食有闕者，杖六十。因而致死，謂以醫食不如法致死者，徒一年。

即卒官，家無手力不能勝致者，仰部送還鄉，違而不送者，亦杖一百。

疏議曰：官人在任，以理身死，家道既貧，先無手力，不能自相運致以還故鄉者，卒官之所，部送還鄉。稱部送者，差人部領，遞送還鄉。依令去官家口累弱，尚得送還；況乃身亡，明須準給手力部送。違而不

送者，亦杖一百。

（唐）長孫無忌等《唐律疏議》卷二六《雜律・應給傳送剩取》 諸應給傳送，而限外剩取者，笞四十；計庸重者，坐贓論，罪止徒二年。

疏議曰：應給傳送，依《厩牧令》：官爵一品，給馬八疋；嗣王、郡王及二品以上，給馬六疋。三品以下，各有等差。若過令限，數外剩取者，笞四十。計庸重者，坐贓論，馬庸一日爲絹三尺，坐贓一尺笞二十，一疋加一等，三疋一尺笞五十，即是得罪重於笞四十，須從坐贓論計庸，罪止徒二年。

若不應給而取者，加罪二等；强取者，各加一等。主司給與者，各與同罪。

疏議曰：上文並據應給而剩取之。若不應給而取者，謂本無傳送之理而取之，加二等，謂贓輕者，杖六十；贓重者，加坐贓之罪二等，罪止徒三年。强取者，各加一等，謂應得傳送，而剩强取者，笞伍十，贓重者於坐贓上加一等；不應給傳送而强取者，杖七十，贓重者坐贓上加三等。是各加一等。主司給與者，各與同罪，稱各者，强取而主司給與，亦與强者罪同。

（唐）長孫無忌等《唐律疏議》卷二六《雜律・不應入驛而入》 諸不應入驛而入者，笞四十。輒受供給者，杖一百；計贓重者，準盜論。雖應入驛，不合受供給而受者，罪亦如之。

疏議曰：不應入驛而入者，笞四十，《雜令》：私行人，職事五品以上、散官二品以上、爵國公以上，欲投驛止宿者，聽之。邊遠及無村店之處，九品以上、勳官五品以上及爵，遇屯驛止宿，亦聽。並不得輒受供給。謂私行人不應入驛而入者，笞四十。輒受供給，準贓雖少，皆杖一百；計贓得罪重於杖一百者，準盜論。雖應入驛，準令不合受供給而受，亦與不應入驛人同罪。强者，各加二等。

（唐）長孫無忌等《唐律疏議》卷二七《雜律・私發制書官文書印封》 諸私發官文書印封視書者，杖六十；制書，杖八十；若密事，各依漏泄坐減二等。即誤發，視者各減二等；不視者不坐。

疏議曰：官司行下文書，多有封印，而有私發印封視書者，杖六十。若視制書，杖八十。若密事，各依漏泄坐減二等，《職制律》：漏泄大事應密者，絞，減二等，徒三年；非大事應密，徒一年半，減二等，杖一百。誤發視者各減二等，謂誤發，因視制書，杖六十；官文書，笞四十；大事應密，視者，徒三年上減二等，徒二年；非大事應密，視者，杖一百上減二等，杖八十。不視者，不坐，謂初雖誤發，竟不視書者，無罪。

（宋）王溥《唐會要》卷三四《雜録》 〔開元二年〕其年十月六日勅：散蘗巡村，特宜禁斷。如更有犯者，並容止主人及村正，決三十，所由官附考奏，其散蘗人仍遞送本貫入重役。

（宋）王欽若等《册府元龜》卷六二《刑法部・定律令》 〔開元〕五年詔曰：别宅女婦，先施禁令，往來括獲，特以寛容，何得不悛，尚多此事？國有常法，宜寘於理，方畫一於後刑，故三令以先德，俾從輕法，以愧其心。今所括獲者，見任官徵納四季禄，前資準見任，自餘諸色並準九品官禄數納粟，婦女並放出掖庭，即令京兆尹李朝隱求匹配嫁遣之。京都作戒天下，敢更犯者，一依常格。

（清）嵇璜等《續通典》卷一《食貨・田制》 宋太祖建隆二年，遣使度民田，課民種樹。每縣定民籍爲五等，第一等種雜樹百，每等減二十爲差，桑棗半之。男女十歲以上種韭一畦，闊一步，長十步。乏井者，鄰伍共鑿之。令佐春秋巡視，書其數，秩滿第其課爲殿最。諸州各隨風土所宜，其不宜種藝者，不須責課。遇豐歲則論民謹蓋藏，節費用，以備不虞。民伐桑棗爲薪者，罪之。剥桑三工以上，爲首者死，從者流三千里。不滿三工者，爲道配役，從者徒三年。

（宋）佚名《宋大詔令集》卷一九八《政事・禁約・禁不得影庇色役人詔建隆三年五月甲申》 古之善爲吏者，據籍役人，抑强扶弱，期於富庶，必在均平。將塞倖門，宜申明禁。應諸州府、先舉行在京文武職官、內諸司臺省寺監諸軍諸使，不得影庇合充縣司色役人户，及在京百司人吏，每有收補，準元勅須候本州回文，委不礙差役，即得收補。諸稱攝試鄉銜户例合充色役者，不得放免。其諸道州府，或於衙前使院及諸將幕隨使人員處，影庇當直，苟免縣司差役，自今委令佐專切點檢。隊衙前近上職員大將本户即與放免，仍不得影庇佗户，餘並不在此限。如縣司差充之人，所定奪不當，並許人户自相糾舉。若州縣不爲辨析，亦許詣闕伸訴。按驗不虛，其合充役人及元差官吏，並節級科罪。

（宋）竇儀等《宋刑統》卷九《職制律・署置官過限》　諸官有員數而署置過限，及不應置而置，謂非奏授者。一人杖一百，三人加一等，十人徒二年。後人知而聽者，減前人署置一等。規求者爲從坐，被徵須者勿論。即軍務要速量事權置者，不用此律。

疏：諸官有員數而署置過限，及不應置而置。注云，謂非奏授者。又云，一人杖一百，三人加一等，十人徒二年。議曰：官有員數，謂内外百司雜任以上，在令各有員數，而署置過限。及不應置而置，謂格令無員，妄相署置。注云，謂非奏授者。即是視六品以下及流外雜任等，所司判補一人，杖一百，三人加一等，十人徒二年。若是應奏授詐而不實者，從詐假法。如不合置官而故牒奏授者，從上書詐不實論。

又云，後人知而聽者，減前人署置一等。規求者爲從坐，被徵須者勿論。即軍務要速量事權置者，不用此律。議曰：前人署置過限，及不應置而置，後人知其贓員而聽任者，減初置人罪一等，謂一人杖九十，四人以上杖一百，七人以上徒一年，十人徒一年半。規求者爲從坐，謂人自規求而任者，爲初置官從坐合杖九十。被徵須者，謂被徵召而補者勿論。即軍務要速量事權置者，謂行軍之所，須置權官，不當署置之罪，故云不用此律。

（宋）竇儀等《宋刑統》卷九《職制律・祭祀》　諸大祀在散齋而弔喪、問疾、判署刑殺文書及決罰者，笞五十，奏聞者杖六十。致齋者各加一等。

疏議曰：大祀散齋四日，並不得弔喪，亦不得問疾。刑謂定罪，殺謂殺戮罪人，此等文書不得判署，及不得決罰杖笞，違者笞五十。若以此刑殺決罰事奏聞者，杖六十。若在致齋内犯者，各加一等。中小祀犯者，各遞減二等。

諸祭祀及有事於園陵，若朝會，侍衛行事失錯，及違失儀式者，笞四十。謂言辭諠囂、坐立怠慢乘衆者乃坐。應集而主司不告，及告而不至者，各笞五十。

疏：諸祭祀及有事於園陵，若朝會，侍衛行事失錯，及違失儀式者，笞四十。注云，謂言辭諠囂、坐立怠慢乘衆者乃坐。議曰：稱祭祀者，享亦同。及有事於園陵，謂謁陵等事。若朝會，謂百官朝參集會，及侍衛祭祀之事，行事失錯，及違失儀式者，笞四十。注云，謂言辭諠囂、坐立怠慢，謂聲高諠鬧，坐立不正，不依儀式，與衆乖者乃坐。

又云，應集而主司不告，及告而不至者，各笞五十。議曰：應集謂祭祀以下及餘事合集之人，而主司不頒告令集，罪在主司。告而不至，獨坐不至者。故云各笞五十。

諸廟享知有緦麻以上喪，遣充執事者，笞五十，陪從者笞三十，主司不知勿論。有喪不自言者，罪亦如之。其祭天地、社稷則不禁。

疏議曰：廟享爲吉事，《左傳》曰：吉禘於莊公。其有緦麻以上慘，不得預其事。若知有緦麻以上喪，遣充執事者，主司笞五十。雖不執事，遣陪從者，主司笞三十。若主司不知前人有喪者勿論。即有喪不自言而冒充執事及陪從者，亦如之。其祭天地、社稷不禁者，《禮》云：唯祭天地、社稷爲越紼而行事，不避有慘。故云則不禁。

（宋）竇儀等《宋刑統》卷九《職制律・乘輿服御物》　諸主司私借乘輿服御物，若借人及借之者，徒三年。非服而御之物，徒一年。在司服用者，各減一等。非服而御，謂帷帳、幾杖之屬。

疏：諸主司私借乘輿服御物，若借人及借之者，徒三年。非服而御之物，徒一年。在司服用者，各減一等。議曰：乘輿服御物，主司持護修整，常須如法。若有私借或將借人及借之者，各徒三年。非服而御之物，謂除服御物之外，應供御所用者，得徒一年。雖非自借及借人，在司服用者，各減罪一等。服御物徒三年上減，非服而御徒一年上減，是爲各減一等。

注云，非服而御，帷帳、幾杖之屬。議曰：帷帳、幾杖之屬者，謂筆硯、書史及器玩等是，應供御所須，非服用之物，色類既多，故云之屬。

（宋）竇儀等《宋刑統》卷一〇《職制律・誤犯宗廟諱》　諸上書若奏事誤犯宗廟諱者，杖八十，口誤及餘文書誤犯者，笞五十。即爲名字觸犯者，徒三年。若嫌名及二名偏犯者不坐。嫌名謂若禹與雨，丘與區。二名謂言徵不言在，言在不言徵之類。

疏：諸上書若奏事誤犯宗廟諱者，杖八十，口誤及餘文書誤犯者，笞五十。議曰：上書若奏事皆須避宗廟諱，有誤犯者，杖八十。若奏事口誤（犯）及餘文書誤犯者，各笞五十。

又云，即爲名字觸犯者，徒三年。若嫌名及二名偏犯者不坐。注云，嫌名謂若禹與雨，丘與區。二名謂言徵不言在，言在不言徵之類。議曰：普天率土，莫匪王臣，制字立名，輒犯宗廟諱者，合徒三年。若嫌名者，則《禮》云：禹與雨謂聲嫌而自殊，丘與區意嫌而理別。及二名偏犯者，謂複名而單犯，並不坐。謂孔子母名徵在。孔子云：季孫之憂不在顓臾。即不言徵。又云：杞不足徵。即不言

在。此色既多，故云之類。

准：《公式令》，諸寫經史羣書及撰録舊事，其文有犯國諱者，皆爲字不成。

（宋）竇儀等《宋刑統》卷一〇《職制律・代官司署判》　諸公文有本案事直而代官司署者，杖八十，代判者徒一年，亡失案而代者加一等。

疏議曰：公文謂在官文書，有本案事直，唯須依行。或奏狀及符移、關解、刺牒等，其有非應判署之人，代官司署案，及署應行文書者，杖八十。若代判得，徒一年。其亡失案而代者，各加一等。代署者杖九十，代判者徒一年半。此皆謂事直而代者，若有增減出入罪重者，即從重科。依令，授五品以上畫可，六品以下畫聞，代畫者即同增減制書。其有制可字，侍中所注，止當代判之罪。

（宋）竇儀等《宋刑統》卷一〇《職制律・乘驛馬》　諸增乘驛馬者，一匹徒一年，一匹加一等。應乘驛驢而乘馬者，減一等。主司知事與同罪，不知情者勿論。餘條驛司準此。

疏議曰：依《公式令》，給驛職事三品以上若王四匹，四品及國公以上三匹，五品及爵三品以上二匹，散官、前官各遞減職事官一匹，餘官爵及無品人各一匹，皆數外別給驛子。此外須將典吏者，臨時量給。此是令文本數，數外牘取，是曰增乘，一匹徒一年，一匹加一等。應乘驛驢而乘驛馬者，又準《駕部式》，六品以下前官、散官、衛官，省司差使急速者給馬，使迴及餘使並給驢，即是應乘驢之人而乘馬，各減增乘馬罪一等。主司知情與同罪者，謂驛馬主司知增乘驛馬，及知應乘驢而乘馬等情者，皆與乘者同罪，不知情者勿論。餘條驛司準此者，謂枉道及越過、齎私物之類。

諸乘驛馬輒枉道者，一里杖一百，五里加一等，罪止徒二年。越至他所者各加一等。謂越過所詣之處。經驛不換馬者杖八十。無馬者不坐。

疏議曰：乘驛馬者，皆依驛路而向前驛，若不依驛路別行，是爲枉道。越至他所者，注云，謂越過所詣之處。假如從京使向西京，無故輒過西京以西，即計里加枉道一等。經驛不換馬，至所經之驛，若不換馬者，杖八十。因而至死，依《廄牧令》，乘官畜産非理致死者備償。無馬者不坐，謂在驛無馬，越過者無罪，因而致死者不償。

問曰：假有使人乘驛馬枉道五里，經過反覆往來，便經十里，如此犯者，從何科斷？

答曰：律注枉道，本慮馬勞，又恐行遲，於事稽廢。既有往來之理，亦計十里科論。

諸乘驛馬齎私物，謂非隨身衣仗者。一斤杖六十，十斤加一等，罪止徒一年。驛驢減二等。餘條驛驢準此。

疏議曰：乘驛馬者，唯得齎隨身所須衣仗。衣謂衣被之屬，仗謂弓刀之類。除此之外，輒齎行者，一斤杖六十，十斤加一等，罪止徒一年。驛驢減二等，謂一斤笞四十，罪止杖九十。餘條驛驢準此者，謂稽程、枉道之類，諸條驛驢得罪，皆準馬減二等。

（宋）竇儀等《宋刑統》卷一〇《職制律・在外長官使人有犯》　諸在外長官及使人於使處有犯者，所部屬官等不得即推，皆須申上聽裁。若犯當死罪，留身待報，違者各減所犯罪四等。

疏議曰：在外長官謂都督、刺史、折衝、果毅、鎮將、縣令、關監等長官。及諸使人於使處有犯者，所部次官以下，及使人所詣之司官屬，並不得輒即推鞫。若無長官，次官、執魚印者亦同長官，皆須先申上司聽裁。若犯當死罪，謂據糾告之狀合死者，散留其身，待上報下，違者各減所犯罪四等。留身者，印及管鑰付知事、次官，其銅魚仍留，擬勘敕符，雖復留身，未合追納。

（宋）竇儀等《宋刑統》卷一一《職制律・律令式不便於事》　諸稱律令式不便於事者，皆須申尚書省議定奏聞。若不申議，輒奏改行者，徒二年，即詣闕上表者不坐。

疏議曰：稱律令及式條內有事不便於時者，皆須辯明不便之狀，具申尚書省，集京官七品以上於都座議定，以應改張之議奏聞。若不申尚書省議，輒即奏請改行者，徒二年，謂直述所見，但奏改者。即詣闕上表論律令及式不便於時者不坐。若先違令式而後奏改者，亦徒二年，所違重者自從重斷。

（宋）竇儀等《宋刑統》卷一四《户婚律・監臨婚娶》　諸監臨之官娶所監臨女爲妾者，杖一百。若爲新屬娶者，亦如之。其在官非監臨者，減一等。女家不坐。即枉法娶人妻妾及女者，以姦論，加二等。爲親屬娶者亦同。行求者各減二等。各離之。

疏：諸監臨之官娶所監臨女爲妾者，杖一百。若爲親屬娶者，亦如之。其在官非監臨者，減一等。女家不坐。

議曰：監臨之官，謂職當臨統案驗者，娶所部人女爲妾者，杖一百。爲親屬娶者，亦合杖一百。親屬謂本服緦麻以上親，及大功以上婚姻之家。既是監臨之官爲娶，親屬不坐。若親屬與監臨官同情强娶，或恐喝娶者，即以本律首從科之，皆以監臨爲首，娶者爲從。其在官非監臨者，謂在所部任官而職非統攝案驗，而娶所部之女，及與親屬娶者，各減監臨官一等。女家并不合坐。其職非統攝，臨時監主而娶者，亦同。仍

各離之。

又云，即枉法娶人妻妾及女者，以姦論，加二等。注云，爲親屬娶者亦同。又云，行求者各減二等。各離之。議曰：有事之人，或妻若妾，而求監臨官司曲法判事，娶其妻妾及女者，以姦論，加二等。其娶者有親屬應加罪者，各依本法，仍加監臨姦罪二等。爲親屬娶者亦同，皆同自娶之坐。行求者各減二等。其以妻妾及女行求，嫁與監臨官司，得罪減監臨二等。親屬知行求枉法，而娶人妻妾及女者，自依本法爲從坐。仍各離之者，謂夫自嫁妻妾及女，與枉法官人兩俱離之。妻妾及女理不自由，故並不坐。

准：《户令》，諸州縣官人在任之日，不得共部下百姓交婚，違者雖會赦仍離之。其州上佐以上及縣令，於所統屬官亦同。其定婚在前，任官居後，及三輔内官門閥相當情願者，並不在禁限。

（宋）竇儀等《宋刑統》卷一五《厩庫律·官畜官車私馱載》 諸應乘官馬牛駝騾驢，私馱物不得過十斤，違者一斤笞十，十斤加一等，罪止杖八十。其乘車者，不得過三十斤，違者五斤笞十，二十斤加一等，罪止徒一年。即從軍征討者，各加二等。若數人共馱載者，各從其限爲坐。監當主司知而聽者，併計所知，同私馱載法。

疏：諸應乘官馬牛駝騾驢，私馱物不得過十斤，違者一斤笞十，十斤加一等，罪止杖八十。議曰：應乘官馬牛駝騾驢者，謂因公得乘傳遞，或是軍行，但因公事而得乘官畜者，私馱物不得過十斤，十斤之外更着者，一斤笞十，十斤加一等，罪止杖八十。

又云，其乘車者，不得過三十斤，違者五斤笞十，二十斤加一等，罪止徒一年。即從軍征討者，各加二等。議曰：應乘官車或載官私之物，載限之外，私物不得過三十斤，違者五斤笞十，二十斤加一等，罪止徒一年。從軍征討者，各加二等，馬牛以下、車以上各加常犯二等，馬牛駝騾驢七十一斤罪止，杖一百，車二百五斤罪止，徒二年。

又云，若數人共馱載者，各從其限爲坐。監當主司知而聽者，併計所知，同私馱載法。議曰：若數人共馱載者，謂乘畜及車，應得私載物限外，謂畜過十斤，車過三十斤。假有十人同乘官畜，馱私物各十斤，其中五人數外各過一斤，依律各笞十，三人各過十一斤，各笞二十，二人各過八兩，律云過一斤笞十，今載不滿一斤，依律各無罪。又有十人同車，載私物各三十斤，其中五人數外各過五斤，依律各笞十，三人各過二十五斤，各笞二十，二人各過二斤八兩，依律數不滿，各無罪。其監當主司知情者，併計前畜，總過三十九斤，同私馱法科罪，笞四十，車總過一百五斤，同私載法，合杖六十之類。若從軍征討，亦依前各加二等。其有他人寄載，各計一斤以上爲罪，皆同私馱載法。主當車馬及寄物之人，得罪各等，亦無首從。監當官司知情，準上解。若隨身衣仗應將行者，各在私物斤兩之外，不在計限。

（宋）竇儀等《宋刑統》卷一五《厩庫律·以官奴婢畜産借人及自借》 諸監臨主守以官奴婢及畜産私自借，若借人，及借之者，笞五十。計庸重者，以受所監臨財物論。驛驢加一等。即借驛馬，及借之者，杖一百，五日徒一年。計庸重者，從上法。即驛長私借人馬驢者，各減一等，罪止杖一百。

疏：諸監臨主守以官奴婢及畜産私自借，若借人，及借之者，笞五十。計庸重者，以受所監臨財物論。驛驢加一等。議曰：監臨主守之官以所監主官奴婢及畜産私自借，謂身自借用，若轉借他人，及借之者，或一人一畜，但借即笞五十。或借數少而日多，或借數多而日少，計庸重於借罪者，以受所監臨財物論，累贓爲坐。驛驢加一等，謂借即得杖六十，計庸重，以受所監臨財物論，加一等。其車船、碾磑、邸店之類，有私自借，若借人，及借之者，亦計庸賃，各與借奴婢、畜産同，律雖無文，所犯相類。《職制律》，監臨之官借所監臨及牛馬駝騾驢、車船、邸店、碾磑，各計庸賃以受所監臨財物論。計借車船、碾磑之類，理與借畜産不殊，故附此條，準例爲坐。

又云，即借驛馬，及借之者，杖一百，五日徒一年。計庸重者，從上法。即驛長私借人馬驢者，各減一等，罪止杖一百。議曰：即私借驛馬及官（私）〔司〕借之者，各杖一百，五日徒一年。計庸重者，從上法，謂計驛馬之庸，當上絹八匹，合加一等，徒一年半。即驛長私借人馬驢者，減一等。準令，驛馬驢一給以後死，即驛長陪填，是故驛長借人驢馬，得罪稍輕，各減一等。謂上文借驛馬驢加受所監臨財物一等，今驛長借人驢馬，各減一等，與受所監臨財物罪同，罪止一杖一百。

（宋）竇儀等《宋刑統》卷一五《厩庫律·監主僦運税物》 諸監臨主守之官皆不得於所部僦運租税課物，違者計所利坐贓論。其在官非監臨，減一等，主司知情各減一等。

疏議曰：凡是課税之物，監臨主守皆不得於所部内僦勾客運，其有違者，計所利坐贓論。除人畜糧外，並爲利物。在官非監臨減一等，謂從坐贓減一等。主司知情者各減一等，謂知監臨僦運坐贓上減一等。若非監臨僦運，坐贓上減二等。所利之錢，一非彼此俱罪，二非乞索之贓，既用功程而得，不合没官還主。

（宋）竇儀等《宋刑統》卷一五《厩庫律·擅開官物印封》 諸官物

有印封，不請所由官司而主典擅開者，杖六十。

疏議曰：但是官物有封閉印記，欲開者，皆請所由官司。其主典不請官司而擅開者，杖六十。

（宋）竇儀等《宋刑統》卷一六《擅興律·興造料請》 諸有所興造，應言上而不言上，應待報而不待報，各計庸坐贓論，減一等。即料請財物及人功，多少違實者，笞五十。若事已損費，各併計所違，贓庸重者坐贓論，減一等。本料不實，料者坐。請者不實，請者坐。

疏：諸有所興造，應言上而不言上，應待報而不待報，各計庸坐贓論，減一等。議曰：修城郭，築隄防，興起人功，有所營造，依《營繕令》，計人功多少，申尚書省聽報，始合役功。或不言上，及不待報，各計所役人庸，坐贓論，減一等，其庸倍論，罪止徒二年半。

又云，即料請財物及人功，多少違實者，笞五十。若事已損費，各併計所違，贓庸重者坐贓論，減一等。注云，本料不實，料者坐。請者不實，請者坐。議曰：即料請財物及人功，多少違實者，謂官有營造，應須市買，料請所須財物，及料用人功，多少故不以實者，笞五十。若事已損費，或已損財物，或已費人功，各併計所費功庸，準贓重者，坐贓論，減一等。重者謂重於笞五十，即五匹一尺以上坐贓論，減一等，合杖六十者，爲贓重。本料不實，止坐元料之人，若由請人不實，即請者合坐，失者各減三等。依《名例律》，以贓致罪，頻犯者各倍論。此既因贓獲罪，功庸出衆人之上，并通官物，即合累而倍論。若直費官財，不損庸直，止據所費財料，不在倍限。雖費人功，倍併不重官物，止從官物科斷，即是累併不加重者，止從重論。

（宋）佚名《宋大詔令集》卷一九八《政事·禁約·禁令簿尉無事下鄉詔乾德二年正月乙巳》 張官置吏，所以爲人，吏或不循，人將受弊。故於近歲曾降明文，如聞比來多有踰越，奉吾詔以不謹，致斯民之未康，宜示申明，俾令遵守。應諸縣令尉，無事不得下鄉，宜一準建隆四年五月戊辰詔書從事。自今令簿尉，委本州判官録參等常切覺察，如有不因公事，輒下鄉村，及追領人户，節級衙參，兼勘罪以聞。

（宋）佚名《宋大詔令集》卷一九〇《政事·誡飭·誡約藩侯郡牧不得令親隨參掌公務詔乾德四年九月庚辰》 朝廷比設賓從，並置掾屬，共令參佐，務守詔條，豈可使紀綱之僕，干預公事？向從戒約，尚或因循。近者武寧節度高繼冲、元從軍將高從志，雖不簽簿書，而輒干郡政，果以贓賄，黷我憲章，尋命竄投，尚從矜貸。諸藩侯郡牧其謹守前詔，不得更令新隨參掌公務，如違者，當寘於極典。

（宋）佚名《宋大詔令集》卷一九〇《政事·誡飭·約束州縣長吏不得出家諱詔雍熙二年六月辛丑》 古人云，父母之名，耳可聞而口不可道，則知卒哭而諱，止可施於私家；闈門之事，豈宜責於公府。如聞州縣長吏，頗以私諱責人，甚無謂也。自今内外臣僚，三代名諱，只可行之於己。州軍長吏，不得出家諱。新授職官内有家諱者，除三省御史臺五品文班四品武班三品已上許準式，其餘不在改避之限。

（宋）佚名《宋大詔令集》卷一九〇《政事·誡飭·約束諸司行事不得輒稱聖旨詔淳化四年四月己卯》 國家庶務至廣，蓋先於有司，舊章具存，必求於故府。近日中外官吏，不守章程，凡有舉行，多有稱特奉聖旨，鸞臺鳳閣。既來降於勑書，金科玉條，又靡干於律令，即有乖忤，無所辨明。自今諸司凡有舉行，不得輒稱聖旨，違者致其罪焉。

（宋）李燾《續資治通鑑長編》宋真宗景德元年正月 壬寅，詔司天監、翰林天文院職官學士諸色人，自今毋得出入監庶家，占課休咎，傳寫文書，違者罪之。

《宋史》卷三一〇《王曾傳》 知審刑院。舊違制無故失，率坐徒二年，曾請須新被旨，乃坐。既而有犯者，曾乃以失論。帝曰：如卿言，是無復有違制者。曾曰：天下至廣，豈人人盡曉制書，如陛下言，亦無復有失者。帝悟，卒從曾議。

（清）徐松《宋會要輯稿·刑法二·禁約》 〔景德〕三年六月六日，禁諸路轉運使副諸州官吏，與管内官屬結親，違者重寘其罪。

（宋）李燾《續資治通鑑長編》宋真宗大中祥符二年九月 審刑院、大理寺言：準詔，定違制及不躬親被受等條。今請應宣敕内有稱依法科罪及朝典勘斷不定刑名者，并合準律令格式；無本條者，準違制，分故失及躬親被受與不躬親被受條區斷，内情重者奏裁。仍令自今羣官到任，應承前宣、勑並交付遵守，其有違犯，不得以未知條貫爲辭。從之。

（清）徐松《宋會要輯稿·食貨六二·諸州倉庫》 〔大中祥符三年十一月〕十五日令諸州倉場所納旁鈔，自今證驗訖具斤數送車資庫。每經二年一定價，鬻錢入官，不得妄有費用，違者坐之。

（宋）佚名《宋大詔令集》卷一九一《政事·誡飭·誡約同事不得任情偏執不循理道及私忿不和詔大中祥符五年八月丁酉》 分命臨民，具存於條教，同官聯職，宜守於士風。苟推公共之心，何爽協和之理。而罕由恪慎，多致紊煩，物因上言，重有戒諭。自今文武官在行同事，並從長裁遣。如任情偏執，不循道理，及用私忿不和者，轉運提點刑獄司察舉以聞，當遣官辨其枉直而重責之。如不即察舉，並罰之。

（清）徐松《宋會要輯稿·刑法二·禁約》 〔大中祥符〕八年正月十七日，上封者言：自今文武官受川陝任，其家族有因依而輒攙赴者，請不許首罪。從之。

（宋）佚名《宋大詔令集》卷一九一《政事·誡飭·誡諭陳堯咨詔大中祥符八年十月庚寅》 卿知永興軍府日，所爲乖當。聞於朝廷，除用刑慘酷外，至如置武庫，建視草堂，開三門，築甬道，早晚銜令軍人執檛左右夾階，引馬隊教陣，率禁軍出打圍，皆非人臣所宜。喧於衆論，屢有聞奏，非獨樂黄目也。朕念卿母氏耆年，堯叟朝夕近侍，未欲窮究，遂以元奏下問，且言乞不施行。近堯叟又援赦恩，求爲甄收。成命既出，羣言愈甚，而曾不内省，但曰爲人所傾。自今當體國恩，畏兹物論。或如終不知咎，尚乃怨尤，再致羣言，達於朝廷，則當以前後事狀，盡付有司。

（清）徐松《宋會要輯稿·食貨六四·雜録》 天聖四年閏五月，詔綾錦院自今不得衷私織造異色花紋匹段及御服顔色機樣，委本院監官覺察，并許人陳首，所犯人當行嚴斷。

（宋）李攸《宋朝事實》卷一六《兵刑》 仁宗天聖七年十月，詔諸軍班典賣官所給軍號法物，以違制論。自餘以不應爲，從重科之。先是，樞密院言御馬直於榮鬻自製紫衫，而開封府以軍號法物定罪，請下法官議。而審刑院言捧日、天武、拱聖、驍騎、寧朔、龍猛、神勇、飛猛、宣武、虎翼、衛聖，服緋綢衫；渤海神衛、捧節床子弩雄武、飛山，服紫綢衫；吐渾員寮直、龍衛、雲騎、武騎、龍衛帶甲剩員，紫紽衫。又皆有緋、小綾卓畫帶、甲揹子一，以上爲軍號。殿前諸班直、馬軍諸班、殿前左右班、内殿直散員、散指揮、金槍東西班、鈞容直皆服錦襖揹子，給涂金銀束帶、銀鞍勒，謂之儀注。御龍直服錦襖揹子、皂羅真珠頭巾、涂金銀帶，以上爲法物。犯者亦以軍號論。今於榮鬻自製紫衫，難從軍號法物定罪也，故降是詔。

（清）徐松《宋會要輯稿·刑法二·禁約》 〔景祐三年〕二十五日，臣僚上言：近日多有臣僚私入三司、御史臺、開封府看謁。乞今後更有臣僚妄託公事，私入看謁，其接見者及監門使臣一等科罪。慮有合入省商量事者，詔如實有公事，許赴省府商量。

（宋）佚名《宋大詔令集》卷一九二《政事·誡飭·責孔道輔等令御史臺勅牓朝堂勅景祐三年五月丙戌》 近以中宫過失，掖庭具知。特示含容，未行廢黜，置之别館，俾自省循，供給之間，一切仍舊。誕告有位，令悉此懷。而道輔請不降詔命，以示中外。仲淹又上言所降詔命，乞不宣示，乃是以宫壼之事，不欲彰聞。尋即允從，更不宣布。昨日道輔等十人忽詣殿門，仍先將劄子付閤門，稱中宫動摇，上疏請對，直露事狀，曾不緘封，傳布喧然，深駭物聽。即與前來乞不宣示，翻覆不同。每聞直言，無不聽納，何得但思沽激，共扇澆浮。若云密上封章，又即羣詣禁闈，若云面陳獻替，又即布露有司。顧輕肆之若兹，在典刑而難逭。尚推寬宥，止涖方州。其孫祖德等，雖無翻覆事端，終是同兹率易，且各罰銅二十斤。仍令御史臺於朝堂出牓曉示，各令知委，及都進奏院遍牒三京並諸道州府軍監縣等。

爲臣之方，愉言罔上者苟辟。行己之道，挾私立黨者必懲。質於舊章，敢廢公議，范仲淹比緣奬擢，驟委劇煩，罔畏官守之隳，專爲矯厲之趣，奏述狂肆，疑駭衆多。既妄露於薦稱，仍密行於離間，本於躁率，但恣詆欺，降守方州，尚寛彝憲。然念士操之美，蹈道是先。職局之分，出位爲責。爰從近歲，多悖此風，授仕者以宿業爲嗤，獻規者以服讒爲得，沽激名譽，協比朋儔，務騁譎辭，有玷醇治。昔周以百官箴闕，無越職之文。唐以判最辨材，無侵事之舉。咨爾多士，各儆攸司，勿捨己以營他，勿公而稔釁。排根引重，奚習多岐，銜直奸私，寧或取悔。勉思中正之言，靡蹈媮薄之尤，咸自敦修，以稱朕意。

（宋）佚名《宋大詔令集》卷一九二《政事·誡飭·誡勵士大夫詔寶元元年十月丙寅》 夫至公之行，則淑慝咸辨。私議弗禁，則風俗易偷。朕躬攬權綱，茂綏政治，每觀邪正之分，思寄誅賞之公，庶臻大猷，以止多辟。而士類至廣，材品或殊，久服含養之仁，浸成黨與之弊。至乃挾朋相

援，姦計自營，驅扇飆塵，混淆朱紫，託狂辭而市直，結陰好以濟仇，章交公車，聲布行路，使濟濟相讓，取愧堯人之對，翕翕熉言，更興周雅之刺。永惟澆兢，良用懲嗟。若夫委質事君，協恭宣力，思無出位，是曰守官。和異於同，固當擇善，况朝經式序，仕次有階，因行察言，緣名責實，苟存忠潔，自致顯榮，何必舍爾夷塗，蹈於險轍，釣名汙行，獨禁投慝。宜內訟於非心，無亟傷於至化。尚安所習，國有嚴科，凡在搢紳，明體朕意。

（清）徐松《宋會要輯稿·刑法二·禁約》〔慶曆八年正月〕十二日，祕閣校書知相州楊孜言：進奏院逐旬發外州軍報狀，蓋朝廷之意，欲以遷授降黜示賞功罰罪，勉勵天下之爲吏者。積習因循，將災異之事悉報於天下，姦人賊吏、游手凶徒喜有所聞，轉相扇惑，遂生觀望。京東逆黨，未必不由此而起狂妄之謀，况邊禁不嚴，細人往來。欲乞下進奏院，今後唯除改差任臣僚、賞罰功過、保薦官吏乃得通報，自餘災祥之事，不得輒以單狀僞題親識名銜，以報天下。如違，進奏院官吏並乞科違制之罪。從之。

（宋）李燾《續資治通鑑長編》宋神宗熙寧六年五月　詔創水磑、碾碓有妨灌溉民田者，以違制論，不以去官赦降原減，官司容縱亦如之。

（宋）李燾《續資治通鑑長編》宋神宗熙寧七年三月　詔：役錢每千別納頭子五錢，其舊於役人圓融工費修官舍，作什器，夫力輦載之類，並用此錢，不足，即用情輕贖銅錢。輒圓融者，以違制論，不以去官赦原。先是，凡公家之費有敷於民間者，謂之圓融，多寡之數，或出臨時，污吏乘之以爲姦，其習弊所從來久。至是，始悉禁焉。

（宋）李燾《續資治通鑑長編》宋神宗熙寧七年十二月　辛卯，詔諸將官及使臣等所受朝廷約束及兵數文字，凡干機密，不得傳播，如違，並科違制，不以赦降去官原減，事理重者取裁。以上批近差定河北諸將，命下之後，將佐、兵馬之數，人人悉知。至於檢中上書，草澤亦能道三十七將、二十萬兵，聞多因將副中有軍班出身者，與舊同輩談説，致此張皇，可立法誡約故也。

（宋）李燾《續資治通鑑長編》宋神宗元豐元年九月　都進奏院言，準傳宣取索自九月以後下江寧府文字，令具名件。詔：應官司不著事因發過文字，並下逐處供檢，申納中書。內曾有挾帶書簡，亦盡録同申。其臣僚所發私書，委開封府下逐家索副本；或無底，令追省鈔録，申府繳奏。如敢隱匿不盡，許人告，犯人除名，告首賞錢千緡，內有官人不願給錢者，每三百千轉一資。時呂嘉問、何琬互奏不法事，琬奏才至，而嘉問辯論繼上，琬以爲有從中報嘉問者，故詔索所發私書考實也。

（宋）李燾《續資治通鑑長編》宋神宗元豐五年十一月　昭：宗室叔敖訟禮院定克愉襲封不公，罰銅二十斤。

（宋）李燾《續資治通鑑長編》宋神宗元豐六年八月　詔：諸官員管押並附搭綱運，所過州軍無故不得住過五日，如違，三司勘罪以聞，仍理納請過驛券；若押綱運擅離去者，杖一百。

（宋）李燾《續資治通鑑長編》宋神宗元豐六年十二月　丙戌，詔：自今臣僚所授旌節碑印，亡没並賜葬不即隨葬者，徒二年；因而行用者，論如盜用官文書印律。

（宋）李燾《續資治通鑑長編》宋神宗元豐八年四月　樞密院言，近制大小使臣因見謝辭輒唐突者，徒二年，私罪欲乞諸班直、諸軍忠佐親從、親事官諸色人，因入殿輒唐突者，徒二年，情重者取旨，本轄人科不覺察罪。詔可。

（宋）李燾《續資治通鑑長編》宋哲宗元祐二年十二月　詔：諸六曹行遣文書，若已有照驗，事理明白，而枉作行遣，拖延月日，經十日已上者，手分杖八十，職級上簿，三經上簿，杖六十。郎官上簿事重者，手分降資或降名，並申取尚書省指揮。仍令左右司及六察檢點，其官司遇有上件非理會問，不得回報，具事由直申尚書省。

（宋）李燾《續資治通鑑長編》宋哲宗元祐五年三月　户部言：起支官員、殿侍、軍大將、選人、將校請受添給，不以則例限內申户部者，杖一百；並擅給歷，及不候分移歷到而收併者，各徒二年。從之。起支請給舊無法禁，故多重疊僞冒，有已分移而他處全請，已身亡而分移處猶請者，故立是法。

（宋）李燾《續資治通鑑長編》宋哲宗元祐五年九月　户部言：勘會請給糧料院專管勾，只得拖歷批勘，（案此處文義不明，疑有訛脱。）餘並聽太府寺指揮。仍令本寺指定依某年月日條式，合支名目則例、月分、姓名、貫

百石斛錢數，行下所屬糧審院勘驗批放。如係無法式，或雖有法式而事理疑惑不能決者，即申度支取決，不得泛言依條施行，逐處亦不得承受。已上違者徒二年，仍不以降赦原減。從之。

（宋）**李燾《續資治通鑑長編》宋哲宗元祐六年四月**　刑部大理寺言：赦降入馬遞，日行五百里。事干外界或軍機，及非常盜賊文書入急脚遞，日行四百里。如無急脚遞，其要速并賊盜文書入馬遞，日行三百里。違不滿時者笞五十，一時杖八十，一日杖一百，二日加一等，罪止徒三年。致有廢闕事理重者，奏裁。常程文書入步遞，日行二百里。違時日者，減馬遞五等。應僱倩及對换傳送者，各杖八十。因而盜匿、棄毁、私拆、稽留者，各減正犯人法一等。從之。

（宋）**李燾《續資治通鑑長編》宋哲宗元祐六年八月**　兵部言：官員在任或在路亡殁，其送還人擅自回歸及逃亡，罪輕者杖一百；係都轄職員、將校節級，並爲首率衆者，各徒一年，並不省免。若犯在御札約束内，亦不以赦降原；不切部轄者，杖八十。每差送還亡殁之家，於券牒具此條制。從之。

（宋）**李燾《續資治通鑑長編》宋哲宗元祐六年八月**　刑部言：見任官廨宇非在鄉村，及公使庫不得下鄉村，唯許買供已薪炭飲食之物，及在任官員抑勒行人出本縣界收買。或旋令織造匹帛各已供應者準此。其非本行因賣物旋令認定行者杖一百。並從之。

（宋）**李燾《續資治通鑑長編》宋哲宗元祐六年十月**　庚辰，尚書省言：私役使者户長、壯丁、保長、保丁者，杖一百；經日，徒二年。差借耆長、壯丁、保正、保長、丁防識或搬擔行李之類，及借之者，各徒二年。從之。

（宋）**李燾《續資治通鑑長編》宋哲宗元祐七年九月**　詔：應以朝廷機密事及實封要重文書傳報者，以違制論；撰造事端謄報惑衆者，亦如之。事理重者奏裁，即雖傳報，而於事無害者，杖八十。應官司擅置獄者，徒一年；公私諸色人因公事追捕人未解所屬，私以杻鎖之類關留者，杖一百。

（宋）**李燾《續資治通鑑長編》宋哲宗元祐八年正月**　刑部言：官員舉借錢物，於任所交還。州官於諸縣鎮寨，或諸縣鎮寨官於本州者，皆爲任所。計本過五十貫者，徒二年。重疊及於數人處舉借，並通計。錢物主并保引人，如過數借者，各杖一百，數外錢物没官。若償外錢物不及五十貫之數事發者，減本罪二等；不及三十貫者，又減二等；全償訖者，又減三等。以上錢應減罪者，數外錢物數，仍免没官。其所償錢物内有係任所受乞借貸之類者，各不減。從之。

（宋）**李燾《續資治通鑑長編》宋哲宗元符元年四月**　詳定一司敕令所言，擅借轉運司錢物及借之者干繫官吏，各徒二年。從之。

（清）**徐松《宋會要輯稿·刑法二·禁約》**〔元符元年〕五月十五日尚書省言，進奏官許傳報常程，申奏及經尚書省已出文字，其實封文字或事干機密者，不得傳報，如違並以違制論。即撰造事端謄報，若交結謗訕惑衆者，亦如之。並許人告，賞錢三百貫，事理重者，奏裁。從之。

（宋）**李燾《續資治通鑑長編》宋哲宗元符元年七月**　大理寺又言：長舉、順政縣津渡驗察過往兵級，若透漏逃亡及下水船户附載，雖不知情者，各杖一百，並許人告，每名賞錢十貫；地分勾當人失覺察，減二等。從之。

（宋）**李燾《續資治通鑑長編》宋哲宗元符元年八月**　大理寺言：諸州公使什物器用陳設，并州縣安設所須之物，並不得於人户處借貸，及管認裝束妓樂之類。違者，徒二年；長吏知而聽行，與同罪；不覺察，杖一百。並不以去官赦降原減。其公使庫什物器用陳設如有損闕，許以不係省頭子錢修置，若擅用轉運司錢者，徒二年。從之。

（宋）**李燾《續資治通鑑長編》宋哲宗元符元年九月**　户部尚書吴居厚言：公人被差勾當及隨官員不得借請兑錢物，若官員容縱及勘給官司，各杖一百，内發運司公人仍勒停。所借數多計贓重者坐贓論，即官爲判狀或指揮違法借兑者，以違制論。已上並不以赦降去官原減。内勾當急速公事者仍不得乘船。從之。

（宋）**李燾《續資治通鑑長編》宋哲宗元符二年五月**　詔皇城宿鋪人，輒敢擅離地分，及不報所部人單獨往來，故意招呼抛擲物色與城下人者，徒三年；垂下繩索者加一等；部轄人不在情者，減犯人二等，知都與犯人同；情實誤者奏裁。

（宋）**李燾《續資治通鑑長編》宋哲宗元符二年六月**　詔應監官典押

公文人員作匠之類，若在京應管轄兩務去處人吏，並不得承賃官宅舍屋地段，違者各杖一百，以上親戚許除賃住外，亦不得轉賃，違者杖八十。從户部侍郎吳居厚請也。

（宋）李燾《續資治通鑑長編》宋哲宗元符二年七月　先是，權禮部尚書蹇序辰言：請將六曹諸司元豐八年四月以來，應更改法度，言涉附會譏訕文書，盡數檢閱，隨事編類，並著所任官姓名，具册申納三省。宣德郎李積中言：請選官應先帝法度政事遭元祐變毁者，取會某事因何人申請而廢，因何人勘當而罷，各開當職官姓名及謗訕之語。若情不可恕，即重加貶責。詔：六曹諸司編類，並著所任官姓名，具册申納三省。如有盜匿棄毁、增減隱落及漏泄者，罪、賞並依編類章疏已得朝旨。序辰及積中先有是言，三省不行，踰半年矣。序辰既貶，乃復檢舉降詔。曾布謂三省意欲有所羅織故也。此據《布録》附見降詔日。元符三年五月二十八日，罷此指揮。新本删修去詔六曹諸司，將元豐八年四月以後，應廢毁先帝法度申請，並著所任官姓名，編類成册，納三省。如有毁匿、增減及漏泄者，罪、賞並依編類章疏已得朝旨。用權禮部尚書蹇序辰、宣德郎李積中之言也。

（清）徐松《宋會要輯稿·刑法二·禁約》〔崇寧五年〕八月十九日詔：訪聞諸路監司屬官，擅行文書付下州縣及出按所部，犯分騷擾。可令今後學事司屬官，許出諸處點檢學事外，餘並不得離，同出詣所部，及不得擅移文書付下州縣。即有公事差委勾當者，徑詣所差處，沿路不許見州縣官及受饋送，違者徒二年。仍不以赦降去官原減。

《宋史》卷二〇〇《刑法志》〔崇寧六年〕詔：凡御筆斷罪，不許詣尚書省陳訴。如違，並以違御筆論。

（清）徐松《宋會要輯稿·刑法二·禁約》〔大觀三年十一月〕二十八日，詔京畿並諸路州軍宫觀寺院：比來所屬，不切檢舉已降指揮，公然容縱在任或寄居官居（居）住安下，縱意改造。或貯積官物，或權泊軍兵，甚至於因像設以築垣墻，就厨堂以爲厩厠，産乳屠宰，黷教慢神，莫此爲甚。可勘當舊制，重别修立：除經過暫居不得過十日外，其餘見任或寄居官並軍兵及官物居占，並限一季起移。或尚敢留，並以違制論。仍許寺觀越訴。州委守倅，路委監司按劾施行，如稍涉容庇，並與同罪。

（宋）佚名《宋大詔令集》卷一九七《政事·誡飭·申諭公卿大夫砥礪中節詔政和元年正月二十九日》　朕嗣有令緒，繼志廣聲，上以彰神考之洪業休德，而下以率勵士君子之行，庶幾道化行，禮義興，成一世之俗，以副朕之拳拳。故比年以來，數申詔公卿大夫，務尚名節，既示之以好惡，復申之以賞罰。其或懷利忘義，妨功害能，無尊主庇民之誠心，有匿情苟合之私意者。今則長惡未悛，而越職犯分，鮮廉寡恥，無砥節礪行之操，有保利棄義之心者，亦時有之。至或輕儇浮躁，欺誕詭譎，而甚者醜正朋邪，肆爲浮言，動摇國是。此蓋閭閻里巷之細民，賤吏有或不爲，而乃時出於搢紳士夫之門。嗚呼，朕甚羞之，豈告誡之或未孚歟？抑賞罰有不足以勸沮歟？且名節砥礪，則廉恥興行，廉恥興行，則風俗純厚。先王盛時，其公卿大夫有素絲之節，而中林有兔罝之行，此王者所由昌也。朕之待士，其亦至矣。而未獲微報如先王之時，不於搢紳士夫而責，將誰責而可？今朕先行實，黜浮華，奬静退，斥奔競，以興忠厚純一之俗。其有珪璧其行，松柏其操，見謂真賢實廉，則爲善於家，而取賞於朝，朕亦何愛哉？至或冒進輕儇，不知以名節爲尚，則誅流竄斥隨之，朕所不貸。申諭朕指，其聽勿違。牒奉詔如前，宜榜朝堂。

（宋）佚名《宋大詔令集》卷一九七《政事·誡飭·訓飭百司詔政和元年十二月二十一日》　神考稽古置法，董正治官，因任原省，而賞罰以信。三事大夫，奉令於上，羣司百執，率職於下。熙豐之隆，國有九年之蓄，民有可封之俗，深仰慕之。崇觀以來，紹隆政事，損益廢興，以適厥中。卿士大夫，所宜只乃辟，審所度，克勤毋怠，以趨功名之會，而民力未裕，國用未豐，不知所圖。祀者弗虔，火禁弗戒，逸重辟，盜庫金，莫之畏，趨過目前，曾靡盡瘁，蹇謡頃者大臣有懷姦傾摇之志，而士大夫有漸染元祐之風，偷惰廢弛，浸以成俗。安持禄之鄙，貽不任之譏，深負所以任使之意，甚不取焉。《詩》不云乎：夙夜匪懈。省臺寺監，分職率屬，小大相維，内外和附，協志悉心，乃底於治。其各交修，首公勵行，共成無斁之効，勿使奉公率職之風，專美於前，不其善歟。御史耳目之官也，舉臺綱，肅官邪，惟汝之責，何憚而不爲？汝其分行糾劾不法，必罰無赦。

（清）徐松《宋會要輯稿·刑法二·禁約》〔政和二年〕十一月十一日，臣僚言：自今已後，諸在外見任官如私置機軸，公然織造匹帛者，

並徒二年，仍乞下有司立爲永法。詔依奏，許人告，立賞錢二百貫，及許越訴。

（宋）佚名《宋大詔令集》卷一九七《政事・誡飭・誡飭在位各循分守詔政和四年七月五日》　朕惟先王之時，道德一而風俗同。上則協恭和衷，下則庶人不議，丕應徯志，從欲以治，朕甚慕之。朕祗嗣厤服紹休聖緒，繼志述事，罔敢自暇，法完令具，可守而行。然而衆未革心，俗未丕變。朝廷揆理立政，而士徇流俗，造言弗悛，稽古成憲，而人懷異心，害於已成，豈蔑蒙之俗，終不可化，而刑賞不足以勸沮歟？抑播告之修，是訓是行者，未如先王之世也。朕方明道揆，嚴法守，宣昭國是，糾正官邪。凡百位，其務戮力一心，各循分守，毋或侵紊。其或徇俗妄議，越職侵官，持偏見以干正，懷私利以背公，前卻兩端，浮僞不根，順非罔上，刑茲無赦。咨爾中外，體朕意焉。

（宋）佚名《宋大詔令集》卷一九七《政事・誡飭・誡飭三省密院省臺寺監與百職事官御筆政和五年六月空日》　官各有守，故萬事理。人各有分，故士志定。昔者先王之爲勸禁，率勵在服，小大祇若，罔不率俾，咸懷忠良，協於克一。自時厥後，士不信義命，忘其大分。人昧於寵利，失其所守。逮至於今，尚多有之。比又操流俗之見，懷犯上之心，造爲浮言，搖必成之政，越職論事，廢出位之戒。朕詔令數下，申諭備盡，至再至三。方時承平，務在和靖，而曾未之革，豈罰所未加故歟？自今三省密院省臺寺監與百職事官，各揚其職，益慎爾止。非爾所職勿行，非爾所責勿言，毋利口以胥動，敢不遵承，以違御筆論。仰御史臺彈奏，仍牓朝堂。

（清）徐松《宋會要輯稿・刑法二・禁約》〔政和六年〕五月十五日，提舉寶籙宮兼詳定一司敕令王詔奏：內外官司應今後行遣文字，並用真楷，不得草書。至於州縣請納鈔旁，亦依此例。乞令尚書省立法。詔諸官文書輒草書者，杖八十。

（清）徐松《宋會要輯稿・刑法二・禁約》〔政和六年〕十一月十日詔令：冬祀赦：勘會累降指揮及嚴立法禁，諸路州縣不得科配、率斂、差顧假借什物、製造紐折之類，及租賦、和買不得前期催理，並和買之物須得即時支價錢。訪聞州縣循習既久，經赦猶未盡革。仰監司點檢，速行改正，所有不即支給價錢，仍互相按劾以聞，違者徒三年。許人告，吏人配千里。

（清）徐松《宋會要輯稿・刑法二・禁約》〔政和八年〕二月十二日詔：君出命以尹衆，主道也。古之人言聖君、明君、人君，以尊天子；帝君、大君、元君，以嚴高真。循名而考實，豈人臣可得而稱者？今則或以制名，或以命字，或指相謂爲君，紊上下之分，乖君臣之義，不可以訓。宜行禁止，以詔萬世。違者以大不恭論。【略】

八月五日臣僚言：近者臣僚被旨，保明官吏等姓名推賞。欲乞今後止得開具等第姓名，不得指定陳乞。違者重立憲禁，以正國體，以重君命。詔依奏，違者以違制論。

（清）徐松《宋會要輯稿・食貨七〇・鈔旁定帖雜録》〔宣和〕二年八月二十日，詔：官賣鈔旁定帖，以防僞冒，寔遵元豐舊制。收息分數，已降處分並依崇寧三年十一月指揮。如敢數外增錢及邀阻乞取者，官吏並以違制論，疾速申明行下。從兩浙路轉運司李祉申請也。

十二月十七日尚書省劄子節文：官賣鈔旁定帖，並須每户請納作一鈔，不得依前户連名。遇人户請買，當官依法出賣，不當官給賣者，杖一百。公吏人等攬買出外增拾價錢轉者，各徒二年。

（清）徐松《宋會要輯稿・食貨四・方田》〔宣和二年〕十二月十一日，詔：方田之法，本以均税，有司奉行違戾，貨賂公行，豪右形勢之家類蠲賦役而移於下户，不特困弊民力，致使流徙，常賦所入，因此坐虧歲額至多，殊失先帝厚民裕國之意。已降指揮權罷方量，別聽指揮，自降權住指揮以前，應曾有訴訟不均去處，本縣賦役一切且依未方已前舊數。因方量不均流移人户，仰守令多方措置，招誘歸業。見荒閒田土，疾速依條召人請佃。

二十四日，詔：自今後不得諸司起請方田，見方、未方、已方而未起税者，並罷。如敢有違，官吏並送御史臺，以違御筆論。吏人不以有無，並配海島。根括納租者，並同。

（清）徐松《宋會要輯稿・刑法二・禁約》〔宣和五年十二月〕五日權發遣萬州李載奏，本州非時監司呼索採取石硯，民無休息，欲乞於農務之月，不許採取。虞部供至即行禁止、不許採取指揮，及無立定上供之

數條法。看詳萬州硯石，監司相承勞民採取，顯屬騷擾。欲乞立法，應見任官輒下州縣差人採取者，並科違制之罪。仍計庸坐贓論。從之。【略】〔宣和〕六年正月十三日，秦鳳路經略安撫使郭思奏：訪聞管下州縣，將人户籍充樂人、百戲人，尋常筵會接送，一例有追呼之擾。乞降指揮，除聖節開啓外，截日改正。禮部狀稱：將人户籍充樂人、百戲人，勒令閱習百戲、社火，尋常筵會接送追呼等，即未有禁約條法。看詳：除聖節開啓並傳宣撫問之類外，並合立法禁止。詔：州縣輒抑勒人户充樂人、百戲、社火者，杖一百。

（清）徐松《宋會要輯稿・食貨六九・逃移》〔宣和十年〕二月二十八日，詔：京東等路流民與寇盜漸已出首復業，緣隨身有道路費用之物，不許搜檢收税。如違，以違御筆論。敢行邀阻乞取者，配三千里。

（清）徐松《宋會要輯稿・刑法二・禁約》〔欽宗靖康元年八月〕二十三日臣僚言，朝廷比令六曹、寺監條具逐歲拋科物色，多不盡實。聞即令京東所科買如泗水上供綿、木炭及燕山絲之類，並如宣和七年以前元不少減。至於不要今色，止督價錢，炭每秤每兩皆至六百，逐州縣所取名色不同，其視詔令爲空文而已。方命云民曾無體國之意，望申飭有司，條上其實。如有應罷催擾如故，及並緣爲姦，規利入己者，並重賜施行。詔犯者並從違制科罪；奸利入己，以贓論定之。

（清）畢沅《續資治通鑑》宋高宗建炎三年庚子　詔：有警而見任官輒般家者，徒二年；因而搖動人心者，流二千里。

（清）徐松《宋會要輯稿・刑法二・禁約》〔紹興元年〕五月十四日詔曰：【略】仰自今後州縣如有似此合科物色，須管明以印榜開坐實數於前，次具鄉村户口若干，依等第，每户合出若干，仍具一般印榜申監司，因出巡親行按察，不得更似日前先多科其數，然後輕重出沒。如違，官竄嶺表，人吏決配，仍許民户越訴。

（清）徐松《宋會要輯稿・食貨六三・農田雜録》〔紹興〕二年三月二十二日，詔：昨招誘淮東八郡人户佃田，並免二年税租，將來合行催納之歲，可止據當年已種傾畝計數徵納，其後逐歲添度。墾辟到田畝，亦據實數添納。庶得人户曉然，易以安業。如或州縣過數催納，並科違制之罪，仍許人户越訴。

（宋）熊克《中興小紀》紹興四年八月　時内侍李廙飲於大將韓世忠家，即坐手刃佃弓匠，事下大理寺。殿中侍御史魏矼言：内侍出入宮禁，而狠戾發於杯酒，乃至如此。其於防微杜漸，豈得不過爲之慮？建炎三年，嘗禁内侍不得關通主兵官及預朝政。如違，以軍法處之。乞申嚴其制，以謹履霜之戒。

（清）徐松《宋會要輯稿・食貨六九・受納》〔紹興〕四年六月十七日詔：諸路專委提刑司檢察州縣受納夏税、和買預買紬絹，如有故促期限及阻節乞取諸般搔擾，並按劾聞奏，當議重寘典憲。其合干人先次送獄禁止。九月十五日，明堂赦：比年以來，郡守進務侵漁，多選委貪吏受納，至有輸一碩而加耗至三四斗者，刻取其嬴，以資公帑。民被其害，無不怨嗟。仰帥臣監司常切覺察，如敢循習故態，按劾以聞，當議重寘典憲，仍許人户越訴。

（清）徐松《宋會要輯稿・食貨六九・版籍》〔紹興五年〕十二月二十三日詔：户部令州縣遵依已降指揮，止以見在簿籍内所管數目出給。今來全在州縣官用心措置，務要簡便，於民不擾，早得給付。如敢乘此差人下鄉根括，勾呼搔擾，併當重行停降。因而容縱公吏乞取，除公吏以枉法論坐罪外，官比公吏減一等，仍仰提刑司常切覺察，及許人户詣本司越訴。以都省言州縣尚勒令人户開具追呼搔擾，故有是詔。

（清）徐松《宋會要輯稿・刑法二・禁約》〔紹興〕十年四月二十一日詔：新復州軍官員到行在整會差遣之類，如所屬胥吏非理阻抑，乞覓一錢以上，取與並過渡人並一等計贓，重行科罪，不以赦降原免。許告，賞錢五百貫。仍令尚書省出榜。

（宋）李心傳《建炎以來繫年要録》宋高宗紹興十七年秋七月　癸酉，敕令所奏：諸遭喪應解官，而臨時竄名軍中，規免執喪者，徒三年；所屬知情而爲申請起復者，減二等。先是帝數論大臣以爲有傷風教者，至是立法。

（宋）李心傳《建炎以來繫年要録》宋高宗紹興十八年八月　乙酉，詔：自今奉使下三節人過界，與北人博易者，徒二年；使、副不覺察，與同罪。

（清）徐松《宋會要輯稿・食貨一〇・賦税雜録下》〔紹興二十二

年〕三月二十八日，大理寺主簿丁仲京言：州縣預借人户税租，有借及一二年者，其間復以本色紐折見價又倍之，輸納稍緩，加以嚴刑。欲望申嚴法禁，如有違戾，令監司按劾以聞。上曰：此多是州郡妄用，若撙節，不至如此，可令户部申嚴條法行下。如有違戾，令監司按劾，御史臺彈奏。八月十三日，監察御史魏師遜言：欲望申飭郡縣，今後於受納二税之時，曉諭民户自詣輸送，當官給鈔，銷落欠額，不得準前多方邀阻，容縱兜攬，以爲公私蠹害。如有輒敢違戾去處，令監司按劾以聞，重寘典憲。詔令户部檢坐見行條法指揮，申嚴行下。

《宋史》卷三一《高宗本紀》〔紹興二十三年三月〕丁未，禁州縣都監，巡尉擅置刑獄。

（清）徐松《宋會要輯稿·食貨一〇·賦税雜録下》〔紹興二十七年六月〕二十三日，臣僚言：諸路州縣起催産税，積弊甚大，富横之家與本縣公人相與爲黨，使下户細民破家逃移，深可憐憫。蓋未催科之時，典史鄉司先於民户處私自借過夏税，和買入己，比至開場，更不納官，以一邑計之有數百匹。五至十匹之家，失陷官物不知幾何，却將下户重疊催科，補填上件失陷數目，乞令户部看詳立法，令看詳參酌下條，詔諸州縣公吏人於人吏處輒借税租及和預買紬絹者，杖八十。若上限盡而不爲送納，計贓重者，準盜論。三十匹，配本城。許人告，仍聽被借人户越訴，委監司守貳覺察。二十八日左司諫凌哲言：諸路縣道起催産税，公吏攬子先於民户處私自借過入己，不爲了納。户部看詳立法，尚有未審。當令户、刑部重别修立到下條，諸州縣公吏於人户處輒借税租和預買紬絹錢物同準盜論，五十匹，配本城。許人户告，仍聽被借人户越訴。告獲州縣公吏於人户處輒借税租和預買細絹錢物同錢五十貫，諸攬納税租和預買紬絹錢物謂非係公之人，本限内不納，杖六十，二十四加一等，罪止徒一年。詔依，仍行下州縣知通監同常切覺察。

（清）徐松《宋會要輯稿·食貨六八·受納》〔紹興二十七年〕九月四日，左司諫凌哲言：諸路州軍受納秋苗，去年朝廷頒降斛樣，本以革斗量輕重之弊，而諸州每月交量，令兩夫持枕夾立，抄米入斛，時復按摇，務令堅實，較其多取之數，又過倍於用斗之時，人户反賂倉斗，願依舊用斗量。至於乞取情弊，略不悛革。伏望嚴戒諸路州軍長吏，自今受納官，上自幕職以至管下縣鎮，有剛介自守曉事戢受之人，通行選差，使之遵守前後所降條禁，以杜塞關節。仍乞委各路提刑專一體訪，如有違戾去處，依條按劾，必罰無貸。從之。【略】

紹興三十二年孝宗即位未改元。八月二十三日，詔：州縣受納秋苗，官吏並緣多收加耗，規圖出溢，却將溢數肆爲奸欺，虚印文錢，給與人户。民間相傳，謂之白鈔。方時艱虞，用度未足，欲減常賦而未能，豈忍使貪贓之徒爲民蠹。今後似此違犯之人，許諸色人不以有無干己越訴。如根治得寔，命官流竄，人吏決配，永不放還，仍籍家貲。孝宗乾道元年正月一日，南郊赦：應夏秋二税催科，自有省限，州縣官吏多不遵奉條法，受納之際，多端作弊，倍加斗面，非理追换，縱容專斗揀子計會乞取，方行了納；或先期預借，重重催理，不與除豁，既已納足，阻節銷鈔之類，甚爲民害。仰守令嚴切覺察，如有違戾，仰監司按劾申奏，重行黜責，仍許人户越訴。

（宋）李心傳《建炎以來繫年要録》紹興二十八年十月辛丑，詔：監司師守以下私役軍匠者，坐贓論。以右朝奉大夫宴從古論其擾民費財也。

（清）徐松《宋會要輯稿·食貨一〇·賦税雜録下》〔紹興〕二十九年七月二十八日，荊湖南路提點刑獄公事彭合言：州縣爲政，二税之外毫髮不取。遠方僻邑，吏緣爲姦，創添名色，擅行科斂。有曰土户錢，有曰折絶錢，有曰醋息錢，有曰麴引錢。欲望行下有司，檢坐擅科斂法，申嚴行下。諸路監司常切按察，如州郡容縱，並與同罪。從之。

（清）徐松《宋會要輯稿·食貨六八·受納》〔乾道〕七年六月二十七日，詳定一司勅令所修立到條法：諸受納苗米官，容縱公吏巧作名色乞取者，比犯人減一等罪，徒二年。仍許人户經監司越訴。州縣長吏不覺察與同罪。以臣僚言人户率用二石有餘，一千文足以上，方能了納正米一石。乞行禁止，故有是詔。

（清）徐松《宋會要輯稿·食貨六八·受納》〔淳熙〕十一年六月一日，臣僚言：諸州軍受納夏税，官吏作弊，多方邀阻，間有將堪好絹帛彊行打退，却置場用低價收買。中産下户，既因供輸買納到場，又被抑退官中收買，不得元錢，愈見困窮，上下蹙迫。其官中既已買下退絹，多

畸零折納高價，不恤民病，利其贏餘。乞嚴行禁戢。如今後州軍置場低價收買退絹，許令人户越訴。仍令監司、御史臺覺察，違戾官吏一例科罪。從之。

（清）嵇璜等《續文獻通考》卷一八《征榷考・征商》〔宋淳熙〕十二年，給舍看詳趙汝誼乞行下省臣：遇客販米，不得阻遏。其免收力勝錢一項，自有見行約束，如有違戾，以喝花爲名，故作留滯者，許客人赴訴。監司臺省重真憲典。從之。

（宋）謝深甫等《慶元條法事類》卷四《職制門・職掌》　諸帥臣書寫機宜文字，輒干預簽書本司其餘事務者，杖一百。

諸發運監使司受省臺寺監，輒委主管非所職之事，而不繳奏者，杖一百。所屬有妨礙而令別司取索、點檢、磨勘行遣之類者，非。

諸發運監使司事非所職，而輒主管者，徒一年。監司應措置及申請，而事干他司，不先關報者，準此。州縣官司申稟違所屬者，減一等。

諸緣公使庫職事，輒委縣令佐主管者徒一年。

〔厩庫勑〕諸場務監官輒差主管公使庫，及公使庫官輒差充受納糴買官並受差者，各以違制論。

（宋）謝深甫等《慶元條法事類》卷四《職制門・禁謁》　諸路分兵官將副、緣邊都監、武臣、知縣或鎮寨長官、押隊、部隊將，輒出謁及見賓客兼知州或有公使應管設賓客，或邂逅相遇，或應延門客，或醫人，或得朝假不在任者，非。并見之者，各徒二年。即職事相干，及本宗或緦麻以上親，各及其婚姻之家，若祖父母、父母、妻緦麻以上親，及其夫子往還者，不坐。

（宋）謝深甫等《慶元條法事類》卷四《職制門・謁見》　諸州武臣見長吏不應庭趨而輒令庭趨者，杖一百。謂非緣教閱軍陣、出師討賊而見者。

（宋）謝深甫等《慶元條法事類》卷四《職制門・上書奏事》　諸監司郡守及諸路釐務總管鈐轄，應上殿奏事，輒託故避免者，以違制論。【略】

諸外任官因奏事赴闕，應還本任而違限者，論如官文書稽程律。【略】

諸因入内而上書者，徒二年。婦人有犯，夫、子知情者，止坐夫、子。託人内中投進，準此。

諸臣庶往還文書，非情涉不順，輒繳録申所屬者，杖八十。奏者，加二等。

（宋）謝深甫等《慶元條法事類》卷四《職制門・臣僚陳請》　諸臣僚陳請事，輒乞免執奏者，以違制論。

諸非緣措置邊防，而奏乞不拘常制，乞權依所請之類，同。以違制論。

諸内侍官乞提領外朝官職事，干預朝政者，流二千里，量輕重取旨編置。其轉歸吏部内侍，尋醫侍養、隨侍、隨行指教、丁憂、服闋之類，同。輒往邊守，及有上文違犯者，除名勒停。

（宋）謝深甫等《慶元條法事類》卷五《職制門・奉使》　諸内侍官因使私販物者，徒二年。

（宋）謝深甫等《慶元條法事類》卷五《職制門・之官違限》　諸之官限滿，無故不赴者，罪止杖一百。

諸下班祗應之官，而無故違限者，一日杖六十，十日加一等，罪止徒一年。

諸副尉已授在外差遣，應起發而無故違程限者，杖一百。

諸之官限滿不赴所屬，不依限申尚書吏部者，杖一百。吏人三犯，仍勒停所委官，奏裁。若故爲隱漏，展磨勘二年，吏人依三犯法即應再申而不申若置籍銷注，於令有違者，杖一百。

（宋）謝深甫等《慶元條法事類》卷五《職制門・到罷》　諸命官到罷事故，本處寄居待闕官事故，同。及見任官去替半年，不曾注授到替人，非泛事故者，同。所屬不依限申尚書吏部者，杖一百。吏人三犯，仍勒停所委官，奏裁。若故爲隱漏，展磨勘二年，吏人依三犯法。即應再申而不申，若置籍銷注於令有違者，杖一百。

諸命官已授告勑宣劄之任，而本處故爲阻抑不令赴上者，以違制論。

諸主兵官遷罷臨期，輒行陞差所部職任，謂統制以下至押隊官。以違制論，仍奏裁。

（宋）謝深甫等《慶元條法事類》卷五《職制門・考任》　諸承直郎以下應補滿資考，而所屬不爲施行者，徒二年。

諸在任官被差過百日不應理考，能自陳而所部有官可差，不爲改差者，杖一百。

諸應避親而輒之官者，杖一百，仍不理爲在任月日。

（宋）謝深甫等《慶元條法事類》卷五《職制門・考課》　諸監司考課事，應互申而不申，若增減者，各徒二年。

諸考知州、縣令課績不實者，優劣等徒二年，上等減二等，中下者又減一等。有所請求而不實，及官司各以違制論。以上若該賞罰者，官吏一等科罪。即保奏違限者，吏人杖一百，當職官減三等。

諸監司每歲審擇保奏知州、縣令功狀不公、不實或附會觀望權勢，若干請者，各以違制論，加一等。

（宋）謝深甫等《慶元條法事類》卷六《職制門・批書》　諸批書考任印紙，若出給公憑及保明闕報功過而增減不實，致誤賞罰、磨勘、差注者，本官殿侍下班祗應同。并知情官吏，徒二年，不以去官赦降。原減未施行者，減二等。不知情及不誤賞罰、磨勘、差注者，又減一等。供在京所屬家狀準此。下班祗應年未及格而本家爲供不實者，杖一百。

諸批書印紙不圓，致降名次，及違條式致行會問者，吏人杖八十，職級減二等，簽書官罰俸一月。

諸在任官成考及罷任，而官司批書印紙，若申發單狀違限者，各杖一百，下班祗應減二等。【略】

諸副尉犯罪，應申尚書刑部而不申，應批書印紙而不批書者，杖一百。雖申及批書漏落者，同。以故致誤差遣、磨勘者，徒二年。

〔詐僞敕〕諸押綱人任滿，妄稱該賞或再押，並所屬官司知情而爲保明供申及批書印紙，雖會恩原免，並奏裁。

〔雜敕〕諸押綱人犯罪，或違程、拋欠應批書、印紙，而收匿以避批書者，杖一百。

〔捕亡敕〕諸賊盜發，州取索捕盜官印紙批書而違限者，杖二百。監司所至，不取索印紙點檢，減二等。

（宋）謝深甫等《慶元條法事類》卷六《職制門・差出》　諸差官應副軍期被差官起發不如期，及所屬占留者，各以違制論。

諸監司應差在任官幹辦公事，被差官輒推避或爲申乞占留，謂非闕官，不可那差者。各杖一百。

諸於法不得差出之官輒差出，以違制論。即雖許差，而差往別路，鄰路受納盤量本州寄廒穀者，非。若妄稱應副軍期，及以常程公事作要切者，罪亦如之。若被差官不申，輒行本州，不申輒遣者，各杖一百，以上去官不免。

諸推治公事，應本路差官而牒鄰路差者，杖一百。不以覺舉原免。其被牒不差及差訖不具事，因申尚書省者，罪亦如之。

諸城寨主兵官輒求差出及差者，各以違制論。因軍興差者，非。

諸相驗覆視鹻鹵生發地土，被差官輒辭避，若起發違限者，各杖一百。

（宋）謝深甫等《慶元條法事類》卷六《職制門・朝參赴選》　諸副尉已授在外差遣應起發，若替罷到部而無故違程限者，杖一百。

（宋）謝深甫等《慶元條法事類》卷七《職制門・寄居待闕》　諸外任官罷任未及三年，而於本處謂州官於本州，縣官於本縣。寄居者，徒一年。有親屬或產業人若本鄉里者，非。【略】

諸命官應召保官而所保不實者，與犯人同罪，罪止徒二年。

（宋）謝深甫等《慶元條法事類》卷七《職制門・監司巡歷》　諸監司巡歷所部不偏者，杖一百。偏而不申，減二等。

諸監司、巡按巧作名目，追呼巡尉、弓兵將帶出本界者，杖一百。

諸監司官、巡按般擔人，有人應差而和雇者，徒二年。【略】

諸州縣公吏因監司巡歷點檢輒逃避者，杖一百；因追呼整會事節者，加一等，並勒停，永不收叙。【略】

〔厩庫敕〕諸軍無家屬因差出逃亡，應申官注籍，關報開閤舉催而於令有違者，各徒二年。發運監司所至不檢察，與罪人同。【略】

〔雜敕〕諸監司屬官同。沿流應給船，非遇巡按輒差占牽駕人兵，若巡按而差過數或已歸本司不即發遣者，各杖一百。

（宋）謝深甫等《慶元條法事類》卷七《職制門・監司知通按舉》　諸監司知所部推行法令違慢，非本職而已具事牒，所屬監司若承報不即按舉，或施行闊略而元牒之司不舉奏者，減所屬監司應得之罪一等。即監司於職事違慢，逐司不互察者，準此。若犯贓私罪庇匿不舉者，以其罪罪之。【略】

〔隨敕申明〕紹興二年十月九日敕：差發兵馬統領、將佐、使臣、將

校尉、兵級於經由及屯駐處陵犯知通縣令，或以請受之類爲名，陵犯見任命官者，統領、將佐、使臣，流三千里，仍奏裁。將校兵級依違犯階級法以上所爲重者，自從重。令州縣監司覺察舉劾，知而不舉，減罪人罪三等。州縣每季檢舉，曉諭本所看詳上件。

指揮，係是當來差發兵馬經由及屯駐去處，一時禁約難以立爲永法，緣所立刑名嚴重，今參酌如統領、將佐、使臣陵犯知通縣令，並以違制論。將校、兵級依階級法以上陵犯，其餘見任命官各減二等。所爲重者，自從重。州縣監司知而不舉，減罪人罪三等。所有管轄若不鈐束，致有違法犯理，合與犯人同罪，以上所犯，並奏裁。今聲説編節作申明，存留照用。

（宋）謝深甫等《慶元條法事類》卷七《職制門・巡尉出巡》　諸巡檢縣尉應出巡而不出，若限内不徧，或令人代書粉壁印曆及代之者，各徒一年。若赴州、縣稟議職事，回任違限者，杖一百。

（宋）謝深甫等《慶元條法事類》卷七《職制門・按閲弓兵》　諸巡檢縣尉，應教閲弓兵而託故不親監者，杖一百。

（宋）謝深甫等《慶元條法事類》卷八《職制門・評議公事》　諸議公事不協和者，杖八十。止坐理曲之人。應連書而獨行者，罪亦如之。分巡或廨宇在别州縣之類。官司受而行者，減二等。

諸公事有疑，獄案非。或不可專行，應申所屬，與決而不與決，或持兩端及泛言依條例行下者，各杖八十。

（宋）謝深甫等《慶元條法事類》卷八《職制門・漏泄傳報》　諸軍馬數，非朝廷輒取會及供報者，各杖一百。其緣邊糧草數，非朝廷尚書户部轉運司取及輒報者，準此。【略】

諸邊事機密文書輒下司行遣者，流三千里。

〔厩庫敕〕諸聽探倉庫見在及綱運錢物名數傳報，致他司截攔占取者，各杖一百，許人告。

〔擅興敕〕諸神臂弓若官司置藏不密，致私傳習并私習學製造者，以違制論，並許人告。

（宋）謝深甫等《慶元條法事類》卷八《職制門・親嫌》　諸應避親而輒之官者，杖一百，仍不理爲在任月日。

諸在任避親應移注或罷而不依限申陳，及官司行遣稽程者，各加官文書稽程罪二等。承會問而稽程者，同。內不自申陳通元限，滿三十日，杖一百。

諸州推法司與提點刑獄司吏人，有係親戚而不自陳乞迴避者，杖一百。

（宋）謝深甫等《慶元條法事類》卷八《職制門・對移》　諸監司以繁簡難易察换縣令而私徇者，以違制論。

諸命官犯罪未見實狀，或雖有罪迹，未奏而輒對移，及以贓污昏謬老病之人對移充巡尉者，各徒二年。

（宋）謝深甫等《慶元條法事類》卷九《職制門・擅離職守》　諸主兵武臣，非公事出城者，杖一百。

諸監司屬官輒離本司，出詣所部者，徒二年。

（宋）謝深甫等《慶元條法事類》卷九《職制門・迎送宴會》　諸發運監司預妓樂宴會，自用或作名目邂逅使令，及過茶湯之類同。或受迎送般擔人船，及帶公人兵級過數，若爲係公之人差借人馬者，各徒二年。即赴所部及寄居官用家妓宴會者，加二等。知州、縣令準此。以上不以失及去官原減。不應赴酒食而輒赴，及受所至在任官諸色人，早晚衙并出城迎送，若迎送之者，以職事爲名而往，亦是。各杖一百。近城安泊，因公事往彼會議者，非。其轄下官司，各減犯人罪三等。

諸察訪司官、外都水丞、應制置提點、提舉官，以上屬官同。朝廷或省臺寺監差官出外，若緣邊安撫出巡及發運監司經略，安撫總管鈐轄司屬官，準備差使指揮，非。餘條稱屬官，準此。所於轄并幹辦處預妓樂宴會，受出城迎送之類，並依監司法。其轄下幹辦處官司，各減犯人罪三等。

諸州主管常平官，預屬縣鎮寨官妓樂及家妓宴會，依監司法。即赴非公使酒食者，杖八十，不以失減。諸州教授預妓樂宴會者，杖八十。聖節及佗官兼者，非。

諸守令勸農，輒用妓樂及宴會賓客者，徒一年。【略】

諸州縣官，非遇聖節及赴本州公筵，若假日而用妓樂宴會者，杖八十。州郡遇使命紀過應管待者，非。

諸按察官遇朝拜行香者，以疾免。赴而輒游宴者，徒一年。【略】

諸監司每歲詣所部點檢、催促、結絶見禁罪人，於令不應委官而輒委者，若被委官於所詣處及決獄未畢，緣路赴宴會者，各徒二年。

諸州有徒以上囚禁，寄禁非。而獄官輒出謁及見賓客并見之者，並依路分兵官將副法。預非公使妓樂宴會，準此。

諸監司遇朝廷遣使按察本路，而輒以出巡爲名，至界首迎候者，徒二年。

諸巡轄馬遞鋪使臣，遇按察官經由，不因出巡而輒迎送，或隨從致妨職事者，杖一百。

諸遇聖節，縣鎮官宴會，輒有假借配買陪備騷擾者，所屬奏劾。【略】

〔雜勑〕諸州令縣因筵會接送，輒抑人户充樂人百戲者，杖一百。

（宋）謝深甫等《慶元條法事類》卷九《職制門·饋送》　諸帥臣、監司、守令子弟及隨行親屬門客，於所部干託騷擾，收受饋送及非所處飲宴者，杖八十。本罪重者，自從重。知情容縱，與同罪。不知情，減三等。【略】

〔廄庫勑〕諸州應供給饋送監司，屬官吏人同。輒於例外增給及創立則例者，以違制論。【略】

〔斷獄勑〕諸被差鞫獄録問檢法官吏，並謂罷本職本役者。事未畢與監司及置司所在官吏相見，或録問檢法與鞫獄官吏相見者，各杖八十。即受置司所在供饋并與者，各加二等。所鞫事不相干者，事畢聽受。

（宋）謝深甫等《慶元條法事類》卷一〇《職制門·差借監臨》　諸干託官司差借公人當直人非。及船車牛馬之類者，杖八十。三日加一等，罪止徒一年。差借官司罪輕者，與同罪。

諸發運監司及屬官若朝省所遣官，輒於所部取什物、陳設器用充公用，若假借果卓、飲食者，以違制論。

（宋）謝深甫等《慶元條法事類》卷一〇《職制門·舍驛》　諸居占館驛過三十日者，館驛什物輒借出外，及見任官居占館驛作廨宇，同。徒一年。臨流亭館馬鋪遞鋪，杖一百。官司知而不遣，各減犯人一等。

諸居占州縣學舍者，杖一百。官司指占貯物，或鞫獄之類，同。所屬不遣者，與同罪。

〔職制勑〕諸宫觀祠廟提舉主管，監官創造廨宇者，杖一百。於本宫觀祠廟有犯，依監臨法。添差者，準此。唯聽任便居止。

（宋）謝深甫等《慶元條法事類》卷一〇《職制門·命官般家》　諸之官留接人及在任應差人，若般取送家屬行李同。輒借人者，杖一百，借之者，係按察官與同罪，餘減二等。

諸接送人已到本處，過十五日無故不起發，及不遣回者，計所過日並依私使兵防律。緣路無故稽留，通計過驛程之半者，罪亦如之。不滿六程者，三日外乃坐。在任取送家屬行李而違者止坐犯人。

（宋）謝深甫等《慶元條法事類》卷一一《職制門·吏卒接送》　諸應差接送人官司，已受公文接人過十日，闕遠者，除往迴程前二十日同。送人至替日不差者，各杖一百。

諸差接送人過數及不應差而差，并應差廂軍而差禁軍及應差步軍而差馬軍，若應交替而不交替者，各以違制論。差近接近送人出本州界三百里者，杖一百，每百里加一等，罪止徒二年，受之者與同罪。【略】

諸品官不應差廂軍護送而輒差，并受之者，各以違制論。即雖應差而帶過險阻處，及官司知而聽行，各杖一百。

諸命官身亡，送還人擅自歸及逃亡，罪輕者杖一百。部轄職員將校節級并爲首率衆者，各徒一年，並自首不免。不切部轄者，杖八十。【略】

〔擅興勑〕諸接送人，非應差禁軍而輒差，或應差禁軍而差揀中人者，並以違制論。

（宋）謝深甫等《慶元條法事類》卷一一《職制門·差破當直》　諸官司差當直接送擔擎之類，不依名次差使，及不依令差兑，致越過應交替人者，禁軍以違制論，廂軍杖一百。

諸當直人非應差禁軍而輒差，或應差禁軍而差揀中人者，並以違制論。

諸監臨官於所監臨差當兵級供已過數者，以違制論。不應占留而占留、應發遣而不發遣者，論如私使兵防律，主司知情與同罪。

諸知情容留他處逃亡軍人，冒名當直者，以違制論，許人告。

諸自京配出充軍，而指名抽差入京者，徒二年，即取配軍充宣借者，準此。其未配所，而截留作宣借，或白直者，加一等。若被差官司輒遣，或監防擅自交付，各與同罪。【略】

〔職制敕〕諸通判下縣季點，將帶公吏人從過數者，徒二年。

（宋）謝深甫等《慶元條法事類》卷一一《職制門·差借舟船》　諸差座船長行及屋子船同。過數，若重疊并不應差而差，及受之者，各以違制論。

諸沿流州縣已給官船數外，輒差借私船乘用者，徒一年。

諸州座船監司，輒差借與人及受之者，各杖一百。【略】

諸官船兵綱稍部兵級，於所載命官家屬同。乞借財物者，杖八十，差替。

〔厩庫敕〕諸官物應起發赴闕，遇命官乘船而不依分數支裝者，一舝杖一百，三舝加一等，罪止徒二年。

（宋）謝深甫等《慶元條法事類》卷一一《職制門·給假》　諸城寨主兵官，輒乞假離任及給者，各以違制論。

（宋）謝深甫等《慶元條法事類》卷一二《職制門·歿於王事》　諸歿於王事合該推賞之類，應取會不於當日行遣，若被受官司過一日不回報者，各杖一百，仍許本家越訴。

（宋）謝深甫等《慶元條法事類》卷一三《職制門·亡歿》　諸臣僚身亡，應借官屋而以人户見賃屋借之者，以違制論。即本家輒出賃所借屋者，杖一百。

（宋）謝深甫等《慶元條法事類》卷一四《選舉門·薦舉總法》　諸以書爲人於請薦舉改官，及受請託者，各以違制論。

（宋）謝深甫等《慶元條法事類》卷一五《選舉門·試刑法》　諸之官限滿無故不赴者，罪止杖壹佰。

（宋）謝深甫等《慶元條法事類》卷一五《選舉門·試武藝》　諸解發呈試武藝人而保奏違限者，杖六十。

（宋）謝深甫等《慶元條法事類》卷一五《選舉門·舉辟》　諸侘司輒奏辟大理寺官者，以違制論。

諸侘司陳請輒衝改條令差辟黄河都大及巡河使臣者，各以違制論。

諸帥司若監司輒奏辟知州通判者，以違制論。即知州奏辟通判者，罪亦如之。

諸小使臣校尉，初任或已經任，曾預舉辟得替，各未赴部而輒舉辟者，踏逐指差同。杖一百。雖非曾預舉辟得替，但任滿未參部而輒差者，準此。被舉及受差者，罪亦如之。軍期急速，不用此制。

諸舉辟命官差遣狀，前貼黄聲説違式，若增減不實者，元發奏官吏杖八十。

諸命官雖應舉辟而因尋醫侍養離任後未滿一年，官司輒辟差及受差者，各徒一年。

（宋）謝深甫等《慶元條法事類》卷一六《文書門·詔敕條例》　諸被受條制應謄報編録而不謄報編録，及應注衝改而不注，若緣邊事應密行下而牓示者，各徒貳年。即不應謄報而謄報，或編録不如法，若脱誤有害者，各減叁等。置册編録不用印，及當職官不以所受真本校讀訖付吏人掌之者，準此。【略】

諸事應立法，若敕律令格式文有未便應改，不具利害申尚書省或樞密院，而輒畫旨創立若衝革者，以違制論。即詔敕不經三省官司，受而施行者，罪亦如之。

諸因職事例受制書而違者，杖壹佰。躬彼而違者，自從違制本法。【略】

諸官司承受加封神祠爵號，及賜觀寺廟額制書，給付訖過三日不申尚書禮部者，杖一佰。

諸被受省曹謄降到聖旨，若朝旨或直承處分以民户改作官户，或依官户例減免差役科配之類，應申尚書户部而違限，杖一佰。

（宋）謝深甫等《慶元條法事類》卷一六《文書門·赦降》　諸會赦，應改正拘收經當職官，詰問不承，而不即立案者，杖一佰。

〔職制敕〕諸被受赦降應謄報而不謄報者，徒貳年。即不應謄報而謄報，若脱誤有害者，各減叁等。

（宋）謝深甫等《慶元條法事類》卷一六《文書門·文書》　諸奏事應通封而輒實封者，杖壹佰。

諸臣僚上殿，若内外官司應進圖籍之類輒用軸，及非機密而封記者，各杖壹佰，經由官司不點檢，準此。

諸臣庶往還文書，非情步不順，輒繳録申所屬者，杖捌拾，奏者加貳等。

諸軍馬糧草數及事干機密，應行文書而不實封者，杖壹佰，軍馬機密

事輒下司者，罪亦如之。

（宋）謝深甫等《慶元條法事類》卷一六《文書門・行移》　諸官司及將校，預印空紙填寫文書及印之者，各杖捌拾。

諸監司屬官輒離本司出詣所部，若行移文書下州縣者，徒貳年。

（宋）謝深甫等《慶元條法事類》卷一七《文書門・給納印記》　諸奉使印記應納及申尚書禮部而稽違者，論如官文書稽程律。使回到闕，應申本部及報所屬稽違者，準此。

（宋）謝深甫等《慶元條法事類》卷一七《文書門・質賣》　諸以制書、官文書錢物交鈔公據，非。質當財物及質當之者，各杖壹佰，財物没官。若於所監臨質當者，止坐監臨之人，財物還主。

諸以父祖告勅、宣劄賣與人者，徒壹年，不以蔭論。買者與同罪。並許人告。

諸以佗人制書及諸軍恩賞付身印紙、差帖之類質當財物者，徒貳年。受質當者與同罪。不知情者，減壹等。財物没官。

諸質當上綱兵級券麻者，徒壹年。官司知而勘給，杖壹佰。不知情者，減貳等。並許人告。

諸被差受牒帖、文引、辭狀之類追人而賣與人及買之者，各以違制論。

諸急脚馬遞鋪兵級曹司，將所傳制書或諸軍補授文帖賣與人齎發并買之者，各徒貳年。餘文書減叁等。並許人告。

〔捕亡勅〕諸盗詐乞賣及受買放停兵級刺面人公憑者，以違制論，仍分首從。謂欲行用者。

（宋）謝深甫等《慶元條法事類》卷三七《庫務門・糴買糧草》　諸糴買糧草官，非職事相干輒見賓客以邂逅爲名相見者，同。及見之者，各徒二年。

（宋）謝深甫等《慶元條法事類》卷七七《服制門・喪葬》　諸臣僚所賜旌節牌印，若不隨葬，過三十日不納官者，徒二年。印因而行用，依僞寫官文書印律。印僞文書者，仍依盗用法。【略】

〔斷獄勅〕諸大禮御札已到，命官身亡，送還人丁憂不解，官所差送喪柩人同。擅自歸或逃亡，及部轄職員將校節級并爲首率衆者，各不以大禮赦原減。

（宋）謝深甫等《慶元條法事類》卷七九《畜産門・殺畜産》　諸馬鋪收得別鋪官馬，隱藏過五日不申官者，計贓從盗法。即雖在限内而殺者，以盗殺論，配千里。

《宋史》卷四六《度宗本紀》　〔咸淳元年八月〕丁亥，詔：有司收民田租，或掊克無藝，監司其嚴禁戢，違者有刑。【略】

〔咸淳三年〕九月乙未，詔郡縣折收民田租，毋厚直取嬴，違者論罪。

（清）嵇璜等《續文獻通考》卷一三五《刑考・刑制》　〔金太宗天會三年〕七月，定權勢家買貧民爲奴之罪。脅買者，一人償十五人；詐買者，一人償二人，並杖一百。

《金史》卷九《章宗本紀》　〔大定二十九年九月〕丁卯，制强族大姓不得與所屬官吏交往，違者有罪。

〔明昌二年正月戊寅〕吴王永成、隋王永升以聞國喪奔赴失期，罰其俸一月，其長史笞五十。己卯，有司言，漢王永中以疾失期，上諭使回。

《金史》卷九《章宗本紀》　〔明昌二年四月〕戊子，制諸部内災傷，主司應言而不言及妄言者杖七十，檢視不以實者罪如之，因而有傷人命者以違制論，致枉有徵免者坐贓論，妄告者戶長坐詐不以實罪，計贓重從詐匿不輸法。

史金波等譯《天盛改舊新定律令》卷七《妄派門》　一、地方中當按官家攤派雜事數派，不允超額分派及自專按私意攤派。若違律自食，因私心超額攤派者，已入手，則入手多少數總計，按枉法貪贓論，未入手則當比枉法貪贓罪減三等。超派畜物當還屬者。

史金波等譯《天盛改舊新定律令》卷七《殺葬賭門》　一、諸人已犯罪，經官已殺者，一年以内不允收葬，一年已過時，當由小巫爲之。先告都審刑司，當派巫小監者。應翻檢頭字，當收葬，不允作咒。倘若一年以内收葬，未作咒，則徒一年，一年雖已過，但未告局分處收葬，未作咒，則徒六個月，作咒則主人及巫皆絞殺。其中巫者不知，則因未仔細問，有官罰馬一，庶人十三杖。

史金波等譯《天盛改舊新定律令》卷九《越司曲斷有罪擔保門》　一、諸司有罪人已斷公事者，由司内大人當面指揮。指揮語未暇予之，不

許預先遣人取證據物。違律時，有官罰馬一，庶人十三杖。證據物當予舉報者，予物者罪勿治。

一、諸局分所判斷公事及所行種種他語等，所定未明，此時不許預先於他處宣說。違律於他處談論時，預先談論所告語者徒二年，說諸司判斷語者徒六個月，其中微語杖罪時，他處說者七杖。有於局分處推究者，亦與說者相同。

史金波等譯《天盛改舊新定律令》卷一九《官畜私畜調換門》 一、予他國所用駱駝、馬、物等中，不許諸人與私畜物調換。若違律調換時，已調換諸物所得之利當計價，是他人則以偷盜法判斷，是局分人則當於其上加一等。【略】

一、諸人調換官私畜者計價，相等而無高低，則記名人、調換者等一律徒二年。若價格不足，則當計所超利幾何，以偷盜法判斷。私畜當置施印，則官私畜當彼此交還本處。

史金波等譯《天盛改舊新定律令》卷一〇《官軍勑門》 一、依法求官者，當報邊中一種所屬監軍司，經經略使處，依次變轉，與不屬經略之京師界等一起依文武分別報告中書、樞密。局分處於陞册上當推尋，前所得中除外，則所屬案中官名人名當寄，並增著於板簿上，當奏告以明時，當行宣徽，給內管。宣徽中人當增著典册，內管當結中頭上坎圖者，一半內管及一半陞册上當著以外，末尾上全坎圖當放置□，內管者牌、鐵箭、局分前宮人當給，並奏□，當置印。宣徽局分人當取，導送大恒曆院，□言當結說。大恒曆司人當行陞册，計量職級、本功，官當□。未及御印官者，其處墨印、官板當置。內管官等當還於中書、樞密原置典處，當過問，及御印官一種與內管當總合，牌、鐵箭當還內侍。前述內管當依法印中當入取。有未及御印官者，當著印手記，則官寄名人當掌，當還內管大恒曆司，當□分别陞册、板簿上已畢後，若勾管人無理使官過時，徒三年。曾有往滯說未有往滯，使得官之推尋，節何□往，依前一一罪狀明，依法判斷。若是應得官，雖有判憑，然官過不著陞册時，有官罰馬一，庶人十三杖，內管未竟，賜管階時，徒二年。受賄則與枉法貪贓罪比，從其重者判斷。【略】

一、諸人得官位者，實不執官勑頭字，雖有文書而不許立列班上。違律時有官罰馬一，庶人十三杖。

史金波等譯《天盛改舊新定律令》卷一〇《司序行文門》 一、前述經略，正副將、提點等未報上等司中而置傳道等時，視其心本意、所告言詞、時節等，奏量實行。其中副統於次等司等正統處，以下司依高下次第導於司等大人處而置頭字時，一律徒六個月，正統於經略處導而爲頭字者徒一年。【略】

一、任職人番、漢、西番、回鶻等共職時，位高低名事不同者，當依各自所定高低而坐。比外，名事同，位相當者，不論官高低，當以番人爲大。若違律時，有官罰馬一，庶人十三杖。朝宮上則當列官，司內測解案中及朝中閤門、檢校等當過問，彼人不過問時，一律有官罰錢五緡，庶人十杖。已過問，番人及官高等本人未問，則有官罰錢五緡，庶人十杖。

一、節親主、番人等職相當，名事同者，於司坐次、列朝班等中，當以節親主爲大。二番人共職者列坐次及爲手記時，當由官高大人爲之。官相等而有文武官者，當以文官爲大。有文武官同，則當視人況、年齡。若違律時罰馬一。又番、漢、降漢、西番、回鶻共職者，官高低依番、漢共職法實行。

史金波等譯《天盛改舊新定律令》卷一三《執符鐵箭顯貴言等失門》 一、派執符時，當騎諸家民所屬私畜及官之牧場畜等有方便可騎乘者，不許差用一種官馬。若附近無私畜及牧場畜等，及不堪騎乘，實無有，則允許捕騎官馬。倘若違律，附近有堪騎之他畜不用而無理用官馬時，徒二年。所派執符直接往職上，致坐騎殺，及已傷，返回者及使在他人等處，已返回已死等，是實情，則勿償，其中有官畜者，當註銷。【略】

一、諸人執符出使處，不許藏符於懷中，致符面上紙揉皺折疊。倘若違律藏符於懷中，又揉皺面上紙等，有官罰馬一，庶人十三杖。若繼而折疊時，徒一年。其中執鍮符而折之，曰我帶銀符語及所領符不帶腰上而置家中等，一律徒三年。【略】

一、執符及諸大人、待命者等經諸城市場處，不許於家主攤派食糧、馬草等。倘若違律時，計其價，以枉汪貪贓論，所計總數當還屬者，食者爲造意，收取者爲從犯。若收取者自食，則以親自食之及予他人之從犯罪等比較，從重者判斷。【略】

一、除統軍以外，諸執符不許飲酒。若違律飲酒時，已生住滯者罪狀分明以外，未出滯則因飲酒，有官罰馬一，庶人十三杖。【略】

一、邊中各行監、盈能行，使當置一種符，行時當持符。有新爲行監、盈能等，亦始使領一種符。京師局分人應載顯合而不載時，徒一年。

史金波等譯《天盛改舊新定律令》卷一九《校畜磨勘門》 一、校畜者往時，令牧場牲畜一并聚集，不許與冬欄分離，當往官畜所在處檢校。違律時有官罰馬一，庶人十三杖。【略】

一、諸牧人本人共驗口上，不許相互索借四種官畜再種驗之。倘若違律時，借者、索借者、再驗之牧人、牧人之大小牧監等之罪：

駱駝、馬：

牧人索借者等自一至三徒二年，三以上至五徒三年，五以上至七徒四年，七以上至九徒五年，九以上至十二徒六年，十二以上至十五徒八年，十五以上至十八徒十年，十八以上至二十一徒十二年，二十一以上一律當絞殺。

大小牧主知聞場下牧人轉借官畜再驗，自一至三，庶人十三杖，三以上至七徒一年，七以上至十徒二年，十以上至十五徒三年，十五以上至二十徒四年，二十以上至二十五徒五年，二十五以上至三十徒六年，三十以上至三十五徒八年，三十五以上至四十徒十年，四十以上至四十五徒十二年，四十五以上一律當絞殺。

牛：

牧人索借者自一至三徒六個月，三以上至五徒一年，五以上至七徒二年，七以上至十徒三年，十以上至十三徒四年，十三以上至十五徒五年，十五以上至十七徒六年，十七以上至二十徒八年，二十以上至二十三徒十年，二十三以上至二十六徒十二年，二十六以上一律當絞殺。

大小牧監知聞，自一至五十三杖，五以上至十徒一年，十以上至十五徒二年，十五以上至二十徒三年，二十以上至二十五徒四年，二十五以上至三十徒五年，三十以上至三十五徒六年，三十五以上至四十徒八年，四十以上至四十五【略】

當引送。彼磨堪中有須派遣大檢局分推問牧人者，群牧司當遣之。若彼期限内磨堪計審不畢而逾期時，除已予限期以外，逾期罪者，大人、承旨、都案、案頭、司吏等自一日至十日十杖，十日以上至一個月十三杖，一個月以上至兩個月徒三個月，兩個月以上至三個月徒六個月，三個月以上至四個月徒一年，四個月以上至五個月徒二年。五個月以上□□大人、承旨、都案等當革職，無官徒二年，案頭、司吏等徒三年。其中有判寫典册、諭文及未知等，勿治罪。

一、往群牧司所屬牧場驗官畜者磨堪計審時，先完畢，當先奏，勿令相議。已完畢而先不奏時，大人、承旨、都案、案頭、司吏有官罰馬一，庶人十三杖。

一、四種畜之年年往大校者，來往驗畢時，一板板畜册在其處大校場中，當令前所屬牧監施印。若違律，在大校場中不令前牧監於册上施印畢時，大校局分案頭、司吏等有官罰馬一，庶人十三杖。

史金波等譯《天盛改舊新定律令》卷一九《牧盈能職事管門》 一等盈能與牧人暗中徇情，能償而入置命中時，計畜價，以偷盜法判斷，畜當令償之。

一等於盈能處索償爲號印，及大校審視而置烙印等中，不依齒償之而爲號時，牧人等一律自一至五，十三杖；五以上至十，徒三個月；十以上至十五，徒六個月；十五以上至二十，徒一年；二十以上一律徒二年。大小牧監依從犯法判斷。畜當换實齒而令償之。

《元史》卷二《太宗本紀》〔太宗六年〕夏五月，帝在達蘭達葩之地，大會諸王百僚，諭條令曰：凡當會不赴而私宴者，斬。諸出入宫禁，各有從者，男女止以十人爲朋，出入毋得相雜。軍中凡十人置甲長，聽其指揮，專擅者論罪。其甲長以事來宫中，即置權攝一人、甲外一人，二人不得擅自往來，違者罪之。諸公事非當言而言者，拳其耳；再犯，笞；三犯，杖；四犯，論死。諸千户越萬户前行者，隨以木鏃射之。百户、甲長、諸軍有犯，其罪同。不遵此法者，斥罷。今後來會諸軍，甲内數不足，於近翼抽（捕）〔補〕足之。諸人或居室，或在軍，毋敢喧呼。凡來會，用善馬五十匹爲一羈，守者五人，飼羸馬三人，守乞烈思三人。但盜馬一二者，即論死。諸人馬不應絆於乞烈思内者，輒没與畜虎豹人。諸婦人製質孫燕服不如法者，及妒者，乘以騾牛徇部中，論罪，即聚財爲更娶。

《通制條格》卷二〇《賞令》　至元十七年六月，太史院欽奉聖旨：印造授時曆，頒行天下。敢有私造者，以違制論。告捕者，賞銀一佰兩。如無本院曆日印信，便同私曆。欽此。

《元史》卷一二《世祖本紀》〔至元十九年夏四月戊申〕勅出使人還，不即以所給符上，與上而有司不即收者，皆罪之。

《元史》卷二四《仁宗本紀》〔至大四年七月〕己亥，詔諭省臣曰：朕前戒近侍，毋輒以文記傳旨中書。自今敢有犯者，不須奏聞，直捕其人，付刑部究治。

《元史》卷二九《泰定帝本紀》〔泰定二年八月辛丑〕勅：諸王私入京者，勿供其所用；諸部曲宿衛私入京者，罪之。

《元史》卷一〇二《刑法志》　諸大小機務，必由中書，惟樞密院、御史臺、徽政、宣政諸院許自言所職，其餘不由中書而輒上聞，既上聞而又不由中書徑下所司行之者，以違制論。所司亦不禀白而輒受以行之者，從監察御史、廉訪司糾之。諸中書機務，有泄其議者，量所泄事，聞奏論罪。諸省部官名隸宿衛者，晝出治事，夜入番直。諸檢校官勾檢中書及六曹之務，其有稽違，省掾呈省論罰，部吏就録罪名開呈。【略】

諸職官告吏民毁駡，非親聞者勿問，違者罪之。諸職官聽訟者，事關有服之親并婚姻之家及曾受業之師與所讎嫌之人，應迴避而不迴避者，各以其所犯坐之。有輒以官法臨決尊長者，雖會赦，仍解職降叙。【略】

諸藩王及軍馬經過，郡縣委積舘勞，並許於應給官物内支遣，隨申行省知會，或擅移易齊斂者，禁之。諸郡縣非遇聖旨令旨，諸王駙馬大臣經過，官吏並免郊迎，妨奪公務，仍不得贐以錢物，按治官常糾察之。

《元史》卷一〇三《刑法志》　諸使臣行李，脱脱禾孫及驛吏輒敢搜檢者，禁之。諸使臣行橐過重，壓損驛馬，而脱脱禾孫與使臣交贈爲好，不以法稱盤者，笞二十七，記過。【略】諸使臣輒騎懷駒馬者，取與各笞五十七，及以車易馬者，俱坐之。【略】諸使臣在城，輒騎占驛馬者禁之，違者罪之。諸驛使在道，奪回馬易所乘馬，馳至死者，償其直。若以私事故選良馬馳至死者，笞二十七，仍償其直。諸使臣多取分例，笞一十七，追所多還官，記過。使還人員，除軍情急務外，日不過三驛，驛官仍於關文標寫起止程期，違者各笞二十七，再犯罷役。諸乘驛使臣，或枉道營私，横索祇待，或訪舊逸游，餓損馬乘，並申聞斷治。諸使臣枉道馳驛者，笞五十七；脱脱禾孫擅依隨給驛者，依例科罰。【略】諸出使官員，所至輒受官吏筵宴，及官吏輒相邀請，並從風憲糾察。諸使臣所過州縣，無故不得入城。有故入城者，止於公舘安宿，輒宿於官民之家者，從風憲糾之。諸遣使開讀詔書，所過州郡就便開讀者聽，非所經由而輒往者禁之。若本宗事須親往者，不在此限。諸使臣所至之處，有親戚故舊，禮應追往者聽。諸受命出使還，匿給驛文字符節及錫貢之物，久不進者，杖六十七，記過。諸進表使臣，五日外不還職，托故稽留，他有營者，止所給驛，籍其姓名，罷黜之。諸出使郡國，使事之外，毋有所與，有必須上聞者，實封以聞。諸銜命出使，輒將有司刑囚審斷者，罪之。諸奉使循行郡縣，有告廉訪司官不法者，若其人嘗爲風憲所黜罷，則與監察御史雜問之，餘聽專問。

《元史》卷一〇三《刑法志》　諸郡縣宣聖廟，凡官員使臣軍馬，輒敢舘穀於内，有司輒敢聽訟宴飲於内，工官輒敢營造於内，並行禁之。諸書院同。

《元史》卷一〇三《刑法志》　諸國子生悖慢師長及行禮失儀、言行不謹、講誦不熟、功課不辦、無故廢學、有故不告輒出、告假違限、執事失悮、忿戾鬥争，並委正録糾舉。除悖慢師長別議，餘者初犯戒諭，再犯三犯酌量責罰。

《元史》卷一〇三《刑法志》　諸官吏占人户借給私用者，治罪。

《元史》卷一〇五《刑法志》　諸奏目及官府公文，並用國字，其有襲用畏兀字者，禁之。【略】諸内外應佩符職官，輒以符付其傔從佩服者，禁之。諸官員朝會，服其朝服，私致敬於人臣者罰。諸隨朝文武百官，朝賀不至者，罰中統鈔十貫，失儀者罰中統鈔八貫。諸宰相出入，輒敢衝犯者，罪之。

《元史》卷一〇五《刑法志》　諸職官違例放鷹，追奪當日所服用鞍馬衣物没官。諸所撥各官圍獵山場，並毋禁民樵採，違者治之。

《元史》卷一〇三《刑法志》　諸守宰抑取部民男女爲奴婢者，杖七十七，期年後降二等雜職敍。諸妄認良人爲奴，非理殘虐者，杖八十七，有官者罷之。諸訴良得實，給據居住，候元籍親屬收領，無親屬者聽令自

便。諸奴婢背主在逃，杖七十七。

（明）鄧士龍《國朝典故》卷三四《國初事蹟》 太祖於國初令各府織造，月辦段疋，打造鐵甲，按月起解。過期不解，官府處死。

（明）何棟如《皇祖四大法》卷六《治法》〔洪武十五年八月〕壬寅，黄州府同知安貞以擅造公宇器用，爲吏所告，湖廣按察司鞫之以聞。上遣使勅曰：安貞有犯，法司如律按之，固其職也。然原貞之情，非自私也。房宇器用之物，皆公家所需，貞若遷他官而去，必不以偕往。今乃罪之，是長猾吏告訐之風矣。勅至，貞復職，械其吏送京師。

《大誥・差使人越禮犯分》 皂隸係是諸司衙門執鞭、緇鐙、驅使勾攝公事之人。此等之徒，往往承差於所屬衙門，幹辦公務或勾罪人，徑入公廨，據公座而坐者有之，當道直行者有之，從正門入者有之。嗚呼！公廨朝廷所設，禄君子，貴賢人，分理庶務，民人瞻仰之所，豈是奴僕皂隸人等入正門，馳當道，坐公座，有乖治體。此等之徒，父母不教，妻子不諫，致使奴僕之體，褻慢官制。今後敢有如此者，全家遷入雲南；當該主使者，臨遣之時，不行省會毋得犯分，杖一百。其容令入正門，馳當道，坐公座，此等衙門官吏，不行舉覺，杖一百流雲南。已將洪武十八年秋九月，爲水災事，揚州府差皂隸宋重八下高郵州傳遞事務，其高郵州同知劉牧，輒令本卒入正門，馳當道，坐公座，劉牧跪與執結。嗚呼！其同知劉牧不才，不如一婦人爾，自賤其體，受皂隸宋重八辱。興化縣知縣敖德真，皂隸宋重八到縣亦欲如此，知縣敖德真執法不從，以致事覺。已將同知劉牧、皂隸宋重八，杖斷流入雲南烟瘴。興化縣知縣敖德真受賞。嗚呼，君子小人有若此之異乎！自今以後，各宜慎之。敢有不遵者，當該受辱衙門，拿赴京來。吏員、承差人等敢有如此者，其罪尤甚。若六部、都察院，在京諸衙門及駕前校尉、力士、旗軍、行人等，非捧制書，止受批差，敢有似前越禮犯分者，許所在官長實封入遞。今後除朝廷差委各處要招打斷外，其布政司、都司、按察司、鹽運司、府、州、縣，毋得輒差吏員、承差、皂隸人等，於各衙門要招打斷。敢有如此者，罪亦如之。

《大誥續編・有司不許聽事》 凡諸司衙門，如十二布政司，不許教府、州、縣官吏聽事，府不許教州官吏聽事，州不許教縣官吏聽事，縣不許教民間里甲聽事。嗚呼！聽事之名，實貪贓之巨禍，所以民誤生理，官廢公務。凡有此者，獲罪甚焉。今後有司呼喚里甲人等親詣衙門聽事，故行難留刁蹬捶楚，非罪捶楚而裂吾民肌膚者，罪不赦。敢有如此，許民赴京面奏。嗚呼！吾惜民而畏天焉。臣從之乎？

《大誥續編・妄立幹辦等名》 往常布政司及諸有司，但聞係是朝廷差遣人員，不問有無承制，或是六部差使、五軍遣行、各衛勾軍，如此數等不辨，一槩阿從。所以承差之徒，不拘貴賤，所到衙門，徑由中道，直入公廨，據公座，口出非言。諸司阿奉，略不奏聞。布政司聽六部所囑，府、州、縣聽布政司囑，州、縣聽府囑，縣聽州囑。所以布政司吏員、皂隸、承差入府、州、縣，徑由中道，直入公常，據公座，口出非言，凌辱府、州、縣。其無藉爲政有司之徒，其身不正，雖辱無訴。所以府吏、皂隸，及非朕旨意，亂政壞法，巧立名色的當人、幹辦人，擅差至州，徑由中道，直入公廳，據公座，口出非言。州差下縣者與府同。嗚呼！世絶君子乎？賢人乎？非朝廷立法，開民擅當的當名色、幹辦名色。嗚呼！官擅與立名，民擅承之，豈不知亂政壞法之律，罪當處斬，公然爲之。異日拿至京師，官民皆梟於市，又何怨耶！此令一出，仍蹈前非，必罪有所歸。

《大誥續編・濫設吏卒》 諸司衙門官吏、弓兵、皂隸、只禁，已有定額，常律有規，濫設不許。今所在有司，故違法律，濫設無藉之徒。其徒四業不務，惟務交結官府，捏巧害民，擅稱的當、幹辦、管干名色，出入市村，虐民甚如虎狼。律有常憲，亂政者斬。所在官吏，並非吾良民者，構此非爲，姦狡百端，致令吾良民受害。今再《誥》一出，敢有仍前爲非者，的當人、管干人、幹辦人，並有司官吏，族誅。《誥》不虚示。設若《誥》不能止其弊，所在鄉村吾良民豪傑者、高年者，共議擒此之徒，赴京受賞。若擒的當人一名，幹辦人一名，管干人一名，見一名賞鈔二十錠，的不虚示。

《大誥續編・糧長金仲芳等科斂》 糧長之設，首便於有司，將便乎良民，所以設立之時，定殷實之家。當關勘合之際，面聽朕言。朕乃竭氣語，諭之再三，曰毋害吾良民。更兼前《大誥》內，戒勑分明。豈其所在糧長，不遵《大誥》，仍前爲非，虐吾民者多矣。且如嘉定縣糧長金仲芳

等三名，巧立名色凡一十有八：一定船錢，一包納運頭米，一臨運錢，一造册錢，一車脚錢，一使用錢，一絡麻錢，一鍊炭錢，一申明旌善亭錢，一修理倉廒錢，一點船錢，一館驛房舍錢，一供狀户口錢，一認役錢，一黄糧錢，一修墩錢，一鹽票錢，一出由子錢。

《大誥續編·經該解物》 今後各府、州、縣解納應合入官諸色物件，非正官、佐貳官、首領官或該吏，須得一名親起解則可。若或不然，仍差無職役、無藉頑民及無底業者解送，則治罪官吏甚不輕恕。所以禁者爲何？自開國以來，朝廷小人在位者多，動止互相朋黨，所以天下有司數差無藉之徒解納諸色物件。及至京也，有週年不納，虚買實收而歸者有之，有使訖一半，而妄言原本不足而來者有之。及其稽也，原來本足。由此殺身，歲非一二人，猶不能止其姦，豈不罪在有司？今後敢有如此者，倍追之後，官吏殺之，妄承行者亦殺之。

《大誥續編·市民不許為吏卒》 今後諸處有司衙門皂隸、吏員、獄卒，不許用市井之民。其市井之民多無田産，不知農業艱難。其良善者將本求利，或開鋪面於市中，或作行商出入，此市中之良者也。有等無藉之徒，村無恒産，市無鋪面，絶無本作行商。其心不善，日生姦詐，豈止一端，惟務搆結官府，妄言民之是非。此等之徒，設若官府差爲吏卒，其害民之心那有厭足。所以良民受害不已者，爲市井無藉之徒爲簿書之吏、爲只禁獄卒等，其毒甚如蝮蛇。《誥》布民間，有司仍前用此，治以死罪。市井之徒見充此役者，見《誥》即早退去。若仍前擅應此役及暗搆爲是，皆死。閭巷隣里知而不拿，長成姦惡，自取擾害，治以罪責。知此無藉仍應此役，衆耆民及少壯者拿赴京來，以憑區處，的不虚示。

《大誥續編·慶節和買》 天下府、州、縣，今後毋得指以慶節爲由，和買民物。往往指此和買名色，不還民錢者多，此弊虐吾民久矣。《誥》出，敢有如此者，許被擾之民，或千、或百、或十，將該吏拿赴京來，斬首以除民患。

《大誥續編·牙行》 天下府、州、縣、鎮店去處，不許有官牙、私牙。一切客商應有貨物，照例投税之後，聽從發賣。敢有稱係官牙、私牙，許隣街坊廂拿獲赴京，以憑遷徙化外。若係官牙，其該吏全家遷徙。敢有爲官牙、私牙，兩隣不首，罪同。巡闌敢有刁蹬多取客貨者，許客商拿赴京來。不應税而税者，且如海南民有娶新婦者，其縣官將下禮牲口並新婦俱要税錢，已行拿赴京師，治以死罪。今山東膠水縣丞歐陽祥可，不鑒前非，又將人家下禮牲口索要税錢，詐取財物，自取之罪，安可逃乎？所以罪同海南縣官者，爲其蹈惡也。

《大誥三編·私牙騙民》 軍民有違令而不從教者，莫甚於應天府上元、江寧兩縣民劉二等，軍丁王九兒等一十四名。先爲天下府、州、縣及人烟輳集村店、馬頭去處，客商人等販賣物貨，多被官私牙行等高擡低估，刁蹬留難，使客商不得其便。商有强者，本利無虧。才有淳良者，皆被牙行所制，本利俱傷，亦且留難遲滯。所以《續誥》頒行，明彰禁治。其劉二等暗出京師百里，地名邊湖，稱爲牙行，恃强阻客，以至拿縛赴京，常枷號令，至死而後已，家遷化外。此《誥》一出，所在人民，觀此以爲自戒。倘不奉命，罪同劉二等。

《大明律》卷二《吏律·職制·大臣專擅選官》 凡除授官員，須從朝廷選用。若大臣專擅選用者，斬。若大臣親戚，非奉特旨，不許除授官職。違者，罪亦如之。其見任在朝官員，面諭差遣及改除，不問遠近，託故不行者，並杖一百，罷職不叙。

《大明律》卷二《吏律·職制·文官不許封公侯》 凡文官非有大功動於國家而所司朦朧奏請，輒封公侯爵者，當該官吏及受封之人，皆斬。其生前出將入相，能除大患，盡忠報國者，同開國功動一體封侯謚公，不拘此律。

《大明律》卷二《吏律·職制·官員襲廕》 凡文武官員應合襲廕職事，並令嫡長子孫襲廕。如嫡長子孫有故，嫡次子孫襲廕。若無嫡次子孫，方許庶長子孫襲廕。如無庶出子孫，許令弟姪應合承繼者襲廕。若庶出子孫及弟姪不依次序攙越襲廕者，杖一百，徒三年。其軍官子孫年幼未能承襲者，申聞朝廷，紀録姓名，關請俸給，優贍其家。候年一十六歲，方令襲職，管軍辦事。如委絶嗣，無可承襲者，亦令本人妻小，依例關請俸給，養贍終身。若將異姓外人，乞養爲子，瞞昧官府，詐冒承襲者，乞養子杖一百，發邊遠充軍。本家所關俸給，截日住罷。他人教令者，並與犯人同罪。若當該官司知而聽行，與同罪；不知者，不坐。

《大明律》卷二《吏律·職制·濫設官吏》 凡内外各衙門，官有額

定員數而多餘添設者，當該官吏，一人杖一百，每三人加一等，罪止杖一百，徒三年。若吏典、知印、承差、祇候、禁子、弓兵人等，額外濫充者，杖一百，遷徙。容留一人，正官笞二十，首領官笞三十，吏笞四十，每三人各加一等。並罪止杖一百。罪坐所由。其罷閑官吏，在外干預官事，結攬寫發文案，把持官府，蠹政害民者，並杖八十，於犯人名下，追銀二十兩，付告人充賞。仍於門首書寫過名。三年不犯，官爲除去；再犯，加二等遷徙。有所規避者，從重論。若官府稅糧由帖、户口籍册，雇募攢與者，勿論。

《大明律》卷二《吏律・職制・官員赴任過限》 凡已除官員，在京者，以除授日爲始，在外者以領照會日爲始，各依已定程限赴任。若無故過限者，一日笞一十，每十日加一等，罪止杖八十。並附過還職。若代官已到，舊官各照已定限期，交割户口、錢糧、刑名等項及應有卷宗、籍册完備，無故十日之外不離任所者，依赴任過限論，減二等。其中途阻風被盜，患病喪事，不能前進者，聽於所在官司給憑，以備照勘。若有規避、詐冒不實者，從重論。當該官司，符同保勘者，罪同。

《大明律》卷二《吏律・職制・無故不朝參公座》 凡大小官員，無故在内不朝參，在外不公座署事，及官吏給假限滿，無故不還職役者，一日笞一十，每三日加一等，各罪止杖八十，並附過還職。

《大明律》卷三《吏律・公式・上書奏事犯諱》 凡上書，若奏事，誤犯御名及廟諱者，杖八十。餘文書誤犯者，笞四十。若爲名字觸犯者，杖一百。其所犯御名及廟諱，聲音相似，字樣分别，及有二字止犯一字者，皆不坐罪。若上書及奏事錯誤，當言原免而言不免，當言千石而言十石之類，有害於事者，杖六十。申六部錯誤，有害於事者，笞四十。其餘衙門文書錯誤者，笞二十。若所申雖有錯誤，而文案可行，不害於事者，勿論。

《大明律》卷三《吏律・公式・出使不復命》 凡奉制勅出使不復命，干預他事者，杖一百。各衙門出使不復命，干預他事者，常事杖七十，軍情重事杖一百。若越理犯分，侵人職掌行事者，笞五十。若回還後，三日不繳納聖旨者，杖六十，每二日加一等，罪止杖一百。不繳納符驗者，笞四十，每三日加一等，罪止杖八十。若有所規避者，各從重論。

《大明律》卷三《吏律・公式・同僚代判署文案》 凡應行官文書，而同僚官代判署者，杖八十。若因遺失文案而代者，加一等。若有增減出入，罪重者，從重論。

《大明律》卷三《吏律・公式・封掌印信》 凡内外各衙門印信，長官收掌，同僚佐貳官，用紙於印面上封記。俱各畫字。若同僚佐貳官差故，許首領官封印，違者，杖一百。

《大明律》卷三《吏律・公式・擅用調兵印信》 凡總兵將軍及各處都指揮使司印信，除調度軍馬、辦集軍務、行移公文用使外，若擅出批帖，假公營私，照送物貨者，首領官、吏，各杖一百，罷職役不叙。正官奏聞區處。

《大明律》卷三《吏律・公式・信牌》 凡府州縣置立信牌，量地遠近，定立程限，隨事銷繳。違者，一日笞一十，每一日加一等，罪止笞四十。若府州縣官，遇有催辦事務，不行依律發遣信牌，輒下所屬守併者，杖一百。謂如府官不許入州衙，州官不許入縣衙，縣官不許下鄉村之類。其點視橋梁圩岸、驛傳遞鋪，踏勘災傷，檢屍，捕賊，抄劄之類，不在此限。

《大明律》卷四《户律・户役・私役部民夫匠》 凡有司官私役使部民，及監工官私役使夫匠出百里之外，及久占在家使喚者，一名笞四十，每五名加一等，罪止杖八十。每名計一日，追給僱工錢六十文。若有吉凶及在家借使雜役者，勿論。其所使人數，不得過五十名。每名不得使過三日。違者，以私役論。

《大明律》卷七《户律・倉庫・私借錢糧》 凡監臨主守，將係官錢糧等物，私自借用，或轉借與人者，雖有文字，並計贓以監守自盜論。其非監守之人借者，以常人盜倉庫錢糧論。若將自己物件，抵换官物者，罪亦如之。

《大明律》卷七《户律・倉庫・私借官物》 凡監臨主守將係官什物、衣服、氈褥、器玩之類，私自借用，或轉借與人，及借之者，各笞五十。過十日，各坐贓論，減二等。若有損失者，依毀失官物律，坐罪，追賠。

《大明律》卷七《户律・倉庫・那移出納》 凡各衙門收支錢糧等物，已有文案勘合，若監臨主守不正收、正支，那移出納，還充官用者，並計贓，准監守自盜論。罪止杖一百，流三千里，免刺。若不給半印勘合，擅

出權帖；或給勘合，不立文案放支；及倉庫不候勘合，或已奉勘合，不附簿放支者，罪亦如之。其出征鎮守，軍馬經過去處，行糧草料，明立文案，即時應付，具數開申合干上司，准除，不在擅支之限。違者，杖六十。

《大明律》卷七《户律·倉庫·守支錢糧及擅開官封》 凡倉庫官攢、斗級、庫子，役滿得代，所收錢糧官物，并令守支盡絶。若無短少，方許給由。其有應合相沿交割之物，聽提調官吏、監臨盤點見數，不得指廒指庫交割。違者，各杖一百。若官物有印封記，其主典不請原封官司而擅開者，杖六十。

《大明律》卷七《户律·倉庫·出納官物有違》 凡倉庫出納官物，當出陳物而出新物，應受上物而受下物之類，及有司和雇和買，不即給價，若給價有增減不實者，計所虧欠及多餘之價，坐贓論。若應給俸禄，未及期而預給者，罪亦如之。其監臨官吏，知而不舉，與同罪。不知者，不坐。

《大明律》卷七《户律·倉庫·收糧違限》 凡收夏税，於五月十五日開倉，七月終齊足，秋糧，十月初一日開倉，十二月終齊足。如早收去處，預先收受者，不拘此律。若夏税違限，至八月終，秋糧違限，至次年正月終，不足者，其提調部糧官吏典，分催里長、欠糧人户，各以十分爲率，十分不足者，杖六十，每一分，加一等，罪止杖一百。受財者，計贓以枉法從重論。若違限，一年之上不足者，人户、里長，杖一百，遷徙。提調部糧官、吏典，處絞。

《大明律》卷一二《禮律·儀制·御賜衣物》 凡御賜百官衣物，使臣不行親送，轉附他人給與者，杖一百，罷職不叙。

《大明律》卷一二《禮律·儀制·失誤朝賀》 凡朝賀及迎接詔書，所司不預先告示者，笞四十。其已承告示，而失誤者，罪亦如之。

《大明律》卷一二《禮律·儀制·失儀》 凡祭祀及謁拜園陵，若朝會行禮差錯，及失儀者，罰俸錢半月。其糾儀官，應糾舉而不糾者，罪同。

《大明律》卷一二《禮律·儀制·奏對失序》 凡在朝侍從官員，特承顧問，官高者，先行回奏。卑者以次進對。若先後失序者，各罰俸錢半月。

《大明律》卷一二《禮律·儀制·見任官輒自立碑》 凡見任官，實無政跡，輒自立碑建祠者，杖一百。若遣人妄稱己善，申請於上者，杖八十。受遣之人，各減一等。

《大明律》卷一二《禮律·儀制·禁止迎送》 凡上司官及使客經過，若監察御史、按察司官出巡按治，而所在各衙門官吏出郭迎送者，杖九十。其容令迎送不舉問者，罪亦如之。

《大明律》卷一二《禮律·儀制·公差人員欺凌長官》 凡公差人員在外，不循禮法，欺凌守禦官及知府知州者，杖六十，附過還役。歷過俸月不准。若校尉有犯，杖七十。祗候、禁子有犯，杖八十。

《大明律》卷一三《兵律·宫衛·宿衛守衛人私自代替》 凡宫禁宿衛，及皇城門守衛人，應直不直者，笞四十。以應宿衛守衛人，私自代替，及替之人，各杖六十。以别衛不係宿衛守衛人冒名私自代替，及替之人，各杖一百。百户以上，各加一等。若在直而逃者，罪亦如之。京城門，減一等。各處城門，又減一等。親管頭目，知而故縱者，各與犯人同罪；失覺察者，減三等；有故而赴所管告知者，不坐。

《大明律》卷一三《兵律·宫衛·懸帶關防牌面》 凡朝參文武官及内官，懸帶牙牌鐵牌。廚子、校尉入内，各帶銅木牌面。如有遺失，官罰鈔二十貫，廚子、校尉罰鈔一十貫。若有拾得，隨即報官者，將各人該罰鈔貫充賞。有牌不帶，無牌輒入者，杖八十。借者及借與者，杖一百。事有規避者，從重論。隱藏者，杖一百，徒三年。首告者，於犯人名下，追鈔五十貫充賞。詐帶朝參及在外詐稱官員名號，有所求爲者，絞。僞造者，斬。首告者，於犯人名下，追鈔一百貫充賞。

《大明律》卷一五《兵律·廄牧·私借官畜産》 凡監臨主守，將係官馬、牛、駝、騾、驢私自借用，或轉借與人，及借之者，各笞五十，驗日追雇賃錢入官。若計雇賃錢重者，各坐贓論，加一等。

《大明律》卷一五《兵律·廄牧·公使人等索借馬匹》 凡公使人等，承差經過去處，索借有司官馬匹騎坐者，杖六十。驢、騾，笞五十。官吏應付者，各減一等。罪坐所由。

《大明律》卷一七《兵律·郵驛·私役鋪兵》 凡各衙門一應公差人

員，不許差使舖兵挑送官物及私己行李。違者，笞四十。每名計一日，追雇工錢六十文入官。

《大明律》卷一七《兵律·郵驛·多乘驛馬》 凡出使人員，應乘驛船驛馬數外多乘一船一馬者，杖八十。每一船一馬，加一等。若應乘驢而乘馬及應乘中等、下等馬而勒要上等馬者，杖七十。因而毆傷驛官者，各加一等。若驛官容情應付者，各減犯人罪一等。其應乘上等馬，而驛官却與中等、下等馬者，罪坐驛官。本驛如無上等馬者，勿論。若枉道馳驛及經驛不換船馬者，杖六十；因而走死驛馬者，加一等。追償馬匹還官。其事非警急，不曾枉道而走死驛馬者，償而不坐。若軍情警急，及前驛無船馬倒換者，不坐，不償。

《大明律》卷一七《兵律·郵驛·多支廩給》 凡出使人員，多支廩給者，計贓，以不枉法論。當該官吏與者，減一等；强取者，以枉法論，官吏不坐。

《大明律》卷一七《兵律·郵驛·占宿驛舍上房》 凡公差人員，出外幹辦公事，占宿驛舍正廳上房者，笞五十。

《大明律》卷一七《兵律·郵驛·乘驛馬齎私物》 凡出使人員應乘驛馬，除隨身衣仗外，齎帶私物者，十斤杖六十，每十斤加一等，罪止杖一百。驛驢，減一等。私物入官。

《大明律》卷一七《兵律·郵驛·私役民夫擡轎》 凡各衙門官吏，及出使人員，役使人民擡轎者，杖六十。有司應付者，減一等。若富豪之家，役使佃客擡轎者，罪亦如之。每名計一日，追給雇工錢六十文。其民間婦女，若老病之人，及出錢雇工者，不在禁限。

《大明律》卷一七《兵律·郵驛·承差轉雇寄人》 凡承差起解官物、囚徒、畜產，不親管送，而雇人寄人代領送者，杖六十。因而損失官物畜產，及失囚者，依律各從重論。受寄、受雇人，各減一等。其同差人自相替放者，各笞四十。取財者，計贓以不枉法論。若事有損失者，亦依損失官物及失囚律追斷，不在減等之限。

《大明律》卷一七《兵律·郵驛·乘官畜產車船附私物》 凡因公差，應乘官馬、牛、駝、騾、驢者，除隨身衣仗外，私馱物不得過十斤。違者，五斤笞一十，每十斤加一寺，罪止杖六十。不在乘驛馬之條。其乘船車者，私載物不得過三十斤。違者，十斤笞一十，每二十斤加一等，罪止杖七十。家人隨從者，皆不坐。若受寄私載他人物者，寄物之人同罪。其物並入官。當該官司，知而容縱者，與同罪；不知者，不坐。若應合遞運家小者，不在此限。

《大明律》卷一七《兵律·郵驛·私借驛馬》 凡驛官，將驛馬私自借用，或轉借與人，及借之者，各杖八十。驛驢，減一等。驗日追雇賃錢入官。若計雇賃錢重者，各坐贓論，加二等。

《明史》卷九五《刑法志》 祖制，凡朝會，廠衛率屬及校尉五百名，列侍奉天門下糾儀。凡失儀者，即褫衣冠，執下鎮撫司獄，杖之乃免，故韜言及之。

《明太宗寶訓》卷二《恤民》〔永樂元年二月〕戊辰，上諭户部、兵部臣曰：數年用兵，軍民皆困。今方與之休息，數有令擅投一軍一民者，處重法。比聞衛所、府縣都不遵承，仍襲故弊，私擅差役如驅犬羊，無復分毫矜恤之意。是上不敬君命，下不恤人窮，人之蘓息何遂？爾等其申明前令，自今有犯者，誅不宥。

（明）卜世昌等《明通紀述遺》成祖文皇帝丁亥永樂五年三月 守衛官有於皇城下誦經不輟者。上召諭之曰：爾身備宿衛，不用心防奸，乃一志誦經，可乎？若存心忠孝，不越分違法，自然有福。如無是數者，而望有福無禍，得乎？今後仍於宿衛之所誦經者，必罪不宥。

《明英宗寶訓》卷三《振風紀》 正統七年十一月甲申，勑諭三法司、錦衣衛曰：朝廷以紀綱爲首，御史職紀綱之任，不可不慎擇也。如監察御史時紀，因差往陝西，枉道回家，及與長垣縣縣丞蕭節之夤緣交結，挾勢娶民間女子爲妾，背違禮法，有玷風紀，已付法司問罪。自今爾等差官出外，必精選知禮義廉耻、明達大體、無貪污淫穢之行，然後遣之。仍嚴加戒飭，庶紀綱以正，不辱朝廷之使命。如所遣及在任敢有不遵戒飭，違禮犯法者，爾堂上官即具實舉奏，以憑降黜。若堂上狥情黨比，以致賢否混淆，曠職廢事，并罪不宥。

（明）鄧士龍《國朝典故》卷四八《天順日録》 初石彪事發，言官密奏。明日，大班劾之，即有漏泄於彪者。上召賢曰：羣臣黨惡如此，不可不戒！賢對曰：誠如旨意。乃勑諭百官：今後文武大臣，無故不

許往來，近侍官不許造大臣新宅，錦衣衛官亦然。於是，莫不肅静。天下聞之，亦皆悚息，交通之弊遂止。

《明史》卷一二《英宗後紀》〔天順三年〕秋八月庚戌，石彪有罪，下錦衣衛獄。己未，禁文武大臣、給事中、御史、錦衣衛官往來交通，違者依鐵榜例論罪。

（明）戴金《明條法事類纂》卷一二《户部類・私役部民夫匠・定内外官員導從及京官回鄉不許引導並責打吏民例》 成化元年十月十五日，禮部尚書姚等題，爲遵復舊例等事。儀制清吏司案呈，奉本部送禮科抄出該巡按河南監察御史趙欲題一件：禁違僭。竊見文武官員隨從，本爲闢除行人，非徒聳人觀美，然亦須自揣官品崇〔年〕〔卑〕用之可也。在京引導已有定例，但在外引導查無事〔倒〕〔例〕。以此，在京各衙門大小官員及進士出外，肆無忌憚，有用導從六七對者，有二人同行，共擺十餘對者。多役皂隸擺列，深爲勞擾小民。至於錫〔鑿〕〔槊〕，尤無禁治。但係京官出外，不顧名分大小，及在外有司五品職官，亦皆一概備用。非〔爲〕〔惟〕驕奢過當，抑且禮法不宜。再看得各處三司及直隷府州〔衛〕所〔屬〕〔轄〕人民，但任京〔官〕者回還，道經鄉里地方，往往亦皆多擺導從，責罰吏民。父母之邦，豈宜如此！如蒙乞敕禮部斟酌臣言，奏請定例通行内外衙門。合無今後兩京差出官員除各衙門堂上〔官〕、五府、順天、應天二府五品以上並翰林院、春坊司、經局、六部各司、近侍、風憲、法司、行人司俱七品以上官；在外除方面並各府運司四品以上官，許用錫槊〔連〕〔藤〕棍，多不許〔過〕三對。若多官同行，共用一人導從，不許各官通擺。其餘京官出外，及在外五品六品官，許用導從二對。不許僭用錫槊。在外七品八品許用一對。九品以下止用一人在前〔引導〕。如違，許令巡按御史、按察司官先將隨從拿問，器具入官。京官及在外五品以上者，參奏。外官應拿問者，拿問。及三司並直隷府所轄人民除授京官，還回鄉里之邦，不許引導，責打吏民。如違，許巡按御史、按察司官參奏，法司拿問。如此，庶使禮法一定，而無故違僭等之弊，具本。該通政使司官奏，奉聖旨：該衙門知道。欽此。欽遵，抄出送司。查得《洪武禮制》，官員儀從數内，止有牙放骨朶、立瓜、臥瓜等項，各有等級，查無錫槊、藤棍制度。近年以來，京官出外及在外方面並五品以上，俱用錫槊、藤棍、鋼叉，緣由禁例〔不明〕，以致内外大小官具濫用導從。各處京官回還鄉里，亦皆多擺導從，責罰〔及〕〔吏〕民，殊無體統，有〔乘〕〔乖〕風俗。御史趙欲所言，誠爲有理。合當通行禁約，除在京合用儀從，仍照見行事〔理〕〔例〕外，今後京官出外，及在外官員，各照品級，所用錫槊、藤棍、鋼叉等項儀從，不許僭越，擺列引導。府州縣催徵，〔用〕竹棍，荆杖，巡捕用叉刀之類導從者，不在禁限。〔着〕回還鄉里，本府、州、縣、衛、所，不分大小官員，並不許引導，責打吏民。如有故違，巡按御史並按察司官嚴加究治。應拿問者拿問，應奏請者奏請。各風憲官僭用，亦許指實具奏。緣係禁約事理，未敢擅更，具題。奉聖旨：是。欽此。

（明）戴金《明條法事類纂》卷二二《禮部類・服舍違式・官員人等不許僭用服色例》 成化二年二月二十日，禮部儀制清吏司爲禁約事。該本部尚書姚奉天門欽奉聖旨：如今官員軍民人等，多有不遵定制，僭用服色花樣，及婦女人僭用衣服、寶石頭面，好生違禮犯分。恁禮部官出榜，於南、北二京張掛禁約。今後敢有仍前僭用者，輕則依律問罪，重則〔以〕〔必〕殺不饒。欽此。欽遵到部除補核奏外，查得永樂二十年十月二十一日，禮部官欽奉聖旨：洪武年間定立官員人等冠衣〔服〕器皿、房屋等項制度，明著條章，頒行天下。曩者廖永忠、胡惟庸、藍〔王〕〔玉〕擅作威福，謀爲不軌，皆因其所用器皿服飾僭分，一旦敗露，滅族，亡家，人所共知。及朕即位以來，都督陳質不鑒前非，仍蹈覆〔輒〕〔轍〕，居處僭用親王法物，置造龍鳳袍服，朱紅器皿，事敗身亡家破。恐官員軍民人等不知禮法，誤罹刑憲，已敕該部遵依舊制，出榜申明中外，使其安分守禮，共享太平之〔福〕。近者官員人等猶有越禮僭分者，恁禮部將冠服等項制度畫圖出榜，再行申明，教多人知道。敢有仍前犯者，治罪如律。欽此。欽遵。及查得先準都察院咨，天順二年閏二月初六日，節該欽奉聖旨：蟒龍、飛魚、斗牛、大鵬、象生獅子、四寶相花、大西番蓮並玄黄紫及玄色樣，黑緑、柳黄、薑黄，俱係内府供應之數。今在京在外無知之徒，往往私自織繡染造僭用，以致貴賤不分，尊卑無别，越禮犯分，莫甚於此。恁都察院便出榜曉諭禁約，今後敢有仍前偷效先等花樣、顔色、織繡、染造私賣僭用的，拿來本身處死，全家充軍。欽此。已經通行

出榜禁約去後。今奉前因，合行連送該司，仰行刑部該司呈堂，一體欽遵施行。

（明）戴金《明條法事類纂》卷二二《禮部類・服舍違式・申明僭用服飾器用並挨究製造人匠問罪例》 成化二年八月初二日，禮部尚書姚等題，爲陳言事。儀制清吏司案呈，準別卷付户科抄出本科給事中丘弘題一本：抑奢僭：臣聞民俗奢儉，國脈之盛（衷）〔衰〕繫焉。《易》曰：節以制度，不傷財，不害民誠知爲國者，不可不因民之流弊而爲之節也。竊照近年民俗，日事奢侈，富貴之族，食祿之家，竊奢極巧，驕肆無度。至有一服器價值千金，一筵宴用費萬錢。軍民僧道，皆得以服錦繡之服、金綫之靴，娼優下賤。皆得以用寶石首飾，金織衣袍。床（惟）〔帷〕屋壁，擬於（官）〔宫〕闕，飲食器皿，僭以金玉。惟事（聞）〔門〕麗而誇多，不顧踰禮以僭分。民之奢侈，一至於此。若不痛爲禁革，將見財竭民窮，爲患非輕。昔大禹卑（官）〔宫〕菲食，率天下以儉而民從之，故孔子稱其無間。臣願陛下師法大禹，以道德仁義爲麗，以敦本尚質爲文。遠珍奇，絶玩好，痛自裁抑，以先天下。〔仍〕敕禮部、都察院定議禮（儀）制度，等第，出榜通行天下，以禁流弊。除文武大小民員衣服許用紗羅紵絲，花樣照依品級，器皿止許用銀，首飾不許用金，其餘軍民、舍餘、僧道、吏典、倡優人等，衣服許用綾絹布，不得僭用織金花樣、金綫皂靴，首飾不許用銀，器皿止用磁漆。其寶石，一應官民不許僭用。敢有似前違禁越分僭用者，將犯人並製造匠人通行拿送法司，枷號示衆，治以重罪。如此，則上下有章，用度有禮，非惟可以去奢侈而禁僭踰，抑亦可以節財用而厚民生矣。具奏。成化二年七月二十四日，本官於奉天門欽奉聖旨：該衙門知道，可行的具奏施行。欽此。欽遵抄出到部。議得前件，查得永樂七年四月二十二日，該行在禮部右給事中張益同科都給事中張信於奉天門，節該欽奉太宗文皇帝聖旨：服飾器用，已有定制。如今又有不依着行的，恁説與禮部，着他將那榜上式樣畫出來，但是匠人，每給與他一個樣子，着他看做。敢有違了式做的，拿來淩遲了。欽此。欽遵已（禁）〔經〕榜示通行禁約外。查得成化二年二月二十二日，本部官〔於〕奉天門欽奉聖旨：如今官員軍民人等，多有不遵定例，僭用服色花樣，及婦人僭用渾金衣服、寶石頭面，好生違禮犯分！恁禮部便出榜，於南北二京張掛禁約。今後敢有仍前僭用者，輕則依律問罪，重則必殺不饒。欽此。欽遵，已經查照永樂年間聖旨事例，通行借出榜〔示〕欽遵去後。今給事中丘弘又奏，要定以禮儀、制度，通行禁約，緣服舍器用俱有定例，合無將本官所言事理，再行申明禁約。在京行巡（衙）〔城〕御史及五城兵馬，在外行各布按二司直隸、順天等府州縣官員，嚴督官吏、軍民人等遵守奉行。如有違犯，就便捉拿犯人，並挨究製造人匠，照依原奉欽依事例問罪發落。緣係申明事例，不敢擅便，具題。奉聖旨：是。欽此。

（明）戴金《明條法事類纂》卷二二《禮部類・失儀・給事中御史中書立班筵宴次序例》 成化四年正月初十日，禮部尚書姚等題，爲禮儀事。該禮科參看得，中書舍人李應禎等題稱，慶成宴要在給事中、御史之前。照得我朝筵宴位次，行之年久，已有定制。今各官以口腹小事，煩瀆聖聽，況係己事，例該具本，赴通政使司投進，不合用白頭題本徑進，及將旨意批寫歪斜，事屬有違，宜從抄出，奏請施行等因。合無申明定例，通行遵守。今後凡遇傳制等項行禮，例無侍班官，止有給事中導駕，其糾儀御史合仍於給事中之下稍（尚）〔南〕立。其遇聖節、正旦、冬至及頒詔等項大禮，既有導駕給事中，又有翰林院中書舍人侍政官員，糾儀御史合於侍班官之下稍南立。所有丹墀内宴序，合仍照遞年之例，中書舍人於給事中、御史後立坐。光禄寺擺設各官席而務有均一，不得仍有厚薄之問。仍通行各衙門知會。再有故違者，宜從鴻臚寺及糾儀官舉劾治罪。具題。次日，奉聖旨：准議。禮科挾私妄參，本當究問，且饒這遭。宴序只照正統年間事例行。欽此。

《明憲宗寶訓》卷二《正風化》 成化五年四月乙丑，御用監左監丞龍閏娶南和伯方瑛妾許氏爲妻，事覺。

上曰：在昔，帝王以内官給事内庭，以其絶生道、無外顗也。今閏在外娶妻，何異常人？其即離異，閏仍送司禮監處治之。

（明）戴金《明條法事類纂》卷二二《禮部類・失儀・午門外筵宴不許喧雜失儀例》 成化六年十一月二十一日禮部題，爲筵宴失儀事。儀制清吏司案呈，該江西等道監察御史魏景釗等題，照得成化六年十月十四日該臣等於午門外侍班，恭遇皇太后聖旦，欽蒙賜宴，文武百官於午門外東西照依欽定資次序坐。中間有等官員不體聖恩，肆無忌憚，有於即席之初

而去者，有不候終席而去者。先後雜錯，叩頭無序，非爲禮儀失度，抑且外觀不美。但干礙人衆，一時難以查究。如蒙乞敕該部，行移各衙門知會，今後凡遇午門外筵宴，務要序坐整飭，著（合）〔令〕鴻臚寺序班往來巡視。俱要終宴，候大臣出席，方許隨班序立叩頭。若有仍前錯雜，禮儀不謹，并攙越坐次者，許序班就便拿送問。庶幾人知警懼，朝儀整肅等因，具本奏。奉聖旨，禮部知道。欽此。欽遵抄出送司。查得成化四年十二月二十六日該本部題，照得該宴，文武群臣東西以序次坐，已有定制。近年以來，有等與宴官員不遵制定〔度〕，攙越班次，甚失大體，有乖禮度，已經奏准令各遵守外，今監察御史魏景釗等題奏前事，係是禮儀重事，合准所言。今後凡遇午門外賜宴，其文武（有）〔百〕官務要遵依舊制，各照品級，東西相向，以次序立。不許先後錯雜，攙越班次，喧譁放肆。宴終仍在各席，俱候大臣出，方以次而出，照依品級隨班序立。待鳴贊唱叩頭，方許叩頭而退。序班往來巡視，若有似前（困）〔不〕遵禮法，先後錯雜者，〔肆〕無忌憚，不候（人）〔大〕臣出席而先出，不伺（鴻）〔鳴〕贊唱禮而先退者，許監察御史同鴻臚寺官具奏拿問。本部仍行各衙門一體遵守。成化六年十月二十一日本部尚書鄒等奏。奉聖旨：是。欽此。

（明）戴金《明條法事類纂》卷四四《刑部類·囑託公事·各衙門并內府等處差來人員囑託公事者不分真僞拏送法司問罪枷號一個月發落若干礙官豪勢要人員另奏聞區處例》 成化八年十月十六日，都察院左都御史李等題，爲陳言民情事。雲南道呈户科抄出順天府府尹李裕等奏：照得本府所屬地方，連年水旱災傷，人民饑窘，謹將寬恤事例條陳，開坐上瀆宸聰，（狀）〔伏〕乞（時）下所司計議施行。內一件：宛、大二縣，多有玩法之徒，詐稱各衙門差來人役説事，挾要准行。又有等在外詐稱內府差出催辦公事之人，或在途中、或在衙門，遇見吏典里長，就行拖撦，需索酒令，討要財物，多被逼迫逃（朶）〔躲〕，缺人應役。如蒙乞敕都察院出榜，於各衙門張掛曉諭，但有前項詐僞公差並説事之人，不分真僞，許就拏送法司，明正其罪，枷號示衆，庶使心知警懼等因，具題。奉聖旨：該衙門知道。欽此。欽遵抄出到道，具呈到院。臣等節該伏覩《大明律》內一款：凡官吏諸色人等，曲法囑託公事者，笞五十，但囑即坐。當該官吏聽從者，與同罪。若事已施行者，杖一百。所枉罪者，官吏以故入人罪論。若監臨勢要爲人囑託者，杖一百。所枉重者與官吏同罪。若受贓者，並計贓以枉法從重論。又一款：詐稱官司差遣而捕人，及詐冒官員姓名者，杖一百徒三年。若詐稱見任官子孫弟侄家人總領，於按臨部內有所求爲者，杖一百。若得財者，並計贓准竊盜從重論。其當該官司知而聽行，與同罪。欽此。緣京城之內，國方輻輳，諸人雜處，中間若有奸詐之徒，輕玩法律，肆無忌憚，多方設計，誆人錢物。或詐稱各衙門差委人員，或詐僞錦衣衛行事旗校，或冒內府幹辦名色，或冒官豪貼身家小，專一在外兜攬公事，出入衙門，詐傳言論，揑手貼，不論曲直，任情囑託。各衙門官吏，詐僞往往曲爲聽從，不敢辯論。以致公道不行，是非顛倒。其奸詐之徒，自爲得計。凡遇一應穀錢、物料、銓選、刑名、户婚、田土、軍解、匠役之類，悉爲打攪，作弊多端，難以枚舉。妨政害事，莫此爲甚。今順天府奏要將此等詐僞之徒出榜禁約，不分真僞，拏送法司，明正其罪，枷號示衆一節。臣等查得見行事例，凡索要運糧官軍財物，打攪商税等項，俱枷號示衆。其前項詐僞説事之徒，情法尤重。若不嚴加禁治，誠恐詐僞日興，公道日廢。合無准其所奏，通行在京大小衙門，各持公道行事。就將前項禁絶緣由，自出印信告示，於本衙門前曉諭。凡遇稱説各衙門并內府等處差來人役，除送印信公文外，其餘囑託公事者，不分真僞，徑自拏送法司，依律問罪，枷號一個月，滿日照例發落。其各衙門官吏，不持公道，曲法聽從，事發一體拏問如律。若干礙官豪勢要人員，另行奏聞區處。庶奸詐自息，公道自行。緣係事例，及奉欽依該衙門知道事理，未敢擅便，具題。次日奉聖旨：是。欽此。

（明）戴金《明條法事類纂》卷二一《禮部類·失儀·點閘糾舉進表拜正旦等節習儀官員失儀例》 成化十一年十一月十一日，都察院爲整肅禮儀事，准禮部咨禮科抄出，南京、湖廣道監察御史楊成奏：竊聞禮制明則上下之分定，禮文備則臣子之敬行，此天地之常經，古今之宜誼，君天下者莫不以此爲先務。我國家承平百有餘年，典制詳明，儀文宣著，實由太祖高皇帝、（太）〔成〕祖文皇帝酌古准今，以昭示天下，而列聖相承，率由成憲，歷千萬世不可易者。然所司奉行既久，不能無廢舉之失。如進表、習儀等禮，皆有定制，照得南京近年以來，一應禮儀多未修舉。

（此）〔比〕者，成化十一年九月初九日，南京各衙門拜進萬壽聖節表文，以奉南京都察院告示，前往南京中軍都督府糾儀行禮之時，適值天雨，各軍都督府及所屬四十八衛等衙門官員，不過有約三、四十員之（教）〔數〕。且行立失序，跪拜參差。至於導送入張雨傘，其間有策馬前馳者，有便先回者。及出三山門外，又止見十數員而已。悖禮不敬，莫此爲甚。原其所由，蓋雖有官糾儀，無憑查考，以致各官視爲泛常，但務放逸，恬不知謹。再照南京每年正旦、冬至等項習儀行禮，除堂上官僅見遵守外，其次，或部屬立於近侍之前，或佐式立於正官之上。有不具朝服而適己自便者，有（之）立班次而躐（皆）〔階〕談笑者。甚至公、侯、伯等官家人隸卒，各報（？）狀，混列丹墀之内，公然言笑喧譁。如此褻慢，不可悉舉。臣竊以南京係根本重地，大禮舉行尚有如此之失，則在外司府州縣又可知矣。若不通行整肅，臣恐因襲愈久，失禮愈甚。如蒙乞敕禮部計議，今後凡遇進表、習儀等項行禮，先期各該大小衙門將隨班行禮官吏人等員名開具印信手本，送赴該掌禮衙門，轉行糾儀等官，使有憑據，得以查考。至期務要悉照舊例行禮，如（省）〔有〕前項失儀等事，照依孝陵行禮事例，會官點（間）〔閘〕，指實奏聞區處。如糾儀官（狗）〔徇〕（精）〔情〕不舉及舉不當者，事發，一體治罪。其在外各布政司府州縣，聽巡按御史、按察司官糾舉。仍乞敕該部申明舊典，行移南京禮〔部〕及（各）該衙門通行遵守。如此，則已往雖不可懲，庶幾將來者，亦知所警，而臣下敬君之禮萬一至矣。己惟此禮之行，得失雖見於一時，觀瞻實關乎大禮，臣大罪，言路豈容緘默。緣係整肅禮儀事理，具奏。奉聖旨：該部看了來說。欽此。欽遵抄出到部，緣係禮儀，合准所言，行移南京禮部轉行南京各衙門。今後如遇進表及各節習儀等項行禮，俱要各衙門（點）〔照〕例將隨班行禮官吏、監生人等姓名，開具手本，赴南京禮部該司官及糾儀監察御史并南京鴻臚寺官處，一體點閘。如有失儀等項，糾奏挐問。其在外都、布、按三司并衛府州縣，如有前項怠慢失儀者，聽禮生舉呈，轉行巡按監察御史及按察司分巡按挐問如律，照例發落。應奏請旨，徑（白）〔自〕具奏。緣奉欽依該部看了來説事理，奏，奉聖旨：是。欽此。

《明憲宗實訓》卷二《正法》 成化十八年五月壬午，靈丘王府有將軍三人，擅出平陽府城，於佛寺止宿，言欲赴京奏事。巡撫山東右副都御史何喬新等以聞禮部。覆議：靈丘王既不鈐束，又不舉奏，宜降勅切責。本府教授及守城官，亦宜治罪。

上曰：守室擅出王府，朝廷累有明禁。將軍輩乃故犯之，若諸府效尤，何可復制？其本府教授并守城官，令巡按御史究治其罪，以戒其餘。

（明）戴金《明條法事類纂》卷四四《刑部類・囑託公事・禁革吏典納粟冠帶及聽選官出入衙門囑託公事》 成化十八年六月初九日，吏部爲申明禁革事。山西平陽府、絳州軍籍趙俊言，有等鄉民，欲求富貴，頗識字樣，營充吏典，在外兩考，剥削民脂，積利肥家。臨至赴京，慮恐考試不過，轉圖遇例上草，冠帶回籍聽選。又撥二丁供貼，又在有司貪財害人，深爲未便。如蒙乞敕吏部一體禁革便益等因，該通政使司何琮等於奉天門奏。看係民情事理，合着禮部抄出會官議。奉聖旨：是。欽此。欽遵抄單移咨到部，會同各部、都察院、通政使司、大理寺、六科給事中，議得數内一百一十五件，合准所言，宜從吏部等衙門查勘定奪施行。未敢擅便，照例各官奏，奉聖旨：照例。欽此。欽遵。看得近年以來，爲因各處災傷，該巡撫等官，奏將吏典納米納草，赴部免其京考，就與冠帶辦事，滿日給引，放回原籍，聽候行取選用。中間有等在家，不守本分，出入有司衙門，囑託公事，貪財害人。誠如趙俊所言，應合通行。

（清）查繼佐《罪惟録》志卷三一《外志・成化逸紀》 晉府嫡長子奇渭奏乞存留先王時私自淨身二人在府任使，上不許，即以其人送京，仍通行各王府及兩京公侯駙馬伯家，凡有淨身男子，即送京毋隱，違者罪之。

（明）戴金《明條法事類纂》卷四四《刑部類・囑託公事・禁約各衙門不許寫帖子囑託》 弘治元年二月二十五日，該太監覃昌傳奉聖旨：朝廷政事，祖宗俱有成憲，今後五府、六部、都察院、通政司、大理寺等衙門，務要遵守，不許徇情，互相囑託，有虧公道。敢有寫貼子囑託，係内府官的，將帖子連人送與楊鵬，外的送與朱驥，奏來處治。若容隱不挐具奏的，或體得出或被人奏發，都治以重罪不饒。欽此。

（明）戴金《明條法事類纂》卷四四《刑部類・囑託公事・禁約南京内外大小衙門囑託》 一件，欽奉事。弘治元年四月内，該都察院右都御

史馬，節該欽奉聖旨：近來有等官員，不畏律禁，往往徇情，互相囑託，出入人罪；及畏懼權勢，貪饕賄賂，冤抑小民，致天時不好，（和）〔好〕生不便。在京已有禁約，任都察院還行與南京内外大小衙門知道，今後敢有似前囑託的，不拘内外大小官員，該衙門就指實奏來處治。容情囑託，容情不劾，一體以重罪不饒。欽此。

（明）戴金《明條法事類纂》卷四四《刑部類·囑託公事·禁約囑託公事》　弘治元年五月初三日，都察院爲禁約囑託事。户部尚書李等題，伏覩《大明律》内一款：凡官吏諸色人等，曲法囑託公事者，笞五十，但囑即坐。當該官吏聽從者與同罪，不從者不坐。若事已施行者杖一百。所以罪重者，官吏以故出入人罪論。若爲他人及親屬囑託者，減官吏罪三等。自囑託己事者，加本罪一等。若監臨勢要爲人囑託者，杖一百。所枉重者，與官吏同罪。至死者，減一等。若受贓者，並計贓以枉法論。若官吏不避監臨勢要，將囑託公事實跡，赴上司首告，陞一等。欽此。除欽遵外，臣等竊惟囑託之名，事雖若小，囑託之事害實甚大。勢要囑之，官府聽之，顛倒是非。在此出入人罪，在（此）〔彼〕貧難者負屈無伸，財富者僥倖得脱，政事以之而龐雜，軍民由是而怨讟，以致天心震怒，災異迭興，水旱災傷，皆其所召。其爲害也，豈淺淺哉？肆我太祖高皇帝混一海宇，定爲律（定）〔令〕，而於囑託之條尤加詳焉。但囑者雖輕即坐，受贓者坐重而科，末復以首告陞等論之。蓋深惡囑託之人，聽從官吏，欲人首出而加之以罪也。當時臣民屬遵謹守，所以刑清政舉，世道亨直。迨今百二十年，法度寬馳，臣民縱肆，律條雖設，罔肯遵守，囑託之害復甚於前日矣。洪惟皇上，出震繼離，體元居正，發正施仁，不可殫紀。近該太監覃傳奉聖旨：朝廷政事，祖宗俱有成憲。五府、六部、都察院、通政司、大理寺等衙門，務要遵守，不許徇情，互相囑託，有虧公道。敢有寫貼子囑託，係内官的，將貼子連人送楊鵬，外官的送與朱驥奏來處治。若容隱不擧，具奏或體察得出，或被害之人奏（法）〔告〕，都治以重罪不饒。欽此。欽遵。臣聞之，莫不曰大哉王言乎！又不曰一哉王心乎！其即太祖高皇帝立法垂訓之意乎！體太祖之心、行太祖之法，則太祖威令復振於今日矣。天下臣民何其幸歟！伏自綸音下，囑託屏息，間有一二無知者，臣等將貼子連人送太監楊鵬處，具奏處治外，至今衙門肅靖，無敢復蹈前非者。皇上復慮，南京亦有此弊。又該都察院左都御史馬欽奉聖旨：祖宗設立衙門，各有職掌，爲官的都要遵守法度。近來有等官員，不畏律禁，往往徇情，互相囑託，出入人罪，甚至（無）〔舞〕文弄法，不顧公道，及畏懼勢權，貪饕賄賂，冤枉小民，以致天時不和，好生不便。在京已有禁約，任都察院還行出南京内外大小衙門知道，今後敢有似前囑託的，不拘内外勢要，大小官員，該衙門就指實奏來處治，如容隱不奏，南京科道官糾劾，若科道官囑託，及知有囑託容情不劾，一體治以重罪不饒。欽此。欽遵。南京内外大小衙門恪遵聖諭，必皆奉公守法而政事修矣。兩京已有肅清（王）〔至〕於天下諸司其弊尤多，若不通行禁約，則官吏欺公愈甚，軍民受害無伸，四海不得求清矣。合無乞敕都察院，備云聖旨事意，通行南北直隸及天下司府州縣衛所大小衙門知道，今（復）〔後〕一應政務，悉從公道而行，不許聽從囑託，受賄納賂，虧枉小民。如有權豪勢要，本土刁民，挾制囑託，指實申達，合干上司禁治。容情不擧，巡撫、巡按及按察司官糾察擧問。巡撫、巡按按察司官知而不擧，或體訪得出，或被害之人告發，一體治以重罪。如此，則官知守法，民不被害，天〔下〕法度歸一，祖宗政事可行矣。緣係禁約事理，具題。奉聖旨：是。欽此。

（明）戴金《明條法事類纂》卷四四《刑部類·囑託公事·禁止囑託公事》　弘治六年八月二十七日，刑部尚書白等題，爲應制陳言修省事。河南清吏司案呈，奉本部送准禮部咨，祠祭清吏司案呈，禮科抄出本科左給事中夏昂題稱：節該欽奉敕諭：凡軍民利病，時政得失，有可以興革者，條陳來聞。欽此。欽遵。謹具六事，開坐具題。奉聖旨：該衙門看了來説。欽此。欽遵抄出呈部。除圖治本等事另行外，所據遵制命，存大體二事，蓋欲法司禁止請託以〔行〕公道，崇重大臣以全氣節。誠爲有理，足裨時政，應合開坐前件，逐一議擬，伏乞聖裁。緣係陳言及奉欽依，該衙門看了來説事理。具題。次日奉聖旨：這事既俱係見行事例罷。欽此。

計開：

一、遵制命。竊聞書貴致有恒，禮病法無常。欽惟皇上御極，萬化維新，鉅細政務，莫不振擧。蓋人心匪石而易轉，除害不久而即生。伏願皇

上獨斷乾綱，通行各衙門，今後如有故違制命，希求請託，挾勢要而輒廢公法者，責令三法司參奏，治以重罪，脱或奪於權勢，牽於囑託，有所規避，不行奉奏者，許科道官糾舉同坐。

前件，查得弘治元年該太監傳奏聖旨：朝廷政事，祖宗俱有成憲。今後五府、六部、都察院、通政司、大理寺等衙門，務要遵守，不許徇情，互相囑託，有虧公道。敢有寫貼子囑託，係内官的，將貼子連人送與楊鵬，外官的送與朱驥，奏來處置。若容隱不拏具奏的，或體訪得出，或被害之人奏發，都治以重罪不饒。欽此。今〔在〕〔左〕給事中夏昂奏稱前因緣由，節〔該〕奉欽依事理，合再申明。今後五府、六部、都察院等衙門，理辦政務，遵祖宗成憲，如有倚恃勢要故違制〔明〕〔命〕，〔彙〕緣請託欲，遂己私，及各該衙門聽受私囑，有虧公道者，事發，聽法司究問如律。應奏者，參奏提問。敢有畏避，容隱不舉，許言官指實劾奏。如此，庶幾政令有恒，〔人知遵守，而不敢輕犯矣。〕

《明世宗實訓》卷四《釐弊政》 〔嘉靖元年〕六月庚寅，初，上登極詔書已查革冒濫軍職。至是，錦衣衛千户劉瑣等復行奏辨。兵部覆：瑣等皆正德間違例奏帶之人，既經查革，貪緣覬復，宜治以罪。

上是部議，命弘治十八年以前陞授職級如故，正德元年以後陞授，盡行查革。再有奏擾者，罪之。

（明）王世貞《弇山堂別集》卷九九《中官考十》 嘉靖三年十月，應天巡撫吴廷舉言：内官監監收白熟粳米，額外科索無厭，大率正糧一石，加費二石方獲批單。雖屢奉旨禁革，而該監科索如故。請令提督太倉太監一員，與倉場侍郎兼同監收，庶弊奸可革，民不爲病。户部覆議，總督倉場與内府不相統攝，難以行事，今但宜嚴加飭戒，及請命巡視光禄寺科道帶管，訪察奸弊以聞。上曰：然。今後内官監收糧悉如故事，每石加耗一斗，不許分外多收。軍餘人等有仍前巧立名色科索民財者，如法究治。巡視科道官不必帶管。

《明世宗實録》嘉靖二十二年九月 〔丁巳〕詔革魯府奉國將軍觀熄爲庶人，押發高墻禁住。初，禮部以宗室越關赴京者多，請嚴爲禁例，以後有故違者，輕則革去爵秩，重則送發高墻禁住。原詞仍立案不行，詔著爲令。乃宗室來京瀆奏者不絶。二十年上因靈丘王府中尉俊禍以刁詞至京，惡之。詔自今但有宗室來京，不分事情輕重，俱發高墻不貸。至是，觀熄復以誣調來奏，遂有是命。

（明）卜世昌等《明通紀述遺》嘉靖四十一年正月 〔壬戌〕左都御史潘恩言四事：一言邇來官錢糧者牟羨餘之利，理刑名者徇出入之私，閘廠關津則留難商旅，差遣勾當則騷擾軍民，諸司私家每用小票取物于市，巡城御史乘轎多役官夫，設酒科及樂户，耳聞目見，殊失官常。乞敕兩京都察院嚴禁。【略】上命務實舉行。

中國第一歷史檔案館《滿文老檔》天聰四年三月 二十六日，頒書云：金國二貝勒示諭衆降民。我兵永駐此處，意在養民，以成大業。爾等不知此意，意謂我將返，且問有不薙髮投誠者。今爾等宜各堅意薙髮，有不薙者，知輒殺之也。於各處歸附村落，豈無紳衿賢能之人？若輸誠來謁，自當叙録，日後國歸太平，即皆立功也。

中國第一歷史檔案館《滿文老檔》天聰六年二月 初四日，下書曰：禮部貝勒奉汗命諭曰：〔原檔殘缺〕小旗、傘、喇叭、嗩吶、鼓、簫等，出征時仍照舊制攜帶。凡於屯寨周圍街衢行走時，於汗前用小旗三對、傘二柄，校尉六人。大貝勒前用旗二對、傘一柄，校尉四人。諸貝勒前各用旗一對、傘一柄，校尉二人。若赴汗所齊集，不用旗傘，唯准校尉隨從。若各自出城門行，務帶旗傘，若有違例者，由禮部貝勒查實連同汗在内，每次罰羊一隻。若徇情不罰，則罰爾以羊。凡赴汗所在地，他人旗、傘、校尉概不許用。隨汗行時，止許大貝勒用傘。

中國第一歷史檔案館《滿文老檔》天聰六年二月 〔初四日〕是日，下書曰：禮部貝勒奉汗命諭曰：諸貝勒大臣，染貂皮製袍，緣闊蟒緞披領及帽裝菊花頂者，概令停止。有制皮袍、緣闊蟒緞披領及帽裝菊花頂而服用者，則拿獲之人取之。有衣服緣細邊、製素氈帽而服用者，聽之。

中國第一歷史檔案館《滿文老檔》天聰六年十二月 初二日，汗下詔曰：自我以下八旗諸貝勒，凡在屯街行走，冬夏俱服朝衣，不許服袍。出野外行走，方許服袍。冬月入朝，許戴元狐大帽，燕居時戴菊花頂貂帽及貂皮圓氈帽。春秋入朝，許戴菊花頂貂帽。夏月許戴綴纓玉草涼帽。緞與蟒緞，視其所得服之，勿服黄緞及縫有五爪龍等服，若係汗所賜者，方許服用。至於緞靴，不得隨地穿用。夏月入朝許服無扇肩朝衣。至八家諸

事城工，欲比他人先時告竣，額外派工，致誤耕作耳。額外派工築城，以致田地荒蕪，民食何賴？嗣後，有濫役民夫，致妨農務者，牛録章京、小撥碩庫俱治罪。

中國第一歷史檔案館《滿文老檔》崇德元年七月　初一日，奉聖汗諭旨制定：國君福晉之隨侍婦女等，戴鑲紅、藍、緑各色寶石金頂，東大福晉、西大福晉之隨侍婦人等戴鑲白水晶金頂，東側福晉、西側福晉之隨侍婦人等戴素金頂。此等隨侍婦人，若係無官之婦，只准用此所定頂戴，若有高官，係戴鑲寶石、或水晶頂之婦，亦按其官品級戴鑲寶石金頂。和碩福晉、多羅福晉之隨侍婦人等戴素金頂。隨侍婦人，若係無官之婦，只准用此所定頂戴，若有高官，係戴鑲寶石或水晶頂之婦，則按其官品級戴之。多羅貝勒之妻福晉之隨侍婦人及固山福晉之隨侍婦人等，若係無官之婦，不許戴頂，若係有官戴頂之婦，亦按其官品級戴之。隨侍婦人等若係滿洲人，則隨滿洲風俗，係蒙古人，則效蒙古風俗。各官之妻等，各照其夫頂戴，若係無頂官員之妻，則不許戴。若一官有二、三妻，則只准一妻戴頂。凡婦人等，其衣係上所賜，可准服用，不准效上越分私制。此書頒行禮部並遍諭衆人。下嫁外藩諸王、貝勒之固倫格格、和碩格格、多羅格格、固山格格冠服，依彼地之俗，任其所願用之。嫁與國内之固倫格格，其冠服制與和碩福晉同，和碩格格冠服制與多羅福晉同，多羅格格冠服制與多羅貝勒之妻福晉同，多羅貝勒之女格格冠服制與固山福晉同，固山格格冠服制與超品公之妻同。固倫額駙冠服制與超品公同，和碩額駙冠服制與昂邦章京同，多羅額駙冠服制與梅勒章京同，多羅貝勒之婿額駙冠服制與甲喇章京同，固山額駙冠服制與牛録章京同。無官額駙冠服，則依所定服用，若係高官，則按其官品級服用。固倫格格、和碩格格、多羅格格之隨侍婦人等至各王府門，無須下乘，唯隨從男丁須下之，多羅貝勒之女格格、固山格格，唯其本身無須下乘，隨從男婦皆須下之。至多羅貝勒府門，多羅貝勒之女格格、固山格格之隨侍婦人無須下乘，隨從男丁則須下之。固倫格格路遇親王、郡王，則互相謙讓，請長輩先行，錯道而過。和碩格格以下固山格格以上遇之，則須停車，立候經過。多羅貝勒遇固倫格格，多羅貝勒讓路而行。和碩格格、多羅格格、多羅貝勒之女格格遇多羅貝勒，亦須謙讓，錯道而行。固山格格遇之，則須停車，立候經過。固山福晉居家服色，前業已下旨。今若出外，冬夏俱服捏摺女朝褂及捏摺女朝衣。冬月許戴菊花頂貂帽，夏月載菊花頂玉草涼帽。又諸福晉等，美衣不服，存貯於櫃，欲死後攜之去耶？其生前不服之衣，欲死時服之耶？豈在九泉之下得配丈夫較現世所配貝勒之上耶？其華美之物生前不服用，徒投於火，化爲灰燼何爲也？爾諸福晉等詳思之，若趁年少修飾，及時服用，則爲善矣。年少時不修飾，年邁時勿追悔，生前不服用，死時勿嘆惜。以上禁令，自十二月二十日始察之。

汗下詔曰：國中滿洲、漢人、蒙古，自領旗大人以下，帶子章京、護軍及牛録下，閒散富人等以上，冬夏在屯街俱服披領，不許服袍。至極貧之人，可服無開襟袍。其有無披領，由各固山額真視别之。倘在外時，俱許服袍。又汗、諸貝勒下閒散侍衛，帶子章京、護軍以上，其有緞者許服緞衣，上述人員以下者，均不得服緞衣，許用佛頭青布。所以令衆人用布者，非爲緞疋專供上用也。計其價值，一緞之價，可得佛頭青布十。一緞可制一衣，十佛頭青布可成十衣，緞價昂且稀少，佛頭青布價廉且豐足，想此有益於衆貧民，故約束之。凡婦人服緞與佛頭青布，各隨其夫。至於戴帽，冬月許戴綴纓圓氈帽，夏月有玉草涼帽者，許戴之，無則可戴笠帽。准許服緞者，不拘緞與蟒緞，視其所得服之。惟黄與金黄色不許用，勿用五爪龍服，若係上所賜者，則服之。至黑狐大帽，凡係屬大臣等自製者，均不許戴，令禁止之。惟上賜者許戴。至緞靴，不許平人穿用，應服緞者，入朝與宴時方許穿用，不得隨地穿用。又在街衢不許戴黄狐大帽，出外寒冷時方許戴之。其釘菊花頂帽及雜色皮棉帽，概不許戴。又寬帶及皮綿無袖齊肩短褂，在屯街不許服束，外出許服束。以上禁令，自十二月二十日始察之。

汗下詔曰：國中蒙古諸貝勒之妻及蒙古婦女，冬夏俱服捏摺女朝褂及捏摺女朝衣。冬月戴釘菊花頂貂帽，夏月載菊花頂涼帽。其綴纓皮帽、棉帽及綴纓矮涼帽，概不許戴。所以禁止戴綴纓帽及涼帽者，因爾蒙古婦女專尚綴纓，乃恐一疋大緞費於一纓之用，故禁止之。以上禁令，自十二月二十日始察之。

中國第一歷史檔案館《清初内國史院滿文檔案》天聰九年三月　十八日，集諸臣於大衙門，諭之曰：我出見民間耕種愆期，蓋因牛録章京有

貝子遇固倫格格，則須勒馬，立候經過。固山貝子遇和碩格格、多羅格格，則須讓路而行。多羅貝勒之女格格、固山格格遇固山貝子，亦須謙讓，錯道而行。固倫格格、和碩格格、和碩福晋輿車，紅蓋、紅幃、蓋角青緣、青幨。和碩格格、多羅福晋輿車，紅蓋、紅幃、蓋角藍緣，藍幨。多羅格格、多羅貝勒之妻福晋車，青蓋、青幃、紅幨。多羅貝勒之女格格、固山福晋車，藍蓋、藍幃、紅幨。固山格格車，藍蓋、藍幃、青緣、紅幨。超品公之妻，青車、青幨。小公、固山額真、承政、昂邦章京之妻輿車，青蓋、藍幃、青幨。梅勒章京、纛章京之妻，藍車藍幨。甲喇章京之妻車，藍蓋、白幃、藍幨。牛録章京之妻車，白車、藍緣、藍幨。下乘迴避禮：若係衆格格，則視其品級，係各官之妻，則照其夫。無論乘上等車之格格，或官員之妻等，若不乘所適品級之車，而乘次等車，反言人不避不下，則反坐其罪。丁憂之人仍乘所定品級之車，唯去其車上之頂。

《刑部現行則例》卷中《儀制》　一、凡生員越關赴京，在各衙門謊捏控告或跪牌并瀆奏者，將所奏告事件不准，仍即革去生員，照違制律杖一百。

一、凡壇廟祭祀及聖駕出入并陞殿之日，上朝官員之跟役肆行喊叫争競，將聚集官員衝突擁擠者，所犯之人，係旗下鞭一百，係民責四十板，某主係官交與該部罰俸三個月，係常人鞭五十，係民責二十板。其平常朝會之日，官員跟役肆行喊叫争競，將聚集官員衝突擁擠者，所犯之人，係旗下人鞭六十，係民責二十板。其主係官交與該部罰俸一個月，係常人鞭三十，係民責十板。其内裡人并大臣侍衛之跟役犯此等事者，俱各交與該管大臣衙門治罪。此等衝突擁擠之人，交與派出章京步軍校等嚴拏。

《刑部現行則例》卷中《賊盗》　一、披甲人等無故在城外過宿者，鞭八十。

《刑部現行則例》卷下《斷獄》　一、佐貳等官不准亂用夾棍、拶指等刑。如正印官無暇批發佐貳審理者，呈請上司批發，然後刑審。若不呈請上司，擅用夾棍、拶指等刑審理，或佐貳等官及武弁擅設夾棍、拶指等重刑者，該督撫指名題參，到日交與該部議處。該管正印官亦以失察情由，交與該部議。

《刑部現行則例》卷中《郵驛》　一、將不曾用印所買人之斷出爲民，即行遞解原籍納糧。仍令本地方官具文報部，一面申報督撫。

一、凡差使馳驛行走官員將同行撥什庫差官等并跟役不行嚴束，將州、縣驛遞人員辱罵、毆打，非係緊差而將驛馬故意馳斃，驛站額馬既足而乘騎越站索詐財物，州、縣驛站官員一面申報上司，一面報部查覈情真，將領去之官革職。如係撥什庫差官等，拿交刑部從重治罪。至無勘牌謊稱奉公差使，支取驛遞、夫馬、船隻應用，索詐財物，亦俱應拿交刑部從重治罪。

一、凡内外差遣人員，不照所定道路而行，若枉道擾驛者，係官降二級調用，係差役杖一百。

一、凡賫奏來時不騎驛馬，違限十日以内者，免罪。十日以外，係常事笞三十，密事笞四十。

一、或係内府官員執事之人，或係各部院衙門官員人等，并無印信憑據，私將民夫等項謊詐索取，該地方官即行拿獲。一面申報該督撫題參，一面申報該部。若係情真，係官革職，撥什庫執事人等拿送刑部從重治罪。拿首之地方官員，照出首私牌、票例於應陞之缺即陞。

《刑部現行則例》卷下《雜犯》　一、凡紫禁城内及凡倉庫、壇廟等處文、武官員吃煙者，革職，枷號兩個月鞭一百折贖。旗下人吃煙者，枷號兩個月鞭一百。民人責四十板流三千里。該管官員見而不行捕首，若被旁人捕首者，將本處該管官員俱罰俸半年。文武官員，該部照此所定擬罪。具題完結。若旗下人、民，刑部照此所定治罪，宗室覺羅交與宗人府議處可也。具題。奉旨：官員違此禁例吃煙者，革職，免其枷責折贖，餘依議。

一、紫禁城内大臣、侍衛官員吃煙者，派出看門護軍查拿被獲，除照禁止例擬罪外，照其官職加取一個月俸銀給與拿獲之護軍。大臣、侍衛官員跟隨之人被獲，除照禁止例責打外，亦向伊等之主取一個月俸銀給與拿獲之護軍。如護軍校將吃煙之人不行拿獲，革去護軍校，不准折贖，鞭一百枷號兩個月。護軍不行拿獲，鞭一百枷號五個月。閒散執事之人，照禁止例鞭一百。

《刑部現行則例》卷上《公式》　一、凡在外漢軍降級、革職，緣事解任、裁缺之候補漢軍文武官員，解任時即將任内事務交明，帶領家口速

行歸旗。該管地方官員，亦將家口一併速催回旗。仍將起程日期報部，令取經過州、縣沿途交付印結。如有降級、革職、解任、裁缺之候補官員，正事已完妄借事故不速回旗仍戀住做官地方，或前往竟不來京，在別處居住，或不進京在附近州、縣居住，或本身進來家口仍在外居住者，如已經革職者，交與刑部從重治罪。若有官者，革職交與刑部治罪。該管州、縣官，武職專汛官，將此等解任官員本身并家口一併速催起行，借端遲延，容留一人居住者降二級調用，二人者降四級調用，三人以上者革職。道官兼轄武官，在伊等所轄地方，容留一人居住者降一級調用，二人者降二級調用，三人者降三級調用，四人者降四級調用，五人以上者革職。督撫、提鎮所轄地方，容留一、二人者罰俸六個月，三、四人者罰俸一年，五名以上者降一級留任，十名以上者降二級留任。同城知府，照州、縣例議處。不同城知府，照道官例議處。至此等解任官員，仍在做官地方戀住，或在別省居住，已起程中途逗遛遲延，或既來而不進京在附近州、縣居住，或本身已來令家口在別處居住，該管督撫、提鎮地方文武官員不行查催者，俱照處分原做官處容留居住之地方官例一體處分。再，此等解任官員不將家口作速帶來，該管佐領、驍騎校不行查出報部者，若一人者降一級留任，二人者降二級仍留任，三人以上者革職。小撥什庫，交與刑部從重治罪。參領下一、二人不行查出呈報者罰俸一年，三、四人者降一級留任，五、六人以上者降二級留任，十人以上者降三級仍留原任。都統、副都統不行查出，一、二人者罰俸三個月，三、四人者罰俸六個月，五、六人者罰俸九個月，七、八人以上者罰俸一年，十五人以上者降一級留任。原做官之處，該管官員將此等官起程日期不行報部者罰俸一年。

《清世宗實録》雍正元年秋七月　禁止出差官員不嚴束人役，需索餽送，騷擾地方。州縣官亦不得借欽差公費名色，私派里民。

《西寧青海番夷成例·私索烏拉秣素》　凡有信票之額爾沁，准騎烏拉，按站食取秣素。如有不給秣素者，罰牛；不給烏拉者，罰三九。若將馬匹藏匿者，罰一九。如無信票之額爾沁索取烏拉秣素者，准其綑拿，解送西寧。爲首頭目等因公差遣之人，或被頭目等毆打者，罰三九，平人毆打者，罰一九。

《大清律例》卷六《吏律·職制·官員襲廕》　律

凡文武官員應合襲廕者，並令嫡長子孫襲廕。如嫡長子孫有故，或有亡歿、疾病、姦盜之類。嫡次子孫襲廕。若無嫡次子孫，方許庶長子孫襲廕。如無庶出子孫，許令弟姪應合承繼者襲廕。若庶出子孫及弟姪，不依次序攙越襲廕者，杖一百，徒三年。仍依次襲廕。

其子孫應承襲者，本宗及本部各官保勘明白。移交該部奏請承襲支俸。如所襲子孫年幼，候年一十八歲，方預朝參公役。如委絶嗣無可承襲者，准令本人妻小，依例關請俸給，養贍終身。若將異姓外人乞養爲子，瞞昧官府，詐冒承襲者，乞養子，杖一百，發邊遠充軍。本家所關俸給，事發截日住罷。他人教令攙越詐冒者，並與犯人同罪。

若當官司知其攙越詐冒而聽行，與同罪。不知者，不坐。若受財扶同保勘，以枉法從重論。

條例

一、武臣出征受傷，分别等第給賞。陣亡者，按品予恤，並給世職。

一、武職守城，失機貽患邊方及臨陣退怯者，俱不准襲。有犯不孝致典刑者，取祖父次子孫襲職，本犯子孫不許。

一、世職有犯人命、失機、强盗、實犯死罪及免死充軍，不分已決、已遣、監故、並脱逃、自盡，本犯子孫俱不准承襲。

一、世職官亡故，户無承襲，其父母繼母生母在者，給半俸終身。

一、凡世職官物故，無應襲之人，官册註銷者，如無父母，其妻亦給半俸終身。無妻者，查原立職之官，有親生母，亦給半俸。

一、凡世襲官員，如有因罪革退，例不准本犯子孫承襲者，其世職與親兄弟承襲。若無親兄弟，即襲與兄弟之子孫。若無親兄弟，及兄弟之子孫竟至除革者，無論官之大小，俱將原立勛績之處與被罪緣由，及原立官之子孫，一併查明，請旨定奪。

一、凡世職年老，户無承襲者，支全俸優給。襲職之員未及年歲者，支給半俸。

一、凡世職將乞養異姓與抱養族屬疏遠之人用財買囑冒襲，及受財將官職賣與同姓，或異姓人冒襲，已經到部襲過者，冒襲之人並保勘之官罷職。其世職永不得襲。保勘官以受財首先出與保結者爲坐。連名保結者俱依律減等科斷。有贓者，並以枉法論。若朦朧保送、違礙子孫弟姪者，俱

照常發落。其異姓買襲之人，比照乞養子冒襲律，發邊遠充軍。

一、應襲之人，若父見在詐稱死亡、冒襲官職者，發邊衛充軍。候父故之日，許令以次兒男承襲。如無以次兒男，令次房子孫承襲。

一、各處土官襲替，其通事及諸凡色目人等有撥置土官親族不該承襲之人爭襲劫奪、讎殺者，俱發極邊、烟瘴地面充軍。

一、凡土官襲職，由司、府、州、鄰具印甘各結，並土司親供宗圖及原領號紙，詳送督撫具題襲替。若應襲之人未滿十五歲者，許令本族土舍護理印務，俟歲滿日，具題承襲。如有事故，遲誤年久方告襲者，宗圖、號紙有據，亦准襲替。

一、凡土官故絶，無子，許弟承襲。如無子弟而其妻或婿爲其下信服者，許令一人襲替。

一、凡土舍嫡妻護印，止令地方官查明，出具合例印結，咨部，准其護印。

一、凡土官病故，該督撫於題報之時即查明應襲之人，取具宗圖册結鄰封甘結，並原領號紙，限六個月内具題承襲。其未經具題之先，亦即令應襲之人照署事官例，用印管事。地方官如有勒措沉擱留難者，將該管上司均交部議處。其支庶子弟中有馴謹能辦事者，俱許本土官詳報督撫具題請旨，酌量給與職銜，令其分管地方事務。其所授職銜，視本土官降二等。文職：如本土官係知府，則所分者給與通判銜；係通判，則所分者給與縣丞銜。武職：如本土官係指揮使，則所分者給與指揮僉事銜；係指揮僉事，則所分者給與正千户銜。照土官承襲之例，一體頒給敕印、號紙。其所管地方，視本土官多不過三分之一，少則五分之一。此後再有子孫可分者，亦再許其詳報督撫，具題請旨，照例分管地方，再降一等給與職銜、印信、號紙。

一、鑾儀衛校尉缺出，於見役校尉親生兒男弟姪内，選擇堪用者替補。如校尉子弟不足，移文五城，將身家殷實民人保送選補。其養象校尉缺出，即以所生兒男替補。有朦朧冒替者，俱以違制論。

《大清律例》卷六《吏律・職制・濫設官吏》 律

凡内外各衙門，官有額定員數，而多添設者，當該官吏，指典選者。一人，杖一百；每三人加一等，罪止杖一百，徒三年。若受贓，計贓，以枉法從重論。

若吏典、知印及承差、祗候、禁子、弓兵人等，額外濫充者，杖一百，遷徙。比流減半，准徒二年。容留一人，正官笞二十，首領笞三十，吏笞四十；每三人各加一等，並罪止杖一百，罪坐所由。容留之人，不坐。

其罷閑官吏，在外干預官事，結攬寫發文案，把持官府，蠹政害民者，並杖八十。於犯人名下追銀二十兩，付告人充賞。有所規避者，從重論。

若官府税糧由貼，户口籍册，雇募攢寫者，勿論。

條例

一、内外大小衙門考取吏典，照缺補用，若舊吏索頂頭錢者，事發，計贓准不枉法論，革役爲民。

一、吏典撒潑抗拒、誣告本管官員，及犯詐騙、詐欺恐嚇取財，未得入己，並偷盗自首者，俱照律問擬發原籍爲民。

一、坐糧廳所屬八行運役及倉役名缺，責令通州知州僉選誠實良民應役，如保送旗人及民人以一身而充兩三役者，倉場侍郎、巡倉御史察出，題參知州，交部議處。該役及保結之人，杖八十，徒二年。

《大清律例》卷六《吏律・職制・信牌》 律

凡府州縣置立信牌，拘提人犯，催督公事。量地遠近，定立程限，隨事銷繳。違者，指差人違牌限。一日，笞一十；每一日加一等，罪止笞四十。

若府州縣官遇有催辦事務，不行依律發遣信牌，輒親下所屬坐守催並者，杖一百。所屬，指州縣鄉村言。其點視橋梁、圩岸、驛傳、遞補，踏勘災傷、檢屍、捕賊、鈔劄之類，不在此限。

條例

一、道府以上官員，凡關係叛逆、軍需、驛遞公文等緊要重大事情照例差人外，其餘細事，止許行牌催提。如違例差遣人役者，督撫指名題參。徇情不參者，事發，一併議處。其督撫於平常細事差役害民者，亦交部議處。

《大清律例》卷六《吏律・職制・官員赴任過限》 律

凡已除官員，在京者，以除授日爲始，在外者，以領該部所給文憑限票日爲始，各依已定程限赴任。若無故過限者，一日，笞一十；每十日

加一等，罪止杖八十，並留任。

若代官已到，舊官各照已定限期，交割户口、錢糧、刑名等項，及應有卷宗、籍册完備，無故十日之外不離任所者，依赴任過限論，減二等。亦留任。

其中途阻風、被盜、患病、喪事，不能前進者，聽於所在官司告明給印信結狀，以備後日違限將結狀送官照勘。若有規避詐冒不實者，從重論；當該官司扶同保勘者，罪同。

條例

一、陞除出外文職已經領敕、領憑，若無故遷延，至半年之上不辭朝出城者，參提，依違制律問罪。若已辭出城、復入城潛住者，交部議處。

一、外任漢軍官員有陞轉來京，及年老、有病、降級、革職、歸旗者，務於定限之内起程。令該督撫、提鎮照依各省遠近大路，有驛站者，日行一站，僻路無驛站者，日行五十里，酌定到京期限，咨報該部、該旗。其中途阻風、被盜、患病、喪事，不能前進，仍照律聽其於所在官司給狀以備照勘外，如有無故不速起程，或已起程中途逗留，或在别處居住，或本身進京而令家口在别處居住者，督撫、提鎮題參交部，均照違制律治罪。地方官不行詳報，督撫、提鎮不行題參，交部議處。或已經起程，地方官不行申報，督撫、提鎮不行咨明該部、該鎮，以致沿途逗遛、生事者，亦交部議處。其革職、免罪人員别無未清事件，亦遵照此例，給咨催令回旗，免其沿途押解。

一、漢官革職離任，交代完日，即令起程，不得過五個月之限。該督撫將起程日期報部，並知會原籍地方官。倘違限不即起程，一月以上，照舊官十日之内不離任所律治罪。該管及地方官不行查出，交部議處。革職、免罪人員亦令按限起程，免其請咨押解。其有冤抑，欲赴都察院具呈申理者，地方官給咨來京。事竣之日，發回原籍。如藉端留滯，照例治罪。五城司坊官徇情容留，交部議處。

一、京官革職，曾經問有罪名者，限一月内起程。五城司坊官將起程日期報部，並知會原籍地方官。倘違限不即起程，一月以上，照例治罪。五城司坊官及地方官不行查出，亦交部議處。

《大清律例》卷六《吏律·職制·無故不朝參公座》 律

凡大小官員，無故在内不朝參，在内不言公座署事，重朝參也。並論。在外不公座署事，及官吏給假限滿，無故不還職役者，一日笞一十，每三日加一等，各罪止杖八十，並留職役。

《大清律例》卷六《吏律·職制·擅勾屬官》 律

凡上司催會公事，立文案定期限，或遣牌，或差人，行移所屬衙門督併完報。如有遲錯，依律論其稽遲違錯之罪。若擅勾屬官，拘唤吏典聽事，及差占司獄各州縣首領官，因而妨廢公務者，上司官吏笞四十。若屬官承順逢迎，及差撥吏典赴上司聽事者，罪亦如之。其有必合追對刑名、查勘錢糧、監督造作重事，方許勾問，事畢隨即發落。無故稽留三日者，笞二十；每三日，加一等，罪止笞五十。勾問，謂勾問其事情，非勾拘問罪也。若問罪，則《名例》明開上司不許徑自勾問矣。

《大清律例》卷七《吏律·公式·同僚代判署文案》 律

凡應行上下官文書，而同僚官代判判日署書名畫押者，杖八十。若因遺失同僚經手文案，而代爲判署以補卷宗者，加一等。若於内事情有增減、出入罪重者，從重論。

條例

一、各部司員，有偷安偏執、故意推諉不行畫押者，該堂官即指名題參。其實有患病、事故告假者，免其議處。若堂官徇情枉法，逼勒畫押，該司員密揭都察院，將該堂官指名題參。如有挾嫌誣告情弊，將該司員照例治罪。

一、刑部遇有三法司會勘案件，即知會都察院、大理寺堂官，帶同屬員，至刑部衙門，秉公會審定案畫題。倘飾詞推故、竟無堂官到部者，即將該院、寺堂官交部議處。

《大清律例》卷七《吏律·公式·封掌印信》 律

凡内外各衙門印信，長官收掌，同僚佐貳官，用紙於印面上封記，俱各畫字。若同僚佐貳官公差事故，許首領官封印。違者，杖一百。

《大清律例》卷七《吏律·公式·擅用調兵印信》 律

凡統兵將軍及各處提督、總兵官印信，除調度軍馬、辦集軍務，行移公文用使外，若擅出批帖，假公營私，及爲憑照防送物貨圖免税者，首領官吏，各杖一百，罷職役不叙。罪其不能禀阻正官，奏聞區處。

條例

一、凡各省文武大小官員，有以官印用於私書者，照違制律治罪。有所求爲，從重論。

《大清律例》卷八《户律·户役·私役部民夫匠》 律

凡有司官私役部民，及監工官私役使夫匠，出百里之外，及久占在家使唤者，有司官使一名，笞四十；每五名加一等，罪止杖八十。監工官，照名各加二等，私役罪小，誤工罪大。每名計一日，追給雇工銀八分五釐五毫。若有吉凶及在家借使雜役者，勿論。監工官仍論。其所使人數不得過五十名，每名不得使過三日，違者以私役論。

《大清律例》卷九《户律·田宅·任所置買田宅》 律

凡有司官吏，不得於見任處所，置買田宅。違者，笞五十，解任，田宅入官。

條例

一、各關出差官員，不許携帶家眷、多隨奴僕及任所置優、買妾。任滿回部，未經考核，不許擅買田莊市宅，生息放債。如違，交與該部治罪。衙役人等，除解餉公事外，私自赴京長接及以缺額藉口題請展限者，亦交與該部治罪。

一、提督、總兵、副將等官，不許在見任地方置立産業。即丁憂、休致、解退，亦不許入籍居住。或任内置有産業已經身故及不能回籍者，該督撫具奏請旨定奪。至參將以下等官，任所置有産業，或本身休致解退，或已經身故，子孫留住任所，欲入籍者，該地方官報明督撫，准其入籍。

《大清律例》卷一〇《户律·婚姻·娶部民婦女為妻妾》 律

凡府州縣親民官，任内娶部民婦女爲妻妾者，杖八十。若監臨内外上司官，娶見問爲事人妻妾及女爲妻妾者，杖一百。女家主婚人並同罪。妻妾仍兩離之，女給親。兩離者，不許給與後娶者，亦不給還前夫，令歸宗。其女以父母爲親，當歸宗。或已有夫，又以夫爲親，當給夫完聚。財禮入官。恃勢强娶者，各加二等；女家不坐，歸還前夫，女給親。不追財禮。若爲子孫、弟姪、家人娶者，或和或强，罪亦如之，男女不坐。若娶爲事人婦女，而於事有所枉者，仍以枉法從重論。

《大清律例》卷一二《户律·倉庫·守支錢糧及擅開官封》 律

凡倉庫官攢斗級庫子役滿得代，不得離去。所收錢糧官物，並令守候支放盡絶，若無短少，方許官攢各離職役。斗庫還家。其有應合相沿交割之物，聽提調官吏監臨盤點見數，不得指廒指庫交割，違者，各杖一百。若倉庫所收官物有印封記，其主典不請原封官司閲視而擅開者，杖六十。其守支盤點及擅開各有侵盜等弊者，俱從重論追賠入官。

《大清律例》卷一六《禮律·祭祀·致祭祀典神祇》 律

凡各府州縣社稷山川風雲雷雨等神，及境内先代聖帝明王忠臣烈士，載在祀典，應合致祭神祇，所在有司，置立牌面，開寫神號祭祀日期，於潔净處常川懸掛，依時致祭。至期失誤祭祀者，所司官吏杖一百。其不當奉祀之神，非祀典所載而致祭者，杖八十。

《大清律例》卷一七《禮律·儀制·失儀》 律

凡陪助祭祀及謁拜園陵，若朝會，行禮差錯及失儀者，罰俸一月。其糾儀官應糾舉而不糾者，罪同。

條例

一、朝參，近侍病嗽者，許即退班。或一時眩暈及感疾不能侍立者，許同列官掖出。

一、凡壇廟祭祀及聖駕出入並陞殿之日，派委司官及步軍校嚴加巡察。有廝役肆行喊叫、衝突擁擠者，拿送該部，杖一百，其主笞五十。尋常朝會日犯者，杖六十，其主笞三十。係官俱交該部議處。若在内執事人並大臣侍衛跟役犯者，交與該管大臣衙門治罪。

《大清律例》卷一七《禮律·儀制·奏對失序》 律

凡在朝侍從官員，特承顧問，官高者先行回奏，卑者以次進對。若先後失序者，各罰俸一月。

《大清律例》卷一七《禮律·儀制·見任官輒自立碑》 律

凡見任官實無政績，於所部内輒自立碑建祠者，杖一百。若遣人妄稱己善，申請於上而爲之立碑建祠者，杖八十；受遣之人各減一等。碑祠拆毁。

《大清律例》卷一七《禮律·儀制·禁止迎送》 律

凡上司官及奉朝命使客經過，而所在各衙門官吏出郭迎送者，杖九十。其容令迎送不舉問者，罪亦如之。

條例

一、上司入城，凡文武屬員止許出城三里迎送。如不入城，在境内經過處所迎送。倘迎送必至交界，或因事營求，或乘便賄賂，將屬員革職拿問。如止出界迎送，無營求、賄賂等情，照擅離職役律議處。若上司有必欲迎送，致屬員畏其威勢至交界迎送者，倘有勒索情弊，將上司革職提問。如止令迎送，無勒索情弊，照例議處。地方官俱免議。

一、凡提鎮赴任，所屬將弁於是日迎接。除跟役外，其司事、兵丁不得過十名，出城不得過五里。其副參、遊擊等官赴任，本標員弁於是日迎接。除跟役外，司事、兵丁不得過五名，出城不得過三里。從境内經過者，止許在本營訊地經過處所迎送。如屬員多帶兵丁、越境遠迎及上司容令遠迎並不行揭報者，俱交部照律議處。

一、文武官員出入，應合開道而自不開道，致令應避官員不曾迴避者，不問。若因而生事者，止問上官。

一、軍民人等於街市遇見官員引導經過，即須下馬躲避，不許衝突。違者笞五十。

一、凡書役迎接新官，在交界處所等候，呈送須知册籍。其餘書役概令隨印交代，並將頭接二接三接陋習嚴行禁止。如有約結多人執批遠迎者，照律治罪。

一、屬員，與上司親戚子姪有乘便夤緣因事賄囑者，按律分別革職治罪。上司之子姪親戚有官職者，經過屬員境内拜候往來，屬員供應餽送，均照不應重律降三級調用。無官職者，照不應重律杖八十。該上司自行查出參處者免議。漫無覺察者，照約束不嚴例降一級調用。知而不舉照徇庇例降三級調用。如有夤緣賄囑等事通同徇縱者，一併分別革職治罪。

《大清律例》卷一七《禮律·儀制·公差人員欺陵長官》 律

凡公差人員在外不循禮法，言語傲慢欺陵守御官及知府、知州、知縣者，杖六十。若校尉有犯，杖七十。祗候禁子有犯，杖八十。

條例

一、公堂乃係民人瞻仰之所。如奴僕、皂隸人等入正門、馳當道、坐公座者，杖七十，徒一年半。吏員、承差人等加一等。若六部、都察院在京各衙門人役接奉批差，敢有似前越禮犯分者，許所在官長實封參奏，照例治罪。

《大清律例》卷一七《禮律·儀制·服舍違式》 律

凡官民房舍、車服、器物之類，各有等第。若違式僭用，有官者，杖一百，罷職不叙；無官者，笞五十，罪坐家長；工匠並笞五十。違式之物，責令改正；工匠自首，免罪，不給賞。

若僭用違禁龍鳳紋者，官民各杖一百，徒三年；官，罷職不叙。工匠，杖一百；違禁之物並入官。

首告者，官給賞銀五十兩。

若工匠能自首者，免罪，一體給賞。

條例

一、公侯文武各官，應用帽頂束帶，及生儒衣帽，照品級次第，不許僭越。官員越品僭用及民間違禁擅用者，照律治罪。凡應用東珠，重不得過三分。如用三分以上，即同違式。公侯伯，起花金帽頂，上銜紅寶石一大顆。公，中嵌東珠四顆；侯，中嵌東珠三顆；伯，中嵌東珠二顆。帶俱用圓玉版四塊，四圍金鑲。公，中嵌貓睛一顆；侯，中嵌緑松子石一顆；伯，中嵌紅寶石一顆。俱四爪蟒補服。一品，起花金帽頂，上銜紅寶石一大顆，中嵌東珠一顆，帶用方玉版四塊，四圍金鑲，中嵌紅寶石一顆，文職仙鶴補服，武職麒麟補服。二品，起花金帽頂，上銜起花珊瑚一大顆，中嵌小紅寶石一顆，帶用起花金圓版四塊，中嵌紅寶石一顆，文職錦鷄補服，武職獅子補服。三品，起花金帽頂，上銜藍寶石一大顆，中嵌小紅寶石一顆，帶用起花金圓版四塊，文職孔雀補服，武職豹補服。四品，起花金帽頂，上銜青金石一大顆，中嵌小藍寶石一顆，帶用起花金圓版四塊，銀鑲邊，文職雲雁補服，武職虎補服。五品，起花金帽頂，上銜水晶一大顆，中嵌小藍寶石一顆，帶用素金圓版四塊，銀鑲邊，文職白鷴補服，武職熊補服。六品，起花金帽頂，上銜硨磲一大顆，中嵌小藍寶石一顆，帶用玳瑁圓版四塊，銀鑲邊，文職鷺鶿補服，武職彪補服。七品，上銜素金頂，中嵌小水晶一顆，帶用素銀圓版四塊，文職鸂鶒補服，武職補服與六品同。八品，起花金帽頂，帶用明羊角圓版四塊，銀鑲邊，文職鵪鶉補服，武職犀牛補服。九品及雜職，起花銀帽頂，帶用烏角圓版四塊，銀鑲邊，文職練雀補服，武職海馬補服。在京都察院、在外按察使等官，俱獬豸補服。其朝服披肩接袖，俱用妝緞蟒緞。都察院都事、經歷、

筆帖式、按察司經歷、照磨等官補服，各照本身品級，不得濫用獬豸。舉人、官生、貢監生，金雀頂，高二寸，帶同八品，青袍藍邊，披領同。生員，銀雀頂，高二寸，帶同九品，藍袍青邊，披領同。外郎，錫葫蘆頂，衣及披領皆純青。耆老用錫頂，不用披領，餘與外郎同。

一、房舍車馬衣服等物，貴賤各有等第，上可以兼下，下不可以僭上。其父祖有官身歿，曾經斷罪者，除房舍仍許子孫居住，其餘車馬衣服等物，父祖既與無罪者有別，則子孫概不得用。

一、房舍並不得施用重拱、重檐。樓房不在重檐之限。職官一品二品，廳房七間九架，屋脊許用花樣獸吻，梁棟斗拱、檐桷彩色繪飾；正門三間五架，門用緑油，獸面銅環。三品至五品，廳房五間七架，許用獸吻，梁棟斗拱，檐桷青碧繪飾；正門三間三架，門用黑油，獸面擺錫環。六品至九品，廳房三間七架，梁棟止用土黄刷飾；正門一間三架，門用黑油，鐵環。庶民所居堂舍不過三間五架，不用斗拱彩色雕飾。

一、庶民男女衣服，並不得僭用金繡，許用貯絲綾羅綢絹素紗。婦人金首飾一件，金耳環一對，餘止用銀翠。不得製造花樣金綫妝飾。

一、帳幔並不許用赭黄龍鳳紋。職官一品至三品，許用金花刺繡紗羅。四品五品，刺繡紗羅。六品以下，許用素紗羅。庶民用紗絹。

一、傘蓋，職官一品二品，銀葫蘆，杏黄羅表紅裹。三品四品，紅葫蘆，杏黄羅表紅裹。以上皆三檐。僉事道亦同。五品，紅葫蘆，藍羅表紅裹。六品以下八品以上，惟用藍絹。皆重檐，雨傘通油絹。庶民不得用羅絹涼傘，許用油紙雨傘。

一、鞍轡並不許雕飾龍鳳紋。

一、器皿不許造龍鳳紋。

一、墳塋石獸，職官一品，塋地九十步，墳高一丈八尺。二品，塋地八十步，墳高一丈四尺。三品，塋地七十步，墳高一丈二尺。以上石獸並六。四品，塋地六十步。五品，塋地五十步。墳高八尺。以上石獸並四。六品，塋地四十步。七品以下，二十步，墳高六尺。以上發步，皆從塋心各數至邊。五品以上，許用碑，龜趺螭首。六品以下，許用碣，方趺圓首。庶人塋地，九步，穿心一十八步，止用壙志。

一、品官服色鞍轡等物，除官府應用之家許令織造外，其私下與不應用之家製造者，工匠依律治罪。

一、軍民僧道人等服飾器用，俱有定制。若常服言常服，則大服不禁。僭用錦綺紵絲，綾羅彩繡，器物用戧金描金，酒器純用言純用，若止用一件不禁。金銀，及將大紅銷金制爲帳幔被褥之類。婦女僭用金繡閃色衣服，金寶首飾鐲釧，言金寶，則止用金飾，無珠寶不禁。及用珍珠緣綴衣履，並結成補子蓋額纓絡等件，事發，俱照律治罪。服飾、器用等物，並追入官。婦女罪坐家長。奴僕，准用紡絲絹綢綿綢繭綢毛褐紵絹葛紵綾布貉皮羊皮，其緞紗及各樣細皮俱不許用。長隨亦照奴僕服飾。違者照律治罪。

一、官吏軍民人等，但有服飾僭用黄紫二色及蟒龍飛魚斗牛，器皿僭用朱紅黄顔色及親王法物者，俱比照僭用龍鳳紋律擬斷。服飾器皿追收入官。

一、凡官民人等用綫纓者，笞五十。

一、黄色、秋香色五爪龍緞、立龍緞、團補服，及四爪暗蟒之四團補、八團補緞紗，官民不許穿用。其大臣官員有特賜五爪龍衣服及緞匹，無論色樣，俱許穿用。若頒賜五爪龍緞、立龍緞，挑去一爪穿用。若官員軍民人等違例濫用者，係官革職，平人枷號一個月，杖一百。失察官交部議處。衣服入官。

一、凡平時所戴暖帽、涼帽，親王世子、郡王長子、貝勒貝子，入八分公，俱用紅寶石頂。未入八分公、固倫額駙、及一品大臣，俱用珊瑚頂。輔國將軍及二品官，俱用起花珊瑚頂。奉恩將軍及三品官，俱用藍寶石頂及藍色明玻璃。奉恩將軍及四品官，俱用青金石頂及藍色涅玻璃。五品官，用水晶頂及白色明玻璃。六品官，用硨磲頂及白色涅玻璃。七品官，用素金頂。八品官，用起花金頂。九品官，用起花銀頂。未入流與九品同。候補、候選與現任同。凡九品之讀祝、贊禮、鳴贊、序班，俱用八品起花金頂。進士、舉人、貢生，俱用金頂。生員、監生，俱用銀頂。

一、三品以下官員概不得僭用紅色雨衣、雨帽。違者照違制論。

《大清律例》卷一一《户律·倉庫·私借官畜産》 律

凡監臨官吏主守之人，將係官馬牛駝騾驢私自借用，或轉借與人，及借之者，不論久近多寡各笞五十，驗計借過日期追雇賃錢入官。若計雇賃錢重於笞五十者，各坐贓論，加一等。雇錢不得過其本價。官畜死，依毁棄官物。

在場牽去，依常人盜。

《大清律例》卷二二《兵律·郵驛·占宿驛舍上房》 律

凡公差人員，出外幹辦公事，占宿驛舍正廳上房者，笞五十。正廳上房待品官上客。

《大清律例》卷二二《兵律·厩牧·公使人等索借馬匹》 律

凡公使人等承差經過去處，除應付脚力外。索借有司官馬匹騎坐者，杖六十；驢騾，笞五十。官吏應付者，各減一等，罪坐所由。應付之人。

《大清律例》卷二二《兵律·郵驛·私役鋪兵》 律

凡各衙門一應公差人員，於經過所在。不許差使鋪兵挑送官物，及私己行李。違者，笞四十。每名計一日，追雇工銀八分五釐五毫入官。

《大清律例》卷二二《兵律·郵驛·乘驛馬齎私物》 律

凡出使人員，應乘驛馬，除隨身衣服器仗外，齎帶私物者，十斤，杖六十；每十斤加一等，罪止杖一百。驛驢減一等。所帶私物入官。致死驛馬者，依本律。

條例

一、奉差員役至頭站時，該驛員即將應背之包稱准斤數，開明印單，遞送前途。其每夜住宿之站，該驛員詳加查估。如果照例裝載，即於印單填寫某站驗，並無重包字樣。日間所過驛站，驗單應付。如前站徇隱重包，經後站察出，詳報。該差員役照律治罪。徇隱驛員一併論處。

《大清律例》卷二二《兵律·郵驛·私役民夫擡轎》 律

凡各衙門官吏及出使人員，役使人民擡轎者，杖六十。有司應付者，減一等。若豪富庶民之家，不給雇錢，以勢役使佃客擡轎者，罪亦如之。每名，計一日追給雇工銀八分五釐五毫。

其民間出錢雇工者，不在此限。

條例

一、凡內府官員執事之人及各部院衙門官員人等，並無印信憑據，詐欺索取民夫等項，該地方官即行拘拿，一面申報該督撫具題，一面申報該部審實。係官革職，係領催執事人等拿送刑部，從重治罪。拿首之地方官交部議叙。

一、凡兵部勘合、欽差大臣及督撫入境、學差、試差、知府下縣盤查，及他縣奉督撫差委盤查者，准其動用民夫，其餘概不准用。倘有違例妄索者，著該管官即行揭報督撫題參。若該管官違例濫應，發覺之日，照例治罪。

《大清律例》卷二二《兵律·郵驛·乘官畜產車船附私物》 律

凡因公差應乘官馬牛駝騾驢者，各衙門自撥官馬，不得馳驛而行者。除隨身衣仗外，私馱物不得過十斤，違者，五斤，笞一十；每十斤加一等，罪止杖六十。不在乘驛馬之條。

其乘船車者，私載物不得過三十斤，違者，十斤，笞一十；每二十斤加一等，罪止杖七十；家人隨從者，不坐。若受寄私載他人物者，寄物之人同罪。其物並入官，當該官司知而容縱者，與同罪；不知者，不坐。若應合遞運家小如陣亡故官軍及軍民官在任以理病故者，雖有私帶物件，不在此限。

《大清律例》卷二二《兵律·郵驛·私借驛馬》 律

凡驛官將驛馬私自借用，或轉借與人，及借之者，各杖八十，驛驢減一等；驗計日追雇憑錢入官。若計雇憑錢重於私借之罪者，各坐贓論，加二等。

《大清律例》卷三八《工律·營造·帶造段匹》 律

凡監臨主守官吏，將自己物料輒於官局帶造段匹者，杖六十，段匹入官；工匠笞五十。局官知而不舉者，與監守官吏同罪；亦杖六十。失覺察者，減三等。則笞三十。若局官違禁帶造，監守官吏亦坐不舉失察之罪。

《大清律例》卷三八《工律·營造·有司官吏不住公廨》 律

凡各府州縣有司官吏，不住公廨內官房，而住街市民房者，杖八十。若埋没公用器物有毀失而不還官者，以毀失官物論。毀者，計贓准竊盜加二等，免刺。失者，依減毀官物三等追賠。

條例

一、凡各省督撫、提鎮及有屬員等官到任，其屬員派累兵民，修理衙署，備辦鋪設，及州縣守御等官到任，其屬下人役預爲鋪設修理衙署，派及兵民，並官員每年指稱添換器物，修飾衙署，派累兵民者，該管上司即行指實題參。文員照科斂律治罪，武弁照克扣律治罪。如該上司徇庇不參，或勒令屬員修理衙署，添換器物，發覺之日，將該上司一併交部分別

議處。再，官員陞任或去任，除自置器皿外，署內一應物件俱着清載簿籍，移交接任官員。倘將在官物件被家人毁盜，將家人照毁盜官物律治罪。其毁盜物件着落舊任官照數賠補。

《理藩院則例》卷四四《罪罰·青海蒙古王公等貽誤祭海罰俸》 一、青海年例祭海，該處蒙古王、公等例應齊集陪祀。無故不到者，由該大臣參奏，罰扎薩克俸二年。

《理藩院則例》卷四四《罪罰·喀爾喀四部落貽誤住班處分》 一、科布多住班、烏里雅蘇臺牧放牲畜住班之喀爾喀四部落公、扎薩克，每空班一次，罰扎薩克俸三年。若至三次空班者，罰世職俸三年。

《理藩院則例》卷五三《違禁·禁止延請内地書吏》 一、内外扎薩克汗、王、貝勒、貝子、公、臺吉、塔布囊等不准延請内地書吏教讀或使充書吏。違者，王公臺吉照不應重私罪議處，該書吏交地方官遞籍嚴行收管，但訊有串通教唆等情，加等治罪。

《理藩院則例》卷五三《違禁·禁止饋送阿勒巴圖》 一、内外扎薩克汗、王、貝勒、貝子、公、臺吉、塔布囊等不准將屬下之阿勒巴圖彼此饋送，違者，係管旗王公罰俸二年，不管旗王公折罰四九牲蓄，臺吉斥革，三年無過方准開復，均授受同科，所饋送之阿勒巴圖仍飭歸本主。

《理藩院則例》卷五三《違禁·蒙古汗王等不准擅移遊牧》 一、凡蒙古汗、王、貝勒、貝子、公、臺吉等不准擅移遊牧侵占内地，如有違例擅移内地者，由該管大臣立即調回，仍罰扎薩克俸一年，倘不祇遵調回遊牧，即行參奏，加等治罪。

《理藩院則例》卷五三《違禁·越入他人地界》 一、凡内外扎薩克王、貝勒、貝子、公、臺吉、塔布囊越入他人地界者，罰俸半年，其不管旗之王、貝勒、貝子、公、臺吉、塔布囊及蒙古官員、平人均罰一九牲畜，仍責令移回本界。但有侵占情形，加一等科罪。

《理藩院則例》卷五三《違禁·不准違禁服飾》 一、凡内外扎薩克不准服用長出暖帽之纓，遮耳帽剪沿，氈帽自腋下結束之偏練垂等樣服飾，違者，王、貝勒、貝子、公、臺吉、塔布囊均罰俸三個月，其不管旗之王、貝勒、貝子、公、臺吉、塔布囊及蒙古官員均罰五牲畜，平人鞭五十。

《理藩院則例》卷五三《違禁·不准先後賀年》 一、凡内外扎薩克不准先後賀年，違者，王、貝勒、貝子、公、臺吉、塔布囊罰俸半年，不管旗之王、貝勒、貝子、公、臺吉、塔布囊及蒙古官員均罰一九牲畜，平人鞭八十。

《兵部處分則例》卷四《限期·赴任違限》 一、推升武職兵部於奉旨後十日内將限票封發，各該總督、巡撫俟該員交代清楚領票之日起，亦限十日嚴催赴任。其有應需交代營務日期，仍令隨咨聲明，准其扣展，并將起程日期報部存案。如該總督、巡撫不於限内將限票給發，移咨吏部按其遲延月日分別議處。所遲月日，准於該員原限内扣算加展。若官員赴任有違限者，統由兵科題參移會兵部議處。違限不及一月者，免議。違限一月以上者，罰俸三個月。公罪。二月以上者，罰俸六個月。公罪。三月以上者，降一級留任。公罪。四月以上者，降一級調用。公罪。五月以上者，降二級調用。公罪。半年以上者，降三級調用。公罪。一年以上者，革職。公罪。其違限不及四月，各員兵科將應否寬免之處聲明請旨，如有中途旅店舟次患病難行，及風水阻滯等情違限止一二月者，該員呈明，該省總督、巡撫、提督、總兵查明，移咨部科，免其參處。若違限至三月以内，果係中途患病，呈明該地方官親驗確實，具報總督，巡撫先行咨明任所，俟病痊之日，給與印結，載明起程日期，咨報部科。或係風水阻滯，一面給與印結，一面詳報總督、巡撫轉咨任所，均於咨繳札票文内逐細聲明查覈。如違限在三月以外，即有確實文結，止准扣除三月之限，其餘仍按其違限月日，分別查議。或有報明患病至三月以上不痊者，該處地方官即親往詳加驗看，出具確實印結，申報該省總督、巡撫分別題咨開缺，准其回籍調理，病痊之日，照告病官員例查辦，倘有心遲逾，捏稱中途患病等情，一經查出，將本員不准扣除病限外，逾限三月以上者，降二級留任。私罪。四月以上者，降二級調用。私罪。五月以上者，降三級調用。私罪。半年以上者，革職。私罪。如遲至三月以上，捏稱風水阻滯，亦照捏稱患病違限三月以上之例，一體查參議處。其率行通同出結之地方官均照徇情給結例，降二級調用。私罪。失於詳查之轉詳官，罰俸一年。公罪。至現任各官引見回任并撥發人員赴省繳照有違限者，俱照此例查議。

《兵部處分則例》卷四《限期·赴部違限》 一、現任官員推升、題

升、甄別、保送、保留、卓異、薦舉各項赴部引見，除該總督、巡撫給咨定限外，若違限一月以上者，罰俸三個月。公罪。二月以上者，罰俸六個月。公罪。三月以上者，降一級留任。公罪。四月以上者，降一級調用。公罪。五月以上者降二級調用。公罪。半年以上者，降三級調用。公罪。一年以上者，革職。公罪。如有中途旅店舟次患病難行，及風水阻滯等事，照赴任違限例查核辦理。

《兵部處分則例》卷四《限期・開報職名遲延》 一、官員本身應行查議之案，奉部查取職名，及開報疏防本員開送遲延，除違限不及一月者，免議。一月以上者，罰俸六個月。公罪。三月以上者，罰俸一年。公罪。半年以上者，降一級留任。公罪。一年以上者，降一級調用。公罪。至有心故擱希圖延挨者，應照本身應議之例，加等議處。如應議罰俸三個月、六個月、九個月者，議以罰俸一年。私罪。應議罰俸一年者，議以降一級留任。私罪。應議降級留任革職留任者，議以降一級調用。私罪。應議降一級調用者，議以降二級調用。私罪。應議降二級調用者，議以降三級調用。私罪。應議降三級調用者，議以革職。私罪。其并非本身應議職名開報違限不及一月者，免議。一月以上者，罰俸三個月。公罪。三月以上者，罰俸六個月。公罪。半年以上者，罰俸一年。公罪。一年以上者，降一級留任。公罪。若屬員例應議處，該管上司聞知不行揭報，經該總督、巡撫、提督、總兵查實題參者，照本員一律議處。

一、屬員開報職名遲延，上司督催不力，一二月以上者，免其處分。如督催不力，遲延三月以上者，罰俸六個月。公罪。半年以上者，罰俸九個月。公罪。一年以上者，罰俸一年。公罪。

《兵部處分則例》卷二四《郵政・驛遞公文不得由軍站馳遞》 一、應由驛站馳遞公文，不得由軍站馳遞，倘該管員弁違例濫行僉發者，降一級調用。私罪。若失於詳查，誤行僉發者，降一級留任。公罪。

《兵部處分則例》卷二四《郵政・尋常事件不准濫用驛遞》 一、各省提督、總兵等官呈遞奏摺，如有地方緊要公務，關係重大者，准其由驛馳遞。若尋常公事，以及自行陳奏事件，俱由差員齎送，不准擅用驛遞。倘有違例濫用驛遞者，降二級調用。私罪。至新疆等各處提督、總兵遇有慶賀謝恩，及一切自行陳奏之件，向准於應奏公事之便，附摺由驛馳遞。如有專爲私事擅用驛遞者，降一級留用。私罪。

《兵部處分則例》卷二四《郵政・公文擅動驛遞》 一、直省文武各官，凡有事關軍機及緊要公文刻難遲緩者，由馬上飛遞，其餘概不准擅動驛馬。如有違例濫差，擅由馬上飛遞者，降三級調用。私罪。

《回疆則例》卷七《伯克等私折烏拉馬匹》 喀什噶爾等處大臣，巡閱卡倫所需烏拉馬匹，照數於額設馬匹内發給印票傳調，以資騎用。不准阿奇木伯克以沿途支應，及内外當差人等雜費另作攤款，苦累小回。該伯克倘有影射派調等項情弊，即由該大臣奏明，從重治罪。

《回疆則例》卷七《禁止當差官人私索供給麥斤》 一、回疆各衙門當差官人按月均有例支口糧，偶遇食物昂貴不敷養贍，各該大臣即時設法調劑，不得率令阿奇木伯克供給麥斤，違者官員、阿奇木伯克一體治罪。

《回疆則例》卷七《不准濫派濫應烏拉馬匹》 回疆各城烏拉馬匹，原爲備差而設，官兵等遇事奉差，該大臣發給印票註明數目，不得濫調多用，該回子等亦不得濫應，違者，一併治罪。

《回疆則例》卷七《伯克等私役燕齊》 回疆各城阿奇木及伊什罕以下伯克等應設燕齊，均按照乾隆年間定額辦給，不得逾額私役。仍於每届年終，由阿奇木伯克查明有無私增、私換，告册呈報大臣衙門存案。如阿奇木伯克不報，及各大小阿奇木伯克等呈報不實，或經回户指控事發，該管大臣將該伯克等，照枉法贓，從嚴治罪。

《回疆則例》卷七《阿奇木伯克等地畝不准攤派牛具》 回疆各城阿奇木及伊什罕以下伯克等，本身田地及歇荒地畝應用牛具、人工，不准攤派窮回耕種。如有違犯，倘被回户告發，或經該管大臣查出，從重治罪。

《回疆則例》卷七《禁止阿奇木伯克供給司員等月費》 一、喀什噶爾及各城司員、筆帖式等，月支鹽菜俱已加增，所有司員、筆帖式及家丁、廚役人等，不得由阿奇木伯克供給月費口食，倘有貪劣故違索取者，事發，由該參贊大臣查明參奏，即行正法，並將濫行供應之阿奇木伯克一律治罪。

《回疆則例》卷七《停止巡閱開雅爾等城》 一、和闐所屬開雅爾等六城，永行停止巡查，以免擾累。如有藉端巡閱得受陋規者，該參贊大臣查明參奏，即行正法。

《工部則例》卷八〇《關税・過關船隻查驗放行》 雍正元年欽奉上諭：諭各省關差，國家之設關税，所以通商而非以累商，所以便民而非以病民也。朕撫御寰區，加惠黎庶，惟恐民隱不得上達。近聞榷關者往往寄耳目於胥役，不實驗客貨之多寡，而止憑胥役之報單。胥役於中未免高下其手，任意勒索。飽其欲者，雖貨多税重，而朦蔽不報者有之，或從輕少報者亦有之。不遂其欲，雖貨少税輕，而停滯關口至數日不得過。是以國家之額税，聽猾吏之侵漁，以小民之脂膏，飽姦胥之溪壑。司其事者，竟若罔聞知耶！又聞放關或有一日止一次者，江濤險急，河路窄隘，停舟候關於商民亦甚不便。嗣後榷關者務須秉公實心查驗過關船隻，隨到隨查。應報税者，納税即放，不得任胥役作弊，勒索阻滯，以副朕通商便民之意。至於崇文門收税，及分司派往各處查税之人，亦有多方勒索、分外苛求之弊。京師爲四方輻輳之地，行李絡繹，豈宜苛刻滋擾？監收者尤當不時稽察，杜絶弊端。爾等若不遵諭旨，經朕訪聞，定從重治罪。欽此。

《工部則例》卷八〇《關税・嚴禁關吏訛索》 嘉慶五年欽奉上諭：上年將關税贏餘酌加裁減，原以體恤行旅，加惠商民。在各關監督等自應仰體朕恤商惠民之意，不敢於正税之外復有勒索擾累之事，而所派之巡役、家人等難保無肆意苛求，藉稽察税務之名妄行勒措情弊。現在蘆溝橋、彰儀門經管税務人役，竟有訛索過往行人銀錢等事，業經分别懲治。輦轂之下尚敢如此，其餘各省關税種種情弊不問可知。該監督等所管税口不止一處，於稽查税務一節，不能不另派胥役、家人等分任其事。務當諄切曉諭，不許例外訛索，仍應時加查訪，嚴行管束，以絶弊端。嗣後京外各關税局除隨時密訪外，或别經告發，或被人指參，如再有訛索飯錢、擾累商旅等事，不獨將所派之巡役、家人等從重治罪，并將各關監督一體嚴辦示懲，不稍寬貸。欽此。

《例案摘要・督捕則例・旗人官員兵丁閒散告假滋事脱逃併歸旗定限等項新例道光六年》 一、八旗官員兵丁有事告假，前往近京順天府所屬等州縣，領催馬甲人等，由該佐領報明參領，將所往之處並去來限期呈明都統等存案，該參領給與關坊牌票前往。前鋒親軍護軍各項拜唐阿等，由各該管處行文該旗，參領等查明，給與關坊牌票前往。如往外省者，仍由該都統等出具印文咨部，給與引路前往。其路引、關坊牌票，回日即行繳銷。若逾限不回及不繳引票，查出鞭五十。私罪。如不請路引、牌票私往者，係官降二級調用，私罪。前鋒親軍護軍領催兵丁各項拜唐阿鞭一百。私罪。如已告假不往所指之處，另往他處者，係官降一級調用，私罪。前鋒親軍護軍領催兵丁各項拜唐阿鞭八十。私罪。如該兵丁等告假前往外省，令其前往者，承辦官不行報明請給路引，私給關坊牌票，令其前往者，承辦官罰俸三個月。私罪。

一、閒散告假照例報明佐領，告知參領註册，由該佐領給與圖記即准外出。該參領隨時呈明都統存案，年終彙咨户、兵二部。倘參佐領有勒指情事或經查出參出者，將參佐領等照違令私罪例，罰俸一年。其降革休致之官員、已退錢糧之兵丁、未食錢糧之舉貢生監，均照閒散例一體辦理。各省駐防閒散亦一律辦。

一、八旗閒散告假外出，其回京不必勒定限期。如在外有事逗遛，准報明地方官，行文該旗存案。回京之日，仍准挑差。倘出京已逾一年，並無地方官展限文書到官，即行銷除旗檔。各該旗于每年年終，將一年内告假若干人、某已回京、某未回京、某有地方官展限文書到京、某無文書到京，一一分晰註明，咨報户、兵二部存案。其出京一年之限，除往返程途及文書展限外，扣滿一年尚未回京，年終彙齊，將無展限文書到京者銷除旗檔。如有展限文書到京，不以逾限論。

一、旗人告假外出及逃走在外，如有不安本分滋事者，即由各該地方官審理。如犯笞杖枷責罪名，與民人一體板責，勿庸知照京旗。犯徒流軍遣及死罪者，與民人一體辦理，將原領圖記執照咨繳京旗銷檔。若投往親族任所，倚恃尊長挾詐需索，准本官呈明上司究辦。輕則遞解回旗，重則照例懲辦，銷除旗檔。【略】

一、官員携眷赴任，已領有吏兵二部憑劄，未經請領路引者，罰俸半年。私罪。承辦官免議。

(清) 祝慶祺《刑案匯覽》卷七《吏律職制・濫設官吏》 直督奏：竊照直隸大小衙門，掛名吏役過多，包差滋擾，苦累閭閻。經臣議立章程，予以限制。酌定應留名數，造立循環卯簿，年終報明。該管道府認真查核，具報總督衙門委員查點，不准額外增添，餘皆革退，編入里甲當

差。並請照直省兵丁免差售規，每名止准免地三十畝，以杜影射。奏奉諭旨，嗣後司道府廳衙門，吏役不准過五十名，由本官酌定名數，造立卯簿。州縣衙門，書役不准過八十名。教官佐雜衙門，門斗弓兵不准過二十名。由該道府酌量名數，造立循環卯簿，年終彙報。該管道府具報總督衙門查點，餘皆一概革退，編入里甲當差。俟入卯之後，彙造總册立案，每名止准免地三十畝，以杜包庇影射等因，欽此。當經行司飭屬，一體欽遵辦理。茲據各該衙門分別應留、應革，造具册結呈送，由藩臬兩司覆核，詳請覆奏。臣查吏役之設，各衙門不能不用，但官用之以杖，使百姓畏之如虎狼。且此輩人數既多，平日更可倚仗官勢，朋比爲姦。無弊不滋，無惡不作。現在通省革去吏役註册者二萬三千九百餘名，俱按名書榜曉示，以絶其復充之弊。地方少一擾累之人，即於地方少受一人之害，民間多一當差之人。即如良民，均受徭役之煩。所裁汰之萬人，均編入里甲當差，則累民之人從減，而役民之事從輕，可爲地方培養元氣，不無稍有裨益。自此次查辦之後，奏明立案，永遠遵行。地方官倘敢私增吏役，或棍豪冒充肆擾，一經查出，官員加等議處，吏役加等治罪等因，道光七年八月二十日奉上諭：那彦成奏裁汰通省掛名書役核實查辦完竣一摺，所辦認真，甚屬可嘉。直隸大小衙門，掛名吏役過多，包差滋擾，苦累閭閻。前經該督奏奉諭旨，酌定應留名數，造立循環卯簿，年終報明。該管道府具報總督衙門查點，餘皆革退，不准額外增添。茲據奏奉，嚴飭各屬將各該衙門酌留吏役名數，分別造册具結，呈送查核。並委道府丞倅分往確切查點，按名寫榜出示，懸掛城鄉，俾衆知曉。現據册報，通省革除吏役，竟有二萬三千九百餘名之多。官官相護。朋比爲姦，倘復成何政體？直隸如此，他省諒亦不免。著通諭直省各督撫，一律飭查，據實裁汰，按照那彦成所奏章程查辦。倘於辦理後復敢額外私增，或棍豪冒充肆擾，一經查出，即將該地方官嚴參議處，吏役加等治罪。此係各該督撫必當認真查辦之事，要在行之以實，持之以久，毋得視爲具文，用副朕釐剔弊端至意。欽此。

（清）祝慶祺《刑案匯覽》卷七《吏律職制·舉用有過官吏》　廣西道御史奏：　查各部院經承，向例於五年役滿，即應飭令回籍，乃日久玩生。近來該吏等於役滿後，大都潛留京中，其回籍者不過十之一二。且有因役滿即須回籍，每於充役將及五年之時，先行具呈告退，即可不在役滿之列。又有冒入大興宛平籍貫，改名捐納微職，居然以候選爲名，遂得盤踞京中，内外串通線索，或説事過錢，或指名撞騙，或造作假僞，或幫同訛詐，其弊難以悉數。近年來，問刑衙門審擬贓私之案，其中關涉滿吏者不一而足。即如現在，已革刑書周載呈控宗人府供事楊文祥一案，内有要證任松宇、龐瑛、蔡繩祖三名，皆户部捐納房役滿吏也。任松宇等因被控，匿不到案，現經刑部奏請嚴緝。臣思伊等若非自知罪戾，何致無故潛逃？是其被控假照一節，未必盡屬無因。而役滿吏之骩法營私，已可概見。查户部捐納房書吏二十名，向係本衙門各司帖寫充補，亦俟五年役滿，另行更换。該書吏以爲本係帖寫，非經承役滿者可比，遂得任意逗遛，故捐納房役滿帖寫之舞弊。較之各衙門役滿經承，益無忌憚。任松宇等三人，即其明證相應。請皆飭各部院，嗣後書吏役滿，隨時行知順天府五城，勒限即回原籍。其充役將及五年，無故具呈告退者，其爲巧避役滿，希圖逗遛之計，已屬顯然，一體知照督飭回籍。倘有役滿後即改名冒入大興宛平籍貫，捐納職官，應由順天府五城嚴查，照例辦理。至户部捐納房額設帖寫，實與各衙門經承事同一律，統於五年役滿後飭令回籍，不得在京稽留。道光十年奏准通行。

（清）祝慶祺《刑案匯覽》卷七《吏律職制·舉用有過官吏》　陝西司查書吏盤踞省會，串結各衙門書吏，需索使費，實屬大干例禁。應如所奏，嗣後再有省書之名，及變易其名仍辦省書之事者，即逐名拏究，照所犯之罪加一等治罪。即訊無別情，亦將該省書並眷屬遞籍管束。各衙門書吏有與省書交結者，亦與同罪。應令該督嚴飭所屬，務使驅逐浄盡，以清衙蠹。道光十一年説帖。

（清）席裕福《清朝政典類纂》卷三七七《刑九·吏律職制·大臣專擅選官》　凡除授官員，兼文武應選者，須從朝廷選用，若大臣專擅選用者斬監候。若大臣親戚，非科貢應選等項，係不應選者。非奉特旨，不許除授官職，違者罪亦如之。受選除者，俱免坐。其現任在朝官員，面諭差遣及改除外職，不問遠近，托故不行者，並杖一百，罷職不敘。

條例

一、文武職官人等不由銓選推舉，徑自朦朧奏請，希求進用者，依假以上書希求選用律，杖一百。如僥緣奔競，阻壞選法者，有財依以財行求

計贓治罪，無財依違制律，杖一百。謹案：此條嘉慶十五年改定。

事例

雍正六年諭：嗣後州縣缺出，該上司等必須遴委隣近官員署理，儻正印官一時不得其人，即遴選隣近之賢能佐貳官署理。如係地方要缺，隣近難得其人，則將隔府正印官委署，而另委官員以署該員本縣之事務，期人地相宜而各縣公務又不致於遲誤，斯有禆益。儻該上司有市惠徇情，任意委署者，經朕察出，嚴加處分。

（清）席裕福《清朝政典類纂》卷三七七《刑九・吏律職制・濫設官吏》 凡內外各衙門官，有額定員數而多添設者，當該官吏指典選者，一人杖一百，每三人加一等，罪止杖一百，徒三年。若受贓，計贓以枉法從重論。若吏典知印及承差祗候禁子弓兵人等，額外濫充者，杖一百，遷徙。比流減半，准徒二年。容留一人，正官笞二十，首領笞三十，吏笞四十，每三人各加一等，並罪止杖一百，罪坐所由。容留之人不坐。其罷閒官吏在外干預官事，結攬寫發文案，把持官府，蠹政害民者，並杖八十，於犯人名下追銀二十兩，付告人充賞。有所規避者，從重論。若官府稅糧由帖、户口籍册雇募攢寫者，勿論。

條例

一、內外大小衙門，考取吏典，照缺補用。若舊吏索頂頭錢者，事發，計贓准不枉法論，革役爲民。謹案：此條乾隆五年改定。一、坐糧廳所屬八行運役及倉役名缺，責令通州知州僉選誠實良民應役，如保送旗人及民人以一身而充兩三役者，倉場侍郎、巡倉御史察出，題參知州，交部議處。該役及保結之人，杖八十，徒二年。謹案：此條雍正三年定。一、各直省大小衙門，經制書吏即在現充書識內擇勤慎能辦事之人，覈實取結承充。儻有懸留空名，並不親身著役，將本人照吏典人等額外濫充律治罪，該本管官照例議處。謹案：此條乾隆五年定。

事例

康熙十二年覆准：凡白役隨正身衙役嚇詐，未經查出之官，罰俸六月。又官員於定數外留用白役，承票差遣，累民婪贓者，照失察衙役犯贓例議處。若正役犯贓事發，官員飾稱白役，自圖脱卸失察之罪者，革職。十八年覆准：凡督撫司道衙門各照定額供役，不許多設。司道互相揭報，督撫亦互相糾舉，狥庇者科道據實糾參，治以縱蠹殃民之罪。又議准：凡蠹役害民，司道府州縣不行舉報，督撫不行訪拏，别經發覺者，狥庇之司道府州縣等官，降二級調用，不題參之督撫，罰俸一年。至訪拏衙蠹併贓私數目，年底造册題報。雍正五年議准：凡直省書役年滿缺出，遵例召募，務查該役本籍本姓，取具鄰佑親族連名保結，及地方官印結，方准著役。有暗行頂買索取稅銀者，缺主照枉法受財律，計贓定擬，至八十兩者，絞。頂缺之人照以財行求律，至五百兩者，杖一百，徒三年。出結人等依不應重律，杖八十，該管官員及督撫俱交部，分别議處。其年滿考職時，於移咨內填寫並無假姓冒籍字樣，吏部方准收考。若有冒籍冒名等弊，事發者革去職銜，杖一百。不能稽查之該管等官，俱照失察例議處。至衙門一切案件，若書吏定稿，以致高下其手，駮詰不已，有贓者照枉法律科罪，無贓者杖八十，革役該管官，併督撫亦交部分别議處。【略】

刑案

革書捐監復入縣署干預公事，應革去監生，比照罷閒官吏在外干預公事律，杖八十，再枷號兩個月。道光十一年邸抄。

撫轅代書假揑詭名，兼充府代書，比照坐糧廳役一身充兩役例，擬杖八十，徒二年。嘉慶二十二年浙江案。

庫書退卯後，捐納職銜，隱身在署，干預徵收錢糧，依役滿不退杖一百例，加一等科斷。道光十年浙江司案。

（清）席裕福《清朝政典類纂》卷三七七《刑九・吏律職制・官員襲廕》 凡文武官員應合襲廕者，並令嫡長子孫襲廕。如嫡長子孫有故，或有亡没、疾病、姦盗之類。嫡次子孫襲廕。若無嫡次子孫，方許庶長子孫襲廕。如無庶出子孫，許令弟姪應合承繼者襲廕。若庶出子孫及弟姪不依次序，攙越襲廕者，杖一百，徒三年。仍依次襲廕。其子孫應承襲者，本宗及本管各官保勘明白，移文該部，奏請承襲支俸。如所襲子孫年幼，候年一十八歲，方預朝參公役。如委絶嗣無可承襲者，准令本人妻小，依例關請俸給，養贍終身。若將異姓外人乞養爲子，瞞昧官府，詐冒承襲者，乞養子杖一百，發邊遠充軍，本家所關俸給，事發截日住罷。他人教令攙越詐冒者，並與犯人同罪。若當該官司知其攙越、詐冒而聽行，與同罪，不知者不坐。若受財扶同保勘以枉法從重論。謹案：雍正三年改定。

條例【略】

一、應襲之人若父現在，詐稱死亡，冒襲官職者，發近邊充軍。候父故之日，許令以次兒男承襲。如無以次兒男，令次房子孫承襲。謹案：此條係原例首句。本條應襲舍人，雍正三年以現無舍人名色，改舍字爲之字。原文事發問罪，調邊衛充軍，雍正三年改調字爲發字。乾隆三十二年以後，例內邊衛充軍，均改近邊充軍，併删事發問罪四字。【略】一、凡世職，將乞養異姓與抱養族屬疎遠之人，詐冒承襲，或用財買囑冒襲及受財賣與冒襲，已經到官襲過者，將朦混繼立之世職與以子與世職爲嗣之人，並其知情之義子，俱照乞養子冒襲律，發邊遠充軍。保勘之官罷職，其世職永不得承襲。保勘官以首先出與保結者爲坐，連名保結者，俱依律減等科斷。有贓者，並以枉法論。若朦朧保送違礙子孫弟姪者，俱照律發落。謹案：此條係嘉慶十九年修改。【略】一、鑾儀衛校尉缺出，於現役校尉親生兒男、弟姪内，選擇堪用者替補。如校尉子弟不足，移文五城，將身家殷實民人，保送選補。其養象校尉缺出，即以所生兒男替補。有朦朧冒替者，俱問罪以違制論。謹案：此條雍正三年改定。

刑案

同姓不宗，爲姪詐冒承襲，與自行冒襲無異。因甫經具稟，尚未到官承襲，照乞養子冒襲發邊遠充軍例上，量減擬徒。道光二年河南案。

胞姪鑽越承襲，照文武官員弟姪不依次序鑽越襲蔭例，擬徒。光緒六年四川案。

（清）席裕福《清朝政典類纂》卷三七七《刑九·吏律職制·交結近侍官員》 凡諸衙門官吏，若與内官及近侍人員互相交結，漏泄機密事情，夤緣作弊，而扶同奏啓以圖乘機迎合者，皆斬監候，妻子流二千里安置。此亦姦黨一節，但漏泄較紊亂少輕，故止流而安置其妻子，不籍没其家產。若止親故往來，無夤緣等弊，不用此律。

條例

一、罷閒官吏在京潛住，有擅出入禁門交結者，各門盤詰，拏送法司問實，發烟瘴地面充軍。謹案：此條乾隆五年改定。一、各旗王公所屬人員，除服官在京者，如遇年節、生辰，仍准其向各府往來外，其現居外任，因事來京者，概不許於本管王公處謁見通問，違者杖一百發落。如有夤緣餽送等弊，計贓從其重者論。該管王公容令謁見者，交宗人府照違制律議處。若私通書信，有所求索借貸，及先自餽遺，希圖厚報者，交宗人府計贓治罪。謹案：此條係嘉慶六年改定。

事例

康熙十八年議准：内外官員除至親平常往來外，凡補授督撫司道官於赴任之時，謁見在京大臣各官，及自任所差人問候，或令在京子弟、提塘往來行走者，將督撫司道并不行出首之大臣各官，俱革職。至督撫司道家人子弟、提塘往大臣各官家人處行走，其主知情者，革職，家人免坐。其主不知情者，降二級，將兩家之家人俱正法。提塘有職者革職。無職者，照家人例正法。其在京大臣各官拜見督撫司道，薦引幕賓，贈送僕從，餽遺禮物，或差人到督撫司道任所者，將大臣各官及不行舉出之督撫司道，俱革職。如督撫司道向在京大臣各官因事營求，有所餽送者，將與受之人俱革職拏問。至地方官吏有濫徵苛派，餽送大臣官員者，與受之人亦革職提問。乾隆三十四年諭：嗣後各王公屬下人等，惟京員向各門往來仍照舊不禁外，其有現居外任職官，因事來京者，概不許於本管王公處謁見通問，以清弊源。著爲令。儻仍不知省改，或久而復沿故轍，一經發覺，除本人從重治罪外，其本管王公等亦一體懲治，必不稍爲寬貸。將此通諭知之。三十九年諭：嗣後除軍機處應奏事件，仍照舊交奏事太監呈進外，其餘各部院衙門奏摺，俱悉從奏事官員接收轉交。即内務府衙門一切事件，雖係家事，亦著由奏事官員轉交，概不得由奏事太監等接奏。大臣官員等並不得與太監交談，如敢再行違犯，必將伊等從重治罪。著將此旨嚴切傳諭奏事處及各衙門知之。嘉慶六年諭：各部院衙門文武大臣、各直省督撫藩臬，凡有奏事之責者，及軍營帶兵大臣等嗣後陳奏事件，俱應直達朕前，但不許另用副封關會軍機處。各部院文武大臣，亦不得將所奏之事預先告知軍機大臣。即如各部院衙門奏章呈遞後，朕可即行召見，面爲商酌，各該處衙門辦理，無關軍機大臣指示也，何得預行宣露，致啓通同扶飾之弊？將此通諭知之，各宜凜遵。道光十六年准：文職官員遇有應行迴避之缺，不行呈明，到任以後，别經發覺者，照扶同揑報之上司屬員一併議處。至應選、應陞人員於遇堂時不行呈明，及補行呈明，在未經到任以前，仍止將應陞、應選人員照本例議處。

刑案

緣坐逆犯，充當太監，夤緣滋弊，比照與内官互相交結，泄漏事情，夤緣作弊律，均擬斬候。嘉慶二十年湖廣司案。

（清）席裕福《清朝政典類纂》卷三七七《刑九・吏律職制・上言大臣德政》 凡諸衙門官吏及士庶人等，若有上言宰執執政大臣美政才德者，非圖引用，便係報私。即是姦黨，務要鞫問窮究所以阿附大臣來歷明白，犯人連名上言，止坐爲首者。處斬監候，妻子爲奴，財産入官。若宰執大臣知情，與同罪，不知者不坐。大臣知情，與同罪，亦依《名例》至死減一等法，杖一百，流三千里，不追及妻子財産。謹案：箋釋及《雍正會典》此律注末，均有若係應議大臣，請旨定奪二語。一、舊撫等官或陞任、更調、降謫、丁憂離任，而地方百姓赴京保留控告者，不准行，將來告之人交與該部治罪。若下屬交結上官，派斂資斧，驅民獻媚，或本官留戀地方，授之意指，藉公行私，事發得實，亦交該部從重治罪。謹案：此條雍正三年定。

事例

雍正三年諭：凡官員離任，每有地方士民保留，如果該員在任實有政績惠澤，在人愛戴，出於至誠，理應赴上司具呈陳請。即或清正廉幹之官冤抑被劾，百姓爲之抱屈者，亦可赴闕申理。乃邇來積習，無論官員賢否，及離任之有無冤抑，概借保留爲名，竟不呈明上司，輒鳴鑼聚衆，擅行罷市，顯然挾制，其中買囑招摇種種弊端，皆於地方生事。如果保留盡係真情，何以陞任官員不聞有人愛戴者耶？此乃刁風惡習，例所嚴禁，斷不可縱容使長。嗣後官員離任，士民有擅行鳴鑼，聚衆罷市者，除將刁惡之人分别首從，從重治罪外，其被保之員即係好官，然既買囑百姓，亦必嚴加治罪，以儆刁風。

（清）席裕福《清朝政典類纂》卷三七八《刑十・吏律公式・同僚代判署文案》 凡應行上下官文書，而同僚官代判判日署書名畫押者，杖八十。若因遺失同僚經手文案而代爲判署以補卷宗者，加一等，若於内事情有增減出入，罪重者，從重論。

條例

一、各部司員有偷安偏執故意推諉，不行畫押者，該堂官即指名題參。其實有患病事故告假者，免其議處。若堂官徇情枉法，逼勒畫押，該司員密揭都察院，將該堂官指名題參。如有挾嫌誣告情弊，該司員照例治罪。一、刑部遇有三法司會勘案件，即知會都察院、大理寺堂官，帶同屬員至刑部衙門，秉公會審，定案畫題。儻飾詞推故，竟無官到部者，即將該院寺堂官交部議處。謹案：以上二條，係雍正十一年定。一、各省承審參案，無論侵貪、挪移，以及濫刑枉法等項，俱由臬司主稿，會同藩司審勘，招解督撫衙門覆審。儻藩司以事非己責，並不實心會鞫，或臬司因主稿在己，偏執自是，以致罪有出入者，該督撫即行查參，交部分别議處。謹案：此條係乾隆二十九年定。

事例

乾隆三十三年諭：各衙門嗣後滿漢案件，俱著專派滿漢司員各一人，公同檢查辦理。道光七年諭：嗣後各衙門稿件列名各員，務各和衷商確，通行閲畫，無得仍前疎漏，以昭慎重。經此次訓諭之後，如再蹈前轍，一經查出，或經朕别有訪聞，非特將不畫押司員嚴加究處，並將該堂官等從重嚴懲，決不寬貸。

（清）席裕福《清朝政典類纂》卷三八九《刑二十一・兵律廄牧・私借官畜産》 凡監臨官吏、主守之人，將係官馬、牛、駝、騾、驢私自借用或轉借與人及借之者，不論久近多寡，各笞五十，驗計借過日期追雇賃錢入官。若計雇賃錢重於笞五十者，各坐贓論，加一等。雇錢不得過其本價。官畜死，依毁棄官物。在場牽去，依常人盜。謹案：律後小注二十四字，雍正三年增。

刑案

都司擅將營馬雇給武童騎射，贓未入己，比照私用驛遞夫馬例，革職。嘉慶七年浙撫題准案。

（清）席裕福《清朝政典類纂》卷三八九《刑二十一・兵律郵驛・多乘驛馬》 凡出使人員應乘驛船、驛馬，數外多乘一船、一馬者，杖八十，每一船、一馬加一等。若應乘驢而乘馬，及應乘中等、下等馬而勒要上等馬者，杖七十。因而毆傷驛官者，各加一等。至折齒以上，依鬥毆論。若驛官容情應付者，各減犯人罪一等。其應乘上等馬而驛官却與中等、下等馬者，罪坐驛官。本驛如無上等馬者，勿論。若出使人員枉道馳驛，及經驛不换船、馬者，杖六十。因而走死驛馬者，加一等，追〔價〕（償）馬匹還官。其事非警急，不曾枉道而走死驛馬者，償而不坐。若軍情警

急，及前驛無船、馬倒換者，不坐不償。亦究不倒換緣由。

條例

一、勘合之外多給一夫一馬，許前途州縣據實揭報都察院糾參，儻容情不揭，別經揭報，一併治罪。其差使至境，硬派民間牲口者，照違例妄索民夫例，該管官揭報，督撫題參，審明後分別議處治罪。謹案：此條係嘉慶六年改定。一、凡馳驛官員縱容差官跟役，毆罵驛官驛夫，或並無急務，走死驛馬，並額馬既足，故行越站，以及索詐財物者，該地方官、驛官一面申詳上司，一面具報該部，察究得實，官員革職，差官人等拏送刑部從重治罪。若無勘合火牌，謊稱公差支取夫馬船隻，及索詐財物者，亦俱拏送刑部從重治罪。其不照依所定程途，枉道擾驛者，係官交該部議處，差役杖一百。謹案：此條雍正三年定。一、凡指稱勳戚文武大臣、近侍官員姻黨族屬家人名目，虛張聲勢，擾害經過軍衛有司、驛遞衙門，占宿公館，索取人夫、馬匹、車輛、財物等項，及姦徒詐稱勢要衙門，乘坐黑樓等船隻，懸掛牌面，希圖免稅，誆騙違法者，徒罪以上，俱於所犯地方枷號一月，發邊衛充軍，杖罪以下，枷號一月發落。索取財物，問求索。希圖免稅，問匿稅。誆騙違法者，問詐現任官家人於所部內得財。謹案：此條係原例。一、水驛一應船差，如有派撥埠頭，扣剋官價入己者，計贓照侵盜錢糧例問擬。各衙門鄉親來往並書吏人等，濫捉民船，輒用旗、槍、燈籠假借本管官銜者，照無官而詐稱有官律，杖一百，徒三年。謹案：此條雍正七年定。

事例

雍正元年諭：嗣後勘合之外，有敢多給一夫一馬者，許前途州縣即據實揭報，都察院以聽糾參。如甲縣容情不揭而被乙縣揭報者，並甲縣一併治罪。其督撫、提鎮騷擾驛遞者，皆照此例，庶稍甦在官之累。至若河南、山東諸省，離京稍遠，謂耳目易欺。每驛額設馬匹，不過十存三四，其草料工食，仍照舊開銷，且逐年詳報倒斃侵蝕買補之價，差使一至，則照里科派，將民間耕種牲口强令當差，令其自備物料，跟隨守候。種種累民，尤屬不法。著該地方督撫將所有驛站逐一徹底清查，缺額者勒限補買。至派借民間牲口，尤當勒石永禁，違者即從重治罪。特諭。嘉慶十一年諭：本日御史花杰奏整頓驛站以肅吏治一摺，所奏甚是。各省州縣安設驛站，以備馳遞文報及緊要差使。凡遇欽差官員往來過境，及此外應行馳驛者，自應查照勘合內所填夫馬之數，照例給與，然亦不得稍涉浮濫。至於本省官員來往境內，其夫馬飯食俱當自行備辦，豈得責令地方官供應？乃近日督撫司道等官，經過所管州縣，該地方官不但預備夫馬，且須鋪設公館，供應飯食，争華鬥靡，曲意逢迎，甚至有餽送程儀之事，惟以辦差爲能，而郵政轉置之不問。即或該州縣額馬不敷，平日有廢馳浮冒情事，方且代爲彌縫，又豈肯核實查辦？積弊相仍，自當嚴行飭禁。嗣後州縣驛站應付，惟當以勘合爲憑，毋許濫應濫支。如有違例供應，以及藉端餽送，或沿途勒索及縱容家人長隨肆行需索者，一經查出，或被人參劾，必當嚴懲示警。其州縣額設馬匹，如有短少情事，該上司務當隨時整頓，毋任虧短干咎。十五年奏准：嗣後飭令各督撫因公出境，將隨帶人等先行知照臬司，以備查考，其司道以及各員亦一體遵照辦理。倘有違例，即交臬司糾參。道光五年議准：嗣後內外員役因公差遣，所領兵牌勘合火票，事竣之後，即行繳銷。如遲延一月以下不行繳銷，係官照例議處，差役笞五十。又奏准：嗣後各省造送填用過勘合火票數目，及撥兵護送差使册籍，均限次年十月送部，如有遲延，即于彙題疏內聲名附參，查取職名，送部議處。十七年諭：嗣後出差人員沿途所用馬匹，務當遵照定例，如有違例支用，及該地方官濫行應付者，即著該將軍督撫等查明參處，毋許徇隱。二十一年諭：給事中董宗遠奏請整飭郵政一摺：各省驛馬例有額設，本足敷馳遞之需。近因軍務吃緊，屢經降旨，嚴加整飭。若如所奏近來驛站多不足額，且以疲瘦充數，中途倒斃，並有上下站合棚喂養，通挪應差之設，甚至並無馬匹，祇知扣剋馬乾，自飽囊橐。一遇公文緊要，需馬甚多，或取自民間，或索價自辦，以致姦蠹需索擾累，公文互相推諉等語，殊屬不成事禮。著各直省督撫責成臬司，嚴諭所屬，力加整頓，並查明驛站馬匹，如有虧缺以及前項情弊，即著據實從嚴參辦，以肅郵政。將此通諭知之。同治九年奏准：嗣後如有兵差過境，務須先期探明豫備，不得仍以上站車馬扣留越站。如有前項情弊，經鄰縣稟揭及被累之民呈控，該督撫即據實嚴參，毋稍徇隱。倘帶兵官勒令車夫人等越站，亦令地方官據實彙參。

刑案

兵丁解馬過境，多索草實，照枉道擾驛例，加等擬杖六十，徒一年。
道光十四年浙江案。

（清）席裕福《清朝政典類纂》卷三八九《刑二十一・兵律郵驛・乘官畜産車船附私物》 凡因公差應乘官馬、牛、駝、騾、驢者，各衙門自擬官馬，不得馳驛而行者。除隨身衣仗外，私馱物不得過十斤。違者，五斤笞一十，每十斤加一等，罪止杖六十。不在乘驛馬之條。其乘船、車者，私載物不得過三十斤。違者，十斤笞二十，每二十斤加一等，罪止杖七十。家人隨從者不坐。若受寄私載他人物者，寄物之人同罪，其物並入官。當該官司知而容縱者，與同罪。不知者不坐。若應合遞運家小，如陣亡、病故官軍，及軍民官在任以理病故者，雖有私帶物件，不在此限。

條例

一、漕船旗丁，每船准帶土宜一百石。頭舵二人，每人准帶三石。水手無論人數，准其共帶二十石。其回空船隻，舵水人等准帶梨棗六十石。沿途過淺盤剥，責令自備脚價。例外多帶者，照數入官。監兑、糧儲等官，水次先行搜檢。督押糧道及府佐官員，沿途稽查，經過儀徵、淮安、天津等處，聽遭運鎮道官盤詰。經盤官員徇情賣法，一併參治。多帶，問違制。徇情賣法，問聽從獨託事已施行。受財，問枉法。出錢之人，問行求。謹案：此條係乾隆五年增定。 一、漕運船隻，除運軍自帶土宜貨物外，若附搭客商、勢要人等酒麯、糯米、花草、竹木、板片、器皿、貨物者，將本船運軍併附載人員依律治罪，貨物入官。其押運官有犯，交部議處。附載人員，依違制。運軍與運官有贓，問枉法。無贓，止問違制。謹案：此條乾隆五年改定。 一、沿河一帶，陞除外任及外公差官員，若有乘坐在官船隻一事，興販私鹽二事，起撥人夫三事，并帶去無籍之徒辱罵鎖綁官吏，勒要銀兩者，督撫、巡河、巡鹽、管河、管閘等官，即便拏問干礙，應奏官員奏請提問。其軍衛有司驛遞衙門，若有懼勢應付者，參究治罪。三事不備，不引此例。止犯一事，依本律論。謹案：此條係原例。原文省親、省祭、丁憂起復併陞除外任，又乘坐馬快船隻，又巡撫、巡按、巡河、巡鹽，均雍正三年删改。

事例

乾隆五十三年諭：嗣後舊該督撫等遇有災祲地方，貧民鬻賣子女者，除本地方民户、過往客商及並非馳驛官員，各聽其便，毋庸禁止外，其有派委差使由驛行走之人，俱應禁止，民人不得私行售賣。並隨時查察此等官員，如有違禁私買攜帶者，即行嚴參治罪。

（清）席裕福《清朝政典類纂》卷四〇七《刑三十九・刑律雜犯・囑託公事》 凡官吏諸色人等，或爲人或爲己，曲法囑託公事者，笞五十，但囑即坐，不分從不從。當該官吏聽從而曲法者，與同罪，不從者不坐。若曲法事已施行者，杖一百。其出入所枉之（重罪）〔罪重〕於杖一百者，官吏以故出入人罪論。若爲託人及親屬囑託，以致所枉之罪重於笞五十者，減官吏罪三等，自囑託己事者加所應坐本罪一等。若監臨勢要曲法爲人囑託者，杖一百。所枉重於杖一百者，與官吏同故出入人罪。至死者減一等。若曲法受贓者，並計贓。通算全科以枉法論。通上官吏人等囑託者，及當該官吏並監臨勢要言之，若不曲法而受贓者，祇以不枉法贓論。不曲法又不受贓，則俱不坐。若官吏不避監臨勢要，將囑託公事實蹟赴上司首告者，陞一等。吏候受官之日亦陞一等。

條例

一、民人附合結黨妄預官府之事者，杖一百。如有降調黜革之員，賄囑百姓保留者，審實，將與受官民俱照枉法贓治罪。謹案：此條雍正三年定。

事例

康熙二十五年諭：凡有内外閒散官員人等，及民間豪惡類，並無職任，乃攬説公事、交結衙門、妄行訛詐、賄囑關通者，發覺之時從重治罪。二十八年議准：紳宦監生倚仗勢力，作害地方、騷擾百姓，如霸佔田房，強奪妻子致斃人命，免自己錢糧令百姓代納等類。此等惡棍訪確，即行題參，照律從重治罪。若州縣徇庇不行呈報者，革職。司道府提行轉詳者，同城各降三級調用，不同城各降一級留任，督撫不行題參者，照不行題參大小官員貪婪之例處分。二十九年議准：紳宦監生生員等本身及子弟家人，若以私事出入大小衙門，央求囑託詐欺銀兩等弊，將知情縱使並聽行之人，均照律例治罪。道光十年諭：御史卞士雲奏請飭禁外省書吏擬批積習一摺，各省督撫司道及學政鹽關各衙門遇有批稟批呈事件，鉅細均應親身核定。不得假手吏胥，致滋弊混據。該御史奏，各省申詳案件與具呈上控之人，每先向掌稿經承打點，如應准之件，另擬數語議駁，應駁之案另

擬數語議准。先以消息宣露，無識之徒受其愚弄，甚且勾通幕友，因緣爲姦。其弊無所不至，所關於吏治匪淺。著通諭各督撫轉行各衙門，嗣後凡遇批稟批呈，無論重大案情及尋常事件，均著悉心詳核，自行裁酌，毋許專任吏胥幕友預定准駁，致令藉端朦混遇事招摇，以除積弊而肅吏治。

刑案

大員子弟干豫訟事，寫信囑託，依民人附合結黨妄豫官府之事者，杖一百，例上加等問擬。嘉慶二十四年湖廣司案。

總管太監因事囑託求情，比照監臨勢要曲法爲人囑託律，擬以滿杖。業經革去總管，應毋庸議。道光十六年邸抄。

知縣向學政求情考取童生，照違制律，問擬滿杖，從重發往新疆効力贖罪。光緒十五年邸抄。

紀事

《國語》卷四《魯語》　昔禹致會群臣於會稽之山，防風氏後至，禹殺戮之。

《韓非子・外儲說右上》　〔晉文公〕明日令田於圃陸，期以日中爲期，後期者行軍法焉。於是公有所愛者曰顛頡後期，吏請其罪，文公隕涕而憂。吏曰：請用事焉。遂斬顛頡之脊，以徇百姓，以明法之信也。

《韓非子・外儲說右上》　楚王急召太子。楚國之法，車不得至於茆門。天雨，廷中有潦，太子遂驅車至於茆門，廷理曰：車不得至茆門，非法也。太子曰：王召急，不得須無潦。遂驅之。廷理舉殳而擊其馬，敗其駕。

太子入爲王泣曰：廷中多潦，驅車至茆門，廷理曰非法也，舉殳臣馬，敗臣駕，王必誅之。王曰：前有老主而不逾，後有儲主而不屬，矜矣，是真吾守法之臣也。乃益爵二級，而開後門出太子：勿復過。

《韓非子・外儲說左下》　梁車新爲鄴令，其姊往看之，暮而後門閉，因逾郭而入，車遂刖其足。

（漢）劉向《說苑》卷一七《雜言》　彌子瑕愛於衛君。衛國之法，竊駕君車罪刖。彌子瑕之母疾，人聞夜往告之。彌子瑕擅駕君車而出。君聞之，賢之曰：孝哉，爲母之故，犯刖罪哉？

《漢書》卷一六《高惠高后文功臣表》　〔南郎侯〕〔孝文七年〕（二）〔三〕月丙寅封，坐後父故削爵一級，爲關内侯。

《漢書》卷一六《高惠高后文功臣表》　〔東茅敬侯〕孝文三年，侯告嗣，十二年，十六年，坐事國人過員，免。

《漢書》卷一六《高惠高后文功臣表》　〔信武侯〕高后六年，侯亭嗣，二十一年，孝文後三年，坐事國人過律，免。

《漢書》卷一六《高惠高后文功臣表》　〔祝阿孝侯〕孝文五年，侯成嗣，十四年，後三年，坐事國人過律，免。

《漢書》卷一六《高惠高后文功臣表》　〔甯嚴侯〕孝文後元年，侯指嗣，三年，坐出國界，免。

《漢書》卷一五上《王子侯表》　〔楊丘侯〕〔孝文前元〕十六年，侯偃嗣，十一年，孝景四年，坐出國界，耐爲司寇。

《漢書》卷一六《高惠高后文功臣表》　〔終陵齊侯〕後四年，侯禄嗣，七年，孝景四年，坐出界，耐爲司寇。户千五百。

《漢書》卷一六《高惠高后文功臣表》　〔宋子惠侯〕孝文十年，侯九嗣，二十二年，孝景中二年，坐寄使匈奴買塞外禁物，免。

《漢書》卷一六《高惠高后文功臣表》　〔舞陽侯〕（老）〔孝〕景七年，侯它廣嗣，中六年，坐非子免。

《漢書》卷一六《高惠高后文功臣表》　〔武原靖侯〕孝景三年，侯不害嗣，（三十）〔十二〕年，後二年，坐葬過律，免。

《漢書》卷五三《常山憲王劉舜傳》　常山憲王舜以孝景中五年立。

【略】子勃嗣爲王。

初，憲王有不愛姬生長男棁，棁以母無寵故，亦不得幸於王。王后脩生太子勃。王内多，所幸姬生子平、子商，王后稀得幸。及憲王疾甚，諸幸姬侍病，王后以妒媢不常在，輒歸舍。醫進藥，太子勃不自嘗藥，又不宿留侍疾。及王薨，王后、太子乃至。憲王雅不以棁爲子數，不分與財物。郎或說太子、王后，令分棁財，皆不聽。太子代立，又不收恤棁。棁怨王后及太子。漢使者視憲王喪，棁自言憲王病時，王后、太子不侍，及

薨，六日出舍，太子勃私姦，飲酒，博戲，擊筑，與女子載馳，環城過市，人獄視囚。天子遣大行騫驗問，逮諸證過，王又匿之。吏求捕，勃使人致擊笞掠，擅出漢所疑囚。有司請誅勃及憲王后脩。上曰：脩素無行，使棁陷之罪。勃無良師傅，不忍致誅。有司請廢勿王，徙王勃以家屬處房陵，上許之。

《漢書》卷六五《東方朔傳》　先是，朔嘗醉入殿中，小遺殿上，劾不敬。有詔免爲庶人，待詔宦者署，因此〔時〕〔對〕復爲中郎，賜帛百匹。

《魏書》卷八九《酷吏傳·李洪之》　〔李洪之〕後爲使持節、安南將軍、秦益二州刺史。至治，設禁姦之制，有帶刃行者，罪與劫同，輕重品格，各有條章。於是大饗州中豪杰長老，示之法制。乃夜密遣騎分部覆諸要路，有犯禁者，輒捉送州，宣告斬決。其中枉見殺害者百數。

《漢書》卷九〇《酷吏傳·王温舒》　王温舒，陽陵人也。少時椎埋爲姦，已而試縣亭長，數廢，數爲吏，以治獄至廷尉史。事張湯，遷爲御史，督盜賊，殺傷甚多。稍遷至廣平都尉，擇郡中豪敢往吏十餘人爲爪牙，皆把其陰重罪，而縱使督盜賊，快其意所欲得。此人雖有百罪，弗法；即有避回，夷之，亦滅宗。以故齊趙之郊盜不敢近廣平，廣平聲爲道不拾遺。上聞，遷爲河内太守。

素居廣平時，皆知河内豪姦之家。及往，以九月至，令郡具私馬五十疋，爲驛自河内至長安，部吏如居廣平時方略，捕郡中豪猾，相連坐千餘家。上書請，大者至族，小者乃死，家盡没入償臧。奏行不過二日，得可，事論報，至流血十餘里。河内皆怪其奏，以爲神速。盡十二月，郡中無犬吠之盜。其頗不得，失之旁郡，追求，會春，温舒頓足歎曰：嗟乎，令冬月益展一月，卒吾事矣！其好殺行威不愛人如此。

上聞之，以爲能，遷爲中尉。其治復放河内，徙請召猜禍吏與從事，河内則楊皆、麻戊，關中揚贛、成信等。義縱爲内史，憚之，未敢恣治。及縱死，張湯敗後，徙爲廷尉。而尹齊爲中尉坐法抵罪，温舒復爲中尉。爲人少文，居它惛惛不辯，至於中尉則心開。素習關中俗，知豪惡吏，豪惡吏盡復爲用。吏苛察淫惡少年，投缿購告言姦，置伯落長以收司姦。温舒多諂，善事有勢者；即無勢，視之如奴。有勢家，雖有姦如山，弗犯；無勢，雖貴戚，必侵辱。舞文巧，請下户之猾，以動大豪。其治中尉如此。姦猾窮治，大氐盡靡爛獄中，行論無出者。其爪牙吏虎而冠。於是中尉部中中猾以下皆伏，有勢者爲游聲譽，稱治。數歲，其吏多以權貴富。

《漢書》卷九〇《酷吏傳·義縱》　軍數出定襄，定襄吏民亂敗，於是徙縱爲定襄太守。縱至，掩定襄獄中重罪二百餘人，及賓客昆弟私入相視者亦二百餘人。縱壹切捕鞠，曰：爲死罪解脱。是日皆報殺四百餘人。郡中不寒而慄，猾民佐吏爲治。

《漢書》卷九〇《酷吏傳·周陽由》　周陽由，其父趙兼以淮南王舅侯周陽，故因氏焉。由以宗家任爲郎，事文帝。景帝時，由爲郡守。武帝即位，吏治尚循謹，然由居二千石中最爲暴酷驕恣。所愛者，撓法活之；所憎者，曲法滅之。所居郡，必夷其豪。爲守，視都尉如令；爲都尉，陵太守，奪之治。汲黯爲忮，司馬安之文惡，俱在二千石列，同車未嘗敢均茵憑。後由爲河東都尉，與其守勝屠公争權，相告言，勝屠公當抵罪，（議）〔義〕不受刑，自殺，而由棄市。

《漢書》卷一六《高惠高后文功臣表》　〔北平文侯〕後元年，侯類嗣，七年，建元五年，坐臨諸侯喪後，免。

《漢書》卷一六《高惠高后文功臣表》　〔祁穀侯〕孝景六年，侯它嗣，十九年，元光二年，坐射擅罷，免。

《漢書》卷一七《景武昭宣元成功臣表》　〔翕侯邯鄲〕元光四年，坐行來不請長信，免。

《漢書》卷一六《高惠高后文功臣表》　〔復陽剛侯〕元朔元年，侯彊嗣，七年，元狩二年，坐父拾非嘉子，免。

《漢書》卷一五上《王子侯表》　〔祝茲侯〕〔孝武元鼎元年〕五月丙午封，五年，坐棄印綬出國，免。

《漢書》卷一六《高惠高后文功臣表》　〔軑侯〕侯扶嗣，元封元年，坐爲東海太守行過擅發卒爲衛，當斬，會赦，免。

《漢書》卷一六《高惠高后文功臣表》　〔長脩平侯〕陽平　孝景中五年，侯相夫紹封，三十七年，元封三年，坐爲太常與大樂令中可當鄭舞人擅繇，闌出入關，免。

《漢書》卷九〇《酷吏傳・嚴延年》 〔嚴〕延年爲人短小精悍，敏捷於事，雖子貢、冉有通藝於政事，不能絶也。吏忠盡節者，厚遇之如骨肉，皆親鄉之，出身不顧，以是治下無隱情。然疾惡泰甚，中傷者多，尤巧爲獄文，善史書，所欲誅殺，奏成於手，中主簿親近史不得聞知。奏可論死，奄忽如神。冬月，傳屬縣囚，會論府上，流血數里，河南號曰屠伯。

《漢書》卷七三《韋賢傳》 數歲，玄成徵爲未央衛尉，遷太常。坐與故平通侯楊惲厚善，惲誅，黨友皆免官。後以列侯侍祀孝惠廟，當晨入廟，天雨淖，不駕駟馬車而騎至廟下。有司劾奏，等輩數人皆削爵爲關内侯。

《漢書》卷一五下《王子侯表》 〔江陽侯〕〔孝昭始元〕六年一月乙丑封，十年，元康元年，坐役使附落免。

《漢書》卷一八《外戚恩澤侯表》 〔高平憲侯〕神爵三年，侯弘嗣，六年，甘露元年，坐酎宗廟騎至司馬門，不敬，削爵一級爲關内侯。

《漢書》卷一五下《王子侯表》 〔富陽侯〕〔孝宣元康〕二年五月丙戌封，二十八年，建昭二年，坐上書歸印綬免八百户。

《漢書》卷一五下《王子侯表》 〔陽興侯〕〔孝宣五鳳元年〕十二月癸巳封，二十六年，建始二年，坐朝私留它縣，使庶子殺人，棄市。千三百五十户。

《漢書》卷一五下《王子侯表》 〔鄡鄉侯〕〔孝元建昭元年〕正月封，二十一年，鴻嘉四年，坐上書歸印綬，免。四百七十二户。

《漢書》卷六六《陳萬年傳》 成帝初即位，大將軍王鳳以〔陳〕咸前指言石顯，有忠直節，奏請咸補長史。遷冀州刺史，奉使稱意，徵爲諫大夫。復出爲楚内史，北海、東郡太守。坐爲京兆尹王章所薦，章誅，咸免官。起家復爲南陽太守。所居以殺伐立威，豪猾吏及大姓犯法，輒論輸府，以律程作司空，爲地臼木杵，舂不中程，或私解脱鉗鈦，衣服不如法，輒加罪笞。督作劇，不勝痛，自絞死，歲數百千人，久者蟲出腐爛，家不得收。其治放嚴延年，其廉不如。所居調發屬縣所出食物以自奉養，奢侈玉食。然操持掾史，郡中長吏皆令閉門自斂，不得踰法。公移敕書曰：即各欲求索自快，是一郡百太守也，何得然哉！下吏畏之，豪彊執服，令行禁止，然亦以此見廢。咸，三公子，少顯名於朝廷，而薛宣、朱博、翟方進、孔光等仕宦絶在咸後，皆以廉儉先至公卿，而咸滯於郡守。

《漢書》卷九〇《酷吏傳・尹賞》 尹賞字子心，鉅鹿楊氏人也。以郡吏察廉爲樓煩長。舉茂材，粟邑令。左馮翊薛宣奏賞能治劇，徙爲頻陽令，坐殘賊免。後以御史舉爲鄭令。

永始、元延間，上怠於政，貴戚驕恣，紅陽長仲兄弟交通輕俠，臧匿亡命。而北地大豪浩商等報怨，殺義渠長妻子六人，往來長安中。丞相御史遣掾求逐黨與，詔書召捕，久之乃得。長安中姦猾浸多，閭里少年羣輩殺吏，受賕報仇，相與探丸爲彈，得赤丸者斫武吏，得黑丸者斫文吏，白者主治喪；城中薄暮塵起，剽劫行者，死傷横道，枹鼓不絶。賞以三輔高第選守長安令，得壹切便宜從事。賞至，修治長安獄，穿地方深各數丈，致令闢爲郭，以大石覆其口，名爲虎穴。乃部户曹掾史，與鄉吏、亭長、里正、父老、伍人，雜舉長安中輕薄少年惡子，無市籍商販作務，而鮮衣凶服被鎧扞持刀兵者，悉籍記之，得數百人。賞一朝會長安吏，車數百兩，分行收捕，皆劾以爲通行飲食羣盜。賞親閱，見十置一，其餘盡以次内虎穴中，百人爲輩，覆以大石。數日壹發視，皆相枕藉死，便輿出，瘞寺門桓東，楬著其姓名，百日後，乃令死者家各自發取其屍。親屬號哭，道路皆歔欷。長安中歌之曰：安所求子死？桓東少年場。生時諒不謹，枯骨後何葬？賞所置皆其魁宿，或故吏善家子失計隨輕黠願自改者，財數十百人，皆貰其罪，詭令立功以自贖。盡力有效者，因親用之爲爪牙，追捕甚精，甘耆姦惡，甚於凡吏。賞視事數月，盜賊止，郡國亡命散走，各歸其處，不敢闚長安。

《漢書》卷七六《王尊傳》 初，中書謁者令石顯貴幸，專權爲姦邪。丞相匡衡、御史大夫張譚皆阿附畏事顯，不敢言。久之，元帝崩，成帝初即位，顯徙爲中太僕，不復典權。衡、譚乃奏顯舊惡，請免顯等。尊於是劾奏：丞相衡、御史大夫譚位三公，典五常九德，以總方略，壹統類，廣教化，美風俗爲職。知中書謁者令顯等專權擅勢，大作威福，縱恣不制，無所畏忌，爲海内患害，不以時〔皆〕〔白〕奏行罰，而阿諛曲從，附下罔上，懷邪迷國，無大臣輔政之義，皆不道，在赦令前。赦後，衡、譚舉奏顯，不自陳不忠之罪，而反揚著先帝任用傾覆之徒，妄言百官畏之，

甚於主上。卑君尊臣，非所宜稱，失大臣體。又正月行幸曲臺，臨饗罷衛士，衡與中二千石大鴻臚賞等會坐殿門下，衡南鄉，賞等西鄉。衡更爲賞布東鄉席，起立延賞坐，私語如食頃。衡知行臨，百官共職，萬衆會聚，而設不正之席，使下坐上，相比爲小惠於公門之下，動不中禮，亂朝廷爵秩之位。衡又使官大奴入殿中，問行起居，還言漏上十四刻行臨到，衡安坐，不變色改容。無怵惕肅敬之心，驕慢不謹，皆不敬。有詔勿治。於是衡慙懼，免冠謝罪，上丞相、侯印綬。天子以新即位，重傷大臣，乃下御史丞問狀。劾奏尊妄詆欺非謗赦前事，猥歷奏大臣，無正法，飾成小過，以塗汙宰相，摧辱公卿，輕薄國家，奉使不敬。有詔左遷尊爲高陵令，數月，以病免。

《漢書》卷六〇《杜周傳》〔杜〕業有材能，以列侯選，復爲太常。數言得失，不事權貴，與丞相翟方進、衛尉定陵侯淳於長不平。後業坐法免官，復爲函谷關都尉。會定陵侯長有罪，當就國，長舅紅陽侯立與業書曰：誠哀老姊垂白，隨無狀子出關，願勿復用前事相侵。定陵侯既出關，伏罪復發，下雒陽獄。丞相史搜得紅陽侯書，奏業聽請，不敬，坐免就國。

《漢書》卷七二《龔勝傳》先是常又爲勝道高陵有子殺母者。勝白之，尚書問：誰受？對曰：受夏侯常。尚書使勝問常，常連恨勝，即應曰：聞之白衣，戒君勿言也。奏事不詳，妄作觸罪。勝窮，亡以對尚書，即自劾奏與常爭言，洿辱朝廷。事下御史中丞，召詰問，劾奏勝吏二千石，常位大夫，皆幸得給事中，與論議，不崇禮義，而居公門下相非恨，疾言辯訟，媠謾亡狀，皆不敬。制曰：貶秩各一等。勝謝罪，乞骸骨。

《後漢書》卷七七《酷吏傳·李章》〔李章〕遷千乘太守，坐誅斬盜賊過濫，徵下獄免。

《後漢書》卷三三《虞延傳》太守富宗聞延名，召署功曹。宗性奢靡，車服器物，多不中節。延諫**【略】**宗不悅，延即辭退。居有頃，宗果以侈從被誅。臨當伏刑，攬涕而歎曰：恨不用功曹虞延之諫。

《後漢書》卷一《光武帝紀》〔建武四年秋八月〕太中大夫徐惲擅殺臨淮太守劉度，惲坐誅。

《後漢書》卷七七《酷吏傳·樊曄》隗囂滅後，隴右不安，乃拜〔樊〕曄爲天水太守。政嚴猛，好申韓法，善惡立斷。人有犯其禁者，率不生出獄，吏人及羌胡畏之。道不拾遺。行旅至夜，聚衣裝道傍，曰：以付樊公。涼州爲之歌曰：游子常苦貧，力子天所富。寧見乳虎穴，不入冀府寺。大笑期必死，忿怒或見置。嗟我樊府君，安可再遭值！視事十四年，卒官。

《後漢書》卷七六《循吏傳·任延》〔任延〕後坐擅誅羌不先上，左轉召陵令。

《後漢書》卷三九《劉般傳》時征西校尉任尚以姦利被徵抵罪。尚曾副大將軍鄧騭，騭黨護之，而太尉馬英、司空李郃承望騭旨，不復先請，即獨解尚臧錮，愷不肯與議。後尚書案其事，二府並受譴咎，朝廷以此稱之。

《後漢書》卷三九《劉平傳》王望字慈卿，客授會稽，自議郎遷青州刺史，甚有威名。是時州郡災旱，百姓窮荒，望行部，道見飢者，裸行草食，五百餘人，愍然哀之，因以便宜出所在布粟，給其〔廩〕〔稟〕糧，爲作褐衣。事畢上言，帝以望不先表請，章示百官，詳議其罪。時公卿皆以爲望之專命，法有常條。鍾離意獨曰：昔華元、子反，楚、宋之良臣，不稟君命，擅平二國，《春秋》之義，以爲美談。今望懷義忘罪，當仁不讓，若繩之以法，忽其本情，將乖聖朝愛育之旨。帝嘉意議，赦而不罪。

《後漢書》卷一六《鄧禹傳》會上谷太守任興欲誅赤沙烏桓，〔烏桓〕怨恨謀反，詔訓將黎陽營兵屯狐奴，以防其變。訓撫接邊民，爲幽部所歸。〔建初〕六年，遷護烏桓校尉，黎陽故人多攜將老幼，樂隨訓徙邊。鮮卑聞其威恩，皆不敢南近塞下。八年，舞陰公主子梁扈有罪，訓坐私與扈通書，徵免歸閭里。

《後漢書》卷三《章帝紀》〔元和元年〕秋七月丁未，詔曰：《律》云掠者唯得榜、笞、立。又《令丙》，箠長短有數。自往者大獄已來，掠考多酷，鉆鑽之屬，慘苦無極。念其痛毒，怵然動心。《書》曰鞭作官刑，豈云若此？宜及秋冬理獄，明爲其禁。

《後漢書》卷八《孝靈帝紀》〔光和二年〕秋七月，使匈奴中郎將張脩有罪，下獄死。

謝桂華等《居延漢簡釋文合校》 故甲渠候長唐博叩頭死罪。博前爲甲渠鉼庭候長，今年正月中，坐搒卒毄獄。七月廿☐。

謝桂華等《居延漢簡釋文合校》 坐從良家子自給車馬爲私事，論疑也。□□書到，相二千石以下從吏，毋過品。刺史禁督且察，毋狀者如律令。

（宋）李昉等《太平御覽》卷八一五《布帛部·錦繡》 裴松之注引《世語》曰：〔曹〕植妻衣繡，太祖登臺見之，以違制命，還家賜死。

《三國志》卷一九《魏志·陳思王傳》 〔曹〕植嘗乘車行馳道中，開司馬門出。太祖大怒，公車令坐死。由是重諸侯科禁，而植寵日衰。

《三國志》卷一九《魏志·陳思王傳》 黄初二年，監國謁者灌均希指，奏：〔曹〕植醉酒悖慢，劫脅使者。有司請治罪，帝以太后故，貶爵安鄉侯。

《三國志》卷二七《魏志·徐邈傳》 徐邈字景山，燕國薊人也。〔魏〕太祖平河朔，召爲丞相軍謀掾，試守奉高令，入爲東曹議令史。魏國初建，爲尚書郎。時科禁酒，而邈私飲至於沈醉。校事趙達問以曹事，邈曰：中聖人。達白之太祖，太祖甚怒。度遼將軍鮮于輔進曰：平日醉客謂酒清者爲聖人，濁者爲賢人，邈性脩慎，偶醉言耳。竟坐得免刑。

《三國志》卷一二《魏志·司馬芝傳》 司馬芝字子華，河内温人也。少爲書生，避亂荆州，於魯陽山遇賊，同行者皆棄老弱走，芝獨坐守老母。賊至，以刃臨芝，芝叩頭曰：母老，唯在諸君！賊曰：此孝子也，殺之不義。遂得免害。【略】太祖平荆州，以芝爲菅長。時天下草創，多不奉法。郡主簿劉節，舊族豪俠，賓客千餘家，出爲盜賊，入亂吏治。頃之，芝差節客王同等爲兵，掾史據白：節家前後未嘗給繇，若至時藏匿，必爲留負。芝不聽，與節書曰：君爲大宗，加股肱郡，而賓客每不與役，既衆庶怨望，或流聲上聞。今調同等爲兵，幸時發遣。兵已集郡，而節藏同等，因令督郵以軍興詭責縣，縣掾史窮困，乞代同行。芝乃馳檄濟南，具陳節罪。太守郝光素敬信芝，即以節代同行，青州號芝以郡主簿爲兵。

（清）錢儀吉《三國會要》卷二〇《封建·封建雜録》 青龍元年，中山王袞、楚王彪犯交通京師之禁，俱削縣。二年，東平王徽使官屬撾壽張縣吏，詔削縣。三年，任城王楷遣官屬詣中尚方作禁物，削縣。景初元年，彭城王據，己氏公琮俱坐中尚方作禁物，削縣户。

《三國志》卷四七《吴志·吴主傳》 〔赤烏〕三年春正月，詔曰：【略】頃者以來，民多征役，歲又水旱，年穀有損，而吏或不良，侵奪民時，以致饑困。自今以來，督軍郡守，其謹察非法，當農桑時，以役事擾民者，舉正以聞。

《三國志》卷六二《吴志·胡綜傳》 凡自權統事，諸文誥策命，鄰國書符，略皆綜之所造也。初以内外多事，特立科，長吏遭喪，皆不得去，而數有犯者。權患之，使朝臣下議。綜議以爲宜定科文，示以大辟，行之一人，其後必絶。遂用綜言，由是奔喪乃斷。

《宋書》卷四七《劉敬宣傳》 假敬宣節，監征蜀諸軍事，郡如故。既入峽，分遣振武將軍、巴東太守温祚以二千人揚聲外水，自率益州刺史鮑陋、輔國將軍文處茂、龍驤將軍時延祖由墊江而進。敬宣率先士卒，轉戰而前，達遂寧郡之黄虎，去成都五百里。僞輔國將軍譙道福等悉衆距險，相持六十餘日，大小十餘戰，賊固守不敢出。敬宣不得進，食糧盡，軍中多疾疫，死者太半，引軍還。譙縱送毛璩一門諸喪，其妻女、文處茂母何，并諸士人喪柩，浮之中流，敬宣皆拯接致歸。爲有司所奏，免官，削封三分之一。

《宋書》卷五〇《胡藩傳》 少帝景平元年，〔始興相胡藩〕坐守東府，開掖門，免官，尋復其職。

《宋書》卷五〇《垣護之傳》 〔元嘉初北高平太守垣護之〕以載禁物繫尚方，久之蒙宥。

《宋書》卷五三《庾登之傳》 〔庾〕炳之請急還家，吏部令史錢泰、主客令史周伯齊出炳之宅諮事。泰能彈琵琶，伯齊善歌，炳之因留停宿。尚書舊制，令史諮事，不得宿停外，雖有八座命，亦不許。爲有司所奏。

《宋書》卷六〇《王韶之傳》 〔王韶之〕徵爲祠部尚書，加給事中。坐去郡長取送故，免官。

《宋書》卷六五《杜驥傳》 〔元嘉二十四年，左軍將軍杜驥兄〕坦長子琬爲員外散騎侍郎，太祖嘗有函詔敕坦，琬輒開視。信未發又追取之，敕函已發，大相推檢。丞都答云：諸郎開視。上遣主書詰責，驥答曰：開函是臣第四子季文，伏待刑坐。上特原不問。

《宋書》卷六〇《荀伯子傳》　世祖初，〔荀萬秋〕爲晉陵太守。坐於郡立華林閣，置主書、主衣，下獄免。

《宋書》卷七二《劉休若傳》　前在會稽，録事參軍陳郡謝沈以諂佞事休若，多受賄賂。時内外戒嚴，普著袴褶，沈居母喪，被起，聲樂酣飲，不異吉人，衣冠既無殊異，並不知沈居喪，嘗自稱孤子，衆乃駭愕。休若坐與沈褻黷，致有姦私，降號鎮西將軍。又進衛將軍。典籤夏寶期事休若無禮，繫獄，啓太宗殺之，慮不被許，啓未報，輒於獄行刑，信反果錮送，而寶期已死。上大怒，與休若書曰：孝建、大明中，汝敢行此邪？休若母加杖三百，降號左將軍，貶使持節都督爲監，行雍州刺史，使寧蠻校尉，削封五百户。

《宋書》卷四一《前廢帝何皇后傳》　廢帝元徽初，〔何恢〕爲廣州刺史，未之鎮，坐國哀期晦不到，免官。

《宋書》卷六四《何承天傳》　時丹陽溧陽丁況等久喪而不葬，承天議曰：禮所云還葬，當謂荒儉一時，故許其稱財而不求備。丁況三家數年中葬輒無棺櫬，實由淺情薄恩同於禽獸者耳。竊以丁寶等同伍積年，未嘗勸之以義，繩之以法。十六年冬，既無新科，又未申明舊制，有何嚴切，欻然相糾。或由隣曲分爭，以興此言。如聞在東諸處，此例既多，江西淮北尤爲不少。若但謫此三人，殆無整肅。開其一端，則互相恐動。臣愚謂況等三家，且可勿問，因此附定制旨：若民人葬不如法，同伍當即糾言。三年除服之後，不得追相告列，於事爲宜。

《南齊書》卷四四《徐孝嗣傳》　泰始二年，西討解嚴，車駕還宫，孝嗣登殿不著韎，爲治書御史蔡準所奏，罰金二兩。

《南齊書》卷三九《陸澄傳》　左丞羊玄保又彈兗州刺史鄭從之，濫上布及加課租綿，免官，從之。

《南齊書》卷四一《張融傳》　〔張融〕尋請假奔叔父喪，道中罰幹錢敬道鞭杖五十，寄繫延陵獄。大明五年制，二品清官行僮幹杖，不得出十。爲左丞孫緬所奏，免官。

《南齊書》卷三七《王玄載傳》　建元元年，〔王瞻〕爲冠軍將軍、永嘉太守，詣闕跪拜不如儀，爲守寺所列。有司以啓世祖，世祖召瞻入東宫，仍送付廷尉殺之。

《南齊書》卷二六《王敬則傳》　〔建元〕三年，進號征東將軍。宋廣州刺史王翼之子妾路氏，剛暴，數殺婢，翼之子法明告敬則，敬則付山陰獄殺之，路氏家訴，爲有司所奏，山陰令劉岱坐棄市刑。敬則入朝，上謂敬則曰：人命至重，是誰下意殺之？都不啓聞？敬則曰：是臣愚意。臣知何物科法，見背後有節，便言應得殺人。劉岱亦引罪，上乃赦之。敬則免官，以公領郡。

《南齊書》卷三〇《薛淵傳》　車駕幸安樂寺，〔薛〕淵從駕乘虜橋，先是敕羌虜橋不得入仗，爲有司所奏，免官，見原。

《南齊書》卷三六《謝超宗傳》　〔謝超宗〕爲人仗才使酒，多所陵忽。在直省常醉，上召見，語及北方事，超宗曰：虜動來二十年矣，佛出亦無如何！以失儀出爲南郡王中軍司馬。超宗怨望，謂人曰：我今日政應爲司驢。爲省司所奏，以怨望免官，禁錮十年。司徒褚淵送湘州刺史王僧虔，閣道壞，墜水；僕射王儉嘗牛驚，跣下車。超宗撫掌笑戲曰：落水三公，墮車僕射。前後言誚，稍布朝野。

世祖即位，使掌國史，除竟陵王征北諮議參軍，領記室。愈不得志。超宗娶張敬兒女爲子婦，上甚疑之。永明元年，敬兒誅，超宗謂丹陽尹李安民曰：往年殺韓信，今年殺彭越，尹欲何計？安民具啓之。上積懷超宗輕慢，使兼中丞袁彖奏曰：

風聞征北諮議參軍謝超宗，根性浮險，率情躁薄。仕近聲權，務先諂狎。人裁疎黜，亟便詆賤。卒然面譽，旋而背毁。疑閒台賢，每窮詭舌。訕貶朝政，必聲凶言。腹誹口謗，莫此之甚；不敬不諱，罕與爲二。

輒攝白從王永先到臺辨問：超宗有何罪過，詣諸貴皆有不遜言語，並依事列對。永先列稱：主人超宗恒行來詣諸貴要，每多觸忤，言語怨懟。與張敬兒周旋，許結姻好，自敬兒死後，惋歎忿慨。今月初詣李安民，語論張敬兒不應死。安民道敬兒書疏，墨迹炳然，卿何忽作此語？其中多有不遜之言，小人不悉盡羅縷諳憶。如其辭列，則與風聞符同。超宗罪自己彰，宜附常准。

超宗少無行檢，長習民慝。狂狡之跡，聯代所疾；迷傲之舋，累朝點觸。剗容掃轍，久埋世表。屬聖明廣愛，忍禍舒慈，捨之憲外，許以改過。野心不悛，在宥方驕；才性無親，處恩彌戾。遂遘扇非端，空生怨

懟，恣囂毒於京輔之門，揚凶悖於卿守之席。此而不翦，國章何寄？此而可貸，孰不可容？請以見事免超宗所居官，解領記室。輒勒外收付廷尉法獄治罪。超宗品第未入簡奏，臣輒奉白簡以聞。世祖雖可其奏，以象言辭依違，大怒，使左丞王逡之奏曰：

臣聞行父盡忠，無禮斯疾；農夫去草，見惡必耘。所以振纓稱良，登朝著績，未有尸位存私，而能保其榮名者也。

今月九日，治書侍御史臣司馬侃啓彈征北諮議參軍事謝超宗，稱根性昏動，率心險放，悖議爽真，覺辭犯實，親朋忍聞，衣冠掩目，輒收付廷尉法獄治罪。處劾雖重，文辭簡略，事入主書，被却還外。其晚，兼御史中丞臣袁彖改奏白簡，始粗詳備。厥初隱衛，寔彖之由。尋超宗植性險戾，稟行凶詖，豺狼野心，久暴遐邇。張敬兒潛圖反噬，罰未塞釁，而稱怨痛枉，形於言貌，協附姦邪，疑間勳烈，構扇異端，譏議時政，行路同忿，有心咸疾。而阿昧苟容，輕文略奏。又彈事舊體，品第不簡，而釁戾殊常者，皆命議親奏，以彰深釁。況超宗罪愈四凶，過窮南竹，雖下輒收，而文止黄案，沈浮牙見，輕重相乖，此而不糾，憲綱將替。

象才識疏淺，質幹無聞，憑戚昇榮，因慈荷任。不能克己厲情，少酬恩奬，撓法容非，用申私惠。何以糾正邦違，式明王度？臣等參議，請以見事免象所居官，解兼御史中丞，輒攝曹依舊下禁止視事如故。

治書侍御史臣司馬侃雖承稟有由，而初無疑執，亦合及咎。請杖督五十，奪勞百日。令史卑微，不足申盡，啓可奉行。

侃奏彈之始，臣等並即經見加推糾，案入主書，方被却檢，疎謬之釁，伏追震悚。詔曰：超宗釁同大逆，罪不容誅。象匿情欺國，愛朋罔主，事合極法，特原收治，免官如案，禁錮十年。超宗下廷尉，一宿髮白皓首。詔徙越州，行至豫章，上敕豫章內史虞悰曰：謝超宗令於彼賜自盡，勿傷其形骸。

《南齊書》卷二三《褚淵傳》 〔司徒褚淵〕薨，〔弟左民尚書褚〕澄以錢萬一千，就招提寺贖太祖所賜淵白貂坐褥，壞作裘及纓，又贖淵介幘犀導及淵常所乘黄牛。永明元年，爲御史中丞袁彖所奏，免官禁錮，見原。

《南齊書》卷三五《長沙威王晃傳》 〔長沙威王〕晃愛武飾，罷徐州還，私載數百人仗還都，爲禁司所覺，投之江水。世祖禁諸王畜私仗，聞之大怒，將糾以法。

《南齊書》卷三七《到撝傳》 永明元年，〔到撝〕加輔國將軍，轉御史中丞。車駕幸丹陽郡宴飲，撝恃舊，酒後狎侮同列，言笑過度，爲左丞庾杲之所糾，贖論。

《南齊書》卷二八《垣榮祖傳》 永明二年，爲冠軍將軍、尋陽相、南新蔡太守。作大形棺材盛仗，使鄉人田天生、王道期載渡江北。監奴有罪，告之，有司奏免官削爵付東冶，案驗無實見原。

《南齊書》卷四二《蕭諶傳》 諶兄誕，字彥偉，初爲殿中將軍。永明中，爲建康令，與秣陵令司馬迪之同乘行，車前導四卒，左丞沈昭略奏：凡有鹵簿官，共乘不得兼列騶寺。請免誕等官。詔贖論。

《南齊書》卷三八《蕭赤斧傳》 時軍旅之際，人情未安，〔蕭〕穎冑府長史張熾從絳衫左右三十餘人，入千秋門，城內驚恐，疑有同異。御史中丞奏彈熾，詔以贖論。

《南齊書》卷五二《文學傳·卞彬》 永明中，琅邪諸葛勗爲國子生，作《雲中賦》〔賦〕〔指〕祭酒以下，皆有形似之目。坐繫東冶，作《東冶徒賦》，世祖見，赦之。

《南齊書》卷四六《蔡約傳》 永明八年八月合朔，〔太子中庶子，領屯騎校尉蔡〕約脱武冠，解劍，於省眠，至下鼓不起，爲有司所奏，贖論。

《南齊書》卷四六《王秀之傳》 永明末，〔王僧祐〕爲太子中舍人，在直屬疾，代人未至，僧祐委出，爲有司所奏，贖論。

《南齊書》卷四八《袁彖傳》 〔袁〕彖性剛，嘗以微言忤世祖，又與王晏不協。世祖在便殿，用金柄刀子治瓜，晏在側曰：外間有金刀之言，恐不宜用此物。世祖愕然，窮問所以。晏曰：袁彖爲臣説之。上銜怒良久，彖到郡，坐逆用禄錢，免官付東冶。

《南齊書》卷四八《袁彖傳》 〔袁彖〕轉黄門郎，兼中丞如故。坐彈謝超宗簡奏依違，免官。

《南齊書》卷二四《柳世隆傳》 〔柳世隆〕在州立邸治生，爲中丞庾杲之所奏，詔原不問。

《梁書》卷五〇《文學傳·劉峻》 天監初，召入西省，與學士賀蹤典校祕書。峻兄孝慶，時爲青州刺史，峻請假省之，坐私載禁物，爲有司所奏，免官。

《梁書》卷五〇《文學傳·謝幾卿》〔謝幾卿〕後以在省署，夜著犢鼻褌，與門生登閣道飲酒酣嘑，爲有司糾奏，坐免官。

《梁書》卷三三《劉孝綽傳》及〔劉〕孝綽爲廷尉卿，攜妾入官府，其母猶停私宅。〔到〕洽尋爲御史中丞，遣令史案其事，遂劾奏之，云：攜少妹於華省，棄老母於下宅。高祖爲隱其惡，改妹爲姝。坐免官。

《梁書》卷一八《昌義之傳》〔天監六年四月，昌義之〕坐禁物出藩，爲有司所奏免。

《梁書》卷三〇《裴子野傳》 久之，〔裴子野〕除右軍安成王參軍，俄遷廷尉正。時三官通署獄牒，子野嘗不在，同僚輒署其名，奏有不允，子野從坐免職。

《陳書》卷二一《淳于量傳》〔太建〕三年，〔征北大將軍淳于量〕坐就江陰王蕭季卿買梁陵中樹，季卿坐免，量免侍中。

《陳書》卷一一《章昭達傳》 高宗即位，〔中撫大將軍章昭達〕進號車騎大將軍，以還朝遲留，爲有司所劾，降號車騎將軍。

《陳書》卷七《高宗柳皇后傳》〔高宗柳皇后弟〕盼性愚戇，使酒，常因醉乘馬入殿門，爲有司所劾，坐免官，卒於家。

《陳書》卷一八《陸山才傳》 高宗南征周迪，以山才爲軍司。【略】還朝，坐侍宴與蔡景歷言語過差，爲有司所奏，免官。

《北齊書》卷四七《酷吏傳·盧斐》 盧斐，字子章，範陽涿人也。【略】天保中，稍遷尚書左丞，别典京畿詔獄，酷濫非人情所爲。無問事之大小，拷掠過度，於大棒車輻下死者非一。或嚴冬至寒，置囚於冰雪之上；或盛夏酷熱，暴之日下。枉陷人致死者，前後百數。又伺察官人罪失，動即奏聞。朝士見之，莫不重跡屏氣，皆目之爲盧校事。斐後以謗史，與李庶俱病鞭死獄中。

《北史》卷六二《王軌傳》〔樂〕運乃輿櫬詣朝堂，陳帝八失：【略】七曰：近見有詔，上書字誤者即科其罪。假有忠讜之人，欲陳時事，尺有所短，文字非工，不密失身，義無假手，脱有舛謬，便迫嚴科。嬰徑尺之鱗，其事非易；下不諱之詔，猶懼未來。更加刑戮，能無鉗口？大尊縱不能採誹謗之言，無宜杜獻替之路。請停此詔，則天下幸甚。

《魏書》卷九〇《良吏傳·王宏》〔王宏〕俄遷衛尉、河南尹、大司農，無復能名，更爲苛碎。坐桎梏罪人，以泥墨塗面，置深坑中，餓不與食，又擅縱五歲刑以下二十一人，爲有司所劾。帝以宏累有政績，聽以贖罪論。

《魏書》卷一一一《刑罰志》 時法官及州郡縣不能以情折獄。乃爲重枷，大幾圍；復以縋石懸於囚頸，傷內至骨；更使壯卒迭搏之。因率不堪，因以誣服。吏持此以爲能。帝聞而傷之，乃制非大逆有明證而不款辟者，不得大枷。

《魏書》卷八九《酷吏傳·于洛侯》 于洛侯，代人也。以勞舊爲秦州刺史，而貪酷安忍。州人富熾奪民呂勝脛纏一具，洛侯輒鞭富熾一百，截其右腕。百姓王隴客刺殺民王羌奴、王愈二人，依律罪死而已，洛侯生拔隴客舌，刺其本，並刺胸腹二十餘瘡。隴客不堪苦痛，隨刀戰動。乃立四柱磔其手足，命將絶，始斬其首，支解四體，分懸道路。見之者無不傷楚，闔州驚震，人懷怨憤。百姓王元壽等一時反叛。有司糾劾。高祖詔使者於州刑人處宣告兵民，然後斬洛侯以謝百姓。

《魏書》卷一五《陳留王虔傳》 時易干子萬言得寵於太祖，易干恃其子，輕忽於〔王〕顗，不告其狀，輕騎卒至，排顗墜牀而據顗坐。顗不知代己，謂以罪見捕，既而知之，恥其侮慢，謂易干曰：我更滿被代，常也；汝無禮見辱，豈可容哉！遂搏而殺之，以狀具聞。太祖壯之。萬言累以訴請，乃詔顗輸贖。顗乃自請罪，太祖赦之，復免其贖。

《梁書》卷一三《范雲傳》〔天監元年〕東宮建，〔范〕雲以本官領太子中庶子，尋遷尚書右僕射，猶領吏部。頃之，坐違詔用人，免吏部，猶爲僕射。

《北史》卷五〇《高道穆傳》 其所糾擿，不避權豪。正光中，出使相州。前刺史李世哲，即尚書令崇之子，多有非法，逼買人宅，廣興屋宇，皆置鴟尾，又於馬埒堠上爲木人執節。道穆繩糾，悉毀去之，并表發其贓貨。

《魏書》卷一九上《京兆王傳》 仲景弟暹，字叔照。莊帝初，除南

兗州刺史，在州猛暴，多所殺害。元顥入洛，暹據州不屈。莊帝還宮，封汝陽王，遷秦州刺史。先時，秦州城人屢爲反覆，暹盡誅之，存者十一二。普泰元年，除涼州刺史，貪暴無極。欲規府人及商胡富人財物，詐一臺符，誑諸豪等云欲加賞，一時屠戮，所有資財生口，悉没自入。

《北史》卷三四《宋繇傳》〔宋游道〕尋除御史中尉。東萊王道習參御史選，限外投狀，道習與游道有舊，使令受之。文襄怒，收游道，辯而判之曰：游道稟性獷悍，是非肆己，吹毛洗垢，創疵人物。往與郎中蘭景雲忿競，列事十條，及加推窮，便是虛妄。方共道習，陵侮朝典。法官而犯，特是難原，宜付省科。游道被禁，獄吏欲爲脱枷，游道不肯曰：此令公命所著，不可輒脱。文襄聞而免之。

《隋書》卷四八《楊素傳》〔楊〕素多權略，乘機赴敵，應變無方，然大抵馭戎嚴整，有犯軍令者，立斬之，無所寬貸。將臨寇，輒求人過失而斬之，多者百餘人，少不下十數，流血盈前，言笑自若。

《隋書》卷七六《文學傳・孫萬壽》 高祖受禪，滕穆王引爲文學，坐衣冠不整，配防江南。

《隋書》卷七四《酷吏傳・田式》 高祖總百揆，尉迥作亂鄴城，從韋孝寬擊之。以功拜大將軍，進爵武山郡公。及受禪，拜襄州總管，專以立威爲務。每視事于外，必盛氣以待其下，官屬股慄，無敢仰視。有犯禁者，雖至親昵，無所容貸。其女婿京兆杜寧，自長安省之，〔田〕式誡寧無出外。寧久之不得還，竊上北樓，以暢羈思。式知之，笞寧五十。其所愛奴，嘗詣式白事，有蟲上其衣衿，揮袖拂去之。式以爲慢己，立棒殺之。或僚吏姦贓，部內劫盜者，無問輕重，悉禁地牢中，寢處糞穢，令其苦毒，自非身死，終不得出。每赦書到州，式未暇讀，先召獄卒，殺重囚，然後宣示百姓。其刻暴如此。由是爲上所譴，除名爲百姓。

《隋書》卷七四《酷吏傳・趙仲卿》〔趙仲卿，開皇三年〕拜石州刺史。法令嚴猛，纖微之失，無所容捨，鞭笞長史，輒至二百。官人戰慄，無敢違犯，盜賊屏息，皆稱其能。【略】于時塞北盛興屯田，仲卿總統之。微有不理者，仲卿輒召主掌，撻其胸背，或解衣倒曳於荆棘中。時人謂之猛獸。事多克濟，由是收穫歲廣，邊戍無餽運之憂。【略】時有表言仲卿酷暴者，上令御史王偉按之，並實，惜其功不罪也。因勞之曰：知公清正，爲下所惡。賜物五百段。仲卿益恣，由是免官。

《隋書》卷七四《酷吏傳・燕榮》〔燕〕榮性嚴酷，有威容，長史見者，莫不惶懼自失，范陽盧氏，代爲著姓，榮皆署爲吏卒以屈辱之。鞭笞左右，動至千數，流血盈前，飲噉自若。嘗按部，道次見叢荆，堪爲笞棰，命取之，輒以試人。人或自陳無咎，榮曰：後若有罪，當免爾。及後犯細過，將撾之，人曰：前日被杖，使君許有罪宥之。榮曰：無過尚爾，況有過邪！榜捶如舊。榮每巡省管內，聞官人及百姓妻女有美色，輒舍其室而淫之。貪暴放縱日甚。是時元弘嗣被除爲幽州長史，懼爲榮所辱，固辭。上知之，勑榮曰：弘嗣杖十已上罪，皆須奏聞。榮忿曰：豎子何敢弄我！於是遣弘嗣監納倉粟，颺得一糠一粃，輒罰之。每笞雖不滿十，然一日之中，或至三數。如是歷年，怨隙日構，榮遂收付獄，禁絶其糧。弘嗣飢餒，抽衣絮，雜水咽之。其妻詣闕稱冤，上遣考功侍郎劉士龍馳驛鞫問。奏榮虐毒非虛，又贓穢狼籍，遂徵還京師，賜死。先是，榮家寢室無故有蛆數斛，從地墳出。未幾，榮死於蛆出之處。

《隋書》卷七四《酷吏傳・元弘嗣》〔開皇〕十四年，〔元弘嗣〕除觀州總管長史，在州專以嚴峻任事，吏人多怨之。二十年，轉幽州總管長史。于時燕榮爲總管，肆虐於弘嗣，每被笞辱。弘嗣心不伏，榮遂禁弘嗣於獄，將殺之。及榮誅死，弘嗣爲政，酷又甚之。每推鞫囚徒，多以酢灌鼻，或椓弋其下竅，無敢隱情，姦僞屏息。

《隋書》卷四五《秦孝王俊傳》〔秦孝王俊〕其後俊漸奢侈，違犯制度，出錢求息，民吏苦之。上遣使按其事，與相連坐者百餘人。俊猶不悛，於是盛治宮室，窮極侈麗。俊有巧思，每親運斤斧，工巧之器，飾以珠玉。爲妃子作七寶冪，又爲水殿，香塗粉壁，玉砌金階，梁柱楣棟之間，周以明鏡，間以寶珠，極榮飾之美。每與賓客妓女，絃歌於其上。俊頗好內，妃崔氏性妬，甚不平之，遂於瓜中進毒。俊由是遇疾，徵還京師。上以其奢縱，免官，以王就第。左武衛將軍劉昇諫曰：秦王非有他過，但費官物營廨舍而已。臣謂可容。上曰：法不可違。昇固諫，上忿然作色，昇乃止。其後楊素復進諫曰：秦王之過，不應至此，願陛下詳之。上曰：我是五兒之父，若如公意，何不別制天子兒律？【略】卒不許。

俊疾篤，未能起，遣使奉表陳謝。上謂其使曰：我戮力關塞，創兹大業，作訓垂範，庶臣下守之而不失。汝爲吾子，而欲破之，不知何以責汝！俊漸怖，疾甚。大都督皇甫統上表，請復王官，不許。歲餘，以疾篤，復拜上柱國。二十年六月，薨於秦邸。上哭之數聲而已。俊所爲侈麗之物，悉命焚之。敕送終之具，務從儉約，以爲後法也。

《舊唐書》卷六三《蕭瑀傳》 太嘗樂工宋四通等爲官人通傳信物，高祖特令處死，仍遣附律。鈞上疏言：四通等犯在未附律前，不合至死。手詔曰：朕聞防禍未萌，先賢所重。宮闕之禁，豈可漸歟？昔如姬竊符，朕用爲永鑒，不欲今兹自彰其過，所搦憲章，想非濫也。但朕翹心紫禁，思覿引裾，側席朱楹，冀旌折檻。今乃喜得其言，特免四通等死，遠處配流。

《舊唐書》卷六一《竇威傳》 〔武德四年，竇軌〕還益州。時蜀土寇往往聚結，悉討平之。軌每臨戎對寇或經旬月，身不解甲。其部衆無貴賤少長，不恭命，即立斬之。每日吏士多被鞭撻，流血滿庭，見者莫不重足股慄。軌初入蜀，將其甥以爲心腹。嘗夜出，呼之不以時至，怒而斬之。每誡家僮不得出外。常遣奴就官厨取漿而悔之，謂奴曰：我誡使汝，要當斬汝頭以明法耳！遣其部將收奴斬之。其奴稱冤，監刑者猶豫未決，軌怒，俱斬之。行臺郎中趙弘安知名士也，軌動輒榜棰，歲至數百。

《舊唐書》卷八七《李昭德傳》 李昭德，京兆長安人也。父乾祐，貞觀初爲殿中侍御史。時有鄃令裴仁軌私役門夫，太宗欲斬之。乾祐奏曰：法令者，陛下制之於上，率士遵之於下，與天下共之。非陛下獨有也。仁軌犯輕罪而致極刑，是乖畫一之理。刑罰不中，則人無所措手足。臣忝憲司，不敢奉制。太宗意解，仁軌竟免。

（宋）王溥《唐會要》卷五八《尚書省諸司中》 〔貞觀〕三年正月，放裴寂還鄉。表乞住京師，久不肯去。上令問稽留所由。韋挺奏：留一十九日，長安縣令王文楷，又不准勅發遣。令決杖三十。尚書右丞魏徵諫曰：裴寂所爲，事合萬死。但以陛下念其舊功，不致於法。惟解其官，止削半封。今流人尚得裝束，假况寂放還鄉宅。古人有言：進人以禮，退人以禮。文楷識陛下恩寬，見寂大臣不即蹙迫。論其此情，未合得罪。上曰：放寂拜掃，豈非禮耶？乃釋而不問焉。

《新唐書》卷二〇九《酷吏傳・侯思止》 〔天授中，侯思止〕遷左臺侍御史，【略】嘗按魏元忠，讓曰：亟承白司馬，不爾受孟青。洛陽有白司馬坂，將軍有孟青棒，即殺琅邪王沖者。元忠不承，思止曳之。元忠徐起曰：我如乘驢而墜，足絓鐙，爲所曳者。思止怒，復曳之曰：拒制使邪？欲抵殊死。

《新唐書》卷二〇九《酷吏傳・周興》 〔周〕興，少習法律，自尚書史積遷秋官侍郎，屢決制獄，文深峭，妄殺數千人。武后奪政，拜尚書左丞，上疏請去唐宗正屬籍。是時左史江融有美名，興指融與徐敬業同謀，斬于市。臨刑，請得召見，興不許，融叱曰：吾死無狀，不赦汝。遂斬之，尸奮而行，刑者蹴之，三仆三作。天授中，人告子珣、興與丘神勣謀反，詔來俊臣鞫狀。初，興未知被告，方對俊臣食，俊臣曰：囚多不服，奈何？興曰：易耳，内之大甕，熾炭周之，何事不承。俊臣曰：善。命取甕且熾火，徐謂興曰：有詔按君，請嘗之。興駭汗，叩頭服罪。詔誅神勣而宥興嶺表，在道爲讎人所殺。

《新唐書》卷二〇九《酷吏傳・索元禮》 〔索元禮〕作鐵籠擊囚首，加以楔，至腦裂死。又横木關手足轉之，號曬翅。或紡囚梁上，縋石於頭。訊一囚，窮根柢，相牽聯至數百未能訖，衣冠氣褫。后數引見賞賜，以張其威，故論殺最多。是時來俊臣、周興踵而奮，天下謂之來索。薛懷義始貴，而元禮養爲假子，故爲后所信。後以苛猛，復受賕，后厭衆望，收下吏，不服，吏曰：取公鐵籠來！元禮服罪，死獄中。

《新唐書》卷二〇九《酷吏傳・來俊臣》 〔來俊臣〕天資殘忍，喜反覆，不事產。客和州爲姦盜，捕送獄，獄中上變，刺史東平王續按訊無狀，杖之百。天授中，續以罪誅，俊臣上書得召見，自陳前上琅邪王沖反狀，爲續所抑。武后以爲諒，擢累侍御史，按詔獄，數稱旨。后陰縱其慘，脅制羣臣，前後夷千餘族。生平有纖介，皆入于死。拜左臺御史中丞，中外累息，至以目語。俊臣乃引侯思止、王弘義、郭弘霸、李仁敬、康暐、衛遂忠等，陰嘯不逞百輩，使飛語誣衊公卿，上急變。每擿一事，千里同時輒發，契驗不差，時號爲羅織，牒左署曰：請付來俊臣或侯思止推實必得。〔武〕后信之，詔於麗景門别置獄，敕俊臣等顓按事，百不一貸。弘義戲謂麗景門爲例竟，謂入者例皆盡也。【略】不問輕重皆注醢

于鼻，掘地爲牢，或寢以匽溺，或絶其糧，因至齧衣絮以食，大抵非死終不得出。每赦令下，必先殺重囚乃宣詔。又作大枷，各爲號：一、定百脈，二、喘不得，三、突地吼，四、著即臣，五、失魂膽，六、實同反，七、反是實，八、死猪愁，九、求即死，十、求破家。後以鐵爲冒頭，被枷者宛轉地上，少選而絶。凡囚至，先布械于前示囚，莫不震懼，皆自誣服。

《舊唐書》卷一八六上《酷吏傳·郭霸》　郭霸，盧江人也。天授二年，【略】拜左臺監察御史。【略】長壽二年，右臺侍御史。【略】嘗推芳州刺史李思徵，榜棰考禁，不勝而死。

《新唐書》卷二二二《酷吏傳·王弘義》　王弘義，冀州衡水人，以飛變擢游擊將軍，再遷左臺侍御史，與來俊臣競慘刻。暑月繫囚，别爲狹室，積蒿施氈罽其上，俄而死；已自誣，乃舍佗獄。每移檄州縣，所至震慴。弘義輒詫曰：我文檄如狼毒、野葛矣！始賤時，求傍舍瓜不與，乃騰文言園有白兔，縣爲集衆捕逐，畦蔬無遺。內史李昭德曰：昔聞蒼鷹獄吏，今見白兔御史。

延載初，俊臣貶，弘義亦流瓊州。自矯詔追還，事覺，會侍御史胡元禮使嶺南，次襄州，按之，弘義歸窮曰：與公氣類，持我何急？元禮怒曰：吾尉洛陽，而子御史；我今御史，子乃囚。何氣類爲？杖殺之。

（宋）王溥《唐會要》卷四一《酷吏》　萬歲通天二年九月，初契丹平命邠寧道大總管河內王懿宗按撫河內諸州，懿宗所過殘酷，有犯法應死者，必生取膽，然後殺之，雖流血盈庭，言笑自若。先賊帥何阿小攻陷冀州，亦多屠害士女。故時人號懿宗、阿小爲兩河。語曰唯此兩河，殺人最多，嫉之甚矣。

（唐）張鷟《朝野僉載》卷二　周瀛州刺史獨孤莊酷虐，有賊問不承，莊引前曰：若健兒一一具吐，放汝遂還。巾帶賊並吐之，諸官以爲必放。頃，莊曰：將我作具來。乃一鐵鈎長丈餘，甚銛利，以繩掛於樹間，謂賊曰：汝不聞健兒鈎下死，今以胲鈎之。遣壯士掣其繩則鈎出於腦矣。謂司法曰：此法何似？答曰：弔民伐罪，深得其宜。莊大笑。後莊左降施州刺史，染病，唯憶人肉。部下有奴婢死者，遣人割肋下肉食之，歲餘卒。【略】成王千里使嶺南，取大蛇長八九尺，以繩縛口，橫於門限之下，州縣參謁者，呼令入門，但知直視無復瞻仰，踏蛇而驚，惶懼僵仆，被蛇繞數匝，良久解之，以爲戲笑。又取龜及鱉，令人脱衣，縱龜等齧其體，終不肯放，死而後已。其人酸痛號呼不可復言，王與姬妾共看，以爲玩樂，然後以竹刺龜等口，遂齒竹而放人。艾炙鱉背，炙痛而放口。人被試者皆失魂，至死不平復矣。【略】監察御史李嵩、李全交、殿中王旭，京師號爲三豹。嵩爲赤黧豹，交爲白額豹，旭爲黑豹，皆狼戾不軌，鴆毒無儀，體性狂疎，精神慘刻。每訊囚，必鋪棘臥體，削竹籤指，方梁壓髁，碎瓦搘膝，遣仙人獻果，玉女登梯，犢子懸駒，驢兒拔橛，鳳皇曬翅，狝猴鑽火，上麥索下闌單，人不聊生，因皆乞死；肆情鍛鍊，證是爲非，任意指麾，傳空爲實。周公孔子，請伏殺人；伯夷叔齊，求其劫罪。訊劾乾壍，水必有期；推鞫濕泥，塵非不久。來俊臣乞爲弟子，索元禮求作門生。被追者皆相謂曰：牽牛付虎，未有出期；縛鼠與猫，終無脱日。妻子永别，友朋長辭。京中人相要作呪曰：若違心負教，橫遭三豹。其毒害也如此。【略】監察御史李全交素以羅織酷虐爲業，臺中號爲人頭羅刹，殿中王旭號爲鬼面夜叉。訊囚引枷柄向前名爲驢駒拔橛；枷頭着樹名曰犢子懸車；兩手捧枷累磚於上，號爲仙人獻果；立高木之上，枷柄向後拗之，名玉女登梯。

《舊唐書》卷一八六下《酷吏傳·姚紹之》　姚紹之，湖州武康人也。解褐典儀，累拜監察御史。中宗朝，武三思恃庶人勢，駙馬都尉王同皎謀誅之，事洩，【略】敕右臺大夫李承嘉與紹之按於新開門內。初，紹之將直盡其事。詔宰相李嶠等對問，諸相懼三思威權，但僶俛，佯不問。仲之、延慶言曰：宰相中有附會三思者。嶠與承嘉耳言，復説誘紹之，其事乃變。遂密置人力十餘，命引仲之對問，至，即爲紹之所擒，塞口反接，送獄中。紹之還，謂仲之曰：張三，事不諧矣！仲之固言三思反狀，紹之命棒之而臂折，大呼天者六七，謂紹之曰：反賊，臂且折矣，命已輸汝，當訴爾於天帝！因裂衫以束之，乃自誣反而遇誅。

（唐）張鷟《朝野僉載》卷四　〔後周〕張衡令史出身，位至四品加一階，合入三品。已團甲因退朝，路旁見蒸餅新熟，遂市其一，馬上食之，被御史彈奏。則天降敕流外，出身不許入三品，遂落甲。

《新唐書》卷二〇九《酷吏傳·吉溫》　〔李〕林甫與李適之、張垍

有隙。適之領兵部，而堉兄均爲侍郎，林甫密遣吏擿其銓史僞選六十餘人，帝命京兆與御史雜治，累日情不得。炅使温佐訊，温分囚廷左右，中取二重囚訊後舍，楚械搒掠，皆呻呼不勝，曰：公幸留死，請如牒。乃挺出。諸史迎懾其酷，及引前，不訊皆服。日中獄具，林甫以爲能。温嘗曰：若遇知己，南山白額虎不足縛。【略】林甫欲摇東宫，左驍衛參軍柳勣影會發杜良娣家陰事。温按狀，勣以誣誅，因引勣所善王曾、王脩己、盧寧、徐徵，悉逮縛論死，尸積大理垣下，家屬離竄。初，中書舍人梁涉道遇温，低帽障面。温怒，乃諷勣引涉及嗣虢王巨，皆斥逐。

林甫惡楊慎矜，王鉷飛書言圖讖事，委温以獄。初，慎矜客史敬忠與温父善，見温繦葆時。温馳至東都，捕逮楊氏親屬賓客，取敬忠於汝州，鐵鍱頸，布蒙面，未嘗正視，陰遣吏脅曰：慎矜獄具，須君一辨，君即服，罪可貸，即不服，死不解。敬忠即索筆自款，温陽不見，再三請，乃與之，對如温所敕。温謝曰：丈人毋懼！乃下拜。慎矜以左證具，欲自誣，而讖不得。御史盧鉉索其家，挾讖以入，於是慎矜兄弟皆賜死，株連數十族。是時，温與希奭相勗以虐，號羅鉗吉網。公卿見者，莫敢耦語。温推事未窮，而先計贓成奏，乃引囚問，震以烈威，隨問輒承，無敢迕，鞭楚未收于壁，而獄具矣。林甫才其爲，擢户部郎中兼侍御史。

《舊唐書》卷一八九下《儒學傳·蘇弁》 〔蘇弁〕遷户部侍郎，依前判度支，改太子詹事。弁初入朝，班位失序，殿中侍御史鄒儒立對仗彈之。弁於金吾待罪數刻，特釋放。舊制：太子詹事班次太常、宗正卿已下。貞元三年，御史中丞竇參敍定班，移詹事在河南、太原尹之下。弁乃引舊班制立，臺官詰之，仍紿云：自已白宰相，請依舊。故爲儒立彈之。

《新唐書》卷一二六《韓休傳》 時里胥有罪，輒殺無貸，人怪之。〔韓〕滉曰：袁晁本一鞭背史，禽賊有負，聚其類以反，此輩皆鄉縣豪黠，不如殺之，用年少者，惜身保家不爲惡。又以賊非牛酒不嘯結，乃禁屠牛，以絶其謀。婺州屬縣有犯令者，誅及鄰伍，坐死數十百人。又遣官分察境内，罪涉疑似必誅，一判輒數十人，下皆愁怖。

《舊唐書》卷一四六《楊憑傳》 元和四年，〔楊憑〕拜京兆尹，爲御史中丞李夷簡劾奏憑前爲江西觀察使贓罪及他不法事，勅付御史臺覆按，刑部尚書李鄘、大理卿趙昌同鞫問臺中。又捕得憑前江西判官、監察御史楊瑗繫於臺，復命大理少卿胡珦、左司員外郎胡証、侍御史韋顗同推鞫之。詔曰：【略】可守賀州臨賀縣尉同正，仍馳驛發遣。先是憑在江西，夷簡自御史出，官在巡屬，憑頗疏縱，不顧接之，夷簡嘗切齒。及憑歸朝，修第於永寧里，功作併興，又廣畜妓妾於永樂里之别宅，時人大以爲言。夷簡乘衆議，舉劾前事，且言修營之僭，將欲殺之。及下獄，置對數日，未得其事，夷簡持之益急，上聞，且貶焉，追舊從事以驗。

《新唐書》卷一六三《柳公綽傳》 元和十一年，爲李道古代還，除給事中。李師道平，遣宣諭鄆州，復命，拜京兆尹。方赴府，有神策校乘馬不避者，即時搒死。帝怒其專殺，公綽曰：此非獨試臣，乃輕陛下法。帝曰：既死，不以聞，可乎？公綽曰：臣不當奏。在市死，職金吾；在坊死，職左右巡使。帝乃解。

（宋）王溥《唐會要》卷四一《酷吏》 元和十四年七月，沂海觀察使王遂爲衆所殺。遂初到鎮，好以汙俗詆將卒，曰：反肆殘賊，喜怒不中理。其將王弁乘人心不堪，率衆爲亂，遂竟遇害。始遂每有笞撻，其杖率過制。既遇禍，監使封其杖來獻，上命出示於朝，以作誡焉。

《舊五代史》卷四〇《唐書·明宗本紀》 〔天成四年十月〕太常少卿蕭愿責授太子洗馬，奪緋。愿南效行事，與祠官同飲，詰旦猶醉不能行禮，爲御史所劾也。

《舊五代史》卷八〇《晉書·高祖本紀》 〔天福七年夏四月〕己未，右諫議大夫鄭受益兩疏論張彦澤在涇州之日，右諫議，原本脱〔諫〕字，今從《通鑑》增入。違法虐民，支解掌書記張式，部曲楊洪等，請下所司，明申其罪，皆留中不出。庚申，刑部郎中李濤、張麟，員外郎麻麟、王禧，同詣閤門上疏，論張彦澤罪犯，詞甚懇切。案《宋史·李濤傳》：涇帥張彦澤殺記室張式，奪其妻，式家人詣闕上訴，晉祖以彦澤有軍功，釋其罪。濤伏閤抗疏，請置於法。晉祖召見諭之，濤植笏叩階，聲色俱厲，晉祖怒叱之，濤執笏如初。晉祖曰：吾與彦澤有誓約，恕其死。濤厲聲曰：彦澤私誓，陛下不忍食其言；范延光嘗賜鐵券，今復安在？晉祖不能答，即拂衣起。（《舊五代史考異》）辛酉，詔：張彦澤剸剔賓從，誅剥生聚，冤聲穢跡，流聞四方，章表繼來，指陳甚切。尚以曾施微功，特示寬恩，深懷曲法之慚，貴徇議勞之典。其張彦澤宜削一階，仍降爵一紀。其張式宜贈官，張式父鐸、弟守貞、男希範並與除官。

仍於涇州賜錢十萬，差人津置張式靈柩并骨肉歸鄉，所有先收納却張式家財物畜，並令却還。其涇州新歸業户，量與蠲減税賦。

《舊五代史》卷九八《晉書・張彦澤傳》　張彦澤，其先出於突厥，後爲太原人也。祖、父世爲陰山府裨將。彦澤少有勇力，目睛黄而夜有光色，顧視若鷙獸焉。以騎射事後唐莊宗、明宗，以從戰有功，繼領郡守。高祖即位，擢爲曹州刺史。從楊光遠圍范延光於鄴，以功授華州節度使，尋移鎮涇州，累官至檢校太保。

有從事張式者，以宗人之分，受其知遇。時彦澤有子爲内職，素不叶父意，數行笞撻，懼其楚毒，逃竄外地，齊州捕送到闕，勑旨釋罪，放歸父所。彦澤上章，請行朝典，式以有傷名教，屢諫止之。彦澤怒，引弓欲射之，式僅而獲免。尋令人逐式出衙。式自爲賓從，彦澤委以庶務，左右羣小惡之久矣，因此讒搆，互來迫脅，云：書記若不便出，斷定必遭屠害。式乃告病尋醫，攜其妻子將奔衍州。彦澤遣指揮使李興領二十騎追之，戒曰：張式如不從命，即斬取頭來。式愬告刺史，遂差人援送到汾州。節度使李周驛騎以聞，朝廷以姑息彦澤之故，有勑流式於商州。彦澤遣行軍司馬鄭元昭詣闕論請，面奏云：彦澤若不得張式，恐致不測。高祖不得已而從之。既至，決口割心，斷手足而死之。式父鐸詣闕訴冤，朝廷命王周代之。周至任，奏彦澤在郡惡跡二十六條，逃散五千餘户。彦澤既赴闕，刑法官李濤等上章請理其罪，高祖下制，止令削奪一階一爵而已，時以爲失刑。

少帝即位，桑維翰復舉之，尋出鎮安陽。既至，折節於士大夫，境内稱理，旋命領軍北屯恒、定。時易州地孤，漕運不繼，制令邢、魏、相、衛飛輓以輸之，百姓荷擔纍纍於路，彦澤每援之以行，見羸困者，使其部衆代而助之。洎至北邊，不令百姓深入，即遣騎士以馬負糧而去，往來既速，且無邀奪之患，聞者嘉之。陽城之戰，彦澤之功出於諸將之右，其後與敵接戰，頻獻捷於闕下，咸謂其感高祖不殺之恩，補昔年之過也。

開運三年冬，契丹既南牧，杜重威兵次瀛州。彦澤爲契丹所啖，密已變矣，乃通款於戎王，請爲前導，因促騎説重威，引軍沿滹沱西援常山，既而與重威通謀。及王師降於中渡，契丹主遣彦澤統二千騎趨京師，以制少帝，且示公卿兆民以存撫之意。彦澤以是歲十二月十六日夜，自封丘門斬關而入，以兵圍宫城。翌日，遷帝於開封府舍，凡内帑奇貨，悉輦歸私邸，仍縱軍大掠，兩日方止。案《東都事略・李處耘傳》云：居京師，遇張彦澤之暴，處耘善射，獨當里門，殺數十人，里中賴之。（《舊五代史考異》）時桑維翰爲開封尹，彦澤召至麾下，待之不以禮。維翰責曰：去年拔公於罪人之中，復領大鎮，授以兵權，何負恩一至此耶？彦澤無以對。是夜殺維翰，盡取其家財。

彦澤自謂有功於契丹，晝夜以酒樂自娱。當在京巡檢之時，出入騎從常數百人，旗幟之上題曰赤心爲主，觀者無不竊笑。又所居第，財貨山積。楚國夫人丁氏，即少帝弟曹州節度使延煦之母也，有容色，彦澤使人取之，太后遲迴未與，彦澤立遣人載之而去，其負國欺君也如是。數日之内，恣行殺害，或軍士擒獲罪人至前，彦澤不問所犯，但瞋目出一手豎三指而已，軍士承其意，即出外斷其腰領焉。

彦澤與僞閤門使高勳不協，因乘醉至其門，害其仲父、季第，暴屍於門外。及契丹帳泊於北郊，勳訴冤於戎王，時戎王已怒彦澤剽掠京城，遂令鎖之。仍以彦澤罪惡宣示百官及京城士庶，且云：彦澤之罪，合誅與否？百官連狀具言罪在不赦，市肆百姓亦争投狀，疏彦澤之罪，戎王知其衆怒，遂令棄市，仍令高勳監決，斷腕出鎖，然後刑之。勳使人剖其心以祭死者，市人争其肉而食之。《永樂大典》卷六千三百五十。《五代史補》：李濤常忿張彦澤殺邠州幕吏張式而取其妻，濤率同列上疏，請誅彦澤以謝西土，高祖方姑息武夫，竟不從。未幾，契丹南侵，至中渡橋，彦澤首降。戎主喜，命以本軍統蕃部控弦之士，先入京師。彦澤自以功不世出，乃挾宿憾殺開封尹桑維翰。濤聞之，謂親知曰：吾曾上疏請誅彦澤，今國家失守，彦澤所爲如此，吾之首領庸可保乎！然無可奈何，誰能伏藏溝瀆而取辱耶！於是自寫門狀，求見彦澤。其狀云：上疏請殺太尉人李濤，謹隨狀納命。彦澤覽之，欣然降階迎之。然濤猶未安，復曰：太尉果然相恕乎？彦澤曰：覽公門狀，見納命二字，使人怒氣頓息，又何憂哉！濤素滑稽，知其必免，又戲爲伶人詞曰：太尉既相恕，何不將壓驚絹來。彦澤大笑，卒善待之。

《舊五代史》卷一〇七《漢書・史弘肇傳》　〔史〕弘肇嚴毅寡言，部轄軍衆，有過無舍，兵士所至，秋毫不犯。部下有指揮使，嘗因指使少不從命，弘肇立撾殺之，將吏股慄，以至平定兩京，無敢干忤。從駕征鄴迴，加同平章事，充侍衛親軍都指揮使，兼鎮宋州。高祖大漸，與樞密使楊邠、周太祖、蘇逢吉等同受顧命。隱帝嗣位，加檢校太師、兼侍中。居

無何，河中、永興，永興，原本作求興，今據《通鑑》改正。鳳翔連横謀叛，關輔大擾，朝廷日有徵發，羣情憂惴，亦有不逞之徒，妄搆虚語，流布京師。弘肇都轄禁軍，警衛都邑，專行刑殺，略無顧避，無賴之輩，望風匿迹，路有遺棄，人不敢取。然而不問罪之輕重，理之所在，但云有犯，便處極刑，枉濫之家，莫敢上訴。巡司軍吏，因緣爲姦，嫁禍脅人，不可勝紀。案《宋史・邊歸讜傳》：史弘肇怙權專殺，閭里告訐成風。歸讜言曰：邇來有匿名書及言風聞事，搆害良善，有傷風化，遂使貪吏得以報復私怨，讒夫得以肆其虚誕。請明行條制，禁遏誣妄，凡顯有披論，具陳姓名。其匿名書及風聞事者，並見止絶。論者韙之。（《舊五代史考異》）

時太白晝見，民有仰觀者，爲坊正所拘，立斷其腰領。又有醉民抵忤一軍士，則誣以訛言棄市。其他斷舌、决口、斮筋、折足者，僅無虚日。故相李崧爲部曲誣告，族戮於市，取其幼女爲婢。自是仕宦之家畜僕隸者，皆以姑息爲意，而舊勳故將失勢之後，爲廝養輩之所協制者，往往有之。軍司孔目吏解暉，性狡而酷，凡有推劾，隨意鍛鍊。人有抵軍禁者，被其苦楚，無不自誣以求死所，都人遇之，莫敢仰視。有燕人何福殷者，福殷，原本作福因，今據《通鑑》改正，案：《歐陽史》作何福進，疑訛。（《舊五代史考異》）以商販爲業，嘗以十四萬市得玉枕，遣家僮及商人李進賣於淮南，易茗而迴。家僮無行，隱福殷貸財數十萬，福殷責其償，不伏，遂杖之。未幾，家僮詣弘肇上變，言契丹主之入汴也，趙延壽遣福殷齊玉枕，陰遺淮南，以致誠意。弘肇即日遣捕福殷等繫之。解暉希旨，榜掠備至，福殷自誣，連罪者數輩，並棄市。妻女爲弘肇帳下分取之，其家財籍沒。

（宋）李燾《續資治通鑑長編》宋太祖建隆三年三月　戊午朔，控鶴右廂都指揮使尹勳，削奪官爵，配隸許州爲教練使。先是，勳督丁夫浚五丈河，陳留丁夫夜潰，勳擅斬其隊長十餘人，追獲亡者七十餘人，皆刵其左耳。有詣闕稱冤者，兵部尚書李濤以病卧家，聞其事，力疾草奏，乞斬勳以謝百姓。濤家人曰：公久病，宜自愛養。朝廷事，姑置之。濤憤然曰：死者人之常，吾豈能免。但我爲兵部尚書，知軍校無辜殺人，豈得不論。上覽其奏，嘉之；然念勳素忠勇，止薄責焉。勳，浚儀人也。

《宋史》卷二《太祖本紀》〔乾德三年十一月〕乙未，劍州刺史張仁謙坐殺降，貶宋州教練。

《宋史》卷二《太祖本紀》〔開寶二年十二月己亥〕丁德裕誣奏西川轉運使李鉉指斥，事既直，猶坐酒失，責授右贊善大夫。

《宋史》卷二《太祖本紀》〔開寶四年十一月〕壬戌，蜀班内殿直四十人，援御馬直例乞賞，遂撾登聞鼓，命各杖二十；翌日，悉斬於營，都指揮單斌等皆杖、降。

（宋）李燾《續資治通鑑長編》宋太宗太平興國二年二月　新擬寶州錄事參軍孟鑾避遠宦不之任，詣匭自陳，上怒，命決杖流海島。《祖宗故事》有引事惑衆，誣罔切害八字，疑修書官潤色，今從《實録》。

（宋）李燾《續資治通鑑長編》宋太宗太平興國二年四月　殿中丞劉翊勒仿停，仍永不録用，坐知劒州有盜官物者，翊募人告獲，上言乞賞告者。朝廷以翊不用心捕賊，擅立賞募人，故有是命。此據別本。

《宋史》卷四《太宗本紀》〔太平興國三年春正月〕己亥，光禄丞李之才坐擅入酒邀同列飲殿中，除名。

（宋）李燾《續資治通鑑長編》宋太宗太平興國三年七月　澧州民有訴爲賊所劫奪財物而不實者，刺史趙彦韜手殺之，探取其心肝，民家詣闕訴其事。癸酉，彦韜坐杖脊，配隸淮西禁錮。

（宋）錢若水《太宗皇帝實録》宋太平興國九年五月　戊午，詔曰：國家欽恤刑章，重惜人命，豈容酷吏恣爲深文，掠治無辜，致其殞絶？損傷和氣，莫甚於斯。鳳翔司理參軍楊鄰、許州司理參軍張□，並掠囚至死，已從私罪決遣訖。今後犯者，並以私罪罪之。先是，鄰、□各無辜考掠人至死，法寺定爲公罪。上怒，故有是詔。

（宋）李燾《續資治通鑑長編》宋真宗大中祥符四年七月　群牧副使閻承翰與勾當估馬司趙守倫雖素爲姻家，又聯職任，然不相得，遂各訟訴，並付御史臺鞫問。承翰坐擅用公錢，當贖金三十斤；守倫坐違制移估馬司，當免所居官，典吏當杖脊。乙酉，詔寛其罰，承翰贖金十斤，守倫贖二十斤，典吏亦降從杖。羣牧都監張繼能、判官陳越而下並釋罪，制置使陳堯叟特免按問。所用公錢悉蠲之。

（宋）李燾《續資治通鑑長編》宋真宗大中祥符五年九月　壬申，杖高班朱咸則，配西京内品。坐私與富民飲食故也。

（宋）李燾《續資治通鑑長編》宋真宗大中祥符六年三月　戊申，以

主客員外郎、直史館、判三司都磨勘司楊嶠監汝州稻田務。嶠以重法按本司吏，吏訟嶠嘗私役使公人，法當奪官，上特寬宥，訟者決杖停職。

（宋）佚名《宋大詔令集》卷一九一《政事·誡飭·決配崔白誡勵民庶詔大中祥符八年八月己卯》　輦轂之下，務在澄清，狡思之徒，固宜竄逐。崔白冒名儒素，植性狡頑，業以姦凶，濟其譎詐。日兢錐刀之利，恣凌孤寡之民，規其室廬，迫以刑憲。既從吏議，盡伏巧誣，已正嚴科，用懲惡黨。伊爾氓庶，無忘戒茲。

《宋史》卷一〇《仁宗本紀》〔景祐三年夏五月〕丙戌，天章閣待制范仲淹坐譏刺大臣，落職知饒州。

《宋史》卷一四《神宗本紀》〔治平四年夏四月丙寅〕御史中丞王陶、侍御史吳申、呂景以過毀大臣，陶出知陳州，申、景各罰銅二十斤。

（宋）李燾《續資治通鑑長編》宋神宗熙寧五年四月　秘書丞、秘閣校理章惇押伴西人，不赴驛宿，特罰銅八斤，放罪。

（宋）李燾《續資治通鑑長編》宋神宗熙寧五年五月　東上閤門使、樞密都承旨李評喜論事，往往施行。然天資刻薄，在閤門及樞密院招權不忌，多布耳目，採聽外事自效以爲忠，僥幸大用，中外側目。又嘗極言助役法以爲不可，王安石尤惡之。極言助役不可，此據四年六月二十三日《日録》，今附此，不别出。初，紫宸上壽，舊儀但言樞密、宣徽、三司副使不坐，而故事親王、皇親并坐，惟集英大宴乃有親王、駙馬都尉不坐之儀。時評定新儀，初無改易，而遽劾閤門吏不當令親王、皇親、駙馬於紫宸預坐，以爲不遵新制，賈佑馬仲良皆坐免官。王安石具奏評所定自不明，而輒妄加他人以非罪。上亦言儀制錯亂不可用，詔評論列不當，與閤門官吏俱放罪。已而評訴上前，自謂所論列非不當，上批付中書，令再進呈放罪指揮。安石執奏：閤門官吏無罪，評所論列誠不當，賈佑、馬仲良差遣不應罷。又王昭序與佑、仲良俱被劾，及罷佑、仲良，乃遣昭序代兩人者，陛下未嘗作好惡，豈可令評作好惡？凡作威作福，固陛下之任，然臣職任輔道陛下以義，如此與奪，不可謂義。一人橫行於天下，武王以爲耻，近在殿陛左右，使橫被摧迫，有內懷不平之人，何以爲天下主作民父母？陛下若自作好惡，雖有過當，尚令人畏，陛下若令他人作好惡，即恐威福爲人所竊。臣豈與評爭校枉直，但義當如此。上終以評所定儀制於舊儀制固未嘗增損，非新儀制不明。閤門吏既見相傳坐圖與儀制坐圖差互不同，自合申請，乃一面用相傳坐圖貼定，評劾之不爲不當。詔閤門吏特放罪。安石又執前奏，上曰：若新儀制果不明，亦非獨評罪。安石曰：中書但言新儀制不明，固未嘗專罪李評。所定儀制既如此不明，乃妄劾閤門官吏，此則評之罪也。上曰：評固有罪，然亦未可始罪評也。此段據《御集》并《日録》删修。上批付中書：昨爲李評論列閤門誤用同天節上壽儀不當，特與放罪。今召問評子細，評所論列乃無不當，可再進呈取旨。中書奏：已奉旨新定上壽儀制不明，閤門官吏并不陳請，特放罪。又批：新定上壽儀制與舊儀制元不曾更改，即非新定儀制不明，所有閤門官吏不合既見相傳坐圖與儀制坐圖差互不同，不申明取旨，便一面用相傳坐圖貼定，特與放罪，速改正行下。又批付樞密院：評以改易文字令取誡勵，適延和奏事，因問得子細，乃人吏不曾明言已經樞密院副使更定，輒用己意改易數十字，然評自謂實有鹵莽之罪，察其用心，蓋亦無他，止緣於職事不敢苟且，在理固宜矜假，可特與免罪。林希載評事尤詳。今附注評出知保州時。希云評誤排軍員坐，必希所聞不審也。評出知保州在七月戊戌。

（宋）李燾《續資治通鑑長編》宋神宗熙寧七年十一月　詔房州房陵縣令張存中放歸田里。以京西南路轉運司言存中寄私書謝前任押司、録事，及言知州綦願托買田事。既黜存中，願劾罪以聞。

（宋）李燾《續資治通鑑長編》宋神宗熙寧八年七月　崇信節度使、知大宗正事宗旦降彰化軍留後。忻州防禦使、同知大宗正事宗惠降霸州團練使。連州防禦使從賁降左武衛大將軍、洺州防禦使。屯田郎中、諸王府記室參軍、兼睦親宅講書王慥，國子博士、同知宗正丞宋靖國，內侍高品盧世永降一官，內西頭供奉官張宗禮降西京內品。宗旦等坐不察李逢入宫，宗禮坐以兵書借趙世居，皆會赦特責降也。

（宋）李燾《續資治通鑑長編》宋神宗熙寧八年十一月　辛未，御史陳睦以病乞免臺職，從之。睦前任兩浙路提點刑獄，違法買女奴及朋附呂惠卿，不按贓吏張若濟，見被劾也。

（宋）李燾《續資治通鑑長編》宋神宗熙寧九年二月　詔刑部郎中、天章閣待制、集賢殿修撰沈起責授檢校水部員外郎、郢州團練副使，本州安置，不得簽書公事。祠部郎中、直史館劉彝責授檢校水部員外郎、均州團練使，隨州安置。用御史蔡承禧之言也。先是，承禧奏：風聞外議皆以沈起任桂州，違詔招交趾降人，並取其慈、恩州，引惹交人攻破州郡，

天下以爲有罪，聖語以爲無疑，中外士人皆謂已有聖旨削籍編管，而詔旨中格，又付周沃體量，未知是非，若實有此，臣不敢默。臣聞漢武帝所以能成北伐之功者，何也？始王恢建議，既無功於馬邑而王恢戮。周世宗之所以能有强兵拓土之功者，何也？樊愛能敗軍而愛能誅。彼二主者，雖不足以語道，皆以必罰信賞，訖致盛强。臣伏覩近世治平之久，天下之紀綱文物故在也，而國勢日卑，臣職日壞，由朝廷不以威斷，四方得以窺望，文吏可以高下故也。夫以法守者，有司也；以道揆者，朝廷也。朝廷不度於義而一之於法，則法吏幾何而不侮憲也。有司不本於法而議以道揆，則天下幾何而不僞辨也。故《周禮》所謂曰柄、曰統者，歸之天子以道揆者也；曰法，曰式，曰則，曰計，曰成者，責之臣下法守者也。今若情法之未盡者，陛下少以道揆，則如起之罪不容於誅。今欽廉既破，邕管既危，數郡髦倪緣生事幸進之臣横蒙屠害，雖陛下德音中降，而使節外馳，想其事端，憂未艾也。今平交之師十萬，方事之始，罰不自信，何以威懷！其沈起伏乞不以屬吏，特降前詔。其劉彝亦乞先行國典，以誡貪夫急進之人，而慰二廣生靈之意。南征將校，知陛下行法之明有以聳動，則其功不勉而成矣。於是，起、彝俱責。《實録》以爲起、彝並責，因承禧有言，然載其言甚略，今取全章入之。正月二十二日，邕州已陷，承禧稱既危，則猶未知已陷也。付周沃等體量在十二月二十四日，再付招討司在今年正月初九日。

（宋）李燾《續資治通鑑長編》宋神宗熙寧十年十一月　己酉，詔右千牛衛將軍世奬等五人免追官勒停，聽罰金。坐私接賓客，罪至徒二年，上特寬之。

（宋）李燾《續資治通鑑長編》宋神宗元豐元年閏正月　法寺奏新知福州曾鞏遷延不之官等罪，詔特罰銅十斤。

（宋）李燾《續資治通鑑長編》宋神宗元豐元年閏正月　知諫院蔡確言：伏見陳繹復知制誥。案繹污醜狼籍，道路共傳。往在鄧州，遂致閨門之禍，其子與婦一夕同命，而繹傲然無哀感慙赧之容。及還京師，陰與中書屬官張諤、練亨甫等交相朋附，因公事受張諤私簡。蹤跡已露，不可更污侍從。詔陳繹落知制誥，爲秘書監、集賢院學士。

（宋）李燾《續資治通鑑長編》宋神宗元豐元年二月　詔：前知吉州、駕部郎中張鑑上殿所言無取，及用字乖謬，其本路監司提舉司元保明治狀，顯有不當，特免劾放罪。

（宋）李燾《續資治通鑑長編》宋神宗元豐二年三月　刑部言：祕書省正字王鞏，坐嘗借趙居兵書，當杖八十，追兩官勒停，已叙祕書省正字，今又及三朞，當叙太常寺太祝。上批：王鞏所犯交結巨惡，情理極重，緣當日元勘不盡，故案法，得罪至輕，可更展三朞與叙元官。

（宋）李燾《續資治通鑑長編》宋神宗元豐二年三月　辛卯，詔權發遣羣牧判官、太子中允王欽臣罰銅十斤。坐違法擅移所部官也。

（宋）李燾《續資治通鑑長編》宋神宗元豐二年七月　甲申，詔太常博士、館閣校勘王伯虎落館閣校勘，罰銅十斤，衝替。西京左藏庫副使元日宣八斤，内殿承制張九思四斤。伯虎爲密院檢詳文字，坐貸日宣錢，聽請求併殺驢鬻其肉，以人馬借新及第進士，而分錢於婢子及門客。日宣、九思并坐請求。伯虎前已罷檢詳，至是劾具，皆特責也。

（宋）李燾《續資治通鑑長編》宋神宗元豐二年八月　詔權發遣京西南路提舉常平等事張商英罰銅十斤，免衝替。坐越職治提點刑獄司事也。

（宋）李燾《續資治通鑑長編》宋神宗元豐二年十一月　權三司使李承之、户部副使王居卿、判官劉珵各罰銅十斤。以手詔大行太皇太后神主虞主用桑栗二材，即爲神體，三司乃榜雜買務市於閭閻下民之家，褻瀆之甚，無易於此，故罰之。

（宋）李燾《續資治通鑑長編》宋神宗元豐三年正月　監察御史丁執禮、權監察御史裏行舒亶何正臣自劾赴景靈宫誤乘馬入偏門。詔釋之。執禮等固乞行法。上批：可依所乞從違令贖銅。而命卒不下。

（宋）李燾《續資治通鑑長編》宋神宗元豐三年二月　詔權發遣提點京西北路刑獄胡宗回罰銅十斤，免衝替，坐越職治提舉司事也。

（宋）李燾《續資治通鑑長編》宋神宗元豐三年二月　權三司使李承之、知制誥王安禮，各罰銅十斤。安禮嘗提舉三司帳司，與承之互奏帳司事不當故也。二年十二月二十四日戊午，令李定等根治。

（宋）李燾《續資治通鑑長編》宋神宗元豐三年四月　詔濰州防禦使克諶、饒州防禦使克懼各追一官，罰銅九斤，停朝參、俸給。以遇慈聖光獻皇后虞主，坐道旁不起，爲禮儀使劾奏也。

（宋）李燾《續資治通鑑長編》宋神宗元豐三年十二月　辛巳，通直

郎、監察御史裏行朱服言：臣前爲太學博士，昨蒙召對後，入學供職，在博士梅灝直舍，有博士袁默招臣起，就屏處密語臣云：聞君已有除命。異時舉御史，往往遲回多日，君所以速得者，皆章參政致力，當日特將上，即有指揮。是時，臣以未受命，及素以默言多誕，不復省答。至今月己巳，又有成都路轉運判官周之道來臣私居，稱見章參政托致意，爲臣在言職，不敢奉簡，見所上劄子文字極佳，又言甚稱美臣形相，更求臣生月。臣昨緣對，誤被聖擢，固已面蒙宣諭。而惇爲執政，乃委曲傳意，攬爲己意。況執政之於御史，不應交通。誠如二人所言，則奸邪不可不治。臣與袁默舊同職事，周之道又聯親屬，然以職居言責，不敢隱默。詔大理寺鞫之。四年三月庚子，惇罷政。

（宋）李燾《續資治通鑑長編》宋神宗元豐六年九月 癸丑，御史楊畏言：被旨分析王安禮所言事。臣所論舒亶之事，特出於所見，非有它心。及亶即罪，則臣自知爲不當，因請放逐，陛下幸而赦之。至於王安禮事，臣請略言臣所論修西府事。緣是宗孟、安禮通書，雖宗孟先批依申，安禮押過，若分首從，理或可行，獨罪宗孟，臣所未喻。且依申指揮，事出官長，安禮丞貳，處而行之，故曰擅事；徑用本府吏人行遣，不由有司，故曰快所欲；以己所居，故曰徇私；有法而不用，故曰壞法；安禮身任綱轄，所爲若此，故曰無復綱紀；臣已案後收坐安禮情罪，自緣朝旨罷勘，即非所言不同。臣聞大臣法則朝廷尊，故不量力，以圖報效。詔以畏爲宗正寺丞，仍詔宗正寺除長貳外，自今更不專差國姓官。

（宋）李燾《續資治通鑑長編》宋神宗元豐七年正月 詔戶部侍郎蹇周輔罰銅六斤，員外郎陳向八斤。坐違法劄移門下侍郎章惇俸錢於相州繳回故也。

《宋史》卷一八《哲宗本紀》〔元符元年三月〕戊辰，吏部郎中方澤等坐私謁后族宴聚，罰金補外。

（宋）陳襄《州縣提綱》卷一《嚴内外之禁》 閨門内外之禁，不可不嚴。若容侍妾令妓輩教以歌舞，縱百姓婦女出入貿易機織，日往月來，或啓子弟姦淫，或致交通關節。蓋外人覩其出入深熟，囑之以事。彼有所受，訟至，有事干閨門，尤難施行。要在責閽人禁止，仍常加察。不然，恐有意外之事。

（宋）熊克《中興小紀》紹興元年十一月 初，常州守臣周杞坐殘虐敗官。是夏大旱，上御邇英閣，問所以致旱之由。給事中胡交修爲中書舍人，對曰：此殆杞佚罰。遂以杞屬吏，至是獄具。甲寅，上曰：當官者小過未有害，惟濫刑爲當懲。聞杞數濫殺人，豈得不治？朕自聽斷，若任情殺人，豈不可乎？顧非理耳。於是宰執將順聖德，退而記之，以垂訓萬世。

《宋史》卷三〇《高宗本紀》〔紹興十八年五月〕癸未，以李顯忠私取故妻於金，降爲平海軍承宣使，台州居住。

（宋）熊克《中興小記》紹興二十四年十一月 是月，刑部侍郎韓仲通遷尚書。通判武岡軍方疇，坐與流人胡銓通書，爲守臣李若樸所告。令江西提刑張常先鞫之，送永州編管。

（清）徐松《宋會要輯稿・食貨十・賦税雜録》〔紹興二十六年七月〕八日，詔諸路縣道起催産税，鄉司先于民戶處私自借過夏税，和買入己，並不到官。卻將貧乏下戶重疊催科，補填上件失限數目。下戶畏憚，往來再行送納。重困下民，無所伸訴。令戶部看詳立法，如有諸路縣道公吏，輒於人戶處私自預借税物，許令越訴，犯人重行斷配，監司守貳常切覺察，從殿中侍御史周方崇之請也。

十四日，詔逐州委知、通將逐縣官戶權勢之家合科納和買等，並與平民一等。如輒敢減免，官司及減免之家並計贓斷罪。令監司覺察，如有違戾，按劾聞奏。

八月四日，權知桂陽軍程昌時言：州縣爲民害者，莫如科配，巧立名字，行之自如。欲望專委監司郡守鏤版大字，榜示諸村鄉鎮市，幾有科配，許民越訴，有司許受其詞，不許繫其人。差官體問得實，申明朝廷，係不遵詔旨，宜以違制論。所科錢物，並以入己斷罪。

（宋）熊克《中興小紀》紹興三十年十一月 言者論資政殿學士李光，因近日二使遽還，鼓唱萬端，致會稽之民騷然。原光之意，蓋幸有警以覬復用，乃詔光責授散官，藤州安置。上曰：司馬光言，政之大本在於賞刑，朕於光輩，聞其虚名而用之，見其不才而罷之，逮其有罪而責之，皆彼自取，朕未嘗有心也。若用虚名而不治其罪，則有賞無刑，政何以成，譬之四時有陽無陰，豈能成歲乎？

（宋）熊克《中興小紀》紹興三十一年八月　戊申，醫官昭慶軍承宣使王繼先怙寵干法，富埒公室，子弟直延閣通朝籍，姻戚黨友，莫非貴游。撤民屋以廣第舍別業，外帑殆遍畿甸。數十年間，未有敢搖之者。自聞邊警，日輦重寶歸吴興，爲避敵計。於是殿中侍御史杜莘老上疏數其十罪。上曰：初以太后餌其藥，稍假恩寵，不謂小人驕横乃爾。莘老曰：繼先之罪，擢髮不足數。今臣所奏，其大凡耳。上曰：有恩無威，有賞無罰，雖堯舜不能治天下。乃詔貶繼先福州，子孫停其官，都城第宅皆籍没，强買奴婢悉縱還之。

（明）王圻《續文獻通考》卷一六七《刑考·刑制》〔宋理宗〕景定四年十二月，詔刑部下諸路憲司，所部州縣不許慘酷棰楚，及毁除非法獄，具違者重寘於罰。

《宋史》卷二〇〇《刑法志》　帝之用刑可謂極厚矣，而天下之獄不勝其酷。每歲冬夏，詔提刑行郡決囚，提刑憚行，悉委倅貳，倅貳不行，復委幕屬。所委之人，類皆肆行威福，以要饋遺。監司、郡守，擅作威福，意所欲黥，則令入其當黥之由，意所欲殺，則令證其當死之罪，呼喝吏卒，嚴限日時，監勒招承，催促結款。而又擅置獄具，非法殘民，或斷薪爲杖，搭擊手足，名曰掉柴；或木索並施，夾兩脰，名曰夾幫；或纏繩於首，加以木楔，名曰腦箍；或反縛跪地，短豎堅木，交辮兩股，令獄卒跳躍於上，謂之超棍，痛深骨髓，幾於殞命。富貴之家，稍有罥窒，動籍其貲。又以趁辦月樁及添助版帳爲名，不問罪之輕重，並從科罰。大率官取其十，吏漁其百。

（明）王圻《續文獻通考》卷一六七《刑考·刑制》〔金世宗大定二十六年〕監察御史陶鈞以携妓游（北）苑，歌飲池島間，道近殿廷。提控宫石玠聞而發之，鈞令其友閻恕囑玠，得緩。既而事覺，法司奏當徒二年半，詔以鈞耳目之官，携妓入禁苑，無上下之分，杖六十，玠、恕等皆坐之。

《元史》卷一九《成宗本紀》〔元貞二年〕詔奉使及軍官殁而子弟未襲職者，其所佩金銀符歸於官，違者罪之。

《元典章》卷三九《刑部·刑制·刑名·不得擅决品官》　大德三年五月，奉中書省劄付：據御史臺呈：爲隨路、府、州、司、縣官員，供給軍需、造作、差税、課程違慢，本路摠管府就便的決事。送刑部照議，回呈：照得：至元六年十二月十一日，承奉中書省判送該：奉都堂鈞旨：隨路、府、州、司、縣官員，俱係朝廷命官，遇有罪犯，取責明白招伏，申部呈省詳斷。其摠管府上司，并不得擅便処決。奉此。遵依外，今來議得：府、州、司、縣官員，既授朝命，若令各路摠管府断决，誠非所宜。今後遇有公私罪犯，取問明白招伏，腹里去處，申覆合干上司，听候都省明降；行省所轄地面，本省量事輕重，依例區處。相應。都省議得：除軍情緊急大事，若有遲誤，取問明白招伏，受勑官，從各路就便断罪；受宣官，听候都省、行省區處，餘准部擬。除外，仰照驗依上施行。

《元典章》卷五四《刑部·雜犯·非違·縣官扯詓部民妻》　延祐五年，承奉中書省咨：至大四年七月刑部呈准：脩武縣達魯花赤伯不花，將部民妻阿王扯捽戲謔，決六十七下，罷見役，降二等，雜職内叙用。

《元典章》卷五四《刑部·雜犯·非違·縣官强娶部民小妻》　延祐五年，承奉中書省咨：延祐元年十月，刑部議得：瑞昌縣達魯花赤屯屯，不憑媒妁，令梯己人春奴前去故張州判妻阿尚家，求娶伊夫小妻馬望児爲妻。爲是不從，帶酒自行前去求問，扯定求奸，甚失牧民之体，决五十七下。遇免，解任，雜戰内用。都省准擬。

《元典章》卷五四《刑部·雜犯·非違·軍官恣逞威權》　延祐五年，承奉中書省咨：延祐二年七月，臺呈：千户刘源，輒憑軍人何宥口告，彊户趙寺家驢不出軍錢，擅將十三歲幼弟常住馬行枷窟釘，及將海阿王與元告人何宥連鎖，省會本人收繼，致令何宥强行奸污。刑部議：千户刘源恣逞威權，杖决八十七下，除名不叙。都省准呈。

《明太祖實録》洪武三年春正月　貶刑部尚書周湞爲惠州府經歷。湞，字伯寧，鄱陽人。善詩，與辛敬、萬石、楊伯謙、李克正、查和卿等稱江西十才子。累官爲按察僉事，坐事謫輸役汴梁，及置河間鹽運司，復起爲使。至是，自河間召爲尚書，未視事，入官舍，非禮辱責胥吏。上聞而怒之，故貶。

《明太祖實録》洪武三年秋七月　以中書省右丞楊憲爲左丞，尋以罪伏誅。憲，字希武，賜名畢，太原陽曲人，少從父宦寓江南。丙申歲，上

克金陵，憲上謁，上與語，悦之，令居幕府。憲美（資）〔姿〕儀，通經史，有才辨。嘗使蘇州張士誠，還稱旨，除博士廳諮議，擢江南行省都事。時軍國多事，征調日發文書常委積，憲裁決明敏，人稱其能。然爲人深〔刻〕，意忌有不足於己者，輒以計中傷之。久之，出爲浙東行省郎中，復往諭方國珍於四明。還陞按察使，遷中書省參議，又出爲江西行省參政。召入爲司農卿，未幾，參政中書省，尋改河南行省參政。洪武二年，調山西。是年，召爲中書省右丞。至是，遷左丞。憲在上左右既久，熟於典故，而市權要寵，輕視同列，人莫敢與抗。上未即位時，嘗上書頌功德，因勸行督責之政以求親幸。上曰，是欲使我失人心也。不聽。憲與張昶同在中書，忌昶才出己右，欲搆害之。時東南尚未定，元都號令猶行於西北，昶嘗閑暇與憲言，吾故元臣也，勉留于此，意不能忘故君，而吾妻子又皆在北方，存亡不可知。憲因鈎摘其言，謂昶謀叛，且出昶手書訐之。昶遂坐誅。憲自是益無所憚，專恣日盛，下視僚輩，以爲莫己及。又喜人佞己，徇利者多出其門下。【略】上初不之知，有陳敦禮者，楊州人，善滑稽，號憲加賦爲楦田，其自山西入中書也，欲盡變易省中事，凡舊吏一切罷去，更用己所親信，陰欲持權，乃創爲一統山河花押示僚吏，以覵其從違，附己者即不次超擢，否者逐去之，人莫解其意。一日，翰林編修陳桱入謁，憲以押字示之，桱即賀曰，押字大貴，所謂只有天在上，更無山與齊者也。憲大喜，後數日，即奏除桱爲翰林待制。其專恣不法多類此。既又刺求丞相汪廣洋陰事，令侍御史劉炳鄀某等劾奏之，廣洋因免官還鄉里。憲猶不以爲慊，使炳奏徙之海南，上不從。又教炳誣奏刑部侍郎左安善入人罪。上始覺其誣，下炳獄，炳不能隱，盡吐其實。太史令劉基并發其姦狀及諸陰事。上大怒，令羣臣按問，憲辭伏，遂與炳等皆伏誅。

（明）談遷《國榷》太祖洪武十年七月　殺山東按察副使浦江張孟兼。孟兼負才氣，輕布政使吴印。印，故僧也。印訴上，即治所笞之。孟兼捕書奏者，印復訴上。逮至，棄市。詔印曰：除爾害矣。

方孝孺曰：孟兼中實，無憸賊之心。祇以尚氣好高人，以故爲人所陷。才能者，人所欲得也。苟無謙以處之而挾以驕人，其爲身害奚怪哉。

（明）談遷《國榷》太祖洪武十三年十二月　乙酉，南昌府上賀正旦表不如制，宜罪，宥之。

（明）王圻《續文獻通考》卷二二二《物異考・恒暘》　太祖洪武十四年，金陵久不雨。詔罰守城指揮俸，罪其不祈雨也。

《明太祖實録》洪武十六年十二月　甲午，刑部尚書開濟等有罪，伏誅。濟，洛陽人。初爲國子助教，與丞相胡惟庸善，以疾罷歸，訓徒里中。十四年，前御史大夫安然薦其才，召拜刑部尚書。初至官，勤敏有爲。嘗奏令諸司各置考功圖，日書官員所行事績，以稽覈其勤怠。又言，今内外奏劄宜減省繁文，軍民以細故犯罪者宜即決遣，無久拘禁。數月之間，獄無淹滯。上以濟有才，頗信用之。濟由是自負持法，漸肆巧詐。性殘酷，好以法中傷人。凡意所不悦，輒深文巧法以入之，無能自脱者。濟與鄉人有舊怨，乃誣搆下獄，令郎中仇衍等鍛成之。嘗不奉旨，擅移文督責諸司，若中書省所爲者。又爲榜戒其僚屬曰：尚書到任日久，事之遲錯皆寬大容忍，復爾則罪不爾貸。奏請揭于文華殿以示于衆。上曰：爾告戒僚屬之言，欲張之殿庭，豈人臣禮邪。濟慚謝。未幾，又立簿曰：寅戌之書，以限僚屬出入。上聞，切責之曰：古人以卯酉爲常道，今使趨事赴工者朝自寅暮盡戌，奉父母會妻子能幾何時邪。濟不聽。獄囚有禁死者，濟亦不問，嘗受一囚賂，以獄中死囚代而脱之，爲獄官所發。上召濟諭之。濟歸部，與侍郎王希哲，主事王叔徵執獄官於獄，扼其吭而殺之。其恃權罔上傷害善良類如此。上屢訓諭之，不悛。會有告其在洛陽時嘗盜賈人驢，賈人示重賞，濟得賞乃還之。又强役其甥女閆氏爲女使。濟妹亦早寡，姑老獨存，濟利其家財，盡掠取之，携其妹並一子以歸，其姑欲訴，濟輒捶逐之。於是監察御史陶垕仲等劾奏濟瀆亂人倫，有傷風教，不可爲國大臣。又擅殺獄官，及言濟奏事時置奏劄懷中，或隱不言，欲入啓皇太子，至則又不言，乃復入奏，覘伺上意，務爲兩圖，姦計莫測。上怒，乃下濟獄，並執侍郎王希哲，郎中仇衍等。詔廷臣訊之。濟具服其姦狀，於是並希哲等誅之。初，濟父蒙來朝，上待之甚厚，濟亦常侍左右，見御製詩文輒請，歸潛刻碑以誇大聲勢。又所爲多不法，由是見踈。濟爲人有才辨，然陰毒狡險，外事諛悦，嘗朝罷，上召與論政事，濟畧無建明，但稱曰：真聖人，真聖人。故上深惡其諂佞云。

《大誥續編・粮長郏阿仍害民》　粮長郏阿仍，自朕命有司召粮長面聽宣諭，其郏阿仍坐視不出，令徐添長代替赴京，本人在家，朋黨譚理、

徐付六、周伯賢、譚真五、張二、徐付三、在壽二、胡付四起立名色，科擾粮户。其擾民之計，立名曰缸水脚米，斛面米，装粮飯米，車脚錢，脱夫米，造册錢，粮局知房錢，看米樣中米，燈油錢，運黄粮脱夫米，均需錢，棕軟篾錢，一十二色，通計斂米三萬七千石，鈔一萬一千一百貫。正米止該一萬，便做加五收受，尚餘二萬二千石。鈔一萬一千一百貫，民無可納者，以房屋准之者有之，揭屋瓦准者有之，變賣牲口准者有之，衣服，緞疋，布帛之類准者亦有之，其鍋竈、水車、農具盡皆准折。嗚呼！似此奸頑，貪婪無厭，虐民之心甚如蝮蛇，其仁心莫知所在，直至身亡家破而後已。嗚呼愚哉！臨期悔者晚矣，何不早推己以及人。朕終化不醒，直至臨刑不免，頑矣哉！

（明）談遷《國榷》太祖洪武二十五年九月　戊子，左軍都督府經歷唐奉先干請通政司葉獻，刑部以聞，罪當杖。上念其進士，免罪，紀其過。

《明太祖實録》洪武三十五年十一月　河南布政司參議杜驥，按察司僉事吴彝石常，都司都指揮僉事劉珪有罪，謫興州屯戍。初，周王禾復國，河水暴溢，奄至城内，倉粹無所避，驥等挈家入避王府，又嘗乘馬至端禮門下。至是事覺，法司論其罪，遂謫之。

（明）談遷《國榷》惠宗建文四年十二月〔壬子〕嚴武臣冒襲之禁。

《明太宗實録》永樂二年春正月　撫安江西給事中朱肇劾奏，江西按察司副史梁成惟薄不修，難居風憲。上曰：按察司，一方之風化，郡邑之表率所係，既不能正家，何以正人，謫戍於邊。

《明太宗實録》永樂二年春正月　都察院左都御史陳瑛劾奏，陝西按察副使王煜娶屬官司獄女爲妻，失風憲體。徵下獄。

《明太宗寶訓》卷四《諭羣臣》〔永樂二年〕十二月戊寅，上聞中官於應天府私取工匠役之，召府尹向寶等責曰：數年軍旅供給，加以權豪横肆，百姓艱難，京師爲甚。既命汝牧民當體國家愛民之意。正直不阿，矜卹保庇，庶幾民可休息。宦者，宫禁使令之人，非有重權，汝何用畏之而輒聽其役民，略不之拒。公家凡役一夫，必先告朕。宦者擅役之而不告，何耶？爲京尹，朝夕在朕左右，尚畏人如此，若在遠外任小官職，當如何畏之？譬爲人典守寶貨，擅啓蓋藏，縱人私取，必不免責罰矣。汝擅以朕百姓作人情，可逃罪乎？今姑宥爾，若復蹈前非，必誅。遂逮所以役工匠中官責之曰：朕爲天子，不敢輕役一民。汝何人敢擅之？百姓家僮奴亦敢不告其主，肆意自爲乎？遂付錦衣衛治之。

（明）余繼登《典故紀聞》卷六　永樂二年，虜寇三萬衛，遼東都指揮同知沈永不能追襲，又匿不以聞。成祖以其欺蔽誅之，仍榜諭天下都司並緣邊衛所，凡有草賊及虜寇聲息，不即以聞者，鎮守官以下，職無大小，罪與永同。

《明太宗實録》永樂八年六月　北京監察御史鄒師顔等劾啓：御史李公敏娶見監罪囚親屬爲妻，或挾其妻就飲人家，通宵不返，廉耻道喪，漸習成風，致同寮御史劉先、劉勉、張睿、郭衡、商忠皆娶離異不明之婦，恬不爲耻。切照御史職糾百司，苟不自正，何以正人？公敏等悉宜黜免，以清憲紀。皇長孫令都院鞫之。

《明太宗實録》永樂九年春正月　刑科右給事中耿通等言：舊制，輪班工匠役滿即遣歸。今有滿役一歲，工部仍留不遣，使之栖栖，飢寒道路，此皆尚書宋禮等不體朝廷恤下之意所致。請罪之。上曰：居官享禄，温飽有餘，不恤下人，此何可宥！命錦衣衛自郎中以下，悉執而鞫之。宋（理）〔禮〕令戴罪理事。

（明）查繼佐《罪惟録》紀卷三《太宗紀》〔永樂九年春正月〕勑戒秦王，以王奉詔不親迎，見使倨，因械其長史紀善典儀等官入京治罪，而諭王以學。

《明太宗實録》永樂十一年九月　庚寅，巡按四川監察御史任旺劾啓，同行御史餘信，每巡歷之處，令有司郊迎，及擅役軍人，低價市物等事，宜正其罪。皇太子命都察院逮鞫之。

《明太宗實録》永樂十四年秋七月　庚寅，監察御史康慶劾奏：山西都指揮僉事穆肅嘗以妓女遺紀綱，交結朋黨。上命錦衣衛鞫之。

《明宣宗實録》宣德三年六月　甲午，少保兼行在工部尚書吴中下獄。先是，中私以官木磚瓦遺太監楊慶作私第，甚弘壯，上登皇城樓遥望，見之，問左右，得其實，遂下中獄。

《明宣宗實録》宣德三年八月　山東按察司劾奏：前巡按監察御史李素至歷城，與縣民孫讓女姦，因娶爲妾。御史趙純亦娶門子鄭能妹爲妾，

皆在按臨之地，有玷風紀。今素已陞福建按察副使，純陞河南按察僉事，事雖經赦，終不可居風憲。上曰：按察司所言是。命行在都察院逮治。時素已卒，惟逮純下獄。

《明宣宗寶訓》卷五《正法》〔宣德四年〕六月，北安門守衛百户楊清奏：昨夜一更初，指揮李春進題本，臣遞至北中門，守衛官不肯傳遞。

上命取所進本，取之，諭行錦衣衛指揮王節等曰：祖宗成法，朝罷外廷有事急奏者，不問晨夜，即具本進，守門者即爲上達，所以通警急絶壅蔽。今敢若此，不可寬貸，其執付法司罪之。

《明宣宗實録》宣德七年二月　監察御史李得全等劾，僧録司右覺義大旺於慶壽寺擅創樓閣，擅披剃軍民子弟，隱匿亡賴人冒僧籍，縱寺僧貪饕淫穢，請寘諸法。上命錦衣衛執大旺等付都察院鞫之。

（明）談遷《國榷》英宗正統元年二月　丁未，應城伯孫傑誘娶良家子爲妾，責業太學不謝，見劾，下錦衣獄。

《明英宗實録》正統元年三月　行在兵部右侍郎李郁下獄，以自陳私托之罪也。

《明英宗實録》正統二年九月　謫京衛指揮張勝等八人戍邊衛。勝等奏朝，鐘既鳴，潛坐於闕右門。給事中章良民劾之。下錦衣衛，獄具以聞。上以勝等欺罔，俱發甘肅充軍立功贖罪。

《明英宗實録》正統三年秋七月　造寧化王母墳，舊制應用地周圍四十五丈，而監造官用一百五十五丈，又占墳垣外地十七頃有畸。上以諸王制度具有成式，逮監造官治罪。

《明英宗實録》正統四年二月　直隸鎮江府丹徒縣知縣陳希孟朝覲既辭，潛於崇文門外買妾，不即去，爲御史嚴敬所劾。法司坐贖罪爲民。上命謫戍威遠。

《明英宗實録》正統六年十二月　宥户部侍郎王佐、王質罪。時通政司奏：質初授任未及謝恩，即僉押文書，又行移字多差錯，佐等俱合治罪。命各官自陳，具服。上曰：爲大臣於事不謹，何以率下。今姑宥之，若再不詳審，不貸。

《明英宗實録》正統七年十一月　兵部尚書徐晞、左侍郎鄺埜、郎中龔永吉，坐以見操官充多餘者奏選，俱執送刑部鞫，當贖杖還官。上命宥之，俱住俸二月。

《明英宗實録》正統八年六月　謫監察御史時紀戍威遠衛。先是，紀巡按陝西，回經長垣縣，縣丞蕭節之爲聘殷氏爲妾，紀妻妒，致殷父母忿怒，颺言挾娶己女，爲錦衣衛所發。刑部比强奪良家子女爲妾律坐絞，遇赦當爲民。上曰：御史不才如此，其謫戍邊。

（明）余繼登《典故紀聞》卷一一　慶成宴，帶俸官不得坐。正統九年春宴，帶俸指揮使李春、指揮僉事王福不應與宴，入席攙坐，爲禮部所劾，下法司論罪。

（明）余繼登《典故紀聞》卷一一　正統十年正月，科道官劾奏公侯駙馬都督魏國公徐顯宗等二十八人懶慢不朝，請治以罪。英宗曰：大臣者小臣之表率，大臣既皆偷安不朝，小臣何所規法？命跪於午門前以媿之。

《明英宗實録》正統十三年秋七月　陝西右參議孫毓違例責考滿官償附餘粮，巡按監察御史劾之，下獄。法司論當贖杖還職。從之。

《明英宗實録》正統十三年十一月　徐王墳祠祭署世襲奉祀武謹、祀丞武宏數盗伐墳旁材木，造私第。事覺，巡按監察御史論當贖斬，都察院請罷爲民。上命贖罪還職。

《明英宗實録》正統十四年五月　福建都指揮僉事鄧安等奏：初，御史柳華捕賊福建，擅置更樓冷舖於諸村，且編民爲甲，使提督巡夫。又令私造鈎刀鐵鈀諸器自衛，而反賊鄧茂七等俱起自夫甲，遂籍以爲亂。請正其罪。時華出爲山東按察副使，都察院奏華已死，上命遣官籍其家，妻女送浣衣局，男子盡發鐵嶺衛軍。華之死，人言其飲毒云。

《明英宗實録》景泰二年秋七月　彭城伯張瑾封王於江西，道南京，命家人市貨帛載馬船以歸，校尉廉得之，遂下獄。刑部論當充軍邊遠。詔特宥之，罰俸一年，其家人爲市物者俱發充口外軍。

《明英宗實録》景泰二年秋七月　鎮守密雲署都指揮僉事張興坐擅創官舍擾人諸罪，贖徒復職。

《明英宗實録》景泰二年九月　江西右布政使連均坐限外起送歲貢生員，巡按御史周鑑奏當贖杖還職。從之。

《明英宗實録》景泰三年三月　總督邊儲參贊軍務右僉都御史李秉先奏萬全都指揮同知楊文督官車送使臣，因以運私米，命秉執文鞫問，至是法司奏當贖徒還職，從之而矣。

《明英宗實録》天順三年九月　法司言忠國公石亨不能訓戒其姪彪，且受其所送違禁寢牀，請治亨罪。上曰：姑宥亨罪，寢牀没入之。

《明英宗實録》天順七年夏四月　監察御史李蕃巡按大同宣府，有譖其擅撻軍職及用軍容迎送者，代回六科被旨劾其張勢無忌憚，下錦衣衛獄。已而命枷於長安左門外，未久而死。

《明史》卷一八三《周經傳》　奉御趙瑄獻雄縣地爲東宮莊。經等劾瑄違制，下詔獄。而帝復從鎮撫司言遣官勘實，經等復争之曰：太祖、太宗定制，閒田任民開墾。若因奸人言而籍之官，是土田予奪，盡出奸人口，小民無以爲生矣。既而勘者及巡撫高銓言閒田止七十頃，悉與民田錯。於是從經言仍賦之民，治瑄罪。

《明武宗實録》正德八年九月　丁亥，魯府鄒平王陽鏻子當淙既革王爵，猶與當潩争襲，奏訴不已，復命司禮太監賴義、刑部侍郎黄珂、錦衣指揮陸宣往勘，還奏：當潩、當淙皆庶子，而當潩爲長。禮部尚書費宏等前議，以當潩襲封，革當淙封號。其事已明，法已正矣。而當淙争猶未已者，由其父陽鏻徇私溺愛，爲其母子請封，魯王陽鑄亦依違爲之代奏，而先任禮部尚書周洪謨、倪岳等皆爲所惑，不能據禮以折之。使得冒長子繼妃之封，已二十餘年。故當淙得藉以爲辭，羣下包慶等利其復立，實從。臾之，請置慶等於法，逮問長史、審理、紀善以下，魯王及洪謨、岳等已物故者，惟上裁之。詔當淙累疏强辯，有違祖訓，當重治，姑從輕令以齊民巾服，習禮滿三載以聞。仍奪其母原封金册，魯王既引咎舉正，停禄兩月，洪謨、岳已故者宥之。長史、審理、紀善以下俱逮治。慶等五人謫戍邊衛。時當淙怨主議者奏詞微侵宏，欲以撼之，宏不爲動，至是争遂息。

（明）沈德符《萬曆野獲編》卷二二《司道·憲臣罪謫》　士人得罪，編管爲戍卒者多矣，未有夷之隸役者。國初亦或充吏以辱之，未幾輒復收録。若永樂間，江西按察使周觀政有罪，謫爲河間府驛夫。正德間，巡按徐淮御史薛鳳鳴以與武官飲酒投壺，謫爲所治徐州弓手。憲臣之辱，未有至是者，卽其辜自取，亦非待士禮矣。

《明神宗實録》萬曆二十八年六月　司禮監内官姜偉題偷買木植，内官鄭祥、黄忠命下法司問擬。

《明神宗實録》萬曆三十八年十月　禮部奏貴州宣慰司冠帶權目宋帥相，差舍人宋一潤備馬慶賀聖壽，于九月二十八日見朝，既踰朞後至，來役又不辭朝竟回，宜行本處巡按衙門，將土司差役一並提究擬罪。從之。

《明神宗實録》萬曆三十九年五月　陝西慶陽府歲貢。劉鳳德，候選判官，籍假推官名色，借用勘合，馳驛用轎，損夫至二百六十九名。隨從人騎驛馬一百四十匹，旗幟各項稱是。巡按御史畢懋康以聞。命吏部重處，以後各衙門題差，不許狥情濫及，其假借名色勘合，一槩嚴禁，違的叅奏處治。

（明）佚名《新纂四六合律判語》卷上《吏律·官員襲廕》　賞延後世，朝廷永報於元功；禮定大宗，爵廕必先於嫡長。惟奕葉謹承傳之序，斯箕裘增紹述之光。故叔齊辭孤竹之封，淑齊，孤竹君之子，其兄伯夷當立，父遺命立叔齊，叔齊遜伯夷，伯夷曰：父命也。遂逃去。叔齊亦不立而逃之，國人立其中子。宜季札避勾吳之位。季札，泰伯十九世孫夢壽之子，兄諸樊讓國於札，札不受，封之延陵，號延陵季子。今某朵頤《易》：舍爾靈龜，觀我朵頤。朵，動也；頤，腮頰欲食之貌。棨禄，泯滅彝倫，肥欺南氏之孤，殤忌穆公之子，賢非季歷，太王三子：長泰伯，次仲雍，次季歷。季歷賢，生子昌，有聖德，是爲文王。駕言父命之爲遵，迹擬成師，敢賦君衣之且吉。長幼既迷於嫡庶，奉支莫辨於親疏。惟思富貴之圖，寧復謙光《易》：謙尊而光，卑而不可踰。之節。若彼曹門斷養，安希借勢於中常。不知賈〔椽〕偷香，晋賈充掾韓壽有姿容，充女見面悦之，通焉。時西域貢奇香，著人經月不散。女私偷以贈壽，燕處甚芬。充計武帝賜己，因究得實，秘之，遂妻焉。未合承祧於車騎。合議徒而訊杖，庶警眾以明刑。

（明）佚名《新纂四六合律判語》卷上《吏律·擅離職役》　夙夜惟寅，《書》：汝作秩宗，夙夜惟寅，直哉惟清。虞帝嚴秩宗之訓；靖共爾位，周官重僚友之規。身既屬於公家，迹無容於私室。蓋職役雖分於官吏，而曠瘝均麗於刑章。今某惜陰乏運甓之勤，陶侃朝運百甓於外，暮運於内，人問故，答曰：吾方致力中原，過爾優逸，不堪任事。食力無伐檀之士心。詩篇名，刺無

功而食祿者。謂拘牽非達士，以愼守爲迂儒。坐曹無效於張扶，越界輒同於郭奕。豈興乘於訪戴，將勢迫於追韓。韓信因不重用亡去，蕭何知而追之。曰：三軍易得，一將難求。祇解後山之送坡仙，情可通於師友；不如子思之捍齊寇，義獨重於君臣。覿季任不得之鄒，則王導宜於愧卞。欲示諸曹之禁，宜加三褫之刑。

（明）佚名《新纂四六合律判語》卷上《吏律・官員赴任過限》　因材授官，昭代重羣英之選；計程註日，銓司嚴一定之期。既捧檄以榮行，宜快鞭於先着。今某公朝通籍，私路多岐。故爲闕節之防，敢越及瓜之限；道無豺虎，空埋華轂於都亭；醉別鵷鸞，遂詫錦衣於故里。不念除書之鄭重，只知光景之流連。海偶假疾病之稱，准浦詭風波之險。狥情行止，何如張浚之單舟；張浚爲鄢陵令，即單舟赴任家屬悉置之。肆意優游，反笑王尊之叱馭。合收威於夏楚，《記》：夏楚以收其威。夏、楚，二物也，鞭朴之刑。庸示警於臣工。

（明）佚名《新纂四六合律判語》卷上《吏律・官吏給由》　六條辨治，《周禮》以六條辨吏治。漢庭明黜陟之權；九等官人，唐室嚴棄取之法。蓋既循期而報政，固宜據迹以論功。趙宗儒籍此汰夫冗員，盧承慶由斯稽乎運使。欲大明於考察，宜無憚於精勤。今某身列銓衡，心迷藻鑒。奏三年之績，彼固望於迁除；踰五日之期，爾尚稽於付勘；賢愚莫辨，縱崔亮之資格安施；勤惰無分，雖劉毅之中正亦弛。豈盜奸於需索，因徇意以淹留。非錢不行，信是貽羞於鄭隲；每事故怠，字無比跡於陳遵。究若慢政之非，加以負荆之僇。廉頗負荆，請罪於相如。

（明）佚名《新纂四六合律判語》卷上《吏律・交結近侍官員》　君子潔身比玉，應知避迹於權門。丈夫浩氣如虹，寧肯問津於要路。蓋自訪於禮義，將獨立於風塵。故孔子主衛，辭於彌暇；若孟軻遇魯，却於臧嬖。今某乞墦不顧，枉尺無嫌，方發軔於漸達，遽靦顏於媚竈。炙手唐（雀）〔崔〕鉉進左僕射，與鄭魯、楊紹、段復環、薛蒙，頗參議論，時語曰：鄭、楊、段、薛，炙手可熱。漫親於恭顯，漢宣帝時，弘恭、石顯專擅權勢，朝臣莫不畏之。趨炎更附於伾文。豈徒仰庇二天，巧作因針之線，殆欲朋奸五鬼，鬼，宋真宗時之五鬼。王欽（欲）若爲樞密使，自以深達道教，多所建明。丁〔明〕謂附會之，與陳彭年、劉承珪等蒐講墜典，大修宮宇。以林特有心計，使幹財利，時人目爲五鬼。恣威假虎之狐。使皎日暫迷，獨不念冰山之必化。唐玄宗時，楊國忠爲相，專權，公卿以下頤指氣使，莫不震懾。凡有才行時名者，不出己用，皆抑之。或勸陝進士張象謁國忠，富貴可立至。象曰：君輩以楊右相爲泰山，吾以爲冰山耳，若皎日一出，君輩得無失所恃乎？遂隱居嵩山。倘長松忽僕，更堪憐蘿蔓之安依。合由妻孥連坐之刑，用示春秋無將之警。

（明）佚名《新纂四六合律判語》卷上《吏律・照刷文卷》　勾檢簿書，蓋欲釐於宿弊；獻呈案牘，宜無徇於私謀。惟能守法之嚴，斯裘奉公之美。今某弄茲刀筆，玩爾刑章。卷積重山，雖暢心於照刷；奸深黠鼠，乃恣意於遲留。罔克懷刑，藉口寇準却乎例簿；宋寇準在中書，喜用寒雋，舉錯多自任。同列忌之，嘗除官，同列屢目吏持簿以進。準曰：丞相所以器百官，若用例簿，非所謂進賢退不肖也。却而不視。惟知貪惠，駕言宋道揭乎條科。錯謬何止於數宗，埋沒無嫌於百紙；居然隱報，直洞漏網之魚；肆爾欺公，欲作障天之霧。罪之著矣，法可逃乎？

中國第一歷史檔案館《滿文老檔》天命六年三月　〔初五日〕華善擅免其牛錄下親族築城之役，被納木泰首告，奪其男丁五人，罰銀九兩。

中國第一歷史檔案館《清初内國史院滿文檔案譯編》天聰九年八月初七日，工部俄木索科爲撥給蒙古房屋事白於承政洪尼喀、參政噶布喇、塞紐克謂俄木索科曰：我旗房屋我等建造，爾旗房屋爾自造之，可奏聞於汗。俄木索科即以是言奏聞於汗。以洪尼喀、噶布喇、塞紐克擅分爾我，遂革洪尼喀承政職，解部任，罰銀百兩。以塞紐克、噶布喇均係無知小人，坐以應得之罪。以孟阿圖聞知其非，不行責之，又不奏聞於汗，亦坐以應得之罪。

中國第一歷史檔案館《清初内國史院滿文檔案譯編》崇德三年五月十一日，都察院參政阿津訐正白蒙固山額真伊拜曰：衆官員集於大政殿，時伊拜面朝南背向北而坐，爲安平貝勒之，我部遣官言所坐非禮，伊拜反正南而坐。遂送法司鞫之，面朝南背向北而坐果實。伊拜遂坐以應得之罪入官。

《清太宗實錄》崇德三年秋七月　多羅饒餘貝勒阿巴泰違法，擅留喇嘛于家。理藩院以奏，下法司審實，擬罰銀三百兩，仍罰人五名，牛三頭，其喇嘛即令遣出。奏聞。

上命罰阿巴泰銀一百五十兩，以喇嘛交與察漢喇嘛。

中國第一歷史檔案館《清初内國史院滿文檔案譯編》崇德三年七月〔二十二日〕是日，先是，爲祭太廟齋戒時，以鑲黄旗大章京昌喀尼食韭菜，治以應得之罪。奏聞，上命昌喀尼坐以應得之罪。

中國第一歷史檔案館《清初内國史院滿文檔案譯編》崇德三年八月初四，正黄旗固山額真譚泰告法司云：阿拉米之母，祭巴牙爾圖時，攜鑲藍旗安朱牛録下古木布禄家一婦女同往。該婦女云，阿拉米之父來矣，巴牙爾圖身在，爾等何必用祭等語，遂將送葬衣服攜回。又以上所賜蟒裘，應焚化者，取其裏改爲端罩服之。又往温泉，邀薩木希喀、龔袞宴飲。經審皆實，議阿拉米之母應論死，所攜婦女應論死，至婦女之主古木布禄，半數官員議死，半數官員議鞭一百，牛録章京安朱應治以應得之罪，本牛録下撥碩庫羅卓户、渾塔希、達敏、察哈喇照例鞭責，以薩木希喀、龔袞受阿拉米之母邀請前往，俱應治以應得之罪。奏聞，上命阿拉米母及巫女處死，古木布禄免死贖身，安朱坐以應得之罪，撥碩庫四人照例鞭責，薩木希喀、龔袞俱免罪。

中國第一歷史檔案館《清初内國史院滿文檔案譯編》崇德三年九月三十日，正白旗雅希塔赴法司訟曰：我有子婦新寡，以其父季思哈得疾，於正月自州歸省。鑲白旗尼堪、莫默爾根牛録下尼牙漢二人，引星訥之子阿思哈往觀之，我子婦更盛裝出見。星訥欲以我未除服之子婦與其子爲妻，請於武英郡王，王因遣人至豫親王所議。今我子婦未歸，尚在母家。審實，遂議其子婦應鞭一百，阿思哈應鞭一百，季思哈妻應鞭一百，穆胡應鞭五十，星訥應革職，罰銀百兩，降參政爲副理事官，武英郡王應罰銀二百兩，引道人尼堪應罰銀五十兩。奏聞，上命星訥罰銀百兩，降參政爲副理事官，尼堪罰銀五十兩，穆胡坐以應得之罪，武英郡王罰銀二百兩，雅希塔子婦是斬是養，交與其岳父，呼其自便，乃鞭一百，留養之。

中國第一歷史檔案館《清初内國史院滿文檔案譯編》崇德四年七月二十一日，往祭公和爾本時，固倫公主知阿達禮郡王母福金來，前去等候，福金未言而過。祭事完畢，進入靈堂，公主欲坐一處，福金不依，福金與公和爾本之母坐於下首炕上，兩次抽煙、喝茶，竟未讓公主。又將固山額真杜雷呼至，曰：爾摘帽纓，爾妻戴耳環者，何故？此旗之王、貝勒俱死後，爾豈非貝勒，爾妻豈非福金耶？法司鞫審得實，阿達禮郡王母福金應圈禁，公和爾本之母與福金同謀，辱罵杜雷，且又抽煙，亦應圈禁。杜雷妻，爾守喪時，竟戴金耳環，往來歡笑，應鞭七十。奏聞。上命罰福金銀千兩，公和爾本之母六百兩，俱給公主。杜雷之妻免死罰贖，因禁三日，喝達渾，爾言公主未受失挫辱，欲宥福金之罪，鞭一百。

《清太宗實録》崇德五年夏四月　乙亥，先是多羅饒餘貝勒阿巴泰女，擅令巴山牛録下克什訥家販賣琥珀人常二至於府第，又令使女三人與二太監結爲姊弟。福金以其女許字國人及外藩執吉，令鳴贊官代都問卜於黑際盛家。二使女及常二首於刑部，訊實。部議：福金於從前，上曾兩次命以此女與外藩，不從。又令與國中人，亦不從。擅自擇嫁，遣官問卜，又失於閫教，福金與其女俱應論死。阿巴泰屢違上命，私庇福金，全無家法。阿巴泰應革去多羅貝勒爵，罰銀一千兩。代都、黑際盛及使女一人、太監一人，俱應論死。其一太監實供，應鞭一百，入官。出首二使女，應斷出。奏聞。

《清太宗實録》崇德七年冬十月　先是，敏惠恭和元妃喪時，多羅武英郡王阿濟格方守高橋，詣公篇古所，扎喀納效哈寧噶父戲舞，彈絃而歌。及問阿濟格，先云無有，後曰有之。問篇古及博和托公，皆云爾時我等以爲不禁音樂，是以未曾參奏。今既質問，自應供吐，戲舞彈絃俱實。問屯齊喀公，云不知在篇古帳内戲舞事，在武英郡王帳内，見扎喀納學哈寧噶父，以一手戲舞彈絃是實。問和托，云不知。問哈寧噶，云扎喀納在篇古帳内學我父戲舞是實。問訥爾特，云在篇古帳内戲舞，吾實不知，曾見扎喀納在武英郡王帳内戲舞是實。於是刑、吏、禮三部會議，扎喀納怨殺伊父，故值元妃喪時，歌舞作樂，扎喀納應論死，籍其家，阿濟格值元妃喪時，在篇古帳内歌舞作樂，在伊帳内復彈絃爲戲，阿濟格夫婦應俱幽禁，籍所屬人員。篇古公、博和托公不行禁止，又不參奏，應革去公爵，黜宗室籍爲民，籍没家産。尼堪貝子、博洛貝子不行禁止，又不參奏，應革貝子爵，黜宗室籍爲民，籍没家産。和托公明知戲舞之事，詭言不知，應革公爵，黜宗室籍爲民，籍没家産。屯齊喀在武英郡王處，親見扎喀納戲舞，乃不告於和碩鄭親王，且居處甚近，詭言不知扎喀納戲舞之事，屯齊喀應罰銀一千兩。賴慕布係議政大臣，不行禁止，又不奏聞，擬黜宗室

籍爲民，鞭一百，籍没家産。和碩額駙古爾布什，身係和碩額駙昂邦章京，明知戲舞，不行勸止，又不奏聞，應革職，籍没家産一半。訥爾特親見扎喀納在武英郡王帳内戲舞，不行奏聞，應革世職，罷梅勒章京牛録章京任，鞭一百，籍其家。哈寧噶應革護軍統領牛録任，鞭一百，籍其家。奏聞。

上命：扎喀納夫婦俱著拘禁，其家口屬員撥給和碩鄭親王。尼堪貝子、博洛貝子俱免罪，追奪賜物。多羅武英郡王阿濟格、公篇古、博和托、和托、屯齊喀、賴慕布、古爾布什額駙，俱免罪。訥爾特、哈寧噶，俱令監禁。既而以喇嘛固請，亦釋之。

中國第一歷史檔案館《雍正朝漢文諭旨》雍正七年閏七月十七日 兵部咨送宗人府府丞蔡嵩交部嚴審治罪一案，於雍正七年閏七月十七日奉旨，宗人府丞蔡嵩奏摺内稱，王爺伊由翰林歷任中外服官多年，從古來曾有在君前奏對，有稱呼王爺之文理乎，豈不知朝廷禮法。朕降旨詢問，伊奏稱臣寔愚昧，不知國體。又朕問國體爾既不知，是將大清政務視若膜外矣。伊即應諾是是，復問數次，皆然，毫無畏懼認過之意。如此妄誕放肆，寔爲可駭，著革職拿交刑部嚴審，定擬其奏，欽此。於閏七月二十日内閣交出，奏漢字上諭蔡嵩係年久翰林，朕御極之初，見其年齒已高，爲人似覺老成，特加恩用。爲雲南學政，其在任内所奏事件尚屬明白。朕屢加遷擢，適因湖北按察使員缺需人，朕意以伊或能辦理地方之事，因降旨將伊補授。隨有大臣等奏，伊才知短不勝兩司之任者，於是調回以京堂補用，及來京進見，朕觀其人，果不稱外任之職，而居官尚無過愆，仍加見授以宗人府丞三品之顯秩。所以待之者，不爲不厚矣。而伊進見之時，并無感恩之意，似以不得外任怨望于心，且具神色常若沉湎於酒者，昨于輪班條陳摺内，稱宗人府王爲王爺，朕面詰之曰，在朕前奏事乃稱王爲王爺，有是理乎。伊對曰，臣昏憒不知國體。朕詰之曰，爾爲翰林多年，且歷任内外，至於大臣此等禮數，尚且不知，豈非于大清國之事務全否關心乎。伊連稱是是。朕又詰之曰，爾于大清國之事務全不關心此語，爾敢與承受乎。伊又連稱是是。彼時廷臣同進見者數十人，在旁聞之，無不駭然驚異。朕見其神色昏亂，言詞顛倒，以爲此必居心不良，鬼神爲播弄其乎，日必有誹謗悖逆之詞。如吕留良、查嗣庭、汪景祺等之見于記載者，因令革職拿問，搜查其寓中筆札，及將寓中筆札查出進呈。朕一一檢閱，其中世俗請託私交，則有之，并無誹謗悖逆之語，但字蹟中言飲酒之處甚多，可見其平日沉湎于此，以致昏憒也。朕竟一時錯看，著將蔡嵩免其究問，仍給與原品，令其休致，在《八旗誌》書館，於李紱等一同修書效力，并將朕錯看之處宣諭衆人知之，特諭欽此。

（清）祝慶祺《刑案匯覽》卷七《吏律公式·制書有違》 直督奏長垣縣縣丞曹自燀違例薙髮，例無專條。查乾隆十三年間，奉天錦州府知府金文淳等因違例薙髮，奉旨擬以斬立決。嗣因金文淳等尚非大吏，免死，派修城工贖罪，完結在案。今曹自燀身爲職官，於國服大事，并不確查典禮，輒因誤聞遺詔到日始不薙髮之語，冒昧糊塗，違例薙髮。核與金文淳之案情節相似，未便以佐雜微員，無心誤犯，稍爲寬縱。將曹自燀擬斬立決，恭候聖裁。其景二小係曹自燀部民，於本官令其薙髮，勢難理阻。既經責懲，應免重科等因。奉旨：已革縣丞曹自燀於國服期内，違例薙髮，情罪重大。但該犯係佐雜微員，不諳禁令，誤聽遺詔到日始不薙髮之言，冒昧犯法，且於薙髮後，仍照常出署，隨同大衆哭臨，以致被人揭告。其爲陷於不知，並非虚捏。較之乾隆年間知府金文淳免死之案，情尤可憫。曹自燀著免其斬決，發往新疆効力贖罪，餘依議，欽此。嘉慶二十五年案。

（清）祝慶祺《刑案匯覽》卷七《吏律公式·制書有違》 河撫咨：于淑憲身係候選職員，輒於國服期内，違禁演戲酬神。迨經縣丞往查，該犯以地非該縣丞管轄，喝令拒傷官役。將于淑憲比照凶惡棍徒例，發極邊足四千里充軍。道光三年案。

安撫咨：濮釗係捐納翰林院待詔，乃於國服期内，輒令清音優伶在家吹唱，並令優伶朱玉琳等斟酒侍席，實屬妄爲。應照違制律，杖一百，革去職員。道光三年案。

（清）祝慶祺《刑案匯覽》卷七《吏律職制·濫設官吏》 蘇撫奏：張仁扶曾充昭文縣庫書，嘉慶二十一年，因派辦漕務收米過於挑剔，以至紛紛上控，將張仁扶照違制律，杖一百，枷號兩個月，革没。該犯就醫外出，未經發落。二十五年，恭逢大赦援免。道光五年間，張仁扶以張星灿名字報捐監生，並不入署辦事。惟漕書戴祥雲、户書沈添籌因不諳文移，隨時諮詢，因而外人遂疑張仁扶出入縣署，把持漕務，以致嘖有煩言。今

研訊，實無別故。查張仁扶所捐監生，雖經訊無違礙，咨部有案。惟於革卯之後，因現充漕户各書向其諮詢公事，不知避嫌斂跡，與干豫無異。蘇省蠹吏，往往以滋事被控，干豫卽爲把持之漸，此風亦不可長。張仁扶應革去監生，比照罷閑官吏在外干豫公事律，杖八十，再加枷號兩個月。前任昭文縣審擬枷杖人犯，既不隨時管押，又不卽傳發落，任聽託病避匿至三年之久，致得援赦邀免，實屬狥庇，應交部議處。道光十二年邸抄。

《清穆宗實録》同治三年十一月 甲申，諭内閣：前據御史舒明奏叅輔國公載泰行止不端，當經諭令宗人府會同刑部審訊。兹據審明，定擬具奏。此案載泰、溥楣各買妓女爲妾，因口角忿争，經桂池、松岫説合，同在妓女家飲酒。以公伯大員結交匪人，買倡挾妓，行止卑污，均屬咎有應得，輔國公載泰、鎮國公溥楣、桂池、三等伯松岫，均著革去爵職，以示懲儆。

殺害人命部

謀故殺人分部

論說

《後漢書》卷四八《應劭傳》 初，安帝時河間人尹次，潁川人史玉皆坐殺人當死。次兄初及玉母軍竝詣官曹求代其命，因縊而物故。尚書陳忠以罪疑從輕，議活次、玉。劭後追駁之，據正典刑，有可存者。其議曰：《尚書》稱天秩有禮，五服五章哉。天討有罪，五刑五用哉。而孫卿亦云，凡制刑之本，將以禁諸惡，且懲其末也。凡爵列、官秩、賞慶、刑威，皆以類相從，使當其實也，若德不副位，能不稱官，賞不酬功，刑不應罪，不祥莫大焉。殺人者死，傷人者刑，此百王之定制，有法之成科。高祖入關，雖尚約法，然殺人者死，亦無寬降。夫時化則刑重，時亂則刑輕。《書》曰刑罰時輕時重，此之謂也。

今次、玉公以清時釋其私憾，阻兵安忍，僵屍道路，朝恩在寬，幸至冬獄。初、軍愚狷，妄自投斃。昔召忽親死於子糾之難，而孔子曰：經於溝瀆，人莫之知。朝氏之父非錯刻峻，遂能自隕其命。班固亦云：不如趙母指括以全其宗。傳曰：僕妾感慨而至死者，非能義勇，固無慮耳。夫刑罰威獄，以類天之震燿殺戮也。溫慈和惠，以放天之生殖長育也。是故春一草枯則爲灾，秋一木華亦爲異，今殺無罪之初、軍，而活當死之次、玉，其爲枯華，不亦然乎！陳忠不詳制刑之本，而信一時之仁，遂廣引八議求生之端。夫親故賢能功貴勤賓，豈有次、玉當罪之科哉？若乃小大以情，原心定罪，此爲求生，非謂代死可以生也。敗法亂政，悔其可追。

（宋）李昉等《文苑英華》卷七六八《刑法・將軍王去榮殺人議並序》 右件官打殺本部富平縣令杜徽，恩旨以其能放抛石，免死奪官，自身配陝郡效力，中書舍人賈至等未即行下，奏請奉進勑旨議者。

臣等伏以法者，天地之大典，帝王守之，猶不敢專也，若王去榮者乃敢擅殺，是臣下之權過於人主，開元已前無者，尊朝廷也。當今爲天下主，愛無親踈，得一去榮而失萬姓，何利之有！又八議名例都無此名，十惡科條乃居其一，殺本部縣令，而陛下寬之，王法不行，人倫道屈。臣等奉詔，不知所從。夫國以法勝，有恩無威，慈母不能使其子。養由基射穿七札，楚王以爲辱國；林慮公主男犯法，漢君不爲減罪，賤枝則去榮何有，受法則林慮可徵。晉文棄原取信，以信大於原也。今陝雖要郡，不急於法，則海內無處不尅，況陝郡乎無法也，賈至等皆朝之忠良，見尅在近。謹議。

（唐）陳子昂《陳拾遺集》卷七《雜著・復讎議狀》 臣伏見同州下邽人徐元慶者，父爽，為縣吏趙師韞所殺，卒能手刃父讎，束身歸罪。議曰：先王立禮所以進人也，明罰所以齊政也。夫枕干讎敵人子之義誅罪禁亂王政之綱，然則無義不可以訓人，亂綱不可以明法，故聖人修禮理內，飭法防外，使夫守法者不以禮廢刑，居禮者不以法傷義，然後能暴亂不作，廉恥以興，天下所以直道而行也。竊見同州下邽人徐元慶，先時父為縣吏趙師韞所殺，元慶鬻身庸保為父報讎，手刃師韞，束身歸罪。雖古烈者亦何以多，誠足以激清名，教旁感忍辱義士之靡者也。然按之國章，殺人者死，則國家畫一之法也，法之不二，元慶宜伏辜。又按禮經，父讎不同天，亦國家勸人之教也，教之不苟，元慶不宜誅。然臣聞昔刑之所生，本以遏亂，仁之所利，蓋以崇德，今元慶報父之仇，意非亂也，行子之道，義能仁也，仁而無利，與亂同誅。是曰：能刑未可以訓元慶之可顯宥於此矣！然邪由正生理必亂作，昔禮防至密，其弊不勝，先王所以明刑，本實由此。今儻義元慶之節，廢國之刑，將為後圖政必多難。則元慶之罪不可廢也，何者，人必有子，子必有親，親親相讎，其亂誰救，聖人作始必圖其終，非一朝一夕之故，所以全其政也。故曰：信人之義，其政不行，且夫以私義而害公法，仁者不為；以公法而徇私節，王道不設。元慶之所以仁高振古義，伏當時以其能忘生而及於德也。今若釋元慶

守度持刀在旁，逼令自縊，其命垂盡，只爲未有棺器，却且解下。其後又與繩索，令自縊，阿馬偶得生逃。臣略聞此大概，其他守度凶惡之狀，備於案牘，人不忍聞。阿馬幽苦冤枉一作之冤如此，而法吏止斷誣姦，降以杖罪。竊以刑在禁惡，法本原情，今阿馬之冤，於情可憫；守度所犯，其惡難容。若以法家斷罪舉重而論，則守度誣姦不實之罪輕，迫人以死之情重。原其用意，合從謀殺，凡謀殺之罪，其類甚多，或有兩相争恨，理直之人因發忿心，殺害理曲之人者，死與未死，須被謀殺之刑，豈比守度曲在自身。阿馬本無所争，備極陵辱，迫以自裁，一作殘。虐害之情，深於謀殺遠矣。臣嘗伏讀真宗皇帝賜諫臣之詔曰：冤枉未申賞刑踰度者，皆許論列。今之冤婦，臣職當言者也，豈有聖主在上，國法方行，而令强暴之男而敢逼人以死。臣恐守度不誅，則自今强者陵弱，疎者害親，國法遂隳，人倫敗矣。其王守度一宗公案，伏望聖慈特令中書細詳情理，果如臣之所聞，即乞行刑法以止姦凶。取進止。

（宋）韓維《南陽集》卷二六《乞更議謀殺自首刑名劄子》 臣伏覩近降勑命：今後謀殺人已死、自首及按問欲舉並奏聽勑裁。臣伏思頃來朝廷議論，多是失於不能盡下，常致事行之後，方有異同。律法者，有司朝夕所用以生殺人也。尤宜講明，使了然不疑。今但開以奏裁，是於律法之意尚未明辨，朝廷猶且如此，欲以示四方而一民聽，恐未可也。伏望聖慈且以今來指揮作權宜施行，更下所疑刑名，令羣臣博議，待其理道極盡，然後以制旨裁決。取進止。

（宋）韓維《南陽集》卷二六《議謀殺法狀》 右謹具如前。臣等看詳王安石、司馬光所論阿雲案内情節，勑律悉已明備。所爭者，惟因字而已。以光之説，則謀不得為傷之因，謀殺已傷，傷不得首，合從絞罪。以安石之説，則謀得為傷之因，謀殺已傷，傷不得首，所因得首，合從原減。臣等竊尋聖人制法之意，其大畧有三：有量情而取當者，有重禁以絶惡者，有原首以開善者。蓋損傷於人，有慘痛輕重之差，故刃傷者坐以徒，他物拳手傷者坐以杖，其義足以相償而止，是量情而取當者也。畜謀同便致人於死，非重絶之，則相仇者不禁，故謀殺已傷者從絞，是重禁以絶惡者也。苟殺人未至於死，於物尚可以償，於事猶可以自還者，皆得以首，是原首以開善者也。三者雖制法各殊，其於使人遠罪而遷善，其義一之罪以利其生，是奪其德而虧其義，非所謂殺身成仁全死無生之節也。如臣等所見，謂宜正國之法，寘之以刑，然後旌其閭墓，嘉其徽烈，可使天下直道而行，編之於令，永為國典，謹議。

（唐）白居易《白居易集》卷六〇《奏狀·論姚文秀打殺妻狀長慶二年五月十一日奏》 據刑部及大理寺所斷，准律：非因鬭爭，無事而殺者，名爲故殺。今姚文秀有事而殺者，則非故殺。據大理司直崔元式所執，准律：相爭爲鬭，相擊爲毆，交鬭致死，始名鬭殺。今阿王被打狼籍，以致於死，姚文秀檢驗身上，一無損傷，則不得名爲相擊，阿王當夜已死，又何以名爲相爭？既非鬭爭，又蓄怨怒，既是故殺者。右按《律疏》云：不因爭鬭，無事而殺，名爲故殺。此言事者，謂爭鬭之事，非該他事，今大理、刑部所執，以姚文秀怒妻有過，即不是無事；既是有事，因而毆死，則非故殺者。此則唯用無事兩字，不引爭鬭上文。如此，是使天下之人，皆得因事殺人。殺人了，即曰：我有事而殺，非故殺也，如此可乎？且天下之人，豈有無事而殺人者？足明事謂爭鬭之事，非他事也。又凡言鬭毆死者，謂事素非憎嫌，偶相爭鬭，一毆一擊，不意而死。如此，則非故殺，以其本原無殺心。今姚文秀怒妻頗深，挾恨既久，毆打狼籍，當夜便死，察其情狀，不是偶然。此非故殺，孰爲故殺？若以先因爭罵，不是故殺。即如有謀殺人者，先引相罵，便是交爭；一爭之後，以物毆殺了，即曰：我因事而殺，非故殺也。又如此可乎？設使因爭，理猶不可；況阿王已死，無以辨明。姚文秀云相爭，有何憑據？又大理寺所引劉士信及駱全儒等毆殺人事，承前寺斷，不爲故殺。恐與姚文秀事，其間情狀不同。假如略同，何妨誤斷？便將作例，未足爲憑。伏以獄貴察情，法須可久，若崔元式所議不用，大理寺所執得行。實恐被毆死者，自此長冤；故殺人者，從今得計。謹同參酌，件録如前。奉勑：姚文秀殺妻，罪在十惡；若從宥免，是長凶愚。其律縱有互文，在理終須果斷。宜依白居易狀，委所在決重杖一頓處死。

（宋）歐陽修《歐陽修全集》卷一〇《論大理寺斷冤獄不當劄子》 臣風聞大理寺近奏斷德州公案一道，爲一班行王守度謀殺妻事，止斷杖六十私罪。其守度所犯，情理極惡。本因踰濫，欲誘一求食婦人爲妻，自持刃杖，恐逼正妻阿馬，令其誣以姦事，髠截頭髮。又自以繩索付與阿馬，

也。議者見損傷不許自首，謀殺已傷從絞便謂謀殺，不通原首，是未盡聖人制法之意而於律文有所不達也。律之正文，著不得自首者凡六科，而於損傷人不在自首之例。其下注云：因犯殺傷而自首者得免，所因之罪，仍從故殺傷法。此正恐後人惑於損傷不得自首，便將謀殺已傷之類引用律文，所以特發此注也。然而於自首者，但令免所因之罪，而尚從故殺傷法者，此尤見損傷不得自首之意甚明。何則？所因之謀罪，雖見原免，而傷者還得傷之罪，殺者還得殺之刑也。且造律者於器物至不可備償，則不許其自首。今於損傷尚有刑可以相當，而必令不得首其可悔之謀罪而即償以死，恐不盡聖人好生之心，而無以開愚民改惡之路。夫殺人者，死傷人者抵罪，此古初立法之本意也。然傷人之惡，其狀萬殊，有因刼殺而傷者，有因謀殺而傷者，古初之法，既不足以禁姦，故後人酌其輕重之宜，增以斬、絞、徒、杖，以補前之未備。因刼殺而傷者則增至於斬，因謀殺而傷者則增入於絞，向使不因先謀則不過徒杖三年之科而已，豈至深入於絞乎。今若首其先謀，則傷罪仍在，是傷不可首而因可首，則謀為傷因亦已明矣。又案律家所以設首免之科者，非獨開改惡之路，亦恐犯者自知不可免死，則欲遂其惡心，至於必殺。又罪人未獲則追擾逮捕，酷及平民，繇歲踰時，公私受害。若許其自首，俾從寬宥，則罪人斯得，刑獄無留，公私之害，一朝而息，則其為益，蓋不輕矣。今若由此著為定論，塞其原首之路，則後之首者不擇輕重，有司一切案文殺之矣。朝廷雖欲寬宥，其可得乎。苟以為謀殺情重，律意不通其首，則六科之中當著謀殺已傷不在自首之例也。已議引盜殺為例，王安石所謂舉重以包輕是也。蓋律以强盜傷人為斬罪，而謀殺已傷為絞刑。假有羣盜於此共刼一家，將至其門，知有人守禦，遂謀殺之而入。若其不死而來首，則强盜之斬罪以所因而見原，謀殺之絞罪以不得首而就死。用刑如此豈不失輕重之差乎。難者又以為謀殺得免所因有自絞刑而得杖罰者，則為已輕。是又未曉原首之意也。人之惡莫大於謀反，其暴橫莫甚於殺人而奪財，並於自首得從原減，何獨於匹夫之相仇而必欲致之死也。夫中人之情，善惡相混，糾紛反覆，未始有定，故小人之於罪惡有未作而悔者，有方作而悔者，有已作而悔者。今法家以謀殺徒三年之罪，未行兇以前自首故得前原，已傷者其事既行，遂不許自首，便從絞坐，即如此何以待方作而悔者乎。已作而悔者，其人已死，在事有不可追之理，於刑有不可逭之義。方作而悔者，其人尚存，乃令與已殺者一坐以死，是豈盡用刑之次序哉。蓋聖人之於不仁無已甚之嫉而於姦惡有怙終之殺。今方作而悔得為怙終乎，首而不原，不為已甚乎。夫造法者，常本之人情，而不能曲盡人情之變態，古人所謂律設大法是也。議者乃多引奇罪以責律文之不合者，臣恐雖沒世窮年而議卒不定也。且今律所不備，別以候勅從事者甚衆，何獨泥此也。請以謀殺一事言之，案編勅節文，謀殺之罪，若投棄人於水中并崖險處，或以諸物縊頸，或以土填塞口鼻，但意在致人於死，偶獲生免并槌擊撞打要害之處，已死復生者。以上雖不見血，律同已傷之法。又謀殺人傷與不傷、情理兇惡、不至死者，並奏取勅裁，苟律文自備，則此二條又何為而設也。荀卿有言曰：法而不議，則法之所至者必廢。然則法待議而後行，所從來久矣。今令所因之謀得用舊律而原免，已傷之情復以後勅而奏決，法以正其本議，以盡其類，則何謂而不可也。臣等以為宜如王安石所議便。

（宋）韓維《南陽集》卷二六《論謀殺人已死刑名當再議劄子》 臣嚮奉詔旨與吕公著、錢公輔定奪司馬光、王安石所議阿雲殺人不死從按問欲舉自首之名，遂開殺人已傷自首之例，仍以奏取勅裁之。厥後法官以為殺人已傷，若許自首，則據律文謀殺者亦當通首，又若從故殺傷法，則首從顛倒以為不可。王安石又奏殺人尸闕、自首闕。不當例其首從合用尊長殺卑幼條例闕從定法許遵分析亦以安石議為然。馬光法官以為律注因犯殺傷而自首得免，所因之罪，謀之別有所因，理不當免。王安石、許遵以為謀得為殺傷之因，合如刼殺傷闕通首定罪。臣與吕公著等大抵如安石、許遵議，而謂至於已殺，猶當坐以殺之刑也。臣等伏議此，蓋由衆人推考律文注意不同，互執所見，所以致此違異。安石、遵前議謀殺人未死許首，猶曲有其自新意，義甚美。臣與吕公著等論之詳矣。今遂通首法於殺人已死之後，臣於此不能無疑也。伏望聖慈更下王安石、許遵使極陳謀殺人已死所以得首之理，更擇明審燭理之人研極論難，以求一是，然後以制旨裁定，以稱陛下欽慎刑罰之意。取進止。

《宋史》卷二〇一《刑法志》 元豐三年，周清言：審刑院、刑部奏斷妻謀殺案問自首，變從故殺法，舉輕明重，斷入惡逆斬刑。竊詳律意，妻謀殺夫，已殺，合入惡逆，以按問自首，變從故殺法，宜用妻毆夫死法

定罪。且十惡條，謀與故鬥殺夫，方入惡逆，若謀而未殺，止當不睦。既用舉輕明重，宜從謀而未殺法，依敕當決重杖處死，恐不可入惡逆斬刑。下審刑院、刑部參詳，如清議。

（宋）**程顥等**《二程集・河南程氏文集》卷九《伊川先生文五・上謝帥師直書》伏親律節文：諸醫爲人合藥，誤不如本方殺人者，徒二年半；故不如本方殺傷人者，以故殺傷論，雖不傷人，杖六十。古人造律之意，非特矜死者之無辜，亦以警懼庸醫，使不敢輕妄，致害人命，則其爲益，豈不甚大？近世以來，律雖存而實不用。俗吏拘文，乃云律稱合藥誤不如本方，若用藥不如方論，雖日殺千人，法所不禁，官不當治也。反陰陽背方論而殺之者，不可勝數。況天下之大，民庶之衆，可勝言哉？獨嘉祐中，族兄太中嗣宗，知扶溝縣，嘗以醫者用藥過劑殺人，送府鞭其背。過劑乃用藥之失，非合藥誤也。當時衆論稱之，蓋他人未嘗用此律故也。

（宋）**范純仁**《范忠宣奏議》卷下《論朱宿梁二不當貸命元祐三年》門下省送到奏案，朱宿為殺親舅，梁二為殺妻父録黄二道，本省元奏依法已得御寶畫可，今却準門下省批到奉聖旨送中書省，取旨朱宿梁二各特貸命决脊杖二十，刺面配沙門島收管。今來本省合依聖旨取旨，又緣却已有貸配逐人沙門島指揮，即不是中書省進擬，本省未敢行下，合行覆奏及有難貸情狀，具畫一下項。一、凡人投鼠猶或忌器，豈有殺舅不顧母憂，今母之兄弟可殺，則父之兄弟固亦無難，觀朱宿犯上之情，亦必有以致母不能安室之事，其舅見而迴避必是諳其所為，尚猶尋逐持杖擊其腦而殺之，不惟全無渭陽之情，亦異夫七子自責之意，及無敬親不敢慢人之心，此事雖不可以盡責愚人，然朝廷亦當示好惡風教以全民之天性。今乃特貸其死以示優恩，甚非用中化民之道。一、據律節文祖父母、父母為人毆擊，而子孫即毆擊之至死者，竝依常律。然則古人立法，豈不知救父母為可貸，蓋不欲使民專殺而亂治也。今非毆而止拽其衣袖，便敢擊折足脛而殺之，乃得貸死，全與人情法意相遠，在於凡人猶可，況於妻父尤難屈法。門下省以為梁二固宜處死，以其能忘妻父之愛，情理灼然可憫。臣以為天下之治本於人倫，人倫之先本於夫婦，伉儷敵體其合以義，所以古人刑於寡妻不敢失於臣妾，妻子故得人之歡心，以事其親。今使男子殺其妻之父，易若雞犬，則或婦人為父母而殺，其夫及夫之父母亦皆合為可憫。一、親屬相犯於國家，風教不便，父子兄弟夫婦各有典常，其情各須篤厚。今夫婦相殺，骨肉相殘。比陛下即位之初，歲歲有增，今數已過倍，若不稍示禁約，則將來此類更多，何由使朝廷致比屋可封之治？一、刑罰平當則下無冤人，或有幽冤必傷天地之和氣。古者匹夫銜冤六月降霜，所以朝廷深戒官吏明慎用刑，恐有冤也。今乃縱百姓專殺，平人特貸其死，使死者怨憤不雪，致干陰陽之和為水旱之災，延於億兆。臣職居調燮，不敢不盡其言，凡今檢到斷例，與臣所陳情犯義理不同，雖有近似者亦是當時偶有失當，難為準用，若更添今來二人貸死之例，則今後如此行兇之人鮮有可正典刑者。一、朝廷緩一死刑須當有所勸沮，不可無名曲貸，使有罪獲免，無罪銜冤。今特貸此二人，使天下不知所謂，是欲使今後人子皆得如此為父母而殺人耶？又欲勸夫婦之間恩義當薄耶？但見不卹死者之冤，而寬兇惡之人耳，於風教人情皆為未便。緣臣今所開陳，非止為正二人刑名，蓋有前項所繫風教利害，朝廷好惡及為冤氣致災之本，所以須至執奏。自來朝廷命令或有舍人繳奏，或門下省封駁，若道理別無不當，即蒙聖旨，令依元降指揮其朱宿梁二欲依本省已得指揮。

《宋史》卷二〇一《刑法志》〔紹興〕二十六年，右正言淩哲復上疏曰：漢高入關，悉除秦法，與民約法三章耳。所謂殺人者死，實居其首。司馬光有言：殺人者不死，雖堯、舜不能以致治。斯言可謂至當矣。臣竊見諸路州、軍大辟，雖刑法相當者，類以可憫奏裁。自去歲郊後距今，大辟奏裁者五十餘人中，有實犯故殺、鬥殺常赦所不原者，法既無疑，情無可憫，刑、寺並皆奏裁貸減。彼殺人者可謂幸矣，被殺者銜恨九原，何時已邪？臣恐强暴之風滋長，良善之人，莫能自保，其於刑政，爲害非細。應今後大辟，情法相當、無可憫者，所司輒奏裁減貸者，乞令臺臣彈劾。

（宋）**洪邁**《容齋三筆》卷一六《奏讞疑獄》州郡疑獄許奏讞，蓋朝廷之仁恩。然不問所犯重輕及情理蠹害，一切縱之，則爲壞法。耿延年提點江東刑獄，專務全活死囚，其用心固善。然南康婦人，謀殺其夫甚明，曲貸其命，累勘官翻以失入被罪。予守贛，一將兵逃至外邑，殺村民

於深林，民兄後知之，畏申官之費，即焚其屍，事發繫獄，以殺時無證，屍不經驗，奏裁刑寺輒定爲斷配。予持勑不下，復奏論之，未下而此兵死於獄。因記元豐中，宣州民葉元，以同居兄亂其妻而殺之，又殺兄子，而彊其父與嫂約契，不訟於官。鄰里發其事，州以情理可憫，爲上請。審刑院奏欲貸，神宗曰：罪人已前死，姦亂之事，特出於葉元之口，不足以定罪，且下民雖爲無知，抵冒法禁，固宜哀矜。然以妻子之愛，旣殺其兄，仍戕其姪，又罔其父，背逆天理，傷敗人倫，宜以毆兄至死律論。此旨可謂至明矣。

（清）汪琬《堯峯文鈔》卷一《復讐議并序》　河南廵按御史覆奏，部民張潮兒手格殺其族兄生員三春皐當死，詔法司核議，而潮兒口供中嘗言其母先為三春所殺，於是該司員外郎汪琬以為當下御史再審，故議之，議曰復讎之議，載於《周官》《禮記》《春秋》，見於陳子昂、韓愈、柳宗元、王安石之文者，詳矣。吾不敢復勦其辭，惟以國家之律明之，律曰：若祖父母父母被殺，而子孫擅殺行兇人者，杖六十。注以爲不告官者，又曰其即時殺死者，勿論。注以爲少遲即以擅殺論，由此觀之，凡有祖父母父母之讎，雖積至於久遠而後報，皆得謂之遲，皆可援擅殺以斷者也。顧獨不許潮兒之復母讎，得毋太苛矣乎。一命一抵，此刑部現行則例也，人既殺潮兒之母，而必欲潮兒母子殉兩命以當之，其失律意明矣。今議者曰潮兒未嘗告官，則口供恐不可信，夫當潮兒具招之日，有司曾不之詰，及其申解之日，御史曾不之駁，彼口供之眞僞法司亦安從知之哉。且吾非欲遂釋潮兒之死也，僅僅下御史再審而已，萬一再審之後，而其情可原，其皐可雪，吾將援此擅殺之條，以求爲國家活一孝子，則法司之所全不更多邪。議者曰潮兒既欲復讎，何不即時殺之，此大不然，吾嘗見被禍之家，穉子寡女門户單弱者有矣，其上或壓於勢力，其次或格於賄財，苟有復讎之心，不得不乘間伺便以圖之，苟無其隙，雖積至於久遠，而推原律，意皆得寬之，爲遲又何間於數年内外哉。律曰皐人，本犯應死。而擅殺者杖一百，今以三春之狠戾，敢於殺其族母，是亦應死無疑矣。此時設有旁觀者，若張氏之親屬能代潮兒誅之，皐亦止於杖一百而已，況爲潮兒者乎。使果能復其母讐，而又不以減死論，不可謂法之平也。議者又曰柰經屢赦，何夫復讐不可以赦言也。赦者國家所以矜全有罪，而非孝子慈孫不忍其親者之所欲也。今必以此皐潮兒不幾與於行兇之甚哉，故吾謂斷是獄者，但當窮其口供所從來，不當問赦前與赦後也。吾又嘗求赦文觀之，惟誤殺者赦，他若謀殺故殺皆不赦，吾不知三春所犯爲合誤殺律乎，抑合謀殺故殺律乎，果當赦乎，抑不當赦乎。皆非法司所得而懸斷也，洵如吾說，使得下御史再審，不過煩本部之題請，與有司之追勘耳。此其事易若反掌，而所全實多，若憚題請追勘之勞，而甘自處於失入，爲法吏者，夫亦勿之思矣。

（清）汪琬《堯峯文鈔》卷九《復讐或問并序》　人有其父以威逼故死，而其子不復讐者，汪子痛焉，作或問。或問據律殺人者死，而顧許人子之復讐何也？荅曰諸凡國法所不及，加與有司，所不得而執者，不許其復讐，則無以禁亂除暴也。然則為人子而不復讐，其亦有皐與？曰此則惡逆之甚者也。律文雖無義例，然吾於經見之矣，《春秋》君弒而賊不討，則以為無君。故書曰趙盾弒其君。君父之讐一也，不討弒君之賊，謂之弒，不討殺父之賊，獨不得謂之弒乎。問者曰，律之論殺人也，或為誤殺，或為謀故殺，或為威逼殺，其法輕重不倫，安得一概復之與？荅曰，律文有四殺者，聖人原情定皐，以示不忍用刑之意，所謂寧失不經是也。若人子則何暇論此，儻以為謀故則當復，威逼誤殺不當復，此豈律文所有乎。聖人之制律也，仁之至義之盡者也，然不爲人分別是條者，恐傷孝子之心，而導人爲不善故也。今世俗於律文所得行者，舉皆棄而不肯行，而吾子又從律例之外，曲爲之說，以寛其惡逆，不幾大悖聖人之教乎哉。且彼之不肯復讐者，非盡忘其讐也，内顧其身外牽於妻子，不得已而靦顔隱忍以至此也。嗟乎！身與父孰重，妻子與父孰親，情有不能兩遂，勢有不能兩全，雖忘其身舍其妻子可也。今夫禽獸猶有愛其父者，行路之人聞人無故受禍，猶有咨嗟太息憤懣而不平者，若身親其子而漠然不顧，又因之以爲利，是殆禽獸之不如，而以行路視其父也。吾故曰惡逆之甚者也，然則孤寡羸弱有必不能復父讐者，柰何？曰此固宗族昆弟之所得助也。子夏問於孔子曰：居昆弟之讐，如之何？曰：仕弗與共國。居從父母昆弟之讐，如之何？曰：不爲魁主，人能則執兵而陪其後，此正與律文相合。律文所謂皐人本犯應死，而擅殺者是也。然而宗族昆弟，皆聽命於主人者也，主人欲復讐，則皆得起而助之，如無其心，雖有勇敢好義者，

亦止於拊胸搤擘而無如之何也。問者又曰，古人分仕諸侯之國，故有朋友及從父兄弟之讐，在齊則去而之魯，在齊魯則去而之秦之楚之晉之衛，後世立一朝，事一君將安所去諸？荅曰：有不幸而直此者，出則不與同官，處則不與同州里，終身不相見，可也。此亦經之遺意也。

（清）汪輝祖《佐治藥言・命案察情形》 命案出入，全在情形。情者起衅之由，形者爭險之狀。衅由曲直，秋審時之爲情實，爲緩决，爲可矜，區以别焉。爭毆時所持之具，與所傷之處，可以定有心無心之分。有心者爲故殺，必干情實，無心者爲鬭殺，可歸緩決。且毆狀不明，則獄情易混，此是出入最要關鍵，審辦時必須令仵作與凶手照供比試，所叙詳供，宛然有一爭毆之狀，鑿鑿在目，方無游移干駁之患。

（清）王又槐《辦案要略・論命案》 謀殺之故，不外姦、盗、仇三項。若因姦而謀，必謀於成姦之後，斷無未姦其妻而先殺其夫與親屬以圖通姦也。須審認有姦，證據確鑿，方足徵信。抑或有窺其妻少艾，殺夫以圖婚娶者，不可不察。若因姦不從而殺死者，以强姦論，非謀殺也。因爭姦、妒姦並因别情而殺死犯姦者，當分别謀、故、鬥毆，不可概言謀殺也。因盗而謀，多在孤村曠野，或隱僻處所，昏夜時候，見證無人，必須起獲有贜，方可定案。因仇而謀，定有極怨深仇，痛恨難忍之事。若僅口角微嫌，毫末争端，未足取信。仇以何憑？或取驗凶器、衣履血迹，或鞫訊當日同在何處聚會，有何人作證，或搜存餘毒及賣藥之人。此等重案，倘無真贜確據，縱然屢審屢招，直認不諱，萬一招解翻供，竟無把握矣。

鬥毆與故殺所分，界在幾希。夫鬥殺者，勢處倉皇，無心致死。故殺者，意起俄頃，乘機立斃。二者情形不一，臨時須當分辨。若差之毫厘，失之千里矣。

鬥毆者，彼此互爭而搏擊之謂也。必臨時有爭鬥之事，互毆之形，方謂鬥毆。若先有爭端，業已分散，復圖毆打泄憤，則爲謀毆，商諸他人，同往幫助，則爲同謀共毆。或懷積怨深仇，或圖財漁色，設計陰謀，致人於死，則爲謀殺；同謀下手，則爲加功。

彼此互毆，而不覺其下手過重，邂逅至死，及被死者追迫失措，隨手擲毆，並被死者推壓，因而挪跌踢傷等類，皆爲鬥殺。若死者徒手未敵，而凶手卽傷其致命處所，立時殞命，抑或連傷數次皆重，又狠毆致命而死，則爲故殺。

謀殺者，蓄念於未殺之先；故殺者，起意於臨殺之時。謀殺，則定計而行，死者猝不及防，勢不能敵。或以金刃，或以毒藥，或以他物，或驅赴水火，或伺於隱僻處所，卽時致死，並無爭鬥情形，方謂謀殺。若張揚聲勢，先較論而後下手，雖執有凶器，只是謀毆，不得錯認謀殺也。故殺，乃因鬥毆、謀毆而起，或因憶及夙嫌，或因畏其報復，或慮其控官難制，或惡其無耻滋事，或恐其貽禍受害。在兄弟，或利其貲財肥己；在夫妻，或恨其妒悍不馴，臨時起意，故打重傷、多傷，傷及致死處所而死者是也。故殺無從，卽同毆之人，亦不及知。謀殺與謀毆，最易混淆。夫謀毆者，不過圖毆以泄忿，並無致死之意，其初下手也，多不在於致命處所，死者雖受有傷，猶可詈駡回毆；若彼此撞遇，觸手卽傷其虚怯要害致命之處，登時卽死，非係謀殺，便是故殺，又非謀毆也。至死者勢不能敵，任其搏擊連毆斃命，當科以故殺之條，不得僅照謀毆論也。

鬥毆之案，有因携帶器械他往，邂逅相鬥，執以毆傷者；有臨時適便取毆者；又有奪取旁人器械，以備抵禦者；亦有奪獲死者器具反毆者；並有凶手親屬在旁携給助勢者。各種情由，均須分晰供明。若云預帶凶器而行凶，情似預謀矣。

先毆輕傷，後毆重傷，此情理也。若先重後輕，則死者不能回毆，凶手亦非無故矣。

對面相毆，中間若有一、二尺高器具攔隔，傷痕只在頭面上身，不能及於下身也。

一人毆死一人者，尸身連受多傷，凶手也必有傷，否則必有助毆之人。若不將凶手傷痕驗明叙入，而稱死者力弱不能回毆，情以故殺。

亂毆多傷。凶犯不能將行凶及毆打地步、先後下手情形供明者，多在昏夜倉猝之際，亦必實有不得不亂毆之事勢，方合情理。若非危急，何故亂毆？如在白晝，何難記辯？

同謀共毆之案，每有只係原謀一人下手，毆有多傷，而在場同謀之人，臨時或僅按捺，並未助毆者，當辯其傷之輕重，毆之形勢，先後如何下手，是否一人獨毆，不可謂傷多必有人共毆也。此等案件，上司必加駁

訊，詳報之初，須預籌及。

謀殺之案，間有一人執兩項凶器，殺有多傷，獨謀致死，並無爲從加功者，最宜詳核確情，揣摩校勘，不可誤執臆見，刑求株連。此等重案，雖辦理妥協，上司無不敲駁。只要認得真，站得穩，駁亦無妨，不可因其批駁而疑惑畏葸，重生枝節也。

（清）劉錦棠《劉襄勤公奏稿》卷一一《新疆人命重案懇暫准變通辦理摺》　奏爲新疆人命重案礙難遽復舊制，仍懇天恩暫准變通辦理，恭摺具陳，仰祈聖鑒事。竊臣准刑部咨議覆，新疆辦理命盜案件一摺。新疆搶劫盜案暫准就地正法，命案罪應凌遲斬絞立決及監候各犯均由該撫等詳細核勘，照例擬定罪名，專摺奏明請旨俟奉到部覆後，將罪應凌遲斬絞立決及例實入勾之犯，再行處決等因奉旨依議。欽此。仰見朝廷欽恤民命，明慎用刑之至意，臣自應恪遵辦理，第新疆地處極邊，迥異內地，其窒礙難行之處，略有二端敬爲皇太后，皇上縷晰陳之。查例載州縣承審事件定擬招解，上司按律改正，該督撫均於題咨內據實聲明。俟刑部覈覆後，係州縣官原擬錯誤者，即照部駁改正例，按其罪名出入分別議處等語。新疆新設州縣，事屬草創，襄理乏人，略知例案者多不願游幕，萬里之外即由關內招募。刑仵大半濫竽充數，驗傷填格諸多未諳。臣於各屬案件只期供情確實，並不責其爰書，概由臣督同鎮迪道兼臬司銜詳度案情，參諸律例酌擬完結，若如部議辦理必由州縣定擬如律，則新疆州縣幾無一員可以自全，此不能遽照舊制者一也。凡罪至凌遲立決皆係決不待時，即斬絞例實入勾人犯亦屬法無可貸，此等亡命死囚，久稽囹圄，設使瘐斃，憲典倖逃，倘有疏失，逃入鄰境，爲害滋深，自宜早伸國法，然不能不稍爲遲延者，纏回等言語不通，犯供真情頗不易得，繩以照例承審，限期勢必不行，各屬距省窵遠詳批往返約三兩月，設有駁詰申覆往返亦需時日，情罪既重，核轉上司或應親提鞫問，長途解犯，動輒千數百里，迨供情審定轉詳到省。每結一案，速則大半年，遲則年餘，已屬遲之又久。若照部議隨時具奏，京師距新疆省八千餘里，奉准部覆去來程限亦須三月有奇，再由臣行文犯事地方又需月餘，通盤合算，處一決不待時之犯總須一年以外。此不能遽照舊制者又其一也。恭讀嘉慶十二年四月十六日上諭，盛駐等奏拏獲圖財害命之回犯，審明定擬一摺，此案胡特魯克著即處斬，回疆非內地可比，嗣後遇有此等案件情節較重者，於訊明正兇後即著立時懲辦，毋致久稽顯戮等因。欽此。是回疆情形不比內地，早在聖明洞鑒之中，現雖改設行省，而風氣所趨，究非旦夕所能丕變。合無仰懇天恩，俯念新省地處極邊州縣，諸凡創始暫准將命案罪應凌遲斬絞立決及斬絞監候例實入勾各犯，仍照變通章程，就地正法。按季摘由彙報，俟三數年後察看情形，再行奏請，規復舊制，至斬絞監候入緩人犯即遵部議辦理，專案具奏，聽候部覆。應行減軍減流即同尋常遣軍流徒等犯一體南北兩路互相調發，勻撥地畝以助屯墾。據藩司魏光燾，鎮迪道兼按察使銜恩綸會詳請奏前來，臣覆查無異，所有新疆人命重案，礙難遽復舊制，仍請旨飭部暫准變通辦理各緣由，謹會同陝甘總督，臣譚鍾麟署伊犁將軍，臣錫綸恭摺具奏。伏乞皇太后、皇上聖鑒，訓示施行。

綜述

《尚書·康誥》　凡民自得罪，寇攘姦宄，殺越人于貨，暋不畏死，罔弗憝。

《禮記·檀弓》　邾婁定公之時，有弒其父者，有司以告，公瞿然失席曰：是寡人之罪也。曰：寡人嘗學斷斯獄矣：臣弒君，凡在官者殺無赦。子弒父，凡在宮者殺無赦。殺其人，壞其室，洿其宮而豬焉。蓋君踰月而後舉爵。

《周禮注疏》卷二九《夏官司馬·大司馬》　賊殺其親，則正之。正之者，執而治其罪。《王霸記》曰：正，殺之也。《春秋》僖二十八年冬，晉人執衛侯歸之于京師，坐殺其弟叔武。〔賈公彥〕疏：注正之至叔武。釋曰：鄭云：正之者，執而治其罪者。其正未必卽是殺，但賊殺其親，其罪尤重，故以正爲殺解之，是以《王霸記》以正爲殺也。引晉人執衛侯歸于京師，京師據洛邑而言也。云坐殺其弟叔武者，按彼傳，晉侯伐衛，衛公出奔楚，晉侯敗楚於城濮，其弟以受盟，既受盟國則無罪。衛侯卽入，將入與弟叔武爲期，衛侯先期入。叔武將沐，聞君至喜，捉髮走出。前驅歂犬射而殺之，衛侯知其無罪，枕之股而哭之。元咺舊在國，是叔武黨，見衛侯殺弟，遂訴衛侯於晉。晉以衛侯有罪，諸侯不相治罪，遂執衛侯歸于京師。時使醫衍酖衛侯，寗俞貨醫，衍薄其酖。不死，是坐殺弟合正之事也。

《周禮・秋官司寇・掌戮》 凡殺其親者，焚之。

（清）顧炎武《日知録》卷四《殺或不稱大夫》 凡書殺其大夫者，義係於君，而責其專殺也。盜殺鄭公子騑、公子發、公孫輒，文不可曰盜殺大夫，故不言大夫，其義不係於君，猶之盟會之卿，書名而已。胡氏以爲罪之而削其大夫，非也。

閽弑吴子余祭。言吴子，則君可知矣，文不可曰吴閽弑其君也。谷梁子曰：不稱其君，閽不得君其君也。非也。

（清）杜貴墀《漢律輯證》卷三 奴婢射殺人棄市。光武建武十一年詔除此律。

（清）杜貴墀《漢律輯證》卷三 炙灼奴婢。光武建武十一年詔，敢炙灼奴婢論如律，免所炙灼者用爲庶民。按如律者即論以炙灼奴婢之本律也。詔又云，殺奴婢不得減罪。《東觀漢記》首鄉侯段曹曾孫勝坐殺婢國除。按唐律主殺有罪奴婢在鬭訟二。

（清）杜貴墀《漢律輯證》卷三 使人殺人。《前書・功臣表》嗣侯陽戎奴元狩五年坐使人殺季父棄市。《王子侯表》嗣侯毋害本始二年坐使人殺兄棄市。武安侯慢元壽二年坐使奴殺人免。樂侯義坐使人殺人髡爲城旦。陽興侯昌坐朝私留它縣使庶子殺人棄市。富侯龍元康元年坐使奴殺人下獄瘐死。《功臣表》嗣侯蕭獲永始元年坐使奴殺人減死，完爲城旦。《百官卿表》鉅鹿太守朱壽爲廷尉，元鳳五年坐侍中邢元下獄風吏殺元棄市。《外戚恩澤表》嗣侯姬君當坐使奴殺家丞棄市。

（清）杜貴墀《漢律輯證》卷三 謀殺人。《梁孝王傳》羊勝公孫詭謀刺袁盎自殺。《外戚恩澤表》嗣章武侯竇常生元狩元年坐謀殺人未殺免。

（清）杜貴墀《漢律輯證》卷三 殺人。《外戚恩澤表》軹侯薄昭孝文十年坐殺使者自殺。《諸侯王表》嗣廣川王去本始四年坐亨姬不道廢徙。《王子侯表》嗣侯福太初元年坐殺弟棄市。按諸表中坐殺人棄市免侯者多有略舉，重者見例焉。

（清）張鵬一《漢律類纂・具律・刑制》 賊殺謀殺。故殺人者，棄市。鬥，兵刃傷人者，完城旦論，賊傷者，加一等。過誤者，減等。《薛宣傳》引律。《晋律序》兩訟相趣爲鬥，兩和相趣爲戲，知而故犯爲故，二人對議爲謀，無變斬擊爲賊，不意誤犯爲過失。

案：《郭躬傳》法令有故有誤，合鬥、戲、謀、賊、過失即後世七殺所本也。

（清）張鵬一《漢律類纂・賊律・謀殺》 謀殺人者，以造意爲首，三歲刑，餘減等。《功臣表》章武侯竇常坐謀殺人未殺，國除。

案《通考・刑制八》。引後魏謀殺人而發覺者，五歲刑。已傷及殺者死，從者五歲刑，殺者斬，從而加功者死，不加功者減等。

《後漢書》卷六《孝順帝紀》〔永建五年冬十月〕乙亥，定遠侯班始坐殺其妻陰城公主，腰斬，同産皆棄市。

《南史》卷二《宋本紀・孝武帝》〔大明六年〕夏四月甲子，詔自今非臨軍戰陣，一不得專殺，其罪入重辟者，皆依舊先上須報，有司嚴加聽察，犯者以殺人罪論。

（唐）長孫無忌等《唐律疏議》卷一七《賊盜・謀殺制使府主等官》 諸謀殺制使，若本屬府主、刺史、縣令及吏卒謀殺本部五品以上官長者，流二千里；工、樂及公廨户、奴婢與吏卒同。餘條準此。已傷者，絞；已殺者，皆斬。

疏議曰：制使、本屬府主、國官、邑官，已從《名例》解訖。刺史、都督、縣令，並據本部者。吏卒謀殺都水使者，或折衝府衛士謀殺本府折衝、果毅，如此之類，並流二千里。工、樂，謂不屬縣貫，唯隸本司，並公廨户、奴婢謀殺本司五品以上官長者，罪與吏卒同。若司農官户、奴婢謀殺司農卿者，理與工、樂謀殺太常卿、少府監無别。餘條，謂工、樂、官户、奴婢毆詈本部五品以上官長，當條無罪名者，並與吏卒同。已傷者絞，仍依首從法。已殺者，皆斬。

（唐）長孫無忌等《唐律疏議》卷一七《賊盜・謀殺期親尊長》 諸謀殺期親尊長、外祖父母、夫、夫之祖父母、父母者，皆斬。犯姦而姦人殺其夫，所姦妻妾雖不知情，與同罪。

疏議曰：期親尊長、外祖父母、夫、夫之祖父母、父母，並於《名例》解訖。若妻妾同謀，亦無首從。注云：犯姦而姦人殺其夫，謂妻妾與人姦通，而姦人殺其夫，謀而已殺、故殺、鬭殺者，所姦妻妾雖不知情，與殺者同罪，謂所姦妻妾亦合絞。

謀殺緦麻以上尊長者，流二千里；已傷者，絞；已殺者，皆斬。

疏議曰：謀殺緦麻以上尊長，則大功以下皆是，外姻有服尊長亦同，俱流二千里。已傷者，首處絞，從者流。謀而殺訖者，皆斬，罪無首從。

卽尊長謀殺卑幼者，各依故殺罪減二等；已傷者，減一等；已殺者，依故殺法。

疏議曰：謂上文尊長，謀殺卑幼，當條無罪名者，各依故殺罪減二等，已傷者減一等。假如有所規求，謀殺期親卑幼，合徒三年；已傷者，流三千里；已殺者，依故殺法合絞之類。言故殺法者，謂罪依故殺法，其首各依本謀論：造意者雖不行仍爲首，從者不行減行者一等。假有伯叔數人，謀殺猶子訖，卽首合流二千里，從而加功合徒三年；從者不加功，徒二年半；從者不行，減行者一等，徒二年之類。略舉殺期親卑幼，餘者不復備文。其應減者，各依本罪上減。

（唐）長孫無忌等《唐律疏議》卷一七《賊盜・部曲奴婢謀殺主》

諸部曲、奴婢謀殺主者，皆斬。謀殺主之期親及外祖父母者，絞；已傷者，皆斬。

疏議曰：稱部曲、奴婢者，客女及部曲妻並同。此謂謀而未行。但同籍良口以上，合有財分者，並皆爲主。謀殺者，皆斬，罪無首從。謀殺主之期親，爲別户籍者及外祖父母者，絞，依首從科。已傷者皆斬，謂無首從。其媵及妾，在令不合分財，並非奴婢之主。

（唐）長孫無忌等《唐律疏議》卷一七《賊盜・謀殺故夫祖父母》

諸妻妾謀殺故夫之祖父母、父母者，流二千里；已傷者，絞；已殺者，皆斬。部曲、奴婢謀殺舊主者，罪亦同。故夫，謂夫亡改嫁。舊主，謂主放爲良者。餘條故夫，舊主，準此。

疏議曰：妻妾謀殺故夫之祖父母、父母者，流二千里；已傷者，絞，並據首從科之。已殺者，皆斬，罪無首從。謂一家之内，妻妾寡者數人，夫亡之後，並已改嫁，後共謀殺故夫之祖父母、父母，俱得斬刑。若兼他人同謀，他人依首從之法，不入皆斬之限。部曲、奴婢謀殺舊主，稱罪亦同者，謂謀而未殺，流二千里；已傷者，絞；已殺者，皆斬。注云：故夫，謂夫亡改嫁。舊主，謂主放爲良者，妻妾若被出及和離，卽同凡人，不入故夫之限。其舊主，謂經放爲良及自贖免賤者。若轉賣及自理訴得脱，卽同凡人。餘條故夫、舊主準此，謂毆詈、告言之類，當條無文者，並準此。

（唐）長孫無忌等《唐律疏議》卷一七《賊盜・殺一家三人支解人》

諸殺一家非死罪三人，同籍及期親爲一家。卽殺雖先後，事應同斷；或應合同斷，而發有先後者，皆是。奴婢、部曲非。及支解人者，謂殺人而支解者。皆斬；妻、子流二千里。

疏議曰：殺人之法，事有多端，但據前人身死，不論所殺之狀。但殺一家非死罪良口三人，卽爲不道。若三人内一人先犯死罪，而殺之者，卽非不道，只依殺一人罪法。注云：同籍及期親爲一家，同籍不限親疏，期親雖別籍亦是。卽殺一家三人，雖有先後，發時應合同斷；或所殺之事，應合同斷，事發乃有先後者：皆爲一時殺法，總入不道。殺一家三人内，兼殺部曲、奴婢者，非。及支解人者，注云：謂殺人而支解者，或殺時卽支解，或先支解而後殺之，皆同支解，並入不道。若殺訖，絶時後更支解者，非。或故焚燒而殺，或殺時卽焚燒者，文雖不載，罪與支解義同，皆合處斷，罪無首從。妻、子流二千里。

問曰：假有部曲若奴，殺別人部曲、奴婢一家三人，或支解，依《例》有犯各準良人，合入十惡以否？

答曰：部曲、奴婢雖與良人有殊，至於同類殺三人及支解者，不可別爲差等，坐同良人，還入十惡。

（唐）長孫無忌等《唐律疏議》卷一七《賊盜・謀殺人》

諸謀殺人者，徒三年；已傷者，絞；已殺者，斬。從而加功者，絞；不加功者，流三千里。造意者，雖不行仍爲首；雇人殺者，亦同。

疏議曰：謀殺人者，謂二人以上；若事已彰露，欲殺不虚，雖獨一人，亦同二人謀法，徒三年。已傷者，絞。已殺者，斬。從而加功者，絞，謂同謀共殺，殺時加功，雖不下手殺人，當時共相擁迫，由其遮遏，逃竄無所，既相因籍，始得殺之。如此經營，皆是加功之類，不限多少，并合絞刑。同謀，從而不加功力者，流三千里。造意者謂元謀屠殺，其計已成，身雖不行，仍爲首罪，合斬。餘加功者，絞。注云：雇人殺者，亦同，謂造意爲首，受雇加功者爲從。卽從者不行，減行者一等。餘條不行，準此。

疏議曰：謂謀殺人，從者不行，減行者一等，合徒三年。注云：餘

條不行，準此，餘條謂劫囚傷人及謀殺緦麻以上尊長已傷之類，從者不行，亦減一等。其有發心謀殺卽皆斬者，同謀不行，不在減例。謂謀期親尊長，同謀不行，亦得斬罪。

（唐）長孫無忌等《唐律疏議》卷一七《賊盜·親屬為人殺私和》

諸祖父母、父母及夫爲人所殺，私和者，流二千里；期親，徒二年半；大功以下遞減一等。受財重者，各準盜論。雖不私和，知殺期以上親，經三十日不告者，各減二等。

疏議曰：祖父母、父母及夫爲人所殺，在法不可同天。其有忘大痛之心，舍枕戈之義，或有窺求財利，便卽私和者，流二千里。若殺期親，私和者徒二年半。大功以下，遞減一等，謂大功，徒二年；小功，徒一年半；緦麻，徒一年。受財重者，各準盜論，謂受讎家之財，重於私和之罪，假如緦麻私和，合徒一年；受財十疋，準盜徒一年半之類。雖不私和，知殺期以上親，經三十日不告所在官司者，各減前私和之罪二等。雖則私和罪重，受財罪輕，其贓本合計限，爲數少從重，終合沒官。發後輸財私和，依法合重其事。如傍親爲出財私和者，自合行求之法，依《雜律》坐贓論減五等，其贓亦合沒官。其有五服内親自相殺者，疏殺親，合告；親殺疏，不合告；親疏等者，卑幼殺尊長得告，尊長殺卑幼不得告。其應相隱者，疏殺親，義服殺正服，卑幼殺尊長，亦得論告；其不告者，亦無罪。若殺祖父母、父母應償死者，雖會赦，仍移鄉避讎，以其與子孫爲讎，故令移配。若子孫知而不告，從私和及不告之法科之。

問曰：監臨親屬爲部下人所殺，因茲受財私和，合得何罪？

答曰：依律：監臨之官，知所部有犯法，不舉劾者，減罪人罪三等。況監臨内相殺，被殺者又是本親，一違律條，二乖親義，受財一疋以上，並是枉法之贓，贓輕及不受財，各得私和之罪。其間有罪重者，各從重科。

又問：主被人殺，部曲、奴婢私和受財，不告官府，合得何罪？

答曰：奴婢、部曲，身繫於主。主被人殺，侵害極深。其有受財私和，知殺不告，金科雖無節制，亦須比附論刑。豈爲在律無條，遂使獨爲僥倖。然奴婢、部曲，法爲主隱，其有私和不告，得罪並同子孫。

（唐）長孫無忌等《唐律疏議》卷一八《賊盜·以物置人耳鼻孔竅中》

諸以物置人耳、鼻及孔竅中，有所妨者，杖八十。其故屏去人服用、飲食之物，以故殺傷人者，各以鬭殺傷論。

疏議曰：耳鼻孔竅皆爲要所，輒以他物置中，有所妨者，杖八十。本條毆罪重者，依毆法；毆未有罪者，亦不科。其屏去人服用、飲食之物，謂寒月屏去人衣服，或登高、乘馬私去梯轡，或飢渴之人屏去飲食之類。以屏去之故及置物於人孔竅之中，而殺傷人者，各以鬭殺傷論。若殺凡人或傷尊長應死，或於卑幼及賤人雖殺不合償死，及傷尊卑、貴賤各有等差，須依《鬭訟律》，從本犯科斷，故云：各以鬭殺傷論。若恐迫人，使畏懼致死傷者，各隨其狀，以故、鬭、戲殺傷論。

疏議曰：若恐迫人者，謂恐動逼迫，使人畏懼，而有死傷者。若履危險，臨水岸，故相恐迫，使人墜陷而致死傷者，依故殺傷法；若因鬭，恐迫而致死傷者，依鬭殺傷法；或因戲恐迫，使人畏懼致死傷者，以戲殺傷論。若有如此之類，各隨其狀，依故、鬥、戲殺傷法科罪。

（唐）長孫無忌等《唐律疏議》卷一八《賊盜·造畜蠱毒》 諸造畜蠱毒謂造合成蠱，堪以害人者。及教令者，絞；造畜者同居家口雖不知情，若里正坊正、村正亦同。知而不糾者，皆流三千里。

疏議曰：蠱有多種，罕能究悉，事關左道，不可備知。或集合諸蠱，置於一器之内，久而相食，諸蠱皆盡，若蛇在，卽爲蛇蠱之類。造謂自造，畜謂傳畜，可以毒害於人，故注云：謂造合成蠱，堪以害人者。若自造，若傳畜猫鬼之類，及教令人，并合絞罪。若同謀而造，律不言皆，卽有首從。其所造及畜者同居家口，不限籍之同異，雖不知情，若里正、坊正、村正知而不糾者，皆流三千里。

問曰：律文唯言里正、坊正、村正等罪，不言州、縣知情之法。若州、縣官司知而不糾，復合何罪？

答曰：里正之等，親管百姓，既同里閈，多相諳委。州、縣去人稍遠，管户又多，是故律文遂無節制。若知而不糾，依《鬭訟律》：監臨之官，知所部有犯法，不舉劾者，減罪人罪三等。糾彈之官，唯減二等。

造畜者雖會赦，并同居家口及教令人，亦流三千里。八十以上、十歲以下及篤疾，無家口同流者，放免。卽以蠱毒毒同居者，被毒之人父母、妻妾、子孫不知造蠱情者，不坐。

疏議曰：造畜蠱毒之人，雖會大赦，并同居家口及教令人，亦流三千里。注云：八十以上十歲以下及篤疾，無家口同流者，放免。據此，老、幼及篤疾，身自犯罪，猶尚免流，今以同居共活，有同流家口亦配，無同居家口共去，其老、小及篤疾不能自存，故從放免。卽造畜蠱毒之人，以蠱毒毒同居者，其被毒之人父母、妻妾、子孫不知造蠱毒情者，並免流罪。

問曰：被毒之人父母不知情者，放免。假有親兄弟，大房造蠱，以毒小房，既同父母，未知父母合免以否？

答曰：蠱毒家口，會赦猶流，恐其涉於知情，所以例不聽住。若以蠱毒毒同居，被毒之人父母、妻妾、子孫不知情者，不坐。雖復兄弟相毒，終是被毒之人父母，既無不免之制，不知情者合原。

又問：老、小、篤疾，無家口同流者，放免。其家總無良口，惟有部曲，若有奴婢一人，得爲有同流家口，老、小、篤疾仍配以否？

答曰：部曲既許轉事，奴婢比之資財，諸條多不同良人，卽非同流家口之例。

又問：依律：犯罪未發自首，合原。造畜蠱毒之家，良賤一人先首，事既首訖，得免罪以否？

答曰：犯罪首免，本許自新。蠱毒已成，自新難雪，比之會赦，仍並從流。

（唐）長孫無忌等《唐律疏議》卷一八《賊盜・以毒藥藥人》　諸以毒藥藥人及賣者，絞；謂堪以殺人者。雖毒藥，可以療病，買者將毒人，賣者不知情，不坐。卽賣買而未用者，流二千里。

疏議曰：凡以毒藥藥人，謂以鴆毒、冶葛、烏頭、附子之類堪以殺人者，將用藥人，及賣者知情，並合科絞。注云：謂堪以殺人者。雖毒藥，可以療病，買者將以毒人，賣者不知毒人之情，賣者不坐。卽賣買而未用者，謂買毒藥，擬將殺人，賣者知其本意，而未用者，流二千里。

問曰：毒藥藥人合絞。其有尊卑、長幼、貴賤，得罪並依律以否？

答曰：律條簡要，止爲凡人生文。其有尊卑、貴賤，例從輕重相舉。若犯尊長及貴者，各依謀殺已殺法；如其施於卑賤，亦準謀殺已殺論。如其藥而不死者，並同謀殺已傷之法。

脯肉有毒，曾經病人，有餘者速焚之，違者杖九十；若故與人食並出賣，令人病者，徒一年，以故致死者絞；卽人自食致死者，從過失殺人法。盜而食者，不坐。

疏議曰：脯肉有毒，謂曾經人食，爲脯肉所病者。有餘，速卽焚之。恐人更食，須絕根本。違者，杖九十。其知前人食已得病，故將更與人食，或將出賣，以故令人病者。合徒一年；因而致死者，絞。卽人自食致死者，謂有餘，不速焚之，雖不與人，其人自食，因卽致死者，從過失殺人法，徵銅入死家。注云：盜而食者，不坐，謂人竊盜而食之，以致死傷者，脯肉主不坐，仍科不速焚之罪。其有害心，故與尊長食，欲令死者，亦準謀殺條論；施於卑賤致死，依故殺法。

（唐）長孫無忌等《唐律疏議》卷一八《賊盜・憎惡造厭魅》　諸有所憎惡，而造厭魅及造符書呪詛，欲以殺人者；各以謀殺論減二等；於期親尊長及外祖父母、夫、夫之祖父母、父母，各不減。

疏議曰：有所憎嫌前人而造厭魅，厭事多方，罕能詳悉，或圖畫形像，或刻作人身，刺心釘眼，繫手縛足，如此厭勝，事非一緒；魅者，或假託鬼神，或妄行左道之類；或呪或詛，欲以殺人者：各以謀殺論減二等。若於期親尊長及外祖父母、夫、夫之祖父母、父母，各不減，依上條皆合斬罪。

以故致死者，各依本殺法。欲以疾苦人者，又減二等。子孫於祖父母、父母，部曲、奴婢於主者，各不減。

疏議曰：以故致死者，謂以厭魅、符書呪詛之故，但因一事致死者，不依減二等，各從本殺法。欲以疾苦人者，謂厭魅、符書呪詛，不欲令死，唯欲前人疾病苦痛者，又減二等。稱又減者，謂大功以下親及凡人，非外祖父母。謀殺得減二等者，謂從謀殺上總減四等。注云：子孫於祖父母、父母，部曲、奴婢於主者，各不減，卽是期親尊長、外祖父母、夫、夫之祖父母、父母，唯減二等；其祖父母、父母以下，雖復欲令疾苦，亦同謀殺之法，皆斬，不同減刑。

問曰：呪詛大功以上尊長、小功尊屬，欲令疾苦，未知合入十惡以否？

答曰：疾苦之法，同於毆傷。謀毆大功以上尊長、小功尊屬，不入

十惡；如其已疾苦，理同毆法，便當不睦之條。

即於祖父母、父母及主，直求愛媚而厭呪者，流二千里。若涉乘輿者，皆斬。

疏議曰：子孫於祖父母、父母，及部曲、奴婢於主，造厭呪符書，直求愛媚者，流二千里。若涉乘輿者，罪無首從，皆合處斬。直求愛媚，便得極刑，重於盜服御之物，準《例》亦入十惡。

（唐）長孫無忌等《唐律疏議》卷一八《賊盜·殺人移鄉》 諸殺人應死會赦免者，移鄉千里外。其工、樂、雜户及官户、奴，並太常音聲人，雖移鄉，各從本色。部曲及奴，出賣及轉配事千里外人。

疏議曰：殺人應死，會赦免罪，而死家有期以上親者，移鄉千里外爲户。其有特勑免死者，亦依會赦例移鄉。工、樂及官户、奴，並謂不屬縣貫。其雜户、太常音聲人，有縣貫，仍各於本司上下，不從州縣賦役者。此等殺人，會赦雖合移鄉，各從本色，謂移鄉避讎，並從本色驅使。注云：部曲及奴，出賣，謂私奴出賣，部曲將轉事人，各於千里之外。

若羣黨共殺，止移下手者及頭首之人。若死家無期以上親，或先相去千里外，即習天文業已成，若婦人有犯及殺他人部曲、奴婢，並不在移限，部曲、奴婢自相殺者，亦同。違者徒二年。

疏議曰：羣黨共殺，謂謀殺，造意合斬，從而加功者絞；同謀共鬬，各以下手重者爲重罪，亦合處絞。律故云：止移下手及頭首之人，謂雖不下手，發意元謀，或以威力使人殺者，并合移鄉。雖有從而加功，準律合死，既不下手共殺者，既不移鄉。若死家無期以上親，或先相去千里外；既習天文，謂天文觀生、天文生以上業已成者；若婦人有犯，謂無常居，隨夫所在；及殺他人部曲、奴婢；此等並不在移鄉避讎之限。注云：部曲、奴婢自相殺者，亦同，謂亦不在移鄉之例。此以上應移而不移，不應移而移，違者各徒二年。

（唐）長孫無忌等《唐律疏議》卷二一《鬬訟·鬬毆殺人》 諸鬬毆殺人者，絞。以刃及故殺人者，斬。雖因鬬而用兵刃殺者，與故殺同。爲人以兵刃逼己，因用兵刃拒而傷殺者，依鬬法。餘條用兵刃準此。疏議曰：鬬毆者，元無殺心，因相鬬毆而殺人者，絞。以刃及故殺者，謂鬬而用刃，即有害心；及非因鬬爭，無事而殺，是名故殺：各合斬罪。雖因鬬而用兵刃殺者。本雖是鬬，乃用兵刃殺人者，與故殺同，亦得斬罪，並同故殺之法。注云：爲人以兵刃逼己，因用兵刃拒而傷殺，逼己之人，雖用兵刃，亦依鬬殺之法。餘條用兵刃準此，謂餘親戚、良賤以兵刃逼人，人以兵刃拒殺者，並準此鬬法。又律云：以兵刃殺者，與故殺同。既無傷文，即是傷依鬬法。注云：因用兵刃拒而傷殺者，爲以兵刃傷人，因而致死，故連言之。

問曰：故殺人合斬，用刃鬬殺亦合斬刑，得罪既是不殊，準文更無異理。何須云用兵刃殺者，與故殺同？

答曰：《名例》犯十惡及故殺人者，雖會赦，猶除名。兵刃殺人者，其情重，文同故殺之法，會赦猶遣除名。

不因鬬故毆傷人者，加鬬毆傷罪一等。雖因鬬，但絶時而殺傷者，從故殺傷法。

疏議曰：不因鬬競，故毆傷人者，加鬬毆傷一等，若拳毆不傷，笞四十上加一等，合笞五十之類。雖因鬬，但絶時而殺傷者，謂忿競之後，各已分散，聲不相接，去而又來殺傷者，是名絶時，從故殺傷法。

（唐）長孫無忌《唐律疏議》卷二二《鬬訟·主殺有罪奴婢》 諸奴婢有罪，其主不請官司而殺者，杖一百。無罪而殺者，徒一年。期親及外祖父母殺者，與主同。下條部曲，準此。

疏議曰：奴婢賤隸，雖各有主，至於殺戮，宜有稟承。奴婢有罪，不請官司而輒殺者，杖一百。無罪殺者，謂全無罪失而故殺者，徒一年。注云：期親及外祖父母殺者，與主同，謂有罪殺者，杖一百；無罪殺者，徒一年。故云：與主同。下條部曲者，下條無期親及外祖父母傷殺部曲罪名，若有傷殺，亦同於主，故云準此。

《舊唐書》卷九《玄宗本紀》〔開元二十七年〕五月癸卯，置龍武軍官員。先是，鄎國公主之子薛諗與其黨李談、崔洽、石如山同於京城殺人，或利其財，或違其志，即白日椎殺，煑而食之。其夏事發，皆決殺於京兆府門，諗以國親流瀼州，賜死於城東驛。

《新唐書》卷二二一《西域傳》〔喝盤陀〕其法，殺人剽劫者死，餘得贖。

（宋）王溥《五代會要》卷九《法網宜矜可減一等》 長興二年四月，

大理寺劇可久奏：準《開成格》，應盜賊須得本贓，然後科罪。如有推勘因而致死者，以故殺論。臣請起今已後，若因而致死，無故卽請減一等，別增病證而死者，從辜限，正賊減本罪五等。中書門下覆奏：今後凡關賊徒，若推勘因而致死者，有故以故殺論，無故減一等。如拷次因增疾患，候驗分明，如無他故，雖辜内致死，亦以減一等論。從之。至晋天福六年五月十五日，尚書刑部員外郎李象奏：據《刑法統類》節文云：盜賊未見本贓，推勘因而致死者，有故以故殺論，無故者減一等。又云：今後或有故者，以故殺論；或無故者影跡顯然，支證不謬，堅持姦惡，不招本情，以此致死者，減故殺罪三等。其或妄被攀引，終是平人，以此致死者，減故殺罪一等。臣按上文云：有故者，以故殺論，此卽是矣。其無故殺者，亦坐減一等罪，卽恐未當。假如官司或有刑獄，未見本情，不可全不詰問。據言有故者，則是曾行拷掠，及違令式，或粗大勘棒，强行抑壓，以此致死者，並屬有故。無故者，卽是推勘之司，不曾拷掠，又不違法律，亦不堅有抑壓，此則並屬無故，不坐罪。假若有犯事人舊患疾病，推勘之際，卒暴身亡，不可亦坐推司減等之罪。又據《斷獄律》云：若依法使杖，依數拷決而邂逅致死者，勿論。邂逅，謂不期致死而死，且彼言拷決，尚許勿論，此云無故，却令坐罪，事實相背，理有未通。請今後推勘之時致死者，若實情無故，請依邂逅勿論之義。

詳定院奏：官等參詳，若違法拷掠，卽非托故挾情以致其死而無情故者，依故殺論。若雖不依法拷掠，卽非托故挾情以致其死而無情者，請減故殺一等。若本無情故，又依法拷掠或未拷掠，或詰問未詰問，及不抑壓因他故致死，並屬邂逅勿論之義。從之。

（宋）竇儀等《宋刑統》卷一七《賊盜律·謀殺》 諸謀殺制使，若本屬府主、刺史、縣令，及吏卒謀殺本部五品以上官長者，流二千里。工樂及公廨户奴婢與吏卒同，餘條準此。已傷者絞，已殺者斬。

疏議曰：制使、本屬府主、國官、邑官，已從《名例》解訖。刺史、都督、縣令，並據本部者。吏卒謀殺都水使者，或折衝府衛士謀殺本部折衝、果毅，如此之類，並流二千里。工樂謂不屬縣貫，唯隸本司，並公廨户奴婢謀殺本司五品以上官長，罪與吏卒同。若司農官户奴婢謀殺司農卿者，理與工樂謀殺太常卿、少府監無别。餘條謂工樂、官户奴婢毆詈本部五品以上官長，當條無罪名者，並與吏卒同。已傷者絞，仍依首從法，已殺者皆斬。

諸謀殺周親尊長、外祖父母、夫、夫之祖父母、父母者，皆斬。犯姦而姦人殺其夫，所姦妻妾雖不知情，與同罪。謀殺緦麻以上尊長者，流二千里，已傷者絞，已殺者皆斬。卽尊長謀殺卑幼者，各依故殺罪減二等，已傷者減一等，已殺者依故殺法。

疏：諸謀殺周親尊長、外祖父母、夫、夫之祖父母、父母者，皆斬。注云，犯姦而姦人殺其夫，所姦妻妾雖不知情，與同罪。議曰：周親尊長、外祖父母、夫、夫之祖父母、父母，並於《名例》解訖。若妻妾同謀，亦無首從。注云，犯姦而姦人殺其夫，謂妻妾與人姦通，而姦人殺其夫，謀而已殺、故殺、鬬殺者，所姦妻妾雖不知情，與殺者同罪，謂所姦妻妾亦合絞。

又云，謀殺緦麻以上尊長，流二千里，已傷者絞，已殺者皆斬。議曰：謀殺緦麻以上尊長，則大功釋曰：緦麻、大功具在《五服尊屬令》。以下皆是，外姻有服尊長亦同，俱流二千里，已傷者首處絞，從處流，謀而殺訖者皆斬，罪無首從。

又云，卽尊長謀殺卑幼者，各依故殺罪減二等，已傷者減一等，已殺者依故殺法。議曰：謂上文尊長謀殺卑幼，當條無罪名者，各依故殺罪減二等，已傷者減一等，假如有所規求，謀殺周親卑幼，合徒三年，已傷者流三千里，已殺者依故殺法合絞之類。言故殺法者，謂罪依故殺法。釋曰：故殺法在第二十。其首各依本謀論。造意者雖不行，仍爲首，從者不行，減行者一等。假如伯叔數人謀殺猶子訖，卽首合流二千里，從而加功，合徒三年，從者不加功，徒二年半，從者不行，減行者一等，徒二年之類。略舉殺周親卑幼，餘者不復備文。其應減者，各依本罪上減。

諸部曲、奴婢謀殺主者皆斬。謀殺主之周親及外祖父母者絞，已傷者皆斬。

疏議曰：稱部曲、奴婢者，客女若部曲妻並同。此謂謀而未行。但同籍良口以上，合有財分者，並皆爲主，謀殺者皆斬，罪無首從。謀殺主之周親，爲别户籍者，及外祖父母者絞，依首從科。已傷者皆斬，謂無首從。其媵及妾，在令不合分財，並非奴婢之主。

諸妻妾謀殺故夫之祖父母、父母者，流二千里，已傷者絞，已殺者皆斬。部曲、奴婢謀殺舊主者，罪亦同。故夫謂夫亡改嫁，舊主謂主放爲良者。餘條故夫、舊主準此。

疏議曰：妻妾謀殺故夫之祖父母、父母者，流二千里，已傷者絞，並據首從科

之，已殺者皆斬，罪無首從。謂一家之内，妻妾寡者數人，夫亡之後，並已改嫁，後共謀殺故夫之祖父母、父母，俱得斬刑。若兼他人同謀，他人依首從之法，不入皆斬之限。部曲、奴婢謀殺舊主，稱罪亦同者，謂謀而未殺流二千里，已傷者絞，已殺者皆斬。注云，故夫謂夫亡改嫁，舊主謂主放爲良者。妻妾若被出及和離，即同凡人，不入故夫之限。其舊主謂經放爲良，及自贖免賤者，若轉賣及自理訴得脱，即同凡人。餘條故夫、舊主準此，謂毆詈、告言之類，當條無文者，並準此。

諸謀殺人者徒三年，已傷者絞，已殺者斬，從而加功者絞，不加功者流三千里。造意者雖不行，仍爲首。雇人殺者亦同，即從者不行，減行者一等，餘條不行準此。

疏：諸謀殺人者徒三年，已傷者絞，已殺者斬，從而加功者絞，不加功者流三千里。造意者雖不行，仍爲首。注云，雇人殺者亦同。議曰：謀殺人者，謂二人以上，若事已彰露，欲殺不虚，雖獨一人，亦同二人謀法，徒三年，已傷者絞，已殺者斬。從而加功者絞，謂同謀共殺，殺時加功，雖不下手殺人，當時共相擁迫，由其遮遏，逃竄無所，既相因籍，始得殺之，如此經營，皆是加功之類，不限多少，并合絞刑。同謀從而不加功力者，流三千里。造意者，謂元謀屠殺，其計已成，身雖不行，仍爲首罪，合斬，餘加功者絞。注云，雇人殺者亦同，謂造意爲首，受雇加功者爲從。

又云，即從者不行，減行者一等。注云，餘條不行準此。議曰：謂謀殺人，從者不行，減行者一等，合徒三年。注云，餘條不行準此，餘條謂劫囚、傷人及謀殺緦麻以上尊長已傷之類，從者不行，亦減一等。其有發心謀殺，即皆斬者，同謀不行，不在減例，謂謀殺周親尊長，同謀不行，亦得斬罪。

（宋）竇儀等《宋刑統》卷一七《賊盜律·殺一家三人及支解人》

諸殺一家非死罪三人，同籍及周親爲一家，即殺雖先後，事應同斷，或應合同斷，而發有先後者皆是。奴婢、部曲非。及支解人者，謂殺人而支解者，皆斬，妻子流二千里。

疏議曰：殺人之發，事有多端，但據前人身死，不論所殺之狀。但殺一家非死罪良口三人，即爲不道；若三人内一人先犯死罪而殺之者，即非不道，只依殺一人罪法。注云，同籍及周親爲一家，同籍不限親疏，期親雖別籍亦是。即殺一家三人，雖有先後，發時應合同斷，或所殺之事，應合同斷，事發乃有先後者，皆爲一時殺法，總入不道。殺一家三人内，兼殺部曲、奴婢者非，及支解人者，注云，謂殺人而支解者，或殺時即支解，或先支解而後殺之，皆同支解，並入不道。若殺訖絶時，後更支解者非。或故焚燒而殺，或殺時即焚燒者，文雖不載，罪與支解義同，皆合處斷，罪無首從，妻子流二千里。

問曰：假有部曲若奴，殺別人部曲、奴婢一家三人，或支解，依例有犯，各準良人合入十惡以否？

答曰：部曲、奴婢雖與良人有殊，至於同類殺三人及支解者，不可別爲差等，坐同良人，還入十惡。

（宋）竇儀等《宋刑統》卷一七《賊盜律·親屬被殺私和》 諸祖父母、父母及夫爲人所殺，私和者流二千里，周親徒二年半，大功以下遞減一等，受財重者，各準盜論。雖不私和，知殺周以上親，經三十日不告者，各減二等。

疏議曰：祖父母、父母及夫爲人所殺，在法不可同天，其有忘大痛之心，捨枕戈之義，或有窺求財物，便即私和者，流二千里。若殺周親私和者，徒二年半，大功以下遞減一等，謂大功徒二年，小功徒一年半，緦麻徒一年。受財重者，各準盜論，謂受讎家之財，重於私和之罪。假如緦麻私和，合徒一年，受財十匹，準盜徒一年半之類。雖不私和，知殺周以上親，經三十日不告所在官司者，各減前私和之罪二等。雖則私和罪重，受財罪輕，其贓本合計限，爲數少從重，終合没官。發後輸財私和，依法合重其事。如旁親爲出財私和者，自合行求之法，依《雜律》坐贓論，減五等，其贓亦合没官。其有五服内親自相殺者，疏殺親合告，親殺疏不合告，親疏等者，卑幼殺尊長得告，尊長殺卑幼不得告。其應相隱者，疏殺親，義服殺正服，卑幼殺尊長，亦得論告，其不告者，亦無罪。若殺祖父母、父母應償死者，雖會赦仍移鄉避讎，以其與子孫爲讎，故令移配。若子孫知而不告，從私和及不告之法科之。

問曰：監臨親屬爲部下人所殺，因茲受財私和，合得何罪？

答曰：依律，監臨之官知所部有犯法不舉劾者，減罪人罪三等。況監臨内相殺，被殺者又是本親，一（爲）〔違〕律條，二乖親義，受財一匹以上，並是枉法之贓，贓輕及不受財，各得私和之罪，其間有罪重者，各從重科。

又問：主被人殺，部曲、奴婢私和受財，不告官府，合得何罪？

答曰：奴婢、部曲身繫於主，主被人殺，侵害極深，其有受財私和，知殺不告，金科雖無節制，亦惟比附論刑，豈爲在律無條，遂使獨爲僥倖。然奴婢、部曲法爲主隱，其有私和不告，得罪並同子孫。

親屬被殺，受財私和，下民多不知法條，官吏或公然聽許。臣等參詳，請今後有犯此者，本人準律處分。如官司出意，教令私和者，減二等，容許者減三等。

（宋）竇儀等《宋刑統》卷一八《賊盗律·造畜蠱毒藥藥人厭魅呪詛》

諸造畜蠱毒，謂造合成蠱，堪以害人者。及教令者，絞。造畜者，同居家口雖不知情，若里正坊正、村正亦同。知而不糾者，皆流三千里。造畜者，雖會赦，並同居家口及教令人，亦流三千里。八十以上、十歲以下及篤疾，無家口同流者，放免。即以蠱毒毒同居者，被毒之人父母、妻妾、子孫不知造蠱情者，不坐。

疏：諸造畜蠱毒。注云，謂造合成蠱，堪以害人者。又云，及教令者，絞。造畜者，同居家口雖不知情，若里正。注云，坊正、村正亦同。又云，知而不糾者，皆流三千里。

議曰：蠱有多種，罕能究悉，事關左道，不可備知。或集合諸蠱，置於一器之內，久而相食，諸蠱皆盡，若蛇在，即爲蛇蠱之類。造謂自造，畜謂傳畜，可以毒害於人。故注云，謂造合成蠱，堪以害人者。若自造，若傳畜貓鬼之類，及教令人，並合絞罪。若同謀而造，律不言皆，即有首從。其所造及畜者，同居家口不限籍之同異，雖不知情，若里正、坊正、村正知而不糾者，皆流三千里。

問曰：律文唯言里正、坊正、村正等罪，不言州縣知情之法。若州縣官司知而不糾，復合何罪？

答曰：里正之等，親管百姓，既同里閈，多相諳委。州縣去人稍遠，管户又多，是故律文遂無節制。若知而不糾，依《鬬訟律》，監臨之官知所部有犯法，不舉劾者，減罪人罪三等，糾彈之官唯減二等。

又云，造畜者，雖會赦，並同居家口及教令人，亦流三千里。注云，八十以上、十歲以下及篤疾，無家口同流者。放免。又云，即以蠱毒毒同居者，被毒之人父母、妻妾、子孫不知造蠱情者，不坐。議曰：造畜蠱毒之人，雖會大赦，并同居家口及教令人，亦流三千里。注云，八十以上、十歲以下及篤疾，無家口同流者，放免。據此，老幼及篤疾身自犯罪，猶尚免流，今以同居共活，有同流家口亦配，無同居家口共去，其老小及疾不能自存，故從放免。即造畜蠱毒之人，以蠱毒毒同居者，其被毒之人及父母、妻妾、子孫不知造蠱毒情者，並免流罪。

問曰：被毒之人父母不知情者放免，假有親兄弟大房造蠱，以毒小房，既同父母，未知父母合免以否？

答曰：蠱毒家口，會赦猶流，恐其涉於知情，所以例不聽住。若以蠱毒毒同居，被毒之人父母、妻妾、子孫不知情者不坐。雖復兄弟相毒，終是被毒之人父母，既無不免之制，不知情者合原。

又問：老小篤疾、無家口同流者放免。其家總無良口，唯有部曲，若有奴婢一人，得爲有同流家口，老小篤疾仍配以否？

答曰：部曲既許轉事，奴婢比之資財，諸條多不同良人，即非同流家口之例。

又問：依律，犯罪未發，自首合原。造畜蠱毒之家，良賤一人先首，事既首訖，得免罪以否？

答曰：犯罪首免，本許自新。蠱毒已成，自新難雪，比之會赦，仍並從流。

諸以毒藥藥人，及賣者，絞。謂堪以殺人者，雖毒藥可以療病，買者將毒人，賣者不知情不坐。即賣買而未用者，流二千里。脯肉有毒，曾經病人，有餘者速焚之，違者杖九十。若故與人食，并出賣，令人病者，徒一年，以故致死者絞。即人自食致死者，從過失殺人法。盜而食者不坐。

疏：諸以毒藥藥人，及賣者，絞。注云，謂堪以殺人者。雖毒藥可以療病。買者將毒人，賣者不知情不坐。又云，即賣買而未用者，流二千里。議曰：凡以毒藥藥人，謂以鴆毒冶葛、烏頭、附子之類，堪以殺人者，將用藥人，及賣者知情，并合科絞。注云，謂堪以殺人者。雖毒藥可以療病，買者將以毒人，賣者不知毒人之情，賣者不坐。即買賣而未用者，謂買毒藥擬將殺人，賣者知其本意，而未用者，流二千里。

問曰：毒藥藥人，合絞。其有尊卑、長幼、貴賤，得罪並依律以否？

答曰：律條簡要，止爲凡人生文。其有尊卑、貴賤，例從輕重相舉。若犯尊長及貴者，各依謀殺法，如其施於卑賤，亦準謀殺已殺論，如其藥而不死者，亦同謀殺已傷之法。

又云，脯肉有毒，曾經病人，有餘者速焚之，違者杖九十。若故與人食，并出賣，令人病者，徒一年，以故致死者絞。即人自食致死者，從過失殺人法。注云，盜而食者不坐。議曰：脯肉有毒，謂曾經人食，爲脯肉所病者。有餘速即焚之，恐人更食，須絶根本，違者杖九十。其知前人食已得病，故將更與人食，或將出賣，以故令人病者，合徒一年，因而致死者絞。即人自食致死者，謂有餘不速焚之，雖不與人，其人自食，因即致死者，從過失殺人法，徵銅入死家。注云，盜而食者不坐。謂人竊盜而食之，以致死傷者，脯肉主不坐，仍科不速焚之罪。其有害心，故與尊長食，欲令死者，亦準謀殺條論。施於卑賤至死，依故殺法。

諸有所憎惡而造厭魅，及造符書、呪詛，欲以殺人者，各以謀殺論，減二等。於周親尊長及外祖父母、夫、夫之祖父母、父母，各不減。以故致死者，各依本殺法。欲以疾苦人者，又減二等。子孫於祖父母、父母，部曲、奴婢於

主者，各不減。卽於祖父母、父母及主，直求愛媚而厭呪者，流二千里。若涉乘輿者皆斬。

疏：　諸有所憎惡而造厭魅，及造符書、呪詛，欲以殺人者，各以謀殺論，減二等。注云，於周親尊長及外祖父母、夫、夫之祖父母、父母，各不減。議曰：有所憎嫌前人而造厭魅。厭事多方，罕能詳悉，或圖畫形像，或刻作人身，刺心釘眼，繫手縛足，如此厭勝，事非一緒。魅者，或假託鬼神，或妄行左道之類，或呪或詛，欲以殺人者，各以謀殺論，減二等。若於周親尊長及外祖父母、夫、夫之祖父母、父母，各不減，依上條皆合斬罪。

又云，以故致死者，各依本殺法。欲以疾苦人者，又減二等。注云，子孫於祖父母、父母，部曲、奴婢於主者，各不減。議曰：以故致死者，謂以厭魅、符書、呪詛之故，但因一事致死者，不依減二等，各從本殺法。欲以疾苦人者，謂厭魅、符書、呪詛不欲令死，惟欲前人病疾苦痛者，又減二等。稱又減者，謂大功以下親及凡人，非外祖父母，謀殺得減二等者，謂從謀殺上總減四等。注云，子孫於祖父母、父母，部曲、奴婢於主者，各不減。卽是周親尊長、外祖父母、夫、夫之祖父母，唯減二等，其祖父母、父母以下，雖復欲令疾苦，亦同謀殺之法，皆斬，不同減刑。

問曰：呪詛大功以上尊長、小功尊屬，欲令疾苦，未知合入十惡以否？

答曰：疾苦之法，同於毆傷。謀毆大功以上尊長、小功尊屬，不入十惡。如其已疾苦，理同毆法，便當不睦之條。

又云，卽於祖父母、父母及主，直求愛媚而厭呪者，流二千里。若涉乘輿者皆斬。議曰：子孫於祖父母、父母，及部曲、奴婢於主，造厭呪符書，直求愛媚者，流二千里。若涉乘輿者，罪無首從，皆合處斬。直求愛媚，便得極刑，重於盜服御之物，準例入十惡。

（宋）竇儀等《宋刑統》卷二九《斷獄律・死罪囚雇倩人殺》　諸死罪囚辭窮盡，犯翼祖廟諱改爲盡，以下改盡字處同此。而囚之親故爲囚所遣，雇倩人殺之，及殺之者，各依本殺罪減二等。囚若不遣雇倩，及辭未窮盡而殺，各以鬭殺傷論，至死者加役流。辭雖窮盡，而子孫於祖父母、父母，部曲、奴婢於主者，皆以故殺罪論。

疏：　諸死罪囚辭窮盡，而囚之親故爲囚所遣，雇倩人殺之，及殺之者，各依本殺罪減二等。囚若不遣雇倩，及辭未窮盡而殺，各以鬭殺傷論。至死者加役流。議曰：謂犯死罪囚辭狀窮盡，而囚之緦麻以上親及故舊，爲囚所遣，或雇人倩人而殺訖者，其所遣雇倩之人，及受雇倩殺者，各依尊卑、貴賤，本殺罪上減二等科之。囚若不遣親知雇倩人殺，及囚雖遣雇倩人殺，而辭狀未窮盡而殺者，其所遣之人及受雇倩者，各依尊卑、貴賤，以鬭殺罪論，至死者加役流。

問曰：其囚本犯死罪，辭未窮盡，又不遣人雇倩殺之，而囚之親故雇倩人殺，及殺之者，合得何罪？

答曰：辭雖窮盡，不遣雇倩人殺之，雖遣雇倩殺之，辭未窮盡，此等二事，各依鬭殺爲罪，致死者加役流。若辭未窮盡，復不遣雇倩殺之，而輒殺者，各同鬭殺之法，至死者並皆處死，不合加役流。

又云，辭雖窮盡，而子孫於祖父母、父母，部曲、奴婢於主者，皆以故殺罪論。議曰：辭雖窮盡，謂死罪辯定訖，而子孫於祖父母、父母，部曲、奴婢於主，雖被祖父母、父母及主所遣，而輒殺者，及雇人倩人殺者，其子孫及部曲、奴婢皆以故殺罪論，子孫仍入惡逆，部曲、奴婢經赦不原。其被雇倩之人，仍同上解，減鬭殺罪二等。

《宋史》卷二〇〇《刑法志》　乾德伐蜀之役，有軍大校割民妻乳而殺之，太祖召至闕，數其罪。近臣營求頗切，帝曰：朕興師伐罪，婦人何辜，而殘忍至此！遂斬之。

（宋）佚名《宋大詔令集》卷二〇〇《政事・刑法・繼母殺傷夫前妻子及婦以殺傷凡人論詔太平興國二年五月丙寅》　刑辟之設，蓋厚於人倫，孝慈所生，實由乎天性。矧乃嫡繼之際，固有愛憎之殊，情或可原，法難共貫。今後繼母殺傷夫前妻之子及其婦，並以殺傷凡人論。嘗爲人之繼母，而夫死改嫁者，不得占夫家財物，當盡付夫之子孫，子孫幼者，官司檢校，候其成長，然後給之，違者以盜論。仍令有司，頒行天下。

（宋）佚名《宋大詔令集》卷一九〇《政事・誡飭・誅李飛雄誡勵天下詔太平興國三年五月乙巳》　朕奄有萬邦，職茲教化。民之多辟，罪在朕躬。近者秦州都巡檢周承瑨等上言：四月二十六日，有秦州節度判官李若愚男飛雄，僞乘驛馬至秦州清水縣，矯稱制縛周承瑨、田仁朗、劉文裕、王詵、梁崇贇、韋韜、馬知節等七人，將於秦州戮之。因劊守宰反城中，劉文裕覺其詐，遂共擒縛飛雄，按之盡得其狀。所有李飛雄三族，已從別勑腰斬。其父若愚失於庭訓，成此野心，致孥戮之上延，使宗祀以無主，雖從誅殛，良切哀矜。念中外臣庶之家，各有子弟。或自來有乖檢愼，爲鄉黨所知，雖加戒勗，曾不悛改者，並許本家尊長具姓名聞於州

縣，遣使錮送闕下，當配隸諸處。敢有藏匿不以名聞者，異日醜狀彰露，期功以上，悉以其罪罪之，宜令有司，頒行天下。

（宋）李燾《續資治通鑑長編》宋太宗太平興國八年三月　殿中丞相陸範前知濠州鍾離縣，民有婦殺其夫者，範鞫不得實，民家訴於上，詔劾之，婦棄市，範坐免官。

（宋）佚名《宋大詔令集》卷一九八《政事·禁約·嶺南長吏多方化導婚姻喪衣服制度殺人以祭鬼等詔雍熙三年》　嶺嶠之外，封域且殊，蓋久隔於華風，乃染成於汙俗。朕博覽傳記，備知其土風。飲食男女之儀，婚姻喪葬之制，不循教義，有虧禮法。昔漢之任延，理九真郡，遂變遐陋之地，而成禮讓之俗，是知時無古今，人無遠近，但問化之如何耳，豈有弗率者乎？應邕、容、桂、廣諸州，婚姻喪葬衣服制度，并殺人以祭鬼，疾病不求醫藥，及僧置妻孥等事，並委本處長吏多方化導，漸以治之。無峻治法，以致煩擾。

（清）畢沅《續資治通鑑》宋太宗淳化元年八月　己巳，禁川、峽、嶺南、湖南殺人祀鬼，州縣察捕，募告者，賞之。

（宋）李燾《續資治通鑑長編》宋真宗景德三年四月　端拱中，定州民劉知友爲從弟志元所殺。知友二子，曰斌，曰四哥，年皆幼，隨母改適人。母常謂曰：爾長必報父仇。後志元遇赦復還，時斌母已死，兄弟挾刃刺志元於道，不殊，即詣吏自陳。州具獄上請，丁丑，詔志元黥面配隸汝州，釋斌等罪。

（宋）李燾《續資治通鑑長編》宋真宗天禧三年八月　壬寅，詔：謀殺、故殺、劫罪至死，因丁亥赦原者，諸州並依强劫賊例刺配本城。情重不可宥者，部送京師。自今著爲定式。

（宋）李燾《續資治通鑑長編》宋仁宗天聖九年五月　壬子，詔：如聞荆湖殺人以祭鬼，自今首謀若加功者，凌遲斬之。募告者，悉畀以罪人家貲。官吏捕獲者，其賞與獲全伙劫盜同。

《宋史》卷二〇一《刑法志》　熙寧元年七月，詔：謀殺已傷，按問欲舉，自首，從謀殺減二等論。初，登州有婦阿云，母服中聘於韋，惡韋醜陋，謀殺不死。按問欲舉，自首。審刑院、大理寺論死，用違律爲婚奏裁，敕貸其死。知登州許遵奏，引律因犯殺傷而自首，得免所因之罪，仍從故殺傷法，以謀爲所因，當用按問欲舉條減二等。刑部定如審刑、大理。時遵方召判大理，御史臺劾遵，而遵不伏，請下兩制議。乃令翰林學士司馬光、王安石同議，二人議不同，遂各爲奏。光議是刑部，安石議是遵，詔從安石所議。而御史中丞滕甫猶請再選官定議，御史錢顗請罷遵大理，詔送翰林學士呂公著韓維、知制誥錢公輔重定。公著等議如安石，制曰可。於是法官齊恢、王師元、蔡冠卿等皆論奏公著等所議爲不當。又詔安石與法官集議，所覆論難。

明年二月庚子，詔：今後謀殺人自首，並奏聽敕裁。是月，除安石參知政事，於是奏以爲：律意，因犯殺傷而自首，得免所因之罪，仍從故殺傷法；若已殺，從故殺法，則爲首者必死，不須奏裁；爲從者自有編敕奏裁之文，不須復立新制。與唐介等數争議帝前，卒從安石議。復詔：自今並以去年七月詔書從事。判刑部劉述等又請中書、樞密院合議，中丞呂誨、御史劉琦、錢顗皆請如述奏，下之二府。帝以爲律文甚明，不須合議。而曾公亮等皆以博盡同異、厭塞言者爲無傷，乃以衆議付樞密院。文彦博以爲：殺傷者，欲殺而傷也，即已殺者不可首。呂公弼以爲：殺傷於律不可首。請自今已殺傷依律，其從而加功自首，即奏裁。陳升之、韓絳議與安石略同。會富弼入相，帝令弼議，而以疾病，久之弗議。至是乃決，而弼在告，不預也。

（宋）李燾《續資治通鑑長編》宋神宗熙寧六年七月　丁巳詔：殺熟户以邀賞者，斬訖奏，仍許人告，每名遷一資，賞錢百千，無資可遷，加五十千。如因軍人告而事干本營者，送別指揮。先是，卒多殺熟户，以其首級冒賞，而吏或不能察，故有是詔。

（宋）李燾《續資治通鑑長編》宋神宗熙寧十年四月　上批：李舜舉面奏姚兕捕獲賀富殺人祭鬼，證左甚明，潭州推治滅裂，全出其罪，宜下朱初平取案牘看詳，别選官劾之。既而初平再劾所獲户乃阿鄧之夫劉文，非賀富殺人也。乃止。

《宋史》卷二〇〇《刑法志》　宣州民葉元，有同居兄亂其妻，縊殺之，又殺兄子，强其父與嫂爲約契不訟。鄰里發其事，州爲上請，帝曰：罪人以死，姦亂之事特出葉元之口，不足以定罪。且下民雖無知，固宜哀矜，然以妻子之愛，既罔其父，又殺其兄，戕其姪，逆理敗倫，宜以毆兄

至死律論。

（宋）李燾《續資治通鑑長編》宋神宗元豐二年九月　詔前國子博士陳世儒並妻李、婢高、張等十九人，並處斬，婢高凌遲，妻李特杖死，婢單等七人貸死，杖脊，分送湖南、廣南、京西路編管。世儒，宰相執中子，執中嬖妾張氏淫悍不制，生世儒未久而執中死，詔張氏爲尼。世儒既長，迎歸，與妻李事之不謹。李，龍圖閣直學士中師女，母，吕氏，夷簡孫也。世儒知舒州太湖縣，庸騃不樂爲外官，與李諷諸婢謀殺張，欲以憂去，諸婢以藥毒之不死，夜持釘陷其腦骨，以喪還京師，爲諸婢告發，而李辭屢變，凡三易獄，始得實。於是元勘官皆得罪，知大理卿事崔台符、權發遣大理少卿蹇周輔、楊汲，各罰銅十斤，權大理寺丞賈種民二十斤。三年正月庚寅，葉武送審官，二月己未，種民衝替。

（宋）李燾《續資治通鑑長編》宋神宗元豐六年正月　詔右監門率仲絶貸死除名，依從黨例鎖閉，坐令侍婢以藥粥毒妻夏氏死也。

《宋史》卷三二七《王安石傳》　登州婦人惡其夫寢陋，夜以刃斮之，傷而不死。獄上，朝議皆當之死，安石獨援律辨證之，爲合從謀殺傷，減二等論。帝從安石説，且著爲令。

《宋史》卷二〇一《刑法志》〔元豐六年六月〕　邵武軍奏讞，女與人姦，謀殺其夫，已而夫醉歸，姦者自殺之。法寺當婦謀殺爲從，而刑部郎中杜紘議婦罪應死。

（宋）程顥等《二程集·河南程氏外書》卷五《胡氏本拾遺》　有人疑祖殺其父則告之，其罪如何？律：孫告祖當死，此不可告，明矣。然則父殺其子如何？律：徒一年，以理考之，當徒二年。雖是子，亦天子之民也，不當殺而專殺之，是違制也，違制徒二年。

（宋）李心傳《建炎以來繫年要録》紹興四年正月　詔曰：宣州奏檀偕殺人疑慮獄案，令刑部重別議斷，申尚書省。偕倬兄也。先是有葉全三者，盗其窖錢，偕令耕夫阮授、阮捷殺全三等五人，棄屍水中。當斬，屍不經驗，奏裁。詔授、捷杖脊流三千里，偕貸死，決杖配瓊州。孫近爲中書舍人，言：偕殺一家五人。雖不經驗，證佐明白，别無可疑。貸宥之恩，止及一偕，而被殺者五人，其何辜焉。乃命重别擬斷。始近之提點浙東刑獄也，紹興民俞富因捕盜而並斬盜妻，近奏富與盜別無私讎，情實可憫，詔貸死。去年三月戊寅。故法寺援之，近言：富執本縣判狀，捕捉劫盜，殺拒捕之人，並及其妻女。而偕私用威力，拘執打縛，被殺者五人，所犯不同。刑部亦言：右治獄近斷孫昱殺一家七人，亦係屍不經驗，法寺爲追證分明，不用疑慮奏裁。何不依例，法寺堅執不移，詔御史臺看詳定奪。今年二月戊子。既而侍御史辛炳等言，偕係故殺，衆證分明，又已經委官審問，以近降申明條法，不應奏裁。輔臣進呈，朱勝非言曰：疑獄不當奏而輒奏者，法不論罪，而孫近以宣州有觀望，欲併罪之。上曰：宣州可貸，今若加罪，則後來州郡實有疑慮者，亦不復奏陳矣。乃詔偕論如律，大理寺當職丞評、刑部郎官，皆贖金有差。進呈在三月甲子，今併書之。

（清）畢沅《續資治通鑑》宋高宗紹興二十三年秋七月　戊申，將作監主簿孫壽祖言：湖、廣、夔、峽，多殺人以祭鬼，近又寖行於他路，浙路有殺人而祭海神，川路有殺人而釁井者，請飭監司、州縣嚴行禁止，犯者鄉保連坐，仍毁巫鬼淫祠以絶永害。從之。

（宋）桂萬榮《棠陰比事·曹駁坐妻》　沈存中内翰云，壽州有人殺妻之父母兄弟數口，州司以爲不道。緣坐妻子，刑曹駁曰：毆妻之父母，即是義絶，況於謀殺，不當復坐其妻。存中宋人，不書世代，後同。

謹按：《大明律》云，殺一家非死罪三人者，凌遲處死，妻子流二千里，入十惡不道之條。今觀所載壽州人殺妻之父母兄弟數口，刑曹駁以義絶，不當緣坐其妻。竊詳本犯身爲不道，殺妻父母兄弟，與其妻實已義絶，法難緣坐，然律無明文，所司遇此亦當比擬奏請。

史金波等譯《天盛改舊新定律令》卷一《惡毒門》　一、子女自己殺親曾祖及祖父母、父母、庶母等，及媳殺此數等者，不論主從，以劍斬。其中婦人之子女勿連坐，而每人自己妻子、子女當連坐，應遷居異地，應入牧農主中。已行未死，則已着、未着、已傷、未傷一律，造意、同謀者以劍斬，其中造意之妻子、子女當連坐，入牧農主中。已起殺意，雖未暇進行，然已打鬥及以强力□□□等，造意以劍斬，家門勿連坐，從犯絞殺。

一、殺伯、叔、姨、姑、姊妹、兄長等中一人時，造意之妻子、同居子女等當連坐，應入牧農主中。與同謀一齊以劍斬之。殺二人以上一律，不論主從皆以劍斬，自己妻子、同居子女等當連坐。若已爲未死，則不論

已着、未着，已傷、未傷，同謀以劍斬，家門勿連坐，從犯無期徒刑。殺意已起未行者，造意絞殺，從犯徒十二年。

一、自穿三個月喪服至穿九個月喪服，節下人依次殺節上中一人時，不論主從，以劍斬。殺二人時，主謀之妻子及同居子女等當連坐，入牧農主中，與同謀者，一齊以劍斬。三人以上，不論正副一樣，以劍斬，自己妻子，同居子女等人當連坐。若已行動未死，則已着、未着、已傷、未傷一樣，造意絞殺，從犯徒十二年。雖起殺意，未暇行動。則造意無期徒刑，從犯徒十年，其故意殺者中婦人有子女者勿連坐。

一、親祖父母、父母、庶母等，故意殺自子孫之罪狀，除第八卷上所列以外，節上人謀殺節下人，起意已傷，則與故意傷他人罪比，穿一年喪服減三等，自穿九個月喪服至五個月減二等，三個月減一等。已殺時按故意殺他人法判斷。

一、婦人殺丈夫，使軍、奴僕殺頭監等者，一律不論主從以劍斬，子女、家門不連坐。已動手未死，則無論已傷未傷，造意以劍斬，從犯無期徒刑，其從犯中行殺時，有手觸丈夫、頭監者，則手觸者以劍斬。若已起殺心，而未及行殺者，造意絞殺，從犯徒十二年。

一、諸人伯叔及兄弟等被父母殺，已起意時兄弟、侄等知覺，舉告則罪不連坐，若不舉告，所殺爲尊上則兄弟絞殺，侄無期徒刑。犯罪者之子孫中有知覺者，應勸父母，若已勸不聽勸而殺，爲尊上則家門中子孫等有按規定應連坐時，因先已勸，勿承罪。若知覺未勸者，徒十年，當於牧農主中記名，本人做苦役，所去日完畢，牧農主中爲何，當退歸原地。若兄弟及伯叔等對父母已起殺心，未動手以及打鬥等，親兄弟、侄有知覺，則依法當告舉。若不告時，兄弟徒八年，侄徒六年。有子孫者雖屬不應舉告，但其中知覺已勸則不連坐，未勸已發生則徒五年。

史金波等譯《天盛改舊新定律令》卷一《為不道門》　一、妄殺一門下無罪三人，及殺一門一二人使根斷，若殺不同家門四人，及故意謀殺中或撒毒藥，或殺時砍肢節及手足，或燒或以槍刀劍刺殺，如此殺法不同有多種，難以一一指出，如此苦難令人不忍入目而殺害等，一律不論主從皆當以劍斬。自己妻子、子女當連坐，入牧農主中。其殺一門下三人及不同門户四人中，有先昔犯死罪者，依律應是未滅免，則不算殺人數中，其中殺獨人，以前有死罪則殺者以劍斬，家門莫連坐，從犯依次當減一等。

【略】

一、故意殺人罪法：

一等庶人自互相殺時，殺一、二人，一律造意、殺人者等以劍斬，有怨出力相助等無期徒刑，而從犯徒十二年。殺三人時，造意、殺人者等以劍斬，自己妻子及同居子女等當連坐，入牧農主中。有怨出力相助等以劍斬，從犯無期徒刑。

一等庶人殺有官人罪法：

殺有未及御印官中一人，造意、殺人者等以劍斬，有怨出力相助者絞殺，從犯無期徒刑。殺二人時，造意、殺人者等之自己妻子及同居子、女等當連坐，有怨出力相助者一律以劍斬，從犯絞殺。殺三人時，不論主從，皆以劍斬，自己妻子，同居子女等當連坐，應一齊入牧農主中。

殺自及御印至拒邪官者中之一人，造意、殺人者等妻子及同居子女等當連坐。與有怨出力相助者一齊以劍斬，從犯絞殺。殺二人時，不論主從，一律以劍斬，自己妻子、同居子女等當連坐，一齊入牧農主中。

殺有及授官之一人，無論主從，一律皆以劍斬，自己妻子、同居子女等當連坐，入牧農主中。

一等有官人殺庶人時，勿算官：

未及御印者 殺一、二人時，造意、殺人者等絞殺，有怨出力相助者無期徒刑，從犯徒十二年。殺三人時，造意、殺人者等以劍斬，有怨出力相助者絞殺，從犯無期徒刑。

有自及御印至拒邪官者，殺一、二人時，造意、殺人者等無期徒刑，有怨出力相助者徒十二年，從犯徒十年，殺三人時，主謀、殺人者絞殺，有怨出力相助者無期徒刑，從犯徒十二年。

有及授官者殺一、二人時，造意、殺人者等徒十二年，有怨出力相助者徒十年，從犯徒八年。殺三人時，造意、殺人者等無期徒刑，有怨出力相助者徒十二年，從犯徒十年。

一等有官者自相殺罪法：

有未及御印官殺比自己官大之人時：

殺及御印至拒邪官中一人時，造意、殺人者等以劍斬，有怨出力相助

者無期徒刑，從犯徒十二年。殺二人時，造意、殺人者等之妻子及同居子女等當連坐，有怨出力相助者一齊以劍斬，從犯絞殺。殺三人則不論主從，一律以劍斬，自己妻子、同居子女等當連坐，一齊入牧農主中。

殺有及授官中一人時，造意、殺人者等之妻子及同居子女等當連坐，有怨出力相助者一齊以劍斬，從犯絞殺。殺二人以上，不論主從一律以劍斬，自己妻子、同居子女等當連坐，入牧農主中。

自及御印以上大官殺有未及御印官時：

有及御印至拒邪官殺一人時，造意、殺人者等絞殺，有怨出力相助者徒十二年，從犯徒十年。殺二人時，造意、殺人者等以劍斬，有怨出力相助者無期徒刑，從犯徒十二年。殺三人時，造意、殺人者等自己妻子、同居子女等當連坐，入牧農主中，有怨出力相助者一齊以劍斬，從犯絞殺。

有及授官殺一人時，造意、殺人者等無期徒刑，有怨出力相助者徒十年，從犯徒八年。殺二人時，造意、殺人者等絞殺，有怨出力相助者徒十二年，從犯徒七年。殺三人時，主謀、殺人者等以劍斬，有怨出力相助者絞殺，從犯無期徒刑。

有及御印和及授官等自相殺時，有自及御印至拒邪之官者，殺及授官時，按有雜官人殺有及御印官法，及若有及授官殺有及御印官時，按有及御印官人殺有雜官人之法判斷。

一、有及御印、未及御印和及授官等自互相殺時，罪情已指以外，若未及御印中官品有高下，以及及御印、及授等官中亦各自品中有不同品時，因一品品難分高低，一律不論官高低，按庶人法判斷。

一、前述故意行傷人、殺人時，造意、同謀等人中，或有大官，或有低官，及庶人等各自不同時，按官高低、庶人各自罪情不同，依前分別所示實行。

一、諸人故意殺人雖已計議，但未前往殺，同謀人其各已殺者，未往者後知覺殺人語，不當告則徒十年； 若其未往人原本計議時，屬與所殺人有怨出力者，則徒十二年，其中是造意，未往亦承全罪。

一、諸人做咒法事，謀有意殺他人，造意者做咒法事以其殺人，則按故意殺法，已做未死則按有意傷法。

史金波等譯《天盛改舊新定律令》卷八《相傷門》 一、諸人家長父、母、姨夜間遇惡人往來女、媳、姑、姊妹、姪母等處，未誤認人，以槍、劍、弓箭刺殺者，有官罰馬一，庶人十三杖。已拘捕之後又動手殺時，與妻丈夫已拘捕惡人之後又殺罪同等判斷。

《元典章》卷四三《刑部・諸殺・燒埋・殺人償命仍徵燒埋銀》 至元二年二月，欽奉聖旨條畫內一款：凡人者，雖償命訖，仍出燒埋銀五十四兩。若經赦原罪者，倍之。欽此。皇慶元年三月，江西行省準中書省咨，江浙省咨備嘉興路申，經歷司呈備司吏儲潛呈燒埋銀兩，至元二年，欽奉欽此。彼時每銀一兩，該中統鈔二兩，如無白銀，於犯人名下折追中統鈔二定，給付苦主。至元二十四年，欽奉聖旨，印造至元寶鈔一兩，準中統鈔五兩。至元三十一年湖北廉訪司照得，燒埋銀五十兩，官價每兩至元鈔二兩。若依見行官定銀價，依例於犯人名下追徵至元鈔二定，折中統鈔一十定，若經赦恩釋免，依例倍追中統鈔二十定，給付苦主相應。申奉御史臺札付，呈奉中書省札付，該都省議得：凡致傷人命，欽依已降聖旨條畫，追給燒埋銀兩。如無，照依官價追徵施行。至大二年欽奉詔書條畫：至大銀鈔一兩，準至元鈔五兩，白銀一兩，赤金一錢。欽此。至大四年二月初七日，奉前行尚書省札付，準尚書省咨：凡致傷人命例，合欽依追徵燒埋銀五十兩，給付苦主。今後如無白銀，照依目今官定銀價，止追至大，至元鈔兩，或準折銅錢。至大四年，欽遇詔赦，釋放殺人重囚，見依奉尚書省定例，倍追燒埋銀兩，該至大銀鈔一定準至元鈔一十定，折中統鈔五十定。今欽奉詔書條畫內節該：住罷至大銀鈔，不使銅錢。依舊印造中統鈔與至元鈔，子母並行，以便民用。凡官司出納，百姓交易，並（記）〔計〕中統鈔數，開禁金銀，聽從買賣。欽此。除欽遵外，據燒埋銀兩比照始初銀價。尚書省增之數倍，犯人家貧無納者多，苦主必然要足，紊煩官府不便，況開禁金銀，聽從買賣。既無官定價值，見得各路時價不同，其間必有長落。今後燒埋銀兩，若從白銀，未審如何準鈔折納。若蒙上司比附舊例，定立合追燒埋鈔數，實爲長便。乞照詳施行，卑司申乞照驗施行。得此，本省照詳上項事理。若準嘉興路所擬，誠恐差池。咨請照驗。準此，送刑部議得：凡致傷人命，合追燒埋銀兩，既至大銀鈔，與新舊銅（名）〔錢〕俱已住罷，合以至元鈔爲則追（埋）〔理〕遇赦倍徵。如蒙準呈，遍行照會相應。具呈都省準擬，咨請依上施行。

《元典章》卷四二《刑部・諸殺・殺卑幼・渰死親女》　至元三年七月，真定路申：何賽哥狀招至元三年五月二十九日，將女定哥抱去，撇放滹沱河内死罪犯，法司擬舊例子孫違法令而祖父非理毆死者，徒一年。部擬決五十七下，呈奉省劄，準擬斷訖。

《元典章》卷四一《刑部・諸惡・惡逆・駈奴砍傷本使》　至元四年曹州申：歸問到吉四兒狀稱，元係投拜新民户計，有本管頭目余洪將四兒賣訖，不合爲本使弟打駡上，於至元四年七月（十）〔初〕二日夜將本使弟陳二用斧斫傷罪犯。法司擬議得：吉四兒所招，元係好投拜人户，被余主簿作駈口轉賣與陳百户爲駈。今本人謀殺陳百户弟陳二已傷，理同謀殺（他）〔凡〕人定罪。舊例謀殺人已傷者絞，其吉四兒合行處死。部準擬，呈省斷訖。

《元典章》卷四二《刑部・諸殺・殺奴婢・殺死娼女》　至元五年閏正月二十一日，尚書刑部爲太原路申，智真殺死元做伴娼女海棠罪犯。本部照擬殺他人奴婢徒五年，擬決杖一百七下。呈省準斷訖。

《元典章》卷四一《刑部・諸惡・惡逆・奴殺本使次妻》　大名路申：奉到中書兵刑部至元九年三月十六日符文，完兀蘭驅口張保兒、阿都赤等五人殺本使次妻一姑并男拜藥歹公事，苦主求免，將各人應當軍役。本部照得，中書省已斷益都路黄伴哥等同謀殺本使忒木兒妻男三口，本主求免減死斷訖，即係一體。擬斷阿都赤減免一百七下，孫小女減一等，決杖九十七下。呈奉都堂鈞旨：準擬斷決，責付本主收管施行。

（清）畢沅《續資治通鑑》元至元十二年十一月　元樞密院言：新附郡縣，有既降復叛糾衆爲盜，犯罪至死者，請從權宜處決。詔：今後殺人者死，問罪狀已白，不必待時卽行刑；其奴婢殺主者，具五刑論。

《元典章》卷四二《刑部・諸殺・謀殺・船上圖財謀殺》　至元十八年正月，行省準中書省咨：臨江路申，歸問到黄子先等，爲與在禁病死張狗仔在逃劉大等五人將孫千户、冷百户等八名殺死，又撇於河内渰死七名一起公事，勘責得一干人各各招證詞因數内犯人身死張狗仔狀招，係瑞州人氏，不合於至元十四年五月二十六夜三更前後，與梢工黄子先、周子友、李子富、劉大同謀，各把孫千户等舡上軍器，覷得孫千户等睡着，有周子友用斧於孫千户頭上斫訖一下，衆人一齊下手，將孫千户、冷百户、孫大北軍二名並老小通殺死八名，推下水渰死七名，却將舡上人口、財物各各分張，被捉到官，罪犯是實。外見禁犯人黄子先、周子友、李子富狀招，各與張狗仔狀招相同。按察司審復無冤，咨請照驗事。準此，刑部議得：黄子先等所招殺死孫千户等一十五人情犯，皆合凌遲處死，外據徵燒埋銀數，驗各賊殺死人數内於犯人家屬依例均徵給付苦主，外在逃劉大根捉得獲歸，勘依上處斷施行。呈乞照詳。都省議得：黄子先、周子友、李子富依準部擬處死，燒埋銀數給付苦主，請差官賫元行文卷前去本路，參照令不干礙獄卒、人吏，將犯人黄子先、周子友李子富三人審問已招情犯，委無冤抑，與本路總管府一同將犯人防護至刑所。對衆明示犯由，依上處斷。外據燒埋銀數，驗殺死人數，於犯人家屬處均徵給付苦主。及根捉在逃劉大得獲歸，勘依上處斷施行。如是稱冤，委有可疑情節，研窮磨問實情，咨來省府。準此除外，合下仰照驗。

《元史》卷一二《世祖本紀》　〔至元十九年十一月〕戊寅，耶律鑄言：前奉詔殺人者死，仍徵燒埋銀五十兩，後止徵鈔二錠，其事太輕。臣等議，依蒙古人例，犯者没一女入讎家，無女者徵鈔四錠。從之。

（元）沈仲緯《刑統賦疏・第七韻》　親相殺者律并依常。此條謂奴婢親屬自相殺罪，應死者并依常律，不從求免減等也。名例律云，同主奴婢自相殺，主求免者，聽減死一等，爲矜恤被害之家不忍重爲害之也。又注云，親屬自相殺者不聽本主求減，依常律應絞斬者各依本法，是亦不絶親之道也。

直解：奴婢相殺不聽本主求減。

通例：至元二十四年二月初四日，薛徹平章等奏，一個軍人的三千奴婢兩個做一心，一個根底殺了，有體例裏爲首的根底禮徹裏合教入去銀底打了他，使長根底分付與的體例，他的使長免三千奴婢内有一個殺了也，又一個更教償命呵，我的氣力消乏了麽道有奏呵，奉聖旨那般呵那裏中這般大疆封則仰他的氣力甚麽依札殺者。

《元典章》卷四一《刑部・諸惡・不道・禁採生祭鬼》　至元二十九年閏六月，行臺準御史臺咨：據監察御史呈，近至荆湖，訪問常、澧、辰、沅，歸峽等處，地連溪洞，俗習蠻淫，土人每遇閏歲，糾合凶愚，潛伏草莽，採取生人，非理屠戮。彩畫邪鬼，買覓師巫祭賽，名曰採生。所

祭之神，呼爲雲霄五岳之神，能使猖鬼。但有求索，不勞而得，日逐祈禱，相扇成風。今於山南湖北道廉訪司文卷内，照得澧州澧陽縣報到重囚一起，廖救兒與蕭公並師人李成等，用雞酒、五色紙錢等物，於彩畫到雲霄五岳神前，啓許採生心願。在後捉到卓世雄男卓羅兒，用麻索縛住雙手雙（足）〔脚〕，腦後打死，次用尖刀破開肚皮，取出心肝脾肺，挖出左右眼睛，斫下兩手十指、兩脚十指，用紙錢酒物祭賽雲霄、五岳等神。又二次啜賺蕭公家放牛小厮來哥，依前殺死，剖割祭祀。見行追會參詳，此等凶愚之民，不念同類，略無人心，似此情理，關繫非輕，蓋是所在官司不爲用心關防，以致如此。除已移牒山南湖北道廉訪司照驗，行移合屬排門粉壁，嚴行禁治，畫工人等毋得彩畫一切邪神，百姓之家亦不得非理祭禱，仍禁止師巫人等不得似前崇奉妖恠鬼神。如有違犯之人，捉拿到官，依條斷罪。或有使換猖鬼之家，兩隣知而不首，即與犯人同罪，却不致因而擾民生事。外據南方陰淫之地，似此淫祀極多，亦合通行禁止。具呈照詳。事呈奉中書省劄付，都省移咨各處行省，遍行禁治施行。

《元典章》卷四一《刑部・諸惡・不道・禁治採生蠱毒》 元貞元年，湖廣行省準中書省咨：御史臺呈行臺咨湖北道廉訪司申，體訪常澧等處人民，多有採生祭鬼、蠱毒殺人之家。比之故殺，情罪極重。開到合禁事理，具呈照詳。又準本省咨，亦爲此事，送刑部議得：採生祭鬼、造畜蠱毒，罪惡深重，情犯多端，難便定論。擬合回咨行省，照依已行，督勒合屬常切嚴行禁治，及排門粉壁，曉諭人民，遞相覺察。告捕到官，照依强盗例結案。告已損傷於人，難議準首。兩隣、主首、社長人等知而不行捕告，及官吏故縱受贓脱放，本管官司禁治不嚴，有失覺察，臨事詳情議罪外，據所祭淫祠禁斷相應。都省準呈除外，咨，請依上施行。

《元典章》卷四一《刑部・諸惡・不睦・胡參政殺弟》 大德五年三月日，江西湖東道肅政廉訪司準監察御史牒該：奉御史臺劄付，大德五年正月〔二十六日〕，奏奉聖旨，省裏臺裏差人交去問呵。除與内外官吏人等錢物，更其餘干礙有招的人每罪過，遇著詔書，釋免了也。省官每俺根底與將文書來，是您元奏來的勾當，您行者。麼道説有，俺商量來，詔書里不該免的。胡參政他姓張，是養的兒。因著胡家的氣力裏做到參政的名分有，却將他胡家的親子胡總管根底殺了有。主謀的胡參政與他兄弟張八同謀，賊每根底與了錢，聚著賊人他也要了鈔和銀子，將胡總管殺了。依體例，這胡參政、張八弟兄兩個合死，麼道奏呵。敲了者。麼道聖旨了也。又王庭、羅鐵三名字的兩個人胡參政根底要（子）〔了〕錢下手，用刀仗將胡總管殺了。這兩個也合死，麼道奏呵。那般者，敲了者。麼道聖旨了也。【略】於大德五年三月十八日到來龍興路，將胡參政名頤孫、張八提舉名（圭）〔珪〕、王庭、羅鐵三四名審復，已招是實。欽依聖旨事意，將各人明正典刑了當。牒請照驗施行。

《元史》卷二一《成宗本紀》 〔大德八年〕壬申，詔凡僧姦盜殺人者，聽有司專決。

《元典章》卷四二《刑部・諸殺・故殺・木槌打死人係故殺》 皇慶二年九月，袁州路奉江西行省劄付，近據來申潘壬一打死劉仁可事，看詳桐木夾槌即係堪以害人器杖，非平善之家所有物件，詳其所犯，情因故殺，除下宜春縣將潘壬一監收外，乞照詳。得此，移准中書省咨來咨，備袁州路申潘壬一打死劉仁可公事。責潘壬一，名天祥，招伏皇慶元年八月初十日早，有劉仁可將本縣立限發牌勾喚天祥爲鍾奇叔告奩田事，自合依限出官，却不合於石陂頭店内買到李季二牛肉飲酒。劉仁可酒醉，要拿李季二牛肉。解官發惡，於店内木橱上取到桐木夾槌，藏在右手袖内。又行店前於劉仁可身傍伎立，便用右手握住夾槌一根，大頭在手，極力掉開一根大頭，向劉仁可左後肋打訖一下。本人倒地，隨即氣絶身死。本省看詳：潘壬一與劉仁可素無讎嫌，始因酒醉致争，初無殺人之心。若依本路所擬，以同故殺論罪，誠恐差池。咨請照詳。準此，送據刑部呈議得：潘壬一所招，因主首劉仁可賫公文勾喚歸對鍾奇叔告奩田公事，與劉仁可於酒店内飲酒間，劉仁可帶酒强奪牛肉。此時爲恐事發，將潘壬一連累，以此本家取到桐木夾槌一箇，袖中藏把，用左手將劉仁可左手腕拿起，拽將身體斜側，用左手執起前項木槌，於劉仁可左後肋上打訖一下，致將本人肋骨二條打折，隨即氣絶身死。以此參詳：劉仁可雖曾言説要將李季二牛肉捉拿，其潘壬一不曾回言本家，取到桐木槌一箇，袖中藏把，於劉仁可身邊伎立，猛將劉仁可左手拿起，拽將身體斜側，於劉仁可左肋上打訖一下，隨即身死。事干故殺，合咨行省照勘完備，牒審無冤，依例結案相應。具呈照詳。得此，都省咨請依上施行。

《元典章》卷四二《刑部・諸殺・殺親屬・殺死妻》延祐二年八月日，承奉行省劄付：來呈建甯路歸勘到李孫砍死妻蔡佛姑，犯人李孫狀招，皇慶二年三月内因爲過活生受，有妻義父蔡林並妻蔡佛姑嗔責，不行求趁衣飯時常將伊（弁）〔棄〕逐打罵。本月十三日，托周德等對蔡林説稱，將妻蔡佛姑離還改嫁，致争妻蔡佛姑不容同宿，疑與晚〔爹〕蔡林私通，遂於房前摸得木柄、鐵斧，進入房内用斧腦於妻蔡佛姑左額角打訖一下，用斧刃於面上連砍數下，氣絶身死。追勘（問）〔問〕欽遇釋免。本省看詳：若擬凡人定論，恐失明倫厚俗之道，如準建甯路比例釋免，情法相應。乞照詳。近據池州路申，霍牛兒扎死妻阿常，欽遇釋免，移準中書省咨來咨：池州路備東流縣申，霍牛兒狀招爲饑荒缺食，將帶老小流移趁（食）〔熟〕，於皇慶元年六月十二日到於東流縣，有同伴岳仙等，問牛兒取討得章馬户家飯米、錢鈔六兩。牛兒虚稱不曾討得，岳仙將牛兒行打，有妻常三姐沿路毁咀罵詈，又道你吃人打罵，做不得男子漢。我每日做别人飯食，被人欺負。本婦挑擔行李竹蘿，復從元路往北去了，以此發惡飲酒未醒，手執木棒於妻阿常左腮脥連耳打訖一下，昏暈倒地；又用小尖刀於本婦腦後偏右扎訖一下，戳入本婦咽喉，挑斷食氣顙，身死池州路。擬減等杖斷一百七下。施行間，欽遇詔赦。咨請回示，送刑部照得，大德十年三月初七日，承奉中書省判送本部呈，大都路備順州申：王文書狀招，大德九年九月二十（八）〔六〕日，帶酒爲妻紀秀哥不肯做飯，將伊毁罵，索要休書，又猜本婦與人通姦，以此用刀子於秀哥咽喉嗓上刈訖一下身死。避怕重罪，撇於井内，虚作自抹投井身死。本部議得：王文書狀招，雖係故殺，難與常人一體定論。參詳王文書如量情減等，杖斷一百七下，燒埋錢同居不須徵理相應。奉都堂鈞旨：準呈，連送依上施行。奉此，議得：霍牛兒所招，因流移沿路，有妻常三姐毁咀罵詈，本婦又道我死活不跟你去，複〔復〕從元起往北去訖。以此發怒，帶酒嗔恨，將木棒於阿常左腮頰連耳打訖一下，又用小尖刀於腦後扎訖一下，於咽喉挑斷食氣顙身死罪犯。若以常人故殺結案，切緣霍牛兒終爲妻毁咀罵，棄伊還家，以此殺死。比例合準池州路所擬，杖斷一百七下，燒埋銀兩同居不須追理。都省咨請依上施行。奉此，照得先據本路申，李孫所招。因妻蔡佛姑（弁）〔棄〕逐見曾本婦義父蔡林行打，其妻蔡佛姑又不與上床睡卧，因此用斧頭將本婦砍死罪犯。初無故殺之情，難與常人一體定論，比例將李孫欽依釋免相應具呈照詳。劄付本部聽候去後，今奉前因，仰依奉省劄内事理施行。

《元典章》卷四一《刑部・諸惡・不道・採生蠱毒》延祐三年二月，行省準中書省咨：河南省咨，據荆湖北道宣慰司呈峽州路申，爲採生蠱毒事咨請照詳。送刑部照得，大德八年正月内奉中書省劄付，御史臺呈江南行臺咨湖北廉訪司申，湖廣〔行首〕地面，常澧等處有一等愚民，造畜蠱毒，用人祭鬼，名曰採生。云大德八年例。今承見奉，本部議擬於後，具呈照詳。都省準呈，咨請依上施行。

一、採生拆割祭鬼

前件議得，採生支解人者，鞫問明白，審復無冤，擬合凌遲處死，籍没家産。同居家口雖不知情，遷徙邊遠。已行不曾殺人者，比依强盗不曾殺人、不得財例，杖一百七，徒三年。謀而未行者，九十七，徒二年半。其應捕之人而自能赴官首告，或捉獲同罪者，與免本罪。及諸人告捕是實，犯人家産全行給付，應捕人減半。親臨（親）官司受錢脱放者，決杖一百七下，除名不敘。隣佑主首、社長人等知而不行告首，決杖八十七下。其親民有司並本處鎮守軍官，時常申明條例，嚴加禁治。如是禁治不嚴，臨時詳酌議罪黜降。仍令拘該地面排門（彩）〔粉〕壁禁約，廉訪司〔嚴加〕體察相應。

一、造畜蠱毒

前件議得，造合成毒，堪以害人，及傳畜若行，用而殺人，用謀教令者，擬合處死，籍没家産。同居家口雖不知情，遷徙邊遠。諸人捉獲，犯人家産全行給付。

《元典章》卷四二《刑部・諸殺・殺卑幼・溺子依故殺子孫論罪》

延祐四年正月，建甯路鈔録到至元三十年正月二十七日福建道肅政廉訪司準分司李朝列牒，該巡按至浦城縣照刷出本縣文卷内一件：至元二十九年六月，孝悌里張次千狀告：至元二十七年十月十三日，族人張華同妻阿黄將男張樸妻阿詹産下男子，不容洗養，於桶中溺死。公事議行間，又據前福州路閩清縣尉張甯呈：南方之民，有貧而不濟，或爲男女數多，初生之時，遽行溺死。浦城之風，獨此爲盛。得此參詳：父子之恩至重，

死生之節非輕。既萌人世，非命夭傷，上違天理，下滅人倫，惡莫大於此矣。當司除已省會本縣，根勾張燁等到官，歸問明白申覆，合干上司詳斷，及令本縣尹傳承務常切丁寗誡諭細民，使知父子之道。仍多出文榜禁治，今後若有將所生男女不行舉養者，許諸人告發到官，以故殺子孫論罪。鄰佑、社長、里正人等失覺察者，亦行治罪。牒請行移，合屬禁治施行。準此，移牒各處官司，依上禁治施行。又至元年三十一年正月，福建行省據前福州路閩清縣尉張甯呈：切謂天地之間，人最爲貴，既得人身，以生爲重。江南風俗間，有一等頑愚之人，或因男女數多，或因家貧不給，於嬰兒初生之時，多不養育，以水渰溺，寘之死地。爲父母者，此何心哉！敗壞風俗，莫此爲甚。至元三十年，本道肅政廉訪司副使李朝列巡按到浦城縣，已經具呈前事。雖蒙出榜禁約，今後如有似前溺子之人，許諸人告首到官，犯人依故殺子孫論罪；鄰佑、里正、主首有失覺察，並行治罪。切緣此風在在有之，今來若不言告，省府無憑禁治，殊負聖朝好生之大德也。賜遍行合屬，多出文榜，一體禁治。非惟丁口增添，抑且敦美風化，實非小補。呈乞施行，省府相度。人倫之道，父子至親。頑愚之徒，反道敗常，惡莫大焉，實傷風化。今據所言，誠爲允當。合下仰照驗，多出文榜，遍行合屬，嚴加禁治。如有似前溺子之人，諸人首告到官，取問是實，依理斷罪，主首、社長、鄰佑有失覺察，亦行治罪。奉此。

《元典章》卷四二《刑部·諸殺·殺卑幼·〔渰〕死有罪男》 益都路申：歸問到彭仙招伏，不合爲男彭友不孝，與房弟彭忠姪彭顯同謀綁縛擡舁，撇於河內渰死。取到一起招伏詞因，法司擬彭友將伊父毆打，毁罵，本犯應死。彭仙所犯原情可恕，部擬免罪。呈省準免罪，彭忠、彭顯各招，不合爲彭友不孝，與伊父彭仙商量，將本人綁縛，撇於河內渰死罪犯。法司擬各合徒五年，決杖一百，仍徵燒埋銀數。部擬各決一百七下，省準擬，彭深招伏同，法司擬合徒四年，決杖九十，緣本人年七十八歲，依舊例合行收贖，合徵〔元寶〕鈔三十二貫〔文〕，入被死之家。部擬收贖四十貫，入被死之家。省準呈彭鐵兒、彭軍兒、肖興彭外兒、王〔里〕〔黑〕驢各狀招，爲從擡舁彭友到河。法司擬各合徒四年，部擬各決七十七下。省準呈。

《元典章》卷四二《刑部·諸殺·殺卑幼·帶酒殺無罪男》 上都路申：歸問到興州王得祿招伏，不合帶酒用刀子扎死男牛兒罪犯。法司擬舊例，子孫違犯教令，而祖父母、父母用刀殺者，徒一年半，故殺者加一等。其王得祿合徒二年，決杖七十。部擬決七十七下。省準擬。

（清）畢沅《續資治通鑑》元英宗至治三年春正月 辛酉，禁故殺子孫誣平民者。

《元史》卷一〇四《刑法志》 諸子孫弒其祖父母、父母者，陵遲處死，因風狂者處死。【略】

諸子弒其繼母者，與嫡母同。【略】諸子弒其父母，雖瘐死獄中，仍支解其屍以徇。諸毆傷祖父母、父母者，處死。諸謀殺已改嫁祖母者，仍以惡逆論。諸挾仇毆死義父，及殺傷幸獲生免者，皆處死。諸圖財殺傷義母者，處死。【略】

諸弟殺其兄者，處死。諸父子同謀殺其兄，欲圖其財而收其嫂者，父子並陵遲處死。諸兄因争，毆其弟，弟還毆其兄，邂逅致死，會赦，仍以故殺論。諸嫂叔争，殺死其嫂者，處死。諸因争虐殺其兄者，雖死仍戮其屍。【略】

諸妻因争，殺其夫者，處死。諸婦人問醫人買毒藥殺其夫者，醫人同處死。諸妻殺傷其夫，幸獲生免者，同殺死論。諸婿因醉，殺其婦翁，偶獲生免者，罪與已死同。

諸奴殺傷本主者，處死。諸奴詬詈其主不遜者，杖一百七，居役二年，役滿日歸其主。

諸奴故殺其主者，陵遲處死。諸奴毆死主婿者，處死。【略】

諸支解人，煮以爲食者，以不道論，雖瘐死，仍徵燒埋銀給苦主。諸魘魅大臣者，處死。諸妻魘魅其夫，子魘魅其父，會大赦者，子流遠，妻從其夫嫁賣。諸造蠱毒中人者，處死。諸採生人支解以祭鬼者，陵遲處死，仍没其家産。其同居家口，雖不知情，並徙遠方。已行而不曾殺人者，比强盗不曾傷人、不得財，杖一百七，徒三年。謀而未行者，九十七，徒二年半。其應死之人，能自首，或捕獲同罪者，給犯人家産，應捕者減半。

《元史》卷一〇五《刑法志》 諸部民毆死官長，主謀及下手者皆處

死，同毆傷非致命者，杖一百七，流遠，均徵燒埋銀。

諸殺人，還自殺不死者，仍處死。

諸殺人，從而加功，無故殺之情者，會赦仍釋之。

諸鬭毆殺人，先誤後故者，即以故殺論。諸因鬭毆，以刃殺人，及他物毆死人者，並同故殺。諸因爭，以刃傷人，幸獲生免者，杖一百七。諸持刃方殺人，人覺而逃，却移怒殺所解勸者，與故殺同。

諸有司徵科急，民弗堪，致殺其徵科者，仍以故殺論。

諸醉中欲殺其要不得，移怒殺死其解紛之人，處死。

諸欲誘倡女逃，不從輒殺之者，與殺常人同。【略】

諸職官以微故毆死齊民者，處死。諸職官受贓，爲民所告，輒毆死告者，以故殺論。【略】諸閫帥侵盗係官錢糧，怒吏發其姦，輒令毆死者，以故殺論。雖會大赦，仍追奪不叙，倍徵燒埋銀。

諸局院官輒以微故，毆死匠人者，處死。

諸父無故以刃殺其子者，杖七十七。諸子不孝，父與弟姪同謀置之死地者，父不坐，弟姪杖一百七。

諸妻故殺妾子者，杖九十七，從其夫嫁賣。諸男婦雖有過，舅姑輒加殘虐致死者，杖一百七。

諸子不孝，父殺其子，因及其婦者，杖七十七，婦元有粧奩之物，盡歸其父母。諸以細故殺其弟者，處死。

諸兄以立繼之子，主謀殺其嫡弟者，主謀下手皆處死，其田宅人口財物盡歸死者妻子，其子歸宗。諸弟先毆其兄，兄還殺其弟，即兄殺有罪之弟，不以凡人鬬殺論。諸因爭，誤毆死異居弟者，杖七十七，徵燒埋銀之半。諸因爭，故殺族弟者，與殺常人同。【略】諸嫂溺死其小姑者，以故殺論。諸因爭，毆死族兄弟之子者，杖一百七；故以刃殺之者，處死，並徵燒埋銀。諸毆死兄弟之子，而圖其財者，處死。諸夫婦同謀，殺其兄弟之子者，皆處死。【略】諸以微過，輒殺其妻者，處死。諸因夫妻反目，輒藥死其妻者，與故殺常人同。【略】諸夫惡妻而愛妾，輒求妻微罪而殺之者，處死。諸風聞涉疑，故殺定婚妻者，與殺凡人同論。【略】諸舅發無實之罪，故殺其甥者，與殺常人同論。【略】諸故殺無罪奴婢，杖八十七，因醉殺之者，減一等。諸毆死擬放良奴婢者，杖七十七。諸謀殺已放良奴婢者，與故殺常人同。【略】

諸醉中誤認他人爲讎人，故殺致命者，雖誤同故。【略】諸以老病殺人者，不以老病免。諸謀故殺人年七十以上，並枷禁歸勘結案。【略】

諸奴故殺其子女，以誣其主者，杖一百七。諸因爭，以妻前夫男女溺死，誣賴人者，以故殺論。諸後夫置毒飲食，與前夫子女食而死者，與死常人同，諸故殺無罪子孫，以誣賴讎人者，以故殺常人論。【略】諸圖財謀故殺人多者，皆凌遲處死，驗各賊所殺人數，於家屬均徵燒埋銀。

（元）沈仲緯《刑統賦疏·第七韻》 謀殺從故者，首罪依謀殺之制。

賊盗律：諸謀殺緦麻以上尊長者流二千里，尊長謀殺卑幼者各依故殺罪減二等，已傷者減一等，已殺者依故殺法。疏議曰：假如有所規求謀殺周親卑幼合徒三年，已傷者流三千里，已殺者依故殺法合絞之類。言故殺法者，謂罪依故殺法，其首各依本謀論，造意爲首雖不行仍爲首，從者減行一等，假有伯叔數人謀殺猶子訖即首合流二千里，從而加功合徒三年，從者不加徒二年，從者不行減行者一等徒二年之類。蓋罪法可變，首從不可變。因此謀殺雖變從故殺，其爲首者，仍依本謀殺論也。

直解：有所規求謀殺卑幼者依故殺論，已殺者絞，爲首者仍依謀殺論。

通例：泰定二年正月初一日，欽遇故殺致命又在原免，江浙省咨：紹興路問道挾讎謀殺豪霸尉，造意犯人魏能四下手致命，賊人劉瑞六俱已病死，見禁魏瑞六魏仁二人俱與被死朱縣尉無讎，止因先爲缺食多得伊叔魏能四供給，以此隨從加功，雖與朱縣尉腰上打訖一下，緣定不係致命去處，若與魏能四一體定論，似涉大重，既遇詔赦合擬釋放，都省議得魏進一所犯終是同謀下手，結案故殺致命罪不該原除，起意爲首，下手同謀不曾下手，雖曾下手不係致命，及從而加功干犯人數既故係過殺致以首從論罪。

《大明令·刑令》 凡故殺子孫，若遇謀故，殺人不赦者，依律科斷。其誣賴於人遇革者，所誣之人罪若該原，犯人止從故殺子孫科斷；如所誣之人罪不該原，亦從重論。

《大誥武臣·圖財殺人》 昌國衛千户傅旺並男傅良，同千户余亨、包榮、羅金，鎮撫楊忠、王勝等，貪圖財利，將者額殺死。者額是雲南的

土官，有緣故上，發他全家在昌國住坐。其千户傅旺等見他有家私，如常去問他借金銀。借了幾遍了，者額不肯。他因此上懷恨者額，與千户余亨等商量，使令軍人杜和、燕帖木告他謀反，領軍人劉可觀等去他家裏，將者額殺死。搶了他四皮箱金子，兩皮箱銀子，三皮箱鈔並一應家私。又拿他八箇人，誣賴他爲首，將凌遲了，共殺訖八十六人。事發，千户傅旺等都將凌遲處死。這件事若果實是他謀反了，拿鎗拿刀，出來對陣，這等呵，遮莫殺了他多少人，怕怎地！他而今却也無形無迹，又把做他告的，告得是，也合動文書，奏得朝廷知道，如何敢便殺他許多人，他却圖謀他家私。敢這等大膽做，神天如何容得他？便做眼前不發露，久後裏，天災人禍不在他自家身上，也在他子孫身上見。

《大誥武臣·打死軍人》 豹韜衛百户王德甫，爲失去官木，打死軍人任良；府軍前衛百户王斌，爲撑駕征北船隻，打死軍人佴德旺；羽林左衛百户闞秋，爲領軍斫竹，打死軍人周添；鎮海衛百户侯保，爲看守船隻，打死軍人喬海秀；天策衛千户陳安，爲燒磚，打死軍人鄔仲真；錦衣衛百户萬成，爲監造營房，打死力士于青。事發，都教償命了。做軍官的，務要撫卹得那小軍好。撫卹得好呵，衆軍每感戴，神天也歡喜。這等有陰騭呵，明日必然會長遠，子孫出來也會長進。百户王德甫等，他將小軍打死了，若是在陣上違了號令，便打死了也不妨，而今因些小事兒，都將他打死了。這等呵，如何不着他償命。

《明太宗實録》永樂三年六月 高郵州民父年老，其長子不聽教令，欲擊之而力之不能制，夜以次子往助，長子竟斃於父。刑部論，次子準弟毆兄死律斬。父準子孫違犯教令，父母非禮毆殺律，有大誥減等杖九十，年老收贖具奏。上曰：法原於情，其議未當。命禮部尚書蹇義等再議。義等議奏曰，次子從父命，助執兄，初非有殺兄之意，其罪但不能乞免兄之死於父耳。上命謫戍邊，其父免贖。

《明太宗寶訓》卷一《明決》〔永樂四年〕十二月丁亥，有盜殺人當刑，令家人告，乞貸死，願服役遠方以贖。

上曰：貪生畏死，人之同情，豈獨汝哉？欲人憐己，曷不憐人？汝前殺人時，都不推恕，於今當死，乃望垂憐，汝若可生，則死者何罪？命即日誅之。

《明宣宗實録》宣德六年六月 鎮守河州都督同知劉昭奏，羅思囊簇西番千户阿失吉爲親弟工葛所殺，而據其地，按問已引服。當斬。上曰，殺兄非常罪，斬之，梟其首以徇。使遠人知有法。

《明宣宗實録》宣德八年八月 上閱南京法司所奏輕重罪囚，命强盜殺人者悉如律，餘侵欺偷盜罪並杖一百，謫戍邊衛。

《明英宗實録》正統元年閏六月 内官監火者宋義養逃軍爲奴，乘怒逼死。上命送都察院審實斬之，仍出榜禁約。

《明英宗實録》正統六年十二月 巡按陝西監察御史李匡奏：西安衛卒有謀殺其兄者，按察司擬應絞。然其兄未死，情有可矜。上曰：此卒意在殺兄，不死幸身。宥之何以勵風俗，其如律。

《明英宗實録》景泰二年春正月 禮部奏：湖廣散毛宣撫司土官副使黄縉瑄謀殺親兄，律應斬，其妻譚氏遣子忠等貢馬贖罪。然縉瑄逆理亂常，法不可宥，但宜給鈔一百錠以酬其馬直。從之。

《明孝宗寶訓》卷三《正法》 弘治六年十一月庚申，刑庶人見濂之殺都昌王見潭也，内使宋貴實預謀，已而避之。法司擬貴爲從，不加功，應贖杖徒。送司禮監發遣後，以弓箭玉山事再犯不應，依律勿論。奏上，有旨令覆問，法司仍從前擬，且謂貴罪犯深重，事出非常，非有司所敢擅議。

上以宋貴導助見濂戕害同氣，豈可謂從不加功？前已失刑，再犯他罪，亦不可例以勿論。特命斬之，而詰法司以失刑。於是刑部、大理寺皆上章待罪，命而各罰其屬官俸一月。

《明熹宗實録》天啓元年十一月 雲南雲龍川土舍段進忠有罪伏誅。先是，土舍段文顯故絶，段嘉龍當襲。而進忠則段早邦養子也，争襲不遂，因糾黨祝太等千人突據州治，殺嘉龍並其二女。復焚劫永昌、大理等地方。巡撫沈儆炌檄金騰瀾滄二道，調兵議剿，進忠懼，與其黨五百餘人從間道聲言欲往大理，將官薛來儆等邀之，遂擒進忠而撫其衆歸巢，儆炌以聞。詔誅進忠及其黨祝太等十餘人，餘戍配有差。

《明熹宗實録》天啓七年三月 陝西巡撫張維樞疏言：澄城知縣張斗耀催徵峻急生變，爲鄭彦夫等所殺，元凶未獲，亂黨漸擒。得旨：以民戕令，事干十惡不赦之條，著嚴擒首惡，解散黨與，安戢良民，確計奏

報，以靖地方。

《明神宗實録》萬曆二十七年二月　魯王壽鏳奏，庶民人壽鍜聽妻弑母，法難輕貸，都察院以問，乞行山東撫按勘明具奏，從之。

《明會典》卷一四二《刑部·斷獄·死囚令人自殺》　凡死罪囚已招服罪，而囚使令親戚故舊自殺，或令雇倩人殺之者，親故及下手之人，各依本殺罪，減二等。若囚雖已招服罪，不曾令親故自殺，及雖曾令自殺，而未招服罪，輒殺訖，或雇倩人殺之者，親故及下手之人，各以鬬殺傷論。若雖已招服罪，而囚之子孫爲祖父母、父母，及奴婢雇工人爲家長者，皆斬。

（明）海若湯《古今律條公案》附録《擬罪問答》　問曰：一如四人共謀殺人，内一人造意者，一人係加功者，一人係不加功者，至期一人不去，斷何罪？答曰：謀殺八條末云從者不行，減行者一等。此意直自謀殺并傷而不死，及謀而已行，未曾人三款貫通之言，各減不加功罪一等科斷。

（明）海若湯《古今律條公案》附録《擬罪問答》　問曰：一如部民謀殺六品以上官長，官吏謀殺五品以上佐貳并六品以下官長，何斷？答曰：律例無文相應，各從凡論。

（明）樂天子《折獄奇編》卷一《七殺辨》　一曰刼殺。所謂刼殺者，如强盗聚衆恃强，公然刼掠人財物或於車船上皆是或因謀殺人，而得所殺人財物者，則意在得財，俱爲刼殺之徒，不專在明火持杖打刼人家也。

一曰謀殺。所謂謀殺者，凡與人有宿仇而計漾籌策潛面賊害之也。設心不善，積累百端，掩其不備。或謀於心或謀諸人，先定其計而殺之，或以刀刃，或以毒藥，或驅赴水火，或陷置刑獄，或於隱僻處暗筭打死之類，俱爲謀殺也。

一曰故殺。所謂故殺者，其被殺之人無争鬬，行殺之人一時忿怒，卒然打死以快其意，畧無顧慮，此故殺也。

一曰鬬殺。所謂鬬殺者，爾我争雄，彼此交打，逞一時之雄，無忘身之慮。或以手足或以杖刃他物即時打死，是謂鬬殺也。

一曰誤殺。所謂誤殺者，本欲害於甲誤中於乙，是誤殺也。如父毆子夫毆妻而誤殺傍人皆是。

一曰戲殺。所謂戲殺者，如立約斯打以決騰負，及於危險橋船水火兵刃之上，兩相推戲而致死者，謂之戲殺也。

一曰過失殺。所謂過失殺者，初無害人之意，偶致殺傷也。蓋謂耳目有所不及，思慮有所不到。如彈射禽獸因事投擲磚瓦，不期而殺人者。或因升高□足有差跌，累及同伴，或駕船使風，乘馬驚走，馳車下坡，勢不能止，或共舉重物，力不能制，損及同舉物者，或顧人扛抬木石，不期墜傷，顧工人身死。知用藥餌毒虫□其父兄親屬悮食而死皆是也。

（明）樂天子《折獄奇編》卷一《七殺擬罪》　一、刼殺人者，不分首從皆斬。

一、謀殺人者，二人償命，一問斬，一問絞。

一、故殺人者，一人償命，問斬。

一、鬬殺戲殺人者，一人償命，問斬或絞。

一、誤殺、過失殺人者，不償命，追錢給付死者之家，以爲營葬之資，即倍所謂燒埋銀十兩叁錢是也。

《刑臺法律·名例副卷·比附雜罪律》　一、如四人共謀殺一人，内一人造意者，一人係加功者，一人係不加功者。至期一人不去，斷以何罪？

答曰：謀殺人條末云：從者不行，減行者一等。此意直自謀殺并傷而不死，及謀而已行，未曾傷人三欵貫通之言，各減不加功罪一等科斷。

《刑臺法律·名例副卷·比附雜罪律》　一、殺拳子，比依殺兄弟之子律，杖一百，徒三年。故殺者，杖一百，流三千里。

一、僧道打死徒弟，比依舊叔故殺子侄律論。

一、負累平人致死，比依誣告人，因而致死一人論。

一、及官吏打死監候犯人，獄卒非理凌虐罪囚致死首，各絞。

黄彰健《明代律例彙編》卷一九《刑律二·人命·謀殺人》　凡謀殺人，造意者，斬。從而加功者絞，不加功者，杖一百，流三千里。殺訖乃坐。若傷而不死，造意者，絞。從而加功者，杖一百，流三千里。不加功者，杖一百。徒三年。若謀而已行，未曾傷人者，杖一百，徒三年。爲從者，各杖一百。但同謀者皆坐。其造意者，身雖不行，仍爲首論，從者不行，減行者一等。若因而得財者，同强盗，不分首從論，皆斬。【略】

新頒條例

一、刑部題：爲議處難結人命事。該四川司呈，本部題：犯人王和吴仲金，姦殺張氏，獄情無證難結。今後重辟如吴仲金王和類者，照依本律，先擬成獄，請旨監候待決少緩。其如證佐續獲，仍請明旨處決。如證佐不獲，備每年矜疑之用。等因具題。奉聖旨：是。欽此。【略】

謀殺人條，順治律有條例一款：

一、凡勘問謀殺人犯，果有詭計陰謀者，方以造意論斬。助毆傷重者，方以加功論絞。謀而已行，人贓見獲者，方與强盗同辟。毋得據一言爲造謀，指助勢爲加功，坐虚贜爲得財，一概擬死，致傷多命。

黄彰健《明代律例彙編》卷一九《刑律二·人命·謀殺制使及本管長官》 凡奉制命出使，而官吏謀殺，及部民謀殺本屬知府、知州、知縣，軍士謀殺本管指揮、千户、百户，若吏卒謀殺本部五品以上長官，已行者，杖一百，流二千里。已傷者，絞。已殺者，皆斬。

黄彰健《明代律例彙編》卷一九《刑律二·人命·謀殺祖父母父母》 凡謀殺祖父母、父母、及期親尊長、外祖父母、夫、夫之祖父母、父母，已行者，皆斬。已殺者，皆凌遲處死。謀殺緦麻以上尊長，已行者，杖一百，流二千里，已傷者，絞。已殺者，皆斬。其尊長謀殺卑幼，已行者，各依故殺罪，減二等。已傷者，減一等。已殺者，依故殺法。依故殺法者，謂各依鬭毆條內，尊長故殺卑幼律，論罪。若奴婢及雇工人，謀殺家長，及家長之期親外祖父母，若緦麻以上親者，罪與子孫同。

弘治問刑條例

一、凡兄與伯叔謀奪弟姪財産官職等項，故行殺害者，問罪。屬軍衛者，發邊衛充軍；屬有司者，發口外爲民。仍斷給財産一半，與被殺家屬養贍。

大明律直引所載問刑條例

一、殺義子，比依殺兄弟之子律，杖一百，徒三年；故殺者，亦杖一百，流三千里。

一、僧道打死徒弟，比依伯叔故殺子姪律論。

一、謀殺義叔，以依雇工人謀殺家長，已行，罪問子孫殺父母已行律。

一、妻將夫毆打，又行嚇説，你每日將母打駡，我去告你，以致夫自縊身死，比依威逼期親尊長致死者罪絞。【略】

新例補遺

一、嘉靖十八年十二月刑部題：據南京刑部犯人李鰲殺姪謀襲事。奉聖旨：今後武職官爵謀殺親支的，犯人坐擬本罪外，便揭了黄。雖有族屬，亦不許承襲。著爲例。

新題例

一、萬曆十五年十二月二十二日題奉欽依：以後勘問謀殺人犯，果有詭計陰謀者，方以造意論斬。助毆傷重者，方以加功論絞。謀而已行，人贓見獲者，方與强盗同辟。毋得據一言爲造謀，指助勢爲加功，坐虚贜爲得財，一概擬死，致傷多命。

一、萬曆十六年正月二十二日題奉欽依。今後在外衙門，如有子孫謀殺祖父母父母者，巡按御史會審情真，卽單詳到院，院寺卽行單奏。決單到日，御史卽便處決。如有監故在獄者，仍戮其屍。

黄彰健《明代律例彙編》卷一九《刑律二·人命·謀殺故夫父母》 凡妻妾謀殺故夫之祖父母父母者，並與謀殺舅姑罪同。若奴婢謀殺舊家長者，以凡人論。謂將自己奴婢，轉賣他人者，皆同凡人。餘條準此。

黄彰健《明代律例彙編》卷一九《刑律二·人命·殺一家三人》 凡殺一家非死罪三人，及支解人者，凌遲處死。財産斷付死者之家。妻子流二千里。爲從者，斬。

弘治問刑條例

一、凡殺一家非死罪三人，及支解人，爲首監故者，將財産斷付被殺者之家。妻子流二千里。仍銼碎死屍，梟首示衆。【略】

嘉靖新例

一、嘉靖拾肆年壹月刑部議準：今後有犯毆殺故殺人，殺死之後，欲求避罪，將屍割碎，棄置埋没，原無支解其人之心，止照本等絞斬罪名科斷。

嘉靖問刑條例

一、支解人，如毆殺故殺人，殺死之後，欲求避罪，割碎死屍，棄置埋没，原無支解之心，各以毆殺故殺論。若初心本欲支解其人，行凶之

時，或勢力不遂，乃先行殺，隨又支解，惡狀昭著者，以支解論。俱奏請定奪。

黃彰健《明代律例彙編》卷一九《刑律二・人命・採生拆割人》 凡採生拆割人者，凌遲處死。財産斷付死者之家。妻子及同居家口，雖不知情，並流二千里安置。爲從者斬。若已行而曾傷人者，亦斬。妻子流二千里。爲從者，杖一百，流三千里。里長知而不舉者，杖一百。不知者，不坐。告獲者，官給賞銀二十兩。

黃彰健《明代律例彙編》卷一九《刑律二・人命・鬭毆及故殺人》 凡鬭毆殺人者，不問手足他物金刃，並絞。故殺者，斬。若同謀共毆人，因而致死者，以致命傷爲重，下手者，絞。元謀者，杖一百，流三千里。餘人各杖一百。

續例附考

一、弘治十七年十月刑部等衙門議奏：律稱謀者，率二人以上。故謀殺人有造意、從而加功、不加功；同謀共毆人致死，有下手原謀餘人之律。故殺鬭殺，止是一人一時凶狠忿怒之所發，故止坐斬絞，不開首從。今後議擬，故殺鬭殺正犯，坐以斬絞。其有同行之人，原無同謀情由，止是不行勸阻，仍問不應罪名。庶律意不違，而刑罰不濫矣。奉聖旨：是。欽此。

大明律直引所載問刑條例

刑部等衙門題：爲地方事，河南清吏司案，呈奉本部送準吏部咨，吏科（科）〔抄〕出，巡撫蘇松等處地方總理糧儲右副御史魏奏，準户部咨，該本部題：內開：各處巡撫都御史舊例在近方者四月，在腹裡者肆月，俱該酌量奏行，赴京議。看得南直隸等處，巡撫官雖在腹裡，若有災傷者，令在彼撫治地方，免其赴京，惟將應議，□奏定奪，等因具題

奉聖旨：是。欽此欽遵，備咨到臣。緣臣撫屬地方，見今災傷，正當撫民之時，不敢離任，謹將應議重大事件，開坐。等因，具本，該通政使司官奏，奉聖旨：該衙門知道。欽此欽遵。內一件，申明刑律。照得在外問刑衙門，凡問故殺與鬭毆殺人者，多擬爲首一人斬絞罪名，其餘助打之人，多照名例律內不言皆者，依首從法提問，爲從流罪。然兩京法司俱將助打之人上（止□）問不應，杖罪。參詳故殺鬭殺之律似指一人而言，蓋人命條內，凡爲從者，俱明開（役）〔從〕字並餘人字，甚爲詳明。若故殺有從，即係謀殺人從而加功，罪當坐絞，若鬭殺有從，即係同謀共毆之餘人，止杖一百。今將故殺鬭殺爲從之人俱問流罪，亦惟輕重夫命（□），抑與律意不合。又竊盜臨時有拒捕及殺傷人者，皆斬罪，內不曾有得財之文。今在外有將竊盜臨時拒捕得財方問斬罪者，有將竊盜臨時拒捕不曾得財止作犯罪拒捕科斷者，亦有將竊盜拒捕不係臨時亦坐斬罪者，竊詳竊盜臨時拒捕，情類乎强，以此附於强盜律內。若竊盜棄財逃走，事主追捕，因而拒捕，自依罪人拒捕律科罪。以其自有悔罪之心，非比臨時拒捕之惡，律意重在臨時二字，□不論其得財與不得也。若不申明，恐致任縱。如蒙乞一勑法司，再行詳議具奏，通行天下問刑衙門，今後凡有故殺助打之人，審係知故殺之情者，引擬謀殺人從而加功律；審係同謀共毆者，刑用餘人律。若恰不知故殺之情，原無同謀之意，止是偶然通（迫）從助打者，俱止問不應，杖罪。其竊盜臨時拒捕殺傷人，不問得財不得財，但係臨時者，即問斬罪。若係棄財被逐，或逃離盜所，不係臨時者，止依罪人拒捕科斷，如此庶事體歸一，刑罰得中，等因，備咨送司。節該伏覩大明律內一（之）〔款〕，凡謀殺人，造意者斬，從而加功者絞不加功者，杖一百，流千里，殺訖乃坐；又一款凡鬭毆殺人者，不問手足他物金刃，並絞。故殺者斬。若同謀共毆人因而致死者，以致命傷爲重，下手者絞，原謀者杖一百，流三千里，餘人各杖一百；又一款：若竊盜臨時拒捕及殺傷人者皆斬。若盜之人不曾助力，不知拒捕殺傷人，止依竊盜論。其竊盜事（上）〔主〕知覺，棄財逃走，事主追逐，因而拒捕者，自依罪人拒捕律科斷，欽此，案呈到部。臣同都察院左都御史戴等，大理寺卿楊，議得：律稱謀者皆二人以上，故謀殺人有造意從而加功不加功，同謀共毆人至死有下手原謀餘人之律，故殿鬭殺止是一人，一時凶狠忿怒之所發，故止坐斬絞，不開首從，其竊盜臨時拒捕與竊盜臨時殺傷人，則不得財與不得財，當坐以斬。竊盜事主知覺，棄財逃（徒）〔走〕，已有畏罪悔過之心，故事主追逐因而拒捕者，止依罪人拒捕律科罪。律意明備，一向兩京法司遵守無違。蓋因在外問刑衙門奉行未至，有乖律意，誠有如都御史魏紳所言。合無通行在外巡撫巡按轉行司屬等衙門：今後遇有此等因犯，俱要依律依擬，如故殺鬭殺正犯，坐以斬絞。其有同行之人原無

同謀情由，止是不行勸阻，仍問不應罪名。竊盗臨時拒捕，雖不得財，亦坐以斬。庶律意不違而刑罰不濫矣。等因具題：弘治十七年十月日奉聖旨：是。欽此。【略】

嘉靖問刑條例

一、凡同謀共毆人，除下手致命傷重者，依律處絞外。其共毆之人，審係執持鎗刀等項凶器，亦有致命傷痕者，發邊衛充軍。

新題例

一、萬曆十五年十二月二十日題奉欽依：以後問擬同謀共毆人犯，除下手者擬絞外，必真係造意首禍之人，方以元謀擬流，毆有重傷而又持有凶器者，方以合例發遣。其但曾與謀，而未造意，並有重傷而無凶器，有凶器而無重傷者，毋得概擬流戍。

一、萬曆十六年正月二十二日題奉欽依：今後審録官員，凡審共毆下手擬絞人犯。果於未結之前，遇有原謀助毆重傷之人，監斃在獄，與解審中途因而病故者，準其抵命。若係配發事結之後，在家病亡者，不得濫改抵償。仍將下手之人依律處決。

黄彰健《明代律例彙編》卷一九《刑律二·人命·造畜蠱毒殺人》 凡造畜蠱毒，堪以殺人，及教令者，斬。造畜者，財産入官。妻子及同居家口，雖不知情，並流二千里安置。若以蠱毒毒同居人，其被毒之人，父母妻妾子孫，不知造蠱情者，不在流遠之限。若里長知而不舉者，各杖一百。不知者不坐。告獲者，官給賞銀二十兩。若造魘魅符書咒詛，欲以殺人者，各以謀殺論。因而致死者，各依本殺法。欲令人疾苦者，減二等。其子孫於祖父母父母，奴婢雇工於家長者，各不減。若用毒藥殺人者，斬。買而未用者，杖一百，徒三年。知情賣藥者，與同罪。不知者不坐。

黄彰健《明代律例彙編》卷一九《刑律二·人命·屏去人服食》 凡以他物置人耳鼻，及孔竅中，若故屏去人服用飲食之物，而傷人者，杖八十。謂寒月脱去人衣服，飢渴之人，絶其飲食，登高乘馬，私去梯轡之類。致成殘廢疾者，杖一百，徒三年。令至篤疾者，杖一百，流三千里。將犯人財産一半，給付篤疾之人養贍。至死者，絞。若故用蛇蝎毒蟲咬傷人者，以鬭毆傷論。因而致死者，斬。

黄彰健《明代律例彙編》卷一九《刑律二·人命·尊長爲人殺私和》 凡祖父母、父母、及夫、若家長，爲人所殺，而子孫、妻妾、奴婢、雇工人私和者，杖一百，徒三年。期親尊長被殺，而卑幼私和者，杖八十，徒二年。大功以下，各遞減一等。其卑幼被殺，而尊長私和者，各減一等。若妻妾子孫及子孫之婦、奴婢雇工人被殺，而祖父母、父母、夫、家長、私和者，杖八十。受財者，計贓準竊盗論，從重科斷。常人私和人命者，杖六十。

黄彰健《明代律例彙編》卷一九《刑律二·人命·同行知有謀害》 凡知同伴人欲行謀害他人，不卽阻當救護，及被害之後，不首告者，杖一百。

中國第一歷史檔案館《滿文老檔》天命六年三月 二十七日，汗令其傳諭留守之都堂曰稱：投毒入井之漢人，須妥爲審訊，虚則釋之去，實則殺之，惟不得由我等親斬。我等殺之，恐傳我屠降人，著交付八遊擊殺之。

《刑部現行則例》卷下《鬭毆》 一、凡有殺死本宗緦麻以上尊長及外姻小功尊屬，俱不準援赦。

《刑部現行則例》卷下《人命》 一、凡兄欲争奪弟之財産及奪官職，平素仇隙不睦有意欲殺，執持刀鎗、小刀、木棍等凶器故殺者，擬絞監候，秋後處決。如無此等情由，仍照律擬罪。凡有親伯、叔奪兄弟之子房産、田地及奪官職等情由，挾仇故行殺死者，照此例擬罪。

《西寧青海番夷成例·頭目强劫殺人》 一、凡管束部落之頭目等强劫物件殺人者，令其抵賠外，千户等罰犏牛五十條，百户等罰犏牛四十條，管束部落之百長等罰犏牛三十條。若用軍器或木棍將人毆傷者，給一半身價、二九牲畜，千户等罰犏牛五十條，百户等罰犏牛四十條，百長等罰犏牛三十條。若行强劫而未傷人者，千户等罰犏牛五十條，百户等罰犏牛四十條，百長等罰犏牛三十條，給事主收領。若小頭目及平人或一二人糾衆强劫物件殺傷人者，不分首從，皆斬，將妻子、家産、牲畜抄没，給與事主之家。若小頭目及平人或一二人糾衆盗竊牲畜物件，或事主或傍人知覺追趕，賊盗將人殺傷者，不分首從，皆斬，將妻子、家産、牲畜抄没，給與事主之家。若小頭目及平人糾衆强劫物件而未傷人者，其造意及爲首二人絞，將妻子、家産牲畜抄没，爲從者各鞭一百，罰三九牲畜，給

與事主之家，或小頭目，或平人，若一人，鞭一百，除妻子外，將家産、牲畜抄没，給與事主之家；若二三人，將爲首一人絞，將妻子、家産、牲畜抄没，爲從者各鞭一百，罰三九牲畜，給與事主之家。

《西寧青海番夷成例·殺死逃人頭目不報》　一、凡將外地逃來之人殺死而該管千户等隱匿不報者，罰人七户，百户等罰人五户，管束部落之百長等罰人三户。若傍人首告者，千户等罰犏牛七條，百户等罰犏牛五條，百長等罰犏牛三條，給與首告之人，並聽往所願之寨落居住，如不承認者，令其伯叔立誓。若小頭目及平人將逃來之人截殺者，爲首者斬，仍罰三九牲畜，爲從者各罰三九牲畜，給與指示之頭目。如無指示頭目，一半入官，一半賞給首告之人。若頭目等將逃來之人截殺者，爲首者絞，爲從者革去等級，各罰三九牲畜。

《大清律例》卷二六《刑律·人命·謀殺人》　律

凡謀或謀諸心，或謀諸人。殺人，造意者斬監候；從而加功者，絞監候；不加功者，杖一百，流三千里。殺訖乃坐。若未曾殺訖，而邂逅身死。止依同謀共毆人科斷。

若傷而不死，造意者，絞監候；從而加功者，杖一百，流三千里；不加功者，杖一百，徒三年。

若謀而已行，未曾傷人者，造意爲首者，杖一百，徒三年；爲從者同謀同行，各杖一百；但同謀者雖不同行，皆坐。

其造意者，通承已殺、已傷、已行三項。身雖不行，仍爲首論；從者不行，減行而不加功者一等。

若因而得財者，同强盗，不分首從論，皆斬。行而不分贓，及不行又不分贓，皆仍依謀殺論。

條例

一、凡勘問謀殺人犯，果有詭計陰謀者，方以造意論斬。助毆傷重者，方以加功論絞。謀而已行，人贓見獲者，方與强盗同辟。毋得據一言爲造謀，指助勢爲加功，坐虚贓爲得財，一概擬死，致傷多命。

一、凡謀財害命，照律擬斬立決外，其有因他事殺人，後偶見財物，因而取去者，必審其行凶挾何仇隙，有何證據，果係初無圖財之心，殺人後見有隨身衣物銀錢，乘便取去者，將所得之財倍追給主，仍各依本律科斷。若殺人後掠取家財，並知有藏蓄而取去者，審得實情，仍同强盗論罪。

一、凡圖財害命，應分别曾否得財定擬。其得財而殺死人命者，首犯與從而加功者，俱擬斬立決。不加功者，擬斬監候。不行而分贓者，照强盗免死減等例問發。傷人未死，而已得財者，首犯擬斬立決，從而加功者，擬斬監候。不加功者，亦照例問發。不行而分贓者，杖一百，流三千里。如未得財，殺人爲首者，擬斬監候；傷人爲首者，擬絞監候。其爲從，加功不加功者，俱分别遞減。

一、凡謀殺人已行，其人知覺奔逃，或跌失，或墜水等項，雖未受傷，因謀殺奔脱，死于他所者，造意者，滿流；爲從，滿杖。若其人迫於凶悍，當時失跌身死，原謀擬絞監候，爲從者，杖一百、流三千里。

《大清律例》卷二六《刑律·人命·謀殺制使及本管長官》　律

凡奉制命出使，而所在官吏謀殺，及部民謀殺本屬知府、知州、知縣，軍士謀殺本管官，若吏卒謀殺本部五品以上長官，已行未傷者，首杖一百，流二千里；已傷者，首絞；流絞俱不言皆，則爲從各減等，官吏謀殺監候，餘皆決不待時，下斬同。已殺者，皆斬。其從而不加功與不行者，及謀六品以下長官，並府州縣佐貳首領官，其非本屬本管本部者，各依凡人謀殺論。

《大清律例》卷二六《刑律·人命·謀殺祖父母父母》　律

凡謀殺祖父母、父母，及期親尊長、外祖父母、夫、夫之祖父母、父母。已行不問已傷、未傷。者，預謀之子孫，不分首從，皆斬；已殺者，皆凌遲處死。監故在獄者，仍戮其屍。其爲從，有服屬不同，自依緦麻以上律論；有凡人，自依凡論。凡謀殺服屬皆仿此。謀殺緦麻以上尊長，已行者，首杖一百，流二千里；爲從，杖一百，徒三年。已傷者，首絞；爲從，加功不加功，並同凡論。已殺者，皆斬。不問首從。

其尊長謀殺本宗及外姻卑幼，已行者，各依故殺罪減二等；已傷者，減一等；已殺者，依故殺法。依故殺法者，謂各依鬥毆條内尊長故殺卑幼律問罪。爲從者，各依服屬科斷。

若奴婢及僱工人謀殺家長，及家長之期親、外祖父母，若緦麻以上親者，兼尊卑言，統主人服屬尊卑之親。罪與子孫同。謂與子孫謀殺祖父母、父母及期親尊長、外祖父母、緦麻以上尊長同，若已轉賣，依良賤相毆論。

條例

一、官民之家，凡倩工作之人，立有文卷，議有年限者，依僱工人論。只是短僱月日，受值不多者，依凡論。其財買義男，并同子孫論。

《大清律例》卷二六《刑律・人命・殺一家三人》　律

凡殺謂謀殺、故殺、放火、行盜而殺。一家謂同居，雖奴婢、僱工人皆是；或不同居，果係本宗五服至親亦是。非實犯死罪三人，及支解活人者，但一人即坐，雖有罪亦坐，不必非死罪三人也。爲首之人，凌遲處死；財產斷付死者之家；妻、子不言女，不在緣坐之限。流二千里；爲從加功者，斬。財產、妻、子不在斷付、應流之限。不加功者，依謀殺人律減等。若將一家三人先後殺死，則通論。若本謀殺一人，而行者殺三人，不行之人，造意者斬，非造意者，以從者不行減行者一等論，仍以臨時主意殺三人者爲首。

條例

一、凡殺一家非死罪三人及支解人，爲首監故者，將財產斷付被殺之家，妻、子流二千里，仍剉碎死屍，梟首示衆。

一、支解人，如毆殺、故殺人後欲求避罪，割碎死屍，棄置埋沒，原無支解之心，各以毆、故殺論。若本欲支解其人，行凶時勢力不遂，乃先殺訖，隨又支解，惡狀昭著者，以支解論。俱奏請定奪。

一、本宗及外姻尊長殺緦麻、小功、大功卑幼一家非死罪主僕僱工三人者，俱斬決。殺期服卑幼一家主僕僱工三人者，絞決。若三人內有功服、緦麻卑幼者，仍從殺死功服、緦麻卑幼三人，斬決。如謀佔家產，圖襲官職，殺期服卑幼一家三人者，斬決。殺大功、小功、緦麻卑幼一家三人者，凌遲處死。

一、家長殺奴僕非死罪三人者，不分官民，俱發黑龍江。被殺人父母妻子悉放爲民。若殺期親奴僕一家三人者，絞候。殺內外大功、小功、緦麻及族中奴僕一家三人者，俱斬候。

一、凡發遣當差爲奴之犯人，若殺死伊管主一家三人并三人以上者，除正犯凌遲處死外，其知情之子孫擬斬立決，不知情者，擬斬監候。其子孫年未及歲，并該犯之妻妾，俱發寧古塔等處，給披甲之人爲奴。如已發寧古塔等處者，轉發西安、成都等處，給駐防兵丁爲奴。

一、聚衆共毆，原無必殺之心，而亂毆一家三命至死者，將率先聚衆之人，不問共毆與否，斬決。爲從、下手傷重至死者，絞候。若殺一家非死罪二人及殺三人而非一家者，應擬斬決，奏請定奪。

一、殺死功服、緦麻卑幼一家非死罪二命者，俱問擬絞決。奏請定奪。

《大清律例》卷二六《刑律・人命・謀殺故夫父母》　律

凡改嫁妻妾謀殺故夫之祖父母、父母者，并與謀殺見奉舅姑罪同。若妻妾被出，不用此律。若舅姑謀殺已故子孫改嫁妻妾，依故殺律，已行減二等，已傷減一等。若奴婢不言僱工人，舉重以見義。謀殺舊家長者，以凡人論。謂將自己奴婢轉賣他人者，皆同凡人。餘條準此。贖身奴婢，主僕恩義猶存，如有謀殺舊家長者，仍依謀殺家長律科斷。

《大清律例》卷二六《刑律・人命・採生折割人》　律

凡採生折割人者，兼已殺及已傷言。首凌遲處死，財產斷付死者之家；妻子及同居家口，雖不知情，並流二千里安置；採生折割人是一事，謂取生人耳目臟腑之類，而折割其肢體也。此與支解事同，但支解者止欲殺其人而已，此則殺人而爲妖術以惑人，故又特重之。爲從加功者，斬。財產家口，不在斷付應流之限。不加功者，依謀殺人律減等。若已行而未曾傷人者，首亦斬，妻子流二千里；財產及同居家口，不在斷付應流之限。爲從加功者，杖一百，流三千里。不加功者，亦減一等。里長知而不舉者，杖一百；不知者，不坐。告獲者，官給賞銀二十兩。

條例

凡採生折割等人，如有親屬首告或捕送到官，應如反逆律已行者，正犯不免，其緣坐之妻、子及同居家口，得同自首律，免坐。

《大清律例》卷二六《刑律・人命・造畜蠱毒殺人》　律

凡置造藏畜蠱毒堪以殺人，及教令人造畜者，并坐斬。不必用以殺人。造畜者不問已未殺人。財產入官，妻子及同居家口，雖不知情，并流二千里安置。教令者之財產、妻子等，不在此限。若以蠱毒毒同居人，其被毒之人父母、妻妾、子孫不知造蠱情者，不在流遠之限。若係知情，雖被毒仍緣坐。若里長知而不舉者，各杖一百；不知者，不坐。告獲者，官給賞銀二十兩。

若造魘魅符書咒詛，欲以殺人者，凡人、子孫、奴婢、僱工人、尊長、卑

幼。各以謀殺已行未傷論；因而致死者，各依本謀殺法。欲止令人疾苦無殺人之心者，減謀殺已行未傷二等。其子孫于祖父母、父母，不言于妻妾于夫之祖父母、父母，舉子孫見義。奴婢、僱工人於家長者，各不減。仍以謀殺已行論斷斬。

若用毒藥殺人者，斬監候。或藥而不死，依謀殺已傷律絞。買而未用者，杖一百，徒三年。知情賣藥者，與犯人同罪；至死減等。不知者，不坐。

《大清律例》卷二六《刑律·人命·鬥毆及故殺人》 獨毆曰毆，有從爲同謀共；臨時有意欲殺，非人所知曰故；共毆者惟不及知，仍只爲同謀共毆。此故殺所以與毆同條，而與謀有分。

律

凡鬥毆殺人者，不問手足、他物、金刃，並絞監候。

故殺者，斬監候。

若同謀共毆人，因而致死者，從致命傷爲重，下手致命傷重者，絞監候；原謀者，不問共毆與否。杖一百，流三千里；餘人不曾下手致命又非原謀。各杖一百。各兼人數多寡，及傷之輕重言。

條例

一、凡同謀共毆人，除下手致命傷重者依律處絞外，其共毆之人，審係執持槍刀等項凶器，亦有致命傷痕者，發邊衛充軍。

一、凡同謀共毆人犯，除下手者擬絞外，必實係造意首禍之人，方以原謀擬流。毆有重傷而又持有凶器者，方以合例發遣。其但曾與謀。而未造意，并有重傷而無凶器，有凶器而無重傷者，毋得概擬流戍。

一、凡審共毆下手擬絞人犯，果於未決之前，遇有原謀助毆重傷之人監斃在獄，與解審中途，因而病故者，準其抵命下手之人，減等擬流。若係配發事結之後在家病亡者，不得濫改抵償，仍將下手之人依律處決。

一、凡審理命案，一人獨毆人致死，無論致命不致命，皆擬抵償。若兩人共毆人致死，則以頂心、囟門、太陽穴、耳竅、咽喉、胸堂、兩乳、心坎、肚腹、臍肚、兩脅、腎囊、腦後、耳根、脊背、脊膂、兩後脅、腰眼并頂心之偏左偏右、額顱、額角爲致命論抵。

一、凡同謀共毆人傷，皆致命，如當時身死，則以後下手重者，當其重罪。若當時未死，而過後身死者，當究明何傷致死，以傷重者坐罪。若原謀共毆，亦有致命傷，又以原謀爲首。至亂毆不知先後輕重者，有原謀則坐原謀爲首，無原謀則坐初鬥者爲首。

一、文武生員除謀、故殺人，及戲殺、誤殺、過失殺、鬥毆殺傷人者，仍照律治罪外，如有武斷鄉曲，倚杖衣頂，橫行欺壓平民，其人不敢與爭，旁人不敢勸阻，將人毆打至死者，審實從重擬斬監候。

一、凡凶徒好鬥生事，見他人鬥毆，與己毫無干涉，輒敢約夥尋釁，遷怒于其父母，毒毆致斃者，照光棍例分別首從治罪。其本身與人鬥毆之後，仍尋毆報復，而遷怒于其父母，毒毆致斃者，擬斬監候。

《大清律例》卷二六《刑律·人命·尊長為人殺私和》 律

凡祖父母、父母及夫若家長爲人所殺，而子孫、妻妾、奴婢、僱工人私和者，杖一百，徒三年。期親尊長被殺，而卑幼私和者，杖八十，徒二年。大功以下，各遞減一等。其卑幼被殺，而尊長私和者，各依服制減卑幼一等。若妻妾、子孫及子孫之婦、奴婢、僱工人被殺，而祖父母、父母、夫、家長私和者，杖八十。受財者，計贓，準竊盜論，從重科斷。私和，就各該抵命者言，贓追入官。

《大清律例》卷二六《刑律·人命·殺子孫及奴婢圖賴人》 律

凡祖父母、父母故殺子孫，及家長故殺奴婢，圖賴人者，杖七十，徒一年半。

若子孫將已死祖父母、父母，奴婢、僱工人將家長身屍未葬圖賴人者，杖一百，徒三年；將期親尊長，杖八十，徒二年；將大功、小功、緦麻，各遞減一等。

若尊長將已死卑幼及他人身屍圖賴人者，杖八十。以上俱指未告官言。其告官者，隨所告輕重，并以誣告平人律反坐論罪。

若因圖賴而詐取財物者，計贓準竊盜論；搶去財物者，準白晝搶奪論。免刺，各從重科斷。圖賴罪重，依圖賴論；詐取、搶奪罪重，依詐取、搶奪論。

條例

一、有服親屬互相以屍圖賴者，依干名犯義律。

一、妻將夫屍圖賴人，比依卑幼將期親尊長圖賴人律。若夫將妻屍圖賴人者，依不應重律。其告官司、詐財搶奪者，依本律科斷。

一、故殺妾及子、孫、姪、姪孫與子孫之婦圖賴人者，俱發附近充軍。

一、無賴凶棍，遇有自盡之案，冒認屍親，混行吵閙毆打，或將棺材攔阻打壞，抬去屍首，勒措行詐者，均杖一百，枷號兩個月。若該管地方兵役知而不拿者，各照不應重律治罪。

《大清律例》卷二六《刑律·人命·同行知有謀害》 律

凡知同伴人欲行謀害他人，不即阻擋救護，及被害之後，不首告者，杖一百。

《理藩院則例》卷三五《人命·奴殺家主》 一、家奴殺其主者，凌遲處死。

《理藩院則例》卷三五《人命·夫故殺妻》 一、凡蒙古臺吉、塔布囊并屬下官員、平人無故毆妻致死者，絞；故殺者，亦絞。均監候。過失殺人者，如確有證佐，由該盟長扎薩克審實，係屬過失，臺吉、塔布囊并屬下官員革職，枷號六十日，鞭一百。平人枷號六十日，鞭一百。仍各罰二九牲畜給妻之母家。其汗、王、貝勒、貝子、公、扎薩克有犯前項罪名，查照刑例聲明請旨。

《蒙古律例》卷七《人命·王等故殺別旗之人》 一、凡已未管旗王、貝勒等將別旗之人故殺、讎殺、謀殺、同謀殺者，按其所殺之數賠人，王等罰馬一百匹，貝勒、貝子、公等罰馬七十匹，台吉、塔布囊等罰馬五十匹，給被殺者之妻子。若平人，將起意者斬監候，從而加功者絞監候，抄沒其産畜，給被殺者之妻子，其未加功者以及妻子産畜一併送鄰封盟長處，賞公事效力台吉等爲奴。

《蒙古律例》卷七《人命·奴殺家主》 一、家奴殺其主者，凌遲處死。

《蒙古律例》卷七《人命·夫故殺妻》 一、凡官員、平人擅行故殺妻者，絞監候。若與妻吵閙毆打過失致死者，罰三九牲畜，給妻之母家。若妻有事故不告而擅殺者，罰三九牲畜。若以金刃將妻射砍戳殺、以木棍打死者，照故殺絞監候。

《蒙古律例》卷七《人命·王等以刃物戳殺屬下家奴》 一、王等將各屬下人家奴用刃物戳砍、故殺、讎殺、醉殺者，罰馬四十匹，貝勒、貝子、公等三十匹，台吉、塔布囊等罰三九牲畜，給被殺者之胞兄弟，將其妻子一並遣赴旗内願往之處。再誤打致死者，將致死之故自行説出。若無讎故不令出去，王、貝勒、貝子、公、台吉、塔布囊各罰俸九個月，無俸台吉、塔布囊罰三九牲畜存公。管旗章京以下、平人以上，各將家奴用刃物戳砍、射殺、醉殺、故殺、讎殺者，若管旗章京、副章京，各罰三九牲畜，參佐領、驍騎校，各罰二九牲畜，平人罰一九牲畜，給被殺者之妻子，連其兄弟出旗。再誤打致死者，將致死之故各稟知扎薩克貝勒等，若無讎故不稟出者，罰牲畜存公。

《蒙古律例》卷七《人命·迎殺來投逃人》 一、凡官員等將來投逃人迎殺者，爲首一人絞。若平人，將爲首一人斬監候，餘罰三九牲畜，俱給所指投之貝勒。若所指投之貝勒不出，給首者一半，一半存公。

《蒙古律例》卷六《盜賊·刼竊殺人》 一、凡刼竊駝馬牛羊等畜殺人者，擬斬立決，梟首示衆。

（清）剛毅《秋讞輯要》卷一《秋讞志略·人命》 一、謀殺加功之案，有貪財圖姦、挾嫌逞忿，肇釁釀事及造意之人未曾下手，而從犯肆行凶殺者，應擬情實。其餘如僅止聽從加功，並無前項貪殘凶暴情形者，可以緩決。

一、竊盜臨時拒捕之案，如係糾衆護贓及連傷二人以上。或夥犯被執，輒行奪回，逞凶拒捕者，應擬情實。其餘尚無凶暴情形者，可以緩決。

一、搶奪傷人之案，如糾衆截搶，及因事主奪贓，故行毆砍多傷致成殘廢篤疾，情形凶暴者，應入情實。其餘實因圖脱情急無奈拒捕者，可以緩決。

一、罪人拒捕等案，或事犯被拘，或因姦被獲，如有喊衆持仗，逞凶抗拒，致傷應捕之人及拒傷致殘廢篤疾，應擬情實。其餘如係情急圖脱及被追無奈回毆者，可以緩決。

一、故殺期親弟侄之案，如因奪産争繼，及因圖賴圖詐，情節殘忍者，應入情實。其餘如係一時觸忿，及致死爲匪之人者，可以緩決。

一、故殺妻之案，如因圖詐圖賴，及圖姦他人，因妻礙眼而殺，並逼妻賣姦不從而殺者，應入情實。其餘並無前項殘忍情形者，可以緩決。

一、僧人殺人案件，如實係戲殺、誤殺以及情節本輕者，應擬緩決。其逞凶鬥狠致斃人命者，應入情實。

一、姦夫謀殺本夫，姦婦雖不知情案件，如有事後隱匿、忘仇戀姦並跟同姦夫逃嫁者，應入情實。其餘雖事後知情不首，因被恐嚇畏懼隱忍，並無復與通姦情事者，可入緩決。

一、捕役誣良案件，如係挾嫌圖賴及嚇逼詐財致斃無辜者，應入情實。其餘如係妄聽、誤聽，事出有因，並死者本係犯案舊匪，並無前項詐逼情節者，可以緩決。

一、誣告人致死之案，如挾有嫌隙，或假捏姦贓，污人名節。或事犯到官，誣扳平民。或唆贓硬證，或賄差妄拿等情，圖洩私忿，以致累斃數命者，應入情實。並革役冒差訛詐，危言恐嚇致斃數命者，亦各入情實。其餘如因事本可疑，一時誤認，死由追拿跌溺，並非被逼自戕，並死者本非善類，亦無項凶暴慘毒情形者，可以緩決。

一、威力主使、威力制縛人，拷打致死之案，如係凶暴之徒，或挾嫌藉事吊拷，或恃強喝令毒毆，或非刑凌虐，或妄拷平人，種種橫暴不法者，應入情實，其餘如係一時誤認賊贓，而拴吊毆打適傷致斃者，可入緩決。

一、毆死緦麻尊長之案，向來辦理俱斟酌情罪，將情實之案入于重囚總册進呈。其緩決之案並不另册。乾隆二十九年奉諭旨，將毆死緦麻尊長擬實人犯兩次未勾者，照期功服制之例，奏改緩決，並非將此項概擬情實。似可仍照向例分別辦理，毋庸另册進呈。其外姻緦麻之案，向俱照尋常平人案件，核其情節，分別實緩，是以摘出。

一、毆死幼孩之案，如係有意欺凌。致死稚弱，情節可惡者，應入情實。其餘事本理直，無心傷斃者，可以緩決。

一、毆死婦女之案，如係恃強欺侮，情重傷多者，應入情實。其餘尋常互鬥，理直傷輕者，可以緩決。

一、共毆人致死之案，如係糾衆，持械凶毆，情同械鬥及攢毆多傷，情節凶暴並原謀下手傷重、情近故殺者，應入情實。其餘如釁起一時，並非預謀糾鬥者，可入緩決。

一、鬥毆殺人之案，如係逞忿凶毆，情近故殺，並死者不敢還手毒毆立斃及有姦盜殘忍凶惡情節者，應入情實。其餘尋常鬥殺之案可入緩決。

一、數人鬥毆並各斃一命之案，如係糾約多人，持械共毆，情似械鬥及情節凶暴者，應入情實。其餘釁起一時，半非預謀糾鬥，實係尋常鬥殺之案，可入緩決。

一、謀殺人傷而未死之案，如係因姦用毒延及多人，或毆砍多傷已成廢篤者，應入情實。其餘謀殺已行、傷輕平復者，可以緩決。

一、擅殺罪人之案，如死者本無大罪，又未拒捕，起意活燒、活埋，非刑致斃二命。或因幼孩拾取細物，肆行慘殺，以及誤殺期功尊長有關服制者，應擬實情。其餘大概或緩或矜，分別辦理。

一、毆死老人之案，如有恃強欺凌，或持械毒毆，或夥衆共毆，或理曲尋釁，傷斃年七十以上者，應擬情實。其餘被毆回抵，理直傷輕，並無前項凶暴情形者，可以緩決。

一、金刃殺死徒手之案，如有理曲尋釁；或傷多傷重；或逞凶砍戮死數傷；或傷在已經倒地後；或死者僅止向揪向毆，並非傷及凶手以及有姦盜賭博情節者，應擬情實。其餘被毆回抵，理直情急，並父母先被毆傷，救護情切者，可以緩決。至死者先持他物毆人因而刃殺案件，可以此分別參觀。

一、鳥槍殺人之案，如因争鬥施放，例以故殺論者，應擬情實。其餘如係防夜致死姦盜不法之人者及實係誤傷，情同過失，原擬絞候者，可以緩決。

一、圖財害命從而不加功之案，如先給商同謀害，後又得財者，應擬情實。若僅止臨時知情，後又畏罪未經得財者可以緩決。

一、謀故殺人之案，本應列入情實。惟其中如男子拒姦有據，或有服親屬與人通姦，殺非登時而出義忿，以及義男弟侄有負恩養不服訓戒者。此等案件，或情同擅殺，或有名分，原題雖同凡論，至秋審時不妨原情入于緩決。

一、軍流在配殺人之案，須核其原罪輕重，與現犯之情形，參觀核辦。今酌擬，如係怙惡逞凶，情節暴戾，以及免死減等復犯死罪者，應擬情實。其餘理直傷輕，被毆回抵者，可以緩決。

一、瘋病殺人之案，如有殺死凡人二命以上，及雖非二命而有關服制

者，應擬情實。其餘死雖二命而一係子侄。或一命而死係繼父等類恩義未深者可以緩決。

一、犯命案脱逃，經三年後就獲之案，原奏内稱秋審時列入情實者，改爲立決。至條例之外，雖亦有應情實之案，但其犯案之初尚非有心藐法，仍行監候，俟秋審時入于情實，並非因一經脱逃，無論情形輕重，概入情實。此等案件自應核其原犯情罪之輕重，加以脱逃之罪，分别從嚴辦理。

（清）佚名《秋審比較條款》卷二《人命》　一、各項殺人自首得免所因，及强盗自首改斬監候者，俱入情實。

一、各項立決人犯，或奉旨改斬候，或原情奏請改爲監候者，俱應情實。間有情節實可矜宥，臨時酌量入緩，但不宜過寬。

一、凡人謀故殺之案，俱應情實人字照道光本增。

一、謀故殺人而誤殺旁人者，應入情實。如所欲殺之人，本非應抵，亦可原情入緩。此照道光本。

一、謀殺人傷而未死，其謀已行者，應入情實。

一、謀殺加功之案，無論被逼勉從，或僅幫同揿按，並止代爲買藥、未曾下手，俱應情實。從前間有因被父母、家長嚇逼幫按，或先代爲求饒，及死者係姦淫並應死罪人，酌入決者，近來一概入實。如死者自願畢命因而聽從加功，及聽從謀殺抵正凶等項，尚可酌入緩決。

一、圖財害命案内應斬絞監候者，俱入情實。

一、各項罪人拒捕，殺所捕人者，俱入情實。

一、因姦聽從姦婦，同謀殺死本夫之案，無論僅止代爲買藥買刀，及代爲僱人幫殺並未在場下手者，俱入情實。

一、男子拒姦無據，審無起釁别情，仍按謀故鬥毆定擬之案，例内已載明入緩，應查例照辦。

一、非應許捉姦之人殺死姦夫，仍依謀故鬥殺定擬各案，嘉慶十五年奏明，果係本宗情好素密，實出一時義忿，並無起釁别情，仍入緩決。如有挾嫌訛詐等情，應照尋常謀故鬥殺，酌核情節，分别實緩。

一、爲父報仇故殺，國法已伸入犯之案，乾隆五十八年曾奉諭旨入于緩決，永遠監禁。後即纂爲定例，係專指謀故殺致死伊父正凶而言。後又有因仇殺伊父正凶未遇，適逢正凶兄弟，即係彼時在場，同毆伊父餘人，被其惡言毒駡，觸忿故殺之案，雖殺非正凶，而報仇之心則一，亦酌入緩決監禁。爲兄報仇殺死正凶者，亦同。嘉慶三年、十八年俱有案。二十二年秋審，河南馬蔚可係故殺毆餘人，照緩，永遠監禁。

一、連斃二命之案，無論一故一鬥，及二命俱鬥殺，並内有一命即係當場殺人之犯，或係正餘限外身死律不應抵者，俱應入情實。如内有一命係姦盗罪人，凶犯有應捕之責，只應核其另斃一命之情節輕重，分别實緩。倘死者俱係姦盗罪人，凶犯無應捕之責，或僅係追趕落河，或追逐致令跌斃等項，以及其餘各案理直情輕，實可矜原者，亦可酌核入緩，但不宜過寬。嘉慶十八年，四川省楊桂春一起，係非應捉姦之人殺死姦夫姦婦二命，本部查有成式可遵，外實，改緩，奉旨仍照實勾決。小注按：道光十八年安徽省王守虧致斃人一家兄弟二命，一係擅殺，一係鬥殺，傷輕，外實，改緩。

一、連斃二命之案，如殺溺一人，又一人因撈救溺斃者，從前亦有實案。惟此等一命係殺跌所致，一命則非其意料，似只可以另釀一命論，究與連斃二命者有間。如另釀一命係死者之父子夫婦兄弟叔侄，因非殺死一家二命，仍依鬥殺絞候者，自不可輕議緩決。

一、瘋病連斃二命之案，俱入情實。如内有一命不應抵者如殺死子侄之類，可以緩決。即另斃二命，俱不應抵者，亦可入緩。小注按：咸豐八年奏明，因瘋致斃平人非一家二命者，入于緩決。

一、擅殺二三命及火燒、活埋者，俱入緩決。若至四五命以上，情節實在慘忍者，亦酌擬情實。

一、聽到毆斃一家二命、下手傷重從犯，應絞候者，不論傷之多寡輕重，俱入情實。嘉慶十八年議覆御史嵩安條奏，如實在被毆危急，一傷適斃或近罪人，死由跌溺者，酌量入緩。是年四川有照緩案。

一、各斃一命之案，以前無論情形輕重，俱入情實。近年則仍按其起釁之曲直，兩造人數之多寡、强弱，無論兩比互斃二三命，及致斃彼造二三命，俱可分别辦理。如釁起理直，或當時並未在場，後至攔勸，或情切救親父子共毆者不在此内，並身先受傷，死非徒手，及金刃他物抵戳一二傷者，若各凶犯俱有前項可原情形，則俱可緩決。若内有一二凶犯可原，則分案入緩。再，二三命之案，如兩造均係父子兄弟叔侄，自應較兩造均非

同姓及雖同族而非有服親屬者爲重。若情形尚有可原，亦可分別入緩，不必因此加重，概入情實。倘至四五命以上，則斷不可輕議分案入緩矣。嘉慶十八年，御史嵩安奏請共毆致斃四五命以上案犯，如係猝遇攔勸，及猝至救親，應核情節分別實緩，亦經本部奏明，如係猝遇攔勸，幫毆斃命之犯，仍照舊章入實，間有情節實可矜宥者，如死由跌溺或傷近失誤之類，隨時酌核。惟救親一項，如果勢在危急，在一命案內，例準隨本減流者，酌入緩決。至從前有一犯監斃，已有一抵，另犯尚可從寬入緩，此說究不甚妥。小注按：如內有一命係應抵正凶，或係誤殺擅殺，及死由抽風，或在正餘限外，凶犯罪不應抵之類，皆應扣除計算。

一、各斃一命之案，有彼此鬥不同地，先後鬥不同時者，各就尋常鬥毆分別實緩。惟廣東等省常有遇事爭鬥，實係一釁相因者，即與械鬥無異。若至四命以上，斷不可輕議緩決。

一、毆斃人命後復另釀一命，亦可按其當場之起釁曲直、毆情輕重，分別實緩。比常鬥稍爲加嚴，不必盡入情實。若釀至二命以上，則應酌入情實。

一、一死一傷及二三傷，並另傷一人成廢之案，如係情急抵禦，或被傷之人係奪刀致劃，俱不必因此加重入實。如一死而又另傷四人以上，則不可輕議緩決。其有起釁理直，實有以寡敵衆，情節可原者，亦可酌量入于緩決。

一、毆死人命後故殺子女，圖賴卸罪者，應入情實。按：如原犯情節本輕，亦有酌緩成案。

一、與人鬥毆後尋釁報復，復遷怒于其父母，毒毆致斃者，應入情實。

一、鬥殺共毆並各項命案，或父母肇釁，或父母囑令毆打致斃人命，父母因被毆氣忿，及畏罪畏累痛悔等情自盡，並非子孫犯罪致父母愁急輕生，仍照本律例定擬者，既不在加擬立決之例，毋庸加重辦理。

一、毆斃人命後，或乘便攫取財物，或臨時起意移屍，圖詐圖賴，仍按其當場鬥情輕重，分別實緩。

一、因鬥毆而釀成案如啓邊釁之類，情傷雖輕，俱應酌入情實。

一、毆斃人命後，或焚屍、移屍、滅迹，或致屍身漂没無獲，或賄囑件作匿傷揑報，或誣卸他人，或狡供不認，致屍遭蒸檢此與誣告致屍遭蒸檢者不同，並賄買頂凶等項，有一于此，訊係畏罪起見者，仍按其當場鬥情輕重，分別實緩。倘狡供致屍一再蒸檢，又有賄囑舞弊，誣賴圖卸種種狡詐情節，並釀成巨案，即鬥情尚輕，應酌入情實。

一、殺人免死赦回，或有配復行殺人之案，嘉慶十六年奏準，倘兩犯均係鬥殺、共毆，不論情節輕重，概入情實。如前犯鬥殺、共毆，後犯擅殺、戲殺、誤殺，及殺死妻與卑幼，或前犯擅殺等項，後犯鬥殺共毆，實係理直情輕者，酌入緩決。至前後兩犯中，或有一案係竊盜等項，並非殺人，只按其後犯情節定擬實緩。嘉慶十八年，本部議覆御史嵩安條奏，除前後兩案鬥殺共毆均係應緩者，仍擬情實外，如前後兩犯均應可矜，或前犯緩決後犯應入可矜者，俱酌擬緩決。若前犯緩決，後犯情節係例不應矜之案，即不得輕議緩決。

一、遣軍流徒各犯，在配殺人，及赦回復行殺人者，究與免死復犯不同。無論所殺係同配罪犯，或係在配、在籍平人，均照常鬥略爲加嚴。其理直傷輕，無凶情形暴者，俱可緩決。

一、尋常鬥毆殺人之案，最難參酌畫一。有金刃一二傷而應入實者如洞胸、貫肋，情近于故之類，有金刃過十傷而尚可緩者如身受多傷，理直情急，及死非徒手，死近罪人之類，有他物一二三傷而應入實者如理曲逞凶，鐵器傷在要害，骨斷、骨裂之類，有他物二十餘傷而尚可緩者如受傷抵禦，理直情急，並傷無損折，死近罪人之類。起釁情節有以索欠、負欠分曲直者，亦未平允。如先係重利盤剥，後復强取牲畜什物作抵，則索欠者反理曲矣。如窮民尾欠無幾，決緩不允，被債主陵逼不堪，因而抵毆致斃，則負欠者其情大有可原矣。又，倒地迭毆，情節固重，然亦不可概入情實。北方風氣剛勁，其一按一毆，並架至空地扳倒行毆之案，不一而足。倘起釁理直，尚無凶殘情狀，亦可酌量入緩。大約鬥殺之案，或理曲情凶，刃斃徒手。或倒地迭毆迭扎，至死方休。或死未還手，肆行毒毆狠砍。或姦盜賭匪逞凶行毆。此等之類，情無可原，俱應入實。其餘理直情急，傷輕者入緩無疑。但係理直情急，傷雖多金刃他物在內，或僅止一二傷，損折穿透，並僅係手足傷，俱可略傷而衡情擬入緩決。論傷痕，鐵器比他物爲重，金刃比鐵器爲重。若用大石砸壓，或用竹篙、木杆等物插入耳鼻谷道致斃，及雖不用器

械，或以毒物置人口鼻，或用鹽鹵灌入口内致斃。此等之類，情近于故，其情節非大有可原者，斷難議緩。以上各項，歷年成案均不畫一，總須臨時平心參核，先衡情，後論傷，彙比辦理。

一、原謀共毆，下手傷重之案，如理曲人衆，情凶傷重者，多入情實。若釁起理直，尚無凶暴情形，亦可酌入緩決。

一、聽糾共毆致死之案，多係事不干己，如黨惡凶殘，刀械交加，毆扎多傷，死未還手者，應入情實。其餘以後下手擬抵，并同時共毆之人，亦有傷重者，罪疑惟輕，本犯尚可入緩。道光五年《章程》，械門案内聽糾下手斃命之犯，照尋常共毆謀毆，將致斃四命以上者，擬入情實。若情節實可矜憫，及四命以下，各按傷情輕重臨時分別實緩。

一、尋常共毆人致死之案，如非原謀，亦非聽糾。係釁起一時，並無心撞遇，拉勸幫獲，因而争毆，須看兩比之人數多寡强弱，傷之多少輕重，共毆之是否同時，此造之有無受傷，一一詳核比校。至于理之曲直，竟可不必深論。如死者先被餘人毆傷，凶犯未曾目睹，迨後經見幫毆，傷痕無多，祇應就本傷論。或凶犯先毆數傷，即行歇手，餘人後復幫毆，非其所及知，或凶手及餘人身受多傷，或死者持有刀械，毆由抵禦，勢非得已。或餘人亦有致命重傷，以該犯後下手，並比較分寸擬抵。或義忿激於衆怒，或死類棍徒，本不足惜。如此等類，既有可原、可疑情節，均應緩決。若同時刀械交加，鱗傷遍體，並數人揿按一人毒毆。或目睹餘人已攢毆多傷，而又肆加毆砍，傷痕獨重。以及倒地疊毆，死係徒手，死未還手，情節種種凶横者，俱應入情實。

一、套拉斃命之案，多近失誤，如無凶横情節，可緩。

尋常共毆之案，定案時同毆傷輕之餘人有病故者，亦屬命有一抵，雖正凶情節略重，亦可酌入緩決。

一、亂毆不知先後輕重，罪坐初鬥，及原謀未動手，罪坐原謀之案，皆罪疑惟輕，俱應緩決。如原謀首先下手，情勢凶暴，並原謀而又當場喝令者，應入情實。若首先下手傷輕，或僅止聲稱毆打，並無喝逼攢毆重情，亦可酌量入緩。

一、威力主使，毆人致死之案，較凡鬥爲重。如釁起理直，傷亦不多，無恃强凶暴情形者，可以緩決。

一、威力制縛人拷打致死之案，較之威力主使尤重，如挾嫌藉事拷打，或非刑陵虐，或妄拷平人，一切凶暴不法情節，俱入情實。其餘釁起理直，並疑竊有因，及制縛而未拷打，或邂逅傷輕致斃者，亦可緩決。

一、弩箭殺人，照鬥毆者應入情實。

一、凡火器殺人之案，無論疑賊誤殺，因鬥誤殺，俱入情實。間有情切救親，及無心點放如被死者追逐拼動火機之類，亦可酌入緩決。嘉慶十八年，本部奏明，嗣後火器殺人之案，一概入實。其間情節實屬可原之案，于黄册内詳爲聲叙。惟無心點放，照鬥殺定擬者，入緩。嗣于道光三年，及十九年奏明，火器捕賊誤殺及當場致斃應抵正凶，並未經報部，巡役致斃鹽匪之類，酌入緩決。

一、摒去人服食致死之案，如情節不甚凶暴者，亦酌量擬緩。

一、以他物置人耳鼻孔竅致死，情同謀故者，應入情實。小注按：如係比照定擬，情有可原者，亦酌擬入緩。

一、尋常鬥殺案内，用熱水燙潑致斃者，亦可核其情節，分別入緩。此等情傷較慘，如係伏暑時候，有心用滾水澆淋，連片傷多者，不可輕議緩決。小注：燙傷致斃之案，歷年入緩者，蓋湯火雖與金刃同科，究不若金刃之立斃人命，苟情節稍有可原即應入緩。

一、金刃傷穿透之案，如係胸前透脊背，或肚腹透腰眼，或左肋透右肋，及一切要害致命處所穿透者，皆情凶近故，應入情實。倘理直情急，受傷回抵，僅止一二傷。或死者撲攏勢猛，收手不及之案，雖至洞胸貫肋，亦可緩決。其餘腿腳胳膊等處穿透者，亦照尋常鬥殺傷痕，分別實緩。

一、扳倒割筋剜眼，致斃人命之案，多入情實。如釁起理直，死非善類，並情節不甚凶殘，意止欲令成廢者，亦可緩決。

一、旗人殺死旗人之案，從前俱入情實。嘉慶八年本部奏明照民人鬥殺一律，分別情傷輕重定擬實緩。

一、致斃老人幼兒之案，有欺陵情狀者，應入情實。如事本理直，傷由抵禦及手足他物傷輕，並金刃一二傷輕者，亦可入緩。

一、聽從伊妻謀死前夫子女仍同凡論擬絞，及毆殺内傷多情慘，死太幼稚者，俱應入情實。

一、十五歲以下幼孩殺人之案，除謀故等項應入情實外，如係鬥殺，必實。有凶暴情節，傷多近故，無一可原，及死更幼稚，死係雙瞽篤疾，理曲欺陵，疊毆傷多者，方入情實，餘俱緩決。至老人殺人，有彼此强弱不同，以弱敵强，雖傷多亦可緩決。若犯本强健而死者懦弱、衰邁，或係幼孩篤疾，輒肆行疊毆，情傷俱重者，自應入實。其謀故等亦與凡人同。

一、致斃婦女之案，如恃强欺陵，情凶傷重及他物迭毆七八傷以上，金刃四五傷以上者，俱應入情實。其尋常互鬥，理直傷輕者，可以緩決。

一、毆死祖妾、父妾，仍分別有無子女及是否年老並情傷輕重酌定實緩較兄弟妻尤應加嚴。

一、致斃兄妻之案，律以凡論，亦與致斃尋常婦女一律分別實緩，略爲加嚴。至弟妻究與兄妻有間，應同尋常婦女論。

一、毆死雙瞽篤疾及病人之案，情傷稍重者多入情實。如理直傷輕，亦可緩決。至篤疾殺人，稍有可原情節，即入緩決。

一、姦匪竊匪致斃人命之案，如係爭贓爭姦，毆戳傷多者，俱應入情實。其餘釁非因姦因盜，係尋常口角爭毆。或係死者懷妒忿爭等類，情急傷輕者，亦可緩決。至姦匪毆死縱姦本夫一項。死者亦屬無恥，如非因姦起釁，亦可與常鬥一律辦理。

一、續姦不遂毆死悔過拒絶之姦婦者，應入情實。如死者並非悔過拒絶，因他故不允續而殺，乃非因姦起釁，致斃姦婦者，照尋常毆斃婦女之案，略爲加嚴。

一、乞丐斃命並賭匪致斃賭匪之案，俱照常鬥分別緩決。若賭匪因賭起釁致斃平民，應略爲加嚴此本平民作民人，照道光本改。

一、奴婢毆死良人，仍照常鬥，核其情節，分別實緩。

一、乳母悶死幼孩之案，例無明文。定案俱照乾隆二十六年諭旨擬絞。致僱主絶嗣者情實，未絶嗣者緩決。五十九年奉旨，嗣後遇有此等案件，訊係獨子，致其宗絶嗣者，即係出于無心，亦應入于秋審情實。

一、回民毆死人命之案，如結夥持械，情凶傷重者，俱應入情實。若僅係尋常鬥毆，不必加重。

一、平人致斃番民，及番民致斃平人，俱照常鬥分別實緩。

一、兵丁差役、糧船水手毆斃人命之案，如索詐索賄，依勢滋事，情節凶暴者，俱應入情實。其餘亦照常鬥，分別實緩。

一、毆斃兵丁差役之案，如情同拒捕者，俱應入實。其餘亦照常鬥，分別實緩。

一、在押人犯毆斃人命，仍核其本案情傷輕重，分別實緩。

一、部民毆本管官，折傷刃傷者，俱擬情實。其非本管官，以凡鬥論之案，如死者理曲，自取陵辱，情傷俱輕者，可以緩決，餘俱入實。

一、官司差人追徵錢糧，勾攝公事，抗拒不服，毆差致死之案，原以該犯非有罪之人，故不以罪人拒捕論，秋審亦當分別情傷，以定實緩。

《清德宗實録》光緒五年九月 諭内閣：昨據刑部左侍郎錢寶廉奏，本年秋審河南省李金木一起，定案時已屬從嚴，向擬斬候，秋審時未便從嚴擬實，並請飭議專條等語。當經降旨，令刑部議奏。茲據尚書文煜等奏，秋審命案，意見兩歧，請派大員再行覆覈、定擬一摺。斬犯李金木，聽從圖財，謀殺年甫五歲小功服姪。係照平人謀殺律問擬，既經刑部改擬情實，實屬法無可貸。惟念該犯係屬爲從加功，例無明文。衡情定罪，若照平人謀殺加功律，亦應問擬絞候。入於情實，李金木一犯著即改爲絞監候。現屆勾到之期，即行處決，毋庸另派大員覆覈。錢寶廉所請飭議專條之處，仍著刑部議奏。

（清）席裕福《清朝政典類纂》卷三九九《刑三十一·刑律人命·采生折割人》 條例

一、凡採生折割等人，如有親屬首告或捕送到官，已行者，正犯不免，其緣坐之妻子及同居家口得同自首律免罪。謹案：此條乾隆五年定，或捕送到官下有應如反逆律五字，三十二年删。

事例

嘉慶十六年諭： 錢楷奏審擬張良璧採生斃命一案，並請將不爲究辦之知縣、知府革職再行嚴審各一摺，此案張良璧舐吸嬰女精髓，前後共十六年，致斃女孩十一人，成廢一人，實屬窮凶極惡、人形獸性。該犯自嘉慶元年九月作俑，其始尚謂託詞不知因此傷生，迨連斃一二命後，該犯豈毫無知覺，乃稔惡至十六年之久，斃命至十餘人之多，凶殘已極。錢楷比照採生折割人凌遲處死律量減擬以斬決，庇護人妖是何意見？試思殺死一家非死罪二人卽應斬決，三人以上卽應凌遲處死，該犯殘斃嬰孩十餘

命，豈斬決所能蔽辜？張良璧一犯著卽凌遲處死。該犯年已七旬，設因病致斃或畏罪自戕，豈不幸逃顯戮？著由四百里傳諭，錢楷接奉此旨卽先將該犯正法示衆，傳齊十六家親丁環視，以快人心而抒衆憤。所有張良璧家產，並著抄没，傳集被害十六家親屬當官分給，仍將情形具奏。錢楷錯擬罪名，著交部察議，知府成履恒、知縣賈佩遒著革職，交該撫將有無受賄故縱等情嚴行審訊。該府縣果得受贓銀，必有過付之人，有家人、書吏及張良璧家屬均可指證，亦無須暫留張良璧質對。該撫務秉公嚴鞫，毋稍瞻徇。審明後另摺定擬具奏。其方大川等應行察議之處亦歸於定案時一併核議。聖訓。

（清）席裕福《清朝政典類纂》卷三九九《刑三十一·刑律人命·造畜蠱毒殺人》 條例

一、諸色鋪户人等貨賣砒霜、信石，審係知情故賣者，仍照律與犯人同罪外，若不究明來歷，但貪利混賣致成人命者，雖不知情亦將貨賣之人照不應重律杖八十。謹案：此條乾隆三十年定。一、凡以毒藥毒鼠、毒獸誤斃人命之案，如置藥餌之處人所罕到，或置放餧食牲畜處所不期殺人，實係耳目思慮所不及者，依過失殺人律收贖。若在人常經過處所置放因而殺人者，依無故向有人居止宅舍放彈射箭律杖一百，流三千里，仍追給埋葬銀一十兩。謹案：此條嘉慶四年定。

刑案

挾嫌私用桃樁釘在他人祖墳圖破風水，比照魘魅書符咒詛欲令疾苦減謀殺已行未傷二等律徒三年。嘉慶二十二年浙江案。

毒鼠藥末誤作胡椒放入湯內，致伊壻服食斃命，比照無故向有人居止宅舍放彈射箭因而致死律杖流。道光二年四川案。

自欲服毒將藥寄放誤斃人命，比照毒藥毒鼠如置藥餌之處在人常經過處所因而殺人例科斷。道光十三年直隸案。

造酒嫌淡，將鋪夥所窔本地烏藥攙和做酒，誤毒四命，比照以毒藥在人常經過處所置放因而殺人者，依無故向人居止宅舍放彈射箭律科斷，照致死人數加等例加二等，發近邊充軍，仍按死者名數追埋葬銀兩，分給屍屬具領。採烏藥之人照不應重律問擬。道光十七年陝西司說帖。

（清）席裕福《清朝政典類纂》卷三九八《刑三十·刑律人命·謀殺祖父母父母》 條例

一、尊長謀殺卑幼，除爲首之尊長仍依故殺法分別已行、已傷、已殺定擬外，其爲從加功之尊長，各按服制，亦分別已行、已傷、已殺三項，各依爲首之罪減一等。若同行不加功，及同謀不同行，又各減一等。爲從，係凡人，仍照凡人謀殺爲從科斷。謹案：此條乾隆六年定。一、凡尊長故殺卑幼案內，如有與人通姦因媳礙眼，抑令同陷邪淫不從商謀致死滅口者，俱照平人謀殺之律分別首從，擬以斬、絞監候。謹案：此條係乾隆三十七年遵旨定例。一、凡子孫謀殺祖父母、父母案内，如有旁人同謀助逆，加功者，擬絞立決。謹案：此條係乾隆三十九年遵旨定例。一、凡夫謀殺妻之案，係本夫起意者，仍照律辦理外，如係他人起意，本夫僅止聽從加功者，於絞罪上減一等，杖一百，流三千里。謹案：此條乾隆四十七年定。一、凡姑謀殺子婦之案，除伊媳實犯毆詈等罪仍照本律定擬外，如僅止出言頂撞，輒蓄意謀殺，情節凶殘顯著者，改發各省駐防給官兵爲奴。謹案：此條乾隆四十八年定，道光十年修改。一、謀殺期親尊長，正犯罪應凌遲處死者，爲從加功之犯擬以絞候，請旨卽行正法，不加功者，仍按律科斷。如爲從係有服親屬，各按尊卑服制本律定擬。謹案：此條嘉慶十五年續纂。一、本宗尊長起意謀殺卑幼，罪應絞候之犯，如與死者之子商同謀殺，致其子罪干凌遲者，將起意之犯擬絞立決。謹案：此條道光元年續纂。

事例

雍正七年諭：嘗見繼母於前母之子，其相待之刻有在尋常情理之外者，或顯加之以凌虐，或陰中之以計謀，以致其子不得其死，甚至絶其夫之宗祀，而不恤是，不但母子之恩已絶，並視其夫如仇讎矣。向以名分所在，故律無擬抵之條，事既出情理之外，所當酌量立法，以防人倫之變。朕意，若繼母於前母之子凌逼謀害至死者，以其所生之子擬抵；若未生子者，令歸母家，不得承受夫家産業，則凶悍之婦人有所儆戒，消其殘忍之心而保其母子之誼。著九卿詳議。尋議：嗣後，除繼母將前母之子毆死、故殺，致令其夫絶嗣者仍照律擬絞外，如有父故之後繼母將前母之子任意凌虐、毆殺、故殺者，不必坐以收贖之虚罪，卽將所生偏愛之子議令抵償，擬絞監候。如凌逼前母之子致自盡者，將繼母之子杖一百，流三千里。未生有子者，勒令歸其母家，不得承受其夫之産業。從之。《皇朝文獻

通考》。

乾隆四年議准：繼母將前母之子有意謀殺者，自應遵照舊例將繼母之子擬絞。如毆傷雖重，並無欲殺之心，將繼母之子杖一百，流三千里。如肆行凌虐以致自盡者，又與故殺毆殺有間，將繼母之子杖一百，徒三年。會典事例。

十四年議准：繼母故殺前妻之子，審係撫如己出，而其子不孝，經官訊驗有據，即照父母故殺子孫律分别擬以杖徒，不必援照加等之例。如伊子本無違犯教令，而繼母非理毆殺、故殺者，除其夫現有子嗣仍依律加等定擬外，若現在並無子嗣，即照律擬絞監候，於秋審時將情罪可惡者入情實册内，請旨定奪。《皇朝通典》。

二十六年諭：據常鈞奏，亳州因瘋弑母之姜會監斃戮屍並請畫一辦理一摺，所見甚是，嗣後各州縣設遇有此等事，稟明督撫，一經查實，即照常鈞所奏，在省城者即請出王命，在外屬者即委員賫令箭前往，將該犯立行按法凌遲處死，一面具摺奏聞。其或案情另有别項牽涉，仍行照例查辦，將此傳諭各督撫知之。二十九年諭：前經降旨各省，遇有子孫蔑倫重案，令各該督撫於審擬定讞後一面奏聞，即一面正法，原因該犯情罪重大，不便稍顯稽戮，但事關重辟，其中情僞多端，亦不應輕率完結。即如廣東遂溪縣監生梁朝舉毆死陳國英之母張氏一案，初經該縣管唯木妄斷屍子陳國英弑母，録供詳報。及至該督蘇昌委員覆審，始究出梁朝舉自行毆死，狡稱陳國英搭斃實情，幸而獄無枉縱。若非悉心研鞫，遽爾加之寸磔，即使事後别經訪出，而其人已罹極典，豈不竟抱奇寃莫白耶？嗣後，各省如遇此等重案，不可不倍加詳慎。該督撫等務須親提人犯，再三確審以成信讞，毋得僅憑州縣供詳，致滋寃抑。該部遵諭速行。五十九年諭：本日刑部等衙門將乳母徐許氏壓捫幼孩身死一案問擬絞候，固屬照例辦理，已照籤發下矣，但似此乳母壓死幼孩之案，如訊係所乳幼孩之外别有子嗣而壓捫致死，又實出於無心，自應照舊問擬，臨時尚可免勾。若其家祇此幼孩一線，别無他子，此等蠢愚乳母不知小心撫養，竟至壓捫身死，甚且挾嫌懷怨，有心致斃，以致其家因此絶嗣，不可不分别覈辦。嗣後凡遇此等案件，若乳母壓死之幼孩訊係獨子以致其家絶嗣，即使出於無心，亦應入于秋審情實辦理，以昭平允。以上均會典事例。

嘉慶十五年奉旨：刑部議覆四川省程鄧氏商同伊子勒斃親夫一案，向來外省遇有因姦謀斃親夫之案，審擬具奏，例應聽候部議。此案程鄧氏因伊夫程洪受平日酗酒嫖賭，又見其站立伊媳房門外，輒疑圖姦，商同伊子程德幫勒斃命，實爲人倫至變。該督審明後即將程德恭請命王正法，而程鄧氏一犯當照尋常謀斃夫命案情，仍請勅下部議，未免拘泥。程鄧氏著即凌遲處死，案非情理所有，事屬僅見。嗣後，如或有情節似此者，即照此辦理。十六年奉旨：此案張羅氏起意尋死，圖賴王家澤，令伊媳陳氏取砒，伊媳不肯前往。該氏即誆稱止係攜砒至王家澤恐嚇，並非真心服毒。伊媳始行取砒，該氏復將伊媳遣開，乘間服毒，及伊媳知覺，當即泣喊灌救。是張羅氏服毒身死，實爲陳氏所不及知，且張羅氏毒發未死之時，業將自行起意尋死圖賴及誆伊媳取砒各情向伊夫妾賀氏言明，並有賀氏不必責怨伊媳等語，衆所共聞。所有陳氏問擬凌遲處死之處，著改爲斬監候，歸於本年秋審服制册内辦理。又奉旨：此案楊文萬因伊兄楊文彩病磨難受，聽從買砒致伊兄自食斃命，刑部按律將楊文萬問擬凌遲處死，仍以該犯與逞凶謀斃者不同，請旨定奪。朕詳閲案情，當楊文彩因病磨尋死，向伊弟楊文萬催逼買砒，未經應允輒欲自搯咽喉，冀圖閉死。楊文彩自尋短見，如欲以金刃自戕，文萬自當慮其傷命，今僅以手搯咽喉不過一時嚇逼，何致殞命？且伊即被逼無奈，欲藉以安慰伊兄之心，何妨以他藥假稱砒石，則伊兄服食亦不至遽爾戕生。乃聽從買砒收存枕下，以致伊兄乘間取服，竟致不救。楊文萬兄弟並無財産妻室，不致有謀斃别情，但楊文萬本係出外營生，或因侍奉伊兄病久見其有病磨尋死之心，即曲意順從，亦未可定。事無指證，原供僅據該犯一面之詞，若竟照從前陳氏被伊姑張羅氏誆令取砒服毒之案改問斬候，兩案情節不同。楊文彩之死究由楊文萬買砒所致，倫紀攸關，難以寬宥，惟罪疑惟輕，楊文萬著改爲絞立決。二十二年諭：阮元等奏，審擬蔡允光聳母自縊圖賴，將蔡允光恭請王命凌遲處死一摺，此案蔡允光之母萬氏因邱成功不肯退還地畝，前往哭鬧，夜深住宿，用繫磨草繩在磨房自縊身死。該督等因蔡允光慫恿伊母赴邱成功家拼命圖賴，萬氏聲言：如不得地即死在邱家，斷不空返。該犯答稱：如果尋死，伊必爲母伸寃等供，即將該犯照依子謀殺父母已殺者凌遲處死律，恭請王命凌遲處死辦理，尚未允協。萬氏前赴邱成功家圖

賴，蔡允光並未隨往，自縊草繩係邱成功家之物，亦非蔡允光付給。其聳母拚命圖賴供詞係在萬氏自縊後審出，祇係空言，問擬斬決已當其罪，若即處以極刑，近日他省逆倫之案尚有逼母自盡並給凶器從旁加功者，又將加以何罪耶？蔡允光業已正法，著毋庸議，嗣後審擬此等案件，亦應詳核情節，不得漫無區別概擬重典。道光三年諭：蔣攸銛奏審明蔑倫重犯一摺，查此案張安因其父張起坤强姦伊妻張張氏已成，同妻毆傷張起坤身死，除將張安凌遲梟示外，將張張氏擬以凌遲，聲明該氏並非無故逞凶，于法情可矜原等語，著刑部速行核議具奏。欽此。奉旨：張張氏著照刑部所議改爲斬監候。又奉旨：前據陶澍奏定遠縣民周傳用因瘋戳斃伊父審擬凌遲一案，兹據刑部議稱，逆倫重犯例應審明後恭請王命即行正法，未便因其瘋發無知即令日久稽誅等語，所有周傳用一犯，自應即行凌遲，以懲梟獍。嗣後，除子孫毆傷、悮傷、悮殺及過失殺祖父母、父母仍各照定例奏明辦理外，其子孫毆殺父母、祖父母之案，無論是否因瘋，悉照本律問擬，一面恭請王命即行正法，一面具摺奏聞。著該部通行各督撫將軍都統府尹一體遵照辦理，以免歧悮。二十一年諭：昨因陝西民人喬中知當伊母起意投窨自盡逼令送往，該犯曾向哭阻，並邀伊母舅排解，迨因被逼扶送，旋即釋手，較之從前倪勝兒、蔡允光之案並無加功慫恿情節較輕，自以改爲斬監候，倘因此次奉有酌減諭旨，將來各省辦理此等案件率聽案犯添揑情節教供避就，大非朕執兩用中之意。嗣後，內外問刑各衙門務須虛衷研鞫，詳核案情，照例辦理，不得援引喬中和之案有意開脫，以致逆倫重犯倖稽顯戮，須于罪疑惟輕之中，仍不失明刑弼教之議，將此通諭知之。以上均聖訓。

光緒五年議准：嗣後，功服以下尊長如係聽從外人，圖財謀殺以下卑幼，下手加功，即照此次欽奉諭旨，按平人謀殺加功律問擬絞候，入實係期親尊長圖財聽從外人謀殺十歲以下卑幼，亦照此問擬絞候，惟服制較近應俟秋審時斟酌辦理，其不加功者，無論期功，俱杖一百，流三千里。九年奏准：嗣後，姑故殺子媳之案，除年在十六歲以上仍照律准其收贖外，如有十五歲以下童養幼媳非理凌虐，逞忿故殺，情節殘忍者，照律擬罪，酌予監禁三年。限滿由有獄管獄官察看情形，實知改悔，據實結報，酌予釋放。倘在監復行滋事，犯該笞杖者，仍准收贖，犯該徒罪以上，加監禁半年，犯軍流以上，加監禁一年，再行釋放。若官吏獄卒故意凌虐，照凌虐罪囚例加等治罪。以上均通行。

刑案

妻因病不欲生，令夫將伊勒死，照夫謀殺妻係他人起意、本夫聽從加功，於絞罪上減等擬流。嘉慶二十三年四川司說帖。

夫欲自刎圖賴，令妻代抹傷輕，援例夾簽聲請。奉旨，改爲斬監候。嘉慶二十五年陝西司說帖。

毒傷功尊誤斃旁人，從重擬以絞決。嘉慶十七年河南案。

子謀殺母圖賴，從犯並未加功，未便僅擬滿流，應發往新疆爲奴。嘉慶十九年江蘇案。

妻謀殺夫氏兄從而加功，依律擬絞監候，仍照謀殺期親尊長爲從加功之犯，請旨即行正法。嘉慶十八年直隸案。

謀殺夫兄誤毒翁姑身死，依毆夫之父母殺者律凌遲處死。嘉慶二十二年廣西案。

母欲圖賴逼子取砒服毒自盡，奉旨改爲斬立決。道光九年江西案。

母因子續娶瘋婦商謀同孫自盡，其子經救得生，問擬斬決，奉旨釋放，聽其永遠依守伊母墳墓，其婦照瘋病殺人例擬以斬候，永遠監禁。嘉慶二十一年四川司案。

代兄裝傷，兄被他人傷重致斃，比依卑幼刃傷期親尊長，訊非有心干犯，及情有可憫例科斷。道光十四年廣東案。

尊長聽從凡人謀殺大功卑幼，依謀殺卑幼爲從加功之尊長，依爲首之罪減一等例，問擬滿流。道光十四年貴州案。

聽從外人謀殺小功服姪並未加功，依凡人不加功滿流上加一等擬軍。道光十年江蘇司說帖。

胞兄自欲尋死，其弟用言慫恿尚無幫同加功及在場目擊情事，照謀殺期親尊長已行律斬決，援例夾簽聲請。道光十年湖廣司說帖。

謀殺緦麻尊長僅止同謀，並未同行，比照謀殺人從而不加功律問擬滿流。道光四年湖北案。

挾嫌造意令人殺父圖詐，非尋常造意殺人者可比。請旨即行正法。道光十三年安徽司案。

被誣指殺人訟恐不勝，造意令小功弟殺母抵制，依謀殺緦麻以上尊長律擬斬立決，加梟示。道光十二年安徽司案。

疑媳張揚伊女姦情，立時殺死，比照姑謀殺子婦情節凶殘顯著例，實發駐防爲奴。道光十年江西司案。

子婦謀殺已嫁同住之姑，依故殺夫之期親尊長律擬斬監候，請旨即行正法。道光十三年江蘇案。

逆倫案知情不報，反聽從擡屍圖賴，比照知人犯罪不行捕告律，於本罪上減等問擬滿流。光緒六年直隸案。

謀毒胞弟並誤殺父母，依子毆父母殺者律，凌遲處死，係父母俱殺，照例加割刀數。光緒十年直隸案。

（清）席裕福《清朝政典類纂》卷四〇〇《刑三十二・刑律人命・殺子孫及奴婢圖賴人》 條例

一、有服親屬互相以屍圖賴者，依干名犯義律。一、妻將夫屍圖賴人者，依卑幼期親尊長圖賴人律。若夫將妻屍圖賴人者，依不應重律。其告官司詐財搶奪者，依本律科斷。謹案：以上二條均係原例。一、故殺妾及子孫姪姪孫與子孫之婦圖賴人者，無論圖賴係凡人及尊卑親屬，俱發附近充軍。謹案：嘉慶六年奏准。故殺卑幼圖賴人之案或所圖賴者係卑幼，外省遂依尊長誣告卑幼定擬殊非例意，因增無論凡人及尊卑親屬句。一、無賴凶棍遇有自盡之案，冒認屍親，混行吵鬧毆打，或將棺材攔阻打壞，擡去屍首勒掯行詐者，均杖一百，枷號兩月。若該管地方兵役知而不拿者，各照不應重律治罪。謹案：此條乾隆二年改定。一、凡兄及伯叔謀奪族人財產，故殺弟姪圖賴，致被詐之家復有毆故殺尊長釀成立決重案者，除罪犯應死悉照各本例定擬外，其罪應軍流者，即照兄及伯叔因爭奪弟姪財產故行殺害例擬絞監候。至被詐之家財產或無人承管，不得以爭奪者之家繼嗣承受。謹案：此條乾隆五十年遵旨議定。一、將父母屍身裝點傷痕圖賴他人，無論金刃手足他物成傷者，俱擬斬立決。謹案：此條道光元年續纂。

刑案

藏匿公產，故殺子圖賴卑幼，與圖謀卑幼財產殺害卑幼之命不同，仍依本律擬軍。嘉慶元年廣東案。

故殺收養三歲以上遺棄小孩圖賴，照故殺雇工人定擬。嘉慶五年四川案。

因人穢詈，疑妻有姦，將妻勒死，細思總由人言辱罵所致，將屍移至窑前裝吊圖賴，仍照殺妻律定擬。嘉慶十五年陝西案。

旗人挾嫌將成廢之子踢死訛詐，外依例擬軍，折枷發落，部改依故殺子圖賴人例發附近充軍，係旗人，除檔，照例發配，不准折枷。道光九年奉天司說帖。

將甫生一月恩義至七歲義子殺死圖賴，比照故殺姪圖賴人例擬軍。嘉慶二十三年福建案。

將父未埋葬屍棺擡往人家訛詐，比照子將父屍圖賴人律滿徒。嘉慶二十三年直隸案。

知人殺父圖詐，幫同訛詐錢匿報，比照知人犯罪不行捕告減罪人一等律，于本犯凌遲罪上減一等滿流。嘉慶二十四年直隸案。

父病垂危，挾嫌背往小功叔家訛詐，父即病故，與藉屍圖賴無異，比照子將父屍圖賴人律滿徒。嘉慶二十五年福建案。

故殺子孫藉屍圖賴，應究明起意圖賴是否在未殺之先，抑在既殺之後，分別問擬軍、徒。道光六年直隸案司說帖。

繼母殺前妻之子圖賴人，照故殺子圖賴人例發附近充軍。道光十三年四川案。

子聽從他人將父屍裝吊圖賴，擬於子將父屍圖賴例上酌加一等科斷。道光十四年貴州司說帖。

謀殺妾命，誣賴胞叔威逼自盡，依殺妾圖賴人無論圖賴尊卑親屬例發附近充軍。道光十三年四川案。

父被弟毒斃，事後聽從用血塗屍圖賴，比照將父屍裝點傷痕圖賴他人例擬斬立決。道光十七年雲南司說帖。

（清）席裕福《清朝政典類纂》卷四〇〇《刑三十二・刑律人命・尊長爲人殺私和》 條例

一、凡屍親人等私和人命，除未經得財或贓罪較輕仍照律議擬外，如屍親期服以下親屬受財私和者，俱計贓准枉法從重論。其祖父母、父母及夫若家長被殺，子孫及妻妾、奴婢、雇工人受賄私和者，無論贓數多寡，俱杖一百，流三千里。若子孫及妻妾、奴婢、雇工人被殺，祖父母、父

母、夫家長受賄私和，無論贓數多寡俱杖一百。其以財行求者，如係凶犯之緦麻以上有服親屬及家長、奴婢、雇工人，均不計贓數擬杖一百。若凶犯罪止軍流者，以財行求之親屬等，杖九十；罪止擬徒者，各杖八十。説事過錢者，各減受財人罪一等。謹案：此條嘉慶六年十一年二次修改，道光五年復奉頒修。

事例

乾隆二十八年題准：嗣後，凡私和命案而未得財仍照律擬議外，如受財者，俱計贓准枉法論，從其重者定罪，則律議益見周詳，而情理得其平允矣。通行。

刑案

子被殺，父賄和，次子告官申雪，依卑幼告尊長，尊長自首免罪，罪坐卑幼律問擬滿徒。乾隆四十四年浙江案。

放出奴婢被殺，家長代凶犯向屍妻説合賄和，得受謝銀。放出與轉賣不同，恩義猶存，比依奴婢被家長受賄私和例擬杖。嘉慶十七年雲南案。

因夫强姦子媳未成，被子殺死，輒慮無人養贍，容隱匿報，實屬昧于大義，比照夫爲人殺妻私和律。嘉慶二十五年江蘇案。

事主毆死竊賊，罪止滿徒，屍親私和匿報，于應得私和本罪上減二等問徒。道光元年安徽案。

地保徇情説合賄和，將應抵人命揑報浮屍，並未受賄，比照証佐不言實情減罪人罪二等例擬徒。道光二年江蘇案。

父被胞弟謀死，犯兄畏累不報，比照故縱罪囚至死減一等律擬流。道光三年陝西案。

胞叔被堂兄毆死，聽從殮埋匿報，比照期親尊長被殺卑幼私和律，係爲從，減一等，杖七十，徒一年半。道光四年福建司説帖。

弟違兄教令，致父自盡，兄聽從私埋匿報，應照父爲人殺子私和律擬徒。道光四年貴州司説帖。

夫被伊姊毆斃，祖姊揑供調戲，照夫爲人所殺妻私和律擬以滿徒。道光四年直隸案。

人命案内旁人畏累行賄私和，照以財行求計贓與受財人同科，無祿人減一等，擬杖一百。道光十二年貴州案。

因女犯姦自盡，其父受賄私和，照不應重律杖八十。道光十四年直隸案。

逆倫案内徇隱匿報之犯，兄比照故縱與囚同罪至死減一等律問擬滿流。光緒十一年江蘇案。

（清）席裕福《清朝政典類纂》卷四〇〇《刑三十二·刑律人命·同行知有謀害》 凡知同伴人欲行謀害他人，不即阻當救護，及被害之後不首告者，杖一百。

刑案

知人欲殺小功堂兄，並不阻止，依知人謀害他人不即阻當杖一百律上加等問擬。道光二年四川案。

地保知人殺人逃走，畏責不報，比照知人謀害他人不即首告律擬杖一百。道光三年江蘇案。

知人殺人代爲掩飾圖脱正凶，比依知人謀害他人不即首告律加等，擬徒一年。道光八年陝西案。

（清）席裕福《清朝政典類纂》卷三九九《刑三十一·刑律人命·殺一家三命》 凡殺謂謀殺、故殺、放火行盜而殺。一家謂同居，雖奴婢、雇工人皆是。或不同居，果係本宗五服至親亦是。非實犯死罪三人及支解活人者，但一人即坐，雖有罪亦坐，不必非死罪三人也。爲首之人凌遲處死，財産斷付死者之家，妻子不言女，不在緣坐之限。流二千里。爲從加功者斬，財産妻子不在斷付應流之限。不加功者，依謀殺人律減等。若將一家三人先後殺死，則通論。若本謀殺一人而行者殺三人，不行之人，造意者斬；非造意者，以從者不行減行者一等論，仍以臨時主意殺三人者爲首。謹案：原注無謂謀殺故殺放火行盜而殺十一字，其本宗五服四字，原注係父子兄弟，乾隆十六年增改。

條例

一、凡殺一家非死罪三人及支解人，爲首監故者，將財産斷付被殺之家，仍剉碎死屍梟首示衆。謹案：此條乾隆三十二年删定。

一、支解人，如毆殺、故殺人後欲求避罪，割碎死屍，棄置埋没，原無支解之心，各以毆故殺論。若本欲支解其人，行凶時勢力不遂，乃先殺訖，隨又支解，惡狀昭著者，以支解論。俱奏請定奪。謹案：此條係原例。

一、本宗及外姻尊長殺緦麻小功、大功卑幼一家非死罪主僕、雇工三人者，俱斬決。殺期服卑幼一家主僕，雇工三人者，絞決；若三人内有

功服緦麻卑幼者，仍從殺死功服緦麻卑幼三人斬決。至殺死一家三命分均卑幼，內有一人按服制律應同凡論者，斬決梟示。如謀占家產、圖襲官職，殺期服卑幼一家三人者，斬決；殺大功、小功、緦麻卑幼一家三人者，凌遲處死。仍各將犯人財產斷付被殺之家。謹案：此條嘉慶十一年遵旨改定。

一、殺死功服緦麻卑幼一家非死罪二命者，俱問擬絞決，奏請定奪。仍查明該犯財產酌斷一半給付死者之家。謹案：此條乾隆四年定，其斷付財產係三十二年增。

一、凡殺一家非死罪二人及殺三人而非一家、內二人仍係一家者，擬斬立決梟示，酌斷財產一半給被殺二命之家養贍。儻本犯監故，財產仍行斷給。如致死一家二命係一故一鬬者及殺三人而非一家者，與本欲謀殺一人而行者殺三人案內，造意不行之犯俱擬斬立決，奏請定奪，毋庸斷給財產。謹案：此條係嘉慶十一年遵旨修改。

一、爲父報讎，除因忿逞凶臨時連殺一家三命者仍照律例定擬外，如起意將殺父之人殺死後被死者家屬經見，慮其報官復行殺害，致殺一家三命以上者，必究明報讎情節，殺非同時與臨時逞凶連殺數命者有間，將該犯擬斬立決，妻子免其緣坐。謹案：此條嘉慶六年遵旨定例。

一、凡殺一家三命以上凶犯，審明後依律定罪，一面奏聞，一面恭請王命先行正法。謹案：此條係乾隆六十年遵照五十五年諭旨定例。

一、凡謀殺、故殺緦麻尊長一家二命者，斬決梟示。毆死緦麻尊長一家二命者，擬斬立決。謹案：此條嘉慶十六年定。

一、凡謀故殺人而誤殺旁人二三命，除非一家者仍從一科斷，照故殺本律擬斬監候外，如係一家二命，擬以斬決，免其梟示；三命以上，擬以斬梟，俱無庸酌斷財產。謹案：此條嘉慶十七年定。

一、家長殺奴僕非死罪三人者，官員旗人發黑龍江當差，民人發駐防給官員兵丁爲奴，被殺人父母妻子悉放爲民。若殺期親奴僕一家三人者，絞候；殺內外大功、小功、緦麻及族中奴僕一家三人者，俱斬候。謹案：此條嘉慶十九年修改。

一、凡發遣當差爲奴之犯，殺死伊管主一家三人並三人以上者，除正犯凌遲處死外，其知情之子孫擬斬立決，不知情者擬斬監候。若子孫年未及歲，並凶犯之妻妾俱發駐防給官員兵丁爲奴。謹案：此條乾隆六年上諭，嘉慶十九年修改。

一、聚衆共毆，原無必殺之心而毆死一家三命及三命以上者，將率先聚衆之人不問共毆與否擬斬立決，爲從下手傷重至死者擬絞監候。其共毆致死一家二命者，將率先聚衆之人不問共毆與否擬絞立決，爲從下手傷重致死者擬絞監候。若鬬殺之案毆死一家三命及三命以上者，擬斬立決；毆死一家二命或三命而非一家者，擬絞立決。謹案：此條乾隆十一年定，嘉慶六年修改，十二年復奉頒修。

一、殺一家非死罪三四命以上者，凶犯依律凌遲處死，凶犯之子除同謀加功及有別項情罪者仍照本律定擬外，其實無同謀加功，查明被殺之家未至絕嗣者，凶犯之子年在十六歲以上改發極邊足四千里安置，年在十五歲以下與凶犯之妻女俱改發附近充軍地方安置。若被殺之家實係絕嗣，將凶犯之子年未及歲者送交內務府閹割，奏明請旨分賞；十六歲以上者仍照前例發極邊足四千里安置。如未至絕嗣案內凶犯之妻已故，其年在十五歲以下之子暫行監禁，俟成丁時再行發配。女已許嫁者，照例歸其夫家，不必緣坐。若凶犯之妻已故，其女年在十五歲以下者，給其親屬領回，不必發配。謹案：此條乾隆五十四年定，嘉慶六年、十九年、道光元年、十年修改。

一、謀殺人而誤殺其人之祖父母、父母、妻女、子孫一家二命及三命以上，除首犯仍照誤殺旁人一家二命及三命以上本例分別問擬斬決、斬梟外，其爲從下手傷重致死及知情買藥者，如誤殺一家二命及三命而非一家者，發往新疆當差；三命以上，發往新疆給官兵爲奴。謹案：此條道光元年續纂，十年修改，二十五年修復。

一、凡殺死同主雇工，復殺死雇主至三命者，如內有雇主二命，仍分別有無主僕名分，各照凡人謀故鬬殺一家二命及殺死家長本律、本例問擬，若殺死同主雇工及雇主各一命者，不得以一家三命論，仍從一科斷。謹案：此條道光五年續纂。

一、殺死人命罪干斬決之犯，如有將屍身支解、情節凶殘者，加擬梟示。謹案：此條道光元年續纂。

一、凡謀故鬬毆、殺人罪止斬、絞監候之犯，若于殺人後挾忿逞凶將屍頭四肢全行割落，及剖取五臟擲棄者，俱各照本律例擬罪，請旨即行正法。謹案：此條道光十年續纂。

事例

乾隆四十四年四川總督題：合江縣余膺殺死熊王氏一家四命，凶犯擬以凌遲處死，其子余世聰、余世華、余世閏、余世榮俱照例擬以斬決。奉旨：此案余膺殺害熊士順一家四命，而余膺及其子余世聰等分別凌遲、斬決者共有五犯，擬抵之人浮於所殺之數，亦覺稍過。所有余膺之子余世聰、余世華、余世閏著照原擬斬決，其幼子余世榮著從寬免死，同凶犯之妻丁氏發往伊黎給額魯特爲奴，並著刑部，嗣後如有殺一家四命以上之案，按其所殺之數將凶犯父子照數定罪，俾多寡相當。其有浮於所殺之數或一人或兩人者，均以其幼者照此辦理，著爲例。又秋審人犯内湖廣省王成砍殺江文珍等一家六命，其子王喜娃應行緣坐，年僅十歲；山東省馮吉殺死馮文煒一家六命，其子馮大甫年僅六歲，馮二甫年僅二歲，刑部俱擬情實。奉旨：嗣後有此等凶犯，緣坐之子年在十一歲以上者，仍照現行之例辦理，如在十歲以下者，俱著問擬斬候永遠監禁，雖遇赦不準減釋，令其老死囹圄。著爲令。以上均會典事例。四十八年諭旨：刑部議覆陝西省殺死一家六命凶犯趙成長子趙友諒、次子趙進財俱擬斬決，原以此等凶惡之徒已絶人之嗣，自不應復使其尚留餘孽，固屬準情酌理，罪所應得，但詳核此案情節，趙友諒因伊父欺姦伊妻即行攜眷遷避，及伊父犯案後復代爲認罪，若據律置之重辟，情又可憫。然趙成殺死一家六命，絶其後嗣，殘忍已極，今因趙友諒情節可矜即行寬釋，是趙成淫惡凶犯轉得有後，於情理未爲允協。朕酌之情理，著將趙友諒從寬免死，但改爲宫刑，俟百日平復再發遣烏嚕木齊，以示法外施仁之至意。《皇朝通志》五十四年諭：嗣後凡殺死一家三四命以上者，不拘死者之家是否絶嗣，其凶犯之子無論年歲大小，俱著送交内務府一體閹割，以示懲創。五十五年諭：嗣後各直省凡殺死一家三命以上凶犯，審明後均著即行正法，以儆凶殘。以上均會典事例。嘉慶二十年奏准：嗣後謀殺人而誤殺其人之祖父母、父母、妻女、子孫一命，首犯依謀殺本律擬斬監候，從犯仍擬滿流。若謀殺一家二命及三命以上，除首犯仍照誤殺旁人一家二命及三命以上本例分別問擬斬決、斬梟外，其爲從下手傷重致死及知情買藥者如誤殺一家二命而及三命而非一家者，發往新疆給官兵爲奴。三命以上發往新疆當差。道光三年奏准：嗣後，殺死同主雇工，復殺死雇主至二三命者，不得以致死一家二三命論。如與雇主並無主僕名分，即照凡人謀故鬭殺各本律例從一科斷。其有主僕名分者，仍以殺死家長各按本律本例從其重者論。四年議准：嗣後瘋病殺死平人一命或連殺平人非一家二命以上，仍各照定例分別辦理，其實係因瘋殺死平人一家二命者，照平人毆死一家二命擬絞決例上量減爲擬絞監候；殺死一家三命以上者，照平人毆死一家三命以上於斬決例上量減爲擬斬監候，俱秋審後處決。除毆斃一命之案秋審時入于緩決外，其連斃二命及一家二三命以上者，俱照何例入于情實，倘審係裝捏瘋迷，嚴切訊明，按謀故鬭殺一家二三命各本律例問擬。以上均通行。八年奉旨：刑部議覆嵩溥奏畢節縣民王小滿因姦不遂殺死本夫孫泳潰等一家三命一摺，此案王遇柱係凶犯王小滿之子，年僅十齡，尚未及歲。如果孫泳潰別無子嗣，是被殺之家業已絶嗣，應將犯子王遇柱送交内務府閹割，奏明請旨分賞。該部現在查閲供招，死者有無子息，是否絶嗣，均未聲敘。著該撫即行查訊明確，分別辦理。嗣後，各督撫遇有殺死一家三四命以上之案，均著將被殺之家是否絶嗣據實查明，隨案聲敘。聖訓。光緒十三年奏准：嗣後，糾衆互毆致斃多命及聚衆共毆致死一家三命及三命以上各案内，爲從下手傷重至死者，如係火器殺人均照故殺律問擬斬候，俾示懲警而昭畫一。通行。

刑案

因鬭格落火燼燒一家三命，死由於燒，燒由於格，應照毆死一家三命例斬決。嘉慶八年四川司説帖。

毆死小功同居堂姪二命，於毆死小功姪杖流律上加一等，發附近充軍。嘉慶十九年江西案。

姦夫拒捕殺死本夫一家二命，比照殺一家非死罪二人例斬決梟示。嘉慶二十二年四川案。

謀殺太功兄弟一家二命，一係卑幼，照謀殺緦麻以上尊長律斬決，仍照殺死一家二命之例加擬梟示。嘉慶二十二年廣東司説帖。

謀殺同主雇工二命，不得謂之一家，應從一科斷，依律斬候。道光元年陝西案。

殺死一家三命，一係平人，一係罪人，一係卑幼，應從重照謀殺平人律斬候，不得以一家三人論。道光元年陝西司説帖。

挾嫌殺死年未十歲卑幼二命，照凡人殺一家非死罪二命例斬決梟示。道光元年安徽案。

輸欠賭錢屢被索討，主使同賭之人謀殺一人，而行者謀斃一家二命，起意人照謀殺本律斬候，行者照致死一家二命一故一鬭例斬決。道光二年直隸案。

聽從謀殺功緦尊長母女二命，照謀殺緦麻尊長一家二命例斬決梟示。道光二年貴州案。

挾嫌謀毒一命，復誤毒其妻子二命，依謀殺人而誤殺其人之妻女子孫一家三命以上例斬決梟示。道光三年河南案。

毆死一家二命，一係緦麻服兄，一係緦麻服弟，比照凡人毆死一家二命例絞決，不得照毆死緦麻兄律僅擬斬候。道光三年浙江司說帖。

爭放公共河水，喝令追毆，以致溺斃八命，內二命係屬一家，首犯照聚衆共毆致死一家二命例絞決，從犯比照威力主使毆打致死下手之人爲從論擬流。道光四年雲南司說帖。

毆死兄妹二命，妹雖出嫁但係五服至親，應依毆死一家二命例絞決。道光四年湖廣司說帖。

起意糾毆一人，致被糾之人致死一家父子二命，糾毆之犯照原謀流罪上加一等擬軍。道光四年四川案。

鬭殺一命，聽從謀殺加功二命，比照毆死一家二命或三命而非一家例絞決。道光五年江西案。

故殺緦麻服兄，復鬭殺其子，比照平人致死一家二命一故一鬭例斬決。道光六年直隸案。

毆死小功兄妻及氏父二命，與或不同居果係本宗五服至親亦是一家律註相符，應照毆死一家二命例絞決。道光六年陝西案。

因竊敗露，謀殺合夥同行貿易無服兄弟二人，與同居共財親屬無異，應照殺一家二命例斬梟。道光十二年雲南案。

鬭殺一家二命，內一人係正限外身死，罪有輕重之分，改擬絞候。嘉慶九年直隸案。

謀故殺人父女二命，未便以女係出嫁並不同居問擬斬候，改照殺一家二命斬決，免其梟示。嘉慶十一年山東案。

故殺胞弟，復毆斃兄妻，不得以一家二命一故一鬭論，改照從一科斷，依故殺弟擬絞。嘉慶十二年四川案。

故殺胞姪，復毆斃其子，與有心慘殺功服卑幼一家二命不同，仍從重依故殺姪胞擬流。嘉慶十七年四川案。

故殺兄妻，復毆死姪媳，死係姑媳一家二命，外照故殺兄妻律斬候，部改照凡人一故一鬭例斬決。嘉慶十八年山東案。

毆死同居妻父，復毆死妻，出嫁從夫，妻爲夫之一家，不以殺一家二命論，仍從重照毆死妻父律斬候。嘉慶十八年雲南案。

故殺小功服嬸並緦麻姪孫，死係祖孫一家二命，外以從重照殺功服尊長一命擬斬決，部改加擬梟示。嘉慶十九年直隸案。

故殺胞姪二命，又刃傷兄妻，平復，仍從重照故殺胞姪律擬流。嘉慶二十年四川案。

致斃人父子一家二命，一係擅殺，一係故殺，外照一故一鬭斬決，部改照故殺律斬候。道光元年陝西案。

殺死妻母家六命，凶犯之妻義當從夫，仍應緣坐，不得以妻係死者親屬即從寬免。道光元年廣西案。

故殺兄妻，復故殺姪媳，死者並非親姑子媳，不得以殺一家二命從重論，改照故殺兄妻律斬候。道光二年陝西案。

毆緦麻兄並緦麻姪致斃，死係父子一家二命，外照毆緦麻尊長至死律斬候，改照毆死一家二命例絞決。道光三年浙江案。

因鬭戳斃大功堂弟二命，外照殺功服卑幼一家二命，於絞決例上量減爲絞候，部以死者雖係同胞兄弟一家二命，惟並非有心致死，二罪相等，應從一科斷，駁令另擬。嗣據檢舉擬流。道光二年福建案。

姦夫謀殺本夫並誤殺姦婦斃命，死係一家二命，外依謀殺本夫斬決，部改照殺一家二命例斬梟。道光八年奉天案。

毆死緦麻姊、緦麻姪，死係姑姪，依卑幼毆死本宗緦麻姊律擬斬監候。道光十二年四川案。

殺死一家四命，三緦麻姪一同凡論，比照殺死一家三命分均卑幼，內有一人按服制應同凡論者斬梟例擬斬決梟示。道光十四年河南案。

毆死小功兄一家二命，從一科斷，依毆死小功兄律擬斬立決。道光五

殺斃一家三命，二故一鬭，依殺一家非死罪二人斬立決梟示例擬斬立決梟示，酌斷財産一半給被殺之家養贍，左面先刺凶犯二字。光緒九年直隸案。

挾嫌故殺緦麻尊屬卑幼一家三命，依本宗尊長謀佔財産殺死功緦麻卑幼一家三命凌遲處死，左面刺凶犯二字，仍將該犯財産斷付死者之家養贍。光緒九年陝西司説帖。

謀毒三家四命，誤毒二命，從而加功，依謀殺人從而加功律擬絞立決，請旨即行正法。光緒十年四川案。

（清）席裕福《清朝政典類纂》卷三九八《刑三十・刑律人命・謀殺人》 條例

一、凡謀財害命，照律擬斬立決外，其有因他事殺人，後偶見財物因而取去者，必審其行凶挾何讐隙，有何證據。果係初無圖財之心殺人，後見有隨身衣物銀錢乘便取去者，將所得之財倍追給主，仍各依本律科斷。若殺人後掠取家財，並知有藏蓄而取去者，審得實情仍同强盗論罪。謹案：此條乾隆三年定。一、凡圖財害命，得財而殺死人命者，首犯與從而加功者俱擬斬立決，不加功者擬斬監候，不行而分贓者，實發雲貴、兩廣極邊烟瘴充軍。未得財傷人，爲首者擬絞監候，從而加功者杖一百，流三千里，不加功者杖一百，徒三年。謹案：此條乾隆三年定例，嘉慶十一年修改，十九年復奉頒修。

一、苗人有圖財害命之案，均照强盗殺人斬決梟示例辦理。謹案此條乾隆二十九年定。

一、臺灣等處商船圖財害命之案，均照苗人圖財害命例擬斬立決梟示，與命盗案内例應斬梟之犯均傳首廈門示衆，仍將犯罪事由榜貼原犯地方。謹案：此條乾隆五十一年定。

一、有服卑幼圖財謀殺尊長尊屬，各案服制依律分别凌遲、斬決，均梟首示衆。謹案：此條係嘉慶五年遵旨議定。

一、凡勘問謀殺人犯，果有詭計陰謀者，方以造意論斬。下手助毆者，方以加功論絞。謀而已行，人贓見獲者，方與强盗同辟，毋得據一言爲造謀，指助勢爲加功，坐虚贓爲得財，一概擬死，致傷多命；亦不得以被逼勉從及尚未成傷將加功之犯率行量減。謹案：此條道光五年修改。

年江西司案。

謀殺夫弟之妻，誤殺一家四命，比照謀殺人而誤殺旁人一家三命以上斬梟例科斷。道光十二年江西司案。

殺緦麻尊長父子二命，又毆死緦麻兄，依謀故殺緦麻尊長一家二命例擬斬立決梟示。道光六年四川案。

殺死一家二命，一係平人，一係大功卑幼，比照殺一家非死罪二人斬梟例擬斬立決，免梟示，仍酌斷財産一半給被殺之家養贍。道光七年四川案。

殺緦麻兄父子，又殺緦麻叔一命，比依謀故殺緦麻尊長一家二命例科斷。道光十一年四川案。

殺夫弟婦誤殺夫弟一家二命，比照謀殺人而誤殺其人之父母妻子一家二命，仍照誤殺旁人一家二命例擬斬立決。道光八年廣東案。

毆死胞伯，故殺功弟父子二命，從一科斷，依姪毆伯父死者律擬斬立決。道光十三年雲南案。

故殺功兄，毆殺緦姪一家二命，依卑幼毆本小功兄死者斬故殺亦斬律擬斬立決。道光十三年福建司説帖。

謀殺一命，誤殺其子一命，比照謀殺人而誤殺旁人如係一家二命例擬斬立決，免其梟示。道光四年河南案。

一家二命，一故一鬭，另殺一人，比照致死一家二命係一故一鬭及殺三人而非一家例擬斬立決。道光十三年廣西案。

殺一家三命，二故一鬭，另殺一人，依殺三人而非一家，内二人仍係一家例擬斬立決梟示。道光十四年四川案。

聽從謀殺，誤殺旁人一家三命，照謀殺人而誤殺旁人一命案内從犯杖一百流三千里例上酌加爲實發駐防給官兵爲奴。道光十一年陝西案。

聽從謀殺三人，内二人係一家，照謀殺人從而加功律擬絞監候。道光十年四川案。

圖姦不從，謀殺本婦，誤殺其子一家二命，比照殺一家非死罪二人例擬斬立決梟示。道光十二年四川案。

誤殺謀殺一家二命，比照謀殺人而誤殺旁人一家二命擬斬決例科斷。光緒七年湖北案。

一、船户店家圖財害命爲害行旅，照强盗得財不分首從律皆斬。爲首之犯仍加梟示，同謀不行、事後分贓者，發遣新疆給官兵爲奴。至殺人未得財、及傷人未死並常人圖財害命，仍照本例辦理。謹案：此條同治九年續纂。

事例

康熙二十六年議准：謀殺人得財，其父兄自首者，照自首律内因犯殺傷於人而自首，得免所因之罪，仍從故殺治罪。又覆准：繼母因姦謀殺前妻之女，應比照故殺妻、前夫之子以凡人論斬監候律。五十九年覆准：圖財已經謀殺而復甦者，依謀殺人因而得財同强盗論皆斬律，擬斬立決。雍正三年議准：嗣後人命案件，擬以軍流等罪咨請完結者，俱令具題。有不行具題者，將該督撫查議。嘉慶五年諭：刑部具題山東民人王狗謀殺林氏一本，王狗係林氏緦麻服姪，因借錢不與將林氏用鐵鍬砍傷，攫取櫃内京錢十千，刑部依謀殺緦麻以上尊長擬斬立決，固屬照例辦理，但此案王狗因借錢不與輒起意致死攫錢，即係圖財害命。向來圖財害命之犯俱按律擬以斬決，該犯係屬服姪，倫紀攸關，與尋常因財起意謀殺者不同。王狗著即處決梟示。嗣後，遇有此等謀財害命有關服制者，即著照此辦理。以上均會典事例。

刑案

毆斃人命順取其財，倍追給主，仍各依本律科斷。乾隆五十四年貴州司說帖。

欲拐其子謀殺其父，依圖財害命得財例，擬斬立決。乾隆五十八年山西司說帖。

因將他人交給贖牛銀兩賭輸，恐被不依起意謀死滅口，與起意圖財先戕其命而後得財者不同，應照謀殺本律擬斬。嘉慶十四年廣東案。

欲賣其妻謀殺其夫得財分用，與圖財害命無異，爲首斬決，不加功之從犯斬候。嘉慶十六年安徽案。

姦夫商同外人欲賣姦婦均分身價，謀殺本夫，姦夫依謀殺本夫例斬決，圖分身價聽從加功之犯照圖財害民未得則從而加功例絞候。嘉慶二十二年山東案。

見人圖財害命並不首報分贓縱放，比照圖財害命不行而分贓擬軍例，止減一等滿徒。道光四年江蘇案。

圖財謀殺幼孩案内加功從犯，應仍照本例斬決。道光五年廣東司說帖。

賊因被毆痛苦央人幫勒身死，聽從下手之犯應照謀殺加功律擬絞。道光五年四川司說帖。

姦夫謀殺本夫之弟復取其財，依因他事殺人後知有藏蓄而取去者仍同强盗論罪例，問擬斬決。道光十三年四川案。

因父結捻肆搶被練總拏獲送官杖斃，謀殺洩忿，依謀殺人者斬監候律科斷。同治三年安徽案。

竊夫圖財謀殺所擾過客，比依船户店家圖財害命照强盗得財不分首從律皆斬，爲首之犯仍加梟示例擬斬立決梟示。事犯雖在迭遇恩詔以前，不准援免。光緒元年安徽司說帖。

（清）席裕福《清朝政典類纂》卷四〇〇《刑三十二·刑律人命·威逼人致死》條例

一、凡因姦威逼人致死，人犯務要審有挾制窘辱情狀，其死者無論本婦、本夫、父母、親屬、姦夫，亦以威逼擬斬。若和姦縱容而本婦、本夫愧迫自盡，或妻妾自逼死其夫，或父母夫自逼死其妻女，或姦婦以別事致死其夫與姦夫無干者，毋得概坐因姦威逼之條。謹案：此條係原例。

一、强姦内外緦麻以上親及緦麻以上親之妻，若妻前夫之女同母異父姊妹未成，或但經調戲，其夫與父母親屬及本婦羞忿自盡者，俱擬斬監候。如强姦已成，其夫與父母、親屬及本婦羞忿自盡者，俱擬斬立決。謹案：此條嘉慶十六年增定。

一、婦人因姦有孕，畏人知覺與姦夫商謀用藥打胎以致墮胎身死者，姦夫比照以毒藥殺人知情賣藥者至死減一等律杖一百，流三千里。若有服制名分，本罪重於流者，仍照本律從重科斷。如姦婦自倩他人買藥，姦夫果不知情，止科姦罪。

一、凡村野愚民本無圖姦之心，又無手足勾引挾制窘辱情狀，不過出語褻狎，本婦一聞穢語即便輕生，照强姦未成本婦羞忿自盡例減一等，杖一百，流三千里。謹案：以上二條均係乾隆五年定。

一、凡子孫不孝致祖父母父母自盡之案，如審有觸忤干犯情節以致忿激輕生、窘迫自盡者，即擬斬決。其本無觸忤情節，但其行爲違犯教令以

致抱忿輕生自盡者，擬以絞候。妻妾於夫之祖父母、父母有犯，罪同。謹案：此條乾隆四十五年删定。

一、凡奉差員役執持勘合火牌照數支取，而該地方官不能措辦因而自盡者，勿論。若奉差員役額外需索，逼死印官者，審實，依威逼致死律杖一百，加徒三年。若有受賄實跡，仍依枉法從重論。謹案：此條雍正五年定。

一、豪强凶惡之徒恃財倚勢，因事威逼挾制窘辱，令平民寃苦無申，情極自盡，致死一家三命以上者，擬斬監候。致死一家二命及非一家但至三命以上者，擬絞監候。如無前項情節，仍照例分别擬軍。謹案：此條係乾隆三十六年奏定。

一、凡因事威逼人致死一家二命，及非一家但至三命以上者，發近邊充軍。若一家三命以上，發邊遠充軍，仍依律各追給埋葬銀兩。謹案：此條雍正三年改定。

一、凡和姦之案，姦婦因姦情敗露羞愧自盡者，姦夫杖一百，徒三年。親屬相姦，姦夫按姦罪應發附近充軍者，如姦婦因姦情敗露羞愧自盡，姦夫於姦罪上加一等，發近邊充軍。謹案：此條乾隆二十八年定，道光十年修改。

一、姦夫、姦婦商謀同死，若已將姦婦致死，姦夫並無自戕傷痕同死確據者，審明或係謀故，或係鬭殺，覈其實在情節，各按本律擬以斬、絞，不得因有同死之供稍爲寬貸。若姦夫與姦婦因姦情敗露商謀同死，姦婦當即殞命，姦夫業經自戕，因人救阻醫治傷痊，實有確據者，將姦夫減鬭殺罪一等，杖一百，流三千里。如另有拐逃及别項情節，臨時酌量從重定擬。謹案：此條乾隆二十九年定。

一、强姦已成將本婦殺死者，斬決梟示。强姦未成，將本婦立時殺死者，擬斬立決；將本婦毆傷越數日後因本傷身死者，照因姦威逼致死律擬斬監候。若强姦人妻女，其夫與父母親屬聞聲赴救，姦夫逞凶拒捕立時殺死者，俱擬較立決，若毆傷越數日後因本傷身死者，亦照因姦威逼致死律擬斬監候。至强姦已成，其夫與父母親屬及本婦羞忿自盡者，擬斬監候；如强姦未成，或但經調戲其夫與父母親屬及本婦羞忿自盡者，俱擬絞監候。謹案：此條嘉慶十一年遵旨增定。

一、妻妾悍潑逼迫其夫致死者，擬絞立決。若釁起口角事涉微細並無逼迫情狀，其夫輕生自盡者，照子孫違犯教令致父母輕生自盡例擬絞監候。謹案：此條嘉慶六年改定。

一、婦女與人通姦致並未縱容之父母一經見聞殺姦不遂羞忿自盡者，無論出嫁在室，俱擬絞立決。其本夫並未縱容一經見聞殺姦不遂因而羞忿自盡者，姦婦擬絞監候，姦夫俱擬杖一百，徒三年。若父母縱容通姦，後因姦情敗露愧迫自盡者，婦女實發駐防給兵丁爲奴，姦夫止科姦罪。本夫縱容通姦，後因姦情敗露愧迫自盡者，姦夫姦婦止科姦罪。如父母本夫雖知姦情，而迫於姦夫之强悍不能報復，並非有心縱容者，姦夫姦婦仍照並未縱容之例科斷。謹案：此條嘉慶十一年改定。

一、凡婦女因人褻語戲謔羞忿自盡之案，知係並無他故輒以戲言覿面相狎者，即照但經調戲本婦羞忿自盡例擬絞監候。其因他事與婦女口角彼此詈駡，婦女一聞穢語氣忿輕生以及並未與婦女覿面相謔，止與其夫及親屬互相戲謔，婦女聽聞穢語羞忿自盡者，仍照例杖一百，流三千里。謹案：此條乾隆五十年定。

一、强姦不從主使本夫將本婦毆死，主使之人擬斬立決，本夫擬絞監候。謹案：此條係嘉慶十六年遵旨定例。

一、凡因事用强毆打威逼人致死，果有致命重傷，及成殘廢篤疾者，雖有自盡實跡，依律追給埋葬銀兩，發近邊充軍。其致命而非重傷及重傷而非致命之處者，追給埋葬銀兩，杖一百，徒三年。如非致命又非重傷者，杖六十，徒一年。若逼迫尊長致令自盡之案，除期親卑幼刃傷尊長尊屬及折肢，若瞎其一目，並功服卑幼毆傷尊長尊屬至篤疾者，仍依律絞決外，若毆有致命重傷未成殘廢者，緦麻卑幼照凡人加一等發邊遠充軍，功服卑幼發極邊充軍，期親卑幼仍照逼迫本律絞監候。其致命而非重傷或傷重而非致命之處者，期服卑幼仍照逼迫本律絞監候，功服發邊遠充軍，緦麻發近邊充軍。如非致命又非重傷，期親卑幼仍照逼迫本律絞監候，功服以下卑幼各於逼迫尊長尊屬致死本律上加一等治罪。尊長犯卑幼，各按服制，照律科其傷罪。謹案：此條嘉慶六年、道光十年修改。

一、凡軍民人等因事逼迫本管官致死，爲首者比依逼迫期親尊長致死律絞，爲從者枷號三個月，發近邊充軍。謹案：此條乾隆二十七年修改。

一、凡調姦婦女未成，業經和息之後，如有因人耻笑其夫與父母親屬及本婦復追悔抱忿自盡致死二命者，將調姦之犯改發邊遠充軍。若致死一命者，杖一百，流三千里。謹案：此條乾隆四十六年改定，嘉慶六年、道光元年修改。

一、因姦威逼人致死一家三命者，擬較立決。謹案：此條道光元年續纂。

一、因事與婦人口角，穢語村辱以致本婦氣忿輕生，又致其夫痛妻自盡者，擬絞監候，入於秋審緩決。謹案：此條道光元年續纂。

一、姦淫之徒先與其姑通姦，因被其媳窺破礙眼，即聽從姦婦圖姦，其媳不從，致被其姑毒毆自盡者，除姦婦仍發各省駐防爲奴外，將圖姦釀命之犯擬絞監候，秋審入於情實。謹案：此條道光元年續纂。

一、賊犯除有心放火圖竊財物延燒事主斃命者仍照例依强盜分别問擬斬決、斬梟外，如因遺落火煤或因撥門不開然燒門㩳板壁或用火煤照亮竊取財物，致火起延燒，不期燒斃事主一二命及三命而非一家者，俱照因盜威逼人致死律擬斬監候。若燒斃一家三命者，擬斬立決。三命以上加以梟示。謹案：此條道光五年續纂。

一、婦女令媳賣姦不從，折磨毆逼，致媳情急自盡者，擬絞監候。若姦婦抑媳同陷邪淫，致媳情急自盡者，改發各省駐防爲奴。謹案：此條嘉慶六年續纂，道光元年修改。

一、强姦本宗緦麻以上親及緦麻以上親之妻未成，將本婦殺死者，分别服制擬以凌遲、斬決，仍梟示。係外姻親屬，免其梟示。謹案：此條嘉慶十一年續纂，咸豐二年修改。

一、强姦犯姦婦女已成，將本婦立時殺死者，擬較立決。致本婦羞愧自盡者，發黑龍江給披甲人爲奴。如强姦犯姦婦女未成，將本婦立時殺死者，擬斬監候，秋審時入於情實。致本婦羞愧自盡者，杖一百，流三千里。若婦女犯姦後已經悔過自新，確有証據者，仍以良人婦女論。謹案：此條嘉慶十五年續纂，十九年、道光元年、咸豐三年三次修改。

事例

康熙四十六年議准：衙役詐贓逼死人命，應比照姦徒串結衙門人役陷害良善詐騙財物者枷號兩月發落律，仍追埋葬銀四十兩給付死者之家。雍正十一年諭：凡因姦致死本婦者，向來律無正條，俱引因姦威逼人致死之例擬斬監候，秋後處決。但其間情事不同，如係强姦既成本婦羞忿自盡者，擬以斬候固屬恰當，若强姦不遂將本婦立時殺死，如此淫凶之犯，非立決不足以蔽其辜。至於强姦未成或但經調戲本婦即羞忿自盡者，非引照擬抵固無以慰貞魂，而一概擬斬監候又覺未爲平允，應擬絞監候，至秋審時將監候人犯俱以情實請旨，如此庶爲輕重得宜。十二年議准：嗣後，除强姦婦女止以手足行强者，已成未成，仍照凡姦本律。如因强姦執持金刃凶器戳傷本婦及拒捕致傷旁人已成姦者，擬斬監候；未成姦者，擬絞監候。又議准：嗣後，如有强姦内外緦麻以上親及緦麻以上親之妻若妻前夫之女同母異父姊妹未成，本婦羞忿自盡者，俱擬斬監候。其强姦已成本婦羞忿自盡者，俱擬斬立決。乾隆七年諭：從來節烈之婦祀於其鄉，所以旌善端化樹之風聲也，刑以弼教，其致死本婦之犯，法無可貸，是以乾隆五年秋審蕭充一案，該撫擬以情實，九卿改爲緩決，朕曾降旨申飭。蓋以烈婦之死，由於該犯之調戲。若將該犯輕入緩決，非所以重名教而端民俗也。今值九卿秋審之時，其在蕭充以前定爲緩決之案，俱係九卿集議，經朕覽閲降旨者。此番毋庸改爲情實，其在乾隆五年以後此等案件，各省督撫多入於情實之列，九卿執法自不得輕縱，但强姦未成本婦因調戲而羞忿自盡者，其中情形不一，朕辦理勾到之時，自有權衡。如果一線可原，仍當免勾。既經一次勾到之後，下年即可改爲緩決。如係停止勾到之年入情實者，不得即改爲緩決，將此傳諭九卿知之。十年議准：嗣後，凡圖姦未成者，即於三日内將該犯枷責以平本婦羞忿，不致輕生，該犯亦可免抵償。此等案件固無許鄉保聞風禀報，但本家投明鄉保不即禀者，照竊盜等事甲長不行轉報例治罪。鄉保已禀而該州縣不即審理致本婦懷忿自盡者，照違令律參處。再，端方婦女多畏到官拋頭露面，往往因此反致戕生，應令地方官虚衷詳審，毋得濫拘，並出示曉諭：凡遇調姦情事，即令報官審理，慎勿輕生。嘉慶七年諭：福昌等奏審擬革職京口副都統阿玉什因姦釀命請發新疆効力一摺，此案阿玉什與家人王添幅之妻喬氏通姦，經王添幅撞遇，一時氣忿當將喬氏扎斃，若依平人姦所獲姦將姦婦殺死本例，姦夫應擬絞候。今王添幅係阿玉什契買家奴，雖與平人有别，而阿玉什身爲二品大員，輒與僕婦通姦，無耻已極，且復釀成人命，即照平人例問擬，予以繯首，亦屬罪所應得。但細閲供單，姑念阿玉什之父伊陞

阿前在伊犁軍營陣亡，伊母孀居守節，情殊可憫。阿玉什著即照福昌等所擬，發往新疆効力贖罪。此係格外施恩，嗣後，如有大員不顧廉恥與僕婦通姦釀命者，竟當照平人一例定擬。以上均會典事例。九年奏准：嗣後，凡强姦已成本婦被殺之案，如凶手在兩人以上，則顯係孱弱難支，所當略其被污之迹而原其抗節之心，與强姦不從被殺者一體予旌。倘凶手僅止一人則當詳究被姦之婦有無縛捆情形，被殺之時有無别故，勘訊明確隨案詳悉，聲叙應否准旌，請旨定奪。如此等强姦已成，婦女實在猝遭强暴，力不能支，被辱之後羞忿交集刻即捐軀者，各督撫詳悉聲明禮刑二部核實，統於年終彙題請旨，照婦女被人調戲羞忿自盡旌表之例，减半給與。倘死在越日，即行扣除，不得濫請。禮部通行。二十一年奉旨：明刑所以弼教，此案郎復興與王李氏通姦，李氏之媳香兒窺破，李氏欲抑令香兒同陷邪淫，與郎復興相商，郎復興以香兒性傲只好先向探試之言回覆，嗣李氏令香兒與郎復興斟酒，香兒不從，李氏將香兒毒毆，致香兒服鹵自盡。詳核案情，郎復興既有先向探試之言，是已有圖姦香兒之心，以致釀成命案，即同羞忿自盡李氏例不擬抵，實發新疆爲奴。若照部議將郎復興減爲杖流，出於何典，實屬疎縱。香兒貞烈捐軀，竟無抵命之人，殊不足以懲奸邪而維風化。郎復興著改爲絞監候，入於朝審情實辦理。嗣後，有案情似此者，均照此例問擬。道光二十二年諭：本日閲山東秋審册情實二十二起內，語言調戲致本婦女羞忿自盡者共有五起。民間犯案情節或異或同，原屬無定，惟一省之中、一年之内情節相同何竟有五起之多！因思語言調戲之案，雖入情實，向予免勾，恐該地方官於定案時先存一救生不救死之見，避重就輕，預爲開釋地步，不知死者含冤，殊失持平之道。嗣後，著各該直省督撫飭臬司及各該地方官，於此等關繫人命之案尤須詳加推鞫，各得實情，毋枉毋縱，以符朕明慎用刑之至意。將此通諭知之。以上均聖訓。光緒九年奏准：嗣後，湖南省耒陽縣開採煤窿，令將傭工人等姓名、籍貫、來去緣由十日一報，由該縣按時稽查，該窿户不將各項工人開報，照脱户口律治罪。其經管水承行之人，如有設鼓及創立水蝦蟆養老米等名目誆誘窮民作工，不容脱身，未致命者，照凶惡棍徒例定擬。如將工作之人不加體恤任意凌虐以致斃命者，即照威力制縛因而致死律擬絞監候，若無前項情事，但將工作患病之人不爲醫治及病故不及報官者，照夫匠在工役之所有病官司不給醫藥救療及地界内有死人不申報官司輒移他處律分别治罪。其有平空强捉客民關禁入窿，即照捉人勒贖例分别首從科斷。通行。

刑案

用刀傷人致被傷之親屬憂鬱自盡，比照因事用强毆打威逼人致死致命而非重傷例擬徒。嘉慶八年山東案。

訓責前妻之子致母痛孫氣忿自盡，因其情節可矜，比照子孫過失殺父母例隨案聲請，奉旨減流。嘉慶十一年貴州案。

隔墻詈罵隣婦賣姦，致本夫捉姦殺死，本夫擬絞，詈駡之人比照出語褻狎婦女一聞穢語自盡例量減擬徒。嘉慶十一年陝西案。

調戲和息之後，因被旁人穢言譏誚，追悔自盡，調姦之犯照例杖流，穢詈之人減等擬徒。嘉慶十二年江蘇司説帖。

欲與姦婦續姦，被本夫撞獲，姦婦因姦情敗露羞愧自盡，續姦之人照例擬徒，其不相干涉之姦夫止科姦罪。嘉慶十五年安徽案。

貪利縱容出繼子媳與人通姦被拐畏罪自盡，姦婦降服既不與夫同，未便與親翁並論，按例止科姦罪，從重依被誘本例擬徒。嘉慶十六年湖北案。

不聽教訓被母呈首，後其母恐子到官治罪，無人奉養，愁急自盡，依子違犯教令致母自盡例擬絞。嘉慶十六年山西案。

被毆格傷同居繼父致令氣忿自盡，繼父現有親子按圖服止齊衰三月，死由氣忿，自盡並非逼迫所致，比照毆同居繼父律上加一等，杖八十，徒二年。嘉慶十八年直隸案。

强姦未成致本婦本夫一同自盡，例無加重明文，仍照强姦未成致本婦自盡例絞候，請旨即行正法。嘉慶十八年山西案。

調姦良婦未成，致本婦羞忿自盡，比照强姦未成致令自盡例擬絞。嘉慶十八年安徽案。

不聽教訓致父趕毆，失跌斃命，比照子孫違犯教令致父抱忿輕生例擬絞。嘉慶二十年山西案。

和姦敗露致姦婦自盡，二命內一命雖未成姦，而同坐共語，意已允從，應從一科斷，照例擬徒。嘉慶二十年四川案。

兵丁侵用本官銀兩，致本官窘迫自盡，並無逼迫情狀，比照軍民逼迫

本管官致死例量減滿流。嘉慶二十一年陝西司説帖。

姦婦因夫家迎娶有期，不願另嫁，商謀同死，姦夫聽從下手，給食信毒，姦婦毒斃，姦夫因氣味難受撩棄，應依謀殺從而加功律絞候。嘉慶二十一年直隸司説帖。

姦婦之子窺破姦情羞忿自盡，姦夫比照本夫殺姦不遂羞忿自盡例擬徒。嘉慶二十二年直隸案。

用狗糞塞人口内致令氣忿自盡，比照威逼人致死傷重而非致命例擬徒。嘉慶二十二年山西案。

居喪改嫁，繼母追毆，後夫前妻之子失跌殞命，雖律應離異，但係明媒正娶，卽屬繼母應照子孫違犯教令致母自盡例擬絞。嘉慶二十二年河南案。

被毆抵格抓傷胞兄，赴縣欲控，以致失跌身死，於毆傷胞兄滿徒上加一等擬流。嘉慶二十二年陝西案。

女壻欲將妻父所給田畝轉賣，逼索田契，致令氣忿自盡，比照逼迫緦麻尊長致死律杖九十，徒二年半。嘉慶二十二年廣西案。

威逼小功卑幼，致令氣忿自盡，按服制於凡人威逼人致死律上減二等杖八十。嘉慶二十二年河南司現審案。

調姦和息後被本夫抱怨，追悔自盡，比照因人恥笑本婦自盡例杖流。嘉慶二十一年陝西案。

因夫窺破姦情不依，肆行悍潑將夫毆傷，致令氣忿自盡，比照妻妾悍潑逼迫其夫致死例絞決。嘉慶二十四年直隸案。

被扭用刀嚇戳，致傷其人，控官後復行自盡，並非用强毆打，亦與威逼不同，於威逼人致死果有致命重傷軍罪上量減滿徒。嘉慶二十四年山東案。

差役奉票催追，聲言無錢卽傳其女到案，使其丢臉，致其女畏累自盡，比照因事與婦女口角婦女一聞穢語氣忿輕生例擬流。嘉慶二十四河南案。

毆逼夫兄自盡，服雖小功，第毆夫之期親尊長與夫毆同罪名例至死減一等，應於逼迫期親尊長絞罪上減等滿流，情節可惡不准收贖。嘉慶二十四年陝西案。

忿恨其夫控稱其妻女與伊睡宿，隨口蹧蹋，致令姑媳母女四人同時自盡，比照挾仇污衊致令自盡例絞候，從重改絞決。嘉慶二十四年山西案。

圖姦犯姦婦女未成，致本婦羞愧自盡，比照强姦未成致令自盡例擬流。嘉慶二十四年山西司説帖。

因事用强毆打威逼人死，首犯照例滿徒，聽攛按之犯照爲從減一等律杖九十，徒二年半。嘉慶二十五年山西案。

出言頂撞堂嬸致令趕毆跌斃，比照逼迫小功尊長致死律滿徒。嘉慶二十五年陝西案。

穢語詈罵胞姪之妻致令自盡，比照因事口角致婦女一聞穢語輕生例量減滿流。嘉慶二十五年陝西案。

因弟與婦女争毆，聲言均非正經女人，致姑嫂二人一同自盡，比照與婦女口角穢語村辱致本婦與夫自盡例擬絞。嘉慶二十五年江蘇案。

竊當伯母衣服，致氏禦寒無衣氣忿自盡，比照逼迫期親尊長致死例量減滿流。道光元年陝西案。

賊犯護夥拒傷事主，致令傷痛自盡，比照因盗威逼人致死律擬斬。道光元年安徽案。

冒姦未成，致本婦羞忿自盡，比照强姦未成致令自盡例擬絞。道光元年直隸案。

本夫撞破姦情，找尋姦夫無獲，被父訓辱氣忿自盡輕生，與一經見聞殺姦不遂因而自盡者有間，姦婦於絞例上量減滿流，姦夫亦於滿徒上減一等。道光二年四川案。

與人通姦被本夫知覺欲將姦婦休棄，姦夫託人索取休書，致本夫氣忿自盡，姦夫比照因姦威逼致死斬律量減滿流。道光二年直隸案。

書吏挾嫌竊匿案卷欲令受責，致典史自盡，比照事主失罪窘迫自盡例滿徒，係書吏，加一等擬流。道光二年四川案。

毆傷胞伯欲控，伊母聞知吵鬧，致胞伯被逼自盡，伊母亦畏罪輕生，於姪毆伯叔傷者律上加一等，杖一百，流二千五百里。道光二年雲南案。

因與婦女口角，拉手欲與理論，致婦氣忿自盡，比照與婦女口角詈罵以致一聞穢語自盡例擬流。道光二年河南案。

調姦犯姦之婦未從，將其毆傷致令自盡，仍照因事用强毆打威逼人致死例問擬。道光二年雲南案。

調姦未成被氏姑攔毆，拒殺氏姑，比照强姦人妻女拒殺親屬例斬決。道光三年陝西案。

聞妻與人通姦，搬移他處，因妻戀姦潛逃氣忿自盡，比照婦女與人通姦本夫並未縱容羞忿自盡例，姦婦擬絞。嘉慶二十一年奉天案。

毆傷尊長被控，捏稱已嫁祖母所毆，列抱呈訴並求到官代認，致令愁急自盡，祖母雖嫁，孫於祖母無義絶之理，比照子孫違犯教令致祖母自盡例擬絞。道光三年江蘇案。

往向嫁母纏擾，管束不聽，致令抱忿輕生，母雖自絶於夫，子不得自絶於母，應照在堂之母科斷。道光三年山東司説帖。

姑欲食冷物，媳因其有病忌食性寒之物不肯與食，致姑氣忿自盡，並非有心干犯，比照子貧不能養贍致父母自盡例滿流。道光三年陝西案。

因兄欲賣伊地，查知理阻，致兄因賣地未諧無錢度歲自縊身死，照逼迫期親尊長致死例量減滿流。道光三年陝西案。

逼迫夫之期親伯母，致令自盡，其毆夫之期親尊長與夫毆同罪，逼迫致死事同一律，依逼迫期親尊長致死絞律仍照各例至死減一等，擬流收贖。道光三年山東案。

疑人之妻不端，囑本夫留心察看，致婦聽聞自盡，比照出語褻狎婦女一聞穢語自盡例擬流。道光三年河南案。

用言調戲致本婦羞忿自盡，其夫痛妻情切，亦服毒身死，例無加重明文，仍照但經調戲致本婦自盡例擬絞。道光三年河南案。

差人威嚇案證，致令情急自盡，於威逼人致死律上加一等，杖六十，徒一年，再加枷號一個月。道光四年直隸案。

因嗣母犯姦懷孕，追問姦夫不吐，令其尋死，致母被逼自盡，審有觸忤情節，例斬決。道光四年直隸案。

因隣婦登門辱罵污衊，伊女將其推倒，撕破褲子，拔落陰毛，致令被辱自盡，比照因事用强毆打威逼人致死果有致命重傷例擬軍。道光四年直隸案。

圖姦犯姦之婦未成，將本婦立時殺死，比照强姦未成立時殺死例斬候。道光五年陝西司説帖。

因姦婦與他人通姦，心懷妒忌，毆傷姦婦傷輕，致令自盡，應依姦婦因姦敗露羞愧自盡滿徒例上加一等杖流，其餘，姦夫仍照本例擬徒。道光五年河南司説帖。

婦女被誘同逃，並無姦情，致夫撞遇後羞忿自盡，比照妻妾衅起口角並無逼迫情狀其夫輕生自盡例擬絞。道光六年廣東案。

歸宗義媳因向義翁爭分棃樹，頂撞義翁，氣忿自盡，比照子孫違犯教令致父抱忿輕生擬絞例量減滿流。道光六年直隸案。

迫於母命捆送觸犯之胞兄，致令畏罪自盡，照逼迫期親尊長致死例量減滿流。道光六年江蘇案。

擅取胞伯錢文被討，央緩不允，因被撲毆退避，致令失跌身死，比照過失殺胞伯律擬徒。道光六年山東案。

本夫貪利縱姦，後因索錢不給不許姦宿，姦夫索還前給錢文，爭毆致傷，本夫氣忿自盡。姦夫比依因事用强毆打威逼人致死例問擬。道光七年陝西案。

因人索欠向毆，回手抵禦，抓傷並舉手向推，致人失跌磕傷顖門，氣忿自盡，與未經成傷者不同，應照因事用强毆打威逼人致死致命而非重傷例擬徒。道光七年河南案。

因母素約他人賣媳錢文，勸還不允，私自湊還，經母查知氣忿自盡，尚非違犯教令，於違犯教令致母自盡擬絞例上減一等滿流。道光七年山西司説帖。

因與長兄義媳通姦，致次兄憂忿自盡，比照過失殺胞兄律擬徒。道光七年陝西案。

因向索欠，逼迫夫之小功叔自盡，並非毆打有傷，照本身所降服制科斷，於逼迫期親尊長致死絞罪上遞減三等徒二年半收贖。道光七年山東案。

婦女與人通姦，致夫被翁疑夫縱容玷辱，將夫殺死，姦婦比照與人通姦本夫並未縱容羞忿自盡例擬絞。道光十年江蘇案。

夫妻口角致夫趕毆失跌斃命，比照妻妾衅起口角並無逼迫情狀其夫輕生自盡例擬絞。道光十年湖廣司説帖。

調姦男子未成，追忿自盡，比照調姦婦女未成，和息後因人恥笑本婦復追悔抱忿自盡，將調姦之犯擬流例，杖一百，流三千里。道光九年河南案。

調姦控官枷責結案，婦復自盡，比照但經調戲本婦羞忿自盡擬絞例減等，問擬滿流。道光五年四川案。

和姦敗露致姦婦之夫姪憂忿自盡，比照婦女與人通姦本夫並未縱容一經聞見殺姦不遂因而羞忿自盡姦夫滿徒例量減一等，杖九十，徒二年半。道光十年四川案。

胞伯與姪口角牽罵，其妻以致聽聞自盡，比照因事與婦女口角詈罵，婦女一聞穢語氣忿輕生滿流例量減一等，問擬滿徒。道光十一年直隸案。

妻父因壻借宿，騰給房炕，自與其女同炕，其母聞知指爲不端，肆行斥駡，致令父女戕生，照不應重律杖八十，酌加枷號一個月。其母比例擬絞，業已畏自盡，應毋庸議。道光十一年陝西案。

妾毆傷正妻，致令氣忿自盡，比照逼迫尊長自盡之案，若毆非致命又非重傷，期親卑幼仍照逼迫本律擬絞例科斷。道光十二年四川案。

卑幼嚇詐小功服嬸，致令自盡，比照刁徒平空訛詐致被詐之人自盡例擬絞監候。道光九年河南案。

逼迫先曾同居之繼父自盡，比照卑幼逼迫緦麻尊長致死減期親三等律，擬杖九十，徒二年半。道光十五年陝西司説帖。

竊賊被獲冀免，送官捏姦恐嚇，致事主忿激自盡，依因盜威逼人致死律擬斬監候。道光十四年安徽司説帖。

弟毆傷兄妻致令自盡，照因事用强毆打威逼人致死重傷而非致命例，問擬滿徒。道光四年江蘇案。

毆逼竊賊致令自盡，擬於因事用强毆打威逼人致死非致命又非重傷者杖六十徒一年例上量減滿杖，屍妻捏報誣良毆斃，依誣告人死罪未決者滿流加徒役三年律科斷。光緒三年雲南案。

雇工欺孀逼嫁未成，欲圖强奪毁節，致婦自盡，比依强奪良家妻女未被姦污而自盡者，照强姦未成，本婦羞忿自盡例擬絞監候，請旨即行正法。光緒六年安徽案。

紀事

（清）段玉裁《説文解字注·蟲部》　蠱，腹中蟲也。段玉裁曰：中蠱皆讀去聲。腹中蠱者，謂腹内蠱食之毒也。周禮庶氏掌除毒蠱。注云：毒蠱蟲物而病害人者。賊律曰：敢蠱人及教令者棄市。左氏正義曰：以毒藥藥人令人不自知，今律謂之蠱。

《左傳·桓公十五年》　祭仲專，鄭伯患之，使其壻雍糾殺之。將享諸郊，雍姬知之，謂其母曰：父與夫孰親？其母曰：人盡夫也，父一而已。胡可比也？遂告祭仲曰：雍氏舍其室而將享子於郊，吾惑之，以告。祭仲殺雍糾，尸諸周氏之汪。公載以出，曰：謀及婦人，宜其死也。

《左傳·桓公十六年》　初，衛宣公烝於夷姜，生急子，屬諸右公子。爲之娶於齊，而美，公取之，生壽及朔，屬壽於左公子。夷姜縊。宣姜與公子朔構急子。公使諸齊，使盜待諸莘，將殺之。壽子告之。使行，不可，曰：棄父之命，惡用子矣！有無父之國則可也。及行，飲以酒，壽子載其旌以先，盜殺之。急子至，曰：我之求也。此何罪？請殺我乎！又殺之。二公子故怨惠公。十一月，左公子洩、右公子職立公子黔牟。惠公奔齊。

（清）孫希旦《禮記集解》卷一一《檀弓》　邾婁定公之時，有弒其父者，有司以告。公瞿然失席曰：是寡人之罪也。曰：寡人嘗學斷斯獄矣：臣弒君，凡在官者，殺無赦。子弒父，凡在宫者，殺無赦。殺其人，壞其室，洿其宫而豬焉。蓋君踰月而後舉爵。

鄭氏曰：定公，貜且也，魯文公十四年即位。民之無禮，不教之罪。弒父弒君，其罪無赦，諸臣子孫皆得殺之。壞其室，洿其宫，明其大逆，不欲人復處之。豬，都也，南方謂都爲豬。踰月舉爵，自貶損也。孔氏曰：臣之弒君，凡在官之人，無問貴賤，皆得殺此弒君之人。子之弒父，凡在宫者，無問尊卑，皆得殺此弒父之人也。

《吕氏春秋·去私》　墨者有鉅子腹𧇾，居秦，其子殺人。秦惠王曰：先生之年長矣，非有他子也，寡人已令吏弗誅矣。先生之以此聽寡人也。腹𧇾對曰：墨者之法曰：殺人者死，傷人者刑，此所以禁殺傷人也。夫禁殺傷人者，天下之大義也。王雖爲之賜而令吏弗誅，腹𧇾不可不行墨者之法。不許惠王，而遂殺之。

子，人之所私也；忍所私以行大義，鉅子可謂公矣。

《史記》卷八七《李斯列傳》　子嬰即位，患之，乃稱病不聽事，與宦者韓談及其子謀殺高。高上謁，請病，因召入，令韓談刺殺之，夷其三

族。

張家山二四七號漢墓竹簡整理小組《張家山漢墓竹簡・奏讞書》 淮陽守行縣掾新郪獄，〔高祖六年〕七月乙酉新郪信爰書：求盜甲告曰：從獄史武備盜賊，武以六月壬午出行公粱亭，至今不來，不（智）〔知〕在所，求弗得，公粱亭校長丙坐以頌（毄）〔繫〕，毋（毄）〔繫〕牒，弗窮訊。七月甲辰淮陽守偃（刻）〔劾〕曰：武出備盜賊而不（反）〔返〕，其（從）〔蹤〕迹類或殺之。獄告出入廿日弗窮訊，吏莫追求，坐以（毄）〔繫〕者毋（毄）〔繫〕牒，疑有姦詐，其（謙）〔廉〕求捕其賊，（復）〔覆〕其姦詐及（智）〔知〕縱不捕賊者，必盡得，以法論。（復）〔覆〕之：武出時，與髳長蒼☒蒼曰：故爲新郪信舍人，信謂蒼：武不善，殺去之。蒼即與求盜大夫布、舍人簪褭餘共賊殺武于校長丙部中。丙與發弩贅（荷）〔苛〕捕蒼，蒼曰：爲信殺。即縱蒼，它如劾。信曰：五月中天旱不雨，令民雩，武主趣都中，信行離鄉，使舍人小簪褭遣守舍。武發遣雩，信來不（説）〔悦〕，以謂武，武（據）〔倨〕不跪，其應對有不善，信怒，扼劍（蘮）罵詈，欲前就武，武去。居十餘日，信舍人萊告信曰：武欲言信丞相、（大）〔太〕守。信恐其告信，信即與蒼謀，令賊殺武，以此不窮治甲之（它）詑，它如蒼。丙、贅曰：備盜賊，蒼以其殺武告丙，丙與贅共捕得蒼，蒼言爲信殺，誠，即縱之，罪，它如蒼。詰丙、贅、信：信長吏，臨一縣上所，信恃，不謹奉法以治，至令蒼賊殺武；及丙、贅備盜賊，捕蒼，蒼雖曰爲信，信非得擅殺人，而縱蒼，皆何解？丙等皆曰：罪，毋解。遣言如信，布死，餘亡不得。診問蒼、信、丙、贅，皆關内侯。信，諸侯子，居雒陽楊里，故右庶長，以堅守滎陽，賜爵爲廣武君，秩六百石。蒼，壯平君，居新郪都隱里；贅，威昌君，居故市里；丙，五大夫，廣德里。皆故楚爵，屬漢以比士，非諸侯子。布、餘及它當坐者，縣論。它如辭。鞫之：蒼賊殺人，信與謀，丙、贅捕蒼而縱之，審。敢言之，新郪信、髳長蒼謀賊殺獄史武，校長丙、贅捕蒼而縱之，爵皆大庶長。律：賊殺人，棄市。以此當蒼。律：謀賊人殺人，與賊同法。以此當信。律：縱囚，與同罪。以此當丙、贅。當之：信、蒼、丙、贅皆當棄市，毄（繫）。新郪甲、丞乙、獄史丙治。爲奉〔奏〕當十五牒上謁，請謁報，敢言之。

（漢）荀悅《前漢紀》孝文三年冬十月 〔漢〕高帝八年過趙，趙王獻美人，幸有身，生厲王長，趙王不敢内之，築外宮而處之。及貫高事盡捕王家，厲王母亦在繫中，其弟趙廉因辟陽侯言呂后，呂后妒不肯白，辟陽侯不强争，厲王以生母以恚自殺。趙廉奉厲王詣長安，高帝憐之，令呂后母之。厲王有才力，力能扛鼎，怨辟陽侯不救其母，乃造辟陽侯，即自袖金椎椎殺之，馳詣闕肉袒請罪，上赦之不治。

《漢書》卷一六《高惠高后文功臣表》 〔留侯〕高后三年，侯不疑嗣，十年，孝文五年，坐與門大夫殺故楚内史，贖爲城旦。師古曰：門大夫，侯之屬官也。

《漢書》卷一六《高惠高后文功臣表》 〔博陽侯〕孝文後三年，侯始嗣，九年，坐謀殺人，會赦，免。孝景中五年，始復封，二年，後元年，有罪，免。

《漢書》卷四七《梁孝王劉武傳》 濟東王彭離立二十九年。彭離驕悍，昏莫私與其奴亡命少年數十人行剽，殺人取財物以爲好。所殺發覺者百餘人，國皆知之，莫敢夜行。所殺者子上書告言，有司請誅，武帝弗忍，廢爲庶人，徙上庸，國除，爲大河郡。

《漢書》卷一四《諸侯王表》 〔孝景中六年〕五月丙戌，王彭離以孝王子立，二十九年，坐殺人廢遷上庸。

《漢書》卷六《武帝紀》 〔武帝建元三年五月〕濟川王明坐殺太傅、中傅廢遷防陵。

《漢書》卷一五上《王子侯表》 〔茲侯〕元光五年正月壬子封，四年，元朔三年，坐殺人，自殺。

《漢書》卷一五上《王子侯表》 〔滎關侯〕〔孝武元朔三年〕十月癸酉封，坐謀殺人，會赦，免。

《漢書》卷一五上《王子侯表》 〔路陵侯〕〔孝武元朔〕四年三月乙丑封，四年，元狩二年，坐殺人，自殺。

《漢書》卷一六《高惠高后文功臣表》 〔梧齊侯〕元光三年，侯戎奴嗣，十四年，元狩五年，坐使人殺季父，棄市。户三千三百。

《漢書》卷一六《高惠高后文功臣表》 〔貰齊侯〕元朔五年，侯猜嗣，八年，元鼎元年，坐殺人，棄市。

《漢書》卷一五上《王子侯表》〔邵侯〕〔孝武元朔三年〕正月壬戌封，二十六年，天漢元年，坐殺人及奴凡十六人，以捕匈奴千騎，免。師古曰：詐云捕得匈奴騎，故私殺人以當之。

《漢書》卷一五上《王子侯表》〔宜成侯〕元鼎元年，侯福嗣，十二年，太初元年，坐殺弟棄市。

《漢書》卷一五上《王子侯表》〔原洛侯〕〔孝武元鼎元年〕四月戊寅封，二十六年，征和三年，坐殺人棄市。

《漢書》卷六五《東方朔傳》隆慮公主子昭平君尚帝女夷安公主，隆慮公主病困，以金千斤錢千萬爲昭平君豫贖死罪，上許之。隆慮公主卒，昭平君日驕，醉殺主傅，獄繫內官。以公主子，廷尉上請請論。左右人人爲言：前又入贖，陛下許之。上曰：吾弟老有是一子，死以屬我。於是爲之垂涕嘆息，良久曰：法令者，先帝所造也，用弟故而誣先帝之法，吾何面目入高廟乎！又下負萬民。乃可其奏，哀不能自止，左右盡悲。朔前上壽，曰：臣聞聖王爲政，賞不避仇讎，誅不擇骨肉。《書》曰：不偏不黨，王道蕩蕩。此二者，五帝所重，三王所難也。陛下行之，是以四海之內元元之民各得其所，天下幸甚！臣朔奉觴，昧死再拜上萬歲壽！

《漢書》卷一五上《王子侯表》〔易安侯〕侯德嗣，始元元年，坐殺人免。

謝桂華等《居延漢簡釋文合校》居延騎士廣都里李宗坐殺客子楊充，元鳳四年正月丁酉亡。

《漢書》卷一五上《王子侯表》〔騶丘侯〕侯毋害嗣，本始二年，坐使人殺兄棄市。

《漢書》卷一四《諸侯王表》〔廣川〕征和二年，王去嗣，二十二年，本始四年，坐亨姬不道，廢徙上庸，予邑百戶。師古曰：忿怒其姬，亨煮而殺。

《漢書》卷一五下《王子侯表》〔南利侯〕〔孝宣本始元年〕七月壬子封，五年，地節二年，坐賊殺人免。

《漢書》卷五三《廣川惠王劉越傳》宣帝地節四年，復立去兄文，是爲戴王。文素正直，數諫王去，故上立焉，二年薨。子海陽嗣，十五年，坐畫屋爲男女贏交接，置酒請諸父姊妹飲，令仰視畫；又海陽女弟爲人妻，而使與幸臣姦；又與從弟調等謀殺一家三人，已殺。甘露四年坐廢，徙房陵，國除。

《漢書》卷一五上《王子侯表》〔富龍侯〕〔孝武元朔三年〕十月癸酉封，十六年，元康元年，坐使奴殺人，下獄瘐死。

《漢書》卷一五下《王子侯表》〔張侯〕〔孝宣地節二年〕四月癸卯封，八年，神爵二年，坐賊殺人，上書要上，下獄瘐死。師古曰：要上者，怙親而不服罪也。

《漢書》卷一四《諸侯王表》〔趙〕元鳳元年，繆王元嗣，二十四年，五鳳二年，坐殺謁者，會薨，不得代。

《漢書》卷一四《諸侯王表》〔廣川〕元康二年，王汝陽嗣，十五年，甘露四年，殺人，廢徙房陵。

《漢書》卷一五下《王子侯表》〔平邑侯〕〔孝宣甘露元年〕閏月丁亥封，二年，初元元年，坐殺一家二人棄市。

《漢書》卷一四《諸侯王表》〔河間〕五鳳四年，王元嗣，十七年，建昭元年，坐殺人，廢遷房陵。

《漢書》卷一五下《王子侯表》〔樂侯〕〔孝元建昭元年〕正月封，四年，坐使人殺人，髡爲城旦。

《漢書》卷一〇《成帝紀》〔成帝建始四年〕五月，中謁者丞陳臨殺司隸校尉轅豐於殿中。

《漢書》卷一六《高惠高后文功臣表》〔鄭侯〕七世侯獲嗣，永始元年，坐使奴殺人，減死，完爲城旦。

《漢書》卷一五下《王子侯表》〔武安侯〕〔孝哀建平四年〕三月丁卯封，二年，元壽二年，坐使奴殺人免，元始元年復封，八年免。

《漢書》卷五三《長沙定王劉發傳》子刺王建德嗣，宣帝時坐獵縱火燔民九十六家，殺二人，又以縣官事怨內史，教人誣告以棄市罪，削八縣，罷中尉官。

《後漢書》卷七七《酷吏列傳·董宣》董宣，字少平，陳留圉人也。初爲司徒侯霸所辟，舉高第，累遷北海相。到官，以大姓公孫丹爲五官掾。丹新造居宅，而卜工以爲當有死者，丹乃令其子殺道行人，置屍舍

内，以塞其咎。宣知，即收丹父子殺之。丹宗族親黨三十餘人，操兵詣府，稱寃叫號。宣以丹前附王莽，慮交通海賊，乃悉收繫劇獄，使門下書佐水丘岑盡殺之，青州以其多濫，奏宣考岑，宣坐徵詣廷尉。在獄，晨夜諷誦，無憂色。及當出刑，官屬具饌送之，宣乃厲色曰：董宣生平未曾食人之食，況死乎！升車而去。時同刑九人，次應及宣，光武馳使騶騎特原宣刑，且令還獄。遣使者詰宣多殺無辜，宣具以狀對，言水丘岑受臣旨意，罪不由之，願殺臣活岑。使者以聞，有詔左轉宣懷令，令青州勿案岑罪。岑官至司隸校尉。

後江夏有劇賊夏喜等寇亂郡境，以宣爲江夏太守。到界，移書曰：朝廷以太守能禽姦賊，故辱斯任。今勒兵界首，檄到，幸思自安之宜。喜等聞，懼，即時降散。外戚陰氏爲郡都尉，宣輕慢之，坐免。

後特徵爲洛陽令。時湖陽公主蒼頭白日殺人，因匿主家，吏不能得。及主出行，而以奴驂乘，宣於夏門亭侯之，乃駐車叩馬，以刀畫地，大言數主之失，叱奴下車，因格殺之。主即還宮訴帝，帝大怒，召宣，欲箠殺之，宣叩頭曰：願乞一言而死。帝曰：欲何言？宣曰：陛下聖德中興，而縱奴殺良人，將何以理天下乎？臣不須箠，請得自殺。即以頭擊楹，流血被面。帝令小黄門持之，使宣叩頭謝主，宣不從，彊使頓之，宣兩手據地，終不肯俯。主曰：文叔爲白衣時，臧亡匿死，吏不敢至門。今爲天子，威不能行一令乎？帝笑曰：天子不與白衣同。因敕彊項令出。賜錢三十萬，宣悉以班諸吏。由是博擊豪彊，莫不震慄。京師號爲臥虎，歌之曰：枹鼓不鳴董少平。

《後漢書》卷二《顯宗孝明帝紀》〔永平二年〕少府陰就子豐殺其妻酈邑公主，就坐自殺。

《後漢書》卷六《孝冲帝紀》〔建康元年冬十月〕己卯，零陵太守劉康坐殺無辜，下獄死。

《後漢書》卷五三《申屠蟠傳》 同郡緱氏女玉爲父報讎，殺夫氏之黨，吏執玉以告外黄令梁配，配欲論殺玉。蟠時年十五，爲諸生，進諫曰：玉之節義，足以感無耻之孫，激忍辱之子。不遭明時，尚當表旌廬墓，況在清聽，而不加哀矜！配善其言，乃爲讞得減死論。

《三國志》卷二四《魏志·高柔傳》 頃之，護軍營士竇禮近出不還。營以爲亡，表言逐捕，没其妻盈及男女爲官奴婢。盈連至州府，稱寃自訟，莫有省者。乃辭詣廷尉。柔問曰：汝何以知夫不亡？盈垂泣對曰：夫少單特，養一老嫗爲母，事甚恭謹，又哀兒女，撫視不離，非是輕狡不顧室家者也。柔重問曰：汝夫不與人有怨讎乎？對曰：夫良善，與人無讎。又曰：汝夫不與人交錢財乎？對曰：嘗出錢與同營士焦子文，求不得。時子文適坐小事繫獄，柔乃見子文，問所坐。言次，曰：汝頗曾舉人錢不？子文曰：自以單貧，初不敢舉人錢物也。柔察子文色動，遂曰：汝昔舉竇禮錢，何言不邪？子文怪知事露，應對不次。柔曰：汝已殺禮，便宜早服。子文於是叩頭，具首殺禮本末，埋藏處所。柔便遣吏卒，承子文辭往掘禮，即得其屍。詔書復盈母子爲平民。班下天下，以禮爲戒。

《南史》卷一五《徐羡之傳》 義熙十四年，軍人朱興妻周生子道扶，年三歲，先得癇病。周因其病，發掘地生埋之，爲道扶姑雙女所告，周棄市。羡之議曰：自然之愛，豺狼猶仁，周之凶忍，宜加顯戮。臣以爲法律之外，尚弘通理，母之即刑，由子明法。爲子之道，焉有自容之地。愚謂可特申之遐裔。從之。

《宋書》卷五一《臨川烈武王道規傳》 時有民黄初妻趙殺子婦，遇赦應徙送避孫讎，義慶曰：案《周禮》父母之仇，避之海外，雖遇市朝，鬭不反兵。蓋以莫大之寃，理不可奪，含戚枕戈，義許必報。至於親戚爲戮，骨肉相殘，故道乖常憲，記無定准，求之法外，裁以人情。且禮有過失之宥，律無讎祖之文。況趙之縱暴，本由於酒，論心即實，事盡荒耄。豈得以荒耄之王母，等行路之深讎。臣謂此孫忍愧銜悲，不違子義，共天同域，無虧孝道。

《南史》卷四五《王敬則傳》〔元徽三年〕宋廣州刺史王翼之子妾路氏酷暴，殺婢媵，翼之子法朗告之，敬則付山陰獄殺之。路氏家訴，爲有司所奏，山陰令劉岱坐棄市刑。

《南史》卷五一《臨川靖惠王宏傳》 正德志行無悛，常公行剽掠。時東府有正德及樂山侯正則，潮溝有董當門子暹，世謂之董世子也；南岸有夏侯夔世子洪。此四凶者，爲百姓巨蠹，多聚亡命，黄昏多殺人於道，謂之打稍。時勳豪子弟多縱恣，以淫盗屠殺爲業，父祖不能制，尉邏

莫能禦。【略】後正則爲劫，殺沙門，涉嶺南死。洪爲其父夔奏擊東治，死於徒。暹坐與永陽王妃王氏亂，誅。三人既除，百姓少安。正德淫虐不革，尋除給事黄門侍郎。

《魏書》卷三七《司馬楚之傳》 世宗初，除鎮遠將軍、豫州刺史。時有汝南上蔡董毛奴者，齎錢五千，死在道路。郡縣疑民張堤爲劫，又於堤家得錢五千。堤懼拷掠，自誣言殺。獄既至州，悦觀色察言，疑其不實。引見毛奴兄靈之，謂曰：殺人取錢，當時狼狽，應有所遺，此賊竟遺何物？靈之云：唯得一刀鞘而已。悦取鞘視之，曰：此非里巷所爲也。乃召州城刀匠示之，有郭門者前曰：此刀鞘門手所作，去歲賣與郭民董及祖。悦收及祖，詰之曰：汝何故殺人取錢而遺刀鞘？及祖款引，靈之又於及祖身上得毛奴所著皂襦，及祖伏法。悦之察獄，多此類也。豫州於今稱之。

《新唐書》卷一〇〇《楊恭仁傳》 子思訓襲爵。顯慶中，歷右屯衛將軍。從高宗幸并州。右衛大將軍慕容寶節夜邀思訓與謀亂，思訓不敢對。寶節懼，毒酒以進，思訓死。妻訴之，流寶節嶺表，至龍門，追斬之。乃詔以寘毒人者重其法。

《舊唐書》卷一九〇上《文苑傳·王勃》 有官奴曹達犯罪，勃匿之，又懼事洩，乃殺達以塞口。事發，當誅，會赦除名。時勃父福時爲雍州司户參軍，坐勃左遷交趾令。上元二年，勃往交趾省父，道出江中，爲《採蓮賦》以見意，其辭甚美。渡南海，墮水而卒，時年二十八。

《新唐書》卷一二九《嚴挺之傳》 〔嚴〕武字季鷹。幼豪爽。母裴不爲挺之所答，獨厚其妾英。武始八歲，怪問其母，母語之故。武奮然以鐵鎚就英寢，碎其首。左右驚白挺之曰：郎戲殺英。武辭曰：安有大臣厚妾而薄妻者，兒故殺之，非戲也。父奇之，曰：真嚴挺之子！然數禁敕。

（唐）張鷟《朝野僉載》卷二 周杭州臨安尉薛震好食人肉，有債主及奴詣臨安於客舍，遂飲之醉，殺而臠之，以水銀和煎並骨銷盡。後又欲食其婦，婦覺而遁之。縣令詰具得其情，申州録事奏，奉敕杖一百而死。

（唐）張鷟《朝野僉載》卷五 中書舍人郭正一破平壤，得一高麗婢，名玉素，極姝豔，令專知財物庫。正一夜須漿水粥，非玉素煮之不可。玉素乃毒之而進，正一急曰：此婢藥我！索土漿、甘草服解之，良久乃止。覓婢不得，並失金銀器物十餘事。録奏，勑令長安、萬年捉不良脊爛求賊，鼎沸三日不獲。不良主帥魏昶有策略，取舍人家奴，選年少端正者三人，布衫籠頭至衛。縛衛士四人，問十日内已來，何人覓舍人家。衛士云：有投化高麗留書，遣付舍人捉馬奴，書見在。檢云金城坊中有一空宅，更無語。不良往金城坊空宅，並搜之。至一宅，封鎖正密，打鎖破開之，婢及高麗並在其中。拷問，乃是投化高麗共捉馬奴藏之，奉敕斬於東市。

《舊唐書》卷一五二《李景略傳》 李景略，幽州良鄉人也。大父楷固。父承悦，檀州刺史、密雲軍使。景略以門蔭補幽州功曹。大曆末，寓居河中，闔門讀書。李懷光爲朔方節度，招在幕府。五原有偏將張光者，挾私殺妻，前後不能斷。光富於財貨，獄吏不能劾。景略訊其實，光竟伏法。既而亭午有女厲被髮血身，膝行前謝而去。左右有識光妻者，曰：光之妻也。因授大理司直，遷監察御史。

《舊唐書》卷一五六《于頔傳》 元和中，内官梁守謙掌樞密，頗招權利。有梁正言，勇於射利，自言與守謙宗盟情厚，頔子敏與之遊處。正言取頔財賄，言賂守謙，以求出鎮；久之無効，敏責其貨於正言，乃誘正言之僮，支解棄于溷中。八年春，敏奴王再榮詣銀臺門告其事，即日捕頔孔目官沈璧，家僮十餘人於内侍獄鞫問。尋出付臺獄，詔御史中丞薛存誠、刑部侍郎王播、大理卿武少儀爲三司使按問，乃搜死奴於其第，獲之。頔率其男贊善大夫正、駙馬都尉季友，素服單騎，將赴闕下，待罪於建福門。門司不納，退於街南，負墻而立，遣人進表。閤門使以無引不受，日没方歸。明日，復待罪於建福門，宰相喻令還第，貶爲恩王傅。敏長流雷州，錮身發遣。殿中少監、駙馬都尉季友追奪兩任官階，令其家循省。左贊善大夫正、祕書丞方並停見任。孔目官沈璧決四十，配流封州。奴犀牛與劉幹同手殺人，宜付京兆府決殺。敏行至商山賜死，梁正言、僧鑒虚並付京兆府決殺。

（五代）和凝《疑獄集》卷二《韋皋劾司店》 唐韋皋之鎮劍南日，鄉俗之弊，逆旅大賈有貨殖萬餘者，因病而鴆之。既卒，所有財貨十隱其七八，因兹多致富。韋公密知之。有北客蘇延，家屬太鹵，因商販於蜀

川。得病，當夜而卒，以報於公。公使驗其簿，已被店主易其文字，纔遺一二。公乃究尋經過，密勘於里屬，辭多異同。遂劾其司店者，立承隱欺數千餘貫，與諸吏分張二十餘人，悉命付法。由是劍南無横死之客。

《舊唐書》卷一五《憲宗本紀》〔元和十年〕六月辛丑朔，癸卯，鎮州節度使王承宗遣盜夜伏於靖安坊，刺宰相武元衡，死之；又遣盜於通化坊刺御史中丞裴度，傷首而免。是日，京城大駭，自京師至諸門加衛兵；宰相導從加金吾騎士，出入則彀弦露刃，每過里門，訶索甚諠；公卿持事柄者，以家僮兵仗自隨。武元衡死數日，未獲賊。兵部侍郎許孟容請見，奏曰：豈有國相横屍路隅，不能擒賊！因灑泣極言，上爲之憤歎。乃詔京城諸道，能捕賊者賞錢萬貫，仍與五品官，敢有蓋藏，全家誅戮。乃積錢二萬貫於東西市。京城大索，公卿節將複壁重橑者皆搜之。庚戌，神策將士王士則、王士平以盜名上言，且言王承宗所使，乃捕得張晏等八人誅之。【略】〔秋七月〕甲戌，詔：成德軍節度使王承宗，自滁瑕疵，累加奬拔，列在維藩之任，待以忠正之徒。謂懷君父之恩，克勵人臣之節。而動思棄命，恣逞非心，傲狠反常，横辱無畏。以其先祖，嘗立忠勳，每念含容，庶聞悛革。曾不知陰謀逆狀，久則逾彰；凶德禍機，盈而自覆。乃敢輕肆指斥，妄陳表章，潛遣姦人，內懷兵刃，賊殺元輔，毒傷憲臣，縱其凶殘，無所顧望。推窮事迹，罪狀昭明，周覽讞詞，良用驚歎。宜令絶其朝貢，其所部博野、樂壽兩縣本屬范陽，宜却隸劉總。駙馬都尉王承系、太子贊善王承迪、丹王府司馬王承榮等，並宜遠郡安置。先是，承宗上表怨咎武元衡，留中不報。又肆指斥，上使持其表以示百官，羣臣皆請問罪。

《新唐書》卷一六四《王彦威傳》〔穆宗長慶元年〕興平民上官興殺人亡命，吏囚其父。興聞，自首請罪。京兆尹杜悰、御史中丞宇文鼎以自歸死免父之囚，可勸風俗，議減死。彦威上言：殺人者死，百王共守。原而不殺，是教殺人。有詔貸死，彦威詣宰相據法争論，下遷河南少尹。

（五代）和凝《疑獄集》卷三《崇龜集屠刀》唐劉崇龜鎮南海之歲，有富商子，少年而貌皙，稍殊於負販之伍。泊船於高岸次，有高門中見一姬，年二十餘，艷態妖容，殊不避人，得以縱其目送。少年乘便言曰：某黄昏當詣宅矣。亦無難色，微笑而已。既昏暝，果啓扉伺之。此子未及赴約，有盜者徑入行竊。見一房無燭，即突入。姬即趨而就之，盜以爲人擒己也，以刀刺之，遺刀而逃。其家亦未知覺。商家之子旋至，纔入其户，即踐其血，汰而僕地。初謂其水，以手捫之，聞逗血之聲未已；又捫之，有人臥，遂徑走出。一夜解維，比明已行百里餘。其家迹其血至江岸，遂狀訟於主者。

窮詰岸上居人，云：近日有某客船隻，夜來徑發。官差人追及，械於圓室，掠拷備至，具實吐之，唯不招殺人。其家以刀納於府主，乃屠刀也。府主乃下令曰：某日大設會，合境庖丁俱集於毬場，以俟宰殺。既集，乃傳令曰：今日已晚，可翌日而至。乃各留刀於厨而去。府主乃命取入諸刀，以殺人之刀換下一口。來日，各令詣衙取刀，諸人皆認本刀而去，唯有一屠最在後，不肯持刀去。府主乃詰之，對曰：此非某刀。又詰之：此何人刀邪？曰：此某人之刀也。乃問其所居處，命擒，則竄矣。於是乃以他囚合處死者以代商人之子，侵夜斃之於市。竄者之家日日潛令人伺之。既斃其假囚，不兩夕，果歸家，即擒之。具首殺人之咎，遂置於法。商人之子夜入人家，杖背而已。君子謂：彭城公察獄，明矣。

（五代）和凝《疑獄集》卷一《張舉辨燒猪》張舉，吴人也，爲句章令。有妻殺夫，因放火燒舍，乃詐稱火燒夫死。夫家疑之，詣官訴妻。妻拒而不承。舉乃取猪二口，一殺之，一活之。乃積薪燒之，察殺者口中無灰，活者口中有灰。因驗夫口中果無灰，以此鞫之，妻乃伏罪。

《新唐書》卷二〇五《列女傳》段居貞妻謝，字小娥，洪州豫章人。居貞本歷陽俠少年，重氣決。娶歲餘，與謝父同賈江湖上，並爲盜所殺。小娥赴江流，傷腦折足，人救以免，轉側丐食。至上元，夢父及夫告所殺主名，離析其文爲十二言，持問内外姻，莫能曉。隴西李公佐隱占得其意，曰：殺若父者，必申蘭，若夫必申春。試以是求之。小娥泣謝。諸申，乃名盜亡命者也。小娥詭服爲男子，與傭保雜，物色歲餘，得蘭于江州，春于獨樹浦。蘭與春，從兄弟也。小娥託傭蘭家，日以謹信自効。蘭寢倚之，雖包苴無不委。小娥見所盜段、謝服用故在，益知所夢不疑。出入二稘，伺其便。它日，蘭盡集羣偷釃酒。蘭與春醉，臥廬。小娥閉户，拔佩刀斬蘭首，因大呼捕賊。鄉人擒救，禽春，得贓千萬。其黨數十，小娥悉疏其人，上之官，皆抵死。乃始自言狀。刺史張錫嘉其烈，白觀察

使。使不爲請。還豫章，人争娉之，不許。祝髮，事浮屠道，垢衣糲飯終身。

《舊唐書》卷一七《敬宗本紀》〔寶曆元年〕秋九月辛未朔，丁丑，衛尉卿劉遵古役人安再榮告前袁王府長史武昭謀害宰相李逢吉，詔三司鞫之。【略】〔十月〕甲子，三司鞫武昭獄得實，武昭及弟櫱、役人張少騰宜付京兆府決，河陽節度掌書記李仲言配流象州，櫱流崖州，太學博士李涉流康州，皆坐武昭事也。

（清）吴任臣《十國春秋》卷一一五《拾遺》 前蜀青石鎮陳洪裕妻丁氏，妬殺其婢金卮，潛於本家埋瘞，仍牓通衢，云婢逃走。經年遷居夾江，夏潦飄壞舊居，渠岸見死婢，容質不變，鎮將具狀報州，追勘款伏。屍一夕壞腐，遂置丁於法。

（宋）李燾《續資治通鑑長編》宋太祖建隆二年四月 右神武將軍李懷節出典坊州，受代歸闕，行次華州，忿其從者王，乘醉手斬之，爲其黨所訟，下吏按劾。乙卯，責授率府率。

（清）畢沅《續資治通鑑》宋太祖乾德二年夏四月 壬申，徙永州諸縣民之畜蠱者三百二十六家於縣之僻處，不得復齒於鄉。

《宋史》卷二〇〇《刑法志》 初，太祖嘗決繫囚，多得寬貸。而開封婦人殺其夫前室子，當徒二年，帝以其凶虐殘忍，特處死。至是，有涇州安定婦人，怒夫前妻之子婦，絶其吭而殺之。乃下詔曰：自今繼母殺傷夫前妻子，及姑殺婦者，同凡人論。雍熙元年，開封寡婦劉使婢詣府，訴其夫前室子王元吉毒己將死。右軍巡推不得實，移左軍巡掠治，元吉自誣伏。俄劉死。及府中慮囚，移司録司案問，頗得其侵誣之狀，累月未決。府白于上，以其毒無顯狀，令免死，決徒。元吉妻張擊登聞鼓稱冤，帝召問張，盡得其狀。立遣中使捕元推官吏，御史鞫問，乃劉有姦狀，慚悸成疾，懼其子發覺而誣之。推官及左、右軍巡使等削任降秩；醫工詐稱被毒，劉母弟欺隱王氏財物及推吏受贓者，並流海島；餘決罰有差。司録主吏賞緡錢，賜束帛。

《宋史》卷二《太祖本紀》〔乾德五年十一月，已酉朔〕供奉武仁海坐枉殺人棄市。

《宋史》卷四六三《外戚傳·王繼勳》 王繼勳，彰德節度饒之子，孝明皇后同母弟也。【略】開寶三年，命分司西京。繼勳殘暴愈甚，强市民家子女備給使，小不如意，即殺食之，而棺其骨棄野外。女儈及鬻棺者出入其門不絶，洛民苦之而不敢告。太宗在藩邸，頗聞其事。及即位，人有訴者，命户部員外郎、知雜事雷德驤乘傳往鞫之。繼勳具伏，自開寶六年四月至太平興國二年二月，手所殺婢百餘人，乃斬繼勳洛陽市，及爲强市子女者女儈八人、男子三人。長壽寺僧廣惠常與繼勳同食人肉，令折其脛而斬之。洛民稱快。

（宋）李燾《續資治通鑑長編》宋太宗太平興國五年二月 温州捕送養猫鬼呪詛殺人賊鄧翁並其親屬至闕下。鄧翁腰斬，親屬悉配隸遠惡處。

（清）徐松《宋會要輯稿·刑法二·禁約》 淳化元年八月二十七日，峽州長楊縣民向祚與兄向收共受富人錢十貫，俾之採生。巴峽之俗，殺人爲犧牲以祀鬼。以錢募人求之，謂之採牲。祚與其兄謀殺縣民李祈女，割截耳鼻、斷支節，以與富人。爲鄉民所告，抵罪。著作郎羅處約奉使，道出峽州，適見其事，抗疏以聞。因下詔劍南、東西川峽路、荆湖、嶺南等處，管内州縣戒吏謹捕之，犯者論死。募告者，以其家財畀之。吏敢匿而不聞者，加其罰。

（宋）李燾《續資治通鑑長編》宋真宗咸平五年七月 兵部員外郎、直史館馬亮，自西川轉運使代還，奏事稱旨，賜金紫，命知潭州。屬縣有亡命卒剽劫爲鄉人患，鄉人共謀殺之，在法當死者四人。亮謂其僚屬曰：夫能爲民除害而乃坐以死，此豈法意耶？即批其案悉貸之。

（宋）李燾《續資治通鑑長編》宋真宗大中祥符七年十月 御史臺鞫殺人賊，獄具，知雜王隨請臠割之。上曰：五刑自有常制，何必爲此。王旦曰：隨司風憲，抨彈自有故事，此非其所宜言。況此賊本情可見，一死亦已極矣。

（宋）李燾《續資治通鑑長編》宋真宗大中祥符九年八月 丙申，江南提點刑獄王長吉等言：南安軍上猶縣僧法端忿漁人索賣漁直，遂令僧守肱殺其院狗，即白官誣漁人盗去。縣遣里胥捕漁者並父，繫送院中，守肱毆殺之。又賂縣典集耆保，掩捕漁者二弟，併殺之。又以刃傷漁者母。因以殺獲劫賊聞於縣尉汲濟，濟受吏請求，驗尸之際，令主者隱縻縛之迹，並其家老幼荷校送軍。縣令孫凝覆視，又以老眊爲吏所罔。因本軍劾

既而果乘夜欲刺告，告又捕得，致於法，境内肅然。

（宋）李燾《續資治通鑑長編》宋仁宗慶曆八年二月　頒《慶曆善救方》。上始閲福建奏獄，多以蠱毒害人者，福州醫工林士元能以藥下之，遂詔録其方，又命太醫集諸方之善治蠱者爲一編，詔參知政事丁度爲序而頒之。

（宋）李燾《續資治通鑑長編》宋神宗熙寧八年十二月　和州同巡檢、西頭供奉官李士宣坐不法并殺子，刺配沙門島，永不收叙。

（宋）李燾《續資治通鑑長編》宋神宗元豐元年正月　初，韓琦判相州，有三人爲劫，爲鄰里所逐而散。既而爲魁者謂其徒曰：自今劫人有救者，先殺之。衆諾。他日，又劫一家，執其老姥，榜棰求貨。鄰人不忍其號呼，來語賊曰：此姥更無他貨，可惜榜死。其徒即刺殺之。州司皆處三人死。

刑房堂後官周清，本江寧府法司，後爲三司大將，王安石引置中書，且立法云：若刑房能駁審刑、大理、刑部斷後違法，得當者，一事遷一官。故刑房吏日取舊案，吹毛以求其失。清以此自大將四年遷至供備庫使，行堂後官事。相州獄已决數年，清駁之曰：新法：凡殺人雖已死，其爲從者被執，雖經拷掠，若能先引服，皆從按問欲舉律減一等。今盜魁既令其徒云：有救者先殺之，則魁當爲首，其徒用魁言殺救者，則爲從，又至獄先引服，當減等。而相州殺之，刑部不駁，皆爲失入死罪。事下大理。大理以爲：魁言有救者先殺之，謂執兵仗來鬭也。今鄰人以好言勸之，非救也，其徒自出己意，手殺人，不可爲從，相州斷是。詳斷官竇苹、周孝恭以此白檢正劉奉世。奉世曰：君爲法官，自圖之，何必相示？二人曰：然則不可爲失入。奉世曰：君自當依法，此豈必欲君爲失入邪？於是大理奏相州斷是。清執前議，再駁，復下刑部新官定，刑部以清駁爲是。大理不服，方爭論未决，會皇城司奏相州法司潘開賫貨詣大理，行財枉法。

（宋）李燾《續資治通鑑長編》宋神宗元豐元年六月　前國子博士陳士儒毆婢，婢逃，且告士儒及其妻李與羣婢共害其母張。詔開封府鞫之。士儒，執中子也。據《吕公著家傳》，士儒獄是月就開封府鞫，明年正月己卯，改送法寺。

得實，法端、守肱坐死，自餘咸以德音原免。今體量漁者本家兄弟三人，以捕漁爲業，餘皆乳抱，今四人遭殺，三人被傷，察其事狀，最爲巨蠹。欲望特降詔旨，並從重罰，不以恩例末減。詔杖濟脊，配隸道州，凝貶文學，餘黥面配廣南遠惡州凡十五人，以守肱私田五十九畝給被傷家。

（宋）李燾《續資治通鑑長編》宋仁宗景祐四年九月　密州大姓王澥私釀酒，鄰人往捕之，澥紿奴曰：此盜也。使盡殺其父子四人，州論奴以法，而澥獨不死。大理寺詳斷官鄭人蔣偕當澥及奴皆大辟，宰相陳堯佐右澥，知審刑院宋郊力爭，卒抵澥死，堯佐不悦。

《宋史》卷四四二《蕭貫傳》〔蕭貫〕降知饒州。有撫州司法參軍孫齊者，初以明法得官，以其妻杜氏留里中，而紿娶周氏入蜀。後周欲訴于官，齊斷髮誓出杜氏。久之，又納倡陳氏，挈周氏所生子之撫州。未逾月，周氏至，齊捽置廡下，出僞卷曰：若傭婢也，敢爾邪！乃殺其所生子。周訴于州及轉運使，皆不受。人或告之曰：得知饒州蕭史君者訴之，事當白矣。周氏以布衣書姓名，乞食道上，馳告貫。撫非所部，而貫特爲治之，更赦，猶編管齊濠州。

《宋史》卷二六九《王質傳》　時兄雍爲三司判官，質不欲兄弟並居省府，懇辭，得知壽州，徙廬州。盜殺其徒，並貲而遁，捕得之。質論盜死，大理以謂法不當死，質曰：盜殺其徒，自首者原之，所以疑壞其黨，且許之自新，此法意也。今殺人取貲而捕獲，貸之，豈法意乎？疏上不報。降監舒州靈仙觀，採古今鍊形攝生之術，撰《寶元總録》百卷。逾年，韓琦知審刑院，請盜殺其徒、非自首者勿原。著爲令。於是鄭戬、葉清臣皆言質非罪，且稱其材，起知泰州，遷度支郎中，徙荆湖北路轉運使。

《宋史》卷二八六《薛奎傳》　州民常聚博僧舍，一日，盜殺寺奴取財去，博者適至，血偶涴衣，邏卒捕送州，考訊誣伏。奎獨疑之，白州緩其獄，後果得殺人者。

《宋史》卷三〇四《蘇曉傳》　盜殺商人，鑿舟沉屍江中。有被誣告者笞服，獄具，告疑其無狀，後數日，果得真盜。

《宋史》卷三〇四《楊告傳》　改豐城主簿，邑有賊殺人，投屍于江，人知主名，而畏不敢言。告聞，親往擒賊。有言賊欲報怨者，告不爲動。

《宋史》卷三五五《楊汲傳》〔楊汲〕登進士第，調趙州司法參軍。州民曹潯者，兄遇之不善，兄子亦加侮焉。潯持刀逐兄子，兄挾之以走，潯曰：兄勿避，自爲姪爾。既就吏，兄子云：叔欲紿吾父，止而殺之。吏當潯謀殺兄，汲曰：潯呼兄使勿避，何謂謀。若以意爲獄，民無所措手足矣。州用其言，讞上，潯得不死。

（宋）熊克《中興小紀》建炎元年夏五月 靖康改元冬，金人再入寇。刑部尚書江都王雲，奉使至金寨。先遣親吏李裕回道沃哩布語，須康王親到，議乃可成。於是上奉詔使沃哩布軍請緩師，雲副之。上請門下侍郎開封耿南仲偕行，淵聖曰：南仲老矣！乃令其子中書舍人延禧，與觀察使高世則爲參議官，世則，瑗孫也。以十一月丁丑發京師，晝夜行。庚辰，至相州。民遮道曰：肅王已不反，乞大王起兵拒敵，不宜北去。辛巳，至磁州。初王雲使金歸，過磁相，勸二郡爲清野計，二郡從之。悉徹近城民居，運粟入城，洎金人再至。果以磁相無糧，由他路入。二郡人怨雲，以爲雲通於敵。磁有崔府君祠，乃東漢之崔子玉也，封嘉應侯，號曰應王。上至州人擁神馬，謂應王出迎。守臣祕閣脩撰義烏宗澤啓上，宜謁其廟。雲從上入，上既出，雲爲百姓所害。上檄澤捕得害雲者斬之，乃定。

《宋史》卷二〇〇《刑法志》 高宗性仁柔，其於用法，每從寬厚，罪有過貸，而未嘗過殺。知常州周杞擅殺人，帝曰：朕日親聽斷，豈不能任情誅僇，顧非理耳。即命削杞籍。

（宋）李心傳《建炎以來繫年要録》紹興五年五月 池州民崔德全不能事母，及死，罵母不葬。其弟德聰潛葬之。德全怒，持刀逐德聰，德聰奪其槍連刺之，乃死。有司當德聰處斬。憲臣以爲情實可矜，乃上其事。尚書省請梟德全首，論德聰絞刑。從之。

《宋史》卷二四七《趙子潚傳》〔子潚〕進龍圖閣學士，移知泉州。吏有掠民女爲妾者，其妻妬悍，殺而磔之，貯以缶，抵其兄興化掾，安廨中。妾父詣郡訴，吏不決。子潚訪知狀，亟遣人往興化，果得缶以歸，獄遂決。

（宋）吳曾《能改齋漫録》卷一二《微司理幾誤殺》 侍御史王平，字保衡，侯官人。章聖時，初爲許州司理參軍。里中女乘驢單行，盜殺諸田間，褫其衣而去。驢逸，田旁家收繫之。覺，吏捕得驢，指爲殺女子者。訊之四旬，田旁家認收繫其驢，實不殺女子。公意疑，具以狀白府。州將老吏素强，了不之聽，趣令具獄。公持益堅，彼乃怒曰：掾懦邪！公曰：今觸奏坐懦，不過一免耳。與其阿旨以殺無辜，又陷公於不義，校其輕重，孰爲愈邪？州將因不能奪。後數日，河南移逃卒至，詳勘之，乃是殺女者。田旁家得活。後因衆見，州將謝曰：微司理，向幾誤殺人。

（宋）鄭興裔《鄭忠肅奏議遺集》卷上《請禁民不舉子狀》 臣伏聞人皆有不忍之心，乍見孺子將入井，怵惕惻隱，出乎性，發乎情，不俟勉强，在常人且然。乃若父子至性殘忍成習，至於生子恒多不舉，傷天理之和，滅人倫之大。末俗相沿，所在多有，而建劍汀邵四州爲尤甚。蓋自軍興以來，户口凋殘，貪吏姦胥又復肆其凌虐，丁鹽紬絹，誅求無藝，愚蠢小民寧殺子而不願輸税。臣欽奉聖恩，提刑福建路二載，於兹聞見所及，慘狀不可名言。竊見陛下軫恤斯民，每奏大辟，曲求生路。赤子何知，忍令戕害至此。臣謹準本朝律例，故殺子孫徒二年所宜申嚴禁令，下四州守臣，告民法律，曉示禍福。召人告官，審實，以犯人家財給之。客户兼責成地主，除飭屬禁戢外，合恭請指揮申嚴。仰望陛下留神省察，速賜施行，庶生齒漸繁，户口日衆，綿國祚億萬年，無疆之福，不勝至幸。

（宋）王林《燕翼詒謀録》卷四 楊萬頃殺張審素，審素二子瑝、琇爲父復仇殺萬頃，張九齡欲活之，李林甫必欲殺之，而二子竟伏大刑。蓋九齡君子，喜人爲善，林甫小人，嫉人爲善，好惡不同故也。苟其父罪當死，子不當報仇，父死不以罪，或非出上命，而爲人所擠陷以死，可不報乎！審素之仇所當報也。太宗雍熙三年七月癸未，京兆府鄠縣民甄婆兒，報母仇殺人，詔決杖遣之。惜乎瑝、琇之不遇聖時明主也！

（宋）周密《癸辛雜識續集》卷下《孕婦雙胎》 安吉縣村落間有孕婦，日饁其夫於田間，每取道自叢祠之側以往。祠前有野人以卜爲業，日見其往，因扣之，情寖洽。一日，婦過之，卜者招之曰：今日作餛飩，可來共食。婦人就之，同入廟中一僻静處，笑曰：汝腹甚大，必雙生子也。婦曰：汝何從知之？曰：可伸舌出看，可驗男女。婦即吐舌，爲其人以物鈎之，遂不可作聲。遂刳其腹，果有孿子，因分其尸，烹以祀神。且以孿子炙作臘，爲鳴童預報之神。至晚，婦家尋覓不見，偶有村翁云：其每日與卜者有往來之跡。疑其爲姦，遂入廟捕之，悉得其尸，並

獲其人，解之縣中。蓋左道者以雙子胎爲靈丹，乃所不及也。

（宋）周密《癸辛雜識續集》卷下《大辟登科》 南康劉以仁嘗手殺其叔，里族買静，不經有司，後竟登寶祐癸丑第，及官長沙令。江古心嘗云：糊名考校中，諸行百户，何所不有？雖盗賊大辟，亦可登科改秩云。

（明）張四維《名公書判清明集》卷一四《懲惡門·淫祀·行下本路禁約殺人祭鬼》 訪聞本路所在鄉村，多有殺人祭鬼之家，平時分遣徒黨，販賣生口，誘畧平民，或無所得，則用奴僕，或不得已，則用親生男女充代，臠割烹炮，備極慘酷，湘陰尤甚。淫昏之鬼，何能爲人禍福，愚俗無知，一至於此！朝廷條令，自有明禁，官司玩視，久不奉行，致無忌憚。來歲閏年，所合申明禁戢。除已密切差人體探外，今仰諸縣巡、尉，常切跟緝，知縣尤當加意。應有淫祠去處，並行拆毁，奉事邪鬼之家，並行籍記，四路採生之人，並行收捉，鄰甲照已排立保伍，互相舉覺，賞錢三千貫，仍許諸色人陳告。如有違犯，不分首從，並行凌遲處斬，家屬斷配，家業抄籍充賞。如官容縱，本司體探得知，定將知縣並巡、尉按劾，當行人吏決配，鄰人、保正隱蔽，一體施行。仍鏤榜曉示。

《金史》卷四五《刑志》 〔大定〕七年，左藏庫夜有盗殺都監郭良臣盗金珠，求盗不得。命點檢司治之，執其可疑者八人鞫之，掠三人死，五人誣伏。上疑之，命同知大興府事移剌道雜治。既而親軍百夫長阿思鉢鬻金於市，事覺，伏誅。上聞之曰：箠楚之下，何求不得，奈何鞫獄者不以情求之乎。賜死者錢人二百貫，不死者五十貫。於是禁護衛百夫長、五十夫長非直日不得帶刀入宫。

《元史》卷一七〇《袁裕傳》 〔至元〕十八年，調南陽知府。明年，召拜刑部侍郎，出爲順德路總管。郡有鐵冶提舉張鑑，無子，買妾，其妻妬而殺之。裕捕其妻，訊之服辜。裕用法平允，而疾惡不少貸如此。

《元史》卷一八五《干文傳傳》 〔干文傳〕登延祐二年乙科，授同知昌國州事，累遷長洲，烏程兩縣尹。【略】其在烏程，有富民張甲之妻王，無子，張納一妾於外，生子，未晬，王誘妾以兒來，尋逐妾，殺兒焚之。文傳聞而發其事，得死兒餘骨。王厚賂妾之父母，買鄰家兒爲妾所生，兒初不死。文傳令妾抱兒乳之，兒啼不就乳，妾之父母吐實，乃呼鄰婦至，兒見之，躍入其懷，乳之即飲，王遂伏辜。

丹徒縣民有二弟共殺其姊者，獄久不决，浙西廉訪司俾文傳鞫之。既得其情，其母乞貸二子命，爲終養計。文傳謂二人所承有輕重，以首從論，則爲首者當死，司官從之。

（元）蘇天爵《滋溪文稿》卷一三《國子祭酒謚文安謝公神道碑銘並序》 盗有殺賈人及從者三，而攘其財，棄屍井中。其家累訟於州及府，皆以無佐驗，不爲理。公微服宿盗里中，兼得其實，躬往捕之。盗不伏，並收其妻鞫之。妻時時仰視其屋，公曰：異在此矣。屋蓋新葺，大竹爲椽。公使人發視之，財悉藏竹中。盗遂吐實，出四人屍井中，乃訖獄。州人神之。部使者聞公之名，或他州訟獄弗能決者，亦檄公治之。公去湘陰二十餘年，民猶頌其遺愛。

《元史》卷一八七《貢師泰傳》 游徼徐裕，以巡鹽爲名，肆暴村落間。一日，遇諸暨商，奪其所賫錢，撲殺之，投尸於水，走告縣曰：我獲私鹽犯人，畏罪赴水死矣。官驗視，以有傷，疑之，遂以疑獄釋。師泰追詢覆按之，具得裕所以殺人狀。

（清）洪鈞《元史譯文證補》卷二《定宗憲宗本紀補異》 西域婦法特瑪行巫蠱術，害皇弟闊瑞。事發，極刑處死。西書云：法特瑪仇怨甚多。有撒馬爾干人，名曰希雷，訴其巫蠱。皇弟闊端之病，皆其所爲。闊端亦遣人來告，我爲其所厭。禳如死，必誅其人。未幾，闊端竟卒。鎮海請於定宗，刑訊之。以綫縫其周身孔竅，氈裹而投之河，隨從婦女皆死。居無何，又有人訴希雷厭禳，定宗子忽察亦戮之，並其家屬。案蒙古本信巫，憲宗初即位，亦有厭禳之獄。定宗后至賜死，事當不誣。西書稱闊端，音似庫灘，忽察音似火札。

《明太宗實録》永樂三年冬十月 賜寧國公主書曰，駙馬梅殷雖有過失，兄以至親不問。比聞溺死，兄甚疑之，密訪窮搜不得實，今都督許成來看，乃小人所害，訊鞫，果得其情，首者已加爵賞，謀陷之人悉置重法。特報賢妹知之。

《明宣宗實録》宣德六年五月 行在刑部奏定，遼後衛舍人貪隣兒銀項圈，啖以果餌，誘至僻地，殺而取之，沉尸水中。當斬。上曰：古語匹夫無罪，懷璧其罪，是兒蓋項圈殺之，愚人之愛其子者可以爲戒。

（明）余懋學《仁獄類編》卷二九《宥爪哇從犯》 宣德十年，行在

刑部奏爪哇國人麻沙等朝貢，還至廣東，與其類同麻抹有隙，殺之，陳初伍墨加虱二人，皆從行。事覺，廣東布政司鞫問麻沙服罪死于獄，陳初伍等，雖從而不加功，當徒。上曰，夷狄之人不知禮法，且殺人者已死，彼既不加功，不足深治，宥之遣歸。

（明）沈德符《萬曆野獲編補遺》卷三《刑部・天順議罰之異》　英宗復辟後，刑賞最爲失平，而殺人抵償，更有極倒置可駭者，今聊記一二。如天順二年九月，有湖廣常德衛指揮使夏瑄，殺依己以居者妻子三人，俱焚之，按察司馮誠奏鞫，凌遲處死。刑部郎中許振，以審刑至，辨所殺爲傭工人，減論絞，後瑄數陳訴冤，法司俱置不理。瑄子虎上疏，願代父刑，且謂父殺家奴，非傭工人。都察院謂其情可憫，瑄遂得復職，誠以失入人死，下錦衣獄。至三年四月，沂川衛指揮僉事王有忠，殺其所部爲盜者，遂嗾所部殺之。事覺，所部七人皆瘐死，忠坐謀殺人造意斬。巡按山東御史郝淵之謂，殺一人而死七人，況忠非親殺者，情可憫，上命有忠發充甘肅衛軍。夫殺人至三人、七人，此宇宙大變，一得復官，一僅遣戍，此何律也？至三年六月，御史何楚英巡視光祿，笞作奸廚役朱辛，逾月而死。命錦衣訊之，下刑部獄擬贖杖還職，上命枷於都察院前三月，滿日以聞。至九月始釋枷，降爲廣西平南典史。以御史杖一廚役，且死在保辜限外，何至荷三木且至三月，較之兩指揮殺多命者，何啻天壤。蓋是時曹石擅權，專右武人，以至臺臣僇辱至此。

《明英宗實録》天順四年五月　敕汝陽王子壆曰：今得法司具奏軍校六人打死内使春彬等情。且春彬在王府中欺瞞作弊情罪，固所難容，但係朝廷撥去人數，當具奏處置，如何以己忿怒就差人邀截毆死？朝廷之制，凡犯罪者，不分大小輕重，必付有司鞫治明白，然後處之以刑。今不問其罪當死與否，輒便毆死，是恣意任情，罪法之正也。但事在已往，朕不深究，今後處事務要安詳仔細，庶免過愆，若再蹈前轍，必貽後悔。王其戒之慎之。

（明）沈德符《萬曆野獲編》卷一八《刑部・三楊子孫》　楊文貞士奇之子稷，淫惡殺人，坐斬，瘐死錦衣獄。人知之矣。楊文敏榮之子恭，以尚寶司丞居家與人争産，法司論杖爲民，遇赦求復職，而英宗不許，其孫泰爲建寧衛指揮，與子華殺人，爲西廠汪直所發，坐斬籍没。楊文定之孫尚實丞壽，毆死家奴，其奴乃宗室賜其祖溥者。事覺，刑部尚書俞士悦言壽罪雖律當徒，然奴由恩賜，又祖所愛，今壽殺之，有虧忠孝，請勿以常律論。賴大理卿蕭維楨争之得免。然則三楊後人，俱不能承堂構矣，寧特杜荷房遺愛爲千古所慨耶。胡廣之子種，亦坐殺人抵罪。

（明）沈德符《萬曆野獲編補遺》卷二《詞林・鄉紳異法》　成化初，羅一峯以修撰劾首揆李南陽奪情，雖外謫而名震天下。未幾復官，請告里居，立鄉約以整頓風俗。其法甚嚴，莫敢不遵，獨有强梁二人不服，且屢違教令，乃命其徒共執投水中。一峯旋亦下世，鄉人白其事於所司，其徒數十人俱坐謀殺人爲從者律，受重辟。使羅尚在，不知當時何以置對，此公品格豈可議？但此等舉動。太覺出格，貽累多人，亦學術未純所致歟。先是章楓山聞羅行鄉約，作長書，峻詞力止之。比書到，已無及矣。又崔後渠洹詞云：羅一峯行鄉約而戮族人，或即此事，抑又一事耶？

《明憲宗實録》成化三年三月　臨泉王鍾鐰以暴怒，前後杖殺數人，且淫縱多不法，爲本府内官所發，事下巡撫，巡按鞫其左右，具得本末，謂宜坐及輔者，歸之京師法司會官重鞫之以聞。於是自教授以下皆坐罪有差，仍命移書於王，俾之回奏。

《明憲宗實録》成化十七年夏四月　壬申，都察院臣言巡按雲南監察御史樊瑩，奏廣西府土官知府昂貴襲職後，爲家人告發毒殺伯母等情，究問是實，原保任貴巡按雲南監察御史及都布按三司等官，俱當坐罪，緣都指揮陳俊、方明，布政使吕困，參政俞鐸，僉事敖和、張（凱）〔覬〕，御史董韜俱已致仕，按察使錢璡陞福建右布政使，御史胡涇陞陝西副使，郭瑞僉事，俞澤閑住，合將見任及改任致仕官逮問如律，閑住官照例免問，從之。

《明憲宗實訓》卷二《正風化》　成化二十一年四月己未，訓導鄭璟言：浙江温台處三府人民所産女子，慮日後婚嫁之費，往往溺死，殘忍不仁，莫此爲甚，乞令所司榜諭。下都察院議，此弊不獨三府，延及寧紹、金華，并江西、福建、南直隸等處亦然，宜悉榜諭。如璟言。

上曰：人命至重，父子至親。今乃以婚嫁之累，戕恩敗義，俗之移人，一至于此。此實有司之責。自後民間婚嫁粧奩，務稱家有無，不許奢侈。所産女子如仍溺死者，許鄰里舉首發戍遠方。

《明憲宗實録》成化二十二年九月　陝西武功縣民王瑾等，因歲饑荒，行旅就其家憩息者，輒殺食，雖婦人亦執刀杖相助，甚至殺一家三人，所得行囊粟麥纔數升耳，前後死者甚多。巡撫官奏發其事，命皆依律處決，仍梟首示衆，其婦人俱配給邊軍。然是時民饑無聊如瑾等者，比比不能悉奏也。

（明）余懋學《仁獄類編》卷二九《蕭興殺姪獄》　成化二十三年，有指揮周鐸與軍人蕭興以小忿相毆，興不能勝，夜歸，殺其姪鉉，謀陷鐸死，奏下御史鄭紳鞫問，已而衆証其誣，興得免，興恐反坐其罪，復誘其姪偏兒自服殺其兄，問擬凌遲。鐸妻張氏與都指揮使朱遠妻兄弟也，遠嘗與姦，鐸赴獄時，以所積珍寶寄遠家，事平索之不得，復怒張氏有淫行，出之。張氏愧恨，遂謀之遠，告于緝事官校，謂前日殺鉉者實鐸，以賂衆獲免，事下三法司，錦衣衛官會鞫鐸，苦拷訊，不得已誣服。上覽獄案疑焉，命從公會鞫于庭，無得顧忌枉人，會鐸家人亦擊登聞鼓訴冤，乃逮遠等廷鞫，然未有以白也。上復命司禮監鞫官監鞫，始盡得陷鐸狀，興竟坐罪，革遠職，冠帶閑住，其餘連坐者擬罪有差。上以緝事官校千戶夏旺等徇情行事，復命會杖訊之，降罰有差，初周鐸之獄，路人皆知其冤，法司以其事發自東廠，莫敢直之。及承命會鞫者，再猶依違觀望不敢決斷，非上之仁明，則鐸之死獄成矣。

《明孝宗實録》弘治五年九月　辛巳，初，荆府荆靖王妃魏氏，生子見潚、見溥，夫人王氏生見濍。魏氏鍾愛見溥，凡金帛必倍與之，見潚不平。靖王薨，見潚嗣位，錮魏氏於宮中，減去衣服飲食，抑鬱而死。見潚怒不已，令舁其柩，自竇間以出，遂欲殺見溥，佯使人召之騎射，既入，令左右擁執，自出鐵尺連箠之，見溥哀號乞免，左右以衣塞其口，仍擊以銅鎚乃死，尚恐其或蘇，復以鐵火筯鑽尻孔間，血流盈地，乃使人給其妃何氏，謂見溥以馬驚踐死。後何氏入朝太妃，見潚使妾婢誘入別室逼淫之，遂拘留不遣，又欲通於從弟見潭之妃茆氏，見潭母馬氏懼而防之，見潚怒執馬氏，髠其首，箠之百餘，拘見潭於宮中，攣縛之囊土覆其面以死。械繫茆氏入（府）〔宮〕，脅而淫之，又集惡少日與馳射，或私過江游逸，聞民家女子美者，輒奪取之。乾没官糧，網羅貨利，庫藏聚斂動以萬計。拘鎮國將軍見（釜）〔滏〕見淲，減其食，皆餓而死。見濍懼及禍，密疏奏之。上命法司勘鞫，具得實。乃遣太監白俊，駙馬都尉蔡震拘之至京，遺書於諸王〔府〕共議其罪以聞。命何氏自盡，削茆氏封號冠服。以見濍舉奏不早，亦不盡實，減其祿三之一。

《明孝宗實録》弘治六年五月　陝西永昌衛寧遠堡，有自虜中來者二人，諜者詰之，知其爲漢人被掠者，祀總指揮袁鎮，利其所齎，使人誘之出境而殺之，百戶丁愷掩爲斬捕功，鎮及指揮史彬亦各以領軍應援，報功于官。死者之家發其事，兵部以鎮妄殺無辜，罪惡深重，請（并）〔併〕丁愷、史彬俱論以重法，謂分守副總兵陶禎，左少監紀能，失於審勘，亦不得無罪。上命鎮、愷、彬俱下巡按御史逮問，禎、能姑貸之，禎仍停俸三月。

（明）余懋學《仁獄類編》卷二二《賊販苦腦子》　杜宏字淵之，河南臨潁人，弘治庚戌進士，爲阜城令時，北方常有羣盜共謀殺人，以誣人求賄，謂之販苦腦子，又曰打清水網。宏廉知其事。會有數商人來邑中，與人交易而鬬。明日，其徒一人死逆旅中，宏遣坊甲追捕，頃之，一人至庭，牽二駿馬，鞍勒皆飾以銀，出符以示宏，指符中姓名曰，張鑑即我，張慶即今死者，吾弟也，我張都御史從子，鬻醛淮上索逋直來此，昨令吾弟出外，以黄金易錢與人□而死耳。宏使人檢其橐，有新衣數事，詰其餘貲安在，曰吾所挾銀途中遇盜，刼去矣。宏笑曰，爾詐也，銀且被刼，安得黄金獨存，又餘美衣駿馬邪。其人詞窮，色動，欲逸。宏乃縶其馬封其橐，使卒守之。適景州逸他盜邏者獲一人，自言我商也，有同侶在阜城與人鬬而死，我避官司府來此耳。州吏移文至阜城驗之，宏得之，甚喜，乃移景州并逮其人至，嚴刑訊之，盜皆具伏，曰，某實殺人求賄者，于某地殺某，于某地又殺某，計凡殺九人，今死者非吾弟也，乃途中行丐者，吾衣食之，令飼馬，復令其與人交易而鬬，乃殺之耳。宏猶恐有遺情，復再三訊之，中一人楊傑始吐實曰，初與交易者鬬乃傑也，非死者也，傑五人於此夜殺飼馬者，傑恐鬬者識我，即逃往景州耳。宏乃具白巡撫大臣，下屬郡覆盜所陳往事皆符合，遂聞於上，內批爲首者凌遲處死，爲從者斬，梟首示衆，仍著爲令，遠近稱快焉。

《明武宗實録》正德七年三月　監察御史張璉劾奏：大學士梁儲縱子次攄非法致人於死，父子死而爲求散官，孫幼而輒丐恩命等事。乞罷儲仍

置次擄於法。上曰：輔臣子孫録廕，乃先朝恩例，次擄事情令鎮巡等官覈實以聞。

（明）沈德符《萬曆野獲編》卷一八《刑部・梁文康子殺人》　梁文康儲之子次擄居鄉，以奪田殺三百餘人，屠滅三十餘家。事在正德八年，法當極典。乃父方爲宰相，法官僅擬發邊衛立功。五年，仍還職而已。次擄先以銀納錦衣冠帶舍人，尋冒湖廣軍功陞百户。歸而作亂，文康曲法庇之，舉朝無敢言者。至命撰威武大將軍敕，實文康視草，而高岱《鴻猷録》極口贊譽，謂梁以死諍，而委其罪於楊新都，則以同鄉故曲筆也。薛方山《憲章録》亦因之。今後生傳述。及鄉會傳策中，每娓娓頌其堅正，如出一口。傳訛至此，則二書爲祟耳。正德九年，復與寧藩護衛，此實新都當國，依違不能力持，不爲無罪。而楊氏子孫乃移之文康，此又當爲梁昭雪。至十年春，新都以憂去，梁爲首揆且三年。而楊再起，梁仍讓居其下。時以梁爲長者，及興邸龍飛，梁又奉迎於安陸。比世宗登極，甫匝月即去位。或云新都擠之，然而不預大禮之罰，亦幸事也。

（明）應檟《讞獄稿》卷三《常鎮等處會審疏》〔正德十三年〕

謀殺壹名殷芳，招係直隸常州府靖江縣民。芳寄居江陰縣祝塘，與監故陳蘭往來。正德十三年，陳蘭已故叔陳紹將近死男陳四郎過房與近故蘇相爲義男，比年一十四歲，被陳蘭誘引在家。正德十五年正月二十五日，陳蘭帶領陳四郎到於在官朱敬田邊，扳曾將伊麥田踏毁，致被知駡讎恨。本年二月初六日，陳蘭要將陳四郎謀殺詐害朱敬，與芳商説，芳不合從允。黄昏時分，陳蘭置酒與芳喫飲，唤陳四郎執壺。芳就不合用左手揪髮捺倒在地，蘭用靴脚向伊脇、肋、頭、額等處各亂打身死，扛放朱敬田邊。次日芳與陳蘭去將朱敬扭住圖賴。朱敬懼怕，將錢四千三百文、米六斗、布一疋，央在官孫敬送。芳不合詐收入己，又將米一石五斗送與陳蘭。本年九月二十四日，丁氏緝知陳蘭與芳謀死陳四郎、詐取朱敬財物，不甘，具告本縣。問擬：陳蘭謀殺卑幼，芳從而加功，各斬罪。陳蘭監故，將芳轉詳刑部，該大理寺奏奉欽依處決，屢蒙巡按審録，決囚等官審係有詞矜疑，題奉欽依照舊監候。臣等會審得：殷芳執稱，陳四郎不知何故身死，丁氏曾告朱敬男朱昱打死情詞，在縣年餘。有蔡知縣自被孫莊告害，被讐朱承恩譖芳教唆，因求丁氏原詞抽换，誣芳重罪，實切虧枉等語。此言固未可信，但查陳蘭與陳四郎的係同堂弟兄，於朱敬原無刻骨讎恨，止因踏苗攘駡，何至殺弟報復，以資外人之欲，及其詐財之後，又多爲殷芳所有，陳蘭所得，反不及殷芳十分之一。揆之情理，俱屬未通。況查朱敬原告，止稱陳四郎不知何故身死在路，而丁氏之狀亦謂得於訪問，未見的有指實。又告發於一年之内，屍殘事隱，俱難推究。或者陳四郎偶死朱敬田邊，殷芳、陳蘭以平昔往來之故，相幫詐取。其後朱敬窺測問官意向，乘隙告復，遂成此獄，亦未可知。今陳蘭既已監故，縱使謀情得實，亦足以泄死者之忿；若又將本犯處絞，委可矜疑。

（明）陳洪謨《治世餘聞》下篇卷四　蕭山何孝子競，其父舜賓原任南道御史，以事謫戍廣西，後遇宥回籍，頗事武斷。當涂鄒魯以御史謫官縣丞，陞任知蕭山，恃勢妄爲，自號蕭然逐客，又改牧愛堂爲寄豸堂，時常仍服豸繡。舜賓譏之，成仇。魯欲戕害，乃與二三吏卒謀作廣西移文勾取。遂差强徒十數人押舜賓起解，仍搜捕其子姓，寘之獄。及押舜賓行至江西，其吏卒受魯密囑，百般苦楚之。至夜，候舜賓睡熟，乃用沙袋掩口身死。其人還報魯，受賞。競逃匿，日夜思報父冤。一日，聞魯已陞山西僉事，伺其日出接憑，暗結親鄰，伏於道左，將魯拖扯下轎，用石灰擦瞎雙眼，用船裝至浙江。臬司當將競監候，上其事。法司題奉欽依，差給事中李舉、刑部郎中李時往勘其事，擬魯屏去人服食因而致死爲首，絞罪；係篤疾，奏請。何競毆本管五品以上官，照例發口外爲民。士論不平，競復具奏。再差大理寺正曹廉勘問，乃擬魯謀殺人造意，斬罪。餘俱爲從者，絞。何競爲親報仇，情有可矜。奏聞，可之。與論稱快，遂稱競爲孝子云。

（明）卜世昌等《明通紀述遺》嘉靖二年九月　錦衣陳洪、李宣以睚眦殺人，止令奪級，科官劉濟言：欽等寬縱，臣方罪權幸之請託，而陛下乃罪該院之延緩。李宣、陳洪罪以殺人，而止于奪級；王欽、王錦奸黨亂政，而止于編戍。視之劉最、黄國用，奚啻天淵？而輕重倒置，何以示天下平也。不報。

（明）應檟《讞獄稿》卷三《常鎮等處會審疏》〔嘉靖十年〕故殺雇工貳名虞伯康、虞秀，俱直隸鎮江府丹徒縣民，該伯康招：正德十二年在官父虞鵬前去淮安府，有彼未到婦王氏，因荒將今故男朱貳漢，比年

六歲，受銀一兩，過繼與父爲義男，改名虞通。嘉靖六年二月，伯康娶在官妻杜氏後，因門首開染常在鋪宿歇。嘉靖九年，父娶未到儲坦在官休妻馬氏，與虞通爲婦，與伯康各不合通姦情密，虞通不忿，因見杜氏獨宿，亦向求姦，杜氏亦不合乘忿依允。在後每見伯康在鋪宿歇，不合使令在官使女妙能去約虞通，潛入姦宿。父義男在官，虞秀脱逃，楊旺俱知因，勸伯康回房宿歇。嘉靖十年正月十六日夜，虞通窺伯康往外觀燈，密與杜氏姦。畢，出門間伯康回遇詢問，虞通語言慌張，將伊眼上打訖一拳，青腫。恐醜，含忍因向虞秀等詢問姦情，要得捕捉。本年二月初八日，伯康潛躲楊旺房内，夜見虞通，越墻欲進房内。伯康與楊旺開門，驚知脱走。初十日伯康不合向虞秀、楊旺商説虞通姦汙我妻。況又驚覺，捉他不住。莫等他先害我，今你幫我打死，虞秀、楊旺各不合聽從。本日晚，計令楊旺、虞秀誘哄虞通去五聖廟城上耍子。伯康跟隨去彼，同將虞通亂打身死，丟棄城外。事發，本府楊旺遠逃，問議伯康家長之期親，故殺雇工人虞秀，謀殺人從而加功，各絞罪。杜氏姦家長之期親妻者，婦女減虞通絞罪一等，減等徒罪。馬氏和姦，杖罪，詳允杜氏等發落外，將伯康虞秀監候間臣等會審情亦無異，但虞通爲虞鵬雇工之人，虞伯康爲虞鵬期親之子，虞通上姦虞伯康之妻杜氏，此律所謂姦家長期親之妻者，杜氏既以婦女得減虞通之罪一等。使虞通未死，法當坐絞，事無可疑。虞伯康忿閨門之辱，虞秀因雇主之故徒欲掩兹醜聲，遂至造此拙謀。今以二人可生之命償一人必死之囚，孽雖由於自作，事實起於有罪。依原擬，情終可原。

《明世宗實録》嘉靖二十六年五月　降慶成王府輔國將軍表協並其子奉國將軍知烺俱爲庶人，禁住高墻。坐殺一家非死罪四人故也。

《明世宗實録》嘉靖三十一年十二月　昌化王府庶人俊櫨以貧無賴詐遺其妻楊氏質富人趙輻家，因誣輻以奸，夜率潞城王府中尉俊櫍、饒陽〔王〕府庶人充魚等襲劫其家。輻前知避匿，俊櫍無所發怒，遂與俊櫍共殺楊氏。事聞，下法司按驗得實。上以其敗倫傷化勒俊櫍，俊櫍自盡，發充魚禁住高墻。

（明）海瑞《備忘集》卷二《邵守愚人命參語》　淳安縣邵守愚與弟邵守正，共承祖遺塘壹口，輪年養魚。嘉靖三十六年，輪該守愚，屢次被盜。八月二十三夜一更時分，邵守正約同程周去塘盜魚，守愚帶同義男邵天保執槍去塘捕盜。程周窺見人影步聲，即背魚網去脱訖，邵守正被邵守愚一槍戳倒，當叫一聲，再加狠力連戳五槍身死。次早伊母宋氏告縣，蒙洪知縣審得，若是誤殺，不宜連戳六槍，似有讎恨。遂安縣朱知縣審部守愚，連戳六槍，似非誤殺。壽昌縣彭知縣問擬守愚，依同居卑幼引人盜物，若有殺傷者，依殺緦麻弟律絞。解府轉詳巡按御史王處駁回。分巡道者看得招情亦欠合律，行府轉委本縣檢究，參審得宋氏詞內，告有指魚、看魚。夫縱盜魚，律有不致死之説。檢得耳竅亦有塘泥在内，則與程周同盜之情似實。又稱六人謀殺一人，口舌之多，豈能久而不敗露？五人出財買一人獨認，財物實迹，焉得久不外聞？況邵守正親兄弟邵守中、守和、男邵太禮，與守愚等係同宗兄弟，住址相鄰，耳目切近，詢訪三年，杳無可據，則計供買認之情似虚。殺賊不死，賊必反傷，其連戳六槍者，蓋亦未知其死與未死，多戳使之必死，亦勢所必至也。守正被戳豈無痛聲，然止一聲，未有別樣話説。黑夜敵賊，危迫慌忙，兄弟相盜思慮不及，恐不能就一痛聲，而辨其爲兄、他人也。登時殺死，未就拘執，似不當以同居卑幼引他人盜己家財物有殺傷者，依殺傷緦麻弟律絞論罪。

（明）張瀚《松窗夢語》卷一《宦遊紀》　霍丘胡明善，督學御史也。居鄉豪横，强奪人妻女爲妾，役鄰人爲工，復假先年被劫，妄執平民爲盜。家制刑具，極其慘酷。時邑無正官，勢陵其簿，奪獄中鎖鑰掌之。令僕人迫毆趙姓父子三人致死。被害者訴官不得白，聞於朝廷，下御史臺勘問。乃越該郡，屬余追捕。比見，猶大言狂辯。余曰：上有皇天，中有國法，下有人心。汝自省有無悖天理、干國憲、失人心，服罪則已，否則堂下數百人，皆憤恨欲啖汝肉，一呼對證，却恐攘臂歷階，勢難阻遏，糜裂之禍，在頃刻矣。善俛首曰：願伏罪。不知應坐何律？余曰：斬、絞多端，不坐。從重，坐殺一家三人律，罪當凌遲。輒捉筆署名，具招成獄。堂下齊聲曰：包公雪冤正法，除積惡，安萬民矣！舉手加額，叩首而去。

《明神宗實録》萬曆二年九月　〔甲戌〕巡按直隸御史陳文燧奏：代府待襲太平王鼎鉉貪横不法，謀奪嫡嗣。請術人陳九倉鎮壓世子，剜取人心，書貼世子生命，詛呪拜禱，世子果死。又因陳九倉挾索並害，九倉令瞽人孫河占卜，復恐漏洩，拷禁滅口，俱被首發，並他贓穢事情，乞行勘

究。章下所司。

《明神宗實録》萬曆十五年八月　陽曲王府鎮國中尉宗女奏，許光、陳得新謀殺氏夫王時貴及時貴父廷輔。上命撫按問奏，以後各儀賓宗壻見在者，不許主君宗女出名控奏。

《明神宗實録》萬曆二十四年九月　山西巡撫魏允貞參，革慶成王府輔國中尉新墳爲庶人，送閑宅，以其致死人命抵罪。

《明神宗實録》萬曆三十四年三月　雲南指揮賀世勳，韓光大等殺開採太監楊榮，焚其屍。榮居滇日久，恣行威福，府第僭擬，人稱之曰千歲。杖斃數千人，滇人側目。至是怒操捕指揮樊高，明後期，捕至私第，榜掠數人，至於觔絶，仍囊三木示衆。已又從管堡指揮賀瑞鳳取馬四十匹，怒其不敷，又捕繫瑞鳳。而榮同事指揮于可繼等宣言，當盡捕六衛。印操諸員，人人自危，於是指揮賀世勳等及軍民數千人，擁集榮第縱火，執榮殺之，投屍烈焰中。撫臣陳用賓上其事，且言，於灰燼中盤獲金銀等物及馬驢，變價觧進。其税課請命四川税使丘乘雲帶管類觧。上以楊榮孽繇已作，死不足惜，惟命撫按總鎮會鞫首凶，餘無所問。而解納餘燼及丘監帶管皆如用賓議云。

《明神宗實録》萬曆四十三年二月　兵部題覆，開原副總兵李効忠殺人投賄，大干法紀，應將効忠革職，仍行巡按提問，報可。

（明）清波逸叟《折獄明珠》卷二《人命類·告打死父命》　活打父命事。人命關天，寃當擊奏。父田數畝，坐叩豪鱷垓心，節次貪謀，懦父守執不允。厶日，寄哄至家，逼寫契券，父據理論不聽，活活打死。哭思奪業傷人，王法大變。骸骨暴露，情慘昏天，誓不戴天，哀哀上告。擊奏，謂當擊鼓奏聞，爲父伸寃也。鱷，魚名，最大能射人影致死，故今比惡人曰鱷。垓心，謂在彼田界内之中央也。

訴

電劈黑寃事。梟父原將田契典銀若干，期滿無還，是行理取，不料極惡，意圖白騙，反將病父打死，圖賴架詞聳告。寃枉彌天，乞台朗燭。反坐難逃，劈寃上訴。梟，惡聲之鳥，彌，滿□。

（吴侯審語）審得張金原借李玉銀若干，期滿無還，同保人厶登門逼取，理勢然也，今張金以病父死亾聳告，是欲致李玉于死地。第負債而以人命告人，天理人情兩難遽昧。本合重擬，姑念其父骨未葬免究。李玉不合以私債威逼致人于死，依律取供。所有前約，不得復行。

（明）清波逸叟《折獄明誅》卷三《人命類補遺·告謀故姪命》　姦殺大寃事。惡弟厶人面獸心，滛邪無忌，恣姦姪婦蜜稔恐姪壽春闖知，乘伊瘴疾，串醫毒死。少年寃蔽，聞者傷心，骨肉相殘，天理滅絶。乞天法究存殁，感恩上告。默問而知曰闖。

通族首明

辨寃正法事。秦檜殺岳飛，萬世罪人。文王澤枯骨，亘古仁政。族蠹孟桂兄弟寇仇，先年爭財不和，謀毒幼弟孟格。今又虎吞幼産，藥死格子壽春，反誣孟槐抵罪。夫孟槐既撫其孤，安有殺孤之理，孟桂既殺其父，又有殺子之心，三代兩父子，俱各埋寃。一族百婦男，誰不嚼口？況今田地悉歸伊籍，家財罄入伊囊。黑夜寃鬼號天，白晝怨聲載道。爺乃今日之文王，桂係昔年之秦檜，懇分淑慝，鋤强扶善。上首。岳飛，宋之忠臣。秦檜，宋之奸臣。

（吴推府審語）審得周孟桂與幼弟孟格爭財，骨肉水炭，用藥毒死，爲謀詭秘，室人弟疑之而已，今又毒死格子壽春，則謀端敗露矣。反控季弟孟槐與壽春妻通姦，串醫李志洪藥死。此蘢絡一家，一舉而兩利之計也。其心不足既又遺計也，男厶復害壽春子中秋，揣其意，蓋欲剪草除根耳。幸中秋弗遭，乃毒其婢，此天意攸存不絶善人之後也。夫孟桂既毒父矣，胡爲而又殺其子？殺子甚矣，又胡爲而欲害其孫？□此殘忍，非推人道所無。雖鷙蛇猛獸，亦未有如此之烈者。擬以大辟，更復何辭。其子厶仍以同謀律取供。

（明）焦竑《玉堂叢語》卷二《政事》　富民固山周家豪横，以私債殺人。御史按之以法，周乞請大同納粟三十萬以免死。時大同有事用兵，倉庫告乏。司錢穀者請集廷臣議，詔可其奏。會議間，衆未發言，王强正色曰：祖宗律，殺人者抵命，貪贓者落職。奈何貪富民三十萬糧，廢祖宗法乎！衆莫敢異，卒坐。

（明）蘇茂相《新鐫官板律例臨民寶鏡》卷五《人命類審語·稍公害命》　審得賊稍某乾没利源，駕扁舟而載貨，貪財害客，用謀劫以肥家。某月攬載客人某，設疋若干，一主一僕，易爲戕害。舟行數日，夜宿静

灣，沽酒雙瓶，勸醉熟睡。一篙抽船離伴，兩人丟入長江。自謂客落江心，屍葬江魚之腹，財歸私橐，得充餓虎之頤。黑漫漫暮夜無知，高巍巍皇天有眼。僕雖淹死，主獲救甦，告府行提，半年捉獲。夾履舟中，搜出器物銀兩。鼓簧舌上，招認害命謀財。無分首從，罪應大辟。

（明）蘇茂相《新鐫官板律例臨民寶鏡》卷五《人命類審語・水手謀命》　審得水手葛某，性若鷹鸇，試輕重而起朵頤之想。稍人艾某，心同狼蝎，聞利言而操害命之謀。駕言多賞船錢，甜探囊中虛實，不答客商羅唣，妝成就裏機關，稍船僻處，豫備人知肆惡，更闌操刀，殺主僕於非命。行兇夜半，丟屍滅踪迹於江湖。不思天理難欺，自度奸謀叵測。欣幸滿箱銀兩，而登時富貴。豈知盈篋銅貨，非旦一夕脱身。裝至蕪湖，牙儈知而分贓。販米京鋪，二僕認以獲贓。不知名飄葛葉，禱靈神而詳施顯應。犯難遠獲，捉官船而自報真名。悟符前讖，非是風吹敗葉。擒來拘審，果是謀命正兇。招出艾某私買錙金之貨，扳來段某騙去十五兩之銀。葛、艾二兇，利人財，謀人命，合梟首以示衆。吴、段二惡，私買貨，騙贓銀，皆發配於遠方。金某無辜應該省發。

（明）蘇茂相《新鐫官板律例臨民寶鏡》卷六《牙儈謀殺》　審得楊某牙儈作活，停客營生，不修信行，動起奸謀。孤客馬某帶銀投店收布，頓起不良之心，潛萌肥家之策。夜半行兇殞其身於非命。更闌抬出棄其骨於長江。害命謀財當堂招認，典擬大辟，俯首何辭。縣審，審得：慣賊吴某日牧山場，以險語而誘人投宿。家居僻壤，陳鴆酒而害命謀財。狼虎心腸，蛇虺毒害。惜哉，馬某揭本販布，奔走江湖喪命。日西借宿，自投圈套傷生。日新爲友而構訟，楊清爲客而遭誣。池内屍重，謀劫許多客旅，沼傍鴉叫，哀鳴幾度冤魂。地方阿縱不呈，荒厝謀財得意。楊清發放寧家。告主坐誣杖儆。吴某一死難償衆客之冤。十甲里鄰合坐知情之律。

（明）蘇茂相《新鐫官板律例臨民寶鏡》卷六《謀殺》　審得丘通招商作活，開店營生。前月初十近晚，孤客一人獨來，見其金多，遂有朵頤之態。欺其身獨，輒行害命之謀。肆惡夜中，不思天理可畏；埋屍梨下，自謂暮夜無知。使冤魂逐雨韵以悲號，點點梨花墮淚，致怨氣隨風威而淅瀝，凄凄槐砌訴冤。三十兩真贓依然俱在，異鄉中孤客今已雪冤。獵人於家，自作之孽，殺人者死，速即爾刑。

（明）蘇茂相《新鐫官板律例臨民寶鏡》卷六《謀殺》　朱一戀充捕役，僅十餘年，素知陳二慣竊實跡，索騙浸浸不已。是以陳二厭忿，包藏禍心非一日也。詎意朱一姦淫其妻，陳二使而從之，偶爾執獲，頓萌一念之慘，致朱一之生不旋踵而殞其手矣。謀殺情已明確，擬斬用快公憤。諸氏假姿色以狐媚朱一之來，縱淫欲以籠陷其命，應擬加功，委無虧枉。

（明）毛一鷺《雲間讞略》卷一《一件謀財殺命事》　屯院批發上海縣告人童德狀詞。前件審得：童吴淞與童瑜以同業相妒，素萌嫌怨。而瑜資頗饒，又善於徵逐，所向輒爲瑜所先。吴淞於是懻忮日甚，久欲甘心於瑜。適今元旦會飲於族長童以全家。瑜復使酒罵坐，侵及吴淞。淞佯爲順，而陰有殺瑜之志，遂乘飲畢散席之後，暗覓毒藥，糾謀童官聖、童小五設爲賭酒之局以邀童瑜，蓋乘瑜平日有强酒之癖也。瑜果自負善飲，復聚飲以全家，而吴淞輩之毒中矣。維時吴淞計瑜必死，欲預爲後日辯地。復令官聖買取草烏以伏非毒之案。蓋草烏入酒能令人易醉，異日事發則不過曰欲使瑜醉耳。謀固毒而狡也。不謂席未終而毒即發，致瑜號呼抵家，越半餉而耳鼻流血死矣。夫論死期未有如此促者，論死狀未有如此慘者，論屍傷毒證未有如此較著者。初驗一鞫知瑜以毒死，已萬萬無疑，而吴淞猶曉曉以草烏爲辯，即賣藥李塘又從而附和之。夫蚩蚩如塘固誤墮吴淞之套，乃前番研審，當下已破其隱局，揭其謀情。今據該縣細檢，遍身之青黑更纍纍較如列眉。吴淞更從何處着口。雖細查招中毒藥未究何名，而毒傷已真，草烏之説自不能混。吴淞一斬何辭。童官聖、童小五平日翼吴淞而供其頤指。且積怨蓄怒，官聖與小五知其脈；邀飲埋毒，官聖與小五與其謀。而買草烏一事，尤爲官聖加功左券。蓋瑜死雖不由草烏，而官聖既同事設局，則凡所以殺瑜者，何肝膽之不共，而指臂之不效。官聖之絞亦自無辯。童小猷爲以全之孫，前後兩飲俱與席。縱彼邀瑜之時不與同行，可諒其謀之不與，而賭飲之際情景甚顯，難信其情之不知。獨憐其少不更事，兇人慘謀必不告之孺子，孺子亦安得而阻之，姑從杖治。李塘與童瑜素無睚眦，毒謀非塘所知。唯是草烏之外自有毒藥，乃混執以亂真，幾爲兇人漏網。童以全爲吴淞輩尊行，不能以沉湎戒其子弟，致釀無窮隱禍，是皆瑜之飲恨重泉者，與塘並杖，各當其辜。小五嚴緝另結。

（明）毛一鷺《雲間讞略》卷二《一件為出巡事》　本府送上海縣解

詳絞犯殷桼招。前件審得：杜氏之死，初擬潘亨造意，則桼以加功坐絞矣。再擬殷澤主謀，則桼又以故殺卑幼仍坐絞矣。蓋以下手致命實出於桼，照服定罪各有本律故耳。此法也，經也。亨得改辨，澤論遣戍，而桼仍原擬。讞者曰：是爲從者之罪反重於戎首，不可訓也。故欲委曲爲桼求生。此情也，權也。查，故殺子婦雖無首從之文，而恤部職司矜釋，業已擬徒上請矣。意者援名例爲從減等律以處桼乎。寬法以體情，反經而行權，是亦一説也。有司以守法爲常經，則此獄終難議出。乃解網之恩已徹九閽，則既出而復入之，覺於事理不協。無已則念氏爲垂絶之殘喘，親翁業已正法，夫兄復坐絞死，一命二抵，或終爲不決之獄。合候命下再爲酌議。

（明）毛一鷺《雲間讞略》卷七《一件地方人命事》　兵道李批駁本府詳犯瞿京。前件審得：瞿京與沈椿妻諸氏以稔姦而動殺機，乃挾刃詭辭，誘椿同出，伺解衣渡河時，猝以刃亂砍立斃椿於水濱。沉其屍而又以衣冠别置異地，意蓋欲没其迹，而又度迹難終没，故爲是閃爍變幻，既圖滅之，又圖亂之也。卒之屍不終沉，仗亦隨吐。夫刃既埋没水底，踪迹甚難，今據所吐，索之如探囊取寄，異哉恢網！且三越月而刃上之痕猶不爲波臣所蕩滌，冤魂不散，果真有鬼神左右其間耶？傷痕則覆檢無異初檢，證口則再鞫適符初鞫。情罪俱確，無逾此獄。京首安得不俛，而京喙安得復長耶！至若祝貴、艾宦，一爲京繼父，一爲京舊主，彼事起於姦，原屬京曖昧之私，非若鬥毆者之有喝令主使；即京蓄謀有素，而姦情鄙事殺人陰謀，即至親且密者，京未易與深言，况舊主義父原不關肝膽之誼，又何從與醜秘之謀？衹以沈槐之告雖爲椿求抵償，乃其心尚欲覓一二池魚以飽溪壑，彼瞿京者不過么麽牧豎，槐又何冀焉？故告辭首及貴與大有，實槐意有所覬覦，非貴與大有事有所干涉也。第沈槐雖有捕風之辭，未聞染指，一杖可寬。祝貴等屢鞫，既已無干，宜與張二、劉謨承從省發。蓋京僅存一喘，度就木之期已近，諸犯似無庸可溷爲矣，若猶末也，亦宜清楚，以省株連。

（明）毛一鷺《雲間讞略》卷八《一件地方人命事》　巡按楊駁問上海縣凌暹犯婦唐氏。前件審得：唐氏姦稔鄰人顧魁，因慮親夫鄭周遷居索銀，同謀紱死寢中。兒、媳鄭金、王氏同卧一室而寂不聞聲，壁鄰曹宜等聞變遄至，而杳不見形，其迹不無可疑。然鄭金、王氏年尚垂髫，二兇殺心既熾，目中寧有二稚？今細審鄭金口供，顧魁入門行兇時，曾一張目開口，魁即以砍死嚇之，金故驚懼不敢出聲，何遐慮及今日之執澄，而必掩其耳目以爲了絶公案耶。曹宜等初至時，使氏不閉户滅燈，宜等肯排闥直入，亦未有不遇魁者，惟取火再往重門已闢，則魁且如鳥驚兔逝，奔逸恐後，宜輩焉得復與相值乎？况至今鄭金、王氏口吐如畫，瞿招、小十面證不爽，里排顧郊等衆口同詞，無一爲氏稱冤，謀情之逼真者。細磔氏肉，庶慰周魂。

（明）毛一鷺《雲間讞略》卷八《一件殺兄謀産事》　本府牒送上海縣犯沈珠等。前件審得：沈珠之事，本廳署印時親歷其事，灼知其狀。細鞫沈詳訓輩，得其隱情。兩發葛縣丞勘實，密起沈珊身屍，則切舌折臂，葛縣丞睹之甚真，爲本廳道之甚悉，止因本廳赴府，新縣到任後，遂不復與聞。何葛縣丞之報縣，遂含糊不入此情何也。向日里鄰原呈可核，今日張氏活口足憑，况葛縣丞既睹其慘狀，能忍匿其隱情乎；業吐之於本廳，可不悉之於該縣乎。此無他故，必當時具由草草，遂不暇及耳，此時政不必掩護，仰縣細鞫此情入招爲妥。至若沈珠之謀死親兄，情真罪當，尚復何説。即沈臣夫婦欲曲庇之，而不得也。合再行縣覆核，復行該縣審明，具由申解前來。又審得，沈珊被殺，雖云獲罪於若父，然使沈珠無心殺兄，縱使父命至嚴，珊亦萬無遽死之理。今獲自鄭道家而船載以歸，即珊號呼於范蘭，求救於張氏，其情非不哀且亟也。倘珠少念同胞之誼，豈不能縱之逸去？脱謂獲時有叔在，非珠所得自主，則父命行毆，毆之以息父怒已耳，何至身無完膚，折臂切舌，不死不休耶！是毆珊之命原不出於沈臣，特事發而禽犢之愛，遂自認以脱珠罪耳。蓋此事正本廳署縣時見聞甚真，及離縣而具由潦草，招語鶻突，遂滋疑竇。今一覆核，而葛丞當日口角猶在。詳訓得從輕典，亦爲沈臣老夫婦之故。不磔沈珠，匪第無法，抑何以謝沈珊於九原也。

（明）毛一鷺《雲間讞略》卷八《一件出巡事》　按院楊駁問上海縣斬犯夏鏞等。前件審得：夏鏞之殺倪穩也，以故兄絶賣之田與倪穩，兩索加嘆而兩不允，鏞遂包藏禍心，乘穩過門，剸刃左肋，浹旬殞命，傷證並真，以故殺論斬鏞何辭哉！今乃欲逃口戲誤，謂要刀挑傷而不知。尖

刀非演武之具也，街市非較藝之場也，雖善辯，其誰信之？況招云持刀趕戳。夫謂之曰持刀，則鏞有殺穩之狀，曰趕戳，則穩無角鏞之勢矣。且既戳一刀，忿猶未什，而欲再加，彼其心蓋有不死穩不休者。藉令當時無夏保之急奪其刃，穩當立斃矣，何俟旬日哉。細詳故殺律意，乃論殺人者有欲殺之心與否，不論被殺者死期之久近也。死雖旬日，於律意不甚妨礙，相應原擬爲當。具由呈蒙本道，蒙批：仰該廳覆確招詳。又覆審得：夏鏞因恨倪穩不允加嘆細故，遂萌殺機，乘其過門，刺肋殞命。歷經檢審，傷與刃符，而原證施槐至（令）〔令〕能道其趕戳狀，尚令人肌粟而股栗也。故殺之情莫真於此。當時穩幸苟延旬日，柰何遂假此以掩兇狀乎？至若以戲誤爲解，又出情理之外。本犯即喙長舌利，其誰信之。應照原擬。

（明）毛一鷺《雲間讞略》卷九《一件地方事》　本府發問淩遲犯人陸阿繼。前件審得：阿繼，路允直所蓄頑童也，幼教歌唱，長供頤指。乃阿繼淫蕩之性，習爲無賴，好合棍糾賭，允直咎之，每過楚毒。阿繼與路尹之僕潘阿計夙以游手結爲莫逆，遂以酷打難堪商於阿計，計因獻謀死之説，而阿繼遂認爲上策。二奴日中已久無允直矣，特以機會未構，逗留數日。昨探知允直上城完糧，遂密約阿計同往畢命。後允直同阿繼上城，居停於俞拙浮店，俞拙日以傾銷生理，而夜不宿於店者也。允直素性好游，深夜盤桓，更餘而歸，不料二兇已定内應外合之計，一伴室中，一頓樓底，候直睡熟，遂以布緘直，立死床褥間，慘哉。二奴之斃允直也，潘阿計以他奴攘臂不足道，乃阿繼以恩養之僕，因而甘心於主，狼兇蝎毒甚矣。幸天網不漏，繼獲平明，計擒越日，兩口供吐，如出一詞，至所負衣贓又立刻起於典鋪，情真事確，無若此案。第阿繼先招潘阿計引同下手二人，及至面質又稱未有。夫以二兇奴齊逞毒手，何有於一睡夢之夫復假多人一臂哉？姑不嚴鞫，以致妄扳。二兇一磔一斬，庶謝允直幽魂於冥冥也。

（明）毛一鷺《雲間讞略》卷九《一件晝殺事》　本府發問斬犯丁舜等。前件審得：丁舜與王祥世同里閈，舜素無良，曾以盜木事爲祥伯王賓所發，身以黥廢，舜固腐心王莊氏已非一日。後祥以女適舜堂弟丁昌，祥復以舜素不檢，恐不利於女家，多方欲阻舜，俾其絶迹昌家，舜益不堪。上年謀以買訪中祥，又爲祥所先發，而舜之怨毒蘊結彌甚，其耽耽於祥者，如伏弩埋火，特伺間而發耳。去歲孟春，祥自外醉歸，道經舜門，適逢舜甥錢阿郎。阿郎平日亦以宣淫之故，致祥女負謗，祥因乘醉逐之，闖入舜家，踞坐舜堂。維時，祥既舜所惡見，而（詳）〔祥〕又復詐詈相向，舜乃忿恨勃發，隨取瓦盆向（詳）〔祥〕顖總門一擊，祥即應手僕地，勢且不起而猶不免有掙脱之狀。舜遂與子小二等計曰，等死耳，與其歸而死於家，令彼得陳屍索癡以明質我，不若遂畢其命並火其屍，猶可僥幸爲不結之局。因各互持鎗刃，毆截交加，肋背肘腋之間受傷殆遍，而小二猶狠肆毒手，致加宫刑而快心焉。彼其意以爲吾固總付祖龍一炬，而何不畢力以逞也。卒之地鄰徐方等四起奔救，而煨燼之餘，尚存殘屍，彼恢恢者若特留之以爲謀情左驗耳。舜猶借口諸傷爲救屍者所致，乃閲初檢槍孔刀痕，俱血污皮捲，則傷在死後乎？抑在生前乎？且細細覆檢，則染骨之痕一一俱在，使非生前横罹慘毒，何以有此？蓋祥之死雖發難於觸舜之一擊，實畢命於群兇之交逞。一擊則近於故，交逞則近於謀，要之，毒手非謀不下，群兇非謀不合。大抵此獄起於故，實成於謀，其確案也。論謀則舜當以造意論斬，丁小二等俱當以加功論絞。第祥以隻身探虎穴，以醉漢遇羅刹，即無小二輩亦足致祥死命，而輩固不恤蠶叢疾擊者，則至狠又至愚耳。一門殊死，總不出子父骨肉，且查律無皆絞之文，則讞是獄者，睹若輩毒手，固爲髮竪，而盡若輩駢首就戮，則滅門亦足動容。首戎如舜，論斬已不必置喙；即長子小二仍當論絞，以彰明法；玄郎頗幼，姑以不加功論配。蓋以寧失不經，爲天地葆此一綫之和耳。釁起阿郎，而小張聞亦攘臂，俱非袖手傍觀者比，姑與玄郎並配。小張以病召保，病愈帶鋪，而奚升縱之以逃，暫抵本犯之罪，候獲日另議。

（明）祁彪佳《莆陽讞牘》卷一《莆田縣監・一起打死人命事》　依卑幼毆奉宗小功兄死者律斬決不待時已奉決單重犯一名郭光璧。前件該本館看得郭光璧恨公著套簽己名，蓄怒平時而助焰於狂藥。公著車水而歸，冤逢狹路，不斃不休。一擊之下已足傷生，況棍加致命，又在吐血暈倒之後乎？公璧惜僞名而得真罪，雪小忿而干重條，推刃服兄，頑不畏死，傷真證確，一斬允宜。

（明）祁彪佳《莆陽讞牘》卷一《莆田縣監・一起謀殺事》　依謀殺

人造意者律斬秋後處決會審類轉京詳未示重犯一名吴六。前件看得吴六以逸捕之盜憎擒盜之捕林朝、黄秋，盃酒忘身，不覺墜其巧計，倏而受傷鐵木矣，刼而埋屍蔗林矣，具焚廬遁匿，誠爲狡兔之營。而包袱隨逃，實則駑馬之戀。吴六先廖五、吴七而獲，後吴四、林幅、蘇尾。而存寬之者，曰造意之有在也，兇命之有抵也。獨坐之可矜，而加功之可疑也。不知羣盜之鼠竊有年，驚擊同念，殺而掩之，不謀自合，是造意可不問也。同惡相濟，六正其驍雄首逞之人，寧得以天刑之三犯，漏現案之兇徒。是准抵可不論也。一訊而蔗園認屍，六豈爲兄諱罪？再檢而致命有據，六實合衆行兇，是獨坐其應得之條，而加功有明確之證也。雖一斬一絞均爲死法，而寬其原謀，改斬爲絞，固亦律當其情耳。

（明）**祁彪佳《莆陽讞牘》卷一《莆田縣監・一起連殺二命事》**　依謀殺人從而加功者律絞秋後處決已奉批允京詳未示犯人一名林須郁。前件看得林須郁之於林宣志，以分則同氣，以盜則同夥，以殺人則同科者也。當宣志之拐寅奴，須郁實掩匿之。宣志之盜寘國，須郁實左右之。迨宣志之怒永茂而毆永茂，須郁實幫助之。蓋須郁懼永茂之洩其盜狀不減於宣志，寧有弟毆其夙仇之人，而兄反傍觀之理？且毆與勒非一手之所致，而殺永茂即在永茂之家，非兩兇攢辱，則永茂寧無架格閃躲之法，而立至於斃乎？此一獄也，永茂之致死奇，寘國之受誣奇，宣志、須郁之敗露更奇也。永茂初不與衆兇同謀，祗以淫妻外遇，遂得拐盜之繇，方欲一吐以洩羈禁之恨，而言出禍隨，是致死之奇也。寘國失妾失財，纔得一供報之永茂，而反使盜羣雪仇，復被盜羣圖賴，且幾爲盜羣代抵，是受誣之奇也。宣志、須郁亡遇桑中，探囊密室，自謂人莫我知。乃藏之朱宅山，而首帖不免，誣之毆寘國而昭雪不免，囑之毆寅奴而執證不免。且妾竄出於良心，犬噬憑於冤鬼。是敗露之奇也。總之，無須郁之加功，則宣志之焰不張，無須郁之加功，則永茂之死不速。宣志存，而須郁之加功不可諉，宣志斃，而須郁之加功亦不可逃也。

（明）**祁彪佳《莆陽讞牘》卷一《莆田縣監・一起殺命事》**　依謀殺人從而加功者律絞秋後處決已奉批允監候再審重犯一名李廿三。前件看得余賢佐一案，父殘子，夫賊妻，庶奪嫡，遠間親，淫破義，誠人倫未有之奇變。而李廿三者亦宇宙間之奇兇也。賢佐惑志於袁氏床第之間，日構張弧之釁。離者離，逐者逐，婦不得於其夫，子不得於其父。守亮被讒出外者八年，此中生戾園所爲拊膺而長慟也。賢佐無一日忘情其子，若妻邀廿三等以百金之餌，設誓神祠祈，必致之死而愉快焉。集兇徒於暮夜，擊孤子於深林。守亮死矣，尚有揄揶若余伯紀者。嗟乎！誰獨無子，而守亮至於此極耶？喪心之孽鏡，非挾寵之妖狐則謀不起。鑠金銷骨之余伯燦、吴日宣等，非掣刃操戈之李廿三、胡至寶等，則事不成。所倖伴行之宗德受擊不死，離居之黄氏被誑不出。今得藉以正豺虎之辟者，天也，非人也。即今泣黄臺之血，寒斬袪之魂者，非守亮耶？而廿三尚視息囹圄，晚矣。抑職於是而有説焉。在守亮，姦母之誣既爲載鬼。在伯燦，祠田之勒，尤屬聚蚊。一旦潛避不欲傷父之心？八載始歸，異以感父之悟。入祠誠責，乃族長之調停。大逆貫盈，出賢佐之駕揑。雖不得爲孝子，亦不失爲庸人。何以訊讞者，必曰夙懷悖逆，屢持兇器，快賢佐之誣口。使守亮抱餘哀於死後，冒不韙於生前，夫豈忍耶？使守亮有可死之道，爲賢佐者大義滅親，當不必假手於他人矣。此段事情於法律無涉，於風化有關，故拈出之以質公論。

（明）**祁彪佳《莆陽讞牘》卷二《閩縣・一起地方事》**　依謀殺人造意者律斬監候再審犯人一名翁三。前件該本館看得翁三之夥沈應經等誘運皂於船，縛而投之中流，呼聲未絶，波底驚魂已渺焉與江波俱逝矣。雖非差非捕，銘不無取死之因，而殺人如孤雛，盜賊之横至此極矣。沈應經始之乞寬假，後之紿登舟，是應經謀也。謂應經造意可也。乃分司之關報有應經當即逃走之語，而招中終不明應經之曾同舟否。蓋因應經斃獄，遂置此段於有無疑信之間。乃即應經未斃獄亦可不問其逃與否也，何也？律有身雖不行仍爲首論之文也。若三者即謂之不造意，亦可謂之不加功乎？查屍傷中，有刀傷，有斧傷，有綁傷，有硬物傷。除應經之外，三與翁一、福養、張十四犯也，而兇器恰有四般，則知無一賊而不加功矣。三在衆賊中未見其翹然傑出，即斷纜放舟亦未必俱出其手，然加功者原不分首從也。竊盜臨時拒捕尚有常刑，而況設計殺人，即極典不爲過也。但詳情據律，坐應經以造意，坐翁三以加功，改斬爲絞，或更無疑竇乎？伏候裁奪。

（明）**祁彪佳《莆陽讞牘》卷二《閩縣・一起地方謀殺事》**　依原擬

謀殺人從而加功律絞續蒙恤審疎枷候示犯人一名陳榮。前件該本館看得陳榮與故犯余七皆屠沽輩也，當時以賭博陷林宴老也，榮與七同之。則後之殺楊三以賴宴老也，亦似無不同之矣。但宴老等途遇相毆，復傷者止七與三，而况誑告之釁亦惟七起，則七之謀殺三也，蓋積怨深怒，計獨狡而慮獨遠也。陳榮不過同惡之人，非可與七比也。若謂一人不能殺一人，則加功何以見粱弘之獨後也？此該縣所以併弘辟也。若謂一人已足抵一人，則按情何以見陳榮之獨兇也？此該縣所以併榮徒也。凡所謂同謀者，必俱有怨隙，亦必受人賄囑，而今榮與弘非有隙於宴老，非有賄於余七者。乃止以平日市井之交，從而陷殺人之轍，此事之出於意外者也。暮夜鷄酒之會，不知誰爲見證，且何以知三之幾死，榮乃逃回也？阮六聽七傳報之語，而獨不聞榮歸家之迹乎？歸家之踪迹不究及，何以定其爲同往也？當途遇時，三之被宴老等毆也亦已甚矣。今觀致命處，如兩肋之拳傷，腰眼之趺頃，僅足致三之死，宴老等亦幸而值其縊耳，不然寧得逃法外哉？三即不縊，亦當死，而今有抵其縊者矣。此本犯之所以蒙恤似矜疑也，伏候裁奪。

（明）祁彪佳《莆陽讞牘》卷二《閩縣・一起謀死二命事》　依謀殺人得財同强盜律斬監候會審犯人一名湯四。前件該本館看得湯四瞰李元壁等携有重貲，泊船延飲，毒以酒而沉之水濱，嗟哉！元壁等醉鄉之游乃不免爲魚鱉所食矣。孰知船牙吴仰河固能踵而認獲之乎？此蓋天奪其魄，而亦波底沉冤陰假之手耳。謀殺原不論贓，况四已分銀二兩，本犯得後辜兇而死，倖矣，伏候裁奪。

（明）祁彪佳《莆陽讞牘》卷二《福州府・一起電律劈冤事》　依故殺僱工人律絞監候會審犯人一名吴民祐。前件看得吴民祐一丁不識，五毒俱鍾，雖錢積如山，何以掩剔目斷指之罪？而且楊蓬頭一不當其意，輒糜爛以逞狂醉，世有如此兇豪之銅臭，不容一息生天地間矣。但楊蓬頭何爲逢民祐之怒，亦必有因，菊花現在可一質也。

（明）祁彪佳《莆陽讞牘》卷二《福州府・一起出巡事》　依兄故殺弟律流罪見問未結犯人一名何仕燁。前件看得何仕燁以嫡子欺幼弟，父秀松已灼見之。仕燁之田產倍於仕烶，可謂善處嫡庶之間矣。乃仕燁奸貪未已，致寡婦孤兒遽有向隅之泣，嗟哉！亡父一抔之土未乾，幼弟六尺之孤安在？即他人毒死其弟，仕燁尚不能辭保護之責，無以對亡親於九原，而况毒實出其手授之張靖者固確然可據乎？夫人倫之變當誅其心，疑幻之情直斷以理。仕燁之欺奪仕烶，明已不有其父矣。是可忍也，孰不可忍也？而况縣審仕烶方殞，仕燁忙出佃票，急肆吞併，是於婺泣稺魂凄楚悲慘之際，尚作如此行徑，况前方攘奪興詞，何不能下一毒手乎？仕烶的乎是毒，而毒必仇之者中之。試問仇之者何人乎？編之口外以御魑魅，倖矣。

（明）祁彪佳《莆陽讞牘》卷二《古田縣・一起盜拐殺命事》　依謀殺人造意律斬未轉京詳犯人一名余秋。前件看得余秋始因有貴導姦何氏，以致暱情日密，且並其室中貲而屢攫之，此秋毫皆有貴力也，乃不卹其德，反圖殺之以滅口。既飲之毒，復加以挺，夙昔淫朋一時立斃。是愛河欲海頃翻毒浪，而一死一抵踵相接也，女戎之殲，人良憯哉？再詳其時，毒雖無證，而銀櫃即其證也。毆雖無證，而屍傷即其證也。不然十餘歲童子毒從何發？傷從何來耶？况又有鄭勉之捉姦，如此其彰彰也。姦真而他情皆真矣。

（明）祁彪佳《莆陽讞牘》卷二《福清縣・一起地方事》　依謀殺人因而得財律斬監候會審犯人一名黄三。前件看得黄三以掏摸積賊，飛市虎而擇食人久矣。一旦當白晝勒殺孤僧於城刹，罄攫其所有，雖給孤園中無長物，而殺人越貨按三尺固綦嚴也，以假佛子作真盜賊，不斬何待？

（明）祁彪佳《莆陽讞牘》卷二《寧洋縣・一起賴命抄殺事》　依卑幼毆本宗大功兄死者爲首律斬罪情真未詳犯人一名李宗瑞。前件看得李宗瑞盜祖山杉木，乃因李宗益之欲告，而計緩之，必殺以滅其口，並焚燒以滅其屍，幾使索命者索之冥冥之中矣。而孰知李宗保之目睹不可掩也，李萬充之檢舉不可諱也。本犯反噬之初，詞吞之而若爲吐也。其後圖賴之，再告匿之，而愈以昭也，豈非石下冤魂目不瞑乎？合戮命、焚屍之二罪，而止一斬，幸矣。

（明）祁彪佳《莆陽讞牘》卷二《漳浦縣・一起地方事》　原問依故殺律斬罪蒙恤刑錢會審題允改擬依因戲而殺人以鬥殺論不問手足他物金刃律絞罪轉詳未示犯人一名楊招郡。前件看得楊招郡既押徐君弼矣，乃得隴望蜀，欲併君實而有之，倉猝不從，輒扼其吭，即刻就斃，復穢其屍。若

招郡者，犬豕不若，真不可一日容於世也。銀簪之餌，終致敗露，殆孺子冤魂，目終不瞑乎？遥鋒一逞。殺人如菅，而旋以自殺，誰曰不宜？

（明）祁彪佳《莆陽讞牘》卷二《南靖縣・一起謀殺男命事》　依謀殺人因而得財者同强盗已行得財律斬罪轉詳未示犯人一名鄭禄。前件看得鄭禄以謀財殺郭學謙也，揮刀恣砍，身首異處，兇慘極矣。櫝中血刃，厠内血土，曾不旋踵，種種畢現，而且欲誣姦親妹，嫁禍張尹，皆起於鄭相老奸舐犢之私也。迨至披枝見本，而山坑幽魂，禄直當以一死謝之矣。

（明）祁彪佳《莆陽讞牘》卷二《南靖縣・一起究償父命事》　依謀殺人因而得財者同强盗已行得財律斬罪轉詳未示犯人一名曾一。前件看得曾一，真奇兇也，與黄順塘原係瓜葛，乃因其買犢懷銀，輒與蔡嬰合謀，誘之蔗林，先以枋擊其顱，繼以刀斷其頸，順塘送銀乞命，亦可已矣，而卒不免投之中流，自以爲人莫知者。孰意水濱傘扇衣濕疾走，業已爲人踪迹，種種兇狀纔一訊讞，滿盤托出矣。雖魚腹所葬，杳不可尋，而謀殺情真，確應駢斬。

（明）祁彪佳《莆陽讞牘》卷二《南靖縣・一起殺死父命事》　依故殺人者律斬罪轉詳未示犯人一名曾秀。前件看得曾秀與杜信皆暱姦於陳氏者，乃秀以信之阻，不得長據此婦也。淫以生妒，妒以鼓兇，一夕鷩伏户外，伺信出，輒抽刀刺之，腹裂腸潰，血流赭道，曾未信宿，而信已奄奄作花下鬼矣。一死一抵，間不僅寸，陳氏信孽牝哉？

（明）祁彪佳《莆陽讞牘》卷二《延平府監・一起謀命事》　依謀殺人者律斬罪轉詳未示犯人一名姜威。前件看得姜威狐綏加之虎視，王氏鵲巢，遂爾居鳩。寡産爲几上之肉，恐成福有意於垂涎；弱弟乃眼中之釘，而楊良適從其縱指。畢命於考坑，方誇人莫我知，拖屍於沙灘，豈意天留其迹。初驗之遍身青黑，明爲風吹日曬之殘骸，兩簡而脊肋紫紅，益見泣雨啼憐之冤魂。何以曰無證？證孰有真於擊石之傷。何以曰無謀？謀孰有彰於稔姦之醜？蓋其初同張良之漏網，既已膽肆無天，至於後致楊鳳之驟亡，益且冤號入地。既業大惡，誰貸重刑？

（明）祁彪佳《莆陽讞牘》卷二《延平府監・一起地方事》　依故殺人律斬罪轉詳未示犯人一名吴賜福。前件看得陳夢雲以移寵之隙，遂至殺身。吴賜福因斷袖之歡，甘同刎頸。然羅雀仔招摇狐媚實是釁端，而李祐之需索狼貪更爲戎首。三次騙錢，已有無生之氣，一言賈禍，突來必死之冤。擁禍水而入醉鄉，遂化青衿爲白骨，雲則爲自作之殃。齊米提而蹈白刃，遽殺焰於懽場，福已犯不赦之辟。

（明）祁彪佳《莆陽讞牘》卷二《延平府監・一起剿騙事》　依謀殺人從而不加功者律徒罪招詳駁問犯人一名張憲四。前件看得律稱凡殺一家非死罪三人爲從者斬律註，不問加功不加功。註又稱，若原謀祇一人，而行者殺三人，則造意者與依從者，與不行者，俱遞而減之。是則原謀三人者之造意依從總在，不問加功不加功之例，也不問加功，亦不問行不行也。張憲四一案，據招，典田原在事前，非得財矣；飲酒原不在坐，非同行矣；在家竊聽消息，非加功矣；謀殺出於壽欽，非造意矣。乃亦可謂之不同謀不依從乎？曷知之不得安生之語入於憲四之耳。湯忠五十之詐索於憲四之家，謝屯被戳之供出於憲四之口，以是爲同謀依從之憲四又何辭？乃又寬之曰，四所謀之從之者，殺招四、子貴二人耳，非三人也，然獨不知殺者已七人乎？殺者至七人，而必鑿定四之謀、之從祇二人耳，此毫釐千里之間，恐智者不能爲之辯也。至張子壽贓且掠矣，何有於謀，豈掠之於已殺七人之後，亦祇同之止殺二人之謀恐？何讞者僅擬一徒，而乃令其保首領於圜扉也？

（明）祁彪佳《莆陽讞牘》卷二《順昌縣監・一起急救二命事》　依謀殺人造意者律斬罪已批允未轉詳犯人一名鄧文忠。前件看得鄧文忠等盗情敗露，二賊就擒。乃始也，甜口處賠，欲延主以脱夥。繼也，過門邀擊，遂殺夥以誣主。蓋其詭計已定於平時，而殺機忽露於俄頃。聆其不死不成之言，謀殺之肺肝已盡揭矣。殺之在宗興之家，明屬造意，而文忠之加功又何辭焉？獨是招稱於宗興家，搜豬於文忠家，搜箱贓存，而二犯何以獨逸？且其能擊主於後，獨不能拒搜於前耶？迨潛伏而搶毆者，亦祇二犯耳。此之押送者有蕭伏生等四人，旁觀者有吴應隆等兩人，何以二犯欲搶則搶，欲毆則毆，至於閉塞其門，蕭應良等皆爲門內之人，而絶無一敢衡之者。盗賊之横，一至此哉。此其中或有多夥，或有別情，未可知也。

（明）祁彪佳《莆陽讞牘》卷二《順昌縣監・一起打死叔命事》　依侄毆叔故殺者律凌遲處死已批允未轉詳犯人一名楊烏二。前件看得陽烏二

兄弟因取批不得，遂欲死病叔以恐周一樹，板凳之擊已露兇鋒，無柰圖賴一念牢不可破，故十三日蜂屯蟻聚，拳棍交加。叔死，而樹之家可掠，告誣，而樹之冤可含。二孽其計得哉。所賴公道在人，通國有口，指天畫地者皆出天理人情之不容已，而後殺叔之罪昭著彰明，二孽豺狼之肉，真不足食矣。所可哀者，楊成垂死之夫，拉之去則去，致之死則死，味其是我侄子之言可哀孰甚。所可信者，一樹守錢之虜，當其病而治之以醫，當其來而卧之於室，想其惟恐成死之一段，而可信孰甚？所可異者，烏妹梟獍之雄，楊四等侄也而乃一力助毆，楊暨等兄也而乃百口佐誣。且殺人必隱也，而且白晝大都；殺人必獨也，而且成羣結隊。觀其子姪叔命之一詞，而可異孰甚？

（明）祁彪佳《莆陽讞牘》卷二《將樂縣監・一起地方事》　依謀殺人因而得財者同强盗論不分首從律皆斬決不待時犯人二名楊年張傑。前件看得楊年等妄意程周囊橐，伏劫殺之機於晤談暢飲之際。濟峰一擊方快死之速，而得財之亦速也。孰知南勝一遇，獲之速，而就辟之亦速也。當時年與子華撲其灰，蒙之被，而勒以繩，原不俟張傑之加功也。胠篋者子華，未曾見張傑之得財也，但瞭望報知非同行乎？不分首從之誅，雖欲生傑而不得矣。

（明）祁彪佳《莆陽讞牘》卷二《將樂縣監・一起毒命抄家事》　依尊長謀殺卑幼已殺者依故殺者律絞罪已奉決單犯人一名余辛善。前件看得世乃有余辛善，豈非宇宙一窮奇也？余朝仙六尺之孤，至以毒糖椒酒促殺其命，嗟哉！岳榮一綫之脈遂已斷矣。乃猶異辱其孀，爲奪産除根之計。楊氏之不中於牛肉也，夫亦天實怒之，留一煢煢孤嫠爲辟。此豺狼之地耳。寸斬方快，絞有餘辜。

（明）祁彪佳《莆陽讞牘》卷二《將樂縣監・一起殺兄事》　依僱工人謀殺家長之期親已殺者律淩遲犯人鍾召養　依毁棄緦麻以上尊長死屍者律斬罪犯人馮晚郎。前件看得馮宗太之殺兄宗文也，殺之有其根、有其地、有其證，今宗太已受天刑，可勿論矣。鍾召養爲宗太所順指，是夜有馮三之執證，難云並不在場。即非係僱工因而減之，亦不能辭謀殺加功之罪，安得遽脱囹圄哉？若馮晚郎坐以毁棄死屍者，蓋以晚郎實有謀故也。夫謀或起於宿仇，今宗文仇宗太，不仇晚郎，郎與文固權然無間言也。謀或起於姦情，今歷審，姦實無迹，且姦則欲殺者親夫耳，與堂兄何預也？謀又或起於圖財，煢煢窶夫，何財可謀？若曰宗太故富，則殺文命，又安能便得太財也？無此三者，而晚郎之謀宗文顧何爲哉？燒屍者欲掩謀殺之迹耳。晚郎無謀，何爲主令燒屍，晚郎主燒，又何以二兩五錢之賄乃出自宗太之手？此一恒人能辨之。至於樓非私室，時適在城，又其縱迹之顯然者。總之，晚郎以青衿子家，有殺兄之賊已不能討，且恃其衣巾，百計爲之解脱，而因以爲利，是則其狡而實愚者，若以此爲謀殺之證則不可，謀殺無證而坐以毁棄亦不可也。

（明）祁彪佳《莆陽讞牘》卷二《大田縣監・一起公舉大變事》　依故殺律斬罪京詳未示犯人一名楊子明。前件看得童貴以挑鐵之夫必非甚孱弱者，何以遽死一子明之手？夫亦陰囊一踢，有以預制其死命乎？章宗華勸散之後，貴何以遽至無人迹之溪邊？張文四初首，何以稱童貴陪妻往天師宫前也？此雖招情之未備，子明之死貴，實即跌死之報，已確乎無疑矣。越竇再探，明是膽寒。雖其迹似於劫毆，而以視因姦威逼者，此殆過之，又安能免於斬辟？

（明）祁彪佳《莆陽讞牘》卷二《大田縣監・一起謀死二命事》　依謀殺人從而加功律絞罪會審踈枷犯人一名鄭保。前件看得鄭保方欲久與小陳氏爲歡，而翁且遷之他所，人與室俱遐，保之致怨於張大成，寧待問哉？適鄭平以稔奸大陳氏之故，欲毒大成，而令保以取租之便，假稱哮藥以餽之，保不過一送藥之人耳。律所稱加功者，必有加功之迹。今既非調藥，又未迫飲，於加功原有間也，則從而深求其謀耳。夫保之姦小陳氏而怒張大成，此一段隱情，平亦未必知之。平既不知，安能信保之同有是心，而遽以至詭之謀，入於族僕之耳哉？且平而欲保別有加功之處也，則須與之謀，此不過以平日療疾之常，令一傳送便足了事，亦何事諄諄向保告乎？當時若與之謀，保亦未嘗不允，而無柰平之不待謀，亦不肯謀也。讞者不過以同是姦大成之謀，不知保祇於搬移之小隙，平則有懼告之深仇，保止略竊其餘香，久已絶念。平則深藏於金屋，正肆淫心。原其情，本是差别，按其迹，何必相同？使大成而疑其藥也，小陳氏必不敢進，即進亦大成必不肯飲，今有隙之大成且以無嫌疑而飲之，無心之鄭保反責其必億逆而送之哉？大坑採毒之説，與大家俱好之言，前審之所無

者，已不免於莫須有，捨此而求保之加功，不得也。況保若同謀，必且同之於小陳氏，今氏且以不知情釋矣，而顧苛求於保，安能使保之無辯口也？

（明）祁彪佳《莆陽讞牘》卷二《福寧州・一起殺死人命事》 依謀殺人造意律斬犯人一名張堯一。前件看得莫法四以逆奴弑主，而陳朝策一家死者三，傷者四。此蕭墻之奇禍，亘古所罕聞也。揆厥所繇，則以賺銀假契兆釁耳。至問其銀費於誰家？曰張堯一。契重於誰手？亦曰張堯一也。堯一雖法四之心友，實則朝策之罪人。即拼命授刀與預報脱逃，俱不必深辯。惟是辰而出，酉而歸，而皆不離於堯一之家。飲於家，飲於肆，而皆不出於堯一之人。海棠之口尚在，弑逆之謀果得爲本犯寬乎？至指人中冓之事，欲以蓋己之愆，秖以彰己之險，此其心又有不可勝誅者矣。

（明）祁彪佳《莆陽讞牘》卷二《寧德縣・一起賴冤抄殺事》 依故殺人律斬犯人一名僧有成。前件看得僧有成恨莊紹索詐無厭，立擊殺之於橋上，再掩匿之於山下。是雖被殺者有自作之釁，而特不意淄流中，乃有恣嗔殺之兇如此囚者。綴衣之舊氊得之家中，牛坑之冤骸得之兄口，而電燭一詞一盤托出，倘亦佛日所鑒臨耶？檢證迄無疑竇，以故論斬，孰曰不宜？

（明）祁彪佳《按吴親審檄稿・一件出巡事》 據江陰縣解犯徐尚玄等到院，審得吴雲叛主於前，卒殺主於後，大惡通天，磔其晚矣。惟是此奴堅匿薛瑛之屍，以爲他日展辨之地，道審而推之王晫子，及該道嚴拘王晫子，本院公同嚴鞫之，其不吐屍所如故。然始索瑛於差役之家，後乃斃之，王晫子始終與吴雲共事，豈獨不知其藏屍之所？二犯詭譎，世無兩也，然屍即未出能逃殊死乎！據蘇典史到楊歧地方查訪情節，大都焚燬而投之水。二犯之罪不必拘拘以屍之出、不出言也。惟是王二、楊大言拘瑛到城，徐尚玄以甥舅之故，領之而去，面交與尚玄。而吴雲、王晫子亦以尚玄主使爲詞，則何以不供之於初審，乃執之於今日也。惟是王晫子入獄之後，尚玄賄買牢頭湯基，與之以銀十兩，或云是買晫子不牽其名，或云是賄湯基誘晫子出一詞，洗脱尚玄，即欲謀死晫子，此情具在衆口。尚玄不殺人，何爲若是汲汲也？但仇瑛者，吴雲也。收雲者，舉人徐熙也。尚玄以舅於甥，不知與瑛何仇，乃設此謀耶？若謂全無謀情，何以效力之王晫子乃其家人耶？此處根因尚未明晰耳。究自當得之，並劉吾是否一同下手之人，該道即通提一干人犯速審成招，以定信獄。

（明）張肯堂《㽦辭》卷二《僧法傳大辟矜釋》 殺人抵死，律所不原，而一命兩償，法亦太峻。況和峰姦人之妻，而殺其夫，罪惡滔天，又非常人可例論乎。總之，和峰之食報應毒，則前案若可稍原，而法興以首事受誅，則此禿例宜末減，出之重辟，而與以城旦，欽恤之仁，可謂至矣。

（明）張肯堂《㽦辭》卷七《李還等長垣人》 王加福與其妻李氏，皆年近六旬矣。無端蓄妾王氏，而復招赤棍李還與俱。加福昏眊易欺，帷箔不肅，未免有徐之才風，中篝之醜，蓋已非一日矣。兩人所忌爲眼中釘者，惟李氏耳。四年七月間，加福西疇觀稼數日，至二十五日晚，兩婦已闔門寢矣。李氏忽聞屋瓦聲震，似有人循櫩下者，意亦心知其還也。急起詈逐，共鄰人張以立跡之，昏黑無所見。旋復就卧，而還遂潛踪以入。淫膽難勝，殺機陡發。計乘李氏昏睡，先以木綿塞口，使不得出聲，旋解襪繫，反接其手。王氏則力按雙足，亦以綫帶縛之。因共用綫帶壹條，繞喉三匝，遂絶氣而死。噫亦慘矣，李氏死後，王氏急捲什物，還亦挈妻李氏，各跨一衛，排闥而遁。而適有巡街快手李明德偵知其事，馳往逐之，竟及於東明八里井獲之以歸。前縣研審至再，逡巡未讞。本縣偶簡塵牘，不覺髮指，倫常攸斁，天日晦冥。即使姦棍淫妖，奄奄斃於圜扉，而罪狀不彰，人心未快，恐李氏沉魂滯魄，未必不悲嘯於淒風霜月下也。豈以代庖無幾，遂寬此案，以俟未定之天乎！王氏縱淫戕嫡，寸磔何疑。李還謀殺因姦，一斬無貸。李氏下手雖未知情，同逃烏得無罪。曹江止知厚索僱值，不能覺察羣奔，各從一杖。

（明）蕭良泮《重刻釋音參審批駁四語活套》卷一《參語》 趙甲懷姦妻索債之恨，造糾夥誘殺之情。既而遠遁潛形，孰意天網莫漏。錢乙從惡者實以絞刑，而趙甲無兇，無兇，首惡也。焉得偷生？焉音煙，何也。雖擬斬首，猶遺餘恨耳。

中國第一歷史檔案館《滿文老檔》天命六年十月〔初四日〕 拜楚喀之弟因射殺漢人，定擬死罪。拜楚喀復至四貝勒前申訴，遂治其罪，銷其記功銀十五兩。

中國第一歷史檔案館《滿文老檔》天命七年正月 二十一日，陳遊擊爲修城將岳托阿哥屬下旗鼓之一人杖擊致死。陳遊擊前往岳托阿哥之旗鼓處曰：勿將此案告於衆審事官，我願以銀五十兩給死者之兄。言畢給之。博爾晉侍衛之弟布爾漢見之曰：此案我知之。陳遊擊遂給布爾漢牛一頭、銀十兩、皀靴一雙。後被他人首告之，罰陳遊擊銀二十兩，罰旗鼓銀十五兩。治布爾漢死罪，後免其死，鞭一百，没其所給財帛，即由執法者取之。

中國第一歷史檔案館《滿文老檔》天命八年六月 二十七日，革葉赫之錫林備禦職，按常例擬以罰罪，繳回自遼東以來之賞賜。其罪之緣由，乃因於南邊戍守地，殺逃往之漢人，藏匿其衣服。經其家奴首告，法司審理，擬罪。准首告之奴離去。

中國第一歷史檔案館《滿文老檔》崇德四年十月〔二十五日〕正紅旗大凌河甲喇章京張良將其包衣男童齊石鞭打後殺死，其包衣達漢首於法司。經審，殺死是實，張良應鞭一百，貫耳鼻。上命：免鞭責貫耳鼻，革張良世職，償一人，舉首者准離主。

（清）李清《折獄新語》卷九《謀命事》 審得已死金大理，與擬斬程君仲，皆徽州同里人也。先因大理身挾多貲，逶迤寧波，於是君仲見而心動，曰：是奇貨可居，然將何計以攫其黄白也？大理有疾，大理好色，其以紅紫爲釣魚餌乎。心計定矣，此君仲所以日誘大理於妓館，而相與促膝也。腰纏白鏹，而目迷朱粉，大理床頭，其有促刀人與？則君仲耳。於是從寧波往定海，則誘宿妓素卿家；繼又從定海返桃花渡，則誘宿妓唐九家。夫素卿猶行雲，唐九則重霧矣。有客宿宿，但憐粉香，誰怪血臭？危哉！大理之爲君仲愚也，衽金革耳。迨此，以辨色行，彼此連袂往，將無鴆鳥有毒，不教鸚鵡留人乎？此大理一命，所以斷送君仲手，而彖彖多金，盡供捲洗也。今問卧尸何地，則靈橋門外之窩鋪，行凶何物，則懷中之鉤刀耳。花柳一夢，臨刃方醒，方醒而又長夢矣！噫，彼簾外樓頭，追歡買笑者，其藏鉤於香玉叢中，而伏刀於煙月隊里乎！若知窩鋪有鉤刀，枕蓆亦有鉤刀也，則大理去生而赴死久矣！至吴文齋、戴南則初供之駢指，而吴伯成則繼供之蛇足耳。將無公庭之鐵案猶懸，冥司之爰書已確者，或先證鉤刀一案於泉下。而問誰挑擔，問誰翼戈，其即君仲侄國光者是乎？念既經物故，姑免追論。合將圖財謀命之程君仲，炤律擬斬。若以謀無證據，呶呶一斬乎？則衣被鬃帽，押取典鋪者，何皆爲大理故物？而所云三十二兩之贖身，猪羊賽願之私許，又誰爲唐九耳語，而供吐如畫也？殺人以手與口，有以異乎？豈此婦之齒有鉤，而舌有刀與？則亦君仲之自予鉤，自授以刀而已。

（清）李之芳《棘聽草》卷一《人命・司道奉兩院一件為律典謀殺事》

審得葉天瑞與邵思炳謀死邵希周也，起於争産成仇，而希周之父思煌，非思炳母葉氏之所自出，故雖親侄而聽天瑞畫計，誘以麴蘖，勒以搭包，屍投烈焰，骨灑清流，裏湖渺渺，冤魂夜號；而春閨夢裏，猶作望夫之石。向非邵二奇等輾轉漏言，夏氏何所知而陳控乎？雖傳聞不實，屍有差訛；然醉後之言，總怨鬼之假手於人也。天網不漏，罪人斯得，推敲再三，真情畢露。天瑞即有口如簧，安能辯其同謀加功之罪哉！葉天瑞絞，而邵思炳以尊長減等從徒，法非枉縱。

覆審得葉天瑞、邵思炳與邵希周因争産之積恨，而起殺人之凶謀，杯酒追魂，搭包奪命，將遺骸白骨蕩爲冷風而莫可問。雖絞天瑞而配思炳，不足贖子規夜半之啼紅矣。惟是汪典史夜静起屍，列炬煇煌，致包顯生疑爲緑林暮聚，羣起而追，搶攘四散，彼此方惶駭之不暇，豈復懼然邀飲哉！包七九之供吐既明，而顯生之搶屍已白，相應原釋。

（清）李之芳《棘聽草》卷一《人命・司道奉兩院一件為沸冤事》

審得張十三銜堂兄張三兩之宿怨，乘昏夜驟雨擊死，投溪滅跡，亦爲祕矣。豈意天網不漏，有寡嫂倪氏之聞聲而漏言於三兩妹張氏乎？雖初審時倪氏賄囑轉口，然十三妻范氏口供與室中血漬，固相符合。一同拋屍之張十四，親與徐時潘言：我是張十三累死。又云：監中不給我飯喫。是明欲十四之不生，以絶活口之供招耳。至其奪回倪氏，有徐五六之目擊。總因當夜三兩被毆，倪氏聞之甚鑿，故奪回計餌以箝其口。然倪氏初同張氏到三兩屋中探看時，徐時潘亦在，氏所述初六夜，張三兩止叫得二聲，倪氏答應，張十三喝道：你言語，連你也打死！後再不聽得叫喚。倪氏見得勢凶，藏在竹科裏，還點着火把尋了一回等語，固猶在時潘之耳。今雖倪氏又病故，然凶跡證驗既明，安得以滅屍而狡脱耶？逐一研鞫，張十三亦無以展辯也。應正藁街顯戮，以慰漂没冤魂。

覆審得張十三初因王九十一以糧寄張彭陳里下合户當差，而十三欲索其立户銀五十兩不遂，致訟金華縣，已經該縣責懲在案。乃銜張三兩公言直斥之恨，於孤村夜雨木棍擊斃，同弟張十四移屍漂没洪流，維此忍心，可謂鬼神不識其祕矣。孰知倪氏屬垣，聞聲應接，而連你打死一語，此倪氏當日親供，地保徐時潘言猶在耳者。及其妹張氏同夫林順三與時潘等啓户蹤跡，而米包、簸箕之下血漬殷然，謂非行凶之左券歟！且張氏同倪氏赴縣告理，乃於渡河之頃，十三將倪氏奪回，徐五六眼證最確，而張氏控縣以雪兄冤，情何能已？彼時十三、十四兄弟同質公庭，十四直認爲十三打死，惟是下獄之後，恨弟招承，絶粒以滅其口。十四告語時潘，且飲恨地下矣。此一犯者，立心極其險譎，而恢網終是難疎。夫既棄屍逝波，自必盡滅凶仗，若必檢傷獲械而後定案，安能問諸水濱？茲者倪氏雖經病亡，而十四亦已瘐斃；然當日見血漬者有人，奪倪氏者有證，言人於耳者有口，獄重初情者有案。況再四研鞫，而范氏供爲十三用棍打死無異。總之，人命最重，生固可念，而死亦堪憐，仍照前擬，不爲枉也。

三審得張十三謀殺堂兄張三兩一獄，屢讞已無遁情。即據無屍，政其凶毆之確案；若無屍得以狡辯，則棄屍水中之律可不設矣。再蒙駁問，敢不仰體慎獄之心！但先經憲審，隔別研訊已明，張十四雖死，即范氏亦不能爲其夫諱也。今云醉歸持棍往來，范氏慮其撲人，尚與相奪，乃踢妻倒地而去，殺兄之心蚤已堅哉！再質徐時潘，供無異言。十三活殺堂兄，人人裂眦，所當亟正典刑者耳。

（清）李之芳《棘聽草》卷一《人命·兩院一件為殺劫慘冤事》審得吳學淵即吳盛卿倚恃武生，藉稱盤詰，不意生殺之權，輒可自擅，而永民徐德敬遂遭其毒手也。德敬與呂惟聘至龍泉坑源販煤，於六年五月初十日，雨暗天昏，猶睬前路，借宿於盛卿家。二更初定，盛卿率陳福化、葉應孫擒德敬以出，搶其行李，用鎗戳死於水碓下。盛卿獨得其煤本銀一百二十兩，福化、應孫分其衣被，則奴輩明利其財而起殺人之謀也。設非惟聘疾行躲避，必不待送官審釋，蚤已同爲泉下之游矣。德敬死，而福化、應孫分贜不均，自相争鬧，以洩其謀。徐文秀寄書報信，殆冤鬼所使乎今鄉長李君顯皆稱盛卿殺死，衆供俱同，即彼之干證馬良義不復能爲掩飾。可見良心天理，人所同情，雖欲狡詞卸諉於官兵，安可得哉？按律擬抵，夫復何說！陳福化既速天誅，葉應孫久已逃遁，代解鄭神欽係其繼父，無干，相應審釋，應仍行縣照提。但人命必須檢傷定案，據衆供德敬頸下傷有兩鎗，應請憲批該縣取屍確檢。此案因隔屬，提解延誘，以致久懸，合先詳奪。

覆審得吳盛卿之殺徐德敬也，雖藉盤詰爲名，而實利其煤本耳。方以天昏雨黑投止其家，孰意夜靜更闌慘殺其手，屍横水唯，喉戳鐵鎗。幸而同行之呂惟聘急避凶鋒，始得徐行釋審，以留爲今日之確證者，天也！即盛卿狡以官兵殺賊爲辯，不知衆供可據，寄信可憑，即其干證馬良義亦不能爲之掩飾。殺人者死，盛卿何以自解乎！今行檢審，而項頸等處有鐵器之傷，此即鎗戳之左券。再四研鞫無異，駢斬應不爲枉。惟是犯係隔屬，凶器猶懸，應着該縣另行追貯。同謀葉應孫，照提另結。

（清）李之芳《棘聽草》卷一《人命·分守道奉兩院一件為活殺男命事》審得王立理與生員王應旦於九年六月初八日因水致争，此即禍之胎而死之根乎！立理以嘗名王仁義，應旦以嘗名王朝綱，各控在縣。十一日，縣委典史往勘，應旦於十八日往典史衙抄由，固無恙也。出城與蔣槐卿遇，同行里餘，至水月軒分首，猶然無恙也。及至次日，其兄王應聘遍覓無蹤。至二十日凌晨，喧傳應旦身死於水頭地方矣。噫！回數争水之時，方十有二日耳。況此水頭者，去大路僅隔數十步，非無人往來之區；又爲立理諸族人平素桔槔之地，使其果由胥溺，則十九日何以不見，至二十日方突然聞有此屍乎？何以應聘終日覓之不獲，而僧人慈忠得聞無名氏牧童之告語乎？何以諸人平日車水，而此數日不聞有轆轤之鳴乎？此皆不可解也。所可異者，水又不深，而足上之一韈尚燥，其非赴水更明。衣裳縫裂，眼鼻之血污猶存，則爲毆傷可據。不識立理何以必指其爲溺死？且云懼惱起於撫院之詞，憤恚迫於妻子之語，向抱狂疾，尤屬支離。若立理果無謀人之情，但以實不知情爲對而已，何爲設此懼與恚之兩端，狂與溺之狡辯，啓人種種可疑之情哉！是辯愈堅而詞愈遁，言益遠而情益真矣。況王良仁賄行甘結，已洞徹於憲臺之批；青紅碎黑諸傷，再見於該縣之檢。要之謀死與毆死不同，又不必論其致命與否也。據王惟信言：應旦平昔別無夙仇。然則冀欲得以甘心者，非立理其誰乎？三尺具在，豈敢輕以律人！生者可憫，而死亦堪憐，使地下之冤魂，啼風泣

月；階前之髦父，搶地呼天，此職愀然所不忍見聞也。論此案謀死逼真，第立理堅不肯承，所恨無一確證塞其口耳，不敢草率以定。爰書解憲親審，庶成鐵案。

（清）李之芳《棘聽草》卷一《人命・臬司一件為究典真命事》 審得鄭宗兆與虞龍鳳開店於金華縣二十四都，龍鳳乃餘姚人，浮蹤無定者也。本年正月十七夜，因徽民張秀孤身投止，龍鳳探其挾有重資，即於是夜謀死，分肢解體，剖爲二斷，異鄉孤魂，慘亦極矣。彼宗兆實係主人，設使其力行喊救，龍鳳即雖凶悖，秀亦未遽爲刀下游魂。而況執燭觀其下手，且自供分銀二兩鑿鑿乎！知情同謀，何待言説？龍鳳隨將斷屍擔荷而去，宗兆移居回族，冀泯其跡，孰知壁上血濺殷然，無能揜也？至二月初二日，尋屍出於眢井，草薦包裹，有兩頭蛇盤繞其上。噫，異矣！此殆怨氣積成冤魂變相也。望帝啼紅，萇弘凝碧，有自來哉！及行確檢，而石塊，刀砍之傷，遍身種種。宗兆以同謀得財律擬斬，以慰幽魂不枉。虞龍鳳已經廣捕四緝，應俟提獲另結，其鄭慶三等原不知情，申孝二九一係宗兆遠房妻屬，無辜免擬。

覆審得鄭宗兆與虞龍鳳謀死張秀一案，行凶黑夜，苦無眼證之人。其先止據宗兆自供執燭，云是龍鳳動手，其爲同謀確無可疑。而二人之外，並未有餘夥也。今宗兆既伏天刑，提刀持石，總難窮詰；倘死者有知，默佑擒緝，而使罪人蚤得，凶手速擒，則眢井慘冤，盤蛇結怨，殆可以悉伸乎！相應批着該縣嚴緝另結。

（清）李之芳《棘聽草》卷一《攝郡・兩道一件為地方人命事》 審得余成乃捕廳皂役，時有江西楊上者，指騙談星，素行無賴，寓婺五載，凡十一遷居，多行誆詐，後復移至范洪宇家，其比鄰則余成也。時成之妻與楊上之妻以姊妹稱，而醢、鹽、薪、米之屬，每相通借。后余成苦其煩瑣厭絶，於是楊之惡聲出，而余必反矣。楊上思欲鳴官，其居停范洪宇、王宗四等相爲排解，勸余成悔罪，即於宗四之婿姜辰家出銀一兩置酒求伏，此八年七月十二日事也。當是時，成固心中憤恚，莫可誰何；而況酒闌人散之餘，楊上猶刺刺不休，横語肆出，有明日赴道告理之言，以重觸其怒乎？是晚成已大醉，聽詬誶不絶口，殺心頓生，持刀出門，已定斬首穴胸之謀；及昏夜叩門，而楊上即出，揮刀穿其小腹，腸出而死。上妻鄭氏腹中有孕，因其來勸，砍腹一刀而死。蘭谿投宿於陳貴家之盛世相鬧中奔出，亦攖其鋒，左乳下着二刀而死。凶哉，慘也！歸家又將妻施氏刀戳幾絶，乃擊鼓自鳴，凶刀貯庫。復欲以姦情賈禍於鄭高，惡毒極矣。斯獄也，惟口興戎，積怨生怒，啓衅雖在楊上，而余成恃酒行凶，遂以一朝之忿，頓成三命之冤，雖身磔以謝幽魂，所不辭也。

（清）李之芳《棘聽草》卷一二《録囚・東陽縣一件為四命黑冤事》

審得孫六豹一獄，蓋因姚伯芬三命被殺於家也。即伯芬時爲府歇，無他事犯，特以病孱，不令其復保人犯耳。往之東陽，蕭然貧橐，而乃招之逆旅，似亦多情。不知其何所仇，何所利，遂有此知情謀殺之舉？且殺三命於家下，復唆任氏投告，以自彰其隱，此至愚者所不爲，而六豹爲之，深不能爲六豹解者矣。

（清）盧崇興《守禾日紀》卷四《一件焚殺三命事》 審得：殷奉亭父子焚殺殷二母女三命一案，歷審情真，已無疑議。奉駁者，馮氏如何持滷圖賴，以致奉亭毆打殷二時，馮氏救護，應在場上，如何打死反在門内？觀聖揹出小妹，如何奪回打死及屍安放一處？又將布機木門樘子放在屍上，連屋燒毀數端，前供錯雜未清耳。今準該廳牒覆，遵奉憲駁，研加審訊。奉亭以册銀細事角口，父子行凶，俄頃之間，打死三命。殷二死於外者，恨其辱駡，誘之使出也；馮氏死於内者，始救之，終避之，逐而斃之也。至小妹救出，復遭斬草除根之慘，而三命咸登鬼籙矣。移屍一處，架物焚燒，延毀鄰房，目不少瞬。窮凶極惡，至此蔑以加矣！殷觀聖，張寡婦親見鑿鑿，亦奉亭父子自供不諱者，分别磔斬，夫復何辭？至奉亭與殷二誼屬共祖弟兄，前供已確。若持滷之説，雖有是供，不過隻吾之語，似亦不足爲此案重輕也。研審得情，相應照轉，伏候憲裁。

（清）盧崇興《守禾日紀》卷五《一件命真供確等事》 看得：計敏功、都氏，天生淫惡也。有王明臺者，都氏親夫也。向以度日維艱，功遂藉彼此有無之通，爲兩人密邇往來之計。孰知情深眷戀，反視明臺爲眼中釘，不亦異乎？乃臺且多求未已，而功已殺念旋生。商謀於十三年十一月初一日之夜，分乘明臺卧病在牀，兩人同下毒手，以脚帶繫其頸，旋用手碎其囊，口鼻血流，喊救不絶，鱗傷遍體，繩跡顯然。迨燃膏以照，而明臺已早登鬼籙矣。血衣出之桶中，親女質之不諱也。且鳳娜歸寧，向俱

同寢一室，此夜獨令外寢，意欲何爲？謀殺真情，業已水落石出。兩犯雖欲狡口支吾，希圖漏網。不思孽鏡臺前，能不魑形畢露耶？縣檢既明，自供已確。磔都氏而斬敏功，庶悲風嘯月之魂可瞑目，而優游泉壤矣。至於屍弟王顯受囑議和，輒請免抵，姑念兄死非命，寬宥。訟師陳利賓利娶都氏，左寫攔詞，一杖不枉。若陸采之，係鳳娜良壽姑丈，一則鄰其孤貧，過繼爲子，一則誼屬至戚，留宿終宵，審無別情，毋庸深求者也。相應解候憲奪。

（清）**盧崇興《守禾日紀》卷五《一件真命事》**覆審得：殳木匠等謀殺張子昇一案，讞者不遺餘力，各犯業吐真情。今蒙撫憲慎重爰書，必欲疑團盡釋，不厭再四推求。仰見慎重人命，洞燭幽微至意。今遵憲駁，逐一反覆研窮，張子昇私通殳木匠後妻張氏，業經殳木匠打逐，死於母家。此殳木匠啣恨欲殺子昇之禍端也。若蔣洪洲、徐瑞賜、陸明甫之許謝同謀，要皆挾有放利夙嫌，必欲殺之而後快。殳木匠方幸助虐有人，似又不問酧儀之厚薄矣。至於接連橋去子昇店，尚有里許，而橋畔鮮有居民，且係子夜更深，自無往來聞見之衆。若陰囊之傷，殳木匠及諸犯口供鑿鑿，或以屍軀久浸水中，形化肉消，無從驗看耳。戡身文契，前詳敘述已明。今云洪洲暗砌中人，而洪洲亦供不識中保王有常爲何許，則當日操利逼寫，而非明中正契，尤可情推矣。再查鄭大之報越在次日，迨一月之後，屍浮水濱，始行根究。此則屍兄光瑞之悮，原不足爲殳木匠等另開疑竇也。總之，此案因姦謀殺情真，各犯仍照原擬。周瑞林原供不在謀殺案內，應否援免？相應一併詳解憲臺核轉，以結塵案者也。

（清）**盧崇興《守禾日紀》卷六《一件滅供漏剮事》**看得：殺人者死，律也。況以奴弑主，尤干大典。宜憲臺駁詰之嚴，而承問者亦不禁推求之切。獨是卜球煊父卜駿被殺一案，事在順治二年，白頭倡亂之時。又煊年纔八齡，乳臭無知之際，禍則出於倉猝，語實涉於傳聞。毋論春梅耳熟一言，未必即皆醉語，即使春梅正襟危坐而言之，亦不過伊夫生前轉相告語之辭。春梅尚坐云霧中，而况未必其果有是言否耶！再卜球煊硬執傅林等爲殺父之人，亦云高山當日曾親見之耳。迨卑府兩審，而高山兩供，皆云實未之見。煊可謂止用耳、不用目矣。大抵卜球煊書生而愚孝者也，祇知一味執仇，罔顧事無實據。夫殺人者死，法固難逃；故殺者罪，律嚴失入。然則二犯之不死，非縱也。

（清）**方苞《方望溪先生全集·獄中雜記》**凡殺人，獄辭無謀、故者，經秋審入矜疑，即免死。吏因以巧法。有郭四者，凡四殺人，復以矜疑減等，隨遇赦。將出，日與其徒置酒酣歌達曙。或叩以往事，一一詳述之，意色揚揚，若自矜詡。噫！渫惡吏忍於鬻獄，無責也，而道之不明，良吏亦多以脱人於死爲功，而不求其情。其枉民也，亦甚矣哉！

奸民久於獄，與胥卒表裏，頗有奇羨。山陰李姓，以殺人繫獄，每歲數致百金。康熙四十八年，以赦出。居數月，漠然無所事。其鄉有殺人者，因代承之。蓋以律非故殺，必久繫，終無死法也。五十一年，復援赦減等謫戍。嘆曰：吾不得復入此矣！故例，謫戍者移順天府羈候，時方冬停遣，李具狀求在獄，候春發遣，至再三，不得所請，悵然而出。

《刑科題本》乾隆四年　據南撫張渠咨稱：茶陵州民過季高等溺死族人過會亨一案。緣過季高與過會亨係無服祖孫，素無嫌怨，因過會亨素行偷竊，會爲族衆處以家法，經甲保禀捕詳州有案，該犯不自悛改。又過乾隆三年七月内在永興縣黄拱北家偷竊稻穀衣物，被獲，枷責遞解回籍。該州傳唤户首過季高等領回約束。過季高因其玷辱門户，於八月二十四日傳知户族過均益等，欲將過會亨溺死，以省日後牽連。遂帶過會亨至祠，並令伊兄過至善立約，過至善被迫於人衆，書立服約。過季高給與過會亨酒食，已久醉鄉，適有過能臣探親經過，聞聲進内，過季高主令過能臣同姪過永清將過會亨裝入篾簍，幫同扛擡，而過能臣等俱各允以。是夜更盡，擡至崩塘灣河内溺水斃命。過季高復令撈出，備棺殮埋。尸兄過至善報州驗詳，審訊各犯，供認不諱。

查例載，族人不法事起，一時合族公憤，不及鳴官，處以家法致死者，審明死者所犯劣跡，確有實據，但其素行爲通族之所共惡，將爲首照應得之罪減一等，免其抵償等語。今過會亨屢次偷竊，取有保鄰公結，户首過季高約知通族，主令溺死，係服盡尊長，應比照此例，免其抵償，杖一百，僉妻流三千里，至配所折責四十板。過永清亦係無服尊長，聽從過季高裝簍扛擡，應照爲從減一等，杖一百徒三年，至配所折責四十板【略】，僉妻流三千里，至配所折責四十板。過均益、過超群、過子建、過永煌審未下手，均合依知人謀害他人不即阻當救護，及被害之後又不首告

律杖一百，各折責四十板。

相應咨達等，因前來查例載：族人不法，事起一時，合族公憤，不及鳴官，處以家法，以致身死等語。今過會亨係因偷竊遞回原籍，該州傳喚過季高等交與約束，並未有復犯不法情事，乃過季高始則將過會亨帶至公祠，繼復令伊兄書立服約，即非事起一時，不及鳴官可比，且其致死過會亨之處，業據尸兄過至善供明，止是過季高主使，伊因迫於人衆，忍氣吞聲，心里不甘等語。是此案非出於合族公憤，更屬顯然。今該撫只以過會亨早曾犯竊，遂指爲通族共惡，遽將致死該犯之過季高減等免抵，似屬未協，應令該撫將此案再行確審妥議具題，到日再議可也。

今據長沙府知府馬金門詳據茶陵州知州張廷琛詳稱：卑職遵奉部駁，吊齊各犯，復加研訊。

問：過季高那，過會亨在永興縣犯竊遞回，傳你同他哥子領回管束，他並没有復犯不法的事，你爲什麽傳知族人，把他帶至公祠，叫他哥子烏立服約，將他沉水溺死呢？據實供來。

供：過會亨在永興縣犯竊遞回，雖没有復犯不法，但他屢次犯竊。雍正十二年，曾經户族懲治，保正稟報捕衙，詳州有案。他並不改過，又在永興犯竊遞回。去年八月二十三日，蒙傳，小的同他哥子過至善領回管束，因想小的們户族都是清白良民，出了這過會亨不肖子孫，玷辱祖宗，心里原有些惱恨。第二日下午傳知户族過均益，過超群，過子建，過永煌們，將過會亨帶至宗祠訓誡，還望他改過，不料他及出言觗觸，説不與小的們相干，要拘管他，大家弄得没體面。小的氣忿，起意要處死他除害，叫過子健把他哥子過至善叫來，要寫服約，過至善依了，寫起，用了手摹。那過子建，過超群，過永煌們見説要處死的話，就都陸續回去了，過均益雖在那里總不做聲。小的拿了鷄，酒與過會亨吃了，恰遇過能臣進祠來看，一會，小的姪子過永清也來了，小的隨叫他兩個把祠内後園裝棉花的篾簍拿了來，趁過會亨醉軟，裝入簍内，一更盡時擡到崩塘灣河邊，過均益走不動没去，是小的推簍到水里，把過會亨淹死了，才撈起，用棺安埋的。這實是惱他做賊，敗壞門風，處死他除害，別無什麽讎隙。

詰：據你説敗壞門風，衆人不叫處死，他哥子又不情願，你何苦壓寫服約，使裝篾簍，必要治死他呢？

供：小的因是户首，族間事俱是小的主持，故此見這不肖子孫，一心要治死他。如今也没得説，情願填命就是。

審：據過能臣供：户首過季高説過會亨屢次做賊，玷辱祖宗，要把他治死，要小的同過永清兩個把祠内後園裝棉花的篾簍拿來裝他在裏頭，小的不肯，過季高又説，幫處死賊，怕什麽事。小的因是户首吩咐，過均益同過至善都不做聲，不敢違拗，只得同過永清去拿了篾簍。【略】

審據過永清供：〔過季高〕叫過能臣同小的到祠後園把裝棉花篾簍拿來【略】，小的因叔子是户首，説要處死，過均益同過至善都由他擺佈，不做聲，也就不敢違拗，同過能臣兩個去取了篾簍，將過會亨裝入，擡到河邊歇下，聽過季高推下河去淹死了後，叫小的們撈起安埋。

審據過均益供：小的今年七十四歲了，從不管閒事，族間的事都是户首過季高管理。

四川省檔案館《清代巴縣檔案彙編・命案・乾隆二十五年巴縣饒錫珍砍死朱氏等四人命案正月二十二日重慶府抄案》 爲報明事。

乾隆二十五年正月初八日奉按察使司顧抄案，乾隆二十四年十二月二十日奉總督部堂開抄案，乾隆二十四年十二月十五日準刑部咨，四川司案呈刑科抄出，川督開題前事。等因。乾隆二十四年八月二十日題，九月二十六日奉旨：三法司核擬具奏。欽此。本部會院寺會看得巴縣饒錫珍砍傷朱氏等四命身死一案。

據川督開疏稱：查饒錫珍與朱氏等本無讎隙，緣饒錫珍原在涪州挑水賣糊口，於乾隆十七年寄拜李如心爲干子，與李如心同居，賣炭生理。乾隆二十年，李如心始娶再醮婦朱氏爲妻，隨帶一女名喚鄭小女。乾隆二十四年正月内，李如心物故，朱氏即欲改嫁。適五月十三日，有縣民張宏托陳非隆，楊玉爲媒，前往朱氏家求娶，議定財禮錢四千文，將鄭小女隨帶過門。朱氏許允，尚未寫立婚書，亦未過送財禮。饒錫珍以李如心在日曾將鄭小女許伊爲妻，隨向朱氏勸阻。是日午後，饒錫珍復向朱氏言及，欲將鄭小女阻留。朱氏以並未許伊爲妻出言斥詈，並持柴斧向砍。饒錫珍即奪斧砍傷朱氏囟門偏右，右太陽，立時殞命。鄭小女向前扯拉，饒錫珍亦砍傷鄭小女額顱偏左，咽喉偏左，左太陽連左耳。有同院居住之方氏同子李光宗聞鬧赴救，饒錫珍輒遷怒方氏等與朱氏商謀改嫁，復用斧砍傷方

氏囟門偏左，左額角，並砍傷李光宗右額角，左太陽，右腮頰，腦後偏右。俱各受傷倒地。方氏、鄭小女於十四日殞命，李光宗〔延〕〔至〕十七日因傷身死。屢審供認不諱。

查饒錫珍係朱氏之夫李如心寄拜干子，應同凡論，至方氏、李光宗並非朱氏五服至親，亦不得以一家論。惟是此案雖審非謀殺，但該犯傷斃四命，未便依鬬殺例載毆死一家文及毆死三命而非一家定擬。饒錫珍應比照謀殺人係下殺一家非死罪二人及殺三人而非一家者擬斬立決，先行刺字等因。具題前來。

查饒錫珍因朱氏夫故改嫁，不將鄭小女給伊爲妻，該挾嫌逞凶，輒將朱氏母女砍斃，復遷怒方氏，又將伊母子殺死，連殺四人，兩家各斃二命，凶殘已極。應將饒錫珍比照殺一家非死罪三人律，凌遲處死。該督既稱張宏知朱氏居夫喪而央媒求娶，但未立婚書，未送財禮，尚未成婚，同媒人陳非隆、楊玉均予免議，口許財禮亦無庸議追。等語。均應如該督所題完結。等因。乾隆二十四年十一月十一日題，十三日奉旨：饒錫珍着即凌遲處死，餘依。欽此。相應移咨前去，欽遵查照施行。等因。到本部院。準此。

查該犯饒錫珍，已據該司詳報病故，現在具題。但查例載，凡殺一家非死罪三人，爲首監故者仍銼碎死尸，梟首示衆等語，該犯係比照殺一家非死罪三人擬以凌遲處死，今已在監病故，是否亦應照此例辦理，合行飭議。爲此牌仰該司，即便查議詳奪，餘照部議飭遵毋違。等因。奉此，除現在議詳，俟奉批至日另檄飭遵外，合就檄行。爲此，仰府官吏查照抄案內奉行準咨奉旨事理，即便轉飭遵照，餘照部議飭遵。等因。奉此，合就檄行。爲此，仰縣官吏查照抄案內奉旨事理，文到即便遵俟另檄行毋違。須案依奉呈來。

右抄案仰巴縣準此

凶犯饒錫珍五月十三日供單

問：據饒錫珍供：小的年二十七歲，原籍江西，小的在重慶生長的，父親饒萬全，母親何氏，都有六十多歲，都死了。小的並沒有弟兄，單是小的一人，小的是馮偉代養長大的，有六十歲才死了。十七年，小的在涪州會着李如心賣炭，小的在李家店挑水賣，小的說寄拜李如心作干兒子，他把小的引在這出奇坊佃王上榮房子一同住，賣炭生理。二十二年，干父娶朱氏，這朱氏在鄭家生有一女，名叫小女，隨帶過來。干父說朱氏無子，後來鄭小女長大婚配小的的話。到今年正月十六日，干父死了。二月裏，小的請了房主王上榮、李松枝向朱氏說，鄭小女是干父未死之先親自許過我的。朱氏聽說並沒有許我的話，也無憑據，王上榮、李松枝□□□散了。小的因干父死了，小的用費了錢米，今日見□□陳非隆同張宏來家，朱氏允許，張宏丢了一付着頭，並□□四千錢才迎娶，還把鄭小女帶過去的話。楊玉、張宏、陳非隆他們都去了，小的嘔氣不過，朱氏在厨房做飯，拿斧頭砍柴，小的阻朱氏不要出嫁，朱氏罵小的不該阻當他，小的一時生氣，把斧頭奪來把朱氏頭上砍了兩下，鄭小女來拖，小的又把他頭上砍了兩下，方氏聽見吵嚷來拖，小的把他頭上也砍了兩下，他兒子李光宗聽見也趕來，小的也把頭上砍了兩下，把斧頭丢在地下。小的砍傷四人，後來也是死的，不如碰死罷，小的頭上傷痕，是自己碰傷的。這是前生冤孽，情願與他抵命。

驗得饒錫珍額顱皮破傷一處，係碰傷，未便揭驗。

（清）祝慶祺《刑案匯覽》卷五二《刑律犯姦·犯姦》　蘇撫題：蔣汝才砍死嚴于氏一案，緣蔣汝才係嚴于氏胞妹之子，服屬小功。于氏年逾八十，無所倚靠，經族人給以田畝銀兩，託交蔣汝才領養。蔣汝才乘空將于氏送終衣服偷竊，藏放己箱，假意喊賊。于氏不信，俟蔣汝才外出，搜獲原贓。迨後回家，被于氏辱罵，蔣汝才氣忿，頓起殺機，砍傷于氏殞命。將該犯依故殺外姻小功尊屬律擬斬監候，具題。查蔣汝才欺于氏年邁，既竊其衣，復戕其命，凶惡已極。原情定罪，實與竊賊臨時殺死事主者相同。該撫僅依故殺外姻小功尊屬律擬以斬候，是但論其殺死之罪，而不究其忿殺之由，殊未允協，驗令妥擬。去後，旋據連駁，將蔣汝才改照竊盜臨時拒捕殺人律擬斬立決。乾隆二十五年題准案。

（清）祝慶祺《刑案匯覽》卷五二《刑律犯姦·犯姦》　河撫題：王景周誘姦何進禮之幼女俞妮未成，致何進禮將俞妮勒死一案。此案何俞妮年甫九歲，幼稚無知，王景周年已十六，雖誘姦未成，而俞妮之被父勒斃，實由該犯圖姦所致。將王景周比照强姦未成，本婦羞忿自盡例，擬絞監候。等因。查例載，非姦所獲姦，或聞姦數日殺死姦婦，將姦夫杖一百

徒三年。又姦十二歲幼女者，雖和同强論，又强姦十二歲以下幼女未成者，發遣各等語。此案王景周與俞妮各抱幼孩頑耍，王景周將俞妮哄至牛房，許給錢文，欲成爲夫婦。一聞有人咳嗽，各抱幼女走出，旋因王景周甥女與俞妮幼妹各相打哭，王景周與俞妮角口，將俞妮毆打，哭罵而回，訴知伊母，李氏尋見王景周吵罵，經王景周之母勸回。越四日，俞妮之父何進禮回家，李氏述知前情，何進禮氣忿，於次日將俞妮勒死。細核案情，與該撫所引羞忿自盡之例迥不相同。而致死在數日之後，若竟照殺非姦所例，將姦夫援徒又覺情重法輕。查王景周聲言欲與俞妮成爲夫婦，俞妮雖經應允，究係幼稚無知，被其哄誘，例應以和同强論。王景周應改照强姦十二歲以下幼女未成本例，擬以發遣爲奴，何進禮聞知女被誘姦，因而勒死，雖與尋常杖殺子孫不同，但幼女無知被誘，並未成姦，且經實告，父母何進禮並不原情，輒行勒斃，情殊殘忍，何進禮應照子孫違犯教令，父母非理毆殺律杖一百。乾隆三十七年題準案。

（清）嵇璜等《清朝通典》卷八六《刑·雜議》〔乾隆〕四十二年八月奉諭，刑部核擬直隸省王錦毒死繼母王苗氏之母苗趙氏一案，聲明該犯與苗趙氏並無服制，改擬斬候，並引例載母黨有犯，除親母嫡母本生母黨，仍照服制定擬外，其餘俱從凡論等語。所擬殊未允協，爲人後者，爲所後父母持三年之服，而於本生父母降服期年則立服之制，亦以所後爲推，而於本生皆降一等，是所後之親屬服制俱較本生爲重。何於所後之外姻獨不得比於本生之有服乎？若慮所後之外姻尊長於甥及外孫，謂非其所自出，故加凌虐或置於死，自可權其曲直，繩之以法，何必削其服制而爲防乎？且如本宗尊長非理謀殺卑幼，其恩義已絶，即照乎入擬抵，則外姻尊長亦可擬以爲例，並不必分所後及本生也。若卑幼敢於謀殺外姻尊長，卽爲干犯名義，自當一例科斷，又豈可强爲分别而於所後之外姻視本生轉爲末減乎？況此案王錦因覬繼母苗氏改嫁，得以花費家財而嗔其外祖母苗趙氏從中阻止，遂爾懷忿謀殺。理既甚曲，性復凶頑，其情節實爲可惡。刑部乃因其無服輒爲改擬，豈爲情法之平。頃詢之刑部堂官，此例係乾隆二十一年所定。閲其例本惟事拘牽文義，而揆之天理人情均未允當，又豈明刑弼教之義？著刑部將此例悉心斟酌。

《清高宗實録》乾隆四十三年十一月〔丙辰〕諭：刑部議吴雲章活埋小功堂姪吴狗俚一案，以吴雲章律應擬絞監候，因年逾八十，照律聲請收贖。此固按律也，而於情理未爲允協。族中卑幼爲匪，如果肆竊異族財物，貽害鄉鄰，有傷合族顔面，爲尊長者，管教不從，激於公忿，因而致死，情自可原。或其人年逾八旬，亦可按律收贖。今細閲此案，吴狗俚曾竊吴雲章家衣被，又曾竊吴應元家工人棉被，聞喊攛臓而逸，經吴應元、吴應文尋獲，用草繩反縛其手，拴繫堂柱，報知吴雲章。走至訓斥，欲俟次早送官，吴狗俚聞言混罵，並稱官府不過枷責，將來回家，必將吴雲章、吴應元、吴應文三人殺害，並放火洩忿。吴雲章恐日後反遭毒手，主令吴應元、吴應文將吴狗俚活埋除害等語，是吴雲章等之致死吴狗俚，並非爲除族中竊匪之公心，實係欲免已家受禍之私見，情事顯然，不應置之不論。且吴雲章係吴狗俚小功堂叔，吴應元、吴應文亦係吴狗俚緦麻服叔，若以睦婣任卹之道而論，均爲贍族所應及。如果吴雲章等於其姪時相周濟，何致吴狗俚行竊其家。所以同族相盜，較盜取他人者，罪得稍減，亦此意也，乃刑部於此案，將主使之吴雲章。既以年老收贖，其聽從下手之吴應元等，又僅照爲從擬流，是吴狗俚之死，竟無一實在擬抵之人，豈爲公當。且吴狗俚雖下流不堪，其罪不至於死，而登時活埋，情殊慘忍，即謂吴雲章律應收贖，亦應於吴應元、吴應文二人内，擇其情節稍重者，擬以絞候。然此等至秋審時，罪原不至予勾，何不律以死者有抵，庶可杜擅殺之端，兼足維敦睦之誼。今刑部如此議覆，豈得爲讞獄之平。著將此本發還刑部等衙門，另行定擬具奏，並將此通諭知。

《清高宗實録》乾隆四十八年四月 刑部議覆大學士前署直隸總督英廉疏稱：灤州民婦老王邢氏，因伊媳小王邢氏身弱不能工作，時加毆駡，即蓄意謀殺。後因小王邢氏出言頂撞，遂同無服姪媳王姚氏並女賈年姐，將小王邢氏按倒，用刀撬落門牙，以鹽鹵向灌，立時殞命，請將王姚氏、賈年姐依謀殺人從而加功律擬絞監候。老王邢氏依故殺子孫之婦律，擬杖一百，流三千里，不準收贖，應如所題。得旨：此案姚氏、賈年姐俱依擬應絞，著監候秋後處決。至老王邢氏與小王邢氏，分屬姑媳，該部覈覆，照尊長謀殺卑幼律，問擬杖流，不準折贖，固屬照例辦理。但覈其情節，尚未允協。姑之於媳，究與親生子女之於父母不同，若平日不遵教訓，或有忤逆情形，自應管教責處。然亦不得任意凌虐，恣行殘忍。今小

王邢氏因體弱不能工作，尚無大過，乃老王邢氏因其出言頂撞，蓄意謀殺，輒用鹽鹵向灌，並用刀撬落門牙，凶殘已極，若不嚴加懲儆，則凡爲姑者，不論其媳有無忤逆，竟恃尊長名分，肆意謀殺，到官問擬，又得倖邀寬減，此風亦不可長。老王邢氏罪雖不至論抵，然僅問擬杖流，不足蔽辜，老王邢氏著改發伊犁，給與厄魯特爲奴，以示懲儆。如此準情定罪，則凡爲尊長者，皆知慈愛，而爲卑幼者，更得盡其孝敬，庶不致恩義盡泯，亦明刑弼教之一端也，嗣後如有此等案件，即著照此辦理。

（清）祝慶祺《刑案匯覽》卷四三《刑律鬭毆·毆期親尊長》　川督題：邵在志毆傷服姪邵樸身死一案。緣邵樸係邵在志降服小功堂姪，邵樸素性游蕩。乾隆五十四年，邵樸行竊邵在葵家衣物，邵在志將贓償還。五十五年十二月初五日，邵樸在符璜家借宿，復竊取白布而逸。符璜向邵在志告知，邵在志亦即賠贓。均未呈報。初九日傍晚，邵在志同兄邵在恭將邵樸尋回，拽出原贓。邵樸祖母唐氏見而向責，邵樸將唐氏推跌倒地。唐氏生氣，令邵在志等將邵樸捆綁柱上，待明日送官。唐氏進房寢息，邵在恭亦出門挑水，邵在志勸其改過。邵樸聳言：送官並無死罪，回家後當須放火殺人。邵在志因其行竊玷辱祖宗，復不知改悔，出言强横，一時氣忿，起意殺死。遂取鐵釘戳傷邵樸心坎，邵樸掙扎，該犯又用鋤頭毆傷邵樸頂心偏左顋門左太陽，立時殞命。將邵在志依律擬絞監候等因。臣等細核案情，邵樸行竊爲匪，不服祖母唐氏訓斥，將其推跌倒地，本屬惡逆逞凶，罪犯應死。邵在志若於被時即將邵樸毆死，隨同伊母告官供明，自可依擅殺應死罪人擬斷。今邵在志於伊母唐氏主令捆縛，已進房寢息，後因其出言强横，起意致死，自與救母當場毆斃者有間，固未便即照擅殺應死罪人律擬斷。致啓尊長殘殺之端，惟是邵在志究因邵樸行竊，玷辱祖宗起見，事屬公忿。既無挾私別情，死者又係凶逆罪犯應死之人，若竟照故殺小功堂姪律問擬絞候，是以致死爲匪凶逞卑幼之尊長與恃尊慘殺無罪之卑幼一律問擬，實不足以重倫常而懲逆惡，似應量爲末減應請，將邵在志於故殺小功堂姪擬絞律上減一等。如蒙俞允，臣部將該犯減爲杖一百，流三千里。並請嗣後有服尊長殺死卑幼之案，總以卑幼之有罪無罪爲衡。其擅殺之尊長應擬罪名，悉以被殺卑幼罪之至死不至死爲斷。如卑幼實係罪犯應死，確有證據，審無懷挾私忿別情者，無論謀故、毆殺，即將擅殺之尊長照擅殺應死罪人律杖一百。其罪不至死之卑幼，如因訓誡不悛，玷辱祖宗宗族顔面起見，忿激致斃者，無論謀、故，概照擅殺罪人以鬭殺論，悉按照服制，於毆殺卑幼本律罪上，各減一等定擬。若有假託公忿報復私讐，及畏累圖謀各項情節者，不得濫引此例。

乾隆五十六年奏准通行纂例。

（清）祝慶祺《刑案匯覽》卷一三《刑律賊盗·强盗》　蘇撫題：楊添受行竊，先後謀死錢考等二命一案。此案楊添受前因犯竊擬軍，遇赦減釋。嗣又糾夥行竊，先後謀死錢考、蕭馬子二命，並將各屍埋棄潛匿，旋被拿獲。該撫將該犯擬斬監候，固係依律從一科斷，惟查該犯，係丐匪疊竊，先後謀斃二命，事越年餘，始行就獲，情罪較重，未便仍擬斬候。致命稽誅楊添受，應依謀殺人造意律擬斬，請旨即行正法，以照炯戒。嘉慶九年說帖。

《清仁宗實録》嘉慶十六年七月　又諭：錢楷奏陳四等聽從主母汪彭氏，將家長汪如舟親生子女謀斃一摺。此案汪彭氏素性妒悍，與夫妾張氏不睦，雇婦郭陳氏乘間挑唆，以致張氏時遭陵虐。嗣因令張氏磨麪，致被頂撞，汪彭氏即用木棒將張氏毆傷，郭陳氏亦取柴斧幫砍殞命，囑令工人陳四揑稱病斃。此等案件，尚屬情事所有，即汪彭氏與郭陳氏於張氏殞命後，復將其女仲姐致死滅口，亦事所經見。至汪彭氏忽又與陳四等商謀，復將親生子女三人一並焚勒斃命，此則情理所無，爲從來希見之事。該氏即恐身死後伊子女無人照管，亦何至殘忍若此？且汪彭氏復給與陳四銀兩，令其事後遠逃。覈其情節，殊多疑竇。陳四一犯，於問擬凌遲之外，固已無可再加，但案情豈容稍有不實？摺尾尚稱陳四逃後別無行凶爲匪等情，試思陳四謀害多命，凶惡至於此極，逃後即再犯案，豈尚有重於此者耶？此案必須徹底根究，務令水落石出，以成信讞。著再飭交該省臬司趙宜喜提犯嚴切刑鞫，務得實情，再由該撫覈定具奏。

（清）祝慶祺《刑案匯覽》卷一三《刑律賊盗·强盗》　蘇撫題：陳桐等竊牛敗露，謀死事主李爾俊等二命一案。緣陳桐竊得李爾俊老牛一隻，並陸允榮雇主犍牛一隻。牽至陸居得家，告知竊情，同陸居得將牛趕至集上，蔣老牛賣錢，尚剩犍牛未賣，李爾俊、陸允榮尋見，認獲原牛。陳桐囑勿聲張，許給回家買賠，李爾俊應允。陸允榮趕牛先行，李爾俊行

至麥地，因積水難行，埋怨陳桐竊牛被累，聲言到家若不賠牛，必不甘休。陳桐料其不肯隱瞞，頓起殺機，趕至李爾俊背後，將其揪跌入水，揿住脊背，被淹殞命。陳桐復起意將陸允榮一並致死滅口。陸居得亦恐連累，應允。趕見陸允榮坐歇橋上，陸居得用肩向撞陸允榮，滚跌落河溺斃。審將陳桐依謀殺人造意律，擬斬監候。查該犯係竊牛罪人，輒敢起意謀死事主李爾俊，陸允榮二命，情節實屬凶惡，請旨即行正法。陸居得依謀殺人從而加功律，擬絞監候。嘉慶十三年案

《清仁宗實録》嘉慶十五年九月（丙子）又諭：哈隆阿奏，審明土爾扈特圖財謀命之羅藏，請旨辦理一摺。此案民人董宗成，因不識路徑，在噶綳楚勒楚木家雇覓羅藏帶領。羅藏即於途間起意將董宗成謀害，屍身拋棄河内。雖一時未經撈獲，而羅藏馱回之牛馬、茶葉、布匹等件，皆係董宗成之物。現俱起出，贓證確鑿，正犯無疑。回疆重地，膽敢圖財謀命，哈隆阿於審明後，即應一面具奏，一面將該犯正法，方足以昭炯戒。乃猶拘泥請旨，致凶犯有稽顯戮，殊屬不知輕重。羅藏一犯，著即處斬，將土爾扈特和碩特傳齊看視行刑，俾衆知儆懼。嗣後遇有此等案情，即照此辦理。至噶綳楚勒楚木，於羅藏回時詢及董宗成去處，以羅藏言語閃爍，形跡可疑，即報知牛彔章京，並將贓物獲獻。正凶不致脱逃，尚知法度，噶綳楚勒楚木著賞給金頂，並賞銀兩，用示鼓勵。

《清仁宗實録》嘉慶十八年八月　諭：軍機大臣等，據同興奏，有蔑倫重犯二案，俱已於審明各照例辦理。内趙小幅一犯傷斃瞽母，並先經抓傷伊父，尤爲凶悖可惡。向例蔑倫之犯，均擬凌遲，而同一凌遲處死亦有區別。如趙小幅一犯，必當盡法處治，予以寸磔，方足以彰國法而快衆心。同興業經辦理，毋庸置議。嗣後若再有似此者，即當寸磔處死。此等梟獍之徒，實足爲風俗人心之害。山東一省，閱時未久，竟有數案，此非教化不行而何？朕披閱之下，實爲痛恨。該撫自必尤深憤懣，亟應設法化導，力挽積風。恭讀聖祖仁皇帝聖諭廣訓，首稱敦孝弟以重人倫。各地方官朔望宣講，小民具有良知，即椎魯無文，漸染薰陶，亦當潛移默化，但念鄉愚鄙俚，不諳文義者多，著同興恭繹。聖諭廣訓之意，衍爲通俗易解之辭，以人身皆父母所生，羊跪乳而烏反哺，禽獸猶知報本等語，明白宣諭，以冀激發天良，即刊印告示。飭令屬各府、州、縣等，於窮鄉僻壤徧行張掛，俾小民易於通曉，以馴其桀驁之性。庶敗類潛消，而俗臻淳美也。將此諭令知之。

（清）祝慶祺《刑案匯覽》卷一九《刑律賊盗·恐赫取財》　晉撫題：侯同樂子誘嫖、訛詐，揿按劉成娃氣閉身死一案。查審理命案，應詳鞫是否謀故，按律懲辦。況案關棍徒訛詐斃命，尤應嚴究致死實情，未便稍事顢頇，致滋輕縱。此案侯同樂子因與楊攀壽等夥包娼婦，張招才子賃房賣姦。侯同樂子引誘劉成娃嫖宿，得錢三十五千文分用。嗣侯同樂子見劉成娃，又至起意訛詐。商同楊攀壽等，令張招才子引誘劉成娃行姦，該犯等假意撞入，嚇稱捆縛送官。劉成娃畏懼，許給錢一百千文，願立借約。楊攀壽因恐過後翻悔，囑允王守先出名，捏稱借給劉成娃錢文清還嫖項，日後伊等自行歸結，令劉成娃寫立借約而散。劉成娃還錢二十千文，迨侯同樂子等撞遇劉成娃復向逼索。劉成娃囑令同赴神原村取錢，楊攀壽因有事回家，侯同樂子與劉成娃行至中途，坐地歇息。劉成娃以伊母已經知曉給過銀一百兩，用盡不肯再給，無錢償還。向侯同樂子央緩不允，聲言並非正經錢債，因何如此逼討；並稱從前給過嫖錢，欲行扣除。侯同樂子不依，致相爭鬧。劉成娃取土塊向擲跑走，侯同樂子尾追至坡，劉成娃失跌倒地。該犯趕上騎壓身上，劉成娃因兩手壓在身下，不能掙扎，仰頭辱罵。侯同樂子一手按住其肩甲，一手揪住其腦後，逼令認還。劉成娃因被揿按，致浮土閉住口鼻，不能回答。侯同樂子用力按住，連問不應，起身查看，業已氣閉身死。該犯畏懼，起意裝作落崖情形，將屍背起因坡路斜陡，失足跌倒，致屍身滚跌落溝。該犯拾磁片自行劃傷，回家捏稱被劉成娃毆傷，囑堂兄侯雙愷投報。旋經屍母張氏找獲屍身，報縣驗訊，作作誤報服毒斃命。該犯堅不吐實，旋復供劉成娃係被伊踢傷小腹身死。經縣詳委檢明屍骨，究出實情。該撫將該犯依鬬殺律擬絞監候，聲明該犯窩頓流娼，引誘嫖宿，設法訛詐，勒寫借約，因訛錢未遂，將劉成娃揿按斃命。復屢次狡供，以致久稽顯戮，屍遭蒸檢，情節凶惡，應請立決等因，具題。臣部檢閱供招，詳核情節，侯同樂子與楊攀壽等包娼賣姦，始則引誘劉成娃嫖宿。甫經數日，已得錢三十餘千文。該犯等自必窺其家道充裕，知其懦弱可欺，因而串結娼婦誘姦嚇詐。劉成娃若非畏凶無奈，何肯聽寫借約？若非被逼難堪，何敢公然告知伊母？現據屍母供稱，曾給伊

子元寶兩錠，囑償嫖欠。而該犯等則稱劉成娃止還錢二十千文，其餘銀八十兩尚無著落。劉成娃自伊母給銀至被殺時，不過相距十餘日，何至另用銀至八十兩之多，若非劉成娃已將銀兩全還，該犯等復向訛詐爭毆致斃。卽係該犯等見其有銀不給，商同圖財謀命。所稱劉成娃告以伊母給過銀兩，用盡不肯再給之言，顯係事後捏詞掩飾。且該犯等既已勒寫百金借約，僅收錢二十千文，自必不時逼索。焉有越十餘日，待至途遇始向討要之理？如果劉成娃無錢償還，何以指村名囑令同往取錢，直至中途始向回覆？情詞更屬支離。至劉成娃被追失跌，勢必兩手前撲，不應壓在身下，何以一經該犯騎壓，竟至手足不能展動？該犯若無心致死，何敢復以一手按其肩甲，一手搇其腦後，直至連問不應。始行釋手？其時又恰至傍晚時候，無人處所，若該犯祗係逼令還錢，斷不致下手如此之凶狠。楊攀壽既已幫同訛詐，何以於途遇索錢時，反稱有事回家，並不偕往？所供殊難憑信。卽聽從出名立約之王守，先亦難保無串謀分贓情事。似此窩娼誘姦，串詐勒索，得財斃命，凶惡已極。卽應照惡棍勒寫借約、嚇詐取財、因詐財不遂竟行毆斃例，擬以斬決。該撫率據各犯避就之詞，將侯同樂子依鬬殺律擬絞監候。聲請卽行處決，名爲加重，實則輕縱。而於串謀濟惡之楊攀壽等，任其扶同狡卸，又不按例鞫辦，何以戢凶暴而安善良？情節既多衆竇，罪名更關出入，應令另行研鞫實情，按例妥擬。嘉慶十九年說帖

（清）李馥堂《兩歧成案新編》卷一一《子殺父而母容隱》　江蘇司

嘉慶二十五年奏：郭楊氏平素溺愛其子郭春年，以致郭春年乖張游蕩，入於匪僻。迨至謀死其父，釀成巨案。該氏事後查知，猶不卽時據實報官，復又扶同庇縱，任聽捏報，幾致郭春年倖逃寸磔。應比照故縱，與囚同罪至死減等律，杖一百流三千里。該犯婦昧大義而縱惡逆，不准收贖，應寔發駐防爲奴。郭春年之妻馬氏事後知情，應於郭楊氏罪上減一等，擬徒收贖。郭添德事後知情，被脅幫同棄屍，應照棄屍爲從律滿徒，不失屍減一等，徒二年半罪上量加一等，杖一百徒三年。施德沅事後查知寔情，並不首告，應照知人謀害他人不卽首告律，亦量加爲杖六十、徒一年。地保秦任稟報遲延，應照不應重杖。

（清）祝慶祺《刑案匯覽》卷一八《刑律賊盜・親屬相盜》　廣東撫咨：張四財勒死大功堂弟張開言一案，前將張四財依故殺同堂大功弟律，擬絞監候。審題聽候部覆在案。茲查嘉慶十六年，本省審辦鄧杜氏因夫之緦麻服姪孫鄧建則偷竊伊家布被，邀同夫弟鄧其祿等將鄧建則捆縛共毆，鄧杜氏下手傷重致死。原擬將鄧杜氏照擅殺罪人律，擬絞監候。奉部以鄧建則係鄧杜氏有服卑幼，應照律以服制科斷，將鄧杜氏改依妻毆傷卑屬，與夫毆同至死者，絞監候律，擬絞監候等因。遵照在案，是卑幼行竊，被有服尊長致死，應仍按服制科罪，不能援引擅殺之條。業經奉部駁改有案，實屬確有依據，惟現在奉准山東巡撫咨，解韓奇毆傷小功堂弟韓錦身死，並楊五柱等搶奪韓奇家牛馬案內，賊犯劉嗎小一名赴□安置。查核審辦原咨該犯韓奇因小功堂弟韓錦糾搶伊家牛馬，致被該犯毆傷身死，將該犯韓奇審依罪人，已就拘執而擅殺以鬬殺論，尊長毆小功卑幼至死律，擬絞監候。奉部照擬核覆，是親屬相盜，被尊長殺死，現既有援照擅殺定擬之新案，則前辦張四財一犯應請改照罪人已就拘執而擅殺，以鬬殺論；毆殺同堂大功弟律，杖一百流三千里等因。查律載：各居親屬相盜財物者，有殺傷者，各以殺傷尊長卑幼論；又毆同堂大功弟、故殺者，絞監候，各等語。是各居親屬相盜、尊長與卑幼互有殺傷律，應各按服制以殺傷尊長卑幼本律科斷。誠以各居親屬，雖不同財，而誼屬親。親故不與凡人殺傷竊賊者並論，律義至爲明晰。此案張四財因各居大功堂弟張開言行竊伊家財物，將張開言有心勒斃。先據該撫將張四財依故殺同堂大功弟律擬絞監候具題。本部查核與律相符，正在核題間。今據該撫以接准山東省解配軍犯案內，韓奇毆傷搶奪伊家牛馬之小功服弟韓錦身死，係照擅殺定擬。請將張四財改擬滿流咨部。本部查各居親屬相盜，如尊長行竊卑幼財物，被卑幼殺傷；或卑幼行竊尊長財物被尊長殺傷律，應各按服制以殺傷尊長卑幼本律科斷，與平人殺傷竊賊應照擅殺傷定擬者不同。至親屬無搶奪之文，比依恐嚇取財科斷，以卑犯尊，計贓准竊盜論加一等；以尊犯卑，依親屬相盜論，其互有殺傷律內雖無各按服制定擬明文，但尊長搶奪卑幼財物，既依親屬相盜，若有殺傷，自應依親屬相盜殺傷之律，以服制問擬。以彼證此，則卑幼搶奪尊長財物、若有殺傷，自亦應以服制科斷，不照凡人擅殺定擬明矣。檢查歷年辦過成案，凡有服卑幼行竊尊長財物，被尊長致斃，均係照服制科斷，不照擅殺定擬。其山東韓奇之案，前

據該省將韓奇依罪人已就拘執而擅殺，以鬬殺論，尊長毆小功卑幼至死律，擬絞監候等因，具題。本部以該省所引擅殺以鬬殺論之律，與毆死小功卑幼之例同一擬絞罪名，無關出入，是以未經更正，照擬題覆。究非通行定例，不應援以爲據。除將張四財仍照該撫原擬絞候，另行題覆外，其咨請改照擅殺擬流之處，應毋庸議。再該省既經誤會，相應通行各省。嗣後各居親屬相盜，如尊長搶竊卑幼財物，被卑幼殺傷，或卑幼搶竊尊長財物，被尊長殺傷者，均各按服制以殺傷尊長卑幼本律論罪，不得照平人以擅殺傷科斷。道光三年説帖。

（清）祝慶祺《刑案匯覽》卷八《刑律人命·殺一家三人》 川督題：任思棟殺死穆王氏、任二姑一家二命。查任二姑係穆王氏童養子媳，名分已定，即屬一家，惟任二姑係任思棟期親姪女，出嫁降服大功。例無殺死一家二命，一係平人，一係大功，卑幼治罪專條，該督比依致死一家二命，係一故一鬬例，擬斬立決。擬罪雖爲允當，援引究屬未協。任思棟應比照殺一家非死罪二人斬梟例，擬斬立決，免其梟示。仍酌斷財産一半給被殺之家養贍。道光七年案。

廣東撫題：何區氏因伊夫何僖交、胞弟何俟文之妻何李氏將伊斥毆，心懷忿恨，起意將其毒斃。隨買備砒末，攙入粥内，以致何李氏及何俟文一並受毒身死。例無謀殺夫弟婦而誤殺夫弟致死一家二命治罪明文，將何區氏比照誤殺人而誤殺其人之父母妻子一家二命，仍照誤殺旁人一家二命例，擬斬立決。道光八年案。

楚雄彝族文化研究所《武定土司檔案·黄廷琮訴為縷陳謀殺懇恩電鑒以憑提訊事》 具訴騰越廳文生黄廷琮訴爲縷陳謀殺懇恩電鑒以憑提訊事。情，生於二十八日赴轅復控何自溰謀殺生父，本廳廣主捏詳跌磕自戕一案，蒙批永昌府速飭該廳勒限半月内審明等語，生奉批之下何敢砌詞妄瀆，但前已奉批二次，並未蒙恩訊結，兹復批回諒既迴護必不肯秉公於後。業已歸報投奔青天，誓不復歸黑闇。今蒙自縣管押，縣主當堂令生出具，如虚反坐甘結呈投案下核辦。可憐生父冤屈未伸，生身又遭縲紲，經今半月有餘，是非猶尚未得，不再爲據實訴明，陳此疑竇哭思生父被何自溰謀殺，實憑實證歷有可指。一則衣無刀眼刀傷正刺心窩，旁刺胸脅，明明赤身受害。何自溰着掩衣遮掩謀殺一證也。一則咽喉三傷無血，死後受傷謀殺之二證也。一則頂心重傷如係跌磕別處，必撞破傷痕何以前後左右並無一傷，獨跌頂心正處，謀殺三證也。一則跌磕自戕之傷止一傷，受傷之後不能復戕。今生父現有致命八傷，謀殺四證也。一則伊僕趕生時滿手血迹，主僕同殺謀殺五證也。一則趕生之時既有刀傷，自應對生説明，乃伊只詭言跌撲，並不敢言刀傷，隱匿傷痕乃六證也。一則若果自戕，則刀必開，手必捏緊，何以刀又不開，手指又是長伸。何自溰詭計置刀屍手，忙中忘却情節不符，謀殺七證也。一則趕生到時，伊猶代生作稟，誣告楊姓是欲嫁禍他人，脱己罪惡，謀殺八證也。一則別有凶手未必知律，何自溰素爲訟棍頗熟命律，今以生父之刀掩謀殺之惡，熟律舉動謀殺九證也。一則伊言下樓撲地上，下樓板一路應有血迹，及血迹只在滿鋪，其餘並無一點，謀殺十證也。一則若果下樓跌傷人已死在地，又焉能上樓索刀自戕。伊供不稱簍後跌傷而稱跌後自戕，自相矛盾，謀殺十一證。一則詐用請帖劫生父到伊家，云有要話一叙，生父初四早晨曾到伊家云，晚上來叙，夫白日不叙，必訂於黑夜，屢次相請，謀殺十二證也。生父初五晚上同黄廷瓚到伊家時三更時，自溰將廷瓚使回歸，獨留生父歇宿，廷瓚來後又用酒灌生父秉醉刺殺，謀殺十三證也。自此而後猶有段象海與何自溰村寨相離較生實遠數里，霎時間先後齊到，捏供餘氣未盡，定有情弊，王喬壽冒應田主，初五夜與生父拍桌相鬧，駡到生父還能有幾天勢力。即此一語顯有害命凶情，謀殺十四證也。且馬大顯以伊威風爲訟師向伊赴求詞狀早去容有此情，至於李榮，生猶親與他面會，何自溰膽敢捏供早去如此包庇，謀殺十五證也。有十五證據若嚴刑一訊，瞭如指掌。倘以生父與伊聯親，謂其不忍謀殺，是以君子之心測小人之（服）〔腹〕也。生負屈含冤，據實縷訴，伏乞鑒察，賞準親提來省，按律究治。則信讞立成。如生所控有虚，願甘反坐之罪。所控是實，應將何自溰擬抵，倘再批回，何自溰有錢有勢，沿途埋伏多人定要將生中途謀害。生固有死無生，即復批仰迤西巡憲，生亦撞死於轅前矣。爲此哀哀上訴欽命臬憲大人閣前電照施行。

道光九年四月十八日　訴

（清）祝慶祺《刑案匯覽》卷八《刑律人命·殺一家三人》 川督奏：黄大珩殺死緦麻服叔黄元寬、緦麻服兄黄大猷並其子黄道高。三有大黄元寬係該犯緦麻服叔，黄大猷係緦麻服兄，黄道高係無服族姪。黄元

寬與黃大猷雖亦緦麻叔姪，而與黃大珩並無親疏之別；且黃道高與黃元寬並無服制，自不得以一家三命論。惟黃道高係黃大猷之子，係一家二命。例無專條，將黃大珩除故殺緦麻服叔，罪止擬斬不外，比依謀故殺緦麻尊長一家二命例，擬斬立決梟示。道光十一年案。

（清）祝慶祺《刑案匯覽》卷八《刑律人命·殺一家三人》　北撫題：余立文謀殺小功兄妻余李氏身死，並令余易選等將李氏之子余沅幅、余年妍一並致斃。一係小功兄妻，應同凡論；兩係緦麻服姪，比照殺死一家三命，分均卑幼，內有一人按服制律應同凡論者斬，梟例斬決、梟示。余易選僅止聽從加功謀殺二命，仍從一科斷，擬絞監候。道光十二年案。

川督題：張懷玉同弟張懷柱向姊夫王仁秀借貸，王仁秀以伊姊已死，親戚繼絕，不允借給。張懷玉商同張懷柱將王仁秀致死，取其包裹衣物，並將其女王寅女王二女致死滅口。張懷玉應比照外姻尊長謀財殺小功卑幼一家三人例，凌遲處死。業已自盡，仍剉屍梟示。張懷柱照殺一家非死罪三人爲從加功律，擬斬立決。道光十三年案。

（清）祝慶祺《刑案匯覽》卷八《刑律人命·殺一家三人》　貴撫題：張楊剛聽從梁聞仲，轉糾張經山等五人，致張經山等共毆致斃田仲等一家三命，將張楊剛比照糾衆互毆致斃二三命案內，如有輾轉糾人數至五人以上者，無論曾否傷人，卽照原謀擬流例，杖一百，流三千里。道光十四年案。

（清）李星沅《李文恭公奏議》卷八《審擬謀故殺期親兄嫂二命人犯摺子》　奏爲審明謀故殺期親兄嫂二命人犯，按律定擬恭摺奏祈聖鑒事。竊照署咸陽縣知縣凌樹棠具報，民人解長青砍傷胞兄解長春竝嫂解邊氏，均各身死一案。當經臣以情罪重大，批司轉飭押帶犯證至省審辦。茲據委員西安府知府李希曾督同該署縣審擬，由署臬司崇綸勘解前來，臣隨提犯親鞫。緣解長青籍隸咸陽縣，弟兄四人，已死解長春居長，次解長秋，三卽該犯解長青，四解凝凝子，邊氏係解長春之妻。道光十五年正月，解長春因家貧人衆逼逐解長秋等各自出外乞食。解長青遂赴口外傭趁，次年積得工銀二兩寄伊父解發武用度，時解發武已於先年十月病故，解長春不以實告，仍作伊父口氣覆信，竝令陸續寄貲養贍，解長青信實，隨時措寄銀三五兩不等。二十四年冬間，解長青因父年老回籍省視，二十五年正月抵家始知父故。解長秋外出無蹤，解凝凝子經伊母舅收留傭工，一家星散，原向抱怨解長春轉以父故殯葬致欠外債，將解長青餘銀十兩搜出竝所帶回馬二匹賣錢花銷。解長青無奈隱忍，適鄰人劉全恒向索解發武在日舊借典當衣服，解長青無力認賠，投同緦麻服叔解發瑞族鄰解世發與解長春計較，解長春嚷駡欲毆，邊氏復幫同潑鬧，解發瑞等處令兩人隨後各半認還。解長春從此嗔恨，常向解長青斥駡，不許在家居住，竝囑邊氏弗與飯食，邊氏遂亦借事指駡。三月間，解長青因被兄嫂欺壓難堪，移居村外空廟，擬於七月十七日仍赴口外覓工。十五日下午，解長春聞知，恐解長青走後，劉全恒向其全索衣價，喚同往催，解長青央緩，劉全恒不允爭吵。解長春復在場嚷逼，經解發瑞趨勸始散。解長青因被逼鬧憶及解長春先逐弟輩乞食，父死又不令伊奔喪，假捏父書誆寄銀兩使用，今又奪伊餘銀馬匹，不容在家食宿，種種很毒無情，一時忿恨，起意將其致死。是夜三更時分攜帶沿途防身腰刀，前往喚開大門進院，解長春查問，解長青拔刀連砍致傷解長春偏左偏右，聲喊倒地亂滾，解長青又砍其左肩甲、左肋右臂膊，右手腕、左手臂竝戳傷心坎肚腹刀尖帶傷胸膛。邊氏聞喊執持木楸趕出撲打，解長青觸起邊氏素行潑悍，待伊刻薄，起意一併殺害洩忿。卽用腰刀格落木楸，左手揪住頭髮摔樸撲地上，砍傷腦後相連左耳根髮際項頸。維時解長春之子解印娃驚起瞥見，跑出門外喊救，解世發、解發瑞俱各在院乘涼，聽聞趨至喝阻。查看解長春、邊氏均已因傷殞命。向解長青詢悉情由，報縣驗訊，通詳批飭解省委員督同審擬由司勘轉親提研鞫。據供前情不諱，反覆嚴詰，委無起衅別故及同謀加功之人。供證確鑿，案無遁飾。查律載謀殺期親尊長已殺者凌遲處死等語。此案解長青因伊兄解長春屢次欺壓，心懷忿恨，起意黃夜喚門進院，用刀亂砍致死實屬謀迹顯著。竝挾伊嫂邊氏相待刻薄之嫌，復臨時揪跌砍傷致斃，死係夫妻二命，應以一家論斷，惟該犯謀殺期服胞兄罪至凌遲，自應按服制從重問擬。解長青除故殺兄妻同凡論，罪止斬候不議外，合依謀殺期親尊長已殺者凌遲處死律，凌遲處死，仍照例梟示。查明斷付財產，劉全恒聽從解長春逼索吵鬧，致釀滅倫重案，應照不應重律杖八十，著加枷號一箇月，滿日折責發落。解發瑞、解世發勸處解長青分認欠項，係圖息事起見，應與力難勸

阻之屍子解印娃均予免議。解長春侵奪解長青銀兩馬匹，身死免追，無干省釋屍棺飭屬領埋，兇器腰刀案結銷燬。除全案供招咨部外，所有審明定擬緣由，理合循例恭摺具奏。伏乞皇上聖鑒，敕部核覆施行。

中國第一歷史檔案館《咸豐同治兩朝上諭檔》咸豐元年八月十七日　上諭刑部等衙門具題，湖北民人李雄詳因姦謀殺本夫一案，將姦婦喻李氏比照不知情絞候律上減等杖流，從重實發駐防爲奴。此案本係刑部以供情文離題駁覆審，該撫於覆審後仍照原擬具題，經該部核准詳閱本内情節，喻李氏與李雄詳通姦，其夫喻卜城縱姦在先，嗣因口角有欲將李雄詳捕獲殺害之言，喻李氏輒向姦夫告知，已有背棄其夫之心。迨李雄詳起意謀殺，既商明該氏之兄爲之加功，該氏豈毫不知情。且該氏是日何以適值外出，及回家見屍哭問，被姦夫嚇阻，即不首告。是夜仍與李雄詳續姦更出情理之外，案關倫紀必當細心研鞫，方成信讞。此案疑竇甚多，著龔裕親提人證卷宗，再行覆訊，務得確情定擬具奏。毋得稍存迴護，致滋輕縱。欽此。

《紫藤館雜録》卷五　國朝陝西某縣，民有利姪之富者，醉而拉殺之。其長男與妻相惡，欲借姦名並除之。乃操刀入室，斬婦頭並取姪首以報官。時知縣尹見心方於二十里外迎上官，聞報時夜已三鼓。見心從燈下視其首，一首皮肉上縮，一首不然。即詰之曰：兩人是一時殺否？答曰：然。曰：婦有子女否？曰：有一女。方數歲，見心曰：汝且寄獄，俟明日鞫之。別發一票，取其女來，攜入衙内，以菓食之，好言細問，得其醉殺各情。遂以民父子抵罪。

（清）卞寶第《卞制軍政書》卷四《籤福臬司》　據該司審解長汀縣客民劉年發仔等聽從在逃病故之彭沅潰謀殺彭貫陰生身死等情一案。人招到院查汀州府原招係挾嫌貪賄謀命，犯供鑿鑿，情罪相符。迨由司委審改供，彭沅潰初無謀害之心，因彭貫陰生聲言到官誣扳，並拔刀向其亂戳，始行起意致死，商允劉年發仔等幫同下手等語。核與府縣原招迥異，其被刀亂戳時自必抵禦不遑，何暇商量應允始行攏扭刀情節，若謀若故又若主使毆打均在疑似之間，蓋爲劉年發仔力圖緩決起見，以致變換供招，種種扭捏，支離照轉，恐干部詰，合行籤飭籤到該司迅再督飭福州府提犯研究明確，另録切供妥擬解辦，毋延此籤。

（清）王彦威《清季外交史料》卷四《滇督岑毓英奏拿獲凶殺英官案犯並贓物摺》　雲貴總督岑毓英等奏，爲拿獲刧殺英國繙譯官馬嘉理案内凶犯，並追出贓物，聽候審辦事。竊臣前據署騰越同知吴啓亮稟稱：署提督楊玉科派參將李珍國等，帶兵查拿劫殺馬嘉理案内凶犯，已拿獲九名，追出贓物數件。當經臣於七月二十八日具奏在案，嗣據吴啓亮稟稱，前拿獲凶犯九名，訊明均係野人，内有六濫幹阿用二名先帶重傷已在監病故，尚存而通凹、而排臘、而樣雙、施奶、六濫當、而排、幹阿弄共七名，仍監禁廳獄。據供，此案凶犯首從共計二十三人，除已拿獲九名暨前被官兵格殺二名外，尚有爾同巴等十二犯在逃未獲，擬拿獲一併起解。並準署提督楊玉科咨呈，探聞該犯等聚在户宋山後之雲巖硐，山深林密，路徑崎嶇，難於搜捕。復加派署騰越鎮總兵蔣宗漢酌帶練軍，督同參將李珍國、干厓土司刁盈廷等前往查拿。據報於八月初二日行抵雲巖硐山，該犯等膽敢拒捕，傷斃補用千總郭珠寶及兵丁二名。蔣宗漢親督官兵，四面圍攻，並挑派奮勇弁兵，於初三日黎明乘其防守稍懈，攀籐附葛而上，破入巖硐，匪等紛紛墜巖而逃。當時格斃四名，生擒爾同巴等八名，搜出馬嘉理騎馬二匹暨零星贓物四十餘件，解至騰越廳。城署提督已督催署騰越同知吴啓亮、參將李珍國同派往守催之署永昌、協副將和耀曾將前後拿獲凶犯共計十五名及馬匹贓物親身押解，於八月十九日自騰越起程，來省候訊等情，並據蔣宗漢、吴啓亮稟報前來，臣查騰越距省一千七百餘里，和耀曾同吴啓亮、李珍國等押解贓犯，按站行走，於九月中旬定可到省。現探聞欽差湖廣督臣李瀚章已入黔境，約計九月下旬亦可抵滇。俟到時審訊明確，分別首從，應如何辦理，再詳細具奏，不敢稍涉含混。謹奏。光緒元年九月二十四日。

《光緒朝黑龍江將軍奏稿·程德全奏審擬殺死三命人犯摺光緒三十三年五月二十六日》　審明偷草起衅殺死一家三命人犯按律定擬，恭摺仰祈聖鑒事。竊查青岡縣民人于得水，因偷草被獲，起衅用錛子謀砍李永貴一家三命身死一案。前據試署該縣海昌驗報，當因此案情罪重大，批飭提省審辦。去後嗣據接署該縣知縣崇桂遵批押解犯證至省，發道督同裁判處委員訊明録供，仍由分巡道兼按察使銜秋桐豫覆審定擬，解勘前來。臣親提研鞫，録于得水籍隸青岡縣，務農爲業，與已死李永貴同堡居住，因求買騾

子未允夙有嫌隙。光緒三十二年九月初十日午後，于得水邀其胞兄于三羣子趕駕車馬，偷拉李永貴家所打羊草，正裝運間爲李永貴之工人李成、鄭文長、田義德瞥見，當將于得水等並車馬均攔至李永貴家扣留。時值傍晚，于得水懇求回家，浼人說情，李永貴亦即允許，留于三羣子在家存住，于得水獨自回歸，因念車馬既被扣留，如邀人往說恐失顔面，一時氣極起意將李永貴殺死洩忿。至十一日天明時于得水携帶錛子行至李永貴家，時屋門已開，走進西屋見李永貴手抱女孩坐在南炕，又一女孩同坐南炕之首。于得水查問于三羣子何處存住，李永貴不答。于得水乘其不備，即用錛子向李永貴頭顱連砍兩下，致砍傷其頂心偏左相連左太陽耳根並顋門等處，又砍傷李永貴之女大黑小黑耳根腦後各處，李永貴與其二女均立時斃命。于得水復奔東屋覓其妻子，李永貴之子李景峯聞聲出屋，見于得水手持錛子，出外躲避。李永貴之妻李盧氏亦將房門緊閉，適值工人李成挑水回家，順用扁擔向于得水抵格，而于三羣子正在後院喂馬，聞嚷趨至，將李成扁擔奪住，于得水乘間逃跑。嗣經李成將于三羣子拴住，連同車馬報縣。于得水亦被捕盜營勇拿獲，送經該前署縣海昌勘驗稟報批飭提省因犯供翻易未及訊明卸事。崇桂到任傳證提犯，訊供通詳解省，發道督同裁判處訊取確供。仍由道覆審定擬解勘。臣提犯親鞫，據供前情不諱，案無遁飾，查律載殺一家非死罪三人者，凌遲處死。財産斷付死者之家。又例載一家三命兇犯審明後依律定罪，一面奏聞，一面恭請王命先行正法各等語。此案于得水因與其兄于三羣子偷拉李永貴家羊草，致被連同車馬扣留，獨自起意謀殺致用錛子將李永貴並其女孩二口，一家三命併行殺死，實屬兇殘已極，自應按律問擬。于得水合依殺一家非死罪三人者凌遲處死律，擬以凌遲，遵照新章改擬斬決。業經臣於四月二十四日審明後遵例恭請王命，當飭黑水廳同知鄭國華，管帶趙玉良即於是日將該犯于得水綁赴市曹先行正法。查該犯貧無財産，無從酌斷，于三羣子訊無同謀加功情事，惟同竊羊草致釀重案，應照不應重律，杖八十，照章罰金完結。起獲車馬給屍子李景峯具領，無干省釋屍棺飭埋，兇器錛子案結銷毁。除將供招咨部外，所有此案審明定擬緣由是否允協，理合恭摺具陳。

《各省審判廳判牘》第二編《判詞類·故殺保定地方審判廳案》 緣鄭黑子籍隸清苑縣，莊農度日。與已死王升兒素不認識。光緒三十四年三月十八日下午時分，鄭黑子在省城南關外劉守廟會上雇得王升兒脚驢一頭，言明銅元二十枚，送往鄭家莊家中。鄭黑子騎驢在前行走，王升兒在後跟隨，行至縣屬郎家莊村南道上，王升兒用鞭將驢一打，驢頭往前驚跑，鄭黑子收拉不住，致由驢上跌下，並未成傷。鄭黑子因被跌氣忿，聲言不再騎坐，亦不給錢，即站起欲走，王升兒攔住討錢，不肯放行。鄭黑子轉身急走，王升兒趕上將其髮辮揪住，鄭黑子情急，回身將王升兒扭住，合面揪按倒地，致將其額顱近右左右腮頰擦傷。王升兒牽及鄭黑子祖先辱罵，鄭黑子復用手將其咽喉近下等處掐傷，王升兒愈加混罵，併稱回家告知伊父，定到鄭黑子村内找尋不依。鄭黑子因被辱罵，心中已經忿恨，又因其父鄭清穆平素嚴厲，恐王升兒找尋，被父知覺毆打，一時忿極，起意將其致死。即用雙膝跪壓王升兒身上，解下自己腰帶挽成結扣，套住王升兒脖項，一手揪住腦後，一手執住帶套結頭，向上提勒，王升兒氣絶殞命。鄭黑子歇手走起，因見驢頭在地吃食麥苗，乘便牽拉回家，拴在屋後樹上。其父鄭清穆瞥見驢頭，向鄭黑子究問，鄭黑子用言支吾，鄭清穆追問緊急，鄭黑子料難隱瞞，即向告知實情，鄭清穆害怕，欲將鄭黑子毆打，鄭黑子跪地求饒，鄭清穆亦即歇手。當夜將驢殺死，擡往空地掩埋滅迹。次日經查道巡警瞥見屍首，禀由警務局轉禀清苑縣黄令國瑄詣驗，即據屍父王永慶當場認明，喊控驗訊差緝，鄭清穆因聞拿緊急，不敢容隱，即將鄭黑子送經黄令訊供，通禀覆訊，犯供忽認忽翻，未及詳辦，與代理縣章令乃身先後卸事。吕令調元到任接交，適省城各級審判廳成立，照依法令，將犯卷匯案移送地方檢察廳起訴前來，當即提犯預審，據供前情不諱，旋經開庭公判覆詰，犯供不移，案無遁飾，應即判决。

援據法律某條及理由：查現行律載：故殺者絞監候等語。此案鄭黑子價雇王升兒驢頭騎坐回家，行至中途，因驢頭驚跑，將該犯跌下，該犯忿恨，聲稱不給錢文，站起欲走，王升兒攔住討錢，彼此爭毆，該犯將王升兒揪按倒地，因其牽罵祖先，並稱回家告知伊父尋找不依，輒敢頓起殺機，用腰帶將王升兒勒死，實屬故殺。查該犯牽驢回家，係事後乘便攫取，初無圖財之心，應仍按本律問擬，鄭黑子合依故殺者絞監候律，擬絞監候，秋後處决。事犯雖在光緒三十四年十一月初九日恭逢恩詔以前，係故殺擬絞，在部議條款不準援免之列，應不準其援免。犯父鄭清穆於鄭黑

子牽驢回家後，既詢知情由，並不即時報案，輒將驢頭殺死，掩埋滅迹，本有不合，惟父子律得容隱，其殺驢滅迹仍爲容隱起見，迨後聞拿緊急，即將鄭黑子送案究辦，尚有畏法之心，且事在赦前，應請毋庸置議。至被殺驢頭業由清苑縣追賠京錢六十吊，給主具領，亦毋庸議。屍棺由檢察廳飭屬領埋，兇帶存庫備照。此判。

《各省審判廳判牘》第二編《判詞類·妻謀殺夫及聽從謀殺女婿嚇逼己子加功保定地方審判廳案》 緣藍劉氏、劉善紀均隸清苑縣。劉善紀莊農度日，藍劉氏係劉善紀出嫁胞姊。已死藍成兒係藍劉氏之夫，平日夫婦和睦，生有子女。在保病故之劉心丑係藍劉氏之父，藍成兒本住縣屬傅家營，後因與伊弟藍孝兒分家，即同藍劉氏搬至縣屬南辛力莊劉心丑家，居住已有十餘年。藍成兒賣油營生，在該莊置有旱地八畝半，園地八分。光緒三十三年七月間，藍成兒因喪子哀痛情切，忽患瘋迷病症，屢治罔效，花錢不少，嗣藍劉氏因藍成兒瘋病日久未愈，成爲廢人，恐將田地花盡，難以度日，起意將藍成兒致死，帶產改嫁。暗向伊父劉心丑商量，並邀幫助，劉心丑不允，將藍劉氏訓斥，藍劉氏許以事後願將田地一半歸劉心丑管業，劉心丑貪利允從，約定乘便下手。至是年十二月十一日夜二更時分，藍劉氏見藍成兒在炕睡熟，出向劉心丑告知，邀令動手，劉心丑因恐年老無力，當喚同伊子劉善紀告知謀情，令其同去幫助，劉善紀不允，劉心丑逼令劉善紀同入藍劉氏屋內，藍劉氏順取菜刀上炕，騎坐藍成兒身上，用刀將藍成兒額顱砍傷，藍成兒喊嚷，藍劉氏又將其偏右囟門、左額角連砍致傷，因手軟將刀遞交劉善紀，囑令再砍，劉善紀害怕，不肯動手，劉心丑在旁，即以如不下手定行一并殺死之言向劉善紀嚇逼，劉善紀被逼無奈，即用刀將藍成兒頂心右額角連砍致傷，藍成兒當即殞命。維時藍劉氏之幼女藍喚女與藍成兒同炕睡宿，被喊驚醒，均屬親見。藍劉氏起意棄屍滅迹，劉心丑應允，藍劉氏即出屋將毗鄰居住之族弟劉蘭柱、劉啞叭、劉蘭香喚出，告知前情，央求擡屍，並許日後酬謝，囑勿聲張。劉蘭柱等貪利允從，一同走入藍劉氏屋內，與劉善紀將藍成兒屍身擡往望都縣柳陀村外擲入井中，各自回家。次日，藍劉氏揚言藍成兒半夜因瘋跑出，不知去向，假托人四出找尋，並給藍孝兒送信，藍孝兒前往查看，見南辛力莊外道上遺有血迹，心中疑惑，各處查找，並無下落。至三十四年二月間，經人在該井瞥見屍身，報經望都縣往驗，藍孝兒前往認明屍身，向藍劉氏盤出情由，赴清苑縣報經黄令國瑄，會同望都縣胡令壽蘭驗訊獲犯通稟。嗣據報劉心丑在押患病，取保調治，旋據報在保病故。經黄令驗訊詳報，未及詳辦，與代理縣章令乃身先後卸事，現署縣吕令調元到任接交，適省城各級審判廳成立，照依法令，將犯卷匯案移送保定府地方檢察廳起訴到廳。當即提犯豫審，據供前情不諱，旋經開庭公判，覆詰犯供不移，應即判決。

援據法律某條及理由： 除聽從謀殺女婿嚇逼伊子加功罪應擬絞之劉心丑業已在保病故，應毋庸議外。查現行律載：妻謀殺夫者，斬。又：謀殺人從而加功者，絞監候。又例載：毆故殺人案内兇犯起意棄屍水中，其聽從擡棄之人，無論在場有無傷人，俱照棄屍爲從律，徒三年，不失屍減一等各等語。此案藍劉氏因伊夫藍成兒瘋病，屢治未愈成爲廢人，恐將田地花盡，難以度日，輒敢起意將藍成兒致死，帶產改嫁，商同伊父劉心丑幫助，劉心丑嚇逼伊子劉善紀與藍劉氏先後用菜刀將藍成兒砍傷身死，棄屍不失，自應按律問擬。藍劉氏除棄屍不失爲首輕罪不議外，合依妻謀殺夫者斬律，擬斬立決。劉善紀聽從謀命，係被伊父劉心丑嚇逼所致，惟既下手加功，法無可原。查已死藍成兒係該犯姊夫，並無服制，該犯與劉心丑雖係一家共犯，第既侵損於人，應照凡人首從科斷，劉善紀除棄屍不失爲從輕罪不議外，合依謀殺人從而加功者絞監候律，擬絞監候。該犯等事犯雖均在光緒三十四年十一月初九日恭逢恩詔以前，並藍劉氏復逢宣統元年十一月初四日查辦婦女恩詔。惟藍劉氏係妻謀殺夫擬斬，劉善紀係謀殺人從而加功擬絞，均在部議條款不準援免之列，應不準其援免。第劉善紀究係被逼勉從，並無貪賄挾嫌重情，應照章酌入秋審緩決。劉蘭柱於藍劉氏等殺人後，貪利聽從，擡屍棄置井中，例無謀殺人案内棄屍爲從作何治罪明文，自應按照毆故殺人案内棄屍爲從例問擬，劉蘭柱合依毆故殺人案内兇犯起意棄屍水中，其聽從擡棄之人，無論在場有無傷人，俱照棄屍爲從律，徒三年，不失屍減一等例，擬徒二年半，事在赦前，應準援免，後再有犯，加一等治罪。藍成兒所遺田產由伊弟藍孝兒領回收管，爲藍成兒幼女輩養贍之資，無干省釋。屍棺飭屬領埋，兇器菜刀供棄免起。逸犯劉啞叭等棄屍爲從，罪止擬徒，事在赦前，均準援免，並免緝拿。至劉心

丑在保病故之處，既據清苑縣黃令驗訊明確，委因病劇，醫治不痊所致，並無別故，應毋庸議。此判。

《各省審判廳判牘》第二編《判詞類·因姦謀殺本夫燒屍滅迹雲南高等審判廳案》 爲判決事。案準高等檢察廳移，準提法司照送開化府招解文山縣犯婦王普氏因奸謀殺本夫王正興，燒屍滅迹，翻異原供一案。照章作爲第二審，請求公判等由到廳。訊據屍子王喬保供，年十二歲，已死的王正興是父親，獲案的王普氏是母親，父親不時出外貿易，隔壁住的姑夫傅芳常來家中與母親在一處調笑。宣統元年十二月初五夜，小的尚没睡着，父親先已睡熟，見母親手執砍柴鐵斧，在父親項頸砍了幾下，小的害怕聲喊，母親斥説，你敢再叫，連你殺死。小的不敢聲張，母親就喊傅芳來把屍身背往松山梁子地方燒毁。本月十五日，堂叔王三來尋父親，小的私將被母親殺害情形告知，堂叔就飭堂兄王忠林報團，把傅芳同母親拿獲解案的是實。姦婦王普氏供，文山縣人，年四十三歲，已死王正興的妻子，生有子女。在監病故的傅芳是丈夫的姊夫，住居隔壁，時常往來，小婦人見面不避。光緒三十二年不記月日，傅芳來家閑坐，適值丈夫出外貿易，乘間與小婦人調戲成姦，以後遇便續舊，不記次數，丈夫均不知情。小婦人戀姦情密，因傅芳之妻早已病故，起意把丈夫謀死，嫁與傅芳爲妻。向傅芳商議，傅芳應允，約定得便下手。宣統元年十二月初五夜，乘丈夫睡熟，小婦人持砍柴鐵斧，走向項頸砍了幾下，當就身死，兒子王喬保看見驚喊，小婦人禁勿聲張，隨喊同傅芳將屍身背往松山梁子地方燒毁，將骨灰倒棄溝内，轉回各散。本月十五日，夫堂弟王三來家尋找丈夫未遇，不料兒子私向王三説出殺害情事，王三就飭堂侄王忠林投團，把小婦人同傅芳拿獲解案，報蒙勘驗，訊明招解到省。小婦人因傅芳業已在監病故，希圖脱罪，翻異原供，今蒙審訊，實因與傅芳通姦情密，起意商同傅芳謀殺本夫王正興身死，燒屍滅迹，委没起衅别故，也没另有同謀加功幫同毁屍的人，求恩典各等供。據此，緣王普氏籍隸文山縣，係已死王正興之妻，生有子女，王正興姊夫傅芳住居比鄰，時相往來，王普氏習見不避。光緒三十二年不記月日，傅芳至王正興家閑坐，適王正興外貿，乘間與王普氏調戲成姦，以後遇便續舊，王正興均不知情。王普氏戀姦情密，因傅芳之妻早已病故，起意殺死王正興，嫁與傅芳爲妻，旋向傅芳商允，約定遇便下手。宣統元年十二月初五夜，王普氏乘王正興睡熟，持斧砍傷王正興項頸，登時殞命，其子王喬保瞥見驚喊，王普氏禁勿聲張，隨喊同傅芳將屍背赴松山梁子地方燒毁，骨灰棄置溝内，轉回各散。是月十五日，王正興堂弟王三前來尋訪，經王喬保潛行告知，王三飭侄王忠林投團獲犯，報縣詣驗，訊明招解到院。王普氏以傅芳在監病故，希圖脱罪，翻異原供，由司照會高等檢察廳作爲第二審，移送到廳，詳加研鞫。據供前情不諱，詰無起衅别故，亦無另有同謀加功及幫同毁屍之人。查律載：妻因姦同謀，殺死親夫者，斬。姦夫，絞監候等語。此案王普氏因與傅芳通姦，起意商同姦夫謀殺本夫王正興身死，毁屍滅迹，實屬淫惡不法，自應按律問擬。王普氏除毁屍輕罪不議外，合依妻因姦同謀殺死親夫者斬律，擬斬立決。傅芳係王正興姊夫，例無服制，應同凡論。傅芳亦除毁屍輕罪不議外，合依妻因姦同謀殺死親夫者，姦夫絞監候律，擬絞監候，業已在監病故，應毋庸議，無干省釋。移由高等檢察廳查照執行。此判。

《各省審判廳判牘》第二編《判詞類·職官妻妾（至）〔指〕使家丁毆斃侍女南昌地方審判廳案》 緣鮑李氏係候選知州鮑恩波之妾，未有子女。於宣統二年與嫡子大吉、小二、家丁劉華江及隸身服役使女金鳳隨鮑恩波來江西，寓居棕帽巷。劉華江與金鳳素無嫌隙。金鳳年十一歲，性質愚拙，好吃懶惰，鮑李氏屢次責打。本年正月初三日，鮑恩波曾因金鳳過犯，薄施訓責，均未成傷。初四日，金鳳腹瀉，遺糞於褲，被鮑李氏看見，拾起木柴一根，毆傷金鳳右腿、右額角，金鳳跳脚咆哮，鮑李氏氣忿，喝令劉華江責打，劉華江接過木柴，連毆傷金鳳右手腕、右乳，金鳳站立不穩，側跌倒地，在石磡上磕傷偏左連左太陽左耳根，即經劉華江將金鳳扶起，詎金鳳傷重，延至初七日下午身死。鮑李氏害怕，即雇粗工胡壽貴買棺裝殮，送往德勝門外沙窩地方掩埋。後被巡警查悉，報由巡警道憲拘提劉華江，解送南昌地方檢察廳，提起公訴到廳，復由檢察廳督同檢驗吏周耀彩，傳同地保熊耀發、土工胡仁發、陳素青等帶往沙窩地方起出屍身，如法相驗，驗得金鳳屍身右額角、右乳及偏左連左太陽、左耳根有致命傷三處，右腿、右手腕有不致命傷兩處，委係生前受傷身死，填具屍格，移送前來，經本廳迭提劉華江研訊，始猶狡供，迨傳到鮑恩波、鮑李氏三面環質，始各供認前情不諱，核與屍格內所填傷痕相符，應即判決。

援據法律及理由： 查律載： 以威力制縛人及於私家拷打監禁因而致死者絞監候。以威力主使人毆打而致死傷者，並以主使之人爲首，下手之人爲從論，減一等。又例載： 家長未生子女之妾毆死隸身服役之使女者，流三千里。又名例載： 共犯罪而首從各别者，各依本律首從論。又載： 凡婦女犯該徒流以上，除犯姦及例内載明應收所習藝者，一律按限工作，不準論贖外，其尋常各案準其贖罪。又載： 凡三流及極邊或烟瘴地方安置者，核其所犯罪名，如係常赦所得原，無論流置，均毋庸發配，即在本籍或犯事地方收所習藝工作。又律載： 家長毆雇工人非折傷勿論各等語。此案鮑李氏因使女金鳳腹瀉，遺糞於褲，輒用木柴毆傷致命之處，猶復主使家丁劉華江重毆多傷並致磕傷，受傷身死，其平日之虐待金鳳，威遣僕役，已可概見，合應按律問擬。查鮑李氏係威力主使之人，本應照主使爲首擬絞律，擬以絞監候。惟金鳳係鮑李氏隸身服役之使女，究與凡人不同，按名例載，共犯罪而首從各别者，各依本律首從論，則鮑李氏雖爲主使之首犯，自有問罪之本條，鮑李氏合依家長未生子女之妾毆死隸身服役之使女者流三千里律，流三千里，照例準贖。劉華江係鮑恩波之家丁，對於主母之使女何敢逞兇妄毆，是則劉華江之毆打金鳳實係鮑李氏之威力主使，不敢不從，雖行毆人之事而無毆人之心，若照凡鬭論抵，未免情輕法重。劉華江合依威力主使下手之人爲從論減一等律，於絞罪上減一等，流三千里，核其所犯罪名，係常赦得原，毋庸發配，即在犯事地方收所習藝，工作十年，限滿釋放。鮑恩波於初三日訓責金鳳，未曾成傷，按律勿論。惟於其妾鮑李氏主使家丁劉華江毆傷使女金鳳越三日身死，何至漫無覺察，案經巡警查悉，拘提劉華江訊問，仍不出首呈究，實屬有心容隱，查親屬相爲容隱律注： 家長不得爲雇工人隱，義當治其罪也等語。鮑恩波於鮑李氏主使家丁劉華江毆傷使女金鳳身死，劉華江係屬雇工，義當治罪而相爲容隱，實屬不合。惟鮑恩波供係職官，未便議擬處分，候呈提法憲酌核辦理。鮑恩波之子大吉、小二訊不知情，亦未在場幫毆，應免致議。兇柴供棄免起。屍棺飭埋。此判。

過誤殺人分部

綜述

《周禮注疏》卷一四《地官司徒・調人》 凡過而殺傷人者，以民成之。注： 過，無本意也。

《周禮注疏》卷三六《秋官司寇・司刺》 司刺掌三刺、三宥、三赦之灋。**【略】** 壹宥曰不識，再宥曰過失，三宥曰遺忘。鄭司農云： 不識，謂愚民無所識，則宥之。過失，若今律過失殺人不坐死。玄謂： 識，審也。不審，若今仇讎當報甲，見乙，誠以爲甲而殺之者。過失，若舉刃欲斫伐，而軼中人者。遺忘，若閒帷薄，忘有在焉，而以兵矢投射之。

睡虎地秦墓竹簡整理小組《睡虎地秦墓竹簡・法律答問》 擅殺子，黥爲城旦舂。其子新生而有怪物其身及不全而殺之，勿罪。今生子，子身全（殹）〔也〕，（毋）〔無〕怪物，直以多子故，不欲其生，即弗舉而殺之，（可）〔何〕論？爲殺子。

睡虎地秦墓竹簡整理小組《睡虎地秦墓竹簡・法律答問》 求盜追捕罪人，罪人（挌）〔格〕殺求盜，問殺人者爲賊殺人，且（斲）〔鬥〕殺？（斲）〔鬥〕殺人，廷行事爲賊。

《漢書》卷二三《刑法志》 漢興，高祖初入關，約法三章曰： 殺人者死，傷人及盜抵罪。

《漢書》卷二三《刑法志》 成帝鴻嘉元年，定令： 年未滿七歲，賊鬬殺人，及犯殊死者，上請廷尉以聞，得減死。

《後漢書》卷四六《陳忠傳》 狂易殺人，得減重論。

《晉書》卷三〇《刑法志》 賊鬬殺人，以劾而亡，許依古義，聽子弟得追殺之。

（宋）李昉等《太平御覽》卷六四六《刑法部·梟首》　《廷尉決事》曰：河內太守上民張太，有狂病，病發殺母、弟，應梟首，遇赦，謂不當除之，梟首如故。

（唐）長孫無忌等《唐律疏議》卷一八《賊盜·以物置人耳鼻孔竅中》

諸以物置人耳、鼻及孔竅中，有所妨者，杖八十。其故屏去人服用、飲食之物，以故殺傷人者，各以鬬殺傷論。

疏議曰：耳鼻孔竅皆爲要所。輒以他物置中，有所妨者，杖八十。本條毆罪重者，依毆法；毆未有罪者，亦不科。其屏去人服用、飲食之物，謂寒月屏去衣服，或登高、乘馬私去梯轡，或飢渴之人屏去飲食之類。以屏去之故及置物於人孔竅之中，而殺傷人者，各以鬬殺傷論。若殺凡人或傷尊長應死，或於卑幼及賤人雖殺不合償死，及傷尊卑、貴賤各有等差，須依《鬬訟律》，從本犯科斷，故云各以鬬殺傷論。

若恐迫人，使畏懼致死傷者，各隨其狀，以故、鬬、戲殺傷論。

疏議曰：若恐迫人者，謂恐動逼迫，使人畏懼，而有死傷者。若履危險，臨水岸，故相恐迫，使人墜陷而致死傷者，依故殺傷法；若因鬬，恐迫而致死傷者，依鬬殺傷法；或因戲恐迫，使人畏懼致死傷者，以戲殺傷論。若有如此之類，各隨其狀，依故鬬、戲殺傷法科罪。

（唐）長孫無忌等《唐律疏議》卷二二《鬬訟·主毆部曲死》　諸主毆部曲至死者，徒一年。故殺者，加一等。其有愆犯，決罰致死及過失殺者，各勿論。

疏議曰：主毆部曲至死者，徒一年，不限罪之輕重。故殺者，加一等，謂非因毆打，本心故殺者，加一等，合徒一年半。其有愆犯，而因決罰致死及過失殺之者，並無罪。

問曰：妾有子或無子，毆殺夫家部曲、奴婢，合當何罪？或有客女及婢，主幸而生子息，自餘部曲、奴婢而毆，得同主期親以否？

答曰：妾毆夫家部曲、奴婢，在律雖無罪名，輕重相明，須從減例。下條云妾毆夫之妾子，減凡人二等。妾子毆傷父妾，加凡人三等，則部曲與主之妾相毆，比之妾子與父妾相毆法：即妾毆夫家部曲，亦減凡人二等；部曲毆主之妾，加凡人三等。若妾毆夫家奴婢，減部曲一等；奴婢毆主之妾，加部曲一等；至死者，各依凡人法。其有子者，若子爲家主，母法不降於兒，並依主例；若子不爲家主，於奴婢止同主之期親。餘條妾子爲家主及不爲家主，各准此。客女及婢，雖有子息，仍同賤隸，不合別加其罪。

（唐）長孫無忌等《唐律疏議》卷二二《鬬訟·部曲奴婢過失殺傷主》

諸部曲、奴婢過失殺主者，絞；傷及詈者，流。

疏議曰：部曲、奴婢是爲家僕，事主須存謹敬，又亦防其二心，故雖過失殺主者，絞。若過失傷主及詈者，流。不言里數者，爲止合加杖二百故也。

即毆主之期親及外祖父母者，絞；已傷者，皆斬；詈者，徒二年；過失殺者，減毆罪二等，傷者又減一等。

疏議曰：部曲、奴婢毆主之期親，謂異財者；及毆主之外祖父母者，絞。傷者，皆斬，罪無首從。詈者，徒二年。過失殺者，減毆罪二等，合徒三年，加杖二百。過失傷者，又減一等，合徒二年半，加杖一百八十。

毆主之緦麻親，徒一年；傷重者，各加凡人一等。小功、大功，遞加一等。加者，加入於死。死者，皆斬。

疏議曰：部曲、奴婢毆主之緦麻親者，無問正服、義服，並徒一年。傷重者，謂毆罪重於徒一年，各加凡鬬一等。假有部曲，用他物毆主緦麻親內損吐血，依凡人合杖一百，犯良人加一等，緦麻加凡人一等，合徒一年半。若奴婢以他物故毆主之緦麻親傷，準凡人合杖九十，奴婢犯良人加二等，此條傷重又加一等，合徒一年半。故云傷重，各加凡人一等。小功、大功遞加一等，謂奴婢用他物毆傷小功親，徒二年；大功，徒二年半。是名遞加一等。注云加者，加入於死。假如部曲毆主大功親折支，準凡人徒三年，部曲加一等，合流二千里，其大功親加三等，合絞，即是加者，加入於死。其緦麻、小功，部曲有犯，各從本罪準此加例，加應入死者，處絞。死者，皆斬，謂奴婢、部曲毆主緦麻以上親至死者，皆斬，罪無首從。

（唐）長孫無忌等《唐律疏議》卷二三《鬬訟·鬬毆誤殺傷傍人》

諸鬬毆而誤殺傷傍人者，以鬬殺傷論；至死者，減一等。

疏議曰：鬬毆而誤殺傷傍人者，假如甲共乙鬬，甲用刃、杖欲擊乙、

誤中於丙，或死或傷者，以鬬殺傷論。不從過失者，以其元有害心，故各依鬬法。至死者，減一等，流三千里。

若以故僵仆而致死傷者，以戲殺論。即誤殺傷助己者，各減二等。

疏議曰：仰謂之僵，伏謂之仆。謂共人鬬毆，失手足跌，而致僵仆，誤殺傷傍人者，以戲殺傷論。別條戲殺傷人者，減鬬殺傷人二等，謂殺者徒三年，折一支者徒二年之類。即誤殺傷助己者，各減二等。假如甲與乙共毆丙，其甲誤毆乙致死，減二等；傷，減二等。或僵仆壓乙殺傷，減戲殺傷二等；殺乙，從戲殺減二等，總減四等，合徒二年。若壓折一支，亦減四等，徒一年，是名各減二等。

問曰：甲共子乙同謀毆丙，而乙誤中其父，因而致死，得從誤殺傷助己減等二以否？

答曰：律云鬬毆而誤殺傷傍人，以鬬殺傷論，殺傷傍人，坐當過失，行者本爲緣鬬，故從鬬殺傷論；若父來助己而誤殺者，聽減二等，便即輕於過失，依《例》當條雖有罪名，所爲重者，自從重論，合從過失之坐，處流三千里。

又問：以鬬僵仆，誤殺助己父母；或雖非僵仆，鬬誤殺期親尊長，各合何罪？

答曰：以鬬僵仆，誤殺父母，或期親尊長，若減罪輕於過失者，並從過失之法。

又問：假有數人，同謀殺甲，夜中忽遽，乃誤殺乙，合得何罪？

答曰：此既本是謀殺，與鬬毆不同。鬬毆彼此相持，謀殺潛行屠害。毆甲誤中於丙，尚以鬬殺傷論，以其元無殺心，至死聽減一等；況復本謀害甲，元作殺心，雖誤殺乙，原情非鬬者。若其殺甲是謀殺人，今既誤殺乙，合科故殺罪。

（唐）長孫無忌等《唐律疏議》卷二三《鬬訟・戲殺傷人》　諸戲殺傷人者，減鬬殺傷二等；謂以力共戲，至死和同者。雖和，以刃，若乘高、履危、入水中，以故相殺傷者，唯減一等。即無官應贖而犯者，依過失法收贖。餘條非故犯，無官應贖者，並準此。

疏議曰：戲殺傷人者，謂以力共戲，因而殺傷人，減鬬罪二等。若有貴賤、尊卑、長幼，各依本鬬殺傷罪上減二等。雖則以力共戲，終須至死和同，不相瞋恨而致死者。雖和，以刃，《禮》云：死而不吊者三，謂畏、壓、溺。況乎嬉戲，或以金刃，或乘高處險，或臨危履薄，或入水中，既在險危之所，自須共相警戒，因此共戲，遂致殺傷，雖即和同，原情不合致有殺傷者，唯減本殺傷罪一等。即無官應贖，謂有蔭及老、小、廢疾之類，而犯應贖罪者，依過失法收贖。假有過失殺人，贖銅一百二十斤，戲殺得減二等，贖銅六十斤，即是輕重不類，故依過失贖罪，不從減法。注云餘條非故犯，謂一部律内，諸條非故犯罪，無官應得收贖者，並準此。假有甲爲人合藥，誤不如本方殺人，合徒二年半，若白丁，則從真役；若是官品之人合贖者，不可徵銅五十斤，亦徵一百二十斤，則是餘條之類。

其不和同及於期親尊長、外祖父母、夫、夫之祖父母雖和，並不得爲戲，各從鬬殺傷法。

疏議曰：謂戲者元不和同；及於期親尊長、外祖父母、夫、夫之祖父母，此等尊長，非應共戲，縱雖和同，並不得爲戲：各從鬬殺傷之法。假有共期親尊長戲，折一支者，仍處絞之類。

（唐）長孫無忌等《唐律疏議》卷二三《鬬訟・過失殺傷人》　諸過失殺傷人者，各依其狀，以贖論。謂耳目所不及，思慮所不到；共舉重物，力所不制；若乘高履危足跌及因擊禽獸，以致殺傷之屬，皆是。

疏議曰：過失之事，注文論之備矣。殺傷人者，各準殺傷本狀，依收贖之法。注云謂耳目所不及，假有投甎瓦及彈射，耳不聞人聲，目不見人出，而致殺傷；其思慮所不到者，謂本是幽僻之所，其處不應有人，投瓦及石，誤有殺傷；或共舉重物，而力所不制；或共升高險，而足蹉跌；或因擊禽獸，而誤殺傷人者：如此之類，皆爲過失。稱之屬者，謂若共捕盜賊，誤殺傷旁人之類，皆是其本應居作、官當者，自從本法。

（唐）長孫無忌等《唐律疏議》卷二五《詐僞・詐陷人死傷》　諸詐陷人至死及傷者，以鬬殺傷論。謂知津河深濘，橋船朽敗，誑人令渡之類。

疏議曰：謂津濟之所，或有深濘，若橋船朽漏，不堪渡人，而詐云津河平淺，船橋牢固，令人過渡，因致死傷者，以鬬殺傷論，謂令人溺死者絞，折一支徒三年之類。故注云謂知津河深濘，橋船朽敗，誑人令渡之類。稱之類者，謂知有坑穽、機槍之屬，誑人而致死傷者，亦以鬬殺傷

論。其有尊卑、貴賤，各依鬭殺傷本法。

問曰：詐陷人渡朽敗橋梁，溺之甚困，不傷不死，律條無文，合得何罪？又，人雖免難，溺陷畜産，又若爲科？

答曰：律云詐陷人至死及傷，但論重法，略其輕坐，不可備言，別有舉重明輕及不應爲罪。若誑陷令溺，雖不傷、死，猶同毆人不傷論。陷殺傷畜産者，準作坑穽例，償其減價。

（唐）長孫無忌等《唐律疏議》卷二六《雜律・醫合藥不如方》　諸醫爲人合藥及題疏、針刺，誤不如本方，殺人者，徒二年半。

疏議曰：醫師爲人合和湯藥，其藥有君臣、分兩，題疏藥名，或注冷熱遲駛，并針刺等，錯誤不如本方者，謂不如今古藥方及本草，以故殺人者，醫合徒二年半。若殺傷親屬尊長，得罪輕於過失者，各依過失殺傷論。其有殺不至徒二年半者，亦從殺罪減三等，假如誤不如本方，殺舊奴婢，徒二年減三等，杖一百之類。傷者，各同過失法。

其故不如本方，殺傷人者，以故殺傷論；雖不傷人，杖六十。即賣藥不如本方，殺傷人者，亦如之。

疏議曰：其故不如本方，謂故增減本方，不依舊法，殺傷人者，以故殺傷論，尊長、卑幼、貴賤並依故殺傷之律。雖不傷人，謂故不如本方，於人無損，猶杖六十；於尊長及官人，亦同毆而不傷之法。即賣藥不如本方，謂非指的爲人療患，尋常賣藥，故不如本方，雖未損人，杖六十；已有殺傷者，亦依故殺傷法，故云亦如之。

劉俊文《敦煌吐魯番唐代法制文書考釋・格・神龍散頒刑部格殘卷》　一、州縣職在親人，百姓不合陵忽。其有欲害及毆〔毆〕所部者，承前已令斬決。若有犯者，先決一百，然後禁身奏聞。其內外官人，有恃其班秩故犯，情狀可責者，文武六品以下、勳官二品以下并蔭人，并聽量情決杖，仍不得過六十。若長官無，聽通判官應致敬者決。雍、洛寄住及訴競人亦準此。其清官并國子助教、大學四門博士及副二通判官、録事參事、縣令、折衝府司馬各於本任長官，并不得決限。

《舊唐書》卷五〇《刑法志》　〔長慶〕二年四月，刑部員外郎孫革奏：京兆府雲陽縣人張莅，欠羽林官騎康憲錢米。憲徵之，莅承醉拉憲，氣息將絶。憲男買得，年十四，將救其父。以莅角觝力人，不敢搊解，遂持木鍤擊莅之首見血，後三日致死者。準律，父爲人所毆，子往救，擊其人折傷，減凡鬭三等，至死者，依常律。即買得救父難是性孝，非暴；擊張莅是心切，非兇。以髫丱之歲，正父子之親，若非聖化所加，童子安能及此？《王制》稱五刑之理，必原父子之親以權之，慎測淺深之量以別之。《春秋》之義，原心定罪。《周書》所訓，諸罰有權。今買得生被皇風，幼符至孝，哀矜之宥，伏在聖慈。臣職當讞刑，合分善惡。敕：康買得尚在童年，能知子道，雖殺人當死，而爲父可哀。若從沉命之科，恐失原情之義，宜付法司，減死罪一等。

（宋）王溥《五代會要》卷九《議刑輕重》　晋天福三年八月，大理寺奏：左街〔史〕韓延嗣爲百姓李延暉衝者，本街使連喝不住，毆擊致死。準律，鬭毆者原無殺心，因相鬭毆而殺者，依故殺人者斬。其韓延嗣準律合斬。準《刑法統類》節文：絞刑決重杖一百處死。敕：法寺定刑，比不因鬭毆故傷人，辜內死者以殺人論。蓋微相類，且非本條，罪有可疑，法當在宥。徒二年半，刺面配華州，發運務收管。

（宋）竇儀等《宋刑統》卷一八《賊盜律・以物置人孔竅恐迫人使畏懼致死傷》　諸以物置人耳鼻及孔竅中，有所妨者，杖八十。其故屏去人服用飲食之物，以故殺傷人者，各以鬭殺傷論。若恐迫人使畏懼致死傷者，各隨其狀，以故、鬭、戲殺傷論。

疏：諸以物置人耳鼻及孔竅中，有所妨者，杖八十。其故屏去人服用飲食之物，以故殺傷人者，各以鬭殺傷論。議曰：耳鼻孔竅，皆爲要所，輒以他物置中，有所妨者，杖八十。本條毆罪重者，依毆法，毆未有罪者，亦不科。其屏去人服用飲食之物，謂寒月屏去人衣服，或登高、乘馬，私去梯轡，或飢渴之人，屏去飲食之類。以屏去之故，及置物於人孔竅之中，而殺傷人者，各以鬭殺傷論。若殺凡人或傷尊長應死，或於卑幼及賤人，雖殺不合償命，及傷尊卑、貴賤各有等差，須依鬭律，從本犯科斷，故云各以鬭殺傷論。

又云，若恐迫人使畏懼致死傷者，各隨其狀，以故、鬭、戲殺傷論。

議曰：若恐迫人者，謂恐動逼迫，使人畏懼，而有死傷者。若履危險，臨水岸，故相恐迫，使人墜陷，而致死傷者，依故殺傷法。若因鬭恐迫，而致死傷者，依鬭殺傷法。或因戲恐迫，使人畏懼，致死傷者，以戲殺傷論。若有如此之類，各隨其狀，依故、鬭、戲殺傷法科罪。

（宋）竇儀等《宋刑統》卷二三《鬭訟律・誤殺傷奴婢詈舊主并殺傷》

諸鬭毆而誤殺傷旁人者，以鬭殺傷論，至死者減一等。若以故僵仆而致死傷者，以戲殺傷論。即誤殺傷助己者，各減二等。

疏：諸鬭毆而誤殺傷旁人者，以鬭殺傷論，至死者減一等。議曰：鬭毆而誤殺傷旁人者，假如甲共乙鬭，甲用刃杖欲擊乙，誤中於丙，或死或傷者，以鬭殺傷論，不從過失者，以其元有害心，故各依鬭法。至死者減一等，流三千里。

又云，若以故僵仆而致死傷者，以戲殺傷論。即誤殺傷助己者，各減二等。議曰：仰謂之僵，伏謂之仆。謂共人毆打，失手足跌，而致僵仆，誤殺傷旁人者，以戲殺傷論。別條戲殺傷人者，減鬭殺傷人二等，謂殺者徒三年，折一支者徒二年之類。即誤殺傷助己者，各減二等。假如甲與乙共毆丙，其甲誤毆乙致死，減二等，傷減二等。或僵仆壓乙殺傷，減戲殺傷二等，殺乙從戲殺減二等，總減四等，合徒二年。若壓折一支，亦減四等，徒一年。是名各減二等。

問曰：甲共子乙同謀毆丙，而乙誤中其父，因而致死，得從誤殺傷助己減二等以否？

答曰：律云，鬭毆而誤傷旁人，以鬭殺傷論。但殺傷旁人，坐當過失，行者本爲緣鬭，故從鬭殺傷論。若父來助己，而誤殺者，聽減二等，便即輕於過失。依例，當條雖有罪名，所爲重者自從重論，合從過失之坐，處流三千里。

又問：以鬭僵仆，誤殺助己父母，或雖非僵仆，因鬭誤殺周親尊長，各合何罪？

答曰：以鬭僵仆，誤殺父母，或周親尊長，若減罪輕於過失者，並從過失之法。

又問：假有數人同謀殺甲，夜中怱遽，及誤殺乙，合得何罪？

答曰：此既本是謀殺，與鬭毆不同。鬭毆彼此相持，謀殺潛行屠害。毆甲誤中於丙，尚以鬭殺傷論，以其元無殺心，至死聽減一等。況復本謀害甲，元作殺心，雖誤殺乙，原情非鬭者，若其殺甲，是謀殺人，今既誤殺乙，合科故殺罪。

諸部曲、奴婢詈舊主者，徒二年，毆者流二千里，傷者絞，殺者皆斬。過失殺傷者，依凡論。即毆舊部曲、奴婢，折傷以上，部曲減凡人二等，奴婢又減二等。過失殺者，各勿論。

疏：諸部曲、奴婢詈舊主者，徒二年，毆者流二千里，傷者絞，殺者皆斬。過失殺傷者，依凡論。議曰：部曲、奴婢詈舊主者，徒二年，毆者流二千里，傷者絞，有首從，殺者皆斬，罪無首從。過失殺傷者，並準凡人收贖，銅入傷殺之家。

又云，即毆舊部曲、奴婢，折傷以上，部曲減凡人二等，奴婢又減二等。過失殺者，各勿論。議曰：主毆舊部曲、奴婢，折傷以上，部曲減凡人二等，謂折齒合杖九十，奴婢又減二等，合杖七十之類。過失殺者，勿論。

問曰：部曲、奴婢毆詈舊主周以下親，或舊主親屬毆傷所親舊部曲、奴婢，得減凡人以否？

答曰：五服尊卑，各有血屬，故毆尊長，節級加之。至如奴婢、部曲，唯繫於主，爲經主放，顧有宿恩，其有毆詈，所以加罪。非主之外，雖是親姻，所有相犯，並依凡人之法。

又問：有人謀殺舊部曲、奴婢，或於舊部曲、奴婢家强盜，有殺傷者，合減罪以否？

答曰：毆舊部曲、奴婢，得減凡人，爰至於死，亦依減例，明謀殺及諸雜犯，合依減法。唯盗財物，特異常犯，止依凡人之法，不合減科。

（宋）竇儀等《宋刑統》卷二三《鬭訟律·戲殺傷》 諸戲殺傷人者，減鬭殺傷二等。謂以力共戲，至死和同者。雖和以刃，若乘高履危，入水中，以故相殺傷者，唯減一等。即無官應贖而犯者，依過失法收贖。餘條非故犯，無官應贖者準此。其不和同，及於周親尊長、外祖父母、夫之祖父母，雖和並不得爲戲，各從鬭殺傷法。

疏：諸戲殺傷人者，減鬭殺傷二等。注云，謂以力共戲，至死和同者。又云，雖和以刃，若乘高履危，入水中，以故相殺傷者，唯減一等。即無官應贖而犯者，依過失法收贖。注云，餘條非故犯，無官應贖者準此。議曰：戲殺傷人者，謂以力共戲，因而殺傷人，減鬭罪二等。若有貴賤、尊卑、長幼，各依本鬭殺傷罪上減二等。雖則以力共戲，終須至死和同，不相瞋恨，而致死者。雖和以刃，《禮》云死而不吊者三，謂畏、壓、溺，況乎嬉戲，或以金刃，或乘高處險，或臨危履薄，或入水中，既在阽音閻危之所，自須共相警戒，因此共戲，遂致殺傷，雖即和同，原情不合，致有殺傷者，唯減本殺傷罪一等。即無官應贖，謂有蔭及老小廢疾之類，而犯應贖罪者，依過失法收贖。假有過失殺人，贖銅一百二十斤，戲殺得減二等，贖銅六十斤，即是輕重不類，故依過失贖罪，不從減法。注云，餘條非故犯，謂一部律內，諸條非故犯罪，無官應得收贖者並準此。假有甲爲人合藥，誤不如本方殺人，合徒二年半，若是白丁，則從真役，若非官品之人合贖者，不可徵銅五十斤，亦徵一百二十斤，則是餘條之類。

又云，其不和同，及於周親尊長、外祖父母、夫之祖父母，雖和並不得爲戲，各從鬭殺傷法。議曰：謂戲者元不和同，及於周親尊長、外祖父母、

夫之祖父母，此等尊長，非應共戲，縱雖和同，並不得爲戲，各從鬭殺傷之法。假有共周親尊長戲折一支者，仍處絞之類。

若乘高履危足跌，及因擊禽獸以致殺傷之屬皆是。

疏議曰：過失之事，注文論之備矣。殺傷人者，各準殺傷本狀，依收贖之法。注云，謂耳目所不及，假有投磚瓦及彈射，耳不聞人聲，目不見人出，而致殺傷。其思慮所不到者，謂本是幽僻之所，其處不應有人，投瓦及石，誤有殺傷。或共舉重物而力所不制，或共升高險而足蹉跌，或在擊禽獸而誤殺傷人者，如此之類，皆爲過失。稱之屬者，謂其共捕盜賊，誤殺傷旁人之類皆是。其本應居作、官當者，自從本法。

（宋）竇儀等《宋刑統》卷二五《詐僞律・詐陷人至死傷》 諸詐陷人至死及傷者，以鬭殺傷論。謂知津河深濘，橋船朽敗，誑人令渡之類。

疏議曰：謂津濟之所，或有深濘，若橋船朽漏，不堪渡人，而詐云津河平淺，船橋牢固，令人過渡，因致死傷者，以鬭殺傷論，謂令人溺死者絞，折一支徒三年之類。故注云，謂知津河深濘，橋船朽敗，誑人令渡之類。稱之類者，謂知有坑穽、機槍之屬，誑人而致死傷者，亦以鬭殺傷論。其有尊卑、貴賤，各依鬭殺傷本法。

問曰：詐陷人渡朽敗橋梁，溺之甚困，不傷不死，律條無文，合得何罪？又人雖免難，溺殺畜産，又若爲科？

答曰：律云，詐陷人至死及傷，但論重法，略其輕坐，不可備言，別有舉重明輕，及不應爲罪。若誑陷令溺，雖不傷死，猶同毆人不傷論。陷殺傷畜産者，準坐坑穽例，償其減價。

（宋）竇儀等《宋刑統》卷二六《雜律・醫藥故誤傷殺人丁匠防人疾病請給醫藥》 諸醫爲人合藥，及題疏、針刺誤不如本方殺人者，徒二年半。其故不如本方殺傷人者，以故殺傷論。雖不傷人，杖六十。即賣藥不如本方殺傷人者，亦如之。

疏：諸醫爲人合藥，及題疏、針刺誤不如本方殺人者，徒二年半。

議曰：醫師爲人合和湯藥，其藥有君臣分兩，題疏藥名或注冷熱遲駛，并針刺等錯誤，不如本方者，謂不如今古藥方及本草，以故殺人者，醫合徒二年半。若殺傷親屬尊長，得罪輕於過失者，各依過失殺傷論。其有殺不至徒二年半者，亦從殺罪減三等。假如誤不如本方，殺舊奴婢徒二年，減三等，杖一百之類，傷者各同過失法。

又云，其故不如本方殺傷人者，以故殺傷論。雖不傷人，杖六十。即賣藥不如本方殺傷人者，亦如之。議曰：其故不如本方，謂故增減本方，不依舊法，殺傷人者，以故殺傷論，尊長、卑幼、貴賤並依故殺傷之律。雖不傷人，謂故不如本方，於人無損，猶杖六十，於尊長及官人，亦同毆而不傷之法。即賣藥不如本方，謂非指的爲人療患，尋常賣藥，故不如本方，雖未損人，杖六十。已有殺傷者，亦依故殺傷法，故云亦如之。

諸丁匠在役，及防人在防，若官户奴婢疾病，主司不爲請給醫藥救療者，笞四十。以故致死者，徒一年。

疏議曰：丁匠在作役之所，防人在鎮守之處，若官户奴婢在本司上者，而有疾病，所管主司不爲請，雖請而主醫藥官司不給，闕於救療者，笞四十。以故致死者，謂不請給醫藥救療，以故致死者，各徒一年。

（宋）竇儀等《宋刑統》卷三〇《斷獄律・監臨官捶迫人致死》 諸監臨之官，因公事自以杖捶人致死，及恐迫人致死者，各從過失殺人法。若以大杖及手足毆擊，折傷以上，減鬭殺傷罪二等。雖是監臨主司，於法不合行罰，及前人不合捶拷而捶拷者，以鬭殺傷論，至死者加役流。即用刃者，各從鬭殺傷法。

疏：諸監臨之官，因公事自以杖捶人致死，及恐迫人致死者，各從過失殺人法。若以大杖手足毆擊，折傷以上，減鬭殺傷罪二等。議曰：謂臨統案驗之官，情不挾私，因公事前人合杖笞，自以杖捶人致死，及恐迫人致死，謂因公事欲求其情，或恐喝，或迫脅，前人怕懼而自致死者，各依過失殺人法，各徵銅一百二十斤，入死家。若前人是卑賤，罪不至死者，各依本殺法徵銅。若以大杖及手足毆擊，折傷以上者，自擊、使人擊等，減鬭殺傷罪二等。謂其應償死者，合徒三年之類。

又云，雖是監臨主司，於法不合行罰，及前人不合捶拷而捶拷者，以鬭殺傷論，至死者加役流。即用刃者，各從鬭殺傷法。議曰：雖是監臨主司，於法不合行罰，謂非判事之官，及非專常督領者，不得輒行捶罰。假有人犯徒以上罪，合送法司，不送法司，當曹即自行決罰之類，及前人不合捶拷，謂前人無罪，或雖有罪，應合官當、收贖之類而輒捶拷者，以鬭殺論，謂傷與不傷，並依他物鬭毆之法。其因捶拷而致死者，加役流。用刃者，謂監臨之官自以杖捶人致死以下，有用刃殺傷者，各依《鬭訟律》用刃殺者斬，用兵刃殺者同故殺法。

問曰：里正、坊正、村正及主典，因公事行罰，前人致死，合得何罪？

答曰：里正、坊正、村正等，唯掌追呼、催督，不合輒加笞杖。其有因公事相毆擊者，理同凡鬭而科。主典檢請是司，理非行罰之職，因公事捶人者，亦與里正等同。

《宋史》卷一九九《刑法志》　〔刑部論〕因毆致死者不刺面，配鄰州，情重者奏裁。

史金波等譯《天盛改舊新定律令》卷八《燒傷殺門》　一、諸人娶妻子，後與他人行淫亂而懷有雜子女者，不許取狀尋問。已産出而爲父母所殺時，爲母所殺與殺己子罪相同，爲父所殺則殺一人徒六年，自二人以上一律徒八年。無心失誤動手而殺時，殺一人徒五年，自二人以上一律六年。若命未絶而但傷時，比他人有意及無心失誤相互傷之各種罪狀減四等。

史金波等譯《天盛改舊新定律令》卷八《燒傷殺門》　一、□□相惡，有意而放火傷人死人者，依第一卷上有意傷人法判斷。若已燒物，則物無論大小，庶人造意斬，從犯無期徒刑。有未及御印以下官，則造意官、職、軍皆革去，徒十二年；從犯徒十年。有自及御印始以上官者，造意官、職、軍皆革去，徒十年，從犯八年。

史金波等譯《天盛改舊新定律令》卷八《燒傷殺門》　一、親祖父、祖母、父、母等有意殺己子孫時，殺一人徒八年，殺二人以上一律十年。殺共夫娣姒之子時，自一以上，不論官，當絞殺之。

一、女、子、妻子、媳等應舉告父、母、丈夫，因舉報及他人處談論等被有意殺時，使與何所舉告者較之。其中雖是不應舉報語，但當成罪，依次他處談論，他人已舉報未舉報、已成不成罪過一樣，父、母、丈夫等心下記其語，無理有意殺時，殺一人徒六年，殺二人以上一律八年。若女、子、媳非對父母、公婆、婦人丈夫尋惡，當減其罪過，親身勸而未聽，然後他人處談論，使人勸之，他人有無舉報，一律因所説惡語而有意殺時，殺一人徒十年，殺二人以上一律得徒十二年。

一、使軍、奴僕雖不應舉報上屬頭監，然當成罪，他處談論，他人舉報，罪成不成，一律有意殺時，殺一人徒八年，自二人以上一律徒十年。若舉告所應舉告，則比較以所舉告之罪及有意殺罪，從其重者判斷。

一、不同母兄弟相互有意殺時，與有意殺他人相同。

一、節上人與節下人等相互因口角争鬥動手，致節下人死者，依他人毆打争鬥相殺法判斷。

一、對自三個月喪服至一年喪服節上人毆打争鬥動手而殺時，庶人以劍斬。

史金波等譯《天盛改舊新定律令》卷八《相傷門》　二男人往一婦人處，其人相殺者，依諸人毆打争鬥相殺法判斷。婦人依與人行淫法承罪。

史金波等譯《天盛改舊新定律令》卷一四《誤毆打爭門》　一、諸人於市場沿途馳騁入人群，過險峻高坡、渡水、戲耍等而相推毆打争鬥中，以棍棒擊人身致人傷死等，一律比争鬥中相傷殺之罪狀依次減一等。

一、諸人相撲而至死者，以相撲不死人之法而大意無理殺之，徒三年。若曰他人相撲，有故意指使者，使相撲致死，則令相撲者徒三年，相撲者以從犯法判斷。【略】

一、不許諸人懷惡心毆打争鬥，相議佑助，結夥出力。若違律時，自一至四人依毆打争鬥法判斷，五至六人造意徒二年，自七至八人徒三年，自九至十人徒四年，自十一至十二人徒五年，自十三至十四人徒六年，自十五至十六人徒八年，自十七至十八人徒十年，自十八至十九人徒十二年，自十九至二十人無期徒刑，二十以上一律當絞殺。其中最初所告之一人以從犯論，其他引導相助力者依次減二等，不願而被迫前往者依次當減三等。

一、京師所派皇使，有無符牌，一律隨從局分所遣其他地方家民中□問。被告、當事人等毆打皇使時，徒十二年。致眼、耳中出血，内傷吐血等，無期徒刑。嗌頷、牙齒、脚趾、手指斷其一，致唇缺、鼻折時，當絞殺。不屬當事人，被告無涉來往，他人毆打者，比當事被告人等毆打皇使罪當減一等。

一、前述隨從皇使之局分人爲被告當事人及不當事人所毆打傷者，依前比皇使爲當事及不當事人等打傷之各種罪狀依次當減二等判斷。

一、官家所派弟子毆打師長及學童毆打先生致傷等，一律當與當事人打傷皇使罪相同。

一、諸人毆打節親主中，毆打已至一種喪服者，應獲何罪，依時節奏量實行。其他毆打未至喪服者時，依庶人打傷下等司正法判斷。

一、有官人打傷庶人時，依二庶人毆打罪狀法斷之，可與官品相抵。【略】

一、諸司大人、承旨、習判等爲所屬家民毆打之罪狀依前分明以外，

若打殺時，與第一卷上皇使處分析、非被告，來往中途他人毆打皇使而殺之罪一樣判斷。

一、諸司有被告分析人毆打管事都案、案頭、司吏等時，比被分析人毆打所屬司大人、承旨之罪狀減□二等判斷。若局分人自己貪利而於被分析人處尋争，先動手打著而被分析人後動手毆打，則當再減二等。

一、同司司吏打案頭、案頭打都案等，比局分人毆打所屬司大人、承旨罪差一等則減二等，差二等則減一等判斷。

一、諸司都監、小監、差人等毆打所司都案、案頭時，當與司吏毆打案頭、都案罪相同。

一、差人毆打所屬司司吏及都監、小監等時，當於庶人相打傷之罪狀上加一等。

一、諸人毆打争鬥相傷中，當告於司。曰依律令上傷日之内人死則我承殺人之罪，傷者予之憑據，傷日以内死，則依殺人法判斷。超過當天，則入。

《元典章》新集《刑部・諸殺・誤殺・誤踏藥箭射死》　至治元年，鈔到福建宣慰司至大二年四月　日承奉江浙行省近據來呈建寧路申：浦城縣人户楊正三告：　至大九年十一月二十六日，男楊緣與姪楊安探草喂牛，荒草地内踏著藥箭，射傷身死。犯人何慶七狀招，不合於至大元年十月初六日將弩箭毒藥於荒草内安下，要射野猪等物，以至楊緣於十一月二十六日到彼跌著，射傷身死。何慶七裝架藥弩係十一月二十五日以前，楊緣被傷，却係十一月二十六日中毒身死。若便疎放，誠恐差池。照詳得此，移咨中書省照詳去後。今准中書省判送本部元呈紹慶路申：軍人武才將引軍人何二、小楊，前去本路關糧。大德十一年十一月初一日，不從官路，經由小路前去秦正午家買鹿肉，將秦正午安下殺鹿撥竿踏著，札傷身死。取訖招詞，杖斷七十七下，燒埋鈔定俣無追給。本部擬秦正午所犯，於荒野草中安置殺鹿撥竿，同伴武才經過本家買肉，伊妻問王明悦休往右壁去安置殺鹿撥竿，同伴軍人又累攔當，本人不從，獨自踏荒，致被札死罪犯，既已斷訖，燒埋銀鈔免徵相應。都省准擬。今承見奉本部議得：　何慶七所犯招詞，於山野荒草地内安下於射野猪窩弓，路口插立牌記。革後楊緣因苅草地踢著，射傷身死。若比秦正午安置殺鹿撥竿扎死軍人武才一體定例，切緣何慶七不合安置窩弓，犯在詔恩以前。以此參詳：止將本人革後不復原置窩弓起取，射死楊緣罪犯，擬決六十七下，依例免徵燒埋銀兩。

《元史》卷一四四《答里麻傳》〔至治元年〕濟陽縣有牧童持鐵連結擊野雀，誤殺同牧者，繫獄數歲。答里麻曰：小兒誤殺同牧者，實無殺人意，難以定罪。罰銅遣之。

《元典章》卷四二《刑部・諸殺・誤殺・因鬥誤傷傍人致死》　至元二年四月，濟南路歸問到韓進狀招：　因與親家相争，將棒於在傍馮呵蘭右肩上誤打一下，因傷身死。法司擬：　即係因鬥毆而誤殺傷論，至死者減一等，合徒五年。部擬一百七下，省斷七十七下，徵燒埋銀。又濟南路申邢孫兒招伏：　因爲不見鐵枚，有妻將孫兒抵觸，用剔火棒將妻毆打。有嫂嫂劉外女救護，錯於外女頭上打傷，辜外身死罪犯。法司擬：　即係鬥毆誤傷傍人事理辜外身死，合杖九十七下。部擬四十七下，行下斷訖。

又江西行中書省據龍興路申：　移准中書省至元二十九年咨文，張成二因與劉受二相争，張成二用脚誤將解勸人劉萬一陰囊上踢訖一下，因傷身死。擬斷一百七下，追徵燒埋銀給主。

《元典章》卷四二《刑部・諸殺・殺親屬・打死婿》　濟南路申：歸問到劉全爲招至元三年正月二十一日，使令女婿掃地篩穀，不多時，聽得父劉聚稱：　我教掃的寬者，孫重二罵我瞎著眼睛見甚麽，以此全用棒並拳脚將孫重二打傷，至後晌身死罪犯。法司擬：　即係因鬥殺婿事理。舊例：　緦麻三月，爲妻之父母者同。又舊例：　若尊長毆卑幼折傷者，緦麻減凡人一等，死者絞。其劉全合行處死，仍徵燒埋銀數。部准擬呈省斷，將劉全流去迤北鷹房子。田地仍於家屬，徵燒埋銀給主。

《元典章》卷四二《刑部・諸殺・娼佃・殺放良奴》　至元三年六月二十三日，省判送下制國用使司呈楊珍爲放良駈口邢粉兒年限未滿逃走，捉獲打死罪犯，法司擬鬥殺人者絞。舊例：　主毆放良奴婢，因傷致死，減凡人四等，合徒二年半。部准擬七十七下。省准斷訖。

《元典章》卷四二《刑部・諸殺・雜例・碾死人移尸》　看碾子人李鎮撫家駈口閻喜生狀招：至元三年八月十八日，本宅後碾黍間，有小厮四箇於碾北四五步地街南作耍。至日高碾櫟，前去本家取塾碾油餅回來，

到碾上，見作要小厮一箇在西北碾槽内，手脚動但掙揣，其餘三箇小厮碾北立地。喜生向前拖出小底，覷得頭上有血，抱於西墻下卧地，恐驢踏著，移於碾東北房門東放下，倚定麻稭坐定，手動氣出。喜生委是不知怎生碾著，避怕本使問著，走往阜城縣周家藏閃，在後却行還家。干證人殷定僧等三人狀稱：崔中山於碾内弄米來，俺三箇碾外要來，趕碾的人無來。法司擬：既是殷定僧等稱崔中山自來弄米，别無定奪。止據閻喜僧不合移尸出碾，不告身死人本家得知。合從不應爲事輕，合笞四十。部擬三十七下，呈省准擬。

《元典章》卷四二《刑部・諸殺・過失殺・走馬撞死人》 中都路申：爲李三丑馬撞死田快活。取得李三丑狀招：至元四年正月初二日，爲是節假三丑請相識喬令史於開座子賣酒燕家内買了酒四瓶，一處吃罷，至上燈已後罷散。三丑與喬令史相逐，各騎坐馬疋還家。有喬令史前行，三丑後行。爲是天晚，街上無人行往。有喬令史前面緊行，三丑隨行根趕。到憫忠寺後，不防有一男子投西來。三丑爲馬行得緊，又爲月黑，委是不見，將前項男子田快活撞倒身死。法司擬：三丑所犯，即係於城内街上無故走馬，以故殺人情犯。舊例：於城内街巷無故走馬者，笞五十。以故殺傷人者減鬥殺傷一等。其李三丑合徒五年。部擬量決七十七下。省斷准擬，徵錢二百貫與被死之家。

《元典章》卷四二《刑部・諸殺・戲殺・船邊作戲淹死》 濮州備舘陶縣申：歸問到王狗兒狀招：至元四年七月初八日飯時，與焦大等並身死翟二於船頭上坐地。有翟二於船東邊上坐地探身，用手於水面上拿取瓢子。狗兒爲常與翟二相戲作要，狗兒於本人背上將上截布衫兒扯著，右手於翟二臀片底往前推了一推，不意脱手，將翟二推在河内淹死罪犯。法司擬：王狗兒所犯，即係戲殺事理。舊例：戲殺傷人者，減鬥殺傷二等。謂以力共戲而致死傷者，雖扣以刃，若乘高履，危及入水中，以故燒傷者，准減一等。其王狗兒合徒五年，決徒年，杖一百，仍徵銀五十兩給主，充燒理之資。部擬：王狗兒決杖一百七下，徵銀五十兩。

《元典章》卷四二《刑部・諸殺・鬥殺・踢打致死》 順天路申：曲陽縣弓手張七於至元四年九月二十五日，因差史義伏道口拿賊，爲是不伏，因鬥將本人踢打身死罪犯。法司擬：舊例：鬥毆殺人者絞，合處死。部准擬處死，省施行。

《元典章》卷四二《刑部・諸惡・不睦・打死姪》 中書省判送樞密院呈米瞓打死姪男米公壽。取得米瞓招狀：至元四年十二月二十六日，因親姪米公壽於機上剪了紵絲三尺，用拳毆打。爲姪碎扯抵觸，用柳木棍於公壽左耳後侵腦打傷，不多時身死，罪死。法司擬：米瞓所招，打死姪男米公壽罪犯，舊例即毆兄之子死者，徒三年。其米瞓所犯，合徒三年，決徒年，杖八十。部擬七十七下，省擬斷一百七下。

《元典章》卷四二《刑部・諸殺・殺人・打死犯姦妾》 至元五年東平路歸問到李實狀招：不合於至元四年十一月二十一日就姦所新親獲妾陳丑兒與盧伴叔通姦，將本婦毆打，因傷身死。法司擬：即係妾有罪而毆打邂逅致死事理，舊例：毆傷妾者減凡人二等，死者以凡人論；若有罪而毆邂逅致死者，不坐。毆妾折傷以上各減妻罪二等，爲妻有罪而夫依理毆之不期而死者，無罪。今據李實爲妾與人禽夜通姦，親自捉獲毆死，比妻從輕，其李實雖有招涉，不合治罪。部准擬，呈省准擬。

《元典章》卷四二《刑部・諸殺・過失殺・馬驚車碾死》 東平路申：孫珍實招伏：於至元五年閏正月二十三日跟趕本使馬群五十四疋上道行，爲有落後馬疋，用鞭子敲打鞍韂驚趕，有踏踐塵土朦昧，其馬驚撞奔走，將李小一車馬驚下道，以致將李小一姪男李表住碾死罪犯。法司擬合同畜産驚駭不可禁止殺人事理，合徒二年半，贖銅一百斤，折鈔二十貫，入被死之家。本部行下本路，斷訖一十七下，不曾徵贖。此條應在車碾死條後，原闕，今據巴陵方氏藏本補。

《元典章》卷四二《刑部・諸殺・殺親屬・打死男婦》 濮州申：取責到王阿李狀招：男婦刑茶哥擲下褉子一箇，兩箇月縫不出來。阿李於至元五年九月十六日著言教道，本婦不伏，到將阿李抵觸回罵。有男婦刑茶哥見懷八箇月身孕，阿李自合著言嚴教，却不合便用挑火棒於男婦刑茶哥左右兩勒亂行毆打了三四下，以致因患肚裏疼痛，於二十日著床，動止不得，至二十二日五更前後，致命身死罪犯。法司擬舊例，即毆子孫之婦令廢疾者，杖一百，死者徒二年。其阿李因毆打男婦刑茶哥致死，所犯罪徒二年，決徒年，笞五十，單衣受刑。部擬量決二十七下，單衣受刑。行下本州斷訖。

《元典章》卷四二《刑部・諸殺・過失殺・車碾死人》　中都路申：爲秦丑厮、劉賽兒等車碾死回回也速，取到秦丑厮、劉賽兒各狀招：行駕車輛前來中都送納蒿草，以六家店南，有回回也速騎馬走於丑厮車前繩索內，馬驚，將回回也速掉在地上，仰面倒了。有馬撞著拽車牛隻，其牛驚走攔當不住，其車左脚子於回回也速當胸碾過。丑厮等只合喝住車牛，回來將也速救護，却不合不行回來救護，以致身死，合得罪犯。法司擬：舊例：於城內街上及人衆中無故走車馬者，笞五十。以故殺傷人者，減鬥殺傷一等。若有公私速要者，不坐。以故殺傷人者，以過失論，減二等。其驚駭不可禁止而殺傷者，又減二等。若便依准因車馬驚駭殺人減過失四等，合徒二年半，聽贖。檢擬緣法義，止是處分於城內街上乘騎頭疋，因而驚駭不可禁止以致殺傷他人者，方合如此定罪。今秦丑厮等於大道上行駕車輛，回回也速走馬自不能禁。走入車繩索內，馬驚落馬，其馬奔走，以致牛驚攔當不住，將也速碾死，即是本人自犯，其秦丑厮、劉賽兒不合坐罪，止據不曾喝住車輛，將也速救護罪犯詳情，係不應得爲而爲，量情事重依舊例，其秦丑厮爲首，合杖八十；劉賽兒爲從，減一等，合杖七十。部准法司擬。省斷秦丑厮二十七下，劉賽兒一十七下。

（清）嵇璜等《續文獻通考》卷一三五《刑考・刑制》〔元世祖至元〕五年十二月，禁市毒藥，如附子、烏頭、巴豆、砒霜之類，及不通醫理妄行鍼灸，或與婦人墮胎戕害人命者，加等治罪。

《元典章》卷四二《刑部・諸殺・過失殺・射鹿射死人》　太安州申：奉到中書刑部至元七年四月二十一日符文，爲李猪兒首告因射鹿將劉伴叔誤射傷身死，伊父劉福要訖人口、車牛、地土等物。爲此追徵人口、車牛、地土給付。李猪兒亦將本人斷訖四十七下，減半徵燒埋銀給付收管。

《元典章》卷四二《刑部・諸殺・醫死人・割瘻割死人》　太安州申：奉到中書刑部至元七年四月二十九日符文，李忠與王阿唐割瘻割死，將李忠斷決四十七下，燒埋銀不徵。

《元典章》卷四二《刑部・諸殺・醫死人・醫死人斷罪》　至元七年七月，尚書刑部承奉尚書省扎來呈：北京路焦轉僧狀招：因爲醫慕阿羅患病女夫陳某病證，板曲身死，審刑官已將焦轉僧斷訖七十七下。省府相度，合下仰照驗，於焦轉僧名下，追徵燒埋銀給付苦主施行。

《元典章》卷四二《刑部・諸殺・誤殺・主誤傷佃婦致死》　尚書刑部呈奉到中書省至元七年九月十五日劄付，該爲東平路汶上縣尹忙兒爲帶酒與妹尹三姐相争，用器仗行打，誤將佃客李二嫂打傷致死。省部相度，議擬本人斷七十七下，追燒埋銀給主。

《元典章》卷四二《刑部・諸殺・疾殺人・年老打死人贖罪》　陝西行省權省胡讓呈：延長縣申到道士劉志樸爲打死徒弟劉志昇放良軀口蒲民公事。責到劉志樸狀招：年八十歲，至元七年五月十一日早爲本菴軀跛僧問蒲氏，本人嗔問，將志樸腦上打砍，以此將蒲民絟縛，用棒毆傷，及於日頭內炙曬，因傷身死罪犯。法司擬得：劉志樸打死蒲民罪犯，並依凡人之法，合行處死，仍徵燒埋銀給付苦主。却緣劉志樸年及八十，合行具狀上請，聽勅處分。部擬：徵贖罪鈔三十二貫，徵燒埋銀五十兩。中書省擬徵贖罪鈔一定，更徵燒埋銀兩。於十月二十日聞奏過，領奉聖旨，准欽此。

《元典章》卷四二《刑部・諸殺・娼佃・良人殺軀》　至元七年，中都路申：蘇三五於至元六年八月初一日與周仲義軀男王小狗相争撲肉，將本人用肐膝於不便處踢死。法司擬良人毆傷他人奴婢，減凡人二等，合徒四年，依例於本人名下徵銀五十兩。部擬量決一百七下，徵銀。呈省准。

《元典章》卷四二《刑部・諸殺・疾殺人・心風殺人上請》　至元八年三月尚書刑部奉尚書省劄來呈：康留住因患心風舉發，至元六年十一月二十四日夜不知怎生摸得棍棒，將本家安下喬老打死，並將伊男喬大及留住妻阿李、女婆惜、次女宜奴俱各打傷。又舉小孩兒抱著棍棒，踏內往來嗽叫笑走。至二十七日，有弓手捉住，纔知爲心風病發，打死喬老罪犯。議得康留住即係顛狂殺人事理，照依舊例，合行上請，聽勅處分。爲此移准中書省咨。該都省議得：康留住所犯，既與身死喬老生前別無讎嫌，委因舊患心風病証舉發，昏迷不省，不知怎生將喬老打死，不合償命。正擬於本人處徵燒埋銀五十兩給付苦主。於至元八年二月二十六日奏奉聖旨，欽此，仰依上施行。

《元典章》卷四二《刑部・諸殺・鬥殺・因鬥咬傷致死》　平陽路娼

女白要奴因與小鄭相爭捽扯官宿，於本人右手中指上咬傷，辜限外身死。刑部呈奉到尚書省至元八年三月二十六日劄付，擬斷白要奴合得本毆罪犯七十七下，單衣受刑。

《元典章》卷四一《刑部・諸惡・不睦・毆死弟》　隆興路蕭猪兒與弟相爭做齋，用荊拄棒打死弟蕭九十。申奉到尚書刑部，至元年八年三月二十一日符文，擬斷七十七下，仍徵燒埋銀一十五兩，給付苦主。

《元典章》卷四二《刑部・諸殺・過失殺・神刀傷死》　至元八年四月，奉尚書省劄付來呈備濮州路申：康于凶狀告高師婆用神刀於男黑厮左額上斫傷身死。歸問得高阿宋狀招：不合於至元七年九月初十日未時，於張老家内祝神，阿宋請下五獄大尉神，將阿宋付着，不覺被元把神刀尖於康黑厮左額角抹，傷風身死。干連人張老指證相同。再送刑部披詳回呈：高阿宋所犯，合同過失殺人事，令聽贖。以此公議得高阿宋所犯，量決五十七下，追徵燒埋銀五十兩給付苦主。移准中書省咨，准呈施行。

《元典章》卷四二《刑部・諸殺・誤殺・驚死年幼》　至元八年七月日，尚書刑部來申，南樂縣弓手張全因捉賊人趙三，搜尋賊驢皮，驚死韓成男五兒事。責得張全招伏：不合於韓成屋東賊驢皮，將墜石上有盛粥瓦盆一箇拖下，就地摔碎。韓成男五兒於西間啼哭，以致唬得因驚搐身死。又不合將趙三頭髮捽著在地，出門來用鐵爪子及棒子沿身毆打。又不合要訖韓成熟牛皮半張並靴材，事發回付。又不合於南樂縣招責不實罪犯。省部議得：張全所犯，因搜賊人趙三，驚死韓五兒，即係被差應捕之人，外據取要韓成熟牛皮靴材，既已回付，難議治罪。止據將趙三用鐵爪毆打並南樂縣招責不實，量擬四十七下。合下仰照驗施行。

《元典章》卷四二《刑部・諸殺・雜例・狗咬死人》　至元八年十月，中書户部據管鷹房打捕民匠總管伯帖木兒狀申：絡絲匠李義狀告本家相近住坐李大所養母狗一隻，從門外走來，咬傷妻阿杜並女李三姐，因傷身死。行下順天路，取問得狗主李海狀結，所養母狗一隻，從來不曾咬人，以此不曾標識，亦不見狗隻將李二妻女咬傷。本部參詳：既元告不係狗主李海家内咬傷本人妻小，李海狀結，所養母狗從來不曾咬人，難以定奪，呈奉都堂鈞旨，准擬施行。

《元典章》卷四二《刑部・諸殺・自害・自行淹死》　至元九年四月，中書兵刑部奉申：臨汾縣韓卞告親家牛阿侯部領人衆，就來本家捉拿妹珍珍姦事打拷，母阿薛向前救解，其各人亦將母阿薛毆打。母阿薛於門外躲走，其牛阿侯等跟趕逼臨，母阿薛落井身死等事。取責到一干人等招准詞因，若將牛阿侯等歸斷，未蒙省部降到如此體例，乞明降事。省部相度：既韓阿薛自行落水淹死，別無定奪外，據牛阿侯等所招，捉拿韓珍珍姦情，即係不應輕罪。合下仰照驗，就便斷決施行。

《元典章》卷四二《刑部・諸殺・戲殺・因戲殺人》　至元九年十一月三十日，中書刑部符文：高萬奴狀招：與張歪頭相撲作戲，萬奴用拳於歪頭左耳近下侵咽嗓打訖一拳，倒地身死。省部相度，量擬九十七下，仍徵燒埋銀五十兩給主。

《元典章》卷四二《刑部・諸殺・過失殺・射耍鵓兒射死人》　中書兵刑部至元十年十月十九日符文，爲弓手趙九住因與馬帖、鄭黑厮射虎回栗林中，一同射耍鵓，不防樹枝將節擗住，將馬帖射傷身死。議得趙九住所犯，即係耳所不及，思慮所不到。既是本人無慮，合同過失，擬罰鈔一定與被死之家，充燒埋之資。苦主私和二百九十五貫，除一定外，餘鈔追還本主。

《元典章》卷四二《刑部・諸殺・戲殺・戲殺准和》　至元十年十一月，兵刑部符文太原路來申：陳猪狗於至元七年十一月十一日與小舅趙羊頭作戲，相奪乾麻，因用右拳將趙羊頭後心頭打了一拳，死了，救不得活。用背麻繩子拴了趙羊頭項上，推稱自縊身死，背來到家。問出前因，郭和等休和。陳猪狗休妻趙定奴又趙旺交訖，陳猪狗父陳貴准折鈔二十七兩。至十六日休罷，二十四日趙羊頭尸首埋殯了當。不曾初復檢至閏十一月内，爲争私知物折鈔店舍，事發到官。捕到一干人，招證完備。申乞照驗。得此，省部照得：先據大名府申徐斌毆死張驢兒，伊母告攔，不曾撿尸，受訖私和錢物。呈奉都堂鈞旨：既張驢兒母阿許自願告免，不須理會，錢物亦無定奪。今來本部公議得：陳猪狗所招與小舅趙羊頭於河下撇麻，羊頭與猪狗鬥争作戲，趕上與趙羊頭相争，用右拳於後心打了一拳，本人合面倒地身死。止是因戲致傷人命，私下要訖陳猪狗店舍、地基、牛驢，准折錢物。更令陳猪狗與趙旺做兒，寫立文字休罷。不曾檢驗尸傷埋殯了當，在後因争私和店舍，事發追問。若將陳猪狗依已定斷，却

緣有徐斌毆死張驢兒體例。其陳猪狗所犯與徐斌無異，以此參詳：擬合依例准私和，是爲相應。呈奉都堂鈞旨，送本部准擬施行。

《元典章》卷四二《刑部·諸殺·疾殺人·篤疾傷人杖罪斷決》　至元十三年五月十八日，中書兵刑部來申杜思禮毆死褚堅。取到一干人詞，因爲此省部擬罪，呈奉中書省判送議得：杜思禮所犯，先爲褚堅姪褚師打傷人，爲褚堅毀駡，以致用棒將褚堅打著，因傷身死。既杜思禮無目篤疾之人，依准本路所擬，決杖一百七下，仍於本人梯已錢內徵燒埋銀五十兩給主。如不敷，於本觀常住錢內貼徵。奉此仰依上施行。

《通制條格》卷四《户令·女多渰死》　至元十三年七月初二日，欽奉聖旨：亦都護根底，塔海不花、亦捏不花兩箇根底，火州吕中秃兒班爲頭貳拾肆箇城子裏官人每根底，衆僧人每根底，也里可温每根底，百姓每根底，宣諭的聖旨：哈兒沙沙津愛忽赤旭烈都統奏將來有，火州城子裏人每的媳婦每，若生女孩兒呵，多有撇在水裏渰死了。秃兒迷沙的女孩兒根底水里撇去間，速安海牙爲頭人每拿住，薛闍干、不顔帖木兒兩箇根底説呵，他每的言語不肯分間，首告的人每秃兒迷沙根底却分付與了。麽道奏將來的上頭，速安海牙、塔失海牙狀頭每根底做百姓者。今已後女孩兒根底水里撇的人每，一半家財没官與軍每者。首告的人每若是駈奴呵，做百姓者。咱這般説來。這聖旨宣諭了呵，女孩兒根底水裏撇的人面情看覷着，違奉聖旨，管民官每有罪過者。

《元典章》卷四一《刑部·諸惡·不睦·打死遠房姪》　至元十七年五月，江西行省據袁州路歸問到袁念四名成狀招：因遠房姪袁百六將人行舊路查占相争，爲袁百六毀駡，用棒於袁成額上打傷。奪到行使木棒，將姪袁百六打傷，至次日身死。罪犯移准都省，咨該送刑部，照擬得袁成所招，因姪袁百六查占行路相争，其袁百六毀駡及用棒打傷袁成額上，以致袁成將棒奪得，還打袁百六致傷身死。即係遠房姪雖已隔從，終有尊卑，擬將袁成斷八十七下，徵埋銀五十兩，給付苦主。呈乞照詳。都省議得：袁成擬決一百七下，依部擬徵燒埋銀，準此。

《元典章》卷五七《刑部·諸禁·禁火·失火燒死弟》　至元十九年十月二十六日，行中書省據袁州路申：歸問到柳行叟招伏，不合遺火燒訖兄弟屋宇及弟柳念三燒死罪犯，審囚官擬斷得：柳行叟合該杖決六十七下，呈奉都省，准擬斷訖施行。

《元典章》卷四二《刑部·諸殺·誤殺·驚死年老》　至元二十年正月，江西行省審囚官呈：袁州路歸問到鄭祥叟告：小劉因來宋季可酒店内搜酒，被小劉將表叔彭信之喝駡，因此驚嚇，跌倒在地身死。委官檢復，勘當無異。議得犯人小劉所招，已死人彭信之並不毆與小劉争鬧，自驚跌死，止據小劉駡詈罪犯，量擬斷三十七下。省准斷訖。

《元典章》卷四二《刑部·諸殺·奴殺主·打死同駈敲了者》　至元三十年正月，中書刑部中書省劄付來呈議得：廣平路歸勘到打死同駈劉狗兒犯人路黑厮，理合處死，燒埋銀即係同居相犯，不須追理。都省准擬，於至元二十九年十二月初三日奏奉聖旨節該：敲了者。

《元史》卷一七八《王約傳》　〔大德初〕因議鬬毆殺人者宜減死一等，著爲令。

《元典章》卷四二《刑部·諸殺·雜例·非謀故殺人准釋放》　大德三年五月，江西行省准中書省咨：吉州路歸問到周方大督勒人夫蕭明二等鋤倒土墻，蕭明二藏訖墻中元有銀盤，將本人拷打監鎖，因傷身死，擬合結案。咨請照驗。送刑部議得：周方大等所招，爲蕭明二將伊銀盤藏去，指證明白，不説下落，因而打拷致死，即非謀故。二次欽遇詔恩，如蒙移咨行省，欽依釋放，燒埋銀兩依例倍追相應。都省准擬，咨請依上施行。

《元典章》卷三九《刑部·刑制·刑名·僧人自犯重刑》　大德四年正月，江西行省准中書省咨來咨，瑞州路申准僧録司牒、行宣政院備奉中書省劄付：僧人自相干犯重刑，依式結案事理，本省未曾准到都省明文，即係通例，請定奪。都省照得，先准雲南行省咨，大理路大和縣僧人段海長將僧人連公毆傷致命，未審僧人自犯重刑，合無有司與僧司審問，止令有司結案，唯復全令僧司結案。係爲公例公事請定奪。回示準此劄付，宣政院照擬回呈，欽奉聖旨節該：僧俗相犯重刑者，與管民官一處問了。是做重罪過來的招伏了呵，分付管民官，輕罪過的一處斷者；和尚自己其間做罪過的，則教和尚每頭目斷者。欽此。本院議得：僧人自相干犯重刑，欽依合令僧司依例結案，回咨依去訖。今准前因，請欽依施行。

《元典章》卷四一《刑部·諸惡·不睦·踢死堂姪》　大德五年三月

二十八日，江西行省准中書省咨來咨：袁州路歸問得周千六爲遠房姪周季四意嗔索要元賃房錢，反行毀駡揪捽，因此將周季四踢傷身死。取到一干人招詞，本省看詳：周千六踢死周季四，係四從堂姪緦麻之親，咨請定奪。送刑部照得大德四年七月二十五日承奉中書省判送本部呈保定路備涿州申張秀狀招：大德二年七月十七日與另居次孫張真一除掃牛糞，有房姪張聚帶酒將秀毀駡，用元柱檀木拐一條，將張聚踢打身死，擬罰贖罪。大德三年正月十八日欽遇詔恩釋免。本部議得：張秀因房姪張聚駡詈，踢打身死，即係卑幼有罪，尊長毆擊致死，例應杖斷，欽遇詔恩，合行革撥。燒埋銀兩，依例追給。所據張秀贖罪鈔數，若係詔後徵到，合行回付。呈奉都堂鈞旨，送刑部准擬革撥施行。奉此除外，今承見奉本部參詳周千六所招，因遠房姪周季四賃伊房屋，不償房錢，意稱索要，反行毀駡揪捽，致被周千六踢打，經隔四日身死。雖是遠房，終係尊長毆死卑幼，例應杖斷，却緣二次欽遇詔恩釋免，依例徵給燒埋銀五十兩。周千六元與私和田地屋契，既於苦主周阿季名下追到，地價中統鈔三錠二十兩，擬合設官，却將田土令周阿季爲主相應。都省准擬，咨請照驗施行。

《元典章》卷四二《刑部・諸殺・誤殺・用鐵棍於被上打死》 大德五年四月十一日江西行省准中書省咨：來咨袁州路申：分宜縣差公使人張福勾追不收田畝人王雲二，張福轉覓陳勝前去。勾喚得王雲二不在，勾到佃户袁層二沿路裏私在逃。於大德二年九月十七日，天色微明，陳勝去到袁層二家房内，見本人睡卧未起，用元將鐵棍於所蓋被上敲打一下，致將伊一十六箇月女袁戌娘打傷身死。取訖陳勝招伏，欽遇詔書合免釋免，燒埋銀兩未審追給。咨請照驗。準此，送刑部議得：陳勝所招，因勾王雲二令袁層二代名出具，本人私在逃。再去袁層二家去勾喚，隱見袁層二夫妻睡卧未起，用鐵棍於被上敲打一下，以致將袁戌娘打傷身死，即係過誤。罪經欽遇詔書釋免，燒埋銀兩依例追給苦主相應。都省准擬，咨請依上施行。

《元典章》卷四二《刑部・諸殺・娼佃・主户打死佃客》 大德六年七月，中書省劄付來呈山南江北道肅政廉訪司申：照刷出湖北宣慰司文卷内一件傅汝明因爲佃客李小三不伏使喚，致傷身死。移准中書省咨送刑部議得：傅汝明所招，爲佃客李小三不送文字，用棒打傷身死，私和埋葬。别無檢到尸傷，兼本人别無故殺情意，二次欽遇詔恩。比例欽依釋免，仍追燒埋銀兩給付苦主。其餘有招人等，革撥相應。今來看詳：即今本使不請官司，毆殺死擄買軀奴，猶然治罪，葢因而妄殺故也。良人毆死他人奴婢，例斷一百七下。今江浙之弊，貧民甚多，皆是依託主户售雇或佃地作客，過日即非客户，買致軀奴。亡宋已前，主户生殺，視佃户不若草芥。自歸附以來，少革前弊，斟酌時宜，禁止尚恐不能。若以前例杖斷，追燒埋銀，似啓收豪兼並之家妄殺無辜佃客之門。垂歷代殺人無赦之禁，理合講究定例。都省議得：地主毆殺佃客，其情輕重不同，難議一體。定擬今後若有違犯之人，追勘完備，廉訪司審復無冤，依例結案，至日詳斷。仰照驗施行。

《元典章》卷四二《刑部・諸殺・誤殺・打死强要定親媒人》 大德七年三月，江西行省准中書省咨：御史臺呈行臺咨江西廉訪司申：龍興路奉新縣見禁罪囚羅阿余狀招：大德六年五月二月十九日，有夫羅仲一因病身亡。至七月初二日，有鄧成二將引雷九俚用木檐一條，檐得餅麵等物，稱是鄧定五將此茶餅定你爲妻。阿余堅執不受，與鄧成二互相爭奪木檐，於鄧成二心匪偏右搊傷身死。看詳：江南風俗僥薄，婦人有夫，猶受顧於人夫。亡不嫁者，絶無有也。今羅阿余舅姑未亡，鄧成二旨强下聘財，本婦不受，定所難得。若同凡人以鬥毆致命論罪，何以勸示當世？如准江西廉訪司元擬，量情斷決，用表貞烈，亦厚俗之一端。本臺看詳：若依行臺所擬相應。具呈照詳，送刑部議得：羅阿余夫亡家貧，撫養孤幼，不願改嫁。其鄧定五欺凌寡婦，圖要爲妻，使令鄧成二作媒。二次不從，各人恃其凶惡，主媒昏賴，又行强送定物。所以相爭，爲鄧成二先行沿身踢打，本婦不憤，就用相奪木檐於鄧成二心匪偏右搊傷，因而致命。原其所犯，終無故殺之心，若與其餘鬥毆殺人一體論罪，似涉太重。參詳合准臺擬，量決四十七下相應。具呈照詳。都省議得：羅阿余所犯，情實可憐。量決四十七下，咨請照驗依上施行。

《元典章》卷四二《刑部・諸惡・不睦・穆豁子殺兄》 至大二年九月，江西行臺准尚書省咨。刑部呈奉省判，本部呈准中都留守司關大同路申朔州備勸陽縣申：至大二年十二月二十二日，穆仲良告弟穆豁子用力將兄穆八札死。責得犯人穆豁子狀招：因於兄穆八處取索元借中統落五

錢，有兄穆八推調不還，不合將兄穆八衣襟扯住索要。有兄穆八意嗔，將豁子口上打訖二拳，不合生惡怒，用左手將兄穆八右臂、頭髮揪住，暗用右手將懸帶白羊角鞘刀子拔出，將兄穆八左耳竅前緊挨耳竅扎訖一下，血流合面，倒地。又於兄穆八腦後偏左扎訖一下，刀尖著骨，致將刀刃挨靶捉折，刀靶擘破兄穆八腦後，帶折刀刃競命，將身翻過，仰面致命身死罪犯是實。下禁返勘問，本賊訊瘡發潰身。看詳：穆豁子殺死親兄，惡逆尤甚，合無戮尸曉諭。係爲例事，理爾請照驗準此。本部議得：穆豁子因伊兄不還元借鈔五錢，用刀子將兄穆八扎死，即係惡逆重事。若不明示罪名，則後人無以懲戒。雖本賊就禁身死，宜准所擬，對衆戮尸，依例追給燒埋銀兩。如蒙准呈，遍行照會相應。具呈照詳，都省咨請，照驗施行。

《元典章》新集《刑部・諸殺・戲殺・李杞一身死》　延祐六年十二月　日，江浙行省准中書省咨來咨饒州路申：　李高三販賣乾魚，令杞一、余興二作牙。延祐三年四月十七日，於金升六家內一同飲酒。李高三、余興二與李杞一作戲，二次攔阻，不容本人起身小遺。飲酒罷散，李杞一望小路奔走，李高三等又行趕逐，被跌攔著肚腹，昏悶，小便帶血，經隔二日身死。李高三、余興二出鈔一十五定，作李杞一賣魚牙錢，付尸親李舜一盤纏埋葬。李杞三等告官，與訖李杞三等鈔三十四定一十五兩。取訖各各招詞，欽遇釋免。上項鈔定即係不應之贓，追徵没官外，訖照詳。得此，本省議得：　李高三等作戲致傷人命，別無故犯意罪，合徒刑，欽遇原免。如於各人名下均徵中統鈔一十五定付尸親。理間所比，依省部已斷除咬住王狗兒戲殺例，合徵燒埋銀兩。各人罪止徒刑，欽遇釋免。若擬倍追，終無所守通例。咨請照詳。準此，送據刑部呈議得：　李高三、余興二所犯，止是用言作耍，攔當李杞一不容小遺，以致跌傷身死。中間別無故殺情節，又非以力共戲，罪遇釋免。所擬燒埋銀兩，如准本省所擬，李高三等名下均徵中統鈔一十定給付苦主相應。都省咨請依上施行。

《元史》卷一〇四《刑法志》　諸奴毆死主婿者，處死。

《元史》卷一〇五《刑法志》　諸蒙古人因爭及乘醉毆死漢人者，斷罰出征，並全徵燒埋銀。

諸因鬬爭，一人誤蹂死小兒，一人毆人致死，毆者結案，蹂者杖一百七，並徵燒埋銀。

諸有人戲調其妻，夫遇而毆之，因傷而死者，減死一等論罪，仍徵燒埋銀。

諸毆死應捕殺惡逆之人者，免罪，不徵燒埋銀。

諸以他物傷人，傷毒流注而死，雖在辜限之外，仍減殺人罪三等坐之。

諸因爭，以頭觸人，與人俱仆，肘抵其心，邂逅致死者，杖一百七，全徵燒埋銀。

諸出使從人，毆死館夫者，以毆殺論。

諸因戲言相毆，致傷人命者，杖一百七。【略】

諸軍官，因公乘怒，輒命麾下毆人致死者，杖八十七，解職，期年後降先品一等敘，徵燒埋銀給苦主，若會赦，仍殿降徵銀。【略】

諸父有故毆其子女，邂逅致死者，免罪。【略】

諸兄毆弟妻，因傷而死者，杖一百七，徵燒埋銀。【略】

諸尊長誤毆卑幼致死者，杖七十七，異居者仍徵燒埋銀。【略】

諸奴毆詈其主，主毆傷奴致死者，免罪。

諸故殺無罪奴婢，杖八十七，因醉殺之者，減一等。

諸毆死擬放良奴婢者，杖七十七。【略】

諸良人以鬬毆殺人奴，杖一百七，徵燒埋銀五十兩。

諸良人戲殺他人奴者，杖七十七，徵燒埋銀五十兩。

諸奴毆死其弟，弟亦爲同主奴。主乞貸死者，聽。

《元史》卷一〇五《刑法志》　諸彼此有罪之人，相格致死者，與殺常人同。

（元）沈仲緯《刑統賦疏・第六韻》　誤殺係尊長者科之以過失。七殺之法誤重於戲，戲重於過失，則過失者情之至輕也。善立法者先後相照而無輕重之偏，善用法者輕重相明而有出入之變，以輕者猶得此罪況于重者乎。《鬬訟律》云，諸鬬毆殺傷旁人者以鬬毆殺傷論，至死者減一等，若以故僵仆而至死傷者以戲殺傷論。卽誤殺傷助己者各減一等。問曰，甲共乙子同謀毆丙，而乙誤中其父，因而致死，得從誤殺傷助己減二等以否。答曰，律云鬬毆而殺旁人者以鬬殺傷論，但殺傷旁人坐當過失，打者

本爲緣鬬故從鬬殺傷論。若父來助已而誤殺者聽減二等，便卽輕於過失，依例當條雖有罪名，所爲重者自從重論，各從過失之坐處流三千里。又問曰，以鬬殺傷僵仆誤殺助己父母或雖非僵仆因鬬誤殺周親尊長各合何罪。答曰，以鬬僵仆誤殺父母或期親尊長，若減罪輕於過失者並從過失之法也。

直解。誤殺助己父母者減二等，從過失科罪。

通例。至元六年九月冀州賈信爲男賈三不由教令將妻休棄，用钁柄毆打因傷邂逅身死，若使坐罪以子責父恐傷人倫，免罪。

（元）沈仲緯《刑統賦疏・第七韻》 雖戲雖失而不從戲失。戲殺者，《鬬訟律》諸戲殺傷人者減鬬殺傷二等，注謂以力共戲至死和同者爲其素無仇怨事，出不意也。過失殺者，《鬬訟律》諸過失殺傷人也，各依其狀以贖論，謂耳目所不及，思慮所不到，共舉重物力所不制，若乘高履危足跌，及因擊禽獸以致殺傷之屬也。然斯三者是爲凡人及餘親立法，其卑幼之於期親以上尊長則又不同焉。蓋事之道當以恭敬爲主，豈宜有以力共戲乎，有思慮不及不到之失乎，是以《鬬訟律》戲殺傷期親尊長外祖父母父母者流，傷者徒三年。伯叔父母姑兄姊外祖父母各減本傷罪二等，夫祖父母父母徒三年，而不從戲殺傷減等過失收贖者也。其部曲奴婢過失殺主絞，傷者流，而重於子孫至戲殺傷則無正條，以子孫戲殺父母猶不減，況於部曲奴婢者乎。以部曲奴婢於主過失殺者絞，傷者流，況於戲殺傷乎。善用法者輕重相明而已矣。

直解。卑幼因戲與過失殺傷周親以上尊長外祖父母及夫之父母尊長並不准戲失。

通例。至元十七年八月，濟南路申：柳温因瘋病舉發遊走指罵。親母阿李用木窗櫺一條於阿李腦後打訖一下，即時身死。部議：雖因風狂，終犯逆死。

（明）卜世昌等《明通紀述遺》洪武十七年十二月 以翰林院待詔朱善爲文淵閣大學士。左都御史詹徽奏：太平府民有毆傷孕婦至死者，律當絞。其子乞代父受刑，奏請裁決。詔大理寺卿鄒俊議曰：子代父死，情固可矜，然死婦繫二人之命，寃曷由伸。犯人當二死之條，律何由貸，與其存犯法之人，孰若全無辜之男？招從其議。

（明）戴金《明條法事類纂》卷三六《刑部類・保辜期限・鬬毆傷人（事）〔辜〕限外死備招奏請》 弘治元年四月二十四日，都察院左都御史等官馬等題，爲陳言申明職掌清理刑獄事。該大理寺右寺右評事魯永清奏：竊聞刑者，民命所關。刑清則化（幼）〔行〕，化行則民用，和睦而百順，否則，天降災譴而異興。自（右）〔古〕君天下者，未有不以刑獄爲重也。仰惟皇上初登（實）〔寶〕位，維新治化，首（領）〔頒〕明詔，大赦天下，是久禁囹圄者悉蒙大造之恩，犯至死刑者多獲再生之德。中外（勸謄）〔歡騰〕，華夷稱慶，和氣充周於（南周）〔囹圄〕，（加）〔嘉〕祥以稱於六合。故（效）〔赦〕犯一舉而（端）〔瑞〕日增輝，籍田一耕而靈雨即降，皆是聖德和氣感召之所致也。太平休徵，何以（加）〔如〕此？將見五穀豐登，刑其無刑，誠有在於今日矣。臣幸除明時，備員法曹，顧職掌並不候事件，條陳五事，上瀆天聽，伏乞優容，採擇旅行等因，具本。該通政使司官奏。奉聖旨：該衙門知道。欽此。欽遵抄呈到院，除所司者刑名，所專者參駁，不敢越訴妄言，謹以目擊耳聞弊所當革，有官均地方以便審録一件行移吏部施行，及遵律令以平刑罰等三件先已詳議具奏外，内一件：詳議律意以重大辟。節該伏覩宣德三年三月初四日宣德皇帝敕諭内載：聖置刑罰，用天討以弼化。刑罰當則天道和，人心悅服，國家天下（辜）〔幸〕受其福。否則，感傷和氣，災沴百出，是以古昔帝王必慎簡刑官。我國家稽古爲治，建三法司。自祖宗以來，慎（呈）〔重〕人命，務在欽恤。欽此。及讀《大明律》保辜限期内一條：手足以及他物毆傷人者，限二十日；以刃及湯火傷人者，限三十日；折跌肢體及破骨墮胎者，無問手足他物，皆限五十日。讀誦再三，不能無疑。夫鬥毆成傷，既立辜限，則辜外身死當依本條。今律云辜内因傷死者以鬥（殿）〔毆〕殺人論，該載已明，其在辜限（在）〔以〕外及雖在辜限内，傷已平復，官司文案明白，别因他故死者，又云各從本毆傷法，該載亦明。今問刑衙門未審據何所見，遇有毆傷辜外死者，不分原傷有無平復，輒依毆殺之條，坐以絞罪，恐非律文之意。《律》曰：辜外因傷死者不合償命，則死者何辜？誠如所（去）〔云〕，則辜限一條可以（刑）〔删〕去矣，何用辜係哉？況本條又云：若所傷以上辜内醫治平復者，各減二等；辜内雖平復而成殘廢篤疾，又辜限滿日不平復者，各依律全科。竊詳立限之日，惟

以限滿爲（斯）〔期〕。若傷未平復，辜限一百日不滿，雖笞杖之（經）未〔輕〕敢決，蓋恐被傷致死，傷命則杖刑（雖）〔難〕贖。若辜限已滿，傷未平復，雖徒流之罪，就便斷決，隨即發遣。（具）〔其〕限滿不平復，毆傷必重，有死之理。若該償命，豈應遂以致傷全科其罪乎？假有毆人至篤疾，該杖一百流三千里，仍得犯人財産一半斷付篤疾之人養贍。假使被毆之人限滿不平復，既將犯人坐以全流，又斷以財産，若斷後被毆之人因傷身死，復坐以死，則非惟立法無有犯極而全之也，杖已流斷付財産又何處乎？今笞杖徒流悉依此斷，獨辜外死者不依此條，何其考律意而矛盾若是也？及覩墮人胎條内注云：墮胎者，謂辜内子死者，乃坐。其雖因毆，若辜外子死者，各從本毆傷法，不坐墮胎之罪。似此推之，則辜因傷死者，坐以死明矣。謹接太祖皇帝制律之時，屢詔大臣更定新律，至三六而不倦者（？），凡欲生斯民也。後又敕刑部尚書劉惟謙重會衆律以協中，每一篇成，輒繕書上奏，下於揭西廡之壁，親御論墨，爲之裁定。雖笞杖徒流之輕，尚歷歷明著其罪。若辜外因傷身死，律該處死，必明定禁罪，何爲又云各從本毆傷法乎？昔待制馬宗均之父馬麟毆人致死，雖在辜限四刻之外，尚不抵死，蓋以刑欽恤，法無人近，我祖宗立法主意正在於此，故明《刑律》（六）凡稱〔日者〕，以百刻。又曰：八十以上，十歲以下，犯反逆殺人應死者，議擬奏問，取自上裁；九十以上，七歲以下，雖有死罪，不加刑。夫五刑之條，莫重於反逆、殺人，矜其老幼，猶不加刑，況鬥毆不過一時忿怒，彼此交争，初無殺意，比之謀殺、故殺不同，所以（時）〔特〕立辜限，若因傷死者一概坐以絞罪，是與辜内因傷死者之罪無異矣，豈祖宗欽恤之乎？《律》曰：死者不可復生，斷者不可復續。一裁失當，則刑斯濫矣。高宗以刑不濫而致中興，冠准以刑不平而旱證。刑之所繫如此，可不慎與？《書》曰（雖）〔罪〕疑惟輕。與其殺不辜，寧失不經。又曰：欽哉，惟刑之恤哉！此之謂也。伏乞斷自宸（中）〔衷〕，或敕都察院會議，奏請通行内外問刑衙門，今後問擬鬥毆辜外因傷死者罪名，合無照依辜限條内該載擬罪，惟復仍依鬥毆殺人律條件斷，務求至當，永爲定規，毋曰行之已久，難以更改。如此，庶欽恤稱情，人心悦服，而辜限一條不致虚設矣！

　　前件查得，先該本院奏，爲講明律意以重民命事。近來兩京法司官員，或由進士（初）受寺正、寺副、主事，或由知州行人就陞員外、郎中，而御史亦多知縣所除。到任之後，未經問刑，先斷刑獄。（獄差）所以於律（餘）〔條〕多不熟讀，而律意亦不講明，所關因人不過移情就律，將就發落笞杖徒流，縱有所（柱）〔枉〕，爲害（本）〔不〕大。至於人命，一有所冤，關係非輕，有將强盜、窩主未曾造意同謀，官吏因於毆人致死本無挾私故勘而俱問斬罪者，本係故殺而卻擬鬥毆殺人絞罪者，其他以非爲是，以重作輕，法司尚則此，其餘府州縣衛所（回）〔因〕犯（柱）〔枉〕抑而死者又不知其幾何？此皆原問官律學未講，律意未明之故也。乞敕南京法司堂上官督令屬官天下都布按三司斷事理問〔官〕及浙江等按察司官並各府推官，各要將《大明律》條熟讀講解，深明其意，不許似前忽略，置而不講。其問囚之際，參差訊鞫，務在得其真情，方纔取招。議罪之時，尤須原情定擬，不許輕易致有冤抑，獄成之後，難以辯明等因，具題。奉聖旨：是。欽此。欽遵已經通行去後，今評事魯永清又奏前因，臣會同刑部尚書何、大理寺卿馬等計議：竊惟律條之設，啓自往古。我朝斟酌，最爲適中。且互相鬥毆，若於虚怯致命去處被傷，即時身死者，律有明條，固不暇論。其除致傷有輕重，所以辜限有遠近。保辜者，毆人成傷，保其犯人之罪，責令醫治。被傷之人，恐其致死，使彼此各全其生也。律曰：辜限内皆須因傷死者，以鬥毆殺人論。律條甚明，因無别議。又曰：其在辜限外及雖〔在〕辜限内傷已平復，官司文案明白，别因他故死者，各從本毆傷法。且其者變於先意及者事情連後（？），是言若在辜限外傷未平復，及雖在辜限内已平復，不因毆傷，别因他故病死者，止擬毆傷本罪，不坐毆殺之條。曰别因他故死者，從本毆傷法，則限外因傷死者，雖不明問以鬥毆殺人論，而其意甚明矣。不然，何以折傷以上又曰：辜限滿日不平復者，依律全科。且折缺人肢體致成殘廢篤疾尚流三千里，又將犯人財産一半給被傷篤疾之人養贍。若因毆人頭傷風從頭瘡而入限外死者，既不坐死，又不斷付財産，而止擬毆傷流罪，則是於死者反輕，於生者反重，不惟死者含冤於地下，而彼孝子慈〔孫〕亦抱恨於生前矣。再考《詳刑要覽》載：待制馬宗元父麟毆死人，將抵法。宗元推所毆時在限外四刻，因訴郡得元父死者，蓋《唐律》明云：保辜限内死者依殺人論，限外死者依本毆傷法。無别因他故字樣死者。我朝《大明律》

條保辜內文意似不相同也。但人多不肯講《明律》，往引宗元爲説而致疑耳。且人命至重，死者不可復生，斷者不可復續，若限內致傷而死不償命，恐無此理，亦非我朝律文之意。況限外內因傷死者擬以毆殺人絞罪，自國初至今已逾百年，若有所〔擬〕〔疑〕，前人豈不具奏？〔合〕無今後凡鬥毆傷人，如前跌折人肢體，毀敗人陰陽，破人骨、墮人胎、斷人舌等傷，官司責保辜限內不能平復，纏綿至於限外而死，情真是實者，仍擬鬥毆殺人絞罪，原問衙門臨時備問招由，奏請定奪。其辜限內傷已平復，官司文案明白，別因他故死者，務與推究真情，力爲辨明，不許拘於限內，畏懼原告，刁撥被告之人，一概問擬死罪，致有抑冤，有傷和氣，庶於律意不違而刑罰罔濫，事體歸一而法司有據。緣係申明律意及奉欽依該衙門知〔道〕事理，具題。奉聖旨：是。欽此。

《明世宗實録》嘉靖二十五年十月〔癸巳〕初，內使侯章之母笞殺使女。章恐，則支解其尸，內瓮中，欲出城投之河以滅迹。事發，擬絞。至是，法司奏大辟應決者。上覽之，諭輔臣夏言、嚴嵩曰：昨覽應決囚狀，獨侯章最失當。章雖非支解使女於生前，亦是磔其尸於死後，擬以絞罪，殊爲未允。且章本閹奴，安得又有使女之稱耶？可即同法司、刑科議改故殺者斬，庶爲刑中焉。言等奏曰：誠如聖斷。

《明會典》卷一二九《刑部・人命・夫毆死有罪妻妾》 凡妻妾因毆罵夫之祖父母父母，而夫擅殺死者，杖一百。若夫毆罵妻妾，因而自盡身死者，勿論。

《明會典》卷一三一《刑部・鬥毆・毆受業師》 凡毆受業師者，加凡人二等。死者，斬。

《明會典》卷一二九《刑部・人命・弓箭傷人》 凡故向城市及有人居止宅舍，放彈射箭，投擲磚石者，笞四十。傷人者，減凡鬥傷一等。因而致死者，杖一百，流三千里。

《明會典》卷一二九《刑部・人命・車馬殺傷人》 凡無故於街市鎮店，馳驟車馬，因而傷人者，減凡鬥傷一等。致死者，杖一百，流三千里。若於鄉村無人曠野地內馳驟，因而傷人致死者，杖一百。並追埋葬銀一十兩。若因公務急速，而馳驟殺傷人者，以過失論。

《明會典》卷一二九《刑部・人命・庸醫殺傷人》 凡庸醫爲人用藥鍼刺，誤不依本方，因而致死者，責令別醫辨驗藥餌穴道，如無故害之情者，以過失殺人論。不許行醫。若故違本方，詐療疾病，而取財物者，計贓準竊盜論。因而致死，及因事故用藥殺人者，斬。

《明會典》卷一二九《刑部・人命・窩弓殺傷人》 凡打捕户，於深山曠野，猛獸往來去處，穿作坑穽，及安置窩弓，不立望竿，及抹眉小索者，笞四十。以致傷人者，減鬥毆傷二等。因而致死者，杖一百，徒三年。追徵埋葬一十兩。

黄彰健《明代律例彙編》卷一九《刑律二・人命・戲殺誤殺過失殺傷人》 凡因戲而殺傷人，及因鬥毆而誤傷殺傍人者，各以鬥殺傷論。其謀殺故殺人，而誤殺旁人者，以故殺論。若知津河水深泥濘，而詐稱平淺，及橋梁渡船朽漏，不堪渡人，而詐稱牢固，誑令人過渡，以致陷溺死傷者，亦以鬥殺傷論。若過失殺傷人者，各準鬥殺傷罪，依律收贖，給付其家。過失謂耳目所不及，思慮所不到，如彈射禽獸，因事投擲磚瓦，不期而殺人者。或因升高險，足有蹉跌，累及同伴。或駕船使風，乘馬驚走，馳車下坡，勢不能止。或共舉重物，力不能制，損及同舉物者。凡初無害人之意，而偶致殺傷人者，皆準鬥毆殺傷人罪，依律收贖，給付被殺被傷之家，以爲營葬及醫藥之資。

弘治問刑條例

一、收贖過失殺人，絞罪。追鈔三十三貫六百文，銅錢八貫四百文，與被殺者之家營葬。

一、應該償命罪囚，遇蒙赦宥，俱照大明令，追銀二十兩，給付被殺家屬。如果十分貧難者，量追一半。

萬曆問刑條例

一、收贖過失殺人絞罪，追鈔三十三貫六百文，銅錢八貫四百文，與被殺之家營葬。共折銀十二兩四錢二分。

黄彰健《明代律例彙編》卷一九《刑律二・人命・威逼人致死》 凡因事威逼人致死者，杖一百。若官吏公使人等，非因公務，而威逼平民致死者，罪同。並追埋葬銀一十兩。若威逼期親尊長致死者，絞。大功以下，遞減一等。若因姦盜，而威逼人致死者，斬。

續例附考

一、因私事用强毆打，或因公務威逼人致死者，相有重傷，及成殘廢

篤疾者，雖有自盡實跡，俱照凶器傷人事例，問發邊衛充軍，仍追埋葬銀十兩。

一、弘治十六年十月，刑部江西司問得犯人江緣一招，係與弟江緣四互爭稻穀，用棍故向弟顖門上狠打一下，登時身死，不曾告官。後又問母吴氏討要嫁賣伊弟江緣四女愛玉財禮銀二兩，要行還債，母不從，又用惡言辱駡，搜出前銀去訖，母因被駡，受氣不過，自縊身死。事發，問擬子駡母律絞罪。審會得，本犯逼駡親母，致令自縊身死，極惡窮凶。但律内止有威逼期親尊長，不曾開載威逼父母之條。切詳律意，毆父母者尚斬，況致之死。止將本犯問絞，尤得保全身首，情重律輕，較之威逼期親尊長致死絞罪，尚有餘辜。合無比照毆母者律，斬。決不待時。庶爲惡逆將來之戒。仍通行内外問刑衙門，今後威逼祖父母父母致死，俱照此例上請。

一、刑部浙江司問得：犯人王雄，招係太監王睿下家人，不合叫同匠人李太、吕欽、扈亮、前去原保領在逃工匠紀虎，民人王福海家，討要月錢。王福海止與銀五錢，王雄説稱，三年官錢該銀一十三兩五錢，如無，拏你墩鎖等語，王福海被逼不過，懼怕，自縊身死，尋拏伊男王玉，亦怕捉拏，奔走跳入大通橋河下自死。事發，問擬王雄威逼人致死，李太等三名，懼不應，事重，減等杖罪，做工的決，具本發審。奏奉聖旨：王雄等逼死一家二命，情重律輕，法司還會議了來説。欽此。查得刑部江西司問得犯人同名始因私私債逞凶，逼死李祥陳氏夫妻二命，情犯深重，奏奉聖旨，同名既情重律輕，不必運磚，追完埋葬銀兩，連當房家小，押發陝西永昌衛充軍。今照犯人王雄等比與同名情罪相同，依律止該杖罪，委的情重律輕，合無依同名事例將各犯發遣充軍，庶幾情法允當。奉聖旨：是。王雄等照例俱連當房家小，押發遼東三萬衛充軍，欽此。

胡瓊集解附例

一、因事威逼一家二命致死，爲首之人問發邊衛充軍。

一、威逼祖父母父母，妻妾威逼夫之祖父母父母致死者，俱比毆者律，議擬奏請。

新例

一、嘉靖九年刑部議準：湖廣監察御史張禄題稱：武昌衛舍餘林寛，要娶孝感縣故民周福受妻江氏爲妾，强納聘儀，因而逼死，乞要比擬因姦逼死從重治罪一節。緣林寛謀娶江氏，尚未成婚，本非因姦。況江氏自誓守節，不肯改嫁，今反以因姦致死爲名，亦非明微嫌，以慰幽烈之義。所據前律，難以比擬。合依原議，追究埋葬銀兩，定發邊衛充軍。今後凡有强娶貞婦，因而致死者，依律問罪，俱照此例發遣，施行。

一、嘉靖十六年七月刑部題，奉聖旨：你每議的是。今後凡妻妾駡夫，因而自盡身死者，竟坐絞。會審之時奏請，不用此律。着著爲令。

新例補遺

一、嘉靖二十三年四月刑部題奉欽依：凡因事威逼致死一家二命者，俱問發邊衛充軍。

嘉靖新例

一、嘉靖貳拾　年　月刑部議準：逼駡其母因而縊死，止科駡罪，猶得全軀。比依毆母者律，處斬。凡威逼祖父母父母，妻妾威逼夫之祖父母父母者，俱比照此例行。

嘉靖問刑條例

一、凡因事威逼一家二命致死者，發邊衛充軍。

一、凡因事用强毆打，威逼人致死，果有致命重傷，及成殘廢篤疾者，雖有自盡實跡，依律追給埋葬銀兩，發邊衛充軍。

一、凡子孫威逼祖父母父母，妻妾威逼夫之祖父母父母，至死者，俱比毆者律，奏請定奪。

一、婦人夫亡願守志，别無主婚之人，若有用强求娶，逼受聘財，因而致死者，依律問罪，追給埋葬銀兩，發邊衛充軍。

萬曆問刑條例

一、凡因事威逼人致死，一家二命，及非一家，但至三命以上者，發邊衛充軍。若一家三命以上，發邊衛永遠充軍。仍依律，各追給埋葬銀兩。

一、凡子孫威逼祖父母父母，妻妾威逼夫之祖父母父母，致死者，俱比依毆者律，斬。其妻妾威逼夫致死者，比依妻毆夫至篤疾者律，絞。俱奏請定奪。

一、凡軍民人等，因事威逼本管官致死，爲首者，比依威逼期親尊長致死律，絞。爲從者，枷號半年，發邊衛充軍。

新題例

一、萬曆十五年二月二十日題奉欽依：以後問擬因姦威逼人致死人犯，務要審有挾制窘辱情狀，其死者無論本婦本夫父母親屬姦夫，亦以威逼擬斬。若和同和同，萬曆己酉刊本大明律作賣姦。縱容，而本婦本夫媿迫自縊，或妻妾自逼死其夫，或父母夫自逼死其妻妾，或姦婦以別事致死其夫，而與姦無干者，毋得概坐因姦威逼之罪。

《刑部現行則例》卷下《人命》 凡官員將奴僕非故殺責打身死者，罰俸一年。故意毆殺奴僕者，降一級留任，追人一口入官。持刃殺死者，革職。將族中家僕非故意毆殺打死者，降一級調用，追人一口給付死者之主。故意毆死者，降二級調用，追人一口給付死者之主。持刃殺死者，革職，交與刑部，鞭一百折贖。其平人故意毆殺奴僕者，枷號四十日，鞭一百，追人一口入官。毆打致死者，枷號二十日鞭一百。持刃殺死者，枷號三個月鞭一百。故意打死族中家僕者，枷號三個月鞭一百，追人一口給付死者之主。毆打致死者，枷號四十日鞭一百。持金刃殺死者，枷號三個月，添追人一口給付死者之主，所賠之人，交與户部應給之處撥給。其府佐領下人并領月米之人所賠追之交與該管之主撥給。

凡官員妻母、祖母將家僕毆打致死者，照伊夫子孫品級罰俸一年。若故意毆死者，罰俸一年，追人一口入官。至伊夫子孫原有官職身故後無俸者，將伊夫子孫照原官品級罰俸，交與該部追取銀兩。

職官有將伊家僕責打致死及殺死者，問取口供，擬定故殺及責打致死情由，如係文官移咨吏部、武官移咨兵部，具題照例處分。

凡官員將他人奴婢鬥毆致死者，官革職，追人一口給付死奴之主。其故殺他人奴婢者，俱照律擬絞監候，秋後處決。

《刑部現行則例》卷下《人命》 瘋病殺人者，從犯人名下追取埋葬銀十二兩四錢二分給與死者之家。

《刑部現行則例》卷下《人命》 凡捕役拿賊誤殺無干之人，仍照過失殺人律，追銀十二兩四錢二分給付死者之家。

《刑部現行則例》卷下《人命》 凡人突持刀鎗行凶殺人有能拿獲者，照兵部例給賞外，受傷之人及拿獲之人若受傷，俱驗傷痕等第於犯人家追給傷銀。若傷人者，杖一百發邊衛永遠充軍。雖執持凶器而未傷人者，杖一百。果係瘋疾不知是實免坐，仍驗傷痕等第追銀給被傷之人。其凡人執持凶器自傷者，比照雖執持凶器而未傷人例擬杖一百。

《西寧青海番夷成例·戲誤殺人》 凡人因戲以致誤傷人死者，罰三九牲畜，給與死者之家。

《西寧青海番夷成例·打傷奴僕》 凡人將奴僕用箭射刀砍及割去耳鼻者，若千户等罰四九，百户等罰三九，管束部落之百長等罰二九，小百長等一九，小頭〔目〕及平人罰牲畜七件。若致死者，照故殺仇殺例治罪。

《西寧青海番夷成例·番民自相毆殺》 番民毆死番民，追九九罰服。

《大清律例》卷二六《刑律·人命·夫毆死有罪妻妾》 律

凡妻妾因毆罵夫之祖父母、父母，而夫不告官擅殺死者，杖一百。祖父母、父母親告乃坐。若夫毆罵妻妾，因而自盡身死者，勿論。若祖父母、父母已亡，或妻有他罪不至死，而夫擅殺，仍絞。

條例

一、妻與夫角口，以致妻自縊，無傷痕者，無庸議。若毆有重傷、縊死者，其夫杖八十。

一、凡妻妾無罪被毆致折傷以上者，雖有自盡實跡，仍依夫毆妻致折傷本律科斷。

《大清律例》卷二六《刑律·人命·屏去人服食》 凡以他物一應能傷人之物。置人耳鼻及孔竅中，若故屏去人服用飲食之物而傷人者，不問傷之輕重。杖八十。謂寒月脱去人衣服；飢渴之人，絶其飲食；登高、乘馬，私去梯轡之類。致成殘廢疾者，杖一百，徒三年。令至篤疾者，杖一百，流三千里；將犯人財産一半，給付篤疾之人養贍。至死者，絞監候。

若故用蛇蝎毒蟲咬傷人者，以鬬毆傷論。驗傷之輕重，如輕則笞四十；至篤疾，亦給財産。因而致死者，斬監候。

《大清律例》卷二六《刑律·人命·戲殺誤殺過失殺傷人》 律

凡因戲以堪殺人之事爲戲，如比較拳棒之類。而殺傷人，及因鬥毆而誤殺傷旁人者，各以鬥殺傷論。死者並絞，傷者驗輕重坐罪。其謀殺、故殺人而誤殺旁人者，以故殺論。死者處斬。不言傷，仍以鬥毆論。

若知津河水深泥淖，而詐稱平淺，及橋梁渡船朽漏不堪渡人，而詐稱

牢固，誑令人過渡，以致陷溺死傷者，與戲殺相等。亦以鬥殺傷論。

若過失殺傷人者，較戲殺愈輕。各准鬥殺傷罪，依律收贖，給付其被殺傷之家。過失，謂耳目所不及，思慮所不到。如彈射禽獸，因事投擲磚瓦，不期而殺人者；或因升高險足有蹉跌，累及同伴；或駕船使風，乘馬驚走，馳車下坡，勢不能止；或共舉重物，力不能制，損及同舉物者。凡初無害人之意，而偶致殺傷人者，皆准鬥毆殺傷人罪，依律收贖，給付被殺被傷之家，以爲營葬及醫藥之資。

條例

應該償命罪囚，遇蒙赦宥，俱追銀二十兩，給付被殺家屬。如果十分貧難者，量追一半。

收贖過失殺人絞罪，與被殺之家營葬，折銀十二兩四錢二分。其過失傷人收贖銀兩數目，另載圖內。

凡捕役拿賊，與賊格鬥，而誤殺無干之人者，仍照過失殺人律，於犯人名下追銀十二兩四錢二分，給付死者之家。

凡因戲而誤殺旁人者，照因鬥毆而誤殺旁人律減一等，杖一百、流三千里。仍追埋葬銀二十兩。

瘋病殺人者，從犯人名下追取埋葬銀十二兩四錢二分，給付死者之家。

各省及八旗，凡有瘋病之人，其親屬、鄰佑人等即報明地方官。該佐領處令伊親屬鎖錮看守。如無親屬，即令鄰佑、鄉約、地方族長人等嚴行看守。倘容隱不報，不行看守，以致瘋病之人自殺者，照不應重律杖八十。致殺他人者，照知人謀害他人，不即阻擋首報律，杖一百。如親屬、鄰佑人等已經報明，而該地方佐領各官不嚴飭看守，以致自殺及致殺他人者，俱交部議處。

凡各項埋葬銀兩，地方官照數追給，取具嫡屬收領，然後將該犯釋放，報部存案。若不給付，該犯係管押者，仍管押；係監禁者，仍監禁。勒限追給。如捏稱給付，將本犯釋放者，告發之日，本犯不准援免。地方官一併從重議處。

《大清律例》卷二六《刑律・人命・弓箭傷人》　律

凡無故向城市及有人居止宅舍，放彈射箭，投擲磚石者，雖不傷人笞四十。傷人者，減凡鬥傷一等。雖至篤疾，不在斷付家產之限。因而致死者，杖一百，流三千里。若所傷係親屬，依《名例》律，本應重罪，而犯時不知者，依凡人論；本應輕者，聽從本法。仍追給埋葬銀一十兩。

《大清律例》卷二六《刑律・人命・車馬殺傷人》　律

凡無故於街市鎮店馳驟車馬，因而傷人者，減凡鬥傷一等；致死者，杖一百，流三千里。若無故於鄉村無人曠野地内馳驟，因而傷人不致死者不論。致死者，杖一百。以上所犯並追埋葬銀一十兩。

若因公務急速，而馳驟殺傷人者，以過失論。依律收贖，給付其家。

條例

凡騎馬碰傷人，除依律擬斷外，仍將所騎之馬給予被碰之人。若被碰之人身死，其馬入官。

《大清律例》卷二六《刑律・人命・庸醫殺傷人》　律

凡庸醫爲人用藥針刺，誤不如本方，因而致死者，責令別醫辨驗藥餌穴道，如無故害之情者，以過失殺人論，依律收贖，給付其家。不許行醫。若故違本方，乃以詐心療人疾病，而增輕作重，乘危以取財物者，計贓准竊盜論；因而致死，及因事私有所謀害，故用藥殺人者，斬監候。

《大清律例》卷二六《刑律・人命・窩弓殺傷人》　律

凡打捕户，於深山曠野猛獸往來去處，穿作坑井，及安置窩弓，不立望竿，及抹眉小索者，雖未傷人，亦笞四十。以致傷人者，減鬥毆傷二等。因而致死者，杖一百，徒三年，追徵埋葬銀一十兩。若非深山曠野，致殺傷人者，從弓箭殺傷論。

《蒙古律例》卷七《人命・王等將家奴射砍割去耳鼻》　凡人將家奴砍射割其耳鼻者，已未管旗王等額罰五九牲畜，貝勒、貝子公等罰四九牲畜，台吉、塔布囊等罰三九牲畜，官員罰二九牲畜，白人罰一九牲畜。若下手之人絞監候。

《蒙古律例》卷七《人命・鬥毆殺人》　凡鬥毆傷重五十日内死者，致死者，照故殺、讎殺治罪。

《蒙古律例》卷七《人命・因戲過失殺人》　凡人因戲過失殺人者，罰給三九牲畜。

《蒙古律例》卷七《人命・過失殺人》　凡官員、平人過失殺人者，若有證佐成招者，毋庸發誓，罰給三九牲畜。若無證可疑之罪，於過失旗

分内擇人發誓。若發誓，罰給三九牲畜；若不發誓者，絞監候。瞎人眼目者，額罰三九牲畜；折人肢體者，罰一九牲畜；若未至殘廢平復者，罰馬。

《大清律續纂條例》卷二《刑律》　一、兩家互毆致死一命，其律應擬抵之正凶當時被死者無服親屬毆死，將毆死凶手之人杖一百，流三千里；如被死者有服親屬毆死，比照此例再減一等，將毆死凶手之人杖一百，徒三年。仍各追埋葬銀二十兩，給付尸親收領。其各斃一命，將應抵人犯免死減軍之案，除均係同居親屬無庸追埋外，或一家被殺之人與減軍之犯有不同居共財者，各於犯人名下追銀三十兩，給付死者家屬。

《大清律續纂條例》卷二《刑律》　一、妻過失殺其夫，妾過失殺家長，依例贖流決杖外，均不許改嫁。其有内外親屬無可依靠、不能存活者，該族保人等呈報地方有司，查明當官嫁配，違者均照嫁娶違律治罪。

《大清律續纂條例》卷二《刑律》　一、部民軍士吏卒犯罪在官，如有不服拘拿，不遵審斷，或懷挾私仇，及假地方公事挺身鬧堂，逞凶殺害本官者，拿獲之日，毋論本官品級及有無謀故，已殺者，不分首從，皆斬立决；已傷者，爲首照光棍例斬決，爲從下手者絞候；其聚衆四五十人者，仍照定例科罪。其於非本屬本管本部各官有犯，或該管官任意陵虐，及不守官箴、自取侮辱者，各按其情罪輕重，臨時酌量，比引辦理。

《大清律續纂條例》卷二《刑律》　白契所買奴婢，如有殺傷家長及家長緦麻以上親者，均照紅契奴婢，一體治罪。家長殺傷奴婢，仍分别紅白契辦理。

《大清律續纂條例》卷四《刑律·戲殺誤殺過失殺傷人》　一、命案内死罪人犯有奏准贖罪者，追埋葬銀四十兩給尸親收領。

《清高宗實録》乾隆十一年四月　〔己丑〕大學士九卿等議覆刑部奏：嗣後凡聽從下手，毆本宗小功、大功兄、姊及尊屬至死者，除實係迫於尊長威嚇，勉從下手，邂逅致死，並非助毆傷多情重者，將下手之卑幼，仍照例減等科斷外，其雖有尊長主使毆打，而輒行疊毆至死，傷多情重者，將本犯擬斬監候，秋後處決。從之。

《清高宗實録》乾隆四十四年三月　〔壬寅〕諭曰：刑部進呈毆傷李子相身死之劉麇子擬絞監候，聲明年僅九歲，可否減等請旨一本，固屬照例辦理。但所指十歲以下犯殺人應死者，或係被殺之人較伊年長，强弱不同，如丁乞三仔之案，自可量從末減。今劉麇子所毆之李子相，同係九歲。且劉麇子因索討葫豆不給，致將李子相毆跌，其理亦曲。若第因其年幼，輒行免死，豈爲情法之平？況九齡幼童即能毆斃人命，其賦性凶悍可知，尤不宜遽爲輕宥。向因戲殺之案，曾諭令刑部將該犯監禁數年再議減等，以消其桀驁不馴之氣。此等幼童，自當遵照辦理。且擬以應絞監候，原不入於情實，數年後仍可減等，何必亟於寬貸乎？嗣後遇有十歲以下，毆人致斃之案，如死者長於該犯四歲以上者，仍照例聲明雙請。若所長止三歲以上，則年齡相若，不得謂死者之恃長欺凌。或齒小者轉較性暴力强，亦情事所有。縱不令其實抵，而監禁數年亦不爲過。著刑部將此例另行定擬具奏，劉麇子即照新例行。

《清高宗實録》乾隆四十四年四月　〔丁巳〕刑部議覆：陞任貴州巡撫覺羅圖思德疏稱：安化縣民牟仰用因與張大盈互爭田界被毆，適牟仰用之子牟占祖聞鬧趨視，鎗斃張大盈。牟占祖應依鬥毆殺人律擬絞監候。聲明救父情急，援例雙請。得旨：向例救父情切之案，許於疏内聲明雙請，此指父母無故被人毆打，勢在危急，其子救護情切者而言。今此案牟占祖之父牟仰用因占界搭棚起衅，理本不直。且與張大盈爭毆，輒舉鐵鎗柄還擊，及撲跌倒地，致被張大盈乘機按毆。而牟占祖即聞聲趨往，拾取鐵鎗連戳斃命。此乃子幫父毆殺人，豈得謂之救父？本不當援雙請之例。況殺人者死，其罪本應抵償。而此等案情，即擬以絞候，亦不至入於情實。數年後或改可矜，或議減等，原不在秋審應勾之例。何如將該犯圈禁數年，以消其桀驁不馴之氣，何必急於曲貸乎？且寬例過多，愚民益無畏忌，輕於犯法，是以近年鬥毆殺人之案愈多。是此例實無當於辟以止辟也，著交刑部另行定擬。嗣後如遇父母實係無過被人毆打，其子趨往救護，因而傷人致死者，該部即照減等之例，定擬具題。若有父子幫助毆斃情形，即不得謂之救護，止當照鬥毆律問擬，毋庸議減。所有聲明雙請之例，竟宜删除，著該部另行定擬具奏。此案即照新例行。

《清高宗實録》乾隆四十四年四月　甲子，諭：前因刑部議覆陞任貴州巡撫圖思德審擬安化縣民牟占祖戳傷張大盈身死一案，將牟占祖依鬥殺律擬絞監候，并聲明救父情切，援例兩請。朕閲案情，因其子助父毆，戳

斃人命，不得謂之救父，不宜援例雙請。辦理未爲允協，是以降旨，令該部另行定例具奏。今據覆奏，原例載稱人命案内，如父母被人毆打，實係事在危急，伊子救護情切，因而毆死人者，於疏内聲明兩請。其或與人角口，故令伊子將人毆死，或父母與人尋釁鬥毆，其子助勢共毆斃命，俱仍照例科罪，不得概擬減等等語，向例原屬分明。今牟占祖戳傷張大盈一案，正與子助父勢，共毆斃命之條相合，本不應雙請。刑部於圖思德所擬雙請之處，未經查照定例駁正，遽爲聲明雙請，自屬錯誤。牟占祖著改擬絞監候，秋後處決。此條舊例，既已分晰詳明，嗣後内外問刑衙門，惟當按例妥辦，毋庸另行改定。

（清）沈家本《叙雪堂故事删賸·病狂殺人依瘋病定擬》 安撫題邵院因病發狂扎傷張柏身死一案。緣邵院受雇於張柏鄰居李才家傭工，與張柏之父張儉素好無嫌，張柏年甫七齡。乾隆五十一年八月十二日，邵院染患傷寒病證，一遇發熱即昏迷不省人事，跳舞喊叫，酷類瘋顛，熱退即便清醒。李才延醫調治，服藥未效，時刻防範，鄰佑皆知。十八日午後，李才見其在房睡熟，隨帶轉房門，赴地工作，伊妻倪氏亦赴厨炊煮。詎邵院熱極發狂猝起，攜取防夜鐵槍出外跳舞，張柏與伊姊存姐在場玩耍，見而嬉笑，張柏幼稚無知，亦拾棒學舞，走近邵院身旁，猝被邵院用槍扎傷左胳膊，左肋倒地哭喊，存姐亦在旁啼哭。適張儉之兄張佑自集回莊，目擊邵院持槍跳舞，當即奪槍喝問，邵院目瞪口呆，神昏面赤，熱氣蒸蒸，知係病狂所致。當將邵院拉交李才家看守。張柏傷重，延至次夜殞命，報驗審供不諱。查因病發狂致死人命，律例并無治罪明文。若照瘋病殺人例追埋葬銀十二兩四錢二分給付死者之家，將邵院永遠鎖錮，該犯不過一時熱極昏迷，并非實在患瘋，似未允協；如依鬥殺人律將邵院擬絞監候，在張柏幼稚無知，死於非命，法應抵償，而邵院與張柏平日既無嫌隙，當場又無他故，實因病熱發狂，槍扎致斃，熱退之後，茫然不知有殺人之事，依律擬抵又覺情輕法重。查律無正條，例得比照其律某例加減科斷，請將邵院比照鬥毆殺人者絞律量減一等，杖一百流三千里，仍追埋葬銀二十兩給付尸親營葬，李才擬杖等因具題前來。查例載，瘋病殺人者追取埋葬銀十二兩四錢二分，給付死者之家。又，瘋病殺人者除照例收贖外，即令永遠鎖錮，雖或痊癒，不准釋放各等語。此案邵院因患傷寒病證，熱極發狂，手攜防夜鐵鎗出外跳舞，適幼孩張柏在場頑耍，見而嬉笑，亦拾棒學舞，走近邵院身旁，猝被邵院用槍扎傷左脅倒地，時張柏之伯張佑自集回莊，目擊邵院持槍跳舞，當即奪槍喝問，邵院目瞪神呆，將該犯拉交伊雇主李才家看守，張柏延至次夜殞命。核其情節，平日無嫌隙，當場又無別故，既據該撫驗明實係傷寒病證發狂，面赤神昏，語無倫次，雖熱退旋即清楚，而犯時茫然不知，即與因瘋殺人者無異。該撫將該犯比照鬥殺律量減擬流，殊未允協。邵院應改照瘋病殺人例永遠鎖錮，雖或痊癒不准釋放，仍追埋葬銀十二兩四錢二分，給付尸親收領等因。乾隆五十二年七月十四日題，奉旨依議。

《清高宗實録》乾隆五十八年十一月〔癸丑〕諭軍機大臣曰： 吉慶奏拏獲鬧漕斃命之犯。嚴究辦理一摺。此案該犯等倚衆掗交，毆斃多人，所有先經鎖押人犯膽敢趁勢脱逃，成何事體！似此恃衆行凶，目無法紀，其情罪甚重，與日前畢沅所奏拏獲糾夥肆劫之楊應子等，尚拘泥請旨，曾降旨將該督申飭，并通諭各督撫，以此等人犯，即當立正典刑，以防在監滋事者正屬相同。吉慶一接稟報，即親赴該處督辦，甚是。著傳諭該撫：務將已獲之犯，嚴加根究；未獲之犯，按名查拏。必須訊出正凶，一面正法，一面奏聞，不可稍事姑息。其實係無辜者，即予省釋，亦不可因案關重大，稍有株連。至該縣書役家人，如果有從中需索，激成事端者，自當嚴懲究辦。惟該縣陳鍾靈係本處地方官，若無辦理不善之處，原可不必苛求。即有縱容釀變情事，亦宜俟究獲正凶，審明正法之後，再行續辦。若此時遽將該縣叅革治罪，使奸民聞知。見伊等與地方官兩敗俱傷，轉致刁風益長。所謂民可使由之，不可使知之也。將此由六百里加緊諭令知之，仍將案犯是否全獲究辦之處，迅速覆奏。

《理藩院則例》卷三五《人命·鬬殺》 一、凡鬭毆傷重，五十日内身死，毆之者絞監候。其共毆者，照刑例定擬。

《理藩院則例》卷三五《人命·致死家奴屬下人等》 凡管旗之汗、王、貝勒、貝子、公、臺吉、塔布囊故將人鞭毆致死者，係家奴罰俸一年，係閒散屬下人罰俸二年，係旗下官員、披甲罰俸三年。致死閒散王、公、臺吉名下者，罪同，仍各罰三九牲畜給付死者之家。其妻子、弟兄一併遣赴别旗，聽其自便。其閒散王、公、臺吉有犯，各視其致死之人，照

管旗之王、公、臺吉罰俸年分，分别折罰牲畜存公，仍各罰二九牲畜給付死者之家。其妻子、兄弟止令出户，聽其擇主自投，無庸遣往别旗。如致死者係扎薩克名下及同旗王、公、臺吉名下人，各視本例加一等科罪。其管旗章京、副章京、參佐領、驍騎校有犯，各視其致死之人，照閒散王、公、臺吉例辦理。如致死者係扎薩克名下及其旗王、公、臺吉名下人，均照刑例以凡論。

凡已未管旗之汗、王、貝勒、貝子、公、臺吉、塔布囊以及管旗章京、副章京、參佐領、驍騎校等，誤將人鞭毆致死者，如實有證佐係屬由誤致死，經該盟長扎薩克審實報院，各照故將人鞭毆致死例，減半科罪。死者之妻子、兄弟均毋庸令其出旗、出户。

《理藩院則例》卷三五《人命·戲殺過失殺傷人》 一、凡蒙古戲殺、過失殺傷人，俱查照刑例分别定擬。

《理藩院則例》卷三五《人命·蒙古汗王等擅用金刃等物傷人殺人》 一、凡已未管旗之汗、王、貝勒、貝子、公、臺吉、塔布囊等，擅用金刃傷人者，無論所傷者係何項人，各罰俸二年，無俸臺吉、塔布囊各罰四九牲畜存公。因而致殘廢者，汗、王、貝勒、貝子、公各罰俸三年，無俸臺吉、塔布囊各罰六九牲畜存公，仍各罰一九牲畜給予殘廢者之家。其因而致死，並擅用金刃殺人者，閒散臺吉、塔布囊照刑例定擬，汗、王、貝勒、貝子、公、扎薩克均查照刑例，聲明請旨。其並非擅用金刃，以手足、他物傷人及因而致殘廢者，各減擅用金刃例一等科罪。其以手足、他物傷人，因而致死，並以手足、他物殺人者，汗、王、貝勒、貝子、公、扎薩克及閒散臺吉、塔布囊各照擅用金刃傷人因而致死及殺人例，分别科斷。其有服制者，仍依服制論。

《理藩院則例》卷三五《人命·蒙古屬下官員等擅用金刃等物傷人殺人》 一、凡蒙古屬人官員及平人擅用金刃傷人者，無論所傷者係何項人，官員革職，罰二九牲畜存公。平人鞭一百。因而致殘廢者，官員革職，罰四九牲畜存公。平人鞭一百，加枷號一個月。仍各罰一九牲畜給予殘廢者之家。其因而致死並擅用金刃殺人者，均照刑例定擬。其並非擅用金刃，以手足、他物傷人，及因而致殘廢者，各減擅用金刃例一等科罪。其以手足、他物傷人，因而致死，並以手足、他物殺人者，亦照刑例科斷。其有服制者，仍依服制論。

《理藩院則例》卷四六《疏脱·看守瘋人》 一、凡患瘋病之人，該管臺吉等官報明該扎薩克記檔，交伊祖父、伯叔、兄弟、子侄至近親戚看守。無親屬者，交鄰舍鄉長看守。倘看守不嚴以致殺人或自殺者，將看守之人鞭八十。被殺者由瘋人名下追埋葬銀十二兩，給付尸親。瘋人鎖錮監禁。

《清仁宗實録》嘉慶四年夏四月 壬辰，諭内閣：刑部覈議河南省郝和尚毆傷伊緦麻服叔郝太花身死一案，因該犯情切救母，並非無故逞凶干犯，於本内聲明請旨。内閣亦即票擬雙簽，并夾片聲敘。此案郝和尚因伊母郝徐氏與郝太花争詈起釁，郝徐氏被郝太花推跌，並用木橛向毆。郝和尚自應上前救護，但郝太花所持木橛，業被郝和尚奪回，則郝太花已係徒手，並非事在危急。郝和尚乃用木橛回毆，以致傷重殞命，自應照律定擬，又何得以救母情切？即照該撫原擬聲請減等，轉失平允。郝和尚著按例應斬監候，秋後處決，届時入於緩決。嗣後遇有似此案情，皆應照例定擬，無庸於本内聲明，内閣亦無庸再用夾片。

《清宣宗實録》道光二十六年十二月〔甲寅〕 諭内閣：本日據都察院奏，福建民人蔡龐呈控貪賄縱凶等語，此案前經民人張訓赴都察院呈控，曾有旨交閩浙總督審辦，何以至今二年，尚未奏結？殊屬玩延。案關慘殺十二命，毁滅尸身八具之多，延至五載，尚未訊結，難保無縣訊受賄縱凶、撤兵不緝等弊，自應速爲究辦。著交劉韻珂、鄭祖琛親提人證卷宗，勒緝案内各犯，秉公嚴訊，按律定擬具奏，毋再遲延。原告民人蔡龐，該部照例解往備質。尋奏：案由蔡從與林歡口角，誤將竹銃傷斃林歡起釁，致林威等先後互毆，傷斃蔡莅等七命。其蔡從、蔡松、蔡文、張合、謝烏五命，皆因病及自溺身死。該管縣訊無賄縱不緝等弊。蔡龐、張訓疊控搶擄賄縱各情，均係因疑致控，非平空誣告。林威、蔡從擬斬監候，業已身死，應毋庸議。餘按律分别問擬。下部議，從之。

（清）席裕福《清朝政典類纂》卷四〇二《刑三十四·刑律鬭毆·妻妾與夫親屬相毆》 凡妻妾毆夫之期親以下、緦麻以上本宗及外姻尊長，與夫毆同罪，或毆或傷、或折傷，各以夫之服制科斷。其有與夫同絞罪者，仍照依名例，至死減一等，杖一百，流三千里。至死者，各斬監候。緦麻親兼妾毆妻之父母

在內。此不言故殺者，其罪亦止於斬也。不言毆夫之同姓無服親屬者，以凡人論。若妻毆傷卑屬，與夫毆同，各以夫毆服制科斷。至死者，絞監候。此夫之緦麻小功大功卑屬也，雖夫之堂姪姪孫及小功姪孫，亦是。若毆殺夫之兄弟子，杖一百，流三千里，不得同夫擬徒。故殺者，絞監候，不得同夫擬流。妾犯者，各從凡鬬法。不言夫之自期以下弟妹者，毆夫之弟妹但減凡一等，則此當以凡論。若期親以下緦麻以上尊長毆傷卑幼之婦，減凡人一等，妾又減一等，至死者，不拘妻妾，絞監候，故殺亦絞。若弟妹毆兄之妻，加毆凡人一等。共不言妻毆夫兄之妻者，與夫毆同。若兄姊毆弟之妻、及妻毆夫之弟妹、及夫弟之妻，各減凡人一等。若毆妾者，各又減毆妻一等。不言妻毆夫兄之妾者，亦與夫毆同。不言弟妹毆兄之妾、及毆大功以下兄弟妻妾者，皆以凡人論。其毆姊妹之夫、妻之兄弟、及妻毆夫之姊妹夫者，有親無服皆爲同輩。以凡鬬論。若妾犯者，各加夫毆妻毆一等。加不至於絞。若妾毆夫之妾子，減凡人二等。以其近於子也。毆妻之子，以凡人論。所以別妻之子於妾子也。若妻之子毆傷父妾，加凡人一等。所以尊父也。妾子毆傷父妾，又加二等。爲其近於母也。共加凡人三等，不加至於絞。至死者，各以凡人論。此通承本節弟妹毆兄之妻以下而言也；死者絞，故殺者斬。

條例

一、妻之子毆傷生有子女之庶母者，照弟妹毆兄姊律，杖九十徒二年半；妾之子毆傷庶母者，加二等。如毆至死者，俱擬斬監候。其謀故殺死，亦擬斬監候，於秋審時酌量情罪，分別定擬。謹案：此條乾隆三十年定，道光五年修改。

一、嫡孫衆孫毆傷庶祖母者，照毆傷庶母例減一等科斷。至死者，擬絞監候。謀故殺者，擬斬監候，秋審時酌量情節辦理。若庶祖母毆殺嫡孫衆孫者，仍同凡論。謹案：此條乾隆三十九年定。

事例

同治十年覆准：現據禮部奏明，將大宗子兼祧小宗援照孫爲庶祖母服小功之例，爲兼祧小宗庶母持服小功，是服制既與庶祖母相等，則干犯罪名應按照毆庶母致死例科斷。

刑案

夫之胞姪女業已送到夫家童養，即屬出嫁，降服大功。將其毆斃，照妻毆夫之大功卑屬律，絞候。嘉慶十九年山西案。

毆傷夫之胞嬸致令自盡外，照與夫同毆至死減等擬流部，改照大功卑幼逼迫尊長致死毆有致命重傷，擬軍收贖。嘉慶二十一年山東司說帖。

聽從姑命謀殺夫之大功堂妹，應照凡人謀殺人從而加功律，絞候。嘉慶二十二年奉天司說帖。

鐵槍扎傷嗣祖之妾，例內毆傷庶祖母得減庶母一等，則毆傷祖妾亦應減父妾一等，父妾止加凡鬥一等，祖妾應同凡論，依凶器傷人例，擬軍。道光二年山東案。

與大功兄之妾通姦被姦氏媳窺破姦情，姦婦愧悔拒絕，姦夫遷怒氏媳，將其殺死。雖係緦麻姪媳，但恩義已絕，應照凡人論斬候。道光六年河南案。

毆死伊夫先曾同居繼父，雖無服制，惟其夫應服齊衰三月。雖疏於本宗，實親於外姻，比照毆夫子緦麻以上尊長與夫同罪，毆先曾同居今不同居繼父至死律，斬候。道光七年直隸案。

毆傷大功弟妻越二十二日身死，與尊屬毆死姪婦不同，應依毆大功以下弟妻以凡論鬥殺者絞律，擬絞。道光九年貴州司說帖。

婦毆夫妾殞命埋尸不失，比照夫棄妻尸，依棄期親卑幼尸律，於凡人杖流罪上遞減四等，不失再減一等例，擬杖六十徒一年。事結在恩旨以前，准減滿杖，照例收贖。同治十一年安徽案。

（清）席裕福《清朝政典類纂》卷三八九《刑二十一·兵律厩牧·畜産咬踢人》　凡馬牛及犬有觸觝踢咬人，而畜主記號拴繫不如法，若有狂犬不殺者，笞四十。因而殺傷人者，以過失論。各准鬥毆殺傷，收贖給主。若故放令殺傷人者，減鬥毆傷一等。親屬有犯者，依尊卑相毆殺傷律。其受雇醫療畜産，無制控之術，及無故人自觸之而被殺傷者，不坐罪。若放犬令殺傷他人畜産者，各笞四十，追賠所減價錢給主。

刑案

誤認失馬，爭奪不遂，起意縱放，冀圖跑回，致將牽拉之人被馬踢斃，照故放馬牛殺人律，擬流。道光元年奉天司說帖。

狹處趕贏，任意驅策，跌斃人命，並非耳目所不及，思慮所不到，比照故放馬牛殺人律，滿流。道光二年陝西案。

生員養畜猴猻，斷繩逸出，咬斃人命，詳革，比照馬牛拴繫不如法，因而殺人者，以過失論，准鬥殺律，收贖追銀給領。道光八年河南案。

驅牛犁田，打牛驚跑，撞斃人命，比照馬牛拴繫不如法，因而殺人者，以過失論，依律收贖追銀給領。道光四年四川案。

（清）席裕福《清朝政典類纂》卷三九九《刑三十一・刑律人命・鬭毆及故殺人》 獨毆曰毆，有從爲同謀共毆。臨時有意欲殺，非人所知曰故。共臨者惟不及知，仍只爲同謀共毆。此故殺所以與毆同條，而與謀有分。

凡鬭毆殺人者，不問手足、他物、金刃，並絞監候。故殺者，斬監候。若同謀共毆人，因而致死者，以致命傷爲重，下手致命傷重者，絞監候。原謀者不問共毆與否，杖一百，流三千里。餘人不曾下手致命，又非原謀，各杖一百。各兼人數多寡及傷之輕重言。

條例

一、凡同謀共毆人，除下手致命傷重者依律處絞外，其共毆之人，審係執鎗刀等項凶器傷人者，發近邊充軍。

一、凡同謀共毆人犯，除下手者擬絞外，必實係造意首禍之人，方以原謀擬流。其但曾與謀而未造意者，毋得概擬流罪。謹案：以上二條均嘉慶十六年改定。

一、凡同謀共毆人致死，如被糾之人毆死，其所謀毆者之父母、兄弟、妻女、子孫及有服親屬者，除下手致死之犯各按本律例擬抵外，其起意糾毆之犯，不問共毆與否，仍照原謀律，杖一百，流三千里。如毆死非其所欲謀毆之人，亦非所欲謀毆之父母、兄弟、妻女、子孫及有服親屬，將起意糾毆之犯，不問共毆否，照原謀律減一等，杖一百，徒三年。謹案：此條嘉慶十一年修改。

一、文武生員、鄉紳，及一切土豪勢惡、無賴棍徒除謀故殺人及戲殺、誤殺、過失殺、鬭毆殺傷人者，仍照律治罪外，如有倚仗衣頂及勢力，武斷鄉曲，或憑空詐賴，逞凶横行，欺壓平民，其人不敢與爭，旁人不敢勸阻，將人毆打致死者，擬斬監候。若受害人有殺傷者，以擅殺傷罪人律科斷。謹案：此條嘉慶六年修改。

一、凡凶徒好鬭生事，見他人鬭毆，與己毫無干涉，輒敢約夥尋釁，遷怒於其父母，毒毆致斃者，照光棍例，分別首從治罪。其本身與人鬭毆之後，仍尋毆報復，而遷怒於其父母，毒毆致斃者，擬斬監候。謹案：此條係乾隆五年遵奉雍正五年諭旨定例。

一、凡同謀共毆人傷，皆致命，如當時身死，則以後下手重者，當其重罪。若當時未死而過後身死者，當究明何傷致死，以傷重者坐罪。若原謀共毆，亦有致命重傷，以原謀爲首。如致命傷輕，則以毆有致命重傷之人擬抵，原謀仍照律擬流。至亂毆不知先後輕重者，有原謀則坐原謀爲首，無原謀則坐初鬭者爲首。謹案：此條係乾隆四十二年增定。

一、凡犯死罪監候人犯，在監復行凶致死人命者，照前後所犯斬絞罪名，從重擬以立決。謹案：此條係乾隆二十一年著爲定例。

一、因爭鬭，擅將鳥鎗、竹銃施放殺人者，以故殺論。傷人者，旗人發寧古塔等處，民人發雲貴兩廣煙瘴稍輕地方充軍。謹案：因爭鬭施放鳥鎗傷人例，乾隆五年定施。放竹銃傷人照鳥鎗例，殺人者以故殺論，係乾隆二十四年定。原載私藏應禁軍器例、各處鄉村及商民防禦盜賊猛獸條內，乾隆五十三年分出，列爲專條，仍附此律。

一、凡審共毆內下手應擬絞抵人犯，果於未經到官之前，遇有原謀及共毆餘人内毆有致死重傷之人，實因本案畏罪自盡，及到官以後未結之前監斃在獄，與解審中途因而病故者，准其抵命，將下手應絞之人，減等擬流。若係配發事結之後身故，及事前在家病亡，或因他故自盡，與本案全無干涉者，不得濫引此例，仍將下手之人依律擬抵。謹案：此條嘉慶六年修改。

一、凡審理命案，一人獨毆人致死，無論致命不致命，皆擬抵償。若兩人共毆人致死，則以頂心、顖門、太陽穴、耳竅、咽喉、胸膛、兩乳、心坎、肚腹、臍肚、兩脇、腎囊、腦後、耳根、脊背、脊膂、兩後脇、腰眼併頂心之偏左偏右、額顱、額角爲致命論抵。謹案：此條雍正三年定。

一、凡兩家互毆，致斃人命，除尊卑服制及死者多寡不同，或故殺、鬭毆情罪不等，仍照本律定擬外，其兩家各斃一命，果各係凶手本宗有服親屬，將應擬抵人犯，均免死減等發近邊充軍。若原毆傷輕不至於死，越十日後，因風身死，及保辜正限外餘限內身死者，於軍罪上再減一等，杖一百，徒三年。如有服親屬內有一不同居共財者，各於犯人名下追銀二十兩，給付死者之家。若兩家凶手與死者均係同居親屬，毋庸追埋。謹案：

此條嘉慶六年修改，十九年復奉頒修。

一、兩家互毆致死一命，其律應擬抵之正凶，當時被死者無服親屬毆死，將毆死凶手之人，杖一百，流三千里。如被死者有服親屬毆死，再減一等，杖一百，徒三年。仍各追埋葬銀二十兩，給付被殺凶死之家。謹案：此條乾隆二十五年定例，嘉慶十九年修改。

一、凡糾衆互毆，致斃二三命以上案内，執持金刃器械傷人之餘人，除實係被糾之人及糾衆不及五人者，仍依各本例問擬外，如有輾轉糾人數至五人以上者，無論其曾否傷人，即照原謀律杖一百，流三千里。如係凶器傷人，仍照本例擬軍。若猝遇在場幫毆，審非預糾械鬬及互鬬止斃一命之餘人，有執持凶器及金刃傷人者，各照凶器金刃傷人本律、本例定擬，其餘仍照餘人科斷。謹案：此條乾隆四十一年定，嘉慶十五年修改。

一、同謀共毆，致斃二命，非一家者，原謀從一科斷，擬以滿流。如原謀在監、在途病故，及因本案畏罪自盡，准其抵命，將下手應絞之犯一體減等擬流。若致斃非一家三四命以上者，原謀照例按死人數，以次加等問擬。下手致死之犯，均各照例擬抵。如原謀在監、在途病故，及畏罪自盡者，下手之犯均各照例擬抵，不准減等。謹案：此條嘉慶六年續纂。

一、十歲以下幼孩，因救護母被凶犯立時斃命者，照謀殺十歲以下幼孩例擬斬立決。謹案：此條道光元年續纂。

一、共毆之案，除致斃一二命，遇有原謀及助毆傷重之餘人監斃在獄，與解審中途病故，或因本案畏罪自盡，仍照例准其抵命，將下手應絞之犯減等擬流外，其餘謀故殺人、火器殺人、威力主使制縛，並有關尊長、尊屬服制之案，悉照本律例擬抵，不得率請減等。謹案：此條道光元年續纂。

一、廣東、福建、廣西、江西、湖南、浙江等六省糾衆互毆之案，除尋常共毆謀毆，雖人數衆多，並非械鬬及臺灣械鬬之案，仍各照舊例辦理外，如審係預先斂費，約期械鬬讎殺，糾衆至一二十人以上，致斃彼造四命以上者，主謀糾鬬之首犯，擬絞立決。三十人以上，致斃彼造四命以上，或不及三十人，而致斃彼造十命以上，首犯擬斬立決。四十人以上，致斃彼造十命以上，或不及四十人，而致斃彼造二十命以上，首犯擬斬立決梟示。如所糾人數雖多，致斃彼造一命者，首犯發極邊足四千里充軍。二命者，實發雲貴兩廣極邊煙瘴充軍。三命者，發遣新疆給官兵爲奴。若致斃彼造一家二三命，主謀糾鬬之首犯，例應分別問擬斬絞立決者，各從其重者論。其隨從下手傷重致死，應行擬抵者，均各依本律例擬抵。傷人及未傷人者，亦各按本律例分別治罪。至彼造倉猝邀人抵禦，並非有心械鬬者，仍照共毆本例科罪。地方官不將主謀首犯審出究辦，及有心迴護，將械鬬之案分案辦理，該督撫嚴參照官司出入人罪例，議處治罪。謹案：此條道光五年續纂，十年修改，二十五年修復。

一、廣東、福建二省械鬬案内，如有將宗祠田穀賄買頂凶搆釁械鬬者，於審明後，除主謀買凶之犯嚴究定擬外，查明該族祠産，酌留祀田數十畝以資祭費，其餘田畝及所存銀錢，按族支分散。若族長鄉約不能指出斂財買凶之人者，族長照共毆原謀例，擬以杖流。按致死人數，每一人加一等，罪止發遣新疆爲奴。鄉約於杖六十徒一年上，每一人加一等，罪止杖一百徒三年。謹案：此條道光五年續纂，十年修改，二十五年修改。

一、廣東省糾衆謀毆致斃人命之案，原謀應按致斃彼造人數，分別照例治罪。倘糾往之人但被彼造致斃者，無論死者人數多寡，及彼造有無原謀，將此造起意糾往之人，照沿江濱海持鎗執棍行鬬毆首犯杖流例，擬杖一百，流三千里。謹案：此條道光五年續纂。

一、凡鬬毆之案，除追毆致被追之人失跌身死，並先毆傷人，致被毆之人回撲失跌身死，及雖未毆傷人，因被揪扭掙脱，致令跌斃者，均仍照律擬絞外，如毆傷人後跑走，被毆之人追趕，自行失跌身死，及彼此揪扭，於鬆放之後復自行向人撲毆，因凶犯閃避失跌身死者，均於鬬殺絞監候律上減一等，杖一百，流三千里。若僅止口角駡詈，並無揪扭情事，因向人趕毆自行失跌身死，及被死者撲毆閃避，致令自行失跌身死者，均照不應重律，擬杖八十。謹案：此條同治九年續纂。

事例

乾隆七年議准：查律注：偶然因事忿争，兩相鬬毆，原無欲殺之心者，則爲毆殺。若於鬬毆時忽起殺心，欲致人於死，則爲故殺。是毆殺、故殺之分，止論有心與無心也。如挾勢制縛，又以鎗刀湯火等物非刑拷烙，至斃人命者，此等命案，雖非當時殺訖，但明知非刑必致斃命，而乃任意横加，不顧其人之生死，則存心欲殺，已屬顯然。嗣後問刑衙門遇有

此等命案，無論凡人主僕，務必詳究實情，按照律例妥擬定案。毋得以死非當時，概以毆殺，遽爲寬減。

五十八年，福建巡撫題：許皆因姦拒捕，毆傷無服族叔許巧身死，在監復毆死廖瑛一案，奉旨：許皆因姦拒捕，毆傷許巧身死，本屬應斬之犯，乃復在監毆死廖瑛，凶惡已極。雖應歸案從重完結，然此等凶徒屢斃人命，實王法所不容。例載：免死減等人犯復行凶爲匪者，照原擬斬絞罪名，即行正法。許皆若照常一例監候，於情法未爲允協，著改爲斬決。嗣後有似此已犯死罪，復行凶致斃人命者，俱著照此加等定擬。

嘉慶二十二年覆准：嗣後共毆致死，如係卑幼犯尊長，按傷罪加等輕於杖一百者，仍照共毆餘人，擬以滿杖外，如按傷罪加等重於杖一百，各按毆傷本罪加等定擬。其尊長卑幼亦照此分別減等辦理。

道光二年議准：嗣後械鬬案内，傷人及未傷人之從犯，除火器及凶器傷人仍照例定擬外，其餘金刃、手足、他物及未傷人者，均各按照本律例減一等辦理。

又奏准：嗣後除尋常共毆謀毆之案，雖人數衆多，並非械鬬及臺灣械鬬之案，仍照舊例辦理外，如審明實係預先斂費約期，有心讎殺械鬬之案，若糾衆一二十人以上，致斃彼造四命以上者，將主謀糾鬬之首犯擬以絞決。糾至三十人以上，致斃彼造四命以上，或不及三十人，而致斃十命以上，將首犯擬以斬決。糾至四十人以上，致斃彼造十命以上，或不及四十人，而致斃二十命以上，即將首犯擬以斬梟。其所糾人數雖多，而致斃彼造不及四命者，一命加發極邊足四千里充軍，二命實發極邊煙瘴充軍，三命發新疆給官兵爲奴。糾鬬未斃人命者，仍照舊例辦理。如此造糾人前往械鬬，而彼造倉猝邀人抵禦，則彼造並非有心聚衆械鬬，自應仍照共毆本例辦理。

四年覆准：嗣後糾衆謀毆，共糾往之人致被彼造毆斃，將此造起意糾毆之人，比照沿江濱海混鬧爲首之例，擬以滿流，係指廣東一省而言。蓋以粵東民情獷悍，動輒糾衆謀毆，往往致斃多命。其好勇鬬狠之風，更較他省爲甚。係屬從嚴懲創，因地制宜，與別省不同。因恐各省辦理尋常糾衆謀毆，兩造各斃一二命之案，原謀按致死人數加等，亦如廣東省從前辦法，將兩造互斃人數統行併計科罪，是以通行各省：非謂糾衆謀毆，但被彼造毆斃，即將此造起意糾毆之人，亦概行比例擬流也。所有各省尋常糾衆謀毆，及沿江濱海持鎗執棍行鬬毆各案件，自應仍各照向例辦理，毋庸援照廣東省章程，致滋錯誤。

五年議准：嗣後糧船水手，除搶奪仍照舊例分別定擬外，如有糾衆凶鬬殘殺多命之案，將兩造爲首之犯，照械鬬例，按其致斃彼造人數，分別擬以斬決及斬立決梟示。下手斃命之犯，仍各照例擬抵。其糾衆傳發溜子，欺陵運弁，横索旗丁錢文，情凶勢惡者，照惡棍設法詐財，爲首擬斬立決，幫同嚇詐情節凶惡者，依爲從擬絞監候。僅止附和助勢者，發新疆給官兵爲奴。若有滋事犯法，抗官拒捕，聚衆至四五十人者，即照直省刁民假地方公事，强行出頭約會抗糧，擅自聚衆之例，分别首從，已未毆傷官弁，擬以斬梟、斬絞。其罪應擬斬情重各犯，均於審明後即恭請王命，先行正法，以昭炯戒。

又奏准：嗣後因事爭鬬擅將鳥鎗竹銃施放殺人，悉照以故殺論本例，擬斬監候，入於秋審情實，酌量聲敘，不得仍援成案，照湯火保辜以死在限外，聲請減等。

二十六年覆准：嗣後遇有共毆殺人之案，其原謀及共毆餘人監斃在獄，如在正凶刑案以後，准其將正凶照例減等擬流。若正凶未到案以前，而原謀及餘人等先經監斃，將來拏獲正凶時，仍照例擬絞。

二十九年奏准：嗣後遇此等共毆案内，有火器殺節，務須認真秉公，分别首從究辦，不得任聽該犯狡飾供詞，稍涉遷就，以重民命而慎刑章。

咸豐五年奏准：嗣後鬬毆之案，除向人追毆，被追之人失跌身死者，仍照律擬絞外，如先將人毆傷，毆人之犯業已跑走，其被毆之人因向追趕，自行失跌身死者，於鬬殺絞監候上減一等，擬杖一百，流三千里。若僅止口角，並無爭毆情事，因自行向人趕毆，失跌身死者，係屬肇釁釀命，仍酌照不應重律，擬杖八十。

十年奏准：嗣後鬬毆之案，除先經將人毆傷，致被毆之人回向撲毆傷人，因被揪扭掙脱，致命跌斃者，均仍照律擬絞外，如僅止揪扭，並未爭毆，於彼此鬆放之後復自行向人撲毆，因凶犯閃避，失跌身死者，於鬬殺絞監候律上量減一等，擬杖一百，流三千里。其因口角罵詈，並無揪扭情事，被死者撲毆，致令自跌身死者，應即與追毆自跌之案，均酌照不應

共毆餘人雖未下手，究屬在場助勢，應照律擬杖。嘉慶十年安徽司説帖。

因被撲毆情急，順取熱水向潑，致斃潑傷，越八日身死，訊明並非有心致死，照鬭殺律擬絞。嘉慶十六年山西案。

共毆案內，下手傷重致死之犯，未獲其幫毆傷輕之餘人，擬杖，取保候質，毋庸監禁。嘉慶十七年江西司説帖。

挾嫌糾毆，因其睡卧，起意割其耳鼻洩忿，致傷身死，訊非有心欲殺，仍照鬭殺律擬絞。嘉慶十七年福建案。

共毆各斃各命，各以後下手傷重之人坐絞。嘉慶十七年江西案。

脱衣尋覺，被人共毆倒地，旋即受凍身死，被毆各傷均不致立時戕生，比照鬭毆之案，因患他病身死例，止科傷罪。嘉慶十八年山西案。

自執鐵銃，令人點放殺人，例應照故殺問擬，但故殺無爲從之文，比照威力主使殺人律，聽從點放之犯減主使一等滿流。嘉慶十八年安徽案。

故殺人傷而未死，應照鬭毆傷科斷，不得比依謀殺傷而未死律問徒。嘉慶十八年陝西案。

用拳向毆其人，閃開以致撲跌橙上，搕傷身死，其人並未還手，未便照鬭殺論，酌議不應重杖。嘉慶十八年陝西司説帖。

故殺幼孩，情雖凶殘，但例無加重明文，仍照本律斬候。嘉慶十九年山西案。

同謀共毆致死非所欲之人，原謀病故，下手致死擬絞之人，亦准減等擬流。嘉慶二十年河南司説帖。

父護子，共毆他人致死，父雖畏罪自盡，其應絞抵之子，不准減流。嘉慶二十一年雲南案。

父先被毆身死，子後毆死凶犯之兄，係先後兩處毆打，與兩家同時互毆各斃一命者不同，應各抵各命。嘉慶二十二年山東案。

凡謀故火器殺人，致有關服制罪應擬斬等案，雖原謀監斃在獄，下手之犯概不准減等。嘉慶二十二年河南司説帖。

被毆傷輕，後因自向追毆，以致絆跌墊傷身死，被毆而追，因追而跌事實相應，依鬭殺問擬。嘉慶二十二年安徽案。

被毆喊人幫護，致人毆斃人命，雖非預謀糾毆，究由喊令幫護所致，比照原謀律量減滿徒。嘉慶二十四年山東案。

重律，擬杖八十。

同治九年奏准：嗣後遇有毆有致死重傷之餘人在保病故，將下手絞抵人犯減等擬流案件，均不得節删例內監斃在獄字樣，以歸劃一而符定例。

光緒十年奏准：嗣後致斃義絶妻父母，以常人論案件，祇應按謀故鬭殺各本律定擬。如情節實有可原，於疏內聲明，俟秋審時酌核辦理。已有區分，不得再照凡人擅殺科斷，以免分歧而昭限制。

刑案

家奴因伊主被毆致死，將凶手戳斃，比照有服親屬毆死凶手例，擬絞。乾隆五十八年四川案。

兩家互毆，致死一命，有服親屬將應抵正凶毆斃擬徒之案，咨結，毋庸具題。嘉慶元年四川案。

與人扭毆，勸開復有不甘，赴毆致自跌身死，將先與扭毆之人照不應重杖。嘉慶元年奉天案。

甲拉乙看戲，乙掙脱，失跌身斃命外，照過失殺收贖，部改鬭毆量減擬流。嘉慶三年福建案。

因母被妻之繼母扎傷自盡，將妻之繼母扎死，以凡鬭論。嘉慶六年山東案。

互毆時格落火爐，致延燒房屋，燒斃一家三命，改照鬭殺定擬。嘉慶八年四川案。

因爭鬭被攫雞隻，嗣向索爭毆，致起意殺死，難以擅殺論，駁令依故殺定擬。嘉慶八年四川案。

聽從幫拏，致死圖財强嫁孀嫂罪人，並無應捕之責，改依鬭殺定擬。嘉慶九年湖廣案。

毆死摘稻玩耍童穉，不應以擅殺科斷，改依鬭殺定擬。嘉慶九年浙江案。

死者借貸不遂，復向鬭攫取物，該犯隔日糾毆外，照擅殺，部改以共毆論。嘉慶十年安徽案。

借錢不遂，持刀傷人，復又拏取錢文，致被傷之人糾毆致斃，應照共毆人致死律問擬，不得以擅殺論。嘉慶十年安徽案。

鳥鎗殺人，不知先後輕重，何人致傷何處，罪坐原謀，下手之犯依鳥鎗傷人本例，擬軍。道光二年直隸案。

因人病狂亂跳，恐其滋事，捆縛兩手併踢其臍肚，旋即身死，照毆殺律擬絞。道光三年江蘇司現審帖。

共毆之案，總以傷之致命、不致命及下手之輕重爲斷，如不致命處重於致命之處，應以傷重者擬抵。倘致命與不致命傷痕輕重相等，則應以毆係致命者坐以絞抵。例稱後下手重者當其重罪，係指傷皆致命，當時身死者，而言非謂最後下手，即不辨其傷之致命、不致命，概行擬抵也。道光三年直隸司説帖。

因人懼毆逃走，在後站立嚷罵，致人聞罵回顧，失跌淹斃，與追趕致死者不同，於鬭毆絞罪上量減一等，另犯凶器傷人從重擬軍。道光四年直隸案。

同謀共毆人致死，於未奉部覆之先，原謀在監病故，下手傷重擬絞之犯，亦准減流。道光五年陝西司説帖。

先自挫傷額頭，結痂後被毆落傷痂，以致抽風，十日内身死，凶犯照鬭殺律擬絞。道光五年直隸案。

止欲追人查問，並非逞凶追毆，逃者聞喊，驚慌跌斃，鬭殺絞罪上量減滿流。道光五年直隸案。

雇主當時毆斃戳死伊雇工之凶手，因雇工亦曾毆有致命重傷，比照毆有致死重傷之餘人畏累自盡例，減流。道光六年江西案。

被追跳落划船，致船翻側淹斃。釁起於鬭，死由於溺，溺由於追，應照鬭殺論抵。道光六年山東司説帖。

糾毆洩忿，致被糾之人毆死非欲謀毆之人一家二命，比照聚衆共毆致死一家二命絞決例，量減滿流。道光七年陝西司説帖。

見兒被砍倒地，毆傷凶犯成廢，伊兒越日身死，應照擅傷罪人按其擅殺之罪應擬滿徒者減二等科斷例，於毆人成廢律上減二等，杖八十，徒二年。道光九年安徽司説帖。

肩負竹銃與人争鬭，或被追失跌，或被人毆打以致震動火機，銃發斃命之案，其思慮難問，猝不及防，與因争鬭有心施放者有間，照鬭殺本律擬絞。道光九年江西司説帖。

竹銃傷人，雖死在百日以外，仍應照例斬，不得比照例擬斬，不得比照湯火保辜聲請量減。道光九年福建司説帖。

救兄情切，毆死行凶之人，兄於餘限外因傷身死，未便照有服親屬毆死應抵正凶例問擬，於鬭毆殺人絞罪上酌減流。道光十一年貴州案。

出嫁之姑還，毆致死伊姪凶手斃命。出嫁姑載在本宗正服圖内，與外相親屬不同，援照本宗有服親屬毆死應抵正凶例，擬徒。道光十一年江蘇案。

兩家各斃一命，一係擅殺，律牌雖屬稍殊，而所科罪名並無輕重，與例載故殺鬭殺罪分斬絞者不同，應照兩家互毆各斃一命例，減軍。道光十二年貴州司説帖。

聽從放銃，致人落水溺斃。驗明火器傷輕，死由於溺，應依鬭殺問擬，不得概坐以火器殺人之罪。道光十三年安徽司説帖。

共毆案内，戳瞎二目餘人在監病故，雖非致命，實屬致死重傷，應抵之犯，亦准減流。道光十三年湖廣司説帖。

索欠被罵，糾毆故殺，依故殺者斬監候律科斷，秋後處決。聽糾幫毆，均係鳳屬民人，依鳳屬凶徒結夥三人以上，持械傷人不分首從，實發極邊煙瘴充軍例問擬，照例刺煙瘴改發四字。咸豐十年安徽司説帖。

七十四老人故殺斃命，與情實人犯一律辦理。同治五年安徽司説帖。

疑偷漏釐金，追及戳傷落水致死，照鬭毆本律問擬斬候，秋後處決。同治六年江蘇司説帖。

護父殺人，因父子共與人鬭，不准聲請，仍照鬭毆本律科斷。查係一傷致斃，秋審應入緩決，照變通章程減爲滿流，仍追埋葬銀兩給尸屬具領。同治八年安徽司説帖。

旗員逞忿，故殺兵丁，係無服族姪，依同姓服盡親屬相毆致死以凡論，故殺者斬律，擬斬監候。光緒三年江南案。

挾嫌通怒摔死三歲外甥，依故殺者斬監候問擬，秋後處決。光緒十一年奏准案。

疑賊主使團衆殺斃過客二命，依疑賊致斃人命之案，悉照故謀鬭殺各本律例，定擬鬭殺者絞律，擬絞監候，秋後處決。光緒六年陝西案。

挾忿故殺同伴回籍，病人死後，攫取金銀，依律問擬斬候，追贓關屬給領。同治十年山西司説帖。

（清）席裕福《清朝政典類纂》卷三九九《刑三十一·刑律人命·屏去人服食》　凡以他物一應能傷人之物。置人耳鼻及孔竅中，若故屏去人服用飲食之物而傷人者，不問傷之輕重，杖八十。謂寒月脱去人衣服，飢渴之人絶其飲食，登高乘馬私去梯轡之類。致成殘廢疾者，杖一百，徒三年。令至篤疾者，杖一百，流三千里。將犯人財產一半給付篤疾之人養贍。至死者，絞監候。若故用蛇蝎毒蟲咬傷人者，以鬭毆傷論，驗傷之輕重，如輕則笞四十，至篤疾亦給財產。因而致死者，斬監候。

刑案

將賊捆縛，脱去衣服，致賊畏罪潛逃，凍死在途，於屏去人服食致死絞律上，量減滿流。嘉慶二十一年直隸案。

店家因住客病重，恐致病斃受累，赤身抬放曠野，以致因病受凍身死，依屏去人服食致死擬絞律，量減滿流。嘉慶二十四年直隸案。

索討賭欠無償，逼令脱衣，致令因凍投井身死，因依係死者自脱，並非强剥，且死由於自盡，與實亦凍斃者不同，於屏去人服食致死擬絞律上，量減滿流。道光二年直隸案。

賭欠乘睡取衣，致令寒冷自盡，比照屏去人服食至死擬絞律，量減滿流。道光十三年山東案。

争取礦砂，用草燒煙薰斃人命，比照他物置耳鼻孔竅中至死律，擬絞監候。道光十年貴州案。

（清）席裕福《清朝政典類纂》卷三九九《刑三十一·刑律人命·戲殺誤殺過失殺傷人》　凡因戲以堪殺人之事爲戲，如比較拳棒之類。而殺傷人，及因鬭毆而誤殺傷旁人者，各以鬭毆殺傷論。死者並絞。傷者驗輕重坐罪。其謀殺、故殺人而誤殺旁人者，以故殺論。死者處斬。不言傷，仍以鬭毆論。若知津河水深泥濘，而詐稱平淺，及橋梁、渡船朽漏不堪渡人，而詐稱牢固，誑令人過渡，以致陷溺死傷者，與戲殺相等。亦以鬭殺傷論。若過失殺傷人者，較戲殺愈輕。各准鬭殺傷罪，依律收贖，給付其被殺傷之家。過失，謂耳目所不及，思慮所不到。如彈射禽獸，因事投擲甎瓦，不期而殺人者。或因升高險足有蹉跌，累及同伴。或駕船使風，乘馬驚走，馳車下坡，勢不能止。或共舉重物，力不能制，損及同舉物者。凡初無害人之意，而偶致殺傷人者，皆准鬭毆殺傷人罪，依律收贖，給付被殺被傷之家，以爲營葬及醫藥之資。

條例

一、應該償命罪囚，遇蒙赦宥，俱追銀二十兩給付被殺家屬。如果十分貧難者，量追一半。謹案：此條係原例。

一、收贖過失殺人絞罪與被殺之家營葬，折銀十二兩四錢二分。其過失傷人收贖銀兩數目，另載圖内。謹案：此條係原例，乾隆五年增注。

一、凡捕役拏賊，與賊格鬭而誤殺無干之人者，仍照過失殺人律，於犯人名下追銀十二兩四錢二分給付死者之家。

一凡各項埋葬銀兩，地方官照數追給取具，嫡屬收領，然後將該犯釋放，報部存案。若不給付，該犯係管押者，仍管押，係監禁者，仍監禁，勒限追給。如捏稱給付，將本犯釋放者，告發之日，本犯不准援免，地方官一併從重議處。謹案：以上二條，均雍正五年定。

一、瘋病之人，其親屬鄰佑人等容隱不報，不行看守，以致瘋病之人自殺者，照不應重律，杖八十。致殺他人者，照知人謀害他人，不即阻擋首報律，杖一百。如親屬鄰佑人等已經報明，而該管官不嚴飭看守，以致自殺及致殺他人者，俱交部議處。謹案：此條乾隆三十二年删改。

一、凡因戲而誤殺旁人者，以戲殺論，擬絞監候。謹案：此條乾隆三十七年遵旨改定。

一、圍場内射獸兵丁，因射獸而傷平人致死者，照比較拳棒戲殺律，擬絞監候，仍追銀給付死者之家。如係前鋒護軍親軍領催及甲兵等，追給銀一百兩。係跟役，追給銀五十兩。若傷而未死，前鋒等項及甲兵，頭等傷者，鞭七十，罰銀二十兩。二等傷者，鞭八十，罰銀三十兩。三等傷者，將本犯鞭一百，罰銀四十兩。如係跟役，所罰銀數各減十兩，給與被傷之人。謹案：此條係乾隆三十九年遵旨議定。

一、凡民人於深山曠野捕獵，施放鎗箭打射禽獸，不期殺人者，比照捕户於深山曠野安置窩弓，不立望竿，因而傷人致死律，杖一百，徒三年。若向城市及有人居止宅舍施放鎗箭，打射禽獸，不期殺傷人者，仍依弓箭殺傷人本律科斷，各追埋葬銀一十兩，給與死者之家。謹案：此條嘉慶六年增定。

一、凡過失殺人，應追埋葬銀兩之犯，如有力不能交，咨請豁免者，免其著追，將該犯照不應重律，杖責發落。謹案：此條乾隆六十年定。

一、瘋犯殺人，永遠鎖錮。若親老丁單，例應留養承祀者，如病果痊癒，令地方官診驗明確，加結具題核釋，仍責成地方官飭交犯屬領回，嚴加防範。儻復病發滋事，親屬照例治罪，本犯永遠監禁，不准釋放。出結之地方官，照例議處。謹案：此條嘉慶六年定。

一、凡瘋病殺人之案，總以先經報官，有案爲據。如診驗該犯始終瘋病，語無倫次者，仍照定例，永遠鎖錮。若因一時陡患瘋病，猝不及報，以致殺人，旋經痊癒，或到案時雖驗係瘋迷，迨覆審時供吐明晰者，該州縣官審明，即訊取尸親，切實甘結，敘詳咨部，方准擬以鬬殺。如無報案，又無尸親切結，即確究實情，仍按謀殺各本律定擬。至所殺係有服卑幼，罪不致死者，不得以病已痊癒，即行發配，仍依瘋病殺人例，永遠鎖錮。謹案：此條嘉慶十一年定。

一、瘋病殺人，問擬死罪免勾。永遠監禁之犯病愈，遇有恩旨，例得查辦釋放者，除所殺係平人，仍照舊辦理外，若卑幼致死尊長，及妻致死夫，關繫服制者，仍永遠監禁，不准釋放。謹案：此條係嘉慶十三年遵旨定例。

一、謀殺人以致下手之犯誤殺旁人，將造意之犯擬斬監候，下手傷重致死及知情買藥者，杖一百，流三千里，餘人杖一百。若執持凶器傷罪重於滿流者，從其重者論。如下手之犯另挾他嫌，乘機殺害，並非失誤者審實，將下手之犯照謀殺人本律，擬斬監候。其造意之犯照謀殺人未傷律，擬徒。謹案：此條嘉慶十五年修改。

一、瘋病之人，如家有嚴密房屋可以鎖錮的當，親屬可以管束，及婦女患瘋者，俱報官交與親屬看守，令地方官親發鎖鐐，嚴行封錮。如親屬鎖禁不嚴，致有殺人者，將親屬照例嚴加治罪。如果痊癒不發，報官驗明，取具族長地隣甘結，始准開放。如不行報官及私啓鎖封者，照例治罪。若並無親屬，又無房屋者，即於報官之日，令該管官驗訊明確，將瘋病之人嚴加鎖錮監禁，具詳立案。如果監禁之後，瘋病並不舉發，俟數年後診驗情形，再行酌量，詳請開釋，領回防範。若曾經殺人之犯，到案始終瘋迷不能取供者，即行嚴加鎖錮監禁，不必追取收贖銀兩。如一二三年內偶有病愈者，令該地方官訊取供招，出結轉詳，照復審供吐明晰之犯，依鬬殺律擬絞監候，入於秋審緩決。遇有查辦死罪減等恩旨，與覆審供吐明晰之犯一體查辦。如不痊癒，即永遠鎖錮，雖遇恩旨，不准查辦。若鎖錮不嚴，以致擾累獄囚者，將管獄有獄官嚴加參處，獄卒照例嚴加治罪。地方官遇有瘋病殺人之案呈報到官，務取被殺之事主切實供詞，并取隣佑地方確實供結，該管官詳加驗訊，如有假瘋妄報，除凶犯即行按律治罪外，將知情捏報之地方隣佑、親屬人等，照隱匿罪人，知情者減罪人一等律問擬。謹案：此條乾隆二十七年定，嘉慶六年修改，咸豐二年復奉頒修。

一、瘋病殺人，除平人一命仍照例分別辦理外，若致斃平人非一家二命者，擬絞監候，秋審酌入緩決。其連殺平人非一家三命以上，及殺死一家二命者，均擬絞監候。殺死一家三命以上者，擬斬監候，秋審俱入於情實。倘審係裝捏瘋迷，仍按謀故鬬殺一家二三命各本律例問擬。謹案：此條乾隆四十一年定，道光五年、同治九年兩次修改。

一、子孫過失殺祖父母、父母，及子孫之婦過失殺夫之祖父母、父母，定案時仍照本例問擬絞決。法司核其情節，實係耳目所不及，思慮所不到，與律注相符者，准將可原情節，照服制情輕之例，夾簽聲明，恭候欽定，改爲擬絞監候。至妻妾過失殺夫奴婢、過失殺家長，亦照此例辦理。謹案：此條嘉慶六年續纂，十一年復奉頒修，道光二十五年修改。

一、凡瘋病殺人問擬斬絞監候之犯，除死係期功尊長尊屬，並連斃平人一家二命及三命而非一家，應入情實各犯毋庸查辦外，其餘應入緩決人犯，果如到案後病愈，監禁至五年後不復舉發，遇有親老丁單，或父母已故，家無次丁，該管官飭取印甘各結，題請留養承祀。倘釋放後復行滋事，將取結之地方官並隣族人等，分別議處懲治。本犯仍永遠監禁，雖病愈不准再予釋放。謹案：此條嘉慶十九年改，同治九年修改。

一、凡謀故鬬毆而誤殺其人之祖父母、父母、妻女、子孫一命，均依謀故鬬殺各本律科罪。其因謀殺人而誤殺一命案內，從犯杖一百，流三千里。謹案：此條道光元年由鬬毆及故殺人門內移改。

一、凡因毆子而誤傷旁人致死者，杖一百，流三千里。因謀殺而誤殺旁人，發近邊充軍。其因毆子及謀殺子而誤殺有服卑幼者，各於毆故殺卑幼本律上減一等。若誤殺有服尊長者，仍依毆故殺尊長及誤殺尊長各本律本例問擬。謹案：此條道光五年續纂。

一、因瘋致斃期功尊長尊屬一命，或尊長尊屬一家二命，內一命係凶

犯有服卑幼，律不應抵。或於致斃尊長尊屬之外，復另斃平人一命，俱仍按致死期功尊長尊屬本律問擬，准其比引情輕之例，夾簽聲請，候旨定奪。若致斃期功尊長尊屬一家二命，或二命非一家，但均屬期功尊長尊屬，或一家二命內，一命分屬卑幼，而罪應絞抵，或於致斃尊長尊屬之外，復另斃平人二命，無論是否一家，俱按律擬斬立決，不准夾簽聲請。

謹案：此條道光二十五年續纂，同治九年修改。

一、凡婦人毆傷本夫，致死，罪干斬決之案，審係瘋發無知，或係誤傷及情有可憫者，該督撫按律例定擬，於案内將並非有心干犯各情節分晰敘明，法司會同核覆，援引嘉慶十一年段李氏案内所奉諭旨具題。仍照本條擬罪，毋庸夾簽。内閣核明，於本内夾敘說帖票，擬九卿議奏及依議斬決，雙簽進呈，恭候欽定。謹案：此條道光二十五年續纂，咸豐三年修改。

事例

國初定，凡過失殺傷人者，鞭一百，賠人一口。順治五年定：凡與人鬬毆誤傷致死者，責四十板，賠人一口。其素有讎怨，因而鬬殺者，仍依本律審擬，請旨定奪。康熙三年題准：凡旗下過失殺傷人者，仍照例鞭責賠人。其民人有犯，責四十板，追銀四十兩，給付被殺之家。或民人過失殺傷旗下人，或旗下過失殺傷民人，俱照此例。四年題准：凡鬬死毆打死人命，遇赦免死發落者，追銀四十兩，給付死者之家。如本犯自稱不能給銀，情願與死者之家爲奴者，即將本人給與爲奴。六年議准：凡捕役誤殺無干之人者，照過失殺傷人治罪，於贖罪銀兩内取銀四十兩，給被殺之家。又題准：凡瘋病殺傷人者，免議。七年覆准：過失殺傷人者，停其追銀賠人之例，仍照律追營葬銀十二兩四錢二分，給被殺之家。八年題准：凡瘋病殺人者，從本犯名下追埋葬銀十二兩四錢二分，給與被殺之家。十年題准：凡毆死人命罪犯，已經宥免者，停其賠人、給銀四十兩之例，仍照律追銀二十兩，給付被殺家屬。又題准：捕役誤殺無干之人，停其追銀四十兩之例，於本犯名下追銀十二兩四錢二分，給與被殺之家。二十八年覆准：假粧瘋病殺人者，審訊明白，或係謀殺、故殺、鬬毆殺人，各依本律治罪。如無瘋病而殺人，或證佐之人說稱實有瘋病者，審無同謀受賄情弊，各照本律治罪。又覆准：瘋病之人，應令父祖、叔伯、兄弟或子姪親屬之嫡者防守，如無此等親屬，令鄰佑、鄉約地方防守。如有疎縱，以致殺人者，照不應重律，杖八十。嘉慶十六年奏准：嗣後遇有戲殺、過失殺之案，務須詳核律文、律注，分別妥擬。其從前辦理成案，不得復行援引，以昭法守而示持平。道光二年覆准：嗣後遇有二人過失殺一命之案，如應罪坐所由，即在該犯名下追銀給領。如數人無可區別，若共舉重物，力不能勝，以致過失殺人之類，即共追埋葬銀一分，給付尸親具領營葬，以符例義。四年議准：嗣後如父母因毆子而誤傷旁人致斃者，比照鬬毆而誤殺旁人，以鬬殺論，於鬬殺絞監候律上，量減爲杖一百，流三千里。因謀殺子以致誤殺旁人一命者，比照謀殺人而誤殺旁人，以故殺論，於故殺斬候律上，量減爲發近邊充軍。因謀殺子以致誤殺旁人一家二命，及三命而非一家者，比照謀殺人而誤殺旁人一家二命，及三命而非一家者，以故殺論，於故殺一家二命斬罪上，量減爲發遣新疆，酌撥種地當差。誤殺旁人一家二命以上，及三命以上而非一家者，於斬罪上量減爲擬絞監候，秋審入於緩決。其因毆子及謀殺子而誤殺有服卑幼者，各於毆故殺卑幼本律上減一等。若誤殺有服尊長者，仍依毆故殺尊長及誤殺尊長各本律本例問擬。二十七年奏准：嗣後遇有病愈者，即令該地方官訊取供招，照覆審供吐明晰之犯，依鬬殺律擬較監候，入於秋審辦理。遇有查辦死罪減等恩旨，與覆審供吐明晰之犯一體查辦。如不痊癒，即行永遠監禁，雖遇恩旨，不准查辦。咸豐九年覆准：嗣後謀故鬬殺，復致斃期功尊長尊屬，雖係誤殺情輕，亦不准夾簽聲請。又瘋病致斃平人非一家二命者，秋審入於緩決辦理。至因瘋致斃期功尊長尊屬一命，復另斃平人一命，仍准照例夾簽。倘另斃平人二命，無論是否一家，俱按致斃期功尊長尊屬本律擬斬立決，毋庸夾簽聲請。

刑案

謀殺人誤殺其人幼子，應照謀殺本律斬候，不得依謀殺幼孩例斬決，致與犯時不知之律不符。嘉慶五年直隸司說帖。

謀殺人誤傷旁人三人未死，律注以鬬毆論，鬬毆不計傷人多寡，從一科斷，罪止擬杖。應從重照謀殺已行未傷律，滿徒。嘉慶十年山西案。

兩人踢毽相戲，誤踢旁人身死，照因戲而誤殺旁人例，絞。嘉慶八年山東案。

暗中跳下船艙，誤踏在艙仰卧人臍肚，越日殞命，依過失殺收贖。嘉

慶十五年江蘇案。

背鎗行走，被風吹落火星，以致鎗發傷斃背後行走之人，依過失收贖。嘉慶十五年江西案。

母謀毒違犯教令之子，誤殺旁人一家二命，依謀殺誤殺旁人以故殺論，於故殺一家二命斬罪上，量減擬流，收贖。其子依違犯教令例，擬軍，從重發黑龍江爲奴。嘉慶十六年廣西案參看新例。

因瘋殺女，監禁七年，病已痊癒，其子呈求釋放，交房族管，原情准釋束。嘉慶十八年廣西司説帖。

過失殺埋葬銀兩，應按死者人數，按名追給一分。嘉慶十八年福建司説帖。

往唤他人，因犬在墻上狂吠，慮恐呼唤不應，拾石向擲，不期緦麻弟妻出視，被石擲傷身死，依無故向有人居止宅舍投擲磚石，因而致死律，擬流。嘉慶二十二年直隸案。

因瘋砍傷伊妻及胞叔身死，並另傷四人平復，情節雖重，但係瘋發無知，並非有心干犯，照毆死期親尊長律，斬決。援例夾簽，改爲監候。嘉慶二十二年河南案。

因收山上樹木滚運下山，不期壓斃山下行走之人，比照捕户安置窩弓不立望竿，因而致死律，擬徒。嘉慶二十三年浙江案。

瘋病殺人，如係始終瘋迷永遠監禁之犯親老丁單，例應留養承祀者，驗明病果痊癒，即可隨案題請，不必拘以五年之限。若係到案供吐明晰，應以絞抵。緩決人犯遇有親老丁單，或父母已故，家無次丁，例應留養承祀者，病雖痊癒，必俟五年後，始准查辦。嘉慶二十三年江蘇司説帖。

捕役因賊逃走，施放鐵銃，誤斃旁人，比照鳥鎗向有人居止宅舍施放，誤傷人致死擬流例，量減滿徒，追埋葬銀十兩。嘉慶二十五年江蘇案。

糾人往毆丐匪，因其逃走，拆毁丐篷，不知篷内尚有病丐睡卧，致被壓死，比照無故向有人居止宅舍投擲磚石，因而致死律，擬流。道光元年江蘇案。

因人詈駡追趕，致人逃走，踊翻石塊下坡，誤斃旁人，罪坐所由，將追趕之人依鬬毆誤殺旁人，擬絞。道光二年陝西司説帖。

黑夜被賊毆搶，用刀抵戳，誤斃同夥，比照捕役與賊格鬬，誤殺無干之人例，照過失殺收贖。道光二年山西司説帖。

深山黑夜聽聞聲響，疑獸，放鎗誤斃行竊之人，與誤殺平人有間，依竹銃在深山施放，誤傷人致死，滿徒，量減一等，杖九十，徒二年半。道光二年四川案。

因牛踐食高粱，用棍向擲，誤斃同伴，照無故向有人居止宅舍投擲磚石，因而致死律，擬流。道光二年山東案。

見人酒醉鬧事，拉勸回家，醉者掙脱，失跌墊傷身死，依過失收贖。道光三年陝西案。

因人强割田禾，用銃嚇阻。他人恐其點放，趕向拉奪，致衣袖誤挫火繩，適傷拉奪之人，其銃斃罪人，例應照擅殺以鬬殺論。今誤殺平人，未便照故殺擬斬，比照因鬬誤殺旁人例，絞候。道光三年江西案。

因見烏鴉飛入人家竹林叫唤，心懷厭惡，拾石向擲，致傷林内捆柴之族叔祖母，越三十三日身死。竹林既在宅邊，即屬有人往來之所，拾石打鴉，又不得謂之因事，應依無故向有人居止宅舍投擲磚石，因而致死律，擬流。道光三年四川司説帖。

欲拉姦婦續姦，致婦掙跌斃命。既有掙拒之情，即與爭鬬無異，依鬬殺律論，擬絞。道光三年陝西案。

舉鋤向毆，被人用搶抵格，致鋤口誤傷旁人，毆者、格者均非意料所及，第被毆者勢不能束手，任其毆打，竟不一向抵格。是誤殺固由於抵格，而抵格實由被毆所致，且毆者意在傷人，格者止圖避害，論情定讞，自應將向毆之人坐以誤殺之罪。道光四年部覆江蘇案。

鳥鎗過失殺人，絞罪收贖，仍究明是否私造，抑係私藏，照例加杖。道光五年直隸案。

兩人近面趕攏捉兔，致相挫撞，失跌内損身死，依過失殺收贖。道光五年烏魯木齊案。

因人飲醉，拉手同行，醉者失足落河，致被帶下淹斃，將醉者依過失殺收贖。道光五年四川案。

聞姦數日，謀毒犯姦之妻，誤殺子媳，與誤殺平人不同，比照故殺子婦擬流律上，量減滿徒。道光五年安徽案。

强拉已睡之人飲酒，因醉後脚軟，滑跌撲壓其人身上，搕傷身死，雖

非耳目所不及，實是思慮所不到，照過失殺收贖。道光六年江蘇案。

被犬撲咬，用物擲打，適傷猝思趕犬之人身死，與因事投擲磚石不期殺人律注相符，照過失殺律收贖。道光六年河南案。

因瘋刃殺胞叔，與真正過失傷不同，祇應照訊非有心干犯例，擬絞監候，不得牽引凡人瘋疾執持凶器傷人，依過失傷例問擬。道光七年山東司說帖。

瘋病殺人追埋之例，係指始終瘋迷殺死平人，例應永遠鎖錮者而言，若定擬死罪及殺死尊長，應入秋審，分別實緩辦理之案，毋庸先行追埋。道光八年四川司説帖。

婦女因瘋殺媳，律擬徒，遇赦減杖。病已痊癒，給屬領回，嚴行鎖錮。道光十年江西司説帖。

見人争毆攏勸，致在他人門牙掽傷自己顖門，越四十三日抽風身死，争毆之人肇釁釀命，酌問枷杖。道光十年四川司説帖。

勸阻不理，抱人肚腹推送，致被抱之人内損身死，已有挣拒情形，應照鬭殺擬絞。道光十一年河南司説帖。

向人索欠，叫門不應，疑係躲避，氣忿將門撞落，嚇死門内幼女，較過失殺情節尤輕，擬以不應重杖。道光十一年四川案。

因人從伊背後倒拉衣服，欲行戲耍，用力挣脱，致人仰跌墊傷身死。如係因戲而挣，應律以戲殺。若因生氣挣脱，應照鬭殺定擬，不得率照過失殺科斷。道光十一年陝西司説帖。

焙燒所買舊銃，不知内裝火藥，致藥燃發，誤傷斃命，照過失殺收贖。嘉慶十六年山東案。

因瘋砍傷鄰婦並鄰婦之女，鄰婦在餘限内身死，其女用藥醫治痊癒，並未報案，及有尸親切結，仍依鬬殺律擬絞。嘉慶十六年山東案。

肩卸木條，將身後幼孩碰傷致斃，係耳目所不及，照過失殺收贖。嘉慶十七年廣東案。

私販硝磺，捏稱清油，脚夫鑽桶偷竊，火發致斃四命，死由自取，仍比依興販硝磺百觔以上，擬軍。嘉慶十七年廣西案。

因瘋毆死同居繼父，雖始終並未痊癒，仍依毆同居繼父致死律，斬候。嘉慶十九年陝西案。

姦夫與姦婦行姦，失手壓傷姦婦抱養幼女致斃，比照鬭殺律，絞候。嘉慶十九年四川案。

用手摸面相戲，致指戳傷眉梢，越日殞命，應照戲殺擬絞，未便照過失殺收贖。嘉慶二十二年直隸案。

擊水戲耍，將同擊之人誤傷斃命，仍依戲殺定擬。嘉慶二十四年湖廣案。

因欲拆賣厦木，經胞叔阻斥，致向撲毆，被跌磕傷身死，比照姪過失殺胞叔律，擬徒。道光五年直隸案。

覿面相戲，以致同跌被壓，内損身死外，依過失殺律收贖，部改照以戲殺論。道光十一年直隸案。

黑夜捕賊，誤傷工人身死，比照捉姦誤殺旁人例，擬絞監候，竊賊問擬滿徒。道光十四年山西案。

兵丁操演鳥槍，誤傷平人致死，比照圍場内射獸兵丁，因射獸誤傷平人致死者，比照較拳棒戲殺擬絞例，擬絞監候。道光十一年河南案。

因己誤跌，撞跌山路同行之人受傷身死，依過失殺人者，准鬬殺罪，依律收贖，追銀給尸屬具領。同治十二年安徽司説帖。

戲耍過失，致傷殞命，依律准鬬殺罪收贖，追銀十二兩四錢二分給付尸屬具領，以資營葬。光緒元年安徽案。

營弁因瘋殺人，痊後隨營立功，並未題報奏明，不准聲請，應仍照奏定章程，監禁五年，再行查辦。咸豐十年安徽司説帖。

演習洋槍，誤斃人命，依鳥槍竹銃向城市施放，傷人因而致死者，杖一百，流三千里例科斷。光緒十年江蘇案。

（清）席裕福《清朝政典類纂》卷四〇〇《刑三十二·刑律人命·夫毆死有罪妻妾》 凡妻妾因毆罵夫之祖父母、父母而夫不告官，擅殺死者，杖一百。祖父母、父母親告乃坐。若夫毆罵妻妾，因而自盡身死者，勿論。若祖父、父母已亡，或妻有他罪不至死，而夫擅殺，仍絞。謹案：杖一百下小注九字，原在勿論下，乾隆五年移定。

條例

一、妻與夫角口，以致妻自縊，無傷痕者無庸議。若毆有重傷縊死者，其夫杖八十。謹案：此條雍正三年定。

一、凡妻妾無罪被毆，致折傷以上者，雖有自盡實跡，仍依夫毆妻妾

致折傷本律科斷。謹案：此條乾隆五年定。

事例

嘉慶五年，論顏檢奏審擬勒斃繼妻子媳之梁自新援情酌擬一摺。梁自新因繼妻白氏將前妻所遺一子梁有幅時加凌虐，浼人説合，將白氏帶來前夫之女張氏作配其子，曲意調停。詎白氏不肯回心，而張氏復加凌辱其夫。白氏又縱女與梁順光通姦，經梁自新撞見，仍復隱忍。乃白氏、張氏竟商同用信謀害梁有幅，經自新看破，搜出毒食，尚不加毆打，忍俟次日報官，可見梁自新亦非遽行逞忿之人。迨是晚，張氏又趕打其夫，白氏隨聲詈駡。梁自新氣忿莫釋，始將張氏勒死。白氏復向梁自新撞頭拚命，梁自新隨將白氏亦即勒死，自行投報。核其情節，白氏、張氏母女處心積慮，必欲將梁有幅致死。張氏用藥毒害其夫，本係應行斬決之犯，例得勿論。白氏忍絶其夫宗嗣，罪亦應死。梁自新激於義忿，若仍照尋常殺妻之案，將梁自新問擬絞候，雖秋審亦必入可矜，而罪名實未允協。顏檢請將梁自新量減爲杖一百，徒三年，所議甚是。梁自新著加恩再減爲杖一百，徒三年，以示朕明刑弼教，維持風化之至意。道光二十六年覆准：查妻毆翁姑，但毆即罪應論死，原不論有無成傷及傷之輕重。第翁姑並未告官，而夫即行擅殺，若無傷痕證佐，概予擬杖，難保非父母溺愛其子，串揑所致。至驗有傷痕證佐，又復確鑿，則無論刃傷、折傷以及手足、他物，雖父母未經親告，均可照律擬杖。如止毆詈空言，自應仍以親告爲斷。

刑案

毆死駡祖之妻，投約未即報官，依律擬絞監候。嘉慶八年山東司案。

毆死屢次行竊不聽管束之妻，行竊並非罪犯應死，仍按本律問擬絞候。道光四年山西司説帖。

殺死詈駡翁姑之妻，其親並未親告，仍照律擬絞，秋審時議減。嘉慶十六年河南案。

因妾咒駡，父母不給飲食，以致舊病復發身死，未便以死由於病置屏食於不議，比照妻妾因毆駡夫之父母，其夫擅殺律，杖一百。嘉慶二十四年四川案。

毆傷買休之妾，致令氣忿自盡，如係知情買休，律離異。應照凡人因事用强毆打致命而非重傷例，擬徒。嘉慶二十四年江西司説帖。

毆死行竊之妻，仍依毆死妻本律，擬絞。道光四年山西案。

毆妻並非傷重，致妻自盡，照不應輕律，笞四十。道光七年江西司案。

救親情切，毆死毆姑之妻，並未親告，比例擬流，照秋審可矜人犯，再減一等，問擬滿徒。道光十二年湖廣案。

因妻頂撞其父，將妻毆死，照律擬以絞候。不孝有據，秋審應入可矜，准減二等發落。同治十年安徽司説帖。

因妻責打幼子，攔阻争吵，毆傷跌地，震傷臟腑身死，按律問擬絞候。事結在恩旨以前，秋審應入緩決。准減爲杖一百，流三千里。同治十一年安徽司説帖。

（清）席裕福《清朝政典類纂》卷四〇〇《刑三十二·刑律人命·弓箭傷人》 凡無故向城市及有人居止宅舍放彈、射箭、投擲磚石者，雖不傷人，笞四十。傷人者，減凡鬭傷一等。雖至篤疾，不在斷付家産之限。因而致死者，杖一百，流三千里。若所傷係親屬，依名例律本應重罪，而犯時不知者，依凡人論。本應輕者，聽從本法，仍追給埋葬銀一十兩。

條例

一、凡用鳥槍竹銃向城市及有人居止宅舍施放者，雖不傷人，笞四十。誤傷人者，減湯火傷人律一等。因而致死者，杖一百，流三千里。若在深山曠野施放，誤傷人者，減湯火傷人律二等。因而致死者，杖一百，徒三年。皆追徵埋葬銀一十兩。謹案：此條嘉慶六年定。

刑案

放銃誤傷旁人，越十日抽風身死，比照鬭毆致命傷輕，越十日因風身死，減流例，於竹銃向有人居止宅舍施放，誤傷人致死擬流例上，減一等，滿徒。道光六年山東司説帖。

放銃傷斃，雖死在百日以外，仍應依律擬斬。該犯當被死者胞兄毆斃，合依兩家互毆致死一命，其律應擬抵之正凶業被有服親屬毆死，應照例杖一百，徒三年。道光九年福建案。

敬神點放鐵銃，誤斃人命，比照凡竹銃向有人居止宅舍施放，誤傷人因而致死例，擬以滿流。道光十一年河南案。

代人放銃，誤傷人，致瞎一目，比照竹銃向有人居止宅舍施放，誤傷

人，減湯火傷一等例，於瞎人一目滿徒律上，減一等，擬徒二年半。道光十年山東案。

（清）席裕福《清朝政典類纂》卷四〇〇《刑三十二·刑律人命·車馬殺傷人》 凡無故於街市鎮店馳驟車馬，因而傷人者，減凡鬥傷一等。致死者，杖一百，流三千里。若無故於鄉村無人曠野地内馳驟，因而傷人不致死者不論。致死者，杖一百。以上所犯，並追埋葬銀一十兩。若因公務急速而馳驟殺傷人者，以過失論。依律收贖給付其家。

條例

一、凡騎馬碰傷人，除依律擬斷外，仍將所騎之馬給與被碰之人。若被碰之人身死，其馬入官。案此條雍正三年定。

刑案

乘馬行走，收勒不及，致馬頭碰倒往前行走之人，跌傷斃命，依街市馳馬因而傷人致死律，擬流。嘉慶二十年江蘇案。

坐車進城，未及收下車攬，軋死幼孩，並非耳目所不及，照街市馳車因而傷人致死律，擬流。嘉慶二十年奉天案。

（清）席裕福《清朝政典類纂》卷四〇〇《刑三十二·刑律人命·庸醫殺傷人》 凡庸醫爲人用藥鍼刺，誤不如本方，因而致死者，責令別醫辨驗藥餌、穴道，如無故害之情者，以過失殺人論，依律收贖，給付其家。不許行醫。若故違本方，乃以詐心療人疾病，而增輕作重，乘危以取財物者，計贓准竊盜論。因而致死及因事私有所謀害，故用反症之藥殺人者，斬監候。

條例

一、凡端公道士及一切人等作爲異端法術，如圓光畫符等類，醫人致死者，照鬬殺律，擬絞監候。未致死者，杖一百，流三千里。爲從各減一等。謹案：嘉慶六年奏准：此等托異術爲人治病，與左道惑衆者迥別，因載在師巫邪術門，外省往往誤會，曾將圓光畫符之類比依左道惑衆，定擬爲從，亦問發充軍，殊未允協，因增定此條。

刑案

庸醫爲人治病，致誤毒三命，仍依過失殺律斷。情節較重，追贖銀價三分，再加枷號三個月，杖一百。嘉慶十年雲南司説帖。

給人治病，欲圖見功，用針刺病人手足，並用薑汁點入眼角，以致身死，照庸醫殺傷人律，擬絞收贖。嘉慶十七年安徽案。

鋪户辨認藥材不真，誤賣致斃人命，比照庸醫爲人用藥不依本方，因而致死律，依過失收贖。嘉慶二十一年四川案。

婦女詐稱蛇精附身，爲人焚香治病，圖騙錢文，惟並無符咒，依邪術醫人未致死例，量減滿徒。嘉慶二十四年直隸案。

描畫通書丁甲符籙，治病騙錢，比依邪術醫人未致死例，量減滿徒。嘉慶二十四年江西案。

收生婦女不諳逆生之理，致斃母子二命，比照庸醫誤不依本方，因而致死，如無故害之情者，以過失殺人論，依律收贖，追銀十二兩四錢二分，給尸親具領。道光四年陝西案。

圖與婦女通姦，代爲畫符求子，比照端公道士及一切人等作爲異端法術，如圓光畫符等類，醫人未致死例，問擬滿流。道光十三年陝西案。

照《玉匣記》畫符治病騙錢，照異端法術畫符等類醫人未致死擬流例，量減滿徒。道光五年貴州司案。

（清）沈家本《大清現行刑律·人命·戲殺誤殺過失殺傷人》 原修改例文

一、凡因戲而誤傷旁人者，各減戲殺傷罪一等。

謹按：律文戲無誤殺者，以戲近於誤也。原例以戲殺論，深合律意。新章減絞爲徒，定罪已輕，似不必再議減等。擬將減戲殺傷罪一等句，改爲以戲殺傷論。謹將修改例文開列於後。

修改

一、凡因戲而誤殺傷旁人者以戲殺傷論。

原修改例文

一、因瘋致斃期功尊長尊屬一命，或尊長尊屬一家二命，内一命係凶犯有服卑幼，律不應抵。或於致斃尊長尊屬之外，復另斃平人一命，俱仍按致死期功尊長尊屬本律問擬。法司將可原情節聲明，減爲擬絞監候，於摺内雙請，候旨定奪。若致斃期功尊長尊屬一家二命，或二命非一家，但均屬期功尊長尊屬，或一家二命内一命分屬卑幼而罪應絞抵，或於致斃尊長尊屬之外復另斃平人二命，無論是否一家，俱按律擬絞立決，不准援例

雙請。

謹按：此條准雙請不准雙請之關鍵，自應悉仍其舊。惟一家二命各例，現已議删。如仍留一家二命字樣，殊不一律。應即查照原文例意，另易其詞。謹將修改例文開列於後。

修改

一、因瘋致斃期功尊長尊屬一命，或致斃尊長尊屬，復另斃律不應抵有服卑幼一命，或於致斃尊長尊屬之外，復另斃平人一命，俱仍按致死期功尊長尊屬本律問擬。法司將可原情節聲明，減爲擬絞監候，於摺内雙請，候旨定奪。若致斃期功尊長尊屬二命，或致斃尊長尊屬一命，復另斃律應絞抵有服卑幼一命，或於致斃尊長尊屬之外，復另斃平人二命，俱按律擬絞立決，不准援例雙請。

原修改例文

一、因瘋致斃平人非一家二命及連殺平人非一家三命以上，並殺死一家二命者，均擬絞監候，秋審酌入緩決。其殺死一家三命以上者，擬絞監候，秋審入於情實。儻審係裝瘋捏飾，仍按謀故鬥殺一家二三命各本例問擬。

謹按：此條因瘋致斃非一家二命及一家二命，均與致斃非（非）一家三命以上擬罪，本屬相同，則但言非一家三命，已可舉重以賅輕。至例末仍按謀故鬥殺一家二三命各本律本例問擬一層，現已將殺死一家二命各例議删，則二字自應節去。謹將修改例文開列於後。

修改

一、因瘋致斃平人非一家三命以上者，擬絞監候，秋審酌入緩決。其殺死一家三命以上者，擬絞監候，秋審入於情實。儻審係裝瘋捏飾，仍按謀故鬥殺一家三命、三命而非一家各本律本例問擬。

紀事

《呂氏春秋·去私》 墨者有鉅子腹䵍居秦，其子殺人。秦惠王曰：先生之年長矣，非有他子也。寡人已令吏弗誅矣。先生之以此聽寡人也。腹䵍對曰：墨者之法曰：殺人者死，傷人者刑。此所以禁殺傷人也。夫禁殺傷人者，天下之大義也。王雖爲之賜，而令吏弗誅，腹䵍不可不行墨子之法。不許惠王而遂殺之。

睡虎地秦墓竹簡整理小組編《睡虎地秦墓竹簡·封診式·奪首》 軍戲某爰書：某里士（五）〔伍〕甲縛詣男子丙，及斬首一，男子丁與偕。甲告曰：甲，尉某私吏，與戰（刑）〔邢〕丘城。今日見丙戲旞，直以劍伐痍丁，奪此首，而捕來詣。診首，已診丁，亦診其痍狀。

□□□□某爰書：某里士（五）〔伍〕甲、公士鄭（才）〔在〕某里曰丙共詣斬首一，各告曰：甲、丙戰（刑）〔邢〕丘城，此甲、丙得首（毆）〔也〕，甲、丙相與争，來詣之。診首□鬛發，其右角痏一所，袤五寸，深到骨，類劍迹；其頭所不齊䏼䏼然。以書讂首曰：有失伍及（茵）〔遲〕不來者，遣來識戲次。

《史記》卷九五《樊酈滕灌列傳》 汝陰侯夏侯嬰，沛人也。爲沛廄司御。每送使客還，過沛泗上亭，與高祖語，未嘗不移日也。嬰已而試補縣吏，與高祖相愛。高祖戲而傷嬰，人有告高祖。高祖時爲亭長，重坐傷人，告故不傷嬰，嬰證之。後獄覆，嬰坐高祖繫歲餘，掠笞數百，終以是脫高祖。

張家山二四七號漢墓竹簡整理小組《張家山漢墓竹簡·奏讞書》 十年七月辛卯朔甲寅，江陵余、丞鶩敢讞之。乃五月庚戌，校長池曰：士五軍告池曰，大奴武亡，見池亭西，西行。池以告，與求盜視追捕武。武格鬥，以劍傷視，視亦以劍傷武。今武曰：故軍奴，楚時去亡，降漢，書名數爲民，不當爲軍奴。視捕武，誠格鬥，以劍擊傷視，它如池。視曰：以軍告，與池追捕武，武以劍格鬥，擊傷視，視恐弗勝，誠以劍刺傷武而捕之，它如武。軍曰：武故軍奴，楚時亡，見池亭西。以武當復爲軍奴，即告池所，曰武軍奴，亡。告誠不審，它如池、武。詰武：武雖不當受軍（弩）〔奴〕，視以告捕武，武宜聽視而後與吏辯是不當狀，乃格鬥，以劍擊傷視，是賊傷人也。何解？武曰：自以非軍亡奴，毋罪，視捕武，心恚，誠以劍擊傷視，吏以爲即賊傷人，存吏當罪，毋解。詰視：武非罪人也，視捕，以劍傷武，何解？視曰：軍告武亡奴，亡奴罪當捕，以告捕武，武格鬥傷視，視恐弗勝，誠以劍刺傷捕武，毋它解。

問武：十五，年（卅）〔三十〕七歲，診如辭。鞫之：武不，當復爲軍奴，□□□弩告池，池以告與視捕武，武格鬥，以劍擊傷視，視亦以劍刺傷捕武，審。疑武、視罪，敢讞之，謁報，署獄如廥發。吏當：黥武爲城旦，除視。廷以聞，武當黥爲城旦，除視。

《漢書》卷一六《高惠高后文功臣表》 〔昌武靖侯〕元光五年，侯德嗣，四年，元朔三年，坐傷人二旬内死，棄市。户六百。

《漢書》卷四七《梁孝王劉武傳》 濟川王明以垣邑侯立。七年，坐射殺其中尉，有司請誅，武帝弗忍，廢爲庶人，徙房陵，國除。

《漢書》卷六五《東方朔傳》 久之，隆慮公主子昭平君尚帝女夷安公主，隆慮主病困，以金千斤錢千萬爲昭平君豫贖死罪，上許之。隆慮主卒，昭平君日驕，醉殺主傅，獄繫内官。以公主子，廷尉上請請論。左右人人爲言：前又入贖，陛下許之。上曰：吾弟老有是一子，死以屬我。於是爲之垂涕歎息，良久曰：法令者，先帝所造也，用弟故而誣先帝之法，吾何面目入高廟乎！又下負萬民。乃可其奏，哀不能自止，左右盡悲。

甘肅省文物考古研究所《居延新簡》 迺□□□申，第三隊戍卒新平郡苦縣奇里上造朱疑，見第五隊戍卒同郡縣始都里皇□所持鈹，即以疑所持胡桐木丈從後墨擊意項三下，以辜一旬内立死。案：疑賊殺人。甲辰病心腹□

《晉書》卷三〇《刑法志》 〔魏文帝時〕有大女劉朱，撾子婦酷暴，前後三婦自殺，論朱減死輸作尚方，因是下怨毒殺人減死之令。

（清）錢儀吉《三國會要》卷三五《刑·雜録》 河内太守上民張大有狂病發，殺母弟，應梟首，遇赦不除。廷尉上民傅晦詣民籍牛埸上盗黍，爲牛所覺，斧擲斫晦脚物故，監議：晦既夜盗，牛本無殺意，宜減死一等。

《宋書》卷四三《徐羨之傳》 〔義熙〕十四年，大司馬府軍人朱興妻周坐息男道扶年三歲，先得癇病，周因其病發，掘地生埋之，爲道扶姑女所告，正周棄市刑。〔徐〕羨之議曰：自然之愛，虎狼猶仁。周之凶忍，宜加顯戮。臣以爲法律之外，故尚弘物之理。母之即刑，由子明法，爲子之道，焉有自容之地。雖伏法者當罪，而在宥者靡容。愚謂可特申之遐裔。從之。

《隋書》卷七二《孝義傳·郎方貴》 郎方貴，淮南人也。少有志尚，與從父弟雙貴同居。開皇中，方貴嘗因出行遇雨，淮水汎長，於津所寄渡，船人怒之，撾方貴臂折。至家，其弟雙貴驚問所由，方貴具言之。雙貴恚恨，遂向津毆擊船人致死。守津者執送之縣官，案問其狀，以方貴爲首，當死，雙貴從坐，當流。兄弟二人爭爲首坐，縣司不能斷，送詣州。兄弟各引咎，州不能定，二人爭欲赴水而死。州狀以聞，上聞而異之，特原其罪，表其門閭，賜物百段。後爲州主簿。

《隋書》卷七七《隱逸傳·李士謙》 其奴嘗與鄉人董震因醉角力，震扼其喉，斃於手下。震惶懼請罪，士謙謂之曰：卿本無殺心，何爲相謝！然可遠去，無爲吏之所拘。

《文明判集殘卷·編號三八一三》 奉判：郭泰、李膺，同船共濟，但遭風浪，遂被覆舟。共得一橈，且浮且競。膺爲力弱，泰乃力强，推膺取橈，遂蒙至岸。膺失橈勢，因而致殂。其妻阿宋，喧訟公庭，云其夫亡，乃由郭泰。泰供推膺取橈是實。郭泰、李膺，同爲利涉，揚帆鼓枻，庶免傾危。豈謂巨浪驚天，奔濤浴日。遂乃遇斯舟覆，共被漂淪。同得一橈，俱望濟己。且浮且競，皆爲性命之憂；一弱一强，俄致死生之隔。阿宋夫妻義重，伉儷情深。悴彼沉魂，隨逝水而長往；痛兹淪魄，仰同穴而無期。遂乃喧訴公庭，心仇郭泰。披尋狀迹，清濁自分。獄貴平反，無容濫罰。且膺死元由落水，落水本爲覆舟。覆舟自是天災，溺死豈伊人咎？各有競橈之意，俱無相讓之心。推膺苟在取橈，被溺不因推死。俱緣身命，咸是不輕。輒欲科辜，恐傷猛浪。宋無反坐，泰亦無辜。並各下知，勿令喧擾。

（明）丘濬《大學衍義補》卷一〇八《慎刑憲·謹詳讞之議》 柳宗元爲柳州刺史，州民莫誠救兄，以竹刺其人右臂，經十二日身死。準律以他物毆傷，在辜内死者，依殺人論。宗元上狀桂管觀察府，謂莫誠赴急而動，事出一時，解難爲心，豈思他物？救兄有急難之義，中臂非必死之瘡。不幸致殂，揣非本意。按文固當恭守，撫事似可哀矜。律宜無赦，使司明至當之心。情或未安，守吏切惟輕之願。

臣按：部民犯法，情有可矜。爲守令者不爲之伸理，則非所以爲父

母矣。宗元上狀帥府，請輕莫誠之罪，亦刺史職分之所當爲也。

《新唐書》卷一六三《柳仲郢傳》　元和末，〔柳仲郢〕及進士第，爲校書郎。【略】爲監察御史，遷侍御史。有禁卒誣里人斫父墓柏，射殺之，吏以專殺論，而中尉護免其死，右補闕蔣係爭，不省。仲郢監罰，執曰：賊不死，是亂典刑。有詔御史蕭傑監之，傑復爭。遂獨詔京兆杖之，不監。朝廷嘉其守。

《新唐書》卷一六三《柳公綽傳》　〔寶曆三年〕京兆獄有姑鞭婦至死者，府欲殺之。〔柳〕公綽曰：尊毆卑，非鬬也，且子在，以妻而戮其母，不順。遂減論。

《新唐書》卷五六《刑法志》　大和六年，興平縣民上官興以醉殺人而逃，聞械其父，乃自歸。京兆尹杜悰、御史中丞宇文鼎以其就刑免父，請減死。詔兩省議，以爲殺人者死，百王所守；若許以生，是誘之殺人也。諫官亦以爲言。文宗以興免父囚，近於義，杖流靈州，君子以爲失刑。

《舊五代史》卷六八《唐書·崔沂傳》　開平中，金吾街使寇彦卿入朝，過天津橋，市民梁現者不時迴避，前導伍伯捽之，投石欄以致斃。彦卿自前白於梁祖，梁祖命通事舍人趙可封宣諭，令出私財與死者之家，以贖其罪。〔崔〕沂奏劾曰：彦卿位是人臣，無專殺之理。況天津橋御路之要，正對端門，當車駕出入之途，非街使震怒之所。況梁現不時迴避，其過止於鞭笞，捽首投軀，深乖朝憲，請論之以法。梁祖惜彦卿，令沂以過失論，沂引鬬競律，以怙勢力爲罪首，下手者減一等。又鬬毆條，不鬬故毆傷人者，加傷罪一等。沂表入，責授彦卿遊擊將軍、左衛中郎將。沂剛正守法，人士多之。

（宋）王欽若等《册府元龜》卷六一六《刑法部·議讞》　晋天福三年七月，晋州民曹繼勳訴男滿籍與王興哥因里俗戲擲塼子，誤觸破頭上，辜限内因風致卒，準律合決重杖處死者。刑部詳奏云：王興哥情非巨蠹，年乃童蒙，滿籍死既因風，本州勘須有據。雖執毆傷之律，自有嘗刑。當逢欽恤之朝，寧無宥過。尋有勑減死一等，徵銅一百斤。

《宋史》卷二七三《馬仁瑀傳》　開寶四年，遷瀛州防禦使。兄子嘗因醉誤殺平民，繫獄當死。民家自言非有宿憾，但過誤爾，願以過失殺傷論。仁瑀曰：我爲長吏，而兄子殺人，此怙勢爾，非過失也。豈敢以私親而亂國法哉？遂論如律，給民家布帛爲棺斂具。

《宋史》卷二〇〇《刑法志》　太平興國六年，自春涉夏不雨，太宗意獄訟冤濫。會歸德節度推官李承信因市葱笞園户，病創死。帝聞之，坐承信棄市。

（宋）李燾《續資治通鑑長編》宋太宗淳化三年十一月　〔己亥〕恭孝太子元僖性仁孝，姿貌雄毅，沈靜寡言，尹京五年，政事無失，上尤所鍾愛。及薨，追念不已，或悲泣達旦不寐，作《思亡子詩》以示近臣。未幾，人有言元僖爲嬖妾張氏所惑，嘗恣捶僕妾，有至死者。而元僖不知，爲張氏于都城西佛寺招魂，葬其父母，僭差踰制。又言元僖因誤食他物得病，及其宫中私事。上怒，命縊殺張氏，捕元僖左右親吏繫獄，令皇城使王繼恩騐問，悉決杖停免。掘燒張氏父母冢墓親屬皆竄遠惡。丙辰，詔罷册禮，但以一品鹵簿塟焉。真宗即位，始詔中外稱太子之號。

（清）徐松《宋會要輯稿·刑法四·斷獄》　明道二年十二月六日，刑部言：潭州四月旬，禁狀内弓手雷遂因根捉賊人，摑打婦人阿劉身死，該赦合移鄉千里，不合刺配漳州牢城。詔改配潭州本城，其檢斷官吏免勘特放。

（宋）李燾《續資治通鑑長編》宋神宗熙寧九年四月　詔：右千牛衛將軍叔諄貸死，免除名，奪一官勒停。坐杖殺直兵也。

（宋）李燾《續資治通鑑長編》宋神宗元豐元年五月　詔右武衛大將軍、象州刺史克頌貸死，追毁出身以來告敕，鎖外宅。坐病狂毆傷妻劉死故也。

（宋）李燾《續資治通鑑長編》宋神宗元豐七年八月　癸巳，監舒州石溪鎮酒税、奉職楊茂盛貸死除名，柳州編管。坐百姓乘馬過務，捜得税物，笞之致死也。

（宋）李燾《續資治通鑑長編》宋哲宗元祐五年七月　草土王師約奏：親叔左班殿直克述遣河清兵士毆録事參軍死，念臣祖尚秦國大長公主，而臣復膺選尚，如臣叔父合該極典，願納一官，乞從寬貸。御批：王克述毆人致死，合從典憲；師約乞將一官贖罪，難以施行。

（宋）程顥等《二程集·河南程氏文集》卷九《伊川先生文五·上謝

帥師直書》　姪子某爲令醴泉，病陰證傷寒，而邑之醫者乃大下之，又與洗心散，遂至冤死。今有狀披訴。伏惟明公居大帥之任，操勸懲之柄，經術政事聞於天下，高識遠見卓然絶俗。法之所無者，尚可權其宜而行之，況有法可依者乎？民之於令，其義最重。致令之死，而不加一毫之罪，於義得爲安乎？竊聞邑中憤歎不平之聲，聞於道路。豈當任者獨不念之乎？重思閣下，天下吏師，誠能行之，郡縣必多效之者。若使遠近傳之，庸醫之輩皆知戒懼，不敢輕視人命，則公及人之功，豈細也哉？

（明）張四維《名公書判清明集》卷一二《懲惡門·豪横·豪横》　齊千五振叔同齊萬四行打齊萬念五，拳踢及他物計十二下，以致萬念五自縊身死，罪已不輕矣。既將齊萬念五之尸移在後園，又移去山頭，將尸掛在松樹。打之而至再至三，移尸亦至一再，全不以人命爲重。齊千五家富而横，力足以變移獄情，想行打必不止此。齊萬念五已死，其誰爲之辨哉？決脊杖十二，編管二千里。齊萬四勘杖一百，餘並照擬行。

（明）張四維《名公書判清明集》卷一四《懲惡門·霸渡·嚴四為争渡錢溺死饒十四》　湖磧一渡，係收官錢，周寅出名攬撲，嚴四出力撑載。當饒十四落水之時，周以病故，不在渡頭，無相及也。饒十四過渡，嚴四覓錢，既用輸官，所不能免。但人收十七，其數太多，與以五文，似未爲過，二者亦得其平矣。不應舟已離岸，又復作鬧。饒十四揮拳在先，嚴四從而應之，遂中其面，檢官申上，面有拳痕，他皆無故，饒之溺水，起於嚴四，却非嚴有意殺之也。但登舟非作鬧之時，中流非覓錢之地。准法：諸津渡人於深闊湍險之處，恐嚇乞取錢物者，以持仗竊盜論，不得財，杖一百，五貫，徒一年，五貫，配本城。嚴四所須不過十七，所得不過五文，且以不得財論，縱無他故，亦合從杖一百。今饒十四溺水身死，夫豈無因，比附得錢五貫，決脊杖十二，刺配本城。近准憲臺疏下，照檢法所擬，饒十四面上係有拳痕，嚴四與之作鬧，是與不是本人下手，饒慶祖不伏畫押，格目兩官所定致死，是與不是，當原本情。契勘饒十四之來，自有同伴，嚴四所載，亦多同舟，十目所視，衆證可據，豈容其父妄指傷損面上拳痕。嚴四當官已行供認，無緣可以辭其責。第溺水死，則非其所料也。嚴四照斷，餘人並放。隆暑，郡合慮囚，稍可專決，不敢淹滯，庶幾獄事簡省，不爲祟臺之累。都廳備詞申上，照會差脱，發回原任，正以其不能稱職，今仍具狀，既請正俸，又請添支，何不廉之甚。如此縱回本任，爲政可知，備示本官。

（明）張四維《名公書判清明集》卷九《户婚門·墓木·争墓木致死》　決斷大辟公事，要見行凶人起争之因，所謂原情定罪者是也。余細三十與男余再六，姪余再三，有祖墓林與買官人胡小七田地連接。余家墓山，累世之業也。胡家之田，近年得之也。墓林茂盛，寧免嵐蔽田地，在在如此。倘使此田爲木嵐蔽。胡小七當日勿買可也。及至交業之後，佃人洪再十二欲行退佃，不過與幹甲通同，欲邀田主退減苗租而已。胡小七之悍僕胡再五、周先乃具狀申聞胡小七者，小七遽就狀批判，差諸悍僕率羣佃百余人，名曰自耕，其實將帶刀斧，喧鬨直將田畔余家墓木恣行斫伐，幾於赭山。其餘細三十併子若姪聞之，急往占護墳木，此亦人情之常，但不當將帶管刀杖棒而前。及登墓山，果見斫伐狼藉，及將木植搬歸幹甲梁興二之家。危辛乙者，特胡小七一佃火耳，亦隨衆斫伐之人。一時余再六登山趕捕不獲，已行回歸，適又遇見危辛一持斧上山，遂成對頭。危辛一先以斧頭抵敵，余再六次以管刀敵攔，余再三又以長棒擊打，遂致危辛一爲刀傷要害身死。推原起争之因，皆胡小七者以判狀付之悍僕，依憑威勢，平白斫伐他人墓木。余再六所以不忿者，愛護墓木也。愛護墓木者，所以愛護其祖宗也。人誰無墳墓，此其起因，原情實有可憫。買官胡小七事發一年有半，更不出官，州院雖已勾追，竟以本人見在紹興辛提幹處爲言，通神之錢，且有免追之判，可見豪强。照得余再六所犯在減降赦前，其弟余再三已斃於獄，其父余細三十已作余超名，前經刑部特與貸命，決脊杖二十，刺配二千里軍州牢城。胡再五、周先憑恃威勢，號召諸佃，決脊杖十三，編管一千里，方辛四、梁興二皆佐助胡小七爲惡之人，勘杖一百，編管鄰州。縣吏周元、州吏徐必選、周思民免追，杖一百，罷逐，並牒州照斷。其買官胡小七，何物小子，乃以威力激成凶禍，牒州專人追解赴司，兩限不到，定追都吏。其已斫伐木賦及砧基簿，責還余家有分之人取領入案。餘人放。

（明）張四維《名公書判清明集》卷一四《懲惡門·競渡·競渡死者十三人》　競渡一節，法有明禁，造意者徒一年，隨從減一等，此其條亦不輕矣。汭口鎮赤白二舟之鬥，其欲争之心，已積於二三日之間，自汭口

赤龍舟與范塢赤船鬥，一不勝而心已忿。汭口赤龍舟，首持刃下船，白龍船内張萬二、余萬一又持刃在身，將以應之，此其以刃死鬥之意，固已萌孽於此矣。兩舟既散之後，赤龍舟却爲李辛一、楊童所激，遂固舟求鬥，而舟道相遇，小人一朝之忿忘其身，刃石交下，赤龍舟偶以人多，舟覆，死者一十三人。詹百廿八、詹萬十四、李千三人，皆有刀傷痕，陳再四、程千五、邵些八、陳元三、張六四、詹細十七、朱細十七、葉四、邵些小五、楊童十人，皆有他物傷痕，雖非致命，然以此落水，遂不能出，從而溺死。則是十三人之所以死者，豈非張萬二、余萬一等之罪哉！本縣不早結解，因禁日久，牽連淹滯，當此歲暮，各家老小奔走道路，飢寒可念。當職入境，此項詞訴最多。所争事既有因，又有朝省兩次減降指揮，則亦可裁斷。張萬二、余萬一不合以刃傷及詹百廿八、詹萬十四、李千十，雖非致命痕，然因此溺水身死，照減降赦恩，張萬二所傷兩人，決脊杖二十，刺配三千里嶺南惡州軍，拘鎖土牢，月具存亡申；余萬一所傷一人，決脊二十，刺配三千里，拘鎖土牢，永不放還。吴百十七、王日宣爲首斂錢人，是時不曾在船上，照條徒一年，決脊杖十二，仍編管五百里。楊元一、丘省元、周千八、馬千十、朱千十六、潘詹萬六各持木杖争鬥六名，各決脊杖十五，配五百里。内丘省元不合將刃下船，雖不曾用，然意亦不善，改配一千里。散身劃船人楊萬七、周省三、蔣省一、朱萬十六、金省四、周千七、朱再二、周省一、楊萬三、楊省四各供招行手内木棒、船楫、石頭，在白船上混亂作鬧，打蕩赤船上邵些八等，各決脊杖十二，編管五百里。詹省三是白船稍工，勘杖一百，押出州界。赤龍船上詹省十三、陳再一、陳再二及未到人李幸一、陳曾十七，合照條科斷，以其船内死人已多，姑與免斷。白龍船上未到人徐興、吴些十七、徐辛一、余辛一、吴省三、鄭萬四、李辛六七名，並係划船之人，各勘下杖一百，案後收斷。諸葛大十官，先以彈激鬧，不爲無罪，亦且免根究。汭口監鎮張保義不能禁戢競渡，及連日交争，又復坐視，致各人溺死，可見不職，對移本州指使。仍牒本取解録問，照已斷施行。

（明）張四維《名公書判清明集》附録三《後村先生大全集・饒州州院推勘朱超等為趯死程七五事》　此獄經涉四年，屢勘屢翻，當職采之道途之言，參之賢士大夫之説，多以爲冤。連日披閲案牘，引上一行人反覆研究。先令朱公輔父子指陳冤狀，如謂程七五自被主家打死毒死；詰問服何毒，何人打，何人見，則不能答。又謂程七五若果被踢傷肋，當死於地頭，何由能歸其家，越兩日而死。當職遂取本司大辟公案，被打傷肋十餘項以示之，或兩三日而死，或八九日而死，或二十餘日而後死，況辜限有二十日，越兩日而死，無足怪者，則又無答。又謂初檢兩手拳，後檢拳内有灰，以爲换尸；且檢驗全憑致命痕瘖，今肋上一痕，四檢皆同，乃以拳内有灰爲换尸，其説尤謬。又謂程七五母妻不出；今追到阿凌、阿張，其詞與本中、以寧，如出一口，公輔等語塞，已認爲真尸矣。外間以爲冤獄，非也，却是疑獄耳。蓋治獄者，前休寧宰趙師□，貪吏也，主程七五之訟者，程以寧，匡魄也，大猾也。貪宰明知係朱氏之人踢死，却併本中、公輔收禁。二家皆饒於財，本中怯懦，既入囹圄，然後爲勘係朱超踢死，係公輔喝打，州獄所勘，不過祖述縣案。前提刑蔡都承察知本中非辜，本中雖得清脱，而家業已蕩於獄，且爲以寧所併吞矣。以寧乘危急而收卞莊子之功，貪宰左右望而售伯州犂之手，其事畧見於漕臣按章。既而公輔之家訟於内臺，改送漕司，蔡提刑具申朝省，取囘人案，未及竟而召諸囚翻異。當職委官别推，一路官員之多，無敢承當者。每奉省劄、臺牒、部府催趣，常有愧色。大凡大辟之罪，高下輕重，決於證人之口，向使争打之時，有一行路之人在傍知見，必能實供。今州縣獄司止憑一李八，然李八者，見住本中之屋，爲本中之僕，犬各吠非其主，兩家既爲血讎，乃使程氏之人證朱氏之罪，此一大可疑也。當職嘗爲獄官，每以情求情，不以棰楚求情。初謂饒州羅司理頗以惺惺，委以此獄，切切丁寧，勿恃棰楚。隔得數日，據本官取禀，先將公輔小童程六絣吊悶絶，用水灌醒，終不肯證其主之喝打。及令勘程以寧事不干己而主訟一節，則垂頭喪氣，自稱不敢。當職察其情狀，惡其酷毒，急檄出院，不免日詣獄户，自行推問，始喟然而嘆曰：鞠獄如羅司理，慘矣，終不能使一小童證其主，而州縣之獄能使朱超、朱社、朱六一、朱十八數健夫俯首帖耳，聯名證其主之喝打，豈非絣吊棰楚有甚於羅司理者乎？在法：諸相容隱人不得令爲證，而州縣案公然逼僕證主，此一大可疑也。貪宰謬糾，急於獄成，縣上之州，州上之憲，惟恐斷之不速，而不暇盡兩造之情。自來大辟必有體究狀，在檢驗格目之前，今有檢驗而無體究，令尉各吞其餌，終於不體究

而止，此一大可疑也。自來罪囚例須押款，今公輔在縣獄供款，每自書姓名之下，必草書一屈字准花押，州獄供款，則姓名之下楷書一屈字准花押，大者如折二錢，是公輔在州縣獄雖認喝打，而未嘗不番異也，何待結録而後番異哉。官吏急於獄成，逐鹿而不見山，提刑司亦只見録本，所以蔡提刑信爲獄成。當職初亦信之，今索到州縣獄款蘭亭真本，然後知獄未嘗成，囚未嘗伏。自始至終，若官若吏，類爲物所使者，此一大可疑也。平心論之，程七五、李八爲本主程本中差使，來朱十八家取課錢，朱十八留二人飲，皆醉卧不去，又詬其妻孥，曲在程、李矣。朱十八所住，公輔之屋也，公輔行過，適見，令群僕趕二人并朱十八出外，欲鎖其門，因此爭打。李八先出，故傷輕，程七五不肯出，故傷重，二十六日被打，二十七日歸家，二十八日身死，當時別無外證。若使李八真見公輔喝打，猶當以偏詞曲證爲疑，今李八自始至終只言被朱超等趕打而出，落在門前坎水中，聞得程七五叫打殺人。然則聞也，非見也。此時李八酒猶未醒，醉人之語，又足憑乎？果使真聞其聲，佐也，非證也，此又一大可疑也。引上朱超等再三鞫問，據其供吐，肋上之傷，委是朱超用脚踢傷，而公輔則稱，羣小爭鬪之際，實曾喝令不得相打，州縣獄不容實供，所以番訴，必欲至近上司官然後吐實。此雖主僕一套之詞，然既無端的證佐，則其言亦不容盡廢。今若欲李八證公輔之不喝打，欲朱超等證公輔之喝打，不過於木索加功，一日可以成獄，却恐非公朝謹刑及聖上付耳目於憲臣之意。竊謂殺人無證，法有刑名疑慮之條，經有罪疑惟輕之訓，況去歲夏秋亢旱，今春日食，三奉減降之詔，又經明堂赦宥，內三項皆有鬥殺情輕者減一等之文。若朱超打殺公輔，喝打證佐明白，不過是鬥殺之情輕者，一減爲流，再減爲徒，三減爲杖，四減咸赦除之。雖律文死罪減至徒而止，然爲有證而情重者設，非爲無證而情輕者設也。當職忝任平反之寄，當奉赦條從事。朱超斃人於一踢，已行招認，雖已赦免，然死者不可復生，決脊杖十五，刺配本城，以謝死者。朱社、朱六一係同打人，照赦原罪。朱汶監倉不平之鳴雖切，訟冤之詞多虛，然父子至情，有足諒者，本中因護地客，家業盡爲以寧吞併，終始墮其術中，可謂愚人，併干連人朱十八、程六童、見人李八、血屬三名並放。公輔祖爲太守，父爲命官，不自愛重，羣小醉鬨，輒入鬧籃，身貫木索，辱及門户，其不死於州縣之獄，而累該赦降，亦云幸矣。所謂喝打，一則無證，二則不伏，既不可用深文而定罪名，亦不可援德音而盡清脱。以寧擁不貲之富，操不仁之術，大爲閭里患苦，環四境之人，聞其姓名如毒蛇鷙獸，近則噬人如瘟神太歲，觸之立有凶禍，郡縣小官受其服役，吏卒供其輿隸，當職備聞之日久矣。姑以此事言之，被打死者，本中之僕也，以寧之與本中，別籍異財，又非同居，奮臂磨牙，主宰此訟。公輔之家，每狀必訟以寧行巨賂，當職謂死者小民，自有血屬，安得巨賂，初不之信，見之前後書判。未幾以寧果抹過州縣監司，驀經內臺陳詞，謂之不主訟可乎？兼此獄始委羅。

（清）畢沅《續資治通鑑》宋太宗太平興國八年十二月〔遼統和元年〕遼主親録囚。太后有機謀，善馭左右。先是遼人毆漢人死者，償以牛馬；漢人則斬之，仍以其親屬爲奴婢。太后一以漢法論，燕民皆服。

（宋）桂萬榮《棠陰比事·附録·哈雅釋孝》 元布嚕哈雅，太宗時拜燕南諸路廉訪使，未幾授斷事官，使職如故。有民誤毆人死，吏論以重法，其子號泣請代死。布嚕哈雅戒吏使擒於市，懼則殺之。既而不懼，乃曰：誤毆人死，情有可宥。子而能孝，義無可誅。遂併釋之，使出銀以資葬埋，且呼死者家諭之。其人悦從。

《元史》卷一六七《張礎傳》 中統元年，立中書省，以礎權左右司事，尋出爲彰德路拘榷官，復入爲三部員外郎，賜金符，爲平陽路同知轉運使，改知獻州，同知東平府事，又改知威州。有婦人乘驢過市者，投下官暗赤之奴引鳴鏑射婦人墜地，奴匿暗赤家。礎將以其事聞，暗赤懼，乃出其奴，論如法。

（元）沈仲緯《刑統賦疏·第四韻》 中統元年八月，中書省刑部平陽路申：賊人張海苟夤夜在於郭興家毆打，郭興却用車脚於張海苟腦後還打破傷身死。既係事主因賊拒捕毆死，別無定奪。

（明）談遷《國榷》太祖洪武十七年十二月 乙巳，左都御史詹徽奏：太平人毆死孕婦，當絞。子請代。下大理寺，卿鄒俊議曰：死婦係二人之命，犯人當二死之條。與其存犯法之父，孰若全無辜之子。上從之。

《明太祖實録》洪武二十九年七月〔癸未〕衛卒有甲牧馬江北，值乙與之忿爭，乙以磚擲甲仆地，甲之子時年幼，持田器在旁，因以器擊乙

而死。乙家訴於官，甲之子被逮。刑部尚書夏時奏應絞。上曰：過矣。方其父被傷時，其子但知顧父，豈知有法耶，況其幼無識，情可矜，宜減死論。

《明宣宗實録》宣德六年六月 〔丁未〕行在刑部奏，錢成孫嘗與王忠相毆，忠妻郭氏從傍救之，誤墜所抱嬰兒，傷腦死。忠誣成孫踢殺，論以絞罪，大理審允具奏。上以爲獄有疑，令再鞫之，具得實狀，成孫得免死。上諭刑部侍郎樊敬等曰，法司不體朕恤刑之心，不以人命爲重，專用榜掠承伏，人何得不寃。其原問原審官吏俱罰俸糧三月，仍命刑科識之，再犯不宥。

《明英宗實録》正統六年十二月 〔庚申〕巡按直隸監察御史馬昂等奏：高郵衛千户王政銜堂叔王阿里赤哥争己職，杖叔致死。上命斬首示衆。

《明英宗實録》正統七年五月 〔辛酉〕刑部左侍郎包德懷閉其妾及義女數人於一室，累杖之，一夕自縊死者三人，爲偵事者所發，收同閉諸婦下錦衣衛鞫之，言德懷初任河南按察使時數與周王通餽遺，諸婦時時竊議其非，德懷恐語泄，拘閉之，三人者怨忿，故縊死。於是六科、十三道交劾之，獄具，當爲民。上恕，命充威遠衛軍。

《明英宗實録》正統九年春正月 〔甲子〕宥都察院左副都御史張琦、監察御史陳永等罪。初都察院辦事吏有病居官署者，司務李觀智以公務杖之，未幾死，匿不以聞，而潛付其子焚之。刑科右給事中侯臣等廉得其狀，劾琦不參奏，永等下糾舉，俱宜究治。上命錦衣衛執觀智鞫之，令琦等自陳，至是具伏請罪，宥之。

《明英宗實録》正統十一年九月 〔丙午〕鎮守大同太監郭敬、總兵官武進伯朱冕奏百户張政有勇畧，嘗出境遇寇寇不敢近。今以毆死軍人論斬，乞宥死，使立邊功。鎮守遼東太監亦失哈、總兵官右都督曹義亦奏把總指揮僉事鐲住馬備邊年久，熟知邊務，今以毆死指揮温諒論絞，乞宥死，使立邊功。上皆許之，令充軍立功贖罪。

《明英宗實録》正統十二年十二月 庚午，遼東都指揮僉事李弼坐因公杖死所部千户，當贖徒調緣邊都司。上曰：弼見守邊堡，勿調。

《明英宗實録》正統十四年五月 〔丙午〕江西右布政使張斐坐因公杖死爲事吏五人，當贖徒還官。斐稱寃，會有恩例，都察院請如例宥之。上曰：斐酷刑如此，不可復職。命降爲雲南中衛經歷。

《明英宗實録》景泰七年十月 〔丙辰〕宣府右衛指揮僉事于海道遇孕婦不下轎，毆之致死。事覺，坐斬。宥死，發充軍。萬全都司都指揮同知李延械送不嚴，海逸去。巡按御史黄紀請治延罪，且捕海痛繩以法。詔宥延罪，第令責限急捕。

《明憲宗實録》成化二十年夏四月 己卯，寧府儀賓夏瑛，以杖殺家奴，爲巡按御史所奏下獄，法當杖徒例贖，獄上，報可。

《明憲宗實録》成化二十三年三月 〔己酉〕錦衣衛掌鎮撫司事指揮同知顧賢，挾私毆傷平人致死。事覺，下刑部擬罪如律。上以賢毆傷人命，法當處死，但因其家人撥置，宥之，杖之百，謫戍永寧衛。賢，太監恒之姪也。

（明）余繼登《典故紀聞》卷一四 都督過興鎮廣西還，道經祁陽，怒知縣李翰應接不以時，令子得隆率部卒拽翰及其子釗撞掠之，俱死河下。翰妻愬於朝，勘得實，時興以疾卒於道，興妻爲子求免死，憲宗不允，命即誅之。

《明孝宗實録》弘治七年十一月 〔丙戌朔〕革秦府奉國將軍誠淳禄米之半。巡撫都御史王宗彝言，誠淳縱其妻淑人張氏虐害使婢，復榜烙婢之母致死，故有是命，仍賜敕切責之。

《明孝宗實録》弘治十五年六月 〔乙巳〕晋府義寧王表槻毆人致死，下巡按監察御史勘實，都察院覆，請命革其歲禄之半。

《明孝宗實録》弘治十六年十月 〔辛丑〕初，撫州人江緣一，擊殺其弟緣四，遺一女，其母吴氏以許嫁李氏。緣一又欲取所受聘財，母不從，緣一怒罵劫奪之，母忿而自縊。有司擬緣一罵母律絞，巡按監察御史王哲以律毆父母者尚斬，緣一手殺親弟，逼死親母，使得全首領，情重律輕。具獄以聞，法司覆議，依毆母者律論斬，决不待時。仍請後有威逼祖父母、父母死者，悉依此斷。從之。

《明武宗實録》正德元年十月 〔己巳〕趙府湯陰王見准弟五鎮國將軍見潲初以使酒損罵憲臣，革禄三之一。至是欲肆淫行，手毆平人至死，都察院上其罪狀，有旨，見潲累犯不悛，法當重治，姑從輕革爵閒住，乃

勅趙王約束。

《明武宗實録》**正德三年六月** 〔壬午〕勒養病都御史周季麟、江西按察司副使何琛、陳恪、福建鹽運司同知錢承德、紹興府知府劉麟爲民，降監察御史姚壽、鄧州判官李璽爲邊方驛丞。先是，季麟之爲巡撫，密雲人李成强奪軍餘王信所得魚，忿争相毆，信怒其妻劉氏不能助己，繫之遂傷而死，成愬于衛官李琮。琮將捕信，信復投河死焉。承德時爲兵備副使，委經歷劉永、知縣劉淮鞫之，方成、信互毆時，成姪順嘗從傍詬信，永淮聽成久證佐于成、郭得山誣，執劉氏之死由順。順坐絞，承德遂以具獄呈於季麟，及琛代爲兵備，順嘗奏辯，赤勘擬如初，後麟以刑部員外郎審録，壽及恪璽以御史相承，巡按皆不與辯。至是順申愬得白，乃釋順而執成事下錦衣衛獄，發通州衛永遠充軍，永、淮坐誣勘謫戍邊衛，季麟等亦皆以是得罪云。

《明武宗實録》**正德九年六月** 〔戊午〕周府渭源郡君儀賓王紹祖，致仕知府鵬之孫也。紹祖荒淫喪心，父死不報喪，嗜酒如平日，郡君數諫止之，逢其怒，毆擊之。郡君之弟輔國將軍（陵）〔睦〕移啓其祖遂平王安洛謂鵬實縱之。執鵬窘辱備至，又奏，鵬家有姦，私惡郡君諫阻，故共殺之。詔遣司禮太監秦文、都御史金獻民、錦衣衛指揮陸宣往按其事。紹祖實殺郡君，而鵬家姦私事無左驗。獄上，紹祖比依皇家祖免親而毆之死者律，坐斬。鵬以素失訓戒削職爲民，該府輔導等官治罪有差。

《明武宗實録》**正德十二年六月** 〔丙辰〕周府鎮國將軍安湞、安瀰、奉國將軍安汝私出尼僧寺飲酒，與儀賓閻鏞忿争，率羣下毆之，鏞遂死，撫巡官以聞。詔革安湞禄米十之八，安瀰、安汝十之五，仍勅周王切責之。羣下發戍邊衛者六人。

《明世宗實録》**嘉靖元年十月** 丙子，魯府館陶王當總招集凶惡毆死平民事聞，詔革禄米三之一，仍降勅切責併治長史盧鋭等罪。

《明世宗實録》**嘉靖二年十月** 〔乙丑〕周府奉國將軍安漏撲死無罪二人，命革禄米三之一，仍命周王戒飭。該府教授張淵下御史問。

《明世宗實録》**嘉靖十一年九月** 〔丙辰〕周府潁川王府鎮國將軍安漩以毆死平民，革爵爲庶人。

《明世宗實録》**嘉靖二十四年九月** 乙亥，革雲丘王府奉國將軍知㷮爵降爲庶人，坐毆死平民也。

《明世宗實録》**嘉靖二十八年四月** 丁未，崇陽王顯休有罪，賜死。初，顯休及奉國將軍榮渭、鎮國中尉顯㮚、顯藁各聽群小計，阿附楚愍王，多爲不法。故奉國將軍顯梈詣闕奏聞不報，爲愍王所侵辱。不可忍。顯梈長子英焜等奏訟之，數年不得白。迨愍王遇變，攝國武岡王顯槐暨各宗儀百四十人發其狀，撫按官以聞。詔司禮監太監黄錦、刑部右侍郎傅炯、錦衣衛指揮僉事鮑璜往按其事，悉實。獄具，法司議覆以請。得旨：顯休毆死從兄，罪惡深重，令撫按會同該府官勒令自盡。榮渭、顯㮚、顯藁禁錮高墻。餘悉如議。

《明神宗實録》**萬曆十五年七月** 〔甲寅〕刑部及巡視科臣言，内臣張德將惜薪司扛柴一人毆打致死，奏請嚴究。上以張德已經該監問明，臧五兒法司提問。刑科都給事中唐堯欽、吏科給事中楊其休各奏，乞將張德竝送法司。上從之。

《明神宗實録》**萬曆十九年二月** 〔戊子〕江西撫按題問犯人羅白伊因索債，打樂安府奉國將軍拱遮致死，行相驗間。有瑞昌府庶宗家人喜鳳等及石城府鎮國中尉多坳，乘機搶白伊家財，毁折房屋。鎮國中尉多粿仍擄其義女，羈留在府行姦。白伊依律論斬，喜鳳搶奪爲首，照例發邊衛充軍，多粿等仍候參治部覆會同法司勘議。上命革多粿爲庶人，押發高墻禁住，多坳姑革禄米三分之一，與拱梓等本府分別戒飭。

《明神宗實録》**萬曆二十二年三月** 癸未，陽武侯薛鈺縱僕毆傷人命，奪禄一年。【略】〔丁酉〕韓府奉國將軍融㷆、融焜、庶宗旭拙共毆人致死，發融㷆高墻，革融焜禄米三之二，旭拙行府墪戒。

（明）清波逸叟《折獄明珠》卷三《人命類補遺·告打死弟命》 磊殺事。土豪某巨富不仁，勢焰熾天。勇力絶倫，陽世罔浮。弟因借銀十兩，不服磊笄，觸犯虎怒，喝僕毒打，立時氣絶。死者含冤，兄弟分離手足，妻子割斷肝腸，極大寃枉。望光上告。【略】訴燭寃豁命事。慣賊某荼毒萬姓，害民百端。某夜潛入室中，偷盗財物。僕見捉獲，是行打死。豈刃飄揑誑台，磊債殺命？切思人命大辟，蹈犯莫逃。況身黑夜殺賊，

未嘗白晝毆人，乞恩詳情，超豁上訴。

夏侯審語：審得沈某以萬金土豪，所爲不軌，蓋罄西山竹而書，罪無窮；決東海波而流，惡不盡者。今因磊債疊利，毆死陳仲升，乃反以仲升蚤夜入室盜偷，指賊打死，此小人文過飾非之辭也。但人心不昧，鄉有公評。約黨里隣俱稱白晝打死，白晝豈行竊之時乎？以鬪毆殺人致死者律，絞。

《明神宗實録》萬曆三十九年十月〔丁丑〕廣東東山參將劉繼寬打死百户陳銘，問絞。

（明）張瀚《松窗夢語》卷一《宦遊紀》 京師群瞽爲茶會，會輒數十人。內一楊一馬言論相觸，恃力鬥毆，皆致重傷而死。事發西曹，楊坐其子，馬坐其侄，以扶其父叔，助力相毆。余爲理卿，視之皆垂髫童子。衆謂：兩人結扭在地，甚强有力，傍觀不能舉手投足，矧二稚子？緣兩人皆斃，法無所施，不得已使各抵一命爾。余曰：楊名毆馬馴罪當坐絞，馬馴毆楊名罪當坐絞。今有罪者皆死，而移坐子侄，是知生可償死，不知死可互償也。幾於刻矣。竟從末減，各坐失於勸救杖決。

《明熹宗實録》天啓七年四月〔乙卯〕停宗室鼒鍈禄米三年，以强擄良婦爲妾致斃也。

（明）蘇茂相《新鐫官板律例臨民實鏡》卷五《人命類審語・毆死親兄》 審得曾元祈與林時賢以肉穀交易，賢争取其盈，斷吝而不與，以致揪扭撞跌。元爵當堂之口吻參之，捕衙相驗之傷症，殊無異同，鼻准拳痕實係直撞觸抵之故，餘皆跌磕所損，非關時賢毆撻致死明矣。但腰眼肋後黑色，應屬毒而殞，訊之元爵，元爵以樵採山中不認。訊之中人，中人以住居寫遠不明。莆民至愚，往往以受屈輕生自鴆而賴人者。又元祈在日，肩挑雜貨販賣，則傷生之物，取之擔頭而有餘，此不必入肆倩人而轉鬻得者。妻、子俱無，一弟遠出，安知其拙計不出此耶。傷無致命，事涉威脅，合給埋葬銀兩，與元爵深埋處息。

（明）蘇茂相《新鐫官板律例臨民實鏡》卷五《人命類審語・嚇逼夫命》 陳伯賢村樸鄙庸，乞活過日。所欠里長宋南塘錢糧，其有其無，俱不可知。但周貴供役承牌，本不得倚官而嚇平民，更不得弟兄而搆黨役也。伯賢就逮潛逃，原無重罪，鄉民畏官如帝，畏皂如虎，貴止合徐徐拘换，寧可受違限之責，而安得黑夜裂户而撲擒，挈弟執棍以打搶哉伯賢冥然計無復之。妻出貸粟，身就雉經，傷哉！生爲懦鬼，死爲冤魂也。傷非致命，詐未得財，雖可少逃論戍之律，然以官張威，以傷致縊，不得不坐威逼之科。判埋葬十兩以恤冤魂，而字遺稚。仍革役枷之，以儆衙虎之害民者。冤有頭，債有主，宋南塘者戎首也，票唤而逃，涉虚畏罪彰彰矣。嚴提問結。

（明）祁彪佳《莆陽讞牘》卷一《分守道一件打死父命事》 軍罪吳君彩。審得吳君彩之擬戍也，蓋以奮挺一擊。啓元受折骨重傷，溺亦死不溺亦死。君彩幸而值其溺，故得不辟而戍耳。彼其時，蓄盜瓜之怒有吳君彩，護親兄之情有吳君韶，聞聲羣毆者有陳雍一，揑盜勒供者有李耀文。在黄元珍，雖已預謀其事，要不過從中唆聳之人。若坐以原謀，則怒盜不自元珍始也，護兄不自元珍始也，羣毆不自元珍始也，勒供不自元珍始也。律意果屬不符，合應仍前擬杖。至屍單稱十指脱落，與左手五指犬噬者互異，究係仵作馮敏之罪。又屍單稱左手心併十指縫俱爛散，初檢已無左手，是去五指矣，安所得左手併五指？而檢之又與初檢互異，究係仵作何宗之罪。何宗已報身故，馮敏應究擬如律。

覆審得吳君彩一案經九駁十四審，吃緊一節只在辯溺水之真假耳。使溺而真也，則一溺可以寬諸傷，使溺而僞也，則諸傷可以定一辟。職奉駁之後兩番訊讞，請詳言之。當黄仰翼保認之後，啓元既逃矣。反就死乎？然逆知衆人設穽之謀方熾，押軍虎噬之吻尚張，而況在前勒之寫供詞矣。勒之攀男弟矣，勒之送防官矣。所云威逼者，此真威真逼也。衆奸之威因君彩奮挺之威也。煢煢窶大，嘆囊篋之既罄，恐申訴之未明，生氣盡矣，不死何爲？以此而知其有溺之心矣。初相時，有泥沙而無腹脹，迨該縣窮詰仵作，有唇齒堅合之供，又有皮肉腐爛之供。夫自初一至二十六，爲日已久，值仲夏漸暑之時，肉爛未爲盡妄。況該縣稱張金訴詞有父屍浮河，皮爛肚脹之語爲可據也。初相，耳鼻指髮俱有泥沙。前館余之檢驗，兩耳内亦有泥沙。其不及指甲者，蓋此時已報消化矣。徐知縣之檢驗，則耳輪報消化，而原未及耳竅吨矣。以此而知其有溺之徵矣。當時木棍之擊傷，羣兇之攢毆，蓋名之爲盜也，故不覺氣揚而計壯也，然則怒盜也，非有夙怨於啓元也。倘果以是時死，君彩何故以將死之傷，紛紛然受多人之

耳目，曾不虞其爲毆證耶？衆人又何故以無仇之人，紛紛然助一匏之失主，曾不懼其以死累耶？是君彩之自爲計矣。而衆人之爲君彩計亦左矣。其時扭之至書館活人也，送之至滙頭亦活人也。黄三押之，黄仰翼保之，歷歷皆活人也。嗣後而死，仰翼必知之，必不肯諱之，何當時無一言也？以此而知其有溺水之迹矣。啓元而死於陸也，不特仰翼知之，衆人亦必知之。知其死，汪榔必無地方之申。知其死，黄三必無奪差之稟。即有初二日之申文，乃能掩初一日之畢命乎？此至愚者不爲也。榔與三方且欲嘿而爲脱卸之地，顧乃自認始之獲送，後之監押，反致粘手哉。即稱搶奪逃竄，似預爲潛匿之地，本情有可疑。而以搶奪誣黄仰翼，獨不顧仰翼之吐執哉？且既稱逃竄，設若君彩果有移屍之事，則宜移之遠處以實遠竄之語，而乃浮之滙江咫尺之地哉？以此而知其有溺之情矣。夫有仰翼之保認，是啓元已同到家，便宜死於家矣。即非死於家，而仰翼同居於黄巷，亦必報知其子若弟，當急於殮視，寧有徘徊斃於中途，致君彩拉之河濱乎？是則啓元之投河，汪榔不知，黄三不知，仰翼不知，子若弟亦不知也。以此而知其有溺之事矣。啓元之居黄巷，君彩之居霞林，耀文之居黄安，百户汪榔防守則滙江也。取霞林、黄安、黄巷各保舖結狀，僉稱死在滙江田厝後中橋下。其去霞林四里，去黄安五里，去黄巷四里。夫人命重情，決不能掩里巷之耳目。今張金言死後丢河，亦不能言死在何處，丢在何地也。以此而知其有溺之證矣。夫有溺之心，有溺之徵，有溺之迹，有溺之情，有溺之事。有溺之證，而溺真矣。溺真而纍纍兇狀種種狡謀，俱可援河伯而寬一線矣。至若啓元之二匏未必是竊也，然而折骨之傷原不因竊，姑寬也。君彩之奪匏未必是夜也，然而攀誣之迫原不因夜，姑寬也。君彩亦幸而值其溺耳，不然傷之迫之，君彩有生道哉？歷讞至此，似已溯源窮流，披枝見本矣。仍照原擬，允不爲縱。

（明）張肯堂《𦊅辭》卷六《楊崇學開州人》　楊應升乘楊崇學之出，踰墻以挑其妻。此其心固已近死矣。崇學歸而咆咻思逞，抑亦人情之常。爲應升者謝過不遑，猶以爲晚，奈何不自悔禍，復相格鬥乎。鎗刃各舉，金鐵鏦錚。彼此一命懸於塵刹，雖殺傷相當，乃崇學洞腹一鎗，應升遂不能支，以至腸穢迸出而死。怨仇山岳，肉骨鴻毛，夫非自着之鞭與？崇學之幸而獲生，正其不幸而後死也。殺人抵罪，法容少貸哉。韋太令不行於臧獲帷堂之間，褎如充耳，縱僕之杖，固自難辭。應晋求多不已，欲以發縱之罪罪之，或者别有肺腸。然原狀無名，鞫獄者求其初情可已。

（明）毛一鷺《雲間讞略》卷一《一件人命事》　兵道李批發上海縣告人杜宗宦狀詞。前件審得：杜宗宦以附和張顯憑陵市門，致毆樂户徐邦至死。初招以主使坐顯，後乃以下手改坐宗宦。則是獄出入，正顯與宗宦爭旦夕之命。而宗宦乃又以姚郎爲告，何耶？蓋以姚郎亦曾同顯毆邦也。閱招實載此情。第姚郎之毆在十四，宗宦之毆在廿二，則限内限外分矣。且宗宦毆時，徐邦尚能攘臂以爭欲娼婦，則邦雖被毆於姚郎，而精力尚强壯無恙，其未受荼毒之傷可知。安得謂邦之死由於姚郎之毆？惟是與娼有三宿之契者張顯，當日之嫖興未酣，復欲邀娼者亦張顯。且娼於是夜仍與顯卧，則當娼之竄匿不出與邦之峻力以拒也，亦唯顯怒爲甚。顯此時凡可以顯攫兇攘，宜無所不至。况不容救護一語，實出顯口，久載原案，則初招以主使坐顯者近是。即云同類惡少，率以酒色爲歡，意氣頡頏，不由主使，不知鷹犬用命，獵者爲誰。且行毆之時，已當暮夜。而共毆者又有金禄、陳稷、李忠若，而人下手輕重，安可臆定也。且查原告初辭，宗宦列名獨後，則宗宦之未重於下手可知。以張顯之主使未確較宗宦之下手未確，則張顯之以入爲出尚在絲髮之間，宗宦之以出爲入則不啻星淵之懸而黑白之淆也。法莫嚴於死案，獄實定於初情。捨既辟之顯，而坐法外之宗宦，必其有的確隱情，俟覆鞫拈出，乃可令其心輸。今據所以坐宗宦者，以爲宗宦具告家奴係顯作證，因備酒邀娼酬顯等語。夫突入鑿空，既與原招不合，且輕事點綴。當初鞫時口頭語何難懸之舌端，乃至今日弓影始在杯中耶。宜宗宦之舌在而心未灰耳。夫讞者重死刑，而改坐宗宦，是捨始禍之首戎，而重論事尾之胥靡。無此法。宗宦計無復之，而牽告姚郎是捨限内之兇毆，而追論限外之羅唣。亦無此法。重獄出入，不妨致慎。而院部又俱駁批華亭，應聽該縣再行細審，一併歸結。

（明）毛一鷺《雲間讞略》卷一《一件人命事》　鹽院方批上海縣告人蔣繼狀。前件審得：蔣濤乃蔣繼之父蔣孝之族侄也。孝曾以田售之張士修，屬濤與陳招爲中保，先賣後絶，俱有券憑。忽原主尤承賢見孝所得頗浮原值，索孝加嘆六金。而孝轉索之士修。士修吝不與。孝遂挾爲贖田之舉。士修目且瞽，賴叔道宇、道容爲家督。道宇遂力阻孝回贖，而且誶

語盛氣，致孝無所容。彼此扭打，而道宇、道容之鋒甚鋭。濤見孝父子力不格，遂從旁勸解。而道宇乘勢誤推，致濤跌而起、起而仆者且再。夫以年力遲暮之濤，安能在兇猛場中支此？困憊不踰旬死矣。夫佐鬥得傷，濤實自罹。而救鬥誤推，宇非有意。即死期雖在限内，終難以誤跌坐抵。此固以衆證之口，核海防之案，不得濫爲入也。此事起釁，原由贖田。交易遠年，雖無贖例，第尤承賢加蔣孝之嘆，原在蔣孝既轉賣之後。張士修吝蔣孝之嘆，又在蔣孝既代加之後。田歸於張而嘆加於尤，孝其能灰心乎。且死濤致訟，終由士修吝加爲祟。田應斷蔣孝回贖，原價並加嘆銀追給士修，以杜後争。道宇、道容不教士修以正，徒爲行兇掇禍，各杖示儆。道宇首戎，應追銀六兩給蔣繼埋葬其父。蔣孝贖久賣之田，致濤非死，亦應擬杖。張士修雙目俱盲，綫索在二叔之手，姑免究。

中國第一歷史檔案館《清代檔案史料叢編》第十輯《巴哈納題奴婢毆死主人事本順治十一年十月十四日》 太子太保刑部尚書臣交羅巴哈納等謹題，爲奴殺主事。

廣東清吏司案呈。奉本部送據廂紅旗把什兔牛録下兔兒忒家人孩子，因主母責打，將主母手抓破，伊主兔兒忒看見，又將孩子責治，孩子隨將本主兔兒忒腎囊扯重即死，有同家四姐知道。等情。有兔兒忒之侄牙沙布具稟到部。送司。審問孩子供稱：主母先將我打，後主子又來打我，自己氣倒身死。又問孩子丈夫小二哥供稱：毆打時我原不在家，主子又無病，不是孩子扯死，如何得死。又問伊家見證四姐供稱：孩子原因主子打他，將主子腎囊扯重即死是實。又問孩子：你若未扯主子腎囊，如何死了？你可從實招認，必然動刑。據供：主母向我説，如此饑荒年景，不可將米糧花費。我説：我又不是新人，如何因米説我。主母因而打我。後主子又來打時，我因忍受不過，所以將主子腎囊扯重身死是實。等情。據此。該本司理事官阿里同郎中劉玉佩審擬呈堂。復審無異。該臣等看得孩子扯伊主兔兒忒腎囊身死情真，合依凡奴婢毆家長者斬，殺者凌遲處死律，孩子相應凌遲處死立決。緣係奴殺主事理，未敢擅便，謹題請旨。

批紅：三法司核擬具奏。

《清聖祖實録》康熙二十四年十月 〔戊戌〕理藩院等衙門題：厄魯特噶爾丹博碩克圖汗下、沙里巴圖爾台吉來使伊特木根，於北館中毆死正白旗西圖佐領下商人王治民，應論死。上命將伊特木根立決，并傳諭厄魯特：爾等進貢來使，沿途往返，擾害民生，搶掠牲畜，以致邊境内外，百姓患苦者甚衆。朕雖稔知，以爾等遠方之人，本不諳中國法紀，無知妄行，未遽加罪，屢從寬免。嗣後貢使往來，如有攘奪爲非者，爾等率領頭目並犯法之人，皆依中國律令治罪，曾經頒旨曉諭。今爾進貢頭目，並不嚴束傔從，任其擾害，將内地人毆死，干紀甚矣。先以爾等愚昧頑蠢，凡細微奪攘之罪，知而宥之，乃屢邀寬免，頻加曉諭，全不欽遵，竟至毆死内地之人。今若不按法抵罪，日後漸益恣肆，大起争釁，未可定也。用是將毆死人命之伊特木根，依律處斬，令爾等識之觀之。此後爾等其謹遵成法，嚴戢從人，毋得肆惡妄行。

（清）李之芳《棘聽草》卷一《人命・按院一件為二命事》 審得王加奇賣田與樓通，找索不饜，以致通將前田轉賣與葉，而杜其無已之求，若何而遂至於控縣也？署縣葛同知差徐章、葉節往拘，章獨嫌通餽銀二兩不足，遂忿欲拘行，不分内外，直登樓上。當是時，其鼠休恣肆之威，固有望而膽落者。樓氏女流見彼猝然至前，安免其不心摇骨戰，懼而墜樓，即可殞命；況復懷胎在腹，重之驚悸，越三日遂死。嗟乎！父子關情，慘等於緑珠之墮粉；虎狐張吻，何異於白梃之殺人？按以威逼之律，又何説之辭哉！但本犯畏罪在逃，赴審者係其家屬，應斷埋葬銀併前詐贓二兩，姑於家屬名下追給。先將找纏啓釁之王加奇杖擬示懲，樓通應行釋免，鮑明緒已經别案發配，毋容深究。徐章、葉節嚴提另結。

（清）李之芳《棘聽草》卷一《人命・守巡兩道一件為人命事》 審得單堯德有父單朝宰與田鄰陳文位奪水相毆，文位侄陳子義來助其叔，致朝宰頭受孔傷，堯德在山疾奔毆所，揮鋤奮擊，而陳子義登死非命。府縣確招在案，堯德擬抵無詞。但朝宰已經斃獄，似於準抵之例有合，所以府有網開一面之請也。遵復研審，委係陳文位争水於單朝宰之塘，以致相毆，陳子義助叔而傷朝宰，單堯德護父而殺子義，禍起一時，彼此倉卒，並無元謀助毆者。及查各犯係二月十二日解府，因犯證未齊，覊監候審，而朝宰即於三月初二日身故，雖非當日頭傷所致，然實緣子義之故，捐軀獄底。在府亦念子義一死而殉以朝宰父子二人，實亦可矜；然罪疑惟輕，

出於憲臺德意也。

覆審得單堯德見父被毆，頭顱被損，此時奮不顧身，力擊陳子義，出於天理民彝之自然，亦何暇轉念於擊人致死抵償與否乎？即使朝宰無恙，亦與尋常毆殺人者有間，況朝宰斃獄，又合准抵之律！單堯德減擬戍遣，陳文位啓釁論杖。

（清）盧崇興《守禾日紀》卷五《一件解役疎縱等事》 審得：解役吴彩疎縱犯人汪沈四一案。查，汪沈四與已故趙繼芳素稱狎友，偶以戲奪畫扇，致傷繼芳外腎，遽爾身亡。業經該縣以過失殺傷審擬詳解矣。乃沈四愚民不知罪有重輕，於解投前憲之時，機乘原告趙周氏中暑延醫，遂作爰爰之兔，中途失囚。解役吴彩何辭賣放？今兩載以來，限日責比，弋獲無從，年遠久逃，有入林益密、入山益深耳。再查，沈四過失殺傷，雖未蒙招允，但屍妻趙周氏曾有氏夫趙繼芳禍被汪沈四傷卵致死，賜招免解完案請，則繼芳實係過失殺傷。今該犯遠逃日久，憲案不便久稽，合無請乞憲臺俯准案緝，俟該犯就獲之日，訊明解役。吴彩有無賄縱情由，一併另案歸結，以清塵牘，以疎屍親多人之拖累。可否允從？伏候憲奪。

（清）祝慶祺《刑案匯覽》卷四三《刑律鬬毆・毆期親尊長》 川撫題：李開甲胞姐黄李氏在夫家守志，李開甲前往探望，與李氏夫弟黄在伸同宿。是夜，李氏私産一女，自行取鋤打死。李開甲聞小兒啼哭，同黄在伸進視，見李氏俯立牀邊，下體光赤。李開甲促其就寢，李氏不顧。李開甲以黄在伸現在門外，耳目逼近，請〔情〕狀難堪，而伊姊赤身，又不便近前攙扶，羞忿交迫，倉皇無措，隨奪鋤推拄李氏上牀。不意失手，致傷腰眼，李氏仆跌，磕傷額顱。詎李氏仆跌之後，又産一女，李氏旋即殞命。其姑吕氏聽聞，忽忙奔視，不知女娃在地，失脚踹斃。將李開甲擬斬立決，吕氏照過失殺收贖，具題。查李氏失節秘産，在李開甲原屬羞忿難堪，推令就寢，並無毆打情事。其時尚有一胎未産，因傷震動身死，亦非李開甲意料所及。該撫將李開甲擬以斬決，聲請末減，吕氏照凡人過失殺收贖，均未允協，應令另行妥擬。去後旋據遵駁，將李開甲改依過失殺胞姊律，杖一百，徒三年。吕氏將李氏姦生之女誤行踹斃，應予免議。乾隆十三年題准案。

四川省檔案館《清代巴縣檔案彙編・擾民・乾隆三十三年秋巴縣申解絞犯惠明章申册》 爲預防查辦事。

乾隆三十二年十二月十一日，奉本府轉奉欽命四川等處提刑按察使司按察使紀録八次費憲牌，照得秋審案件全云，毋違。等因。奉此。

遵查卑縣應入乾隆三十三年二次秋審絞犯一名惠明章，監提到案，當堂審訊。

問惠明章：你把齊永彩毆傷身死，如今秋審，有何辯呢。

供：小的巴縣人，今年三十二歲，與齊永彩素相認識，并無仇怨。乾隆三十年七月二十八日，小的看親戚回來，路過熊秀封門首，因天黑難走，向他討火亮，他不肯給，小的説他幾句，他就回罵，小的一時生氣，原把他打了一拳，他轉身就走。齊永彩出來幫護，小的用手掌打他左前腮一下，他就扭住小的碰頭。小的隨手把他左肋頰打了一掌，又打他左前肋一拳，他才放手，小的就各人走了。不料齊永彩傷重，到八月初三日死了。小的并不是有心打死他，情願抵命，如今秋審，也没辯了，等供。

據此，該重慶府巴縣知縣段審看得惠明章毆傷齊永彩身死一案，查惠明章與齊永彩素好無嫌，緣乾隆三十年七月二十八日，惠明章看親歸回，路經熊秀封門首，天黑難行，討取火亮，熊秀封回答竈火已熄，惠明章斥其不行方便，熊秀封不服嫚罵，惠明章拳毆熊秀封左前肋，齊永彩出勸，亦被掌毆左前肋，齊永彩扭住惠明章碰頭，惠明章復掌擊其左腮頰相連耳竅，并拳毆其左前肋，齊永彩放手，惠明章當即奔逸，齊永彩傷重，延至八月初三日殞命。屢審供認不諱。將惠明章依律擬絞監候，詳蒙審題，奉準部復，已經乾隆三十二年秋審一次緩決在案。今届乾隆三十三年二次秋審，卑職復鞫供情無異，理合叙録供看，備具文批申解憲臺俯賜查核公審。爲此備由，申乞具詳施行。須至申册者。

計申解二次秋審絞犯一名惠明章，扭鎖鐐灌鉛，年三十二歲，身中材，面紫無須，左手大二三四指俱斗，五指箕，右手大二三四五指俱斗，系巴縣，赭衣褲全，外批一張。

《清高宗實録》乾隆四十年四月〔庚寅〕 諭曰：僧人悟明扎傷行濟身死一本，因在保辜限外，照例減等杖流，所擬未爲允協。此案悟明先用刀扎傷行寬，及行濟聞喊趕往，悟明復持刀連扎行濟頂心、肩背、項頸、咽喉左右多傷，行濟旋因咽喉潰爛殞命。其死既由於致命重傷，且逾辜限

僅止四日，未便照常末減。況悟明既係僧人，即應守戒，乃逞凶連扎二人，一死一傷，實爲很惡。悟明仍著問擬絞監候，並入本年秋審情實，以示懲儆。嗣後内外問刑衙門，遇有僧人行凶斃命之案，俱不得輕議寬減。

《清高宗實録》**乾隆四十年九月**〔戊午〕又諭：刑部進呈福建省秋審册，經九卿從緩決改入情實者二起，所改甚是。蔡建因姤姦戳傷徐沃，復將趕扭奪刀之鄰人吴沛然刀傷心坎致斃。姤姦逞殺，一傷一死，實屬淫凶。又周夜明因年甫八歲之張光富偷伊田豆，向其奪取。張光富用口欲咬，該犯輒舉脚踢傷左脇殞命。細故起釁，踢斃幼孩，殊爲凶暴。此二案僅擬緩決，實乖情理之平。

四川省檔案館《清代巴縣檔案彙編・擾民・乾隆四十一年八月初六日木洞巡檢司申文》爲報明懇究事。

本年八月初　日，奉署四川重慶府巴縣事長壽縣正堂加五級紀録八次曾憲牌，内開：本年七月二十四日，據忠里九甲地約黄元龍等報稱，情蟻招佃楊華柱住坐，不料華柱身染麻風，手足殘廢，家貧如洗，日食無度，難以養妻。本年四月，華柱與岳龍有爵，商議合出請約，央金作榮爲媒，覓吴兆希之妻龍氏成配，招夫養夫。有節里鄒文哲、徐懷倫等本月十七，以估占人妻控兆希與蟻等於木洞項主，票差童順、楊斌等行捕，將蟻與兆希等一併拴鎖，經投約鄰劉祖文等清理。二十二，文哲糾葉君叙等勒合二惡，共磕蟻等錢四千，童順等索去錢四千八百和息，蟻等俱各散去。君叙，文哲串童順復轉兆希家，更勒要錢一千二百，兆希無與，將蟻拴鎖，華柱情急，持刀抹頸，龍氏以蔑索自縊。幸氏幼子奔喊，蟻等至彼往救，龍氏氣息奄奄，人事不知，華柱割傷咽喉，血流不止，恐有不測，報懇驗究免累。計開：被報鄒文哲、葉君叙、童順、楊斌、余懷倫。等情。又據鄉約余懷倫等禀，同前由。據此，當即驗傷，去後。又據余懷倫供稱：情七月内，不知何人竊蟻名與鄒文哲具報忠九甲名楊華耆、金作榮、吴兆希、黄元龍在木洞項主案下，票差楊斌、童順等行唤，激楊華耆持刀抹喉，伊妻龍氏吊頸，蟻以竊名妄控協禀，荷批：已據黄元龍等報詞批示矣，曷敢擾瀆。但蟻充當首人，本甲軍需公務奔走不遑，何暇管理忠九甲之事。蟻細訪查，實係木洞之差楊斌等竊名自報自差，以致惹出事端。計開：被禀楊斌、童順、鄒文哲、郭繼同。等情。據此，合行專差飭提。爲此，牌仰該巡檢官攢查照來牌事理，文到即速查拘楊斌等到案，具文批解赴縣，以憑訊究。毋得遲延干咎。計提：楊斌、童順、鄒文哲、郭繼周，速速。等因。

奉此，卑職遵即案查。本年七月十八日，據節里七甲鄉約徐懷倫，鄒文哲具禀吴兆希估占人妻一案，飭差童順、楊斌往查，詎有黄元龍於七月二十四日禀報憲臺批：准差驗。今差戴榮等於本月初二日奉牌拘提。除鄒文哲、郭繼周不到外，卑職當將差童順、楊斌交給來役戴榮等赴案。今奉飭提，理合具文申復憲臺俯賜核奪。爲此，備由申復照驗施行。須至申者。

右申署四川重慶府巴縣事長壽縣正堂加五級紀録八次曾

《清高宗實録》**乾隆四十五年十一月**〔庚辰〕又諭：刑部議駁原任江蘇巡撫吴壇審題倪顧氏逼迫伊夫倪玉自縊身死一案，該撫將倪顧氏照逼夫致死例，擬絞監候，與律不符，應將倪顧氏依毆夫至篤疾絞決律，擬絞立決一本，部駁甚是，已如所議行矣。婦之於夫，猶臣之於君，子之於父，同列三綱，所關綦重。律載：人子違犯教令，致父母自盡者，皆處以立絞。豈婦之於夫，竟可從輕？今乃逼迫其夫，致令自盡，此等潑悍之婦，尚可令其偷生人世乎！此案倪顧氏薄待倪玉前妻之子，致相吵鬧，已失婦道；嗣倪玉見伊子常受單寒，欲給錢營生，顧氏又與争毆，以致倪玉氣忿情極，自縊殞命。凶悍如此，該撫僅擬絞候，豈明刑弼教之意乎？律既載妻毆夫至篤疾者絞決，本屬允當，乃例又載妻妾逼迫夫致死者，比依妻毆夫至篤疾律擬絞。奏請定奪之條，以致引用牽混，殊未妥協。著交刑部，將此例另行妥議，改正通行。此案係吴壇審擬具題，吴壇在刑部司員任内辦理案件，最爲諳練，不應援引失當。若此使其尚在，必將伊交部嚴加議處。至臬司爲刑名總滙，塔琦亦由刑部出色司員簡放，審擬此案，失於寬縱，殊屬非是。塔琦著傳旨嚴行申飭。

《清高宗實録》**乾隆四十六年二月**〔丙午〕又諭：刑部因經朕看出嚴覆山西省梁崇禄圖姦竇生宜之妻，被竇生宜毆傷身死，將竇生宜漫照罪人不拒捕而擅殺律，擬絞監候一本，請另立罪人雖拒捕而並未傷人之例。此案梁崇禄實亦拒捕，但未傷事主。向來辦理此等案件，俱有成例可援。如罪人不拒捕而擅殺者，自應照例緩決，數年後遇赦再行減等。若罪人既

有拒捕確實證據，致被捕者殺死，則捕者無論已未受傷，均當於本年列入可矜，刑部覈衹於秋審時就案覈辦，不必另立科條。賚生宜一案即照此辦理。

《清高宗實録》乾隆四十六年六月　〔丁酉〕又諭：本日三法司具題，覈覆袁守侗審擬蔚州民陶銀誤砸胞叔陶尚義受傷身死，照例斬決，夾簽請旨一本。朕詳閲案情，碾框本係公共之物，該犯平日或欲取用，尚應向其叔陶尚義稟明善取。今該犯直欲獨自取賣，輒於黄夜往取，其形跡本與偷竊無異。及至伊叔驚醒，查問喝阻，該犯如果畏懼，撩放時即應輸情賠罪，何至即傷及其叔？此明係伊叔追趕時，該犯使性衝撞，用力摔去，致陶尚義受傷。且如果無心砸傷，何至適傷要害，即於次日殞命？其中并恐有有心干犯情事。即如尸親之子，通知堡長一同稟報時，尚有求爲伊父伸寃之語。若果誤傷致死，更有何寃可伸？種種皆有疑竇，法司自應逐加覈駁。今該督再行提訊確實，俾死者不致含寃，方得詳慎庶獄之道。何竟率行照覆，併爲夾簽聲明耶？除將此本交行在刑部，另行改駁發回外，將此諭令該堂官知之。

《清高宗實録》乾隆四十六年八月　〔辛卯〕又諭：刑部題覆石城縣民劉上捷戳死胞弟劉上騰，致伊弟婦張氏自縊身死，將劉上捷定擬絞候一本。據稱劉上捷欠伊胞弟劉上騰錢文，伊因索錢，起釁互毆，將劉上騰戳死，致張氏痛夫情切，自縊殞命等語。此案係胞兄致死胞弟，該部擬以絞候，固屬照例定擬。但細閲本内情節，劉上捷既欠伊弟錢文，向索未還，輒取木耙柄忿毆。又因伊弟回毆，頓起殺機，兄弟之恩已絶。况伊弟婦痛夫慘死，亦以身殉。是一人致死二命，比尋常故殺胞弟者情節較重。著傳諭該部，將劉上捷趕入本年秋審情實辦理。

《清高宗實録》乾隆四十八年七月　乙未，諭軍機大臣等：據劉峩參奏中倉監督刑部員外郎趙元擢喝令家人皂役，將民人計國相毆傷身死，請旨革職究審一摺。此案昨據倉場侍郎條奏，已交刑部審擬矣。該員由刑部司員，現任監督。本年京察一等，曾經記名，非不諳律例者可比，尤應安分守法。該監督之父，因取鴨起釁，與民人口角，已屬失體。即有違犯等事，該監督止應移送地方，訊明究治，乃輒令家人等妄拏擅責，鞭棍交加，以致計國相傷重斃命。恃勢濫刑，殊屬暴横。趙元擢即係刑部司員，未便專交刑部審擬。著交留京辦事王大臣會同刑部嚴審定擬，即按照平人律擬抵，入今年情實。彼係刑部人，若致自戕，惟本部堂官是問。將此傳諭留京辦事王大臣、刑部堂官，並諭劉峩知之。

四川省檔案館《清代巴縣檔案彙編·命案·乾隆五十五年五月十九日孝里九甲鍾仁貴稟狀》　爲逆子不法，處死稟明事。

情蟻長子鍾朝玉賦性桀驁，不聽約束，遊手好閒，不藝不業，私竊蟻銀錢家具，浪賭花銷，害蟻將業變賣，來地名高歇場佃關帝廟街房居貿。逆更藐法妄爲，今年三月强姦黎木匠之妻，不從，經場客剖處息事。殊逆怙終不改，頑惡滔天，本月初二日，逆趕杜市場，飲酒酲醉，蟻在地名圓山堡撞遇理斥，逆膽目無天倫，扭蟻行凶，逆失足跌地，蟻當情急，以麻繩將逆兩手捆綁，背□青杠樹上，復用麻繩勒頸處死，投明場客朱文綱，張騰蟻，地主鍾德馨等知證。爲此赴案稟明，伏乞。

四川省檔案館《清代巴縣檔案彙編·命案·乾隆五十六年正月二十二日綦江縣孀婦吳羅氏稟狀》　爲懇祈訊結，得歸頂祝事。

情氏以夫斃冤埋控經臬憲，批行府轅提集兩造人證，檄委仁恩審訊。去臘二十五荷恩庭訊，又被羅正心、肖榮、黎世鳳、王自濬、伍正貴、陳汝坤、李仕倫、何倫、劉順、陳文等咬供朦混，將氏侄吳朝寧責嘴，並吳朝漢鎖押拘禁，飭氏具結檢驗，氏呈結二紙，批飭甚明。但氏臬憲詞内註明傷痕，毫無虚謬，仁廉德沛汪洋，無日不以子民爲念，恩布九洲，誰不歌功頌德。噫嘻，氏夫吳萬鉉係六十餘歲，豈有長生，慘因死於蠹役之手，死非其時，鳴官伸屈，又被授相群蠹，兼氏木舌難訴，害上加害，何日得白，泣懇青天磨齊城之懸鏡，撥雲嶺之烟霞，生死皆由案下，早祈訊結，免至拖累日久，人證得歸務農，存則頂祝，没得啣環。泣血稟乞。

縣正堂批：候查卷。

查控告人命發檢案件，例應尸親證人等指定何物傷何致命之處，以便檢驗。蓋以人命至重，定例森嚴，一經開檢，虚實立剖，實則擬抵，虚則坐誣，不得據含糊疑似之詞，遽行發檢，以致受唆訟之人，誤罹法網也。今本縣細閲原卷，吳朝寧等具報原詞，只稱爾夫吳萬鉉年邁在途斃命，並未指報有傷，迨經稟委津主相驗，爾子侄吳朝春等情虚畏□□□驗，具有甘結。乃事隔旬日，該氏復行翻控，忽添右耳青腫口咽喉紅腫，頭頂皮

破等語，赴臬憲捏告。試問：果有傷痕，何以初報呈内均不指出，其爲聽唆刁控，妄思拖累，已屬彰明較著。本縣奉委訊辨，原不難具詳檢驗，但檢無致死傷痕，該氏應擬誣告人命，致尸遭蒸檢重罪，不忍不教而□。前於投遞結内兩次批飭，猶是執迷不悟，以註明傷痕毫無虚謬，更屬自相矛盾。該原差集訊究詳，毋任恃婦分居各住，没有娶妻，與夏涌祥向來熟識，並没讎隙。乾隆六十年閏二月二十六日，小的雇夏涌祥幫工，每日工錢四十文，做了五日共該二百文錢，小的當時給了他一百三十文錢，下欠錢七十文，原約緩日給還。三月十一日，小的往凉水井趕場，因家里用的切菜尖刀壞了，順便拿去修整，小的走到場上，買了油肉糖面，同修好的菜刀裝在篾篼内，背回家來。下午時候，小的從夏涌祥門首走過，夏涌祥看見，來向小的討錢，小的央緩，夏涌祥不依，説小的要騙他的錢，開口就罵。小的分辯，夏涌祥把小的背篼拉住抵欠，小的不肯，夏涌祥拿起背篼放的尖刀，向小的戳來，小的閃開撲奪刀子，劃傷了小的右手心，小的奪過刀子跑走，夏涌祥趕來，在小的背後把背篼拉住不放，用脚向小的踢來，小的挣不脱身，一時情急，順用手里尖刀反手往後嚇戳，想他放手。不料傷着他肚腹偏右倒地，到十二日早因傷死了。並不是有心要致死他的是實。等供。

　　據此，除經填格録供，通詳奉總督部堂和批司、行府飭審招解。等因。奉此，查謝萬楚傷已平復，卑職遵提犯證復加研訊，除原報夏應林、約鄰徐天魁、謝魁安、江大順，見證肖立蘭供與前同不叙外。問，據謝萬楚供：〔與前供相同略〕

　　據此，該署巴縣知縣陳，審看得謝萬楚戳傷夏涌祥身死一案。緣謝萬楚與夏涌祥素識無嫌，乾隆六十年閏二月二十六日，謝萬楚雇夏涌祥幫工五日，每日工錢四十文，共錢二百文，謝萬楚當給錢一百三十文，下欠錢七十文，言明緩日給還。三月十一日，謝萬楚赴凉水井場趕集，因家内所用菜刀已壞，順帶赴場修整，謝萬楚買備油肉糖面，並將修好菜刀裝放篾篼内背回。下午時分，路過夏涌祥門首，夏涌祥經見，向索前欠，謝萬楚央緩，夏涌祥不允，以騙賴之言向其嫚罵，謝萬楚分辯，夏涌祥將謝萬楚背篼拉住抵欠，謝萬楚不依，夏涌祥順携背篼内所放尖刀向戳，謝萬楚閃避，撲攏奪刀，致被刀尖劃傷右手心，謝萬楚將刀奪獲跑走，夏涌祥趕攏謝萬楚背後，夏將背篼拉住不放，並用脚向踢，謝萬楚挣扎不脱，一時情急，順用手内尖刀反手往後嚇混瀆。

（清）祝慶祺《刑案匯覽》卷二九《刑律人命・鬬毆及故殺人》 北撫題：陣谷松、王廷英共毆吕九如身死。該省先將病故餘犯所毆，指爲傷輕，擬杖完結。嗣於正犯就獲時，復稱病故餘犯所毆，係屬重傷，請將正犯減等。經臣等照例議駁，具奏。欽奉諭旨，令臣部將例爲助毆傷重之人，在監解審病故，下手應絞之人，減等擬流一條，詳悉核議，酌改具奏等因。臣等伏查共毆斃命之案，全憑傷痕輕重定正凶，下手致命傷重者擬以絞抵。其起意謀毆之人爲原謀，不問共毆與否，罪應杖一百，流三千里。如原謀亦毆有致命重傷，以原謀爲首，或原謀所毆致命傷輕，則下手致命傷重之人擬抵。此則全憑傷之輕重，分別定擬抵償。若亂毆不知下手先後輕重者，有原謀則坐原謀，以其造意首禍也。無原謀則坐初鬬者爲首，以其首先肇釁也。例内分晰審斷各條，最爲鄭重分明。至例載，凡審共毆下手應擬絞抵人犯，果於未結之前，遇有助毆傷重之人監斃在獄，與解審中途病故者，准其抵命。下手應絞之人，減等擬流一條。例文已提明助毆傷重之人，心實係助毆餘犯，與下手正凶所毆，均屬可以致死重傷，卽無正犯所毆之傷，亦足斃命，遇有病故，始准其抵命。在死者既有一毆傷重之人到官拖斃，情同伏法，又有傷重應抵正犯長流不返，其罪亦止去一間，已足以洩其寃憤。蓋以共毆致死之傷，不甚懸殊，則引例斷罪，宜存矜慎。斯人命不可無抵，而一命不致二抵也。若助毆之傷不足致死，則非重傷可知。若係配發事結後，或在家病亡，則非在監及解審中途病故者可比。故例稱均不得濫准抵償，是此條例文亦本明顯，向來遵照引用均無歧誤。祇緣湖北省將病故餘犯，既稱所毆傷輕，先行議結。復於正犯就獲時，將病故餘犯所毆，指爲重傷，或係圖減現獲正犯罪名，或因未及查照原咨，實屬自行錯誤，非由定例有所未明。惟原例内只言助毆傷重，未將助毆重傷，亦足致死之處添注詳明。恐外省未能悉心講究，或致牽混。應請嗣後凡審共毆下手，應擬絞抵人犯，果於未結之前，遇有原謀及助毆亦足致死重傷之人，監斃在獄，與解審中途因而病故者。准其抵命下手應絞之人，減等擬流。若係配發事結之後身故，及事前在家病亡者，不得濫引此例。仍將下手之人，依律擬抵。如此分別添明，以便遵循。現在湖北

省陳谷松等共毆吕九如身死一案，原驗解審病故餘犯王廷英所毆，僅止皮破，並非足以致死重傷。且在餘犯業經議結之後，應即行令該撫將下手傷重致死之陳谷松，按律改擬絞抵，具題等因。乾隆五十六年八月二十八日奉旨：依議。欽此。

四川省檔案館《清代巴縣檔案彙編・命案・乾隆六十年四月二十日巴縣關於夏涌祥命案申册》 爲報明事。

卷查乾隆六十年三月十三日據縣民夏應林報稱：本月十一日身父夏涌祥向謝萬楚索討工錢，致相争鬧，身父被謝萬楚戳傷，延致十二日早，因傷身死，報乞驗究。同日，又據約鄰徐添魁等報同前由。據此，卑職隨單騎減從，帶領刑仵，前詣尸所，飭令將尸移放平明地面，對衆如法相驗。據仵作尹貴喝報：驗得已死夏涌祥，問年四十七歲，仰面致命肚腹偏右一傷，斜長一寸一分，寬四分，深透内，係尖刀戳傷，餘無故，實係受傷身死。喝畢，卑職親驗無異，飭取凶器尖刀，比對傷痕相符，將尸棺殮，取結附賫。又驗得謝萬楚右手心有刀劃傷一處。

隨問，據夏應林供：死的夏涌祥是小的父親。六十年閏二月二十六日，謝萬楚雇小的父親幫了五日工，每日工錢四十文，共該二百文錢，父親收了一百三十文，下欠錢七十文，没有給還，小的是曉得的。三月十一日，小的赴田做活去了，下午時候，聽得家里吵嚷，小的連忙回家查看，見父親受傷倒地。小的查問，説謝萬楚從小的門首走過，父親向他討要工錢，兩下争鬧，被他戳傷的，不想父親傷重，到十二早死了。小的忙投約鄰走來看明報驗的。求伸冤。

問，據約鄰徐添魁、謝魁安、汪大順同供：小的們離夏涌祥家有半里多路。六十年三月十二日早飯後，夏應林投説，十一日下午謝萬楚從他門首走過，他父親夏涌祥向他索討工錢，兩下争鬧，他父親被謝萬楚戳傷，到今早死了的話，小的忙來看明報驗的。問，據肖立蘭供：六十年三月十一日下午，小的在山坡上看牛，聽得夏涌祥門首吵鬧，小的忙來查看，見夏涌祥把謝萬楚背篼拉住争鬧，小的連忙趕攏解勸，謝萬楚拿刀已把夏涌祥戳傷倒地。小的查問，説夏涌祥向他索討工錢，争打起來的，不想夏涌祥傷重，到十二日早死了，救阻不及是實。

問，據謝萬楚供：小的巴縣人，年二十歲，父母俱在，弟兄四人〔疑闕文〕戳，希冀釋手，適傷夏涌祥肚腹偏右倒地，越日殞命。報經卑職驗訊通詳，奉批飭審，遵提犯證復鞫，據前情供不諱，恐係有心致死，嚴詰不移，似無遁飾。謝萬楚合依鬥毆殺人者，不問手足他物金刃並絞律，應擬絞監候。肖正蘭救阻不及，應毋庸議。謝萬楚所欠工錢七十文，照追連尸棺一併給屬具領埋葬。無干省釋。凶器尖刀，隨招解驗。是否允協，理合連犯解候憲臺，俯賜審轉。

再照此案，應以乾隆六十年三月十三日報官之日起限，縣係附郭，毋庸計程，應扣至六月十三日分限屆滿。今卑職於月日再解，係在限内，合併聲明。爲此備由，申乞照詳施行。須至申者。

計申解招審犯人一名謝萬楚，扭鎖鐐銬灌鉛，年二十歲，身中，團面白色無須，右唇吻上下、右吻下、右頷頦各有黑痣一點，均如粟米大，左右手十指俱箕，係巴縣人。赭衣褲全。凶器尖刀一把。

《清仁宗實録》嘉慶元年三月〔癸酉〕諭内閣：刑部具題，覈覆河南省鄭路妮語言調戲馮喜成之妻彭氏，致氏羞忿投井身死一案。因犯事在恩赦以前，照例聲請援免。向來各省遇有調戲致本婦自盡案件，皆隨案覈其情節。如係手足勾引，情近用强者，皆於秋録時即行予勾。其僅止語言調戲者，概免勾決。所以示區别而昭矜恤。但調戲之案，與鬥毆不同，凡鬥毆者因事忿争，彼此扭結，互相毆擊，或因傷重致斃，其逞凶之犯，亦必受傷，是死者由於互毆，而起釁尚屬有因。至調戲之案，則本婦本係安居家内，忽來穢褻之言，致令羞忿難堪，輕生自盡，情節實爲可憫。其調姦之犯，雖無强横情狀，而因一時邪念之萌，遽陷婦女於死。此而免其擬抵，已屬從寬。若因事在赦前，僅按例追繳埋葬銀兩，即予援免，俾得置身事外，且追埋之銀，或得或不得，均不可知，何足以懲凶淫？著刑部即將本年題過此等案件，及此後辦理各案，如有似此語言調戲致本婦自盡者，俱於本内聲明，不准援免，仍入於緩決，牢固監禁。屆期與減等人犯一律辦理，不得遽行釋免，以慰貞魂而申明弼。

（清）祝慶祺《刑案匯覽》卷二九《刑律人命・鬭毆及故殺人》 浙撫奏：原謀糾毆致傷三、四命之案，原謀病故請酌定條例一摺。查此案林道愷、林谷印，因聽從林日青糾毆下手，致斃張錫寬、張太松各一命。原謀林日青在監病故，例得准其抵命。先據該撫將林道愷、林谷印，均依

其毆下手致命傷重律，擬以絞抵，並聲明監斃之原謀林日青，即係林道愷胞兄。將林道愷一犯援照兩家互毆，各斃一命，死者係凶犯有服親屬，凶手減軍之例，減等擬軍。林谷印仍擬絞候。經臣部查，二罪俱發，其輕重若等，從一科斷。即如鬭毆殺人之例，毆斃一人者，罪應擬絞，即連斃二命，而審無謀故別情者，亦從一科以絞候。此案林道愷、林谷印雖各斃死一命，而林日青同一。原謀若未監斃，則林道愷等均屬例應擬抵之犯，原謀亦衹從一科斷擬流。今原謀業已監斃，則林道愷等同係聽從下手之犯，亦應一律減等。該撫以原謀監斃減流之案，牽引兩家互毆各斃一命之條，又將一犯擬軍，一犯擬絞，不惟一事兩歧，且案情例義均未允協。將林道愷、林谷印均改照原謀監斃，下手應絞之人減等擬流，各杖一百、流三千里。並查取錯誤職名送部查議等因，題結在案。今據該撫奏稱嗣後原謀糾毆致傷三四命以上之案，原謀病故，作何分別限制擬抵等語。查一人毆斃二命，例應從一科斷，擬以絞候。並無加重問擬之文。則原謀糾毆致斃死二命，原謀罪止擬流，如原謀監斃，亦應一概准其抵命，將下手之人俱准減等。若一人毆斃三命，即例應絞決。則原謀糾毆致斃三命，如原謀並未監斃，應即按例加等擬軍。如原謀監斃，則下手應絞之人，亦應概擬絞候。蓋案至三命，即情近械鬭，不能復援從一科斷之例。四命以上者，原謀按例以次遞加至遣罪而止，凶犯亦各抵各命。如原謀監斃，亦概不准議減。惟例内究無明文，恐外省辦理，未免歧異。應請嗣後同謀共毆至斃二命之案，原謀仍從一科斷，擬以滿流。如原謀監斃，准其抵命，將下手之人一體減等。若致斃三、四命以上之案，除原謀照例以次加等問擬，下手致死之犯均各照例擬抵外，其有原謀在監、在途病故者，下手之犯均照例擬抵，不准減等，纂入例册等因。嘉慶五年十二月二十四日奉旨：依議。欽此。

（清）祝慶祺《刑案匯覽》卷四《名例・老小廢疾收贖》 廣西撫題：閻十三仔毆傷族叔祖閻正建身死一案。查辦理幼孩斃命之案，總視其是否被長欺侮爲斷。如死者並非理曲逞凶，又無欺陵情狀，凶犯雖年未及歲，仍應律擬抵，不准聲請。若死者實係恃長欺陵，雖係老人，凶犯既年在十五歲以下，自應照例聲請。檢查嘉慶十七年核覆直隸省題高隨山年僅十四，因赴廟避雨，有年逾七十之高更見伊衣服淋濕，不令同坐，將伊推毆，該犯理論，高更從背後將伊抱住，欲行摔到，該犯情急，咬傷其左右手腕，潰爛殞命，將高隨山擬絞，聲請減流，收贖在案。今閻十三仔年甫十四，因與年已七十六歲之無服族祖閻正建有公共塘水溝一道，閻十三仔因見溝内有魚，前往刨溝，放水捕魚。閻正建瞥見，恐溝水放乾，當向斥罵。閻十三仔分辯，閻正建舉掌向毆，閻十三仔跑走，閻正建追趕，閻十三仔轉身拾石嚇擲，適傷其左耳根，倒地殞命。核其情節，死者雖先向追毆，惟因恐該犯放乾溝水，向其斥阻，不得謂之理曲。核與辦過高隨山之案不同，未便援例兩請該省。該犯仍將擬絞抵，似可照覆。嘉慶八年説帖。

（清）祝慶祺《刑案匯覽》卷二九《刑律人命・鬭毆及故殺人》 河撫題：杜殿選聽糾，用鎗放傷劉太興身死一案。緣杜殿選與劉太興同（材）〔村〕無嫌，嘉慶十五年四月間，劉太興在廟開賭抽頭。杜殿選族叔杜上杰及杜雲恐滋事端，向阻，並稱告官驅逐。劉太興因此挾恨。是月二十三日，杜雲被劉太興路過追毆，杜雲逃避未傷。二十七日，劉太興糾邀李鑾等五人商，欲謀毆杜士杰等出氣。杜士杰聞知，起意糾衆往拿送究。因值母病，不能脱身，當囑杜雲糾人往拿。杜雲遂轉糾杜殿選等一共十人，分攜鎗械赴廟喊拿。劉太興領同李鑾等持鎗出敵，扎傷杜雲右脚面。杜雲情急，用鳥鎗放傷李鑾右肋。杜殿選亦用鎗放傷劉太興左肋，先後殞命。據杜士杰自行投首，並緝獲杜雲。該二犯俱在監病故。分别擬議，咨准部覆在案。茲續獲杜殿選一犯，應依例減等擬遣等因具題。查此案杜殿選與杜雲，聽從杜士杰糾邀。杜雲放鎗中傷李鑾身死，杜殿選亦放鎗中傷劉太興殞命。前據該撫於嘉慶十七年緝獲杜雲到案，因原謀杜士杰監斃在獄，將杜雲減等擬流。並聲明業已病故，應毋庸議等因。經臣部咨覆在案，茲據續獲杜殿選一犯，審依同謀共毆致斃二命，原謀在監病故，准其抵命，將下手應絞之犯減等擬流例，從重發新疆爲奴等因。臣等查共毆案内，下手應絞人犯，或因聽糾助毆，尚非造意首禍，或因餘人所毆，亦有重傷罪疑惟輕，秋審時可酌議緩決。是以未經定案之先，遇有原謀及毆有重傷之餘人病故，准其抵命，下手之犯即可隨案減流。如係威力主使制縛人致死，及謀故殺人並有關服制等案。即非例所該載，不得牽引定獄。查火器爲害最烈，傷人已應擬軍，一經殺人，即與故殺同。利秋審應入情

實，與共毆案內，下手應擬絞抵者不同，自不應一概議減。惟例內究無明文辨理，恐致歧誤，應請嗣後除共毆致斃一、二命案內，遇有原謀及助勢傷重之餘人，監斃在獄與解審中途病故，或因本案畏罪自盡，仍照例准其抵命。將下手應絞之犯，減等擬流外，其餘謀故殺人，火器殺人，威力主使制縛並有關尊長尊屬服制之案，悉照本律本例擬抵，不得率請減等，以歸平允。所有杜殿選一犯。應即改照因爭鬬，擅將鳥鎗他放殺人，以故殺論律擬斬監候。該犯脱逃已逾三年，應照例改爲斬立決等因。嘉慶一十二年九月十二日題，十四日奉旨，杜殿選著即處斬。餘依議，欽此。

《清仁宗實録》嘉慶十六年九月　〔己丑〕論內閣：本日勾到奉天省情實人犯，內張保儒一犯因患瘋疾毆死伊妻小王氏並醫生姚魁，瘋病連斃二命，依律擬絞。已將該犯免勾，照例永遠監禁矣。惟細覈案情，張保儒陡患痰迷，經伊父張銀延醫士姚魁診視，即留在伊家住宿，已經十日。是夜姚魁在裏屋炕上睡卧，張銀與伊妻老王氏在外屋炕北就寢，張保儒與妻小王氏睡在炕南。張保儒瘋發下地，忽取木菜板，先將伊妻小王氏毆傷，復跑進裏屋將醫士姚魁毆傷，先後殞命。姚魁爲張保儒醫治瘋病，何必留住其家過夜至十日之久？且在裏屋睡卧，張保儒如係痰迷忽發，將伊妻小王氏毆傷，或執持凶器，逢人亂毆，或顛狂向外奔跑，何以隨進裏屋將姚魁連毆致斃？或張保儒尚有知覺，疑姦狂殺，或姚魁在伊家住宿日久，竟與伊妻小王氏有曖昧情事，均未可定。且招册內並敘有張保儒目瞪神迷，所供均係不經之語。所謂不經者，究係何言？恐承審之員因兩命已斃，有意不加深究，將就完案，殊不足以成信讞。

（清）祝慶祺《刑案匯覽》卷四〇《刑律鬬毆·妻妾毆夫》　晉撫題：杜奇挌死伊妻徐氏一案。此案已死徐氏本係高生榮之妻，高生榮因家道艱難，商允將徐氏改嫁。適杜奇欲娶妻室，高生榮隨捏稱徐氏夫故無依，伊係徐氏夫兄高雲，并串囑媒人梁可武往向説合，杜奇信以爲實，議定財禮錢十五千文，高生榮復捏高雲之名寫給婚帖。經杜奇將徐氏娶回，嗣徐氏復嫌杜奇家貧吵鬧，杜奇將徐氏故殺身死。查杜奇娶徐氏爲室，並不知係高生榮賣休之妻，即徐氏於過門後亦未將伊係有夫之婦向杜奇告知，是徐氏雖律應離異，惟杜奇實係明媒正娶，自應照例，仍按服制科斷。該省將杜奇依夫毆妻至死，故殺亦絞律擬絞監候，與例相符應，請照覆。嘉慶十七年説帖。

（清）祝慶祺《刑案匯覽》卷二九《刑律人命·鬬毆及故殺人》　福撫題：江生等致傷張虔身死一案。此案江生因挾張虔搶回賭輸錢文，復將伊毆打之嫌，糾同尤爲幫毆洩忿。見張虔醉卧草鋪，江生因其平日强横，欲割其耳鼻，使之不敢見人，遂令尤爲騎壓張虔身上，捏住兩手。江生用刀將張虔右耳、鼻准割落，張虔舉脚亂蹬，江生又用刀砍傷其右脚腕。張虔喊救，江生等隨即逃逸，張虔旋即殞命。查江生糾同尤爲往毆，其時張虔睡卧草鋪，若係預謀致死，正可乘機下手，立斃其命。因何僅止割其耳、鼻，是該犯等所供，並非有心欲殺之處，尚屬可信。且江生到案，曾因畏刑，誣認謀殺，經縣審擬斬候，由府解司。因犯供翻異，駁飭覆審，旋據該縣緝獲尤爲，訊明實止圖毆洩忿，並非謀殺。通詳檢舉，更正案情，似無疑義。該省將江生依同謀共毆人致死律，擬絞監候。尤爲依餘人律擬杖，尚可照覆。嘉慶十七年説帖。

（清）祝慶祺《刑案匯覽》卷二九《刑律人命·鬬毆及故殺人》　河南司查：此案魏賴因向大功堂弟魏文體索還錢文争吵，魏文體之妻劉氏幫夫吵駡，魏賴用刀扎傷劉氏右乳，携刀逃跑。魏文體喊追，有莊鄰戴潮中聞喊，攜鎗將魏賴〔追〕趕，及魏賴用刀扎傷戴潮中右後脇等處殞命。查魏賴刃傷劉氏，固屬罪犯，究非姦盜可比。戴潮中係莊鄰，並非奉官差捕之人，因聞喊幫追，致被魏賴扎死，止應以鬬殺科斷。該省將魏賴依鬬殺律擬絞監候，與律相符，應請照覆。嘉慶十七年説帖。

（清）祝慶祺《刑案匯覽》卷二九《刑律人命·鬬毆及故殺人》　廣東撫題：吴阿濬等共毆江箱身死一案。此案已死江箱見官山有野生柏樹二株，堪作柴薪，已砍伐一株。吴阿濬看見，欲江箱留一株與伊砍取，江箱不依争鬧。吴阿濬族人吴阿賢見而勸阻，江箱詈其扛幫，用刀向砍，吴阿賢用禾鎗戳傷江箱右乳左腿，跑走，江箱追趕，吴阿濬攔護，用刀戮傷江箱右額角，並格傷其頂心，帶傷偏左，殞命。查官山樹木，地方官既未禁止砍伐，原屬人人可取。今吴阿濬等以争砍樹木起釁，共毆江箱身死。雖幫毆之吴阿賢在監病故，查閱原驗尸格，吴阿賢用禾鎗所戳江箱右乳致命一傷，圍圓七分，深一分，傷非甚重，左腿一傷，係不致命，與共毆餘人毆有致死重傷，監斃在獄，下手應絞之犯，減等擬流之例不符。該省將

吴阿潛依共毆人致死，下手傷重例，擬絞監候。吴阿賢依刃傷人律擬徒，業經病故，應毋庸議。查覈情罪，均屬相符，應請照覆。嘉慶十七年説帖。

《清仁宗實録》嘉慶十八年四月　戊申，諭軍機大臣等：刑部議駁河南省具題汝陽縣民人丁華先等聽糾共毆，誤傷張二明身死，問擬絞候一案，所駁甚是，已依議行矣。此案張喜成等自信陽移家回籍，其車中衹有婦女幼孩二人，行人攜帶眷屬，事所恒有。何以陳志遽疑爲興販人口？且伊與丁華先等係私相談論，何以張喜成即能聽聞嚷罵？況張喜成等衹有三人，如果陳志等被罵不甘，伊等現有四人，並非寡不敵衆，何以當時不與争執，另須糾約十人，執持刀械，隨後趕毆？而張喜成於伊等追趕到時，不圖抵禦，猶自負幼孩張二明，致被丁華先砍傷斃命？種種疑竇甚多，恐有不實。南陽汝寧一帶，民風强悍，匪徒等有紅鬍子名目，往往糾衆搶奪，爲害行旅。此案或係陳志等見張喜成車上攜帶婦女，因而商同丁華先等糾約多人强搶混毆，以致慘斃幼孩。而地方官規避處分，思欲化大爲小，因就現犯捏改案情，草率完結，殊未可定。著該撫即親提嚴審。徹底究明，切勿迴護原題。如審出搶奪實情及地方捏報情節，當據實叅奏另行詳覈定擬，以成信讞。

（清）祝慶祺《刑案匯覽》卷二九《刑律人命・鬭毆及故殺人》　晋撫咨：任忠等毆扎鄭環子受傷後因凍身死一案。查例載鬭毆之案，因患他病身死，與本傷無涉者，雖在辜限之内，仍依從本毆傷法等語。此案已死鄭環子，因託任忠店夥智元賒取酒麵不遂，乘脱去衣服，持刀兩把，登門斥罵，並用刀撲扎，智元用箒柄抵格，致傷其右手腕，將刀打落一把。鄭環子左手持刀趕扎，智元逃跑喊救，該犯任忠順取鐵鈎鎗鈎住其髮辮。鄭環子掙脱，任忠用鎗扎傷其右臁肕，智元又毆傷其左手腕，將其推跌倒地，歇手關門進内。鄭環子爬起，在院醉罵。時值年終雪後，受凍發戰，旋即倒地。任忠等開門出視，用棉襖披其身上，扶進屋内。詎鄭環子受凍已甚，旋即殞命。查任忠等所毆鄭環子各傷，均非致命，尚不致於立時戕生。鄭環子自將衣服脱去，以致受凍身死，與人無尤。原驗尸軀形狀，實係受凍所致。核與因與患他病身死者無異，自應仍從本毆傷法。該省將任忠依凶器傷人例發近邊充軍，智元照不應重律擬杖，情罪均與例相符，應請照覆。嘉慶十八年説帖。

《清仁宗實録》嘉慶十八年六月　乙巳，諭内閣大學士會同刑部議覆御史嵩安條陳火器誤殺等案，秋審時應分别實緩一摺，所駁甚是。國家明罰勑法，律令爲民命攸關，頒行四方，較若畫一，不容輕易變更。問刑官吏謹守憲章，猶慮有上下其手之弊。若於不應區别者而强爲軒輊，將使析律二端深淺不平。科條既備，民多僞態，吏轉得以因緣爲奸，甚無謂也。朕矜慎庶獄，欽哉惟恤。如鳥鎗竹銃殺人之案，律以其爲害慘烈，概擬情實，至勾到之時，其中疑賊誤斃情節可原，免予勾決者，亦歲所時有。其共毆致斃四五命以上之案，聚衆逞凶，從前乾隆年間，曾經欽奉諭旨令執法研究一命一抵，不得姑息養奸。歷年均欽遵辦理，而其中隨行助毆情介疑似之犯，亦間有免勾者。誠以人情萬態，事變千端，訟獄之成，原有律例所不能該者。法司隨案聲請，朕權衡輕重，區示寬嚴。或執不宥之律，或施法外之仁。所謂惟齊非齊，以成協中之治。此明慎用刑之精義，又豈更改科條，所能執一而論者乎？嵩安不知政刑大體，念係言官，不加深責，嗣後各科道於國家頒行法令，不得私出己見妄議紛更，以謹舊章而嚴法守。

《清仁宗實録》嘉慶二十年三月　庚戌，諭内閣：刑部具題四川民人李潮敦比照因事威逼人致死一家二命例，擬發近邊充軍一本。朕詳加酌核，章有富之妻章王氏，向李潮敦地内尋割豬草，彼此争鬧李潮敦以穢言向辱。章王氏哭泣回家，氣忿自縊。伊夫章有富痛妻憂忿，旋亦投繯。此案李潮敦穢語村辱，致章王氏氣忿輕生，按例罪止滿流。惟章有富自盡，亦由痛妻所致，是因該犯一言，使伊夫婦二人先後殞命，其情罪較重。該部比照威逼人致死一家二命例，問擬充軍，所擬尚輕。李潮敦著照手足勾引例，改爲絞監候，歸入秋審緩決。嗣後遇有情節相同之案，俱照此辦理。著刑部載入則例遵行。

（清）祝慶祺《刑案匯覽》卷四四《刑律鬭毆・毆祖父母父母》　湖廣司核奏：郭其廣糾毆本生父郭興祥身死一案。查案内之蕭士瀧因聽從已正法之郭其廣糾毆其父郭興祥，致郭興祥被蕭士虎毆傷斃命。該犯雖未幫毆，究屬在場助勢，事關釀成逆倫重案，亦應加等懲辦。該省將該犯依餘人律擬以滿杖，實覺情浮於法。衡情酌斷，蕭士瀧應於滿杖上加一等，擬杖六十，徒一年。雖事犯到官在本年恩旨以前不准援減，庶得情法之

平。嘉慶十九年説帖。

直督咨李雙喜毆傷義祖母沙李氏平復一案。查李雙喜之父李起富，自幼經沙李氏之夫沙明遠收爲義子，撫養成人，並爲娶妻生子，即李雙喜，已歷四十餘年。迨沙明遠因己子長成，逐令李起富歸宗，復分與地畝、房屋，同村居住。嗣李雙喜向沙李氏借糧不遂，輒將沙李氏推毆。例内並無義子之子與義祖母有犯治罪明文，惟義子有故歸宗而義父母與義父之祖母、父母無義絶之狀，遇有違犯，以雇工人論，則義子之子亦可一律問擬。李雙喜應照雇工人毆傷家長律，擬流。嘉慶二十年案。

（清）**祝慶祺《刑案匯覽》卷二九《刑律人命·鬬毆及故殺人》** 雲撫題李潮隴等毆死張泰並李發貴畏罪自盡一案。查律載：共毆人致死，下手致命傷重者，絞監候。又例載：子孫罪犯應死，及謀故殺人事情敗露，致祖父母、父母自盡，即照各本犯罪名擬以立決。又共毆餘人内毆有致死重傷之人，實因本案畏罪自盡，准其抵命，將下手應絞之人減等擬流各等語。此案李潮隴因與張泰口角互毆，伊父李發貴解勸被駡，用鋤柄毆傷張泰偏左，該犯復用石毆傷其左耳根殞命。李發貴旋因畏罪自盡。該撫將李潮隴照共毆餘人内毆有致死重傷之人，因本案畏罪自盡，准其抵命，將下手應絞之人減等擬流等因。查李潮隴與伊父李發貴共毆張泰斃命，該犯下手致命傷重，已應擬抵，伊父復因此自盡，似未便稍從輕縱。惟父李發貴係因在場幫毆有傷，自恐擬抵，投繯殞命。若與該犯自行犯罪，事情敗露，並無罪犯之父自盡，應擬立決者，一例問擬，未免無所區别。而死係伊父，又與尋常共毆案内毆有重傷之餘人不同，且伊父之畏罪自盡，究由該犯首先肇釁，若於應擬絞罪上再議寬減，是父死非命，該犯轉因而得生，揆之情法，殊未允協。李潮隴一犯，應仍照共毆人致死，下手致命傷重律，擬絞監候。嘉慶二十年説帖。

（清）**祝慶祺《刑案匯覽》卷二九《刑律人命·鬬毆及故殺人》** 河撫題羅小昇聽從謀毆，扎傷吕停身死，死者並非所欲謀毆之人，原謀在監病故，可否比例減流，聽候部議一案。查律載，同謀共毆人致死，原謀不問共毆與否，杖一百、流三千里，所以懲首惡也。又例載，原謀在監病故，准其抵命，將下手應絞之人減等擬流。此乾隆五年定例，誠以罪固嚴夫下手，禍則肇自原謀。首禍之人既伏冥誅，則下手之犯可從末減。至同謀糾毆，毆死非其所欲謀毆之人，嘉慶九年始有原謀減等擬徒定例。此等原謀在監病故，下手之犯應否減流，則例無明文。竊思死者是否係其所欲謀毆之人，在原謀以之分别流、徒，而凶犯之聽糾行凶，罪名則無區别。應抵者既不以死非所謀毆之人另立治罪之條，則應減者似不應以死者非所謀毆之人獨嚴下手之罪。此案羅小昇因聽從張九輝糾毆樊裁縫，不遇。該犯與張九輝在街跳駡，吕停上前攔勸，張九輝一併牽駡，該犯因吕停向張九輝撲毆，趕近幫護，刀扎吕停右肋身死。事由張九輝糾毆而起，實係一釁相因，並非該犯另自肇釁。今例應擬徒之張九輝在監病故，該犯應即照共毆案内，原謀病故□□抵命下手應絞之犯，減等擬流例問擬。該司以案係鬬殺，不准比例減流。殊不知此等絞犯應否准減，衹應問監斃者是否實係原謀，不必問凶犯罪名是否共毆鬬殺。即如原謀糾毆致死所欲謀毆之人，案内原謀並未共毆，又無餘人幫同下手，凶犯亦應照鬬殺科罪，儻原謀監斃，不能不照例將下手應絞之犯減等擬流。若拘泥共毆二字，勢必窒礙難通。且例内毆有致死重傷，罪應滿杖之餘人，在監病故，下手者尚准減等。而罪應滿徒之原謀瘐斃在獄，下手者轉不得減等，亦不足以照平允。所有羅小昇一犯，自應比例擬以杖一百、流三千里。嘉慶二十年説帖。

（清）**祝慶祺《刑案匯覽》卷三九《刑律鬬毆·良賤相毆》** 貴撫咨：吴應明毆傷傅茂賢婢女桂蘭，致令氣忿自盡，將吴應明依良人毆傷他人奴婢減凡人一等律，於因事用强毆打威逼人致死軍罪上減一等，擬徒。嘉慶二十一年案。

（清）**李馥堂《兩歧成案新編》卷九《子罪犯應死致父母自盡》** 福建司嘉慶二十一年奏陳塚毆斃陳郭氏，致伊母憂忿自盡一案。查陳塚因小功兄妻郭氏家雞隻走入該犯寮内，疑係該犯偷竊。該犯被誣不甘，與郭氏理論，致將郭氏毆斃。伊母因該犯身犯重罪，憂忿自盡。陳塚毆死小功兄妻，應依鬥殺律擬絞。該撫將該犯依子罪犯應死，致父母自盡，照本犯絞罪上擬以立決例，擬絞立決。

《清仁宗實録》嘉慶二十三年七月〔甲寅〕 刑部議覆陝甘總督長齡疏報民人蘇漢魁與胞兄蘇漢成，爭奪鐵鍬，致兄囟跌身死，依律擬斬立決一案，得旨：此案蘇漢魁因胞兄蘇漢成，將未分公地霸種大麥，收割後用驢馱回。行至山梁，適該犯先手執鐵鍬，在彼瞥見，即用鍬攔住驢頭，

令將麥捆馱回地內講理。蘇漢成不依，捉住鐵鍬扭奪，該犯鬆手，致蘇漢成悶落崖下，跌傷殞命。覈其情節，該犯係用鐵鍬攔截驢頭，並無鬥毆情形，蘇漢成死由失跌。該犯奪鍬撒手，出於無心，若照律擬以斬決，與有心毆兄致斃之案，無所區別。蘇漢魁著改爲斬監候，秋審時入於服制情實。餘依議。

（清）祝慶祺《刑案匯覽》卷二九《刑律人命・鬭毆及故殺人》 陝撫題李得與薛元功之妻范氏通姦，被薛潤德將范氏刁姦霸占，李得起意糾同縱姦本夫薛元功幫毆。李得將薛潤德推跌，欲斷其脚筋成廢，令薛元功按捺，李得用刀斷其脚筋，致傷身死。李得應依共毆人致死律，擬絞監候。薛元功聽從按捺割斷薛潤德脚筋，即不至死，亦必成廢。薛元功應依毆人成廢律，爲從減一等，杖九十，徒二年半。嘉慶二十四年案。

（清）李馥堂《兩歧成案新編》卷八《子違犯教令致父母趕毆失跌身死》 江西司嘉慶二十五年題陳連喜仔因欲將公共園竹砍伐，伊母黄氏未允。該犯私攜柴刀往砍，黄氏趕向斥阻。因雨後泥滑，失足撲跌，磕傷頭顱，越十九日身死。將陳連喜仔比依子孫不孝，致父母自盡，本無觸忤情節，但其違犯教令以致輕生自盡例，擬絞監候。

山東司嘉慶二十五年咨史玉因父史修本嗔其燒茶遲緩，上前毆罵。該犯並不俯首受責，以致其父趕毆，失跌致斃。惟該犯畏懼逃避，業已走遠。而史修本之被石絆跌，失足落灣，受傷致斃，實爲耳目所不及，思慮所不到。應照子過失殺父例，擬以絞決。

（清）祝慶祺《刑案匯覽》卷四三《刑律鬭毆・毆期親尊長》 蘇撫題：童連祥之胞兄童在祥詈罵伊母，致母氣忿自盡。經族長童大潮逼令童連祥將童在祥推河溺斃，童連祥應照律問擬凌遲處死，死係應死罪人，仍夾簽聲明。其童順祥聽從捆縛胞兄童在祥，兩足有傷，迨推河致死之時，該犯並不在場，應照弟毆胞兄滿徒律，爲徒減一等，杖九十，徒二年半。童大潮係童在祥族祖，並無服制，因童在祥蔑倫不孝，致母自盡，該犯激於義忿，起意逼令童連祥推河溺斃，核與擅殺别項應死罪人迥別。且童在祥並無至親期功緦麻尊長，祇童大潮爲輩分最尊之人，未僅照疏違親屬一例問擬。童大潮應比照有服尊長殺死卑幼，如卑幼罪犯應死者，爲首之尊長照擅殺應死罪人杖一百例上，酌加一等，擬杖六十，徒一年。嘉慶二十五年案。是年題結，童連祥改爲斬候。

（清）祝慶祺《刑案匯覽》卷一二《兵律廐牧・畜産咬踢人》 黑龍江將軍咨：旗丁司幗安與磬保爭奪丟失馬匹，致磬保被馬拉踢身死一案。查律載：馬牛觝觸踢人，若故放令殺傷人者，減鬭殺傷一等。又：鬭殺者，絞監候。各等語。此案司幗安因誤認磬保圈內拴繫馬駒，爲伊家丟失馬駒，欲牽拉報官，磬保不依，彼此爭奪。司幗安見馬駒跳躍，起意縱放，冀圖跑至伊家，隨即鬆手，向馬駒恐嚇，詎磬保將韁繩在腰間繫扣，以致馬駒驚跑將磬保踢拉身死。該將軍聲明，司幗安或照故放馬牛殺人律擬流，抑或照鬭殺律擬絞，聽候部議等因。查司幗安與磬保僅止爭奪馬駒，並非與磬保鬭毆，迨磬保被馬駒踢拉致斃，已在該犯松手縱放之後，且原止冀圖馬駒跑至伊家，尤與互鬭不同，自未便科以鬭毆殺人之罪。第該犯既見馬駒跳躍，故行縱放恐嚇，以致馬駒跑走拉踢磬保身死。雖據供不知磬保將韁繩在腰間繫扣，而磬保之死，究由該犯縱放馬駒所致。該司將司幗安依馬牛觝觸踢人，若故放令殺人者，減鬭殺一等律，擬杖一百，流三千里，尚屬允協，應請照辦。道光元年奉天司説帖。

（清）李馥堂《兩歧成案新編》卷一〇《子犯應死致父母自盡》 雲南司道光二年題鄭文甲毆死伊妻，致伊父自盡一案。查鄭文甲因瘋病復發，砍傷伊妻繆氏身死。其父鄭昆因子因瘋殺妻，到官問罪，無人養活，情急自戕殞命。該撫以律例内並無因瘋殺妻，致父母自盡作何治罪明文，聲明可否比照子罪犯應死致父母自盡，即照本犯罪名擬以絞決？抑或仍以毆妻至死本律，予以絞候之處，聽候部議。經本部，以子孫罪犯應死，致父母自盡，擬以立決之例，係專指子孫犯姦、犯盜應擬死罪者而言。今鄭文甲係毆妻致死，所犯死罪，並非因姦因盜，又非故殺人，核與子罪犯應死致父母自盡擬以立決之例不符，將鄭文甲仍依夫毆妻至死律，擬絞監候。

（清）李馥堂《兩歧成案新編》卷八《子違犯教令致父母趕毆失跌身死》 江南司道光二年題朱成物違犯教令，致父失跌身死一案。查朱成物欲將伊嗣父朱敦倫撥給厠屋改作厨房，朱敦倫不允，該犯乘其患病，私自前往挖起糞缸，實屬違犯教令。朱敦倫因趕向斥罵，以致失跌，致傷身死。例無子孫違犯，致父母失跌身死治罪明文。將朱成物比依子孫不孝，

致父母自盡，本無觸忤情節例，擬絞監候。

（清）**李馥堂《兩歧成案新編》卷九《子犯應死致父母自盡》** 陝西司道光二年題董文仲等共毆李石兒身死，致伊母董楊氏憂忿自盡一案。查董文仲因伊姪董正芳與李石兒争毆，伊母董楊氏喊稱董正芳被人毆壞，該犯同子姪先後趨至，將與董正芳扭結之李石兒共毆斃命。伊母董楊氏慮伊問罪，憂鬱莫釋，投繯殞命。將董文仲依共毆人致死律，擬絞監候。

（清）**祝慶祺《刑案匯覽》卷四〇《刑律鬭毆·妻妾毆夫》** 東撫題：杜文玉勒死已休之妻孫氏一案。查例載：聞姦數日殺死姦婦，確有實據者，將本夫照已就拘執而擅殺律擬徒。又律載：罪人已就拘執而擅殺者，以鬬殺論，鬬殺者絞監候。又妻妾夫亡改嫁，毆故夫父母者，與毆舅姑罪同。注云：妻妾被出，不用此律，義已絶也，各等語。詳繹律義，妻妾夫亡改嫁，雖義絶於故夫，而於故夫父母未嘗義絶，故毆故夫父母，仍與毆舅姑罪同。至妻妾被出，轉嫁他人，是夫與妻妾兩願離異，與夫家恩義已斷，應即同凡論。蓋緣夫妻本以人合，雖經改嫁，而眷戀之情一日不忘，即不得置名分於不問，所以順人情維世教也。檢查嘉慶十三年本部議覆四川省題王忠祥因妻方氏被拐領回，恐復被拐逃，將方氏嫁與高現貴爲妾，方氏因高現貴家窮苦，適見王忠祥從門首經過，方氏向其嫚駡，並辱及王忠祥父母，王忠祥起意將方氏戳傷斃命。該省聲明：王忠祥與方氏夫婦之義已絶，應同凡論，將王忠祥依故殺律擬斬。經本部會核題覆在案，蓋夫婦名分至重，婦人一經休棄，轉嫁他人，即與故夫恩義已絶。而與後夫名分即定，則其故夫遇有殺傷，只可謂殺傷他人之妻妾，自不得仍依夫殺傷妻妾科斷。此案杜文玉因妻孫氏與工人蔡年通姦，被該犯撞見，毆詈休回，聽其改嫁。嗣孫氏因母家窮苦，央懇收留，該犯不允，催令回歸。孫氏不理，該犯混駡，孫氏牽及伊祖先回詈，並向撒潑，撞頭拼命。該犯因其業已犯姦休棄，復往纏擾，敗壞門風，並被牽及祖先辱駡，氣忿莫遏，起意致死，用繩將孫氏拉勒殞命。核其情節，杜文玉若於未經休回孫氏之前將其殺死，自應依聞姦數日殺死姦婦之例擬徒。其或兩願離異，如四川省之方氏已經轉嫁與人爲妻妾，遇有殺傷，應照凡人謀故鬭殺本例定擬。今該犯雖已先將孫氏休回，孫氏復至該犯家央懇收留，是該犯固屬情義決絶，而在孫氏，實有眷戀不忍遽絶之心。核與一經休棄，即兩願離異轉嫁他人者，情事究有不同。該犯業將孫氏休回母家，固不便仍照聞姦數日後殺死姦婦之例擬徒，而孫氏仍懇該犯收留，並未遽行改嫁，其恩義究未斷絶，亦未便竟照平人故殺律擬斬，致與四川省王忠祥故殺改嫁妻以凡論之成案無所區別。該省以孫氏犯姦被休，復至夫家央求收留，不允，辱駡祖先，撞頭拼命，實屬罪人。衡情酌量定擬，將杜文玉比照罪人已就拘執而擅殺律，擬殺監候尚屬允協應請照覆，並另擬聲敘。【略】查律載罪人已就拘執而擅殺者，以鬬殺論，又鬬殺者，絞監候各等語。此案杜文玉因妻孫氏與工人蔡年通姦，將孫氏休回母家，聽其改嫁。嗣孫氏復至伊家，央懇收留，該犯不允，催令回歸。孫氏不理，該犯混駡，孫氏牽及該犯祖先回詈，並向撒潑，撞頭拼命。該犯因其業已犯姦休棄，復往纏擾，敗壞門風，並被牽駡祖先，氣忿莫遏，起意致死，用繩將孫氏拉勒殞命。核其情節，該犯因孫氏犯姦休回母家，聽其改嫁，恩義已絶，且殺死在休回之後，固不得照聞姦數日殺死姦婦之例，擬以滿徒。而孫氏尚未改嫁，復至該犯家央懇收留，實有不忍遽絶之心。核與一經休棄，即兩願離異轉嫁他人，應同凡論者，情事有間，若遽將該犯以凡人故殺科斷，問擬斬候，殊覺法重情輕。查孫氏犯姦被休，復至夫家央懇收留，因該犯不允，輒辱駡祖先，撒潑撞頭拼命，實屬罪人。該犯氣忿，將其至死，情同擅殺，應如該撫所題，杜文玉應即照罪人已就拘執而擅殺者，以鬬殺論律，擬絞監候。道光二年説帖。

（清）**祝慶祺《刑案匯覽》卷四《名例·老小廢疾收贖》** 河撫咨：年甫七歲之李樽孜拾取剪刀，至街頑耍，經伊姊何李氏令其拿回。該犯將剪刀擲還，適年甫六歲之張小孜走至何李氏身旁，以致誤傷張小孜斃命。犯父李澤培以僅止李樽孜一子，毆斃人命，諒應抵命，愁急自縊。查此案：傷由誤中，死出不虞，既無争鬭情形，亦非因戲起釁。將李樽孜比照向有人居止宅舍投擲磚石傷人致死律，擬流。年僅七歲，照例免罪，仍追埋銀。至李澤培自盡之處，雖由痛子犯罪所致，係屬幼稚無知，且本罪僅止擬流，與罪犯應死累父戕生不同，應毋庸議。道光三年案。

（清）**祝慶祺《刑案匯覽》卷二九《刑律人命·鬬毆及故殺人》** 陝撫題：閆居智等因惠信生牧羊踐食麥苗，將惠信生共毆身死一案。查辦理擅殺之案，如官差因拘捕致死罪人，及應捕之人致死姦盜罪人，或挾讐

放火，棍徒擾害，或鄉紳土豪倚勢欺壓，並假差訛詐等項，有被人殺傷者，係各照律例以擅殺定擬。此外例無明文者，均不得以擅殺論罪。檢查嘉慶十七年本部審擬直隸河間縣回民孔六等放羊三百隻，在王進才、李秀等地内踐食麥苗，復因李秀等向伊索賠麥苗，率同回民六人執持凶器，將村人毆傷，被地保李景雲糾衆用鳥鎗毆打互傷一案，將李景雲、孔六等各照鳥鎗及凶器傷人本例，分別問擬充軍，奏結。又道光元年廣西省題：桂平縣民韋昌榮因陸熊威鴨隻放入伊田内食禾，韋昌榮向斥，致相爭毆，截傷陸熊威身死一案，將韋昌榮依鬬殺本律擬絞監候，題結。各在案。此二案均係照凡鬬殺傷問擬，並非以擅殺傷科斷。此案閆居元因惠信生等放羊二百餘隻在伊地内踐食麥苗，起意糾毆，致閆居智毆傷惠信生斃命。查已死惠信生牧放羊隻，踐食閆居元地内麥苗，既據查明，尚在冬至以前，無礙長發，應免議賠，是惠信生本屬無罪之人。卽縱畜踐食稼穡，律有應科罪名，並非姦盜等項罪人可比。其被閆居智等共毆致斃，未便遽以擅殺科斷。該省將閆居智、閆居元等，依共毆人致死律，分別問擬絞候滿流，核與律例及成案，均相符合，至任橙偉於鬬毆之後，喝令閆居幅等將惠信生羊隻趕賣，係屬公然攫取，正與因鬬毆而奪人財物之律相符，該省將該犯依本與人鬬毆，因而奪去財物律，計贓擬流聽從之。閆居幅減等擬徒，亦屬允協，應請照覆。道光三年說帖。

（清）祝慶祺《刑案匯覽》卷二九《刑律人命・鬬毆及故殺人》 南城察院移送劉熊林因傷身死一案。查此案已死劉熊林與高大先、王大通賃房同住。劉熊林因患熱病，煩躁發狂，赤身跳過鄰院，經高大先等將其扶回，劉熊林不肯上炕，用手亂扎，聲言定要走出。王大通恐其復行跑出鬧事，令高大先等將劉熊林兩手捆縛，使其卧炕發汗。高大先因劉熊林嚷罵力掙，順用左脚踢其臍肚一下，迨劉熊林卧炕心内發躁，合面滾跌下炕。高大先復用脚踢其右臀一下，至三更後殞命。檢查原驗尸格内，稱臍肚、右臀兩傷，均至青赤，委係因傷身死等因。詳核此案，已死劉熊林雖未與高大先爭鬬，而該犯因其掙扎，用脚將其踢傷，旋至三更時殞命。現在既據高大先供認踢傷屬實，又驗明委係因傷身死，自應將該犯照鬬殺擬抵，似難量予末減。該司將該犯依鬬殺律問擬絞候，尚屬允協，應請照辦，並摘録山東省成案。呈閲奉批：既查有山東省成案，祇可照辦，交司速會三法，能於十五日前具題并存記，候朝審時，究無爭鬬情形，酌入可矜爲妥。道光三年江蘇司現審案說帖。

嘉慶十四年山東省題：董士義因與李深出外尋工，同住歇店。嗣李深因患瘧疾，病迷發狂，往外跑走，該犯恐其鬧事，趕往拉令回店。李深掙扎，該犯用力向拉，李深站立不穩跌地，痰壅氣閉殞命。將董士義依鬬殺律擬絞監候，題結。

（清）祝慶祺《刑案匯覽》卷二九《刑律人命・鬬毆及故殺人》 安徽司：查例載，凶徒因事忿爭，剜瞎人眼睛者，發近邊充軍等語。此案盛五等聽從王體和，糾毆魏升奇洩忿，王體和用鎗戳傷魏升奇肚腹等處，因其辱罵，王體和起意將其致傷成廢，即用手按住魏升奇右肩甲連右手，令該犯等動手。該犯亦振住魏升奇左肩甲連左手，並拔出身帶小刀，割落魏升奇右耳，盛五等挖出魏升奇左右眼睛。魏升奇因王體和所戳傷重殞命。查盛五聽從幫毆，致挖瞎魏升奇兩眼，即屬爲從。該撫將該犯僅依刀傷人律，杖八十，徒二年，係屬錯誤，應即更正。盛五除刃傷人輕罪不議外，應改依剜瞎人眼睛擬軍例，爲從減一等，杖一百、徒三年。事犯到官，在道光八年十一月初九日恩詔以前，係共毆致斃人命案内，聽從幫按挖瞎兩眼之犯，所得徒罪，不准援減，其親老丁單之處應令確查。取結核辦。道光八年說帖。

（清）祝慶祺《刑案匯覽》卷四三《刑律鬬毆・毆期親尊長》 川督咨：羅紹成主使羅九莖等毆傷爲匪無服族姪孫羅錫華身死一案。查例載：期親以下有服尊長殺死有罪卑幼之案，如卑幼罪犯應死，爲首之尊長俱照擅殺應死罪人律，杖一百。若本犯有至親服屬，並未起意致死者，被疏遠親屬起意致死者，均照謀故毆殺卑幼各本律、本例問擬，不得濫引此例。注云如有父母者，期親以下親屬以疏遠論等語。細繹例文必被殺之卑幼別無至親服屬，凶犯實係期親以下有服尊長，方可依例擬杖。若凶犯雖係死者有服尊長，而死者尚有至親服屬，猶不得濫引此例。則無服尊長殺死罪犯應死卑幼，更不能强爲援引。此案羅紹成向充羅姓祠堂族長，因無服族姪孫羅錫華素行游蕩爲匪，屢經其母彭氏送祠堂並伊訓責，嗣羅錫華又竊熊文炳曬穀，被獲送交，羅紹成轉叫彭氏等同到祠堂訓責，彭氏與大弟羅九莖羅久發及長子羅贊華同往斥罵。羅錫華頂撞，並將母彭氏推

跌，墊傷左臂。羅紹成〔同〕〔因〕其屢教不改，又敢忤逆，喝合羅九莖等用竹片壘毆羅錫華左右臂膊、左右腿，因傷處進風，越十八日殞命。羅紹成畏罪出給銀四十兩，囑令彭氏頂認驗訛擬詳。旋經訪聞，審悉前情。查羅錫華爲匪忤逆，推跌伊母致傷，固屬罪犯應死。羅紹成喝令將其毆斃，亦由激於公忿，惟係無服尊長，並非有理至親，自不得牽引擅殺應死罪人之例。乃該省以羅紹成喝令毆死羅錫華，爲擅殺應死罪人，係屬輕罪不議，依行賄犯計贓治罪例，擬徒，年逾七十照例收贖引斷，實屬錯誤。至首犯既不得以擅殺應死卑幼科斷，則從犯亦不能依餘人擬杖，而聽從毆打之羅九莖、羅九發、羅贊華三犯，均係羅錫華期親尊長，按兄及叔毆弟姪篤疾至折傷以下律，得勿論，自應免議。該省將羅九華等依有服尊長殺死罪犯應死卑幼案内餘人例，各杖九十，亦屬錯誤。罪名均關出入，應請交司駁令改擬具題。道光八年説帖。九年，遵駁將羅紹成照凡鬬因風身死例，減流，賄囑頂凶加等，擬軍。業已監斃，應毋庸議。

（清）祝慶祺《刑案匯覽》卷二九《刑律人命・鬬毆及故殺人》　陝西司：此案竇沅因地内豆苗被車碾傷，出言詈罵，適劉連陞走至，聲言係伊雇人推車運糞碾傷，村斥竇沅不應叫罵，彼此口角，經人勸回。嗣竇沅在家喊罵，有連墻居住之堂弟竇麟聽聞，因素與竇沅不睦，又係劉連陞外甥，當即赴劉連陞家告知。劉連陞復帶鐵拳心赴竇沅家尋鬬叫罵，竇沅在内回罵，不肯開門。竇麟亦幫同喊稱，竇沅再不開門，即從屋後便門進内毆打。竇沅情急，隨取馬鞭筒尖刀開門，劉連陞持鐵拳心向毆，竇沅用刀格戳，適傷劉連陞右乳殞命。前經該撫將竇沅依鬬毆殺人律擬絞監候，具題。臣部照擬核覆，旋據劉連陞之子劉玉以挾嫌謀殺改供揑詳等詞，赴都察院呈控，奏交該撫提審。茲據訊明，委無謀殺改供重情，應如所奏。竇沅仍照原題，依鬬殺律擬絞監候，該撫奏稱，劉連陞已經鄉約等勸回息事，係武生竇麟聽聞沅在家嚷罵，走往告知劉連陞，以致劉連陞復至竇沅門首，叫罵爭毆，死於非命。凶犯竇沅先已畏懼閞門，又係竇麟在外嚷稱，欲從便門進内拉出，毆打嚇逼，以致竇沅情急持刀開門，圖脱身罹死罪。雖現在死者非所欲毆之人，而一死一抵，皆由竇麟一言所激，其召禍釀命，核與共毆案内原謀無異，惟律無科罪正條，自應比例問擬。竇麟應革去武生，比照原謀，杖一百，流三千里。馬廣欣扶同混供，照不應重律，杖八十。尸子劉玉因不在家，未知伊父兩次前往叫罵尋毆，竇麟等亦未據實告知，並因尚未定案之先，各供互異，因而懷疑屢控，尚與平空誣告有〔問〕〔間〕惟不查問確實率意呈控，究屬不合，亦應照不應重律，杖八十。係武生，發學戒飭，免其斥革等語。查竇麟因與堂兄竇沅不睦，聞知竇沅與劉連陞爭鬧，後在家叫罵，輒赴劉連陞家告訴，致劉連陞聞知氣忿，自行赴竇沅家尋毆，並非竇麟糾邀，與其毆原謀不同。況劉連陞轉被竇沅毆斃，即屬糾毆，亦不能科以原謀之罪。該撫以一死一抵，皆由竇麟一言所激，將竇麟比照原謀律擬流，殊屬錯誤。惟竇麟一言所肇釁，致釀人命，應革去武生，照不應重律杖八十，酌加枷號一個月。餘如所奏辦理。道光九年説帖。

（清）祝慶祺《刑案匯覽》卷四《名例・老小廢疾收贖》　廣東撫題：范亞帶咬傷顔貽謀身死一案。查例載鬬毆之案，如當致命之處，而傷輕因風身死，在十日以外，方准聲請改流；又鬬毆傷人，辜限内不平復，延至限外，果因本傷身死，情正事實者方擬死罪，奏請定奪。又十五歲以下被長欺侮毆斃一案，確查死者年歲長於凶犯四歲以上，又理曲逞凶者，援照丁乞三仔之例聲請，恭候欽定各等語。此案范亞帶因與顔貽謀口角爭鬬，將顔貽謀左腿咬傷，越二十日因傷身死，係在手足傷保辜正限二十日之外，餘限十日之内，應照例仍擬死罪，奏請定奪。該司因該犯年僅十五已死。顔貽謀年長四歲以上，恃長逞凶，復援例恭候欽定，將該犯累減爲徒等因，奏交館核。職等查犯罪得累減之律，必係罪應累減者方可照律遞減，若援例恭候欽定之犯，尚未邀准減流，未便累減爲徒。檢查職館奏交，似此之案，甚屬寥寥。惟道光五年廣東省題陳阿輋救父情切，毆傷同姓不宗之陳泰喜，越十日因風身死。經本部援例題請，累減爲徒在案。查陳阿輋毆傷陳泰喜，因風身死，本係依例擬流之犯，因其救親情切，故得累減爲徒，與此案范亞帶應擬絞罪者不同，應請交司將范亞帶仍擬死罪擬引兩例，聲請減流收贖。道光十年説帖。

（清）祝慶祺《刑案匯覽》卷二九《刑律人命・鬬毆及故殺人》　廣東司：查審理命案，必先將下手致死情形研訊明確，方可依律擬結，不得僅憑凶犯狡飾之詞，草率定讞，致滋寬縱。此案唐嚴氏因年甫十二之幼女柯亞由至伊家玩耍，見伊梟放銀耳環一對，携取戲弄，致將耳環扭斷。

該氏看見斥罵，柯亞由回罵，該氏氣忿，拉住柯亞由，欲往投其父母責處。柯亞由倔强不行，用手將該氏兩手亂抓，該氏負痛，順取麻繩打成活結，套入柯亞由項頸拉走。柯亞由哭罵掙扎，失足跌地，該氏順將繩頭提住，不期繩結收緊，柯亞由登時氣閉身死。該氏畏懼，將尸拖至竹林藏匿。經尸親尋見尸身報驗，訊悉前情。該撫將唐嚴氏依鬬殺律擬絞監候等因，具題。臣等詳核案情，唐嚴氏因鄰女柯亞由將伊耳環扭斷，欲拉其父母責處，雖柯亞由倔强不行，何妨自至其家告述。即便必欲同行，以壯婦拉一幼女，亦非力不能制，乃輒用繩套項，强行拉走，已出情理之外，况繩係活結，縱或倉猝拉提，不期收緊，若使立時鬆放，奚至戕生？是柯亞由之氣閉身死，謂非唐嚴氏拉勒所致，殊難憑信。且該氏果若無致死之心，則目擊柯亞由被拉氣閉，自必立即繩撅救，何以悍然不顧，匆遽移尸，而項上麻繩直至相驗之時，始行解去？難保無逞忿故殺，事後狡供避就情事。該撫並未詳細研鞫，率將唐嚴氏依鬬殺律擬絞，殊不足以成信讞。案關罪名出入，應令研訊確情，按律妥擬具題。道光十二年說帖。

（清）祝慶祺《刑案匯覽》卷二九《刑律人命·鬬毆及故殺人》 湖廣司：查辦理人命案件，或故或鬬，總以下手之時是否有心致死爲斷，非謂傷在要害，即當概科以逞忿故殺之罪也。檢查本部從前核覆各案內，有被揪情急，手叉咽喉，冀其鬆放者，有被罵不甘，手叉咽喉，冀其住口者，因係無心致死，仍照鬬殺科斷。至失手叉傷咽喉致斃，依鬬殺定擬之案，向來不一而足。此案楊公交因與蔡顯發争毆，叉傷蔡顯發咽喉身死，雖傷在要害，惟楊公交與蔡顯發平日既無積怨深讎而臨時又無被辱難堪之狀，有在旁目擊之賈復瀧可證。該撫將楊公交依鬬殺律擬絞，尚屬允協。是以本部照擬核覆。茲據大理寺片稱：楊公交手叉蔡顯發咽喉，似不致遽爾殞命。核其情節，似係撲壓之際，乘機用力搯死之狀，並稱手搯咽喉，以致氣閉殞命。用力豈爲尚輕，爲時亦須良久，若非有心搯死，定祇須畧爲鬆放，便無傷。天下有收手不及之事，無鬆手不及之理，相應片商等因。本部檢閱原揭，蔡顯發係被楊公交叉傷咽喉身死，並無氣閉字樣。片內所稱氣閉殞命，似屬錯誤。細核案情，楊公交被蔡顯發帶跌，急圖掙起，以致失手叉住咽喉，惟持全身之力注於一手，雖即爲鬆放，而咽喉已不能不傷。檢查《洗冤録》載，咽喉係速死之處，但經成傷，即能斃命，原不必用力良久，令其氣閉，始足戕生。是所供失手叉傷，不期致斃之處，尚屬可信。且故殺之案，有不死不休之勢，業經頓起殺機，豈肯稍留殘喘。今蔡顯發被叉之後，並未氣絶，迨擡家往家內醫治，始行殞命，其爲並非楊公交有心搯斃，尤屬顯而有徵。自應仍照該省所擬題覆，所有大理寺片商之處，應毋庸議。道光十二年說帖。

（清）祝慶祺《刑案匯覽》卷二九《刑律人命·鬬毆及故殺人》 湖廣司：查律載，罪人不拒捕而擅殺，以鬬殺論。又共毆人致死，下手傷重者絞監（侯）〔候〕。又例載，其毆案內，下手應擬絞抵人犯，果於未經到官之前，遇有原謀及共毆餘人内毆有致死重傷之人，到官以後未結之前，監斃在獄者，准其抵命。將下手應絞之人，减等擬流各等語。此案陳家道，因李春俠與緦麻服叔李滿元之妻史氏通姦。李滿元撞破姦情，央媒周士連說合，將史氏嫁與陳家道爲妻。李春俠戀姦情，密糾衆往搶。陳家道聞風防禦，李春俠進房搶奪，被陳家道用棍毆傷左右臁肕，欲俟傷痊送官。嗣周士連至陳家道家探望，李春俠瞥見斥罵，不應爲陳家道媒合。周士連氣忿，隨拾竹簽戳瞎其兩目，李春俠越日殞命。該撫聲明李春俠身受各傷惟被陳家道棍毆右臁肕骨斷爲重。案内餘人周士連，雖於未經結案之先監斃。惟李春俠被戳兩目，並非致死之傷，仍將陳家道依擅殺罪人擬絞監候等因具題。臣等查李春俠姦通緦麻叔母，事後復戀姦糾搶，實屬罪人。陳家道係史氏後夫，本有應捕之責，其將李春俠毆斃，固應照擅殺科斷。惟查李春俠被陳家道毆傷右臁肕之後，復被周士連戳瞎兩目，雖兩目尚非致命部位，第業經戳瞎，即難保其不至於死，故向來戳瞎兩目之案，均照破骨傷例限保辜，迥非輕淺傷痕可比。即因李春俠有右臁肕傷痛難忍之語，决爲陳家道下手傷重致斃，然謂李春俠非死於周士連之戳瞎兩目則可，若謂周士連之戳瞎兩目並非致死重傷則不可。今周士連既於未經結案之先在監病斃，自應比照共毆案内，毆有致死重傷之餘人監斃在獄，准其抵命例，將下手應擬絞抵之陳家道減等擬流。該撫聲明，周士連所毆並非致死重傷，仍將陳家道予以繯首，是以二人抵一罪人之命，殊未允協。罪關生死出入臣部未便率覆。應令該撫按例另行妥擬具題。道光十三年說帖。

（清）祝慶祺《刑案匯覽》卷四〇《刑律鬬毆·妻妾毆夫》 安撫咨：榮恒山調姦兩媳未成，毆傷伊妻吴氏投水淹死，將榮恒山照親屬和

姦律，應死罪者若强姦未成，發邊遠充軍等因。查榮恒山始則調姦長媳，致子媳逃散躲避，繼因調姦次媳劉氏不從吵鬧，吴氏正言斥責，該犯輒用刀柄疊毆成傷，以致吴氏投河斃命。細核案情，若吴氏因該犯調姦兩媳忿激戕生，此等敗倫傷化之人，自應即照凡人强姦未成，其父母親屬羞忿自盡之例問擬。如以吴氏之死係由被毆氣忿投河斃命，則榮恒山淫惡凶暴不足齒於人類，即照毆妻致死律擬以絞罪，亦不爲枉。令該撫僅擬軍戍，殊屬情重法輕，應令詳核妥擬。去後旋據遵駁，將榮恒山比照毆妻至死律，擬絞監候。

（清）林則徐《林則徐集》奏稿八《因瘋致斃祖姑案審明定擬摺道光十七年五月二十八日》　奏爲因瘋劃傷祖姑斃命，審明辦理，恭摺奏聞事：竊據襄陽縣知縣紀昌期詳報，民婦章張氏因瘋病復發，劃傷祖姑章劉氏一案，當經批司筋審招解去後。嗣據該縣稟報，章劉氏肚腹傷口潰爛，醫治不效身死，親押犯證來省等情。又經批司飭委署武昌府知府成善審明定擬，由司覆審招解前來。

臣等隨親提犯證，督同藩臬兩司覆加研訊。緣章張氏係章劉氏孫媳，平素並無違犯，章劉氏同子章繼江、媳靳氏，均素鍾愛，與其夫章得應亦相和睦。道光十五年十一月内，章張氏産後染患瘋病，當經醫痊，嗣後時發時愈。章繼江同保鄰人等欲送官鎖錮，章劉氏慮章張氏監禁受苦，阻未具報。每遇瘋發，章繼江將其關鎖空房，俟病愈放出。十七年正月初四日早，章繼江、章得應均因事出外，靳氏先日往母家探望，僅章劉氏、章張氏在家。章劉氏因天寒尚在睡卧，詎章張氏瘋病復發，自言自笑，將屋内什物打毁。章劉氏聽聞，急忙起身披衣走出，見章張氏手執剃刀亂舞。章劉氏趕攏扭奪，被章張氏劃傷右腮頰、右肐肘、肚腹。章劉氏喊嚷，經族鄰章思近等聞聲趨至，奪過剃刀，將章張氏捆縛，通知章繼江等回歸。投保報縣，驗明傷痕。訊據章劉氏供明前情，查驗章張氏目瞪神呆，語無倫次，收禁醫調，通詳飭審。章劉氏腮頰肐肘傷痕均醫治就痊，惟肚腹傷口潰爛，醫治不效，延至二月二十八日殞命。又經該縣詣驗填格通稟，將章張氏瘋病醫痊，親押犯證來省。訊據供認不諱，究無起釁别故及妝瘋捏飾情弊。質之保鄰暨該氏夫翁人等，衆供僉同，案無遁飾。

查章張氏用刀劃傷祖姑章劉氏身死，雖係瘋發無知，仍應按律問擬。章張氏合依毆夫之祖母〔殺〕〔致死〕者凌遲處死律，凌遲處死。該犯婦因瘋致斃祖姑，情罪重大，未便稍稽顯戮。查襄陽縣距省在三百里以外，臣等於審明後，即恭請王命，飭委臬司程銓、署撫標中軍參將程三光，將該犯婦綁赴市曹，凌遲處死；係婦人，免其梟示。章繼江、章得應、保正章得功、族鄰章思近、章繼懷，均合依瘋病之人，親屬地鄰容隱不報，以致殺人例，杖一百。章繼江、章得應疏於防範，致母被殺，應再加枷號一箇月，滿日各折責發落。保正仍革役。無干省釋。除供招咨部外，理合恭摺具奏，伏乞皇上聖鑒。謹奏。

《清宣宗實録》道光二十七年十二月〔己未〕又諭：向來火器殺人之案，誤斃旁人，例應仍照故殺擬斬。惟實係事出無心者，方准酌擬絞候。曾經降旨，令各省督撫等遇有此等案件。不得率以震動火機爲辭，稍涉遷就。本日據刑部奏安徽省題張洪茂槍傷趙得偉身死，又湖北省題胡沅銃傷扈庭輝身死各一案，均係誤斃旁人，均係掽動火機，均係一死數傷。情節既屬支離，引斷便非的確。且以不恆經見之案，同時具題，若出一轍，難保非外省問刑衙門積習相沿，移情就案。此二案著各該撫親提覆訊，悉心研究，務得確情，按律定擬具奏。不得以有成案可援，率爾照擬，以杜枉縱而昭覈實。並通諭各直省督撫將軍都統府尹知之。尋安徽巡撫王植奏，覆鞫張洪茂因陳章糾人向毆，攜取裝成鳥槍，出門抵敵，經伊弟張根孜並趙得偉等勸阻。時陳章等已趕至喊駡，該犯肩槍往内奔逃，被門限絆跌，以至震動火機，誤傷趙得偉身死。是該犯槍發由於失跌，而爭鬥實屬有心，未便照鬥殺律擬罪，致遂其避就之心。自應改照火器殺人本例問擬。張洪茂改擬斬監候，秋後處決。陳章仍照原擬枷號一月，杖八十，滿日折責發落。湖北巡撫趙炳言奏：委員勘明該犯胡沅在吴大芳田邊掽發鐵銃，相距扈庭輝等被傷之隔隴田埂，計遠六丈。其田埂高於吴大芳田邊六尺有餘，覈對該犯所供傷及中部情形符合。事出無心，仍照律擬絞監候，秋後處決。俱下部議，從之。

《清文宗實録》咸豐九年十一月〔丁亥〕又諭：刑部等衙門具題甘肅狄道州民人楊同居兒等共毆降服胞兄楊梅身死一案。據稱楊梅身受各傷，惟後被楊同居兒毆傷右臁肕骨損爲重，應以擬抵。楊同居兒合依卑幼毆本宗大功兄死者斬律，擬斬立決等語。本内既稱詰非有心致死，復稱實

屬有心干犯斷語已屬兩歧，且該犯被其兄楊梅捺按腳踢，情急順拾地上木車輻條，冒毆楊梅傷其右臁肕致斃。該犯既被楊梅捺按在地，其冒毆致死之處，是否耳目所不及，本内並聲敘明晰。案關服制罪名出入，著刑部再行悉心核議具奏。

《清穆宗實録》同治四年八月　〔壬戌〕又諭：總理各國事務衙門奏傳教士在酉陽州被人毆斃，並教民房屋均被燒搶，請飭查嚴辦一摺。據稱接據法國公使照會，内稱四川酉陽州民人馮仕銀等將該處城鄉教民房屋燒燬，家財擄搶。馮文願等復率多人拆散經堂，將司鐸店主何魁毆斃。知州懸案不辦，並將傳教士瑪弼樂銀錢搶盡，毆傷斃命，擲尸河壩。捏報因入廟之人與之口角，用石塊打斃。並稱該知府州將馮仕銀等召至署内飲酒，協謀屠滅等語。傳教士准在内地傳教，載在條約。遇有争鬥詞訟等案，無論中外人等、習教與否，總須持平辦理，方可使其折服。現據照會所稱情形，如果屬實，自應速爲查辦，以昭公允。著崇實駱秉章認真確查，速行斷結。其被控有案之馮仕銀、張佩超、宋文選等並著悉數拘獲，秉公審辦，毋稍枉縱。

傷害毆詈部

傷害人身分部

綜述

《周禮注疏》卷三六《秋官司寇・禁殺戮》 禁殺戮，掌司斬殺戮者，凡傷人見血而不以告者、攘獄者、遏訟者，以告而誅之。司猶察也。察此四者，告於司寇罪之也。斬殺戮，謂吏民相斬、相殺、相戮者。傷人見血，見血乃爲傷人耳。鄭司農云：攘獄者，距當獄者也。遏訟者，遏止欲訟者也。玄謂：攘，猶卻也。卻獄者，言不受也。

《儀禮注疏》卷一三《鄉射禮》 射者有過，則撻之。

注：過謂矢揚中人。凡射時矢中人當刑之。今鄉會衆賢，以禮樂勸民，而射者中人，本意在侯，去傷害之心遠，是以輕之，以扑撻於中庭而已。

《春秋公羊傳注疏》卷一九《襄公七年》 鄭伯髡原如會，未見諸侯，丙戌，卒於操。【略】鄭伯髡原何以名？傷而反，未至乎舍而卒也。

注：舍，昨日所舍止處也。以操鄭邑，知傷而反也。未見諸侯尚往辭，知未至舍也。云爾者，古者保辜，諸侯卒名，故於如會名之，明知會時爲大夫所傷，以傷辜死也。君親無將，見辜者，辜内當以弒君論之，辜外當以傷君論之。【略】疏：其弒君論之者，其身梟首，其家執之。其傷君論之者，其身斬首而已，罪不累家，《漢律》有其事。然則知古者保辜者亦依《漢律》，律文多依古事，故知然也。

睡虎地秦墓竹簡整理小組《睡虎地秦墓竹簡・法律答問》 妻悍，夫毆治之，（夬）〔決〕其耳，若折（支）〔肢〕指、胅（體）〔體〕，問夫（可）〔何〕論？當耐。

睡虎地秦墓竹簡整理小組《睡虎地秦墓竹簡・法律答問》 律曰：鬭（夬）〔決〕人耳，耐。今（夬）〔決〕耳故不穿，所（夬）〔決〕非珥所入殹（也），（可）〔何〕論？律所謂，非必珥所入乃爲（夬）〔決〕，（夬）〔決〕裂男若女耳，皆當耐。

睡虎地秦墓竹簡整理小組《睡虎地秦墓竹簡・法律答問》 或與人鬭，縛而盡拔其須（麋）〔眉〕，論（可）〔何〕殹（也）？當完城旦。

睡虎地秦墓竹簡整理小組《睡虎地秦墓竹簡・法律答問》 拔人髮，大（可）〔何〕如爲提？（智）〔知〕以上爲提。

睡虎地秦墓竹簡整理小組《睡虎地秦墓竹簡・法律答問》 或鬭，嚙斷人鼻若耳若指若唇，論各（可）〔何〕殹（也）？議皆當耐。

睡虎地秦墓竹簡整理小組《睡虎地秦墓竹簡・法律答問》 士（五）〔伍〕甲鬭，拔劍伐，斬人髮結，（可）〔何〕論？當完爲城旦。

睡虎地秦墓竹簡整理小組《睡虎地秦墓竹簡・法律答問》 鈹、戟、矛有室者，拔以鬭，未有傷殹（也），論比劍。

睡虎地秦墓竹簡整理小組《睡虎地秦墓竹簡・法律答問》 鬭以（箴）〔針〕、鉥、錐，若（箴）〔針〕、鉥、錐傷人，各（可）〔何〕論？鬭，當貲二甲；賊，當黥爲城旦。

睡虎地秦墓竹簡整理小組《睡虎地秦墓竹簡・法律答問》 或與人鬭，（夬）〔決〕人唇，論（可）〔何〕殹（也）？比疻痏。

睡虎地秦墓竹簡整理小組《睡虎地秦墓竹簡・法律答問》 或鬭，嚙人頯若顏，其大方一寸，深半寸，（可）〔何〕論？比疻痏。

睡虎地秦墓竹簡整理小組《睡虎地秦墓竹簡・法律答問》 鬭，爲人毆殹（也），（毋）〔無〕疻痏，毆者顧折齒，（可）〔何〕論？各以其律論之。

睡虎地秦墓竹簡整理小組《睡虎地秦墓竹簡・法律答問》 邦客與主人鬭，以兵刃、（投）〔殳〕梃、拳指傷人，擎以布。（可）〔何〕謂擎？擎布入公，如貲布，入齎錢如律。

睡虎地秦墓竹簡整理小組《睡虎地秦墓竹簡・法律答問》 以梃賊傷人。（可）〔何〕謂梃？木可以伐者爲梃。

《史記》卷六八《商君列傳》 爲私鬭者，各以輕重被刑大小。

睡虎地秦墓竹簡整理小組《睡虎地秦墓竹簡·法律答問》 鬭折脊項骨，（可）〔何〕論？比折（支）〔肢〕。

睡虎地秦墓竹簡整理小組《睡虎地秦墓竹簡·法律答問》 人奴妾（治）〔笞〕子，子以胋死，黥顔，畀主。相與鬭，交傷，皆論不毆〔也〕？交論。

睡虎地秦墓竹簡整理小組《睡虎地秦墓竹簡·法律答問》 擅殺、刑、髡其後子，讞之。（可）〔何〕謂後子？官其男爲爵後，及臣邦君長所置爲後（大）〔太〕子，皆爲後子。

睡虎地秦墓竹簡整理小組《睡虎地秦墓竹簡·法律答問》 毆大父母，黥爲城旦舂。今毆高大父母，（可）〔何〕論？比大父母。

張家山二四七號漢墓竹簡整理小組《張家山漢墓竹簡·二年律令·田律》 諸馬牛到所，皆毋敢穿穽，穿穽及及置它機能害人、馬牛者，雖未有殺傷也，耐爲隸臣妾。殺傷馬牛，與盗同法。殺人，棄市。傷人，完爲城旦舂。

張家山二四七號漢墓竹簡整理小組《張家山漢墓竹簡·二年律令·賊律》 賊傷人，及自賊傷以避事者，皆黥爲城旦舂。

謀賊殺、傷人，與賊同法。

鬭而以釰及金鐵鋭、錘、椎傷人，皆完爲城旦舂。其非用此物而盱人，折枳、齒、指，胅體，斷決鼻、耳者耐。其毋傷也，下爵毆上爵，罰金四兩。毆同死（列）以下，罰金二兩；其有疻痏及□，罰金四兩。

鬼薪白粲毆庶人以上，黥以爲城旦舂。城旦舂也，黥之。

奴婢毆庶人以上，黥頯，畀主。

鬭毆變人，耐爲隸臣妾。（褱）〔懷〕子而敢與人争鬭，人雖毆變之，罰爲人變者金四兩。

妻悍而夫毆笞之，非以兵刃也，雖傷之，毋罪。

妻毆夫，耐爲隸妾。

子賊殺傷父母，奴婢賊殺傷主、主父母妻子，皆梟其首市。

子牧殺父母，毆詈泰父母、父母（叚）〔假〕大母、主母、後母，及父母告子不孝，皆棄市。其子有罪當城旦舂、鬼薪白粲以上，及爲人奴婢者，父母告不孝，勿聽。年七十以上告子不孝，必三環之。三環之各不同日而尚告，乃聽之。教人不孝，黥爲城旦舂。

賊殺傷父母，牧殺父母，（歐）〔毆〕詈父母，父母告子不孝，其妻子爲收者，皆錮，令毋得以爵償、免除及贖。

父母毆笞子及奴婢，子及奴婢以毆笞辜死，令贖死。

婦賊傷、毆詈夫之泰父母、父母、主母、後母，皆棄市。

毆兄、姊及親父母之同産，耐爲隸臣妾。其奊訽詈之，贖黥。

毆父偏妻父母、男子同産之妻、泰父母之同産，及夫父母同産、夫之同産，若毆妻之父母，皆贖耐。其奊訽詈之，罰金四兩。

☐母妻子者，棄市。其悍主而謁殺之，亦棄市；謁斬若刑，爲斬、刑之。其奊詬詈主、主父母妻□□□者，以賊論之。

以縣官事毆若詈吏，耐。所毆詈有秩以上，及吏以縣官事毆詈五大夫以上，皆黥爲城旦舂。長吏以縣官事詈少吏☐者，亦得毋用此律。

諸吏以縣官事笞城旦舂、鬼薪白粲，以辜死，令贖死。

賊殺傷人畜産，與盗同法。畜産爲人牧而殺傷☐

犬殺傷人畜産，犬主（賞）〔償〕之，它☐

亡印，罰金四兩，而布告縣官，毋聽亡印。

亡書，（符）〔符〕券，入門（衛）〔衛〕木久，（搴）〔塞〕門、城門之（蘥）〔鑰〕，罰金各二兩。

（宋）李昉《太平御覽》卷六四〇《刑法部·決獄》 曰：甲父乙與丙争言相鬭，丙以佩刀刺乙，甲即以杖擊丙，誤傷乙，當何論？或曰：毆父也，當梟首論。曰：臣愚以父子至親也，聞其鬭莫不有怵惕之心，扶杖而救之，非所以欲詬父也。春秋之義，許止父病，進藥於其父而卒，君子原心，赦而不誅。甲非律所謂毆父，不當坐。

《漢簡研究文集·武威新出王杖詔令册》 汝南大守讞廷尉，吏有毆辱受王杖主者，罪名明白。

制曰：讞何，應論棄市。雲陽白水亭長張熬，坐毆抴受王杖主，使治道，男子王湯告之，即棄市。高皇帝以來至本始二年，朕甚哀憐耆老。高年賜王

杖，上有鳩，使百姓望見之，比於節；吏民有敢罵毆詈辱者，逆不道；得出入官府節第，行馳道中；列肆賈市，毋租，比山東復。

長安敬上里公乘臣廣昧死上書

皇帝陛下：臣廣知陛下神靈，復蓋萬民，哀憐老小，受王杖、承詔。臣廣未常有罪耐司寇以上。廣對鄉吏趣未辨，廣對質，衣疆吏前。鄉吏下，不敬重父母所致也，郡國易然。臣廣願歸王杖，没入爲官奴。臣廣昧死再拜以聞

皇帝陛下。

制曰：問何鄉吏，論棄市，毋須時；廣受王杖如故。

元延三年正月壬申下

制詔御史：年七十以上杖王杖，比六百石，入官府不趨；吏民有敢毆辱者，逆不道，棄市。令在蘭臺第卅三。

汝南郡男子王安世，坐桀黠，擊鳩杖主，折傷其杖，棄市。南郡亭長司馬護，坐擅召鳩杖主，擊留，棄市。長安東鄉嗇夫田宣，坐毄鳩杖主，男子金里告之，棄市。隴西男子張湯，坐桀黠，毆擊王杖主，折傷其杖，棄市。亭長二人，鄉嗇二人，白衣民三人，皆坐毆辱王杖功，棄市。

右王杖詔書令在蘭臺第卅三。

《漢書》卷八三《薛宣傳》　律曰：鬭以刃傷人，完爲城旦，其賊加罪一等，與謀者同罪。

《後漢書》卷一《光武帝紀》〔建武〕十一年二月己卯，詔曰：天地之性人爲貴。其殺奴婢，不得減罪。【略】八月，詔曰：敢炙灼奴婢，論如律，免所炙灼者爲庶人。冬十月壬午，詔除奴婢射傷人棄市律。

（清）薛允升《漢律輯存・周禮》　調人，凡有鬭怒者成之。

鄭司農云：成之，謂和之也。和之，猶今二千石以令解仇怨，後復相報，移徙之，此其類也。何休《公羊》注云：古者諸侯有難，王者若方伯，和平之後，後相犯，復故罪，此調人成之之法也。成之者何？和之也。《王褒集》僮約注云：漢時官不禁報怨，故二千石以令解之。令者，漢令有和難之條。鄭云：後復相報移徙之者。惠棟《九經古義》：案後漢桓譚疏曰：今人相殺傷，雖已伏法而私結怨讎，子孫相報，後忿深前，至於滅戶殄業，而俗稱豪健。故雖怯弱，猶勉而行之，此爲聽人自理，而無復法禁者也。今宜申明舊令，若已伏官誅而私相傷殺者，雖一身逃亡，皆徙家屬於邊。其相傷者，加常二等，不得雇山贖罪，如此則仇怨自解。譚所云舊令，即先鄭所云移徙之法也。

惠士奇禮說：《大戴禮》曰：父母之讎不與同生，兄弟之讎不與聚國，朋友之讎不與聚鄉，族人之讎不與聚鄰。《曲禮》亦云：父之讎弗與共戴天，兄弟之讎不反兵，交游之讎不同國。諸儒異説莫能相一，學者惑焉。愚謂不與同生者，孝子之心；令勿相讎者，國家之法。如其法則孝子之心傷，如其心則國家之法壞，欲兩全則兩窮，于是使不共戴天之讎避諸海外，既不害國家之法，亦不傷孝子之心，此調人之所以爲調也。千里之外，遠於同國，而鄉近於國，鄰近於鄉，族人則疎於從父昆弟矣，亦可補調人之闕焉。或曰父之讎避諸海外是共戴天也，可乎？曰調人之和難，穎封人之錫類也。土中有水，弗掘無泉，四海之外，別有一天，其誰曰不然？若夫殺人者死，傷人者刑，乃秋官之所弊而誅，非調人之所和而釋。漢律：衷刺刃者必誅，以其雖未殺傷人而有殺傷之心也。調人職所謂過而殺人者，吉人良士本無殺傷之心，時有過誤，不幸陷離者耳。漢律：過失殺人不坐死，過失若舉刃欲斫伐而軼中人者。調人乃教民之官，故以其民共聽而成之。東漢之季，洛陽有主諧合殺人者，謂之會任之家，遂假托調人之法，因而爲姦利，受人十萬，謝客數千，由是法禁益弛，京師刼質，白晝群行，而漢亡矣。

（清）張鵬一《漢律類纂・賊律・鬥毆殺傷》　鬥以刃傷人者，完城旦論。其賊，加罪一等。與謀者，同罪。《薛宣傳》

理直見毆，成疻音侈痏音鮪。應劭注：以杖手毆擊人，剝其皮膚，腫起青黑。律謂疻痏。以毆傷論。理不直，見毆成疻痏者，以兩相免論。同上，哀帝初博士申咸給事中毀宣不供養，行喪服，不宜列朝省，宣子況數聞其語，賕客陽明欲令創咸面目，使不居位。會司隸缺，況恐咸爲之，遂令明遮斫咸宫門外，斷鼻身八創，事下有

司。御史中丞衆等奏：況疑咸受修言以毀謗宣，知咸給事中，恐爲司隸舉宣，而公令明迫切宮闕要遮創戮近臣，不與凡民忿怒爭鬥者同。臣聞敬近臣爲近主也。禮下公門式路馬，君畜產且猶敬之，春秋之義，意惡功遂不免於誅，上侵之源不可長也。況首爲惡，明手傷，功意俱惡，皆大不敬，明當以重論，及況皆棄市。廷尉直以爲律曰鬥以刃傷人完爲城旦，其賊加罪一等，與謀者同罪。傳曰遇人不以義而見痏者，與痏人之罪鈞，惡不直也，咸厚善修而數稱宣惡，不可謂直。況以故傷咸，計謀已定，後聞置司隸，因前謀而趣明，非以恐咸爲司隸故造謀也，本爭私變雖於掖門外傷咸道中，與凡民爭鬥無異。今以況爲首惡明手傷人爲大不敬，公私無差。春秋之義，原心定罪，況以父見謗發忿怒無它大惡。陷死刑，恐非法意。明當以賊傷人不直，況與謀者皆爵減完爲城旦。上以問公卿議臣。丞相光、大司空師丹，以中丞議是，自將軍以下至博士議郎皆是廷尉，況竟減罪一等，徒敦煌。

毆傷父母者，以大逆，梟首論。仲舒決獄，毆父當梟首論。毆兄姊者，完城旦論。魏新律序改漢律毆兄姊加至五歲刑。

其婦毆夫之父母者，減死一等論。《風俗通》南郡讞女子何侍爲許遠妻，侍父何陽數醞酒數罵詈遠。遠後揣之侍因上搏姑耳，在三下。司徒鮑宣決事曰：夫妻所以養姑也，今聳自辱其父非姑所使，君子於凡庸不遷怒，況所尊重乎。當減死罪論。

父母無故殺子者，以故殺同凡論。後書《賈彪傳》補新息長民困貧多不養子，彪嚴其制與殺人同罪。

案《通考・刑制八》，引後魏鬭律，諸祖父父母忿怒，以兵刃殺子孫者，五歲刑。毆殺及愛憎而故殺者，減一等。與賈彪之制異。

殺兄弟，及使人殺者，同棄市論。《王子侯表》騶邱侯毋害本始二年坐使人殺兄棄市。宜城侯福太初元年坐殺弟。

諸官奴婢，主者乏衣食，免官。《杜延年傳》坐官奴婢乏衣食，免。

無故殺傷奴婢，不得減罪。敢灸灼者，論如律。免所灸灼者爲庶民。《光武紀》建武十一年詔同時除奴婢射傷人棄市律。

諸有讎怨欲報者，二千石以令解之。若已伏官誅，而私相傷殺者，雖一身逃亡，皆徙家屬於邊。其相傷者，加常二等。不雇山，贖罪。《周禮・調人》鄭注《後書・桓傳》王褒葉僮約注：漢時官不禁報怨，故二千石以令解之。令者漢令有和解之條也。

（清）段玉裁《説文解字注・疒部》 疻，毆傷也。段玉裁曰：《漢書・薛宣傳》，廷尉引傳曰：遇人不以義而見疻者，與痏人之罪鈞，惡不直也。應劭曰：以杖手毆擊人，剥其皮膚，起青黑而無創瘢者，律謂疻痏。按此應注譌脱。《急就篇》顔注云：毆人皮膚，腫起曰疻，毆傷曰痏。蓋應注律謂疻下奪去六字，當作其有創瘢者謂痏。《文選》嵇康詩怛若創痏，李善引《説文》痏，瘢也，正與應語合，皆本漢律也。疻輕痏重，遇人不以義而見疻，罪與痏人等。是疻人者輕論，見疻者重論，故曰惡不直也。創瘢謂皮破血流。

《晉書》卷三〇《刑法志》 毆兄姊，加至五歲刑，以明教化也。

《晉書》卷三〇《刑法志》 加毆擊之爲戮辱。

《晉書》卷三〇《刑法志》 毆人教令者與同罪，即令人毆其父母，不可與行者同重也。

《晉書》卷三〇《刑法志》 卑與尊鬭，皆爲賊。

《晉書》卷三〇《刑法志》 兩訟相趣謂之鬭，兩和相害謂之戲。

（唐）長孫無忌等《唐律疏議》卷二一《鬭訟・鬭毆以手足他物傷》

疏議曰：《鬭訟律》者，首論鬭毆之科，次言告訟之事。從秦漢至晉，未有此篇。至後魏太和年，分《擊訊律》爲《鬭律》。至北齊，以訟事附之，名爲《鬭訟律》。後周爲《鬭競律》。隋開皇依齊《鬭訟》名，至今不改。賊盗之後，須防鬭訟，故次於《賊盗》之下。

諸鬭毆人者，笞四十；謂以手足擊人者。傷及以他物毆人者，杖六十。見血爲傷。非手、足者，其餘皆爲他物，即兵不用刃，亦是。

疏議曰：相争爲鬭，相擊爲毆。若以手足毆人者，笞四十。注云謂以手足擊人者，舉手足爲例，用頭擊之類，亦是。傷，謂手足毆傷；及以他物毆而不傷者，各杖六十。注云見血爲傷，謂因毆而見血者。非手足者，即兵不用刃亦是，謂手足之外，雖是兵器，但不用刃者，皆同他物之例。

問曰：毆人者，謂以手足擊人。其有撮挽頭髮，或擒其衣領，亦同毆擊以否？

答曰：條云，鬭毆謂以手足擊人，明是雖未損傷，下手即便獲罪。至如挽鬢撮髮，擒領扼喉，既是傷殺於人，狀則不輕於毆，例同毆法，理用無惑。

傷及拔髮方寸以上，杖八十。若血從耳目出及内損吐血者，各加二等。

疏議曰：謂他物毆人傷，及拔髮方寸以上，各杖八十。方寸者，謂量拔髮無毛之所，縱横徑各滿一寸者。若方斜不等，圍繞四寸爲方寸。若毆人頭面，其血或從耳，或從目而出，及毆人身體内損而吐血者，各加手足及他物毆傷罪二等。其拔髮不滿方寸者，止從毆法。其有拔鬢，亦準髮爲坐。若毆鼻頭血出，止同傷科。毆人痢血，同吐血例。

（唐）長孫無忌等《唐律疏議》卷二一《鬭訟・鬭毆折齒毀耳鼻》

諸鬭毆人，折齒，毀缺耳鼻，眇一目及折手足指，眇，謂虧損其明而猶見物。若破骨及湯火傷人者，徒一年；折二齒、二指以上及髡髮者，徒一年半。

疏議曰：因鬭毆人而折其齒，或毁破及缺穴人耳鼻，即毁缺人口眼亦同；眇一目，謂毆眇其目，虧損其明而猶見物者；及折手足指；若因打破骨而非折者；及以湯若火燒、盪傷人者：各徒一年。若湯火不傷，從他物毆法。若折二齒、二指以上，稱以上者，雖折更多，亦不加罪；及髡截人髮者：各徒一年半。其髡髮不盡，仍堪爲髻者，止當拔髮方寸以上，杖八十。若因鬭髡髮，遂將入己者，依《賊盜律》：本以他故毆擊人，因而奪其財物，計贓以强盜論。以銅鐵汁傷人，比湯火傷人。如其以蛇蜂蝎螫人，同他物毆人法。若毆人十指並折，不堪執物，即二支廢，從篤疾，科流三千里。

（唐）長孫無忌等《唐律疏議》卷二一《鬭訟・兵刃斫射人》　諸鬭以兵刃斫射人，不著者，杖一百。兵刃，謂弓、箭、刀、矟、矛、穳之屬。即毆罪重者，從毆法。

疏議曰：因鬭遂以兵刃斫射人，不著者，杖一百。注云兵刃，謂弓、箭、刀、矟、矛、穳之屬，稱之屬者，雖用殳、戟等，皆是。即毆罪重者，謂本條毆罪得徒一年以上者，斫射人不著，即從毆法。假如因鬭，斫射小功兄姊而不著者，即依本條毆罪，科徒一年，即不從斫射之罪。如此之類，即從毆法。

若刃傷，刃謂金鐵，無大小之限，堪以殺人者。及折人肋，眇其兩目，墮人胎，徒二年。墮胎者，謂辜内子死，乃坐。若辜外死者，從本毆傷論。

疏議曰：若刃傷，謂以金刃傷人，注云刃謂金鐵，無大小之限，堪以殺人者；及折人肋，謂鬭毆人折肋；眇其兩目，亦謂虧損其明而猶見物；墮人胎，謂在孕未生，因打而落者：各徒二年。注云墮胎者，謂在辜内子死，乃坐，謂在母辜限之内而子死者。子雖傷而在母辜限外死者，或雖在辜内胎落而子未成形者，各從本毆傷法，無墮胎之罪。其有毆親屬，貴賤等胎落者，各從徒二年上爲加減之法，皆須以母定罪，不據子作尊卑。若依胎制刑，或致欺紿，故保辜止保其母，不因子立辜，爲無害子之心也。若毆母罪重，同折傷科之。假有毆姊胎落，依下文：毆兄、姊，徒二年半，折傷者，流三千里。又條：折傷，謂折齒以上。墮胎合徒二年，重於折齒之坐，即毆姊落胎，合流三千里之類。

（唐）長孫無忌等《唐律疏議》卷二一《鬭訟・毆人折跌支體瞎目》

諸鬭毆折跌人支體及瞎其一目者，徒三年；折支者，折骨；跌體者，骨差跌，失其常處。辜内平復者，各減二等。餘條折跌，平復準此。

疏議曰：因鬭毆折跌人支體，支體謂手足，或折其手足，或跌其骨體；及瞎一目，謂一目喪明，全不見物者：各徒三年。注云折支者，謂折四支之骨；跌體者，謂骨節差跌，失於常處。辜内平復者，謂折人支體及瞎一目，於下文立辜限内，骨節平復及目得見物，並於本罪上減二等，各徒二年。注云餘條折跌平復，準此，謂於諸條尊卑、貴賤等鬭毆及故毆折跌，辜内平復，並減二等。雖非支體，於餘骨節平復亦同。若支先攣，是廢疾被折，故此毆攣支止依毆折一支，流二千里，有蔭合同減，贖。何者？《例》云：故毆人至廢疾，流，不合減、贖；今先廢疾，不因毆令廢疾，所以聽其減、贖。

即損二事以上，及因舊患令至篤疾，若斷舌及毀敗人陰陽者，流三千里。

疏議曰：即損二事以上者，謂毆人一目瞎及折一支之類；及因舊患令至篤疾，假有舊瞎上目爲殘疾，更瞎一目成篤疾，或先折一脚爲廢疾，更折一脚爲篤疾；若斷舌，謂全不得語；毀敗陰陽，謂孕嗣廢絶者：各流三千里。斷舌，語猶可解，毀敗陰陽不絶孕嗣者，並從傷科。

問曰：人目先盲，重毆睛壞；口或先瘖，更斷其舌：如此之類，各合何罪？

答曰：人貌肖天地，禀形父母，莫不愛其所受，樂天委命。雖復宿遭痼疾，然亦痛此重傷。至於被人毀損，在法豈宜異制。如人舊瘂，或先喪明，更壞其睛，或斷其舌，止得守文，還科斷舌、瞎目之罪。

（唐）長孫無忌等《唐律疏議》卷二一《鬭訟・保辜》 諸保辜者，手足毆傷人限十日，以他物毆傷人者二十日，以刃及湯火傷人者三十日，折跌支體及破骨者五十日。毆、傷不相須。餘條毆傷及殺傷，各準此。

疏議曰：凡是毆人，皆立辜限。手足毆人，傷與不傷，限十日；若以他物毆傷者，限二十日；以刃，刃謂金鐵，無大小之限，及湯火傷人，謂灼爛皮膚，限三十日；若折骨跌體及破骨，無問手足、他物，皆限五十日。注云毆、傷不相須，謂毆及傷，各保辜十日。然傷人皆須因毆，今言不相須者，爲不有僵仆，或恐迫而傷，此則不因毆而有傷損，故律云毆、傷不相須。餘條毆傷及殺傷各準此，謂諸條毆人或傷人，故鬭、謀殺、强盜，應有罪者，保辜並準此。

限内死者，各依殺人論；其在限外及雖在限内以他故死者，各依本毆傷法。他故謂別增餘患而死者。

疏議曰：限内死者，各依殺人論，謂辜限内死者，不限尊卑、良賤，及罪輕重，各從本條殺罪科斷。其在限外，假有拳毆人，保辜十日，計累千刻之外，是名限外；及雖在限内，謂辜限未滿，以他故死者，他故謂：別增餘患而死，假毆人頭傷，風從頭瘡而入，因風致死之類，仍依殺人論。若不因頭瘡得風，別因他病而死，是爲他故：各依本毆傷法。故注云他故，謂別增餘患而死。其有墮胎、瞎目、毀敗陰陽、折齒等，皆約手足、他物，以刃湯火爲辜限。

（唐）長孫無忌等《唐律疏議》卷二一《鬭訟・同謀不同謀毆傷人》 諸同謀共毆傷人者，各以下手重者爲重罪，元謀減一等，從者又減一等；若元謀下手重者，餘各減二等；至死者，隨所因爲重罪。

疏議曰：同謀共毆傷人者，謂二人以上，同心計謀，共毆傷人者。假有甲乙丙丁謀毆傷人，甲爲元謀，乙下手最重，毆人一支折。以下手重爲重罪，乙合徒三年，甲是元謀，減一等，合徒二年半；丙丁等爲從，又減一等，合徒二年。若不因鬭，乙爲故毆之首，合流二千里；甲是元謀，減一等，合徒三年；丙丁徒二年半。若是元謀下手重者，假甲爲元謀，下手最重，即甲合徒三年；乙丙丁各減二等，並徒二年。若故毆，即甲合流二千里；餘各減二等，各徒二年半之類。至死，謂被毆人致死。隨所因爲重罪，謂甲毆頭，乙毆手，丙毆足，若由頭瘡致死者，即甲爲重罪；由手傷致死者，即乙爲重罪；由足傷致死者，即丙爲重罪。重罪者償死；餘各減二等，徒三年；甲是元謀，止減一等，流三千里。其不同謀者，各依所毆傷殺論；其事不可分者，以後下手爲重罪。

疏議曰：其不同謀者，假有甲乙丙丁不同謀，因鬭共毆傷一人，甲毆頭傷，乙打脚折，丙打指折，丁毆不傷。若因頭瘡致死，甲得殺人之罪，償死；乙爲折支，合徒三年；丙爲折指，合徒一年；丁毆不傷，合笞四十。是爲各依所毆傷殺論。其事不可分者，謂此四人共毆一人，其瘡不可分別，被毆致死。以後下手者爲重罪，謂丁下手最後，即以丁爲重罪，餘各徒三年；元謀減一等，流三千里。

若亂毆傷，不知先後輕重者，以謀首及初鬭者爲重，餘各減二等。

疏議曰：假有人群黨共鬭，亂毆傷人，被傷殺者不知下手人名，又不知先後輕重，若同謀毆之，即以謀首爲重罪；其不同謀，亂毆傷者，以初鬭者爲重罪。自餘非謀首及非初鬭，各減二等，徒三年。若不至死，唯折二支：若謀鬭者，謀首流三千里，餘各徒二年半；其不同謀，初鬭者流三千里，餘亦減二等。

問曰：甲乙丙三人同謀毆人，各拳毆一下，合作首從以否？

答曰：律云：同謀共毆人者，各以下手重者爲重罪。此據辜内致死，故有節級減文。下又云：不同謀者，各依所毆傷殺論。即明毆者得毆罪，傷者得傷罪，殺者得殺罪。拳毆人者笞四十；不同謀者各從毆科，同謀毆人豈得減罪？是知各笞四十，不爲首從。若更有丁，亦與甲乙丙同謀，丁不下手，又非元謀，即減二等，笞二十之類。

又問：甲乙二人同謀毆人，甲是元謀，又先下手，毆一支折；乙爲從，後下手，毆一目瞎，各合何罪？

問曰：據上條：折跌人支體及瞎其一目者，徒三年。即損二事以上，及因舊患令至篤疾者，流三千里。此即同謀共毆人傷損二事，甲雖謀首，合徒三年；由乙損二事，合流三千里。若不同謀，各損一事，俱得本罪，並徒三年。

（唐）長孫無忌等《唐律疏議》卷二一《鬭訟・威力制縛人》 諸以威力制縛人者，各以鬭毆論；因而毆傷者，各加鬭毆傷二等。

疏議曰：以威若力而能制縛於人者，各以鬭毆論。依上條：手足之

外，皆爲他物。縛人皆用徽纆，明同他物之限。縛人不傷，合杖六十；若傷，杖八十。因而毆傷者，謂因縛即毆者，傷與不傷，各加鬭毆傷二等，謂因縛用他物毆不傷者，杖八十；傷者，杖一百之類，是名各加鬭毆傷二等。即威力使人毆擊，而致死傷者，雖不下手，猶以威力爲重罪，下手者減一等。

疏議曰：威力使人者，謂或以官威，或恃勢力之類，而使人毆擊他人。致死傷者，威力之人雖不下手，猶以威力爲重罪，下手者減一等。假有甲恃威力，而使乙毆殺丙，甲雖不下手，猶得死罪；乙減一等，流三千里。若折一指，甲雖不下手，合徒一年；乙減一等，杖一百之類。甲是監臨官，百姓無罪，喚問事以杖依法決罰致死，官人得殺人罪，問事不坐。若遣用他物，手足打殺，官人得威力殺人罪，問事下手者減一等科。

（唐）長孫無忌等《唐律疏議》卷二一《鬭訟·兩相毆傷論如律》 諸鬭兩相毆傷者，各隨輕重，兩論如律，後下手理直者，減二等。至死者，不減。

疏議曰：鬭兩相毆傷者，假有甲乙二人，因鬭兩相毆傷，甲毆乙不傷，合笞四十；乙毆甲傷，合杖六十之類。或甲是良人，乙是賤隸，甲毆乙傷，減凡人二等，合笞四十；乙毆甲不傷，加凡人二等，合杖六十之類。其間尊卑、貴賤，應有加減，各準此例。後下手理直者，減二等，假甲毆乙不傷，合笞四十；乙不犯甲，無辜被打，遂拒毆之，乙是理直，減本毆罪二等，合笞二十。乙若因毆而殺甲，本罪縱不至死，即不合減，故注云至死者不減。

問曰：尊卑相毆，後下手理直得減，未知伯叔先下手毆姪，兄姊先下手毆弟妹，其弟、姪等後下手理直，得減以否？

答曰：凡人相毆，條式分明。五服尊卑，輕重頗異。只如毆緦麻兄姊杖一百，小功、大功遞加一等；若毆緦麻以下卑幼折傷，減凡人一等，小功、大功遞減一等。據服雖是尊卑，相毆兩俱有罪，理直則減，法亦無疑。若其毆親姪、弟妹至死，然始獲罪，傷重律則無辜。罪既不合兩論，理直豈宜許減？舉伯叔兄姊，但毆傷卑幼無罪者，並不入此條。

（唐）長孫無忌等《唐律疏議》卷二一《鬭訟·於宮內忿爭》 諸於宮內忿爭者笞五十；聲徹御所及相毆者，徒一年；以刃相向者，徒二年。

疏議曰：宮殿之內，致敬之所，忽敢忿爭，情乖恭肅，故宮內忿爭者，笞五十。嘉德等門以內爲宮內。《衛禁律》宮城門有犯，與宮門同，即順天等門內亦是。若忿競之聲，徹於御所及有相毆擊者，各徒一年。以刃相向者，徒二年。既不論兵刃，即是刃無大小之限。殿內，遞加一等。傷重者，更加鬭傷二等。計加重於本罪即須加。餘條稱加者，準此。

疏議曰：殿內忿爭，遞加一等者，謂太極等門爲殿內，忿爭杖六十；聲徹御所及相毆者，徒一年半；以刃相向，徒二年半。若上閤內忿爭，杖七十；聲徹御所及相毆者，徒二年；以刃相向者，徒三年。傷重者，各加鬭傷二等，假有凡鬭，以他物毆傷人內損吐血，合杖一百；宮內加二等，徒一年半，即重於宮內相毆徒一年。凡鬭毆人折齒，合徒一年；若於殿內，是傷重加二等，合徒二年，是重於殿內相毆徒一年半。此爲各加鬭傷二等。注云計加重於本罪，即須加，謂殿內凡鬭，相毆不傷，合徒一年半；假有甲於殿內毆緦麻尊長，本罪合徒一年，由在殿內，故加罪二等，合徒二年，是名計加重於本罪。不加本罪者，假如毆緦麻兄姊，合杖一百，以在殿內，故加二等，合徒一年半，即與殿內凡鬭罪同，此是計加不重於本罪，止依本徒一年半爲坐。餘條稱加者，準此，謂一部律內，稱加得重於本罪者，即須加；加不重者，從本法。

（唐）長孫無忌等《唐律疏議》卷二一《鬭訟·毆制使府主刺史縣令》 諸毆制使、本屬府主、刺史、縣令及吏卒毆本部五品以上官長，徒三年；傷者，流二千里；折傷者，絞。折傷，謂折齒以上。

疏議曰：有因忿而毆制使、本屬府主、刺史、縣令及吏卒毆本部五品以上官長，其吏、卒等並於《名例》解訖，毆者，合徒三年；傷者，流二千里；折傷者，絞。注云折傷，謂折齒以上，依上條：鬭毆人折齒，毀缺耳鼻，眇一目及折手足指，若破骨及湯火傷人者，各徒一年。此云折傷者，折齒以上得徒一年以上，皆是。

若毆六品以下官長，各減三等；減罪輕者，加凡鬭一等；死者，斬。詈者，各減毆罪三等。須親自聞之，乃成詈。

疏議曰：六品以下官長，謂下鎮將及戍主，若諸陵署、在外諸監署六品以下，雖隸寺、監，當監署有印，別起正案行事，皆爲當處官長。所

管吏、卒而毆者，各減毆五品以上官長罪三等，合徒一年半。若傷者，流上減三等，合徒二年。折傷者，死上減三等，徒二年半。減罪輕者，加凡鬬一等，假有凡人，故毆六品官長折肋，合徒二年半，從死減三等，亦徒二年半；據上條：計加重於本罪，即須加。既云加凡鬬一等，從徒二年半上加一等，處徒三年，下條流外官毆九品以上，各又加二等，合流二千五百里。如此等，各減罪輕者，加凡鬬一等。因毆致死者，斬。詈者，減毆罪三等，謂詈制使以下，本部官長以上，從徒三年上減三等，合徒一年半；若詈六品以下官長，又減三等，合杖九十。此名詈者，各減毆罪三等。注云須親自聞之，乃成詈，謂皆須被詈者親自聞之，乃爲詈。

即毆佐職者，徒一年；傷重者，加凡鬬傷一等；死者，斬。

疏議曰：毆佐職者，謂除長官之外，當司九品以上之官，皆爲佐職。所部吏、卒毆者，徒一年。傷重者，假如他物故毆傷佐職，凡鬬合杖九十，九品以上加二等，合徒一年，爲佐職，又加一等，徒一年半之類，是名傷重者，加凡鬬一等。至死者，斬。

（唐）長孫無忌等《唐律疏議》卷二一《鬬訟·佐職統屬毆官長》

諸佐職及所統屬官，毆傷官長者，各減吏卒毆傷官長二等；減罪輕者，加凡鬬一等；死者，斬。

疏議曰：佐職謂當司九品以上，及所統屬官者，若省寺監管局、署，州管縣，鎮管戍，衛管諸府之類，是所統屬。毆傷官長者，官長謂尚書省諸司尚書，寺監少卿、少監，國子司業以上，少尹，諸衛將軍以上，千牛府中郎將以上，諸率府副率以上，諸府果毅以上。王府司馬，並諸州別駕，雖是次官，並同官長，或唯有長官一人。佐職毆者，各減吏卒毆傷官長罪二等。即吏卒毆官長，折傷者絞。若佐職及所統屬官毆五品以上官長，折傷，減吏卒二等，合徒三年。若毆六品以下官長折傷者，減三等，徒一年半。減罪輕者加凡鬬一等，假如佐職毆六品以下官長折二齒，從死上減五等，合徒一年半。凡鬬折二齒，亦徒一年半，上條計加重於本罪，即須加，更加一等，處徒二年。餘罪計加得重，並準此。若佐職及所統屬官毆傷五品以上官長者，各減吏卒二等，假有吏卒毆五品以上官長折肋合死，今爲佐職毆，減吏卒二等，合徒三年；折肋本罪合徒二年，別條六品毆傷五品加二等，合徒三年，既云減罪輕者，加凡鬬一等，合流二千里。死者，斬。

（唐）長孫無忌等《唐律疏議》卷二一《鬬訟·毆府主刺史縣令祖父母》

諸毆本屬府主、刺史、縣令之祖父母、父母及妻、子者，徒一年；傷重者，加凡鬬傷一等。

疏議曰：毆本屬府主、刺史、縣令之祖父母、父母及妻、子者，徒一年。傷重者，加凡鬬傷一等，謂折一指或折一齒，凡毆亦徒一年，比凡鬬爲輕，加凡鬬傷一等，合徒一年半之類。府主等祖父母、父母，若是議貴，凡毆得徒二年，爲是本屬府主之祖父母、父母，加一等，得徒二年半。傷重以上，並準例加一等。

（唐）長孫無忌等《唐律疏議》卷二一《鬬訟·毆皇家袒免以上親》

諸皇家袒免親而毆之者，徒一年；傷者，徒二年；傷重者，加凡鬬二等。緦麻以上，各遞加一等。死者，斬。

疏議曰：《禮》云：五世袒免之親，四世緦麻之屬。皇家戚屬，理弘尊敬。袒免之親，其有毆者，合徒一年；傷者，徒二年。故鬬及用他物不傷者，其罪一也。其於諸條相毆，唯立罪名，不言鬬毆，又不言以鬬論者，故毆、鬬毆及手足、他物，得罪悉同，並無差降。傷重者，加凡鬬二等，假有毆折二齒，凡鬬合徒一年半，加二等，合徒二年半之類。緦麻以上，各遞加一等，假有毆緦麻折二齒，徒三年；小功，流二千里；大功，流二千五百里；期親，流三千里。毆不傷，從徒一年上遞加；毆傷者，從徒二年上遞加，不加入死。故云各遞加一等。死者，斬。

問曰：皇家袒免親，或爲佐職官，或爲本屬府主、刺史、縣令之祖父母、父母、妻、子，或是己之所親，若有犯者，合遞加以否？

答曰：皇家親屬，爲尊主之敬，故異餘人。長官佐職，爲敬所部。尊敬之處，理各不同。律無遞加之文，法止各從重斷。若己之親，各準尊卑服數爲罪，不在皇親及本屬加例。

又問：皇家袒免之親若有官品，而毆之者合累加以否？

答曰：律注毆袒免之親，據皇家親屬立罪，此由緣敬爲重，官高亦合累加。

（唐）長孫無忌等《唐律疏議》卷二一《鬬訟·流外官以下毆議貴》

諸流外官以下毆議貴者，徒二年；傷者，徒三年；折傷者，流二千

里。

疏議曰：流外官，謂勳品以下，爰及庶人。毆議貴者徒二年，議貴，謂文武職事官三品以上，散官二品以上及爵一品者。傷者徒三年，折傷者流二千里，謂折齒以上。若毆折一支，準凡人合徒三年，依下文加凡鬭二等，流二千五百里；若毆折二支，流三千里。本條雖云加凡鬭傷二等，律無加入死之文，止依凡人之法。

毆傷五品以上，減二等；若減罪輕及毆傷九品以上，各加凡鬭傷二等。

疏議曰：流外官以下，毆傷五品以上，減二等，謂減議貴二等，毆者徒一年，傷者徒二年，折傷者徒二年半。若減罪輕，假有毆五品以上折一支，從流二千五百里減二等，徒二年半，即是減罪輕於凡鬭徒三年，加二等，處流二千五百里之類。及毆傷九品以上，各加凡鬭傷二等，謂毆九品以上、六品以下之官，不傷杖六十，傷即杖八十；他物不傷杖八十，傷即杖一百之類。若毆至死者，各依凡人法。

問曰：律稱流外官以下，毆議貴徒二年。若奴婢、部曲毆議貴者，爲共凡人罪同，爲依本法加罪以否？

答曰：依下條：部曲毆傷良人，加凡人一等，奴婢又加一等。此是良人與奴婢、部曲凡鬭之罪。其部曲、奴婢毆凡人，尚各加罪，況於皇族及官品貴者，理依加法。唯據本條加至死者，始合處死。假如有部曲毆良人折二支，加凡鬭一等，注云加者，加入於死，既於凡鬭流三千里上加一等，合至絞刑。別條雖加，不入於死：設有部曲故毆良人九品以上一支折，凡鬭折一支徒三年，九品以上加凡鬭二等，流二千五百里，故毆又加一等，流三千里，部曲毆又加一等，即不合入死，亦止流三千里，此名餘條不加入死之類。

（唐）長孫無忌等《唐律疏議》卷二二《鬭訟・九品以上毆議貴》

諸流内九品以上毆議貴者，徒一年。傷重及毆傷五品以上，若五品以上毆傷議貴，各加凡鬭傷二等。

疏議曰：流内九品以上、六品以下毆議貴者，徒一年。傷重，謂他物毆凡人内損吐血，合杖一百；毆議貴，合加二等，徒一年半。此名傷重。其六品以下毆傷五品以上，若五品以上毆傷議貴，或毆不傷：亦各加凡鬭毆二等。

（唐）長孫無忌等《唐律疏議》卷二二《鬭訟・監臨官司毆統屬》

諸監臨官司於所統屬官及所部之人有高官而毆之，及官品同自相毆者，並同凡鬭法。

疏議曰：監臨官司於所統屬佐官以下，及所管部屬之人有高官而監臨官司毆之者，同凡鬭法，不計階、品，爲其所管故也。及官品同，謂六品以下、九品以上，或五品以上非議貴者，議貴謂三品以上、一品以下，並爲官品同，並謂不相管隸。自相毆者，並同凡鬭之罪。假有勳官騎都尉而毆上柱國，其上柱國既非議貴，罪與凡鬭同。其統屬下司毆上司者，長官以外，皆據品科。其有府及鎮、戍隸州者，亦爲統屬之限。

問曰：州叅軍事毆州内縣令帶五品以上勳官，得爲統屬同凡鬭以否？

答曰：縣令是州内統屬之官，假令品高，州官毆之，準上文各同凡鬭之法。

（唐）長孫無忌等《唐律疏議》卷二二《鬭訟・拒毆州縣以上使》

諸拒州縣以上使者，杖六十；毆者，加二等；傷重者，加鬭傷一等。謂有所徵攝，權時拒捍不從者。即被禁掌，而拒捍及毆者，各加一等。

疏議曰：拒州縣以上使，稱以上者，省、臺、寺、監及在京諸司等，並是。遣使追攝，拒捍不從者，杖六十。毆者，加二等，杖八十。傷重者，謂他物毆内損吐血，凡鬭合杖一百，加鬭傷一等，徒一年。注云謂有所徵攝，權時拒捍不從者。即被禁掌，拒捍及毆者，各加一等，謂有司禁録，或復散留，而輒拒捍，合杖七十；毆所司者，合杖九十；傷重者，謂重一百杖以上，加凡鬭二等；若使人官品高者，各依本品加：是名各加一等。

（唐）長孫無忌等《唐律疏議》卷二二《鬭訟・部曲奴婢良人相毆》

諸部曲毆傷良人者，官户與部曲同。加凡人一等。加者，加入於死。奴婢，又加一等。若奴婢毆良人折跌支體及瞎其一目者，絞；死者，各斬。

疏議曰：《名例律》稱部曲者，妻亦同。此即部曲妻，不限良人及客女。毆傷良人者，注云官户與部曲同，加凡人一等，謂加凡鬭毆傷一等。注云加者，加入於死，謂部曲毆良人，損二事以上，及因舊患令至篤疾、

斷舌及毀敗陰陽，凡毆流三千里者，部曲加一等合死，此名加入於死。奴婢又加一等，謂加凡鬬二等。若奴婢毆良人，折跌支體及瞎其一目者，絞，跌體、瞎目各罪止徒三年，即明毆良人準凡人相毆罪合流者，各入死罪；因毆致死，各斬。

其良人毆傷殺他人部曲者，減凡人一等；奴婢，又減一等。若故殺部曲者，絞；奴婢，流三千里。

疏議曰：良人毆傷或殺他人部曲者，減凡人一等，謂毆殺者，流三千里；折一支者，徒二年半之類。奴婢，又減一等，毆殺者，徒三年；折一支，徒二年之類。若不因鬬，故殺部曲者，合絞。若謀而殺訖，亦同。其故殺奴婢者，流三千里。

即部曲、奴婢相毆傷殺者，各依部曲與良人相毆傷殺法。餘條良人、部曲、奴婢私相犯，本條無正文者，並準此。相侵財物者，不用此律。

疏議曰：部曲鬬毆殺奴婢，流三千里；折一支，徒二年半；折一齒，杖一百。奴婢毆部曲，損傷二事以上，及因舊患令至篤疾及斷舌、毀敗陰陽者，絞；折一支者，流二千里；折一齒者，徒一年半。若部曲故殺奴婢，亦絞。是名各依部曲與良人相毆傷殺法。餘條良人、部曲、奴婢私相犯，謂謀殺人、穿地得尸不更埋之類私相犯，本條無正文者，並準此條加減之法。相侵財物者，各依凡人相侵盜之法，故云不用此律。

（唐）長孫無忌等《唐律疏議》卷二二《鬬訟・毆緦麻小功親部曲奴婢》 諸毆緦麻、小功親部曲奴婢，折傷以上，各減殺傷凡人部曲奴婢二等；大功，又減一等。過失殺者，各勿論。

疏議曰：毆緦麻、小功親部曲，謂毆身之緦麻、小功親部曲。減凡人部曲二等，謂總減三等。假如毆折肋者，凡人合徒二年，減三等，合杖一百。若毆奴婢折齒，凡人合徒一年，奴婢減二等，緦麻、小功親奴婢又減二等，總減四等，合杖七十。故云折傷以上，各減凡人部曲、奴婢二等。大功，又減一等，謂毆小功部曲折齒，總減四等，合杖七十；若毆大功奴婢，合杖六十。自外毆折傷以上，各準此例爲減法。其有過失殺緦麻以上部曲、奴婢者，各無罪。

（唐）長孫無忌等《唐律疏議》卷二二《鬬訟・毆傷妻妾》 諸毆傷妻者，減凡人二等；死者，以凡人論。毆妾折傷以上，減妻二等。

疏議曰：妻之言齊，與夫齊體，義同於幼，故得減凡人二等。死者，以凡人論，合絞。以刃及故殺者，斬。毆妾，非折傷，無罪；以上，減妻罪二等，即是減凡人四等。若殺妾者，止減凡人二等。

若妻毆傷殺妾，與夫毆傷殺妻同。皆須妻、妾告，乃坐。即至死者，聽餘人告。殺妻，仍爲不睦。過失殺者，各勿論。

疏議曰：若妻毆傷殺妾，謂毆者，減凡人二等；死者，以凡人論。注云皆須妻、妾告，乃坐，即外人告者，無罪。至死者，聽餘人告，餘人不限親疎，皆得論告。殺妻，仍爲不睦，妻即是緦麻以上親，準《例》自當不睦爲稱以凡人論，故重明此例。過失殺者，各勿論，爲無惡心，故得無罪。

（唐）長孫無忌等《唐律疏議》卷二二《鬬訟・妻毆詈夫》 諸妻毆夫，徒一年；若毆傷重者，加凡鬬傷三等；須夫告，乃坐。死者，斬。

疏議曰：妻毆夫，徒一年。若毆傷重者，加凡鬬傷三等，假如凡人以他物毆傷人，內損吐血，合杖一百，加凡鬬三等，處徒二年。此是計加之法。須夫告，乃坐，謂要須夫告，然可論罪。因毆致死者，斬。

媵及妾犯者，各加一等。加者，加入於死。過失殺傷者，各減二等。

疏議曰：依令：五品以上有媵，庶人以上有妾。故媵及妾犯夫者，各加妻犯夫一等，謂毆夫者，徒一年半；毆傷重者，加凡鬬傷四等。加者，加入於死，若毆夫折一支，或瞎一目，凡鬬徒三年，加四等合絞，是名加入於死。過失殺者，各減二等，謂妻、妾、媵過失殺者，並徒三年。假如妻折夫一支，加凡人三等，流三千里，過失減二等，合徒二年半；若媵及妾折夫一支，合絞；過失減二等，合徒三年。自餘折傷，各隨輕重，準此加減之例。

即媵及妾詈夫者，杖八十。若妾犯妻者，與夫同。媵犯妻者，減妾一等。妾犯媵者，加凡人一等。殺者，各斬。餘條媵無文者，與妾同。

疏議曰：媵及妾詈夫者，杖八十。若妾犯妻者，與犯夫同，謂毆者，徒一年半；死者，斬。媵犯妻者，減妾一等，毆者，徒一年；傷重者，從重上減妾一等。妾犯媵者，加凡人一等，謂毆者，笞五十；折一齒者，徒一年半之類。死者，各斬，謂媵及妾犯夫及妻，若妾犯媵，毆殺者，各斬。注云餘條媵無文者，謂上條毆妾折傷以上，減妻二等之類，妻、妾相

犯及犯夫，當條無文者，各與妾同。

（唐）長孫無忌等《唐律疏議》卷二二《鬭訟·毆緦麻兄姊等》　諸毆緦麻兄姊，杖一百。小功、大功，各遞加一等。尊屬者，又各加一等。傷重者，各遞加凡鬭傷一等；死者，斬。即毆從父兄姊，準凡鬭應流三千里者，絞。

疏議曰：毆緦麻兄姊，謂本宗及外姻有緦麻服者，並同。毆此兄姊，杖一百。小功，徒一年。大功，徒一年半。尊屬者，又各加一等，謂毆緦麻尊屬，徒一年；小功尊屬，徒一年半。大功尊屬，依禮，唯夫之祖父母及夫之伯叔父母，此並各有本條，自從毆夫之祖父母，絞；夫之伯叔父母，減夫犯一等，徒二年半，即此大功無尊屬加法。傷重者，各遞加凡鬭傷一等，謂他物毆緦麻兄姊内損吐血，準凡人杖一百上加一等合徒一年，小功徒一年半，大功徒二年；尊屬又加一等，即緦麻徒一年半，小功徒二年之類。因毆致死者，各斬。假有毆小功尊屬折二支，加凡人三等，不云加入於死，罪止遠流。即毆從父兄姊，準凡鬭應流三千里者，謂損二事以上，或因舊患令至篤疾、斷舌及毁敗陰陽，此是凡鬭應流三千里，於從父兄姊犯此流者，合絞。

若尊長毆卑幼折傷者，緦麻減凡人一等，小功、大功遞減一等；死者，絞。即毆殺從父弟妹及從父兄弟之子孫者，流三千里；若以刃及故殺者，絞。

疏議曰：若尊長毆卑幼折傷者，謂折齒以上。既云折傷，即明非折傷不坐。因毆折傷緦麻卑幼，減凡人一等；小功，減二等；大功，減三等。假有毆緦麻卑幼折一指，凡鬭合徒一年，減一等，杖一百；小功減二等，杖九十；大功減三等，杖八十。其毆傷重者，遞減各準此。因毆致死者，尊長各絞。即毆殺從父弟妹，謂堂弟妹；及從父兄弟之子孫，謂堂姪及姪孫者：流三千里。若以刃殺及不因鬭而故殺者，俱合絞刑。

（唐）長孫無忌等《唐律疏議》卷二二《鬭訟·毆兄姊等》　諸毆兄姊者，徒二年半；傷者，徒三年；折傷者，流三千里；刃傷及折支，若瞎其一目者，絞；死者，皆斬；詈者，杖一百。伯叔父母、姑、外祖父母，各加一等。即過失殺傷者，各減本殺傷罪二等。

疏議曰：兄姊至親，更相急難，彎弧垂泣，義切匪他。輒有毆者，徒二年半。毆傷者，徒三年。折傷者，或折齒，或折手足指，但折一事，即合處流。若用刃傷及折支，或跌其支體，若瞎其一目，謂全失其明者，各得絞罪。因毆致死者，首、從皆斬。詈者，合杖一百。其伯叔父母、姑、外祖父母，各加一等，謂加犯兄姊一等：毆者，徒三年；傷者，流二千里，文無加入死，折傷亦止流坐；詈者，徒一年。過失殺若傷，各減本殺傷二等，謂過殺者，各減死罪二等，合徒三年；過失折齒者，從流減二等之類。其過失之罪，兄姊以下，並同減二等。

若毆殺弟妹及兄弟之子孫、曾、玄孫者，各依本服論。外孫者，徒三年；以刃及故殺者，流二千里。過失殺者，各勿論。

疏議曰：毆殺弟妹及兄弟之子孫者，兄弟子期服，孫即小功。注云曾、玄孫者，各依本服論，兄弟曾孫爲緦麻，玄孫當袒免，服紀既踈，恩情轉殺，故云各依本服論。謂毆殺曾孫，合絞，玄孫既當袒免，自依凡人法。此條毆兄弟曾、玄孫，既依本服，即明上條毆殺從父兄弟曾、玄孫，降服已盡，亦同凡人。其毆殺弟妹及兄弟之子孫、外孫者，各徒三年，以刃及故殺者，流二千里；過失殺者，各勿論。

（唐）長孫無忌等《唐律疏議》卷二二《鬭訟·毆詈祖父母父母》

諸詈祖父母、父母者，絞；毆者，斬；過失殺者，流三千里；傷者，徒三年。若子孫違犯教令，而祖父母、父母毆殺者，徒一年半；以刃殺者，徒二年；故殺者，各加一等。即嫡、繼、慈、養殺者，又加一等。過失殺者，各勿論。

疏議曰：子孫於祖父母、父母，情有不順而輒詈者，合絞；毆者，斬。律無皆字，案文可知子孫雖共毆擊原情俱是自毆，雖無皆字，各合斬刑。下條妻妾毆夫之祖父母、父母傷者，皆斬，舉輕明重，皎然不惑。過失殺者，流三千里；傷者，徒三年。見血爲傷，傷無大小之限。若子孫違犯教令，謂有所教令，不限事之大小，可從而故違者，而祖父母、父母即毆殺之者，徒一年半；以刃殺者，徒二年。故殺者，各加一等，謂非違犯教令而故殺者，手足、他物殺，徒二年；用刃殺，徒二年半。即嫡、繼、慈、養殺者，爲情踈易違，故又加一等。律文既云又加即以刃故殺者，徒二年半上加一等，徒三年；違犯教令以刃殺者，二年上加一等，徒二年半；毆殺者，一年半上加一等，徒二年。過失殺者，各勿論，即

有違犯教令，依法決罰，邂逅致死者，亦無罪。

（唐）長孫無忌等《唐律疏議》卷二二《鬭訟・妻妾毆詈夫父母》 諸妻妾詈夫之祖父母、父母者，徒三年，須舅姑告，乃坐。毆者，絞；傷者，皆斬；過失殺者徒三年，傷者徒二年半。

疏議曰：妻妾有詈夫之祖父母、父母者，徒三年。注云：須舅姑告，乃坐。毆者，絞；傷者，皆斬，罪無首從。過失殺者，徒三年；傷者，徒二年半。

即毆子孫之婦，令廢疾者，杖一百；篤疾者，加一等；死者，徒三年；故殺者，流二千里。妾，各減二等。過失殺者，各勿論。

疏議曰：祖父母、父母毆子孫之婦，令廢疾者，依《户令》腰脊折，一支廢，爲廢疾，合杖一百。篤疾者，兩目盲，二支廢，加一等，合徒一年。死者，徒三年。故殺者，謂不因毆詈，無罪而輒殺者，流二千里。若毆妾，令廢疾，杖八十；篤疾，杖九十；至死者，徒二年；故殺者，徒二年半。過失殺者，各勿論。

（唐）長孫無忌等《唐律疏議》卷二二《鬭訟・妻妾毆詈故夫父母》 諸妻妾毆、詈故夫之祖父母、父母者，各減毆、詈舅姑二等；折傷者，加役流；死者，斬；過失殺傷者，依凡論。

疏議曰：故夫，謂夫亡改嫁者，其被出及和離者非。各減毆、詈舅姑罪二等，謂毆者，徒三年；詈者，徒二年；折齒以上者，加役流；死者，斬。文無皆字，即有首從。過失殺傷者，依凡論，謂殺者，依凡人法，贖銅一百二十斤；傷者，各依凡人傷法徵贖。其銅入被傷殺之家。

其舊舅姑，毆子孫舊妻妾，折傷以上，各減凡人三等；死者，絞；過失殺者，勿論。

疏議曰：其舊舅姑，毆子孫舊妻妾，折傷以上，各減凡人三等，謂折指者，合杖八十；折一支者，徒一年半之類。死者，絞，既不言故殺者斬，即是故殺者亦絞。過失殺者，勿論。

問曰：子孫之婦，夫亡守志，其姑少寡，改醮他人，或被棄放，此姑婦相犯者，合得何罪？

答曰：子孫身亡，妻妾改嫁，舅姑見在，此爲舊舅姑。今者，姑雖被棄，或已改醮他人，子孫之妻，孀居守志，雖於夫家義絶，母子終無絶道，子既如母，其婦理亦如姑。姑雖適人，婦仍在室，理依親姑之法，不得同於舊姑。若夫之嫡、繼、慈、養，不入此條。

（唐）長孫無忌等《唐律疏議》卷二二《鬭訟・毆兄妻夫弟妹》 諸毆兄之妻及毆夫之弟妹，各加凡人一等。若妾犯者，又加一等。

疏議曰：嫂叔不許通問，所以遠別嫌疑。毆兄之妻及毆夫之弟妹者，禮敬頓乖，故各加凡人一等。若妾犯者，又加一等，謂妾毆夫之弟、妹，加妻一等，總加凡人二等。夫之弟、妹毆兄妾，以凡人論。

即妾毆夫之妾子，減凡人二等；毆妻之子，以凡人論。若妻之子毆傷父妾，加凡人一等。妾子毆傷父妾，又加二等。至死者，各依凡人法。

疏議曰：即妾毆夫之妾子，減凡人二等，爲匹敵之故，得罪稍輕。毆妻之子，以凡人論，爲女君尊重，故同凡鬭。若妻之子毆傷父妾，加凡人一等。妾子毆傷父妾，又加二等。稱又加者，總加三等，若毆折一齒，徒二年半之類。注云至死者，各依凡人法，當條雖有加減，至死者，並與凡人同。

（唐）長孫無忌等《唐律疏議》卷二三《鬭訟・毆妻前夫子》 諸毆傷妻前夫之子者，減凡人一等；同居者，又減一等。死者，絞。

疏議曰：毆傷妻前夫之子者，謂改醮之婦携子適人，後夫毆傷者，減凡人一等。同居者，謂與繼父同居，立廟服期。又減一等，謂減凡人二等。若毆之令至篤疾及斷舌、毁敗陰陽，如此之類，得徒二年半。不同居，徒三年。因毆致死者，同居、不同居，俱得絞罪。

毆傷繼父者，謂曾經同居，今異者。與緦麻尊同；同居者，加一等。餘條繼父準此。

疏議曰：繼父者，謂母後嫁之夫。注云謂曾經同居，今異者，依《禮》繼父同居，服期，謂妻少子幼，子無大功之親，與之適人，所適者亦無大功之親，而所適者以其資財，爲之築家廟於家門之外，歲時使之祀焉，是謂同居。繼子之妻，雖不從服，若有犯夫之繼父者，從下條減夫犯一等。其不同居者，謂先嘗同居，今異者。繼父若自有子及有大功之親，雖復同住，亦爲異居。若未嘗同居，則不爲異居，即同凡人之例。其先同居今異者，毆之同緦麻尊，合徒一年；傷重者，各加凡鬭二等；死者，斬。同居者，雖著期服，終非本親，犯者不同正服，止加緦麻尊一等，謂

毆者，合徒一年半；傷重者，加凡人二等。注云餘條繼父準此，謂諸條準服尊卑相犯得罪，並準此例。雖於繼父下注，即稱妻前夫之子，並與繼父義同。律稱與緦麻尊同，其有謀殺及賣，理當不睦。於前夫之子，不言與緦麻卑幼同，毆之準凡人減罪，不入緦麻卑幼之例。

即毆傷見受業師，加凡人二等。死者，各斬。謂伏膺儒業，而非私學者。

疏議曰：《禮》云凡教學之道，嚴師爲難。師嚴道尊，方知敬學。如有親承儒教，伏膺函丈，而毆師者，加凡人二等。死者，各斬，稱各者，並毆繼父至死，俱得斬刑。注云謂伏膺儒業，而非私學者，儒業，謂經業。非私學者，謂弘文、國子、州縣等學。私學者，即《禮》云家有塾，遂有序之類。如有相犯，並同凡人。

問曰：毆見受業師，加凡人二等。其博士若有高品，累加以否？

答曰：毆見受業師，加凡人二等，先有官品，亦從品上累加。若鬭毆無品博士，加凡人二等，合杖六十；九品以上，合杖八十；若毆五品博士，亦於本品上累加之。

（唐）長孫無忌等《唐律疏議》卷二三《鬭訟·毆詈夫期親尊長》

諸妻毆詈夫之期親以下、緦麻以上尊長，各減夫犯一等。減罪輕者，加凡鬭傷一等。妾犯者，不減。死者，各斬。

疏議曰：依《喪服》：夫之所爲兄弟服，妻降一等。今妻毆夫緦麻以上尊長，減夫一等，以從夫爲服，罪亦降夫。注云減罪輕者，加凡鬭傷一等，謂故毆緦麻兄姊折一支，合流二千五百里，妻若減夫一等，徒三年。故毆凡人折一支，既合流二千里，即是減罪輕，加凡人一等，流二千五百里，是減罪輕者，加凡鬭傷一等。妾犯者，不減，妾犯尊長，即與夫同。死者，各斬，謂毆尊長致死，妻、妾並合斬刑。雖云減夫一等，若本制服重，即從重論。假如毆夫之伯叔父母折肋，當大功尊加凡人四等，合流二千五百里，若準夫減一等，即徒三年。《名例律》云：當條雖有罪名，所爲重者，自從重。須準服加四等，流二千五百里之類。

毆傷卑屬，與夫毆同；死者，絞。即毆殺夫之兄弟子，流三千里；故殺者，絞。妾犯者，各從凡鬭法。若尊長毆傷卑幼之婦，減凡人一等；妾，又減一等；死者，絞。

疏議曰：毆傷卑屬，謂是夫家卑屬。與夫毆同，謂毆夫之從父兄弟子孫有服者折傷以上，緦麻減凡人一等，諸如此類，並與夫同。死者，絞。即毆殺夫之兄弟子，流三千里；故殺者，絞。妾犯者，各同凡鬭法，謂並依凡人鬭法科罪。若尊長毆傷卑幼之婦，謂夫之期親以下、緦麻以上尊長，毆傷卑幼之婦，減凡人一等；妾，減凡人二等；死者，絞。

（唐）長孫無忌等《唐律疏議》卷二三《鬭訟·祖父母為人毆擊子孫即毆擊之》

諸祖父母、父母爲人所毆擊，子孫即毆擊之，非折傷者，勿論；折傷者，減凡鬭折傷三等；至死者，依常律。謂子孫元非隨從者。

疏議曰：祖父母、父母爲人所毆擊，子孫理合救之。當即毆擊，雖有損傷，非折傷者，無罪。折傷者，減凡鬭折傷三等，謂折一齒，合杖八十之類。至死者，謂毆前人致死，合絞；以刃殺者，合斬。故云依常律。注云謂子孫元非隨從者，若元隨從，即依凡鬭首從論。律文但稱祖父母、父母爲人所毆擊，不論親疎尊卑。其有祖父母、父母之尊長，毆擊祖父母、父母，依律毆之無罪者，止可解救，不得毆之，輒即毆者，自依鬭毆常法。若夫之祖父母、父母，共妻之祖父母、父母相毆，子孫之婦亦不合即毆夫之祖父母、父母，如當毆者，即依常律。

問曰：主爲人所毆擊，部曲、奴婢即毆擊之，得同子孫之例以否？

答曰：部曲、奴婢非親，不同子孫之例，唯得解救，不得毆擊。

（唐）長孫無忌等《唐律疏議》卷二三《鬭訟·部曲奴婢詈毆舊主》

諸部曲、奴婢詈舊主者，徒二年；毆者，流二千里；傷者，絞；殺者，皆斬；過失殺傷者，依凡論。

疏議曰：部曲、奴婢詈舊主者，徒二年；毆者，流二千里；傷者，絞，有首從；殺者，皆斬，罪無首從。過失殺傷者，並準凡人收贖，銅入傷殺之家。

即毆舊部曲、奴婢，折傷以上，部曲減凡人二等，奴婢又減二等；過失殺者，各勿論。

疏議曰：主毆舊部曲、奴婢，折傷以上，部曲，減凡人二等，謂折齒，合杖九十；奴婢，又減二等，合杖七十之類。過失殺者，勿論。

問曰：部曲、奴婢毆詈舊主期以下親。或舊主親屬毆傷所親舊部曲、奴婢，得減凡人以否？

答曰：五服尊卑，各有血屬，故毆尊長，節級加之。至如奴婢、部

曲，唯繫於主。爲經主放，顧有宿恩，其有毆詈，所以加罪。非主之外，雖是親姻，所有相犯，並依凡人之法。

又問：有人謀殺舊部曲、奴婢，或於舊部曲、奴婢家强盜，有殺傷者，合減罪以否？

答曰：毆舊部曲、奴婢，得減凡人，爰至於死，亦依減例，明謀殺及諸雜犯，合依減法。唯盜財物，特異常犯，止依凡人之法，不合減科。

《舊唐書》卷八《玄宗本紀》〔先天二年〕八月壬辰，【略】制曰：凡有刑人，國家常法。掩骼埋胔，王者用心。自今已後，輒有屠割刑人骨肉者，依法科殘害之罪。

（宋）王欽若等《册府元龜》卷六一二《刑法部・定律令》 開元十三年詔曰：身體髮膚，受之父母，不合毀傷。比來有訴競之人，即自刑害耳目。自今以後，犯者先決四十，然後依法。

（宋）竇儀等《宋刑統》卷一八《賊盜律・殘害死屍蓄客死許燒葬　穿地得死人不埋及因熏狐貍燒棺槨》 諸殘害死屍，謂焚燒、支解之類。及棄屍水中者，各減鬭殺罪一等。緦麻以上尊長不減。

（宋）竇儀等《宋刑統》卷二一《鬭訟律・鬭毆故毆故殺以兵刃斫射人　保辜　同謀共毆　以威力制縛人》 諸鬭毆人者，笞四十。謂以手足擊人者。傷及以他物毆人者，杖六十。見血爲傷。非手足者，其餘皆爲他物，即兵不用刃亦是。傷及拔髮方寸以上，杖八十。若血從耳目出，及内損吐血者，各加二等。

疏：諸鬭毆人者，笞四十。注云，謂以手足擊人者。又云，傷及以他物毆人者，杖六十。注云，見血爲傷。非手足者，其餘皆爲他物，即兵不用刃亦是。議曰：相争爲鬭，相擊爲毆。若以手足毆人者，笞四十。注云，謂以手足擊人者。舉手足爲例，用頭擊之類亦是。傷謂手足毆傷，及以他物毆而不傷者，各杖六十。注云，見血爲傷，謂因毆而見血者。非手足者，即兵不用刃亦是，謂手足之外，雖是兵器，但不用刃者，皆同他物之例。

問曰：毆人者謂以手足擊人，其有撮挽頭髮，或擒其衣領，亦同毆擊以否？

答曰：條云，鬭毆謂以手足擊人，明是雖未損傷，下手即便獲罪。至如挽髮、撮髮、擒領、扼喉，既得傷殺於人，狀則不輕於毆，例同毆法，理用無惑。

又云，傷及拔髮方寸以上，杖八十。若血從耳目出，及内損吐血者，各加二等。議曰：謂他物毆人，傷及拔髮方寸以上，各杖八十。方寸者，謂量拔髮無毛之所，縱橫徑各滿寸者。若方斜不等，圍邊四寸爲方寸。若毆人頭面，其血或從耳，或從目而出，及毆人身體，内損而吐血者，各加手足及他物毆傷罪二等。其拔髮不滿方寸者，止從毆法。其有拔髮，亦准髮爲從。若毆鼻頭血出，止同傷科。毆人痢血，同吐血例。

諸鬭毆人折齒、毀缺耳鼻、眇一目，及折手足指，眇謂虧損其明，而猶見物。若破骨，及湯火傷人者，徒一年。折二齒、二指以上及髡髮者，徒一年半。

疏議曰：因鬭毆人而折其齒，或毀破及缺人耳鼻，即毀缺人口眼亦同。眇一目，謂毆眇其目，虧損其明，而猶見物者。及折手足指，若因打破骨而非折者，及以湯若火燒燙傷人者，各徒一年。若湯火不傷，從他物毆法。若折二齒、二指以上，稱以上者，雖折更多，亦不加罪，及髡截人髮者，各徒一年半。其髡髮不盡，仍堪爲髻者，止當拔髮方寸以上，杖八十。若因鬭髡髮，遂將入己者，依《賊盜律》，本以他故毆擊人，因而奪其財物，計贓以强盜論。以銅鐵汁傷人，比湯火傷人。如其以虵蜂蝎螫人，同他物毆人法。若毆人十指並折，不堪執物，即是二支廢，從篤疾，科流三千里。釋曰：篤疾具在第十二丁中老小疾條。

諸鬭以兵刃斫射人，不著者杖一百。兵刃謂弓、箭、刀、矟、矛、䂎之屬。即毆罪重者，從毆法。若刃傷，刃謂金鐵，無大小之限，堪以殺人者。及折人肋，眇其兩目，墮人胎，徒二年。墮胎者，謂辜内子死乃坐，若辜外死者，從本毆傷論。

疏：諸鬭以兵刃斫射人，不著者杖一百。注云，兵刃謂弓、箭、刀、矟、矛、䂎之屬。即毆罪重者，從毆法。議曰：因鬭遂以兵刃斫射人，不著者杖一百。注云，兵刃謂弓、箭、刀、矟、矛、䂎之屬。稱之屬者，雖用殳、戟等皆是。即毆罪重者，謂本條毆罪得徒一年以上者，斫射人不著，即從毆法。假如因鬭斫射小功兄姊而不著者，即依本條毆罪，科徒一年，即不從斫射之罪。如此之類，即從毆法。

又云，若刃傷。注云，刃謂金鐵，無大小之限，堪以殺人者。又云，及折人肋，眇其兩目，墮人胎，徒二年。注云，墮胎者，謂辜内子死乃坐，若辜外死者，從本毆傷論。議曰：若刃傷，謂以金刃傷人。注云，刃謂金鐵，無大小之限，堪以殺人者。及折人肋，謂鬭毆人折肋，眇其兩目，亦謂虧損其明，而猶見物，墮人胎，謂在孕未生，因打而落者，各徒二年。注云，墮胎者，謂辜内子死乃坐，謂在母辜限之内而子死者。子雖傷，而在母辜限外死者，或在辜内胎落，而子未

成形者，各止從本毆傷法，無墮胎之罪。其有毆親屬、貴賤等胎落者，各從徒二年上爲加減之法，皆須以母定罪，不據子作尊卑。若依胎制刑，或致欺紿，故保辜止保其母，不因子立辜，爲無害子之心也。若毆母罪重，同折傷科之。假有毆姊胎落，依下文毆兄姊徒二年半，折傷者流三千里，又條，折傷謂折齒以上，墮胎合徒二年，重於折齒之坐，即毆姊落胎，合流三千里之類。

諸鬬毆折跌人支體，及瞎其一目者，徒三年。折支者折骨，跌體者骨差跌，失其常處。辜内平復者，各減二等。餘條折跌平復准此。即損二事以上，及因舊患令至篤疾，若斷舌及毀敗人陰陽者，流三千里。

疏：諸鬬毆折跌人支體，及瞎其一目者，徒三年。注云，折支者折骨，跌體者骨差跌，失其常處。又云，辜内平復者，各減二等。注云，餘條折跌平復准此。議曰：因鬬毆折跌人支體，支體謂手足，或折其手足，或跌其骨體，及瞎一目，謂一目喪明，全不見物者，各徒三年。注云折支者，謂折四支之骨，跌體者，謂骨節差跌，失其常處。辜内平復者，謂折跌人支體及瞎一目，於下文立辜限内，骨節平復，及目得見物，並於本罪上減二等，各徒二年。注云，餘條折跌平復准此。謂於諸條尊卑、貴賤等鬬毆，及故毆折跌，辜内平復，並減二等。雖非支體，於餘骨節平復亦同。若支先攣，是廢疾被折，故此毆攣支，止依毆折一支，流二千里，有蔭合同減贖。何者？例云，故毆人至廢疾，流，不合減贖。今先廢疾，不因毆令廢疾，所以聽其減贖。

又云，即損二事以上，及因舊患令至篤疾，若斷舌及毀敗人陰陽者，流三千里。議曰：即損二事以上者，謂毆人一目瞎及折一支之類。及因舊患令至篤疾，假有舊瞎一目，爲殘疾，更瞎一目，成篤疾，或先折一脚，爲廢疾，更折一脚，爲篤疾，若斷舌，謂全不得語，毀敗陰陽，謂孕嗣廢絶者，各流三千里。斷舌語猶可解，毀敗陰陽不絶孕嗣者，並從傷科。

問曰：人目先盲，重毆睛壞，口或先瘂，更斷其舌，如此之類，各合何罪？

答曰：人貌肖天地，稟形父母，莫不愛其所受，樂天委命，雖復宿遭痼疾，然亦痛此重傷，至於被人毀損，在法豈宜異制。如人舊瘂，或先喪明，更壞其睛，或斷其舌，止得守文，還科斷舌、瞎目之罪。

諸鬬毆殺人者絞，以刃及故殺人者斬。雖因鬬，而用兵刃殺者，與故殺同。爲人以兵刃逼己，因用兵刃拒而傷殺者，依鬬法。餘條用兵刃准此。不因鬬，故毆傷人者，加鬬毆傷罪一等。雖因鬬，但絶時而殺傷者，從故殺傷法。

疏：諸鬬毆殺人者絞，以刃及故殺人者斬。雖因鬬，而用兵刃殺者，與故殺同。注云，爲人以兵刃逼己，因用兵刃拒而傷殺者，依鬬法。餘條用兵刃准此。

議曰：鬬毆者，元無殺心，因相鬬毆而殺人者絞。以刃及故殺者，謂鬬而用刃，即有害心，及非因鬬争無事而殺，是名故殺，各合斬罪。雖因鬬而用兵刃殺者，本雖是鬬，乃用兵刃殺人者，與故殺同，亦得斬罪，並同故殺之法。注云，爲人以兵刃逼己，因用兵刃拒而傷殺逼己之人，雖用兵刃，亦依鬬殺之法。餘條用兵刃准此，謂餘親戚、良賤以兵刃逼人，人以兵刃拒殺者，並准此鬬法。又律云，以兵刃殺者，與故殺同。既無傷文，即是傷依鬬法。注云，因用兵刃拒而傷殺者，爲以兵刃傷人，因而致死，故連言之。

問曰：故殺人合斬，用刃鬬殺亦合斬刑，得罪既是不殊，准文更無異理，何須云用兵刃殺者與故殺同？

答曰：《名例》犯十惡及故殺人者，雖會赦猶除名。兵刃殺人者，其情重，文同故殺之法，會赦猶遣除名。

又云，不因鬬故毆傷人者，加鬬毆傷罪一等。雖因鬬，但絶時而殺傷者，從故殺傷法。

議曰：不因鬬競，故毆傷人者，加鬬毆傷一等。若拳毆不傷，笞四十上加一等，合笞五十之類。雖因鬬，但絶時而殺傷者，謂忿競之後，各已分散，聲不相接，去而又來殺傷者，是名絶時，從故殺傷法。

准：唐開成元年十一月二十一日敕，中書舍人崔龜從等狀，據大理寺申詳，斷立帖和同，把剃刀割張楚喉嚨後，郤自割喉嚨不死人張公約。伏以張公約與張楚素無怨嫌，立帖相殺，今法寺、刑部並無此條，自今以後，應有和同商量相殺者，請同故殺人例，不在免死之限。敕旨宜依。

准：唐大中四年正月一日制節文，故殺人者，雖已傷未死，已死更生，意欲殺傷，偶得免者，並同已殺人處分。

諸同謀共毆傷人者，各以下手重者爲重罪，元謀減一等，從者又減一等。若元謀下手重者，餘各減二等。至死者，隨所因爲重罪。其不同謀者，各依所毆傷殺論。其事不可分者，以後下手爲重罪。若亂毆傷，不知先後輕重者，以謀首及初鬬者爲重罪，餘各減二等。

疏：諸同謀共毆傷人者，各以下手重者爲重罪，元謀減一等，從者又減一等。若元謀下手重者，餘各減二等。至死者，隨所因爲重罪。議曰：同謀共毆傷人者，謂二人以上同心計謀，共毆傷人者。假有甲乙丙丁謀毆傷人，甲爲元謀，乙下手最重，毆人一支折，以下手重爲重罪，乙合徒三年，甲是元謀，減一

等，合徒二年半，丙丁等爲從，又減一等，合徒二年。若不因鬭，乙爲故毆之首，合流二千里，甲是元謀，減一等，合徒三年，丙丁徒二年半。若是元謀下手重者，假甲爲元謀，下手（罪）〔最〕重，即甲合徒三年，乙丙丁各減二等，並徒二年。若故毆，即甲合流二千里，餘各減二等，各徒二年半之類。至死，謂被毆人致死。隨所因爲重罪，謂甲毆頭，乙毆手，丙毆足，若由頭瘡至死者，即甲爲重罪，由手傷致死，即乙爲重罪，由足傷致死者，即丙爲重罪。重罪者償死，餘各減二等，徒三年。甲是元謀，止減一等，流三千里。

又云，其不同謀者，各依所毆傷殺論。其事不可分者，以後下手爲重罪。議曰：其不同謀者，假有甲乙丙丁不同謀，因鬭共毆傷一人，甲毆頭傷，乙打脚折，丙打指折，丁毆不傷。若因頭瘡致死，甲得殺人之罪，償死，乙爲折支，合徒三年，丙爲折指，合徒一年，丁毆不傷，合笞四十，是爲各依所毆傷殺論。其事不可分者，謂此四人共毆一人，其瘡不可分別，被毆致死，以後下手者爲重罪。謂丁下手最後，即以丁爲重罪，餘徒三年，元謀減一等，流三千里。

又云，若亂毆傷，不知先後輕重者，以謀首及初鬭者爲重罪，餘各減二等。議曰：假有人群黨共鬭，亂毆傷人，被傷殺者不知下手人名，又不知先後輕重，若同謀毆之，即以謀首爲重罪，其不同謀，亂毆傷者，以初鬭者爲重罪，自餘非謀首及非初鬭，各減二等，徒三年。若不至死，唯折二支，若謀鬭者，謀首流三千里，餘各徒二年半，其不同謀，初鬭者流三千里，餘亦減二等。

問曰：甲乙丙三人同謀毆人，各拳毆一下，合作首從以否？

答曰：律云，同謀共毆人者，各以下手重者爲重罪。此據辜内致死，故有節級減文。下又云，不同謀者，各依所毆傷殺論。即明毆者得毆罪，傷者得傷罪，殺者得殺罪。拳毆人者，笞四十。不同謀者，各從毆科，同謀毆人，豈得減罪，是知各笞四十，不爲首從。若更有丁，亦與甲乙丙同謀，丁不下手，又非元謀，即減二等，笞二十之類。

又曰：甲乙二人同謀毆人，甲是元謀，又先下手，毆一支折，乙爲從，後下手，毆一目瞎，各合何罪？

答曰：據上條，折跌人支體及瞎其一目者，徒三年，即損二事以上，及因舊患令至篤疾者，流三千里。此即同謀共毆人，傷損二事。甲雖謀首，合徒三年，由乙損二事，合流三千里。若不同謀，各損一事，俱得本罪，並徒三年。

諸以威力制縛人者，各以鬭毆論。因而毆傷者，各加鬭毆傷二等。即威力使人毆擊而致死傷者，雖不下手，猶以威力爲重罪，下手者減一等。

疏：諸以威力制縛人者，各以鬭毆論。因而毆傷者，各加鬭毆傷二等。議曰：以威若力而能制縛於人者，各以鬭毆論。依上條，手足之外，皆爲他物，縛人皆用徽纆，釋曰：徽纆皆是索。明同他物之限。縛人不傷，合杖六十，若傷，杖八十。因而毆傷者，謂因縛即毆者，傷與不傷，各加鬭毆傷二等，謂因縛用他物，毆不傷者，杖八十，傷者杖一百之類，是名各加鬭毆傷二等。

又云，即威力使人毆擊而致死傷者，雖不下手，猶以威力爲重罪，下手者減一等。

議曰：威力使人者，謂或以官威，或恃勢力之類，而使人毆擊他人致死傷者。威力之人雖不下手，猶以威力爲重罪，下手者減一等。假有甲恃威力而使乙毆殺丙，甲雖不下手，猶得死罪，乙減一等，流三千里。若折一指，甲雖不下手，合徒一年，乙減一等，杖一百之類。甲是監臨官，百姓無罪，喚問事以杖依法決罰致死，官人得殺人罪，問事不坐。若遣用他物、手足打殺，官人得威力殺人罪，問事下手者減一等科。

諸鬭兩相毆傷者，各隨輕重，兩論如律。後下手理直者，減二等。至死者不減。

疏議曰：鬭兩相毆傷者，假有甲乙二人因鬭兩相毆傷，甲毆乙不傷，合笞四十，乙毆甲傷，合杖六十之類。或甲是良人，乙是賤隸，甲毆乙傷，減凡人二等，合笞四十，乙毆甲不傷，加凡人二等，合杖六十之類。其間尊卑、貴賤，應有加減，各准此例。後下手理直者，減二等。假甲毆乙不傷，合笞四十，乙不犯甲，無辜被打，遂拒毆之，乙是理直，減本毆罪二等，合笞二十。乙若因毆而殺甲，本罪縱不至死，即不合減，故注云至死者不減。

問曰：尊卑相毆，後下手理直得減。未知伯叔先下手毆姪，兄姊先下手毆弟妹，其弟姪等後下手理直，得減以否？

答曰：凡人相毆，條式分明，五服尊卑，輕重頗異，只如毆緦麻兄姊杖一百，小功、大功遞加一等。若毆緦麻以下卑幼折傷，減凡人一等，小功、大功遞減。據服雖是尊卑，相毆兩俱有罪，理直則減法亦無疑。若其毆親姪、毆親弟妹至死，然始獲罪，傷重律則無辜，罪既不合兩論，理直豈宜許減。舉伯叔兄姊但毆傷卑幼無罪者，並不入此條。

諸保辜者，手足毆傷人限十日，以他物毆傷人者二十日，以刃及湯火傷人者三十日，折跌支體及破骨者五十日，毆傷不相須。餘條毆傷及殺傷各准此。限内死者，各依殺人論。其在限外，及雖在限内，以他故死者，各依本毆傷法。他故謂別增餘患而死者。

疏：諸保辜者，手足毆傷人限十日，以他物毆傷人者二十日，以刃及湯火傷人者三十日，折跌支體及破骨者五十日。注云，毆傷不相須。餘

條毆傷及殺傷各准此。議曰：凡是毆人，皆立辜限。手足毆人，傷與不傷，限十日。若以他物毆傷者，限二十日。以刃，刃謂金鐵，無大小之限，及湯火傷人，謂灼爛皮膚，限三十日。若折骨跌體及破骨，無問手足、他物，皆限五十日。注云，毆傷不相須。謂毆及傷各保辜十日，然傷人皆須因毆，今言不相須者，爲下有僵仆或恐迫而傷，此則不因毆而有傷損，故律云毆傷不相須。餘條毆傷及殺傷者各准此，謂諸條毆人或傷人，故鬬、謀殺、强盜，應有罪者，保辜並准此。

又云，限内死者，各依殺人論。其在限外，及雖在限内，以他故死者，各依本毆傷法。注云，他故謂別增餘患而死者。議曰：限内死者，各依殺人論，謂辜限内死者，不限尊貴、良賤及罪輕重，各從本條殺罪科斷。其在限外，假有拳毆人，保辜十日，計累千刻之外，是名限外。及雖在限内，謂辜限未滿，以他故死者，他故謂別增餘患而死。假毆人頭傷，風從頭瘡而入，因風致死之類，仍依殺人論。若不因頭瘡得風，別因他病而死，是爲他故，各依本毆傷法，故注云，他故謂別增餘患而死。其有墮胎、瞎目、毁敗陰陽、折齒等，皆約手足、他物，以刃湯火爲辜限。

（宋）竇儀等《宋刑統》卷二一《鬬訟律・毆制使刺史縣令佐職屬官毆長官　毆本部刺史縣令親屬》　諸毆制使、本屬府主、刺史、縣令，及吏卒毆本部五品以上官長，徒三年，傷者流二千里，折傷者絞。折傷謂折齒以上。若毆六品以下官長，各減三等。減罪輕者，加凡鬬一等，死者斬，詈者各減毆罪三等。須親自聞之乃成詈。即毆佐職者，徒一年，傷重者，加凡鬬傷一等，死者斬。

疏：諸毆制使、本屬府主、刺史、縣令，及吏卒毆本部五品以上官長，徒三年，傷者流二千里，折傷者絞。注云，折傷謂折齒以上。議曰：有因忿而毆制使、本屬府主、刺史、縣令，及吏卒毆本部五品以上官長，其吏卒等並於《名例》解訖，毆者合徒三年，傷者流二千里，折傷者絞。注云，折傷謂折齒以上。依上條，鬬毆人折齒、毁決耳鼻、眇一目，及折手足指，若破骨及湯火傷人者，各徒一年。此云折傷者，折齒以上，得徒一年以上皆是。

又云，若毆六品以下官長，各減三等。減罪輕者，加凡鬬一等，死者斬，詈者各減毆罪三等。注云，須親自聞之乃成詈。議曰：六品以下官長，謂下鎮將及戍主，若諸陵署，在外諸監署，六品以下，雖隸寺監當、監署，有印別起正案行事，皆爲當處官長。所管吏卒而毆者，各減毆五品以上官長罪三等，合徒一年半，若傷者，流上減三等，合徒二年，折傷者死上減三等，徒二年半。減罪輕者，加凡鬬一等。假凡人故毆六品官長折肋，合徒二年半，從死減三等，亦徒二年半，據上條計加重於本罪，即須加，既云加凡鬬一等，從徒二年半上加一等，處徒三年。下條流外官毆九品以上，各又加二等，合流二千五百里。如此等各減罪輕者，加凡鬬一等。因毆致死者斬，詈者減毆罪三等，謂詈制使以下、本部官長以上，從徒三年上減三等，合徒一年半。若詈六品以下官長，又減三等，合杖九十，此名詈者各減毆罪三等。注云，須親自聞之乃成詈，謂皆須被詈者親自聞之，乃爲詈。

又云，即毆佐職者，徒一年，傷重者，加凡鬬傷一等，死者斬。議曰：毆佐職者，謂除長官之外，當司九品以上之官，皆爲佐職。所部吏卒毆者，徒一年。傷重者，假如他物故毆傷佐職，凡鬬合杖九十，九品以上加二等，合徒一年，爲佐職又加一等，徒一年半之類，是名傷重者加凡鬬一等。至死者斬。

准：刑部格，州縣職（左）〔在〕監臨，百姓尤資禮奉，其有謀殺及毆，并咆悖陵忽者，先決杖一百。若殺皆斬，不在赦原之限。

諸佐職及所統屬官毆傷官長者，各減吏卒毆傷官長二等。減罪輕者，加凡鬬一等，死者斬。

疏議曰：佐職謂當司九品以上，及所統屬官者，若省寺監管局署，州管縣，鎮管戍，衛管諸府之類，是所統屬。毆傷官長者，官長謂尚書省諸司尚書，寺監少卿、少監，國子司業以上，少尹、諸衛將軍以上，千牛府中郎將以上，諸率府副率以上，諸府果毅以上，王府司馬并諸州別駕，雖是次官，並同官長。或唯有長官一人。佐職毆者，各減吏卒毆傷官長罪二等。即吏卒毆官長折傷者絞，若佐職及所統屬官毆五品以上官長折傷，減吏卒二等，合徒三年。若毆六品以下官長折傷者，減三等，徒一年半。減罪輕者，加凡鬬一等。假如佐職毆六品以下官長折二齒，從死上減五等，合徒一年半，凡鬬折二齒亦徒一年半，上條計加重於本罪，即須加，更加一等，處徒二年。餘罪計加得重，並准此。若佐職及所統屬官毆傷五品以上官長者，各減吏卒二等。假有吏卒毆五品以上官長折肋合死，今爲佐職毆，減吏卒二等，合徒三年，折肋本罪合徒二年，別條六品毆傷五品加二等，合徒三年，既云減罪輕者，加凡鬬一等，合流二千里。死者斬。

諸毆本屬府主、刺史、縣令之祖父母、父母及妻子者，徒一年。傷重者，加凡鬬傷一等。

疏議曰：毆本屬府主、刺史、縣令之祖父母、父母及妻子者，徒一年。傷重者，加凡鬬傷一等，謂折一指或折一齒，凡毆亦徒一年，比凡鬬爲輕，加凡鬬傷一等，合徒一年半之類。府主等祖父母、父母若是議貴，凡毆得徒二年，爲是本屬府主之祖父母、父母，加一等，得徒二年半。傷重以上，並准例加一等。

（宋）竇儀等《宋刑統》卷二二《鬬訟律・流内毆議貴者》　諸流内九品以上毆議貴者，徒一年，傷重及毆傷五品以上，若五品以上毆傷議貴，各加凡鬬傷二等。

疏議曰：流內九品以上、六品以下毆議貴者，徒一年。傷重謂他物毆凡人，內損吐血，合杖一百，毆議貴合加二等，徒一年半，此名傷重。其六品以下毆傷五品以上，若五品以上毆傷議貴，或毆不傷，亦各加凡鬭毆二等。

（宋）竇儀等《宋刑統》卷二二《鬭訟律·監臨官司毆所部官屬》

諸監臨官司於所統屬官，及所部之人有高官而毆之，及官品同自相毆者，並同凡鬭法。

疏議曰：監臨官司於所統屬佐官以下，及所管部屬之人有高官，而監臨官司毆之者，同凡毆法，不計階品，爲其所管故也。及官品同，謂六品以下、九品以上，或五品以上，非議貴者，議貴謂三品以上，一品以下，並爲官品同，並謂不相管隸，自相毆者，並同凡鬭之罪。假有勳官騎都尉而毆上柱國，其上柱國既非議貴，罪與凡鬭同。其統屬下司毆上司者，長官以外，皆據品科。其有府及鎮戍隸州者，亦爲統屬之限。

問曰：州參軍事毆州內縣令，帶五品以上勳官，得爲統屬凡鬭以否？

答曰：縣令是州內統屬之官，假令品高州官毆之，准上文各同凡鬭之法。

（宋）竇儀等《宋刑統》卷二二《鬭訟律·拒捍州縣使人》　諸拒州縣以上使者，杖六十，毆者加二等，傷重者加鬭傷一等。謂有所徵攝，權時拒捍不從者。即被禁掌而拒捍，及毆者，各加一等。

疏議曰：拒州縣以上使，稱以上者，省、臺、寺、監及在京諸司等並是。遣使追攝，拒捍不從者，杖六十，毆者加二等，杖八十。傷重者，謂他物毆內損吐血，凡鬭合杖一百，加鬭傷一等，徒一年。注云，謂有所徵攝，權時拒捍不從者。即被禁掌拒捍，及毆者，各加一等，謂有司禁錄，或復散留，而輒拒捍，合杖七十。毆所司者，合杖九十。傷重者，謂重一百杖以上，加凡鬭二等。若使人官品高者，各依本品加，是名各加一等。

（宋）竇儀等《宋刑統》卷二二《鬭訟律·良賤相毆主殺部曲奴婢》

諸部曲毆傷良人者，官户與部曲同。加凡人一等，加者加入於死。奴婢又加一等。若奴婢毆良人折跌支體，及瞎其一目者絞，死者各斬。其良人毆傷殺他人部曲者，減凡人一等，奴婢又減一等。若故殺部曲者絞，奴婢流三千里。即部曲、奴婢相毆傷殺者，各依部曲與良人相毆傷殺法。餘條良人、部曲、奴婢私相犯，本條無正文者，並准此。相侵財物者，不用此律。

疏：諸部曲毆傷良人者，注云，官户與部曲同。又云，加凡人一等。注云，加者加入於死。又云，奴婢又加一等。若奴婢毆良人折跌支體，及瞎其一目者絞，死者各斬。議曰：《名例律》，稱部曲者，妻亦同。此即部曲妻不限良人及客女，毆傷良人者，注云，官户與部曲同，加凡人一等，謂加凡鬭毆傷一等。注云，加者加入於死，謂部曲毆良人損二事以上，及因舊患令至篤疾，斷舌及毀敗陰陽，凡鬭流三千里者，部曲加一等，合死，此名加入於死。奴婢又加一等，謂加凡鬭二等。若奴婢毆良人折跌支體，及瞎其一目者絞，跌體、瞎目各罪止徒三年，即明毆良人，准凡相毆罪合流者，各入死罪。因毆致死各斬。

又云，其良人毆傷殺他人部曲者，減凡人一等，奴婢又減一等。若故殺部曲者絞，奴婢流三千里。議曰：良人毆傷或殺他人部曲者，減凡人一等，謂毆殺者流三千里，折一支者徒二年半之類。奴婢又減一等，毆殺者徒三年，折一支徒二年之類。若不因鬭，故殺部曲者合絞，若謀而殺訖亦同。其故殺奴婢者，流三千里。

又云，即部曲、奴婢相毆傷殺者，各依部曲與良人相毆傷殺法。注云，餘條良人、部曲、奴婢私相犯，本條無正文者，並准此。又云，相侵財物者，不用此律。議曰：部曲鬭毆殺奴婢，流三千里，折一支徒二年半，折一齒杖一百。奴婢毆部曲，損傷二事以上，及因舊患令至篤疾，及斷舌、毀敗陰陽者絞，折一支者流二千里，折一齒者徒一年半。若部曲故殺奴婢亦絞。是名各依部曲與良人相毆傷殺法。餘條良人、部曲、奴婢私相犯，謂謀殺人、穿地得尸不更葬之類。私相犯本條無正文者，並准此條加減之法。相侵財物者，各依凡人相侵盜之法，故云不用此律。

諸奴婢有罪，其主不請官司而殺者，杖一百。無罪而殺者，徒一年。周親及外祖父母殺者，與主同，下條部曲准此。

疏議曰：奴婢賤隸，雖各有主，至於殺戮，宜有禀承。奴婢有罪，不請官司而輒殺者，杖一百。無罪殺者，謂全無罪失，而故殺者，徒一年。注云，周親及外祖父母殺者，與主同。謂有罪殺者杖一百，無罪殺者徒一年，故云與主同。下條部曲者，下條無周親及外祖父母傷殺部曲罪名，若有傷殺，亦同於主，故云准此。

諸主毆部曲至死者，徒一年，故殺者加一等。其有愆犯，決罰致死，及過失殺者，各勿論。

疏議曰：主毆部曲至死者，徒一年，不限罪之輕重。故殺者加一等，謂非因毆打，本心故殺者，加一等，合徒一年半。其有愆犯，而因決罰致死，及過失殺之者，並無罪。

問曰：妾有子，或無子，毆殺夫家部曲、奴婢，合當何罪？或有客女及婢，主幸而生子息，自餘部曲、奴婢而毆，得同主周親以否？

答曰：妾毆夫家部曲、奴婢，在律雖無罪名，輕重相明，須從減例。下條云：妾毆夫之妾子，減凡人二等，妾子毆傷父妾，加凡人三等。則部曲與主之妾相毆，比之妾子與父妾相毆法，則妾毆夫家部曲，亦減凡人二等，部曲毆主之妾，加凡人三等。若

妾毆夫家奴婢，減部曲一等。奴婢毆主之妾，加部曲一等。至死者，各依凡人法。其有子者，若子爲家主，母法不降於兒，並依主例。若子不爲家主，於奴婢止同主之周親。餘條妾子爲家主及不爲家主，各准此。客女及婢雖有子息，仍同賤隷，不合別加其罪。

（宋）竇儀等《宋刑統》卷二二《鬬訟律·奴婢毆詈主並過失殺毆殺傷親屬奴婢》 諸部曲、奴婢過失殺主者絞，傷及詈者流。即毆主之周親及外祖父母者絞，已傷者皆斬，詈者徒二年。過失殺者，減毆罪二等，傷者又減一等。毆主之緦麻親徒一年，傷重者，各加凡人一等，小功、大功遞加一等。加者加入於死。死者皆斬。

疏：諸部曲、奴婢過失殺主者絞，傷及詈者流。議曰：部曲、奴婢是爲家僕，事主須存謹恭，犯翼祖廟諱改爲恭。又亦防其二心，故雖過失殺主者絞。若過失傷主及詈者流，不言里數者，謂止合加杖二百故也。

又云，即毆主之周親及外祖父母者絞，已傷者皆斬，詈者徒二年。過失殺者，減毆罪二等，傷者又減一等。議曰：部曲、奴婢毆主之周親，謂異財者。及毆主之外祖父母者絞，傷者皆斬，罪無首從，詈者徒二年。過失殺者減毆罪二等，合徒三年，加杖二百。過失傷者，又減一等，合徒二年半，加杖一百八十。

又云，毆主之緦麻親徒一年，傷重者，各加凡人一等，小功、大功遞加一等。注云，加者加入於死。又云，死者皆斬。議曰：部曲、奴婢毆主之緦麻親者，無問正服、義服，並徒一年。傷重者，謂毆罪重於徒一年，各加凡鬬一等。假有部曲用他物毆主緦麻親，内損吐血，依凡人合杖一百，犯良人加一等，緦麻加凡人一等，合徒一年半。若奴婢以他物故毆主之緦麻親傷，准凡人合杖九十，奴婢犯良人加二等，此條傷重又加一等，合徒一年半，故云傷重各加凡人一等。小功、大功遞加一等，謂奴婢用他物故毆傷小功親，徒二年，大功徒二年半，是名遞加一等。注云，加者加入於死。假如部曲毆主大功親折支，准凡人徒三年，部曲加一等，合流二千里，其大功親加三等，合絞，即是加者加入於死。其緦麻、小功，部曲有犯，各從本罪，准此加例，如應入死者處絞。死者皆斬，謂奴婢、部曲毆主緦麻以上親致死者，皆斬，罪無首從。

諸毆緦麻、小功親部曲、奴婢，折傷以上，各減殺傷凡人部曲、奴婢二等，大功又減一等。過失殺者各勿論。

疏議曰：毆緦麻、小功親部曲，謂毆身之緦麻、小功親部曲，減凡人部曲二等，謂緦減三等。假如毆折肋者，凡人合徒二年，減三等合杖一百。若毆奴婢折齒，凡人合徒一年，奴婢減二等，緦麻、小功親奴婢又減二等，總減四等，合杖七十。故云，折傷以上，各減凡人部曲、奴婢二等。大功又減一等，謂毆大功部曲折齒，總減四等，合杖七十。若毆大功奴婢，合杖六十。自外毆折傷以上，各准此例爲減。其有過失殺緦麻以上部曲、奴婢者，各無罪。

（宋）竇儀等《宋刑統》卷二二《鬬訟律·夫妻妾媵相毆並殺毆詈内外親屬並殺 毆詈父母祖父母並過失殺、毆詈舅姑並殺 殺傷子孫及子孫之婦》 諸毆傷妻者，減凡人二等，死者以凡人論。毆妾折傷以上，減妻二等。若妻毆傷殺妾，與夫毆傷殺妻同。皆須妻妾告乃坐。即至死者，聽餘人告。殺妻仍爲不睦。過失殺者，各勿論。

疏：諸毆傷妻者，減凡人二等，死者以凡人論。毆妾折傷以上，減妻二等。議曰：妻之言齊，與夫齊體，義同於幼，故得減凡人二等。死者以凡人論，合（後）〔絞〕。以刃及故殺者斬。毆妾非折傷無罪，折傷以上，減妻罪二等，即是減凡人四等。若殺妾者，止減凡人二等。

又云，若妻毆傷殺妾，與夫毆傷殺妻同。注云，皆須妻妾告乃坐。即至死者，聽餘人告。殺妻仍爲不睦。又云，過失殺者，各勿論。議曰：若妻毆傷殺妾，謂毆者，減凡人二等，死者以凡人論。注云，皆須妻妾告乃坐，即外人告者無罪。至死者，聽餘人告，餘人不限親疏，皆得論告。殺妻仍爲不睦，妻即是緦麻以上親，准例自當不睦，爲稱以凡人論，故重明此例。過失殺者，各勿論，爲無惡心，故得無罪。

諸妻毆夫，徒一年，若毆傷重者，加凡鬬傷三等，須夫告乃坐。死者斬。媵及妾犯者，各加一等。加者加入於死。過失殺傷者，各減二等。即媵及妾詈夫者，杖八十。若妾犯妻者，與夫同，媵犯妻者，減妾一等，妾犯媵者，加凡人一等。殺者各斬。餘條媵無文者，與妾同。

疏：諸妻毆夫，徒一年，若毆傷重者，加凡鬬傷三等。注云，須夫告乃坐。又云，死者斬。議曰：妻毆夫徒一年，若鬬傷重者，加凡鬬傷三等。假如凡人以他物毆傷人，内損吐血，合杖一百，加凡鬬三等，處徒二年，此是計加之法。須夫告乃坐，謂要須夫告，然可論罪。因毆致死者斬。

又云，媵及妾犯者，各加一等。注云，加者加入於死。又云，過失殺傷者，各減二等。

議曰：依令，五品以上有媵，庶人以上有妾，故媵及妾犯夫者，各加妻犯夫一等，謂毆夫者徒一年半，毆傷重者，加凡鬬傷四等。加者加入於死。若毆夫折一支，或瞎一目，凡鬬徒三年，加四等合絞，是名加入於死。過失殺者，各減二等。謂妻、妾、媵過失殺者，並徒三年。假如妾折夫一支，加凡人三等，流三千里，過失減二等，合徒

二年半。若媵及妾折夫一支合絞，過失減二等，合徒三年。自殺折傷，各隨輕重，准此加減之例。

又云，即媵及妾詈夫者，杖八十。若妾犯妻者，與夫同，媵犯妻者，減妾一等，妾犯媵者，加凡人一等。殺者各斬。注云，餘條媵無文者，與妾同。議曰：媵及妾詈夫者，杖八十。若妾犯妻者，與犯夫同，謂毆者徒一年半，死者斬。媵犯妻者，減妾一等，毆者徒一年，傷重者從重上減妾一等。妾犯媵者，加凡人一等，謂毆者笞五十，折一齒者徒一年半之類。死者各斬，謂媵及妾犯夫及妻，若妾犯媵，毆殺者各斬。注云，餘條媵無文者，謂上條毆妾折傷以上，減妻二等之類，妻妾相犯及犯夫，當條無文者，各與妾同。

諸毆緦麻兄姊，杖一百，小功、大功各遞加一等，尊屬者又各加一等，傷重者，各遞加凡鬭傷一等，死者斬。即毆從父兄姊，准凡鬭應流三千里者，絞。若尊長毆卑幼，折傷者，緦麻減凡人一等，小功、大功遞減一等，死者絞。即毆殺從父弟妹，及從父兄弟之子孫者，流三千里，若以刃及故殺者絞。

疏：諸毆緦麻兄姊，杖一百，小功、大功各遞加一等，尊屬者又各加一等，傷重者，各遞加凡鬭傷一等，死者斬。即毆從父兄姊，准凡鬭應流三千里者，絞。議曰：毆緦麻兄姊，謂本宗及外姻有緦麻服者並同，毆此兄姊，杖一百。小功徒一年，大功徒一年半。尊屬者又各加一等，謂毆緦麻尊屬，徒一年，小功尊屬徒一年半。大功尊屬，依禮唯夫之祖父母，及夫之伯叔父母，此並各有本條，自從毆夫之祖父母絞，夫之伯叔父母減夫犯一等，徒二年半。即此大功無尊屬加法。傷重者，各遞加凡鬭傷一等，謂他物毆緦麻兄姊，內損吐血，准凡人杖一百上加一等，合徒一年，小功徒一年半，大功徒二年。尊屬又加一等，即緦麻徒一年半，小功徒二年之類。因毆致死者，各斬。假有毆小功尊屬折二支，加凡人三等，不云加入於死，罪止遠流。即毆從父兄姊，准凡鬭應流三千里者，謂損二事以上，或因舊患令至篤疾，斷舌及毀敗陰陽，此是凡鬭應流三千里，於從父兄姊犯此流者，合絞。

又云，若尊長毆卑幼折傷者，緦麻減凡人一等，小功、大功遞減一等，死者絞。即毆殺從父弟妹，及從父兄弟之子孫者，流三千里，若以刃及故殺者絞。議曰：若尊長毆卑幼折傷者，謂折齒以上，既云折傷，即明非折傷不坐。因毆折傷緦麻卑幼，減凡人一等，小功減二等，大功減三等。假有毆緦麻卑幼折一指，凡鬭合徒一年，減一等，杖一百，小功減二等，杖九十，大功減三等，杖八十。其毆傷重者，遞減各准此。因毆致死者，尊長各絞。即毆殺從父弟妹，謂堂弟妹，及從父兄弟之子孫，謂堂姪及姪孫者，流三千里。若以刃殺，及不因鬭而故殺者，俱合絞刑。

諸毆兄姊者，徒二年半，傷者徒三年，折傷者流三千里，刃傷及折支若瞎其一目者絞，死者皆斬，詈者杖一百。伯叔父母、姑、外祖父母，各加一等。即過失殺傷者，各減本殺傷罪二等。若毆殺弟妹及兄弟之子孫、曾玄孫者，各依本服論。外孫者，徒三年。以刃及故殺者，流二千里。過失殺者，各勿論。

疏：諸毆兄姊者，徒二年半，傷者徒三年，折傷者流三千里，刃傷及折支若瞎其一目者絞，死者皆斬，詈者杖一百。伯叔父母、姑、外祖父母，各加一等。即過失殺傷者，各減本殺傷罪二等。議曰：兄姊至親，更相急難，彎弧垂泣，義切匪他，輒有毆者，徒二年半，毆傷者徒三年，折傷者，或折齒，或折手足指，但折一事，即合處流。若用刃傷，及折支或跌其支體，若瞎其一目，謂全失其明者，各得絞罪。因毆致死者，首從皆斬。詈者合杖一百。其伯叔父母、姑、外祖父母，各加一等，謂加犯兄姊一等，毆者徒三年，傷者流三千里，文無加入死，折傷亦止流坐，詈者徒一年。過失殺若傷，各減本殺傷二等，謂過失殺者，各減死罪二等，合徒三年，過失折齒者，從流減二等之類。其過失之罪，兄姊以下，並同減二等。

又云，若毆殺弟妹及兄之子孫，注云，曾玄孫者，各依本服論。又云，外孫者，徒三年。以刃及故殺者，流二千里。過失殺者，各勿論。議曰：毆殺弟妹及兄弟之子孫者，兄弟子周服，孫即小功。注云，曾玄孫者，各依本服論。兄弟曾孫爲緦麻，玄孫當袒免，服紀既疏，恩情轉殺，故云各依本服論。謂毆殺曾孫合絞，玄孫既當袒免，自依凡人法。此條毆兄弟曾玄孫，既依本服，即明上條毆殺從父兄弟曾玄孫，降服已盡，亦同凡人。其毆殺弟妹及兄弟之子孫、外孫者，各徒三年。以刃及故殺者，流二千里。過失殺者，各勿論。

諸詈祖父母、父母者絞，毆者斬，過失殺者流三千里，傷者徒三年。若子孫違犯教令，而祖父母、父母毆殺者，徒一年半，以刃殺者，徒二年，故殺者各加一等。即嫡、繼、慈、養殺者，又加一等。過失殺者，各勿論。

疏議曰：子孫於祖父母、父母，情有不順，而輒詈者，合絞，毆者斬。律無皆字，案文可知，子孫雖區毆擊，原情俱是自毆，雖無皆字，各合斬刑。下條妻妾毆夫之祖父母、父母傷者，皆斬。舉輕明重，皎然不惑。過失殺者，流三千里，傷者徒三年。見血爲傷，傷無大小之限。若子孫違犯教令，謂有所教令，不限事之大小，可從而故違者，而祖父母、父母即毆殺之者，徒一年半，以刃殺者，徒二年。故殺者各加一等，謂

非違犯教令，而故殺者，手足、他物殺，徒二年，用刃殺，徒二年半。即嫡、繼、慈、養殺者，爲情疏易違，故又加一等。律文既云又加，即以刃故殺者，徒二年半上加一等，徒三年。違犯教令，以刃殺者，二年上加一等，徒二年半。毆殺者，一年半上加一等，徒二年。過失殺者，各勿論。即有違犯教令，依法決罰，邂逅致死者，亦無罪。

諸妻妾詈夫之祖父母、父母者，徒三年，須舅姑告乃坐。毆者絞，傷者皆斬。過失殺者，徒三年，傷者徒二年半。即毆子孫之婦令廢疾者，杖一百，篤疾者加一等，死者徒三年，故殺者流二千里。妾各減二等。過失殺者，各勿論。

疏：諸妻妾詈夫之祖父母、父母者，徒三年。注云，須舅姑告乃坐。又云，毆者絞，傷者皆斬。過失殺者，徒三年，傷者徒二年半。議曰：妻妾有詈夫之祖父母、父母者，徒三年。注云，須舅姑告乃坐。毆者絞，傷者皆斬，罪無首從。過失殺者，徒三年，傷者徒二年半。

又云，即毆子孫之婦令廢疾者，杖一百，篤疾者加一等，死者徒三年，故殺者流二千里。妾各減二等。過失殺者，各勿論。議曰：祖父母、父母毆子孫之婦，令廢疾者，依《户令》，腰脊折一支廢爲廢疾，合杖一百。篤疾者，兩目盲，二支廢，加一等，合徒一年，死者徒三年。故殺者，謂不因毆詈，無罪而輒殺者，流二千里。若毆妾令廢疾，杖八十，篤疾杖九十，至死者徒二年，故殺者徒二年半。過失殺者，各勿論。

諸妻妾毆詈故夫之祖父母、父母者，各減毆詈舅姑二等，折傷者加役流，死者斬，過失殺傷者，依凡論。其舊舅姑毆子孫舊妻妾折傷以上，各減凡人三等，死者絞。過失殺者，勿論。

疏：諸妻妾毆詈故夫之祖父母、父母者，各減毆詈舅姑二等，折傷者加役流，死者斬，過失殺傷者，依凡論。議曰：故夫謂夫亡改嫁者，其被出及和離者非。各減毆詈舅姑罪二等，謂毆者徒三年，詈者徒二年，折齒以上者加役流，死者斬。文無皆字，即有首從。過失殺傷者，依凡論，謂殺者依凡人法，贖銅一百二十斤，傷者各依凡人傷法徵贖，其銅入被傷殺之家。

又云，其舊舅姑毆子孫、舊妻妾折傷以上，各減凡人三等，死者絞。過失殺者勿論。議曰：其舊舅姑毆子孫舊妻妾折傷以上，各減凡人三等，謂折指者，合杖八十，折一支者，徒一年半之類。死者絞，既不言故殺者斬，即是故殺者亦絞。過失殺者勿論。

問曰：子孫之婦，夫亡守志，其姑少寡，改醮他人，或被棄放，此姑婦相犯者，合得何罪？

答曰：子孫身亡，妻妾改嫁，舅姑見在，此爲舊舅姑。今者姑雖被棄，或已改醮外人，子孫之妻孀居守志，雖於夫家義絶，母子終無絶道，子既如母，其婦理亦如姑。姑雖適人，婦仍在室，理依親姑之法，不得同於舊姑。若夫之嫡繼慈養，不入此條。釋曰：嫡繼慈養，具在第六。

諸毆兄之妻，及毆夫之弟妹，各加凡人一等。若妾犯者，又加一等。即妾毆夫之妾子，減凡人二等，毆妻之子，以凡人論。若妻之子毆傷父妾，加凡人一等。妾子毆傷父妾，又加二等。至死者，各依凡人法。

疏：諸毆兄之妻，及毆夫之弟妹，各加凡人一等。若妾犯者，又加一等。議曰：嫂叔不許通問，所以遠別嫌疑。毆兄之妻妾，及毆夫之弟妹者，禮義犯翼祖廟諱改爲義。頓乖，故各加凡人一等。若妾犯者，又加一等，謂妾毆夫之弟妹，加妻一等，總加凡人二等。夫之弟妹毆兄妾，以凡人論。

又云，即妾毆夫之妾子，減凡人二等，毆妻之子，以凡人論。若妻之子毆傷父妾，加凡人一等。妾子毆傷父妾，又加二等。注云，至死者，各依凡人法。議曰：即妾毆夫之妾子，減凡人二等，爲匹敵之故，得罪稍輕。毆妻之子，以凡人論，爲女君尊重，故同凡鬭。若妻之子毆傷父妾，加凡人一等。妾子毆傷父妾，又加二等。稱又加者，總加三等，若毆折一齒，徒二年半之類。注云，至死者，各依凡人法。當條雖有加減，至死者，並與凡人同。

（宋）竇儀等《宋刑統》卷二三《鬭訟律·毆前夫之子及受業師毆繼父毆詈殺傷夫之周親以下》 諸毆傷妻前夫之子者，減凡人一等，同居者又減一等，死者絞。毆傷繼父者，謂曾經同居，今異者。與緦麻尊同，同居者加一等。餘條繼父准此。即毆傷見受業師，加凡人二等，死者各斬。謂服膺儒業，而非私學者。

疏：諸毆傷妻前夫之子者，減凡人一等，同居者又減一等，死者絞。議曰：毆傷妻前夫之子，謂改醮之婦，攜子適人，後夫毆傷者，減凡人一等。同居者，謂與繼父同居。立廟服周，又減一等，謂減凡人二等。若毆之令至篤疾，及斷舌、毀敗陰陽，如此之類，得徒二年半，不同居徒三年。因毆致死者，同居、不同居俱得絞罪。

又云，毆傷繼父者，注云，謂曾經同居，今異者。又（稱）〔云〕，與緦麻尊同，同居者加一等。注云，餘條繼父准此。議曰：繼父者，謂母後嫁之夫。注云，謂曾經同居，今異者。依禮，繼父同居服周，謂妻少子幼，子無大功之

親，與之適人，所適者亦無大功之親，而所適者以其資財，爲之築家廟於家門之外，歲時使之祀焉，是謂同居。繼子之妻，雖不從服，若有犯夫之繼父者，從下條減夫一等。其不同居者，謂先嘗同居，今異者。繼父若自有子，及有大功之親，雖復同住，亦爲異居。若未嘗同居，則不爲異居，即同凡人之例。其先同居，今異者，毆之同緦麻尊，合徒一年，傷重者，各加凡鬭二等，死者斬。同居者，雖著周服，終非本親，犯者不同正服，止加緦麻尊一等，謂毆者合徒一年半，傷重者加凡人三等。注云，餘條繼父准此。謂諸條准服，尊卑相犯，得罪並准此例。雖於繼父下注，即稱妻前夫之子，並與繼父義同，律稱與緦麻尊同，其有謀殺及賣，理當不睦。於前夫之子，不言與緦麻卑幼同，毆之准凡人減罪，不入緦麻卑幼之例。

又云，即毆傷見受業師，加凡人二等，死者各斬。注云，謂服膺儒業，而非私學者。議曰：《禮》云：凡教學之道，嚴師爲難。師嚴道尊，方知慎犯翼祖廟諱改爲慎學如有親承儒教，服膺函丈，而毆師者，加凡人二等，死者各斬。稱各者，并毆繼父至死，俱得斬刑。注云，謂服膺儒業，而非私學者。儒業謂經業，非私學者，謂昭犯宣祖上一字廟諱改爲昭。文、國子、州縣等學。私學者，即《禮》云家有塾，黨有序之類。如有相犯，並同凡人。

問曰：毆見受業師，加凡人二等，其博士若有高品，累加以否？

答曰：毆見受業師，加凡人二等，先有官品，亦從品上累加。若鬭毆無品博士，加凡人二等，合杖六十，九品以上，合杖八十。若毆五品博士，亦於本品上累加之。

諸妻毆詈夫之周親以下、緦麻以上尊長，各減夫犯一等。減罪輕者，加凡鬭傷一等。妾犯者不減。死者各斬。毆傷卑屬，與夫毆同，死者絞。即毆殺夫之兄弟子，流三千里，故殺者絞。妾犯者，各從凡鬭法。若尊長毆傷卑幼之婦，減凡人一等，妾又減一等，死者絞。

疏：諸妻毆詈夫之周親以下、緦麻以上尊長，各減夫犯一等。注云，減罪輕者，加凡鬭傷一等。又云，妾犯者不減。死者各斬。議曰：依喪服，夫之所爲兄弟服，妻降一等。今妻毆夫緦麻以上尊長，減夫一等，以從夫爲服，罪亦降夫。注云，減罪輕者，加凡鬭傷一等。謂故毆緦麻兄姊折一支，合流二千五百里，妻若減夫一等，徒三年，故毆凡人折一支，既合流二千里，即是減罪輕，加凡人一等，流二千五百里，是減罪輕者，加凡鬭傷一等。妾犯者不減。妾犯尊長，即與夫同。死者各斬，謂毆尊長致死，妻妾並合斬刑。雖云減夫一等，若本制服重，即從重論。假如毆夫之伯叔父母折肋，當大功尊，加凡人四等，合流二千五百里，若准夫減一等，即徒三年，《名例律》云，當條雖有罪名，所爲重者自從重，須准服加四等，流二千五百里之類。

又云，毆傷卑屬，與夫毆同，死者絞。即毆殺夫之兄弟子，流三千里，故殺者絞。妾犯者，各從凡鬭法。若尊長毆傷卑幼之婦，減凡人一等，妾又減一等，死者絞。議曰：毆傷卑屬，謂是夫家卑屬。與夫毆同，謂毆夫之從父兄弟子孫有服者，折傷以上，緦麻減凡人一等，諸如此類，並與夫同。死者絞。即毆殺夫之兄弟子，流三千里，故殺者絞。妾犯者，各同凡鬭法，謂並依凡人鬭法科罪。若尊長毆傷卑幼之婦，謂夫之周親以下、緦麻以上。尊長毆傷卑幼之婦，減凡人一等，妾減凡人二等，死者絞。

（宋）竇儀等《宋刑統》卷二三《鬭訟律・祖父母父母爲人毆擊子孫卻毆擊復讎》 諸祖父母、父母爲人所毆擊，子孫即毆擊之，非折傷者勿論，折傷者減凡鬭折傷三等，至死者依常律。謂子孫元非隨從者。

疏議曰：祖父母、父母爲人所毆擊，子孫理合救之，當即毆擊，雖有損傷，非折傷者無罪，折傷者減凡鬭折傷三等，謂折一齒合杖八十之類。至死者，謂毆前人致死合絞，以刃殺者合斬，故云依常律。注云，謂子孫元非隨從者。若元隨從，即依凡鬭首從論。律文但稱祖父母、父母爲人所毆擊，不論親疏尊卑，其有祖父母、父母之尊長毆擊祖父母、父母，依律毆之無罪者，止可解救，不得毆之。輒即毆者，自依鬭毆常法。若夫之祖父母、父母，共妻之祖父母、父母相毆，子孫之婦亦不合即毆夫之祖父母、父母，如當毆者，即依常律。

問曰：主爲人所毆擊，部曲、奴婢即毆擊之，得同子孫之例以否？

答曰：部曲、奴婢非親，不同子孫之例，唯得解救，不得毆擊。

臣等參詳，如有復祖父母、父母之讎者，請今後具案，奏取敕裁。

（宋）李燾《續資治通鑑長編》宋真宗咸平六年四月 舊制，士庶家僮僕有犯，或私黥其面。上以今之僮使本傭雇良民，癸酉詔有盜主財者，五貫以上，杖脊、黥面、配牢城，十貫以上奏裁，而勿得私黥湼之。禁私湼面，《實録》在後月。今從本志。

《宋史》卷二〇《徽宗本紀》 〔大觀四年〕二月庚午朔，禁然頂、煉臂、刺血、斷指。

（清）徐松《宋會要輯稿・刑法二・禁約》 〔大觀四年六月〕十五日詔：在京并外路州郡，自來多有愚夫惑於邪説，或誘引人口傷殘支體，或無圖之輩緣作過犯，遁迹寺院，詐稱沙彌陀頭，苟免罪辜，閃避徭役，煉臂、灼頂、刲肉、燃指、截指、斷腕，號曰教化。甚者致有投崖赴谷，謂之捨身。州郡有一謟傳騰播，男女老稚群聚咨嗟，鼓動蠢愚掊斂錢物，

殘害人命，互相漸染，有害風教。在法自有明文禁止，有司不切遵守，日來尤甚。可檢會條制，遍行下。如有違犯，並依法科罪。其誘引之人爲首，仍重加編配。如有因父母疾患，割股、割肝之類者非。若州縣尚敢苟且，不切禁止，其本路監司守臣并行嚴斷。在京委開封府，京畿並諸路委監司，歲首檢舉行下。

（宋）謝深甫等《慶元條法事類》卷七六《當贖門・總法》　〔名例敕〕諸進納謂未降住鬻爵詔書以前補授，是存人餘條，稱進納，准此。及陣亡换給得補將仕郎助教，並謂不理選限者。犯鬭毆人折傷以上者，不在當贖之例。佃客人力，女使非。若後下手理直應減等者，奏裁。

史金波等譯《天盛改舊新定律令》卷八《相傷門》　一、諸人女、子、妻子、媳、使軍、奴僕等與父母、丈夫、頭監等言語不和而被打時，失誤動手而傷眼、斷耳鼻、傷手脚、斷筋等，有官罰馬一，庶人十三杖。若死則徒六個月。其中以刀劍傷眼、傷斷耳、鼻、脚、手、斷筋及致彼死等之罪，依下條所定判斷。

一等使軍、奴僕之眼、耳、鼻、脚、手指等中傷斷一而非二時，徒五年。脚端、手端等中傷斷一節、斷筋等時，徒六年。二眼、二足、二手雙雙傷斷、斷筋等時，徒八年。致彼死則徒十年。一等妻子、女、子、媳等眼、耳、鼻、脚、手指等中，傷斷一二時，徒四年。脚端、手端等中傷斷一節及斷筋等時，徒五年。二眼，二足、二手雙雙傷斷及斷筋等時，徒六年。致彼死則徒八年。

一、前述於妻子、女、媳、使軍、奴僕等，指使他人令眼、耳、鼻、足、手等中傷斷、斷筋，及後母與他人謀傷異子而令肢體、眼、耳、鼻等中傷斷時，一律以犯罪者從犯判斷。

一、諸人憤怒，拔弓箭、刀、劍相對，未動者徒一年，已動未著則徒三年，已著無傷則徒五年，已傷已致跛殘則徒六年。併與第十四卷毆打爭鬭中成重傷罪情比，從其重者判斷。其傷死時當絞殺。

一、諸人有犬染狂病者當拘捕，惡犬及牲畜桀厲顯而易見者當置枷。若違律時，庶人十杖，有官罰錢五緡。倘若咬踢撞人致人死時，主人徒六個月，牲畜無論官私一律當交死者主人，有官畜者當置親印並□□註銷。其中牽乘牲畜及唆喚犬等而徑直向人放者，傷死人時，比毆打爭鬭中傷死人罪減一等。他人自己不合自赴畜犬在處攻擊，以打拷致傷死人顯而易見，主人罪不治，畜犬等不抄没。若官私畜犬自相攻擊，不償。

史金波等譯《天盛改舊新定律令》卷一四《誤傷殺與鬭毆門》　一、諸人被遮障及隨手無心失誤，投擲，□射飛禽野獸等時，回手失箭，弦絶箭落著人，於險峻高坡上執重物而失落，投擲鐵棍、兵器等著人，而致人死時，因大意而有官罰馬一，庶人十三杖。若被遮障於道中及有人多處如前所示投擲而致人死，則徒一年。

一、前述無心失誤而致人傷死時，予命價法當與毆打爭鬭中相殺之予命價法相同。

史金波等譯《天盛改舊新定律令》卷一《為不道門》　一、諸人相恨故意行時，傷及殺二種罪情，按以下所定判斷：

一、故意傷人時，有意行，已議未往，及已往未動手、已動手未出傷痕者等，一律當算，此外傷時雖傷勢輕重不同，但因傷勢難分高低，其罪情當相同，已動手已出傷痕，則應算爲傷。

一等庶人自共有意行者，未傷則造意徒十年，從犯徒八年。已傷則造意傷人者等絞殺，從犯徒十年。

一等庶人傷有官人時：

對有未及御印官，未傷則造意徒十二年，從犯徒十年；已傷者，造意、傷人者等以劍斬，從犯無期徒刑。

對自及御印至拒邪，未傷則造意絞殺，從犯無期徒刑。已傷則造意、傷人者等以劍斬，從犯絞殺。

對及授以上者，未傷則造意以劍殺，從犯絞殺；已傷，造意、傷人者等自己妻子及同居子女等當連坐，入牧農主中；從犯一齊以劍斬。

一等有官人傷庶人時，官勿算：

未及御印者，未傷則造意徒八年，從犯徒六年；傷時造意、傷人者等徒十二年，從犯徒十年。

自及御印至拒邪者，未傷者，造意徒六年，從犯徒五年；已傷時，造意、傷人者等徒十年，從犯徒八年。

及授者，未傷時，徒五年，從犯徒四年；傷時造意、傷人者等徒八年，從犯徒六年。

一等有官人自相有意行傷人時，不論官高下：

官低人傷比自官大時：

有未及御印官者，對自有御印至拒邪官未傷則造意從十二年，從犯徒十年；已傷時，造意、傷人者等絞殺，從犯徒十二年。對至及授官者，未傷則造意絞殺，從犯徒十二年；已傷時，造意、傷人者等以劍斬，從犯絞殺。

自有及御印至拒邪官，對及授官，未傷則造意絞殺，從犯徒十二年；傷時，造意、傷人者等以劍斬，從犯無期徒刑。

大官傷比自己低官時：

有及授官對有自及御印至拒邪官者，未傷則造意徒八年，從犯徒六年；傷時，造意、傷人者等徒十年，從犯徒八年。對有未及御印官，未傷則造意徒六年，從犯徒五年；已傷時，造意、傷人者等徒八年，從犯徒六年。

有及御印官對未及御印官，未傷，則造意徒八年，從犯徒六年；已傷時，造意、傷人者等徒十年，從犯徒八年。

史金波等譯《天盛改舊新定律令》卷八《相傷門》 一、諸人往人妻處，丈夫將其眼、耳、鼻、足、手指等中傷斷其一，有官罰馬一，庶人十三杖。斷傷不同類二三時徒六個月。雙雙毀二目、二足、二手及男根等，一律徒一年。婦人依與人行淫法判斷。

一、諸人往人妻處，惡人打其丈夫時，徒四年。眼、耳、鼻、足、手指等中傷其一，徒六年。傷不同類二種，徒十二年。雙雙傷同類則絞殺，致死則依有意殺法判斷。

史金波等譯《天盛改舊新定律令》卷一〇《失職寬限變告門》 一、主局分人酒醉來司中，及他人酒醉於司中争鬬，聞其聲高時，八杖。

史金波等譯《天盛改舊新定律令》卷一三《執符鐵箭顯貴言等失門》

一、諸人與執符本人相遇，毆打、不予騎乘等時，當絞殺。

一、諸人與執符人遇，不予騎乘而逃，及予之騎乘而打之，及未打而不予騎乘等。一律徒十二年。

一、未與執符本人遇，隨執符局分人所派遣之童子、馬伕等往要騎乘，其處不予騎乘而打之者，徒四年。予之騎乘而打之及未打而不予騎乘而逃等，一律徒二年。【略】

一、執符沿途往捕畜時，不許於家主中爲無理，與諸人争鬬毆打，若違律時徒一年。執符先動手，然後他人後動手打執符者，依予執符畜而毆打法判斷。【略】

一、執符、鐵箭先動手無理與他人毆打争鬬中折損符、鐵箭等時，執符、鐵箭者及相毆打者一律徒二年。【略】

一、執符無理毆打争鬬時，相争之他人當獲執符之罪，受賄而有意傷符者徒五年。倘若執符獲争鬬之罪，受賄而自傷己符者，與傷者之罪同等判斷。【略】

一、執符無理與他人争鬬，他人動手殺執符，執符動手殺相争等，一律當絞殺。

《元典章》卷四四《刑部·毆詈·拳手傷·毆人》 至元四年五月二十一日，中都路總管府申解到李和你赤狀告樊興扯碎衣服、毆打公事。責得樊興狀招不合，爲和你赤少欠興錢，將和你赤馬疋奪了（歐）〔毆〕打罪犯，法司擬舊例：拳手毆人，不傷笞四十，傷人杖六十。後下手理直者，減二等。他物不傷者，杖六十。部擬舊例：諸犯徒應役而家無兼丁者，徒一年，加杖一百二十，不居作。一等加二十。若徒年限内無兼丁者，總計應役日及應加杖數，准折決放，謂如犯徒一年，三百六十日合杖一百二十。即是三十日當杖十。若徒一年半，五百四十日合杖一百四十，即三十八日當杖十。若犯徒二年，七百二十日合杖一百六十，即四十五日當杖十。若犯徒二年半，九百日合杖一百八十，即五十日當杖十。若犯徒三年，一千八十日合杖二百，即五十四日當杖十。若犯徒三年半，一千二百六十日亦杖二百，即六十三日當杖十。若犯徒四年，一千四百四十日亦合杖二百，即七十二日當杖十。照擬笞一十至五十，每一十應役十五日。杖六十至一百，每一十應役二十日。犯人帶鐐居作。呈奉省劄，依准所擬行。

《元典章》卷五七《刑部·諸禁·雜禁·禁治貫刀乞化》 至元八年十月，尚書刑部、尚書省判送御史臺呈：監察御史呈，近聞中都有一個不知姓名男子，自以短刀貫透其臂，血刃淋漓，行乞於市。每至一家門首，輒作悲態不忍之狀，致使群目縣觀，主家驚避，得錢方去。其人想亦貧民，設此狂誑，原其本情，亦非得已。蓋以凍餒所迫，以至於此，甚傷

風化。且古者孝子爲親割股，恐其傷生，猶加禁戒，況此人本營口腹，成毁肌膚，或因致命，深係利害，切傷餘人。故而爲例。今後似此之類，合令有司依理禁治。庶得民俗移風，明知教化。乞照詳禁約施行。比奉都堂鈞旨：行下合屬禁約者。

《通制條格》卷二七《雜令·漢人毆蒙古人》　至元九年五月十九日，中書省欽奉聖旨：聽得漢兒人每多有聚集人衆，達達人每根底鬭打有。這般體例那裏有，您每嚴加禁約者。欽此。

《元典章》卷四四《刑部·毆詈·保辜·保辜日限》　至元十二年十一月，中書兵刑部來申，阮有成狀告本家軀口小沈因放馬食，踐訖蘇則毛等田禾，其蘇則毛用棗棒將小沈右手第二指打折落訖一節，不見保辜體例，乞明降事。省部相度，本路官吏即非創立衙門。凡訴毆傷，自有定例，緣何作疑？申稟事屬未當。所據蘇則毛用棒將小沈右手第二指打折落訖一節，招證明白，依例保辜五十日。合下仰照驗依上施行。

《元典章》卷四一《刑部·諸惡·不睦·打傷親兄》　至元二十年五月，江西行省據審斷罪囚官狀申：袁州路萬載縣羅細三、羅細八打傷親兄羅二，議得爲首不合打傷親兄羅二左手腕骨斷，已成廢疾，其羅細八罪犯宜斷一百七下，爲從羅細三八十七下。省准斷訖。

《元典章》卷四一《刑部·諸惡·不義·義男面上刺字》　元貞元年，江西行省據袁州路申：曹應定告接養義男曹歸哥因爲逃走，不聽教訓，是應定用針筆於本司面上刺訖曹字一個。不期曹歸哥於閏四月初二日，拾起鐵斧，於應定後頸上砍訖一下，血出。府司擬曹歸哥決杖一百七下，開坐申乞，明降送理問。所照擬得曹應定當問，螟立曹歸哥爲義男。嗔責不時，鎖打無度，輙用針筆刺面，使本人終身玷刑，以致曹歸哥忿恨，乘醉用鐵斧於曹應定頸後斫訖一下，自取危辱。擬比刃傷凡人加等論罪，決杖九十七下，斷付伊生母徐阿易歸宗。曹應定不應於曹歸哥面上刺字一節，量擬二十七下。省府相度：曹應定將義男曹歸哥面上刺字，已是義絶。所據曹歸哥招伏用斧將曹應定斫傷罪犯，宜決九十七下，歸宗。曹應定不應將曹歸哥刺字一節，終是被傷之人，宜免科罪。

《元典章》卷四四《刑部·毆詈·他物傷·戳碎兩眼雙睛》　至大元年五月，袁州路蒙江西行省所委官斷過宜春縣申：僧人劉師一告僧彭妙静帶領俗兄彭曾二、彭曾六等捉倒張德雲和尚行打，挖出眼睛等事。取責到彭妙静、彭曾二、彭曾六等招伏，在官審問相同。議得彭妙静係是僧人，因師孫張德雲節次理詞於都綱司，妄告破壞鈔定，致令欠人債，負爲仇，又被占管住持上討。合俗兄彭曾二、彭曾六前去與張德雲尋鬧，將本僧揪捽，用木柴打傷左頭角等一十一處數內，打着左手肘骨斷折。又行騎坐本僧身上，彭曾二等各用手拿住本僧手足、頭腦，不令動摇，又用鐵火筋將張德雲兩眼雙睛戳碎，不能視物，已成廢疾。擬將彭妙静斷一百七下，斷令還俗，追到度牒毁抹。彭曾二比依彭妙静本犯減等，杖斷九十七下。彭曾六係是彭妙静、彭曾二親弟，終是聽受兄長使令之人，比彭曾二本犯減一等，杖斷八十七下外，據彭妙静流遠發付迤北遼陽地面住坐一節，申覆省府，照詳明降，合徵養贍中統鈔一十定，依例於彭妙静親屬彭曾二、彭曾六名下均徵給付。至大元年閏十一月十一日，回奉省劄移准中書咨送刑部議得：僧人彭妙静所招，用争管常住田産等物，同兄彭曾二等將僧人張德雲毆打，及用鐵火筋於張德雲眼内戳訖不記下數，雙睛俱碎，不能視物，及將左手肘打傷骨斷，已成廢疾。參詳彭妙静所犯，殘害尤重。罪既斷訖，比例擬合均徵中統鈔二十定給付苦主，充養贍之資，及將正犯人彭妙静遷徙遼陽迤北屯種相應。具呈照詳，都省准擬施行。

《元典章》卷四一《刑部·諸惡·不義·將妻沿身雕青》　至大四年二月，江西行省准尚書省咨江浙省咨杭州路申錢萬二狀招：至大二年六月初七日，將妻狄四娘沿身刀刺青綉，不從，用拳將本婦行打抑勒，於背上、兩腿刁刺龍鬼，接受莫一、史舍鈔兩，雇覔妻狄四娘在街露體呈綉迎社，又將妻母狄阿孫抵觸。大傷風化，已絶夫婦之道，似難同居。若將本婦離異歸宗，緣係爲例事理，咨請照詳。准此，送刑部議得：庶民生理，勤實爲本。其錢萬二不以人倫爲重，貪圖錢物，將妻狄四娘抑逼，遍身刁刺青綉，赤體沿街迎社，不惟將本婦終身廢棄，實傷風化，合杖斷八十七下，合准行省所擬離異。緣犯在至大三年十月十八日欽奉詔赦以前事理，罪經革撥。將本婦離異歸宗，遍行合屬禁治相應。具呈照詳，都省咨請依上施行。

《元典章》卷四一《刑部·諸惡·不義·割去義男囊腎》　皇慶元年八月□日，福建道宣慰司奉江浙行省劄付，近據劉世英告，本家軀口任瘦

兒告稱，親獲刺真與妹兒通姦，帶怒將刺真臀子割去，已行平復，別無入己贓罪。咬咬萬户私仇羅織，罷役委是枉屈。告乞施行。得此照得：先據鎮守常州萬户府申，鎮撫劉世英先犯欺軍擾民，兩經斷罪，不改前非。今次將亡父母子李丑驢抑良爲駈，親手用刀割去囊腎等事，爲是所犯情理深重，擬斷八十七下，罷職。據本人見告，叙用未見所守通例。移咨中書省，咨送據刑部呈議得：劉世英職居行伍，欺軍擾民，兩經斷罪。今次又將過房義子李丑驢抑良爲駈，遍身雕青。意圖陞遷，强將李丑驢執縛，親手用刀割去囊腎，欲作行求之物。以人爲貨，重爵輕生如此，殘忍不仁之甚。以若所爲罪，難輕恕。江浙省已行斷訖，及將李丑驢給親完聚，人價不追，別無定奪外，本人職役行省既已斷訖，擬合除名不叙相應。具呈照詳。都省咨請依上施行。

《元典章》卷四四《刑部・毆詈・他物傷・馮崇等剜壞池傑眼睛》 延祐元年五月，建寧路准南劍路關：據順昌縣結解到犯人廖阿徐、馮崇等，爲挾讎剜壞池傑眼睛，打折右手肘骨等事。勘責得犯人馮崇、楊僧狀招：不合挾讎於皇慶二年六月二十三日主使佃户楊僧次姪徐明，將池傑鎖監在地名水流際泗州堂後，用麻繩綁倒，石灰和鹽於本人兩眼淹擦，及用篦刀破竹一截，削尖一頭，將池傑兩眼雙睛攞訖數下，剔剜出兩眼。內肉瘼枯瞎，不能視物。打折右手肐膊骨節，已成廢疾。廖阿徐將中統鈔二定付楊僧，徐明作酬勞錢物。楊僧狀招相同。除將干連人徐明等摘斷外，議擬廖阿徐、馮崇、楊僧各各罪名，申奉到福建道宣慰司。都元帥府劄付備奉江浙行省劄付，相度馮崇爲首，主謀楊僧行兇，下手殘忍慘毒，情理尤重，准擬。均徵中統鈔二定給付池傑養贍外，據馮崇、楊僧依例遷徙施行。奉此，當府除已依例支給口糧，今將犯人馮崇、楊僧二名鎖項，并申遼陽行省文解一匣，夾板油單封印，全發下劍浦縣差官押發前去外，請收管依上施行。此條應在戳碎兩眼雙睛條後，原闕今補。

《元典章》卷四一《刑部・諸惡・不義・割斷義男脚筋》 延祐三年八月□日，江浙行省劄付，奉中書省咨來咨浙東道呈：台州路申徐華甫告董孝英將過房義男張壽孫爲偷雞隻剜耳銀鋸，用刀刈斷左脚筋等事。本省議得：董孝英用刀非法將義男張壽孫左脚跟筋刈斷，情理非輕。若准凡人跌折肢體例決八十七下，張壽孫斷令歸宗，事干通例，咨請照詳。准此，送刑部議得：董孝英所招，因義男張壽孫偷訖耳剜銀鋸雞隻，將本人毆打，用刀將左脚筋刈斷，以成廢疾。原其所犯，殘忍兇狠，情理深重。比例合杖九十七下，罪過免，令張壽孫歸宗。仍於董孝英名下追中統鈔五百兩，充養贍之資相應。具呈照詳。得此，都省准擬，咨請依上施行。

《元典章》卷四一《刑部・諸惡・不義・燒烙前妻兒女》 延祐三年十二月十六日，有本社亂山里老郝娘娘並伊次男郝又引領伊重孫女郝丑哥前來元處，告說有後母韓端哥不知主何情意，用鐵鞋錐於俺孫女郝丑哥舌頭上烙訖三下，脊背上烙訖七十二下，小厮郝駡兒也烙了七錐子等事。呈訖照驗，得此責得犯人韓端哥狀招：年二十七歲，無病孕，是本縣附籍軍民郝千驢後妻。招伏既是郝千驢後妻，自合在家作活過日，不合於延祐三年十二月十四日早辰，與房親郝六嫂一同前來本縣南關，與開店老劉做齋，至當日日没時分還家。至十五日早辰，端哥因自己院内取柴去，見郝大嫂駈婦馮哇頭前來到，於端哥西墻邊言道：你昨日城里來的晚了，您兩個孩兒偷出小豆，客人處換梨兒吃。道罷，端哥存心，隨即還家發怒，將女子丑哥元穿衣服脱去，於竈窩内用破盆片取出元燒下柴火，又於屋内取到大團頭鐵鞋錐一個，用火燒紅，將女子丑哥撲倒，用左脚踏住脖項，用左手將丑哥舌頭扯出，將鞋錐烙訖三下。次後於兩小腿上及腰胯連背脊背直至臀片，前後通烙訖七十二下。有女子丑哥疼痛難忍，以此言説我是換了五個梨兒吃來，才行放起。自合著言教訓，不合用意生發毒心，强行將前妻抛下女子丑哥，本家元行使鐵鞋錐一個，用火燒紅，將郝丑哥舌頭扯出，烙訖三下。次後於兩小腿上及腰胯脊直烙至臀片，前後通烙七十二下。然後用麻繩一條，將女子丑哥兩手搏住，吊於欞下。爲是氣斷，不時解下撒放。又不合將男郝駡兒用右手拖至火爐邊，亦行用鞋錐燒火，於臀片上烙訖三下。次後於腰脊上烙訖四下，前後通烙訖七下，才時撒放。以致社長張元呈告到官，招伏是實。府司看詳：郝千驢前妻已故，後娶到韓端哥，不行在家信從傍人馮哇頭𡁠説前妻抛下女子丑哥、兒子郝駡兒將小豆一碗兑換棠梨食用。既知𡁠説，本婦既然聽信，輙將擩鞋鐵錐火内燒紅，將女子郝丑哥施恨，即於舌上烙訖三下，身至臀腰，通烙訖七十二下。又用麻繩於上懸吊，將欲垂命。將郝駡兒臀片至腰脊二處烙訖七下。

其郝罵兒年及一十一歲，女子郝丑哥一十三歲。未知稼穡。本婦窺夫不在，故將前妻兒女捨情苦虐，已絶骨肉原情。嫉妬之歸，大傷風化，擬合杖斷七十七下。若與前妻子女同居相守，中間恐致別事，合依本縣所擬，離異相應，申乞照詳。得此本部議得：合准永平路所擬，斷罪離異，追回元聘財錢，以爲後來之戒。遍行各處相應，具呈照詳。都省准擬，咨請依上施行。

韓端哥所犯，同夫郝千驢前妻抛下女丑哥、男罵兒用小豆換梨食，乘夫在外，暗發狠心，將十三歲女丑哥踏住脖項，扯出舌頭，并沿身用火燒鐵鞋錐，烙訖七十二下。又將十一歲男馬兒臀片、腰脊烙傷七下。酷毒如此，甚傷恩義。按：此爲本葉背十一行議得下合准上闕文，今補。

《元典章》新集《刑部・諸毆・損眼目・針擦人眼均徵養贍鈔》 延祐四年六月□日，袁州路奉江西行省劄付近據來申：僧周普沾告萍鄉州南源寺長老黄妙敬主使賀志杭，將佃户楊萬三兩眼針錐，用石灰、鹽醋擦入，雙目不能視物，已成廢疾。依例杖斷一百七下，遷徙遼陽迤東屯種，均徵中統鈔二十定付楊萬三充養贍之資。遷徙一節，例合申稟，乞明降。得此，移准中書省咨送刑部議得：僧人黄妙敬所招主使徒弟賀志杭等將楊萬三兩眼針錐，復用石灰、鹽醋擦損，已成篤疾。原其本犯，情理至重罪。既斷訖，比例移咨本省，遷徙庶使兇狠之徒知所誡懼。具呈照詳。得此，都省議得：黄妙敬所犯，罪既斷訖，擬合於本僧名下追徵中統鈔二十定給付楊萬三充養贍之資。如無可追給，着落賀志杭、王慈印均徵給付，拘收黄妙敬住持。聖旨追毁爲僧文憑，遷徙遼陽以誡其餘。

《元典章》新集《刑部・諸毆・損眼目・挖損兩眼成廢疾》 延祐七年三月□日，江浙行省准中書省咨。該來咨松江府申曹辛四告：被曹辛一用手將父曹慶二右眼睛剜出，曹辛三用右手將左眼睛掐撥，及用鉆子將父左脚後跟筋脉割斷。取訖曹辛一等招伏，議得曹辛〔一〕一名所獲所招，與弟曹辛三違禁搬取私鹽，嗔恨親叔曹慶二將伊男曹辛四報知巡鹽軍官，捉獲私鹽，捉拏父曹慶一解官，起意對弟言説：將叔曹慶二打一頓，挖了眼睛，挑了脚筋，與父報讎。伊弟曹辛三允從，各執器杖前去叔曹慶二門首楊上。先將曹慶二、曹辛四行打，曹辛四走避，曹慶二用水四車栽底敲打折弟曹辛三元執竹柄鐵扒。本人用右手將叔曹慶二頭髻揪住，與弟曹辛三併力將叔曹慶二攧倒。曹辛一下手將伊兩眼摳挖，眼珠出血，右眼睛珠昏暗不能開視。及曹辛三將叔曹慶二兩脚用鐵扒砍傷脚跟，左脚被傷筋斷，緊縮不能行履，已成廢疾。各人所犯，傷殘親叔，情理酷害。如准松江府所擬斷流，追徵養贍之資，即係爲例事理。資請照詳。准此送據刑部呈，逐一議擬，照詳都省准擬施行。

一名曹辛一所招：不合販賣私鹽，嗔恨親叔曹慶二令男曹辛四報獲，捉拏伊父曹慶一解官。曹辛一造意報讎，同弟曹辛三將叔曹慶二傷害。其曹辛一將叔曹慶二左右兩眼俱各挖損，內右眼不能視物，已成廢疾。所犯殘忍凶狠，情理深重，擬比例將曹辛一決杖一百七下，遷徙遼陽屯種。前件本部議得：曹辛一所招，挾恨叔曹慶二報捉伊父曹慶一販賣私鹽，與弟曹辛三將親叔曹慶二左右兩眼挖損，右眼已成廢疾。詳其所犯，情理深重，合准江浙行省所擬，比例杖斷一百七下，遷徙遼陽屯種相應。

前件議得曹辛一所犯，量擬遷徙遼陽肇州屯種。

一名曹辛三所招：不合販賣私鹽，嗔恨親叔曹慶二令男曹辛四報獲，捉拏伊父曹慶一解官。有兄曹辛一造意報讎。曹辛一先將曹慶二兩眼挖損，曹辛三又將叔曹慶二兩脚斫傷，內左脚不能行履，亦成廢疾。各人所犯，殘害凶狠，情理深重。擬合比例，將犯人曹辛三決杖一百七下，遷徙遼陽屯種。前件本部議得：曹辛三所招，挾恨叔曹慶二報捉伊父曹慶一販賣私鹽，聽從兄曹辛一起意報讎。曹辛一先將曹慶二兩眼挖損，曹辛三亦用鐵扒將伊叔曹慶二兩脚砍傷，內左脚不能行履，已成廢疾。詳其所犯，情理深重。合准江浙行省所擬，比例杖斷一百七下，遷徙遼陽屯種相應。

前件議得曹辛三所犯，量擬遷徙遼陽肇州屯種。

一犯人曹辛一、曹辛三係同居兄弟，擬合著落犯屬各追中統鈔一十定，共二十定給付曹慶二充養贍之資。前件依准所擬，追給相應。

《元典章》新集《刑部・諸毆・損眼目・戳剜雙睛斷例》 至治二年正月□日，福建宣慰司奉江浙行省劄付近據浙東宣慰司呈衢州路申：舒杞八主意，喝令舒信三、甲烏奴刺將姪舒寓一左眼戳傷，及用手指將右眼剜損，兩眼俱各失明，已成廢人。殘害骨肉，情理深重。罪既斷訖，擬合於舒杞八名下追徵養贍之資，將舒杞八遷徙遼陽屯種相應。具呈照詳。得

此移准中書省咨送據刑部呈議得：舒杞八所招，因兄舒杞四將堂兄舒德堅次男舒寓三殺死，不肯休和，挾讎主謀，糾合舒信三并姪舒孫同去沿路將舒德堅長男舒寓一攧倒，胷前騎坐。舒孫捺住雙脚，喝令舒信三將舒寓一左右眼戳剜，雙睛俱各失明，已成廢人。行省已將各人斷訖，追給中統鈔二十定，充養贍之資。以此參詳：舒杞八伊兄舒杞四先將舒德堅次男舒寓三用刀戳死，挾恨不與准伏。又行起意，主使舒信三從而加功，將舒德堅長男舒寓一剜刺雙睛，傷殘骨肉，滅絶彝倫。原其所犯，情理至重。罪既斷訖，擬合將舒杞八、舒信三遷徙遼陽肇州屯種，以戒其餘相應。具呈照詳。得此，都省咨請依上施行。

《元典章》新集《刑部・諸殺・誤殺・毆傷人恐聞官打弟誣賴致死》

至治二年二月初三日，福建宣慰司奉江浙行省劄付准中書省咨來咨福建宣慰司呈建寧路備甌寧縣申雲溪寺僧林惟寧告：延祐五年四月初二日，見山上採茶遣人工張五十，前去探問，聽見張五十嚴吅被人行打，惟寧遂往看覷，被本都住人范貴、范狗等將張五十打倒，范貴、范狗將惟寧打傷。各人見惟寧被傷，范貴、范狗却到倉所將不識姓名小厮打傷誣賴。至十三日據里正申，不得姓名小厮係范狗親弟范勝，被打重傷，於四月十三日巳時氣絶身死。檢尸相同，衆證明白，范貴招伏：不合於延祐五年四月初六日，因將僧林惟寧打傷，慮恐告官，無計可解，用鋤頭將弟范勝頂心偏右打傷，誣賴作惟寧行打，意圖兩家有傷，可免聞官。經隔七日身死，罪犯是實。得此本省參詳：范貴所犯，因將僧林惟寧毆傷，欲脱己罪，故用鐵鋤頭將親弟范勝頂心要害處打傷破骨，經隔七日身死。若准釋放，事干通例，宜令合干部分定擬相應。咨請回示。准此送據刑部呈議得：江浙行省咨建寧路申范貴所招，因與僧林惟寧相争，將本僧打傷，慮恐告官，用鐵鋤頭將親弟范勝打傷，誣賴林惟寧，可免聞官。經隔七日，邂逅身死。原其所犯，殊無謀故之情。既已欽遇釋放，別難議擬。宜從都省回咨，本省照會相應，具呈照詳。得此都省咨請依上施行。

《元典章》卷四四《刑部・毆詈・拳手傷・毆所屬吏人》 省劄送下制國用使司呈：東京路虞城縣達魯花赤傳禿哥毆打運司差去解子楊德帶傷罪犯，法司擬舊例：拒司縣以上吏者，杖六十，毆者加二等，傷重加凡人鬭傷一等。又舊例：他物毆傷人者，杖八十二，罪從重，合杖九十。今減一等，杖八十，贖銅一十六斤，折鈔三貫二百文。部擬罰俸一月，省斷罰兩月俸，一半没官，一半給付被傷人。

《元史》卷一〇五《刑法志》 諸職官輒將義男去勢，以充閹官進納者，杖一百七，除名不叙，記過，義男歸宗。諸以微故殘傷義男肢體廢疾者，加凡人折跌肢體一等論，義男歸宗，仍徵中統鈔五百貫，充養贍之貲。

《元史》卷一〇五《刑法志》 諸蒙古人與漢人争，毆漢人，漢人勿還報，許訴于有司。

《元史》卷一〇五《刑法志》 諸職官毆妻墮胎者，笞三十七，解職，期年後降先品一等，注邊遠一任，妻離之。

《元史》卷一〇五《刑法志》 諸因鬭毆斫傷人成廢疾者，杖八十七，徵中統鈔一十錠，付被（告）〔傷〕人，充養濟之資。爲父還毆致傷者，徵其鈔之半。

《元史》卷一〇五《刑法志》 諸脱禾孫輒毆傷往來使臣者，笞四十七，解職記過。諸職官，輒以他物毆傷使臣者，杖六十七。諸司屬官，輒毆本管上司幕官者，笞四十七，解職記過。諸方鎮僚屬，輒以他物毆傷主帥者，杖六十七，幕官使酒罵長官者，笞四十七，並解職別叙，記過。諸按部官因争辯，輒毆有司官，有司官還毆者，各笞三十七，解職。諸監臨官挾怨，當廳扯捽屬官，屬官輒毆之者，笞四十七，解職。諸方面大臣，不能以正率下，輒與幕屬公堂鬭争，雖會赦，並罷免記過，赦前無招者還職。諸職官輒毆傷所監臨，以所毆傷法論罪，記過。諸職官毆傷同署長官者，笞五十七，解見任，降先品一等叙，仍記過名。諸有司長官，輒毆同位正官者，笞三十七，毆佐貳官者，二十七，並解職記過。諸同僚改除，復以私忿相毆詈者，皆罷其所受新命。諸在閑職官，輒毆詈本籍在任長官者，杖六十七。諸職官相毆，其官等，從所傷輕重論罪。諸軍官縱酒，因戲而怒，故毆傷有司官者，笞三十七，記過。諸幕僚因公，輒以惡言詈長官者，笞四十七，長官輒還毆者，笞一十七，並記過名。諸職官乘醉，當街毆傷平人者，笞四十七，記過。諸職官間居與庶民相毆者，職官減一等，聽罰贖。諸以他物毆傷職官者，加一等，笞五十七。諸小民恃年老，毆詈所屬官長者，杖六十七，不聽贖。諸惡少無賴，輒毆傷禁近之人

者，杖七十七。

《元史》卷一〇五《刑法志》 諸保辜者，手足毆傷人，限十日。以他物毆傷者，二十日。以刃及湯火傷人者，三十日。折跌肢體及破骨者，五十日。毆傷不相須，餘條毆傷，及殺傷者準此。限內死者，各依殺人論。其在限外，及雖在限內，以他故死者，各依本毆傷法。他故，謂別增餘患而死者。

《元史》卷一〇五《刑法志》 諸倡女鬬傷良人，辜限之外死者，杖七十七，單衣受刑。

《元史》卷一〇五《刑法志》 諸毆傷人，辜限外死者，杖七十七。

《元史》卷一〇五《刑法志》 諸鬬毆，以手足擊人傷者，笞二十七，以他物者三十七。傷及拔髮方寸以上，四十七。若血從耳目出及內損吐血者，加一等。折齒、毀缺耳鼻、眇一目及折手足指，若破骨及湯火傷人者，杖六十七。折二齒二指以上，及髡髮，并刃傷、折人肋、眇人兩目、墮人胎，七十七。以穢物污人頭面者，罪亦如之。折跌人肢體，及瞎其目者，九十七。辜內平復者，各減二等。即損二事以上，及因舊患，令至篤疾，若斷舌及毀敗人陰陽者，一百七。

《元史》卷一〇五《刑法志》 諸以非理毆傷妻妾者，罪以本毆傷論，並離之。若妻不爲父母悅，以致非理毆傷者，罪減三等，仍離之。

《元史》卷一〇五《刑法志》 諸尊長輒以微罪刺傷弟姪雙目者，與常人同罪，杖一百七，追徵贍養鈔二十錠給苦主，免流，識過于門；無罪者，仍流。諸弟雖聽其兄之仇，同謀剜其兄之眼，即以弟爲首，各杖一百七，流遠，而弟加遠。諸卑幼挾仇，輒刺傷尊長雙目成廢疾者，杖一百七，流遠。諸以刃刺破人兩目成篤疾者，杖一百七，流遠，仍徵中統鈔二十錠，充養贍之貲，主使者亦如之。諸挾讎傷人之目者，若一目元損，又傷其一目，與傷兩目同論，雖會赦，仍流。諸因争誤瞎人一目者，杖七十七，徵中統鈔五十兩，充醫藥之貲。

《元史》卷一〇五《刑法志》 諸蒙古人斫傷他人奴，知罪願休和者聽。諸以他物傷人，致成廢疾者，杖七十七，仍追中統鈔一十錠，付被傷人，充養濟之資。

《元史》卷一〇四《刑法志》 諸醉後毆其父母，父母無他子，告乞免死養老者，杖一百七，居役百日。

《大元通制·諸條格》 毆詈，凡手足毆人，決二十七下。手足傷，他物傷，各決三十七下。拔髮、折指齒、破骨、毀缺耳鼻一目，決六十七下。折肋、刃傷、墮胎，眇二目，決七十七下。傷折支體，瞎一目，決八十七下。毀敗陰陽成篤疾，決一百七下。毆詈親屬、弟妻、兄妻，決二十七下。詈父、後妻燒烙前妻兒女，決七十七下，離異。弟毆傷兄，八十七下。割斷義男腳筋，決九十七下，追鈔一十定，與養贍，令歸宗。為首打傷親兄，手成廢疾，剜去二目成廢疾，決一百七下。侄打折叔腳成廢疾，遇免遷徙種田。剜損親族雙目，追鈔廿定，一目，追一十定，給付充養贍，徙遼陽迤東。江南富戶淩虐毆傷佃戶，同凡人科斷。自刑謀害人，決六十七下。故殺子孫誣賴人，決七十七下。將男女殺害圖賴人，決六十七下。

（元）沈仲緯《刑統賦疏·第七韻》 傷重加凡鬬者非止內損。律之傷重者非謂損之重也。若言毆人必至內損，吐血方爲傷重，是亦不知隨事而變者。《鬬訟律》：諸流內九品以上毆議貴徒一年，傷重加凡鬬二等。疏議曰：傷重謂他物毆凡人內損吐血合杖一百，毆議貴合加二等徒一年半，此名傷重。又條，諸拒州縣以上使者杖六十，毆者加鬬傷一等。

疏議曰：傷重者謂他物毆內損吐血，凡鬬合杖一百，加鬬傷一等徒一年。又條，諸部曲奴婢毆主之緦麻親徒一年，傷重者謂他物毆各加凡人一等。

疏議曰：假部曲用他物毆主緦麻親內損吐血依凡人各加杖一百，犯良人加一等，緦麻加凡人一等合徒一年半，故云，傷重各加凡人一等。又條，諸妻毆夫徒一年，若毆傷重者加凡鬬傷二等。

疏議曰：假如凡人以他物毆傷人內損吐血合杖一百，加凡鬬三等處徒二年。又條，諸毆緦麻兄姊杖一百，小功大功各遞加一等，傷重者各遞加凡鬬傷一等。

疏議曰：謂他物毆緦麻兄弟內損吐血准凡人杖一百，加一等合徒一年，小功徒一年半，大功徒二年。又條，諸宮內忿争者笞五十，聲徹御所及相毆徒一年，以刃相向者徒二年，殿內遞加一等，傷重者各加鬬傷二等。又條，毆佐職者徒一年，傷重者加凡鬬傷一等。又條，諸毆本屬府州

刺史縣令祖父母及妻子者徒一年，傷重者加凡鬭一等。又條，諸皇家祖免親而毆之者徒一年，傷者徒二年，傷重者加凡鬭二等。於此可見律稱傷重非止於內損吐血也明矣。

直解：毆凡人內損吐血者杖一百，若皇家祖免親而毆之，雖不內損吐血，但傷重者，加凡鬭二等。

通例：諸鬭毆人者，笞二十；傷及以他物毆人者，笞三十；及拔髮方寸以上四十；若血從耳目出及內損吐血者各加一等，該五十；折齒毀敗耳目眇一目又折手足指者，若破骨及湯火者，本折二齒二指以上及禿髮並力傷人肋眇其兩目、墮人胎七十七，下法司檢舊例拒州縣以上使傷重者，加凡鬭一等。至元五年二月部議：平陽路夏縣奥魯軍李大於鄭縣令面上打訖一拳，有傷，係毆傷品官比凡人加等，決五十七下。

（元）佚名《别本刑統賦解》 非毆非傷而有同毆傷。擊人謂之毆，見血謂之傷，其有非毆非傷同於毆傷者謂挽戞捽髮擒領扼喉，或以蜂蛇猛獸等畜傷人，或邪藥與人，或不依本方與服食人合藥鍼灸，或造畜魘魅邪法符書呪咀，或溺人於水中，或投人於陷穽，如此等類但能致傷人命偶獲生免並同毆傷之坐也。

（元）蘇天爵《滋溪文稿》卷二七《乞詳定鬭毆殺人罪》 蓋聞國之重者莫先乎刑，刑之重者莫大乎殺，且立法在於可守，用刑貴於適中。夫法不可守則徒法不能以自行，刑不適中則民無所措手足，是以古昔之用刑必也隨世而輕重。故殺人者死，雖有定名，然鬭毆之情至為不一，若皆置之死地或情有可恕欲悉為之斷放，則死者何辜。照得大德十年八月，刑部郎中趙奉政牒鬭毆殺人輕重似少詳論，本部議得鬭毆殺人所犯不一，原情議罪事各有異，若許一例斷放被死之人，寃何由雪。又恐官吏乘此弄法，漸生奸弊，甚於刑政不便。如準所言，但犯鬭毆殺人追勘完備，依例結案詳斷，庶免差池，都省準擬。又照得至正五年五月中書奏準，節該鬭毆以手足毆人及頭撞擊或用他物於人非要害處毆損致命者，或因鬭擊非虛怯處痛氣攻心邂逅致命者，並為本無殺心，擬合杖斷一百七下，並流三千里。其因鬭用刃及他物於人虛怯要害處毆擊登時而死，或因非鬭争無事而殺，并被毆者原無忿争止辯已事因而致命，若鬭毆罷散聲不相接，去而又來毆人致命身死者，以其即有害心並從故殺之法，依例結案待報，欽此。夫以法制平允，則永遠可以奉行，如或執一則刑獄必至淹滯。近因欽奉詔書巡行畿甸，詢民疾苦，疏滌寃滯，所歷州縣等處，或有鬭殺之囚原情比附新例，往往不克斷遣。蓋禁奸止暴固宜嚴肅，然哀死恤刑尤當慎重。且今村野人民素無教養，誤犯刑憲者多，而郡縣官吏貪汙苟且通知法律者少，夫既不能詳情審問，又復不肯追勘結解，致使獄囚淹延，一切死於囹圄，豈惟玩舞刑政，實為感傷中和。《書》曰：罪疑惟輕！《易》曰：君子以明慎用刑而不留獄，宜從都省詳定其法，務使允平，庶幾天下在獄之囚幸得以生全，國家好生之德普洽於遠邇。

《明仁宗寶訓》卷二《正風化》 永樂八年七月丁丑，上爲皇太子監國南京，謂禮部尚書吕震曰：人情相愛，則祝以多男，而民庶者，國家之祥。近謂京師愚民有厭子息多生，輒棄之不育者，傷天地之仁，失父母之道，宜嚴禁止之。再有犯者，并兩隣加罪。

《明仁宗寶訓》卷二《抑倖進》 永樂二十二年九月，戊子，長沙府民有自宫求爲内侍者，通政使司以聞，上曰：遊惰不孝之人，忍自絶於父母，豈可使在左右？發爲卒戍邊。

《明仁宗寶訓》卷二《抑倖進》 永樂二十二年十月癸卯，興州左屯衛軍徐翊有子嘗自宫入爲内豎，翊奏乞除軍籍。

上曰：爲父，當教子爲子，當養親。爾有子不能教，致自傷其體，背親恩，絶人道，敗壞風化，皆原於爾。尚敢希除軍籍耶！出其子使代軍役。

《明仁宗寶訓》卷二《正風化》 洪熙元年三月丁亥上諭刑部尚書金純等曰：自宫以求用者，惟圖一身富貴而絶其祖宗父母。不顧古人求忠臣於孝子，彼於父母尚不顧，豈有誠心事君？朕已決意不用此等人。然其不孝之罪須懲治。今後有自宫者必不貸。若加人宫刑乎，朕亦惡之。蓋宫刑下死刑一等耳，亦須嚴切禁止。顧大學士楊士奇等曰：此事須已詔書行之。

（明）鄧士龍《國朝典故》卷三三《自宫》 宣德元年，有自宫求用者，上謂禮部臣曰：皇考在御時，嘗有自宫者，以其毀親、遺體，爲不孝，皆發戍交阯。今尚敢爾！即循例發遣，更申明禁約。

上聞山西軍民李二等九人自宫投入晋王府，貽書晋王曰：皇考下詔

天下，禁止自宫，違者論以不孝。而李二等敢故違，投入王府。夫自宫以求用，古人所謂非人情，不可近，不孝之人不知念其父母，豈復有心爲王國用？已令法司逮治，自今有若此者，宜斥之。

二年，榜諭天下，禁止自宫。

《明宣宗實訓》宣德卷二《正風化》〔宣德二年〕七月乙卯，上諭禮部臣曰：昔皇考在位，禁止自宫之人，謂其毀傷父母遺體，最是不孝。凡有此等，皆發充軍。朕遵承先志，亦嘗援例發遣。比者小人復有冒犯，蓋緣不知，故爾妄作孔子曰：示之以好惡而民知禁。卿宜出榜徧諭天下，使之遵守。

《明英宗實録》正統十三年春正月〔辛亥〕四川長河西番人及琉球國番伴相毆會同館門外，有重傷者。事聞，上命毆至死者抵死。

（明）余繼登《典故紀聞》卷一二 景泰七年，景皇詔禮部尚書胡濙等，諭之曰：近聞民間自宫者甚多，洪熙、宣德年間已有禁例，爾禮部其榜諭多人，自今敢有自宫求進及投入王府并官員勢要之家者，俱如舊例，處以不孝死罪。該管旗甲里老鄰人，知而不首及隱藏者，俱罪之。

（明）戴金《明條法事類纂》卷三六《刑部類·毆祖父母父母·軍職毀罵伯叔父母及兄姨查勘例》 天順八年十月初五日，都察院右都御史李等題，爲陳言事。計開：

一、激勸孝弟，以〔原〕〔厚〕天倫。夫孝弟，人之大倫。人能孝於父母，悌以兄弟，則一家之内，父父子子，兄兄弟弟，五倫由此而〔原〕〔厚〕，人道由此而行。孔子曰：孝弟也者，其爲人之本歟！今之〔手〕〔守〕令，惟以催科幹濟爲能事，而於教化〔漢照〕〔漠然〕無由用其心，使民不知人倫之當〔原〕〔厚〕，父兄之當尊。好貨財，私妻子，不顧父母之養者有之。各妻其妻，各子其子，視兄弟如仇敵者有之。〔勘〕〔甚〕至毆罵，不異奴婢，殺弑過於寇賊。雖毆罵父母之律必親聞乃坐，其父母多懷舐犢之愛，或一子不忍加刑，寧受痛涕泣含忍而已。所以益不知懼，愈加不孝，風俗之〔敗〕，莫此爲甚。如蒙乞敕都察院通行出榜禁約，不分在外在内官吏將軍校尉勇士軍民人等，有逐出祖父母、父母不肯侍養，毆打〔罵〕〔詈〕罵，及毆罵伯叔父母、兄嫂姪姨者，在内令錦衣衛同五城兵馬司，在外令府州縣嚴督里老火甲緝訪得出，在京送法司，在外送府州縣究問，行取鄰右親戚推問，如果平日不孝、不悌情重者，體；〔據校勘記，此處以後缺文。〕

《明憲宗實訓》卷二《正法》 成化六年二月已有自宫求進者二百六人，禮部以聞。上命姑宥其罪，俱發回原籍當差，不許投託王府勢豪潜住，違者論死，隱匿之家發邊遠充軍，仍出榜禁約，後有自宫求進一體治罪。

（明）戴金《明條法事類纂》卷三六《刑部類·毆制使及本管長官·各處軍民人等〔俱〕〔但〕有綁打本管職官者悉解京問發充軍例》 成化七年正月初六日，都察院左都御史李等題，爲刁朋惡毆打職官事。貴州道呈，蒙本院判送該巡按直隸監察御史任爾呈，問得犯人唐信招係直隸河間府吴橋縣任和鄉軍籍，與表弟盧黨兒因將領養官馬借與騎死及有虧馬駒，節被管馬主簿劉貴追買責打〔懷〕恨。成化六年二月初，本官下廠點〔官〕〔馬〕比較，是信抗拒，仍不買補。以後凡遇點馬，止令貼户弟唐敏及母〔舊〕〔舅〕盧英應點，節次被打，因與脱逃見記名吏唐振等備説前情，要將劉貴綁打。後劉貴又下廠點馬，有兄唐振糾合信同弟唐敏、唐慶、唐英、盧友才並脱逃教師邢俊等二十餘人前去，一齊行兇，進入廠内，將劉貴高聲辱罵，唐振將劉貴〔採〕〔踩〕倒在地，信等亦不合亂打，拳脚踢打，遍身成傷，衣服角帶盡行撦斷；又將劉紗帽打落在地，唐振用脚踢碎，又將網巾貂鼠披肩竊取在身，又奪皂隸陳升手索，將劉貴綁〔縛〕，被馬户李保等勸放。又要乘機前去本官宅内搶奪家財，有知縣張鐸喝散。信與唐振、唐敏、唐慶兄弟四人不合各騎馬匹前去漫地内，强將本官自己綿羊一十四隻趕回家人已等情。問擬唐敏、唐慶俱〔凡〕〔犯〕該本與人鬥毆因而竊取財物者，計贓准竊盗論。爲脱逃唐振、唐英、盧友才俱依毆六品以下佐貳官傷者減部民毆本屬知縣各減等徒罪，各照例擺站，滿日寧家，照出脱逃唐振、邢俊俱行捉另結具呈判送到道。案查先該直隸河間府景州吴橋縣管馬主簿劉貴奏稱，被本縣放回記名吏唐振，糾合唐敏，率領刁民唐信等，各執棍棒等器前來廠内，將伊搶奪，撦破紗帽，縛打等情，已經呈行巡按御史任璽勘問去後。今該前因，查得見行事例：今後軍民職官果有不法事情，呈許被害人指實陳告。若有擅自綁縛〔般〕〔搬〕搶財物傷人、姦淫婦女律該死罪者，依律處治；不該死罪者，軍旗

舍餘發極邊衛分充軍，常川守哨，民發口外充軍。（者）〔若〕無〔前〕項重情，止是（爲）〔違〕例綁官者，軍旗舍餘發邊衛充軍，民發口外爲民，俱連當房妻小發邊隨住。通查（俱）〔具〕呈到院，看得巡按直隸監察御史任璽呈，問得犯人唐信招稱，因與盧英懷恨主簿劉貴追馬責打，與脱逃記名吏唐振備説前情，唐振糾同信等並教師邢俊等行兇，將劉貴（採）〔踩〕倒在地，亂用拳脚踢打，遍身成傷，（依）〔衣〕服角帶盡行撦斷，及將本官紗帽打落在地，唐振用脚踢碎，又將網巾披肩竊取在身，及奪取皂隸陳升手〔索〕將劉貴綁縛，唐振等又乘機將本官綿羊一十四隻搶奪入己等情，顯是故違事例，擅綁職官，及又毆打成傷，（般）〔搬〕搶家財，今擬各犯前罪，唐英等二名參詳合律，所處唐信等情不合律，及盧英等俱又擺站發落，俱未當。況今河間府地方，人民饑苦，强暴縱横，若將各照依所擬發落，誠恐互相倣傚，習以成風。（各）〔合〕無仍行御史（柱）〔任〕璽查照見今事理，將已發擺站唐信等五名取回，脱逃記名吏唐振、教師邢俊，着落該管官司作急捉拿到官，並唐信等如法枷杻，責差的當人役起解來京，再問明白，依律議擬，照依前項見行事例發落。及今後各處軍民人等，但有綁打本管職官者，悉解京問發施行，庶使人知警懼，刁風可息。緣係毆打職官事例，未敢擅便，具題。次日奉聖旨：是。欽此。

私自净身處死全家充軍例　（明）戴金《明條法事類纂》卷四四《刑部類・閹割（大）〔火〕者・私自净身處死全家充軍例》　成化九年五月初三日，錦衣衛鎮撫司題，爲攪擾衙門事。奉聖旨：着照例拏送錦衣衛打着問。欽此。欽遵拏送到司。打着問得犯人劉順等，不合私自净身，先奉欽依，發回原籍，着役當差。卻又不合逃（朶）〔躲〕在京潛住，希求進用。王真等三十五名，明知禁例，亦不合故違，越關來京，各具本狀，希求進用。似此之徒，若不痛加懲治，無以警戒。將來數內，高林審據的年一十一歲，陳教化一十四歲，鮑興、趙興玉俱年一十五歲，俱年少，合將各犯通送刑部擬罪，未敢擅便。該本司掌司事千户趙景等具題。次日奉聖旨：這廝每違例自殘，立心不善，都送兵部，編發遼東各衛充軍。但逃，殺了。高林年小，待出幼，照例發遣。自成化九年五月以後，敢有不安本分生理，私自净身，希求進用的，本身處死，全家發煙瘴地面充軍。禮部便出榜通行禁約。欽此。

（明）戴金《明條法事類纂》卷四四《刑部類・閹割（大）〔火〕者・禁私自净身人》　一件，私自净身事。成化九年十二月内，該錦衣衛鎮撫司節該欽奉憲宗皇帝聖旨：敢有不安本分生理，私自净身，希求進用，本身處死，全家發煙煒地面充。欽此。

（明）余繼登《典故紀聞》卷一五　成化十一年冬，有自宫聚至四五百人，鬨憤於嚷求收用。憲宗云：此輩逆天悖理，自絶其類，且又群聚喧擾，宜治以重罪。但遇赦宥，錦衣衛其執而杖之，人各五十，押送户部，如例編發海户當差。是後有再犯者，本身處死，全家發邊遠充軍。禮部移文天下禁約。

（明）戴金《明條法事類纂》卷三六《刑部類・毆祖父母父母・不孝二次三次不准息詞及聽信後要查勘例》　成化十年四月初八日，刑部尚書王等題，爲處置條例事。計開：

一、本部逐日問擬囚犯，有子孫毆罵祖父母、父母，及妻妾毆罵夫之祖父母、父母，罪該斬絞罪者。擬斬之際，其祖父母、父母多有不忍子孫男婦受刑，輒告息詞，只得開具息詞緣由，奏奉欽依饒死，決打發回養親，此蓋天地好生之大德也。奈何不孝之徒，輕視憲章，情知毆罵之罪止是決杖，遇有小忿，又將祖父母、父母毆罵。不得已再行具告及拿問，斬絞之罪多，親戚里鄰求免，又告息詞，只得仍前息詞緣由開奏放免，遂致倣傚成風，往往毆罵祖父母、父母如同路人，滅絶倫理，敗壞風（裕）〔俗〕，莫此爲甚。合無初犯毆罵祖父母、父母願告息詞者，准令奏請定奪。其二次三次毆罵情犯深重者，雖有息詞，不與准理，止將所犯罪名奏請，監候處決。其中若有祖父母、父母聽信後妻愛子鼓（感）〔惑〕謀襲官職爭財産等項，揑告打罵者，究問明白，不拘次數，亦與辦理，具奏發落。庶幾人知警懼，而風俗可厚。

禁約私自净身人例　（明）戴金《明條法事類纂》卷四四《刑部類・閹割（大）〔火〕者・禁約私自净身人例》　成化十五年二月二十一日，太子少保禮部尚書鄒等題，爲禁净身人事。該通政使司節次違狀，送王福興等一千一百九十五名，各告係净身充軍爲民等項人數，乞要收用等因。成化十四年九月二十三日，本部具題，奉聖旨：是。錦衣衛拏來問。欽此。除欽遵外，近於成化十五年正月以來，又有净身大小不等約有八十餘人，日逐來部喊叫，

要得收用。臣等累將朝廷禁約事例，明白省諭，不肯聽從。若不嚴加禁治，事無杜絶。合無行移五城兵馬指揮，引着落各該地方火甲歇家鄰佑人等，將前項净身人，盡行趕逐，各回軍衛有司，着復寧家。如有仍前容留在京居住，赴部攙〔提〕〔擾〕者，將各該官吏火甲歇家鄰佑人等，通行拏問懲治。奏奉聖旨：是。私净身人累有禁約，這廝每卻不遵守，又來攙擾，着巡城御史、錦衣衛官，督同五城兵馬，限十日内將這起並先發遣逃來的，都趕回原籍原衛，寧家着役。京城内外寺觀，各官豪軍民之家，敢有仍前容留潛住的，並地方火甲鄰佑人等，一體究治。本身枷號一個月，滿日，還打一百，押發原籍、原衛去。如再來京，並家小父兄人等，俱重罪不饒。恁部裏便出榜省諭，欽此。欽遵。已經出榜通行，欽遵去後，今該前因，臣等累將前項聖旨榜例，省令各回，還不肯聽從。日逐成（邵）〔群〕到於部中攙擾，事無杜絶，欲仍行巡城御史、錦衣衛官，督同五城兵馬，將净身人張全等，盡行趕回原籍、原衛，寧家着役。如有仍前容留潛住者，通行拏問究治，奏請發落。緣係禁約净身人事理，未敢擅便，具題。奉聖旨：是。便着他每逐趕回原籍、原衛，五日外再有來打攪的，就着巡城御史、錦衣衛拏送法司究問，照依先次榜例發落。欽此。

（明）戴金《明條法事類纂》卷四四《刑部類·閹割（大）〔火〕者·通行禁約私自净身人事例》 成化十七年十一月二十二日，都察院右副都御史戴等題，爲禁約净身事。准禮部題：照得近年以來，私自净身人數（大）〔太〕多，除已經聖斷發遣外，若不嚴加禁約，誠恐以後愈加傚傚，無有記性。合無本部通查先年禁約旨意，行移都察院，出給榜文，於内外張掛禁革，庶使人心知所警懼，不致傚傚傷生等因。成化十七年十月二十一日，本部尚書周等於奉天門題。奉聖旨：是。欽此。欽遵。查得成化九年五月初三日，該錦衣衛鎮撫司題，爲私自净身事，節該奉聖旨：這廝每違例自殘，（之）〔立〕心不善，以後敢有不安本分生理，私自净身，希求進用的，本身處死，全家發煙嶂地面充軍，欽此。又查得：成化十五年二月二十一日，本部題稱，私自净身人犯，合當禁約等因。奉聖旨：是。私自净身人，累有禁約。這廝每卻不遵守。又來攪擾者，巡城御史、錦衣衛官，督同五城兵馬，限十日内將這起並在先發遣逃來的，都趕回原籍、原衛，寧家着役。京城内外寺觀，及官豪軍民之家，敢有仍前容留潛住的，並地方火甲鄰佑人等，一體究治。本身枷號一個月，滿日，還打一百，押發原籍、原衛去。如再來京，並家下父兄人等，俱重罪不饒。欽此。欽遵備咨到院。照得私自净身人，累犯禁約，未見警戒。況此等之人，不止京城内外，中間亦有南北直隸並浙江等處人民。欲照本部奏奉聖旨是事理，並備云節次欽奉聖旨事意，京城内外，本院出榜；南北直隸並浙江等處，各發榜文一道，前去巡撫官處，如無巡撫官，即發巡按御史。照依榜文翻刻，發去人烟輳集去處，張掛曉諭多人。敢有似前故違，私自净身者，（任）〔在〕内聽巡城御史、錦衣衛官校及兵馬司官火甲人等拏送法司；在外聽巡撫御史、分巡分守等官捉拏，各照奉前項欽依内事理一體問罪，照例充軍，度使人知警懼，不敢傷殘。事理未敢擅便，具題。奉聖旨：是。欽此。

（明）戴金《明條法事類纂》卷三六《刑部類·毆制使及本管長官·申明違例綁官等事例》 成化十九年五月二十六日，都察院右副都御史李等題，該太監蔡用等奏。案查先該四川夔州府雲陽縣皂隸籍黎璉等連名奏稱：知縣王璧暗受商人王偉金銀，通同盜賣官鹽。璉等先將本官邀捉赴京，中途（欄）〔被攔〕回去訖等情。爲照係干綁縛官員重情，已將各犯問擬越訴罪名，守因遞（？）並抄呈（呈）行巡撫都御史孫仁會同巡按御史王輔並布按二司官勘問去後，及查成化三年五月二十三日，本院題，該巡撫（左）〔四〕川左僉都御史汪浩奏，今後四川及浙江布政司、南北直隸衛所府州縣軍民職官，果有不法事情，許被害人指實陳告。若有擅自綁縛，搶財傷人，姦淫婦女，律該斬首者，依律處決；律不該死者，軍旗舍餘發極邊衛分充軍，常川守哨，民發口外充軍。若無前項事情，止是（爲）〔違〕例綁官者，軍旗舍餘發邊衛充軍，民發口外爲民，俱連當房家小發遣隨住。查得成化四年十二月二十一日，刑部題，該江西按察使趙敔奏，今後敢有豪强之徒聚至三十餘人以上，争占田土，搶奪家財，因而致傷人命，官司人捉拿，拒捕不服，及打奪人犯事發，真犯死罪監候，申詳處決。其雖犯死罪並徒流罪者，俱解按察司會問，審録無冤，差人押差廣西都司，旗軍發邊衛充軍，餘丁民人發附近衛分充軍，俱止終本身。軍職有犯，發邊衛立功，（殺殺死者功一體陞賞）民人發廣西布政司發衝要驛遞，終身擺站。杖罪以下，俱照常例發落。極受人顧借，不分（發）衆寡

（寡），罪名輕重，俱問發廣西邊衛充軍。又查成化六年二月十四日，本院題，該中書舍人黄玶奏，查得按察司趙敔奏行事例，彼時止是議行江西按察司禁約所屬，未經通行。合無通行在京法司并浙江等處，今後豪（之）徒聚至三十人以上，争占田地搶奪家財毆傷人命，官司差人捉拿，拒捕不服，及搶奪人犯事發，除真犯死罪外，其雜犯死罪并徒流俱照趙敔所奏事例發落。應該充軍擺站立功者，各照《大明律》内流囚（犯）〔地〕方發遣，俱係見行事例。今該前因，竊詳官員犯贓，國有成憲，〔受〕害軍民自合赴官告理，豈期凶惡之徒〔不〕畏法律，動輒衆聚，擅綁官員，搶掠家財，姦淫婦女，打傷人命，或又因争田土，或因隱匿（則）〔罪〕犯，上司差官踏勘追捕，亦行聚衆行兇，抗拒對敵，不投官兵，打奪囚犯等之徒，不獨四川爲然，各處有之，雖有前項節次奏准事例，往往欺玩故違，肆無忌憚。若不痛加禁約，慮恐月積日久，互相傚尤，結聚人衆，公行劫殺。官員受其凌虐，上司被其抗拒，禍延良善，毒惡鄉人，不惟禁（合）〔令〕不行，抑且貽累非小。（官）〔據〕太監等官蔡用等供稱，犯人（建）〔韋〕瓚等倚恃刁惡糾卒，又衆腰繫戰裙，操勢兇惡，鳴鑼吶喊，綁縛本管知縣，打折手足，姦淫婦女，搶掠家財，劫奪囚犯。及程洪、劉連甫、張宗璧等各逞兇横，拒敵官兵，打傷職官，追奪罪〔囚〕，俱各情重，要將各犯俱照前例發遣，通行浙江等處并巡撫、巡按等官禁約一節，合准所言，欲行各官會同巡按并三司官員，將犯人韋瓚等與知縣王璧對問明白，依律議擬，查照前例發落。其未〔獲〕人犯楊隆等亦要設法緝捕到官，一體問罪，毋得（胎）〔貽〕患地方。事内若有註証之人，不許一概拘擾。本院仍照前例申明，通行浙江布政司并直隸等處巡撫巡按官員，嚴加禁約。今後遇有違例擅自綁官，因而搶奪家財，毆傷人命，姦淫婦女，劫放罪囚，及因田土等項忿争，聚集三十人以上，互相毆打，官司差人追攝，抗拒不服，及打奪人犯，各照前項奏准事例，真犯死罪者，依律問擬，呈詳待報處決；不該死者，俱各問發充軍，爲民立功等項發落。如此，則法令嚴明而人不輕犯，豪强斂跡而良善獲安。依奉聖旨：是。欽此。

（明）**戴金《明條法事類纂》卷四四《刑部類·閹割（大）〔火〕者·净身人拏送錦衣衛打五十遞發原籍收管》**　成化二十一年十一月二十八日，太子少保禮部尚書周等題，爲净身人事。照得私自净身人，累有欽依，本身處死，全家發邊遠充軍事例。奈何立法（難）〔雖〕嚴，頑無忌憚。是以發去邊衛充軍及原籍爲民者，到彼未久即便私自逃回來京。千百成群，赴部告擾，有防理事。及臣等退部，又於街路攔截纏告，有失觀瞻。若不嚴加禁約，誠恐因依傚傚，愈見日增，終無杜絶。欲將各人收監，奏請定奪，係干人衆，難以拘收。合無行移錦衣衛及五城兵馬司，差人拏捉。審係充軍者，俱送兵部，遞發原衛充軍；原發爲民及各王府，解京已經枷號發回原籍爲民者，俱送户部等衙門，遞發原籍爲民；新舊净身未經發遣者，俱照例發邊衛充軍。今後各該衛所及府州縣不能矜束，縱容前項充軍爲民净身人，脱逃來京告擾者，本部行都察院，轉行各巡按監察御史，各該官吏人等查提，治以重罪。自今次發遣之後，再有新净身來告者，參送法司，奏請照依先年聖旨事例，本身處死，合家發邊遠充軍。其京城内外潛藏歇家並鄰右火甲人等，一體治罪。仍追究下手閹割之人，亦問發邊衛充軍。庶得杜絶後來，不致冗濫。題奉聖旨：是。這廝每傚傚成風，合衆攪擾官府，好生不畏法度。着巡城御史同坐城錦衣衛官，便嚴督五城兵馬司，連歇家拏送錦衣衛，本身着實打五十，不分充軍爲民，新舊等項，都遞發原籍寧家。該管官嚴加收管，歇家送法司擬罪來説。欽此。

（明）**戴金《明條法事類纂》卷四四《刑部類·閹割（大）〔火〕者·處置净身人》**　弘治三年四月初一日，禮部尚書耿等題，爲净身人事。據净身人張昇，先係先年奉欽依，打一百，發回原籍爲民；楊英等先係先年奉欽依，打五十發回原籍爲民。馬順等告稱，先年净身赴京投首，五城寄監趕散寧家，並年未經首官。净身人王洪等，俱告要比例（例）查數收用等因。查得成化九年五月内，該本部題，節該奉憲宗皇帝聖旨：這廝每違例自殘，立心不善，都送兵部編發遼東各衛充軍。自成化九年五月以後，敢有不安本分生理，私自净身希求進用的，本身處死，全家發烟瘴地面充軍。欽此。成化二十一年十一月内，節該奉憲宗皇帝聖旨：這廝每傚傚成風，合衆攪擾官府，好生不畏法度，着巡城御史，同坐城錦衣衛官，便嚴督五城兵馬司，連歇家拏送錦衣衛，本身着實打五十，不分充軍爲民，新舊等項，都遞發原籍寧家。該管官司嚴加收管，歇家送法司擬罪來説。欽此。弘治元年閏正月内，該净身人褚珍等要收用。奉聖旨：這

净身人累有禁例，如何不畏法度，又來攪擾。本當重治，且饒他，錦衣衛便差人拘審明白，都送順天府，遞回原籍去訖。禮部仍行文與原籍官司，着每五日一點閘，但不在的即杖，併户頭追問，見官不許〔容〕情。如違，一體治罪不饒。禮部知道。欽此。續又該净身人劉順等，亦奏乞要收用。奉聖旨：這净身人着錦衣衛拘審明白，都送順天府，（逃）〔遞〕回原籍去。禮部仍行各原籍官司，每五日一點閘，有不在的即杖，併户頭追回，見官不許容情。如違，一體治罪不饒。今後再有奏擾的，都照這例施行。禮部知道。欽此。俱經通行欽遵去後，及查得近奉本部該司禮監太監韋傳奉聖旨：先年節次問發充軍及枷號發回原籍爲民净身人，着該衙門查數來看。欽此。除欽遵查數另行具題外，今該前因，案呈到部，參照净身人張昇等供，係節次奉例責打發回爲民，王洪等又係例後私自净身，人數各不下三十餘人。即今傳奉欽依内事理，俱不該載，卻乃不違法度，公然糾合徒類，千百成群，日逐在部告擾，不惟壅塞道路，（具）〔且〕亦（防）〔妨〕廢政務。若不嚴加申明禁治，誠爲未便。合無照依前項節奉欽依事理，行移巡城御史，並錦衣衛坐城官員，嚴督五城兵馬司火甲人等，將各起净身人逐一挨拏送問，照例遞發原籍官司，嚴加收管點閘。如有歇家容隱及五城兵馬司官員地方火甲知而故縱者，一體參究問罪發遣。奉聖旨：是。欽此。

（明）余繼登《典故紀聞》卷一六　弘治五年十二月，命禮部榜諭天下。今後敢有私自净身者，本身并下手人處斬，全家發邊遠充軍。兩鄰及歇家不舉首者同罪，里老容隱者，亦治罪不宥。

（明）戴金《明條法事類纂》卷四四《刑部類·閹割（大）〔火〕者·私自净身下手者處斬全家發邊遠充軍兩鄰及歇家不首問罪》　弘治五年十二月二十六日，禮部爲傳奉事，節該奉聖旨：這各起净身于剛等二千二百四十六名，發南海充净軍種菜；周英等八百八十三名，並杜剛等一百一十一名，送户部編充海户，着常川築墻，應當差役。但逃，殺了不饒。恁部裏還出榜，通行各處張掛，嚴加禁約。今後敢有私自净身的，本身並下手之人處斬，全家發邊遠充軍，兩鄰及歇家（百）〔不〕舉首的同罪；有司里老人等，仍要時常訪察，但有此等之徒，即便捉拏送官，如或容隱，一體治罪不饒。欽此。

（明）戴金《明條法事類纂》卷三六《刑部類·毆制使及本管長官·通行内外問刑衙〔門〕遇有將本管及差委勘事等項官員綁打奪財姦淫等項律不該死者軍發極邊民發口外俱充軍若止是毀罵者軍職總小旗俱調衛文職並生員吏典人等俱革職役軍舍人等俱枷號一個月照例問明發落》　弘治七年三月十三日，都察院御史屠等題，爲毆打官職違法等事。江西道呈，蒙本院判送該江西按察司呈准，九江道關問得犯人余山招係饒州府浮梁縣民，以農民轉參本縣工房典吏。弘治四年六月内，兩考役滿，例該給由，不合一向在家延住。弘治五年九月内，本僉在官民人劉霞等管解石二碌一百五十斤外，杠解銀三十兩，赴京交納。山要得順帶到京，圖取餘利。弘治六年五月二十三日，令劉霞等赴布政司倒給批文，回家連前杠解銀三十兩騙收，稱説與伊代納。又去本縣署印縣丞金琦處，囑要每里加添盤纏銀五錢。金琦查有派銀兩，不肯加與，山懷恨在心。本年七月初六日夜二更時分，不合糾同今在官姪一般兩考役滿縣吏余珍，亦不合依聽，乘酒到縣，嘁罵上堂。彼有巡吏庫黄浩等報知，金琦出堂理論。山與余珍各不合逞向前嘁罵，抛石亂打，致將金琦紗帽打破，及將伊腦後打傷，皮破血流。黄浩等扶攙金琦回衙，山等各不合跟趕到衙，更將門壁打毀，共值修補鈔六十貫。被黄浩等連名呈縣申明，蒙本府行提山等前來，責審得山委（得）〔的〕騙收前銀，與余珍各將縣丞金琦打傷腦後，及（行）〔打〕破紗帽門壁是實，將山等取問，罪犯余珍招同。議得余山、余珍所犯，俱除棄毀人器物等罪外，俱合依吏毆傷本部六品以下佐貳官遞減毆傷五品以上長官四等律，余山爲首減等，杖六十徒一年，余珍俱係毆傷職官，余山又係騙收扛解銀兩人犯，恐有别項事例，難便發落，除將黄浩等捕付，余山等送來外，關煩查照施行等因。准此，查得：一起爲不應事，吏部提據驗〔封〕清吏司案呈，准行刑部陝西清吏司手本，問得犯人曹廣招係兩考役滿吏，撥大理寺辦事，不合惡言罵本寺掌印右寺副陳云鵬，問擬杖罪，送來收查。還投查准刑部貴州清（使）〔吏〕司手本開，先問得一名吕信，招係吏部驗封清（使）〔吏〕司辦事吏，懶惰不行畫卯，被司李顒責打，不合將本官毀罵走回，毀詞妄告賣放典吏等情，犯該徒罪。該大理寺官奏，奉英宗皇帝聖旨：吕信刁潑，打一百，枷釘，連妻小發保安爲民擺站，但逃處決。欽此。欽遵。又查得山東清（使）〔吏〕司問得犯人楊諾

招係兵部武選清（使）〔吏〕司典吏，專恃刁潑，毁罵本司郎項文輝，被本官參問，又揑詞妄告本官，（凡）〔犯〕該徒罪。該大理寺奏，奉英宗皇帝聖旨：楊諾奸詐刁潑（之），〔杖〕一百，牢固枷釘，差人解發遼東邊衛充軍，但逃處死，妻小隨住。欽此。欽遵。又查得河南清吏司問得犯人范宗招係河南道典吏，不合揑告監察御史陳永科斂銀兩，犯該徒罪。該大理寺官奏，奉英宗皇帝聖旨：今後任法司所問吏典，果有刁潑作弊，抗拒本管官員，揑詞誣陷，參詳來説處治。欽此。欽遵。今曹廣毁罵本管官員，問擬杖罪，查發還役一節，照得在京當該辦事吏不下萬計，中間刁潑之徒，貪圖賄賂，瞞官作弊，不守法律，（多）〔及〕遇本管官員嚴加鈐束，輒便（抵）〔捏〕詞排陷。若不嚴加懲戒，不惟中其奸（有奸）計，抑且有乖政體。今曹廣所犯，查有前項事例。欲行禁約在京各衙門吏典，但有不服本管官員鈐束，又行毁罵誣告，法司取問明白，合無連當房家小俱發永平府所屬州縣爲民種田。景泰二年二月十三日，本部官具題。當日奉景（宗）皇帝聖旨：是。欽此。欽遵。今照余山等恃逞兇惡，毆傷本管官員，除將各犯監候外，合照前例定奪，以爲（地）〔將〕來之戒等因，呈判到道。看得余山包攬官料絹銀三十兩，余珍棄毁官物直鈔六十貫，各有本律，今止擬前罪，於律不合。及照犯人吕信等，係一時奏請發落人數，不係〔見〕行事例，況已經革，年遠情不同。惟以此照其呈到院。臣竊惟禮〔莫〕大於分，分莫大於名。名分正則以〔小〕承大、以賤承貴，上下相安，而地方寧謐。名分不正，則小凌大，賤凌貴，其中豈可勝言（成）〔哉〕？所以豪强之徒，或因囑托公事，或因攬納物料，或因告事户婚田土等事不得其意，輒便逞肆兇惡，糾集黨羽，將本管上司或罵或毆，或綁（細）〔縛〕，或搶奪家財，或（器）〔棄〕毁器物，或殺傷人口、姦淫婦女，肆意横行，全無忌憚，不獨吏典爲然，軍民人等亦有之。不獨江西爲然，而各處亦有之。若不通行禁治，誠恐流弊日兹。查得見行事例：今後浙江等布政司、南北直隸衛所府州縣軍民職官，果有不法事情，許被〔害〕之人陳告。若有擅自綁縛搶奪傷人，姦淫婦女，該死罪者，依律處治；律不該死者，軍旗、舍餘發極邊外充軍，常川守哨，民發口外充軍。若（有）〔無〕前項重〔情〕，止是違例綁官者，軍旗、舍餘發邊衛充軍，民發口外爲民，俱連當房家小發遣隨住。（比）〔此〕例止言綁縛，不及毆打。又查得見行事例：今後但有軍民人等聚至三十人以上而持刀毆鬥，殺人傷人及强姦婦女，搶奪財物，並拒敵官兵，或毆打本管大小官吏，或傷者，除真犯死罪依律問擬外，其餘不分首從，（下）〔不〕論家人共犯，屬有司者，俱發附近衛所充軍；屬軍衛者，發邊遠充軍；〔職〕官有犯，奏請發落。（比）〔此〕例止言毆打，不及毁罵。臣等參詳得毆打本管官員與綁縛情罪相等，前項綁縛事例，軍民分爲兩途，情罪分爲四等，輕重適宜。但稱旗軍舍餘發極邊衛分充軍，又常川守哨，似未允當。（者）〔若〕極邊旗軍人等有犯，又（不）將何處治？至於毁罵者，查無近年奏准定例。雖有景泰年間前項發永平府州縣爲民種田事例，止言京吏典及不職，並天下軍民人等亦難遵守。合無通行内外問刑衙門，今後遇有將本管官員，（在）〔或〕雖非本管，係本司差委勘事等項官員，擅自綁縛，或毆打因而搶奪家財，或棄毁器物，或殺人口，或淫婦女，律該死罪者，依律處死；律不該死者，屬軍衛者，發極邊衛分充軍，原係極邊者，常川守哨；屬有司者，發口外充軍。若（是）〔無〕前項（查）〔重〕情，（正）〔止〕是綁縛，或毆打，屬軍衛者，發邊衛充軍；屬有司者，發口外爲民，俱連當房家小發遣隨住。若不曾綁縛，止是毁罵，軍職並總小旗俱調衛所，民職官並生員吏典承差知印俱革去職役，軍民舍餘人等各枷號一個月，照例發落。若軍官與所屬軍民人等飲酒、賭博、宿娼，自取凌辱者，〔不〕在此例。如此，則法令昭明，人知警懼。其江西按察司見監犯人余珍，既打傷縣丞，又棄毁器物，合行兵部照例定擬口外充軍。本院仍行本司改擬應得罪名，追贓完日，依擬發遣。緣係事例及懲治毆打本管官員人犯事例，未敢擅便，（俱）〔具〕題。奉聖旨：是。這廝每逞兇打傷本管官員，又棄毁官物，好生不（是）〔守〕法度，各着打一百，連當房家小牢固枷釘，余山押發口外開平衛；余珍，龍門衛；俱充軍。欽此。

綁打并毆罵本管官及公差官員，分别輕重問發充軍，爲民枷號。一件：

毆打職官爲（發）〔潑〕等事。弘治七年三月内，江西按察司呈詳，該都察院右副都御史屠等題准，通行内外問刑衙門，今後遇有將本管官員及雖非本管，（除）〔係〕上司差委勘事等項官員，擅自綁縛，或毆打因而搶奪家財，或棄毁器物，或傷人口，或姦淫婦女，律該死罪者，依律處死；不該死〔者〕，屬軍衛者，發極邊衛分充軍，原係極邊者，常川守

哨，屬有司者，發口外充軍。若無前項重情，止是綁縛，或毆打，屬軍衛者，發邊衛充軍，屬有司者，發口外爲民，俱連當房家小發遣隨住。若不曾綁縛，止是毀罵，係軍衛并總小旗（旗），改調衛所，民職并生員吏典承差知印，俱革去職役，軍民舍餘人等各枷號一個月，照例發落。軍民職官與所屬軍民人等飲酒、賭博、宿娼，自取凌辱者，不在此例。

《明會典》卷八〇《禮部·自宮禁例》　永樂二十二年，令凡自宮者，以不孝論，軍犯，罪及本管頭目總小旗，民犯，罪及有司里老。宣德二年，令凡自凈身者，軍還原伍，民還原籍，不許投入王府及官員勢要之家隱藏，躲避差役。若再犯者，本犯及隱藏之家俱處死，該管總小旗、里老鄰人知而不舉，一體治罪。正統十二年，令凡自首在宮閹者，送海南子種菜，其隱瞞不首，及再擅凈身，并私收使用者，事發，全家發遼東充軍。天順二年，令凈身者拏問邊遠充軍。成化九年，令私自凈身希求進用者，本身處死，全家發烟瘴地面充軍。十五年，令凈身人，巡城御史錦衣衛官，督同五城兵馬，逐回原籍。若該城內外容留潛住者，并火甲鄰佑人等，一體究治。本身枷號一個月，滿日決打一百押回。如再來京，并家下父兄人等俱治罪。二十二年，令各王府非奉朝廷明文，擅收凈身人，俱發回原籍收管，不許投託容隱。弘治元年，令錦衣衛拘審凈身人送順天府遞回原籍，官司五日一點閘，不在者即杖并户頭追回見官，不許容縱。五年，令私自凈身者，本身并下手之人處斬，全家發邊遠充軍。兩鄰及歇家不舉者同罪。有司里老容隱者，一體治罪。十三年奏准，先年凈身人，曾經發遣，若不候朝廷收取，官司明文起送，私自來京圖謀進用者，問發邊衛充軍。正德元年，令直隸順天等府，山東河南等布政司地方，再有私自凈身者，照例。本身并下手之人處死。全家發邊遠充軍。其先已凈身者，立籍點閘，不使私自逃至京師，擾害官府。二年，令違例私自凈身人，著錦衣衛五城兵馬著落各該地方，盡數逐去。如有潛躲在京者，拏住殺了。九年，令今後再有私自凈身者，除小幼無知者，本身免死充軍，其餘俱照見行事例。本身并主使下手之人處斬，全家發邊遠充軍。里老鄰佑及本管官不行舉察者，各從重治罪。十六年，詔私自凈身人，在京潛住希圖收用，著緝事衙門，巡城御史訪拏究問。今後敢有私自凈身者，本身并下手之人處斬，全家發烟瘴地面充軍。兩鄰及歇家不舉首者，治罪。嘉靖八年奏准，凡海子食糧凈身男子，分別老壯造册，禮部備查各處王府并將軍中尉數目，將年壯者，斟酌多寡，派去各府供役，不堪選用者，給與印信文票，發回原籍官司收恤，免其本身差役。萬曆十一年奏准，小民犯禁，私割致傷和氣，著都察院行五城御史，及通行各省直撫按衙門，嚴加禁約。自今五年以後，民間有四五子以上，願以一子報官閹割者聽，有司造册送部，候收補之日選用。如有私割者，照例重治。鄰佑不舉者，一併治罪不宥。

（明）應檟《讞獄稿》卷三《常鎮等處會審疏》　弟毆兄　壹名楊梓招係直隸鎮江府金壇縣軍籍，故父楊亨三先娶已故母袁氏，生已故兄楊永三、楊永五、未到兄楊永十，續娶今故母史氏，生今故兄楊杞并梓。父分楊永十等各爨，楊杞與梓俱隨父母居住。正德八年，父母俱故，議將續置山地共五十畝。梓分地名車家山三十畝，栽培松樹。楊杞分張家馬場山二十畝，內有開墾成熟，佈種木綿地三畝。嘉靖五年，梓不合混占兄楊杞分受地一畝五分。嘉靖七年七月二十五日，梓去車家山砍斫松枝，楊杞思被梓占前地，來分松枝。比兄楊永十議將松枝四十個抵與楊杞，各散。本月二十九日，楊杞令在官男楊正、楊穿，各不合執帶鐮刀，去車家山內樵柴。遇梓，將刀奪回。楊穿與父說知，前來取討，互相攘鬧。梓不合用手向楊杞左臉上打訖一拳，楊杞將梓衣襟扭住，梓又不合將楊杞胷前膝跪拖手，要行脱走。楊杞叫天，梓見言凶怕，又不合將脚穿布底套鞋將兄胷膈重椎仆地。本年八月初六日，訐告本縣署印王主簿，差在官李俊拘兄。因傷卧牀，被李俊拖擠，叫楊穿攙到梓家，要船裝載上縣。比梓未到，妻李氏央在官兄楊永十二等解勸回家。本年九月二十九日，楊杞身死。本縣問擬梓弟毆兄死，斬罪，詳允監候。奏請問，臣等會審，查得嘉靖四年該都察院題内外問刑衙門：今後遇有限外人命，務要查審日期久近，情理曲直。手足、他物、金刃及湯火傷者，限外十日；折跌肢體及破骨墮胎者，限外二十日。果因本傷身死，情真事實，俱照見行事例，仍擬死罪。中間或曲或直，應輕應重，俱要開具明白，上請定奪。此外日期死者，俱查本律毆傷法論議節該。奉聖旨，是仍通行内外問刑衙門，今後遇有辜限外人命，務要查審日期久近，情理曲直。應輕應重，具奏定奪。此外日期死的，俱照本律論議，欽此。今查已死楊杞，爲弟楊梓所毆，已出辜限外四

十一日，纔方身死；况查尸圖，止有微紅之色，原無重大之傷，例應照依本律毆傷法論。議除不應輕罪不坐外，合依弟毆兄傷者，律杖一百，徒三年。有大誥及遇蒙恩，例通減二等，杖八十，徒二年。係民審有力，照例贖罪，完日寧家。緣先問斬罪，今照例辯問徒罪，未敢擅便發落。

（明）陳子龍等《明經世文編》卷四一八沈鯉《議處净身男子疏》

近該順天等處净身男子曾萬壽等奏。奉聖旨：這厮每群聚奏擾，着五城御史嚴行驅逐，不許容留潛住。欽此。明旨昭宣，群小遠遁，中外臣民，莫不稱頌聖德，臣等更復何言！第思此輩，因父母愚暗，希圖富貴，勦絶子息，痌瘝可憫。其於皇上愛養小民之仁，既有所歉焉而不周；况其家室無歸，工商絶藝，暫去復來，累行瀆擾，其于皇上嚴行驅逐之令，又有所玩焉而不信。及今不一議處，不惟傷天地之和，亦且損朝廷之體。臣等職掌所關，乃敢敬陳一得之愚，以備采擇。稽古内官之設，載之《周禮》，曰内小臣，曰閽人，曰寺人，曰内竪。雖其職掌，不過守王宫中門之禁，掌女宫之戒，令與内外之通令。然必求正人居之，如巷伯之倫是已。降及秦漢而下，乃以罪人充之。我朝法制，高出前代。伏覩《大明律》一款：凡官民之家，不得乞養他人之子閹割火者，違者，杖一百，流三千里。又條例一款：先年净身男子曾經發回，若不候朝廷收取官司明文起送，私自來京圖謀進用者，問發邊衛充軍。臣等仰窺祖宗盛心，即古除肉刑之意，所以重絶人道，預抑奸慝也。至弘治五年，節奉孝宗皇帝聖旨：今後敢有私自净身的，本身並下手之人，處斬，全家發邊遠充軍。兩隣及歇家不舉首的，問罪。其里老人等仍要時常訪察，但有此等之徒，即便捉拏送官。如或容隱，一體治罪不饒。欽此。但私净之禁雖嚴，而報官之路未開，故自宫者旋即如舊。至萬曆十一年，節奉聖旨：自宫禁例載在會典，皇祖明旨甚嚴，乃無知小民往往犯禁私割，致傷和氣。着都察院便行五城御史及通行各省直撫按衙門嚴加禁約，自今五年以後，民間有四五子以上，願以一子報官閹割者，聽。有司造册送部，候收補之日選用。如有私割的，照例重治。鄰佑不舉的，一併治罪不饒。欽此。但報官之路雖開，起送之例未定，故自來者紛然不已，猶有曾萬壽等輩也。夫以孝皇之明例，皇上之嚴旨，奚啻三令五申？乃三數年來，有司有造册送部者乎，有拏一私割照例懲治者乎，法令不行，德澤不布，又何怪此輩之羣聚奏擾乎？伏望勅下臣等嚴行，各省直撫按官行令各州縣，以文到之日爲始，以前見在閹割者，許令報名到官，查係三十歲以下精壯可用者，姑免追究，准其記籍；其哀老不堪者，行令各里族拘收。以後凡情願閹割者，報官查明，果四五子以上，方與記籍，通前類造青册。限半年一次送部，候各監局缺人，聽司禮監奏請。本部通行在外各該衙門，查係在册人數，取其官吏里鄰不扶甘結，起送赴部聽候選用。其册籍無名及假巧、凶惡，潑賴無耻者，不許一概濫送。如有仍前私自閹割，私自來京者，在外撫按有司，有内五城御史嚴加訪拏，照例問以重罪。如撫按等官不許訪拏，及有司不行造册，違例起送者，聽本部查參請旨究治。務在必行，無事姑息，庶黎庶免傷殘之苦，而慈惠旁流；宦寺皆端正之人，而隙竇永塞。仁至義盡，萬世無弊矣。

《明會典》卷一三一《刑部·鬬毆·宫内忿争》 凡於宫内忿争者，笞五十。聲徹御在所，及相毆者，杖一百。折傷以上，加凡鬬傷二等。殿内又遞加一等。

《明會典》卷一三一《刑部·鬬毆·皇家袒免以上親被毆》 凡皇家袒免親而毆之者，杖六十，徒一年。傷者，杖八十，徒二年。折傷以上，重者，加凡鬬二等。緦麻以上，各遞加一等。篤疾者，絞。死者，斬。

《明會典》卷一三一《刑部·鬬毆·佐職統屬毆長官》 凡本衙門首領官，及所統屬官，毆傷長官者，各減吏卒毆傷長官二等。佐貳官毆長官者，又各減二等。減罪輕者，加凡鬬一等。篤疾者，絞。死者，斬。

《明會典》卷一三一《刑部·鬬毆·上司官與統屬官相毆》 凡監臨上司，佐貳首領官，與所統屬下司官品級高者，及與部民有高官，而相毆者，並同凡鬬論。若非相統屬官，品級同，自相毆者，亦同凡鬬論。

《明會典》卷一三一《刑部·鬬毆·九品以上官毆長官》 凡流内九品以上官，毆非本管三品以上官者，杖六十，徒一年。折傷以上，及毆傷五品以上，若五品以上毆傷三品以上官者，另加凡鬬傷二等。

《明會典》卷一三一《刑部·鬬毆·拒毆追攝人》 凡官司差人追徵錢糧，勾攝公事，而抗拒不服，及毆所差人者，杖八十。若傷重，至内損吐血以上，及本犯重者，各加二等。罪止杖一百，流三千里。至篤疾者，絞。死者，斬。

《明會典》卷一三一《刑部・鬬毆・良賤相毆》　凡奴婢毆良人者，加凡人一等。至篤疾者，絞。死者，斬。其良人毆傷他人奴婢者，減凡人一等。若死，及故殺者，絞。若奴婢自相毆傷殺者，各依凡鬬傷殺法。相侵財物者，不用此律。若毆緦麻小功親奴婢，非折傷，勿論。至折傷以上，各減殺傷凡人奴婢罪二等。大功減三等。至死者，杖一百，徒三年。故殺者，絞。過失殺者，各勿論。若毆緦麻小功親雇工人，非折傷，勿論。至折傷以上，各減凡人罪一等。大功減二等。至死，及故殺者，並絞。過失殺者，各勿論。

《明會典》卷一三一《刑部・鬬毆・妻妾與夫親屬相毆》　凡妻妾毆夫之期親以下，緦麻以上尊長，與夫毆同罪。至死者，各斬。若妻毆傷卑屬，與夫毆同。至死者，絞。若毆殺夫之兄弟子，杖一百，流三千里。故殺者，絞。妾犯者，各從凡鬬法。若尊長毆傷卑幼之婦，減凡人一等。妾，又減一等。至死者，絞。若弟妹毆兄之妻，加凡人一等。若兄姊毆弟之妻，及妻毆夫之弟妹，及弟之妻，各減凡人一等。若毆妾者，各又減一等。其毆姊妹夫妻之兄弟，及妻毆夫之姊妹夫者，以凡鬬論。若妾犯者，各加一等。若妾毆夫之妾子，減凡人二等。毆妻之子，以凡人論。若妻之子毆傷父妾，加凡人一等。妾子毆傷父妾，又加二等。至死者，各依凡人論。

《明會典》卷一三一《刑部・鬬毆・毆妻前夫之子》　凡毆妻前夫之子者，減凡人一等。同居者，又減一等。至死者，絞。若毆繼父者，杖六十，徒一年。折傷以上，加凡鬬傷一等。同居者，又加一等。至死者，斬。其故殺及自來不曾同居者，各以凡人論。

《明會典》卷一三一《刑部・鬬毆・妻妾毆故夫父母》　凡妻妾夫亡改嫁，毆故夫之祖父母父母者，並與毆舅姑罪同。其舊舅姑毆已故子孫改嫁妻妾者，亦與毆子孫婦同。若奴婢毆舊家長，及家長毆舊奴婢者，各以凡人論。

黄彰健《明代律例彙編》卷二〇《刑律三・鬬毆》　凡鬬毆，相争爲鬬，相打爲毆。以手足毆人，不成傷者，笞二十。成傷，及以他物毆人，不成傷者，笞三十。成傷者，笞四十。青赤腫爲傷。非手足者，其餘皆爲他物。即兵不用刃，亦是。拔髮方寸以上，笞五十。若血從耳目中出，及內損吐血者，杖八十。以穢物污人頭面者，罪亦如之。折人一齒，及手足一指，眇人一目，抉毀人耳鼻，若破人骨，及用湯火銅鐵汁傷人者，杖一百。以穢物灌入人口鼻內者，罪亦如之。折二齒二指以上，及髡髮者，杖六十，徒一年。折人肋，眇人兩目，墮人胎，及刃傷人者，杖八十，徒二年。墮胎者，謂辜內子死。及胎九十日之外成形者，乃坐。其雖因毆，若辜外子死，及胎九十日之内未成形者，各從本毆傷法。不坐墮胎之罪。折跌人肢體，及瞎人一目者，杖一百，徒三年。瞎人兩目，折人兩肢，損人二事以上，及因舊患令致篤疾，若斷人舌，及毁敗人陰陽者，並杖一百，流三千里。仍將犯人財産一半，斷付被傷篤疾之人養贍。損二事以上，謂或毆人一目瞎，又折一肢之類。及因舊患，令至篤疾。如人舊瞎一目爲殘疾，更瞎一目成篤疾。或先折一脚爲廢疾，更折一脚成篤疾。斷人舌，謂將人舌割斷，令人全不能説話。毁敗人陰陽，謂割去男子莖物，破損外腎者。並杖一百，流二千里，將犯人家産一半，斷付被傷篤疾之人養贍。若將婦人陰門，非理毁壞者，止科其罪，不在斷付財産一半之限。同謀共毆傷人者，各以下手傷重者爲重罪。元謀減一等。若因鬬互相毆傷者，各驗其傷之輕重定罪。後下手理直者，減二等。至死及毆兄姊伯叔者，不減。

弘治問刑條例

一、凶徒因事忿争，執持槍、刀、弓、箭、銅鐵簡劍、鞭、斧、扒頭、流星、骨朶、麥穗、秤鎚、凶器，但傷人，及誤傷傍人，與凡剜瞎人眼睛，折跌人肢體，全抉人耳鼻口唇，斷人舌，毁敗人陰陽者，俱問發邊衛充軍。若聚衆，執持凶器傷人，及圍繞房屋，搶檢家財，棄毁器物，姦淫婦女，除真犯死罪外，徒罪以上，俱不分首從，發邊衛永遠充軍。

續例附考

一、凶徒執持凶器傷人，已成廢篤疾等項情重者，問擬充軍。若素非凶徒，不曾執持凶器，只是一時互相鬥毆，偶因追趕，折跌人肢體，抉傷人口鼻，并事出過誤者，俱照常發落。

胡瓊集解附例

一、凶徒執持凶器傷人，及誤傷傍人，與剜人眼睛，折人肢體，全抉人耳鼻，已成廢篤疾等項，情重者，問擬充軍。若素非凶徒，不曾執持凶器，只是一時互相鬬毆，偶因追趕，折跌人肢體，抉傷人口唇，并事出過誤者，俱照常發落。

大明律直引所載問刑條例

一、將腎莖放入人糞門内淫戲，比依穢物灌入人口律，杖一百。

黄彰健《明代律例彙編》卷二〇《刑律三・鬬毆・保辜限期》 凡保辜者，責令犯人醫治，辜限内皆須因傷死者，以鬬毆殺人論。謂毆及傷，各依限保辜。然傷人，皆須因毆，乃是。若打人頭傷，風從頭瘡而入，因風致死之類，以鬬毆殺人科罪。其在辜限外，及雖在辜限内，傷已平復，官司文案明白，別因他故死者，各從本毆傷法謂打人頭傷，不因頭瘡得風。別因他病而死者，是爲他故。各依本毆傷科罪。若折傷以上，辜内醫治平復者，各減二等。墮胎子死者不減。辜内雖平復，而成殘廢篤疾，及辜限滿日不平復者，各依律全科。手足，及以他物毆傷人者，限二十日。以刃，及湯火傷人者，限三十日。折跌肢體，及破骨墮胎者，無問手足他物，皆限五十日。

弘治問刑條例

一、鬬毆傷人，辜限内不平復，延至限外而死，情真事實者，仍擬死罪，奏請定奪。

大明律集解增附

一、嘉靖四年六月初十日，都察院題准：限外人命手足他物以刃及湯火傷者，限外十日；折跌肢體及破骨墮胎者，限外二十日。本傷身死。情真事實，照例擬死，俱上請定奪。此外日期死者，照毆傷論。執持凶器及折跌肢體等項，例該充軍，查照施行。

新例

一、嘉靖四年六月，都察院題奉欽依，通行内外問刑衙門。今後遇有辜限外人命，務要查審日期久近，情理曲直，應輕應重，具奏定奪。此外日期死的，俱照本律論擬。有例該充軍的，仍照例施行。

一、嘉靖十五年七月初五日該刑部尚書唐龍等題革前例。奉聖旨：是。盧智打一百，發邊衛充軍。今後辜限日期，遵照大明律問刑條例行。臨時還要原情具奏。欽此。

萬曆問刑條例

一、鬬毆傷人，辜限内不平復，延至限外，若手足，他物，金刃，及湯火傷，限外十日之内；折跌肢體，及破骨墮胎，限外二十日之内。果因本傷身死，情真事實者，方擬死罪，奏請定奪。此外不許一概濫擬瀆奏。

新題例

一、萬曆十五年十二月二十日題奉欽依：以後問斷限外人命，必別無他故，果因本傷而死者，審係情真事實，且在今定前限之内者，方擬准絞，奏請定奪。其或死有別故，不因本傷，及情不真、事不實者，雖在前限之内，止各從本毆傷科斷。毋得拘泥例文，藉口新限，濫擬瀆奏。欽此。

黄彰健《明代律例彙編》卷二〇《刑律三・鬬毆・毆制使及本管長官》 凡奉制命出使，而官吏毆之。及部民毆本屬知府知州知縣，軍士毆本管指揮千户百户，若吏卒毆本部五品以上長官，杖一百，徒三年。傷者杖一百，流二千里。折傷者，絞。若毆六品以下長官，各減三等。毆佐貳官首領官，又各遞減一等。減罪輕者，加凡鬬一等。篤疾者，絞。死者，斬。若流外官，及軍民吏卒，毆非本管三品以上官者，杖八十，徒二年。傷者，杖一百，徒三年。折傷者，杖一百，流二千里。毆傷五品以上官者，減二等。若減罪輕，及毆傷九品以上官者，各加凡鬬傷二等。其公使人在外，毆打有司官者，罪亦如之，從所屬上司拘問。

弘治問刑條例

一、凡因事聚衆，將本管官〔萬曆例無官字〕，及公差勘事、催收錢糧等項、一應監臨官，毆打綁縛者，俱問罪，不分首從，屬軍衛者，發極邊衛分充軍。屬有司者，發口外爲民。若止是毆打，爲首者，俱照前充軍爲民問發。若爲從〔嘉靖例、萬曆例若下有是字〕，與毁罵者，武職并總小旗俱改調衛所。文職，並監生、生員、冠帶官、吏典、承差、知印，革去職役爲民。軍民舍餘人等，各枷號一個月發落。其本管并監臨官，與軍民人等，飲酒賭博宿娼，自取凌辱者，不在此例。

黄彰健《明代律例彙編》卷二〇《刑律三・鬬毆・威力制縛人》 凡争論事理，聽經官陳告。若以威力制縛人，及於私家拷打監禁者，並杖八十。傷重，至内損吐血以上，各加凡鬬傷二等。因而致死者，絞。若以威力主使人毆打，而致死傷者，並以主使之人爲首。下手之人爲從論，減一等。

嘉靖新例

一、嘉靖元年叁月奉聖旨：近日以來，在京在外無藉之徒，投託勢要，作爲心腹，引誘生事，甚至綁縛平民，在於私家拷打，脅騙財物，好生不畏國法，傷害治體。你東廠及錦衣衛緝事衙門五城巡視御史，務要密切訪察，如有倚勢怙惡，仍前違犯的，具奏指名參送法司問罪畢，用壹百伍拾斤大枷，枷號壹個月，滿日，押發烟瘴地方充軍。欽此。

嘉靖問刑條例

一、在京在外無藉之徒，投託勢要，作爲心腹，誘引生事，綁縛平民，在於私家拷打，脅騙財物者，枷號一個月，發烟瘴地面充軍。

黄彰健《明代律例彙編》卷二〇《刑律三・鬬毆・奴婢毆家長》 凡奴婢毆家長者，皆斬。殺者，皆凌遲處死。過失殺者，絞。傷者，杖一百，流三千里。若毆家長之期親，及外祖父母者，絞。傷者，皆斬。過失殺者，減毆罪二等。傷者，又減一等。故殺者，皆凌遲處死。毆家長之緦麻親，杖六十，徒一年。小功，杖七十，徒一年半。大功，杖八十，徒二年。折傷以上，緦麻，加毆良人罪一等。小功，加二等，大功，加三等。加者加入於死。死者，皆斬。若雇工人，毆家長及家長之期親若外祖父母者，杖一百，徒三年。傷者，杖一百，流三千里。折傷者，絞。死者，斬。故殺者，凌遲處死。過失殺傷者，各減本殺傷罪二等。毆家長之緦麻親，杖八十。小功，杖九十。大功，杖一百。傷重，至内損吐血以上，緦麻小功，加凡人罪一等。大功加二等。死者，各斬。若奴婢有罪，其家長及家長之期親若外祖父母，不告官司，而毆殺者，杖一百。無罪而殺者，杖六十，徒一年。當房人口，悉放從良。若家長及家長之期親若外祖父母，毆雇工人，非折傷，勿論。至折傷以上，減凡人三等。因而致死者，杖一百，徒三年。故殺者，絞。若違犯教令，而依法決罰，邂逅致死，及過失殺者，各勿論。

新題例

萬曆十六年正月二十二日，左都御史吴時來等〔等上十二字據《臨民寶鏡》補〕題奉欽依：今後官民之家，凡倩工作之人，立有文券，議有年限者，以雇工人論。止是短雇月日，受值不多者，依凡論。其財買義男，如恩養年久，配有室家者，照例同子孫論。如恩養未久，不曾配合者，士庶之家，依雇工人論；縉紳之家，比照奴婢律論。

黄彰健《明代律例彙編》卷二〇《刑律三・鬬毆・妻妾毆夫》 凡妻毆夫者，杖一百。夫願離者聽。須夫自告，乃坐。至折傷以上，各加凡鬬傷三等。至篤疾者，絞。死者，斬。故殺者，凌遲處死。若妾毆夫，及正妻者，又各加一等。加者，加入於死。其夫毆妻，非折傷，勿論。至折傷以上，減凡人二等。須妻自告，乃坐。先行審問，夫婦如願離異者，斷罪離異。不願離異者，驗罪收贖。至死者，絞。毆傷妾，至折傷以上，減毆傷妻二等。至死者，杖一百，徒三年。妻毆傷妾，與夫毆妻，罪同。亦須妾自告，乃坐。過失殺者，各勿論。若毆妻之父母者，杖一百。折傷以上，各加凡鬬傷罪一等。至篤疾者，絞。死者，斬。

備考新例

嘉靖十六年七月二十三日刑部題奉欽依：今後凡妻毆罵夫，因而自盡身死者，竟坐絞。會審之時奏請，不用此條，着著爲令。

黄彰健《明代律例彙編》卷二〇《刑律三・鬬毆・同姓親屬相毆》 凡同姓親屬相毆，雖五服已盡，而尊卑名分猶存者，尊長減凡鬬一等。卑幼加一等。至死者，並以凡人論。

嘉靖新例

一、嘉靖拾陸年柒月大理寺奏准：凡親屬有犯重情，或干律應離異之人，悉照已定名分科斷。不得妄生異議，致有出入。事有疑似者，奏請定奪。

黄彰健《明代律例彙編》卷二〇《刑律三・鬬毆・毆大功以下尊長》 凡卑幼，毆本宗及外姻緦麻兄姊，杖一百。小功，杖六十，徒一年。大功，杖七十，徒一年半。尊屬又各一等。尊屬，與父母同輩者。如同堂伯叔父母姑，及母舅母姨之類。折傷以上，各遞加凡鬬傷一等。篤疾者，絞。死者，斬。若尊長毆卑幼，非折傷，勿論。至折傷以上，緦麻減凡人一等。小功，減二等。大功，減三等。至死者，絞。其毆殺同堂弟妹、堂姪、及姪孫者，杖一百，流三千里。故殺者，絞。

黄彰健《明代律例彙編》卷二〇《刑律三・鬬毆・毆期親尊長》 凡弟妹毆兄姊者，杖九十，徒二年半。傷者，杖一百，徒三年。折傷者，杖一百，流三千里。刃傷及折肢，若瞎其一目者，絞。死者，皆斬。若姪毆伯叔父母姑，及外孫毆外祖父母，各加一等。其過失殺傷者，各減本殺傷

罪二等。故殺者，皆凌遲處死。若與外人謀故殺親屬者，外人造意下手，從而加功，從而不加功，自依凡人故殺律科罪。餘條准此。其兄姊毆殺弟妹，及伯叔姑毆姪并姪孫，若外祖父母毆殺外孫者，杖一百，徒三年。故殺者，杖一百，流二千里。過失殺者，各勿論。

續例附考

一、弘治十五年十二月刑部河南司問得犯人劉雄；大明律直引雄下有招係教坊司樂工，〔不合九字〕違例，手拿尖刀一把，將兄劉英要行殺害，事發問擬，比附弟毆兄，杖九十，徒二年半。奏奉聖旨：劉雄持刀趕殺親兄，好生凶惡。你每再議停當來說。欽此。查得律内鬭毆條，刄傷人者杖八十，徒二年。毆期親尊長條，弟毆兄杖九十，徒二年半。刄傷者絞。又查得條例内：凶徒執持鎗刀等項凶器，但傷人及誤傷傍人者，俱問發邊衛充軍。看得弟毆兄，未傷，已重凡人刄傷一等。刄傷兄，又與凡人刄傷不同。及詳前例，止論凡人，不曾該及親屬。然皆以成傷爲重。今本犯持刀趕殺親兄，雖未成傷，比之常人，委的凶惡。合無斟酌前例，將本犯送兵部，編發邊衛充軍，懲戒將來。仍通行天下問刑衙門：今後遇有卑幼執持刀刄，殺害期親尊長，雖未成傷，俱照此例問擬發遣。若係別項凶器，與犯大功以下尊長傷者，自依問刑條例擬斷。【略】

大明律直引

一、養父毆殺乞養子，比依師毆弟子，與伯叔父母毆殺姪同。

一、前妻之子毆庶母，比依弟妹毆兄姊者律，杖九十，徒二年半。

一、妻之子打庶母之傷者，比依弟妹毆兄姊者律，杖九十，徒二年半。

黄彰健《明代律例彙編》卷二〇《刑律三·鬭毆·毆祖父母父母》

凡子孫毆祖父母、父母，及妻妾毆夫之祖父母父母者，皆斬。殺者，皆凌遲處死。過失殺者，杖一百，流三千里。傷者，杖一百，徒三年。其子孫違犯教令，而祖父母、父母，非理毆殺者，杖一百。故殺者，杖六十，徒一年。嫡繼慈養母殺者，各加一等。致令絶嗣者，絞。若非理毆子孫之婦，及乞妻養異姓子孫，致令廢疾者，杖八十。篤疾者，加一等。並令歸宗。子孫之婦，追還嫁妝，仍給養贍銀一十兩。乞養子孫，撥付合得財產養贍。至死者，各杖一百，徒三年。故殺者，各杖一百，流二千里。妾各減二等。其子孫毆罵祖父母、父母，及妻妾毆罵夫之祖父母、父母，而毆殺之，若違犯教令，而依法決罰，邂逅致死，及過失殺者，各勿論。

弘治問刑條例

一、毆罵祖父母父母及夫之祖父母父母，告息詞者，奏請定奪。再犯者，雖有息詞，不與准理。止將所犯罪名，奏請發落。若祖父母父母聽信後妻愛子蠱惑，謀襲官職，爭奪財產等項，捏告打罵者，究問明白，不拘所犯次數，亦與辯理。

一、繼母告子不孝，及伯叔父母兄姊伯叔祖、同堂伯叔父母兄姊奏告弟姪人等打罵者，俱行拘四鄰親族人等，審勘是實，依律問斷。若有誣枉，即與辯理。果有顯跡傷痕，輸情服罪者，不必行勘。

一、義父母毆殺故殺義子者，若過房在十五歲以下，曾蒙恩養；或十六歲以上，曾分有財產，配有室家者，依毆殺乞養異姓子孫律坐罪。若過房雖在十五歲以下，恩養未久；或十六歲以上，不曾分有財產、配有室家者，依故殺雇工人律坐罪。其告義男夫婦毆罵者，行勘明白，亦依前擬歲數。若曾蒙恩養及分有財產，配有室家者，取問如律。若恩養未久，及不曾分有財產，配有室家者，俱依雇工人毆罵家長律坐罪。

續例附考

一、義子於義父母，及義父之祖父母父母，有犯毆罵及侵盗恐嚇詐欺誣告等項，果係十五以下，恩養年久，或十六以上，配有妻室，分有財產者，即同子孫，取問如律。如十五以下，恩養未久，或十六以上，未曾配有妻室，分有財產，及於義父母之期以下親，并外祖父母，有違犯者，並以雇工人論罪。其義子後因本宗絶嗣，或應繼軍伍等項，有故歸宗，而義父母與義父母之祖父母父母無義絶之狀，原分家財原配妻室不曾拘留，遇有違犯，仍以雇工人論。若犯義絶，及奪其財產妻室與其餘親屬，不分義絶與否，並同凡論。

胡瓊集解附例

一、繼母告子不孝，行四鄰親族人等，審勘是實，依律問斷。若是誣枉，即與辯理。果有顯跡傷痕，輸情服罪者，不必行勘。

嘉靖新例

一、嘉靖拾肆年拾壹月刑部題准：凡毆殺故殺義子，若曾蒙恩養，

及配有家室，分有財產者，依毆殺故殺乞養子孫律。其恩養未久，不曾配有家室，分有財產者，依毆殺故殺雇工人律，各科斷。

嘉靖問刑條例

一、凡義子過房，在十五歲以下，恩養年久，或十六歲以上，曾分有財產，配有室家，若於義父母，及義父之祖父母、父母，有犯毆罵侵盜恐嚇詐欺誣告等項，即同子孫，取問如律。若義父母及義父之祖父母父母毆殺故殺者，並以毆殺故殺乞養異姓子孫論。若過房雖在十五以下，恩養未久，或在十六以上，不曾分有財產配有室家，及於義父之期親，并外祖父母有違犯者，並以雇工人論。義子之婦，亦依前擬歲數，如律科斷。其義子後因本宗絕嗣，或應繼軍伍等項，有故歸宗，而義父母與義父之祖父母、父母無義絕之狀，原分家產，原配妻室不曾拘留，遇有違犯，仍以雇工人論。若犯義絕，及奪其財產妻室，與其餘親屬，不分義絕與否，並同凡人論。

黃彰健《明代律例彙編》卷二〇《刑律三・鬬毆・父祖被毆》 凡祖父母父母，爲人所毆，子孫即時救護而還毆，非折傷，勿論。至折傷以上，減凡鬬三等。至死者，依常律。若祖父母、父母爲人所殺，而子孫擅殺行凶人者，杖六十。其即時殺死者，勿論。

嘉靖新例

一、嘉靖貳拾肆年刑部議准：犯人崔鑑，年壹拾叁歲，因讀書外歸，見其父妾原係娼婦，將母毆罵，遂持刀殺其父妾，事發，免其抵死，送工部徒工叁年。

中國第一歷史檔案館《滿文老檔》天命七年正月 十四日汗曰：今我國人，較前暴虐。凡輕視汗之親族者，責打之。其毆打者，斬之。皆以著書，頒我諸子。昔居費阿拉時，拉哈默爾根之妻揪我宗室女托塔里之妻衣領毆打，遂殺拉哈默爾根之妻。茲將此言，預先宣諭衆人。

中國第一歷史檔案館《清初內國史院滿文檔案譯編》崇德七年十一月 二十一日兵部多羅額爾克郡王遵旨制定：凡王、貝勒、貝子、公等，若誤射王等，罰銀三千兩，與被射之王。若誤射貝勒等，罰銀二千兩，與被射貝勒。若誤射貝子、公等，罰銀一千兩，與被射貝子、公。其誤射之王、貝勒、貝子、公等，拘禁三日，准按品級加倍坐以應得之罪入官。〔原檔殘缺〕無關，不應射而射者，〔原檔殘缺〕另行查議，〔原檔殘缺〕人，若誤向王、貝勒等發矢，或中王、貝勒之身，或因射獸已中，而只誤中王、貝勒之身，不論受傷與否，其誤射之人論死。若誤射王、貝勒等所乘馬匹，其誤射之人，鞭一百，貫耳鼻，仍罰銀贖身。又以下之人，若誤射貝子、公等，而傷重者，其誤射之人，論死。輕者，其誤射之人，鞭一百，貫耳鼻，籍家。若射中獸，復中貝子、公之身，未致傷者，鞭一百，貫耳鼻，罰銀贖身。誤中所乘馬匹，鞭一百，拘禁三日。又以下之人，若誤向王、貝勒發矢，矢落於王丈之內者，鞭五十。若王、貝勒、貝子、公等誤射屬下之人，拘禁三日，准按品級加倍坐以應得之罪入官。視被射之人受傷輕重，照陣傷減一等給銀。若被射之人有致死者，除償身價外，仍將誤射之王、貝勒、貝子、公等，罰銀二百兩，與被射死者。傷而未死者，除照常償給銀外，仍罰銀一百兩，給被射之人。若中其身而無傷痕者，罰銀五十兩，給被射之人。王、貝勒、貝子、公等，誤射屬下人所乘馬匹致死，除償還馬匹外，仍坐以應得之罪。馬未死，止坐以應得之罪。

《刑部現行則例》卷中《軍政》 一、凡打獵場內隔嶺射箭者，罰銀十兩。隱匿獸場者，罰銀九兩。射傷人馬者，收禁三日罰銀十兩，仍羈候獵完日發落。

一、凡人箭上不寫姓名及不寫本身姓名，或寫他人姓名者，杖八十，追銀十兩給拿獲之人。

《刑部現行則例》卷上《名例》 一、有將人誆騙閹割、強勒閹割者，仍照律治罪外，父母情願將伊子閹割及本身情願閹割者，免其治罪。

《清世宗實録》雍正四年七月 己未，諭刑部：律載鬬毆成傷，定有保辜之限，所以重民命也。被毆之人受傷，雖重尚可醫救。一經移動，勞頓冒風，或致殞命。嗣後鬬毆傷重者，禁止移動。著問理衙門委官親詣驗看，使被鬬之人得以安卧醫救，不致誤傷性命。其應如何定例通行之處，著三法司詳議具奏。尋議：凡京城內外有鬬毆傷重者，該衙門即委官親詣驗傷，就取確供，定限保辜。其被傷之人擡赴衙門驗傷之處，永行禁止。違者將該管各員治罪。從之。

《西寧青海番夷成例・鬬毆傷人》 凡鬬毆打架傷人眼目手足者，罰三九；傷輕平復者，罰一九。若孕婦墮胎者，罰一九。若用鞭、棍、拳

頭打人者，罰牲畜五件。互相鬥毆者免罰。若折人牙齒，罰一九，拔去纓髮者，罰牲畜五件。

《大清律例》卷二七《刑律·鬥毆·鬥毆》 律

凡鬥毆與人相爭以手足毆人不成傷者，笞二十。但毆即坐。成傷，及以他物毆人不成傷者，笞四十。所毆之皮膚青赤而腫者爲傷。非手足者，其餘所執皆爲他物，即持兵不用刃，持其背柄以毆人。亦是他物。拔髮方寸以上，笞五十。若毆人血從耳目中出，及内損其臟腑而吐血者，杖八十；若止皮破血流及鼻孔出血者，仍以成傷論。以穢物污人頭面者，情固有重於傷，所以罪亦如之。杖八十。

折人一齒，及手足一指，眇人一目，尚能小視，猶未至瞎。抉毀人耳鼻，若破傷人骨，及用湯火銅鐵汁傷人者，杖一百；以穢物灌入人口鼻内者，罪亦如之。杖一百。折二齒二指以上，及盡髡去髮者，杖六十，徒一年。髡髮不盡，仍堪爲髻者，止依拔髮方寸以上論。

折人筋，眇人兩目，墮人胎，及刃傷人者，杖八十，徒二年。墮胎者謂辜内子死，及胎九十日之外成形者即坐。若子死辜外，及墮胎九十日之内者，從本毆傷法論，不坐墮胎之罪。

折跌人肢手足體腰項及瞎人一目者，皆成廢疾。杖一百，徒三年。

瞎人兩目，折人兩肢，損人二事以上，二事，如瞎一目又折一肢之類。及因舊患令至篤疾，若斷人舌，令人全不能説話。及毀敗人陰陽者，以至不能生育。并杖一百，流三千里；仍將犯人財産一半，斷付被傷篤疾之人養贍。若將婦人非理毀壞者，止科其罪，以不妨生育，不在斷付財産一半之限。

同謀共毆傷者，各以下手傷重者爲重罪，原謀或不曾下手，或雖毆而傷輕，減傷重者一等。凡鬥毆不下手傷人者勿論，惟毆殺人以不勸阻爲罪。若同謀毆人至死，雖不下手，及同行知謀，不行救阻者，各以本律并杖一百。如共毆傷人皆致命，以最後下手重者，當其重罪。如亂毆不知先後輕重者，或二人共打一人，其傷同處；或二人同時各瞎人一目；并須以原謀爲首，餘人爲從；若無原謀，以先鬥人爲首。

若因鬥互相毆傷者，各驗其傷之輕重定罪，後下手理直者，減本等罪二等；至死，及毆兄姊伯叔依本律定擬，雖後下手理直者不減。如甲乙互相鬥毆，甲被瞎一目，乙被折一齒，則甲傷爲重，當坐乙以杖一百，徒三年；乙被傷輕，當坐甲以杖一百。若甲係後下手而又理直，則於杖一百上減二等，止杖八十；乙後下手理直，則於杖一百，徒三年上減二等，止杖八十，徒二年。或至篤疾，仍斷財養贍。若毆人至死，自當抵命。

條例

一、凶徒因事忿爭，執持刀槍、弓箭、銅鐵、鐧、劍、鞭、斧、扒頭、流星、骨朵、麥穗、秤錘凶器，但傷人及誤傷旁人，與凡剜瞎人眼睛、折跌人肢體、全抉人耳鼻口唇、斷人舌、毀敗人陰陽者，俱發邊衛充軍。若聚衆執持凶器傷人，及圍繞房屋搶檢家財、棄毀器物、姦淫婦女，除實犯死罪外，徒罪以上不分首從，發邊遠充軍。雖執持凶器而未傷人者，杖一百。執凶器自傷者，亦杖一百。其傷人之犯有能首先拿獲者，官給賞銀十五兩；其次協拿者，給賞銀十兩；再次協拿者，給賞銀五兩。未傷人者，不在給賞之限。其捕拿受傷之人，除官給賞銀外，仍驗傷痕等第，於犯人名下追給傷銀。若果有瘋疾，依過失傷人律收贖，將贖銀給付被傷之人。

一、護軍、兵丁及食糧當差人役，若執持金刃傷人，或自傷者，除革役照律例問擬外，永不准食糧。閒散人有犯，立案永不准食糧充役。

一、沿江濱海有持搶執棍，混行鬥毆，將兩造爲首及鳴鑼聚衆之犯，杖一百、流三千里。傷人之犯，杖一百、徒三年。其附和未傷人者，各枷號一個月，責四十板。

《大清律例》卷二七《刑律·鬥毆·宫内忿争》 律

凡於宫内忿争者，笞五十。忿争之聲徹於御在所，及相毆者，杖一百。折傷以上，加凡鬥傷二等。若於臨朝之殿内，又遞加一等。遞加者，如于殿内忿争者，加一等，杖六十。其聲徹于御在之所，及殿内相毆者，加一等，杖六十，徒一年。至于折傷以上，加宫内折傷之罪一等，又加凡鬥傷罪二等，共加三等；雖至篤疾，並罪止杖一百，流三千里。至死者，依常律斷。被毆之人，雖至殘廢篤疾，仍擬杖一百收贖；篤疾之人與有罪焉，故不斷財産養贍。

條例

一、凡太監在紫禁城内持金刃自傷者，斬立決。在紫禁城外、皇城内持金刃自傷者，斬監候。

《大清律例》卷二七《刑律·鬥毆·皇家袒免以上親被毆》 凡皇家袒免親而毆之者，雖無傷，杖六十，徒一年。傷者，杖八十，徒二年。折傷以上本罪有重于杖八十，徒二年者，加凡鬥二等。止杖一百，徒三年。緦麻以

上兼毆傷言各遞加一等。止杖一百，流三千里，不得加入于死。篤疾者，絞監候。死者，斬監候。

《大清律例》卷二七《刑律・鬥毆・毆制使及本管長官》　凡朝臣奉制命出使，而所在官吏毆之，及部民毆本屬知府、知州、知縣，軍士毆本管官，若吏卒毆本部五品以上長官，杖一百，徒三年；傷者，杖一百，流二千里；折傷者，絞監候。不言篤疾者，亦止於絞。若吏卒毆六品以下長官，各兼毆與傷，及折傷而言。減五品以上罪三等。軍民吏卒毆佐貳官、首領官，又各遞減一等；佐貳官減長官一等，首領減佐貳一等。如軍民吏卒減三等各罪，輕於凡鬥，及與凡鬥相等，皆謂之。減罪輕者，加凡鬥兼毆與傷及折傷。一等；篤疾者，絞監候；死者，不問制使、長官、佐貳、首領，並斬監候。若流外雜職官及軍民吏卒，毆非本管三品以上官者，杖八十，徒二年；傷者，杖一百，徒三年；折傷者，杖一百，流二千里。毆傷非本管五品以上官者，減三品以上罪二等；若減罪輕於凡鬥傷；及毆傷九品以上至六品官者，各加凡鬥傷二等。不言折傷篤疾至死者，皆以凡鬥論。

其公使人在外毆打所在有司官者，罪亦如之；亦照毆非本管之品級科罪。從被毆所屬上司拘問。如統屬州縣官毆知府，固依毆長官本條，減吏卒二等；若上司官小，則依下條上司官與統屬官相毆科之。首領毆衙門長官，固依毆官長本條減吏卒二等；若毆本衙門佐貳官，兩人品級與下條九品以上官同，則依下條科之；若品級不與下條同，則止依凡鬥。如佐貳首領自相毆，亦同凡鬥論罪。

條例

一、因事聚衆，將本管官及公差勘事催收錢糧等項一應監臨官毆打綁縛者，不分首從，屬軍衛者，發極邊充軍；屬有司者，發邊外爲民。若止毆打，爲首者照前問發；爲從與毀罵者，武職並總隊，文職並監生、生員、冠帶官、吏典、承差，俱革去職役，依律問擬。爲民軍、民人等，各枷號一個月，仍照律擬斷發落。其本管並監臨官與軍民人等飲酒、賭博、宿娼，自取陵辱者，不在此例。

一、凡軍民人等毆死在京見任官員，照毆死本管官律擬斬監候。若謀死者，擬斬立決。

一、八旗兵丁無私仇別故，因管教將本管官戮死者，本犯即行正法，妻子發遣黑龍江，領催、族長各鞭一百。若閒散及護軍披甲人記仇，將該管官動兵刃致傷者，本犯即行正法，妻、子免發遣，領催、族長各鞭五十。若殺死者，領催族長各鞭八十，係官交部議處。其平日不能管教之該管各官，交部分別議處。

《大清律例》卷二七《刑律・鬥毆・佐職統屬毆長官》　凡本衙門首領官及所統屬官，毆傷長官者，各減吏卒毆傷長官二等。不言折傷者，若折傷不致篤疾，止以傷論。佐貳官毆長官者，不言傷者，即傷而不至篤疾，止以毆論。又各減首領官之罪二等。若減二等之罪，有輕於凡鬥，或與凡鬥相等，而減罪輕者，加凡鬥一等。謂其有統屬相臨之義。篤疾者，絞監候。死者，斬監候。

《大清律例》卷二一《刑律・鬥毆・威力制縛人》　凡兩相争論事理，其曲直聽經官陳告裁決。若豪强之人，以威力挾制捆縛人，及于私家拷打監禁者，不問有傷無傷。并杖八十；傷重至内損吐血以上，各驗其傷加凡鬥傷二等；因而致死者，絞監候。若以威力主使他人毆打，而致死傷者，并以主使之人爲首，下手之人爲從論，減主使一等。

條例

一、在京在外無籍之徒投託勢要作爲心腹，誘引生事，綁縛平民在于私家拷打，脅騙財物者，枷號一個月，發煙瘴地面充軍。勢要知情并坐。誘引依教誘。綁縛拷打依威力，脅騙財物依恐嚇，從重科罪。須四事俱全，方引此例。

一、旗下家人、莊頭等有在外倚勢害民，把持衙門霸佔子女、將良民無故拿至私家，捆縛拷打致死者，除本犯照律例從重治罪外，若係内府之人，將該管官交該部議處。係王、貝勒、貝子、公家人，將管理家務官亦交該部議處。係民，公侯伯大臣官員家人，將各主交該部議處。係平人，鞭一百。

一、凡地方鄉紳私置板棍，擅責佃户者，照違制律議處。衿監革去衣頂，杖八十，照例准其收贖。如將佃户婦女姦佔爲婢妾者，絞監候。如無犯姦情事，照略賣良人爲妻妾律，杖一百、徒三年。婦女給親完聚。該地方官不預行嚴禁，及被害人告理而不即爲查究者，照徇庇例議處。至有奸頑佃户拖欠租課，欺慢田主者，杖八十。所欠之租照數追給田主。

一、凡主使兩從毆一人、數人毆一人致死者，以下手傷重之人爲從，其餘皆爲餘人，若其人自盡，則不可以致死之罪加之，止照所傷擬罪。如

有致死重傷及成殘廢篤疾者，依因事用强毆打例，發邊衛充軍。

《大清律例》卷二七《刑律・鬥毆・上司官與統屬官相毆》 凡監臨上司之佐貳、首領官，與所統屬之下司官品級高者，及與部民有高官而相毆者，並同凡鬥論。一以監臨之重，一以品級之崇，則不得以下司、部民拘之。若非相統屬官，品級同，自相毆者，亦同凡鬥論。

《大清律例》卷二七《刑律・鬥毆・九品以上官毆長官》 凡流内九品以上官，毆非本管三品以上之尊官者，不問長官、佐貳。杖六十，徒一年；但毆即坐，雖成傷至内損吐血亦同。折傷以上，及毆傷非本管五品以上，若五品以上毆傷非本管三品以上官者，各加凡鬥傷二等。不得加至於死。蓋官品相懸，則其罪重，名位相次，則其罪輕，所以辨貴賤也。

《大清律例》卷二七《刑律・鬥毆・拒毆追攝人》 凡官司差人下所屬追徵錢糧，勾攝公事，而納户及應辦公事人抗拒不服，及毆所差人者，杖八十；若傷重至内損吐血以上，及所毆差人，或係職官，或係親屬尊長。本犯毆罪重于凡人鬥毆者，各于本犯應得重罪上，仍加二等，罪止杖一百，流三千里；至篤疾者，絞監候；死者，斬監候。此爲納户及應辦公事之人，本非有罪而恃强違命者而言。若税糧違限，公事違錯，則係有罪之人，自有罪人拒捕條。

《大清律例》卷二七《刑律・鬥毆・毆受業師》 律

凡毆受業師者，加凡人二等；死者斬。凡者非徒指儒言，百工技藝亦在内。儒師終身如一。其餘學未成，或易别業，則不坐；如學業已成，罪亦與儒並科。

條例

一、僧尼謀殺受業師者，照謀殺大功尊長律，已殺者，斬決；已傷者，絞決；已行未傷者，流二千里。毆、故殺者，亦照毆、故殺大功尊長律，斬決。

《大清律例》卷二七《刑律・鬥毆・良賤相毆》 律

凡奴婢毆良人或毆或傷或折傷者，加凡人一等；至篤疾者，絞監候；死者，斬監候。其良人毆傷他人奴婢或毆或傷或折傷、篤疾者，減凡人一等；若死及故殺者，絞監候。若奴婢自相毆傷殺者，各依凡鬥傷殺法。相侵財物者，如盜竊、强奪、詐欺、誆騙、恐嚇求索之類。不用此加減律。仍以各條凡毆傷殺法坐之。

若毆内外緦麻、小功親之奴婢，非折傷勿論；至折傷以上至篤疾者，各減殺傷凡人奴婢罪二等。大功親之奴婢減三等。至死者，不問緦麻、小功、大功。杖一百，徒三年。故殺者，絞監候。過失殺者，各勿論。

若毆内外緦麻、小功親之僱工人，非折傷，勿論；至折傷以上至篤疾者，各減凡人罪一等。大功親之僱工人減二等。至死及故殺者，不問緦麻、大功、小功。並絞監候。過失殺者，各勿論。僱倩傭工之人，與有罪緣坐爲奴婢者不同，然而有主僕之分，故以家長之服屬親疏論。不言毆期親僱工人者，下條有家長之期親若外祖父母毆僱工人律也。若他人僱工者，當以凡論。

條例

一、凡奴僕毆辱職官者，家長笞五十。係官交該部議處。

《大清律例》卷二八《刑律・鬥毆・奴婢毆家長》 律

凡奴婢毆家長者，有傷無傷，預毆之奴婢，不分首從。皆斬；殺者，故殺、毆殺，預毆之奴婢，不分首從。皆淩遲處死；過失殺者，絞監候；過失傷者，杖一百，流三千里。不收贖。若奴婢毆家長之尊卑期親，及外祖父母者，即無傷亦絞監候；爲從，減一等。傷者，預毆之奴婢，不問首從重輕。皆斬監候；過失殺者，減毆罪二等；過失傷者，又減一等；故殺者，預毆之奴婢皆淩遲處死。毆家長之緦麻親，兼内外尊卑，但毆即坐，雖傷亦杖六十，徒一年；小功，杖七十，徒一年半；大功，杖八十，徒二年；折傷以上，緦麻加毆良人罪一等，小功加二等，大功加三等，加者加入於死；但絞不斬。一毆一傷，各依本法。死者，預毆奴婢皆斬。故殺，亦皆斬監候。

若僱工人毆家長及家長期親，若外祖父母者，即無傷亦杖一百，徒三年；傷者，不問重輕。杖一百，流三千里；折傷者，絞監候；死者，斬；毆家長斬決；毆家長期親若外祖父母，斬監候。故殺者，淩遲處死；過失殺傷者，各減本殺傷罪二等。毆家長之緦麻親，杖八十，小功杖九十，大功杖一百；傷重至内損吐血以上，緦麻、小功，加凡人罪一等，大功加二等；罪止杖一百，流三千里。死者，各斬監候。

若奴婢有罪，或姦或盜，凡違法罪過皆是。其家長及家長之期親，若外祖父母，不告官司而私自毆殺者，杖一百；無罪而毆殺或故殺者，杖六十，徒一年。當房人口，指奴婢之夫婦子女。悉放從良。奴婢有罪，不言折傷篤疾者，非至死勿論也。

若家長及家長之期親，若外祖父母，毆僱工人，不分有罪無罪。非折

傷，勿論；至折傷以上，減凡人折傷罪三等；因而致死者，杖一百，徒三年；故殺者，絞監候。

若奴婢、僱工人違犯家長及期親、外祖父母教令，而依法於臀腿受杖去處決罰，邂逅致死，及過失殺者，各勿論。

條例

一、凡旗員將奴婢責打身死者，罰俸二年。故殺者，降二級調用。刃殺者革職，不准折贖，鞭一百。若將其中家僕毆打死者，降二級調用。故殺者降三級調用，各追人一口給主。刃殺者革職，不准折贖，鞭一百。毆殺他人奴婢者，革職，追人一口給主。故殺者，依律絞候。平人將奴僕責打身死者，枷號二十日。故殺者枷號一個月。刃殺者，枷號兩個月。各鞭一百。毆僱工人致死者，枷號四十日，鞭一百。毆族中家僕致死者，枷號兩個月，鞭一百。若將族中家僕故殺者，枷號三個月，鞭一百。刃殺者，發黑龍江當差。仍各追人一口給主。其奴僕違犯教令而依法決罰，邂逅致死者，仍依律勿論。

一、凡監生、生員人等毆殺、故殺、刃殺奴婢者，俱黜革。故殺、刃殺者，杖一百，不准折贖。

一、旗人故殺白契所買并典當之人，俱照故殺僱工人律，擬絞監候。若毆打死者，照律治罪。

一、凡家主將奴僕之妻妾行佔奪或圖姦不遂因將奴僕毒毆，或將妻致死，審明確有實據及本主自認不諱者，即將伊主不分官員、平人，發黑龍江當差。如伊主並無姦佔情弊而奴僕誣陷其主者，仍照干名犯義律，從重治罪。

一、凡八旗官員、平人將奴婢責打身死，乃故殺者，除照例治罪外，其奴僕之父母、妻、子情願仍在伊主家者，聽其存留。不願者，悉行開放。係旗人，聽其在旗投主。係民人，放出爲民，不得追收身價。

一、凡民人奴僕背主投營，挾制家主，勒索原契及妻、子、財物，不分首從、得財與未得財，皆斬立決。若止背主投營，審無挾制勒索者，枷號四十日，杖一百，交還原主。該營初雖不知，後知而不舉發者，交該部議處。

一、凡漢人家生奴僕、印契所買奴僕，並雍正五年以前白契所買，及投靠養育年久，或婢女招配生有子息者，俱係家奴，世世子孫永遠服役。婚配俱由家主，仍造册報官存案。其婢女招配，並投靠及買奴僕，俱寫立文契，報明本地方官，鈐蓋印信。如有事犯驗明官册印契，照例治罪。其奴僕誹謗家長，並僱工人罵家長，與官員平人毆殺奴僕，並教令過失殺，及毆殺僱工人等款，俱有律例，應照滿洲主僕論。若犯該黑龍江當差者，照《名例》分別改遣之例問發。至不遵約束，傲慢頑梗，酗酒生事者，照滿洲家人吃酒行凶例，面上刺字，流二千里，交與該地方官，令其永遠當苦差。有背主逃匿者，照滿洲家人逃走例，折責四十板，面上刺字，交與本主仍行存案。容留窩藏者，照窩藏逃人例治罪。如典當僱工，限内逃匿者，照滿洲白契所買家人逃走例，責三十板，亦交與本主。若典當立有文券，議有年限，不遵約束、傲慢酗酒生事者，聽伊主酌量懲治。若與家長抗拒毆罵者，照律治罪。再，隸身門下爲長隨者，有犯，亦照典當僱工人治罪。

《大清律例》卷二八《刑律・鬥毆・妻妾毆夫》　凡妻妾毆夫者，但毆即坐。杖一百，夫願離者，聽；須夫自告乃坐。至折傷以上，各驗其傷之輕重，加凡鬥傷三等；至篤疾者，絞決；死者，斬決；故殺者，凌遲處死。兼魘魅蠱毒在內。

若妾毆夫及正妻者，又各加妻毆夫罪一等；加者，加入於死。但絞不斬，於家長則決，於妻則監候。若篤疾者、死者、故殺者，仍與妻毆夫罪同。

其夫毆妻，非折傷勿論；至折傷以上，減凡人二等。須妻自告乃坐。先行審問夫婦，如願離異者，斷罪離異；不願離異者，驗所傷應坐之罪收贖。仍聽完聚。至死者，絞監候。故殺亦絞。毆傷妾至折傷以上，減毆傷妻二等；至死者，杖一百，徒三年。妻毆傷妾，與夫毆妻罪同。亦須妾自告乃坐。過失殺者，各勿論。蓋謂其一則分尊可原，一則情親當矜也。須得過失實情，不實仍各坐本律。夫過失殺其妾，及正妻過失殺其妾者，各勿論。若妻妾過失殺其夫，妾過失殺正妻，當用比律。過失殺句，不可通承上二條言。

若毆妻之父母者，但毆即坐。杖六十，徒一年；折傷以上，各加凡鬥傷罪二等；至篤疾者，絞監候；殺者，斬監候。故殺者，亦斬。

《大清律例》卷二八《刑律・鬥毆・同姓親屬相毆》　凡同姓親屬相毆，雖五服已盡，而尊卑名分猶存者，尊長犯卑幼，減凡鬥一等；卑幼犯

尊長，加一等不加至死。至死者，無論尊卑長幼。並以凡人論。鬥殺者，絞；故殺者，斬。

《大清律例》卷二八《刑律・鬥毆・毆大功以下尊長》 凡卑幼毆本宗及外姻緦麻兄姊，但毆即坐。杖一百；小功兄姊，杖六十，徒一年；大功兄姊，杖七十，徒一年半；尊屬，又各加一等。折傷以上，各遞加凡鬥傷一等。罪止杖一百，流三千里。篤疾者，不問大功以下尊屬，並絞。死者，斬。絞、斬，在本宗小功、大功兄姊及尊屬則決，餘俱監候。不言故殺者，亦止於斬也。若本宗及外姻尊長毆卑幼，非折傷勿論。至折傷以上，緦麻卑幼，減凡人一等；小功卑幼，減二等；大功卑幼，減三等。至死者，絞監候。不言故殺者，亦止於絞也。其毆殺同堂大功弟妹、小功堂姪及緦麻姪孫者，杖一百，流三千里；不言篤疾，至死者罪止此，仍依律給付財產一半養贍。故殺者，絞監候。不言過失殺者，蓋各准本條論贖之法。兄之妻及伯叔母、弟之妻及卑幼之婦，在毆夫親屬律。姪與姪孫在毆期親律。

《大清律例》卷二八《刑律・鬥毆・毆期親尊長》 律

凡弟妹毆同胞兄姊者，杖九十，徒二年半；傷者，杖一百，徒三年；折傷者，杖一百，流三千里；刃傷不論輕重。及折肢，若瞎其一目者，絞；以上各依首從法。死者，不分首從。皆斬。若姪毆伯叔父母、姑，是期親尊屬。及外孫毆外祖父母，服雖小功，其恩義與期親並重。各加毆兄姊罪一等。加者，不至於絞。如刃傷、折肢、瞎目者亦絞，至死者亦皆斬。其過失殺傷者，各減本殺傷兄姊及伯叔父母、姑、外祖父母罪二等。不在收贖之限。故殺者，皆不分首從。凌遲處死。若卑幼與外人謀故殺親屬者，外人造意、下手，從而加功、不加功，各依凡人本律科罪，不在皆斬、皆凌遲之限。其期親兄姊毆殺弟妹，及伯叔姑毆殺姪並姪孫，若外祖父母毆殺外孫者，杖一百，徒三年；故殺者，杖一百，流二千里；篤疾至折傷以下，俱勿論。過失殺者，各勿論。

條例

一、凡卑幼毆期親尊長，執有刀刃趕殺，情狀凶惡者，雖未傷，依律發邊衛充軍。

一、凡兄及伯叔因爭奪弟姪財產、官職，及平素仇隙不睦，有意執持凶器，故行殺害者，擬絞監候。仍斷給財產一半予被傷家屬養贍。如無前項情由，仍照律擬罪。

一、凡故殺期親弟妹，照故殺大功弟妹律，均擬絞監候。其毆期親弟妹致死者，照本律滿徒加一等，杖一百，流二千里。

《大清律例》卷二八《刑律・鬥毆・毆祖父母父母》 律

凡子孫毆祖父母、父母，及妻妾毆夫之祖父母、父母者，皆斬；殺者，皆凌遲處死；其爲從有服屬不同者，自依各條服制科斷。過失殺者，杖一百，流三千里；傷者，杖一百，徒三年。俱不在收贖之例。

其子孫違犯教令，而祖父母、父母不依法決罰，而橫加毆打，非理毆殺者，杖一百；故殺者，無違犯教令之罪爲故殺。杖六十，徒一年。嫡、繼、慈養母殺者，終與親母有間，毆殺、故殺。各加一等；致令絕嗣者毆殺、故殺。絞監候。若祖父母、父母、嫡、繼、慈、養母，非理毆子孫之婦，此婦字，乞養者同。及乞養異姓子孫，折傷以下勿論。致令廢疾者，杖八十；篤疾者，加一等。子孫之婦及乞養子孫，並令歸宗。子孫之婦，篤疾者。追還初歸嫁妝，仍給養贍銀一十兩；乞養子孫，篤疾者。撥付合得所分財產養贍；不在給財產一半之限，如無財產，亦量照子孫之婦給銀。至死者，各杖一百，徒三年；故殺者，各杖一百，流二千里；其非理毆子孫之妾，各減毆婦罪二等。不在歸宗、追給嫁妝、贍銀之限。

其子孫毆罵祖父母、父母，及妻妾毆罵夫之祖父母、父母，而祖父母、父母，夫之祖父母、父母，因其有罪毆殺之，若違犯教令，而依法決罰，邂逅致死，及過失殺者，各勿論。

條例

一、繼母告子不孝，及伯叔父母兄姊、伯叔祖、同堂伯叔父母兄姊奏告弟姪人等打罵者，俱行拘四鄰親族人等，審勘是實，依律問斷。若有誣枉即與辨理。果有顯迹傷痕，輸情服罪者，不必行勘。

一、凡義子過房，在十五歲以下，恩養年久，或十六歲以上，曾分有財產，配有室家，若於義父母及義父之祖父母、父母，有犯毆罵、侵盜、恐嚇、詐欺、誣告等情，即同子孫取問如律。若義父母及義父之祖父母、父母毆殺、故殺者，並以毆、故殺乞養異姓子孫論。若過房，雖在十五以下，恩養未久，或在十六以上，不曾分有財產，配有室家，及於義父之期親並外祖父母有違犯者，並以僱工人論。義子之婦亦依前擬歲數，如律科斷。其義子後因本宗絕嗣，有故歸宗，而義父母與義父之祖父母無義絕之

狀，原分家産、原配妻室不曾拘留，遇有違犯，仍以僱工人論。若犯義絶及奪其財産妻室與其餘親屬，不分義絶與否，並同凡人論。義絶，如毆義子至篤疾，當令歸宗及有故歸宗而奪其財産、妻室，亦義絶也。

一、凡本宗爲人後者之子孫於本生親屬孝服，祇論所後宗支親屬服制。如於本生親屬有犯，俱照所後服制定擬。其異姓義子與伊所生子孫爲本生父母親屬孝服，亦俱不准降等。各項有犯，仍照本宗服制科罪。

《大清律例》卷二八《刑律・鬥毆・妻妾與夫親屬相毆》 凡妻妾毆夫之期親以下、緦麻以上本宗外姻尊長，與夫毆同罪；或毆或傷或折傷，各以夫之服制科斷。其有與夫同絞罪者，仍照依《名例》至死減一等，杖一百，流三千里。至死者，各斬監候。緦麻親兼妾毆妻之父母在内。此不言故殺者，其罪亦止於斬也。不言毆夫之同姓無服親屬者，以凡人論。

若妻毆傷卑屬，與夫毆同；各以夫毆服制科斷。至死者，絞監候。此夫之緦麻、小功、大功卑屬也。雖夫之堂姪、姪孫及小功姪孫亦是。若毆殺夫之兄弟子，杖一百，流三千里；不得同夫擬徒。故殺者，絞監候。不得同夫擬流。妾犯者，各從凡鬥法。不言夫之自期以下弟妹者，毆夫之弟妹，但減凡一等，則此當以凡論。

若期親以下、緦麻以上尊長毆傷卑幼之婦，減凡人一等；妾，又減一等；至死者，不拘妻妾絞。監候。故殺亦絞。

若弟妹毆兄之妻，加毆凡人一等。其不言妻毆夫兄之妻者，與夫毆同。

若兄姉毆弟之妻，及妻毆夫之弟妹及夫弟之妻，各減凡人一等；若毆妾者，各又減毆妻一等。不言妻毆夫兄之妾者，亦與夫毆同。不言弟妹毆兄之妾，及毆大功以下兄弟妻妾者，皆以凡論。

其毆姉妹之夫，妻之兄弟，及妻毆夫之姉妹夫者，有親無服，皆爲同輩。以凡鬥論；若妾犯者，各加夫毆妻毆一等。加不至於絞。

若妾毆夫之妾子，減凡人二等；以其近於子也。毆妻之子，以凡人論。所以別妻之子於妾子也。若妻之子毆傷父妾，加凡人一等。所以尊父也。妾子毆傷父妾，又加二等。爲其近於母也。共加凡人三等，不加至於絞。至死者，各依凡人論。此通承本節弟妹毆兄之妻以下而言也。死者絞，故殺者斬。

《大清律例》卷二八《刑律・鬥毆・毆妻前夫之子》 凡毆妻前夫之子者，謂先曾同居，今不同居者。其毆傷、折傷，減凡人一等。同居者，又減一等。至死者，絞監候。

若毆繼父者，亦謂先曾同居，今不同居者。杖六十，徒一年；折傷以上，加凡鬥傷一等；同居者，又加一等；至篤疾，罪止杖一百，流三千里；不加於死，仍給財産一半養贍。至死者，斬監候。

其故殺及自來不曾同居者，不問父毆子，子毆父。各以凡人論。

《大清律例》卷二八《刑律・鬥毆・妻妾毆故夫父母》 凡妻妾夫亡改嫁，毆故夫之祖父母、父母者，並與毆舅姑罪同。其舊舅姑毆已故子孫改嫁妻妾者，亦與毆子孫婦同。妻妾被出，不用此律，義已絶也。

若奴婢毆舊家長，及家長毆舊奴婢者，各以凡人論。此亦自轉賣與人者言之。奴婢贖身，不用此律，義未絶也。

《大清律例》卷二八《刑律・鬥毆・父祖被毆》 律

凡祖父母、父母爲人所毆，子孫即時少遲即以鬥毆論。救護，而還毆行凶之人，非折傷勿論；至折傷以上，減凡鬥三等；雖篤疾，亦得減流三千里，爲徒二年。至死者，依常律。

若祖父母、父母爲人所殺，而子孫不告官擅殺行凶人者，杖六十；其即時殺死者，勿論。少遲即以擅殺論。若與祖父母、父母同謀共毆人，自依凡人首從法。又祖父母、父母被有服親屬毆打，止宜救解，不得還毆。若有還毆者，仍依服制科罪。父祖外其餘親屬人等被人殺，而擅殺行凶人，審無別項情故，依罪人本犯應死而擅殺律，杖一百。

條例

一、凡祖父母、父母爲人所殺，本犯擬抵後或遇恩、遇赦，免死，而子孫報仇，將本犯仍復擅殺者，杖一百，流三千里。

一、人命案内，如有父母被人毆打，實係事在危急，伊子救護情切，因而毆死人者，於疏内聲明，援例兩請，候旨定奪。其或有子之人與人角口，故令伊子將人毆死者，仍照律科罪，不得概議減等。

《大清律例》卷三四《刑律・雜犯・閹割火者》 律

凡官民之家，不得乞養他人之子閹割火者，惟王家用之。違者，杖一百，流三千里，其子給親。罪其僭分私割也。

條例

一、净身人曾經發回，若不候朝廷收取官司明文起送，私自來京、圖

謀進用者，問發邊衛充軍。

一、敢有私自浄身者，本身並下手之人處斬，全家發邊遠充軍。兩鄰及歇家不舉首者，問罪。有司里老人等仍要時常訪察。但有此等之徒即行捉拿送官。如或容隱，一體治罪。

一、民間有四五子以上，願以一子報官閹割者，聽。有司造册送部，候收補之日選用。

一、凡誆騙閹割，强勒閹割者仍照私割例治罪外，其父母及本身情願報官閹割者，免其治罪。

一、内務府並諸王、貝勒等門上放出爲民之太監，除效力年久、本管本主保留外，不許仍留京師居住。違者，將容留之人從重治罪。將内務府總管、步軍統領、巡城御史一併交部議處。如保留爲民之太監有生事犯法者，將保留之人交部議處。

《大清律例》卷二七《刑律·鬥毆·保辜限期》 保，養也。辜，罪也。保辜，謂毆傷人未至死，當官立限以保之。保人之傷，正所以保已之罪也。

律

凡保辜者，先驗傷之重輕，或手足，或他物，或金刃，各明白立限。責令犯人保辜醫治。辜限内皆須因原毆之傷死者，如打人頭傷，風從頭瘡而入，因風致死之類。以鬥毆殺人論絞。

其在辜限外，及雖在辜限内，原毆之傷已平復，官司文案明白，被毆之人別因他故死者，謂打人頭傷，不因頭瘡得風，別因他病死者，是爲他故。各從本毆傷法。不在抵命之律。若折傷以上，辜内醫治平復者，各減二等。下手理直，減毆傷二等。如辜限内平復，又得減二等，此所謂犯罪得累減也。辜内雖平復，而成殘廢篤疾，及辜限滿日不平復而死者，各依律全科。全科所毆傷殘廢篤疾之罪，雖死亦同傷論。

手足及以他物毆傷人者，其傷輕。限二十日平復。

以刃及湯火傷人者，限三十日。

折跌肢體，及破骨、墮胎者，無論手足、他物，皆限五十日。

條例

一、凡京城内外及各省州、縣，遇有鬥毆傷重，不能動履之人或具控到官，或經拿獲，及巡役、地保人等指報，該管官即行帶領仵作親往驗看，訊取確供，定限保辜。不許扛抬赴驗。倘内外該管衙門遇有傷重不能動履之人，仍令扛抬聽候驗看者，各該上司察實指參，交部議處。

一、凡鬥毆傷重之人，除附近城郭以及事簡州、縣照例正印官親詣驗看外，其離城寫遠之區及繁冗州、縣，委係不能逐起驗看者，許委佐貳、巡捕等官代往據實驗報，仍聽州、縣官定限保辜。倘佐貳、巡捕等官驗報不實，照例議處。如州、縣官怠馳推諉，概委佐貳、巡捕等官代驗，致滋擾累、揑飾等弊，仍照定例議處。

一、鬥毆傷人，辜限内不平復延至限外，若手足、他物、金刃及湯火傷限外十日之内，折跌肢體及破骨、墮胎限外二十日之内，果因本傷身死，情正事實者，方擬死罪。奏請定奪。此外不許一概濫擬瀆奏。

一、原毆傷輕，不至於死者，越數日後，或因傷風身死，將毆打之人免其抵償，杖一百、流三千里。其因患他病身死，與本傷無涉者，雖在辜限之内，仍依律從本毆傷法。

《蒙古律例》卷七《人命·鬥毆損傷眼目折傷肢體》 争鬧毆打損傷眼目、折傷肢體者，額罰三九牲畜；平復者罰一九牲畜。墮孕婦之胎者，罰一九牲畜。若以拳毆鞭桿打者，罰五牲畜。互打者無罪。打落牙齒者，罰一九牲畜。搯落髮辮帽纓者，罰五牲畜。

《大清律續纂條例》卷二《刑律·保辜限期》 一、原毆傷輕，因風身死，除在保辜正限内死者將毆打之人照例擬流，及在正限後十日外死者止科傷罪外，其雖過正限，尚在十日之内死者，照毆人至廢疾律，杖一百，徒三年。

《大清律續纂條例》卷二《刑律·奴婢毆家長》 一、民人於雍正十三年以前白契所買家人，照八旗之例，准作爲家奴，永遠服役。倘伊主毆殺、故殺，俱照紅契一例擬斷。其乾隆元年以後除婢女招配者，亦照旗人配有妻室不准贖身之例，作爲家奴外，其餘白契所買之人，俱以白契定擬。

一、契買婢女務照價買家人例，旗人將文契呈明該管佐領，先用圖記自赴税課司驗印，民人將文契報明本地方官鈐蓋印信。至旗人契買民間婢女，在京具報五城，大、宛兩縣，在外具報該地方官用印立案，倘有情願用白契價買者，仍從其便，但遇毆殺、故殺，問刑衙門須驗紅契、白契分

别科斷。再旗、民所買婢女已經配給紅契家奴者，准照紅契辦理。

《大清律續纂條例》卷二《刑律·妻妾毆夫》　一、凡妻毆本夫，如本夫親告又復願離，恩義已絶，應按律的決，不得勒追本夫銀兩代妻納贖。如本夫不願離異，及正妻毆妾至折傷以上，仍依律科斷，概准納贖。至妾毆夫及正妻，依律分別定擬杖罪的決，餘罪收贖。

《大清律續纂條例》卷二《刑律·毆大功以下尊長》　一、毆死同堂大功弟妹、小功堂姪及緦麻姪孫，除照律擬流外，仍斷給財産一半養贍。其大功以下尊長毆卑幼，至篤疾，均照律斷給財産。惟毆尊長至篤疾，罪應擬絞者，不在斷給財産之内。

《大清律續纂條例》卷四《刑律·妻妾毆夫》　一、妻過失殺其夫，妾過失殺家長，俱比照子孫過失殺祖父母、父母律杖一百、流三千里；妾過失殺正妻，比照過失殺期親尊長律杖一百、徒三年，俱決杖一百，餘罪收贖。

《大清律續纂條例》卷四《刑律·毆期親尊長》　一、凡被期親尊長或外祖父母毆至篤疾者，如由卑幼觸犯照律勿論；若卑幼并無干犯，而尊長非理毒毆致成篤疾者，除照律勿論外，斷給財産一半養贍。

《大清律續纂條例》卷六《刑律·毆受業師》　一、凡僧尼故殺弟子者，照故殺大功卑幼律，擬絞監候；謀殺已行未傷者，依故殺罪減二等，傷而不死者減一等，已殺者依故殺律擬絞監候。若止毆傷，亦照毆卑幼非折傷勿論律勿論。折傷以上，減凡人三等，至死者照毆殺堂姪律杖一百、流三千里。若僧尼毆受業師至篤疾者，亦照毆大功尊長至篤疾律，擬絞監候；傷者，照毆傷大功尊長律，杖八十、徒二年；折傷以上者，加凡鬥傷一等定擬。

《大清律續纂條例》卷六《刑律·毆大功以下尊長》　一、凡聽從下手，毆本宗小功、大功兄姊，及尊屬至死者，除實係迫於尊長威嚇，勉從下手，邂逅至死者，仍照律減等科斷外，若尊長僅令毆打，而輒行疊毆多傷至死者，將下手之犯，擬斬監候。

一、凡毆死有服尊長情輕之案，該督撫按《律例》定擬，止於案内叙明，不得兩請。法司會同核覆，亦照本條擬罪，其兩請舊例一概停止。若核其所犯情節實可矜憫者，夾簽聲明，參候欽定。

《大清律續纂條例》卷六《刑律·毆祖父母父母》　一、凡繼母毆、故殺前妻之子，審係平日撫如己出，而其子不孝，經官訊驗有據，即照父母毆、故殺子孫律，分别擬以杖、徒，不必援照加等之律。如伊子本無違犯教令，而繼母非理毆殺、故殺者，除其夫現有子嗣，仍依律加等定擬外，若現在并無子嗣，即照律擬絞監候，於秋審時將情罪可惡者入情實册内，請旨定奪。

《清高宗實録》乾隆四十三年九月　庚寅，諭：刑部會同九卿秋讞已畢，當以次繕册具題。閲今年各省情實人犯，較上年多至一百八十餘人。其因金刃傷人擬入者較多，是各督撫均未能深體朕意。朕上年明降諭旨，以彼此鬬毆之案。若死者僅用手足，而兇犯輒持金刃殺傷，此等好勇鬬很之徒，不可不嚴示懲儆，自當入於秋審情實。但不教而殺，朕尚不忍。因令各督撫徧行出示，咸使聞知，俾各畏法悛改，并予限一年，俟再下届秋審時始行分别辦理。若教而不從，則是自取其死，情罪俱無可恕矣。因思今年秋審案件，俱在未奉諭旨以前，愚民尚未周知，若即行予勾，何以副朕前旨辟以止辟之意。所有今年秋審情實金刃傷人之案，著刑部於黄册内夾簽聲明。其已經具題者，於進到時交行在刑部夾簽呈進。原可扣除不勾，但此等案犯情節較重，即不予勾，亦止應照情實未勾之犯辦理，不得援尋常緩決人犯之例。三年後即予減等。是於從寬之中，已寓戒好勇鬬很之意矣。恐僻壤窮鄉遽難家喻户曉，著再予以五年之限。令各該督撫，將朕此旨明白曉諭，實力勸導，務使人盡儆凜，以化其桀驁不馴之習，勿致輕罹刑網。若五年後仍然怙終不悛，復有用金刃傷斃徒手之人者，則殺人者死。律合抵償且屢訓不悛，法難更宥，即當概行予勾無稍矜恤。各宜感悔省悟，毋負朕諄切教戒化民勵俗之至意。將此通諭中外知之。

《清高宗實録》乾隆四十六年五月　〔庚申〕諭軍機大臣：據刑部奏鑲白旗滿洲已故佐領烏明阿之妻那拉氏，因在家吵鬧，伊姑李氏説他不是，那拉氏即拏磁碗打傷李氏額顱左邊二處，併將右耳輪咬破。訊據李氏及伊弟達沖阿僕婦王百歲兒等供俱相符，惟那拉氏堅不承認。因係職官命婦，相應奏明，以便嚴訊等語。媳毆親姑，大干倫紀。既已供證明確，自應即將那拉氏嚴行審訊，按律定擬具奏。乃該部拘泥職官命婦之條，復待奏請，始行審辦，不計事理輕重，實大不是。刑部堂官，著傳旨嚴行申

飭，此案著即迅速審明辦理。

《清高宗實録》乾隆四十八年二月　庚辰，諭：昨刑部奏毆傷親母之張朝元一犯，按律問擬斬決一摺，已依議行矣。此等蔑倫逆犯，行同梟獍。該部於審明後，即應奏請正法，使悖逆倫理之人，知毆傷父母，即決不待時，庶足以示懲儆。乃刑部定擬摺内稱，令伊母養傷平復，隨提該犯嚴加審訊等語。在刑部之意，以爲設或其母因傷身死，即當問擬凌遲。殊不知斬決凌遲，同爲一死。該部拘泥律文，轉令兇逆之徒，得稽顯戮，而無知者且以爲未必即死，是不孝犯法者之無所儆畏，未始非此等遲回之見，婦寺之仁，有以釀成也。嗣後遇有子毆父母案件，無論傷之輕重，該部於審明後，即行奏請斬決，設或其親因傷身死，自應將該犯剉尸示衆，亦與凌遲等耳。著將此通諭内外問刑衙門，一體遵照。著爲令。

《理藩院則例》卷五五《雜犯·鬥毆揪落帽纓》　一、凡蒙古地方因鬥毆揪落帽纓者，罰三牲畜。

《理藩院則例》卷三五《人命·因傷墮胎》　一、凡以手足、他物傷人案内，係婦人因而墮胎者，汗、王、貝勒、貝子、公罰俸二年，無俸臺吉、塔布囊罰四九牲畜存公。官員革職，罰四九牲畜存公。平人鞭一百，加枷號一個月。仍各罰一九牲畜給墮胎者之家。其因而致死並訊有謀故等情者，均照刑例辦理。

《理藩院則例》卷三五《人命·致傷家奴屬下人等》　一、凡管旗之汗、王、貝勒、貝子、公、臺吉、塔布囊故將人鞭毆成傷者，係家奴罰俸半年，係閒散屬下人罰俸一年，係旗下官員、披甲罰俸二年。致傷閒散王、公、臺吉名下者，罪同，仍各罰一九牲畜給付傷者之家，其妻子、兄弟均令出户。其閒散王、公、臺吉有犯，各照管旗之王、公、臺吉罰俸年分，公别折罰牲畜存公，仍各罰五牲畜給付傷者之家，其妻子、兄弟均令出户。如致傷者係扎薩克名下及同旗王、公、臺吉名下人，各視本例加一等科罪。其管旗章京、副章京、參佐領、驍騎校有犯，各視其致傷之人，照閒散王、公、臺吉例辦理。如致傷者係扎薩克名下及同旗王、公、臺吉名下人，均照刑例以凡論。倘因而致死者，照故將人鞭毆致死例辦理。

一、凡已未管旗之汗、王、貝勒、貝子、公、臺吉、塔布囊以及管旗章京、副章京、參佐領、驍騎校等誤將人鞭毆致傷者，如實有證佐係屬由誤致傷，經該盟長扎薩克審實報院，各照故將人鞭毆致傷例，減半科罪。其傷者之妻子、兄弟均毋庸令其出户。倘因而致死者，照誤將人鞭毆致死例辦理。

（清）張之洞《張文襄公全集》卷一四《奏議·請嚴定械鬥專條摺光緒十一年十二月二十七日》　竊據廣東按察使于蔭霖詳稱：查粵省民情强悍，每因睚眦小怨，田山細故，輒即不候官斷，招雇外匪，約期械鬥。主鬥之人大率係其族首、族紳、祠長之不肖者。名爲兩族、兩鄉互鬥，實則臨時雇募土匪、鹽梟、海盜及一種專習機槍游手亡命之徒。號召者或數百人，或千餘人；附和者或數村，或數十村。外洋利器，隨處可購，是以洋礮、洋槍、旗幟、刀械，無一不有。又復高築寨墻，建造礮臺，有攻擊對放巨礮。若攻入彼村，即恣意焚殺擄搶，所燒房屋，動以數百間計，所殺人口，動以數十命計，甚至掘毁墳墓，擄捉男女，拒殺兵差，凶殘不法，無異化外。且鬥勝之村，動輒殘毁田禾薯蔗數百畝，砍伐樹林果園數千株，故此數村經一次械鬥，即喪失一二年或數十年之資産，其隱害民生者，尤非細微。此等惡習，惟廣州府之番禺、東莞、增城、新甯、新會，惠州府之歸善、陸豐、海豐、博羅、長甯、河源，潮州府之潮陽、揭陽爲最，他郡縣亦多有之。其惠州所屬，近日甚至傳聞有設卡斷路，殘食人口之事。殘忍藐法，各省罕有。互鬥之村，鬭散即止，每不據實具報，而地方文武規避處分，亦不免代爲隱飾，習以爲常。即或馳往彈壓捕拏，該匪等悍然不理，凶鬥如故。或迎拒官長，不令入村；或兵役無多，不敢近前，必俟其鬥散，然後邀致鄰近紳耆從中排解，責令交匪繳械。於是賄買頂凶，任意搪塞，所繳者皆破壞無用之械，所交者皆蠢愚老疾之人，不特必非爲首、抑且並非爲從。彼主謀肇釁，斂錢糾衆，幫鬥行凶者，轉得逍遥法外。縱使懸賞拏獲，而人多鬥急，槍礮如雨之際，究竟何人下手傷人，何槍何礮之傷最重，亦屬無從質證。照例懲辦，罪止軍流，毫無儆畏。推原其故，由於粵民聚族而處，祠産素豐，事無大小，皆聽族首、族紳、祠長號召。族首等賢否不齊，主鬥者既藉勢豪，兼恃財力，取公帑以恣揮霍，欲衆費以供侵漁。而所雇覓之匪徒，又足以爲之羽翼，但有得財之樂，從無償命之苦。地方官因無兵力，傳首謀則不到，勒凶匪則不交。

官法既窮，私忿益熾，以故江河日下，羣相效尤。歷年大吏及地方官明知其弊，特恐操之過急，激成事端，得辦理不善之咎，不得不將就了結。民强官弱，法令不行，實情不敢上聞，嚴辦諸多窒礙，所以積弊至於此極也。查從前髮逆滋事，徒以養癰成患，馴至不可收拾。今外患甫平，内訌宜靖。現奉檄行文武大員分往各縣匪鄉，查明新舊各案，推究致鬭之由，判明曲直，勒交積匪。審明案據，立予嚴懲。各就該處情形，從民所便，責成鄉長、族長、房長層層鈐制，約束化導。以後遇有匪徒生事，則令稟報綑送，以期永靖地方。惟查例載：廣東省糾衆斂費，約期械鬭，仇殺人數雖多，致斃彼造一命者，主謀糾鬭之首犯，發極邊足四千里充軍；二命者，實發雲貴兩廣極邊煙瘴充軍；三命者，發新疆給官兵爲奴；四命以上，絞立決；十命以上，斬立決；抵二十命以上，斬決梟示。其隨從下手傷重致死，應行擬抵者，各依本律例擬抵。傷人及未傷人者，亦按各本例分别治罪。又廣東械鬭案内，如有將宗祠田穀賄買頂凶，構釁械鬭者，於審明後，除主謀買凶之犯嚴究定擬外，查明該族祠産，酌留祀田數十畝以供祭賓，其餘田畝及所存銀錢，按族支分散。若族長鄉約不能指出斂財買凶之人者，族長發遣鄉約杖徒各等語。如下手傷重，方議抵償，主謀糾鬭不皆重典，而爲從傷人及並未傷人之犯，照爲從減等，罪止滿流。即照軍器傷人，亦止擬軍，詳繹例文，自以鄉里尋仇，倘非鉅患，僅言鬭，則無焚擄之流毒；僅言械，則無槍礮之利器；僅言糾衆，則無梟匪海盜之業集；僅言仇殺，則無抗官拒捕之重情，是以下手者，仍照共毆。主謀者尚多差等。竊惟今昔情形，實多不同。變通之道，因時而宜；重典之刑，因地而用。近年廣東械鬭，聯村聚衆，殺害無辜，焚毁搶擄，抗官拒敵，傷及兵差，形同叛逆。罪坐所由，主糾者似無寬貸之理；而爲從之犯，各項匪盜畢萃其中，專以幫鬭爲生，不過殺人漁利，並非本族本村與彼造夙有不解之仇，切膚之患。槍礮轟擊之際，殺傷之多少，亦不能自爲限制；下手之輕重，更無從推究主名。揆其凶悍情形，實係真正土匪。配所逃回，必更報復滋害。然非當互鬭之時派兵圍捕，則真犯決不能拏獲，主謀亦無從追究。且使此鄉尋鬭，殘害彼鄉，未經報復之時，若早發官後將肇釁之鄉認真圍捕，能將首禍幫凶勒交數名，立置重典，則彼鄉冤憤既平，自不致尋仇蔓禍，保全實多。伏查同治六年刑部奏定章程：天津鍋匪數十人以上持械聚鬭，殺傷搶掠，就地正法，拒捕者格殺勿論等語。其所以特從重典者，原爲除暴方可安良。況以廣東鬭匪數累千百，械必槍礮，較之天津鍋匪僅聚數十，僅持刀械者，情節尤爲重大。相應詳請奏明，另立專條，從嚴辦理，寬免州縣處分，責令實稟實辦，以儆凶匪遏亂萌等情前來。臣等查粵省械鬭，實爲諸匪之藪。惡俗不革，内患堪虞。該司所陳，係屬實在情形。惟有據實瀝陳，仰懇聖明俯念廣東械鬭日多，情形凶悖，藪盜養匪實爲地方治亂所關，敕部特立專條，准將粵東械鬭匪犯凡糾衆數十人以上，招雇匪徒，放火器殺傷人命，擄虐男婦，焚燒房屋，搶毁資財之案，其主謀者斂錢糾鬭者，受雇持械幫鬭，審明素行不法，凶暴顯著者，無論殺傷幾命，是否係該匪所傷，均照土匪例，不分首從，一律就地正法。情節重者，酌加梟示。向來管事之該族首、族紳、祠長於聚鬭之前數日不行出首，既鬭之後十日内不行交犯，即以主謀同論。至鬭鄉祠産，查係赴他鄉尋鬭及定地互鬭者，除酌留香火資三十畝外，盡數入官，以爲義倉社學之用。雇覓無資，則亂源可止。其因强鄉生釁尋鬭，弱鄉集衆應敵，因而殺傷焚擄者，但科鬭罪，祠産免其入官。若此鄉雖經受害，不候官兵拏辦，自行糾匪，前赴他村報復殘害者，不論致鬭先後，一律辦理。其未傷人放火，擄生劫財及人數較少者暨他村尋鬭，僅在本鄉自衛拒鬭，致有殺傷並無殘暴情形者，仍照舊例辦理。各屬再有鬭案，准其請兵圍捕，務將主謀糾斂及幫鬭真犯拏獲究辦，抗拒者立予格殺。并懇格外天恩，將從前凡有鬭案處所之地方官，無論已報未報，概免其應得處分，俾免瞻顧。以後州縣遇有鬭案，據實稟報懲辦，免其議處。如再有諱匿粉飾，致主謀鬭匪遠颺者，一鄉肇釁尋鬭，地方官不早請兵獲匪嚴辦，以致釀成互鬭巨禍者，均予從重參處，庶足以抑强安弱，漸變澆風。旨該部議奏，欽此。

（清）席裕福《清朝政典類纂》卷四〇一《刑三十三·刑律鬭毆·鬭毆》　鬭毆相争爲鬥，相打爲毆。

凡鬭毆，與人相争，以手足毆人，不成傷者，笞二十。但毆即坐。成傷及以他物毆，人不成傷者，笞三十。他物毆人成傷者，笞四十。所毆之皮膚青赤而腫者，爲傷。非手足，其餘所執皆爲他物。即持兵不用刃，持其背柄以毆人，亦是他物。拔髮方寸以上，笞五十。若毆人血從耳目中出及内損其

臟腑而吐血者，杖八十。若止皮破血流及鼻孔出血者，仍以成傷論。以穢物污人頭面者，情固有重於傷，所以罪亦如之，杖八十。折人一齒及手足一指，眇人一目，尚能小視，猶未至瞎。抉毁人耳鼻，若破傷人骨，及用湯火銅鐵汁傷人者，杖一百。以穢物灌入人口鼻內者，罪亦如之，杖一百。折二齒、二指以上及盡髡去髮者，杖六十，徒一年。髡髮不盡，仍堪爲髻者，止依拔髮方寸以上論。折人肋、眇人兩目、墮人胎及刃傷人者，杖八十，徒二年。墮胎者，謂辜內子死及胎九十日之外成形者，即坐。若子死辜外及墮胎九十日之內者，仍從本毆傷法論，不坐墮胎之罪。折跌人肢手足、體腰項及瞎人一目者，皆成廢疾。杖一百，徒三年。瞎人兩目，折人兩肢，損人兩事以上，二事，如瞎一目又折一肢之類。及因舊患令至篤疾，若斷人舌，令人全不能説話。及毁敗人陰陽者，以致不能生育。並杖一百，流三千里，仍將犯人財産一半斷付被傷篤疾之人養贍。若將婦人非理毁壞者，止科其罪，以不妨生育不在斷付財産一半之限。同謀共毆傷人者，各以下手傷重者爲重罪，原謀或不曾下手，或雖毆而傷輕，減傷重者一等。凡鬬毆不下手傷人者，勿論。惟毆殺人以不勸阻爲罪，若同謀毆人至死，雖不下手及同行知謀不行救阻者，各依本律，並杖一百。如共毆人傷皆致命，以最後下手重者當其重罪。如亂毆不知先後輕重者，或二人共打一人，其傷同處，或二人同時各瞎人一目，並須以原謀爲首，餘人爲從。若無原謀，以先毆人爲首。若因鬬互相毆傷者，各驗其傷之輕重定罪，後下手理直者減本等罪二等，至死及毆兄姊伯叔，依本律定擬，雖後下手理直者，不減。如甲乙互相鬬毆，甲被瞎一目，乙被折一齒，則甲傷爲重，坐乙以杖一百，徒三年。乙被傷輕，當坐甲以杖一百。若甲係後下手而又理直，則於杖一百上減二等，止杖八十。乙後下手理直，則於杖一百徒三年上減二等，止杖八十，徒二年。或至篤疾，仍斷財養贍。若毆人至死，自當抵命。

條例

一、凶徒因事忿争，執持腰刀、鐵鎗、弓箭，並銅鐵簡劍、鞭、鉞斧、扒頭、流星、骨朵、麥穗等項凶器，及庫刀梭標、騙雞尾、黄鱔尾、鯽魚背、海蚌等刀、樸刀、順刀並凡非民間常用之刀，但傷人及誤傷旁人者，俱發近邊充軍。如係民間常用之鐮刀、菜刀、小刀、柴斧等器，不在此限。若毆人至篤疾者，改發近邊充軍。如年在五十以上，仍發近邊充軍。若聚衆執持凶器傷人，及圍繞房屋搶檢家財、棄毁器物，姦淫婦女，除實犯死罪外，徒罪以上不分首從，發邊遠充軍。雖執持凶器而未傷人者，杖一百。執凶器自傷者，亦杖一百。其傷人之犯，有能首先拏獲者，官給賞銀十五兩。其次協拏者，給賞銀十兩。再次協拏者，給賞銀五兩。未傷人者，不在給賞之限。若因捕拏而受傷者，除官給賞銀外，仍驗傷痕等第，於犯人名下追給傷銀。若果有瘋疾，依過失傷人律收贖，將贖銀給付被傷之人。謹案此條嘉慶六年、道光元年修改。一、沿江濱海有持槍執棍混行鬬毆，將兩造爲首及鳴鑼聚衆之犯杖一百，流三千里。傷人之犯杖一百，徒三年。其附和未傷人者，各枷號一月，責四十板。謹案此條乾隆五年定。一、凶徒因事忿争，剜瞎人眼睛，故折人肢體，全抉人耳鼻口唇，若非剜瞎、故折、全抉者，照律科罪，不得引例。及斷人舌，毁敗人陰陽者，發近邊充軍。謹案此條嘉慶六年修改。一、護軍兵丁及食糧當差人役，若執持金刃傷人或自傷者，除革役照律例問擬外，永不准食糧。閒散人有犯立案，永不准食糧充役。謹案此條雍正三年定。一、凡回民結夥三人以上執持器械毆人之案，除致斃人命罪應擬抵之犯，仍照民人定擬外，其餘糾夥共毆之犯，但有一人執持器械者，不分首從，發雲貴、兩廣極邊煙瘴充軍。如結夥雖在三人以上，而俱徒手争毆，並無執持器械者，均各於軍罪上減一等，杖一百，徒三年。結夥在十人以上，雖無執持器械而但毆傷人者，仍照三人以上執持器械之例定擬。謹案此條道光元年、五年二次修改。一、凡毆傷罪人至篤疾者，各照本律，分别勿論。及以鬬傷並減等問擬，俱毋庸斷付財産養贍。謹案此條乾隆五十八年定，道光五年修改。一、凶徒因事忿争，執持凶器傷人，除例載凶器外，其餘例未賅載。凡非民間常用之物，均以凶器傷人論。謹案此條嘉慶十六年定。一、豫省南陽、汝寧、陳州、歸德、光州五府州所屬州縣，並安徽潁州、鳳陽二府所屬州縣，及廬州府屬之合肥縣，遇有凶徒結夥三人以上，但有一個執持器械傷人之案，除實犯死罪外，其餘不分首從，實發雲貴、兩廣極邊煙瘴充軍。如聚衆至十人以上執持器械，無論曾否傷人，不分首從，發新疆給官兵爲奴。其尋常因事争毆，不在此例。俟數年後此風稍息，仍循舊例辦理。謹案此條嘉慶十九年續纂，道光元年、五年、十年、十五年、二十年、二十五年六次修改。一、奪獲凶器傷人之犯，照執持凶器傷人軍罪上量減一等，杖一百，徒三年。謹案此條道光元年續纂。一、回民並豫省南陽、汝寧、陳州、歸德、光州五府州所屬州縣，及安徽潁州、鳳陽二府所屬州縣，廬州府所屬之合肥縣，凶徒遇有結夥共毆之案，除所

毆係屬尊長，仍就服制中殺傷尊長及回民並豫省等處凶徒結夥共毆各本律例相比，從其重者論外，若所毆係屬卑幼，即各按服制，於回民並豫省等處凶徒結夥共毆各本律例上，依次遞減一等科斷。其有因卑幼觸犯，以理訓責者，仍分別服制，各按本律例定擬，不得概援結夥共毆之例。謹案：此條道光十五年續纂，二十年、二十五年二次修改。一、各省械鬭及共毆之案，如有自稱鎗手受雇在場幫毆者，杖一百，流三千里。其有殺傷者，仍按各本律例從其重者論。若並未受僱幫毆，但學習鎗手已成，確有證據者，杖一百，徒三年。謹案此條道光十五年續纂。一、各省回民及豫省南陽、汝寧、陳州、歸德、光州五府州所屬，並安徽潁州、鳳陽二府所屬州縣，廬州府所屬之合肥縣，凶徒結夥鬭毆之案，有自稱鎗手受雇幫毆者，除結夥罪在滿徒以下，仍按自稱鎗手本例從重定擬外，如結夥罪應擬軍，即將該鎗手於應得軍罪上各加一等。謹案此條道光十五年續纂，二十年、二十五年二次修改。一、凡在逃太監在外滋事，除犯謀故鬭殺等案仍照各本律例分別問擬外，但有執持金刃傷人，確有實據者，發黑龍江給官兵爲奴，遇赦不赦。謹案此條咸豐二年續纂。一、天津鍋夥匪徒聚衆數十人及百人以上，執持火器軍械殺傷人命，或聚衆搶掠擾害商民，審明後就地正法。如被獲時持杖拒捕者，照格殺律勿論。其結夥三人以上，但有一人執持器械傷人，除致斃人命罪應擬抵之犯照舊辦理外，餘俱不分首從，實發雲貴兩廣極邊煙瘴充軍。若結夥雖在三人以上，而俱徒手並無器械，於軍罪上減一等，杖一百，徒三年。結夥在十人以上，雖無器械，但毆傷人者，仍照三人以上執持器械例定擬。其非鍋夥鬭毆之案，不得援引此例。俟數年後此風稍息，仍照舊例辦理。此等案犯，應照罪應軍流竊案解府，審明詳司核請咨部，毋庸解省審勘，以免疎失。其斬絞重犯，仍照例解勘。謹案此條同治九年續纂。

事例

國初定：凡人鬭毆持刀者死罪。於行凶殺人時有能拏獲者，除本犯妻子外，將家產盡數給賞。順治十八年議定：凡拏獲持刀行凶之人，停其將家產給賞之例，照兵部定例給賞。若格鬭被傷與受傷之人，俱驗傷痕等第，於本犯名下，各追銀兩調理。將犯人杖一百，發邊衛永遠充軍。其未傷人者，杖一百。康熙十二年覆准：凡人持凶器自傷者，杖一百棍徒聚衆行凶無故擾人亂打，爲首者係民，責四十板徒三年；係旗下人，枷號四十日，鞭一百。餘人係民，責四十板；係旗下人，鞭一百。若罪有重於此者，仍照律科罪。乾隆十三年奏准：閩省有無賴姦徒好勇鬭狠，名爲闖棍，土豪豢養此輩以爲爪牙。請嗣後凡闖棍犯案，必究明。有主謀指使者，即照爲首定擬，闖棍照爲從定擬，並請設族正約正責成勸導約束，與械鬭一項一並考覈勸懲。三十六年議准：嗣後閩省沿海府屬，如有金刃傷人之犯，問擬杖徒。或在配所，或徒滿回籍，仍執持金刃傷人者，即發近邊充軍。四十一年議准：嗣後糾衆五人以上，致斃二命三命之案，其案內助勢例止滿杖之餘人，如有轉輾糾人及執持金刃器械傷人者，即依原謀滿流律，爲從減一等，杖一百徒三年，不得概照餘人本律僅擬滿杖。其餘互鬭止斃一命及猝遇在場幫護，審非豫糾械鬭並凶器金刃傷人等案，仍悉照舊例辦理。四十六年奉旨：王裕明在行宮處所輒敢用斧砍傷善德，甚屬不法。王裕明不必俟善德保辜限滿，即先插箭，隨營示衆。如善德限內因傷身死，王裕明即於該處斬決。即使善德傷輕平復，亦應發往伊犁給額魯特爲奴。嗣後如有此等金刃傷人案件，俱著照此辦理。嘉慶六年諭：本日刑部題覆浙江省民人嚴尚新等共毆邱肇仕身死一案，已照簽發下矣。惟本內所稱嚴尚新後毆邱肇仕鼻梁連左眼胞下，雖非致命，而傷已骨損，實足戕生等語。按其文義，所毆既足戕生，即與致命無異，又何必用雖非致命字樣，以致斷案轉涉游移，殊非慎重刑名之意。嗣後問刑衙門於鬭毆案内致死重傷，不得故作抑揚語氣，惟當據所毆傷痕切實勘斷，以昭確實。十年奏准：嗣後凶徒聚衆械鬭，地方官能拏獲在場緊要各犯，其餘從犯拏獲及半者，照承緝盜案例，免其失察處分。餘犯照案緝捕。若械鬭已成，族長鄉約不能指出斂錢買凶之人，即將該族長照共毆原謀例，擬以杖流。案内每殺人一名該族長之罪即加一等。如至實，發黑龍江爲奴。鄉約亦於杖六十徒一年上，每一名加一等，加至杖一百徒三年，並於每年或首行，將各村族長鄉約造具花名年貌細册，報官存案。十八年覆准：嗣後凡例載凶器及雖非例載而非民間常用之物，如鐵尺、拳心、鐵叉等項傷人者，概依凶器傷人例擬軍，不得率行輕縱，以符例案而免參差。道光八年覆准：查律內瞎人兩目擬流，係指尋常鬭毆適傷致瞎者。而言至於因事忿争，剜人眼睛，係有意逞凶，故與凶器傷人，同擬軍

成。若逞凶戳瞎亦與有心剜瞎無異，應一例科斷。同治九年覆准：毆有致死重傷之餘人在保病故，將下手絞抵人犯減等擬流案件，均不得節刪例内監斃在獄等字樣，以歸畫一而符定例。光緒十七年奏准：嗣後京城工匠糾衆滋事之案，除罪至斬絞立決照舊辦理外，如犯該斬絞監候，核其情節，較重者請旨即行正法。犯該遣軍流罪者，加重改爲絞監候。犯該徒罪者，劄交順天府府尹監禁五年，再行發配。其所犯罪名僅止笞杖，及並未聚衆尋常鬭毆等案，仍照各本律例辦理。

刑案

挾嫌用鐵錐扎傷人兩眼，成篤與毆殺者不同，依例擬軍。嘉慶七年直隸案。

共毆案内毆有傷輕之餘人在監病故，不得將下手致死擬抵之正犯減等。嘉慶十四年廣東案。

凶徒糾毆挖瞎四人眼睛，其糾毆首犯又係挖瞎兩人眼睛，加重發遣。餘人係各瞎一人，仍按例擬軍。嘉慶十五年安徽案。

順用防身鐵鎗扎傷人，應照凶器傷人擬軍，未便以執持防賊率行減等擬徒。嘉慶二十四年直隸案。

接過夥犯凶器毆人，與奪自相争者不同，毋庸減等。嘉慶二十四年江蘇案。

扎傷無服族兄兩眼，左目已瞎右目尚能小視，依瞎人一目律滿徒。卑幼犯尊長，加一等，流二千里。嘉慶二十四年山東案。

被人糾衆尋毆，慮難抵敵，鳴鑼聚衆抵禦，既非沿江濱海，又無執持凶器，仍照尋常鬭毆辦理。道光二年直隸案。

同時刃傷四人，限外平復，於刃傷本律上加一等，杖九十徒二年半。道光二年直隸案。

咬落耳輪僅止二分，仍照手足毆人成傷律，擬杖。道光二年江西案。

營兵疑賊用鐵鎗戳傷外，依刃傷擬絞。部駁仍依凶器傷人擬軍。道光六年廣東案。

割瞎人眼睛案内聽從幫按之人，依爲從擬徒。道光八年安徽案。

凶器軍器傷人，無論背刃或兵或民，均應照例擬軍。道光六年廣東司説帖。

因争鬭砍落人手指八個，難以舉動工作，身之便習全賴臂之使指，今止剩一二指，肘臂俱成無用之物，與折人兩肢令至篤疾者無異，應照凶徒因事忿争故折人肢體例，擬軍從犯滿徒。道光六年四川司説帖。

寄籍潁州糾衆凶毆之犯，應依潁州凶徒結夥三人以上持械傷人例，問擬。道光九年安徽司説帖。

糾衆剜瞎人眼睛，雖籍隸他省得寄居潁州，即交潁州府屬。凶徒結夥三人以上持械傷人，不分首從例，改發烟瘴。道光十年安徽案。

見父被人毆打，情切救護，用木毆傷，越十四日因風身死，不得以并未損骨照致命傷輕之例擬流，應援例兩請。道光十一年直隸案。

豫省凶徒結夥糾毆，將人兩手指砍落，傷而未死，應照例不分首從擬軍。道光十一年河南案。

豫省糾毆案内，從犯雖係被逼勉從，並未傷人，仍應照例擬軍。道光十一年河南司説帖。

率衆填渠鬭毆釀命，比照沿江濱海混行鬭毆例，爲首滿流。餘人比照傷人之犯，擬以滿徒。道光三年陝西案。

情非鬭毆，金刃誤傷僅止浮皮破，限内平復，照不應重律杖八十。道光十四年浙江司案。

因口角共毆頓命自行投案，無因可免，依共毆人致死，下手致命傷重者絞律，擬絞監候，事結在恩旨以前，毆非預糾，傷無致命，秋審應入緩決，准減滿流，仍追埋葬銀二十兩，給尸屬具領。同治十一年安徽司説帖。

因被疑竊争毆扎傷身死。依鬭毆殺人者，不問手足他物金刃，並絞律擬絞監候。事結在恩旨以前，釁起死者，扎由抵禦，秋審應入緩決，准減滿流，仍追埋葬銀兩，給尸屬具領。同治十一年安徽司説帖。

擅盜葬罪人，依罪人已就拘執而擅殺者，以鬭殺論，按律問擬絞候。事犯到官，在恩旨以前應請聲明，聽候核減。光緒元年浙江司説帖。

門丁踢傷閲堂毆官之紳士，照律問擬絞候，秋後處決。光緒七年廣西案。

（清）席裕福《清朝政典類纂》卷四〇一《刑三十三·刑律鬭毆·保辜限期》 保，養也。辜，罪也。保辜爲毆傷人未至死，當官立限以保之。保人之傷，正所以保己之罪也。

凡保辜者，先驗傷之重輕，或手足、或他物、或金刃，各明白立限，責令犯人保辜醫治。辜限內皆須因原毆之傷死者，如打人頭，傷風從頭瘡而入，因風致死之類。以鬬毆殺人論絞。其在辜限外及雖在辜限內，原毆之傷已平復，官司文案明白，被毆之人別因他故死者，謂打人頭傷，不因頭瘡得風，別因他病而死者，是爲他故。各從本毆傷法。不在抵命之律。若折傷以上辜內醫治平復者，各減二等。下手理直減毆傷二等。如辜限內平復，又得減二等。此所謂犯罪得累減也。辜內雖平復而成殘廢篤疾，及辜限滿日不平復而死者，各依律全科。全科所毆傷殘廢篤疾之罪，雖死亦同傷論。手足及以他物毆傷人者，其傷輕限二十日平復；以刃及湯火傷人者，限三十日；折跌肢體及破骨墮胎者，無論手足他物，皆限五十日。

條例

一、鬬毆傷人辜限內不平復延至限外，若手足他物金刃及湯火傷限外十日之內，折跌肢體及破骨墮胎限外二十日之內，果因本傷身死，情正事實者，方擬死罪，奏請定奪。此外一概不許濫擬瀆奏。謹案此條係原例。

一、凡鬬毆傷重之人除附近城郭以及事簡州縣照例正印官親詣驗看外其離城窵遠之區及繁冗州縣委係不能逐起驗看者，許委佐貳巡捕等官代往據實驗報，仍聽州縣官定限保辜。儻佐貳巡捕等官驗報不實，照例議處。如州縣官怠馳推諉，概委佐貳巡捕等官代驗致滋擾累捏飾等弊，仍照定例議處。謹案此條乾隆元年定。一、州縣承審鬬毆受傷及畏罪自戕案件，一面撥醫調治速痊，一面訊取確供提集。案犯即行審理完結，不得以傷痊之日起限。如有藉詞扣展，致有遲延拖累者，照例查參議處。謹案此條乾隆二十六年定。一、凡京城內外及各省州縣遇有鬬毆傷重不能動履之人，或具控到官或經拏獲及巡役地保人等指報，該管官即行帶領仵作親往驗看，訊取確供，定限保辜，不許擅擡赴驗。如有違例擡驗者，將違例擡驗之親屬與不行阻止之地保，各照違令律笞五十。因擡驗而致傷生者，各照不應重律杖八十。儻內外該管衙門遇有傷重不能動履之人，仍令槓擡聽候驗看者，各該上司察實指參，交部議處。謹案此條乾隆三十五年增定。

一、凡僧人逞凶斃命，死由致命重傷者，雖在保辜限外，十日之內，不得輕議寬減。謹案此條乾隆四十年遵旨定例。一、刃傷人至筋斷者，照破骨傷保辜五十日。謹案此條嘉慶六年定。一、凡鬬毆之案，如原鬬並非致命之處，又非極重之傷，越五日因風身死者，將毆打之人免其抵償，杖一百流三千里。若死在五日以內，仍依本律擬絞監候。如當致命之處而傷輕或傷重而非致命之處，因風身死者，必死在十日以外，方准聲請改流。其致命傷重及雖非致命傷，至骨損骨斷，即因風身死，在十日以外仍依律擬以絞抵。若已逾破骨傷保辜五十日正限，尚在餘限二十日之內，及手足他物金刃傷正限外餘限內因風身死者，俱照毆人至廢疾律杖一百、徒三年。至正限後餘限外因風身死者，止科傷罪。其因患他病身死與本傷無涉者，雖在辜限之內，仍依律從本毆傷法。謹案此條嘉慶六年修併，十五年復率頒修。

事例

雍正四年諭：嗣後凡係鬬毆成傷者，應分別傷痕之輕重，不能動履者禁止搬移，勒令即時加意調治著理問衙門委官親詣驗看，使被毆之人得以安臥醫救，不致誤傷性命。其應如何定例，通行之處，著三法司詳議具奏。乾隆四年議准：嗣後鬬毆保辜案件，令承審各官確驗傷痕如實，以刃傷人應扣限三十日。若雖持金鐵等器傷人，未曾用刃，俱依律照他物毆人成傷扣限二十日。二十六年奏准：嗣後同謀共毆之餘人，除無致命傷者，仍照舊例辦理外，如驗明傷皆致命者，無論當時身死，將先後下手之人一併收禁解審，俟巡撫審擬定案之後，發回該地方再行取保，聽候發落。在該犯業已傷人致命之處，儻無最後下手之傷，安知不因此傷而死。即其暫繫囹圄、長途往返，自作之孽與尋常拖累者不同。如此辦理，於律例並無更張，而凶暴之徒知所儆戒不敢逞凶助毆。府司巡撫更得憑對簿之真情，以成信讞，亦屬儆凶慎命之一端。嘉慶五年奏准：嗣後遇有折傷以上及刃傷人之案，其於辜限外平復及用例禁凶器傷人者，仍照律例分別所毆傷痕問擬外，如有於辜限內醫治平復者，均照律減二等問擬，以昭畫一。六年議准：嗣後辦理毆人至折傷以上，務須確實聲明於何日受傷，何日平復是否在辜限內外。其有限內醫治平復及下手確係理直之案，即按照律文分別減等定擬，以歸畫一。

刑案

毆傷竊賊至餘限內身死，於應得滿徒上減一等。乾隆六十年四川案。

毆傷人正限外因風身死，毋庸追理。嘉慶元年廣東案。

刃傷人限內平復，照律減二等。如係謀故及有關服制，並罪人拒捕各

案，俱不准保辜之例。嘉慶六年案。

謀故殺人及有關服制並罪人拒捕各案，俱不准保辜。惟毆傷緦麻尊長餘限内身死，准其稟請。嘉慶六年通行。

毆人内傷，照破骨傷保辜。嘉慶八年湖廣案。

鳥鎗傷人，照湯火傷保辜。正限外餘限内身死，減發烟瘴充軍。嘉慶十三年浙江案。

刃傷功服尊長，雖在限内平復，仍照律加三等擬流。嘉慶十三年直隸案。

毆傷二人，一係正餘限外身死，一係旬日因風身死，從其重者，論依律擬流。嘉慶十五年河南案。

罪人拒捕，正限外因風身死，例無輕減，仍按律斬候。嘉慶十六年直隸案。

擅殺罪人，正限外餘限内身死，照鬬毆例減流。嘉慶十八年山東案。

登時追毆賊人，正限外抽風死，於滿徒上減二等，杖八十徒三年。嘉慶十八年直隸案。

原毆輕傷，後睡熱炕中受火毒，越八日殞命，比照原毆輕傷越五日因風身死例，擬流。嘉慶十八年陝西案。

鐵錐鐵鑽有刃，應照刃傷保辜。嘉慶二十四年四川司説帖。

過失傷人正限外抽風身死，照鬬毆餘限内因風身死律，滿徒收贖。嘉慶二十一年福建案。

姦夫擬抵之案，姦婦在正限外身死，照凡鬬例聲請減流。嘉慶二十一年四川案。

毆人内損，應照折跌肢體保辜，越二十五日身死，仍依律絞候。嘉慶二十三年四川案。

用針扎傷臁肕後，因洗腿以致傷口侵濕，越十二日潰爛身死，比照原毆傷輕越五日因風身死，擬流。嘉慶二十三年陝西案。

擲傷小功叔，越十六日因風身死，仍依本律斬決，照情輕之例夾簽。嘉慶二十四年山東案。

毆踢人脇與小腹致内捐吐血，及跌傷腎囊致腎子破損，應俱照破骨傷保辜。道光三年山東司説帖。

毒藥灌入人耳以致潰爛身死，應照破骨傷保辜限期科斷。道光四年廣東司説帖。

抽風身死之案，應以進風之傷爲斷。如被毆雖骨損之傷，風從輕傷而入，即置骨損之傷於不問，至致命傷雖抵骨若未骨損，仍作輕傷論。道光五年山西司説帖。

因鬬毆施放鳥鎗竹銃傷人，不准保辜。道光五年通行。

毆折人牙齒，不作破骨傷保辜。道光七年山西案。

揉瞎人兩眼越十八日因風身死，查驗右目已無，左眼微有膿水，是眼珠已潰爛無存，周圍筋絡已斷，即與骨損無異，雖於十日後抽風身死，仍應擬抵。道光七年廣東案。

踢破腎子照破骨傷保辜，越二十四日身死，依共毆人致死下手傷重律，擬絞監候。道光五年山東司説帖。

乞瞎眼睛照破骨傷保辜，越三十九日潰爛身死，依鬬殺律，擬絞監候。道光十四年陝西司説帖。

致命傷輕越八日，由不致命傷抽風身死，照例擬流。道光十三年山東司説帖。

用掌毆傷尚無皮破，中風畏寒身死，未便援抽風之例，合依鬬殺律，擬絞候。道光十四年陝西司説帖。

（清）席裕福《清朝政典類纂》卷四〇一《刑三十三・刑律鬬毆・宫内忿争》 凡於宫内忿争者，笞五十。忿争之聲徹於御在所及相毆者，杖一百。折傷以上，加凡鬬傷二等。若於臨朝之殿内，又遞加一等。遞加者，如於殿内忿争者，加一等，杖六十。其聲徹於御在之所，及殿内相毆者，加一等，杖六十，徒一年。至於折傷以上，加宫内折傷之罪一等，又加凡鬬傷罪二等，共加三等。雖至篤疾，並罪止杖一百，流三千里。至死者，依常律斷。被毆之人雖至殘廢篤疾，仍擬杖一百收贖。篤疾之人與有罪焉，故不斷財産養贍。

條例

一、凡太監在紫禁城内持金刃自傷者，斬立決。在禁城外皇城内持金刃自傷者，斬監候。謹案此條雍正三年定。一、行營地方管轄聲音帳房以内，謀故殺人及鬬毆金刃殺人者，擬斬立決。謀殺人傷而不死及鬬毆手足、他物殺人者，擬絞立決。金刃傷人者，發伊犁給駐防官兵爲奴。金刃自傷及手足他物傷人者，杖一百，流三千里。若在管轄聲音帳房以外，卡門以内，謀故殺人鬬毆金刃殺人者，亦擬斬立決。謀殺人傷而不死，及鬬毆手

足，他物殺人者，擬絞監候。入於情實金刃傷人者，杖一百，流三千里。金刃自傷及手足他物傷人者，杖一百徒三年以上。除死罪外，犯該遣罪以下者，俱先行插箭隨營示衆。其在卡門以外謀故鬭毆殺傷人及自傷者，均照常律辦理。謹案此條嘉慶十五年續纂，道光十年修改，二十五年修復。

一、除太監在紫禁城内外持金刃自傷，分别斬决監候，仍照舊例辦理外，如常人在各處當差，及各官跟役並内務府各項人役苑户欽工匠役等，在紫禁城内暨圓明園大宫門、大東、大西、大北等門，及西廠等處地方，并各處内圍墻以内，謀故殺人及鬭毆金刃殺人者，擬斬立决。謀殺人傷而不死，及鬭毆手足他物殺人者，擬絞立决。金刃傷人者，發伊犁給駐防官兵爲奴。金刃自傷及手足他物傷人者，杖一百，流三千里。若在紫禁城午門以外大清門以内，暨圓明園大宫門、大東、大西、大北等門以外，鹿角木以内，謀故殺人及鬭毆金刃殺人者，擬斬立决。謀殺人傷而不死，及鬭毆手足他物殺人者，擬絞監候。入於情實金刃傷人者，杖一百流三千里。金刃自傷及手足他物傷人者，杖一百徒三年。以上除死罪外，犯該軍罪以下者，俱枷號三個月，再行發配。其東安、西安、北安等門以内及圓明園鹿角木並各内圍墻以外，謀故鬭毆殺傷人及自傷者，均照常律辦理，不得濫引此例。謹案此條嘉慶十五年續纂，道光十年修改，二十五年修復。

刑案

因索賭欠，在熱河行宫二里内用虎鎗傷人，依凶器傷人例擬，奉旨枷號兩個月，發烏魯木齊。嘉慶二十二年江南司案。

步甲在西華門内用磁片傷人，照紫禁城内當差人等他物毆人例，擬流，加枷號三個月。係旗人流罪折枷，共枷五個月。嘉慶二十五年浙江司案。

護軍在圓明園内圍墻以外，揪傷人腎囊，平復照凶徒毁敗人陰陽例擬軍。係在禁地逞凶，從重發新疆當差。道光七年湖廣司案。

侍衛在卡門内病，用刀自傷，比照行宫地方卡門以内金刃自傷例，問擬滿徒。係旗人，照例折枷鞭，責發落。嘉慶二十二年江西司案。

昭德門該班護軍互毆，一依常人在紫禁城内鬭毆手足傷人例，擬流。係旗人發駐防當差，仍先加枷號一個月，照違制律杖一百，加枷號一個月。嘉慶二十五年安徽司案。

西南門侍衛揪毆參領，比照在圓明園大宫門等門以外手足傷人例，擬徒，從重發伊犁當差。嘉慶二十二年貴州司案。

首領太監毆死所管之太監，比照威力制縛人因而致死律，擬絞監候。道光七年山東司案。

（清）席裕福《清朝政典類纂》卷四〇一《刑三十三·刑律鬭毆·宗室覺羅以上親被毆》 凡宗室覺羅而毆之者，雖無傷，杖六十。傷者杖八十、徒二年，折傷以上本罪，有重於杖八十，徒二年者，加凡鬭二等，止杖一百，徒三年。緦麻以上兼毆傷言，各遞加一等。止杖一百，流三千里。不得加入於死。篤疾者絞監候，死者斬監候。謹案此條律目原係皇家袒免以上親被毆律文，首句凡皇家袒免親而毆之者，乾隆二十九年奏准改定。

條例

一、凡宗室覺羅在家安分，有不法之徒借端尋釁者，仍照律治罪外，若甘自非薄，在街市與人争毆，如宗室覺羅止折罰錢糧。其相毆者亦係現食錢糧之人，一體折罰定擬，毋庸加等，若無錢糧可罰，即照凡鬭辦理。謹案此條係乾隆四十三年遵旨定例。

一、凡宗室覺羅與人争毆之案，除審明宗室覺羅並未與人争較，而常人尋釁擅毆者，仍照例治罪外，如輕入茶坊酒肆滋事招侮，或與人鬭毆先行動手毆人者，不論曾否腰繫黄紅帶子，其相毆之人即照尋常鬭毆，一體定擬。其宗室覺羅應得名，刑部按例定擬。犯該軍流徒罪者，照例鎖禁拘禁。犯該笞杖，應否折罰錢糧之處，交宗人府酌量。犯案情節如情重可惡者，在宗人府實行責打，不准折罰。謹案此條係乾隆四十三年遵旨定例。

刑案

宗室與覺羅互相鬭毆，應照凡鬭問擬。道光二年浙江司現審案。

誤傷宗室之妻，究與宗室有間且係誤傷，仍照凡鬭科斷。道光七年貴州司現審案。

步軍校誤鎖宗室，比照鞫獄官於囚之不應鎖而鎖律，杖六十。道光十二年山西司説帖。

親王喝令梱毆有服宗室犯時不知，未便以凡論，合依毆本宗緦麻兄杖一百律問擬，比照官員犯杖一百私罪革職例，請旨革去王爵，奉旨加恩，改爲罰親王俸十年，並裁去頭二等侍衛各二名。道光十六年浙江司現審案。

屯居旗人關禁宗室犯時不知，比照威力制縛人律，酌加一等，杖九

十。道光十二年浙江司案。

（清）席裕福《清朝政典類纂》卷四〇一《刑三十三·刑律鬭毆·毆制使及本管長官》 凡朝臣奉制命出使而所在官吏毆之，及部民毆本屬知府、知州、知縣，軍士毆本管官，若吏卒毆本部五品以上長官，杖一百徒三年，傷者杖一百流二千里，折傷者絞監候。不言篤疾者，亦止於絞。若吏卒毆六品以下長官，各兼毆與傷及折傷而言減五品以上罪三等。軍民吏卒毆佐貳官、首領官，又各遞減一等。佐貳官減長官一等，首領減佐貳一等。如軍民吏卒減三等各罪輕於凡鬭及與凡鬭相等，皆謂之。減罪輕者加凡鬭兼毆與傷及折傷一等，篤疾者絞監候，犯者不問制使長官、佐貳首領並斬監候。若流外雜職官及軍民吏卒毆非本管三品以上官者，杖八十徒二年，傷者杖一百徒三年，折傷者杖一百流二千里。毆傷非本管五品以上官者，減三品以上罪二等。若減罪輕於凡鬭傷及毆傷九品以上至六品官者，各加凡鬭傷二等。不言折傷篤疾至死者，皆以凡鬭論。其公使人在外毆打所在有司官者，罪亦如之。亦照毆非本管官之品級科罪，從被毆所屬上司拘問。如統屬州縣官毆知府固依毆長官，本條減吏卒二等。若上司官小，則依下條。上司官與統屬官相毆，科之首領，毆衙門毆長官固依毆長官，本條減吏卒二等。若毆本衙門佐貳官兩人品級與下條九品以上官同，則依下條科之。若品級不與下條同，則止依凡鬭。如佐貳首領自相毆，亦同凡鬭論罪。謹案原文本管指揮千百户，雍正三年改本管官。

條例

一、凡軍民人等毆死在京現任官員，照毆死本管官律，擬斬監候。若謀死者，擬斬立決。一、八旗兵丁並無私讐別故，因管教將本管官戳死者，本犯即行正法，妻子發遣黑龍江，領催族長各鞭一百。若閒散及護軍披甲人記讐，將該管官動兵刃致傷者，本犯即行正法，妻子免發遣，領催族長各鞭五十。若殺死者，領催族長各鞭八十，係官交部議處。其平日不能管教之該管各官，交部分別議處。謹案以上二條均係雍正三年定。一、部民軍士吏卒犯罪在官，如有不服拘拏、不遵審斷，或懷挾私讐及假地方公事挺身鬨堂、逞凶殺害本官者，拏獲之日，無論本官品級及有無謀故已殺者，不分首從，皆斬立決。已傷者，爲首照光棍例斬決，爲從下手者絞候。其聚衆四五十人者，仍照定例科罪。其於非本屬本管本部各官有犯，或該管官任意陵虐，及不守官箴自取侮辱者，各按其情罪輕重，臨時酌量比引辦理。謹案此條乾隆二十三年定。一、軍民人等毆傷本管官及非本管官，如係邂逅干犯，照律問擬流徒。或本管官與軍民人等飲酒、賭博、宿娼自取陵辱者，俱照凡鬭定擬。其有釁起索欠等事，本非理曲因而有犯者，各照毆傷應得流徒原律，酌減二等問罪。其自取辱及負欠之職官，交部議處。謹案此條嘉慶六年修改。一、凡兵丁謀故殺本管官之案，若兵丁係犯罪之人，而本管官亦係同犯罪者，將該兵丁照例擬斬監候，請旨即行正法。鬭毆殺者，仍擬絞監候。如本管官與兵丁一同犯罪，致將兵丁殺死者，仍按凡人謀故鬭殺各本律科斷。謹案此條係嘉慶十六年遵旨議定。

事例

乾隆二十二年議准：披甲五十三用刀扎傷該管官塞克圖，按律斬決一案，刑部具題遲延者，緣例載金刃傷定限保辜。其扎傷本管官者，限內身死，將該犯妻子發遣，限內平復，妻子免遣。欲俟塞克圖保辜限滿，始行題達。但凶徒用金刃傷本管官者，無論已未身死，均斬決。此等情罪重大之犯，審實即時正法，方足使衆儆懼。若遲至數月，日久漸忘，何以昭示國憲。至保辜限專爲該犯妻子發遣之分，與該犯無涉。乃因辜限未滿轉令凶徒得延時日，未免過拘成例。請嗣後此等案件，刑部審明日，即將本犯具題正法，於本內聲明，俟保辜限滿，將該犯妻子照律分別辦理。嘉慶十九年奉旨：步甲凌桂先因毆死伊妻擬絞，援減。今又乘醉逞凶，毆傷本管官，情殊凶横。該部擬以發黑龍江充當苦差，先枷號三個月尚不足示懲。凌桂著永遠枷號，常川游示九門儆衆。嗣後步甲内怙惡不悛，逞凶毆本管官者，即照此例辦理。

刑案

兵丁奉派隨同別營外委捕盜，刃傷外委，釁起口角，並非挾嫌，依軍士毆本管官折傷律，擬絞。嘉慶十五年廣東案。

生員因事當堂咆哮，被縣戒飭拉奪戒尺，致翻公案，撕破公服。後又在押脱逃，照部民毆本屬知縣滿徒律上加逃罪二等，擬流。嘉慶二十年直隸案。

縣役與人鬭毆，誤傷典史，比依軍士毆本管官傷者律杖流。揿落典史頂帽之人與毆打無異，依毆本管官未傷律滿徒。嘉慶二十一年河南案。

因案被責，拾石擲傷知縣，並拒傷家人，依部民毆本屬知縣傷者杖流

律上加枷號三個月，從重發新疆爲奴。嘉慶二十一年直隸案。

開場聚賭，因被外委查拏，索詐割辮誣姦，既非本管官又係需索起釁，比照姦贓污人名節例，擬軍。嘉慶二十一年浙江案。

典史短價買物，復因斤兩短少，差傳兵丁掌責，致營兵不平，糾人中途攔毆，自取忤辱。爲首營兵照軍士挾讎鬧堂毆官律，量減滿徒。嘉慶二十一年福建案。

因被僕打還，毆五品命婦並未成傷，比依毆非本管五品以上官律，量減一等，滿杖。嘉慶二十二年雲南司現審案。

武生被控戒飭，趕入學署毆傷教官，比照刁徒直入衙門挾制官吏例，擬軍。隨同入署推跌教官之犯，減等滿徒。嘉慶二十四年浙江案。

開場聚賭，經官兵查知往捕，慮被拏獲治罪，喝令拒傷官兵，尚非有心逞凶，且與鬧堂迥別，應依毆傷本管官杖流例上加拒捕罪二等，從重發新疆當差。道光元年吉林案。

縴夫因被押運外委向推，用刃架格劃傷外委，比照吏卒毆六品以下長官折傷者減五品以上罪三等律，杖九十徒二年。道光二年山東案。

燒柴祈雨，通判前往彈壓恃衆毆差，打毀官轎銜燈，比照部民毆知縣滿徒佐貳減一等律，量減一等，徒二年。從犯再減一等。道光三年雲南案。

主簿衙門字識挾嫌，糾同差役趕至主簿大堂喊鬧，推翻公案，打毀屏門。既非聚衆，又非毆官，比照吏卒懷挾私讎鬧堂毆官例量減，發新疆爲奴。道光四年安徽案。

軍士用磚毆傷本管佐貳，越二十四日因風身死，與因傷致斃者不同，依毆本屬佐貳致死斬律量減，發黑龍江當差。道光十二年河南司説帖。

宗室世職官毆傷步軍校，照不應重律杖八十，移咨兵部議處。道光七年貴州司案。

民人扎傷蒙古圖薩拉克齊，依凶器傷人近邊充軍例上加等，發邊遠充軍。道光十年奉天案。

糧船水手毆傷押運千總，比照軍民毆傷本管官。如係邂逅干犯，照律問擬。部民毆本屬府州縣傷者，杖一百流二千里，律從重發新疆爲奴。道光十一年直隸案。

部民毆傷巡檢平復，依部民毆本屬知縣傷者擬流，佐貳官減一等，律問擬滿徒。道光十四年廣西案。

（清）席裕福《清朝政典類纂》卷四〇一《刑三十三·刑律鬭毆·上司官與統屬官相毆》 凡監臨上司之佐貳首領官與所統屬之下司官品級高者及與部民有高官而相毆者，並同凡鬭論。一以監臨之重，一以品級之崇，則不得以下司部民拘之。若非相統屬官品級同自相毆者，亦同凡鬭論。

刑案

職官負欠互相毆傷，均照不應重律，杖八十，杖不滿百，交部議處。嘉慶二十二年直隸司現審案。

（清）席裕福《清朝政典類纂》卷四〇一《刑三十三·刑律鬭毆·九品以上官毆長官》 凡流內九品以上官毆非本管三品以上之尊官者，不問長官、佐貳，杖六十，徒一年。俱毆即坐。雖成傷至内損吐血，亦同。折傷以上及毆傷非本管五品以上，若五品以上毆傷非本管三品以上官者，各加凡鬭傷二等。不得加至於死。蓋官品相懸，則其罪重，名位相次，則其罪輕，所以辨貴賤也。

刑案

縣丞酒醉昏迷，戳殺武職大員，依鬭殺律問擬絞候。訊無別故，情罪尚輕，從重發往黑龍江充當苦差。光緒九年奏准案。

（清）席裕福《清朝政典類纂》卷四〇一《刑三十三·刑律鬭毆·拒毆追攝人》 凡官司差人下所屬追徵錢糧、勾攝公事而納戶及應辦公事人抗拒不服及毆所差人者，杖八十。若傷重至内損吐血以上及所毆差人或係職官或係親屬尊長本犯毆罪重於凡人鬭毆者，各於本犯應得重罪上仍加二等罪，止杖一百流三千里。至篤疾者絞監候，死者斬監候。此爲納戶及應辦公事之人本非有罪而恃强違令命者而言，若稅糧違限、公事違錯，則係有罪之人，自有罪人拒捕條。

事例

嘉慶二十二年諭：温承惠奏審訊壽光縣民蔣柱呈控伊子被媳董氏謀毒斃命一案大概情形，請將指控賄和之縣令解任質審一摺。壽光縣知縣陶鈛著解任，交該臬司提同保正張夢憹等，一併歸案研訊。至此案下毒情形，蔣柱與伊妻張氏所供不符。而蔣董氏供出同時中毒之蔣小兑妮係屬要證，自應提案質對，以成信讞。乃該臬司飭縣差提蔣小兑妮，蔣家婦女竟孥出毆差。迨蔣小兑妮到案，蔣柱復與伊妻張氏闖入司堂，撞頭肆鬧，實屬刁惡，目無法紀，將來定案時，無論所控虛實，所有毆差婦女均照毆差

例治罪。蔣柱、張氏均照鬧堂例治罪，雖係婦女，不准收贖。嗣後各直省如有婦女毆差鬧堂之案，俱著照此辦理。

刑案

拘比抗糧之人，因其不行，用鍊拉跌併傷其左肋，內損身死，並非釁起嚇詐，仍照鬭殺問擬。嘉慶二十二年直隸案。

上忙錢糧，糧差畏比於期內代完，嗣向索討争吵，揪落糧差髮辮一綹。迨縣提訊，復向糧差詈罵咆哮，比照刁徒直入衙門例，量減滿徒。道光三年直隸案。

武舉率子梱縛糧差，赴縣完糧後始行釋放。嗣縣提訊，復又抗不復審，肆意咆哮，於違制律上加一等，徒一年。其子依威力制縛私家拷打律，擬杖。道光九年山東司説帖。

（清）席裕福《清朝政典類纂》卷四〇一《刑三十三·刑律鬭毆·毆受業師》凡毆受業師者，加凡人二等，死者斬。凡者，非徒指儒言，百工技藝亦在內。儒師終身如一，其餘學未成或易別業，則不坐。如學業已成，罪亦與儒並科。

條例

一、凡謀故毆殺及毆傷受業師者，業儒弟子照謀故毆殺及毆傷期親尊長律。僧尼、道士、喇嘛、女冠及匠藝人等，照謀故毆殺及毆傷大功尊長律分別治罪。如因弟子違犯教令，以理毆責致死者，儒師照尊長毆死期親卑幼律，杖一百徒三年。僧尼、道士、喇嘛、女冠及匠藝人等，照尊長毆死大功卑幼律，擬絞監候。如毆傷弟子，各按毆傷期親卑幼大功卑幼本律問擬。若因姦盜別情謀殺弟子者，無論已傷未傷、已殺未殺，悉照凡人分別定擬。其有挾嫌逞凶故殺弟子，及毆殺內執持金刃凶器，非理扎毆致死者，亦同凡論。謹案此條嘉慶十六年定。

事例

康熙二十五年定：凡僧尼有殺其師者，即處斬，爲從者，擬斬監候，秋後處決。雍正三年諭：朕每覽刑部所奏罪犯案內，多有僧人不法，致干憲典者。爲僧無清浄心，行凶頑事，則其非僧也，必矣。朕嘗覽釋氏之教，雖不足爲治世理民之用，而空諸色相，遺棄榮利，有戒定慧之學，有貪嗔癡之戒，爲説雖多，總不出乎寡慾、攝心、戒惡、行善四端爲大要也。爲其徒者，雖有爲禪、爲律、爲講、爲持誦之不同，然莫不以四端爲本。至於混迹僧徒，實乖僧行者，飲酒食肉肆爲不法，有應赴馬流鏖頭掛搭闖棍江湖揑怪煉魔潑皮等名色，皆敗壞僧教，甘爲非法，何得稱佛門弟子乎？若概以僧目之，則苗莠弗辨，涇渭莫分矣。朕非爲僧人正其名色，蓋覈名實辨是非，國勸懲之法不可忽也。爾部行文直省，嗣後凡遇緇流犯法，須按是何名色之僧人，入案呈奏審擬定罪。若既稱戒僧有干犯法紀之事，必嚴加治罪。

刑案

學習打鎖偷竊業師錢文，被師撞獲，將徒毆死，與擅殺罪人不同，應照弟子違犯教令以理毆責致死律，擬絞。嘉慶二十二年廣東司説帖。

僧人年未四十，違例收徒殺傷徒弟，應同凡論。嘉慶二十三年福建司説帖。

道士因教養有年之徒游蕩頂撞，將其縛住懸吊廟簷，復用繩毆打致死。麻繩非凶器，可比應照弟子違犯教令以理毆責致死律，擬絞。道光九年山西司説帖。

謀毒業師身死，並誤毒同學四命，依謀殺受業師者，業儒弟子照謀殺期親尊長律治罪。謀殺期親尊長已殺者凌遲處死，律擬凌遲處死，先於左面刺凶犯二字。光緒三年湖北案。

（清）席裕福《清朝政典類纂》卷四〇二《刑三十四·刑律鬭毆·妻妾毆夫》凡妻毆夫者，但毆即坐，杖一百，夫願離者聽。須夫自告乃坐。至折傷以上，各驗其傷之重輕，加凡鬭傷三等，至篤疾者，絞決，死者斬決，故殺凌遲處死。兼魘魅蠱毒在內。若妾毆夫及正妻者，又各加妻毆夫罪一等。加者加入於死，但絞不斬。於家長則決，於妻則監候，若篤疾者、死者、故殺者，仍與妻毆夫罪同。其夫毆妻，非折傷勿論。至折傷以上，減凡人二等，須妻自告乃坐。先行審問夫婦，如願離異者，斷罪離異，不願離異者，驗所傷應坐之罪，收贖。仍聽完聚。至死者絞監候，故殺亦絞。毆傷妾至折傷以上，減毆傷妻二等，至死者杖一百徒三年。妻毆傷妾與夫毆妻罪同，亦須妾自告乃坐。過失殺者各勿論。蓋謂其一則分尊可原，一則情親當矜也。須得過失實情，不實仍各坐本律。夫過失殺其妻妾及正妻過失殺其妾者，各勿論。若妻妾過失殺其夫，妾過失殺正妻，當用比律過失殺可，不可通承上二條言。若毆妻之父母者，但毆即坐，

杖六十，徒一年。折傷以上各加凡鬬傷罪二等，至篤疾者，絞監候，死者，斬監候，故殺者亦斬。謹案末節原文若毆妻之父母者，杖一百，折傷以上，各加凡鬬傷罪一等，正三年奏改。

條例

一、凡妻毆本夫，如本夫親告又復願離恩義已絕，應按律的決，不得勒追本夫銀兩，代妻納贖。如本夫不願離異，及正妻毆妾至折傷以上，仍依律科斷，概准納續。至妾毆夫及正妻，依律分別定擬杖罪的決，餘罪收贖。謹案此條乾隆七年定。一、妻過失殺夫、妾過失殺家長者，俱擬絞立決。一、妾過失殺正妻，比照過失殺期親尊長律，杖一百，徒三年，決杖一百，餘罪收贖。謹案以上二條乾隆三十二年定，原載過失殺例内，嘉慶六年移歸此門。

事例

嘉慶十年諭：刑部題覆陝西邵陽縣民婦雷氏勒死伊夫劉世敏一案，按律將劉雷氏淩遲處死一本，已照簽發下矣。閱本内有内閣夾簽：以死者淫惡蔑倫，該犯氏實忿激致斃，聲敘請旨此案所辦非是。劉世敏圖姦子媳固屬淫惡，但究未被姦污，即所稱殺害一家之語，不過醉後妄言，並未實有凶横情節。且伊媳雖欲自盡，亦未致死，該氏有何忿激難堪？輒乘本夫醉臥之時起意勒斃，並無抵拒失手情節，安得稍從末減耶。朕辦理庶獄，一一准情酌理，而於服制之案，尤爲慎重。凡有救親情節激於義忿者，無不量加寬宥，然尚有確據，方予寬減。況夫爲妻綱，豈可因其夫行止不端，遽忍置之死地！且此等家庭曖昧不明之事，並無證據，易啓事後捏飾流弊。嗣後遇有此等案件，俱不必於本内夾片聲請定奪。十一年諭：前因刑部等衙門題覆奉天省民婦段李氏因瘋毆傷伊夫段廷儒身死一案，將該氏問擬斬決，内閣亦以李氏著即處斬票擬進呈，與胞弟毆傷胞兄致死改爲斬候者辦理有異，因命刑部堂官查明舊例成案，詳悉具奏。兹據刑部覆奏，查明妻子於夫服屬三年，其因瘋毆死及誤殺可矜者，均按本律定擬，概不夾簽。從前曾有奉旨勅下九卿議改監候者，亦有奉旨由立決改爲監候者等語。刑律以服制爲重，妻之於夫者服逾三年，固當按律問擬。然有平素並無陵犯實係一時瘋發毆夫致死者，究屬一線可原，揆之情法亦不可不量爲末減。嗣後遇有此等婦人因瘋毆死本夫之案，確鑿無疑者，刑部仍按本律定擬，具題著内閣核明於本内，夾敘貼標擬九卿議奏及依議斬決雙簽進呈候朕定奪。所有奉天省段李氏一案，即著九卿議奏。

刑案

被毆情急，用木槌回格致斃不孝之夫，按律擬斬立決，奉旨改爲斬監候，秋後處決。乾隆四十二年通行。

誤信奸徒捏姦，殺死無辜之妻，按律量減滿流，仍援赦累減，擬以滿徒。乾隆五十五年四川司說帖。

故殺妾命，仍照毆妾至死律，問擬滿徒。嘉慶十八年四川司說帖。

殺死犯姦休出復向央留之妻，比照罪人已就拘執而擅殺律，擬絞監候。道光四十年山東司說帖。

夫將幼妾恣意行姦，以致陰户被傷、内潰身死，照毆妾至死律，加等問擬。道光十一年貴州案。

夫毆妾正限外餘身死，依毆妾至死律，減等科斷。道光四年四川案。

毆死妻之繼母，例無治罪明文。惟親屬相姦律注：妻之親母比依母之姊妹論，則妻之繼母不得與親母同科。是姦罪既有分別，則殺傷之罪該難同。擬斬候，比依凡人鬬殺例，絞候。嘉慶六年山東案。

向妻求歡不遂，將膝蓋跪傷伊妻臍肚殞命，與鬬殺無異，照律擬絞。嘉慶十七年廣西司說帖。

乘壻外出，教令伊女賣姦，嗣因壻回家查知，復將伊女接回，與人姦宿恩義已絕，將妻母殺死，照凡人擅殺罪人律，擬絞。嘉慶二十年直隸司說帖。

有妻更娶，將後娶之妻毆傷身死，雖律應離異，惟係良家之女明媒正娶，及有財禮婚書，自應仍依毆妻至死律，絞候。嘉慶二十三年陝西司說帖。

聽人慫恿逼妻賣姦不從，屢次毆打磨折，以致伊妻因傷身死，夫婦之恩義已絕，照凡人鬬殺擬絞。嘉慶二十五年湖廣司現審案。

誤踢改嫁妻母成傷，未便概照毆妻之父母本律科斷，依毆妻之父母徒一年律上量減滿杖。道光二年江蘇司現審案。

因妻元紅色淡，疑非處女，逼認與人通姦，將妻休回，比照姦贓污人名節軍罪上減等擬徒。道光三年湖廣司現審案。

因妻母將伊妻改嫁，故殺妻母，恩義已絕，應同凡論，照擅殺罪人科

斷。道光四年廣西案。

因夫逼令賣姦不從，被夫屢次毆逼，順用滚水嚇潑，冀其避遜，不期潑傷伊夫身死，尚非無故逞凶，干犯依毆夫致死律，斬決。道光十二年貴州司說帖。

毆妻致傷墮胎身死，按律擬絞。迭逢恩詔准其援免，後再有犯，加等治罪。光緒元年安徽司說帖。

因妻屢尋自盡，氣忿起意致死，依律問擬絞候，秋後處決。光緒十年陝西案。

（清）席裕福《清朝類典類纂》卷四〇二《刑三十四・刑律鬬毆・同姓親屬相毆》 凡同姓親屬相毆，雖五服已盡而尊卑名分猶存者，尊長犯卑幼，減凡鬬一等，卑幼犯尊長，加一等，不加至死。至死者，無論尊卑長幼，並以凡人論。鬬殺者絞，故殺者斬。

事例

雍正五年諭：從來凶悍之人偷竊姦宄怙惡不悛，以致伯叔兄弟等重受其累。其本人所犯之罪，在國法雖未至於死，而其尊長族人翦除凶惡、訓誡子弟，治以家法至於身死，亦是懲惡防患之道，使不法之子弟知所儆懼悛改，情非得已，不當按律擬以抵償。嗣後凡遇凶惡不法之人，經官懲治怙惡不悛，爲合族之所共惡者，准族人鳴之於官，或將伊流徙遠方，以除宗族之害。或以家法處治至於身死，免其抵罪，著定議具奏。乾隆五年議准：同族之中果有凶悍不法之徒，族人自應鳴官治罪。乃向例有事起一時，合族公憤處以家法致死，審明罪人應死不應死，將爲首者分別擬杖與減等免抵等語。雖屬懲創凶悍，體順人情之意，但族大人衆，賢愚難辨。或以富吝而招衆怨，或以剛直而致同讎，或一人煽誘羣相附和，或共挾微嫌輒圖報復，架詞串害，往往有之。儻地方官未能深察，難保無冤，抑之情況生殺乃朝廷之大權，如有不法自應明正刑章，不宜假手族人，以開其隙。所有此條舊例，應請刪除。嘉慶二十二年議准：嗣後如係卑幼犯尊長，按傷罪加等。輕於杖一百者，仍照共毆餘人擬以滿杖外，加按傷罪加等。重於杖一百，即各按毆傷本罪，加等定擬。其尊長犯卑幼，亦照此分別減等辦理。同治十年議准：現據禮部奏明，將大宗子兼祧小宗，援照孫爲庶祖母服小功之例，爲兼祧小宗庶母持服小功，是服制既與庶祖母相等，則干犯罪名，應即比照毆庶祖母致死例科斷。嗣後遇有此等案件，應一體遵照辦理。

刑案

毆傷無服族叔致令成篤，於流罪上加等擬軍，仍斷給財産一半養贍。道光四年陝西司說帖。

毆傷無服族嬸，致令成廢，於滿徒上加等，擬流二千里。道光八年山東司說帖。

無服族叔故殘卑幼至篤疾，照緦麻尊長故殘卑幼至篤疾流二千里例上加一等，問擬。道光十三年陝西案。

毆傷無服族姪，依同姓服盡親屬相毆尊長犯卑幼減凡毆一等律，於凶徒因事忿争故折人肢體發近邊充軍例上量減滿徒。係贛屬凶徒，仍照奏定章程，加等問擬。道光十三年江西司說帖。

毆傷弟妻越八日身死，依兄毆弟妻至死依凡人論，按律問擬絞監候。同治十一年安徽案。

（清）席裕福《清朝政典類纂》卷四〇二《刑三十四・刑律鬬毆・毆大功以下尊長》 凡卑幼毆本宗有外姻緦麻兄姊，但毆即坐，杖一百，小功兄姊六十，徒一年，大功兄姊杖七十，徒一年半，尊屬又加一等。折傷以上，各遞加凡鬬傷一等。罪止杖一百，流三千里。篤疾者，不問大功以下尊屬，並絞，死者斬絞斬。在本宗小功、大功兄姊及尊屬，則決，餘俱監候。不言故殺者，亦止於斬也。若本宗及外姻尊長毆卑幼，非折傷勿論。至折傷以上，緦麻卑幼減凡人一等，小功卑幼減二等，大功卑幼減三等，至死者絞監候。不言故殺者，亦止於絞也。其毆殺同堂大功弟妹、小功堂姪及緦麻姪孫者，杖一百，流三千里。不言篤疾至死者，罪止此，仍依律給付財産一半養贍。故殺者，絞監候。不言過失殺者，蓋各准本條論贖之法，兄之妻、及伯叔母弟之妻及卑幼之婦，在毆夫親屬律，姪與姪孫，在毆期親律。

條例

一、毆死同堂大功弟妹、小功堂姪及緦麻姪孫，除照律擬流外，仍斷給財産一半養贍。其大功以下尊長毆卑幼至篤疾，均照律斷給財産。惟毆尊長至篤疾，罪應擬絞者，不在斷給財産之内。謹案此條乾隆八年定。一、凡卑幼圖姦親屬，起釁故殺有服尊長之案，按其服屬，罪應斬決、淩遲無

可復加者，於援引服制本律之上，俱聲明卑幼因姦故殺尊長字樣。其有圖姦親屬，故殺本宗及外姻有服尊長，按律罪止斬候者，均擬斬立決。謹案此條係乾隆四十九年議定。一、卑幼共毆本宗外姻緦麻以上尊長屬，致成篤疾之案，除首犯依律分別絞決、絞候外，其聽從幫毆之有服卑幼，如僅止手足他物輕傷不分服之親疏，仍依爲從減等律，問擬滿流。若有折傷及刃傷者，發極邊烟瘴充軍。謹案此條嘉慶六年修改。一、凡有服親屬同謀共毆致死之案，除下手傷重之犯、及期服卑幼律應不分首從，仍各按本律問擬外，其原謀如係緦麻尊長，減凡人一等，期功尊長，各以次遞減。若係緦麻卑幼，加凡人一等；大功小功卑幼，各以次遞加。一、凡尊長毆傷卑幼，因風身死之案，各按服制，依毆死卑幼本律本例定擬，仍查照凡人鬬毆因風身死之例，分別正限、餘限，遞減科斷。一、凡尊長毆傷卑幼保辜正限外餘限內，果因本傷身死，各按服制於毆死卑幼本律例，減一等定擬。罪應絞者，奏請定奪。謹案以上三條均嘉慶十六年定。一、卑幼毆傷緦麻尊長尊屬，餘限內果因本傷身死，仍擬死罪，奏請定奪。如蒙寬減，減爲杖一百、發邊遠充軍。若在餘限外身死，按其所毆傷，罪在徒流以下者，於斬候本罪上減一等，杖一百，流三千里。其原毆傷重至篤疾者，擬絞監候。毆傷功服尊長尊屬，正餘限內身死者，照舊辦理。其在餘限外身死之案，如毆大功、小功、尊長、尊屬至篤疾者，仍依傷罪本律，問擬絞決。訊非有心干犯或係誤傷及情有可憫者，俱擬絞監候。若係折傷並手足他物毆傷，本罪止應徒流者，既在餘限之外因傷斃命，均擬絞監候，秋審時統歸服制册內，擬入情審辦理。謹案此條乾隆三十七年定，嘉慶十年由毆期親尊長門一條修併，咸豐三年修改，仍分出移修毆期親尊長門內。一、凡聽從下手毆本宗小功、大功兄姊及尊屬至死者，除主使之尊長仍各按服制以爲首科斷外，下手之犯審係迫於尊長威嚇，勉從下手，邂逅致死者，照威力主使律爲從減等擬流。若尊長僅令毆打，輒行疊毆多傷至死者，下手之犯擬斬監候。其聽從毆死緦麻尊長、尊屬之案，依律減等擬流。謹案此條乾隆四十九年定，嘉慶六年、十一年，同治九年三次修改。一、凡於親母之父母有犯，仍照本律定擬外，其於在堂繼母之父母、庶子嫡母、在爲嫡母之父母、庶子爲在堂繼母之父母、庶子不爲父後者爲己母之父母、若己母係由奴婢家生女收買爲妾，及其父母係屬賤族者，不在此例。爲人後者爲所後母之父母、及本生母之

父母、嫁母之父母等七項，有犯即照卑幼犯本宗小功尊屬律，毆殺、謀故殺均擬斬立決，謀殺已行已傷及鬬毆傷亦各照本宗服制本律，分別定擬。至親母、繼母等各項，甥舅等有犯，俱照外姻尊卑長幼本律治罪。與嫁母之弟兄有犯，以凡論。如尊長有於非所自出之外孫及甥等，故加陵虐或至於死，承審官臨時權其曲直，按情治罪，不必以服制爲限。謹案此條乾隆四十二年定，嘉慶六年修改，十九年復奉頒修。一、功服以下尊長殺死卑幼，如係圖謀卑幼財産殺害卑幼之命，並强盜卑幼貲財，放火殺人及圖姦謀殺等案，悉照平人謀故殺律，問擬斬候，不得復依服制寬減。其餘尋常親屬相盜及因圖詐圖賴他人財物，謀故殺死卑幼之案，仍依服制科斷。謹案此條乾隆四十一年定，嘉慶六年由毆期親門移改。一、功服以下尊長殺死卑幼，因其父兄伯叔素無資助及相待刻薄，挾有夙嫌，將其十歲以下幼小子女弟姪遷怒故行殺害圖洩私忿者，悉照凡人謀故殺本律，擬斬監候，不得復依服制科斷。其挾嫌謀殺卑幼年在十一歲以上，並其餘謀故殺卑幼之案，仍照律擬絞監候。謹案此條乾隆五十六年定。嘉慶六年由毆期親門移改。一、凡毆死本宗期功尊長罪干斬決之案，若係情輕，如卑幼實係被毆，情急抵格，無心適傷致斃之類，該督撫按律例定擬。止於案內，將並非有心干犯各情節分晰敘明，不得兩請法司會同核覆，亦照本條擬罪。核其所犯情節實可矜憫者，夾簽聲明，恭候欽定。若與尊長互鬬係有心干犯毆打致斃者，亦於案内將有心干犯之處詳細敘明，即按律擬以斬決。其毆死本宗緦麻及外姻小功緦麻尊長者，照律擬斬監候，毋庸夾簽聲明。惟救父情切及本夫殺姦毆死緦麻尊長，或毆傷緦麻尊長餘限外身死之案，隨本聲請量減，不在此例。謹案此條嘉慶六年修改，道光五年復奉頒修。一、致死期功尊長尊屬，除與他人鬬毆誤傷致斃，或被尊長揪扭，刀械交加，身受多傷無處躲避，實係徒手抵格，適傷致斃或死者，罪犯應死。及淫惡蔑倫並救親情切各項情節仍准夾簽外，其餘持械抵格情同互鬬，概從本律問擬斬決。不得以被毆抵格奪刀自戳等詞，曲爲開脱，夾簽聲請。謹案此條同治九年續纂。一、致斃平人一命，復致斃期功尊屬尊長之案，除另斃之命律不應抵或例得隨本減流，並誤殺、擅殺、戲殺毆死妻及卑幼，暨秋審應入可矜等項，及例內指明被殺之尊屬尊長罪犯應死，淫惡滅倫並救親情切，聽從尊長主使毆斃，仍按服制擬罪，准將可原情節夾簽聲請外，其餘另犯謀故鬬殺，復致斃期功尊屬尊長，雖係誤

殺情輕，亦不准夾簽聲請，以重倫常。謹案此條同治九年續纂。一、卑幼毆死本宗功服尊長、尊屬之案，於敘案後無庸添入詰非有心致死句，專用實屬有心干犯，勘語，以免牽混。其例內載明情輕，如被毆抵格、無心適傷之類，仍於勘語內聲明並非有心干犯，以便分別夾簽。謹案此條同治九年續纂。

事例

乾隆二十一年議准：蓋服制之設，有恩合議合之分。親母之父母以恩合者也，繼母各項以義合者也。恩無可絶，義有權衡。至於相犯擬罪，則外姻之服更不得與本宗同論。兄弟之妻服制小功而相毆致死，則同凡論，是也。今細加酌議，宗無二絶，外氏亦無二絶。嗣後除親母、嫡母、本生母，黨屬仍照服制定擬外，其餘均同凡論，則法有定衡而例無岐出矣。四十二年奉旨刑部覈擬直隸省王錦毒死繼母王苗氏之母苗趙氏一案，聲明：該犯與苗趙氏並無服制，改擬斬候，並引例載母黨有犯，除親母、嫡母、本身母仍照制定擬外，其餘均從凡論等語。此案王錦因覬繼母苗氏改嫁得以花費家財，而嗔其外祖母苗趙氏從中阻止，遂爾懷忿謀殺。理既甚曲，性復凶頑，其情罪實爲可惡。刑部乃因其無服輒行改擬，豈爲情法之平？頃詢之刑部堂官，此例係乾隆二十一年所定，閲其例本，惟事拘牽文義，而揆之天理人情均未允當，又豈明刑弼教之義，著刑部將此例悉心斟酌更定。所有王錦一案，即照新例另行定擬具奏，欽此。遵旨詳考禮經，稽覈憲典，查禮經小功五月服内列有爲外祖父母之文。欽定義疏云：外祖父母有當服者六，子爲因母之父母一也，因母即親母也；母出爲繼母之父母，二也；庶子君母在爲君母之父母，三也；君母即嫡母也，庶子爲繼母之父母，四也；庶子不爲父，後者爲己母之父母，五也；爲人後者，爲所後母之父母，六也；又云：繼母多則服在堂，繼母之黨至爲人後者，爲其本生之父母禮，有本生親屬降服一等之文，故不與六者同在小功五月之列。二十一年定例所載：於母黨有犯，除親母、嫡母、本生母黨仍照服制定擬外，其餘均照凡論，等語。是於應服之各項外祖父母内祇列親母嫡母二項，而以本生外祖父母應行降服者，反得躋於正服，其説不本於經，實多舛漏，今恭繹諭旨於準情定制之義。睿思精詳，衷於至當，按之禮經正相印合。嗣後凡爲人後者，於本生親屬既屬降服，則爲所後之父母，自應與親母之父母一例持服小功五月。此外爲繼母之父母等項，應請悉照欽定儀禮義疏，當服六項，一併增入服圖。如遇有干犯，即照卑幼犯本宗小功尊屬律，毆殺、謀故殺均擬斬立決。謀殺已行已及鬭毆傷者，俱各照服制，分別定擬。至親母之父母屬毛離裏，一脈相承，恩義實爲尤重，其干犯之罪，應仍照本律毆死外，祖父母者斬，謀故殺者凌遲處死定擬。再爲人後者，爲本生母之父母，服雖降小功一等，而恩亦較重。其干犯之罪，亦應與犯小功尊屬同科推之。各項甥舅等服制，悉按前項增入，照外姻尊卑長幼治罪。如有於非所自出之外孫及甥故加陵虐或置於死，臨時權其曲直，按情治罪，不必以服制爲限。庶禮制悉合經權憲典，益昭明備，於天理人情，皆爲允協。嘉慶二十四年覆准：嗣後卑幼毆死期功緦麻尊長，如係疑賊誤毆或因鬭毆致斃者，悉照毆死尊長本律擬罪。分別情節輕重，照例夾簽聲請，毋得牽引犯時不知之律，致啓揑飾避就之端，以重服制而昭畫一。道光四年奏准：嗣後毆傷緦麻尊長尊屬，正限内因風身死，原驗傷痕並非骨折者，比照毆傷緦麻尊長餘限内因本傷身死，仍擬死罪，奏請定奪。如蒙寬減，減爲杖一百，發邊遠充軍。九年奏准：嗣後卑幼毆傷期功尊長至死罪干斬決之案，除係救親情切，及毆死罪犯應死之尊長，仍俱照例夾簽聲請外，如尋常與尊長相毆致死之案，必實係被毆情急抵格適傷、情可矜憫者，方准聲明並非有心干犯字樣。若傷多且重，雖被尊長疊毆抵格致斃，即係互鬭，按律擬以斬決。十二年議准：嗣後卑幼毆死期功尊長之案，務令承審各員嚴究確情，按律定擬。仍將是否有心干犯之處詳細聲明，不准稍涉含混。其聲敘未確，即將承審之員分別從重議處。

刑案

故殺有罪卑幼，改依本律擬絞，秋審時仍可照擅殺核辦。嘉慶八年河南案。

趕毆緦麻服弟自跌身死，應比照卑幼逼迫緦麻尊長致死律上減等擬徒。嘉慶十年陝西案。

刃傷小功服叔，於凡人徒罪上加三等，擬流。嘉慶十六年廣西案。

救兄毆死大功堂兄，九卿議奏，仍擬斬決。嘉慶十六年四川案。

被小功尊長毆打，搪抵適傷尊長致死，並非有意還毆，不得謂之逞

凶。干犯照例夾簽。嘉慶十七年江西案。

因索討地價無償，用棒毆緦麻尊屬，餘限內因傷身死，按例仍擬死罪，奏請定奪。嘉慶十八年四川案。

因緦麻尊長藉事欲令置酒服禮未允，搶錢作抵，將其毆斃，仍照毆死緦麻尊律，斬候。嘉慶十八年江西案。

出繼胞弟聽從尊長主使，疊毆降服大功胞兄致斃。依聽從下手毆大功兄致死律，斬候。嘉慶十九年山西案。

因大功弟與伊女通姦敗露，致女自盡，忿恨將其謀斃，死係內亂，罪人依擅殺以毆殺論，照毆死同堂大功例，擬流。嘉慶二十一年河南案。

被出嫁降服大功胞姊撲毆閃避，致懷抱幼子跌斃，悲忿用柴連毆伊姊，二傷身死，情可矜，原准其夾簽。嘉慶十五年河南案。

聽從父母毆死大功兄，僅止一傷，未便以傷致骨損以疊毆致斃擬斬駁，令照邂逅致死，擬流。道光二年陝西案。

聽從緦麻兄主使下手毆緦麻服姪致斃，例無按服制遞減明文，仍照威力主下手減一等。道光二年江西案。

毆緦麻尊長傷輕，越十日因風身死，比照毆傷緦麻尊長餘限內身死例，減軍。道光四年江蘇案。

因瘋戳傷緦麻服叔，依例斬候，毋庸先行追埋。道光八年四川案。

小功堂姪挾嫌滋鬧，被毆傷後用刀戳斃，依故殺例擬絞。道光九年雲南案，以上均見説帖。

聽從胞叔疊毆小功服伯身死，依尊長僅令毆打而輒行疊毆多傷致死例，斬候。嘉慶五年四川案。

聽從堂嬸嚇逼，幫毆强姦年甫十二小功堂妹之小功服兄身死，雖有致命處所，係屬邂逅致死例，擬流。嘉慶十七年陝西案。

調戲無服姪婦，被大功堂弟見而斥責，挾嫌將其致死洩忿，依故殺大功弟例，絞候。嘉慶十七年廣西案。

因見大功堂弟與堂嫂通姦，刁姦不遂，挾嫌謀殺犯姦堂弟，死者亦屬亂倫，仍按服制，照謀殺卑幼本律，擬絞。嘉慶十八年江蘇案。

後母之子謀殺前母之弟，例應爲後母之黨服，不得再服前母之黨，有犯即不得復以母黨服制論，應照凡人謀殺論。嘉慶二十一年河南司説帖。

已故繼母之弟毆死外甥，雖有甥舅之名，而於禮則爲無服，應照凡人鬬殺問擬。嘉慶二十一年四川司説帖。

僧人毆死本宗大功堂弟，照凡人論，擬絞。嘉慶二十一年湖北案。

因小功服兄偷放田水灌溉己田理論被毆，一時情急，用鏟嚇戳，二傷殞命，其情實可矜憫，照例夾簽。嘉慶二十四年福建案。

毆死緦麻服叔案內，幫毆之人亦係死者緦麻服姪，依卑幼毆緦麻兄姊杖一百尊屬加一等律，杖六十徒一年。道光元年湖北案。

故殺挖毀祖墳之小功服叔，死者係喪理昧良得罪祖宗，一時忿激殺死，並非無故逞凶，其情實可矜憫，比例夾簽。道光二年四川司説帖。

外祖父母毆死外孫童養之妻，服圖載爲外祖母小功妻於夫外親服降一等推類比觀，應照毆外姻卑幼問擬。依外姻尊長毆緦麻卑幼至死律，絞候。道光二年江南案。

與無服族妹通姦，被姦婦弟兄撞見，禁止辱駡，挾恨殺死洩忿，以致誤殺小功服兄，依謀殺人而誤殺旁人，以故殺論。卑幼故殺小功兄死者斬律，擬斬立決。道光三年江蘇案。

出嫁之姑毆死在室期親姪女，按服圖應降大功，例無治罪明文，應比照尊長毆殺小功堂姪律，杖一百流三千里，收贖。道光四年直隸案。

咬傷胞叔，正餘限外因風身死，依毆傷本罪期功尊屬。若毆傷本罪止應徒流者，既在餘限之外因傷斃命例，擬絞監候。道光六年山東案。

毆緦麻尊屬，餘限內因風身死，比照毆傷緦麻尊屬餘限外身死，按其所毆傷罪在徒流以下，於斬候本罪上減一等例，問擬滿流，仍追埋葬銀二十兩。道光十年直隸案。

刃傷功兄，正餘限外因風身死，比照毆小功尊長。若係折傷，本罪止應徒流者，既在餘限之外因傷斃命例，擬絞監候。道光十二年廣東案。

疑賊亂毆小功兄身死，照亂毆不知先後輕重罪，坐初鬬例，依毆小功兄律，擬斬，夾簽聲請。道光十四年浙江司説帖。

聽從功兄毆傷緦麻兄成篤身死，改依聽從下手毆死緦麻尊長之案，依律減等，擬流例科斷。道光十三年浙江司説帖。

因姦致死出嫁胞姪女，比照毆殺同堂弟妹律，問擬滿流。道光十六年湖廣司説帖。

瞥見父被毆斃，即時毆死功兄，按律酌減二等，擬以滿徒。道光十四年通行。

口角微嫌，用斧砍傷緦麻兄身死，依卑幼毆本宗緦麻服兄死者斬律，擬斬監候，秋後處決。同治九年安徽司説帖。

（清）席裕福《清朝政典類纂》卷四〇二《刑三十四·刑律鬭毆·毆妻前夫之子》　凡毆妻前夫之子者，謂先曾同居今不同居者，其毆傷折傷，減凡人一等。同居者，又減一等，至死者，絞監候。若毆繼父者，亦謂先曾同居今不同居者，杖六十徒一年。折傷以上，加凡鬭傷一等，同居者，又加一等。至篤疾，罪止杖一百，流三千里，不加於死，仍給財産一半養贍。至死者，斬監候。其故殺及自來不曾同居者，不問父毆子、子毆父，各以凡人論。

刑案

毆死前夫之子妻是居喪改嫁，依毆妻前夫子同居者至死絞律，擬絞監候。嘉慶二十年浙江司説帖。

夫故殺妾并毆死妾前夫之女，比照毆妻前夫之子至死律科斷。嘉慶二十一年貴州案。

觸犯恩義并重之義父自盡，照義子過房在十五歲以下恩養年久，若於義父有犯，即同子孫取問律。如子孫不孝致父母自盡之案，審有觸忤干犯，例擬斬立決。道光七年河南案。

殺死妻前夫之幼女二命，依故殺妻前夫之子以凡人論，照例擬斬立決。同治十年安徽司説帖。

（清）席裕福《清朝政典類纂》卷四〇二《刑三十四·刑律鬭毆·毆期親尊長》　凡弟妹毆同胞兄姊者，杖九十，徒二年半，傷者杖一百，徒三年，折傷者，杖一百，流三千里，刃傷不論輕重。及折肢若瞎其一目者，絞。以上各依首從法。死者，不分首從皆斬。若姪毆伯叔父母姑是期親尊屬，及外孫毆外祖父母服雖小功，其恩義與期親並重，各加毆兄姊罪一等。加者不至於絞，如刃傷折肢瞎目者亦絞，至死者亦皆斬，其過失殺傷者，各減本殺傷兄姊及伯叔父母姑外祖父母罪二等；不在收贖之限。故殺者，皆不分首從凌遲處死。若卑幼與外人謀故殺親屬者，外人造意下手從而加功不加功，各依凡人本律科罪，不在皆斬皆凌遲之限。其期親兄姊毆殺弟妹及伯叔姑毆殺姪并姪孫，若外祖父母毆殺外孫者，杖一百徒三年，故殺者杖一百流二千里，篤疾至折傷以下俱勿論，過失殺者各勿論。

條例

一、凡卑幼誤傷尊長至死，罪干斬決，審非逞凶，干犯仍准敘明，可原情節，夾簽請旨。其有本犯父母因而自戕殞命者，俱改擬絞決，毋庸量請末減。謹案此條乾隆十八年定。一、凡卑幼毆期親尊長，執有刀刃趕殺情狀凶惡者，雖未傷，依律發近邊充軍。謹案此條乾隆八年改定。一、期親弟妹毆死兄姊之案，如死者淫惡蔑倫，復毆詈父母，經父母喝令毆斃者，定案時仍照律擬罪。法司覈擬時，照王仲貴之案，隨本改擬杖一百，流三千里，請旨定奪。其毆斃罪犯應死兄姊與王仲貴案内情節未符者，仍照毆死尊長情輕之例，照律擬罪，夾簽聲明，不得濫引此例。謹案此條嘉慶五年遵旨定例。一、期親卑幼毆傷伯叔等尊屬，審係父母被伯叔父母姑外祖父母毆打，情切救護者，照律擬以杖一百，流二千里，刑部夾簽聲明量減一等，奏請定奪。謹案此條嘉慶六年修改。一、期親尊長因争奪弟姪財産官職，及平素讎隙不睦，有意執持凶器故殺弟姪者，如被殺弟姪年在十一歲以上，將故殺之尊長擬絞監候，仍斷給財産一半與被殺之家養贍。若弟姪年在十歲以下幼小無知，尊長因圖占財産官職挾嫌慘殺毒斃者，悉依凡人謀故殺律，擬斬監候。如無争奪挾讎情節，無論年歲，仍照本律定擬。謹案此條嘉慶六年修併改定。一、凡故殺期親弟妹，照故殺大功弟妹律，均擬絞監候。其毆期親弟妹至死者，照本律滿徒加一等，杖一百、流二千里。謹案此條乾隆元年定。一、内外有服尊長、尊屬毆卑幼之案，如由卑幼觸犯依理訓責，及因事互毆邂逅致成篤疾者，期親尊長、尊屬及外祖父母照律勿論，大功以下尊長尊屬照律減科，仍斷給財産一半養贍。若卑幼並無干犯尊長，挾有嫌隙非理毒毆故殘卑幼至篤疾者，期親兄姊及功服尊長、尊屬俱杖一百徒三年，期親伯叔姑、外祖父母杖九十徒二年半，緦麻尊長、尊屬杖一百，流二千里，不准照律科斷，仍均斷給財産一半養贍。謹案此條嘉慶六年修併。一、凡僧俱以凡論。本宗外姻尊長卑幼殺傷出家之親屬，仍各依服制科斷。道士、女冠、喇嘛有犯，一例辦理。謹案此條嘉慶六年增定。一、期親尊長與卑幼爭姦互鬭，卑幼將尊長刃傷及折肢，罪干立決者，除卑幼依律問擬外，將爭姦肇釁之尊長杖一百、流二千里。如非爭姦，仍各依律例本條科斷。謹案此條乾隆五十八年遵旨議定。一、期親以下有服尊長殺

死有罪卑幼之案，如卑幼罪犯應死者，爲首之尊長俱照擅殺應死罪人律，杖一百。聽從下手之犯，無論尊長凡人，各杖九十。其罪不至死之卑幼，果係積慣匪徒、怙惡不悛，人所共知，確有證據，尊長因玷辱祖宗起見忿激致斃者，無論謀故，爲首之尊長悉按服制，於毆殺卑幼各本律本例上減一等。聽從下手之犯，無論尊長凡人，各依餘人律杖一百。若卑幼並無爲匪確證，尊長假托公忿報復私讎，或一時一事尚非怙惡不悛情節，慘忍致死，並本犯有至親服屬並未起意致死，被疎遠親屬起意致死者，如有祖父母、父母者，期親以下親屬以疎遠論。雖無祖父母、父母，尚有期親服屬者，功緦以下疎遠論。餘倣此。均照謀故毆殺卑幼本律本例定擬，不得濫引此例。謹案此條嘉慶六年修改，十九年復奉頒修。一、卑幼如因事爭鬭，有心施放鳥槍竹銃致傷期親尊長尊屬及外祖父母者，照刃傷例，問擬絞決。若非有心干犯，或係誤傷及情有可憫者，擬絞監候。謹案此條道光二十五年續纂。一、毆傷期親尊長尊屬及外祖父母，正餘限内身死者，照舊辦理。其在餘限外身死之案，如係金刃致傷，並以手足他物毆至折肢瞎目者，仍依傷罪本律，問擬絞決。訊非有心干犯，或係誤傷及情有可憫者，俱擬絞監候。若係折傷，並手足他物毆傷，本罪止應徒流者，既在餘限之外因傷斃命，均擬絞監候，秋審時統歸服制册内，擬入情實。其刃傷並折肢瞎目傷而未死之案，如釁起挾嫌有心致傷者，依律問擬絞決。若訊非有心干犯，或係誤傷及情有可憫者，俱擬絞監候，均毋庸夾簽聲請。謹案此條嘉慶十一年修併，咸豐二年由毆大功以下尊長門分出移改。一、期親卑幼聽從尊長主使共毆以次尊長尊屬致死之案，訊係迫於尊長威嚇，勉從下手邂逅致死者，仍照本律問擬斬決。法司覈擬時，夾簽聲請，恭候欽定。不得將下手傷輕之犯，止科傷罪。如尊長僅令毆打，輒行疊毆多傷至死者，即照本律問擬，不准聲請。謹案此條道光十五年續纂，同治九年修改。

事例

雍正七年諭：廉喜以争路細事先毆胞兄廉美，則强悍無禮可知。廉美因力不能敵，呼子廉大羣相助。廉喜復以木叉毆打廉大羣，廉大羣以木軸抵格，遂傷伊叔之命，則事出倉猝無心誤傷可知。即廉喜之妻亦供稱並無讎隙圖産等情。且廉美已監禁病故，廉大羣著改爲應斬監候，秋後處決。又諭：弟致親兄於死，若無可原之情，則當按律正法，不應減等發遣。今包普照淫凶蔑倫，怙惡無賴，爲通族鄰里共惡，伊弟包禄年方十六，聽從堂兄包佛保指使，其情實可矜原。況包佛保已死，該部將包禄擬照該督所題發遣黑龍江與披甲人爲奴，情罪不符，包禄著以枷責完結。乾隆五十七年諭：刑部議覆安徽省民人程光鋸毆死胞弟程南運並弟媳汪氏二命，問擬斬決一本，已照簽發下矣。程光鋸因胞弟程南運不允借錢，蓄意謀殺，前赴程南運家内，攜取柴斧，先將弟婦汪氏砍斃，復將胞弟程南運連砍殞命。挾嫌逞忿，實爲殘忍已極。該犯因借錢細故，殺死胞弟、弟婦二命，該部照平人科斷，依殺一家非死罪二人問擬斬決。其罪已無可復加，覈其情節與前日四川省陳啓賢、陳啓才殺死胞叔陳公奇並胞叔之妾陳王氏一案，情罪相似。陳啓賢等二犯子嗣已令該督查明年已及歲者，永遠監禁，今程光鋸子嗣亦應照此辦理。但此等罔顧倫常逞凶殘殺二命之犯，若將其子嗣永遠監禁，轉得安坐囹圄，尚不足以示儆。所有此案，程光鋸之子並前次四川省陳啓賢、陳啓才子嗣，俱置發往黑龍江給兵丁爲奴，以飭倫紀而儆凶頑。嗣後似此情節殘忍者，俱照此酌覈辦理。嘉慶五年直隸總督審題王仲貴聽從伊父王尚才主使毆傷胞兄王仲香身死一案，照例擬斬立決，夾簽聲明，奉旨刑部題覆。直隸省民人王仲貴毆傷胞兄王仲香身死一案，聲明倫紀攸關，將王仲貴依律擬斬立決。細閲本内情節，王仲香調戲伊弟妻張氏，欲圖强姦，已屬亂倫傷化。迨經伊父王尚才斥詈不服，將伊父揪倒欲毆，尤屬目無倫紀。及伊父王尚才忿極，喝令王仲貴毆打王仲香，無奈，隨用石毆傷王仲香額頭殞命。是王仲香淫凶殘忍種種蔑倫所犯應死之罪不一而足。及王尚才喝令王仲貴毆打伊兄，復經王仲貴代爲央求，尚有不忍致死其兄之心。因王尚才不允，王仲貴始用石毆傷致斃，迥非逞凶干犯，乃刑部照原題於奉父命毆死蔑倫之兄者，仍依弟毆兄本律擬斬立決，並聲明倫紀攸關，措詞不當，殊失情理之平，且與維持風化之義未協。所有王仲貴一犯，著即改爲杖一百流三千里，不必再交九卿覈議。嗣後遇有此等死者自犯蔑倫之案，著刑部覈議，奏明請旨著爲令。九年奏准：嗣後凡卑幼毆打期功尊長，屬下人毆打本管官，奴婢毆打家長，傷而未死，凶犯脱逃者，令該督撫詳核按案。如拿獲之日罪應斬絞軍流者，即將承緝官照尋常命案緝凶例，按限查參照例議處限緝。二十五年諭：成格奏審辦逆倫重犯一摺。此案王步雲因胞弟王步義酗酒滋事不服勸誡，

肆言詈罵，起意勸斃，向王步義之子王承彩相商，王承彩聽從幫同拏按。該撫於審明後業經恭請王命，將王承彩淩遲處死，王步雲依律擬絞監候。核其情節，王步雲起意致死伊弟，若與他人同謀，則故殺期親弟妹，罪止絞候。該犯與子謀父，既斃其姪以淩遲重罪，情殊凶惡，王步雲著即行絞決。嗣後遇有案情如此者，俱照此例辦理。道光二年奏准：嗣後凡毆死期功尊長之案，應否夾簽，總以是否有心干犯爲斷。如卑幼寔係被毆情急抵格，無心適傷者，承審各官務須嚴訊明確，詳敘供招。該督撫於案內敘明係抵格無心致傷，並非有心干犯字樣，刑部即行核議，夾簽聲請。若與尊長互相爭毆，卑幼係有心毆打以致斃命者，亦於供招内將爭毆情形並有心干犯之處詳細敘明，刑部仍按律擬以斬決。總不得僅以抵格、抵戳一字之岐，含混聲敘，致啓高下之弊。四年奏准：嗣後期親卑幼聽從尊長主使，共毆以次尊長尊屬之案，無論下手輕重，悉照本律問擬斬決。法司核擬時，夾簽聲請恭候欽定。不得將下手傷輕之犯止科傷罪，以符定例而重倫紀。九年諭：嗣後卑幼毆傷期功尊長致死罪，干斬決之案，除係救親情切及毆死罪犯應死之尊長，仍俱照例夾簽聲請外，如尋常與尊長相毆致死之案，必係實在被毆情急抵格適傷情可矜憫者，方准聲明並非有心干犯字樣。若傷多且重。雖被尊長疊毆抵格，即係互毆，按律擬以斬決。庶矜恤之中，不廢明刑弼教之意。十三年議准：查卑幼毆死期功尊長，於倫常大有關係。承審承轉各員，自未便聽其任意增減情節，致涉含混。應請嗣後遇有夾簽，將並非有心干犯之處聲敘未確，經刑部改正具題隨本附參，即將承審承轉各員，照斬絞人犯不能審出實情例，分別議處。又議准：嗣後回民並豫省南陽、汝寍、陳州、光州四府州所屬州縣，及安徽潁州府屬等處凶徒，遇有結夥行毆之案，除所毆係屬尊長，仍就服制中殺傷尊長，及回民並潁州府屬等處凶徒結夥共毆之例相比，從其重者論外，若所毆係屬卑幼，即各按服制，于回民並潁州府屬等處凶徒結夥共毆各本例上，依次遞減一等科斷。其有卑幼觸犯依例訓責者，仍分別服制各本例定擬，不得概援結夥共毆之例。又奏准：嗣後卑幼毆死期功尊長之案，務令承審各員研究確情，按律定擬。仍將是否有心干犯之處詳細聲明，不准稍涉含混。其有聲敘未確，經刑部核覆時改正具題，即將承審審轉各員隨本附參，交吏部分別從重議處。咸豐七年議准：嗣後聽從尊長毆死期親尊長、尊屬之案，除迫於尊長威嚇，下手傷輕邂逅致死者，仍夾簽聲明。暨死者，罪犯應死，及淫惡蔑倫並救親情切，仍照本例夾簽外，餘如所奏尊長僅令毆打，輒迭毆多傷至死者，即照本律問擬，不准聲請。八年奏准：嗣後致斃一命復致斃期功尊屬尊長之案，除另斃之命律不應抵，或例得隨本減流，並誤殺、擅殺、戲殺毆死妻及卑幼，暨秋審應入可矜等項，及例内指明被殺之尊屬、尊長罪犯應死，淫惡蔑倫，並救親情切聽從尊長主使毆斃，仍准歸入服制擬罪，將可原情節夾簽聲敘外，其餘另犯謀故鬭殺，復致斃期功尊屬尊長，雖係誤殺情輕，亦不准夾簽聲請，以重倫常。又瘋病致斃平人之案。除連殺非一家三命以上及致死一家二命，仍照例擬絞，入于情實辦理外，其致斃平人非一家二命者，秋審入于緩決辦理。至因瘋致斃期功尊長、尊屬一命，復另斃平人一命，乃准照例夾簽。倘另斃平人二命，無論是否一家，俱照致斃期功尊長尊屬本律，擬斬立決，毋庸夾簽聲請。

刑案

兄先被弟砍傷，奪刀戳斃弟命，其弟已罪犯應死，依毆死弟流罪上量減擬徒。若弟止理曲先毆其兄，將弟毆斃，仍依律擬流。嘉慶元年河南案。

兄竊弟物，弟見拉奪推跌碰傷，致兄羞愧自盡，依毆傷兄徒罪上加等，擬流。嘉慶元年廣西案。

毆死胞弟擬流，不斷財産。嘉慶元年山東案。

活埋爲匪胞妹，係求免寢息，後因畏其扳害致斃，爲玷辱祖宗起見，仍照謀殺本律斷擬。嘉慶五年四川案。

向胞兄索欠，咬傷伊兄手腕，迨同跌在地，經母囑勸扒起，致磕傷胞兄臍肚殞命，依律斬決。嘉慶十二年江蘇案。

聽從伊父擦瞎胞兄兩目，依爲從減等，擬流。嘉慶十六年浙江案。

弟兄二人因護母毆死胞兄，均擬斬決，俱照例夾簽。嘉慶十六年福建案。

因用湯火致死胞兄，照折傷律，擬流。嘉慶十七年安徽案。

受雇爲人胞兄傷殘圖賴，因傷致死，下手之人依爲從減等擬流，原謀依例斬決。嘉慶二十一年陝西案。

因胞兄被大功服兄按倒負疼喊救，上前趨勸，亦被疊毆，情急順用木柱抵格，因傷致斃，尚非有心干犯，援例夾簽。嘉慶二十二年浙江案。

因期親伯母與人通姦被斥被毆，將伯母故殺，釁起並非捉姦，未便援照夾簽。惟殺由義忿，情尚可矜，於後尾聲請。嘉慶二十四年山西案。

因小功堂兄賒欠煙錢未償，欲將所賣公共樹錢扣還未允，致被疊毆，情急用拳嚇毆，適傷致斃，依例擬以解決，夾簽聲請。道光二年安徽案。

聽從伊弟糾毆長兄並未下手，比照執有刀刃趕殺凶惡未傷例，擬軍。道光四年貴州案。

被堂兄嚇逼，聽從殮埋伊胞叔尸身，并非焚尸滅跡，比例照期親尊長被殺卑幼私和律，爲從減等擬徒。道光四年福建案。

毆期親尊長，餘限內因風身死，仍照餘限外因傷身死例，絞候。道光四年山東案。

因瘋刃傷期親尊長，照金刃誤傷例，絞候。道光七年山東案。

母被胞叔賣休之妻威逼自盡，私忿仇殺，雖投案自首，照謀殺本律問擬。道光十年山西案。

小功堂叔黑夜行竊，疑賊追捕，用斧砍傷致斃外，照犯時不知律以凡論擬徒，駁令另審案擬。道光十年陝西案。

聽從父命捆縛胞兄，致兄被父毆死，因其覓人往勸並未在場，依弟毆兄律，擬流。嘉慶十七年四川案。

與人雞姦被胞弟撞見詈罵，並向伊母告，知因姦情敗露無顔爲人，聽從姦夫將弟謀死，實屬義絶情慘，照凡人謀殺加功律，絞候。嘉慶十七年陝西司說帖。

圖產謀毒胞叔幼孫未傷，悮毒叔孀傷而未死，比照毆期親尊長律，杖一百、流二千里。嘉慶十八年山東案。

胞叔、胞兄勸令卑幼賣妻圖分財禮不遂，謀殺卑幼死者年已十九，起意之胞叔比照因争奪財産故殺弟姪例，擬絞。聽從之胞兄於故殺弟姪例上減等，滿流。嘉慶十八年湖北案。

聽從胞弟謀毆胞兄致斃，雖係徒手，並未下手幫毆，弟挾嫌毆助毆勢已有逞凶情狀，比照卑幼毆期親尊長執有刀刃趕殺情狀凶惡雖未傷例，發近邊充軍。嘉慶十九年貴州案。

因叔撲毆伊兄上前攔勸，誤傷胞叔臂膊，嗣叔被兄毆死，律應不分首從，皆斬。該犯並非逞凶干犯，照例夾簽。嘉慶二十一年四川案。

聽從母命活埋胞兄身死，伊兄固屬淫惡逆倫，惟係與謀殺王仲貴之案不符，不准減流，止准夾簽聲請。嘉慶二十二年山西案。

聽從母命活埋推跌伊母并强姦兄妻已成，胞兄與王仲貴之案不符，止准夾簽。嘉慶二十二年山西司說帖。

手執槍頭在地挖菜，見期親伯母與伊兄揪毆，攏勸致槍頭劃傷伯母，嗣伯母將伊胸衣揪住撞頭拼命，該犯失足仰跌溝內，致伯母帶跌撲壓身上，被槍頭戳傷臍肚殞命，事鬭毆，照律斬決。嘉慶二十二年安徽案。

出嫁胞姊因弟屢向訛詐擾詈，囑夫捆縛致弟凍死，於毆死降大功弟擬流律上量減滿徒。嘉慶二十二年山東案。

挾嫌主令次姪刃傷長姪成廢，比照卑幼並無干犯挾嫌毒毆至篤疾者，期親伯叔徒二年半例上減一等，徒二年。嘉慶二十二年陝西案。

聽從伊父主使，用鐵尺毆傷胞叔平復，應照凶器傷人爲從擬徒，仍按服制遞加，擬軍。嘉慶二十三年直隸案。

聽從伊父毆死嗜酒游蕩、屢經訓誨不悛、復恃醉頂撞伊父之弟，於毆死親弟流罪上量減，滿徒。嘉慶二十三年直隸案。

聽從胞叔謀死胞弟，應照爲從加功之尊長按服制減一等例。於故殺親弟絞候上減等，擬流。嘉慶二十五年雲南案。

黑夜見人偷伊地瓜，用棍向毆，聞喊始知胞兄，畏懼回家躲避。嗣兄趕回尋毆，情急用刀抵格致斃，照律斬決，援例夾簽。道光元年福建司說帖。

因兄與母奪扒，伊母喊救，情急趨攏拉扒，適傷伊兄身死，止准夾簽，不准隨案減流。道光三年廣東案。

被父母嚇逼謀殺期兄妹，例無夾簽明文。歷來成案如死係毆詈父母，罪犯應死，兄妹援引毆死期功尊長情可矜憫例，夾簽聲明。如死者並非罪犯應死，止於稿內將聽從下手不忍致死，情節量爲聲敘內閣，標擬雙簽。道光四年河南司說帖。

兩弟各自毆傷胞兄後，兄因醉跌傷斃命，各依本毆傷法各科各罪，不得再分首從。道光五年貴州案。

放銃誤傷胞伯，傷痊後因患病身死，照竹銃傷人本律，按服制遞加科罪。道光七年四川司說帖。

用銃嚇放胞兄之妻及誤傷胞兄平復，照火器傷人軍罪上按服制遞加四

等，發新疆，仍照章程改發雲貴兩廣。道光九年湖廣司說帖。

與弟口角爭毆，致被砍傷右手，奪刀回砍倒地。復因嫚罵，起意殺死，與擅殺罪應死卑幼不同，應於故殺親弟例上量減，擬流。道光十三年四川案。

誤傷胞兄成廢，并非有心干犯，比照刃傷期親尊長係誤傷例，擬絞監候。道光十三年貴州案。

圖賣嫂與姪女，謀殺胞兄，依謀殺期親尊長已殺者淩遲處死律問擬。同治十二年安徽司說帖。

挾嫌謀殺期親嬸母大功堂弟一家二命，依律問擬淩遲處死，仍梟示，免斷財產。光緒三年直隸案。

共毆殺緦期功尊長一家二命，後下手傷重，依姪毆伯至死者斬律加擬梟示，照例刺字。光緒六年四川案。

圖產謀殺出繼胞兄身死，並在監毆死幫凶，依律問擬斬決，刺字酌加梟示。光緒十一年直隸案。

（清）席裕福《清朝政典類纂》卷四〇二《刑三十四・刑律鬬毆・毆祖父母父母》 凡子孫毆祖父母、父母，及妻妾毆夫之祖父母、父母，皆斬；殺者，皆淩遲處死。其爲從有服屬不同者，自依各條服制科斷。過失殺者，杖一百，流三千里。傷者，杖一百，徒三年，俱不在收贖之例。其子孫違犯教令，而祖父母父母不依法決罰，而橫加毆打，非理毆殺者，杖一百。故殺者，無違犯教令之罪爲故殺。杖六十徒一年。嫡繼慈養母殺者，終與親母有間，毆殺，故殺，各加一等，致令絕嗣者，毆殺故殺絞監候。若祖父母父母、嫡繼慈養母非理毆子孫之婦，此婦字，乞養者同。及乞養異姓子孫，折傷以下無論，致令廢疾者，杖八十，篤疾者加一等，子孫之婦及乞養子孫，並令歸宗。子孫之婦篤疾者，追還初歸嫁粧，仍給養贍銀一十兩。乞養子孫篤疾者，撥付合得所分財產養贍，不在給財產一半之限。如無財產，亦量照子孫之婦給銀。至死者，各杖一百，徒三年。故殺者，各杖一百，流二千里。其非理毆子孫之妾，各減毆婦罪二等，不在歸宗追給嫁粧贍銀之限。其子孫毆罵祖父母父母，及妻妾毆罵夫之祖父母父母，而祖父母父母、夫之祖父母父母，因其有罪毆殺之，若違犯教令而依法決罰邂逅致死及過失殺者，各勿論。

條例

一、繼母告子不孝，及伯叔父母兄姊、伯叔祖同堂伯叔父母兄姊奏告弟姪人等打罵者，俱行拘。四鄰親族人等審勘是實，依律問斷。若有誣枉，即與辯理。果有顯跡傷痕輸情服罪者，不必行勘。謹案此條係原例。

一、凡義子過房在十五歲以下恩養年久或十六歲以上，曾分有財產配有室家，若於義父母及義父之祖父母父母有犯毆罵、侵盜、恐嚇、欺詐、誣告等情，即同子孫取問如律。若義父母及義父之祖父母父母毆故殺傷義子者，並以毆故殺傷乞養異姓子孫論。若過房雖在十五以下恩養未久或在十六以上，不曾分有財產、配有室家，有違犯及殺傷者，並以雇工論。義子之婦亦依前擬歲數，照本例科斷。其義子後因本宗絕嗣有故歸宗，而義父母與義父之祖父母父母無義絕之狀，原分家產，原配妻室不曾拘留。遇有違犯，仍以雇工人論。若犯義絕及奪其財產妻室，並同凡人論。義絕如毆義子致篤疾，當令歸宗及有故歸宗而奪其財產妻室，亦義絕也。義父之期親尊長并外祖父母，如義子違犯及殺傷義子者，不論過房年歲，並以雇工人論，義絕者以凡論。其餘親屬不分義絕與否，並同凡人論。謹案此條嘉慶六年修改。

一、凡本宗爲人後者之子孫，於本生親屬孝服，祇論所後宗支親屬服制。如於本生親屬有犯，俱照所後服制定擬。其異姓義子與伊所生子孫爲本生父母親屬，孝服亦俱不准降等。各項有犯，仍照本宗服制科罪。謹案此條乾隆二年定。一、凡嫡母毆故殺庶生之子繼母、毆故殺前妻之子，審係平日撫如己出而其子不孝，經官訊驗有據，即照父母毆故殺子孫律，分別擬以杖徒，不必援照嫡繼母加親母一等之律。如伊子本無違犯教令，而嫡母繼母非理毆殺故殺者，除其夫現有子嗣仍依律加等定擬外，若現在並無子嗣，俱照律擬絞監候，聽伊夫另行婚娶。係毆殺者，嫡母、繼母俱擬緩決。如係故殺者，嫡母入於緩決，繼母入於情實。至嫡母、繼母爲己子圖占財產官職故殺庶生及前妻之子者，俱擬絞監候。嫡母入於緩決，繼母入於情實。應入緩決者，永遠監禁，應入情實者，如蒙恩免勾，仍行永遠監禁，遇赦俱不准減等。謹案此條嘉慶六年增定。一、爲人後及女之出嫁者，如於本生祖父母、父母有犯，仍照毆祖父母、父母律定罪。其伯叔兄姊以下，均依律服圖降一等科罪。尊長殺傷卑幼同。謹案此條乾隆二十四年定，及女之出嫁五字三十二年增。一、凡子孫毆祖父母父母案件，審無別情，無論傷之輕重，即行奏請決。如其祖父母、父母因傷身死，將該犯剉尸示衆。

謹案此條係乾隆四十八年遵旨定例。 一、子婦毆斃翁姑之案，如犯夫有匿報賄和情事，擬絞立決。其僅止不能管教其妻實無別情者，將犯夫於犯婦凌遲處所，先重責四十板，看視伊妻受刑後，於犯事地方枷號一月，滿日仍重責四十板發落。謹案此條嘉慶十五年遵旨定例 一、子婦拒姦毆傷伊翁之案，審明實係猝遭强暴，情急勢危，倉猝捍拒，或伊翁到官供認不諱，或親串鄰佑指出素日淫惡實跡，或同室之人確有見聞，證據毫無疑義者，仍依毆夫之父母本律定擬。刑部覈覆時，恭録刑傑案內，諭旨將應否免罪釋放之處，奏請定奪。儻係有心干犯，事後裝點捏飾並無確切證據，不得濫引此例。謹案此條嘉慶十七年遵旨議定。 一、因姦將子致死滅口者，無論是否起意，如係親母，擬絞監候，不論現在有無子嗣，入於緩決，永遠監禁。若係嫡母，擬絞監候，繼母、嗣母擬斬監候。查明其夫只此一子致令絶嗣者，俱入於秋審。情實若未致絶嗣者，入於緩決，永遠監禁。至姑因姦將媳致死滅口者，如係親姑、嫡姑，擬絞監候；若係繼姑，擬斬監候，均入於緩決，永遠監禁。姦夫仍各分别造意，加功照律治罪。謹案此條乾隆五十六年改定，嘉慶六年修併，十九年、道光五年修改。 一、子孫過失殺祖父母、父母，及子孫之婦過失殺夫之祖父母、父母者，俱擬絞立決。謹案此條乾隆二十八年定，道光二十五年修改。 一、子孫誤傷祖父母、父母致死，律應凌遲處死者，仍照本律定擬，援引白鵬鶴案内欽奉諭旨，及隴阿候案内欽奉諭旨，恭候欽定。其誤傷祖父母、父母律應斬決者，仍照本律定擬，援引樊魁案内欽奉諭旨，恭候欽定。至誤殺誤傷夫之祖父母、父母者，亦照此例辦理。謹案此條道光五年續纂。 一、子婦拒姦毆斃伊翁之案，如果實係猝遭强暴、情急勢危、倉猝捍拒、確有證據毫無疑義者，仍照毆夫之父母本律定擬。刑部覈覆時，援引林謝氏成案，將可否改爲斬監候之處，奏請定奪。若係有心干犯，事後粧點捏飾並無確切證據，或設計誘陷伊翁因而致死，及事後毆斃並非倉猝捍拒致死者，仍照本律定擬，不得濫引此例。謹案此條道光十年續纂。

事例

雍正六年諭： 此本内引雍正元年馬洪望救父毆死馬兆六，將馬洪望減等一案所降諭旨，嗣後人命案内有此等情由可矜者，仍援例兩請等語。當年降旨時，原有再或有子之人與人角口，故意令伊子將人毆死者，豈可減等，此風斷不可長。著將朕旨全抄通行各督撫等語此數語應當全載本中，方與朕用法務期平允之意相符。今此本未將此旨全載，甚屬疏漏。又雍正五年曾降諭旨： 李紱審擬楊四毆死馬順一案，公然以楊四護父强引鄭雄護母之例，欲將楊四之罪寬宥，夫殺人者死律有明條，大臣惟當敘明情由，以待朕之酌量。若似李紱之枉法市恩，則是朕之法外施仁，偶然原情寬宥之處。臣工皆强爲比照，題請以濟其市恩，行惠卑鄙之私，而用法不得其平矣！此旨亦因護父護母而發，皆朕慎重刑罰，惟恐寬嚴失中之苦心。凡遇此等案件，該部及該督撫等應將前後旨意一併載入，則情理方爲周備，不至偏輕此本。著添寫具奏，並通行各省督撫，嗣後一體遵行。嘉慶七年諭： 晉昌奏審擬刑傑强姦子婦刑吴氏未成，被刑吴氏咬落唇皮，將刑吴氏照律擬斬，請旨定奪一摺。此案刑傑蔑倫行强，翁媳之義已絶。刑吴氏係屬婦女猝遭强暴情急咬落伊翁唇皮，其情節斷非裝點，與無故干犯尊長者迥别。刑吴氏應照律勿論，免其治罪。十一年奏准： 過失殺人非意料所及，在平人律得收贖。至子孫之於父祖，雖殺出無心，究由防備不謹所致，是以定例改擬絞決。其情可矜憫者，仍准夾簽聲明。惟是倫紀攸關，若因殺由過失遽得聲請減流，不惟婦女照律收贖竟得脱然無罪，即丁男問擬實發亦屬寬縱，且與服制情輕之案夾簽聲請，由立決改爲監候者辦理亦覺參差。應將例内聲請減流之處改爲擬絞監候，其妻妾過失殺夫、奴婢過失殺家長，亦照此辦理。十八年奉旨： 此案白鵬鶴因向伊嫂白葛氏借取燈油不給，出街嚷罵，白葛氏趕出門首理論。白鵬鶴拾取土塊向白葛氏擲毆，不期伊母白王氏出勸，以致誤傷殞命，刑部引子毆父母殺者凌遲處死律。又因鬭毆誤殺旁人，以鬭毆論律比擬，問以凌遲處死。核其情節，白鵬鶴遥擲土塊誤殺其母，非其思慮所及，與鬭毆誤殺者究屬有間，白鵬鶴著改爲斬立決。嗣後有案情似此者，即照此問擬。十九年諭： 董教增奏請審辦逆倫重犯，照舊例審明後，即在省垣正法，以昭慎重等語。此等逆倫重犯罪大惡極，向令其解回犯事地方正法者，原俾衆人觸目警心，共知畏懼。但其犯事之處或距省千餘里及數百里不等，輾轉遞解，疎脱堪虞。設中途病斃，轉得倖逃顯戮。嗣後審辦逆倫重犯，其距省三百里以内無江河阻隔者，仍押赴犯事地方正法。其距省三百里以外者，審明後即將該犯在省垣正法，首級解回犯事地方，梟示儆衆。二十一年刑部審

奏：樊魁用刀向伊弟樊沅嚇砍，經伊母樊王氏奪刀自行劃傷一案，將樊魁依子毆父母斬立決律，擬斬立決，具奏奉旨。此案樊魁因伊弟樊沅手取銅壺爭吵，經伊母王氏向樊沅訓斥不服，該犯聽聞斥罵樊沅趕出嚷鬧，該犯順用菜刃嚇砍，其母用右手將刀奪去。因刀刃向左，自行劃傷左肐肘。據伊母供稱，樊魁平日孝順，其傷由自劃，該犯並無忤逆情形。樊魁著改爲斬監候。道光二年諭：明山奏審擬誤傷祖母重犯一摺，此案隴阿候與余茂勝口角爭毆，誤傷祖母阿朝奶身死。該撫因例無專條，請依孫毆祖父母殺者律，淩遲處死。倫紀攸關，固當加重定擬。但誤傷究與毆殺者有間，朕准情酌理，隴阿候著改爲斬立決。嗣後遇有誤傷祖父母致死之案，即照此問擬。又諭嗣後遇有逆倫之案，該地方官務將要犯小心防範，解省審鞫，照例辦理，不准率行由縣杖斃，以彰憲典。又奏准嗣後姦婦致死伊媳滅口之案，係親、嫡姑，即照嫡母例擬監候；係繼姑，即照繼母例擬斬監候，均入於緩決，永遠監禁。十年陝西巡撫奏民婦林謝氏被伊翁林幗亨强姦不從將其莖物割落因傷身死，審將林謝氏依律淩遲處死。聲明林幗亨貪夜潛入該氏臥房拉褲强姦，該氏恐被姦污，情急拒毆，割落林幗亨莖物致斃，與無故逞凶干犯者不同，援引張氏薛傅氏伊爾要覺羅氏三案，奏請定奪。奉旨，林謝氏著改爲斬監候。十三年議准：查有服卑幼干犯尊長之案，罪名之重輕固多以服制之親疎爲准，而亦有不可概論者。如本生父母服止期年有犯，則與父母同科，外祖父母服止小功，有犯則與期親並論。誠以恩義重，故干犯之罪亦重，原不必盡拘乎服制也。至養母一項，其恩義與親母不甚懸殊。遇有干犯，自應依律，仍與親母一例科斷。

刑案

勒死年甫十一犯竊之子，依子孫違犯教令父母非理毆殺律，擬以滿杖。乾隆五十四年直隸司說帖。

已嫁之母故殺親生子，仍照親母故殺子律問擬。乾隆五十五年河南司說帖。

故殺前妻之女，依子孫違犯教令父母非理毆殺繼母加一等律，擬杖六十、徒一年，收贖。嘉慶十七年山西司說帖。

伊妻違犯教令，致母抱忿自盡，事後聽從妻兄匿報，雖無賄和情事，惟伊母之死究因不能管教其妻所致，照子婦毆斃翁姑犯夫賄和匿報絞決例上量減滿流。嘉慶二十年直隸司說帖。

用柳條毆責伊妻，因母上前遮護，致誤傷左腮頰，傷痕甚輕。嗣好因身體受寒失跌，喘發病劇殞命，死由於病，與白鵬鶴誤傷其母死由於傷者不同，照律斬決，奉旨改爲斬候。嘉慶二十二年直隸案。

有故歸宗之義孫毆傷義祖母平復，例無治罪明文，比依義子有故歸宗與義祖有犯以雇工人論，照雇工毆家長律，擬流。嘉慶二十二年直隸案。

因人按住伊父拾石欲毆，情急用刀向戳，誤傷伊父斃命，刀在手內，近在身旁，與白鵬鶴擲石不同。惟實非意料所及，情可矜憫照律淩遲，請旨改爲斬決。嘉慶二十三年四川案。

因子違犯糾同外人將子毆死，依子孫違犯教令非理毆殺律滿杖外，人用凶器幫毆係其父糾往，與凶徒有間，於凶器傷人例上量減，擬徒。嘉慶二十四年江蘇案。

因瘋殺父，被母當時砍死，究未明正典刑，仍應剉尸示衆。道光二年浙江案。

嗣子被逐歸宗，與嗣父母已屬義絶，後將嗣父母毆死，應按本宗有服無服，分别科斷。道光十年山東案。

養母服制雖改爲齊衰期服，遇有干犯，仍照親母問擬。道光十三年山東司說帖。

夫妻爭毆，用瓦壺向妻擲打，誤斃母命。正犯改爲斬決，其妻照不應重杖尸。弟聽從匿報，照卑幼私和律，擬徒。道光十三安徽案。

先被伊姑抑勒同陷邪淫不從，後自與人通姦，姑即貪利縱容，併逼伊往尋姦夫，索幫未遇被毆，奪刀砍傷伊姑身死，與無故逞凶不同，量減斬決。道光十三年陝西案。

救父誤斃其父，尸弟圖利匿報，照期親尊長被殺而卑幼私和律，加等問擬。道光十二年安徽司案。

將子媳毆死致父追捕自行觸傷，照非理毆殺子婦擬徒律，加等科斷。道光九年貴州案。

祖父謀殺子孫三命，從一科斷，照故殺子律，杖六十徒一年。道光十三年貴州案。

族姪聽從親父主使，毆死罪犯應死之子，比照期親尊長以下殺死卑幼

罪犯應死者，聽從下手之犯無論尊長凡人例，擬杖九十。道光十二年安徽司案。

凡人聽從親父主使，毆死行竊之子，照有服尊長殺死有罪卑幼聽從下手之犯無論尊長凡人各依餘人律，擬杖一百。道光十七年山西司案。

因添蓋房屋往拆舊料，繼祖母央緩未允，致使揢傷氣忿自盡，依逼迫期親尊長致死者絞監候大功以下遞減一等律，小功應減二等擬杖一百徒三年，仍追埋葬銀兩給付死者之家具領。同治十三年安徽司說帖。

（清）席裕福《清朝政典類纂》卷四〇二《刑三十四·刑律鬬毆·父祖被毆》 凡祖父母父母爲人所毆，子孫即時少遲，即以鬬毆論。救護而還毆行凶之人非折傷，勿論。至折傷以上，減凡鬬三等。雖篤疾，亦得減流三千里爲徒二年。至死者，依常律，若祖父母父母，爲人所殺，而子孫不告官，擅殺行凶人者，杖六十。其即時殺死者，勿論。少遲即以擅殺論。若與祖父母父母同謀共毆人，自依凡人首從法。又祖父母父母被有服親屬毆打，止宜救解，不得還毆。若還毆者，仍依服制科罪。父祖外其餘親屬人等，被人殺而擅殺行凶人，審無別項情故，依罪人本犯應死而擅殺律杖一百。

條例

一、人命案内如有祖父母、父母及夫被人毆打，實係事在危急，其子孫及妻救護情切，因而毆死人者，於疏内聲明，分別減等。援例兩請，候旨定奪。其或祖父母、父母及夫與人角口。主令子孫及妻將人毆打致死，或祖父母父母□夫先與人尋釁，其子孫及妻踵至助勢共毆斃命，俱仍照各本律科斷，不得援危急救護之例，概擬減等。謹案此條乾隆六十年奉旨增定。

一、祖父母、父母爲人所殺，凶犯當時脱逃未經到官，後被死者子孫撞遇殺死者，照擅殺應死罪人律，杖一百。其凶犯雖經到官擬抵，或於遇赦減等發配，後輒敢潛逃回籍致被死者子孫擅殺者，杖一百流三千里。若本犯擬抵後，援例減等問擬軍流遇赦釋回者，國法已伸，不當爲歸，如有子孫仍敢復讎殺害者，仍照謀故殺本律定擬，入於緩決，永遠監禁。至釋回之犯復向死者子孫尋釁爭鬧，或用言譏誚有心欺陵確有實據者，即屬怙惡不悛。死者子孫忿激難堪因而起意復仇致斃者，仍於謀故殺本律上減一等，擬以杖一百流三千里。謹案此條嘉慶六年修併，咸豐二年修改。

一、祖父母、父母被本宗緦麻尊長及外姻小功緦麻尊長毆打，實係事在危急，卑幼情切救護因而毆死尊長者，於疏内聲明，減爲杖一百、發邊遠充軍。照例兩請，候旨定奪。若並非事在危急，仍照律擬罪，秋審時核其情節，入於緩決。至父母被卑幼毆打，實係事在危急，救護情切，因而毆死卑幼罪應絞候者，於疏内聲明，減爲杖一百流三千里，候旨定奪。如毆殺卑幼罪不應抵者，各於毆殺卑幼本律上減一等，仍斷給財産一半養贍。若並非事在危急，仍照毆殺卑幼各本律問擬，均不得濫引此例。謹案此條嘉慶六年續纂，道光五年修改。

一、救親毆斃人命之案，除聽從父母主令將人毆死，或父母先與人尋釁助勢共毆，及理曲肇釁累父母被毆已復逞凶致斃人命者，雖死係犯親卑幼，父母業經受傷，應仍將凶犯各照本律定擬，不准聲請減等外，若無前項情節，確因救親起釁，如死者係犯親本宗外姻有服卑幼，先將尊長毆傷，其子目擊父母受傷情急救護，將其致斃，不論是否實係事在危急及有無互毆情形，定案時仍照本律定擬，援引孟傳冉案内欽奉諭旨聲明，照例兩請，候旨定奪。其並非犯親卑幼，及父母並未受傷之案，應仍分別是否事在危急，照例定擬。如案係謀故殺及火器殺人並死，係凶犯有服尊長，雖釁起救親，均仍各照本律問擬，不得援例聲請。謹案此條同治九年續纂。

事例

乾隆三十八年諭：昨據刑部題覆巴延三審擬李治國扎傷石通致死一案，以該犯救母情切，照例兩請減等，併聲明獨子家無次丁例得留養，覈其情節。李治國因伊母高氏被同母異父之石通拉走，擦傷手腕脊背，李治國恐母年老傷重，用刀嚇扎以致石通殞命，實係救母情急，已照議減等發落矣。例載救親情切一條，原因父母被人毆打勢在危急，伊子聞聲救護，實有迫不得已情狀，因致傷人，其情實有可原。是以向例准於疏内聲明，兩請候旨。若父母與人尋釁鬬毆，其子踵至，從而加功致斃人命，是父子逞凶共毆，並非情殷救護，豈可不嚴究實情照律論抵？若復巧爲援引開脱，竟使濟惡重犯倖逃法網，何以昭赦法之平？又獨子養親一條定例，必先查覈死者並非獨子，而凶犯實在家無次丁，方准聲請，然亦須覈其情節。本輕又毫無別故者，始可照例援請。至其中案情稍重，雖經聲請不准留養者，前經朕以此等尚非謀故重情常赦不原，曾降旨俟其拘繫經年，馴其桀驁之氣量爲末減，亦不必於定案時將命案正犯遽行開釋，是於明慎用

將凶犯各照本律定擬，不准聲請減等外，若並無前項情節確因救親起釁各案，如死者係犯親本宗外姻有服卑幼，先將尊長毆傷，其子目擊父母受傷情急救護將其致死，不論是否寔係事在危急及有無互毆情形，定案時仍照本律定擬，援引孟傳冉案內欽奉諭旨聲明，照例兩請候旨定奪。其並非犯親卑幼凶犯，因見父母受傷救護起釁者，不論傷痕多寡，是否互毆，俱照本律擬絞監候，秋審時酌入可矜。至父母並未受傷之案，應仍分別是否事在危急及傷痕多寡、有無互鬭，悉照定例及向辦章程定擬。如案係謀故殺及火器殺人者，雖釁起救親，均仍各照本律，不得援以爲例。

刑案

救父棍毆三傷併刀戳四傷致斃，如果情切救護、事在危急，均准隨疏聲請。嘉慶十七年貴州司説帖。

因兄被毆救護情切毆人致死，例無減等明文，仍照鬭殺問擬。嘉慶十七年江蘇案。

爲父復讎故殺已經留養凶犯，仍照故殺本律定擬，入於緩決，永遠監禁。嘉慶十九年貴州司案。

救父毆死人命並非事在危急，惟伊父因傷痛自盡，其情可憫，比照事在危急例請旨定奪，准其減流。嘉慶二十年安徽案。

父被緦兄毆傷見而救護，將緦兄重毆至死，父亦因傷殞命，比照救親事在危急毆死緦麻尊長例，擬軍，請旨定奪。嘉慶二十二年廣東司説帖。

黑夜救父犯時不知毆死緦尊，聲請減流。嘉慶二十二年直隸案。

爲父復仇謀殺已結，共毆伊父身死，案內餘人未便比照殺害正凶例辦理，應照本律例定擬，俟秋審時再行核辦。嘉慶二十三年直隸案。

爲父復讎砍死擬徒逃回餘人，與限滿釋回國法已伸者不同，依擅殺擬絞。嘉慶二十三年湖北案。

因父被無服叔祖夫妻毆跌倒地，趕救幇護毆死族叔祖夫妻二命，係事在倉卒，援照嘉慶十七年山東省朱幅之案，改爲絞候，秋審入實。道光元年湖北案。

因子被殺將凶犯尋獲毆死，依親屬人等被殺而擅殺行凶之人律注，擬以滿杖。道光二年雲南案。

因父被人拏按欲毆，情切救護毆人額顱傷輕，越十日因風身死。其救

刑之中更寓法外施仁之意。第恐愚民無知，恃有留養之例，凡係獨子動輒輕身鬭狠，易罹法網。是隨案辦理留養非惟無益而且害之，與其急於縱釋而民輕犯法，何如稍加慎重之轉得矜全乎？嗣後内外問刑衙門遇此兩項案情，務須確覈罪由，審酌至當，妥協辦理，毋得意存姑息，以副明允協中之意。將此通諭知之。嘉慶四年諭：刑部覈擬河南省郝和尚毆傷伊緦麻服叔郝太花身死一案，因該犯情切救母，並非逞凶干犯，於本内聲明請旨，内閣亦即票擬雙簽，並夾片聲敘。此案郝和尚因伊母郝徐氏與郝太花爭詈起釁，郝徐氏被郝太花推跌並用木楓向毆，郝和尚自應上前救護。但郝太花所持木楓業被郝和尚奪回，則郝太花已係徒手，並非事在危急。郝和尚乃又用木楓回毆，以致傷重殞命，自應照律定擬，又何得以救母情切，即照該撫原擬聲請減等，轉失平允。郝和尚著按例應斬監候，秋後處決，屆時入於緩決。嗣後遇有此等案情，皆應照例定擬，毋庸於本内聲明，内閣亦無庸再用夾片。十七年奉旨：此案朱幅因朱岱、朱欒然共毆伊母成傷倒地，攜刀趨救，扎傷朱岱、朱欒然，先後斃命。刑部議覆該撫原題以該犯後扎之朱欒然非因救護伊母，未經援例夾簽，請將朱幅照例毆死一家二命例，擬絞立決。所擬未爲平允。朱幅見伊母被毆倒地，持刀將朱岱扎傷者，朱欒然係邂逅相值趨護，朱岱亦被朱幅扎死，自不能援例末減。今細核案情，朱欒然係朱貸邀同偕往尋釁之人，朱岱用刀扎傷朱徐氏，朱欒然亦同時用繩鞭登毆朱徐氏成傷，朱幅聞喊趨救，刃傷朱岱。其時朱欒然復上前用繩鞭向朱幅毆打，朱幅向扎，致朱欒然亦被毆殞命。是朱岱、朱欒然本係同毆伊母之人，朱幅倉卒救護，爲知有所趨避，且朱岱、朱欒然均向朱幅撲打，朱幅回扎之傷俱左右腿，亦係臨時抵格，並非有心致死。朱幅一犯若置救母情節於不論，專以毆死一家二命本律擬絞立決，未免無所區別。朱幅著改爲絞監候，入於本年秋審情實。咸豐九年諭：山東情實招冊孟傳冉一犯，因朱勝溪乘醉尋釁，將其妻父即該犯之父孟毓峯扎傷，是死者已犯有服尊長。該犯因歸救護，將朱勝溪用槍扎傷致死，是其救父情切、事在危急，不得以金刃傷多且重入於情，寔孟傳冉着即照例減等，以昭平允。十一年奏准：嗣後救親致斃人命之案，除父母主令其子將人毆死，或先與人尋釁其子踵至助勢共毆斃命，或凶犯理曲肇釁累父母被毆已復逞凶斃命各項，雖死係犯親卑幼父母業經受傷，應仍

親情切，例得減流。今死係因風，自應累減流擬徒。道光五年廣東司說帖。

救父情切，凶器殺人例准聲請減流，仍應依凶器傷人例，擬軍。道光六年直隸案。

恩養年久之義母被人毆打，救護情切，毆死人命，照救護親母問擬。道光六年四川司說帖。

救父情切，順拏鳥槍嚇戳，以致震動火繩槍發斃命，應仍照擅行施放例定擬。雖情切救父，但火器傷人，向不准聲請減流。道光七年四川案。

救父情切凶器傷人，其父旋即身死，律內折傷以上減凡鬭三等係指其父僅止被毆者，而言今已因傷身死，自應予以勿論。道光七年奉天司說帖。

見父被毆倒地，情切救護，順放鳥槍中傷凶犯致斃，其父亦因傷越日殞命，按父爲人所殺而子擅殺行凶人罪止杖六十之律，係指其父先被毆死者而言，今伊父身死在後，與律未符比。依兩家並毆致死一命律，應擬抵之正凶被死者有服親屬毆死例，擬絞。道光七年湖北案。

父被人殺，其子畏凶私和隱忍，冀圖報讎。後隔年餘，殺死正凶，與棄親忘讎者不同，比照擅殺應死罪人例，杖一百。道光八年江蘇司說帖。

因父被人揪毆倒地，持刀趨護，戳死二命並非一家，從一科斷，擬絞。雖係救護情切，事犯在恩詔以前，惟速斃二命與聲請減等之例不符，止應改入秋審緩決。道光十年奉天說帖。

母被威逼自盡，將讎人謀殺自首，應仍照謀殺本律問擬。即謂痛親情切，祇可秋審時酌辦，不得牽引復讎擅殺諸條科斷。道光十年山西司說帖。

無服族人德從死者毆死在逃年餘之凶犯，應照擅殺罪人律，擬絞。道光十一年江西司說帖。

先因爭鬭戳傷緦麻服叔，逃走被追，伊母拉勸，被其推跌欲毆，救護戳斃緦叔，與專因救親起釁者不同，仍依毆緦麻尊屬至死律，斬候。道光十三年河南案。

爲父報仇，趕至解配中途殺擬絞減流之犯，照罪人不拒捕而擅殺律，擬絞監候。道光十四年四川案。

父被緦兄殺死，救父戳斃緦兄，比照父母爲緦麻尊長毆打實係事在危急，卑幼情切救護，因而毆死尊長者減爲杖一百發邊遠充軍例，量減滿徒。道光四年廣東案。

救母情切，扎傷無服族姪身死，依服盡親屬相毆至死以凡論鬭殺者絞律，擬絞監候。照例聲請，准其減滿。仍追埋葬銀二十兩，給付尸親具領。同治八年安徽司說帖。

（清）席裕福《清朝政典類纂》卷四〇七《刑三十九·刑律雜犯·閹割火者》

凡官民之家不得乞養他人之子閹割火者，惟王家用之。違者杖一百流三千里，其子給親。罪其僭分私割也。

條例

一、凡誆騙閹割之案訊，係和誘知情者，爲首發近邊充軍。若係設計略誘，訊明被誘之人並不知情，致被強勒閹割者，即照誘拐子女被誘之人不知情例，將爲首之犯擬絞監候，均將犯人財産一半斷給被傷之人養贍，爲從者各減一等。如略誘閹割因傷致死者，爲首擬斬監候。其有用藥餅及一切邪術迷拐閹割者，各依迷拐本例從重論。謹案此條咸豐三年修改。一、內務府並諸王貝勒等門上放出爲民之太監，除効力年久，本管本主保留外，不許仍留京城居住，違者將容留之人從重治罪。內務府總管、步軍統領、巡城御史，一併交部議處。如保留爲民之太監，有生事犯法者，將保留之人交部議處。謹案此條雍正七年定。

一、投充太監，聽其報明有司閹割後，即令其自行投報，總管內務府驗明送內當差，不必由該管州縣造册送部。謹案此條道光元年修改。一凡私自淨身人犯，審明委係負難度日別無他故者，照例令其自投內務府驗看，派撥當差。如有因傷致死者，將代倩下手之犯，照過失殺人律科斷。若係畏罪情急起意閹割，希圖漏免者，除實犯死罪及例應外遣無可再加外，餘俱按其原犯科條，各加一等定擬。其受雇代倩下手閹割之人，與犯人同罪。因而致死者，減鬭殺罪一等。謹案此條乾隆五十年定。一、新進太監由內務府驗明。年在十六歲以下並未娶有妻室者，交地方熟火兩處首領太監管教。其應學藝者，交各該處。首領太監各派年陳老成之人作爲本管太監，照管衣食，查其行止。如堪供策使告知總管太監等，分撥各處當差。有不安本分者，該本管太監告知總管太監等，交出，與年十六歲以上淨身投充之太監，均分給親王郡王府內，更換年十六歲以下者，送進該本管及首領太監。若不經心查看，率行分撥，經各該處查出該太監劣蹟，將本管及首領太監等交內務府治罪。各該王交進太監時，詳加審察，並著落同居

之太監出具切實甘結，一併交送。儻換進太監有踈忽弊混，將王府出結之太監治罪。謹案此條嘉慶十九年續纂，道光元年修改。

事例

乾隆四十一年諭：向例太監先由禮部報明記檔，再交内務府大臣驗看後，分派各處充役。近來報名者甚少，或因部中胥役需索，致伊等觀視不前，亦未可定。此例蓋沿明季舊習。本朝内廷諸務既由内務府大臣管轄，其收録太監一節，自應總歸内務府大臣畫一辦理，以專責成。嗣後太監報名，不必仍由禮部。五十年諭：向來刑部定律，凡有私自浄身人犯，俱問擬斬候。因念此等人犯大抵因貧所致，是以加恩釋放，發在熱河當差。現有太監王成一名，朕面加詢問，伊係直隸安肅縣民，原報十六歲，實年十三歲。前年因家中貧苦，父母爲之浄身，問擬斬罪，在縣監禁一年，上年始發至熱河當差。初次報縣時，該縣胥役因向伊父王二格需索，遂捏填王成年十五歲定擬詳報等語。此事經朕親問詢明，且看其身軀幼小，應對明白，實無虚飾。知縣爲親民之官，雖不至昧良舞弊，貪圖微利若此，此必胥役鄉約人等因私自浄身，有干例禁，希圖訛詐。又緣索詐不遂，爲之加增年歲以入其罪，並將伊父無辜久羈，聞之殊覺惻然。而該縣竟漫無覺察，任憑胥吏勒索捏報。種種弊混，亦難辭咎。著直隸總督順天府伊嚴飭各屬州縣，嗣後如有並無他故私自浄身者，准其投内務府派撥當差，照例驗看。如有他故，内務府大臣再行文問之，地方官不得竟拘其家屬，致滋擾累。儻有仍前需索滋擾者，即將該州縣等據實參處。其現因私自浄身，問擬斬候，已未報解併在監羈禁未經釋放者，亦著刑部同直隸總督查明，具奏釋放，解送内務府，分別派撥當差。

紀事

睡虎地秦墓竹簡整理小組《睡虎地秦墓竹簡・封診式・出子》 爰書：某里士（五）〔伍〕妻甲告曰：甲懷子六月矣，自晝與同里大女子丙鬭，甲與丙相捽，丙僨庌甲。里人公士丁救，別丙、甲。甲到室即病（復）〔腹〕痛，自宵子變出。今甲裹把子來詣自告，告丙。即令令史某往執丙。即診嬰兒男女、生髮及保之狀。（有）〔又〕令隸妾數字者，診甲前血出及癰狀。（有）〔又〕訊甲室人甲到室居處及（復）〔腹〕痛子出狀。丞乙爰書：令令史某、隸臣某診甲所詣子，已前以布巾裹，如（衄）〔衃〕血狀，大如手，不可（智）〔知〕子。即置盎水中榣（搖）之，（音）〔衃〕血子殹（也）。其頭、身、臂、手指、股以下到足、足指類人，而不可（智）〔知〕目、耳、鼻、男女。出水中（有）〔又〕（音）〔衃〕血狀。其一式曰：令隸妾數字者某某診甲，皆言甲前旁有乾血，今尚血出而少，非朔事殹（也）。某（賞）〔嘗〕懷子而變，其前及血出如甲□。

張家山二四七號漢墓竹簡整理小組《張家山漢墓竹簡・奏讞書》 十年七月辛卯朔甲寅，江陵餘、丞驁敢（潚）〔讞〕之。迺五月庚戌，校長池曰：士（五）〔伍〕軍告池曰：大奴武亡，見池亭西，西行。池以告，與求盜視追捕武。武格鬭，以劍傷視，視亦以劍傷武。今武曰：故軍奴，楚時去亡，降漢，書名數爲民，不當爲軍奴，視捕武，誠格鬭，以劍擊傷視，它如池。視曰：以軍告，與池追捕武，武以劍格鬭，擊傷視，視恐弗勝，誠以劍刺傷武而捕之，它如武。軍曰：武故軍奴，楚時亡，見池亭西。以武當復爲軍奴，即告池所，曰武軍奴，亡。告誠不審，它如池、武。詰武：武雖不當受軍（弩）〔奴〕，視以告捕武，武宜聽視而後與吏辯是不當狀，乃格鬭，以劍擊傷視，是賊傷人也，何解？武曰：自以非軍亡奴，毋罪，視捕武，心恚，誠以劍擊傷視，吏以爲即賊傷人，存吏當罪，毋解。詰視：武非罪人也，視捕，以劍傷武，何解？視曰：軍告武亡奴，亡奴罪當捕，以告捕武，武格鬭傷視，視恐弗勝，誠以劍刺傷捕武，毋它解。問武：士（五）〔伍〕，年卌七歲，診如（辤）〔辭〕。鞫之：武不當復爲軍奴，□□□（弩）〔奴〕告池，池以告與視捕武，武格鬭，以劍擊傷視，視亦以劍刺傷捕武，審。疑武、視罪，敢（潚）〔讞〕之，謁報，署獄如廥發。吏當：黥武爲城旦，除視。廷以聞，武當黥爲城旦，除視。

《漢書》卷一六《高惠高后文功臣表》 〔南安侯〕後四年，侯千秋嗣，十一年，孝景中元年，坐傷人，免。户二千一百。

《漢書》卷五二《灌夫傳》 〔元光四年〕夏，蚡取燕王女爲夫人，太后詔召列侯宗室皆往賀。嬰過夫，欲與俱。夫謝曰：夫數以酒失過丞

相，丞相今者又與夫有隙。嬰曰：事已解。彊與俱。酒酣，蚡起爲壽，坐皆避席伏。已嬰爲壽，獨故人避席，餘半膝席。夫行酒，至蚡，蚡膝席曰：不能滿觴夫怒，因嘻笑曰：將軍貴人也，畢之！時蚡不肯。行酒次至臨汝侯灌賢，賢方與程不識耳語，又不避席。夫無所發怒，乃駡賢曰：平生毀程不識不直一錢，今日長者爲壽，乃效女曹兒呫囁耳語！蚡謂夫曰：程、李俱東西宮衛尉，今衆辱程將軍，仲孺獨不爲李將軍地乎？夫曰：今日斬頭穴匈，何知程、李！坐乃起更衣，稍稍去，嬰去，戲夫。夫出，蚡遂怒曰：此吾驕灌夫罪也。乃令騎留夫，夫不得出。藉福起爲謝，案夫項令謝。夫愈怒，不肯順。蚡乃戲騎縛夫置傳舍，召長史曰：今日召宗室，有詔。劾灌夫罵坐不敬，繫居室。遂其前事，遣吏分曹逐捕諸灌氏支屬，皆得棄市罪。嬰愧，爲資使賓客請，莫能解。蚡吏皆爲耳目，諸灌氏皆亡匿，夫繫，遂不得告言蚡陰事。

謝桂華等《居延漢簡釋文合校》 戍卒東郡畔戍里靳龜坐乃四月中不審日，行道到屋蘭界中，與戍卒函何陽争言鬥，以劍擊傷右手指二所。地節三年八月己酉械繫。

戍卒東郡□里函何陽坐鬥以劍擊傷戍卒同郡縣戍里靳龜右脾一所。地節三年八月辛卯械擊。

《漢書》卷八三《薛宣傳》 哀帝初即位，博士申咸給事中，亦東海人也，毁〔薛〕宣不供養行喪服，薄於骨肉，前以不忠孝免，不宜復列封侯在朝省。宣子況爲右曹侍郎，數聞其語，賕客楊明，欲令創咸面目，使不居位。會司隸缺，況恐咸爲之，遂令明遮斫咸宫門外，斷鼻脣，身八創。

事下有司，御史中丞衆等奏：況朝臣，父故宰相，再封列侯，不相敕丞化，而骨肉相疑，疑咸受修言以謗毁宣。咸所言皆宣行迹，衆人所共見，公家所宜聞。況知咸給事中，恐爲司隸舉奏宣，而公令明等迫切宫闕，要遮創戮近臣於大道人衆中，欲以鬲塞聰明，杜絶論議之端。桀黠無所畏忌，萬衆讙譁，流聞四方，不與凡民忿怒争鬭者同。臣聞敬近臣，爲近主也。禮，下公門，式路馬，君畜産且猶敬之。《春秋》之義，意惡功遂，不免於誅，上浸之源不可長也。況首爲惡，明手傷，功意俱惡，皆大不敬。明當以重論，及況皆棄市。廷尉直以爲律曰鬭以刃傷人，完爲城旦，其賊加罪一等，與謀者同罪。詔書無以詆欺成罪。《傳》曰：遇人不以義而見疻者，與痏人之罪鈞，惡不直也。咸厚善修，而數稱宣惡，流聞不誼，不可謂直。況以故傷咸，計謀已定，後聞置司隸，因前謀而趣明，非以恐咸爲司隸故造謀也。本争私變，雖於掖門外傷咸道中，與凡民争鬭無異。殺人者死，傷人者刑，古今之通道，三代所不易也。【略】今以況爲首惡，明手傷爲大不敬，公私無差。《春秋》之義，原心定罪。原況以父見謗發忿怒，無它大惡。加詆欺，輯小過成大辟，陷死刑，違明詔，恐非法意，不可施行。聖王不以怒增刑。明當以賊傷人不直，況與謀者皆爵減完爲城旦。上以問公卿議臣。丞相孔光、大師空師丹以中丞議是，自將軍以下至博士議郎皆是廷尉。況竟減罪一等，徙敦煌。宣坐免爲庶人，歸故郡，卒於家。

甘肅省文物考古研究所《居延新簡》 上造，居延累山里，年卅八歲，姓周氏。建武五年八月中除爲甲渠斗食令史，備寇虜盜賊爲職。至今月八日，客民不審□讓持酒來過，候飲。第四守候長原憲詣官，候賜憲、主官譚等酒，酒盡，讓欲去。候復持酒出之堂煌上，飲再行，酒盡，皆起。讓與候史候□□夏侯譚争言鬥，憲以所帶劍刃擊傷譚匈一所，廣二寸，長六寸，深至骨。憲帶劍，持官六石具弩一稾矢銅鍭十一枚，持大□橐一，盛糒三斗、米五斗，騎馬蘭越隧南塞天田出。案憲鬥傷、盜官兵、持禁物蘭越於邊關儌亡。逐捕未得，它案驗未竟。廼九月庚辰，甲渠第四守候長居延市陽里上造原憲與主官人譚與憲争言鬥，憲以劍擊傷譚匈，騎馬馳南去。候即時與令史立等逐捕，到憲治所，不能及。驗問，隧長王長辭曰：憲帶劍持官駑一、箭十一枚、大掾譚革橐一，盛糒三斗、米五斗，騎馬蘭越隧南塞天田出，西南去。以此知而劾。無長吏教使，劾者狀具此。

甘肅省文物考古研究所《居延新簡》 建武五年十二月辛未朔乙未，第□□移劾狀一編，敢言之。迺十二月甲午，第十三助吏高沙隊長居延關都里王尊趙氏，爲甲候長，署第十部，以主領吏迹候備寇虜盜賊爲職。迺十二月□當作治隊斬幡，部候長王良數告尊趣作治幡。尊曰：未作治。良當將尊□中堂上取劍盾，之隊外，良隨後出。尊謂良曰：言□所服若□劍，良即取所□□尊裝先出之隊□相擊，尊擊傷良頭四所，其一所創袤

三寸。十五隊，尊署☐□取良馬騎之第十候長趙彭事狀，彭劾將尊□☐吏盜良馬☐☐吏案尊以縣官事賊傷，辨職，以令庤免。建武五年十二月辛未朔乙未，第十候長□敢言之：謹居延獄以律從事。☐午第十三助吏高沙隊長☐當作治隊靳幡☐☐部候長王良數告尊☐治幡，尊曰：未作治。良當將尊詣官，尊裴先亡，之隊中堂上取劍盾，之隊外，良隨後出。尊謂良曰：言多所服若□劍。良即取所帶劍，尊□☐□相擊，尊擊傷良頭四所，其一所創袤三寸，三所創袤二寸半，皆廣三分，深至骨。良☐取良馬騎之第十候長趙彭☐北走奏第十五隊，尊☐☐案尊以縣官事賊傷，辨治☐。

《後漢書》卷一下《光武帝紀》 〔建武十一年〕冬十月壬午，詔除奴婢射傷人棄市律。

甘肅省文物考古研究所《居延新簡》 坐傷人論，府教適☐

謝桂華等《居延漢簡釋文合校》 第十候史殷省伐慈其〔第十三隧卒高鳳未作，亡歸中部田舍，鬥傷男徐武，毋狀，詣官自關，十一月辛巳食坐入。

《三國志》卷四〇《蜀志·劉琰傳》 〔建興〕十二年正月，〔劉〕琰妻胡氏入賀太后，太后令特留胡氏，經月乃出。胡氏有美色，琰疑其與後主有私，呼卒五百撾胡，至於以履搏面，而後棄遣。胡具以告言琰，琰坐下獄。有司議曰：卒非撾妻之人，面非受履之地。琰竟棄市。自是大臣妻母朝慶遂絶。

《三國志》卷四八《吳志·孫皓傳》 〔孫皓〕又激水入宮，宮人有不合意者輒殺流之。或剥人之面，或鑿人之眼。

《晉書》卷五〇《庾純傳》 初，〔庾〕純以賈充姦佞，與任愷共舉充西鎮關中，充由是不平。充嘗宴朝士，而純後至，充謂曰：君行常居人前，今何以在後？純曰：旦有小市井事不了，是以來後。世言純之先嘗有伍伯者，充之先有市魁者，充、純以此相譏焉。充自以位隆望重，意殊不平。及純行酒，充不時飲。純曰：長者爲壽，何敢爾乎！充曰：父老不歸供養，將何言也！純因發怒曰：賈充！天下兇兇，由爾一人。充曰：充輔佐二世，蕩平巴蜀，有何罪而天下爲之兇兇？純曰：高貴鄉公何在？衆坐因罷。充左右欲執純，中護軍羊琇、侍中王濟佑之，因得出。充慚怒，上表解職。純懼，上表自劾曰：司空公賈充請諸卿校並及臣。臣不自量，飲酒過多。醉亂行酒，重酌於公，公不肯飲，言語往來，公遂訶臣父老不歸供養，卿爲無天地。臣不服罪自引，而更忿怒，厲聲名公，臨時諠譊，遂至荒越。禮，八十月制，誠以衰老之年，變難無常也。臣不惟生育之恩，求養老父，而懷禄貪榮，烏鳥之不若。充爲三公，論道興化，以教義責臣，是也。而以枉錯直，居下犯上，醉酒迷荒，昏亂儀度。臣得以凡才，擢授顯任。《易》戒濡首，《論》誨酒困，而臣聞義不服，過言盈庭，黷慢臺司，違犯憲度，不可以訓。請臺免臣官，廷尉結罪，大鴻臚削爵土。敕身不謹，伏須罪誅。御史中丞孔恂劾純，請免官。詔曰：先王崇尊卑之禮，明貴賤之序，著温克之德，記沈酗之禍，所以光宣道化，示人軌儀也。昔廣漢陵慢宰相，獲犯上之刑；灌夫託醉肆忿，致誅斃之罪。純以凡才，備位卿尹，不惟謙敬之節，不忌覆車之戒，陵上無禮，悖言自口，宜加顯黜，以肅朝倫。遂免純官。

《宋書》卷六四《何承天傳》 撫軍將軍劉毅鎮姑孰，版爲行參軍。毅嘗出行，而鄢陵縣史陳滿射鳥，箭誤中直帥，雖不傷人，處法棄市。承天議曰：獄貴情斷，疑則從輕。昔驚漢文帝乘輿馬者，張釋之劾以犯蹕，罪止罰金。何者？明其無心於驚馬也。故不以乘輿之重，加以異制。今滿意在射鳥，非有心於中人。按律過誤傷人，三歲刑，況不傷乎？微罰可也。

《南史》卷一五《劉穆之傳》 遷尚書右僕射。時定制令，疑人殺長吏科，議者謂曾赦宜以徙論。秀之以爲律文雖不顯人殺官長之旨，若遇赦但止徙論，便與悠悠殺人曾無一異。人敬官長比之父母，行害之身雖遇赦，謂宜長付尚方，窮其天命，家口補兵。從之。

《南齊書》卷三七《虞悰傳》 永明八年，大水，百官戎服救太廟，〔太子右率虞〕悰朱衣乘車鹵簿，於宣陽門外行馬内驅打人，爲有司所奏，見原。

《魏書》卷四八《高允傳》 其年四月，有事西郊，詔以御馬車迎高允就郊所板殿觀矚。馬忽驚奔，車覆，傷眉三處。高祖、文明太后遣醫藥護治，存問相望。司駕將處重坐，允啓陳無恙，乞免其罪。

《新唐書》卷一〇〇《陳叔達傳》 貞觀初，〔陳叔達〕與蕭瑀争殿

中，坐忿詐不恭，免官。

(宋)司馬光《資治通鑑》唐玄宗開元四年春正月　昕與其妹夫楊仙玉於里巷伺傑而毆之。傑上表自訴曰：「髮膚見毀，雖則痛身，冠冕被陵，誠爲辱國。」上大怒，命於朝堂杖殺，以謝百僚。仍以敕書慰傑曰：「昕等朕之密戚，不能訓導，使陵犯衣冠，雖寘以極刑，未足謝罪。卿宜以剛腸疾惡，勿以凶人介意。」

(宋)司馬光《資治通鑑》唐玄宗開元二十一年三月　有供奉侏儒名黄䑕，性警黠；上常馮之以行，謂之肉几，寵賜甚厚。一日晚入，上怪之。對曰：「臣鄉入宮，道逢捕盜官與臣争道，臣掀之墜馬，故晚。」因下階叩頭。上曰：「但使外無章奏，汝亦無憂。」有頃，京兆奏其狀。上即叱出，付有司杖殺之。

劉俊文《敦煌吐魯番唐代法制文書考釋·判·文明判集殘卷》　寶應元年六月高昌縣勘問康失芬行車傷人事案卷殘卷

〔前缺〕

男金兒八歲。

牒：拂郍上件男在張鶴店門前坐，乃被行客靳嗔奴家生活人將車輾損，腰已下骨並碎破，今見困重，恐性命不存，請處分。謹牒。

元年建未月□日。百姓史拂郍牒。追問。舒示。

〔空白〕

元年建未月□日，百姓曹没冒辭。女想子八歲。

縣司：没冒前件女在張游鶴店門前坐，乃被行客靳嗔奴快車人將車輾損，腰骨損折，恐性命不存，請乞處分。謹辭。本案。舒示。

靳嗔奴快車人康失芬，年卅。

史拂郍男金兒。曹没冒女想子。

問：得史拂郍等狀稱上件兒女並在門前坐，乃被靳嗔奴快車人輾損，腰胯折，見今困重，仰答虛實。但失芬身是處蜜部落百姓，靳嗔奴雇使年作，今日將使車牛，向城外般墼，却迴行至城門口，遂輾前件人男女，損傷有實。被問，依實謹辨。舒。元年建未月□日。

康失芬年卅。

問：身既快車牛行，劈路見人，即合唱喚，何得有此輾損良善？仰答，有情故具吐。但失芬爲是借來車牛，不諳性行，拽挽不得，力所不逮，遂輾前件人男女，損傷有實。亦更無情故。所有罪僭，伏聽處分。被問，依實謹辨。舒。元年建未月□日。舒。

靳嗔奴快車人康失芬，年卅。

問：快車路行，輾損良善，致令困頓，將何以堪？款占損傷不虛，今欲科斷，更有何別理？仰答。但失芬快車，力所不逮，遂輾史拂郍等男女，損傷有實。今情願保辜，將醫余藥看待。如不差身死，情求准法科斷。所答不移前款，亦無人抑塞，更無別理。被問，依實謹辨。元年建未月□日。〔中缺〕檢誠白。十九日。

靳嗔奴並作人康失芬

右得何伏昏等狀，稱保上件人在外看養史拂郍等男女，仰不東西。如一保已後，忽有東西逃避，及翻覆與前狀不同，連保之人情願代罪，仍各請求受重杖廿者。具檢如前。請處分。牒件檢如前。謹牒。建未月□日，史張奉庭牒。靳嗔奴並作人責保到。隨案引過諮，取處分訖。牒所由諮。誠白。十九日。依判諮。曾示。十九日。放出，勒保辜，仍隨牙。餘依判。舒示。廿二日。〔後空白〕

《舊唐書》卷一七上《敬宗本紀》〔寶曆二年正月〕癸酉，右贊善大夫李光現與品官李重實争忿，以笏擊重實流血，上以宗屬，罰兩月俸料。

《舊唐書》卷一六五《柳公綽傳》　中書舍人紇干皋訴甥劉詡毆其母，詡爲禁軍校，仲郢不待奏，即捕取之，死杖下。

(宋)司馬光《資治通鑑》唐宣宗大中十一年八月　成德節度使王紹鼎薨。紹鼎沈湎無度，飲酒齊色曰湎。《韓詩》云：飲酒閉門不出客曰湎。好登樓彈射人以爲樂，衆欲逐之；會病薨，軍中立其弟節度副使紹懿。

《宋史》卷二《太祖本紀》〔乾德四年夏四月丁巳〕進士李藹坐毁釋氏，辭不遜，黥杖，配沙門島。

(宋)李燾《續資治通鑑長編》宋太祖乾德四年十一月　彰國留後王繼勳自罷兵柄，常怏怏，專以臠割奴婢爲樂，前後被害者甚衆。一日天雨，墻壞，羣奴突出，守國門訴冤。上大駭，命中使就詰之，盡得繼勳所爲不法事。丁酉，詔削官爵，勒歸私第，仍令甲士守之。俄又配流登州，

未至，改右監門衛率府副率。

《宋史》卷三〇〇《王沿傳》　時樞密副使晏殊以笏擊從者折齒，知開封府陳堯咨、判官張宗誨日嗜酒惰事，〔王〕沿皆彈奏之。

（宋）李燾《續資治通鑑長編》宋神宗元豐五年二月　詔興州防禦使仲騈罰俸一季，坐非理燔灼人面也。仲騈有妾鬻，始售，其直數十萬，間被酒灼敗其面，因斥於官，督歸其直。知開封府王安禮曰：妾之所以直數十萬者，以善姿首也。今灼敗之，則無能自鬻，此與炮烙何異？乃奏於上，請勿復其直，並厚譴之以爲戒。上曰：仲騈，魯王之裔，席寵怙勢，鮮克由禮，朕以近戚故，每優假之。比聞被按，踧踖如不容，且相戒毋敢犯卿。今朕爲卿罰其俸，則過於受譴矣。此據《王安禮行狀》增入。行狀以仲騈爲令騈，誤也。十一月二日當并此。

（清）謝啓昆《粵西金石略》卷三《宋二·勸農事文》　勸農事。提刑屯田員外郎李付每因讀刑禁旬狀，見人民多因小事爭鬬，致有殺傷，雖骨月至親，不相容忍。此深可哀憫，蓋勸農親民官不本教化所致。今後令佐須曉諭鄉老，令勸率子弟，懃於田農，孝養父母，內外和順，不相欺凌。民無交爭，則無横死。自然天道與人事相應，無水旱凶災。令佐不得輕遠方，以爲不可教誨，況此人民曉事教誨，必聽，切在遵稟。

（宋）陳傅良《止齋集》卷二四《繳奏饒州奏勘程廷高斷案狀》　准中書門下省送到録黄節文，為饒州奏勘到程廷高斷案，令臣書行。右臣照元案見得程廷高祖程節、曾祖程鄰皆官至寶文閣待制，內高祖正議大夫，祖父皆命官。今廷高以僧惠深受其賃錢誣以占屋而訟之縣，又辱罵其骨肉，迫逐起遣，不勝忿耻，倩人打僧。其下手人王念四本州已從徒三年，髡髮居役。定斷即廷高元謀，減一等徒二年半，贖銅五十斤，罪止於此矣。本州復引勑有廕人犯徒流罪情不可贖者，奏裁，臣不識廷高所犯，何以謂情不可贖乎。狥一僧之欲而辱兩制之故家者，是州司不平也，從一州之請，而廢千載之廕法者，是刑部不審也。且夫情重奏裁必有大不得已者，近年守臣倚法作威，往往多是以此藉口捃摭細故，汙衊衣冠。今若復因饒州所奏，有此行遣，臣恐郡守之專恣者，援此為例，操切士大夫之族矣。臣愚欲望聖慈將上件指揮，特從末減，所有録黄，臣未敢書行，謹録奏聞，伏候勑旨。三月二十九日奏入。

（明）吴訥《祥刑要覽》卷中《李公驗櫸》　尚書李南公知長沙縣，日有鬬者，甲强乙弱，各有青赤痕。南公以指捏之曰，乙真甲僞，訊之，果然。蓋南方有櫸，栁以葉塗肌，則青赤如毆傷者，剥其皮横置膚上，以火熨之，則如捧傷，水洗不下，但毆傷者血聚則硬，僞者不硬耳。

（明）張四維《名公書判清明集》卷一四《懲惡門·鬥毆·賣卦人打刀鑷婦》　男女授受不親，正欲其別嫌也，男不許共女争，亦懼其以强凌弱也。今阿張借繳面之末技，以資助衣食，王震挾課命之薄術，以浪遊州縣。一日，適相邂逅於族中，王震乘其酒興，令阿張繳面，而阿張不從，遂至交争。竊念阿張爲貧而爲此等生活，亦不過施諸婦女輩耳，王震若果有意於拂拭頭面，其他豈無刀鑷之徒。況王震自號曰時運先生，亦須稍識義理，何爲酒醉不檢，勒令阿張繳面，拒嫌不允，又從而辱駡之，其情理可謂强暴。白晝通衢，有此光景，頗鬬衆怒。又喚上鄰證供責，就中最是阿姚所供明白可信，則是王震酒醉欺凌阿張分曉。今爲見阿張初無深傷，其王震量决竹篦十二，只今押出門，餘人並放。

（明）張四維《名公書判清明集》卷一四《懲惡門·鬥毆·因争販魚而致鬥毆》　照得所在城市，取鬻之利，盡爲游手所專，而田里小民皆不得著手。凡服食所須，無一不出于田夫野叟，男耕女織，極其勤勞，所獲不過錐刀之末，而倍蓰之息乃歸之游惰之人。此曹百十爲群，互相黨庇，遇有鄉民鬻物于市，才不經由其手，則羣起而攻之，衆手捶打，名曰社家拳，其無忌憚爲最甚，當職得之于目擊者如此。曾不思逐日口之所嗜，身之所衣，果出于城市之民乎？抑出于田里之民乎？既知其出于田里之民，則吾何可疾視之，何可欺凌之乎！今潘五十二、黎七雖均爲販魚，然潘五十二係居城中，以此爲業，黎七係是耕夫，間一爲之。潘五十二終歲專其利，素無養魚之勞，獨享賣魚之利，疾惡黎七，既毆于賣魚之際，其不仁亦甚矣。黎七一村夫耳，豈能與游手争勝負于市廛之間哉！雖無所傷，亦不可不示薄罰，潘五十二決十五。但黎七雖是村夫，然執覆之間亦口辯，必非質朴之人，交争之端，亦必自有以啓之，寄杖十下，後犯定斷。

《元典章》卷四四《刑部·毆詈·他物傷·刀刃傷人》　至元三年五月二十九日省劄，爲陳某用刀子扎傷楊音事。法司擬刀子傷人徒二年半，

部擬五十七下，省斷七十七下。

《元典章》卷四四《刑部・毆詈・他物傷・他物傷人》 至元四年五月二十七日省劄，爲漆仲寬用鏵車努箭失傷王章事。法司擬杖八十，部擬四十七下，呈省准擬。

《元典章》卷四四《刑部・毆詈・他物傷・折跌肢體》 至元四年六月初五日，河間路歸問到魏文質打折王寶腿脚事，法司擬徒二年，部擬量決一百七下。

《元典章》卷四四《刑部・毆詈・拳手傷・軍毆縣令》 至元五年三月，尚書刑部據平陽路夏縣奧魯赤李大并弟李三毆本縣官鄭縣令，李大招不合於本官面上打訖一拳，李三於口打訖一拳，有傷。本部議得：李大即係毆品官，比凡人加等，各擬五十下。

《元典章》卷四四《刑部・毆詈・品官相毆・品官相毆》 至元五年八月，尚書刑部據八柳河渡司提舉達剌海，因韓千戶相爭渡口，用馬鞭於韓千戶頭上打了兩下，罪犯。本部議得：即係品官相毆，合杖六十，擬罰俸一十日，該二十一兩六錢沒官。呈奉省准，施行。

《元典章》卷四四《刑部・毆詈・雜例・毆詈不准攔告》 至元八年正月，尚書刑部承奉尚書省劄付，據御史臺呈，備監察御史呈：體察得在都左右巡院，自春至秋，陳告毆詈者，不肯奉公歸結，卻行准訖攔告，計四十四起。切見一等不畏公法小人，無故行兇，毆詈良民。雖有告發到官，當該官吏，故意遷延，縱令行兇人或恃權勢，或行賄賂，或有轉托他人關節，或馳騁兇暴，恐嚇告者，百端需要。元告人自願攔告休和，文狀到官，擅便准攔了當。不唯如此，使貪吏得為其弊，小人敢肆其惡，善人無地可容，深為未便。又見刑部重刑卷內，鬥毆殺人起數甚多。詳此，蓋是官司自來禁斷不嚴，及聽從攔告，使行兇之徒不知畏懼，以致毆人至死；況兼毆人詈人，俱係刑名事理，舊來並無攔告體例。所據左右兩院前項准攔事理，即係違錯，合行糾呈。外，今後有毆詈人者，告論到官，不許攔告，須要取責明白招證詞因，約量所犯的決。庶使兇暴日消，詞訟日簡。乞照詳事。省府相度：據左右兩院前項准攔事理，照勘取責明白招伏詞因，擬定呈省，仍仰遍行合屬。今後，凡有毆詈人者，告發到官，不許攔告，取責明白招證詞因，依理歸斷施行。

《元典章》卷四四《刑部・毆詈・雜例・蒙古人打漢人不得還》 至元二十年二月，中書省刑部准兵部關，承奉中書省劄付，照得：近為怯薛久蒙古人員，各處百姓不肯應副喫的，不與安下房子，劄付兵部，遍行合屬，依上應副去訖。今又體知得各處百姓依前不肯應副喫的粥飯，安下房舍，致有相爭，中間引惹事端，至甚不便。仰遍行合屬，叮嚀省諭府、州、司、縣村坊道店人民，今後遇有怯薛久蒙古人員經過去處，依理應副粥飯，宿頓安下房舍，毋致相爭。如蒙古人員毆打漢兒人，不得還報，指立證見，於所在官司赴訴。如有違犯之人，嚴行斷罪。請依上施行。

《元典章》卷四四《刑部・毆詈・他物傷・部民故毆本屬官長》 大德七年九月十二日，行臺准御史臺咨：據陝西廉訪司申，照刷出金州文卷一宗，為蘭州站戶任再興將本州劉同知毆打，追贖罪名。取具本州申大德六年五月二十四日，承奉便宜都摠帥府劄付，蘭州申准本州同知劉承事牒任再興用馬鞭子及用拳，將當職沿身毆打等事。委金州判官王將仕取訖任再興不應用拳、柱杖、鞭子等毆打劉同知招伏文狀，量情加等，杖斷六十七下。為本人年七十五歲，依例贖罪了當。照得任再興年止六十九歲，設若便是七十五歲，其人卻有筋節氣力毆打職官，似難贖銅，理合的決。乞照詳。得此。呈奉中書省劄付送刑部議得：蘭州站戶任再興本年六十九歲，妄作七十有五，已招不應用拳、棒、馬鞭子毆傷本州劉同知，即係部民故毆本處官長。若止贖罪，無賴之人，謂其不過罰鈔而已，誰復知懼？其任再興所犯，合依准御史臺所呈，照依原擬杖六十七的決，回付贖罪鈔數。都省准擬施行。

（清）畢沅《續資治通鑑》元武宗至大元年正月 西番僧在上都者，强市民薪，民訴於留守李璧。璧方詢其由，僧率其黨持白梃突入公府，隔案引璧髮，捽諸地，箠扑下，拽歸，閉諸空室，久乃得脫，奔訴於朝；僧竟遇赦免。未幾，其徒龔柯等與諸王妃争道，拉妃墮車，毆之，語侵上；事聞，亦釋不問。時宣政院方奉詔言毆西僧者斷其手，詈者截其舌。皇太子亟上言：此法昔所未有。乃寢其令。

《元典章》卷四四《刑部・毆詈・品官相毆・毆傷同僚官》 至大四年閏七月，行臺准御史臺咨。來咨：廣西廉訪司申：兩江道宣慰司副使拔都海牙與經歷張克文，因公言氣不和，就公廳將經歷張克文毀罵，及令

今，省官每都送刑部，再交歸對擬罪。麼道，奏呵，奉聖旨：我知道怯來是一個撥皮歹人。有將他打五十七下。欽此。

《元史》卷二五《仁宗本紀》 延祐元年三月己酉，敕：奸民宮其子爲閹宦，謀避徭役者，罪之。

《元典章》卷四四《刑部・毆詈・品官相毆・縣尉與達魯花赤互相毆詈》 延祐二年三月，袁州路奉，江西行省劄付：照得皇慶二年七月初九日，本路申萬載縣達魯花赤捏古伯呈告本縣尉和元，帶同男和仲、弓手朱辛一等行打事。問得和元等一干人招伏明白，議擬各各罪名，令和元離職，緣係為例事理，移咨中書省照詳去後。今准咨該送刑部議得：縣尉和元，皇慶二年三月初一日習儀，因與本縣達魯花赤捏古伯品齊排拜致爭。當日晚，與弓手朱辛一等，并男和仲、和濟一同巡夜，迎見本縣達魯花赤捏古伯行馬提牢，不合理問排班緣故，與捏古伯換口相罵，互相扯捽以致朱辛一與男和仲等將捏古伯拖扯下馬，捽脫髩鬚，毆打帶傷。以此參詳：縣尉和元與達魯花赤捏古伯互相毀詈罪，若輕重兩科，事難處合。令和元回避本縣，別行求仕。其餘行兇人等，依准行省所擬，斷罪相應。具呈照詳。都省議得：萬載縣尉和元等毆詈達魯花赤捏古伯，罪過原免外，據回避本縣，依准部擬。咨請依上施行。

《元典章》卷四一《刑部・諸惡・不義・毆傷妻母》 延祐二年十月十三日，袁州路奉江西行省劄付，據來申備萍鄉州問到彭阿許告養老女婿許辛五咬傷事。看詳彭國清並妻阿許別無兒男，將女淑六娘招到許天祥爲婿。本期養老，其許天祥先犯抵觸，親戚勸免，不曾告官。今次又將妻母毆打咬傷，罪過釋免，所犯即係義絶，似難同活。擬合斷離訖，照詳施行。得此，移准中書省咨送據刑部議得：許辛五所犯毆妻之母，罪輕釋免，即係義絶。若依萍鄉州所擬，離異相應。具呈照詳，咨請依上施行。

《元典章》新集《刑部・諸毆・傷肢體・富豪打傷佃戶》 延祐七年四月□日，中書刑部議得：饒州路鄱陽縣豪民陶孟方所招，因為被盜金銀等物，不即告官，誣指佃戶程萬二等為盜。同兄陶仁壽等僭設官府，非理用刑，將各家夫婦六人淩虐拷打，損傷肢體。除程阿宋等三名被傷平復外，據程方二左右兩手腕被縛脫出穴臼，右腳微腆，朱簡二傷損左手，不能握拳，施阿朱逼成心驚，病症俱各每名追給養贍之資中統鈔二十定，除軀臈兒等用拳行打帶傷，張克文回罵等事，取訖招伏。看詳：副使拔都海牙不遵職守，於公廳喝令軀奴毆詈僚幕帶傷，及經歷張克文回罵官長，有失分限。宜從合干部分定擬，仍復還奏代，誠為諸司之勸；咨請照詳事。准此。呈奉中書省劄付送刑部議得：拔都海牙副使因折辦公事，語言往來，不應先將經歷張克文毀罵。其經歷張克文亦不執禮，當面還罵，甚失大體，又被拔都海牙喝令軀奴臈兒等，將經歷張克文毆傷。各人罪犯，欽遇釋免。以此參詳：既曾經官面對，信難同署，宜從都省奏代，標附私罪過名，具呈照詳。都省准擬施行。

《元典章》卷四四《刑部・毆詈・品官相毆・録事毆經歷》 皇慶二年三月□日，江西行省准中書省咨：來咨江州路申經歷孫良佐呈：三月初三日，拜賀天壽聖節，公宴茶飯遲誤，親行催督録事劉世忠般飯。本人回言：誤了待怎麼？作惡用拳於良佐右腮上打訖一下。責得録事劉世忠狀招相同。議得：劉世忠失誤所管茶飯，為因催督，卻將本屬幕官毆傷，甚失紀綱。比例將本官量決四十七下，解見任，別行求仕，相應。除已依上斷遣外，咨請照詳。准此。送刑部議得：江州路録事劉世忠，因本路經歷孫良佐催督公宴茶飯，行兇將本官用拳打訖一下罪犯。既係省已擬決訖四十七下，比例合解見任，別行求仕，標附相應，具呈照詳。都省咨請依上施行。

《元典章》卷四四《刑部・毆詈・品官相毆・知府毆打軍官》 皇慶三年四月□日，福建宣慰司承奉江浙行省劄付，准樞密院咨：移准中書省照會來呈，宣德府知府怯來毆打虎賁司千戶楊也速答兒公事。於皇慶元年十月十六日，本院官奏過事內一件，憨剌哈兒等虎賁司官人每文字裏說將來者：俺依著樞密院文書，差了一個姓揚的千戶，往宣德府交問事去來。那千戶到那裏，一處約會問事。麼道說了呵，於哈你八都兒位次內坐來有。怯來知府發怒，使令祗候將楊千戶拖起跪廳，令人揪著頭髮，摑打數下，口內血出，又白紙上勒要了招伏。麼道說將來呵，俺上位根底奏了：省裏、院裏差人前去那裏，將他每明白對證了，怯來知府并首領官、令史等與了招伏文字來。為他無體例的上頭，誡諭的，今將怯來知府打五十七下，別個的根底，挨次著要罪過呵，怎生？麼道，皇帝根底奏了，依着聖旨體例裏，省裏差人前去，一同斷去。麼道省裏與將文書去呵，如

程方二已行追給，並施阿朱元要醫藥錢數已斷，陶仁壽等名別無定奪，據陶孟方所犯，依准饒州路所擬比例，杖斷一百七下，遷徙廣東地面，仍於本人名下追徵中統鈔四十定，給付朱簡二、施阿朱收管。今後似此豪霸擾害平民，宜從都省移咨行省，遍行禁約。相應都省准擬施行。

《元史》卷一八五《汪澤民傳》 〔汪澤民〕遷南安路總管府推官。鎮守萬户朵兒赤，持官府短長，郡吏王甲，毆傷屬縣長官，訴郡，同僚畏朵兒赤，托故不視事，澤民獨捕甲，繫之獄。朵兒赤賂巡按御史，受甲家人訴，欲出之，澤民正色與辨，御史沮怍，夜竟去，乃卒罪王甲。

（元）張光祖《言行龜鑑》卷七《民政門》 歐陽公曄爲鄂州崇陽素號難治。公治之，至則決滯獄百餘事。桂陽民有爭舟相毆至死者，獄久不決。公自臨其獄，出囚坐庭中，去其桎梏，與飲食之。食訖，悉勞而還於獄，獨留一人於庭，留者色動惶顧。公曰：殺人者汝也。囚不知所以然，公曰：吾視食者皆以右手持匕，而汝獨以左。今死者傷右肋，此汝殺之明也。囚即涕泣曰：我殺也，不敢以累他人。

《明太宗實録》永樂二年二月 〔甲午〕前軍都督府言，龍驤衛千户妻無子，妾之子代職，居常見惡於妻，今妻以刃刺其子，傷足，妾告妻欲殺子，請並治之。上曰：妻固可罪，但傷足，或非有殺之意。今使其母子嫡妾兩造具備於獄吏之前，傷倫理，可付其夫自治。

《明太宗寶訓》卷二《警外戚》 永樂四年八月乙巳，賜趙王高燧書曰：比聞都指揮欸台乘馬過駙馬都尉廣平侯袁容之門，容怒其不下，箠楚幾死。欸台，靖難功臣，豈當非禮陵辱？爾非不知，亦不以聞。自洪武以來，往來駙馬之門，何嘗有下馬之令？晉王敦爲駙馬，縱恣暴横，卒以悖逆滅亡。覆轍在前，可再蹈乎？此書觀畢，仍以示容。其受使令辱欸台之人，械送京師。

《明宣宗實録》宣德六年五月 〔庚辰〕中兵馬指揮司奏，進士馬馴僦寡婦之屋以居，毀其器物，又毆擊寡婦。上曰：爲士忍以强横加無告之人，無仁心矣。命錦衣衛執付刑部。

（明）沈德符《萬曆野獲編》卷二二《司道・憲臣笞屬吏》 宣德十年英宗初御極，有先任四川按察副使朱與言者，以捕盗至郫縣，怒知縣孫祥不設策緝捕，杖之二十。越五日祥死，巡按御史請究與言罪。上曰：與言職專捕盗，以賊故杖祥，非私意也。竟宥之。此猶遠年事。至嘉靖間，巡按直隷御史蔣暘，以細過杖殺真定知縣業芝，爲芝家所告，後勘明暘止降級。御史雖尊，然邑令之命不應輕至此。至劉宇掌都察，每以瑣事笞辱御史，則正德間事，何御史之賤又如此？又嘉靖十年，廣東提學副使蕭鳴鳳，亦曾爲御史，剛愎任性。因肇慶知府鄭璋屢忤之，不勝忿，榜之於廷，璋遂投劾去，按臣逮治。衆咸不直鳴鳳，兩京科道交章劾去，鳴鳳坐降調。鳳、璋各上疏自理。上令逮問，既問結，俱送部别用。夫郡守師帥一方，非可笞之官，且副使去之一階耳。當時鄭璋何以甘受其辱，而廟堂竟平之？殊不可解。

（明）沈德符《萬曆野獲編》卷二二《司道・藩臣笞屬吏》 正統五年，陝西參政郝敬以公務至華池驛，呼驛丞張耕野不至，杖之至死。按問當贖徒還職。上曰：敬以小忿斃驛驛字據寫本補。官。不仁甚矣，難拘常律，命編戍大同。其事與朱與言相似，且同英宗朝，而處分已自迥異。至六年，浙江左布政使黄澤，又撻鹽運司丁鎡，爲鎡所奏，并訐澤考滿自出行縣，斂民銀三千兩，補償官物。乃俱下獄，法司擬各贖徒還職。上以澤擅笞三品官，重斂不才，命黜爲民。夫三品方面，亦至受撻，其事與蕭鳴鳳亦相似。且黄澤多贓，僅與丁鎡同罪，情法俱屬不平，上之獨斷允矣。其時，又有山西左參政王來者，杖死知懸張彬等十人。法司議其因公當徒，未幾以三殿功成恩赦，僅調官廣東布政司，則視屬官之命，真如草菅。罪止胥靡，已爲非法，乃以原官調用，尤爲怪事。天順七年，浙江右參議高崇，以事撻衢州知府唐瑜，瑜奏崇貪酷數事，乃下巡按御史鞫治。以上俱英宗朝事。或其時官制與今不同，惟蕭憲副笞李郡守、蔣御史笞殺邑令二事，則耳目未遠，更可駭耳。今人聞此，未必肯信。

《明英宗實録》正統六年春正月 〔丁巳〕惜薪司外廠監工大者鄧昭用撻廠夫王友賢，友賢自經死。刑部坐昭用當贖杖。上命禁錮之。

《明英宗實録》正統六年閏十一月 辛未，禮科給事中鄒冕以私忿毆堂叔，法司論罪應贖杖還職。上曰：冕犯上如此，豈可復居近侍！其罷職爲民。既而冕妄引詔赦，屢求復職，命謫戍邊衛。

《明英宗實録》正統九年秋七月 辛酉，秦王出府，有民所畜驢遮道，前導卒擊之，畜驢者父子數人曳卒下馬痛毆之，法司論當杖。上以其侮慢

親王，命藉其家，充遼東軍。

《明英宗實録》**正統十二年五月**〔丙辰〕監察御史陳濬致事歸家，立亭以祀觀音。有訓導往訪之，濬具言觀音佑己之功。訓導以語譏濬，濬忿，執訓導杖之。事覺，法司論濬當杖。上怒濬，削其官。

《明英宗實録》**正統十三年二月**〔丁卯〕有僧詈太保成國公朱勇於北安門外，收送法司鞫之，實真寧王府典仗麻清詐狂病棄職爲僧于京，論贖杖還官。上命編充遼東邊衛軍。

《明英宗實録》**景泰二年五月**〔丁未〕守備永寧長隨樊勝、都指揮黄寧先是同飲酒，語相觸，因鬬毆有傷，既而勝復使酒杖死軍厨，寧遂并舉奏之。巡按御史覆問得實，論勝斬，寧徒。詔俱執赴京下獄。

《明英宗實録》**天順二年二月**〔甲午〕南城兵馬副指揮張佑巡溝渠至宣武關，見一人開渠不深，不知其爲錦衣衛百户，叱弓兵欲笞之，百户怒執佑，訴之門達，達以聞。上曰：此兵馬欺毆軍職，無理甚。其枷示五城各一月，更處之。

《明英宗實録》**天順六年十一月** 戊午，國子生金鼒坐毆太監傅恭家人，法司論贖杖。上特命錦衣衛枷以示衆。

《明憲宗實録》**成化元年七月**〔丁巳〕直隸魏縣民李堂等十一名，自宫以求進。命執送錦衣衛獄罪之，發南海子種菜。

《明憲宗實録》**成化二年八月**〔丁巳〕誅高郵衛指揮畢英。英手刃傷其父，因焚燬居室，被甲執刃，馳突出城，多斫傷人，已而被獲。巡撫都御史林聰奏英惡逆，械赴高郵，依律處決示衆。

《明憲宗實録》**成化十二年十一月**〔己酉〕羽林前衛帶俸都指揮僉事山清，初以索債與人互毆，因而射傷三人。下刑部鞫問，至是贖徒還職。

《明憲宗實録》**成化十三年八月**〔癸卯〕調南京户部主事張鳳爲嚴州府通判。鳳剛愎，設生比郎中，文移押字亦與之並。郎中不平，鳳輒毆之至裂其巾帽，事聞，逮下獄，遂調外任。

《明憲宗實録》**成化十九年冬十月**〔丁卯〕慶成、永和二王府儀賓張奉、黄慶、黄經綸與輔國將軍鍾鈃、鍾鍣，以私怨相毆訐奏，下鎮守巡撫等官會鞫，獄上，命奉、慶、經綸，依所擬贖罪還職。鍾鈃停禄半年。鍾鍣令慶成王拘禁府中讀書習禮，無令出外爲非，違則鎮守等官具奏處治。

《明憲宗實録》**成化十九年十一月**〔丁未〕直隸蘇州府儒學生趙汴等二十人，俱以罵（大）〔太〕監王敬坐罪。初敬與千户王臣等，以購書爲名，乘傳南〔下〕至蘇州府，令生員抄録所謂《子平遺集》者，初以爲獻御，皆不敢違。後復使抄録他書不已，衆以妨廢學業辭，敬即令有司迫遣至馹中亂箠之，於是汴等罵曰：汝輩擾害百姓不已，又欲害吾儒生耶！敬還京遂訴於上，以諸生不遵禮法，恣肆放誕爲詞，命下巡按御史執問，具奏。至是二人事（以）〔已〕敗，特擬諸生以贖杖罪奏上，從之。

《明憲宗實録》**成化二十年五月**〔壬寅〕山東黄縣民李安，逃居京師大興縣陳留村。村民田政等四人，各有子年十許歲，皆倩安閹之以求進。其欲自求進者，安輒爲閹之。事覺，刑部論安等，法皆當杖，因據近例，自閹者本身處死，全家充軍，以具獄上請。有旨：李安違例，爲人净身，情實殘忍，重杖之百，發遼東鐵嶺衛充軍，田政等四人減死，發遵化廠炒鐵三年，其子俱發本縣，嚴督户長收管。

《明孝宗實録》**弘治元年四月**〔壬寅〕黜掌尚寶司事左通政李溥、尚寶監奉御姜榮。先是，溥及司丞胡恭用寶奉天門，互相忿争，榮毆溥至破鼻流血，既罷，恭以語中書舍人孫廷臣，而廷臣嘗求補尚寶司丞，吏部謂其以傳奉得官，不可而止，廷臣不平，故發其事下所司究治。溥、恭共匿其實。有旨并逮榮置對，榮坐徒，溥、恭坐杖，俱贖罪還職。上以榮逞凶，辱四品朝官於奉天門，甚爲不法，溥忍辱不言，有玷朝列，俱難處以常例，榮令司禮監杖二十降小（大）〔火〕者，溥冠帶閑住，恭准擬。廷臣之奏溥也，以陳言時政爲辭，并訐司丞楊泰，中書舍人傅潮、劉稱等之短，驗問多誣，而泰以公錯失舉，贖杖。廷臣亦坐徒還職。

《明孝宗實録》**弘治二年正月**〔庚辰〕命秦府儀賓安九臯贖徒還職，坐毆平民折其二指也。

《明孝宗實録》**弘治三年六月** 丙戌，先是甘肅修築邊墻，總兵官周玉督工過嚴，軍士張伏興、楯成等違限，懼罪擁衆乞寬限不允，乃投瓦石擊玉。守臣奏其事，下巡撫等官鞫問，處以徒罪。兵部言：軍士親毆主將，凶惡頗甚，且甘肅軍嘗用石擲擊都御史，今去十年而舊弊復作，宜重

懲之。上以伏興等習爲凶惡，擁衆倡亂，俱當處死。始分首從處之，命斬伏興於市，梟首示衆。楯成等十二人，發遼東鐵嶺衛充軍，仍痛杖一百遣之。管工指揮李英等四人，先既有激怒軍士之情，繼又坐視不能阻遏，各降二級，調廣西潯州衛帶俸差操。

《明孝宗實録》弘治六年六月 〔癸未〕初，趙府湯陰王見準，烝於其父繼妃趙氏，其弟鎮國將軍見滯，乘醉發其事且詈之。見溶等并以他事啓趙王，趙王以聞。命刑部侍郎張錦，錦衣衛指揮使錢通，往按得實。上以見準母子滅〔絶〕倫理，貽玷祖宗，不可容於天地間，勅駙馬楊偉，往同原勘官并鎮巡等官處之死。以見滯乘醉詈罵，見溶等所啓亦有不實，俱降勅切責，見滯仍革禄米三之一。其導見準爲惡者，各杖一百，并家屬發遼東邊衛充軍。書諭趙王知之。

《明孝宗實録》弘治六年十月 〔丁丑〕先是以進士王鉞、路麟、李師儒、何（洛）〔洽〕、楊釋、劉溥、翟敬、徐浤、譚溥、王序十人爲翰林院檢討，分侍諸王講讀，麟就職而浤等九人，以府（潦）〔僚〕沉滯請別爲叙遷之格，吏部尚書耿裕寢其奏，浤等復詣部争之，裕不聽，遂群詬而出，事聞，下鎮撫鞫問，譚、溥等復奏吏部郎中責欽銓選不公，冀以自解，又竄路麟名於疏中，并麟亦逮問，浤等具服而麟初不預，具奏乃釋麟而送浤等於法司擬贖徒杖，送吏部查例發遣，且引成化初進士周鑑選案府教書稱疾不出，及教官夏瓚酗酒爲民事，具獄以聞。上以浤等詆毀大臣，免贖罪，照前例俱發爲民。

《明孝宗實録》弘治八年六月 己巳，烏思藏闡化王貢使鎖南短竹等，回至揚州廣陵驛，遇大乘法王貢使鎖南劄進北上，相與殺牲飲酒，三日不去，見他使舟至，則以石投之不容泊，知府唐愷呼其舟人來驛中戒之，鎖南短竹等持兵仗擁入驛，愷避去郡民力格鬬乃免，民爲所傷者甚衆，巡撫都御史李蕙等以聞，刑部請治通事奈顯，伴送百户楊相等罪，仍請榜示沿途驛遞，嚴加禁約，別遣通事諭其王，令各治貢使之罪，從之。

《明孝宗實録》弘治十七年三月 〔庚午〕懷仁王府儀賓周欽革職爲民，坐因事聚衆（歐）〔毆〕傷本管知州故也。

《明武宗實録》正德四年六月 〔庚辰〕謫慶成王府儀賓雷景聱、李經戍遼東寧遠衛，以毀詈法官，王拘治不服也。

《明武宗實録》正德五年二月 〔丙午〕周府鎮國將軍安淄數持刃逐其父，又擊傷其生母。輔國將軍同錠與寡姊孟縣縣君淫亂，二人者有隙，互相訐發，命司禮監、刑部、錦衣衛官往勘。奏上，安淄已死，命開棺驗尸，以庶人禮葬之。同錠及縣君皆賜死。

（清）查繼佐《罪惟録》紀卷一一《武宗紀》 正德十一年五月，賑河南飢。收自宫男子三千四百餘人，充海户。

《明武宗實録》正德十二年十一月 〔丙戌〕崇府李親激嘗乘騎出，忿鄉人不避己，遂率衆毆之，并奪其財物。事聞，命刑部郎中、錦衣衛驗治，謫戍邊衛。

《明世宗實録》嘉靖四年十月 〔戊子〕江西按察司僉事邵浩以剛暴詈同寮，毆郡守鎮部官，爲撫按所劾。有旨：逮問。至是法司上其獄，詔贖罪降用。

《明世宗實録》嘉靖十九年十一月 丁酉，先是嘉靖十七年春，南京龍江等衛指揮陳欽等領旗軍船隻詣江西南昌兑運漕糧，與通判邵德夫等争坐交惡，遂倡增添曬倉無籌畫。會各項銀米之説次起釁鼓衆，冀辱德夫等以洩忿。衆既閧，勢不可止。於是旗甲虞元善等遂毆德夫，褫毀其冠服。德夫走監兑主事鄭賀夫所。諸軍隨之，并毆傷賀夫，擗裂文卷，凡器皿户牖悉毀之，復擁入糧儲道。參議王昺匿不見。諸軍益踴奮，逢物即毁，咆哮而出，執縛糧長，有死者。强刼其銀米，攫取官民財貨，無復敢抗，日中爲之罷市。巡撫江西都御史胡岳榜諭之，越六日諸軍始解散領兑去。於是岳及賀夫以事聞。詔下總督漕運都御史周金按狀。至是具上其獄。得旨：陳欽等不畏國法，毆傷制使，刼奪官民財物，罪犯深重，不得拘常律，俱發極邊衛分永遠充軍。首惡旗甲虞元善等三人論死，餘各以輕重抵罪。未獲從惡，行巡按御史捕治以聞。

《明世宗實録》嘉靖二十六年五月 〔甲寅〕通山王府輔國中尉英㸌毆傷叔祖，越關瀆奏。詔禁住鳳陽高墻。

《明世宗實録》嘉靖二十九年六月 〔戊戌〕發新野王府鎮國中尉宙栢高墻禁住，坐毆辱親母故也。

《明世宗實録》嘉靖三十一年十月 〔己亥〕革石城王府鎮國將軍栱梳爲庶人，奪其弟栱棧、栱恩、栱榰等俸半年，坐群毆新建縣知縣劉勃故

也。

《明世宗實録》**嘉靖三十二年十二月**　壬午，周府胙城王府奉國將軍安淚坐持刀戕兄，辱詈親王等罪，詔發禁高墻。

《明世宗實録》**嘉靖四十一年十二月**　癸亥，韓府宗室以索借禄糧不遂，毆傷平凉知府邵大爵，撫按官以聞。詔：降爲首奉國將軍旭柱、融炕爲庶人，奪奉國將軍旭枕、鎮國中尉旭墩、旭楓、旭椴、旭楧、融炷、融熸、譔㦀禄米各二月，發庶人融煠、融炕閒宅禁住。仍令巡按御史逮問該府輔導官及撥置爲奸者大爵調用。

《明世宗實録》**嘉靖四十五年六月**　〔壬戌〕湖廣承天衛軍以求索〔明〕〔用〕糧擁衆入府門，毆擊書吏。知府鄭文茂廉得其爲首者，執而鞭之至死，諸軍益憤，因大呼詈辱文茂，久之始解。事聞，撫按官劾管屯指揮胡炅倠科失期，管糧曹茗、掌印來〔衰〕〔衷〕約束不嚴并文茂用刑過當，俱當議罪。上曰：軍士玩法至辱守臣，其令撫按守備官嚴捕首惡者治之。炅等俱下御史問。

《明神宗實録》**萬曆元年正月**　〔辛酉〕陝西撫臣曹金叅襄陵王府奉國將軍融熷、鎮國中尉融炘等越關赴省索完欠禄，毆打門官，淩辱方面，請分別處分，懲戒將來。章下都察院。

《明神宗實録》**萬曆二年八月**　〔丁卯〕革岳陽王府輔國中尉英琰、永安王府輔國中尉英爌皆爲庶人，閒宅禁住。罰英爌等禄米一年，以聚衆搶奪傷人，撫按叅劾也。

《明神宗實録》**萬曆三十年五月**　戊子，江西樂安王府奉國將軍謀𪸩道出，直税監潘相爲儒童所鬨，被相并補入，毆折肢體，將庶宗達同𪸩拘禁三日，始放闔省，宗室憤激。撫按以聞，劾相罪在不赦，亟宜正法。留中。【略】

〔六月丙午〕潘相之拘辱爵宗謀𪸩也，撫按疏至，言官馮應鳳等前後交章，論相罪。上皆寢其奏，相復逞辯横誣。户科給事中姚文蔚疏言：税璫潘相以儒童起釁，擅拿爵宗，非刑毆傷，越宿方釋，天潢之派，視之若無，是其目中已不知有祖制，不知有皇上矣。廼厚誣其搶税以文其愆，横扯縣官以駕其禍，夫謀𪸩被相擒拿而進，何謂搶税。縣官遠在數百里之外，何云指使？相之敢於説謊，一至於此？竊謂皇上聞之當何如震怒，乃撫按糾叅而不問，科道交章而不理，獨相之疏，若響斯應，恐天下窺皇上意指，偏向有望，絶計窮而亂不已也。伏乞皇上將潘相撤回究罪，仍因此撤諸璫，悉罷礦税，與天下休息。户部尚書趙世卿等亦有疏，俱不報。

《明神宗實録》**萬曆三十年六月**　戊申，中都留守司僉書韓有光以貪被論，不候旨私逃。其先恨金知府之揭送也，及金知府諭留，乃擊斷其兩臂，而主簿驛丞俱被帶刀家丁砍傷，復上堂擊鼓吶喊，聲言白日弄兵，當塗鼓衆，巡按御史劾之。上命革其職，撫按官嚴行提問具奏。

《明神宗實録》**萬曆三十七年八月**　〔己酉朔〕合肥縣生員金文華等毆其縣令曹光彦，禮部請如律究擬。上以近來士習澆陵，干犯法紀，屢禁不悛，深可痛恨，命重治之。

《明神宗實録》**萬曆四十三年十二月**　〔庚申〕下兵馬毆之相于法司。時九門太監冉登奏，奸棍聚毆官軍。上以毆之相有地方之責，不能禁戢，乃敢受賄行私，故詰責之，仍命郭從忠等都着錦衣衛拏送俱撫司打問。所拾棚鋪，盡行拆毁。

《明神宗實録》**萬曆四十四年正月**　〔壬申朔〕革任巡捕提督凌應登毆擊御史凌漢翀於端門。先是，漢翀以應登同籍長洲，與通族好。及爲御史，以搏擊豪猾自任。習見應登所爲多不法，心惡之。會應登以謀反嚇取妖民王好賢四千金，漢翀廉得，發其事，應登亦訐漢翀爲福清令，貪濁狼籍，及以賄得御史，益豪寇無算，列款以上，俱留中。是日，百官行禮畢，至端門，應登率其黨伏門側，持鐵鉤突擊漢翀，敗面裂衣，同官刃護，得不死。巡視皇城給事中亓詩教據事奏聞。上以毆辱御史，驚擾朝儀責應登，始下兩人疏。得旨：互訐事情，九卿從公會勘，不得徇情庇護。

〔明〕沈德符《萬曆野獲編》卷二二《司道・藩臣被笞》　工部右侍郎霍瑄，先以參政掌大同府鎮守。右少監韋力轉恨瑄，送都御史年富家衆杖十餘。至拜亞卿，始奏力轉諸不法。上命逮治力轉，亦天順元年事也。内豎敢笞方面，抑更異矣。其後力轉蒙上宥，而瑄亦不問。瑄初守大同時，虜擁太上皇至城下。時城中嚴備不敢啓，瑄從水竇出，匍匐叩馬痛哭，進膳及靴袍等物，出府金銀犒虜，上德之。甫復辟，即召佐冬官。瑄之見知於英宗舊矣，獨不能稍抑力轉，以一伸其忿耶？

〔明〕沈德符《萬曆野獲編》卷二二《府縣・郡守被笞》　南户部尚

書雍正庵泰，故成化間名臣也。初筮仕吴縣令，有神明之稱。以後歷西臺，兩爲郡守。至弘治元年爲山西按察使，怒太原知府伊珍避道稍遲，執而笞之。珍訴於朝，又訐其不法，僅降湖廣參政而已。知府階已尊，無可撻辱之理。且身曾爲此官，不知當時與彼中臬長何以相處？况太原省會之地，其伍伯敢於手撻上官，亦理之所無。【略】其後以右副都御史撫宣府，又以大杖杖參將李傑，爲言官劾罷。

《明熹宗實録》天啓七年三月〔庚寅〕直隸督學御史賈繼春題惡生毆辱郡佐，大干法紀事。得旨：據奏惡挾考不遂，毆辱府官，弁髦法紀，大傷風化，著該衙門將爲首與脅從的依律正罪以儆囂俗。李日韡執法受辱，情實無辜，宜安心供職。張盛美私脱凶犯，降三級用。何朝宗實心任事，著與紀録。賈繼春素有風節，今藉彈壓變緣，積習當著實振刷一番：近來士風不古，人情好競，武斷鄉曲，把持官府處處有之，該部行各提學官生儒有仍前爲惡的，不時處治，地方官有徇情庇護的，指名糸奏。

（明）清波逸叟《折獄明珠》卷二《人命類補遺·肆酒相毆》 酗酒肆惡事。酒不及亂，聖訓當遵。逆惡某湛酒晝夜，分犯尊卑，身因諫阻成仇，某日糾群斬打。若不告懲，後殃旋踵。爲此懇提上告。

訴

挾仇誣制事。獸叔某恃尊滅倫，淫穢百端，醜聲外播，人人切齒。嗔身理諭成仇，捏架糾群毒打。不知群黨何人，當時勸解又何人，顯然誣蹈，懇台嚴辨。上訴。

吴公審語：審得常三與常九三乃叔姪相臨，九三素無酒德，一旦不顧禮義，以卑犯尊，此飲酒撒潑，所致理滅有之。乃致常三負忿告縣，□拘赴審。九三復以滅倫淫行訟叔，但叔有醜惡，合族當有公譯，何待叔訟於汝，汝獨有告發之舉乎？黑白昭然，情罪莫掩。依以姪毆叔律，擬杖，以懲將來。取供。

（明）清波逸叟《折獄明珠》卷三《人命類補遺·告姪毆叔》 毆尊折齒事。惡姪某假銀剥削成家，縱放耕牛食踐度荒麥菜，嗔出怨言逞凶，及毆打落門牙，血流暈地，幸某救甦。毆叔分罷，傷齒罪重，懇究如律。上告。

訴

恩援誣陷事。族叔某賒布二疋，取緊觸怒，大杖加毆，身即奔逃。叔趕蹼跌，自落門牙，不思大可壓小，卑不抗尊。傷齒重冤，民瞻不起，乞天分豁。哀訴。

晏侯審語：審得尤珊六種麥度荒，一家待命。而麥壞牛口，則剜肉心頭矣。怨言詈罵人，情乎武孫就。不合顛倒綱常，以姪毆叔，甚且打落門牙，尤罪之不可赦者也。但彼云取銀觸毆，蹼跌自落。夫欠債豈有毆人之心，平地亦非蹼跌之所。罪不可掩，依律取供。

（明）清波逸叟《折獄明珠》卷三《人命類補遺·告毆傷》 急救二命事。身于舊年揭借俞某本銀二兩，未期過還，收帖存証。豈惡執券復騙理論，反觸叢打，傷顱可驗。弟梅急救，復被拆肱。某等救証，二命懸絲，乞台親究。上告。

催狀

抗提弊殺事。凶豪俞某截打兄弟重傷，醫生驗明。七牌嚴提，弊抗不到。仁台視民瘼猶已傷，凶惡藐官牌同故紙。二命懸絲，調養無人，欲擡歸家，恐違天斷。目今血髓時流，朝暮難保，恐延日久，奸計百生。嚴拘早斷，二命更甦。哀告。

訴

訴冤陷騙事。梟惡何松約借贍軍銀兩，越限不還，坐取觸恨。哨弟何梅擒身，槌石亂打，渾身寸節有傷。幸某救歸，幾死二次，惡反詐傷二命。蒙牌七捉，病莫起床。今幸死穀回生，匍匐上訴。

駱侯審語：審得俞平九爲富不仁，剥民肥已，蓋流毒一方矣。今回逼債毆人，破何松之顱，拆何梅之肱，七拘不赴，此又撓法之甚者也。尚且展晁錯之智囊，奏蘇張之舌劍，捏稱遭打致病，抵塞前愆。殊不知平九之條，只憑伊口所談；而松梅之傷，則經予目所睹也。合殄刁風，擬罪如律。

（明）余懋學《仁獄類編》卷二五《和言得囚服》 梁傅岐除如新令，縣人有因鬬相毆而死，家訴郡，郡録其讐考掠備至，終不引咎，郡乃移獄於縣，岐即令脱械，以和言問之，便即首服法，當償死，會冬至節，岐乃放其還家，獄曹掾固爭之曰，古有此，今不可行。岐曰，某若負信，縣令當坐，竟如期而反。

（明）余懋學《仁獄類編》卷三〇《燭私和人命》 東鄉縣民余栢三二謀侵夏容八墳地，容八率衆毆之，斷其右足至死，族里聞之官，容八賄其屍親以跌死報，獄具矣，余栢二十者復訴憲司，移理刑官再鞫，先君一閱案，即召諸証詰之曰，栢三二所葬父邪母邪。曰父栢三二有昆弟乎。曰有兄。先君曰，弟葬父兄，何不與。曰兄商外未歸，先君曰，栢三二其以父棺來邪。以骨殖來邪。曰以棺。先君曰，以棺非數人不能舉，何栢三二獨受跌，一跌而數人不與救也。衆默然。先君又曰，棺葬邪，未也，曰以追急未葬而走。先君曰，人被追急跌死矣，棺將誰安邪。衆無以對，乃叩首，服毆死，先君因謂曰，事和矣。先時余呼夏姓曰，官今恃此際，亦欲夏呼余姓爲官，夏不從，是以未息，然與衆皆曰，信此細事官中乃得知邪。先君又謂曰，容八之毆栢三二曾時二姓鼓之，有乎。曰有。曰栢二十等之再告以酒食不齊賄，不如願信乎。皆對曰，神明。乃寘容八于理，而曾時以鼓釁栢二十等以索騙，各擬贖徒。

（明）蘇茂相《新鐫官板律例臨民寶鏡》卷七《兇毆類審語・鬥毆》

審得郭時禎告詞，謂卜友、黄珊日毆其妻，伊父道非，故遷怒於時禎。夫婦不睦，此他家瓦上霜也。於世輔何與哉？其取侮有自矣。郭時雨、卜友俱衙門人役，此中必有積怨，故駕言不睦勸戒非實情也。男婦不敵，黄珊妻敢毆時禎，時禎致伊妻之毆，其故可知。陳廷庸原係惡少，與卜友爲黨，故禎扯去耳，原被皆非善人。特時禎被毆打齒，則卜友、黄珊、陳實三人各應杖儆，時禎以老父出名，住永豐鋪而托言合浦里，告己事而扯陳應舉、廖惟極，爲裝頭刁頑立見，並應併論。

（明）蘇茂相《新鐫官板律例臨民寶鏡》卷七《兇毆類審語・毆搶》

審得檀國禎習儒未成業，與康宇庶輩聯臂同游，寧有離其儕伍而自行盜羊者乎。國禎爲賊則宇庶等何人而不爲賊乎！行春非攘羊之舉，儒童非攘羊之人，白晝亦非攘羊之候。想年少酒狂，草田驅羊，並逐而戲。羊主文一始而嗔之，嗔之不得，遂致詈之。詈之不勝，因而奮臂一呼，顧望耀、望甫等蜂擁而羣撻之。撻之猶可，何至恃衆力而挾入宦門，出紙筆而勒寫保認，則國禎真賊矣。何物宦室之豪佃，敢持衣冠之儕侶一至是也。國禎游血攻心，勢或不療，文一立狀保辜外，依賠康生衣巾酒榼銀二兩。

（明）毛一鷺《雲間讞略》卷八《一件人命事》 本廳又審得：姜夢麟之毆許才，其抵不抵之關，惟毆期與傷痕兩端耳。今據歷審，毆期或指謂五月初九，或指謂六月廿九，是皆彼此偏袒之辭，俱變亂不足憑。惟屍侄許教之堅執不屈與屍妻王氏之信口偶供，僉指五月廿九爲真，則毆期之在限外確矣。至於許才屍傷，在上海初檢則稱十指微握，肚腹低陷，似若盡歸之病。再檢則稱肩胛骨損，血蔭紅色，又若盡歸之毆。而且傷與仗合，重傷又與例合，夢麟幾不可解矣。今據青浦兩番檢驗，其頭顱胸肋諸傷，固與上海符合，獨詳覈肩胛之非毆傷，則骨薄、紋細、色白，三言足破疑團。且病怯於毆前，憤鬱於毆後，兩語亦爲中的。終難以破骨而牽合限外之例，則奈何必以夢麟抵才也。惟是毆情逼真，毆狀頗慘，各證屢屢言之。雖才居常病怯，毆後病鬱，足爲夢麟解，然既怯矣，安能當夢麟之毆；夢麟既毆矣，故益甚才之鬱。才死雖不盡由毆，然使其病而鬱鬱而死，誰實爲之？况許佐以父故嗚冤，塗足泥首，椎心喪氣，致卒登冥録，區區不死者治耳。一家兩鬼，俱夢麟一念不戢坑之。今即以限外無抵法，亦宜置之尺籍，以實行伍，令兇狠者視爲戒石。第例以威逼，則許才無自盡之情形；例以忿争，則夢麟無執持之兇器。捨此而徒以毆傷本律論，則罪且僅止一杖，遣則情無以蔽法，杖則法無以蔽情。而查不遣不杖之間，徒律又難穩合。今且細酌情與法而折衷之，其毆而不遽死也，即僅謂之毆可；其因毆而卒至於死也，即謂之篤疾亦可。合無援引本律，坐以城旦，仍斷給十金，以瘞才骨，又再斷田三十八畝以贍其後。蓋前田原係才親弟所出，又今爲許教所佃。割夢麟之餘産以恤孑立之孤，治無論。治子母得依爲存活，而才與佐亦吐氣九原矣。楊賓以徵糧故而奪紗剥衣，事屬强横。姑念急公家之務，而奉主人之命，仍照原擬論杖。田糧以前逋負，着夢麟清楚，以後責許治出納。招解。

（明）毛一鷺《雲間讞略》卷九《一件出巡事》 本府牒送青浦縣絞犯陸文耀等

前件審得：陸文耀假狐威而奪漁利。始因陳柏争執港界，誤攖其鋒，遂肆毒毆；繼因天貴護主奔救，愈觸其怒，益肆窮兇，遍體多傷，七日畢命。蓋至延醫調理折柬求保，固其死天貴，鐵案也。毆出親手而死非刎縊，視威逼自盡者原自不侔，初審坐杖，再審發戍，殊不盡辜。乃慮駁問必抵，陰囑其兄盜屍於兩檢之後。不知屍骨可滅而屍傷具在，不亦計愈狡

情愈真乎？若必索原屍與盜屍之人以定其罪，則不惟此囚終無完局，凡豪奴以睚眦殺人者，皆可襲詭計漏抵矣。錢神爲政，豈法之平，惟按法論絞，以結宿案。原斷給葬銀應追還。

（明）祁彪佳《按吴親審檄稿・一件號救事》　行據崑山縣解犯汪七等到院，審得汪七、汪六與金潛争腐毒毆，乃並孫誠和之父孫美及誠和俱被其毆，且孫美因之壞眼。此全令所審明者。折人一指一目，便應與配，況兩目乎！汪六在逃，今鎖押汪七到縣，吊孫美查目果瞎，即將七及嚴提汪六擬徒招報。孫恩與誠和以争産微隙，乘男亥郎病死，輒誣逞於典史，典史輒擅受詞，恩責之，典史行戒飭。汪七之父汪祖泉又復誣告於倉院，批府仰縣申府即轉呈倉院，並究祖泉父子可也。

（明）祁彪佳《按吴親審檄稿・一件勢屠事》　行據崑山縣解犯湯承洲等到院，審得李儒與顧禄共放鳥捕魚，因争魚起釁，有龔成者死，顧禄認爲母舅，令龔文告命，而己作證，且投之葛宦。有金鳳、王泉，皆奴棍也，所以詐儒者，無所不至，即其勒李儒借契十一紙，皆索詐之確證也。假命圖財，借宦刁訟，顧禄、金鳳、王泉罪不容誅矣。禄已天殛之，其子顧秀又以愚蠢，聽人唆告人命於縣，可恨孰甚焉。顧秀重責之，金鳳、王泉嚴拘，出照契上數目追贓一百兩，該應斷給，但原告不願領，罰出修學，原告再不許拘累矣。本院詞及理刑所奉道詞與該縣詞供，註銷立案。

（明）祁彪佳《莆陽讞牘》卷一《一件人命事》　審得彭應承因羅宇之男春仔角口與羅宇相毆，而毆及其妻翁氏，翁氏受辱短見自縊。應承驚慌兇打其妻攬妹，欲因死以相抵。此地方鄰甲所目擊也。何以應承敢刁横若此哉？及本館委龔經歷相驗，應承懼罪，以房三間寫銀十二兩賄羅宇，宇惟賄是求，即告息矣。宇之肯聽和處者，則縊死是真，而承之肯寫房屋者，則相毆亦實也。買和之財法應追入，故以六兩給主埋葬，着應承、羅宇同去變買。應承仍杖之，以儆兇毆。

（明）張肯堂《㽦辭》卷一《戴三郡滑縣人大辟》　諸戴之於馬自信，一日三角：始而角口，既則角拳，終乃角械矣。就中身爲戎首，奮臂獨往，墮其七齒者，爲戴三友。一槍洞腹，深入透氣者，爲戴三郡。持斧斫背，傷深到骨者，爲戴三重。三者有一，皆足畢命。然手足金刃，輕重自分，復以鎗斧較之，斧創巨而傷骨尚可暫延，鎗刺深而洞腹定應立斃。此滑縣之所以排盈庭，而齦齦於三郡之一抵也。今自信之腹既已鉋蠅蚋而膏野草矣，所可按者，斧傷棍傷耳，朽骨無憑，原簡自確。三郡尺組亦何所逃。所遺憾者，衆兇叢擊，無加於自信之一身。而三友、三重律止應徒，别無並抵之法耳。若三起輩皆負驍雄之姿，共爲佐鬥之舉，不可謂非大憝，而比之三兇猶覺眇乎小矣。

（明）張肯堂《㽦辭》卷九《南之梅一》　生員南師尹向與同族南之梅等以争産搆訟，相避如仇。四年臘月十七日，師尹以他事過之梅之門，踽踽獨行，殊不設備。而之梅等皆勇悍人也，陡觸前忿，計不反顧，時值歲晏，正在乾茅斫柳之時，利器在手無俟反兵，之梅手持一鎊，梅兄之竹手持一钁，縱横亂施，腦髓糜爛，頭顱欲墜，項頸之不殊者，僅僅容指耳。以諸生而被此奇禍，覩斯慘者，誰不髮指。對簿之日，重加刑訊，之梅心知不免，自絶於獄，一命一抵，似足相償。而屍親之氣，猶憤鬱未平也。據應時再訴，謂主謀實出南可仁。蓋緣之梅即訊後，其父南世福有南可仁累我一家之語，謂出自南世貴耳聞，而世貴又謂得之劉守法，其言影響無可爲據。特是南姓一族，彼此胡越，可仁與師尹仇隙素深，正復不減之梅。或平時私計，互相切齒，亦不可知，而遽謂倉卒屠戮盡出可仁發縱則又未敢信也。又之梅、之竹兄弟齊逞，鎊钁交施，皆係致命，惟是鎊之鋩刃，倍銛於钁，而重傷亦鎊爲多，故定之梅爲首犯，實則一钁之傷，足以死師尹而有餘也。如此窮兇，併命爲快，況之梅一死，不以法誅，僉愈謂未足以償師尹塗地之慘，而遍查門毆律文，從無雙抵之法，所爲屢訊而不能決也。事關重辟，出入既費推敲，兼屍親應時雙瞽不能對簿，憑弟應選爲導，而應選津運方回，故歷半載而始得上讞耳。夫一成而不易者，律也。而事變萬端有律所不能盡者，則夫前所是爲律，後所是爲令，是在上臺裁酌而已。

（明）張景《疑獄集》卷八《宗元訴守辜》　待制馬宗元少時父麟毆人被繫，守辜而傷者死。將抵法，宗元推所毆時在限外四刻，因訴於郡，得原父死。鄭克云：按辜限計日，而日以百刻計之。死在限外則不坐毆殺之罪，而坐毆傷之罪。雖止四刻，亦在限外。謹按大明律云：凡保辜者，責令犯人醫治，辜限内皆須因傷死者，以鬭毆殺人論。其在辜限外死者，各從本毆傷法。若折傷以上辜内醫治平復者，各減二等。辜限滿日不

平復者，各依律全科。又按唐律云：保辜限内死者，依殺人論；限外死者，依本毆傷法。又按《元史·刑法志》云：保辜限内死者，依殺人論；辜限外死者，杖一百。蓋元氏未嘗定律。及聖朝未定律之先，皆以唐律比擬，故我朝律文，多宗唐律，而此條亦本之也。訥囊在南京會審刑部罪囚，有毆人辜限外死者，訥曰：當依本毆傷法。或曰：律云辜限滿不平復者全科，此當死。訥曰：所云限滿不平復全科者，因上文折傷以上限内平復減二等立文。蓋謂辜内雖平復而成殘廢篤疾，及限滿不平復者，則全科折傷之罪。若曰辜限外死者，全科死罪則律文何不云傷不平復而死者絞，乃虛立此辜限乎？後此囚會赦得免，然或人終不以愚言為然也。近讀宗元守辜事有感，因備載之，讀者詳焉。

(明) 佚名《四川地方司法檔案》　壹起爲發問犯人事。

壹名，周廷和，年叁拾歲，成都左護衛中所百户楊自喬下軍餘，見在本城肅政坊居住，縫造暑襪發賣生理。狀招：嘉靖貳拾玖年肆月内，成都縣將在官甲首長夫王現郎、王長保撥赴布政司下川南道老爹孫處答應。本年閏陸月拾柒日，蒙本道票差王長保仰迎暉門牙行郎送白梭布暑襪貳雙，領價繳票。伊前去票取間，廷和與在官民韓二、張成、陳洪善各帶暑襪，亦去錦官驛河下發賣。比王長保就取韓二並缸罈街未到失記姓名人暑襪各壹雙送赴本道。因暑襪不堪，責令王長保領出給主，取票回繳。王長保因孫爺行忙，將暑襪未曾給還取票銷繳。本月貳拾日，王長保送孫爺至大安門外回還，比廷和與韓二、張成、陳洪善亦來領價，撞逢王長保。比廷和就不合向王長保捏説，你前出假票，取我暑襪，我決要把連你同見本司張爺等語。王長保回言不遜，廷和又不合先行下手，將王長保揪打，比韓二、張成、陳洪善各又不合在傍助力，未曾成傷，當有過往失記姓名貳拾餘人在傍看視。隨蒙本司老爹張經過本處，廷和、韓二、張成、陳洪善各又不合不行回避，仍前攘打。當蒙拿赴本司責審，牌發本府，仰將發下各犯從公從實審究明白，具招詳奪。隨蒙本府署印邵同知驗得前票真實，逐一研審前情明白。蒙斷令：王長保前票廷和等暑襪責令韓二領回，仍存壹雙暫收在庫，查拘原主給領。各無異詞。將廷和等取問罪犯。

叁名，韓二，年肆拾歲，張成叁拾歲，陳洪善叁拾伍歲，俱華陽縣民。各招同。

壹名，王長保，年叁拾捌歲，係成都縣民。供同。

壹，議得：

周廷和等所犯，周廷和、韓二、張成、陳洪善俱除手足毆人不成傷罪名不坐外，俱合依不應得爲而爲之事理重者律，各杖捌拾。俱有《大誥》減等，各杖柒拾。周廷和係軍餘，韓二、張成、陳洪善俱民。周廷和審稍有力，韓二、張成、陳洪善審俱無力，候招申允日，各照律例，周廷和折納工價贖罪，韓二、張成、陳洪善各依律的決，完日與供明王長保各寧家，聽繼當差。

中國第一歷史檔案館《滿文老檔》天命六年　初五日，審理之案如下：科坦未報法司，擅笞牛録下婦人，罰銀十五兩。

中國第一歷史檔案館《滿文老檔》天命七年正月　十三日，博和里因與塔拜阿哥毆鬥，先擬其罪，鞭責一百，籍没家産，其身賞給大貝勒爲奴。後復擬死，旋免其死，箭刺耳鼻，釋放。

中國第一歷史檔案館《滿文老檔》天命七年正月　十九日，錫喇納弟阿納之妻，無視法制，烙其婢女私處，曾治阿納妻以死罪。後免其死，刺其耳鼻，又責該婢女曰：爾本屬有理，何以逃走耶？遂割其耳鼻，其人由執法者收留之。

中國第一歷史檔案館《滿文老檔》崇德元年五月　二十八日，昔鑲藍旗下席爾泰戍守寧古塔，私娶降民之女爲妻。至盛京後，兵部查點數目，不行申報。分與正藍旗時，方言此女係其所娶，行搶相鬥，毆筆帖式。法司審實，鞭一百，貫耳，革牛録章京職。

中國第一歷史檔案館《清初内國史院滿文檔案譯編》崇德三年正月　初七日，武英郡王率兵出征，鑲白旗額克親家人於昌平州獲婦人二口，鑲紅旗固山額真葉辰、特津牛録下順托惠聞之，預候於正紅旗葉克書之門，遇額克親家人，挾仇毆之，奪其婦人。額克親訟之法司，至是審實，順托惠鞭一百，貫耳鼻，盡奪順托惠所俘獲，給與額克親，葉辰亦坐以應得之罪。其額克親未得之婦人一口仍給額克親。

中國第一歷史檔案館《清初内國史院滿文檔案譯編》崇德三年七月　二十五，是日，阿山旗牛録章京穆成格出征，聞本牛録下漢人布爾山夜刺李丕占三刀，並砍傷浩四、四薩納二人，遂往欲執之，布爾山又迎面砍穆

成格，爲穆成格捕獲，故擬布爾山論死，穆成格捕獲星夜持刀傷人者有功，應賞馬一匹，奏聞，上命布爾山以來歸之功，免其死，仍鞭八十，穆成格賞馬一匹。

中國第一歷史檔案館《盛京原檔》二二二號 崇德四年八月二十二日，正白旗鎮國將軍阿拜阿哥之子奉國將軍席特庫同本旗伊拜之子圖勒什争鬥，將圖勒什拳打兩次，因訟於法司，經審，拳打是實。席特庫罰以規定之罪。

《清聖祖實録》康熙二十七年三月 〔乙亥〕巡城御史穆恕等，題參旗人吴學經等毆辱職官杜亮采。

上曰：吴學經等凌辱職官，殊爲可惡。其家主平日不行嚴束，以致奴僕毆辱職官，亦應究擬。其後奴僕有如此者，其家主作何處分，著一并定例議奏。尋議：監生吴世英、旗人孫登高平日不行嚴束家奴，應照例將吴世英於出仕之日，罰俸兩個月，孫登高鞭五十。嗣後若奴僕有犯毆辱官員者，其家主俱照此例治罪。從之。

（清）李之芳《棘聽草》卷一《人命・分守道奉兩院一件為敕檢人命事》 審得陳三八二因碓杵與楊三七攘袂相争，致使飄瓦互擊，三七面有傷痕三點，越旬餘而斃，則致死不爲無因。第當日啓釁甚細，相毆之後衆人止處銀二錢，可見亦無深傷大怨也。頰上之傷，似非要害。夫人三日不汗亦足以死，況十有四日之間乎？事起於睚眦之微，獄關於人命之重，死生出入，不可不慎，未敢草率成招，先行詳情。

覆審得陳三八二與楊三七比相毆也，事起於争碓杵之微，而飄瓦互擊，陳傷在額，楊傷在頰，似略相當。但額上之傷旋愈，頰上三點致受風而死，並無別病，則鬥毆之人似不能逭於法也。第當日三七負傷之處，裹以手帕，後亦漸愈，使珍重調護，不即解去，亦斷不至死；乃以人之指笑爲羞，解之太蚤，又洗以湯水，使傷處受風陨命，則陳三八二之罪與毆傷致死者，區以別矣。而醫生周君美今已云亡，無從拘質；即三七之妻鄭氏，惟追恨其指笑之人，致令懷慚解其手帕，浣洗太蚤，以至於此。其情事逼真，毫無隱飾也。前蒙憲批，矢至公以服輿情，職何敢不公也。三八二維厲之階，起於争鬥，雖無知犯法，而情則堪矜；但傷實有因，而死亦堪念。擬以城旦，給以葬埋，則生死之間，俱無憾矣。

（清）盧崇興《守禾日紀》卷四《一件夫命劇冤事》 審得：夏國臣與陶世祥比鄰而居，皆劉宅佃户也。正月内，霪雨連綿，桑田皆爲巨浸。世祥開缺放水，未免以鄰爲壑。於是争端啓，而國臣遂有鐵鋤傷耳之事，業經處米，聽醫了此一段公案矣。陶瑞華具報，捕衙致令世祥責辱，憂憤成疾而死，華不亦多事乎？今審夏國臣無毆打情由，陶允秀等亦無抄搶實據。但借命唆告，允秀等不能辭咎。然叔侄關情，量從寬政。若扛捉私和之控，事屬風影。瑞華捕官之報，念係保長。俱毋庸深求者也。立案。

（清）盧崇興《守禾日紀》卷五《一件活殺男命號憲典償事》 審看得：沈登元狡悍之徒也。先以沈姓冒認沈氏爲族姐，遂欲主張其家事；繼又夥同椿棍凌仲美誘氏繼子錢盈局賭分資。十四年五月初二日，欺盈孤弱，復偕仲美併子沈一、沈二强採青桑，以致角口逞凶。元執劃槳，二執木棍，美執桑柴，群肆毒毆。盈身負重傷，醫不用藥，計期連閏，越八十六日而殞命。衆供既已鑿鑿，自認亦復情真，身死木傷，登元何辭絞抵？沈二餘人，杖擬允宜。凌仲美冥誅免議，陳禮之等索帖牽告，似應省釋。元子沈一緝獲另結。但錢盈死于辜限之外，律有正條，況逢皇赦頻頒，各犯慶否援宥，是在憲恩酌轉，而非卑府所敢擅也。

中國第一歷史檔案館《雍正朝滿文硃批奏摺全譯・正黄滿洲旗都統馬爾薩奏報審理滿人自相鬥毆致死摺雍正元年十二月十八日》 正黄滿洲旗都統馬爾薩等謹奏：爲滿洲人毆斃滿洲人事。

據查我旗兵丁所駐城外官房值班參領蘇宏來告：今年九月二十六日，因巴什佐領牧丁赫倫特、景衛佐領護軍斯達色相互鬥毆，以刀刺死赫倫特，爲賽哈佐領驍騎校鄂爾和抓獲等情。既有關命案，著將斯達色交驍騎校常壽，解送刑部，祈由部照例遣驗屍官檢驗等因，於雍正元年九月二十八日，送達部後，由刑部差遣主事常泰、筆帖式永德、北城兵馬司之知會張邦儀率部之領催正白漢軍夏調元、佐領何榮貴、仵作劉興、王德，查校場之委護軍參領蘇宏、驍騎校鄂爾和來時，死者赫倫特之妻劉氏、祖母陳氏，一同驗看死者赫倫特之屍，額左方、鼻梁、左方眼瞼至鬢角，積滿青紅破傷，不便丈量分寸。以磚打傷，左邊手節青紅破傷二處，分寸不等。刀刺傷左邊軟肋骨處青紅傷一處，長一寸三分，寬八分。踢傷左邊肋骨處，青紅傷一處，長二寸二分，寬一寸六分。拳傷肚臍左邊處，青紅傷一

處，長一寸三分，寬八分。踢傷右膝蓋處青紅傷二處，不便丈量分寸。撞傷左膝蓋處青紅破傷一處，周圍五分。撞傷右脚面青紅傷一處，長一寸五分，寬八分。踢傷實爲有傷致死者。故取仵作之證書，携至部後，問斯達色：爾打殺赫倫特何由？原有何仇？持何械，由何處打之？除爾之外，又有何人助打之？赫倫特手節有刀傷，如何刺之？諸凡情由，從實招來等情問之。斯達色供稱：我乃正黃景衛佐領之護軍，住於德勝門外校場，原認識死者赫倫特，並無仇。今年九月二十六日，日偏斜時，我前往城門關厢購物，赫倫特醉酒，遇我後，携我至店鋪，要我飲酒，我知伊醉，稱不飲。伊即要我發誓：與爾飲酒，爾爲何不飲？乃胡亂罵我，我二人始喧鬧，街人相勸而散。掌燈之時，赫倫特持一小槍，往我之門，謾罵一陣，候於街口，我歸家時相遇，赫倫特持槍擊我，我奪槍將伊打倒後，伊即抽刀向我大腿處刺一次。我奪刀間，同我一旗之德勒金佐領披甲額爾珠到來，助我奪刀，我持磚向伊之面，肋骨等處打一次，復向伊之肋骨處，脚踢數次，我向伊家往告，後何人將赫倫特抬進廟内，我不知。翌日午飯時，赫倫特死也。額爾珠並未助我打之。赫倫特手傷，或我向伊奪刀時所刺，我並無持刀刺伊之處。等語。

復喚仵作王德，著察看斯達色之傷，王德呈書内開：觀斯達色之傷，左大腿青紅破傷一處，長九分，寬一分，實屬刀砍之傷等情具保。即宣招額爾珠。問額爾珠：斯達色、赫倫特相互鬥毆，由爾助斯達色奪刀觀之，爾務同斯達色打殺赫倫特，爾如何同斯達色打赫倫特，又有何人？從實招來等情。額爾珠供稱：我乃正黃旗德勒金佐領另家之馬甲，今年九月二十六日，打更之時，因我住街口，見斯達色同赫倫特相毆，我欲進前勸阻，斯達色高叫：赫倫特用刀砍我，我即踢赫倫特腿一次奪刀，往告巡檢章京時，途中遇巡檢驍騎校鄂爾和，告其緣由，一同往驗，赫倫特被打倒在地。不曉斯達色前往何處？以此額爾和對披甲等言，將赫倫特抬進廟後，翌日午飯時而死。我亦將刀交付章京蘇宏也。斯達色、赫倫特何因相毆，我奪刀往告章京後，斯達色如何重打赫倫特，我皆不曉，我並無助斯達色打赫倫特之處。等語。

問劉氏：斯達色如何打殺爾之丈夫赫倫特的？伊供稱：死者赫倫特爲我之夫，今年九月二十六日，我夫赫倫特食罷早飯便出並無返回，翌日方知被斯達色打死。斯達色等何故打殺我夫，我不知。等語。

問陳氏：死者赫倫特與爾何關係？斯達色如何將伊打殺？供稱：死者赫倫特乃我主之子，自幼我喂伊奶，後我之老主婦將赫倫特夫妻分居另過，我隨我之老主婦生活。赫倫特所居之房距我房二里餘。今年九月二十六日日偏斜時，赫倫特前往我家吃飯，因掌燈時回家，乃出。打更時，斯達色往我家，呼喊開門，稱赫倫特於第九街口用刀砍伊，我即同我之子米倫泰急忙往看，斯達色之弟武達色同額爾珠，壓住赫倫特執打。於是我問：爾等何故打我主之子？額爾珠踢我一下，我即大聲呼喊，巡檢章京率兵丁前來捉拿時，額爾珠、武達色均逃跑。查看赫倫特，尚有氣息，於是我將伊抬進附近之廟，三更之時，方蘇醒。問伊情由，伊稱斯達色、額爾珠、武達色共同打伊等情。二十七日黎明乃死。我老主婦因病不能立，故未前來。等語。

即傳喚武達色問之：爾同兄斯達色及額爾珠如何打殺赫倫特？原有何仇？從實招來。武達色供稱：我乃正黃旗景衛佐領護軍，斯達色係我胞兄，今年九月二十六日晚，我前往他處，我兄斯達色因何故同赫倫特斗毆，如何打殺，我均不曉，我並無同我兄斯達色打赫倫特之處。誠有助打之處，巡察章京將我一併執送，况額爾珠助我兄斯達色奪刀，脚踢赫倫特腿情形，均承認，且不供出，能代我隱匿乎？等語。

問斯達色：爾之供詞内：死者赫倫特持槍往尋我，以槍射我，我打伊，伊又抽刀砍我，我持磚打伊而亡。額爾珠，我弟武達色並無同我助打之事等語。檢驗屍體，死者赫倫特全身皆有拳打脚踢、磚打之傷。由此觀之，爾必同赫倫特有仇，額爾珠、武達色共同打殺赫倫特，顯而易見。爾今稱，額爾珠、武達色並未助爾打之，從而推卸乎？爾同赫倫特有何仇？如何與額爾珠、武達色共同打殺，從實招來等語。夾刑問之。供稱：赫倫特素與我無仇，二十六日，日偏斜時，我前往關厢購物，遇赫倫特醉酒，要我飲酒，我不飲，伊即隨意罵我，我等二人相互吵鬧而散。掌燈之時，赫倫特持一小槍，前往我之門，謾罵一陣，候在街口，我自別處歸家時，赫倫特槍擊我，我奪取槍枝，伊復抽刀，刺我之大腿處，值我奪刀間，額爾珠抵來，脚踢赫倫特腿一次，助我奪刀後，我持磚打赫倫特之面、肋等處，踢伊二次，翌日乃死。額爾珠、我弟武達色並無助我之

事，果真有助情形，我即不陳述，能承受此重刑乎？等情。他情仍如前供。

問陳氏：爾之供內：斯達色往告爾家，爾同爾之子米倫泰往看，武達色同額爾珠强執赫倫特打之。武達色、額爾珠供內，伊等並未有助打，況以夾刑問斯達色，亦稱武達色、額爾珠並無助打之事。此情如何？等情問之。供稱：斯達色打殺我主之子赫倫特，我有懷恨之念，且額爾珠復有奪刀事，我以爲或有助打，故將武達色、額爾珠均算參與。今以夾刑問斯達色，伊稱：其弟武達色並無有助打之事，我亦不悔。惟祈斯達色償還我主之子赫倫特之命，等語。

臣等刑部與兵部會審得：臣我等旗景衛佐領護軍斯達色，因毆殺巴什佐領另户牧丁赫倫特執送一案，夾刑斯達色問之，供稱我居德勝門外校場，死者赫倫特我等原相識，並無仇，今年九月二十六日，日偏斜時，我前往城門關廂購物，遇赫倫特醉酒，伊領我至店鋪飲酒，我推辭不飲，伊即肆意罵我，我等二人開始彼此喧鬧，被街上人勸散。掌燈之時，赫倫特持一小槍，前往我門謾罵一陣，候於街口，我由他處歸家相遇，赫倫特槍射我時，我奪取槍，將伊打倒，伊復抽刀，刺我大腿一次，我奪刀間，同我一旗之德爾金佐領披甲額爾珠前來，脚踢赫倫特腿一次，助我奪刀後，我持磚打赫倫特面、肋骨一次，二次踢伊肋骨處，往告伊家，翌日午飯時，赫倫特死屬實，額爾珠並無助打之處，我弟武達色並未曾往打；赫倫特手有傷，乃我向伊奪刀時劃破，等情自認不諱。檢驗死者赫倫特尸傷，鬢角、眼瞼、軟肋、肋骨、肚臍左邊等處有拳打脚踢、磚打之傷，左手節處係刀傷，右脚面有踢傷。

雖死者赫倫特有刺斯達色之大腿處，惟斯達色既已打死赫倫特，將斯達色即照滿洲人殺滿洲人之例正法，將平素未嚴加管教斯達色之該管護軍統領查克旦，照例罰俸三月；護軍參領常安、委侍衛參領薩冲阿，委護軍校護軍參領胡鈕，各罰俸六月；將佐領景衛、驍騎校常壽、護軍校馬格，各罰俸一年；將小領催劉達色照例杖打八十，額爾珠既然助斯達色奪刀，脚踢死者赫倫特一次，將額爾珠因行無理之事，照重典打八十杖，既爲旗人，則杖打八十；經審，與武達色無涉，再斯達色之族長護軍額勒格既已病故，均無庸議。業已審理。爲此謹奏，請旨。

議政大臣都統兼理滿洲火器營事務委領侍衛内大臣臣馬爾薩、尚書臣遜柱、尚書臣宗室佛格、副都統臣勒什布、散秩大臣兼副都統臣永壽、侍郎臣馬爾齊哈。

硃批：將斯達色擬絞，秋後處決，餘依議。

四川省檔案館《清代巴縣檔案彙編·忤逆·乾隆三十九年九月初二日正里二甲張應詔報狀》 爲□□凶阻，賞驗並究事。

情蟻負債。前月十二，將業出賣吴文魁，係逆堂弟張應名、范明儒等引進，議價銅錢一千串零四吊，立定交錢一百千。殊應明旋又唆蟻以田另賣吴天□，二姓争買，伊得於中厚利。蟻彼不允，前二十八令文魁請中謝應龍、鄧成章等已立契約。及往踩界，應名糾張應昇、張應龍平空凶阻，不容踩界，欺蟻孤樸，乘賣伙嚼。蟻母嚴氏，率衆踩界，應名逆倫，掌打蟻母跌地，墊傷後腰左後肋，母係衰邁，彼昏卧地，幸鄧禹文等□證，原中謝應龍亦被朋毆，應昇將蟻田價錢欠約搶去，衆畏各散不敢交價投税。以侄毆嬸，熱服逞凶，倫法全無。見人賣産，毆阻圖嚼，王章何容。叩驗並究，以儆無良，母子霑恩。報乞。

四川省檔案館《清代巴縣檔案彙編·忤逆·乾隆四十年五月十四日直里一甲劉永華報狀》 爲兄被毆傷，懇憲驗究事。

緣蟻堂弟劉永明之婿傅天福，價當永明田地一股、尾房半向住耕。本年四月内，永明將當與天福瓦房半向出賣與陳姓，獲房價錢三十八千，永明交還天福當價錢十千文，而永明另修草房一向與天福住坐。詎天福見伊岳永明賣房，疑係蟻胞兄劉永適主攏，輒於本月十三日，在興隆場將蟻兄永適哄至伊兄傅天佑鋪内擒毆，拳傷蟻兄胸膛兩肋，踢傷蟻兄小腹，幸有吴永倫等□救，當將蟻兄抬回，卧床未起。切蟻兄年將七十，何堪平遭毆傷。況以侄婿而毆傷□岳，法紀奚容，懇憲賞準驗究，霑恩。上報本縣正堂太爺臺前俯準施行。

四川省檔案館《清代巴縣檔案彙編·忤逆·乾隆四十年九月二十八日周陶氏首狀》 爲逆弟毁傷，懇驗拘究事。

□本年二月内，氏去錢十二千文得買周龍霄街基房屋，係氏堂弟周棟霄作中，賣約朗據。其房屋佃與棟霄住坐，佃約又憑。殊逆棟霄聽伊妻舅范四主唆，欺氏寡子幼，要詎買氏所買之房屋，只給氏錢七千文。氏不允

賣，投鳴約鄰黄正彩等理説，逆總豪横。本月二十六，支伊妻范氏來家蠆騙，將氏桌凳悉行打毁。氏當護阻，豈逆楝霄縱妻蠆騙，伊更目無兄嫂，將氏掌推跌地，墊傷嫂脊，踢傷□肋。幸范貴雄力拖，得生。似此逆弟凶毁，王法不容。是以命子周瑞赴案具首，懇驗差拘法究。虚坐抱告。伏乞。

縣正堂批：姑准驗訊。

《清高宗實録》乾隆四十七年十月〔甲申〕又諭：據雅德奏臺灣地方，漳泉二郡民人搆釁械鬭，互相戕殺一案，該府蘇泰前往，會同營員在各處面加曉諭，該莊民遵依允服，不敢復滋事端等語。所奏臺地情形，雖已寧帖，而辦理甚屬姑息。閩省武備廢馳，奸民竟敢聚衆械鬭，互相戕殺，甚至傷害汛弁，實屬目無法紀。此而不嚴加懲創，其何以儆凶頑而安良善！細閲摺内，該府蘇泰等前往勸諭開導，兩莊俱各悔悟乞恩，恐不無姑息了事，尚非實在情形。該府等竟有不知大體，央懇和息之事，亦未可定。前經雅德奏，委楊廷樺前赴查辦。昨據黄仕簡奏到，亦已帶兵渡臺，督率查拏。此案著責成黄仕簡、楊廷樺二人辦理。今事已寧息，可不動聲色，務將殺害汛弁、各莊械鬭傷人及放火搶奪各要犯，上緊緝拏全獲，毋使一名漏網。獲犯之後，即嚴審定擬，將本案要犯多辦數人，俾海疆奸徒，咸知儆畏。至該處文武各官，不能約束莊民，本有應得之咎。今據蘇泰等禀報，業已親往曉諭寧息，是以姑從寬恕。仍著黄仕簡、楊廷樺詳悉查訪，如該府等竟有央懇莊民，勸令和息之事，此則於大體攸關，必當據實嚴參治罪，不得因事已完結，稍事姑容。楊廷樺本由藩司降調，今朕加恩，令以按察使銜補授臺灣道。海疆重地，一切事宜須實力整頓。此後遇有緊要事件，即一面奏聞，一面禀報督撫，迅速辦理。黄仕簡俟會同查辦完竣此案，再回本任。至雅德於此等重案，視爲泛常，僅據該府禀報，輒思就此完事。伊身任海疆，不應若此。雅德著再傳旨，嚴行申飭，將此由六百里加緊，傳諭黄仕簡、楊廷樺並諭富勒渾雅德知之。

四川省檔案館《清代巴縣檔案彙編·忤逆·乾隆四十九年十一月二十九日直里七甲王正高禀狀》爲揹價逞凶，粘據叩究事。

情今九月二十三，蟻母王唐氏以串揹膳田事控蟻堂兄王正明，並叔王永常串蟻長兄王正祥私當膳田無度，以田售與正明，被永常互揹等情在案。蒙批：姑準喚訊。如虚，重責抱告。沐賞差喚。前月二十，蟻母以套陷串延具禀，批：候飭原差集訊。正明之父王永久年過七十餘，允買。本月初二，央中劉元齡等議田價錢六十千，已立契約。除當價十五千，當交錢十一千，立三十四千欠約，限十六日交足。詎永久之子王正明聽永常主唆，永常套錢寄放伊家交價，届期揹不交給。蟻母向論理索，遭正明凶横，推蟻母跌地，脚踢蟻母左肋，幸吴鳳儒、王永坤等拖救，彼時昏悶，逾時方醒，抬扶卧床。十七日，蟻以把持揹價赴轅具禀，正明情虧，哀請王正卿，李鶴君等奔渝苦攔，承認回家如數交明田價。攔詞現據。及蟻與正卿等回家向理，正明躲匿，永常不耳。慘蟻母年逾六十，受傷卧床，連日水米未進，呻吟不已。蟻投明吴鳳儒、李鶴君等，於二十六日將蟻母抬送正明家中，蟻母存亡莫卜。爲此，粘攔叩拘嚴究，不測有憑。伏乞太爺臺前俯準施行。【略】

縣正堂批：候驗並訊，如捏定責。

四川省檔案館《清代巴縣檔案彙編·差役·乾隆五十一年八月木洞鎮巡檢司備造張元璽奪犯毆差一案詳册》爲奪犯毆差，録案詳究事。

本年七月二十七日據節十甲鄉約王廷早禀，前事。詞稱，爲痞惡不法，懇拘究逐事。情有原籍南邑人民黎仁仲得當蟻等甲内趙元璽田土居住，慣行窩留，外來閒人婦女混雜不清，逐日肆鬧不寧，誠恐日後釀成禍端，約等有首人鄰居之責。爲此，禀懇恩電賞準拘究，逐還原籍，俾免滋鬧。伏乞。計開：被禀：黎仁仲、趙元璽。干證：王昌毓等情，到職。

卑職隨即飭差黄順、劉清查喚，去後。旋據該鄉約王廷早禀稱，緣前月二十七日，約以痞惡不法事禀黎仁仲、趙元璽等在案。沐差黄順等查喚。於本月十九日，已將趙元璽、黎仁仲喚至中途，突遭府書熊國興、熊國秀率趙元璽之子趙大等多人各執木棒、黄鱔尾刀將恩差黄順、劉清毆傷。黎仁仲、趙元璽俱□去。劉清傷痕沉重，現卧店中。黄順已赴案下，懇賞驗明詳究。伏乞。等情。

據此，卑職隨即當堂驗得該差黄順額顱偏右二傷，長一寸二分，寬三分，皮破血污，係刀傷。又左膀一傷，紫紅色。右背一傷，紫紅色，俱係木器傷。餘無傷。訊據該差供稱：並無鎖磕滋事情弊。劉清受傷沉重，即令就近抬赴憲轅驗究。黄順受傷微輕，飭令自己調治外。查趙元璽籍隸

南邑，甫輕移居節十甲。據約保稟稱，招留閒雜人等滋事，未經到案質訊。詎有府憲書役熊國興等敢於中途奪犯，持械毆差，藐法已極。劉清雖係在官人役，並無別項不法情事。今既受傷沉重，卑職未敢擅專。理合録案備文詳請憲臺俯賜驗訊，並拘熊國興等到憲究治，實爲公便。爲此備由繕文同申。伏乞照詳施行。須至詳者。

縣正堂批：仰候驗訊。繳。

四川省檔案館《清代巴縣檔案彙編·忤逆·乾隆五十二年八月二十五日節里八甲李玉品首狀》爲逆侄毆叔，懇拘法究事。

情本年六月內，蟻將柴山一坡、倉一間售與兄李玉書，獲價錢二十二千文買度。是時，蟻令撥載糧二分，兄稱收成與蟻一便承買全業。所以書契未曾載糧，契匿未稅，有中證李元等可證。至前月內，蟻向兄催論議價，蟻田出穀四十石，議價錢四百千，限本月內立交。至本月十二日，蟻催兄擇期，應答未理。二十一日，蟻又往理催，不料兄外，詎兄子逆侄李春茂吐稱，差務甚繁，今年不能買業，俟來年等語。蟻以理斥，豈逆惡橫悍至極，目無叔尊，擒蟻毆打，掐傷蟻頸項，扯破蟻藍布汗衣一件，蟻奔脱跑。逆膽持鋤柄起毆，非李玉寬等力救拖鋤，蟻命莫保。蟻奔投鄰李繼伯等可證。似此揹業懸擱契價，逆侄毆叔，均干法紀。是以繳鋤，哀懇憲恩賞准訊法懲逆，着兄當堂立契稅交，窮民霑恩。伏乞太爺臺前俯准施行。

（清）祝慶祺《刑案匯覽》卷四四《刑律鬬毆·毆祖父母父母》　四川司例載：　繼母毆故殺前妻之子，審係平日撫如己出，而其子不孝，經官訊驗有據，即照父母毆故殺子孫律，分别擬以杖徒，不必援照加等之律。如伊子本無違犯教令，而繼母非理毆殺、故殺者，除其夫現有子嗣，仍依律加等定擬外，若現在並無子嗣，即照律擬絞監候等語。此係乾隆十四年九月，因廣東南海縣民劉德滿繼妻闞氏搭死前妻之子劉應周，致令伊夫絶嗣，擬絞，秋審擬入緩決，援引舊案聲請。查明伊夫續娶有子，將應否減等，請旨定奪一案，欽奉上諭：　以繼母將前妻之子無罪致死，令其夫絶嗣，擬絞，但當論其有無子嗣，不必計其後次之續娶另生等因。經大學士九卿兩次議奏纂定之例，今四川省孔張氏因前妻之子孔文元素性疲賴，係伊夫孔思金自行撫養，是該氏本不能撫如己出。迨其跟隨赴河挑水，將桶拉住戲耍，囑令放手，不允，該氏氣忿，推跌落河溺斃。孔文元係九齡幼孩，其拉桶戲耍，不得以違犯教令論。該氏臨河推溺，雖其非有心故殺，究屬非理毆死。孔思金現在並無子嗣，該督將該氏依例擬以絞候，該與定例相符，似可照覆。乾隆五十三年說帖。

四川司查律載：　嫡繼慈養母故殺子孫，致令絶嗣者，絞監候。故殺子孫之婦及乞養子孫者，杖一百，流二千里。又律載：　伊子本無違犯教令，而繼母非理故殺者，其夫現在並無子嗣，照律擬絞監候各等語。此案羅范氏故殺承繼之子三娃，雖與故殺伊夫親子者有間，但該氏因三娃與養媳引姑在外頑吵，被夫羅綱林辱罵，欲毆該氏，氣忿赴河投水，三娃、引姑拉佐啼哭，該氏即遷怒三娃、引姑，一併拴縛，拉踢落河溺斃。逞凶故殺幼孩二命，情殊殘（忽）〔忍〕。例内並無故殺承繼子婦二命治罪專條，自應比例定擬。今該督比照繼母故殺前妻之子，其夫現在並無子嗣例擬絞監候，係屬從重辦理，似難改駁。乾隆五十四年說帖。

《清高宗實録》乾隆五十八年七月　〔己亥〕又諭：　巡城御史德璉奏民人趙得用喊告鋪夥王英，屢次到鋪與伊徒弟張元兒尋鬧，當即飭役傳喚王英到案，詎王英用刀自行戳傷肚腹等語。王英向趙得用徒弟尋鬧，不過尋常口角，亦何致被傳到官，遽用小刀自行戳傷？即據張元兒供稱，舊日曾與王英有姦。如果審訊得實，罪止枷杖，亦何至畏懼自戕？其中必另有别情，以及胥役需索凌虐等事。著刑部堂官，將此案犯證嚴切根究，務得確實情節，定擬具奏。

（清）祝慶祺《刑案匯覽》卷四三《刑律鬬毆·毆期親尊長》　川督咨：　鄭世學推溺爲匪堂弟鄭世燦身死一案。此案鄭世學係鄭世燦大功堂兄，鄭世燦屢次偷竊並調戲婦女，均經人調處寢息。鄭世學等因其屢誡不悛，欲行送究。鄭世燦倔强不行，並稱將來仍欲爲匪拖累。鄭世學因其玷辱祖宗，將鄭世燦推入潭内殞命。查鄭世燦屢次行竊、調戲婦女，人所其知。鄭世學等因其告誡不悛，將其推潭溺斃，係因玷辱祖宗起見。鄭世燦並無父母及期親服屬，鄭世學係其大功堂兄，服非疎遠。該省將鄭世學依尊長殺死爲匪卑幼，於毆殺本律上減一等例，於毆殺大功堂弟滿流律上減一等，杖一百，徒三年。鄭世華等照擡理律擬杖，查核情罪，均屬允協，應請照覆。嘉慶十七年說帖。

《清仁宗實録》嘉慶二十年四月 〔甲子〕又諭：先福奏審明已革守備單懷義，規避屯防，毁駡總兵一案，請將該革員先在省城枷號一個月，滿日發往伊犂等語。此案已革守備單懷義，因派往新疆屯防，輒敢捏病規避，又不赴省驗看，復因向總兵常禄借貸不遂，肆行謗詈，種種刁狡情節，甚爲可惡。單懷義著先在省城枷號兩個月，滿日責打四十板，再行發往伊犂効力贖罪。

（清）李馥堂《兩歧成案新編》卷八《縣令借寓祠堂辦公刁徒直入挾制嘉慶二十五年》 咨夏季分外結徒犯内蕭能仁，因差催蕭素五屯糧，冀圖免，累控報故絶後，又妄指劉秀田之田爲屯業，已有不合。乃於該縣審案時，輒敢闖入擅坐，並當官詈駡差役，舉脚向踢。惟該縣係借寓蕭姓祠内，究非衙署，可比照直入衙署挾制官吏軍罪上量減一等，杖一百，徒三年。

《清穆宗實録》同治五年十月 〔庚戌〕諭軍機大臣等：瑞麟、蔣益澧奏江西土客械鬭，客民悔罪投誠，給貲遣散，並擬移兵進勦五阢等處各摺片。廣東肇屬土客，結釁十餘年，未能辦理妥協。經瑞麟等扣留頭目黄焕章等，該客衆蒼黄逃散，並解到匪頭陳長青等五名，繳出器械，逃赴五阢等處。其餘男婦二萬餘名，經瑞麟等給予川貲，飭赴高廉雷韶及廣西等處安插。自因土客結仇已深，不能不分别遣散，俾免相尋啓釁。惟高廉雷韶民風强悍，而廣西土匪尚未净盡，尤恐句結爲患。當此安插之始，更宜爲日久相安之計。著瑞麟、蔣益澧、張凱嵩隨時妥商籌辦，毋得稍涉大意。此次各營兵勇冒暑興師，疫病甚多，徐文秀等現亦患病未痊，其勤勞軍旅，甚可廑念。著瑞麟等妥爲拊循，俾得休息，再行進勦五阢曹沖，以資得力。另片奏客目黄焕章、韓瑞元賞給功牌，暫留省城，俟數月後再行釋回等語。黄焕章等雖係客目，並非謀叛可比。若材堪驅策，或即留營差遣，將來得力，給以千把總微秩。既可使客民感服，亦屬易於鈐束。著瑞麟等酌量辦理。

（清）王彦威《清季外交史料》卷九《江督沈葆楨奏研訊皖南教案分别示懲摺》 兩江總督沈葆楨奏爲研訊皖南教堂滋事確切情形分别示懲事。竊本年五六月間，皖南民教尋仇，起於建平之歐村，延至宣城、寧國、廣德，教堂均遭打燬，非惟入教者歸獄何渚，即宣城、寧國地方官初稟，咸以何渚父子爲之魁臣，一面咨呈總理衙門，一面派正定鎮吴長慶統兵馳赴寧郡，督同各印委嚴密查拿何渚父子，解省訊辦。旋據稟稱，何渚已於閏五月二十三日赴縣投案，聞奉查拿，自願前來金陵。隨即帶同余應龍、吴永廷、何大田投到，其子何炳三亦遵提前來。臣飭司道隔别研訊，據供：實未糾人滋事。惟變起倉卒，罪所應歸，身充董事，情甘就戮。至所控黄之紳、楊琴錫各劣跡，並非污衊，矢口不移。臣竊思：燬打教堂，出自一時公憤，原難驟得主名，但將何渚父子駢誅，甚足以快教民之心而杜其口第。念鄉民綑送白會清之際，何渚尚爲之勸解，其無心與教堂爲難，可知。明知董事死無可逃，豈反甘作繭自縛？查宣城、寧國、廣德被燬之日，正何渚父子投案之時，其爲虚誣，又何待辯？縱疆吏欲借以銷案，奈聖世不應有冤民。且使何渚死非其辜，客民之憤之也愈深，其發之也必愈烈，鋌而走險，急何能擇？因教民而怨及縱容之洋教士，因洋教士而怨及徇庇之地方官，仇殺相尋，伊於胡底，是其快教民之心者，適以厚教民之毒也。從來辦民教互争之案者，無不曰持平。然持平易得情，難不得情，則所謂持平者，欺人之語耳。臣飭司道，一面虚衷訊鞫，一面詳加采訪，任受延遲之咎，勿蹈鹵莽之愆。窮累月之力，然後知滋事魁首爲監生胡秀山、客民陳士柯、李才華，其左道惑衆以肇釁者，則教民白會清也。請撮舉顛末，爲我皇上言之。皖南自兵燹後，遺黎十不存一，墾荒者多外籍。客與土不知，客與客又不和而樹黨，故人稀土曠而教堂獨多。然行教者不一其人，而黄之紳、楊琴錫獨被惡名，則非教之累其人，而人之玷其教也。本年夏間，翦辮事起。建平之民亦知此係白蓮教妖術，與天主教無涉也。乃該處被翦者甚衆，皆未從教之民，而從教者不與焉，於是白蓮教黨混入天主堂之説，嘖嘖然興矣。白會清受翦辮之術於楊琴錫，至閏五月十六日易景懷等追拿翦辮之人，會清馳馬阻之，何相值之巧？易景懷等將白會清送縣，黄之紳持名片索之，謂非通同一氣，百喙奚辭？阮光福、安定山者，河南光山人，年二十餘歲，本年始來建平，董事余應龍薦與吴永庭幫工。閏五月十六日，阮光福辮亦被翦。二十日，一共九人正在薅草，阮光福、安定山談起翦辮之事，謂是歐村教堂所爲。適楊琴錫路遇聞之，互詈而去。傍晚，黄之紳騎騾與楊琴錫率二十餘人而來，衆人奔逃，而阮光福、安定山被捉。二十一日，吴永庭向教堂求其放

出，情甘陪禮，教堂不允，乃退而求余應龍。二十二日，余應龍行抵歐村，則教堂火起。追拿翦辮之人，業已不期而會，洶洶難遏。黄之紳、楊琴錫雖焚尸剉骨，然其斃於羣箠，則衆目共覩。而阮光福、安定山蹤跡渺然，於是有謂何渚、余應龍等揑造子虚烏有之名，藉以抵制者。迨陳炳發到案，而後信阮光福、安定山實有其人；王立周到案，而後信阮光福辮之被翦，實有其事。郎貽富到案，而阮光福、安定山被捉入堂情形，歷歷如繪；陳么哥到案，而阮光福、安定山致死滅迹情形，又歷歷如繪。至下手加功之陳么哥，尚以爲造孽可憐，亦可見天良之不容盡泯矣。夫歐村肇釁，尚曰阮光福、安定山枉死耳。黄之紳、楊琴錫首禍耳，乃波及於宣城、甯國、廣德各教堂，至有撬開停放年餘之棺，將枯骨抛出棺外。此必有匪徒因以爲利者，其撬開棺蓋，疑其私藏金銀也。宣城之人歷歷見其從袁州來，向甯國去，是所有教堂被燬，皆此輩所爲。而胡秀山於水東欲殺教堂之陳先生，大衆爲之求情，訛索洋錢十五元始釋，陳士柯、李才華於歐村各攫一騾，尤確鑿可據者。彼其意以爲，乘教民與何渚有隙，借其名而播之，人人傾信，獲利自我，抵罪有人，其計甚深，其心甚毒。此輩不除，皖南之人不得安枕乎？白會清左道惑衆，形迹昭然。其所攔放者爲何如人，不能舉其姓名、住址，此爲翦辮黨類，非真正教友可知。倘稍事姑容，則民教互相猜疑，無時或釋。除李才華一犯，飛咨河南，一體嚴密訪拿，俟獲到日另結外，所有胡秀山、陳士柯二犯，謹按土匪例，白會清一犯，謹按妖匪例，立予正法。其致死阮光福、安定山，聽從加功之陳么哥，受楊琴錫毒打，意圖隨衆報復之王立周，懷疑往打杭村教堂，並未傷人，亦未得贜之何大田，擬各予杖一百，流三千里以示懲儆。所有被打被燬各處，除係强佔民居者，勒令清還原主管業外，其實爲教士所契買起造者，遴委幹員，會同地方官，按照輕重量予撫恤，以彰公道而靖人心。至何渚宣講聖諭，係遵行功令。其刊刷天地君親師牌位，乃民間常行之事，並非與天主教爲難。歐村滋事，與余應龍均係董事彈壓不及，實屬力不從心。吴永庭因僱工被捉，隔夜不歸，向教堂求情理索，乃其分所應爾。何炳三隨其父在押，並未前往宣城、甯國、廣德。胡秀山在宣城縣，有何渚帶信，叫伊去打教堂之供，索其原信，無可呈繳，其爲憑空嫁禍，毫無疑義。何渚、余應龍、吴永庭、何炳三，應免置 議。堂中婦女胡宋氏、譚蘭英、李再姑、戴貞姑、劉三妞，被黄之紳、楊琴錫愚弄入堂，其失身也，由于威脅，並非出自本心，應一併免其置議，與孀婦劉吴氏、幼女侯佑妞、白香妞、鄭么妞、李六毛，均發還建平縣，飭令具領干證。陳炳發、郎貽富、何正喜、程科兒、陳添和、陳宋氏、劉元順、殷樹南、閔香山、翟厚培、李炳坤，均予省釋。出外貿易，未經到案之易景懷、易登禮、王侉子，均免再提，以省拖累。交出之紙人、紙馬，係天主教應有之物，並非翦辮所用，亦非何渚等所能造。惟孩脚經仵作驗明，確係胎骨，且兩脚雖分左右，而大小並非一副。黄之紳、楊琴錫已死，亦無從訊究矣。合將訊結皖南教堂滋事緣由，會同安徽撫臣裕禄恭摺馳陳。謹奏。光緒三年正月初六日奉旨：該衙門知道，片併發。

（清）岑毓英《岑毓英奏稿》卷三〇《納樓滋事土族普應昌拏獲正法摺》 奏爲雲南臨安府屬納樓滋事土族普應昌，現經拏獲正法，恭摺陳明，仰祈聖鑒事。

竊查臨安府屬納樓茶甸長官司副長官普率，自順治十六年投誠授職後，世襲土官。至咸豐十一年該土官普永年故後，其子普衛邦年未及歲，未經承襲，適滇省變亂，旋亦病故。光緒四年，土族普保極等，以争襲土職互相殘殺，當派官軍前往相機剿撫，旋據普保極等悔悟投誠，各土目亦均就撫，經前督臣劉長佑與臣毓英將剿撫情形先後奏明在案。嗣因普保極、普堯年、普應芳等於投誠後復首鼠兩端，經臨安府知府劉毓珂將其計誘入城管押，惟普應昌一犯尚在逃未獲。

經臣毓英與前撫臣杜瑞聯、前雲南藩司唐炯悉心查覈酌議，以納樓土官嫡派絶嗣，若以别支襲職，難得駕馭夷衆，且恐土族希冀藉口，仍啓争奪之禍。擬請將土司所管八里三猛地方改爲土舍，即擇該土官親支普衛本等四人分管其地，以息争端；並請將光緒七年年底以前積欠錢糧及光緒八九十三年錢糧分别豁免免徵，俾夷衆得資生活。至普保極等三犯，擬發建水縣監禁十年，俟限滿，查看納樓地方如能從此安静，再予省釋；若再有結黨仇殺情事，即將該犯等正法。其普應昌一犯兇狡異常，擬請飭拏，務獲正法，以遏亂萌。當即庸議，普保極等在監並不知普應昌逃回情事，應請仍俟監禁十年限滿，再行察看情形，分别辦理。納樓夷衆，應飭該府嚴飭土舍普衛本等潔己奉公，妥爲彈壓，毋得詐擾生事，自取咎戾。

所有納樓滋事土族普應昌現經筝獲正法緣由，除咨兵、刑二部查照外，謹合詞恭摺具陳，伏乞皇太后、皇上聖鑒訓示。謹奏。

（清）張之洞《張文襄公全集》卷一一七《公牘・批德安府禀辦理考童毆辱洋醫一案》 此案徐輝以不干己之事，鼓衆鬨鬧不尋毆人之工匠，而綑辱無罪之洋醫，實屬粗暴多事。此豈良民佳士之所爲，自應認真查明懲儆，以挽藉考鬧事之頹風。原不僅爲與洋人交涉也。昨經嚴飭勒傳徐輝到案斷不容始終推延避匿，要知民人仰守謨被毆耳旁成傷，朱佐雲打落一齒，豈能概置不問，若徐輝提到審實懲責彼教堂毆人之工匠，自不能不交出質訊，亦應按律分別懲辦，方得事理之平。况教士並無强命重辦之意，尚何推避之有此案，自然速結乃該府始則延宕半年，置之不理，今復聽徐輝不到令其父到教堂一行周旋，數語含糊了結，而置毆人起衅之工匠於不問，一味敷衍希圖了事，以後教民見毆傷人者，陽陽無事從此更將恃勢逞刁，無所不至。在我曲庇一不安本分之童生，而致長成無數教民之惡燄，殊爲不值，實屬昧於輕重措置乖方。此事專責成該府仰仍遵照前批勒傳，徐輝發縣秉公迅速訊辦。若徐輝不能傳到，定惟該府是問，限此批到後五日內禀覆不准稍涉含糊，延宕致干參咎懍之。

《各省審判廳判牘》第二編《判詞類・跌落手槍誤傷他人撫順地方審判廳案》 緣王慶升係撫順縣民人，莊農度日，與無服族兄王慶福並無服族侄王讓均素睦無嫌。宣統二年五月間，王慶升因爲買米向王讓挪用東錢十吊五百文，約緩歸還。王讓係與王慶升隔屯居住，六月初六日，王慶升聞王讓來到西山放蠶，在伊屯同族王慶珍家存住，前去睄看，王讓向其索要前欠，王慶升以現未凑齊回答，王讓即稱伊家等着米吃，無錢就要王慶升向所買之米拿給，王慶珍在旁見王讓要錢情急，令王慶升回家，查點現有多少，先給與王讓。王慶升回歸，適至院内，伊母陳氏喊嚷，鷄隻被野猫銜去，叫王慶升趕快去趕，王慶升連忙進屋，拿着裝就砂藥防夜小手槍趕出屯外，將鷄隻趕落，見其侄王會跟後趕至，即將鷄隻令其提回，因其幼小，未便令將手槍一併拿轉。王慶升急欲上街措錢，即攜手槍，就近走至街上，尚未措錢到手，適與王慶福會遇，即將王讓向伊要錢，伊實在一時難措情形向其告知，王慶福遂邀王慶升復到王慶珍家，欲合王讓面説，多緩幾日。因王讓赴山上看蠶，王慶福、王慶升同王慶珍並其鄰人鄒永普，大家在炕坐談。王慶升將手槍置放身旁，因起身出外，不料衣襟將手槍帶跌地上，碰動火機，致砂子放出，誤將王慶福轟傷。王慶珍見王慶福在該屋内受傷，即以傷人原因係由王讓合王慶升爲錢起衅。值王讓自外進屋，隨將王慶升暨王讓連小手槍，一併送由警務局轉報地方檢察廳，派員驗明王慶福傷痕，起訴到廳，迭經本廳提訊，均各供晰前情，詰非有心施放，亦没另有起衅别故，查驗王慶福傷痕平復，到廳環質，供亦相符，案無遁飾，應即判决。

查例載：向有人居止宅舍，施放槍箭，打射禽獸，誤傷人者，減湯火傷人律一等。又，湯火傷人者，處十等罰。又名例載：斷罪無正條，援引他律比附，加減定擬各等語。此案王慶升因攜槍打射野獸，適與王慶福會遇，因向告知無錢措還王讓，王慶福邀令同到王慶珍家，向王讓代爲央緩，王讓放蠶未回，即合王慶珍等同坐閑談，王慶升將手槍置放身旁，因起身時帶跌地上，碰動火機，致砂子放出，誤將王慶福左腿並右眼泡等處轟傷平復。遍查律例，並無作何治罪明文，自應比例問擬，王慶升應比依向有人居止宅舍施放槍箭，打射禽獸，誤傷人者，減湯火傷人律一等，應於處九等罰罪上再量減一等，擬處八等罰，照章收罰金十兩。如無力完納，改作苦工四十日，期滿釋放。王讓訊無不合，應與王慶福均無庸議。至王慶升所欠王讓錢文，飭令如數清還，手槍案結存庫，無干省釋。此判。

罵詈分部

綜　述

（宋）李燾《續資治通鑑長編》宋仁宗皇祐四年二月 詔開封府：比聞浮薄之徒，作無名詩，玩侮大臣，毀罵朝士，及注釋臣僚詩句，以爲戲

笑。其嚴行捕察，有告者優與恩賞。

《元典章》卷四四《刑部・毆詈・相毆・官告吏毀詈親聞乃坐》 延祐元年六月，江西行省准中書省咨御史臺呈河東山西道廉訪司申：據孫世英告枉斷事，追照得冀寧路行卷張千户闞該孫三轉攬馬子皋軍身，作馬世英名字，要充押軍頭目，爲不委付，將當職毀駡，取訖招伏，決五十七下。卑司看詳：嘗謂法令固當謹守，奸弊亦可關防。可以行而不行，則失乎法；不可行而行之，則遂乎奸。切聞被詈之者親聞乃坐。夫事有疑惑，理當申稟。今冀寧路恣意輒憑千户張昭信闞該郝達等，稱孫世英將伊毀駡，聽轉説之言，將本人却取招伏，斷訖五十七下。以親聞乃坐，即係刑名違錯。欲便取問，不見遵守通例。乞明降本臺，具呈照詳。得此，送據刑部呈議得：行省差來起取軍人對裴千户張昭信爲郝達等轉説孫世英毀駡，移關冀寧路追問，本路不應受理，將世英斷罪，事屬違錯。犯在延祐元年正月二十二日詔赦已前，既無取到招伏，合行革撥。今後諸官員凡告吏員人等毀駡，必須親聞，證驗明白，方許理問，違者治罪。如蒙准呈，遍行照會相應，具呈照詳。都省咨請依上施行。

《元史》卷一〇四《刑法志》 諸奴訴詈其主不遜者，杖一百七，居役二年，役滿日歸其主。

（明）王世貞《弇山堂别集》卷九〇《中官考一》 洪武五年六月丙子，定宦官禁令，凡内使於宫城内相駡，其先發而理屈者，笞五十，後駡而理直者，不坐，其不伏本管鈐束而抵駡者杖六十，内使駡奉御者杖六十，駡門官監官者杖七十。内使等於宫城内鬭毆，先鬭而理屈者杖七十，毆傷者加一等，後應理直而無傷者笞五十。其有不伏本管鈐束而毆之者杖八十，毆傷者加一等。毆奉御者杖八十，毆門官監官者杖一百，傷者各加一等。其内使等有心懷惡逆出不道之言者，淩遲處死，有知情而蔽之者同罪，知其事而不首者斬，首者賞銀三百兩。

《明史》卷九四《刑法志》 其後，猜忌日甚，冤濫者多，雖間命寬恤，而意主苛刻。嘗諭輔臣：近連歲因災異免刑，今復當刑科三復請旨。朕思死刑重事，欲將盗陵殿等物及毆駡父母大傷倫理者取決，餘令法司再理，與卿共論，慎之慎之。時以爲得大體。

《明會典》卷一三一《刑部・駡言・駡人》 凡駡人者笞一十。互相駡者，各笞一十。

《明會典》卷一三一《刑部・駡言・佐職統屬駡長官》 凡首領官，及統屬官，駡五品以上長官，杖八十。若駡六品以下長官，減三等。佐貳官駡長官者，又各減二等。

《明會典》卷一三一《刑部・駡言・奴婢駡家長》 凡奴婢駡家長者，絞。駡家長之期親及外祖父母者，杖八十，徒二年。大功，杖八十。小功，杖七十。緦麻，杖六十。若雇工人駡家長者，杖八十，徒二年。駡家長之期親及外祖父母者，杖一百。大功杖六十。小功，笞五十。緦麻，笞四十。

《明會典》卷一三一《刑部・駡言・駡尊長》 凡駡緦麻兄姊，笞五十。小功，杖六十。大功，杖七十。尊屬各加一等，若駡兄姊者，杖一百。伯叔父母姑，外祖父母，各加一等。

《明會典》卷一三一《刑部・駡言・妻妾駡夫期親尊長》 凡妻妾駡夫之期親以下緦麻以上尊長，與夫駡罪同。妾駡夫者，杖八十。妾駡妻者，罪亦如之。若駡妻之父母者，杖六十。

《明會典》卷一三一《刑部・駡言・妻妾駡故夫父母》 凡妻妾夫亡改嫁，駡故夫之祖父母父母者，並與駡舅姑罪同。

若奴婢駡舊家長者，以凡人論。

黄彰健《明代律例彙編》卷二一《刑律四・駡詈・駡制使及本管長官》 凡奉制命出使，而官吏駡詈；及部民駡本屬知府知州知縣，軍士駡本管指揮千户百户，若吏卒駡本部五品以上長官，杖一百。若駡六品以下長官，各減三等。駡佐貳官首領官，又各遞減一等。並親聞乃坐。

弘治問刑條例

一、凡在長安門外等處，妄叫冤枉，辱駡原問官者，問罪，用一百斤枷枷號一個月發落。婦人有犯，罪坐夫男。若不知情，及無夫男者，止坐本婦，照常發落。

一、凡毆駡公侯駙馬伯，及兩京文職三品以上者，問罪，枷號一個月發落。

大明律直引

一、駡三品以上長官，比依駡祖父母父母律論。

黄彰健《明代律例彙編》卷二一《刑律四・罵詈・罵祖父母父母》

凡罵祖父母、父母，及妻妾罵夫之祖父母、父母者，並絞。

萬曆問刑條例

一、凡毁罵祖父母、父母及夫之祖父母、父母，告息詞者，奏請定奪。再犯者，雖有息詞，不與准理。若祖父母、父母，聽信後妻愛子蠱惑，謀襲官職，争奪財産等項，控告打罵者，究問明白，不拘所犯次數，亦與辯理。

中國第一歷史檔案館《清初内國史院滿文檔案譯編》天聰九年正月二十六日禮部貝勒奉命轉傳汗諭曰：惟恐屬下衆人無知，肆行謾罵宗室之人，已令繫紅帶，以表異之。又恐稱謂之間尊卑顛倒，故令分別名號，先汗庶子，俱稱阿哥，六祖子孫，俱稱覺維。凡稱謂者，就其原名，稱某阿哥，某覺羅。六祖子孫俱令繫紅帶，他人毋得繫紅帶。如凡人與繫紅帶者相鬥，不得詈及祖父。若有互相鬥毆揪脖領者，聽之，不以互相鬥毆而定罪。若以互相鬥毆訴於法司，亦只視事之曲直定罪。若知繫紅帶而詈及祖父者，科以死罪。其不繫紅帶者，既相詆亦無罪。

《清聖祖實録》康熙六十一年十二月　禁止八旗官員詬罵屬下人等父母，違者交該管官懲治。

《大清律例》卷二九《刑律・罵詈・罵人》　凡罵人者，笞一十。互相罵者，各笞一十。

《大清律例》卷二九《刑律・罵詈・罵制使及本管長官》　律　凡奉制命出使而官吏罵之者，及部民罵本屬知府、知州、知縣，軍士罵本管官，若吏卒罵本部五品以上長官，杖一百。若吏卒罵六品以下長官，各指六品至雜職。各於杖一百上減三等。軍民吏卒罵本屬本管本部之佐貳官、首領官，又各遞減一等。并親聞乃坐。

條例

一、凡毁罵公、侯、駙馬、伯及京、省文職三品以上、武職二品以上官者，杖一百，枷號一個月發落。

一、凡在長安門外等處妄叫冤枉、辱罵原問官者，杖一百，用一百斤枷枷號一個月發落。婦人有犯，罪坐夫男。若不知情及無夫男者，止坐本婦，照常發落。

《大清律例》卷二九《刑律・罵詈・佐職統屬罵長官》　凡首領官及統屬官罵五品以上長官，杖八十。若罵六品以下長官，減三等。笞五十。佐貳官罵長官者，又各減二等。五品以上，杖六十。六品以下，笞三十。并親聞乃坐。

《大清律例》卷二九《刑律・罵詈・奴婢罵家長》　凡奴婢罵家長者，絞監候；罵家長之期親及外祖父母者，杖八十，徒二年；大功，杖八十；小功，杖七十；緦麻，杖六十。若僱工人罵家長者，杖八十，徒二年；罵家長期親及祖父母，杖一百；大功，杖六十；小功，笞五十；緦麻，笞四十。并親告乃坐。以分相臨，恐有讒間之言，故須親聞；以情相與，或有容隱之意，故須親告。

《大清律例》卷二九《刑律・罵詈・罵尊長》　凡罵内外緦麻兄姊，笞五十；小功兄姊，杖六十；大功兄姊，杖七十；尊屬兼緦麻、小功、大功。各加一等；若罵期親同胞兄姊，杖一百；伯叔父母、姑、外祖父母，各加罵兄姊一等須親告乃坐。弟罵兄妻，照毆律，加凡人一等。

《大清律例》卷二九《刑律・罵詈・罵祖父母父母》　律　凡罵祖父母、父母，及妻妾罵夫之祖父母、父母者，并絞。須親告乃坐。

條例

一、凡毁罵祖父母、父母，及夫之祖父母、父母，告息詞者，奏請定奪。再犯者，雖有息詞，不予准理。若祖父母、父母聽信後妻、愛子蠱惑，謀襲官職、争奪財産等項，控告打罵者，究問明白，不拘所犯次數，亦予辦理。

《大清律例》卷二九《刑律・罵詈・妻妾罵夫期親尊長》　凡妻妾罵夫之期親以下緦麻以上内外尊長，與夫罵罪同。妾罵夫者，杖八十。妾罵妻者，罪亦如之。若罵妻之父母者，杖六十。并須親告乃坐。律無妻罵夫之條者，以閨門敵體之義恕之也。若犯，擬不應笞罪可也。

《大清律例》卷二九《刑律・罵詈・妻妾罵故夫父母》　凡妻妾夫亡改嫁，其義未絶。罵故夫之祖父母、父母者，并與罵舅姑罪同。按：妻若夫在被出與夫義絶及姑、婦俱改嫁者，不用此律。又：子孫之婦守志在室，而罵已改嫁之親姑者，與罵夫期親尊長同。若嫡、繼、慈、養母已嫁，不在罵姑之例。

若奴婢轉賣與人，其義已絶罵舊家長者，以凡人論。其贖身奴婢罵舊家長者，仍依罵家長本律論。

（清）席裕福《清朝政典類纂》卷四〇三《刑三十五·刑律罵詈·罵人》 凡罵人者，笞一十，互相罵者，各笞一十。

事例

康熙六十一年十二月諭：看得八旗官員將所屬兵民人等開口辱罵及人父母，此等惡俗，甚不可開。先經朕皇考不時教訓，毋得罵人父母。此等惡俗，屢經奉旨，官兵即有不是，祇可責及本身，豈可罵人父母？將此概行傳示。如仍前不改，罵及人之父母者，即行回明該管大臣，令其參處。再宫内太監等亦常罵人父母，此後太監等在街道處混行罵人者，令其重打，綑綁交與首領太監。將此大概傳，仍傳示提督交與内務府大臣，傳示内裏首領太監，各行曉諭，永行禁止罵人父母。

（清）席裕福《清朝政典類纂》卷四〇三《刑三十五·刑律罵詈·罵制使及本管長官》 凡奉制命出使，而官吏罵之者，及部民罵本屬知府、知州、知縣，軍士罵本管官，若吏卒罵本部五品以上長官，杖一百。若吏卒罵六品以下長官，各指六品至雜職，各於杖一百上減三等。軍民吏卒罵本屬、本管、本部之佐貳官、首領官，又各遞減一等，並親聞乃坐。謹案：本管官三字，原作本管指揮、千户、百户，雍正三年改。

條例

一、凡毁罵公侯、駙馬伯及京省文職三品以上、武職二品以上官者，杖一百，枷號一個月發落。謹案：武職二品以上六字，雍正三年增。杖一百三字，原作問罪二字，乾隆五年改。

一、凡在長安門外等處妄叫寃枉，辱罵原問官者，杖一百，用重枷枷號一個月發落。婦人有犯，罪坐夫男。若不知情及無夫男者，止坐本婦，照常發落。謹案：此條嘉慶十九年修改。

刑案

吏卒罵舉人，比照罵六品以下長官律，杖七十。乾隆元年福建案。

毁罵巡檢並挫翻公案印箱，依罵本屬首領減長官二等律，杖八十。乾隆七年廣東案。

護軍罵護軍參領，依軍士罵本部五品以上長官律，杖一百，酌加枷號一個月。道光十年貴州司案。

革後復至該管大臣處逞刁咆哮，比照刁徒直入衙門挾制官吏擬軍例上量減滿徒，係職官從重，發往軍臺效力贖罪。光緒七年奏審案。

（清）席裕福《清朝政典類纂》卷四〇三《刑三十五·刑律罵詈·佐職統屬罵長官》 凡首領官及統屬官罵五品以上長官，杖八十。若罵六品以下長官，減三等，笞五十。佐貳官罵長官者，又各減二等。五品以上杖六十，六品以上笞三十，並親聞乃坐。

刑案

同知因痰疾投遞匿名書函謾罵上司，依奉制命出使而官吏罵之者，杖一百律，擬以滿杖。業已參革，應毋庸議。光緒七年山東案。

紀事

（宋）李昉等《太平御覽》卷六四〇《刑法部·決獄》 《風俗通》曰：南郡讞：女子何侍爲許遠妻，侍父何陽素酗酒，從遠假求，不悉如意，陽數罵詈。遠謂侍：汝翁復罵者，吾必揣之。侍曰：共作夫妻，柰何相辱？揣我翁者，搏若母矣。其後陽復罵，遠遂揣之，侍因上堂搏姑耳再三。下司徒，鮑宣決事曰：夫妻，所以養姑者也。今聲自辱其父，非姑所使。君子之於凡庸不遷怒，況所尊重乎？當減死論。

《漢書》卷一七《景武昭宣元成功臣表》 〔博成侯，五鳳元年〕侯建嗣，十二年，建始四年，坐尚陽邑公主與婢姦主旁，數醉罵主，免。

《漢書》卷一八《外戚恩澤侯表》 〔邛成共侯，鴻嘉二年〕侯勳嗣，十四年，建平二年，坐選舉不以實，罵廷史，大不敬，免。

謝桂華等《居延漢簡釋文合校》 ☒□父母罵吏，又紬大刀欲賊傷吏。信

《宋書》卷五四《孔季恭傳》 〔孔〕淵之大明中爲尚書比部郎。時安陸應城縣民張江陵與妻吴共罵母黄令死，黄忿恨自經死，值赦。律文：子賊殺傷毆父母，梟首；罵詈，棄市；謀殺夫之父母，亦棄市。值赦，免刑補治。江陵罵母，母以之自裁，重於傷毆。若同殺科，則疑重，用毆

傷及罵科，則疑輕。制唯有打母，遇赦猶梟首，無罵母致死值赦之科。淵之議曰：夫題里逆心，而仁者不入，名且惡之，況乃人事。故毆傷呪詛，法所不原，詈之致盡，則理無可宥。罰有從輕，蓋疑失善，求之文旨，非此之謂。江陵雖值赦恩，故合梟首。婦本以義，愛非天屬，黄之所恨，情不在吴，原死補治，有允正法。詔如淵之議，吴免棄市。

《宋書》卷四《后妃傳·前廢帝何皇后》　太宗初，〔何衍〕爲建安王休仁司徒從事中郎，仍除黄門郎。【略】旬日之間，求進無已。不得侍中，以怨詈賜死。

（宋）李燾《續資治通鑑長編》宋真宗咸平五年八月　乙酉詔：醫師療疾，當按方論。若輒用邪法，傷人膚體者，以故殺傷論。時經州民毛密以禁術療民妻，繩縛手足，桃杖擊之，自初夕至二鼓死。陝西轉運使劉綜言其事，故條約之。

《明宣宗實録》宣德五年正月　〔丁卯〕江西按察司奏，饒州府同知張憲貪贓，在赦前，合送吏部，改用今憲，仍掌府印署事，不肯赴部。檢校劉商於公堂詈辱之，奪其印，皆屬違法，請治其罪。上諭行在都察院臣曰：同官相處，事有不當，須以理論，何至詈辱乖争，以壞禮法？且此兩人果爲公，果爲私邪！令皆執而治之。

《明英宗實録》正統十一年三月　庚寅，兵部吏秉醉詈部官郎中項文曜，司務馮吉責之，不伏，遂言文曜吉有贓私事。法司坐吏當爲民。上命發戍遼東。

（明）清波逸叟《折獄明珠》卷二《分條珥語·毆駡類》　人倫以服爲重，尊卑以長爲先。姪犯親叔，壞亂綱常，五服親伯，痛遭毆辱。綱常墜地，情慘昏天。毒手捶毆，污口穢駡，人倫大變，法律無存。伏乞懲治，一正人倫。

中國第一歷史檔案館《清初内國史院滿文檔案譯編》崇德三年八月二十一日　鑲黄旗希福往征朝鮮時所獲四婦女逃去，爲尼雅哈牛録下滿都禮所獲，以二婦仍歸其主。其餘二婦，滿都禮取之，復以一婦給其隨從與其跟馬人鑲藍旗孟果爾多牛録下鄂爾特依家人。希福謂滿都禮曰：爾滿都禮擅以鑲藍旗人爲跟馬人擄往，取我婦女與彼。以告兵部。兵部議奪滿都禮擄去，鑲藍旗人爲俘虜，滿都禮鞭責，追滿都禮所取二婦女，仍歸希福，復令希福以得獲婦女，給滿都禮以半價。朱瑪喇謂希福家人曰：速給半價，不與則毆擊等語。以告希福。希福來曰：因我陳訴，以鑲藍旗人爲俘虜，滿都禮鞭責，其半價或入官，或我得之，奈何與罪人滿都禮？爾朱瑪喇揚言毆擊我家人，豈非欲毆我耶？乃揪朱瑪喇脖領，曰：爾睜眼若大，有何功耶？往説之，走！朱瑪喇以告法司。法司鞫之，揪朱瑪喇脖領果真，坐以應得之罪。兵部承政伊孫，參政和碩額駙古爾布希、圖賴以希福婦女逃去一案，不於恩赦前審擬，而恩赦後給罪人滿都禮以半價，俱坐以應得之罪。奏聞，上命希福倍加治罪。伊孫、額駙古爾布希、圖賴免罪。滿都禮所獲婦女四人，給希福一半。

中國第一歷史檔案館《清初内國史院滿文檔案譯編》崇德四年八月十七日　正紅旗色勒布與布賴喀爲立撥什庫事相争，故將其帶往固山額真杜雷前説理。布賴喀駡色勒布云：天知道。色勒布云：爾非駡我也，乃駡上也。固山額真杜雷因執送法司。經審，言詞犯上是實，色勒布鞭六十。

中國第一歷史檔案館《清初内國史院滿文檔案譯編》崇德八年十一月二十七日　懷順王下梅勒章京耿繼茂爲逆員宋國輔、石明雄等欺主一事訟稱：

一項，宋國輔向恭順王訴臣曰：我與耿繼茂有何姻緣，我曾淫其母乎，狗雜種奴僕等語。

一項，石明雄、宋國輔訴臣曰：雜種尿炕奴，我伴事彼爲主，彼果然信之，自捧爲主等語，崔副將、李副將知之也。

一項，宋國輔强王换人，王從之，宋國輔又加要挾，言稱：此數人，與我則已，否則，我乃豁命，決不白死等語，蔣圍立知之也。

一項，宋國輔一味陷臣，言稱向彼要馬，惡毒咀咒，徐牛録章京、連副將知之也。

一項，出兵時，臣之屬衆，乘馬行過石明雄、宋國輔前，兩人皆曰：此乃耿繼茂之人也，此奴才詢屬可惡，智順王知之也。

一項，宋國輔謂曾副將曰：凡議事，爾等可前去議矣，回稟所言，我不前往見之。否則，反致動怒等語，曾副將知之也。

一項，石明雄出征旋師，皆未見臣，且肆意謾駡，崔副將知之也。

一項，攻中後所時，石明雄避不放炮，謂臣曰：可令他人代彼放炮。將夫放炮之員，乃預先所定者，即臨戰，孰願替爾。劉牛録章京知之也。將

此告知大學士希福、范文程、和碩鄭親王，交付刑部審訊。詢問，知情之恭順王、智順王、繼順公所知如何，答曰：我屬下人等聞而稟告之言，我等安能輕信，我等面斥屬實，言與我屬下人等，無一錯誤。詢問所謂知情諸章京及廝卒，皆稱屬實。所列之八條，經審皆實，遂將該三人交付懷順王誅之，並籍其家産。由承政宗室吴達海、參政卓羅、孟超芳、劉五元、啓心郎額爾克圖、副理事官吉三、塔斯故里、吴納金訊華，告知和碩鄭親王、睿親王、肅親王、多羅豫郡王、饒餘貝勒、貝子、公、固山額真、内大臣、議政大臣結案。

姦非亂倫部

論說

（清）薛允升《漢律輯存・春秋公羊傳》〔桓公六年，秋〕蔡人殺陳佗。〔傳〕陳佗者何，陳君也。陳君則曷爲謂之陳佗？絶也。曷爲絶之？賤也。其賤奈何，外淫也。惡乎淫，淫乎蔡。蔡人殺之。

疏曰：解云：猶言對子姦母也。

（清）薛允升《漢律輯存・春秋左氏傳》〔《左傳》宣公三年〕鄭文公報鄭子之妃，曰陳嬀，生子華、子臧。

服虔曰：鄭子文公叔父子儀也。報，復也。淫親屬之親曰報。漢律：淫季父之妻曰報。又下淫上曰報。《左傳》：鄭文公報鄭子之妃，曰陳嬀。王氏念孫《廣雅疏證》案：報者進也。《樂記》：禮減而不進則銷，樂盈而不反則放，故禮有報而樂有反。鄭注云：報讀爲褒。褒，猶進也。報與蒸皆訓爲進。上淫曰烝，淫季父之妻曰報，其義一也。

（清）薛允升《漢律輯存・說文解字》 姘，除也。漢律：齊民與妻婢姦曰姘。

段曰：此別一義也。高注《淮南》曰：齊民，凡人齊於民也。禮士有妾，庶人不得有妾，故平等之民與妻婢私合名之曰姘，有罰。此姘取合并之義。

（清）薛允升《漢律輯存・說文解字》 姅，婦人污也。

段曰：謂月事及免身及傷孕皆是也。廣韵曰：姅、傷孕也。傷孕者，懷子傷也。

漢律曰：見姅變不得侍祠。

段曰：見姅變如今俗忌入産婦房也，不可以侍祭祀。《内則》曰：夫齋則不入側室之門。正此意，漢律與《周禮》相爲表裏。

（明）楊士奇等《歷代名臣奏議》卷二一五《慎刑》 孝明帝時，靈太后臨朝，任城王澄奏曰：臣聞賞必以道用防淫人之姦，罰不濫及，以戒良士之困。刑者，侀也。每垂三宥，秉律執請，不得已而用之。是故小大之獄，察之以情，一人吁嗟或虧王道，刑罰得失，乃興廢之所由也。竊聞司州牧高陽王臣雍拷殺奉朝請韓元昭、前門下録事姚敬賢，雖因公事，理實未盡，何者？太平之世，草不横伐，行葦之感，事驗隆周，若昭等狀彰，死罪以定，應刑於都市，與衆棄之，如其疑似不分，情理未究，不宜以三清九流之官，杖下便死，輕絶民命，傷理敗法。往年司州於大市鞭殺五人，及檢贓狀，全無寸尺。今復酷害一至於此，朝野云云，咸懷驚愕。若殺生在下，虐專於臣，人君之權，安所復用？自開古以來，明明之世未聞斯比也。武王曰：吾不以一人之命而易天下，蓋重民命也。請以見事付廷尉推究，驗其爲刼之狀，察其拷殺之理，使是非分明，幽魂獲雪。詔從之。

劉俊文《敦煌吐魯番唐代法制文書考釋・判・文明判集殘卷》 秋之義，許止父病，進藥於其父而卒，君子原心，赦而不誅。甲非律所謂毆父也，不當坐。

甲夫乙將船，會海盛風，船没溺流，死亡不得葬。四月，甲母丙即嫁甲，欲當何論？或曰：甲夫死未葬，法無許嫁，以私爲人妻，當棄市。議曰：臣愚以爲春秋之義，言夫人歸於齊，言夫死無男，有更嫁之道也。婦人無專制擅恣之行，聽從爲順，嫁之者，歸也。甲又尊者所嫁，無淫行之心，非私爲人妻也。明於决事，皆無罪名，不當坐。

（宋）歐陽修《文忠集》卷一〇六《論大理寺斷寃獄不當劄子》 臣風聞大理寺近奏斷德州公案一道，爲一班行王守度謀殺妻事，止斷杖六十私罪。其守度所犯，情理極惡，本因踰濫，欲誘一求食婦人爲妻，自持刃杖，恐逼正妻阿馬，令其誣以姦事，髡截頭髮，又自以繩索付與阿馬，守度持刀在旁，逼令自縊，其命垂盡，只爲未有棺器，却且解下。其後又與繩索令自縊，阿馬偶得生逃。臣畧聞此大槩，其它守度凶惡之狀，備於案牘，人不忍聞。阿馬幽苦寃枉如此，而法吏止斷誣姦，降以杖罪。竊以刑在禁惡，法本原情。今阿馬之寃，於情可憫，守度所犯，其惡難容。若以法家斷罪舉重而論，則守度誣姦不實之罪輕，迫人以死之情重，原其用意，合從謀殺。凡謀殺之罪，其類甚多。或有兩相争恨，理直之人因發忿心殺害理曲之人者，死與未死，須被謀殺之刑。豈比守度，曲在自身，阿馬本無所争，備極陵辱，迫以自裁，虐害之情，深於謀殺遠矣。臣嘗伏讀

真宗皇帝賜諫臣之詔曰：冤枉未申，賞刑踰度者，皆許論列。今之冤婦，臣職當言者也。豈有聖主在上，國法方行，而令强暴之男而敢逼人以死。臣恐守度不誅，則自今强者陵弱，踈者害親，國法遂隳，人倫敗矣。其王守度一宗公案，伏望聖慈特令中書細詳情理，果如臣之所聞，即乞行刑法，以止姦凶。

（宋）王欽若等《冊府元龜》卷六一六《刑法部·議讞》 陳商，武宗會昌中爲刑部郎中。勑以劉從諫妻裴氏合誅與不誅商議。曰：臣等徵諸古典，《周禮》：司寇之職，男子入於罪隸，女子入於舂槁。漢律云：妻子沒爲奴婢。鍾繇曰：自古帝王，罪及妻子。又晋朝議，在室之女從父母之誅，既醮之，婦隨夫家之罰。謹按奴婢舂槁罪罰之類，名則爲重，而非罪刑。故法律明文，古今通議。夫子有罪，母妻無誅死之制。然事出一時，法由情斷，帝王刑辟豈在一途？昔少卿降敵，漢武誅其母。玄宗時，安慶宗妻榮義郡主，夫以逆誅，主亦賜死，此則是夫子有罪，母妻不捨之例。臣等伏以從諫，犬羊狼戾、蛇豕兇殘，抱逆節於明時，遺禍胎於孽子。裴氏爲惡有素，爲姦已成，分衣以固其入心，申令以安其逆志，在於國典，情實難容。臣等參議，宜從重典。從之。

（元）王結《文忠集》卷六《善俗要義·十七曰別男女》 古之人，男女不親授受，內外異居，飲食異處，出門男子由右，女子由左，所以防閑分別者，至嚴至密也。近年禮教不修，風俗薄惡，男女無別，僧尼混淆。其士夫知禮之人，家法嚴明，閨門整肅者固多有之。然聞閭閻之間，良家婦女頗有追游結托，出入權門者，既失防閑，中豈無弊。亦有貧窮之人素無教養，甘處汙賤者，廉恥道喪，事難盡言。更有好訟之婦，不離官府，甘受捶撻，絕無羞愧。蓋皆家長夫主處身不正，訓導不嚴之過。此等之人，親戚惡之，鄉里賤之，刑法坐之，其異於禽獸者幾希矣。若能知耻改過，依理治生，夫夫婦婦，有禮有別，則親戚鄉黨自然尊敬。為善甚易，諸人何憚而不行也。

綜述

《周禮注疏》卷二九《夏官司馬·大司馬》 外內亂，鳥獸行，則滅之。鄭注：悖人倫，外內無以異於禽獸，不可親百姓，則誅滅去之也。賈疏：外亂，謂若齊襄公淫於外魯桓夫人文姜之等是也。內亂，謂家內若衛宣公上烝父妾，下納子妻之等是也。

睡虎地秦墓竹簡整理小組《睡虎地秦墓竹簡·法律答問》 同母異父相與姦，（可）〔何〕論？棄市。

睡虎地秦墓竹簡整理小組《睡虎地秦墓竹簡·法律答問》 甲、乙交與女子丙姦，甲、乙以其故相刺傷，丙弗（智）〔知〕，丙論（可）〔何〕（殹）〔也〕？毋論。

睡虎地秦墓竹簡整理小組《睡虎地秦墓竹簡·法律答問》 臣强與主姦，（可）〔何〕論？比毆主。

睡虎地秦墓竹簡整理小組《睡虎地秦墓竹簡·封診式·奸》 爰書：某里士（五）〔伍〕甲詣男子乙、女子丙，告曰：乙、丙相與姦，自晝見某所，捕校上來詣之。

張家山二四七號漢墓竹簡整理小組《張家山漢墓竹簡·奏讞書》 十年七月辛卯朔癸巳，胡狀、丞憙敢讞之。（刻）〔劾〕曰：臨菑獄史闌令女子南冠繳冠，（詳）〔佯〕病臥車中，襲大夫虞傳，以闌出關。今闌曰：南，齊國族田氏，徙處長安，闌送行，（取）〔娶〕爲妻，與偕歸臨菑，未出關得，它如（刻）〔劾〕。南言如（刻）〔劾〕及闌。詰闌：闌非當得（取）〔娶〕南爲妻也，而（取）〔娶〕以爲妻，與偕歸臨菑，是闌來誘及姦，南亡之諸侯，闌匿之也，何解？闌曰：來送南而（取）〔娶〕爲妻，非來誘也。吏以爲姦及匿南，罪，毋解。詰闌：律所以禁從諸侯來誘者，令它國毋得（取）〔娶〕它國人也。闌雖不故來，而實誘漢民之齊國，即從諸侯來誘也，何解？闌曰：罪，毋解。問，如辭。（鞠）〔鞫〕：闌送南，（取）〔娶〕以爲妻，與偕歸臨菑，未出關，得，審。疑闌罪，（毄）〔繫〕，它縣論，敢讞之。人婢清助趙邯鄲城，已即亡，從兄趙地，以亡之

諸侯論。今闌來送徙者，即誘南。吏議：闌與清同類，當以從諸侯來誘論。或曰：當以奸及匿黥舂罪論。十年八月庚申朔癸亥，大僕不害行廷尉事，謂胡嗇夫讞獄史闌，讞固有審，廷以聞，闌當黥爲城旦，它如律令。

《晉書》卷三〇《刑法志》 淫寡女，三歲刑。

《晉書》卷三〇《刑法志》 姦伯叔母，棄市。

《魏書》卷一一一《刑罰志》 神龜中，蘭陵公主附馬都尉劉輝，坐與河陰縣民張智壽妹容妃、陳慶和妹慧猛，姦亂耽惑，毆主傷胎。輝懼罪逃亡。門下處奏：各入死刑，智壽、慶和並以知情不加防限，處以流坐。詔曰：容妃、慧猛恕死，髡鞭付宮，餘如奏。

尚書三公郎中崔纂執曰：伏見旨募若獲劉輝者，職人賞二階，白民聽出身進一階，厮役免役，奴婢爲良。案輝無叛逆之罪，賞同反人劉宣明之格。又尋門下處奏，以容妃、慧猛與輝私姦，兩情耽惑，令輝挾忿，毆主傷胎。雖律無正條，罪合極法，並處入死。其智壽等二家，配敦煌爲兵。天慈廣被，不即依決，雖恕其命，竊謂未可。夫律令，高皇帝所以治天下，不爲喜怒增減，不由親疏改易。案《鬥律》：祖父母、父母忿怒，以兵刃殺子孫者五歲刑，毆殺者四歲刑，若心有愛憎而故殺者，各加一等。雖王姬下降，貴殊常妻，然人婦之孕，不得非子。又依永平四年先朝舊格：諸刑流及死，皆首罪判定，後決從者。事必因本以求支，獄若以輝逃避，便應懸處，未有舍其首罪而成其末愆。流死參差，或時未允。門下中禁大臣，職在敷奏。昔邴吉爲相，不存鬥斃，而問牛喘，豈不以司別故也。案容妃等，罪止於奸私。若擒之穢席，衆證分明，即律科處，不越刑坐。何得同宮掖之罪，齊奚官之役。案智壽口訴，妹適司士曹參軍羅顯貴，已生二女於其夫，則他家之母。《禮》云：婦人不二夫，猶曰不二天。若私門失度，罪在於夫，釁非兄弟。其魏晉未除五族之刑，有免子戮母之坐。何曾諍之，謂：在室之女，從父母之刑。已醮之婦，從夫家之刑。斯乃不刊之令軌，古今之通議。《律》，期親相隱之謂凡罪。況奸私之醜，豈得以同氣相證。論刑過其所犯，語情又乖律憲。案《律》，奸罪無相緣之坐。不可借輝之忿，加兄弟之刑。夫刑人於市，與衆棄之，爵人於朝，與衆共之，明不私於天下，無欺於耳目。何得以非正刑書，施行四海。刑名一失，駟馬不追。既有詔旨，依即行下，非律之案，理宜更請。

尚書元脩義以爲：昔哀姜悖禮於魯，齊侯取而殺之，《春秋》所譏。又夏姬罪濫於陳國，但責徵舒，而不非父母。明婦人外成，犯禮之愆，無關本屬。況出適之妹，釁及兄弟乎？右僕射游肇奏言：臣等謬參樞轄，獻替是司，門下出納，謨明常則。至於無良犯法，職有司存，劾罪結案，本非其事。容妃等姦狀，罪止於刑，並處極法，准律未當。出適之女，坐及其兄，推據典憲，理實爲猛。又輝雖逃刑，罪非孥戮，募同大逆，亦謂加重。乖律之案，理宜陳請，乞付有司，重更詳議。

詔曰：輝悖法亂理，罪不可縱。厚賞懸募，必望擒獲。容妃、慧猛與輝私亂，因此耽惑，主致非常。此而不誅，將何懲肅！且已醮之女，不應坐及昆弟，但智壽、慶和知妹姦情，初不防禦，招引劉輝，共成淫醜，敗風穢化，理深其罰，特敕門下結獄，不拘恒司，豈得一同常例，以爲通準。且古有詔獄，寧復一歸大理。而尚書治本，納言所屬。弗究悖理之淺深，不詳損化之多少，違彼義途，苟存執憲，殊乖任寄，深合罪責。崔纂可免郎，都坐尚書，悉奪禄一時。

（唐）長孫無忌等《唐律疏議》卷二六《雜律·凡姦》 諸姦者，徒一年半；有夫者，徒二年。部曲、雜户、官户姦良人者，各加一等。即姦官私婢者，杖九十。奴姦婢，亦同。

疏議曰：和姦者，男女各徒一年半。有夫者，徒二年。妻、妾罪等。部曲、雜户、官户而姦良人者，並加良人相姦罪一等。即良人姦官私婢者，杖九十。注云：奴姦婢，亦同。杖九十。

姦他人部曲妻，雜户、官户婦女者，杖一百。强者，各加一等。折傷者，各加斗折傷罪一等。

疏議曰：姦他人部曲妻，明姦已家部曲妻及客女各不坐。若姦雜户、官户婦女者，杖一百。强者，各加一等，自姦良人以下，强者各加一等。折傷者，謂折齒或折指以上，各加鬭折傷一等，謂良人從凡鬭上加，官户、雜户、他人部曲妻、官私奴婢各從本鬭罪上加，與强姦爲二罪，從重而科。

（唐）長孫無忌等《唐律疏議》卷二六《雜律·姦緦麻以上親及妻》 諸姦緦麻以上親及緦麻以上親之妻，若妻前夫之女及同母異父姊妹者，

徒三年。强者，流二千里。折傷者，絞。妾，減一等。餘條姦妾，准此。

疏議曰：姦緦麻以上親，謂内外有服親者。及緦麻以上親之妻，亦謂有服者妻。若妻前夫之女，謂妻前家所生者，各徒三年。强者，流二千里。因强姦而折傷者，絞。得罪已重，故妾，減一等，謂減妻罪一等。其於媵，罪與妾同。注云：餘條姦妾，准此。謂餘條五服内及主之緦麻以上親，直有姦名而無妾罪者，並准此條，減妻一等。其奴及部曲，姦主之妻及主期親之妾，亦從減一等之例。

（唐）長孫無忌等《唐律疏議》卷二六《雜律・姦從祖母姑等》 諸姦從祖祖母姑、從祖伯叔母姑、從父姊妹、從母及兄弟妻、兄弟子妻者，流二千里。强者，絞。

疏議曰：從祖祖母姑，謂祖之兄弟妻，若祖之姊妹。從祖伯叔母姑，謂父之堂兄弟妻及父之堂姊妹。從父姊妹，謂己之堂姊妹。從母，謂母之姊妹，及兄弟之妻、兄弟子妻。與之姦者，並流二千里。强者，絞。

（唐）長孫無忌等《唐律疏議》卷二六《雜律・姦父祖妾等》 諸姦父祖妾、謂曾經有父祖子者。伯叔母、姑、姊妹、子孫之婦、兄弟之女者，絞。即姦父祖所幸婢，減二等。

疏議曰：姦父祖妾，即曾、高妾亦同。注云：謂曾經有父祖子者。其無子者，即准上文妾，減一等。姦伯叔母、姑、姊妹、子孫婦，曾、玄孫婦亦同，兄弟之女者，絞。即姦父祖所幸婢，減二等，合徒三年。不限有子、無子，得罪並同。

問曰：父祖之妾，曾經有子，父祖亡歿，改嫁他人，而子孫姦之，得同凡姦以否？

答曰：婦人尊卑，緣夫立制。子孫於父祖之妾，在禮全無服紀，父祖亡歿，改適他人，子孫姦者，理同凡姦之法。律有曾爲祖免親妻妾而嫁娶者別立罪名，至於和姦，律無加罪。

（唐）長孫無忌等《唐律疏議》卷二六《雜律・奴姦良人》 諸奴姦良人者，徒二年半。强者，流。折傷者，絞。

疏議曰：奴姦良人婦女，徒二年半。强者，流。折傷者，絞。雖有夫，亦同。折傷，謂因姦折傷者。

其部曲及奴，姦主及主之期親，若期親之妻者，絞。婦女減一等。强者，斬。即姦主之緦麻以上親及緦麻以上親之妻者，流。强者，絞。

疏議曰：其部曲及奴和姦主，及姦主之期親若期親之妻，部曲及奴合絞，婦女減一等。强者，斬，謂奴等合斬，婦女不坐。即姦主之緦麻以上親及緦麻以上親之妻者，流，婦女合流二千里。强者，奴等絞。若姦妾者，自主以下，準上例，並減妻一等。即妾子見爲家主，其母亦與子不殊，雖出亦同。

（唐）長孫無忌等《唐律疏議》卷二六《雜律・和姦無婦女罪名》 諸和姦，本條無婦女罪名者，與男子同。强者，婦女不坐。其媒合姦通，減姦者罪一等。罪名不同者，從重減。

疏議曰：和姦，謂彼此和同者。本條無婦女罪名，與男子同，謂上條奴姦良人者，徒二年半，此即和姦不立婦女罪名，良人婦女亦徒二年半之類，並與男子同。强者，婦女不坐，謂上條姦主期親，强者斬，既無婦女罪名，其婦女不坐。但是强姦者，婦女皆悉無罪。其媒合姦通之人，減姦罪一等，假如和姦者徒一年半，媒合者徒一年之類。注云：罪名不同者，從重減。假有俗人，媒合姦女官，男子徒一年半，女官徒二年半，媒合姦通者猶徒二年之類，是爲從重減。

（唐）長孫無忌等《唐律疏議》卷二六《雜律・監主於監守内姦》 諸監臨主守，於所監守内姦者，謂犯良人。加姦罪一等。即居父母及夫喪，若道士、女官姦者，各又加一等。婦女以凡姦論。

疏議曰：監臨主守之人，於所監守内姦良人，加凡姦一等，故注云：謂犯良人。若姦無夫婦女，徒二年。姦有夫婦女，徒二年半。即居父母喪，男女同。夫喪者，妻妾同。若道士、女官、僧、尼同。姦者，各又加監臨姦一等，即加凡姦罪二等，故云各又加一等。假有監臨主守，若道士及僧，並男子在父母喪姦者，婦女以凡姦論。即女居父母喪，婦人居夫喪及女官、尼姦者，並加姦罪二等。男子亦以凡姦論。其有尊卑及貴賤者，各從本法加罪。

（宋）王溥《唐會要》卷四一《雜記》 開元三年二月敕：禁別宅婦人。如犯者，五品已上，貶遠惡處。婦人配入掖庭。

（唐）樊綽《蠻書》卷八 南詔有妻妾數百人總謂之詔佐。清平官大軍將有妻妾數十人。俗法處子孀婦，出入不禁。少年子弟，暮夜遊行閭

巷，吹壺盧笙，或吹樹葉，聲韻之中，皆寄情言，用相呼召。嫁娶之夕，私夫悉來相送。既嫁有犯，男子格殺無罪，婦人亦死。或有强家富室，責資財贖命者，則遷徙麗水瘴地，終棄之，法不得再合。

《舊五代史》卷一四七《刑法志》 應有夫婦人被强姦者，男子決殺，婦人不坐。其犯和姦者，並準律科斷，罪不至死。其餘姦私罪犯，準格律處分。應諸色罪人，除謀反大逆外，其餘並不得誅殺骨肉、籍没家産。先是，晋天福中敕，凡和姦者，男子婦人並處極法，至是始改從律文焉。

（宋）竇儀等《宋刑統》卷二六《雜律・諸色犯姦良賤相姦所生男女》

諸姦者，徒一年半，有夫者徒二年。部曲、雜户、官户姦良人者，各加一等。即姦官私婢者，杖九十。奴姦婢亦同。姦他人部曲妻、雜户、官户婦女者，杖一百。强者各加一等。折傷者，各加斗折傷罪一等。

疏： 諸姦者徒一年半，有夫者徒二年。部曲、雜户、官户姦良人者，各加一等。即姦官私婢者，杖九十。注云： 奴姦婢亦同。議曰： 和姦者，男女各徒一年半，有夫者徒二年，妻、妾罪等。部曲、雜户、官户而姦良人者，並加良人相姦罪一等。即良人姦官私婢者，杖九十。注云： 奴姦婢亦同，杖九十。

又云，姦他人部曲妻、雜户、官户婦女者，杖一百。强者，各加一等。折傷者，各加鬬折傷罪一等。議曰： 姦他人部曲妻，明姦己家部曲妻及客女各不坐。若姦雜户、官户婦女者，杖一百。强者，加一等，自姦良人以下，强者，各加一等。折傷者，謂折齒或折指以上，各加鬬折傷一等，謂良人從凡鬬上加，官户、雜户、他人部曲妻，官私奴婢，各從本鬬罪上加，與强姦爲二罪，從重而科。

諸姦緦麻以上親，及緦麻以上親之妻，若妻前夫之女，及同母異父姊妹者，徒三年。强者，流二千里。折傷者，絞。妾減一等。餘條姦妾，准此。

疏議曰： 姦緦麻以上親，謂内外有服親者，及緦麻以上親之妻，亦謂有服者妻，若妻前夫之女，謂妻前家所生者，各徒三年。强者，流二千里。因强姦而折傷者，絞，得罪已重，故妾減一等，謂減妻罪一等。其於媵，罪與妾同。注云： 餘條姦妾准此。謂餘條五服内及主之緦麻以上親，直有姦名而無妾罪者，並准此條，減妻一等。其奴及部曲姦主之妾，及主期親之妾，亦從減一等之例。

諸姦從祖、祖母姑、從祖伯叔母姑、從父姊妹、從母及兄弟妻、兄弟子妻者，流二千里。强者，絞。

疏議曰： 從祖、祖母姑，謂祖之兄弟妻，若祖之姊妹。從祖伯叔母姑，謂父之堂兄弟妻，及父之堂姊妹。從父姊妹，謂己之堂姊妹。從母謂母之姊妹，及兄弟之妻，兄弟子妻，與之姦者，並流二千里。强者，絞。

諸姦父祖妾、謂曾經有父祖子者。伯叔母、姑、姊妹、子孫之婦、兄弟之女者，絞。即姦父祖所幸婢，減二等。

疏議曰： 姦父祖妾，即曾高妾亦同。注云： 謂曾經有父祖子者。其無子者，即準上文妾減一等。姦伯叔母、姑、姊妹、子孫婦、曾玄孫婦，亦同，兄弟之女者，絞。即姦父祖所幸婢，減二等，合徒三年，不限有子無子，得罪並同。

問曰： 父祖之妾，曾經有子，父祖亡殁，改嫁他人，而子孫姦之，得同凡姦以否？

答曰： 婦人尊卑，緣夫立制。子孫於父祖之妾，在禮全無服紀，父祖亡殁，改適他人，子孫姦者，理同凡姦之法。律有曾爲祖免親妻妾而嫁娶者，別立罪名，至於和姦，律無加罪。

諸奴姦良人者，徒二年半，强者流，折傷者絞。其部曲及奴姦主，及主之期親，若周親之妻者絞，婦女減一等，强者斬。即姦主之緦麻以上親，及緦麻以上親之妻者流，强者絞。

疏： 諸奴姦良人者，徒二年半，强者流，折傷者絞。議曰： 奴姦良人婦女，徒二年半，强者流，折傷者絞，雖有夫亦同。折傷謂因姦折傷者。

又云，其部曲及奴姦主，及主之周親，若周親之妻者絞，婦女減一等，强者斬。即姦主之緦麻以上親，及緦麻以上親之妻者流，强者絞。議曰： 其部曲及奴和姦主，及姦主之周親，若周親之妻，部曲及奴合絞。婦女減一等，强者斬，謂奴等合斬，婦女不坐。即姦主之緦麻以上親，及緦麻以上親之妻者流，婦女合流二千里。强者，奴等絞。若姦妾者，自主以下，准上例並減妻一等。即妾子見爲家主，其母亦與子不殊，雖出亦同。

諸和姦，本條無婦女罪名者，與男子同。强者，婦女不坐。其媒合姦通，減姦者罪一等。罪名不同者，從重減。

疏議曰： 和姦謂彼此和同者。本條無婦女罪名，與男子同，謂上條奴姦良人者徒二年半，此即和姦，不立婦女罪名，良人婦女亦徒二年半之類，並與男子同。强者，婦女不坐，謂上條姦主周親，强者斬，既無婦女罪名，其婦女不坐。但是强姦者，婦女皆悉無罪。其媒合姦通之人，減姦罪一等。假如和姦者徒一年半，媒合者徒一年之類。注云： 罪名不同，從重減。假有俗人媒合姦女冠，男子徒一年半，女冠徒二年半，媒合姦通者猶徒二年之類，是爲從重減。

諸監臨主守於所監守内姦者，謂犯良人。加姦罪一等。即居父母及夫喪，若道士、女冠姦者，各又加一等。婦女以凡姦論。

疏議曰：監臨主守之人，於所監守内姦良人，加凡姦一等，故注云，謂犯良人。若姦無夫婦女，徒二年，姦有夫婦女，徒二年半。即居父母喪，男女同，夫喪者，妻妾同，若道士、女冠、僧尼同姦者，各又加監臨姦一等，即加凡姦罪二等，故云各又加一等。假有監臨主守，若道士及僧，並男子，在父母喪姦者，婦女以凡姦論。即女居父母喪，婦人居夫喪，及女冠、尼姦者，並加姦罪二等，男子亦以凡姦論。其有尊卑及貴賤者，各從本法加罪。

准：《户令》，諸良人相姦，所生男女隨父。若姦雜户、官户、他人部曲妻、客女及官私婢，並同類相姦，所生男女並隨母。即雜户、官户、部曲姦良人者，所生男女各聽爲良。其部曲及奴姦主緦麻以上親之妻者，若奴姦良人者，所生男女各合没官。

准：周廣順三年二月三日敕節文，應有夫婦人被强姦者，男子決殺，婦人不坐罪，其犯和姦及諸色犯姦，並准律處分。

准：周顯德二年五月七日敕節文，今後僧尼中有犯盜竊、姦私、賭錢物、醉及蠹害、欺詐等罪，並依法科刑，仍勒還俗。罪至死者，准法處分。本寺三綱、知事僧尼知而不糾舉者，等第科斷。

史金波等譯《天盛改舊新定律令》卷八《侵凌妻門》　一、諸男人侵凌淫亂年幼女人十歲以下者，若未强傷者徒六年，已强傷者徒八年，死者當絞殺。

一、諸人與他人妻行淫，孕有子，生産中致死亡時，彼相淫而生是實情，則妻之夫當罰，妻相淫男人依往他妻處法判斷。

一、諸使軍强姦自頭監之妻子及同門内姑、姊妹、女、媳、姪女、孫媳及不同門婦人中自一年喪服以上者，以劍斬，婦人不連坐。婦人自願行淫，則使軍當絞殺，婦人獲無期、長期徒刑。

史金波等譯《天盛改舊新定律令》卷八《侵凌妻門》　一、諸人與人妻一處寢宿被捕時，徒二年。下官與比己官位大者之妻子行淫時，徒三年。庶人與有官人及司吏並所屬首領、溜、盈能等行監之妻子行淫時，徒四年。諸司都案、案頭、司吏、所遣使人等與所隸屬大人、承旨之妻子行淫時，徒五年。婦人之罪與男人所獲相等。妻丈夫謀知情人時承同罪。寡婦及未嫁女與人行淫時，男人罪。是寡婦則一年，是未嫁女則三個月，女人十杖。與他人行淫捕問法，一處住時捕及有知證等依法尋問，非一處住、無知證，則不許接狀尋問。若違律接狀，報者等一律有官罰馬一，庶人十三杖。

一、諸人自己妻子與人一處寢宿口，又疑其原有淫行□，然後□人不見，妻一處住畢，於惡人處不還原處時，毆打爭鬥惡人死者，有官罰馬一，庶人十三杖。已還之後打拷笞杖致死時徒六年，以刀、劍、鐵刃殺則徒十二年。

史金波等譯《天盛改舊新定律令》卷八《侵凌妻門》　一、諸婦人之夫已亡，孝期未畢，隨意與他人行淫而相攜匿者，當比婦人有丈夫而與人行淫相攜匿之各各罪狀減一等。

史金波等譯《天盛改舊新定律令》卷九《越司曲斷有罪擔保門》　一、前述禁婦爲局分大小所侵凌之罪依前所定。此外寄名都監者及都監、闕監、使人等已過問，謂不應與禁婦行淫而未肯勸之，未告職管處則徒一年，是身價僕隸等則十杖。未過問亦無所告則徒二年，是身價僕隸等則十三杖。

一、其他囚人等與禁婦行淫時徒三年，並第八卷上與他人妻行淫之罪等相比，從其重者承擔。都監者頭監等斷以從犯法，受賄則以枉法貪贓論，從其重者判斷。

《元典章》卷四五《刑部・諸姦・凡姦・腹裏犯姦刺配》　至元二十五年七月，行御史臺承奉江淮行省劄付：近據浙西道宣慰司呈該：爲男女犯姦，斷罪撒放，奸夫常川配役，輕重不均。今後姦夫、奸婦初犯，依在先體例斷放。若是再犯，刺面配役。就令劄魯花赤依上分揀斷放事。照得：別不見姦夫、姦婦再犯，於面上刺是何字樣，亦不見發付何處、配役年限。即系為例事理，乞明降。得此。省府移咨尚書省照驗去後，今準回咨：照得：前項犯姦罪，刺面配役，即系札魯花赤腹裏路分合行事理。都省咨請照驗，依例施行。

《元史》卷三四《文宗本紀》　〔元文宗至順元年九月〕敕：諸人非其本俗，敢有弟收其嫂、子收庶母者，坐罪。

《元史》卷一〇四《刑法志》　諸和姦者，杖七十七。有夫者，八十

七。誘姦婦逃者，加一等，男女罪同，婦人去衣受刑。未成者，減四等。強姦有夫婦人者死，無夫者杖一百七，未成者減一等，婦人不坐。其媒合及容止者，各減姦罪三等，止理見發之家，私和者減四等。

《元史》卷一〇四《刑法志》 諸指姦不坐。諸無夫婦人有孕，稱與某人姦，即同指姦，罪止本婦。

《元史》卷一〇四《刑法志》 諸宿衛士與宮女姦者，出軍。

《元史》卷一〇四《刑法志》 諸翁欺姦男婦，已成者處死，未成者杖一百七，男婦歸宗。和姦者皆處死。男婦虛執翁姦已成，有司已加翁拷掠，男婦招虛者，處死。虛執翁姦未成，已加翁拷掠，男婦招虛者，杖一百七，發付夫家從其嫁賣。婦告或翁告同。若男婦告翁強姦已成，却問得翁欲欺姦未成，男婦妄告重事，笞三十七，歸宗。

《元史》卷一〇四《刑法志》 諸欺姦義男婦，杖一百七，欺姦不成，杖八十七，婦並不坐。婦及其夫異居當差，雖會赦，仍異居。諸男婦與姦夫謀誣翁欺姦，買休出離者，杖一百七，從夫嫁賣，姦夫減一等，買休錢沒官。

《元史》卷一〇四《刑法志》 諸與同居姪婦姦，各杖一百七，有官者除名。諸強姦姪婦未成者，杖一百七。

《元史》卷一〇四《刑法志》 諸與兄弟之女姦，皆處死。與從兄弟之女姦，減一等。與族兄弟之女姦，減二等。

《元史》卷一〇四《刑法志》 諸居父母喪欺姦父妾者，各杖九十七，婦人歸宗。

《元史》卷一〇四《刑法志》 諸姦私再犯者，罪加二等，婦人聽其夫嫁賣。

《元史》卷一〇四《刑法志》 諸因姦偷遞家財，止以姦論。

《元史》卷一〇四《刑法志》 諸雇人之妻爲妾，年滿而歸，雇主復與通，即以姦論。因又與殺其夫者，皆處死。

《元史》卷一〇四《刑法志》 諸子犯姦，父出首，仍坐之，諸姦不理首原。諸姦生男女，男隨父，女隨母。

《元史》卷一〇四《刑法志》 諸僧尼道士女冠犯姦，斷後並勒還俗。

《元史》卷一〇四《刑法志》 諸強姦人幼女者處死，雖和同強，女不坐。凡稱幼女，止十歲以下。諸年老姦人幼女，杖一百七，不聽贖。諸十五歲未成丁男，和姦十歲以下女，雖和同強，減死，杖一百七，女不坐。諸強姦十歲以上女者，杖一百七。

《元史》卷一〇四《刑法志》 諸職官犯姦者，如常律，仍除名，但有祿人犯者同。諸職官求姦未成者，笞五十七，解見任，雜職敍。諸職官因詿部民妻，致其夫棄妻者，杖六十七，罷職，降二等雜職敍，記過。諸職官強姦部民妻未成，杖一百七，除名不敘。諸職官因姦，買部民妾，姦非姦所捕獲，止以買部民妾論，笞三十七，解職別敘。諸監臨官與所監臨囚人妻姦者，杖九十七，除名。諸職官與倡優之妻姦，因娶爲妾者，杖七十七，罷職不敘。諸監臨令人姦污所部寡婦者，杖八十七，除名。諸蠻夷官，擅以籍沒婦人爲妻者，杖八十七，罷職記過，婦人笞四十七。

《元史》卷一〇四《刑法志》 諸主姦奴妻者，不坐。諸奴有女，已許嫁爲良人妻，即爲良人，其主輒欺姦者，杖一百七，其妻縱之者，笞五十七，其女夫家仍願爲婚者，減元議財錢之半，不願者，追還元下聘財，令父收管，爲良改嫁。

《元史》卷一〇四《刑法志》 諸奴姦主女者，處死。諸以傔從與命婦姦，以命婦從姦夫逃者，皆處死。諸強姦主妻者，處死。諸奴與主妾姦者，各杖九十七。

《元史》卷一〇四《刑法志》 諸夫受財，縱妻爲倡者，夫及姦婦、姦夫各杖八十七，離之。若夫受財，勒妻妾爲倡者，妻量情論罪。諸和姦，同謀以財買休，却娶爲妻者，各杖九十七，姦婦歸其夫。

《元史》卷一〇四《刑法志》 諸夫指姦而棄其妻，所指姦夫輒停妻而娶之者，兩離之。

《元史》卷一〇四《刑法志》 諸因姦殺其本夫，姦婦不知情，以減死論。

《元史》卷一〇四《刑法志》 諸與無夫婦姦，約爲妻，却毆死正妻者，處死。

《元史》卷一〇四《刑法志》 諸姦夫姦婦同謀殺其夫者，皆處死，仍於姦夫家屬徵燒埋銀。諸因姦殺其本夫，姦婦不知情，以減死論。諸妻與人姦，同謀藥死其夫，偶獲生免者，罪與已死同，依例結案。諸婦人爲

首，與衆姦夫同謀，親殺其夫者，凌遲處死，姦夫同謀者如常法。諸夫獲妻姦，妻拒捕，殺之無罪。諸與無夫婦姦，約爲妻，却毆死正妻者，處死。諸與姦婦同謀藥死其正妻者，皆處死。諸妻妾與人姦，夫於姦所殺其姦夫及其妻妾，及爲人妻殺其强姦之夫，並不坐。若於姦所殺其妻妾獲免，殺其妻妾，而姦夫獲免者，杖一百七。諸姦夫殺死姦婦者，與故殺常人同。諸求姦不從，毆死其婦，以强盗持仗殺人論。諸兩姦夫與一姦婦，皆有宿約，其先至者因鬥，殺其後至者，以故殺論。

《大元通制·諸條格》　犯姦。諸和姦，無夫婦人，七十七下。有夫婦人，決八十七下。諸强姦，無夫婦人，決一百七下。有夫婦人，處死。婦人不坐。强姦十歲以上幼女，決一百七下，十歲以下幼女，處死。主母受財縱妾姦，決四十七下。夫受財，姦夫姦婦本夫各決八十七下。翁姦男婦未成，一百七下，已成，各處死。

《大誥·軍人妄給妻室》　山西洪洞縣姚小五妻史靈芝，係有夫婦人，已生男女三人，被軍人唐閏山於兵部朦朧告取妻室。兵部給與勘合，著落洪洞縣將唐閏山家屬起赴鎮江完聚。方起之時，本夫告縣，不係軍人唐閏山妻室。本縣明知非理，不行與民辨明，擒拏姦詐之徒，推稱内府勘合不敢擅還。及至一切内府勘合，應速行而故違者，不下數十餘道。其史靈芝，係人倫綱常之道，乃有司之首務，故違不理，所以有司盡行處斬。

《大誥武臣·姦宿軍婦》　錦衣衛千户王成，他先爲缺少軍人，發去遼東出征。去了幾年，在那裏生受。可憐他，着取回來復職。他復職也未會得久，便把在遼東的艱難來忘了，又無理起來。差他在滁州管軍屯種，他倚着官勢，喚軍人王和卿、劉信妻小回家姦宿。似這等不才無藉之徒，如何饒得他。又金吾前衛指揮馮裕、滁州衛百户劉驢兒，容藏在逃軍婦在家姦宿，也都貶去邊遠充軍了。又儋州千户王興，領軍收捕賊人，因而將好百姓家婦人拿回姦宿，本婦不從，又將小刀於他手上戳訖一刀。蒲州千户張保，節次强姦百姓妻女。似這等情重的，都殺了。今後軍官每敢再有這等無藉的，拿住不饒。

《大明律》卷二五《刑律·犯姦·犯姦》　凡和姦，杖八十。有夫，杖九十。刁姦，杖一百。强姦者，絞。未成者，杖一百，流三千里。姦幼女十二歲以下者，雖和，同强論。其和姦、刁姦者，男女同罪。姦生男女，責付姦夫收養。姦婦從夫嫁賣。其夫願留者，聽。若嫁賣與姦夫者，姦夫、本夫，各杖八十，婦人離異歸宗，財物入官。强姦者，婦女不坐。若媒合容止通姦者，各減犯人罪一等。私和姦事者，減二等。其非姦所捕獲，及指姦者，勿論。若姦婦有孕，罪坐本婦。

《大明律》卷二五《刑律·犯姦·縱容妻妾犯姦》　凡縱容妻、妾與人通姦，本夫、姦夫、姦婦，各杖九十。抑勒妻、妾及乞養女與人通姦者，本夫、義父，各杖一百，姦夫杖八十，婦女不坐，並離異歸宗。若縱容抑勒親女及子孫之婦、妾與人通姦者，罪亦如之。若用財買休、賣休，和娶人妻者，本夫、本婦及買休人，各杖一百。婦人離異歸宗，財禮入官。若買休人與婦人用計逼勒本夫休棄，其夫别無賣休之情者，不坐。買休人及婦人各杖六十，徒一年。婦人餘罪收贖，給付本夫，從其嫁賣。妾減一等。媒合人，各減犯人罪一等。

《大明律》卷二五《刑律·犯姦·親屬相姦》　凡姦同宗無服之親及無服親之妻者，各杖一百。若姦緦麻以上親及緦麻以上親之妻，謂内外有服之親。若妻前夫之女及同母異父姊妹者，各杖一百，徒三年。强者，斬。若姦從祖祖母姑、從祖伯叔母姑、從父姊妹、母之姊妹及兄弟妻、兄弟子妻者，各絞。强者，斬。若姦父祖妾、伯叔母、姑、姊妹、子孫之婦、兄弟之女者，各斬。妾，各減一等。强者，絞。謂强姦親屬妾者該絞。

《大明律》卷二五《刑律·犯姦·誣執翁姦》　凡男婦誣執親翁，及弟婦誣執夫兄欺姦者，斬。

《大明律》卷二五《刑律·犯姦·奴及僱工人姦家長妻》　凡奴及僱工人姦家長妻、女者，各斬。若姦家長之期親，若期親之妻者，絞。婦女減一等。若姦家長之緦麻以上親及緦麻以上親之妻者，各杖一百，流二千里。强者，斬。妾，各減一等。强者，亦斬。

《大明律》卷二五《刑律·犯姦·姦部民妻女》　凡軍民官吏，姦所部妻，女者，加凡姦罪二等，各罷職役不叙。婦女以凡姦論。若姦囚婦者，杖一百，徒三年。囚婦止坐原犯罪名。

《大明律》卷二五《刑律·犯姦·民喪及僧道犯姦》　凡居父母及夫喪，若僧、尼、道士、女冠犯姦者，各加凡姦罪二等。相姦之人，以凡姦論。

《大明律》卷二五《刑律·犯姦·良賤相姦》　凡奴姦良人婦女者，加凡姦罪一等。良人姦他人婢者，減一等。奴婢相姦者，以凡姦論。

（清）嵇璜等《續文獻通考》卷一三六《刑考·刑制》　〔正統〕十三年六月定奸義男婦律。刑部尚書金濂奏：洪永以來，有論依奸子孫之婦應斬者，有論依奸妻前夫之女應徒者，乞聖斷遵守。三法司奉詔議，親男與義男，情有親疎，宜比奸妻前夫之女徒罪科斷。帝曰：通奸者如議，男與婦仍斷還本宗强奸者處斬。

（明）戴金《明條法事類纂》卷四三《刑部類·犯姦·激勸風俗以隆治化等項條例》　天順八年十月初五日，都察院左都御史李等題，爲（信）〔陳〕言事。該大僕寺少卿李侃將所言激勸十事開坐，奏奉聖旨：所言激勸十事中間，亦有可取。該衙門斟酌行。欽此。欽遵。看得本官所言，激勸風俗，以隆治化，激勸孝弟，以厚人倫。二件擬合議，擬開立前件，具奏定奪。奉聖旨：是。欽此。【略】前件，伏覩《大明律》内節開：凡縱容妻妾與人通姦，本夫、姦夫、姦婦各杖九十。抑勒妻妾及乞養女與人通姦者，本夫、義父各杖一百，姦夫杖八十，婦女不坐，並離異歸宗。若抑勒及縱容親女及子孫之婦妾與人通姦者，罪亦如之。欽此。查得：舊有事例，軍職妻妾犯姦，除指姦不坐外，俱係本夫縱容抑勒，於姦所捕者，俱依律問罪、離異。本夫仍照敗倫傷風事例。及文職有犯，即係行止有虧，俱革職爲民不叙。竊詳此等淫行，有傷風化，固當究治。若欲今人緝捕送官，依律科斷，婦女送極邊衛分給配軍餘，本夫係軍民者，各調發邊遠充軍爲民，不無正法太嚴。合無今後有犯，仍依律科斷，照例發落。

（明）戴金《明條法事類纂》卷四三《刑部類·縱容妻妾犯姦·禁約窩藏淫婦及縱容妻女犯姦並喪家設（度）〔席〕作樂例》　成化二年七月初一日，刑部等衙門尚書陸等題爲陳言事。福建清吏司案呈，奉本部送户部抄出給事中丘弘所言事件，開坐具題内，六曰：敦風俗。臣惟風俗美惡，政治之得失關爲。《書》曰：善惡當於民。誠知求治者，不可不因風俗而爲之省戒。竊見京城内外軍民雜居，不顧廉恥，大（律）〔肆〕淫風。倡優樂户招係客商，法固不禁，而良家婦女縱容犯姦，律有明條。體得軍民、舍餘人等不務本分之業，惟圖目前之計，窩隱淫婦，公開娼店，縱容妻女，接納客商，（衙）〔倚〕門招邀，塞街戲謔，無處無之。名爲良家，行同禽獸。傷風敗倫，莫甚於此。又見葬喪之家，凡有吊祭送殯，盛張筵席，搬作雜劇，高歌迭唱，窮樂極歡。吊者無慰生傷死之情，喪家負忘哀作樂之咎。不仁不孝莫甚於斯，大淫亂惡之至極。而無知者不以爲恥。不孝刑之至極，而士夫家樂以爲常。京師四方所觀，以爲法也。風俗敗壞，至於如此，豈不負雍熙之化乎？昔文王躬行德化，遂使江漢淫（弄）〔奔〕之風，變爲真正之俗，故詩人播之國。臣願陛下躬文王之化，正閨門以絶淫亂，敦禮義以障頽波。仍敕該衙門、嚴加禁約。除樂户外，其餘一應軍民、舍餘、良家人等，敢有仍前窩藏淫婦，縱容妻女行姦。犯者，將犯人淫婦通行枷號一月，依律問罪，婦女斷發改適。仍禁喪葬之家，不得張席歌唱，務要執（收）〔守〕喪禮，悲泣哀思。如遇有此等之徒，將本犯拏送法司問罪。仍行兵馬司官吏、火甲、鄰里人等，常川緝拿。如有不行緝拿，及乘機證指主事，因而誆騙平人財物，事發一體究問。如此，則淫奔者可轉爲廉恥，澆瀉者可易爲孝愛。風俗淳美，良可期矣。具題。奉聖旨：該衙門知道。可行的具奏施行。欽此。欽遵抄出送司，案呈到部。臣等會同都察院左都御史李等議得：給事中丘弘所言京城内外多有軍民、舍餘人等，不務本分之業，惟圖目前之計，窩藏淫婦，公開娼店，縱容妻女接納客商，倚門招邀塞街戲謔，無處無之。名爲良家，行同禽獸，傷風敗倫，莫此爲甚。及見喪葬之家，凡有吊祭送殯，盛張筵席，（般）〔搬〕作雜劇，高歌迭唱，窮樂極歡。吊者無慰生傷死之情，喪家負忘哀作樂之咎，要行禁約。犯人淫婦，通行枷號一月。喪葬之家張席歌唱，俱各拿送法司問罪一節，誠爲有理。但要將犯人、淫婦枷號一月，不惟律所不載，抑恐此等婦人，在街枷號，看守之人晝夜混處，欲其知恥而愈不知恥矣。合無免其枷號，通行錦衣衛巡捕官校、巡視監察御史並五城兵馬指揮司，督令各該地方火甲人等，嚴加緝訪。今後軍民、舍餘，敢有故違，不務本分生業，仍前窩藏淫婦及縱容妻子犯姦，就將窩家並本夫、姦夫、姦婦，拿送法司究治。喪葬之家，張席歌唱，（般）〔搬〕作雜劇，事發俱依律問罪，照例發落。其官校火甲人等，亦不許挾讎生事，因而妄拏平人，誆騙財物，事發一體究治。如此，則法令有常，人知警戒矣！緣係建言事理，及節奉欽依可行的具奏施行事理，未敢擅便，具題。奉聖

旨：是。欽此。

（明）戴金《明條法事類纂》卷四三《刑部類·買良為娼·京城內外多買良家子女姦容與人通姦本夫姦夫義父枷號並樂人之家不許窩藏盜賊容留贓物例》 成化四年六月十七日，刑部等衙門尚書等官陸等題爲陳言巡捕事。該錦衣衛衙門指揮僉事等官朱驥等題，節該：欽奉敕：凡禁盜安民之事，悉聽爾等從宜處置。應奏請者，同巡城御史計議，具奏定奪。欽此。欽遵外。臣等才（職）〔識〕踈庸，叨膺重寄，遇有所見，不敢緘然。今將所言事理，開坐具題。奉聖旨：該衙門看了來說。欽此。欽遵。抄出除設馬軍等件，兵部等衙門另行外，本部會同都察院右副都御史林等，看得所言禁淫佚、究容隱二件，識爲弭盜切要。查議明白，開立前件。緣係事例，及奉欽依，該衙門看了來説事理，未敢擅便，具題。次日，奉聖旨：准擬。欽此。

計開

一、禁淫泆。竊見京城內外軍民人等，多買良家女子，若一二口，或三四口，俱作使女及妾名目，縱容與人通姦，覓取財物，無籍之徒，專一在彼飲酒宿歇，費用財物，有如糞土，及至財盡，糾合爲盜，劫得財物，仍於淫婦之家費用。盜賊之興，皆由於此。如蒙乞敕法司，嚴加禁約。如有犯者，錦衣衛、兵馬司緝送拿問，仍將縱容夫男、義父及姦夫枷號示衆，婦女離異歸宗。庶使人知警懼，淫風可止而盜賊可追也。

前件查得：先該户科給事中丘弘奏言：京城內外多有軍民、舍餘人等，不務本分之業，惟圖目前之計，窩藏淫婦，公開（倡）〔娼〕店，（從）〔縱〕容妻女接納客商，倚門招邀，塞街店謔，無處無之，名爲良家，行同禽獸，傷風敗倫，莫甚於此。要將窩藏縱容及犯姦之人與姦夫通行枷號。等因。部會官議得：此等婦在街枷號，看守之人晝夜混處，愈不知恥。合無免其枷號，通行錦衣衛、巡捕官校、巡視監察御史、五城兵馬司，督令各該地方火甲人等，嚴加緝訪。今後軍民、舍餘人等，敢有仍前不務生業，窩藏淫婦及縱容妻女開娼店，就將窩家並本夫、姦夫、姦婦拿送法司究問，已經奏準通行禁約外。今指揮僉事等官朱驥等奏稱，京城內外軍民人等多買良家女子，或二三、或三四口，俱作使女及妾名目，縱容與人通姦，覓取財物無籍之徒，專一在彼飲酒宿歇，糾合爲盜，要行禁約。如有犯者，將縱容夫男、義父及姦夫枷號示衆一節。固爲弭盜之源，但京師人烟湊集，其姦淫之風積習已久，合無準言，先行禁約，行令五城兵馬指揮並巡捕官校人等，各照該管地方省諭火甲人等，詢訪各甲內，果有無籍之徒，多買良家女子，或一二口、或三四，俱作使女及妾名目，縱容與人通姦，限一個月以裏赴官首告，改過自新，各務本等生業。限外如仍故違，拏送法司，依律問罪，將本夫、義父、姦夫枷號一個月示衆，照例發落，婦女斷發歸宗。巡捕官校及火甲人等務要緝拿，事得其實，不許因而挾讎生事，妄拿平人。事發，一體究治。如此，則淫風可止，而弭盜有方矣。

一、究容隱。竊見累次發到强賊中間，多係賭博宿（倡）〔娼〕之徒，無有家業，專一在於樂人之家宿歇。所分贓物，盡在其家費用寄藏。其教坊司官員人等，因見罪不累已，法不追贓，往往利其財物，明知盜賊，故意容留。（任）〔及〕至官校人等跟捕，（及）〔又〕行引送藏匿，深爲未便。如蒙乞敕法司禁約：今後但有樂婦之家窩藏盜賊，事發到官，贓物除費用不追外，其寄藏之贓，照數追給。仍將本司官員並窩藏樂人問罪。如此，則盜賊無

（明）戴金《明條法事類纂》卷四三《刑部類·親屬相姦·親屬相姦不分成與未成俱問本罪例》 成化五年十二月二十四日，大理寺卿王等題爲不應事。據左寺案呈，該刑部廣東清吏司發審犯人劉勉，招係錦衣衛上後所總旗。成化五年十一月二十日，有已故堂叔劉聚今在官妾李氏，令侄劉甫成喚勉前去伊家央説，日前用銀放有軍糧，央去討是。勉依允。劉甫成買酒與勉飲醉，因見天（脱）〔晚〕，就在李氏後房外間宿歇。至二更時分，是勉明知李氏係小功親妾，不合進伊房內炕上，將李氏按住，要行强姦。本婦聲叫，勉就吐舌放在李氏口內，意圖喜允。李氏狠（恕）〔怒〕將勉舌尖咬落一塊。勉害疼痛，翻跌炕下。次日李氏將情赴通政司，告送刑部廣東清吏司拏勉，問擬絞罪。具本發大理寺審録。爲因招情未明，及勉不肯服辯，駁回再問罪犯，李氏發落訖。議得：劉勉所犯合依强姦緦麻以上親之妻者律絞，秋後處決，審擬合律。查得：近該南京刑部山西清吏司，問得祁安招係南京鷹陽衛舍餘，不合要與男婦林氏求姦，窺瞰林氏進入佛室內，將本婦揝住推倒，揝破中衣。林氏喊叫，不曾成姦。事

發，本部江西清吏司問擬祁安姦子之婦律斬。二次具本發審，不肯服辯，駁回調送山西清吏司改議，比依强姦未成律減等，杖一百徒三年，照例納科，完日隨住，係《比附律條》具本。成化五年十一月十七日，該通政司奏，節該奉聖旨：祁安準擬。欽此。欽遵外。臣等伏睹《大明律》内一款：强姦者絞，未成姦者杖一百流三千里。又一款：若姦緦麻以上親，及緦麻以上親之妻，若妻前夫之女及同母異父姊妹者，杖一百徒三年，强姦者斬。若姦從祖祖母姑、從祖伯叔母姑、從父姊妹、母之姊妹、及兄弟妻兄弟子妻者各絞，强者斬。若姦祖父妾、伯叔母姑姊妹子孫之婦、兄弟之女者各斬，妾各減一等，强者絞。欽此。謹詳律意，常人相姦，則有成姦與未成姦之條。惟親屬相姦，事干倫理，本條不載未成姦之文。法司自洪武、永樂年間以來，凡問此等囚犯，不分和與强，成姦與未成，悉依本條奏呈絞斬等罪，遵行已久。今查得舊卷内宣德年間十月内，該〔刑〕〔例〕部陝西清吏司發審犯人崔興招稱：不合將男婦陳氏抱定撦破布〔視〕〔衣〕要姦，被本婦將興左頤咬傷撦脱，不曾成姦。問擬崔興姦子之婦律斬，具本發行大理寺審録。本寺按律，强姦者絞，未成者杖一百流三千里。姦子孫之婦者各斬。强姦子孫之婦，律無載文。今崔興欺姦男婦未成，坐以前罪等因。本年十二月初八日，該本寺官奏奉宣宗皇帝聖旨：既是强姦未成姦律打一百，發遼東充軍。欽此。正統五年六月内，又該行在刑部江西清吏司發審犯人張唤唤招稱：不合將男婦馬氏强姦，不從，用手將馬氏頭頸抱住做嘴，被本婦將唤唤下唇咬傷脱走。問擬張唤唤姦子之婦律斬。本月十一日該本寺卿王文等奏，節該奉英宗皇帝聖旨：張唤唤依律。欽此。正統八年五月内，又該刑部河南司發審犯人寧讓招稱：不合將侄婦李氏强姦，不從。讓意要求和，將舌吐入李氏口内，被伊咬下舌尖一塊，不曾成姦。問擬寧讓强姦無〔服〕弟子妻律斬。本月初七日，該本寺左少卿薛昌等奏，節奉英宗皇帝聖旨：寧讓依律。欽此。正統十年六月内，又該刑部四川清吏司發審犯人裴成招稱：不合將男婦吴氏按住，要行强姦，被本婦叫鬧，用手將成肚臍下抓破，未曾成姦。問擬裴成姦子之婦律斬。該本寺卿俞仁悦等查照宣德年間欽斷，姦子之婦犯人崔興充軍事例，奏奉英宗皇帝聖旨：裴成依姦子之婦律。欽此。正統十一年六月内，又該刑部浙江清吏司發審犯人柴敬招稱：不合將侄婦李氏底衣撦破，要行强姦，李氏將敬兩臉抓破叫喊，不曾成姦。問擬柴敬强姦兄弟子妻律斬。本月二十六日，該本寺卿俞士悦等奏奉英宗皇帝聖旨：柴敬依律。欽此。本年九月内，又該刑部雲南司發審犯人夏經宗招稱：不合强抱義男夏何得妻顧氏，要行將舌尖送在顧氏口内，被本婦咬下舌尖一塊，不曾成姦。問擬夏經宗比依强姦緦麻以上親律斬。該本寺卿俞士悦等看得：夏何得年十四歲，過房與夏經宗爲義男，今姦伊妻，律無正條，合無比依姦緦麻親論斷。惟照比依雇工人發落。等因。奏奉英宗皇帝聖旨：夏經宗既過房子，已長大，不爲例，饒死，打一百，枷釘，連妻小發口外衛分充軍，但逃不饒。夏何得並妻著歸宗。今後犯姦義子妻的，只查照洪武、永樂年間斬例行。欽此。以後法司比問前項囚犯，悉依親屬相姦條内科斷。今南京刑部所犯祁安比張唤唤等所犯相同，擬罪各别。參照祁安强姦子婦雖未成姦，絶滅倫理，敗壞風俗，罪在十惡。比先夏經宗强姦義男子婦未成尚擬斬罪，見今劉勉强姦堂叔之妾未成亦坐絞罪，其祁安强姦親男之妻未成，卻依常人强姦未成律止坐徒罪。查照先年問過前項，因犯未曾似此擬斷，不無有乖律意。況兩京法司問囚，輕重不倫，法不歸一，人難遵守。合無行移南京刑部、大理寺，再將祁安查問明白，徑自具奏守奪。仍行内外問刑衙門，今後問擬此等囚犯，悉遵洪武、永樂年間以來問斷成法，不分成姦與未成姦，俱依親屬相姦本條科斷，不許妄自更改，庶得事體歸一，刑法適中。緣祁安已該南京大理寺奏奉欽依準擬事理，及今劉勉係重刑，未敢擅便，具題。奉聖旨：是。劉勉依律，祁安着再問擬來。欽此。

（明）戴金《明條法事類纂》卷四三《刑部類・親屬相姦・翁姦男婦未成例》 成化六年四月十五日，刑部等衙門尚書等官陸等題爲陳言事。該南京大理寺卿夏時正等奏，該南京刑部山西清吏司，問得犯人祁安招稱：不合與男婦林氏求姦，窺瞰林氏進入佛堂内，將本婦撦住推倒，撦破中衣，林氏叫喊，不曾成姦。事發，本部江西清吏司問擬祁安姦子孫之婦律斬。二次具本發審，不肯服辨，駁回調送本司改議，比依强姦未成減等徒罪，照例納科，完日隨住，係《比附律條》具本。成化五年十一月十七日，該通政使司官奏，節該奉聖旨：祁安準擬。欽此。欽遵外。伏覩《大明律》内一款：强姦者絞，未成者杖一百，流三千里。又一款：若

姦緦麻以上親之妻，若妻前夫之女，及同母異父姊妹者，各杖一百徒三年，强姦斬。若姦從祖祖母姑、從祖伯叔父母姑、從父姊妹母之〔祖〕〔姐〕妹、及兄弟子妻者各絞，强姦者斬，若姦父祖妾、伯叔母姑姊妹子孫之婦、兄弟之女者各斬，妾各減一等，强者絞。欽此。謹詳律意，常人相姦有成與未成之條。惟親屬相姦，事干倫理，本條不載未成姦之文。法司自洪武、永樂年間以來，凡問此等囚犯，不分和與强姦，成與未成，悉依本條，俱坐斬絞等罪。備查宣德、正統年間，刑部問過犯人崔興、張唤唤等罪犯，大理寺奏奉依發落緣由，參詳比照，祁安强姦子婦雖未成姦，絶滅倫理，敗壞風俗，罪在十惡，卻依常人强姦未成律，止坐徒罪，有乖律意。行移南京刑部、大理寺，再將祁安查問明白，徑自具本回奏定奪，仍行内外問刑衙門，今後問擬此等囚犯，悉遵洪武、永樂年間以來問斷成法，不分成姦未成姦，俱依親屬相姦本條科斷，不許妄自更改。等因。成化五年十二月十四日，節該奉聖旨：祁安著再問擬來。欽此。欽遵。移開到寺。查得：先該南京刑部江西清吏司，問得犯人祁安招稱：不合强姦男婦林氏二次，坐擬本犯姦子婦斬罪。發審稱冤，不肯服辨，駁回調送本部山西清吏（吏）司。問得犯人祁安强姦未成，改擬比依强姦未者律，杖一百流三千里。有《大誥》減等杖一百徒三千〔里〕，照例納（科）〔料〕完日隨住。係《比附律條》，請旨具本發審，本寺將本犯招罪，奏奉欽依回報去後。今本前因，除行南京刑部照奉欽依内事理施行來報。臣等竊聞：上古有同産而爲夫婦者，帝高陽投諸海外，以爲夷狄，未始有刑也。中古男女不以義交者，始有刑，猶未至於死也。《周禮》大司馬九代之法，内亂鳥獸行則戮之，於是淫亂之刑始重。漢魏而降以及隋、唐，而内亂列於十惡之條，皆爲姦之已成，未聞有姦未成而誅之者也。洪惟我太祖皇帝以仁義立國，以欽恤行刑，制爲律令，扶植綱常。尤拳拳於男女之别，以革胡元之陋俗，故不得不重姦之罪。然而天地好生，不得已而用刑之心，未嘗不行乎其間。是故强姦者絞、未成者流，一死一生，刑（與）〔於〕姦之成與未成，豈無故哉？蓋謂：姦已成，則婦行已爲其所污，天理已滅，民彝已壞，可不復救，故不得而不誅之。若姦未成，則婦行而未虧也，其人猶可冀其改過自新。聖人於此猶得以行其好生惡死神武不殺之本心，故止罪以流而不忍加之於死。此乃天地之常經，古今之通義，祖宗制律之微意，刑官之所當熟講而遵行者也。今大理寺之議，乃曰常人相姦，則有已成未成之條，惟親屬相姦，事干倫理，罪在十惡。本條不載未成之文，不分和與强姦，成與未成，悉遵洪武、永樂年間以來問斷成法，悉依本條俱坐斬絞等罪。竊緣親屬相姦，禽獸其行，信如大理寺所議。絶滅倫理，改壞風俗，罪在十惡，殺之爲世鑒戒，正不足（措）〔惜〕。但祖宗制律，緣情定罪，輕重加減，毫厘不爽。豈有親屬相姦重罪，猶不載未成之文，而使致疑其間乎？果疑矣，則常從輕典也。今乃疑而反加於死，欲今臣等與天下行之，臣等實不敢預聞也。考之别條，固有不分已成未成者。如劫内條云：但劫即坐，不須得囚囑。托公事條云：但囑即坐，不問從與不從，行與不行。若此之類，皆是不分（或）〔成〕與未成，明着其文。今親屬相姦，即無但犯即坐，不分成與未成之文。臣等豈敢以本條不載，輒議人於死乎？必若所議本條不載未成姦之文，犯姦首條未成之律，强姦泛指常人，不許引用，則又不可通者。犯姦首條云：强姦者婦女不坐，而親屬相姦不載婦女不坐之文，然則親屬犯姦者，婦女亦坐其罪乎？首條云：姦幼女十二歲以下者，雖和同强論，而親屬相姦不載姦幼女之文。設若姦同宗無服之親及緦麻以上親，若妻前夫之女，及同母異父姊妹年十二歲以下者，亦皆止用本條杖徒之罪，與姦姑姪姊妹者，而幼女雖和同坐罪乎？首條云：姦生男女，責付姦夫收養，姦婦從前嫁賣。親屬相姦條内亦無此文。設不引首律，則姦生男女與姦婦何以斷之乎？首條云：若媒合容止通姦者，各減犯人罪一等。私和姦事者，減二等。而親屬相姦條内亦無此文。設若不用首條，則親屬之犯容止、私和者又何以斷之乎？又如本條：凡姦同宗無服親之妻，各杖一百。不載强姦之罪。設若不引首條通議，正依本條科斷，則强姦此等親屬，亦止杖一百乎？甚者又如外姻有服尊卑爲婚，及娶同宗緦麻以上姑姪姊妹之類，各以姦論。是當以親屬相姦條斷罪也。若以不載未成之文，不分成與未成，悉依本條科斷，則未婚男女亦將全科，而事由主婚者，亦將獨坐男女，亦可通者也。臣等看得犯姦首條所開諸姦罪名，實爲諸條總要，有以通括乎諸條姦罪，亦如婚姻末條總開嫁娶違律諸罪，有以統括乎婚姻諸罪者也。故親屬相姦，不載未成之文，非不載也，以其載於首條，故本條不復重出。其議刑者有所論斷，宜通引首條之文而議之。如姦同宗

無服親不載强者之文，必引首條强姦者絞，未成者流之文而議之。如姦緦麻以上親以上，姦子孫之婦、兄弟之女之類，不載强姦未成之文，亦必引用首條强姦未成之文而斷以流。不載姦幼女年十二歲以〔下〕者，亦當引用首條而斷以雖和同强論，亦如凡婚姻有犯必須引用嫁娶違律條而通議之也。此外復有該括不盡，斷無正條，則又當依名例律比附奏請。若然，則所擬强姦子婦未成犯人祁安罪名，比附首條强姦未成者而科以流罪，未可遽謂有乖律意而議之也。必如所謂常人則分成與未成。惟事干倫理，罪在十惡，不分成與未成，悉依本條科罪。則親屬相盜，謀殺尊長，干名犯義，皆係倫理十惡者。然常人强盜，分得財〔與不得財〕而異其罪，而親屬相盜之罪，亦有得財不得財之分，初不以干係倫理十惡，不分得與不得，而悉置於死也。常人謀殺，分已行、已傷、已殺之分，初不以干係倫理十惡，不分殺與未殺，而概重其刑也。常人誣告反坐，皆分已決未決，而親屬一體分之，又何嘗以干係倫理十惡，不分已決未決，而一切論之乎！可見制律之本意，於親屬相姦不在未成之文者，非以事干倫理，罪在十惡，不分成與未成，而悉欲刑之。特以科於首條，故不載於本條耳。不然，其姦伯叔子之妾，亦係倫理十惡者，緣何卻又減斬入流，而强者亦與常人同得絞乎？由是言之，則强姦子孫之婦未成，而引附首條强姦未成之文，斷以流罪，不可謂從輕而出矣？或謂敗倫傷化之事，一舉此念，罪不容誅，豈復論其未成。然此乃《春秋》無將之意，惟臣子之於君親用之，未聞尊長之於卑幼亦用之也。律內惟謀反、大逆，但共謀者，不分首從皆凌遲處死。至於謀殺祖父母已行者斬，已殺者凌遲處死，亦微有分矣，況其他哉？親屬相姦，固是干係倫理十惡，然比之謀殺祖父母、父母，輕重〔較〕〔昭〕然，何乃全無分別，一切盡刑之哉？或謂常人强姦未成得流，親屬强姦未成亦流，何其無有差等？蓋常人之與親屬，其分固有親疏，而成姦之與未成，其罪不容無聞。若姦而未成皆坐絞斬，其已成者當加入於凌遲矣。今强姦已成，罪既止於斬殺，不加至於凌遲，則未成者決難復入於死。若不坐以流罪，當復坐以何罪？又況律之通例，二死罪並同一減。從絞而減固入於流，從斬而減亦入流。於二死之下三流之上，别無可科之罪矣。律之宏綱大旨昭昭如此。要在用律者沉潛反覆，詳究獄情，尋文繹義，消息而用之耳。若不究制律之本末，謂律無未成姦之文，不分成與未成，俱坐絞斬等罪。竊思祖宗寬平仁恕之意不〔恕〕〔如〕是也。何況所擬犯人祁安罪名，其文雖不載之本條，實具於首條。又具比附奏請，亦是照依犯人崔興强姦子婦未成。宣德四年十一月初八日，節該欽奉宣宗皇帝聖旨，既是强姦未成，只是未成姦律欽〔尊〕〔遵〕事理。若今所議，不分成與未成，俱坐絞斬，本條、首條皆無其文，徒泥近年成案，兼以一已所見爲議，乃欲臣等與天下行之，臣等斷斷乎知其不可也。欽惟太祖皇帝更定新律，維時刑部尚書劉惟謙與儒臣宋濂等，酌古準今，會萃以葉。厥中篇簡進呈，咸經睿覽，親爲裁定，垂憲萬世，迨今百有餘年。有初爲重而於今特輕，有初爲輕而於今特重，出於一時聖斷者，要皆因時制宜，而律則祖宗成法，萬世不刊之典也。是以至今大理寺，凡有施行，皆稱合律，此其義也。查得洪武二十五年以前，本寺衙門，會經革罷，案卷不存。止查永樂十年一起，犯人索付强姦弟婦蔣小女未成。河南道監察御史問擬姦弟婦强姦未成減等徒罪，係軍人，發二千里內北京苑里充軍養馬。該本寺啓聞，依擬發落訖。正統十二年一起，犯人繆秀一强姦妻前夫之女常丫頭未成，南京刑部廣東清吏司問擬强姦未成者減等徒罪，係軍人，送南京工部做工，滿日着役。本寺審允，回報發落奏聞訖。緣親屬相姦，弟妻及妻前夫之女，强者本條該斬。當時該道、該司以索付等未成姦，減等徒罪，是永樂年間以來，問斷親屬相姦，未嘗不分未成而悉於斬罪也。又查得：永樂三年一起，犯人完者不花，犯該强姦子之婦張氏未成，刑部河南清吏司雖坐以斬，乃聞未成姦緣由，議通行具啓發南丹衛充軍去訖，亦不曾分未成而徑坐斬〔生〕者也。自後刑部問擬犯人崔興、張喚喚之時，或是不曾考律文，或是痛惡干犯倫理，以〔意〕〔臆〕見人之重罪，事非可知。其時大理寺等以姦之未成，亦嘗見論奏，但不能深講熟究，務盡其説，明白上陳，以致聖斷有只依未成姦律，有就依所擬。前後處分，不曾刊有定制。此實當時刑官謬於見聞，安於故常之過。臣等伏覩天順八年正月二十一日，節該欽奉詔書內一款：法司今後問囚，一依《大明律》科斷，不許深文。欽此。天順八年正月二十二日，又節該欽奉詔書內一款：凡問囚犯，今後一依《大明律》科斷，不許深文，妄引參語，濫及無辜。欽此。欽遵。及伏覩皇上即位以來，屢敕法司：凡有死罪，即今詳議開奏。稍涉矜疑，咸得論減，或從寬免。此實天地大德，

堯、舜好生，罪疑惟輕，與其殺不辜，寧失不經之盛心也。臣等任古遷平，才職慵下，不能遠窺虞、周惟良折獄之盛美，以承聖世寬平之治，厥罪大矣！其於彼先刑官，謬於見聞，安於故常，正當視以爲戒。豈敢承訛襲舛，復循往轍，以傷聖明欽恤哀矜之至仁哉？昔歐陽觀嘗夜燭治官書，屢發而嘆曰：此死獄也，吾求其生不得耳！古人於獄之當死者尚欲求生，況於律自有可生之理而欲求其死，可乎？《王制》：王凡制五行，心即天論郵罰麗於事。又曰：刑〔者〕侀也。侀，成也。一成而不可變，故君子盡心焉。張釋之曰：法者天子所與天下公共也。今法如是，更重之，是法不信於民也。又曰：（遷）〔廷〕尉，天下之平也。一傾天下用法皆爲之輕重，民安所措其（乎）〔手〕足乎？夫本之祖宗成法而用刑，天討之公也。因乎臆度傅會而行事，好惡之私也。職奉天討之公，心懷好惡之私，欲出則附從輕典，欲入則蔽以重法，臣等實不忍爲也。所有大理寺議要將犯人祁安，照依比先刑部問過崔興、張喚喚等罪名科以斷之。今後親屬相姦，不分和與强姦，成與未成，悉依本條俱坐絞斬等罪。緣祁安一人所犯，律不應死，而於律外特置於死，已爲不可。況欲凡（情）〔親〕屬相姦，悉依所擬斷以死罪，復欲行之天下，傳之將來，永以爲例乎？臣等謹按，親屬相姦，相（拜）〔並〕其下諸條，有不載之文而礙於理，斷者必皆會引犯姦首條各節，通融議擬，以科共罪，方可成獄。若其間又有情罪與條不盡合而難以正引者，復須（此）〔比〕附奏請。臣等所言，皆本之祖宗制律寬平仁恕之意，如蒙準奏，乞敕刑部、都察院、六科、十三道集議奏請，捭萬世永爲遵守，天下幸甚！緣係講明律意，詳議死刑重事具本。該通政司官奏奉聖旨：法司知道。欽此。欽遵。抄出送司。查得先該大理寺卿王槪等題：該刑部廣東清吏司發審犯人劉勉，招係錦衣衛上後總旗，成化五年十一月二十日夜，不合進入已故堂叔劉聚妾李氏房内，將李氏按住要姦，先吐舌入伊口内，被李氏咬下舌尖告發，問擬劉勉强姦緦麻以上親之妾者律絞，秋後處決。審擬合律。查得近該南京大理寺奏，該南京刑部山西清吏司，問得犯人祁安，招係南京鷹陽衛舍餘，不合要姦男婦林氏，窺瞰本婦進入佛堂内，推倒搼破中衣，林氏嗽叫，不曾成姦。事發本部江西清吏司，問擬祁安姦子之婦律斬。二次具本發審，不肯服辨，駁回調問，改擬比依强姦未成者律減等，杖一百徒三年，照例納科，完日隨住。係《比附律例》具本。成化五年十一月十七日，該通政使司官奏。節該奉聖旨：祁安準擬。欽此。欽遵。謹詳本條律意，常人相姦則有成姦與不成姦之條。惟親屬相姦、事干倫理，本條不載未成姦之文。法司自洪武、永樂年間以來，凡問此等囚犯，不分和與强姦，成與未成，悉依本條，俱坐絞斬等罪，遵行已久。查得宣德四年十月内，該行在刑部陝西清吏司發〔審〕犯人崔興强姦男婦未成，問擬姦子之婦律斬，具本發審。行在大理寺按律，强姦者絞，未成者杖一百流三千里。姦子孫之婦律無載文。今崔興欺姦男婦未成，坐以前罪。等因。本年十一月初八日，本寺官奏奉宣宗皇帝聖旨：既是强姦未成，只依未成姦律打一百，發遼東充軍。欽此。正統五年六月内，又該行在刑部江西清吏司發審犯人張喚喚姦男婦馬氏未成，問擬姦子之婦律斬。奏奉英宗皇帝聖旨：張喚喚依律。欽此。正統八年五月内，又該刑部河南清吏司發審犯人寧讓强姦姪婦李氏未成，問擬强姦兄弟之妻律斬。奏奉英宗皇帝聖旨：寧讓依律。欽此。正統十年六月内，又該刑部四川清吏司審犯人裴成姦男婦吴氏未成，問擬姦子之婦律斬。奏奉英宗皇帝聖旨：裴成依姦子孫之婦律斬。欽此。正統十一年六月内，又該刑部浙江清吏司發審犯人柴敬姦姪婦李氏未成，問擬强姦兄弟子妻律斬。奏奉英宗皇帝聖旨：柴敬依律。欽此。本年九月内，又該刑部雲南清吏司發審犯人夏繼宗强姦義男夏阿得妻顧氏未成，問擬强姦緦麻以上親律斬。奏奉英宗皇帝聖旨：夏繼宗既過房子已長成，不爲例，饒死，打一百，枷釘，連妻小發口外充軍，但逃不饒。夏阿得並妻着歸宗，今後犯姦義子妻的，只查照洪武、永樂年間問斷例行。欽此。以後法司凡問前項罪囚，悉依親屬相姦條内科斷。參照祁安强姦子婦雖未成姦，絶滅倫理，敗壞風俗，罪在十惡，止坐徒罪，有乖律意。合無行移南京刑部、大理寺，再將祁安查問明白，徑自具本回奏定奪。仍行内外問刑衙門，今後問擬此等囚犯，悉遵洪武、永樂年間以來問斷成法，不分成姦與未成姦，俱依親屬相姦本條科斷，不許妄自更改。等因具題。節該奉聖旨：是。祁安着再問擬來說。欽此。欽遵外。今南京大理寺又奏前因。卷查永樂二十一年二月内，犯人田俊强姦妻母王氏未成。刑部江西清吏司，問擬斬罪，會官審允病故。宣德二年九月内，犯人鄭清姦男婦寧氏未成。宣德三年三月内，柴諒姦男婦陳氏未成。本年九月

內，犯人宋衷姦兄妻李氏未成。宣德五年四月內，犯人劉福保姦男婦秦佛奴未成。宣德八年五月內，犯人王能姦姪婦杜氏未成。本年八月內，犯人楊興姦男婦丘氏未成。宣德十年六月內，犯人陳銘姦男婦張氏未成。俱該行在刑部等衙門問擬斬罪。奏奉欽依事理依律準擬充軍發落。及查得正統二年至天順三〔等〕〔年〕，犯人楊來兒、鄭蘭、童買直、史李住、馬景雲、陶宣瞿、吳伯通、袁清各犯，强姦子孫之婦，兄弟之妻妾、義父之妾未成，俱問斬罪。查無問擬未成流罪發落流罪事例。案呈到部。臣等會同都察院右都御史林等，議得南京大理寺卿夏時正等奏稱，親屬相姦條內，不載强姦未成之文，必須引首條强姦未成科罪。及查永樂三年，刑部河南清吏司問擬犯人完者不花强姦子〔孫〕〔婦〕未成斬罪具啓，發南丹衛充軍。永樂十年，河南道監察御史問擬犯人索付强姦弟妻未成，減等徒罪發遣充軍。並援引他人奏，乞議集奏請遵守一節。先該大理寺卿王概等題稱：謹詳律意，常人相姦，有成與未成之條，惟親屬相姦，事干倫理，本條不載未成姦之文。法司自洪武、永樂年間以來，凡問此等囚犯，不分和與强姦，成與未成，悉依本條，俱坐以斬絞等罪。查得：宣德、正統年間，刑部問過犯人崔興等前罪，奏奉欽依發落緣由，題準通行遵守。行今南京刑部，將徒罪犯人祁安再問，致有此言。臣等竊惟常人之與親屬不可同爲一論。蓋刑者輔治之具，故明於五刑以弼五教，舍父子夫婦長幼之倫，何以爲治乎？律内凡姦首條，凡和姦杖八十，有夫杖九十，刁姦杖一百，圖爲一節。其下載：强姦者，絞。未成者，杖一百、流三千里。此論常人所犯之罪，親屬相姦，另爲一條。無服之親與常人相〔去〕不遠，和姦、刁姦坐杖一百，不載强姦成與未成得同常人擬斷。其下一節載：姦緦麻以上親至同母異父姐妹，各杖一百、徒三年。比之常人和姦，加罪七等矣。若姦從祖祖母姑姪子孫之婦、兄弟之女各斬，比之姦緦麻以上親又加重矣。所以即載强者斬，則强而未成在其中矣。其次載誣執翁姦之條：凡男婦誣執親翁，及弟婦誣執夫兄欺姦者斬。此條正所以承上條之意，禁男婦與弟婦，不得以欺姦誣執其親翁與夫兄，而罪至於死，故坐以斬也。今南京大理寺查有永樂三年刑部問擬犯人完者不花强姦子婦未成，坐以斬罪。（即以舊例雖查有永樂十年，河南道問擬犯人索付强姦子婦未成，坐以斬罪。）即以舊例雖查有永樂十年河南道問擬犯人索付强姦弟妻未成，減等徒罪充軍，以後問擬此等囚犯，俱坐以斬罪者。可見所問索付係一時之誤。但洪武、永樂年間卷宗，多在南京，及年遠無從查考。所查自永樂二十一年至宣德、正統、天順等年，俱依本條律問擬斬絞罪名，奏奉欽依者，見有貳拾餘起，具永樂初年。刑官多係洪武年間舊人，熟知制律本意，乃敢擅擬死刑上請。宣德年間，内外問刑之官，亦係永樂年間舊人，前後相傳，習知故典，問擬前項舊犯，俱不分已成未成，擬依斬絞之罪，則本律之意明矣。豈是當時刑官謬於見聞，安於故常之過哉？别條人命、强盜之議，原情論罪，自有輕重。親屬相姦，斷以大義，强而未成，豈可輕貸？詳觀誣執翁姦夫兄〔姦〕之條，論以斬罪，則人命、强盜等條内，在此無禁，難以泛比。蓋因在前刑官，間有一二以本條不載未成之文，致疑以此。南京大理寺要會首條通擬，若爲父兄用强姦子弟之妻妾，其妻妾不從咬傷其舌，抓毀其身，穢言抵辱，不得成姦，準加常人擬依流罪，納科等項發落，復聚一家。此等之人生同禽獸，敗常亂俗，甚不可也。雖稱前代論姦，有從寬典。聖朝制律，重於挾天常、正人紀，昭示當時，垂憲萬世。臣下豈敢輕議於其間哉？除大理寺先擬舊制奏準施行外，今後法司問擬及詳審此等囚犯，務要推究真情，依律議擬斬絞罪名，仍將未成緣由，奏請定奪。南京刑部原問犯人祁安斬罪，先於南京大理寺審録二次，稱冤不肯服辨。續問徒罪發落，有礙再問，合無調南京都察院，提吊祁安一干人卷，再問明白，依律議擬，徑自奏請發落。如此，則律意不違，人知遵守矣。奉聖旨：是。欽此。

（明）戴金《明條法事類纂》卷四三《刑部類·親屬相姦·親屬相姦不分成與未成依律問擬死罪仍將未成緣由奏〔請〕》　一件陳言事。成化六年四月內，南京大理寺卿夏時正等奏，該刑部等衙門尚書等官陸等題準，今後法司問擬親屬相姦囚犯，務要推究真情，不分成與未成，俱依律擬議絞斬罪名，仍將未成緣由奏請定奪。

（明）戴金《明條法事類纂》卷四三《刑部類·犯姦·校尉犯刁姦改調别衛充軍例》　成化十一年三月二十八日，兵部尚書項等題爲不應等事。車駕清吏司案呈，準刑部河南等清吏司手本開：問得犯人葉普貴、任福貴，各招係錦衣衛後千户所校尉。有葉普貴不合刁引軍人王俞妻王氏來家姦宿，任福貴亦不合刁引本衛一般校尉妻楊氏出外姦宿。各問擬刁姦

者律，減等杖九十。係校尉，照例納鈔，完日還役。等因。手本連人送司。查得先準刑部廣東清吏司手本，問得任亨，招係錦衣衛中千所校尉，不合將已故軍人顧成妻盛氏刁引出家，詐作夫婦姦宿等情，問擬刁姦者律，減等杖九十，照列納鈔，完日手本連人送司還役。本部爲照任亨係行止有虧人，數難令直駕近侍，各將任亨改調在京不係守衛衛分充軍食糧等因，具題。成化十年九月十三日，奏奉聖旨：欽此。欽遵。已將任亨改調充軍去訖。今準前因，案呈到部。參照校尉葉普貴、任福貴所犯情罪，比與先改調任亨事體相同，但恐前時來犯罪者數多，若便一概不分輕重改調，未免缺人直差。欲得葉普貴、任福貴照依法司問擬，送發還役，又恐任亨比例伸訴，不無紊煩。必須斟酌處置，事譏允當。合無今後校尉有犯白晝搶奪，竊盜詐騙，恐嚇財物，求索枉法、不枉法，常人盜，監守自盜，徒流雜犯罪，照例做工等項，完滿調衛充軍等項，其犯姦情笞杖罪，並一應徒罪，照例贖罪。與見今葉普貴、任福貴，並已故調任亨，俱依法司原擬俱發着役，不須改調。庶幾輕重遍均，事體歸一。緣係處置校尉改調軍役事理，未敢擅便，具題。奉聖旨：照任亨例，改調別衛充軍食糧。欽此。

（明）戴金《明條法事類纂》卷四三《刑部類·犯姦·軍職姦同僚妻女革職》　弘治三年四月初九日，都察院右都御史屠等題，爲姦情事。該巡按雲南監察御史劉洪呈，問得犯人黃鉞係雲南木密關守禦千户所正千户。招稱：有本所致仕副千户可宗次女可氏川兒，聘與本所軍丁熊順爲妻，未曾過門。弘治元年正月内，鉞見得可氏生有恣色，不合輒起淫心，要與來姦。因見軍人鄭全居住與可氏家相連。本月十六日，使令軍伴方海，密央鄭全妻楊氏與可氏求姦，彼有可氏不合笑允。本婦隨將可氏刁引到於伊家，得鉞與伊會面，鉞將銀二錢與可氏收接，當於伊家房内姦訖一度，以後通姦不絶。後蒙雲南布政司楊參議按臨查盤軍器，是鉞作揖，回至楊氏家内，又唤可氏到彼行姦。伊夫熊順緝知，前來提獲鉞同可氏，送楊參議處，將可氏等問擬發落訖。照出鉞係軍職，備咨本司，奏行巡按御史將鉞提解到院，取問前情，欲將黃鉞問擬軍官姦所部妻女罪名，照例發回原籍爲民，仍今應襲弟男子侄替職爲照。可氏係千户可宗女，止是聘與軍人熊順，未曾過門，恐非所部軍妻，況見行事例止稱軍職姦（軍）〔所〕部妻革職爲民，其非姦所部内軍妻，未見作何發落。所據雲南按察司經歷司呈開稱，查無前項發落事例，等因回報前來。緣係軍職犯姦事理，難便發落，理合呈乞。合無將本犯問擬軍官姦所部妻女罪名，照例爲民。惟復依刁姦擬罪還職，若别有事例，乞爲明示，等因判送到道。案查先爲前事，該雲南布政司參奏千户黃鉞不合姦淫軍婦，等情已經具呈本部奏行巡按雲南監察御史劉洪提問去後，今該前因，伏覩《大明律》内一款：凡軍民官吏姦所部妻女者加凡姦罪二等，各罷職役不叙。欽此。及查得見行事例，軍職姦宿所部軍妻，及行止有虧者罷職爲民。查呈到院。看得雲南（本）〔木〕密關守禦千户所正千户黃鉞，姦宿同僚室女，其害義傷化，無恥爲甚，比與姦所部軍妻情犯尤重，正係行止有虧人數，難以復職，合無行仰續差巡按雲南監察御史林口，將黃鉞依刁姦正律坐罪，照依行止有虧事例爲民。本院仍通行内外問刑衙門，今後軍職有犯姦宿同僚妻女者俱照例發落，則法今嚴明，人知警懼。奉聖旨：是。欽此。

（明）戴金《明條法事類纂》卷四三《刑部類·犯姦·建言民情》　弘治四年七月十六日，禮部爲建言民情事。禮科抄出直隸武平等衛指揮年省等官，及民人王溥等建言民情事件，會同各部、都察院、通政司、大理寺、六科議得：除有例見行，及泛言難準外，數内十五件合準所言，從吏部等衙門查勘定奪，禁約施行。具題。奉聖旨：是。欽此。

申明條例較正罪名。臣聞各處問刑官吏，有將招犯姦義女者，照律擬依加姦同宗無服之親杖一百減等律，杖六十，徒一年半減等杖一百，照例比依姦妻前夫之女律，杖一百徒三年減等杖九十徒二年半。臣檢閲律本，係舊刊印者，字模糊，其親屬相姦條下開：凡姦同宗無服之親、及無服之親妻者，各杖一百。若姦義女者，加一等罪名。又覩刊行已久《律解辯疑》本條下（赤）〔亦〕有姦義女一節。其《律條疏議》本條下又無姦義女一節。如此不同，未知前項律本，何爲官降，何爲私刑？或原載該有，或重刊脱落。恐因新刊者字樣明亮，人多取用，行之年（玖）〔久〕爲無姦義女本條，比照姦妻前夫之女爲例。合無乞勑法司查攷的確，（較）〔校〕正頒行遵依，外擬庶得罪名歸一。

（明）戴金《明條法事類纂》卷四三《刑部類·親屬相姦·姦義子（男）〔婦〕比擬姦緦麻以上親之妻具奏附官吏隱漏過名等項並增減月日蔽

匿過名俱依律斷》一件應製陳言事。弘治六年五月内，大理寺左少卿屠勳奏，該刑部等衙門尚書等官彭等題準：今後有犯該姦義子之婦者，比依姦緦麻以上親之妻擬奏。官吏犯該隱漏過名等項，事無窺避者，及有窺避，增減月日，更易地方，改换出身，蔽匿過名者，各依本律科斷。該罷役不叙者，仍照例發落。其應斷罪而無正條者，必須參酌情犯輕重，引律比附上請，毋致罪有出入，違者以故失論。

《律條直引》卷二五《刑律八・犯姦・犯姦》 趙甲依强姦者律，錢乙依姦幼女十二歲以下者，雖和同强姦律，各絞，俱秋後處決。孫丙依强姦未成者律，杖一百，流三千里。李丁、趙氏俱依刁姦者律，各杖一百。周戊、錢氏俱依和姦有夫者律，各杖九十。吴己、孫氏俱依和姦無夫者律，鄭庚、王辛、李氏俱依姦婦嫁賣與姦夫者律，各杖八十。俱有《大誥》減等。孫丙杖一百，徒三年。李丁、趙氏各杖九十。周戊、錢氏各杖八十。吴己、孫氏各杖七十。鄭庚、王辛、李氏各杖七十。孫丙、李丁、周戊、吴己、鄭庚、王辛係軍民，有力納米等項，無力與趙氏、錢氏、孫氏、李氏俱姦婦各去衣受刑。孫丙充徒守哨，滿日疏放寧家，趙氏、錢氏、孫氏責付本夫收領，從其嫁賣，願留者聽。李氏離異歸宗，鄭庚原受王辛買李氏錢物，係彼此俱罪之贜入官。趙甲、錢乙係重刑監候會審處決。

趙甲、錢氏俱依買休人與婦人用計逼勒本夫休棄者律，各杖六十，徒一年。錢乙依媒合人減一等，孫丙依用則買休者律，李丁依賣休者律，周戊、吴氏俱依和娶人妻者律，吴己依抑勒、縱容親女、子孫之婦妾與人通姦者，鄭庚依抑勒妻妾與人通姦者律，王辛依抑勒乞養女與人姦者律，各杖一百。馮壬依姦夫者律，杖八十。俱有《大誥》減等。趙甲、錢氏各杖一百。錢乙、孫丙、李丁、周戊、吴己、吴氏、鄭庚、王辛各杖九十。馮壬杖七十。趙甲等俱軍民，有力納米等項，無力與錢氏、吴氏各單衣的決，着役寧家。錢氏責付本夫收領。吴氏離異歸宗。李丁受過孫丙買休銀，俱彼此俱罪之贜，追收入官。

親屬相姦

趙甲依强姦同宗無服之親、無服親之妻、緦麻以上親、緦麻以上親之妻、妻前夫之女、同母異父姊妹者律，錢乙、孫氏俱依姦從祖祖母、姑、從祖伯、叔母、姑，從父姊妹，母之姊妹，兄弟妻，兄弟子妻者律，孫丙、李氏俱依姦父、祖妾，伯、叔母、姑、姊妹，子孫婦、兄弟女者律，各斬。李丁、周氏俱依姦從祖祖母、姑，從祖伯、叔母、姑，從父姊妹，母之姊妹，兄弟妻，兄弟子妻者律，各絞，俱秋後處決。周戊、吴氏俱依姦緦麻以上親、緦麻以上親之妻、妻前夫之女、同母異父姊妹者律，各杖一百，從三年。吴己、鄭氏俱依姦同宗無服之親、同宗無服之妻者律，各杖一百。俱有《大誥》減等。周戊、吴氏各杖九十，從二年半。吴己、鄭氏各杖九十。周戊、吴己係軍民，有力納米等項，無力與吴氏、鄭氏係姦婦去衣受刑，周戊充徒守哨，吴氏餘罪收贖，各完滿日寧家。吴氏、鄭氏從夫嫁賣，夫願留者聽。趙甲、錢乙、孫丙、李丁、孫氏、李氏、周戊俱重刑監會審處決。

奴及雇工人姦家長妻

趙甲、錢氏俱依奴姦家長妻、女者律，錢乙依奴强姦家長之期親、期親之妻妾、緦麻以上親、緦麻以上親之妻妾者律，孫丙、李氏俱依雇工人姦家長妻、女者律，各斬。趙甲、錢氏、孫丙、李氏俱決不待時。李丁、周戊俱依奴姦家長之期親、期親之妻者律，周戊、吴氏俱依雇工人姦家長之期親、期親之妻者律，李丁、周戊與錢乙俱秋後處決，周氏、吴氏各減一等律。吴己、鄭氏俱依奴、雇工人姦家長妾、家長之期親妾者各減一等律，杖一百，從三年。鄭庚、王辛、王氏俱依奴、雇工人姦家長緦麻以上親、緦麻以上親之妻者律，各杖一百，流二千里。王辛、馮氏俱依奴、雇工人姦家長緦麻以上親、緦麻以上親之妾者各減一等律，杖一百，從三年。俱有《大誥》減等。吴己、鄭庚、鄭氏、王氏各杖一百，從三年。王辛、馮氏各杖九十，從二年半。吴己、鄭庚、王辛俱軍民，有力納米等項，無力與鄭氏、王氏、馮氏各係姦婦去衣決訖杖數，吴己等充徒守哨，滿日着役寧家。鄭氏等責付本夫收領，從其嫁賣，願留者聽。趙甲、錢乙、孫丙、李丁、周戊、錢氏、李氏、吴氏俱重刑監候會審處決。

姦部民妻女

趙甲依姦囚婦者律，杖一百，從三年。錢乙、孫氏俱依官吏姦部民妻女者，錢乙加凡刁姦罪二等，杖七十，從一年半。孫氏杖一百。俱有《大誥》減等。趙甲杖九十，從二年半。錢乙杖六十，從一年。孫氏杖九十。

趙甲、錢乙俱官吏，納米等項完日，係行止有虧人數，革職爲民，孫氏係姦婦，去衣受刑，責付本夫收領，從其嫁賣，願留者聽。囚婦止坐原犯罪名。

居喪及僧道犯姦

趙甲、錢氏俱依居父母喪犯姦者，孫氏、錢乙俱依居父喪犯姦者。祖明、性圓俱依僧尼犯姦者，真空、了悟俱依道士女冠犯姦者，趙甲加和姦有夫罪二等律，杖六十，從一年。孫氏、祖明、性圓、真空、了悟俱加凡和姦無夫罪二等，各杖一百。錢氏有夫，杖九十。錢乙杖八十。俱有大誥減等。趙甲杖一百，祖明、性圓、真空、了悟各杖九十，錢氏杖八十，錢乙杖七十。趙甲、錢乙係民，祖明、真空係僧道，性圓、了悟係尼僧、女冠，錢氏係婦人。錢乙、趙甲、祖明、真空俱有力納米等項。性圓、了悟、錢氏、孫氏俱犯姦之人，去衣的決。錢氏從夫嫁賣，願留者聽，趙甲、錢乙寧家。祖明、真空、性圓、了悟俱還俗，祖明、真空當差。孫氏照舊守服。原關度牒追繳禮部收銷。

良賤相姦

趙甲、錢氏俱依奴姦良人婦女者，趙甲加凡刁姦罪一等，杖六十，徒一年。錢氏杖一百。錢乙、孫氏俱依良人姦他人婢者，孫氏以凡和姦有夫律，杖九十。錢乙減一等律。孫丙、李氏俱依奴婢相姦者，以凡和姦無夫者律各杖八十。俱有大誥減等。趙甲杖一百。錢氏杖九十。孫氏杖八十。錢乙、孫丙、李氏各杖七十。趙甲、錢乙、孫丙、李丁俱軍民無力，與錢氏、孫氏、李氏係姦婦，去衣各的決，趙甲等寧家，錢氏等從夫嫁賣，願留者聽。

黄彰健《明代律例彙編》卷一九《刑律二·人命·殺死姦夫》　凡妻妾與人姦通，而於姦所親獲姦夫姦婦，登時殺死者，勿論。若止殺死姦夫者，姦婦依律斷罪，從夫嫁賣。其妻妾因姦同謀殺死親夫者，凌遲處死。姦夫處斬。若姦夫自殺其夫者，姦婦雖不知情，絞。

胡瓊集解附例

內外問刑衙門遇有本夫拘執姦夫一款。

《大明律直引》所載《問刑條例》

一、夜無故入人家，已就拘執而擅殺者，與本夫拘執姦夫姦婦而毆殺者，情罪相當。因本夫拘執姦夫姦婦而毆殺者，律無正條。若比擬罪人已就拘執而擅殺者，處絞誠爲太重，合無通行內外問刑衙門，遇有此等內犯，比依夜無故入人家已就拘執而擅殺至死者律，杖一百，徒三年，庶得輕重適均矣。

《嘉靖問刑條例》

一、本夫拘執姦夫姦婦而毆殺者，比照夜無故入人家，已就拘執，而擅殺至死律條科斷。

（明）吕坤《實政録》卷六《風憲約·姦情》　一、姦情原無證見，易誣而難明，故律稱非姦。所捕獲勿論姦婦有孕，罪坐本婦者，蓋慎之也。以後凡告姦情，即本婦招承，亦勿準理，安知非本夫逼使騙賴，又安知非本婦有所希圖乎。且婦女不至有孕，即姦亦勿問姦，亦所以全婦女之名節而免淩逼之性命，爲人父母，不當如是耶。若淫奔在逃及被人捉獲則無詞矣。

一、强姦不分已成未成，致逼婦女自盡身死，指證若真，法宜坐抵。何者，强姦已當問絞，况因姦致死，是二辟也，何可輕縱。若婦人及年十三歲以上女子，姦雖已成，而婦女無恙，又不聲説，則强和皆未可知。有情雖和而事發激羞，因而變怒者，有因他事失好，因而拏姦者，有因至其室，迹不别嫌，報仇貪利而誣姦者，至於晦夜不識面目，而止據音聲、衣帽得於竊取而指稱奪獲，皆不可草率坐姦。以後問官，凡婦女以和姦發覺，激羞自盡，或被父母本夫毆打，因而自盡身死者，逼非姦夫，又無威狀，難以因姦威逼致死坐姦夫之罪，蓋和姦之罪兩杖。彼姦婦事發，逼於别人，姦夫自有應得罪名耳。

一、上無教化，則下無見聞。如兄收弟妻，弟收兄嫂及雇工人姦家長妻者，於法各死，愚民皆不知也。乃有兄弟亡而收其妻，謂之就和。父母主婚，親戚道喜者，世道不明，罪豈專在百姓哉。凡遇此等獄情，有司自當審處何人主婚，有何證驗，仍先將律法徧曉愚民。有改正離異者，免究。勿聽訐告之言，輕成大獄也。

一、貧家男女易雜，小民名節多輕，非若士夫之家，嚴内外以遠别，有禮義以養心。故愚民貧民不可遽責以聖賢之道，幾決此輩姦情，不可細拘文法，當有法外之精意焉。

（明）海若湯《古今律條公案》附録《擬罪問答》 問曰：一、如人家女子與人通姦有孕，後父母知之告官，招出姦夫，何斷？答曰：律内明言：非姦所捕獲及指姦者，勿論其姦婦有孕，罪坐本婦，則姦夫無罪亦可知矣。今既招出，止問不應，不可以姦論。

（明）海若湯《古今律條公案》附録《擬罪問答》 問曰：一、如恩養義男姦家主母，如乞養子斷否？答曰：毆家長則照依乞養論，姦則問以傭工可也，謂律無子姦母條。

（明）海若湯《古今律條公案》附録《擬罪問答》 問曰：一、如夫逃亡三年之外，身自嫁人無媒聘者何斷？答曰：苟合成婚，論以刁姦之罪，離異歸宗。

（明）海若湯《古今律條公案》附録《擬罪問答》 問曰：一、如犯曾經官離異之妻，私復通姦者何罪？答曰：即犯義絶，當官斷雖歸宗，私復通姦者，以凡人刁姦論。

（明）海若湯《古今律條公案》附録《擬罪問答》 問曰：一、如妻妾與人通姦，除親夫之外，其餘親屬在姦所殺死姦夫、姦婦者何斷？答曰：但同居及有服之親俱許捉姦，論律文原不開載親夫二子。

中國第一歷史檔案館《滿文老檔》天命七年正月 〔二十六〕是日，第三牛録工匠茂海，違犯汗定之法，姦宿户下漢人之婦，按八旗裂尸八段，懸八門以示衆。

中國第一歷史檔案館《清初内國史院滿文檔案譯編》天聰八年正月 初三日，汗爲欲定法治亂，召集外藩諸蒙古貝勒諭曰：凡貝勒奪有夫之婦配他人者，罰馬五十匹、駝五頭，其納婦之人，罰七九之數，給與原夫。凡人姦有夫之婦，拐投别貝勒下者，其男婦俱論死，取其妻子牲畜，盡給原夫。若貝勒不執送犯姦男婦者，罰馬五十匹、駝五頭。至盔甲、綿甲與馬鬃尾無牌印，或盔纓、纛纓不效我國制度者，皆罪之。

《大清律例》卷二六《刑律・人命・殺死姦夫》 凡妻妾與人姦通，而本夫於姦所親獲姦夫姦婦，登時殺死者，勿論。若止殺死姦夫者，姦婦依和姦律斷罪，當官嫁賣，身價入官。或調戲未成姦，或雖成姦已就拘執，或非姦所捕獲，皆不得拘此律。

其妻妾因姦同謀殺死親夫者，凌遲處死，姦夫處斬監候。若姦夫自殺其夫者，姦婦雖不知情，絞監候。

條例

一、非姦所獲姦，將姦婦逼供而殺，審無姦情確據者，依毆妻至死論。如本夫登時姦所獲姦，將姦婦殺死，姦夫當時脱逃，後被拿獲到官，審明姦情是實，姦夫供認不諱者，將姦夫擬絞監候，本夫杖八十。其非姦所獲姦或聞姦數日，殺死姦婦，姦夫到官供認不諱，確有實據者，將本夫照已就拘執而擅殺律，擬徒。姦夫仍科姦罪。

一、姦夫已離姦所，本夫登時逐至門外殺之，止依不應杖。非登時，依不拒捕而殺。

一、姦夫已就拘執而毆殺，或雖在姦所捉獲，非登時而殺，並須引夜無故入人家已就拘執而擅殺至死律。

一、本夫之兄弟及有服親屬，皆許捉姦。如有登時殺傷者，並依已就拘執而擅殺傷律。若非登時殺傷，依鬥殺傷論。其婦人之父母、伯叔、姑兄、姊、外祖父母捕姦，殺傷姦夫者，與本夫同。但卑幼不得殺尊長。犯則依故殺伯、叔母、姑兄姊律科罪。尊長殺卑幼，照服輕重科罪。

一、凡非應許捉姦之人有殺傷者，並依鬥殺傷論。

一、姦婦自殺其夫，姦夫果不知情，止科姦罪。

一、因姦謀殺本夫，傷而不死，姦婦依謀殺夫已行，斬。姦夫依謀殺人傷而不死，從而加功，滿流。若是造意，依造意，絞。

一、姦夫自殺夫之父母，以便往來，姦婦雖不知情，亦絞。以上諸條，先須姦情確審得實乃坐。

一、凡姦夫同謀殺死親夫，係姦夫起意者，將姦夫擬斬立決。如謀殺親夫之後，復將姦婦拐逃，或爲妻妾，或得銀嫁賣，並拐逃幼小子女賣與他人爲奴婢者，亦均擬斬立決。

一、凡因姦同謀殺死親夫，除本夫不知姦情，及雖知姦情而迫於姦夫之强悍，不能報復，並非有心縱容者，姦婦仍照律凌遲處死外，若本夫縱容、抑勒妻妾與人姦通，審有確據，人所共知者，或被妻妾起意謀殺，或姦夫起意，係知情同謀，姦婦皆擬斬立決，姦夫仍照律擬斬監候。其縱容、抑勒妻妾與人姦通，審有確據，人所共知者，如因别情將姦夫姦婦一齊殺死，雖於姦所登時，仍依故殺論。若本夫先經縱容、抑勒妻妾與人姦

一、凡强姦未遂，將本婦毆傷，越數日後，因本傷身死者，照因姦威逼人致死律，擬斬監候。

一、婦人因姦有孕，畏人知覺，與姦夫商謀用藥打胎，以致墮胎身死者，姦夫比照以毒藥殺人，知情賣藥者，至死減一等律，杖一百、流三千里。若有服制名分，本罪重於流者，仍照本律從重科斷。如姦婦自倩他人買藥，姦夫果不知情，止科姦罪。

一、凡因事用强，毆打威逼人致死，果有致命重傷，及成殘廢、篤疾者，雖有自盡實迹，依律追給埋葬銀兩，發邊衛充軍。

一、凡因事威逼人致死一家二命，及非一家但至三命以上者，發邊衛充軍。若一家三命以上，發邊遠充軍，仍依律各追給埋葬銀兩。

一、凡子孫威逼祖父母、父母，妻妾威逼夫之祖父母、父母致死者，俱比依毆者律，斬。其妻妾威逼夫致死者，比依妻毆夫至篤疾者律，絞。俱奏請定奪。

一、凡婦人夫亡，願守志，別無主婚之人，若有用强求娶、逼受聘財，因而致死者，依律問罪。追給埋葬銀兩，發邊衛充軍。

一、凡軍民人等因事威逼本管官致死，爲首者，比依威逼期親尊長致死律，絞。爲從者，枷號三個月，發邊衛充軍。

一、凡奉差員役，執持勘合火牌，照數支取，而該地方官不能措辦，因而自盡者，勿論。若奉差員役額外需索，逼死印官者，審實，依威逼致死律，杖一百、加徒三年。若有受賄實迹，仍依枉法從重論。

一、凡喇嘛、和尚等有强姦致死人命者，照光棍例，分別首從，定擬治罪。

《大清律續纂條例》卷二《刑律》　一、繼母因姦將前妻子女致死滅口，如姦夫起意，本婦爲從，而其夫尚有子嗣者，仍照謀殺卑幼爲從律科斷。如審係姦婦起意，本夫已故者，不論有無子嗣，亦照毆故殺前妻之子致令絕嗣例，擬絞監候。

《刑部現行則例》卷下《犯姦》　凡職官與相等職婦通姦者，男婦俱擬絞秋後處決。凡職官與在家軍民人妻通姦者官革職，不準折贖，鞭一百，婦女枷號一個月，鞭一百，給與本夫。凡軍民人等與職官妻通姦者，男婦俱擬絞，秋後處決，如出征者，俟伊夫回日處決。凡在家軍民與出征通，後因索詐不遂殺死姦婦者，將本夫依毆妻致死律，擬絞監候。

一、親屬相姦，罪止杖徒及律應監候者，如姦夫將本夫殺死，或與姦婦商通謀死者，姦婦依律問擬，姦夫擬斬立決。

《大清律續纂修例》卷二《刑律》　一、本夫登時捉姦，誤殺旁人，姦夫當時脱逃者，除本夫照例定擬外，將姦夫杖一百、流三千里，姦婦當官嫁賣。其親屬捉姦誤殺旁人，仍照定例科斷。

《大清律例》卷二六《刑律·人命·威逼人致死律》　凡因事戶婚、田土、錢債之類威逼人致自盡死者，審犯人必有可畏之威。杖一百。若官吏公使人等，非因公務而威逼平民致死者，罪同。以上二項，並追埋葬銀一十兩。給付死者之家。

若卑幼因事逼迫期親尊長致死者，斬監候。姦不論已成與未成，盜不論得財與不得財。

條例

一、凡因姦威逼人致死，人犯務要審有挾制窘辱情狀，其死者無論本婦、本夫、父母、親屬，姦夫亦以威逼擬斬。若和姦縱容，而本婦本夫愧迫自盡，或妻妾自逼死其夫或父母，夫自逼死其妻女，或姦婦以別事致死其夫，與姦夫無干者，毋得概坐因姦威逼之條。

一、凡有因强姦將本婦立時殺死者，擬斬立決。若强姦既成，本婦羞忿自盡，仍照因姦威逼致死律，擬斬監候。至於强姦未成，或但經調戲，本婦羞忿自盡者，俱擬絞監候。秋審時分別情實、緩決，奏請定奪。

一、凡强姦人妻女，其夫與父母、親屬聞聲赴救，姦夫逞凶拒捕，立時殺死其夫與父母、親屬者，照定例，擬斬立決。若强姦既成，其夫與父母、親屬羞忿自盡，仍照威逼致死本律，擬斬監候。至强姦未成，或但經調戲，其夫與父母、親屬羞忿自盡者，俱擬絞監候。

一、凡村野愚民，本無圖姦之心，又無手足勾引、挾制、窘辱情狀，不過出語褻狎，本婦一聞穢語，即便輕生，照强姦未成，本婦羞忿自盡例減一等，杖一百、流三千里。

一、强姦内外緦麻以上親，及緦麻以上親之妻，若妻前夫之女，同母異父姊妹未成，本婦羞忿自盡者，俱擬斬監候。其强姦已成，本婦羞忿自盡者，俱擬斬立決。

人妻通姦，男婦俱擬絞，俟伊夫回日處決。伊夫欲殺者，秋後處決。如伊夫有懇免者，姦夫、姦婦俱枷號兩個月，鞭一百，其婦仍給本夫。如姦夫係官，姦婦之夫又懇處死伊妻者，姦婦處死，姦夫革職，枷號三個月不準折贖，鞭一百。凡軍民人等與相等人妻通姦者，男婦各枷號一個月，鞭一百，其婦仍給本夫。凡家長姦家下有夫之婦被傍人出首審實者，其主照不應輕律笞四十。如係職官，交與該部。婦人免罪。凡奴僕及無甲冑賤人通姦者，不分出兵、在家，俱各鞭一百。凡官員、軍民人等之侍妾與軍民人等及與別家奴僕通姦者，男婦俱鞭一百。若本主侍妾與家下奴僕通姦者，男婦各擬絞，秋後處決。此内職官有犯罪至於死者，具題完結。如鞭責枷號之罪，部内照常發落，及民人犯姦，亦照此例治罪。

凡主母犯姦，奴僕告訴伊家主之弟兄拿獲，若無弟兄者，告訴本佐領下人同拿。奴僕私拿主母部送者不準審理，將奴僕以誣告家主擬罪。

凡拐誘出征人妻，將拐誘人立絞。婦人仍照姦例，俟伊夫回征之日完結。

凡姦出征在家旗下人，姦情送部具題者，部内完結者，俱不兼漢字。

《刑部現行則例》卷下《雜犯》 凡不肖惡徒夥衆將良人子弟搶去强行雞姦，爲首者，立斬。爲從者，俱擬絞監候，秋後處決。如合同雞姦事發者，照律擬罪。

《西寧青海番夷成例·姦人婦女》 一、平人姦淫平人之妻者，即將其妻罰服，取五九牲畜，姦婦交與本夫處死。如不處死者，將罰服牲畜給與該管頭目。若調戲他人妻者，罰服三九牲畜。

《蒙古律例》卷一〇《雜犯·姦平等人之妻》 平人姦平人之妻者，取其妻，罰五九牲畜，將姦婦交本夫殺之。若不殺，將所罰牲畜給伊。貝勒調戲其餘婦人者，罰三九牲畜。

王等姦平人之妻

已未管旗王等姦平人之妻者，罰九九牲畜，貝勒、貝子、公等罰七九牲畜，臺吉、塔布囊等罰五九牲畜，將所罰牲畜給姦婦之夫。

平人姦福晋

平人與福晋姦者，姦夫凌遲，福晋斬，姦夫妻子爲奴。之條，著爲令。

《大清律例》卷三三《刑律·犯姦·犯姦》 律

凡和姦，杖八十。有夫者，杖九十。刁姦者，無夫、有夫。杖一百。

强姦者，絞監候，未成者，杖一百，流三千里。凡問强姦，須有强暴之狀，婦人不能掙脱之情，亦須有人知聞，及損傷膚體毁裂衣服之屬，方坐絞罪。若以强合，以合成，猶非强也。如一人强捉，一人姦之，行姦人問絞，强捉問未成、流罪。又如見婦人與人通姦，見者因而用强姦之，已係犯姦之婦，難以强論，依刁姦律。

姦幼女十二歲以下者，雖和，同强論。

其和姦、刁姦者，男女同罪。姦生男女，責付姦夫收養。姦婦從夫嫁賣，其夫願留者，聽。若嫁賣與姦夫者，姦夫、本夫各杖八十。婦人離異歸宗，財物入官。

强姦者，婦女不坐。

若媒合、容止人在家通姦者，各減犯人和、刁罪一等。如人犯姦已露而代私和姦事者，各減和、刁、强二等。

其非姦所捕獲及指姦者，勿論。若姦婦有孕，姦婦雖有據，而姦夫則無憑。罪坐本婦。

條例

一、凡職官及軍民姦職官妻者，姦夫、姦婦並絞監候。若職官姦軍民妻者，革職，杖一百，的決。姦婦枷號一個月，杖一百。其軍民相姦者，姦夫、姦婦各枷號一個月，杖一百。其奴婢相姦，不分一主、各主，及軍民與官員、軍民之妾婢相姦者，姦夫、姦婦各杖一百。

一、凡有輪姦之案，審實，俱照光棍例分別首從定擬。

一、惡徒夥衆將良人子弟搶去，强行雞姦者，無論曾否殺人，仍照光棍例，爲首者擬斬立決，爲從若同姦者，俱擬絞監候，餘犯問擬發遣。其雖未夥衆，因姦將良人子弟殺死，及將未至十歲之幼童誘去强行雞姦者，亦照光棍爲首例，斬決。如强姦十二歲以下、十歲以上幼童者，擬斬監候。和姦者，照姦幼女雖和同强論律，擬絞監候。若止一人强行雞姦，並未傷人，擬絞監候，如傷人未死，擬斬監候。其强姦未成者，杖一百、流三千里。如和同雞姦者照軍民相姦例，枷號一個月，杖一百。倘有指稱雞姦誣害等弊，審實，依所誣之罪反坐，至死減一等。罪至斬決者，照惡徒生事行兇例發遣。

一、强姦十二歲以下幼女、因而致死，及將未至十歲之幼女誘去强行姦污者，照光棍例斬決。其强姦十二歲以下、十歲以上幼女者，擬斬監候。和姦者，仍照雖和同强論律，擬絞監候。

一、强姦婦女，除以手足行强，並未執持兇器傷人者，已成未成仍照本律定擬外，其因强姦執持金刃兇器，戳傷本婦，及拒捕致傷旁人、已成姦者，擬斬監候。未成姦者，擬絞監候。

《大清律例》卷三三《刑律・犯姦・縱容妻妾犯姦》　律

凡縱容妻妾與人通姦，本夫、姦夫、姦婦，各杖九十。抑勒妻妾及乞養女與人通姦者，本夫、義父，各杖一百，姦夫，杖八十。婦女不坐，並離異歸宗。

若縱容抑勒親女及子孫之婦妾與人通姦者，罪亦如之。

若用財買休、賣休，因而和同娶人妻者，本夫、本婦及買休人，各杖一百。婦人離異歸宗，財禮入官。若買休人與婦人用計逼勒本夫休棄，其夫别無賣休之情者，不坐。買休人及本婦，各杖六十，徒一年。婦人餘罪收贖，給付本夫，從其嫁賣。妾減一等，媒合人各減犯人買休及逼勒賣休。罪一等。其因姦不陳告，而嫁賣與姦夫者，本夫杖一百，姦夫、姦婦各盡本法。

《大清律例》卷三三《刑律・犯姦・誣執翁姦》　律

凡男婦誣執親翁，及弟婦誣執夫兄欺姦者，斬。監候。强姦子婦未成，而婦自盡，照親屬强姦未成例科斷。義子誣執義父欺姦，依僱工人誣家長。嫂誣執夫弟，及緦麻以上親，誣執者俱依誣告。

《大清律例》卷三三《刑律・犯姦・奴及僱工人姦家長妻》　律

凡奴及僱工人姦家長妻女者，各斬決。

若姦家長之期親，若期親之妻者，絞。監候。婦女，減一等。若姦家長之緦麻以上親，及緦麻以上親之妻者，各杖一百，流二千里。强者，斬。監候。

妾各減一等。强者，亦斬。監候。軍伴、弓兵、門皂、在官役使之人，俱作僱工人。

條例

一、凡奴姦家長之妾者，各絞監候。若家長姦家下人有夫之婦者，笞四十。係官，交部處。

《大清律例》卷三三《刑律・犯姦・姦部民妻女》　律

凡軍民本管官吏姦所部妻女者，加凡姦罪二等，各罷職役不敘。婦女以凡姦論。

若姦因婦者，杖一百，徒三年。因婦止坐原犯罪名。若保管在外，仍以姦所部坐之。强者，俱絞。

《大清律例》卷三三《刑律・犯姦・居喪及僧道犯姦》　律

凡居父母及夫喪，若僧、尼、道士、女冠犯姦者，各加凡姦罪二等。相姦之人，以凡姦論。强者，姦夫絞監候，婦女不坐。

條例

一、僧、道不分有無度牒，及尼僧女冠犯姦者，依律問罪。各於本寺、觀、庵、院門首枷號一個月發落。

一、僧、道官、僧人、道士有犯挾妓飲酒者，俱杖一百，發原籍爲民。

《大清律例》卷三三《刑律・犯姦・良賤相姦》　律

凡奴姦良人婦女者，加凡姦罪一等。和刁，有夫、無夫，俱同。如强者，斬。良人姦他人婢者，男、婦各減凡姦一等。如强者，仍照凡論，擬絞監候。其强姦未成者，俱杖一百，流三千里。奴婢相姦者，以凡姦論。

《大清律例》卷三三《刑律・犯姦・親屬相姦》　律

凡姦同宗無服之親，及無服親之妻者，各杖一百。强者，姦夫斬監候。姦内外緦麻以上親，及緦麻以上親之妻，若妻前夫之女，同母異父姊妹者，各杖一百，徒三年。强者，姦夫斬。監候。若姦從祖祖母、祖姑、從祖伯叔母、從祖伯叔姑、從父姊妹、母之姊妹及兄弟妻、兄弟子妻者，姦夫姦婦各決絞。惟出嫁祖姑、從祖伯叔姑，監候絞。强者，姦夫決斬。惟强姦小功再從姊妹、堂姪女姪孫女、出嫁降服者，監候斬。若姦妻之親生母者，以緦麻親論之，太輕，還比依母之姊妹論。

若姦父祖妾、伯叔母、姑、姊妹、子孫之婦、兄弟之女者，姦夫姦婦各決斬。强者，姦夫決斬。

凡姦前項親屬妾各減妻一等，强者，絞監候。其婦女同坐、不同坐，及未成姦、媒合、縱容等件，各詳載犯姦律。惟同宗姦生男女，不得混入宗譜，聽隨便安插。

條例

一、凡親屬犯姦至死罪者，若强姦未成，依律問罪，發邊衛充軍。

一、凡姦内外緦麻以上親及緦麻以上親之妻，若妻前夫之女、同母異父姊者，依律擬罪。姦夫發附近衛所充軍。

一、凡姦同宗無服之親及無服親之妻者，各枷號四十日，杖一百。

（清）吴壇《大清律例通考》卷三三《刑律・犯姦》 謹按：唐律内姦事附於雜律。明始特立禁條，類犯姦爲一篇而屬之刑律，取唐律之輕重失當者，增减之。我朝復加厘定，情法較爲適中。

律文

凡和姦，杖八十。有夫者，杖九十。刁姦者，（無夫、有夫）杖一百。强姦者，絞（監候）。未成者，杖一百，流三千里。（凡問强姦，須有强暴之狀，婦人不能掙脱之情，亦須有人知聞及損傷膚體、毁裂衣服之屬，方坐絞罪。若以强合以和成，猶非强也。如一人强捉，一人姦之，行姦人問絞，强捉問未成流罪。又如見婦人與人通姦，見者因而用强姦之，已係犯姦之婦，難以强論，依刁姦律。）姦幼女十二歲以下者，雖和同强論。其和姦、刁姦者，男女同罪。姦生男女，責付姦夫收養。姦婦從夫嫁賣，其夫願留者，聽。若嫁賣與姦夫者，姦夫、本夫各杖八十，婦人離異歸宗，財物入官。强姦者，婦女不坐。若媒合容止（人在家）通姦者，各减犯人（和、刁）罪一等。（如人犯姦已露，而代）私和姦事者，各减（和、刁、强）罪二等。其非姦所捕獲及指姦者，勿論。若姦婦有孕，（姦婦雖有據而姦夫則無憑，）罪坐本婦。

謹按：此條係仍唐律改定。查唐律，犯姦者徒一年半。强者，止加和姦一等。至明始改如前律。我朝因之。其小注，悉係順治初年律内採《箋釋》語集入。

第一條例文

凡職官及軍民姦職官妻者，姦夫、姦婦並絞監候。若職官姦軍民妻者，革職，杖一百，的决。姦婦枷號一個月，杖一百。其軍民相姦者，姦夫、姦婦各枷號一個月，杖一百。其奴婢相姦，不分一主、各主，及軍民與官員、軍民之妾婢相姦者，姦夫、姦婦各杖一百。

謹按：此條係康熙十年年纂呈，二十七年會議頒行。查原例内開：

一、凡職官與相等職婦通姦者，男、婦俱擬絞，秋後處决。職官與在家軍民人妻通姦者，官革職，不準折贖，鞭一百。婦女枷號一個月，鞭一百，給與本夫。軍民人等與職官妻通姦者，男、婦俱擬絞，秋後處决。如出征者，俟伊夫回日處决。在家軍民與出征人妻通姦，男、婦俱擬絞，俟夫回日處决。伊夫欲殺者，秋後處决。如伊夫有懇免者，姦夫、姦婦俱枷號兩個月，鞭一百，其婦仍給本夫。如姦夫係官，姦婦之夫又懇處死伊妻者，姦婦處死，姦夫革職，枷號三個月，不準折贖，鞭一百。軍民人等與相等人通姦者，男、婦各枷號一個月，鞭一百，其婦仍給本夫。凡家長姦家下有夫之婦，被旁人出首審實者，其主照不應輕律笞四十。如係職官，交與該部，婦人免罪。凡奴僕及無甲胄賤人通姦者，不分出兵、在家，俱各鞭一百。凡官員，軍民人等之侍妾，與軍民人等及與别家奴僕通姦者，男、婦俱鞭一百。若本主侍妾與家下人通姦者，男、婦各擬絞，秋後處决。此内職官有犯罪至於死者，具題完結。如鞭責枷號之罪，部内照常發落。民人犯姦，亦照此例治罪。雍正三年律例館奏准，以此條内奴僕姦家長之妾一段，及家長姦家人之婦一段，與奴姦家長妻正律相符，應附入彼處。其姦出征人妻一段，仍存部遵行，似不入律。再，字句太繁，亦擬删，改如前例。

又按：此條内軍民姦職官妻、職官姦軍民妻並奴婢相姦各項，似應摘出，改入良賤相姦律内，以符律意。合併聲明。

第二條例文

凡有輪姦之案，審實，俱照光棍例分别首、從定擬。

謹按：此條係雍正三年律例館奏准，列入欽定例内，至今仍之。

第三條例文

惡徒伙衆將良人子弟搶去强行雞姦者，無論曾否殺人，仍照光棍例，爲首者，擬斬立决。爲從若同姦者，俱擬絞監候。餘犯，問擬發遣。其雖未伙衆，因姦將良人子弟殺死，及將未至十歲之幼童誘去强行雞姦者，亦照光棍爲首例斬决。如强姦十二歲以下十歲以上幼童者，擬斬監候。和姦者，照姦幼女雖和同强論律，擬絞監候。若止一人强行雞姦並未傷人，擬絞監候。如傷人未死，擬斬監候。其强姦未成者，杖一百、流三千里。如和同雞姦者，照軍民相姦例，枷號一個月，杖一百。倘有指稱雞姦誣害等弊，審實，依所誣之罪反坐，至死减一等。罪至斬决者，照惡徒生事行兇

例發遣。

謹按：此條康熙十八年先經議準：凡惡棍伙衆將良家子弟搶去强行鷄姦，爲首者，立斬。爲從者，俱擬絞監候。若係和同者，照律治罪。又，四十六年覆准，姦幼女，照光棍例似斬立決。茲雍正十二年二月，又經刑部議覆安徽巡撫徐本條奏，詳定例款。乾隆五年館修，查原議內：年止十六七歲，尚屬童頑無知，有將幼童、幼女强姦者，照已成、未成律減等發落等語。先據原任江蘇巡撫邵基條奏：年至十六七歲，已屬成丁，嗜慾日强。至强姦幼童、幼女，法律尤嚴。若從而減等，無以示儆。又據江西按察使凌燽條奏，名例，七十爲老，十五爲幼。十五以下十歲以上犯死罪，不准收贖。而十六七歲强姦幼女，猶爲減等，似非所以戢淫暴等語。應如所奏，將原議十六七歲減等之處刪除，纂如前例，入律。

第四條例文

强姦十二歲以下幼女因而致死，及將未至十歲之幼女誘去强行姦污者，照光棍例斬決。其强姦十二歲以下十歲以上幼女者，擬斬監候。和姦者，仍照雖和同强論律，擬絞監候。

謹按：此條亦係雍正十二年二月，刑部議覆安徽巡撫徐本條奏定例，乾隆五年館修入律。其原議內有十六七歲强姦減等之處，已刪除，已於前條按語內聲明。

犯姦第五條例文

强姦婦女，除以手足行强並未執持兇器傷人者，已成、未成仍照本律定擬外，其因强姦執持金刃兇器戳傷本婦及拒捕致傷旁人，已成姦者，擬斬監候，未成姦者，擬絞監候。

謹按：此條係雍正十二年九月，刑部議覆四川巡撫鄂昌審題徐良逼姦砍傷鄒氏母女一案附請定例，乾隆五年館修入律。

第六條例文

凡調姦圖姦未成者，經本婦告知親族、鄉保，即時稟明該地方官審訊。如果有據，即酌其情罪之輕重，分別枷號、杖責，報名上司存案。如本家已經投明鄉保，該鄉保不即稟官及稟官不即審理，致本婦懷忿自盡者，將鄉保照甲長不行轉報竊盜例杖八十，地方官照例議處。

謹按：此條係乾隆十年十二月內，刑部議覆原任通政使張若靄條奏定例，乾隆十一年館修入律。又，原議內稱端方婦女多畏到官拋頭露面，如調姦圖姦未成，當經聲喊有據，一訊即可發落，不必婦女到官等語，此亦養廉恥、維風化之意也。但果證據確鑿，該犯供認不諱者，原不必令婦女到官。若事屬曖昧，供證疑似，則不加質對難成信讞，是惟在承審各官酌量辦理。若明着定例一概不准婦女到官，轉恐啓狡飾之端，毋庸纂輯。合併聲明。

第七條例文

凡姦夫拒捕刃傷應捉姦之人，照竊盜拒捕毆所捕人至折傷以上者，擬絞監候。縱容抑勒，不用此例。

謹按：此條係乾隆十二年六月內，大學士會同刑部議覆江南道御史楊朝鼎條奏定例，乾隆十六年館修入律。

第八條例文

凡强姦幼女，除十二歲以下十歲以上仍照例分別斬候、絞候定擬，其姦未至十歲之幼女，應照定例斬決，不得牽引雖和同强律擬絞監候。

謹按：此條係乾隆十三年五月內，大學士傅恒等條奏定例，以補前例之所未備，乾隆十六年館修入律。

第九條例文

凡强姦十二歲以下幼女、幼童未成，審有確據者，將該犯發遣黑龍江。

謹按：此條係乾隆十四年十一月內，刑部審擬廖以儀强姦十二歲幼女未成一案附請定例，乾隆十六年館修入律。其原例內幼女下無幼童二字，乾隆三十二年館修，以强姦幼童已成定例，與强姦幼女一同治罪，則强姦未成者，自當照例一體發遣，故於此條幼女下，添入幼童二字，以便引用。合併聲明。

第十條例文

川省嘓匪有犯輪姦之案，審實，照强盜律不分首、從皆斬。其同行未成姦者，仍依輪姦本例擬絞監候。如因輪姦而殺死人命者，無論成姦與否，俱照强盜殺人例奏請斬決梟示。

謹按：此條係乾隆二十三年十一月內，刑部議覆昇任四川按察使吴士端條奏定例，乾隆二十六年館修入律。

第十一條例文

凡有因强姦將本婦立時殺死者，擬斬立決。

謹按：此條原例與强姦既成、未成，本婦羞忿自盡並爲一條，載在威逼人致死門内，乾隆四十三年館修，以强姦殺命非威逼可比，並叙一門，殊未明切，因將强殺死本婦一項，分立專條，移載犯姦門内，庶與例意相合，亦便檢閲。合併聲明。

第十二條例文

凡喇嘛、和尚等有强姦致死人命者，照光棍例分別首、從定擬。

謹按：此條係雍正二年議準定例。雍正三年館修，原附人命篇威逼人致死條内。乾隆四十三年館修，以强姦致死人命並非威逼人致死，載在威逼人致死門内，殊與例意未符，因移入犯姦門内。合併聲明。

第十三條例文

凡强姦殺死婦女及良家子弟，仍按例問擬斬決外，其有先經和姦後因別故拒絶，致將被姦之人殺死者，俱仍照謀、故、鬥毆本律定擬。

謹按：此條係乾隆四十年十月内，刑部因各省和姦殺命之案有擬斬決者，有擬監候者，辦理多未畫一，是以申明例意，奏准定例，乾隆四十三年館修入律。

（清）吴壇《大清律例通考》卷三三《刑律·縱容妻妾犯姦》 律文

凡縱容妻妾與人通姦，本夫、姦夫、姦婦各杖九十。抑勒妻妾及乞養女與人通姦者，本夫、義父各杖一百，姦夫杖八十，婦女不坐，並離異歸宗。若縱容、抑勒親女及子孫之婦、妾與人通姦者，罪亦如之。若用財買休、賣休因而和同娶人妻者，本夫、本婦及買休人各杖一百，婦人離異歸宗，財禮入官。若買休人與婦人用計逼勒本夫休棄，其夫別無賣休之情者，不坐。買休人及本婦，各杖六十、徒一年，婦人餘罪收贖，給付本夫，從其嫁賣。妾，減一等。媒合人，各減犯人買休及逼勒賣休罪一等。其因姦不陳告而嫁賣與姦夫者，本夫杖一百，姦夫、姦婦各盡本法。

謹按：此條明律内係仍唐律改定，本朝因之。其小注，係順治初年律内集入。

（清）吴壇《大清律例通考》卷三三《刑律·親屬相姦》 律文

凡姦同宗無服之親及無服親之妻者，各杖一百。强者，姦夫斬監候。姦内、外緦麻以上親及緦麻以上親之妻，若妻前夫之女、同母異父姊妹者，各杖一百，徒三年。强者，姦夫斬監候。若姦從祖祖母、祖姑，從祖伯叔母、從祖伯叔姑，從父姊妹、母之姊妹及兄弟妻、兄弟子妻者，姦夫、姦婦各（決）絞。惟出嫁祖姑、從祖伯叔姑，監候絞。强者，姦夫決斬。惟强姦小功再從姊妹、堂侄女、侄孫女出嫁降服者，監候斬。或姦妻之親生母者，以緦麻親論之太輕，還比依母之姊妹論。若姦父祖妾、伯叔母、姑、姊妹、子孫之婦、兄弟之女者，姦夫、姦婦各決斬。强者，姦夫決斬。凡姦前項親屬妾，各減妻一等。强者，絞監候。其婦女同坐、不同坐及未成姦、媒合縱容等件，各詳載犯姦律。惟同宗姦生男女，不得混入宗譜，聽隨便安插。

謹按：此條唐律内姦從祖祖母、姑，從祖伯叔母、姑，從父姊妹，從母及兄弟妻、兄弟子妻，止坐流二千里。明始改爲各絞，我朝因之。查小注内原注係：若姦妻之親生母者，以緦麻親論之太輕，還比依伯叔父母、母之姊妹論。雍正三年館修，查律内姦伯叔母者，斬立决。姦母之姊妹，絞立决。罪名不同，因更定畫一。再，查比依例内女婿姦妻母，係敗壞人倫，有傷風化，比依本條事例各斬等語，因將小注同母之姊妹四字刪去。乾隆五後館修，以婿姦妻母，律無明文，注示：依伯叔母，男、婦皆斬決。查婿於妻母服止緦麻，以緦麻定罪固屬太輕，若依伯叔母情亦相當，而於服制又太懸絶。前經原任江蘇巡撫邵基條奏，請將此條量減以示區別。查從前舊注原有依伯叔母及母之姊妹兩義，揆情度義，比依母之姊妹，男婦並立絞，較爲平允，改如前注。餘俱悉仍順治初年律内集注。

第一條例文

凡親屬犯姦至死罪者，若强姦未成，發近邊充軍。

謹按：此條係前明嘉靖七年閏十月，大理寺查照永樂十年、宣德四年成案定例。我朝因之。再，原例强姦未成下依律問罪，發邊衛充軍九字，乾隆三十二年先經兵部奏准，將邊衛二字改爲近邊。乾隆四十三年館修，查依律問罪下既有發近邊充軍之文，其依律問罪四字係屬閒文，因刪去，輯如前例。

第二條例文

凡姦内、外緦麻以上親及緦麻以上親之妻，若妻前夫之女、同母異父姊妹者，依律擬罪，姦夫發附近地方充軍。

謹按：此條係仍明律舊例，至今仍之。再，條例地方二字，原係衛所二字，乾隆三十三年館修改正。合併聲明。

又按：姦外姻緦麻親屬内，有己之姑舅、兩姨姊妹一項，查户律婚姻尊卑爲婚律内，若娶己之姑舅、兩姨姊妹者，雖無尊卑之分，尚有緦麻之服，杖八十，並離異。雍正八年續纂定例，外姻親屬爲婚，除尊卑相犯者仍照例臨時斟酌擬奏外，其舅姑、兩姨姊妹，聽從民便。是姑舅、兩姨姊妹雖有緦麻之服，尚無尊卑之分，定例已聽其爲婚，直與凡人無異。此條内凡姦内外緦麻以上親者，姦夫發附近充軍，此項姑舅、兩姨姊妹自在外姻緦麻親屬之中，若有犯姦情事，照例自應充發。但查姦同宗無服之親者，各枷號四十日，杖一百。此項姑舅、兩姨姊妹，既非同宗瀆姓可比，且例得聽從爲婚，若因犯姦仍照舊例充軍，似與聽從爲婚之例意不符，應請將姦姑舅、兩姨姊妹者，即照軍民相姦枷號例加一等，枷號三十日，滿日杖一百折責發落。此固與無服之凡人略示以區別，較之同宗無服例不爲婚者，亦覺有等差。揆之情法，較爲適平，似可毋庸概以充發。合併聲明。

第三條例文

凡姦同宗無服之親及無服親之妻者，各枷號四十日，杖一百。

謹按：此條係乾隆元年定例，乾隆五年館修入律。

（清）吴壇《大清律例通考》卷三三《刑律·誣執翁姦》 律文

凡男婦誣執親翁及弟婦誣執夫兄欺姦者，斬監候。强姦子婦未成而婦自盡，照親屬强姦未成例科斷。義子誣執義父欺姦，依雇工人誣家長。嫂誣執夫弟及緦麻以上親誣執者，俱依誣告。

謹按：此條係仍明律，其小注係順治初年律内集入。查小注内强姦子婦未成而婦自盡下，原注係依未成姦論，加凡人一等。雍正三年館修，改爲照親屬强姦未成例科斷。合併聲明。

（清）吴壇《大清律例通考》卷三三《刑律·奴及雇工人姦家長妻》

律文

凡奴及雇工人姦家長妻、女者，各斬決。若姦家長之期親若期親之妻者，絞監候。婦女減一等。若姦家長之緦麻以上親，及緦麻以上親之妻者，各杖一百、流二千里。强者，斬監候。妾、各減一等。强者，亦斬監候。軍伴、弓兵、門皂，在官役使之人，俱作雇工人。

謹按：此條係仍原律，其小注係順治初年律内集入。

第一條例文

凡奴姦家長之妾者，各絞監候。若家長姦家下人有夫之婦者，笞四十。係官交部議處。

謹按：此條康熙元年先經題準，凡官員、兵丁之侍妾與本家奴僕通姦者，男、婦俱立絞。七年覆准，將立絞之例改爲監候，秋後處決。康熙十二年議准，凡家長姦家下有夫之僕婦者，其主照不應輕律笞四十，婦人免罪。二十三年議准：如係職官，罰俸六個月等語，二十七年會議並纂頒行。雍正三年，律例館酌纂奏准附律。

第二條例文

家長之有服親屬，强姦奴僕、雇工人妻、女未成，致令羞忿自盡者，杖一百，發近邊充軍。

謹按：此條係乾隆二十年三月内，刑部議覆原任河南巡撫蔣炳題楊有圖姦期親服屬雇工人曹三之妻赤氏未成，致氏自縊一案，比照强姦子婦未成而婦自盡發邊衛充軍律定擬在案。乾隆二十一年館修，纂爲定例附律。再，條内近邊二字原係邊衛，乾隆三十二年十二月兵部奏准改正。合併聲明。

（清）吴壇《大清律例通考》卷三三《刑律·姦部民妻女》 律文

凡軍民本管官吏姦所部妻、女者，加凡姦罪二等，各罷職役不叙。婦女以凡姦論。若姦囚婦者，杖一百、徒三年。囚婦止坐原犯罪名。若保管在外，仍以姦所部坐之。强者，俱絞。

謹按：此條係仍原律，其小注係順治初年律内集入。查注内俱絞二字，原注係俱斬，雍正三年律例館查各種舊律内俱云强者，依律坐絞，小注内俱斬二字，因照犯姦律改爲俱絞。合併聲明。

已删條例文

一、凡軍職及應襲舍人犯姦，除姦所捕獲及刁姦坐擬姦罪者，官，革職，與舍人俱發本衛，隨舍餘食糧差操。其指姦及非姦所捕獲者，俱照常發落。

謹按：此條係仍明律舊例，雍正三年律例館奏准，以今職官犯姦現

有定例，且無軍職與舍人俱發本衛食糧差操之例，此條删。

（清）吴壇《大清律例通考》卷三三《刑律・居喪及僧道犯姦》律文

凡居父母及夫喪，若僧尼、道士、女冠犯姦者，各加凡姦罪二等。相姦之人，以凡姦論。强者，姦夫絞監候，婦女不坐。

謹按：此條係仍原律，其小注係順治初年律内集入。

第一條例文

僧道官、僧人、道士有犯挾妓飲酒者，俱杖一百，發原籍爲民。

謹按：此條係仍明律改定。查原例俱字下係問發原籍爲民六字，雍正三年律例館奏准，於問字下增入違制二字。乾隆五年館修，將問違制三字改爲杖一百三字。合併聲明。

第二條例文

僧道、尼僧、女冠有犯和姦者，於本寺、觀、庵院門首枷號兩個月，杖一百。其僧道姦有夫之婦及刁姦者，照律加二等，分別杖、徒治罪。仍於本寺、觀、庵院門首各枷號兩個月。

謹按：此條係乾隆二十五年十一月内，刑部議覆山東按察使沈廷芳條奏定例，乾隆二十六年館修入律。

已删條例文

僧道不分有無度牒及尼僧、女冠犯姦者，依律問罪，各於本寺、觀、庵院門首枷號一個月發落。

謹按：此條係仍明律舊例，雍正三年律例館奏準附律。乾隆三十二年館修，以僧道、尼僧、女冠犯姦，已於乾隆二十五年定例，於本寺、觀、庵門首枷號兩個月，杖一百。現在遵行。此條僅止枷號一個月發落之處，係屬舊例，業已不行。删。

（清）吴壇《大清律例通考》卷三三《刑律・良賤相姦》律文

凡奴姦良人婦女者，加凡姦罪一等。和、刁，有夫、無夫，俱同。如强者，斬。良人姦他人婢者，男、婦各減凡姦一等。如强者，仍照凡論，擬絞監候。其强姦未成者，俱杖一百、流三千里。奴婢相姦者，以凡姦論。

謹按：此條唐律内奴姦良人徒二年半，明始改爲加凡姦罪一等，輯如前律。其小注係順治初年律内集入，惟減凡姦一等句下小注，係乾隆五年館修，查良賤相毆律内奴婢毆良人，加凡人一等。至死者，斬。良人毆奴婢，減凡人一等。至死者，絞。以此類推，奴姦良人婦女，加凡人罪一等。如强者，斬。良人姦他人婢，減凡姦一等。如强者，應仍照凡人擬絞。其强姦未成，杖一百、流三千里。奴姦良人，固不得加，良人姦他人婢，亦不得減，應註明晰，庶無出入，增如前注。

《大清律續纂條例》卷四《刑律・犯姦》 凡調姦圖姦未成者，經本婦告知親族、鄉保即時稟明該地方官審訊，如果有據，即酌其情罪之重輕分別枷號、杖責，報明上司存案。如本家已經投明鄉保，該鄉保不即稟官，及稟官不即審理，致本婦懷忿自盡者，將鄉保照甲長不行轉報竊盜例杖八十，地方官照例議處。

《大清律續纂條例》卷六《刑律・犯姦》 凡姦夫拒捕，刃傷應捉姦之人，照竊盜拒捕毆所捕人，至折傷以上者，擬絞監候。

凡强姦幼女，除十二歲以下，十歲以上，仍照例分別斬候、絞候定擬。其姦未至十歲之幼女，應照定例斬決，不得牽引雖和同强律擬將該犯發遣黑龍江。

《理藩院則例》卷四〇《犯姦・平人姦福晋》 平人與福晋通姦，姦夫淩遲處死，福晋斬決，姦夫妻子發鄰盟爲奴。

《理藩院則例》卷四〇《犯姦・家奴及兼轄之人姦臺吉等妻妾》 凡臺吉等之家奴姦臺吉等妻妾者，照刑例家奴姦家長妻妾辦理。家奴當喇嘛者，亦照此例辦理。兼轄之屬下阿勒巴圖等姦臺吉等之妻者，姦夫、姦婦俱絞監候。姦臺吉等之妾者，姦夫、姦婦俱枷號兩個月，鞭一百，姦婦鞭決、枷贖。兼轄之屬下阿勒巴圖當喇嘛者，亦照此例辦理。

《理藩院則例》卷四〇《犯姦・平人犯姦》 平人和姦者，姦夫枷號一個月，鞭一百，姦婦枷號一個月，鞭一百。姦拐婦人者，姦夫枷號兩個月，發遣山東、河南，交驛當差。姦婦鞭一百，枷號二個月，交本夫領回，聽其去留。

《理藩院則例》卷四〇《犯姦・王等姦平人之妻》 已未管旗之王、貝勒、貝子、公、臺吉、塔布囊姦平人妻者，罰俸三年，仍罰三九牲畜給姦婦之夫。無俸臺吉、塔布囊折罰六九牲畜存公，仍罰一九牲畜給姦婦之夫。

（清）蔣毓英《臺灣府志》卷一四《婚嫁》 娶妻曰匏冶需，未娶婦曰佳老歪，賀新婚曰備力力其搭擧。其俗先通後娶，將娶則送珠子爲定名，曰毛里革。用木櫃置布疋達戈紋送至女家，三日後置酒大會，女家亦邀會飲，夫婦相離曰放手。男未再娶，女不敢嫁，先嫁者罰牛豕不等。通姦被獲鳴衆聲罪，罰以酒豕。未嫁娶，男女罰依前例。

（清）席裕福《清朝政典類纂》卷三九八《刑三十・刑律人命・殺死姦夫》 凡妻妾與人姦通而本夫於姦所親獲姦夫姦婦，登時殺死者勿論。若止殺死姦夫者，姦婦依和姦律斷罪，當官嫁買，身價入官。或調戲未成姦，或雖成姦已就拘執，或非姦所捕獲，皆不得拘此律。其妻妾因姦同謀殺死親夫者，凌遲處斬。監候。若姦夫自殺其夫者，姦婦雖不知情，絞。監候。謹案：原文入官爲奴句，乾隆五年改爲當官嫁買身價入官。

條例

一、非姦所獲姦將姦婦逼供而殺，審無姦情確據者，依毆妻至死論。如本夫姦所獲姦，登時將姦婦殺死，姦夫當時脱逃後被拿獲到官，審明姦情是實，姦夫供認不諱者，將姦夫擬絞監候，本夫杖八十。若姦所獲姦非登時將姦婦殺死，姦夫到官，供認不諱確有實據者，將姦夫擬杖一百，流三千里，本夫杖一百。其非姦所獲姦或聞姦數日將姦婦殺死，姦夫到官供認不諱確有實據者，將本夫照已就拘執而擅殺律擬徒，姦夫杖一百徒三年。謹案：此條乾隆三十二年定，道光五年修改。一、本夫於姦所登時殺死姦夫者，照律勿論。其有姦夫已就拘執而擅殺律，杖一百徒三年。如捉姦已離姦所，非登時殺死不拒捕姦夫者，照罪人不拒捕及已就拘執而擅殺律，擬絞監候。若雖係捕獲姦夫或因他故致斃者，仍以謀故論。至於已經犯姦有據，又復逞兇拒捕，雖非登時俱依罪人拒捕科斷。謹案：此條乾隆五十三年修併。一、姦婦自殺其夫，姦夫果不知情，止科姦罪。謹案：此條雍正三年定。一、凡非應許捉姦之人，有殺傷者，各依謀故鬥殺傷論，如爲本夫本婦及有服親屬糾往捉姦殺死姦夫暨圖姦、强姦未成罪人者，無論是否登時，俱照擅殺罪人律擬絞監候。若止毆傷者，非折傷勿論，折傷以上仍以鬥上仍以鬥傷定擬。謹案：此條嘉慶十五年、十九年二次修改，道光五年復奏頒修。一、凡姦夫自殺其夫，姦婦雖不知情，而當時喊救與事後卽行首告，將姦夫指拏到官，尚有不忍致死其夫之心者，仍照本律定擬。該督撫於疏內聲明，法司核擬時來簽請旨。謹案：此條係乾隆四十二年遵照雍正三年諭旨定例。一、凡姦夫起意殺死親夫之案，除姦婦分別有無知情同謀照例辦理外，姦夫俱擬斬立決。如姦夫雖未起意而同謀殺死親夫之後，復將姦婦拐逃，或爲妻妾，或得銀嫁賣，並拐逃幼小子女賣與他人爲奴婢者，亦均斬決。本夫縱姦者不用此例。謹案：此條係乾隆六十年遵照五十七年諭旨改定。一、親屬相姦罪止杖徒及律應監候者，如姦夫將本夫殺死或與姦婦商通謀死者，姦婦依律問擬，姦夫擬斬立決。謹案：此條雍正十二年定。一、凡姦夫並無謀殺本夫之心，其因本夫捉姦，姦夫情急拒捕，姦婦已經逃避或本夫追逐姦夫已離姦所，拒捕殺死本夫，姦婦並未在場及雖在場而當時喊救與事後卽行首告，並因別事起釁與姦無涉者，姦婦仍止科姦罪外，其姦夫臨時拒捕，姦婦在場並不喊阻救護，而事後又不首告者，應照姦夫自殺其夫，姦婦雖不知情律擬絞監候。謹案：此條乾隆十四年定。一、本夫捉姦殺死犯姦有服尊長之案，除犯時不知依凡人一例定擬，及止毆傷者仍予勿論外，若於姦所親獲姦夫姦婦登時殺死者，或姦所而非登時，及非登時又非姦所，或已就拘執而殺，如係本宗期功尊長，均照卑幼毆故殺尊長本律擬罪，法司夾簽聲明，奏旨勅下九卿核擬量從末減者，期親減爲擬斬監候，功服減爲杖一百、流三千里。若殺係本宗緦麻及外姻功緦尊長，亦仍照毆故本律擬罪，法司於核擬時隨本聲明，量減爲杖一百、流二千里，恭候欽定。謹案：此條嘉慶十五年續纂，道光十五年修改。一、本夫捉姦殺死犯姦有服卑幼之案，除犯姦卑幼罪犯應死，或卑幼犯姦罪不應死而殺，係姦所登時者，均予勿論外，如卑幼犯姦罪不至死，本夫於姦所獲姦非登時而殺者，於常人滿徒上減二等，杖八十、徒二年。如捉姦已離姦所非登時而殺者，於常人絞候上減二等，杖一百、徒三年。若按其毆殺卑幼本罪止應擬流者，應再減一等。謹案：此條嘉慶十五年修改。一、凡因姦同謀殺親夫，除本夫不知姦情，及雖知姦情而迫於姦夫之强悍不能報復，並非有心縱容者，姦婦仍照律凌遲處死外，若本夫縱容抑勒妻妾與人通姦，審有確據人所共知者，或被妻妾起意謀殺，或姦夫起意，係知情同謀，姦婦皆擬斬立決，姦夫擬斬監候。傷而未死，姦婦擬斬監候，姦夫仍照謀殺人傷而未死律，分别造意加功與不加功定擬。若姦夫自殺其夫，姦婦果不知情仍依縱容抑勒本條科斷。其縱姦之本夫因別情將姦夫姦婦一齊殺死，雖於姦所登

拒捕科斷。謹案：此條乾隆二十七年定，嘉慶六年修改。一、凡本夫、本婦之有服親屬捉姦，殺死犯姦尊長之案，除犯時不知依凡人一例定擬，及止毆傷者仍予勿論外，如殺死本宗期功尊長，無論是否登時，皆照卑幼毆故殺期功尊長本律擬罪，法司夾簽聲明，奉旨勅下九卿核擬，量從末減者，期親及本宗大功小功均減爲擬斬監候。若殺係本宗緦麻及外姻功緦尊長，亦仍照毆故殺本律擬罪，法司於核擬時如係登時殺死者，亦夾簽聲明，奉旨勅下九卿核擬，減爲杖一百、流三千里。若殺非登時，各依本律核擬，毋庸夾簽聲明。謹案：此條嘉慶六年、道光十五年、咸豐二年修改。一、凡本夫、本婦之祖父母、父母如有捉姦殺死姦夫者，其應擬罪名悉與本夫同科。若止殺姦婦者，不必科以罪名。儻被殺姦夫係有服尊長，仍按本律擬罪，亦照本夫之例一體夾簽聲明，分別遞減。謹案：此條係嘉慶六年遵照二年諭旨改定。一、本夫、本婦之有服親屬捉姦，殺死犯姦卑幼之案，如非登時而殺，無論謀故，各按服制於毆死卑幼本律例上減一等。如殺係登時，按其毆殺本罪在滿徒以上者，即於捉姦殺死凡人滿徒上減一等。如毆殺本罪亦止滿徒，應遞減二等定擬。謹案：此條嘉慶六年、咸豐二年兩次修改。一、凡本夫及有服親屬殺死圖姦未成罪人，無論登時事後，俱照擅殺律擬絞監候。謹案：此條嘉慶十六年定。一、本夫捉姦止殺姦夫案內之姦婦，除本律載明當官嫁賣身價入官者仍依律辦理外，其餘條例內不言當官嫁賣者，均給與本夫及親屬領回，聽其去留。謹案：此條乾隆六十年定。一、凡因姦謀殺本夫之案，除姦婦及起意之姦夫照例辦理外，其爲從加功之人如亦係姦夫，仍擬斬監候，若係平人，照凡人謀殺加功律擬絞監候。謹案：此條嘉慶二年定。一、凡本夫及有服親屬殺姦之案，如姦所獲姦，忿激卽時毆斃者，以登時論。若非姦所而捕毆致斃，及雖在姦所而非臨時毆斃，或捆毆致斃者，俱以非登時論。一、凡童養未婚之妻與人通姦，本夫及夫之祖父母、父母並有服親屬捉姦，殺死姦夫、姦婦者，均照已婚妻例問擬。一、有服尊長强姦卑幼之婦未成，被本夫本婦忿激致斃，係本宗期功卑幼罪應斬決者，無論登時事後，均照毆死尊長情輕之例夾簽聲明。如係本宗緦麻外姻功緦卑幼，除事後毆斃仍照毆故殺尊長本律問擬斬候外，若登時忿激致斃，定案時依律問擬，法司核擬，隨案減爲杖一百、流三千里。謹案：此上三條均係嘉慶六年定。一、本夫本婦之有服親屬捉姦，登時殺死姦婦者，

時，仍依故殺論。若本夫抑勒賣姦故殺妻者，以凡論。其尋常知情縱容，非本夫起意賣姦，後因索詐不遂殺死姦婦者，仍依毆妻至死律擬絞監候。謹案：此條乾隆五十三年修併。一、本夫登時捉姦，誤殺旁人，姦夫當時脱逃者，除本夫照誤殺旁人律擬絞監候外，將姦夫杖一百、流三千里。其親屬捉姦誤殺旁人，照誤殺律科斷。姦夫止科姦罪。謹案：此條嘉慶六年改定。一、凡聘定未婚之妻與人通姦，本人夫聞知往捉，將姦夫殺死，審明姦情屬實，除已離姦所、非登時殺死不拒捕姦夫者仍照例擬絞外，其登時殺死及登時進逐至門外殺之者，俱照本夫殺死已就拘執之姦夫，引夜無故入人家已就拘執而擅殺律擬徒例擬徒。其雖在姦所捉鬥非登時而殺者，創照本夫殺死已就拘執之姦夫滿徒例加一等，杖一百，流二千里。如姦夫逞兇拒捕爲本夫格殺，照應捕之人擒拏罪人格鬭致死律勿論。謹案：此條乾隆三十四年定。一、凡婦女拒姦殺死姦夫之案，如和姦之後本婦悔過拒絶，確有證據，後被逼姦將姦夫殺死者，照擅殺罪人律減一等、杖一百、流三千里。其因貪利與之通姦，後以無力資助拒毆致死者，或先經和姦後復與他人通姦情密，因而拒絶毆斃者，仍各依謀故鬭毆等本律定擬。謹案：此條乾隆四十八年定。一、凡母犯姦淫，其子實係激於義忿，非姦所登時將姦夫殺死，父母因姦情敗露忿愧自盡者，卽照罪人不拒捕而擅殺絞監候本例問擬，不得概擬立決。謹案：此條乾隆四十八年定。一、凡妾因姦商同姦夫謀殺正妻，比照奴僕謀殺家長律凌遲處死。若謀殺傷而不死，或已行而未傷，俱比照奴僕謀殺家長已行，不論已傷未傷律擬斬立决，姦夫仍分別會否起意同謀，各照本例辦理。至妾若非因姦起釁，毆故殺正妻仍照律科斷。謹案：此條係乾隆五十二年遵旨議定。一、凡卑幼因圖姦有服親屬被尊長忿激致死，審有確據，無論謀故，悉照擅殺罪人，各按服制於毆殺卑幼本律例上減一等定擬。至爲徒在場幫毆有傷之犯，除係死者有服卑幼，仍照卑幼不得殺尊長之例依毆故殺尊長本律定擬，法司核擬時夾簽請旨辦理外，其餘無論凡人尊長，概照鬭殺餘人律定擬。謹案：此條乾隆五十六年改定。一、本夫、本婦之伯叔兄弟及有服親屬，皆許捉姦，如有登時殺死姦夫及姦婦者，並依夜無故入人家已就拘執而擅殺律，杖一百、徒三年，傷者勿論。非登時而殺，依擅殺罪人律，擬絞監候。若捕獲姦夫，或因他故致斃者，仍以謀故論。如犯姦有據，姦夫逞凶拒捕，雖非登時，俱依罪人

姦夫擬杖一百、流三千里。如非登時而殺，將姦夫杖一百、徒三年。其殺姦之親屬止殺姦夫，不殺姦婦者，仍依登時非登時各本例，分別定擬。姦婦仍止科姦罪。謹案：此條乾隆六十年定，咸豐二年修改。一、姦夫起意商同姦婦謀殺本夫，復殺死姦婦期親以上尊長者，姦婦仍照例凌遲處死外，姦夫擬斬立決梟示。如姦夫聽從姦婦並糾其子謀殺本夫，陷人母子均羅寸磔者，姦夫擬斬立決。若係姦夫起意，加擬梟示。謹案：此條嘉慶十九年續纂。一、婦女拒姦殺人之案，審有確據，登時殺死者，無論所殺係强姦調姦罪人，本婦均勿論。若捆縛復毆或按倒疊毆、殺非登時者，所殺係調姦罪人，即照擅殺罪人律減一等杖一百、流三千里。所殺係强姦罪人，再減一等，杖一百、徒三年，均照律收贖。謹案：此條道光元年續纂。一、婦女被人調戲或與人通姦，其本夫及有服親屬擅殺調戲罪人及姦夫，應擬絞抵者，如本婦姦婦畏累自盡，將擅殺之犯減一等，杖一百、流三千里。謹案：此條嘉慶五年定例，在鬭毆及故殺人門内於十五年移改。一、有服尊長强姦卑幼之婦未成，被本夫本婦有服親屬登時忿激致斃，係緦麻卑幼，定案時依律問擬，法司核擬夾簽聲明，奉旨勅下九卿核擬，減爲杖一百，發近邊充軍。若殺非登時，仍照毆故殺本律問擬，毋庸夾簽聲請。如係期功卑幼，無論是否登時，各按服制擬罪，夾簽聲明，奉旨勅下九卿核擬，減爲擬斬監候。謹案：此條嘉慶十五年續纂。一、男子拒姦殺人，如死者年長凶犯十歲以外，而又當場供證確鑿，又死者生供足據或尸親供認可憑，三項兼備，無論謀故鬭殺。凶犯年在十五歲以下，殺係登時者，勿論，非登時而殺，杖一百，照律收贖。年在十六歲以上登時殺死者，杖一百，徒三年，非登時而殺，杖一百，流三千里。至死者雖無生供，而年長凶犯十歲以外，確係拒姦起釁別無他故，或年長凶犯雖不及十歲，而拒姦供證確鑿，及死者生供足據或尸親供認可憑，三項中有一，於此凶犯年在十五歲以下登時殺死者，杖一百，徒三年，非登時而殺，杖一百，流三千里。俱依律收贖。年在十六歲以上，無論登時與否，均照擅殺罪人律擬絞監候。如死者與凶犯年歲相當，或僅大三五歲，審係因他故致斃人命，捏供拒姦狡飾者，仍分別謀故鬭殺各照本律定擬。秋審實緩亦照常辦理。若供係拒姦並無证佐，及死者生供審無起釁別情，仍按謀故鬭殺各本律定擬秋審，俱入於緩決。至先被雞姦後經悔過拒絶，確有證據覆被逼姦，將姦匪殺死者，無論謀故鬭殺，不問凶犯與死者年歲若干，悉照擅殺罪人律擬絞監候。其因他故致斃者，仍依謀故鬥殺各本律問擬。謹案：此條乾隆三十年定，嘉慶六年修併，道光五年修改。一、與人聘定未婚之妻通姦，起意殺死其夫者，照姦夫起意殺死親夫例擬斬立決。如係爲從同謀，仍昭同謀殺死親夫律擬斬監候。若姦夫雖未起意，而同謀殺死未婚夫之後復將姦婦娶爲妻妾，或拐逃嫁賣者，亦照例斬決。謹案：此條道光二十年五年續纂。一、聘定未婚妻因姦起意殺死本夫，應照妻妾因姦同謀殺死親夫律凌遲處死。如並無起意，但知情同謀者，即於凌遲處死律上量減爲斬立決。若姦夫自殺其夫，未婚妻果不知情，即於姦婦不知情絞監候律上減爲杖一百，流三千里。倘實有不忍致死其夫之心事，由姦婦破案者，再於流罪上減爲杖一百，徒三年。至童養未婚妻因姦謀殺本夫，應悉照謀殺親夫各本律定擬。謹案：此條道光二十五年續纂。一、本夫殺死强姦未成罪人，如係登時忿激致斃者，即照本夫姦所登時殺死姦夫例勿論。若追逐毆打致斃，及雖在登時繫捆毆致斃者，即照姦所獲姦非登時而殺例，杖一百，徒三年。係事後尋毆致斃者，仍照擅殺罪人律擬絞監候。謹案：此條道光二十五年續纂。

事例

雍正五年諭：王氏著即凌遲處死。吴高即因通姦謀殺林瑄，又復行賄私和人命，詭名謀娶王氏，所犯情罪較大光棍更屬可惡。吴高著改爲立斬。嗣後有似此因姦謀殺親夫，復設計謀娶姦婦爲妻妾者，俱照此立決，永著爲例。《聖訓》乾隆二十五年議準：查因姦謀殺親夫之罪，律例所載，除係姦夫起意及將姦婦並幼小子女拐逃者，將姦夫擬斬立決外，其係婦女起意及姦夫自殺其夫並本夫縱容通姦謀殺者，將姦夫擬斬監候，此等人犯於秋審時無不擬入情實，請旨勾決，以儆淫兇。惟是審題結案部覆到日，或已逾秋審之期，勢必遲至次年，或致有宽脱瘐斃，幸免顯戮，無以示儆，而被殺者未免含冤莫伸。應請嗣後凡有此等案犯，律應監候已經審實具題，如四月以内部交到省，該督撫即趕入本年秋審情實，或五月以後至七月以内奉旨者，刑部即歸入各該省秋審册内，由九卿會勘，擬以情實，請旨勾決，不必復行取具各該督撫勘語。其案内如有從犯，仍照例入於次年秋審。再凡遇停止勾決之年，刑部將此等案犯照聚衆辱官等案一併開具事由，另行請旨正法。四十八年諭：本日勾到奉天省秋審情實人犯内張

成功搭死訾明玉及姜連毆死吳嘛子二案，俱因拒姦起釁致死，問擬斬候，自應入於情實。但核其情罪，究因明訾玉、吳麻子欲行雞姦，該犯等一時氣忿所致。而圖姦既無死者生前確供，又無旁人見證，僅據該犯一面之詞指稱圖姦，罪疑惟輕，是以免其勾决。此等案犯指姦既屬無憑，而殺命究難逭罪，不得以此次未勾，將來即可改緩。所有張成功、姜連二犯，每年秋審時仍著入於情實，此朕斟酌情罪以期協中之意，著刑部存記。嗣後遇有此等案件，均照此辦理。至各省有似此拒姦殺命之案，該地方官審訊時必須將凶手與死者年齒詳細核對。如死者年長於凶手十歲以外，則欺其穉弱圖姦自屬情理。若死者與凶手年歲相當或僅大三五歲，安知非凶手圖姦不遂因而致死滅口，恃無證見圖賴死者，希冀卸罪乎？因勾奉天秋審有此二案，恐各省亦有似此者，特明晰宣諭內外問刑衙門一體留心讞獄，以期無枉無從而昭平允。以上均《會典事例》。五十七年奉旨：刑部具題廣西民人麻六成誤傷妻母羅黃氏身死一折，此案即因羅氏犯姦係由伊母羅黃氏縱容，亦應於絞決罪名稍爲末減，予以絞候可矣，何以僅照常例止科姦罪擬杖。今刑部即照該督撫所擬罪名題覆，輕重殊爲倒置，羅氏應改爲絞監候，秋後處決。麻六成應改爲杖九十。如此兩相互易，庶情罪各得其平。著刑部遵照改擬，另行進呈。《聖訓》。嘉慶二年，四川總督審題周俸瀧姦拐李世楷之女同逃，被李楷世拏獲登時毆傷，李二姐身死案內，將周俸瀧比照本夫登時姦所獲姦將姦婦殺死，審明姦情屬實，將姦夫擬絞例擬絞監候，李世楷比照本夫杖八十例杖八十。等因。奉旨：父母毆斃無辜子女予以杖罪，尚爲慎重人命起見。今李二姐即係犯姦，即屬有罪之人。李世楷將伊女毆斃係出於義忿，尚有何罪？雖所擬杖罪聲明遇赦援免，但究不應以杖罪科斷。嗣後遇有似此情節者，其父母竟不必科以罪名，並著刑部將此例刪除，以昭平允。《會典事例》。六年奏準：嗣後童養媳與人通姦，本夫有服親屬殺死姦夫姦婦，均照已成婚例問擬。如此，庶未婚之女與童養者稍有區別，而定例益昭詳密矣。通行。七年諭：此案張自重因齊月先强姦伊母李氏，經李氏抵拒喊叫，齊月先跑走，後李氏向伊子張自重哭訴，張自重氣忿，攜取棒槌趕往毆打齊月先致傷，臁肕骨折，越二十七日殞命。該撫將該犯援照新例擬絞監候，聲請留養具題。刑部照擬核覆，固屬按例辦理，但細闞案情，張自重因親母被辱向其哭訴，爲人子者自當激於義忿趕往毆打，較之本夫捉姦其情更爲急切，且該犯趕毆時所攜祇係棒槌，並非金刃凶器，其致死之由實與救母情切者無異。若竟按殺非登時擅殺例擬絞，於情罪究未允協。張自重著仍照舊例改爲杖一百，徒三年。該犯係孀婦獨子，准其照例留養。嗣後，凡遇此等情節案件，俱著照此核辦。又諭：刑部議駁直隸省具題史八因史黑强姦伊妻未成毆傷史黑身死一案，將原擬流罪改照擅殺罪人例將史八問擬絞候一本。細核此案情節，史八因史黑强姦伊妻未成往找史黑未遇，嗣史黑持槍赴史八門首辱罵，史八用棍將槍格落，疊毆史黑殞命。該督將史八量減擬流與例未符，經部臣以史黑所執之槍已被該犯格落，迨毆傷倒地又有史博聞在旁助毆，史八等不難將史黑拘送，乃輒毆致斃，實爲擅殺。將史八依例改擬絞候固爲允協，但死者始則强姦婦女，繼則持槍登門辱罵，有欲殺史八强佔伊妻之語，淫凶已極。史八激於義忿將史黑毆斃，其情尚有可原，將來核辦秋審時著歸入可矜。以上《會典事例》。二十二年奉旨：此案張成標因圖姦張盤沅不從，起意殺死，復將盤沅尸身用水澆濕，刮去皮肉，剖開胸腹，挖出五臟腑飼犬，殘忍已極。僅照因姦殺死良人子弟例問擬斬決，尚覺情浮於法。張成標著即處斬，再加梟示。將該犯凶殘情節於榜示內載明，俾衆共知警惕。嗣後斬決之犯有情節凶殘似此者，俱照此例辦理。《聖訓》。又議準：嗣後男子拒姦殺人案件，審明後詳釋例文分別情節，各案謀故鬭殺及擅殺及減流本例科斷。毋得牽附歧誤以符例義而照畫一。二十三年覆準：嗣後男子拒姦殺人之案，必報案後經官向死者訊有供詞，方可以生供足據。如未訊取生供，則當以尸親之供認爲據，不得以旁人到官轉述死者生前之言即爲生供，强相比附，免滋出入而昭畫一也。道光四年奏準：嗣後本夫及有服親屬殺死圖姦未成罪人，無論登時事後，俱照擅殺律擬絞監候。其聽從糾共往毆之犯，無論是否折傷以上及至殘廢篤疾，悉照餘人律杖一百。致死者，亦照擅殺罪人律擬絞監候。如有挾嫌乘殺害者，仍照謀故本律問擬。五年覆準：嗣後男子先被雞姦，後經悔過拒絕，確有證據，復被逼姦將姦匪致斃者，無論謀故鬭殺，不問凶手與死者年歲若干，悉照擅殺罪人律擬絞監候。若因他故致斃者，仍以謀故鬭殺各本律問擬。同治元年議準：嗣後除尋常案件仍照舊章辦理毋庸另議更張外，所有進呈題奏摺件本章，遇有因姦起釁之案，折內本內鄙俚不恭污穢字樣按照原

供刪繁就簡，如見其少艾頓萌淫念拉手求姦乘便續姦等項字樣，概從刪削，只以姦好調姦通姦强姦等字概之。或係手足他物金刃致傷下部殞命，則改稱某某用某物將其致傷殞命，其腎囊莖物陰户等項部位不得概照犯供全行敘入，以昭敬謹。光緒七年奏准：嗣後圖姦調姦未成罪人殺死本婦，及拒捕殺死其夫與父母並有服親屬，無論立時及越數日，俱照犯罪人拒捕殺所捕人律，擬斬監候。以上均通行。

刑案

用言調戲，致本婦羞憤自盡，其夫痛妻服毒身死，固屬一家二命，例無加重明文，仍按本例從一科斷，問擬絞候。道光三年河南案。

男子拒姦殺人，死者僅大三五歲，事後指姦無據者，仍照鬬殺本律擬絞。道光四年奉天案。

先因通姦，後因續姦不從，將姦夫殺死，與守貞良婦不爲强暴所污因而被殺者不同，仍照故殺律斬候。道光三年湖廣案。

迫於姦夫强悍，隱忍年餘，嗣乘間將姦夫、姦婦殺死，此照姦所獲姦非登時例擬徒。道光四年奉天案。

登時毆死强姦伊母未成之緦麻服叔，比依緦麻尊長强姦卑幼之婦未成被本夫登時忿激致斃例，聲請減流。道光五年山東案。

姦所登時殺死與伊母通姦之人，依夜無故入人家已就拘執而擅殺律擬徒。道光六年湖廣案

死者調姦伊緦麻兄妻未成，致氏羞忿自盡，途遇致斃，比依擅殺應死罪人律擬杖。道光六年直隸案。

姦所撞獲，因伊妻跪求悔過隱忍，嗣見妻與姦夫在野坐地嬉笑，捉拿，將姦夫姦婦殺死，依姦所獲姦殺非登時例擬徒。道光六年雲南案。

從妻通姦，悔過拒絕復通姦，將姦婦毆斃，比照本夫悔過拒姦殺死姦夫例擬流。道光六年山西案。

姦婦謀毒伊翁斃命，復商同姦夫謀毒本夫傷而未死，案内之姦夫照婦女與人父子通姦釀成逆倫重案例發駐防爲奴。道光七年雲南案。

因姦情敗露服毒自盡，本夫找尋姦夫送官未遇，氣忿縊死姦夫，均罪止擬徒，二罪相等，從一科斷。道光元年江西案。

毆死與伊妻通姦之小功服叔，比照本夫殺死狠姦尊長例，隨本聲請減流。道光元年山西案。

先與夫之大功服兄通姦，嗣經悔過拒絕，復被逼姦，將姦夫拒斃，行令照本律擬斬，量予減軍。道光二年陝西案。

毆死圖姦伊妻未成罪人，雖先被持杖拒捕，惟於推倒後迭毆致死，與故殺不同，仍照擅殺擬絞。道光三年陝西案。

本夫外出回家，見妻懷孕，究出姦情，將妻殺死，比照姦所獲姦非登時殺死姦婦、姦夫照例擬流，本夫擬杖。道光七年山西案。

本夫毆死圖姦伊妻未成罪人，案内幫毆之本婦，外依餘人，擬杖，部改勿論。道光八年河南案。

本婦有服親屬捉姦，登時殺死姦婦、姦夫，照例擬流。道光九年直隸案。

姦所獲姦迭毆致傷，後用繩捆獲欲俟天明送究，姦夫於是夜因傷殞命，律得勿論，不得以非登時而殺例擬徒。道光十年陝西案。

姦拐人妻事後拒捕致斃，未便以擅殺應死罪人論，駁令另擬。道光十一年四川案。

姦所獲姦將姦婦毆傷，至餘限内身死，姦夫照凡鬬獲減流，因係有服親屬，仍照姦緦麻以上親之妻擬軍。嘉慶四年江西案。

親屬通姦罪不至死，本夫當場殺死姦婦，此等姦夫無論尊卑服制，概應擬絞。嘉慶十二年江西司説帖。

因緦麻服姪從妻賣姦邀人捉姦，將本夫、姦婦一並活埋，貪利從姦與身自犯姦無異，此依有服親屬非登時殺死犯姦卑幼，各按服制毆死卑幼本律上減一等例滿流。死雖二命，係例不擬，祇從一科斷。嘉慶十七年陝西案

有服親屬捉姦，殺死姦夫、姦婦，並誤殺姦生之子，照捉姦誤旁人律擬絞。嘉慶十七年湖北司説帖。

本夫捉姦，致姦婦奔逃跌斃，姦夫比照姦婦羞愧自盡例擬徒。嘉慶十八年陝西案。

姦夫商同姦婦謀勒本夫，傷而未死，姦婦依謀殺夫已行律斬決，姦夫照凡人謀殺傷而未死律絞候。本夫妻母聽從下手，恩義已絶，照凡人擬流，不准收贖。嘉慶十九年奉天司説帖。

姦夫謀殺縱姦本夫，姦婦事後知情，並不首告，比照夫爲人殺妻私和

例擬徒。嘉慶十九年陝西案。

因與小功弟妻通姦，謀殺縱姦本夫，應照凡人謀殺律擬斬，不得以服制論。嘉慶十九年河南案。

儒師與伊母通姦，將師殺死，應同凡論照夜無故入人家已就拘執而擅殺律擬徒。嘉慶二十一年江蘇案。

收娶大功弟媳爲妻，捉姦殺死姦夫，雖係尊長主婚，究非應娶之婦，律應離異，既不得爲姦婦之夫，亦不得爲姦婦夫兄。應照凡人鬬殺律婦擬。嘉慶二十二年直隸案。

姦婦悔過拒姦，夫續姦不遂，謀殺本夫，姦婦並不在場，事後聞知首告，比照姦婦雖不知情絞律上減二等滿徒。嘉慶二十二年山西案。

被翁撞破姦情，先知伊子將姦婦殺死，照非姦所獲殺死姦婦例擬徒。嘉慶二十四年四川案。

有服親屬捉姦，喝令將姦夫殺死，應以主使之人爲首，照有服親屬捉姦登時殺死姦夫例擬徒，下手之人照餘人科斷。嘉慶二十五年陝西案。

從姦本夫聽從姦夫謀殺己子，復頂認正凶姦夫，依謀殺律擬斬，本夫除故殺子輕罪不議外，依頂凶未成從招於姦夫斬罪上減二等滿徒。道光元年河南案。

因姦謀殺本夫案，內知情買藥之人依從而加功律擬絞。道光元年河南司說帖。

姦夫聽從買砒謀毒本夫未死，姦婦復自行毆斃，姦夫仍照因姦聽從謀殺親夫律斬候。道光元年安徽案。

犯姦經官斷後，姦婦戀姦逃走，本夫追回殺死，比照聞姦數日殺死姦婦例，本夫杖徒，姦夫業經枷杖發落，免議。道光元年江西案。

從容其妻與人通姦，因向姦夫索錢起釁鬬毆身死，姦婦並不在場，姦夫依凡鬬律擬絞，姦婦被誘同逃，止科逃罪。道光二年陝西司說帖。

妹與人通姦，被兄嫂撞見，告知伊兄，致姦夫將兄嫂一並殺死，未便僅科姦罪，照因姦釀命例擬徒。道光二年山西案。

毆死與伊妻通姦之小功服叔，照律擬斬，夾簽聲請。其幫毆之卑幼，應照親屬捉姦殺死姦尊長止傷者勿論例勿論。道光二年湖北案。

事後毆死强姦伊嫁女未成之大功堂弟，比照卑幼圖姦有服親屬，尊長忿激致死例，按服制擬徒。道光二年四川案。

當時勒死强姦伊妻未成胞弟子，擅殺圖姦卑幼滿徒上減二等，徒二年。道光二年浙江案。

負夜續姦，被姦婦有服親屬疑賊毆斃，應照夜無故入人家已就拘執而擅殺律擬徒。道光二年陝西司說帖。

女被姦夫拐逃，追尋撞見姦夫姦婦同坐談笑，將姦婦殺死，姦夫照本夫登時姦所獲姦殺死姦婦例擬絞。道光三年安徽案。

兄捉妹姦，登時殺死與伊妹通姦之本管官，應同凡論，照親屬捉姦登時殺死姦夫例擬徒。道光三年貴州案。

捉姦被脱，本夫之母持械趕毆，適袒護姦夫之母走至，被本夫之母誤戳殞命，姦夫照子犯姦父母從容租議被人毆死例擬絞。本夫之母照本夫捉姦誤殺旁人絞罪上減流收贖。道光三年江蘇案。

毆死黑夜圖姦伊妻拒捕成傷罪人，應照擅殺律擬絞。道光三年陝西司說帖。

男子拒姦誤殺旁人，比照本夫捉姦誤殺旁人例，本人擬絞，圖姦之人擬流。道光三年直隸案。

捉姦未獲見姦夫姦婦復在別處同坐嬉笑，被本夫一齊殺死，照姦所獲姦非登時而殺例擬徒。道光四年雲南案。

聞妾與人通姦，越日將妾殺死，比照奴婢犯姦，家長不告官私自毆殺例滿杖。道光四年四川案。

黑夜圖姦未成，本婦喊捕逃出院内，被有服親屬拘執而殺，因黑夜姦盜莫測，照夜無故入人家已就拘執而擅殺律擬徒。道光四年直隸案。

婦悔過拒絶，姦夫復往圖姦，被本夫遭遇毆斃，照依夜無故入人家已就拘執而擅殺律擬徒。道光五年河南案。

知妻與人通姦，因無實據，未經捕捉，起意還姦洩忿，往向姦夫之妻調姦不從，被姦夫毆死，仍照共毆擬絞。道光五年直隸案。

母被姦夫逼嫁，其子事後捕毆姦夫致斃，雖非捉姦起釁，仍照夜無故入人家已就拘執而擅殺律擬徒。道光五年直隸案。

抑勒其妻與人通姦，致被姦夫拐逃，謀殺本夫，姦婦並不知情，從重依誘爲從例徒二年半。道光六年山東案。

毆傷姦拐伊妻罪人，應照本夫捉姦毆傷姦夫至折傷以上例勿論。道光十二年山西司說帖。

本夫貪利縱姦，旋因無錢資助拒絕，被姦夫在家滋方鬧，央不知情之大功堂弟捉拿，致堂弟被姦夫殺死，姦夫應照罪人拒捕律科斷。道光十三年四川司說帖。

本夫殺死拒絕復强姦之卑幼，比照本夫捉姦殺死犯姦有服卑幼之案，卑幼不應死而殺，係姦所登時者勿論例，應予勿論。道光十四年四川案。

捉姦殺死出嫁降服大功姪女，依本婦有服親屬捉姦殺死犯姦有服卑幼之案，如非登時而殺，無論謀故，各按服制於毆殺卑幼本律上減一等例問擬滿徒。道光九年貴州案。

捉姦殺死已出嫁表姊之姦夫，依本婦有服親屬捉姦登時殺死姦夫例擬徒。道光十年直隸案。

壻與妻母通姦，聽從謀殺妻父，照謀殺緦麻以上尊長不問首從皆斬律擬斬立決。道光十八年邸鈔。

本夫聞姦謀毒姦婦，誤毒子媳，照故殺子婦律量減滿徒，姦夫照本夫聞姦數日殺死姦婦例科斷。道光五年安徽司案。

聽糾捉姦之外人誤殺姦婦，依擅殺罪人以鬬殺論律擬絞監候。道光六年安徽司案。

姦夫因被窺破，殺死姦婦之翁，比照姦夫起意殺死親夫例擬斬立決。道光十四年直隸案。

與小功姪媳通姦，拒殺本夫，照凡人罪拒捕殺所捕人律擬斬監候。道光七年湖廣案。

縱姦本夫被殺，姦婦目擊不救，比照姦夫自殺其夫姦婦並不知情絞律量減，實發駐防爲奴。道光十一年直隸案。

捉姦謀殺姦夫，本夫聽從加功，照擅殺案内餘人例問擬滿杖。道光十三年安徽司案。

毆死調姦伊妻未成之雇工，依家長毆雇工人致死滿徒律減等擬徒二年半。嘉慶八年貴州案。

義子殺死義母之姦夫，比照本婦有服親屬捉姦非登時而殺例擬絞監候。道光十三年安徽司案。

姦夫二人同謀殺死本夫，其未經同行之姦夫依謀殺人從而不加功律擬流。道光六年河南案。

商同姦婦謀毒縱姦本夫未死，姦夫復自行毆斃，姦婦當場喊救，姦夫依例斬候，姦婦照同謀傷而未死例亦擬斬候。道光六年江蘇案。

致死强姦伊媳未成小功堂姪，照尊長殺死圖姦卑幼因擬滿徒例上再減一等，徒二年半。道光六年湖北案。

有服親屬殺死圖姦未成本婦羞忿自盡之罪人，比照親屬人等被人殺而擅殺行凶律定擬。道光六年直隸司說帖。

究出因姦懷孕，逼令姦婦至姦夫家自盡，不允，殺死姦婦，比照姦所獲姦非登時殺死姦婦例問擬。道光七年山西案。

商同姦夫謀毒親夫未死，姦婦復自行謀斃伊翁，姦夫照婦女與人父子通姦致其子因姦謀殺其父例發駐防爲奴。道光七年雲南案。

毆死圖姦罪人案内幫毆之本婦，照例勿論。道光八年河南司說帖。

母縱女姦，被同居不知情之繼父捉姦，登時殺死姦婦姦夫，應照有服親屬捉姦登時殺死姦婦例滿流，不准量減。道光九年直隸司說帖。

本婦毆死强姦未成之夫叔，比照致死緦麻尊長例隨案聲請。道光十年湖廣司說帖。

捉姦之後活埋犯姦緦麻弟妻，應依有服親屬捉姦非登時殺死姦婦例擬絞。道光十一年直隸司說帖。

毆死因姦休回旋又逃走找尋姦夫之胞妹，比照尊長殺死因不至死之卑幼例擬徒，姦夫止科姦罪。道光十一年四川案。

知情買休之夫捉姦，殺死姦夫姦婦，雖承娶多年生有子女，應仍照凡人故殺律擬斬。道光十一年江西司說帖。

先經撞遇姦夫未獲，後復聞姦殺死姦婦，比照姦所獲姦殺非登時例，姦夫擬流，本夫滿杖。道光十二年江西司說帖。

姦夫和誘姦婦同逃，本夫尋獲，將姦夫捆縛後，砍落頭身死，見妻與人同逃與見妻與人行姦無異，應照姦所獲姦非登時而殺例擬徒。道光十二年雲南司說帖。

義父捉姦殺死義媳之姦夫，如義子恩養年久配有家室，應以親父論，不得因服制照輕，遽照親屬捉姦科斷。道光十二年陝西司說帖。

因姦擅殺姦夫並姦夫母、妻、女一家四命，從重依殺一家非死罪二人斬決梟示例科斷。同治十一年安徽司說帖。

婦人與人通姦，恨無資助，謀殺斃命，依謀殺人造意者斬監候律科斷。咸豐十年山西案。

借姦訛詐，致姦夫服毒自盡，依刁徒嚇詐逼命，事出有因，爲首應於絞罪上量減滿流。同治十一年浙江司說帖。

孫捉祖母之姦，忿激砍死祖母，援案擬問，奉旨改爲斬候。姦夫比照本夫姦所獲姦登時殺死姦婦，將姦夫擬絞律科斷。道光十五年邸鈔。

男子因無錢資助，拒死姦夫，照謀故殺鬬毆本律問擬，鬬殺者絞律擬絞監候。道光四年河南案。

姦夫謀殺本夫，姦婦不知情，事後首告，照姦夫自殺其夫姦婦雖不知情絞律夾簽聲請，量減滿流。同治七年安徽案。

擅殺姦拐其母之姦夫，按律問擬絞候，事犯在恩旨以前，准減滿流，比照秋審可矜人犯再減一等擬徒。同治十二年安徽司說帖。

捉姦殺死大功堂兄，照例夾簽聲請，量減滿流。光緒二年安徽司說帖。

（清）席裕福《清朝政典類纂》卷四〇七《刑三十九·刑律犯姦·犯姦》

凡和姦杖八十，有夫者杖九十，刁姦者無夫有夫杖一百，强姦者絞監候，未成者杖一百流三千里。凡問强姦須有强暴之狀、婦女不能掙脱之情，亦須有人知聞及損傷膚體毀裂衣服之屬，方坐絞罪。若以强合以和成猶非强也。如一人强捉一人姦之，行姦人問絞，强捉問未成流罪。又如見婦人與人通姦，見者因而用强姦之，已係犯姦之婦難以强論，依刁姦律。姦幼女十二歲以下者，雖和同强論。其和姦刁姦者，男女同罪。姦生男女，責付姦夫收養，姦婦從夫嫁賣，其夫願留者聽。若嫁賣姦夫者，姦夫本夫各杖八十，婦人離異歸宗，財物入官。强姦者婦女不坐，若媒合容止人在家通姦者，各減犯人和刁罪一等。如人犯姦已露而代私和姦事者，各減和刁强二等，其非姦所捕獲及指姦者勿論。若姦婦有孕，姦婦雖有據而姦夫則無憑罪坐本婦。

條例

一、輪姦良人婦女已成之案，審實照光棍例，爲首擬斬立決，爲從同姦者擬絞監候。同謀未經同姦，餘犯發黑龍江給披甲人爲奴。因而殺死本婦者，首犯擬斬立決，梟示。爲從同姦又幫同下手者，擬斬立決，同姦而未下手及下手而未同姦者，均擬絞立決。其同謀而並未下手又未同姦者，發黑龍江給披甲人爲奴。如致本婦自盡者，首犯擬斬立決，爲從同姦之犯均擬絞立決，同謀未經同姦餘犯發黑龍江給披甲人爲奴。若夥謀輪姦未成，審有實據者，爲首發黑龍江給披甲人爲奴，爲從杖一百、流三千里。因而殺死本婦者，首犯擬斬立決，爲從幫同下手者擬絞立決，未經下手者發黑龍江給披甲人爲奴。如致本婦自盡者，首犯擬斬監候，爲從發黑龍江給披甲人爲奴。謹案：此條嘉慶六年、十五年、十九年，道光元年、十年、二十五年，咸豐二年，七次修改。一、惡徒夥衆將良人子弟搶去，强行雞姦者，無論曾否殺人，仍照光棍例，爲首者擬斬立決，爲從若同姦者俱擬絞監候，餘犯發黑龍江給披甲人爲奴。其雖未夥衆，因姦將良人子弟殺死，及將未至十歲之幼童誘去强行雞姦者，亦照光棍爲首例斬決。如强姦十二歲以下十歲以上幼童者，擬斬監候。和姦者，照姦幼女雖和同强論律擬絞監候。若止一人强行雞姦並未傷人，擬絞監候。如傷人未死，擬斬監候。其强姦未成並未傷人者，擬杖一百、流三千里。如刃傷未死，擬絞監候。如和同雞姦者，照軍民相姦例，枷號一個月、杖一百。儻有指稱雞姦，誣告等弊，審實依所誣之罪反坐，至死減一等罪。至斬決者，照惡棍生事行兇例，發極邊足四千里充軍。謹案：此條乾隆三年定，道光元年、咸豐二年修改。一、强姦十二歲以下幼女因而致死，及將未至十歲之幼女誘去强行姦污者，照光棍例斬決。其强姦十二歲以下十歲以上幼女者，擬斬監候。和姦者仍照雖和同强論律擬絞監候。謹案：此條雍正十二年定。一、凡調姦、圖姦未成者，經本婦告知親族鄉保，即時稟明該地方官審訊，如果有據，即酌其情罪之重輕，分别枷號杖責，報明上司存案。如本家已經投明鄉保，該鄉保不即稟官及稟官不即審理，致本婦懷忿自盡者，將鄉保照甲長不行轉報竊盜例杖八十，地方官照例議處。謹案：此條乾隆十年定。一、凡姦夫拒捕，刃傷應姦之人，照竊盜拒捕殴所捕人至折傷以上者，擬絞監候。縱容抑勒不用此例。謹案：此條乾隆十二年定。一、强姦婦女，除並未傷人者已成未成仍照本律定擬外，其因强姦執持金刃兇器，戳傷本婦，及拒捕致傷其夫與父母並有服親屬，已成姦者擬斬監候，未成姦者擬絞監候。如傷非金刃兇器，已成姦者擬絞監候，未成姦者發邊遠充軍，年在五十以上發近邊充軍。其圖姦、調姦婦女未成罪人折拒傷本婦並其夫與父母及有服親

屬，如至殘廢篤疾罪在滿徒以上者，無論金刃手足他物，俱照毆所捕人至折傷以上律擬絞監候，但係刃傷者，發極邊足四千里安置。若傷非金刃，仍依罪人拒捕律，於本罪上加二等問擬。謹案：此條嘉慶十一年修改，道光五年復奉旨頒修。一、凡喇嘛和尚等有强姦致死人命者，照光棍例分别首從定擬。謹案：此條係雍正五年定，原載威逼人致死門，乾隆四十二年移附此例。一、凡職官及軍民姦職官妻者，姦夫姦婦並絞監候。若職官姦軍民妻者，革職杖一百的決，姦婦枷號一月杖一百。其軍民相姦者，姦夫姦婦各枷號一月杖一百。其奴婢相姦，不分一主各主及軍民與官員，軍民之妾婢相姦者，姦夫姦婦各杖一百。謹案：此條雍正三年定。一、川省嘓匪有犯輪姦之案，審實照强盜律，不分首從皆斬。其同行未成姦者，仍依輪姦本例擬絞監候。如因輪姦而殺死人命者，無論成姦與否，俱照强盜殺人例奏請斬決梟示。謹案：此條乾隆二十三年定。一、凡强姦殺死婦女及良家子弟仍按例問擬斬決外，其有先經和姦後因别故拒絶，致將被姦之人殺死者，俱仍照謀故鬥毆本律定擬。謹案：此條乾隆四十年定。一、凡婦女與人父子通姦，致其子因姦謀殺其父，釀成逆倫重案者，將犯姦之婦女實發駐防，給兵丁爲奴。謹案：此條嘉慶十二年遵旨議定。一、凡强姦十二歲以下幼女幼童未成審有確據者，發黑龍江給披甲人爲奴。謹案：此條嘉慶十五年、十九年，道光元年，咸豐二年四次修改。一、輪姦已經犯姦婦女已成者，爲首發黑龍江給披甲人爲奴，爲從同姦者杖一百、流三千里。同謀未經同姦餘犯，杖一百、徒三年。因而殺死本婦者，首犯擬斬立決，下手爲從，同姦者擬絞立決，未同姦者絞監候，同姦而未下手者發黑龍江給披甲人爲奴，並未同姦又未下手者，杖一百、流三千里。如致本婦自盡者，首犯擬絞監候，爲從同姦者發黑龍江給披甲人爲奴，同謀未經同姦餘犯，杖一百、流三千里。若輪姦未成，首犯杖一百、流三千里，爲從杖一百、徒三年。因而殺死本婦者，首犯擬斬監候，爲從除案係謀殺仍照謀殺本律分别曾否加功問擬外，如係毆殺幫同下手者，發黑龍江給披甲人爲奴。未經下手者，杖一百、徒三年。如致本婦自盡者，首犯發黑龍江給披甲人爲奴，爲從杖一百、徒三年。如婦女犯姦後已經悔過自新，審有確證者，仍以良人婦女論。謹案：此條嘉慶十九年從本門輪姦良人婦女已成一條修併，道光元年、十年、二十五年，咸豐三年四次修改。

事例

康熙元年題准：凡姦婦有孕犯死罪者，俟生産後處決。十八年議准：凡惡棍夥衆將良家子弟搶去强行雞姦，爲首者立斬，爲從者俱擬絞監候。若係和同者，照律治罪。三十五年覆准：不肖惡徒將良人子弟搶去强行雞姦，爲從擬絞監候，亦不准援赦。若係和同者，照常治罪。四十六年覆准：姦幼女照光棍例擬斬立決。乾隆十四年議准：律例無强姦幼女未成作何治罪之條。若止依律擬流，不足蔽辜請。嗣後凡有强姦十二歲以下幼女未成之案，俱改發黑龍江充當苦差。以上均《會典事例》。嘉慶十七年議准：嗣後因姦將子女致死滅口者，無論是否起意，繼母、嫡母、嗣母擬斬監候，親母擬絞監候。例内起意二字删改爲無論是否起意字樣，以昭明晰。咸豐十一年覆准：查京外問刑衙門辦理命盜案件，如釁非因姦，自應據實敘明具奏。若因姦起釁之案，所有供勘及折奏題本，應敘情節，如見其少艾頓萌淫念，及乘便續姦不記次數等語穢污字樣，悉行删除，止以調姦、通姦等字概之。其原審情節，另繕供勘。一單封送軍機處並咨部，一單以備查覈，仍於奏摺及題本内，將繕有另單之處聲明，庶昭詳慎而期畫一。以上均通行。

刑案

儒師姦拐學徒之妻，仍依凡人。和誘知情爲首例，擬軍從重，發黑龍江。嘉慶十三年直隸案。

誘令婦女至家同住賣姦與和誘知情，擬軍之例，不符應照詐教誘人犯法律科斷。嘉慶十四年廣西司案。

强姦犯姦婦女不從，用刀將其砍傷，比照强姦未成刃傷本婦例，量減滿流。嘉慶十六年安徽案。

圖姦十一歲幼童未成，復奪刀拒捕刃傷其母，應照强姦執持金刃拒捕致傷有服親屬未成姦者擬絞。嘉慶十七年江西司説帖。

用藥迷婦女已成，比照强姦已成律治罪。嘉慶十八年陝西司説帖。

輪姦婦女未成，因本婦夫妹喝問恐致敗露，起意致死滅口，比照輪姦良婦未成殺死本婦例，首從各犯擬以斬絞立決。嘉慶二十一年陝西案。

調姦十五歲處女未成，情節較重，應照調姦未成，酌擬枷號一箇月、杖八十。嘉慶二十一年浙江司案。

議敘職銜僅係頂帶榮身既無俸禄又無職守，如有犯姦，應以平人論。嘉慶二十二年安徽案。

輪姦男子未成，比照輪姦良婦未成例問擬。嘉慶二十二年山西案。

儒師雞姦學生，例雖無文，而僧道雞姦徒弟事所常有，向俱按照僧道犯姦本例科斷，從無比引殺傷之例，以姦大功親屬問擬。惟儒師爲人師表，未便竟同凡論。應比照本管官姦部民妻女律加凡姦二等擬徒，被姦之弟子仍照和同雞姦本例枷杖，年未及歲收贖。嘉慶二十三年湖廣案，道光九年四川省戴湖青姦學徒馮幗慶一案，亦照此律擬罪。

乘婦睡熟冒姦已成，比照强姦已成律擬絞。嘉慶二十四年直隸案。

商同輪姦先殺其夫，後姦其妻，比照輪姦良婦已成殺死本婦例，首犯斬梟，從犯斬決。道光元年貴州案

誘姦八歲幼女已成，因女負痛喊叫畏懼中止，照例擬斬，援照乾隆十年通行聲明，該犯年僅十八，聞喊即行潛逃，情稍可原，請旨定奪。經九卿奏改斬候。道光三年山東案。

强姦男子未成，將其捆縛毆傷，比照强姦婦女傷非金刃未成姦例擬軍。道光三年陝西案。

僧人誘姦業已犯姦十歲幼僧，於强姦十一歲以下幼童，絞罪上量減滿流，仍盡僧道犯姦本法地寺門，首枷號兩箇月，被誘雞姦之僧免議。道光四年奉天司案。

姦婦因姦夫欲與鄰女行姦，聽囑勾誘至家，反鎖房門，致鄰女被人强行姦污，實屬同惡相濟。惟强姦時該婦並不在場幫捉，比照强姦律注，强捉之人問流罪上量減滿徒。道光四年直隸案。

强姦婦女未成，將其推跌倒地以致墮胎身死，照强姦婦女傷其金刃兇器未成，姦犯發邊遠充軍。道光六年直隸案。

姦婦與人通姦被媳瞥見起意，商令姦夫亦與姦，好以緘其口，拉媳進房行姦，因其未允，毆傷脊背，姦夫即將其媳按推牀上姦污。例載同犯姦者無首從强姦律注，一人强捉一人姦之，行姦之人問絞，强捉之人問流，是行姦之人不問是否造意，均應擬絞，不得因非造意，率予量減。姦夫應照强姦已成律問擬。道光十一年貴州司說帖。

圖姦、調姦未成拒傷本婦及有服親屬，分別傷之輕重，問擬軍絞之例，係專指當場拒捕者而言。若事後拒捕，以應依罪人拒捕律加本罪二等科斷。道光十三年山西司說帖。

護軍與覺羅之妻通姦，照軍民相姦例，各枷號一個月、杖一百。道光十一年四川司案。

旗人與宗室之妻通姦，其夫窺破姦情，禁止往來，輒敢貪夜乘醉持刀往鬧，應照棍徒行兇擾害例，發極邊足四千里充軍，銷除本身旗檔。道光十一年廣東司案。

幫助强姦聽從捫口，不期捫死，照主使人毆打致死，下手之人爲從，論於本犯斬罪上減等擬流。道光六年陝西案。

地面有輪姦之案，看街兵不行查拏，擬發附近充軍，親死不準留養。道光四年貴州司案。

圖姦未成被獲，自割髮辮刃傷本婦，依圖姦未成罪人拒傷本婦，但係刃傷，擬軍本例科斷。道光八年四川案。

圖姦未成拒傷本婦身死，比照罪人拒捕殺所捕人律擬斬監候。道光七年湖北案。

冒姦未成，比照强姦未成律問擬滿流。道光十二年直隸案。

强姦十四歲之女因傷身死，比照因姦威逼人致死律擬斬監候。道光十三年河南案。

哄誘十四歲之女恣意姦傷身死，比照强姦已成，將本婦毆傷越數日身死例擬斬監候。道光九年安徽司案。

和姦十二歲幼女內傷身死，比照因姦威逼人致死律擬斬監候。道光十五年廣西司說帖。

婦人與人父子通姦，致其子因姦謀殺父命，照例實發駐防爲奴。同治十一年湖廣司說帖。

在籍侍衛與民婦通姦，依職官姦軍民妻者，革職杖一百的決例問擬。光緒八年直隸案。

（清）席裕福《清朝政典類纂》卷四〇七《刑三十九·刑律犯姦·縱容妻妾犯姦》 凡縱容妻妾與人通姦，本夫姦夫姦婦各杖九十，抑勒妻妾及乞養女與人通姦者，本夫義父各杖一百，姦夫杖八十，婦女不坐並離異歸宗。若縱容抑勒親女及子孫之婦妾與人通姦者，罪亦如之。若用財買休賣休因而和同娶人妻者，本夫本婦及買休人各杖一百，婦人離異歸宗，財

禮入官。若買休人與婦人用計逼勒本夫休棄，其夫别無賣休之情者，不坐，買休人及本婦各杖六十、徒一年，婦人餘罪收贖，給付本夫從其嫁賣，妾減一等，媒合人各減犯人買休及逼勒賣休罪一等。其因姦不陳告而嫁賣與姦夫者，本夫杖一百，姦夫姦婦各盡本法。

刑案

縱容出嫁胞妹與人通姦，比照容止人在家通姦律科斷。嘉慶二十一年浙江案。

娶主不知賣休情事免罪，本婦擬杖，給後夫完娶。嘉慶二十三年江蘇司案。

因貧賣休之婦，母家既無親屬，酌斷後夫領回完聚，前夫所得財禮並免著追。嘉慶二十三年河南案。

職官價買有夫之婦爲妾，訊係伊妻冒昧價買，該員失於覺察，照不應輕律係私罪罰俸九個月。道光九年吏部邸抄。

因貧欲將妻嫁賣，致妻不甘失節，自比照不應重律杖八十，再加枷號一個月。道光四年山東案。

縱容義女與人通姦，照抑勒乞養女與人通姦，義父杖一百，律上減等科斷。道光九年四川案。

（清）席裕福《清朝政典類纂》卷四〇七《刑三十九・刑律犯姦・親屬相姦》 凡姦同宗無服之親及無服親之妻者，各杖一百。强者姦夫斬監候姦內外緦麻以上親及緦麻以上親之妻。若妻前夫之女同母異父姊妹者，各杖一百徒三年，强者姦夫斬監候。若姦從祖祖母、祖姑、從祖伯叔母、從祖伯叔姑、從父姊妹、母之姊妹及兄弟妻、兄弟子妻者，姦夫姦婦各决絞。惟出嫁祖姑、從祖伯叔姑監候絞。强者姦夫决斬。惟强姦小功再從姊妹、堂姪女、姪孫女出嫁降服者，監候斬。若姦妻之親生母者，以緦麻親論之太輕，還比依母之姊妹論。若姦父祖妾伯叔母姑姊妹子孫之婦、兄弟之女者，姦夫姦婦各决斬。强者姦夫决斬。凡姦前項親屬，妾各減妻一等，强者絞監候。其婦女同坐不同坐，及未成姦媒合縱容等件，各詳載犯姦律。惟同宗姦生男女不得混入宗譜，聽隨便安插。謹案：壻姦妻母，原注比依伯叔母之姊妹論，雍正三年以姦伯叔母者立斬，姦母之姊妹者立絞罪名不同，因將母之姊妹四字删去。以從畫一。乾隆五年，查妻母服只緦麻與伯叔母服制懸絶，改依母之姊妹論。

條例

一、凡親屬和姦律應死罪者，若强姦未成發邊遠充軍，調姦未成，杖一百、流三千里。其和姦罪不至死者，若强姦未成，發近邊充軍。調姦未成，杖一百、徒三年。謹案：此條嘉慶十六年增定。一、凡姦內外緦麻以上親及緦麻以上親之妻，若妻前夫之女同母異父姊妹者，依律擬罪，姦夫發附近衛充軍。謹案：此條係原例。一、凡姦同宗無服之親及無服親之妻者，各枷號四十日、杖一百。謹案：此條乾隆元年定。

事例

嘉慶十三年諭：據汪志伊等奏審明，因姦殺死胞兄人犯恭請王命辦理一摺，此案楊綱通姦親嫂致斃人命，按律本應凌遲。該督等審明後，只應照常請旨正法，何必即請王命，若謀殺期親尊長之犯如此辦理，如行梟獍者無所區别，則犯婦鄧氏又請示部議辦理，亦屬兩歧。現在楊綱一犯即已凌遲處死，所有罪應絞决之鄧氏亦無庸再交部議，著即行處絞。嗣後凡遇有關倫紀等案，按其服制分别核辦，不得一律即請王命以示準情定法至意。《聖訓》。

刑案

與小功弟妻通姦被本夫撞獲，將姦婦戳斃，姦夫擬絞。嘉慶十六年江西案。

强姦小功兄妻未成，因掙不脱身，刃傷本婦平復，比照凡人執持金刃戳傷本婦未成姦例絞候。嘉慶十六年山西案，二十三年四川省民朱紹義强姦兄妻未成，刃傷本婦，亦照凡人擬絞。

圖姦養媳未成，致被氏父毆死，依有服親屬擅殺圖姦未成，罪人無論登時事後，俱照擅殺律擬絞。嘉慶十八年奉天案。

强姦族妹未成，格傷本婦逃逸，後復刃傷本婦有服親屬，其傷刃係在事後，照强姦未成拒傷本婦傷非金刃邊遠例上再加拒捕二等發烟瘴充軍。嘉慶十八年山東案。

調姦子媳不從，將媳凌虐致傷，即與强姦無異。若照親屬强姦未成，本律擬軍，尚覺情浮於法，從重發新疆爲奴。嘉慶二十一年山東司案。

子與繼母通姦，例無治罪明文。比照姦伯叔母律，姦夫姦婦各斬立決，恭請王命即行正法。嘉慶二十二年山西案。

强姦妻母未成，依親屬和姦律應死罪。若强姦未成，例發邊遠充軍。

嘉慶二十四年河南案。

冒姦共曾祖出嫁姪女未成，比照親屬和姦罪不至死，若强姦未成例擬軍。嘉慶二十四年四川案。

姦妻兄之女，雖係外姻無服親屬，第姑夫姪女名分尚存，究與外人有別，姦夫酌擬枷號兩個月、杖一百，姦婦仍照軍民相姦本例杖決枷贖。嘉慶二十五年山西案。

强姦十一歲童養子婦已成，比照强姦緦麻以上親之妻律斬候，義子應今歸宗。嘉慶二十五年山西案。

調姦子媳不從，後因出言頂撞，將媳毆傷，越日身死，並非釁起圖姦，比依親屬調姦未成滿流例加一等擬軍。道光元年四川案。

與緦麻服孀通姦敗露，致姦婦與縱姦之姑俱自縊身死，依姦内外緦麻親之妻例擬軍。道光三年江西案。

因緦麻服叔强姦伊母未成，共毆斃命，比例隨案聲請減流。道光五年山東案。

强姦無服族妹未成，如凡人流罪上一等擬軍。道光八年直隸案。

與夫之本生胞弟通姦，致伊夫羞忿自盡，姦婦擬絞。道光九年山西案。

被夫叔强姦，登時忿激，將其毆斃，合依妻毆夫之期親以下緦麻以上尊長至死者擬斬。惟守正不污，應照子婦拒姦致傷翁命，按律問擬凌遲處死，可否改爲斬監候之處，應照例援案聲明。光緒十一年河南司説帖。

（清）席裕福《清朝政典類纂》卷四〇七《刑三十九・刑律犯姦・誣執翁姦》 凡男婦誣執親翁及弟婦誣執夫兄欺姦者，斬監候。强姦子婦未成而婦自盡，照親屬强姦未成例科斷。義子誣執義父欺姦，依雇工人誣家長、嫂誣執夫弟及緦麻以上親，誣執者俱依誣告。

刑案

誣父圖姦子媳致父被人毆死，比照男婦誣執親翁欺姦律，擬斬監候，請旨即行正法。道光五年直隸案

女聽從母捏稱被翁欺姦，照誣執親翁欺姦者斬，律量減滿流，照例收贖。道光十四年奉天司案。

因夫兄之妻迫令賣姦，懷恨捏情，誣告夫兄强姦未成，依誣告軍罪抵充軍役律量減滿徒。道光六年貴州司案。

（清）席裕福《清朝政典類纂》卷四〇七《刑三十九・刑律犯姦・奴及雇工人姦家長妻》 凡奴及雇工人姦家長妻女者，各斬決。若姦家長之期親，若期親之妻者絞監候，婦女減一等。若姦家長之緦麻以上親及緦麻以上親之妻者，各杖一百流二千里。强者斬監候，妾各減一等。强者亦斬監候。軍伴弓兵門皂在官役使之人，俱作雇工人論。

條例

一、凡奴姦家長之妾者，各絞監候。若家長姦家下人有夫之婦者，笞四十，係官交部議處。謹案：此條雍正三年定。一、家長之有服親屬强姦奴僕雇工人妻女未成，致令羞忿自盡者，杖一百，發近邊充軍。謹案：此條乾隆二十年定。一、凡奴及雇工人强姦家長之母與妻女，審有損傷膚體、毁裂衣服，及鄰證見聞確據者，無論已未成姦，將奴及雇工人擬斬立決。若調姦未成，發黑龍江給披甲人爲奴。謹案：此條嘉慶十六年增定。

事例

康熙元年題准：凡官員兵丁之侍妾與本家奴僕通姦者，男女俱立絞。七年覆准：將立絞之例改爲監候，秋後處決。以上均《會典事例》。嘉慶元年諭：成林審擬已革調任保昌縣知縣達春與長隨之妻周氏通姦賣休一案，著照所擬達春依旗人寡廉鮮恥之例，發往伊犁給滿洲兵丁爲奴。至周氏因姦情敗露，不肯與伊姑同住，逐日尋釁，逼勒伊夫離異，公然在達春寓所居住，實屬戀姦無恥。止科姦罪的決，仍得當官嫁賣，尚爲輕縱，周氏照例的決，仍交該地方官在女監永遠監禁，嚴行管束。如有與禁卒人等通姦情事，即各從重治罪。七年諭：福昌等奏審擬革職京口副都統阿玉什因姦釀命請發新疆效力一摺，此案阿玉什與家人王添幅之妻喬氏通姦，經王添幅撞遇，一時氣忿，當將喬氏扎斃。若依平人姦所獲姦將姦婦殺死本例，姦夫應擬絞監候。今王添幅係阿玉什契買家奴，雖與常人有別，而阿玉什身爲一品大員，輒與僕婦通姦，無恥已極，且復釀成人命，即照平人例問擬繯首，亦屬罪所應得。但細閲供單，姑念阿玉什之父伊陞阿前在伊犁軍營陣亡，伊母孀居守節，情殊可憫。阿玉什著即照福昌等所擬，發往新疆效力贖罪。此係格外施恩。嗣後如有大員不顧廉恥，與僕婦通姦釀命者，竟當照平人一例定擬。以上均《聖訓》。十五年奏准：嗣後臺吉等正身户下喇嘛與家長妻妾通姦，照奴婢與家長妻妾通姦刑律辦理。如兼轄户下

喇嘛與家長之妻通姦，將姦夫姦婦均擬絞監候。與家長之妾通姦，姦夫姦婦各鞭一百。通行。

刑案

雇工强姦家長之妻已成，致婦自盡，例無治罪專條，比照雇工强姦家長妻，無論已成未成例斬決。嘉慶二十一年山西案。

圖姦伊父所雇工婦未成，致婦羞忿自盡，比照家長有服親屬强姦雇工人妻女未成致令自盡例擬軍，親老丁單不準留養。嘉慶二十四年山東案。

圖姦家長之女不從，用刀嚇逼，因其喊罵立時殺死，例無治罪明文，比依故殺家長期親之屬律，凌遲處死。嘉慶二十五年江蘇案。

配出婢女之子與舊主之孫媳通姦，致因敗露自縊，依和姦敗露姦婦羞愧自盡例擬徒。道光九年安徽司案。

雇工姦家長小功親，姦婦自盡，依雇工姦家長緦麻以上親，杖一百、流二千里律加等問擬。道光十二年陝西司案。

因妾與雇工通姦，姦所登時殺死，律應勿論。惟事後私埋係職官，未便與常人同科，請旨革職。光緒七年安徽司說帖。

（清）席裕福《清朝政典類纂》卷四〇七《刑三十九・刑律犯姦・居喪及僧道犯姦》 凡居父母及夫喪，若僧尼道士女冠犯姦者，各加凡姦罪二等，相姦之人以凡姦論。强者姦夫絞監候，婦女不坐。

條例

一、僧道官、僧人、道士有犯挾妓飲酒者，俱問發原籍爲民。謹案：此條係原例，雍正三年奏準改俱爲問違制發原籍爲民。 一、僧道、尼僧、女冠有犯和姦者，於本寺觀庵院門首枷號兩月、杖一百。其僧道姦有夫之婦及刁姦者，照律加二等，分別杖徒治罪，仍於本寺觀庵院門首各枷號兩月。謹案：此條乾隆二十五年定。

刑案

僧人與婦女通姦敗露，致奸婦自盡，於凡人因姦敗露，姦婦自盡滿徒例上加二等流二千五百里，仍在本寺門首枷號兩個月。嘉慶十八年四川司案。

僧人因姦，商令姦婦剃髮同逃，情殊狡詐，雖聞拏投首，不準減等。嘉慶十八年浙江案。

道士嚇逼婦女成姦，復毆逼本夫允許通姦，以便任意宣淫，實屬無故擾害，應照棍徒例擬軍，仍盡犯姦本法加枷號兩個月。嘉慶二十五年奉天案。

尼姑犯姦即應還俗，與尋常婦女無異，杖罪的決枷號收贖。道光七年安徽司說帖。

（清）席裕福《清朝政典類纂》卷四〇七《刑三十九・刑律犯姦・良賤相姦》 凡奴姦良人婦女者，加凡姦罪一等。和刁有夫無夫俱同。如强者斬。良人姦他人婢者，男婦各減凡姦一等。如强者仍照凡論擬絞監候。其强姦未成者，俱杖一百、流三千里。 奴婢相姦者，以凡論姦。謹案：減凡姦一等句下小注乾隆五年增。

事例

國初定凡姦有夫之僕婦者，責二十七鞭。康熙元年題准：凡家長姦家下有夫之婦者，照例鞭責，係職官罰俸一月，婦人免罪。奴婢通姦者，各鞭一百。其官員兵丁之侍婢與軍民人及別家奴僕通奸者，俱各鞭一百。十二年議準：凡姦家下有夫之僕婦者，照不應輕律笞四十。民人有犯，亦照此列。二十三年議准：家主姦家下有夫之婦者，係平人笞四十，係官罰俸六月。以上均《會典》事例。

刑案

奴姦家長無服親，姦婦自盡，依和姦敗露姦婦羞愧自盡滿徒例，照律加等問擬。道光八年江西司案。

（清）祝慶祺《刑案匯覽》卷二三《刑律人命・謀殺祖父母父母》

慮媳張揚姦情，嚇打一傷斃命，依非理毆子孫之婦致死滿徒律上加等，擬流二千里。乾隆五十七年安徽司說帖。 父姦人妻，被子傳播，將子謀死，依父母故殺子律擬徒。嘉慶十五年湖北案。

姦婦謀殺親子，按律問擬絞候。 姦夫囑子代往加功，依謀殺人從而加功律科斷。嘉慶十八年浙江司說帖。

知情買休之夫借墳騙借不遂，意欲圖賴逼妻，將伊勒死，照凡人科斷問擬絞候。嘉慶十九年四川案。

繼母因姦謀殺前妻之子並姪女二命，凶殘已極。無論伊夫是否絕嗣，人於秋審情實。嘉慶二十二年山東司說帖。

與人通姦被姦婦之媳窺破斥罵，商同姦婦將其媳謀死，姦夫依謀殺擬斬，姦婦並無抑媳同陷邪淫情事，比照繼母因姦將子女致死滅口例斬候，

入於緩決，永遠監禁。嘉慶二十三年河南案。

聽從姦夫謀殺夫之小功尊屬，並未同行加功，照凡人擬流實發駐防爲奴，不准收贖。嘉慶二十五年陝西司説帖

游蕩失業商同伊妻投河自盡，並將一子一同撩棄河内淹斃，本犯因赴水氣悶，傍岸得生，依故殺子律徒一年。嘉慶二十五年安徽司現審案。

兄因畏罪欲行尋死，囑弟幫勒致斃，依弟毆胞兄死者斬決，奏旨改爲斬候。道光二年福建案。

姦婦起意商同謀殺姦夫之母，依謀殺本律擬斬，情節較重，請旨即行正法。道光八年江西案。

紀事

《左傳·昭公二十五年》 初，季公鳥娶妻於齊鮑文子，生甲。公鳥死，季公亥與公思展與公鳥之臣申夜姑相其室。及季姒與饔人檀通，而懼，乃使其妾抶己，以示秦遄之妻，曰：公若欲使余，余不可而抶余。又訴於公甫，曰：展與夜姑將要余。秦姬以告公之，公之與公甫告平子。平子拘展於卞，而執夜姑，將殺之。公若泣而哀之，曰：殺是，是殺余也。將爲之請。平子使豎勿内，日中不得請。有司逆命，公之使速殺之。故公若怨平子。

《韓非子·難三》 鄭子産晨出，過東匠之閭，聞婦人之哭，撫其御之手而聽之。有間，遣吏執而問之，則手絞其夫者也。異日，其御問曰：夫子何以知之？子産曰：其聲懼。凡人於其親愛也，始病而憂，臨死而懼，已死而哀。今哭已死不哀而懼，是以知其有姦也。

《史記》卷九五《樊酈滕灌列傳》〔汝陰侯〕子侯頗尚平陽公主。立十九歲，元鼎二年，坐與父御婢奸罪，自殺，國除。

《漢書》卷一六《高惠高后文功臣表》〔堂邑侯〕隆慮孝景中五年，侯融以長公主子侯，萬五千户，二十九年，坐母喪未除服姦，自殺。

《漢書》卷一六《高惠高后文功臣表》〔土軍式侯〕建元六年，侯生嗣，八年，元朔二年，坐與人妻姦，免。

《漢書》卷一四《諸侯王表》 孝景六年，〔濟北〕王定國嗣，二十四年，坐禽獸行，自殺。

《漢書》卷一五上《王子侯表》〔東平侯〕，〔孝武元朔四年〕三月乙丑封，五年，元狩三年，坐與姊姦，下獄瘐死。

《漢書》卷一六《高惠高后文功臣表》〔堂邑侯〕元光六年，侯季須嗣。十三年，元鼎元年，坐母公主卒未除服姦，兄弟争財，當死，自殺。

《漢書》卷一四《諸侯王表》〔常山〕元鼎三年，王勃嗣，坐憲王喪服姦，廢徙房陵。

《漢書》卷一六《高惠高后文功臣表》〔平陽侯〕六世元鼎二年，侯宗嗣，二十四年，征和二年，坐與中人姦，闌入宫掖門，入財贖完爲城旦。户二萬三千。

《漢書》卷一四《諸侯王表》〔代〕地節元年，王年嗣，四年，坐與同産妹奸，廢遷房陵，與邑百家。

《漢書》卷四七《代孝王劉參傳》 地節中，冀州刺史林奏年爲太子時與女弟則私通。及年立爲王后，則懷年子，其婿使勿舉。則曰：自來殺之。婿怒曰：爲王生子，自令王家養之。則送兒頃太后所。相聞知，禁止則，令不得入宫。年使從季父往來送迎則，連年不絶。有司奏年淫亂，年坐廢爲庶人，徙房陵，與湯沐邑百户。立三年，國除。

《漢書》卷一五上《王子侯表》〔乘丘侯〕侯外人嗣，元康四年，坐爲子時與後母亂，免。

《漢書》卷一五上《王子侯表》〔安城侯〕侯壽光嗣，五鳳二年，坐與姊亂，下獄病死。

《漢書》卷一五上《王子侯表》〔庸釐侯〕侯端嗣，永光二年，坐强姦人妻，會赦，免。

《漢書》卷一七《景武昭宣元成功臣表》〔嗣博成侯張建〕，建始四年，坐尚陽邑公主與婢姦主旁，數醉駡主，免。

《漢書》卷四七《梁孝王劉立傳》 荒王女弟園子爲立舅任寶妻，寶兄子昭爲立后。數過寶飲食，報寶曰：我好翁主，欲得之。寶曰：翁主，姑也，法重。立曰：何能爲！遂與園子姦。

積數歲，永始中，相禹奏立對外家怨望，有惡言。有司案驗，因發淫亂事，奏立禽獸行，請誅。

《漢書》卷九三《佞幸傳·淳于長》 初，許皇〔后〕坐執左道廢處長定宮，而后姊嬺爲龍額思侯夫人，寡居。長與嬺私通，因取爲小妻。許后因嬺賂遺長，欲求復爲倢伃。長受許后金錢乘輿服御物前後千餘萬，詐許爲白上，立以爲左皇后。嬺每入長定宮，輒與嬺書，戲侮許后，嫚易無不言。交通書記，賂遺連年。是時，帝舅曲陽侯王根爲大司馬票騎將軍，輔政數歲，久病，數乞骸骨。長以外親居九卿位，次第當代根。根兄子新都侯王莽心害長寵，私聞長取許嬺，受長定宮賂遺。莽侍曲陽侯疾，因言：長見將軍久病，意喜，自以當代輔政，至對衣冠議語署置。具言其辠過。根怒曰：即如是，何不白也？莽曰：未知將軍意，故未敢言。根曰：趣白東宮。莽求見太后，具言長驕佚，欲代曲陽侯，對莽母上車，私與長定貴人姊通，受取其衣物。太后亦怒曰：兒至如此！往白之帝！莽白上，上乃免長官，遣就國。

初，長爲侍中，奉兩宮使，親密。紅陽侯立獨不得爲大司馬輔政，立自疑爲長毀譖，常怨毒長。上知之。及長當就國也，立嗣子融從長請車騎，長以珍寶因融重遺立，立因爲長言。於是天子疑焉，下有司案驗。史捕融，立令融自殺以滅口。上愈疑其有大姦，遂逮長繫洛陽詔獄窮治。長具服戲侮長定宮，謀立左皇后，辠至大逆，死獄中。妻子當坐者徙合浦，母若歸故郡。紅陽侯立就國。將軍卿大夫郡守坐長免罷者數十人。莽遂代根爲大司馬。久之，還長母及子酺於長安。後酺有罪，莽復殺之，徙其家屬〔歸〕故郡。

《後漢書》卷三四《梁冀傳》 初，父商獻美人友通期於順帝，通期有微過，帝以歸商，商不敢留而出嫁之，冀即遣客盜還通期。會商薨，冀行服，於城西私與之居。壽伺冀出，多從倉頭，篡取通期歸，截髮刮面，笞掠之，欲上書告其事。冀大恐，頓首請於壽母，壽亦不得已而止。冀猶復與私通，生子伯玉，匿不敢出。壽尋知之，使子胤誅滅友氏，冀慮壽害伯玉，常置複壁中。冀愛監奴秦宮，官至太倉令，得出入壽所。壽見宮，輒屏御者，託以言事，因與私焉。宮內外兼寵，威權大震，刺史、二千石皆謁辭之。

《三國志》卷二七《魏志·胡質傳》 胡質【略】爲頓丘令。縣民郭政通於從妹，殺其夫程他，郡吏馮諒繫獄爲證。政與妹皆耐掠隱抵，諒不勝痛，自誣，當反其罪。質至官，察其情色，更詳其事，檢驗具服。【略】黄初中【略】遷任東莞。士盧顯爲人所殺，質曰：此士無讎而有少妻，所以死乎！悉見其比居年少，書吏李若見問而色動，遂窮詰情狀。若即自首，罪人斯得。

《晉書》卷五四《陸雲傳》 〔雲〕出補浚儀令。縣居都會之要，名爲難理。雲到官肅然，下不能欺，市無二價。人有見殺者，主名不立，雲録其妻，而無所問。十許日遣出，密令人隨後，謂曰：雲其去不出十里，當有男子候之與語，便縛來。既而果然。問之，具服，云：與此妻通，共殺其夫。聞妻得出，欲與語，憚近縣，故遠相要候。於是一縣稱其神明。

《晉書》卷一一四《苻堅載記》 後爲司隸校尉。京兆人董豐遊學三年而返，過宿妻家。是夜妻爲賊所殺，妻兄疑豐殺之，送豐有司。豐不堪楚掠，誣引殺妻。融察而疑之，問曰：汝行往還，頗有怪異及卜筮以不？豐曰：初將發，夜夢乘馬南渡水，返而北渡，復自北而南，馬停水中，鞭策不去。俯而視之，見兩日在於水下，馬左白而濕，右黑而燥。寤而心悸，竊以爲不祥。還之夜，復夢如初。問之筮者，筮者云：憂獄訟，遠三枕，避三沐。既至，妻爲具沐，夜授豐枕。豐記筮者之言，皆不從之。妻乃自沐，枕枕而寢。融曰：吾知之矣。《周易·坎》爲水，馬爲《離》，夢乘馬南渡，旋北而南者，從《坎》之《離》。三爻同變，變而成《離》。《離》爲中女，《坎》爲中男。兩日，二夫之象。《坎》爲執法吏。吏詰其夫，婦人被流血而死。《坎》二陰一陽，《離》二陽一陰，相承易位。《離》下《坎》上，《既濟》，文王遇之囚牖裏，有禮而生，無禮而死。馬左而濕，濕，水也，左水右馬，馮字也。兩日，昌字也。其馮昌殺之乎。於是推檢，獲昌而詰之，昌具首服，曰：本與其妻謀殺董豐，期以新沐枕枕爲驗，是以誤中婦人。

《南史》卷一三《宋長沙景王道憐傳》 彥節少以宗室清謹見知，孝武時，其弟遐坐通嫡母殷氏養女雲敷，殷每禁之。及殷亡，口血出，衆疑遐行毒害。孝武使彥節從弟祗諷彥節啓證其事。彥節曰：行路之人尚不

應爾，今日迺可一門同盡，無容奉敕。衆以此稱之。

《陳書》卷一四《南康王方泰傳》 微服往民間淫人妻，爲州所録。

《陳書》卷三六《始興王叔陵傳》 私召左右妻女與之姦合，所作尤不軌，侵淫上聞。高宗譴責御史中丞王政，以不舉奏免政官。

《魏書》卷九二《列女傳・兕先氏》 涇州貞女兕先氏，許嫁彭老生爲妻，娉幣既畢，未及成禮。兕先率行貞淑，居貧常自舂汲，以養父母。老生輒往逼之，女曰：與君禮命雖畢，二門多故，未及相見。何由不稟父母，擅見陵辱！若苟行非禮，正可身死耳。遂不肯從。老生怒而刺殺之，取其衣服。女尚能言，臨死謂老生曰：生身何罪，與君相遇。我所以執節自固者，寧更有所邀？正欲奉給君耳。今反爲君所殺，若魂靈有知，自當相報。言終而絶。老生持女珠瓔至其叔宅，以告叔。督曰：此是汝婦，奈何殺之，天不祐汝！遂執送官。太和七年，有司劾以死罪。詔曰：老生不仁，侵陵貞淑，原其强暴，便可戮之。而女守禮履節，沒身不致，雖處草萊，行合古迹，宜賜美名，以顯風操。其標墓旌善，號曰：貞女。

《魏書》卷一九下《安定王傳》 〔燮弟願平〕坐裸其妻王氏於其男女之前，又强奸妻妹於妻母之側，御史中丞侯剛案以不道處死。

《北齊書》卷九《武成胡后傳》 武成皇后胡氏，安定胡延之女。【略】天保初，選爲長廣王妃。【略】初武成時，后與諸閹人褻狎。武成寵倖和士開，每與后握槊，因此與后姦通。自武成崩後，數出詣佛寺，又與沙門曇獻通。布金錢於獻席下，又掛寶裝胡床於獻屋壁，武成平生之所御也。乃置百僧於内殿，託以聽講，日夜與曇獻寢處。以獻爲昭玄統。僧徒遥指太后以弄曇獻，乃至謂之爲太上者。帝聞太后不謹而未之信，後朝太后，見二少尼，悦而召之，乃男子也。於是曇獻事亦發，皆伏法。【略】幽太后北宫。

（清）王昶《金石萃編》卷三五《北齊三・臨淮王像碑武平四年》 其父婁昭。《傳》但云瀛州刺史，不及青州。而和《士開傳》：定遠與趙郡王叡謀出士開爲兗州刺史，未行，士開納賄定遠，得留。復出定遠爲青州刺史，責叡以不臣之罪而殺之。定遠歸士開所遺，加以餘珍賂之，乃免元。又按：姦軌斯逃，姦軌卽姦宄。《尚書》：寇賊姦宄。《周禮・司刑》，正義引作姦軌，字與説文同，今皆作夥。俠侍之俠與夾挾同義。《公羊傳》注：滕薛，俠轂士。《喪禮》：婦人俠床，東西。《前漢書・叔孫通傳》：殿下郎中俠陛。《季布傳》：任俠有名。師古曰：以權力俠輔人也。

《北齊書》卷四五《文苑傳・劉逖》 行定陶縣令，坐姦事免。

《北齊書》卷五一《華王山凝傳》 〔妃王氏〕與蒼頭姦，凝知而不能限禁，後事發賜死。

（五代）和凝《疑獄集》卷一《蔣常覘嫗語》 唐貞觀中，衛州板橋店主張逖妻歸寧。有衛州三衛楊正等三人投店宿，五更早發。夜有人取三衛刀殺逖，其刀却内鞘中，正等不知覺也。至明，店人趣正等，拔刀血甚狼藉。因禁正等，拷訊苦痛，遂自誣。上疑之，差御史蔣常覆推。至則總追店近人十五以上集，爲人數不足且放散。唯留一老嫗，年八十以上，晚放出。令典獄密覘之，曰：嫗出當有人共語者，即記姓名，勿令漏泄。果有一人共語，即記之。明日復爾。其人又問嫗云：使人作何推勘？如是三日，並是此人。常總集男女三百餘人，就中喚與老嫗語者出，餘並放散。問之，具伏云：與逖妻姦，殺逖有實。奏之，勅賜常彩二百匹，遷御史。

《舊唐書》卷六二《楊恭仁傳》 〔楊師道〕子豫之，尚巢剌王女壽春縣主。居母喪，與永嘉公主淫亂，爲主婿竇奉節所擒，具五刑而殺之。

《舊唐書》卷一八三《外戚傳・武承嗣》 敏之既年少色美，烝於榮國夫人，恃寵多愆犯，則天頗不悦之。咸亨二年，榮國夫人卒，則天出内大瑞錦，令敏之造佛像追福，敏之自隱用之。又司衛少卿楊思儉女有殊色，高宗及則天自選以爲太子妃，成有定日矣，敏之又逼而淫焉。及在榮國服内，私釋衰絰，著吉服，奏妓樂。時太平公主尚幼，往來榮國之家，宫人侍行，又嘗爲敏之所逼。俄而姦汙事發，配流雷州，行至韶州，以馬韁自縊而死。

（宋）鄭克《折獄龜鑑》卷五《懲惡・李傑》 唐李傑，爲河南尹。有寡婦告其子不孝，傑物色非是，謂寡婦曰：汝寡居，惟一子，今告之罪至死，得無悔乎？婦言：子無狀，寧復惜！傑曰：審如此，可買棺來取兒尸。因使覘其後。寡婦出，與一道士語曰：事了矣。俄將棺至。

傑即令捕道士，劾問，具服：與寡婦通，爲子所制，故欲除之。於是杖殺道士，納於棺。

（宋）鄭克《折獄龜鑑》卷五《察姦·裴均》 唐裴均鎮襄陽。部民之妻與其鄰通，托疾，謂夫曰：豎者言食獵犬肉即差。夫曰：吾家無犬，柰何？妻曰：東鄰犬常來，可繫而屠之。夫用其言，以肉餉妻。鄰人遂訟於官。収捕鞫問，立承，且云：妻所欲也。均曰：此乃妻有外情，躓夫於禍耳。追劾之，果然。妻及姦者皆服罪，而釋其夫。

（唐）段成式《酉陽雜俎續集》卷四《貶誤》 相傳云，韓晉公滉在潤州，夜與從事登萬歲樓，方酣，置杯不說，語左右曰：汝聽婦人哭乎，當近何所？對在某街。詰朝，命吏捕哭者訊之，信宿獄不具。吏懼罪，守於尸側。忽有大青蠅集其首，因髪髻驗之，果婦私於隣，醉其夫而釘殺之。吏以爲神，吏問晉公，晉公云：吾察其哭聲疾而不悼，若强而懼者。

（五代）王仁裕《開元天寶遺事十種》卷一《鸚鵡告事》 長安城中有豪民楊崇義者，家富數世，服玩之屬，僭於王公。崇義妻劉氏，有國色，與隣舍兒李弇私通，情甚於夫，遂有意欲害崇義。忽一日，醉歸寢於室中，劉氏與李弇同謀而害之，埋於枯井中。其時僕妾輩並無所覺，惟有鸚鵡一只在堂前架上。洎殺崇義之後，其妻却令童僕四散尋覓其夫，遂經府陳詞，言其夫不歸，竊慮爲人所害。府縣官吏，日夜捕賊，涉疑之人及童僕輩，經拷捶者百數人，莫究其弊。後來縣官等再詣崇義家檢校，其架上鸚鵡，忽然聲屈，縣官遂取手臂上，因問其故。鸚鵡曰：殺家主者劉氏、李弇也。官吏等遂執縛劉氏及捕李弇下獄，備招情款。府尹具事案奏聞，明皇嘆訝久之。其劉氏、李弇依刑處死，封鸚鵡爲緑衣使者，付後宮養餵。

《新唐書》卷二〇九《酷吏傳·王旭》 宋王憲官屬紀希虬兄爲劍南令，坐贓，〔王〕旭奉使臨訊，見其妻美，逼亂之，因殺其夫，而納贓數百萬。希虬使奴爲臺傭事旭，旭不知，頗愛任之，奴盡疏旭請求，積數千以示希虬，希虬泣訴於王，王爲上聞，詔劾治，獲姦贓不貲，貶龍川尉，恚而死。

《文明判集殘卷·編號P. 三八一三》 趙孝信妻張，有安昌郡君告身。其夫犯姦除名，主爵追妻告身。張云，夫主行姦，元不知委，不服奪告身事。

用天分地，今古共遵。南畝東睪，貴賤同美。雍州申請地狹，百姓口分不充。請上之理雖勤，撫下之方未足。但陸海殷盛，是號皇居；長安厥田，舊稱負墩。至如白丁、衛士，咸曰王臣。無地少田，並皆申請。州宜量其貧富，均役有無。給須就彼寬鄉，居宅宜安舊業。即欲遷其户口，棄彼枌榆，方恐楚奏未窮，越吟思切。既乖憲綱，又愜人情。公私兩虧，竊未爲允。且趙信身任折衝，爵班通貴，朝儀國範，順亦應知。自可志勵冰霜，心齊水鏡，豈得監臨之内，恣彼淫奔。無存秉燭之仁，獨守抱梁之信。貞清莫着，穢濁斯彰。敗俗傷風，此而尤甚。但奸源已露，罪合除名。除名官爵悉除，資蔭理從斯盡。妻張本緣夫職，因夫方給郡君。在信久已甘心，於張豈勞違拒。皮既斯敗，毛欲何施！欵云不委夫姦，此狀未爲通理。告身即宜追奪，勿使更得推延。

奉判：弘教府隊正李陵，往者從駕征遼，當在蹕駐陣，臨戰遂失馬

《文明判集殘卷·編號P. 三八一三》 奉判：婦女阿劉，早失夫婿，心求守志，情願事姑。夫亡數年，遂生一子，欵亡夫夢合，因即有娠。姑乃養以爲孫，更無他慮。其兄將爲耻辱，遂即私適張衡。已付娉財，剋時成納。其妹確乎之志，貞固不移。兄遂以女代姑，赴時成禮。未知合爲婚不？劉請爲孝婦，其理如何？

阿劉夙鐘深釁，早喪所天。夫亡願畢舊姑，不移貞節。兄乃奪其冰

志，私適張衡。然劉固此一心，無思再醮。直置夫亡守志，松筠之契已深。復茲兄嫁不從，金石之情彌固。論情雖可嘉尚，語狀頗欲生疑。孀居遂誕一男，在俗誰不致惑？欸與亡夫夢合，夢合未可依憑。即執確有姦非，姦非又無的狀。但其罪難濫，獄貴真情。必須妙盡根源，不可輕爲與奪。欲求孝道，理恐難從。其兄識性庸愚，未閑禮法。妹適張衡爲婦，衡乃剋日成婚，參差以女代姑，因此便爲伉儷。昔時兄黨，今作婦翁；舊日妹夫，翻成女婿。顛倒昭穆，移易尊卑。據法法不可容，論情情實難恕。必是兩和聽政，據法自可無辜。若也罔冒成婚，科罪仍須政法。兩家事狀，未甚分明。宜更下推，待至量斷。

黄門繆賢，先娉毛君女爲婦。娶經三載，便誕一男。後五年，即逢恩赦。乃有西鄰宋玉，追理其男，云與阿毛私通，遂生此子。依追毛問，乃承相許未姦。驗兒貌酷似繆賢，論婦狀似姦宋玉。未知兒合歸誰族？

阿毛宦者之妻，久積標梅之嘆。春情易感，水情難留。眷彼芳年，能無怨曠？夜聞情調，思託志於相如；朝望詭垣，遂留心於宋玉。因茲結念，夫復何疑。況玉住在西鄰，連甍接棟，水火交貿，蓋是其常。日久月深，自堪稠密。賢乃家風淺薄，本闕防閑。恣彼往來，素無閨禁。玉有悦毛之志，毛懷許玉之心。彼此既自相貪，偶合誰其限約？所欸雖言未合，當是懼此風聲。婦人唯惡姦名，公府豈疑披露。未姦之語，實此之由。相許之言，足堪明白。賢既身爲宦者，理絕陰陽。妻誕一男，明非已胤。設令酷似，似亦何妨。今若相似者例許爲兒，不似者即同行路，便恐家家有父，人人是男，訴父競兒，此喧何已。宋玉承姦是實，毛亦姦狀分明。姦罪並從赦原，生子理須歸父。兒還宋玉，婦付繆賢，毛、宋往來，即宜斷絕。

長安縣人史婆陁家興販，資財巨富，身有勛官（驍）驍騎尉。其園池屋宇、衣服器玩、家僮侍妾比侯王。有親弟頡利，久已別居，家貧壁立，兄亦不分給。有鄰人康莫鼻，借衣不得，告言違法式事。

五服既陳，用別尊卑之叙；九章攸顯，爰遠上下之儀。婆陁闤闠商人，旗亭賈豎，族望卑賤，門地寒微，侮曼朝章，縱斯奢僭。遂使金玉磊珂，無慚梁、霍之家；綺轂繽紛，有逾田、竇之室。梅梁桂棟，架迴浮空；綉桷雕楹，光霞爛目。歌姬舞女，紆羅袂以驚風；騎士游童，轉金鞍而照日。公爲侈麗，無憚彝章。此而不懲，法將安措？至如衣服違式，並合没官。屋宇過制，法令改修。奢（僭）之罪，律有明文。宜下長安，任彼科決。且親弟貧匱，特異常倫。室惟三徑，家無四壁。而天倫義重，同氣情深。罕爲落其一毛，無肯分其半菽。眷言於此，良深喟然。頡利縱已別居，猶是婆陁血屬。法雖不合徵給，深可哀矜。分兄犬馬之資，濟弟倒懸之命。人情共允，物議何傷。並下縣知，任彼安恤。

《舊五代史》卷八〇《晉書・高祖本紀》〔天福七年夏四月〕戊寅，前慶州刺史米廷訓追奪在身官爵，配流麟州，坐姦妻兄之女也。

（明）張景《疑獄集》卷七《憲司准首義卜》　湖北某市有一家，止夫婦二人者。婦美，不愜其夫。偶有卜者寄宿。婦慕其俊雅，遂殺其夫，以情告，願與偕往。卜者忿其不義殺夫，就取其刃並婦殺之而去。及旦，有常在其家工役者至，見二尸相枕，流血盈地，恐累己，即逃。須臾，隣里大覺，執工役者聞之官。不復自明，即誣服焉。卜者去後，日卜於市自若也。聞工役者將正典刑，自首其故。憲司以卜者殺婦，可償夫命，而又自首，義之。與工役者俱釋焉。時宋淳祐年間也。

（宋）李燾《續資治通鑑長編》宋真宗大中祥符四年四月　壬子，左龍武將軍、澄州刺史、駙馬都尉李遵勖私長公主之乳母，責授均州團練副使。始遵勖請對言其事，欲歸過他人，會赦弗問。及事露，上遣使詰之，辭多矯誣，上怒，然以長公主未嘗言遵勖之失，恐傷其意，不忍深究也。既而輔臣列奏請正朝典，乃有是責。遵勖尋以疾求徙居蔡州，許之。

（宋）李燾《續資治通鑑長編》宋神宗元豐元年四月　審刑院、刑部言：宣州民葉元有，爲同居兄亂其妻，縊殺之，又殺兄子，而彊其父與嫂爲約契不訟於官，鄰里發其事，州爲上請。上批：同居兄亂其妻，或彊或和，既無證左，又罪人今皆已死，則二者同出於葉元有一口，不足用以定罪。又下民雖爲無知，抵冒法禁，固宜哀矜。然以妻子之愛，既罔其父，又殺其兄，戕其姪，背逆天理，傷敗人倫，宜以毆兄致死律論。

（宋）李燾《續資治通鑑長編》宋神宗元豐七年七月　詔除名均州編管人、前漳州軍事判官練亨甫移郴州編管，坐與有服兄劫同取雜户女穢濫也。

（明）丘濬《大學衍義補》卷一〇九《慎刑憲・謹詳讞之議》　元豐中，宣州民葉元以同居兄亂其妻而殺之，又殺兄子，而强其父與嫂約契不訟於官。鄰里發其事，州以情理可憫，爲上請。審刑院奏，欲貸其死。上曰：罪人已前死，姦亂之事特出葉元之口，不足以定罪。且下民雖爲無知，抵法冒禁，固宜哀矜，然以妻子之愛，既殺其兄，仍戕其姪，又罔其父，背逆天理，傷害人倫。宜以毆兄至死律論。

臣按：刑者弼教之具，教以天理人倫爲本。苟背逆天理，傷害人倫，則得罪於名教大矣。寘之於死，夫復何疑？神宗而爲此言，可謂至明也已矣。

壽州民有殺妻之父母兄弟數口者，州司以不道緣坐其妻子。刑曹駁之曰：毆妻之父母，即是義絶，况是謀殺，不當坐其妻。

（元）俞希魯《至順鎮江志》卷二一《刑罰・共案設酒》　宋淳熙五年，丹陽縣市一婦人爲盜所殺，沉尸於河，府縣捕逐甚峻。會稽姚仲文作尉，自以失職，絶憂之。兩弓級素能搜跡姦隱，銳以求盜自任。先是近舍少年子常出入女家，忽往淮上。兩弓心疑焉，言於尉。弓引帖同渡江至楊子橋，與少年遇，因邑里素相職，乃邀至道旁店，買酒與飲酒，人持陶醆四只，設於案。弓曰：吾二人只共請一客，有何四醆酒。人指下坐曰：此女子既在席，同飲何害？兩弓驚愕，少年獨慘沮，於是詰之曰本縣某婦人死於非命，豈汝爲之？故寃隨不舍。少年無以荅，遂就縛而歸，伏其辜。此盍弓級設策以詰之爾，非必有所謂鬼也。

《宋史》卷四二一《包恢傳》　包恢字宏父，建昌人。【略】嘉定十三年，舉進士，調金溪主簿。【略】昇秘閣修撰，知隆興府兼江西轉運。【略】有母訴子者，年月後狀作疏字，恢疑之，呼其子至，泣不言。及得其情，母孀居，與僧通，惡其子諫，以不孝坐之，狀則僧爲之也。因責子侍養跬步不離，僧無由至，母乃托夫諱日，入寺作佛事，以籠盛衣帛，因納僧於内以歸。恢知之，使人要之，置籠公庫，逾旬，吏報籠中臭達於外，恢命沉於江，語其子曰：爲汝除此害矣。

《宋史》卷二八八《孫沔傳》　孫沔字元規，越州會稽人。【略】而諫官吴及、御史沈起奏沔淫縱無檢，守杭及並所爲不法，乃徙壽州。詔按其迹，而使者奏，沔在處州時，於遊人中見白牡丹者，遂誘與奸。【略】杭州人金氏女，沔白晝使吏卒輿致，亂之。有趙氏女已許嫁莘旦，沔見西湖上，遂設計取趙女至州宅，與飲食卧起。【略】奏至，乃責寧國節度副使，監司坐失察，皆被絀。

《宋史》卷三四三《元絳傳》　甲與乙被酒相毆擊，甲歸卧，夜爲盜斷足，妻稱乙，告里長，執乙詣縣，而甲已死。絳敕其妻曰：歸治而夫喪，乙已伏矣。陰使信謹吏迹其後，望一僧迎笑，切切私語。絳命取僧縶廡下，詰妻姦狀，即吐實。人問其故，絳曰：吾見妻哭不哀，且與傷者

共席而糯無血污，是以知之。

《宋史》卷三四八《石公弼傳》 供奉高公備綱舟行淮，以溺告。公弼曰：數日無風，安有是？使尉核其所載，錢失百萬。呼舟人物色之，乃公備與寓客妻通，殺其夫，畏事覺，所至竊官錢賂其下，故詭爲此說。即收捕窮治，皆服辜。

（宋）沈括《夢溪筆談》卷一一《官政》 張昪丞相，知潤州，有婦人，夫出數日不歸，忽聞菜園井中有死人，即往視之，號哭曰：吾夫也。遂以聞官。昪命屬吏集鄰里，就其井驗是其夫否。皆言井深不可辨，請出尸驗之。昪曰：衆皆不能辨，婦人獨何以知其爲夫？收付所司鞫問。果姦人殺其夫，而與聞其謀也。

（宋）鄭克《折獄龜鑑》卷六《核姦・范純仁》 范純仁丞相知河中府時，録事參軍宋儋年會客罷，以疾告，是夜暴卒。蓋其妾與小吏爲姦也。純仁知其死不以理，遂付有司案治。會儋年子以喪柩歸，移文追驗其尸，九竅流血，睛枯舌爛，舉體如漆。有司訊囚，言寘毒鼈胾中。純仁問：鼈胾在第幾巡？豈有中毒而能終席耶？必非實情。命再劾之。乃因客散醉歸，寘毒酒盃中而殺之。此蓋罪人以儋年不嗜鼈而爲坐客所共知，且其後巡數尚多，欲爲他日翻異逃死之計爾。

（明）張四維《名公書判清明集》卷一〇《人倫門・亂倫・子妄以姦妻事誣父》 父有不慈，子不可以不孝。黄十爲黄乙之子，縱使果有新臺之事，在黄十亦只當爲父隱惡，遣逐其妻足矣，豈可播揚於外，況事屬曖昧乎！符同厥妻之言，興成婦翁之訟，惟恐不勝其父，而遂以天下之大惡加之，天理人倫，滅絶盡矣，此風豈可長乎？決脊黥配，要不爲過，且以愚蠢無知，從輕杖一百，編管鄰州，勒歸本宗。阿李悖慢舅姑，亦不可恕，杖六十。餘人並放。

（明）張四維《名公書判清明集》卷一〇《人倫門・亂倫・即有曖昧之訟合勒聽離》 新臺之事，委屬曖昧，阿黄陳詞於外，則以爲有，供對於獄，則以爲無。若但據其先後之詞，而遂以爲有無之決，是非鮮有不失實者。當職今親至院，逐一喚問，耳聽其辭，目察其色。阿黄應對之間，頗多羞澁，似若有懷而不敢言；李起宗争辯之際，頗覺囁嚅，似若有愧而不能言。當職今固未敢決然以爲無也。如必欲究竟虚實，則捶楚之下，一懦弱婦人豈能如一强男子之足以對獄吏哉，終於誣服而已矣！況此等醜惡之事，只當委曲掩覆，亦不宜揚播，以貽鄉黨之羞。又尊卑之間反自如此，縱無此事，亦難複合。子甚宜其妻，父母不説，出，此禮經之所以垂訓萬世者也。阿黄之不見説於舅必矣，其夫婦雖欲偕老，其可得乎？合勒聽離，黄九二將女别行改嫁，李起宗免根究。

（明）張四維《名公書判清明集》卷一〇《人倫門・亂倫・弟婦與伯成姦且棄逐其男女盜賣其田業》 謹按律曰：諸奸緦麻已上親之妻者，徒三年。楊自智與楊自成係是親堂兄弟，自成娶妻邵氏，生男女三人，而自成亡。使阿邵卓有婦德，痛死憐生，耕故夫之田，祭死者以養其孤，豈不義聲昭著，雖有强暴之男，孰得而侵凌之哉！今則不然，在夫卒哭制中，已與伯楊自智謔弄。自智禽獸其行，淫亂罔極，遂并包阿邵，歸房爲妻，滅理敗倫，聞者悲憤，此猶其罪之次者。最是自智、阿邵成姦之後，將自成男女盡皆棄逐，將自成田業盡皆盜賣，破人之家，滅人之子，絶人之祀，雖行道之人所不忍爲，而自智、阿邵忍爲是乎！罪惡至此，上通天矣！近親楊自達自淳祐元年入詞，至今四年，不曾剖決。死者有知，豈不啣痛茹憤於九泉之下。當職因阿邵母陸氏有詞，乃得究竟本末。陸氏非爲自成聲冤者，蓋自智破蕩浄盡，阿邵無所存立，故子母相謀，欲當官正名休離而去。利在則棄同即異，利盡則舍故謀新，阿邵之計，亦其狡哉！今官司只得盡情爲之區處，先正自智、阿邵之罪，引就王内乙位下，取自成男牙兒歸宗，奉自成香火。所有自智盜賣過自成田地六段，内除一項給與男邵僧者勿問外，五項皆謂之違法交關，引就典賣主客人名下，索回原契毁抹，案爲置立産簿扇，與之具載，當官印押，給付牙兒執照，並關鄉司起户招税。但牙兒年小，未能成立，候取回日，且付房長楊自達撫養，田地付楊自達交收。候牙兒年長，令却自主掌。楊自智免監贓，牒押出處州界，阿邵斷訖，責付陸氏交管。盧自成等放。

（明）張四維《名公書判清明集》卷一二《懲惡門・姦穢・逼姦》 潘富爲王府之僕，挾刃以逼姦主家之妾，因姦以竊盜主家之財，罪不可勝誅矣！決脊杖二十，刺配廣南遠惡州軍，拘鎖外寨，聽候押遣。喜安先係和姦，慶喜後係逼姦，並偷盜主物，喜安決脊杖十五，慶喜決脊杖十二，免編管。喜安交還王府，慶喜責還其夫，仍具先後供欵，牒王府照

會。其索到贓物，取王府幹人交人交領狀，申。

（明）張四維《名公書判清明集》卷一二《懲惡門・姦穢・道士姦從夫捕》　疑似之迹，固未必然，謗議之興，要豈無自。呂道若果能求仙蓬島，訪道崆峒，伏氣鍊形，修真養性，則人孰從而議之。必其素行有虧，所以爲旁觀者之所指。自人必貪財也，然後人疑其爲盜；人必好色也，然後人疑其爲淫。是豈皆無所自哉！但在法：諸姦，許夫捕。今李高既未有詞，則官司不必自爲多事，照僉廳所擬行。

（明）張四維《名公書判清明集》卷一二《懲惡門・姦穢・兵士失妻推司受財不盡情根捉》　道不拾遺，户不夜閉，郡治之先事也。營婦阿葉，中夜爲强有力者挾而匿之，巡徼之司置而不問。其夫張震訟之於州，本廂輒將無干人解上塞責。推吏蔣估陰與匿亡之家表裏爲一，案内緊要人隱而不追，不過泛然行根捉，苟延歲月而已。且城闉之内，比屋聯居，安有車士失妻，終於不獲？吏姦蒙之，顯然可見。尋行改勘，隨得其情。蘇炳婢阿孫窑爲地道，誘致阿葉，藏寘其家，凡四十餘日，外人烏得知之？始者蘇炳辭以初不知情，猶有可諉者，及事到有司，情狀具見。勘之蔣估，賄賂之行，自蘇氏出，謂之不知可乎？王清之輩，爲其攀惹羅織，實非辜。蘇爲逋逃主，旁觀自若，豈法理之所容。蔣估徒二年，刺配鄰州，監贓遺行。阿葉徒二年，籍爲官妓，押下浦江縣拘管，毋令東西。阿孫徒二年。劉政杖一百，除移外寨，永不許還原營。劉六杖一百。

（明）張四維《名公書判清明集》卷一二《懲惡門・豪横・檢法書擬》　王元吉，亦姦民之尤也，頂冒功賞，假稱制屬，結托豪民楊子高爲聲勢，蔑視國法，毒害平民，蓋不一端而足。【略】占據良人女爲小妻。【略】將王元吉决脊杖二十，配廣南遠惡州軍。

（明）張四維《名公書判清明集》卷一二《懲惡門・豪横・母子不法同惡相濟》　當職到官之初，咨訪民瘼，已知有順昌官八七嫂母子之名。積年兇惡，恣爲不法，貽毒一縣平民，及外州商旅。【略】又掠人女與妻，勒充爲婢，不償雇金，在法當絞。【略】官日新送州院，官衍等送司理院，今各已供招得實。官日新係雜犯死罪，從輕決脊杖二十，刺配新州。官衍年方十三，且勘下杖一百，編管汀州。

（明）張四維《名公書判清明集》卷一二《懲惡門・姦惡・元惡》　卜元一係已行兇遇赦恩不償命之囚，免死逃歸，稔惡愈甚，已略見於當職前判。【略】匿崔大家之女，强姦踰月乃放，占江八娘之婦，欺詐得賂乃還。戲方千一之妻，怒其夫作色，則拔其苧蔴，搶其生麯以因之，姦徐三之妻，怒其夫間阻，則鋤其桑栽，害其條桑以苦之。【略】姑與減死一等，決脊杖二十，刺配三千里遠惡州軍，拘鎖土牢，鎔鐵錮鎖門扃，具存亡申本司。

（宋）黄幹《勉齋集》卷三二《判語・徐十論訴謝知府宅九官人及人力胡先强姦》　胡先供，去年曾與阿張通姦，又稱今年係是和姦。據阿張供通，去年不曾有通姦來歷，今來係是强姦。兩名所供異同，權官即不曾勘對着實，便欲將胡先、阿張同斷。若是强姦，則阿張不應同斷，胡先亦不應止從杖罪決遣。又阿張所供，曾被謝九官人强姦，如此則是主僕通同强姦阿張，情理難恕。今亦不曾追問謝九官人。此是案吏怕懼謝知府形勢，使貧弱之家受此屈抑。再引監阿張，喚上胡先，仍追謝九官人對限。只今如追不到，備申諸司，仍先監詞人起離外處居止。徐十元住謝家房屋。

縣道理斷公事，自有條法，若事屬小可，尚可從恕，至於身爲士人，强姦人妻，在法合該徒配，豈容輕恕。本縣每遇斷决公事，乃有自稱進士，招呼十餘人列狀告罪，若是真有見識士人，豈肯排立公庭，幹當閙事，况又爲人告不可恕之罪，則决非士類可知。牓縣門，今後有士人輒入縣庭，爲人告罪者，先勘斷門子及本案人吏。

（明）張四維《名公書判清明集》卷一〇《人倫門・亂倫・婦以惡名加其舅以圖免罪》　阿張爲人子婦，不能奉尊長，首尾不及一年，厥舅兩以不孝訟之。據其所供，醜不可道，事涉曖昧。虛實雖未可知，然婦之於舅姑，猶子之事父母，孝子揚父母之美，不揚父母之惡。使蔣八果有河上之要，阿張拒之則可，彰彰然以告之於人，則非爲尊長諱之義矣。況蔣八墓木已拱，血氣既衰，豈復有不肖之念？阿張乃一過犯婦人，若果見要於其舅，亦决非能以禮自守而不受侵凌者，此不過欲僥幸以免罪，故以惡名加之耳。禮曰：子甚宜其妻，父母不悦，則出之。今蔣九因阿張之故，遂至棄父養，出外別居。不顧父母之養，不孝孰大，其子當斷，其婦當逐，然後理阿張决十五，押下，射充軍妻。本廂追上蔣九，杖六十，押歸供侍，不許再有違犯。如蔣八再有詞，定當坐以不孝之罪。

有實迹各從輕斷》　當職到任之初，即約束隨行人，不許出外生事。蓋見尋常官員，多是縱容私人，出入無禁，或漏關節，□□□□□□全，久備使令，豈不熟知當職之行事，而乃首犯約束，遂致引惹生事。其虛其實，固未可知，然若使杜門在家，人不聞其姓名，不識其面目，則謗議何從而生？事必有因，烏得無罪，從輕決二十，罰俸三月。韓翼身爲命官，與陳紹、孟圓訴僕鄭應臻姦宗女冬娘，其詞甚異。當晚責鄭應臻，假儒服以飾其身，不覺其爲僕也。次早乃聞其父鄭廿四者，在縣衙爲諸吏走使，遂再喚上鄭應臻及冬娘審問，應臻真形乃始呈露，不惟類僕，又類賊矣。契勘州案，得見鄭應臻於端平二年因偷盜毛應祖衣物，蒙本州斷罪，拘鎖靈山寨。今盜心猶故，因在宗室趙孟溫宅服役，欺主公之困弱，誘其女而姦穢之。又假作媒人聘書，於孟溫故後，欲遂據其女而有其室。自謂計術可以欺人矣，不思應臻已係作過拘鎖之人，豈應與宗女爲配？況又先姦後娶，而媒聘俱無，如此而可以爲妻，則踰東家墻而摟者，皆可以妻矣！孟溫不能制悍僕於身在之前，其妹孟圓乃能收孤女於家破之後，此舉可謂義哉！鄭應臻自稱有蔭，未委虛實，且免刺環，勘杖一百，牒押下芝溪寨拘鎖。冬娘年少無知，念係宗女，特與免斷，照已判，責付孟圓，候其父服滿，從姑主婚，照條召嫁，仍先責狀附案。

(明)張四維《名公書判清明集》卷一二《懲惡門·姦穢·士人因姦致争既收坐罪名且寓教誨之意》　詞訟到官，事有關係，若但剖析曲直，收坐罪名，而不少寓教化之意，非善政也。阿連原係傅十九之妻，淫蕩不檢，背夫從人，與陳憲、王木姦通，争訟到縣。蒙前政綦大卿併其夫勘斷，押出縣界。迹其所犯，係是雜户。陳憲者，自稱爲宦家之後，又隨其母嫁劉推官，自當薰染爲善。玩賴無耻，霸佔阿連，既毆傅十九，案牘具存，遡其始末，亦一兇人。王木者，家世業儒，合知理法。先與阿連宣淫，嘗被陳憲毆打，訟至有司。一時縣道以職事之子，與免坐罪。自此痛自懲創可也，夫何溺愛不忘，竟收阿連歸家，妄以爲乃父婢使，既復姦通，因之不娶。殊不思姦父祖女使，法令弗容，以妾爲妻，古人有戒。其事亦既久矣。阿連上僭，同其生之母出遊。陳憲姦詐，遮道嘲謔，遂至成争，此何自取曲辱。王木若能自咎，少忍須臾，便自可以無争。一時發忿，却使阿連之子傅廿六將陳憲拖歸本家，關閉門户，從而毆擊，損折一齒，又沃之以不净之物，其報復亦甚矣。牽牛蹊人之田，固非也，奪之牛，可乎？兩造在庭，供對既明，合行予決。傅廿六不合隨從王木，毆打陳憲，勘杖八十。王木不合爲首同傅廿六毆打陳憲，既係縣學生，合追工作人斷遣，併監下拳錢。陳憲不合攔路嘲謔阿連，亦合有罪，念其被傷，且免收坐，責狀入案，今後如在外生事，追上併其前犯，別作施行。張八九係鄰人，見陳憲被打，不與四鄰救勸，決小杖十二。餘人放。此官司施毆打陳憲之事如此，然於王木、阿連之事，亦當區處。王木士子，春秋方盛，若刻苦讀書，鋭意功名，豈當自處人下。私慾既勝，大義遂乖，甚爲歎息。血氣方剛，戒之在色，已往之失，固不可追。婚以禮成，妻由義合，天倫所在，豈容或虧。縣令奉爲，正救此事。自今月始，恪遵士檢，斷絶愛繩，思聖門之憤悱啓發，想釋氏之勇猛精進，逐去淫婢，別婚正室。夫夫婦婦而家道正，吾儒事也，尚勉之哉！傅十九不曾離棄阿連，別自娶妻，合有罪名，累經赦恩，與免根究。阿連免斷，責付其叔連德清，日下別行嫁人。如敢再歸王氏之家，追上重斷施行。

(明)張四維《名公書判清明集》卷一二《懲惡門·姦穢·貢士姦汚》

鑽穴隙相窺，踰墻相從，父母、國人皆賤之，此聖賢格言也。王桂、王榮兄弟習儒，俱登名於天府，號鄉曲之英，預賢能之選者，孟子之書，安可不讀？讀其書而犯其所戒，是聖賢之罪人也，撻之市朝，夫何足恤。較以愚而無知，罪當加等，王桂其人也。桂之鄰墻有何十四者，納彭氏之女爲存養婦，年二十有三矣，猶未成畢，父母之過也。桂不能以禮自防，鑽穴踰墻，靡所不至。初隔籬以道其消息，既開户以通其往來。抱布貿絲，彼固有意，投梭折齒，此豈無尤。展轉踰年，竟成久假，及其懷孕，其事方露。何吐剛而不敢發，桂恃强而不伏認。其父彭二十四入狀於官，數何之罪，詞雖激切，若有所憤，實何有以使之也。桂乃執彭説以自解，謂何之家本自擾雜。不知彭之訟何，乃所以訟己也。倘能介然自立，如顔叔之有節，楊秉之不惑，隔比鄰而分爾汝，縱有醜言，初無相干。今自反不縮，已行供認，以速淫泆之辜，他何尤焉。且兄弟迭借計吏，亦是儒家，金昆玉友，更相磨琢，不能以前修自勉，而卑陋之見，以至於此。使他時售儀曹子賈，居風化之職，豈不慙其庭中人，無復可望其有江漢、汝

壙之效也。王榮打何十四之門，雖無實證，跡有可疑。此必怒其訟王桂而爲之。彼以愛兄之道來，亦不闊略，但惜其未出於正爾。王桂係犯私罪徒，鄉舉不免，且從輕典，送學夏楚二十，仍令屏出院，毋貽嶽麓之羞。

（明）張四維《名公書判清明集》卷一二《懲惡門・姦穢・吏姦》

夫告妻姦，官司所當施行。但登時不捕，久方有訴，妻已棄離，又復該赦，方且併他事買掛論訴，官司雖欲盡情追究，不可得也。蔡八三娶阿李爲妻，淫婦不能守節，輒與縣吏葉棠姦通，是誠可罪。據阿李、葉棠供對，其通姦實在去年六月以後，八三所訴，卻稱去年十月初七日，因出外回來，親見其妻與葉棠在家行姦，當捉住嘔叫鄰保，被葉棠脱走，不容論訴。若果如此，登時既不親捕，又不告論，乃是蔡八三自失。又稱葉棠因與其妻有姦，恐其兒婦窺覷，遂寫下離書草本，唆使其子蔡保謄寫，離棄兒婦阿張。且離必有深争，不得已而後遣棄，豈有無故被人唆使，輒自離其妻者。追人供對，索出離書參照，蓋因其夫妻不和，遂從仳離，蔡八三與妻阿李，皆知情着押。況其事在去年二月，而葉棠與阿李有姦，卻在六月以後，似於前事不相干涉。蔡八三去年閏十二月内經縣告論，官司方行追究，今年二月，又自立離書，將妻阿李遣棄，及別立批約，交領衣服。既離之後，又復經縣經府論訴，官司盡人之詞，索上一行人審究，其情節已自分明。葉棠、阿李不合姦通，合係徒罪，該遇玉寶赦恩，亦合原犯。蔡八三已立離書，將妻遣棄，難以追悔。蔡保離妻阿張，已逾一年，阿張既改嫁徐伯安爲妻，蔡保亦再聘彭彦之女，法難追改。但葉棠身爲公吏，不懼條令，與阿李姦通，雖已該赦，合從杖一百科斷，以爲吏人之戒。阿李牒押回本貫崇安縣交管，不得在外別惹詞訴。阿李所供蔡八三因顧得女使宜奴，遂將阿李孱懘遺棄，免追究。蔡八三原立離書、領約，連粘附案，阿張離書給還。餘人並放。

（明）張四維《名公書判清明集》卷一二《懲惡門・姦穢・因姦射射》

祖宗立法，參之情理，無不曲盡。儻拂乎情，違乎理，不可以爲法於後世矣。臨桂黄漸，竊衣縫掖，以小斅爲生，僑寓永福，依於陶氏之家，携妻就食，貧不獲已，此已可念。寺僧妙成與主人陶岑互相衣物，遂及其妻，因謂有姦。尉司解上，縣以黄漸、陶岑與寺妙成各杖六十，其妻阿朱免斷，押下軍寨射射。此何法也？黄漸有詞，縣司解案，併追一行供對，與所訴同。如此斷事，安能絶訟。在法：諸犯姦，徒二年，僧道加等。又法：諸犯姦，許從夫捕。又法：諸妻犯姦，願與不願聽離，從夫意。今黄漸即不曾以姦告，只因陶岑與寺僧交訟，牽聯阿朱，有姦與否，何由得實。捕必從夫，法有深意。黄漸即非願離，縣司押下射射。淫濫之婦，俾軍人射以爲妻，此固有之。當職昔在州縣，屢嘗施行。第三人以上方爲雜户，或原來無夫，或夫不願合，無可歸宿之人，官司難於區處，方可爲此。未聞非夫人詞，而斷以姦罪，非夫願離，而强之他從，殊與法意不合。若事之曖昧，姦不因夫告而坐罪，不由夫願而從離，開告訐之門，成羅織之獄，則今之婦人，其不免於射者過半矣。況阿朱有子，甫免襁褓，使之分離，遽絶天親，夫豈忍爲！數歲之子，貧而無恃，雖曰從公，焉保其生。以政事殺民，此其一耳。寺僧犯姦，加於常人可也，今止從杖罪。婦人和姦，從徒二年可也，今乃免斷。婦斷，寺僧減降，不妨從厚，胡爲黄漸與之同罪？胡爲阿朱付之軍人？重其所當輕，而輕其所當重，爲政如此，非謬而何？守令親民，動當執法，舍法而參用己意，民何所憑？家人一卦，古今不可易之理也。凡人有家，當日置於座側。然必於天下之家道，盡合乎易之家人，比屋可封矣，豈復有男女之訟更至官府。禮運之説，亦前聖之格言，夫人食味，別聲，被色，而生斯世，豈容不知。在斷天下之訟，盡於舍法而用禮，是以周公、孔子之道，日與天下磨礱浸灌，爲羲皇之世矣。兩造具備，豈復有人。勑令格式之文不必傳，詳定一司之官不必建，條法事類之書不必編，申明指揮之目不必續，文人儒士固願爲之，何待武弁始知有此。聖王垂訓，所以經世，祖宗立法，所以治訟，二者須並行而不悖也。縣司此斷，悉由簿尉，非長官而受白狀，非所司而取草欵，俱爲違法。行下取問承吏張膺、劉松，必有取受，本合送勘，今且免行，各從杖一百。阿朱付元夫交領，仍責立罪狀，不許再過永福，如違，先從杖一百。妙成照本縣已行，押下靈川交管。

（明）張四維《名公書判清明集》卷一二《懲惡門・姦穢・丁氏之丙》

丁氏之丙，名家之後也。近者丁粲重犯不韙，上於御史臺，事發逃走，宿留不出。本州備準督捕之命，幾無寧日，承追之吏，未知逃戾之所。丁丙，即其兄弟也，復乃盗人之妻，畧不知所忌憚。故家遺俗，舉動若此，何以自立於鄉曲？本州念其先世，非不欲一意保全之，若罰不傷其毫毛，

適滋其他日滔天之罪。押下郡庠夏楚，餘人放。

（明）張四維《名公書判清明集》卷一二《懲惡門・誘略・誘人婢妾雇賣》　梁自然和誘卓清夫女使碧雲，藏匿在家，經隔五日，其妻阿陳將碧雲髻剪下，誘去雇賣，致卓清夫有詞。屢追不出，却經府入詞，稱本縣將祖母綳吊，以掩其誘人奴婢之罪。準使府專人押下縣對訖申，責據梁自然供招分明。梁自然既和誘人家女使，後剪其髻，又誣訴縣吏，係二罪俱發，合從重。照得在法：　髡髮，徒一年半。欲將剪髻之罪，比附上條，減等放，徒一年上定斷；或從輕，勘杖一百。本縣未敢專，輒申府，取自行下使府，判察推看詳。據建陽縣申到卓清夫論訴梁自然，將女使碧雲誘去剪髻藏匿事，知縣書擬，欲將梁自然照法比附，徒一年，或從輕勘杖一百。蒙送某看詳，呈：　照得梁自然引誘卓清夫女使，供招已明，但剪髻一節，供稱其妻阿陳下手。阿陳既不出官，合將梁自然收罪。若從徒罪科斷，便合其妻坐罪。但梁自然既供通引誘匿，情節分明，又復經府，妄詞誣執，以掩其罪，自合科斷。欲照知縣書擬行下，將梁自然勘杖一百，扔押下縣界，坐以髡髮之罪。更合取自臺旨。奉判府臺判，從行。

（宋）陳傅良《止齋集》卷二三《繳奏刑部大理寺易大明阿王斷案狀》

準中書門下省送到録黄一道，節文爲刑部大理寺狀，舒州申勘到百姓易大明并汪清妻阿王斷案事，令臣書行。右臣竊謂人之親莫切於夫妻，妻而與人謀，其夫則生人無措身之所矣。照得阿王嫁汪清生一女三子，自紹熙元年與易大明通姦以來，凡其夫汪清所與疑慮易大明者，皆密以告，凡易大明所與謀害汪清者，未嘗一以告也。據案阿王嘗受易大明之謀，醉其夫以酒，又從之學作麻索套子將以勒死汪清，不果如是者，又一年而後，卒殺汪清。當殺汪清也，易大明雖以鐵尺打傷僕地，未曾氣絶，令阿王快取索來，阿王記恨汪清節次打罵，亦有心要勒死汪清，手觧布機上麻繩付易大明勒死之，是不謂之同殺其夫乎？在律謀殺條，姦人殺其夫所姦妻妾，雖不知情，與同罪。昔人之意所為斯人慮者，甚嚴密也，况同殺之乎。春秋之義，魯夫人與弑公，絶不為親禮也，聖人豈忍絶人母哉？與殺其夫，雖子猶不得以為母，以是為王法所，當誅耳而貸不殺，是無三綱，而十惡之條癈矣。臣自攝乏書姦人殺其夫之案，或貸死者有之，而未有如阿王之倖免者。臣愚欲望聖慈參酌經律，令有司別行議斷，所有録黄臣未敢書行，謹録奏聞，伏候敕旨。十二月十六日奏入。宋咸淳間，浙人寓江西，招一尼，教其女刺繡，女忽有娠，父母究問，曰：尼也，尼與同寢，常言夫婦咸恒事，時偶心動。尼曰：妾有二形逢陽則女，逢陰則男，揣之則儼然男子也，遂數與合。父母聞之官，尼不服，驗之無狀，至於憲司，時翁合作憲，亦莫能明。某官者曰：昔端平丙申年廣州尼董師秀有姿色，偶有欲濫之者，卒揣其陰，男子也事聞於官，驗之女也。一坐婆曰：當令仰卧，以鹽肉水漬其陰，令犬舐之，已而陰中果露男形，如龜頭出殼。轉申上司，時彭節齋爲經略，判云：在天之道，曰陰與陽，在人之道，曰男與女，董師秀身帶二形，不男不女，是爲妖物，所歷諸州縣富室大家作過不可枚舉，豈可復容於天地間，額刺二形兩字，決脊二十，枷令十口，押下摧鋒軍寨拘鎖月具存亡，申報官，乃如其法驗之，果然，尼即處死。

（明）余懋學《仁獄類編》卷二二《梅妻毁刑具》　宋時有王梅者，好酒，其妻不潔，欲圖梅以快所私。梅與族叔鍇素讐相絶，適鄉人社，會梅家各醉散。入夜，梅忽死于碎甕間，鍇聞，往視之，亟還。妻懼鍇，或訐發謀於所私者，遂誣鍇挾讐，乘梅醉跌，殺之。有司逮鍇與梅妻訊鞫，凡刑加梅妻，刑具輒毁，加鍇不毁，有司疑其妻冤，益拷鍇，不勝，遂誣服。尋上官讞獄，改鍇戍邊，每遇雷雨，必焚香籲天。後梅妻頸生惡瘡以死，所私者亦因別姦被重典，蓋妻故碎甕擠梅於上，刃其頸，初謀詭稱醉跌，觸甕死，適鍇往視，遂以其讐誣之，則易信，且滅所忌也。刑具則所私賂吏卒，夾棍等鐵異新故，繩索異麻草，堅朽，相懸絶，用惑有司。云：夫情僞曖昧，其變千狀，姦惡不足異也，明慎其可忽邪。且天人之際亦嚴矣。

《元典章》卷四五《刑部・諸姦・凡姦・赦前犯姦告發在後》　真定路申：歸問到軍户封斌招伏，於中統二年十月初六日，拐帶張興妻阿丁在逃。父封德與訖張興物，折銀二定，和勸要訖休書。至元四年，告發到官。法司擬：　雖準休和，其封斌及姦婦阿丁赦後依舊通姦，照依舊例：姦者徒一年半，有夫者徒二年。其姦夫封斌、姦婦阿丁各合徒二年。姦生子孫隨父，姦婦決訖分付本夫。部擬：　緣封斌父與訖張興鈔二定，自願休棄，不合治罪。其張興所受錢物，亦不合追徵。姦生男女隨父，姦婦阿

丁分付本夫張興收管。呈奉省劄，依所擬行。下本路照會。

《元典章》卷四二《刑部·諸殺·因姦殺人·打死强姦未成姦夫》

東平路申：歸問到成武縣祗候人李松為招：至元二年三月十二日，隨逐邵縣令夫人上墳，帶酒將把槐棒一條還家，聽得屋內妻阿耿叫道：這先生好沒道理，道這般言語。松入屋內，見陳寶童帶酒與妻阿耿，用手將衣裳廝捽定。問得妻阿耿稱道：這陳寶童拖著我道：咱兩個睡些個去來。松發意，用棒將本人行打，又用拳腳踢打，以致本人身死。罪犯部擬：合行處死，並徵燒埋銀五十兩。呈奉中書省劄付：差斷事官曲出、高宣使前去審斷。本人稱冤，就問得狀稱：委曾親見陳寶童按著妻阿耿腰上，將本人毆打身死。成武縣張令史取狀，本人道：若你說這話，你出醜。則道扯著待强姦來也。好以此隨張令史言語，招訖。及李阿耿、張令史各各招伏，是實。正犯人李松法司擬：舊例：諸姦者，雖傍人，皆得捕擊以送官司格法。準上條，捕罪人已就拘執及不拒捍，而殺或折傷之，各從鬥殺傷法。罪人本犯應死而殺者，徒五年。其李松合徒五年。又招：節次指責不實。舊例：詐三品官司不實，杖六十。事發更為，合行累科。今李松合得本罪，徒五年，並重犯，杖六十，仍於本人名下，追徵燒埋銀五十兩。部擬：量情決六十七下，徵燒埋銀五十兩。省擬：比及聞奏以來，將李松召保疏放。李松妻阿耿法司擬：舊例：强姦，婦女不坐。避怕監收要罪，止說陳寶童將衣裳□□辛著，若擬不實定罪，緣已被强姦不坐。今雖有招涉，不合治罪。部擬，呈省准免罪。

《元典章》卷四五《刑部·諸姦·强姦·强姦無夫婦人》　真定路申：歸問到李聚招伏，不合於至元二年十一月十三日，寅夜强姦郭阿張罪犯。法司擬：李聚所招强姦郭阿張罪犯，舊例：强姦者絞，無夫者減一等。其李聚合徒五年，杖一百。部擬：決一百七下。行下本路斷遣訖。

《元典章》卷四二《刑部·諸殺·因姦殺人·打死訂婚夫還活》　濟南路申：據棣州捉解蘄留往為招：至元三年四月初一日，與孫歪頭訂婚妻慈不揪通姦。在後曾對本婦道：我打死你歪頭，你與我做媳婦。不揪道：你敢打死呵，我便與你做媳婦。以至至元四年三月初八日，將孫歪頭賺到城上，推下來。為不死，將本人用磚棒打死，次日還活。罪犯，並取得姦婦慈不揪招伏相同。蘄留住，法司擬：即系謀殺人已傷事理。舊例：謀殺人已傷者，絞。蘄留住合行處死。部准擬，呈省，准呈，斷訖。慈不揪，法司擬：舊例：和姦有夫婦人，徒二年，係輕罪。又舊例：丈夫依禮有三月廟見，有未廟見，或就婚等三種之夫，並同夫法。其有克吉日及訂婚夫等，准不得違約改嫁。其餘相犯，並同凡人。今慈不揪係孫歪頭訂婚妻，合同凡人謀殺人，為從不行事理。已上謀殺人者，徒三年，已傷者，絞，已殺者，斬。從而加功者，絞，不加功者，徒五年。又為從不行，減行者一等。其慈不揪從而不行，減行者一等，合於絞罪者上類減二等，合徒四年，去衣受刑。部擬：杖一百七下。省劄准擬，斷一百七下，仍將元受財定追還，别求妻室。在後，孫歪頭父孫福告無錢另求新婦，合無乞將本婦斷訖，交付與男為妻？省准告，照依已行杖數決訖，分付與孫歪頭為妻。

《元典章》卷四一《刑部·諸惡·內亂·姦弟妻》　至元三年八月二十二日奉省劄，爲本部元呈順天路申：許和尚與弟妻王茶哥通姦公事。法司擬：姦弟妻合徒四年。部擬：各斷九十七下。呈省准擬。

《元典章》卷四五《刑部·諸姦·指姦·男婦執謀翁姦》　右三部呈上都路申杜秀哥執謀袁用昌强姦等事：據姦婦杜秀哥狀招，見年一十九歲，無疾，孕招伏，不合於至元三年八月內，自行說合與史文秀節次通姦。又招至元三年四月內，與叔伯兄杜鄭家兒兩次通姦。又招不合於至元四年正月十二日，與張三驢通姦。又招於至元四年正月二十八日，於翁袁用昌胸前搗破，虛指翁袁用昌曾行强姦。合得逐節，罪犯招伏是實。法司擬：杜秀哥所招，除與史文秀、張三驢、杜鄭家兒節次通姦罪犯，係有夫婦人犯姦，合得徒二年，係輕罪。並招伏於翁袁用昌胸前搗破情罪，照得來解驗得袁用昌胸前別無搗破傷損，兼袁用昌身死，别無對證，難擬定罪。止據杜秀哥執謀翁袁用昌曾行姦要罪犯，舊例：即係强姦男婦未成者，絞。今杜秀哥誣告翁行姦，舊例：誣告人者，各反坐。至死而應合決者，減一等。其杜秀哥合徒五年，決徒年杖一百，去依受刑。部擬一百七下。省准擬，斷訖。

《元典章》卷四五《刑部·諸姦·和姦·和姦有夫婦人》　冠氏縣申：歸問到柳二妻蘇小醜狀招，不合於至元三年九月內與陳典史就伊家通姦罪犯。又招不合於至元五年十一月十八日，信從安大姐媒合，與在逃

蘇七通姦罪犯。陳典史名佐，安大姐姓劉，小名師姑。各招相同。

姦婦蘇小醜，法司擬舊例：姦有夫婦人徒二年。決徒年，杖七十，去衣受刑。部擬：杖八十七下，行下本路，斷訖。決夫陳佐，法司擬舊例：與決婦同罪。合徒二年，決杖七十。却緣蘇小醜與在逃蘇七通決，指出陳佐。舊例：和姦者，姦所捕獲爲理。今因捉獲蘇七指出，即非姦所捕獲，合行革撥。部擬：若准非姦所捕獲勿論，却緣本縣已取到陳佐明白招伏。若全同捕獲斷決，似爲尤重。量情笞五十七下。

媒合安主劉師姑，法司擬：於姦罪上減一等，合徒一年半，決徒年杖六十。部擬斷：五十七下，單衣受刑。

《元典章》卷四一《刑部・諸惡・内亂・强姦男婦未成》 泰安州申：歸問得軍户孟德狀招，不合爲男瘦兒見在軍前當役，於至元三年十月初二日，夜帶酒走去男婦胥都嫌房内，將胥都嫌按住，舒舌頭於本婦口内，欲要通姦，被胥都嫌將德舌頭咬傷，告發到官罪犯。法司擬：即係通姦未成事理，依舊例合行處死。胥都嫌與夫家離異。部擬：終是不曾成姦，量情杖決一百七下。仍離異。省劄，准擬，行下斷訖。

《元典章》卷四二《刑部・諸殺・因姦殺人・因姦殺人偶獲生免》 東平路歸問到閔興兒狀招：不合與孫鑌兒妻梁當兒通姦，於至元三年十一月二十一日夜，拐帶本婦人在逃於二十二日，用棒將梁當兒打死。至天明，本婦還活，在後，因傷雙腳脱落，罪犯梁當兒招伏相同。閔興兒，法司擬：謀殺人已傷事理。舊例：謀殺人，徒三年。已傷者，絞。其閔興兒處死。部准擬，呈省，准擬，斷訖。梁當兒，法司擬：舊例：奸有夫婦人，徒二年。又和姦本條，無婦女罪名者，與男子同，合徒二年。來申：勘當得本婦兩腳脱落，係二肢廢。舊例：二肢廢，同篤疾。又舊例：犯罪時雖未老疾，而事發時老疾，依老疾論。又舊例：年八十以上及篤疾，犯反逆、殺人應死者，上請盗及傷人者，亦收贖，餘皆勿論。其梁當兒所犯，不系盗傷人之罪。部准呈訖，省准呈，免訖。

《元典章》卷四二《刑部・諸殺・因姦殺人・賺推攧死姦婦》 中都路申：遵化縣捉解到孔四兒為招：至元四年四月十三日拐帶王君義男婦劉當哥，逃於潮陽洞通姦住坐。至十八日，為恐事發，將本婦賺到石崖下攧死。罪犯法司擬：除通姦系輕罪外，攧死本婦罪犯，合行處死，徵燒埋銀五十兩。部准擬，省准，斷訖。

《元典章》卷四二《刑部・諸殺・因姦殺人・殺死姦婦》 真定路申：歸問到冀州新河縣軍貼户孫伴哥狀招：至元四年七月内，為頭與劉孫兒妻阿尹節次通姦。至至元五年六月二十二日夜，就阿尹家内，欲將本婦奸要，不肯隨順上，用斧將阿尹斫死。罪犯法司擬：除通姦系輕罪外，殺死本婦罪犯，合行處死，仍追燒埋銀五十兩。部准擬，呈省准，斷訖。

《元典章》卷四二《刑部・諸殺・因姦殺人・殺死姦夫》 東平路歸問到濮州館陶縣張驢兒狀招：至元四年十二月二十三日夜，親獲妻戴引兒與劉三於本家屋内通姦，欲行捉拿。有劉三攬住驢兒頭髮，恐氣力不加，用刀子扎了劉三二下，本人走到東河邊身死。罪犯姦婦戴引兒狀招相同。戴引兒，法司擬：舊例：姦有夫婦人，徒二年，婦人與同罪。其戴引兒合徒二年，決徒年杖七十，去衣受刑。部擬：量情，決八十七下。省斷：杖一百七下。張驢兒，法司擬：舊例：和姦有夫婦人，雖傍人，皆得捕擊以送官司。而罪人持杖招捍，其捕者格殺之，及走逐而殺者，勿論。今張驢兒就姦所捉獲，其劉三到將張驢兒頭髮捽挽不放，拒敵上，被張驢兒用刀子札傷身死。其張驢兒雖有招伏，不合治罪。部准擬，省准，免罪。

《元典章》卷四五《刑部・諸姦・奴婢相姦・奴婢相姦》 都堂送下耶律丞相宅軀口王布只兒問得招伏：不合於至元五年三月内，帶酒將一般躯高德興、張賽兒説合與本婦當夜通姦一遍。罪犯及取到姦婦張賽兒，招伏相同。法司擬：即係奴婢相姦事理，舊例：良人姦他人婢者，杖九十，奴婢一同。又和姦本條，無婦人罪名與男子同。其王布只兒並張賽兒各杖九十，内張賽兒去衣受刑。部擬四十七下。

《元典章》卷四一《刑部・諸惡・内亂・通姦男婦已成》 順天路申：祁州深澤縣解到魏忠招狀，至元五年三月内，將男婦張瘦姑通姦了一度。四月十八日，又通姦了一度。五月十六日，又通姦了一度。又於當年五月二十日通有姦，瘦姑道：你剪了陰毛著。忠依隨剪了，致被告發到官。取到姦婦瘦姑狀招，相同。

魏忠，法司擬舊例：姦子孫之婦者，絞。其魏忠合行處死。部准擬。呈訖，省准訖。

張瘦姑，法司擬舊例：和姦本保無夫婦人罪名者，與男子同準上，合得絞罪。又雖因本婦人告首到官，舊例若越度關及姦，並在自首之例，張瘦姑亦合處死。

部擬：本婦既是在先曾向伊夫學說，及今日自首到官，量情擬杖七十七下，從婦歸宗。呈省劄訖。

《元典章》卷四五《刑部·諸姦·縱姦·夫受財縱妻犯姦》 中都路申：歸問到李文玉狀招，不合於至元五年五月十九日，有賣酒郭娘娘媒合王媚嬌，令文玉與訖伊夫高德仁錢物，與伊妻王媚嬌通姦。罪犯王媚嬌並夫高得仁狀招相同。

李文玉，法司擬：即係和姦有夫婦人，合徒二年，決徒年杖七十。部擬：既是伊夫知情，量情決四十七下。

王媚嬌，法司擬：舊例合徒二年，決杖七十，去衣受刑。部擬：四十七下。

高德仁，法司擬：即係和令人犯法事理，舊例：子孫之婦主中饋傳祭祀，其祖父母、父母和令與人通姦，既子孫之婦於法有罪，其在祖父母、父母，即從和令犯法同坐。高德仁合同王媚嬌姦罪，徒二年，決杖七十。部擬：即係敗壞風俗，量決四十七下。

媒合人郭阿熙，法司擬：於王媚嬌等罪上減等，合徒一年半，杖六十七。部擬：三十七下。

《元典章》卷四二《刑部·諸殺·因姦殺人·殺死盜姦寢婦姦夫》 冠氏縣申：歸問到張記住狀招：至元五年七月十二日晚，記住於驢屋內宿睡喂驢，妻王師姑於西屋北間宿睡。至五更起來，見妻王師姑對母阿高告說：伊姑舅兄楊重二來房內，暗地欺騙我來。以此挾恨將楊重二用刀子扎死。罪犯王師姑與張記住狀招相同。狀稱當夜五更，師姑床上睡著，有人將師姑驚覺，想是夫張記住，以此道：明也，不做生活去呵，卻來睡則麼？本人不曾言語，上床將師姑姦罷。師姑用手摸著頭禿，才知是楊重二。本人走了，告説婆阿高，是實。法司擬：舊例：強姦有夫婦人者，絞。今被張記住用刀子扎死，即是殺死應死人。捕罪人已就拘收及不拒捍而殺，各從鬥殺傷法。用刃者，以故殺傷論。罪人本犯應死而殺者，徒五年。其張記住合徒五年，決徒年杖一百。部擬：杖一百七下。省准，斷訖。

《元典章》四五《刑部·諸姦·凡姦·犯姦放火》 至元五年五月，尚書刑部據濟南路申：祝巧兒與王四通姦，欲隨逃走，被夫劉馬兒捉獲，勒訖生死文字。在後放火，燒訖房舍，及將小姑賽兒燒死公事。法司擬：姦婦祝巧兒，合行處死。姦夫王四，擬九十七下。媒合人王環奴，減一等。本部備呈，奉省斷：祝巧兒處死，王四決杖八十七下，王環奴四十七下，單衣受刑。行下斷訖。

《元典章》卷四二《刑部·諸殺·因姦殺人·打死犯姦妾》 至元五年，東平路歸問到李實狀招：不合於至元四年十一月二十一日，就奸所親獲妾陳醜兒與盧伴叔通姦，將本婦毆打，因傷身死。法司擬：即係妾有罪而毆打，邂逅致死事理。舊例：毆傷妾者，減凡人二等。死者，以凡人論。若有罪而毆，邂逅致死者，不坐。毆妾折傷以上，各減妻罪二等。為妻有罪而夫依理毆之，不期而死者，無罪。今據李實為妾與人夤夜通姦，親自捉獲毆死，比妻從輕其李實雖有招涉，不合治罪。部准擬，呈省，准擬。

《元典章》卷四五《刑部·諸姦·主奴姦·奴姦主幼女例》 至元五年，濟南路歸問到王來興狀招，將本使梁祐未曾婚配十二歲女兒强行姦著一次。法司擬：王來興合行處死。部準擬，呈省。在後王來興在禁身死。

《元典章》卷四五《刑部·諸姦·凡姦·犯姦休和理斷》 至元六年八月初四日，御史臺據河北道按察司申：照刷彰德路奥魯總管府與彰德路文卷內，薛天祐與甯氏通姦。申奉到樞密院批判：歸問本路總管府卻便准告休和，為係傷風敗俗事理，就喚到犯人薛天祐、甯氏到官，審問取招是實。乞明降。憲臺合下仰照驗，據逐人所犯並本路違錯，聽候朝廷差官審問理斷，施行。

《元典章》卷四五《刑部·諸姦·指姦·非姦所捕獲勿論》 至元六年八月，中書右三部據大都路來申：段乞僧與劉蘭哥通姦，伊翁陰成捕告到官，除招伏外，司吏楊寧又責出續指曾與李道和通姦一次，勾追得李道和，出外未回。除將段乞僧、劉蘭哥先行斷罪，並取到司吏楊寧不合責指通姦，違錯亦行斷罪外，據李道和爲未還家，累准運司催捉，不能杜絕。若使根究，誠恐違錯，乞明降事。省部相度：既是，先將捕獲姦夫

段乞僧、姦婦劉蘭哥斷罪別無定奪外，據指出李道和一節，如委非姦所捕獲，合革勿論，仰照驗施行。

《元典章》卷四五《刑部・諸姦・姦生子・姦婢生子隨母》 至元六年十月中書右三部據曹州路來申：人户李買驢拐帶探馬赤軍人陳牌子驅婦張七姑在逃，取到各人招伏，詞因即係赦格已前，除已減輕斷遣外，姦生二子，乞定奪事。省部相度：既是李驢刁引陳牌子驅婦張七姑在逃，姦生二子，隨母還主。仰照驗施行。

《元典章》卷四五《刑部・諸姦・強姦・强姦有夫婦人》 至元六年，省准部擬，衛輝路姬驢兒將劉四男婦女阿任頭髮拖下，驢兒用拳打脚踢，以言唬嚇强姦訖一度，罪犯處死。

《元典章》卷四五《刑部・諸姦・凡姦・舍居女犯姦出舍》 至元六年，中書户部來申：郝陌、郭忠、郭奈兒召到張乞僧作舍居女婿。其郝奈兒與劉元通姦，經斷，張乞僧不肯住坐。乞照詳。省部相度：既郝奈兒犯姦經斷，難以依舊住坐，合令張乞僧將妻出舍，與伊父同居。合下仰照驗施行。

《元典章》卷四二《刑部・諸殺・因姦殺人・男打死母姦夫》 至元八年正月，尚書省據刑部呈：真定路歸問得：郭驢兒因為王聚欺父郭喜眼昏，與母阿趙通姦不絕，遣趕父郭喜出外乞化，曾得父為我報讎語句，以此懷恨。在後因去探家，又見王聚與母阿趙一處吃飯，是驢兒將王聚肩上打訖一下，本人起來，拿摸簷子還擊，驢兒用棍棒行打致死。罪犯本部議得：擬將郭驢兒斷七十七下，姦婦趙阿郭八十七下，去衣受刑。干犯人郭喜免罪。仍勘當元要王聚錢物，折鈔二十兩，如有見在，追付王聚家屬。如無，免徵。乞照詳。都省參詳，仰將郭驢兒決五十七下。餘准部擬施行。

《元典章》卷四一《刑部・諸惡・内亂・欲姦親女未成》 至元八年二月十二日，尚書省近據來呈備河北河南提刑按察司申，刷出真定路脱里察總管府文卷一宗，爲醫人張榀狀招，不合信徒妻阿白誘説，於至元五年八月十三日節次，將女季春引問，意欲姦要。九月初二日一更前後，披著襖子前去季春房内，於季兒被兒裏並頭宿卧，欲行姦要，被妻摔合房門叫人，驚覺不曾成奸。張阿白狀招，不合與夫張榀共議今姦親女情罪。本管官司將張榀斷訖一百七下，張阿白斷訖五十七下。此係重刑違錯，移准中書省咨：該張榀所犯欲姦親女，雖不成姦，其傷風敗化，情理深重。既已杖斷，責在本管官司。若爲追問，緣係格前。今後隨招下人户，但犯姦盗重罪等事，並從有司約會，本管官司一同理問定斷，毋得有狥，別致違錯。除已劄付刑部，遍行隨路，依上施行。

《元典章》卷四五《刑部・諸姦・凡姦・容姦受錢道給》 至元八年七月初三日，尚書刑部據中都路來申：艾文義告：男婦高哇頭騙賴欺姦。其高哇頭狀稱：委曾姦污。有艾文義未曾承伏，身死。為此，行下本路，追問到高哇頭等各各招伏詞。因為有未完，再下本路補勘去後。今據回申，蒙審斷罪囚官議得：高哇頭所招，艾文義將伊先次強姦，在後又行奸，本婦隨順，難同強姦科罪。然是和姦，本婦卻曾告過宋主首。量情，決訖五十七下，聽離歸宗。高哇頭兄高定，要訖艾文義打合錢物，放法相容隱，省會寧家。申乞照驗事。為此呈，奉到尚書省劄付：該省府相度高哇頭等所犯罪名，既是審囚官經訖，別無定奪外，高定元受打合錢物，除釵篦、衣服外，牛畜、羅疋，驗數追給還主。仰照驗施行。

《元典章》卷四五《刑部・諸姦・凡姦・篤疾犯姦免罪》 至元八年十月二十一日，尚書刑部覆文該來申：任用刁姦路貴妾於都聲招伏，俱兩目盲，即係篤疾。省部相度：各人雖有所犯，既是篤疾，難議科決。仰將各人疎放。内於都聲，分付伊夫路貴收管施行。

《元典章》卷四五《刑部・諸姦・主奴姦・主姦奴妻》 至元九年正月，中書兵刑部據延安路申：靳全告本使乞女次男忽魯忽都强姦妻阿楊，姦所不曾看見，別無顯跡，靳全在逃不見，主姦奴妻罪名除，將忽魯忽都、阿楊召保知在，乞明降。省部相度：原告人已在逃，又兼主姦奴妻難議坐罪，仰將逐人發下，合屬寧家施行。

《元典章》卷四五《刑部・諸姦・凡姦・訂婚妻犯姦》 至元九年二月二十八日，尚書刑部承奉尚書省劄付：御史臺呈：備河南山西道提刑按察司申：吕成訂婚婦武梅梅，與陳軍兒犯姦，經斷，不令男家下財，定要為妻等事。據戶部元擬：吕成訂婚男婦武梅梅犯奸經斷，若令男家下財求娶，無以激勸室女貞潔等事。批奉都堂鈞旨，依准所擬，劄付戶部，合下仰照驗施行。

《元典章》卷四一《刑部・諸惡・内亂・翁戲男婦斷離》　至元十年三月十七日，中書兵刑部據平陽路申：絳州正平縣董文江招伏：將男婦福憐用言調戲，及揣抹手足，黃夜搖撼房門，罪犯。府司原其本情，雖未成奸，已亂人倫尊卑之禮，於理合令高福憐與伊夫離異。乞明降事。省部依準所申，令高福憐與伊夫董綿和離異，歸宗。據董文江所犯，仰本路就便依理決斷，施行。

《元典章》卷四五《刑部・諸姦・強姦・姦幼女》　至元十年四月初二日，中書刑部來申，歸問到枉奴奴招伏強姦張絨則一十一歲女賽。賽罪犯乞明降事。省部照得強姦十歲以上室女，擬斷一百七下。今據見申，仰依例施行。

《元典章》卷四五《刑部・諸姦・姦生子・姦生男女》　至元十年，兵刑部擬：爲煙骸僨與李望兒通姦，刁引在逃，李望兒節次生到男女四口，除斷遣外，將姦生男分付伊父煙骸僨，姦生女分付姦婦李望兒。省準擬。

《元典章》卷四五《刑部・諸姦・指姦・男婦執謀翁姦》〔又〕至元十三年正月，中書兵刑部承奉中書省判送本部元呈：濟甯府鄆城縣申：軍戶趙全告男婦劉冬兒執謀將伊欺騙公事。本部議得：劉冬兒所犯，謀伊翁欺奸，取訖招伏，斷杖八十七下。若將本婦分付伊家，依舊同活，終是劉冬兒與翁當官面對奸事，已為義絕，難敘舅姑之禮，似難同居。擬將本婦斷離歸宗，追回元下聘財，給付夫家，別求妻室，似為相應。批奉都堂鈞旨，送本部照勘議擬，連呈。本部照得：近據濟甯路申：李順狀告：男婦劉粉兒刁騙姦污公事。取到劉粉兒誣告招伏，斷訖八十七下。省部議得：劉粉兒所犯，既經按察司與本府官審問是實，量情斷訖八十七下。既已斷訖，別無定奪外，將本婦分付夫家，依舊同活一節，看詳：劉粉兒刁騙伊翁，終是曾經與翁當官面對奸事，已為義絕，難敘舅姑之禮，似難同居。擬將本婦斷離歸宗，追回元下聘財，給付夫家，別求妻室，似為相應。為此具呈，中書省照詳，承奉都堂鈞旨，送本部準呈施行。本部照得：劉冬兒所犯，與劉粉兒無異。頑人甘欲棄夫家，以事執謀，對證得虛，尚自離異，仿此為例，實汙風俗。以此議得：莫若分付夫家，從其所欲，夫家不存留，許追元財，別求妻室。若准所擬，仍自今後餘犯為例。合行具呈，中書省照詳。呈奉都堂鈞旨：議得：劉冬兒執謀翁姦，情犯非輕。雖已斷訖，使生僥倖仿學。若是追回元財，定離其婦，正合本意。如斷付夫家，既與翁面對奸事，似難同居。今後，從夫家所欲嫁賣。已後，似此違犯之婦，申部呈省詳斷，無令擅決。奉此。

《元典章》卷四五《刑部・諸姦・凡姦・姦婦已適他人免斷》　至元十六年四月，御史臺據來申：趙州隆平縣李拾住狀首，亡兄妻阿王與梅得山通姦，本婦適人，合無追理，乞照詳事。得此，憲臺相已：若以和姦論罪，男女理合重科。却緣本婦犯在亡夫之家，已適他人。今既身屬後夫，難以追斷。

《元典章》卷四二《刑部・諸殺・因姦殺人・傍人毆死姦夫》　至元十七年五月十九日，行中書省准中書省咨：該來呈：浙西道宣慰司呈：平江路歸問到吴千三狀招：不合於至元十五年九月初一日，因為周千六嚇奸蘇小二男婦吴二娘，勸和上，被周千六用瓦缽頭毆打，其吴千三卻用紅油棍，於周千六左耳邊臉上打訖一下，因傷於初二日身死。有伊父周小十一，受訖油米並物，將屍燒揚了當。按察司審問是實，除將吴二娘先行摘斷外，吴千三所犯，比依大名府徐斌毆死張驢兒，伊母阿許受訖錢准伏例，擬將吴千三減死流遠。咨請照驗。為此，送刑部議得：已死周千六生前嚇奸人，挾恨尋鬧，將勸和人吴千三毆打，致係本人還打，邂逅身死。其伊父周小十一不欲告官，自願休和，將屍焚揚，即與徐斌毆死張驢兒，伊母告休事理一體。若依全免，其吴千三終是用棍將周千六還打致命，比依前例頗重。以此參詳將吴千三量情杖斷一百七下，徵燒埋銀五十兩，給付苦主，相應。都省准擬施行。

《元典章》卷四五《刑部・諸姦・主奴姦・品官妻與從人通姦》　至元十八年十月，行御史臺准御史臺咨，承奉中書省劄付：據刑部呈，歸勘得大都路解到姦夫鄧海狀招，至元十五年三月，授到中書省劄付，充河間路馬蘆馬頭鎮撫勾當。至元十六年十一月，得替，前來大都求仕，未了。至當年十二月內，有姑舅兄郭同知將海分付劉五提舉，與弟鄧四根隨前去高郵路管課處尋覓勾當。不合於正月初一日到邳州萬關店内安下，信從驅婦趙海棠媒合，與劉五提舉妻阿孫通姦。及弟鄧四亦與本官驅婦趙海棠通姦。在後，又劉阿孫道：劉提舉那廝十二三年不曾來我行宿卧，我

跟你去。海棠道：隨後打旋的些銀錢，將你去以此。海對劉提舉道：小人待往大都去也。劉提舉齎發鈔一定，馬一疋。辭罷劉提舉，却與弟鄧四前去揚州。買馬回來，却到高郵，於三月二十二日與弟鄧四刁引劉阿孫、趙海棠逃走大都。事發到官，招伏罪犯是實。姦婦劉阿孫狀招，年三十八歲，無疾孕。係大都雜造孫總管親女，自十六歲嫁與劉五提舉爲妻，有生到男劉犍兒年一十六歲。及驅婦趙海棠招伏無異。鄧四在逃未獲，即將鄧海、劉阿孫、趙海棠發下大都路司獄司收禁。大部審復無冤，議得：姦夫鄧海所犯，若依常例，決杖八十七下。却緣本人當原跟逐劉提舉尋覓句當，與本官正妻阿孫通決，又弟鄧四與本官姑媽趙海棠通決，同情刁帶劉阿孫、趙海棠在逃，罪盈惡稔，敗污風俗。決婦劉阿孫係官門良家之子，又係與勳業故劉行省親男劉提舉品官爲妻，已有長立男兒，與隨行尋覓衣飯人鄧海通決，背夫在逃，情理深重，其各人難同凡人相奸例斷，擬各處死相應。遍諭諸路，庶使後人不犯。驅婦趙海棠，終經劉提舉寵倖，聽從阿孫媼言，媒合與鄧海通決。又自與鄧四通決，背使在逃。擬斷一百七下，呈乞照詳。得此，劄付御史臺審問，各人已招是實，施行間，驅婦趙海棠在禁病死。都省議得：鄧海、劉阿孫所犯，即係有傷風化事理。依准部擬，俱各處死。

《元典章》卷四一《刑部·諸惡·内亂·姦義女已成》 至元十九年八月，江西湖東道按察司官同省委官審斷袁州路分宜縣歸問到伍二六招狀，不合將妻前夫未出室女羅季一娘，於二月内拖拽於火閣内姦訖女身一次，妻並不知會，以後節次與本婦和同通姦事。議得：伍二六不合將妻前夫女羅季一娘節次姦污，決杖九十七下。其羅季一娘不合節次依從繼父通姦，量斷六十七下。斷訖。

《元典章》卷四五《刑部·諸姦·官民姦·職官犯姦在逃》 至元二十年，行御史臺准御史臺咨：體知得徐參議諱紹祖，字唐臣，改授上中大夫、淮西道同知宣慰使，不曾之任前，來上都，因閻二嫂媒合，與木匠周德進妻徐小春就閻二嫂家内二次通姦，被唐勝實等就姦所捉獲，與訖鈔兩，在逃。取問得姦婦徐小春、媒合人閻二嫂、捉事人唐勝實，各人明白招伏，依例斷決了。當外在逃姦夫徐參議，移關刑部捉拿未獲。本臺議得：徐紹祖職受三品，犯姦，合行加等治罪。既是在逃，竊恐前去江淮等處行省並各衙門，冒名求仕。或諸路避罪淫濫，不改欺壞風俗。若不根獲，痛行斷遣，使姦淫之人不知畏懼，何以勸善黜惡。具呈中書省，乞行下户部，照勘本人，委是除差儒户即合驗物力收係當差。及下刑部通行諸路，根刷申解，合屬外咨，請依上施行。准此。

《元典章》卷四五《刑部·諸姦·嚇姦·欺姦囚婦》 至元二十一年八月，福建行中書省據汀州路來申：謝阿丘告姐夫張叔堅兄張十，習學染匠，師弟陳生來家，將阿丘近腹肚下摸訖一下，告到人匠提領所，將阿丘、陳生監收，有謝押獄嚇姦訖。除干犯人陳生，量情斷罪外，據謝旺所招，欺囚罪犯，府司不曾斷過。如此體例，誠恐違錯，乞照詳事。得此，省府議得：謝旺所招欺姦囚婦謝阿丘罪犯，量情擬杖一百七下。合下仰照驗。當官再審，已招别無冤抑，依上決斷。省會罷役施行。

《元典章》卷四五《刑部·諸姦·縱姦·主婦受財縱妾犯姦》 至元二十一年十月内，本道按察分司審斷，袁州路宜春縣歸問到唐阿蔡狀招，原係唐賢甫於亡宋甲戌年雇到，通房使唤。有唐賢甫死，伊妻阿余受錢，令阿蔡節次與閻令史、朱大使等通姦。今次受錢，又令與王季七通姦，被捉到官。議得：主母阿余節次受錢，令妾阿蔡犯姦，有失尊卑之道，難以同居。據阿蔡與王季七通姦罪犯，依例決八十七下，斷令阿蔡歸宗别嫁。所指與朱大使等有姦，與吏勾問，即係指姦。其主母阿余，擬決四十七下，准斷訖。

《元典章》卷四五《刑部·諸姦·指姦·虚指丈人姦女》 至元三十年五月，中書刑部來申：潘成狀告：為無男兒，召到淮道安作養老女婿，承受財產，承繼户名。其淮道安不欲住坐，累次在逃，發心執謀丈人潘成與親女潘屎蛙行姦。淮道安令親眷李璧等強將潘屎蛙拖奪還家。告發到官，與淮道安面對，事不獲免，才方虚招罪犯。擬合將淮道安杖斷七十七下，與妻潘屎蛙離異歸宗，似為相應。申乞照驗。都省相度：淮道安所招執謀丈人潘成姦要親女潘屎蛙罪犯，量決九十七下外，據淮道安既與丈人潘成面對奸事，已為義絶，似難同居。依准本路所擬，離異歸宗。

《元典章》卷四二《刑部·諸殺·因姦殺人·打死姦夫不坐》 元貞二年七月，江西行省據南安路申：任閏兒於姦所捕獲姦夫權令史，不行送官，卻將本人綁縛行打，因傷身死。罪犯從本路擬定申省，將任閏兒鎖

收聽候，梁娥兒別無待對事理，先行摘斷。府司除將梁娥兒斷八十七下，擬將任閏兒斷六十七下。乞照驗。得此。照得：權令史與梁娥兒通姦伊夫任閏兒於姦所捕獲，奪到權令史所執木拐棒，於權令史顖門上打傷。本人又行爭鬥，用麻繩綁縛行打，因傷身死。議得：致命去處，係始初捕獲時顖門上打傷之痕，難擬坐罪外，據姦婦梁娥兒已行斷訖，別無定奪。仰照驗施行。

《元典章》卷四五《刑部・諸姦・凡姦・年老姦污幼女》 大德元年七月，江西行省據吉州路申，潘萬三告幼女茂娘被李百一用手插破陰門事，歸問得李百一名桂狀招，年七十五歲，與潘萬三原有讎嫌。大德元年三月十二日，見潘萬三九歲幼女茂娘，用膏藥誘引來家，起意姦污，報復舊恨。用右手第二指插入潘茂娘陰門內，剜破血出有，潘茂娘叫喊疼痛，撒放還家。潘茂娘狀指相同。議得李桂所招，年七十五歲，雖是用手損壞潘茂娘九歲身，難同强姦科罪。擬將李桂決杖一百七下，依例罰贖。乞明降事。省府相度，李桂所犯，即係敗壞風俗，原情尤重。依准所擬，決杖一百七下。仰就便斷遣施行。

《元典章》卷四五《刑部・諸姦・凡姦・犯姦再犯》 大德元年九月，中書省咨，湖廣行省咨湖北湖南轉運司呈安陸府長壽縣申：民户鄭青狀招，既於至元二十一年與李阿王通姦，被夫李友亮拿獲到官斷訖，自合改過，却不合於元貞元年九月，節次與洪阿張通姦。至元貞二年正月十九日夜，又與本婦於隣居王世家内姦宿，拿獲告發到官。山南江北道廉訪分司官先將鄭青面刺犯姦二度四字，將本人轉發金塲運司收管配役。本省不見犯姦刺配通例，除已行下運司將鄭青聽候外，請回咨。事送刑部，議得：鄭青所招，先犯係在禁例已前，今次與洪阿張通姦，即係例後。初犯，既將本人刺面配役，再難斷罪，擬合疎放。將原刺字樣塗去外，據原斷官吏劄付御史臺取問，相應准擬。咨移本省，依上施行去訖，爲不見通行定例，劄付扎魯花忽赤照勘。至元二十四年七月二十四日，尚書省文字裏，男子婦女通姦呵，姦婦根底斷了放了。姦夫根底常川配役，輕重不等。這的以前，姦夫姦婦初犯呵斷了放了者，第二遍再犯姦呵，交配役。元貞元年四月十九日，屬真定的安喜縣裏住的喬禎小名的人文字，告家的媳婦喬阿趙和管夫的李温小名的人一處在先通姦了，來第二遍通姦。將著逃走來的，問了招了，晃忽禿爲頭扎魯忽赤每太保根的商量了一百七下斷了來。又大都兵馬司申：中書省委各衙門審囚官人每斷了來的罪囚一項，侯西兒小名的人和冀阿郭小名的婦人一處通姦呵，打斷了，來第二遍通姦呵。九十七下打斷了。來奴婦通姦來的第二遍通姦呵，斟量著斷了，放有麽道。送刑部議得：鄭青所犯，已蒙都省移咨湖廣行省改正外，據犯姦經斷再犯，既於扎魯忽赤照勘，得不曾刺配，今後擬於本犯上加二等斷罪。相應都省准擬除外，咨請照驗，依上施行。

《元典章》卷四二《刑部・諸殺・因姦殺人・姦婦不首殺夫》 大德元年十二月，江西行省準中書省咨：瑞州路申：敖英孫與潘阿王通姦，將潘九四推落下水身死公事。本省看詳：姦婦潘阿王所招，姦夫敖英孫於潘九四生前，對伊說知謀殺夫事情，不行報夫知會。潘九四被死之後，敖英孫又向阿王說知推落水内渰死，亦不經官陳告。若以因奸殺夫論罪，緣潘阿王不曾親行下手。除將潘阿王監收聽候外，咨請照驗。送刑部議得：潘阿王所犯，因與敖英孫通姦，敖英孫雖稱要將潘九四打死，本婦用言阻當不允，止據殺死之後知而不告情罪，欽遇詔恩，既非同謀，欽依釋放，相應。具呈照詳。都省準呈，請依上施行。

《元典章》卷四五《刑部・諸姦・縱姦・逼令妻妾為娼》 大德元年閏十二月，御史臺咨：監察御史追照得：上都留守司歸問到民户王用招伏：不合逼令妻阿孫、彭鸞哥為娼，接客覓錢。每日早晨，用出離本家，至晚，若覓錢不敷盤纏，更行拷打，以致彭鸞哥告發到官。罪犯將王用枷收問。六月二十三日，欽奉聖旨：上都在城諸衙門應有輕重罪囚，都赦了者。欽此。將王用疏放了當。呈奉中書省劄付：送刑部議得：王用將妻阿孫、妾彭鸞哥打拷，勒令為娼，接客覓錢，已犯義絶。罪經釋免，擬合將阿孫並彭鸞哥與夫王用離異，俱斷歸宗，相應。都省除已劄付刑部，就便行移上都留守司更為審問，已招是實，准擬離異。仰照驗施行。

《元典章》卷四五《刑部・諸姦・官民姦・職官犯姦杖斷不敘》 大德三年三月，江西行省准中書省咨，來咨保定水軍萬户府申：百户劉順奸占南陽府民户何大妻室王海棠公事，取訖招詞，各斷八十七下。看詳百户劉順即係職官，既已犯姦經斷，未審合無除名，係爲例事理，咨請照驗准此。送刑部照得：至元二十三年四月，前神州路敘浦縣丞趙璋與莨用

妻陳迎霜通姦，取訖各各招詞，斷訖罪犯。本部議得：趙璋係祇受勑牒官員，專治一方，爲民儀範，不務守慎，犯姦斷罪，似難再行敘用。呈奉都堂鈞旨准呈，行移吏部，照會施行。今奉前因，本部參詳，百户劉順所犯，若依趙璋例，除名不敘。

《元典章》卷四五《刑部·諸姦·凡姦·犯姦放火》 大德五年五月，尚書刑部據濟南路申：祝巧兒與王四通姦，欲隨逃走，被夫劉馬兒捉獲。勒訖生死文字，在後放火燒訖房舍，及將小姑賽兒燒死公事。法司擬：姦婦祝巧兒合行處死，姦夫王四擬九十七下，媒合人王環奴減一等。本部備呈奉省斷：祝巧兒處死，王四決八十七下，王環奴四十七下。行下斷訖。

《元典章》卷四五《刑部·諸姦·指姦·轉指姦革撥》 大德六年正月，江西道廉訪司承奉行臺劄付：准御史臺咨：建康路録事司捉拿甯二娘與劉狗兒通姦，指出王福一亦曾與本婦通姦，取訖招伏。已將姦夫劉狗兒、姦婦甯二娘各斷訖七十七下，王福一決訖五十七下。爲此就問得本路該吏梅珪狀稱前事，比照蘇小尹與蘇七通姦，又指出與陳佐通姦。部擬：斷例斷遣看詳，指姦革撥，此古不易之典。若蘇小尹與蘇七通姦，指出陳佐一節，當原。部擬爲冠氏，縣取訖，本人明白招伏，以此約量斷決，難爲久例。今有司遇有指姦，即爲定例，若不改正，無所定守，即係通例，咨請照詳事。就唤刑部令史王圭章，於格例簿内照得至元六年八月内右三部擬段乞僧與劉蘭哥通姦，見前例，仰照驗施行。

《元典章》卷四五《刑部·諸姦·凡姦·犯姦休和理斷》 大德六年八月初四日，御史臺據河北道按察司申，照刷彰德路與魯總管府與彰德路文卷内，薛文祐與甯氏通姦。申奉到樞密院批判歸問本路總管府，却便准告休和，爲係傷風敗俗事理，就唤到犯人薛文祐、甯氏到官審問，取招是實，乞明降憲臺。合下仰照驗據，逐人所犯並本路違錯，聽候朝廷差官審問，理斷施行。

《元典章》卷四五《刑部·諸姦·僧道姦·僧道犯姦還俗》 大德七年九月，江西行省準中書省咨御史臺呈，備淮東道廉訪司照刷安東州文卷内，捉獲道士李道恭與唐阿邵通姦。取訖招伏。依和姦無夫婦人例，杖斷七十七下，發付合屬收係爲民。又刷海寧州文卷内，准慰司牒節給王興呈，東北隅人户宋祥壻、段，胖兒口告捉獲妻宋招兒與道士趙道明通姦。取訖招伏。本州因宋招兒懷四箇月身孕，有妨科決，發下昫山縣收禁，候産限滿日解州外，將姦夫趙道明斷訖八十七下，牋發安東州道正司收管，不曾斷遣還俗。與安東州道士李道恭體例不一。看詳僧道既處淨門，理宜潔身奉教於内，却有犯姦作盗，靡顧廉恥，甚傷風化。僧人有犯，已有刺斷爲民通例。

《元典章》卷四五《刑部·諸姦·縱姦·通姦許諸人首捉》 大德七年十一月 日，江西行省准中書省咨，鄭鐵、柯陳言事内一件，縱妻爲娼，各路城邑爭相倣效，此風甚爲不美。抑且良爲賤者，待告而禁，終不能絶。若令有司覺察，或諸人陳首，但有此等盡遣從良，有夫縱其妻者，蓋因姦從夫捕之條，所以爲之不憚，若許四隣覺舉，但同姦斷，或因事發露，則罪均四隣，自然知畏，不敢輕犯。得此，送刑部議得：人倫之始，夫婦爲重。縱妻爲娼，大傷風化。或止依前斷罪，許令同居，却緣親夫受錢，令妻與人同姦，已是義絶。以此參詳，如有違犯，許諸人首捉到官，取問明白。本夫、姦婦、姦夫同凡，姦夫決八十七下，離異。若夫受錢，逼勒妻妾爲娼，既非自願，臨事量情科斷，相應都省准擬施行。

《元典章》卷四五《刑部·諸姦·凡姦·容姦受錢追給》 大德八年七月初三日，尚書刑部據中都路來申：艾文義告男婦高哇頭騙賴欺姦，其高哇頭狀稱：委曾姦污。有艾文義未曾承伏身死，爲此行下本路，追問到高哇頭等各各招伏詞，因爲有未完，再下本路，補勘去後。今據回申，蒙審斷罪囚官議得：高哇頭所招艾文義將伊先次强姦，在後又行姦，本婦隨順，難同强姦科罪。然是和姦，本婦却曾告過宋主首。量情決訖五十七下，聽離歸宗。高哇頭兒高定，要訖艾文義打合錢物，於法相容隱。省會寧家申乞照驗事，爲此呈奉到尚書省劄付：該省府相度高哇頭等所犯罪名，既是審囚官斷訖，别無定奪。

《元典章》卷四五《刑部·諸姦·指姦·轉指僧人犯姦革撥》 大德八年七月，行宣政院劄付下，宣政院咨：各處僧人，多被一等無徒之輩，因事在官，挾讎妄指誣告指奸事理。有司徑直捉拿，苦楚勘問，逼勒招承，管僧頭目坐視不能為主，致使僧人枉屈。今後僧人有犯姦罪，若姦所捕獲者，依例斷罪外，據轉指又非姦所捕獲者，依例革撥，咨請照驗事。

呈奉中書省劄：送刑部議得：轉指犯姦，若非姦所捕獲者，依例革撥，相應。都省准擬，仰照驗施行。

《元典章》卷四五《刑部・諸姦・指姦・指姦有孕例》　大德九年三月，准中書省咨：興國路永興縣人氏尹廷桂狀告：大德三年二月，以尹元一爲媒，聘定張阿陶女張德六娘名臘女爲妻。爲父服制，不曾成親。本婦身懷有孕，問得係與陶重二叔姐夫李陞通姦是實。其被姦所捕獲革撥，止將姦婦斷罪，緣係通例，咨請定奪。回示：都省議得，既非姦所捕獲，所指姦夫，累問不招，姦婦明有身孕，依准所擬，坐罪姦婦。合行移咨，依上施行。

《元典章》卷四一《刑部・諸惡・内亂・妻告夫姦男婦斷離》　大德九年六月二十九日，准中書省咨李阿鄧告夫李先强姦繼男婦李阿不成，罪犯已經斷訖看詳。綱常之道，夫婦許相容隱。經官告夫李先姦罪，欲令依舊同處，不無別致生事。若斷義離異，不見妻告夫罪之定例，請定奪。回示：送刑部。議得：夫妻元非血屬，本以義相從。義合則固，義絶則異，此人倫之常禮也。李先罪犯强姦伊妻阿鄧前夫男婦，於婦知見，用言勸道，爲人不思自過，反將阿鄧打傷，告發到官，對問是實。既將李先斷訖，已是義絶，將難問處。看詳李先所犯敗傷風化，瀆亂人倫，仰合與妻離異，相應。都省准擬，移咨傷上施行。

《元典章》卷四五《刑部・諸姦・强姦・强姦幼女處死》　大德十一年六月，行臺准御史臺咨，先承奉中書省劄付來呈，准西廉訪司追，照得廬州路文卷内，六安縣類徐保，年一十六歲，將五歲女張鳳哥姦污。省委審斷罪囚官，止斷六十七下，不見此斷例，送刑部呈。至元五年，陝西行省軍人鄭忭古歹，將王秀兒六歲女臈梅强姦，法司擬：合行處死。施行訖。又至元七年閏十一月内，尚書省右三部呈順德路，歸問到陳賽哥强姦田澤女田菊花。罪犯擬合處死，移准中書省咨。九月初七日，聞奏過，奉聖：依着您的言語者。欽此。據京兆路白水縣王解愁，至元七年三月二十九日，强姦郭晚驢定婚妻李道道，年九歲。有郭晚驢要訖王解愁布四十疋。白水縣官司准攔斷訖，王解愁四十七下。取到本縣官吏人等，招伏送户部擬呈。照得：原奉省劄，陳賽哥强姦幼女田菊花，合行處死。有審斷罪囚斷事官幹脱兒赤等斷訖一百七下，再行捉拿收禁。爲此聞奏過，將陳賽哥疎放了當。據已斷，王解愁即依一體合行處死。若依幹脱兒赤已斷體例，猶合貼斷六十下。省准，依上施行去訖。以此，本部議得：類徐保所招姦訖五歲女張鳳哥，罪犯例合處死。却爲照例斷事官幹脱兒赤斷訖陳賽哥，又王解愁强姦李道道貼斷，例合將類徐保貼斷四十下，相應准擬，仰依上施行。承奉除已行下本道廉訪司依上施行外，照得姦有和强，罰有輕重，若執法不一，刑無不濫。伏覩聖朝立法以來，令臺察提調審理，蓋欲其平也。今類徐保强姦五歲幼女張鳳哥，廬州路追勘明白，罪當處死，省委審囚官撓法任情，擅斷六十七下。本道廉訪司糾其不平，刑部既不能比依條例定論，又不以省委官枉錯問罪。援引幹脱兒赤斷事官已行違錯事理，擬將類徐保貼斷，以此參詳。徐保所犯既已斷訖固准，再擬慮重。然脱幹兒赤等官擅斷之事，即非久遠定例，若循今次所擬，竊恐以後因仍差失，長惡滋姦，深爲未便。今後合令刑部明立斷例，遍行中外遵守。若官吏違例差斷，亦合定擬罪名，似望刑政歸一。呈奉中書省劄付，送刑部議得：今後若有强姦幼女者，如十歲以下，雖和以同强，擬合依例處死。如官吏違例差斷者，臨事詳情區處。如准所擬，遍行中外遵守相應。具呈照詳都省，准擬施行。

《元典章》卷四五《刑部・諸姦・强姦・姦八歲女斷例》　皇慶元年七月　日，福建宣慰司承奉江浙行省劄付，准中書省咨，浙東道宣慰司備紹興路申，沈明四告姚細僧將伊八歲女阿妹姦污等事，送據刑部呈檢，會到元貞二年三月承奉中書省劄付，呈奉省判湖廣省咨鄂州路，備威寧路申，胡堅年一十四歲，將王阿黄女六歲王醜娘强姦，取到本人招伏，請定奪事送本部。照得至元二十九年二月初九日，前中書刑部歸問到一十四歲張拾得强姦四歲女，決一百七下。呈奉都堂鈞旨，准擬施行奉此，本部擬得胡堅所招强姦幼女王醜娘罪犯，本人年一十四歲比例量擬杖一百七下，相應，都省准呈除外，仰照驗施行。奉此，除遵依外，今承見奉，本部議得：犯人姚細僧所招年一十四歲，不合姦要沈明四八歲女沈阿妹。罪犯雖和合同强姦論罪比例，決杖一百七下。被姦小女沈阿妹雖有招涉，難議科罪。具呈照詳。都省准擬，咨請依上施行。

《元典章》卷四五《刑部・諸姦・强姦・强姦幼女處死》　延祐二年二月江浙行省准中書省咨，紹興路備山陰縣申，據何阿陳告：皇慶二年

二月十二日，被隣人陳伴僧將十歲女陳歸娘强行姦污。取訖犯人陳伴僧招伏參詳强姦十歲以上室女，例斷一百七下。十歲以下者，例合處死。今次陳伴僧强姦陳歸娘已年十歲，事干通例，請照詳事。據送刑部呈，照得至元十一年四月中書兵刑部來申，歸問到杜奴奴强姦張絨則一十一歲女賽賽罪犯，及取到一干人等招詞，乞明降事。省部照得强姦十歲已上室女，擬斷一百七下，體例今據見申，仰照驗，據杜奴奴所犯，更爲審問是實，就便依例歸斷外，據其餘有招人數，亦仰量情施相應。具呈照詳都省除外，今承見奉本部議得：陳伴僧姦幼女罪犯，依例結案相應。

（元）宋本《至治集·工獄》 京師小木局，木工數百人，置長分領之。一工與其長爭，長曲不下，工遂絶不往來。半歲，衆工謂口語非大嫌，釀酒肉，强工造長居和解之，乃懽如初。暮醉，散去。

工婦淫，素與所私者謀戕良人，不得間。是日以其醉於仇而返也，殺之，倉卒藏尸無所。室有土塌，塌中空，蓋寒則以厝火者，乃啓塌磚置尸空中，空狹，割爲四五始容焉，復磚故所。明日，婦往長家哭曰：吾夫昨不歸，必而殺之！訟諸警巡院。院以長仇也，逮至榜掠不勝毒，自誣服。婦發喪成服，召比丘修佛事，哭盡哀。

院詰長尸處？曰：棄壕中。責仵作二人索之壕，弗得。仵作本治喪者，民不得良死而訟者主之，是故常也。刑部、御史、京尹交促具獄，甚急。二人者期十日得尸，不得，笞。既乃竟不得，笞。期七日，又不得。期五日，期三日，四被笞，終不得，而期益近。二人嘆惋，循壕相語，笞無已時，因謀別殺人應命。暮坐水傍，一翁騎驢渡橋，犄角擠墮水中，縱驢去。懼狀不類，不敢輒出，又數受笞，涉旬餘，席翁爛不可識，舉以聞院。召婦審視，婦撫大號曰：是矣，吾夫死乃爾若耶！取夫衣如魂壕上，脱笄珥具棺葬之。獄遂成，院當長死，案上，未報可。

騎驢翁之族物色翁不得，一人負驢皮道中過，宛然其所畜，奪而披視，血皮未燥，執訴於邑。亦以鞫訊慘酷，自誣劫翁驢，翁拒而殺之，尸葬某地。求之不見，輒更曰某地，辭數更，卒不見，負皮者瘐死獄中。

歲餘，前長奏下，縛下狴犴，衆工隨而譟若雷。雖皆憤其冤，而不能爲之明，環視無可奈何，長竟斬。衆工愈哀嘆不置，遍訪其事無所得，不知爲計，乃聚議哀交銷百錠，處處置衢路，有得某工死狀者，酬以是。亦寂然無應者。

初，婦每修佛事，則丐者坌至求供飯，一故偷兒常從丐往乞。一日，偷兒將盜他人，尚早，不可，既熟婦門户，乃暗中依其垣屋以須。迫鐘時，忽醉者踉蹌而入，酗而怒婦，詈之，拳之，且蹴之，婦不敢出聲。醉者睡，婦微詳燭下曰：緣而殺吾夫，體骸異處土榻下，二歲餘矣！榻既不可火，又不敢塓治，吾夫尚不知腐盡否？今乃虐我！嘆息飲泣。偷立墉外悉聽之，默自賀曰：奚偷爲！明發入局中，號於衆：吾已得某工死狀，速付我錢！衆以其故偷，不肯，曰：必暴者乃可。遂書合，分支與偷。且俾衆遥隨我往偷伴被酒入婦舍，挑之。婦大罵：丐敢爾！鄰居皆不平偷，將毆之。偷遽去土榻席，板磚作欲擊鬥狀，則尸見矣。衆工突入，償偷購，反接婦送官。婦吐實，醉者則所私也。官復究壕中死人何從來？仵作款：擠何物騎驢翁墮水。仵作誅，婦及所私者磔於市，先主長死吏，皆廢終身。官知水中翁即向瘐死者事，然以發之則吏又有得罪者數人，遂寢，負皮者冤竟不白。

此延祐初事也，校官文謙甫以語宋子，宋子曰：工之死，當坐者婦與所私者止耳。乃牽聯殺四五人，此事變之殷也。解仇而伏毆刀，逃笞而得刃，仵作殺而婦窆，負皮道中而死桎梏，赴盜而獲購，此又糾葛而不可知者也，悲夫！

《元典章》新集《刑部·諸姦·職官犯姦·縣尉將樂女姦宿》 至治元年四月日，福建宣慰司奉江浙行臺劄付：近據建康路申：教坊司樂户張成，狀告江甯縣魏縣尉同上元縣張縣尉。延祐六年正月初九日，各官將引弓手周二等將成女張姣姣並男婦奔子叫同於應家樓上飲酒嘔唱罷，各官將姣姣等姦宿一夜。與成中統鈔二定二十兩，押到路引一道。告訖，詳狀得此。責得縣尉魏正仁、張義各招相同，看詳魏居仁、張義等所招，不合於散樂張姣姣等飲酒宿睡。罪犯若便科斷，緣無通例。宜令合於部分定擬開坐招詞，議擬罪名，移咨中書省照詳。延祐七年二月初四日，回准中書省，咨送刑部，呈議得江甯縣尉魏居仁、上元縣尉張義所招，除輕罪外，止據各人職事捕盗，不以巡警爲心，就於散樂婦人張姣姣、王阿楊家飲酒，更行寅夜同宿，俱係命官污濫不法，合准江浙行省所擬，各笞四十七下。比例解見任，別求行仕，標附過名。外據張成已首鈔兩，准擬没官。

其餘有招人等，合準本省就便發落。

（元）沈仲緯《刑統賦疏・第四韻》　至治元年九月，刑部議得：云内州判官八剌思不花取受張萬奴等各物，及容隱同居表弟火失帖木兒與盜牛賊忽都帖木兒妻荅失在家姦宿，俱已事發被問，貪夜入牢毆打獄卒，劫取火失帖木兒等出禁，一同在逃，被捉到官，合與犯人同罪，杖八十七下，除名不敘。都省准擬。

《元史》卷一九〇《儒學傳・贍思》　〔贍〕嘗與五府官決獄咸寧，有婦宋娥者，與鄰人通，鄰人謂娥曰：我將殺而夫。娥曰：張子文行且殺之。明日，夫果死，迹盜數日，娥始以張子文告其姑。五府官以爲非共殺，且既經赦宥，宜釋之，贍思曰：張子文以爲娥固許之矣。且娥夫死及旬，乃始言之，是娥與張同謀，度不能終隱，故發之也，豈赦可釋哉？樞密判官曰：平反活人，陰德也。御史勿執常法。贍思曰：是謂故出人罪，非平反也。且公欲種陰德於生者，奈死者何！乃獨上議刑部，卒正娥罪。

《元史》卷一〇五《刑法志》　諸妹爲尼與人私，兄聞而諫之，不從，反詬詈扯捽其兄，兄殺之，即兄殺有罪之妹，不以凡人鬥殺論。

（元）盛如梓《庶齋老學叢談》卷下　公太學出身，治書義號鐵脚雞，決事判筆如飛，有蕭某者，吉州老儒，曾攝邑簿，二子儒業，行槖稍厚。晚納一婦，艷而黠。一日攜其貲，同姦夫逃去，隨獲之。公已斷罪遣離。蕭簿復令二子陳詞，乞留其婦。公判云：甑已破矣，視之何益？阿範之所爲如此，蕭某不得以爲妻，士俊兄弟得以爲母乎，恐是此狀出於蕭某之意。遣其子有請，果爾。真是日暮途遠，倒行而逆施者矣。蕭某非愛其身，士俊兄弟非愛其父。門示。

《大誥續編・姦宿軍婦》　給事中王默，進士易聰，序班洪文昌，斯三人，兩志士，一人才，正當精英少壯之時，以學問則已超羣類矣。洪文昌雖非學校之出，出自民間，已超民矣。所任之職，或周旋於朕前，或從游於殿庭，以賢者論之，貴矣哉。今三人心忘立志，性務姦頑，苟合無藉之婦，通姦不已，敗常亂俗。法司所以論如律者，爲此也。

《大誥武臣・因姦殺人》　蘇州衛千戶宗聚，他喚軍人王羣兒妻周氏回家姦宿。後其夫差使回來聽得，將他婦人毆打。這婦人對宗聚說：而今我丈夫得知這事了，要打死我。宗聚回說：我和你對付了他的性命，你與我做娘子，有的是好衣服、頭面與你，却不强似與那箇窮軍做婦人。就做泥人兒一箇，用鐵釘逼身釘了，教本婦將回家埋在炕下。王羣兒後被魘鎮病倒了，本婦又去與宗聚說：他如今雖病，看來也死不得他。宗聚又將毒藥與本婦回家，毒死其夫。其夫服毒後，又不死，本婦將鐵斧在其夫頭上連打兩下，被四鄰救住，不曾得死。後其夫病好，將大誥赴京伸訴，宗聚又去攔截，奪下本軍盤纏鈔貫，將他大誥燒壞了。似這等無理的人，若不殺他呵天也不肯。

《明仁宗寶訓》卷二《退不肖》　永樂二十二年八月庚申，前工部右侍郎伏伯安先坐姦事，罰築城。至是遇赦，當復職。上曰：淫穢之人，不宜汙朝行。黜爲荊門州知州。

《明仁宗實録》永樂二十二年九月　〔乙酉〕靈山衛指揮張忠過真定，取民女子爲妾，已納聘，蓋女子先受他聘矣，而父母利厚貲，更許忠，未行，其先聘者訴於官。事者聞。上曰：婚姻，風化之原。既有成言，義不可易。今嗜利而中易之，循夷虜之陋，以敗風化，此父母之過，法司罪主婚者。女子歸先聘者。如忠不知，即不坐。

《明宣宗實録》宣德三年三月　〔乙巳〕守黄崖等關都指揮錢義因求姦逼人死，事覺，行在都察院請逮問。上曰：以都指揮爲此事，是無耻人也，罪之如律。

《明英宗實録》正統三年冬十月　〔丁丑〕行在兵部主事章文昭有罪坐絞。初文昭怒妻姪傅約生通其妾，殺約生，佯言爲賊所害，令義男天禄告官，遂推罪天禄。文昭囑刑部主事徐禄鍛煉成獄。事覺，法司擬文昭贖罪復職。上不從，乃更擬絞。時禄已陞湖廣僉事，並逮治之。於是給事中郭瑾等劾奏行在刑部尚書魏源、右侍郎何文淵失於詳審，亦宜究問。上以源等法固難容，姑記其罪，仍蹈前失，不宥。

《明英宗實録》正統六年春正月　〔癸亥〕謫守備滑石澗堡署都指揮僉事李庸甘肅充軍。庸多縱卒圖利，姦部任妻，爲協同守備偏頭都指揮馬貴所奏故也。

《明英宗實録》正統六年八月　〔戊子〕舊例：僧有妻者，諸人得捶辱之，更索其鈔五十錠，無鈔，毆死勿論。有僧夜入姦婦家，爲同姦者毆

死。山西法司論毆死者以絞，審獄評事王亮謂僧犯姦，方之有妻，其罪尤重。毆死姦僧，宜有以矜恤之。上命宥死，杖遣戍邊。

《明英宗實録》**正統十二年六月**　丁亥，南京虎賁右衛舍人余鼎解軍如廣西，途中拘其行囊，盡取所有。軍妻頗有色，屢逼姦，不從，鎖其夫，促其首與足爲一處，名曰扳罾鐐，不令便旋，如是者數夕，軍不勝毒，哀懇其妻勉從之。既至廣西，發其事，御史問實以聞。上命誅之。

《明英宗實録》**正統十二年秋七月**　〔癸卯〕直隸天津衛舍人張信母孟氏爲其父副千户晟踈棄，與衛卒姦，信又蕩家産於娼婦。晟杖之，信與母及姦卒謀夜入晟卧内手刃之，誑言爲盜所殺。事露，法司核其實，命磔信於市，斬孟氏等梟首示衆。

《明英宗實録》**景泰元年閏正月**　〔乙丑〕提督守備居庸關右僉都御史王竑奏：巡關御史王壁數致軍妻與姦。命執鞫之獄，具充鐵冶衛軍。

《明英宗實録》**景泰二年五月**　〔辛丑〕道録司左玄義梅道真，御用監内官忠之兄也，數以銀帛與妓者及都指揮使把罕妻姦，且幹部督僉事張義撥軍爲僕。事覺，都察院坐贖罪還俗，並案忠縱兄犯法，義擅撥操軍，詔道真謫充開平軍，義、忠姑宥之。

《明英宗實録》**景泰五年八月**　〔壬寅〕十二營把總都指揮蔣謙坐姦父婢，命贖罪，其降其官。謙，定其西侯貴之子也。

《明英宗實録》**景泰六年十月**　〔丁未〕都察院論昌平侯楊俊烝父妾斬，移審大理寺。俊輒不引伏，於是命三法司曹諸大臣辜鞫之，辯俊欲烝未成，獄上。詔曰：俊雖烝庶母未成，終爲敗倫傷化，具論如律，嚴錮之。

《明英宗實録》**天順二年夏四月**　〔己未〕大寧都司都指揮使常廣素貪淫，聞部下軍婦美而寡，强載以歸，污之。婦欲自縊，乃遣還。婦家將愬於京，廣誣以事，盡收其家人於獄。婦欲自赴愬，廣復執歸繫之。事覺，下廣錦衣衛獄鞫，得實，都察院論廣當絞。上命囚禁之。

《明英宗實録》**天順二年十二月**　〔戊午〕巡按陝西監察御史郭文奏，安遠侯柳溥西征時紀律不嚴，致都指揮黄欽等掠人女子肆淫亂。都察院請俱執治。上特宥溥，命收欽等下錦衣衛獄。

《明英宗實録》**天順三年冬十月**　〔癸丑〕巡撫大同右副都御史王宇奏，石彪嘗瞰玉林衛一軍士出夜，至其家，强其女汙之，明日遂取以歸，十日始還之。既而其軍士欲訴之，彪擒繫於玉術衛獄，竟瘐死。上命僉都御史王僉、錦衣衛指揮僉事逯杲往覈，具實。三法司、錦衣衛會鞫，論彪强姦，及故禁平人致死罪，皆應死。命仍固禁之。

《明英宗實録》**天順五年四月**　丁亥，謫順天府丞王晋戍憲府邊衛。晋，户部尚書佐之子，自未任特與京師諸淫婦通。至是又枉法受部屬白金，事並覺，法司坐以絞罪，故有是命。

《明英宗實録》**天順六年夏四月**　〔丁亥〕群臣奉詔鞫南和伯。方毅未襲爵時，服内姦父婢，及襲爵後姦占家人妹爲妾，恐叔瑞露其事，誘祖母誣瑞不孝。罪應贖杖還爵。然毅敗倫傷化，難照常例處置。上命革爵閒住。

《明英宗實録》**天順七年八月**　〔丙申〕文安伯張斌居喪烝父婢，强娶妹夫之妻。六科十三道劾其敗倫傷化，下三法司錦衣衛廷鞫，其罪論當斬。上命錮禁於錦衣衛鎮撫司獄。

《明憲宗實録》**成化三年秋七月**　〔庚午〕分守甘肅右參將都指揮王裕所爲多不法，甚至姦淫部下婦女，詐取監守之物，爲人所發，下都御史徐廷章覈實，械送至京，如律罪之。

《明憲宗實録》**成化五年三月**　〔癸卯〕衍聖公孔弘緒有罪革職。弘緒初爲南京科道所劾，下巡撫山東都御史原傑按之，悉得其非法用刑，姦淫樂婦四十餘人，勒殺無辜者四人狀以聞。命官會問，坐以斬。上念宣聖之後，特從寬革職爲民。仍命巡撫等官會勘族内應襲者，奏聞區處。

《明憲宗實録》**成化七年二月**　〔壬子〕大寧都司都指揮張雄聞故清苑縣丞劉濬妾美而多貲，欲取以爲妾，令其子勇强昇之，勇掩爲己有，並攘其貲。於是濬族人同女訟於朝。下巡按御史鞫之，具伏，並得雄挾勢受賂事，雄坐杖徒，勇坐絞，以具獄上都察院以聞，詔雄贖罪畢，降官一級，不得理軍事。勇如所擬。

《明憲宗實録》**成化十一年九月**　〔丙寅〕降襄垣王仕載波壇等爲庶人。初仕壇負弟鎮國將軍仕埭銀二百餘兩，令與其婢景妙福通，仕埭因欲得之，而仕壇索以重貲，不果，妙福遂縊死。於是，仕埭訐奏仕壇，與弟仕埮子成銀、成鑽瀆亂聚淫，並縱舍人蕭傑、校尉孫清、白諒等通淫妃及

宮人等事，命官覈實，拘繫至京，詔令皇親等官會審不誣，遂降仕壥、仕埭、仕𢡺、成銀、成鑽爲庶人，仕壥父子留居京，仍勑太監羅祥送仕埭、仕𢡺歸守墓，妃及宮人責自盡，傑、清坐斬，諒等五人絞，命宥諒等死，杖之百，械送廣西邊衛，永遠充軍，家屬隨住。

（明）余懋學《仁獄類編》卷二九《殺姦夫勿論》　成化十二年，通州民被人姦其妻，即姦所執之，爲其妻所護，持而逸出，追殺，并殺其妻。刑部擬以罪人已就拘執而殺者，法當絞，大理寺詳審以聞。上曰：既姦所捕獲之，登時殺死，其勿論。

（明）陸粲《庚巳編》卷九《人妖公案》　都察院爲以男裝女魘魅行姦異常事。該直隸真定府晉州奏：犯人桑冲，供係山西太原府石州李家灣文水東都軍籍李大剛姪，自幼賣與榆次縣人桑茂爲義男。成化元年，訪得大同府山陰縣已故民人谷才以男裝女，隨處教人女子生活，暗行姦宿，一十八年不曾事發。衝要得倣效，到大同南關住人王長家尋見谷才，投拜爲師。將眉臉絞剃，分作三柳，戴上鬏髻，粧作婦人身首。就彼學會女工，描剪花樣，扣綉鞋頂，合包造飯等項，相謝回家。比有本縣北家山任茂、張虎，谷城縣張端大，馬站村王大喜，文水縣任昉、孫成、孫原前來見冲，學會前情。冲與各人言說：恁們到各處人家，出入小心，若有事發，休攀出我來。當就各散去訖。成化三年三月內，冲離家到今十年，別無生理，在外專一圖姦。經歷大同、平陽、太原、真定、保定、順天、順德、河間、濟南、東昌等府朔州、永年、大谷等，共四十五府州縣，及鄉村鎮店七十八處。到處用心打聽良家出色女子，設計假稱逃走乞食婦人，先到傍住貧小人家投作工。一二日，使其傳説，引進教作女工，遇晚同歇，誑言作戲，哄説喜允，默與姦宿。若有秉正不從者，候至更深，使小法子。將隨身帶着鷄子一箇，去青，桃七個，柳七箇，俱燒灰，新針一箇，鐵搥搗爛，燒酒一口，合成迷藥，噴於女子身上。默念昏迷咒，使其女子手脚不動，口不能言，行姦畢，又念解昏咒。女子方醒，但有剛直怒罵者，冲再三陪情，女子含忍。或住三朝五日，恐人識出，又行那移別處求姦。似此得計十年，姦通良家女子一百八十二人，一向不曾事發。成化十三年七月十三日酉時分，前到真定府晉州地名聶村生員高宣家，詐稱是趙州民人張林妾，爲夫打罵逃走前來投宿。本人仍留在南房內宿歇。至起更時分，有高宣婿趙文舉潛入房內求姦。冲將伊推打，被趙文舉將冲捽倒在炕按住，用手揣無胸乳，摸有腎囊，將冲捉送晉州。審供前情是實。參照本犯立心異人，有類十惡，律無該載。除將本犯並姦宿良家女子姓名開單，連人牢固押法司收問外，乞勑法司將本犯問擬重罪等因。具本奏，奉聖旨：都察院看了來説。欽此。欽遵。臣等看得桑冲所犯，死者餘辜，其所供任茂等俱各習學前術，四散姦淫，欲將桑冲問擬死罪。仍行各處巡按御史，挨拿任茂等解京，一體問罪，以警將來。及前項婦女，俱被桑冲以術迷亂，其姦非出本心，又干礙人衆，亦合免其查究。成化十三年十一月二十日掌院事太子少保兼左都御史王等具題。二十二日於奉天門奏。奉聖旨：是。這廝情犯醜惡，有傷風化，便凌遲了，不必覆奏。任茂等七名，務要上緊挨究，得獲解來。欽此。

《明憲宗實録》成化十五年夏四月　〔壬子〕駙馬都尉馬誠私通使婢，淫亂無度，爲太監汪直發其事，下錦衣衛鞫治得實，請置於法。上以誠不守法律，分外妄爲，姑從末減革去冠帶，令戴平巾送國子監讀書習禮，仍停其禄米五百石。

《明憲宗實録》成化十六年六月　〔癸丑〕晉府永和王奇湇母妃張氏與太原衛卒王鋭並一僧爲淫亂，宫女亦有與外人通者。儀賓陳諫爲詩以諷，且將白王逐鋭等。鋭等以告妃，妃遣人誘諫入宮，毆殺之，并教一宮女誣諫爲淫戲，令王奏之。諫子具奏其事，朝廷命内官偕錦衣衛千户往山西，會巡撫布按暨都、布按三司問狀。妃及宮女四人皆自經死，内官同巡撫等官各以狀聞。晉王鍾鉉以奇湇年幼不能制其母，爲之請罪，并下都察院以具獄覆奏。有旨：此曹出入王府，肆爲淫亂，又謀殺人，悖理殊甚。鋭與僧俱斬之，與宫女通〔者〕四人，同謀殺人者一人皆絞，宫女三人賜自盡。從殺人及知其事者十三人，俱發充邊軍，永和王其下勑切責，仍録獄詞寫書諭諸王府。

《明憲宗實録》成化十六年十一月　〔丁酉〕魯王陽鑄嗜酒，時節聚外人暨妃張氏同飲，男女溷淆，遂致宫人朱花榮與軍人袁彬及妃兄張時舉等淫亂，並僭分害人不法等事，爲棲霞郡主所發，王亦奏儀賓馮佳姦占樂婦等罪。命官覈實，至是詔革魯王禄米三之二，及張氏妃號，郡主、儀賓禄米職名，斬袁彬於市，張時舉、朱花榮並絞，其餘發充邊衛軍，長史而

下定罪有差。

《明憲宗實録》成化十八年十二月〔辛未〕，石城王奠堵子鎮國將軍覲鉚，與南昌衛千户侯俊相親厚。俊妹王妃弟婦也，早寡，數入覲鉚家與爲姦淫，俊妻亦與覲鉚通。王知之，屢杖侯氏不能禁，因鎖留府中。覲鉚賂俊，令訟王，冀脱侯氏，王聞釋之。奏其狀於朝，並誣以他事。勑鎮守内官會巡按御史等驗問得實，都察院覆奏，有旨：侯俊交通覲鉚，縱引妻妹與之姦宿，又枉法受財，情犯深重，可發廣西邊衛充軍，侯氏重杖一百釋之，覲鉚大肆姦淫，倩人訐告其父，有傷倫理，革去將軍間住。石城王亦下勑切責之。

《明憲宗實録》成化二十年二月〔庚申〕陽曲榮靖王妾武氏，及鎮國將軍鍾鎰夫人吴氏，各取異姓子，請名食禄，混亂宗支。嗣陽曲王鍾鍑姦父妾生子，且與庶母搆怨，使人掩捕多不法事，其妃侯氏更縱宫人淫亂，俱事發，武氏、吴氏與王所姦妾，俱賜自盡，同謀取異姓子者絞死，鍾鍑降庶人，侯氏革封號，收其冠服册命，姦生子隨住，不得請名請封，其餘坐罪者有差。仍命以其事徧行各王府知之。

《明憲宗實録》成化二十一年二月〔壬申〕陽曲王鍾鍑夫人鄧氏，與道士張德山通，事露自縊，德山坐斬。上以鍾鍑閨門不肅，有玷宗室，致書晉王，令面責之。

《明憲宗實録》成化二十二年九月〔辛亥〕隆平侯張祐坐其妻徐氏姦淫，罷管都督府事。徐氏與祐從弟南京江陰衛指揮祚通，數盗與家財，恐祐與其姑黄氏知之，令道士行魘魅術，又以侍婢將泄其事，遂殺之以滅口。祐初爲祚所愚，後竟覺，徐氏愧赧，乃自縊死。至是黄氏始以其事告發，法司勘問俱實。命祚依律處決，以祐帷簿不修，有玷名爵，故罷之。

《明孝宗實録》弘治六年十二月〔甲子〕山西太原右衛軍人劉玉妻汲水於慶成王府前，輔國將軍奇潤通之，竊於府第，其弟奇淤又通之。兄奇汶發其事，奇潤箠其兄，事聞。上曰：奇潤、奇淤强姦民婦，奇潤又欺毆兄長，不遵祖訓，宜寘之法，姑宥之，奇潤革山禄之半，奇淤三之一。本府教授陳貴不能啓王戒諭，下按察司逮問。

（清）查繼佐《罪惟録》紀卷一〇《孝宗紀》〔弘治七年〕夏四月，韓府儀賓文顯宗私通宫妾，律斬，郡主以翁姑老，請代杖百，閒住。

《明孝宗實録》弘治九年二月〔甲子〕先是，京師姦民馬紀夜聚諸惡少馬聰等，持刀入民婦家，逼而淫之，劫其財，復抱持以出，諸惡少遞淫於通衢。至曉，舁入酒肆，不納，棄而去之。爲邏者所獲，紀辭伏。時掌錦衣衛事都指揮僉事陳雲，受其家訴詞欲出之，東廠緝事官校發其事，三法司擬紀、聰等依强姦律絞，並劾雲罪。上以紀兇惡異常，蔑視法度，命即斬之，梟首於市。家屬俱械發邊衛，永遠充軍。聰等處絞。雲逮問。

《明孝宗實録》弘治十四年十月　癸丑初，慶成王府鎮國將軍鍾鏘有庶子奇〔澂〕〔澂〕等五人，奇溢最幼，鍾鏘卒，諸子逐奇溢及其母王氏居外，而奪其府〔弟〕〔第〕。有瞽者楊瑀善謳，奇澂輩日引入府宴樂，王氏〔自〕〔因〕通馬〔焉〕，久之，事頗覺，王氏偕瑀夜奔平陽。事聞，下所〔賜〕〔司〕逮治，具服。獄上，命楊瑀處決，王氏自盡，奇澂等四人姑宥之，仍各革禄米三之一。勑慶成王嚴戒諭之，其教授陳貴、楊經等，下山〔西〕巡按御史逮治其罪。

《明武宗實録》弘治十八年十二月〔丙辰〕襄垣王府奉國將軍聰溉之夫人丁氏先已受他人聘，聰溉奪而娶之。又娶妾陸氏有寵，而逐丁氏於家，因互相訐奏，詞連聰溉之父輔國將軍成鍌，下鎮巡官勘問。至是，獄上，都察院言：成鍌不能訓子，與聰溉所犯俱違祖訓，丁氏義已絶，與陸氏俱難完聚。有旨：丁氏革封號，陸氏杖五十，俱閑住。成鍌、聰溉仍澤勑賜書切責之。

《明武宗實録》正德元年九月〔戊寅〕慶成王府奉國將軍表楠因姦逼人死，都察院上其罪狀。得旨：表楠法當逮治，姑從輕奪其冠帶禄米，俾閒住。仍勑慶成王約束。

《明武宗實録》正德七年七月〔丙子〕岷府黎山王彦濵、鎮國將軍彦汭、彦淮皆黎山安懿王子也。與安昌王彦瀋收畜姦徒，從臾爲非，時索州司供應，及勒取民財，莫敢誰何。彦濵居喪酣飲，率宫眷憑城觀戲，諸弟皆效之。彦汭屢忤母，推而僕諸地。彦淮性尤兇强，嘗置毒餅中，進母，母覺不食。其夫人劉氏與家奴通。彦瀋淫縱事尤多，彦濵兄弟嘗侵彦瀋及沙陽王膺鉋宅地，積怒久，遂各以其事訐奏。而膺鉋又誣彦濵烝其父妾。命司禮太監温祥、刑部侍郎戈埴、錦衣指揮韓端往會鎮巡官按之，事涉宫壺者，令祥入府詳訊。彦汭、彦淮母因各爲其子訴解。祥等還奏，詔

降彦淮爲庶人，革彦汭禄米，彦濇、彦瀸革三之二，膺刨三之一，劉氏奪封號，家奴處斬，姦徒發戍邊遠者四十五人。

《明武宗實録》正德九年九月　己卯，徽府儀賓徐寧居喪挾妓兼酗酒，閨門多不肅，爲讐所訟，逮問，革職爲民。

《明武宗實録》正德十年十一月　〔甲辰〕代府博野王俊櫍與庶長兄鎮國將軍俊桓，各以淫亂不法事訐奏。命司禮監太監蔣貴、都察院左僉都御史陳天祥、錦衣衛指揮同知高榮，督鎮巡官鞫勘。至是，獄上。得旨：俊桓勒騙財物，居喪淫縱，俊櫍姦淫樂婦，違例出郭，本當重治，姑從輕各革禄米三之一。其撥置人役俱發戍邊衛。仍寫（書）〔代〕王，令嚴加約束，不許仍前恣肆。

《明武宗實録》正德十三年二月　〔癸未〕降監察御史張士隆、許完爲判官。士隆晉州，（完）〔定〕州。初寶坻人薛鳳鳴者，既以罪削仕籍家居，無賴益甚，出入諸貴倖門下，倚憑聲勢，而朱寧通其愛妾，故尤庇之。嘗與弟鳳翔有怨，嗾緝事者發其陰事，收詣刑部（當）〔審〕。刑部擬有寃，並捕鳳鳴鞫之。鳳鳴使其妾懷狀赴長安門愬屈，因自縊死門者，以狀聞，仍坐鳳翔死，而出鳳鳴，狀復連及寶坻知縣周并在鳳鳴素所讎者數十人，俱逮赴都察院。完與士隆先後治其獄，乃捕鳳鳴等對證，尋釋還職，而鳳鳴久繫，寧怒，令鳳鳴女告治獄者偏枉，遂下二人於錦衣衛獄。於是都御史彭澤等亦被旨詰責，具疏引咎乃〔已〕。鳳鳴諸所讎者盡抵罪，而完、士隆竟降級調外任。時御史周鵷、潘倣亦嘗治鳳鳴事，俱爲所捕，鵷陰賂寧，得贖杖復職。倣巡按陝西踰年代還，乃逮問，仍擬調外任，都御史申救始免之。

《明武宗實録》正德十三年五月　〔癸亥〕先是，靈州軍余有與民婦及弟婦亂，惡其妻有言，乃與弟婦謀，誘推禄命者至家，並執其妻，以爲私通，而詛已，遂各斬其首，待實於官。陝西都司何濟、靈州指揮李貞得賂鬻獄，妻及術士家訟寃，巡撫官疑之，牒分巡僉事蔡榮究治，得其情，因劾濟等罪，下都察院覆，濟、貞例宜邊方立功，五年還原衛帶俸差操，報可。

《明武宗實録》正德十四年五月　〔壬寅〕靈丘王府儀賓許臣、李文祥坐姦淫賭博，各革職爲民。

《明世宗實録》嘉靖元年正月　〔壬戌〕都察院左都御史金獻民等奏擬江彬逆黨，游擊將軍李興等罪，興及吴政論死，妻子免緣坐，參將楊玉、宋斌謫戍極邊，左欽降二級。上從之，興坐誣罔不道，因姦殺人，特命加擬重法以聞。

《明世宗實録》嘉靖三年七月　〔己巳〕襄垣王府輔國將軍成鏡、庶人聰濚，以姦淫不法，爲撫按官所劾。得旨：成鏡革爵爲庶人，聰濚押高墻禁住。

《明世宗實録》嘉靖四年閏十二月　〔乙丑〕初南安王彦泥以岷王彦汰浸凌致忿，奏其忤逆不孝，欺誑朝廷等事，彦汰亦奏稱彦泥通番劫財，殺人害衆，姦淫内亂，大傷國體，不服鈐束。上命司禮監左少監李璜、大理寺左少卿徐文華、錦衣衛署都指揮使王佐往按之。至是以狀聞。都察院覆議，謂：情罪俱當，難以輕縱。上以彦泥姦貪淫縱，殘忍不仁，殺人害衆，有虧倫理，妃李氏慘毒兇悖，肆意荒淫，有玷宗室，俱革封爵，發南陽高墻。彦汰幽囚嫡母，至於焚死親逼多官，令其稱臣，僭分干名，不守國法，革爵，本府隨住。仍勅令改過，及賜書各王知之。

（明）應檟《讞獄稿》卷四《池州寧國徽州等處會審疏》　吴氏該直隸池州府建德縣見監，係直隸安慶府望江縣已故民王時顯妻。該監故汪二漢，招二漢與今故同鄉王時顯往來，因與吴氏通姦。邀到鄰界建德縣，賃房同居。嘉靖十年六月初十日，二漢思得時顯同住，通姦不便，賺哄時顯前到地名洞下無人去處討魚，就不合將時顯推落下水淹死。回家捏稱時顯自去趁工，强勒吴氏逃走，吴氏不允。十一日吴氏聞説洞下淹死一人，驚疑到彼，認是親夫，喊哭回家，投訴在官，董梓林呈送本縣，審出前情。吴氏雖與二漢通姦，並不知謀。問議汪二漢，因姦謀殺親夫，斬罪。吴氏姦婦，雖不知情，絞罪。詳允汪二漢監故，將吴氏監候。問臣等會審得吴氏情已無異，但王時顯於汪二漢雖係同鄉，素非親故，即其同居之跡，已有縱姦之情。夫婦之道，有義則合。當其縱姦之始，夫義絶矣。吴氏既不知二漢謀殺之故，不當以夫婦之正法論也。今議前罪，情有可矜。

《明世宗實録》嘉靖十九年四月　〔甲戌〕旌表江西南城縣烈婦胡氏。氏名全姑，適同邑李華。隨父商遠方，胡與姑易氏獨居。姑淫縱，日與惡少張炳拾、徐璉等通。胡氏貞白自誓，又不顯言姑惡，時時切諫。姑及惡

少百計凌虐荼毒，八年終始一節。後諸惡少與其姑竟謀殺之。撫按上其事，詔所在爲立祠，扁名哀烈，賜祭一壇。正諸惡少及其姑之罪。

《明世宗實録》嘉靖二十三年三月〔庚寅〕革隆平侯張瑋爵閑住。瑋取失節婦丘氏爲妾，復姦占家人朱浩妻。浩被丘辱，飲恨自殘，丘乘機併殺其妻。法司上其狀，論丘氏罪斬。罷瑋不赦。

《明世宗實録》嘉靖二十三年四月 庚寅，革方山王府輔國將軍表楠禄米三之一，停表樵禄米半年，以淫縱不法故也。

《明神宗實録》萬曆元年二月〔壬子〕勒襄城伯李應臣閒住，科臣賈侍問劾其荒淫狂悖，刑禁捕官也。

《明神宗實録》萬曆元年六月〔丁巳〕刑部奏雲南撫按問擬沐朝弼事，斬罪四名，充軍三十名，徒二十五名，杖三十一名。朝弼與嫂通姦生子事情，再行體勘。詔：朝弼已有處分，以前曖昧事蹟，不必深究，以存朝廷保全勳舊之體，餘俱依擬。

《明神宗實録》萬曆二年七月〔丁丑〕法司具奏西河王府鎮國中尉知懈挾勢兇淫，及未請名封小八老朋謀濟惡狀。得報：知懈廢爲庶人，高墻禁住，小八老除名封。

《明神宗實録》萬曆二年七月〔甲申〕都察院覆叅慶成王府庶宗楪劫盜姦淫，占兄妾爲妻，已經拘禁省城閒宅。尚不改圖，越出邠州，强娶民婦爲妾，常持刃在途肆意行兇罪狀，發送高墻。

《明神宗實録》萬曆四年四月〔壬申〕錮方山王府罪宗新垣於高墻。以垣兇淫不執，復爲撫按所糾故也。

《明神宗實録》萬曆十二年十月〔甲子〕刑部主事俞顯卿劾禮部主事屠隆與西寧侯宋世恩淫縱諸狀，並及陳經邦。上以顯卿出位瀆奏，並屠隆、宋世恩等該科其叅看以聞。

《明神宗實録》萬曆二十三年五月〔癸巳〕慶成王府奉國將軍知鮾殺其庶兄知轆並其妻子與婢六口。先是，鮾挾轆與寡嫂姦而嚇其貲，慮轆圖報，遂乘父喪，令甥郝汝磻妻兄武大禄、僕從陳良賢排墻入殺之。府縣廉得其狀，覆審不枉。遂具往例二請，一斬首焚尸，一勒自盡。詔從勒自盡例，財産給知轆之家，妻子發閑宅禁住，從者俱抵死。

（明）余懋學《仁獄類編》卷三〇《辨三人强姦平反》 金谿縣民樂珊十一毆黄總廿九至死，屍親黄賢五統僕江正五等多人抄劄樂姓家財，辱其婦，爲愬院道，先後行金谿樂安二尹檢問，擬珊十一抵死，賢五引戍，江正五、張辰八、黄疙俚三人以强姦白氏、傅氏坐死，照提後獲郡守，據原案論三人强姦，以律行。理刑官覆審，先君閱原卷，珊十一訴詞止有强姦鄧氏而無白氏、傅氏，樂珊七、樂瑚各詞亦無白氏、傅氏，至生員樂希文訴詞，乃始更稱捉打鄧氏，改姦爲打，而添出輪姦二婦情。及查招二婦，亦未到官，樂安尹止據樂希文，日執遂爾成獄。郡審又止據縣案，亦不逮問二婦。先君曰：事關三命，烏有强姦之人與被姦之婦俱未面証，而但信讐口，以成獄乎。乃逮白氏、傅氏到官，指三者詰之曰：汝認此三人面貌乎？曰：不認。曰：姦情眞乎？二婦羞澀語曰：無之。先君曰：既不認面，又不認姦，何以冤此三人也。且前稱捉姦鄧氏矣，捉姦之情既審非實，輪姦之情又豈得爲眞乎。遂脱此三人，以掠財論配，遇今上登極大赦免。

（明）余懋學《仁獄類編》卷三〇《摘疇九姦拐鉤摘》 臨川縣民徐陶三妻辜氏中夜逸去，莫知誘者主名，赴察院告，行理刑官鞫審。先君問陶三同居者爲誰？曰：張氏嫗。逮張氏嫗至，詰曰：日前有與辜氏往來者否？曰：數日前見吴疇九與之私語，未聞其它。先君曰：必疇九竊逃無疑也，令逮疇九至，一問具服。於母舅豐城彭棨六家獲辜氏以歸，論疇九如律。

（明）蘇茂相《新鐫官板律例臨民寳鏡》卷六《人命圖賴》 趙氏、周氏角口事眞，黄于泰稱趙氏寄物取還，不明言何物，而鄰佑稱趙氏發周氏之姦，彼此角口，似爲近之。但趙氏之死，不在十六角口之時，而在十八。黄於泰稱十三捕魚，十七歸家，則趙氏死時，於泰已歸，乃容趙氏之縊，何也？如云致命重傷，則趙氏生前並無一詞，何爲傷重。如云威逼致死，則李仲達乃屬孤貧小民，何威可逼。圖賴顯然。屍着自行殯埋，特周氏原非貞婦，而角口亦各有因。雖趙氏非爲周氏而死，而周氏之互爭不容掩也。着幫功果銀三兩，以泄死者角口之恨。林曰海，趙氏之爭而死，雖不預事，而通姦周氏爲實。李仲成弟婦之姦，雖無故縱，而約正失舉，則眞合行杖儆。

（明）蘇茂相《新鐫官板律例臨民寳鏡》卷七《姦類審語・垂財輕姦》

李娘妹年幼苕櫱，棍徒翁包宇許妹誘引行姦。伊父不告宣淫，而告拐騙，是貨子也。重財輕姦，頹風固然不足深究。掠拐有無雖未可知，而二犯追給各銀一兩，於娘妹則爲買笑，於阿翁則爲獲羞。枉不枉乎！

（明）蘇茂相《新鐫官板律例臨民寶鏡》卷七《姦類審語・姦局》

審宋玉妻吳氏與蔡承祖對門而居，蔡之寡嫂及氏，茶話往來，婦人常情耳。玉借承祖本銀些微，負而不償，霹捏姦情，妄作休紙。夫捉姦未經到官，離婚不從親識，一紙白書，五指黑印，無憑無證，殊屬曖昧矣。及當堂朴責，朱玉叫楚，吳氏號痛，凄入肝脾。夫以三月已棄之婦，分痛於相棄薄倖之夫，人情斷不其然。及知伊夫伊婦共成姦局以抗祖，旋作休書以瞞官，而騙銀實其本心也。姦屬無形，休不足信，廉恥全喪，重笞之以儆頹風。

（明）蘇茂相《新鐫官板律例臨民寶鏡》卷七《姦類審語・私奔斷離》

吳氏夫死二十餘年而改嫁，嫁吳尚德二日而生子。若非先姦後娶，寧有學養後嫁者耶？吳夫吳婦同姓嫌疑，本宜斷異。有子有產，宣淫敗露，更合歸宗。其懷開呱呱者，明係尚德骨肉血，自當帶回乳哺，不得與阿母同周，以斷尚德之體胤，而潛留餘息，以圖私開奔之便門。周標孝子也，尚肯撥田分房於出廟之母，而豈不能饔飧菽水於歸宗之母乎。萬一凱風日競必不安所，則他門別室何所不可。奚必從亂命，縱私情，爲亡父之罪人也。周希烈本僉婚書之中嗣，以分贓不平，難於公訟。既詭名吳啟春於巡司，復謀情黄廷選而檢舉，露尾藏頭，姦詭反覆之徒也。與吳尚德併杖。

（明）蘇茂相《新鐫官板律例臨民寶鏡》卷七《姦類審語・流姦傷化》

黄妹娘性如湍水，頗帶桃花。其席捲而歸依母後夫之家者，欲以孀婦爲新婦，覓新姑而忘舊姑也。無耻之婦，何足論哉。黄氏所告翁紹德姦情，雖無的據，不無瓜李之疑。況翁紹德於妹娘原非骨肉，可依此度日乎。着黄氏領還，侯某服闋，林氏擇配，黄氏收禮。其帶回物件查係妹娘嫁資，免追。紹德杖儆。

（明）蘇茂相《新鐫官板律例臨民寶鏡》卷七《姦類審語・背夫騙害》

林氏桃容水性，必無能守之理。第夫死未及半載，而吳一禄利其聘財，姚永壽利其姿色，林顧興、許少來利其媒錢，以二十孀婦而嫁五十老漢，宜林氏之不從也。吳一禄等各杖。其原聘着一禄還永壽。林氏着伊父母領回，服滿另嫁，其後送聘給一禄。

（明）蘇茂相《新鐫官板律例臨民寶鏡》卷七《姦類審語・姦情》

馮日、錢氏原非至親，一日往來不絶。日久情密，姦聲已露，致其夫之有詞也。而馮日旋欲避瓜李之嫌，噬臍已莫及矣。均治如律。欒月處家不嚴，不應，當懲。

（明）蘇茂相《新鐫官板律例臨民寶鏡》卷七《姦類審語・誘姦》

仇十恣意宣淫，甘心麀聚親姑，族眾捕諸姦所，幸猪用銀，買彼私和，況姦生之胎見在，趙氏之言甚真，仇十欲掩其罪不可得也。況趙氏名雖嫁夫，實同室女。仇十誘而姦之，不亦忍乎。仇十猶稱胎係冬生之生。夫冬生幼蠶，未諳居室，不但族眾可憑，即形骸亦可見也。仇十與趙氏私奔，均合擬罪，以爲貪淫之戒。

（明）蘇茂相《新鐫官板律例臨民寶鏡》卷七《姦類審語・縱姦》

何氏慣以色迷人，先年隨姦夫趙子逃走，訟而捕獲。今又隨姦夫錢丑逃走，露而就擒。未經三載而兩度迷人，真色妖也。刎而不死幸矣。其夫不知耻，反誣錢丑之父錢老縱子犯姦。人生有子，但願成人，今當血氣未定之時，而遇狐媚不良之婦，以致狂瞽顛倒，自陷於惡，乃爲人父者之大不幸也。而顧謂其父導之耶。且並竊父金，誰則使之。此不必深辯，惟是姦逃情真，應各依律擬罪。

（明）蘇茂相《新鐫官板律例臨民寶鏡》卷七《姦類審語・姦娶》

孫丙、李氏稔姦於夫在之前，誘歸於訃聞之後。契書財禮悉係虛妝，主婚作媒皆非實事。尤且教婦剪髮，陽示迫切之情。攔路呼冤，曲行膚受之訴，姦潑甚矣。均應照律擬徒，以爲刁淫者之戒。

（明）蘇茂相《新鐫官板律例臨民寶鏡》卷七《姦類審語・强姦》

審得張逸、李陶無籍棍徒，不羈浪子。違禮悖義，罔知律法之嚴。戀色貪花，敢爲禽獸之行。强姦良氏之婦，毆打貞婦之夫，反將穢節污人，藉口通姦脱騙。既云久交情稔，應識孫婦行藏，及問以姓名，則指東話西，而百不得一二。更質以什物，則追風捕影，而十不偶二三。便見非腹裏之舊人，故不曉房中之玩物。行强豈容少貸，盡法用戒刁淫。本縣印官不得其情，欲官賣守貞之婦。輕用刑法，反罪加告實之〔天〕〔人〕。理民反以冤民，空靡朝廷爵禄。聽訟不能斷訟，何堪父母□民。□□之法不明，五斗

之粟宜罰。

（明）**蘇茂相**《新鐫官板律例臨民寶鏡》**卷七**《姦類審語・强姦》

錢乙惟恣淫欲，罔顧尊親，方抱子拜契之時，邪心已蓄。瞰夫出翁病之便，姦計遂行。邀坐奉茶，設謀誠詭，掩口斷帶，爲事甚强。借非王氏之固執，則舉族蒙聚麀之耻。使非錢二之速救，則王氏幾不白其冤矣。本應照例擬戍，但愚民無知，疏族無服，姑以凡强姦未成本律擬徒，用示懲創。錢二容妻結契，未免誨淫，均宜薄示儆戒。

（明）**蘇茂相**《新鐫官板律例臨民寶鏡》**卷七**《姦類審語・姦淫》

趙甲不顧聚麀之耻，忍姦服弟之妻，乃致婦以淫出，夫以鬱死。淫穢通天，名檢掃地。是尚可忍，何事不爲。相應照例問擬，以爲兇姦之戒。

（明）**蘇茂相**《新鐫官板律例臨民寶鏡》**卷七**《姦類審語・誣姦》

姦從姑捉，理固然也。吳氏既稱應元姦媳，胡不捉姦於房幃，而乃捉姦於菜園乎？若區區以裂裙作證，吾恐白晝之事，未可以絕纓例論也。情涉狐疑，姑免究。

（明）**蘇茂相**《新鐫官板律例臨民寶鏡》**卷七**《姦類審語・姦孀》

審得吕某乃某之侄也，某氏乃某之孀也。侄窺叔遠出，入室抱孀淫姦，某氏嚴拒不從，守貞秩分，理當如是。何某色膽包天，不顧倫常，輒敢丞孀姦淫，扯扭毆踢，致墮胎息。姦孀已犯滅倫，墮胎又屬滅命。縱曉曉訴辨争基仇陷，搪抵難鉗衆人之口。情實顯然，合就典刑，以扶人紀。取供。

（明）**蘇茂相**《新鐫官板律例臨民寶鏡》**卷七**《姦類審語・和姦》

審得徐某之弟出外漁樵，而弟婦寄食於傭人周某之家。伊兄不忿而告鳴，自是正家之義氣。某不自告，而託某代告，亦豈周親之至情。何至臨審脱閃，推托鬼名而不肯承認也。原其本心，不過爲伯氏無捉姦之科，姑家無抱姦之律。掩護推諉，冀得糊塗了事爲幸。不知姦真狀真，耳且目之者歷歷又真。碩鼠果然有角，公事豈得無頭。詞非匿而反冒匿，名非鬼而反詐鬼，本以正正堂堂舉事，却以悄悄冥冥寢消。和姦敗俗，於法猶輕，投匿私和，情難輕宥。某主謀而脱其身，某出身而脱其名，與姦夫姦婦之宣淫，林某之阿隱，均當杖懲。

（明）**蘇茂相**《新鐫官板律例臨民寶鏡》**卷七**《姦類審語・因姦致死》

審得陳某、吳某俱爲宦僕，比鄰而居，有朋友之好，今乃闞其亡而欲通其妻，則不義。又乃拂其欲而故激之死，則不仁。夫當衆人之中，而發閨門之醜，曖昧不明之事，而指天日爲誓，此誠何心哉！在常情固已不堪，何況匹婦之褊衷，得不自經於溝瀆哉。故氏不死則某之惡不彰，某不誅則氏之心不白。是天奪氏之死，將以速速之死也。合當正以因姦威逼致死之律，以爲淫惡兇殘之戒。

（明）**蘇茂相**《新鐫官板律例臨民寶鏡》**卷七**《姦類審語・調姦》

審得千户王某與張某交密，時常酣飲其家。某氏姿色固所熟傾而艷慕者，據婢女壽桃之供，始而拋磚爲戲，繼之乘間而投。雖氏不有其躬非一日矣。某夜乘醉潛入，某氏以和受之。若謂强姦不從，片語立斥，驚恐不暇，雖久佇立，何乃三鼓至四鼓，戀戀不去。張疑王與妻通，一向踪迹未獲。此時聞張外回呼門，其妻知事發覺，而莊亦措足無地。夫王既强姦而被捉，何不登時處治？乃猶勒寫借批，輕自釋放。其故可推某氏之死，逼之自母。若他非私，何至愧死？彼淆之不濁，可對人言，獨不能取信於母，必不然矣。合依律姦所部妻，革職，以儆姦頑。

（明）**蘇茂相**《新鐫官板律例臨民寶鏡》**卷七**《姦類審語・强姦墮胎》

伍某强姦伍某之妻，乃以侄犯嬸者，因喊不從，逞兇踢下胎孕。祖母不肯，故遣某等見之。某詞訴争基仇陷，賄腹黑證。不知一人之心可結，衆人之喙難鉗。伍族叔伯兄侄，並無一人冤之者。則强姦墮胎之事無疑。合依律坐典，庶倫常不泯。

（明）**蘇茂相**《新鐫官板律例臨民寶鏡》**卷七**《姦類審語・强姦幼女》

審得生員某巨兇劇惡，淫縱匪彝，既苟合孀婦李氏，殊忍耽色，復强姦李氏女孫。事雖發在五載之後，姦實在十二歲之期。律擬重辟，無枉無縱。逢赦得生，比擬邊遣。

（明）**蘇茂相**《新鐫官板律例臨民寶鏡》**卷七**《姦類審語・淫姦奔婦》

初以爲荒郊空室，則强暴脅狎，勢固有之。暨本縣親臨其地，乃在宂埔市井之中。舉趾咳聲，鄰保知覺矣。本婦果係索挽耶，何以不鳴而任其牽挽也？果係幽閉耶，何以不啼而任其幽閉也？室臨當街，磨安在内，隔垣耳屬開户，脚迹悄然。玩弄於數日之中，一旦驀稱爲强姦之舉，夫誰信之。且伊婦當晚先投宿鋪兵陳二，而陳二不允也，再乞投於寡婦陳氏，而陳氏復不允也，最後覓光自托於富春之所。誰是魯男子，落果擲地而不餐

者乎。是何足爲富春輩深究也。但以貪夜之竄奔，遂爲連宵之羈挽，以一人之姦騙，遂爲大衆之傳輪，雖本婦之心允意安，而一班狐彘如此作事，亦係傷風敗化之難宥者也。枷示巡游，仍行重創。

（明）毛一鷺《雲間讞略》卷八《一件欺姦弟婦事》　兵道楊批上海縣告人沈顯狀。前件審得：沈顯與妻諸氏業生子女五人，後以好賭之故，不能保其家室，將妻賣與沈霓。霓與顯固同姓不族者也。越三年而諸氏在霓亦且生女數月矣，乃顯以加價不遂，先捏欺姦誑憲，縣斷絶賣屬真，各坐以杖，仍斷加銀二兩。原媒陸義乃左袒沈霓，不以斷銀付顯，致顯復以前詞爲控。今細勘原契，固出自顯手，況婦歸霓有年，宜無復全之理，第臨審時，沈山二子抱母哀號，神色爲動，且必欲賣身贖母，淚如雨，頭搶地，閲其情景，大爲惻然。繼猶以原價難之，而彼且不出三日具矣。夫結髮之婦，既生既育，中道而輒棄之，固顯落魄使然，今其子必欲得母，烏哺之情，自是真懇，即霓亦有幼女在抱，終不能以此易彼也。惟是沈顯疊詞太誑，沈霓違斷啓釁，陸義從中阻撓，難免再科。至若沈賢爲顯族長，不能責顯以義，而反與爲媒，亦合併杖。諸氏給與沈顯完聚，幼女聽沈霓收養。

（明）毛一鷺《雲間讞略》卷八《一件巡警事》　兵道蔡批駁本府解詳絞犯顧文等。前件審得：顧昌、顧文兄弟習爲無賴，見戈本之女四姐芳容可艷，遂探隙乘虛買舟勒伴，丙夜破戈門而攘其女，不啻探囊取寄。及搶女下舟，兄弟輪姦。兄昌先歸，圖掩鄰人之耳目，弟文潛頓，計營姦占之窟穴。維時，同行則楊二，窩頓則楊二，第以搶婦而往，本犯實未有姦，故視文、昌二囚罪得末減耳。夫顧昌以虎視之雄心，爲麀聚之醜行，何所不至。豈有首禍之人未成姦，而即抽身先歸耶？前府斷止以黑夜莫辨之故，爲寧失不經之意，乃宣淫無忌若昌者，固死有余辜者也。應與文一體論絞。陸計成伴行有因，雖文、昌輩不認，而楊二堅執同往，蓋非首事之人，亦係協從之輩，姑末減論杖。

（明）毛一鷺《雲間讞略》卷八《一件巡警事》　兵道蔡批駁本府詳犯李用賓等。前件審得：妖婦楊氏狐媚宣淫，十年而七易夫，且又人盡夫也。或與厮僕通姦，或與親鄰構醜，或假群婢爲傳消遞息之資，或通喜娘爲鑽穴喻墻之竇。甚至不問姓字，即通情於烏合，不顧倫常，漫夥淫於麀聚。正所謂罄竹作書，難描醜態者也。宋國無子，禍娶爲妾，抉老蚌之肉，而竭枯楊之髓，遂罹霜露不起。乃國存日，曾繼猶子承祖，又抱血嗣耀祖。國死而楊氏據耀祖爲己出，愈益淫縱無憚。國所遺家貲，半爲買姦倩淫之費，遂致用賓父子附羶逐臭，亦穴入其中，以爲愛河，又以爲利藪也。先假繼妹以納交，再假館師爲中篝，遂積姦成盗，而國遺券契盡被竊匿。淫棍姦胥，用賓可謂兼之矣。一杖不足盡辜，仍請加責示懲。楊氏以萬醜俱備之婦，而又旦暮蕩耗貲産以供淫冶，奚怪宋氏之不容也，宜即逐出宋門，暫着親弟楊曾繼領歸别嫁。其宋國先經分之業，與今費存之業，斷令耀祖、承祖平分，以全國立嗣苦腸，且踐其臨没遺言。第耀祖髮尚不燥，焉能成立？暫歸龔煌教育，蓋煌其生身父也。長歸宋門享業承祀，蓋從血抱依姓之義。丘曙係耀祖外父，曾貸國銀二百金，合斷其半爲聘儀，仍斷追百金歸承、耀均受。其耀祖名下田房等業，止許龔煌料理，糧差丘曙幫收照管，無得視爲奇貨，盗賣侵匿。如有此弊，許承祖告發，倍追歸宋。楊氏情甚可恨，法無可加，姑照舊擬罪。宋承祖既爲國嗣，閨門疏縱，枉爲男子。丘曙貪利許女，致爲淫婦左袒，卑鄙甚矣，與承祖各杖。錢喜娘説合通姦，令人切齒，坐罪照提。

（明）毛一鷺《雲間讞略》卷九《一件懇天嚴提正犯等事》　兵道李批駁嘉定縣詳犯沈紹伊等。審得：沈紹伊以貪殘之性而借勢宦之餘，更巧營兔窟，用得狐假鴟張，日恣意於里閈之間，以肆齮齕。試迹爰書，所載連篇累牘，真更僕難數。今即略其細而摘其尤，亦所謂罄竹決波，難窮罪狀者矣。蓋據單燕姦一節，則不獨姦族叔之妾費氏，且姦父妾吴氏矣。姦費氏之罪猶得末減，姦吴則於法當斬。且銜徐端履發其姦吴之隱，遂用計鴆死。此一事而兩犯斬刑也。他如以坑匿弟資而毆死庶母，以收納忘叛毆死金氏與陳其學，以謀佔田産而毆死凌氏與黄明，此就人命論，紹之當絞者五。又如强搶金芳之二妹，張玉之繼女，黄耀之寡嫂與常士成、黄士立之妻女，此就姦佔論，紹伊之當絞者又五。夫紹伊以一身而備諸惡，又皆可駭可訝可悲可涕之事，僅僅一戍烏足了其罪案。第據該縣申解，各犯凡被害證佐十九逃亡，而見到如金芳則其女已退還，張玉則其女已得價，而當日强搶情景又爲纏累所苦，不甚堅執。惟是陳其學之叔三省與其妻楊氏苦訴其學之死，備悉慘毒，今越數年而痛心疾首，猶令聞者酸鼻，則當

日情態可知矣。最堪異者，莫如其學囑妻埋屍床下一節，細想令人神危俱黯。蓋彼非茹荼負痛之極，必不念及死後。彼非灼知毒毆必無生理，身死斷由紹伊，必不欲留屍爲券。彼非畏紹伊聲勢，非畏惡黨搶屍滅迹，必不囑妻埋之床下。生前活口，床底遊魂，讞鞫至此，髮上指矣。且細閲兩檢屍單，俱有狠毆重傷，紹伊亦何辭自解？乃當初審時，尚云其子繩祖實主使之，至一覆審且謂紹伊以考貢赴廬，後再審則謂毆期遠在限外，而發難之陳森、下手之石恩、一郎又相繼斃獄，故讞者謂學命似已有償，不可復罪紹伊。獨不念所制其學死命者誰氏之寵靈，且惡奴所憑以死其學者誰氏之威力耶？至若下死刑一等而僅以遣坐紹伊，幸而又幸矣。乃誆騙常坎一事，計其贓數甚少，且於指官未合，譬若斬關者，僅被以穿窬之名，未愜也。矧紹伊之可坐遣者，亦難屈指，如單開搬搶金貴花布、常仕成家私，及沈日新什物、孫仁科花米，則皆當以搶奪例刺發編管。又如以盗指戴應和、金周而捉鎖吊拷，勒詐銀布，逼寫田房，則皆當以誣指例世遣從戍。而最明白易見，情例穩合者，無如勢豪大户不納秋糧之例。查紹伊本名糧銀自七年至廿九年每歲逋欠百餘金，而中且有數越二百者，總計則不下千五百金，以禦此坐紹伊，亦當置邊徼禦魑魅，不必僅僅以指官戍也。況紹伊以蠹國而兼害民，又安得援完贓改擬之例，爲漏網計乎？劉宗大以惡奴爲惡主爪牙，肆虐頗多，而又脅從諸奴共毆其學致死，奴中之最黠者，應以原謀擬徒。繩祖當毆其學時，實爲盟主，後乃以不在旁寬之，今屍親三省尚謂事由繩祖，一杖似有剩辜。且當時群奴撲捉其學，復搶散其家資甚多，今僅斷葬銀少許，又何以瞑死者而恤生者？應再斷百金以償之，蓋割兇人之囊槖以恤冤鬼之妻孥，不得謂之溢額。其餘在官諸奴，如馮震則打搶先鋒，侯彩則姦佔戎首，雖今被害未質，遽難重科，而乎日濟惡不問可知，應與代告之沈奉並杖。張玉之女前雖斷價，尚未給領，今審氏夫已死，應即以本女還玉。王宿之家奴挈妻子投獻紹伊而二女已爲賣去，應追身價，並錢仁夫妻俱給還宿。戴應和未退田計十五畝，亦應盡數退還。餘經前斷審明，應照原案歸結。

（明）毛一鷺《雲間讞略》卷九《一件黑夜劫殺事》 本府發問絞犯李三等。前件審得：李三兄弟習爲無賴，而梟雄朱禄更爲戎首。遂相謀搶俞乾之媳爲阿丢婦，兄弟輪姦，惡毒過於禽獸。但姦者李三、李五、阿丢耳，蠢蠢之李四惟圖醉飽，實不與姦。大抵此獄本謀不在劫財而在搶婦，則盗情尚在影響之間，唯横搶在先，强姦在後，不得不張其事以重其辟。第朱禄、李五、阿丢相繼斃獄，而李三又以戎首不能辭絞，李四即同行，亦宜從論。況兄弟四人，二登鬼録，一坐正辟，即釋此一犯，亦全家一綫。應從省發，免五命俱填獄底。未獲夏阿二等萍踪浪迹，逃如脱兔，徒滋搔擾，免其拘提。陳惠仍提究罪。

（明）祁彪佳《按吴親審檄稿·一件出巡事》 行據華亭縣解犯夏潮等到院，審得夏潮即夏朝，十三歲便爲高學之父家人。學之父死，學僅十四五歲，朝遂背其幼主，與徐少溪等爲大夥鹽徒，已爲無法矣。乃於四年十一月内，搆諸鹽徒將學之妻倪氏搶去，窩藏徐少溪之家，凡姦佔者二載，即今倪氏口吐鑿鑿可據也。即朝亦絶不能辨，第可曰此婦願從也，則擒可知矣。第可曰曾爲高家之繼子也，則奴可知矣。以奴姦主媳罪應斬，以豪强姦佔人妻女罪應斬。即以繼子論，而以伯姦弟婦罪亦應斬。止恨法無可加耳，尚何疑焉。若徐少溪鹽梟之首，方爲崑山鹽官所獲，而又有窩姦一事，其罪亦當重懲。縣作速再行究明，定招報奪。

（明）祁彪佳《按吴親審檄稿·一件勢剿事》 所據青浦縣解犯宋三等到院，審得李文之女聖娜與龔三、宋三通姦，拐之而去。後李敬獲出，交之胡子孝，子孝交之李貴。貴乃文之叔也。聖娜羞愧，縊死於李貴之家。李貴與李貢向因役田之事，與顧文元有仇，乘宋三之繼父顧祖，係文元兄弟，乃移屍文元之門首，率黄宇等以圖賴。黄宇係聘聖娜者，故亦同貢等以去。審皆李貢所爲，而李文不知，且女亦不死在李文之家也。不思顧文元與顧祖不同居，其於姦事何預。乃李貢藉以報役銀之仇，亦可恨矣！李貢應以圖賴擬，宋三、龔三同姦聖娜，在龔三以奴姦主女，罪在莫逭，應嚴緝究結。宋三有交出聖娜一節，雖可稍解其罪，而聖娜之死，不〔論〕爲縊，爲李貢等所打死，均不能辭因姦致之條，仰縣依律究報。顧文元役銀之侵欺，並究明。屍棺着李文領埋，俱毋違錯。

（明）祁彪佳《按吴親審檄稿·一件出巡事》 行據華亭縣解犯陳長等到院，審得陳長、胡三即沈三皆生員莊美之僕也。長以不法，美隨逐之外居。胡三偕其妻亦外住，與陳長同室出入，長因姦其婦。約一年，顧氏方至計家作乳母。及崇禎三年正月十八日，顧氏自計家歸，想長於其時必

有戀戀姦婦之意，乃於三十日誘胡三出偷菜，置胡三於水，而已則潛歸。及二月初十，三之侄胡泉始向陳長問其叔之消息，長言語支吾，美乃送之捕官，長吐出姦殺之情。及前令之審亦然。長雖今日死賴，無如前案之已明矣！顧氏十五至家，是日隨返計姓，謀殺之事，大都未知，而姦情要不能諱。今但窮詰姦情，則屍自不必簡。毆之死與溺之死等謀也，豈必有傷方爲謀殺乎！胡臣之告免簡，里鄰之告和息，適以見長之狡耳。仰縣於三日內，確招具報。

（明）祁彪佳《莆陽讞牘》卷一《本府一件圈謀殺騙事》　杖罪李尾。審得：楊永備有妻黃氏在陳宦家乳兒，有李尾者在對門開米舖，因與黃氏通姦。一日被永備捉獲，因尾與黃氏之姦發，但永備迫勒尾寫供，招内罰銀百兩，則永備有貪心矣。念係瞽者免罪，李尾合懲以和姦之律。

（明）祁彪佳《莆陽讞牘》卷一《本府一件狗彘亂倫事》　笞罪陳兆等。審得：陳兆之女雪娘嫁鄭虎始三月而産一子，敗化傷倫，已無人理。究係在家陳光覆匿姦所致，光覆之肉其足食乎？府判雪娘還鄭虎嫁賣。今陳兆擅其女以取利，只與虎銀十三兩。虎之父鄭成供稱原聘銀三十兩，今再醮之婦不能如原聘。姑判銀七兩給鄭虎爲另即之貲，光覆杖儆。陳兆始不能正其女，繼無以服其婿，並笞之。

（明）祁彪佳《莆陽讞牘》卷一《本府一件姦拐事》　杖罪黃永豐。審得：黃永輝有妻鄭氏，婚娶已久，往浙經商，年餘未歸。永輝兄永豐、妻兄臣喬頃起惡心，居爲利藪，詐稱永輝已死，托媒林見湖尋配，得鄒彩銀六兩。立婚書者永豐也，主婚者臣喬也，僉號者林見湖及房長黃桂祥侄黃國泰也。一羣無賴，明知親夫現在，妻不可嫁，而惟利是圖，滅理敗倫，莫此爲甚。鄒彩用聘娶妻，非有他情，姑免罪，但娶鄭氏已年餘矣，豈宜仍得原聘？故判追銀二兩，着永豐、臣喬名下均還永輝，願領原妻，聽領回，以完室家。永豐、臣喬杖，見湖、國泰笞，桂祥年老，免究。

（明）祁彪佳《莆陽讞牘》卷二《一件姦拐生妻事》　盧氏閨門聚穢，方五恣意戀姦，杖不盡辜，姑依擬，與陳拱曜、陳氏笞贖發落，取實收繳。

（明）祁彪佳《莆陽讞牘》卷二《莆田縣·一件姦拐滅裡事》　曾泰宇雖柏卿弟，無一毫生死之情，及弟婦改適而因以爲利，並私通蔡氏之林嗚玉皆人面禽麀其行者也。林瑞甫唆媒娶有服之婦，厥罪亦均。依擬杖懲，分別的贖，贓追分給，如照通取實收領狀繳。泰宇、嗚玉各加責三十板。

（明）祁彪佳《莆陽讞牘》卷二《南安縣·一起獄囚强姦事》　依强姦人妻律絞京詳未示犯人一名張七。前件該本館看得張七以三犯禁獄，而竊實不止於三，應死矣。夤緣出柙，强姦蔡氏而又兇毆其夫，又應死矣。恨劉八公許唆陳二毒妻以誣之，亦又應死矣。恨無三張七供三辟耳。若其强姦一節，蔡氏既力拒，何以輒成？姦於叫瞰之時，劉八既附鄰，何遲勸解於成姦之後？姦之成不成俱得於劉八之目擊，當時未見一究，然此究一節中商量耳，若本犯應死之事多矣，應死之時亦久矣，非爲寬一綫也，伏候裁奪。

（明）祁彪佳《莆陽讞牘》卷二《侯官縣·一起强姦事》　依姦同宗無服親之妻强者律斬京詳未示犯人一名甘文鎧。前件看得孫招姑賽禱於荒祠，遲留於暮夜，已不免有冶容誨淫之道矣。乃文鎧何人？固其姪也。始要拳以阻少婦之歸，繼用威而禁侍婢之口，滅其燈，摯其手，掩其聲，恣意梟淫，如天色膾，竟不知此屋之面目爲招姑所熟識久矣。亟斬淫禽，以維風化。

（明）祁彪佳《莆陽讞牘》卷二《福清縣·一起人命事》　依因姦威逼人致死律斬已奉決單犯人一名陳孔焯。前件該卑職看得陳孔焯出髮妻而暱姦婦，已爲傷倫敗紀之尤，謀淫媾以汙貞媛，更作伐號取虞之計。扃門之逼，確涉於强，排壁而逃，竟全其節。泣訴姑前，伴寒蛩於淒雨，投繯夫柩，完鸞鏡於夜臺。荒塚斷烟，空嘆一亟遺骨，萌筠汎柏，永留萬古香魂，百年之身委若露草，一日之死重於泰山，用慰孤貞，亟除淫惡，伏候裁奪。

（明）祁彪佳《莆陽讞牘》卷二《福清縣·一起姦殺人命事》　依妻毆夫之父殺者律凌遲處死監候會審續蒙恤審改擬另詳犯婦一口。鄭氏依同謀共毆人因而致死律絞監候會審犯人一名敖一灝。前件看得：怪哉！世乃有奪人妻、逐人夫、鬻人女、殺人翁之敖一灝也，乃又有暱其所奪、同其所逐、聽其所鬻、助其所殺之鄭氏也，致夫不得有其妻，父不得有其子，女不得有其母，翁不得有其孫，誠人倫之奇變，世宇之極兇也。閱招

至此，髮指眦裂，豈可令久偷視息，穢我刑書哉？一灝以致命傷論抵，而鄭氏復以毆殺論磔，則一灝未免有辯端，今妖牝以毆論斬，兩衷於平矣。一灝猶欲以鑿青爲毒，獨不有因姦威逼之律在，而反欲一絞爲斬乎？

（明）祁彪佳《莆陽讞牘》卷二《福清縣・一起忝嫂殺兄事》　依因姦威逼人致死者律斬駁問改擬監候會審犯婦一口王尾娘。前件看得王尾娘嫂叔聚麀，視其夫若眼中釘也，片語相加，輒拳與爬交，奮此禍水，目中尚知有天日乎？嗟嗟！朝選鬚眉男子，爲妻所毆至破額流血，而祇以投繯午夜，訴冤於九泉，何無丈夫氣也？蓋亦受制牝鷄，有萬難告語之情事耶？言及此而寸磔淫婦尚有餘辜矣，倫紀所關，斬不容貸。

（明）祁彪佳《莆陽讞牘》卷二《大田縣監・一起謀命事》　依姦夫自殺其夫者律斬罪已奉決單犯人一名曾應祥。依姦婦雖不知情律絞罪犯婦一口吳氏。前件看得：異哉！世乃有曾應祥一犯也。初也，欲狎其女，因通其母，而吳氏入姦淫之彀矣。繼也，欲踞其妻，遂殺其夫，而陳富受毒藥之慘矣。後也，不得終有其姑，遽欲獨專其嫂，而李氏爲吳氏之續，吳祥偕陳富以亡矣。本犯殺二命，淫三女，而且欲顛倒刑章，掀翻姦膽。此真窮兇極惡，一刻不可容視息者也。吳氏者不特緣禍水招尤，實是以妖狐同惡。觀其無處不姦，則亦何謀不設？一杯鴆酒，投之於禾坪者，必且曾搆於床笫，而顧僅得以不知情作絞乎？

（明）張肯堂《𥄝辭》卷三《徐對滑縣人》　强姦，重辟也，而況行之於親屬，則律復層衆而重。滑民徐九經之訟其族叔徐對，蓋幾幾乎在强姦未成之條矣。然可信者十之一，而可疑者十之九。原情者寧失出無失入也。據九經之執詞，謂己則露宿於外，而其妻曹氏獨處於中，對姑瞰亡而往，則玆事九經實未目擊矣。呼曹氏而問之，則云是晚持刀而入，幸以急呼驚起鄰人，對倉皇遁去，猶攫得其氈帽爲據。乃帽與對首實不相符。夫對即神姦，豈能預料此帽之必爲人得，而取他人之帽以爲飾罪計哉。獨是詢之鄰人徐騰文等，咸聞曹氏有詈逐聲，然昏夜不辨何人，此所爲可信者一也。意者家人往來仍無他意，而曹氏以其夫不在，此衷先蓄疑城，故不覺訴誶之加耳。然對亦疏於律己矣，告不盡誣，姑免反坐，姦無確據，難引正條。酌當日之情而予對以一杖，亦足畢此一案矣。

（明）張肯堂《𥄝辭》卷五《郭之玉滑縣人》　郭氏色愧夏姬，然其爲不祥人似之。陳邦傑妾之，而以病死；盧一化姦之，而以獄死；郭守禄始售之，既復争之，争之不得，不勝憤懣焉而亦死。是既無論矣。陳養廉，邦傑孫也。郭之太、郭家存，守禄之子若侄也。世幾三易，而訟端卒復未休。天雄數邑，庭鵠皆識其影，禍水之浸淫至此哉！郭氏脱籍平康，便與郭門絶矣。之玉等何人乃敢戀戀殘脂？豈欲爲黑要之燕乎！再嫁應從陳姓，然孫鬻祖母，於義亦乖，則惟有官鬻之，而勿使其復爲蕩子婦。案牘之穢，庶幾其一浣乎。之玉、家存，只以不應從杖，不必察其曖昧矣。

（明）張肯堂《𥄝辭》卷六《張九玉》　牟利之術，至寄豭而不可言矣。若楊得時者，則尤其中之最卑者也。得時本潞安人，挈妻李氏，倚門於宜溝市上，貌醜色衰，人無顧者。而無賴張九玉者逐臭夫也，留入其家，每月供錢六百文，養爲外婦。久之情密，李氏見其夫之枯瘠疥厲，漸無人色也，亦自委心九玉。李氏一隨九玉，得時之溝壑也無日矣。殺擄之訟事，雖穢而情不已迫乎！李氏之應還得時也，所不再計，而九玉猶曉曉有詞，以爲三千青蚨，僅僅兩月，得不償失。欲俟期至而還之，不益更令人嘔噦哉。

（明）張肯堂《𥄝辭》卷八《胡來順曲周人》　曲周范氏一訟，皆瓶罄罍耻之案也。氏故有夫胡爲相，以雙瞽不能治生。生有兩子，長名來順，業已授室苗氏。次名來亨，尚孑然一身也。數口食貧，生事愈拙。一日將所存遺器瘠產，盡行變賣，半給來順，同父徙業元城；半給來亨，同母就食濬縣。曾未幾時，爲相以老疾死，殯殮自不能如禮。而來亨年幼，即力作尚難贍母。范氏不得已，仍歸來順，乃順則未講於孝道矣。堅執前議，以爲母之愛少子而不念長子也。養生送死，交萃一身，婦姑勃谿，所不免矣。王繼文者，其鄰人也。左袒來順，不直范氏。氏訟所爲兼及乎。死無以葬，生無以養，傷哉貧也，來順實不幸而處此矣。來亨今且寄食於人，何能奉母？范氏應從長子無疑。來順姑以缺養杖之，繼文黨子拒母，亦應一杖。至若謀父姦毆等情，此范氏一時過甚之詞也，可置勿論已。

（明）張肯堂《𥄝辭》卷九《林昌胤清豐人》　林昌胤以從叔之妻，偕桑中之遇，久依酒肆，借作淫坊，已不知彝倫爲何事矣。昏夜相從，思結永好，藏之地室，方自以爲奥窔莫窺。乃復衷其衵服以嬉於市，能禁陽春

之物色乎。宣氏倉卒雉經，即蒙袂入地，尚有餘羞。昌胤何心獨生，尚思逃於繯頸之刑也。又林化春者，昌胤父也。顛毛種種，神識未衰，同室之中，作此異惡，即日不聞，其誰信之。聚麀之穢，尚可以莫須有爲解，即縱子爲惡，便宜操三尺而按之矣。

（明）蕭良泮《重刻釋音參審批駁四語活套》卷一《參語》 錢乙惟恣淫欲，罔顧尊親：方抱子拜契之時，邪心已蓄。瞰夫出翁病之便，姦計遂行。邀坐奉茶，設謀誠詭。掩口斷帶，爲事甚强。借非王氏之固執，則舉族蒙聚唐之恥。使非錢二之速救，則王氏幾不白其冤矣。本應照例擬戍，但愚民無知，踈族無服，姑以凡强姦未成本律擬徒，用示懲創。錢二容妻結契，未免誨淫，誨淫，即使之爲淫也。均宜薄示儆戒。

孫丙、李氏，稔姦於夫在之前，誘歸於訃聞之後。訃音富，聞喪謂之訃聞。契書財禮，悉係虛粧。主婚作媒，皆非實事。尤且教婦剪髮，陽示迫切之情。攔路呼冤，曲行膚受之愬，膚受，謂肌膚所受。利害切身，如易所謂剝牀以膚是也。姦潑甚矣。均應照律擬徒，以爲刁淫之戒。

王辛立心狡險，素行姦淫。贖娼婦以覓賣姦之利，調侄妻而忘聚麀之羞。即此二端，人倫理法掃地盡矣。與何氏均應擬絞，以正淫風。

馮壬武弁庸流，罔知法紀。始則謀妻墮其胎，繼則謀妹殺其侄。立心姦險，横惡多端。擬以斬罪，尚有餘辜。

（明）蕭良泮《重刻釋音參審批駁四語活套》卷一《參語》 監生吴巳，濫厠衣冠，罔顧監規。懷私忿而投匿名文書，何異爲鬼爲蜮。姦人妻而又鴆毒其夫，奚殊乃禽乃獸。馮氏不守婦道，喪志淫邪。殺夫雖出不知，撲情實由所始。與吴巳俱應擬死，夫復奚辭？錢小忍視父冤而不報，却敢受賂而私和。贓數既多，擬徒無枉。

生員王斗，坐視父冤而不雪，已犯不孝之明條。乘機嚇取於人財，罔顧行檢之有玷。是身叨衣冠，而行同狗彘。孟云：狗彘食人食，而不知檢。名雖學校，而志類穿窬。相應黜革，以警儒流。

僧法净設方略而和誘人妻，志惟在於宣淫；倡左道以鼓惑人民，心實懷乎不軌。清規有玷，處死奚辭？馬氏夫喪未滿百日，敢爾縱欲私奔。原其心雖爲饑寒之困苦，而即其迹亦涉淫蕩之大愆。相應懲戒，以風女流。

（明）甯靜子《新鐫國朝名公神斷詳刑公案》卷二《陳代巡斷強姦殺死》 代巡斷曰：喻氏被殺，情固可矜，學禮遭刑，苦猶可憫，非有司罪歟！其章八身行大惡，嫁禍東吴，雖寸斬不足以謝天下。然烏鴉飛啄可稽，在天理不容漏網。憲臺法眼難瞞，在王法安容橫暴！填命有條，斬首示眾。學禮無干省發還家之例，鄧魁不合誣告死罪之刑。喻氏貞節，雖死不從，合旌其門，以風天下。予按：此斷非素行動神明，誠心格物類者能乎？陳公一見學禮豐姿，知非其罪。況烏鴉之報，一鞫便明，王法昭矣！旌貞節，裁強暴，民風可挽，時俗可回，足稱明於折獄者矣！

（明）甯靜子《新鐫國朝名公神斷詳刑公案》卷二《劉縣尹訪出謀殺夫》 援筆斷曰：審得菜子龍、張子秀，負義凶頑，既姦其妻，又殺其身，是豺狼為心，合擬大辟。潑惡陳氏，濫淫害理，既逼其媳，又陷其侄，是虺蜴成性，合就凌遲。始也陷斧為證，既也飲酒自招，此固天理昭彰之應也。其許氏分壓（迫）於姑，水性楊花，始靳終隨，忍夫就死，減等絞罪。維德無干，合應省發。予按：此斷非長於體訪察識者不能也。劉公先擬侄罪，以安其心，既訪真情，而勠其實，是不鞫而自招也。固邑人鹹稱神斷矣！

（明）甯靜子《新鐫國朝名公神斷詳刑公案》卷二《呂縣尹斷誣姦賴騙》 援筆判曰：借債而負債，貧人之常態。放債須舍債，自古有遺言。弟先姦後娶，固已有乖於國法。誣姦騙債，是乃陷溺乎良心。魯宜自執姦，從夫捉理固然也！胡為不捉姦於房中，而乃捉姦於門首？恐白晝之事，難與絕纓例同日語也。陳氏自稱抱姦吶喊，嗚已節也！胡為不終事於一夫，而複嫁於二天？恐奇貨之身，難與採桑輩爭媲美也！魯倍借德父之銀，歷年已久，決不深追，在天眼恢恢不漏，應有輪回之報，犬馬何辭！魯宜誣明佐之姦，取索已仇，必不為此在朗鑒，昭昭不昧。合從招誣之例，杖罪取供。借帖付火，以塞訟端。其陳氏毆尊，家有詞堂，仰族長懲報。予觀魯宜，一則曰強姦其妻，再則曰勒賣其妻，是以妻為奇貨，以人為孤注，此孳孳為利者也。稍可利己，雖名義而不顧。弟愚夫愚婦，尚知名之當正。矧魯宜濫衣冠之列，甘為此禽獸之行，是可忍也，孰不可忍也！其明佐一時被誣，猶之美玉，區區蒼見，何足玷哉！雖然訟強姦者，孰若訟負債者之名為尤愈也！及次年，魯倍因疾而死。魯德是夜夢

見倍入牛欄，天早起往相視之，牛產一小牯，牛背四字：倍償德債。德笑曰：報何速也！閭里咸稱奇異。此斷吕公折理推情，一審了然，雖無甚奇，見天報應之奇也。似若天典同心者，然録之以示天下。有則改之，無則加勉，毋致效此覆轍也。

（明）甯靜子《新鐫國朝名公神斷詳刑公案》卷二《曾縣尹斷四人強姦》　縣主判曰：審得楊繼祖不羈浪子，恃富荒淫，罔知官法之如爐。倚恃爪牙，擒姦婦女，勝若探囊而取物。棍徒滑巧等，既不能盡忠告之善道，抑且相助而為非。通方、高智輩，既不能陳藥石之箴規究，且設謀以從欲。明火沖家，綁縛工人於地下。開門擒捉，輪姦柳氏於山中。敗壞紀綱，強姦不容於寬宥。毋分首從，大辟用戒乎力淫。予按：曾公深識人情，倘不收監，安能審獲餘黨。兩不相見，故能賺出真情，是可謂巧於審察者矣！

（明）甯靜子《新鐫國朝名公神斷詳刑公案》卷三《吴代巡斷母女爭鋒》　審得玉蛾乃淫妒之婦也，桂馨亦淫濫之女也，而母子妒姦，人倫大變，曾夷虜之不如。黄狗既姦其母，又姦其女，罪不容於死，死亦宜矣！桂馨不合違母通姦，絞刑不貸。玉蛾不合毒鳩謀害，大辟何辭！予按：汪澤一家，姦盜俱全，父以盜而竟殞身，子以蕩而竟忘返，妻因無贍而改節，女因失配而荒淫。母子爭鋒，遂起毒奇謀。黄狗戀新，自取無端大禍，死固宜然，是不足恤！謝成無辜，幾陷就死，幸而吴公感異夢，頓釋其冤。此天心不昧，故彰善惡之報，而人可不鑒諸！

（明）佚名《四川地方司法檔案》　重慶府合州呈，今將本州問完犯婦王四兒等招由書册理合開具，須至呈者。

壹，問得：

壹□王四兒，年貳拾歲，係重慶府安居縣安居里今故民王日章女。狀招：嘉靖貳拾玖年拾貳月初壹日，有合州印信年久模糊，申請布政司鑄換，蒙本司議於本州取解盤纏銀伍兩與賫本人役，呈蒙巡撫都爺張處。嘉靖叁拾年貳月初伍日，批行本司，牌行本州，動支無礙官銀伍兩印封，於本月拾壹日差豐穀里甲首林太松領解赴司交投。林太松將前銀轉與已問發户丁林萬爵領解在身，又不行親解，將銀陸錢並批文、原封銀兩轉催已問發鮮朝賓替頂太松名字承解。朝賓順賫禮房鄉宦册壹本，亦赴本司告投。行至本縣，投父王日章家歇宿，窺見四兒生有姿色，將盤纏銀叁錢與四兒買姦，不合接受姦宿壹夜。因情熟不舍，姦住捌日。鮮朝賓又將原領官銀隱下拆去官封，取出砍碎，秤兑貳兩肆錢與四兒，又不合接受買食花費。鮮朝賓又見未到張二今在官女張金厢姿色尤甚，又將前銀壹兩貳錢與張金厢，亦不合接受姦宿伍夜，方才前去，止將鄉宦册投獲批回回家。又蒙本司將換印緣由呈蒙巡按老爹劉處，批允行州催取前銀。本州回申已差甲首林太松領解。本州因見日久，隨拘家屬林深監並問，林萬爵不行舉首。有本里長楊乾訪知朝賓將銀侵費情由，赴州□稟，差人拿獲鮮朝賓并解銀申批送官，審出前銀買姦花費實情，供報在官。於鮮朝賓名下照數追陪前銀差人解報外，將朝賓問擬催役人侵欺，准徒伍年，林萬爵減等杖罪。照出王日章、王四兒、張金厢等另行具招申詳。本司蒙批，鮮朝賓等依擬。鮮朝賓照徒年限押發朝天驛擺站，通取實收管繳。遵將鮮朝賓解配擺站，林萬爵各發落訖。行提王四兒等前來，查審前情明白，實招罪犯。

壹，議得：

王四兒、張金厢所犯，俱合依和姦者律，杖捌拾。俱有大誥減等，各杖柒拾。係姦婦，羈候申詳允日，去衣的決發落，寧家隨住。

中國第一歷史檔案館《滿文老檔》天命五年三月　初十，汗宅内一近身閑散侍女名秦太，與一名納扎女人口角。納扎罵秦太淫蕩，與濃庫通姦。秦太對納扎曰：我與濃庫通姦於何處？姦後給與何物？你與巴克什達海通姦是實，曾與以藍布二疋。汗之小妻塔因查聞此，於三月二十五日，告之於汗。汗聞之，當衆對質。查得納扎經福晋允諾，與達海藍布二疋屬實。汗謂福晋曰：爾以物與人，我本不吝惜，然禁約云：諸凡福晋，若不經汗允，即以一庹布、一塊緞給與女人，則被誣爲欺夫買藥。若與男人者，則被誣爲已有外心。有此誣告，則以誣告人之言爲是，故無論何物，均不得給與他人等語。是爾違禁約，與達海藍布二疋，爾有何忠心言耶？遂擬達海、納扎以死罪。汗復詳思：男女皆死，罪有應得。唯殺其男，則再無如達海通曉漢文漢語者。遂殺納扎，至於達海，縛以鐵索，釘於粗木而囚之。

塔因查又告汗曰：不僅此事，更有要言相告。詢以何言，告曰：大福晋曾二次備辦飯食，送與大貝勒，大貝勒受而食之。又一次，送飯食與

四貝勒，四貝勒受而未食。且大福晉一日二、三次差人至大貝勒家，如此來往，諒有同謀也！福晉自身深夜出院亦已二、三次之多。汗聞此言，遣達爾漢侍衛、額爾德尼巴克什、雅蓀、蒙噶圖四大臣往問大貝勒及四貝勒。業經詢，四貝勒未食所送飯食屬實，大貝勒二次受食所送飯食亦屬實。又，所告諸事，俱屬實情。對此汗曰：我曾言待我死後，將我諸幼子及大福晉交由大阿哥撫養。以有此言，故大福晉傾心於大貝勒，平白無故，一日遣人來往二、三次矣！每當諸貝勒大臣於汗屋聚筵會議時，大福晉即以金珠妝身獻媚於大貝勒。諸貝勒、大臣已知覺，皆欲報汗責之，又因懼怕大貝勒、大福晉，而弗敢上達。汗聞此言，不欲加罪其子大貝勒，乃以大福晉竊藏綢緞、蟒緞、金銀財物甚多爲詞，定其罪。命遣人至界藩山上居室查抄。大福晉恐汗見查出之物甚多，罪更加重，故將其物，分藏各處，分送各家。將三包財物送至山上達爾汗侍衛居所。查者返回汗屋後，大福晉即遣人去山上達爾漢侍衛居所取其所送財物。差人未至山上，誤至達爾漢侍衛所住西屋取之。達爾漢侍衛即與差人同來見汗曰：我既知之豈有收納福晉私藏財物之理耶？福晉暗中遣人取其寄藏財物之事，汗本不知。此次得知差人錯至達爾漢侍衛居室後，即遣人往山上住所查看，果有其事，遂殺收受財物之女僕。繼之又查，蒙古福晉告曰：阿濟格阿哥家中之二個櫃內，藏有綢緞三百疋。大福晉常爲此擔憂，唯恐遭火焚水淋，甚爲愛惜。聞此言，即往阿濟格阿哥家查看，查得綢緞三百疋。友至大福晉母家查看，抄出煖木面大匣中存放之銀兩。大福晉又告曰：蒙古福晉處尚有東珠一捧。遂遣人往問蒙古福晉，其蒙古福晉告曰：係大福晉交與我收藏之。且又聞，大福晉曾給總兵官巴都裏之二妻一整疋精織青倭緞，以做朝衣，給參將蒙噶圖之妻綢緞朝衣一件。又報大福晉背汗，偷將財物給與村民者甚多。汗乃大怒，傳諭村民，今將大福晉所與之諸物，盡數退還。並以大福晉之罪示衆曰：該福晉姦詐虛僞，人之邪惡，彼皆有之。我以金珠妝飾爾頭爾身，以人所未見之佳緞，供爾服用，予以眷養。爾竟不愛汗夫，蒙我耳目，置我於一邊，而勾引他人。不誅之者，可乎？然念其惡而殺之，則我三子一女猶如我心，怎忍使伊等悲傷耶？不殺之，則該福晉欺我之罪甚也！又曰：大福晉可下殺之，幼子患病，令其照看。我將不與該福晉同居，將其休棄之。嗣後該福晉所與之物，無論何人均勿得容受，勿聽其言。無論男女，違此諭令，而聽從大福晉之言，收受所與之財者，即殺之矣！自此，廢大福晉。整理該福晉之器皿時，又取出其私藏之衣物，多爲大福晉所不應有之物，遂命葉赫之納昆福晉、烏雲珠阿巴蓋福晉來見隱藏之物，告以大福晉所犯之罪，並將大福晉所制蟒緞被二床、閃緞褥二床，賜與葉赫二福晉各一套。其所藏衣服，除大福晉穿用者仍歸其本人外，其餘衣服，皆行取回，賜與女兒，小福晉塔因查以舉發故，著加薦拔，陪汗同桌用膳而不避。

中國第一歷史檔案館《滿文老檔》崇德元年　二十四日，都察院諸臣入奏聖汗曰：刑部官郎位，貪財好色，不法不義。擬此首惡者，當急訐發，以彰國紀。郎位所犯罪惡，據實開列於後：審理鑲白旗下周新玉一案，受銀十六兩，並受其子周麻子銀二十兩。審理周新玉家罪人孟萬一案，受銀十兩。審理正白旗下生員王仁聰一案，受銀六十兩，後又追索銀十兩。審理鑲白旗下羅生員、戴千總一案，共受銀三十兩。審理鑲白旗下長史曹金顔一案，受銀二十兩，又致函以借債爲名索銀十五兩。審理毓章京一案，受銀二十兩。冒取正黃旗下梅勒章京祖澤潤下婦人一。冒取梅勒章京祖可法下婦人一。姦其兄郎生員之妻，並娶爲己妻。姦己其族兄郎萬蔭之妻劉氏，並攜至家中姦宿。逼姦其父之妾，並娶爲己妻。下法司鞫問，郎位犯姦受賄是實，擬死以聞。聖汗命免死，革甲喇章京職爲民，罰銀百兩，追還贓銀二百一兩，共索銀三百一兩。以郎位一案，傳詢孫得功，孫得功言我不知。奉上諭詢問闊多，闊多供稱：孫得功告於鮑章京、高章京。及詢問高章京、鮑章京，實系孫得功告。高章京，當初孫得功供稱不知情時，爾言孫得功所供是實，何爲不舉孫得功謊供？及詢問闊多後，對曰是實。是以擬罰高章京銀五十兩。鑲白旗下長史曹金顔聲言並未行賄，是以擬鞭八十。毓章京身死，不追究其罪。孫得功曾言知毓章京行賄一事，今反稱不知。是以擬鞭八十。結案入奏。聖汗諭孫得功一案詢問闊多。奉汗諭旨，詢問闊多，郎位受賄一事，孫得功告於白喇嘛、鮑章京、高章京是實。及詢問孫得功，孫得功反云未告。是以罰孫得功銀五十兩。至與劉氏通姦一案，據知鑲紅旗下郎紹正知之。及詢之，竟稱不知，是以罰銀三十兩。

中國第一歷史檔案館《滿文老檔》崇德元年八月　二十四日，鑲黃旗

下薛大湖與鑲白旗孫得功管下金英之子媳通姦，復攜至鑲白旗下臧調元家通姦，爲薛大湖家人楊周久、宗商舉、張冠壽、趙天祿四人首告於法司，經勘審，犯姦屬實，擬薛大湖、臧調元及姦婦俱死。入奏聖汗。聖汗諭免死，革薛大湖二等甲喇章京職爲民，擬鞭一百，准其折贖。臧調元容留通姦，革三等甲喇章京職爲民，擬鞭一百，准其折贖，給與該管固山額真石廷柱使令。姦婦鞭一百，貫耳鼻，仍還其夫。婦之伯母系正白旗劉章京管下劉三之妻，以其誘女通姦，鞭一百，貫耳。薛大湖家人竇茂宗，臧調元家人趙元，此二人係接取姦婦者，各鞭一百，貫耳。首告四人，准其離異爲民。

中國第一歷史檔案館《清初內國史院滿文檔案譯編》崇德三年六月十八日，將從皮島攜來的無夫之婦母女寄於正黃旗章京楊瑞之處，楊章京之包衣楊朱將女孩搶去姦淫。女孩之母來告楊章京：爾之包衣楊朱將我女搶去姦淫。楊章京將此事隱匿未告。故鞭楊章京一百及貫耳鼻，准折贖，罰銀四十二兩三錢三分入官。姦淫犯楊朱於八市示衆各一天後正法。

中國第一歷史檔案館《清初內國史院滿文檔案譯編》崇德三年六月二十一日，正白旗雅布喀牛録下半個牛録章京多索里同其伯母、庫特內之妻通姦，被本牛録拖爾畢拿獲，告於法司。經審，通姦是實。男女俱應論死。奏聞，上命：免死，將男女各鞭一百，貫耳鼻，將多索里革職。

中國第一歷史檔案館《清初內國史院滿文檔案譯編》崇德三年七月〔二十〕是日，正白旗雅卜喀牛録下半個牛録章京多索里與其一跟役之妻通姦，本牛録托爾畢執之告於法司審實，男女論死，奏聞，上命免死，男女各鞭一百、貫耳鼻，多索里革職。

中國第一歷史檔案館《盛京原檔》一八九號　崇德三年八月十五，是日，鑲黃旗布爾薩海牛録下根都爾之包衣額拖齊，同包衣女人色布得通姦，被另一包衣阿哈尼堪拿獲。根都爾將通姦男女釋之。阿哈尼堪又告牛録章京布爾薩海，布爾薩海既未拿通姦男女，也未察問。次日，蘇拉遂往法司訴告，審實。通姦男女各鞭一百，貫耳鼻。布爾薩海在舉首者告發後，不即行拿獲，應鞭五十。根都爾以擅釋通姦男女，應鞭一百，貫耳鼻。拿姦之阿哈尼堪應准離其主根都爾。奏聞，上命：牛録章京布爾薩海鞭五十，根都爾鞭一百，貫耳鼻之罪准折贖，通姦男女各鞭一百，貫耳鼻，舉首者准離主。

（清）盧崇興《守禾日紀》卷五《一件姦拐事》　看得：沈弘素無恥刁棍也。有妻鄭氏，不能自贍，遂改號瑞山，假以親弟身故，大伯主婚爲名，托媒都明宇説合，得財禮銀二十二兩，於康熙十一年前七月廿四日嫁與高禹門爲室，且花燭之夜，親送過門，與之合巹，素方恬然無語，婚書炳然可憑也。未轉盼即有十兩之詐，豈以妻爲金穴，而夫婦之間，不妨有市道乎？今復再肆狂吠，致煩憲聰，而鄭氏原媒供證鑿鑿，即弘素亦自認年荒願賣，並無姦拐情由。弘素無恥刁誣，法應重擬。但事在赦前，姑與援宥，然而倖矣。鄭氏仍聽高禹門領回，以安家室。沈弘素再不得藉端訐騙，以滋寡廉鮮耻之風。可也。

（清）盧崇興《守禾日紀》卷四《一件姦拐掠賣事》　審得：陸奇誣妄刁棍也。有甥女陸三姐，嫁夫張祖亡故，奇遂硬執斧柯，賣與吳程雲爲妾。未及一月，輒以先姦後娶詐之。程雲托故休回。又復私立阿妹婚書，逼賣與異鄉沈彥升。而陸氏母子不忍遠嫁，又借宦銀十八兩，付還彥升代贖。陸奇假立婚契，於是陸氏主婚，陸魁立約，願執小星之禮，擇配彭涵聲。而舅公禮金，則仍未敢缺也。奈何既怒其拂意，復責其禮輕，污以淫行，捏以藏姦，羅織並不認面之周孟式及執柯正娶之吳程雲，俱羅鉗網之中，一派虛詞，傷殘骨肉，人之無良，一至此乎？加責杖擬，庶幾可謝陸氏諸人矣。立案。

（清）盧崇興《守禾日紀》卷六《一件佔媳殺男事》　審得：龔明陽貪淫之徒也。價買曹文貴及其妻胡氏以爲義男，原以供服役代耕作耳。奈何艷胡氏之稍有豐姿，遽萌淫欲之心耶。今據文貴之母沈氏告發，庭鞫胡氏，自供姦好情真，而明陽亦不能自諱矣。應各照比律杖徒不枉。曹文貴夫婦量斷身價銀三兩，回贖寧家。至張三亦與胡氏通姦，應予杖儆，以爲鶉奔鵲彊之戒。可也。

（清）李之芳《棘聽草》卷九《人命・分守道一件為斬蠹事》　審得鄭守初於七年間因義烏敬宇携妻吳氏僦居於浦，吳氏姿態飄颻，守初遂動高唐之慕，相招眉語，已結心歡，未幾竟作逐隊鴛鴦，棄前夫而雙栖比翼矣。以致敬宇控縣，懼逃諸暨，關提鑿鑿，着其父鄭良猶名下追尋。索之不得，告緝在案。彼時吳氏仍歸敬宇矣。孰知痴情未斷，舊夢猶尋，已歷

數年，尚興桃花人面之想。而以周承錫告者，何也？蓋承錫縣之保歇，當日敬宇控縣，實主其家，因波及之，列單纍纍，抑何妄誕！及經具控，輒復潛逃，款犯屢提，因該縣回文不解，無從對質，以致遲之又久。總之，此犯初爲淇狐，繼爲爰兔，再興指鹿之訟，洵稱如蜮之姦，與禽獸何異？惜其得邀祝網，痛責免擬。

（清）李之芳《棘聽草》卷九《姦淫・分守道一件為姦佔事》　審得陳八妹乃陳文一之族叔祖，雖文一爲其父陳廉七養子，與親生不同，但既爲人後，則祖孫之分已定。若之何文一有妻應氏，八妹罔顧名義，初因彼此換工而稔其姦，繼因文一病劇而謀爲妻。若彼婦者，水性楊花，心期早定，亦何足言！使其間有持議侃侃者執不可行，則其事亦易寢也。孰知其族陳三九二爲之執柯立契教書，葉茂卿爲之居中，並其堂叔陳九三亦慫慂以爲婚。契上明立花押者，非此諸人乎？將文一改陳爲程，此輩未嘗不知親屬不可爲婚，而顧爲此者何耶？但其掌印鑿然出於文一之手，供爲病中被其牽迫，應氏一心要嫁，出於無奈。此係本年三月事。人方床席奄然，而淫牝雄狐忍心絕理，大可恨也。應氏去帷之頃，族中亦有言乖倫不宜行者。爰有八妹親嫂邵氏過文一家，而應氏即欲其伴送，婚事始諧矣。閱契載聘銀二十一兩，唯病中收其薪米之費，作銀五兩，又穀二石、銀二錢，共得六兩耳。及七月間，文一病愈，往找聘銀，而八妹之母舅王九九又呵罵，而欲搏其髮。在文一既失其妻，復失其銀，雖欲不控，其可得哉？此激懣悄憤之情，憲臺早已燭其爲冤矣。審倫理既乖，相應照律離異。念其前夫有子在抱，仍斷歸文一作配。八妹城旦示懲。作合説媒之陳三九二、葉茂卿、陳九三及王九九、邵氏罪坐，其夫陳三十四併杖。陳連二已經物故，陳二九契上無押，並波告陳百十五、陳三十等，審屬無辜，俱免擬。婚契塗抹附卷，聘銀六兩，應追入官。

（清）李之芳《棘聽草》卷九《姦淫・分守道一件為盜蠹搆戮事》　審得倪元珂之與倪光五十三既屬同高祖兄弟，則王氏者實其嫂也。禮之大閑，嫂叔不通問，而況可乘其兄之外出，潛入其房調戲王氏，雖行姦未成，已無復倫理矣。且當日遂被光五十三扭獲，婢桂花聞知而奔報母陳氏，排闥奪歸，皆彰彰在人耳目。況復有其父倪六十與家長倪二四戒責一事，更不可掩乎！前憲訊之下，業已暴其情狀。今再質倪二四，所供無異前招，即元珂善於致辯，而六十復能爲其子致辯，固不能使盜情之僞者爲真，而姦情之實者爲虛也。視此雄狐，何惜投之有畀？但論其服制，尚在緦麻之屬，按以不應重杖，允足蔽辜。倪六十併杖不枉。

（清）李之芳《棘聽草》卷九《姦淫・府送一件為姦佔民妻事》　審得郎文之以綏狐之性，驀窺季仲有之妻周氏，輒圖姦佔，此亦事之大可異者也。先之以蘭契，繼之以鶯期，而後設局背夫，遂諧懽好。彼周氏飛花逐水，心固無良，然竊怪文之之設謀險而用計深矣。問其婚書，皆屬吕惟儀等贋造，雖將田氏抵換仲有，誠下能以彼易此。仍斷歸周氏與仲有完聚。文之、惟儀併杖猶寬。

（清）李之芳《棘聽草》卷九《姦淫・本府一件為强姦大變事》　審得劉世昌以地虎而學野狐，乃於燈闌初散、月影横斜時，驀入孀居劉氏房中，苟非鹽盂一擊之力，則冰雪不爲所染哉？而反以伊男黄益殺搶興詞，更可恨也。姑從大杖，懲此狂且。

（清）李之芳《棘聽草》卷九《姦淫・本府一件為姦拐異變事》　審得季七與吴秀比鄰而居，遂通其妻盧氏。今春瞷秀他出，拐逃無蹤。莫愁何處，望湖水而難尋，倩女安歸，逐離魂而不見，可笑亦可怪也。既有親兄季富在，着令緝獲，案照免供。

（清）李之芳《棘聽草》卷九《姦淫・本府一件為姦淫殺妻事》　審得徐元即張用彩充當府快，與犯人盛文甲之婦陳氏恣姦。其妻倪氏，嗔鴛衾之野宿，而鵲妬未瘳，逞獅吼於河東，而雉經自訣，四月十一夜反目，即於次日縊死。地保有呈，張鵬之鳴首，甚確也。雖夫妻毆駡自盡，律載勿論之條，所可恨者，差役與犯婦通姦，重杖有餘幸矣。

（清）李之芳《棘聽草》卷九《姦淫・兩道一件為激救女命事》　審得施瑛五九四乃施一苟堂叔，施廷龍則一苟堂兄，而瑛五九四之妻與廷龍之妻皆范氏，又親姊妹也。廷龍向稔姦一苟妻周氏，其情雖甚密乎，要不能掩范氏之耳目。此范氏知之，則彼范氏亦知之，瑛五九四亦知之矣。瑛五九四之欲姦淫周氏，明以此挾制，此律之所云刁姦也。周氏不從，訴之范氏，范氏不咎厥夫，而叱辱周氏，舉其平日與廷龍醜行播揚之。於是周氏憤愧不堪，投環自盡。雖其失身之事始於廷龍，而其殞身之故實由於瑛五九四也。一苟故騃而弱，而氏母潘氏興告，亦止稱瑛五九四之强姦，而

不及廷龍矣。周氏淫亂之婦，死不足惜。施廷龍和姦有服弟媳，施瑛五九四刁姦有服侄婦，且因而致死，各徒不枉。

（清）李之芳《棘聽草》卷九《姦淫・本縣一件為律究姦拐事》 審得徐四百六與徐四十七驀思鑽隙，悄作窺鄰，見汪六九一妻陳氏而乃夷光，出於眼底，久與之姦密，乘其夫妻反目，計賺輕娃，遂作出樊之禽，雙雙並逸矣。及追至處宣平，而奔鶉始獲，鳴縣拏鋪。徐四十七懼罪，子夜投繯，竟爲情死。陳氏何不爲倩女魂離，猶姑且徐徐腼顔在人世間也？徐四百六不得藉口徐四十七之死以卸己罪，合應杖懲。陳氏行路貽譏，爲雲別館，本宜離異，既汪六九一願留，民之蚩蚩，聽其完聚可耳。

中國第一歷史檔案館《雍正朝漢文諭旨》雍正十一年十二月 上諭：凡因强姦致死本婦者，向來律無正條，俱引威逼人致死之律，擬斬監候，秋後處決。但其間情事不同如係强姦既成，本婦羞忿自盡者，擬以斬候固屬恰當。若强姦不遂，將本婦立時殺死，如此淫凶之犯，實與光棍無異，非立斬不足以蔽其辜。至於强姦未成或但經調戲本婦即羞忿自盡者，非引照擬抵，固無以慰貞魂，而一例擬斬監候，又覺未爲平允，似應擬絞監候。至秋審時，將監候人犯俱以情實請旨，庶爲輕重得宜。朕意如此，著大學士九卿會同詳議具奏。欽此。

四川省檔案館《清代巴縣檔案彙編・命案・乾隆三十三年五月二日巴縣呈報捉姦毆斃楊亮衢命案申册》 爲報明事

乾隆三十三年四月十二日，據卑縣孝里鄉約鄰王在玉等報稱，本月二十一日，楊沛投稱，二十日夜，伊父楊亮衢與舒德之妻楊氏通姦，被舒德捕獲，將楊亮衢毆傷眼胞等處身死。身等往查屬實，報乞驗究。等情。同日，又據尸子楊沛報同前由。各等情。

據此，卑職隨即單騎減從，帶領刑件，前詣尸所。查舒德住居草房二間，坐西向東，附近並無人户，内一間用竹笆間隔，前係竈房，後係卧房，外一間係堂屋，有竹笆門一扇，内外房間俱有窗格。尸身仰卧堂屋，頭西脚東，身穿藍布衫一件，下身無褲。勘畢，飭令將尸舁放平明地面，眼同原報尸親人等，如法相驗，據仵作甘起榮喝報：驗得已死楊亮衢，問年六十二歲，量身長四尺五寸，仰面，面色發變，眼口俱微開，下齒全，上牙只有五個，餘係舊時脱□□致命左眼胞一傷，圍圓二寸五分，微青色，係拳傷。右腮頰相連下唇一傷，斜長三寸五分，寬四分，紫紅色，骨損，係木器傷，致命。咽喉上偏左一連三傷，斜長一寸三四分不等，各寬二分。偏右一傷，斜長一寸，寬三分，俱微青色，均係手掐傷，不致命。左前肋一傷，紫紅色，圍圓二寸五分，自下數上第五條肋骨斷，係膝蓋挺傷。左臁肕一傷，斜長一寸，寬四分，紫紅色，係木器傷。合面致命腦後偏左一傷，微斜，圓一寸三分，紫紅色，係跌磕傷。餘無别故，實係生前受傷身死。喝畢，卑職復加親驗無異，起取凶器木棍，比對傷痕相符，將尸棺殮，取具仵作不致增減傷痕甘結附賫。又驗得舒楊氏右胳膊、右臂膊，左手三指、五指，右手一指、三指、四指有刀劃傷各一處，結血痂。舒德右額角紅腫。左□抓傷各一處。

當場查訊。

問，據尸子楊沛供：這死的楊亮衢是小的父親，舒德妻子楊氏與小的同姓不宗。上年舒德來向父親佃這草房居住，離小的家隔有半里路，父親原常來走動，與楊氏通姦，小的没有看見。本月二十日午後，父親出來，夜晚没回，三更時，楊氏到小的家説，父親夜裏歇在他家，被他丈夫回家看見，把父親打倒，連他也要殺死的話。小的攏來，父親果被打傷倒地，到二十一日早死了，投明約鄰王在玉們報驗的，求伸冤。

問，據鄉約王在玉、地鄰牟德顯同供：小的們住處離舒德家隔得遠。四月二十一日，楊沛來投小的們説，他父親楊亮衢，二十一日夜因在舒德家與楊氏姦宿，被舒德打傷身死的話。小的們攏來查看是實，就報請相驗的。别的事，小的們不曉得。

問，據舒壽林供：小的年八歲，四月二十日，父親舒德不在家，楊亮衢來家，與母親楊氏講閒話，點燈時，母親叫小的在竈房鋪上先睡了，夜裏聽聞打閙，小的醒轉，見父親把楊亮衢打倒，又拿刀要殺母親，小的拉住父親衣襟啼哭，母親就往外跑走了。

問，據舒楊氏供：小婦人年三十二歲，舒德是小婦人丈夫，房主楊亮衢原常到小婦人家走動。上年五月，丈夫没在家，楊亮衢來調戲小婦人，與他通姦起，後來乘丈夫出外，他就與小婦人姦宿，是瞞着丈夫，丈夫不知道的。四月十九日，丈夫出外去了，二十日午後楊亮衢來，要在小婦人家過夜，點燈時，小婦人叫兒子舒壽林在竈房鋪上先睡，起更後，小

婦人拿木棍抵住堂屋門，和楊亮衢在後間床上姦宿。二更時，不料丈夫回來，聽到開門聲響，楊亮衢起來穿衣，還没穿褲，丈夫就到牀前兩下扭打，楊亮衢跑出堂屋，丈夫趕去把楊亮櫂打倒，丈夫又拿刀來戳小婦人，小婦人用手格架，被刀劃傷右胳瞅右臂膊，小婦人用手奪刀，又被劃傷左右手指。小婦人轉身往門外跑走，躲到楊沛家向他們説知的。這是實情。

問，據舒德供：小的巴縣人，年三十二歲，父母俱故，娶妻楊氏，生有子舒壽林。小的駕船生理，佃楊亮衢房屋居住，多不在家，有時回來遇見楊亮衢在小的家，小的疑妻子和他有姦，查問妻子，回説没有。本月十九日，小的出外與人推撓，二十日挨晚回來，二更後走到屋外，聽聞楊亮衢在房裏和妻子講話，小的用力把堂屋竹笆門推開，就拿起抵門木棍走到牀前，那時月亮已上，照得屋里明亮，看見楊亮衢正下牀穿衣，小的用棍打他左臁肕一下，楊亮衢抓住木棍扯奪，小的打他左眼胞一拳，他把木棍奪去，還打小的右額角一下，往外跑走，小的趕到堂屋，那棍奪轉，打他右腮頰連右唇一下，楊亮衢仰跌倒地，小的用手掐住他咽喉，跪壓在他身上，他用手抓傷小的左臉，小的用膝蓋挺他左前肋一下，見他不能掙動，小的到竈房拿取切菜尖刀，要戳死楊氏，楊氏用手格架，劃傷他胳瞅臂膊，他來奪刀，又劃傷他左右手指，楊氏就往門外跑走，小的因兒子扯住衣襟啼哭，叫他放手，追出門外，楊氏已跑躲不見。過後楊沛攏來了，不料楊亮衢受傷深重，到二十一日早身死。至他腦後偏左是跌磕傷的。實是小的一人在姦所捉獲，登時把他打傷身死，並無加功幫助的人。求開恩。各等供。

據此，除將尸棺飭令領埋，舒德收禁，凶器封貯，楊氏給親保領，撥醫調治，各傷痕務痊，研審舒德捕姦毆傷楊亮衢身死並劃傷楊氏各實情議擬詳報外，所有驗訊緣由，理合填圖録供，具詳通報憲臺，俯賜察核示尊。除徑報總督部堂暨臬道二憲外，爲此備由，申乞照詳施行。須至申册者。

四川省檔案館《清代巴縣檔案彙編·風化·乾隆三十三年九月二十五日典史盧士俊申折》 爲發訊事

本年九月二十一日奉憲臺單發劉贊、宋懷志喊稟余貴引誘宋氏賣娼一案，到職。奉此，卑職遵即逐一查訊：

問，據劉贊供：劉榮是小的胞弟。父母死得早，兄弟是小的撫長成人的，自幼與弟聘宋懷志之妹爲嫻房媳，成配有三年了。到去年，兄弟劉榮不聽小的約束，强要搬出去，在姐夫彭天相家住。不料五姐夫余貴於五月間，將兄弟劉榮並弟婦宋氏刁誘叫到他家住，强將弟婦宋氏在外賣娼，是弟婦不願哭告伸冤，小的才曉得同他哥子宋懷志來喊稟的，只求作主就霑恩了。

問，據宋懷志供：這劉榮是小的麽妹夫。今年五月間，小的到麽妹夫家看望過麽妹。到本月十六日，小的二妹生期，接麽妹去吃酒，麽妹哭告小的，説余貴把他估姦，抬到刁家巷袁理家强把他賣娼兩次，頭一次在那裏五天，得錢一千七百文。第二次三天，得錢三百文，俱係余貴用了的話。他實在不肯做這個賣娼的事，若不替他伸冤，他情願死。故此，小的才同妹夫劉榮的哥子劉贊來出首赴案稟明的，求作主就霑恩了。

問，據劉榮供：小的今年二十歲，父母死得早，劉贊是小的胞兄，自幼聘宋氏過門爲嫻房媳，成配有三年了。小的做綿綫手藝。今年二月間，小的搬到余家巷姐夫彭天相家住，有五姐夫余貴與小的商議，叫小的搬到他家住，同他賣米。到五月間，小的才搬到他家住，小的與五姐借了一千文錢在外做生意，每月認他利錢一百文，不想這余貴把小的妻子估姦一回。八月十八日，余貴把小的妻子抬到他師傅袁理家賣娼，那袁理是捕府快頭。二十三日，是余貴接回來後，又把小的妻子送到袁理家住了三日，賣娼的錢都是余貴拿去用了，没有與小的。懇求嚴訊餘貴就霑恩了。

問，據宋氏供：小婦人今年十七歲，自幼配劉榮爲嫻房媳，成配有三年了。本年二月間，丈夫劉榮搬到余家巷姐夫彭天相家住。不料，五姐夫余貴與丈夫商議，叫搬到他家住，丈夫聽了他的話。五月間，才搬到他家，餘貴就起不良，强抱小婦人。那時小婦人不肯，落後余貴同丈夫説，明日起早要去賣牛肉，叫小婦人與姐子睡，小婦人信以爲實，就同姐子去睡。不料，余貴姐夫進房來把來門住，來强姦小婦人。小婦人要喊叫，他拿刀要來砍，强把小婦人估姦了一回。到八月間，丈夫同余貴叫小婦人到余家巷彭姐夫家吃酒，不料，余貴把小婦人抬到刁家巷快頭袁理家賣娼，小婦人不肯，就把小婦人關在樓上接客五日，余貴得錢一千七百文，把小婦人仍〈缺五字〉。隔了幾日，又把小婦人抬在袁理家，住了二日，余貴

又得錢三百文。小□□□□□並没有用一個錢。這賣娼的錢，都是余貴得的。小婦人住在余貴家，夜裏丈夫不在家，他就到小婦人房裏來，有兩三次了。有一晚，他引了三個客點了火來看小婦人，小婦人怕羞，躲在房裏，有一個客到小婦人房裏同睡。第二日將天亮，把客送出去，余貴得錢一千，是小婦人曉得的。到本月十八日，小婦人的二姐生日，接小婦人到他家吃酒，才會着小婦人的哥子宋懷志。因小婦人不肯當娼，才把這些話哭訴與哥子，要他來伸冤，才同小婦人二伯子劉贇赴案具首的。小婦人心實不甘，懇求作主就霑恩了。

問，據余貴供：小的今年三十三歲，是本縣人，在太善坊住。父親余亮彩從前開靛行，如今年老在家裏住。小的從前在縣裏當捕役，因犯了事革退，如今在捕府東班，是袁理引進的。小的又在賣米，劉榮是小的舅子。本年五月間，他搬來□□的同住，就與小的妻子借了一千錢拿做小生意，小的送他在綫鋪裏學藝，他妻子在小的家住。七月二十九日，是小的該死，姦過宋氏一回。八月初三日，是小的將宋氏送到刁家巷袁理住的劉長龍家賣娼，宋氏在他樓上住了五日，是小的怕他哥子們曉得去接回來的。小的得錢一千七百文。那嫖客，小的不知道姓名。隔了幾日，也是小的將宋氏送到劉長龍家住了三夜，得錢三百文，共是二千錢，小的用了，算了劉榮的飯錢是實。九月初八日那一夜，是裕昌行李老三引一個客，小的送到宋氏房裏歇，小的得了他一千錢用了，那客小的没有問他姓名。落後，小的與宋氏又行了兩回房。如今宋氏已經供出，小的不敢不認。這是小的該死，只求寬恩就霑恩了。各等供。

據此，合將訊過各供，理合備録縫折。所有各犯分别押候，申請憲臺俯賜親訊，實爲德便。爲此，備由縫折。須至副折者。

右具折。

縣正堂批：余貴身充捕府班役，既已姦宿宋氏，復行抑勒賣姦圖利，淫惡已極。袁理係何衙門快頭，其窩頓流娼，亦應一並拘究，未便輕縱。將一干犯證解縣候訊，以憑分别究懲。

又批：共錢三千，迅繳。

四川省檔案館《清代巴縣檔案彙編・命案・乾隆三十四年二月四日趙大淮通姦敗露自殺案》巴縣申册

大淮通姦敗露自殺案

爲報明事。

乾隆三十四年正月初十日，據縣民趙萬連報稱：本月初七日，身子趙大淮，因與趙憲邦之妻林氏通姦敗露，趙憲邦欲行送官，趙大淮畏罪，潛趙山林自縊身死，報乞相驗。同日，又據約鄰張東山等報同前由。

據此，卑職單騎減從，帶領刑仵前詣尸所，查該處係偏僻山林，距趙萬連家約一里許，趙大淮尸身用葛藤吊於松樹枝上，自地至樹枝量高五尺七寸，頭離樹枝六寸，脚離地三寸。飭令將尸解放平明地面，眼同尸親約鄰人等，如法相驗。據仵作甘起榮喝報：驗得已死趙大淮，問年一十八歲，身長四尺八寸，面色赤，兩眼閉，口微開，舌出齒三分，致命咽喉下縊痕一道，斜長九寸，寬四分，深二分，紫紅色，斜至左右耳後，直入髮際，八字二寸五分不交，兩手微握，兩腿俱有如火炙斑痕，餘無别故，實係生前自縊身死。喝畢，卑職復加親驗無異，將尸棺殮，取具仵作不致遺漏傷痕甘結附賫。

當場查訊。

問，據尸父趙萬連供：這死的趙大淮是小的兒子，與趙憲邦同姓不宗，一院居住。本月初七日上午，趙憲邦説他妻子林氏不見了，他邀同林氏的父親林在禮尋到山裏岩洞内，見林氏與小的兒子同在一處，趙憲邦將小的兒子拉回，告知小的，他説要送官究治，小的因兒子不學好，做出這樣醜事，原説聽憑趙憲邦送官的話。趙憲邦投約鄰去了，小的兒子乘間逃走出去，那夜不見回家。初八日，小的往各處找尋，找到這山林，只見兒子已吊死在松樹上了。

問，據鄉約張東山、鄰佑楊勝、胡遐山同供：小的們都住隔趙憲邦家遠。本月初七日，趙憲邦投説他妻子林氏與趙大淮在岩洞内通姦被他捉獲，他要送官究治的話，小的們同到他家，趙萬連説趙大淮逃走了，趙憲邦要趙萬連找回送官。初八日，趙萬連投小的們説趙大淮吊死在這裏了，小的們就來看明具報的。

問，據趙憲邦供：小的與趙大淮同姓不宗，一院居住。本月初七日上午，小的出門，回家不見妻子林氏，小的邀同岳父林在禮找到山裏，見趙大淮與林氏同在岩洞内，小的氣□，把趙大淮拉回告知他父親趙萬連，小的説要送官究治，將趙大淮交與趙萬連，小的去投了約鄰回來，趙萬連

說趙大淮逃走了，小的要趙萬連找回送官，不想趙大淮畏罪吊死在這裏了。林氏是幾時與趙大淮通姦起的，求問林氏就是。

問，據林在禮供：林氏是小的女兒，嫁與趙憲邦爲妻有兩年了，小的住隔趙憲邦家不遠。本月初七日上午，趙憲邦到小的家説林氏不見了，小的同他找到山裏，見趙大淮與林氏同在岩洞内，趙憲邦把趙大淮拉回，告知他父親趙萬連，趙憲邦説要送官究治，出外投鳴約鄰，趙大淮乘間逃走，不想他畏罪，到這山林吊死。餘供與趙憲邦供同。

問，據趙林氏供：小婦人年十九歲，趙憲邦是小婦人丈夫，與趙大淮同院居住。乾隆三十三年六月初二日，丈夫不在家，趙大淮與小婦人調戲成姦，後來得便就與他姦宿，記不得次數了。本年正月初七日上午，丈夫走出門去，趙大淮又要與小婦人行姦，小婦人怕丈夫回家撞見，就與趙大淮走到山裏岩洞内行姦。姦畢，正要回家，不料丈夫同小婦人父親林在禮走來看破，丈夫把趙大淮拉回，説要連小婦人送官究治，將趙大淮交與他父親趙萬連。丈夫投約鄰去了，趙大淮就逃走出門，不想他到這裏吊死了。等供。

據此，除將人證暫行發保，研審趙林氏與趙大淮通姦敗露，趙大淮畏罪自縊身死實情，議擬詳報外，所有驗訊緣由，理合録供具文通報憲臺，俯賜察核批示飭遵。除徑報督部堂暨臬道二憲外，爲此備由，申乞照詳施行。須至申册者。

計申賫仵作甘結一張。

右申督、臬、巡、府

〔二〕仵作甘起榮結狀

仵作甘起榮今於太爺臺前與結狀，爲報明事。

驗得已死趙大淮，問年一十八歲，身長四尺八寸，面色赤，兩眼閉，口微開，舌出齒三分。致命咽喉下縊痕一道，斜長九寸，寬四分，深二分，紫紅色，斜至左右耳後，直入髮際，八字二寸五分不交，兩手微握，兩脚俱有如火炙斑痕。實係生前自縊身死，中間並無遺漏傷痕，甘結是實。

乾隆四十六年六月十四日孝里二甲鄭三奇、熊華山息狀爲吁恩賞息，存殁均沾事。

緣本月初十日，宋友章以報明驗究事，報稱伊妻馮氏與周紹基通姦，本月初九日，有張氏與馮氏吵鬧，因而馮氏自縊一案。榮批：准驗訊。荷木洞徐主臨驗，訊供，周紹基未到，應候訊結，何敢妄瀆。但宋友章家貧，係在外傭工生理，伊母楊氏足疾，年逾六十，度日難艱，不願拖累，向蟻等哀泣，願具悔結。蟻等從中剖勸，令稍給伊燒埋錢項，由是兩造悦服，馮氏娘親人等亦概允悦，不願終訟，各具甘結，同蟻等叩懇仁憲，額外施仁，賞准息銷，俾伊等各安生理，存殁均霑。伏乞。

縣正堂批：因姦釀命，豈容私和請息，殊屬冒昧可惡，不准結。擲還。

《清高宗實録》乾隆四十三年十二月〔壬戌〕又諭：刑部等衙門題覆雲南文山縣民申張保毆死高應美，致伊父母先後服毒身死一案。將申張保問擬決，固係按例議罪，而揆其情節，實未允協。凡子犯死罪，致令父母自盡，擬以立決者，原爲其子違犯教令，及身犯不端之事，致累其親忿恨自戕。此等孽種，斷不可復留於人世，例意顯然。今此案申張保因高應美與其母胡氏不避嫌疑，屢爲其父申茂盛撞見，遂相反目，申張保曾經往勸數次。嗣其父鬱結成疾，申張保往視，始將情由密行告知。及胡氏被夫責逐，即奔至申張保家居住。後高應美途遇申張保，復聲言欲往伊家見其母。申張保用言阻止，高應美輒行嗔駡，拾石向擲。申張保情急，始用所攜木棍毆戳致死。後經事發，申茂盛，胡氏忿激羞愧，先後服毒身死。是此案釁由伊母與高應美有姦，淫惡欺凌，實爲爲子者所宜恨。且申張保始而勸解其父，繼而接母同居，並無不合。迨後姦夫欲往其家，明係圖姦其母，此而再不心生忿恨，任聽其母與人苟且，則竟無復廉恥之心，且將置其父於何地乎？是申張保之毆死高應美，實出於義忿，殊堪矜憫。而申茂盛、胡氏之死，由於姦情敗露，忿愧輕生，並非申張保貽累。若亦予以立決，未得事理之平。但非於姦所殺死姦夫，自不能免罪，擬以絞候亦足矣。此本著交九卿會同該部，另行妥酌定例具奏。嗣後遇有此等案情，即照新例辦理。朕綜理庶獄，無論案情鉅細，悉爲反覆權衡，折衷至當。如其子自作罪惡，致親忿激輕生，則當立正典刑，以申明刑弼教之義。若似此案之殺姦，因雪恥而成，親死非波累所致，則不宜即予繯首，致乖明慎用刑之文。內外問刑衙門，並當深體朕意，慎重聽讞，並將此通諭知之。

尋刑部會同九卿議奏：嗣後凡母犯姦淫，其子激於義忿，非姦所將姦夫殺死，父母因之羞忿自盡者，照罪人不拒捕而擅殺例，擬絞監候。從之。

《清高宗實録》乾隆四十五年三月〔乙未〕又諭：刑部議覆，直隸省民婦王氏，因與劉祥通姦，被媳杜氏撞遇，誣陷杜氏姦情，毆死滅口一案。照該督所題，依故殺者斬律，擬斬監候，秋後處決。並聲明王氏誣姦，捆毆杜氏，有意致死滅口，且傷至一百餘處。姑媳恩義已絶，應照凡人問擬。等因。所辯自屬平允，此等倫理滅絶，殘忍已極之人，法無可貸。至秋審時，自應問擬情實，即予勾決，以昭儆戒。本年秋審原當停勾，此案著交刑部存記，於秋審時即行具折聲明，依律辦理，此外如有似此者，亦著一體遵辦。於本内聲明，秋後即予正法，使殘忍害命之犯，不致延喘，受害者早得伸冤。亦情理之正，而明歲情實之案，亦可少減。行在刑部奏，山東壽光縣民婦魏姚氏，遣姪抱告魏萬年，赴京呈控知縣挾嫌嫁禍，並借差科派商民，富户等款。得旨，此案著派阿揚阿、王昶馳驛前往會同秉公審辦。其帶往之刑部司員，並著馳驛，所有抱告魏萬年，即交阿揚阿，就近派員解往質審。

《清高宗實録》乾隆四十八年二月〔庚辰〕刑部奏直隸南和縣張魏氏與魏賢生和姦，嗣因本夫休棄，立誓悔過。姦夫復往逼姦，即將姦夫毆死。該督依罪人不拒捕而擅殺律，擬以絞抵。查拒姦殺命之案，謀故鬥毆，情節不同此案。原情定罪，應照擅殺罪人律量減一等，改擬杖流，並請嗣後凡有悔過拒絶有據者，均照此例辦理。從之。

四川省檔案館《清代巴縣檔案彙編·通姦·乾隆四十九年本城蕭東昇私通寡婦陳氏一案》六月二十二日雷任禀狀

爲服息旋翻，粘據叩究事。

緣蟻分居，二兄雷信不幸故絶，遺嫂陳氏，一女雷姑。不料陳氏禀性邪淫，自蟻兄故後，有蕭東昇常在陳氏家下往來，不分内外，彼無確憑，不敢把阻異議。豈東昇視爲慣尤，不顧廉耻，肆行無忌。本月二十日夜，明入陳氏卧房，閉門對飲。三更時分，不見東昇出門，蟻經坊鄰楊大興等集齊陳氏門首，協同撞壁入内，東昇、陳氏俱係赤身卧床。蟻令堂弟雷佛、雷佐等以麻繩捆綁，次早送案。有東昇之叔蕭洪量與陳氏之兄陳元龍，二十一日晨早哀求挽和，恐傷三姓顔面。蟻恐後禍，不遵。洪量即願服蟻字約，元龍亦願出約領回陳氏，約均抄電。蟻念風化攸關，隱忍屈從。詎東昇怙惡不悛，甫延伊叔服約哀息，旋即捏傷開單，喊禀恩案。沐批：着驗明傷痕，補詞候訊。似此惡棍，膽敢私通寡婦，服約哀息，又行捏喊忿累，情法奚容？爲此粘據，懇電賞准票差，並唤街坊與伊叔蕭洪量、陳元龍等到轅劈究，以端風化。霑恩。伏乞。

縣正堂批：准添唤楊大興等到案，以憑嚴訊。抄白存。

七月初六日坊鄰萬德生、楊大興、朱振彩禀狀爲遵批實禀，叩恩電察事。

緣本月初三日，雷任以淫蔑仇控等情禀蕭東昇誘姦伊嫂陳氏被獲，蕭宏量、陳元龍等串和支控一案，沐批：着添唤蕭宏量、陳元龍到案查訊，並着萬德生、楊大興據實具禀，以憑察奪。天批嚴明，敢不凛遵。蟻等本係坊鄰，今六月二十夜，蕭東昇私入陳氏卧室，蟻等不知，惟是夜深聞雷任家喊叫彼蟻等齊集，而任等已將東昇、陳氏赤體同捆於陳氏房内，蟻等目擊是實。邇時雷任等欲送案法究，因東昇之叔蕭宏量暨陳氏之兄陳元龍若求排解，並央蟻等爲伊哀求雷任等留三姓體面息和。是時宏量、元龍願各出服約給付任等，註明不得挾仇圖報等語。故任等允和，萬德生始將東昇釋放，其事已了息。否二十二日，蕭宏模又以侄被兇傷事禀案，致任等隨以各情實訴。今奉批飭，蟻等爲此據情實復，俯（仰）祈憲察，霑恩無暨。伏乞。

縣正堂批：蕭東昇姦污孀婦，已據族鄰人等當場拿獲，反敢先發制人，飾詞妄禀，其情甚屬可惡。但爾等既經捉獲，即應送究，徇情私和，亦屬不合。並飭。

四川省檔案館《清代巴縣檔案彙編·亂倫·乾隆五十一年七月正里一甲劉達、吴洪才等訴訟案》閏七月初十日正里一甲劉達告狀

爲私接隱匿，叩究正化事情。

蟻次子劉玉才，幼娶吴洪義第三女吴三姑爲婚，小接過門爲嫺媳。殊洪義與伊子吴朝用父子在渝崇因坊居住不仁，不思風化，屢次接三姑歸寧。蟻叠憑約鄰黄元清等理論數次，蟻實莫何。去九月内，蟻與子玉才婚配，殊三姑野性不悛，兼洪義溺愛不明，仍然接媳三姑歸里，嫌蟻子微體，圖拆祇醮之意心切。於今年六月二十二日，三姑回洪義家，來渝住坐

一月，至前月二十二日，三姑甫回蟻家。至本月初七日，又被吴朝用私接三姑歸寧，至途天晚，在吴正元家歇宿一宵，害蟻父子四路找查訪影。總用與三姑來渝，初八九兩期，蟻詢洪義朝用，隱匿三姑不現，朝云未見三姑等語。切子娶媳，冀圖禋祀，被洪義父子人面獸心，行爲不矩，接媳歸守，臭聲遍傳，蟻實切耻，不便深言。攸關風化，是以叩憲賞准拘訊法究，以正風化，俾子媳團圓。如告有虚，倍罪。伏乞。

閏七月十二日正里一甲吴洪才告狀

爲逆倫無踪，懇拘訊究事情。

蟻女三姑，幼許抱與劉子明與伊子劉玉才爲婣媳。去九月内成配，未令蟻父子得知。本年六月廿一日，蟻接女歸寧，坐至七月廿二日，蟻着子朝用送三姑回家。至本月初六日，因伊弟劉四治喜酒，子明之妻薛氏至劉四家吃酒，歇宿未歸，子明將玉才趁至河壩船上歇宿去訖。詎子明是夜人面獸心，行爲不矩，□門進女卧房。次日，蟻女向薛氏理論。薛氏直斥子明。殊子明情虧，持木棒打毁神龕、香爐、水缸、鍋碗、大門。蟻女奔逃，不知何往，蟻夢不知。是日，子明薛氏趁船來蟻家詢問蟻女歸寧攏屋未攏等語，蟻甫駭異。初九日，蟻父子至伊家詢，玉才吐稱，伊歇船上，子明開女房門，向説子明毁物，蟻女奔投蟻家等語。蟻始知子明不端，逆倫乖化。初十日，蟻投該地約鄰許洪昇、吴正元等向子明理講，跟要蟻女，子明躲匿不面。蟻父子尋女兩期無踪，存亡莫卜，是以叩憲賞準，拘訊法究，跟出蟻女，或存或亡，以正倫比。如控有虚，甘願倍罪，杖斃無辭。爲此告乞。

閏七月廿四日正里一甲地鄰薛瑞彩、丁仕華請狀

爲懇息銷案，均霑安業事情。

本月十二日，吴洪才以逆倫無踪事控劉子明等在案，蒙准差喚。蟻等均屬戚鄰，邀集面理，因吴洪才之女吴氏與姑薛氏口角，吴氏私行逃奔，致興訟端。今已將吴氏找回，實係口角起釁，並無别故，兩造疑心已破。蟻等剖處，將吴氏交姑薛氏領回約束，仍敦和睦，兩造悦服，各具結備案，賞准息銷，各歸實業。均霑。伏乞。

四川省檔案館《清代巴縣檔案彙編・强姦・乾隆五十一年八月七日節里五甲王明周父女禀狀》　八月七日節里五甲王明周告狀

爲欺滅污辱，懇究免禍事。

緣蟻僅生一女，許與文德新成婚，成配數載。不料德新染病卧床，家無人力，蟻女王氏於本月初三日自行請醫，行至地名河壩，地勢偏僻，慘遭久慣不法文大才乘伊酒勢，起心不良，膽敢攔路欺污。蟻女不從，當即吶喊，被大才扯破蟻女衣服一件，抓傷兩乳。蟻女指斥復喊，惡即潛逃。王氏泣至蟻家，説知駭然，投鳴地鄰張魁榮等，向大才理説。殊惡情虧，躲不睁面，衆難理處。詎惡大才歹縱伊子文澤亮，逐日兇至德新門首，百般污辱不寧，甲衆人言紛紛，有壞名節，百世難改，以致蟻女被污難伸。蟻婿德新卧床不起，王氏女流，無人奔控。蟻女被污難甘，於初五夜自行輕生，幸救得吉。但蟻女遭惡欺污兇凌，無處伸雪，啼泣不已，難防後患。今蟻不敢坐視，只得告懇仁憲，賞准差拘文惡父子到案，法除污辱，俾良懦幼女得以出頭聊生，免累。伏乞。

八月十五日節里五甲文王氏禀狀

爲朦面泣天，叩驗律究事情。

氏夫文德新，父兄搬居黔省，煢煢獨立。前月一足傷殘卧床，乏人請醫，氏不得已於本月初三日午後出門請醫。行至地名河壩，時已挨晚，撞遇久慣不法之文大才，窺氏獨行，四顧無人，乘勢截路强污，氏當喊叫，被大才扯破氏穿藍布衫一件，抓傷兩乳。氏急喊救，惡方釋手跑脱。氏歸説與夫知，奈氏夫足疼，步不能移。次日，氏回娘家哭訴父母，氏父王明周聞惡難容，投明地鄰張魁榮等向大才理問，惡避不面。初七，氏父王明周以欺滅污辱事奔控恩案。同日，文大才架以糾賭等謊捏詞拆搪，買證張仕照朦混憲天。沐訊將氏父明周責押捕卡，氏聞駭然。切氏夫德新現病卧床，地鄰可質。氏請醫調治，被文大才攔路强污，雖未成姦，而實有强暴之形，扯碎布衫，抓破兩乳，傷痕可證。氏父代女明（鳴）寃，反遭誣賭，理法全無。爲此抛面匍轅，懇賞驗傷，律究强姦，以端風化，乞省釋氏父，理法兩振。虚坐抱告。伏乞。

四川省檔案館《清代巴縣檔案彙編・通姦・乾隆五十一年九月十五日節里十甲總鄉約王廷早、趙華國、王昌毓禀伏》　爲捏控抵塞，懇嚴拘訊事情。

甲内趙元璽，將山土當與南邑民黎仁仲居種。仁種之妻曾氏，拜元璽

爲寄女。璽與曾氏通姦，造藥鐵釘，意謀仁仲。投經約等，就近稟木洞，差黄順、劉清行唤，被趙元輝統凶熊國興等搶轉元璽，凶傷黄順、劉清。約等稟明司主，詳韓差唤。本月初三日，約以聲明添唤事稟案，蒙批：候訊奪。詎元璽支伊子趙金熔，預於前月二十六日架以父被凶傷事，詞稱約廷早索伊賣業中人錢二千，□□稟木洞等謊，抵塞在案。沐批：案□具木洞司具詳矣，候並驗訊。理合稟明，實元璽曾氏□法，欲謀黎仁仲，就近稟木洞，非索□錢可比。約等有投狀可憑。斯種刁棍，法律奚容。如此不□，膽敢捏報，欺罔已極，串差延閣，迅嚴飭差，拘迅法究，以正風化，以靖地方。上稟太爺臺前俯準施行。縣正堂批：候訊究。

四川省檔案館《清代巴縣檔案彙編·通姦·乾隆五十二年四月十三日本城王嘉棟訴訟案》 四月十三日本城王嘉棟告狀

爲欺占謀害，懇拘法究事情。

蟻，楚人，投治營謀，若積銀錢，於乾隆四十六年，憑媒説娶故民姜照寧之妻姜曾氏爲室，財禮婚約郎據。無如曾氏乘伊父母俱故，欺蟻孤弱，叠次催蟻搬至鄉中，傍伊姨父王美先討佃汪金龍房屋住居。蟻以傍親有靠，信實無疑，即行搬往，蟻仍在城生理，每月係蟻親送錢米歸家。殊曾氏不守婦道，目無夫面，窺蟻在城未回，屢與美先之子王仕爵私串往來。本年正月十五，以及二十兩次，撞遇曾氏、仕爵在蟻房内同卧。蟻以亂倫之言理説，反遭仕爵兇毆。蟻投伊父王美先理説，美先自知伊子不軌，與蟻俯首求免，蟻亦各顧身面，隱忍未控，蟻各搬移免禍。詎曾氏硬不從搬，仕爵仍在蟻家往來，暗昧不明。蟻勢孤樸，不敢擅拿，遭此毒婦惡棍，不惟欺占霸妻，吐稱猶要暗害等語，只得告懇差拘，嚴審究除。蟻願將曾氏發交官媒另嫁，俾蟻性命得以久存，世代頂祝。伏乞。

五月初二日王嘉棟稟狀

爲懇訊究結，除姦正倫事情。

前月十三日，蟻以欺占謀害控王仕爵乘蟻在渝遠隔，膽串蟻妻曾氏私通往來。今正兩次蟻撞遇逆妻與戚惡王仕爵在蟻卧室，有亂倫紀各情在案。蒙批：准唤訊，倘捏誣圖嫁，重責不恕。票差往鄉，僅將王仕爵唤案押候，未沐審訊，逆妻曾氏乘蟻控准，自行來渝，已發官媒。切思毒婦惡棍，串姦壞俗，有關風化，欺占圖謀，目無倫紀。爲此稟懇仁憲，賞嚴訊究，法除淫惡，丕正頹風。如蟻稍有捏誣圖嫁，願甘杖斃。審□王仕爵欺姦謀害，律例森嚴。爲此稟乞太爺臺前俯准施行。

五月十八日廉里九甲約鄰陳祝山、張學治請息狀

爲懇恩賞息，均霑鴻仁事情。

今四月十三日，王嘉棟以欺占謀害事具控王仕爵等一案，沐票差唤。蟻等念係鄰戚，不忍坐視參商，邀集理剖，各吐情由，實因王嘉棟佃王仕爵草房住坐，嘉棟之妻曾氏不守婦道，嘉棟斥責，仕爵從旁解勸，彼此口角肆鬧，致有是控。蟻等從中理處，令嘉棟搬移別住，仍勸兩造永敦和好。二家悦服，俱不願訟累，各具結狀，叩恩賞准息銷，各務生業，鴻仁均霑。伏乞。

四川省檔案館《清代巴縣檔案彙編·通姦·乾隆五十三年六月二十九日廉里九甲嚴永錫告狀》 爲事寢有約，誣控電究事情。

蟻胞姐嚴氏，幼許陶涌先之子陶奇爲婚，迎配數載，已生外甥三人。殊姐夫陶奇被伊父陶涌先於五十年五月内逐外，未知何往。迄今四載未歸。至本月初五日，蟻聞陶奇伯母雷氏云，蟻姐於本月初一日産生一子掩藏，被伊地主唐世斌令涌先洗穢房屋揚出。蟻詢雷氏逐叙，蟻實抱忿，蟻租居數輩，清白傳家，毫無瑕玷。蟻思陶奇外出四載未歸，蟻姐産生，顯有不端之事，激蟻十一日來渝，以叩究正化事控前衷主，係鄰李德安、王懷章等具詞攔回。十三、十四兩日集理，詎涌先人面獸心情虧難言。蟻顧門風，德安等剖令蟻姐母子移居蟻房，令涌先每年撝穀五石作姐母子度食，蟻便照應，俟陶奇歸家移回，立認服二約可憑。蟻顧顔寢事，豈涌先姦謀，捏存掩咎。十八架以稟明存案事，詞稱蟻接姐不回自縊等謊，稟前衷主，批：此事未便，僅據存案，候唤訊究。差等來鄉，涌先隱差未至蟻家，回轅銷案。蟻聞來轅查案，涌先誣控，自行敗露，蟻不稟究，蟻姐縊斃，蟻冤難伸，免累無憑。涌先不仁，有乖倫化，王章不宥。憲恩榮任，法政清嚴，抄約叩電，拘訊法究，以正倫風。虚坐。告乞。

四川省檔案館《清代巴縣檔案彙編·强姦·乾隆五十五年四月忠里六甲金學山告葉大志欺姦伊女案》 四月□日金學山告狀

爲迫叩拘究，虚坐霑恩事情。

本月十八夜，有蟻叔岳母葉李氏叫蟻年甫十五歲長女金姑與伊作伴。

蟻妻以爲内戚，故未阻攔。十九日，葉李氏之子葉大志在外夜歸，窺見蟻女獨睡，頓起不良，膽無王法，夜半摟抱蟻女行姦。蟻女驚覺吶喊，大志跑逃。是時蟻亦在外薅秧，蟻妻投鳴伊堂兄葉大全、葉大有等，四處着人找蟻。至十二日，蟻始得信歸家，仍憑葉大全等向問大志。殊惡知虧，逃匿伊姐夫石在龍家不會蟻面。蟻問李氏，總替伊子百般支吾。泣蟻幼女，被惡滅倫，黄夜欺姦，律難寬縱。爲此迫情叩拘嚴究，以正倫風，父女霑恩。伏乞。

四月二十八日葉大志告狀

爲踞賭不矩，誣詐圖嚼事情。

蟻伯母葉趙氏之婿金永朝即金學山不業，賭博敗家，售産還帳，剩錢九十七千文，當蟻伯母趙氏房業居住，田係佃耕。永朝慣賭爲生。去十月内，伯母將業房賣蟻，契稅價明，其永朝當價揭明無異。蟻令伊搬，哀立約佃住，限今十月内移搬。蟻念郎舅至戚，允住。詎永朝常招流棍五六人七八人聚家，不分晝夜，擲骰賭博。蟻母子屢讉不移，踞住招賭，咎由自取。否係何人喪良，今永朝閨女三姑，年已十八歲，倏身懷有孕。至本月十五日及二十二日並二十六日，永朝拷教三姑之供，莫云外人，咬誣係蟻，自有妥處，説出别人，一定毆斃性命等語。永朝托石榮宗向蟻要錢寢事。等語。蟻總盟誓，無錢答叙，金惡肆横持刀尋拚，希圖詐嚼。切蟻有妻，已産子女，蟻非只身可比。且蟻稍知法紀，骨肉尊卑，豈有逆滅倫化之行，有是理乎。蟻不控究，恐栽害蟻，樸民何伸。是以懇恩賞准研訊，跟出何人，洗雪蟻名。保命公侯萬代。伏乞。

縣正堂批：奸婦有孕，罪坐本婦。指姦律得勿論，即使將來投控到案，亦不准究，毋庸預埋訟根。

四川省檔案館《清代巴縣檔案彙編·命案·乾隆五十六年三月二十七日日忠里一甲石第簡報狀》 爲報明電究事情。

蟻婢女貴女前月十四日在山牧牛，被無聊堂侄石潤廷欺姦，貴女不從，奔回説蟻得知，理斥，潤廷反於本月十九日來蟻家稱搶貴女。是夜貴女情急自縊，蟻覺解救未斃。二十一日蟻以欺姦逼縊事控轅，批：准拘訊。潤廷自知情虧難質，本月十六日立約，請石在海勸蟻和息，潤廷又立認約，給蟻請息在案。殊潤廷回家，二十六日揚稱伊又控蟻於各署，復要搶貴女等語，以致貴女聞知，是夜用棉帶繫項，在卧房横枋上自縊斃命。二十七早蟻始知，投明地鄰石在海、蔣昌榮等看明。爲此赴案報明電究。伏乞。

《清高宗實録》乾隆五十八年二月 刑部等衙門議奏：兩江總督署江蘇巡撫書麟奏，江蘇上海縣祖師堂僧德見，因師僧文照姦宿伊母，忿斃文照一案，依律擬絞。得旨：此案僧德見因僧文照與其母張王氏通姦，留住在廟，經僧德見將伊母勸回。僧文照復肆行辱罵，僧德見一時忿激，攜取柴斧，將文照連砍斃命。該督撫將僧德見依親屬捉姦非登時殺死姦夫例，擬以絞候。援例本爲失當，經刑部改依罪人不拒捕而擅殺例，擬絞。雖屬照例辦理，但張王氏與僧文照通姦，經德見禁阻不止，嗣竟留宿在廟。復經德見屢次苦勸，方始回家。德見心懷忿激，欲控官究治，又恐連累其母，是德見頗具愛其父母之心。而其母淫賤無恥，絶無顧子之意。迨僧文照因德見將伊母勸回，復肆行詈罵，並聲言將來接伊母長住廟内，不怕不依。是文照既姦其母，又復任意欺凌，更何有師徒之分？德見情急難堪，用斧將文照連砍斃命，實屬出於義忿，其情甚爲可憫。此而問擬絞候，則淫惡者罔知顧忌，而義忿者轉無以自伸，於情法殊未允協。此案僧德見著交刑部改照秋審可矜之例，減等發落。

《清高宗實録》乾隆五十八年六月 乙亥諭：本日刑部具題江西省民人劉乞刃傷胞叔劉兆綸一案。緣劉乞與無服族兄劉賢之妻喻氏調戲成姦，嗣劉兆綸稔知劉賢他出，亦向喻氏調戲。喻氏約令夜往姦宿，詎黄昏時，劉乞先至喻氏房内，圖續舊好。劉兆綸後至瞥見，欲掩己非，即稱捉姦，扭住劉乞毆打。劉乞情急圖脱，順取剪刀戳傷劉兆綸。經刑部照該撫所擬，將劉乞依刃傷胞叔例，擬絞立決。劉兆綸革去職銜，照不應重律杖八十，折責三十板。向來胞侄刃傷伯叔之案，朕覈其情節，如係伯叔圖占財産，或有曖昧等事，俱改爲監候。或交九卿議奏，亦議改監候者多。原以叔姪雖名分攸關，若自恃尊長，非理相凌，致伊姪有干犯刃傷情事，亦難遽入以必死之條耳。今劉乞姦宿族嫂，已有應得之罪。乃因劉兆綸亦往圖姦，扭住毆打，劉乞輒敢向戳致傷，是釁起因姦，法難寬宥。劉乞自應照部議，即行處絞。但劉兆綸爲劉乞胞叔，劉喻氏亦其同族姪婦，若因劉乞與劉喻氏通姦，劉兆綸聞知，前往斥責，以致被戳，是劉兆綸竟係無罪之

人，即杖責亦不應問擬。今該犯亦與劉喻氏相約，及至黄昏前往，先有劉乞在彼，遂捏稱捉姦，將劉乞毆打。是劉兆綸圖姦同族姪婦，行止有虧，而又因妬姦起衅，陷伊姪於立決。且該犯既與劉喻氏先有密約，則所謂圖姦未成之供，亦不足信。乃刑部遽照該撫所擬，定以杖責，實不足以蔽辜。夫明刑所以弼教。似此有關風化之事，致姪於立決而僅予薄懲完結，其何以肅倫紀而儆姦邪。劉兆綸雖係劉乞尊長，不至死罪，亦應問擬軍流等罪，方足示懲。著該部即另行定擬具奏。

《清高宗實録》乾隆五十八年十一月　丙申諭軍機大臣等：刑部題駁陝西省靳青愧悔拒姦，所傷范生玉身死。比照婦女拒姦殺死姦夫例擬流一案，所駁是，已依議行矣。靳青被范生玉雞姦時，年已十六，並非力不能拒者可比。既已甘心疊被姦宿，自不得與良人子弟拒姦殺人擬流者同論。乃該省遽將靳青比照婦女悔過拒殺姦夫之例，問擬杖流。以强壯男子比擬孱弱婦女，已屬不倫，且與未經被姦者漫無區别，設遇良人初次拒姦，又將憑何定擬？刑部所駁，殊爲得當。此係和寧護理撫篆時具題之件，著傳諭秦承恩，即將此案一面按照部駁情節，另審具題；一面詢問和寧，將因何援引錯誤之處，據實登答具奏。

四川省檔案館《清代巴縣檔案彙編·命案·乾隆五十九年三月六日刑房審單》　計開審單：

原報　王文沛
地鄰　徐滏　王學典
鄉約　晏世英　石興元
照出　王陳氏　王文鼎　曾子臣　王何氏
已死　王文弼　朱曾氏

訊得王文弼與朱曾氏本係表戚，素無避忌。去歲六月通姦，凡有家中什物，時時竊與，以致其妻陳氏屢因口角反目。□月初一日，有陳氏自績棉紗換來之布一匹，放在房内，亦被文弼拿與曾氏。陳氏察知，親往取回。曾氏遂念，初二日半夜，乃同文弼潛來叫門，陳氏開門，一見曾氏，又斥其無耻。文弼、曾氏遂上樓閉門就寢。不意至初二日早飯後，不見下樓，陳氏推門不動，喊其嫂何氏來看，始將門扇打破，驚見二人已縊斃矣。堂斷：文弼與曾氏苟合綢繆，不顧家室，今因一布，倏爾輕生，靦顔無耻，與人何尤。着諭尸親具結領埋，並取約鄰甘結存案。

《清高宗實録》乾隆五十九年五月　壬辰，諭：據琳寧等審明牢頭筠德等與監押犯婦丁香兒通姦一案。筠德等身係旗人，又屬牢頭，膽敢將犯婦首先姦宿，以致無耻之徒肆行輪姦，理應從重辦理，以示懲戒。乃琳寧等將爲首之筠德存住，僅擬絞候，其餘人犯分别發遣，甚屬姑息。琳寧等著交部嚴加議處。

四川省檔案館《清代巴縣檔案彙編·亂倫·乾隆六十年十月一日正里一甲僧正宗、民周應鰲稟狀》　爲沐喚聲稟，懇賞電訊事情。

僧住持地藏寺。本年，蟻周應鰲等延接文庠周文鬱在寺設館教讀，有毛東序以侄毛燦晞、燦旭送彼寄飯讀書，文鬱亦隨帶子訓讀，均在書房歇宿，經今數月，無有異議。因燦晞、燦旭在館日少，文鬱屢次戒懲，人悉咸知。突本年九月初五日晚，東序毛三來彼，突云文鬱欺姦燦晞，扭毆文鬱，僧苦勸説，東序等令文鬱出一收清學錢字據，又令僧代文鬱出名立借十千錢一約與伊等，天明各去。文鬱經蟻等與衆理説，至初八日復被東序等行兇，以致周文烈於十三日以兄傷危篤控案。批：准驗訊。二十四日，毛東序以欺姦控抵，訴文鬱九月初三日夜與燦晞同床行姦等語。沐批：添喚僧正宗等質究。如虚坐誣。沐添遵喚赴案，切文鬱有子在館外，猶有寄飯歇宿書童，數月並未聞有别議，即初三日夜有無欺姦，亦未聞燦晞一言，至今出收清學錢與代撥借字，及經理約，又悉甘退還，欺姦諒非確實。聲稟恩電示訊。伏乞。

《清仁宗實録》嘉慶元年四月　〔丙戌〕諭内閣：刑部具題，覈覆奉天省宗室家人朱渾，强行雞姦幼丁彦德一案。因犯事在恩赦以前，照例聲請援免，辦理不免拘泥。此案朱渾强姦彦德已成，實屬淫惡，若因事在赦前，即予援免，何足以示懲儆。著刑部即將本年題過此等强姦已成之案，及此後辦理各案，如有似此者，俱於本内聲明，不准援免，仍牢固監候，入於緩決辦理，不得遽行免釋，以懲淫惡而昭明弼。

《清仁宗實録》嘉慶二年七月　〔戊辰〕定父殺犯姦之女勿論例。先是代辦四川總督英善疏題灌縣民李世楷女李二姐爲周俸瀠姦拐同逃，經李世楷拏獲毆斃。將周俸瀠擬絞，李世楷擬杖，下三法司議。至是議覆，得旨：此案周俸瀠姦拐李二姐同逃，被李二姐之父李世楷拏獲，登時將李

二姐毆斃。該督原題及刑部議覆本内，均引本夫姦所殺死姦婦例辦理，但父之與夫名分不同，若因例無專條，亦當將比照之處詳晰聲敘，何得竟以本夫殺姦之例定擬，殊未明悉。著刑部即將此本援引比照之處，聲明更正，至父母毆斃無罪子女，予以杖罪，尚爲慎重人命起見。今李二姐既經犯姦，即係有罪之人，李世楷將伊女毆斃，係出於義憤，尚有何罪？雖所擬杖罪，聲明遇赦援免，但究不應以杖罪科斷。嗣後遇有似此情節者，其父母竟不必科以罪名，並著刑部將此例删除，以昭明允。

《清仁宗實録》嘉慶四年三月　戊辰，諭内閣：據保寧奏，土爾扈特家奴三濟强姦伊家主之妻孀婦伯克木庫，不從，三濟即將伯克木庫頸骨擰折，以致斃命，當將三濟按律即行凌遲處死等語，土爾扈特家奴三濟欲行强姦伊家主之妻，孀婦伯克木庫，因其不從，膽敢起意將頸骨擰折斃命，燒房逃走。實屬目無法紀，淫凶已極，保寧審明後即將三濟凌遲處死。所辦甚是。内地旗民人等遇有拒姦盡節捐軀者，例應奏明旌表。伯克木庫係索倫婦人，乃知大義，舍死拒姦，甚屬可嘉，自應旌表。從前新疆各部落遇有此等事件，有無旌表。保寧並未聲敘。若向有此例，何以遺漏？未據附奏，如無此例，亦應照内地一律酌定旌表以，敦風化而慰貞魂。伯克木庫著即照例旌表。

《清仁宗實録》嘉慶四年八月　〔己丑〕又諭：恩長奏和闐回民莫羅愛底勒，强姦十歲回女色克呢已成，請將莫羅愛底勒即行正法等語。强姦本律罪應擬斬監候。今恩長所奏莫羅愛底勒兇淫已極，新疆又非内地可比，請將該犯即行正法，以懲淫風。所辦尚無錯誤，莫羅愛底勒著依擬應斬監候即行正法，以昭炯戒。

（清）吴熾昌《續客窗閒話》卷五《妖人邢大》　燕人邢大，幼失怙恃。年十七，艷麗過好女。因無事業，偃蹇不堪。里有洪大者，家小康，有龍陽之癖，亦無父母妻子。途遇邢，目逆而送之曰：此天下尤物，可遇而不可求者。尾至其家，見隤垣敗室，虚寂無人，入門唁之。邢見洪來，羞澀之態，亦若女子之初見良人者。洪訊得困苦狀，不勝憐憫曰：弟若肯隨至我家，能温飽之。邢本無能，腆然隨去。洪爲置鮮衣，給美食，撫養周至。邢實心感。一日飲内室，薄醉。邢顔色焕發，洪不能復忍，擁之求歡。邢曰：弟受兄德澤，無以加矣。身非草木，焉得無情。以身報之，固所願也。但日後色衰愛弛，弟仍落魄無依，徒貽失身之誚，不如其已。洪曰：我只圖好色，不分牝牡。弟若蓄發披鬟，終身相從，即我妻也。決不再娶，誓無異心。邢遂與同宿，兩情益密。邢從此養髮貫耳，作旂裝，儼然國色。且習女工針黹，刺綉甚巧。洪嬖愛益甚，所欲無不順從。服飾之精，飲饌之腴，甲於貴胄。夫好男色者，必病股與目，况旦旦而伐之，有不速斃者乎？三年，洪業漸敗，目既眊而半身不遂矣。先有劉六者，亦美男子。洪與結爲昆季，恒引之家，與邢相見，則曰：我妹也。劉見其娟美，亦愛憐之。洪已有交易之心而邢不許，故每見劉，則一禮而退。劉亦無可如何。值洪病革，劉願以重聘婉求其妹爲妻。洪與邢謀曰：我病不能復起矣。今汝已習女裝，聲容舉止宛然好女。本相訂終身，不意半途拋撇。若戀我，則無男子守節禮；若仍改男裝，則已失所矣。邢曰：我非真女，彼娶而後覺之，能相容乎？洪曰：世無不好色者，彼若覺察，汝須善爲調停。溺愛之人，决無債事。况劉之爲人與我相同，我故願托之也。邢諾，洪以告劉，遂轉告父母，邀媒行聘，擇吉娶之。父母親戚見新婦婉孌柔順，與其夫一對玉人，交相慶慰，劉更欣嘉。至晚入房曰：妹何見我即避，今夜更避何處耶？擁入衾中。邢早於兜肚下作袋，將腎囊前陽包起，仍曲舉其股以就，故不覺也。然日久厮熟，時亦漸熱，劉必欲盡去邢之上下衣，强赤其體，無從慢藏，厥物顯露，劉不禁駭異。邢擁劉盡媚而實告之曰：爾若舍我，恐女子中未必有勝我者。劉曰：我固不忍舍汝，但娶妻爲子也。汝能生育乎？况我家不過僅可度日，無餘貲再娶，不誤我後嗣耶？邢曰：毋恐，我有祖傳符籙，能看香治病。爾倩人繪女仙像供養，我將有仙人附體，治病神效。傳播人知，業必興隆。得財後，任買妾媵，不爾禁也。劉曰：爲我謀則善矣，但汝以男子身而爲此，何能忍乎？邢益媚嫵之曰：此事始雖楚而後樂，恐天下男子知此味，人人欲嫁丈夫。世間甘爲此者，非我一人也。爾如不信，請嘗試之。且閨中事，外人不知，無妨互相爲樂耶。劉亦迷而順之。從此夫其夫而亦婦其夫，婦其婦而亦夫其婦。兩美交融，眷戀之情益切。劉發財心勝，告於父母，别居附近鄉村，傳播仙姑治病之説。人見以美婦行醫，

争相延請，日得時錢數貫。一番役垂涎婦色，詐病唤邢去。入室，突擁而撫其下體。出其不意，不及掩飾，居然偉男子也。役縛而訊之，邢哀求包容，願任鷄姦而多與之賄。役曰：邨中不乏少艾婦女，非親即故，容汝在此，皆不得作完人矣。我且獲妖人，官賞必厚，豈貪汝賄，自貽伊戚耶？並獲劉六，送坊轉入秋部，鞫實，於左道惑人本罪上，加重問擬繯首，即行正法。劉六照爲從例，刺配黑龍江，給索倫達呼爾爲奴。此嘉慶十二年四月案。有友任刑曹者，録出原供如此。

《清仁宗實録》嘉慶十五年三月 〔己卯〕諭内閣：素納奏審明謀殺親夫犯婦一摺。此案據該護撫摺内所叙，門鮑氏年十六歲，先經郝文明調戲成姦。嗣與門闕喜子成親之後。因門闕喜子年甫十一，不懂人事，欲圖另嫁，遂起意將門闕喜子致死。按律將該犯婦問擬凌遲，郝文明並無知情同謀情事，照例科以姦罪等語。所辦尚恐不實不盡，門鮑氏與門闕喜子成親不過數日，門闕喜子雖年甫十一，不知人事，尚可待其長成。該氏即淫蕩無恥，仍不難與郝文明乘便續舊，何至據將伊夫致死，恐後郝文明從中主使，伊知門闕喜子年小力弱，門鮑氏一人可以致死，無庸幇同下手。是以該犯未經親身在場，亦未可定。此案門鮑氏致死其夫，罪名已無疑義，但姦夫有無同謀主使情事，關繫罪名出入，不可任令漏網。著該護撫再行親提各犯，詳悉覆訊，定擬具奏。

《清仁宗實録》嘉慶十五年十二月 甲午，諭内閣刑部議覆四川省程鄧氏商同伊子勒斃親夫一案。向來外省遇有因姦謀斃親夫之案，審擬具奏，例應聽候部議。此案程鄧氏因伊夫程洪受平日酗酒嫖賭，又見其站立伊媳房門外，輒疑圖姦。商同伊子程德幇勒斃命，實爲人倫至變。該督審明後，即將程德恭請王命正法，而程鄧氏一犯尚照尋常謀斃夫命案情，仍請勅下部議，未免拘泥，程鄧氏著即凌遲處死。此案非情理所有，事屬僅見，嗣後如或有情節似此者，即照此辦理。

《清仁宗實録》嘉慶十五年六月 〔己亥〕諭内閣：刑部奏，興化縣民萬定頒與劉鶴年因圖姦船户張洪之妻章氏，商同劉鶴年哄騙張洪上岸，勒斃棄尸河内各情節。請飭交該撫提犯親訊，並嚴緝劉鶴年父子，務獲等因一摺。此案萬定頒與劉鶴年夥販鹽魚等物，赴漂陽銷賣，圖奸船户張洪之妻章氏。因張洪瞪眼，輒商同勒斃張洪，章氏因其告知實情，即赤身跳入河内斃命。該犯等復因章氏之幼子幼女啼哭，即一並掐斃，撩入塘内。業據該漂陽縣録供通詳，是該犯萬定頒到案時，已將圖姦謀斃各重情供認不諱，及該犯因劉鶴年在逃未獲，恃無質證，忽認忽翻。該撫即當一面飭拏劉鶴年，一面親提萬定頒，嚴切根究，以成信讞。兹率據該犯現供，以監候待質咨部。豈此等謀斃一家四命重案，且事閲三年，竟可藉詞於逸犯未獲，懸宕不結乎？著傳諭該撫章煦嚴緝在逃之劉鶴年父子，迅速就獲。仍即親提該犯萬定頒，確切研訊，務得實情。如訊明該犯有意翻供，其情節實與初供無異，即可定讞辦理，毋得任其藉詞狡展。

（清）席裕福《清朝政典類纂》卷三九八《刑三十·刑律人命·謀殺人》 事例

嘉慶十六年奉旨：此案兵丁楊幗俊因妬姦故殺本管把總李定祥身死，刑部以李定祥自取凌辱，應同凡論，將楊幗俊問擬斬候具題。朕詳核案情，幗俊、李定祥先後與楊吴氏姦好，是晚楊幗俊正在楊吴氏家姦宿，適李定祥潛往叫門，楊幗俊即以汛官不應與民婦通姦向其挾制，彼此争駡揪毆。楊幗俊先將李定祥戳傷，自知難免問罪，復恨其奪姦，隨起意戳傷李定祥心坎殞命。李定祥係楊幗俊本管營官，如因姦宿民婦輒將所管兵丁凌辱，以致兵丁氣忿争毆致命，則是死者有罪，逞凶者本係無罪之人，應以凡論。但科其故殺之罪，今李定祥、楊幗俊同與楊吴氏通姦，均係有罪之人。楊幗俊因妬姦逞忿，刃斃本官，干名犯義，目無法紀，若竟以凡論，殊覺無所區别。楊幗俊一犯問擬斬候秋審情實，亦必予勾，著即行正法，餘照該部所擬完結。嗣後遇有兵丁故殺本官之案，若兵丁亦係犯罪之人，與本官犯罪同者，著照例問擬斬候，仍請旨即行正法。《聖訓》

《清仁宗實録》嘉慶十七年三月 甲申，刑部議駁四川總督常明疏，稱民人彭仕榮强姦幼童胡留春已成，聲明彭仕榮年未成丁，可否減等一案。得旨：此案彭仕榮强姦幼童胡留春已成，經該督照律擬以斬決。聲明該犯童稚無和，與淫兇光棍有别。經刑部議，以律内並無十五歲以下强姦幼童夾簽聲請之條，應照本律辦理，所駁甚是。彭仕榮一犯，雖年僅十三歲，如被污之人或年齒較長，該犯尚可以年未成丁末減。今被污者僅止九歲，被該犯强姦已成。是其以長脅幼，不得謂爲童稚無知。彭仕榮著照部議，即行處斬。

《清仁宗實録》嘉慶十七年六月　壬子，諭内閣：晋昌奏，審擬邢傑强姦子婦邢吴氏未成，被邢吴氏齩落脣皮。將邢吴氏照律擬斬，請旨定奪一摺。此案邢傑蔑倫行强，翁媳之義已絶。從前乾隆年間，江蘇省民人蔡通，撞遇伊叔與伊妻行姦，刃傷胞叔，原擬絞決。經部議，照律勿論。蔡通以男子捉姦，刃傷胞叔，尚從寬貰，今邢吴氏身屬婦女，猝遭强暴，情急齩落伊翁脣皮，其情節斷非裝點。與無故干犯尊長者迥别。邢吴氏應照律勿論，免其治罪。邢傑照例調發烏什葉爾羌等處爲奴。

（清）祝慶祺《刑案匯覽》卷五二《刑律犯姦・犯姦》　陝督題：景路家女糾約姜進榮貪夜前往輪姦小段氏未成，誤摸該氏夫妹杏香子，驚覺喝問，恐致敗露，起意致死滅口，與姜進榮立扎斃命。將景路家女比照輪姦良婦未成，殺死本婦，首犯擬斬立決。姜進榮照幫同丁手例，審絞立決。嘉慶二十一年案。

《清宣宗實録》嘉慶二十五年九月　〔丁丑〕又諭：　軍機大臣會同宗人府、刑部審擬豫親王裕興强姦使女寅格，自縊身死一案。國家法令，王公與庶民所共。强奸已成，致斃人命，罪犯至重。裕興身係宗室，襲封親王，乃不自愛惜，恣意妄爲，大干法紀。若從末減，則齊民犯此者，又將何以治之。且當國服未除，親喪未滿之日，而裕興輒動於惡，不忠不孝，罪孰大焉。朕不得已，不能不執法懲創。著照永錫等所擬，裕興即革去王爵，交宗人府折圈空室，三年期滿釋放。餘俱照擬完結。其承襲豫親王，著交宗人府照例辦理。

（清）祝慶祺《刑案匯覽》卷二四《刑律人命・殺死姦夫》　安徽司：　誤信胞兄誣揑姦情謀殺功尊。題梅杜樣挾仇，誣揑小功服弟梅幗翰與伊弟梅芝受之妻胡氏通姦，哄誘梅芝受將梅幗翰殺害，並幫同致死割落頭顱。梅芝受誤聽兄言，信爲姦情，屬實聽從謀殺。查梅幗翰係梅芝受小功服兄，係梅杜樣小功服弟，將梅芝受依謀殺緦麻以上尊長律擬斬立決。杜樣依尊長謀殺卑幼依故殺律擬絞監候。惟查梅芝受被兄梅杜樣設計煽惑，誤信殺姦，與尋常謀殺尊長者迥别。今已將造意下手殺訖之梅杜樣照律擬絞，若又將意在殺姦，僅止致傷之梅芝受問擬斬決，似覺法重於情，相應聲明，恭侯欽定，嗣經九卿核議，將梅芝受改爲斬候。道光四年案。

（清）祝慶祺《刑案匯覽》卷二四《刑律人命・殺死姦夫》　廣西撫題：李亞德先與唐甘氏通姦，本夫唐振凝並未知情。嗣該氏途周李亞德相約續舊，即在空寮行姦，經唐振凝瞥見，趕進寮内，該犯用刀拒傷唐振凝跌地。該氏見夫受傷，抱住該犯喊人捉拏。該犯圖脱，用刀戳傷該氏身死。查唐甘氏雖係姦婦，惟見其夫受傷，當將姦夫抱住大喊人幫捕，即與捕人無異，該犯恐被拏獲，將該氏戳斃，應照犯罪拒捕殺所捕人律，擬斬監候。道光四年案。

（清）祝慶祺《刑案匯覽》卷五四《刑律雜犯・殺死姦夫》　安徽司：　夫聞姦□毒姦婦誤毒子媳。咨許曉齋因知伊妻劉氏與王信懷通姦，懷忿起意致死，將醫瘡信末拌飯毒斃伊妻，致伊媳楊氏誤食斃命。例無本夫聞姦數日謀殺姦婦，誤殺有服卑幼作何治罪明文，惟故殺子孫之婦，罪止擬流。今因激於義忿，誤殺其媳，情殊可原，將許曉齋照故殺子婦律量減一等，杖一百，徒三年。王信懷照本夫聞姦數日殺死姦婦例，擬杖一百，徒三年。道光五年案。

（清）祝慶祺《刑案匯覽》卷五二《刑律犯姦・犯姦》　直隸司：　□□已允被人捉姦殺死姦婦。查審理命案，必須詳鞫致死根由及下手情形，分别謀故鬥殺，按律懲辦。至姦匪致斃人命之案，尤應嚴切根究，俾無遁飾。此案王隨馨因向王同芳長媳王何氏調姦，經該氏以王同芳等不久回歸恐被撞破，約俟次夜留門等候。迨次日更餘時，王隨馨潛至王何氏屋内，將門高閉，坐炕説笑，尚未行姦，被王何氏夫弟王四書聽聞，令王何氏將門開啓。時王隨馨躲於王何氏身後，王四書瞥見，堵門喊捕。王隨馨順拔身佩小刀，扎傷王四書左腮頰胸膛，昏暈倒地。王隨馨欲逸，王何氏恐致連累，揪住王隨馨衣服聲喊。王隨馨掙不脱身，用刀扎傷王何氏頂心偏左，左胳膊，右手指，並劃傷其鼻梁，左手指。王何氏閃至王隨馨身旁不放，王隨馨復用刀扎劃傷其脊背二處並左臂膊。王何氏用頭尚撞，王隨馨又扎傷其胸膛倒地。王隨馨逃走，王同芳聞喊趨至，查看王何氏業已身死。向王四書詢明情由，報驗訊非，有心欲殺，該督以該犯因姦圖脱，固屬罪人，王何氏約會行姦，亦非良婦。將王隨馨依鬥殺律擬絞監侯，等因具題。臣等詳核案情，該犯王隨馨因王何氏約往姦宿，貪夜赴彼，被王四書堵門喊捕，該犯順拔佩刀將王四書扎傷倒地。王何氏揪衣聲喊，該犯掙不脱身，用刀扎傷王何氏頂心等處，王何氏閃至身旁不放，復用刀扎劃其

脊背等處。王何氏用頭向撞，復扎傷其胸膛倒地殞命。該犯始則拒傷應捕之人，繼又刀斃本婦。顯因王四書受傷昏暈倒地，意料必死，慮恐王何氏指證，致犯重罪，隨將王何氏疊扎致斃滅口。若謂僅止圖脱，該犯於拒傷王四書倒地後，王何氏一孱弱婦女，即將其拉住不放，該犯亦無難掙脱逃跑。且既將王何氏左右手指扎劃致傷，自必釋手，何致疊扎多傷，至倒地後方得脱身。該犯初供有將王何氏扎傷，旋即身死之語。是該犯目擊王何氏氣絶，始行走避，顯有不死不休之勢。謂非有心欲殺，殊難憑信。即王何氏約會行姦一節，雖據王四書所供情形，似屬可信，但該犯既係王何氏約定留門等候，事屬兩相情願，必無阻梗。黄夜前往姦宿，斷無尚佩小刀之理。王何氏明知伊翁王同芳等均在間壁，竟敢坐炕説笑，並不慮被聽聞，情節亦未確鑿。且王同芳供稱，伊於睡夢中聽聞次子王四書與兒媳王何氏聲喊，連忙起身出視，見王四書被扎倒地，王何氏受傷身死等語。是王同芳聽聞子媳二人係屬同時喊嚷，而看語内王四書喊嚷，在堵門被捕捉之時，王何氏聲喊在王四書受傷之後。且該氏被扎多傷，時非頃刻，何以王同芳聞喊往視，該氏經氣絶，凶犯亦已遠揚，供看尤屬支離，案關姦匪逞凶，一死一傷，孰先孰後，最爲緊要關鍵。承審各官並不詳悉根究，僅將王隨罄照門殺律問擬繯直。殊未平允，應令研鞫確情，按律妥擬。道光五年案，嗣據遵駁覆審，並無別故，仍照原擬題結。

（清）祝慶祺《刑案匯覽》卷二四《刑律人命·殺死姦夫》　南撫：與小功姪媳逮姦拒殺本夫，姦夫謀殺尊長姦婦從而來行。題袁勇開與小功堂姪袁同華之妻龍氏通姦，經袁同華撞見捋刀趕捉，該犯被砍奪刀拒捕，將袁同華戳傷身死。例無專條，應照凡人罪人拒捕殺所捕人律，擬斬監候。道光七年案。

（清）祝慶祺《刑案匯覽》卷二四《刑律人命·殺死姦夫》　北撫：與小功姪媳逮姦拒殺本夫，姦夫謀殺尊長姦婦從而來行。題胡葛氏因夫胞叔胡文和縱容該氏與人通姦，致姦夫將胡文和謀死。該氏僅止知情，同謀並未同行，未便遽照謀殺緦麻以上尊長律，科以不分首從皆斬之罪。若依謀殺人從者不行擬徒，亦與凡人無所區別，應比照謀殺人從而不加功律擬流，係犯姦之婦杖、決、流、贖。道光七年案。

（清）祝慶祺《刑案匯覽》卷五二《刑律犯姦·親屬相姦》　貴撫：翁媳通姦因夫報殺將翁致斃。奏姜袁氏謀殺伊翁姜起順身死一摺，奉上諭：麇奇瑜奏，審疑姜袁氏謀殺伊翁姜起順身死二案，已於摺内批交刑部速議具奏矣。據該護撫另片奏，稱姜起順先與子婦袁氏通姦，復將子姜三妹致死，淫惡異常。迨該氏誨過拒絶，姜起順復圖續姦不允，該氏詢悉伊夫身死，情由忿激，將姜起順致斃。若照他故逆倫之案，於審明後將該氏立予凌遲，核與謀殺無辜尊長者，似覺無所區別，候旨遵辦等語。著交刑部將從前有無似此成案，向係如何辦理之處查明，一並具奏。欽此。隨飭詳查，向來並無辦過與此情節相同之案。惟查嘉慶十七年六月，伊犁將軍奏邢傑强姦子婦邢吳氏未成，被邢吳氏咬落唇皮一案，將邢吳氏擬以斬決。

奉上諭：邢吳氏免其治罪等因。欽此。經臣部奏明，嗣後子婦拒姦毆傷伊翁之案，如實係情急勢危，倉猝捍拒，仍依律定擬，法司將應否免罪之處奏請定奪等因。又十八年三月，山東巡撫題張張氏先與崔南東通姦，後經悔過拒絶。伊翁張保成因該氏素不端，起意調姦，摟住該氏項脖親嘴，該氏情急咬落張保成舌尖一案，該省將張張氏擬斬立決，聲明並非有心干犯。經臣部照擬核覆，恭録邢傑案内，諭旨奏請定奪。奉旨：九卿定擬具奏。欽此。當經九卿議奏，查張氏先與崔南東通姦，雖經悔過拒絶，究屬先曾犯姦之婦，與邢吳氏之案係貞婦者不同，未便遽請免罪。若由斬決改爲監候，是以致傷蔑倫傷化之翁而乃使之入囹圄，亦不定以示平允。衡情定讞，應請將張氏於所罪上量減一等擬流。援赦累減擬徒、杖、決、徒、贖等因。奉旨：張氏從寬免死，照例累減發落等因各在案。此案姜袁氏因伊翁姜起順先將伊通實成姦後，又續姦一次，嗣在房説笑，被伊夫姜三妹撞見，將伊毆打。該氏即悔過拒絶，遇姜起順至家避不見面。姜起順因子礙眼，起意將姜三妹捏首忤逆，令楊小五等往拏送官，致姜三妹被楊小五等毆斃。姜起順彙係被不識姓名人毆死，報驗詳緝。

迨姜袁氏監出實情氣忿，將姜起順謀殺斃命。查姜袁氏因姦致夫被毆身死，比照子孫因姦致祖父母、父母被殺罪應絞決，其與伊翁通姦，例應斬決。至謀殺伊翁身死，則罪應凌遲。該氏與伊翁通姦在先，較之伊犁邢吳氏之本係貞婦，及山東張張氏先與別人通姦者不同，其將伊翁謀殺身死，又與邢吳氏、張張氏僅將伊翁咬傷者亦異。現有查無似此成案，案關

倫紀，臣部爲執法衙門，應將姜袁氏仍照謀殺夫之父母已殺律，凌遲處死。惟此等瀆倫傷化，行同禽獸之翁，若將該死犯婦擬以寸磔，誠如所奏，與謀殺無辜尊長者，無所區別。查張氏舊案，係先經犯姦咬傷圖姦之翁，既得由斬減流，則此案姜袁氏先既爲翁逼協成姦，後因夫被殺謀死，復圖續姦之翁，可否即由凌遲量減爲斬決之處，恭候欽定。道光二年七月初二日奉旨：姜袁氏著照刑部所議改爲斬決，餘依議。欽此。說帖

安撫子婦拒姦致斃伊翁奏請定例奏查律載：妻妾毆夫之父母者，斬；殺者，凌遲處死等語。誠以媳之於翁，名分綦嚴，故有犯與子孫同科。若爲翁者，罔顧綱常，强姦其媳，亂倫傷化，行同禽獸，猝然被媳拒傷，實係孽由自作。是以嘉慶十七年伊犁將軍審奏邢傑强姦子婦邢吴氏未成，被邢吴氏咬落唇皮一案，將邢吴氏照子婦毆傷伊翁本律，擬以斬決。奉上諭：邢吴氏免其治罪。經邢部奏明，嗣後子婦拒姦，毆傷伊翁之案，如實係情急勢危，倉猝捍拒，仍依本律定擬。法司將應否免議之處，奏請定奪等因，纂爲定例。至子婦拒姦，致死伊翁之案，作何治罪，例無明文。推原其故，蓋此等敗倫傷化之事，非但聖主所不恒見，亦爲人類所不忍聞，故例無治罪專條。然戾氣所鐘，難免莠良錯出。臣近閲邸抄有陝西留壩，聽民婦林謝氏被伊翁林幗亨强姦不從，將其莖物割落因傷身死一案，該省亦照妻毆夫之父母殺者，强姦已成絞候爲重，且例内姦同宗無服之親，擬罪亦重於凡人，則强姦未成，自應酌量加等問擬。檢查歷年成案，亦有似此案情，加等擬軍者，可以倣照辦理，應將魏本梟改照强姦未成滿流律上加一等，發附近充軍。道光八年説帖。

（清）祝慶祺《刑案匯覽》卷二四《刑律人命·殺死姦夫》　直督：功以下尊長係捉姦殺死已出嫁表姊之姦夫。咨侯柱因見趙從轄與伊已出嫁表姊張傅氏在炕行姦，氣忿喝罵，趙從轄逃出門外過道，即被侯柱趕上，用刀扎傷身死，爲時並無間隔，且過道尚未離該氏之家，實屬登時殺姦。查張傅氏係該犯兩姨表姊，且屬緦麻。該氏雖已出嫁，惟外姻服屬例無降等明文，自應仍按本婦有服親屬捉姦問擬，將侯柱依本婦有服親屬捉姦登時殺死姦夫例，杖一百，徒三年。道光十年案。

（清）祝慶祺《刑案匯覽》卷二四《刑律人命·殺死姦夫》　直督題：　孫七與張氏通姦，謀殺縱姦本夫張老身死一案。查張氏與孫七通姦，致縱姦本夫張老被姦夫殺死，訊無同謀加功，按例止科姦罪。惟目擊孫七將張老殺死，當場被嚇不能救阻，事後又因孫七纏繞，任其姦譎，實屬戀姦忘仇，例無姦夫自殺縱姦本夫，姦婦當場目擊並不救阻首告，復爲續姦，作何治罪明文，應將張氏比照姦夫自殺其夫，姦婦並不知情絞律，量減一等擬流。該氏戀姦忘仇，情節較重，未便收贖，應實發駐防爲奴。道光十一年案。

（清）祝慶祺《刑案匯覽》卷二四《刑律人命·殺死姦夫》　河撫：商同謀死縱姦本夫復殺姦婦。題王家富與卜宗孔之妻卜袁氏通姦，係本夫利實縱容，嗣因無力資助，卜袁氏被本夫毆逼不堪，遂起意商同王家富將本夫毒斃。王家富旋因聞拏緊急，復將卜袁氏謀殺滅口。查卜袁氏與卜宗孔雖係一家，第卜袁氏已身犯死罪，與殺死非死罪一家二命者不同。將王家富依因姦同謀殺死親夫，若本夫縱姦，被妻妾起意謀殺者，姦夫斬候例，擬斬監候。道光十四年案交館核過。

（清）祝慶祺《刑案匯覽》卷二四《刑律人命·殺死姦夫》　山東司：　查例載：本夫姦所獲姦，非登時將姦婦殺死，姦夫到官供認不諱，確有實據者，將姦夫擬杖一百，流三千里等語。此案夏得均因乘劉須外出傭工，與其妻劉張氏調戲成姦，即留劉張氏在家姦宿。劉須回家查知，趕往不依，夏得均畏懼逃避。劉須將劉張氏領回盤出姦情，聲言劉張氏敗壞門風，即逼令劉張氏自縊，後劉須亦羞忿莫釋，投繯殞命。該撫以姦婦與本夫一家二命，因姦敗露，羞忿自盡，姦夫應酌量加等問擬，將夏得均照和姦之案，姦婦因姦情敗露，羞忿自盡，姦夫杖一百，徒三年例酌加一等，擬杖一百，流二千里等因咨部。本部查和姦之案，姦婦因姦情敗露，羞忿自盡，將姦夫擬徒之例，係指姦夫自盡而言。若被本夫逼令致死，即與姦婦自願戕生不同，自不得牽引此例，致滋輕縱。今夏得均與劉張氏通姦，被本夫劉須捉獲，逼令劉張氏自縊身死，是劉張氏之自盡，並非因姦情敗露，羞忿輕生，而其被本夫逼令致死，即與本夫獲姦，殺死姦婦無異。查劉張氏在夏得均家姦宿，被劉須查知趕往捉獲，不得謂非姦所獲姦。迨將劉張氏領回後，逼令自縊身死，應以非登時殺死論拔例，應將夏得均擬以滿流。其劉須羞忿戕生，按婦女與人逼姦、本夫羞忿自盡之例，姦夫，罪止擬徒，自應照例從重問擬。該撫將夏得均於姦婦因姦情敗露，

羞忿自盡，姦夫滿徒例上加等，擬流二千里，係屬錯誤。夏得均應改照本夫姦所獲姦，非登時將姦婦殺死，姦夫到官供認不諱，確有實據者，將姦夫擬流例，杖一百，流三千里。道光十四年説帖。

（清）祝慶祺《刑案匯覽》卷二四《刑律人命·殺死姦夫》 直督題：孫四故殺縱姦本夫鄭明，移尸裝點，並姦婦鄭果氏聽囑捏報一案。緣孫四與鄭明同村素好，鄭果氏係鄭高氏前夫果大所生之女，後果大病故，鄭高氏隨帶果氏改嫁與鄭得祥爲繼妻。鄭明係鄭得祥前妻所生之子，與鄭果氏本係異父異母兄妹。鄭得祥因果氏、鄭明均未婚配，與鄭高氏商明，將鄭果氏配與鄭明爲妻。嗣鄭明因父故家貧，莫圖孫四幫助，令鄭果氏與孫四通姦。鄭果氏初本未允，後因被逼勉從。鄭明俟孫四來家時，邀令與鄭果氏姦宿，給錢資助，鄭高氏亦係知情從容。嗣鄭明因孫四乏錢，欲行拒絶，鄭明見孫四復至伊妻房内閒談，當向鄭果氏付斥，並將孫四辱駡，致相揪毆，孫四將鄭明腦後等處毆傷，不能言語。鄭果氏下炕哭救，被孫四用言嚇禁，畏懼不敢聲張。孫四慮恐傷痊報復，並憶及鄭明勾引通姦，誆騙錢物，一時忿極，頓起殺機，將鄭明狠戳斃命。孫四欲行移尸，嚇令鄭果氏隱匿實情，將尸撩棄，旋被訪獲。該督以鄭果氏與鄭明係屬異父異母，於名分不甚有礙，以夫婦科斷，將孫四照姦夫因姦謀殺縱姦本夫例擬斬監候。鄭果氏照姦夫拒殺本夫姦婦在場曲不喊救，事後又不首告絞候例上量減擬流等因具題。經臣部查前夫子女與後夫子女苟合成婚，例應以娶同母異父姊妹律科斷。雖由伊父母主婚，按律仍應離異。若與其夫有犯，均依凡人定擬，例内已有明文。今鄭明與鄭果氏配爲夫婦，係屬前夫之女與後夫之子苟合成婚，自應照例以凡人科斷。該督以異父異母兄妹於名分不甚有礙，仍照謀殺縱姦夫例分別問擬，本屬錯誤。再查因姦致死從姦本夫分別問擬斬決斬候之例，係專指蓄意謀命者而言，若臨時起意攻殺，自有故殺之律可援，不得概援謀殺之例，致滋事混。且詳核案情，孫四與鄭明爭毆之時，鄭果氏在場目擊，如果無致死鄭明之心，自必力爲勸阻，何以任其揿按倒地，踏住連毆，絶不用手一援，直至鄭明不能言語，孫四已經歇手之後，始行下炕哭喊，已出情理之外。況該氏於鄭明被毆斃命後，復聽從孫四移尸裝點捏報被刑刧殺害，若非同謀加功，何必多方掩飾。該督並未研究明晰，率行定擬罪名，亦未允協，駁令覆訊，另擬去後。兹據遵駁嚴究，鄭果氏堅供是日該氏見鄭明被孫四揪住揿按，即忙下炕拉勸。因心神慌張，失跌倒在地，及伊起身時，孫四已將鄭明腦後毆傷，委係救阻不及，並非袖手任毆。迨孫四復將鄭明髮際戳傷，實係該氏意想不到，以致拉奪無及。即其聽從孫四移尸捏報，亦因被嚇畏懼所致，實無同謀致死情事。前供孫四將鄭明踏住毆打始行下炕喊救之語，係屬心慌混供，質之孫四供稱，如果鄭果氏實有同謀幫毆，伊已身犯重罪，豈肯代爲隱瞞等語，嚴詰不移細繹。前夫子女與後夫子女成婚，應照姦同母異父姊妹擬徒離異之例，係指男女私自苟合者而言。蓋私自苟合，即屬犯姦，名義既乖，豈得謂之夫婦，故與其夫有犯，即應同凡科斷。若由父母主婚，則違例之罪在主婚而不在男女，雖按律仍應離異，而究與先姦後娶，私自苟合，顯干名義者情節不同。是以定例雖同姓尊卑爲婚，係明謀正娶者，尚得仍以夫婦同論，況異父異母兄妹較之同姓尊卑名義尤輕，父母主婚較之明謀正娶情事無二。此所以復著名分不甚有礙聽臨時斟酌辦理之例也。又查道光元年，有豐軍縣民婦郝張氏因與張善通姦，商同謀勒本夫郝有順身死。因郝張氏係郝宋氏前夫之女，配與後夫前妻所生之子郝有順爲妻。異父異母係由父母主婚，聲明於名分不甚有礙，仍按服制將郝張氏擬以凌遲處死，張善擬斬立決，奉淮邵覆仕，案至謀殺與故殺，雖各有專條，惟殺係縱姦本夫例内只有謀殺縱姦本夫擬斬，並無故殺縱姦本夫治罪明文。若仍援尋常故殺之例，畧縱姦於不論，在該犯罪名固無出入，設遇有姦婦起意臨時故殺縱姦本夫之案，照縱姦謀殺之例，罪止擬斬。按尋常故殺本律，則罪應凌遲，恐致辦理窒礙。兹查鄭果氏與郝張氏之案相符，應請仍照原擬等因，應如所題，孫四比照因姦謀殺縱姦本夫係姦夫起意例擬斬監候。鄭果氏照姦夫拒殺本夫姦婦並不喊救，又不首告擬絞例量減一等，擬流、杖、決、流贖。鄭高氏違律主婚，罪坐夫男，仍依縱姦律杖九十，敗贖。道光十五年案。

（清）祝慶祺《刑案匯覽》卷二四《刑律人命·殺死姦夫》 四川司：查例載：本夫登時捉姦，誤殺旁人，姦夫當時脱逃者，除本夫照誤殺旁人律擬絞候外，將姦夫杖一百，流三千里，各等語。此案歐連仲因李潮有係伊妾板得思滿嫁母阿忠之家長，歐連仲與吉添祥夥開油房，吉添祥與板得思滿通姦，被歐連仲撞見，心疑盤問，板得思滿不認，歐連仲即與

吉添祥分夥。後板得思滿至阿忠家，適吉添祥路過進内續姦，被阿忠與李潮有撞見不依，吉添祥許幫食用，阿忠等應允。嗣歐連伸聞知疑惑，因板得思滿未歸往探，從窗縫窺見板得思滿與吉添祥在牀行姦，踢門進内喊捉，吉添祥奪門逃跑。歐連伸追拏不獲，轉回欲拉板得思滿送究，板得思滿欲逃，歐連伸拔刀向戳，板得思滿閃避，不期李潮有從後推勸，歐連伸收手不及，誤戳傷其右腿，帶劃左手指倒地殞命。該督以歐連伸誤戳之李潮有係容止罪人，與誤殺無干之人不同，將歐連伸於擅殺罪人絞候律上量減擬流，並以吉添祥與板得思滿通姦，本夫既不照捉姦誤殺旁人例科斷，亦應止科姦罪等因具題。臣等查本夫捉姦，誤殺旁人本夫擬絞，姦夫擬流例内旁人二字所包甚廣，凡姦夫、姦婦而外律應擬抵者皆是，非必無干之人始謂爲旁人也。今歐連伸捉姦誤殺之李潮有，雖係容止伊妾姦宿罪人，究非姦夫、姦婦可比，不得謂非旁人，且容留通姦律止擬杖，設該犯激於義忿，將其刃戳致斃，不能不照擅殺擬絞，則將其誤傷致死，亦不能不照誤殺擬絞。即可隅反，乃該督以歐連伸所殺，係容止罪人，與誤殺旁人不同，將歐連伸量減擬流，並將姦夫吉添祥止科姦罪，均屬輕縱。罪關生死出入，應令該督另行按例妥擬，到日再議。道光十六年説帖。

（清）祝慶祺《刑案匯覽》卷二四《刑律人命·殺死姦夫》　川督：與小功兄妻通姦謀殺本夫。奏梁麻子與小功兄梁大之妻之梁程氏通姦，梁大並不知情。嗣梁程氏因屢被伊夫打駡，起意商同梁麻子謀殺本夫，梁麻子戀姦情熱，聽從幫同將本夫勒死。將梁程氏依妻因姦同謀殺死親夫律，凌遲處死。梁麻子依親屬相姦，如姦夫將本夫商通謀死例，擬斬立決。道光十七年八日邸抄。應與次件參核。

（清）祝慶祺《刑案匯覽》卷二四《刑律人命·殺死姦夫》　直督：姦外姻緦麻姊聽從謀殺本夫。奏孫佳阮與兩姨表兄龔四之妻龔王氏通姦，被本夫撞破，禁止往來。龔王氏因不能續姦，起意將龔四謀死，潛向孫佳阮密商。孫佳阮因戀姦情熱，遂給與龔王氏砒霜，將龔四毒死。查龔四係該犯緦麻服兄，其與龔王氏通姦，罪應滿徒，將孫佳阮依親屬相姦，罪止杖徒，如姦夫將本夫殺死或與姦婦商通謀死者，姦夫斬決例，擬斬立決。道光十八年邸抄。

熱河都統奏於常青與妻母李王氏通姦，被妻父撞破撵逐，輒聽從李王氏將妻父李彦喜謀掐斃命。例無與妻母通姦，聽從謀死妻父治罪明文，惟妻父服屬緦麻，將於常青照謀殺緦麻以上尊長不問首從皆斬律，擬斬立決。道光十八年邸抄。應與上件參核。

《清宣宗實録》道光二十四年三月　〔乙酉〕又諭：都察院奏，四川榮昌縣民人葉泳喜遣姪葉大興具控該縣誣姦斃命，禁卒索詐多贜一案。已明降諭旨，交該督督同臬司提訊矣。此案所控如果屬實，關係地方官非刑斃命，捏傷誣姦，丁役詐贜，沈冤莫雪，不可不嚴加根究。該督即督同臬司將全案各情，虚衷研鞫，究竟史氏是否被燒身死，抑係勒斃後燒尸，葉泳壽是否中暑，抑係非刑殞命？確切訊明，務成信讞。如必須覆驗，方得確情，著即令該原告眼同細加檢驗，不得任聽該委員等捏詞諱飾，亦不得回護前案，徇庇屬員。稍有不實不盡，將此諭知寶興並傳諭潘鐸知之。尋奏：查葉泳喜出繼與胞伯爲子，與本生胞兄降服大功。比律科斷，與葉黄氏均擬絞候。檢明葉泳壽尸骨，並無傷痕，該縣王九牧尚無擅用非刑情事。下部議，尋議例載：功服以下尊長，圖姦謀殺卑幼，照平人問擬斬候。誠以淫凶亂倫，無復恩義可言，不得仍以服制論。今葉泳喜因與兄妻通姦，復致死其媳。雖與圖姦謀殺卑幼不同，而恩義同一斷絶。應照凡人謀殺人造意律，改擬斬監候。葉黄氏仍照原擬絞候。該縣王九牧因葉泳壽頂撞咆哮，將其掌責，係例所不禁，尚無不合。惟於稟府提訊時，誤將葉泳壽擬絞。雖經訪實檢舉，仍應附叅，聽候部議。從之。

《清宣宗實録》道光二十五年三月　〔乙亥〕又諭：寄諭廣西巡撫周之琦：本日據都察院奏，廣西民人覃士連，以輪姦斃命，縱兇不究等情呈控。已明降諭旨，交該撫親提嚴訊矣。此案控闗輪姦室女，殺斃滅口，情節甚重。兇犯業經全獲，自應立爲究辦，何以反將楊裕德等三人釋放。難保非該地方官有意存消弭情事。著該撫親提全案，嚴行訊究，務須水落石出。毋任化大爲小，致使兇犯漏網，是爲至要。將此諭令知之。尋奏，覃士連之女三妹，先與莫祖建、楊裕德通姦，嗣先後拒絶。莫祖建挾恨，商同楊裕德，並邀韋老章、楊石土輪姦覃三妹已成，致死滅口。莫祖建擬斬立決，楊裕德擬絞立決，韋老章、楊石土改發極邊，足四千里充軍。下部議，從之。

《清宣宗實録》道光二十七年八月　〔壬子〕諭軍機大臣等：本日都

察院奏四川民人陳光玉控告輪姦斃命縱凶殃民一案。已明降諭旨，交廉敬親提審辦矣。此案控闕差役爲匪，輪姦婦女，拒傷事主殞命。如果屬實，大干法紀。該州爲民父母，亟應迅速拘拏要犯，驗訊詳辦。乃據該民人控稱，該州擲詞不收，轉將事主鎖押。難保無差役朋比爲奸，朦混捺擱，該州有意玩縱，徇情，回護情事。著廉敬提集全案人證，親加研鞫，該犯等有無賄串州差作作，及劉姓揑詞稟節等情。該州有除莠安良之責，何以歷經總督、臬司批飭究辦，任聽胥吏舞弊婪贓，延不拘拏，實屬可恨。務須究出實情，嚴行定擬具奏。毋許稍有不實不盡，以懲積蠹而肅官常。將此諭令知之。

（清）胡文炳《折獄龜鑑補》卷二《移屍焚屍》　山右民婦有外遇，久之，爲夫所覺，尚隱忍未發也。婦微窺其意，告於所私，謀斃之。一夕，其夫醉臥，遽以帛勒其項，已氣絶矣。復恐迹彰，自焚其舍，尸通身焦黑，頸痕模糊。方喜得計，報官驗視。婦搶地哀號泣訴。官曰：爾非與夫同室耶？曰：火起時，因其醉臥，推之不醒，及燄熾，不得已舍之出走，故免於難。官曰：此係死後被焚，非生前之故。婦抗詞不屈。官曰：是無難辨。視爾夫死，兩手握拳，如果焚在生前，雖醉人亦必以手護痛。今堅握其掌，其爲死後不能運動可知。如不吐實，不汝宥也！一面飭殮，仍帶婦至署。嚴鞫之，婦不能隱。遂並逮姦夫，正其罪。

（清）胡文炳《折獄龜鑑補》卷三《成衣匠姦計》　鎮江楊宇和述一事：有鄉人新娶，滿月後送其妻歸寧，途遇成衣匠某，謂鄉人曰：爾氣色不佳，當有大難，須在房中避過百日方無事。鄉人信之，送妻至岳家而返以告父母。果然足不出房，茶飯則其母從窗中送食。月餘，其妻帶箱而歸，妻爲送食。鄉人復發狂疾，婦奔出房，將門倒鎖。一日晚，婦曰：房中馬桶，數日不倒矣。乃開房門，忽鄉人自内跑出門外，投於河。衆大嘩救，杳不可得。燭之，則遺鄉人之衣於河灘。婦號哭不已。

鄉人之父母見子已死，婦又年少，不如嫁之，已爲擇配，婦不願嫁。後其母爲主婚，許配成衣匠某，即前途中所遇者，遂嫁之。後輿人議曰：投河無尸，一可疑也。姑爲擇配則願守，母爲擇配則願從，二可疑也。於是訟於官。官謂發狂投河事甚匆忙，萬無既到河也猶從容脱衣之理。立提成衣匠及婦到案。嚴刑之下，盡得其實。從牀下得鄉人尸，姦人、淫婦皆置於法。

初婦之未嫁也，與成衣匠有私。二人預爲設計，先令避灾不出房門，婦歸時，某即藏於箱内，乘夜謀殺之，埋尸牀下。某素識水性，佯狂投河，乃從別處上岸。又置鄉人之衣於水邊，使人益信爲鄉人之死。其計甚巧，然終不免敗露。

（清）胡文炳《折獄龜鑑補》卷三《戀姦殺子》　余任孝義縣時，代介休驗訊盜斃一案。雖勘得死者所居偏院，墻臨街道，墻外有賊支脚門一扇，往來墻頭有踪迹，但死者尸在屋内炕上，傷只脅下一小刀，屋中物件一無所失。查死者妻年十六，色亦不陋。訊其夫，日混食於賭場，非半月不歸家。其同居有兩少年，皆鰥居，素不相避。死者有母，年五十餘，住在正院耳房。是夜賊來時，少婦在其母屋中，雖聞其夫與賊鬧，未敢趨救。其夫實斃於院中，扶歸屋内，而屋内外無血一滴，稱已掃擦去。余察情狀、供詞皆不確，因尸場訊供不密，故帶回介休縣署。專訊少婦，訊出姦殺，凶犯姓名。而姦情竟不出自少婦，乃凶犯先與死者母通，後誘死者爲孌童，既復欲與死者妻姦，死者力拒之，少婦亦不容其私誘。該犯恨，遂與死者母相商致死其子，以便娶其媳，代養其老。故裝點此盜情，掩人耳目。然老婦只此一子，且年已逾五旬，乃竟忍從姦夫所欲，出此使人駭異之案。

（清）胡文炳《折獄龜鑑補》卷三《刁姦被殺》　山東某縣，有兄弟二人，同雇工人某。在村外石橋上乘凉，弟先回，雇工次歸，惟其兄一夜未返舍。次早，覓得尸手足繩縛，身壓塊石，斃於石橋下。呈於縣。浙人杜某任縣事，旋詣驗，看得被勒身死，大腿外有死後小刀扎死一處。雖疑其雇工所爲，問刀無著，肇衅無端。惟訊雇工何事先回。對曰：死者赴村内覓火燃煙，回後即催令我先歸也。杜查詢該村。夏月夜，無作者多不燃燈。杜遂閒步村中，訪得一家二老婦夜紡花，有燈。入其居，見一婦年八十，一婦年近七旬，皆孀居，無子息，賴所紡棉養餘年。先問七旬婦：昨夜有無就燈燃煙人來？該婦言支吾，色變。杜疑之，令役帶往一邊，復向八十老婦詰之，乃云：七十婦雖老，不知耻，與村人某通。某來，伊即去睡。是夜某來，後又聞有一人來，去而復返，竟被伊等致死滅口。

刀乃某人所佩之洋刀也，現藏在七十婦綫籠中。杜查得洋刀，比傷，相符，即喚七十婦至，作威震之。供稱：死者來，識破其姦，亦欲與其苟合，因念橋上尚有其雇工人在，恐其亦來燃煙，是以去遣其回家。復來時，伊與某恐其口齒不緊，致揚醜聲，故商同乘其姦時勒斃，棄於水。洋刀之傷，伊因恨，故扎之。擒某來問，供認不諱。嗟嗟此案，姦出老婦，斃因刁姦。事非詳察，案何以定。

（清）吴熾昌《續客窗閒話》卷二《補訟師》 有潘生者，黨訟師，與庵之少尼昵甚，有必正妙常之約。一日，潘生入庵，見州署官親幕友開宴密室，少尼傅坐。潘生怒叱曰：汝曹皆關防衙署中人，挾尼飲酒，知法犯法。何以佐爾主理民事乎？衆唯唯謝過而退。回署，傳各役之首，諭令能獲生姦者有賞。不能，必革役。皆領命，日使散役伏庵左右伺之。生戀尼，晨入庵，役擁而入，脱生與尼衣，合縛之，舁出。將鳴官，遇生黨怒目攔阻，或許以重賄，紛紛闖入班館，不使速報。一生捷入潘生家，告其母妻，速邀親戚入庵，囑老尼用殘香燭，在大殿開無量壽經，旁供潘生之父神主。安置畢，知會諸生，各易素衣冠，入州廨鳴冤。官昇堂問故，諸生以潘生之父百年陰壽，同眷屬戚友在尼庵禮懺，州役訛詐不遂，强以姦論，請官往驗。役亦已獲姦報。官難辨，同往驗之，見有婦女及佛前香燭將盡，曰：此非倉卒所能辦者，其爲蠹役無疑。遂杖役而釋生尼。

（清）吴熾昌《續客窗閒話》卷三《姦僧獄》 浙有嘉禾生，爲邑之巨富，將入棘闈，偕其妻與姑母僕婢輩，同赴武陵，寓西湖山莊，以便游觀。生婦少艾而佞佛，以天竺進香爲請，生從之，命僕喚肩輿。僕體主人省約意，不投行家，散雇輿六乘，價甚廉。生婦艷裝盛飾，羅綺滿身，珠翠盈頭，價值千金，乃與姑母僕婦婢女輩，乘輿而行。生騎馬在先，僕携香燭隨行。至半途，生婦之輿杆折，五乘皆隨騎而前，是輿落後。一夫抽取折杆回去，謀易新者，一夫守之，僕亦立候。輿夫笑曰：主人將抵山門矣。汝不以香燭去，有不失誤詈汝者乎？况五乘前行，僅一乘伙迴易杆，即來，何須呆守耶？僕信其言，追奔而去。一夫以杆來，共舁入亂山中。生婦惶惑詰問，何以行僻徑？輿夫曰：爲時已久，恐官人守候，出捷徑，入廟之後户，不甚便耶？婦亦信之。未幾停輿，見墻缺朱門，輿夫輕叩其銅環，一沙彌拔關出曰：來耶？至輿前，請夫人下輿。生婦曰：我家人安在耶？沙彌曰：多在前殿，候夫人久矣。生婦視沙彌，年不過八九齡，諒無他，不得已，從之入門，曲折引入密室，請夫人少坐。沙彌去而健婦至，生婦益惶急，亟詢官人安在？健婦笑曰：休問官人，我輩皆香客，亦爲大師掠至，無奈相從，汝若婉順，則此間吃著不盡。且人盡失也，何樂如之？否則暴虐相加，無從逃避。婦知入危地，悲忿覓死。一僧突入曰：何來潑婦，入我法門中，敢肆横耶？喝令健婦並沙彌齊上，將生婦衣飾洗剥，以布帶縛其手足於醉翁椅上强姦之。生婦痛罵，又一僧以麻桃塞其口而遞淫之，婦亦昏沉如醉，聽之而已。至夜，健婦以米粉湯執鼻而灌，不得不咽，仍勸其相從，自苦無益。生婦任以巧言，合目不答，健婦以衾覆之而去。次日來，除其失溺，爲之洗沐，焚香於室，群僧復入，互相闖也。如是六七日，忽見群僧變色相謀，交頭接耳，不可聞。是夜健婦灌之以藥，冥然如死。當生之入廟也，姑母與僕婦女婢俱至，惟不見其妻。未幾，僕亦奔至，衆問主母何在？曰：隨即到矣，我恐香燭有誤，是以先來。生曰：今何在？僕始以輿杆斷折易换需時對。生惶急，命速追之，自亦乘馬往尋。窮日之力，毫無影響。復使僕往接其姑婢人等，則輿亦不知去向矣。喚他輿舁歸。生在寓毆僕駡婢，終宵躁急，無法可施。次日入縣鳴冤，官爲飭緝。過三日，仍無踪影，生乃投省候試，與親友商之，老成者曰：今大中丞愛惜士子，群雋同攻者百餘往訴之，較縣官得力多矣。生從之，集多士投轅門，巡官以公狀入，中丞命傳原告與老成者數人，謂之曰：某生應試而帶室人，且率之游盪，本屬非禮，以致誨盗誨淫，皆未可定。然屬有此巨案而不能破，亦大吏之責也。即令中軍論健卒五百，改裝易服，散佈西湖各廟訪緝，限三日獲犯有賞。旋傳縣官至曰：屬有大憝，敢誘掠良婦，官不能破，朝廷何虚糜爵禄爲也？期三日不獲，必登白柬。府縣諾諾而退，命役數百人，假作香客，布散各廟，使生僕爲眼目訪之。逾二日無迹，文武員弁惶恐，共謀將挨搜僧之密室。僧大懼，以藥迷生婦，夜使健者負置乞丐茅棚，丐者驚呼，後役咸集，見一蓬首垢面著僧衣褲之婦，奄奄一息，勢將斃矣。急喚生來認，確係其妻，呼僕婦來，舁之歸寓。以開通小藥灌之，窮日夜乃醒。見姑母在旁，泣訴所苦。時兵役因已得婦，皆回署禀報，生亦以前情補呈府縣。各官聚謀曰：雖有婦而不知其地其人，將何以定案？無已，

盡拘西湖僧，使婦辨之，冤可白矣。乃使生歸而謀諸婦，婦愧怍難言，乘人不備而縊。生又鳴諸官，官亦無可如何矣。時諸僧已集千餘人，無不呼冤者。即有姦僧在内，無可對證，良莠莫辨，以告中丞，乃命兵役遍抄静室，於蘭若内，搜得女爲，即以所住之僧鍛煉成獄而斬之。冤乎不冤，未可知也。

（清）吴熾昌《續客窗閒話》卷八《疑難雜案》　有七十餘歲老翁，愛鄰女幼慧，保抱提携勝於己出。父母知翁誠實，使女拜翁爲義父，往來無間。其父母因奔親戚之喪，女命犯忌，不能偕往，呼鄰翁代爲掌家撫女，翁遂居於内室。時女年十歲，因父母不在，過鄰舍，聽姊姒閒談皆青年婦女聚論陰陽交合之事。其中有幼婦，年十三爲養媳，與其夫苟合者。或問其始事何能忍受？婦曰：夫初與交時，本不能成，夫云以紙作捻，穿鼻得嚏，可立入。試之果然，後樂而失防，爲姑所遇，得完姻也。女聞而慕之，歸與義父同榻，潛撫其陽具求合。翁辭曰：汝年幼稚，決不能成事。女曰：我得方矣，鄰婦教我以得嚏則入，樂不可支也。翁久鰥，聞言心動，姑令横陳，以紙捻試之，一嚏而入其半，女疼極幾斃。翁不敢訖事，慰之曰：我知不可。汝必欲爲此，受傷奈何？但汝父母歸，斷不可告也。女唯唯。次日父母歸，見女行彳亍，怪而驗之，究得實。鳴諸官。依姦幼女者雖和同强，律擬大辟。

或曰：此老究爲人誤，與實在光棍立意誘姦者，大相徑庭。有法挽回乎？予曰：强姦幼女已成者斬，法無可貸。第當初何不辨作以指試探因喊即止，依强姦十二歲以下幼女未成例，改發烟瘴充軍，即年逾七十不准收贖，庶情法兩得其平。當先開道其父母，爲此女留名節地步，將來擇配不至爲人所棄，諒無不樂從也。

（清）許奉恩《里乘》卷八《杜有美》　太原諸生杜堅，字子密。世席厚資，藏書甚富。壯年生一子，命名有美，字小甫。杜有妹，嫁同里諸生盧某，家亦小阜，有女名慧娟，與有美同月生。杜妻鄭，與妹極相得，以故，妹時歸寧，小兒女常易乳而哺，相愛各不啻己出。既齒日長，容貌都美，情亦日親。年已十三，俱未婚配。凡爲有美執柯者，鄭意在慧娟，悉却之；試商之妹，亦首肯，歸以告盧。盧素迂拘，以有内戚嫌，殊不以爲可。妹讓之曰：腐儒，何太不脱頭巾氣！只許我杜家人嫁汝，不准汝盧家人嫁還我家耶？况我侄殊不惡，亦未必有玷汝女！我業已許之矣。生女當由母作主，勿預父事，汝休得過問！盧大怒曰：汝何太不通道理？古云：女子三從，在家從父，出嫁從夫，夫死從子。我一息尚在，不惟慧娟當從父命，即汝亦當從夫命。今我不肯締婿，汝焉敢擅專耶！夫妻反唇相稽，幾至反目。

初，杜妹歸寧，每携慧娟與俱，自議婚後，盧不許慧娟再往。有美偶來省視，亦不許慧娟相見，中表從此路人矣。有美與慧娟，一經睽隔，思慕綦殷。荏苒倏逾兩年，情竇俱開，益難爲情，而兩地相思，只可自愉，各不能掬心相示。有美無可奈何，倩畫師寫《太真獻鏡圖》，自題一詩云：狡獪温郎絶世才，風流不厭自爲媒。三生幸遇金閨彦，一笑親陳玉鏡臺。將畫爲詩，賄某媪密付慧娟求題，以察其意。慧娟正苦思有美，不知可否同心，見畫與詩，喜感交並，爰拈筆端楷題一絶於軸末，以答其意。曰：兩地相思兩不知，玉臺一獻當紅絲。老奴伎倆何難料？請待良宵却扇時。題畢，仍倩某媪携歸有美。有美見詩狂喜，朝夕焚香披誦，如獲異寶。由是兩心遥遥相印，各以嫁娶自誓。惟苦不得遂，不覺懨懨俱病，醫藥罔效。杜夫妻與妹皆知兩人致病之由，籌有以破盧之執。妹曰：腐儒，外固而内葸，非以計劫之不可。兄嫂可無慮，我自有以報命。杜夫妻大喜拜謝，並求速爲玉成，妹諾之。

盧固鍾愛慧娟，見其病甚綿惙，實深愁憂。會杜妹歸，盧問有美病狀如何，妹怒答曰：殆不起矣，何勞汝問！盧嘆曰：我正慮慧兒疾革，夫不謂汝侄亦爾！妹白眼相視，詆之曰：一雙好兒女，皆爲汝殺却！夫復何説！盧驚問：何謂也？妹唾其面曰：老物尚夢夢耶！若自幼哺同乳，寢同席；比長，相親相愛，此人情也。既知親愛，則必欲偕伉儷，以圖永好，此尤人情之常也。聖人制禮，尚緣人情，偏汝老物，拘執成見，竟不曲體人情耶？自汝拒婚後，若即俱病，病且日劇，殆皆不起。我實不忍仰息見若俱死，請先自剄於君前，泉下當撮合若有成嘉耦，以償夙願。老物又將奈何耶！言畢，袖出匕首，長尺有咫，瑩然如雪，擲置案頭，錚錚有聲。指謂盧曰：我兩人結褵廿載，請從此别！盧瞪視良久，曰：卿且少安毋躁，容再商議。曰：我志已決，復何商議！曰：然則允若婚配，卿可不死否？杜妹笑曰：果爾，若疾當已，我又何必求

死？盧曰：如卿所言。卿重母黨，嘗自譽其侄；我本俗人，不喜白衣女壻。必俟汝侄讀書成名，方准親迎，可乎？杜妹笑曰：有何不可？吾侄喜如所願，必能刻志用功，又何患不成名耶？盧曰：若是，汝可歸告兄嫂，速遣冰人來，當遵前命。杜妹乃袖刀而藏。

翌日，歸告兄嫂，大喜，遂委禽焉。兩小聞之，疾俱若失。有美果下帷攻苦，歲試，補博士弟子員；越歲，食餼秋闈，一戰捷於鄉。杜妹聞報，喜曰：若今可以親迎矣。盧猶欲待禮闈後再議，杜妹抵之曰：汝始終不免固執！科名遲早難定，吾侄鄉薦已屬徼幸，人生能得幾回徼幸？青春幾何，何忍令其孤負耶！盧不得已，准其親迎。杜夫妻大喜，遂涓吉爲兩人畢姻。

同里有周生、韋生者，皆名諸生。以杜藏書多，皆襆被下榻其家，與有美同窗肄業，意氣相得。周生是科亦登副車，情誼益洽。吉期當九月下旬，杪秋天氣，已凉未寒。届期，周生竊語韋生曰：有美與慧娟天生嘉耦，得諧琴瑟，煞費周折，當此良辰定情，不知若何歡洽。我兩人當設法偵聽，以快所聞。韋曰：唯唯，是不難，青廬上是藏書之樓，我與爾預伏樓上，大好偵聽。正竊議間，適有美在屏後聞之，點首匿笑，默籌預防之法。

先是，有美之乳母朱媪，有子曰阿笨，游惰無賴，酷嗜賭博，負輒盜杜家物，典鬻以償賭逋。有美親迎，鋪張務極奢華，慧娟周盧愛女，妝奩亦頗壯觀。杜素惡阿笨行止不端，患其盜物，戒閽者不許入門。阿笨果早萌胠篋之念，以杜家不許入門，心益銜之。是日，新娘下輿，觀者如堵，阿笨在人叢中匿上書樓，計俟人靜，蹈隙行事。漏二下，賓客甫散。有美脱去冠服，將次就寢，驀憶日間周生言——欲覘二人所爲，以博一笑，乃躡足輕步上樓。於時，殘月初昇，阿笨正憑欄凝眺，有美窺之，以爲必是周生，悄從背後出兩手於面，反掩其目。阿笨固强有力，意有美特來詗己，既驚且恨，急回身，緊抱有美頸而扼其喉，須臾氣絶，例卧樓上。時慧娟坐幃中，方命伴媪出具湯沐更衣，見有美躡足上樓，不知何意，俄聞樓上窸窣作響，心甚訝之。阿笨見有美已死，陡起惡念，欲犯慧娟，爰脱衣履塞藏書箱下，將有美短褐裩靴襪下自着之，大步下樓，知新娘在幃中，亟吹滅雙燭入幃，遽抱慧娟求歡。慧娟念有美平日温存，何忽狂暴？况兩人述好不易，今幸覿面，無數款曲，合當絮訴，何將燭吹滅，得勿有所不慊耶？心殊不快。阿笨近身，遂極力撑拒。阿笨知難强合，急探手脱去慧娟兩腕纏臂金，並摸索頭上簪珥等物，慧娟益復駭異。適伴媪秉燭携沐湯進房，阿笨恐被人窺破形迹，急以袖掩面，奪門越墻而遁。伴媪不知誰何，大驚，急燃雙燭，搴幃見慧娟披髮汗喘，神魂不定，叩問所以，慧娟備訴頃間情狀。方共詫愕，忽聞樓上欷歔有聲，命伴媪燭之，則見有美赤身卧樓上，吁息不已，蓋扼喉一時氣絶，須臾氣復流行，故得再生，然暴蘇身體綿軟，猝難起立。伴媪另取衣履着之，緩緩扶掖下樓，偃卧綉榻，默不一語。慧娟情不能忍，急靦覥傍身，低問所苦，有美自指其喉，摇手令其勿語。慧娟莫喻其故，只得怏怏對鏡，綰髮添妝以待。延至五更，有美甫能起坐出聲。彼此各述所見，互相慨嘆。有美以爲素待周生不薄，何竟如此惡作劇？繼念雖劫去釵珥等物，猶幸慧娟不爲所欺，又復轉怒爲喜。然變出意外，氣血究難驟舒，竟體疼痛，未免良宵虚度矣。

是夜客散，周生以中酒酣卧齋中，韋生以周生既醉，遂獨自歸家。及周生酒醒，見韋生已歸，趁月色甚明，亦踉蹌歸家，將出大門，會司閽者起溺，見周生暮夜短衣着靴，倉皇徑去，形迹可疑。詰旦，舉室喧傳昨夜之事，證以司閽所見，僉謂必周生無疑。杜固長者，以慧娟幸不受辱，又不欲暴人之過，徧戒家人，秘勿播揚。不圖盧某聞之，勃然大怒，特造杜面數其諱盜之罪，且言周係名士，所行如此，誠衣冠禽獸。似此澆風不整，轉相傚尤，何以爲訓！乃具狀訴諸邑宰。邑宰素與周相契，見狀大駭。招周至署，以狀示之。周閱之，駭汗滿面，謂與韋生曾有此説，後各歸家，實無此事。小生雖不肖，亦斷不肯逢場作戲，戕人之生，以圖苟合者。尚祈明公察之。邑宰亦信周決無此事，慰令暫歸。爰使人風示盧某，爲周辨誣，欲寢其事。乃盧固執莫解，謂解有左證，復何誣枉？如邑宰左袒周生，便當赴訴大府，以求水落石出。展轉牽纏，兩年有餘，未敢定讞。

亡何，邑宰任滿遷去。新令某公，素號健吏，閲及此牘，反復細意尋繹。越日，集兩造會審，公一一研訊，拈髯尋思久之，忽有悟。曰：無論是否周生所爲，杜家釵飾等物，固明明有人劫去，且據若曹言，有美赤身卧樓上，短褐裩靴被其人着去，其人自着衣履必脱藏樓上。搜得衣履，

便可昭晰。乃自率吏役，親往樓上窮搜，果於書箱下索得破衣裾鞋襪數事，並腰橐内有信一函，閲之，固某某與阿笨招賭書也。公笑曰：得之矣。付兩造觀之，始各恍然。亟命拘阿笨來，一訊盡吐其實，周冤以白。遐邇頌神明焉。

（清）李慶辰《醉茶志怪》卷一《折獄》 太倉富室有女，貌美而慧，詩畫棋枰，罔不精妙。父母咸鍾愛之。年及笄，婿家猶未娶。使居好樓，遣一媪一婢服役焉。

適來一少尼募緣，女遇於母所，傾談大悦。尼亦粗知文字，善棋，與女對弈，勝負互分，益相親愛，結爲閨中良友。往來既稔，漸涉戲謔。一夕，並枕談心。媪婢皆倦寢。尼謂女曰：處子亦動情乎？連問之，女不答，乃探女懷云：好個鵲巢，鳩將居之。女亦笑曰：痴姑子，爾顛耶！爾亦鵲巢，何鳩居之有？尼曰：我固有鳩在。問：在何處？曰：在此。女笑曰：如無鳩，當毀爾巢！遂捫其私，則小雞竦而待矣。大驚曰：予以爾爲尼，爾固僧耶！欲遁。尼抱而哀之曰：娘子勿憂！予二形人也。平時與女無殊，然感女則男，感男則女，人不能窺其奥也。且深夜無人知，何所患焉？女許之。入帷事訖，令女驗之，則惟有鵲巢而已。女笑曰：出没不測，真逢時之利器也！從此益親，往來無間。

女子聘期已迫，腹彭彭而有孕矣。詭云病蠱，欺父母也。未幾，親迎禮畢。三月，居然生子。夫醜之，迫令大歸。婦未歸而仰藥死。父痛女之死也，健訟不休。宰未深察，收其婿於獄，將擬抵。

越半載，官遷。我公接篆，閲是案，頗疑生冤。拘富室訊之，云：汝女不貞，何得妄控爾婿？富室云：女素樓居，終歲不見男子，何孕之有？果得姦夫，死自其分，敢赧顔誣告耶！公令其退，陰遣賣花媪密訪之，知與女最善者有一尼，然自女遭事，遂絶迹矣。拘尼到案，驗之，女僧也。尼慚，忿語誚公云：如此憒憒，尚作民父母！焉有二女同居而能生育者？衆俱愕然。公曰：汝之劣迹，吾已勘破，尚强辯而不服耶！遣官媒以小犬舐其陰，片刻，則蟄蟲出户，陽見於外矣。尼恐懼變色，盡吐其實，叩頭乞命。蓋與女私交二載，並無人知也。遂置於法。

（清）周爾吉《歷朝折獄纂要》卷三《辨僞·僧寺求子》 國朝廣西南甯府永湻縣寶蓮寺有子孫堂，傍多净室。相傳祈嗣頗驗，布施山積。凡婦女祈嗣須年壯無疾者，先期齋戒，得聖答，方許止宿。其婦女或言夢佛送子，或言羅漢，或不言，或一宿不再，或屢宿屢往，因净室嚴密無隙，而夫男居户外，故人皆信焉。閩省汪旦初蒞縣，聞之頗疑其事，乃飾二妓以往，屬云夜有至者，勿拒，但以朱墨汁密塗其頂。次日黎明，伏兵寺外，而親往點親。衆僧倉皇出謁，凡百餘人，令去帽則紅頭墨頭者各二。令縛之，出二妓使證其狀，云：鐘定後，兩僧更至，贈調經種子九一包。汪令拘訊他婦，皆云無有。搜之各得種子九如妓，乃縱去不問。召兵衆人，僧皆懾不敢動，一一就縛。究其故，則平地中，或牀下悉有暗道可通。蓋所污婦女不知幾何矣。既置獄，獄爲之盈。住持名佛顯，謂禁子淩志曰：我掌地四十年，積金無筭。自知必死，能私釋我等，暫歸取來，以半相贈。淩許三僧從顯往，而自與八輩從之。既至寺則窖中黄白燦然，恣其所取。僧陽束卧具，而陰收寺中刀斧之屬，期三更斬門而去。汪方秉燭搆詳稿，忽心動，念百僧一獄，卒有變莫支。乃密召快手持械入宿，甫集而僧亂起。僧所用皆短兵，衆以長鎗禦之，僧不能敵，多死。顯知事不諧，揚言曰：吾儕好醜，相公不一一細鞫區别，以此激變。然反者不過數人，今已誅死，吾儕當面訴相公。汪令刑房吏諭曰：相公亦知汝曹非盡反者，然反者已死，可盡納器械，明當庭鞫分别之。器械既出，於是召僧每十人一鞫，以次誅絶，至明百僧殲焉。究器械入獄之故，始知淩志等弊實而志等則已死於兵矣。

假佛地作勾欄，姦淫擄掠，甚於盗賊。衆人習焉不察，婦女含羞不言，汪公蒞任，即使妓女往試，一宿即發，其留心民事，無微不至。彼有斯民之責者，可不師之。

（清）李星沅《李文恭公奏議》卷四《審辦蔑倫重犯摺子》 奏爲審明蔑倫重犯按律辦理，恭摺奏聞，仰祈聖鑒事。竊據署安康縣知縣周嘉曾詳報客民董黑子砍傷伊父董垂幅身死等情。臣以案情重大，當即批飭臬司提省委審。茲據委員西安府知府李希曾督同該署縣審擬，由司解勘前來，臣隨親提犯證研鞫，緣董黑子籍隸湖北咸甯縣，寄居安康縣，已死董垂幅係伊親父。董黑子平日游惰，董垂幅時常打罵。本年正月間，復將董黑子趕逐出外，各處乞食。六月十八日早飯時，董黑子忍餓回家，董垂幅正在竈前造飯，瞥見斥駡，董黑子央懇收留，董垂幅不允，仍向趕逐。董黑子

不肯走出，並稱董垂幅詈無父子情分，董垂幅生氣詈稱董黑子忤逆該死，順手取案上菜刀撲砍，董黑子跑避不及，忙用兩手捉住刀柄扭奪，致刀尖劃傷董垂幅額顱上唇吻，董黑子將刀奪過，帶傷董垂幅右手腕，董垂幅愈加忿怒，左手揪住董黑子胸衣，推靠墻上用右手虎口叉住咽喉，嚷稱定欲致死。董黑子掙不脱身，喘氣不出，一時情急，横持刀柄向董垂幅嚇砍，冀令釋手，不期董垂幅仰頭側閃，董黑子收取不及，適傷董垂幅咽喉，側跌倒地，墊傷左手腕。經房主鄭陳氏喊同周學幅趨至，將董黑子捉住，查看董垂幅業已因傷殞命，報縣驗訊，各供前情不諱。再四嚴詰，委係嚇砍適傷，並無謀故別情。及在埸加功之人矢口不移，案無遁飾。查律載子毆殺父者，凌遲處死等語。此案董黑子砍傷伊父董垂幅身死，實屬罪大惡極，自應依律問擬。董黑子合依子毆殺父者，凌遲處死律，凌遲處死。該犯蔑倫傷化，行同梟獍，未便稍稽顯戮。查該縣距省在三百里以外，臣於審明後恭請王命，飭委臬司傅繩勛會同臣標中軍參將馬輔相將該犯董黑子押赴市曹，凌遲處死，仍傳首犯事地方梟示。鄭陳氏、周學幅解救不及，應無庸議，無干省釋，除將供招咨部外，理合恭摺具奏。

《各省審判廳判牘》第二編《判詞類·妻背夫在逃軍民相姦奉天高等審判廳案》　緣湯段氏係湯鳳山之妻，康杏春即康永清，係盛京内務府鑲黄旗人，向充巡警，因事被革。湯段氏母家與康杏春之叔康冠英同院居住。宣統二年正月間，康杏春在康冠英家内調治眼疾，段氏常往閑坐，與康杏春習見不避。二月不記日期，康杏春與段氏調戲成姦，遇便續舊，旁人均不知情。嗣段氏聲稱得便欲至康杏春家探望，康杏春告知住所。後康杏春同康冠英至草河口安奉鐵路總局謀事，遂與段氏斷絶往來。八月間，段氏聘與湯鳳山爲妻，過門後，因妯娌不和，九月二十日，段氏自行走出，將銀鐲變賣，雇車至大人屯康杏春之姑祖母戴康氏家，詢問康杏春下落，因天晚，遂在康氏家借宿。二十四日，康杏春表弟張連慶來省贖當，聞知段氏逃走，因次日至康氏家借錢，瞥見段氏，回向康杏春告知。康杏春當即往找段氏，詢明情由，因恐姦情敗露，囑令段氏至遼陽州城内楊家廟躲避，康杏春比即同張連慶仍回至草河口。旋經段氏夫兄湯鳳歧訪知，在鐵路巡警總局控告，將康杏春、張連慶一並拿獲，解送承德地方檢察廳起訴，湯鳳歧復將段氏尋獲送案。經審判廳訊明前情，將湯段氏判依妻背夫在逃律，擬徒二年，改折監禁一百二十日。康杏春依軍民相姦處十等罰例上酌加一等，擬徒一年。張連慶照不應重律，處八等罰。於十一月二十一日判決。該檢察廳當以段氏年僅十五，應照律收贖，判詞内改折監禁，應否收贖，移請地方審判廳核復，旋准。復稱以段氏始則與人通姦，繼復背夫潛逃，足見智識已開，有玷夫族，是以不准收贖等語。案查王寶庫案内從犯李長姐前經審判廳以該犯年甫十五，雖未成歲，惟男扮女裝，姦通處女，智識已開，不准收贖，經大理院復判，以李長姐年僅十五，應照律收贖，今段氏亦年僅十五，判以不準收贖，未免法外加重。康杏春既已知情，囑段氏赴遼陽躲避，難保無和誘情事。該廳將康杏春酌擬徒一年之罪，亦未得當，糾正違誤，轉送復判到廳。本廳詳核案情，該犯婦段氏此次逃走，據供係因與妯娌不和，其往詢康杏春下落，雖根於前姦，而當康杏春告令躲避之時，既未訊有同逃之口供，事後亦無同住之事實，該審判廳照背夫在逃律擬徒，情罪甚屬允協。惟該犯婦年僅十五，應照律收贖，原文聲明，智識已開，不準收贖，係律外加重，應即更正。康杏春一犯，從前與段氏通姦之時，曾告知住處，此次聞知段氏逃所，又囑令避匿，誠如該檢察廳所云，難保無和誘情事，惟定讞以供證爲憑，檢閲巡警局原送各供，段氏確有康杏春俟伊有事將段氏接去等語。然向辦和誘之案，必因戀姦情熱，彼此商明同逃，定期相會，方謂之和誘。今段氏與康杏春隔絶已久，段氏私自走出，並未先與康杏春商明，則非和誘可知。至同逃之例，亦指姦夫、姦婦彼此偕行，已有逃所者而言。今康杏春在戴康氏家與段氏見面，告令避匿處所，後即同張連慶回至草河口，並未與段氏同行。事後亦未訊有段氏同居姦宿，亦不得謂爲同逃。該廳將康杏春依軍民相姦罪上酌加一等，擬徒一年，尚無不當，應即分别改判。查現行刑律載：妻背夫在逃者，徒二年。又例載：軍民相姦者，姦夫處十等罰。又律載：不應爲而爲，事理重者，處八等罰各等語。此案湯段氏先與康杏春通姦，迨出嫁後，因妯娌不睦，輒背夫逃走，雖無改嫁情事，自應按律問擬，湯段氏應仍如原判，合依妻背夫在逃者，徒二年律，擬徒二年，惟年僅十五，應照律收贖，交本夫湯鳳山領回，聽其離異。康杏春先與段氏通姦，嗣段氏背夫逃出，該犯雖僅止告知藏匿處所，並無和誘同逃重情，惟僅科姦罪，未免輕縱，亦應按例酌加問擬。康杏春即康永清仍如原判，合

依軍民相姦處十等罰例上酌加一等，擬徒一年，收所工作。張連慶向康杏春告知湯段氏逃走情由，並不當時勸阻，亦屬不合，張連慶應照不應重律，處八等罰，由檢察廳照例執行。孫李氏訊無不合，應毋庸議。此判。

《各省審判廳判牘》第二編《判詞類·縱容妻妾與人通姦新民地方審判廳案》 緣李相臣籍隸山東壽光縣，早年來奉謀生。光緒二十七年七月十九日，在義州青河門憑媒娶劉劉氏之女劉春伶即李劉氏爲妻，過門安度。三十四年十月二十九日，李相臣帶領其妻李劉氏遷移來新居住，李相臣隨時出外傭工，其妻李劉氏因伊夫李相臣在外，無錢帶回，私自賣姦糊口。嗣李相臣回家查知，貪利縱容，並不禁制。宣統元年八月間，李相臣復商令李劉氏在府街西泡子沿王翠琴下處爲娼。二年五月二十一日，李劉氏之母劉劉氏來新探望，詢知其女現在爲娼，疑其婿李相臣抑勒所致，呈由初級檢察廳起訴，送經初級審判廳提集訊供，將李相臣、李劉氏依縱容犯姦律擬罰，李劉氏離異歸宗。李相臣不服，以伊妻李劉氏賣姦非伊抑勒縱容所致，不應判令離異，控由地方檢察廳送請復審前來。本廳迭次提訊，據各供晰前情不諱，即就該犯李相臣訴狀所稱，伊妻賣娼，實因家貧，禁止不住等語，是已自失夫綱，謂非縱容而何？反復研詰，供無異詞，應即判決。查律載：縱容妻與人通姦，本夫、姦婦各處九等罰等語。此案李相臣明知其妻李劉氏賣姦，並不嚴加禁制，始則貪利縱容，繼復商令爲娼，實屬無耻，自應按律問擬。李相臣、李劉氏均應如初級廳原判，合依縱容妻與人通姦，本夫、姦婦各處九等罰律，擬各處九等罰，仍照律離異歸宗。查該犯等均係因姦擬罰，照例按應罰銀數改折工作，該廳原擬各罰銀十二兩五錢係屬錯誤，李相臣、李劉氏應各改擬工作五十日。惟奉天女犯習藝所尚未設立，李劉氏所擬工作應改爲監禁，限滿交其母劉劉氏領回管束。李相臣限滿釋放，無干省釋。餘均如該廳所擬完結。此判。

《各省審判廳判牘》第二編《判詞類·通姦和誘同逃南昌地方審判廳案》

緣炮勇鍾福興少無父母，與籍隸南城之官貴階素不相識。宣統二年三月，鍾福興調扎南城駐葡萄園。十一月二十九日，官貴階之妻江氏稟姑官潘氏赴葡萄園表戚李柯氏家探親，被隔壁鍾福興刁誘，即在李柯氏家成姦。官江氏、李柯氏各受鍾福興大洋二元。十二月初二日，李柯氏迎官江氏來家做鞋，以鞋給鍾福興並與續姦，官江氏獨受鍾福興大洋十六元。本年正月初四日，官江氏稟姑官潘氏赴李柯氏家拜年，又與鍾福興續姦，官江氏獨受鍾福興大洋六元。二月初七日，李柯氏稱子病，迎官江氏來家作伴，至初九日始回。十一日，鍾福興銷差回籍，十二日，官江氏稟姑官潘氏往探李柯氏子病，至十五日始回。十七日，鍾福興復回南城時，官江氏之姑官潘氏、官江氏之夫官貴階均不知官江氏有犯姦情事。二十二日，官貴階往鄉賣衣，官江氏稟姑官潘氏往晤李柯氏，官潘氏不之疑，聽其前往，詎官江氏杳如黃鶴一去不回。比及官貴階回家問知情由，責令李柯氏交人，李柯氏言不知情。會有人言官江氏被鍾福興拐誘者，官貴階駛至荏港到鍾福興住宅密偵時，鍾福興已挈官江氏避居省垣，儼如夫婦。經鍾福興之叔鍾保祥引導，官貴階來省偵獲，於三月二十一日，鈕送鍾福興、官江氏到區，經區移送新建初級檢察廳。旋因管轄錯誤，呈送地方檢察廳起訴到廳。初次提訊，官江氏、鍾福興堅稱委係官潘氏主婚改嫁，由王福壽、李柯氏、潘順喜作媒，將官江氏嫁鍾福興爲妻，有婚書爲證等語。查婚書載明，有夫之婦而無本夫指模，不足憑者一。婚書要件何等鄭重，而寫婚書之人係一依口代筆之過路先生，不足憑者二。官貴階之母官潘氏而婚書寫作姿潘氏，不足憑者三。有此三不足憑，其婚書之僞造已無疑義。迨經關傳官潘氏到案，據稱並無主婚改嫁等情，且面斥官江氏之不合，官江氏爲之語塞。本廳以案關誘拐，不厭求詳，復關傳王福壽、李柯氏、潘順喜到案，據稱並無作媒情事。鍾福興誘拐官江氏於銷差以前預先約定，官江氏確係被誘同逃等語。官江氏、鍾福興知難抵賴，始各供認叠次在李柯氏家通姦不諱。惟仍不認誘拐，再三開導，狡供如前，顯係戀姦情熱，狡展其詞，既經衆證確鑿，應即判決。

援據法律某條及理由：查現行刑律載：刁姦者處十等罰，男女同罪，容止人在家通姦者，各減犯人罪一等。又例載：凡誘拐婦人子女爲妻者，其和誘知情之人，爲首發極邊足四千里安置，爲從及被誘之人俱減等滿徒。又：宣統三年正月二十六日，法部奏案内開遣流以下人犯，果係衆證確鑿，即可照例定擬，更不必定取輸服供詞等語。此案鍾福興與官江氏通姦，又復和誘同逃，雖供詞閃爍避重就輕，而衆證確鑿，自應照例定擬。鍾福興、官江氏除刁姦輕罪免議外，合依和誘知情之人，爲首發極邊足四千里安置，爲從及被誘之人俱減等滿徒例，鍾福興發極邊足四千里

安置，核其情罪係常赦所得原，遵照名例，毋庸發配，即在本籍收所工作十二年，限滿取保釋放。官江氏減等滿徒，按新章照徒流罰金銀數，改折監禁一百六十日，限滿給付本夫官貴階領回，聽其離異。李柯氏容止官江氏、鍾福興在家通姦，合依容止人在家通姦者，各減犯人罪一等律，處九等罰，如無力完繳，改折監禁五十日，限滿取保釋放。官潘氏同子官貴階訊無縱容官江氏通姦情事，應與訊係無干之王福壽、潘順喜均毋庸議。此判。

《各省審判廳判牘》第二編《判詞類·因姦情熱引誘同逃杭州地方審判廳案》 緣呂正祿、盧美榮分隸徽州歙縣、浙江蕭山縣，向以泥水爲業，一則隨母作工，彼此以貼鄰素識，遂致通姦。盧美榮母盧蔡氏，兄盧正奎等均不知情。宣統三年六月二十六日，呂正祿因姦情熱，乘間引誘同逃，盧美榮年幼，未允攜帶行李，擬將逃在徽州。甫經出門，走不多時，盧美榮念及其母，悔悟，欲不同行，恐又呂正祿不許，遂乘呂正祿不知，私自托人帶信通知其母盧蔡氏，並告知所逃路途，以便追迹尋至。迨盧蔡氏接信後，即着盧正奎追至嚴州建德縣嚴東關地方，呂正祿、盧美榮遂爲盧正奎瞥見，喊經該處釐局炮船巡丁，將呂正祿、盧美榮扭送建德縣發押。盧正奎報由伊母盧蔡氏以伊女被拐等情呈訴到廳，由檢察廳移提呂正祿、盧美榮起訴前來。當經本廳發交刑庭，遵章片請檢察廳莅庭監審，提獲鞫訊，據供前情不諱，誠恐尚有不實不盡，再三究詰，各矢不移，業無遁飾，應即判決。查例載：凡誘拐女爲妻者，其和誘知情之人，爲首發極邊足四千里安置，爲從被誘之人俱減等滿徒。又例載：凡和姦處〔人〕〔八〕等罰。又律載：凡犯罪未發而自首者，免其罪。若姦者，並不在自首之律各等語。此案呂正祿與盧美榮通姦，呂正祿輒敢乘間誘拐，盧美榮輒敢和同被誘，均屬不法，惟查盧美榮甫經出門，即便念母悔悟，托人通知其母，並告〔朋〕〔明〕所逃路途，以便追尋，委與自首無異，自應免其爲從被誘罪，止科姦罪。呂正祿亦應遞減一等問擬，呂正祿合依凡誘拐女爲妻者，其私誘知情之人爲從，發極邊足四千里安置，例減一等，擬徒三年，發交本省習藝所，依限工作，限滿釋放。盧美榮合依和姦者處八等罰律，擬處八等罰，係屬犯姦，不准折贖，照章移請檢察廳，俟上訴期間經過確定後，分別執行，遵章匯報。盧美榮携帶行李已由盧正奎起回，應毋庸議。

《各省審判廳判牘》第三編《公牘類·撫順地方審判廳移送鷄姦未成一案查照成案歸初級管理以符審級文》 爲移送事。宣統三年五月二十五日，准貴廳起訴案犯秦培臺鷄姦幼孩童蘭廷未成一案，將原告一併送請預審到廳。當經本廳提訊，據童蘭廷供稱，秦培臺乘其熟睡，起意鷄姦，將伊摟抱，伊驚醒叫喊，秦培臺亦即松放歇手。訊據證人劉海亭所供亦同。查秦培臺因與童蘭廷同炕睡宿，乘其熟睡，起意鷄姦，將其摟抱，童蘭廷驚醒歇手。經驗明，童蘭廷肛門花紋並未散亂，亦未紅腫，其爲尚未成姦，已無疑義。至乘其熟睡摟抱，驚醒即歇，尤無强暴情狀。查現行刑律並無恰合專條，舊例係酌量辦理。查有嘉慶二十年山西李靠山乘睡鷄姦二條未成一案，係屬比照刁姦定擬，核與此案情節相符，自應援照辦理。查該犯既係罪止罰金，與本廳審級不符，應歸初級辦理，相應將此案原、被、人證具文移送貴廳，請轉送初級檢察廳起訴審辦，以符審級。須至移者。

《各省審判廳判牘》第二編《判詞類·法官姦職官之妾貴州高等審判廳案》 緣〔事〕〔韋〕可經原籍四川，寄籍貴州正安州，由法政畢業生應貴州第一次法官考試，考取法官，委署貴陽地方審判廳民庭推事，現因本案詳請參革。黃高氏原係任內閣學士黃卓元之妾，生有一女。黃瑞麟、錫麟、德麟係黃卓元已故嫡室胡氏所生之子。黃卓元於光緒二十九年在籍病故，黃瑞麟兄弟均不知無知丁之人，黃瑞麟等即均依黃高氏同居撫養。黃卓元所遺財產概歸黃高氏經管。黃瑞麟因其住宅正寬，即將前層廂房抬佃王衛生、牛層花，廳邊間分租韋可經住坐。韋可經時到上房與黃瑞麟等閑談，黃高氏見面不避，且常與之同桌共食。韋可經何時與黃高氏有姦，黃瑞麟並不知情。傭婦袁潘氏即顏潘氏窺破情形，知其有姦，遂向黃瑞麟告知，因無確據，不敢驟知。宣統三年閏六月初七夜，黃瑞麟由黃高氏卧室窗下經過，聽聞韋可經在内與黃高氏説笑，即欲捉拿，因恐力不能敵，遂與袁潘氏商謀，邀集無〔暇〕〔服〕族兄黃耀先、族侄黃子元、服内侄黃育元等於十六日至家潛住捉拿，被黃高氏近侍使女翠環撞見，黃瑞麟等恐泄風聲，遂於十九夜三更時候，由袁潘氏先往韋可經住房拍門喊叫，聲稱黃高氏小産血崩，請速到上房代爲設法，時韋可經已經就寢，聞聲起視，

見袁潘氏言語可疑，轉身閉門，袁潘氏遂將其髮辮抓住，大呼法官毆人。黃耀先等先在巷道等候，一同趕攏，將韋可經拖出院壩。黃瑞麟弟兄亦聞聲趨至，黃高氏聞知出外勸解，黃育元等不依，遂用麻繩將韋可經反背捆縛，懸吊欄杆。上面袁潘氏當用掌毆韋可經下唇吻兩下，經同院居住之王衛生聞鬧往勸，始將韋可經釋下，仍係欄杆之上，天明報經東區巡警，將韋可經箱籠打開查點。經袁潘氏指認，內有玉鐲一支、棉絮一床、被裹一床、綿氈一床、端硯一方、夏布一段、枕頭一個、枕帕二塊、男夾滚身一件，係黃高氏家之物。延至二十日午後，始將韋可經兩手反縛牽走在前，黃高氏乘輿隨後，以刁姦透産等情控經貴陽地方檢察廳起訴，詞稱黃高氏因姦懷有身孕五月，是以未便雙雙捆送等語。當經預審，訊悉前情，取具兩造供結，並經該廳移據地方檢察廳照會醫官診視，黃高氏尚無胎脉狀態等情，移覆各在卷。嗣因復提黃耀先等質訊，不服，該廳決定命令訴由原檢察廳呈送高等檢察廳抗告到廳，當即傳集一干，開庭審訊。據黃瑞麟供，十九日夜拿姦係在姦所，意圖翻異地方廳原供，迨經復提審訊，反復推問，始稱與地方審判廳親書供詞相同，不敢翻異。捉姦族人黃耀先等及委任人游松雲等並袁潘氏供詞與原審相符。質之黃高氏，則堅稱不惟十九夜非在姦所拿獲，即平日亦無姦通情事，至玉鐲、棉絮、被裹、枕頭、枕帕、夏布等物，確係該氏之物，但玉鐲係前日内由伊女五妹玩落在於韋處，棉絮、被裹，係先由同院王衛生間接向該氏，不惜私賣與韋可經，枕頭帕係替他人代做，因嫌色紅，韋可經買去，夏布係其送與同院王衛生之嫂，不知又如何在韋可經處，其餘均非伊家之物。提同韋可經質審，則稱玉鐲係黃高氏之女五妹於事前五日内玩落，棉被係去銀二兩二錢，枕頭帕係去錢四錢向黃高氏得買，（硯）〔端〕硯係咨議局譚雲鵬議長代買，綫毯係在裕牲和得買，前在地方廳誤記爲豫貞乾，夏布亦係向黃高氏得買，其餘俱非伊箱内之物，至與黃高氏，平日並無姦情各等語。再三（窮結）〔究詰〕，供仍如前。查韋可經供稱端硯係譚議長代買，業由地方檢察廳調查屬實，綫毯既係在裕牲和購買，且當時係屬袁潘氏指認，究竟是否王姓之物，原告黃瑞麟亦不能確切認明，俱應毋庸議外，餘如玉鐲雖俱同供係黃高氏之女五妹玩落，若果屬實，韋可經既不命人送還黃高氏，亦不飭其找尋，何其漫不經心乃爾，況一稱落在前月，一稱係在事前五日以内，供詞互相矛盾，其爲捏飾，已屬顯然。他如枕頭、枕帕、棉被，雖據或買或借，但黃高氏並非窮困賣物之人，且枕頭各物亦非尋常可以出售之品，況彼此往來，買賣如果屬實，何以並無一人眼見。至夏布，據黃高氏供稱，何其送與王衛生之嫂，現在王衛生屢傳不到，姑無論是否實在，但一稱何送與王衛生之嫂，一稱何其得買，彼此供詞互異，以各種情節觀之，黃高氏與韋可經平日有通姦情形，必無疑義。本廳因恐證據或有不確，復提黃高氏近侍使女翠環訊問，據供本年不記月日，黃高氏曾命其往請韋可經到上房同宿，過後相隔五六日或七八日，又請一次，都是三更去請上來，天明下去，就是事前五六天，黃高氏亦命其請過一次，並命其送過韋可經夏布一匹，惟十九夜則不在上房拿獲等語。質訊黃高氏等，仍不供訊。本廳復查，十九夜捉姦非在姦所，不惟該原告黃瑞麟親書初供昭然，即族證黃耀先等及袁潘氏供亦足證，地方審判廳原供具在，黃瑞麟無所用其狡卸，致掩真情。惟原詞呈稱，黃高氏因姦透漏家財等語。訊據黃高氏供稱，何因歷年家用等項花費，訴詞亦確切指明，至韋可經與黃高氏平日姦通，不惟有證物可憑，即使女翠環所供，亦歷歷可繪，似此證據確鑿，未便聽其狡飾致案文懸，應即照例判決。

高等審判廳援據法律某條及理由，查現行例載：職官姦軍民妻，姦夫、姦婦各處十等罰，與妾相姦，罰同。又律載：軍民毆傷非本官九品以上官者，加凡鬪傷二等。又：凡鬪以手足毆人成傷者，處三等罰。又：不應爲而爲之，處（女）〔四〕等罰，事理重者，處八等罰。又名例載：遣詳明下人犯狡供不認，果係衆（記）〔證〕確鑿，照例定擬各等語。此案韋可經身充法官，應如何束身自（受）〔愛〕，乃（應）〔因〕犯姦被控，實屬有玷官箴，其與在籍已故内閣學士黃卓元之妾高氏通姦，拿獲雖非姦所，但於該革員箱内搜出玉鐲、枕頭、枕帕、棉被等件，黃高氏已確認爲其所有之物，且有使女翠環供詞足據。經本廳提案研訊，雖韋可經、黃高氏均堅不認姦，但犯姦乃不良行爲，遁飾亦人情常有，使女翠環雖未成年，但各情曖昧，斷難得其真相，此案既有證物可憑，又有證人足據，證據均皆確鑿，提訊並無礙義。查韋可經雖係現任司法之官，但無牧民守土之責，難以本管官論。黃高氏係已故職官之妾，並非命婦正妻可比，遍查律例，並無職官姦職官妾作何治罪專條，自應仍同凡論，比例問

擬。韋可經、黃高氏均比依職官姦軍民妻，姦夫、姦婦各處十等罰，妾罪同例，各擬處十等罰。韋可經業因本案經本廳詳參革職，應勿庸議。黃高氏犯姦不准贖罪，照例改折工作六十日，現未設有女犯習藝所，依限作工，監禁，限滿釋放，聽其回家。袁潘氏係黃高氏傭婦，黃耀先、黃子元係黃姓無服親屬，俱非例許捉姦之人捉姦，又非姦所，袁潘氏並敢於捆縛之後復掌毆韋可經唇吻成傷，均屬不合。袁潘氏即顔潘氏，除手足毆傷非本管九品以上官，罪止五等罰輕罪不議外，袁潘氏、黃耀先、黃子元均合依不應爲而爲之理比重處八等律，各擬處八等罰。查袁潘氏供稱，前數年曾經遞解（同）〔回〕籍等語，茲既復行來黔，仍不安本分，一俟罰金謝後，應仍遞解回籍，由地方官交保，嚴加管束，以示懲儆。黃瑞麟雖係嫡子，黃育元雖係有服之親，但捉姦不在姦所，均有不合。黃瑞麟、黃育元均合依不應爲而爲，處四等罰律，各擬處四等罰。黃卓元所遺財産，當其身死之後，黃瑞麟兄弟年均幼稚，別無成丁之人，所有家産一切曾於光緒廿九年，在前貴陽府胡前臬司全案下報明，概由黃高氏經管，現在既已掌管多年，即有自由處分之權。黃瑞麟訴稱黃高氏因姦將伊家財物陸續透漏，交韋可經藏匿一節，查該原詞僅只籠統牽叙，並未確切指明，訊之黃高氏，則稱自家主死後，歷年家用及嫁女聘媳等項，均在遺産項下支用，俱有數目可稽。查黃卓元身死之後，黃瑞麟年甫十齡，現僅年十八歲，查其原詞内稱有三萬餘金無存，迨經本廳初次庭訊，據供又僅一萬餘金無着，足見黃瑞麟從未經管家務，黃高氏如何花費，黃瑞麟均屬不知其詳，因是以姦疑控，與黃高氏所稱家用花費等情均在情理之中。黃高氏既有處分財産之權，花費稱係家用，究竟是否屬實，應由黃瑞麟請憑親族同黃高氏核算明確，有無透漏情事，再行分別起訴。玉鐲等物分別給領。無干省釋。貴陽地方審判廳卷發還婦（堉）〔婿〕。此判。

《各省審判廳判牘》第一編《批詞類·批潘何氏呈繳其子蔭棠功牌並請保釋一案》

爾子蔭棠伙開車行生計，略裕即飽暖思淫，與徐盧氏串通一氣，將伊女許湖南之妻許徐氏和同成姦。迨許湖南迎妻回鄉，復敢捏造婚據，邀入攔截，雖供稱係出徐盧氏之意，然爾子始則和同成姦，繼復捏稱媒娶，圖掩姦迹，本廳自應按律懲辦，斷難稍事通融。前禀生吴韵篔等呈懇保釋，狀内批，候爾子功牌繳案，再行核辦，並無賞免工作明文，竟敢砌稱荷蒙賞准等語，尤屬年老昏瞶。查爾子自到案至今，保釋求寬之狀已經五上，該氏平時訓子不嚴，事後又一味徇護，殊屬不合，除判詞另行牌示外，所請不准。勿再妄瀆。

《各省審判廳判牘》第二編《判詞類·通姦盜産雲南地方審判廳案》

案准地方檢察廳起訴，據軍醫長翟述曾呈訴楊文海通姦盜産，並在翟姓同院張升家查獲烟渣，移請並訊一案。訊據翟述曾供：貴州貴築縣人，寓居鐵局巷内，現充七十三標軍醫長，娶妻鄒氏，性情妒悍，曾與醫長反目，後因使女平安被他毒打，罵他不該，他竟恃婦潑蠻，醫長憤氣，住宿軍營，年餘未回。去年春間，有同鄉交好的楊文海勸將使女平安放出，醫長應許，從此楊文海往來家下，與妻子鄒氏通姦。家人夏文才，同院張升均知道的，惟瞞醫長一人。後聞鄒氏出游，途次阻雨，楊文海公然借馬與騎，命人送至家下。醫長始知有姦，回家責問，鄒氏直認不諱，祇得密捕，楊文海探知，就未來家。今年正月，又與鄒氏到李秦氏家會合數次，不便往拿。二月初一日夜半，探得楊文海與其二子同宿家下，次早回家搜捕不見楊文海，拿獲伊子楊頌臣，正在捆綁，伊的次子楊和臣由鄒氏房内赤身跑出，翻墻逃去，只將楊頌臣及鄒氏一並送案的。今蒙傳訊，妻子鄒氏既已犯姦，醫長不要，惟念結髮多年，願給他銀兩，聽他自謀。所失之物，離家日久，記不清白，亦不提了，求公判。據夏文才供，年十五歲，大關廳人，去年十月來省到翟家服侍太太，自到翟家，見楊文海不時來往，與翟太太白晝同桌吃飯，夜深同床睡覺，小的歇在房内地鋪上，親眼見的，後來主人曉得，説要拿他，就未來家。去年臘月内，不記日期，小的隨翟太太到李司娘家問神，楊文海也來那里説話。今年正月十幾及二十幾兩夜，翟太太呼小的送他到李司娘家玩耍，李司娘久病未起，楊文海後來，兩人同在後房做些甚麼就未看見，都是夜深回來。二月初一那夜，翟太太叫小的去請，楊文海未來，他兩個少爺來家，與同院的羅玉寶、劉子安和翟太太打紙牌玩耍，打至四更，二少爺楊和臣同翟太太到上房睡了，大少爺楊頌臣在堂屋内與他們坐談，不料主人回家就被拿獲，正捆綁間，楊和臣忙從房内赤身跑出，翻墻去了。羅、劉二人均已躲藏，所供是實。據李秦氏供，小西門水塘子住，年二十四歲，司巫爲業，丈夫李殿臣營業在外。去年臘月，不記日期，有翟太太來小婦人家問神，這楊文海路過門

首，翟太太喊他說話，不久去了。今年正月，翟太太同楊文海來過兩夜，均有夏文才在場，那時小婦人病卧床上，他們同到後房做些甚麼，並不知道。據張升供，貴州安順府人，現住翟姓院内。去年冬月以前，楊文海常來翟家與翟太太同食同宿，小的是知道的。因事不干己，不便多言。今年二月初一那夜，楊文海兩個少爺來打紙牌玩耍，夜深時候，二少爺楊和臣同翟太太去睡，次早主人回來拿獲大少爺楊頌臣，二少爺楊和臣由房内赤身出來翻墻跑了，都是眼見的。至搜獲烟渣，原是上前年留下的，因小的戒烟後多病，用烟渣對藥吞服，並未開燈吸烟，亦未賣烟，求詳查。據楊頌臣供，年十八歲，貴州畢節縣人，楊文海是父親，現充講武堂書記官，弟兄二人，在逃的楊和臣是胞弟，均在農業學堂肄業。這翟述曾係父親的舊友，兩家素有來往。今年二月初一日夜，學生同二弟和臣到翟鄒氏家與羅玉寶、劉子安共打紙牌玩耍。夜深時分，二弟和臣同翟鄒氏到上房去睡，學生及羅、劉二人均在堂屋打牌。次日黎明，被翟述曾拿獲，與翟鄒氏一同送案的。今蒙審訊，學生並無姦情，二弟和臣及羅、劉二人不知跑往何處，求恩典各等供。當庭質對，翟鄒氏初不認奸，惟稱夫婦反目，楊文海往來勸解，囑代安頓使女平安。因此留家食宿，並認到李秦氏家與楊文海會合數次，並與楊頌臣、楊和臣鬥牌玩耍，未與通姦等語。當詰該氏與楊文海同食同宿及其被拿，楊和臣裸體由該氏房内逃出，姦證明確，尚何狡辯，且該氏所遞辯訴内，有其夫縱容爲娼，衰老見棄及該氏請托情人爲其夫營謀差使等語，是不認姦而認娼，無非欲陷其夫以縱容之罪。詰至於此，該氏爲之語塞再三，窮追始稱被夫拋棄兩年，因而不顧廉耻通姦，各事都是有的，總祈寬宥。質之楊文海堅不承招，聲稱翟鄒氏素無廉耻，人所共知，因與其夫反目，書記往來勸解，翟述曾遂疑有姦。去歲逢人便說布散流言，書記就未再往等語。該楊文海詞雖閃爍，與翟述曾所控各情若合符節，因詰該書記既知其夫見疑，何以復與該氏夜會李秦氏家並容其子往來，楊文海爲之詞窮，惟稱姦要拿雙，不應事後指姦，二子均係童體，必無姦情等語。無非飾詞强辯。又詰翟鄒氏途次借馬一節，據稱實有其事，是衆目昭彰之地，該書記尚且不避，平日苟合已可概見，况往來姦宿有隨從之夏文才，同院之張升，容留之李秦氏面面質實，翟鄒氏亦自認不諱，更復何疑？至伊二子同宿翟鄒氏家，黄夜被拿，雖楊頌臣到案，祇認賭博。其在逃之楊和臣果無姦情，何至裸體出房，逾墻逃遁？屢飭交案，該書記推諉至今，無可置辯，始以教子不嚴，俯首認錯。其爲縱子姦賭，亦甚的確，既已衆證明白，即同獄成。查例載：軍民相姦者，姦夫、姦婦各處十等罰。又律載：媒合容止，減犯人罪一等。又載：賭博之人，各處十等罰各等語。此案楊文海身在軍界，與翟鄒氏通姦，復又縱容其子與該氏共犯姦賭。查姦賭無首從之分，亦非卑幼起意，父兄助勢，雖係一家共犯，惟侵損於人，自應各科各罪。楊文海、翟鄒氏均合依軍民相姦者，姦夫、姦婦各處十等罰例，擬處十等罰，改折工作六十日，限滿省釋。翟鄒氏聽其離異，楊頌臣與翟鄒氏鬥牌閑玩，即屬賭博，合依賭博之人處十等罰律，擬處十等罰。翟鄒氏在場同賭，罪與犯姦相等，律應從一科斷。李秦氏容止通姦，應於楊文海、翟鄒氏罪上減一等，擬處九等罰。張昇存留烟渣，和藥吞服，與公然吸烟者不同，從輕擬處十元之罰金，以示薄懲。翟述曾訊無縱容情事，應毋庸議。其犯姦賭在逃之楊和臣、羅玉寶、劉子安均應嚴緝，獲日另結。並移講武堂備案，照章移由地方檢察廳查照執行。此判。

《各省審判廳判牘》第一編《批詞類·又批綏陽縣民吴華章上訴李作舟强姦幼女一案》　該民之女被李作舟誘去强姦，據稱已成，但經官傳訊時已否驗明，供詞均屬含混。案關生死出入，未便據一面之詞遽予准理。原判李作舟罰款充公是否持平，候文行綏陽縣查明案情，覆到核奪。該民着回州候案，勿得逗留滋累。

《各省審判廳判牘》第一編《批詞類·批李紹清等請開釋任馮氏一案》

任馮氏不安於室，與拐夫尹竹姦好，和誘同逃，何能孝養其姑？業經移監工作。所請開釋奉姑之處，即毋庸議。

覆訴已悉。此案應歸宜良縣管轄，前已批飭在案。仰仍回縣呈控，毋庸違章懸訴。至扭獲犯人卯玉清，即由本廳移解宜良可也。

《東方雜誌》第六年第五期《記上海印人輪姦鄉女案》　寶山縣大場鎮西塘橋鄉女劉翠英，初三日來滬探望親戚。歸時已將傍晚，行經潭子灣中興面粉廠相近，忽被住居該處之管工印人甲乙二人，强行拖入，輪番奸污。是處地甚荒僻，呼救不應。直至初四日下午，始經附近鄉民偵悉，投報四路三區警局，立派長警多名前往，拘獲印人蒲及項生一名，其一被

逃。人視該女，已奄奄垂斃，受傷甚重。當即移送一區，經正巡官提訊，劉翠英已站立不穩，聲息斷續，泣訴被奸情形，慘不忍聞。且云被閉兩日，不給飲食，并嚇禁聲喚云云。質之該印人，狡不吐供。旋由静安寺捕房捕頭帶同華探，投總局稟請總辦汪觀察，將該印人帶回。解交英領事署懲辦。劉翠英送醫院醫治，候傷愈再行核辦，汪觀察准之。

初六日，巡警總辦汪觀察委偵探隊官周二尹，至静安寺捕房詳詢辦法，捕頭答稱該印人蒲及項生，仍押捕房。再四盤詰，一味狡賴。在逃之印人，已飭中西探嚴緝未獲，并稱據西醫報告驗得，該女實被姦傷，傷勢甚重，且因受驚過甚，神經錯亂，已成瘋疾云云。

汪總辦旋將劉翠英送往廣仁醫院，驗明下體受傷甚重，取有驗單，移文滬道。請照會英總領事，務將該印人嚴究。聞蔡觀察查核烟臺條約第二款内，載有各口岸凡有交涉案件，被告何國人民，即由該國官員訊斷。原告官員，亦得派員前往觀審。如有供斷不平，准由觀審之員辨駁。今該印人强姦鄉女，憑證確鑿，實屬淫惡不法，亟應從嚴治罪。現因英總領事定期禮拜三，即華初九開堂訊辦，故由蔡觀察派委安明府，届期前往觀審。如或該印人狡賴，即行聲駁。一面照會英領霍君，請將此案訊明，嚴加究辦，以儆淫凶。

初九日，因該女傷勢未愈，不能到堂質訊。仍由捕房將該印人帶回還押，旋傳到中興面粉公司司事及四路三區巡士等見證七名，將該印犯混入衆印捕中，令見證一一指認。如是者三次，均無錯誤。始令各證人退去，將該犯收押。

十四日上午十句鐘，英署巡按廳經君，升坐研訊此案。道臺蔡觀察委安得臣到堂觀審，被告延德雷師律師到案辯護。鄉女劉阿妹即翠英，傷尚未愈，不能到案。先由静安寺捕房十三號西探上堂，將該印人犯案情由及事後訪查各節，詳細申訴，并呈犯事處地圖一紙，繼由静安寺捕房捕頭麥克來克君上堂，詳述此案情節。并述三月前該犯在戈登路亦曾犯事，該印人曾在戈登路，强將車夫某甲拖至荒地上，欲圖鷄姦。幸甲將髮辮割斷，始得逃逸。投報捕房，由梁將印人緝拿到案，因無證見，仍被漏網，應請嚴辦等情。迨傳中興面粉公司司事工頭等上堂作證，各證人供詞，均與在警局捕房時所供相同。審至此時，已鐘鳴十一，即退堂。

十五日復行審訊，四路三區巡士陸忠仁、蔣廷臣、韓重新等，投案作證。原告延擔文律師幫辦古柏君上堂，巡按廳經君升坐後，先傳陸忠仁上堂，詳訴逮捕該犯時情形畢。再傳蔣韓二巡士，上堂申訴。原被律師，將十三號西探所呈之地圖，詳加研究，辯論良久。已鐘鳴十二下，經巡按遂命退堂。

十六日上午，捕房復將原被告解案，巡按廳經君升坐研訊，原告律師古柏君，被告律師德雷師，均到堂候訊。當傳劉阿妹至案，據供年十九歲，寶山縣大場人。初二日由鄉來滬尋兄，初三日下午二時，行經潘家灣，已將傍晚。突遇二印人，强欲拖入棚内。小女不允，其一即硬行抱之棚内，是處荒僻，絶無行人。雖極聲呼喊，無人救援。後被印人將口堵塞，强剥衣服，小女抵死撑拒。其一即拔刀欲砍小女之手指，始被扯落小衣，輪番姦污，後又將門鎖閉，幽禁二日，無從脱逃。且已二日不食，傷重不能行動，至初四日午時，始見開門。小女即拚命逃出，印人尚欲拖入，致被推入泥内。小女即大喊救命，幸由該處巡警局巡士到來，拘獲一人，其一已被遁去云云。經巡按得供後，令該女先回醫院。原被律師復争辯良久，時已鐘鳴十一下，經巡按遂命退堂。

聞與蒲同犯之印人，名馬拉生，事發之日，意欲卸罪。先投總巡捕房報，云該處鄉人，同警局巡士，不知因何與我等爲難，前來拘人云云。卞總巡以該處與静安寺捕房相近，飭投該巡捕房報告，旋經静安寺捕頭麥克來克君傳同十三號西探，前往查明，始知其詐。嗣由劉阿妹供明，實係二人輪姦，而馬已畏罪避匿。二十三日，始被十三號西探將馬緝獲，即傳劉阿妹指認無誤。二十四晨九時半，傳同原告，及中興面粉廠司事工頭等，將該犯解往英臬署請訊。證人洪伯泉等，供稱當時見該印人在籬門外，往來窺探。迨巡士到來，已被遁去，故未認清面貌。質之劉阿妹，供稱實係該犯與蒲同謀輪姦，求請伸雪，聞蔡觀察以該印人屢犯不法，此次尤敢强姦鄉女，既經憑證確實，罪無可逭。亟應從重擬辦，因特照會英總領事，請即加等治罪。

英總領事霍必蘭君與正副按察會商，以此案情節較重，擬照西例辦法，選舉在滬西董十二人，先赴起事處繪圖研究，然後定期開堂會訊，即諸該西董等到堂陪審，秉公定斷。

違法婚姻部

論説

（明）何孟春《餘冬序録摘抄内外篇》卷一《内篇》　唐李乾祐永徽初爲御史大夫，奏言：鄭州人鄭宣道，娉少府監主簿李玄乂妹爲妻，玄乂妹即宣道堂姨。同堂姨實稱從母，何得成婚？而法無此禁，古人正名遠別後代，違道任情，將恐平人浸以成俗。然姻屬無服，而尊卑不可昏者，非止一條。議付群官，詳議可否。左衛大將軍紀王慎等議：父之姨，及堂姨母之姑姨，及堂姑姨，父母之姑舅妹姊，女婿姊妹，堂外甥，雖并外姻無服，請不爲婚。詔從之，仍著於律令。宋《洪景盧隨筆》：姑舅爲婚，在禮法不禁，而世俗不曉。案《户婚律》，父母之姑舅兩姨姊妹，若堂母姨之姑堂，己之堂姨，及再從姨堂外甥女，女婿姊妹不得爲婚者，并爲尊卑混亂，人倫失序之故。若中表兄弟姊妹，正是一等，其於婚娶了無所妨。今縣官書判至，有將姑舅兄弟成婚，而斷離者，皆失於不能細讀律令也。惟西魏文帝時，禁中外及從母兄弟姊妹爲婚。周帝又詔，不得娶母同姓爲妻妾。宣帝詔，母族絶服外者聽婚。皆偏國之制。洪武十八年，翰林待詔朱善言：有國者重世臣，有家者重世婚。今民間婚姻之訟甚多。非姑舅之子若女，即兩姨之子若女，蓋以於法不當爲婚，故爲仇家所訟。或已娉而見絶，或既婚而復離，或成婚有年兒女成行，有司逼而奪之，使夫婦分離，子母永隔，冤憤抑鬱，無所控訴，悲號道路，感動人心。議律不精，禍乃至此。按舊律，尊長卑幼相與爲婚者有禁。若謂父母之姊妹與己之身是謂姑舅兩姨，皆爲己之尊屬，己不可以卑幼而匹之。若己爲姑舅兩姨之子，彼爲姑舅兩姨之女，無尊卑之嫌，爲子擇婦，爲女擇婿，古人未嘗以爲非也。成周之時，王朝所與爲婿者，不過齊、宋、陳數國而已。故當時稱異姓大國曰伯舅，小國曰叔舅，其世爲婚姻可知。至於列國之君，若齊、宋、魯、衛、鄭、晋、秦，亦各自爲甥舅之國。後世如晋之王、謝，唐之崔、盧，潘、楊之睦，朱、陳之好，無不以世婚爲重，其顯然可證者。如温嶠之《玉鏡臺》，此以舅之子，而娶姑之女也。吕滎公夫人張氏乃待制張昷之女，而待制夫人即滎公母申國夫人之姊，又非以己小姨之子，而娶大姨之女乎？朱子《小學》一書，所以明人倫也，而滎公之事載焉。如其不可，則必不在所取也。今江西、兩浙，此弊尤甚，以致訟獄繁興，賄賂公行，風俗凋弊。願以臣所奏，下群臣議，弛其禁，庶幾刑清訟簡，風俗可厚。朝廷是之。然今律猶有娶己之姑舅兩姨姊妹者，杖八十，離異一條，國家并取魏周之制，防民末世，亦不得不然爾。

（明）葛天民等《明鏡公案》卷四《詹縣令判合幼婚》　按：婚姻而判合本爲常例，特蘇氏得子而不忘判合之恩，詹公往寺而因取知本之名，一時陡遇，亦不偶然，是亦一奇事也。然此惟詹公之善判，蘇氏之知恩，故著爲美談。若論父母爲男女擇親，必當求其年紀相當者，不可愛富慕財而扳緣附結，中間多有因而生事者，是宜慎之。

綜述

（清）張鵬一《漢律類纂·户律·亂妻妾位》　有官爵亂妻妾位者免。《恩澤表·孔鄉侯傳》晏坐亂妻妾，位免，徙合浦。案唐律以妻爲妾以婢爲妻者，徒二年。以妾爲妻，以婢爲妾者，徒一年半。各還正之，此免官爵，當三年刑。較唐律爲重也。

（清）張鵬一《漢律類纂·户律·背夫私嫁》　背夫私爲人妻及夫死未葬私爲人妻者棄市，其婦爲夫之父母所嫁者，不坐。《御覽·刑法部六》，引仲舒決疑。

棄妻者，畀其所齎。《禮記·雜記下》，鄭注引律，史游《急就篇》妻婦聘嫁齎媵僮。顏師古注，齊者將持而遺之也。言婦人初嫁其父母，以僕妾財物將送之也。

（清）杜貴墀《漢律輯證》卷五　亂妻妾位。《外戚恩澤表·孔鄉侯傳》晏元壽二年坐亂妻妾，位免，徙合浦。按《唐律》以妾爲在《户婚》。《功臣表》嗣張侯彪申坐尚南宮公主不敬，免。

齊人與婢姦曰姘。《説文・女部》引漢律，《功臣表》嗣博成侯張建建始四年坐尚陽邑公主與姦主旁數醉罵主免。淫季父之妻曰報。《左傳》宣三年杜注引。

（元）沈仲緯《刑統賦疏・第六韻》　部曲娶優於雜户。此條乃明部曲之明部曲之分雖卑於雜户，惟婚則優也。《户婚律》，諸雜户不得與良人爲婚，違者杖一百。疏議曰，雜户配隸諸司不與良人同類，止可當色相娶，不合與良人爲婚，違者杖一百。疏議曰，部曲娶者通娶者通娶良人女爲之，蓋雜户乃前代以來配隸諸司課役之人，非本身犯罪配犯，即是配隸所生之妻一與之齊，終身屬官，非該恩死不服從良，故止以同類爲婚，不得娶良人之女。若其部曲乃私家奴婢主給放書及自贖免罪者，謂之部曲，而非配隸之人。雖仰主生世出子孫皆屬乎主而無異於奴婢，及其娶妻本夫身亡則復爲，故得取良人之女。此法之所以特異也。

直解：　部曲得娶良人之女，雜户止以同類爲婚，不得娶良人女。

通例：　至元十四年十一月初一日中書省奏百姓人家女孩兒每嫁與了人家奴婢做媳婦，多有生的孩兒每，俺每合做良人麽道，那使長卻道合做奴婢這般爭差不便當的一般，俺每商量得今後禁怡良人家女孩兒并不得人與人驅口爲婦嫁，若是嫁與的便做奴婢，這般商量定也奏阿奏。聖旨道得是也。欽此。

（元）徐元瑞《吏學指南・户婚》　義絶，伉儷之道義期同穴，一與之齊終身不改，苟違正道是名義絶。七出，婦人所犯而出之：一曰無子，謂絶世也；二曰淫泆，謂亂族也；三曰不事舅姑，謂逆德也；四曰口舌，謂亂親也；五曰盜竊，謂反義也；六曰妒忌，謂亂家也；七曰惡疾，謂不可供奉粢盛以祭先也。三不去，婦人雖犯七出，而有三不去之名：一，曾經持舅姑之喪；二，娶時賤後貴；三有所受無所歸。有此三者，難以離之。良賤爲婚，人各有偶，色類須同，良賤既殊，豈宜配合。苟有所犯，離之正之。違律爲婚依法不許違律，其有故爲之者，是名違律爲婚。

《大元通制・婚姻》　民間聘財，上户金一兩、銀五兩、彩段六表裏、雜用絹四十疋。中户金五錢、銀四兩、彩段四表裏、雜用絹三十匹。下户銀三兩、彩段二表裏、雜絹一十五匹。以男家爲主，願減者聽。許嫁女已報婚書及有私約，或受財輒悔者，笞三十七下；更許嫁他人者，決四十七下；已成者，決五十七下。五年無故不娶者，許經官給據，別行改嫁。蒙古色目人各依本俗。及品官另行定奪。但婚姻議立婚書文約，元議聘財，招女壻養老入舍年限，主婚系親媒妁人等畫字依禮成親。婚書明寫聘財禮物，婚主媒人各畫字，女家回書亦寫受到聘財數目，嫁主媒人亦畫字，仍將兩下親書背面大書合同字樣，各家收執。其彝俗俚語駢儷詞語朦朧，無各各畫字合同婚書，争告到官，即同假僞。同姓不得爲昏。有妻更娶妻，雖會赦，猶離之。若求娶妾，明立婚書。爲婚已定，若女年十五以上，無故五年不成，或謂男女未及婚年甲或服制未闋之類，其間有故，前後年月并許之；及夫逃亡五年不還，并聽離，不還聘財。諸棄妻犯七出：一無子，二淫佚，三不事舅姑，四口舌，五竊盜，六妒忌，七惡疾。而有三不去，即不得去：一經持公姑之喪，二娶時賤後富貴，三有所受無所歸。若夫妻不安諧，兩願離棄者，不坐。其犯奸，不用此律。

《元史》卷三三《文宗本紀》　〔文宗天曆二年六月〕辛亥，陝西行臺御史孔思迪言：人倫之中，夫婦為重。比見内外大臣得罪就刑者，其妻妾即斷付他人，似與國朝旌表貞節之旨不侔、夫亡終制之令相反。況以失節之婦配有功之人，又似與前賢所謂娶失節者以配身是已失節之意不同。今後凡負國之臣，籍沒奴婢財産，不必罪其妻子，當典刑者則孥戮之，不必斷付他人，庶使婦人均得守節。請著為令。

（元）王結《文忠集》卷六《善俗要義・正婚姻》　人倫之道，始於夫婦；夫婦之本，正自婚姻。婚姻之事，又當謹其始，而親信以終之也。凡娶婦嫁女，必先察其壻婦性行及其家法何如，然後明立婚約。稱其貧富，辦納聘財及物，雖有多寡不同，必須精粹堅好，却不得以濫惡充數。其要約日期，各宜遵守。又當隨其豐儉，聊備酒食，以會親戚故舊。此所以合姻婭之歡，厚男女之別，以和夫婦，以正人倫也。近年婚姻之家，貪慕富貴權勢，不爲男女遠圖，或結婚之後隨即乖争，計較聘財多寡，責望資裝厚薄，興訟連年，紊亂官府，以致男大不婚，女長不聘，婦姑不和，翁壻相怨，傷風害義，莫此爲甚。又聞府中人家亦有苟貪財賄，甘與異類爲婚者，此乃風俗薄惡，家法污穢之極，可羞可賤，而他處所無有也。然皆父母兄長之過，聞吾言而思之，豈無愧耻之心哉！嗚呼，良家女子安忍配偶異類之身乎？今後凡議婚姻，欽依元定聘財，選擇氣類相同良善

之家，又遵用吾説，謹其始而以親愛信實終之，則人倫漸明，風俗漸厚矣。

（明）海若湯《古今律條公案》附録《擬罪問答》 問曰：一、如妻因夫逃亡，三年之外告官司而改嫁，夫回告奪，給付何人？答曰：三年之外既不在律又不在服，問不應之罪，給付後夫，前夫不得與。

問曰：一、如妻因夫逃亡，三年之内不告官而擅自改嫁者，夫回告奪，斷給何人？答曰：三年之内嫁者則在禁限之内，其與夫喪未滿而身自嫁者不殊，相應依律擬罪，斷給前夫，給還財禮。

問曰：一、如將妻作妾，父母告發，其女婿容隱，亦免罪否？答曰：將妻作妾，已有義絶之狀，依律擬之，不在容引之限也。

問曰：一、如軍職所定妻未娶，妻家悔嫁他人已成婚者當何斷？答曰：律内雖云其女斷給前夫，但軍職必有誥封，難容再醮之婦，不須援引斷給之文，止擬倍從後夫斷罪發落。

問曰：一、如妻妾被人引誘出外，不曾改嫁，與改嫁他人者何斷？答曰：被誘出外不曾改嫁，則當用被誘之人減一等律。

紀事

（五代）和凝《疑獄集》卷二《黄霸戮三男》 黄霸，魏人也，字次翁，漢宣帝時為丞相。燕代之間，有三男共娶一女，因生二子。及欲分居，各爭其子，遂訟於臺省，求斷之。霸曰：非同人類，當以禽獸處之。遂戮其三男，以子還母。

《文明判集殘卷・編號P.三八一三》 奉判：田智先娉孔平妹爲妻，去貞觀十七年大歸。至廿一年，智乃詐大疾，縣貌依定。至廿二年，智乃送歸還平家，對村人作離書棄放。至永徽二年，智父身亡，遂不來赴
哀。智母令喚新婦赴哀，平云久已分別，見有手書，不肯來赴。其平妹
仍有妻名，在智籍下。其兩家父母亦斷絶。其婦未知離若爲？

孔氏惣角初笄，早歸田族。交歡就寵，燕改寒暄。嫌婉綢繆，相期偕老。智乃
心圖異計，規避王徭。不顧同穴之情，俄作參商之隔。詐稱大疾，送歸平家，對
彼親鄰，給書離放。放後即爲行路，兩族俱絶知聞。覆水不可重收，放妻難於再返。但事多開合，情或變通。法有畫一之規，禮無再醮之義。違禮

〔中缺〕

如嫁女棄女，皆由父母。縱無恃怙，仍關近親。智是何〔中缺〕一紙離書。離書不載舅姑，私放豈成公驗？况田智籍〔中缺〕便除。且貫爲黔首之根由，籍是生人之大信。今棄〔中缺〕之明條，順匹婦之愚志，下材管見，竊所未通。追婦還〔中缺〕作疾，罪實難容。下縣付推，并自科上。奉判： 牛相仁先娶苟知節女爲妻，已生二女。相仁後〔中缺〕年方歸舊國，婦已改適楊敬，其女携至楊家〔中缺〕女，未知若爲處斷？

〔後缺〕

（宋）宋敏求《唐大詔令集》卷一〇九《政事・禁約・禁別宅婦人詔》 別宅安婦，先弛禁令，往年括獲，特已寬容。何得不悛，尚多此事？國有常憲，宜寘於理。方畫一於後刑，故三令以先德，俾從輕罰，以愧其心。今所括獲者，見任官徵納四季禄，前資準見任。自餘諸色，並準九品官禄數納粟。婦女並放出掖庭，即令京兆尹李朝隱求疋配，嫁之行京都，作戒天下，敢更犯者，一依常格。開元五年七月。

《永泰河西巡撫使判集殘卷》 朱都護請放家口向西，並勒男及女婿送。

人惟邦本，本固邦寧。時屬艱難，所在防捍；稍有動摇，誰不流離。朱都護久典軍州，飽諳邊務。何自封植，撓亂紀綱。進退由衷，是非在我。老親少女，或任遷居；愛婿令男，無憑棄職。奴婢量事發遣，奏慊不可東西。殉節佇冀忘家，臨難終期奉國。將子無努，義不緣私。

甘州鎮守畢温、楊珎、魏邈等，權知軍州。畢温等植性公忠，惟誠吏道，軍州畏慕，實藉撫綏。蕃漢懷恩，必資佐理。佇期能政，以副令名。

（唐）白居易《白氏長慶集》卷六六《判・得甲去妻後妻犯罪請用子蔭贖罪甲怒不許》 二姓好合，義有時絶；三年生育，恩不可遺。鳳雖阻於和鳴，烏豈忘於返哺？旋觀怨偶，遽抵明刑。王吉去妻，斷絃未續；孔氏出母，踈網將加。誠鞠育之可思，何患難之不救？況不安爾室，盡孝猶慰母心，薄送我畿，贖罪寧辭子蔭？縱下山之有怒，曷陟屺之無情？想芣苡之歌，且聞樂有其子；念葛藟之義，豈不庇於根？難抑其辭，請敦不匱。

（宋）歐陽修《文忠集》卷一一七《河北奉使奏草・奏李昭亮私取叛兵子女》 右臣近巡歷至保州，訪聞得部署李昭亮，昨因保州開門後入城，將雲翼第九兵士妻女，分配與諸州軍軍員等。本爲是作亂兵士妻女配與軍營，要行戒勵，卻於其中揀選軍人女子，先自將入昭亮本家，及手下兵士，使臣通判官等遞相倣傚，亦各私取歸家，軍民傳聞，道路喧沸。其李昭亮等，知臣覺察舉行，遂卻轉遞出外，即日未知去處。尋據定州通判馮博文狀陳，首稱收得長行許秀女一人，臣等勾到許秀女子小姐及元傳送兵士楊遂王在共三人，已牒送真定府通判王鵬，於本府置院推勘去訖。謹具狀奏聞。

（元）沈仲緯《刑統賦疏・第二韻》 至元六年十二月，户部議得：但爲婚姻，須立婚書，明白該寫元議聘財。若招女婿，指定老或出舍年限，其主婚保親媒妁人等畫字，依理成就其親。

（元）沈仲緯《刑統賦疏・第五韻》 至元七年閏十一月，尚書省刑部濟南路申：孫平告妻阿楊先與董重一爲妻生男拾得，其父身死，改嫁與平爲妻，次後本婦病故殯埋。有前夫子董拾得所犯擬決四十七下，阿楊骨殖於孫平墳内埋葬。

《元典章》卷四一《刑部・諸惡・不義・居喪爲嫁娶者徒》 至元七年十二月，尚書户部契勘：父母之喪，終身憂戚；夫爲婦，天尚無再醮。今隨處節次申到：有於父母及夫喪制中，往往成婚。致使詞訟繁冗，爲無定例，難便歸斷。檢會到：舊例，居父母及夫喪而嫁娶者，徒三年，各離之。知而共爲婚姻者，各減三等。省部議得：若不明諭禁約，引訟不已，寔是亂俗敗政。以此參詳：比及通行定奪以來，定立格限，渤海、漢兒人等，擬自至元八年正月一日爲始，已前有居父母夫喪内嫁娶者，準已婚爲定；格後犯者，依法斷罪聽離。如此庶免詞訟，似望漸厚風俗。呈奉尚書省，移準中書省咨，依準施行。

（元）沈仲緯《刑統賦疏・第六韻》 至元七年條畫内節該：諸色目人同類自相昏姻者，各從本俗法。欽此。

《元典章》卷四一《刑部・諸惡・不義・焚夫尸嫁斷例》 至元十五年，行中書省據潭州路備録事司人户秦阿陳告：表兄杜慶病死，有嫂阿吴，將兄骸骨揚於江内，改嫁彭千一爲妻。取到犯人杜阿吴招伏：不合於今年正月十二日，有夫杜慶因病身死，至十八日焚化，將骸骨令夫表弟唐具分付趙百三，揚於江内。至二十八日，憑陳一嫂作媒，得訖鈔兩、銀鐶等物，改嫁彭千一爲妻。罪犯陳一嫂、趙百三、唐具招伏相同。省府切詳：人倫之始，夫爲婦天，尚無再醮。其阿吴所犯，亂敗風俗。若不嚴行斷治，江南新附，誠恐漸迤風俗僥薄。除已行下潭州路，擬將阿吴杖斷七十七下，聽離，與女真娘同居守服，以全婦道，仍將元財解省，并彭千一違法成婚一節，就便取招，斷四十七下。媒人陳一嫂、撒揚骨殖人趙百三，各斷四十七下，唐具杖三十七下外，仰遍行合屬，嚴行禁約。

（明）王恕《王端毅奏議》卷一《申明律例奏狀・一件抑勒爲娼事》 伏覩《大明律》内一款：抑勒妻妾及乞養女與人通姦者，本夫義父各杖一百，姦夫杖八十，婦女不坐，並離異歸宗；其抑勒子孫之婦與人通姦者，罪亦如之。欽此。竊照有等無廉恥之徒，抑勒妻妾及乞養女并子孫之婦與人通姦討錢使用，其妻妾及乞養女并子孫之婦堅執不從，被其逼打不過，纔方將情具告法司，因見不曾成姦，律不該載，止坐不應杖罪，仍令婦人隨住。切詳此等婦人思係良家，不肯從伊為娼，志節貞潔，誠為可嘉，今既告到官意脱免汚辱。若未曾成姦仍令隨住，彼不得志，仍前抑勒，稍有不從，輒加捶楚，以此婦女剛强不屈者，必至死地。柔善軟弱者，終被汚辱，實是敗壞人倫，有傷風化。如蒙乞勅三法司計議，合無將今後但係抑勒妻女及乞養女并子孫之婦與人通姦，雖未成姦，取供明白，就令婦女離異歸宗，若婦女誣告亦依律罪之。如此，則凶徒不得肆姦，而

良善庶免汚辱矣。

（明）海若湯《古今律條公案》卷五《趙縣尹斷兩姨訟婚》 判曰：審得胥慶之妻與錢佩之妻兄弟也。禮嚴姻配，律例森然。胥慶既受錢佩鐲環之聘，不合改圖二姓。但賽英與錢明實是兩姨之子妹，安可違禁成婚？各捏虛詞，并應擬杖。聘財入官，男女離異。予觀胥、錢二姓，其始也，以私愛而成婚；其終也，以媾訟而離異，爲婚姻者宜度之以禮法，毋成之以倉卒。慎始慮終，當以此爲鑒云。

（明）海若湯《古今律條公案》卷五《章縣尹斷殘疾争親》 判曰：人生夫婦，作合自天，豈人力所能與哉！呂智幼女淑姑傷足於既聘之後，此亦天也，命也！何標合應取歸，以回天意。何乃妄生訟端，以乖風化？呂智得理，免罪免笞，親仍舊議，毋得紛更。何標合擬不應取供。予觀何標存心澆薄，立志不仁，已有跛媳之報，胡爲不安天命，猶然横暴而混争他人之媳！幸而章公清明，故爾强者不得恣其奸，而弱者不致受其害。懲治協宜，萬民嘆服。

（明）海若湯《古今律條公案》卷七《周推府申請旌表節》 周公批曰：劉氏夫死未及一期，獸心姑舅貪財，遂撤靈位，而轄劉氏之改嫁，此綱常中大蠹也。劉氏守制堅貞，可并柏舟自誓，斯亦天生之節婦也。夫何忍心逼劉氏於死地，致貞烈於冥途？是播中國之醜聲，俾夷狄之人笑也。劉氏俟申院候奨，文炳、十六合擬以法，毋得他辭。按院批曰：參得節婦劉氏操履冰霜，矢心天日。烹藥餌以事夫，僅逾一載；夫死堅貞而守制，未及一期。獸心姑舅，貪財逼嫁；貞孀節婦，服毒身亡。靈幃未撤，黑雲夜雨時光；苦志終身，白日青天心事。德全於婦人女子爲尤難，節并之義士忠臣爲無歉。仰該縣禮房即造新匾，題以天與完節四字。官給衣衾棺椁，賫至本宅殯葬。旌表其墓，建立祠宇。春秋享祭，以大夫之禮祭之。以示。皇朝崇尚之意，使漓俗還醇，人知興起非小可也。其時文炳、十六罪依的決，以風天下。

（明）海若湯《古今律條公案》卷七《彭守道旌表黄烈女》 批曰：節烈關系綱常，禮宜旌表；薄惡大壞風俗，法當重懲。龍溪縣黄烈女許事林夔，生才四日，就乳於姑。比及三年父死家貧，林夔别娶。烈女謝諸人之請婚，縊伊父之柩側。尸立不僕，容色若生。歸殯於林，凶夔不納。畢戸弗回，黑霧蔽空。此乾坤之正氣，而天地爲之震動也。已經題候，明旨旌表。至於林夔娶富嫌貧，不仁不義，宜加懲究，以勵澆俗。該縣即提林夔，痛責發落。仍行縣造匾，一面書烈女之門，唤給伊兄黄東升懸挂；一面書不義之家，發釘林夔門首，以昭懲勸。府縣接得倒文，即將林夔重責四十，擬徒五年。遵依造匾二面，差人釘訖。即將林夔解驛加徒，以示勸懲。黄女貞烈，卒獲千年令譽；林夔負義，終遺萬載凶名。此旌一舉，將見僥習可致乎淳風，薄俗可躋乎上理，而人可不勉歟！

（明）海若湯《古今律條公案》卷七《王縣尹申請旌表孝婦》 張知府詳曰：參看得孝子饒華國母病而長齋祈壽，既篤而死甘身代。孝婦楊氏，姑疾而躬親論藥，既危而劃脅鏤肝。昏暈厨中，誠格竈神而撫背呼起；夜求神佑，靈應佛力而授付生肌。華國孝心可與先賢并駕，楊氏純行可同孝女齊驂。神力既佑於當時，奨勵宜加於此日。兩院批曰：孝誼關乎風化，禮應旌表；婦道係乎綱常，分合榮褒。孝子饒華國身代母年，純孝可追上古；孝婦楊氏割肝和藥，全德可振休風。已經題候明旨，合支無礙官銀。立孝坊以旌奨，仍着該府賫匾親送贈以褒揚。饒華國以子職無虧，而率身先雅化，授以冠帶，養母終年。楊氏以婦道有光，而濟隆古高風，賜以粟帛，禮姑高壽。此繳。張府尹、王縣尹承兩院命下，即委官督建旌教坊，親送匾額，榮給月米、歲帛。是可見皇朝崇孝之典明，而世俗勸善之意彰矣。

（明）蘇茂相《新鐫官板律例臨民實鏡》卷六《婚姻類審語・逼嫁》 談氏志在守制，而其姑丘氏、其叔談文共貪淫老曾武財禮銀兩，逼令改嫁爲妾，情甚殘忍。可惡曾武探知談氏之青年色相，染黛鬚髮掩其皤老之態，用媒王氏挑引於内，呂一、施二説合於外，强奪成婚。談氏堅執不從，則亦已矣，而舉詞告逼，事屬無耻。及訪呂一等到，與曾武乃賭博之交，王氏乃潑賤之婦，不顧風化，戲弄婚姻，均應依律治罪。

（明）蘇茂相《新鐫官板律例臨民實鏡》卷六《婚姻類審語・强奪人妻》 審得萬金土豪趙某蛇蠆毒心，鯨鯢大腹，播惡一方。蓋四兇可五，九黎可十者。左某有女玖英，陳浩早憑媒議聘以爲妻。某日於歸路經惡里，趙某胡爲恃强奪娶，俾一女而二天乎。室女不見髮夫，房奩擄歸饞喙，此雖編發窮廬，未有棄禮義如斯獠者也。此惡不懲，綱常大壞。合依

强盗擄人劫財律科罪，其女判歸陳某。取供。

（明）祁彪佳《莆陽讞牘》卷一《本府一件疊婚事免罪傅天爵》　審得傅天爵有女，向許配陳敦質之子祖德爲妻，後因女幼子長，不便議婚，遂將女還傅家，而收回聘四兩。原未成婚，轉配無礙。今許愛賢以銀一十一兩憑媒聘之，後查其有原配，恐祖德之争也，故興詞欲退此親。今訊之，祖德之父確稱願退，且收回銀四兩，任傅別議。是愛賢可安心有其室矣。合令傅天爵送女與愛賢完姻，使女得有家之樂。免供立案，陳收契附卷。

（明）祁彪佳《莆陽讞牘》卷一《本府一件抄殺異變事杖罪鄭光前》　審得鄭朝琳之子光前幼而不事本業，調戲侄婦績耀之妻吴氏，證有功華陽，不能爲之諱也，乃駕稱買園起釁，旋即勸息，不知欲蓋而彌彰矣。朝琳不能教訓其子，而久爲之誣聳。念家人同事，免科。光前杖之。

（明）祁彪佳《莆陽讞牘》卷一《本府一件謀奪生妻事杖罪張茂恩等》　審得張茂恩之妹縣判改適何老已逾年矣，即果係林進亮原聘之次子時富爲婚，亦難再適，姑於茂恩名下再判銀二兩，以終此訟，茂昭爲媒而致長次紊序，茂恩已嫁妹而擅迫回家，各杖之。

（明）祁彪佳《莆陽讞牘》卷一《一件不法奪婚事》　審得許謙與陳應綿鄰居相友。許男、陳女原係指腹爲婚，辛亥年配書可據，四十四年欠票可憑也，時久而許未言婚娶。今年應綿妻故矣，應綿則配於丙辰年矣。妻陳氏在時，於今夏許配黄周耀子黄福爲室，爲媒者陳朝榮也。周耀或出於不知，朝榮與許爲鄰，寧不知許之已議配？是可恨也。但周耀已出聘十兩，又殮陳氏六兩，此婚寧可中悔？若許謙與陳氏終非良緣，以此婚讓黄福可也。許謙五兩之聘未易全得，且見證無人，姑着周耀出銀二兩五錢，朝榮賠銀一兩五錢，共四兩償謙原聘，以了此局。朝榮爲媒搆釁，笞之。

（明）祁彪佳《莆陽讞牘》卷一《本府一件强虜生妻事》　審得俞氏有前子羅奇，携嫁陳汝成，汝成因將侄女壽娘與羅奇爲婚。俞氏時或薄視幼媳，致壽娘吴氏母携歸吴家，俞氏至吴家欲取還壽娘，遂致二婦角口。今壽娘現在母身邊，並非拐賣，婦人愛女，其常情也。壽娘付吴氏撫養長成，仍配羅奇爲婦。若議别婚，責在吴氏及氏婿俞鍾甫。兩造俱係婦人，免紙免科。

（明）祁彪佳《莆陽讞牘》卷二《蕭檢校一件土豪奪婚事》　朱逢春原聘尾娘，貧不能娶，而陳茂章、林須郁輒串黄少泉以色誘何振，以利誘起奇，致折逢春之偶。一輩奸棍，法所必討，姑依擬分别杖笞示儆，給主照斷追還，餘如照取實收領狀，林須郁照提另結，繳。

（明）祁彪佳《莆陽讞牘》卷二《一起為背婚拐賣事林欽燦告吴爾翰等》　審得林氏有女，許嫁林欽燦男七仔爲妻，過門已經四載，一旦走失，乃反詞以賴女家。欽燦不嫻家訓之罪已彰明昭著，而林氏所稱燦妻張氏日加苦楚，似爲有據，今雖兩造告息，而此女逋亡，終非定案。欽燦姑罰穀二石，仍着追尋完配，不許再扯女兒。

（明）張肯堂《𥄷辭》卷一《王國宦告魏縣人》　王國宦乘魏縣李志通逃荒至濬，窺其携帶一女，因而娶以爲妾。議定財禮錢十四千，又不實與之錢也。將地十二畝作錢六千，而餘則以漸還之。蓋既可捷得其女，而又復羈縻其身，此固小人狡獪之常態乎。亡何，而志通思歸念切，還田取價，遂不俟其足而速返故土，訟端且首發矣。爲國宦計者曰，我濬人也，與其至醜就審而致於人，毋寧在濬結局而致人也。隳法之告，即前此之故智耳。然李氏實係志通親女，且依然爲國宦奉箕箒也。妾人之女，負人之財，而又復以窩拐加之，雖爲應敵計乎，然亦不仁甚矣。

（明）張肯堂《𥄷辭》卷二《郭遁東明人》　郭遁郭姓子也，以其螟蛉於頓士名，故又稱爲頓郭，其自名爲遁者，遁辭耳。甫十齡而養以爲子，甫二十而爲之娶妻，士名待之者至矣，真不愧父道者哉。乃遁實無賴，比匪呼盧，絕不事家人生産，士名久而不堪，遂並其妻王氏逐之。王氏之父王學，與鄰人勾三元等，代爲謝過，仍令其怨艾自新，士名不得已黽勉留之，亦庶幾其一改。而不意遁之肺腸迥與人異也，他人願有產，彼願蕩產，他人願有妻，彼願棄妻。訟士名者，欲自絕於士名也。其自絕於士名者，慮終其爲所禁制，而不獲得便以鬻王氏也。士名與遁，已無再合之理，而遁與王氏亦無離異之條。則莫若復遁之姓，令其挈妻以往，而變賣則有禁，庶雲水飛沉，各得自便，而於法亦無害耳。

（明）張肯堂《𥄷辭》卷四《姚化鳳清豐人》　清豐駱光玉之被訟於姚化鳳者數矣。然此穽一入，雖終身不能脱也。蓋光玉之婚於郎氏，在化鳳不勝去帷之慘焉。然始則惟恐其不售也，故已則詭托以死，而令父姚三相

主婚，越一年而化鳳復生矣，則執詞以討曰：爾胡以生奪人妻也？一告署縣，斷銀十兩給之；再告本縣，斷銀六兩五錢給之；三以滑籍告府，則不復斷銀，而坐之以罪。合兹訟而四矣。夫給銀既易啟其貪心，而坐罪又復拂其本願，如是則訟將何時而已乎！雖然積金至斗，婪壑難填。徒濟其欲，無寧使之窮而思返也。決杖或有警乎，光玉不慎於初，禍繇己搆，頫首服杖，誰謂荼苦矣。

（明）張肯堂《晉辭》卷四《高世耀滑縣人》 滑民高守業轉徙貿易，十年不歸，其妻劉氏煢煢守空房也。高世耀爲其族人，正宜撫恤，以待業歸。乃忽舉而鬻之李登，是尚得爲有人心乎！一訟滑縣，再訟長垣，劉氏白璧無虧，李登青蚨不失。即世耀之罪，既已明正之矣。今兹一訟，在世耀正如魑魅屢照太陽，倍加懾息。而劉氏亦暮氣將盡矣，宜其願息有同心也。世耀僅僅一杖，誰謂非請和之明效與。

（明）張肯堂《晉辭》卷一〇《田秋滑縣人》 馮氏爲滑民王玉成遺妻，揣其素行，未必靡佗，然持門户，撫幼孤，居然一未亡人也。胡田秋、宋萬鎰等窺其孑弱，妄立媒聘，遂欲逼之成婚乎。若非宋五奇聞聲力阻，事遂有不可知者矣。緣馮氏雖係嫠婦，尚有薄產，夫兄王教民陰利其有，以爲此婦一日不再醮，則此業一日非己有耳。然使馮氏果欲毀節，亦宜擇人而字之。田秋等何人，可令其半世孤燈，委於羣不逞之手乎！田秋、萬鎰一杖猶輕，教民亦宜杖懲，念其老誖，姑從寬政。

（清）陳芳生《疑獄箋》卷四《誣昏》 或有以女子許人者，徒以言語而無所據，後其人不欲女，女將更嫁之，其男家訟於官，官斷而歸之，而初無一物之是憑也。然羣頌聽訟者，以爲能惇倫而維風，毛先舒曰：不然，古婚姻之禮重矣，大矣。所謂合二姓之歡，以爲宗廟之主者也，聘則爲妻，犇則爲妾，犇者，禮不具也。故古者六禮不備，則貞女不行是故。《詩曰》：雖速我獄，室家不足，雖速我訟，亦不汝從。言求成爲室家之禮，未嘗足也。是豈可恃偶爾之辭而遽謂事之已定者哉。雖男女婚嫁元無可以漫許之理，漫許者固不得爲無過，而乘人飲食醉飽之餘，矢口談笑，執彼一言同於壹與之齊之，勿可改斯，則非禮之甚者也。何者，凡人數金之假，必有質劑，肥犳之速亦須折簡，男女居室是何等事，假令求者，誠求許者，洵許自應於已諾之後訂爲定約。古有納采、問名、納吉諸事。今俗率從畧，然亦必有拜允之禮，請媒定議，然後擇吉，偕媒具莊帖，登女家之堂，而拜其許允焉。女家仍具帖來答拜，若是雖未盡與古禮合，亦庶幾乎。敬慎其事而昏因可言定已。使其一言相許之，後彼乃漫不求婚，並所謂拜允亦置不行，則非但輕褻重禮是固弁髦吾諾，而不欲成婚媾之好也。女氏前言之不踐亦宜矣，豈有罪哉。且古人於納采、問名之後，猶須待卜，卜而不吉仍不成婚，故先儒曰：必卜廟得吉兆。婚姻之事然後定，豈其吝一簡惜一拜薄物之不行，而遂可要人之子女者。《周禮》：仲春之月會，男女於是時也，犇者不禁。蓋謂及時或過時而夫家不能備禮者，則許其犇，蓋通人情而從其權耳，然他時猶禁之，所謂敬慎重正昏禮也。然止云不備則猶有禮也者。若都廢拜允則全乎無禮矣，全乎無禮而官猶爲之判合是助成其人之無禮，而要人以必犇也。且既無憑藉，則豈無搆造，無稽無簡豈容輕聽廢典禮之大，而長姦詐之風，婚姻道苦於斯爲甚，故予謂折此等獄者，必訊其某年月日會經彼此拜允與否有媒有證，仍須有原帖灼據，方可斷合而懲其悔婚者。否則竟以誣告坐男氏加之罰，斯則所謂惇倫而維風者也。或既有成議而女氏反拒男家謂直須行聘無庸拜允如之何日，此其口諾而心不諾，不聘則便於又顧而之他且將要之。昔周公曰：儀不及物，惟曰，不享子日先財而後禮，則民利夫拜允禮也，儀也。行聘財也，物也，若斯人者，固輕儀重物先財後禮，而又預懷貳心，吾豈與之爲昏因也哉。

（清）李之芳《棘聽草》卷八《婚嫁·臬司奉鹽院一件為殺男拆媳事》 審得陳三畏與金世科妻兄何夢良長女向有婚姻之約，迨夢良夫婦淪喪，二女皆養於世科家，三畏復欲求其次女爲媳，在世科亦有圖爲子婦之心，兩不相能致控。前任裴鹽院批審，斷其長女歸陳，次女擇配，已經詳結定案。但世科先將長女聘與暨陽周紫宸爲弟媳，既已於歸，則逝水難掬，即以次女配陳，無不可者。況紫宸復肯出銀十兩與三畏，是一女足遂其初心，而兩姓各全其舊好，衆親之議良是，三畏亦可相安於無言，復速此訟，終是得隴望蜀未厭也。況詞內所控，盡屬虛誕，即吠不擇音，恐亦孟浪不至此。允宜一杖，以爲健訟者戒。

（清）李之芳《棘聽草》卷八《婚嫁·臬司一件為憲斬異變事》 審得邵文龍與趙善富父趙子純皆析薪之朋也。文龍有女鳳娘，於順治四年議

許善富爲婚，一言既定，明信可將，雖未有聘，不可易也。後文龍又將許周一俊爲媳，以致訟縣，將鳳娘斷歸善富，文龍益不肯降心相從。適浦江庫吏施爾秀被部院訪拿，內有趙子純一款，該府審明，謂係爾秀得銀四十兩，求情枉斷與善富爲婚，申詳發落。則善富此段婚盟，愈不能攀附絲蘿之好矣。故趙、周二家，皆不得果。至八年四月，文龍將女與丁爾奇爲妻，成親已逾二年，則從前蝶鬧鶯求，俱成落花流水。何復有馬青之者，因善富母傅氏改醮爲妻，適以別案候審在省，忽尋往事，代爲此鳴！既往難追，况非切己，多事已甚，杖儆何辭？然於文龍不能無議，初意既有許諾，何以繼復悔盟，起此種種牽纏，應杖不枉。丁爾奇已經完婚，萬難他議。第善富足跛殘疾，實爲可憫。爾奇得諧婚媾，令其出銀四兩給善富，以資醫藥，情理允協。

（清）李之芳《棘聽草》卷八《婚嫁・分守道一件為謀佔民妻事》

審得張文有妻方氏，於上年四月受聘二十四兩，與邢九五男邢一廣爲室，授受者皆兩失其正矣。事踰八月，張文忽故劍是求，而張文第代銀六兩，張三五代銀八兩，張三十三代銀六兩，資其贖歸。夫夫婦人倫之始，豈可以忽賣忽贖？方氏之良人，何無良也！張文第等若果情憐破鏡，泣動孤鴻，何不於當日揮涕登輿時，爲此輕財之舉？迨燕羽已歸故巢，而鼠牙反速我訟。揆其故，皆緣邢九五欲再索還使費之六兩，張文遂以此誣詞制之。如謀佔情真，文豈能隱忍不言，遲之又久，於婦還家之後而始控哉？反覆無恥，一杖爲寬。然邢九五爲兒擇婦，不由於正，應杖。張文第、張三五、張三十三扛幫多事，併杖不枉。

（清）李之芳《棘聽草》卷八《婚嫁・分守道一件為强佔民妻事》

審得陳奇經反覆無賴之徒也，有女陳氏於崇禎十七年即受聘於朱應冬之子朱日嵩爲配，元霜既定，終無移易之理；况平日以姻家往來，而爲之冰上人者，即其妻兄朱百九，迄今面質無異。若之何一旦渝前盟，而歸女於何克登也？即奇經充兵，犯事下獄，嗔應冬之不援救，遂以女奉巾櫛於克登，謂克登之能武斷鄉曲，足以相庇乎？謂克登指稱總兵之孫，資其勢燄乎？抑謂克登之豪有力，雖奪日嵩既聘之婦，而法不能加乎？然婚姻所藉爲信者，惟憑媒妁。今朱百九稱係朱聘在先，確然可據。顧問克登之蹇修安在，云作媒之齊安邦、王信現在江西。夫以金屬之人，何以合巹於天涯？即緣之奇，亦奇不至此，斯言誠不足信。彼陳氏者，方且見金夫而忘故劍，前府讞已洞悉情狀，第因水性之婦眷戀情重，故斷歸克登而令倍償朱聘。應冬不願得銀，復有此控。男女婚媾，實爲人倫之大，律例昭然。若女子之嫁可以豪富易心，則單寒之子皆不得有其室矣。前奇經於府審時即已逸逃，亦足徵其虛，懼數比緝，而今始出，誠法所難貸，應與克登按律杖擬。陳氏仍歸前夫朱日嵩完聚。

（清）李之芳《棘聽草》卷八《婚嫁・分守道一件為勅斬阱詐事》

審得徐廿三乃何氏之族伯，何氏葉砧物故，有子四人，雖家業蕭條，母子相依，矢共姜之志，則此未亡人，亦足風世也。有葉六九者，即葉藻之兄，因無嗣息，聞何氏多子，欲娶之爲小星。廿三奉命恐後，孰意何氏堅心如石，冰雪不渝，即廿三樂爲主婚，亦安所用其力哉？於是謀姻不遂，狙詐即生。葉藻以何氏曾佃其曉田一斗種菜，遂往取索，奉之以菜租不收，易之以豆菽不受，必登門而換租穀，名雖換租，實欲挾之以允婚也，豈何氏所能堪哉？激烈之性既存，從而面叱，理勢必至。葉藻輒以逋租呈之典史，何氏亦以强婚控之該縣，而告爲干證者則徐福二，此藻之告爲首名也。今葉六九者，綠衣之謀未遂，下及黄泉，此亦害理者之明驗。葉藻身列宫墻，顧忍爲此，獨何心歟！姑從罰儆，使藻而內省疚心，比之夏楚何異？若徐廿三之應杖，又不足怪矣。

（清）李之芳《棘聽草》卷八《婚嫁・兵巡道一件為羣虎嚙民事》

審得徐開元有堂叔徐鍾德經商而故，遺妻胡氏，轉嫁陳恭二，主婚者有親姑祝氏，交聘者有堂侄徐新苟，爲媒則親戚生唐、胡、李、徐姓諸人，載在婚書，即開元亦列字書押，是婚娶原無弗明。借題起衅，在夫死未久，而兇服頓除，琵琶再抱，固屬情理不堪。但此中薄俗，往往而是，竟有此方蓋棺，而彼已合巹；甚且此未屬纊，而彼即牽紅，風化之漓，積習使然，固難獨責之一胡氏也。况在改歲之後，萬爲尋常矣。但以恭二易欺，故開元與徐六和輩出奇無窮，指謀逼、指姦拐、指畧賣，風波疊興。而朱八五陰陽搆煽，脅詐多金，此恭二不甘而上控也。娶婦審無別情，無容再議。徐開元、徐六和朋謀迭訟，各擬杖懲。朱八五、徐珍等另行提結。

（清）李之芳《棘聽草》卷八《婚嫁・府送一件為姦謀大變事》審得方三德乘葉卸男他出，誘其妻吳氏爲婚。不思羅敷有主，豈堪桑陌輕

挑，而河鼓雖睽，難許鵲橋偷渡。彼滕純、方成美等冒作冰上人，亦可謂不復知有理法矣，應與三德併杖。吴氏仍聽卸男完聚。

（清）李之芳《棘聽草》卷八《婚嫁・府送一件為憲斬變詐事》　審得陳靈長乃張氏親侄也，彼張氏男陳兩覲雖與徐一孫之妹口訂絲蘿，未曾行聘，然自變亂之後，杳無歸耗。在一孫原不欲渝盟，其如天涯游子，八年於兹，存亡不可卜哉！夫十年不字，雖女之貞；二十而嫁，亦古之禮。告照擇婚，於情理未爲不協。況張氏已收銀二十二兩，靈長爲之代筆立押，收券猶存，此八年十二月事，何爲不旋踵而復控縣哉？此靈長教唆代告，欲圖詐索，杖之。

（清）李之芳《棘聽草》卷八《婚嫁・府送一件為憲究略良事》　審得葉六三先以銀七兩轉聘江全明未配之妻吴妹爲媳，今復得身價銀一十七兩賣與朱四七爲從嫁婢矣。苦別生離，愁言江賦，移柯易葉，忽入朱門。吴妹何其飄零薄命，一任東風再嫁哉！江全明與妹既有赤繩之約，羅敷有夫，應聯夙好。斷全明將原銀七兩還葉，而葉仍以十七兩還朱，歸妹可也。葉六三重資轉賣，杖復何詞！

（清）李之芳《棘聽草》卷八《攝郡・分守道一件為活拆夫妻事》　審得何士琦以篦頭爲業，流寓於蘭，而胡氏之前夫吴志薦，則徽人而販珠翠者也，與士琦有同盟之雅。後因訟事糾纏，客死於寓，士琦挾刀筆以市恩，爲之寫狀回官，瞷胡氏孤縱，遂結同心。未幾士琦病憊，藥餌俱缺，復以胡氏託駱見田、曹鳴陽執斧柯，受聘銀十五兩，婚書手墨轉賣與張心宇爲妻。今病小愈，頓易初心，一控於府，再控於憲，實駱、曹二棍扛唆其間也。蓋見田沿門歌唱，游方舌比懸河；鳴陽信口譚星，瞽目深藏機械，遑慮有反坐之條哉？況胡氏與士琦草率鴛盟，原非由正，今心宇且憑媒再嫁，反可謂之活奪乎？誣告加等，自不能寬，念蚩蚩之氓，請從寬政，杖而加責。見田、鳴陽應從併杖。胡氏仍聽張心宇完聚。

（清）李之芳《棘聽草》卷八《攝郡・本府一件為親究滅倫事》　審得黄德卿賣其妻劉氏，而復娶應氏，忘情敝屣，偏愛新縑，此婦翁劉長高欲索其原贈嫁銀一兩，併索還綿被一床也。夫朝爲行雲，暮爲行雨，何倏忽之變遷，其新孔嘉，其舊如何？笑恩情之浮薄，尚何戀戀於合歡之衾耶！杖之，追銀一兩給長高，綿被姑捨之，令其衾影負慚可耳。

（清）李之芳《棘聽草》卷八《婺色・本縣一件為勢折異冤事》　審得申四十九之女小妹於甲申年間已與葉正芳之男訂絲蘿之約矣，一言爲重，百歲永諧，何以於順治五年又以紅定許張繼美爲兒媳，男女婚媾，可如此二三其説哉？雖兩姓俱未行聘，當以葉正芳先議者爲是，張繼美別尋佳婦可也。申四十九背約寒盟，杖不爲枉。

（清）李之芳《棘聽草》卷八《婺色・本縣一件為活拆大冤事》　審得胡賢能向訂朱十六女喜妹爲兒媳，後因城陷，妹被俘入營中，未聞賢能顧而問也。迨順治三年，其父與池六九相約，措銀贖歸，配爲孫媳，又與賢能酒禮豚蹄，以酬夙昔之雅。從此蕭郎陌路，義絶於胡，何以事踰七年，而復以活拆控也？杖之允宜。

（清）李之芳《棘聽草》卷八《婺邑・本縣一件為敕剖還聚事》　審得曹倬於崇禎十六年娶施時恃之女爲妻，有從嫁婢名蘭花，時方五歲，倬嫌其幼小，退回於施。於其妻也，琴瑟未和於燕爾，而病愁復斥其歸寧，以致往之母家，溘焉長逝，未聞倬鼓漆園之盆，下奉倩之泣也。迨蘭花年長及笄，不能無人，久處幽谷，隨東風遣嫁於俞福者五年矣。倬於七年間已勒得時銀五兩，去秋徼幸採芹，重尋往事，不知湘烟久隔，空懷紉佩於秋蘭，楚畹人遥，徒憶國香於春夢。不圖坦腹兒如此種種不情也！問誰謀畫而起此訟端，則其師姜仲飛之故。阿瞞自多譎計，何俟鈞叟之陰符；伯約雖擅智謀，坐誘子丹於險路。各罰備賑，爲子衿多事者戒。

（清）葉晟《求芻集・懇天電情事》　審得：馬君武存日與張文耀合夥爲生，娶妻張氏，與文耀仝居有年。君武死未數月，乃突有馬二哇、馬丑哇者，陽爲搬喪之舉，陰行賣嫂之計。張氏覺其舉動，避於前夫壻家。而馬二哇乃告文耀，何也？馬丑哇爲君武堂弟，二哇又疎遠。即云馬姓之人，應馬姓婚遣，亦必其婦自願改嫁而後可；未聞給婦以不知而强爲之也。以弟賣嫂，倫紀滅絶，尚何曉曉公堂，應重懲以儆澆風。姑念未能成事，責二十板逐出。其張氏令東關堡頭收管，如日後願嫁，母家擇主。馬姓尊者主婚可也。

（清）葉晟《求芻集・霸妻强子事》　審得：王祥始而爲賊，既而應撫，名爲降丁，實目無法紀者也。劉洪海之父在日，曾否與伊有舊，俱不可考。乃於舊臘二十三日，每次海入山砍柴，竟將其婦張氏誘去。海於二

十六日尋至伊家索婦，又誘之傭工，常被責罵，不令安身。海出而索婦，又不可得，是誠何心耶？乃於訊時手持一約，謂海父被擒，伊脱其厄，曾爲投辭。及閲文約，而一窩蜂、雲里飛、一條龍、下山虎等，俱屬賊名，已足令人髮指。尤可訝者，海婦張氏，口口聲聲，稱其夫不能養活，且不足其父兄。聽斷至此，真是咄咄怪事，噫！此婦有外心矣。王章供稱，曾仝洪海至祥家索婦，其婦不肎隨歸，至欲持刀自抹。婦人淫賤，一至於此，予以一棳不足盡其辜。王祥本應重究，姑念老耄，薄責二十示儆。張氏令海領歸，賊約塗抹附卷。

《各省審判廳判牘》第二編《判詞類・背夫改嫁雲南高等審判廳案》

爲判决事。案準高等檢察廳移送黄得榮上訴黄金氏背夫改嫁一案。訊據黄得榮供：年三十五歲，會澤縣人。幼娶黄金氏爲妻，生有子女各一。光緒三十四年三月間，妻子經東川府蘇大人雇充乳母，後因蘇大人家眷要回湖南，給小的銀二十兩，説明將妻子帶去，俟斷乳後送回。宣統二年冬月，小的聽得同鄉傳説妻子業由湖南繞道上省，小的來省尋找，本年正月十五日尋獲，才知道妻子有意背逃，私嫁與黄升爲妻，控經地方審判廳，擬處妻子八等罰。小的不服，才上訴的。今蒙傳訊，求究辦。李楊氏供：會澤縣人，寓省城糧道街。宣統二年冬月途遇黄金氏，談及他是同鄉，貧病交迫，無處寄宿，小婦人見他可憐，就叫他移來同住。黄金氏向小婦人説她的丈夫已死，無人照管，只要有人能將醫藥各債代爲了清，願與身許的話。小婦人因向素與洗衣的黄升談及，黄升願給黄金氏銀三十兩，黄金氏病痊就嫁與黄升爲妻。今蒙覆訊，小婦人實不知黄金氏尚有丈夫，求詳察。黄金氏供：年三十五歲，東川府會澤縣人。自幼憑媒嫁與黄得榮爲妻，生有子女各一。光緒三十三年三月間，經東川府蘇大人雇充乳後，後因蘇大人家眷要回湖南，給丈夫銀二十兩，説明帶小婦人同去，俟斷乳後送回。宣統二年八月，小婦人由湖南辭工回滇，未經函知本夫黄得榮，便繞道於冬月到省，因病積欠醫藥各債，途遇李楊氏，談係同鄉，小婦人説起貧病交迫，無處寄宿，李楊氏就叫移往他家同住，小婦人向李楊氏捏稱丈夫已死無人照管，有人能將各債代爲了清，願與身許的話，李楊氏因向素與洗衣的黄升談及，黄升願給小婦人銀三十兩，小婦人病痊就嫁與黄升爲妻。本年正月十五日，本夫黄得榮在省尋獲，控經地方審判廳提案看管的。所得銀兩現已花用，求恩典各等供。據此，緣黄金氏籍隸東川府會澤縣，自幼憑媒嫁與黄得榮爲妻。光緒三十三年三月間經東川府知府蘇天爵雇充乳母，蘇姓眷屬回籍時給黄得榮銀二十兩，隨帶黄金氏赴湘。宣統二年八月，黄金氏由湘辭工返滇，未經函知本夫黄得榮，輒迂道進省，寄寓同鄉李楊氏家，因病積欠醫藥各債，向李楊氏捏稱本夫黄得榮身故無依，有償債者願與身許等語。李楊氏告由素與洗衣之黄升給銀三十兩，黄金氏病愈即嫁與黄升爲妻。宣統三年正月十五日，黄得榮來省尋獲，控經地方審判廳，將黄金氏照不應重律擬處八等罰，黄得榮不服上訴前來，本廳訊悉前情，亟應依律更正。查律載：妻背夫在逃者徒二年，因逃而改嫁者加二等。注云：無主婚人不成婚禮者，以和奸論。又：和奸有夫者處九等罰。奸婦給付本夫，聽其離異各等語。此案黄金氏由湘回滇，并不函知本夫黄得榮潛行赴省，改嫁與黄升爲妻。查該氏改嫁無人主婚，按律以和奸論，黄金氏合依和奸有夫者處九等罰律，擬處九等罰，照例改折工作，限滿給付黄得榮，聽其離異。所得銀兩訊已花用，赤貧免追。黄升移提未到，獲日另結。李楊氏訊不知情，應毋庸議。移由高等檢察廳查照執行。此判。

《各省審判廳判牘》第二編《判詞類・捏稱無夫自行騙嫁杭州地方審判廳案》

緣金月仙籍隸江蘇常州江陰，原本姓繆，其夫已故，其母繆應氏現在原籍。自幼被人誘出，遂在拱埠托身爲娼，於光緒三十一年金月仙在娼寮與郭單氏之子郭德勝認識，嫁與郭德勝爲妾，由金月仙之母繆應氏主婚，當得身價洋二百四十元。三十二年，金月仙生有一子，郭德勝亦於是年前往奉天貿易，日久未歸。金月仙復不安於室，托言往上海拱宸橋等處傭工，其實仍理舊業，并不時至郭單氏家往來，郭單氏亦未禁止，聽其自謀生計。金月仙於三十二年冬在拱埠又與陳慶生認識，續嫁與陳慶生爲妾，并未告知郭單氏，即由娼家捏名主婚，陳慶生帶同金月仙前回富陽原籍。至宣統二年十二月，金月仙與陳慶生口角，又復潛來拱埠賣娼爲生，復與在拱埠向業裁縫之王錦山姘識，金月仙又詭稱不願爲娼，情願從良，於本年五月嫁與王錦山爲妻，財禮洋一百元，由金月仙自行收受。郭單氏始終迄未過問。至本年五月間，月仙逃至江干，王錦山尋獲，扭交拱埠初級廳起訴，經該初級廳查訊明確，準予帶回原籍。閏六月二十九日，王錦

洛鳳病故，於光緒三十三年憑已故之尹洛玉爲媒，再醮與劉瑞爲妻。劉瑞籍隸深澤縣，向在保定城内售賣絲棉帶子爲生。劉吴氏亦隨同在省居住。先本夫婦和睦，後因屢次反目，劉吴氏時被劉瑞毆打，因此失和。宣統二年十二月初十日，劉瑞因回籍省親，留劉吴氏在省獨處，劉吴氏因屢被毆責，心生氣忿，起意私逃改嫁。即自赴清苑縣屬大侯村素識之孫八子家中，向孫八子之妻捏稱被夫休棄，意欲改嫁，并向告私逃情由，孫八子之妻即留劉吴氏在家居住，復轉托孫洛澤媒合改嫁與王廷俊爲妻。嗣劉瑞由籍回省，見劉吴氏不在家中，四處探尋，訪晰前情，報經臧村巡警局詢明，飭令劉瑞將劉吴氏領回，劉吴氏回家後眷戀後夫，復於十二月二十日乘間逃往王廷俊家中。王廷俊容留住宿，經劉瑞前往找獲，投報巡警局解送地方檢察廳起訴前來。當經提犯審訊，據供前情不諱，詰無誘拐情事，應即判决。

援據法律各條及理由：查律載：妻背夫在逃者，徒二年。因而改嫁者，加二等，知情娶者同罪等語。此案劉吴氏因與伊夫劉瑞不睦，屢被毆責，乘劉瑞回籍省親，輒敢私逃改嫁王廷俊爲妻。嗣經劉瑞找獲，復眷戀後夫，乘間逃往王廷俊家住宿，殊屬不法。查劉瑞既經控追，即無願離之情，自應按律問擬。劉吴氏合依妻背夫在逃者徒二年，因而改嫁者加二等律，擬徒三年。係婦女，準其照例贖罪，追取銀四十兩入官册報給領，其夫領回，聽其離異。王廷俊媒娶劉吴氏爲妻，其先不知私逃情由，尚無不合，惟既經劉瑞報經巡警局飭令將該氏領回後，該犯已知係有夫之婦，乃於劉吴氏重奔至該犯家時，復敢容留住宿，即與知情媒娶無異，亦應按律問擬。王廷俊合依知情娶者同罪律，與劉吴氏同罪，擬徒三年，解交保定習藝所依限工作，限滿釋放。孫洛澤及孫八子之妻不知私逃情由，均無不合，應免置議。此判。

山將金月仙帶回諸暨。陳慶生適在江干路遇，争爲己妻，因此兩相争論，事爲郭單氏所聞，以王錦山拐賣民婦呈訴本級檢察廳，起訴前來。當經本廳發交刑庭，遵章片請檢察官莅庭監審，提問原被告及月仙等鞫訊，據郭單氏供稱自伊子德勝出門以後，月仙在外飄流，時來時去，亦未告知下落，至今年五月始知在王錦山處工作，後經其串騙爲妻等語。復據陳慶生、王錦山供稱先後在拱埠將月仙聘爲妻妾，皆有媒證、婚書，財禮俱由月仙收受，亦未見有郭單氏出頭等語。質之金月仙供亦相同。據以上各供，陳慶生、王錦山雖均與月仙爲婚，然皆由月仙自媒自合，并非依律嫁娶，均難認爲正當婚姻。案已訊明，自應據供判決。查例載：凡將妻妾作姊妹及將親女并姊妹賣與人作妻妾使女名色，騙財之後設詞托故，公然領去者，照本律加一等徒一年。贓重仍從重論。又載：局騙人財者，亦計贓準竊盗論。竊盗一百兩流二千里。又律載：二罪俱發從重者論。又：斷罪無正條，援引他律比附定擬各等語。此案金月仙乘夫外出，輒敢兩次私行價賣，得洋花用，殊屬不法。惟遍查律例，無捏稱無夫自行騙嫁作何治罪明文，自應比附從重問擬。金月仙應比照將妻妾作姊妹嫁賣與人，騙財之後公然領去，惟計贓一百元合依竊盗贓一百兩流二千里例，擬流二千里。係屬婦女，照例折罰銀五十兩，無力完納即照銀數折工二百天，限滿釋放。將全案供勘繕呈提法司申部存案，按月匯報。郭單氏雖爲其姑，然聽其在外爲娼，并未過問，訊明有心縱容，但以年老不能約束，於姑媳名義早已斷絶，亦無仍令月仙再回郭姓之理。至陳慶生、王錦山雖各立有婚書，并無主婚之人，確係受人之騙，應免置議。前後所得洋元均由月仙花用，無從追繳。月仙於刑期終了後，關傳其母繆應氏領回管束，另行擇配。婚書案結銷毁。

《各省審判廳判牘》第二編《判詞類・孀婦自願守志圖財搶嫁歸女不甘失節因而自盡新民地方審判廳案》　緣曹有、張德籍隸新民府，在小北屯居住，均莊農度日，彼此素識。曹有於早年與其胞侄曹萬才聘娶傅春之姊曹傅氏爲妻。光緒三十四年七月間，曹萬才病故。宣統二年五月不記日期，曹傅氏因衣食艱窘意欲改嫁，向曹有告知，曹有亦因貪得財禮允許擇配。六月十六日張德因聞曹傅氏情願改嫁，欲娶爲妻，當向曹有面商，曹有應允，言明財禮東錢六百五十吊。六月廿四日張德托張元先交曹有錢一百吊，又小米一斗，吃用無存，餘款言明過門後再交，并約定二十六日就親。曹有隨將業已許配張德之言向曹傅氏告知，曹傅氏嫌貧不願嫁給，囑其另配，曹有未允退婚。至是日曹傅氏先至未到案之王福貴家，捏稱心痛，乞取舊存鴉片烟膏一粒，隨即逃往王國政芝麻地内避匿。是日下午張德前往就親，曹有告知曹傅氏避匿處所，令其强娶。張德即獨自手持鈎杆尋至地所，將曹傅氏强拉回家成婚，詎曹傅氏始終不願，氣忿莫釋，即於次早乘間吞服烟膏，毒發嘔吐。曹傅氏之女曹小胖向其問明情由，醫調無效，延至二十八日傍午時分，因毒殞命。當經該屯會首張鵬凌往看，報經該管巡警，轉報地方檢察廳，經李檢察長丙吉詣驗起訴到廳，當經本廳迭次傳同尸親鄰證，提犯隔别研訊，據各供悉前情不諱，究詰不移，案無遁飾。查王福貴先期外出，傳獲無期，應即判决。查現行刑律載：夫喪服滿，果願守志夫家之祖父母、父母强嫁之者，處八等罰。期親加一等。大功以下又加一等。又例載：孀婦自願守志，圖財搶嫁，倘婦女不甘失節，因而自盡者，不論已未被污，有服尊屬尊長照强嫁本律加三等問擬。娶主知情同搶者，減正犯罪一等各等語。此案曹有因其胞侄孀媳傅曹氏情願改嫁，貪圖財禮，許給張德爲妻，曹傅氏嫌貧不願嫁給，先期避匿，曹有向張德告知，令其强娶成婚，以致曹傅氏氣忿自盡。查曹傅氏先曾告知曹有意欲改嫁，嗣因嫌貧不願嫁給張德，是該氏既未嘗無改嫁之心，自與不甘失節以致自盡者不同。曹有係曹傅氏大功尊屬，惟查律例并無恰合專條，自應比例量减問擬。曹有應比依孀婦自願守志圖財搶嫁婦女不甘失節因而自盡者，不論已未被污，有服尊屬尊長照强嫁本律，加三等例上量减一等，擬徒一年半。惟該犯年逾七十，應準照律收贖，追取贖銀十二兩五錢釋放。張德知情同搶，應於曹有徒一年半罪上減一等擬徒一年，按照所徒年限收所習藝，限滿釋放。張元僅止代交財禮，并非媒證，亦不知有强娶情事，應與訊無不合之王國政均毋庸議。曹有所得財禮及張德未交之款，赤貧免追。無干飭回安業，尸棺由檢察廳飭埋。王福貴傳獲另結。鈎杆存庫備照。此判。

《各省審判廳判牘》第二編《判詞類・背夫在逃因而改嫁保定地方審判廳案》　緣劉吴氏、王廷俊分隸蠡縣、清苑等縣。劉吴氏現年四十九歲。王廷俊現年五十七歲，父母俱故，弟兄三人，該犯居三。劉吴氏因前夫齊